방점법에 바탕을 둔 우리말의 성조

방점법에 바탕을 둔 우리말의 성조

김 차 균

역락

▌지은이의 말

1999년에 역락에서 발간한 '우리말 방언 성조의 비교'를 쓰면서, 지은이는 방언 성조론을 2개의 층위 곧 상위의 층위인 성조론적 층위와 하위의 층위인 음조론적 층위로 구성된다고 보면, 필연적으로 심각한 문제들이 일어날 것이며, 이 문제들을 해결하지 못하면 그 때까지 알려진 성조론은 21세기의 문턱을 넘어서 멀리 가지 못할 것이라는 어두운 예감을 가지고 있었다. 그러한 징후는 현대 국어 음운론 연구의 초기라고 할 수 있는 1950년대 초부터 나타나고 있었다. 상위의 층위인 성조론적 층위는 자의적인 층위(arbitrary stratum)여서 더 상위의 층위에 의한 통제를 받지 않는 한, 성조론은 진정한 과학이 될 수 없는 것이다.

어느 한 방언, 예를 들어 창원 방언의 성조의 수를 '둘로 해야 할 것인가, 셋으로 해야 할 것인가'에 대한 대립은 21세기 10년대의 중반인 지금까지도 논란이 되고 있으며, 양자 사이에는 서로 한 치의 양보도 없다. 이 문제와 더불어 앞의 주장 곧 창원 방언의 성조를 둘로 인정한다고 하더라도 다시 /꽃밭/[LH]과 /꽃밥/[HL]에서 /꽃/의 성조를 /L/로 할 것인가 또는 /H/로 할 것인가에 대한 논쟁이 생기며, 이 논쟁도 또한 지금까지 계속되고 있다. 여기에서 2가지 대립이 생긴다. 결국 창원 방언에서만 해도 최소한 4가지 주장이 대립하게 된다.

다른 하나의 방언, 예를 들면 대구 방언에서 /사람/[RH]와 /사랑/[LH]의 첫 음절의 운율적 표상을 적기 위해 3가지 주장이 대립해 왔다. 첫째 주장은 '고저'와 더불어 '장단'을 구별해야 한다는 것이고, 둘째 주장은 /사람/의 첫 음절에 얹히는 운소는 하나의 성조로서 상승조인 /R/(승조)이고, 후자는 전자와는 다른 또 하나의 성조로서 /L/(저조)로 보아야 한다는 것이며, 셋째 주장은 /사람/[RH]의 첫 음절에 얹히는 [R]은 두 성조의 병치인 /L・H/의 실현으로 보고, /사랑/[LH]의 첫 음절에 얹히는 [L]은 /L/(저조)의 실현으로 보아야 한다는 것이다. 대구 방언에서도 위의 3가지 주장과 더불어, 창원 방언에서 본 것처럼 /꽃밭/[LH]과 /꽃밥/[HL]에서 /꽃/의 성조를 /L/로 할 것인가 또는 /H/로 할 것인가에 대한 2가지 논쟁도 있어 왔기 때문에, 결국은 (3×2=)6가지 주장이 대립하고 있다고 보아야 할 것이다.

중세 국어의 성조에 대해서도 적어도 2가지 주장의 대립이 있어 왔다. 평성을 /L/(저)로, 거성을 /H/(고)로 보면, 상성은 /R/(승)으로 할 것인가 또는 두 성조의 병치인 /L・H/로 볼 것인가에 관련된 논쟁이다. 중세 국어, 창원 방언, 대구 방언의 운소만 대상으로 해도 적어도 (2×4×6=)48가지 주장이 난무하게 된다.

여기에 다시 북쪽의 육진 방언, 북청 방언, 연변의 연길 방언; 강원도의 삼척 방언, 강릉 방언, … 등이 줄줄이 성조방언이라는 것이 알려지면서, 적으면 100개에서 많으면 1,000여 개의 조사 자료를 가지고 우리말의 성조 연구자들은 60여 년 동안 서로 자신의 학설이 옳다고만 주장하다 보니, 초기에 치열했던 논쟁마저 사그라지고 있고, 국내에서 연구한 사람, 미국에서 연구한 사람, 일본에서 연구한 사람들이 서로 자기들끼리만 옹호하면서 다른 쪽 연구자들의 논저는 읽어 보려고도 않는 것이 우리말 성조 연구의 현실이다.

이러한 현실을 일찍부터 자각한 소수의 학자들이 있었다. 그들은 중세 국어나 현대 방언들에 나타나는 성조(또는 고저장단)이나 운율형들은 대응관계에 중점을 두면서 좀 더 추상적인 새로운 표시를 만들어서 활용해야 그것의 본질이 바르게 드러난다는 것을 꾸준하게 주장해 오고 있다. 그런데 그들은 세종 임금이 만들어 준 □(평성, 0점), ·□(거성, 1점), :□(상성, 2점)을 연상케 하는 O형, V형(또는 U형), W형 등을 제안했고, 위치에 따른 변이음을 적기 위해 o, u, 등을 사용하기도 했다. O는 □(0점), V는 ·□(1점), W는 :□(2점)을 연상케 하기에 충분하다. O, V, W 대신에 0, 1, 2를 사용하는 학자도 있었는데, 이것은 □, ·□, :□에 더욱 접근하는 표시법이다. 대응관계에 바탕을 둔 이와 같은 표시 체계들과 그 표시들을 겹쳐서 어절의 운율형을 표시하는 이 방법들은 지은이의 방점법 이론에 대한 선도적인 자극이 되었다. 그러나 이러한 기호를 개발한 학자들이 이론을 더 발전시켜 나가는 데에는 지속적인 노력을 하지 않았다. 이러한 부호들은 세종 임금이 만들어 준 것이 아니라, 임금이 만든 부호를 버리고 이를 모방해서 자의적으로 만들었다는 점과 한글과 더불어 쓰기가 불편한 점에서 음운학자들의 동의를 얻기가 어려울 것이며, 무엇보다도 이들은 물리적인 음조를 바탕으로 해서 그 부호를 해석하고 있기 때문에, 방언들 중에서 지금까지 알려진 것과 다른 음조형이 나타나면, 기호를 변형해야 된다는 어려움이 따른다. 예컨대 대구 방언의 /사람/의 첫 음절과 같은 음조를 적기 위해 만든 W는 김해 방언을 위해서는 W′로 변형해야 했던 것이다. 이러한 표시법은 L, M, H, R 등의 표기가 안고 있는 문제와 근본적으로 같은 결점을 그대로 안고 있다.

위와 같은 여러 주장들의 소모적인 난립은 지속되었으나, 무엇 하나 제대로 합의에 도달한 것이 없다. 그러한 상태에서는 자료의 축적과 유통도 어려울 수밖에 없다. 지은이가 100만개 이상의 운율적 낱말의 자료와 월의 성조 자료 5,000개 이상 현지 조사를 통해서 확보한 것에 비하면 1,000여 개의 어절 자료를 가지고 각자의 정당성을 주장하는 것은 너무나 자료가 빈약한 것이다.

그렇다고 해서 우리의 운율 연구자들의 열정이나 능력이 20세기 말까지 세계의 음운학을 이끌어갔던 외국 학자들의 그것보다 뒤떨어졌기 때문이 아니다. 그렇다면 이 시점에 와서 우리에게 필요한 것은 관점의 전환이다. 세종 임금이 만든 □(평성), ·□(거성), :□(상성)은 우리말 음조의 물리적인 특성을 바탕으로 만든 것이 아니라, 대립과 대응관계와 유표성 이론(markedness theory)에 따라 만든 것이다. 하나의 언어 안에서 음운론적으로 대립하는 운소가 2개이면 두 개의 기호가 필요하고, 3개이면 3개의 기호가 필요한 것이다. 세종 임금 때 중국 북방어의 평성은 고승조(양평)과 고평조(음평)의 둘로 이미 분화되어 있었으나, 이들에 대응하는 우리말의 한자형태소들의 조치는 압도적인 다수가 저평조였다. 중국어의 고평조와 비슷한 음조가 있었는데도 저평조를 평성, 고평조를 거성이라고 이름을 붙인 것은 우리말 성조들을 물리적인 조치보다는 전통적인 중국의 운서들과 당시의 중국 북방어의 4성과 우리 한자음과의 대응관계를 으뜸의 기준으로 삼아 명명했다는 증거이다.

유표성 이론은 심리에 바탕을 둔 이론인데, 심리적으로 가장 단순한 것은 무표이고, 복잡한 것은 유표로서, 유표가 둘 이상일 때 심리적인 복잡성의 정도에 따라 표시를 더해가는 것이다. 훈민정음에서 닿소리 글자를 ㄱ-ㅋ, ㄴ-ㄷ-ㅌ, ㅁ-ㅂ-ㅍ, ㅅ-ㅈ-ㅊ, ㅇ-ㆆ-ㅎ의 순서로 만든 것도 그 바탕에 깔려 있는 것은 유표성 이론이다.

지은이의 방점법 이론은 기본적으로 중세 국어 시대의 고전적인 방점법 이론을 이어 받되 중세 국어뿐만 아니라 현대의 우리말 성조방언들, 그리고 세계의 많은 언어들에 적용할 수 있도록, 약간 다듬고 보완한 것이다. 대립의 위치에서 나타나는 수만큼의 성조의 수를 정하고, 중화의 기능에 따라 운소의 이름을 붙이고 부호를 주되, 그것만 가지고는 부족할 때는 음조적인 복잡성의 정도에 비례하여 그 부호의 모양을 복잡화 시켜 나가는 것이다. 그리고 우리말 안에서는 옛말과 지금의 여러 방언들의 운소의 대응관계를 고려한다.

이 기준에 따르면 2성조 방언에서는 하나의 운율적인 낱말 안에서 직접 뒤따르는 위치에 성조(/운소)의 대립을 허용하는 것은 평성(□)이고, 허용하지 않고 중화시키는 것은 측성(·□)이다. 3성조 방언에서는 하나의 운율적인 낱말 안에서 직접 뒤따르는 위치에 성조(/운소)의 대립을 부분적으로 허용하는 것은 평성(□)이고, 전혀 허용하지 않고 중화시키는 것은 측성이다. 측성이 2개일 때는 조치가 단순한 것, 곧 1모라의 길이로 수평조인 것은 거성(·□)이고, 조치가 복잡한 것(1모라보다 길거나, 상승조이거나, 길고 상승조인 것)은 상성(:□)이다.

우리는 이미 《훈민정음(해례)》에 제시된 성조 이론과 그 표기법이 한 번도 바뀌지 않고 16세기 말 《사서언해》에 이르기까지 140여 년 동안 일관된 방법으로 우리의 성조를 표기하는 데에 성공한 소중한 경험을 가지고 있다. 15,6세기라고 해서 우리말의 성조의 조치가 변하지 않고 고정되어 있었을 리도 없으며, 또 당시의 어느 한 시기에 방언 차이가 전혀 없었을 리도 없다. 그럼에도 불구하고 140여 년을 일관성 있게 오직 3개의 표시 □, :□, ·□(무표인 □을 제외하면 2개의 표시)가 아무런 모순 없이 유지되다가 1690년에 발간된 《사서언해》를 끝으로 이후에 나오는 문헌들에서는 방점 표시가 사라졌다.

140년 동안 세계의 언어학계에 불후의 공헌을 남긴 방점법을 버리고, 외국에서 연구된 이론이라면 조건 없이 따라가는 것은 학문의 발전에 역행하는 결과가 될 수도 있을 것이다. 유형론에 매이지 않고 어떤 유형의 성조방언의 성조라도 기본적으로 2개의 부호로 세 개의 운소를 표시할 수 있는 것이 방점법인데, 이것은 방점법이 대립과 중화에 바탕을 둔 것이기 때문이다. 언어학에서 통사론, 형태론, 음운론 등 어떤 층위든지 간에 체계와 구조에 바탕을 둔 이론이라면 대립과 중화를 떠나서는 성립될 수가 없는 것이다. 그런데 1950년대 이후 지금까지의 성조론은 이러한 보편적인 원리를 떠나서 유형론에 바탕을 두고, 이 언어 또는 이 방언은 이러이러한 유형에 속하기 때문에 그 운소의 표기는 이러이러해야 된다는 식으로 얽매어 놓고, 스스로 만든 올가미를 벗어나면 잘못된 방법이라고 단정해 왔던 것이다.

지은이는 1993년에 언어학 제15호에 '방점법'이라는 제목으로 논문을 발표하면서 '방점법' 이론을 개발하기 시작하여, 1999년에는 거의 완성된 이론으로 도서출판 역락에서 '우리말 방언 성조의 비교'를 내었다. 오직 3개의 부호 □, :□, ·□(무표인 □을 제외하면 2개의 부호)로 방언 자료를 정리하고, 방언 성조의 대응관계를 논하는 데 모자람이 없다는 것을 지은이는 확인했다. 1999년의 책에 사용된 중요 방언은 경남 진주 방언, 거제 방언, 충무 방언, 전북의 무풍 방언, 경북의 경주 방언, 연변의 연길 방언, 룡정 방언, 그리고 대구 방언, 경북의 성주 방언, 울진 방언, 강원의 고성 방언, 삼척 방언, 강릉 방언, 준성조방언으로 전남의 목포 방언, 무안 방언, 해남 방언, 광주 방언, 등이었다.

2002년에 지은이는 도서출판 역락에서 다시 '국어 방언 성조론'을 출판했다. 이 책에서는 경남 고성 방언과 경북 성주 방언의 성조를 기술하고 비교했으며, 또한 2003년에 낸 '영남 방언 성조 비교'에서는 밀양 방언과 안동 방언의 성조를 중점적으로 다루어서, '방점법 이론'이 일반 성조 이론으로서의 장점을 가지고 있음을 보여 주었다.

2006년 지은이는 도서출판 글누림에서 발간한 '중부 동해안 방언의 성조 비교'에서는 방점법 이론을 바탕으로 강릉 방언, 삼척 방언, 울진 방언의 성조 체계를 비교하고, 나아가서는 이 이론이 중세 국어에서 현대의 성조방언에 이르기까지의 성조사를 기술하는 데에 부족함이 없음을 보여 주었다. 이 책의 또 하나의 특징은 그 때까지 자연언어에 나타나는 높낮이에 대한 지각심리적인 측정은 불가능하다고 보았는데, 지은이는 1978년 이후에 계속 이것을 측정하는 사분음자(Quarter-tone scale, 사분음척도)를 개발하려고 고심해 왔다. 김차균 · 고광모 · 김주원 · 정원수(2000a,b)의 연구로 앞으로 사분음자의 개발이 가능하다는 데에 대한 자신을 가지게 되었고, 성철재 · 권오욱 · 이지향 · 김차균(2008)에서 사분음자를 전산프로그램(computer program)으로 개발하는 데 성공했다. 전산프로그램의 개발에 앞서 지은이는 그 활용 방법의 기초를 2006년 책의 끝 부분에 논문형식으로 첨부했다.

이번의 이 저서 '방점법에 바탕을 둔 우리말 성조'의 발간은 1980년부터 고향의 방언을 떠나서 수많은 방언들의 성조 자료를 발과 머리를 다해서 수집하고, 그 생생한 자료를 가지고 갈고, 닦고 확립한 방점법 이론을 드디어 완성했음을 선언하는 의미가 있다. 이 책에서는 방점법 이론을 알기 쉽고 간결하게 소개하며, 이 이론으로 고향의 방언인 경남 동남부 방언권의 하위 방언들의 성조 체계를 비교 분석했다.

그리고 창원 방언과 경남 서남부 방언인 진주 방언의 비교를 통해서, 어두 자음이 가지고 있는 후두 자질에 따라 성조형이 달라질 수 있음을 밝혔다. 이것은 분절음이 가지고 있는 음운론적인 자질이 성조형의 변화에 영향을 미친다는 증거를 제시했다는 점에서 중요한 발견이라고 생각된다. 이 발견을 통해서 다음과 같은 중요한 가설을 세울 수가 있다: 분절음의 계열의 수가 줄어지면 성조의 수가 늘어나고, 반대로 분절음의 계열의 수가 불어나면 성조의 수가 줄어질 수 있다. 지은이는 이 가설을 더 확장하여, 역사적으로 비성조언어가 성조언어로 바뀌거나, 반대로 성조언어가 비성조언어로 바뀔 수 있다는 가설 곧 '성조 체계 발생과 소멸'에 대한 가설을 이끌어냈다.

이번의 이 책에서는 경남 동남부 방언(창원, 함안, 김해 방언)과 동북부 방언인 양산 방언의 비교를 통해서 동남부 방언의 음운론적 특징을 더 두드러지게 하고, 나아가서는 '외적순행평성동화'와 같은 규칙의 적용 여부가 방언 분류의 결정적인 기준이 될 수 있음을 또한 보여 주었다.

이번 저서의 또 하나의 공적은 중고한음의 4성이 중세 문헌에 나타나는 한자음의 3성조에 어떻게 반영되어 있는지, 그리고 중고한음의 4성이 현대 창원 방언의 3성조에 어떻게 반영되어 있는지를 방점법 이론으로 보여 주고, 나아가서는 중세 국어 한자음의 성조와 창원 방언 한자음의 성조의 대응관계를 계량적으로 체계화한 것이다. 중고한음과 우리말 한자음의 음운론적인 비교에서 분절음에 대한 연구는 비교적 활발했으나, 중고한음의 4성이 우리 한자음의 3성에 어떻게 반영되었는지의 연구는 선배 학자들에 의해 한두 편 논문으로 시도된 적이 있으나, 이 책에서는 계량적인 방법으로 1475자를 철저하게 연구하여 고유어의 연구만으로는 다다를 수 없는 우리말 성조사의 수준을 질적으로 그리고 양적으로 끌어올리는데 노력했다.

하나의 학문은 내가 옳다는 주장만으로는 완성될 수 없다. 남이 해 오는 비판이나 도전에 대하여 너와 나는 관점이 다르다는 말로써 토론을 회피하는 것은 학자로서의 올바른 태도가 아니다. 끝까지 방어하고 가능하면 설득까지 할 수 있는 성실성을 보여야 한다. 그리고 나의 학설로 대학의 강의를 할 수 있는 책을 써서 학자를 양성해야 하며, 과학적인 방법으로 후학들에게 전수할 수 있어야 한다. 과거에는 운율에 관해 연구 능력이 뛰어난 스승이 한두 명의 뛰어난 제자에게 비법(신비적인 방법)으로 자신의 학문을 전수하고 인가해 주는 것이 보통이었는데, 이러한 방법의 전수로는 21세기 학문이 될 수 없다. 하려는 의욕과 열망만 있으면 누구라도 할 수 있도록 문을 열고 길을 터놓는 것이 현대의 학문이다. 이를 위해 지은이는 성철재 교수(음성학), 권오욱 교수(전자공학)과 공동 연구로 개발한 컴퓨터 프로그램인 사분음자의 활용 방법을 개발했다. 지은이는, 4분음자로 음향 자료를 측정하여 분석하는 방법에 대한 논문을 써서 이 책의 2장으로 붙였다.

높낮이에 대한 청취 능력이 부족한 상태에 있는 대학원 박사 학위 과정 연구생에게 4분음자로 방언의 음향 자료를 측정케 하여 방언 성조 연구로 박사 학위를 받게 하는 일에도 성공한 바가 있다. 그 뒤에 그 젊은 연구자는 4분음자를 이용하여 자력으로 말소리의 높낮이를 분별하는 훈련을 쌓아 가고 있다.

종래의 성조론에서 저지른 가장 큰 실패는 표면형의 객관적인 기술방법을 제시하지 못한 것이다. 표면형의 층위에서는 누구의 어떤 이론에 의해서 도출된 표상이건 간에 그것이 과학적인 객관성을 확보하려면, 동등한 표상으로 나타나지 않으면 안 된다. 말소리의 높낮이에 관련된 음운학과 음성학 발달의 수준에서 볼 때, 우리가 사용할 수 있는 음향물리적인 측정 장비는 충분하게 개발되어 있다. 그런데도 다수의 운율 연구자들은 그 좋은 장비를 사용해서 얻은 측정치들을 효율적으로 운율을 분석하고 기술하는 데 사용하지 않고, 어떤 원리에 의해서도 통제를 받지 않고, 자의적으로 결정한 성조 표상들(/L, M, H, R, …/) 및 그와 대동소이한 음조 표상들([L, M, H, R, …]) 중의 두세 개와 일치시켜 버린다.

분절음의 실험음성학적 연구는 측정 기구의 개발과 더불어 지난 2,30년 동안 획기적인 발전을 이루었으나, 음조의 연구는 객관적인 측정에서 남이 인정해 줄 수 없는 자기만의 주관으로 돌아가 버리니, 이 분야가 올바른 방향을 잡아 다수의 연구자가 동의할 수 있는 목표에 도달하는 것은 불가능했던 것이다.

음조형의 기술은 지각심리에 바탕을 둔 사분음자로 측정한 수치를 그대로 사용하되, 음악에서 조옮김이나 조바꿈과 같은 원리가 작용하기 때문에, 그에 따른 간단한 수치 조정이 필수적이다. 높낮이의 지각 내용은 종래의 음향프로그램을 통해서 산출되는 등차수열로 형성되는 수치보다는 지각심리에 따라 등비수열로 환산된 수치의 사슬(chain)로 더 세련된 기술이 가능하다. 지은이의 발상(idea)에 따라 젊은 과학자들이 만든 사분음자로 측정한 수치를 그대로 사용하되, 조옮김과 조바꿈과 같은 객관적인 방법으로 조정하는 것이 음조형의 기술이다. 이 책의 2장에서 음조 기술 방법은 첫걸음에 지나지 않는다. 그러니 그 연구의 방향과 목표 설정은 올바른 것이다.

지은이는 이 자리에서, 중세 국어 시대에 고전적인 방점법 이론을 세워 주셨고, 그것을 이어 받아 다듬어 주셨으며, 140년에 걸친 세계에 유래가 없는 운율(/방점) 자료를 생산해 주신 겨레의 스승님들에게 머리 숙여 감사를 드린다.

지은이의 오늘날과 같은 성취를 이루게 된 것은 음운론과 성조론을 가르쳐 주셨고, 의기소침할 때 격려해 주셨으며, 나의 학문이 잘못된 방향으로 나가지 않도록 돌아가시기 직전까지 지켜봐 주시던 허웅 스승님께 깊은 감사를 드린다.

오랜 기간 동안 지은이의 음운학 연구에 큰 성과가 있도록 늘 관심을 베풀어 주시는 좌산 이광정 상사님의 은혜에 깊은 감사를 드린다.

지은이의 건강과 학문의 성취를 위해 어머니와 같은 사랑으로 끊임없는 기원을 해 주시는 정의순 베드로 수녀님께 존경과 감사를 드린다.

오랫동안 방언 조사와 음향 자료 분석을 같이 해 온 강흥구 교수께 고마운 뜻을 전하고, 우리말 방언 성조론 분야에서 실증적인 방언 조사 자료를 개발해 주었고, 차세대 자연언어의 운율론 분야 연구를 이어갈 이문규 교수, 박숙희 박사, 최영미 박사께도 고마움과 격려의 뜻을 전한다.

충남대학교 대학원 과정에서 경남서남부 방언 음운 조사에 실력을 쌓았고, 내가 못다 한 한자어 성조 연구를 이어줄 아들 김세진 박사에게 격려의 마음을 보낸다. 그리고 평생을 인생의 반려자로, 진주 방언 제보자로 곁에 있어 주었고, 또한 오랜 방언 자료 정리와 원고 정리로 지칠 때마다 힘을 실어주고 있는 아내 최은주 님에게도 감사의 마음을 드린다.

한이선 할머님, 박남이 할머님, 박조자 여사님, 차연옥 여사님, 정덕자 여사님, 신후식 선생, 김원균 선생께 추위와 더위에도 혹은 가정집에서, 혹은 모텔에서, 혹은 느티나무 그늘 아래서, 혹은 바닷가에서 많은 시간 동안 질문지에, 또는 구두 조사에, 또는 음향자료 녹음에 적극적인 도움을 주신 은혜 잊을 수가 없다.

방언 조사의 승패를 결정하는 것은 제보자의 적극적인 도움인데, 대학 강단에서 수강 학생에게 의뢰하여 유능한 제보자들을 만나게 해주었고, 때로는 스스로가 제보자가 되어 주기도 했으며, 때로는 공동 조사자로 활동해 주었고, 스스로 논문 작성자로, 구어체 문장 자료를 만들어 도와주기도 한 구현옥 박사께 깊은 감사를 드린다.

마지막으로 이 책을 출판하겠다는 뜻을 전하자 아무 조건을 걸지 않고, 기꺼이 허락해 주신 도서출판 역락 이대현 사장님께 깊은 감사의 마음을 드리고, 편집에서부터 교정에 이르기까지 정성을 다해 주신 역락의 편집진과 임직원 여러분께 깊은 감사의 뜻을 드린다.

2014년 10월 15일 김차균 씀

▌방언 자료를 제보하신 분들

Ⅰ. 제보자님들을 만나게 된 경위

김해 방언, 양산 방언, 부산 방언 제보자는 구현옥 박사가 동아대학교와 창원대학교에서 강의하면서 수강생들에게 의뢰하여 구해 주었고, 함안 방언 제보자는 구 박사 자신과 그의 어머니이며, 창원 방언 제보자는 태어나서 자란 곳이 지은이와 같은 일가친척 두 분과 지은이 자신(김차균)이다. 지역 방언별로 제보자님들을 소개하면 아래와 같다. (제보자의 주소와 직업은 방언 조사를 시작한 날짜를 기준으로 작성한 것이다.)

Ⅱ. 제보자 소개

함안 방언 제보자

ⅰ. **박조자**(1943년생, 여자) ① 주소; 경상남도 함안군 칠북면 이령리 235번지. ② 출생 및 성장지; 함안군 칠원면 예곡리 곡촌부락. ③ 직업; 농업(과수원, 감, 포도 생산). ④ 조사 시작; 2006년 8월. ⑤ 걸린 시각; 70시간

ⅱ. **구현옥**(1966년생, 여자) ① 주소; 경상남도 마산시 회원구 양덕동 한일타운 1차 105동 1705호. ② 출생 및 성장지; 경상남도 함안군 칠북면 이령리. ③ 학력 및 경력; 문학박사, 대학 강의. ④ 조사 시작; 2001년 12월. ⑤ 걸린 시각; 100시간

창원 방언 제보자

ⅰ. **신후식**(1946년생, 남자) ① 주소; 경상남도 창원시 동읍 석산리 501번지. ② 출생 및 성장지; 주소지와 같음. ③ 직업; 농업. ④ 학력 및 경력; 대졸, 공무원. ⑤ 조사 시작; 2006년 8월. ⑥ 걸린 시각; 80시간.

ⅱ. **김원균**(1947년생, 남자) ① 주소; 경상남도 창원시 동읍 석산리 443번지. ② 출생 및 성장지; 주소지와 같음. ③ 직업; 농업. ④ 학력 및 경력; 대졸, 공무원. ⑤ 조사 시작; 2006년 8월. ⑥ 걸린 시각; 80시간.

김해 방언 제보자

ⅰ. 한이선(1930년생, 여자) ① 주소; 경상남도 김해시 봉황동 165-11번지. ② 출생 및 성장지; 김해시. ③ 직업; 농업. ④ 조사 시작; 2006년 8월. ⑤ 걸린 시각; 120시간.

ⅱ. 박남이(1937년생, 여자) ① 주소; 경상남도 김해시 봉황동 283-1 봉황맨션 105동. ② 출생 및 성장지; 김해시. ③ 직업; 농업. ④ 조사 시작; 2006년 8월. ⑤ 걸린 시각; 80시간.

양산 방언 제보자

ⅰ. 차연옥(1960년생, 여자) ① 주소; 경상남도 양산시 중부동 대동아파트 122동 201호. ② 출생 및 성장지; 주소지와 같음. ③ 직업; 주부. ④ 남편 직업; 공무원. ⑤ 학력; 고졸. ⑥ 조사 시작; 2006년 8월. ⑦ 걸린 시각; 120시간.

ⅱ. 정덕자(1961년생, 여자) ① 주소; 경상남도 양산시 물금읍 범어리 520번지. ② 출생 및 성장지; 주소지와 같음. ③ 직업; 주부. ④ 남편 직업; 공무원. ⑤ 학력; 고졸. ⑥ 조사 시작; 2006년 8월. ⑦ 걸린 시각; 120시간.

▌부호와 첨자의 사용법

방점법 이론에서는 성조보다 더 상위에 방점 표시를 두었다. 중세 국어는 3성조언어였고, 그 성조의 이름은 평성, 상성, 거성이다. 현대 국어의 영동 동해안 방언과 영남 방언권에 속하는 성조방언들도 기본적으로는 평성, 상성, 거성의 3성조 방언이지만, 그 가운데 일부는 평성과 측성의 2성조 방언으로 변했다. 기본적으로 3성조 방언이면서도 극소수의 동아리에 속하는 운율적인 낱말의[1] 자료들은 3성조 체계로는 도출해 낼 수가 없는 음조형이 한 가지 또는 두 가지 나타나는데, 이들은 음조적인 특징과 분포의 제한성을 고려하여 음상성 또는 음거성이라 부른다. 세 개의 기본 방점의 표시 방법은 평성은 □으로, 상성은 :□으로, 거성은 ·□으로 한다. 이 표시법은 훈민정음 창제 이후 16세기 말까지 140여 년 동안 사용되었다. 음상성과 음거성은 각각 :回과 ·回으로 표시한다.

상성과 거성이 측성이라는 하나의 성조로 합류되어 2성조 체계가 된 방언에서는 평성을 □으로, 측성을 ·□으로 표시한다. 우리나라의 동북부(옛 함경도) 방언 및 압록강을 넘어 북쪽의 연변의 방언들은 대부분 2성조 방언으로 알려져 있다. 3성조 방언이라도 운율적인 낱말 안에서 평성을 바로 뒤따르는 음절에서는 상성과 거성이 측성으로 중화되므로 이러한 측성도 ·□으로 표시한다. 중화의 위치에서 ·□으로 표시되는 음절의 음조적인 특징은 모두 1모라의 길이이면서 수평조이며, 뒤따르는 음절의 모든 방점을 1점(·□)으로 중화시킨다는 점에서 거성과 동일한 특성을 가진다.[2]

1) 운율적인 낱말은 다른 학자들의 논저들에서는 음운론적인 단어, 어절 등으로 부르지만, 그 용어가 가리키는 내용이 완전히 일치하는 것은 아니다.

2) 김영만(1994: 6쪽)에서는 4성(평성, 상성, 거성, 입성)은 중국의 중고한음 성조를 나타내는 말로 《훈민정음》에서 그것을 답습한 것이라고 지적했고, 또 중고한음의 초분절음소와 우리말의 초분절음소는 다르기 때문에 우리말에서는 중세 국어와 현대 경상도 방언의 초분절음소를 모두 가리키기 위해서는 '꽃류, 풀류, 별류'라는 용어로 바꿔 써야 한다고 주장한다. 지은이의 생각으로는 중국어의 성운학에서 평(平), 상(上), 거(去), 입(入)이라는 단어(또는 형태소)의 각각이 가지는 운소는 중국어 운소들의 4가지 동아리인 평성류, 상성류, 거성류, 입성류의 동아리에 들어 있다는 점에서, 중세 국어와 현대의 3성조 방언들에서 '꽃', '풀', '별'이 '꽃류, 풀류, 별류'에 각각 들어 있는 것과 동일한 정도의 타당성을 우리는 인정할 수가 있다. 그러나 '평(平)'이라는 이름은 토박이들의 심리적인 상태를 바탕으로 하는 유표성 이론과 관련지을 수 있는 용어이며, '상(上)'이라는 이름은 중국말 토박이가 아니라도 오름조(상승조)라는 음조적인 특성과 쉽게 관련을 지을 수 있는 용어인 데 대하여, '꽃' '별' '풀' 중에서는 어느 것도 유표성 이론이나 운율적인 특성과의 심리적인 관련성을 찾기 어렵고, 이들이 단순히 꽃류, 별류, 풀류에 들어 있다는 것 이외에는 어떤 음조적인 특성도 암시하지 않는

방점법 이론에서 성조 또는 성조형은 방점 표상과 음조 표상의 중간적인 존재이며, 이들은 종래의 성조론이나 악센트 이론에서 그러했던 것처럼 학자에 따라 표시의 차이를 나타낼 수 있다. 같은 하나의 성조방언, 보기를 들어 창원 방언의 성조를 /H/(고)와 /L/(저)의 2성조 체계로 볼 수도 있고, /H/, /M/, /L/의 3성조 체계로 볼 수도 있다. 2성조 체계 주장자가 3성조 체계 주장자의 자료를 보면, /H/는 /H/로, /M/은 /L/로, /L/은 /LH/의 복합으로 고치려고 할 것이다. 그리고 음조의 교체가 있는 자료에서 기저 성조를 결정하는 데에도 문제가 생긴다.

대구 방언에서 /삼일/[HL]과 /삼천/[LH]에서 /삼/은 [L]로 나타날 때도 있고, [H]로 나타날 때도 있다. 이런 경우에 성조론자들은 /삼/의 기저 성조를 /L/로 해야 한다는 주장도, /H/로 해야 한다는 주장도 있을 수 있다. /삼/의 기저 성조를 /L/로 보는 사람은 어떤 성조 규칙의 적용에 의해 /삼일/[HL]에서는 [H]로 변했다고 할 것이며, /삼/의 기저 성조를 /H/로 보는 사람은 어떤 성조 규칙의 적용에 의해 /삼천/[LH]에서는 [L]로 변했다고 할 것이다. 어떤 다른 자료를 근거로 하여 이 두 가지 관점 중에서 한쪽을 주장한다고 하더라도 그것이 다른 쪽보다 상대적으로 약간의 장점이 있을 수는 있겠지만, 절대적으로 자신의 주장만 옳다 고집하는 것은 학문을 하는 태도라고 할 수 없을 것이다.

방점법 이론에서 성조 표상은 없애버리고, 방점 표상에서 바로 음조형을 도출하는 방법을 택할 수도 있다.3) 음성학자들에게는 성조 표상이라는 중간 단계를 없애버리는 것이 쉽게 용납될 수 있을 것이지만, 음운학자들이나, 일반 화자들에게는 성조 표상을 폐기해버리고는 높낮이에 대한 학문의 존재 이유를 인정하지 않으려고 할 것이다. 이 책에서 성조 표상의 층위를 폐기하지 않는 것은 일반 화자들과 음운학자들을 위한 것이며, 중간 단계를 두는 것은 언어 교육을 위해서도 도움이 될 것이다.

음조 표상은 청각 인상과 밀접하게 관련된 표상이기 때문에, 그것의 바른 기술을 위해서는 좀 더 세밀한 표시가 필요하다. 사람의 말소리의 높낮이에 대한 지각 능력은 일반적인 성조론자의 상상을 뛰어 넘는 것이다. 초등학교 저학년의 음악 수업에서 '산토끼'라는 노래

자의적인 선택이라는 점에서, 우리말의 운율을 연구하는 학자들이 쉽게 따르기는 어려울 것이라 생각된다. 비록 성운학에서 빌려온 것이기는 하지만, 훈민정음 창제와 더불어 우리말의 운소의 이름으로 정해져서 내려오는 '평성, 상성, 거성, 입성'이라는 이름을 버리고 우리 토박이말로 된 이름을 택하는 것이 반드시 음운학자로서 바람직한 태도라고 생각되지는 않는다.

3) 방점법 이론의 이상은 '방점 층위⇒성조 층위⇒음조 층위'에서 중간 층위인 성조 표시와 성조형의 표시를 없애고, 방점형에서 바로 음조형으로 가는 것이다. 그 까닭은 성조와 성조형은 사람마다 주장이 다르고, 그렇다고 해서 어느 한 사람의 주장이 다른 쪽보다 더 합리적이라는 것을 증명할 수도 없다는 것이다. 그러나 인문학의 각 분야들은 긴 역사상에서 바라보면, 급진적인 발전보다는 종사자들 다수의 동의에 따라 발전해 왔기 때문에 '방점 층위⇒음조 층위'로의 비약은 아직 때가 되지 않았다고 생각된다.

를 배우는데, 이것을 처음 듣는 성조론자에게 오선지를 주고 악보로 적어라면, 성조론자의 10명 중 7, 8명은 바로 적는 데에 실패할 것이다. 사람의 말소리에서 나타나는 높낮이의 연결 모양(/음조형)은 산토끼와 같은 노래보다는 좀 더 복잡하고, 미세한 표기가 필요하다. 산토끼 노래는 바흐(Johann Sebastian Bach; 1685∼1750)의 12평균율로 된 가락(멜로디, 선율)으로 적을 수 있지만, 방언의 발화에 나타나는 음조형은 24평균율을 사용해야만 표시할 수 있는 경우들이 발견된다. 그러나 언어에서 음조형의 인식은 어떤 경우에는 매우 민감하지만, 어떤 경우는 융통성이 있어서 중요한 특징만 비슷하면 정확한 일치를 요구하지 않기도 하기 때문에, 대략 5개 정도의 높이로써 전국의 방언에 나타나는 음조형을 기술할 수가 있다. 이 책에서는 높낮이를 24평균율로 분석하여 표기하는 2장을 제외하고는 5단계의 음조 표시법을 사용할 것이다. 낮은 데서 높은 데로의 순서로 적으면 [L ᴍ M ʜ H]가 된다.

창원 방언에서 [LMMᴍ]은 둘째 음절과 셋째 음절의 높이가 같고 넷째 음절은 첫째 음절보다는 높지만 셋째 음절보다 낮다. 그리고, [MʜHM]은 둘째 음절이 첫 음절보다는 높지만 셋째 음절보다는 낮으며, 넷째 음절이 셋째 음절보다 낮다. 따라서 [LMMᴍ]은 [MʜHM]과는 확실히 구별된다.[4)]

서울말은 성조방언은 아니지만, [LMMᴍ]과 [MʜHM]은 비교적 자주 나타나는 음조형이다. 연구 대상 방언의 토박이들이 쉽게 구별하는 음조형을 성조론자들이 구별하는 데에 실패하는 것은 기원전 6세기의 고대인도 음성학자들 이후에 언어의 음조형은 H(고조)와 L(저조) 뿐이며, 다른 모든 것은 이 둘의 복합으로 이루어진다는 주술에[5)] 빠져 있기 때문이다. 19세기나 20세기 전반의 말소리 연구자들(음운학자들, 음성학자들)이 사용했던 음성부호보다 20세기 말이나 오늘날의 연구자들이 사용하는 음성부호는 2배가 넘고도 해가 갈수록 늘어나고 있는데, 음조는 둘을 넘으면 안 된다는 것인가? 말소리의 높낮이(성조, 음조, 억양, 등)을 연구하는 학자들은 고대인도 학자들의 주술에서 아직도 벗어나지 못하는 경우를 우리는 자주 만난다.

현대 언어학의 모든 하위 분야들 특히 음운론에서는 표기 규약(notational convention)을 마련해 두고 있다. 방점법 이론에서는 중세 국어의 성조 표시법에서 유표성 이론과, 현대 프라하학파의 기능음운론에서 대립과 중화의 이론을 각각 받아들이고, 또한 음절에 매이지

---

4) 참고로 이 5가지 음조 표시가 나타나는 창원 방언의 예문을 들어 둔다.
서울말 옮김; <이사(理事)하고 의사(醫師)하고 이사(移徙)하고 만났다.>
창원 방언 방점 표시; /:이·사·하·고#이·사·하·고#이사하·고#만·났·다/
창원 방언 음조 표시; [LMMᴍ #HMMM #MʜHM #HMM]

5) 베다 범어(Vedic Sanskrit)에는 세 가지 음조(*udātta*(우다앋따, /고/), *anudātta*(아누나앋따, /저/), svarita(스와리따, /하강/))이 있었다. (Robins(1992; 158쪽)을 참조.). '하강조'는 현대 음운론적인 관점에서는 /고/와 /저/의 복합으로 처리될 수도 있을 것이다.

않고 어절 전체를 하나의 '운율적인 낱말'로[6] 적기 위한 아래첨자와 위첨자의 사용법은 촘스키・할레(1968)의 첨자 표기 규약을 우리말의 성조방언의 운율형에 맞도록 약간 조정하여 사용하고 있다. 방점법 이론의 본격적인 논의에 들어가기 전에 약간의 부호와 첨자의 용법을 예시하고, 필요한 경우에는 설명을 덧붙인다.

- 부호와 첨자 사용법 예시 및 설명

□ … 평성

:□ … 상성

·□ … 거성(/측성)

:⧈ … 음상성

·⧈ … 음거성

◱ … 평성(중고한음에 사용)[7]

◰ … 상성(중고한음에 사용)

◳ … 거성(중고한음에 사용)

◲ … 입성(중고한음에 사용)

---

6) 지은이가 '운율적인 낱말'이라고 하는 것이 지시하는 대상의 외연은 음운론 학자들이 '음운론적인 낱말, 어절' 등으로 부르는 것과 경험론적인 면에서 많은 자료들이 일치하지만, 같은 것이 아닌 경우도 많이 나타난다. '운율적인 낱말'은 어절의 한 부분이 될 수도 있고, 어절이 둘 이상 합쳐서 될 수도 있으며, 하나의 절이나 월, 때로는 월이 둘 이상 합쳐서 될 수도 있다. 양쪽 끝에만 쉼(pause, #)이 있고, 중간에는 쉼이 없이 전체가 하나의 방점형(따라서 성조형, 음조형)으로 나타나는 말토막이다. 운율적인 낱말의 형성은 문법적인 성분과는 관계없고, 전달 초점의 배치와 가장 밀접한 관계를 가진다. </머 ·한·다·고 ·밥·도 안 묵·고 돌·아 댕·기·다·가 인자 ·왔·노?/(뭣 때문에 밥도 먹지 않고 돌아다니다가 이제 왔느냐?)는 경남 동남부 방언에서 (그리고 다른 영남 방언권의 일부 방언들에서도), 월의 가운데 어느 한 어절에 전달 초점 강세를 받지 않는 한, 하나의 운율적인 낱말 /머한다고밥도안묵고돌아댕기다가인자왔·노, H^{18}M/[Mʜ^{16}HM]로 발음된다. /H^{18}M/[Mʜ^{16}HM]은 /딱따구·리, H^{3}M/[MʜHM]; /보리조·차, H^{3}M/[MʜHM]; /너도밤나·무, H^{4}M/[Mʜ^{2}HM] 등과 동일한 방점형(따라서, 동일한 성조형, 동일한 음조형)을 가지고 있다. 이와 같이 종래의 어절이나 음운론적인 낱말과 지은이의 운율적인 낱말은 같을 수가 없다. 운율적인 낱말은 성조방언에만 적용할 때는 외연을 좁혀서 '성조론적인 낱말'이라 부를 수도 있다.

7) 평성(◱), 상성(◰), 거성(◳), 입성(◲)과 같은 표기는 원래 네모꼴의 4모서리에 작은 동그라미를 그려 넣어 표시하는 것이므로 권발(圈發)이라고 부른다. 보기를 들면 평성은 ◱이 아니라 □으로 나타내고, 상성, 거성, 입성은 동그라미를 좌상, 우상, 우하 귀에 각각 그려 넣는 것인데, 이러한 부호가 컴퓨터 자판에는 없고, 글자겹치기로 만들어 내기에도 마땅치 않아서, 지은이는 편법으로 몇 년 전부터 도형기호 평성(◱), 상성(◰), 거성(◳), 입성(◲)을 사용해 왔다. 평성, 상성, 거성, 입성이라는 용어는 오늘날의 중국의 음운학자들은 중고한음뿐만 아니라, 중국의 상고어, 근대어, 그리고 중국어의 모든 방언의 성조에 확대해서 적용하고 있다.

L … 저조

M … 중조

H … 고조

H˥ … 양산 방언에서 #—#의 환경에 나타나는 /H/의 음조이다. 0.9 모라 정도의 길이로 고조로 높게 발음되다가 끝 부분이 0.1모라 정도의 길이로 촉급하게 [H]보다 1.5Qt 정도로 낮아지는 음조이다.

Ḧ … 고장조(수평조, 가벼운 상승조). 대체로 [ḦHM_0]형에서 Ḧ는 1.6모라 길이의 수평조이고, [ḦM_0]형에서 Ḧ는 1.6모라의 길이이며 뒤끝이 가볍게 올라가는 상승조이다.

M̤ … 중장수평조

M̆ … 중장상승조

ʟ … L보다 1~2Qt 높은 1모라 길이의 수평조

ʟ̆ … L보다 1~2Qt 높은 위치에서 시작되어 뒤끝이 가볍게 올라가는 음조, 저승조

St … 2분음정, 1St는 1/2도(度), 바흐(Johann Sebastian Bach; 1685~1750)은 1옥타브를 12평균율(12개의 지각 등급, Semi-tone)로 나누었다. 피아노와 같은 건반악기의 건(key)가 1옥타브 안에 12개가 들어 있는 것은 12평균율에 따른 것이다.[8)]

Qt … 4분음정, 1Qt는 1/4도, 구어(speech)의 분석을 위해서는 1옥타브를 24평균율로 나누는 것이 적당하기 때문에, 이 책에서는 2분음정(semi-tone) 대신에 4분 음정(quarter-tone)을 사용한다. 피아노 건반의 왼쪽에서 세 번째 A건(/'가'건)이 내는 소리는 110.0Hz인데, 이것을 이 책에서는 1Qt로 하여 언어 분석을 위한 기준 음조(reference pitch, 기준 피치)로 정한다. 그렇게 하면 왼쪽에서 세 번째 A#건(/'가#'건)이 내는 소리는 3Qt, 왼쪽에서 세 번째 B건(/'나'건)이 내는 소리는 5Qt가 되고, 왼쪽에서 세 번째 C건(/'다'건)이 내는 소리는 7Qt가 된다. Hz는 음향물리적인 단위이기 때문에 등차수열에 따라 수치가 매겨지지만, St나 Qt는 지각(perception)의 등분이기 때문에 지각 등분에 따른 수열을 Hz 단위로 환산하면 등비수열이 된다. 4분음에 대한 더 자세한 논의는 2장 참조.

l … 약화된 저조

h … 약화된 고조

m … 약화된 중조

---

8) 12평균율로 자연언어의 운율을 표기한 것은 요셉가족(정원수 외)(2012)가 처음인 듯하다. 그들은 자연언어의 높낮이뿐만 아니라 음절의 길이와 강세를 악보로 적고 있어서, 운율 이론과 언어 교육에 획기적인 성과를 올릴 수 있을 것으로 기대된다.

$\ddot{h}$ … 약화된 고장조

H^2 … 2개의 H, 곧 HH

H^3 … 3개의 H, 곧 HHH

M^3 … 3개의 M, 곧 MMM

M^n … n개의 M

H_0 … 0개 이상의 H, 곧 {H^0(=ø(영)), H(=H^1), H^2, H^3, … H^n}[9)]

H_1 … 1개 이상의 H, 곧 {H, H^2, H^3, H^4, … H^n}

H_2 … 2개 이상의 H, 곧 {H^2, H^3, H^4, H^5, … H^n}

HM^3 … 1개의 H와 3개의 M으로 이루어진 성조형, 곧 HMMM

H^2M^3 … 2개의 H와 3개의 M으로 이루어진 성조형, 곧 HHMMM

H_2M^3 … 2개 이상의 H와 3개의 M으로 이루어진 성조형, 곧 {H^2M^3, H^3M^3, H^4M^3, H^5M^3, …, H^nM^3}

L^5 … L로 시작되는 5음절 성조형[10)]

M^5 … M으로 시작되는 5음절 성조형

:□^{3} … 상성으로 시작되는 3음절 측성형

·□^{3} … 거성으로 시작되는 3음절 측성형

□^{3} … 3개의 평성, 곧 □□□

□^{2}·□^{3} … 2개의 평성과 3개의 측성으로 이루어진 5음절 평측형, 곧 □□·□·□·□

:⊡^{3} … 음상성으로 시작되는 3음절 측성형

[MHM^3] … 1개의 M과 1개의 H와 3개의 M으로 이루어진 음조형, 곧 [MHMMM]

[HM^3] … 1개의 H와 3개의 M으로 이루어진 음조형, 곧 [HMMM]

[LM] … 2음절 상성형 음조형(줄여서 상성음조형), 방언에 따라서는 2음절 음거형 음조형(줄여서 음거음조형)

[LMM] … 3음절 상성형 음조형(줄여서 상성음조형), 방언에 따라서는 3음절 음상형 음

---

9) 방점형, 성조형, 음조형에서 위첨자는 앞서는 문자나 기호의 수를 가리키고(보기; H^0, H^1, H^2, H^3, H^n은 각각 H가 0개, 1개, 2개, 3개, n개임을 뜻한다.), 아래첨자는 앞서는 문자나 기호의 수가 ~개 이상임을 가리킨다(보기; H_0, H_1, H_2, H_3은 각각 H가 0개 이상, 1개 이상, 2개 이상, 3개 이상임을 뜻한다.).

10) 방점 층위나 성조 층위에서 측성(상성, 거성, 음상성, 음거성)은 강한 중화력을 가지고 있기 때문에, 측성 부호에 사용하는 첨자의 용법은 촘스키・할레(1968)의 그것과 차이가 있다. 보기를 들어서 설명하면, 상성을 가리키는 방점 표상과 성조 표상은 각각 :□과 L인데, 촘스키・할레(1968)를 따르면 :□^{5}과 L^5은 :□:□:□:□:□와 LLLLL을 뜻하지만, 방점법 이론에서는 :□^{5}는 :□로 시작되는 5음절 방점형, L^5는 L로 시작하는 5음절 성조형을 가리킨다. 그러므로 :□^{5}는 :□·□·□·□·□을 가리키고, L^5은 음조형 실현 규칙의 적용으로 [LMM_M^2]가 된다.

조형(줄여서 음상음조형), 또는 3음절 음거음조형, 보기를 들면 경남 고성 방언에서 [LMM]은 3음절 음상음조형. 음상음조형 [LMM]에서 [L]은 1.3모라 정도의 길이로 뒤끝이 조금 올라가지만, 음거음조형 [LMM]에서 [L]은 1모라 수평조이다.

[LMMᴍ] … 4음절 상성음조형, 방언에 따라서는 4음절 음상음조형, 어떤 방언에 서는 4음절 음거음조형, 또 다른 방언에서는 4음절 음상음조형일 수도 있다. (여기에서 [ᴍ]은 [M]보다 뚜렷이 낮게 발음된다. 그리고 [LMMᴍ]에서 MM은 고정된 수이므로, [LM^{2}ᴍ]으로 적지 아니한다. 음상형 [LMMᴍ]에서 [L]은 1.3모라 정도의 길이로 뒤끝이 조금 올라가지만, 음거형 [LMMᴍ]에서 [L]은 1모라 수평조이다.

[LMMᴍ$_0$] … 3음절 이상의 상성음조형, 방언에 따라서는 3음절 이상의 음거음조형, 또 다른 방언에서는 3음절 이상의 음상음조형이다. 여기에서 [ᴍ$_0$]은 [M]보다 뚜렷이 낮게 시작되고, [ᴍ$_0$]이 2음절 이상에 얹힐 때는 내림사슬(falling chain)로 발음된다.

[LMMᴍ$_1$] … 4음절 이상의 상성음조형, 방언에 따라서는 4음절 이상의 음거음조형, 또 다른 방언에서는 4음절 이상의 음상음조형이다. 여기에서 [ᴍ$_1$]은 [M]보다 뚜렷이 낮게 시작되고, [ᴍ$_1$]이 2음절 이상에 얹힐 때는 내림사슬(falling chain)로 발음된다.

[LMMᴍ$_2$] … 5음절 이상의 상성음조형, 방언에 따라서는 5음절 이상의 음거음조형, 또 다른 방언에서는 5음절 이상의 음상음조형 (여기에서 [ᴍ$_2$]는 [M]보다 뚜렷이 낮게 시작되고, 또 [ᴍ$_2$]는 2음절 이상에 얹히므로 내림사슬(falling chain)로 발음된다.

[LM], [LMM], [LMMᴍ], [LMMᴍ$_0$], [LMMᴍ$_1$] 등으로 표시 된 것이라도 이들이 창원 방언, 함안 방언, 김해 방언, 양산 방언 등에서처럼 상성형을 나타내거나, 고성 방언처럼 음상형을 표시할 때는 첫 음절의 음조 L은 1.3모라 정도의 길이로 뒤끝이 가볍게 올라가는 오름조이지만, 강릉 방언, 대구 방언, 성주 방언, 안동 방언에서처럼 음거형을 표시할 때는 첫 음절의 음조 L은 1모라 길이의 수평조이다.

[HHM$_0$] … 2음절 이상의 거성형 음조형(줄여서 거성음조형) (여기에서 HH는 고정된 수이므로, [H^{2}M$_0$]으로 적지 아니한다. [HHM$_0$]에서 [M$_0$]은 2음절 이상에 얹히면 내림사슬로 발음된다.)

[HHM$_1$] … 3음절 이상의 거성음조형이다. 여기에서 HH는 고정된 수이므로, [H^{2}M$_1$]로 적지 아니한다. [HHM$_1$]에서 [M$_1$]은 2음절 이상에 얹히면 내림사슬로 발음된다.)

[HHM$_2$] … 4음절 이상의 거성음조형이다. [HHM$_2$]에서 [M$_2$]는 2음절 이상에 얹히므로 내림사슬로 발음된다.

[HHM^n] … (2+n)음절의 거성음조형이다. [HHM^n]에서 [M^n]은 2음절 이상에 얹힐 때는 내림사슬로 발음된다.

[Mʜ$_0$HM^n] … (2+n)음절 이상의 평측형 음조형(줄여서 평측음조형)이다. [Mʜ$_0$HM^n]에서 [ʜ]는 앞서는 [M]보다 높지만, [H]보다는 높지 않다. [ʜ$_0$]이 2음절 이상에 얹힐 때는 [M]보다 높게 시작되어 [H]보다 높지 않은 위치에서 끝나는 오름사슬(rising chain)로 발음된다.

[Mʜ$_1$HM^n] … (3+n)음절 이상의 평측음조형이다. [Mʜ$_1$HM^n]에서 [ʜ$_1$]이 2음절 이상에 얹힐 때는 [M]보다 높게 시작되어 [H]보다 높지 않은 높이에서 끝나는 오름사슬(rising chain)로 발음된다.

[Mʜ$_2$HM^n] … (4+n)음절 이상의 평측음조형 ([Mʜ$_2$HM^n]에서 [ʜ$_2$]는 [M]보다 높게 시작되어 [H]보다 높지 않은 위치에서 끝나는 오름사슬(rising chain)로 발음된다.

[Mʜ$_0$HM^n], [Mʜ$_1$HM^n], [Mʜ$_2$HM^n], … 등에서 첫 음절 M 뒤에 처음 나타나는 ʜ는 방언에 따라 높이에 차이가 있고, ʜ가 둘 이상 나타나서 오름사슬을 이룰 때는 그 기울기도 방언에 따라 차이가 나타난다. 경남 방언권에 속하는 창원 방언, 함안 방언, 김해 방언, 양산 방언, 밀양 방언, 고성 방언, 사천 방언, 진주 방언 등에서는 첫 ʜ는 첫 음절 M과 최고의 높이인 H의 중간보다 조금 높은 위치에서 시작되며, ʜ가 둘 이상 나타나서 오름사슬을 이룰 때는 마지막 ʜ는 H보다 높지 않은 위치에서 끝난다. 이러한 까닭으로 과거에 지은이가 음조를 L, M, H의 3단계로만 표시했을 때는 경남 방언권의 여러 방언들의 음조형을 [MHM^n], [MH$_1$M^n], [MH$_2$M^n], 등으로 표시했다. 경북・대구 방언권에 속하는 대구 방언, 성주 방언, 안동 방언, 울진 방언, 그리고 강원도의 삼척 방언, 등에서는 첫 ʜ는 첫 음절 M과 최고의 높이인 H의 중간보다 낮아서 M에 가까운 위치에서 시작되며 ʜ가 둘 이상 나타나서 오름사슬을 이룰 때는 마지막 ʜ는 H에 훨씬 못 미치는 위치에서 끝난다. 이러한 까닭으로 과거에 지은이가 음조를 L, M, H의 3단계로만 표시했을 때는 경북・대구 방언권의 여러 방언들의 음조형을 [MHM^n], [M$_1$HM^n], [M$_2$HM^n], 등으로 표시했다. 강원도의 강릉 방언, 우리나라 북동부의 북청 방언, 육진 방언, 연변의 룡정 방언 등에서는 첫 ʜ는 첫 음절 M과 최고의 높이인 H의 중간보다 좀 더 높은 위치 곧 H에 가까운 위치에서 시작되며 ʜ가 둘 이상 나타나서 오름사슬을 이룰 때는 마지막 ʜ는 H와 거의 같은 위치에서 끝난다. 이러한 까닭으로 과거에 지은이가 음조를 L, M, H의 3단계로만 표시했을 때는 강릉 방언이나 북청, 육진, 룡정 등 우리나라 동북부 방언권의 여러 방언들의 음조형을 [MHM^n], [MH$_1$M^n], [MH$_2$M^n], 등으로 표시했다.

[ḦM$_0$], [ḦM$_1$], [ḦM^n] … 이들은 울진 방언, 삼척 방언의 상성음조형들이다.

[$\ddot{H}HM_0$], [$\ddot{H}HM_1$], [$\ddot{H}HM^n$] … 이들은 경북 · 대구 방언권의 상성음조형들이고, 울진 방언과 창원 방언②의 음상음조형들이다.

[$\breve{M}HM_0$], [$\breve{M}HM_1$], [$\breve{M}HM^n$] … 경북 · 대구 방언권의 상성음조형들이고, 삼척 방언의 음상음조형들이다.

[RM_0], [RM_1], [RM^n] … 강릉 방언의 상성음조형, 삼척 방언의 상성음조형들이다.11)

[$MMMM_0$], [$MMMM^n$], [$LMMM_0$], [$LMMM^n$] … 이들은 울진 방언의 음거음조형들이다. [$MMMM_0$], [$MMMM^n$]은 임의변이 음조형인 [$LMMM_0$], [$LMMM^n$]보다 더 자주 나타난다.

[HM_0], [HM_1], [HM^n], [MHM_0], [MHM_1], [MHM^n], [HHM_0], [HHM_1], [HHM^n], [$\ddot{H}M_0$], [$\ddot{H}M_1$], [$\ddot{H}M^n$], [$\ddot{H}HM_0$], [$\ddot{H}HM_1$], [$\ddot{H}HM^n$], … 등에서도 [M_0], [M_1], [M^n] 부분은 2음절 이상에 얹히면 내림사슬을 이룬다. 또 [HM_2], [HM_3], [MHM_2], [MHM_3], [HHM_2], [HHM_3], [HHM^n], [$\ddot{H}HM_2$], [$\ddot{H}HM_3$], [$\ddot{H}M_2$], [$\ddot{H}M_3$], 등에서 [M_2], [M_3] 부분은 2음절 이상에 얹히므로 내림사슬로 발음된다.

내림사슬이 있는 모든 종류의 음조형에서 내림사슬의 둘째 이하의 음절은 토박이의 심리적인 표상으로는 중조(=[M]의 음역)에 머물러 있으나, 실제로 측정을 하면 [M]의 영역을 벗어나서 [L]의 영역에까지 내려가며, 때로는 [L]의 영역까지도 벗어나서 더 내려가기도 한다.12)

---

11) 음조 표상 [R](상승조)는 [M](중)의 영역에서 [H](고)의 영역에 걸쳐 있는 음조형을 표시한다. [R]은 M(중)의 영역 안에서 상승조를 띤 [$\breve{M}$]와는 구별된다. 2014년 8월 25일 박숙희 박사는 [M]과 [H]의 영역에 걸쳐 있더라도 상승의 폭이 너무 작을 때는 [R]로 표시하는 것은 부적합하고 했는데, 이 제안은 수긍할 만하다. 저자는 [M]과 [H]의 영역에 걸쳐있으면서 사분음자(Quarter tone scale)의 수치로 5Qt 이상의 굴곡이 있는 상승조라야 [R]로 표시할 수 있을 것으로 생각한다. 사분음자(Quarter tone scale)에 대해서는 이 책 2장 참조.

12) [$\ddot{H}M_1$], [HHM_0], [MH_0HM^n], [HM_1]처럼 [$\ddot{H}$ —] 또는 [XH —]의 위치에 오는 [M_1], [M_0], [M^n]은 모두 [M]의 위치에서 시작되지만, 2음절 이상에 얹힐 때는 음절의 수가 늘어날수록 앞서는 음절보다 뒤따르는 음절이 낮아지는 내림사슬을 이룬다. [$LMMM_0$]에서 [M_0]도 2음절 이상에 얹힐 때는 내림사슬을 이룬다. [M_0], [M_1], [M_0], [M^n], 등은 그 사슬의 첫 음절([M], [M])을 제외하고는 뒤따르는 모든 음절은 음조가 점점 더 내려가서 측정치로는 [L] 이하로 낮아질 수도 있으나, 각 방언 토박이들의 심리-주관적인 인상으로는 [M]의 높이로 느껴진다. 오름사슬과 내림사슬이라는 용어는 성철재 · 권오욱 · 이지향 · 김차균(2008)과 김차균 · 이지향 · 권오욱 · 성철재(2008)에서 처음 사용되었다. 그러나 사용된 용어는 다르지만, 내용상으로는 김영만(1986: 1~45)의 음조형 설명에서 오름사슬은 O형의 정점인 O의 앞 음절들에 나타나는 음조의 연속 곧 o의 연속과 사실상 같은 것이고, 내림사슬은 음조형의 정점의 뒤에 나타나는 u의 연속과 같은 것이다.

▌내용의 구성

제Ⅰ부의 1장은 3~10장 전체를 위한 성조 이론이며, 또한 자연언어에 속하는 모든 성조언어를 위한 일반 이론이기도 하다.

2장은 성조언어뿐만 아니라 모든 자연언어의 운율형의 높낮이를 측정하기 위한 자(scale, 척도)의 한 가지로 지각심리에 바탕을 두고 개발한 사분음자(Quarter-ton scale)을 제시하고, 그 사용 방법을 구체적으로 보여줄 것이다. 따라서 2장을 숙지한 사람은 언어의 높낮이에 대한 청취력의 우열에 관계없이 높낮이에 관련된 음운론과 음성학에 종사할 수 있는 능력을 얻게 될 것이다.

3장은 분절음의 자질이 음조형 나아가서는 성조형의 결정에 영향을 미치는 경우가 있음을 경남 서남부 방언들 중의 하나인 진주 방언에서 보기를 들어 체계화한다. 그리고 분절음의 자질이 음조형과 성조형에 미치는 영향이 경남 남부 방언에서 동남부 방언과 서남부 방언을 분화하는 데에 중요한 원인들 중의 하나가 된다는 것을 보여 준다. 그리고 더 나아가서는 비성조언어가 성조언어로, 또는 성조언어가 비성조언어로 발전하는 데는 분절음의 체계가 변할 때 발생할 수 있음을 보여주며, 또한 분절음의 체계의 가감은 성조언어 안에서 성조의 수의 감소와 증가에 영향을 줄 수 있을 것임을 보여 줄 것이다.

4장은 《훈민정음(해례)》와 《소학언해》 범례의 방점 자료와 이에 대응하는 창원 방언의 방점 자료를 비교함으로써, 국어 성조사를 쓰기 위한 모형 이론을 개발할 것이며, 계량적인 방법을 통해서 대응관계를 논하는 것이 이 모형이론의 특징이다. 따라서 4장에서 개발한 이론은 '중고한음 4성과 《소학언해》에 나타나는 한자형태소의 방점' 그리고 '중고한음 4성과 창원 방언에 나타나는 한자형태소의 방점'의 대응관계를 계량적인 방법으로 논하는 이론으로 활용할 것이다. 또한 이 이론은 중고한음 4성을 떠나서 《소학언해》에 나타나는 한자형태소의 방점과 창원 방언의 방점을 직접 비교하는 데에도 활용할 것이다.

제Ⅱ부는 '경남 동남부 4개 방언과 양산 방언의 성조'라는 제목 아래 경남 동남부 방언권 안에서 4개 방언(창원 방언①②, 함안 방언, 김해 방언)과 지역적으로 경남 서북부에 속해 있는 양산 방언의 성조 체계를 대조적으로 기술한다. 동남부 방언권에 들지 않은 양산 방언을 제Ⅱ부의 내용 안에 넣은 것은 동남부 4개 방언의 특성을 더 두드러지게 하기 위한 것이다.

제Ⅱ부의 5장에서는 창원 방언①, 창원 방언②, 함안 방언, 김해 방언, 양산 방언의 많은 자료를 활용하여 성조 체계와 이름씨와 풀이씨의 형태성조론 및 굴곡법을 중점적으로 다루고, 성조 이외의 운율 현상들도 검토했다. 5.2절에서는 조어법의 차원에서 직접구성성분이 결합하여 복합이름씨를 이루는 과정에서 기저방점 표상의 변동 유무와 변동에 미치는 규칙들의 종류를 고찰한다. 5.3절에서는 이름씨의 굴곡법을 다루었다. 토씨들의 기본방점표상의 분석 방법을 제시하고, 이름씨와 토씨가 결합의 자료들을 체계적으로 제시한다.

5.4절에서는 풀이씨의 굴곡형들에 나타나는 특징들을 표시하고 정리하는 방법을 설명하고, 이 방법에 따라 풀이씨의 자료들을 제시했다. 그리고 5.5절에서는 조어법의 관점에서 풀이씨의 어간을 형성할 때 적용되는 규칙들에 따라 어간들을 분류하여 제시한다.

5.6절에서는 풀이씨의 씨끝의 결합체들의 성조 표시를 분석하는 방법을 제시하고, 이 방법에 따라 경남 동남부 4개 방언과 동북 방언인 양산 방언의 씨끝 결합체들의 기본방점표상을 제시하고, 씨끝들의 그 밖의 표상들은 방대한 굴곡형 자료들을 통해서 파악할 수 있게 한다.

5.7에서는 양산 방언, 함안 방언, 창원 방언②에 4음절 이상의 상성형(:□)이 평3형으로 임의변동하는 현상이 드물게 나타나는 경우가 있음을 보일 것이며, 이어서 5개 방언 전체에 공통된 특징이면서도 방점과는 차원이 다른 운율적인 특징인 표현적인 장음화를 기술했다.

5.8절에서는 김차균(2003)과 김차균(2006)ㄱ 등에서 이미 밝힌 바 있는 외적순행평성동화라는 규칙을 소개하고, 이 규칙의 적용이 동남부 방언에서는 보편화되었으나, 동북부 방언인 양산 방언에서는 차단되어 있는 것을 보여주고, 이 규칙의 보편화 여부가 성조방언들의 분류를 위한 중요한 기준이 될 수 있음을 보여 준다. 그리고 방언 구분을 위해 외적순행평성동화만큼은 선명하고 강력하지는 못하지만, 모음 사이에서 비자음 /ㅇ, ㄴ/의 약화에 따른 모음의 비음화와 비음화 뒤에 또 하나의 변화인 탈비음화(denasalization)의 빈도의 차이가 경남 동남부 4개 방언과 양산 방언의 차이들 중의 하나임을 보여 준다.

제Ⅱ부의 마지막인 5.9절에서는 5개 방언의 셈씨, 어찌씨, 매김씨, 인칭대이름씨, 재귀대이름씨, 의문사, 부정사, 등과 관련된 낱말들의 방점 자료들을 모아서 대응의 정도에 따라 정리한다.

제Ⅲ부 6장에서는 중고한음 4성과 중세 국어 한자형태소의 현실 성조의 대응관계, 중고한음 4성과 창원 방언 한자형태소의 성조의 대응관계, 그리고 중세 국어 한자형태소의 현실 성조와 창원 방언의 한자형태소의 성조의 대응관계를 계량적인 방법으로 분석하고 정리한다. 6.2절에서는 우리말 성조에 관한 선행 연구자들의 학설 및 그 연구 성과와 우리말에서 성조 붕괴 및 소멸에 관한 견해들을 소개한다.

6.3절에서는 먼저 《소학언해》 범례의 한자음 성조에 관한 이론을 방점법 이론의 관점에서 재해석한다. 그런 다음에, 중고한음 4성과 《소학언해》의 한자형태소의 성조의 대응관계를 계량적인 방법으로 분석하고 대응의 특성과 그 원인을 밝힌다. 6.4절에서는 중고한음 4성과 창원 방언의 한자형태소의 성조의 대응관계를 계량적인 방법으로 분석하고 대응의 특성이 중고한음 4성과 《소학언해》 한자음의 대응관계에서 나타나는 특성과 동일하며, 그 원인도 같다는 것을 밝힌다. 6.5절에서는 《소학언해》 한자음 성조와 창원 방언의 한자형태소의 성조의 대응관계를 계량적인 방법으로 분석한다.

▌차례

지은이의 말 ▌ 5
방언 자료를 제보하신 분들 ▌ 12
부호와 첨자의 사용법 ▌ 14
내용의 구성 ▌ 23

제Ⅰ부 현대 운율 이론

제1장 방점법 이론_33

1.1 방점형 및 성조형과 음조형 ······ 33
1.2 음조형 실현 ······ 42

제2장 음조형 측정의 객관화와 성조론_61

2.1 머리말 ······ 61
2.2 언어 분석용 참조 고도 설정과 사분음자 ······ 62
2.3 Qt 사슬을 이용한 조옮김의 설명 ······ 70
2.4 방점형의 Qt 사슬 측정 ······ 72
2.5 측정 Qt 사슬과 조정 Qt 사슬 ······ 75
2.6 조정 Qt 사슬과 음조형의 관계 ······ 77
2.7 방점 표상에 의한 성조의 대응관계 ······ 83
2.8 맺음말 ······ 84

제3장 분절음과 성조의 상관성에 관한 고찰_87

3.1 머리말 ······ 87
3.2 방점과 성조 체계 ······ 90
3.3 창원 방언①과 진주 방언의 자료 ······ 95
3.4 어두 된소리가 성조형의 결정에 미칠 가능성 ······ 106
3.5 진주 방언 어두 경음 조건에서 상성형의 거성형화 ······ 112
3.6 맺음말 ······ 126

제4장 중세 국어와 창원 방언 성조의 비교
–《훈민정음(해례)》와 《소학언해》 범례의 방점 자료에 바탕을 두고_129

4.1 머리말 ······ 129
4.2 중세 국어 성조 이론의 대강 ······ 131
4.3 중세 국어와 현대 방언 방점 표상의 대응표 ······ 136
4.4 중세 국어 방점 표상과 창원 방언① 방점형의 대응관계 ······ 144
4.5 《훈민정음(해례)》 속의 한자 방점 자료와 창원 방언① 방점의 비교 ······ 155
4.6 맺음말 ······ 160

제II부 경남 동남부 4개 방언과 양산 방언의 성조

제5장 경남 동남부 방언의 성조 체계_165

5.1 머리말 ······ 165
5.2 이름씨 ······ 166
5.2.1 이름씨 운율형 자료 ······ 166
5.2.2 이름씨의 형태운율론 ······ 242
5.3 이름씨의 굴곡 ······ 287
5.3.1 토씨연결체의 기본방점표상 분석 ······ 287
5.3.2 이름씨와 토씨 결합의 방점표상 자료 ······ 294
5.4 풀이씨 ······ 313
5.4.1 풀이씨 자료 정리와 기본 정보 표시 방법 ······ 313
5.4.2 평측형어간 풀이씨 자료 ······ 317
5.4.3 상성형어간 풀이씨 자료 ······ 358
5.4.4 거성형어간 풀이씨 자료 ······ 366
5.4.5 쉼(#)이 어간 사이에 들어 있는 풀이씨 자료 ······ 373
5.4.6 표현적인 장음화 (:)이 어간 사이에 들어 있는 풀이씨 자료 ······ 377

5.5 풀이씨 줄기의 형태운율론 ········ 379
5.5.1 당연 규칙에 따른 풀이씨 어간 도출 ········ 379
5.5.2 첫성분평성형화 규칙 ········ 386
5.5.3 어간 평성형화 ········ 392
5.5.4 중화 규칙에 따른 풀이씨 어간 도출 ········ 393
5.6 풀이씨 굴곡형태론 ········ 399
5.6.1 고정평성어간 풀이씨의 굴곡형과 씨끝연결체의 기본방점표상 ········ 402
5.6.2 고정평성형어간 풀이씨의 굴곡형 ········ 424
5.6.3 평측형어간 풀이씨의 굴곡형 ········ 498
5.6.4 고정상성형어간 풀이씨의 굴곡형 ········ 525
5.6.5 1음절 거성어간 풀이씨의 굴곡형 ········ 537
5.6.6 2음절 이상의 거성형어간 풀이씨의 굴곡형 ········ 570
5.6.7 1음절 변동상성어간 풀이씨의 굴곡형 ········ 574
5.6.8 2음절 변동상성형어간 풀이씨의 굴곡형 ········ 609
5.6.9 1음절 변동평성어간 풀이씨의 굴곡형 ········ 613
5.6.10 2음절 변동평성형어간 풀이씨의 굴곡형 ········ 638
5.7 특수한 방점형 변동, 표현적 장음화, 쉼(#)과 방점형 분리 ········ 647
5.8 외적순행평성동화, 모음의 비음화 및 탈비음화와 방언적인 차이 ········ 652
5.8.1 외적순행평성동화 현상 ········ 652
5.8.2 방언 차이와 외적순행평성동화 ········ 655
5.8.3 모음의 비음화와 탈비음화 ········ 670
5.9 셈씨, 어찌씨, 매김씨, 인칭대이름씨 등 ········ 688
5.9.1 수량 관계 자료 ········ 688
5.9.2 일반 어찌씨 및 느낌씨 ········ 692
5.9.3 지시사, 인칭대이름씨, 재귀대이름씨 ········ 694
5.9.4 의문사, 부정사 관련 낱말들 ········ 695
5.10 맺음말 ········ 698

제Ⅲ부 중고한음 4성과 우리말 한자음의 성조

제6장 중고한음 4성과 중세 국어 및 현대 창원 방언 성조의 대응관계 연구_703

6.1 머리말 ······ 703
6.2 우리말 한자형태소 성조사에 관한 선행 연구 성과 ······ 704
6.2.1 한자어의 도입 및 보급과 한자음 규범화 ······ 704
6.2.2 신라시대와 고려시대 우리말 성조에 관한 연구 ······ 709
6.2.3 우리말 성조 체계 붕괴에 대한 견해 ······ 712
6.2.4 우리 현실한자음 방점법에 대한 견해 ······ 716
6.3 중고한음 성조와 《소학언해》에 나타난 우리말 한자형태소 성조의 비교 ······ 718
6.3.1 《소학언해》 범례의 성조론 ······ 718
6.3.2 중세 국어에서 고유어의 방점 표상과 한자어의 방점 표상 ······ 722
6.3.3 중고한음 4성과 《소학언해》 및
창원 방언 한자형태소 성조 자료의 정리 방법 ······ 728
6.3.4 중고한음 4성과 《소학언해》와 창원 방언 자료의 일차 정리 ······ 754
6.3.5 중고한음 4성과 《소학언해》 한자형태소 성조의 대응관계의 분석 ······ 1098
6.3.6 중고한음 4성이 우리 현실한자음 3성조 체계에 반영되는 과정과 그 시기 ·· 1109
6.3.7 한시를 짓기 위한 전통적인 4성 암기와 현실한자음 ······ 1114
6.3.8 《소학언해》 범례의 시속음 ······ 1118
6.3.9 《소학언해》 한자형태소 성조의 공시적인 고찰 ······ 1122
6.4 중고한음 4성과 창원 방언 한자음 방점의 비교 ······ 1177
6.4.1 1940년대와 1970년대 창원 방언 한자형태소의 분절음 체계 비교 ······ 1177
6.4.2 중고한음 4성, 《소학언해》와 창원 방언 한자형태소 방점 자료 정리 ······ 1191
6.4.3 어두(#—)에 나타난 한자형태소의 방점 ······ 1241
6.4.4 평성 뒤(□—)에 나타난 한자형태소의 방점 ······ 1270
6.4.5 중고한음 4성과 창원 방언 한자음 방점 대응관계 분석 (어두(#—)) ······ 1284
6.4.6 중고한음 4성과 창원 방언 한자음 대응관계 분석 (평성 뒤(□—)) ······ 1290

6.5 《소학언해》와 창원 방언의 한자형태소 방점의 대응관계 ······ 1292
6.5.1 어두 위치 한자형태소 방점 분석 자료 ······ 1293
6.5.2 어두에서 《소학언해》와 창원 방언 한자형태소 방점 대응관계 ······ 1321
6.5.3 평성 뒤의 위치에서 한자형태소 방점 분석 자료 ······ 1324
6.5.4 평성 뒤에서 《소학언해》와 창원 방언 한자형태소 방점 대응관계 ······ 1338
6.6 맺음말 ······ 1341

참고문헌 ▌1345
찾아보기 ▌1351

제 I 부

현대 운율 이론

제1장 방점법 이론

1.1 방점형 및 성조형과 음조형

이 책에서는 20세기 전반의 수준에서 나온 성조 체계의 유형론에 매이지 않고, 높낮이가 낱말의 뜻을 분화하는 변별적인 기능을 하면 모두 진정한 성조언어라고 본다.[1] 따라서 우리말의 성조방언들도 중국어와 마찬가지로 진정한 성조언어라고 보면 된다. 다만 우리말에는 성조들이 약하든 강하든 모두가 운율적인 낱말 안에서 직접 뒤따르는 위치에 성조의 대립을 허용하지 않는 중화의 기능을 가지고 있다는 점에서 중국어의 성조들과는 차이가 있다. 먼저 아래의 표 (1)을 보자.[2]

표 (1)에서 화살표 왼쪽의 기저방점표상을 보면, 기저에서는 체계 안에 존재하는 어떠한 성조 연결이라도 다 허용되고 있어서, 우리말도 중국어와 다름없는 성조언어임을 알 수 있다.

표 (1)ㄱ의 마지막 두 어절 /꽃밭/과 /삼천년/은 중화가 일어나지 않은 보기이다. 그러므로 이 두 어절은 화살표(→)의 왼쪽의 기저방점표상과 오른쪽의 최종방점표상은 각각 /□□/과 /□□□/으로 동일하다. 이 두 어절 이외에도 몇 개의 보기들은 화살표 왼쪽의 표상과 오른쪽의 표상이 같은 것도 있는데, 이들은 기저방점표상과 최종방점표상이 같은 경우이다. 서울말에서 /나비, nabi/가 [나비, nabi]로 발음되는 것은 기저표상에 아무 음운 규칙도 적용되지 않고 그대로 음성 표상이 도출된 경우이며, /국민, gugmin/이 [궁민, guŋmin]으로 발음되는 것은 하나의 음운 규칙이 적용된 경우이며, /국론, gugron/이 [궁논, guŋnon]으로

1) 김차균(1999), 김차균(2003), 김차균(2006)ㄱ을 참조.

2) 표 (1)은 김차균(2006)ㄱ에서 따와서 몇 개의 보기를 조정 보완하고, 음조형의 표기는 가장 최근의 표기인 김세진(2006), 김차균·강흥구(2009)의 5단계(L, ᴍ, M, ʜ, H)의 높낮이 표시법을 따른 것이다.

발음되는 것은 2개의 음운 규칙이 적용된 것이다. 기저방점표상에서 최종방점표상이 도출될 때도, 경우에 따라 0개, 1개, 2개 또는 그보다 많은 규칙의 적용을 통해서 도출된다.

(1) 창원 방언의 대립 및 중화 자료 (김차균 : 2006ㄱ)

	/기저방점표상/		/최종방점표상/(=최종방점형)	/성조형/[음조형]
ㄱ.	/밭:골, 밭·풀/[3]	→	/밭·골, 밭·풀/[4]	/HM/[HM]
	/천:세:손, 산:새·알, 밭:일꾼/	→	/천·세·손, 산·새·알, 밭·일·꾼/	/HM^{2}/[HM^{2}]
	/노·랫:말, 삼·십·일, 삼·십년/	→	/노·랫·말, 삼·십·일, 삼·십·년/	/HM^{2}/[HM^{2}]
	/삼천:만, 삼천·석/	→	/삼천·만, 삼천·석/	/H^{2}M/[MHM]
	/삼천년·은/	→	/삼천년·은/	/H^{3}M/[MʜHM]
	/삼천년전·에/	→	/삼천년전·에/	/H^{4}M/[Mʜ^{2}HM]
	/꽃밭/	→	/꽃밭/	/H^{2}/[MH]
	/삼천년/	→	/삼천년/	/H^{3}/[MʜH]
ㄴ.	/·물:새, ·쌀·밥, ·쌀술/	→	/·물·새, ·쌀·밥, ·쌀·술/	/M^{2}/{[HH], [MM]}
	/·십:세:손, ·물:새·알, ·십:만년/	→	/·십·세·손, ·물·새·알, ·십·만·년/	/M^{3}/[HHM]
	/·해·찬:들, ·코·뿔·소, ·십·일년/	→	/·해·찬·들, ·코·뿔·소, ·십·일·년/	/M^{3}/[HHM]
	/·일년:산, ·백년·객, ·일천년/	→	/·일·년·산, ·백·년·객, ·일·천·년/	/M^{3}/[HHM]
ㄷ.	/:들:일, :들·소, :들꽃/	→	/:들·일, :들·소, :들·꽃/	/L^{2}/[LM]
	/:돈:계:산, :일:벌·떼, :계:산전/	→	/:돈·계·산, :일·벌·떼, :계·산·전/	/L^{3}/[LMM]
	/:오·백:만, :일·솜·씨, :돈·욕심/	→	/:오·백·만, :일·솜·씨, :돈·욕·심/	/L^{3}/[LMM]
	/:벨뚱:벨, :개꼬·리, :개똥밭/	→	/:벨·뚱·벨, :개·꼬·리, :개·똥·밭/	/L^{3}/[LMM]
	/:벨뚱:벨·도, :일:벌·떼·다/	→	/:벨·뚱·벨·도, :일·벌·떼·다/	/L^{4}/[LMMᴍ]

표 (1)에서 화살표의 왼쪽에는 어절의 첫 음절(/어두)이건 둘째 음절 이하이건 간에 □(0점), :□(2점), ·□(1점)의 3가지 방점 표시가 다 나타나고 있어서, 기저표상에서는 창원 방언이 진정한 성조방언임을 확인할 수 있다. 그러나 화살표의 왼쪽 표상(/기저방점표상)의 각각을 짝이 되는 오른쪽 표상(/최종방점형)과 대조하면 어절 안에서 나타나는 위치에 따라 일정한 방법으로 차이가 있음을 확인할 수 있다. 먼저 어두의 위치에 나타나는 방점을 보면, (1)ㄱ에서는 화살표의 왼쪽과 오른쪽이 다 □(0점)으로 나타나고, (1)ㄴ에서는 화살표의 왼쪽과 오른쪽이 다 ·□(1점)으로 나타나며, (1)ㄷ에서는 화살표의 왼쪽과 오른쪽이 다 :□(2점)으로 나타남을 본다. 곧, 어두에서는 3가지 방점 표상이 대립을 이루고 있음을 확인할 수 있다.

둘째 음절 이하에서는 화살표의 왼쪽의 어절에서 그 방점이 □(0점), :□(2점), ·□(1점)의

3) 창원 방언에서는 3가지 방점 표상 평성(□), 상성(:□), 거성(·□)이 있다. 방점 층위에서 기저 표상은 중화 규칙이 적용되기 이전이므로, 방점형이라는 것은 존재하지 않는다. 그러므로 이 층위에서는 /밭:골/과 /밭·풀/ 등은 방점 표상의 연결체로 존재할 뿐 방점형이라 할 수는 없다.

4) 최종방점표상은 방점 표상이 극히 한정된 모양의 결합으로만 존재한다. 그러므로 최종방점표상은 최종방점형이라 부를 수 있다.

어느 것이건 간에 각각에 짝이 되는 오른쪽에서는 □(0점)이 아니면 ·□(1점)의 두 가지만 나타나며, :□(2점)은 나타나지 않음을 볼 수 있다. 그리고 또한 화살표 오른쪽 표시(/기저 방점표상)의 둘째 음절 이하에서는 0점은 오직 (1)ㄱ에서만 찾을 수 있고, (1)ㄴ,ㄷ에서는 ·□(1점)만 나타남을 본다.

(1)ㄴ,ㄷ의 오른쪽 표상들의 둘째 음절 이하에서는 각각에 짝이 되는 왼쪽 표상이 □(0점), :□(2점), ·□(1점)인가에 관계없이 ·□(1점)으로만 나타난다는 것은 :□(2점)이나 ·□(1점) 뒤의 위치에서는 방점의 대립이 허용되지 않고, 1점으로 중화됨을 나타내는 것이다. 이것은 마치 /ㄱ, ㄲ, ㅋ/이 초성 위치에서는 /개, 깨, 코/→[개, 깨, 코]처럼 대립을 이룰 수 있지만, 종성 위치에서는 /박, 밖, 부엌/→[박, 박, 부억]처럼 중화되는 것과 같은 현상이다.

어두가 아닌 위치 곧 낱말의 둘째 이하의 위치에서 화살표의 오른쪽에서 □(0점)이 어떤 위치에 나타나는지를 (1)ㄱ에서 확인할 필요가 있다. 둘째 음절 이하에서 □(0점)이 화살표의 오른쪽과 왼쪽에서 다 나타나는 어절은 '/꽃밭/→꽃밭, /삼천년/→삼천년, /삼천년·은/→삼천년·은, /삼천·석/→삼천·석, /삼천년전·에/→삼천년전·에, /삼천:만/→삼천·만' … 등인데[5] 화살표의 오른쪽 어절들에서 둘째 음절 이하에 나타나는 □(0점)은 오직 직접 앞 음절이 □(0점)일 경우뿐임을 알 수 있다.

(1)ㄱ의 화살표 오른쪽 어절들에서 직접 앞서는 음절의 방점이 □(0점)이 아닐 경우에는 그것에 짝이 되는 화살표 왼쪽의 표시가 무엇이건 간에 ·□(1점)으로 나타남을 또한 확인할 수 있다. 몇 개의 보기를 들면, '/천:세:손/→천·세·손'에서 '/:손/→·손', '/밭:일꾼/→밭·일·꾼'에서 '/꾼/→·꾼', '/삼·십·일/→삼·십·일'에서 '/·일/→·일', '/삼·십년/→삼·십·년'에서 '/년/→·년', 등을 들 수 있다. 곧 2점이나 1점 뒤의 위치 곧 '{:□,·□}—'에서는 모든 방점(□(0점), :□(2점), ·□(1점))은 ·□(1점)으로 중화된다.

(1)ㄱ의 화살표 오른쪽 어절들에서 직접 앞서는 음절의 방점이 □(0점)일지라도, 그 □(0점)을 직접 뒤따르는 음절의 방점이 ·□(1점)일 때는 그것에 짝이 되는 화살표 왼쪽의 음절은 반드시 :□(2점)이거나 ·□(1점)이다. 몇 개의 보기를 들면, '/천:세:손/→천·세·손'에서 '/:세/', '/밭:일꾼/→밭·일·꾼'에서 '/:일/', '/삼·십·일/→삼·십·일'에서 '/·십/', '/삼·십년/→삼·십·년'에서 '/·십/', 등을 들 수 있다.

위의 세 문단을 종합하면, □(0점) 뒤의 위치에서는 :□(2점)과 ·□(1점)은 ·□(1점)으로 중화되며, 앞서는 모든 음절이 방점이 1개 이상의 □(0점) 곧 $□_1$ 이면 이것을 뒤따르는 □

5) 이 보기들에서 /꽃밭/→[꼳받]과 같은 분절음의 변화는 표시하지 않고, 오직 방점의 변화가 있는지 없는지를 확인해서 있으면 표시를 했다. 이와 같은 방법으로 이 책의 모든 자료에서 분절음의 변화는 표시하지 않는다.

(0점)은 그대로 □(0점)으로 나타난다고 할 수 있다.

다음에는 표 (1)의 화살표 오른쪽의 방점 표상 곧 최종방점표상과 / /안에 표시된 성조 표상과 [ ] 안에 표시된 음조 표상을 살펴보기로 한다.

표 (1)의 화살표 오른쪽에서 볼 수 있는 바와 같이 최종방점표상은 2음절의 경우는 :□·□, ·□·□, □·□, □□의 네 가지 뿐이며, 이들을 / / 안에 성조형으로 표시하고, [ ] 안에 음조형으로 표시하면 각각 /L^{2}/[LM], /M^{2}/{[HH, MM]}, /HM/[HM], /H^{2}/[MH]가 된다. 같은 방법으로 3음절 최종방점표상은 :□·□·□, ·□·□·□, □·□·□, □□·□, □□□의 다섯 가지 뿐이며, 이들을 성조형과 음조 표시로 바꾸면 각각 /L^{3}/[LMM], /M^{3}/[HHM], /HM^{2}/[HM^{2}], /H^{2}M/[MHM], /H^{3}/[MʜH]가 된다.

표 (1)에 있는 낱말들은 대부분 독립된 이름씨들이 결합하여 이루어진 복합이름씨이거나 복합이름씨에 토씨나 잡음씨의 굴곡형이 결합하여 이루어진 어절들의 보기이다. 이름씨뿐만 아니라, 복합 풀이씨 줄기에 굴곡의 씨끝이 붙어서 어절을 이룰 때도 같은 방점의 변동 유무를 Ⅱ부에서 볼 수 있을 것이다. 문법적인 구성을 따지지 않고, 운율적 낱말 안에서 거성(·□)이나 상성(:□) 뒤에 측성(·□, 1점)이 나타나는 현상은 창원 방언뿐만 아니라, 현대 국어의 여러 성조방언들에서 많이 볼 수 있는데,[6] 그 보기는 표 (1)만으로도 충분하지만, 이러한 현상에 대해 더 쉽고 완전한 이해를 위해 아래에 보기를 몇 가지 더 들어서 설명하겠다.

먼저 거성(·□) 뒤에서 모든 종류의 방점이 측성(·□)으로 중화되는 보기를 더 든다.[7]

(2) 창원 방언의 중화 규칙 적용의 자료

#·물#	/M/[Ṃ]				
#마·신·다#	/HM^{2}/[HM^{2}]	·물+마·신·다	→	·물·마·신·다	/M^{4}/[HHM^{2}]
#먹는·다#	/H^{2}M/[MHM]	·물+먹는·다	→	·물·먹·는·다	/M^{4}/[HHM^{2}]
#·팔·더·라#	/M^{3}/[HHM]	·물+·팔·더·라	→	·물·팔·더·라	/M^{4}/[HHM^{2}]
#:사·마·구#	/L^{3}/[LMM]	·물+:사·마·구	→	·물·사·마·구	/M^{4}/[HHM^{2}]

표 (2)는 (1)ㄴ과 같이 거성 '·물' 뒤에서 모든 음절의 방점이 모두 ·□(측성, 1점)으로 중화되는 것을 보여 주고 있다.

다음은 창원 방언에서 □(평성, 0점) 뒤에서 □(평성)이 변동 없이 평성 그대로 남는 보기이다.

---

6) 김차균(1999)와 김차균(2003), 김차균(2006)ㄱ을 참조.

7) 운율적인 낱말의 둘째 음절 이하에서는 상성과 거성의 대립은 불가능하다. 이런 위치에 나타나는 1점(·□)을 측성이라 한다. 측성은 상성과 거성의 상위 범주의 이름으로도 사용된다.

(3) 창원 방언의 자료(평성 뒤에서 평성이 그대로 남는다.)

/나무H^2#숭군·다H^2M/	→	/나무숭군·다/	H^4M/[Mʜ^{2}HM]
/술H#먹는·다H^2M/	→	/술먹는·다/	H^3M/[MʜHM]
/술H#마·신·다HM^2/	→	/술마·신·다/	H^2M^2/[MHM^2]
/팔H#다리H^2/	→	/팔다리/	H^3/[MʜH]

다음은 □(평성, 0점) 뒤에서, ·□(거성)과 :□(상성)은 모두 ·□(1점, 측성)으로 중화되는 보기이다. 표 (4)는 (1)ㄱ의 일부에서 눈에 띄는 것과 같은 종류의 보기들이다.

(4) 창원 방언(상성과 거성이 평성 뒤에서 중화된다.)

/보리H^2#·밥M/	→	/보리·밥	H^2M/[MHM]
/고치H^2#:장M/	→	/고치·장	H^2M/[MHM]
/버들H^2#·피·리L^2/	→	/버들·피·리	H^2M^2/[MHM^2]
/삼한H^2#:사·온L^2/	→	/삼한·사·온	H^2M^2/[MHM^2]

자료 (1)~(4)를 통해서 창원 방언에는 매우 분명한 중화 규칙이 있음을 알 수 있다. 다른 방언들에 대한 자료는 제시하지 않았지만, 지은이의 다른 논저들을 위해 행해진 경험을 토대로 창원 방언을 비롯한 현대 국어의 모든 성조방언에 두루 적용되는 규칙을 제시하기로 한다.[8)]

(5) 성조의 중화 규칙(현대 국어의 모든 성조방언에 적용)

ㄱ. 《□ —— 》의 환경에서 □(평성) 이외의 모든 성조는 ·□(측성)으로 중화된다.

ㄴ. 《{:□, ·□, :▣, ·▣} —— 》의 환경에서 모든 성조는 ·□(측성)으로 중화된다.[9)]

(단, 중화 규칙의 적용은 현대 국어의 모든 성조방언에서 필수적이다.[10)])

중세 국어에서는 중화 규칙은 없고, 《{:□, ·□}—》의 위치에서 :□(2점)의 임의적인 ·□(1점)화와 ·□의 임의적인 □(0점)화가 나타난다. 이것을 율동 규칙, 음조조정 규칙이나 거

---

8) 규칙 (5)에서 《 》는 환경이 시각적으로 뚜렷하게 보이게 하는 것 이외에는 아무 의미가 없는 괄호이다. 이하에서도 규칙이나 규칙의 일부에 나타나는 《 》는 시각적인 효과 이외에는 의미가 없다.

9) 음상성(:▣)과 음거성(·▣)은 둘 다 나타나는 방언도 있고, 둘 중에서 하나만 나타나는 방언도 있고, 둘 다 나타나지 않는 방언도 있다. :▣이나 ·▣이 나타나는 방언과 그 자료와 체계적인 기술에 대해서는 김차균(2003), 김차균(2006)ㄱ을 참조.

10) 중화 규칙에 예외가 있는 듯한 자료들이 나타나지만, 이들은 진정한 예외라기보다는 중화 규칙에 앞서 적용되는 다른 규칙을 받는 것이라 할 수 있다. 첫성분평성형화 규칙(적용의 보기; ·손+목아·지→손목아·지), {-·아X, -·어X} 앞에서 풀이씨 상성어간이 평성으로 교체되는 규칙(적용의 보기; :웃+·어·라→웃·어·라, :밟+·아·서→밟·아·서)는 중화 규칙보다 앞서 적용된다. 이 규칙들에 대해서는 이 책 Ⅱ부를 참조.

성불연삼 규칙, 등으로 불러왔으나, 규칙이라는 이름을 줄 만큼 규칙적이지는 않았다. 창원 방언을 비롯하여 현대의 여러 성조방언에서 상성과 거성은[11] 하나의 운율적 낱말 안에서 직접 뒤따르는 음절의 위치에 모든 방점을 1점(·□)으로 중화시키는 힘이 있으므로 강한 중화력을 가지고 있다고 하고, 평성(□)은 직접 뒤따르는 음절에 평성(□)과 측성(·□)의 대립을 허용하면서, 측성에 들어가는 방점들 곧 ·□(거성, 또는 측성), :□(상성), ·回(음거성), :回(음상성)만을 ·□(1점)으로 중화시키기 때문에 약한 중화력을 가지고 있다고 할 수 있다.

평성의 약한 중화력과 상성과 거성의 강한 중화력 때문에 최종방점표상에서[12] 각 성조방언들의 방점(/성조)의 연결 방법은 극히 적은 종류로 제한된다. 운율적 낱말을 구성하는 음절의 수를 n이라 하면, 경남 동남부 방언들(창원 방언①, 함안 방언, 김해 방언, 양산 방언)의 방점형의 수는 평측형 n개, 거성형 1개, 상성형 1개이다. 곧 n+2개이다. 최종방점표상이 1음절이면 방점형은 (1+2=)3가지이고, 2음절이면 (2+2=)4가지이며, 3음절이면 (3+2=)5가지이고, 4음절이면 방점형은 (4+2=)6음절이며, 5음절이면 (5+2=)7가지이다.[13] 이들 가운데서 5음절로 구성된 운율형을 표로 만들면 아래의 (6)과 같다.[14]

(6)에서 임의의 방점형의 간략 표시법과 그것에 짝이 되는 성조형은 밀접한 관련성이 있음을 예측할 수 있다. 예를 들어 5음절 평3형의 방점형은 $□^3·□^2$이고, 이에 짝이 되는 성조형은 H^3M^2이다. 방점형과 성조형에 쓰인 위첨자는 그 순서와 숫자가 같음을 본다. 그리고 각각의 방점형과 그것에 짝이 되는 성조형을 대조하면, □은 H로, ·□은 M으로, :□은 L로 적는다는 것을 볼 수 있다. 그러므로 3가지 종류의 방점이 나타나면 세 가지 종류의 성조가 나타난다고 할 수 있다.

방점은 중세 국어에도 경남 동남부 방언들에도 3가지(□, ·□, :□)로 나타나지만, 이들의 조치(調値)는 다르다는 것을 표 아래의 표 (7)을 살펴보면 알 수 있고, 또 여기에 적지 않은 현대 국어의 여러 성조방언들에서도 성조의 조치가 일치하지 않을 수도 있음을 우리는 여러 학자들의 연구 결과를 통해서 알 수 있다. 아래에 중세 국어와 현대의 몇 개 성조방언의

11) 이 둘을 합쳐서(그리고 방언에 따라서는 음거성이나 음상성이 나타나므로 이들까지도 합쳐서) 측성이라 부르기도 한다. 따라서 측성은 평성을 제외한 모든 성조의 상위 범주의 이름으로 사용되기도 하고, 중화 위치에 나타나는 1점(·□)을 가리키기도 한다. 이렇게 같은 이름이 두 가지로 사용되어도 문맥을 고려하면 혼란을 일으키는 일은 없다. 그러나 이 용어에 익숙하지 못한 사람들에게는 혼동이 일어날 가능성도 있으니 주의가 필요하다.

12) 운율적 낱말(/음운론적 낱말) 안에서 가능한 모든 방점 층위의 규칙이 적용된 뒤에 도출되는 방점표상(/방점 표시)를 최종방점표상이라 한다. 방점법에서는 최종방점표상은 각 방언에 따른 높낮이 표상인 성조 표상으로 전환하기 직전의 표상이다.

13) 다만 창원 방언②에는 음상성이 있기 때문에 다른 5개 방언들보다 음상형이 1개씩 더 첨가된다.

14) 그 밖의 음절수로 된 것은 (6)을 보면 누구나 표를 쉽게 만들 수 있으므로, 표를 더 확장하지는 않기로 한다.

성조의 대응관계를 보면 또한 성조라는 것은 방언에 따라 다르게 표시될 수도 있음을 알 수 있다.[15)]

(6) 경남 동남부 방언 5음절 어절의 방점 표상과 성조 표상

방점형		방점형의 표시법		작은 분류			성조형과 음조형	
큰 분류		보통의 표시법	간략 표시법	평성 기준		측성 기준	성조형	음조형
평측형		□·□·□·□·□	□·□^{4}	평1형	평단형	4측형	HM^4	[HM^4]
		□□·□·□·□	□^{2}·□^{3}	평2형	평복형	3측형	H^{2}M^3	[MHM^3]
		□□□·□·□	□^{3}·□^{2}	평3형		2측형	H^{3}M^2	[MʜHM^2]
		□□□□·□	□^{4}·□	평4형		1측형	H^{4}M	[Mʜ^{2}HM]
		□□□□□	□^{5}(평성형)	평5형		0측형	H^5	[Mʜ^{3}H]
측성형	거성형	·□·□·□·□·□	·□^{5}	거성형			M^5	[HHM^3]
	상성형	:□·□·□·□·□	:□^{5}	상성형			L^5	[LMMᴍ^2]
	음상형	:◫·□·□·□·□	:◫^{5}	음상형[16)]			M̤^{5}	[ḦHM^3]

(7) 기본 3성조의 대응관계 <음상성, 음거성 제외>

성조 분류		중세 국어	창원①②·김해·밀양	진주·고성	대구①·성주·안동
평성		가장 낮은 음조 /L/ □	고 /H/ □	고 /H/ □	고 /H/ □
측성	거성	가장 높은 음조 /H/ ·□	중 /M/ ·□	중 /M/ ·□	저 /M/ ·□
	상성	높아 가는 음조 /R/ :□	저 /L/ :□	저 /L/ :□	저: /M̤/ :□

성조 분류		울진·삼척 방언	강릉 방언	대구 방언②	북청·육진·룡정 방언
평성		고 /H/ □	고 /H/ □	고 /H/ □	저 /M/ □
측성	거성	저 /M/ ·□	저 /M/ ·□	저 /M/ ·□	고 /H/ ·□
	상성	고: /Ḧ/ :□	승 /R/ :□		

표 (6)과 (7)을 종합적으로 관찰해 보면, 임의의 두 성조방언의 방점형은 같더라도 성조형은

---

15) 최세진(1517)의 《번역 박통사노걸대(범례)》를 따르면, 15세기 중국 북방음의 평성, 상성, 거성과 거기에 짝이 되는 16세기 국어 한자음의 평성, 거성, 상성의 조치가 전혀 일치하지 않음에도 불구하고, 각각 평성은 □, 거성은 ·□, 상성 :□으로 표시한 것을 보면, 이미 방점은 표면적인 음조를 결정하는 기능을 하는 궁극적인 요소이지, 방점 자체가 바로 표면적인 음조(/조치)의 표시는 아니었음을 알 수 있다.

16) 창원 방언①, 함안 방언, 김해 방언, 양산 방언에는 음거성(·◫)도 음상성(:◫)도 나타나지 않는다. 창원 방언②에는 ·◫은 나타나지 않으나 극소수의 자료에 :◫이 나타난다.

달라질 수가 있음을 알 수 있을 것이다. 보기를 들면, 5음절 평3형 □^{3}·□^{2}(=□□□·□·□)은 창원 방언①에서는 그 성조형이 H^3M^2이지만, 룡정 방언에서는 M^3H^2로 나타난다. 이러한 차이는 창원 방언①에서는 평성(□)이 H이고 측성(·□)이 M인 데 대하여, 룡정 방언에서는 평성(□)이 M이고 측성(·□)이 H라는 차이에 기인한다. 또 5음절 상성형 :□^{5}(=:□·□·□·□·□)은 창원 방언①에서는 L^5로 나타나지만, 삼척 방언에서는 $\ddot{H}^5$로 나타나며, 강릉 방언에서는 R^5로 나타난다.

(6)에 따르면, 창원 방언①을 비롯한 경남 동남부 방언의 방점형은 크게 평측형(□$_1$ ·□^{n})과[17] 측성형으로 나누어지며, 측성형은 다시 상성형(=첫 음절이 상성인 측성형)(:□$_1$)과 거성형(=첫 음절이 거성인 측성형)(·□$_1$)으로 나누어진다.

방점법에서 측성형을 나타내는 첨자의 사용법은 촘스키・할레(1968)의 고전적인 첨자 표기 규약과 약간의 중요한 차이가 있다.[18] 방점법에서 :□^{5}는 :□:□:□:□:□이 아니라 :□·□·□·□·□을 가리킨다. 곧 상성으로 시작되는 5음절 측성형을 가리킨다. 둘째 음절 이하는 측성(·□, 1점)이 나타나는 것은 필수적인 중화 규칙 (5)에 의해 예측되기 때문이다. 같은 방법으로 5음절 거성형은 ·□^{5}로 표기되는데 이것은 거성(·□)으로 시작되는 5음절 측성형 ·□·□·□·□·□을 가리킨다. 성조형에서도 첨자는 이에 준해서 사용된다. 창원 방언①에서 L^5는 LLLLL이 아니라 단순히 5음절 상성성조형임을 가리키고, M^5는 5음절 거성성조형임을 가리킨다. 그러나 평측형의 첨자 표시에는 특별한 주의가 필요 없다.

표 (6)과 (7)을 보면 임의의 방언에서 방점형을 성조형으로 바꾸는 것은 단순한 작업임을 알 수 있다. 방점형의 간략 표시법에서 첨자는 그대로 두고 방점 표시(□, ·□, :□)을 (7)과 같은 표를 참조하여 그 방언에 해당하는 높낮이 표상으로 바꾸면 된다. 그러나 성조형에서 음조형을 도출하는 것은 이러한 단순한 작업이 아니라 방언에 따른 음조형 실현 규칙의 존재를 인정하지 않을 수 없다. 음조형 실현 규칙을 검토하기 전에 방점과 방점형에 대한 지식을 보충해 두기로 한다.

방점법에서 방점 표시(□, ·□, :□)은 표면적인 높낮이를 결정하는 궁극적인 요소이면서 또 한 편으로는 대립과 중화 기능과 그 위치를 표시할 뿐 그 자체가 높낮이 표시는 아니다. 중세 국어는 《훈민정음(해례)》에서 《사서언해》까지 140여 년 동안 그 성조를 방점으로 적었는데, 140여 년 동안 성조의 조치가 변하지 않았을 까닭이 없고, 또 크게 중앙, 영남, 호남, 영동, …… 등의 성조의 방언적인 차이가 없지는 않았을 텐데, 그래도 거의 흔들림이 없이

---

17) □(=□^{1}), □□(=□^{2}), □□□(=□^{3}), □□□□(=□^{4}), □□□□□(=□^{5}), …… 등은 평성으로만 이루어지므로 평성형이지만, 이들도 평측형에 넣는 것은 □^{1}(=□^{1}·□^{0}), □^{2}(=□^{2}·□^{0}), □^{3}(=□^{3}·□^{0}), □^{4}(=□^{4} ·□^{0}), □^{5}(=□^{5}·□^{0}), …… 등의 관계가 있기 때문이다.

18) 김차균(2006)ㄱ을 참조.

방점으로 성조를 적었던 것은 이들 자체가 바로 높낮이가 아니라, 높낮이를 결정하는 기능소(=기능적인 요소)로 쓰였기 때문이다.

표 (1)~(7)을 잘 검토해 보면 최종방점형에서 대립과 중화에 관한 다음과 같은 중요한 사실을 알 수 있다.

(8) 최종방점형에서 대립과 중화
ㄱ. 어두에서는 평성, 상성, 거성이 대립한다.
ㄴ. 평성과 측성이 섞여 있는 경우 평성은 반드시 측성을 앞선다.
ㄷ. 평성 뒤에서 상성과 거성은 측성(1점, ·□)으로 중화된다.
ㄹ. 두 번째 이하의 측성 위치는 중화의 위치이다.

이제 대립과 중화의 기능을 첫째 기준으로 하고, 다음에는 조치의 복잡성에 기준을 둔 2분법적 성조의 정의를[19] 제시하기로 한다.

(9) 중화와 대립에 따른 방점의 분류와 그 표기법 (김차균 : 2006ㄱ)
ㄱ. 성조가 둘인 방언에서는 중화력이 없는 성조를 평성, 있는 성조를 측성이라 부른다. 평성은 □으로, 측성은 ·□으로 표시한다.
ㄴ. 성조가 셋인 방언에서는 중화력이 약한 성조를 평성, 중화력이 강한 성조를 측성이라 부르되, 조치가 단순 수평인 것을 거성, 조치가 복잡한 것(곧 길거나, 뒤끝이 올라가거나, 길고 뒤끝이 올라가는 것)은 상성이라 부른다. 평성은 □으로, 거성은 ·□으로, 상성은 :□으로 표시한다.
ㄷ. 성조가 넷인 방언에서는 중화력이 약한 성조를 평성, 중화력이 강한 성조를 측성이라 부르되, 조치가 단순 수평인 것을 거성, 조치가 복잡한 것(곧 길거나, 뒤끝이 올라가거나, 길고 뒤끝이 올라가는 것)은 상성이라 부른다. 또 거성이 둘일 때는 그 빈도나 분포로 보아 일반적인 것은 거성(또는 양거성), 빈도가 낮고 분포가 제한된 것은 음거성이라 부른다. 상성이 둘일 때는 그 빈도나 분포로 보아 일반적인 것은 상성(또는 양상성), 빈도가 낮고 분포가 제한된 것은 음상성이라 부른다. 평성은 □으로, 거성은 ·□으로, 상성은 :□으로 표시한다. 그리고 음거성과 음상성은 각각 ·▣과 :▣으로 각각 표시한다.

---

19) 우리말 성조론을 연구해 온 대부분의 학자들이 성조(또는 성조소)와 더불어 성조형의 존재를 인정해 왔다. 학술 용어는 이원적인 것보다는 가능하면 단일화하는 것이 바람직하다. 방점법 이론에서는 현대의 성조방언들만을 위해서는 성조형(/방점형) 이외에 성조(/방점)라는 용어가 따로 필요하지 않다. 그 까닭은 이미 단음절 형태소나 낱말에 얹히는 성조형(/방점형)은 2음절 이상의 형태소나 낱말에 얹히는 성조형(/방점형)과 동질적이어서 성조(소)라는 단위를 따로 둘 필요가 없기 때문이다. 그런데 다행히 이문규(2013)에서는 현대 우리말이 어절 성조언어라면, 형태소나 단어 성조의 기본 단위는 성조(소)가 아니라 성조형이라야 하며, 따라서 성조(소)의 존재는 불필요하다는 학설을 제안했다. 이 학설은 우리말 성조사 연구와 더불어 방언들 사이의 성조형의 대응관계의 기술에서도 큰 성과가 있을 것으로 기대된다.

2분법적인 설명을 생략하고 알기 쉽게 (9)를 펼치면 다음과 같다.

(10) 성조를 방점으로 표시하는 법
평성(0점) □ (1모라, 수평조, 뒤따르는 위치에 성조 대립이 허용된다.)
거성(1점) ·□ (1모라, 수평조, 뒤따르는 위치에서 모든 성조가 중화된다.)
상성(2점) :□ (1.3모라 이상, 수평조 또는 상승조, 뒤따르는 위치에서 모든 성조가 중화된다.)
측성(1점) ·□ (1모라, 수평조, 뒤따르는 위치에서 모든 성조가 중화된다.)
음거성(1점) ·回 (1모라, 수평조, 뒤따르는 위치에서 모든 성조가 중화된다.)
음상성(2점) :回 (1.3모라 이상, 수평조 또는 상승조, 뒤따르는 위치에서 모든 성조가 중화된다.)

위에 제시된 표 (6)의 가장 오른쪽 칸에는 아직 설명되지 않은 음조형이란 것이 적혀 있다. 이것은 성조형에 음조형 실현 규칙이 적용되어 도출되는 것이데, 이에 대해서는 아래 1.2절에서 구체적인 언어 자료를 더 보충하여 설명하기로 한다.

1.2 음조형 실현

중화 규칙 (5)로 말미암아 운율적 낱말(/어절) 안에서 방점형(따라서 성조형과 음조형)의 종류는 극도로 제한된다. 창원 방언①②의[20]의 1음절 어절~5음절 어절의 보기를 들면 다음 표와 같이 한정되며 다른 형은 존재하지 않는다.[21]

20) '창원 방언 ①②'는 '창원 방언①'과 '창원 방언②'를 가리킨다.

21) 1970년대까지는 우리말 방언 성조의 기술에서 높낮이의 단계를 줄이려는 경향이 있었다. 김해 방언과 고성 방언의 성조 체계와 그것이 실현된 변이음조들 중에서 으뜸변이음의 조치(調値)는 지은이의 관점에서는 차이가 느껴지지 않는다. 허웅(1963/1972)에서는 경상도 방언(더 정확하게는 김해 방언)을 /저/[저](중세 국어 상성에 대응), /중/[중](중세 국어 거성에 대응), /고/[고](중세 국어 평성에 대응)의 3단3성조 방언으로 보고 있으나, 정연찬(1977)에서는 경상도 방언(더 정확하게는 고성 방언)을 /저/[저](중세 국어 거성에 대응)과 /고/(중세 국어 평성에 대응)의 2단2성조 방언으로 보고, 중세 국어의 상성에 대응하는 성조는 /저고/의 병치로 처리했다. 이러한 차이 때문에 양대 진영 사이의 음조형들의 수와 그것들의 기술(때로는 성조형의 기술)의 결과들 사이의 호환(互換)이 순조롭지 못했다. 두 대가들의 학설을 이어 받은 제자들도 상당히 오랜 기간 동안 그러한 영향에서 오는 어려움을 극복하지 못했다. 그러나 성조 체계를 어떻게 설정하든지 간에, 그리고 음조형을 적는 부호와 형식은 무엇으로 하든지 간에, 표면적인 음조형의 실질적인 내용은 일치시키겠다는 학자들 사이의 진지한 노력이 무언 가운데서도 계속되어 왔다. 그 결과 양대 진영은 물론이고 또 다른 학자들까지도 그들이 이뤄 놓은 여러 방언들의 음조형들(나아가서는 성조형들)의 호환이 가능하게 되었다. 보기를 들면, 김주원(1991), 전학석(1993), 김봉국(1999), 임석규(2003), 박숙희(2008), 강흥구(2012), 이문규(2013) 등의 음조형을 지은이가 검토한 결과 이들에서 기술하고 있는 음조형들 사이의 호환이 순조로움을 확인했다. 이러한 순조로운 호환은 우리말 방언 성조에 종사하는 성조론자들의 관찰력이 높은 수준에 있는 것임을 증명하는 것이다.

(11) 창원 방언①②의 방점형, 성조형[음조형]

방점형 이름		방점형	간략 표시	성조형[음조형]	보기
평측형	평1형	□	□	H[MH]	콩
		□·□	□·□	HM[HM]	밭·골
		□·□·□	□·□^{2}	HM^2[HM^2]	모·래·알
		□·□·□·□	□·□^{3}	HM^3[HM^3]	동·백·나·무
		□·□·□·□·□	□·□^{4}	HM^4[HM^4]	넘·우·집·살·이
	평2형	□□	□^{2}	H^2[MH]	콩밭
		□□·□	□^{2}·□	H^{2}M[MHM]	삐들·키
		□□·□·□	□^{2}·□^{2}	H^{2}M^2[MHM^2]	보리·밥·집
		□□·□·□·□	□^{2}·□^{3}	H^{2}M^3[MHM^3]	삐들·키·소·리
평측형	평3형	□□□	□^{3}	H^3[MʜH]	보리밭
		□□□·□	□^{3}·□	H^{3}M[MʜHM]	꽁보리·밥
		□□□·□·□	□^{3}·□^{2}	H^{3}M^2[MʜHM^2]	팔다리·운·동
	평4형	□□□□	□^{4}	H^4[Mʜ^{2}H]	삼천년전
		□□□□·□	□^{4}·□	H^{4}M[Mʜ^{2}HM]	엄지손까·락
	평5형	□□□□□	□^{5}	H^5[Mʜ^{3}H]	오동나무밭
측성형	거성형	·□	·□	M{[MM/HH], [M̤/Ḧ]}	·꿀
		·□·□	·□^{2}	M^2[HH/MM]	·꿀·떡
		·□·□·□	·□^{3}	M^3[HHM]	·엿·장·사
		·□·□·□·□	·□^{4}	M^4[HHM^2]	·시·집·살·이
		·□·□·□·□·□	·□^{5}	M^5[HHM^3]	·무·지·개·동·산
	상성형	:□	:□	L[LM]	:돌(石)
		:□·□	:□^{2}	L^2[LM]	:들·꽃
		:□·□·□	:□^{3}	L^3[LMM]	:효·자·손
		:□·□·□·□	:□^{4}	L^4[LMMᴍ]	:고·향·소·식
		:□·□·□·□·□	:□^{5}	L^5[LMMᴍ^2]	:벌·집·쑤·시·기
	음상형22)	:⧈·□	:⧈^{2}	M̤^{2}[ḦH/M̤M]	:졺·네
		:⧈·□·□	:⧈^{3}	M̤^{3}[ḦHM]	:도·지·다
		:⧈·□·□·□	:⧈^{4}	M̤^{4}[ḦHM^2]	:도·지·더·라
		:⧈·□·□·□·□	:⧈^{5}	M̤^{5}[ḦHM^3]	:도·지·더·라·도

성조형과 음조형의 관계는 마치 /나비/를 [나비]로 읽는 것처럼 단순한 것도 있지만, /국민/[궁민]처럼 약간 주의를 요하는 것도 있고, /국론/[궁논]처럼 아주 복잡한 것도 있다. /나비/[나비], /국민/[궁민], /국론/[궁논] 들에서 / / 속의 표상에 0개 이상의 음운 규칙이 적용되어 [ ] 속의 표상으로 도출되는 것처럼 각각의 방언의 성조형은 규칙 적용 없이 단순히 음조형으로 도출되는 경우도 있으나, 대개는 성조형에 음조형 실현 규칙이 적용되어 음조형으로 도출된다. 몇 개 방언의 음조형 실현 규칙을 적으면 다음 (12), (14), (19)～(26)과 같다.

표 (11)을 보면 1음절 운율적 낱말 /콩/, /:돌/, /·꿀/의 음조형 [MH], [LM], {[HH/MM]은 2음절 /콩밭/, /:들·꽃/, /·꿀·떡/의 음조형 [MH], [LM], [MM]과 같아서 1음절 운율적인 낱말은 음조형 도출 직전에 성조 층위에서 중복이 일어난다고 볼 수 있다.

(12) 경남 방언 1음절 운율적 낱말 성조 중복 규칙[23)]
 ㄱ. H → H^2/# — # (이 규칙은 양산 방언에는 적용되지 않는다.)
 ㄴ. L → L^2/# — #
 ㄷ. M → M^2/# — #

규칙 (12)의 결과로 1음절 운율적인 낱말은 2음절 운율적인 낱말로 도출된 다음에 다음의 음조형 실현 규칙의 적용을 받아 음조형이 도출되기 때문에 2모라로 발음되지만, 평성과 거성의 음조는 때로는 1.6모라 정도로 짧아지기도 하기 때문에 이에 따른 변이음조형이 나타나기도 한다.

(13) 경남 방언의 1음절 어절의 음조

방점형	/성조/[음조]
/꽁, 밭/	/H/{[M͡H], [M̆]}[24)]
/·소, ·논/	/M/{[H͡H], [M͡M], [Ḧ], [M̤]}[25)]
/:개, :돈/	/L/[L͡M]

22) 음상형은 창원 방언①에는 없고, 창원 방언②에만 나타난다. 창원 방언②의 음상형에 들어가는 운율적인 낱말은 창원 방언①에서는 대체로 상성형으로 나타난다.

23) 규칙 (12)와 (13)은 경남 동남부 방언에만 적용되는 규칙이 아니고, 경남의 대부분의 하위 방언들에 적용된다. 양산 방언에서는 (12)ㄱ은 적용되지 않고, 대신에 음조형 실현 규칙 '/H/→H˜/#—#'이 적용된다. 따라서 이 규칙은 음조(형) 실현 규칙 (14)ㅁ을 참조하기 바란다.

24) 이 조항은 양산 방언에는 적용되지 않는다. 양산 방언에서 /콩, 밭/과 같은 1음절 평성 /H/는 (14)ㅁ에 따라 [H˜]로 발음된다.

25) [M̤]은 1.6모라 정도의 수평조이다. 이것은 자주 2모라인 [MM]으로 임의변동하기도 한다. 또 [M̤]과 [MM]은 전달 초점이 될 때는 [Ḧ]와 [HH]로 발음된다. [Ḧ]는 1.6모라 길이로 [H]와 같은 높이의 수평조이다.

(14) 경남 동남부 방언의 음조형 실현 규칙[26)]
ㄱ. 평측형 $\mathrm{H_2M^n} \rightarrow [\mathrm{M{\small H}_0HM^n}]/\# — \#$
ㄴ. 상성형 $\mathrm{L_3} \rightarrow [\mathrm{LMM{\small M}_0}]/\# — \#$
(단, $\mathrm{L^2}$는 [LM])
ㄷ. 거성형 $\mathrm{M_2} \rightarrow [\mathrm{HHM_0}]/\# — \#$
(단, 정보 초점이 아니면 $\mathrm{M^2}$는 [MM]으로 발음된다. 중복 규칙을 통해 도출된 $\mathrm{M^2}$는 초점 강세를 받으면 [Ḧ]로, 받지 않으면 [M̤]으로 각각 임의변동한다.)
ㄹ. 음상형 $\mathrm{\underset{..}{M}_2} \rightarrow [\mathrm{\ddot{H}HM_0}]/\# — \#$ [27)]
(단, 전달초점이 아니면 $\mathrm{\underset{..}{M}^2}$는 [M̤M])
ㅁ. 1음절 평성형 H→ [H˥]/# — #
(단, 이 규칙은 양산 방언에만 적용된다.)

(15) 운율적 낱말로 쓰이는 1음절 거성(·□)의 변이음조들
ㄱ. 집·에·서 ·물 **마·시·고** ·왔·다. [$\mathrm{HM^2}$ M̤/MM **$\mathrm{HM^2}$** MM]
ㄴ. 집·에·서 **·물 마·시·고** ·왔·다. [$\mathrm{HM^2}$ **Ḧ/HH $\mathrm{HM^2}$** MM]

(15)ㄱ에서도 (15)ㄴ에서도 /**마·시·고**/는 전달 초점으로 쓰이고 있다. 그러나 (15)ㄱ에서는 /·물/은 전달 초점이 아니기 때문에 [M̤] 또는 [MM]으로 발음되지만, (15)ㄴ에서는 /**·물**/은 전달 초점이기 때문에 [Ḧ] 또는 [HH]로 발음된다. (15)ㄱ에서 /·물/은 뒤따르는 /**마·시·고**/[**$\mathrm{HM^2}$**]의 첫 음절보다 낮게 발음되지만, (15)ㄴ에서 /**·물**/[**Ḧ**]은 뒤따르는 /**마·시·고**/[**$\mathrm{HM^2}$**]의 첫 음절과 같은 높이이다.

규칙 (14)에는 5가지 높낮이 표상이 사용되고 있음을 볼 수 있다. 이미 말한 바와 같이 낮은 데서 높은 것으로의 순서대로 적으면 [L, ᴍ, M, ʜ, H]와 같다. 이것은 창원 방언①의 음조형들에 대한 토박이의 의식에 부합되도록 적으려면 이 5개 정도의 높낮이 부호가 필요하다는 것이지, 높낮이가 5개뿐이라는 뜻은 아니다. 높낮이를 더 미세하게 적기 위한 방법은 제 I 부 2장을 참조.[28)]

---

26) 경남 동남부 방언의 음조형 실현 규칙 (14)ㄱ~ㄷ은 양산 방언의 음조형 실현에도 적용되는 규칙이다. 그러므로 양산 방언의 음조형 실현 규칙을 따로 제시하지 않는다. 다만, (14)ㅁ은 경남 동남부 4개 방언에는 적용되지 않는다.

27) 경남 동남부 4개 방언 중에서 음상형은 창원 방언②에만 나타난다.

28) 2006년에 개발된 컴퓨터 프로그램인 4분음자(Quarter-tone scale, 사분음자)는 높낮이에 대한 지각 척도인데 이것은 1옥타브를 24 등급으로 세분하여 만든 자(尺度)이다. 이 프로그램에서는 높낮이가 음향물리적인 단위인 Hz와 지각(perception) 단위인 Qt의 두 가지로 표시되고 어느 한 단위에서 다른 쪽 단위로의 변환도 가능하다. 방점형과 성조형과 음조형과 Qt-사슬 사이의 관계에 대해서는 성철재・권오욱・이지향・김차균(2006)과 김차균(2006)ㄱ, 김차균・강흥구(2008)을 참조. 이 책들에 따르면, 창원 방언①의 /:이·사, $\mathrm{L^2}$/[LM](理事)와 /이사, $\mathrm{H^2}$/[MH](移徙), /:이·사·하·고, $\mathrm{L^4}$/[LMMᴍ]와 /이사하·고, $\mathrm{H^3M}$/[MʜHM] 등은 확연하게 구분되었다. 높낮이의 기술을 게을리 하는 연구자들은 이들

경남 동남부 방언의 음조형 실현 규칙 (14)를 이해하기 위해서는 다른 몇 개의 방언의 방점 표상, 방점형과 성조형을 대조해 보고, 다음에 음조형 실현 규칙들 대조할 필요가 있다.

(16) 창원①・김해・밀양・창원②・고성 방언 5음절 어절의 방점 표상과 성조 표상[29]

방점형	보통의 표시법	간략 표시법	창원①・김해・밀양	창원②	고성
ㄱ. 평측형	□·□·□·□·□	□·□^{4}	HM^{4}	HM^{4}	HM^{4}
	□ □·□·□·□	□^{2}·□^{3}	$H^{2}M^{3}$	$H^{2}M^{3}$	$H^{2}M^{3}$
	□ □ □·□·□	□^{3}·□^{2}	$H^{3}M^{2}$	$H^{3}M^{2}$	$H^{3}M^{2}$
	□ □ □ □·□	□^{4}·□	$H^{4}M$	$H^{4}M$	$H^{4}M$
	□ □ □ □ □	□^{5}(=□^{5}·□^{0})	$H^{5}(=H^{5}M^{0})$	H^{5}	H^{5}
ㄴ. 거성형	·□·□·□·□·□	·□^{5}	M^{5}	M^{5}	M^{5}
ㄷ. 상성형	:□·□·□·□·□	:□^{5}	L^{5}	L^{5}	L^{5}
ㄹ. 음거형	·▣·□·□·□·□	·▣^{5}			
ㅁ. 음상형	:▣·□·□·□·□	:▣^{5}		$\underset{..}{M}^{5}$	L^{5}

(17) 안동・대구①・성주 방언 5음절 어절의 방점 표상과 성조 표상 (김차균 : 2006)

방점형	보통의 표시법	간략 표시법	안동 방언	대구 방언①	성주 방언
ㄱ. 평측형	□·□·□·□·□	□·□^{4}	HM^{4}	HM^{4}	HM^{4}
	□ □·□·□·□	□^{2}·□^{3}	$H^{2}M^{3}$	$H^{2}M^{3}$	$H^{2}M^{3}$
	□ □ □·□·□	□^{3}·□^{2}	$H^{3}M^{2}$	$H^{3}M^{2}$	$H^{3}M^{2}$
	□ □ □ □·□	□^{4}·□	$H^{4}M$	$H^{4}M$	$H^{4}M$
	□ □ □ □ □	□^{5}	H^{5}	H^{5}	H^{5}
ㄴ. 상성형	:□·□·□·□·□	:□^{5}	$\underset{..}{M}^{5}$	$\underset{..}{M}^{5}$	$\underset{..}{M}^{5}$
ㄷ. 거성형	·□·□·□·□·□	·□^{5}	M^{5}	M^{5}	M^{5}
ㄹ. 음상형	:▣·□·□·□·□	:▣^{5}			
ㅁ. 음거형	·▣·□·□·□·□	·▣^{5}	L^{5}	L^{5}	L^{5}

을 구분하는 데에 실패할 수밖에 없다.

29) 김차균(2006)ㄱ을 참조.

(18) 울진・삼척・강릉・대구②・북청 방언 5음절 어절의 방점 표상과 성조 표상 (김차균 : 2006)

방점형	보통의 표시법	간략 표시법	울진 방언	삼척 방언	강릉 방언	대구 방언②	북청 방언
ㄱ. 평측형	□·□·□·□·□	□·□^{4}	HM^4	HM^4	HM^4	HM^4	MH^4
	□□·□·□·□	□^{2}·□^{3}	H^2M^3	H^2M^3	H^2M^3	H^2M^3	M^2H^3
	□□□·□·□	□^{3}·□^{2}	H^3M^2	H^3M^2	H^3M^2	H^3M^2	M^3H^2
	□□□□·□	□^{4}·□	H^4M	H^4M	H^4M	H^4M	M^4H
	□□□□□	□^{5}	H^5	H^5	H^5	H^5	M^5
ㄴ. 상성형	:□·□·□·□·□	:□^{5}	$\ddot{H}^5$	$\ddot{H}^5$	R^5	M^5(·□^{5}) 측성형	H^5(·□^{5}) 측성형
ㄷ. 거성형	·□·□·□·□·□	·□^{5}	M^5	(H^2M^3)	(H^2M^3)		
ㄹ. 음상형	:⊡·□·□·□·□	:⊡^{5}	$\underset{..}{M}^5$	$\breve{M}^5$			
ㅁ. 음거형	·⊡·□·□·□·□	·⊡^{5}	$\boxed{M}^5$	(L^5)	L^5		

※ 대구 방언②와 북청 방언에서는 ㄴ.거성형(·□^{5})와 ㄷ.상성형(:□^{5})가 측성형(·□^{5})로 합류되었다. 대구 방언②에서는 측성이 M이므로 ·□^{5}는 M^5로, 북청 방언에서는 측성이 H이므로 ·□^{5}는 H^5로 표시되었다. 강릉 방언과 삼척 방언의 2음절 이상의 거성형은 평2형에 합류되었다.

(19) 고성 방언의 음조형 실현 규칙

ㄱ. 평측형 H_3M^n→{[M_{H_1} HM^n], [$M_{H_n}HM$]}/#—#[30]

(단, H^2→[MH])

ㄴ. 상성형 L_2→[LM_{M_0}]/#— #

ㄷ. 거성형 M_2→ [HHM_0]/#—#

(단, 정보 초점이 아니면 M^2는 [MM]으로 발음된다. 중복 규칙을 통해 도출된 M^2는 초점 강세를 받으면 {[HH], [$\ddot{H}$]}로, 받지 않으면 {[MM], [$\underset{..}{M}$]}으로 각각 임의변동한다.)

ㄹ. 음상형 L_3→[LMM_{M_0}]/#—#

(단, L^2→[LM])

30) [고성 방언] [M_{H_1} HM^n]과 [$M_{H_n}HM$]은 임의변동형이지만, 전자는 후자보다 빈도가 높다. 연령별로는 70세 이하는 전자의 빈도가 높지만, 80세 이상의 고령으로 갈수록 후자의 빈도가 높아진다.

(20) 대구 방언①, 안동 방언, 성주 방언의 음조형 실현 규칙[31)]

ㄱ. 평측형 $H_2M^n \rightarrow [MH_0HM^n]/\# — \#$

ㄴ. 상성형 $\underset{..}{M}_2 \rightarrow \{[\ddot{H}HM_0], [\check{M}HM_0]\}/\#—\#$

ㄷ. 거성형 $M_2 \rightarrow [HHM_0]/\#—\#$

(단, 정보 초점이 아니면 M^2는 [MM]으로 발음된다. 중복 규칙을 통해 도출된 M^2는 초점 강세를 받으면 {[HH], [$\ddot{H}$]}로, 받지 않으면 {[MM], [$\underset{..}{M}$]}으로 각각 임의변동한다.)

ㄹ. 음거형 $L_3 \rightarrow [LMMM_0]/\#—\#$

(단, $L^2 \rightarrow [LM]$)

(21) 대구 방언②의 음조형 실현 규칙

ㄱ. 평측형 $H_2M^n \rightarrow [MH_0HM^n]/\# — \#$

ㄴ. 측성형 $M_2 \rightarrow [HHM_0]/\# — \#$

(단, 정보 초점이 아니면 M^2는 [MM]으로 발음된다. 중복 규칙을 통해 도출된 M^2는 초점 강세를 받으면 {[HH], [$\ddot{H}$]}로, 받지 않으면 {[MM], [$\underset{..}{M}$]}으로 각각 임의변동한다.)

(22) 울진 방언①,②의 음조형 실현 규칙

ㄱ. 평측형 $H_2M^n \rightarrow [MH_0HM^n]/\#—\#$

ㄴ. 상성형 $\ddot{H}_2 \rightarrow [\ddot{H}M_1]/\#—\#$

ㄷ. 거성형 $M_2 \rightarrow [HHM_0]/\#—\#$

---

31) 대구 방언①은 다수의 대구 방언 토박이들이 사용하는 방언이고, 대구 방언②는 2,000년 기준으로 25세 이하의 일부 젊은 토박들의 방언으로, 상성형과 거성형이 측성형으로 합류된 방언이다. 대구 방언②의 측성형은 대구 방언①의 거성형과 음조적인 특성이 같지만, 이것을 거성형이라 부르지 않고 측성형이라 부르는 것은 지은이가 40년 이상 해온 분류상의 원칙 때문이다. 측성형이 둘인 방언에서는 단순한 음조형(첫 음절이 1모라이고 수평조인 것)을 거성형, 더 복잡한 음조형(첫 음절이 오름조이거나, 길거나, 긴 오름조인 것)을 상성형이라 부른다. 다만, 성조가 둘인 방언에서 그 측성형의 첫 음절이 복잡한 것이면 그것을 상성형이라 부를 수도 있다.
서남부 전남 방언과 광주 방언은 준성조방언인데, 성조형은 상성형과 비상성형의 둘이 있다. 상성형은 3음절 이상이면 [$\ddot{H}HM_1$]으로 발음된다. 비상성형은 2가지 음조형이 있는데, 3음절 이상이고 어두 자음이 센소리(ㅋ, ㅌ, ㅅ, ㅊ, ㅍ, ㅎ)이면 [HHM_1]로 발음되고, 여린소리(ㄱ, ㄴ, ㄷ, ㄹ, ㅁ, ㅂ, ㅇ, ㅈ]이면 [MHM_1]로 발음된다. 서남부 전남 방언과 광주 방언의 1음절이나 2음절의 운율적인 낱말의 음조형에 대해서는 김차균(2003)과 김차균(2006)ㄱ을 참조.
대구 방언②, 룽정 방언, 북청 방언, 육진 방언 들은 평측형은 평성과 측성의 복합형이고, 측성형은 측성으로만 이루어진 방점형(/성조형)이다. 방점법으로 적으면 평측형은 $\square_1 \cdot \square^n$이고, 측성형은 $\cdot\square_1$ 으로 나타낼 수 있다. 이러한 방언들에서는 2개의 방점형을 통합하여 하나의 일반 방점형 $\square_0 \cdot \square^n$으로 (또는 하나의 일반 방점항 $\square^m \cdot \square^n$으로) 통합할 수 있다. 일본어 토쿄(東京) 방언의 방점형도 $\square_0 \cdot \square^n$ 또는 $\square^m \cdot \square^n$으로 표시할 수 있으며, 성조형으로는 평판형, 두고형, 중고형, 미고형의 4가지로 표시하는 대신에 L_0H^n 또는 L^mH^n 하나만으로 충분하다. L^mH^n에서 $m=0$이고 $n>1$이면 $L^mH^n=H^n$이 되어 두고형(頭高형); $m>1$이고 $n=0$이면 $L^mH^n=L^m$이 되어 이것은 평판형(平板형)이 되며; 또 $m \geq 1$이고 $n=1$이면 L^mH^n은 L^mH가 되어 미고형(尾高형)이 된다. $m \geq 1$이고 $n \geq 2$이면 L^mH^n은 중고형(中高형)이 된다. 일본 토쿄 방언의 음조형 실현 규칙은 우리말의 북청 방언의 그것과 같으므로, 그 도출 규칙의 제시는 생략한다. 토쿄 방언의 음조형에 대해서는 김차균(2003)과 김차균(2006)ㄱ을 참조. 그리고 육진 방언의 음운론에 대해서는 곽충구(1994)를 참조.

(단, 정보 초점이 아니면 $M^2 \rightarrow [\mathrm{MM}]$)

ㄹ. 음상형 $\underset{..}{M}_2 \rightarrow [\ddot{H}\mathrm{HM}_0]/\#\text{—}\#$

ㅁ. 음거형 $\boxed{M}_3 \rightarrow \{[\mathrm{MMM}\textsc{m}_0], [\textsc{l}\mathrm{MM}\textsc{m}_0]\}/\#\text{—}\#$ 32)

(단, $\boxed{M}^2 \rightarrow \{[\mathrm{MM}], [\textsc{l}\mathrm{M}]\}$

(23) 삼척 방언의 음조형 실현 규칙

ㄱ. 평측형 $H_2M^n \rightarrow [\mathrm{M}\textsc{h}_0\mathrm{HM}^n]/\#\text{—}\#$

ㄴ. 상성형 $\ddot{H}_2 \rightarrow \{[\ddot{H}M_1], [\mathrm{RM}_1]\}/\#\text{—}\#$33)

ㄷ. 음상형 $\underset{..}{M}_2 \rightarrow [\check{M}\mathrm{HM}_0]/\#\text{—}\#$

ㄹ. 음거형 $L_3 \rightarrow [\mathrm{LMM}\textsc{m}_0]/\#\text{—}\#$34)

(단, $L^2 \rightarrow [\mathrm{LM}]$)

(24) 강릉 방언의 음조형 실현 규칙

ㄱ. 평측형 $H_2M^n \rightarrow [\mathrm{M}\textsc{h}_0\mathrm{HM}^n]/\#\text{—}\#$

ㄴ. 상성형 $R_2 \rightarrow \{[\mathrm{RM}_1], [\check{M}\mathrm{HM}_0], [\check{M}M_1]\}/\#\text{—}\#$

ㄷ. 음거형 $L_3 \rightarrow [\mathrm{LMM}\textsc{m}_0]/\#\text{—}\#$

(단, $L^2 \rightarrow [\mathrm{LM}]$)

(25) 북청 방언의 음조형 실현 규칙

ㄱ. 평성형 $M_2 \rightarrow [\mathrm{M}\textsc{h}_0\mathrm{H}]/\#\text{—}$

ㄴ. 측성형 $H_2 \rightarrow [\mathrm{HM}_1]/\text{—}\#$

---

32) [울진 방언] (22)는 울진 방언①(=울진 읍내 방언), 울진 방언②(=울진 매화 방언)의 음조형 도출 규칙이다. (22)ㄱ,ㄴ,ㄷ,ㄹ은 울진 방언①과 울진 방언②가 공통이다. 1997년 조사에서는 울진 방언①만 조사했는데, 그 때에는 3음절 이상의 음거형의 음조형이 $[\mathrm{MMM}\textsc{m}_0]$으로 나타나는 것을 보았으나, $[\textsc{l}\mathrm{MM}\textsc{m}_0]$은 확인하지 못했다. 2003년의 조사에서는 음거형의 음조형이 주로 $[\mathrm{MMM}\textsc{m}_0]$으로 나타나지만, 아주 드물게 $[\textsc{l}\mathrm{MM}\textsc{m}_0]$으로도 나타남을 확인했다. 이에 대하여 울진 방언②에서는 음거형의 으뜸변이음조형이 $[\textsc{l}\mathrm{MM}\textsc{m}_0]$이었고, 드물게 $[\mathrm{MMM}\textsc{m}_0]$으로도 나타났다. $[\textsc{l}\mathrm{MM}\textsc{m}_0]$은 [2-10-10-(5)-4](/[3-10-10-(5)-4])로 발음되며, $[\mathrm{MMM}\textsc{m}_0]$은 [10-10-10-(5)-4]로 발음된다. 2음절 음거형 $/\textsc{l}^2/$는 $[\textsc{l}\mathrm{M}]$([2-10]/[3-10]) 또는 [MM] [10-10]으로 발음된다. 울진 방언의 음거성의 성조 기호는 $\boxed{M}$으로 하여 음조형 실현 규칙을 $\boxed{M}_3 \rightarrow \{[\mathrm{MMM}\textsc{m}_0], [\textsc{l}\mathrm{MM}\textsc{m}_0]\}$으로 표시할 수도 있고, $\textsc{l}_3 \rightarrow \{[\mathrm{MMM}\textsc{m}_0], [\textsc{l}\mathrm{MM}\textsc{m}_0]\}$으로 표시할 수도 있으며; 성조 기호를 $\boxed{M}$과 $\textsc{l}$의 두 가지로 하여 $\textsc{l}_3 \rightarrow [\textsc{l}\mathrm{MM}\textsc{m}_0]$과 $\boxed{M}_3 \rightarrow [\mathrm{MMM}\textsc{m}_0]$의 두 가지로 할 수도 있으나, 여기에서는 (22)ㅁ에서처럼 상대적으로 빈도가 월등하게 높은 $\boxed{M}$을 음거성의 성조 기호로 했다.

33) [삼척 방언] 박분매 님의 말씨에서는 같은 조건에서 상성형이 매우 드물게 $[\mathrm{RM}_1]$으로도 나타나지만, 양옥희 님과 홍순희 님의 발음에서는 $[\mathrm{RM}_1]$은 나타나지 않았다. 울진 방언과 삼척 방언의 $[\ddot{H}M_1]$에서 $[\ddot{H}]$는 1.6모라 안팎의 길이이며, 고조의 음역 안에서 수평조로 발음되기도 하고, 고조의 음역 안에서 수평으로 발음되다가 뒤끝이 조금 올라가기도 한다. 1997년 방언 조사에서는 삼척 방언의 제보자가 홍순희 님과 양옥희 님이었으나, 2003년 조사에서는 홍순희 님이 돌아가셨기 때문에 박분매 님이 대신하게 되었다.

34) 삼척 방언의 제보자들 중에서 홍순희 님과 양옥희 님의 말에서는 음거형은 평삼형($\square^3 \cdot \square^n$)으로 변했기 때문에 1997년 삼척 방언 조사에서는 음거형을 발견하지 못했으나, 2003년 조사에서 박분매 님의 말에서는 음거형이 강릉 방언의 음거형과 같은 음조로 나타났다.

(26) 육진 · 룡정 방언의 음조형 실현 규칙
ㄱ. 평성형 M_2→[Mʜ$_0$H]/#—#
ㄴ. 측성형 H_2→[HM$_1$]/—#

표 (7), (11), (16), (17), (18) 들을 보면, 성조형의 층위에서는 모든 성조방언의 높낮이는 /H/(고), /M/(중), /L/(저)의 셋이면 되고, 방언에 따라서는 M(중), H(고)의 둘만으로도 평성, 거성, 상성, 음상성, 음거성 들을 적는 데에 넉넉하다는 것을 알 수 있다. 그러나, (14), (19)~(26)의 괄호 [ ] 속의 음조형을 관찰해 보면 이 책에 소개된 성조방언들의 음조형을 적는 데에는 5개 정도의 높낮이가 필요하고, 때로는 5개만으로는 미흡해서 말로써 설명을 덧붙여야 됨을 확인할 수 있다. 5개의 높낮이를 높은 것에서 낮은 것으로의 순서로 적으면 [H], [ʜ], [M], [ᴍ], [L]이 된다. 그리고, 5개의 높낮이 이외에 장음이나 굴곡조를 나타내기 위해 (̈ ̆)을 높낮이 부호에 겹쳐서 사용하기도 한다. 보기를 들면, [M̤](중장수평조), [M̆](중승, 중장승), [Ḧ](고장, 고승, 고장승), [L̆](저승, 저장승) 등이다. 음조형이 약화되면 음조 실현의 폭(register)가 보통의 음조형의 그것보다 좁아질 수도 있는데, 그런 경우에는 소문자를 써서 [lm], [mh], [ḧhm]처럼 표시할 수도 있다. [lm], [mh], [ḧh]는 각각 음조형 [LM], [MH], [ḦHM]가 약화된 것이다. 그리고 2개의 음역에 걸친 음조형은 [R]과 [F]를 그 보기로 들 수 있다. 보기를 들면, 둘은 /마알, H^2/(村)[MH]와 /가암, HM/(喊)[HM]은 각각 그 음조형을 [R]과 [F]로 적을 수도 있다.

(16)~(26)에 나타나는 모든 음조형에 대한 구체적인 방언 자료의 보기는 김차균(1999), 김차균(2002), 김차균(2003), 김차균(2006)ㄱ, 들을 참조하기 바라고, 이 자리에서는 음상형과 음거형의 보기를 들어 이들이 상성형 및 거성형과 어떻게 구별되는가를 설명하기로 한다. 본 장에 나타나는 몇 개 방언의 음상형과 음거형의 동아리(/범주)의 외연과 생성 과정 및 음조적인 특성에 관한 비교적 상세한 논의에 대해서는 김차균(2002)와 김차균(2003), 김차균(2006)ㄱ을 참조하기 바라고, 여기에서는 이들 세 책들에 나오는 음측형[35] 그리고 이에 관련해서 설명에 필요한 약간의 자료를 검토한 다음 창원 방언②의 음상형의 음조적인 특성을 기술하기로 한다.

아래 자료 (27)은 2음절 변동평성형어간 풀이씨 어형들 가운데서 몇 개 방언의 평측형의 정연한 음조 대응관계가 있음을 보인 것이다.

(27) 삼척 방언, 울진 방언, 성주 · 대구 방언①, 창원 방언①의 2음절 변동평성형어간 풀이씨 /나가·다/의 굴곡형의 자료[36]

35) 음상형과 음거형을 합쳐서 음측형이라 부른다.

삼척 방언	울진 방언	성주・대구① 방언	창원 방언①
나가·다	나가·다	나가·다	나가·다
/H^{2}ʜ(3)−1·M/	/$H^{2}\boxed{\text{M}}$−1·M/	/H^{2}ʟ−1·M/	/H^{2}ʟ−1·M/
나가·자[MHM]	나가·자[MHM]	나가·자[MHM]	나가·자[MHM]
나가·지[MHM]	나가·지[MHM]	나가·지[MHM]	나가·지[MHM]
나가·이[MHM]	나가·이[MHM]	나가·이[MHM]	나가·이[MHM]
나가·라[MHM]	나가·라[MHM]	나가·라[MHM]	나가·라[MHM]
나가겠·다[MʜHM]	나가겠·다[MʜHM]	나가겠·다[MʜHM]	나가겄·다[MʜHM]
나가께·에[MʜHM]	나가께·에[MʜHM]	나갈께·에[MʜHM]	나가께·에[MʜHM]
나가·라·고[MHM^{2}]	나가·라·꼬[MHM^{2}]	나가·라·꼬[MHM^{2}]	나가·라·꼬[MHM^{2}]
나갈꺼·얼[MʜHM]	나갈꺼·얼[MʜHM]	나갈꺼·얼[MʜHM]	나갈꺼·로[MʜHM]
나갈꺼·르[MʜHM]	나갈꺼·로[MʜHM]	나갈꺼·로[MʜHM]	나갈꺼·로[MʜHM]
나가·까[MHM]	나가·까[MHM]	나가·까[MHM]	나가·까[MHM]
나가·꼬[MHM]	나가·꼬[MHM]	나가·꼬[MHM]	나가·꼬[MHM]

아래 (28)은 2음절 변동평성형어간 풀이씨의 어형들 가운데서 창원 방언①의 상성형과 대구 방언①의 음거형의 정연한 대응관계를 보인 것이다.[37]

(28) 창원 방언①과 대구 방언①의 2음절 변동평성형어간 풀이씨 /나가·다/와 /나서·다/의 굴곡형의 자료

창원 방언①		대구 방언①	
:나·가	L^{2}[LM]	·$\boxed{\text{나}}$·가	L^{2}[LM]
:나·가·도	L^{3}[LMM]	·$\boxed{\text{나}}$·가·도	L^{3}[LMM]
:나·갔·는·데	L^{4}[LMMᴍ]	·$\boxed{\text{나}}$·갔·는·데	L^{4}[LMMᴍ]
:나·갔·는·갑·다	L^{5}[LMMᴍ^{2}]	·$\boxed{\text{나}}$·갔·는·갑·다	L^{5}[LMMᴍ^{2}]
:나·서	L^{2}[LM]	·$\boxed{\text{나}}$·서	L^{2}[LM]
:나·서·서	L^{3}[LMM]	·$\boxed{\text{나}}$·서·서	L^{3}[LMM]
:나·설·라·꼬	L^{4}[LMMᴍ]	·$\boxed{\text{나}}$·설·라·꼬	L^{4}[LMMᴍ]
:나·섰·는·갑·다	L^{5}[LMMᴍ^{2}]	·$\boxed{\text{나}}$·섰·는·갑·다	L^{5}[LMMᴍ^{2}]

36) 삼척 방언 《/나가·다/ H^{2}ʜ(3)−1·M》에서 분류 기호 《ʜ(3)−1》은 다른 방언의 어형변화표에서 상성형이나 음거형이 나타나는 곳에 삼척 방언에서는 평3형이 나타난다는 것을 가리킨다. 창원 방언①에 상성형 /:나·와·서/L^{3}[LMM], /:나·오·더·라/L^{4} [LMMᴍ]는 울진 방언에서는 음거형 /·$\boxed{\text{나}}$·와·서/$\boxed{\text{M}}^{3}$[MMM], /·$\boxed{\text{나}}$·오·더·라/$\boxed{\text{M}}^{4}$[MMMᴍ]으로 나타나는 데 대하여, 삼척 방언에서는 평3형(=평성이 3개인 방점형) /나와서/H^{3}[MʜH], /나오더라/H^{3}M[MʜHM]이 나타난다. 삼척 방언의 평3형 자료는 아래 (30)과 (31)을 참조하기 바란다. 그리고, 울진 방언, 삼척 방언, 강릉 방언의 음거형과 삼척 방언의 평3형의 더 많은 자료는 김차균(2006)ㄱ의 124~128쪽을 참조.

37) 대구 방언①의 음거형 자료는 김차균(2002)와 김차균(2003)을 참조.

위 (28)의 창원 방언①과 대구 방언①의 성조형과 음조형이 같은데도, 창원 방언①의 방점형은 상성형이라 하고, 대구 방언①의 방점형은 음거형이라 한 것은 대구 방언①의 상성형은 규칙 (20)ㄴ 《$\underset{..}{M}_2 \rightarrow \{[\ddot{H}HM_0], [\check{M}HM_0]\}$》에 의해 도출되며, (28)의 대구 방언①의 자료들은 음거형 규칙 (20)ㄹ에 의해 도출된 것이기 때문이다. (28)에서 창원 방언① 상성음조형들의 첫 음절은 1.3모라의 길이를 가지고 있고, 방점 및 성조의 분류 방법 (9)와 그 표시 방법 (10)에 의해 상성이지만, (28)의 대구 방언①의 음거음조형들의 첫 음절은 1모라의 길이를 가지고 있고 수평조이고, 방점 및 성조의 분류 방법 (9)와 그 표시 방법 (10)에 의해 거성의 일종이다. 그러나 대구 방언①의 보편적인 분포를 가진 거성은 [M]이기 때문에 매우 제한된 음조 [L]은 (9)에 의해 음거성이라 불리게 된다.

다시 울진 방언(김차균 : 2006)과 대구 방언①의 음거형의 대응관계를 보자.

(29) 울진 방언과 대구 방언①의 음거형 대응관계 자료

울진 방언	성조형[음조형]	대구 방언①	성조형[음조형]
·$\boxed{\text{나}}$·가	$\boxed{M}^2$[MM]	·$\boxed{\text{나}}$·가	L^2[LM]
·$\boxed{\text{나}}$·가·도	$\boxed{M}^3$[MMM]	·$\boxed{\text{나}}$·가·도	L^3[LMM]
·$\boxed{\text{나}}$·갔·는·데	$\boxed{M}^4$[MMMᴍ]	·$\boxed{\text{나}}$·갔·는·데	L^4[LMMᴍ]
·$\boxed{\text{나}}$·갔·는·겠·다	$\boxed{M}^5$[MMMᴍ^2]	·$\boxed{\text{나}}$·갔·는·갑·다	L^5[LMMᴍ^2]
·$\boxed{\text{나}}$·서	$\boxed{M}^2$[MM]	·$\boxed{\text{나}}$·서	L^2[LM]
·$\boxed{\text{나}}$·가·서	$\boxed{M}^3$[MMM]	·$\boxed{\text{나}}$·서·서	L^3[LMM]
·$\boxed{\text{나}}$·설·라·꼬	$\boxed{M}^4$[MMMᴍ]	·$\boxed{\text{나}}$·설·라·꼬	L^4[LMMᴍ]
·$\boxed{\text{나}}$·섰·는·겠·다	$\boxed{M}^5$[MMMᴍ^2]	·$\boxed{\text{나}}$·섰·는·갑·다	L^5[LMMᴍ^2]

(29)에서 두 방언 자료의 대조를 통하여 울진 방언의 음거형은 첫 음절이 [M]이라는 점에서 대구 방언의 음거형의 첫 음절 [L]과 구별되고, 둘째 음절 이하의 음조는 두 방언이 같음을 확인할 수 있다. 울진 방언에서 3음절 거성형은 (22)ㄷ에 의해 /HHM_1/로 실현되는데, 3음절 음거형은 (22)ㅁ에 의해 [MMMᴍ$_0$](또는 [ʟMMᴍ$_0$])울진 방언으로 나타난다.[38)]

다음은 삼척 방언 평3형과 울진 방언의 음거형, 그리고 삼척 방언 평측형과 울진 방언의 평측형의 대응관계 자료이다.

(30) 삼척 방언과 울진 방언의 음거형 대응관계 자료

	삼척 방언	성조형[음조형]	울진 방언	성조형[음조형]
ㄱ.	나간다	H^3[MʜH]	·$\boxed{\text{나}}$·간·다	$\boxed{M}^3$[MMM]
	나가서	H^3[MʜH]	·$\boxed{\text{나}}$·가·서	$\boxed{M}^3$[MMM]

38) 울진 방언 음거형에 대해서는 김차균(2006; 127쪽)을 참조.

	나가더·라	H^{3}M[MʜHM]	·[나]·가·더·라	[M]^4[MMMᴍ]
ㄴ.	나가겠·다	H^{3}M[MʜHM]	나가겠·다	H^{3}M[MʜHM]
	나가·고	H^{2}M[MHM]	나가·고	H^{2}M[MHM]
	나가·이·까	H^{2}M^2[MHM^2]	나가·이·까	H^{2}M^2[MHM^2]

(30)ㄱ은 변동평성형 어형들 가운데서 삼척 방언의 평삼형과 울진 방언의 음거형의 정연한 대응관계를 보인 것이고, (30)ㄴ은 변동평성형어간 풀이씨 어형들 가운데서 삼척 방언의 평측형과 울진 방언의 평측형의 음조형이 동일함을 보인 것이다.

(31) 삼척 방언 평3형과 강릉 방언의 음거형 대응관계 자료

삼척 방언	성조형[음조형]	강릉 방언	성조형[음조형]
나가	H^2[MH]	·[나]·가	L^2[LM]
나가도	H^3[MʜH]	·[나]·가·도	L^3[LMM]
나가거·라	H^{3}M[MʜHM]	·[나]·가·거·라	L^4[LMMᴍ]
나가거·들·라	H^{3}M^2[MʜHMM]	·[나]·가·거·든	L^4[LMMᴍ]
나서	H^2[MH]	·[나]·서	L^2[LM]
나서서	H^3[MʜH]	·[나]·서·서	L^3[LMM]
나서는·데	H^{3}M[MʜHM]	·[나]·서·는·데	L^4[LMMᴍ]

(31)에서는 변동평성형 어형들 가운데서 삼척 방언의 평3형(□^{3}·□$_1$, 다만 2음절일 경우는 □^{2})와 강릉 방언의 음거형의 정연한 대응관계를 보인 것이다. 다른 방언에 음거형([LM], [LMM], [LMMᴍ], [LMMᴍ^2])가 나타나는 경우에 삼척 방언에서 평성이 3개 연속해서 나타나는 평3형([MH], [MʜH], [MʜHM], [MʜHM^2])가 나타나는 것은 아주 특이한 현상처럼 보일지 모르지만, [LM]과 [MH], [LMM]과 [MʜH], [LMMᴍ]과 [MʜHM], [LMMᴍ^2]과 [MʜHM^2]의 차이는 인지적인 면에서는 각각 둘째 음절과 셋째 음절의 높이가 같은지, 그렇지 않으면 둘째 음절의 높이가 셋째 음절의 높이에 못 미치는지에 있는 것이기 때문에, 역사적으로 음거형에서 평삼형으로의 변화는 아주 자연스러운 변화라 할 수 있다. 그리고 울진 방언의 음거형이 두 가지 임의 변이형을 [ʟM], [ʟMM], [ʟMMᴍ], [ʟMMᴍ^2]과[39] [MM], [MMM], [MMMᴍ], [MMMᴍ^2]의 두 가지로 나타나는 것은 울진 방언에서 역사적으로 [LM], [LMM], [LMMᴍ], [LMMᴍ^2]의 시기가 있었고, 이것이 [ʟM], [ʟMM], [ʟMMᴍ], [ʟMMᴍ^2]의 단계를 거쳐서 [MM], [MMM], [MMMᴍ], [MMMᴍ^2]로 변천해 가는 과정에서 뒤의 두 가지가 지금은 다 나타나고 있는 단계에 와 있다고 볼 수 있다. 삼척 방언에서는 음거형

39) [ʟM], [ʟMM], [ʟMMᴍ], [ʟMMᴍ^2]들에서 [ʟ]은 대구 방언 등의 [LM], [LMM], [LMMᴍ], [LMMᴍ^2]들에서 [L]보다 1~2Qt 정도 높다.

의 음조형 [LM], [LMM], [LMMᴍ], [LMMᴍ^2]가 매우 드물게 나타나는데, 이들은 임의변이형인 평삼형([[MʜH], [MʜHM], [MʜHM^2])으로[40] 바뀌어 나타난다. (김차균 : 2006; 127쪽)

자료 (28)~(31)에서 우리는 몇 개 방언에서 음거형이 매우 제한된 분포를 보여 주면서도 방언 자료끼리의 정연한 대응관계를 보인다는 점과 또 이 자료들이 음거형이 없는 창원 방언①에서는 상성형으로 대응함을 보았다. 김차균(2002), 김차균(2003), 김차균(2006)ㄱ에서는 이들의 존재가 발생적으로 관련성이 있으며, 특히 김차균(2006)ㄱ에서는 영남영동 방언의 공통조어의 존재를 가정하고 그 조어에서부터 음거형의 존재가 시작되었다는 것과 공통조어형은 그 음조형이 [LMMᴍ$_0$]임을 논증하고 있다.

다음에는 음상형에 대한 자료와 그 설명을 모아 보겠다. 김차균(2002)에서는 경남 서남부 방언인 고성 방언에서는 3음절 이상의 상성형(:$\square_3$)은 가끔 음상형(:$\boxed{\square}_3$)으로 변한다. 보기를 들면 /:없·이·끼·다, L^4/[LMᴍ^2]는 /:$\boxed{\text{없}}$·이·끼·다, $\boxed{\text{L}}^4$/[LMMᴍ]로 발음된다. 이럴 경우 음상형을 따로 두는 대신에, 상성형의 임의변이 음조형이 2가지가 있는 것으로 보아서 /:없·이·끼·다, L^4/{[LMᴍ^2], [LMMᴍ]}로 처리할 수도 있다. 그런데 고성 방언에서 /나가·다/와 /나서·다/의 일부 어형들은 거의 고정적으로 /:$\boxed{\text{나}}$·간·다/[LMM], /:$\boxed{\text{나}}$·가·더·라/[LMMᴍ]처럼, [LMMᴍ^2]으로만 발음되기 때문에 이들을 위해서는 음상형의 존재를 인정하는 것이 좋을 것이다. 고성 방언의 [LMM], [LMMᴍ], [LMMᴍ^2], … 등이 성주・안동・대구 방언의 음거형([LMM], [LMMᴍ], [LMMᴍ^2], … 등)과 전문가가 아니고는 거의 청각적으로 구별할 수 없음에도 불구하고 음거형이라 부르지 않고, 음상형이라 부르는 것은 첫 음절의 음조가 1.3 모라 정도이고 뒤끝이 가볍게 올라가기 때문이다.

(32) 창원 방언①과 경남 고성 방언의 2음절 변동평성형어간 풀이씨 /나가·다/와 /나서·다/의 굴곡형의 자료

창원 방언①		고성 방언	
:나·가	L^2[LM]	:$\boxed{\text{나}}$·가	L^2[LM]
:나·가·도	L^3[LMM]	:$\boxed{\text{나}}$·가·도	L^3[LMM]
:나·갔·는·데	L^4[LMMᴍ]	:$\boxed{\text{나}}$·갔·는·데	L^4[LMMᴍ]
:나·갔·는·갑·다	L^5[LMMᴍ^2]	:$\boxed{\text{나}}$·갔·는·갑·다	L^5[LMMᴍ^2]
:나·서	L^2[LM]	:$\boxed{\text{나}}$·서	L^2[LM]
:나·서·서	L^3[LMM]	:$\boxed{\text{나}}$·서·서	L^3[LMM]
:나·설·라·꼬	L^4[LMMᴍ]	:$\boxed{\text{나}}$·설·라·꼬	L^4[LMMᴍ]
:나·섰·는·갑·다	L^5[LMMᴍ^2]	:$\boxed{\text{나}}$·섰·는·갑·다	L^5[LMMᴍ^2]

40) 단, 2음절 어형일 때는 [MH].

삼척 방언과 울진 방언에서는 1음절 거성어간 풀이씨의 끝 위치에 나타나는 원순모음이나 1음절 변동평성어간 풀이씨에서 거성화한 원순모음이 뒤따르는 {-·아X, -·어X}형 씨끝의 첫 모음과 축약되면서 음상성이 형성되는 일이 있다. 보기를 들면 다음과 같다.

(33)

삼척 방언		울진 방언②		울진 방언①	
(·쏘·다→)쏘다	(MM̆·M→)H^2[MH]	·쏘·다	(MM̤·M→)M^2[HH/MM]	·쏘·다	(MM̤·M→)M^2[HH/MM]
(·쏘·고→)쏘고	H^2[MH]	·쏘·고	M^2[HH/MM]	·쏘·고	M^2[HH/MM]
(·쏘·니·까→)쏘니·까	H^{2}M[MHM]	·쏘·니·까	M^3[HHM]	·쏘·니·까	M^3[HHM]
:[쏴]·서	M̆^{2}[M̆H]	:[쏴]·서	M̤^{2}[ḦH/M̤M]	:[싸]·서	M̤^{2}[ḦH/M̤M]
:[쐈]·다	M̆^{2}[M̆H]	:[쐈]·다	M̤^{2}[ḦH/M̤M]	:[쌌]·다	M̤^{2}[ḦH/M̤M]
:[쏘]·서	M̆^{2}[M̆H]	:[쏘]·서	M̤^{2}[ḦH/M̤M]	:[싸]·서	M̤^{2}[ḦH/M̤M]
:[쏬]·다	M̆^{2}[M̆H]	:[쏬]·다	M̤^{2}[ḦH/M̤M]	:[쌌]·다	M̤^{2}[ḦH/M̤M]
:[쏬]·는·깃·다	M̆^{4}[M̆HM^2]	:[쏬]·는·겠·다	M̤^{4}[ḦHM^2]	:[쌌]·는·겠·다	M̤^{4}[ḦHM^2]

(34)

삼척 방언		울진 방언②		울진 방언①	
@누·다	(HM̆$_{-1}$·M→)HM[HM]	@누·다	(HM$_{-1}$·M→)HM[HM]	@누·다	(HM$_{-1}$·M→)HM[HM]
:[놌]·는·겉·타	M̆^{4}[M̆HM^2]	·났·는·긑·타	M^4[HHM^2]	·났·는·겠·다	M^4[HHM^2]
:[놌]·는·겉·타	M̆^{4}[M̆HM^2]	·났·는·겠·다	M^4[HHM^2]	·났·는·겠·다	M^4[HHM^2]
@누·다	(HM̆$_{-1}$·M→)HM[HM]	@누·다	(HM̤$_{-1}$·M→)HM[HM]	@누·다	HM̤$_{-1}$·M→)HM[HM]
누·고	HM[HM]	누·고	HM[HM]	누·고	HM[HM]
:[놔]	M̆[M̆]	:[나]	M̤^{2}[Ḧ/M̤]	:[나]	M̤^{2}[Ḧ/M̤]
:[놔]·도	M̆^{2}[M̆H]	:[나]·도	M̤^{2}[ḦH/M̤M]	:[나]·도	M̤^{2}[ḦH/M̤M]
:[놔]·서	M̆^{2}[M̆H]	:[나]·서	M̤^{2}[ḦH/M̤M]	:[나]·서	M̤^{2}[ḦH/M̤M]
:[놔]·야	M̆^{2}[M̆H]	:[나]·야	M̤^{2}[ḦH/M̤M]	:[나]·야	M̤^{2}[ḦH/M̤M]
:[놨]·다	M̆^{2}[M̆H]	:[났]·다	M̤^{2}[ḦH/M̤M]	:[났]·다	M̤^{2}[ḦH/M̤M]
:[놨]·는·깃·다	M̆^{4}[M̆HM^2]	:[났]·는·겠·다	M̤^{4}[ḦHM^2]	:[났]·는·겠·다	M̤^{4}[ḦHM^2]
:[노]	M̆[M̆]	:[노]	M̤[Ḧ/M̤]	:[노]	M̤[Ḧ/M̤]
:[노]·도	M̆^{2}[M̆H]	:[노]·도	M̤^{2}[ḦH/M̤M]	:[노]·도	M̤^{2}[ḦH/M̤M]
:[노]·서	M̆^{2}[M̆H]	:[노]·서	M̤^{2}[ḦH/M̤M]	:[노]·서	M̤^{2}[ḦH/M̤M]
:[노]·야	M̆^{2}[M̆H]	:[노]·야	M̤^{2}[ḦH/M̤M]	:[노]·야	M̤^{2}[ḦH/M̤M]
:[놌]·다	M̆^{2}[M̆H]	:[놌]·다	M̤^{2}[ḦH/M̤M]	:[놌]·다	M̤^{2}[ḦH/M̤M]
:[놌]·던·깃·다	M̆^{4}[M̆HM^2]	:[놌]·던·겠·다	M̤^{4}[ḦHM^2]	:[놌]·던·겠·다	M̤^{4}[ḦHM̤^{2}]

(35)

삼척 방언		울진 방언②		울진 방언①	
@두·다	(HM̆$_{-1}$·M→)HM[HM]	@두·다	(HM$_{-1}$·M→)HM[HM]	@두·다	(HM$_{-1}$·M→)HM[HM]
두·고	HM[HM]	두·고	HM[HM]	두·고	HM[HM]
:[돘]·는·겉·타	M̆^{4}[M̆HM^2]	·닸·는·긑·타	M^4[HHM^2]	·닸·는·겟·다	M^4[HHM^2]
:[됬]·는·겉·타	M̆^{4}[M̆HM^2]	·닸·는·겟·다	M^4[HHM^2]	·닸·는·겟·다	M^4[HHM^2]
:[두]·야	M̆^{2}[M̆H]	·다·야	M^2[HH/MM]	·다·야	M^2[HH/MM]

:돘·다	M̆^{2}[M̆H]	·닸·다	M^{2}[HH/MM]	·닸·다	M^{2}[HH/MM]
@두·다 (H$_{\breve{M}-1}$·M→)HM[HM]		@두·다 (H$_{\ddot{M}-1}$·M→)HM[HM]		@두·다 (H$_{\ddot{M}-1}$·M→)HM[HM]	
:도	M̆[M̆]	:도	M̤[Ḧ/M̤]	:도	M̤[Ḧ/M̤]
:도·도	M̆^{2}[M̆H]	:도·도	M̤^{2}[ḦH/M̤M]	:도·도	M̤^{2}[ḦH/M̤M]
:도·서	M̆^{2}[M̆H]	:도·서	M̤^{2}[ḦH/M̤M]	:도·서	M̤^{2}[ḦH/M̤M]
:도·야	M̆^{2}[M̆H]	:도·야	M̤^{2}[ḦH/M̤M]	:도·야	M̤^{2}[ḦH/M̤M]
:돘·다	M̆^{2}[M̆H]	:돘·다	M̤^{2}[ḦH/M̤M]	:돘·다	M̤^{2}[ḦH/M̤M]
:돘·다·가	M̆^{3}[M̆HM]	:돘·다·가	M̤^{3}[ḦHM]	:돘·다·가	M̤^{3}[ḦHM]

(36) 삼척 방언		울진 방언②		울진 방언①	
주·다 (H$_{\breve{M}-1}$·M→)HM[HM]		주·다 (H$_{\ddot{M}-1}$·M→)HM[HM]		주·다 (H$_{\ddot{M}-1}$·M→)HM[HM]	
주·고	HM[HM]	주·고	HM[HM]	주·고	HM[HM]
:조	M̆[M̆]	:조	M̤[Ḧ/M̤]	:조	M̤[Ḧ/M̤]
:조·도	M̆^{2}[M̆H]	:조·도	M̤^{2}[ḦH/M̤M]	:조·도	M̤^{2}[ḦH/M̤M]
:조·서	M̆^{2}[M̆H]	:조·서	M̤^{2}[ḦH/M̤M]	:조·서	M̤^{2}[ḦH/M̤M]
:조·야	M̆^{2}[M̆H]	:조·야	M̤^{2}[ḦH/M̤M]	:조·야	M̤^{2}[ḦH/M̤M]
:조·야·만	M̆^{3}[M̆HM]	:조·야·만	M̤^{3}[ḦHM]	:조·야·만	M̤^{3}[ḦHM]
:좄·다	M̆^{2}[M̆H]	:좄·다	M̤^{2}[ḦH/M̤M]	:좄·다	M̤^{2}[ḦH/M̤M]
:좄·는·긑·타	M̆^{4}[M̆HM^{2}]	:좄·는·긑·타	M̤^{4}[ḦHM^{2}]	:좄·는·겟·다	M̤^{4}[ḦHM^{2}]
:조	M̆[M̆]	:자	M̤[Ḧ/M̤]	:자	M̤[Ḧ/M̤]
:조·도	M̆^{2}[M̆H]	:자·도	M̤^{2}[ḦH/M̤M]	:자·도	M̤^{2}[ḦH/M̤M]
:조·서	M̆^{2}[M̆H]	:자·서	M̤^{2}[ḦH/M̤M]	:자·서	M̤^{2}[ḦH/M̤M]
:조·야	M̆^{2}[M̆H]	:자·야	M̤^{2}[ḦH/M̤M]	:자·야	M̤^{2}[ḦH/M̤M]
:좄·다	M̆^{2}[M̆H]	:잤·다	M̤^{2}[ḦH/M̤M]	:잤·다	M̤^{2}[ḦH/M̤M]
:조·야·만	M̆^{3}[M̆HM]	:자·야·만	M̤^{3}[ḦHM]	:자·야·만	M̤^{3}[ḦHM]

(37) 삼척 방언		울진 방언②		울진 방언①	
보·다 (H$_{\ddot{H}-1}$·M→)HM[HM]		보·다 (H$_{\ddot{M}-1}$·M→)HM[HM]		보·다 (H$_{\ddot{M}-1}$·M→)HM[HM]	
보·자	HM[HM]	보·자	HM[HM]	보·자	HM[HM]
본·들	HM[HM]	본·들	HM[HM]	본·들	HM[HM]
:바	Ḧ[M̆]	:배	M̤[Ḧ/M̤]	:배	M̤[Ḧ/M̤]
:바·도	Ḧ^{2}[ḦM]	:배·도	M̤^{2}[ḦH/M̤M]	:배·도	M̤^{2}[ḦH/M̤M]
:바·라	Ḧ^{2}[ḦM]	:배·라	M̤^{2}[ḦH/M̤M]	:배·라	M̤^{2}[ḦH/M̤M]
:바·라	Ḧ^{2}[ḦM]	:배·래·이	M̤^{3}[ḦHM]	:배·래·이	M̤^{4}[ḦHM]
:바·사	Ḧ^{2}[ḦM]	:배·서	M̤^{2}[ḦH/M̤M]	:배·서	M̤^{2}[ḦH/M̤M]
:바·야	Ḧ^{2}[ḦM]	:배·야	M̤^{2}[ḦH/M̤M]	:배·야	M̤^{2}[ḦH/M̤M]
:밨·겠·습·니·다	Ḧ^{5}[ḦM^{4}]	:뱄·일·껬·시·더	M̤^{5}[ḦHM^{3}]	:뱄·겠·니·더	M̤^{4}[ḦHM^{2}]
:밨·는·깃·다	Ḧ^{4}[ḦM^{3}]	:뱄·는·겠·다	M̤^{4}[ḦHM^{2}]	:뱄·는·겠·다	M̤^{4}[ḦHM^{2}]
:밨·다	Ḧ^{2}[ḦM]	:뱄·다	M̤^{2}[ḦH/M̤M]	:뱄·다	M̤^{2}[ḦH/M̤M]
:밨·던·겄·다	Ḧ^{4}[ḦM^{3}]	:뱄·던·겠·다	M̤^{4}[ḦHM^{2}]	:뱄·던·겠·다	M̤^{4}[ḦHM^{2}]

그러나 삼척 방언과 울진 방언에서 음상형의 형성은 위의 음운론적인 조건에 따라 완전히 예측되는 것도 아니고, 또 소수의 자료에서는 위에 제시된 것과는 다른 조건에서도 일어난다. 더 많은 자료와 논의에 대해서는 김차균(2006)ㄱ을 참조하기 바란다.

이 책의 주된 대상이 되는 5개 방언 중에서 에서 음상성이 나타나는 방언은 창원 방언② 뿐이다. 먼저 다음의 자료들을 보자.

(38) 1음절 변동상성어간 풀이씨 {:얇·다}의 굴곡형 자료

	방점형	성조형[음조형]	방언
ㄱ.	:얇·다[:얍·다]	(LH·M→)L^2[LM]	(함안, 김해)
	:얇·다[:얄·따]	(LH·M→)L^2[LM]	(창원①, 양산)
	:얇·고[:얄·꼬]	L^2[LM]	(창원①, 양산)
	:얇·고[:얍·꼬]	L^2[LM]	(함안, 김해)
	:얇·네[:얄·레]	L^2[LM]	(창원①, 양산)
	:얇·네[:얌·네]	L^2[LM]	(함안, 김해)
	:얇·더·라[:얄·떠·라]	L^3[LMM]	(창원①, 양산)
	:얇·더·라[:얍·떠·라]	L^3[LMM]	(함안, 김해)
	얇·아·서	HM^2[HM^2]	(창원①, 함안, 김해, 양산)
	얇·우·모	HM^2[HM^2]	(창원①②, 함안)
	얇·으·모	HM^2[HM^2]	(창원①②, 함안)
	얇·으·이	HM^2[HM^2]	(창원①②, 함안)
	얇·으·이·께	HM^3[HM^3]	(창원①②, 김해)
ㄴ.	:젊·다[점·다]	(LH·M→)L^2[LM]	(창원①)
	:젊·다[점·따]	(LH·M→)L^2[LM]	(창원②, 함안, 김해, 양산)
	:젊·고[:점·고]	L^2[LM]	(창원①)
	:젊·고[:점·꼬]	L^2[LM]	(창원②, 함안, 김해, 양산)
	젊·어·서	HM^2[HM^2]	(창원②, 함안, 김해, 양산)
	젊·으·니·까	HM^3[HM^3]	(양산)
	젊·으·이·께	HM^3[HM^3]	(창원①②, 김해)
	젊·응·께·네	HM^3[HM^3]	(함안)

(39) 2음절 상성형어간 풀이씨 {도지다}의 어형들

방점형	성조형[음조형]	방언
:도·지·다(痨)	(L^2·M→)L^3[LMM]	(창원①, 함안, 김해, 양산)
:도·저·서	L^3[LMM]	(김해, 양산)
:도·지·고	L^3[LMM]	(창원①, 함안, 김해, 양산)
:도·지·네	L^3[LMM]	(창원①, 함안, 김해, 양산)
:도·지·서	L^3[LMM]	(창원①, 함안, 김해, 양산)

자료 (38)에서는 다른 방언들과 마찬가지로 창원 방언①②에서도 대다수의 1음절 변동상성어간 풀이씨가 그러하듯이 자음으로 시작되는 씨끝 앞에서는 어간의 기저 상성이 그대로 상성으로 나타나고, 모음으로 시작되는 씨끝 앞에서는 어간의 성조가 평성으로 변했다. 그리고 (39)에서는 다른 방언들과 마찬가지로 창원 방언①②에서도 절대 다 수의 2음절 이상 상성 풀이씨가 그러하듯이 어간의 방점형이 상성형으로 고정되어 있다.

아래의 자료 (40)과 (41)은 창원 방언②에 나타나는 음상형의 자료 전체이다. (40)ㄱ,ㄴ은 1음절 변동음상 풀이씨라고 부를 수 있는 것들인데, 이들은 다른 방언들에서는 1음절 변동상성 풀이씨의 동아리에 들어가는 것들이다. 그리고 (40)ㄷ은 2음절 음상형 풀이씨인데, 이런 종류의 음측형은 다른 방언들에서는 아직 발견된 일이 없다.

(40) 창원 방언②의 음상형 자료

	방점형	성조형[음조형]	방언
ㄱ.	:얇·다	(M̤ʜ·M→)M̤^{2}[ḦH/M̤M]	(창원②)
	:얇·고[:얄·꼬]	M̤^{2}[ḦH/M̤M]	(창원②)
	:얇·네[:얄·레]	M̤^{2}[ḦH/M̤M]	(창원②)
	:얇·더·라[:얄·떠·라]	M̤^{3}[ḦHM]	(창원②)
	얇·아·서	HM^{2}[HM^{2}]	(창원②)
	얇·으·이·께	HM^{3}[HM^{3}]	(창원②)
ㄴ.	:젊·다[:점·따]	(M̤ʜ·M→)M̤^{2}[ḦH/M̤M]	(창원②)
	:젊·고[:점·꼬]	M̤^{2}[ḦH/M̤M]	(창원②)
	:젊·네[:점·네]	M̤^{2}[ḦH/M̤M]	(창원②)
	젊·어·서	HM^{2}[HM^{2}]	(창원②)
	젊·으·이·께	HM^{3}[HM^{3}]	(창원②)
ㄷ.	:도·지·다(痨)	(M̤^{2}·M→)M̤^{3}[ḦHM]	(창원②)
	:도·저·서	M̤^{3}[ḦHM]	(창원②)
	:도·지·고	M̤^{3}[ḦHM]	(창원②)
	:도·지·네	M̤^{3}[ḦHM]	(창원②)
	:도·지·더·라	M̤^{4}[ḦHM^{2}]	(창원②)
	:도·지·더·라·도	M̤^{5}[ḦHM^{3}]	(창원②)

아래 (41)ㄱ의 풀이씨는 그 어간의 기저 방점이 거성이지만, 그 어간의 원순모음 /ㅜ/가 뒤따르는 {·아X, ·어X}형 씨끝의 모음과 축약되어 음상성으로 변하고, 결과적으로 축약에 의해 도출되는 어형 전체가 음상형으로 나타나는 경우이나.

(41) 1음절 거성어간 풀이씨 '꾸다'의 어형들

ㄱ. ·꾸·다(夢)	(M$_{\text{M̤}}$·M→)M^2[HH/MM]	(창원②)
·꾸·고	M^2[HH/MM]	(창원②)
:꾸·도	M̤^{2}[ḦH/M̤M]	(창원②)
:꾸·서	M̤^{2}[ḦH/M̤M]	(창원②)
ㄴ. ·끄·다(夢)<꾸다>	(M$_{\text{M̤}}$·M→)M^2[HH/MM]	(창원②)
·끄·고	M^2[HH/MM]	(창원②)
:꺼·도	M̤^{2}[ḦH/M̤M]	(창원②)
:꺼·서	M̤^{2}[ḦH/M̤M]	(창원②)

(41)ㄴ은 공시적인 관점에서는 어간의 모음이 비원순모음 /ㅡ/이기 때문에 뒤따르는 {·아X, ·어X}형 씨끝의 모음과 축약된 것으로 볼 수는 없다. (41)ㄴ의 어간 /·끄-/는 통사적으로는 /·꾸-/의 약화로 생긴 것이다. 아직도 공존하는 (41)ㄱ의 어형들의 방점 표상과의 유추에 의하여 (41)ㄴ의 어형들이 발생한 것이라 할 수 있을 것이다.

제2장 음조형 측정의 객관화와 성조론

2.1 머리말

제 I 부 제1장에 우리는 기저방점표상, 최종방점표상(=최종방점형), 성조형, 음조형 등을 검토했는데, 종래의 여러 성조 이론에서는 성조형이 가장 중요한 표상(/표시)라고 할 수 있겠지만, 방점법 이론에서 매우 중요한 표상은 최종방점형이다. 그런데, 방점법 이론이든 그 밖의 어떤 성조 이론이든지간에 표면적인 실현인 음조형은 가장 중요한 표상이라는 데에 우리는 동의하지 않으면 안 된다. 모든 성조 이론의 최종의 목표는 표면 음조형을 잘 기술하는 데에 있기 때문이다.

이 장은 지각심리에 바탕을 두고, 말소리의 높낮이(/고저)에 관련된 학문을 측정과학화하기 위해 개발한 사분음자(Quarter tone scale, 4분음척도)를 사용하여, 성조형의 실현인 음조형을 분석・기술하는 방법을 제시하는 것이 목적이다.

2.2절에서는 첫째로 사분음척도의 눈금(gradation)이 지각심리에 바탕을 두고 있다는 점에서, 현대 음악에서 사용하는 대표적인 건반악기인 피아노와 공통성이 있음을 먼저 설명한다. 둘째로 피아노에서 가락(melody)을 분할하는 음정은 1옥타브를 12등분하는 12평균율인 데 대하여, 사분음자는 1옥타브를 24등분한 24평균율로 이루어진 자(scale, 척도)라는 것을 설명한다. 그리고 셋째로 종래에 사용해 온 음향음성학에서 높낮이를 측정하는 단위는 Hz이며, 측정치의 등급은 Hz 단위의 등차수열로 되어 있어서, Hz 단위의 등비수열로 이루어지는 지각 등급을 기술하는 데는 적합하지 않음을 지적한다. 넷째로 피아노 건반에서 88개의 각각 건(key, 鍵)과 그 다음 건의 사이의 음정은 1/2도(Semi tone)이므로, 이것을 자로 만들면 이분음자(Semi tone scale)이 되는데, 이것은 사분음척도보다 2배로 성긴 자가 되므로, 이 두 개의 자의 눈금을 대조하기 위한 표를 제시한다.[1)]

2.3절에서는 어린이 노래 '엄마야 누나야'의 첫 구절을 보기로 하여 조옮김의 기본적인 개념을 Qt 사슬을 이용하여 설명한다.

2.4절에서는 3개씩의 어절로 이루어지되, 첫 어절과 둘째 어절이 초점 강세를 받는 6개의 월들을 각각 6번씩 발음하여 녹음하고, 그것을 사분음자로 측정하여 Qt 사슬로 표시한 결과를 제시한다.

2.5절에서는 성조론에서 주관적인 관찰에 의해 표시해 왔던 Qt 사슬과 2.4절에서 얻은 측정 Qt 사슬을 대조하면서, 이 두 가지 사슬 사이의 관계를 관찰하고, 과학적인 측정을 용납하지 않는 성조론은 독단에 떨어지기 쉬우며, 성조론에 관심이 없는 음성학적인 측정은 측정 자체의 목표를 놓치고 있는 것임을 보여 줄 것이다.

2.6절에서는 종래에 지은이가 주관적으로 기술해 온 '주관적인 Qt 사슬'과, 사분음자에 의한 '측정 Qt 사슬의 평균치'와, 발음할 때마다 다른 높이에서 시작될 수 있지만, 전체 Qt 사슬의 모양은 같으므로, 음악에서 조옮김과 같은 원칙으로 첫 음절의 Qt 수치를 일치시킨 '조정 Qt 사슬' 등을 활용하여 더 상위의 표상인 음조형을 음운론적으로 기술하고 해석하는 방법을 제시할 것이다. 그리고 나아가서는 음조형에 대한 주관적인 인식과 객관적인 측정에 의한 Qt 사슬 사이의 관계를 조옮김과 같은 단순한 조작만으로는 설명할 수 없는 경우들이 나타나는데, 이를 더 적절하게 설명하기 위해서 김차균(2003), 김차균(2006)ㄱ 등에서 개발해 온 동적 운율 이론과 하강부 불안정성 등을 다듬어서 제시하고, 주관적 인식과 객관적 현실을 조화시키는 노력을 계속한다.

2.7절에서는 허웅(1963/1972)에서 따온 중세 국어 어절 층위의 방점 자료와 지은이의 창원 방언의 방점 자료의 대응관계를 보여줌으로써, 3~10장의 내용에 신뢰감을 주려고 한다.

2.8절에서는 2장 전체의 중요한 성과를 요약하여 결론으로 갈음한다.

2.2 언어 분석용 참조 고도 설정과 사분음자

고저에 대한 지각 등분의 활용은 음악이 있는 곳이면, 어디에서나 자연발생적으로 이루어져 왔다. 그것을 체계적인 도구로 만든 것이 악기이다. 세계 여러 나라나 문화권에서 사

---

1) 이분음자와 사분음자의 눈금은 Hz 단위의 등비수열로 이루어지기 때문에 종래의 음향학적인 관점에서 보면, 둘 다 로그자(logarithmic scale)이다. 로그자는 수학이나 물리학자가 아닌 일반음운론 전공자에게는 사용하기가 어렵기 때문에, 이 책에서는 이분음자의 눈금을 매기는 단위는 St로 하고, 사분음자의 눈금의 단위는 Qt로 한다. St는 Semi-tone을, Qt는 Quarter-tone을 줄여서 만든 것이다.

용하는 악기는 우리의 민요에서처럼 5음을 사용하기도 하며, 또는 중국이나 우리의 율려에서처럼 12음을 사용하기도 한다. 서양음악에서는 바흐(Johann Sebastian Bach, 1686~1750) 이후 1옥타브를 12등분한 12평균율을 사용하기도 했는데, 이들은 모두가 음향물리적인 단위인 Hz와는 직접적인 관계가 없고, 지각심리적인 음정의 단위를 나타낸다.

언어학에서 말소리의 높낮이에 관련된 학문인 성조(tone), 음조(pitch), 억양(intonation), 그리고 시가(詩歌)의 율격(metrical scheme) 등에서, 지각심리적인 높낮이 기술을 우연히 시도하는 경우가 없지는 않았을 것이지만, 그것이 주관적인 판단에 따르기 때문에 비난의 대상이 되어왔다. 그러면서도 언어학에서는 말소리의 높낮이의 기술은 항상 주관적이었고, 학자들의 합의가 이루어진 일은 거의 없었다. 그러나 말소리의 높낮이는 /고/와 /저/의 두 가지뿐이라거나, /고/, /중/, /저/의 세 가지까지는 허용한다는 것이 마치 불문율처럼 되어 왔다. 그러면서도 중국어 성조들의 조치(調値)의 기술할 때는 5단계의 높낮이를 사용하는 것에 대해서는 아무 시비 없이 허용되어 왔다. 이와 같이 말소리의 높낮이 기술에 학자들이 스스로 한계를 정해 놓는 것이 얼마나 잘못 된 일인가를 말소리의 높낮이에 대한 음향물리적인 기술과 지각심리적인 인식 사의의 관계의 설명을 통해서, 그리고 지은이가 발상하여 젊은 과학자들이[2] 개발한 사분음자(Quarter-tone scale)을 소개하고, 그것을 사용하여 높낮이를 객관적으로 측정하여 분석하는 방법을 제시함으로써 분명히 하고자 한다.

아래의 표 (42)에서 큰 흰 겹동그라미 ◎는 건반악기에서 흰 건을, 큰 검은 동그라미 ●는 건반악기에서 검은 건을, 작은 흰 동그라미 ○는 두 개의 큰 동그라미의 중간의 (가상적인) 건을 가리킨다.

김차균(1977) 이후 최근까지 언어 분석을 위한 참조 고도(reference pitch)를[3] ċ=130.8Hz로 한 것은 음악 교육에서 가장 초보적인 발성연습을 시킬 때 음계를 C-음(도-음)에서 시작하여 《C-D-E-F-G-A-B-C》(또는 《도-레-미-파-솔-라-시-도》, 《do-re-mi-fa-sol-la-si-do》)의 순서로 한다는 소박한 생각에서였다. 실제의 대화에서 가장 낮은 음과 가장 높은 음의 차이가 15등급 정도인 경남 동남부 방언의 성인 남성 토박이들의 다수가 자연스러운 발화에서 가장 낮은 음을 100.0Hz 전후로 발음하는 빈도가 높아서, 110.0Hz를 1등급으로 하면 등급 조정(음악의 조옮김과 같음)의 번거로움이 줄어진다는 점과 음악에서 연주

2) 성철재・권오욱・이지향・김차균(1998)을 참조.

3) 표준 고도(standard pitch) 대신에 참조 고도(reference pitch)라는 용어를 사용한 것은 이 분야의 전문가들의 자문과 합의에 근거를 둔 것이 아니라, 지은이가 우리말의 여러 방언들의 음조형을 통일성 있게 기술하려는 의도에 따라서 정한 것이기 때문이다. 앞으로 음운론 분야에서 운율론에 대한 많은 연구 성과가 쌓이게 되면 표준 고도의 제정은 꼭 필요한 것이다. 표준 고도의 제정이 없이는 높낮이 관련 학문이 보편적인 지위를 확보할 수 없기 때문이다.

고도를 ȧ=440Hz로 정한 것을 고려할 때,[4] 언어분석의 참조 고도를 A_1 =110.0Hz으로 정하는 것이 좋을 것으로 보인다.[5] 오늘날 음악에서 세계적으로 따르고 있는 음률은 440.0Hz를 표준으로 하여 그보다 한 옥타브 높은 음은 880.0Hz, 두 옥타브 높은 음은 1,600.0Hz, 그리고 표준보다 한 옥타브 낮은 음은 220.0Hz, 두 옥타브 낮은 음은 110.0Hz로 되어 있다.

편이를 위해 언어 분석을 위한 참조 고도 110.0Hz를 A_1로 하고, 한 옥타브씩 높아질 때마다 A_2, A_3, A_4, …으로 하며, 참조 고도보다 한 옥타브씩 낮아질 때마다 A_0, A_{-1}, A_{-2}, A_{-3}, …으로 하여, 이들을 왼쪽에서 오른쪽으로 A_{-1}, A_{-0}, A_1, A_2, A_3, A_4, A_5, A_6의 순서로 배열하면 이들이 내는 소리의 진동수는 27.5Hz, 55.0Hz, 110.0Hz, 220.0Hz, 440.0Hz, 880.0Hz, 1760.0Hz, 3520.0Hz와 같은 등비수열로 나타난다. 이것은 임의의 A음 곧 Ax음의 주파수(Hz수치)를 xHz라 하면, 한 옥타브 위의 A음인 Ax_{+1}은 $2x$Hz이고, 그보다 다시 한 옥타브 위의 A음 Ax_{+2}는 $2\times2x$Hz이며, 그보다 또 다시 한 옥타브 위의 A음 Ax_{+3}은 $2\times2\times2x$Hz임을 나타낸다. 이것은 공비(geometric ratio, 公比)가 2인 등비수열이다.

수학적으로 보면 현대 서양 음악에서는 1옥타브를 12평균율로 하기 때문에 임의의 건(key)가 내는 주파수(Hz수치)를 xHz라 하면, 그보다 바로 오른쪽의 건이 내는 소리의 주파수는 $\sqrt[12]{2}\,x$(Hz), 다시 그보다 바로 오른쪽의 건이 내는 소리의 주파수는 $\sqrt[12]{2}\times\sqrt[12]{2}\,x$(Hz), 또 다시 그보다 바로 오른쪽의 건이 내는 소리의 주파수는 $\sqrt[12]{2}\times\sqrt[12]{2}\times\sqrt[12]{2}\,x$(Hz)가 된다. 이것은 공비가 $\sqrt[12]{2}$인 등비수열이다. 보기를 들면 A_1(라-음)이 내는 소리의 주파수는 110.0Hz이므로, 그 보다 반음 높은 $A_1\#$(=라#, 라-샤프)가 내는 소리는 $\sqrt[12]{2}\times110.0$Hz(=116.5Hz)가 되고, 다시 그 보다 반음 높은 B_1(=시)가 내는 소리는 $\sqrt[12]{2}\times\sqrt[12]{2}\times110.0$Hz(=123.5Hz)가 되며, 또 다시 그 보다 반음 높은 C_1(=도)가 내는 소리는 $\sqrt[12]{2}\times\sqrt[12]{2}\times\sqrt[12]{2}\times110.0$Hz(=130.8Hz)가 된다.

이 책에서 제안하는 바와 같이 1옥타브를 24평균율로 하고, 임의의 건(key)가[6] 내는 주파수(Hz수치)를 xHz라 하면, 그보다 바로 오른쪽의 건이 내는 소리의 주파수는 $\sqrt[24]{2}\,x$(Hz),

---

4) 440Hz는 피아노의 88개의 건들 중에서 왼쪽에서 49번째 건이 내는 소리의 주파수이다.
5) 110Hz는 피아노의 88개의 건들 중에서 왼쪽에서 25번째 건이 내는 소리의 주파수이다.
6) 피아노와 같은 건반악기는 '12평균율' 악기이므로, A음(우리말로는 '가'음)에서 오른쪽으로 한 옥타브 높은 A음까지는 12개의 등급으로 되어 있고, 각각의 등급의 위치에 하나씩의 건(鍵, key)가 있다. 따라서 한 옥타브는 12개의 건이 들어 있으나, A음에서 시작하여 오른쪽으로 다음 A음을 포함하는 범위 안에서 건은 (12+1=)13개이다. '24평균율'이 악기가 있으면, A음(우리말로는 '가'음)에서 오른쪽으로 한 옥타브 높은 A음까지는 24개의 등급으로 되어 있고, 각각의 등급의 위치에 하나씩의 건(鍵, key)가 있다. 따라서 한 옥타브는 24개의 건이 들어 있으나, A음에서 시작하여 오른쪽으로 다음 A음을 포함하는 범위 안에서 건의 수는 (24+1=)25개이다. 지은이의 여러 논저에서 '24평균율'을 24등급(grade)라 불러 왔으나, 이하에서는 '등급'이라는 용어 대신에 Qt('Quarter-tone')라는 용어를 사용하기로 한다.

다시 그보다 바로 오른쪽의 건이 내는 소리의 주파수는 $\sqrt[24]{2} \times \sqrt[24]{2}\,x$(Hz), 또 다시 그보다 바로 오른쪽의 건이 내는 소리의 주파수는 $\sqrt[24]{2} \times \sqrt[24]{2} \times \sqrt[24]{2}\,x$(Hz)가 된다. 보기를 들면 A_1 (=라)가 내는 소리의 주파수는 110.0Hz이므로, 그 보다 반의 반음 높은 $A_1\frac{1}{2}$#(라$\frac{1}{2}$#)가 내는 소리는 $\sqrt[24]{2} \times$110.0Hz(＝113.2Hz)가 되고, 다시 그 보다 반의 반음 높은 A_1#(=라#)가 내는 소리는 $\sqrt[24]{2} \times \sqrt[24]{2} \times$110.0Hz(＝116.5Hz)가 되며, 또 다시 그 보다 반의 반음 높은 $A_1\frac{3}{4}$#(=라$\frac{3}{4}$#)가 내는 소리는 $\sqrt[24]{2} \times \sqrt[24]{2} \times \sqrt[24]{2} \times$110.0Hz(＝120.0Hz), 또 다시 그 보다 반의 반음 높은 B_1 (=시)가 내는 소리는 $\sqrt[24]{2} \times \sqrt[24]{2} \times \sqrt[24]{2} \times \sqrt[24]{2} \times$110.0Hz(＝123.5Hz)가 된다.

한 옥타브의 소리를 24평균율(=24Qt)로 나누면 실제의 말소리 자료에서 자연히 임의의 건(x건)과 바로 위의 건($x+_1$ 건)의 중간에 위치하는 Hz수치를 만날 수 있다. 그러한 경우에는 그 중간 수치를 버릴(/절사할) 것인가 또는 올릴(/절상할) 것인가 또는 반올림(/사사오입)할 것이냐의 문제가 생긴다. 만약 반올림으로 처리하려면 이것도 또한 등비수열에 따른 것이므로 $\sqrt[48]{2}\,x$(Hz) 미만이면 xQt로 처리하고, $\sqrt[48]{2}\,x$(Hz) 이상이면 $x+_1$ Qt로 처리한다. 보기를 들어 A_3은 49Qt(440.0Hz)이고 그보다 오른쪽으로 한 등급 위인 50Qt는 452.9Hz인데, 임의의 음절의 모음이[7] 가리키는 높이가 450.0Hz로 나왔으면, 이것을 49Qt로 할 것인가 50Qt로 할 것인가의 문제가 생긴다. 그럴 때는 450.0Hz는 49.5Qt인 $\sqrt[48]{2} \times 440.0 \fallingdotseq 446.4$Hz를 초과했으므로 반올림하여 50Qt로 처리한다. 450.0Hz는 끝자리를 버리기로 하면 49Qt가 되고, 올리기로 하면 50Qt로 처리되기 때문에 버리기나 올리기로 할 때는 $\sqrt[48]{2}\,x$(Hz)에 따른 등비수열은 필요 없고, $\sqrt[24]{2}\,x$(Hz)의 등비수열만으로 충분하다.

이제 A_1 ＝110.0Hz를 참조 고도(standard pitch)로 하고 한 옥타브를 24평균율로 하는 말소리 분석을 위한 등급과 주파수(Hz수치) 사이의 관계를 나타내는 등비수열을 제시하면 아래의 표 (42)와 같다.

"악보만 있으면 모르는 노래를 혼자서 배울 수 있는 능력은 누구나 가질 수 있는 능력이

---

7) 음성학자들이 음절의 높낮이를 측정할 때, 음향 스펙트로그람에서 모음구간의 중간(1/2 위치)를 재어야 한다는 설도 있고, 1/4의 위치 또는 3/4의 위치 등의 설이 있으나, 지은이의 경험으로는 1/2 또는 3/4의 위치가 청취 감각에 부합하는 빈도가 비교적 높았다. 음성학자들이 실험 담당 조교에게 일률적으로 어느 위치를 측정하도록 지시해 놓고, 그가 측정한 것을 무조건 신뢰하고 따르는 것은 문제가 있다. 어느 측정치가 감각에 부합하는지는 음절을 이루는 분절음의 구조뿐만 아니라 그 음절의 앞이나 뒤에 오는 분절음도 영향을 미칠 수 있기 때문에, 앞으로 이 분야의 연구는 주연구자와 측정 조교가 함께 측정에 참여하여 많은 자료를 쌓아야 좋은 성과가 있을 것이라고 생각된다. 지은이는 우리말에서 [C_0Vl˘$, C_0Vn˘$, C_0Vm˘$, C_0Vŋ˘$](여기에서 C_0은 자음이 0개 또는 1개임을 가리키고, $은 음절경계를 뜻한다.)와 같이 공명음으로 끝나는 음절의 높낮이의 감각을 결정하는 것은 모음이 아니고 주로 그 공명음의 1/2에서 3/4 위치가 결정하는 것이라고 생각하고 있었다. 2014년 8월 25일에 박숙희 박사가 나에게 중대한 의문이 생겨서 지은이의 소견을 들어보겠다고 하면서 나에게 방문하여 Praat를 사용해 얻은 녹음 자료와 그 측정치를 보여 주면서 지은이가 혼자 생각하고 있었던 것이 틀린 것이 아님을 확인해 주었다.

아니다. 악보를 보고 그 가락을 부르는 일을 시창(視唱)이라고 하고, 그 악보를 처음 대하는 것을 초견(初見)이라고 한다. 시창 실력이 있다든가, 초견 실력이 있으면 모르는 노래를 혼자서 배울 수 있다. 음악 선생님이 <도 · 레 · 미 · 파 · 솔 · 라 · 시 · 도>의 음계를 가리키는 건(key, 鍵)을 피아노 건반에서 골라 두들기면 학생들은 상행이나 하행으로 음계를 따라 부르는 것이 보통이다. 상행이나 하행 음계를 따라 부르는 일을 배운다는 것은 누구에게나 모르는 사이에 이루어질 수 있다. 이른바 음치라고 일컬어지는 사람이 있는데, 그러한 사람은 <도 · 레 · 미>라고 하는 실라블의 발음은 할 수 있어도 그 실라블에 합당한 음의 높이는 잡지 못한다. 그는 결국 시창 실력을 배양할 기본 조건 자체를 습득하지 못하고 말았다." 이강숙(2002; 109~112쪽)을 참조.

이 말을 간단히 요약하면 시창의 능력은 타고난 재능을 가진 사람이 아니면 매우 어려운 일이어서 많은 연습을 하지 않고서는 얻을 수 없지만, 남의 노래를 듣고 따라 부르는 것은 음치가 아니면 그렇게 힘든 일은 아니라는 것이다. 성조를 연구하는 사람들 가운데서 음치를 한 사람도 찾을 수 없었지만, 뜻밖에도 높낮이를 기술하는 데 음치 이상의 문제를 안고 있는 경우가 많다. 가장 심각한 문제는 성조 연구에서 오랜 타성에 묶여서 음조를 바르게 기술해 보려는 노력을 하지 않고, 방언의 토박이가 인식하는 음조는 두 단계(또는 세 단계) 뿐이라는 것이다.

(42) 말소리의 높낮이 청취 등급 측정을 위한 사분음자(Quarter-tone scale)[8)]
<24평균율 건반 모형도>

음이름	A_{-1}		A_{-1}#		B_{-1}		C_{-1}		C_{-1}#		D_{-1}		D_{-1}#		E_{-1}		F_{-1}		F_{-1}#		G_{-1}		G_{-1}#	
계이름	라		라#		시		도		도#		레		레#		미		파		파#		솔		솔#	
건(key)	◎	○	●	○	◎	○	◎	○	●	○	◎	○	●	○	◎	○	◎	○	●	○	◎	○	●	○
Qt수치	-47	-46	-45	-44	-43	-42	-41	-40	-39	-38	-37	-36	-35	-34	-33	-32	-31	-30	-29	-28	-27	-26	-25	-24
Hz수치	27.5	28.3	29.1	30.0	30.9	31.8	32.7	33.7	34.6	35.7	36.7	37.8	38.9	40.0	41.2	42.4	43.7	44.9	46.2	47.6	49.0	50.4	51.9	53.4

음이름	A_0		A_0#		B_0		C_0		C_0#		D_0		D_0#		E_0		F_0		F_0#		G_0		G_0#	
계이름	라		라#		시		도		도#		레		레#		미		파		파#		솔		솔#	
건(key)	◎	○	●	○	◎	○	◎	○	●	○	◎	○	●	○	◎	○	◎	○	●	○	◎	○	●	○
Qt수치	-23	-22	-21	-20	-19	-18	-17	-16	-15	-14	-13	-12	-11	-10	-9	-8	-7	-6	-5	-4	-3	-2	-1	0
Hz수치	55.0	56.6	58.3	60.0	61.7	63.5	65.4	67.3	69.3	71.3	73.4	75.6	77.8	80.1	82.4	84.8	87.3	89.9	92.5	95.2	98.0	100.9	103.8	106.9

음이름	A_1		A_1#		B_1		C_1		C_1#		D_1		D_1#		E_1		F_1		F_1#		G_1		G_1#	
계이름	라		라#		시		도		도#		레		레#		미		파		파#		솔		솔#	
건(key)	◎	○	●	○	◎	○	◎	○	●	○	◎	○	●	○	◎	○	◎	○	●	○	◎	○	●	○
Qt수치	1	2	3	4	5	6	7	8	9	10	11	12	13	14	15	16	17	18	19	20	21	22	23	24
Hz수치	110.0	113.2	116.5	120.0	123.5	127.1	130.8	134.6	138.6	142.7	146.8	151.1	155.6	160.1	164.8	169.6	174.6	179.7	185.0	190.4	196.0	201.7	207.7	213.7

음이름	A_2		A_2#		B_2		C_2		C_2#		D_2		D_2#		E_2		F_2		F_2#		G_2		G_2#	
계이름	라		라#		시		도		도#		레		레#		미		파		파#		솔		솔#	
건(key)	◎	○	●	○	◎	○	◎	○	●	○	◎	○	●	○	◎	○	◎	○	●	○	◎	○	●	○
Qt수치	25	26	27	28	29	30	31	32	33	34	35	36	37	38	39	40	41	42	43	44	45	46	47	48
Hz수치	220.0	226.4	233.1	240.0	246.9	254.2	261.6	269.3	277.2	285.3	293.7	302.3	311.1	320.2	329.6	339.3	349.2	359.5	370.0	380.8	392.0	403.5	415.3	427.5

음이름	A_3		A_2#		B_2		C_2		C_2#		D_2		D_2#		E_2		F_2		F_2#		G_2		G_2#	
계이름	라		라#		시		도		도#		레		레#		미		파		파#		솔		솔#	
건(key)	◎	○	●	○	◎	○	◎	○	●	○	◎	○	●	○	◎	○	◎	○	●	○	◎	○	●	○
Qt수치	49	50	51	52	53	54	55	56	57	58	59	60	61	62	63	64	65	66	67	68	69	70	71	72
Hz수치	440.0	452.9	466.2	479.8	493.9	508.4	523.3	538.6	554.4	570.6	587.3	604.5	622.3	640.5	659.3	678.6	698.4	718.9	740.0	761.7	784.0	807.0	830.6	855.0

음이름	A_4		A_4#		B_4		C_4		C_4#		D_4		D_4#		E_4		F_4		F_4#		G_4		G_4#	
계이름	라		라#		시		도		도#		레		레#		미		파		파#		솔		솔#	
건(key)	◎	○	●	○	◎	○	◎	○	●	○	◎	○	●	○	◎	○	◎	○	●	○	◎	○	●	○
Qt수치	73	74	75	76	77	78	79	80	81	82	83	84	85	86	97	88	89	90	91	92	93	94	95	96
Hz수치	880.0	905.8	932.3	959.6	987.8	1016.7	1046.5	1077.2	1108.7	1141.2	1174.7	1209.1	1244.5	1280.8	1318.5	1357.1	1397.0	1437.8	1480.0	1523.3	1568.0	1613.9	1661.2	1710.0

음이름	A_5		A_5#		B_5		C_5		C_5#		D_5		D_5#		E_5		F_5		F_5#		G_5		G_5#	
계이름	라		라#		시		도		도#		레		레#		미		파		파#		솔		솔#	
건(key)	◎	○	●	○	◎	○	◎	○	●	○	◎	○	●	○	◎	○	◎	○	●	○	◎	○	●	○
Qt수치	97	98	99	100	101	102	103	104	105	106	107	108	109	110	111	112	113	114	115	116	117	118	119	120
Hz수치	1760.0	1811.6	1864.7	1919.3	1975.5	2033.4	2093.0	2154.3	2217.5	2282.4	2349.3	2418.2	2489.0	2561.9	2637.0	2714.3	2793.8	2875.7	2960.0	3046.7	3136.0	3227.9	3322.4	3420.0

음이름	A_6		A_6#		B_6		C_6
계이름	라		라#		시		도
건(key)	◎	○	●	○	◎	○	◎
Qt수치	121	122	123	124	125	126	127
Hz수치	3520.0	3623.1	3729.3	3838.6	3951.1	4066.8	4186.0

하나의 건(key)가 가리키는 Hz 수치에 $\sqrt[12]{2}$를 곱하면 바로 오른쪽 건의 Hz 수치가 된다. 하나의 등급이 가리키는 Hz 수치에 $\sqrt[24]{2}$를 곱하면 바로 오른쪽 등급의 Hz 수치가 된다.
$\sqrt[12]{2} \fallingdotseq 1.059463094$, $\sqrt[24]{2} \fallingdotseq 1.029302236$, $\sqrt[48]{2} \fallingdotseq 1.014545334$

사람들은 성조를 「음조(/음조형)을 결정하는 요소 또는 자질」로 보지 않고, 높낮이 그 자체, 또는 높낮이에 대한 인식 그 자체로 보는 경향이 있다. 이리하여 성조가 /고/와 /저/의 둘이면, 음조도 [고]와 [저]의 둘이라야 된다는 선입관을 벗어나지 못하고, 3단계나 4단계의 높낮이로 방언의 음조를 기술하면 음운학자가 따라야 할 어떤 격률을 어기는 것처럼 생각하는 사람들이 많다.

보통의 방언 토박이들의 고저에 대한 인식은 지은이의 오랜 방언 조사 경험으로 보건대 성조 연구자들이 일반적으로 생각하는 것보다는 10배 이상 민감하다. 조금만 다른 음조형으로 발음해도 그것이 자기들이 익숙해 있는 방언의 음조형이 아님을 금방 알아맞힌다. 만약 고저에 대한 인식 능력이 [솔]과 [도]의 둘 뿐인 사람이 있다면 그는 어떤 노래도 배울 수 없다. 피아노의 건은 흰 것과 검은 것(가장 왼쪽이 A-건이고 가장 오른쪽이 C-건이다.)을 합쳐서 88개의 건으로 되어 있고, 가장 낮은 음은 27.5Hz, 가장 높은 것은 4185.6Hz이다. 만약 /고/는 항상 [솔]로 발음되고 /저/는 항상 [도]로 발음되는 것과 같은 언어가 있다면 모든 낱말의 높낮이는 [솔]과 [도]의 연결로만 들릴 것이며, 이것은 가락(멜로디)가 없는 타악

8) 이 자(/척도)는 충남대학교 언어학과 2009년도 1학기 학부 4학년 언어학연습 과목 교재용 책자(김차균 엮음)에 처음 제시되었다. 이 표는 처음에 주파수(Hz수치)를 청취 등급으로 바꾸는 표로 활용하기 위해 만든 것이다. '청취 등급'이라는 용어를 'Qt 수치'라는 용어로 바꾸면, 이 표는 주파수(Hz 수치)를 'Qt 수치'로 바꾸는 표라 할 수 있다.

기와 같은 것이거나 두 손에 다듬이 방망이를 들고 다듬이질을 할 때 들리는 소리와 같이 들릴 것이다. 피아노의 건을 '도-레-미-파-솔…', 또는 거꾸로 '…솔-파-미-레-도', 또는 하나씩 교대로 건너뛰어서 '도-미-레-파-미-솔…', 또는 거꾸로 '…솔-미-파-레-미-도'로 음계를 두들기면 웬만한 음치가 아니면 그 가락을 따라 부를 수 있다. 만약 고저의 인식이 둘뿐이라고 가정하면 이렇게 따라 부르기는 상상조차 할 수 없을 것이다. 김차균(2006ㄱ : 1140쪽)을 참조.

음의 높이는 일정한 단위 시간 내에 울리는 진동수, 또는 주파수의 많고 적음에 따라 정해진다. 즉 음의 높이는 진동수에 비례하는데, 보통 1초간의 진동수는 그 단위를 사이클(c/s), 혹은 독일의 물리학자 헤르츠(Heinrich Rudolf Hertz, 1857~1894)의 이름에 따라 헤르츠(Hz)로 표시한다. 우리의 귀로들을 수 있는 범위인 가청 한계(可聽限界, audible limits)는 대체로 1초에 16~20,000Hz이지만, 음악에 쓰이는 범위는 88건의 피아노 음역인 30~4,000Hz이다.[9] 윤양석(1986)을 참조.

음의 높이를 세계적으로 통일시키기 위해서 특별히 선정된 진동수를 표준 고도(標準高度, standard pitch)라고 하는데, 음악을 연주할 때 모든 악기는 이 표준 고도에 따라서 조율(調律)되는 것이다. 그러나 표준 고도는 시대에 따라 변경되었다. 표준 고도가 정해지기 전 19세기말까지는 시대와 국가를 달리하여 여러 가지 표준을 쓰던 것을 1939년 런던에서 열린 국제 규격 협회(International Standards Association)의 제2회 국제 조율 회의(2. International Chamber Pitch Conference)에서 ȧ=440Hz로 결정되었는데, 오늘날 각국에서 거의 이것을 표준 고도로 사용하고 있다. 윤양석(1986)을 참조.

오늘날의 음률은 8도를 12개의 반음으로 평균하여 등분하는 12평균율(平均律, equal temperament)이다. 12평균율은 옥타브를 수학적으로 12개의 평등한 음정으로 나누고, 반음(semi-tone)으로 정하여 음계를 구성하는 방법을 말한다. 12평균율에서는 반음의 2배는 온음(whole tone)이 되고, 그 밖의 모든 음정은 반음이 중첩된 것으로 풀이하는 것이다.[10]

김차균(1978) 이후에 많은 자신의 논저들에서 주장하고 있는 내용은 결국 8도(=1옥타브)를 수학적으로 24개의 평등한 음정으로 나누고,[11] 이것을 반의 반음(1/4-tone, quarter-tone)으로 정하고, 왼쪽에서 28번째 건(鍵, key) 곧 <도-음, C-음>이 내는 소리의 주파수 130.8Hz

---

9) 인용자(김차균)의 주. 88건의 피아노 음역은 정확하게 말하면 25.5~4156.0Hz이다.

10) 이 조율법이 실제적으로 적용되어 실증된 것이 바하(Johann Sebastian Bach, 1686~1750)의 《평균율 클라비어곡집》이다. 평균율은 온음과 반음의 관계가 2 : 1이 되고, 쉽게 다른 조로 바꿀 수 있다는 실제 면에서의 합리성이 있기 때문에, 유럽 음악의 중흥과 함께 12평균율이 전 세계적으로 보급된 것이다. 윤양석(1986)을 참조.

11) 이것은 음악에서 사용하는 12평균율을 반으로 더 잘게 쪼갠 것이다.

를 1등급으로 하고, 이것을 기준으로 1/4음씩 높아짐에 따라 한 등급씩 올려서 《2등급, 3등급, 4등급, …》으로 하며, 1/4음씩 낮아짐에 따라 한 등급씩 내려서 《0등급, -1등급, -2등급, -3등급, …》으로 하며, 언어 분석을 위한 참조 고도를 ċ=130.8Hz로 한다는 것이다. 참조고도를 처음에 피아노 건반에서 세 번째 C음('다-장조'에서 '도'음)으로 한 것은 일반적인 성인 남성의 말소리에서 낮은 음이 100Hz 앞뒤에서 시작된다는 점과 음악에서 가장 초보적인 발성연습이 '도레미파솔라시…'임을 고려한 것이었다. 그러나 1939년 국제 조율 회의에서 표준 고도가 ȧ=440Hz로 결정되었고, 오늘날 각국에서 거의 이것을 표준 고도로 사용하고 있음을 감안하여 성철재・권오욱・이지향・김차균(2008)에서는 말소리의 분석을 위한 참조고도를 ȧ=110Hz으로 한 것이다.

음악에 12평균율이 있음에도 불구하고 그보다 높낮이를 더 미세하게 24평균율로 나누는 것은 방언의 토박이들의 높낮이에 대한 인식은 12평균율로는 기술할 수 없을 만큼 민감하다고 생각했기 때문이다. 대화 속에서 전달의 초점이 되어 보통의 어조(음조형이 강화되거나 구정보나 단순한 배경 정보가 되어 약화되는 경우가 아닌 어조)로 말할 경우 경남 창원 방언의 토박이들은 가장 낮은 음(상성형의 첫 음절에 얹힘)을 1Qt로 고정하면, 가장 높은 음(평측형의 마지막 평성 음절에 얹힘)은 15Qt가 된다. 이것은 1옥타브를 24등분하는 것(따라서 1옥타브를 25개의 눈금으로 표시하는 것)에 해당한다.

피아노와 같은 건반 악기는 1옥타브를 청각적으로 12등분하여 흰 건(key)와 검은 건을 배열해서 만든 악기이다. 따라서 이러한 악기는 12평균율 악기라 할 수 있다. 이 원리를 이용해서 높낮이를 재는 척도는 이분음자(Semi-tone scale)이다. 피아노의 건은 88개인데, 가장 왼쪽의 건은 A음(다-장조에서 '라')이고, 그 바로 오른쪽은 A#(다-장조에서 '라#')이다. 이 두 건이 내는 소리는 각각 27.5Hz와 29.1Hz이다. 그 차이는 (29.1-27.5=)1.6Hz이다.

이에 대하여 87번째 건은 B음(다-장조에서 '시')이고, 그 바로 오른쪽 88번째 건은 C음(다-장조에서 '도')이다. 이 두 건이 내는 소리는 각각 3951.1Hz와 4186.0Hz이다. 그 차이는 (4186.0-3951.1=)234.9Hz이다. 피아노 건반의 가장 낮은 쪽에 있는 두 건이 내는 소리의 높이가 1.6Hz이고 가장 높은 쪽의 두 건이 내는 소리의 차이가 234.9Hz이라는 것을 처음 알게 된 사람은 참으로 놀라운 차이라고 여길 것이다. 이것은 우리의 귀가 낮은 음을 들을 때는 민감하여 2Hz도 아니 되는 차이를 구별하는 데에 대하여, 높은 소리에 대해서는 둔감하여 그 100배가 넘는 200Hz 차이의 소리도 구별을 쉽게 못한다는 것을 나타낸다. 이것은 음향물리적인 소리의 차이와 지각심리적으로 인식하는 소리는 다른 차원임을 가리킨다.

이분음자(Semi-tone scale)을 다시 반으로 세분하면 사분음자가 된다. 사분음자에서는 임의의 눈금이 가리키는 음향물리적인 수치를 xHz라 하면 그보다 한 등급 높은 눈금은 $\sqrt[24]{2}\,x$

Hz가 된다. 이제 말소리의 높낮이에 대한 학문(성조, 음조, 억양, 등)의 연구가 20세기의 주관적인 상태에 머물러 있지 않고, 21세기적인 과학으로 살아남기 위해서는 지각심리에서 개발된 자(/척도)를 이용한 측정과학이 되지 않으면 안 된다는 것을 알 수 있을 것이다.

2.3 Qt 사슬을 이용한 조옮김의 설명

어린이 노래들 가운데 하나인 '엄마야 누나야'는 초등학교 학생이 부르기에 알맞게 다-장조이며, 3/4 박자의 노래이다. 이 노래의 끝 구절 '엄마야 누나야 강변 사알자'의 음이름의 사슬은 《A-D-C-B-A-G-E-G-BG-A》이고, 계이름으로는 《라-레-도-시-라-솔-미-솔-시도-라》의 사슬이다. 이것은 음향물리학적 높낮이를 나타내는 주파수(Hz)로는 [880.0]-[1174.7]-[1046.5]-[987.8]-[880.0]-[784.0]-[659.3]-[784.0]-[987.8 784.0]-[880.0]Hz이다.[12] 이것은 청취 등급인 사분음자의 눈금이 가리키는 단위(Qt)로는[13] [73]-[83]-[79]-[77]-[73]-[69]-[63]-[69]-[77 69]-[73]Qt이다. 이것을 성인 남자의 일상적인 대화에서 나타나는 높낮이와 거의 같은 높이로 조옮김을 하면 [164.8]-[220.0]-[196.0]-[185.0]-[164.8]-[146.8]-[123.5]-[146.8]-[185.0 146.8]-[164.8]Hz이고, 다시 이것을 청취 등급인 Qt 수치로 바꾸면, [15]-[25]-[21]-[19]-[15]-[11]-[5]-[11]-[19 11]-[15]Qt로 바뀐다. 같은 방법을 이용해서 본래 노래보다 더 높게 할 수도 있고, 성인 남자의 말소리보다 훨씬 더 낮게 할 수도 있다. 이와 같이 같은 노래를 더 높게도 더 낮게도 부르도록 조절하는 것은 음악에서는 조옮김(transposition, 移調)라는 영역에 속한다.[14] 이 노래의 끝 구절을 높게도 낮게도 부르는 방법을 예시하면 아래 표 (43)과 같다.

(43)ㄹ로 부르는 본래의 노래는[15] (43)ㄹ, (43)ㅁ, (43)ㅂ, (43)ㅅ, (43)ㅇ, (43)ㅈ, ……의 어느 것으로 불러도 우리는 같은 노래라고 생각한다. 이들은 일정한 Qt 수치를 각각의 매듭에서 빼어 주거나 더해 주기 때문이며, 음악에서 조옮김은 이러한 관계에 있기 때문이다.

---

12) Hz 수치에서 소수점 둘째 자리 이하는 반올림했다.

13) 소리의 음향물리적인 진동수를 Hz라 하는 것과 같이, 지각심리적인 단위를 사분음자(Quarter-tone scale)을 따서 Qt라 부르기로 한다. 음악에서 1옥타브는 24Qt이고, 다-장조에서 A(라)와 B(시) 사이는 4Qt, 그리고 B(시)와 C(도) 사이는 반음이므로 2Qt가 된다.

14) 어떤 악곡을 일정한 음역에 맞도록 그 악곡 전체를 그대로 다른 조로 높이거나 낮추어 옮기는 것을 조옮김(移調, transposition)이라 한다. 전체의 높이는 변하지만, 각 음의 상대적인 음정 관계는 변하지 않는다. 윤양석(1986 : 141쪽.)

15) 음악에서는 본래의 노래를 원곡이라 한다.

(43) 어린이 노래 '엄마야 누나야' 끝 구절 <다-장조, 3/4박자> 김소월 작사 김광수 작곡

ㄱ.	엄	마	야	누	나	야	강	변	살	자	노래말
ㄴ.	A	D	C	B	A	G	E	G	B G	A	음이름
ㄷ.	♩	♩	♩	♩	♩	♩	♩.	♪	♫	𝅗𝅥.	박자
ㄹ.	880.0	1174.7	1046.5	987.8	880.0	784.0	659.3	784.0	987.8 784.0	880.0	Hz(주파수)
	73	**83**	**79**	**77**	**73**	**69**	**63**	**69**	**77 69**	**73**	Qt(기본)
ㅁ.	440.0	587.3	523.3	493.9	440.0	392.0	329.6	392.0	493.9 392.0	440.0	Hz(조정①)
	49	59	55	53	49	45	39	45	53 45	49	Qt(조정①)
ㅂ.	164.8	220.0	196.0	185.0	164.8	146.8	123.5	146.8	185.0 146.8	164.8	Hz(조정②)
	15	25	21	19	15	11	5	11	19 11	15	Qt(조정②)
··························<생략>··························											
ㅅ.	110.0	146.8	130.8	123.5	110.0	98.0	82.4	98.0	123.5 98.0	110.0	Hz(주파수)
	1	11	7	5	1	-3	-9	-3	5 -3	1	Qt(조정③)
··························<생략>··························											
ㅇ.	-2	8	4	2	-2	-6	-12	-6	2 -6	-2	Qt(조정④)
ㅈ.	80	90	86	84	80	76	70	76	84 76	80	Qt(조정⑤)

보기를 하나만 들면 (43)ㄹ의 각각의 Qt수치 [73]~[83]~[79]~[77]~[73]~[69]~[63]~[69]~[77 69]~[73]에서 24씩을 빼면 (43)ㅁ의 각각의 Qt수치가 된다. 곧 《[(73-24=)49]~[(83-24=)59]~[(79-24=)55]~[(77-24=)53]~[(73-24=)49]~[(69-24=)45]~[(63-24=)39]~[(69-24=)45]~[((77-24=)53~((69-24)=)45)]~[(73-24=)49]》이다. 그러나 Hz수치로는 (43)ㄹ과 (43)ㅁ 사이에는 전혀 다른 관계가 된다. (43)ㄹ의 각각의 Hz 수치에서 2를 나누어 주면 (43)ㅁ의 Hz 수치가 된다. 곧 (43)ㄹ의 [880.0]~[1174.7]~[1046.5]~[987.8]~[880.0]~[784.0]~[659.3]~[784.0]~[987.8~784.0]~[880.0]에서 2씩을 나누면 《[880.0÷2]~[1174.7÷2]~[1046.5÷2]~[987.8÷2]~[880.0÷2]~[784.0÷2]~[659.3÷2]~[784.0÷2]~[987.8÷2~784.0÷2]~[880.0÷2]》가 되어 (43)ㅁ의 [440.0]~[587.3]~[523.3]~[493.9]~[440.0]~[392.0]~[329.6]~[392.0]~[493.9 392.0]~[440.0]이 된다. 이와 같은 음향물리적인 Hz 수치들 사이의 관계와 청취등급을 나타내는 Qt들 사이의 관계의 차이에서 우리는 고저에 대한 진정한 분석과 기술 및 설명은 Qt 수치로 이루어져야 한다는 것을 알 수 있다.

2.4 방점형의 Qt 사슬 측정

창원 방언의 토박이인 지은이는 3개의 어절로 이루어지되, 첫 2개의 어절에 전달 초점이 있는 월들을 각각 6번씩 발음하고, 다시 첫 2개의 어절의 순서를 바꿔서 또 6번씩 발음해서 각각의 음절의 Qt 수치를 적어 보았다. 아래 월들에서 예문에 표시된 □, ·□, :□ 모양으로 된 방점의 표시는 각각 평성, 거성, 상성을 표시하는데, 이들은 Qt 사슬을 결정하는 궁극적인 요소라는 것이라고만 생각하고 구체적인 설명은 2.6절을 참조하기 바란다. 예문의 각각에서 첫 어절과 둘째 어절이 전달 초점이 되게 했다. 전달 초점이 되게 하는 방법을 (44)로 설명하면, /·누·하·고 머하고만났·노?/<누구하고 무엇하고 만났니?>라는 질문을 하면 예문 (44)는 그것에 대한 대답이 되며, 첫째와 둘째 어절이 자연스럽게 전달 초점이 되고, 셋째 어절은 다소 음조형이 약화된다. 또 /머하고 ·누·하·고 만·났·노?/<무엇하고 누구하고 만났니?>라는 질문을 하면 예문 (45)는 그것에 대한 대답이 되며, 첫째와 둘째 어절이 자연스럽게 전달 초점이 되고, 셋째 어절은 다소 음조형이 약화된다.16)

(44) [창원 방언]　:이·사·하·고(理事)17)　이사하·고(移徙)　만·났·다.

측정 Qt 사슬①　[2·^{3}]-[12]-[12̀]-[⇓4]#[4]-[10]-[14́]-[⇓4]# [9́]-[⇓4]-[2]

측정 Qt 사슬②　[1·^{2}]-[11]-[11̀]-[⇓1]#[5]-[12]-[15́]-[⇓5]# [11́]-[⇓5]-[4]

측정 Qt 사슬③　[1·^{2}]-[10]-[11̀]-[⇓4]#[4]-[12]-[14́]-[⇓4]# [11́]-[⇓6]-[4]

측정 Qt 사슬④　[3·^{5}]-[13]-[13̀]-[⇓6]#[6]-[12]-[16́]-[⇓7]# [9́]-[⇓3]-[1]

측정 Qt 사슬⑤　[1·^{2}]-[11]-[11̀]-[⇓4]#[4]-[11]-[14́]-[⇓-1]#[10́]-[⇓5]-[-2]

측정 Qt 사슬⑥　[2·^{3}]-[11]-[11̀]-[⇓5]#[4]-[10]-[14́]-[⇓4]# [10́]-[⇓5]-[4]

합계　[10·^{17}]-[68]-[69]-[24]#[27]-[67]-[87]-[23]#[60]-[28]-[13]

(45) [창원 방언]　이사하·고(移徙)　:이·사·하·고(理事)　만·났·다.

측정 Qt 사슬①　[6]-[12]-[14́]-[⇓3]# [1·^{2}]-[9]-[10̀]-[⇓4]#[11́]-[⇓5]-[1]

측정 Qt 사슬②　[5]-[12]-[14́]-[⇓4]# [3·^{5}]-[12]-[15̀]-[⇓5]#[12́]-[⇓2]-[-4]

측정 Qt 사슬③　[6]-[13]-[14́]-[⇓4]# [1·^{2}]-[10]-[10̀]-[⇓2]#[11́]-[⇓5]-[4]

측정 Qt 사슬④　[6]-[13]-[14́]-[⇓2]# [1·^{2}]-[10]-[10̀]-[⇓6]#[8́]-[⇓2]-[1]

측정 Qt 사슬⑤　[6]-[13]-[14́]-[⇓4]# [1·^{2}]-[10]-[10̀]-[⇓4]#[11́]-[⇓4]-[3]

---

16) (46)~(49)노 같은 방법으로 첫 어절과 둘째 어절이 전달 초점이 되고, 셋째 어절은 음조형이 다소 약화된 경우이다.

17) 이 책에서 [1·^{2}]는 상성음조형의 첫 음절에 나타난다. 이것은 전체 길이가 1.3 모라 정도인데, 처음 1 모라 정도는 1 Qt의 높이로 발음되다가 끝에 가서 0.3 모라 정도가 2 Qt까지 상승(rising)하는 음조임을 나타낸다.

측정 Qt 사슬⑥	[7]-[13]-[1́6]-[⇓5]#	[2·^{3}]-[11]-[1̀1]-[⇓4]#	[1́0]-[⇓5]-[3]
합계	[36]-[76]-[86]-[22]#	[9·^{16}]-[62]-[66]-[25]#	[63]-[23]-[8]

(46) [창원 방언]	·학·생·하·고	전주·에·서	만·났·다.
측정 Qt 사슬①	[13]-[1̀4]-[6]-[⇓3]#	[6]-[1́4]-[6]-[⇓4]#	[1́2]-[⇓5]-[4]
측정 Qt 사슬②	[14]-[1̀4]-[7]-[⇓4]#	[3]-[1́3]-[5]-[⇓4]#	[1́2]-[⇓6]-[4]
측정 Qt 사슬③	[13]-[1̀4]-[7]-[⇓4]#	[5]-[1̀3]-[4]-[⇓3]#	[1́1]-[⇓5]-[4]
측정 Qt 사슬④	[15]-[1̀6]-[5]-[⇓3]#	[4]-[1́4]-[6]-[⇓4]#	[1́1]-[⇓6]-[5]
측정 Qt 사슬⑤	[14]-[1̀5]-[7]-[⇓4]#	[7]-[1́5]-[6]-[⇓5]#	[1́0]-[⇓4]-[2]
측정 Qt 사슬⑥	[13]-[1̀4]-[7]-[⇓4]#	[4]-[1́2]-[4]-[⇓1]#	[1́1]-[⇓5]-[4]
합계	[82]-[87]-[39]-[22]#	[29]-[81]-[31]-[21]#	[67]-[31]-[23]

(47) [창원 방언]	전주·에·서	·학·생·하·고	만·났·다.
측정 Qt 사슬①	[6]-[1́5]-[7]-[⇓2]#	[13]-[1̀4]-[5]-[⇓4]#	[1́0]-[⇓4]-[0]
측정 Qt 사슬②	[5]-[1́5]-[6]-[⇓4]#	[11]-[1̀2]-[4]-[⇓3]#	[1́0]-[⇓3]-[2]
측정 Qt 사슬③	[6]-[1́4]-[6]-[⇓3]#	[13]-[1̀3]-[6]-[⇓4]#	[1́1]-[⇓4]-[-1]
측정 Qt 사슬④	[7]-[1́5]-[6]-[⇓4]#	[12]-[1̀3]-[6]-[⇓2]#	[1́2]-[⇓5]-[3]
측정 Qt 사슬⑤	[6]-[1́5]-[5]-[⇓3]#	[12]-[1̀2]-[5]-[⇓4]#	[1́1]-[⇓4]-[4]
측정 Qt 사슬⑥	[6]-[1́5]-[5]-[⇓3]#	[13]-[1̀4]-[7]-[⇓4]#	[1́1]-[⇓4]-[0]
합계	[36]-[89]-[35]-[19]#	[74]-[78]-[33]-[21]#	[65]-[24]-[8]

(48) [창원 방언]	:사·촌·하·고	삼·촌·하·고	만·났·다.
측정 Qt 사슬①	[2·^{3}]-[11]-[1̀1]-[⇓7]#	[1́5]-[6]-[5]-[⇓4]#	[1́1]-[⇓4]-[2]
측정 Qt 사슬②	[1·^{2}]-[11]-[1̀1]-[⇓4]#	[1́4]-[6]-[5]-[⇓2]#	[1́1]-[⇓4]-[3]
측정 Qt 사슬③	[3·^{4}]-[13]-[1̀3]-[⇓3]#	[1́4]-[7]-[5]-[⇓4]#	[1́1]-[⇓5]-[3]
측정 Qt 사슬④	[1·^{2}]-[10]-[1̀1]-[⇓4]#	[1́2]-[7]-[5]-[⇓4]#	[1́0]-[⇓3]-[-1]
측정 Qt 사슬⑤	[2·^{3}]-[12]-[1̀2]-[⇓4]#	[1́4]-[6]-[4]-[⇓3]#	[1́2]-[⇓5]-[4]
측정 Qt 사슬⑥	[1·^{2}]-[11]-[1̀1]-[⇓0]#	[1́5]-[6]-[5]-[⇓4]#	[1́1]-[⇓4]-[4]
합계	[10·^{16}]-[68]-[69]-[22]#	[84]-[38]-[29]-[21]#	[66]-[25]-[15]

(49) [창원 방언]	삼·촌·하·고	:사·촌·하·고	만·났·다.
측정 Qt 사슬①	[1́5]-[6]-[5]-[⇓4]#	[1·^{2}]-[11]-[1̀1]-[⇓3]#	[1́1]-[⇓4]-[-1]
측정 Qt 사슬②	[1́6]-[7]-[5]-[⇓4]#	[2·^{3}]-[12]-[1̀2]-[⇓4]#	[1́0]-[⇓4]-[-1]
측정 Qt 사슬③	[1́6]-[7]-[4]-[⇓3]#	[1·^{2}]-[10]-[1̀1]-[⇓2]#	[9́]-[⇓2]-[0]
측정 Qt 사슬④	[1́5]-[7]-[5]-[⇓4]#	[3·^{5}]-[13]-[1̀3]-[⇓4]#	[1́2]-[⇓4]-[2]
측정 Qt 사슬⑤	[1́5]-[7]-[5]-[⇓5]#	[0·^{1}]-[10]-[1̀0]-[⇓1]#	[1́1]-[⇓3]-[2]

측정 Qt 사슬⑥	[1́4]-[6]-[4]-[⇓2]#	[1·^{2}]-[11]-[1̀1]-[⇓3]#	[1́1]-[⇓4]-[3]
합계	[91]-[40]-[28]-[22]#	[8·^{15}]-[66]-[68]-[17]#	[64]-[21]-[5]

각각의 어절이 가지고 있는 Qt 수치의 연결을 그 어절의 Qt 사슬(Qt chain)이라 부르기로 한다. 예문 (44)~(49)에 공통으로 들어 있는 /만·났·다/는 전달의 초점이 아니므로 강세를 못 받기 때문에 다소 약화되어 발음된다. /만·났·다/는 월 속에서 강세를 받거나 또는 단독으로 고립해서 발음하면 보통 [1́5]-[⇓5]-[4] Qt 정도로 발음된다. ⇓은 음조형의 하강부의 첫 음절을 표시한다.

이제 /만·났·다/를 제외한 나머지 6개 어절의 Qt 수치를 합산해서 평균을 내기로 하자.18)

(50) <초점 강세 어절>	:이·사·하·고	이사하·고
(44)의 Qt 사슬 합계	[10·^{17}]-[68]-[69]-[24]	[27]-[67]-[87]-[23]
(45)의 Qt 사슬 합계	[9·^{16}]-[62]-[66]-[25]	[36]-[76]-[86]-[22]
12회 총계	[19·^{33}]-[130]-[135]-[49]	[63]-[143]-[173]-[45]
평균(=총계÷12)	[2·^{3}]-[11]-[1̀1]-[⇓4]	[5]-[12]-[1́4]-[⇓4]

(51) <초점 강세 어절>	·학·생·하·고	전주·에·서
(46)의 Qt 사슬 합계	[82]-[87]-[39]-[22]	[29]-[81]-[31]-[21]
(47)의 Qt 사슬 합계	[74]-[78]-[33]-[21]	[36]-[89]-[35]-[19]
12회 총계	[156]-[165]-[72]-[43]	[65]-[170]-[66]-[40]
평균(=총계÷12)	[13]-[1̀4]-[⇓6]-[4]	[5]-[1́4]-[⇓6]-[3]

(52) <초점 강세 어절>	삼·촌·하·고	:사·촌·하·고
(48)의 Qt 사슬 합계	[84]-[38]-[29]-[21]	[10·^{16}]-[68]-[69]-[22]
(49)의 Qt 사슬 합계	[91]-[40]-[28]-[22]	[8·^{15}]-[66]-[68]-[17]
12회 총계	[175]-[78]-[57]-[43]	[18·^{32}]-[134]-[137]-[39]
평균(=총계÷12)	[1́5]-[⇓7]-[5]-[4]	[2·^{3}]-[11]-[1̀1]-[⇓3]

(50)~(52)의 6개 어절들의 방점형은 /:□·□·□·□/, /□□□·□/, /·□·□·□·□/, /□□·□·□/, /□·□·□·□/, /:□·□·□·□/으로 4음절로 이루어졌지만, 첫 어절 /:이·사·하·고/와 여섯 번째 /:사·촌·하·고/는 같은 4음절 상성형이므로, 아래에서는 마지막 것을 제외한 5개의 어절에만 주목하기로 한다.

18) 같은 어절이라도 월의 첫 성분으로 나타날 때는 둘째 성분으로 나타날 때보다 약간 더 강하고 높게 발음되는 것을 (44)와 (45), (45)와 (46), (46)과 (47), (48)과 (49)를 대조하면 알 수가 있으나, 여기에서는 그것에 대해서는 관심을 가지지 않고 같은 어절끼리 합쳐서 계산한다. 각각의 어절은 12번 발음된 셈이 된다.

2.5 측정 Qt 사슬과 조정 Qt 사슬

지은이는 창원 방언의 평1형(□, □·□, □·□·□, □·□·□·□), 평2형(□□, □□·□, □□·□·□), 평3형(□□□, □□□·□, □□□·□·□), □□□·□·□), 상성형(:□, :□·□, :□·□·□, :□·□·□·□, :□·□·□·□·□), 거성형(·□, ·□·□, ·□·□·□, ·□·□·□·□, ·□·□·□·□·□)에 속하는 어절들의 청취등급 수치의 연쇄를 제시했다.19) 제시된 방점형들 중에서 4음절에 속하는 평1형(□·□·□·□), 평2형(□□·□·□), 평3형(□□□·□), 상성형(:□·□·□·□), 거성형(·□·□·□·□)의 청취 등급 수치(=Qt 사슬)은 (53)의 가운데 부분인 '주관적 Qt 사슬'과 같다. 이것을 (53)의 오른쪽 부분 '측정 Qt 사슬 평균치'와 대조해 보자.

(53) 창원 방언 4음절 어절 Qt 사슬

	방점형	방점 표시	주관적 Qt 사슬	측정 Qt 사슬 평균치
ㄱ.	평1형	□·□·□·□	[1́5]-[⇓5]-[5]-[4]	[1́5]-[⇓7]-[5]-[4]
ㄴ.	평2형	□□·□·□	[4]-[1́3]-[⇓5]-[4] 20)	[5]-[1́4]-[⇓6]-[3]
ㄷ.	평3형	□□□·□	[5]-[13]-[1́4]-[⇓4]	[5]-[12]-[1́4]-[⇓4]
ㄹ.	상성형	:□·□·□·□	[1·^{2}]-[11]-[1̀1]-[⇓4]	[2·^{3}]-[11]-[1̀1]-[⇓4]
ㅁ.	거성형	·□·□·□·□	[13]-[1̀4]-[7]-[⇓4]	[13]-[1̀4]-[⇓6]-[4]

지은이가 감각에 의해 주관적으로 가정해 왔던 「주관적 Qt 사슬」과 객관적인 측정에 의해 얻은 「측정 Qt 사슬 평균」 사이에는 약간의 수치의 차이가 주목된다. 그러나 이러한 차이를 성조론 연구자들은 어떤 결정적인 오류가 있는 것이 아니라고 관대하게 보아 줄 것이라고 믿는다. 왜냐하면, 비록 앞에서는 '엄마야 누나야'라는 노래의 첫 구절을 가지고 조옮김과 같은 원리를 이용하여 아무리 미세하게 바꿔도 같은 노래라고 한 것에 비하면, 지은이의 (53)에서 보이는 것과 같은 두 Qt 사슬의 차이는 작은 것이 아니지만, 사람의 말소리는

---

19) 김차균(1999 : 1294, 1295쪽)을 참조. 김차균(1999)는 사분음자(Quarte-tone scale)을 개발하기 전이므로, 거기에서 주관적인 청취의 등급 수치는 이 책의 Qt 수치의 사슬(Qt chain)과 사실상 같은 것을 가리킨다.

20) 지은이 자신의 발음만을 기준으로 하면, 창원 방언의 평2형(□□·□·□)과 평3형(□□□·□)은 각각 [4]-[1́3]-[⇓5]-[4]와 [5]-[13]-[1́4]-[⇓4]가 적절하지만(김차균 : 1980; 34, 35쪽), 최근의 많은 창원 방언 화자들은 [6]-[1́3]-[⇓5]-[4]와 [6]-[13]-[1́4]-[⇓4]으로 발음하고 있고(김차균 : 1999; 1294, 1295쪽), 특히 청장년 화자들은 [6]-[1́3]-[⇓9]-[4]와 [6]-[12]-[1́4]-[⇓9] 등으로 발음하여 하강부 첫 음절이 높아져 가는 경향이 보인다.

음악이나 수학이나 논리만큼 정확성을 요하는 것은 아니기 때문이다. 그렇다면 (53)의 「주관적 Qt 사슬」과 「측정 Qt 사슬 평균」 사이에 무엇이 같다는 말인가?

지은이는 이와 같은 문제를 풀기 위해 김차균(2003 : 79쪽)에 다음과 같은 그림을 제시하고, 그 설명을 통해서 다소 차이가 있는 그림이나 글자나 부호라도 경우에 따라서는 같은 것으로 사람들은 생각하는 심리적인 경향이 있음을 말했다.

(54) 몇 가지 특성이 비슷하면 전체를 동일시하는 경향
ㄱ.
ㄴ. ∧ ∧ ∧ ∧ ∧
ㄷ. [MHM] [MHM] [MHM] [MHM] [MHM]

비록 장평과 크기는 달라도 사람들은 경우에 따라서는 (54)ㄱ은 용머리로, (54)ㄴ은 쐐기로, (54)ㄷ은 같은 [MHM]이라고 생각한다.

(53)ㄱ은 두 Qt 사슬이[21] 다 첫 음절이 가장 높으면서 강한 강세를 가지고 있고, 둘째 음절이 하강부의 첫 음절이며,[22] 그 이하가 내림사슬(=음절의 수가 많아짐에 따라 차차 내려가는 사슬)을 이루기 때문에 사람들은 이러한 음조형을 같은 것이라고 생각한다.

(53)ㄴ은 두 Qt 사슬이 다 둘째 음절이 가장 높으면서 동시에 강한 강세를 가지고 있고, 첫 음절과 둘째 음절의 차이가 3Qt 이상이며, 셋째 음절 이하가 내림사슬을 이룬다는 점에서 같기 때문에 사람들은 이러한 음조형들을 같은 것이라고 생각한다.

(53)ㄷ은 두 Qt 사슬이 다 셋째 음절이 가장 높으면서 동시에 강한 강세를 가지고 있고, 첫 음절과 셋째 음절의 차이는 3Qt 이상이며, 넷째 음절 이하가 내림사슬을 이룬다는 점에서 같기 때문에 사람들은 이러한 음조형들을 같은 것이라고 생각한다. 특히 최근에 성철재·권오욱·이지향·김차균(2008)에서 창원 방언에서 이 음조형은 둘째 음절과 셋째 음절의 차이가 대체로 2Qt 이상인 것으로 밝혀졌다.

(53)ㄹ은 둘째 음절과 셋째 음절의 높이가 같고[23] 첫 음절이 둘째 음절보다 두드러지게 낮으면서 1.3모라 정도 길이를 가지고 뒤끝이 가볍게 올라가며, 셋째 음절에 약강세가 느껴지며, 넷째 음절 이하가 하강부로 나타난다는 점에서 사람들은 (53)ㄹ의 두 Qt 사슬을 동일한 것으로 생각한다.

(53)ㅁ은 첫 음절과 둘째 음절의 높이가 같거나 1Qt 정도 첫 음절보다 둘째 음절이 높으

---

21) 두 Qt 사슬은 주관적 Qt 사슬과 측정 Qt 사슬 평균을 가리킨다.
22) 하강부의 첫 음절은 ⇓ 으로 표시했다.
23) 둘째 음절과 셋째 음절의 높이의 차이가 1Qt 이내로 나타날 수도 있다.

며, 둘째 음절에 약강세가 있고 셋째 음절 이하가 하강부로 나타난다는 점에서 두 Qt 사슬은 동일한 것으로 사람들은 생각한다.

음조형들이 동일하거나 비슷하다는 데 대하여, 성조를 연구하는 사람과 토박이 제보자 사이에 견해를 달리하는 경우가 가끔 나타난다. 대개의 성조론자들은 (53)ㄹ의 첫 음절의 길이를 놓치고 1모라로 여기며, 둘째 음절과 셋째 음절의 높이가 같다는 것에 관찰력이 미치지 못하며, 셋째 음절의 약강세를 강한 강세로 착각하는데, 이런 경우 그 성조론자는 (53)ㄹ을 (53)ㄷ과 같은 것으로 분석하고, 자신의 분석이 틀림없다고 주장한다. 그러나 서기 2,000년 기준으로 70세 이상의 창원 방언의 토박들은 이 두 음조형은 어떤 점에서 다른지 스스로 설명은 못하지만, 뚜렷하게 구별된다고 그들의 직관을 나타내는 것을 방언 성조 연구자인 지은이는 자주 경험했다.

(53)ㄷ과 (53)ㄹ과 같은 차이를 무시할 정도의 높낮이 연구는, 지은이의 24 평균율과 같은 미세한 음조 기술이 지나치게 번거로운 것이 아니냐는 반론을 제기할 가능성이 있다. 그러나 (53)ㄷ과 (53)ㄹ의 구별만 해도 피아노와 같은 건반 악기가 구별하는 12평균율로는 잡아내지 못하는 데에 문제가 있다. 경남 서남부 방언 토박이가 아닌 경상도 방언 출신의 성조론자들은 진주・사천・하동 방언의 상성형 [1]-[1̀0]-[6]-[4]의 Qt 사슬과 평2형 [5]-[1́3]-[5]-[4]의 Qt 사슬의 구별을 놓치며, 또 심지어는 창원 방언의 (53)ㄴ [4]-[1́3]-[⇓5]-[4] Qt 사슬과 (53)ㅁ [13]-[1̀4]-[7]-[⇓4] Qt를 놓치기도 하고, 경남 방언 평성형(□□) [4]-[13]과 거성형 (·□·□) [13]-[14]의 차이를 놓치기도 한다. 2음절 평성형과 2음절 거성형은 현대 영남 방언권과 영동 방언권에서 둘째 음절에 돋들림이 없기 때문에 높낮이에 대한 청취력이 약한 성조론자들은 이런 음조형을 구별하는 것이 쉽지 않을 수도 있다.

음운론에 약한 음성학자들은 실험음성학에 약한 음운론자들이 주관적인 방법으로 분석해 놓은 성과를 전혀 인정하려고 들지 않는다. 실험음성학에 약한 음운론자들은 음성학자들에게 주눅이 들어 있으면서도 스스로의 무식을 감추기 위해 불만을 밖으로 나타낼 수가 없으나, 돌아서서는 음성학자들이 내용도 없는 어려운 소리를 한다고 비난한다. 알고 보면 음운론에 약한 음성학자들도 아무런 목표가 없는 측정과 통계 수치만 써 놓을 뿐 자신들의 작업이 언어학적으로 무슨 의의가 있는지 알지 못한다.

2.6 조정 Qt 사슬과 음조형의 관계

음운론을 알고 사분음자를 다룰 수가 있는 사람은 음성학자인 동시에 음운학자라 할 수가 있다.

자료 (44)~(49)의 각각을 6번씩 발음한 결과를 합산하고, 그것을 다시 평균하여 얻은 것이 (53)의 오른쪽 '측정 Qt 사슬 평균치'이다. (53)ㄹ의 오른쪽, 곧 상성형의 첫 음절 [2·3]의 앞쪽 부분 [2] Qt는 (53)ㄷ의 오른쪽, 곧 평3형 Qt 사슬의 첫 음절 [5] Qt보다 [3] Qt가 낮음을 볼 수 있다. 창원 방언을 비롯한 경남 동남부 방언의 성조 연구가들 가운데는 이러한 차이를 무시하고 상성형과 평3형을 같은 성조형이라고 보는 이들이 있었다. 그들은 어절을 고립해서 단독으로 관찰했기 때문에 이 두 어절들 사이의 상대적인 차이, 특히 첫 음절의 차이 3Qt를 인식하지 못했다. 이 두 어절의 상대적인 차이는 (44)와 (45)처럼 두 어절을 하나의 월 안에서 앞뒤로 나란하게 발음해 보지 않고는 쉽게 확인할 수 없다. 각 어절의 음조형은 상대적인 것이기 때문에, 엄격하게, 또 미세하게(예를 들어 소수점 이하 5째 자리까지의 Qt 수치까지) 그 차이를 기록한다면 몇 번을 발음하여 단 한 번이라도 꼭 같은 수치의 연결이 나오는 경우가 드물 것이다. 그러나 그렇게 차이가 있는 음조형들을 같은 음조형과 다른 음조형으로 일관성 있게 구분하는 것이 그 방언의 토박이들에게는 그렇게 어려운 문제가 아닌 것은 말소리의 높낮이가 절대적인 것이 아니고 상대적인 것이기 때문이다.

어린이 노래 '엄마야 누나야'의 끝 구절 (43)ㄱ을 (43)ㅁ~ㅈ 가운데서 어느 가락(melody)으로 불러도 사람들이 그것을 같은 노래로 듣는 것은 (43)ㅁ~ㅈ을 (43)ㄹ로 환원해서 들을 수 있는 능력이 있기 때문이다. 이러한 상대적인 높낮이의 틀을 위해 김차균(1977), 그리고 김차균(1980) 이후 20세기말까지도 계속 음운론적인 높낮이를 평가하고 해석하기 위한 틀 (55)를 사용해 왔다.

(55) 우리말의 상대적인 음조의 구역

[H](고조)의 음역 ([12]~[15])
[M](중조)의 음역 ([4]~[11])
[L](저조)의 음역 ([1]~[3])

이것은 창원 방언을 포함하는 경남 동남부 방언이 전국의 모든 성조방언들 중에서 가장 넓은 음조형의 폭을 가지고 있다고 보았음을 가리킨다. 보기를 들면 창원 방언은 상대적으로 [1]~[15]Qt의 폭으로 발음하지만, 대구 방언은 [4]~[15]의 폭으로 발음한다는 것이나. 이런 관점에 따르면, (53)에서 본 창원 방언의 4가지 음조형의 측정 Qt를 합쳐서 평균한 Qt 사슬 [2]~[15]로 정리되고, 오랫동안 주관적인 관찰법으로 인정해 온 심리적인 Qt 사슬은 [1]~[15]로 되어 있다. 객관적인 측정의 평균은 언제 어디에서 누구의 발음을 녹음해서 누

가 측정했느냐에 따라 조금씩 달라질 수가 있기 때문에, 같은 측정의 결과 (53)ㄱ～ㅁ을 가지고 [2]～[15]로 하느냐, 또는 [1]～[14]로 하느냐, 또는 [0]～[13]으로 하느냐, 등의 방법이 있을 수가 있는데, 지은이는 40여 년 동안의 모든 방언 성조론 논저에서 창원 방언에서 상대적으로 가장 낮은 음조인 상성형 첫 음절의 수치를 그림 (55)처럼 [1]로 해 왔다.[24)] 따라서 이 책에서도 창원 방언의 모든 상성형은 그 첫 음절의 측정치가 무엇이든지 상관없이 [1]로 조정하고, 다른 것들 곧 거성형, 평1형, 평2형, 평3형 등은 이에 맞추어 음악에서 조옮김하는 것처럼 일관성 있게 같은 수만큼 더하거나 또는 빼어서 조정하기로 한다. (53)ㄱ～ㅁ의 측정 Qt 사슬의 평균에서 [1]씩을 빼면 (53)ㄹ의 상성형의 첫 음절의 앞부분이 [1]로 조정되고, (53)ㄹ의 다른 수치들도 [1]씩을 빼며, (53)ㄱ,ㄴ,ㄷ,ㅁ에서도 모두 [1]씩 빼면 (56)(=(53))의 측정 Qt 사슬의 평균은 (56)의 조정 Qt 사슬이 된다.

(56) 창원 방언의 4음절 어절 Qt 사슬

방점형	방점 표시	음조형	주관적 Qt 사슬	측정 Qt 사슬 평균	조정 Qt 사슬
ㄱ. 평1형	□·□·□·□	[HM^{3}]	[15́]-[⇓5]-[5]-[4]	[15́]-[⇓7]-[5]-[4]	[14́]-[⇓6]-[4]-[3]
ㄴ. 평2형	□□·□·□	[MHM^{2}]	[4]-[13́]-[⇓5]-[4]	[5]-[14́]-[⇓6]-[3]	[4]-[13́]-[⇓5]-[2]
ㄷ. 평3형	□□□·□	[MʜHM]	[5]-[13]-[14́]-[⇓4]	[5]-[12]-[14́]-[⇓4]	[4]-[11]-[13́]-[⇓3]
ㄹ. 상성형	:□·□·□·□	[LMMᴍ]	[1·^{2}]-[11]-[11̀]-[⇓4]	[2·^{3}]-[11]-[11̀]-[⇓4]	[1·^{2}]-[10]-[10̀]-[⇓3]
ㅁ. 거성형	·□·□·□·□	[HHM^{2}]	[13]-[14̀]-[7]-[⇓4]	[13]-[14̀]-[⇓6]-[4]	[12]-[13̀]-[⇓5]-[3]

우리는 '엄마야 누나야' 노래의 첫 구절을 여러 가지 높이로 조옮김을 할 수가 있음을 (43)에서 보았다. 예문 (44)에서 상성형의 첫 음절의 앞부분을 (56)ㄹ의 조정 Qt 사슬처럼 [1] Qt의 높이로 바꾸고, 평3형의 첫음절을 역시 (56)ㄷ처럼 [4]로 바꾸고, 다소 약화된 평1형 /만·났·다/의 음조형을 [10] Qt 정도로[25)] 바꾸면 다음과 같다.

(57) [창원 방언]	:이·사·하·고(理事)	이사하·고(移徙)	만·났·다.
측정 Qt 사슬①	[2·^{3}]-[12]-[12̀]-[⇓4]#	[4]-[10]-[14́]-[⇓4]#	[9́]-[⇓4]-[2]
조정 Qt 사슬①	[1·^{2}]-[11]-[11̀]-[⇓3]#	[4]-[10]-[14́]-[⇓4]#	[10́]-[⇓5]-[3]
측정 Qt 사슬②	[1·^{2}]-[11]-[11̀]-[⇓1]#	[5]-[12]-[15́]-[⇓5]#	[11́]-[⇓5]-[4]
조정 Qt 사슬②	[1·^{2}]-[11]-[11̀]-[⇓1]#	[4]-[11]-[14́]-[⇓4]#	[10́]-[⇓4]-[3]
측정 Qt 사슬③	[1·^{2}]-[10]-[11̀]-[⇓4]#	[4]-[12]-[14́]-[⇓4]#	[11́]-[⇓6]-[4]
조정 Qt 사슬③	[1·^{2}]-[10]-[11̀]-[⇓4]#	[4]-[12]-[14́]-[⇓4]#	[10́]-[⇓5]-[3]

24) 일반적으로 사람들이 수치를 정리할 때는 [1]~[14]를 [2]~[15]나 [0]~[13]보다는 더 선호한다고 지은이는 생각했기 때문에 가장 낮은 음조의 선을 [1]로 한 것이다.

25) 평1형은 약화 안 되면 첫 음절을 [15] Qt로 한다.

측정 Qt 사슬④ [3·^{5}]-[13]-[13̀]-[⇓6]# [6]-[12]-[16́]-[⇓7]# [9́]-[⇓3]-[1]
조정 Qt 사슬④ [1·^{3}]-[11]-[11̀]-[⇓4]# [4]-[10]-[14́]-[⇓5]# [10́]-[⇓4]-[2]
측정 Qt 사슬⑤ [1·^{2}]-[11]-[11̀]-[⇓4]# [4]-[11]-[14́]-[⇓-1]# [10́]-[⇓5]-[-2]
조정 Qt 사슬⑤ [1·^{2}]-[11]-[11̀]-[⇓4]# [4]-[11]-[14́]-[⇓-1]# [10́]-[⇓5]-[-2]
측정 Qt 사슬⑥ [2·^{3}]-[11]-[11̀]-[⇓5]# [4]-[10]-[14́]-[⇓4]# [10́]-[⇓5]-[4]
조정 Qt 사슬⑥ [1·^{2}]-[10]-[10́]-[⇓4]# [4]-[10]-[14́]-[⇓4]# [10́]-[⇓5]-[4]

(57)에서 측정 Qt 사슬을 모두 지우면 (58)과 같은 결과가 남는다.

(58) [창원 방언] :이·사·하·고(理事)[26] 이사하·고(移徙) 만·났·다.
조정 Qt 사슬① [1·^{2}]-[11]-[11̀]-[⇓3]# [4]-[10]-[14́]-[⇓4]# [10́]-[⇓5]-[3]
조정 Qt 사슬② [1·^{2}]-[11]-[11̀]-[⇓1]# [4]-[11]-[14́]-[⇓4]# [10́]-[⇓4]-[3]
조정 Qt 사슬③ [1·^{2}]-[10]-[11̀]-[⇓4]# [4]-[12]-[14́]-[⇓4]# [10́]-[⇓5]-[3]
조정 Qt 사슬④ [1·^{3}]-[11]-[11̀]-[⇓4]# [4]-[10]-[14́]-[⇓5]# [10́]-[⇓4]-[2]
조정 Qt 사슬⑤ [1·^{2}]-[11]-[11̀]-[⇓4]# [4]-[11]-[14́]-[⇓-1]# [10́]-[⇓5]-[-2]
조정 Qt 사슬⑥ [1·^{2}]-[10]-[10́]-[⇓4]# [4]-[10]-[14́]-[⇓4]# [10́]-[⇓5]-[4]

(58)에서 두드러진 특징은 각각의 Qt 사슬의 최고 음절인 핵심부 끝 음절의 조치의 일치(상성형은 5개가 [11̀], 평3형은 6개 전체가 [14́], 약화된 평1형은 [10́])을 볼 수 있고, 핵심부에 비하면 하강부의 수치는 변화가 심함을 볼 수 있다. 음조형은 음악이나 수학과 같이 가락의 완전 일치를 기대한다는 것은 불가능하지만, (58)과 같이 Qt 사슬들의 수치와 그 연결되는 모양들이 거의 일치에 가깝다는 것을 확인할 수 있다. 음운론(여기에서는 음운론은 '성조론'을 가리킴)의 존재를 전제하지 않는 음성학(여기에서 음성학은 말소리의 높낮이의 측정에 의한 계량적인 연구 곧, '음조론'을 가리킴)은 그것의 목표가 무엇인지 모르게 되며, 반면에 음성학이 없는 음운론은 그 성과의 합리성 여부에 대한 근거를 제시할 방법이 없기 때문에, 21세기의 학문으로서는 존재의 바탕이 허약하게 된다. 그러므로 현대 언어학 안에서 말소리의 연구는 음운론(성조론)과 음성학(음조론)의 조화 속에서만 그 존재 이유를 찾을 수 있고, 올바른 학문으로 계승・발전이 가능한 것이다.

(44)→(57)→(58)과 같은 과정을 (45)~(49)에 대해서도 검토해 보면 역시 비슷한 결과가 나오겠지만 생략한다.

---

26) 이 책에서 [1·^{2}]는 상성음조형의 첫 음절에 나타난다. 이것은 전체 길이가 1.3 모라 정도인데, 처음 1 모라 정도는 1 Qt의 높이로 발음되다가 끝에 가서 0.3 모라 정도가 2 Qt까지 상승(rising)하는 음조임을 나타낸다.

다시 (56)으로 돌아가서, '측정 Qt 사슬 평균'을 보면 (56)ㄴ의 끝 음절만, (55)의 [M](중)의 범위를 벗어난 [3] Qt로 되어 있으나, (56)에서 조정 Qt 사슬에서는 ㄱ~ㅁ전체가 [3] 또는 [2] Qt로 [M](중)의 범위를 벗어나서 [L](저)의 범위에 머물러 있다. 지은이는 자신의 여러 논저들에서 항상 (56)ㄱ은 [HM^3], (56)ㄴ은 [MHM^2], (56)ㅁ은 항상 [HHM^2]로 적어 왔고, (56)ㄷ은 [MH^{2}M]으로 적고 다소 부정확한 점은 각주 등을 붙여 말로 설명을 했으나, 후학들을 지도하는 과정에서 [MH^{2}M]을 [MʜHM]으로 고쳐 적도록 했으며, 김차균(2010)에서부터는 지은이 자신도 [MH^{2}M] 대신 [MʜHM]으로 고쳐 적고 있다. 또 (56)ㄹ은 오랫동안 [LM^3]으로 적었고, '넷째 음절이하가 둘째 및 셋째 음절보다 두드러지게 낮다'고 말로 설명을 해왔으나, 이 방법으로는 하강부의 표시가 시각적으로 나타나지 않기 때문에, 후학들의 지도에서는 [LMMᴍ]으로 표기하여 넷째 음절이 하강부의 시작임을 분명하게 했고, 지은이 자신도 김차균(2010)에서부터는 [LM^3]을 버리고 [LMMᴍ]로 적어 왔다. 높낮이의 등급을 [L], [M], [H]의 셋으로 했을 때는 사실상 시각적으로 뚜렷한 효력이 있는 [LMMᴍ]과 [MʜHM]의 표기는 불가능했었다. [ʜ]는 [M]보다 높고, [H]보다 낮은 것을 가리키고, [ᴍ]은 앞서는 [M]보다 뚜렷하게 낮게 발음되어서 창원 방언을 비롯한 경남의 남부 방언 토박이들은 말로 설명은 못하지만, 직관적으로는 다르게 들리는 것으로 반응한다. 그리고 이제는 사분음자로 측정하여 수리적인 방법으로 표시하는 것이 가능하게 되었다.

(56)ㄷ의 '조정 Qt 사슬'의 끝 음절이 [3]으로 나타나고, (56)ㄱ~ㅁ의 모두에서 끝 음절이 [M]의 영역인 [4] 이상의 위치에 나타나지 않고, 모두 [L]의 영역인 [2]나 [3]으로 나타나는데, 이는 그림 (55)와 지은이의 음조형 [HM^3], [MHM^2], [MʜHM], [LMMᴍ], [HHM^2]를 대조하면 모순임이 증명된다. 그리고 다시 실제의 측정 Qt 사슬 (44)~(49)로 되돌아가 보면, 넷째 음절의 위치는 [M](중)의 영역인 [6], [5], [4]뿐만 아니라, [L](저)의 영역인 [1], [2], [3] 심지어는 [L](저)의 영역을 벗어나서 [0]도 눈에 띄는데, 이는 더욱 모순일 수밖에 없다. 지은이는 [HM^3], [MHM^2], [MʜHM], [LMMᴍ], [HHM^2]과 같은 음조형과 실제의 음조형의 측정치 사이의 이러한 불일치 또는 모순을 해결하기 위해 김차균(2003), 김차균(2006)ㄱ 등에서는 음조형에서 [⇓] 표시가 되어 있는 음절 이하의 부분을 음조형의 하강부라 하고, 하강부를 앞서는 부분을 핵심부라 하여, 결국 음조형을 핵심부와 하강부로 구분했으며, 동적 운율 이론 안에 하강부 불안정성(김차균 : 2003; 81쪽)이라 하여 다음과 같은 내용을 적어 놓고 있다.

(59) 동적 운율 이론

ㄱ. 하강부 불안정성

성조방언과 준성조방언에서 음운론적인 낱말(대개는 어절)이 단순 서술조 억양으로 발음될 때, 그것의 하강부의 어느 음절 이하의 모든 음절이, [L]의 영역인 [3] 등급[27] 이하로, 때로는 [L]의 영역을 벗어나서 그 이하로도 임의로 떨어질 수도 있다.

ㄴ. 음조형 실현과 기준선 및 음조형 실현 폭

① 음운론적인 낱말의 음조의 기준선은 정적인 관점의 기준선 [4]보다 더 높일 수도 낮출 수도 있다. 곧 같은 음운론적인 낱말을 더 높게 발음할 수도 낮게 발음 할 수도 있다.

② 음조의 폭은 정적인 음조의 폭보다 여러 등급으로 더 좁힐 수가 있고, 더 넓힐 수도 있다.

③ 대체로 정보 가치가 낮을수록 음조의 폭도 거의 거기에 비례하여 그림 (55)에 규정된 15 등급보다 좁아진다.

④ 감정이 고조되거나 강조되면 음조의 폭은 그림 (55)에 규정된 15등급보다 더 넓어진다.

ㄷ. 닮은 음조형

두 개의 닮은 음조형은 그 속에 어떤 변별적인 표지가 들어있지 않는 한 같은 음조형으로 인식 된다.

(59)ㄴ,ㄷ에 대해서는 후학들이 더 연구해야 할 과제로 남겨 놓고, 여기에서는 (56)의 5가지 음조형에 주목해 보자. $[\text{HM}^3]$, $[\text{MHM}^2]$, $[\text{M}\textsc{h}\text{HM}]$, $[\text{LMM}\textsc{m}]$, $[\text{HHM}^2]$은 4음절 어절에 한정된 것이므로, 2개 이상의 음절로 이루어지는 모든 음조형을 포함하도록 음조형 표기를 더 일반화하면 각각 $[\text{HM}_0]$(평1형), $[\text{M}\textsc{h}_0\text{HM}^n]$(평복형), $[\text{LMM}\textsc{m}_0]$(상성형), $[\text{HHM}_0]$(거성형)이 된다. 이들에서 $[\text{M}_0]$, $[\text{M}^n]$, $[\textsc{m}_0]$의 부분이 하강부이다. (59)ㄱ은 하강부 음조의 불안정성에 대해서 지적하고 있는 것인데, 이 내용은 다음과 같이 단순화된 표현으로 고칠 수 있다.

(60) 음조형의 하강부 불안정성과 토박이의 인식

ㄱ. $[\text{HM}_0]$(평1형), $[\text{M}\textsc{h}_0\text{HM}^n]$(평복형), $[\text{LMM}\textsc{m}_0]$(상성형), $[\text{HHM}_0]$(거성형)의 하강부분인 $[\text{M}_0]$, $[\text{M}^n]$, $[\textsc{m}_0]$, $[\text{M}_0]$의 부분은 [M]의 영역 이하의[28] 어느 위치이든지 간에 내림사슬을 이루기만 하면 정상적인 음조형이다.

ㄴ. 하강부($[\text{M}_0]$, $[\text{M}^n]$, $[\textsc{m}_0]$, $[\text{M}_0]$)은 토박이들에게는 모두 동일하게 [M]의 영역에서 실현되는 Qt 사슬(각각 $[\text{M}_0]$, $[\text{M}^n]$, $[\textsc{m}_0]$, $[\text{M}_0]$)로 인식된다.[29]

---

27) 인용문 (59)에서 '등급'은 이 책의 용어로는 Qt로 바꿀 수 있다.

28) [M]의 영역 이하라는 것은 [M]의 영역은 물론이고, [L]의 영역이나, [L]의 영역을 벗어나서 그보다 더 낮은 영역까지도 포함된다.

29) 음조형을 [L]과 [H]의 둘만 인정하는 성조론자들은 $[\text{M}_0]$, $[\text{M}^n]$, $[\textsc{m}_0]$, $[\text{M}_0]$은 모두 [L]의 연속체로 표시하게 될 것이다.

2.7 방점 표상에 의한 성조의 대응관계

지금까지 아무 설명 없이 /:이·사·하·고/, /이사하·고/, /·학·생·하·고/, /전주·에·서/, /삼·촌·하·고/, /:사·촌·하·고/, /만·났·다/, 등에서 보는 바와 같이, □(무점), ·□(1점), :□(2점)을 사용해 왔다. 이러한 점들은 전혀 임의적인 것이 아니다. 이들은 음조형을 결정하는 궁극적이고 기능적인 요소들이며, 어느 두 성조방언의 방점 자료를 보기로 들더라도 최소한 70%는 일치하며, 어느 한 방언을 중세 국어의 어느 한 방점 찍힌 문헌 자료를 무작위로 대조해도 80% 정도는 정연한 대응관계를 보여 줄 수 있다. 여기에서는 허웅(1963/1972)에 제시된 중세 국어 자료를 무작위로(여기애서는 /ㄱ/으로 시작되는 낱말의 일부)를 뽑아서 창원 방언의 방점 자료를 대조함으로써, 양자 사이의 대응관계가 정연함을 보여 주려고 한다.

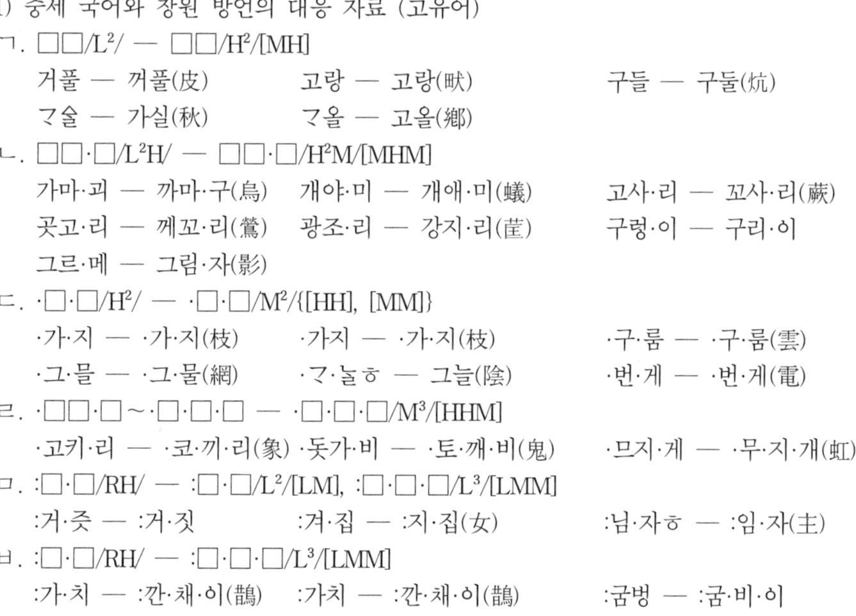

(61) 중세 국어와 창원 방언의 대응 자료 (고유어)

ㄱ. □□/L^{2}/ — □□/H^{2}/[MH]

거풀 — 꺼풀(皮)　고랑 — 고랑(畎)　구들 — 구둘(炕)

ᄀᆞ술 — 가실(秋)　ᄀᆞ올 — 고올(鄕)

ㄴ. □□·□/L^{2}H/ — □□·□/H^{2}M/[MHM]

가마·괴 — 까마·구(烏)　개야·미 — 개애·미(蟻)　고사·리 — 꼬사·리(蕨)

곳고·리 — 께꼬·리(鶯)　광조·리 — 강지·리(筐)　구렁·이 — 구리·이

그르·메 — 그림·자(影)

ㄷ. ·□·□/H^{2}/ — ·□·□/M^{2}/{[HH], [MM]}

·가·지 — ·가·지(枝)　·가지 — ·가·지(枝)　·구·룸 — ·구·룸(雲)

·그·믈 — ·그·물(網)　·ᄀᆞ·놀ㅎ — 그늘(陰)　·번·게 — ·번·게(電)

ㄹ. ·□□·□ ~ ·□·□·□ — ·□·□·□/M^{3}/[HHM]

·고키·리 — ·코·끼·리(象)　·돗가·비 — ·토·깨·비(鬼)　·므지·게 — ·무·지·개(虹)

ㅁ. :□·□/RH/ — :□·□/L^{2}/[LM], :□·□·□/L^{3}/[LMM]

:거·즛 — :거·짓　:겨·집 — :지·집(女)　:님·자ㅎ — :임·자(主)

ㅂ. :□·□/RH/ — :□·□·□/L^{3}/[LMM]

:가·치 — :깐·채·이(鵲)　:가치 — :깐·채·이(鵲)　:굼벙 — :굼·비·이

자료 (61)에 극히 제한된 자료만 제시했으나, 여기에 제시하지 않은 다른 자료들도 정연한 대응관계가 나타난다.

2.8 맺음말

말소리 연구의 두 가지 큰 대상의 하나는 자음, 모음, 반모음을 포함하는 분절음이요, 다른 하나는 장단(/길이), 강세(/세기), 고저(/높낮이)이다. 양쪽이 다 연구 대상이 된 지는 인도의 음성학까지 거슬러 올라가면 2,500년이 넘었으나, 고저(/높낮이)의 연구는 고도의 음향음성학 쪽의 실험기구가 계속 개발되고 있는데도 불구하고 아직도 객관적인 과학의 반열에 오르지 못하고 있다. 그 원인은 올바른 연구 방법이 개발되지 못했기 때문이다.

지은이는 1964년부터 2014년까지 50년 동안 중세 국어와 현대 국어 방언들의 성조에 대한 지속적인 관찰을 통해서 높낮이의 연구는 음향물리적인 접근으로는 한계가 있고, 지각심리적인 연구를 통해서만 진정한 학문에 도달할 수 있는 것임을 알게 되었다. 이리하여 2006년에 한국학술진흥재단의 연구비 지원으로 지각심리적인 관점에서 말소리의 높낮이를 측정할 수 있는 컴퓨터 프로그램의 하나인 사분음자(Quarter-tone scale)의 개발에 착수했고, 성철재・권오욱・이지향・김차균(2008)로 연구 논문을 학술지에 게재함으로써, 언어분석을 지각심리적인 방법으로 측정하고 분석하기 시작했다.

이 책은 성조론을 비롯한 언어의 운율 연구에 종사하는 학자들에게 연구열을 자극하면서, 600년의 연구사를 가지고 있는 국어 성조론을 어떻게 측정 과학의 수준에 올려놓을 것인가에 역점을 두고 있다. 일반적으로 이런 연구는 《(방점형→)성조형→음조형→Qt 사슬》의 순서로 나아가는 것이 일반적이지만, 여기에서는 《Qt 사슬→음조형→성조형》과 같은 역방향을 취함으로써 젊은 학자들에게 관심을 집중시킨 다음에 다시 《방점형→성조형→음조형→Qt 사슬》로 바른 방향으로의 순서를 잡았다.

2.2절에서는 현대 음악에서 가장 널리 보급되어 있는 12평균율(=1옥타브를 청각적으로 12등분하는 것)이 소리의 높낮이에 대한 지각 등급에 바탕을 두고 있음을 떠올리면서, 말소리의 높낮이의 측정을 위해 이것을 24평균율로 더 세분하여 만든 자(/척도)가 사분음자라는 것을 보여 주었다. 사분음자에서 기본적인 눈금 표시의 단위는 Qt인데, 1Qt는 1/24 옥타브(Octave)이며, '다-장조'의 노래에서 온음인 '도'와 '래' 사이의 음정은 4Qt, 반음인 '시'와 '도' 사이는 2Qt에 해당한다. 사람의 귀는 낮은 소리를 듣는 데는 민감하고, 높은 소리를 듣는 데는 둔감하다는 것을 사분음자의 표를 통해서 보여 주었다. 일반적으로 음악에서 연주나 작곡을 위해 사용하는 피아노의 건(key)는 88개인데, 가장 왼쪽의 흰색의 A건(='라' 건)이 내는 소리는 27.5Hz이고, 그보다 1/2도 위인 검은 색깔의 A#건(='라#' 건)이 내는 소리는 29.1Hz여서 그 차이는 (29.1-27.5=)1.6Hz로 2Hz 차이도 되지 않는다. 이에 대하여 가장 오른쪽에서 2번째의 흰색으로 된 B건(='시' 건)이 내는 소리는 3951.1Hz이고 그보다 1/2도 위인

88번째의 흰 색의 C건(='도' 건)이 내는 소리는 4186.0Hz이다. 이 두 건이 내는 소리의 사이, 곧 음정은 (4186.0-3951.1=)234.9Hz로 200Hz가 넘는다. 결국 가장 낮은 쪽에서는 2Hz도 아니되는 소리의 차이를 사람의 귀는 1/2도(=2Qt)로 구별하는 데에 대하여, 가장 높은 쪽의 두 건이 내는 소리 차이는 그보다 100배도 넘는 200Hz의 차임에도 이것을 감지하기가 쉽지 않다는 것이다. 2,500여 년 전 인도 음성학에서 높낮이 성조에 관심을 가진 후 21세기 10년대를 넘어선 이 시점에서 음운론에서 높낮이의 분석에 이러한 사실이 전혀 고려되지 않았다. 이 책에서는 우리의 청각이 높낮이의 인식을 Hz 수치에 대하여 등차수열로 반응하는 것이 아니라 등비수열로 반응하는 것임을 알리는 데에서 시작했다.

2.3절에서는 어린이 노래 '엄마야 누나야'의 끝 구절 '엄마야 누나야 강변 사알자'를 보기로 하여 Qt 사슬을 이용하여 조옮김의 기본적인 개념을 설명했다. 인간의 말소리에서 높낮이는 그가 하는 언어가 성조언어이건 아니건 간에 상대적인 특성을 가지고 있기 때문에 기본적으로 음악의 조옮김과 같은 원리로 작용한다는 것을 보여 주었다.

2.4절에서는 3개씩의 어절로 이루어지되 첫 어절과 둘째 어절이 초점 강세를 받는 6개의 월들을 6번씩 발음하여 녹음한 것을 사분음자를 사용하여 각각 어절들의 Qt 사슬로 표시한 결과를 보여 주었다. 각각의 어절을 6번씩 발음하여 측정한 Qt 사슬들은 그 첫 음절의 Qt 수치가 일치하는 것도 있고, 다른 것도 있지만, 전체의 오르내림의 모양은 거의 같은 꼴을 이루고 있었다. 그리하여 예문에 나온 어절들은 그 모양에 따라 ① 첫 음절이 최고로 높고 강한 강세가 있는 것, ② 둘째 음절이 최고로 높고 강한 강세가 있는 것, ③ 셋째 음절이 최고로 높고 강한 강세가 있는 것, ④ 처음 두 음절이 같은 높이로 나타나고 둘째 음절에 약한 강세가 있으며, 셋째 음절 이하가 낮은 것, ⑤ 첫 음절이 낮고 뒤끝이 가볍게 올라가되 첫 음절 전체의 길이가 1.3모라이며, 둘째와 셋째가 같은 높이이면서 셋째 음절에 약한 강세가 있고 다시 넷째 음절이 낮은 것, 등의 5가지로 나타났다.

2.5절에서는 주관적인 관찰에 의해 표시해 왔던 Qt 사슬과 2.4절에서 얻은 '측정 Qt 사슬 평균치'를 대조하면서, 음조형의 지각심리적인 측정 분석이 가능함을 보이고, 성조 연구를 비롯한 말소리의 높낮이 연구가 종래의 극히 제한된 몇 사람의 연구에서 풀려나서 이제는 누구에게나 개방되어 있는 학문임을 보여 주었다. 과거에 높낮이에 대한 연구가 극소수의 사람에게 제한되었던 까닭은 높낮이를 측정하는 프로그램이 없고 청취력이 예리한 사람만 높낮이를 어느 정도나마 분별하고 기술할 수 있었기 때문이었다. 그러나 사분음자가 개발된 지금은 음향스펙트로그램을 측정하는 작업이 누구나 할 수 있는 단순작업이 되었기 때문이다.

2.6절에서는 종래에 성조론에 종사하는 사람이 주관적으로 기술해 온 '주관적인 Qt 사슬'

과, 사분음자에 의한 '측정 Qt 사슬의 평균치'와, 발음할 때마다 다른 높이에서 시작될 수 있지만, 전체 Qt 사슬의 모양은 거의 같으므로 음악에서 조옮김과 같은 원칙으로 첫 음절의 Qt 수치를 일치시킨 '조정 Qt 사슬' 등을 활용하여 더 상위의 표상인 음조형을 음운론적으로 기술하고 해석하는 방법을 제시했다. 이어서 2.7절에서는 중세 국어와 현대 창원 방언의 방점 표시 자료를 활용하여 약간의 방점형의 대응관계의 정연함을 보여 주었다.

제3장 분절음과 성조의 상관성에 관한 고찰

3.1 머리말

중세 국어에서 어두 장애성 자음군이 나타나는 낱말들의 다수가 그 첫 음절의 성조가 거성이라는 것은 잘 알려져 있다. 중세 국어의 장애성 자음군은 현대 국어의 대부분의 방언에서 경음으로 나타난다는 것도 또한 국어사에 관심이 있는 학자들에게 잘 알려져 있다. 그리고 중세 국어의 어두 장애성 자음군을 가진 낱말의 첫 음절이 거성인 낱말이면, 현대 국어의 3성조 방언들에서 그것에 대응하는 낱말은 거성형으로 나타난다는 사실도 우리말의 성조사를 연구하는 학자들에게는 잘 알려져 있다.

이 장에서는 이러한 사실을 출발점으로 하여, 역사적으로 비성조언어에서 성조언어로의 변화와, 역으로 성조언어에서 비성조언어로의 역사적인 변화, 그리고 성조언어 안에서 성조수의 증가와 감소 등의 운율적인 체계의 변화는 장애음의 계열 수의 증가 또는 감소라든지, 음절 구조의 변화와 같은 분절음 층위의 체계적인 변화와 관련될 수 있다는 가설을 먼저 세운다.

그리고 그 다음에는 위와 같은 가설을 근거로 하여, 경남 남부 공통방언에서 경음으로 시작되는 상성형의 운율적인 낱말이 경남 동남부 방언권에 속하는 창원 방언①에서는 상성형 그대로 유지되지만, 경남 서남부 방언권 속하는 진주 방언에서는 거성형으로 바뀌어 가는 현상을 체계적으로 설명하고, 그 방언 자료를 정리하여 제시하는 것이 본 장의 목적이다.[1)]

지은이와 비슷한 연령에 있는 사람들이 사용하는 말의 성조 체계와 성조 층위에 나타나

---

1) 이 장은《김차균(2011),「진주 방언에서 된소리로 시작되는 상성형 낱말의 거성형화」,『한글』290, 한글학회》를 크게 수정·보완한 것이다.

는 여러 현상들을 볼 때, 창원 방언①은 경남의 방언권의 여러 방언들 중에서 중세 국어의 성조적인 특징을 가장 잘 보존하고 있다는 점에서 보수성이 강한 방언이다. 이에 대하여 진주 방언은 경남 서남부 지역의 문화의 중심지이고 1,000년의 역사를 가진 오랜 도시이면서, 현대에 와서는 이 지역 방언의 개신파의 중심이 되어 성조 체계의 변화를 주도하고 있다는 점에서 개신성이 강한 방언이다.2)

창원 방언①에 상성형(:$\square_1$)이면서 어두의 자음이 경음인 낱말들의 다수가 진주 방언에서 거성형(·$\square_1$)으로 나타난다. 이 두 방언의 현재의 공시적인 자료만으로는 창원 방언①에서 경음으로 시작되는 거성형 낱말의 일부가 상성형으로 변화했으나 진주 방언에서는 변화가 없이 그대로 거성형으로 남아 있는 것인지, 또는 그 반대로 경음으로 시작되는 상성형 낱말의 다수가 창원 방언①에서는 변화 없이 상성형 그대로 남아 있는데, 이에 대응하는 진주 방언의 낱말들의 방점형의 다수가 거성형으로 변한 것인지 판단하기가 어렵기 때문에, 중세 국어나 영남 방언권의 다른 방언의 자료들과 이 두 방언의 자료를 비교할 필요가 있다. 지은이는 여러 논저들에서 현대 국어의 성조방언들에 대한 많은 자료 들을 제시해 왔기 때문에, 여기에서는 다른 방언들에 대한 자료 제시는 하지 않고, 창원 방언① 및 진주 방언과 중세 국어 자료만 비교할 것이다. 중세 국어 자료는 훈민정음 창제 초기의 문헌인 《용비어천가》, 《석보상절》, 《월인천강지곡》을 사용할 것이다.

머리에 내세운 목적을 위해서, 3.2절에서는 이 책 전개의 바탕 이론인 방점법의 개요를 매우 간략하게 설명하면서, 방점법에서 세 가지 층위의 표상인 방점형, 성조형, 음조형과 그 관계에 대해서 설명하되 진주 방언에 중점을 둔다. 그리고 창원 방언①에는 나타나지 않으나, 서기 2,000년 기준으로 55세 이하의 진주 말 토박이의 방언에서는 보편화된 내적순행평

---

2) 창원 방언①의 주 제보자는 지은이 자신(1938년생)이다. 진주 방언의 성조는 지은이가 1970년대 초에 2년 정도 여러 연령층의 제보자를 통해서 조사한 바가 있다. 지은이는 출생 및 성장의 시기, 따라서 방언습득의 시기를 진주시에서 보낸 최은주(1945년생, 지은이의 아내)가 제보한 방언 자료도 진주 방언 성조 연구를 위한 자료로 활용하고 있다. 진주 방언을 비롯한 경남 서남부 방언 제보자에 대한 정보는 김차균(1973), 김차균(1980), 김차균(2002)ㄱ을 참조.
방언 성조 연구에서 개신성의 정도를 판단하는 기준은 《① 외적순행평성동화, ② 내적순행평성동화, ③ 끝음절측성화, ④ 첫성분평성형화, ⑤ 평복형의 하위 방점형끼리의 자유 변동, ⑥ 부정부사 '안(/아니)'의 결합 영역 안에서 순행평성형화, ⑦ 평성형 의문사의 결합 영역 안에서 순행평성형화, ⑧ 어두자음의 영향에 따른 거성형화, ⑨ 상성형의 거성형으로의 합류, 거성형의 평2형화, … 등》을 들 수 있는데, 이러한 기준에 따르면 대구·경북 방언은 경남 방언에 비해 보수성이 강하고, 대구·경북 방언들 중에서도 안동 방언은 다른 방언들보다 더 보수성이 강하다. 경남 남부 방인들 중에서 동남부 방언은 서남부 방언보다 보수성이 강하며, 경남 동남부 방언들 중에서 창원 방언①은 함안 방언, 김해 방언, 부산 방언보다 보수성이 강하다. 경남 서남부 방언 중에서도 진주 방언은 개신성이 강해서 방사의 중심지역에 있는 방언이라 할 수 있다. 성조에서 개신성을 판단하는 여러 현상들을 이해하는 데는, 김차균(1970), 김차균(1980), 김차균(1999), 김차균(2002), 김차균(2003), 김차균(2006)ㄱ, 김세진(2006), 박숙희(2008), 최영미(2010) 등이 크게 참고가 될 것이다.

성동화 현상과 그 자료를 제시한다.

3.3절에서는 진주 방언과 창원 방언①의 자료들 사이에는 약간의 산발적이고 예측 불가능한 예외는 있지만, 대다수의 자료들은 성조의 대응관계가 매우 정연함을 보이는 데에 있다. 3.3절은 설명 대신에 자료의 정리에 주력할 것이다. 3.3절을 따로 둔 의유는 어두 경음성 자음과 상성형이라는 두 가지 조건이 동시에 이루어지지 않으면, 진주 방언의 평측형, 거성형, 상성형은 창원 방언①에도 대다수가 각각 평측형, 거성형, 상성형으로 나타남을 보이는 데에 있으며, 두 가지 조건이 동시에 충족되지 않는데도 창원 방언①의 상성형이 진주 방언에서 거성형으로 나타나는 것은 아님을 보이는 것이다.

3.4절에서는 중세 국어에서 어두의 장애성 자음군을 초성으로 하는 낱말의 첫 음절은 대다수가 거성으로 나타남을 정음 초기의 3대 문헌의 자료를 통해서 보여줄 것이다. 이러한 자료는 특정 조건 아래에 있는 분절음의 통합 구조는 어떤 특정 성조의 나타남에 영향을 미칠 수가 있음을 보여주는 것이다. 장애성 자음군은 국어의 모든 방언에서 대체로 경음으로 발전하고, 그러면서 성조는 그대로 후세의 방언들에 계승되기 때문에, 중세 국어에서 장애성 자음군을 가진 어두 음절이 성조방언에서는 어두의 경자음을 가지면서 거성형인 낱말의 수를 늘이는 경향으로 반영된다는 것을 보여 주기 위해 중세 국어 자료의 검토가 필요한 것이다.

3.5절에서 두 가지 현상을 검토할 것이다. 첫째로 검토할 것은 이름씨, 어찌씨 등을 자료로 하여 창원 방언①에서 경음으로 시작되면서 상성형인 운율적 낱말들은 진주 방언에서는 거성형으로 변한다는 것을 고려할 것이다.

3.5절의 두 번째는 다시 두 가지로 나누어진다. 첫째로 창원 방언①에서 어간의 성조가 상성이면서 모든 굴곡형에서 그것의 성조가 상성으로 고정되어 있는 풀이씨들(곧, 고정상성어간 풀이씨들)은 진주 방언에서도 고정상성어간 풀이씨들로 나타나는 것이 원칙이지만, 진주 방언에서 풀이씨의 어두 자음이 경음으로 나타나는 것은 고정거성어간 풀이씨로 변한다는 것을 밝힐 것이다. 둘째로 창원 방언①에서 1음절 상성어간이 모음으로 시작되는 씨끝 앞에서 평성으로 변하는 풀이씨들(곧, 1음절 변동상성어간 풀이씨들)은 진주 방언도 1음절 변동평성어간으로 나타나는 것이 원칙이지만, 어두의 자음이 경음인 것은 변동거성어간 풀이씨로 변한다는 것을 밝힐 것이다.

3.6절에서는 3.2~3.5절의 내용을 요약하여 맺음말로 한다.

3.2 방점과 성조 체계

중세 국어의 성조와 창원 방언① 그리고 진주 방언 방점 및 성조의 대응관계를 제시하면 다음과 같다.

(62) 창원 방언①과 진주 방언 성조의 대응관계

성조 분류		중세 국어	창원 방언①	진주 방언
평성		가장 낮은 음조 /L/ □	고 /H/ □	고 /H/ □
측성	거성	가장 높은 음조 /H/ ·□	중 /M/ ·□	중 /M/ ·□
	상성	높아 가는 음조 /R/ :□	저 /L/ :□	저 /L/ :□

창원 방언①과 진주 방언에는 평성(□, 0점), 상성(:□, 2점), 거성(·□, 1점)의 3개의 성조가 있고, 중화 규칙 (5)가 있으며, 중화 위치에서는 모든 성조가 1점(·□)으로 변하기 때문에, 이 두 방언의 최종성조표시에는 예측이 가능한 일정한 방점의 연결 방법 곧 일정한 방점형만 나타나난다. (7) 또는 (62)를 참조하면서 5음절어에 한하여 방점형을 표로 나타내면 다음 (63)과 같다. 2음절 방점형, 3음절 방점형, 4음절 방점형, 6음절 이상의 방점형은 표 (62)와 (63)을 보면 누구나 추리해 낼 수 있으므로 별도로 제시하지 않는다.

(63) 창원 방언①과 진주 방언 5음절 어절의 방점 표상과 성조 표상

방점형	표시법		작은 분류			성조형
큰 분류	보통의 표시법	간략 표시법	평성 기준		측성 기준	
평측형	□·□·□·□·□	□·□^{4}	평1형	평단형	4측형	HM^4
	□□·□·□·□	□^{2}·□^{3}	평2형	평복형	3측형	H^2M^3
	□□□·□·□	□^{3}·□^{2}	평3형		2측형	H^3M^2
	□□□□·□	□^{4}·□	평4형		1측형	H^4M
	□□□□□	□^{5}(평성형)	평5형		0측형	H^5
거성형	·□·□·□·□·□	·□^{5}				M^5
상성형	:□·□·□·□·□	:□^{5}				L^5

표 (63)에서 보는 바와 같이 방점형의 간략 표시법에서 평성(□, 0점), 거성 또는 측성(·□, 1점), 상성(:□, 2점)을 각각 /H/, /M/, /L/로 바꾸면 성조형이 된다. 방점형을 성조형으로 바

꾸는 것은 이와 같이 단순한 작업이다.

진주 방언에는 내적순행평성동화와 이에 뒤따라 일어나는 끝음절측성화라는 강력한 규칙이 있어서 서기 2,000년 기준으로 55세 이하의 토박이들의 말에서는 평복형은 음절에 따라 평2형, 평3형, 평4형, 평5형, 평n형, 등의 방점형으로 나열할 필요가 없이 평복형($□_2$) 하나로 충분하지만, 80세 이상의 고령들의 말에서는 아직도 가끔 음절수에 따른 평측형의 하위 구분이 필요하므로 진주 방언의 방점형을 표 (63) 속에 그대로 두었다.

(64) 내적순행평성동화[3)]
$□^m·□^n → □^{m+n}$/—# (단, $m \geqq 2$, $n \geqq 0$)
(하나의 운율적 낱말 안에서 2개 이상의 평성의 연결과 0개 이상의 측성의 연결이 이 순서대로 이루어지면 측성들의 연결은 평성들의 연결로 변한다.)

(65) 끝음절측성화
$□_3 → □_2·□$/—#
(3음절 이상의 평성형의 운율적인 낱말은 끝 음절이 측성으로 변한다.)

(64)와 (65)를 잘 살펴보면 방점형의 간략 표시법에서 첨자는 그대로 두고, □ 대신에 H를, ·□ 대신에 M을, :□ 대신에 L을 각각 대입하면 창원 방언①과 진주 방언의 성조형을 얻을 수 있음을 알게 된다. 그러나 성조형에서 표면형인 음조형을 얻으려면 음조형 실현 규칙이 필요하다. 현대 국어의 많은 성조방언에서 1음절로 이루어진 모든 운율적 낱말은 성조중복 규칙 (12)를 거쳐서 2음절로 바뀌기 때문에, 음조형 실현 규칙은 2음절 이상의 낱말에 적용된다.

(66) 진주 방언의 음조형 실현 규칙
ㄱ. 평복형 H_3→[MH_0HM]/#—#
(단, H^2→[MH])
ㄴ. 거성형 M_2→[HHM_0]/#—#
(단, 정보 초점이 아니면 M^2→[MM]
ㄷ. 상성형① L_2→[LM_0]/#—#
상성형② L_3→[MHM_0]/#—#[4)]
(단, L^2→[LM])

---

3) 내적순행평성동화는 진주 방언뿐만 아니라 경남 서남부 방언 전체에 적용되는 규칙이다. (김세진; 2006). 이 규칙을 내적순행평성동화라고 부르는 것은 반드시 운율적인 낱말 내부에서 일어나기 때문이다. 이와는 달리 1음절 이상의 평성형과 풀이씨의 상성형이나 거성형이 결합할 때 일어나는 외적 순행평성동화 규칙이 있는데, 이 규칙이 경남 동남부 방언 풀이씨에 적용되는 보기는 5.8절을 참조.

창원 방언①의 상성형의 [LMMᴍ$_0$]에서 [L]은 1Qt에서 시작되어 수평조로 발음되다가 뒤끝이 2Qt까지 올라가는 음조로 전체 길이는 1.3 모라 정도이다. 진주 방언의 [LMᴍ$_0$]에서 [L]은 창원 방언①의 [L]과 같은 높이이지만, 수평조에 가까우며, 그 길이는 1.2 모라 미만으로 발음되어 음절의 길이에 민감하지 않은 사람에게는 그것이 장음절이라는 느낌을 거의 주지 않는다.

창원 방언①과 서기 2,000년 기준으로 55세 이하 토박이 진주 방언의 5 음절어의 방점형, 성조형, 음조형을 대조하면 아래의 표 (67)과 같다.

(67) 창원 방언①과 진주 방언 5음절 어절의 방점 표상과 성조 표상

	창원 방언①			진주 방언		
운율형	음조형	성조형	방점형	방점형	성조형	음조형
평측형	[HM^4]	HM^4	□·□^{4}	□·□^{4}	HM^4	[HM^4]
	[MHM^3]	H^{2}M^3	□^{2}·□^{3}	□^{4}·□ (평복형)	H^{4}M	[Mʜ^{2}HM]
	[MʜHM^2]	H^{3}M^2	□^{3}·□^{2}			
	[Mʜ^{2}HM]	H^{4}M	□^{4}·□			
	[Mʜ^{3}H]	H^5	□^{5}			
거성형	[HHM^3]	M^5	·□^{5}	·□^{5}	M^5	[HHM^3]
상성형	[LMMᴍ^2]	L^5	:□^{5}	:□^{5}	L^5	[MHM^3]

지금까지 1음절 운율적인 낱말의 음조에 대해서 별도로 설명하지를 않았는데, 그것은 중복 규칙 (12)에 의해 성조 층위에서 2음절로 변한 다음에 각 방언에 따른 음조형 실현 규칙의 적용을 받기 때문이다. 그러나 약간의 주의를 필요로 한다. 여기에서는 창원 방언①과 진주 방언의 1음절 낱말의 음조를 가지고 설명하기로 한다.

1음절 낱말이 2음절로 실현될 때는 음절의 주변음인 자음은 그대로 두고 중심음(nucleus)인 모음의 길이를 연장하는 것이기 때문에 이러한 음조는 심리적으로는 2음절의 길이(2모라)이지만, 실질적인 음성학적인 길이는 1.6모라 정도의 부드러운 미끄럼(sliding)으로 실현된다.

4) 음조형 실현 규칙《상성형① L$_2$→[LMᴍ$_0$]》은 서기 2,000년 기준으로 70세 이상의 고령들의 말에 주로 적용된다. 이 장에 사용된 진주 방언 자료의 주 제보자는 2000년 기준으로 56살이고, 보조 제보자들은 이 모두 71세를 넘지 않기 때문에 상성형의 음조형 실현은《상성형② L$_3$→[MHM$_1$]》을 따른 것이다. 2,000년 기준으로 70세 안팎의 토박이들은 주로《상성형② L$_2$→[LMᴍ$_0$]》을 사용하지만, 드물게《상성형② L$_3$→[MHM$_1$]》을 사용하기도 한다. 나이나 보수적인 성향의 강도에 따라 음조형의 사용 빈도에 차이가 나타난다.

(68) 창원 방언①과 진주 방언 1음절 어절의 음조

방점형	/성조/[음조]
/꽁, 밭/	/H/{[$\widehat{MH}$], [M̆]}
/·소, ·논/	/M/{[$\widehat{HH}$], [$\widehat{MM}$], [Ḧ], [Ṃ]}
/:개, :돈/	/L/[$\widehat{LM}$]

1음절 평성(□)의 음조형 [$\widehat{MH}$]와 1음절 상성(:□)의 음조형 [$\widehat{LM}$]은 각각 /H^2/의 실현인 [MH]와 /L^2/의 실현인 [LM]과 음운론적으로 등가(等價)이다.[5] 이들은 둘 다 토박이들에게는 2모라의 길이로 느껴지는 오름조이다. 그러나 평성(□)에는 지은이의 다른 논저들에서는 없는 변이음조 [M̆]이 더 있다. [M̆]은 1.6모라 정도의 길이와 중조의 음역 안에서 소리나는 오름조이다.[6] 그리고 거성(·□)의 음조 표시는 종래의 [$\widehat{MM}$] 또는 [Ṃ]의 두 가지에서 [$\widehat{HH}$], [$\widehat{MM}$], [Ḧ], [Ṃ]의 네 가지로 늘어났다. [$\widehat{HH}$]와 [$\widehat{MM}$]은 2모라에 가까운 수평조이며, [Ḧ]는 1.6모라 정도의 길이와 13Qt 높이의 수평조이고, [Ṃ]은 1.6모라 정도의 길이와 10Qt의 높이의 수평조이다. [Ṃ]은 [Ḧ]보다 나타나는 빈도가 높다. 보기를 든다.

(69) 창원 방언①과 진주 방언 1음절 어절의 예문[7]

방점 표시	/꽁#묵·고##·알#묵·고##:돈#애·끼·고/
성조 표시	/H#HM ##M#HM ## L#HM^2/
성조 중복	/H^2#HM ##M^2#HM ## L^2#HM^2/
음조 표시①	[$\widehat{MH}$#HM]##$\widehat{HH}$#HM## $\widehat{LM}$#HM^2]
음조 표시②	[$\widehat{MH}$#HM]##$\widehat{MM}$#HM## $\widehat{LM}$#HM^2]
음조 표시③	[$\widehat{MH}$#HM]##Ḧ#HM ## $\widehat{LM}$#HM^2]
음조 표시④	[M̆#HM]##Ṃ#HM ## $\widehat{LM}$#HM^2]

/콩/과 /·알/을 대조적으로 나타낼 때는 (69)①,②,③,④가 다 나타나지만, /묵·고/를 강조할 때는 (69)①,③은 아주 드물게 나타나고, (69)②,④가 더 자주 나타나지만 (69)②보다는

---

5) 지붕을 덮은 글자 [$\widehat{MH}$], [$\widehat{HH}$], [$\widehat{MM}$], [$\widehat{LM}$], 등은 번거롭기 때문에, 꼭 설명이 필요하지 않을 때는 지붕을 생략하고, [MH], [HH], [MM], [LM], 등으로 바꿔 적을 수도 있다. 보기를 들면 /산, H/과 /:돈, L^2/의 음조형을 정확하게 적으려면 각각 [$\widehat{MH}$]와 [$\widehat{LM}$]으로 적어야 하겠지만, 간략하게 [MH]과 [LM]으로 적는다. 이 책에서는 설명을 위해 꼭 필요한 경우를 제외하고는 간략표기를 따른다.

6) [M̆]은 6Qt 정도의 높이에서 시작되어 10Qt 정도의 높이로 끝나는 오름조(/굴곡조)이다.

7) 이 예문은 보통 /꽁묵·고##·알·묵·고##:돈·애·끼·고, H^2M##M^3##L^3/[MHM#HHM##LMMᴍ]로 나타나지만, /꽁/과 /·알/과 /:돈/을 분명하게 발음하기 위해 (69)처럼 나타날 수 있다.

(69)④가 더 자주 나타난다.

(70) 창원 방언①과 진주 방언 1음절 어절의 예문
방점 표시 /:만##천##·십##삼·이·다/
성조 표시 /L## H## M## HM^2 /
성조 중복 /L^2##H^2##M^2## HM^2 /
음조 표시① [$\widehat{LM}$##$\widehat{MH}$##$\widehat{HH}$#HM^2]
음조 표시② [$\widehat{LM}$##$\widehat{MH}$##$\widehat{MM}$#HM^2]
음조 표시③ [$\widehat{LM}$##M̆##$\widehat{HH}$##HM^2]
음조 표시④ [$\widehat{LM}$##M̆##$\widehat{MM}$##HM^2]
음조 표시⑤ [$\widehat{LM}$##$\widehat{MH}$##Ḧ ##HM^2]
음조 표시⑥ [$\widehat{LM}$##$\widehat{MH}$##M̤ ##HM^2]
음조 표시⑦ [$\widehat{LM}$##M̆ ##Ḧ ##HM^2]
음조 표시⑧ [$\widehat{LM}$##M̆ ##M̤ ##HM^2]

M̆은 중조의 위치에 나타나는 오름조, M̤은 중조의 위치에 나타나는 수평조이다. [Ḧ]는 1.6 모라 정도 길이로 고조의 영역에서 수평조이다. [Ḧ]는 1음절 평성 /H/의 실현인 [$\widehat{MH}$]와는 확연히 구분된다. 1음절 거성(/M/)인 낱말의 실현인 [$\widehat{MM}$]은 2 모라의 수평조이며, [M̤]는 1.6 모라 정도의 수평조인데 이 둘 사이에는 임의변이의 관계가 있지만, [M̤]의 빈도가 더 높다. 거성(·□)이 [#—#]이나 [##—##]의 위치에서 강조나 대조의 강세를 받지 않고 나타날 때는 [Ḧ]보다는 [M̤]의 빈도가 훨씬 더 높다. 창원 방언①의 음조의 폭을 최저 1Qt, 최고 15Q로 고정하면 [M̤]은 9Qt 또는 10Qt 정도의 높이로, [Ḧ]는 12Qt 또는 13Qt 정도의 높이로 발음된다. 그리고 [M̆]은 5Qt나 6Qt 정도에서 시작하여 9Qt나 10Qt 정도에서 끝나는 굴곡조이다. 따라서 [M̤]과 [M̆]은 청각적으로 확실히 구분된다.

진주 방언에서 3음절 상성형의 음조형 [MHM]과 3음절 평측음조형 [MHM]은 같지만, 2음절 상성형과 2음절 평성형은 확연히 구별되며, 4음절의 평복형은 순행평성동화로 말미암아 4음절 이상의 상성형과는 확연하게 구별된다. 보기를 들어 두고 다음 절로 넘어 가기로 한다.

(71) 진주 방언 상성형과 평복형의 방점형, 성조형[음조형] 대조

방점형(상성형)	성조형[음조형]	방점형(평복형)	성조형[음조형]
:사·람	L^2[LM]	사랑	H^2[MH]
:사·람·도	L^3[MHM]	사랑·도	H^{2}M[MHM]
:사·람·이·다	L^4[MHM^2]	사랑이·다	H^{3}M[MʜHM]

:사·람·이·라·고	L^5[MHM^3]	사랑이라·고	H^4 M[Mʜ^{2}HM]
:진·주(晋州)	L^2[LM]	전주(全州)	H^2[MH]
:진·주·도	L^3[MHM]	전주·도	H^2[MHM]
:진·주·에·서	L^4 [MHM^2]	전주에·서	H^3[MʜHM]
:진·주·에·서·도	L^5[MHM^3]	전주에서·도	H^4 M[Mʜ^{2}HM]

3.3 창원 방언①과 진주 방언의 자료

방점형, 성조형, 음조형의 관계, 창원 방언①과 진주 방언의 자료는 이미 (2)~(15)와 (62)~(71)로 다 밝혀졌지만, 여기에서는 구체적인 자료를 제시함으로써 창원 방언①과 진주 방언의 음조형의 특징적인 대조를 보여주면서도, 같은 경남 방언으로서의 방점형 층위에서 대응관계가 정연함을 확인하기로 한다.[8] 아래 (72)는 평측형 중에서 성조형의 대응관계가 정연한 자료들이다.

(72) 창원 방언①과 진주 방언 평측형 자료

창원 방언①		진주 방언	
독(甕)	H[MH]	독	H[MH]
모(苗)	H[MH]	모	H[MH]
목	H[MH]	목	H[MH]
밖	H[MH]	밖	H[MH]
밭	H[MH]	밭	H[MH]
배(梨)	H[MH]	배	H[MH]
산(山)	H[MH]	산	H[MH]
싹(芽)	H[MH]	싹	H[MH]
앞	H[MH]	앞	H[MH]
은(銀)	H[MH]	은	H[MH]
장(市)	H[MH]	장	H[MH]
절(傍)	H[MH]	절	H[MH]
종(鍾)	H[MH]	종	H[MH]

8) 창원 방언①과 진주 방언의 자음 체계는 서울말을 비롯한 중부 방언과 차이가 없으며, CV나 CVC 구조의 음절에서 모음은 i(ㅣ, ㅟ), e(ㅔ, ㅐ, ㅚ, ㅞ, ㅙ), ə(ㅡ/ㅓ), a(ㅏ), u(ㅜ), o(ㅗ)의 6모음 체계이다. 시각적인 편이를 위해 한글로 자료를 적을 때는 표준말 'ㅔ, ㅚ, ㅞ'가 방언에서 e로 발음되면 ㅔ로 적고, 표준말 'ㅐ, ㅙ'가 e로 발음되면 ㅐ로 적는다. 또 i로 발음되는 것은 모두 'ㅣ'로 적는다. 모음이 ə로 나타나는 것은 표준말에 준해서 'ㅡ'와 'ㅓ'로 구분해 적는다. 그리고 어두에 나타나는 we는 표준말의 맞춤법에 준해서 'ㅚ, ㅞ, ㅙ'로 구분해 적는다. 어두에 나타나는 /wi/[ɥi]는 ㅟ로 적는다.

집	H[MH]	집	H[MH]
짝	H[MH]	짝	H[MH]
침(鍼)	H[MH]	침	H[MH]
콩	H[MH]	콩	H[MH]
털(毛)	H[MH]	털	H[MH]
판(床)	H[MH]	판	H[MH]
팔(腕)	H[MH]	팔	H[MH]
활(弓)	H[MH]	활	H[MH]
흙(土)	H[MH]	흑	H[MH]
가·래<농기>	HM[HM]	가·래	HM[HM]
가·슴	HM[HM]	가·슴	HM[HM]
거·무(蜘蛛)	HM[HM]	거·미	HM[HM]
거·울	HM[HM]	거·울	HM[HM]
거·품	HM[HM]	거·품	HM[HM]
걸·레	HM[HM]	걸·레	HM[HM]
게·기(漁,肉)	HM[HM]	게·기	HM[HM]
게·기(漁,肉)	HM[HM]	게·이	HM[HM]
고·리(環)	HM[HM]	고·리	HM[HM]
구·실(玉)	HM[HM]	구·실	HM[HM]
국·밥	HM[HM]	국·밥	HM[HM]
국·시	HM[HM]	국·시	HM[HM]
나·라	HM[HM]	나·라	HM[HM]
나·락	HM[HM]	나·락	HM[HM]
노·래	HM[HM]	노·래	HM[HM]
누·룩	HM[HM]	누·룩	HM[HM]
다·새(五日)	HM[HM]	닷·새	HM[HM]
다·섯	HM[HM]	다·섯	HM[HM]
대·애	HM[HM]	대·야	HM[HM]
도·매(俎)	HM[HM]	도·매	HM[HM]
도·오[dõø̃õ][9]	HM[HM]	도·오	HM[HM]
딩·기<등겨>	HM[HM]	딩·기	HM[HM]
머·리(頭, 髮)	HM[HM]	머·리	HM[HM]
모·래	HM[HM]	모·래	HM[HM]
물·팍	HM[HM]	물·팍	HM[HM]
바·다	HM[HM]	바·다	HM[HM]
바·알(針)	HM[HM]	바·알	HM[HM]
방·울(玲)	HM[HM]	방·울	HM[HM]

9) 〔창원 방언①〕 /도·오/[dõø̃õ]<동이>; 〔진주 방언〕 /도·오/[doøo]. 이 책에서 /아이, 아우, 오이, 오리, 비옷/ 등에서 음절의 초성에 쓰이는 /ㅇ/(이응)을 표기하는 데는 ø을 사용하고, 2개의 비모음(nasal vowel) 사이에서는 ø 대신에 ø̃을 사용한다.

버·끔<거품>	HM[HM]	버·끔	HM[HM]
버·섯	HM[HM]	버·섯	HM[HM]
버·짐(癬)	HM[HM]	버·짐	HM[HM]
베·실<벼슬>	HM[HM]	베·슬	HM[HM]
비·지	HM[HM]	비·지	HM[HM]
뿌·리	HM[HM]	뿌·리	HM[HM]
새·우	HM[HM]	새·우	HM[HM]
선·비	HM[HM]	선·비	HM[HM]
소·리	HM[HM]	소·리	HM[HM]
아·래	HM[HM]	아·래	HM[HM]
아·아(兒)	HM[HM]	아·아	HM[HM]
아·제	HM[HM]	아·제	HM[HM]
앞·날	HM[HM]	앞·날	HM[HM]
여·덜	HM[HM]	여·덜	HM[HM]
오·늘	HM[HM]	오·늘	HM[HM]
오·올(今日)	HM[HM]	오·올	HM[HM]
우·물	HM[HM]	우·물	HM[HM]
우·에(上)	HM[HM]	우·우	HM[HM]
웃·통	HM[HM]	웃·통	HM[HM]
이·레	HM[HM]	이·레	HM[HM]
이·불	HM[HM]	이·불	HM[HM]
이·슬	HM[HM]	이·슬	HM[HM]
조·구<조기>	HM[HM]	조·구	HM[HM]
줌·치<주머니>	HM[HM]	줌·치	HM[HM]
지·니(蜈)	HM[HM]	지·네	HM[HM]
짐·치	HM[HM]	짐·치	HM[HM]
콩·알	HM[HM]	콩·알	HM[HM]
탱·자	HM[HM]	탱·자	HM[HM]
톱·니	HM[HM]	톱·니	HM[HM]
풀·잎[풀·립]	HM[HM]	풀·잎[풀·립]	HM[HM]
하·늘	HM[HM]	하·늘	HM[HM]
허·리	HM[HM]	허·리	HM[HM]
가·무·치	$HM^2[HM^2]$	가·무·치	$HM^2[HM^2]$
메·느·리	$HM^2[HM^2]$	메·느·리	$HM^2[HM^2]$
보·름[·딸]	$HM^2[HM^2]$	보·름·[딸]	$HM^2[HM^2]$
산·딸·기	$HM^2[HM^2]$	산·딸·기	$HM^2[HM^2]$
산·토·끼	$HM^2[HM^2]$	산·토·끼	$HM^2[HM^2]$
아·지·매	$HM^2[HM^2]$	아·지·매	$HM^2[HM^2]$
여·드·레	$HM^2[HM^2]$	여·드·래	$HM^2[HM^2]$
재·치·기	$HM^2[HM^2]$	재·채·기	$HM^2[HM^2]$

재·치·기	$HM^2[HM^2]$	재·치·기	$HM^2[HM^2]$
미·숫·가·리	$HM^3[HM^3]$	미·숫·가·리	$HM^3[HM^3]$
톱·니·바·끼	$HM^3[HM^3]$	톱·니·바·끼	$HM^3[HM^3]$
가리(粉)	$H^2[MH]$	가리	$H^2[MH]$
가실(秋收)	$H^2[MH]$	가실	$H^2[MH]$
가을(秋)	$H^2[MH]$	가을	$H^2[MH]$
고동<다슬기>	$H^2[MH]$	고동	$H^2[MH]$
그늘	$H^2[MH]$	그늘	$H^2[MH]$
나무	$H^2[MH]$	나무	$H^2[MH]$
나물	$H^2[MH]$	나물	$H^2[MH]$
노리(獐)	$H^2[MH]$	노리	$H^2[MH]$
녹디(綠豆)	$H^2[MH]$	녹디	$H^2[MH]$
능금	$H^2[MH]$	능금	$H^2[MH]$
단초	$H^2[MH]$	단추	$H^2[MH]$
단풍	$H^2[MH]$	단풍	$H^2[MH]$
대밭	$H^2[MH]$	대밭	$H^2[MH]$
도둑	$H^2[MH]$	도독	$H^2[MH]$
도둑	$H^2[MH]$	도둑	$H^2[MH]$
마디	$H^2[MH]$	마디	$H^2[MH]$
마실(村)	$H^2[MH]$	마실	$H^2[MH]$
마알(村)	$H^2[MH]$	마을	$H^2[MH]$
마암(心)	$H^2[MH]$	마암	$H^2[MH]$
머리<머루>	$H^2[MH]$	머루	$H^2[MH]$
무시(菁)	$H^2[MH]$	무시	$H^2[MH]$
문지	$H^2[MH]$	문지	$H^2[MH]$
바람(風)	$H^2[MH]$	바람	$H^2[MH]$
바아	$H^2[MH]$	바아	$H^2[MH]$
밥상	$H^2[MH]$	밥상	$H^2[MH]$
배꽅(梨花)	$H^2[MH]$	배꽅	$H^2[MH]$
버들	$H^2[MH]$	버들	$H^2[MH]$
버선(襪)	$H^2[MH]$	보선	$H^2[MH]$
보리	$H^2[MH]$	보리	$H^2[MH]$
부숙<부엌>	$H^2[MH]$	부석	$H^2[MH]$
비네	$H^2[MH]$	비녀	$H^2[MH]$
새북	$H^2[MH]$	새복	$H^2[MH]$
소금	$H^2[MH]$	소금	$H^2[MH]$
손텁	$H^2[MH]$	손텁	$H^2[MH]$
솔밭	$H^2[MH]$	솔밭	$H^2[MH]$
아직(朝)	$H^2[MH]$	아침	$H^2[MH]$
야시(狐)	$H^2[MH]$	여시	$H^2[MH]$

얼굴	H^2[MH]	얼굴	H^2[MH]
우붕<우엉>	H^2[MH]	우봉	H^2[MH]
이삭	H^2[MH]	이삭	H^2[MH]
입술	H^2[MH]	입술	H^2[MH]
재미	H^2[MH]	재미	H^2[MH]
저잉(夕)	H^2[MH]	저녁	H^2[MH]
적삼	H^2[MH]	적삼	H^2[MH]
정지<부엌>	H^2[MH]	정지	H^2[MH]
주묵	H^2[MH]	주먹	H^2[MH]
짐승	H^2[MH]	짐승	H^2[MH]
짚신	H^2[MH]	짚신	H^2[MH]
창문	H^2[MH]	창문	H^2[MH]
치매(裳)	H^2[MH]	치매	H^2[MH]
콩밭	H^2[MH]	콩밭	H^2[MH]
펭풍<병풍>	H^2[MH]	펭풍	H^2[MH]
하로<하루>	H^2[MH]	하로	H^2[MH]
가운·데	H^2M[MHM]	가운·데	H^2M[MHM]
강내·이<옥수수>	H^2M[MHM]	강내·이	H^2M[MHM]
강지·리<광주리>	H^2M[MHM]	강주·리	H^2M[MHM]
개애·미(蟻)	H^2M[MHM]	깨애·미	H^2M[MHM]
건디·기<건데기>	H^2M[MHM]	건디·이	H^2M[MHM]
걸배·이	H^2M[MHM]	걸배·이	H^2M[MHM]
걸배·이	H^2M[MHM]	걸어·지	H^2M[MHM]
겉모·양	H^2M[MHM]	겉모·양	H^2M[MHM]
까락·지(環)	H^2M[MHM]	까락·지	H^2M[MHM]
까마·구	H^2M[MHM]	까마·구	H^2M[MHM]
껍디·기<껍질>	H^2M[MHM]	껍디·이	H^2M[MHM]
깨구·리	H^2M[MHM]	깨구·리	H^2M[MHM]
께끄·리	H^2M[MHM]	께끄·리	H^2M[MHM]
나무·지(餘)	H^2M[MHM]	나머·지	H^2M[MHM]
다래·끼	H^2M[MHM]	다래·끼	H^2M[MHM]
달모·시	H^2M[MHM]	닥모·시	H^2M[MHM]
당나·구	H^2M[MHM]	당나·기	H^2M[MHM]
대가·리	H^2M[MHM]	대가·리	H^2M[MHM]
대머·리	H^2M[MHM]	대머·리	H^2M[MHM]
대애·지(豚)	H^2M[MHM]	대애·지	H^2M[MHM]
도둑·넘	H^2M[MHM]	도독·놈	H^2M[MHM]
독아·지	H^2M[MHM]	독아·지	H^2M[MHM]
돌가·지	H^2M[MHM]	도라·지	H^2M[MHM]
돌매·이	H^2M[MHM]	돌매·이	H^2M[MHM]

두디·기[10]	H^2M[MHM]	두디·이	H^2M[MHM]
마암·씨(心)	H^2M[MHM]	마암·씨	H^2M[MHM]
메거·지(鮎)	H^2M[MHM]	메에·기	H^2M[MHM]
메떼·기	H^2M[MHM]	메띠·이	H^2M[MHM]
메르·치<멸치>	H^2M[MHM]	메르·치	H^2M[MHM]
메초·리	H^2M[MHM]	메추·리	H^2M[MHM]
모싱·기(移秧)	H^2M[MHM]	모싱·끼	H^2M[MHM]
목아·지	H^2M[MHM]	목아·지	H^2M[MHM]
묵운·쌀(古米)	H^2M[MHM]	묵운·쌀	H^2M[MHM]
물또·오<물동이>	H^2M[MHM]	물또·오	H^2M[MHM]
뭉티·이[11]	H^2M[MHM]	뭉티·이	H^2M[MHM]
미나·리	H^2M[MHM]	미나·리	H^2M[MHM]
바가·치	H^2M[MHM]	바가·지	H^2M[MHM]
발빠·닥	H^2M[MHM]	발빠·닥	H^2M[MHM]
방매·이	H^2M[MHM]	방매·이	H^2M[MHM]
빗재·이	H^2M[MHM]	빗재·이	H^2M[MHM]
뻔데·기[12]	H^2M[MHM]	뻔데·이	H^2M[MHM]
뽕나·무	H^2M[MHM]	뽕나·무	H^2M[MHM]
뿌리·이(根)	H^2M[MHM]	뿌리·이	H^2M[MHM]
삐가·리[13]	H^2M[MHM]	삐가·리	H^2M[MHM]
삐개·이[14]	H^2M[MHM]	삐개·이	H^2M[MHM]
사그·릇	H^2M[MHM]	사그·릇	H^2M[MHM]
손까·락	H^2M[MHM]	손까·락	H^2M[MHM]
손빠·닥	H^2M[MHM]	손빠·닥	H^2M[MHM]
숟가·락	H^2M[MHM]	숟가·락	H^2M[MHM]
싸락·눈	H^2M[MHM]	싸락·눈	H^2M[MHM]
아재·비	H^2M[MHM]	아재·비	H^2M[MHM]
얌새·이	H^2M[MHM]	염새·이	H^2M[MHM]
얼라·아	H^2M[MHM]	알라·아	H^2M[MHM]
역구·리	H^2M[MHM]	옆구·리	H^2M[MHM]
웃도·리	H^2M[MHM]	웃도·리	H^2M[MHM]
웃두·리	H^2M[MHM]	웃두·리	H^2M[MHM]
입소·리	H^2M[MHM]	입수·리	H^2M[MHM]
자부·럼	H^2M[MHM]	자부·럼	H^2M[MHM]
저고·리	H^2M[MHM]	저고·리	H^2M[MHM]

10) 〔창원 방언①〕 /두디·기/<기저귀>.
11) 〔창원 방언①〕 /뭉티·이/<뭉텅이>.
12) 〔창원 방언①〕 /뻔데·기/<번데기>.
13) 〔창원 방언①〕 /삐가·리/<병아리>.
14) 〔창원 방언①〕 /삐개·이/<병아리>.

저구·리	H^2M[MHM]	저구·리	H^2M[MHM]
저까·락	H^2M[MHM]	저까·락	H^2M[MHM]
점재·이	H^2M[MHM]	점재·이	H^2M[MHM]
제까·락	H^2M[MHM]	저까·락	H^2M[MHM]
주디·이	H^2M[MHM]	주디·이	H^2M[MHM]
쪽직·개<족집개>	H^2M[MHM]	쪽직·개	H^2M[MHM]
찌끼·기<찌꺼기>	H^2M[MHM]	찌끼·이	H^2M[MHM]
청껄·레	H^2M[MHM]	청껄·래	H^2M[MHM]
타르·박<두레박>	H^2M[MHM]	타르·박	H^2M[MHM]
터리·기(毛髮)	H^2M[MHM]	터리·이	H^2M[MHM]
한가·지	H^2M[MHM]	한가·지	H^2M[MHM]
호매·이(鋤)	H^2M[MHM]	호매·이	H^2M[MHM]
가시나·아	H^3M[MʜHM]	가시나·아	H^3M[MʜHM]
갈가마·구	H^3M[MʜHM]	갈가마·구	H^3M[MʜHM]
께엘배·이	H^3M[MʜHM]	께엘배·이	H^3M[MʜHM]
꼬랑데·기(尾)	H^3M[MʜHM]	꼬랑데·이	H^3M[MʜHM]
끝봉오·리	H^3M[MʜHM]	끝봉오·리	H^3M[MʜHM]
노름재·이	H^3M[MʜHM]	노름재·이	H^3M[MʜHM]
도매때·기	H^3M[MʜHM]	도매때·기	H^3M[MʜHM]
동구래·미	H^3M[MʜHM]	동그래·미	H^3M[MʜHM]
동구래·미	H^3M[MʜHM]	똥그래·미	H^3M[MʜHM]
두드리·기	H^3M[MʜHM]	두드리·이	H^3M[MʜHM]
두루매·기	H^3M[MʜHM]	두르매·기	H^3M[MʜHM]
미꼬래·이	H^3M[MʜHM]	미꾸라·지	H^3M[MʜHM]
미물국·시	H^3M[MʜHM]	메밀국·시	H^3M[MʜHM]
버드나·무	H^3M[MʜHM]	버드나·무	H^3M[MʜHM]
뿌시래·기	H^3M[MʜHM]	뿌시레·이	H^3M[MʜHM]
사고방·식	H^3M[MʜHM]	사고방·식	H^3M[MʜHM]
풀잎사·구	H^3M[MʜHM]	풀잎사·구	H^3M[MʜHM]
호불애·비	H^3M[MʜHM]	호불애·비	H^3M[MʜHM]
거짓말재·이	H^4M[Mʜ²HM]	거짓말재·이	H^4M[Mʜ²HM]

아래 (73)은 겉보기로는 대응관계가 부분적인 것 같지만, 진주 방언에서 내적순행평성동화 규칙 (64)와 끝음절측성화 규칙 (65)가 필수적인 것을 고려하면 대응관계에 어긋나는 것이 아니다.

(73) 창원 방언①과 진주 방언 평복형의[15] 대응관계 자료

창원 방언①		진주 방언	
깨구·리·밥	H^{2}M^2[MHM^2]	깨구리·밥	H^{3}M[MʜHM]
다리·미·질	H^{2}M^2[MHM^2]	다리미·질	H^{3}M[MʜHM]
배끝·주·인	H^{2}M^2[MHM^2]	바깥주·인	H^{3}M[MʜHM]
요이·불·짜·리	H^{2}M^3[MHM^3]	요이불짜·리	H^{4}M[Mʜ^{2}HM]
가매솥<가마솥>	H^3[MʜH]	가마·솥	H^{2}M[MHM]
가매솥<가마솥>	H^3[MʜH]	가매·솥	H^{2}M[MHM]
꾸지럼<꾸지람>	H^3[MʜH]	꾸지·럼	H^{2}M[MHM]
떡시리<떡시루>	H^3[MʜH]	떡시·리	H^{2}M[MHM]
바아깐<방앗간>	H^3[MʜH]	바아·깐	H^{2}M[MHM]
발째죽<발자국>	H^3[MʜH]	발때·죽	H^{2}M[MHM]
배꾸녕<배꼽>	H^3[MʜH]	배꾸·멍	H^{2}M[MHM]
백냐시	H^3[MʜH]	백냐·시	H^{2}M[MHM]
백냐시	H^3[MʜH]	백녀·시	H^{2}M[MHM]
보따리	H^3[MʜH]	보따·리	H^{2}M[MHM]
뽕나무	H^3[MʜH]	뽕나·무	H^{2}M[MHM]
새다리<사닥다리>	H^3[MʜH]	사다·리	H^{2}M[MHM]
초하루	H^3[MʜH]	초하·루	H^{2}M[MHM]
녹디나물<녹두나물>	H^4[Mʜ^{2}H]	녹디나·물	H^{3}M[MʜHM]
거짓말재·이[16]	H^{4}M[Mʜ^{2}HM]	거짓말재·이	H^{4}M[Mʜ^{2}HM]

아래 (74)는 거성형들 중에서 두 방언 사이에 대응관계가 정연한 것들이다.

(74) 창원 방언①과 진주 방언 거성형의 대응관계 자료

창원 방언①		진주 방언	
·골(腦)	M[M̤][17]	·골	M[M̤]
·구(九)	M[M̤]	·구	M[M̤]
·굿	M[M̤]	·굿	M[M̤]
·글	M[M̤]	·글	M[M̤]
·씨(種)	M[M̤]	·씨	M[M̤]
·사·매(袖)	M^2[HH/MM]	·소·매	M^2[HH/MM]
·소·털(牛毛)	M^2[HH/MM]	·소·털	M^2[HH/MM]
·손·발	M^2[HH/MM]	·손·발	M^2[HH/MM]

15) 평복형은 운율적 낱말의 첫 두 음절 이상이 연속적으로 평성인 방점형이다.

16) [창원 방언①] 중화 규칙에 의해 도출된 /:거·짓·말·재·이, L^5/[LMMᴍ^2]보다는 첫성분평성형화 규칙에 의해 도출된 /거짓말재·이, [H^{4}M/[Mʜ^{2}HM]의 사용 빈도가 훨씬 더 높다.

17) [창원 방언①, 진주 방언] 1음절 거성(·□)은 으뜸변이음조 [M̤]만 써넣는다. [Ḧ]는 빈도가 낮아서 써넣지 않고 생략한다.

·에·미	M^2[HH/MM]	·에·미	M^2[HH/MM]
·염·소	M^2[HH/MM]	·염·소	M^2[HH/MM]
·파·리	M^2[HH/MM]	·파·리	M^2[HH/MM]
·피·리	M^2[HH/MM]	·피·리	M^2[HH/MM]
·달·패·이	M^3[HHM]	·달·패·이	M^3[HHM]
·몸·띠·이	M^3[HHM]	·몸·띠·이	M^3[HHM]
·무·지·개	M^3[HHM]	·무·지·개	M^3[HHM]
·식·생·활	M^3[HHM]	·식·생·활	M^3[HHM]
·쎄·까·래	M^3[HHM]	·쎄·까·래	M^3[HHM]
·씨·애·비18)	M^3[HHM]	·씨·애·비	M^3[HHM]
·홀·애·비	M^3[HHM]	·홀·애·비	M^3[HHM]
·북·두·칠·성	M^4 [HHM^2]	·북·두·칠·성	M^4 [HHM^2]
·수·무·고·개	M^4 [HHM^2]	·수·무·고·개	M^4 [HHM^2]
·수·양·버·들	M^4 [HHM^2]	·수·양·버·들	M^4 [HHM^2]
·시·아·부·지	M^4 [HHM^2]	·시·아·부·지	M^4 [HHM^2]

아래 (75)는 상성형들 중에서 두 방언 사이에 대응관계가 정연한 것들이다.

(75) 창원 방언①과 진주 방언 상성형 대응관계 자료

창원 방언①		진주 방언	
:간(肝)	L[LM]	:간	L[LM]
:감(柿)	L[LM]	:감	L[LM]
:개	L[LM]	:개	L[LM]
:곰	L[LM]	:곰	L[LM]
:기(櫃)	L[LM]	:게	L[LM]
:끼(蟹)	L[LM]	:게	L[LM]
:내(川)	L[LM]	:내	L[LM]
:널(板)	L[LM]	:널	L[LM]
:돈	L[LM]	:돈	L[LM]
:돌(石)	L[LM]	:돌	L[LM]
:돔<도미>	L[LM]	:돔	L[LM]
:둘	L[LM]	:둘	L[LM]
:윷	L[LM]	:윷	L[LM]
:개·털	L^2[LM]	:개·털	L^2[LM]
:게·짝(櫃)	L^2[LM]	:게·짝	L^2[LM]
:굴·뚝	L^2[LM]	:굴·뚝	L^2[LM]
:기·집(女)	L^2[LM]	:게·집	L^2[LM]

18) [창원 방언①, 진주 방언] /·씨·애·비/<시아버지>.

:꼬·박	L^2[LM]	:꼬·박	L^2[LM]
:동·내<동네>	L^2[LM]	:동·내	L^2[LM]
:배·추	L^2[LM]	:배·추	L^2[LM]
:벨·똥	L^2[LM]	:벨·똥	L^2[LM]
:보·물	L^2[LM]	:보·물	L^2[LM]
:보·배	L^2[LM]	:보·배	L^2[LM]
:부·어<붕어>	L^2[LM]	:부·어	L^2[LM]
:비·단(絹)	L^2[LM]	:비·단	L^2[LM]
:사·람	L^2[LM]	:사·람	L^2[LM]
:새·미	L^2[LM]	:새·미	L^2[LM]
:썽·질	L^2[LM]	:성·질	L^2[LM]
:조·푸<두부>	L^2[LM]	:조·포	L^2[LM]
:준·비	L^2[LM]	:준·비	L^2[LM]
:지·집(女)	L^2[LM]	:지·집	L^2[LM]
:지·집(女)	L^2[LM]	:게·집	L^2[LM]
:거·무·리	L^3[LMM]	:거·머·리	L^3[MHM]
:거·짓·말	L^3[LMM]	:거·짓·말	L^3[MHM]
:고·오·매	L^3[LMM]	:고·구·매	L^3[MHM]
:굼·비·이	L^3[LMM]	:굼·비·이	L^3[MHM]
:궁·디·이	L^3[LMM]	:궁·디·이	L^3[MHM]
:배·추·밭	L^3[LMM]	:배·추·밭	L^3[MHM]
:고·구·매·싹	L^4[LMMᴍ]	:고·구·매·싹	L^4[MHM²]
:양·어·무·이	L^4[LMMᴍ]	:양·어·머·이	L^4[MHM²]
:교·육·공·무·원	L^5[LMMᴍ²]	:교·육·공·무·원	L^5[MHM³]

아래 (76)은 두 방언의 평측형들 가운데서 대응관계가 부분적인 자료이다. 평측형에서 대응관계가 부분적이라는 것은 큰 분류에서는 평측형이지만, 평성과 측성의 배분이 다르거나, 음절의 수가 다른 것이다.

(76) 창원 방언①과 진주 방언 평측형 부분 대응 자료

창원 방언①		진주 방언	
아·호·래	HM²[HM²]	아으·래	H²M[MHM]
여·드·래	H²M[MHM]	여드·래	H²M[MHM]
두르막	H³[MʜH]	두르매·이	H³M[MʜHM]
제트랑(掖)	H³[MʜH]	게드라·이	H³M[MʜHM]
산토까·이	H³M[MʜHM]	산·토·끼	HM²[HM²]

아래 (77)은 두 방언의 거성형이나 상성형들 가운데서 대응관계가 부분적인 자료이다. 거

성형이나 상성형들의 대응관계가 부분적이라는 것은 큰 분류에서는 같은 방점형이지만, 대응하는 부분의 음절의 수가 다른 것이다.

(77) 창원 방언①과 진주 방언 측성형 부분 대응 자료

	창원 방언①		진주 방언	
ㄱ.	·내·애·미(嗅)	M^3[HHM]	·내·앰·새	M^3[HHM]
	·시·애·비	M^3[HHM]	·시·아·버·지	M^4[HHM^2]
	·시·애·비	M^3[HHM]	·시·아·바·이	M^4[HHM^2]
	·씨·아·배	M^3[HHM]	·시·아·부·지	M^4[HHM^2]
ㄴ.	:가·아·시(邊)	L^3[LMM]	:가·세	L^2[LM]

아래 (78)은 두 방언 사이의 성조형의 대응관계가 어긋나는 보기이다.

(78) 창원 방언①과 진주 방언 대응관계가 어긋나는 자료

	창원 방언①		진주 방언	
ㄱ.	:뿔·찌(蝙)	L^2[LM]	·박·찌	M^2[HH/MM]
	:쏙·옷	L^2[LM]	·쏘·옥·옷	M^3[HHM]
	:거·짓·말·재·이[19]	L^5[$LMMM^2$]	거짓말재·이	H^4M[MH^2HM]
ㄴ.	:쫑(마늘~)	L[LM]	쫑	H[MH]
	:때·기<딱지>	L^2[LM]	때애·기	H^2M[MHM]
	:뚱·딴·지	L^3[LMM]	뚱·딴·지	HM^2[HM^2]
	:땔·나·무	L^3[LMM]	때·앨·나·무	HM^3[HM^3]
ㄷ.	·홀·애·비	M^3[HHM]	홀애·비	H^2M[MHM]

아래 (79)는 두 방언의 낱말들의 어원이 다른 보기이다.

(79) 창원 방언①과 진주 방언에서 어원이 다른 자료

창원 방언①		진주 방언	
:찌·득<진흙>	L^2[LM]	진흑	H^2[MH]
:쫑<제기>	L[LM]	제·기	HM[HM]

위의 자료 (73)~(79)를 보면, 창원 방언①과 진주 방언 사이에는 성조형의 대응관계가 매우 정연하다고 할 수 있다.

창원 방언①은 경남 동남부 방언 중에서 옛 성조 체계를 가장 충실하게 유지하는 방언이고, 진주 방언은 비교적 새로운 체계상의 변화가 일어나고 있는 경남 서남부 방언권 중에서

19) [창원 방언①] /:거·짓·말·재·이/는 /거짓말재·이/로도 나타난다.

도 성조의 변화를 주도하고 있는 방언이다. 이 두 방언의 비교와 대조는 성조 변천에 있어 두드러진 특징들 가운데 약간을 확인할 수 있다는 점에서 중요한 의의가 있다.

3.4 어두 된소리가 성조형의 결정에 미칠 가능성

분절음의 종류나 음절의 구조가 운율형의 결정이나 변화에 관여할 수 있다는 것은 중국어의 성운학에서 볼 수 있다. 입성 형태소(/p, t, k/ 중의 하나로 끝나는 형태소)에서 입성 종성들이 합류 과정을 거쳐서 약화 또는 소멸될 때, 이들은 평성, 상성, 또는 거성 형태소로의 분입이 일어난다는 것과, 또 그러한 분입이 일어날 때 그 형태소가 어느 성조에 합류될 것인가는 초성 자음의 청탁(/무성・유성)의 구분에 따라 결정되는 경향이 강하게 나타난다.[20]

국어사나 방언을 연구하는 사람들 중에는 중세 국어나 현대 우리말 방언들에서 성조의 존재를 인정하지 않으려는 사람들이 있다. 그것을 부인하기 위해 논문으로 논증한 것을 본 적은 없지만, 부인하는 근거로 내세우는 것은 우리말에는 성조가 필요 없기 때문이라거나, 국어는 알타이어에 속하는데, 역사적으로나 알타이어족에 성조언어의 존재가 검증된 일이 없고, 현재의 어느 알타이어의 하위 언어나 방언에도 성조 체계를 가진 것이 없는데, 15, 6세기의 국어가 어떻게 성조언어이며, 현대의 경상도 방언이 성조언어일 수가 있느냐는 것이다.

그러나, 지은이는 기원적으로 비성조언어가 성조언어로 발전될 수도 있고, 성조언어가 비성조언어로 발전되는 것이 가능하다고 본다. 여기에서는 국어에서 성조의 발생이라는 것을 논하려는 것은 아니다. 그것은 현재에 우리가 확보하고 있는 자료가 국어에서 성조의 발생을 증명하는 데는 너무나 빈약하기 때문이고, 세계의 여러 언어들에서도 성조의 발생과 소멸에 대해 우리를 도와줄 수 있는 자료를 제공해 주지 못하기 때문이다.

그러므로 지은이는 논증 대신에 성조 체계의 발생과 소멸 및 성조 수의 가감에 대한 가설을 세워 놓고, 언어사나 국어사에서 이에 대한 검증은 후학들에게 미루고자 한다.

(80) 성조 체계 발생과 소멸 및 성조 수의 가감에 대한 가설

ㄱ. 성조 발생과 성조 수의 증가 가설; 임의의 언어나 방언에서 ①장애음의 계열이 감소되면서 감소되기 전의 잉여적인 높낮이가 변별적인 기능을 획득할 때, ②음절 구조의 종류가 줄어들면서 구조에 따른 잉여적인 높낮이가 변별적인 기능을 획득힐 때, ③각각 1 모라였던 두 음절이 하나로 축약됨에 따라 2 모라 미만으로 짧아지면서 굴곡조의 음조형이 별개의 변별적인 음조로 변할 때 성조 체계가 발생하거나, 성조의 수가 증가한다.

---

20) 공재석(1975)를 참조.

ㄴ. 성조 소멸과 성조 수의 감소 가설; 임의의 언어나 방언에서 ①장애음의 계열이 증가되면서 이전에 변별적이었던 높낮이가 변별적인 기능을 잃고 잉여적인 예측 가능한 것으로 변할 때, ②음절 구조의 종류가 늘어나면서 이전에 변별적이었던 높낮이가 변별적인 기능을 잃을 때, ③각각 1모라였던 두 음절이 하나로 축약되면서 2 모라보다 짧은 굴곡조의 성조가 어떤 원인으로 2 모라의 길이로 길어져서 기존의 성조의 복합으로 분석이 가능할 때 성조 체계가 소멸하거나, 성조의 수가 감소한다.

우리말의 고대어를 연구하는 학자들 중에는 고대 국어의 장애음이 단일 계열이었다고 주장하는 경우가 있다(김형주 1996 : 67~95). 중국에서 들어온 한자가 우리말의 자료를 표기할 때, 청탁이나 유기・무기를 구별하지 않고 쓰이고 있음을 보면, 단일계열설의 주장이 힘을 얻는다. 만약 이 주장이 가능하다면, 고대 국어 이전의 원시 국어에서 장애음의 계열이 둘 또는 그 이상이었다가, 하나의 계열로 합류되면서, 잉여적이었던 음조가 변별적인 성조로 발전했을 것이라는 가설 (80)ㄱ의 설정이 가능할 것이라 생각된다.

전남 서남부 방언에서 [ḦM$_0$](보기; 사람[ḦM], 원숭이[ḦM^2], 말하더라[ḦM^3])는 상성형에서 온 것이 틀림없으며, [HHM$_0$](보기; 참새 [HH/MM], 학생들 [HHM], 코끼리 [HHM$_0$], 깨구리 [HHM], 팔다리 [HHM])는 영남의 여러 방언들의 성조형들과 비교하면 거성형의 음조적인 특성을 반영하는 것이며, [MHM$_0$](보기; 노래 [MH], 다리 [MH], 당나구 [MHM], 보리밥 [MHM], 개구리 [MHM])는 평측형의 음조적인 특성을 반영하는 것으로 보인다. [ḦM$_0$] 음조형은 과거에 수백 년 동안 쓰여 오던 음조형이 그대로 남았으나, 다른 2개의 음조형의 경우, 강자음(된소리, 거센소리, ㅅ, ㅎ)으로 시작되는 낱말들은 과거의 성조와는 관계없이 거성형 [HHM$_0$]으로 재편되었으며, 약자음(ㄱ, ㄷ, ㅂ, ㅈ, ㅇ, ㄴ, ㅁ, ㄹ)으로 시작되는 낱말들은 과거의 성조와는 관계없이 평측형의 음조형들 가운데 하나인 [MHM$_0$]으로 재편되었다. 결국 운율적인 낱말의 첫 음절의 장단에 따라 [ḦM$_0$]과 {[HHM$_0$], [MHM$_0$]}으로 예측되고, {[HHM$_0$], [MHM$_0$]}의 두 가지 중에서 강자음으로 시작되는 것은 [HHM$_0$]으로, 약자음으로 시작되는 것은 [MHM$_0$]으로 실현될 것이 예측된다.[21] 이것을 간단하게 바꿔 말하면, 음조형의 실현이 분절음의 종류나 음절 구조에 따라 예측되는 것이다. 이것은 성조의 감소 또는 소멸의 가설인 (80)ㄴ에 부합된다.

다음의 (81)~(83)에서는 중세 국어에서 운율적인 낱말의 첫 음절의 초성이 장애성 자음군인 경우 그 첫 음절의 성조는 거성일 가능성이 매우 높았고, 또 그 낱말에 대응하는 창원 방언①과 진주 방언의 낱말의 방점형(따라서 성조형)은 거성형(·$\square_1$)일 가능성이 높다는 것을 자료 (81)~(83)을 통해서 보이기로 한다.

21) 전남 서부 방언의 음조형에 대해서는 김차균(1969)를 참조.

(81) 15세기 문헌의 방점 표시 자료와 현대 성조방언의 방점형

	15세기 국어	진주 방언	창원 방언①
ㄱ.	:ᄭᅥ리·샤(용가15)	꺼·리·시·어	꺼·리·시·어
	:ᄢᅦ·여디·니(월인40)	끼·이#지·이	끼·이#지·이
ㄴ.	:ᄢᅦ·니(용가43)	:끼·니[22]	:끼·니
	:ᄢᅦ·니(용가43)	·끼·니	:끼·니
	:ᄢᅦ시·니이·다(월인14)	:끼·십·니·더	:끼·십·니·더
	:ᄢᅦ시·니이·다(월인14)	·끼·십·니·더	:끼·십·니·더
ㄷ.	:쏜 ·살·이(월인40)[23]	·쏜 (화·살·이)	·쏜 (화·살·이)
	(터럭) :ᄲᅮ·늘(월인92)	(터럭) ·뿐·을[24]	(터럭) ·뿐·을
ㄹ.	:ᄢᅦ·여<ᄢᅰ여>(월인4)	:끼·이·이[25]	끼여·어
	:ᄢᅦ여·늘(월인41)	:끼·이·이·거·늘	끼이·이·거·늘
	(·히·예) :ᄢᅦ·니이·다(용가50)	:끼·이·입·니·더	끼이·입·니·더
	(ᄒᆞᆫ ·사·래) :ᄢᅦ·니(용가23)	:끼·이·니	끼이·이·니
	(ᄒᆞᆫ ·사·래) :ᄢᅦ·니(용가23)	:끼·이·이·니	끼이·이·니

(82) 15세기 문헌의 방점 표시 자료와 현대 성조방언의 방점형

	15세기 국어	진주 방언	창원 방언①
ㄱ.	싸·호·샤(용가52)	싸·우·시·어	싸·우·시·어
	싸·화(석보 9 : 16b)	싸·워	싸·워
	ᄣᅥ·러디·게(석보 9 : 6b)	떨·어·지·게	떨·어·지·게
	ᄣᅥ·러디·게(석보 9 : 6b)	떨어지·게	떨어지·게
	ᄣᅥ·러디·고(석보 9 : 14b)	떨·어·지·고	떨·어·지·고
	ᄣᅥ·러디·고(석보 9 : 14b)	떨어지·고	떨어지·고
	ᄭᅯᇰ·을(용가88)	꽁·을	꽁·을
	ᄡᅳ·리어·늘(월인189)	뿌·리·거·늘	뿌·리·거·늘
	ᄡᅳ·리어·늘(월인189)	·뿌·리·거·늘	뿌·리·거·늘
	ᄲᅡᆯ·리(석보 9 : 8b)	빨·리	빨·리
ㄴ.	ᄯᅡ·해(월인57; 석보 9 : 24a)[26]	땅·에	땅·에

---

22) (81)ㄴ은 진주 방언에서는 거성형과 상성형의 두 가지로 나타나는데, 자연스러운 발화에서는 주로 거성형으로 나타나지만, 제보자가 자신의 발화를 의식하는 것과 같은 부자연스러운 발화에서는 드물게 상성형으로도 나타난다. 이러한 현상은 서기 2,000년 기준으로 70세 이상 나이 많은 화자들의 말이나, 부모들 세대의 말에 대한 기억에서 나타나는 것이 아닌가 생각된다.

23) 중세 국어 상성 /:쏜/이 진주 방언에서 거성형 /·쏜/으로 나타나는 것은 된소리로 시작되는 상성형이 거성형으로 변화하는 역사적인 경향의 하나로 볼 수 있을 것이다. 이에 대해서는 3.5절에서 검토할 것이다. 이 낱말이 창원 방언①에서도 거성으로 나타나는 것은 공통 경남 남부 방언에서부터 거성으로 변한 것이기 때문이라 생각된다.

24) /·뿐/은 현대 국어에서도 그러한 바와 마찬가지로, 이 두 방언에서도 이미 토씨로 기능하며, 상성은 최종방점표상에서 이두에만 나타나기 때문에, 측성(·□, 1점)으로 나타나는 것은 당연하다.

25) 진주 방언에서 경음으로 시작되는 낱말은 거성형으로 발음되지만, (81)ㄹ의 4개 항의 낱말이 상성형으로 쓰이는 것은 이례적이다. 어두 첫 모음과 둘째 모음이 동일한 모음이고, 가운데 ㅇ(ø, zero)를 두고 연결되면, 거성형으로 변하지 않고 상성형으로 나타나지 않을까 짐작하며, 앞으로 자료를 더 확보하면서 주시해 볼 만하다.

26) /ᄯᅡ·해/는 /·ᄯᅡᇂ+·에/에서 온 것으로 중세 국어에서 1음절 거성 이름씨의 태반은 위치자리토씨 /-·에

(83) 15세기 문헌의 방점 표시 자료와 현대 성조방언의 방점형

15세기 국어	진주 방언	창원 방언①
ㄱ. (:다) ·써(석보 9 : 30a)	·써	·써
·ᄭᅮ뮨 술·위·예(월인119)	·끼·민	·끼·민
(·눈) ·ᄠᅳ·고(월인65)	·뜨·고	·뜨·고
(·므·레) ·ᄲᅡ·디·여(석보 9 : 37a)	·빠·져	·빠·져
(·블) ·ᄢᅳ는(월인106)	·끄·는	·끄·는
·쏘·샤(용가36)	·쏘·셔	·쏘·셔
·쓰·며(석보 9 : 17a)	·쓰·며	·쓰·며
(·오·ᄉᆞᆯ) ·ᄲᅡᆯ오·져(월인105)	·빨·고·자	·빨·고·자
·ᄢᅳ·샤(월인101)	·끄·셔	·끄·셔
·ᄠᅳ·들(용가116)	·뜻·을	·뜻·을
·ᄠᅳ·들 :몯 일·워(월인88)	·뜻·을	·뜻·을
·ᄠᅳ·들(석보 9 : 13b)	·뜻·을	·뜻·을
·ᄠᅳ·디시·니(월인48)	·뜻·이·시·니	·뜻·이·시·니
·ᄠᅳᆮ(용가12)	·뜻	·뜻
·ᄠᅳᆮ(월인6)	·뜻	·뜻
·ᄣᅵ (:업·슨)(無垢)(석보 9 : 23a)	·때	·때
·ᄡᅳᇙ거·시(석보 9 : 5a)	·쓸·것·이	·쓸·것·이
·ᄢᅴ(석보 9 : 21b)	·끼	·끼
(그) ·ᄢᅴ(석보 9 : 1b)	·때	·때
·ᄢᅵ신·ᄃᆞᆯ(용가113)	·끼·신·들	·끼·신·들
·ᄢᅥ딘 ᄆᆞ·ᄅᆞᆯ(용가37)	·꺼·진	·꺼·진
·ᄢᅬ(용가90)	·께	·께
·ᄢᅬ·ᄅᆞᆯ(석보 9 : 17a)	·께·를	·께·를
·ᄢᅬ·ᄅᆞᆯ 니ᅀᆞ·실·ᄊᆡ(용가76)	·께·를	·께·를
·ᄭᅮ·르시·니(용가82)	·꿀·으·시·니	·꿀·으·시·니
·ᄭᅮ·믈(석보 9 : 23b)	·꿈·을	·꿈·을
·ᄭᅮᆷ·을(월인8)	·꿈·을	·꿈·을
·ᄭᅮ미·며(월인33)	·꾸·미·며	·꾸·미·며
·ᄭᆡ·ᄃᆞᆺ ·ᄒᆞ·야(석보 9 : 31a)	·깨·듯·하·여	·깨·듯·하·여
·ᄭᆡᄃᆞᆮ·긔(석보 9 : 21a)	·깨·닫·게	·깨·닫·게
·ᄯᅡ·히(월인21; 석보 9 : 10b)	·땅·이	·땅·이
·ᄯᅩ(용가89; 석보 9 : 9b)	·또	·또
·ᄯᆞ·ᄅᆞᆯ(석보 9 : 23b)	·딸·을	·딸·을
·ᄯᆞᆯ·ᄋᆞᆯ(월인36)	·딸·을	·딸·을
·ᄯᆞ·ᄅᆡ(용가96)	·딸·의[·따·레]	·딸·의[·따·레]
·ᄲᅳᆯ·이(월인162)	·뿔·이	·뿔·이
(도로) ·ᄢᆡᇙ저·긔(석보 9 : 31a)	·깰·적·에	·깰·적·에
(무룹) ·ᄭᅮ·러(석보 9 : 29b)	·꿀·어	·꿀·어
불·휘 ·ᄲᅡ·ᅘᅧ(월인158)	·빼·어	·빼·어

X/ 앞에서 평성화했다. 이러한 현상은 현대의 모든 성조방언들에서도 하나의 강력한 규칙으로 작용한다. 진주 방언과 창원 방언①에서 /·땅+·에/→[땅·에]로 나타나는 것도 같은 동아리에 드는 보기이다.

(뻔煩:뇌惱) ·ᄡᅳ·러(월인55)	·쓸·어	·쓸·어
(술·위)·ᄣᅵ(월인167)	·띠	·띠
(술·위)·ᄣᅵ·만(석보 9 : 32b)	·띠·만	·띠·만
(여·슷) ·ᄣᆡ·로(석보 9 : 32a)	·때·로	·때·로
(제) ·ᄡᅳᆷ·도(석보 9 : 12a)	·씀·도	·씀·도
·ᄠᅨ·ᅘᅧ ·주시·고(월인90)	·떼·어	·떼·에
(ᄒᆞᆫ :낱) ·ᄡᆞᆯ·ᄋᆞᆯ(월인62)	·쌀·을	·쌀·을
(:올:오·리) ·ᄧᅳ·저(월인161)	·찢·어	찢·어
각·시 ·ᄢᅬ노·라(월인49)	꼬·오·노·라	꼬·아·노·라
ㄴ. ·ᄠᅥ·디·옛거·든(석보 9 : 8a)	떨·어·져	떨·어·져
·ᄠᅥ·디실·씨(월인59)	떨·어·지·실·쎄	떨·어·지·실·쎄
·ᄠᅥ딜 ᄆᆞ·ᄅᆞᆯ(용가99)	떨·어·질 말·을	떨·어·질 말·을

국어사에서 어두 장애음의 자음군이 어떻게 발생했는지에 대해서는 가설은 세울 수 있을지 모르지만, 확실하게 증명할 길은 없을 것이다. 그러나 어두 장애성 자음군을 가진 낱말의 첫 음절은 (83)에서처럼 다수가 거성으로 나타나고, (81), (82)에서처럼 소수가 상성이나 평성으로 나타난다.27)

이 자료들 중에서 이미 중세 국어 성조 연구자들에 의해 /·ᄡᆞᇂ+·애/→[ᄡᆞ·해]처럼 잘 알려져 있는 성조 변동 현상을 나타내는 자료를 골라내어서 버리면, 첫 음절이 상성인 것은 《(81) :ᄧᅥ리-, :ᄢᅦ-, :ᄡᅩᆫ》의 3개 항목, 첫 음절이 평성인 것은 《(82) ᄡᅡ·호-, ᄠᅥ·러-, ᄢᅯᇰ, ᄡᅧ·리, ᄡᅧᆯ·리》의 5개 항목, 첫 음절이 거성인 것은 《(83) ·ᄡᅳ-, ·ᄡᅮ미-, ·ᄠᅳ-, ·ᄢᅡ·디-, ·ᄣᆡ, ·ᄡᅩ-, ·ᄠᅳᆮ, ·ᄣᅴ, ·ᄡᆞ-, ·ᄧᆡ, ·ᄢᅵ, ·ᄧᅥ디-, ·ᄢᅬ, ·ᄢᅮᆯ, ·ᄢᅮᆷ, ·ᄣᅵ-, ·ᄡᆞᇂ, ·ᄢᅡ ·ᅘᅵ-, ·ᄣᅩ, ·ᄣᅩᆯ, ·ᄡᅧᆯ, ·ᄡᅳ-, ·ᄣᅵ, ·ᄣᆡ-, ·ᄧᅳ-, ·ᄢᅬ-, ·ᄠᅥ·디-》의 28개 항목으로 거성의 수가 압도적으로 많다.

이 28개 항목 중에서 '·ᄠᅥ·디-'만 방언에 평측형이고, 나머지 27개 항목은 모두 거성형(·□, ·□·□, ·□·□·□, ·□·□·□·□, …)으로 나타나고 있다. 따라서 국어사적으로 보면 장애성 자음군은 옛말에서부터 거성과 인연이 강하며, 이러한 인연은 장애성 자음군에서 경음으로 변해버린 현대 성조방언에까지지도 거성으로 지속된다고 할 수 있다.

지은이의 생각으로는 어두 장애성 자음군은 /#ㅂㅌV/처럼 둘째 자음이 유기음인 경우를 제외하면, 글자의 표기로는 여린 소리를 나타내는 낱자들의 결합이지만, 이 낱자들이 나타내는 소리는 중화 위치에 있기 때문에, 그 변이음으로는 후두 긴장의 자질을 가진 소리였거나 글자 그대로 예사소리였을 텐데, 지은이는 전자의 연결로 생각한다.28) 보기를 들면 (82)

27) (81)~(83)에 제시된 자료는《용비어천가》(전체),《석보상절》(9권),《월인천강지곡 상》(기1~200)의 범위 안에서 뽑은 것으로, 확보된 자료 중에서 중복되는 것은 하나만 택했고, 현대의 두 방언에 대응어가 없는 것은 모두 빼어버렸다.

28) 영어에서《#s—VX》의 위치에 나타나는 파열음은 p, t, k로 나타나지만, 이들은 유성 무기음 [b, d, g]도 무성 유기음도 [pʰ, tʰ, kʰ]도 아닌 중화된 소리 무성무기음이다. 영어의 보기가 우리말의 변이

의 《·ᄣᅢ, ·ᄯᅡ·히, ·ᄲᆞᆯ, ·ᄭᅮ·러, ·ᄢᅳ·로》에 나타나는 어두 자음군들은 기저 표시로는 /bd, s^hd, s^hb, s^hg, bs^hg/이지만[29] 표면음으로는 된소리 [pt, st, sp, sk, psk]라고 생각된다. 중세 국어의 문헌에서 어두 자음군이 표면음으로는 된소리라는 것을 증명할 만한 표기상의 확증적인 증거는 찾지 못했지만 다음의 자료는 그 가능성을 가늠할 만한 증거가 될 것 같다.

(84) 《연병지남(練兵指南)》 (광해주 4년, 1612년 간행)
ㄱ. 사롤 ᄥᅩ고(연병지남 3)
ㄴ. 혹 도리채도 ᄥᅳ며 혹 긴칼도 ᄡᅳ며 혹 언월도 쓰며(연병지남 4)

자료 (84)ㄱ의 ‘ᄥᅩ고’의 ‘ᄥᅩ-’는 다른 문헌들에서는 ‘ᄡᅩ-’로 나타난다.[30] 《연병지남》에서 ᄥ는 #ㅂ—의 위치에 나타나는 마찰음이 표기자의 귀에는 [ㅆ] 소리에 가깝게 들렸을 것이라는 증거로 보인다. 또 같은 문헌 《연병지남》에서 같은 하나의 낱말이 하나의 월 안에서 (84)ㄴ의 ‘ᄥᅳ며, ᄡᅳ며, 쓰며’로 적혀 있는데, 이들에 나타나는 어간은 다른 문헌들에서는 ‘ᄡᅳ-’로 나타난다.[31] ‘ᄥᅳ며’와 ‘ᄡᅳ며’는 #ㅂ—의 위치에서 ㅆ과 ㅅ가 청각상으로 그 구별이 선명하지 않았다는 증거이며,[32] 또 ‘쓰며’라고도 적은 것은 /#—ㅅ/의 위치에서 ‘ㅂ’가 내파음화를 거쳐서 삭제되면서 그 내파음이 가졌던 경음성 자질이 뒤따르는 /ㅅ/ 소리를 경음화시킨 결과로 표기자에게는 어두 자음이 뚜렷하게 [ㅆ]로 들렸을 것이라는 증거로 보인다.

말소리의 높낮이가 후두의 긴장 상태와 상관관계가 있다고 본다면, 중세 국어에서 장애성의 자음군을 초성으로 하는 음절이 변별성이 가장 잘 유지되는 어두 음절의 위치에서 거성(·□, 고조)으로 나타났다는 것은 이들 자음군이 후두의 긴장을 높여주기 쉬운 음성학적인 자질을 가지고 있었다는 추정을 가능하게 한다. 현대 국어에서 경음(된소리)가 평음(예사소리)보다 후두의 긴장을 높게 하며, 전남 방언을 비롯한 대부분의 비성조방언에서도 경음으로 시작되는 운율적인 낱말은 [HHM_0]으로 첫 두 음절이 높은 음조로 나타난다는 것은 경음과 후두의 긴장이 밀접한 관계를 가지고 있다는 증거이다. 중세 국어의 장애성 자음군

음의 자질을 해석하는 데 증거가 될 수는 없으나, 참고는 될 것이다. 그리고 지은이는 현대 국어의 내파음 [p˺, t˺, k˺] 등은 경음성 자질을 가지고 있으며, 이들의 뒤에 나타나는 장애성의 자음들도 경음이란 것을 논증한 적이 있다(김차균 : 2007).

29) /ㅅ/을 유기음 /s^h/로 보는 것에 대해서는 김차균(1998)을 참조.

30) ·ᄡᅩ·시과·뎌(번역박통사 상60, (1517), ·ᄡᅩ·라(번역박통사 상54, (1517)), ·ᄡᅩ·기와(소학언해 1:11 (1588)).

31) ·ᄡᅮ·메(훈민정음언해), ·ᄡᅳᆯ·씨·라(훈민정음언해 (1447)), ·ᄡᅳᆰ거·시(석보상절 9:5a(1447)), ·ᄡᅳ·샤(용비어천가 77 (1445)), ·ᄡᅳ리라(구급방 상61a6 (1466)), ·ᄡᅳ·믈(여씨향약언해(화산본) 35a (1518)), ·ᄡᅳ디(여씨향약언해(교서관본) 36a (1574)).

32) 김차균(1998)에서는 경음과 연음의 중간정도의 장애성 자음을 ‘반경음’이라 했다. 《연병지남》의 ‘ᄥᅳ며’와 ‘ᄡᅳ며’는 ‘/ㅂ—/’ 위치에서 /ㅅ/이 청각적으로 반경음 [S]였다는 증거로 보인다. 김차균(1998)과 김차균(2007)도 반경음에 대한 이해에 참고가 될 것이다.

과 현대 국어 방언들의 경음(된소리)가 높은 음조를 유발한다는 공통적인 현상은 이 두 가지가 다 후두 긴장음임을 보여 주는 것이라 생각된다.

3.5 진주 방언 어두 경음 조건에서 상성형의 거성형화

우리는 창원 방언①과 진주 방언을 포함하는 경남 남부 공통방언의 존재를 가정할 수 있을 것이다. 운율적인 관점에서 볼 때, 창원 방언①은 보수성이 강해서 그 공통조어가 가졌던 운율적인 특성을 비교적 충실하게 보존하고 있지만, 진주 방언은 개신 성향이 강해서 경남 서남부 방언권에서 운율적인 특성의 변화를 주도하는 것으로 보인다.[33)]

경남 남부 방언의 공통조어, —이하 경남 남부 공통방언 —의 운율적인 낱말의 성조형이 상성형이고, 그 낱말에 대응하는 진주 방언의 성조형이 상성형인 동시에 어두 자음이 경음들(ㄲ, ㄸ, ㅃ, ㅆ, ㅉ) 중의 하나라는 조건이 있을 때, 그 상성형은 거성형으로 변했다는 것을 보여주려고 한다.

국어사에서 어두 장애성 자음군을 가진 낱말들이 거성형의 발전에 밀접한 인과관계가 있음을 3.4절에서 이미 검토했다. 중세 국어에서 어두에 장애성 자음군을 가진 낱말들의 첫 음절은 거성(·□)이었다. 중세 국어 시대에는 서울을 포함하는 중앙 방언과 중앙에서 멀리 떨어져 있는 호남과 영남의 여러 방언들의 음운 체계는 큰 차이가 없었을 것으로 보인다. 현대 국어의 성조방언들에서는 물론이고 비성조방언들에서도 중세 국어의 어두 장애성 자음군은 대부분 경음으로 발전했다. 중세 어두 장애성 자음군과 낱말 첫 음절의 거성은 (81)~(83)에서 본 바와 같이 창원 방언①과 진주 방언에서 어두 경음과 낱말의 성조형이 거성형으로 나타난다. 이러한 현상은 현대 국어의 다른 3성조 방언에서도 마찬가지이다.

서기 2,000년 기준으로 70세 이상의 진주 방언 토박이들의 방언은 음운 체계(/분절음과 성조 체계)는 당시의 창원 방언①의 그것과 큰 차이가 느껴지지 않았다. 55세 이하의 진주 방언 토박이들의 방언에서 분절음 체계는 거의 변화가 없었으나, 성조 층위에 적용되는 새로운 규칙들이 나타났고, 성조형에 적용되어 표면의 음조형을 도출하는 데도 새로운 규칙들이 나타났다.

---

33) 진주 방언은 내적순행평성동화, 3음절 이상 상성형이 [MHM_1]로 발음되는 현상, 3음절 이상 평성형의 끝음절 측성화, 등이 2,000년 기준으로 55세 이하의 화자들의 말에서는 이미 완성되었다. 이것은 이러한 변화가 임의적인 규칙으로 남아 있는 다른 경남 서남부 방언인 고성 방언, 사천 방언, 하동 방언, 남해 방언, …, 등에 대한 방사의 중심지역 방언으로 볼 수 있게 한다. 경남 동남부 방언에서는 아직 이러한 변화들이 일어나지 않는다. 김차균(2002)ㄱ과 김세진(2005)를 참조.

지은이는 30여 년 전까지만 해도 진주 방언과 창원 방언①은 그 성조론의 층위에서 2개의 다른 체계로 볼 수는 없었으나, 지금의 이 시점에서는 경남 남부 공통방언의 성조론적 특성을 비교적 충실하게 보존한 방언을 경남 동남부 방언으로 보고, 새로운 특성을 발전시킨 방언을 경남 서남부 방언으로 보고자하며, 창원 방언①은 동남부 방언권에서도 가장 보수성이 강한 방언으로, 그리고 진주 방언은 서남부 방언권에서 가장 개신성이 두드러진 방언으로 보고자 한다.

이 장의 나머지 부분에서는 경남 남부 공통방언에서 상성형이었던 일부 낱말들과 그 굴곡형들의 어두 자음이 경음일 때, 창원 방언①에서는 상성형 그대로 유지되고 있으나, 진주 방언에서는 거성형으로 변한 현상들을 통시적인 관점에서 고찰하고자 한다. 이를 위해 먼저 다음과 같은 조건을 제시하고, 그 조건이 만족되었을 때 이뤄지는 원칙적인 결과를 제시해 둔다.

(85) 진주 방언 '상성형 및 어두 자음 경음 조건'과 거성형화
ㄱ. (조건) 경남 남부 공통방언의[34] 임의의 낱말의 방점형(/성조형)이 상성형인 동시에 어두 자음이 경음이면,[35]
ㄴ. (결과) 그 경남 남부 공통방언에서 현재의 진주 방언으로 발전하던 시기에 상성형은 거성형으로 변하고, 어두 경음은 그대로 승계되었다.[36]

(85)ㄱ,ㄴ이 합리성을 가진 조건과 결과임이 증명되려면, 경남 남부 공통 방언과 성조 체계와 성조 현상에서 큰 차이가 없었던 30여 년 전의 진주 방언의 고령의 토박이들에게서 조사한 믿을 만한 성조 자료의 충분한 확보가 필요한 데 그러한 자료는, 지은이가 1970년대 초에 조사한 빈약한 자료가 있을 뿐, 이제 와서 기대할 수 있는 일이 아니다. 1970년대 초의 기억을 더듬으면 당시의 50세 이상의 진주 방언 화자들의 성조 체계와 운율 현상은 당시의 창원 방언①(/지은이의 방언)의 그것과 미세한 차이가 없었다고는 할 수 없지만, 큰 차이가

34) 경남 남부 공통방언은 현재의 창원 방언①과 진주 방언뿐만 아니라 경남 남부 방언권의 하위 방언들 전체의 공통의 조상 방언이라고 가정한다.

35) 이 조건을 '상성형 및 어두 자음 경음 조건 (85)ㄱ'이라 부르기로 한다. 우리는 긴 이름을 가진 이 조건을 더 줄여서 〈조건 (85)ㄱ〉이라고 부르기도 하는데, 이는 번거로움을 면하기 위한 것이다.

36) (85)ㄴ의 결과는 단순히 공시적인 운율 규칙이 아니라 통시적인 변화를 그 내용으로 한다. 그러므로 진주 방언 자료의 왼편에는 역사적으로 더 앞선 경남 남부 공통방언의 자료를 내세워야 하지만, 그것은 가상적인 존재에 불과하므로, 그 대신에 창원 방언①의 자료를 제시하여 그것이 진주 방언이 거성형으로 변하기 전의 경남 남부 공통방언의 어형과 같은 것으로 가정하는 편법을 사용하기로 한다. 이것은 인도-유럽어의 비교에서 산스크리트어나 고대 그리스어 또는 고대 라틴어를 가끔 인도-유럽 공통조어 자리에 놓거나; 게르만어 비교에서 고트어(Gothic)를 게르만어 공통조어 자리에 가끔 놓는 편법을 사용하는 것과 맥락을 같이 하는 것이다. 물론 이러한 경우 매우 엄격한 검증과 조심스러운 태도가 요구된다는 점을 명심해야 한다.

없었다고 생각된다. 지은이의 방언인 창원 방언①은 지금 남아 있는 오늘날의 창원 방언①과 진주 방언의 아버지 방언인 경남 남부 공통방언에 가장 가까운 것이라 생각된다. 따라서 우리는 '경남 남부 공통방언과 진주 방언의 방점(/성조)의 비교'는 '창원 방언①과 진주 방언의 방점(/성조)의 비교'로 대치하기로 한다.

먼저 다음의 자료들을 보자.

(86) 창원 방언① 상성형과 진주 방언 거성형의 대응관계 자료

창원 방언①		진주 방언	
:딸(苺)	L[LM]	·딸	M[Ṃ]
:껌	L[LM]	·껌	M[Ṃ]
:빵(餡)	L[LM]	·빵	M[Ṃ]
:뽈(球)	L[LM]	·뽈	M[Ṃ]
:썽(嗔)	L[LM]	·썽	M[Ṃ]
:깐·치<까치>	L^2[LM]	·깐·치	M^2[HH/MM]
:꽁·치	L^2[LM]	·꽁·치	M^2[HH/MM]
:딸·기	L^2[LM]	·딸·기	M^2[HH/MM]
:땔·깜	L^2[LM]	·땔·깜	M^2[HH/MM]
:땡·삐<땅벌>	L^2[LM]	·땡·삐	M^2[HH/MM]
:떼·놈<되놈>	L^2[LM]	·떼·놈	M^2[HH/MM]
:빵·떡	L^2[LM]	·빵·떡	M^2[HH/MM]
:썽·깔	L^2[LM]	·썽·깔	M^2[HH/MM]
:썽·질	L^2[LM]	·썽·질	M^2[HH/MM]
:짜·증	L^2[LM]	·짜·증	M^2[HH/MM]
:짬·보	L^2[LM]	·짬·보	M^2[HH/MM]
:째·보	L^2[LM]	·째·보	M^2[HH/MM]
:깐·채·이	L^3[LMM]	·깐·채·이	M^3[HHM]
:떫·은·감	L^3[LMM]	·떫·은·감	M^3[HHM]
:빼·닫·이	L^3[LMM]	·빼·닫·이	M^3[HHM]

자료 (86)에서는 왼쪽의 창원 방언①의 어형들이 상성형이다. 이 어형들에 대응하는 현재의 창원 방언①과 현재의 진주 방언의 전단계인 '경남 남부 공통방언'의 어형들은 '상성형 및 어두 자음 경음 조건 (85)ㄱ'이 충족되었을 것이라고 추정할 수 있다. 따라서 경남 남부 공통방언에서 현재의 진주 방언으로 통시적인 변화가 일어나던 시기에 진주 방언의 어형들은 상성형에서 거성형으로의 변화되었다고 할 수 있다. 이러한 변화의 결과로 (86)의 오른쪽 진주 방언의 낱말들은 모두 거성형으로 나타나고 어두의 자음은 경음 그대로 승계된 것이다.

(87) 창원 방언① 상성형과 진주 방언 상성형 또는 거성형의 대응관계 자료

	창원 방언①		진주 방언	
ㄱ.	:까·재<가재>	L^2[LM]	:가·재	L^2[LM]
	:고·까	L^2[LM]	:고·까	L^2[LM]
	:고·까·옷	L^3[LMM]	:고·까·옷	L^3[MHM]
	:조·끔	L^2[LM]	:조·끔	L^2[LM]
	:꼼·보	L^2[LM]	:곰·보	L^2[LM]
ㄴ.	:까·재(蟹)	L^2[LM]	·까·재	M^2[HH/MM]
	:꼬·까	L^2[LM]	·꼬·까	M^2[HH/MM]
	:꼼·보	L^2[LM]	·꼼·보	M^2[HH/MM]
	:꼬·까·옷	L^3[LMM]	·꼬·까·옷	M^3[HHM]
ㄷ.	:꼬·까	L^2[LM]	:꼬·까	L^2[LM]}
	:까·재(蟹)	L^2[LM]	:까·재	L^2[LM]
	:꼼·보	L^2[LM]	:꼼·보	L^2[LM]
	:쪼·끔	L^2[LM]	:쪼·끔	L^2[LM]
	:꼴·딱	L^2[LM]	:꼴·딱	L^2[LM]
	:꼬·까·옷	L^3[LMM]	:꼬·까·옷	L^3[MHM]

자료 (87)ㄱ의 왼쪽 창원 방언①의 낱말들이 모두 상성형인데도 대응하는 오른쪽의 진주 방언에서 거성형으로 나타나지 않고 상성형으로 나타나는 것은 '상성형 및 어두 자음 경음 조건 (85)ㄱ'에서 어두 자음 경음 조건이 충족되지 못했기 때문이다. (87)ㄴ의 경우는 왼쪽의 자료들이 상성형이면서, 오른쪽의 자료들의 어두 자음이 경음이기 때문에 〈조건 (85)ㄱ〉이 충족되었으므로, 오른쪽의 진주 방언들의 모든 어형들이 거성형으로 나타난 것은 당연하다.

(87)ㄷ의 성조형들은 (87)ㄴ의 그것들보다 빈도가 훨씬 낮은 것만은 틀림없다. (87)ㄷ은 '상성형 및 어두 자음 경음 조건 (85)ㄱ'이 모두 충족되었는데도, 오른쪽의 진주 방언들의 모든 어형들이 예상을 깨고, 상성형으로 나타났다. 우리는 분절음이나 운율에 나타나는 현상이 모두 음운론적으로만 설명되지는 않는다는 것에 주목할 필요가 있다. 지은이는 다음 (88)을 가정함으로써, (87)ㄷ의 존재가 허용될 수 있는 것으로 보고자 한다.

(88) ㄱ. 성조형 배정 규칙 적용 대상이 되는 분절 음운의 연쇄체는 준동음어가 존재할 때는 그 준동음어의 성조형을 배정 받을 수가 있다.
ㄴ. 성조형 배정 규칙 적용 대상의 분절음운의 연쇄체는 비음운론적인 요소들(보기를 들면, 다른 (연령층의) 화자들이 사용하는 운율형, 문법 범주, 감정 표현, 등)의 영향을 받을 수가 있다.

(87)ㄷ의 진주 방언의 상성 성조형의 존재는 (88)ㄱ의 경우에 해당한다. 곧 어두 예사소

리를 가진 준동음어인 (87)ㄱ이라는 존재의 영향으로 (87)ㄷ의 상성형이 사용되고 있는 경우라 할 수 있을 것이다.

(89) 창원 방언① 상성형과 진주 방언 상성형 또는 거성형의 대응관계 자료 (경음으로 시작되는 낱말들에서)

	창원 방언①		진주 방언	
ㄱ.	:쪼·끔	L^2[LM]	:쪼·끔	L^2[LM]
	:꼴·딱	L^2[LM]	:꼴·딱	L^2[LM]
	:쪼·깨·이(少)	L^3[LMM]	:쪼·깨·이	L^3[MHM]
ㄴ.	:쪼·끔	L^2[LM]	·쪼·끔	M^2[HH/MM]
	:꼴·딱	L^2[LM]	·꼴·딱	M^2[HH/MM]
	:쪼·깨·이(少)	L^3[LMM]	·쪼·깨·이	M^3[HHM]

위의 오른쪽 자료, 곧 진주 방언의 (89)ㄱ은 (89)ㄴ과 거의 같은 빈도로 발음된다. (89)ㄴ의 경우 진주 방언의 낱말들이 거성형으로 나타난 것은 〈조건 (85)ㄱ〉이 충족되었기 때문이다. (89)ㄱ은 준동음어가 없다는 점에서 (87)ㄱ이라는 준동음어가 있는 (87)ㄷ과는 다르다. (85)ㄱ을 충족시키는 데도 (89)ㄱ과 같은 진주 방언의 상성형은 어두 자음의 경연에 관계없이 일부 어찌씨들은 (85)ㄴ에 의해 감정의 강도를 나타내는 것이라 생각된다. 그리고 부모들의 발음과 이웃의 고령자들의 말투에는 (85)ㄱ의 충족 여부와는 관계없이 창원 방언①처럼 상성형으로 발음되고 있는데, 이와 같은 다른 사람들이 사용하는 성조형의 영향도 배제할 수는 없다. 방언 어형들의 사용은 가끔 양자택일의 문제보다는 정도의 문제일 경우도 나타날 수 있기 때문이다.

지금까지는 약간의 어찌씨도 포함되어 있었지만, 주로 이름씨의 성조를 다루었다. 지금부터는 풀이씨의 성조에 관심을 두기로 한다. 이름씨들의 성조형은 뒤에 토씨가 연결되더라도 이름씨 자체의 성조는 고정되어 있다. 2음절 이상의 어간을 가진 풀이씨 곧 다음절 어간 풀이씨들은 어간 성조가 고정되어 있고,[37] 씨끝의 성조형은 중화 규칙, 당연 규칙(default rule) 등에 의해 예측되므로, 이름씨들과 다르게 다룰 필요가 없다. 다음의 다음절 어간 풀이씨의 자료를 보자.

37) 이 책에서는 다루지 않지만, 이른바 변동평성형어간 풀이씨들(보기; /나가·다, 나오·다, 가보·다, …/)는 2음절 어간 풀이씨들인데도 뒤따르는 씨끝에 따라 성조의 변동이 있을 수가 있다. 이들에 대해서는 허웅(1972), 김차균(1999), 김차균(2002), 김차균(2003), 김차균(2006)ㄱ, 김세진(2006), 박숙희(2008), 최영미(2010)을 참조.

(90) 창원 방언① 상성형과 진주 방언 거성형(/상성형, 평측형)의 대응관계 자료 (풀이씨)

	창원 방언①		진주 방언	
ㄱ.	:썽·내·다(嗔)	$(L^{2}\cdot M\rightarrow)L^{3}$[LMM]	·썽·내·다	$(M^{2}\cdot M\rightarrow)M^{3}$[HHM]
	:껌·씹·는·다	$(L^{3}\cdot M\rightarrow)L^{4}$[LMMᴍ]	·껌·씹·는·다	$(M^{3}\cdot M\rightarrow)M^{4}$[HHM^{2}]
	:삐·뜰·어·지·다	$(L^{4}\cdot M\rightarrow)L^{5}$[LMMᴍ^{2}]	·삐·뜰·어·지·다	$(M^{4}\cdot M\rightarrow)M^{5}$[HHM^{3}]
ㄴ.	:끄·떡·없·다	$(L^{3}\cdot M\rightarrow)L^{4}$[LMMᴍ]	:끄·떡·없·다	$(L^{3}\cdot M\rightarrow)L^{4}$[MHM^{2}]
	:끄·떡·없·다	$(L^{3}\cdot M\rightarrow)L^{4}$[LMMᴍ]	·끄·떡·없·다	$(M^{3}\cdot M\rightarrow)M^{4}$[HHM^{2}]
ㄷ.	:삐·뜰·어·지·다	$(L^{4}\cdot M\rightarrow)L^{5}$[LMMᴍ^{2}]	삐뜰어지·다	$(H^{4}\cdot M\rightarrow)H^{4}M$[Mʜ^{2}HM]
	:때·다(炊)	$(L$ʜ$\cdot M\rightarrow)L^{2}$[LM]	때·애·다	$(HM\cdot M\rightarrow)HM^{2}$[HM^{2}]

(90)ㄱ의 풀이씨들은 굴곡형들에서 방점 변동이 없는 다음절 상성형 풀이씨들이다. 〈조건 (85)ㄱ〉이 충족되는 경우이므로 왼쪽의 창원 방언①의 상성형이 진주 방언의 거성형으로 대응하는 것은 당연하며, 이것은 (86)과 같은 경우이므로 설명을 줄인다.

그러나 진주 방언의 (90)ㄴ의 경우는 '상성형 및 어두 자음 경음 조건 (85)ㄱ'이 충족되는 경우이므로 진주 방언의 거성형 《·끄·떡·없·다$(M^{3}\cdot M\rightarrow)M^{4}$[HHM^{2}]》는 당연한 성조형이다. 그러나 상성형 《:끄·떡·없·다$(L^{3}\cdot M\rightarrow)L^{4}$[MHM^{2}]》는 설명되어야 한다. 《*:그·떡·없·다$(L^{3}\cdot M\rightarrow)L^{4}$[MHM^{2}]》와 같은 준동음어는 존재하지 않기 때문에, (85)ㄴ으로 설명되어야 할 것이다. 복합어 《:끄·떡·없·다$(L^{3}\cdot M\rightarrow)L^{4}$[MHM^{2}]》에서 첫 구성성분 《:끄·떡$(L^{2}$[LM]》은 어찌씨적인 특성이 강해서, (89)의 《:쪼·끔$(L^{2}$[LM]》과 같이 정서적인 상태를 표현하기 위해 진주 방언에서도 상성형으로 나타난 것으로 보인다.

위에서 (90)ㄷ은 산발적이고, 대응관계가 어긋나는 소수의 예외적인 보기이며, 또한 이 장의 주제와는 상관없기 때문에 설명하지 않고 넘어가기로 한다.

다음에는 이 장에서 가장 무게를 두고 있는 1음절 상성어간 풀이씨와 1음절 거성어간 풀이씨의 성조를 고찰할 차례이다. 창원 방언①의 1음절 풀이씨 어간은 《①고정평성어간, ②변동평성어간, ③고정상성어간, ④변동상성어간, ⑤(고정)거성어간》의 5가지로 나눠진다. 창원 방언①에서는 1음절 거성어간은 그 성조가 항상 고정으로만 나타나고, 변동하는 것은 나타나지 않는다. 진주 방언의 1음절 풀이씨 어간은 《①고정평성어간, ②변동평성어간, ③고정상성어간, ④변동상성어간, ⑤고정거성어간, ⑥변동거성어간》의 6가지로 나눠지는데, 창원 방언①보다 변동거성어간이 더 있다.

이 장에서는 창원 방언① 평측형과 진주 방언 평측형의 대응과 창원 방언① 거성형과 진주 방언 거성형의 대응관계는 어두 자음의 경연에 상관없이 풀어야 할 어려운 문제가 없으므로, 앞으로의 다른 종류의 풀이씨와 대조를 위해 고정거성어간 풀이씨와 고정평성어간 풀이씨의 굴곡형들을 제시하고 넘어가기로 한다.

(91) 창원 방언① (고정)거성어간과 진주 방언 고정거성어간 (어두 자음이 경음이 아닌 경우)

창원 방언①		진주 방언	
ㄱ. ·찾·다 (M·M→)	M^2[HH/MM]	·찾·다 (M·M→)	M^2[HH/MM]
·찾·고	M^2[HH/MM]	·찾·고	M^2[HH/MM]
·찾·네	M^2[HH/MM]	·찾·네	M^2[HH/MM]
·찾·더·라	M^3[HHM]	·찾·더·라	M^3[HHM]
·찾·겠·라	M^3[HHM]	·찾·겠·다	M^3[HHM]
·찾·겠·더·라	M^4 [HHM^2]	·찾·겠·더·라	M^4 [HHM^2]
ㄴ. ·찾·으·모	M^3[HHM]	·찾·으·모	M^3[HHM]
·찾·아·도	M^3[HHM]	·찾·아·도	M^3[HHM]
·찾·았·다	M^3[HHM]	·찾·았·다	M^3[HHM]
·찾·았·더·라	M^4 [HHM^2]	·찾·았·더·라	M^4 [HHM^2]

(92) 창원 방언①과 진주 방언 고정거성어간 (어두 자음이 경음인 경우)

창원 방언①		진주 방언	
ㄱ. ·뽑·다 (M·M→)	M^2[HH/MM]	·뽑·다 (M·M→)	M^2[HH/MM]
·뽑·고	M^2[HH/MM]	·뽑·고	M^2[HH/MM]
·뽑·네	M^2[HH/MM]	·뽑·네	M^2[HH/MM]
·뽑·더·라	M^3[HHM]	·뽑·더·라	M^3[HHM]
·뽑·겠·라	M^3[HHM]	·뽑·겠·다	M^3[HHM]
·뽑·겠·더·라	M^4 [HHM^2]	·뽑·겠·더·라	M^4 [HHM^2]
ㄴ. ·뽑·으·모	M^3[HHM]	·뽑·으·모	M^3[HHM]
·뽑·아·도	M^3[HHM]	·뽑·아·도	M^3[HHM]
·뽑·았·다	M^3[HHM]	·뽑·았·다	M^3[HHM]
·뽑·았·더·라	M^4 [HHM^2]	·뽑·았·더·라	M^4 [HHM^2]

(93) 창원 방언① 고정평성어간과 진주 방언 고정평성어간 (어두 자음이 경음이 아닌 경우)

창원 방언①		진주 방언	
ㄱ. 먹·다 (H·M→)	HM[HM]	먹·다 (H·M→)	HM[HM]
먹·고	HM[HM]	먹·고	HM[HM]
먹·네	HM[HM]	먹·네	HM[HM]
먹더·라	H^2M[MHM]	먹더·라	H^2M[MHM]
먹겠·다	H^2M[MHM]	먹겠·다	H^2M[MHM]
먹겠더·라	H^3M[MʜHM]	먹겠더·라	H^3M[MʜHM]
ㄴ. 먹·으·모	HM^2[HM^2]	먹·으·모	HM^2[HM^2]
먹으·모	H^2M[MHM]	먹으·모	H^2M[MHM]
먹·어·도	HM^2[HM^2]	먹·어·도	HM^2[HM^2]
먹·었·다	HM^2[HM^2]	먹·었·다	HM^2[HM^2]
먹·었·더·라	HM^3[HM^3]	먹·었·더·라	HM^3[HM^3]

(94) 창원 방언① 고정평성어간과 진주 방언 고정평성어간 (어두 자음이 경음인 경우)

창원 방언①		진주 방언	
ㄱ. 끓·다 (H·M→)	HM[HM]	끓·다 (H·M→)	HM[HM]
끓·고	HM[HM]	끓·고	HM[HM]

끓·네	HM[HM]	끓·네	HM[HM]
끓더·라	H^2M[MHM]	끓더·라	H^2M[MHM]
끓겄·다	H^2M[MHM]	끓겄·다	H^2M[MHM]
끓겄더·라	H^3M[MHHM]	끓겄더·라	H^3M[MHHM]
ㄴ. 끓·으·모	HM^2[HM^2]	끓·으·모	HM^2[HM^2]
끓으·모	H^2M[MHM]	끓으·모	H^2M[MHM]
끓·어·도	HM^2[HM^2]	끓·어·도	HM^2[HM^2]
끓·었·다	HM^2[HM^2]	끓·었·다	HM^2[HM^2]
끓·었·더·라	HM^3[HM^3]	끓·었·더·라	HM^3[HM^3]

(91)～(94)의 어간들은 모두 그 성조가 상성이 아니기 때문에 어두 자음의 경연과는 관계 없이 〈조건 (85)ㄱ〉을 충족시키지 못하므로, 두 방언의 어형들 사이에는 대응관계가 정연하게 나타날 수밖에 없다.

다음은 창원 방언①의 1음절 고정상성어간 풀이씨와 변동상성어간 풀이씨, 그리고 이 두 가지에 각각 대응하는 진주 방언 풀이씨의 보기이다.

(95) 창원 방언①과 진주 방언 1음절 상성어간 풀이씨 기본형들의 대응관계

창원 방언①		진주 방언	
ㄱ. :작·다(小)	(L·M→)L^2[LM]	:작·다	(L·M→)L^2[LM]
ㄴ. :개·다(晴)	(LH·M→)L^2[LM]	:개·다	(LH·M→)L^2[LM]
:줏·다(拾)	(LH·M→)L^2[LM]	:줏·다	(LH·M→)L^2[LM]

(95)ㄱ에서는 창원 방언①과 진주 방언의 표시 방법이 꼭 같은 방법으로 《:작·다 (L·M →)L^2[LM]》로 되어 있다. 여기에서 (L·M→)L^2[LM]에서 첫 부분 'L·M'은 어간의 기저 성조가 L(상성)이고 씨끝의 기저 성조가 M(측성)임을 나타낸다. L과 M 사이의 점은 방점이 아니고 어간과 씨끝을 눈에 잘 보이도록 구분하기 위해 사용한 것이다. L과 M이 결합하면 중화 규칙 (5)에 의해 2 음절 상성형이 되므로 (L·M→)L^2[LM]에서 둘째 부분을 L^2로 표시한 것이다. L^2의 오른쪽이 [LM]으로 표시된 것은 경남 동남부 방언 음조형 실현 규칙 (14)와 진주 방언 음조형 실현 규칙 (66)ㄷ에 의해 상성형 2 음절 L^2가 [LM]으로 실현됨을 뜻한다.

창원 방언①과 진주 방언의 (95)ㄴ도 꼭 같은 방법으로 《:개·다 (LH·M→)L^2[LM]》로 되어 있다. (LH·M→)L^2[LM]에서 첫 부분 'LH·M'은 (95)ㄱ의 그것과 거의 같으나, 러시아 문자 H가 더 붙어 있다. (95)ㄴ의 경우 어간의 기저 성조가 L(상성)이고 씨끝의 기저 성조가 M(측성)임을 나타내는 것은 (95)ㄱ과 같으나, 분류기호 H가 더 표시된 것으로 보면 된다. L·M에서 L은 굴곡형에서 어간의 기저 성조 L이 변동하지 않고 모든 굴곡형에서 L(방점으로는 :□)로 고정되어 있음을 나타내지만, LH·M에서 H가 붙은 L은 어간의 기저 성조는 L

이지만, 모음으로 시작되는 씨끝 앞에서는 어간의 성조가 H(방점으로는 □)로 변동함을 표시한다. 결국 L·M은 1음절 고정상성어간 풀이씨임을 나타내고, Lʜ·M은 어간은 1음절 변동상성어간 풀이씨임을 나타내고 있다.

이제 고정상성어간 풀이씨 《:작·다》와 변동상성어간 풀이씨 《:줏·다(창원), :줏·다(진주)》의 굴곡형을 통하여 성조 변동 여부를 확인하고 둘 사이의 공통점과 차이점을 확인해 보자.

(96) 창원 방언① 고정상성어간과 진주 방언 고정상성어간 풀이씨의 굴곡형들

창원 방언①		진주 방언	
ㄱ. :작·다	(L·M→)L^{2}[LM]	:작·다	(L·M→)L^{2}[LM]
:작·고	L^{2}[LM]	:작·고	L^{2}[LM]
:작·네	L^{2}[LM]	:작·네	L^{2}[LM]
:작·더·라	L^{3}[LMM]	:작·더·라	L^{3}[MHM]
:작·겠·다	L^{3}[LMM]	:작·겠·다	L^{3}[MHM]
:작·겠·더·라	L^{4}[LMMᴍ]	:작·겠·더·라	L^{4}[MHM^{2}]
ㄴ. :작·으·모	L^{3}[LMM]	:작·으·모	L^{3}[MHM]
:작·아·도	L^{3}[LMM]	:작·아·도	L^{3}[MHM]
:작·았·다	L^{3}[LMM]	:작·았·다	L^{3}[MHM]
:작·았·더·라	L^{4}[LMMᴍ]	:작·았·더·라	L^{4}[MHM^{2}]

(96)ㄱ,ㄴ의 모든 굴곡형들은 창원 방언①에서도 진주 방언에서도 상성형으로 동일하게 나타난다. 이것은 《:작·다》의 어간이 두 방언에서 다 고정상성어간 풀이씨이기 때문이다. 진주 방언의 표제항을 비롯한 모든 굴곡형들이 다 거성형으로 변하지 않은 것은 (85)ㄱ의 두 가지 조건 중에서 어두 자음이 경음이어야 한다는 조건을 충족하지 못하기 때문이다.

(97) 창원 방언① 변동상성어간과 진주 방언 변동상성어간 풀이씨의 굴곡형들

창원 방언①		진주 방언	
ㄱ. :줏·다(拾)	(Lʜ·M→)L^{2}[LM]	:줏·다	(Lʜ·M→)L^{2}[LM]
:줏·고	L^{2}[LMM]	:줏·고	L^{2}[LM]
:줏·네	L^{2}[LMM]	:줏·네	L^{2}[LM]
:줏·더·라	L^{3}[LMM]	:줏·더·라	L^{3}[MHM]
:줏·겠·다	L^{3}[LMM]	:줏·겠·다	L^{3}[MHM]
:줏·겠·더·라	L^{4}[LMMᴍ]	:줏·겠·더·라	L^{4}[MHM^{2}]
ㄴ. 쭈·우·모	HM^{2}[HM^{2}]	주·우·모	HM^{2}[HM^{2}]
쭈우·모	$H^{2}M$[MHM]	주우·모	$H^{2}M$[MHM]
쭈·우·도	HM^{2}[HM^{2}]	주·우·도	HM^{2}[HM^{2}]
쭈·웄·다	HM^{2}[HM^{2}]	주·웄·다	HM^{2}[HM^{2}]
쭈·웄·더·라	HM^{3}[HM^{3}]	주·웄·더·라	HM^{3}[HM^{3}]

(97)ㄱ은 두 방언의 굴곡형들이 다 상성형으로 나타나고, (97)ㄴ에서는 두 방언의 굴곡형들이 다 평측형으로 나타난다. (97)ㄱ과 (97)ㄴ의 이러한 차이는 창원 방언① 《:쫏·다》와 진주 방언 《:줏·다》의 어간이 모음 씨끝 앞에서는 다음에 제시할 규칙 (101)에 의해 성조가 평성으로 변하는 변동상성어간 풀이씨이기 때문이다.

아래 (98)ㄱ에서 창원 방언①의 풀이씨는 고정상성어간 풀이씨이고, 이에 대응하는 진주 방언의 풀이씨는 고정거성어간 풀이씨이다. 그리고 (98)ㄴ에서 창원 방언①의 풀이씨는 변동상성어간 풀이씨이고, 이에 대응하는 진주 방언의 풀이씨는 변동거성어간 풀이씨이다.

(98)의 창원 방언①에서처럼 고정 상성 풀이씨의 보기가 적고, 변동상성어간 풀이씨의 보기가 압도적으로 많은 것은 영남 방언권의 모든 방언들의 공통된 특징이고, 거슬러 올라가서 중세 국어에 나타나는 특징이기도 하다. (98)ㄱ,ㄴ의 창원 방언① 풀이씨들에 대응하는 진주 방언의 풀이씨들은 서기 2,000년 기준으로 70세 이상의 고령 화자들의 말에서는 창원 방언①에서처럼 그 어간의 기저 성조가 상성(:□)으로 나타났지만, (98)의 진주 방언 풀이씨들은 서기 2,000년 기준으로 55세 전후의 토박이말의 자료이고 동시에 어두 자음이 된소리이고, 바로 앞선 세대의 말(이 책에서는 경남 남부 방언 공통방언이라고 가정한 말)이 〈조건 (85)ㄱ〉을 충족하기 때문에 그 어간의 성조가 거성(·□)으로 나타나는 것은 당연하다.

(98) 창원 방언① 상성형과 진주 방언 거성형의 대응관계 자료 (풀이씨)

	창원 방언①		진주 방언	
ㄱ.	:떫·다(澁)	(L·M→)L^2[LM]	·떫·다	(M·M→)M^2[HH/MM]
ㄴ.	:껌·다(黑)	(Lʜ·M→)L^2[LM]	·껌·다	(Mʜ·M→)M^2[HH/MM]
	:꼽·다(揷)	(Lʜ·M→)L^2[LM]	·꼽·다	(Mʜ·M→)M^2[HH/MM]
	:끗·다(線)	(Lʜ·M→)L^2[LM]	·끗·다	(Mʜ·M→)M^2[HH/MM]
	:끼·다(貫)	(Lʜ·M→)L^2[LM]	·끼·다	(Mʜ·M→)M^2[HH/MM]
	:떨·다(震)	(Lʜ·M→)L^2[LM]	·떨·다	(Mʜ·M→)M^2[HH/MM]
	:뚧·다(穿)	(Lʜ·M→)L^2[LM]	·뚧·다	(Mʜ·M→)M^2[HH/MM]
	:쌃·다	(Lʜ·M→)L^2[LM]	·쌃·다	(Mʜ·M→)M^2[HH/MM]
	:쏠·다	(Lʜ·M→)L^2[LM]	·쏠·다	(Mʜ·M→)M^2[HH/MM]
	:씹·다(嚼)	(Lʜ·M→)L^2[LM]	·씹·다	(Mʜ·M→)M^2[HH/MM]
	:쩔·다<쩔다>	(Lʜ·M→)L^2[LM]	·쩔·다	(Mʜ·M→)M^2[HH/MM]
	:쫏·다(啄)	(Lʜ·M→)L^2[LM]	·쫏·다	(Mʜ·M→)M^2[HH/MM]

창원 방언① (98)ㄱ의 《:떫·다 (L·M→)L^2[LM]》는 표시된 그대로 고정상성어간 풀이씨이다. 이에 대응하는 진주 방언의 낱말은 에서 《·떫·다 (M·M→)M^2[HH/MM]》으로 표시되었다. 이것은 어간의 기저 방점(/기저 성조) 표상이 거성(·□, M)임을 가리키고, (M·M→)M^2은 어간도 M이고 씨끝도 M이며, 둘이 합쳐서 2음절 거성형(·$□^2$, M^2)임을 나타낸다.

M^2[HH/MM]은 성조형 M^2가 음조형 실현 규칙 (66)에 따라 음조형이 [HH] 또는 [MM]으로 발음됨을 나타낸다.

(98)ㄴ의 진주 방언 《·꼽·다 (Mʜ·M→)M^2[HH/MM]》으로 표시되었는데, 위의 (98)ㄱ 《·떫·다 (M·M→)M^2[HH/MM]》과 다른 점은 Mʜ과 M으로 압축된다. Mʜ는 뒤에 제시할 규칙 (101)ㄴ에 의해 모음 씨끝 앞에서 어간 기저 성조 거성(/M/, ·□)이 평성(/H/, □)으로 변한다는 것을 나타내기 위한 분류기호 ʜ가 붙은 것이다. 그러므로 표제항의 표시에서 M은 고정거성어간, Mʜ는 변동거성어간을 각각 가리킨다. 창원 방언①에는 변동거성어간 풀이씨는 존재하지 않지만, 창원 방언①에서 어두 자음이 경음이면서 상성인 풀이씨는 진주 방언에서는 어두 자음이 경음이면서 거성인 풀이씨로 대응을 이룬다.

(98)ㄱ은 창원 방언①에서 어두 자음이 경음이면서 고정상성어간인 데 대하여, 진주 방언에서 어두 자음이 경음이면서 고정거성어간으로 나타나고, (98)ㄴ은 창원 방언①에서 어두 자음이 경음이면서 변동상성어간인 데 대하여, 진주 방언에서 어두 자음이 경음이면서 변동거성어간으로 나타난다. 그리고 창원 방언①에서 어두 자음이 연음이면서 고정거성어간인 것은 진주 방언에서도 어두 자음이 연음이면서 고정거성어간으로 남아 있다. 창원 방언①에는 없는 변동거성어간이 진주 방언에는 있게 된 연유는 어두 자음의 경음화와 상성형은 〈조건 (85)ㄱ〉을 충족시키므로 상성형의 거성형화가 일어났기 때문이다.

(98)ㄱ의 창원 방언① 《:떫·다》의 굴곡형들과 이에 대응하는 진주 방언의 《·떫·다》의 굴곡형들을 제시하면 (99)와 같다.

(99) 창원 방언① 고정상성어간과 진주 방언 고정거성어간

	창원 방언①		진주 방언	
ㄱ.	:떫·다[:떨·따](澁) (L·M→)	L^2[LM]	·떫·다[·떨·따] (M·M→)	M^2[HH/MM]
	:떨·꼬	L^2[LM]	·떨·꼬	M^2[HH/MM]
	:떨·네	L^2[LM]	·떨·네	M^2[HH/MM]
	:떨·떠·라	L^3[LMM]	·떨·떠·라	M^3[HHM]
	:떨·껐·다	L^3[LMM]	·떨·껐·다	M^3[HHM]
	:떨·껐·더·라	L^4[LMMᴍ]	·떨·껐·더·라	M^4[HHM^2]
ㄴ.	:떫·으·모	L^3[LMM]	·떫·으·모	M^3[HHM]
	:떫·어·도	L^3[LMM]	·떫·어·도	M^3[HHM]
	:떫·었·다	L^3[LMM]	·떫·었·다	M^3[HHM]
	:떫·었·더·라	L^4[LMMᴍ]	·떫·었·더·라	M^4[HHM^2]

(99)ㄱ, ㄴ의 모든 굴곡형들은 창원 방언①에서는 상성형으로, 진주 방언에서는 거성형으로 대응하고 있다. 하나하나의 어형으로 보면 〈조건 (85)ㄱ〉의 충족에 의한 (85)ㄴ의 결과가 진주 방언에 일어난 것이지만, 어형들 전체로 보면, 《:떫·다》가 진주 방언에서 '1음

절 고정상성어간 풀이씨'에서 '1음절 고정거성어간 풀이씨' 《·떫·다》로 변했고, 결과적으로 (92)의 《·뽑·다》와 같은 동아리로 개편된 것이다.

(98)ㄴ의 창원 방언① 《:뜳·다》의[38] 굴곡형들과 이에 대응하는 진주 방언의 《·뚧·다》의 굴곡형들을 제시하면 (100)과 같다.

(100) 창원 방언① 변동상성어간과 진주 방언 변동거성어간

	창원 방언①		진주 방언	
ㄱ.	:뜳·다[:뜰·따][39] (LH·M→)L^2[LM]		·뚧·다[·뚤·따] (MH·M→)M^2[HH/MM]	
	:뜰·꼬	L^2[LM]	·뚤·꼬	M^2[HH/MM]
	:뜰·네	L^2[LM]	·뚤·네	M^2[HH/MM]
	:뜰·떠·라	L^3[LMM]	·뚤·떠·라	M^3[HHM]
	:뜰·껐·다	L^3[LMM]	·뚤·껐·다	M^3[HHM]
	:뜰·껐·더·라	L^4[LMMM]	·뚤·껐·더·라	M^4[HHM²]
ㄴ.	뜳·으·모	HM²[HM²]	뚧·으·모	HM²[HM²]
	뜳·어·도	HM²[HM²]	뚧·어·도	HM²[HM²]
	뜳·었·다	HM²[HM²]	뚧·었·다	HM²[HM²]
	뜳·었·더·라	HM³[HM³]	뚧·었·더·라	HM³[HM³]

(100)ㄱ의 모든 굴곡형들은 창원 방언①에서는 상성형으로, 진주 방언에서는 거성형으로 대응하고 있다. 그러나 (100)ㄴ에서는 두 방언이 다 평측형으로 나타난다. 이것은 창원 방언①의 《:뜳·다》는 어간의 기저 성조 상성이 모음 씨끝 앞에서 평성으로 변했고, 진주 방언의 《·뚧·다》는 어간의 기저 성조 거성이 모음 씨끝 앞에서 평성으로 변했음을 나타내는 것이다.

(97)에서 창원 방언① /:쫒·다/와 진주 방언 /:줏·다/는 둘 다 1음절 변동상성어간 풀이씨이다. 그리고 (100)에서 창원 방언① /:뜳·다/는 변동상성어간 풀이씨이고, 진주 방언 /:뚧·다/는 변동거성어간 풀이씨이다. 이 어간들은 (97)ㄴ과 (100)ㄴ에서처럼 모음 씨끝 앞에서 평성으로 변한다. 이러한 어간 성조의 변동을 도출하는 규칙은 다음과 같다.

(101) 변동상성어간과 변동거성어간의 평성화
ㄱ. 변동상성어간은 {-·아X/·어X, -·으X/으X} 형의 씨끝 앞에서 평성으로 변한다.
ㄴ. 변동거성어간은 {-·아X/·어X, -·으X/으X} 형의 씨끝 앞에서 평성으로 변한다.
(다만, (101)ㄱ,ㄴ은 {-·으, -으} 삭제 규칙보다 뒤에 적용된다.)[40]

---

38) [창원 방언①] /:뜳·다/<(구멍을) 뚫다(穿)>의 뜻.

39) 창원 방언①에서 모음 [ㅓ]와 [ㅡ]는 비변별적이지만 (99)를 /:떫-/(澁)으로 (100)을 /:뜳-/(穿)으로 구분해 적은 것은 서울말에 대비해서 시각적으로 차별을 두기 위한 것이다.

40) 《{-·으, -으} 삭제 규칙; '모음' 또는 'ㄹ'로 끝나는 어기(base) 뒤에서 {-·으X, -으X}의 {-·으, -으}

(100)ㄱ의 진주 방언에 일어나는 성조의 변동은 하나하나의 어형을 개별적으로 왼쪽에 있는 창원 방언①의 어형과 대조해 보면, 〈조건 (85)ㄱ〉의 충족에 의한 (85)ㄴ의 결과(=상성형의 거성형화)가 일어난 것이지만, (100)ㄱ의 진주 방언 자료 전체를 왼쪽에 있는 창원 방언① 전체와 대조해로 보면, 상성형의 어형들이 진주 방언에서 거성형의 어형들로 통시적으로 개편된 것이며, 다시 (100)ㄱ의 진주 방언 어형들과 (100)ㄴ의 진주 방언 어형들을 전체로 묶어서 보면, 경남 남부 공통방언 시대에는 없었던 1음절 변동거성어간 풀이씨가 진주 방언에서는 하나의 동아리로 새로 생겨난 것이다.

마지막으로 자료 (102)를 검토해 보자.

(102) 창원 방언① 상성형과 진주 방언 '상성형 또는 거성형'의 대응관계 자료 (풀이씨)

	창원 방언①		진주 방언	
ㄱ.	:껌·다(:돈·을~)	(LH·M→)L^2[LM]	:검·다	(LH·M→)L^2[LM]
	:꿉·다(炙)	(LH·M→)L^2[LM]	:굽·다	(LH·M→)L^2[LM]
	:쎄·다(强)	(LH·M→)L^2[LM]	:세·다	(LH·M→)L^2[LM]
ㄴ.	:껌·다(:돈·을~)	(LH·M→)L^2[LM]	·껌·다	(MH·M→)M^2[HH/MM]
	:꿉·다(炙)	(LH·M→)L^2[LM]	·꿉·다	(MH·M→)M^2[HH/MM]
	:쎄·다(强)	(LH·M→)L^2[LM]	·쎄·다	(MH·M→)M^2[HH/MM]
ㄷ.	:껌·다(:돈·을~)	(LH·M→)L^2[LM]	:껌·다	(LH·M→)L^2[LM]
	:꿉·다(炙)	(LH·M→)L^2[LM]	:꿉·다	(LH·M→)L^2[LM]
	:쎄·다(强)	(LH·M→)L^2[LM]	:쎄·다	(LH·M→)L^2[LM]

(102)ㄱ(창원 방언① 1음절 변동상성어간 풀이씨에 진주 방언 1음절 변동상성어간 풀이씨의 대응은 〈조건 (85)ㄱ〉의 조건이 충족되지 않았기 때문이며, (102)ㄴ(창원 방언① 1음절 변동상성어간 풀이씨에 진주 방언 1음절 변동거성어간 풀이씨의 대응)은 〈조건 (85)ㄱ〉이 충족되었기 때문이다.

여기에서 떠오르는 새로운 문제는 (102)ㄷ이다. 〈조건 (85)ㄱ〉이 충족되었음에도 불구하고, 그리고 분절음들의 구성으로만 보면 완전히 동음어인 (102)ㄴ이 있음에도 불구하고, 어떻게 (102)ㄷ이 존재하는가가 문제이다. 이 문제에 대한 대답은 보기 (87)을 설명하기 위한 (88)로 이미 주어졌으므로, 여기에서는 같은 설명을 반복하지 않고 줄인다.

진주 방언에서 (102)ㄱ과 (102)ㄴ은 둘 다 자주 나타나지만, 자연스러운 대화에서는 (102)ㄴ의 빈도가 (102)ㄱ의 빈도보다 높게 나타난다. (102)ㄷ은 조사자가 (102)ㄷ과 같은 경우

는 삭제된다.》 다만, 창원 방언①②, 함안 방언에서는 'ㄹ'로 끝나는 어기 뒤에서는 이 규칙의 적용은 임의적이다. 창원 방언①②에서는 'ㄹ' 뒤에서 이 규칙은 적용되는 빈도가 적용되지 않는 빈도보다 훨씬 높으나, 함안 방언에서는 적용되는 빈도와 적용 되지 않는 빈도와 비슷하다. {-·으, -으} 삭제 규칙에 대해서는 (745), (746), (747)을 참조.

는 나타나지 않느냐고 물어볼 경우 그 대답으로 '그런 발음도 있는 것 같다.'고 대답하거나 '그런 발음도 있다.'고 대답할 정도로 빈도가 낮다.

진주 방언에서 (102)ㄷ에서 어두 경음을 가진 1음절 변동상성어간 풀이씨의 존재는 (102)ㄱ의 어두 연음을 가진 1음절 변동상성어간 풀이씨의 존재에 대한 의식에 끌리기도 하고, 언어 습득기에 연장자들의 말에 나타났던 성조형에 대한 기억 등이 그 원인으로 작용하고 있는 것이라고 할 수 있다. (102)ㄱ,ㄴ,ㄷ에서 하나씩의 표제항을 골라 그 굴곡형을 (103)~(105)로 적어 놓고 보자.

(103) 창원 방언① 변동상성어간과 진주 방언 변동상성어간

	창원 방언①		진주 방언	
ㄱ.	:꿉·다(炙)	(Lʜ·M→)L^2[LM]	:굽·다	(Lʜ·M→)L^2[LM]
	:꿉·고	L^2[LM]	:굽·고	L^2[LM]
	:꿉·네	L^2[LM]	:굽·네	L^2[LM]
	:꿉·더·라	L^3[LMM]	:굽·더·라	L^3[MHM]
	:꿉·겄·다	L^3[LMM]	:굽·겄·다	L^3[MHM]
	:꿉·겄·더·라	L^4[LMMᴍ]	:굽·겄·더·라	L^4[MHM^2]
ㄴ.	꾸·우·모	HM^2[HM^2]	구·우·모	HM^2[HM^2]
	꾸우·모	H^2M[MHM]	구우·모	H^2M[MHM]
	꾸·우·도	HM^2[HM^2]	구·우·도	HM^2[HM^2]
	꾸·웠·다	HM^2[HM^2]	구·었·다	HM^2[HM^2]
	꾸·웠·더·라	HM^3[HM^3]	구·었·더·라	HM^3[HM^3]

(104) 창원 방언① 변동상성어간과 진주 방언 변동거성어간

	창원 방언①		진주 방언	
ㄱ.	:꿉·다(炙)	(Lʜ·M→)L^2[LM]	·꿉·다	(Mʜ·M→)M^2[HH/MM]
	:꿉·고	L^2[LM]	·꿉·고	M^2[HH/MM]
	:꿉·네	L^2[LM]	·꿉·네	M^2[HH/MM]
	:꿉·더·라	L^3[LMM]	·꿉·더·라	M^3[HHM]
	:꿉·겄·다	L^3[LMM]	·꿉·겄·다	M^3[HHM]
	:꿉·겄·더·라	L^4[LMMᴍ]	·꿉·겄·더·라	M^4[HHM^2]
ㄴ.	꾸·우·모	HM^2[HM^2]	꾸·우·모	HM^2[HM^2]
	꾸우·모	H^2M[MHM]	꾸우·모	H^2M[MHM]
	꾸·우·도	HM^2[HM^2]	꾸·우·도	HM^2[HM^2]
	꾸·웠·다	HM^2[HM^2]	꾸·웠·다	HM^2[HM^2]
	꾸·웠·더·라	HM^3[HM^3]	꾸·웠·더·라	HM^3[HM^3]

(105) 창원 방언① 변동상성어간과 진주 방언 변동상성어간

	창원 방언①		진주 방언	
ㄱ.	:꿉·다(炙)	(Lʜ·M→)L^2[LM]	:꿉·다	(Lʜ·M→)L^2[LM]
	:꿉·고	L^2[LM]	:꿉·고	L^2[LM]
	:꿉·네	L^2[LM]	:꿉·네	L^2[LM]

	:꿉·더·라	L^3[LMM]	:꿉·더·라	L^3[MHM]
	:꿉·졌·다	L^3[LMM]	:꿉·졌·다	L^3[MHM]
	:꿉·졌·더·라	L^4[LMMᴍ]	:꿉·졌·더·라	L^4[MHM^2]
ㄴ.	꾸·우·모	HM^2[HM^2]	꾸·우·모	HM^2[HM^2]
	꾸우·모	H^2M[MHM]	꾸우·모	H^2M[MHM]
	꾸·우·도	HM^2[HM^2]	꾸·우·도	HM^2[HM^2]
	꾸·웠·다	HM^2[HM^2]	꾸·웠·다	HM^2[HM^2]
	꾸·웠·더·라	HM^3[HM^3]	꾸·웠·더·라	HM^3[HM^3]

(103)ㄴ, (104)ㄴ, (105)ㄴ은 '상성형 및 어두 자음 경음 조건 (85)ㄱ'을 충족시키지 못하므로, 창원 방언①의 평측형이 진주 방언에 평측형으로 그대로 대응된다. (103)ㄱ의 창원 방언①의 상성형들과 진주 방언 상성형 어형들의 대응 또한 (85)ㄱ을 만족시키지 못하므로 그대로 예측되는 것이다. 이에 대하여 (104)ㄱ의 어형들은 (85)ㄱ을 만족시키므로 창원 방언①의 상성형들과 진주 방언 거성형 어형들의 대응은 예측되는 그대로이다.

(105)ㄱ의 진주 방언의 상성형 어형들은 조사자가 제보자에게 그러한 굴곡형들의 존재 여부를 확인하려고 할 때, 말할이가 자신의 발화를 의식하는 것과 같은 부자연스러운 상황에서 드물게 나타난다. (85)ㄱ 조건을 만족시킴에도 불구하고 진주 방언에 이런 성조형이 나타나는 것은 (88)의 지적처럼 (103)ㄱ의 존재에 유추되었거나, 자신보다 나이 많은 노인들의 말에 대한 제보자의 기억에서 생긴 것이라 생각된다.

3.6 맺음말

이 장에서는 경음으로 시작되는 상성형의 낱말들이 경남 서남부 방언권에 속하는 진주 방언에서 거성형으로 바뀌는 현상과, 이 현상에서 도출되는 1음절 고정상성어간 풀이씨의 1음절 고정거성어간 풀이씨로의 개편과 1음절 변동상성어간 풀이씨의 1음절 변동거성어간 풀이씨로의 개편 현상을 체계적으로 검토했다. 개신성이 강한 진주 방언에서 이러한 현상은 보수성이 강해서 과거의 성조 체계와 성조형의 체계를 상대적으로 충실하게 유지하고 있는 창원 방언①과 비교를 통해서 그 해석이 가능했다.

3.2절에서는 이 책 전체 내용의 전개를 위한 바탕 이론인 방점법(side-dot theory)를 간략하게 설명하고, 이 이론에서 3개의 표상 층위의 운율형인 방점형, 성조형, 음조형을 소개하고, 이어서 3.3절에서는 진주 방언과 창원 방언①의 자료를 정리하여 제시함으로써 두 방언 사이의 대응관계가 매우 정연함을 보여 주었다.

3.4절에서는 중세 국어 자료는 훈민정음 창제 초기의 문헌인 《용비어천가》, 《석보상절》, 《월인천강지곡》의 자료를 통하여 어두에 장애성 자음군을 가진 대다수의 낱말들의 첫 음절이 거성(·□)으로 나타난다는 것을 보여 주었다. 그리고 중세 국어에서 어두 자음이 장애성 자음군이면서 거성인 낱말들의 대다수가 진주 방언과 창원 방언①에서 어두 자음이 경음이면서, 그 성조형이 거성형으로 나타남을 보여 주었다. 결국 3.4절에서는 중세 국어의 장애성 어두 자음군과 현대 국어에서 어두 경음이 후두긴장이라는 자질을 가지고 있으며, 이 자질이 어두에 음성학적으로 높은 음조를 실현시키는 거성형과 인연이 있음을 보여 주었다.

3.5절에서는 첫째로 '진주 방언의 임의의 낱말의 방점형(/성조형)이 상성형인 동시에 어두 자음이 경음이면,' 그 낱말은 어두 경음을 그대로 가지되, 성조형은 거성형으로 변한다는 통시적인 현상이 나타남을 창원 방언① 자료와 이에 대응하는 진주 방언의 자료를 대조함으로써 밝혀냈다.

둘째로 밝혀낸 것도 역시 창원 방언①과 진주 방언의 대조를 통해서 증명된 것이지만, 첫째로 밝혀진 사실에서 유도된 것이라 할 수 있다. 창원 방언①의 1음절 풀이씨의 어간들 가운데는 그 기저 성조가 모든 굴곡형에서 고정적인 것과, 뒤따르는 씨끝에 따라 다른 성조로 변하는 것이 있어서, 고정평성어간, 변동평성어간; 고정상성어간, 변동상성어간; (고정) 거성어간의 5가지가 있고, 진주 방언에서는 창원 방언①과 같은 5종류의 기저 성조를 가진 어간이 다 나타날 뿐만 아니라, 창원 방언①에는 없는 1음절 변동거성어간도 나타남을 보여 주었다. 진주 방언에서 어두 자음이 경음이고 1음절 고정상성 풀이씨는 〈조건 (85)ㄱ〉이 충족되므로 1음절 고정거성 풀이씨로 변하고, 또 어두 자음이 경음이면서 1음절 변동상성 풀이씨는 1음절 변동거성 풀이씨로 변하는 것을 밝혀냈다. 2가지 경우가 다 원인은 〈조건 (85)ㄱ〉의 충족에 있지만, 전자는 1음절 고정상성 풀이씨가 이미 존재하고 있는 1음절 고정거성 풀이씨로 개편되는 것에 지나지 않지만, 후자는 경남 남부 공통방언에는 없었던 (따라서 창원 방언①에는 없는) 변동거성어간 풀이씨라는 하나의 새로운 동아리가 생겨나게 되었다는 점에서 중요한 의의가 있다.

이 밖에 진주 방언에서 어두 자음이 경음이면서 상성형인 낱말도 드물게 나타나는데, 그러한 상성형은 분절음의 결합만 가지고 볼 때 그것과 준동음어이면서 상성형인 낱말의 존재에 유추되어 나타나는 것이 대부분이고, 다른 (연령층의) 화자들이 사용하는 성조형, 문법 범주, 감정 표현, 등의 비음운론적인 요소들의 영향으로 나타날 수도 있음을 보았다.

제4장 중세 국어와 창원 방언 성조의 비교

-《훈민정음(해례)》와 《소학언해》 범례의 방점 자료에 바탕을 두고-

4.1 머리말

이 장에서는 중세 국어의 성조를 표기하기 위해 방점을 사용한 자료를 포함하고 있는 최초의 문헌들 가운데 하나인《훈민정음(해례)》와 최후의 문헌들 가운데 하나인《소학언해》 범례의 방점 표기 자료를 현대 성조방언들 가운데 하나인 창원 방언①의 방점 자료와 비교하여 어느 정도의 대응관계가 성립하는지 계량적으로 분석하는 것이 목적이다.[1] 이 장의 내용은 그 자체로 책의 한 장이기도 하지만, 이론적으로 제Ⅲ부를 압축해 놓은 것이라고도 할 수 있다. 따라서 4장은 제Ⅲ부를 위한 모형화(模型化)라고도 할 수 있다.

《훈민정음(해례)》는 1446년에 간행되었다. 이 문헌에는 115개의 우리말 방점 표시 자료가 들어있고, 또한 당시의 현실한자음은 아니지만 10개의 한자음 방점 자료가 포함되어 있다. 이 자료들은 당시의 성조의 공시적인 체계를 밝히기 위해서도 면밀한 고찰이 필요하겠지만, 현대의 방언 성조와의 비교를 위해 검토할 만한 가치가 있다.

《소학언해》는 1588년에 간행되었는데, 그 자료가 방대할 뿐만 아니라, 방점 표시가 가장

---

1) 이 장은《김차균(2010),「중세 국어와 창원 방언 성조의 비교-『훈민정음』(해례)와『소학언해』(범례)의 방점 자료에 바탕을 두고」,『한글』 제290호, 한글학회》를 이 책에 맞도록 내용을 수정・보완한 것이다. 이 장은 1446년에 간행된『훈민정음』(해례)의 고유어 방점 표상과 창원 방언①의 고유어 방점형을 비교한 결과 89%의 대응관계를 나타내고, 1588년에 간행된《소학언해》 범례의 고유어 방점 표상과 창원 방언①의 고유어 방점형을 비교한 결과 86%의 대응관계를 나타낸다는 것을 증명함으로써 16세기 말기에도 우리말의 성조 체계가 붕괴되는 징후가 나타나지 않았음을 증명했다. 그리고 6장은 중고한음 4성과《소학언해》 한자형태소의 성조와 창원 방언①의 한자음의 성조의 대응관계를 계량적인 방법으로 분석했다. 그러므로 4장과 6장은 그 내용이 상보적이다. 종래에 우리말 성조에 관한 역사적인 연구의 대상이 토박이말에 치우쳤던 결과로 나타나는 편견이 이 책에서는 극복되었고, 성조에 관한 역사적인 연구의 완성도가 높아진 것이라고 지은이는 자평한다.

선명하고 정확하게 표기되어 있다는 점에서 우리말의 성조 연구를 위해 중요한 문헌이다. 그런데도 20세기 중반의 우리의 성조 학자들의 다수가 이 문헌을 성조 체계의 붕괴 또는 소멸 시기의 것이라 하여, 그 표기가 극도로 혼란된 문헌이라고 생각했으며, 따라서 성조 연구에서는 극히 소홀하게 다루어져 왔다.

《소학언해》는 권1~권6의 6권으로 되어 있고, 880쪽이 넘는 방대한 분량의 책이다. 훈민정음 창제 이후 우리말 문헌들에 성조는 방점으로 표시되었는데, 이러한 방점 표시는 이 문헌뿐만 아니라 1446년 《훈민정음(해례)》에서 시작되어 1590년 《사서언해》까지 140여 년 동안 계속되었다. 무표 성조인 평성은 □(0점)으로 표시되었고, 유표 성조인 측성은 상성과 거성의 두 가지로 나뉘어서 상성은 :□(2점)으로 거성은 ·□(1점)으로 표시되었다. 《훈민정음(해례)》의 한자음은 당시의 현실음이 아닌 추상적인 표상으로 나타나는데, 그것은 종성 표기에 있어서 약간의 차이와 입성의 방점 표기를 생략한 것을 제외하면,[2] 분절음과 방점의 표기가 《동국정운》의 한자음과 일치한다.[3] 《소학언해》의 한자음은 분절음과 방점의 표시가 모두 당시의 우리 현실음이었다.

머리말에 이어 4.2절에서는 중세 국어의 몇 개의 문헌에 제시된 성조 이론을 그 조치의 설명과 표시법을 중심으로 소개한다.

4.3절에서는 중세 문헌들과 현대 성조방언들의 방점 자료들의 대응관계를 분석하고 정리하기 위해서 대응관계 표를 제시한다. 이 대응관계 표는 일종의 대응 규칙이라고 할 수 있다. 그리고 이 표를 면밀하게 검토하여, 어느 두 시기의 두 언어(또는 방언)이나, 같은 시기의 두 방언의 방점 체계의 동일성의 정도를 판단하기 위한 척도인 '양방향 단일성 조건(bi-uniqueness condition)'을 제시한다.

4.4절에서는 먼저 《훈민정음(해례)》의 방점 자료들과 창원 방언①의 방점형들의 대응관계를 계량적인 방법으로 검토하고, 다음에는 《소학언해》 범례 방점 자료들과 창원 방언①의 방점형들의 대응관계를 같은 방법으로 검토한 다음에 이들을 종합한다.

4.5절에서는 먼저 《훈민정음(해례)》 속에 나타나는 중고한자음에 표시된 방점 자료들의 특성을 밝혀내어 이들에 대응하는 창원 방언① 한자형태소의 방점과 비교한다.

4.6절에서는 4.2~4.5절의 내용을 요약하여 맺음말로 갈음한다.

---

2) 이에 대해서는 4.5절을 참조.

3) 《동국정운》은 우리의 한자음을 인위적으로 규범화한 것인데, 그것은 15세기 우리의 현실한자음이 아니며, 음운 체계도 우리의 현실 음운 체계와 달랐을 뿐만 아니라, 고금의 중국어나 그 방언들의 어느 단계의 음운 체계와도 같지 않다. 그렇다고 우리의 현실한자음이나 중국어의 전통적인 한음과 전혀 무관하게 만들어졌다고 볼 수도 없다. 《동국정운》의 한자음에 표시된 방점(=성조 표시)는 대체로 우리의 한자 자전이나 옥편들에 표기된 전통적인 한음의 성조와 일치하며, 그것은 극소수의 불일치는 있으나, 압도적인 다수가 중고한음의 그것과 일치한다. 최희수(1986)을 참조.

4.2 중세 국어 성조 이론의 대강

《훈민정음(해례)》에는 우리말 성조에서 받는 느낌에 대해서 다음과 같이 말하고 있다.

(106) 《훈민정음(해례)》 합자해 (우리말 옮김은 한글학회: 1997)
平聲安而和(평성은 편안하고 부드럽다.)
上聲和而擧(상성은 부드럽고 들린다.)
去聲擧而壯(거성은 들리고 씩씩하다.)
入聲促擧而塞(빠르고 막힌다.)4)

평성을 「편안하고 부드럽다.」고 하여 「들리고 씩씩하다.」고 한 거성과 대립시킨 것은 평성은 무표적인 성조인 데 대하여 거성은 유표적인 것임을 암시하는 것으로, 이는 마치 우리말 음운론의 여러 논저들에서 /ㄱㄷㅈㅂ/은 평음 계열(/무표 계열)인 데 대하여 /ㅋㅌㅊㅍ/, /ㄲㄸㅆㅉ/은 각각 격음 계열과 경음 계열이라고 하여 유표계열로 정리하는 것과 비슷하다. 그리고 상성은 평성에서 오는 느낌의 뒷부분과 거성에서 오는 느낌의 앞부분을 겸한 것으로 표현하고 있다.

무표 성조를 □(무점/0점)으로, 유표 성조를 그 복잡성의 정도에 따라 거성(1점, ·□)과 상성(2점, :□)으로 표시한 것은 성조를 바라보는 마음의 바탕에 유표성 이론이 잠재적으로 작용하고 있다는 증거이다. 그리고 정음 창제 당시 중국어의 북경 방언의 평성은 고평(55, 음평)과 고승(35, 양평)의 두 가지인데, 우리말에서 이 두 가지와 각각 비슷한 음조를 가진 성조가 있었는데, 그것을 평성이라 부르지 않고, 각각 거성과 상성이라고 부르고, 중국어의 두 평성과는 전혀 다른 낮은 음조를 가진 성조를 평성이라고 한 것은 비판 없이 중국의 음운론을 따르지 않고, 우리말 토박이들의 심리적인 성조 인식을 반영하는 것이다.

《훈민정음(해례)》에는 우리말 3개 성조의 음가에서 받은 느낌을 (106)에서 보는 바와 같이, 3개의 성조는 안(安)에서 화(和)로, 화(和)에서 거(擧)로, 거(擧)에서 장(壯)으로 3단계로 설명되고 있다. 곧 상성의 설명을 이루는 말은 평성의 후반부와 거성의 전반부로 되어 있어서, 상성이 평성과 같거나 비슷한 높이에서 시작되어, 거성과 같거나 비슷한 높이에서 끝나는 음조적인 특성을 가지고 있는 굴곡조일 가능성을 보인다. 중세 국어에서 □(평성)과 ·□

4) 입성의 운율적인 특성은 음절 종성에 의해 예측되는 것이므로, 이것을 평성, 거성, 상성에 대립하는 독립된 성조라 할 수는 없다. 중세 국어와 우리말의 현대 성조방언들에서 한자 입성 형태소의 압도적인 다수가 방점 층위에서는 거성(·□)으로 나타난다. 입성자에 대한 음운론적 해석에 대해서는 허웅(1963/1972), 정연찬(1977), 김완진(1977), 김차균(1998), 김차균(1999), 김차균(2006)ㄱ, 김세진(2008)을 참조.

(거성)이 하나로 축약될 때 :□(상성)이 도출되는 자료들이 많이 나타나는데, 그렇다고 기저 층위에서 모든 :□(상성)을 □(평성)과 ·□(거성)의 축약으로 보는 것을 우리는 올바른 분석이라고 볼 수는 없다.[5)]

중세 국어의 상성을 현대 경남 방언의 그것과 비교할 때는 하나의 성조로 굳어진 것으로 보는 것이 좋을 것이다. 음소 분석에서 음소의 수를 되도록 줄이는 것이 좋을 경우도 있지만, 줄여서 전체적인 기술이 오히려 번거롭고 토박이들의 직관에도 부합되지 않는다면 줄이는 것이 바람직하지 않다. 마찬가지로 성조론에서 성조의 수를 줄이는 것이 반드시 최선의 선택이라고는 할 수 없다.

《훈민정음(본문)》의 끝 부분에는 우리말 3개의 표시 방법에 대해서 다음과 같이 말하고 있다.

(107) 3성조의 표시법
凡字必合而成音 左加一點則去聲 二則上聲 無則平聲 入聲加點同而促急
《무릇 글자는 반드시 (초・중・종성이) 어울려야 소리가(/음절이) 되니, 왼쪽에 한 점을 더하면 거성이오, 두 점을 더하면 상성이며, 점이 없으면 평성이오, 입성은 점 더함은 같지만 빠르다.》(새김에서 ( ) 속은 지은이가 보충)

이 내용은 전체가 우리 토박이말에도 적용되는 것인지, 동국정운식 한자음에만 해당하는 것인지 분명하지 않다. 그러나 '무릇 글자는 반드시 어울려야 소리가 된다(凡字必合而成音)'라는 말은 동국정운식 한자음에만 적용되는 것이므로, '입성은 점 더함은 같으나 빠르다(入聲加點同而促急)'도 동국정운식 한자음에 해당하는 것으로 보인다. 그리고 동국정운식 한자음에서 입성은 예외 없이 거성처럼 ·□(1점)으로 표시된다는 것도 기억해 두어야 한다.

세 성조에 대한 더 이해하기 쉬운 설명은 언해본《훈민정음》(이하에서《훈민정음언해》라고 부름)에 나오는 4성주이다.

(108)《훈민정음언해》사성주 (입성에 대한 설명은 생략)
平뼝聲셩·은 ·ᄆᆞᆺ ᄂᆞᆽ가·ᄫᆞᆫ 소·리·라

5) 이것은 /ㄷ/과 /ㅎ/이 축약되면 /ㅌ/이 도출되고, /ㅂ/과 /ㅎ/이 축약되면 /ㅍ/이 도출되며, /ㄱ/과 /ㅎ/이 축약되면 /ㅋ/이 도출되는 것과 비슷한 현상이며, 또 /ㅏ/와 /ㅣ/가 축약되면 /ㅐ/가 도출되고, /ㅓ/와 /ㅣ/가 축약되면 /ㅔ/가 도출되며, /ㅗ/와 /ㅣ/가 축약되면 /ㅚ/가 도출되고, /ㅜ/와 /ㅣ/가 축약되면 /ㅟ/가 도출되는 것과도 비슷하다. 분절음에서 위와 같은 규칙이 존재한다고 해서, 기저 층위에서 모든 /ㅍ, ㅌ, ㅋ/ 음소의 존재를 부인하고 이들을 /ㅂㅎ, ㄷㅎ, ㄱㅎ/으로 돌려놓거나, 또 모든 /ㅐ, ㅔ, ㅚ, ㅟ/의 존재를 부정하고, 이들을 /ㅏㅣ, ㅓㅣ, ㅗㅣ, ㅜㅣ/로 돌려놓을 정당성을 우리가 인정할 수는 없다.

上:쌍聲셩·은 ·처ᅀᅥᆷ·미 ᄂᆞᆽ:갑·고 乃:내終즁·이 노·ᄑᆞᆫ 소·리·라
去·컹聲셩·은 ·ᄆᆞᆺ노·ᄑᆞᆫ 소·리·라

(109) 사성주에 대한 허웅(1963/1972)의 현대 말 옮김
낮은 가락 (평성)
낮다가 높아가는 가락 (상성)[6]
높은 가락 (거성)

《번역박통사노걸대》 범례는 중세 국어 성조의 이해를 위해 매우 중요한 설명을 제공하고 있다.

(110) 飜譯老乞大朴通事凡例(《四聲通解》下卷 卷末 附錄「國音」條)[7]
凡本國語音 有平有仄 平音哀而安 仄音有二焉 <…생략…> 厲而擧者爲上聲[8] 直而高者爲去聲爲入聲 故國俗言語 平聲無點 上聲二點 去聲[9]入聲一點 <…생략…>
[무릇 우리나라의 어음은 평음과 측음이 있으니 평음은 슬픈 듯 편안하고, 측음은 둘이 있는데, <…중략…> 거세게 들리는 것은 상성이며, 곧고 높은 것은 거성과 입성이 된다. 그러므로 우리나라의 속된 언어가 평성은 점이 없고, 상성은 점이 둘이며 거성과 입성은 점이 하나이다.](우리말 옮김은 이돈주(2003 : 332, 336)을 따름.)

박태권(2002)에서 지적한 바와 같이 (110)에서는 최세진은 우리말의 성조를 2분법으로 나누고 있다. 먼저 평성과 측성으로, 다시 측성을 성성과 거성으로 나누고 있다. 거성과 입성의 조치의 공통성 '곧고 높은 것(直而高者)'을 지적했고, 같은 표시법 '거성과 입성은 점이 하나라는 것(去聲入聲一點)'을 《번역노걸대박통사범례》에서 명시적으로 밝힌 것은 《훈민정음(해례)》의 다소 모호한 표현을 분명하게 밝혔다는 점에서 매우 중요하다.

(111) 《훈몽자회》 (범례)의 4성 설명
凡字音高低 皆以字傍點之有無多少 爲準 平聲無點 上聲二點 去聲入聲皆一點 平聲哀而安 上聲厲而擧 去聲淸而遠 入聲直而促 諺解亦同
(믈읫 ·귿字·ᄍᆞ 音음·의 노·ᄑᆞ·며 ᄂᆞᆺ가·오·미 :다 字·ᄍᆞᆺ겨:틔 點·뎜·이 이시·며 :업·스·며 하·며 :져·금·으·로 ·보·라믈 ᅀᅡᄆᆞᆯ거·시·니 ᄂᆞᆺ가·온 소리옛 字·ᄍᆞ·ᄂᆞᆫ 平뼝聲셩·이·니 點·뎜·이 :업·고

6) 코노(1951)에서는 "상성은 처음이 낮고 끝이 높은 소리다."로 옮겼고, 중세 국어 성조에 관심을 가진 대부분의 학자들도 이와 같이 옮기고 있다. 본 연구에서는 상성이 하나의 독립된 성조라는 지은이의 관점을 뚜렷이 하기 위하여 허웅(1963/1972)의 옮김을 따른다.
7) 김차균(2006)ㄱ에서 재인용.
8) '爲上聲'은 원문에는 없으나, 이돈주(2003)에서 보충된 것이다. 그 이전에 코노(1951), 김완진(1977)에서도 같은 보충을 했다.
9) '去聲'은 원문에는 '去國'으로 잘못(?) 적혀 있는데, 이돈주(2003)에서 바로잡은 것이다.

> 기리혀 나죵 들티ᄂᆞᆫ 소ᄅᆡ옛 字·ᄌᆞᄂᆞᆫ 上:샹聲셩·이·니 點·뎜이 :둘·히·오, 곧·고 바ᄅᆞ 노·픈 소·ᄅᆡ·옛 字ᄌᆞᄂᆞᆫ 去·거聲셩·이·니 點·뎜·이 ᄒᆞ나·히·오, 곧·고 ᄲᆞᄅᆞᆫ 소·ᄅᆡ·옛 字·ᄌᆞ·ᄂᆞᆫ 入·입聲셩·이·니 點·뎜·이 ᄒᆞ나·히·라. 諺:언文문·으·로 사·김ᄒᆞᆫ·ᄃᆡ ᄒᆞᆫ가·지·라.)[10] ·ᄯᅩ 字·ᄌᆞ·돌·히 본·ᄃᆞᆺ 소·ᄅᆡ 두·고 다ᄅᆞᆫ ·ᄠᅳᆮ 다ᄅᆞᆫ 소·ᄅᆡ·로 ·ᄡᅳ·면 그 달·이 ·ᄡᅳ·ᄂᆞᆫ 소·ᄅᆡ·로 그 ·ᄌᆞᆺ귀·예 돌·임·ᄒᆞ·ᄂᆞ니 (行녈힝 平평聲셩 本·본音음 行져·제항 平평聲셩 行:힝·덕:힝 去·거聲셩)

《훈몽자회》(범례)의 4성에 대한 설명 (111)의 한문 부분은 《훈민정음(해례)》의 한문보다 음운론적으로나 음성학적으로 전혀 나아진 점을 찾을 수 없고, 오히려 (110)보다 더 떨어졌으나, (111)의 우리말 새김은 단순한 새김이 아니라 더 많은 정보를 제공하고 있다. 그 가운데서 평성, 상성, 거성의 조치(調値)에 대한 설명을 추리면 다음과 같다.

(112) 《훈몽자회》에서 뽑은 성조의 조치(調値) 설명

> ᄂᆞᆺ가·온 소ᄅᆡ옛 字·ᄌᆞ·ᄂᆞᆫ 平평聲셩
> 기리혀 나죵 들티ᄂᆞᆫ 소ᄅᆡ옛 字·ᄌᆞᄂᆞᆫ 上:샹聲셩
> 곧·고 바ᄅᆞ 노·픈 소·ᄅᆡ·옛 字ᄌᆞᄂᆞᆫ 去·거聲셩

《훈민정음언해》 4성주 (108)의 조치 설명과 《훈몽자회》의 조치 설명 (112)를 비교하면, 평성과 거성의 설명은 큰 차이를 찾을 수 없다. 그러나 상성의 음조적인 특징에 대한 설명은 (108)에서는 똑바른 사선으로 되어 있는 데 대하여, (112)에서는 첫 부분과 중간 부분이 수평에 가깝다가 뒤끝이 약간 올라가는 것으로 되어 있다. 이것은 15세기에는 상성이 평·거의 축약에서 독립된 성조로 나아간 지 얼마 아니 되었지만(따라서 아직 복합조로 볼 수 있는 가능성이 없지 않지만), (112)에서는 이상 더 상성을 복합조로 보기 어려울 만큼 음조적인 특징이 변했음을 나타내는 것이다.

(113) 《소학언해》 범례의 4성 설명

> 믈읫 字·ᄌᆞᆺ音음·의 놈ᄂᆞᆺ가·이·를 :다 겨·틧 點:뎜·으·로·ᄡᅧ ·법·을 삼·을디니 點:뎜 :업·슨 이·ᄂᆞᆫ 편히 ᄂᆞᆺ가·이 ᄒᆞ·고 :두 點 :뎜·은 기·리·혀 들·고 ᄒᆞᆫ 點:뎜·은 바ᄅᆞ 노·피 ᄒᆞᆯ거·시니·라 訓:훈蒙몽字·ᄌᆞ會:회·예 平평聲셩·은 點:뎜이 :업·고 上:샹聲셩·은 :두 點:뎜이·오 去:거聲셩 入·입聲셩·은 ᄒᆞᆫ 點:뎜이로·ᄃᆡ ·요ᄉᆞ이 時시俗·쇽애 音음이 上:샹去:거셩이 서르 섯기·여 ·ᄡᅧ 과글·리 고·티·기 어·려온·디·라 :만·일 :다 本·본音음·을 ·ᄡᅳ·면 시·쇽 듣·기·예 :히:괴:홈·이 이실 故·고로 戊:무寅인년 칙·에 上:샹去:거 :두 聲셩·을 시·쇽·을 조·차 點:뎜·을 ·ᄒᆞ·야실·시 ·이·제 ·이 ·법·네·롤 의:지·ᄒᆞ야·ᄡᅧ 닐·그리·롤 便편·케 ᄒᆞ·니라

---

10) 《훈몽자회》의 사성에 대한 이 설명은 한문을 우리말로 단순하게 직역만 한 것이 아니라, 한문에 없는 4성의 음가 설명을 더 보탠 것이다.

《소학언해》 범례는 최세진(1527)의 《훈몽자회》 범례를 인용하고 있고, 성조에 대한 설명과 그 표시법도 《훈몽자회》의 것을 따르고 있다. 다른 점이 있다면, 《소학언해》의 문장은 《훈몽자회》의 문장보다 더 간결하고 다듬어졌다는 점이다. 그리고 《훈몽자회》에는 없는 내용이 첨가되었다. 시속음(=당시의 우리말 현실한자음), 그중에서도 특히 상성과 거성은, 중국어에서 그 본디 성조(=본음)이 무엇이었든지 간에, 이미 우리의 토박이에게 우리식으로 굳어져서 발음되고 있기 때문에, 굳어진 현실음을 그대로 따라야 하지 그것을 본음에 따라 바꾸면 해괴하게 들린다는 것이다.11)

20세기 대부분의 우리말 성조 학자들은 우리말에서 성조 체계 붕괴 또는 소멸의 시기를 우리의 문헌에서 방점 표시가 사라진 때와 거의 같은 때로 잡기 때문에 방점 표기 문헌으로는 말기라고 할 수 있는 《소학언해》 간행 시기에는 우리말에 성조라고 할 만한 체계적인 운소가 남아 있지 않았던 것으로 보았다.12) 그러나 만약 16세기 말기의 《소학언해》를 기록한 사람의 머리에 성조 체계가 이미 붕괴 또는 소멸했다면, (113)과 같은 당당하고 자신 있는 설명은 나올 수가 없는 것이다.

중국어에서는 평성, 상성, 거성이 분명하게 구별되었지만, 우리말에 들어와서 오랜 세월이 흐름에 따라서 본디 가지고 있던 중국식의 조치가 자연히 우리말의 성조의 조치에 동질화될 수밖에 없었다. 동질화 과정에서 본디 평성은 대부분 우리말에서도 평성으로 남고, 소수만 거성이나 상성으로 변했으며, 본디 거성이었던 것은 우리말에서 다수가 상성으로 변했으며, 소수는 거성 그대로 남고, 또 약간은 평성으로 변한 것도 있었다. 또 본디 상성이었던 것은 우리말에서는 다수가 상성으로 남고, 소수는 거성이나 평성으로 변했다. 그리고 중국어에서 입성이었던 것은 우리말에서 거성과 같은 성조 1점(·□)으로 나타나게 되었다.13)

본디 입성이었던 것을 놓아두고 중고한음에서 평성, 거성, 상성이 우리말에 들어와서 중세 국어와 현대 성조방언에서 어떻게 반영되어 있는지에 대해서만 큰 줄거리를 말하면 다음과 같다. 중고한음에서 평성(◱)이었던 것은 대다수가 시속음(=우리 현실음)에서14) 평성

11) 보기를 하나 들면 《훈민정음언해》에 '去·커聲셩', 《훈몽자회》에 '去·거聲셩'으로 적힌 것이 《소학언해》 범례에서는 '去:거聲셩'으로 적혀 있다. 이는 '去'의 본음은 거성(·□)이지만, 《소학언해》 제작 시의 속음(=현실한자음)은 상성(:□)임을 나타내는 것이다. 따라서 《소학언해》 제작 시대에 '去聲'을 시속음인 /:거셩/으로 소리 내지 않고, 본음을 따라 /·거셩/으로 소리 내었다면 해괴하게 들릴 수밖에 없었을 것이다.

12) 이기문(1972), 김완진(1977)을 참조. 그리고 허웅(1985 : 506)에서는 "중세 국어 성조 체계의 소멸 현상이 16세기 말기에는 꽤 많이 진행되었고, 임진란 이후의 사회적인 공포와 불안을 성조 소멸의 마지막 타격으로 보았다."고 지적했다.

13) 중고한음과 우리말 한자음 성조의 관계에 대해서는 김완진(1977), 김영만(1994), 김세진(2009)를 참조.

14) '시속음'이란 말은 《소학언해》 범례에서는 조심해서 새겨 보지 않으면, 마치 '상성(◰) ⇒거성(·□)'

(□)으로 남고, 본디 상성(◰)과 거성(◳)의 다수는 시속음에서는 상성(:□)으로 남았고, 소수는 거성(·□)으로 남았다. 박태권(2002 : 102)의 통계는 이러한 사실을 분명하게 나타내고 있다. 이러한 현실을 《동국정운》 서문에서는 다음과 같이 지적하고 있다.

(114) 語音則四聲皆明 字音則 上去無別
(우리나라 말의 소리(=일상적인 입말)에서는 사성(=성조의 구별)이 다 분명한데, 우리 현실 한자음에서는 상성과 거성이 구별되지 않는다.)

우리 현실한자음에 대하여 (113)에서는 '上:상去:거셩이 서르 섯기·여·뻐(上去相混)'로, (114)에서는 '상거무별(上去無別)'로 표현했는데, 전자가 더 적절한 표현이라고 생각된다.

이상 앞에서 말한 것이 주류이고, 이 밖에도 중고한음 평성(◱)이었던 것의 극히 적은 수가 상성(:□)이나 거성(·□)으로 나타났고, 상성(◰)이었던 것과 거성(◳)이었던 것의 극히 적은 수가 평성(□)으로 나타났다. 또 중고한음 입성(◲)이었던 것의 몇 자는 우리의 시속음에서 평성(□)으로 나타나며, 상성(:□)으로 나타난 것도 한두 자 있다. 이들에 대해서는 제Ⅲ부에서 구체적으로 예시할 것이다.

4.3 중세 국어와 현대 방언 방점 표상의 대응표

중세 국어의 문헌들에서 방점 표기가 문란했을 것이라는 20세기의 선진 학자들의 판단이 어느 정도 타당한 것인지를 우리는 검증할 책임이 있다. 그 검증 방법은 중세 국어의 방점 표시와 현대 성조방언의 방점 표시 사이의 대응관계의 정연함이 어느 정도인가를 검증하는 것이다. 현대 방점 이론 자체가 불합리하고, 따라서 분석과 표기가 잘못된 자료를 생산할 경우에는 중세 국어 방점 자료를 가지고 대응관계를 논한다는 것은 거의 무의미한 것이다.

그러나 현대 방점 이론이 타당한 것이고 표기 자료도 정확한 것이라고 믿을 수 있는 경우에는 중세 국어의 방점과 현대 방언의 방점 사이의 관계에 대해서 다음과 같은 두 가지 가능성을 생각할 수가 있다.

과 '거성(◳) ⇒상성(:□)'으로 반영된 것만을 두고 말하는 것 같지만, 당시의 현실한자음 자체를 가리키는 것으로 해석하는 것이 올바른 견해라고 생각된다. 따라서 '평성(◱) ⇒평성(□), 상성(◰) ⇒ 상성(:□), 거성(◳) ⇒거성(·□), 입성(◲) ⇒거성(·□)'으로 화살표(⇒)의 오른쪽 성조는 시속 성조로 보아야 할 것이다.

(115) 현대 방점법 이론과 그 표기 자료가 완벽하게 된 경우
ㄱ. 현대 방언 자료와 중세 국어의 자료의 대응관계가 정연하면 중세 국어의 방점 표시는 바르게 된 것이다.
ㄴ. 현대 방언 자료와 중세 국어의 자료의 대응관계가 정연하지 못하면 중세 국어의 방점 표시는 잘못된 것이다.

중화 규칙 (5), 창원 방언①의 방점형, 성조형, 음조형의 표 (11), 성조의 분류 (9)를 통해서 운율적인 낱말(/음운론적 단어) 안에서 방점의 연결 방법은 예측된다. 운율적인 낱말의 첫 음절 위치에서는 □, ·□, :□이 대립을 이루며, 둘째 음절 이하에서는 평성 뒤 곧, 《□ —》의 위치에서는 □과 ·□의 대립만 가능하며, 상성 뒤 곧, 《:□ —》이나 거성 또는 측성 뒤 곧, 《·□ —》의 위치에서는 오직 ·□만 나타난다.

중세 국어에서는 운율적인 낱말(=음운론적 단어)의 첫 음절의 방점은 고정되어 나타난다. 그러나, 첫 측성(·□ 또는 :□)이 둘째 음절 이하에 나타나면 그 위치는 고정되어 있고, 그 첫 측성이 거성(·□)이면 변동 없이 1점(·□)으로 반드시 나타나고, 첫 측성이 상성(:□)이면 상성 그대로 나타나기도 하지만, 임의적 변동 규칙의 적용으로 1점(·□)으로 바뀌어 나타나기도 한다.

중세 국어에서는 둘째 음절 이하에서 2번째 이하(곧 2번째, 3번째, 4번째, ……, n번째)로 나타나는 1점(·□)은 그것이 기저 방점이든 어떤 규칙에 의해 변동되어 나타난 것이든 간에 임의로 0점(□)으로 변동되기도 한다. 그리고 둘째 이하의 음절에서 고정적으로 평성(□)으로[15] 나타나는 형태소가 있는데, 그것은 물론 0점(□)으로 나타난다.

위의 3개의 문단(passage)으로 길게 설명한 것을 간단하게 도표로 만들면서 중세 국어와 창원 방언①의 방점의 대응관계를 1음절~4음절 어절만 표로 제시하면 다음과 같다.[16]

(116) 대응관계(/대응 규칙)
ㄱ. 1음절어

중세 국어	창원 방언①
□	□
·□	·□
:□	:□

ㄴ. 2음절 운율적 낱말

중세 국어	창원 방언①
□□	□□

15) 고정적인 평성에 대해서는 김완진(1977)을 참조.
16) (116)을 이해한 분들은 5음절 이상의 더 긴 어절의 방점 대응표를 만들 수 있을 것이므로, 더 긴 대응표는 제시하지 않고 생략한다.

□·□	□·□
□:□	□·□
·□□	·□·□
·□·□	·□·□
·□:□	·□·□
:□□	:□·□
:□·□	:□·□
:□:□	:□·□

ㄷ. 3음절 운율적 낱말

중세 국어	창원 방언①
□□□	□□□
□□·□	□□·□
□□:□	□□·□
□·□□	□·□·□
□·□·□	□·□·□
□·□:□	□·□·□
□:□□	□·□·□
□:□·□	□·□·□
□:□:□	□·□·□
·□□□	·□·□·□
·□□·□	·□·□·□
·□□:□	·□·□·□
·□·□□	·□·□·□
·□·□·□	·□·□·□
·□·□:□	·□·□·□
·□:□□	·□·□·□
·□:□·□	·□·□·□
·□:□:□	·□·□·□
:□□□	:□·□·□
:□□·□	:□·□·□
:□□:□	:□·□·□
:□·□□	:□·□·□
:□·□·□	:□·□·□
:□·□:□	:□·□·□
:□:□□	:□·□·□
:□:□·□	:□·□·□
:□:□:□	:□·□·□

ㄹ. 4음절 운율적 낱말

중세 국어	창원 방언①
□□□□	□□□□

□□□·□	□□□·□
□□□:□	□□□·□
□□·□□	□□·□·□
□□·□·□	□□·□·□
□□·□:□	□□·□·□
□□:□□	□□·□·□
□□:□·□	□□·□·□
□□:□:□	□□·□·□
□·□□□	□·□·□·□
□·□□·□	□·□·□·□
□·□□:□	□·□·□·□
□·□·□□	□·□·□·□
□·□·□·□	□·□·□·□
□·□·□:□	□·□·□·□
□·□:□□	□·□·□·□
□·□:□·□	□·□·□·□
□·□:□:□	□·□·□·□
□:□□□	□·□·□·□
□:□□·□	□·□·□·□
□:□□:□	□·□·□·□
□:□·□□	□·□·□·□
□:□·□·□	□·□·□·□
□:□·□:□	□·□·□·□
□:□:□□	□·□·□·□
□:□:□·□	□·□·□·□
□:□:□:□	□·□·□·□
·□□□□	·□·□·□·□
·□□□·□	·□·□·□·□
·□□□:□	·□·□·□·□
·□□·□□	·□·□·□·□
·□□·□·□	·□·□·□·□
·□□·□:□	·□·□·□·□
·□□:□□	·□·□·□·□
·□□:□·□	·□·□·□·□
·□□:□:□	·□·□·□·□
·□·□□□	·□·□·□·□
·□·□□·□	·□·□·□·□
·□·□□:□	·□·□·□·□
·□·□·□□	·□·□·□·□
·□·□·□·□	·□·□·□·□

·□·□·□:□
·□·□:□□
·□·□:□·□
·□·□:□:□
·□:□□□
·□:□□·□
·□:□□:□
·□:□·□□
·□:□·□·□
·□:□·□:□
·□:□:□□
·□:□:□·□
·□:□:□:□
:□□□□
:□□□·□
:□□□:□
:□□·□□
:□□·□·□
:□□·□:□
:□□:□□
:□□:□·□
:□□:□:□
:□·□□□
:□·□□·□
:□·□□:□
:□·□·□□
:□·□·□·□
:□·□·□:□
:□·□:□□
:□·□:□·□
:□·□:□:□
:□:□□□
:□:□□·□
:□:□□:□
:□:□·□□
:□:□·□·□
:□:□·□:□
:□:□:□□
:□:□:□·□
:□:□:□:□

·□·□·□·□
·□·□·□·□
·□·□·□·□
·□·□·□·□
·□·□·□·□
·□·□·□·□
·□·□·□·□
·□·□·□·□
·□·□·□·□
·□·□·□·□
·□·□·□·□
·□·□·□·□
·□·□·□·□
:□·□·□·□
:□·□·□·□
:□·□·□·□
:□·□·□·□
:□·□·□·□
:□·□·□·□
:□·□·□·□
:□·□·□·□
:□·□·□·□
:□·□·□·□
:□·□·□·□
:□·□·□·□
:□·□·□·□
:□·□·□·□
:□·□·□·□
:□·□·□·□
:□·□·□·□
:□·□·□·□
:□·□·□·□
:□·□·□·□
:□·□·□·□
:□·□·□·□
:□·□·□·□
:□·□·□·□
:□·□·□·□
:□·□·□·□
:□·□·□·□

창원 방언①에는 운율적 낱말이 1음절이면 (116)ㄱ처럼 3가지 방점형으로 나타나고, 2음절이면 (116)ㄴ처럼 (2+2=)4가지 방점형으로 나타나며, 3음절이면 (116)ㄷ처럼 (3+2=)5가지 방점형으로 나타나며, 4음절이면 (116)ㄹ처럼 (4+2=)6가지 방점형으로 나타난다. 이에 대하여 중세 국어에서는 1음절 어절이면 (116)ㄱ처럼 3가지 방점의 결합이 나타나고, 2음절 어절이면 (116)ㄴ처럼 9가지 방점의 결합이 나타나며, 3음절 어절이면 (116)ㄷ처럼 27가지 방점의 결합이 나타나며, 4음절이면 (116)ㄹ처럼 81가지 방점의 결합이 나타난다. 곧 음절의 수가 1음절, 2음절, 3음절, 4음절, …, n음절로 늘어남에 따라 방점 결합의 유형은 일정한 규칙에 따라 예측 가능한 방법으로 3^1(=3), 3^2(=9), 3^3(=27), 3^4(=81), …, 3^n으로 늘어난다.

따라서 창원 방언①의 방점형에서 중세 국어의 방점 결합을 예측하는 일은 '1 : 다'의 관계이므로 가능하지 않다. 그러나 중세 국어의 방점 결합에서 창원 방언①의 방점형을 예측하는 일은 '다 : 1'의 관계이므로 매우 간단하게 예측할 수 있다.

대구 방언의 방점형에서 창원 방언①의 방점형을 예측하거나, 거꾸로 창원 방언①의 방점형에서 대구 방언의 방점형을 예측하는 것은 '1 : 1'의 관계이므로 가능하다.[17] 이와 같이 양쪽 방향으로 '1 : 1'의 관계가 성립되는 경우 이러한 관계를 '양방향 단일성 조건이 충족'되는 것이라 할 수 있는데 이것을 좀 더 일반화하면 다음과 같다.

(117) 양방향 단일성 조건의 충족[18]
언어(/방언) A의 임의의 운율형에서 언어(/방언) B의 운율의 운율형이 1 : 1로 예측되고, 거꾸로 언어(/방언) B의 임의의 운율형에서 언어(/방언) A의 운율형이 또한 1 : 1로 예측되면, 두 언어(/방언)의 운율형 사이에는 양방향 단일성 조건(bi-uniqueness condition)이 충족된다고 한다.

'양방향 단일성 조건'이 충족될 때는 두 언어(/방언)의 방점형의 체계가 같다고 할 수 있다. 그러나 두 방언의 방점형의 체계가 같다고 해서 그 두 방언의 성조형과 그 성조형의 표면적인 실현인 음조형까지 같다고는 할 수 없다. 때로는 방점형의 체계는 같으나 성조형과 음조형의 차이가 난다. 보기를 들면 평성(□)과 측성(·□)의 2성조 체계를 가진 일부 젊은 대구 방언 토박이들의 5음절 평3형 □^{3}·□^{2}(=□□□·□·□)은 역시 평성(□)과 측성(·□)

17) 여기에서 예측이 가능하다는 것은 대체로 그렇다는 것이지, 예외가 없다는 것은 아니다. 두 시기 사이의 언어의 역사적인 연구나, 방언들 사이의 비교에 있어서 100% 예외가 없는 예측은 있을 수가 없다.

18) 국어 성조론에서 '양방향 단일성 조건 충족'은 '양방향 단일성 원칙'이라는 이름으로 최영미(2009)에서 중세 국어와 정선 방언의 성조의 대응관계의 연구를 위해 처음 거론되었고, 최영미(2010)에도 사용되고 있다.

의 2성조 체계를 가진 연변의 룡정 방언에서도 평3형 $□^3·□^2$(=□□□·□·□)으로 나타난다. 이것은 두 방언의 방점 층위에서 체계가 같기 때문이다. 그러나 대구 방언 평3형의 /성조형/[음조형]은 /H^3M^2/[MʜHM^2]인 데 대하여, 룡정 방언의[19] 그것은 /M^3H^2/[Mʜ^{2}HM]으로 나타나서 뚜렷한 차이가 있다.

중세 국어와 창원 방언①은 운율적 낱말의 첫 음절 위치에서는 '양방향 단일성 조건의 충족'의 정도가 85% 이상이다. 중세 국어의 어떤 운율적 낱말의 첫 음절이 평성이면 창원 방언①에서도 평성이고, 거성이면 거성이며, 상성이면 역시 상성이다. 중세 국어에서도 우리말 현대 성조방언에서도 운율적인 낱말의 제1음절의 위치는 성조가 최대한의 대립을 유지하는 위치이고, 이 위치에서 방점의 양방향 단일성 조건이 충족된다는 것은 대응관계를 밝힘에 있어 참으로 중요한 것이다.

그러나 중세 국어의 운율적 낱말이 $□^n·□σ_0$ 또는 $□^n:□σ_0$ (단, $n≧1$, $σ_0$은 0개 이상의 음절) 중의 어느 쪽이라도 창원 방언①에서는 $□^n·□_1$ 으로 나타나기 때문에, n+1 번째의 음절의 방점은 그 위치는 양방향 단일성 조건이 충족되지만, n+1번째 음절은 중세 국어에서 창원 방언①로 갈 때는 '2→1'(둘에서 하나로 가는 관계)이다. 창원 방언①에서 중세 국어로 갈 때는 '1→2'(하나에서 둘로 가는 관계, 곧 '다 : 1')이 되어 양방향 단일성 조건이 충족되지 않는다.

우리는 두 개의 언어나 방언 사이에 운율형의 체계가 같다든지, 비슷하다든지, 다르다든지 할 때, 그것이 유형론적인 관점에서인지, 또는 계통론적인 관점에서인지를 먼저 밝혀야 한다. 그리고 계통론적으로 같은 한 언어의 하위 언어이거나 한 언어의 방언이면, 운율형의 같고 다름은 방점형의 층위에서인지, 또는 그 이하의 층위에서인지를 밝혀야 한다.

어느 두 언어나 방언의 운율적인 자질의 대응관계가 '1 : 1'이면 양방향 단일성 조건이 충족되므로, 둘 사이의 비교는 최대의 효과를 얻을 수 있다.

어느 두 언어나 방언의 운율적인 자질의 대응관계가 '다 : 1'일 때는 제한된 범위 안에서 비교하여 일정한 효과를 얻을 수 있다. 중세 국어와 광주·전남 서남부 방언의 운율의 비교가 가능한 것은 중세 국어 어두 음절의 상성(:□)과 광주·전남 서남부 방언의 운율형 [$\ddot{H}M_0$]을 '1 : 1'로 대응하기 때문에 '양방향 단일성 조건'이 대체로 충족된다. 이런 경우는 중세 국어에서 광주·전남 서남부 방언으로, 또는 역방향으로 광주·전남 서남부 방언에서 중세 국어로 대응관계를 조사해도 그 성과는 동일하다. 그러나 중세 국어의 어두 성조가 비상성({□, ·□})일 때는 광주·전남 서남부 방언의 운율은 어두 자음이 강자음(/ㅎ, ㅅ, ㅊ, ㅌ, ㅍ, ㅋ/)이냐 약자음(ㅇ, ㄹ, ㄴ, ㅁ, ㄷ, ㅈ, ㅂ, ㄱ)이냐에 따라 [HHM_0]이냐 또는 [MHM_0]

19) 룡정 방언의 성조에 대해서는 김차균(1999)를 참조.

이냐가 결정되지만, 뒤의 둘은 대립적인 관계가 아니고 어두 자음의 종류에 따라 결정되는 상보적인 관계이므로 비상성형의 두 변이음조형은 음운론적 층위에서는 하나의 비상성음조형으로 처리된다. 그러므로 중세 국어의 어두 비상성({□, ·□})과 광주・전남 서남부 방언의 비상성형은 '2 : 2'의 관계가 아니고, '2 : 1'의 관계이며, '2 : 1'의 관계는 '다 : 1'의 관계들 속의 하나일 따름이다. 이럴 경우에 우리의 비교의 전략은 중세 국어의 쪽에서 광주・전남 서남부 방언의 쪽으로 나가는 것이지, 그 역방향으로 나가는 것은 성과를 기대할 수 없다.

만약 '다 : 다'의 관계에 있는 두 언어나 방언의 운율은 아무 원칙 없이 그대로 비교하면 큰 성과를 기대할 수 없다. 이런 경우는 가능한 범위 안에서는 자료를 하위 구분하여 부분적으로 '1 : 1'이나 '다 : 1'로 바꿔서 가능한 부분만 비교의 대상으로 하는 것이다. 중세 국어와 창원 방언①의 방점 층위의 표상은 어두 위치(#—)에서는 대체로 '1 : 1'의 관계로 나타난다. 곧 어두에서는 중세 국어의 평성(□), 상성(:□), 거성(·□)은 대체로 창원 방언①에서도 각각 평성(□), 상성(:□), 거성(·□)으로 나타난다. 그러나 1음절 이상의 평성의 연속 곧 평성형 뒤($□_1$ —)에서는 중세 국어 3(□, :□, ·□)대 창원 방언① 2(□, ·□)의 관계로 나타난다. 이것은 '다 : 다'의 관계들 중의 하나인 '다 : 소'의 관계이다. 이러한 관계에서는 합당한 전략 없이 비교를 강행하면 그 큰 성과를 기대할 수 없다. 우리는 '다 : 다'(또는 '다 : 소')의 관계에 있는 2개의 대상은 부분적으로 쪼개서 가능한 한 많은 부분을 '다 : 1' 또는 '1 : 1'로 환원해야 한다. 중세 국어에서는 평성 뒤(□—)에 3(□, :□, ·□)이 다 가능하지만, 창원 방언①에서는 평성형 뒤($□_1$ —) 나타날 수 있는 것은 2(□, ·□)이고, 또한 이 위치에서 중세 국어 평성(□)은 창원 방언①에서도 평성(□)으로 대응하므로, 일단 3(□, :□, ·□) 대 2(□, ·□)를 '1 : 1'(중세 국어 □ 대 창원 방언① □)의 관계와 '2 : 1'(중세 국어 2{상성:□, 거성·□}과 창원 방언① 측성(·□))의 관계로 환원해서 비교함으로써 가능한 최대의 성과를 올릴 수 있을 것이다.

지은이의 처지에서 보면, 함경남도 북청 방언과 일본의 동경 방언은 유형론적으로 평성(□)과 측성(·□)의 2성조 체계이고, 평성은 중화력이 없는 데 대하여 측성은 중화력이 있으며, 방점형(성조형)은 $□_0·□^n$(M_0H^n) 1개로써 충분하며, 두 방언의 음조형 실현 규칙도 같다는 점에서 운율형의 체계가 같다.[20] 그러나 계통론적으로 관계가 어느 정도인지는 역사비교언어학 쪽에서 더 많은 연구가 있은 다음이라야 알 수가 있을 것이라 생각된다.

20) 북청 방언과 동경 방언의 방점형, 성조형, 음조형은 김차균(1998), 김차균(1999)를 참조.

4.4 중세 국어 방점 표상과 창원 방언① 방점형의 대응관계

4.4절에서 보았던 대응표 (116)은 운율적인 낱말의 첫 음절 방점은 '양방향 단일성 조건 충족'을 바탕으로 한 것이었으며, 평성 뒤의 위치(□—)에서는 '다 : 소'의 관계를 부분적으로 쪼개서 '1 : 1'(곧 중세 국어 평성(□) 대 창원 방언① 평성(□)과 '2 : 1'(곧 중세 국어 두 개의 측성({:□,·□}) 대 창원 방언① 측성(·□))의 관계를 바탕으로 한 것이었다.[21)]

《훈민정음(해례)》에 들어 있는 우리 토박이말을 모두 뽑아서 창원 방언①과 대조하여 ㉮ 방점 표상의 관계가 대응표 (116)에 완전히 합치하는 것, ㉯ 방점 표상의 관계가 대응표 (116)에 부분적으로 합치하는 것, ㉰ 방점 표상의 관계가 대응표 (116)에 어긋나는 것 곧, 전혀 일치하지 않는 것, ㉱《훈민정음(해례)》에 나타나는 낱말에 대응하는 낱말이 창원 방언①에 쓰이지 않거나, 뜻은 같되 어원이 달라서 비교 대상이 될 수 없는 것의 4가지 순서로 정리하되, ㉯를 대응의 내용에 따라 둘로 세분하면 (118)~(122)와 같다.

(118)《훈민정음(해례)》와 창원 방언①의 방점 표상의 관계가 대응표 (116)에 맞는 것

	해례 자료	창원 방언①
ㄱ.	:감(柿) (용자례)	:감
	:널(板) (용자례)	:널
	:돌(石) (합자해)	:돌
	:뫼(山) (용자례)	:메
	:밀(蠟) (용자례)	:밀
	:벌(蜂) (용자례)	:벌
	:범(虎) (용자례)	:범
	:별(星) (용자례)	:벨
	:셤(島) (용자례)	:섬
	:실(絲) (종성례)	:실
	:잣(海松) (용자례)	:잣
	:죵(奴) (용자례)	:종
	:져비(燕) (용자례)	:제·비
	:사ᄅᆞᆷ (합자해)	:사·람
ㄴ.	·갇(笠) (용자례)	·갓
	·갈(刀) (용자례)	·칼

21) 그리고 표 (116)이 바탕으로 하고 있는 마지막 하나의 관계는 '중세 국어 3({□,:□,·□}) 대 창원 방언 0(무, zero)'이다. 창원 방언 0(무, zero)는 절대 중화의 자리를 채우는 것으로, 시각적으로는 '·□' 으로 표시되었다. 창원 방언 측성 뒤({:□,·□}—)의 위치에 나타나는 '·□'은 음운론적으로는 자리만 차지하는 0(무, zero)일 따름이다. 그러나 이러한 0(무, zero)도 12, 102, 1002, 120, 1200에서 '0'들 처럼 '자리값'은 하고 있는 것으로 보아야 할 것이다.

·굽(蹄) (용자례)	·굽
·낟(鎌) (용자례)	·낫
·논(水田) (용자례)	·논
·담(墻) (용자례)	·담
·뒤(茅) (용자례)	·띠
·몯(錠) (합자해)	·못
·못(池) (용자례)	·못
·믈(水) (용자례)	·물
·밥(飯) (용자례)	·밥
·븓(筆)[22] (합자해)	·붓
·손(手) (용자례)	·손
·신(屨) (용자례)	·신
·엿(飴餹) (용자례)	·엿
·옷(衣) (종성해)	·옷
·울(籬) (용자례)	·울
·입(口) (합자해)	·입
·자(尺) (용자례)	·자
·채(鞭) (용자례)	·채
·체(簏) (용자례)	·체
·톱(鋸) (용자례)	·톱
·파(蔥) (용자례)	·파
·피(稷) (용자례)	·피
·혀(舌) (합자해)	·헤
·홰(炬) (합자해)	·해
·힘(筋) (용자례)	·심
·ᄃᆞᆯ(月) (용자례)	·달
·ᄢᅳᆷ(隙) (합자해)	·틈
·ᄯᅡ(地) (합자해)	·땅
·ᄐᆞᆨ(頤) (용자례)	·택
·ᄑᆞᆺ(小豆) (용자례)	·퐅
·고욤(梬) (용자례)	·기·감
·ᄀᆞ래(楸) (용자례)	·가·래
ㄷ. 닥(楮) (용자례)	딱
독(甕) (용자례)	독
벼(稻) (용자례)	벼(/나·락)
숫(炭) (용자례)	숱
ᄇᆞᆯ(臂) (용자례)	팔

22) '·븓(筆)'은 북방계의 중고한음에서 들어왔는지는 의문이지만 기원적으로는 한자어인 듯하다. 순우리말은 아닌 듯하나, 편의상 이 자리에 넣어 두었다.

ᄡᅡᆨ(隻) (합자해) 짝
콩(大豆) (용자례) 콩
ᄒᆞᆰ(土) (합자해) 흘ㅋ, 흘
고·티(繭) (용자례) 꼬·치
구·리(銅) (용자례) 구·리
누·에(蚕) (용자례) 누·에
다·야(匜) (용자례) 대·야
드·레(汲器) (용자례) 뜨·레
벼·로(硯) (용자례) 베·루
ᄃᆞᆰ·ᄣᅢ(酉時) (합자해) 달·때
사·ᄫᅵ(大蝦) (용자례) 새·우(/새·비)
사·ᄉᆞᆷ(鹿) (용자례) 사·슴
서·리(霜) (용자례) 서·리
서·에(流凘) (용자례) 서·에
소·다(覆物) (합자해) 쏟·아
어·름(氷) (용자례) 어·름
우·케(未舂稻) (용자례) 우·케
이·아(綜) (용자례) 이·애
죠·ᄒᆡ(紙) (용자례) 조·이
호·ᄆᆡ(鉏) (용자례) 호·미
노로(獐) (용자례) 노리
ᄇᆡᆺ곶(梨花) (종성해) 배꽃
브ᅀᅥᆸ(竈) (용자례) 부숙
아ᅀᆞ(弟) (용자례) 아우
ᄃᆞ리(橋) (용자례) 다리
율믜(薏苡) (용자례) 울미

(119) 《훈민정음(해례)》와 창원 방언①의 방점 표상의 관계가 대응표 (116)에 부분적이지만, 접사를 제외한 핵심부가 완전히 일치하는 것

해례 자료 창원 방언①
ㄱ. :ᄉᆡᆷ(泉) (용자례) :새·미
:굼벙(蠐螬) (용자례) :굼·비·이
ㄴ. ·낛(釣) (합자해) ·낙·시
·키(箕) (용자례) ·체·이
·ᄑᆞᆯ(蠅) (용자례) ·파·리
·ᄇᆞ얌(蛇) (용자례) ·배·애·미
·부헝(鵂鶹) (용자례) ·부·헤·이
ㄷ. 긷(柱) (합자해) 지둥
납(猿) (용자례) 잔내·비
녑(脅) (합자해) 옆구·리

싣(楓) (용자례)	신나·무
남샹(龜) (용자례)	남새·이
두텁(蟾蜍) (용자례)	뚜끼·비
엿의갗(狐皮) (종성해)	야시가죽

(120) 《훈민정음(해례)》와 창원 방언①의 방점 표상의 관계가 대응표 (116)에 부분적으로 일치하는 것

해례 자료	창원 방언①
버·들(柳) (용자례)	버들[23]

(121) 《훈민정음(해례)》와 창원 방언①의 방점 표상의 관계가 대응표 (116)에 어긋나는 것

해례 자료	창원 방언①
ㄱ. :낟(穀) (합자해)	나·락
ㄴ. ·반되(螢) (용자례)	반·디
·골(蘆) (용자례)	:골
·마(薯) (용자례)	:마
ㄷ. 뎔(佛寺) (용자례)	·절
쇼(牛) (용자례)	·소
쥭 (용자례)	·죽(粥)
쏘·다(射) (합자해)	·쏘·다
그력(鴈) (용자례)	·기·러·기
올창(蝌蚪) (용자례)	·올·채·이

(122) 《훈민정음(해례)》와 창원 방언①의 자료가 비교 대상이 될 수 없는 것

해례 자료	창원 방언①
ㄱ. :깁(繒) (합자해)	(:비·단)
:너싀(鴇) (용자례)	(없음)
ㄴ. ·과(琴柱) (합자해)	(거문고)
·깃(巢) (용자례)	(없음)
·혀(引) (합자해)	(·끌·어)
·무뤼(雹) (용자례)	(:우·박)
·비육(鷄雛) (용자례)	(삐개·이)
·발·측(跟) (용자례)	(발꿈·치)
ㄷ. 섭(薪) (용자례)	(없음)
약 (용자례)	(거·북)
괴·여(我愛人) (합자해)	(없음)
괴·ᅇᅧ(人愛我) (합자해)	(없음)
드·븨(瓠) (용자례)	(없음)

23) /능수버·들/처럼 복합어의 둘째 성분으로 쓰이면, /-버·들/로 나타난다.

러·울(獺) (용자례) (너구·리)
슈·룹(雨繖) (용자례) (:우·산)
삽됴(蒼朮菜) (용자례) (없음)
쥬련(帨) (용자례) (없음)
쟈감(蕎麥皮) (용자례) (미물껍디·기)

대응관계의 연구에서 (122)와 같이 어원이 다르거나 대응 자료를 창원 방언①에서 찾을 수 없는 것은 검토 대상이 될 수 없다. 이것은 대응관계의 통계에서 제외할 수밖에 없다.

(118)의 자료는 중세 국어와 창원 방언①의 방점의 대응관계 표 (116)에 부합하면서 음절의 수가 일치하여 완전히 대응관계를 준수한다. 또 (119)의 자료에서는 중세 국어의 낱말들이 각각 그것에 짝이 되는 창원 방언①의 그것보다 한두 음절 모자라지만, 형태소를 분석해 보면 중세 국어의 형태소의 방점 표시가 창원 방언①의 그것과 일치한다.[24] 그러므로 (119)의 자료는 대응관계 표 (116)에 완전히 부합하는 자료로 볼 수 있다.

자료 (120)은 중세 국어 /버·들, LH/[LH]가 창원 방언① /버들, H^2/[MH]로 나타나는 경우인데, 이것은 단일 형태이므로 형태론적인 분석이 불가능하다. 첫 음절은 두 언어에서 다 평성(□)으로 나타나므로 부분적인 대응을 보인다. 이런 자료는 사람에 따라서 1/2의 대응으로 처리할 수 있으나, 여기에서는 (121)과 더불어 대응하지 않는 자료에 넣기로 한다.

(121)은 두 언어의 자료들 사이에 음절수가 같은 것도 있고 다른 것도 있지만, (118)의 방점의 대응관계 표에 맞지 않으므로 대응관계에 어긋나는 것으로 처리한다.

이제 (122)의 비교 대상이 되지 않는 것 10개 항목을 제외하고, 대상이 되는 자료 104개를 방점에 따라 형식화하여 표를 만들면 아래와 같다.

(123) 훈민정음해례와 창원 방언①의 방점 자료의 대응관계 표

	해례 자료	창원 방언①	개수
ㄱ.	:□	:□	12
	:□□	:□·□	2
	:□	:□·□	1
	:□□	:□·□·□	1
ㄴ.	·□	·□	32
	·□□	·□·□	2
	·□	·□·□	3
	·□□	·□·□·□	2

24) 보기를 들면 (119)ㄴ에서 중세 국어 /·부헝/은 창원 방언① /·부·헤·이/로 나타나는데 이것은 형태론적으로 /·부·헝+·이/에서 도출된 것이다. 접미사 /-·이/를 제외하면, 중세 국어 /·부헝/과 창원 방언①의 어기 /·부·헝/은 대응관계 표 (116)ㄴ에 부합된다.

ㄷ.	□	□	8
	□·□	□·□	17
	□□	□□	6
	□	□□	1
	□	□□·□	3
	□□	□□·□	2
	□□□	□□□□	1
	합계(ㄱ+ㄴ+ㄷ)		93
ㄹ.	□·□	□□	1
ㅁ.	대응표에 어긋나는 것		10
	합계(ㄹ+ㅁ)		11
	총계(ㄱ+ㄴ+ㄷ+ㄹ+ㅁ)		104

(124) 《훈민정음(해례)》와 창원 방언① 방점 자료의 통계

대응 표 (116)에 맞는 것 …………………	93개 (89.4%)
대응 표 (116)에 어긋나는 것 …………	11개 (10.6%)
합계	104개 (100.0%)

같은 방법으로 《소학언해》 범례의 자료와 창원 방언① 자료의 대응관계를 알아보기로 하자. 아래의 (125)는 대응관계 표 (116)에 부합되는 것이고, (126)은 부분적으로 대응하지만, 접사 등을 제외한 어기 부분의 방점이 (116)에 어긋나지 않는다. (127)은 부분적으로 대응하지만, (116)에 합치되는 부분과 어긋나는 부분이 섞여 있다. (128)은 분절음은 대응하지만, 방점 표상이 (116)에 어긋나며, (129)는 중세 국어와 창원 방언① 사이에 어원이 달라 비교 대상에서 제외할 수밖에 없다.

(125) 《소학언해》 범례와 창원 방언①의 방점 자료가 대응표 (116)에 완전 일치

	소학언해	창원 방언①
ㄱ.	:다(皆)	:다
	:다(盡)	:다
	:두(二)	:두
	:두(二)	:두
	:두(二)	:두
	去:거	:거
	上:샹	:상
	後:후에	:후·에
	:만·일(若)	:만·일
	:말·읏(辭)	:말·읃
	:말·읏(語)	:말·읃
	:수·이(易)	:수·이(/:숩·게)
	:업·고(無)	:없·고

免:면·티	:면·치
註:주·엣	:주·의
:두번(復)	:두·번
:몯홀(通)	:몬·할
去:거聲셩	:거·셩
:사·ᄅᆞᆷ·의(人)	:사·람·의
:사·ᄅᆞᆷ이(人)	:사·람·이
:알·과·댜(曉)	:알·고·자
:몯ᄒᆞ·니(未)	:못·하·니
大:대文문·을(大文)	:대·문·을
上:샹聲셩·은	:상·성·은
姓:셩名명·을	:성·명·을
戊:무寅인년	:무·인·년
戊:무寅인년	:무·인·년
上:샹去:거셩이	:상·거·성·이
:업·ᄉᆞᆫ이·ᄂᆞᆫ(無)	:없·는·것·은
:ᄒᆡ:괴:ᄒᆞᆷ·이(駭)	:해·괴·함·이
:용·잡ᄒᆞᆫ·곧·이(冗處)	:용·잡·한·곳·이(冗)
訓:훈蒙몽字·ᄌᆞ會:회·예	:훈·몽#·자·회·에
ㄴ. ·이(此)	·이
字·ᄌᆞ	·자
字·ᄌᆞ	·자
字·ᄌᆞㅅ	·자
字·ᄌᆞ·를	·자·를
·곧·이(處)	·곳·이
·법·을(準)	·법·을
·이·제(今)	·이·제
·ᄠᅳᆮ·과(義)	·뜻·과
·ᄡᅳ·면(用)	·쓰·면
·ᄒᆞ야	·하·여
故·고로	·고·로
·법·녜·ᄅᆞᆯ(例)	·법·례·를
·ᄠᅳᆮ밧·긔(義之外)	·뜻·밖·의
·ᄒᆞ야·ᄡᅧ	·하·여·서
本·본音음·을	·본·음·을
入·입聲셩·은	·입·성·은
·ᄒᆞ·야실·시(爲)	·ᄒᆞ·였·을·쎄
ㄷ. 篇편	편
ᄒᆞᆫ(一)	한
ᄒᆞᆫ(一)	한
겨·틧(傍)	곁·에
기·릐	길·이[25]
노·ᄑᆡ(高)	높·이

25) 문법 구조와 뜻이 다름.

들·고(擧)	들·고
사·겨(解)	새·겨
聲셩·을	성·을
시·쇽(俗)	시·속
音음·의	음·의
音음·의	음·의
이·믜(已)	이·미
前젼·의	전·에
조·차(從)	조·차
ᄎᆡᆨ·애(本)	책·에
ᄎᆡᆨ·에(本)	책·에
통·티(通)	통·치
便편·케	편·케
ᄒᆞ·고	하·고
고·티·기(變)	고·티·기
듣·기·예(聽)	듣·기·에
시·쇽·을(俗)	시·속·을
조·차·셔(逐)	쫓·아·서
ᄇᆞᆯ·이·고	버·리·고
時시俗·쇽애	시·속·에
닐·그리·ᄅᆞᆯ(讀者)	읽·을·이·를[26]
사·기니·라(解)	새·기·니·라
사·긴이·ᄂᆞᆫ(解者)	새·긴·이·는
삼·을·디니(爲)	삼·을·지·니
ᄒᆞᆫ·ᄀᆞᆯ·ᄋᆞ티(一)	한·결·같·이
사·겨시·모로(註)	새·겼·으·므·로
어·려온·디·라(難)	어·려·운·지·라
의:지(依)	의·지
사:교·ᄃᆡ(作解)	새·기·되
일:홈과(名)	이·름·과
의:거·ᄒᆞ야(依)	의·거·하·여
바ᄅᆞ(直)	바르
서르(相)	서로
이실(有)	있을
잇거·든(有)	있거·등
平평聲셩·은	평성·은
섯기·여·ᄲᅧ(混)	썪여·어·서
ᄒᆞᆯ거·시니·라	할것·이·니·라

26) /읽을·이·를/도 가능함.

(126) 《소학언해》 범례와 창원 방언①의 방점 표시가 대응표 (116)에 부분적으로 일치
<밑줄 친 부분이 대응표 (116)에 부합>

	소학언해	창원 방언①
ㄱ.	:업·시·ᄒᆞ야(刪去)	:없·애·애(←:없·이·해·애)
ㄴ.	·드·려(入)	·들·이·어
ㄷ.	번·거·코(繁)	번·거·롭·고
	ᄂᆞᆽ가·이(低)	낮·게[27]
	놉ᄂᆞᆽ가·이·를(高低)	높낮·이·를
	가ᄅᆞ:주#내:여(分註)	분·주(分註)#내·어

(127) 《소학언해》 범례와 창원 방언①의 방점 자료가 대응표 (116)에 부분적으로 일치

소학언해	창원 방언①
아·오로(幷)	아울·러/어불·라
ᄒᆞ·니라	한것·이·라
아·니ᄒᆞ·니라(不)	아니한·다
이:심·을(有)	있음·을
믈읫(凡)	무·릇
믈읫(凡)	무·릇
편히(平)	편·히
흡음이	음·이

(128) 《소학언해》 범례와 창원 방언①의 방점 자료가 대응표 (116)에 어긋남

	소학언해	창원 방언①
ㄱ.	點:뎜	·점
	點:뎜이	·점·이
	點:뎜·은	·점·은
	點:뎜·은	·점·은
	點:뎜·을	·점·을
	點:뎜이·오	·점·이·오
	點:뎜·으·로·ᄡᅥ	·점·으·로·써
	點:뎜이로·ᄃᆡ	·점·이·로·대
ㄴ.	·요ᄉᆞ이	요새·애(/·요·새·애)[28]
	·사·기·디(解)	새·기·지
ㄷ.	이·제·ᄂᆞᆫ(今)	·이·제·는
	지만ᄒᆞᆫ(枝)	·지·만·한

(129) 《소학언해》 범례와 창원 방언①의 어원이 다르거나 해당 자료가 없음

	소학언해	창원 방언①
ㄱ.	·혀	(·끌·어, 어원이 다름)
ㄴ.	과글·리(卒)	(·급·히, 어원이 다름)

27) 문법 구조가 다름.
28) 드물게 /·요·사·이/로도 쓰임.

비교 대상이 되지 않는 (129)의 두 항목을 제외하고, 비교가 가능한 (125)~(128)의 116 항목을 (123)에서와 같은 방법으로 정리하면 다음 (130)과 같다.

(130) 《훈민정음(해례)》와 창원 방언①의 방점 자료의 대응관계 표

	해례 자료	창원 방언①	개수
ㄱ.	:□	:□	7
	:□·□	:□·□	7
	:□□	:□·□	3
	:□·□·□	:□·□·□	3
	:□□·□	:□·□·□	4
	:□□□	:□·□·□	2
	:□□□	:□·□·□	2
	:□·□□·□	:□·□·□·□	1
	:□:□□□	:□·□·□·□	1
	:□:□:□·□	:□·□·□·□	1
	:□·□□·□·□	:□·□·□·□·□	1
	:□□·□:□·□	:□·□#·□·□·□	1
	:□·□·□□	:□·□·□	1
ㄴ.	·□	·□	4
	·□·□	·□·□	8
	·□·□·□	·□·□·□	1
	·□□·□	·□·□·□	4
	·□·□□·□	·□·□·□·□	1
	·□·□	·□·□·□	1
ㄷ.	□	□	3
	□·□	□·□	17
	□·□·□	□·□·□	5
	□·□□	□·□·□	1
	□·□□·□	□·□·□·□	3
	□·□·□□	□·□·□·□	1
	□·□□·□□	·□□·□·□·□	2
	□:□	□·□	1
	□:□·□	□·□·□	1
	□:□□	□·□·□	1
	□:□·□□	□·□·□·□	1
	□□	□□	3
	□□·□	□□·□	2
	□□·□·□	□□·□·□	1
	□□·□□·□	□□·□·□·□	1
	□·□·□	□·□·□·□	1
	□□·□	□·□	1
	□□□·□·□	□□·□·□	1
	□:□	□·□	1
	합계(ㄱ+ㄴ+ㄷ)		100 (88)

ㄹ.	□·□□	□□·□	1	
	□·□□	□□·□·□	1	
	□·□□·□□	□□□·□	1	
	□:□·□	□·□	1	
	□□	□·□	4	
ㅁ.	대응표에 어긋나는 것		8	
	합계(ㄹ+ㅁ)		16	(8)
	총계		116	(96)

(130)을 계량적으로 처리하는 방법은 몇 가지가 있겠지만, 여기에서는 두 가지만 택하기로 한다. 그 하나는 같은 어형(word form)이 두 번 이상 나타나더라도 그 각각을 다 계산에 넣는 방법이고, 다른 한 가지는 같은 어형들은[29] 같은 항목이 두 번 이상 나타나면 한 번으로 계산하는 방법이다. 후자의 경우 대립하는 위치의 방점이 일치하면 임의 변동하는 위치의 토씨나 씨끝이 다르더라도 또한 1번으로 계산한다. 보기를 들면《소학언해》범례 /:사·롬·의/와 /:사·롬이/는 각각 창원 방언①에서는 /:사·람·의/와 /:사·람·이/로 대응하지만, 이들을 1번으로 계산한다. (130)에서 합계와 총계 숫자 100, 16, 116의 오른쪽 괄호 안에 있는 (88), (8), (96)은 중복되는 어형을 1번으로 계산한 수이다.[30]

(131)《소학언해》범례와 창원 방언① 방점자료의 통계 (중복된 항목도 각각 1번으로 계산)

대응 표 (116)에 맞은 것 ……………	100개 (86.2%)
대응 표 (116)에 어긋나는 것 ………	16개 (13.8%)
합계	116개 (100.0%)

(132)《소학언해》범례와 창원 방언① 방점자료의 통계 (중복된 항목은 덜고 계산)

대응 표 (116)에 맞은 것 ……………	88개 (91.7%)
대응 표 (116)에 어긋나는 것 ………	8개 (8.3%)
합계	96개 (100.0%)

(124)와 (131), (132)를 종합하여 표를 만들면 다음과 같다.

29) 보기를 들면《소학언해》범례 /믈읫(凡)/와 창원 방언① /무·릇/은 두 번 나타난다.

30) 자료 (130)ㄱ에 나타나는 {點:뎜~點:뎜이로·디}의 8 항목은 중복되는 것으로 간주하여 1번으로 계산했다.

(133) 《훈민정음(해례)》 및 《소학언해》 범례와 창원 방언① 방점 자료 통계 대조표

방점 표기 문헌	대응표에 맞음	대응표에 어긋남	합계
《훈민정음(해례)》 (1446)	93개 (89.4%)	11개 (10.6%)	104개 (100.0%)
《소학언해》 범례 (1588)	100개 (86.2%) [88개 (91.7%)]	16개 (13.8%) [8개 (8.3%)]	116개 (100.0%) [96개 (100.0%)]
《소학언해》 범례'에서 [ ] 속의 수치는 중복된 항목을 1번으로 계산한 것이다.			

우리의 문헌들에서 방점 표기가 사라진 것은 16세기 말이었고, 《소학언해》는 방점 표기 말기의 문헌들 가운데 하나이다. 20세기 후반의 우리의 성조 학자들은 《소학언해》의 성조 표기는 이미 성조의 소멸 시기에 이루어진 작업이기 때문에 혼란이 극도에 달했고, 붕괴의 조짐이 뚜렷이 나타나기 때문에 성조 연구의 자료가 될 수 없다고 보았다. 그러나, 《소학언해》의 '범례'에 나타나는 성조에 대한 견해의 당당함으로 보나((113)을 참조), 또는 우리의 대응관계 분석 결과가 86%(계산 방법에 따라서는 91%)가 넘는 것으로 보아 16세기 말까지는 중세 국어의 성조 체계의 붕괴나 소멸의 징조가 전혀 나타나지 않았다는 증거이다.

문헌에서 방점 표기가 사라진 지 500년이 넘어도 강원 동해안 방언, 함경도 방언, 영남 방언은 아직도 성조 체계가 뚜렷이 남아 있으며, 전라 방언은 현재 시점에서 성조방언이라고 할 수는 없으나, 가까운 과거까지 성조방언이었을 가능성을 보여 주고 있다. 이런 사실을 보면, 임진란 후에 우리의 문헌들에서 방점의 표기가 사라졌다 하더라도 성조 체계는 적어도 일이백 년은 더 계속되었을 것임을 추측할 수 있다. 함경도 방언, 연변 방언, 강원 동해안 방언, 경상도 방언 등의 문헌 자료가 임진란 이후 몇 백 년 동안 방점 표기 없이 보존되어 왔으나, 성조 체계가 살아남아 있다는 것은 서울을 중심으로 하는 중부 방언에서 성조 체계가 문헌의 방점 표기와는 상관없이 상당히 오랜 기간 동안 유지되었을 것임을 보증해 주는 것이라고 볼 수 있다.

4.5 《훈민정음(해례)》 속의 한자 방점 자료와 창원 방언① 방점의 비교

《훈민정음(해례)》에는 다음과 같은 한자음 방점 자료가 나타난다.

(134) 《훈민정음(해례)》 의 한자 방점 자료
ㄱ. 초성해에 나오는 것
군(君), ·쾡(快), 뀨(虯), 업(業)

ㄴ. 중성해에 나오는 것
ᄐᆞᆫ(呑), ᄌᆞᆨ(卽), 침(侵)
ㄷ. 종성해에 나오는 것
ᄌᆞᆨ(卽), ᅘᅩᆼ(洪), 벼ᇙ(彆), 군(君), 업(業), 땀(覃)

이들 가운데서 중복된 것은 1번으로 계산 하면 모두 10자이다. 《동국정운》과 《훈민정음언해》에서 이 10자와 같은 한자를 찾아서 그 음운 표상을 나란하게 붙이면 다음과 같다.

(135) 《훈민정음(해례)》 한자음 자료와 《동국정운》 및 《훈민정음언해》 자료의 대조

ㄱ. 《훈정》 평성자	《동운》	《훈언》
뀨(虯)	<뀨ᇹ (4:35a)> [31]	虯(뀨ᇹ)
군(君)	<군 (3:1a)>	君(군)
ᄐᆞᆫ(呑)	<ᄐᆞᆫ (2:17a)>	呑(ᄐᆞᆫ)
침(侵)	<침 (3:35b)>	侵(침)
땀(覃)	<땀 (3:40a)>	覃(땀)
ᅘᅩᆼ(洪)	<ᅘᅩᆼ (1:22a)>	洪(ᅘᅩᆼ)
ㄴ. 《훈정》 거성자	《동운》	《훈언》
·쾌(快)	<·쾡 (5:36a)>	快(·쾡)
ㄷ. 《훈정》 입성자	《동운》	《훈언》
볋(彆)	<·벼ᇙ (3:17a)>	彆(·벼ᇙ)
업(業)	<·업 (4:1b)>	業(·업)
ᄌᆞᆨ(卽)	<·ᄌᆞᆨ (1:3a)>	卽(·ᄌᆞᆨ)

《동국정운》의 한자음 표기는 15세기 우리말의 음운 체계와 《고금운회거요》, 《홍무정운》을 절충하여 만든 교정 한자음이다. 권재선(1987 : 134, 134)에 따르면, 1443년 이전에 이루어진 《어제 동국정운》을 수정 보완하여 《동국정운》을 완성했는데, 최만리가 1444년에 모질게 반대한 것은 이 《어제 동국정운》이라고 보았으며, 《어제 동국정운》의 간행 사업은 최만리 등의 반대가 있은 뒤에 흔적도 없이 폐기된 것으로 보았다.

지은이는 완성된 《동국정운》 이전에 약간의 안이 있었고, 《훈민정음(해례)》에 나타난 정인지 등의 음운학적 설명은 그 가운데 하나를 따른 것이며, 그러한 차이가 있는 안은 간행하지 않고 폐기했을 수가 있으나, 그러한 존재의 영향은 《동국정운》 간행 후에도 나타날 수 있었던 것으로 보고자 한다. (135)에 나타난 《훈민정음(해례)》의 한자음과 《동국정운》의 한자음의 차이는 이 둘 사이의 차이라 할 수 있다. 《훈민정음(해례)》의 '종성해'에는 다음과 같은 말이 있다.

31) '(4:35a)'는 《동국정운》 4권 35쪽 앞면을 가리키고, '(3:35b)'는 《동국정운》 3권 35쪽 뒷면을 가리킨다. 다른 8자도 같은 방법으로 표시했다.

(136) 《훈민정음(해례)》 종성해
ㅇ聲淡而虛 不必用於終
<ㅇ소리는 맑으며 비어 있어 사용하지 않더라도 (초성과) 중성(만)으로 음절을 이룰 수 있다.>

(135)ㄴ에서 '快'에 대한 「·쾌(훈민정음 해례)」와 「·쾡(동국정운)」의 차이는 (136)의 적용 여부에 따른 차이라 할 수 있다. (136)의 적용 여부에 따른 차이는 다른 문헌에서도 찾을 수 있다. 《월인천강지곡》의 「·셰世존尊(29), 셔如ᄅᆡ來(28)」와 《석보상절》의 「世·솅尊존(6:20a), 如셩來ᄅᆡᆼ(6:8a)」의 차이는 (136)의 적용 여부에 따른 차이이다.

(136)ㄱ의 '叫'에 대한 「뀨(훈민정음 해례) : 뀽(동국정운)」의 차이는 (136)과는 다른 어떤 표기상의 차이인데, 구축모음(口蹙)(=원순모음) 아래에 오는 종성 /w/[ㅱ]는 중국어의 음운 표상 체계에서는 운미(coda)로 존재할 수 있으나, 우리말 토박이의 직관으로는 잡히지 않는 소리이다. 당시의 《동국정운》이나 그 이전에 있었을 것으로 추측되는 표기 안들과 《훈민정음(해례)》에서 종성 /w/[ㅱ]의 생략에 대한 어떠한 설명도 보이지 않는다. 그럼에도 불구하고 《훈민정음(해례)》에는 비록 '叫' 자 하나에 한정되지만, /w/[ㅱ]를 생략했던 안이 있었음을 인정할 수가 있다. /w/[ㅱ]의 생략은 《월인천강지곡》에는 찾을 수 없다(보기;「텬天룡龍·밣八:뽕部」(월인7, 22)「·ᅙᅵᇙ一쳔千·삐比큫丘」(월인110)).

(135)ㄷ에서는 두 문헌 사이에 '鷩'에 대하여 「/별/(훈정) : /·볋/(동운)」이라는 또 하나의 차이가 보인다.

(137) 《동국정운》 서문에서
又於質勿諸韻 以影補來 因俗歸正
<또 질(質)운과 물(勿)운과 같은 (ㄹ 종성을 가진) 모든 운들은 영모(곧 ㆆ)로 래모(곧 ㄹ)을 보충하여, 습속을 바탕하여 바로잡았다.

(137)은 중고한음 /t/ 종성을 가진 입성자에 대응하는 15세기 우리말의 한자음은 이미 [CVl˺]로 나타나고 있었는데, 종성 [l˺]은 촉급함이 없기 때문에 영모 ㆆ[ʔ˺]을 보충하여 [CVl˺ʔ˺]로 소리 냄으로써 입성다운 음절로 고치고자 했음을 말한다. 《동국정운》 완성 이전에 만들어졌던 안들 중에는 당시의 우리말 한자음은 이미 [CVl˺]을 [CVt˺]으로 고쳐서 발음하려는 안이 있었음을 가리키며, 그것의 흔적이 《훈민정음(해례)》에 '鷩(별)'으로 나타난 것으로 보인다.

(135)ㄷ에서 《훈민정음언해》와 《동국정운》에 입성자는 3자 모두 '鷩(·별), 業(·업), 卽(·즉)'으로 나와 있는데, 《훈민정음(해례)》에는 방점 표시가 없이 '별(鷩), 업(業), 즉(卽)'으로 되어 있다. 그 까닭이 무엇인지 알 수 없으나, 아마 《동국정운》의 완성 이전에 있었던

안들 중에는 한자음 입성은 그 받침 자체로 거의 100% ·□(1점)이란 것이 예측되기 때문에 입성자에 ·□(1점) 표시는 잉여적인 것으로 판단하여 그 표시를 생략했던 것이 아닌가 생각된다.

마지막으로 (135)에 나오는 10개의 한자형태소가 현대의 창원 방언①에 어떠한 방점 표상으로 나타나는지를 보기를 제시하여 그 대응관계를 보기로 한다.

(138) 《훈민정음(해례)》의 한자음과 창원 방언①에서 그것들의 쓰임

《해례》	창원 방언①[32]		
{군(君)}	君臨(군·림)	君命(군명)	君師父(군사·부)
	君臣(군신)	君王(군왕)	君子(군·자)
	君主(군·주)	明君(명군)	諸君(제군)
{침(侵)}	侵攻(침공)	侵略(침·략)	侵犯(침·범)
	侵入(침·입)		
{ᅘᅩᆼ(洪)}	洪福(홍·복)	洪水(홍·수)	洪魚(홍어)
	洪恩(홍은)		
{·쾌(快)}	快感(·쾌·감)	快擧(·쾌·거)	快感(·쾌·감)
	快樂(·쾌·락)	快適(·쾌·적)	快調(·쾌·조)
	快晴(·쾌·락)	쾌활(·쾌·활)	明快(명·쾌)
{·업(業)}[33]	業界(·업·계)	業苦(·업·고)	業力(·업·력)
	業報(·업·보)	業者(·업·자)	家業(가·업)
	工業(공·업)	從業(종·업)	
{·즉(卽)}	卽刻(·즉·각)	卽決(·즉·결)	卽答(·즉·답)
	卽席(·즉·석)	卽時(·즉·시)	卽位(·즉·위)
	卽興(·즉·흥)		

{ᄐᆞᆫ(呑)} <창원 방언①에 쓰인 보기를 찾지 못했다.>
{뀨(虯)} <창원 방언①에 쓰인 보기를 찾지 못했다.>
{·볃(彆)} <창원 방언①에 쓰인 보기를 찾지 못했다.>
{땀(覃)} <창원 방언①에 쓰인 보기를 찾지 못했다.>

창원 방언①에 쓰이는 보기를 찾지 못한 'ᄐᆞᆫ(呑), 뀨(虯), ·볃(彆), 땀(覃)'을 제외하면, 《훈민정음(해례)》에서 평성(□)으로 나타나는 '군(君), 침(侵), ᅘᅩᆼ(洪)'은 (138)에서 보는 바와 같이 창원 방언①에서도 '군(君), 침(侵), 홍(洪)'으로 평성(□)으로 나타나며, 《훈민정음(해

32) 창원 방언①에서는 규칙 (14)에 따라 □·□은 /HM/[HM], □□은 /H^2/[MH], ·□·□은 /M^2/{[HH], [MM]}으로 나타난다.

33) (135)에서 {·업(業), ·즉(卽), ·볃(彆)}은 《훈민정음(해례)》에 방점 표시가 없으나, 성조는 종성에 의해 예측되는 잉여적인 자질이므로 생략된 것으로 판단하여 여기에서는 ·□(1점)으로 보충해 넣었다.

례)》에서 거성(·□)으로 나타나는 '·쾌(快)'는 창원 방언①에서도 '·쾌(快)'로 거성(·□)으로 나타나며, 《훈민정음(해례)》에서 거성점(·□) 표시를 생략한 것으로 보이는 입성자 '업(業), 즉(卽)'은 창원 방언①에서 '·업(業), ·즉(卽)'으로 거성점(·□)으로 나타남을 본다. 《훈민정음(해례)》에 상성(:□) 성조를 가진 한자형태소가 나오지 않아서 창원 방언①의 한자음과 대조할 수가 없는데, 이는 《훈민정음(해례)》에 자료 제시가 불균형한 것이라 할 수 있다.

《훈민정음(해례)》의 한자음 표기 자료에서 분절음은 우리의 음소 체계와 중국어의 음소 체계에 바탕을 둔 교정음이지만, 그 교정음 자체가 15세기 국어의 발음도 아니고, 당시 또는 고금의 어떤 중국어나 그 방언의 발음도 아니므로 그것을 창원 방언①과 비교한다는 것은 언어학적으로 거의 의미가 없다. 그러나 방점으로 표기된 성조만은 그렇지 않다.

우리말의 한자음은 상고 한음이나 중고 한음에서 적어도 천년 이상의 기간을 통해서, 주로 북방 방언을 통해서 들어와서 우리말 어휘의 40~60%를 차지하게 되었다. 그 동안에 중국어에서 평성이었던 것의 다수는 우리말(중세 국어와 현대 성조방언)에서도 평성으로 남았고, 상성이었던 것의 다수는 우리말에서도 상성으로 남았으며, 거성이었던 것의 다수는 우리말에서는 상성으로 남았으며, 거성이었던 것 중에서 상성으로 변한 것을 제외한 것의 나머지는 그 과반수가 거성으로, 그리고 일부는 평성으로 남았다[34]. 그리고 중국어에서 입성은 우리말에서 95% 정도의 압도적인 다수가 거성(·□, 1점)으로 남게 되었다.[35]

《훈민정음(해례)》이나 《동국정운》의 한자음은 중국의 운서 《고금운회거요》와 《홍무정운》에 바탕을 두고 방점 표기를 하되, 분절음과 비슷한 방법으로 인위적인 교정 방점을 만든 것은 아니었기 때문에, 결국 이 장에서 중국어와 우리말 방언의 성조의 대응관계를 논한 것이나 마찬가지이다.

《고금운회거요》와 《홍무정운》 등의 운서의 성조는 역사적으로 거슬러 올라가면 중국의 상고한음의 영향이 흔적을 남기고 있으나, 주로 중고한음을 반영하고 있으며, 창원 방언①의 한자음도 상고한음의 흔적이 없다고는 할 수 없으나, 통일 신라에 와서 중고한음에 의해 규범화되고, 그 이후 오늘날의 자서나 운서에까지 중고한음의 성조를 그대로 옮겨 놓은 것으로 보인다.[36] 그러므로 《훈민정음(해례)》나 《동국정운》의 한자음 방점과 창원 방언①의 한자음 방점의 비교는 중고한음의 성조와 창원 방언①의 성조를 비교하는 것과 같은 효력을 가진다고 할 수 있다.

이 절에서는 6개의 한자형태소를 가지고 방점의 대응관계를 논하고 100% 창원 방언①과

34) 김차균(2012)를 참조.
35) 김세진(2008)을 참조.
36) 우리의 운서나 자서의 성조 표기가 중고한음을 그대로 옮겨 놓았다는 견해에 대해서는 최희수(1986)을 참조.

일치함을 보았지만, 그 가운데는 상성(:□)이 1개도 없다는 점이 《훈민정음(해례)》의 자료 제시에서 아쉬운 점이다. 그리고 입성자에 방점 표시가 생략(?)되었다는 것도 또한 문제이다. 계량적인 연구에서는 최소한 1,000개 이상의 실제로 쓰이는 낱말을 비교했을 때만, 의미가 있는 것이 아닌가 한다. 그러나 6개라도 성조의 대응관계를 논하는 방법과 그 대응의 특징을 대강이라도 보여 주었다는 데에서 의의를 찾을 수는 있겠다.

4.6 맺음말

이 장에서는 방점을 사용해서 성조를 표시한 최초의 문헌들 가운데 하나인 《훈민정음(해례)》와 최후의 문헌들 가운데 하나인 《소학언해》 범례의 방점 표기 자료를 현대 성조 방언들 가운데 하나인 창원 방언①의 방점 자료와 비교하여 어느 정도의 대응관계가 성립하는지 계량적으로 정리했다.

《훈민정음(해례)》의 자료들 가운데 창원 방언①에는 쓰이지 않거나 어원이 다른 것 11개 항목을 제외한 104개의 고유어를 모두 검토 대상으로 했고, 《소학언해》 범례의 자료들도 같은 관점에서 창원 방언①에는 쓰이지 않거나 어원이 다른 것 2개 항목을 제외한 116개의 고유어를 모두 검토 대상으로 했다.

머리말 4.1절에 이어 4.2절에서는 중세 국어의 성조 이론의 기본을 소개했다. 그 내용은 다음과 같다. 《훈민정음(해례)》에서는 성조의 조치(調値)를 '안(安)→화(和)→거(擧)→장(壯)'이라는 단계적인 방법으로 설명했고, 또 방점에 의해 성조를 표시했다. 이 두 가지를 종합하면, 《훈민정음(해례)》에서는 무표 성조인 평성은 □(무점/0점)으로 표시했고, 2개의 유표 성조는 그 조치의 복잡성의 정도에 따라 거성은 ·□(1점)으로, 상성은 :□(2점)으로 표시했을 것으로 보인다. 《훈민정음(언해)》의 사성주에 따르면 평성은 가장 낮은 음조, 거성은 가장 높은 음조, 상성은 낮다가 높아가는 음조였다.

16세기 최세진(1517/1974)의 《번역노걸대박통사》 범례에는 성조의 2분법이 명시적으로 나타난다. "우리말의 성조는 평성과 측성으로 2분되고, 측성은 다시 거성과 상성으로 2분된다." 최세진(1527/1973)의 《훈몽자회》 범례에 성조에 대한 설명을 보면 평성과 거성은 그 조치가 15세기의 그것과 차이가 나타나지 않지만, 상성은 길게 끌다가 뒤끝이 높아지는 특징을 가지며, 평성이나 거성과의 상대적인 높이의 차이는 설명되어 있지 않다. 《훈몽자회》 범례의 성조의 조치 설명은 《소학언해》 범례에 그대로 계승된다. 《동국정운》 서문과 《소학언해》 범례에는 우리 한자음에는 중고한음 상성(㔾)과 거성(㔽)이 우리 현실한자음에 반영될 때, 구별 없이 서로 섞여서 나타남을 상거무별(上去無別)과 상거상혼(上去相混)으로 각각 설명했다. 그러나 《소학언해》 범례에서는 상성(巳)과 거성(᠁)에서 와서 우리 한자음에 쓰이고 있는 한자형태소의 방점은 시속음(우리 현실한자음)을 따르라는 규정을 두고 있다.

4.3절에서는 중세 국어 방점과 현대 창원 방언①의 방점의 대응관계 표(/대응 규칙)을 제시했고, 어느 두 시기의 두 언어(또는 방언)이나, 같은 시기의 두 방언의 방점 체계의 동일성의 정도를 판단하기 위한 척도인 '양방향 단일성 조건(bi-uniqueness condition)'을 제시하여 비교 대상이 되는 두 언어(또는 방언)의 운율 체계의 닮은 정도를 파악할 수 있게 했다.

4.4절에서는 먼저 《훈민정음(해례)》의 방점 자료들과 창원 방언①의 방점형들의 대응관계를 계량적인 방법으로 검토하고, 다음에는 《소학언해》 범례에 나타나는 방점 자료들과 창원 방언①의 방점형들의 대응관계를 같은 방법으로 검토한 다음에 이들을 종합하여 두 가지 대응관계의 정도에 차이가 거의 나타나지 않아서 16세기 말까지는 성조 체계의 붕괴 또는 소멸의 징조가 나타나지 않았음을 밝혔다.

4.5절에서는 먼저 《훈민정음(해례)》 속에 나타나는 중고한자음에 표시된 방점 자료들의 특성을 밝혀내어 이들에 대응하는 창원 방언① 한자형태소의 방점과 비교했는데, 비교대상이 되는 한자형태소 방점 자료는 6개 밖에 되지 않지만, 대응관계 표에 100%의 일치를 보였다.

제II부

경남 동남부 4개 방언과 양산 방언의 성조

제5장 경남 동남부 방언의 성조 체계

5.1 머리말

이 장은 경남 동남부 방언권에 속하는 함안 방언, 창원 방언①②, 김해 방언과 동남부 방언은 아니지만 인접 방언인 양산 방언의[1] 방점형, 성조형, 음조형의 체계를 밝히고, 방점 자료를 정리하여 대조적으로 제시하는 것이 목적이다.

목적을 좀 더 세분하면 5.2절과 5.3절에서는 이름씨 자료를 음절수와 방점형에 따라 정리하고, 이름씨의 조어법과 굴곡법에서 방점의 변동 유무와 변동이 있을 때 거기에 적용되는 규칙을 검토한다. 그리고 5.4~5.6절에서는 풀이씨 자료를 음절수와 방점형에 따라 정리하고, 풀이씨의 굴곡법에서 방점의 변동 유무를 밝히고, 변동이 있을 때 거기에 나타나는 현상을 분석하여 규칙화 하고, 풀이씨의 조어법에 나타나는 현상들도 거기에 적용되는 규칙

---

1) 방언을 조사하는 과정에서는 부산 방언은 다른 방언들보다 더 많은 시간을 들여 조사했다. 그러나, 부산은 대도시이고 또한 전국의 수많은 방언 화자들이 모여 사는 곳이고, 부산에서 여러 대에 걸쳐서 살아온 고령의 토박이 화자들도 다른 방언의 영향을 많이 받기 때문에 전통적인 방언학이나 방언지리학적인 관점에서 방언 조사를 하는 것은 부적합한 것으로 판단되었다. 따라서 부산 방언의 자료는 앞으로 사회방언학적인 관점에서 자료를 보완한 뒤에 따로 연구하기로 하고, 이 책에서는 연구 대상에서 제외했다. 김해 방언도 부산 방언과의 경계가 뚜렷하지 않을 뿐만 아니라 여러 화자들의 구어 속에는 역시 대도시에서 나타나는 혼합의 특성이 나타났지만, 고령의 토박이들 가운데는 아직까지도 조상들한테서 방언적인 순수성을 가지고 있어서 이 책의 검토 대상으로 했다.
함안 방언, 창원 방언①②, 김해 방언에는 앞뒤 모음이 같거나, 또는 뒤따르는 모음이 /i/일 때 두 모음 사이에서 /ㅇ/(ŋ)이 삭제되고, 보상작용으로 앞뒤 모음의 비음화가 매우 빈번하게 나타난다. 양산 방언서는 이와 같은 모음의 비음화 단계를 이미 넘어서 탈비음화(denasalization)이 일어나는 경우가 자주 나타나는데, 이 단계에 오면 모음사이에 비음이 존재했던 흔적이 사라진다. 양산은 경남의 북동쪽 끝으로 크게 치우쳐 있고, 성조론적으로도 위의 4개 방언과는 몇 가지 점에서 차이가 뚜렷하여 인접하는 기장 방언, 언양 방언, 울산 방언의 음운론적인 연구가 이루어진 다음에 양산 방언의 위상이 밝혀지겠지만, 이것은 지은이의 힘이 미치지 못하므로, 앞으로 다른 학자들의 연구가 있기를 바란다.

과 관련시켜 설명하고서 자료들을 정리한다. 그리고 5.7절에서는 풀이씨의 상성형의 굴곡형이 평3형으로 드물게 임의변동하는 현상을 비롯해서 이와 유사한 특수한 방점형 변동 자료를 정리하고 그 원인을 밝히며, 표현적 장음화와 쉼(#)의 앞과 뒤에 나타나는 성조형의 독립적인 음조형 실현에 대해서도 간단하게 살펴본다.

5.8절에서는 경남 동남부 4개 방언과 지역적으로 경남 동북부의 양산 방언의 차이를 먼저 외적순행평성동화 현상과 관련하여 설명하고, 다음에 비음의 약화에 따른 보상 작용의 하나인 모음 비음화 현상을 살펴보면서 뒤따라 일어나는 탈비음화를 방언 차이의 관점에서 검토한다.

5.9절에서는 이름씨와 풀이씨 이외의 다른 품사들의 자료들을 방점형의 대응관계에 주목하면서 정리해서 제시한다.

5.10절에서는 5.2~5.9절의 내용을 간추려서 5장의 맺음말로 갈음한다.

5.2 이름씨

5.2.1 이름씨 운율형 자료

이 장에서는 경남 동남부 방언권의 창원 방언①, 창원 방언②, 함안 방언, 김해 방언, 양산 방언의 이름씨 자료를 평측형, 상성형, 거성형의 순서로 제시한다. 같은 운율형인 경우에는 음절수가 적은 것에서 많은 것의 순서로 하며, 중간에 쉼(#)이 들어가는 자료는 쉼이 들어가지 않는 자료 제시가 끝난 다음에 제시한다.

방언 자료의 제시에 나타나는 각주들에는 그 자료를 제시할 때 나타나는 제보자들의 정서적인 반응, 그 자료의 뜻, 그 자료를 사용하는 사람들의 연령 층, 그 자료의 분절음이나 방점, 성조, 음조, 그 자료가 나타내는 어휘적인 의미, 또는 형태론적인 구조, 그 자료가 나타내는 굴곡형들의 방점, 성조, 음조 층위의 정보, 그 자료가 나타나는 말토막이나 예문, 유의어, 반의어, 등을 표시한다. 이와 같은 정보들은 앞서 있었던 지은이의 다른 논저들에서는 대부분 생략하거나 극히 빈약하게 제시했었다.

(139) 평측형 이름씨 자료

낱말	성조[음조]	나타나는 방언
겉(表)	H[{MH, M̆}][2)]	(창원①②, 함안, 김해)
곁(傍)	H[{MH, M̆}]	(창원②)

국	H[{MH, M̆}]	(창원①②, 함안, 김해)
금(金)	H[{MH, M̆}]	(창원①②, 함안, 김해)
기(旗)	H[{MH, M̆}]	(창원①②, 김해)
꼴	H[{MH, M̆}]	(창원①②, 함안, 김해)
꽁(雉)	H[{MH, M̆}]	(창원①②, 함안, 김해)
꽃(花)	H[{MH, M̆}]	(창원①②)
꽅(蠶)	H[{MH, M̆}]	(함안)
꽅(花)[3]	H[{MH, M̆}]	(창원①②, 함안, 김해)
꿩(雉)	H[{MH, M̆}]	(창원②, 김해)
낯(面)	H[{MH, M̆}]	(창원①)
낱<얼굴>[4]	H[{MH, M̆}]	(창원①②, 함안, 김해)
넉(魂)	H[{MH, M̆}]	(창원①②, 김해)
넋	H[{MH, M̆}]	(창원①②, 함안, 김해)
닥(鷄)	H[{MH, M̆}]	(창원②)
달(鷄)	H[{MH, M̆}]	(창원①②, 함안, 김해)
달ㅋ(鷄)	H[{MH, M̆}]	(창원①②, 김해)
닺	H[{MH, M̆}]	(창원①)
닼(鷄)	H[{MH, M̆}]	(창원②, 함안)
독(甕)	H[{MH, M̆}]	(창원①②, 함안, 김해)
등(背)	H[{MH, M̆}]	(창원①②, 함안, 김해)
똥(糞)	H[{MH, M̆}]	(창원①②, 함안, 김해)
말(馬)[5]	H[{MH, M̆}]	(창원①②, 함안, 김해)
맞(兄)	H[{MH, M̆}]	(창원①②)
모(苗)	H[{MH, M̆}]	(창원①②, 함안, 김해)
목(喉)	H[{MH, M̆}]	(창원①②, 함안, 김해)
문(門)	H[{MH, M̆}]	(창원①②, 함안, 김해)
밑(下,底)	H[{MH, M̆}]	(창원①②, 함안, 김해)
밖(外)	H[{MH, M̆}]	(창원①②, 함안, 김해)
방(房)	H[{MH, M̆}]	(창원①②, 함안, 김해)
밭(田)	H[{MH, M̆}]	(창원①②, 함안, 김해)
배(梨)	H[{MH, M̆}]	(창원①②, 함안, 김해)
벗(朋)[6]	H[{MH, M̆}]	(창원①, 함안)

2) [{A, B}]와 같은 표시는 [A]로 발음될 수도 있고, [B]로 발음될 수도 있어서 2가지가 다 가능함을 뜻한다. [MH]과 [M̆]은 앞이 낮고 뒤가 높아진다는 점에서는 같으나, 전자는 2모라인 데 대하여 후자는 1.6모라 정도의 길이라는 점에서 차이가 있다. 자연스러운 대화에서는 후자의 빈도가 높은 편이다.

3) [창원 방언①] /꽅 껑치 :마·라, 꺾·어·라, 껑·커·라/, /꽅·을/[꼬·틀], /꽅·에/[꼬·테], /꽅·이/[꼬·치]; [함안 방언, 김해 방언] /꽅 껑찌 :마·라, 꺾·어·라, 껑·꺼·라/.

4) [창원 방언①, 함안 방언, 김해 방언] /낱·에 조·옴 찍·어 발·라·라/.

5) [창원 방언①] /말·로 ·타·고/.

벵(瓶)	H[{MH, M̆}]	(창원①②, 김해)
벹(陽)	H[{MH, M̆}]	(창원①②, 함안, 김해)
병(瓶)	H[{MH, M̆}]	(창원②)
볕(陽)	H[{MH, M̆}]	(창원②, 함안)
복(伏)	H[{MH, M̆}]	(창원①②, 함안, 김해)
비(碑)	H[{MH, M̆}]	(창원①②, 함안, 김해)
빋(負債)[7]	H[{MH, M̆}]	(함안)
빗(債)	H[{MH, M̆}]	(김해)
빚(債)	H[{MH, M̆}]	(창원①②, 함안, 김해)
삭(芽)	H[{MH, M̆}]	(김해)
삯(芽)	H[{MH, M̆}]	(김해)
산(山)	H[{MH, M̆}]	(창원①②, 함안, 김해)
삼(蔘)	H[{MH, M̆}]	(창원①②, 함안, 김해)
상(床)[8]	H[{MH, M̆}]	(창원①②, 함안, 김해)
손(客)[9]	H[{MH, M̆}]	(창원①②, 함안, 김해)
손(孫)	H[{MH, M̆}]	(양산)
솣(鼎)	H[{MH, M̆}]	(창원①②)
솥(鼎)	H[{MH, M̆}]	(창원①②, 함안, 김해)
술(酒)[10]	H[{MH, M̆}]	(창원①②, 함안, 김해)
숯(炭)	H[{MH, M̆}]	(양산)
숱(炭)	H[{MH, M̆}]	(창원①②, 함안, 김해)
시(詩)	H[{MH, M̆}]	(창원①②, 함안, 김해)
싹(芽)	H[{MH, M̆}]	(창원①②, 함안)
싻(芽)	H[{MH, M̆}]	(창원②, 함안)
앞(前)	H[{MH, M̆}]	(창원①②, 함안, 김해)
양(羊)	H[{MH, M̆}]	(창원①②, 함안, 김해)
연(鳶)	H[{MH, M̆}]	(창원①②, 함안, 김해)
옷(漆)	H[{MH, M̆}]	(양산)
옻(漆)	H[{MH, M̆}]	(창원①②, 함안)
옽(漆)	H[{MH, M̆}]	(창원①②, 함안, 김해)
우(上)	H[{MH, M̆}]	(창원①②, 함안, 김해)
위(上)	H[{MH, M̆}]	(창원①②)
윷	H[{MH, M̆}]	(창원①②, 함안, 김해)
윹	H[{MH, M̆}]	(창원①②)
은(銀)	H[{MH, M̆}]	(창원①②, 함안, 김해)

6) ［함안 방언］ /벗삼·아/.
7) ［함안 방언］ /빋, 빋·을/.
8) ［창원 방언①②, 함안 방언］ /상, 사·이/; ［김해 방언］ /상, 상·이, *사·이/.
9) ［창원 방언①］ /소·이 ·왔·다/<손님이 왔다>; ［김해 방언］ /소·이 ·왔·다/<손님이 왔다>, /손·님/.
10) ［창원 방언①②］ /술, 술·을 묵·고, 술·로 묵·고/<술을 먹고>; ［김해 방언］ /술, 술·로 묵·고/.

장(市)[11]	H[{MH, M̆}]	(창원①②, 함안, 김해)
겉(傍)	H[{MH, M̆}]	(창원①②, 함안, 김해)
종(鍾)	H[{MH, M̆}]	(창원①②, 함안, 김해)
집(家)	H[{MH, M̆}]	(창원①②, 함안, 김해)
짝	H[{MH, M̆}]	(창원①②, 함안, 김해)
쪽<국자>	H[{MH, M̆}]	(창원①②, 함안, 김해)
차(車)[12]	H[{MH, M̆}]	(창원①②, 함안, 김해)
창(蹄)	H[{MH, M̆}]	(창원①②, 함안, 김해)
창(窓)	H[{MH, M̆}]	(창원①②, 함안, 김해)
창(槍)	H[{MH, M̆}]	(창원①②, 함안, 김해)
창<구두~>	H[{MH, M̆}]	(창원①②, 함안, 김해)
청<마루>	H[{MH, M̆}]	(창원①②, 함안, 김해)
초(醋)	H[{MH, M̆}]	(창원①②, 함안, 김해)
침(鍼)	H[{MH, M̆}]	(창원①②, 함안, 김해)
콩(大豆)	H[{MH, M̆}]	(창원①②, 함안, 김해)
털(毛)	H[{MH, M̆}]	(창원①②, 함안, 김해)
파(派)	H[{MH, M̆}]	(창원①②, 함안, 김해)
판(床)	H[{MH, M̆}]	(창원①②, 함안, 김해)
팔(腕)	H[{MH, M̆}]	(창원①②, 함안, 김해)
폴(腕)	H[{MH, M̆}]	(창원②, 함안, 김해)
할(弓)	H[{MH, M̆}]	(창원①②, 함안, 김해)
홉	H[{MH, M̆}]	(창원①②, 함안, 김해)
활(弓)	H[{MH, M̆}]	(창원②, 함안)
흘(土)[13]	H[{MH, M̆}]	(창원①②, 함안)
흘ㅋ<흙>	H[{MH, M̆}]	(창원①②, 김해)
흑<흙>[14]	H[{MH, M̆}]	(창원②, 함안)
곁(傍)	H[H˺]	(양산)
국	H[H˺]	(양산)
금(金)	H[H˺]	(양산)
겉(表)	H[H˺]	(양산)
꿀	H[H˺]	(양산)
꽁(雉)	H[H˺]	(양산)
꽃(花)	H[H˺]	(양산)
꼳(蠶)	H[H˺]	(양산)
꼳(花)	H[H˺]	(양산)
낯(面)	H[H˺]	(양산)

11) [창원 방언①, 김해 방언, 함안 방언] /자·아 ·간·다/.
12) [창원 방언①②] /차타·고/; [양산 방언] /차·타·고/
13) [창원 방언①] /흘, 흘·을/.
14) [창원 방언②] /흑, 흑·을; 흑, 흑·을/.

낱<얼굴>	H[H˺]	(양산)
넉(魂)	H[H˺]	(양산)
넋	H[H˺]	(양산)
달(鷄)	H[H˺]	(양산)
닭	H[H˺]	(양산)
닥(鷄)	H[H˺]	(양산)
독(甕)[15]	H[H˺]	(양산)
등(背)[16]	H[H˺]	(양산)
똥(糞)	H[H˺]	(양산)
말(馬)[17]	H[H˺]	(양산)
모(苗)	H[H˺]	(양산)
목(喉)	H[H˺]	(양산)
문(門)	H[H˺]	(양산)
밑(下,底)	H[H˺]	(양산)
밖(外)	H[H˺]	(양산)
방(房)[18]	H[H˺]	(양산)
밭(田)	H[H˺]	(양산)
배(梨)	H[H˺]	(양산)
벹(陽)	H[H˺]	(양산)
비(碑)	H[H˺]	(양산)
빗(債)	H[H˺]	(양산)
빚(債)	H[H˺]	(양산)
삭(芽)	H[H˺]	(양산)
산(山)	H[H˺]	(양산)
삼(蔘)	H[H˺]	(양산)
상(床)[19]	H[H˺]	(양산)
손(客)[20]	H[H˺]	(양산)
손(孫)	H[H˺]	(양산)
솥(鼎)	H[H˺]	(양산)
술(酒)[21]	H[H˺]	(양산)
숯(炭)	H[H˺]	(양산)
숱(炭)	H[H˺]	(양산)

---

15) [양산 방언] /독/은 /·큰 ·단·지/의 뜻, /술똑, ·물·똑·아·지/, /독아·지/는 잘 안 쓴다.
16) [양산 방언] /등/은 아주 드물게 쓴다.
17) [양산 방언] /말·로 ·타·고/<말을 타고>.
18) [양산 방언] /방/, /바·아/<방에>.
19) [양산 방언] /상+이/→/사·이/.
20) [양산 방언] /소·이 ·왔·다/<손님이 왔다>, 양산 방언에서는 홀소리의 비비음화(de-nasalization)이 일어나서 /손+·이/→/소·이/, /병+·이/→/베·이/, 등으로 자주 발음된다.
21) [양산 방언] /술+·을/→/술·로/, /말+·을/→/말·로/, 등으로 나타난다.

시(詩)	H[H⌝]	(양산)
앞(前)	H[H⌝]	(양산)
양(羊)	H[H⌝]	(양산)
연(鳶)	H[H⌝]	(양산)
옷(漆)	H[H⌝]	(양산)
옻(漆)	H[H⌝]	(양산)
우(上)	H[H⌝]	(양산)
윷	H[H⌝]	(양산)
은(銀)	H[H⌝]	(양산)
장(市)[22]	H[H⌝]	(양산)
잩(傍)[23]	H[H⌝]	(양산)
젙(傍)	H[H⌝]	(양산)
종(鍾)	H[H⌝]	(양산)
집(家)	H[H⌝]	(양산)
차(車)[24]	H[H⌝]	(양산)
창(槍)	H[H⌝]	(양산)
청(마루)	H[H⌝]	(양산)
초(醋)	H[H⌝]	(양산)
침(鍼)	H[H⌝]	(양산)
콩(大豆)	H[H⌝]	(양산)
털(毛)	H[H⌝]	(양산)
파(派)	H[H⌝]	(양산)
판(床)	H[H⌝]	(양산)
팔(腕)	H[H⌝]	(양산)
폴(腕)[25]	H[H⌝]	(양산)
할(弓)[26]	H[H⌝]	(양산)
홉	H[H⌝]	(양산)
흘(土)	H[H⌝]	(양산)
흑<흙>	H[H⌝]	(양산)
가·래<농기>	HM[HM]	(창원①②, 함안, 김해)
가·마(釜)	HM[HM]	(창원①②, 함안, 김해)
가·매(頭旋)	HM[HM]	(창원①②, 김해, 양산)
가·매(釜)	HM[HM]	(창원①②, 김해)
가·새(剪)	HM[HM]	(창원①②, 함안, 김해, 양산)
가·슴(胸)	HM[HM]	(창원①②, 함안, 김해, 양산)

22) ［양산 방언］/장, 자·아 ·간·다/.
23) ［양산 방언］/잩·에 있·어·라/.
24) ［양산 방언］/차·타·고/
25) ［양산 방언］/:어·르·신·들·은 ·주·로 폴·이·라 ·한·다/.
26) ［양산 방언］/할·을 ·순·다/.

가·심(胸)[27]	HM[HM]	(창원②, 함안, 양산)
가·아<그 아이>	HM[HM]	(창원①②, 함안, 김해, 양산)
가·위	HM[HM]	(창원②, 양산)
가·이<가위>	HM[HM]	(창원②)
각·시(女)	HM[HM]	(창원①②, 함안, 김해, 양산)
감·초	HM[HM]	(창원①②, 함안, 김해, 양산)
감·토(套)	HM[HM]	(김해)
감·투(套)	HM[HM]	(함안, 김해, 양산)
개·미(蟻)	HM[HM]	(양산)
개·울	HM[HM]	(김해)
거·리(街)[28]	HM[HM]	(김해)
거·무(蜘蛛)	HM[HM]	(창원①②, 함안, 김해, 양산)
거·미(蜘蛛)	HM[HM]	(김해, 양산)
거·울(鏡)[29]	HM[HM]	(창원①②, 함안, 김해, 양산)
거·위(鵝)	HM[HM]	(양산)
거·이(鵝)	HM[HM]	(창원①②, 함안)
거·품	HM[HM]	(창원①②, 함안, 김해)
건·달	HM[HM]	(창원①②, 함안, 김해, 양산)
게·기(漁,肉)	HM[HM]	(창원①②, 함안, 김해, 양산)
게·엘(冬)	HM[HM]	(창원①②)
게·울(冬)	HM[HM]	(함안, 김해, 양산)
겜·손	HM[HM]	(창원①②, 함안, 양산)
겡·비(經費)	HM[HM]	(창원①②, 함안, 김해, 양산)
겡·손(謙遜)	HM[HM]	(김해)
겨·울(冬)	HM[HM]	(창원①②, 김해)
겸·손	HM[HM]	(창원②, 함안, 양산)
경·비(經費)	HM[HM]	(창원②)
계·급	HM[HM]	(창원①②, 함안, 김해, 양산)
고·개(峴)[30]	HM[HM]	(창원①②, 함안, 김해, 양산)
고·기(漁,肉)	HM[HM]	(창원②)
고·니(鵝)	HM[HM]	(양산)

27) [양산 방언] /가·심/</·할·매·말/>. 이 책에서 /·할·매·말, ·할·머·니·말, :어·르·신·말/ 또는 <할매말, 할머니말, 어르신말>이라는 표시는 제보자 자신들보다 나이가 대체로 20세 이상 위인 사람들의 말을 가리킨다.

28) [김해 방언] /질꺼·리/

29) [김해 방언] /거·울/은 /요새·애·말/, 이 책에서 /요새·애·말, 오새·애·말, 오주·움·말, :현·대·말/은 제보자들이 전에는 사용하지 않았으나, 학교 교육이나 표준말 등의 영향으로 청장년층의 사람들이 사용하는 말을 가리킨다. /요새·애·말, 오새·애·말, 오주·움·말, :현·대·말/은 어형이 표준말과 같을 수도 있으나, 기존의 방언 어형과 표준말의 어형이 혼합되어 만들어진 것도 있다.

30) [양산 방언] /고·개, 고개만디·이/.

고·리(環)	HM[HM]	(창원①②, 함안, 김해, 양산)
고·모(姑母)	HM[HM]	(창원①②, 함안, 양산)
고·무(姑母)	HM[HM]	(창원①②, 함안, 김해, 양산)
구·리(銅)	HM[HM]	(창원①②, 함안, 김해, 양산)
구·부(曲)	HM[HM]	(창원①, 김해)
구·비(曲)	HM[HM]	(창원①②)
구·슬(玉)[31]	HM[HM]	(창원①②, 함안, 양산)
구·시(槽)	HM[HM]	(창원①②, 함안, 김해)
구·실(珠, 玉)	HM[HM]	(창원①②, 함안, 김해, 양산)
국·밥[32]	HM[HM]	(창원①②, 함안, 김해, 양산)
국·수	HM[HM]	(창원①②, 함안, 김해)
국·시	HM[HM]	(창원①②, 함안, 김해, 양산)
국·자	HM[HM]	(양산)
그·데(君)	HM[HM]	(양산)
그·륵(器)	HM[HM]	(창원①②, 함안, 김해, 양산)
기·름(油)[33]	HM[HM]	(창원①②, 함안, 김해, 양산)
기·벨(奇別)	HM[HM]	(창원①②, 함안, 양산)
기·별(奇別)	HM[HM]	(창원①②)
기·빌(奇別)[34]	HM[HM]	(창원①②, 함안, 김해, 양산)
기·양(謫)	HM[HM]	(양산)
기·우(鵝)	HM[HM]	(창원①②, 함안)
기·을(冬)	HM[HM]	(김해)
김·치	HM[HM]	(창원①②, 함안, 김해, 양산)
까·시(荊)	HM[HM]	(창원①②, 함안, 김해, 양산)
까·자<과자>	HM[HM]	(창원①②, 함안, 김해, 양산)
깨·알	HM[HM]	(창원①②, 함안, 김해)
껍·지	HM[HM]	(창원①②, 함안, 김해, 양산)
껍·질	HM[HM]	(창원②, 함안, 양산)
꼬·깔	HM[HM]	(창원①②, 김해, 양산)
꼬·리(尾)	HM[HM]	(창원①②, 함안, 김해, 양산)
꼬·치(蠶)	HM[HM]	(창원①②, 김해, 양산)
꼭·디(後腦)[35]	HM[HM]	(창원①②)
꼴·찌(尾)	HM[HM]	(양산)
꽁·지(尾)	HM[HM]	(창원①②, 함안, 김해, 양산)
꾸·리(銅)	HM[HM]	(김해)

31) [양산 방언] /구·슬/은 /요새·애·말/.
32) [함안 방언] /:소·고·기 국·밥/.
33) [양산 방언] /기·름/은 /요새·애·말/.
34) [함안 방언] /기·빌·이 ·왔·더·나/.
35) [함안 방언] /앞·디#꼭·디, 앞디꼭·디/.

나·구(驢)	HM[HM]	(창원①②, 김해)
나·기(驢)	HM[HM]	(창원①②, 함안)
나·라(國)	HM[HM]	(창원①②, 함안, 김해, 양산)
나·락<벼>	HM[HM]	(창원①②, 함안, 김해, 양산)
나·리<참나리>	HM[HM]	(창원①②, 함안, 김해, 양산)
나·발	HM[HM]	(창원①②, 함안, 김해, 양산)
나·부(蝶)	HM[HM]	(창원①②, 함안, 양산)
나·비(蝶)	HM[HM]	(창원①②, 함안, 김해, 양산)
나·시<냉이>	HM[HM]	(창원①②, 김해)
나·팔	HM[HM]	(창원①②, 함안, 김해, 양산)
남·펜	HM[HM]	(창원①②, 함안, 김해, 양산)
남·편	HM[HM]	(창원①②)
내·이	HM[HM]	(창원①②, 김해)
냄·펜<남편>	HM[HM]	(양산)
넝·꿀(蔓)	HM[HM]	(김해)
넝·쿨(蔓)	HM[HM]	(창원①②, 함안, 양산)
노·끈	HM[HM]	(창원①②, 함안, 김해, 양산)
노·래(歌)	HM[HM]	(창원①②, 함안, 김해, 양산)
노·륵(役)	HM[HM]	(함안)
노·릇(役)	HM[HM]	(창원①②, 양산)
노·리(役)	HM[HM]	(김해)
노·올<노을>	HM[HM]	(창원②, 함안, 양산)
노·올<노을>	HM[HM]	(함안)
농·주(農酒)	HM[HM]	(창원①②, 김해)
높·이(高)	HM[HM]	(창원①②, 함안, 김해, 양산)
누·룩(麴)	HM[HM]	(창원①②, 함안, 김해, 양산)
누·비(蠶)	HM[HM]	(창원②)
누·에(蠶)	HM[HM]	(양산)
눈·꼴	HM[HM]	(함안)
눈·알	HM[HM]	(창원②, 함안, 양산)
니·비(蠶)	HM[HM]	(창원①②, 함안, 김해)
니·이(蠶)	HM[HM]	(창원①②)
대·구(鱈)	HM[HM]	(창원①②, 함안, 김해, 양산)
더·덕	HM[HM]	(창원①②, 함안, 김해, 양산)
덤·불	HM[HM]	(창원①)
덩·꿀(蔓)[36]	HM[HM]	(김해)
덩·쿨(蔓)	HM[HM]	(창원①②, 함안, 양산)
대·름[37]	HM[HM]	(창원①②, 함안, 김해, 양산)

36) [김해 방언] /덩·꿀/<등나무 등굴>.

도·마(俎)	HM[HM]	(창원②, 함안, 양산)
도·매(俎)	HM[HM]	(창원①②, 함안, 김해, 양산)
도·오<동이>	HM[HM]	(양산)
도·오<동이>	HM[HM]	(창원①②, 함안, 김해)
도·우<동이>	HM[HM]	(창원②)
동·무(伴)	HM[HM]	(창원①②, 함안, 김해, 양산)
동·전(羽)[38]	HM[HM]	(창원①②, 함안, 김해, 양산)
동·정(羽)	HM[HM]	(창원①)
들·깨(荏)	HM[HM]	(창원①②, 김해)
등·게<등겨>	HM[HM]	(양산)
딩·기<등겨>	HM[HM]	(창원①②, 함안, 김해)
땡·감<풋감>	HM[HM]	(창원②, 양산)
마·늘[39]	HM[HM]	(창원①②, 김해, 양산)
마·리(頭)	HM[HM]	(창원①②, 함안, 김해, 양산)
마·지(伯)	HM[HM]	(창원②, 함안, 김해, 양산)
마·알<마늘>[40]	HM[HM]	(창원①②, 함안)
망·치(椎)	HM[HM]	(창원①②, 함안, 김해, 양산)
매·듭	HM[HM]	(창원②, 함안)
머·리(頭, 髮)	HM[HM]	(창원①②, 함안, 김해, 양산)
메·주(醬麴)	HM[HM]	(창원①,②, 함안, 김해, 양산)
모·래(砂)	HM[HM]	(창원①②, 함안, 김해, 양산)
모·시<모이>[41]	HM[HM]	(창원①②, 함안, 김해, 양산)
모·이	HM[HM]	(창원①②, 김해)
모·지(伯)	HM[HM]	(함안, 양산)
목·슴(命)	HM[HM]	(창원②)
목·숨(命)	HM[HM]	(창원①②, 함안, 김해, 양산)
목·심(命)	HM[HM]	(함안, 양산)
무·덤(墳,塚)	HM[HM]	(창원①②, 함안, 김해, 양산)
무·릅	HM[HM]	(창원①②, 함안, 김해, 양산)
무·릎<현대>	HM[HM]	(창원②)
무·색	HM[HM]	(창원②)
물·팍(膝)	HM[HM]	(창원①②, 함안, 김해, 양산)
미·주(麴)	HM[HM]	(함안)
바·늘(針)	HM[HM]	(창원①②, 함안, 김해, 양산)
바·다(海)	HM[HM]	(창원①②, 함안, 김해, 양산)

37) 〔창원 방언①〕 /대·름/<시동생>; 〔김해 방언〕 /대·름, ·시·동·상/.
38) 〔함안 방언〕 /조고·리 동·전/.
39) 〔양산 방언〕 /마·늘 숭가·았·다/<마늘 심었다>.
40) 〔창원 방언①〕 /마·알 숭·궀·다/<마늘 심었다>.
41) 〔창원 방언①〕 /모·시, 달구모·시/, 〔김해 방언〕 /달모·시, 달모·이/.

바·닥	HM[HM]	(창원①②, 함안, 김해, 양산)
바·둑(棋)	HM[HM]	(창원①②, 함안, 김해, 양산)
바·우(岩)	HM[HM]	(창원①②, 함안, 양산)
바·이(岩)	HM[HM]	(창원②)
바·아<방아>	HM[HM]	(창원①②, 함안, 김해)
바·알(針)	HM[HM]	(창원①②, 함안, 김해)
바·우(岩)	HM[HM]	(김해)
바·울(玲)[42]	HM[HM]	(창원①②, 함안, 김해, 양산)
박·지(박쥐)	HM[HM]	(창원②, 함안, 김해, 양산)
반·찬(餐)	HM[HM]	(창원①②, 함안, 김해, 양산)
밥·물	HM[HM]	(창원①②, 김해)
방·구(岩)	HM[HM]	(창원①②, 함안, 김해, 양산)
버·꿈<거·품>	HM[HM]	(창원②, 함안)
버·끔(泡)	HM[HM]	(창원①②, 함안, 김해, 양산)
버·릇[43]	HM[HM]	(창원①②, 김해)
버·섯(菌,栮)	HM[HM]	(창원①②, 함안, 김해, 양산)
버·짐(癬)[44]	HM[HM]	(창원①②, 함안, 김해, 양산)
벌·기<벌레>	HM[HM]	(창원②)
벌·레	HM[HM]	(창원①②, 함안, 김해, 양산)
베·락(硯)	HM[HM]	(함안)
베·루(硯)	HM[HM]	(창원①②, 김해)
베·룩(蚤)	HM[HM]	(창원②, 양산)
베·륵(蚤)	HM[HM]	(창원①②, 김해)
베·슬(爵)	HM[HM]	(창원①②, 김해, 양산)
베·실<벼슬>	HM[HM]	(창원①②, 함안, 김해)
베·이(瓶)	HM[HM]	(함안, 양산)
베·이(瓶)	HM[HM]	(창원①②, 함안, 김해, 양산)
보·름(望)	HM[HM]	(창원①②, 함안, 김해, 양산)
복·날(伏)	HM[HM]	(창원①②, 함안, 김해, 양산)
북·살<노을>	HM[HM]	(창원①②, 양산)
불·살	HM[HM]	(김해)
비·누	HM[HM]	(창원①②, 함안, 김해, 양산)
비·늘(鱗)	HM[HM]	(창원①②, 함안, 김해, 양산)
비·석(碑)	HM[HM]	(창원①②, 함안, 김해, 양산)
비·지	HM[HM]	(창원①②, 함안, 김해, 양산)
비·탈	HM[HM]	(창원①②, 함안, 김해, 양산)
빠·스	HM[HM]	(창원②, 함안, 김해, 양산)

42) 〔창원 방언①〕 /방·울, 요롱/; 〔김해 방언〕 /방·울, 요랑/.
43) 〔창원 방언①〕 /버·릇·이 :더·럽·다/; 〔김해 방언〕 /버·릇·이·가 :더·럽·다/.
44) 〔창원 방언①, 양산 방언〕 /소버·짐/.

뿌·리(根)	HM[HM]	(창원①②, 함안, 김해, 양산)
뿔·살<노을>	HM[HM]	(김해)
삐·탈	HM[HM]	(창원②)
사·상	HM[HM]	(창원①②, 함안, 김해, 양산)
사·슴(麓,鹿)	HM[HM]	(창원①②, 함안, 김해, 양산)
사·암<싸움>	HM[HM]	(김해, 양산)
사·우(胥)[45]	HM[HM]	(창원①②, 함안, 김해, 양산)
사·움	HM[HM]	(양산)
사·이(間)	HM[HM]	(창원①②, 함안, 김해, 양산)
사·이(胥)	HM[HM]	(김해)
산·불[산·뿔]	HM[HM]	(창원①②, 함안, 김해, 양산)
산·적(散炙)	HM[HM]	(창원①②)
살·강<정지에 있음>	HM[HM]	(창원②, 함안)
삼·지	HM[HM]	(창원①②, 함안, 김해)
삿·갓	HM[HM]	(창원①②, 함안, 김해, 양산)
새·끼(雛)	HM[HM]	(창원①②, 함안, 김해, 양산)
새·비<옛>	HM[HM]	(창원①②, 함안, 김해, 양산)
새·애(間)	HM[HM]	(창원①②, 함안, 김해, 양산)
새·우	HM[HM]	(창원①②, 함안, 김해)
생·감<풋감>	HM[HM]	(창원①②, 함안, 김해)
서·리(霜)	HM[HM]	(창원②, 함안, 양산)
선·반<방, 청에 있음>	HM[HM]	(김해)
선·배(士)	HM[HM]	(창원①②), 김해)
선·배(先輩)	HM[HM]	(창원①②, 함안, 김해, 양산)
선·비(士)[46]	HM[HM]	(창원①②, 함안, 김해, 양산)
성·님(兄)[47]	HM[HM]	(함안, 김해, 양산)
성·아(兄)	HM[HM]	(창원②, 김해)
세·죽	HM[HM]	(창원②)
세·이(兄)	HM[HM]	(창원①②, 함안, 김해, 양산)
셍·펀<송편>	HM[HM]	(창원①, 김해)
소·리(音)	HM[HM]	(창원①②, 함안, 김해, 양산)
소·옥(裏)	HM[HM]	(김해, 양산)
소·죽<쇠죽>	HM[HM]	(창원①②, 함안, 김해, 양산)
소·이<송이>[48]	HM[HM]	(창원①②, 김해)
손·님(客)	HM[HM]	(창원①②, 함안, 양산)
손·님(紅疹)[49]	HM[HM]	(창원①②, 함안, 김해, 양산)

45) [김해 방언] /사·우/는 보통의 말, /사·이/는 격이 높은 말.
46) [김해 방언] /선·비/<현대말>.
47) [김해 방언] /성·님/은 여자들의 말, /행·님/은 남자들의 말.
48) [창원 방언①] /한시·이, :두·시·이/.

송·펜<송편>	HM[HM]	(창원①②, 함안, 양산)
송·편	HM[HM]	(창원①)
송·핀<송편>	HM[HM]	(창원②)
수·풀(林)	HM[HM]	(창원①②, 양산)
술·배(酒腹)	HM[HM]	(창원①②, 함안, 김해, 양산)
술·빼(酒腹)	HM[HM]	(창원②)
술·뼁(酒病)	HM[HM]	(김해)
술·삥(酒病)	HM[HM]	(창원①②, 함안, 양산)
시·앗<씨앗>	HM[HM]	(김해, 양산)
시·울(弦)	HM[HM]	(창원①, 양산)
시·이(兄)	HM[HM]	(양산)
시·이(兄)[50]	HM[HM]	(창원①②, 김해)
시·이<송이>	HM[HM]	(양산)
시·이<송이>[51]	HM[HM]	(창원①②, 함안, 김해)
실·경	HM[HM]	(창원①②, 함안, 김해)
심·지<추첨>	HM[HM]	(김해)
싸·암<싸움>	HM[HM]	(창원①②, 함안)
싸·움<싸움>	HM[HM]	(창원①②, 함안)
쌈·지	HM[HM]	(창원①②, 함안)
쌩·감<풋감>	HM[HM]	(함안)
써·리	HM[HM]	(창원②, 함안)
쎄·죽	HM[HM]	(창원②)
쏘·옥	HM[HM]	(창원①②, 함안)
씨·앗	HM[HM]	(창원①②, 함안)
씸·지<추첨>	HM[HM]	(창원①②)
아·내	HM[HM]	(창원①②, 함안, 김해, 양산)
아·들(子)	HM[HM]	(창원①②, 함안, 김해, 양산)
아·래(下)	HM[HM]	(창원①②, 함안, 김해, 양산)
아·아(兒)	HM[HM]	(창원①②, 함안, 김해, 양산)
아·제	HM[HM]	(창원①②, 함안, 김해, 양산)
안·주<술안주>	HM[HM]	(창원①②, 함안, 김해, 양산)
앞·날	HM[HM]	(창원①②, 함안, 김해, 양산)
애·비(父)	HM[HM]	(창원①②, 함안, 김해, 양산)
어·깨	HM[HM]	(창원①②, 함안, 김해, 양산)
어·름(氷)	HM[HM]	(창원①②, 함안, 김해, 양산)
여·름(夏)	HM[HM]	(창원①②, 함안, 김해, 양산)
연·게(煙)	HM[HM]	(창원①②, 김해)

49) 〔김해 방언〕 /손·님 받·았·다/.
50) 〔창원 방언①, 김해 방언〕 /시·이, 시·이·야, 세·이, 세·이·야/.
51) 〔창원 방언①, 함안 방언, 김해 방언〕 /한시·이, :두·시·이/.

연·기(煙)	HM[HM]	(창원①②, 함안, 양산)
연·탄	HM[HM]	(창원①②, 함안, 김해, 양산)
오·늘(今日)	HM[HM]	(양산)
오·올(今日)[52]	HM[HM]	(창원①②, 함안, 김해, 양산)
왕·골(草名)	HM[HM]	(창원①②, 김해, 양산)
우·리(籠)	HM[HM]	(창원①②, 함안, 김해, 양산)
우·물(井)	HM[HM]	(창원①②, 양산)
우·우(上)	HM[HM]	(창원②, 함안)
울·움(鳴,泣)	HM[HM]	(창원①, 양산)
울·음(鳴,泣)	HM[HM]	(창원①②, 함안, 김해, 양산)
움·물(井)	HM[HM]	(함안)
웃·옷	HM[HM]	(창원①②, 함안, 김해, 양산)
웃·통<웃옷>	HM[HM]	(창원①②, 함안, 김해, 양산)
웃·티<웃옷>	HM[HM]	(창원①②)
원·시(原始)	HM[HM]	(창원①②, 함안, 김해, 양산)
은·깝	HM[HM]	(창원①②, 함안, 양산)
은·값[은·깝]	HM[HM]	(김해)
이·끼	HM[HM]	(창원①②, 함안, 이끼, 양산)
이·름(名)	HM[HM]	(창원①②, 함안, 김해, 양산)
이·망<이마>[53]	HM[HM]	(창원①, 양산)
이·모(姨母)	HM[HM]	(창원①②, 김해, 양산)
이·무(姨母)	HM[HM]	(함안, 김해)
이·불(衾)	HM[HM]	(창원①②, 함안, 김해, 양산)
이·슬(露)	HM[HM]	(창원①②, 함안, 김해, 양산)
이·웃(隣)	HM[HM]	(창원①②, 함안, 김해, 양산)
자·리	HM[HM]	(창원①②, 함안, 김해, 양산)
자·치(跡)	HM[HM]	(창원②)
잔·수<조>	HM[HM]	(창원①②, 함안, 김해)
잔·테(傍)[54]	HM[HM]	(양산)
잡·책	HM[HM]	(창원①②)
장·끼	HM[HM]	(창원①②)
장·승(堠)	HM[HM]	(김해)
재·주(才)	HM[HM]	(창원①②, 함안, 김해, 양산)
쟁·끼[55]	HM[HM]	(창원①, 김해)
저·번(箸)	HM[HM]	(창원②, 함안, 양산)
저·분(箸)	HM[HM]	(창원①②, 함안, 김해, 양산)

52) [양산 방언] /오·올/은 /:어·르·신·말/.
53) [양산 방언] /이·망/은 /·할·머·니·말/, /이·마/는 /요새·애·말/.
54) [양산 방언] /내잔·테, 내이·꼬/.
55) [김해 방언] /쟁·끼, 인·물·이 :좋·아·서 쟁·끼·겉·다/.

접·시(楪)[56]	HM[HM]	(창원①②, 함안, 김해, 양산)
정·자(亭)	HM[HM]	(창원①, 김해, 양산)
제·릅<삼대>	HM[HM]	(창원①②, 김해, 함안)
제·분(箸)	HM[HM]	(창원②, 김해)
제·비<추첨>	HM[HM]	(창원①②, 김해, 함안)
조·구(鯮)[57]	HM[HM]	(창원①②, 함안, 김해, 양산)
조·기(鯮)[58]	HM[HM]	(창원①②, 함안, 김해, 양산)
조·오(紙)	HM[HM]	(양산)
조·오(紙)	HM[HM]	(창원①②, 함안, 김해)
조·이(紙)	HM[HM]	(창원①②, 함안)
좁·쌀	HM[HM]	(창원①②, 함안, 김해, 양산)
주·룸<주름>	HM[HM]	(창원①②, 함안, 김해, 양산)
주·름	HM[HM]	(창원①②, 김해)
주·식(株)	HM[HM]	(창원①②, 함안, 김해, 양산)
줄·기(幹,莖)	HM[HM]	(창원①②, 함안, 양산)
줌·치(囊)	HM[HM]	(창원①②, 함안, 김치, 양산)
지·네(蜈)	HM[HM]	(창원②, 함안)
지·니(蜈)	HM[HM]	(창원①②, 김해)
지·름(油)[59]	HM[HM]	(창원①②, 함안, 김해, 양산)
짐·치<김치>	HM[HM]	(창원①②, 함안, 김해, 양산)
집·안(家內)	HM[HM]	(김해, 양산)
집·안(一家)	HM[HM]	(창원①②, 함안, 김해, 양산)
짝·지	HM[HM]	(창원①, 양산)
쪽·자<국자>	HM[HM]	(양산)
쭉·지	HM[HM]	(창원②)
쭐·기(幹,莖)	HM[HM]	(창원②, 함안, 김해)
차·벨<차별>	HM[HM]	(창원①②, 함안, 양산)
차·별	HM[HM]	(창원①②, 양산)
차·빌	HM[HM]	(김해)
참·박(瓢)	HM[HM]	(창원①②, 김해)
참·에<참외>	HM[HM]	(양산)
챔·빗<참빗>[60]	HM[HM]	(창원①②, 함안, 김해, 양산)
처·음(初)	HM[HM]	(양산)
친·구	HM[HM]	(창원①②, 양산)
콩·알	HM[HM]	(창원①②, 함안, 김해, 양산)

56) [양산 방언] /접·시, 쟁반/<구별 없이 사용>.
57) [창원 방언①, 김해 방언, 함안 방언] /조·구 한·손/.
58) [함안 방언] /조·기/</오새·애·말/>.
59) [창원 방언①, 김해 방언] /·석·우·지·름/<석유>.
60) [창원 방언①, 김해 방언] /챔·빗, 얼기·빗/.

탱·자(枳)	HM[HM]	(창원①②, 함안, 김해, 양산)
탱·주(枳)[61]	HM[HM]	(창원②, 함안, 양산)
톱·니	HM[HM]	(창원①②, 함안, 김해, 양산)
통·발(捕魚器)	HM[HM]	(창원①②, 김해, 양산)
패·이[62]	HM[HM]	(창원①②)
풀·맆[풀·맆]	HM[HM]	(창원①②, 함안, 김해, 양산)
하·늘(天)	HM[HM]	(창원①②, 함안, 김해, 양산)
하·살(矢)	HM[HM]	(창원①②, 함안, 김해, 양산)
하·알(天)	HM[HM]	(창원①,②, 함안)
허·리(腰)	HM[HM]	(창원①②, 함안, 김해, 양산)
허·물(罪)	HM[HM]	(창원①②, 김해, 함안)
헹·님(兄)	HM[HM]	(창원①②, 함안, 김해, 양산)
형·님(兄)	HM[HM]	(창원①②, 함안, 양산)
호·미(鋤)	HM[HM]	(창원①②, 함안, 김해, 양산)
홉·데<홉>	HM[HM]	(양산)
화·살	HM[HM]	(창원②)
히·이(兄)[63]	HM[HM]	(창원①②, 함안, 김해)
가·마·이(叺)	HM^2[HM^2]	(함안, 김해, 양산)
가·마·이(叺)	HM^2[HM^2]	(창원①②)
가·무·치	HM^2[HM^2]	(창원①②, 함안, 김해, 양산)
가·물·치	HM^2[HM^2]	(양산)
거·문·고	HM^2[HM^2]	(창원②, 함안)
거·북·이(龜)	HM^2[HM^2]	(창원①②, 함안, 김해, 양산)
건·달·패	HM^2[HM^2]	(창원①②, 함안, 김해, 양산)
걸·레·질	HM^2[HM^2]	(창원①②, 함안, 김해, 양산)
게·울·잠[·짬]	HM^2[HM^2]	(창원①②, 함안, 김해, 양산)
겨·울·잠[·짬]	HM^2[HM^2]	(양산)
고·모·님(姑母)	HM^2[HM^2]	(창원①②, 함안, 양산)
고·무·님(姑母)	HM^2[HM^2]	(창원①②, 함안, 김해)
구·시·통(槽)	HM^2[HM^2]	(함안, 김해)
나·그·네(旅)	HM^2[HM^2]	(창원①②, 함안, 김해, 양산)
늙·으·이<늙은이>	HM^2[HM^2]	(양산)
늙·으·이<늙은이>	HM^2[HM^2]	(창원①②, 함안, 김해)
니·비·옷[64]	HM^2[HM^2]	(창원①, 양산)
메·느·리(婦)	HM^2[HM^2]	(창원①②, 함안, 김해, 양산)
며·느·리(婦)	HM^2[HM^2]	(창원②)

61) [양산 방언] /탱주나·무 줄거·지/.
62) [창원 방언①] /패·이/는 표준말, 보통은 /:공·개/.
63) [함안 방언] /히·이/<가장 자주 쓰인다>.
64) [창원 방언①] /니·비·옷, 니·이·옷/<명주 옷>.

무·운·살(古米) HM^2[HM^2] (양산)
묵·운·쌀 HM^2[HM^2] (창원②)
바·느·질(絎)[65] HM^2[HM^2] (창원①②, 김해)
바·안·질(絎) HM^2[HM^2] (창원①②)
바·알·질 HM^2[HM^2] (창원②, 양산)
바·아·질 HM^2[HM^2] (창원②)
바·알·질 HM^2[HM^2] (창원②, 함안, 김해)
버·버·리 HM^2[HM^2] (김해)
버·부·리[66] HM^2[HM^2] (창원①②, 함안, 김해)
보·름·달[보·름·딸] HM^2[HM^2] (창원①②, 함안, 김해, 양산)
부·예·이 HM^2[HM^2] (창원②)
빤·디·뿔(螢) HM^2[HM^2] (창원②)
산·딸·기 HM^2[HM^2] (창원①②, 함안, 김해, 양산)
산·토·끼 HM^2[HM^2] (창원①②, 함안, 김해, 양산)
살·께·이(猫) HM^2[HM^2] (창원①)
살·케·이(猫) HM^2[HM^2] (양산)
세·이·야(兄)[67] HM^2[HM^2] (창원①②, 김해)
소·옥·말 HM^2[HM^2] (김해)
아·지·매[68] HM^2[HM^2] (창원①②, 함안, 김해, 양산)
여·드·름(皰) HM^2[HM^2] (창원①②, 함안, 김해)
웃·어·른 HM^2[HM^2] (창원①②, 함안, 김해, 양산)
웅·디·이(潢) HM^2[HM^2] (양산)
웅·디·이(潢)[69] HM^2[HM^2] (창원①②, 함안, 김해, 양산)
이·두·룸(皰) HM^2[HM^2] (창원①②, 김해)
이·슬·비 HM^2[HM^2] (창원①②, 함안)
이·우·지(隣) HM^2[HM^2] (창원①②, 함안, 김해)
장·개·이(膝) HM^2[HM^2] (창원①②, 김해)
재·채·기(嚔) HM^2[HM^2] (양산)
재·치·기<재채기> HM^2[HM^2] (창원①②, 함안, 김해, 양산)
팽·배·이<팽이> HM^2[HM^2] (양산)
핑·디·이(蛢)[70] HM^2[HM^2] (창원①②)
핑·비·이(蛢) HM^2[HM^2] (창원①②, 함안, 김해)
고·슴·도·치(猬) HM^3[HM^3] (창원②)

---

65) [김해 방언] /바·느·질, :침·자·질/.
66) [창원 방언①, 김해 방언] /버·부·리/는 /:말·을 ·통 :못·한·다/, /:반·버·부·리/<반벙어리>.
67) [창원 방언①] /세·이·야/<형을 부를 때 쓴다>.
68) [경남 동남부 방언] /아·지·매/는 한 항렬 높은 친인척 여자를 부르는 말이었으나, 최근에는 결혼한 여성을 부르는 데도 사용.
69) [함안 방언] /웅·디·이/<자연으로 생긴 것도, 파서 만든 것도 있음>.
70) [창원 방언①②] /핑·디·이/<풍뎅이>.

공·립·학·조	$HM^3[HM^3]$	(함안, 양산)
공·립·핵·고	$HM^3[HM^3]$	(창원①②, 김해, 양산)
공·립·핵·교	$HM^3[HM^3]$	(창원①②, 김해, 함안)
공·립·핵·구	$HM^3[HM^3]$	(창원①②)
띠·어·쓰·기	$HM^3[HM^3]$	(양산)
메·늘·아·기	$HM^3[HM^3]$	(창원②)
미·숫·가·루	$HM^3[HM^3]$	(양산)
미·숫·가·리	$HM^3[HM^3]$	(창원①②, 함안, 김해, 양산)
정·자·나·무(亭子~)	$HM^3[HM^3]$	(창원①②, 함안, 김해, 양산)
제·비·뽑·기<추첨>	$HM^3[HM^3]$	(창원①②)
초·등·학·교	$HM^3[HM^3]$	(창원①②, 함안, 김해)
초·등·핵·고	$HM^3[HM^3]$	(창원①, 양산)
초·등·핵·교	$HM^3[HM^3]$	(창원①②)
탱·자·까·시	$HM^3[HM^3]$	(창원①②, 함안, 김해, 양산)
탱·자·나·무	$HM^3[HM^3]$	(창원①②, 함안, 김해, 양산)
톱·니·바·꾸	$HM^3[HM^3]$	(창원②, 함안)
톱·니·바·키	$HM^3[HM^3]$	(창원①, 양산)
남·우·집·살·이	$HM^4[HM^4]$	(창원②, 양산)
넘·우·집·살·이	$HM^4[HM^4]$	(창원①②, 함안, 김해, 양산)
데·라·진·소·리[71]	$HM^4[HM^4]$	(창원①②, 함안, 김해, 양산)
데·래·진·소·리	$HM^4[HM^4]$	(김해)
음·악·발·포·헤	$HM^4[HM^4]$	(창원①②, 함안, 김해)
음·악·발·표·헤	$HM^4[HM^4]$	(양산)
지·개·작·대·기	$HM^4[HM^4]$	(함안, 양산)
지·개·짝·대·기	$HM^4[HM^4]$	(창원①②, 함안, 양산)
가루(粉)	$H^2[MH]$	(창원①②, 함안, 양산)
가리(粉)[72]	$H^2[MH]$	(창원①②, 함안, 김해, 양산)
가실(秋,秋收)[73]	$H^2[MH]$	(창원①②, 함안, 김해, 양산)
가알(秋)	$H^2[MH]$	(창원①②, 함안, 김해, 양산)
가을(秋)	$H^2[MH]$	(창원①②, 함안, 김해, 양산)
가죽(革)	$H^2[MH]$	(창원①②, 함안, 김해, 양산)
가지(茄)	$H^2[MH]$	(창원①②, 함안, 김해, 양산)
감꼳	$H^2[MH]$	(창원①②, 함안, 김해, 양산)
감자(柑)	$H^2[MH]$	(창원①②, 함안, 김해, 양산)
감투(套)	$H^2[MH]$	(창원①②, 함안, 양산)

71) [창원 방언①, 함안 방언, 김해 방언] /데·라·진·소·리/<예의 없는 말>.

72) [김해 방언] /살까리/<쌀가루>.

73) [창원 방언①] /가실 거다·아 가·아·꼬/; [함안 방언] /가실 거다·아 가·지·고/; [양산 방언] /가실, 가실·한·다/.

강뚝	H^2[MH]	(창원①, 함안, 양산)
개울(溪川)	H^2[MH]	(창원①②, 함안, 양산)
갱빈(江邊)	H^2[MH]	(함안, 양산)
거랑(畎)[74]	H^2[MH]	(양산)
거죽	H^2[MH]	(창원①②, 김해)
거풀(皮)	H^2[MH]	(창원①②)
게아(瓦)	H^2[MH]	(창원①②, 함안, 김해, 양산)
게야(瓦)	H^2[MH]	(창원①②)
게와(瓦)	H^2[MH]	(창원②, 양산))
겡제	H^2[MH]	(창원①②, 함안, 김해, 양산)
경제	H^2[MH]	(창원①②)
고동<다슬기>	H^2[MH]	(창원①②, 함안, 김해, 양산)
고랑[75]	H^2[MH]	(창원①②, 함안, 김해, 양산)
고래(鯨)	H^2[MH]	(창원①②, 함안, 김해, 양산)
고방<광, 두지>	H^2[MH]	(창원①②, 함안, 김해, 양산)
고올(郡,鄕)	H^2[MH]	(창원①②)
고옴<곰국>	H^2[MH]	(창원①②, 함안, 김해, 양산)
고울(郡,鄕)	H^2[MH]	(김해, 양산)
고을(郡,鄕)	H^2[MH]	(창원①②, 함안, 김해, 양산)
고추	H^2[MH]	(창원②)
고치<고추>	H^2[MH]	(창원①②, 함안, 김해)
골짝	H^2[MH]	(창원①②, 함안)
곰꾹<곰국>	H^2[MH]	(함안)
구녕(穴,孔)[76]	H^2[MH]	(창원①②, 함안, 양산)
구덕<구덩이>	H^2[MH]	(함안)
구두(靴)	H^2[MH]	(창원①②, 함안, 김해, 양산)
구둘(峽)	H^2[MH]	(창원①②, 김해, 양산)
구들(峽)	H^2[MH]	(양산)
구멍(孔)	H^2[MH]	(창원①②, 함안, 김해, 양산)
구무(孔)	H^2[MH]	(김해)
구뭉(孔)	H^2[MH]	(창원②, 함안, 양산)
구영(孔)	H^2[MH]	(양산)
구정(孔)	H^2[MH]	(창원②)
구중(孔)	H^2[MH]	(창원①②, 함안)
군녕(孔)[77]	H^2[MH]	(김해)
군데<그네>[78]	H^2[MH]	(창원①②)

74) [양산 방언] /거라·아, 도라·아/<도랑에>.
75) [창원 방언①, 김해 방언] /도랑, 고랑/<매우 좁고 작은 개울>, /고라·아, 도라·아/<도랑에>.
76) [창원 방언①] /구녕 뚧·우·라/.
77) [김해 방언] /군녕 뚧·우·라/.

군디<그네>[79]	H^2[MH]	(함안, 김해, 양산)
그네	H^2[MH]	(창원② 양산)
그늘(陰)	H^2[MH]	(창원①②, 함안, 김해, 양산)
기동(柱)	H^2[MH]	(김해)
기둥(柱)	H^2[MH]	(창원①②)
기아(瓦)	H^2[MH]	(창원①②)
기야(瓦)	H^2[MH]	(창원①②, 김해)
까죽(革)	H^2[MH]	(창원②, 함안, 김해, 양산)
까지(茄)	H^2[MH]	(창원②, 함안, 김해, 양산)
깽빈(江邊)	H^2[MH]	(김해)
꺼죽	H^2[MH]	(김해)
꺼풀(皮)	H^2[MH]	(김해, 양산)
꼬추<고추>	H^2[MH]	(김해)
꼬치<고추>	H^2[MH]	(김해, 양산)
꼴짝	H^2[MH]	(창원②, 함안, 김해, 양산)
꽂집	H^2[MH]	(창원①②, 함안, 양산)
꽅집	H^2[MH]	(창원①, 함안, 김해)
나리(津)[80]	H^2[MH]	(창원①, 김해)
나무[81]	H^2[MH]	(창원①②, 함안, 김해, 양산)
나물(菜)	H^2[MH]	(창원①②, 함안, 김해, 양산)
냄비	H^2[MH]	(창원①②, 함안, 김해, 양산)
너거(爾)	H^2[MH]	(창원①②, 김해, 양산)
노루(獐)	H^2[MH]	(창원②, 함안, 양산)
노리(獐)	H^2[MH]	(창원①②, 함안, 김해)
노성(雷聲)[82]	H^2[MH]	(창원①②, 김해, 양산)
노숭(雷聲)[83]	H^2[MH]	(창원①②, 함안, 양산)
노을(霞)	H^2[MH]	(창원①②)
녹두(綠豆)	H^2[MH]	(창원②, 김해, 양산)
녹디(綠豆)	H^2[MH]	(창원①②, 함안, 양산)
누부(姉)[84]	H^2[MH]	(창원①②, 함안, 김해, 양산)
누우(姉)	H^2[MH]	(창원①②, 함안, 김해, 양산)
눈섭(眉)	H^2[MH]	(창원①②, 함안, 김해, 양산)
능금	H^2[MH]	(창원①②, 함안, 김해, 양산)

---

78) [창원 방언①] /군데탄·다/.
79) [김해 방언] /군디탄·다/.
80) [창원 방언①] /나리/; [김해 방언] /나리, 나리끌, 나리·터/.
81) [창원 방언①②] /낭·게/<나무에>; [양산 방언] /낭·게 올·라 ·간·다/.
82) [창원 방언①] /노성한·다/; [양산 방언] /노성#·한·다, 노성·한·다/.
83) [창원 방언②] /노숭친·다/.
84) [양산 방언] /누부, 누부·야, 누우, 누우·야/.

다락(樓)	H^2[MH]	(창원①②, 함안, 김해, 양산)
다리(脚)	H^2[MH]	(창원①②, 함안, 김해, 양산)
다리(橋)	H^2[MH]	(창원①②, 함안, 김해, 양산)
단초<단추>	H^2[MH]	(창원①②)
단추	H^2[MH]	(창원①②, 함안, 김해, 양산)
단풍	H^2[MH]	(창원①②, 함안, 김해, 양산)
달똥<닭똥>	H^2[MH]	(양산)
대밭(竹田)	H^2[MH]	(창원①②, 함안, 김해, 양산)
덕석<멍석>[85]	H^2[MH]	(창원①②, 함안, 김해, 양산)
덤불(蔓)	H^2[MH]	(창원①, 양산)
도덕(盜)	H^2[MH]	(김해)
도독(盜)	H^2[MH]	(양산)
도둑(盜)	H^2[MH]	(창원①②, 함안, 김해, 양산)
도랑[86]	H^2[MH]	(창원①②, 함안, 김해, 양산)
도장(印)	H^2[MH]	(창원①②, 함안, 김해, 양산)
도장<광>[87]	H^2[MH]	(창원①②, 김해)
도적<도둑>	H^2[MH]	(창원①②)
독사(毒蛇)	H^2[MH]	(창원①, 김해)
독새(毒蛇)	H^2[MH]	(창원①②, 김해)
동상(弟)	H^2[MH]	(창원①②, 함안, 김해, 양산)
동생(弟)	H^2[MH]	(창원①②, 함안, 김해, 양산)
두룸(阡)[88]	H^2[MH]	(창원①②, 함안)
두부	H^2[MH]	(창원①②, 함안, 김해, 양산)
두지<뒤주>	H^2[MH]	(창원①②, 함안, 김해, 양산)
디깐<뒷간>	H^2[MH]	(창원①②, 함안, 김해, 양산)
따부<극젱이>[89]	H^2[MH]	(창원①②, 김해)
떠꿍<밥그릇 뚜껑>	H^2[MH]	(김해)
떠붕<밥그릇 뚜껑>	H^2[MH]	(함안)
떡국	H^2[MH]	(창원①②, 함안, 김해, 양산)
또랑[90]	H^2[MH]	(창원②, 함안, 김해, 양산)
뚜껑	H^2[MH]	(창원②, 함안, 양산))
뚜꿍[91]	H^2[MH]	(함안, 양산)

85) [창원 방언①] /덕석/<볏짚으로 만들어서 곡식을 말릴 때 주로 쓰는 물건이다. 넓이는 $3\times5m^2$ 정도>, /멍석/<볏집 이외의 재료로 만들고, 넓이는 $1\times2m^2$ 정도>.

86) [창원 방언①, 김해 방언] /도라·아 ·간·다/.

87) [창원 방언①②, 김해 방언] /도장/<곳간, 창고, 광>.

88) [창원 방언①, 함안 방언] /두룸+·터·짔·다/→/두룸터짔·다/.

89) [창원 방언①] /따부/<논밭을 가는 농기구, 쟁기(훌칭이)와 크기는 같으나 모양이 조금 다르다>.

90) [김해 방언] /또랑/<작은 도랑>.

91) [양산 방언] /솥뚜꿍, 냄비뚜꿍, 밥뚜꿍/.

뜨물(泔)	H^2[MH]	(창원①②, 함안, 김해, 양산)
마당(庭)[92]	H^2[MH]	(창원①②, 함안, 김해, 양산)
마디(節)	H^2[MH]	(창원①②, 함안, 김해, 양산)
마루(廳)	H^2[MH]	(창원①②, 함안, 양산)
마리(廳)	H^2[MH]	(창원①②, 김해, 양산)
마실(村)	H^2[MH]	(창원①②, 함안, 김해, 양산)
마알(村)	H^2[MH]	(창원①②, 함안, 김해, 양산)
마암(心)	H^2[MH]	(창원①②, 함안, 김해, 양산)
마을(村)	H^2[MH]	(창원①②, 김해)
마음(心)[93]	H^2[MH]	(창원①②, 양산)
말뚱	H^2[MH]	(양산)
망개[94]	H^2[MH]	(창원①②, 함안, 김해, 양산)
매듭	H^2[MH]	(창원①②, 김해, 양산)
매디(節)	H^2[MH]	(창원①②)
매짐<매듭>	H^2[MH]	(창원②, 함안, 김해)
머루	H^2[MH]	(창원①②, 함안, 양산)
머리<머루>	H^2[MH]	(창원①②, 함안, 김해)
머슴	H^2[MH]	(창원①②, 함안, 김해, 양산)
먼지(塵)	H^2[MH]	(창원①②, 양산)
멍석	H^2[MH]	(양산)
메물(蕎)	H^2[MH]	(창원②, 김해, 양산)
멩주<명주>	H^2[MH]	(김해, 양산)
멩지<명주>	H^2[MH]	(창원①②, 김해, 함안)
모디(節)	H^2[MH]	(창원②, 김해, 함안)
무시(菁)	H^2[MH]	(창원①②, 함안, 김해, 양산)
무우(菁)	H^2[MH]	(창원②)
문밖[문빡]	H^2[MH]	(양산)
문지(塵)[95]	H^2[MH]	(창원①②, 함안, 김해, 양산)
물뼁(-甁)	H^2[MH]	(창원①)
물뼁(-甁)	H^2[MH]	(창원②)
미금(塵)	H^2[MH]	(창원①②, 함안, 김해)
미물(蕎)	H^2[MH]	(창원①②)
미영(棉)	H^2[MH]	(창원①②, 함안, 김해)
미잉(棉)	H^2[MH]	(창원①②, 함안)
밑창(鞋底)	H^2[MH]	(양산)
바깥(外,表)	H^2[MH]	(함안)

92) [창원 방언①] /마당/<집 안이나 동네 가운데 있는 뜰>.
93) [양산 방언] /매앰·이 아·파·서/는 /·할·매·말/.
94) [창원 방언①] /망개/<청미래덩굴, 맹감나무, 맹감열매>.
95) [창원 방언①] /문지난·다/(외적순행평성동화), [양산 방언] /문지#·난·다, 문지·난·다/.

바긑(外,表)	H^2[MH]	(창원①②, 함안, 김해)
바깥(外,表)[96]	H^2[MH]	(창원①②, 함안, 양산)
바끝(外,表)	H^2[MH]	(창원①②, 양산)
바람(風)	H^2[MH]	(창원①②, 함안, 김해, 양산)
바아(碓)[97]	H^2[MH]	(함안, 양산)
바아(碓)	H^2[MH]	(창원①②, 김해)
반질<바느질>	H^2[MH]	(함안)
발뜽(跗)	H^2[MH]	(창원①②, 함안, 김해, 양산)
밥상	H^2[MH]	(창원①②, 함안, 김해, 양산)
방깐<방앗간>[98]	H^2[MH]	(창원②, 함안)
배긑(外,表)	H^2[MH]	(창원①②, 김해, 함안)
배꽃	H^2[MH]	(창원①②)
배꼳<배꽃>	H^2[MH]	(창원①, 함안, 김해, 양산)
배끝(外,表)	H^2[MH]	(창원①②, 김해)
버니<밤의 속껍질>	H^2[MH]	(양산)
버들(柳)	H^2[MH]	(창원①②, 함안, 김해, 양산)
버선(襪)	H^2[MH]	(창원①②, 함안, 김해, 양산)
베개(枕)	H^2[MH]	(양산)
뱁새(鴃)	H^2[MH]	(창원①②, 김해, 양산)
보니<보늬>	H^2[MH]	(창원①②, 함안, 김해)
보람(準)	H^2[MH]	(양산)
보리(麥)	H^2[MH]	(창원①②, 함안, 김해, 양산)
보선(襪)	H^2[MH]	(창원①②, 함안, 김해, 양산)
보신(襪)	H^2[MH]	(창원②, 함안, 김해, 양산)
복숭(桃)	H^2[MH]	(창원①②, 함안, 김해, 양산)
부네<밤의 속껍질>	H^2[MH]	(양산)
부석<아궁이>	H^2[MH]	(창원①②, 양산)
부섴<아궁이>	H^2[MH]	(창원②)
부숙<아궁이>	H^2[MH]	(창원①②)
부숰<아궁이>	H^2[MH]	(창원①, 함안, 김해, 양산)
부슥<아궁이>	H^2[MH]	(양산)
불미<풀무>	H^2[MH]	(창원①②, 김해)
비개(枕)	H^2[MH]	(양산)
비네(釵)	H^2[MH]	(창원①②, 함안, 김해, 양산)
비녀(釵)	H^2[MH]	(창원①②, 양산)
빤지(螢)	H^2[MH]	(함안)

96) 〔함안 방언, 김해방언〕 /바깥/<현대말>.
97) 〔양산 방언〕 /바아 찍는·다, 바아 찍·어 나·아·라/.
98) 〔함안 방언〕 /바아 찌·일·라·꼬 방깐·에 ·갔·다/.

빨래	H^2[MH]	(창원①②, 함안, 김해, 양산)
뻐들(柳)	H^2[MH]	(창원②, 함안, 김해)
뻡새<뱁새>	H^2[MH]	(김해)
사가(謝過)	H^2[MH]	(창원①②, 함안, 김해)
사공(沙工)	H^2[MH]	(창원①②, 양산, 김해)
사랑(舍廊)	H^2[MH]	(창원①②, 함안, 김해, 양산)
사랑(愛)	H^2[MH]	(창원①②, 함안, 사랑, 양산)
산중(山中)	H^2[MH]	(창원①②, 함안, 김해, 양산)
산초(山椒)	H^2[MH]	(창원①②, 함안, 김해, 양산)
살간<살강>	H^2[MH]	(김해, 양산)
살강[99]	H^2[MH]	(창원①②)
삼밭(麻田)	H^2[MH]	(창원①, 김해, 양산)
삼빹(麻田)	H^2[MH]	(창원①②, 함안, 김해, 양산)
삽짝<사립문>	H^2[MH]	(창원①②, 함안, 김해, 양산)
새경<새경>[100]	H^2[MH]	(창원①②, 함안, 김해)
새경<새경>	H^2[MH]	(창원②)
새벽	H^2[MH]	(창원②)
새북<새벽>	H^2[MH]	(창원①②, 함안, 김해, 양산)
서답[101]	H^2[MH]	(창원①②, 함안, 김해)
선반	H^2[MH]	(창원①②)
소곰(鹽)	H^2[MH]	(창원②, 김해, 양산)
소굼(鹽)	H^2[MH]	(창원②, 함안, 김해)
소금	H^2[MH]	(창원①②, 함안 양산)
소옴(綿)	H^2[MH]	(창원①②, 김해, 양산)
손텁(爪)	H^2[MH]	(창원①②, 함안, 김해, 양산)
손톱(爪)	H^2[MH]	(창원②, 함안, 양산)
손툽(爪)	H^2[MH]	(함안, 양산)
솔밭	H^2[MH]	(창원①②, 함안, 김해, 양산)
수수	H^2[MH]	(창원②, 김해, 양산)
수시<수수>	H^2[MH]	(창원①②, 함안, 김해, 양산)
수틀(礪)	H^2[MH]	(창원①②, 함안, 김해, 양산)
술삥(-甁)	H^2[MH]	(창원①②, 김해)
술뱅(-甁)	H^2[MH]	(창원①②)
술집[술찝]	H^2[MH]	(창원①②, 함안, 창원, 양산)
숫돌(礪)	H^2[MH]	(창원①②)
시루(甑)	H^2[MH]	(창원①②, 양산)
시리(甑)	H^2[MH]	(창원①②, 함안, 김해)

99) [창원 방언①] /살강/<그릇 따위를 얹어 놓기 위하여 부엌의 벽 중턱에 드린 선반>.
100) [창원 방언①] /새경/<1년간 머슴살이 하고 받는 노임>.
101) [함안 방언] /빨래/<일반적으로 쓰는 말>; /서답/<걷을 때만 쓰는 말이다>, /서답 걷·어·라/.

실건<시렁>	H^2[MH]	(창원①, 양산)
실경<시렁>[102]	H^2[MH]	(창원①②)
쏘옴(綿)	H^2[MH]	(창원①②, 함안, 김해)
아시(弟)[103]	H^2[MH]	(창원①②, 함안)
아욱	H^2[MH]	(양산)
아적(朝)	H^2[MH]	(함안, 김해, 양산)
아직(朝)[104]	H^2[MH]	(창원①②, 양산)
아칙(朝)	H^2[MH]	(창원①②)
아침(朝)	H^2[MH]	(창원①②, 함안, 김해, 양산)
야시(狐)	H^2[MH]	(창원①②, 함안, 김해, 양산)
양대<돈부>	H^2[MH]	(창원①, 양산)
어덕(阜)	H^2[MH]	(창원①②, 김해, 양산)
언덕(阜)	H^2[MH]	(창원①②, 함안, 김해, 양산)
얼굴(容)[105]	H^2[MH]	(창원①②, 함안, 얼굴, 양산)
에막<<원두막>	H^2[MH]	(창원①, 함안, 김해)
여수(狐)	H^2[MH]	(김해)
여시(狐)	H^2[MH]	(양산)
열매(實)	H^2[MH]	(창원①②, 함안, 김해, 양산)
외막<원두막>	H^2[MH]	(창원①②)
요롱(搖鈴)	H^2[MH]	(창원①②, 함안, 김해, 양산)
우붕<우엉>	H^2[MH]	(창원①②, 함안, 김해, 양산)
우웡<우엉>	H^2[MH]	(양산)
이넝(人形)	H^2[MH]	(창원①, 김해)
이넹(人形)[106]	H^2[MH]	(함안)
이녕(人形)	H^2[MH]	(창원①②, 김해)
이삭(穗)	H^2[MH]	(창원①②, 함안, 김해, 양산)
인형(人形)	H^2[MH]	(창원①②, 양산)
입술(脣)	H^2[MH]	(창원①②)
자루(袋)	H^2[MH]	(창원①②, 양산)
자루(柄)	H^2[MH]	(양산)
자리(袋)	H^2[MH]	(창원①②, 함안, 김해, 양산)
자리(柄)	H^2[MH]	(창원①②, 함안, 김해, 양산)
자죽<재죽>	H^2[MH]	(창원②, 함안, 김해, 양산)

102) [창원 방언①] /실경/<물건을 얹어 놓기 위하여 방이나 마루 벽에 두 개의 긴 나무를 가로질러 선반처럼 만든 것>; /실경/은 방이나 마루에 있고, /살강/은 /정지/에 그릇 올려놓기 위해 만들어 놓은 것.

103) [김해 방언] /아시/<바로 밑에 동생>, 보통 /아시동생/이라 한다.

104) [창원 방언①] /아직, 아칙, 아침/<아침, 아침 식사>.

105) [양산 방언] /낯/.

106) [양산 방언] /이넹/은 /·할·머·니·말/.

장승(猴)	H^2[MH]	(창원①②, 양산)
재미	H^2[MH]	(창원①②, 함안, 김해, 양산)
재죽[107]	H^2[MH]	(창원①②, 함안, 김해, 양산)
저녁(夕)[108]	H^2[MH]	(창원①②, 함안, 김해)
적삼(衫)	H^2[MH]	(창원①②, 함안, 김해, 양산)
절구(杵)	H^2[MH]	(창원①, 양산)
정지<부엌>	H^2[MH]	(창원①②, 함안, 김해, 양산)
젓국<젓국>	H^2[MH]	(창원①②, 함안, 김해, 양산)
제피(桂)	H^2[MH]	(창원①②, 함안, 김해, 양산)
주먹(拳)	H^2[MH]	(창원①②)
주묵(拳)[109]	H^2[MH]	(창원①②, 함안, 김해, 양산)
주봉<바지>	H^2[MH]	(창원①②)
주우<바지>	H^2[MH]	(양산)
주우<바지>[110]	H^2[MH]	(창원①②, 함안, 김해)
주천<그네>[111]	H^2[MH]	(김해)
죽선<죽순>	H^2[MH]	(함안, 김해)
죽순(竹筍)	H^2[MH]	(창원①②, 양산)
죽신<죽순>	H^2[MH]	(창원②, 함안, 김해)
중복(中伏)	H^2[MH]	(창원①②, 함안, 김해, 양산)
지네(蜈,蚣)	H^2[MH]	(양산)
지녁(夕)	H^2[MH]	(창원②, 양산)
지동(柱)	H^2[MH]	(창원①②, 함안, 김해)
지둥(柱)	H^2[MH]	(창원①②, 양산)
지붕	H^2[MH]	(창원①②, 함안, 김해, 양산)
지붕ㅋ<지붕>[112]	H^2[MH]	(창원②, 함안, 김해)
지잉(夕)	H^2[MH]	(창원①②, 함안)
질매(鞍)	H^2[MH]	(창원①, 김해)
짐승(獸)	H^2[MH]	(창원①②, 함안, 김해, 양산)
집안(家內)	H^2[MH]	(창원①②)
짚신	H^2[MH]	(창원①②, 함안, 김해, 양산)
찌짐<부침개>	H^2[MH]	(창원①②, 함안, 김해, 양산)
차비<준비>	H^2[MH]	(창원①②, 양산)
차비<찻삯>	H^2[MH]	(창원①②, 양산)

107) [창원 방언①] /재죽/<어린애가 걸음을 익힐 때 떼어 놓는 걸음>.
108) [창원 방언①②] /저녁, 지잉/<저녁, 저녁 식사>.
109) [창원 방언①②, 함안 방언, 김해 방언] /주묵#:진·다, 주묵진·다/; [양산 방언] /주묵#:진·다, 주묵·진·다/.
110) [김해 방언] /주우/<여름 홑바지>.
111) [김해 방언] /주천띤·다/<그네 뛴다>.
112) [창원 방언②, 김해 방언] /지붕, 지붕·케/.

참꽅<진달래>	H^2[MH]	(창원②)
창꼿<진달래>	H^2[MH]	(양산)
창꽅<진달래>	H^2[MH]	(창원①②, 함안, 김해, 양산)
창문(窓)	H^2[MH]	(창원①②, 함안, 김해, 양산)
채비<준비>	H^2[MH]	(창원①②, 함안, 양산)
처마(裳)	H^2[MH]	(김해)
천둥(雷)	H^2[MH]	(창원①②, 함안, 김해, 양산)
철쭉	H^2[MH]	(양산)
초복(初伏)	H^2[MH]	(창원①②, 함안, 김해, 양산)
축담[113]	H^2[MH]	(창원①②, 김해)
치마(裳)	H^2[MH]	(창원②, 함안, 양산)
치매(裳)	H^2[MH]	(창원①②, 함안, 양산))
칼찝<칼집>	H^2[MH]	(창원①②, 김해)
콩밭	H^2[MH]	(창원①②, 함안, 김해, 양산)
토란(芋)	H^2[MH]	(창원①②, 함안, 김해, 양산)
통시<뒷간>[114]	H^2[MH]	(창원①②, 함안, 김해, 양산)
팥죽	H^2[MH]	(창원①②, 함안, 김해, 양산)
펭상(平牀)	H^2[MH]	(창원①②, 김해, 양산)
펭풍<병풍>	H^2[MH]	(창원①②, 함안, 김해, 양산)
평풍(屛風)	H^2[MH]	(창원②)
퐅죽<팥죽>	H^2[MH]	(창원②, 함안, 김해, 양산[illegible])
풍로(風爐)	H^2[MH]	(창원①, 양산)
핑풍(屛風)	H^2[MH]	(창원①②, 함안,)
허물(罪)	H^2[MH]	(양산)
허물[115]	H^2[MH]	(양산)
허불[116]	H^2[MH]	(창원①)
호롱	H^2[MH]	(창원①②, 함안, 김해, 양산)
홍진(紅疹)	H^2[MH]	(창원①②, 함안, 김해, 양산)
가랑·비	H^2M[MHM]	(창원①②, 함안, 김해, 양산)
가래·이<가랑이>	H^2M[MHM]	(양산)
가무·치(鱧)	H^2M[MHM]	(함안, 김해)
가물·치(鱧)	H^2M[MHM]	(양산)
가시·개(剪)	H^2M[MHM]	(창원①②, 함안, 김해, 양산)
가아·지<강아지>	H^2M[MHM]	(양산)
가아·지<강아지>	H^2M[MHM]	(창원①②, 함안, 김해)

113) [창원 방언①] /축담/<대청과 마당 사이에 있는 신발을 벗어 두는 곳. 마당보다는 높고, 청보다는 낮다>.

114) [창원 방언①②] /통시·이 ·간·다/<변소에 간다>.

115) [양산 방언] /·뱀#허물/.

116) [창원 방언①] /·배·애·미#허불벗·었·다/.

가운·데(中)	H^2M[MHM]	(창원①②, 함안, 김해, 양산)
가재·이<가지>	H^2M[MHM]	(창원②, 양산)
간때·이<간짓대>	H^2M[MHM]	(창원①②, 함안)
갈매·기(鷗)	H^2M[MHM]	(창원①②, 함안, 김해, 양산)
강내·이<옥수수>	H^2M[MHM]	(양산)
강내·이<옥수수>	H^2M[MHM]	(창원①②, 함안, 김해)
강새·이<강아지>	H^2M[MHM]	(양산)
강새·이[117]	H^2M[MHM]	(창원①②, 함안, 김해)
강주·리<광주리>	H^2M[MHM]	(창원②, 함안, 양산)
강지·리(荏)	H^2M[MHM]	(창원①②, 함안, 김해, 양산)
개구·리	H^2M[MHM]	(창원②, 함안)
개애·미(蟻)	H^2M[MHM]	(창원①②, 함안, 김해, 양산)
개앰·치<호주머니>	H^2M[MHM]	(창원②)
개줌·치<호주머니>	H^2M[MHM]	(창원①②, 양산)
갯가·아<갯가>	H^2M[MHM]	(창원②, 함안)
거러·지(乞人)	H^2M[MHM]	(창원①②, 양산)
거문·고	H^2M[MHM]	(창원②, 양산)
거어·지<거지>	H^2M[MHM]	(창원①②, 함안, 김해, 양산)
건데·기	H^2M[MHM]	(양산)
건디·기<건데기>	H^2M[MHM]	(창원①②, 함안, 김해, 양산)
걸레·질	H^2M[MHM]	(창원②, 함안)
걸배·이<거지>	H^2M[MHM]	(양산)
걸배·이<거지>	H^2M[MHM]	(창원①②, 함안, 김해, 양산)
겉모·양	H^2M[MHM]	(창원①②, 함안, 김해, 양산)
경공·업	H^2M[MHM]	(창원①②, 함안, 양산))
고디·이<우렁이>	H^2M[MHM]	(양산)
고디·이<우렁이>	H^2M[MHM]	(창원①②, 함안, 김해)
고사·리(蕨)	H^2M[MHM]	(창원①②, 함안, 김해, 양산)
고옴·탕<곰탕>	H^2M[MHM]	(창원②, 함안, 양산)
구더·이<구덩이>	H^2M[MHM]	(창원②)
구디·기<구덩이>	H^2M[MHM]	(창원①②, 함안, 김해, 양산)
구디·이<구덩이>	H^2M[MHM]	(양산)
구디·이<구덩이>	H^2M[MHM]	(창원②)
구레·이[118]	H^2M[MHM]	(양산)
구리·이(大蛇)[119]	H^2M[MHM]	(함안, 양산)
구리·이(大蛇)[120]	H^2M[MHM]	(창원①②, 함안, 김해)

117) [창원 방언①②] /가아·지/는 표준말; [김해 방언] /금방 낳·았·으·먼 강새·이, 금방 낳·지 않았으·먼 가아·지/.

118) [양산 방언] /구리·이/는 /능글맞·은 :사·람/을 뜻한다.

119) [양산 방언] /구리·이/<능글맞·은 :사·람/.

굼베·이<굼벵이>	H^{2}M[MHM]	(양산)
굼비·이<굼벵이>	H^{2}M[MHM]	(양산)
굼비·이<굼벵이>	H^{2}M[MHM]	(창원②, 함안, 김해)
그럼·자(影)	H^{2}M[MHM]	(창원①②, 함안, 김해, 양산)
그림·자(影)	H^{2}M[MHM]	(창원①②, 함안, 양산)
기때·기<귀때기>	H^{2}M[MHM]	(양산)
기러·기(雁)	H^{2}M[MHM]	(양산)
기저·기<기저귀>	H^{2}M[MHM]	(양산)
까꾸·리<갈퀴>	H^{2}M[MHM]	(창원①②, 함안, 김해, 양산)
까락·지(環)	H^{2}M[MHM]	(창원①②, 함안, 김해, 양산)
까래·이(螢)	H^{2}M[MHM]	(창원①②)
까마·구(烏)	H^{2}M[MHM]	(창원①②, 함안, 김해, 양산)
까마·기(烏)	H^{2}M[MHM]	(창원②, 함안, 양산)
까투·리	H^{2}M[MHM]	(창원①②, 함안, 김해, 양산)
깍재·이121)	H^{2}M[MHM]	(창원①②, 함안, 김해)
깔꾸·리<갈퀴>	H^{2}M[MHM]	(창원②)
깜디·이<깜북이>	H^{2}M[MHM]	(창원②, 함안, 양산)
깜디·이<흑인>	H^{2}M[MHM]	(창원①②)
깝데·기<껍질>	H^{2}M[MHM]	(창원②, 함안, 김해, 양산)
깝디·기<깝대기>	H^{2}M[MHM]	(창원①)
깨구·리	H^{2}M[MHM]	(창원①②, 함안, 양산, 김해)
깨애·미<개미>	H^{2}M[MHM]	(함안)
꺼러·지<거지>	H^{2}M[MHM]	(창원②)
꺼어·지<거지>	H^{2}M[MHM]	(창원②)
껀데·기<건데기>	H^{2}M[MHM]	(창원②)
껄배·이<거지>	H^{2}M[MHM]	(창원②, 김해)
껌디·이<흑인>122)	H^{2}M[MHM]	(창원①②, 함안, 김해, 양산)
껍데·기<껍데기>	H^{2}M[MHM]	(창원①②, 함안, 김해, 양산)
껍디·기<껍데기>	H^{2}M[MHM]	(창원①②, 함안, 김해, 양산)
께꼬·리(鶯)	H^{2}M[MHM]	(창원①②, 함안, 김해, 양산)
꼬라·지<꼬라지>	H^{2}M[MHM]	(창원①②, 함안, 김해, 양산)
꼬랑·지(尾)	H^{2}M[MHM]	(창원①②, 함안, 김해, 양산)
꼬래·비(尾)	H^{2}M[MHM]	(창원①, 양산)
꼬래·이(尾)	H^{2}M[MHM]	(양산)
꼬래·이(尾)	H^{2}M[MHM]	(창원①②, 함안, 김해)
꼬사·리(蕨)	H^{2}M[MHM]	(창원①②, 함안, 양산)

120) [창원 방언①②, 김해 방언] /구리·이/는 /능글맞·은 :사·람, :용·심·많·은 :사·람/을 뜻한다. /:구·리/<뱀>; [함안 방언] /구리·이/<능글맞은 사람>.

121) [창원 방언①②, 함안 방언, 김해 방언] /깍재·이/ 이기적이고 인색한 사람, 아주 약빠른 사람.

122) [김해 방언] /껌디·이/는 /·살·성·이 껌·은·사·람/.

꼬치·미(蕨) H^2M[MHM] (양산)
꼭대·기(峰) H^2M[MHM] (창원①②, 함안, 김해, 양산)
꽁바·리<꿀찌> H^2M[MHM] (양산)
꽃소·이<꽃송이> H^2M[MHM] (창원①②, 함안)
꽅시·이<꽃송이> H^2M[MHM] (창원①, 함안, 김해, 양산))
끄나·풀 H^2M[MHM] (창원①②, 함안, 김해, 양산)
끄내·끼<끈> H^2M[MHM] (창원①②, 함안, 김해, 양산)
끌갈·이 H^2M[MHM] (창원②, 함안)
끌티·기<그루터기> H^2M[MHM] (창원①②, 함안, 김해)
나그·네(旅) H^2M[MHM] (창원②, 양산)
나루·터(津) H^2M[MHM] (창원①②, 함안, 김해, 양산)
나룻·가(津) H^2M[MHM] (창원①②, 함안)
나머·지(餘) H^2M[MHM] (창원①②, 함안, 양산)
나무·지(餘) H^2M[MHM] (창원①②, 함안, 김해, 양산)
납딱·코<납작코>[123] H^2M[MHM] (창원①②, 김해)
납작·코 H^2M[MHM] (창원①②, 함안, 김해, 양산)
내애·미(臭) H^2M[MHM] (창원①②, 함안, 김해, 양산)
내앰·새(臭) H^2M[MHM] (창원②, 함안, 김해, 양산)
너구·리 H^2M[MHM] (창원①②, 함안, 김해, 양산)
누부·야(姉) H^2M[MHM] (창원②, 김해, 양산)
누비·옷<명주 옷> H^2M[MHM] (양산)
누우·야(姉) H^2M[MHM] (창원①②, 함안, 김해, 양산)
눈까·리<눈알> H^2M[MHM] (창원①②, 함안, 김해, 양산)
눈까·알<눈알> H^2M[MHM] (창원②, 함안)
눈꽈·알<눈알> H^2M[MHM] (함안)
눈빠·알(眸) H^2M[MHM] (창원①②, 함안, 김해)
눈빵·울(眸)[124] H^2M[MHM] (김해)
눈빠·울(眸) H^2M[MHM] (함안)
다래·끼[125] H^2M[MHM] (창원①②, 함안, 김해, 양산)
다래·끼[126] H^2M[MHM] (창원①②, 함안, 양산)
다래·비<다리미> H^2M[MHM] (양산)
다리·미 H^2M[MHM] (창원①②, 함안, 김해)
다리·비<다리미> H^2M[MHM] (창원①②, 함안, 김해, 양산)
닥나·무 H^2M[MHM] (창원②)
달구·통<닭의 장> H^2M[MHM] (창원①②, 함안, 김해, 양산)

---

123) 〔김해 방언〕 /들·코, ·윤·디·코, 납딱·코/.
124) 〔김해 방언〕 /눈빵·울·이 돌래돌래하·이/.
125) 〔창원 방언①〕 /다래·끼/<눈시울에 나는 작은 부스럼>; 〔김해 방언〕 /민다리·끼/는 /밑·에 ·나·는 ·것/.
126) 〔창원 방언①〕 /다래·끼/<아가리가 좁고 바닥이 넓은 바구니. 대, 싸리 따위로 만든다>.

달패·이	H^2M[MHM]	(창원②, 양산)
담재·이[127]	H^2M[MHM]	(창원①②, 함안)
당나·구(驢)	H^2M[MHM]	(창원①②, 함안, 김해)
당나·기(驢)	H^2M[MHM]	(양산)
당새·기[128]	H^2M[MHM]	(창원①②, 함안)
대가·리(頭)	H^2M[MHM]	(창원①②, 함안, 김해, 양산)
대나·무	H^2M[MHM]	(창원①②, 함안, 김해, 양산)
대리·비<다리미>	H^2M[MHM]	(창원①, 김해)
대머·리	H^2M[MHM]	(창원①②, 함안, 김해, 양산)
대애·지(豚)	H^2M[MHM]	(창원①②, 함안, 김해, 양산)
덕시·기<덕석>	H^2M[MHM]	(양산)
데배·기(升)	H^2M[MHM]	(창원①②, 함안, 김해, 양산)
도깨·비	H^2M[MHM]	(창원①②, 양산)
도독·넘	H^2M[MHM]	(창원①②, 양산)
도둑·넘	H^2M[MHM]	(창원①, 김해)
도둑·놈	H^2M[MHM]	(창원①②, 함안, 양산)
도둑·눔	H^2M[MHM]	(함안)
도라·지(桔)	H^2M[MHM]	(창원①②, 함안, 김해, 양산)
도리·깨(枷)	H^2M[MHM]	(창원①②, 함안, 김해, 양산)
도배·기(升)	H^2M[MHM]	(창원①②, 함안, 김해, 양산)
도야·지[129]	H^2M[MHM]	(양산)
독수·리	H^2M[MHM]	(창원②, 함안, 김해, 양산)
독아·지<독, 항아리>	H^2M[MHM]	(창원②)
돌가·지(桔)	H^2M[MHM]	(창원①②, 함안, 김해, 양산)
돌따·리<돌다리>	H^2M[MHM]	(창원②)
돌띠·이<돌덩이>	H^2M[MHM]	(양산)
돌띠·이<돌덩이>	H^2M[MHM]	(창원①②, 함안, 김해, 양산)
돌매·이<돌맹이>	H^2M[MHM]	(창원①②, 함안, 김해, 양산)
돌배·이<동그라미>	H^2M[MHM]	(창원①②, 함안)
돌빼·이<돌맹이>	H^2M[MHM]	(창원①, 양산)
돌삐·이<돌맹이>	H^2M[MHM]	(창원②, 함안, 김해, 양산)
돌삐·이<돌맹이>	H^2M[MHM]	(창원①②, 양산)
동빼·이[130]	H^2M[MHM]	(양산)
두디·기<기저귀>[131]	H^2M[MHM]	(창원①②, 함안, 김해, 양산)
두루·미(鶴)	H^2M[MHM]	(창원①②, 함안, 양산)

127) [창원 방언①②] 보통 /담재·이#넝·쿨/로 쓰인다.
128) [창원 방언①②] /당새·기/는 주로 작은 물건을 보관할 목적으로 만든 함을 뜻한다.
129) [양산 방언] /도야·지/는 /·할·매·들·말, :어·른·들·말/.
130) [양산 방언] /동빼·이/<윷놀이>.
131) [양산 방언] /두디·기/<애기 업는 이불>.

두루·미<술두루미>	H²M[MHM]	(함안)
두리·미(鶴)	H²M[MHM]	(창원①, 김해)
두리·미<술두루미>	H²M[MHM]	(창원①②, 김해)
드어·리(背)	H²M[MHM]	(창원①②, 양산)
등더·리(背)	H²M[MHM]	(창원①②, 함안, 김해, 양산)
따까·리<뚜껑, 딱지>	H²M[MHM]	(창원①②)
따오·기(朱鷺)	H²M[MHM]	(창원②, 김해)
따우·기(朱鷺)	H²M[MHM]	(창원②, 함안, 양산)
딱나·무<닥나무>	H²M[MHM]	(창원①②, 함안, 김해, 양산)
딸래·미(女息)	H²M[MHM]	(창원①, 양산)
땅띠·이<땅덩이>	H²M[MHM]	(창원①②, 함안, 김해, 양산)
땅빠·닥<땅바닥>	H²M[MHM]	(창원①②, 함안, 김해, 양산)
땈나·무<닥나무>	H²M[MHM]	(창원②, 함안, 양산)
떠꺼·리<뚜껑, 딱지>	H²M[MHM]	(김해)
뚜까·리<뚜껑>	H²M[MHM]	(양산)
뚜꺼·비(蟾)	H²M[MHM]	(창원②, 함안, 양산)
뚜께·비(蟾)	H²M[MHM]	(양산)
뚜꾸·비<두꺼비>	H²M[MHM]	(함안)
뚜끼·비(蟾)	H²M[MHM]	(창원①②, 함안, 김해, 양산)
뚜베·이[132]	H²M[MHM]	(김해)
띠끼·이<뚜껑>	H²M[MHM]	(함안)
띠끼·이<뚜껑>	H²M[MHM]	(창원①②, 김해)
띠비·이[133]	H²M[MHM]	(창원①②, 함안, 김해)
마아·지(駒)[134]	H²M[MHM]	(창원①②, 함안, 김해)
막걸·리	H²M[MHM]	(창원①②, 함안, 김해, 양산)
막내·이	H²M[MHM]	(양산)
막내·이	H²M[MHM]	(창원①②, 함안, 김해)
막대·기(棒)	H²M[MHM]	(창원①②, 함안, 김해, 양산)
맏아·들	H²M[MHM]	(창원①②, 김해)
말새·끼(駒)	H²M[MHM]	(양산)
망새·이(駒)	H²M[MHM]	(창원②)
망아·지(駒)[135]	H²M[MHM]	(양산)
매애·미(蟬)	H²M[MHM]	(창원①②, 함안, 김해, 양산)
매차·리<회초리>	H²M[MHM]	(양산)
메그·지(鮎)	H²M[MHM]	(창원①②, 김해)
메뚜·기(蝗)	H²M[MHM]	(창원①②, 양산)

132) [김해 방언] /뚜베·이, 게뚜베·이, 게찌베·이/.
133) [창원 방언①] /·게·우 띠비·이/<밥그릇 두껑>.
134) [김해 방언] /말#새·끼/, /마아·지/는 /·소#새·끼/를 가리키기도 한다.
135) [양산 방언] /망아·지/[maŋ$øaji].

메뚜·기(蝗)	H^2M[MHM]	(창원②)
메띠·기(蝗)	H^2M[MHM]	(함안, 김해, 양산)
메르·치<멸치>	H^2M[MHM]	(창원①②, 김해, 양산)
메리·치<멸치>	H^2M[MHM]	(창원②)
메에·기(鮎)	H^2M[MHM]	(창원②)
메에·주(豉)	H^2M[MHM]	(창원①②, 김해)
메엘·치<멸치>	H^2M[MHM]	(창원②, 함안, 양산)
메초·리(鶉)	H^2M[MHM]	(창원①②, 함안, 김해)
메추·리(鶉)	H^2M[MHM]	(창원②, 양산)
면사·포(面紗布)	H^2M[MHM]	(양산)
모배·기(稜)	H^2M[MHM]	(김해)
모서·리<모서·리>	H^2M[MHM]	(창원①②, 함안, 양산)
모수·리<모서·리>	H^2M[MHM]	(김해)
모시·리<모서·리>	H^2M[MHM]	(창원①②)
모싱·기<모심기>	H^2M[MHM]	(창원①②, 함안, 김해)
모싱·끼<모심기>	H^2M[MHM]	(창원②, 함안, 양산)
모티·이<모퉁이>	H^2M[MHM]	(양산)
목아·지	H^2M[MHM]	(창원①②, 함안, 김해, 양산)
몽디·이<몽둥이>	H^2M[MHM]	(양산)
몽디·이<몽둥이>	H^2M[MHM]	(창원①②, 함안, 김해, 양산)
무디·기<무더기>	H^2M[MHM]	(창원①②, 함안, 김해, 양산)
무루·팍(膝)	H^2M[MHM]	(함안, 양산)
무르·팍(膝)	H^2M[MHM]	(창원②, 양산)
묵운·살(古米)	H^2M[MHM]	(김해)
묵운·쌀(古米)	H^2M[MHM]	(창원①②, 함안)
문꼬·리(門環)	H^2M[MHM]	(창원①②, 함안, 김해, 양산)
문쪼·오<창호지>	H^2M[MHM]	(함안, 양산)
문쪼·오<창호지>	H^2M[MHM]	(창원①②, 함안, 김해)
물거·품[136]	H^2M[MHM]	(창원①②, 함안, 양산)
물버·끔<물거품>	H^2M[MHM]	(창원①②, 함안, 김해, 양산)
물뻬·이(-甁)	H^2M[MHM]	(양산)
물뻬·이(-甁)	H^2M[MHM]	(창원①②, 함안, 김해, 양산)
물이·끼(-苔)	H^2M[MHM]	(창원①②, 함안, 양산)
뭉테·기<뭉텅이>	H^2M[MHM]	(양산)
뭉티·기<뭉텅이>	H^2M[MHM]	(양산)
뭉티·이<뭉텅이>	H^2M[MHM]	(창원①②, 함안, 김해)
미그·지(鮎)	H^2M[MHM]	(함안, 양산)
미나·리(芹)	H^2M[MHM]	(창원①②, 함안, 김해, 양산)

136) 〔양산 방언〕 /물거·품/은 /요새·애·말/.

미띠·기<메뚜기> H^2M[MHM] (창원②)
미재·이<미장이> H^2M[MHM] (양산)
미재·이<미장이> H^2M[MHM] (창원①②, 함안, 김해, 양산)
바가·지[137] H^2M[MHM] (창원①②, 함안, 김해)
바가·치<바가지> H^2M[MHM] (창원①②, 함안, 김해, 양산)
바가·찌[138] H^2M[MHM] (양산)
바구·니 H^2M[MHM] (창원①②, 함안, 김해, 양산)
바구·미<바구니> H^2M[MHM] (창원②, 함안, 김해)
바기·미<바구니> H^2M[MHM] (창원①②)
바느·질 H^2M[MHM] (창원①②, 함안, 김해, 양산)
바아·꼬(杵) H^2M[MHM] (창원①②, 함안, 김해)
바아·질<방아질> H^2M[MHM] (창원②)
바아·코(杵) H^2M[MHM] (창원①)
반딧·불 H^2M[MHM] (창원①②, 김해, 양산)
발까·락 H^2M[MHM] (창원①②, 함안, 김해, 양산)
발빠·닥<발바닥> H^2M[MHM] (창원①②, 함안, 김해, 양산)
방굿·돌(岩) H^2M[MHM] (양산)
방매·이(방망이) H^2M[MHM] (양산)
방매·이(방망이) H^2M[MHM] (창원①②, 함안, 김해)
배소·옥(服中) H^2M[MHM] (창원①②, 함안, 김해, 양산)
배쏘·옥(服中) H^2M[MHM] (창원①②, 함안)
배애·미(蛇)[139] H^2M[MHM] (창원②, 함안, 김해)
백김·치 H^2M[MHM] (양산)
버버·리(啞) H^2M[MHM] (양산)
버어·리 H^2M[MHM] (창원①, 김해)
벌거·지<벌레> H^2M[MHM] (창원①②, 함안, 김해, 양산)
벌게·이<벌레> H^2M[MHM] (양산)
벌게·이<벌레> H^2M[MHM] (창원①②, 함안, 김해)
벌기·이<벌레> H^2M[MHM] (창원①②, 함안, 김해)
보따·리 H^2M[MHM] (창원②, 양산)
보슬·비 H^2M[MHM] (창원①②, 함안, 양산)
보자·기<보자기> H^2M[MHM] (창원②)
보재·기<보자기> H^2M[MHM] (창원①②, 함안, 김해, 양산)
볼때·기 H^2M[MHM] (양산)
볼태·기<볼때기> H^2M[MHM] (양산)
부슬·비 H^2M[MHM] (창원①②, 김해)
부어·이<부엉이> H^2M[MHM] (양산)

137) [창원 방언①②, 함안 방언] /바가·지 끍는·다/[바가·지 끌른·다].
138) [양산 방언] /바가·찌 끓지마·라/.
139) [함안 방언] /뱀잡·았·다/.

비둘·키<비둘기>	H^2M[MHM]	(양산)
빗재·이<빗쟁이>	H^2M[MHM]	(창원②, 함안, 양산)
빚재·이<빚쟁이>[140]	H^2M[MHM]	(창원①②, 함안, 양산)
빠아·수<버스>	H^2M[MHM]	(창원①②)
빤딧·불(螢)	H^2M[MHM]	(창원②, 함안, 양산)
빨랫·줄	H^2M[MHM]	(창원②, 함안, 양산)
빼다·지<서랍>	H^2M[MHM]	(함안)
뻬가·지<뼈>	H^2M[MHM]	(창원①, 양산)
뻬다·구<뼈>	H^2M[MHM]	(양산)
뻭다·구<뼈>	H^2M[MHM]	(창원①, 양산)
뽈때·기<뺨>	H^2M[MHM]	(김해, 양산)
뽕나·무(桑)	H^2M[MHM]	(창원①②, 함안, 김해, 양산)
뿌레·이<뿌리>	H^2M[MHM]	(양산)
뿌레·이<뿌리>	H^2M[MHM]	(창원②, 함안, 김해)
뿌리·이<뿌리>	H^2M[MHM]	(창원①②, 김해)
뿔따·구<뿔, 화>[141]	H^2M[MHM]	(창원①, 김해)
삐가·리<병아리>[142]	H^2M[MHM]	(창원①②, 함안, 양산)
삐개·이<병아리>	H^2M[MHM]	(창원①②, 함안, 김해, 양산)
삐들·기<비둘기>	H^2M[MHM]	(창원②)
삐들·끼<비둘기>	H^2M[MHM]	(함안)
삐들·키<비둘기>	H^2M[MHM]	(창원①②, 김해, 양산)
사그·륵<사그릇>	H^2M[MHM]	(창원①②, 함안, 김해)
사나·아(男)	H^2M[MHM]	(창원①, 김해)
사나·이(男)	H^2M[MHM]	(창원①②)
사내·애(男)	H^2M[MHM]	(창원①②, 함안, 김해, 양산)
사락·눈<싸라기눈>	H^2M[MHM]	(김해, 양산)
사아·지<송아지>	H^2M[MHM]	(양산)
산짜·락<산자락>	H^2M[MHM]	(양산)
살뜨·물<쌀뜨물>	H^2M[MHM]	(김해, 양산)
새다·리<사다리>	H^2M[MHM]	(김해)
새애·비<새우>	H^2M[MHM]	(김해, 양산)
새앵·키<송아지>[143]	H^2M[MHM]	(창원①②, 함안, 김해)
서까·래	H^2M[MHM]	(양산)
서답·줄<빨랫줄>	H^2M[MHM]	(창원①②, 함안, 김해)
서어·리(霜)	H^2M[MHM]	(함안, 김해)
선상·님[144]	H^2M[MHM]	(창원①②, 함안, 김해, 양산)

140) [창원 방언①] /넘·우 :돈·씬·사·람, 넘·우·돈 씬사·람/<남의 돈 쓴 사람>.
141) [창원 방언①, 김해 방언] /뿔따·구·나·다/<화나다>.
142) [창원 방언①, 김해 방언] /삐가·리 ·깐·다/.
143) [김해 방언] /금방 낳·았·으·면 새앵·끼, 금방 낳·지 않았·으·면 소아·지/.

선생·님 H^2M[MHM] (창원①②, 함안, 김해, 양산)
세구·시<쇠구유> H^2M[MHM] (창원②, 함안)
세빠·닥<혓바닥> H^2M[MHM] (양산)
세피·기<억새> H^2M[MHM] (양산)
소구·시<쇠구유> H^2M[MHM] (창원①②, 김해)
소아·지<송아지> H^2M[MHM] (양산)
소아·치<송아지> H^2M[MHM] (양산)
소아·지<송아지> H^2M[MHM] (창원①②, 함안, 김해)
소아·치<송아지> H^2M[MHM] (창원①②, 함안, 김해)
손까·락(指) H^2M[MHM] (창원①②, 함안, 김해, 양산)
손빠·닥<손바닥> H^2M[MHM] (창원①②, 함안, 김해, 양산)
솔나·무(松) H^2M[MHM] (창원①②, 함안, 김해, 양산)
솔빠·알<솔방울> H^2M[MHM] (창원①②, 함안)
솔빠·울<솔방울>[145] H^2M[MHM] (창원②, 함안, 김해, 양산)
송안·치<송아지> H^2M[MHM] (양산)
숟가·락 H^2M[MHM] (창원①②, 함안, 김해, 양산)
술뻬·이<술병> H^2M[MHM] (양산)
술뻬·이(-甁)[146] H^2M[MHM] (창원①②, 함안, 김해, 양산)
술삐·이(-甁) H^2M[MHM] (창원②)
시래·기 H^2M[MHM] (김해, 양산)
사락·눈<싸라기눈> H^2M[MHM] (김해)
싸락·눈<싸라기눈> H^2M[MHM] (창원①②, 함안)
서어·리(霜) H^2M[MHM] (김해)
써어·리(霜) H^2M[MHM] (창원①②, 함안)
써어·리<농기구> H^2M[MHM] (창원①②, 함안)
쓰래·기<시래기> H^2M[MHM] (창원②)
씨래·기<시래기> H^2M[MHM] (창원①②, 함안)
아부·지(父) H^2M[MHM] (창원①②, 함안, 김해, 양산)
아재·비(叔) H^2M[MHM] (창원①②, 함안, 김해, 양산)
아줌·마[147] H^2M[MHM] (창원②, 함안, 양산)
알라·아(乳兒) H^2M[MHM] (양산)
알매·이<알맹이> H^2M[MHM] (양산)
알매·이<알맹이> H^2M[MHM] (창원①②, 함안, 김해, 양산)
야푼·데<얕은 곳(에)> H^2M[MHM] (창원①②, 함안, 김해, 양산)
얌새·이<염소> H^2M[MHM] (양산)
얌새·이<염소> H^2M[MHM] (창원①②, 함안, 김해)

144) [창원 방언①②, 함안 방언, 김해 방언, 양산 방언] /선상·님/<선생님>의 /·할·매·말/.
145) [함안 방언] /솔빠·울/은 /요새·애·말/.
146) [함안 방언] /술뻬·이 고·오 온·나/.
147) [창원 방언②, 함안 방언, 양산 방언] /아줌·마/<타성의 기혼 여성>.

양대·애<양대>	H^{2}M[MHM]	(창원②, 함안)
양대·이<양대>	H^{2}M[MHM]	(창원②)
양재·기<양재기>	H^{2}M[MHM]	(창원②, 함안, 양산)
양지·기<양재기>	H^{2}M[MHM]	(함안)
양푸·이<양푼>	H^{2}M[MHM]	(양산)
양피·이<양푼>	H^{2}M[MHM]	(양산)
양피·이<양푼>	H^{2}M[MHM]	(창원①②, 함안)
어까·리<어리>	H^{2}M[MHM]	(창원②, 김해)
어버·이(親)	H^{2}M[MHM]	(창원①②, 함안, 김해, 양산)
언체·이<언청이>	H^{2}M[MHM]	(창원①)
얼기·빗<얼레빗>	H^{2}M[MHM]	(창원①②, 김해)
얼라·아(乳兒)	H^{2}M[MHM]	(창원①②, 함안, 김해, 양산)
여드·름	H^{2}M[MHM]	(창원②, 함안, 양산)
역구·리(脇)	H^{2}M[MHM]	(창원①②, 함안, 김해, 양산)
옆구·리(脇)	H^{2}M[MHM]	(창원②, 함안)
올챙·이(蚪)	H^{2}M[MHM]	(양산)
왕딩·기<왕겨>	H^{2}M[MHM]	(창원①②, 함안, 김해)
울타·리	H^{2}M[MHM]	(김해, 양산)
웃도·리(上衣)	H^{2}M[MHM]	(창원①②, 함안, 김해, 양산)
유성·기	H^{2}M[MHM]	(함안, 양산)
유싱·가<유성기>	H^{2}M[MHM]	(창원①②, 김해)
이슬·비	H^{2}M[MHM]	(창원①②, 함안, 김해, 양산)
입수·리(脣)	H^{2}M[MHM]	(김해)
이파·리	H^{2}M[MHM]	(창원①②, 함안, 김해, 양산)
이까·리<고삐>	H^{2}M[MHM]	(창원①)
잎사·구<잎사귀>	H^{2}M[MHM]	(창원①②, 함안, 김해, 양산)
자물·통<자물쇠>	H^{2}M[MHM]	(함안, 양산)
자부·름<졸음>	H^{2}M[MHM]	(창원①②, 김해)
작대·기	H^{2}M[MHM]	(창원②, 함안)
잘래·비<원숭이>	H^{2}M[MHM]	(창원①②, 함안, 김해, 양산)
잠자·리(寢所)	H^{2}M[MHM]	(창원①②, 함안, 김해, 양산)
잠자·리(蛉)	H^{2}M[MHM]	(창원①②, 함안, 김해, 양산)
저고·리	H^{2}M[MHM]	(창원②, 양산)
저구·리<저고리>	H^{2}M[MHM]	(창원①②, 함안, 김해)
저까·락<젓가락>[148]	H^{2}M[MHM]	(창원①②, 함안, 김해, 양산)
저까·치<젓가락>	H^{2}M[MHM]	(창원②, 함안)
절구·통	H^{2}M[MHM]	(창원①, 양산)
점바·치<점쟁이>[149]	H^{2}M[MHM]	(창원①②, 함안)

148) [창원 방언①, 김해 방언] /저까·락/은 /요새·애·말/.

점재·이<점쟁이> H^2M[MHM] (함안, 양산)
점재·이<점쟁이> H^2M[MHM] (창원①②, 김해)
제까·락<젓가락> H^2M[MHM] (창원②, 함안, 김해)
제까·치<젓가락> H^2M[MHM] (창원①②, 함안, 김해, 양산)
조디·이<주둥이> H^2M[MHM] (창원①②, 김해)
주디·이<주둥이> H^2M[MHM] (창원②, 함안, 양산)
주디·이<주둥이> H^2M[MHM] (창원①②, 함안, 김해)
주룸·살<주름살> H^2M[MHM] (양산)
주머·이(囊) H^2M[MHM] (양산)
주머·이(囊) H^2M[MHM] (창원①②, 함안)
주무·이(囊) H^2M[MHM] (양산)
주무·이(囊) H^2M[MHM] (창원①②, 함안, 김해)
줄거·리<줄거리> H^2M[MHM] (창원①②)
줄거·지(莖) H^2M[MHM] (양산)
줄구·지(莖) H^2M[MHM] (창원②)
지까·락<젓가락> H^2M[MHM] (양산)
지까·치<젓가락> H^2M[MHM] (함안)
지파·이<지팡이> H^2M[MHM] (함안)
지패·이<지팡이> H^2M[MHM] (양산)
지패·이<지팡이> H^2M[MHM] (창원①②, 함안, 김해, 양산))
지푼·데<깊은곳> H^2M[MHM] (창원①②, 함안, 김해, 양산)
짝대·기<작대기> H^2M[MHM] (창원①②, 함안, 김해, 양산)
짱배·기(頂) H^2M[MHM] (양산)
쪼마·이<주머니> H^2M[MHM] (양산)
쪼마·이<주머니> H^2M[MHM] (창원①②, 함안, 김해, 양산)
쪽두·리<족두리>[150] H^2M[MHM] (창원①②, 함안, 양산)
쪽직·개(鑷) H^2M[MHM] (창원①②, 함안, 김해, 양산)
쭉데·기<쭉정이> H^2M[MHM] (창원②, 김해)
쭉디·기<쭉정이>[151] H^2M[MHM] (창원①②, 함안, 김해, 양산)
쭉찌·이<찌꺼기> H^2M[MHM] (양산)
쭉찌·이<찌꺼기> H^2M[MHM] (김해)
쭐거·리<줄기> H^2M[MHM] (함안, 김해, 양산)
쭐구·리<줄기> H^2M[MHM] (창원①②, 함안)
쭐구·지(莖)[152] H^2M[MHM] (창원①②, 함안)
찌깨·미<집게벌레> H^2M[MHM] (양산)

---

149) [김해 방언] /점바·치, :뭇·거·리/.
150) [창원 방언①, 김해 방언] /쪽두·리/<신부용>, /장·옷/<신랑용, 도복같이 걸쳐 입는 옷>, /:사·모·각·띠/<혼례용 전체>, /·굴·건#:제·복/<상례용>.
151) [함안 방언] /·알·이 안들·고 버·부·리·가 되·어 있으·모 쭉디·기/.
152) [창원 방언①, 김해 방언] /:고·구·매 쭐구·지/.

찌꺼·기[153] H^2M[MHM] (창원①②)
찌끼·기<찌꺼기> H^2M[MHM] (창원①②)
찌끼·미[154] H^2M[MHM] (창원①②, 함안, 김해, 양산)
찌지·미<부침개> H^2M[MHM] (함안, 김해)
책거·풀<책갑> H^2M[MHM] (창원①②, 김해)
책까·풀<책갑> H^2M[MHM] (창원②, 함안)
촐래·이<촐랑이>[155] H^2M[MHM] (창원①)
콩기·름[156] H^2M[MHM] (창원①)
콩지·름<콩나물> H^2M[MHM] (창원①②, 함안, 김해, 양산)
탁배·기<막걸리> H^2M[MHM] (창원①②, 함안, 김해, 양산)
터레·기<터럭> H^2M[MHM] (창원①②, 양산)
터리·기<터럭> H^2M[MHM] (창원①②, 김해, 함안)
테가·리<턱주가리> H^2M[MHM] (창원①②, 김해)
토까·이(兎) H^2M[MHM] (양산)
토까·이(兎) H^2M[MHM] (창원①②, 함안, 김해, 양산)
토깨·비<도깨비> H^2M[MHM] (함안)
투시·이<투성이> H^2M[MHM] (함안, 양산)
투시·이<투성이> H^2M[MHM] (창원①②, 김해)
퉁구·리<닭장>[157] H^2M[MHM] (함안)
파래·이(蠅) H^2M[MHM] (양산)
파래·이(蠅) H^2M[MHM] (창원①②, 함안, 김해)
파뿌·리<자의 뿌리> H^2M[MHM] (창원①②, 김해, 양산)
포래·이(蠅) H^2M[MHM] (양산)
포래·이(蠅) H^2M[MHM] (함안, 김해)
피마·자[158] H^2M[MHM] (창원①②)
피마·지<아주까리>[159] H^2M[MHM] (함안, 김해)
한가·지(同) H^2M[MHM] (창원①②, 함안, 김해, 양산)
할마·이<할머니> H^2M[MHM] (양산)
할마·이<할머니>[160] H^2M[MHM] (창원①②, 함안, 김해, 양산)
할망·구<할머니>[161] H^2M[MHM] (창원①②, 함안, 김해, 양산)

---

153) 〔창원 방언②〕 /찌끼·기/<'쭉정이'의 뜻도 있다>.
154) 〔창원 방언①②, 김해 방언〕 /찌끼·미/<큰 구렁이, 두꺼비, 등이 집을 지키는 찌끼미이다. 집안이 망할 때는 찌끼미가 나타난다.>.
155) 〔창원 방언①②〕 /촐래·이/<까불이>; 〔김해 방언〕 /촐래·이/는 /:개, 삐개·이, 아·이, 등 :몬·난·것/을 가리킨다.
156) 〔창원 방언①〕 /콩기·름/<콩에서 짜낸 기름>.
157) 〔함안 방언〕 /삐개·이 가두는것/.
158) 〔창원 방언①〕 /피마·자 잎사·구/<아주까리 잎>, /피마·자 나물/.
159) 〔함안 방언〕 /피마·지 잎사·기/.
160) 〔창원 방언①〕 /할마·이/<할머니의 비속어>.
161) 〔창원 방언①〕 /할망·구/<할머니의 비속어>.

허깨·비<허깨비>	$H^2M[MHM]$	(창원②, 양산)
헤때·기<호드기>	$H^2M[MHM]$	(창원①②, 김해)
헤차·리<회초리>	$H^2M[MHM]$	(양산)
헤초·리<회초리>	$H^2M[MHM]$	(양산)
헤치·비<회초리>	$H^2M[MHM]$	(창원②)
호매·이<호미>	$H^2M[MHM]$	(창원②, 함안, 양산)
호매·이<호미>	$H^2M[MHM]$	(창원①②, 함안, 김해)
홀애·비(鰥)	$H^2M[MHM]$	(창원②)
홉재·기<홉되>	$H^2M[MHM]$	(함안)
흑띠·이<흙덩이>	$H^2M[MHM]$	(창원②)
흘띠·이<흙덩이>	$H^2M[MHM]$	(양산)
흘띠·이<흙덩이>	$H^2M[MHM]$	(창원①②, 함안, 김해)
흙띠·이<흙덩이>	$H^2M[MHM]$	(창원②, 함안, 양산)
가실·구·름(秋雲)	$H^2M^2[MHM^2]$	(함안)
가을·구·름	$H^2M^2[MHM^2]$	(창원①②, 양산, 김해)
가을·채·소	$H^2M^2[MHM^2]$	(창원①②, 함안, 김해, 양산)
강내·잇·대[162]	$H^2M^2[MHM^2]$	(창원①②, 함안, 김해)
강새·이·풀<강아지풀>	$H^2M^2[MHM^2]$	(양산)
강새·이·풀<강아지풀>	$H^2M^2[MHM^2]$	(함안)
강아·지·풀<강아지풀>	$H^2M^2[MHM^2]$	(창원②)
깨구·리·밥<개구리밥>	$H^2M^2[MHM^2]$	(창원①②, 함안, 김해, 양산)
다래·비·질<다리미질>	$H^2M^2[MHM^2]$	(양산)
다리·미·질	$H^2M^2[MHM^2]$	(창원①②)
다리·비·질<다리미질>	$H^2M^2[MHM^2]$	(창원①②, 함안, 김해)
도둑·개·이<도둑고양이>	$H^2M^2[MHM^2]$	(창원①②, 함안, 김해)
무남·독·녀	$H^2M^2[MHM^2]$	(창원①②)
바깥·어·른	$H^2M^2[MHM^2]$	(창원①, 양산)
바깥·주·인	$H^2M^2[MHM^2]$	(양산)
배긑·양·반<바깥양반>	$H^2M^2[MHM^2]$	(김해)
배긑·어·른<바깥어른>	$H^2M^2[MHM^2]$	(창원①, 김해)
배긑·주·인<바깥주인>	$H^2M^2[MHM^2]$	(함안, 김해)
배끝·양·반<바깥양반>	$H^2M^2[MHM^2]$	(창원①②)
배끝·어·른<바깥어른>	$H^2M^2[MHM^2]$	(창원①②)
배끝·주·인<바깥주인>	$H^2M^2[MHM^2]$	(창원①②, 함안)
버들·피·리	$H^2M^2[MHM^2]$	(창원①②, 함안, 김해, 양산)
빤데·기·뿔<반딧불>	$H^2M^2[MHM^2]$	(함안, 김해)
사래·기·눈<싸라기눈>	$H^2M^2[MHM^2]$	(김해, 양산)
삼한·사·온	$H^2M^2[MHM^2]$	(창원①②, 함안, 양산)

162) [창원 방언①] /강내·잇·대/<옥수숫대>.

서마·찌·솥 $H^2M^2[MHM^2]$ (창원②, 함안)
서말·찌·솥[163] $H^2M^2[MHM^2]$ (창원①, 김해)
성주·짜·아[164] $H^2M^2[MHM^2]$ (창원①②)
사래·기·눈<싸라기눈> $H^2M^2[MHM^2]$ (김해)
싸래·기·눈<싸라기눈> $H^2M^2[MHM^2]$ (창원①②, 함안)
통행·금·지 $H^2M^2[MHM^2]$ (창원①②, 김해, 양산)
싱거·언·짐·치[165] $H^2M^3[MHM^3]$ (김해)
싱겁·운·짐·치 $H^2M^3[MHM^3]$ (창원①②, 김해)
가마솥(釜) H^3[MʜH] (함안, 김해, 양산)
가매솥<가마솥> H^3[MʜH] (창원①②, 함안, 김해, 양산)
가실꽃<가을꽃> H^3[MʜH] (김해)
가을꽃 H^3[MʜH] (창원①②)
가을꽅<가을꽃> H^3[MʜH] (창원①, 함안, 김해, 양산)
개고랑<개울> H^3[MʜH] (창원②, 김해)
개골창<개골창> H^3[MʜH] (양산)
개구랑<개울> H^3[MʜH] (창원②, 함안)
개굴창<개골창> H^3[MʜH] (창원①)
거드름[166] H^3[MʜH] (창원①, 양산)
게아집<기와집> H^3[MʜH] (창원①②)
게앗장(瓦) H^3[MʜH] (창원①②, 함안, 김해, 양산)
게앗집<기와집> H^3[MʜH] (창원②, 함안, 김해)
게왓장<기왓장> H^3[MʜH] (양산)
게왓집<기와집> H^3[MʜH] (양산)
겨트랑(腋) H^3[MʜH] (양산)
고옴꾹<곰국> H^3[MʜH] (창원②, 김해)
구두창 H^3[MʜH] (창원①②, 함안, 양산)
기앗장<기왓장> H^3[MʜH] (창원①②, 함안, 양산)
기얏집<기와집> H^3[MʜH] (함안)
기왓장(瓦) H^3[MʜH] (양산)
기왓집<기와집> H^3[MʜH] (양산)
깨구랑<개울> H^3[MʜH] (함안)
꾸지럼<꾸지람>[167] H^3[MʜH] (창원①②, 함안)
다리끌 H^3[MʜH] (창원①, 김해)
닥나무 H^3[MʜH] (창원②)
달구똥<닭똥> H^3[MʜH] (창원①②, 양산)

---

163) [창원 방언①] /서말·찌·솥/<쌀 3말의 양의 밥 지을 수 있는 큰 솥>.
164) [창원 방언①] /성주·짜·아/<성주어른, 택호>
165) [김해 방언] /싱거·언·짐·치/는 /국·물·짐·치, :동·김·치/의 뜻.
166) [양산 방언] /거드름 피·우·지 마·라/.
167) [양산 방언] /꾸지럼/은 잘 안 쓰고, /·욕·들·었·다/를 쓴다.

담부락<담벼락>	H^3[MʜH]	(양산)
담부랑<담벼락>	H^3[MʜH]	(창원①②, 함안)
담뿌락<담벼락>	H^3[MʜH]	(양산)
대나무	H^3[MʜH]	(창원①②, 함안, 김해, 양산)
대장깐<대장간>	H^3[MʜH]	(양산)
돌다리	H^3[MʜH]	(창원②, 양산)
돌따리<돌다리>	H^3[MʜH]	(창원①②, 함안, 김해, 양산)
두루막<두루마기>	H^3[MʜH]	(창원①②, 함안, 김해, 양산)
두르막<두루마기>	H^3[MʜH]	(창원①②, 함안, 김해)
딱나무<닥나무>	H^3[MʜH]	(창원①②, 김해)
땁나무<닥나무>[168]	H^3[MʜH]	(창원②, 함안, 양산)
떡시리<떡시루>	H^3[MʜH]	(창원①②, 함안, 김해, 양산)
마루청	H^3[MʜH]	(창원②)
마리청<마루청>	H^3[MʜH]	(양산)
메물묵<메밀묵>	H^3[MʜH]	(창원②, 김해)
메밀묵	H^3[MʜH]	(창원②)
미물묵<메밀묵>	H^3[MʜH]	(창원①②, 함안, 양산)
미밀묵<메밀묵>	H^3[MʜH]	(양산)
민들레	H^3[MʜH]	(함안, 양산)
밀까리<밀가루>	H^3[MʜH]	(창원①②, 함안, 김해, 양산)
바아깐<방앗간>	H^3[MʜH]	(양산)
바아깐<방앗간>	H^3[MʜH]	(창원①②, 김해)
발짜죽<발자국>	H^3[MʜH]	(창원②, 함안, 양산)
발째죽<발자국>	H^3[MʜH]	(창원①②, 함안, 김해)
밥뚜껑	H^3[MʜH]	(양산)
배꾸녕<배꼽>	H^3[MʜH]	(창원②, 김해, 양산)
배꾸늉<배꼽>	H^3[MʜH]	(창원②, 함안, 김해)
배꾸멍<배꼽>	H^3[MʜH]	(창원①②, 양산)
배꾸무<배꼽>	H^3[MʜH]	(김해)
배꾸뭉<배꼽>	H^3[MʜH]	(창원②, 함안, 김해)
배꾸영<배꼽>	H^3[MʜH]	(양산)
배꾸정<배꼽>	H^3[MʜH]	(창원②)
배꾸중<배꼽>	H^3[MʜH]	(창원①②, 함안, 김해, 양산)
베륵방<벽>	H^3[MʜH]	(창원①②, 함안, 김해)
보따리(袪)	H^3[MʜH]	(창원①, 함안, 김해)
복숭아(桃)	H^3[MʜH]	(창원②, 함안, 양산)
뽕나무(桑)	H^3[MʜH]	(창원①②, 함안, 김해, 양산)
사다리(梯)	H^3[MʜH]	(창원②, 양산)

168) 〔함안 방언〕 /땁·을 조·옴 빼·끼·라/.

사랑빵<사랑방>	H^3[MʜH]	(양산)
산나물[169]	H^3[MʜH]	(창원①②, 함안, 김해, 양산)
산중턱	H^3[MʜH]	(양산)
살뜨물[170]	H^3[MʜH]	(양산, 김해)
삽짝끌<사립짝>[171]	H^3[MʜH]	(창원①, 양산)
새다리(梯)[172]	H^3[MʜH]	(창원①②, 함안, 양산)
성냥깐<대장간>	H^3[MʜH]	(창원①②, 함안, 김해)
소마구<외양간>	H^3[MʜH]	(창원①②, 함안, 김해)
솔나무(松)	H^3[MʜH]	(창원①②, 함안, 김해)
술고래	H^3[MʜH]	(창원①②, 함안, 김해, 양산)
술또가<술도가>[173]	H^3[MʜH]	(창원①②, 함안, 김해, 양산)
쌀뜨물[174]	H^3[MʜH]	(창원①②, 함안, 김해)
아줌마[175]	H^3[MʜH]	(창원①②, 김해)
양철집	H^3[MʜH]	(창원①②, 함안)
얼룩말	H^3[MʜH]	(창원①②, 함안, 김해, 양산)
울타리	H^3[MʜH]	(창원①②, 함안)
자부럼<졸리움>	H^3[MʜH]	(함안, 양산)
자트랑(腋)	H^3[MʜH]	(양산)
제자끌(市)[176]	H^3[MʜH]	(창원①②, 김해)
제트랑(腋)[177]	H^3[MʜH]	(창원①②, 함안, 김해)
책거풀<책갑>	H^3[MʜH]	(창원①②, 함안, 김해, 양산)
책까풀<책갑>	H^3[MʜH]	(창원①②, 함안)
초하로<초하루>	H^3[MʜH]	(창원①②)
초하루	H^3[MʜH]	(창원①②, 함안, 김해)
콩나물	H^3[MʜH]	(창원①②, 함안, 김해, 양산)
팔다리	H^3[MʜH]	(창원①②, 함안, 김해, 양산)
폴다리<팔다리>	H^3[MʜH]	(함안, 김해, 양산)
가무체·이<가물치>	H^3M[MʜHM]	(창원①②, 함안, 김해)
가시나·아<계집애>	H^3M[MʜHM]	(창원①②, 함안, 김해, 양산)
가을하·늘	H^3M[MʜHM]	(창원①②, 함안, 김해, 양산)
간얼라·아<갓난아기>	H^3M[MʜHM]	(창원①②, 김해)

169) 〔김해 방언〕 /산나물, :멧·나·물/.
170) 〔김해 방언〕 /살뜨물/은 /뜨물/<비리>와 다르다.
171) 〔창원 방언①〕 /삽짝끌/은 /삽짝/이라고도 한다.
172) 〔양산 방언〕 /새다리/는 /·약·한 다리·를 가·진 :사·람/을 뜻한다.
173) 〔함안 방언〕 /술또가·아/<술도가에>; 〔김해 방언〕 /술또가/<양조장>.
174) 〔창원 방언①〕 /쌀뜨물/을 /뜨물/이라고도 한다.
175) 〔창원 방언①〕 /아줌마/<일가친척이 아닌 혼인한 여자>.
176) 〔창원 방언①, 김해 방언〕 /제자끌/은 /:매·일·장/을 뜻한다.
177) 〔함안 방언〕 /제트랑밑/.

간지깨·이<간짓대>	H^{3}M[MʜHM]	(김해)
간지때·이<간짓대>	H^{3}M[MʜHM]	(창원①②, 김해)
갈가마·구<갈까마귀>	H^{3}M[MʜHM]	(창원①②, 함안, 김해, 양산)
개똥벌·레	H^{3}M[MʜHM]	(양산)
갯주무·이<호주머니>	H^{3}M[MʜHM]	(창원①②, 함안, 김해)
갯주비·이<호주머니>	H^{3}M[MʜHM]	(함안)
계집아·아<계집애>	H^{3}M[MʜHM]	(창원②, 함안, 김해)
계집애·애<계집애>	H^{3}M[MʜHM]	(창원①②, 함안, 김해, 양산)
고슴도·치(猬)	H^{3}M[MʜHM]	(창원①②, 함안, 김해, 양산)
기집애·애<계집애>	H^{3}M[MʜHM]	(창원①②, 함안, 김해)
까날라·아<갓난아기>	H^{3}M[MʜHM]	(양산)
까널라·아<갓난아기>	H^{3}M[MʜHM]	(양산)
께엘배·기<게으름뱅이>	H^{3}M[MʜHM]	(창원②)
께엘배·이<게으름뱅이>	H^{3}M[MʜHM]	(창원①②, 함안, 김해)
꼬랑대·기(尾)	H^{3}M[MʜHM]	(창원①②, 함안, 김해, 양산)
꼬랑대·이(尾)	H^{3}M[MʜHM]	(창원②, 함안)
꽁지바·리<꼴찌>	H^{3}M[MʜHM]	(창원①, 양산)
끝보오·리<꽃봉오리>	H^{3}M[MʜHM]	(창원①②, 함안, 김해)
끝봉오·리[178]	H^{3}M[MʜHM]	(양산)
나룻가·아<나룻가>	H^{3}M[MʜHM]	(창원②, 함안, 김해, 양산)
나무지·기<나머지>	H^{3}M[MʜHM]	(창원①②, 함안, 김해)
나무치·기<나머지>	H^{3}M[MʜHM]	(창원②)
나시래·이<냉이>	H^{3}M[MʜHM]	(함안, 김해, 양산)
노름재·이<노름쟁이>	H^{3}M[MʜHM]	(양산)
노름재·이<노름쟁이>	H^{3}M[MʜHM]	(창원①②, 함안, 김해)
달구베·설<닭볏>	H^{3}M[MʜHM]	(양산)
달구베·실<닭볏>	H^{3}M[MʜHM]	(창원①②, 함안, 김해)
달구새·끼<닭>	H^{3}M[MʜHM]	(창원①②, 함안, 김해)
당갈띵·기[179]	H^{3}M[MʜHM]	(창원①②, 김해)
도둑개·이<도둑고양이>	H^{3}M[MʜHM]	(양산)
도둑개·이<도둑고양이>	H^{3}M[MʜHM]	(창원②)
돌뭉시·이<돌멩이>	H^{3}M[MʜHM]	(창원①②, 김해)
동고라·미<동그라미>	H^{3}M[MʜHM]	(양산)
동골배·이<동그라미>	H^{3}M[MʜHM]	(창원②, 김해, 양산)
동구라·미<동그라미>	H^{3}M[MʜHM]	(창원②, 함안, 양산)
동구래·미<동그라미>	H^{3}M[MʜHM]	(창원①②, 김해)
동굴배·이<동그라미>	H^{3}M[MʜHM]	(창원①②, 김해)

178) [양산 방언] /끝봉오·리/[kot˺poŋ$øori]<꽃봉오리>.
179) [창원 방언①, 김해 방언] /당갈띵·기/<보드라운 겨>.

동글배·이<동그라미>	H^3M[MʜHM]	(양산)
두드레·기<두드러기>	H^3M[MʜHM]	(창원②, 함안, 양산)
두드리·기<두드러기>	H^3M[MʜHM]	(창원①②, 함안, 김해)
두루마·기	H^3M[MʜHM]	(창원②, 김해)
두루매·기<두루마기>	H^3M[MʜHM]	(창원①②, 김해, 양산)
두르마·기<두루마기>	H^3M[MʜHM]	(창원②, 함안, 양산)
두르매·기<두루마기>	H^3M[MʜHM]	(창원①②, 함안, 양산)
디꼭대·기<꼭뒤>[180]	H^3M[MʜHM]	(양산)
딱따구·리	H^3M[MʜHM]	(창원①②, 함안, 김해, 양산)
땅떠어·리<땅덩이>	H^3M[MʜHM]	(양산)
땅떵거·리<땅덩이>	H^3M[MʜHM]	(창원①②, 함안, 김해, 양산)
때앰재·이<땜장이>	H^3M[MʜHM]	(창원①②, 함안, 김해, 양산)
뚜꾸배·이<뚜껑>	H^3M[MʜHM]	(양산)
뜨꺼배·이<뚜껑>	H^3M[MʜHM]	(양산)
머슴살·이	H^3M[MʜHM]	(창원①②, 함안, 김해)
머슴아·아<사내아이>	H^3M[MʜHM]	(창원①②, 함안, 김해, 양산)
멍텅구·리	H^3M[MʜHM]	(창원①②, 함안, 김해, 양산)
메물국·시<메밀국수>	H^3M[MʜHM]	(창원②, 함안)
메밀국·시<메밀국수>	H^3M[MʜHM]	(양산)
문화생·할	H^3M[MʜHM]	(창원①②, 함안, 김해, 양산)
미꼬라·지<미꾸라지>	H^3M[MʜHM]	(창원①②, 함안, 김해, 양산)
미꼬래·이(鰍)	H^3M[MʜHM]	(창원①②, 함안)
미꾸라·지(鰍)	H^3M[MʜHM]	(창원①②, 함안, 김해, 양산)
미꾸래·이(鰍)	H^3M[MʜHM]	(양산)
미꾸래·이(鰍)	H^3M[MʜHM]	(창원②, 함안)
미물국·시<메밀국수>	H^3M[MʜHM]	(창원①②, 함안, 김해)
바람잽·이<바람잡이>[181]	H^3M[MʜHM]	(창원①②, 함안, 김해, 양산)
바지랑·때[182]	H^3M[MʜHM]	(창원②, 김해, 양산)
밥띠끼·이<밥뚜껑>	H^3M[MʜHM]	(창원①②, 함안, 김해)
밥띠베·이<밥뚜껑>	H^3M[MʜHM]	(양산)
밥띠비·이<밥뚜껑>	H^3M[MʜHM]	(창원①②, 함안, 김해)
버드나·무	H^3M[MʜHM]	(창원①②, 함안, 김해, 양산)
버들나·무(柳)	H^3M[MʜHM]	(창원①②, 함안, 김해, 양산)
버르재·이<버릇>	H^3M[MʜHM]	(창원①②, 김해)
뻐드나·무(柳)	H^3M[MʜHM]	(창원②)
뻐들나·무(柳)	H^3M[MʜHM]	(창원②, 함안, 김해)
뽀들나·무(柳)	H^3M[MʜHM]	(창원①②)

180) [양산 방언] /디꼭대·기/<차연옥 님 발음>.
181) [창원 방언①②] /바람잽·이/<앞장서는 사람>.
182) [창원 방언②] /바지랑·때/<빨래 바지랑대>.

뽀시레·기<부스러기>	H^3M[MʜHM]	(창원①②, 함안)
뿌시레·기<부스러기>	H^3M[MʜHM]	(창원①②, 함안, 김해, 양산)
사고방·식	H^3M[MʜHM]	(창원①②, 함안, 김해, 양산)
사기그·륵	H^3M[MʜHM]	(양산)
산꼭대·기	H^3M[MʜHM]	(창원①②, 함안, 김해, 양산)
산만대·이<산마루>	H^3M[MʜHM]	(김해)
산먼데·이<산마루>	H^3M[MʜHM]	(창원②)
산먼디·이<산마루>	H^3M[MʜHM]	(창원①②, 함안, 양산)
산멀래·이<산마루>	H^3M[MʜHM]	(창원①②, 함안, 김해)
산뽀오·리<산봉우리>	H^3M[MʜHM]	(창원①②, 함안, 김해)
산뽕오·리[183]	H^3M[MʜHM]	(함안, 양산)
산뽕우·리	H^3M[MʜHM]	(창원②)
산쭝디·이<산중턱>	H^3M[MʜHM]	(창원①②, 함안, 김해)
산초래·이<산자락>	H^3M[MʜHM]	(창원②, 함안)
산토까·이<산토끼>	H^3M[MʜHM]	(양산)
산토까·이<산토끼>	H^3M[MʜHM]	(창원①②, 함안, 김해)
살구나·무	H^3M[MʜHM]	(창원①②, 함안, 김해, 양산)
성주때·기<성주댁>	H^3M[MʜHM]	(양산, 김해)
성주띠·기[184]	H^3M[MʜHM]	(창원①②, 함안)
성주짜·아[185]	H^3M[MʜHM]	(창원②, 김해)
셋덩거·리<쇳덩어리>	H^3M[MʜHM]	(김해)
셋동가·리<쇳동강>	H^3M[MʜHM]	(김해, 양산)
소두배·이<솥뚜껑>	H^3M[MʜHM]	(양산)
소두배·이<솥뚜껑>	H^3M[MʜHM]	(창원①)
수수께·끼[186]	H^3M[MʜHM]	(창원①②, 함안, 김해, 양산)
술독아·지<술독>	H^3M[MʜHM]	(양산)
술뚜루·미	H^3M[MʜHM]	(함안)
술뚜리·미<술두루미>	H^3M[MʜHM]	(창원①②, 김해)
술똑아·지<술독>	H^3M[MʜHM]	(창원②, 양산)
시아바·이<시아버지>	H^3M[MʜHM]	(함안, 김해)
시아부·지[187]	H^3M[MʜHM]	(함안, 김해)
시어마·이<시어머니>	H^3M[MʜHM]	(창원②, 함안, 김해)
시오마·이<시어머니>	H^3M[MʜHM]	(창원②, 함안)

183) /산뽕오·리/[sʰan˺\$poŋ˺\$øo\$ɾi], /산뽀오·리/[sʰan˺\$põ\$øõ\$õ\$ɾi], /산뽀오·리/[sʰan˺\$po\$øo\$ɾi]; \$는 음절경계 표시.

184) 〔창원 방언①②〕 /X띠·기/<X댁, 여자 어른에 대한 택호(존대의 뜻은 없음)>.

185) 〔창원 방언①②〕 /X·짜·아/<X어른, 남자 어른에 대한 택호(존대의 뜻은 없음)>; 〔김해 방언〕 /X·짜·아/<함·부·두·룩 ·하·는·말>.

186) 〔창원 방언①〕 /수수께·끼/와 /시끼지름/은 동의어.

187) 〔김해 방언〕 /시아부·지, 아·부·님/<시아버지>.

신쪼마·이<신주머니>	H^{3}M[MʜHM]	(양산)
신쪼마·이<신주머니>	H^{3}M[MʜHM]	(창원①②, 함안, 김해)
싱건짐·치<싱건김치>	H^{3}M[MʜHM]	(창원②, 함안)
쎗덩거·리<쇳덩어리>	H^{3}M[MʜHM]	(창원①②)
쎗동가·리<쇳동강>[188]	H^{3}M[MʜHM]	(창원①②, 함안)
씨아바·이	H^{3}M[MʜHM]	(함안)
씨어마·이	H^{3}M[MʜHM]	(함안)
씨오마·이<시어머니>	H^{3}M[MʜHM]	(창원②, 함안)
아들래·미<아들나미>	H^{3}M[MʜHM]	(창원①, 양산)
아주까·리	H^{3}M[MʜHM]	(창원①②, 함안, 김해, 양산)
오늘내·앨<오늘내일>[189]	H^{3}M[MʜHM]	(창원①②, 함안, 김해, 양산)
오라버·이<오라버니>	H^{3}M[MʜHM]	(창원②, 함안)
오좀꾸·시<오줌구유>	H^{3}M[MʜHM]	(창원①②, 김해)
오줌구·시<오줌구유>	H^{3}M[MʜHM]	(창원②, 함안)
오줌꾸·시<오줌구유>	H^{3}M[MʜHM]	(창원①)
오올내·앨<오늘내일>	H^{3}M[MʜHM]	(창원①②, 함안)
입소구·리<입술>	H^{3}M[MʜHM]	(창원①②, 함안, 김해)
입수구·리<입술>	H^{3}M[MʜHM]	(양산)
점바가·치<점쟁이>	H^{3}M[MʜHM]	(창원①②)
정자나·무	H^{3}M[MʜHM]	(창원①②, 함안, 김해, 양산)
제비뽑·기	H^{3}M[MʜHM]	(창원②, 양산)
제트랑·밑<겨드랑밑>	H^{3}M[MʜHM]	(창원②)
주둥아·리<주둥이>	H^{3}M[MʜHM]	(창원②)
지집아·아<계집애>	H^{3}M[MʜHM]	(창원②, 함안, 김해)
지집애·애<계집애>	H^{3}M[MʜHM]	(창원①②, 함안, 김해)
지개짝·지<지개작대기>	H^{3}M[MʜHM]	(김해)
짝수바·리[190]	H^{3}M[MʜHM]	(창원①②, 김해)
쫑구래·이<조롱박>	H^{3}M[MʜHM]	(창원①②, 김해)
찌끄라·지<찌꺼기>	H^{3}M[MʜHM]	(양산)
책껍데·기<책갑>	H^{3}M[MʜHM]	(창원②, 양산)
책껍디·기<책갑>	H^{3}M[MʜHM]	(창원①②, 함안, 김해)
탱자까·세<탱자가시>	H^{3}M[MʜHM]	(창원②)
탱자까·시<탱자가시>	H^{3}M[MʜHM]	(창원①②, 함안, 김해)
탱자나·무	H^{3}M[MʜHM]	(창원①②, 함안, 김해, 양산)
텍서가·리<턱>	H^{3}M[MʜHM]	(창원②, 함안, 양산)
텍수바·리<턱>	H^{3}M[MʜHM]	(김해)

188) [창원 방언①②, 함안 방언] /쎗동가·리/<혀, 쇠조각>.

189) [창원 방언①] /오늘내·앨 ·한·다/<사람의 목숨이 오늘내일 한다.>; [김해 방언] /오늘내·앨 ·칸·다/.

190) [창원 방언①] /짝수바·리/<세 개의 작대기로 윗부분을 뭉쳐 세워 간짓대를 걸치는 받침>.

텍쪼가·리<턱>	H^{3}M[MʜHM]	(창원①②, 함안)
파뿌레·이<파뿌리>	H^{3}M[MʜHM]	(양산)
파뿌레·이<파뿌리>	H^{3}M[MʜHM]	(창원①②, 함안, 김해)
파뿌리·이<파뿌리>	H^{3}M[MʜHM]	(창원①②, 함안, 김해)
팔랑개·비	H^{3}M[MʜHM]	(창원①②, 함안, 김해, 양산)
헝겊대·기	H^{3}M[MʜHM]	(창원①②, 함안, 김해, 양산)
호불애·비	H^{3}M[MʜHM]	(창원①②, 함안, 김해, 양산)
홉데배·기<홉되>	H^{3}M[MʜHM]	(양산)
우리나·라·사·람	H^{3}M^3[MʜHM^3]	(창원①②, 함안, 김해, 양산)
아주까·리·이·파·리	H^{3}M^4[MʜHM^4]	(창원①②, 김해)
아주까·리·잎·사·구	H^{3}M^4[MʜHM^4]	(창원①②, 김해)
가을바람	H^4[Mʜ^{2}H]	(창원①②, 함안, 김해, 양산)
나무다리	H^4[Mʜ^{2}H]	(창원①②, 함안, 김해, 양산)
대지마구<돼지우리>	H^4[Mʜ^{2}H]	(창원②, 함안)
버드나무	H^4[Mʜ^{2}H]	(창원①②, 함안, 김해, 양산)
버들나무<버드나무>	H^4[Mʜ^{2}H]	(창원①②, 함안, 김해)
뻐들나무<버드나무>	H^4[Mʜ^{2}H]	(창원②, 함안, 김해)
뽀들나무<버드나무>	H^4[Mʜ^{2}H]	(창원①②)
살구나무	H^4[Mʜ^{2}H]	(창원①②, 함안, 김해, 양산)
세끼질금<수수께끼>	H^4[Mʜ^{2}H]	(김해)
시끼지름<수수께끼>	H^4[Mʜ^{2}H]	(창원①②)
아시동생<아우>	H^4[Mʜ^{2}H]	(창원①②, 함안, 김해, 양산)
양철지붕	H^4[Mʜ^{2}H]	(창원①②, 함안)
자트랑밑<겨드랑이>	H^4[Mʜ^{2}H]	(양산)
저트랑밑<겨드랑이>	H^4[Mʜ^{2}H]	(창원①②, 함안, 김해)
정자나무(亭子나무)	H^4[Mʜ^{2}H]	(창원②, 함안, 김해)
정지나무<정자나무>	H^4[Mʜ^{2}H]	(함안)
제드랑밑<겨드랑이>	H^4[Mʜ^{2}H]	(창원②, 함안)
제트랑밑<겨드랑이>	H^4[Mʜ^{2}H]	(창원①②, 함안, 김해, 양산)
탱자나무	H^4[Mʜ^{2}H]	(창원②, 함안, 김해)
개똥벌거·지(螢)	H^{4}M[Mʜ^{2}HM]	(창원①②, 함안, 김해, 양산)
개똥벌게·이(螢)	H^{4}M[Mʜ^{2}HM]	(창원②)
개똥벌기·이(螢)	H^{4}M[Mʜ^{2}HM]	(창원①②, 김해)
께으름배·이	H^{4}M[Mʜ^{2}HM]	(양산)
도둑고야·이	H^{4}M[Mʜ^{2}HM]	(양산)
바지랑장·때[191]	H^{4}M[Mʜ^{2}HM]	(창원①②, 함안, 김해, 양산)
버르장머·리	H^{4}M[Mʜ^{2}HM]	(창원①)

색동저고·리	H^{4}M[Mʜ^{2}HM]	(김해, 양산)
오요강새·이[192]	H^{4}M[Mʜ^{2}HM]	(창원①②)
올랑강새·이<강아지풀>	H^{4}M[Mʜ^{2}HM]	(김해)
지개작대·기	H^{4}M[Mʜ^{2}HM]	(함안, 양산)
지개짝대·기	H^{4}M[Mʜ^{2}HM]	(창원①②, 함안, 김해)
호불할마·이<홀어미>	H^{4}M[Mʜ^{2}HM]	(창원①②, 함안, 김해)
바지랑짝대·기[193]	H^{5}M[Mʜ^{3}HM]	(김해)
아주까리잎사·구	H^{6}M[Mʜ^{4}HM]	(창원①②, 함안, 김해)
아주까리이파·리	H^{6}M[Mʜ^{4}HM]	(창원①②)
산#중턱	H#H^2[MH#MH]	(양산)
술#고래	H#H^2[MH#MH]	(창원①②, 함안, 양산)
산#중디·이	H#H^{2}M[MH#MHM]	(창원①②, 함안, 김해)
지·개#짝대·기	HM#H^{2}M[HM#MHM]	(창원②, 함안)
고·슴·도·치#새·끼	HM^3#HM[HM^3#HM]	(창원②)
가실#·구·름	H^2#M^2[MH#HH]	(창원②, 함안)
무남#·독·녀	H^2#M^2[MH#HH]	(창원①②, 양산)
가을#·구·름	H^2#M^2[MH#HH]	(창원②, 김해)
가을#·무·지·개[194]	H^2#M^3[MH#HHM]	(창원①②, 함안, 양산)
가을#·무·지·이	H^2#M^3[MH#HHM]	(함안)
삼한#:사·온	H^2#L^2[MH#LM]	(창원①②, 함안, 양산)
양산#:양·반	H^2#L^2[MH#LM]	(창원①, 양산)
양산#:어·른	H^2#L^2[MH#LM]	(창원①, 양산)
대애·지#:마·구	H^{2}M#L^2[MHM#LM]	(창원②, 양산)
싱거·분#짐·치	H^{2}M#HM[MHM#HM]	(창원①②)
고슴도·치#새·끼	H^{3}M#HM[MʜHM#HM]	(창원①②, 함안, 김해, 양산)
아주까·리#이파·리	H^{3}M#H^{2}M[MʜHM#MHM]	(함안, 김해, 양산)
아주까·리#잎사·구	H^{3}M#H^{2}M[MʜHM#MHM]	(창원①②, 함안, 김해, 양산)

(140) 상성형 이름씨 자료

:가(邊)	L[LM]	(창원①②, 함안, 김해, 양산)
:간(肝)[195]	L[LM]	(창원①②, 함안, 김해, 양산)
:갈(葦)[196]	L[LM]	(창원①②, 김해)

191) 〔창원 방언①〕 /바지랑장·때, 빨랫·줄 공구·우·는 장·대/<빨랫줄 받치는 장대>; 〔김해 방언〕 /바지랑장·때, 빨랫·줄 공구·우·는·것/.

192) 〔창원 방언①〕 /오요강새·이/<강아지풀>.

193) 〔김해 방언〕 /바지랑짝대·기, 빨랫·줄 공구·우·는 장·대/.

194) 〔창원 방언①, 김해 방언〕 /가을#·무·지·개 서는것 보·이 ·가·물·겄·다/.

195) 〔창원 방언①, 김해 방언〕 /:간, :가·이 ·크·다/; 〔양산 방언〕 /:간, :가·이 ·크·다/.

196) 〔창원 방언①〕 /:갈/<논에 나는 짓음>, /:골/<멍석자리 만드는 풀 이름>; 〔김해 방언〕 /:갈/<논에

:감(柿) L[LM] (창원①②, 함안, 김해, 양산)
:강(庫房, 광) L[LM] (창원①②, 함안, 양산)
:개(狗) L[LM] (창원①②, 함안, 김해, 양산)
:게(櫃) L[LM] (창원①②, 함안, 김해, 양산)
:골(谷) L[LM] (창원①②, 함안, 김해, 양산)
:골(葦) L[LM] (창원①②, 김해)
:곰(熊) L[LM] (창원①②, 함안, 김해, 양산)
:공(球) L[LM] (창원①②, 함안, 김해, 양산)
:기(蟹) L[LM] (김해)
:김(蒸氣) L[LM] (창원②, 김해)
:께(蟹) L[LM] (창원①②, 함안, 김해, 양산)
:끼(蟹) L[LM] (창원①②, 함안, 김해, 양산)
:내(川)[197] L[LM] (창원①②, 함안, 김해, 양산)
:널(板)[198] L[LM] (창원①②, 함안, 김해, 양산)
:눈(雪) L[LM] (창원①②, 함안, 김해, 양산)
:담(淡) L[LM] (창원①②, 함안, 김해, 양산)
:돈(錢) L[LM] (창원①②, 함안, 김해, 양산)
:돌(石) L[LM] (창원①②, 함안, 김해, 양산)
:돔<도미> L[LM] (창원①②, 함안, 김해, 양산)
:들(野) L[LM] (창원①②, 함안, 김해, 양산)
:디(後) L[LM] (창원①②, 함안, 김해, 양산)
:딸(苺)[199] L[LM] (창원①②, 함안, 김해, 양산)
:말(語) L[LM] (창원①②, 함안, 김해, 양산)
:매(鷹) L[LM] (창원①②, 함안, 김해, 양산)
:메(墓)[200] L[LM] (창원①②, 함안, 김해, 양산)
:모(墓) L[LM] (창원①②, 함안, 김해, 양산)
:묘(墓) L[LM] (창원②)
:밀(蠟) L[LM] (창원①②, 함안, 김해)
:반(半) L[LM] (창원①②, 함안, 김해, 양산)
:발(簾)[201] L[LM] (창원①②, 함안, 김해, 양산)
:밤(栗) L[LM] (창원①②, 함안, 김해, 양산)
:배(倍) L[LM] (창원①②, 함안, 김해, 양산)
:뱀(蛇)[202] L[LM] (양산)

나는 짓음>, /:골/<멍석자리 만드는 것>.
197) [창원 방언①②, 함안 방언] /:냇·가/.
198) [김해 방언] /:널·로 떤·다, :사·망·데·에 가·지·고 :널·을 ·샀·다/.
199) [양산 방언] /:딸·따·러 가·자/.
200) [김해 방언] /:메·는 :모·의 :비·속·어/; [양산 방언] /:멧·등·껄, :밋·등·껄/.
201) [양산 방언] /:발·로 ·친·다/<발을 친다>.
202) [양산 방언] /:뱀·은 :뱀·인·데/.

:벌(蜂) L[LM] (창원①②, 함안, 김해, 양산)
:범(虎) L[LM] (창원①②, 함안, 김해, 양산)
:벗(朋) L[LM] (창원①②, 김해)
:벨(星) L[LM] (창원①②, 함안, 김해, 양산)
:벵(病)[203] L[LM] (창원①②, 함안, 김해, 양산)
:별(星) L[LM] (창원①②, 양산)
:병(病) L[LM] (창원①②, 양산)
:빌(星) L[LM] (창원②, 함안, 양산)
:빙(病) L[LM] (창원①②, 함안)
:새(鳥) L[LM] (창원①②, 함안, 김해, 양산)
:섬(島) L[LM] (창원①②, 함안, 김해, 양산)
:성(姓) L[LM] (창원①②, 함안, 김해, 양산)
:손(孫) L[LM] (창원①②, 함안, 김해, 양산)
:솔(刷) L[LM] (창원①②, 함안, 김해, 양산)
:숨(息)[204] L[LM] (창원①②, 함안, 김해, 양산)
:실(絲)[205] L[LM] (창원①②, 함안, 김해, 양산)
:양(量) L[LM] (창원①②, 함안, 김해, 양산)
:에(瓜) L[LM] (창원①②, 함안, 김해)
:옴(疥)[206] L[LM] (창원①②, 함안, 김해, 양산)
:외(瓜)[207] L[LM] (창원①, 양산)
:윷 L[LM] (창원①②, 김해)
:윹 L[LM] (창원①②)
:이(李) L[LM] (창원①②, 함안, 김해, 양산)
:이(二) L[LM] (창원①②, 함안, 김해, 양산)
:일(事) L[LM] (창원①②, 함안, 김해, 양산)
:임<사모하는 사람> L[LM] (창원①②, 함안, 김해)
:잣[208] L[LM] (창원①②, 함안, 김해, 양산)
:전(煎) L[LM] (창원①②, 함안, 김해, 양산)
:종(奴,僕) L[LM] (창원①②, 함안, 김해, 양산)
:줄[209] L[LM] (창원①②, 함안, 김해, 양산)
:짐(蒸氣) L[LM] (창원①②, 함안, 양산)
:짐<김(반찬)> L[LM] (창원①②, 김해, 양산)
:짓(行動) L[LM] (창원①②, 함안, 김해)

---

203) [창원 방언①②] /:벵·났·다/; [양산 방언] /:벵, :벵·이 ·들·었·다/.
204) [창원 방언①②, 함안 방언] /:숨·씬·다, :숨·을 ·씬·다/; [김해 방언, 양산 방언] /:숨·순·다/.
205) [함안 방언] /:실·고·오 온·나/<실 가지고 오너라>.
206) [양산 방언] /:옴·올·랐·다/.
207) [창원 방언①] /·참·외, ·물·외, ·오·이/; [양산 방언] /참·외, 물·외, 오이/.
208) [함안 방언] /:잣/<잣나무 열매>, /·식·혜·에 :잣·을 떼·아·라/.
209) [창원 방언①] /:줄/<금속을 가는 공구(工具)의 하나>.

:찬(餐)	L[LM]	(창원①②, 함안, 김해, 양산)
:채(菜)[210]	L[LM]	(창원①②, 함안, 김해, 양산)
:해(害)	L[LM]	(창원①②, 함안, 김해, 양산)
:흠(疵瑕, 欠)	L[LM]	(창원①②, 함안, 김해, 양산)
:가·게(店鋪)	L^2[LM]	(창원①②, 함안, 김해, 양산)
:가·마(轎)	L^2[LM]	(창원②, 양산)
:가·매(轎)	L^2[LM]	(창원①②, 함안, 김해)
:가·부(寡婦)[211]	L^2[LM]	(창원①②, 함안, 김해, 양산)
:가·죽(樗)	L^2[LM]	(창원①②, 함안, 김해, 양산)
:간·장(肝臟)	L^2[LM]	(창원①②, 함안, 김해)
:갈·때(葦)	L^2[LM]	(창원①②, 함안)
:감·사(感謝)	L^2[LM]	(창원①②, 함안, 김해, 양산)
:갓·에(邊)	L^2[LM]	(함안, 김해, 양산)
:개·간(狗肝)	L^2[LM]	(창원①②, 함안, 김해, 양산)
:개·털	L^2[LM]	(창원①②, 함안, 김해, 양산)
:거·리(街)[212]	L^2[LM]	(창원①②, 함안, 김해, 양산)
:거·리(距離)	L^2[LM]	(창원①②, 김해, 양산)
:거·짓	L^2[LM]	(창원①②, 함안, 김해, 양산)
:게·이(猫)	L^2[LM]	(김해, 양산)
:게·짝(櫃)	L^2[LM]	(창원①②, 함안, 김해, 양산)
:게·이(猫)	L^2[LM]	(창원①②, 함안, 김해, 양산)
:고·실<교실>	L^2[LM]	(창원①②, 함안, 김해, 양산)
:곰·탕	L^2[LM]	(함안, 양산)
:교·실<교실>	L^2[LM]	(창원②)
:구·경	L^2[LM]	(김해, 양산)
:구·리(蛇)[213]	L^2[LM]	(창원①②, 함안, 김해, 양산)
:굴·떡<굴뚝>	L^2[LM]	(김해)
:굴·뚝<굴뚝>	L^2[LM]	(창원①②, 함안)
:기·경<구경>	L^2[LM]	(양산)
:기·잉<구경>	L^2[LM]	(창원①②, 함안)
:기·집<계집>	L^2[LM]	(창원①②, 함안, 김해)
:기·짝(櫃)	L^2[LM]	(창원①②, 함안)
:까·재<가재>[214]	L^2[LM]	(창원①②, 함안, 김해, 양산)
:까·치(鵲)	L^2[LM]	(창원①②, 김해, 양산)
:깐·치	L^2[LM]	(창원①, 김해)

210) [양산 방언] /:채·나·물/.
211) [김해 방언] /:가·부/<40세 아래 사람에 사용>.
212) [함안 방언] /질꺼·리/.
213) [창원 방언①②] /:구·리/<뱀의 총칭>; [양산 방언] /:구·리·겉·은·기, :구·레·이·겉·은·기/.
214) [창원 방언①, 김해 방언] /:까·재/<물방개, 가재>.

:꺼·시(蛔,蚯)	L^2[LM]	(양산)
:께·장<게장>	L^2[LM]	(창원①②, 김해)
:꽁·치	L^2[LM]	(창원①②, 함안, 김해, 양산)
:꿀·뚝(煙突)	L^2[LM]	(양산)
:끼·장<게장>	L^2[LM]	(창원①②, 함안, 양산)
:냄·새(臭)	L^2[LM]	(양산)
:냇·가	L^2[LM]	(창원①②, 함안, 김해, 양산)
:널·판	L^2[LM]	(창원①②, 함안, 김해, 양산)
:농·담(弄談)	L^2[LM]	(창원①②, 함안, 김해, 양산)
:눈·비	L^2[LM]	(창원①②, 함안, 김해, 양산)
:늑·대(狼)	L^2[LM]	(창원①②, 함안, 김해, 양산)
:담·배	L^2[LM]	(창원①②, 함안, 김해, 양산)
:대·추	L^2[LM]	(창원①②, 함안, 김해, 양산)
:대·패(鉋)	L^2[LM]	(창원①②, 함안, 김해, 양산)
:도·끼(斧)	L^2[LM]	(창원②, 김해, 양산)
:도·미[215]	L^2[LM]	(창원①, 양산)
:도·지<부스럼>[216]	L^2[LM]	(창원②, 함안, 김해)
:도·치(斧)	L^2[LM]	(창원①②, 함안, 김해, 양산)
:도·키(斧)	L^2[LM]	(함안, 김해)
:돌·담	L^2[LM]	(창원②, 함안)
:돌·땀<돌담>	L^2[LM]	(창원①②, 김해, 양산)
:돌·산(-山)	L^2[LM]	(창원①②, 함안, 김해, 양산)
:디·깐<뒷간>	L^2[LM]	(창원②)
:딧·일[:딘·닐][217]	L^2[LM]	(창원①②, 함안, 김해, 양산)
:떫·감[:떨·깜][218]	L^2[LM]	(창원②, 김해)
:떼·넘<되놈>[219]	L^2[LM]	(창원①②, 함안, 김해, 양산)
:떼·놈<되놈>	L^2[LM]	(창원①②, 함안)
:뗏·넘<되놈>[220]	L^2[LM]	(창원①, 김해)
:뗏·놈<되놈>	L^2[LM]	(양산)
:마·구[221]	L^2[LM]	(창원①②, 함안, 김해, 양산)
:말·끝	L^2[LM]	(창원①②, 함안, 김해, 양산)
:말·슴<말씀>	L^2[LM]	(김해, 양산)
:말·씀	L^2[LM]	(창원①②, 함안)

215) [창원 방언①] /:돔, :도·미/<도미>.
216) [함안 방언] /:도·지·치·리/.
217) [창원 방언①, 양산 방언] /:딧·일·이 무·섭·다/.
218) [창원 방언②] /:떫·감/<떫은 감>.
219) [김해 방언] /:떼·넘/<자기밖에 모르는 사람>.
220) [김해 방언] /:뗏·넘/<자기밖에 모르는 사람>.
221) [양산 방언] /:마·구, :마·굿·깐/.

:멧·등(墓)	L^2[LM]	(창원①, 양산)
:멩·건<거울>	L^2[LM]	(김해)
:멩·경<거울>	L^2[LM]	(창원②, 함안, 양산)
:모·개<모과>	L^2[LM]	(창원①②, 함안, 김해, 양산)
:무·당(巫堂)	L^2[LM]	(창원①②, 함안, 김해, 양산)
:문·디<문둥이>[222]	L^2[LM]	(양산)
:밋·등(墓)	L^2[LM]	(양산)
:밍·경<거울>	L^2[LM]	(창원①②, 함안, 양산)
:밍·경<거울>	L^2[LM]	(양산)
:박·지(蝙)	L^2[LM]	(창원①②)
:반·달	L^2[LM]	(창원①②, 함안, 김해, 양산)
:배·미(蛇)	L^2[LM]	(양산)
:배·앰(蛇)	L^2[LM]	(양산)
:배·차(배추)	L^2[LM]	(창원①②, 함안, 김해, 양산)
:배·추	L^2[LM]	(창원①②, 함안, 김해, 양산)
:벨·똥<별똥>	L^2[LM]	(창원①②, 함안, 김해, 양산)
:벵·시<병신>	L^2[LM]	(양산)
:별·똥(流星)	L^2[LM]	(창원①②, 함안, 김해)
:보·배(寶)	L^2[LM]	(창원①②, 함안, 김해, 양산)
:붕·어	L^2[LM]	(창원①②, 함안, 김해, 양산)
:비·단(緋緞)	L^2[LM]	(창원①②, 함안, 김해, 양산)
:비·용(費用)	L^2[LM]	(창원①②, 함안, 김해, 양산)
:비·자(榧)	L^2[LM]	(창원①②, 김해)
:빈·소(殯所)	L^2[LM]	(창원①②, 함안, 양산)
:빈·수(殯所)	L^2[LM]	(창원①, 김해)
:빙·시<병신>	L^2[LM]	(양산)
:뽈·찌(蝙)[223]	L^2[LM]	(창원①②, 함안, 김해, 양산)
:뽈·치[224]	L^2[LM]	(양산)
:사·람(人)	L^2[LM]	(창원①②, 함안, 김해, 양산)
:사·분<비누>	L^2[LM]	(창원①②, 함안, 김해, 양산)
:산·적(散炙)	L^2[LM]	(김해)
:새·미(泉)[225]	L^2[LM]	(창원①②, 함안, 김해, 양산)
:새·실[226]	L^2[LM]	(창원①②, 함안, 김해, 양산)
:서·숙<조>	L^2[LM]	(창원②, 함안)

222) [양산 방언] /:문·디·겉·은·기/<꾸짖을 때 쓰는 말(문둥이 같은 것이)>.

223) [창원 방언①] /:뽈·찌/<박쥐>; [김해 방언] /:뽈·찌/는 /불개애·미/를 뜻한다, /불개애·미·한·테 앵기·이·머 죽는·다/, /:뽈·찌/와 /박·지/는 다르다.

224) [양산 방언] /:뽈·치/<빰이 부어 오르는 병, 볼거리>.

225) [양산 방언] /:새·미/<샘>, /우·물/<고여·어 있는 ·물>.

226) [창원 방언①, 김해 방언] /:새·실/은 /얼라·아·가 ·별 :의·미·없·이 지껄·이·는·것/<옹아리>.

:서·울(京)	L^2[LM]	(창원①②, 함안, 김해, 양산)
:성·낄	L^2[LM]	(양산)
:성·미	L^2[LM]	(창원①②, 함안, 김해, 양산)
:성·질	L^2[LM]	(창원①②, 함안, 김해, 양산)
:세·똥<쇠똥>	L^2[LM]	(창원②, 함안, 김해, 양산)
:세·젖<우유>	L^2[LM]	(김해)
:소·견(所見)	L^2[LM]	(창원①, 김해, 양산)
:소·꼴(芻)	L^2[LM]	(창원①②, 김해)
:소·똥	L^2[LM]	(창원①②, 함안, 김해, 양산)
:소·발	L^2[LM]	(창원①②, 함안, 김해, 양산)
:소·옥(裏)[227)]	L^2[LM]	(김해)
:소·젖	L^2[LM]	(창원①②, 함안, 김해)
:소·코<쇠코>	L^2[LM]	(창원①②, 함안, 김해)
:속·벵<속병>[228)]	L^2[LM]	(창원①②, 함안, 김해, 양산)
:속·병	L^2[LM]	(창원②)
:손·해(損害)[229)]	L^2[LM]	(창원①②, 함안, 김해, 양산)
:수·건(巾)	L^2[LM]	(창원①②, 함안, 김해, 양산)
:수·군(巾)	L^2[LM]	(창원①②, 함안, 양산)
:수·박	L^2[LM]	(창원①②, 함안, 김해, 양산)
:시·건(所見)[230)]	L^2[LM]	(창원①②, 함안, 김해, 양산)
:시·내(溪)	L^2[LM]	(창원①②, 함안, 김해, 양산)
:썽·질<성질>	L^2[LM]	(창원①②)
:쏙·빙<속병>[231)]	L^2[LM]	(창원①)
:안·개(霧)	L^2[LM]	(창원①②, 함안, 김해, 양산)
:안·경	L^2[LM]	(창원②, 양산)
:앵·겅<안경>	L^2[LM]	(창원①②, 김해, 함안)
:앵·경<안경>	L^2[LM]	(양산)
:억·대(狼)	L^2[LM]	(창원①②, 함안)
:에·막<원두막>[232)]	L^2[LM]	(함안, 김해)
:여·치	L^2[LM]	(창원②, 양산)
:연·치<여치>	L^2[LM]	(창원①②, 함안, 김해, 양산)
:열·세<열쇠>	L^2[LM]	(양산)
:영·감	L^2[LM]	(창원①②, 함안, 김해, 양산)

227) 〔김해 방언〕 /:소·옥·이 아프·다/
228) 〔김해 방언〕 /:속·베·이 ·들·었·나/
229) 〔창원 방언①, 김해 방언〕 /:손·해/[son^{ɦ}ɛ, sonɛ]; 〔양산 방언〕 [:소·내].
230) 〔창원 방언①②〕 /:시·건/과 /:소·견/은 뜻이 다르다. /:시·건/은 부정적인 의미로만 쓴다.
231) 〔창원 방언①〕 /:쏙·비·이 ·들·었·다/.
232) 〔김해 방언〕 /:에·막·캐·애도 데·고, 에막캐애·도 덴·다/</:에·막/이라 해도 되고, /에막/이라 해도 된다>.

:외·막<원두막>	L^2[LM]	(창원①②)
:우·박	L^2[LM]	(창원①②, 함안, 김해, 양산)
:우·산(雨傘)	L^2[LM]	(창원①②, 함안, 김해, 양산)
:울·때(聲帶)	L^2[LM]	(창원①②, 함안, 김해, 양산)
:이·리(狼)	L^2[LM]	(양산)
:이·박<이야기>	L^2[LM]	(창원①, 함안)
:이·약<이야기>[233]	L^2[LM]	(창원①②, 함안, 김해)
:일·뽁<일복>	L^2[LM]	(창원①②, 함안, 김해, 양산)
:임·자(主人)[234]	L^2[LM]	(창원①②, 함안, 김해, 양산)
:임·재<임자>	L^2[LM]	(창원①, 함안, 김해, 양산)
:잉·금(君王)	L^2[LM]	(창원①②, 함안, 김해, 양산)
:장·똑(醬독)	L^2[LM]	(양산)
:전·심<점심>	L^2[LM]	(창원①②, 함안, 김해, 양산)
:점·섬<점심>	L^2[LM]	(창원②)
:점·심	L^2[LM]	(창원①②, 함안)
:제·비(燕)	L^2[LM]	(창원①②, 함안, 김해, 양산)
:제·사(祭祀)	L^2[LM]	(창원①②, 함안, 김해, 양산)
:제·우(祭祀)[235]	L^2[LM]	(김해)
:조·레(笊)	L^2[LM]	(창원①②, 함안, 김해, 양산)
:조·리(笊)	L^2[LM]	(창원①②, 함안, 김해)
:조·포<두부>	L^2[LM]	(창원②, 함안, 김해, 양산)
:조·푸<두부>	L^2[LM]	(창원①②, 함안, 김해, 양산)
:조·피<두부>	L^2[LM]	(함안)
:지·사(祭祀)[236]	L^2[LM]	(창원①②, 함안, 양산)
:지·자(梔)[237]	L^2[LM]	(창원①②, 함안, 김해, 양산)
:지·집<계집>	L^2[LM]	(창원①②, 함안, 김해, 양산)
:진·대<큰 구렁이>	L^2[LM]	(창원①②, 김해)
:째·보<언청이>	L^2[LM]	(창원①②, 함안, 김해)
:처·이<처녀>	L^2[LM]	(양산)
:처·자(處子)	L^2[LM]	(창원①②, 함안, 김해, 양산)
:처·이<처녀>	L^2[LM]	(창원①②, 함안, 김해)
:철·기<잠자리>	L^2[LM]	(창원①②, 김해)
:치·자(梔)	L^2[LM]	(양산)
:펜·지(편지)	L^2[LM]	(창원①②, 함안, 김해, 양산)
:편·지	L^2[LM]	(창원①, 양산)

233) [창원 방언①, 김해 방언] /:이·약/<이야기>, /:이·약 한차·리 하·까/.
234) [김해 방언] /:임·자/<자기 아내에 대한 호칭>.
235) [김해 방언] /:제·우 :모·신·다/
236) [창원 방언①] /:지·사 :지·낸·다/→/:지·사·지·낸·다/.
237) [창원 방언①] /:지·자/<치자나무 열매>.

:편·지(편지)	L^2[LM]	(창원①②, 함안)
:하·로(火爐)	L^2[LM]	(창원①, 양산)
:하·리(火爐)	L^2[LM]	(창원①②, 함안, 김해)
:한·데(室外)	L^2[LM]	(창원①②, 함안, 김해, 양산)
:핫·병(火病)[238]	L^2[LM]	(창원②, 함안)
:항·새(鸛)	L^2[LM]	(창원①②, 함안, 김해, 양산)
:호·박	L^2[LM]	(창원①②, 함안, 김해, 양산)
:홧·병(火病)	L^2[LM]	(창원①②, 김해, 양산)
:황·새	L^2[LM]	(창원①, 양산)
:가·래·이<가랑이>	L^3[LMM]	(창원①②, 함안, 김해)
:가·아·시(邊)[239]	L^3[LMM]	(창원①②)
:가·앗·에(邊)	L^3[LMM]	(창원②)
:간·띠·이(肝)	L^3[LMM]	(창원①②, 함안, 김해)
:간·띠·이(肝)[240]	L^3[LMM]	(양산)
:개·똥·불<반딧불>	L^3[LMM]	(창원①②, 함안, 김해, 양산)
:거·머·리	L^3[LMM]	(창원②, 양산)
:거·무·리(蛭)	L^3[LMM]	(창원①②, 함안, 김해, 양산)
:거·시·이(蚯,蛔)[241]	L^3[LMM]	(김해, 양산)
:거·시·이(蚯,蛔)[242]	L^3[LMM]	(창원①②, 함안, 김해)
:거·짓·말	L^3[LMM]	(창원①②, 함안, 김해, 양산)
:고·구·마	L^3[LMM]	(창원②, 양산))
:고·구·매<고구마>	L^3[LMM]	(창원①②, 함안, 김해, 양산)
:고·굼·마<고구마>	L^3[LMM]	(김해)
:고·야·이(猫)	L^3[LMM]	(양산)
:고·오·마<고구마>	L^3[LMM]	(양산)
:고·오·매<고구마>	L^3[LMM]	(창원①②, 함안, 김해, 양산)
:곰·패·이<곰팡이>	L^3[LMM]	(함안, 양산)
:곰·패·이<곰팡이>	L^3[LMM]	(창원①②, 함안, 김해)
:구·더·기	L^3[LMM]	(양산)
:구·더·리<구더기>	L^3[LMM]	(함안, 김해)
:구·데·기<구더기>	L^3[LMM]	(양산)
:구·레·이(蛇)	L^3[LMM]	(양산)
:굼·베·이<굼벵이>	L^3[LMM]	(창원①②, 양산)

238) [함안 방언] /:핫·병·은 오새·애·말·이·다/.
239) [창원 방언①] /:가·아·시·가 :더·럽·다, :가·아·시·로 뚞·아·라/.
240) [양산 방언] /:간·띠·이, :간·띠·이·가 부·았·나/.
241) [김해 방언] /:거·시·이, :꺼·시·이/<지렁이, 회충>; [양산 방언] /:거·시·이/<회충>, /지러·이/<지렁이>.
242) [창원 방언①②] /:거·시·이/<지렁이, 회충>; [함안 방언] /:거·시·이/<지렁이, 회충>, /:거·시·이/는 /:옛 ·할·매·들 :말/, /거·시·배/.

:굼·비·이<굼벵이>	L^3[LMM]	(양산)
:굼·비·이<굼벵이>	L^3[LMM]	(창원①②, 함안, 김해)
:궁·디·이<궁둥이>	L^3[LMM]	(양산)
:궁·디·이<궁둥이>	L^3[LMM]	(창원①②, 함안, 김해)
:기·더·리<구더기>	L^3[LMM]	(창원①②, 함안)
:기·지·개[243]	L^3[LMM]	(창원①②, 함안, 김해, 양산)
:깐·채·이(鵲)	L^3[LMM]	(창원①②, 함안, 김해, 양산)
:꺼·시·이(蛔,蚯)	L^3[LMM]	(창원②, 김해)
:난·재·이<난장이>	L^3[LMM]	(창원②, 함안, 양산)
:난·재·이<난장이>	L^3[LMM]	(창원①②, 함안, 김해)
:내·우·간<내외간>	L^3[LMM]	(창원①②, 함안, 김해)
:대·엄·마<서모>	L^3[LMM]	(창원②, 함안)
:덴·장·꾹<된장국>	L^3[LMM]	(창원①②, 함안, 김해, 양산)
:동·김·치<동치미>	L^3[LMM]	(창원①②, 함안, 김해, 양산)
:동·치·미	L^3[LMM]	(양산)
:디·꼼·치<뒤꿈치>	L^3[LMM]	(창원①②, 함안, 양산)
:디·꿈·치<뒤꿈치>	L^3[LMM]	(창원①②, 김해)
:디·끔·치<뒤꿈치>	L^3[LMM]	(창원②)
:딘·장·꾹<된장국>	L^3[LMM]	(창원①②)
:떫·은·감	L^3[LMM]	(창원①, 함안, 김해)
:마·누·라[244]	L^3[LMM]	(창원①②, 함안, 김해, 양산)
:마·느·래[245]	L^3[LMM]	(창원①②, 함안, 김해, 양산)
:말·대·꾸	L^3[LMM]	(창원①②, 함안, 김해, 양산)
:말·대·답	L^3[LMM]	(창원①②, 김해, 양산)
:말·대·척<말대꾸>	L^3[LMM]	(창원①, 함안)
:말·소·옥<말속>	L^3[LMM]	(김해, 양산)
:말·쏘·옥<말속>	L^3[LMM]	(창원①②, 함안)
:멧·뜽·껼<묏등>	L^3[LMM]	(양산)
:면·사·포	L^3[LMM]	(창원②, 양산, 함안)
:문·디·이<문둥이>[246]	L^3[LMM]	(창원①②, 함안, 김해, 양산)
:민·들·레	L^3[LMM]	(창원①②, 김해)
:밋·뜽·껼<묏등>	L^3[LMM]	(양산)
:바·그·미[247]	L^3[LMM]	(창원①, 김해)
:바·기·미<바구미>	L^3[LMM]	(창원①②, 김해)

243) [양산 방언] /:기·지·개 펴·다/.

244) [창원 방언①] /:마·누·라/<자신의 처>.

245) [창원 방언①] /:마·느·래/<남의 처에 대한 존칭>; [창원 방언②] /:마·느·래/와 /:마·누·라/는 뜻 구별 없이 사용한다.

246) [창원 방언①, 김해 방언] /:문·디·이/<문둥이>, /:문·디·이·야, :문·둥·아/<부를 때 사용한다>.

247) [창원 방언①, 김해 방언] /:바·그·미/<바구미(팥, 녹두에 생기는 벌레)>.

:바·자·리<발채>	L^3[LMM]	(창원①②, 함안)
:바·지·개<발채>	L^3[LMM]	(창원①②, 함안, 김해)
:배·애·미(蛇)	L^3[LMM]	(양산)
:벵·시·이<병신>	L^3[LMM]	(창원①②, 함안, 김해)
:빙·시·이<병신>	L^3[LMM]	(함안, 김해, 양산)
:빙·시·이<병신>	L^3[LMM]	(창원①)
:빼·다·지<서랍>	L^3[LMM]	(창원①②, 김해)
:사·마·구(痣)	L^3[LMM]	(창원①②, 함안, 김해, 양산)
:사·마·기(螂)[248]	L^3[LMM]	(창원①②, 함안, 김해, 양산)
:사·투·리	L^3[LMM]	(창원①②, 함안, 김해, 양산)
:새·미·물<샘물>	L^3[LMM]	(창원①②, 김해)
:세·게·기<소고기>	L^3[LMM]	(김해)
:세·고·기<소고기>[249]	L^3[LMM]	(창원②, 함안, 김해, 양산)
:센·바·람(强風)	L^3[LMM]	(창원①②, 함안, 김해, 양산)
:소·게·기<소고기>	L^3[LMM]	(창원①②, 함안, 김해, 양산)
:소·고·기<소고기>	L^3[LMM]	(창원①②, 함안, 김해, 양산)
:시·어·매<시어머니>	L^3[LMM]	(김해)
:시·이·미<시어머니>	L^3[LMM]	(김해)
:신·딩·기<왕겨>	L^3[LMM]	(김해)
:신·바·람(强風)	L^3[LMM]	(김해)
:실·배·미<실뱀>	L^3[LMM]	(양산)
:쎈·딩·기<왕겨>	L^3[LMM]	(창원①②)
:쎈·바·람(强風)	L^3[LMM]	(창원①②, 함안)
:씬·바·람(强風)	L^3[LMM]	(함안)
:양·엄·마<양어머니>	L^3[LMM]	(양산)
:에·갓·집<외가>	L^3[LMM]	(창원①②, 함안, 김해, 양산)
:외·갓·집<외가>	L^3[LMM]	(창원①②, 양산)
:원·시·이(猿)	L^3[LMM]	(양산)
:원·시·이(猿)	L^3[LMM]	(창원①②, 함안, 김해)
:이·바·구<이야기>	L^3[LMM]	(창원①②, 함안, 김해, 양산)
:이·야·기	L^3[LMM]	(창원①②, 함안, 김해, 양산)
:이·엄·마<의붓어머니>	L^3[LMM]	(창원①②, 함안, 김해, 양산)
:지·지·개<기지개>[250]	L^3[LMM]	(창원①②, 함안, 김해, 양산)
:진·달·래	L^3[LMM]	(창원①②, 함안, 김해, 양산)
:헤·차·리<회초리>	L^3[LMM]	(창원①②, 함안, 김해)
:호·라·이<호랑이>	L^3[LMM]	(창원②)

248) 〔창원 방언①〕 /:사·마·기/(螂)과 /:사·마·구/(痣)는 구별해서 쓴다. 〔창원 방언②, 함안 방언, 양산 방언〕 /:사·마·기/(螂,痣)와 /:사·마·구/(螂,痣)는 구별 없이 사용.

249) 〔양산 방언〕 /:세·고·기/는 /·할·머·니·말/.

250) 〔창원 방언①〕 /:지·지·게 ·씬·다/; 〔김해 방언〕 /:지·지·게 ·신·다/.

:호·래·이<호랑이>	L^3[LMM]	(양산)
:호·래·이<호랑이>	L^3[LMM]	(창원①②, 함안, 김해, 양산)
:고·구·매·순<고구마순>	L^4[LMMᴍ]	(창원①②, 함안, 김해, 양산)
:고·구·매·삭<고구마싹>	L^4[LMMᴍ]	(김해)
:고·구·매·싹<고구마싹>	L^4[LMMᴍ]	(창원①②, 함안)
:고·성·때·기<고성댁>[251]	L^4[LMMᴍ]	(창원②, 함안, 김해, 양산)
:고·성·띠·기<고성댁>	L^4[LMMᴍ]	(창원①②, 함안, 양산)
:고·오·매·순<고구마순>	L^4[LMMᴍ]	(창원①②, 양산)
:곱·운·딩·기<고운등겨>	L^4[LMMᴍ]	(창원①②, 김해)
:디·꼬·마·리<뒤꿈치>	L^4[LMMᴍ]	(함안, 양산)
:디·꼬·무·치<뒤꿈치>	L^4[LMMᴍ]	(김해)
:디·꼭·대·기[252]	L^4[LMMᴍ]	(양산)
:디·꼭·디·기(後腦)	L^4[LMMᴍ]	(창원①②, 김해)
:사·사·오·입	L^4[LMMᴍ]	(창원②, 함안, 김해)
:실·배·애·미<실뱀>	L^4[LMMᴍ]	(창원①②, 함안, 김해)
:양·어·머·이	L^4[LMMᴍ]	(창원①②, 함안)
:양·어·무·이	L^4[LMMᴍ]	(함안, 김해)
:고·육·공·무·원	L^5[LMMᴍ^2]	(창원①②, 함안, 김해, 양산)
:겡·상·도·사·람	L^5[LMMᴍ^2]	(창원①②, 함안, 김해, 양산)
:고·육·부·장·관	L^5[LMMᴍ^2]	(창원②, 함안)
:교·육·공·무·원	L^5[LMMᴍ^2]	(양산)
:낭·만·적·생·활	L^5[LMMᴍ^2]	(창원①②, 함안)
:돌·팔·이·의·사[253]	L^5[LMMᴍ^2]	(창원①②, 함안, 김해)
:고·구·매#순	L^3#H[LMM#MH]	(창원①)
:고·구·매#줄·기	L^3#HM[LMM#HM]	(양산)
:개#:간	L#L[LM#LM]	(창원①)
:말#:대·답	L#L^2[LM#LM]	(함안)
:무·궁·화#:동·산	L^3#L^2[LMM#LM]	(창원②, 함안, 양산)

(141) 거성형 이름씨 자료

·간(鹽)	M[M̤, Ḧ, $\widehat{MM}$, $\widehat{HH}$][254]	(창원①②, 함안, 김해, 양산)

---

251) [창원 방언②] /~때·기, ~띠·기/는 결혼한 여자에 대한 택호.

252) [양산 방언] /:디·꼭·대·기/<정덕자 님 발음>, /디꼭대·기/<차연옥 님 발음>.

253) [창원 방언①②] /:돌·팔·이·의·사/[:돌·팔·이·이·사].

254) [경남 동남부 방언들] 에서 1음절 거성(·□, M)은 #—#의 환경에 홀로 나타나면 [M̤, Ḧ, $\widehat{MM}$, $\widehat{HH}$]의 4가지로 발음될 수 있다. 4가지는 모두 수평조이다. 이하에서는 비교적 빈도가 높은 [M̤, Ḧ]만 표시하고, [$\widehat{MM}$, $\widehat{HH}$]은 생략한다. [M̤, Ḧ]은 1.6모라 정도의 길이이고, [$\widehat{MM}$, $\widehat{HH}$]은 2모라의 길이이다.

·갈(葦)	M[M̤, Ḧ]	(함안)
·갑(價)	M[M̤, Ḧ]	(창원①②, 함안, 김해)
·값(價)	M[M̤, Ḧ]	(창원①②, 함안, 김해)
·갓(笠)	M[M̤, Ḧ]	(창원①②, 함안, 양산)
·강(江)	M[M̤, Ḧ]	(창원①②, 함안, 김해, 양산)
·걸<윷놀이>[255]	M[M̤, Ḧ]	(창원①②, 함안, 김해, 양산)
·골(腦)	M[M̤, Ḧ]	(창원①②, 함안, 김해, 양산)
·곳(所)[256]	M[M̤, Ḧ]	(창원①②, 함안, 김해, 양산)
·굽(蹄)	M[M̤, Ḧ]	(창원②, 함안, 양산)
·굿[257]	M[M̤, Ḧ]	(창원①②, 함안, 김해, 양산)
·귀(耳)	M[M̤, Ḧ]	(창원②)
·글(文)	M[M̤, Ḧ]	(창원①②, 함안, 김해, 양산)
·금<값>	M[M̤, Ḧ]	(창원①②, 함안, 김해, 양산)
·기(氣)	M[M̤, Ḧ]	(창원①②, 함안, 김해, 양산)
·기(耳)	M[M̤, Ḧ]	(창원①②, 함안, 김해, 양산)
·길(道)	M[M̤, Ḧ]	(창원①②, 함안, 김해, 양산)
·깃(羽)	M[M̤, Ḧ]	(창원①②, 함안, 양산)
·깨(蕂)[258]	M[M̤, Ḧ]	(창원①②, 함안, 김해, 양산)
·끈(綬)[259]	M[M̤, Ḧ]	(창원①②, 함안, 김해, 양산)
·께(謀)	M[M̤, Ḧ]	(창원①②, 함안, 김해, 양산)
·꼴(芻)[260]	M[M̤, Ḧ]	(창원①②, 함안, 김해, 양산)
·꿀(蜜)[261]	M[M̤, Ḧ]	(창원①②, 함안, 김해, 양산)
·꿈(夢)[262]	M[M̤, Ḧ]	(창원①②, 함안, 김해, 양산)
·끌(鏨)	M[M̤, Ḧ]	(창원①②, 함안, 김해, 양산)
·끚(末)	M[M̤, Ḧ]	(양산)
·끝(末)[263]	M[M̤, Ḧ]	(창원①②, 함안, 김해, 양산)
·끼[264]	M[M̤, Ḧ]	(창원①②, 함안, 김해, 양산)

255) 〔창원 방언①②〕 /떼, 개, ·걸, {:윹, 윹}, {:모, 모}/; 〔김해 방언〕 /·걸/<윷놀이의 세 번째 자리>, /떼, 개 ·걸, :윷, :모/; 〔양산 방언〕 /동·빼·이, 동·빼·기/<윷놀이, 아버지 때 쓰던 말>, /도, 개, ·걸, 윳, 모; 윳·이 :나·왔·다, 모·가 :나·왔·다, …/.

256) 〔창원 방언①②〕 /·곳·에 따·라, 곳·에 따·라/; 〔양산 방언〕 /곳·에 따·라/.

257) 〔김해 방언〕 /·굿, 안·택·이·라·고·도 ·하·는·데, ·법·사·가 ·한·다/, /·법·사/는 /남·자 :무·당/, /보·살/은 /·여·자·무·당/; 〔양산 방언〕 /·굿·한·다/[·gu$·dʱan˜$·da](여기에서 $는 음절 경계, 점(·)은 방점 표시이다).

258) 〔창원 방언①②, 김해 방언〕 /·깨, 껌둥·깨, ·깨·에/; 〔양산 방언〕 /·깨 숭가·았·다/.

259) 〔창원 방언①②〕 [끈·에].

260) 〔양산 방언〕 /·소·꼴 조·옴 비가·아 온·나/.

261) 〔김해 방언, 양산 방언〕 /·꿀, 생청/; 〔함안 방언〕 /·꿀·에/.

262) 〔창원 방언①②〕 /·꿈·에, 꿈·에/; 〔함안 방언〕 /니·로 ·꿈·에 만·났·다/; 〔양산 방언〕 /·꿈·도 야무지·다, 꿈·에/.

263) 〔창원 방언①②〕 /끝·에/.

·나<나이> M[M̤, Ḧ] (창원①②, 함안, 김해, 양산)
·날(刃) M[M̤, Ḧ] (창원①②, 함안, 김해, 양산)
·날(日) M[M̤, Ḧ] (창원①②, 함안, 김해, 양산)
·남(他) M[M̤, Ḧ] (창원①②, 함안, 김해, 양산)
·낫(鎌) M[M̤, Ḧ] (창원①②, 함안, 김해, 양산)
·낮(晝)[265] M[M̤, Ḧ] (창원①②, 함안, 김해, 양산)
·낱(鎌) M[M̤, Ḧ] (창원①②, 함안)
·내<냄새> M[M̤, Ḧ] (창원①②, 함안, 김해)
·넋(魂) M[M̤, Ḧ] (함안)
·넘(他) M[M̤, Ḧ] (창원①②, 함안, 김해, 양산)
·노(櫓) M[M̤, Ḧ] (창원①②, 함안, 김해, 양산)
·논(畓) M[M̤, Ḧ] (창원①②, 함안, 김해, 양산)
·놈(者) M[M̤, Ḧ] (창원①②, 함안, 김해, 양산)
·눈(眼) M[M̤, Ḧ] (창원①②, 함안, 김해, 양산)
·님(主(詩語)) M[M̤, Ḧ] (창원①②, 함안, 김해, 양산)
·달(月) M[M̤, Ḧ] (창원①②, 함안, 김햐, 양산)
·담(墻) M[M̤, Ḧ] (창원①②, 함안, 김해, 양산)
·대(竹) M[M̤, Ḧ] (창원①②, 함안, 김해, 양산)
·데(升) M[M̤, Ḧ] (창원①②, 함안, 김해, 양산)
·둘(堤防) M[M̤, Ḧ] (창원①, 김해)
·딸(女息) M[M̤, Ḧ] (창원①②, 함안, 김해, 양산)
·땀(汗)[266] M[M̤, Ḧ] (창원①②, 함안, 김해, 양산)
·땅(地)[267] M[M̤, Ḧ] (창원①②, 함안, 김해, 양산)
·때(垢) M[M̤, Ḧ] (창원①②, 함안, 김해, 양산)
·때(時, 끼)[268] M[M̤, Ḧ] (창원①②, 함안, 김해, 양산)
·떡(餠)[269] M[M̤, Ḧ] (창원①②, 함안, 김해, 양산)
·뜰(庭) M[M̤, Ḧ] (창원①②, 함안, 김해, 양산)
·뜻(意)[270] M[M̤, Ḧ] (창원①②, 함안, 김해, 양산)
·띠(帶) M[M̤, Ḧ] (창원①②, 함안, 김해, 양산)
·말(斗) M[M̤, Ḧ] (창원①②, 함안, 김해, 양산)
·말(藻)<모자반>[271] M[M̤, Ḧ] (창원①)
·맛(味) M[M̤, Ḧ] (창원①②, 함안, 김해, 양산)

264) [창원 방언①, 김해 방언] /한·끼, :두·끼/.
265) [창원 방언①②] /나주·우/; [함안 방언] /낮·에, 밤·에/.
266) [양산 방언] /땀·에/.
267) [창원 방언①②, 양산 방언] /땅·에/.
268) [창원 방언①] /한·때, :두·때, ·때·에 따·라/; [창원 방언②] /때·에/; [김해 방언] /함·때, :둡·때/.
269) [창원 방언①②] /·떡·에, 떡·에/, [함안 방언, 양산 방언] /떡·에/.
270) [창원 방언①②] /·뜻·에, 뜻·에/; [양산 방언] /뜻·에/.
271) [창원 방언①] /·말/<민물에서 나는 것>, /·마·자·반, ·모·재·기, ·모·자·반/<바다에서 나는 것>.

·매(鞭)	M[M̤, Ḧ]	(창원①②, 함안, 김해, 양산)
·먹(墨)	M[M̤, Ḧ]	(창원①②, 함안, 김해, 양산)
·모(方)	M[M̤, Ḧ]	(창원①②, 함안, 김해, 양산)
·몰(藻)[272]	M[M̤, Ḧ]	(창원②, 함안, 김해)
·몸(身)[273]	M[M̤, Ḧ]	(창원①②, 함안, 김해, 양산)
·못(釘)[274]	M[M̤, Ḧ]	(창원①②, 함안, 김해, 양산)
·못(池)	M[M̤, Ḧ]	(창원①②, 함안, 김해, 양산)
·물(水)[275]	M[M̤, Ḧ]	(창원①②, 함안, 김해, 양산)
·밀(小麥)[276]	M[M̤, Ḧ]	(창원①②, 함안, 김해, 양산)
·박(瓢)[277]	M[M̤, Ḧ]	(창원①②, 함안, 김해, 양산)
·발(足)[278]	M[M̤, Ḧ]	(창원①②, 함안, 김해, 양산)
·밤(夜)	M[M̤, Ḧ]	(창원①②, 함안, 김해, 양산)
·밥(飯)[279]	M[M̤, Ḧ]	(창원①②, 함안, 김해, 양산)
·배(腹)	M[M̤, Ḧ]	(창원①②, 함안, 김해, 양산)
·배(船,舟)[280]	M[M̤, Ḧ]	(창원①②, 함안, 김해, 양산)
·벌(罰)[281]	M[M̤, Ḧ]	(창원①②, 함안, 김해, 양산)
·법(法)	M[M̤, Ḧ]	(창원①②, 함안, 김해, 양산)
·베(布)[282]	M[M̤, Ḧ]	(창원①②, 함안, 김해, 양산)
·벡<벽>	M[M̤, Ḧ]	(창원①②, 함안, 김해, 양산)
·복(福)	M[M̤, Ḧ]	(창원①②, 함안, 김해, 양산)
·봄(春)[283]	M[M̤, Ḧ]	(창원①②, 함안, 김해, 양산)
·북(鼓)[284]	M[M̤, Ḧ]	(창원①②, 함안, 김해, 양산)
·불(火)[285]	M[M̤, Ḧ]	(창원①②, 함안, 김해, 양산)
·붓(筆)	M[M̤, Ḧ]	(창원①②, 함안, 김해, 양산)
·비(雨)[286]	M[M̤, Ḧ]	(창원①②, 함안, 김해, 양산)
·빗(梳)	M[M̤, Ḧ]	(창원①②, 함안, 김해, 양산)

272) [김해 방언] ·몰<모자반>, /·몰, ·모·재·기/<바다에서 난다>, /·톳·나·물/.
273) [창원 방언①②] /·몸, 몸·에/.
274) [창원 방언①, 함안 방언, 양산 방언] /못·에·서/.
275) [창원 방언①②, 함안 방언, 김해 방언, 양산 방언] /·물·에/.
276) [창원 방언①②, 함안 방언, 김해 방언, 양산 방언] /·밀, ·밀·에/.
277) [창원 방언①②] /·박, 박·에/.
278) [창원 방언①②, 함안 방언, 김해 방언, 양산 방언] /·발, 발·에/.
279) [창원 방언①②] /·밥, 밥·에/.
280) [창원 방언①②, 함안 방언] /·배, 배·에/.
281) [양산 방언] /·벌#받는·다/[HHHM].
282) [창원 방언①②, 함안 방언] /·베, 베·에/.
283) [함안 방언] /·봄, 봄·에/.
284) [창원 방언①②] /·북, 북·에/.
285) [창원 방언①②, 함안 방언, 양산 방언, 김해 방언] /·불, ·불·에/.
286) [창원 방언①②, 함안 방언, 김해 방언] /·비·에 젖·었·다/; [양산 방언] /{·비·에, 비·에} 젖·었·다/.

·빛(光)	M[Ṃ, Ḧ]	(창원①②, 함안, 김해, 양산)
·빝(光)	M[Ṃ, Ḧ]	(창원②, 함안)
·빰(뺨)	M[Ṃ, Ḧ]	(창원①②, 함안, 김해, 양산)
·뻬(骨)[287]	M[Ṃ, Ḧ]	(창원①②, 함안, 김해, 양산)
·뼈(骨)	M[Ṃ, Ḧ]	(창원②)
·뿔(角)[288]	M[Ṃ, Ḧ]	(창원①②, 함안, 김해, 양산)
·삐(骨)	M[Ṃ, Ḧ]	(창원②)
·삧(光)	M[Ṃ, Ḧ]	(함안, 김해, 양산)
·살(米)	M[Ṃ, Ḧ]	(김해, 양산)
·살(矢)[289]	M[Ṃ, Ḧ]	(창원①②, 함안, 김해, 양산)
·살(肉)	M[Ṃ, Ḧ]	(창원①②, 함안, 김해, 양산)
·삼(麻)	M[Ṃ, Ḧ]	(창원①②, 함안, 김해, 양산)
·상(賞)	M[Ṃ, Ḧ]	(창원①②, 함안, 김해, 양산)
·섬<2가마니>	M[Ṃ, Ḧ]	(창원①②, 함안, 김해, 양산)
·세(舌)[290]	M[Ṃ, Ḧ]	(김해, 양산)
·세(鐵)	M[Ṃ, Ḧ]	(김해, 양산)
·소(牛)[291]	M[Ṃ, Ḧ]	(창원①②, 함안, 김해, 양산)
·손(手)	M[Ṃ, Ḧ]	(창원①②, 함안, 김해, 양산)
·솔(松)	M[Ṃ, Ḧ]	(창원①②, 함안, 김해, 양산)
·숙(艾)	M[Ṃ, Ḧ]	(김해, 양산)
·숩(林)	M[Ṃ, Ḧ]	(창원①②, 함안, 양산)
·숲(林)[292]	M[Ṃ, Ḧ]	(창원①②, 함안, 김해, 양산)
·시(種)	M[Ṃ, Ḧ]	(김해, 양산)
·신(鞋,靴)	M[Ṃ, Ḧ]	(창원①②, 함안, 김해, 양산)
·심(力)[293]	M[Ṃ, Ḧ]	(창원①②, 함안, 김해, 양산)
·쌀(米)[294]	M[Ṃ, Ḧ]	(창원①②, 함안)
·쎄(舌)[295]	M[Ṃ, Ḧ]	(창원①②)

287) [창원 방언①②, 함안 방언] /·뻬·에, 뻬·에/; [양산 방언] /·뻬·가 바·아·졌·다/.

288) [창원 방언①②, 함안 방언] /·뿔·에, 뿔·에/; [김해 방언] /·뿔·에/; [양산 방언] /{·뿔·에, 뿔·에} 떠바끼·있·다/.

289) [창원 방언①②] /·살, ·살·에/.

290) [김해 방언] 한이선 할머니(생림면)의 말에는 /ㅆ/이 음소로 확립되어 있지 않다. /ㅆ/를 발음해도 /ㅅ/로 듣는다. 조사자가 발음을 요구하면 [ㅆ]를 발음할 때도 있다. 박남이 할머니(진래면)의 말에는 /ㅆ/와 /ㅅ/가 음소로 확립되어 있다; 이 책에서는 생림면 방언을 주자료로 했다; [양산 방언] 이 방언에서는 /ㅅ/는 음소로 확립되어 있으나, /ㅆ/는 변별적인 음소가 아니다. /상디·이/<쌍둥이>를 [쌍디·이]로 발음하는 것은 가능하지만, 이는 의도적인 노력에 따른 것이다.

291) [창원 방언①, 함안 방언] /:소·풀·비·로 ·간·다, :소·꼴/.

292) [양산 방언] /·숲, 숲·에/.

293) [창원 방언①②] /·심, 심·에/.

294) [창원 방언①②] /·쌀, ·쌀·에, 쌀·에/.

295) [창원 방언①②] /·쎄, 쎄·에/.

·쎄(鐵)	M[M̤, Ḧ]	(창원①②, 함안)
·쑥(艾)[296]	M[M̤, Ḧ]	(창원①②, 함안)
·씨(種)	M[M̤, Ḧ]	(창원①②, 함안)
·안(內)[297]	M[M̤, Ḧ]	(창원①②, 함안, 김해, 양산)
·알(卵)	M[M̤, Ḧ]	(창원①②, 함안, 김해, 양산)
·엿(糖)[298]	M[M̤, Ḧ]	(창원①②, 함안, 김해, 양산)
·옷(衣)[299]	M[M̤, Ḧ]	(창원①②, 함안, 김해, 양산)
·울	M[M̤, Ḧ]	(창원①②, 함안, 김해, 양산)
·이(蝨)	M[M̤, Ḧ]	(창원①②, 함안, 김해, 양산)
·이(齒)	M[M̤, Ḧ]	(창원①②, 함안, 김해, 양산)
·입(口)[300]	M[M̤, Ḧ]	(창원①②, 함안, 김해, 양산)
·잎	M[M̤, Ḧ]	(창원①②, 함안, 김해, 양산)
·자(尺)[301]	M[M̤, Ḧ]	(창원①②, 함안, 김해, 양산)
·잔(盞)[302]	M[M̤, Ḧ]	(창원①②, 함안, 김해, 양산)
·잠(寢)[303]	M[M̤, Ḧ]	(창원①②, 함안, 김해, 양산)
·잣(栢)	M[M̤, Ḧ]	(양산)
·재(灰)[304]	M[M̤, Ḧ]	(창원①②, 함안, 김해, 양산)
·젇(乳)	M[M̤, Ḧ]	(양산)
·절(寺)[305]	M[M̤, Ḧ]	(창원①②, 함안, 김해, 양산)
·점(點)	M[M̤, Ḧ]	(창원①②, 함안, 김해, 양산)
·젓<멸치젓>	M[M̤, Ḧ]	(창원②)
·젖(乳)[306]	M[M̤, Ḧ]	(창원①②, 함안, 김해, 양산)
·젖(鯅)	M[M̤, Ḧ]	(창원①②, 함안, 김해, 양산)
·제(箸)	M[M̤, Ḧ]	(창원①②, 함안, 김해, 양산)
·좀(蟲)[307]	M[M̤, Ḧ]	(창원①②, 함안, 김해, 양산)
·죽(粥)[308]	M[M̤, Ḧ]	(창원①②, 함안, 김해, 양산)
·줄(線)	M[M̤, Ḧ]	(창원①②, 함안, 김해, 양산)
·지(鼠)	M[M̤, Ḧ]	(창원①②, 함안, 김해, 양산)

296) 〔창원 방언①②〕 /·쑥, 쑥·에/.
297) 〔창원 방언①②, 함안 방언〕 /·안, 안·에/.
298) 〔창원 방언①②, 함안 방언, 양산 방언〕 /·엿, 엿·에/.
299) 〔창원 방언①②, 함안 방언〕 /·옷, 옷·에/.
300) 〔창원 방언①②, 함안 방언, 양산 방언〕 /·입, 입·에/.
301) 〔창원 방언①②, 함안 방언〕 /·자·에, 자·에/.
302) 〔창원 방언①②, 양산 방언〕 /·잔·에, 잔·에/.
303) 〔창원 방언①②, 함안 방언〕 /·잠, ·잠·에, 잠·에/; 〔양산 방언〕 /·잠, 잠·에/.
304) 〔창원 방언①②, 함안 방언〕 /·재·에, 재·에/.
305) 〔창원 방언①②〕 /·절, 절·에 ·가·서 ·절·해·라, 절·에 ·간·다/; 〔양산 방언〕 /·절, 절·에/.
306) 〔창원 방언①②〕 /·젖, 젖·에/.
307) 〔양산 방언〕 /·좀·먹·었·다/.
308) 〔창원 방언①②〕 /·죽·에, 죽·에/.

·질(道)	M[M̤, Ḧ]	(창원①②, 함안, 김해, 양산)
·짐(荷)	M[M̤, Ḧ]	(창원①②, 함안, 김해, 양산)
·집(藁)	M[M̤, Ḧ]	(창원①②, 함안)
·짓(옷깃)	M[M̤, Ḧ]	(창원①②, 함안, 김해, 양산)
·짓(羽)	M[M̤, Ḧ]	(창원①②, 함안, 김해, 양산)
·짓(行爲)	M[M̤, Ḧ]	(김해, 양산)
·짚(藁)[309]	M[M̤, Ḧ]	(창원①②, 함안, 양산)
·착(冊)[310]	M[M̤, Ḧ]	(함안)
·책(冊)[311]	M[M̤, Ḧ]	(창원①②, 함안, 김해, 양산)
·철(季節)	M[M̤, Ḧ]	(창원①②, 함안, 김해, 양산)
·체(篩)[312]	M[M̤, Ḧ]	(창원①②, 함안, 김해, 양산)
·체(鞭)	M[M̤, Ḧ]	(창원①, 김해, 양산)
·춤(舞)[313]	M[M̤, Ḧ]	(창원①②, 함안, 김해, 양산)
·춤(唾液)[314]	M[M̤, Ḧ]	(창원①②, 함안, 김해)
·치(篩)	M[M̤, Ḧ]	(함안)
·칙(葛)	M[M̤, Ḧ]	(창원②, 함안, 양산)
·칠(葛)[315]	M[M̤, Ḧ]	(창원①②, 김해)
·침(唾液)	M[M̤, Ḧ]	(창원①②, 함안, 김해, 양산)
·칼(刀)[316]	M[M̤, Ḧ]	(창원①②, 함안, 김해, 양산)
·코(鼻)	M[M̤, Ḧ]	(창원①②, 함안, 김해, 양산)
·키(身長)	M[M̤, Ḧ]	(창원①②, 함안, 김해, 양산)
·탑(塔)[317]	M[M̤, Ḧ]	(창원①②, 함안, 김해, 양산)
·터(基)[318]	M[M̤, Ḧ]	(창원①②, 함안, 김해, 양산)
·턱(顎)[319]	M[M̤, Ḧ]	(창원②)
·텍(顎)[320]	M[M̤, Ḧ]	(창원①②, 함안, 김해, 양산)
·톱(鋸)[321]	M[M̤, Ḧ]	(창원①②, 함안, 김해, 양산)
·틀	M[M̤, Ḧ]	(창원①②, 함안, 김해, 양산)
·틈(隙)[322]	M[M̤, Ḧ]	(창원①②, 함안, 김해, 양산)

309) [창원 방언②, 김해 방언] /·짚·으·로 영·개 엮는·다/; [함안 방언] /·짚·으·로 영엮·어·라/.
310) [함안 방언] /·착/은 /·할·매·말/.
311) [창원 방언①②, 함안 방언] /·책·에, 책·에/; [양산 방언] /·책, 책·에/.
312) [창원 방언①②] /·체·에, 체·에/; [함안 방언] /체·에/.
313) [창원 방언①②] /·춤·춘·다/; [김해 방언] /·춤#·친·다/; [함안 방언] /춤·에/.
314) [함안 방언] /·춤 밭·아·라/.
315) [김해 방언] /·칠·기/는 /·칠·의 순/을 뜻한다.
316) [창원 방언①②] /·칼, 칼·에, 칼·에 비이·있·다/.
317) [창원 방언①②] /·탑, 탑·에/; [양산 방언] /·탑, 탑·에/.
318) [창원 방언①②, 함안 방언] /·터, ·터·에/.
319) [창원 방언①②] /·턱, 턱·에/.
320) [창원 방언①②] /·텍, 텍·에/; [양산 방언] /텍사바·리/.
321) [함안 방언] /톱·에 ·녹·이 써이·있·다/.

·파(蔥)[323]	M[M̤, Ḧ]	(창원①②, 함안, 김해, 양산)
·팥(小豆)	M[M̤, Ḧ]	(창원①②, 함안, 김해, 양산)
·퐅(小豆)[324]	M[M̤, Ḧ]	(김해, 양산)
·풀(草)[325]	M[M̤, Ḧ]	(창원①②, 함안, 김해, 양산)
·피(稗)	M[M̤, Ḧ]	(창원①②, 함안, 김해, 양산)
·피(血)[326]	M[M̤, Ḧ]	(창원①②, 함안, 김해, 양산)
·해(年,日)[327]	M[M̤, Ḧ]	(창원①②, 함안, 김해, 양산)
·헤(舌)	M[M̤, Ḧ]	(창원①②, 양산)
·혹(瘻)[328]	M[M̤, Ḧ]	(창원①②, 함안, 김해, 양산)
·홈(鎴)[329]	M[M̤, Ḧ]	(창원①②, 함안, 김해, 양산)
·힘(力)[330]	M[M̤, Ḧ]	(창원①②, 함안, 김해, 양산)
·가·래(痰)	M^2[HH/MM]	(창원①②, 함안, 김해, 양산)
·가·물<가뭄>	M^2[HH/MM]	(창원①)
·가·뭄(旱)	M^2[HH/MM]	(창원①②, 함안, 양산)
·가·지(枝)	M^2[HH/MM]	(창원①②, 함안, 김해, 양산)
·갈·때(葦)	M^2[HH/MM]	(양산)
·갑·시(價)[331]	M^2[HH/MM]	(양산)
·강·까<강가>	M^2[HH/MM]	(창원①②, 함안, 김해, 양산)
·강·뚝<강둑>	M^2[HH/MM]	(창원①②, 함안)
·강·물	M^2[HH/MM]	(창원①②, 함안, 김해, 양산)
·강·변(江邊)	M^2[HH/MM]	(창원①②)
·객·구(客鬼)[332]	M^2[HH/MM]	(창원①②, 함안, 김해, 양산)
·걱·정	M^2[HH/MM]	(창원①②, 함안, 김해, 양산)
·게·우[333]	M^2[HH/MM]	(창원①, 김해)
·겔·딴(決斷)	M^2[HH/MM]	(창원①②, 함안, 김해)
·겔·석(缺席)[334]	M^2[HH/MM]	(창원①, 함안, 김해, 양산)
·겔·쩡(決定)	M^2[HH/MM]	(창원①②, 함안, 김해, 양산)
·결·딴(決斷)	M^2[HH/MM]	(창원①②)

322) [창원 방언①②] /·틈·에, 틈·에/.
323) [창원 방언①②] /·파·에, 파·에/; [양산 방언] /·파 ·캐·애·왔다/.
324) [김해 방언] /·퐅·은 :옛·날·사·람 :말/; [양산 방언] /퐅죽/.
325) [함안 방언] /풀·에 ·풀·에/.
326) [창원 방언①②] /·피, ·피·에/; [함안 방언] /·피, 피·에/.
327) [창원 방언①②, 김해 방언, 양산 방언] /·해, ·해·에/.
328) [창원 방언①②] /·혹, 혹·에, ·혹·붙·었·다/; [함안 방언] /·혹, 혹·에/.
329) [양산 방언] /·홈·파·있·다/.
330) [창원 방언①②] /·힘, 힘·에/.
331) [함안 방언] /·값/은 드물게 쓰이고, 주로 /·갑·시/로 쓰인다, /·갑·시·가 비·싸·다/.
332) [창원 방언①②] /·객·구 물·리·다, ·객·구 들리·이·다/.
333) [창원 방언①] /·게·우/<놋쇠로 만든 밥그릇>.
334) [함안 방언] /·학·조 안가·고 ·겔·석·했·다/.

·결·석(缺席) M^2[HH/MM] (창원②, 양산)
·결·쩡(決定) M^2[HH/MM] (창원①②)
·고·문(顧問) M^2[HH/MM] (창원①②, 함안, 김해, 양산)
·고·이<고니> M^2[HH/MM] (창원①②, 김해, 함안)
·골·치 M^2[HH/MM] (창원①②, 함안, 김해, 양산)
·구·룸<구름> M^2[HH/MM] (창원②, 함안, 김해, 양산)
·구·름 M^2[HH/MM] (창원①②, 함안, 김해, 양산)
·국·가 M^2[HH/MM] (창원①②, 함안, 김해, 양산)
·그·럼(畵) M^2[HH/MM] (김해)
·그·림(畵) M^2[HH/MM] (창원①②, 함안, 김해, 양산)
·그·물(網) M^2[HH/MM] (창원①②, 함안, 김해, 양산)
·극·단(劇團) M^2[HH/MM] (창원①②, 함안, 김해, 양산)
·기·림(畵) M^2[HH/MM] (창원①②, 양산)
·기·빨<깃발> M^2[HH/MM] (양산)
·기·사(騎士) M^2[HH/MM] (창원①②, 함안, 김해, 양산)
·기·술(技術) M^2[HH/MM] (창원②, 함안, 김해, 양산)
·까·재<가재> M^2[HH/MM] (함안)
·깨·알 M^2[HH/MM] (양산)
·꿀·벌 M^2[HH/MM] (창원①②, 함안, 김해, 양산)
·나·이 M^2[HH/MM] (창원①②, 함안, 김해, 양산)
·낙·제(落第) M^2[HH/MM] (창원①②, 양산)
·낙·지(落第) M^2[HH/MM] (창원①②, 함안, 김해)
·낙·지<낙지> M^2[HH/MM] (창원①②, 함안, 김해, 양산)
·낚·수<낚시> M^2[HH/MM] (함안, 양산)
·낚·시[335] M^2[HH/MM] (창원①②, 함안, 김해, 양산)
·날·개 M^2[HH/MM] (창원①②, 함안, 김해, 양산)
·낮·잠 M^2[HH/MM] (창원①②, 함안, 김해, 양산)
·냉·이[·nɛŋ$·øi]<냉이> M^2[HH/MM] (양산)
·논·밭 M^2[HH/MM] (창원①②, 함안, 김해, 양산)
·눈·꼴 M^2[HH/MM] (창원①②, 김해, 양산)
·눈·매 M^2[HH/MM] (창원①②, 함안, 김해, 양산)
·눈·물 M^2[HH/MM] (창원①②, 함안, 김해, 양산)
·눈·찔[336] M^2[HH/MM] (창원①②, 함안, 김해, 양산)
·늑·대 M^2[HH/MM] (양산)
·단·지(罐) M^2[HH/MM] (창원①②, 함안, 김해, 양산)
·땅·콩 M^2[HH/MM] (창원①②, 함안, 김해, 양산)
·뗏·놈(胡) M^2[HH/MM] (양산)

---

335) [함안 방언] /·낚·시·한·다/.
336) [김해 방언] /·눈·찔/은 /:용·심 궂·고 개살궂·은 :사·람·의 시선/을 말한다.

·말·복　M^2[HH/MM]　(창원①②, 김해)
·맷·돌(磨)　M^2[HH/MM]　(창원①②, 함안, 김해, 양산)
·머·구(蚊)　M^2[HH/MM]　(김해)
·모·구(蚊)　M^2[HH/MM]　(창원①②, 함안, 양산)
·모·기(蚊)　M^2[HH/MM]　(창원①②, 김해, 양산)
·모·레(明後日)　M^2[HH/MM]　(창원①②, 함안, 김해, 양산)
·모·리(明後日)　M^2[HH/MM]　(창원①②, 함안, 김해)
·목·단　M^2[HH/MM]　(창원①②, 함안, 김해, 양산)
·목·화　M^2[HH/MM]　(양산)
·몸·매　M^2[HH/MM]　(창원①②, 함안, 김해, 양산)
·무·색[337]　M^2[HH/MM]　(차원①, 함안, 김해, 양산)
·물·깨<물개>　M^2[HH/MM]　(창원①②)
·물·까[338](水邊)　M^2[HH/MM]　(창원①②, 함안, 김해, 양산)
·물·깨<물개>　M^2[HH/MM]　(창원①②, 함안, 김해, 양산)
·물·꼘<물결>　M^2[HH/MM]　(창원①②, 함안, 김해, 양산)
·물·껼<물결>　M^2[HH/MM]　(창원②)
·물·새　M^2[HH/MM]　(창원①②, 함안, 김해, 양산)
·물·색(-色)　M^2[HH/MM]　(창원①②)
·물·소　M^2[HH/MM]　(창원①, 양산)
·바·람(希望)　M^2[HH/MM]　(창원①②, 함안, 김해, 양산)
·바·램(希望)　M^2[HH/MM]　(양산)
·박·지(蝙, 박쥐)　M^2[HH/MM]　(양산)
·박·하(薄荷)　M^2[HH/MM]　(창원①②, 함안, 김해, 양산)
·밤·낮[339]　M^2[HH/MM]　(창원①②, 양산)
·밤·일[·밤·닐]　M^2[HH/MM]　(창원①②, 함안, 김해, 양산)
·밥·물　M^2[HH/MM]　(창원②, 함안, 양산)
·밥·상　M^2[HH/MM]　(창원①②, 김해)
·번·개(電)　M^2[HH/MM]　(창원①②, 함안, 김해, 양산)
·베·개(枕)　M^2[HH/MM]　(창원①②, 함안, 김해)
·베·락<벼락>　M^2[HH/MM]　(창원①②, 함안, 김해, 양산)
·보·람<보람>　M^2[HH/MM]　(창원①②, 함안, 김해, 양산)
·복·판　M^2[HH/MM]　(창원②, 함안, 김해)
·봄·꽃　M^2[HH/MM]　(창원①②)
·봄·꼩<봄꽃>　M^2[HH/MM]　(창원①, 함안, 김해, 양산)
·봄·삐<봄비>　M^2[HH/MM]　(창원①②, 함안, 김해, 양산)
·부·모　M^2[HH/MM]　(창원①②, 함안, 김해, 양산)
·북·새[340]　M^2[HH/MM]　(창원①②, 함안, 김해)

337) [김해 방언] /·무·색/은 /빨강, 파랑, 노랑/ 등에 대한 상위 개념.
338) [창원 방언①] /·물·까/<바다, 강, 못 따위와 같이 물이 있는 곳의 가장자리>.
339) [양산 방언] /·밤·낮·이 디바께·엤·다, ·밤·낮·이 디바껴·었·다/.

·붓·끝	M^2[HH/MM]	(창원①②, 함안, 김해, 양산)
·비·개<베개>	M^2[HH/MM]	(창원②, 함안, 양산)
·사·매<소매>	M^2[HH/MM]	(창원①②)
·살·키<살성>	M^2[HH/MM]	(창원①, 양산)
·상·토<상투>[341]	M^2[HH/MM]	(창원①②, 김해)
·상·투[342]	M^2[HH/MM]	(창원②, 함안, 양산)
·새·끼(繩)[343]	M^2[HH/MM]	(창원①②, 함안, 김해, 양산)
·생·각	M^2[HH/MM]	(창원①②, 함안, 김해, 양산)
·서·깐<습관>	M^2[HH/MM]	(함안, 김해)
·석·노<석류>	M^2[HH/MM]	(창원①②, 함안, 김해)
·석·누<석류>	M^2[HH/MM]	(창원②)
·석·뉴<석류>	M^2[HH/MM]	(창원①②, 함안, 양산)
·셋·대<열쇠>	M^2[HH/MM]	(김해, 양산)
·셋·통<쇠통>	M^2[HH/MM]	(김해, 양산)
·소·매(袂,袖)	M^2[HH/MM]	(함안, 김해, 양산)
·소·발<쇠족>	M^2[HH/MM]	(창원②, 양산)
·소·옥<속>	M^2[HH/MM]	(김해, 양산)
·소·젓<소젖>	M^2[HH/MM]	(창원②, 양산)
·소·젖	M^2[HH/MM]	(창원①②, 함안, 양산)
·소·캐<솜>	M^2[HH/MM]	(김해, 양산)
·소·코<쇠코>	M^2[HH/MM]	(창원①②, 양산)
·손·발	M^2[HH/MM]	(창원①②, 함안, 김해, 양산)
·솜·씨	M^2[HH/MM]	(창원①②, 함안, 김해, 양산)
·수·저	M^2[HH/MM]	(창원①②)
·수·제<수저>	M^2[HH/MM]	(창원①②, 함안, 김해, 양산)
·수·풀(林)	M^2[HH/MM]	(함안)
·숙·꽁<수꿩>	M^2[HH/MM]	(김해)
·습·간<습관>	M^2[HH/MM]	(창원①)
·습·관	M^2[HH/MM]	(창원①②, 양산)
·식·당	M^2[HH/MM]	(창원①②, 함안, 김해, 양산)
·쎄·통<자물쇠>	M^2[HH/MM]	(창원①②, 함안)
·쎗·대<열쇠>	M^2[HH/MM]	(창원①②, 함안)
·쏘·옥(裏)	M^2[HH/MM]	(창원①②, 함안)

340) 〔창원 방언①〕 /·북·새/<소란, 법석>; 〔김해 방언〕 /·북·새·를 이라·아 나·았·다/; 〔함안 방언〕 /·북·새/<떠드는 것>.

341) 〔창원 방언①〕 /·상·토 쪼·진·다/.

342) 〔양산 방언〕 /·상·투 쪼·온·다/.

343) 〔창원 방언①〕 /·새·끼 ·꼰·다, ·새·끼 ·꼬·안·다, ·새·끼 ·꼬·았·다/; 〔창원 방언②〕 /·새·끼 ·꼬·온·다/; 〔김해 방언〕 /·새·끼 ·꼰·다/; 〔함안 방언〕 /·새·끼#·꼬·다, ·새·끼#·꼬·오·다/; 〔양산 방언〕 /·새·끼 ·꾼·다, ·꾸·았·다/.

·쏘·캐<솜> M^2[HH/MM] (창원①②, 함안)
·쑥·꽁<수꿩> M^2[HH/MM] (창원①②, 함안, 양산)
·아·기<아기> M^2[HH/MM] (창원①②, 함안, 김해, 양산)
·악·산(惡山) M^2[HH/MM] (창원①, 김해)
·안·들<아낙네들> M^2[HH/MM] (창원①②)
·안·빡<안팎> M^2[HH/MM] (창원①②, 함안, 김해, 양산)
·안·빵<안방> M^2[HH/MM] (창원①②, 함안, 김해, 양산)
·알·키<알맹이> M^2[HH/MM] (창원①, 양산)
·암·꽁<암꿩> M^2[HH/MM] (창원①②, 함안, 김해, 양산)
·애·기<아기> M^2[HH/MM] (창원①②, 함안, 김해, 양산)
·야·아<이 아이> M^2[HH/MM] (창원①②, 함안, 김해, 양산)
·약·갑<약값> M^2[HH/MM] (창원①②, 함안, 김해, 양산)
·약·값 M^2[HH/MM] (창원①②)
·얌·소<염소> M^2[HH/MM] (창원②)
·어·매<어머니> M^2[HH/MM] (창원①②)
·엄·마(母) M^2[HH/MM] (창원①②, 함안, 김해, 양산)
·에·동<외동> M^2[HH/MM] (창원①, 김해)
·에·미<어미> M^2[HH/MM] (창원①②, 함안, 김해, 양산)
·염·소(羔) M^2[HH/MM] (창원①②, 함안, 김해, 양산)
·오·매<어머니> M^2[HH/MM] (창원①②, 함안, 김해)
·오·빠 M^2[HH/MM] (창원①②, 함안, 김해, 양산)
·옴·마<엄마> M^2[HH/MM] (창원①②, 함안, 김해)
·옷·솔 M^2[HH/MM] (창원①②, 함안, 김해, 양산)
·외·동 M^2[HH/MM] (창원①)
·이·미(母) M^2[HH/MM] (창원①②)
·이·빨 M^2[HH/MM] (창원①②, 김해)
·인·상(印象) M^2[HH/MM] (창원①②, 함안, 김해, 양산)
·일·기 M^2[HH/MM] (창원①②, 함안, 김해, 양산)
·자·아<저 아이> M^2[HH/MM] (창원①②, 함안, 김해, 양산)
·자·치(跡)[344] M^2[HH/MM] (함안, 양산)
·잔·치 M^2[HH/MM] (창원①②, 함안, 김해, 양산)
·잡·지 M^2[HH/MM] (창원①②, 함안, 김해, 양산)
·잣·대 M^2[HH/MM] (창원①②, 함안, 김해, 양산)
·장·골((腸骨) M^2[HH/MM] (창원①②, 함안, 김해)
·절·딴(決斷) M^2[HH/MM] (창원①②, 함안, 김해, 양산)
·젓·갈<젓> M^2[HH/MM] (양산)
·조·카 M^2[HH/MM] (창원①②, 함안, 김해, 양산)
·짐·꾼 M^2[HH/MM] (창원①②, 함안, 김해, 양산)

---

344) 〔함안 방언〕 /·발 ·자·치·도 ·살·아·졌·다/.

·짚·신[345]	M^2[HH/MM]	(창원②, 양산)
·째·보<언청이>	M^2[HH/MM]	(양산)
·차·반(饌)[346]	M^2[HH/MM]	(창원①②, 함안, 양산)
·참·깨(蔴)	M^2[HH/MM]	(창원①, 김해, 양산)
·창·꽅<진달래>	M^2[HH/MM]	(함안)
·창·사<창자>	M^2[HH/MM]	(창원①②, 김해, 양산)
·창·시<창자>	M^2[HH/MM]	(함안)
·창·자	M^2[HH/MM]	(창원①②, 함안, 김해, 양산)
·처·음(初)	M^2[HH/MM]	(창원①②, 함안, 김해, 양산)
·철·쭉	M^2[HH/MM]	(창원①②, 함안, 김해, 양산)
·체·이(箕)	M^2[HH/MM]	(창원①②, 함안, 김해, 양산)
·초·롱(燈籠)	M^2[HH/MM]	(창원①②, 함안, 김해, 양산)
·칠·기(葛根)	M^2[HH/MM]	(양산)
·칠·기(漆器)	M^2[HH/MM]	(창원①②, 함안, 김해, 양산)
·칼·찝<칼 가게>	M^2[HH/MM]	(창원①②, 함안, 양산)
·코·물<콧물>	M^2[HH/MM]	(양산)
·탁·주	M^2[HH/MM]	(창원①②, 함안, 김해, 양산)
·토·끼	M^2[HH/MM]	(창원①②, 함안, 김해, 양산)
·통·수<퉁소>	M^2[HH/MM]	(창원①②, 함안, 김해, 양산)
·투·구(兜)	M^2[HH/MM]	(창원①②, 함안, 김해, 양산)
·트·럼<트림>	M^2[HH/MM]	(창원①②, 함안, 양산)
·파·리(蠅)	M^2[HH/MM]	(창원①②, 함안, 김해, 양산)
·패·이<팽이>	M^2[HH/MM]	(양산)
·패·이<팽이>	M^2[HH/MM]	(함안, 김해)
·페·기<포기>	M^2[HH/MM]	(창원①②, 함안, 김해)
·포·기[347]	M^2[HH/MM]	(창원②)
·포·리<파리>	M^2[HH/MM]	(함안, 김해, 양산)
·폭·지<포기>	M^2[HH/MM]	(창원①②, 김해)
·피·리(笛)	M^2[HH/MM]	(창원①②, 함안, 김해, 양산)
·학·교	M^2[HH/MM]	(창원①②)
·학·조<학교>	M^2[HH/MM]	(함안, 김해, 양산)
·한·숨(歎息)	M^2[HH/MM]	(창원①②, 함안, 김해, 양산)
·할·개<활개>[348]	M^2[HH/MM]	(창원①②, 김해)
·할·매<할머니>	M^2[HH/MM]	(창원①②, 함안, 김해, 양산)
·할·미<할미>	M^2[HH/MM]	(창원①②, 함안, 양산)

345) [창원 방언①②, 양산 방언] /·짚·신/은 첫 성분인 /·짚/을 강조하는 발음, 보통은 /짚신/.

346) [창원 방언①] /·차·반/<예물로 가져가거나 들어오는 좋은 음식>. [김해 방언] /·차·반/은 /메·느·리·가 가·주·고 ·오·는 :음·식, ·또·는 ·딸·이 가·주·고 ·가·는 ·음·식/.

347) [창원 방언①] /·포·기/<뿌리를 단위로 한 초목의 낱개를 세는 단위>.

348) [김해 방언] /·할·개#쭉·지/.

·할·배<할아버지>	M^2[HH/MM]	(창원①②, 함안, 김해, 양산)
·해·미<할미>	M^2[HH/MM]	(창원①②, 함안, 김해)
·핵·고<학교>	M^2[HH/MM]	(창원①②)
·핵·교	M^2[HH/MM]	(창원①, 함안, 김해, 양산)
·핵·구<학교>	M^2[HH/MM]	(창원①②)
·햇·빛	M^2[HH/MM]	(창원①②)
·햇·빝<햇빛>	M^2[HH/MM]	(창원①②, 함안, 김해, 양산)
·가·뭄·음(旱)	M^3[HHM]	(창원①②, 함안, 김해)
·갈·매·기(鷗)	M^3[HHM]	(창원①)
·갖·바·치	M^3[HHM]	(창원②, 함안)
·갯·가·아<갯가>	M^3[HHM]	(창원②)
·겁·재·이<갑쟁이>	M^3[HHM]	(창원①②, 함안, 김해, 양산)
·기·러·기(雁)	M^3[HHM]	(창원①②, 함안, 김해, 양산)
·기·티·이<귀퉁이>	M^3[HHM]	(양산)
·기·티·이<귀퉁이>	M^3[HHM]	(창원①②, 함안, 김해)
·나·그·네	M^3[HHM]	(창원①)
·내·애·미<냄새>	M^3[HHM]	(창원①②, 함안, 김해)
·내·앰·새(臭)	M^3[HHM]	(창원①②, 함안, 김해)
·논·꼬·동<논우렁이>	M^3[HHM]	(창원①)
·눈·똥·자<눈동자>	M^3[HHM]	(창원①②, 함안, 김해, 양산)
·달·패·이<달팽이>	M^3[HHM]	(창원①②, 김해, 함안)
·담·재·이[349]	M^3[HHM]	(김해)
·독·수·리	M^3[HHM]	(창원①②)
·따·오·기	M^3[HHM]	(창원①)
·마·자·반<모자반>	M^3[HHM]	(창원①②)
·마·재·기<모자반>	M^3[HHM]	(창원②)
·말·나·물<말>	M^3[HHM]	(창원②)
·모·배·기<모퉁이>	M^3[HHM]	(창원①②)
·모·자·반	M^3[HHM]	(창원②, 함안)
·모·재·기(海藻)	M^3[HHM]	(창원①②, 함안, 김해, 양산)
·모·티·이<모퉁이>	M^3[HHM]	(창원①②, 김해, 함안)
·몰·나·물<모자반>	M^3[HHM]	(김해, 양산)
·몸·띠·이<몸뚱이>	M^3[HHM]	(창원①②, 함안, 김해, 양산)
·무·지·개(虹)	M^3[HHM]	(창원①②, 함안, 김해, 양산)
·무·지·기<무지개>	M^3[HHM]	(창원①②, 김해)
·물·거·품	M^3[HHM]	(창원①, 함안)
·물·김·치	M^3[HHM]	(양산)
·물·버·끔<물거품>	M^3[HHM]	(창원①②, 함안, 김해)

349) 〔김해 방언〕 /·담·재·이/<담장이>, /·담·재·이 넝·꿀/.

·물·이·끼	M^3[HHM]	(창원①, 김해)
·물·짐·치<물김치>	M^3[HHM]	(창원①, 양산)
·발·자·치<발자취>	M^3[HHM]	(양산)
·배·애·미(蛇)	M^3[HHM]	(창원①②, 김해)
·부·어·이<부엉이>	M^3[HHM]	(창원②)
·부·예·이<부엉이>	M^3[HHM]	(창원②, 함안)
·부·헤·이<부엉이>	M^3[HHM]	(창원①②, 함안, 김해)
·북·새·통<법석>	M^3[HHM]	(창원①②, 양산)
·빼·다·지<서랍>	M^3[HHM]	(양산)
·뽈·때·기<뺨>	M^3[HHM]	(창원①②, 함안, 김해)
·뽈·치·기<볼거리>	M^3[HHM]	(창원①)
·뽈·태·기<뺨>	M^3[HHM]	(창원②)
·세·까·래<서까래>	M^3[HHM]	(김해)
·세·까·리<서까래>	M^3[HHM]	(김해)
·시·어·미	M^3[HHM]	(김해, 양산)
·식·생·할<식생활>	M^3[HHM]	(창원①②, 함안, 김해, 양산)
·식·생·활	M^3[HHM]	(창원①②)
·쎄·까·래<서까래>	M^3[HHM]	(창원①②, 함안)
·쎄·까·리<서까래>	M^3[HHM]	(창원①)
·쏘·옥·말<속말>	M^3[HHM]	(창원①②)
·씨·어·매<시어미>	M^3[HHM]	(함안)
·씨·이·미<시어미>	M^3[HHM]	(창원①②, 함안)
·양·대·애<양푼이>	M^3[HHM]	(창원①)
·양·지·기<양푼이>	M^3[HHM]	(창원①)
·양·푸·이<양푼이>	M^3[HHM]	(창원①②)
·양·피·이<양푼이>	M^3[HHM]	(창원①②)
·에·동·딸<외동딸>	M^3[HHM]	(창원①②, 함안, 김해, 양산)
·에·식·장<예식장>	M^3[HHM]	(창원②, 함안, 김해)
·에·아·들<외아들>	M^3[HHM]	(창원②, 함안)
·염·소·젓<염소젖>	M^3[HHM]	(창원②)
·염·소·젖	M^3[HHM]	(창원①②, 함안, 김해, 양산)
·예·식·장	M^3[HHM]	(창원①②, 양산)
·오·래·비<오빠>	M^3[HHM]	(창원①②, 함안, 김해, 양산)
·옥·수·수	M^3[HHM]	(창원①②, 김해)
·올·채·이<올챙이>	M^3[HHM]	(창원②, 함안, 김해, 양산)
·올·채·이<올챙이>	M^3[HHM]	(창원①②, 함안)
·외·동·딸	M^3[HHM]	(창원①②, 함안, 양산)
·외·아·들	M^3[HHM]	(창원①②, 함안, 양산)
·자·치·기[350]	M^3[HHM]	(창원①②, 함안, 김해, 양산)
·잠·자·리(蛉)	M^3[HHM]	(함안)

·잠·짜·리(蛉)	M^3[HHM]	(함안)
·잡·기·장	M^3[HHM]	(창원①②)
·잡·지·장<잡기장>	M^3[HHM]	(함안, 김해)
·장·배·기(頂)[351]	M^3[HHM]	(창원①②, 함안, 김해)
·코·끼·리	M^3[HHM]	(창원①②, 함안, 김해, 양산)
·토·깨·비<도깨비>	M^3[HHM]	(창원①②, 함안, 김해)
·토·째·비<도깨비>	M^3[HHM]	(창원②, 함안, 김해)
·트·리·미<트림>	M^3[HHM]	(함안)
·파·래·이<파리>	M^3[HHM]	(창원②)
·풀·피·리	M^3[HHM]	(창원①②, 함안, 김해)
·할·마·이<할머니>	M^3[HHM]	(양산)
·할·머·이<할머니>	M^3[HHM]	(양산)
·할·머·이<할머니>	M^3[HHM]	(창원①②, 함안, 김해)
·할·무·이<할머니>	M^3[HHM]	(양산)
·할·무·이<할머니>	M^3[HHM]	(창원①②, 함안, 김해)
·할·버·지<할아버지>	M^3[HHM]	(양산)
·할·부·지<할아버지>	M^3[HHM]	(창원②, 함안)
·할·애·비	M^3[HHM]	(창원①②, 함안, 김해, 양산)
·핵·고·오<학교>	M^3[HHM]	(창원①②)
·핵·교·오<학교>	M^3[HHM]	(창원①, 김해)
·핵·쪼·오<학교>	M^3[HHM]	(함안)
·허·깨·비	M^3[HHM]	(창원①②, 함안, 김해)
·홀·애·비	M^3[HHM]	(창원①②)
·국·민·학·조<국민학교>	M^4[HHM^2]	(창원②, 함안)
·국·민·핵·고<국민학교>	M^4[HHM^2]	(창원①, 양산)
·논·꼬·디·이<논우렁이>	M^4[HHM^2]	(양산)
·논·꼬·디·이<논우렁이>	M^4[HHM^2]	(창원②, 함안, 김해)
·띠·이·쓰·기<띄어쓰기>	M^4[HHM^2]	(창원①②, 함안)
·띠·이·스·기<띄어쓰기>	M^4[HHM^2]	(김해)
·무·남·독·녀	M^4[HHM^2]	(함안, 김해)
·물·고·구·매<물고구마>	M^4[HHM^2]	(창원①)
·물·고·오·마[352]	M^4[HHM^2]	(양산)
·북·도·칠·성	M^4[HHM^2]	(함안, 김해)
·북·두·칠·성	M^4[HHM^2]	(창원①②, 양산)
·수·무·고·개	M^4[HHM^2]	(창원①②, 함안, 양산)

350) [창원 방언①, 김해 방언] /·자·치·기 할·때 :진·것·은 ·잣·대, 짧·은·것·은 토까·이/.
351) [김해 방언] /·장·배·기/는 비속어, /·장·골/은 보통 말.
352) [양산 방언] /·물·고·오·마/<물고구마>, /:밤·고·오·마/.

·수·양·버·들	M^4[HHM^2]	(창원①②, 함안, 김해, 양산)
·시·아·바·이	M^4[HHM^2]	(양산)
·시·아·바·이	M^4[HHM^2]	(창원①②)
·시·아·부·지	M^4[HHM^2]	(창원①②, 양산)
·시·어·마·이	M^4[HHM^2]	(양산)
·시·어·마·이	M^4[HHM^2]	(창원①②)
·시·오·마·이	M^4[HHM^2]	(창원②)
·씨·아·바·이	M^4[HHM^2]	(창원②)
·씨·아·부·지	M^4[HHM^2]	(창원②)
·씨·어·바·이[353]	M^4[HHM^2]	(함안)
·씨·어·마·이[354]	M^4[HHM^2]	(함안)
·에·동·아·들<외동아들>	M^4[HHM^2]	(창원①②, 함안, 김해)
·오·라·버·니	M^4[HHM^2]	(양산)
·오·라·버·이<오라버니>	M^4[HHM^2]	(창원①②, 김해)
·외·동·아·들	M^4[HHM^2]	(창원①②, 양산)
·할·아·부·지<할아버지>	M^4[HHM^2]	(창원①②, 김해)
·국·민·학·교·오<국민학교>	M^5[HHM^3]	(김해)
·낭·만·적·생·활	M^5[HHM^3]	(양산)
·돌·팔·이·이·사<돌팔이의사>[355]	M^5[HHM^3]	(양산)
·박·람·헤·물·품<박람회물품>	M^5[HHM^3]	(함안, 김해, 양산)
·박·람·회·물·품	M^5[HHM^3]	(창원①)
·색·동·저·고·리	M^5[HHM^3]	(창원①②, 함안, 양산)
·에·나·무·다·리<외나무다리>	M^5[HHM^3]	(창원①②, 함안, 김해)
·외·나·무·다·리	M^5[HHM^3]	(창원①, 양산)
·박·람·회·전·시·장	M^6[HHM^4]	(창원①②)
·수·양·버·들·나·무	M^6[HHM^4]	(창원①②, 함안, 김해, 양산)
·수·양#버들나·무	M^2#H^{3}M[HH#MʜHM]	(김해)
·수·양·버·들#나무	M^4#H^2[HHM^2#MH]	(창원①②, 함안, 양산)
·소#:마·구	M#L^2[M̤#LM]	(양산)
·통·행#:금·지	M^2#L^2[HH#LM]	(함안)
·박·람·회#:전·시·장	M^3#L^3[HHM#LMM]	(창원①②, 함안)
·박·람·헤#:전·시·장	M^3#L^3[HHM#LMM]	(창원①②, 함안, 김해, 양산)
·소#·코	M#M[M̤#M̤]	(함안)
·무·남#·독·녀	M^2#M^2[MM#MM]	(창원②)

353) [함안 방언] /·씨·어·바·이/<남의 시아버지>.

354) [함안 방언] /·씨·어·마·이/<남의 시어머니>.

355) [양산 방언] /·돌·팔·이·이·사/에서 /·돌/이 /:돌/(石)과 관계없는 <품질이 낮거나 저절로 난 야생종>을 뜻하는 접두사이면, 이 낱말은 과도 교정형으로 볼 수 있다.

·박·람·회#·물·품	M^3#M^2[HHM#MM]	(창원①②)
·박·람·헤#·물·품	M^3#M^2[HHM#MM]	(창원①②)

5.2.2 이름씨의 형태운율론

경남 동남부 방언뿐만 아니라 현대 국어의 모든 성조방언들의 형태 운율론에서 중화 규칙 (5)는 가장 넓은 범위에 걸쳐서 높은 빈도로 나타난다. 중화 규칙 다음으로 자주 나타나는 규칙은 첫성분평성형화 규칙이다.

0측 평성형($\square_1$)에 평측형($\square_1\square^n$)이 결합하여 평측형($\square_2\square^n$)이 도출되는 경우는 방점의 변동이 없으므로 이런 경우 이 책에서는 당연 규칙(default rule)이 적용되는 것으로 간주하기로 한다. 당연 규칙은 입력 표상이 충족될 때 높은 비율로 적용된다. 3음절 이상의 평성형($\square_3$)에서 끝 음절이 측성화 되는 현상도 매우 높은 비율로 나타난다. 이 밖의 규칙들은 산발적이며 소수의 자료에 나타나는 규칙이다. 경우에 따라서는 하나의 도출 과정에 둘 이상의 규칙이 적용되는 경우도 있다.

그리고 규칙이 적용된 뒤에 도출되는 표상에 시점을 맞추면, 상성형(:$\square_1$)이나 거성형(·$\square_1$)이 평측형($\square_1\square^n$)으로 변화하는 경우는 많으나, 평측형($\square_1$·$\square^n$)이 상성형(:$\square_1$)이나 거성형(·$\square_1$)으로 변하는 경우는 드문 편이다.

이 절에서는 먼저 당연 규칙의 적용으로 이뤄지는 복합어, 다음에는 첫성분평성형화 규칙의 적용으로 이뤄지는 복합어, 다시 그 다음에는 중화 규칙의 적용으로 이뤄지는 복합어를 검토한 다음에, 이 규칙들이 둘 이상 적용되거나 소수의 산발적인 방점 변동이 나타나는 복합어 자료들을 정리하기로 한다.

(142) 당연 규칙 : 평성형($\square_1$)과 평측형($\square_1\square^n$)이 결합하여 하나의 복합어를 이룰 때 평측형($\square_2\square^n$)이 도출되는 것을 당연 규칙이라 한다.[356]

(143) □+□(당연 규칙)→$\square^2$

곰꾹	H^2[MH]	(함안)
꽃집	H^2[MH]	(창원①②, 함안, 양산)
꿀집	H^2[MH]	(창원①, 함안, 김해)
단풍	H^2[MH]	(창원①②, 함안, 김해, 양산)
달똥<닭똥>	H^2[MH]	(양산)
동상(弟)	H^2[MH]	(창원①②, 함안, 김해, 양산)

356) '당연 규칙(default rule)'은 미명세 규칙, 불명기 규칙 등으로도 번역할 수 있다.

동생(弟)	H^2[MH]	(창원①②, 함안, 김해, 양산)
말똥	H^2[MH]	(양산)
멩주<명주>	H^2[MH]	(김해, 양산)
멩지<명주>	H^2[MH]	(창원①②, 함안, 김해)
문밖	H^2[MH]	(양산)
밑창(蹄)	H^2[MH]	(양산)
바같(外)	H^2[MH]	(함안)
바긑(外)	H^2[MH]	(창원①②, 함안, 김해)
바깥(外)<현대>	H^2[MH]	(창원①②, 함안, 양산)
바끝(外)	H^2[MH]	(창원①②, 양산)
방깐[357]	H^2[MH]	(창원②, 함안)
배긑(外)	H^2[MH]	(창원①②, 김해, 함안)
배꽃	H^2[MH]	(창원①②)
배꼳<배꽃>	H^2[MH]	(창원①, 함안, 김해, 양산)
배끝(外)	H^2[MH]	(창원①②)
사공(沙工)	H^2[MH]	(창원①②, 김해, 양산)
산중(山中)	H^2[MH]	(창원①②, 함안, 김해, 양산)
산초(山椒)	H^2[MH]	(창원①②, 함안, 김해, 양산)
삽짝<사립문>	H^2[MH]	(창원①②, 함안, 김해, 양산)
새경<사경>	H^2[MH]	(창원①②, 함안, 김해)
새경<사경>	H^2[MH]	(창원②)
술삥<술甁>	H^2[MH]	(창원①②, 김해)
술뼁<술甁>	H^2[MH]	(창원①②)
술집[술찝]	H^2[MH]	(창원①②, 함안, 양산)
이넝(人形)	H^2[MH]	(창원①, 김해)
이넹(人形)[358]	H^2[MH]	(함안)
이녕(人形)	H^2[MH]	(창원①②, 김해)
인형(人形)	H^2[MH]	(창원①②, 양산)
중복(中伏)[359]	H^2[MH]	(창원①②, 함안, 김해, 양산)
지동(柱)	H^2[MH]	(창원①②, 김해, 함안)
지둥(柱)	H^2[MH]	(창원①②, 양산)
지붕	H^2[MH]	(창원①②, 함안, 김해, 양산)
창문(窓)	H^2[MH]	(창원①②, 함안, 김해, 양산)
초복	H^2[MH]	(창원①②, 함안, 김해, 양산)
콩밭	H^2[MH]	(창원①②, 함안, 김해, 양산)
펭상<평상>	H^2[MH]	(창원①②, 김해, 양산)
펭풍<병풍>	H^2[MH]	(창원①②, 함안, 김해, 양산)

357) [함안 방언] /바아 찌·일·라·꼬 방깐·에 ·갔·다/.
358) [양산 방언] /·할·머·니·말/.
359) 경남 방원권의 여러 방언들에서 '伏'은 입성자이지만, 기저 방점은 평성 /복/으로 나타난다.

평풍<병풍>	H^2[MH]	(창원②)
풍로(風爐)	H^2[MH]	(창원①, 양산)
핑풍<병풍>	H^2[MH]	(창원①②, 함안)
홍진(紅疹)	H^2[MH]	(창원①②, 함안, 김해, 양산)

(144) □+□^{2}(당연 규칙)→□^{3}

닥나무	H^3[MʜH]	(창원②)
딱나무	H^3[MʜH]	(창원①②, 김해)
딱나무[360]	H^3[MʜH]	(창원②, 함안, 양산)
산나물	H^3[MʜH]	(창원①②, 함안, 김해, 양산)
산중턱	H^3[MʜH]	(양산)
술고래	H^3[MʜH]	(창원①②, 함안, 김해, 양산)
술또가<술도가>[361]	H^3[MʜH]	(창원①②, 함안, 김해, 양산)
초하로	H^3[MʜH]	(창원①②)
초하루	H^3[MʜH]	(창원①②, 함안, 김해)
콩나물	H^3[MʜH]	(창원①②, 함안, 김해, 양산)
팔다리	H^3[MʜH]	(창원①②, 함안, 김해, 양산)
폴다리	H^3[MʜH]	(함안, 양산)

(145) □+□·□(당연 규칙)→□^{2}·□

겉모·양	H^2M[MHM]	(창원①②, 함안, 김해, 양산)
경공·업	H^2M[MHM]	(창원①②, 함안, 양산))
깍재·이<구두쇠>	H^2M[MHM]	(창원①②, 함안, 김해)
껍데·기	H^2M[MHM]	(창원①②, 함안, 김해, 양산)
껍디·기<껍질>	H^2M[MHM]	(창원①②, 함안, 김해, 양산)
꼬라·지	H^2M[MHM]	(창원①②, 함안, 김해, 양산)
꼬랑·지(尾)	H^2M[MHM]	(창원①②, 함안, 김해, 양산)
꽃소·이	H^2M[MHM]	(창원①②, 함안)
꽅시·이<꽃송이>	H^2M[MHM]	(창원①, 함안, 김해, 양산))
끌티·기<그루터기>	H^2M[MHM]	(창원①②, 함안, 김해)
닥나·무	H^2M[MHM]	(창원②)
당나·구(驢)	H^2M[MHM]	(창원①②, 함안, 김해)
당나·기(驢)	H^2M[MHM]	(양산)
독아·지	H^2M[MHM]	(창원②)
드어·리(背)	H^2M[MHM]	(창원①②, 양산)
등더·리(背)	H^2M[MHM]	(창원①②, 함안, 김해, 양산)
딱나·무	H^2M[MHM]	(창원①②, 함안, 김해, 양산)

360) [함안 방언] /딱·을 조·옴 뻬·끼·라/.

361) [함안 방언] /술또가·아/<술도가에>.

딱나·무 H^{2}M[MHM] (창원②, 함안, 양산)
돌배·이<동그라미> H^{2}M[MHM] (창원①②, 함안)
마아·지(駒) H^{2}M[MHM] (창원①②, 함안, 김해)
막걸·리 H^{2}M[MHM] (창원①②, 함안, 김해, 양산)
막내·이 H^{2}M[MHM] (양산)
막내·이 H^{2}M[MHM] (창원①②, 함안, 김해)
맏아·들 H^{2}M[MHM] (창원①②, 김해)
말새·끼 H^{2}M[MHM] (양산)
망새·이(駒) H^{2}M[MHM] (창원②)
망아·지(駒) H^{2}M[MHM] (양산)
모싱·기(移秧) H^{2}M[MHM] (창원①②, 함안, 김해)
모싱·끼(移秧) H^{2}M[MHM] (창원②, 함안, 양산)
목아·지 H^{2}M[MHM] (창원①②, 함안, 김해, 양산)
문꼬·리(環) H^{2}M[MHM] (창원①②, 함안, 김해, 양산)
문쪼·오<창호지> H^{2}M[MHM] (함안, 양산)
문쪼·오<창호지> H^{2}M[MHM] (창원①②, 함안, 김해)
백김·치 H^{2}M[MHM] (양산)
빚재·이<채무자> H^{2}M[MHM] (창원②, 함안, 양산)
빚재·이<채무자> H^{2}M[MHM] (창원①②, 함안, 양산)
뽕나·무(桑) H^{2}M[MHM] (창원①②, 함안, 김해, 양산)
사그·륵<사그릇> H^{2}M[MHM] (창원①②, 함안, 김해)
산짜·락 H^{2}M[MHM] (양산)
술뻬·이<술병> H^{2}M[MHM] (양산)
술삐·이<술병> H^{2}M[MHM] (창원①②, 함안, 김해, 양산)
술삐·이<술병> H^{2}M[MHM] (창원②)
알라·아(乳兒) H^{2}M[MHM] (양산)
얼라·아(乳兒) H^{2}M[MHM] (창원①②, 함안, 김해, 양산)
양대·애<양푼이> H^{2}M[MHM] (창원②, 함안)
양대·이<양푼이> H^{2}M[MHM] (창원②)
역꾸·리(脇) H^{2}M[MHM] (창원①②, 함안, 김해, 양산)
옆꾸·리 H^{2}M[MHM] (창원②, 함안)
왕딩·기<왕겨> H^{2}M[MHM] (창원①②, 함안, 김해)
웃도·리(上衣) H^{2}M[MHM] (창원①②, 함안, 김해, 양산)
점바·치<점쟁이> H^{2}M[MHM] (창원①②, 함안)
점재·이<점쟁이> H^{2}M[MHM] (함안, 양산)
점재·이<점쟁이> H^{2}M[MHM] (창원①②, 김해)
조디·이<주둥이> H^{2}M[MHM] (창원①②, 김해)
주디·이<주둥이> H^{2}M[MHM] (창원②, 함안, 양산)
주디·이<주둥이> H^{2}M[MHM] (창원①②, 함안, 김해)
줄거·리(幹) H^{2}M[MHM] (창원①②)

줄거·지(莖)	H^2M[MHM]	(양산)
줄구·지(莖)	H^2M[MHM]	(창원②)
짱배·기(頂)	H^2M[MHM]	(양산)
쭉데·기<쭉정이>	H^2M[MHM]	(창원②)
쭉디·기<쭉정이>	H^2M[MHM]	(창원①②, 함안, 김해, 양산)
쭐거·리(幹)	H^2M[MHM]	(함안, 김해, 양산)
쭐구·리<줄기>	H^2M[MHM]	(창원①②, 함안)
쭐구·지(莖)362)	H^2M[MHM]	(창원①②, 함안)
찌꺼·기	H^2M[MHM]	(창원①②)
콩기·름(油)	H^2M[MHM]	(창원①)
콩지·름<콩나물>	H^2M[MHM]	(창원①②, 함안, 김해, 양산)
터레·기(毛髮)	H^2M[MHM]	(창원①②, 양산)
터리·기(毛髮)	H^2M[MHM]	(창원①②, 함안, 김해)
한가·지(同)	H^2M[MHM]	(창원①②, 함안, 김해, 양산)
호매·이(鋤)	H^2M[MHM]	(창원②, 함안, 양산)
호매·이(鋤)	H^2M[MHM]	(창원①②, 김해, 함안)
홉재·기<홉되>	H^2M[MHM]	(함안)
흑띠·이<흙덩이>	H^2M[MHM]	(창원②)
흘띠·이<흙덩이>	H^2M[MHM]	(양산)
흘띠·이<흙덩이>	H^2M[MHM]	(창원①②, 함안, 김해)
흑띠·이<흙덩이>	H^2M[MHM]	(창원②, 함안, 양산)

(146) $□^2$+□(당연 규칙)→$□^3$

가을꽂	H^3[MʜH]	(창원①②)
가을끝	H^3[MʜH]	(창원①, 함안, 김해, 양산)
개고랑	H^3[MʜH]	(창원②, 김해)
개골창	H^3[MʜH]	(양산)
게아집	H^3[MʜH]	(창원①②)
게앗장(瓦)	H^3[MʜH]	(창원①②, 함안, 김해, 양산)
게앗집	H^3[MʜH]	(창원②, 함안, 김해)
게왓장(瓦)	H^3[MʜH]	(양산)
게왓집	H^3[MʜH]	(양산)
겨트랑(掖)	H^3[MʜH]	(양산)
고옴꾹<곰국>	H^3[MʜH]	(창원②, 김해)
뽕나무(桑)	H^3[MʜH]	(창원①②, 함안, 김해, 양산)
구두창	H^3[MʜH]	(창원①②, 함안, 양산)
개구랑<개울>	H^3[MʜH]	(창원②, 함안)
개굴창<개울>	H^3[MʜH]	(창원①)

362) [창원 방언①] /:고·구·매#쭐구·지/.

기앗장<기왓장> H^3[MʜH] (창원①②, 함안, 양산)
기얏집<기와집> H^3[MʜH] (함안)
기왓장(瓦) H^3[MʜH] (양산)
기왓집<기와집> H^3[MʜH] (양산)
깨구랑<개울> H^3[MʜH] (함안)
꾸지럼<꾸지람> H^3[MʜH] (창원①②, 함안)
달구똥<닭똥> H^3[MʜH] (창원①②, 양산)
마루청 H^3[MʜH] (창원②)
마리청<마루청> H^3[MʜH] (양산)
메물묵<메밀묵> H^3[MʜH] (창원②, 김해)
메밀묵<메밀묵> H^3[MʜH] (창원②)
미물묵<메밀묵> H^3[MʜH] (창원①②, 함안, 양산)
미밀묵<메밀묵> H^3[MʜH] (양산)
바아깐<방앗간> H^3[MʜH] (양산)
바아깐<방앗간> H^3[MʜH] (창원①②, 김해)
사랑빵<사랑방> H^3[MʜH] (양산)
삽짝끌<사립짝> H^3[MʜH] (양산)
얼룩말 H^3[MʜH] (창원①②, 함안, 김해, 양산)

(147) □+□^{2}·□(당연 규칙)→□^{3}·□
간얼라·아<갓난애> H^3M[MʜHM] (창원①②, 김해)
갈가마·구 H^3M[MʜHM] (창원①②, 함안, 김해, 양산)
갯주무·이<호주머니> H^3M[MʜHM] (창원①②, 함안, 김해)
갯주비·이<호주머니> H^3M[MʜHM] (함안)
까날라·아<갓난아기> H^3M[MʜHM] (양산)
까널라·아<갓난아기> H^3M[MʜHM] (양산)
꼳보오·리 H^3M[MʜHM] (창원①②, 함안, 김해)
꼳봉오·리 H^3M[MʜHM] (양산)
산꼭대·기 H^3M[MʜHM] (창원①②, 함안, 김해, 양산)
산먼데·이<산꼭대기> H^3M[MʜHM] (창원②)
산먼디·이<산꼭대기> H^3M[MʜHM] (창원①②, 함안, 양산)
산멀래·이<산꼭대기> H^3M[MʜHM] (창원①②, 함안)
산뽀오·리<산봉우리> H^3M[MʜHM] (창원①②, 함안, 김해)
산뽕오·리<산봉우리> H^3M[MʜHM] (함안, 양산)
산뽕우·리<산봉우리> H^3M[MʜHM] (창원②)
산쭝디·이<산중턱> H^3M[MʜHM] (창원①②, 함안, 김해)
산초래·이<산자락> H^3M[MʜHM] (창원②, 함안)
산토까·이<산토끼> H^3M[MʜHM] (양산)
산토까·이<산토끼> H^3M[MʜHM] (창원①②, 함안, 김해)
술독아·지 H^3M[MʜHM] (양산)

술두루·미	H^3M[MʜHM]	(함안)
술두리·미<술두루미>	H^3M[MʜHM]	(창원①②, 김해)
술똑아·지<술독>	H^3M[MʜHM]	(창원②, 양산)
홉데배·기<홉되>	H^3M[MʜHM]	(양산)

(148) □^{2}+□·□(당연 규칙)→□^{3}·□

가시나·아	H^3M[MʜHM]	(창원①②, 함안, 김해, 양산)
가을하·늘	H^3M[MʜHM]	(창원①②, 함안, 김해, 양산)
간지깨·이<간짓대>	H^3M[MʜHM]	(김해)
간지때·이<간짓대>	H^3M[MʜHM]	(창원①②, 김해)
께엘배·기<게으름뱅이>	H^3M[MʜHM]	(창원②)
께엘배·이<게으름뱅이>	H^3M[MʜHM]	(창원①②, 함안, 김해)
꼬랑대·기(尾)	H^3M[MʜHM]	(창원①②, 함안, 김해, 양산)
꼬랑대·이(尾)	H^3M[MʜHM]	(창원②, 함안)
당갈띵·기<왕겨>	H^3M[MʜHM]	(창원①②, 김해)
동고라·미	H^3M[MʜHM]	(양산)
동골배·이	H^3M[MʜHM]	(창원②, 김해, 양산)
동구라·미	H^3M[MʜHM]	(창원②, 함안, 양산)
동구래·미	H^3M[MʜHM]	(창원①②, 김해)
동굴배·이	H^3M[MʜHM]	(창원①②, 김해)
동글배·이	H^3M[MʜHM]	(양산)
두드레·기	H^3M[MʜHM]	(창원②, 함안, 양산)
두드리·기	H^3M[MʜHM]	(창원①②, 함안, 김해)
때앰재·이<땜쟁이>	H^3M[MʜHM]	(창원①②, 함안, 김해, 양산)
뚜꾸베·이<뚜껑>	H^3M[MʜHM]	(양산)
뜨꺼배·이<뚜껑>	H^3M[MʜHM]	(양산)
머슴살·이	H^3M[MʜHM]	(창원①②, 함안, 김해)
머슴아·아<남자아이>	H^3M[MʜHM]	(창원①②, 함안, 김해, 양산)
메물국·시	H^3M[MʜHM]	(창원②, 함안)
메밀국·시	H^3M[MʜHM]	(양산)
문화생·할	H^3M[MʜHM]	(창원①②, 함안, 김해, 양산)
미꼬라·지(鰍)	H^3M[MʜHM]	(창원①②, 함안, 김해, 양산)
미꼬래·이(鰍)	H^3M[MʜHM]	(창원①②, 함안)
미꾸라·지(鰍)	H^3M[MʜHM]	(창원①②, 함안, 김해, 양산)
미꾸래·이(鰍)	H^3M[MʜHM]	(양산)
미꾸래·이(鰍)	H^3M[MʜHM]	(창원②, 함안)
미물국·시	H^3M[MʜHM]	(창원①②, 함안, 김해)
바람잽·이[363]	H^3M[MʜHM]	(창원②, 함안, 김해, 양산)

363) [창원 방언①②] /바람잽·이/<앞장서는 사람>.

뽀시레·기<부스러기>	H^{3}M[MʜHM]	(창원①②, 함안)
뿌시레·기<부스러기>	H^{3}M[MʜHM]	(창원①②, 함안, 김해, 양산)
사기그·륵	H^{3}M[MʜHM]	(양산)
성주때·기<성주댁>	H^{3}M[MʜHM]	(김해, 양산)
성주띠·기<성주댁>	H^{3}M[MʜHM]	(창원①②, 함안)
소두배·이<솥뚜껑>	H^{3}M[MʜHM]	(양산)
소두뱅·이<솥뚜껑>	H^{3}M[MʜHM]	(창원①)
싱건짐·치<싱건김치>	H^{3}M[MʜHM]	(창원②, 함안)
오좀꾸·시<오줌구유>	H^{3}M[MʜHM]	(창원①②, 김해)
오줌구·시<오줌구유>	H^{3}M[MʜHM]	(창원②, 함안)
오줌꾸·시<오줌구유>	H^{3}M[MʜHM]	(창원①)
점바가·치<점쟁이>	H^{3}M[MʜHM]	(창원①②)
주둥아·리<주둥이>	H^{3}M[MʜHM]	(창원②)
찌끄라·지<찌꺼기>	H^{3}M[MʜHM]	(양산)
팔랑개·비	H^{3}M[MʜHM]	(창원①②, 함안, 김해, 양산)
호불애·비	H^{3}M[MʜHM]	(창원①②, 함안, 김해, 양산)

(149) □^{2}+□^{2}→□^{4} (당연 규칙)

가을바람	H^4[Mʜ^{2}H]	(창원①②, 함안, 김해, 양산)
나무다리	H^4[Mʜ^{2}H]	(창원①②, 함안, 김해, 양산)
버드나무	H^4[Mʜ^{2}H]	(창원①②, 함안, 김해, 양산)
버들나무	H^4[Mʜ^{2}H]	(창원①②, 함안, 김해)
뻐들나무	H^4[Mʜ^{2}H]	(창원②, 함안, 김해)
뽀들나무	H^4[Mʜ^{2}H]	(창원①②)
살구나무	H^4[Mʜ^{2}H]	(창원①②, 함안, 김해, 양산)
아시동생	H^4[Mʜ^{2}H]	(창원①②, 함안, 김해, 양산)

(150) □^{3}+□(당연 규칙)→□^{4}

자트랑밑<겨드랑이>	H^4[Mʜ^{2}H]	(양산)
저트랑밑<겨드랑이>	H^4[Mʜ^{2}H]	(창원②, 함안)
제드랑밑<겨드랑이>	H^4[Mʜ^{2}H]	(창원②, 함안)
제트랑밑<겨드랑이>	H^4[Mʜ^{2}H]	(창원①②, 함안, 양산)

(151) □^{2}+□^{2}·□(당연 규칙)→□^{4}·□

오요강새·이<강아지풀>	H^{4}M[Mʜ^{2}HM]	(창원①②)
올랑강새·이<강아지풀>	H^{4}M[Mʜ^{2}HM]	(김해)
호불할마·이<홀어미>	H^{4}M[Mʜ^{2}HM]	(창원①②, 함안, 김해)

(152) □³+□·□(당연 규칙)→□⁴·□

바지랑장·때	$H^4M[MH^2HM]$	(창원①②, 함안, 김해, 양산)
께으름배·이	$H^4M[MH^2HM]$	(양산)

두 개의 성분이 결합하여 하나의 더 큰 운율적인 낱말을 이룰 때, 그 두 개의 성분 중에서 평측형(□₁·□ⁿ)이나 상성형(:□₁)이나 거성형(·□₁)인 앞쪽 성분이 각각 평성형(□₁₊ₙ), 평성형(□₁), 평성형(□₁)으로 변하는 경우가 있다. 이것을 첫성분평성형화라 한다. 규칙을 제시하면 다음과 같다.

(153) 첫성분평성형화 규칙 : 두 개의 임의의 방점형이 결합하여 하나의 방점형이 될 때, 앞서는 성분의 방점형이 평성형으로 변한다.(다만, 앞서는 성분의 방점형≠□₁)

이 규칙이 적용되어 이뤄지는 복합어들의 자료를 제시하면 다음과 같다.

(154) :□+□(첫성분평성형화 규칙)→□²

감꼳	$H^2[MH]$	(창원①②, 함안, 김해, 양산)
고랑(畎)	$H^2[MH]$	(창원①②, 함안, 김해, 양산)
골짝	$H^2[MH]$	(창원①②, 함안)
꼴짝	$H^2[MH]$	(창원②, 함안, 김해, 양산)
도랑	$H^2[MH]$	(창원①②, 함안, 김해, 양산)

(155) :□+□·□(첫성분평성형화 규칙)→□²·□

가아·지<강아지>	$H^2M[MHM]$	(양산)
가아·지	$H^2M[MHM]$	(김해, 창원①②, 함안)
깜디·이<깜북이>	$H^2M[MHM]$	(창원②, 함안, 양산)
깜디·이<흑인>	$H^2M[MHM]$	(창원①②)
껌디·이<흑인>	$H^2M[MHM]$	(창원①②, 함안, 김해, 양산)
나머·지	$H^2M[MHM]$	(창원①②, 함안, 양산)
나무·지<나머지>	$H^2M[MHM]$	(창원①②, 함안, 김해, 양산)
돌띠·이<돌덩이>	$H^2M[MHM]$	(양산)
돌띠·이<돌덩이>	$H^2M[MHM]$	(창원①②, 함안, 김해, 양산)
돌매·이<돌맹이>	$H^2M[MHM]$	(창원①②, 함안, 김해, 양산)
돌빼·이<돌맹이>	$H^2M[MHM]$	(양산)
돌삐·이<돌맹이>	$H^2M[MHM]$	(창원②, 함안, 양산)
돌삐·이<돌맹이>	$H^2M[MHM]$	(창원①②, 김해, 양산)
면사·포	$H^2M[MHM]$	(양산)
지파·이<지팡이>	$H^2M[MHM]$	(함안)

지패·이<지팡이> H^2M[MHM] (양산)
지패·이<지팡이> H^2M[MHM] (창원①②, 함안, 김해, 양산))

(156) :□+$\square^2$(첫성분평성형화 규칙)→$\square^3$
돌다리 H^3[MʜH] (창원②, 양산)
돌따리 H^3[MʜH] (창원①②, 함안, 김해, 양산)

(157) :$\square^2$+□(첫성분평성형화 규칙)→$\square^3$
대장깐 H^3[MʜH] (양산)

(158) :□+$\square^2$·□(첫성분평성형화 규칙)→$\square^3$·□
디꼭대·기 H^3M[MʜHM] (양산)

(159) :$\square^2$+□·□(첫성분평성형화 규칙)→$\square^3$·□
개똥벌·레 H^3M[MʜHM] (양산)
계집아·아<계집애> H^3M[MʜHM] (창원②, 함안)
계집애·애<계집애> H^3M[MʜHM] (창원①②, 함안, 김해, 양산)
기집애·애<계집애> H^3M[MʜHM] (창원①②, 함안, 김해)
노름재·이<노름쟁이> H^3M[MʜHM] (양산)
노름재·이<노름쟁이> H^3M[MʜHM] (창원①②, 함안, 김해)
사고방·식 H^3M[MʜHM] (창원①②, 함안, 김해, 양산)
지집아·아<계집애> H^3M[MʜHM] (창원②, 함안, 김해)
지집애·애<계집애> H^3M[MʜHM] (창원①②, 함안, 김해)
헝겊대·기 H^3M[MʜHM] (창원①②, 함안, 김해, 양산)

(160) :$\square^2$+$\square^2$·□(첫성분평성형화 규칙)→$\square^4$·□
개똥벌거·지(螢) H^4M[M$ʜ^2$HM] (창원①②, 함안, 김해, 양산)
개똥벌게·이 H^4M[M$ʜ^2$HM] (창원②)
개똥벌기·이 H^4M[M$ʜ^2$HM] (창원①②, 김해)

(161) ·□+□(첫성분평성형화 규칙)→$\square^2$
눈섭(眉) H^2[MH] (창원①②, 함안, 김해, 양산)
대밭(竹田) H^2[MH] (창원①②, 함안, 김해, 양산)
독사(毒蛇) H^2[MH] (창원①, 김해)
독새(毒蛇) H^2[MH] (창원①②, 김해)
떡국 H^2[MH] (창원①②, 함안, 김해, 양산)
물뻥 H^2[MH] (창원①)
물뱅 H^2[MH] (창원②)
발뜽 H^2[MH] (창원①②, 함안, 김해, 양산)
밥상 H^2[MH] (창원①②, 함안, 김해, 양산)

불미<풀무>	H^2[MH]	(창원①②, 김해)
삼밭	H^2[MH]	(창원①, 김해, 양산)
삼빹<삼밭>	H^2[MH]	(창원①②, 함안, 김해, 양산)
솔밭	H^2[MH]	(창원①②, 함안, 김해, 양산)
입술	H^2[MH]	(창원①②)
젓국<젓국>	H^2[MH]	(창원①②, 함안, 김해, 양산)
죽선<죽순>	H^2[MH]	(함안, 김해)
죽순	H^2[MH]	(창원①②, 양산)
죽신<죽순>	H^2[MH]	(창원②, 함안, 김해)
참끝<진달래>	H^2[MH]	(창원②)
창꽂<진달래>	H^2[MH]	(양산)
창끝<진달래>	H^2[MH]	(창원①②, 함안, 김해, 양산)
칼찝<칼집>	H^2[MH]	(창원①②, 김해)
토란(芋)	H^2[MH]	(창원①②, 함안, 김해, 양산)

(162) ·□+□·□(첫성분평성형화 규칙)→□^{2}·□

달패·이	H^2M[MHM]	(창원②, 양산)
담재·이	H^2M[MHM]	(창원①②, 함안)
데배·기<되>	H^2M[MHM]	(창원①②, 함안, 김해, 양산)
도배·기<되>	H^2M[MHM]	(창원①②, 함안, 김해, 양산)
딸래·미	H^2M[MHM]	(창원①, 양산)
땅띠·이<땅덩이>	H^2M[MHM]	(창원①②, 함안, 김해, 양산)
땅빠·닥<땅바닥>	H^2M[MHM]	(창원①②, 함안, 김해, 양산)
매차·리<회초리>	H^2M[MHM]	(양산)
모서·리	H^2M[MHM]	(창원①②, 함안, 양산)
모수·리<모서·리>	H^2M[MHM]	(김해)
모시·리<모서·리>	H^2M[MHM]	(창원①②)
모티·이<모퉁이>	H^2M[MHM]	(양산)
물거·품	H^2M[MHM]	(창원①②, 함안, 양산)
물버·끔<물거품>	H^2M[MHM]	(창원①②, 함안, 김해, 양산)
물뻬·이(-甁)	H^2M[MHM]	(양산)
물뻬·이(-甁)	H^2M[MHM]	(창원①②, 함안, 김해, 양산)
물이·끼	H^2M[MHM]	(창원①②, 함안, 양산)
바가·지	H^2M[MHM]	(창원①②, 함안, 김해)
바가·치<바가지>	H^2M[MHM]	(창원①②, 함안, 김해, 양산)
발까·락	H^2M[MHM]	(창원①②, 함안, 김해, 양산)
발빠·닥<발바닥>	H^2M[MHM]	(창원①②, 함안, 김해, 양산)
배소·옥<뱃속>	H^2M[MHM]	(창원①②, 함안, 김해, 양산)
배쏘·옥<뱃속>	H^2M[MHM]	(창원①②, 함안)
볼때·기	H^2M[MHM]	(양산)

볼태·기<볼때기>	H^2M[MHM]	(양산)
뻬가·지<뼈>	H^2M[MHM]	(창원①, 양산)
뻬다·구<뼈>	H^2M[MHM]	(양산)
뻭다·구<뼈>	H^2M[MHM]	(창원①, 양산)
빼다·지<서랍>	H^2M[MHM]	(함안)
뽈때·기<볼때기>	H^2M[MHM]	(김해, 양산)
뿔따·구(角)	H^2M[MHM]	(창원①, 김해)
사아·지<송아지>	H^2M[MHM]	(양산)
새앵·키<송아지>	H^2M[MHM]	(창원①②, 함안, 김해)
세구·시<쇠구유>	H^2M[MHM]	(창원②, 함안)
세빠·닥<혓바닥>	H^2M[MHM]	(양산)
세앵·끼<송아지>	H^2M[MHM]	(김해)
세앵·키<송아지>	H^2M[MHM]	(창원①②, 함안)
소구·시<쇠구유>	H^2M[MHM]	(창원①②, 김해)
소아·지<송아지>	H^2M[MHM]	(양산)
소아·치<송아지>	H^2M[MHM]	(양산)
소아·지<송아지>	H^2M[MHM]	(창원①②, 함안, 김해)
소아·치<송아지>	H^2M[MHM]	(창원①②, 함안, 김해)
손까·락<손가락>	H^2M[MHM]	(창원①②, 함안, 김해, 양산)
손빠·닥<손바닥>	H^2M[MHM]	(창원①②, 함안, 김해, 양산)
솔빠·알<솔방울>	H^2M[MHM]	(창원①②, 함안)
솔빠·울<솔방울>	H^2M[MHM]	(창원②, 함안, 김해, 양산)
송안·치<송아지>	H^2M[MHM]	(양산)
숟가·락	H^2M[MHM]	(창원①②, 함안, 김해, 양산)
알매·이<알맹이>	H^2M[MHM]	(양산)
알매·이<알맹이>	H^2M[MHM]	(창원①②, 함안, 김해, 양산)
얌새·이<염소>	H^2M[MHM]	(양산)
얌새·이<염소>	H^2M[MHM]	(창원①②, 함안, 김해)
울타·리	H^2M[MHM]	(김해, 양산)
이파·리	H^2M[MHM]	(창원①②, 함안, 김해, 양산)
잠자·리(寢所)	H^2M[MHM]	(창원①②, 함안, 김해, 양산)
잠자·리(蛉)	H^2M[MHM]	(창원①②, 함안, 김해, 양산)
저까·락<젓가락>	H^2M[MHM]	(창원①②, 함안, 김해, 양산)
저까·치<젓가락>	H^2M[MHM]	(창원②, 함안)
제까·락<젓가락>	H^2M[MHM]	(창원②, 함안)
제까·치<젓가락>	H^2M[MHM]	(창원①②, 함안, 양산)
지까·락<젓가락>	H^2M[MHM]	(양산)
지까·치<젓가락>	H^2M[MHM]	(함안)
탁배·기<막걸리>	H^2M[MHM]	(창원①②, 함안, 김해, 양산)
테가·리<턱주가리>	H^2M[MHM]	(창원①②, 김해)

파뿌·리	H^{2}M[MHM]	(창원①②, 김해, 양산)
할마·이<할머니>	H^{2}M[MHM]	(양산)
할마·이<비속어>	H^{2}M[MHM]	(창원①②, 함안, 김해, 양산)
할망·구<비속어>	H^{2}M[MHM]	(창원①②, 함안, 김해, 양산)
홀애·비	H^{2}M[MHM]	(창원②)
걸배·이<거지>	H^{2}M[MHM]	(양산)
걸배·이<거지>	H^{2}M[MHM]	(창원①②, 함안, 김해, 양산)
기때·기<귀때기>	H^{2}M[MHM]	(양산)
꺼러·지<거지>	H^{2}M[MHM]	(창원②)
꺼어·지<거지>	H^{2}M[MHM]	(창원②)
껄배·이<거지>	H^{2}M[MHM]	(창원②, 김해)
끄나·풀<끈>	H^{2}M[MHM]	(창원①②, 함안, 김해, 양산)
끄내·끼<끈>	H^{2}M[MHM]	(창원①②, 함안, 김해, 양산)
내애·미(臭)	H^{2}M[MHM]	(창원①②, 함안, 김해, 양산)
내앰·새(臭)	H^{2}M[MHM]	(창원②, 함안, 김해, 양산)
눈까·리<눈알>	H^{2}M[MHM]	(창원①②, 함안, 김해, 양산)
눈까·알<눈알>	H^{2}M[MHM]	(창원②, 함안)
눈꽈·알<눈알>	H^{2}M[MHM]	(함안)
눈빠·알(眸)	H^{2}M[MHM]	(창원①②, 함안, 김해)
눈빠·울(眸)	H^{2}M[MHM]	(함안)

(163) ·□+□^{2}(첫성분평성형화 규칙)→□^{3}

담부락<담벼락>	H^{3}[MʜH]	(양산)
담부랑<담벼락>	H^{3}[MʜH]	(창원①②, 함안)
담뿌락<담벼락>	H^{3}[MʜH]	(양산)
대나무	H^{3}[MʜH]	(창원①②, 함안, 김해, 양산)
떡시리<떡시루>	H^{3}[MʜH]	(창원①②, 함안, 김해, 양산)
밀까리<밀가루>	H^{3}[MʜH]	(창원①②, 함안, 김해, 양산)
발짜죽<발자국>	H^{3}[MʜH]	(창원②, 함안, 양산)
발째죽<발자국>	H^{3}[MʜH]	(창원①②, 함안, 김해)
밥뚜껑	H^{3}[MʜH]	(양산)
배꾸녕<배꼽>	H^{3}[MʜH]	(창원②, 김해, 양산)
배꾸눙<배꼽>	H^{3}[MʜH]	(창원②, 함안, 김해)
배꾸멍<배꼽>	H^{3}[MʜH]	(창원①②, 양산)
배꾸무<배꼽>	H^{3}[MʜH]	(김해)
배꾸뭉<배꼽>	H^{3}[MʜH]	(창원②, 함안, 김해)
배꾸영<배꼽>	H^{3}[MʜH]	(양산)
배꾸정<배꼽>	H^{3}[MʜH]	(창원②)
배꾸중<배꼽>	H^{3}[MʜH]	(창원①②, 함안, 김해, 양산)
살뜨물<쌀뜨물>	H^{3}[MʜH]	(김해, 양산)

소마구<외양간>	H^3[MʜH]	(창원①②, 함안, 김해)
솔나무(松)	H^3[MʜH]	(창원①②, 함안, 김해, 양산)
쌀뜨물	H^3[MʜH]	(창원①②, 함안)
울타리	H^3[MʜH]	(창원①②, 함안)
책거풀<책갑>	H^3[MʜH]	(창원①②, 함안, 김해, 양산)
책까풀<책갑>	H^3[MʜH]	(창원①②, 함안)

(164) □·□+□(첫성분평성형화 규칙)→□^{3}

가매솥<가마솥>	H^3[MʜH]	(창원①②, 함안, 김해, 양산)
양철집	H^3[MʜH]	(창원①②, 함안)
제자끌(市)	H^3[MʜH]	(창원①②, 김해)

(165) ·□+□^{2}·□(첫성분평성형화 규칙)→□^{3}·□

땅떠어·리<땅덩이>	H^{3}M[MʜHM]	(양산)
땅떵거·리<땅덩이>	H^{3}M[MʜHM]	(창원①②, 함안, 김해, 양산)
밥띠끼·이<밥뚜껑>	H^{3}M[MʜHM]	(창원①②, 함안, 김해)
밥띠베·이<밥뚜껑>	H^{3}M[MʜHM]	(양산)
밥띠비·이<밥뚜껑>	H^{3}M[MʜHM]	(창원①②, 함안, 김해)
셋동가·리<쇳토막>	H^{3}M[MʜHM]	(김해, 양산)
시아바·이<시아버지>	H^{3}M[MʜHM]	(함안, 김해)
시아부·지<시아버지>	H^{3}M[MʜHM]	(함안, 김해)
신쪼마·이<신주머니>	H^{3}M[MʜHM]	(양산)
신쪼마·이<신주머니>	H^{3}M[MʜHM]	(창원①②, 함안, 김해)
쎗덩거·리<쇳덩어리>	H^{3}M[MʜHM]	(창원①②)
쎗동가·리<쇳토막>	H^{3}M[MʜHM]	(창원①②, 함안)
씨아바·이<시아버지>	H^{3}M[MʜHM]	(함안)
오라버·이<오라버니>	H^{3}M[MʜHM]	(창원②, 함안)
입소구·리<입술>	H^{3}M[MʜHM]	(창원①②, 함안, 김해)
입수구·리<입술>	H^{3}M[MʜHM]	(양산)
책껍데·기<책갑>	H^{3}M[MʜHM]	(창원②, 양산)
책껍디·기<책갑>	H^{3}M[MʜHM]	(창원①②, 함안, 김해)
텍서가·리<턱>	H^{3}M[MʜHM]	(창원②, 함안, 양산)
텍수바·리<턱>	H^{3}M[MʜHM]	(김해)
텍쪼가·리<턱>	H^{3}M[MʜHM]	(창원①②, 함안)
파뿌레·이<파뿌리>	H^{3}M[MʜHM]	(양산)
파뿌레·이<파뿌리>	H^{3}M[MʜHM]	(창원①②, 함안, 김해)
파뿌리·이<파뿌리>	H^{3}M[MʜHM]	(창원①②, 함안, 김해)

(166) ·□^{2}+□^{2}·□(첫성분평성형화 규칙)→□^{4}·□

색동저고·리	H^{4}M[Mʜ^{2}HM]	(김해, 양산)

(167) □·□+□·□^{2}(첫성분평성형화 규칙)→□^{3}·□

꽁지바·리<꼴찌>	H^{3}M[MʜHM]	(창원①, 양산)
달구베·설<닭볏>	H^{3}M[MʜHM]	(양산)
달구베·실<닭볏>	H^{3}M[MʜHM]	(창원①②, 함안, 김해)
달구새·끼<닭>	H^{3}M[MʜHM]	(창원①②, 함안, 김해)
버르재·이<버릇>	H^{3}M[MʜHM]	(창원①②, 김해)
아들래·미<아들나미>	H^{3}M[MʜHM]	(창원①, 양산)
오늘내·앨<오늘내일>	H^{3}M[MʜHM]	(창원①②, 함안, 김해, 양산)
오올내·앨<오늘내일>	H^{3}M[MʜHM]	(창원①②, 함안)
탱자까·세<탱자가시>	H^{3}M[MʜHM]	(창원②)
탱자까·시<탱자가시>	H^{3}M[MʜHM]	(창원①②, 함안, 김해)

(168) □·□+□^{2}(첫성분평성형화 규칙)→□^{4}

양철지붕	H^4[Mʜ^{2}H]	(창원①②, 함안)
정자나무	H^4[Mʜ^{2}H]	(창원②, 함안, 김해)
탱자나무	H^4[Mʜ^{2}H]	(창원②, 함안, 김해)

(169) □·□+□^{2}·□(첫성분평성형화 규칙)→□^{4}·□

지개작대·기	H^{4}M[Mʜ^{2}HM]	(함안, 양산)
지개짝대·기	H^{4}M[Mʜ^{2}HM]	(창원①②, 함안, 김해)

(170) □^{3}·□+□^{2}·□(첫성분평성형화 규칙)→□^{6}·□

아주까리잎사·구	H^{6}M[Mʜ^{4}HM]	(창원①②, 함안, 김해)
아주까리이파·리	H^{6}M[Mʜ^{4}HM]	(창원①②)

(171) :□+·□(첫성분평성형화 규칙)→□·□

들·깨(荏)	HM[HM]	(창원①②, 김해)
어·름(氷)	HM[HM]	(창원①②, 함안, 김해, 양산)
울·움<울음>	HM[HM]	(창원①, 양산)
울·음(鳴,泣)	HM[HM]	(창원①②, 함안, 김해, 양산)
주·룸<주름>	HM[HM]	(창원①②, 함안, 김해, 양산)
주·름	HM[HM]	(창원①②, 김해)

(172) ·□+·□(첫성분평성형화 규칙)→□·□

노·끈	HM[HM]	(창원①②, 함안, 김해, 양산)
눈·알	HM[HM]	(창원②, 함안, 양산)
무·색	HM[HM]	(창원②)
소·죽<쇠죽>	HM[HM]	(창원①②, 함안, 김해, 양산)
시·앗<씨앗>	HM[HM]	(김해, 양산)

쎄·죽<쇠죽>　HM[HM]　(창원②)
씨·앗　HM[HM]　(창원①②, 함안)
잡·책　HM[HM]　(창원①②)
저·번<젓가락>　HM[HM]　(창원②, 함안, 양산)
저·분<젓가락>　HM[HM]　(창원①②, 함안, 김해, 양산)
제·분<젓가락>　HM[HM]　(창원②, 김해)
쪽·자<국자>　HM[HM]　(양산)
참·박(瓢)<박>　HM[HM]　(창원①②, 김해)
챔·빗<참빗>　HM[HM]　(창원①②, 함안, 김해, 양산)
처·음(初)　HM[HM]　(양산)
톱·니　HM[HM]　(창원①②, 함안, 김해, 양산)

(173) □·□+·□(첫성분평성형화 규칙)→□^{2}·□
주룸·살<주름살>　H^2M[MHM]　(양산)
누비·옷<명주옷>　H^2M[MHM]　(양산)
다리·미　H^2M[MHM]　(창원①②, 함안, 김해)
다리·비<다리미>　H^2M[MHM]　(창원①②, 함안, 김해, 양산)
막대·기(棒)　H^2M[MHM]　(창원①②, 함안, 김해, 양산)
묵운·살<묵은쌀>　H^2M[MHM]　(김해)
묵운·쌀<묵은쌀>　H^2M[MHM]　(창원①②, 함안)
바느·질　H^2M[MHM]　(창원①②, 함안, 김해, 양산)
반딧·불(螢)　H^2M[MHM]　(창원①②, 김해, 양산)
벌거·지<벌레>　H^2M[MHM]　(창원①②, 함안, 김해, 양산)
벌게·이<벌레>　H^2M[MHM]　(양산)
벌게·이<벌레>　H^2M[MHM]　(창원①②, 함안, 김해)
벌기·이<벌레>　H^2M[MHM]　(창원①②, 함안, 김해)
빤딧·불<반딧불>　H^2M[MHM]　(창원②, 함안, 양산)
뿌레·이<뿌리>　H^2M[MHM]　(양산)
뿌레·이<뿌리>　H^2M[MHM]　(창원②, 함안, 김해)
뿌리·이<뿌리>　H^2M[MHM]　(창원①②, 김해)
걸레·질　H^2M[MHM]　(창원②, 함안)
깝디·기<깝데기>　H^2M[MHM]　(창원①)
께꼬·리<꾀꼬리>　H^2M[MHM]　(창원①②, 함안, 김해, 양산)
방굿·돌<바위>　H^2M[MHM]　(양산)
이슬·비　H^2M[MHM]　(창원①②, 함안, 김해, 양산)

(174) □^{2}·□+·□(첫성분평성형화 규칙)→□^{3}·□
나무지·기<나머지>　H^3M[MʜHM]　(창원①②, 함안, 김해)
나무치·기<나머지>　H^3M[MʜHM]　(창원②)

중화 규칙 (5)는 경남 동남부 방언뿐만 아니라 우리말의 현대 모든 성조방언들에서 가장 광범위하고 적용 빈도가 높은 규칙이다. 중화 규칙 (5)ㄴ의 적용으로 상성형(:$\square_1$)에 임의의 방점형을 가진 형태소나 낱말이 결합하여 다시 상성형의 낱말이 도출되는 보기를 들면 (175)~(192)와 같다.

(175) :□+□(중화 규칙)→:$\square^2$

:벨·똥	L^2[LM]	(창원①②, 함안, 김해, 양산)
:게·짝(櫃)	L^2[LM]	(창원①②, 함안, 김해, 양산)
:개·털	L^2[LM]	(창원①②, 함안, 김해, 양산)
:돌·산	L^2[LM]	(창원①②, 함안, 김해, 양산)
:디·깐<뒷간>	L^2[LM]	(창원②)
:떫·감[:떨·깜]	L^2[LM]	(창원②, 김해)
:멧·등(墓,墳)	L^2[LM]	(창원①, 양산)
:밋·등(墓)	L^2[LM]	(양산)
:벵·시<병신>	L^2[LM]	(양산)
:별·똥	L^2[LM]	(창원①②, 함안, 김해)
:붕·어	L^2[LM]	(창원①②, 함안, 김해, 양산)
:비·단(緋緞)	L^2[LM]	(창원①②, 함안, 김해, 양산)
:시·건(所見)	L^2[LM]	(창원①②, 함안, 김해, 양산)
:안·경	L^2[LM]	(창원②, 양산)
:앵·겅<안경>	L^2[LM]	(창원①②, 함안, 김해)
:앵·경<안경>	L^2[LM]	(양산)
:우·산(雨傘)	L^2[LM]	(창원①②, 함안, 김해, 양산)
:장·뚝(醬독)	L^2[LM]	(양산)
:조·포<두부>	L^2[LM]	(창원②, 함안, 김해, 양산)
:조·푸<두부>	L^2[LM]	(창원①②, 함안, 김해, 양산)
:조·피<두부>	L^2[LM]	(함안)
:제·사(祭祀)	L^2[LM]	(창원①②, 함안, 김해, 양산)
:지·사(祭祀)	L^2[LM]	(창원①②, 함안, 양산)
:하·로(火爐)	L^2[LM]	(창원①, 양산)
:하·리(火爐)	L^2[LM]	(창원①②, 함안, 김해)

(176) :□+:□(중화 규칙)→:$\square^2$

:감·사(感謝)	L^2[LM]	(창원①②, 함안, 김해, 양산)
:개·간(狗肝)	L^2[LM]	(창원①②, 함안, 김해, 양산)
:간·장(肝臟)	L^2[LM]	(창원①②, 함안, 김해)
:곰·탕	L^2[LM]	(함안, 양산)
:끼·장<게장>	L^2[LM]	(창원①②, 함안, 양산)
:냇·가	L^2[LM]	(창원①②, 함안, 김해, 양산)

:농·담 L^2[LM] (창원①②, 함안, 김해, 양산)
:딧·일<뒷일> L^2[LM] (창원①②, 함안, 김해, 양산)
:보·배(寶) L^2[LM] (창원①②, 함안, 김해, 양산)
:비·용(費用) L^2[LM] (창원①②, 함안, 김해, 양산)
:빈·소(殯所) L^2[LM] (창원①②, 함안, 양산)
:빈·수(殯所) L^2[LM] (창원①, 김해)
:성·미 L^2[LM] (창원①②, 함안, 김해, 양산)
:속·벵<속병> L^2[LM] (창원①②, 함안, 김해, 양산)
:속·병 L^2[LM] (창원②)
:손·해(損害) L^2[LM] (창원①②, 함안, 김해, 양산)
:쏙·빙<속병> L^2[LM] (창원①)
:핫·병(火病) L^2[LM] (창원②, 함안)
:황·새(鸛) L^2[LM] (창원①②, 함안, 김해, 양산)
:홧·병(火病) L^2[LM] (창원①②, 김해, 양산)
:황·새 L^2[LM] (창원①, 양산)

(177) :□+·□(중화 규칙)→:□²

:갈·때(葦) L^2[LM] (창원①②, 함안)
:게·이(猫) L^2[LM] (김해, 양산)
:게·이(猫) L^2[LM] (창원①②, 함안, 김해, 양산)
:고·실<교실> L^2[LM] (창원①②, 함안, 김해, 양산)
:교·실<교실> L^2[LM] (창원②)
:꿀·떡<굴뚝> L^2[LM] (김해)
:꿀·뚝 L^2[LM] (양산)
:널·판 L^2[LM] (창원①②, 함안, 김해, 양산)
:눈·비 L^2[LM] (창원①②, 함안, 김해, 양산)
:도·미 L^2[LM] (창원①, 양산)
:돌·담 L^2[LM] (창원②, 함안)
:돌·땀<돌담> L^2[LM] (창원①②, 김해, 양산)
:떼·넘<되놈> L^2[LM] (창원①②, 함안, 김해, 양산)
:떼·놈<되놈> L^2[LM] (창원①②, 함안)
:뗏·넘<되놈> L^2[LM] (창원①, 김해)
:뗏·놈<되놈> L^2[LM] (양산)
:말·끝 L^2[LM] (창원①②, 함안, 김해, 양산)
:말·슴<말씀> L^2[LM] (김해, 양산)
:말·씀 L^2[LM] (창원①②, 함안)
:무·당(巫堂) L^2[LM] (창원①②, 함안, 김해, 양산)
:반·달 L^2[LM] (창원①②, 함안, 김해, 양산)
:배·미(蛇) L^2[LM] (양산)
:새·미(泉)[364] L^2[LM] (창원①②, 함안, 김해, 양산)

:성·질 L^2[LM] (창원①②, 함안, 김해, 양산)
:썽·질<성·질> L^2[LM] (창원①②)
:에·막<외막> L^2[LM] (함안, 김해)
:열·세<열쇠> L^2[LM] (양산)
:외·막 L^2[LM] (창원②)
:우·박 L^2[LM] (창원①②, 함안, 김해, 양산)
:울·때<울대> L^2[LM] (창원①②, 함안, 김해, 양산)
:일·뽁<일복> L^2[LM] (창원①②, 함안, 김해, 양산)
:임·자(主人) L^2[LM] (창원①②, 함안, 김해, 양산)
:임·재(主人) L^2[LM] (창원①, 함안, 김해, 양산)
:지·자(梔) L^2[LM] (창원①②, 함안, 김해, 양산)
:처·이<처녀> L^2[LM] (양산)
:처·자<처녀> L^2[LM] (창원①②, 함안, 양산)
:처·이<처녀> L^2[LM] (창원①②, 함안, 김해)
:치·자(梔) L^2[LM] (양산)
:펜·지(편지) L^2[LM] (창원①②, 함안, 김해, 양산)
:편·지 L^2[LM] (창원①, 양산)
:핀·지(편지) L^2[LM] (창원①②, 함안)
:한·데(室外) L^2[LM] (창원①②, 함안, 김해, 양산)
:호·박 L^2[LM] (창원①②, 함안, 양산)

(178) :□+□^{2}(중화 규칙)→:□^{3}
:센·바·람(强風) L^3[LMM] (창원①②, 함안, 김해, 양산)
:쎈·바·람(强風) L^3[LMM] (창원①②, 함안)
:씬·바·람(强風) L^3[LMM] (함안)

(179) :□+□·□(중화 규칙)→:□^{3}
:간·띠·이<肝> L^3[LMM] (창원①②, 함안, 김해)
:동·김·치<동치미> L^3[LMM] (창원②, 함안, 김해, 양산)
:디·꼼·치<뒤꿈치> L^3[LMM] (창원①②, 함안, 양산)
:디·꿈·치<뒤꿈치> L^3[LMM] (창원①②)
:쎈·딩·기<왕겨> L^3[LMM] (창원①②)

(180) :□+:□^{2}(중화 규칙)→:□^{3}
:말·대·꾸 L^3[LMM] (창원①②, 함안, 김해, 양산)
:말·대·답 L^3[LMM] (창원①②, 김해, 양산)
:말·대·척 L^3[LMM] (창원①, 함안)

364) [양산 방언] /:새·미/와 /우·물/은 다르다. /우·물·은 고여·어 있는 ·물/을 가리킨다.

(181) :□+·□^{2}(중화 규칙)→:□^{3}

:대·엄·마<서모>	L^3[LMM]	(창원②, 함안)
:말·소·옥	L^3[LMM]	(김해, 양산)
:말·쏘·옥	L^3[LMM]	(창원①②, 함안)
:양·엄·마	L^3[LMM]	(양산)
:이·엄·마<서모>	L^3[LMM]	(창원①②, 함안, 김해, 양산)

(182) :□^{2}+□(중화 규칙)→:□^{3}

:덴·장·꾹<된장국>	L^3[LMM]	(창원①②, 함안, 김해, 양산)
:딘·장·꾹<된장국>	L^3[LMM]	(창원①②)
:면·사·포	L^3[LMM]	(창원②, 양산, 함안)
:에·갓·집<외가>	L^3[LMM]	(창원①②, 함안, 김해, 양산)
:외·갓·집	L^3[LMM]	(창원①②, 양산)

(183) :□^{2}+:□(중화 규칙)→:□^{3}

:거·짓·말	L^3[LMM]	(창원①②, 함안, 김해, 양산)
:내·우·간<부부간>	L^3[LMM]	(창원①②, 함안, 김해)
:떫·은·감	L^3[LMM]	(창원①, 함안, 김해)

(184) :□^{2}+·□(중화 규칙)→:□^{3}

:가·아·시(邊)	L^3[LMM]	(창원①②)
:가·앗·에(邊)	L^3[LMM]	(창원①②)
:개·똥·불<반딧불>	L^3[LMM]	(창원①②, 함안, 김해, 양산)
:곰·패·이<곰팡이>	L^3[LMM]	(함안, 양산)
:곰·패·이<곰팡이>	L^3[LMM]	(창원①②, 함안, 김해)
:구·레·이(蛇)	L^3[LMM]	(양산)
:굼·베·이<굼벵이>	L^3[LMM]	(창원①②, 양산)
:굼·비·이<굼벵이>	L^3[LMM]	(양산)
:굼·비·이<굼벵이>	L^3[LMM]	(창원①②, 함안, 김해)
:궁·디·이<궁둥이>	L^3[LMM]	(양산)
:궁·디·이<궁둥이>	L^3[LMM]	(창원①②, 함안, 김해)
:깐·채·이(鵲)	L^3[LMM]	(창원①②, 함안, 김해, 양산)
:꺼·시·이(蛔,蚯)	L^3[LMM]	(창원②, 김해)
:난·재·이<난장이>	L^3[LMM]	(창원②, 함안, 양산)
:난·재·이<난장이>	L^3[LMM]	(창원①②, 함안, 김해)
:멧·뜽·껄<뫼등>	L^3[LMM]	(양산)
:밋·뜽·껄<뫼등>	L^3[LMM]	(양산)
:배·애·미(蛇)	L^3[LMM]	(양산)
:벵·시·이<병신>	L^3[LMM]	(창원①②, 함안, 김해)
:빙·시·이<병신>	L^3[LMM]	(함안, 양산)

:빼·다·지<서랍> L^3[LMM] (창원①②, 김해)
:새·미·물<샘물> L^3[LMM] (창원①②, 김해)
:실·배·미<실뱀> L^3[LMM] (양산)
:원·시·이(猿) L^3[LMM] (양산)
:원·시·이(猿) L^3[LMM] (창원①②, 함안, 김해)
:이·바·구<이야기> L^3[LMM] (창원①②, 함안, 김해, 양산)
:이·야·기 L^3[LMM] (창원①②, 함안, 김해, 양산)
:호·라·이<호랑이> L^3[LMM] (창원②)
:호·래·이<호랑이> L^3[LMM] (양산)
:호·래·이<호랑이> L^3[LMM] (창원①②, 함안, 김해, 양산)

(185) :□+□^{2}·□(중화 규칙)→:□^{4}
:디·꼭·대·기 L^4[LMMᴍ] (양산)
:디·꼭·디·기(後腦) L^4[LMMᴍ] (창원①②, 김해)

(186) :□+·□^{3}(중화 규칙)→:□^{4}
:실·배·애·미<실뱀> L^4[LMMᴍ] (창원①②, 함안, 김해)
:양·어·머·이 L^4[LMMᴍ] (창원①②, 함안)
:양·어·무·이 L^4[LMMᴍ] (함안, 김해)

(187) :□^{2}+□·□(중화 규칙)→:□^{4}
:고·성·때·기 L^4[LMMᴍ] (창원①②, 함안, 김해, 양산)
:고·성·띠·기 L^4[LMMᴍ] (창원①②, 함안, 양산)
:곱·운·딩·기<등겨> L^4[LMMᴍ] (창원①②, 김해)

(188) :□^{2}+:□^{2}(중화 규칙)→:□^{4}
:사·사·오·입 L^4[LMMᴍ] (창원②, 함안, 김해)

(189) :□^{3}+□(중화 규칙)→:□^{4}
:고·구·매·순 L^4[LMMᴍ] (창원①②, 함안, 김해, 양산)
:고·구·매·삭 L^4[LMMᴍ] (김해)
:고·구·매·싹 L^4[LMMᴍ] (창원①②, 함안)
:고·오·매·순 L^4[LMMᴍ] (창원①②, 양산)

(190) :□^{2}+□·□^{2}(중화 규칙)→:□^{5}
:고·육·공·무·원 L^5[LMMᴍ^2] (창원①②, 함안, 김해, 양산)
:교·육·공·무·원 L^5[LMMᴍ^2] (양산)

(191) :□^{3}+□·□(중화 규칙)→:□^{5}

:돌·팔·이·이·사 L^5[LMMM^2] (창원①②, 함안)
:낭·만·적·생·활 L^5[LMMM^2] (창원①②, 함안)

(192) :□^{3}+:□^{2}(중화 규칙)→:□^{5}

:겡·상·도·사·람 L^5[LMMM^2] (창원①②, 함안, 김해, 양산)
:내·무·부·장·관 L^5[LMMM^2] (창원①②, 김해)

중화 규칙 (5)ㄴ의 적용으로 거성형(·□$_1$)에 임의의 방점형을 가진 형태소나 낱말이 결합하여 다시 거성형의 낱말이 도출되는 보기를 들면 (193)~(216)과 같다.

(193) ·□+□(중화 규칙)→·□^{2}

·강·뚝 M^2[HH/MM] (창원①②, 함안)
·겔·딴(決斷) M^2[HH/MM] (창원①②, 함안, 김해)
·결·딴(決斷) M^2[HH/MM] (창원①②)
·국·가 M^2[HH/MM] (창원①②, 함안, 김해, 양산)
·극·단(劇團) M^2[HH/MM] (창원①②, 함안, 김해, 양산)
·논·밭 M^2[HH/MM] (창원①②, 함안, 김해, 양산)
·눈·꼴 M^2[HH/MM] (창원①②, 김해, 양산)
·땅·콩 M^2[HH/MM] (창원①②, 함안, 김해, 양산)
·말·복 M^2[HH/MM] (창원①②, 김해)
·목·단 M^2[HH/MM] (창원①②, 함안, 김해, 양산)
·목·화 M^2[HH/MM] (양산)
·밥·상 M^2[HH/MM] (창원①②, 김해)
·봄·꽃 M^2[HH/MM] (창원①②)
·봄·끝 M^2[HH/MM] (창원①, 함안, 김해, 양산)
·서·깐<습관> M^2[HH/MM] (함안, 김해)
·습·간<습관> M^2[HH/MM] (창원①)
·습·관 M^2[HH/MM] (창원①②, 양산)
·식·당 M^2[HH/MM] (창원①②, 함안, 김해, 양산)
·숙·꽁<숫꿩> M^2[HH/MM] (김해)
·쑥·꽁<숫꿩> M^2[HH/MM] (창원①②, 함안, 양산)
·악·산(惡山) M^2[HH/MM] (창원①)
·안·빡<안팎> M^2[HH/MM] (창원①②, 함안, 김해, 양산)
·안·빵<안방> M^2[HH/MM] (창원①②, 함안, 김해, 양산)
·암·꽁<암꿩> M^2[HH/MM] (창원①②, 함안, 김해, 양산)
·자·아<저 아이> M^2[HH/MM] (창원①②, 함안, 김해, 양산)
·절·딴(決斷) M^2[HH/MM] (창원①②, 함안, 김해, 양산)
·짐·꾼 M^2[HH/MM] (창원①②, 함안, 김해, 양산)

·창·사<창자> M^2[HH/MM] (창원①②, 김해, 양산)
·창·시<창자> M^2[HH/MM] (함안)
·창·자 M^2[HH/MM] (창원①②, 함안, 김해, 양산)
·칼·찝<칼 가게> M^2[HH/MM] (창원①②, 함안, 양산)
·투·구(兜) M^2[HH/MM] (창원①②, 함안, 김해, 양산)

(194) ·□+:□(중화 규칙)→·□²

·강·까 M^2[HH/MM] (창원①②, 함안, 김해, 양산)
·강·변(江邊) M^2[HH/MM] (창원①②)
·객·구(客鬼) M^2[HH/MM] (창원①②, 함안, 김해, 양산)
·겔·쩡(決定) M^2[HH/MM] (창원①②, 함안, 김해, 양산)
·결·쩡(決定) M^2[HH/MM] (창원①②)
·고·문(顧問) M^2[HH/MM] (창원①②, 함안, 김해, 양산)
·기·사(騎士) M^2[HH/MM] (창원①②, 함안, 김해, 양산)
·꿀·벌 M^2[HH/MM] (창원①②, 함안, 김해, 양산)
·낙·제(落第) M^2[HH/MM] (창원①②, 김해, 양산)
·물·까(水邊) M^2[HH/MM] (창원①②, 함안, 김해, 양산)
·물·깨<물개> M^2[HH/MM] (창원①②, 함안, 김해, 양산)
·멧·돌(磨) M^2[HH/MM] (창원①②, 함안, 김해, 양산)
·물·새 M^2[HH/MM] (창원①②, 함안, 김해, 양산)
·밤·일[·밤·닐] M^2[HH/MM] (창원①②, 함안, 김해, 양산)
·부·모 M^2[HH/MM] (창원①②, 함안, 김해, 양산)
·옷·솔 M^2[HH/MM] (창원①②, 함안, 김해, 양산)
·외·동 M^2[HH/MM] (창원①)
·조·카 M^2[HH/MM] (창원①②, 함안, 김해, 양산)
·학·교<현대> M^2[HH/MM] (창원①②)
·학·조<학교> M^2[HH/MM] (함안, 김해, 양산)
·한·숨(歎息) M^2[HH/MM] (창원①②, 함안, 김해, 양산)
·핵·고<학교> M^2[HH/MM] (창원①②)
·핵·교<학교> M^2[HH/MM] (창원①, 함안, 김해, 양산)
·핵·구<학교> M^2[HH/MM] (창원①②)

(195) ·□+·□(중화 규칙)→·□²

·갑·시(價)<주로> M^2[HH/MM] (양산)
·골·치 M^2[HH/MM] (창원①②, 함안, 김해, 양산)
·살·키 M^2[HH/MM] (창원①, 양산)
·안·들<아낙네들> M^2[HH/MM] (창원①②)
·알·키<알맹이> M^2[HH/MM] (창원①, 양산)
·이·빨 M^2[HH/MM] (창원①②, 김해)
·젓·갈 M^2[HH/MM] (양산)

·할·개<활개>[365] M^2[HH/MM] (창원①②, 김해)
·강·물 M^2[HH/MM] (창원①②, 함안, 김해, 양산)
·겔·석(缺席) M^2[HH/MM] (창원①, 함안, 김해, 양산)
·결·석(缺席) M^2[HH/MM] (창원②, 양산)
·기·빨<깃발> M^2[HH/MM] (양산)
·기·술(技術) M^2[HH/MM] (창원①②, 함안, 김해, 양산)
·낮·잠 M^2[HH/MM] (창원①②, 함안, 김해, 양산)
·눈·매 M^2[HH/MM] (창원①②, 함안, 김해, 양산)
·눈·물 M^2[HH/MM] (창원①②, 함안, 김해, 양산)
·눈·찔 M^2[HH/MM] (창원①②, 함안, 김해, 양산)
·무·색 M^2[HH/MM] (창원①, 함안, 김해, 양산)
·물·껠<물결> M^2[HH/MM] (창원①②, 함안, 김해, 양산)
·물·껼<물결> M^2[HH/MM] (창원②)
·물·색 M^2[HH/MM] (창원①②)
·물·소 M^2[HH/MM] (창원①, 양산)
·밤·낮[366] M^2[HH/MM] (창원①②, 양산)
·밥·물 M^2[HH/MM] (창원②, 함안, 양산)
·봄·삐<봄비> M^2[HH/MM] (창원①②, 함안, 김해, 양산)
·붓·끝 M^2[HH/MM] (창원①②, 함안, 김해, 양산)
·셋·대<열쇠> M^2[HH/MM] (김해, 양산)
·셋·통<자물쇠> M^2[HH/MM] (김해, 양산)
·소·코 M^2[HH/MM] (창원①②, 양산)
·손·발 M^2[HH/MM] (창원①②, 함안, 김해, 양산)
·솜·씨 M^2[HH/MM] (창원①②, 함안, 김해, 양산)
·수·저 M^2[HH/MM] (창원①②)
·수·제<수저> M^2[HH/MM] (창원①②, 함안, 김해, 양산)
·쎄·통<자물쇠> M^2[HH/MM] (창원①②, 함안)
·쎗·대<열쇠> M^2[HH/MM] (창원①②, 함안)
·약·갑<약값> M^2[HH/MM] (창원①②, 함안, 김해, 양산)
·약·값 M^2[HH/MM] (창원①②)
·얌·소<염소> M^2[HH/MM] (창원②)
·염·소 M^2[HH/MM] (창원①②, 함안, 김해, 양산)
·인·상(印象) M^2[HH/MM] (창원①②, 함안, 김해, 양산)
·일·기 M^2[HH/MM] (창원①②, 함안, 김해, 양산)
·잡·지 M^2[HH/MM] (창원①②, 함안, 김해, 양산)
·잣·대 M^2[HH/MM] (창원①②, 함안, 김해, 양산)
·짚·신[367] M^2[HH/MM] (창원②, 양산)

---

365) [창원 방언①] /·할·개#쭉·지/.
366) [양산 방언] /·밤·낮·이 디바께·엤·다, ·밤·낮·이 디바껴·었·다/.
367) [창원 방언②, 양산 방언] /·짚·신/은 /·짚/을 강조하는 발음, 보통은 /짚신/.

·참·깨	M^2[HH/MM]	(창원①, 김해, 양산)
·처·음(初)	M^2[HH/MM]	(창원①②, 함안, 김해, 양산)
·칠·기(葛根)	M^2[HH/MM]	(양산)
·칠·기(漆器)	M^2[HH/MM]	(창원①②, 함안, 김해, 양산)
·코·물	M^2[HH/MM]	(양산)
·탁·주	M^2[HH/MM]	(창원①②, 함안, 김해, 양산)
·통·수<퉁소>	M^2[HH/MM]	(창원①②, 함안, 김해, 양산)
·트·럼<트림>	M^2[HH/MM]	(창원①②, 함안, 양산)
·포·리(蠅)	M^2[HH/MM]	(함안, 김해, 양산)
·햇·빛	M^2[HH/MM]	(창원①②)
·햇·빝<햇빛>	M^2[HH/MM]	(창원①②, 함안, 김해, 양산)

(196) ·□+□^{2}(중화 규칙)→·□^{3}

·논·꼬·동	M^3[HHM]	(창원①)
·마·자·반<모자반>	M^3[HHM]	(창원①②)
·말·나·물<말>	M^3[HHM]	(창원②)
·모·자·반	M^3[HHM]	(창원②, 함안)
·몰·나·물<모자반>	M^3[HHM]	(김해, 양산)
·옥·수·수	M^3[HHM]	(창원①②, 김해)

(197) ·□+□·□(중화 규칙)→·□^{3}

·갖·바·치	M^3[HHM]	(창원②, 함안)
·독·수·리	M^3[HHM]	(창원①②)
·모·배·기<모퉁이>	M^3[HHM]	(창원①②)
·모·티·이<모퉁이>	M^3[HHM]	(창원①②, 함안, 김해)
·몰·나·물<모자반>	M^3[HHM]	(김해, 양산)
·물·거·품	M^3[HHM]	(창원①, 함안)
·물·김·치	M^3[HHM]	(양산)
·물·버·끔<물거품>	M^3[HHM]	(창원①②, 함안, 김해)
·물·이·끼	M^3[HHM]	(창원①, 김해)
·물·짐·치<물김치>	M^3[HHM]	(창원①, 양산)
·발·자·치<발자취>	M^3[HHM]	(양산)
·빼·다·지<서랍>	M^3[HHM]	(양산)
·뽈·때·기<볼때기>	M^3[HHM]	(창원①②, 함안, 김해)
·뽈·태·기<볼때기>	M^3[HHM]	(창원②)
·세·까·리<서까래>	M^3[HHM]	(김해)
·세·까·래<서까래>	M^3[HHM]	(양산)
·식·생·할<식생활>	M^3[HHM]	(창원①②, 함안, 김해, 양산)
·식·생·활	M^3[HHM]	(창원①②)
·쎄·까·래<서까래>	M^3[HHM]	(창원①②, 함안)

·쎄·까·리<서까래>	M^3[HHM]	(창원①)
·에·아·들<외아들>	M^3[HHM]	(창원②, 함안)
·외·아·들	M^3[HHM]	(창원①②, 함안, 양산)
·잠·자·리(蛉)	M^3[HHM]	(함안)
·잠·짜·리(蛉)	M^3[HHM]	(함안)
·장·배·기(頂)	M^3[HHM]	(창원①②, 함안, 김해)
·코·끼·리(象)	M^3[HHM]	(창원①②, 함안, 김해, 양산)
·파·래·이<파리>	M^3[HHM]	(창원②)
·할·머·이<할머니>	M^3[HHM]	(양산)
·할·머·이<할머니>	M^3[HHM]	(창원①②, 함안, 김해)
·할·무·이<할머니>	M^3[HHM]	(양산)
·할·무·이<할머니>	M^3[HHM]	(창원①②, 함안, 김해)
·할·버·지<할아버지>	M^3[HHM]	(양산)
·할·부·지<할아버지>	M^3[HHM]	(창원②, 함안)
·기·티·이<귀퉁이>	M^3[HHM]	(양산)
·기·티·이<귀퉁이>	M^3[HHM]	(창원①②, 함안, 김해)
·몸·띠·이<몸뚱이>	M^3[HHM]	(창원①②, 함안, 김해, 양산)
·무·지·개(虹)	M^3[HHM]	(창원①②, 함안, 김해, 양산)
·무·지·기<무지개>	M^3[HHM]	(창원①②, 김해)
·할·애·비	M^3[HHM]	(창원①②, 함안, 김해, 양산)
·홀·애·비	M^3[HHM]	(창원①②)

(198) ·□+:$\square^2$(중화 규칙)→·$\square^3$

·눈·똥·자<눈동자>	M^3[HHM]	(창원①②, 함안, 김해, 양산)

(199) ·□+·$\square^2$(중화 규칙)→·$\square^3$

·뽈·치·기<볼거리>	M^3[HHM]	(창원①)
·시·어·미	M^3[HHM]	(김해, 양산)
·씨·어·매<시어미>	M^3[HHM]	(함안)
·씨·이·미<시어미>	M^3[HHM]	(창원①②, 함안)
·풀·피·리	M^3[HHM]	(창원①②, 함안, 김해)

(200) ·$\square^2$+□(중화 규칙)→·$\square^3$

·에·식·장	M^3[HHM]	(창원②, 함안, 김해)
·잡·기·장	M^3[HHM]	(창원①②)
·잡·지·장<잡기장>	M^3[HHM]	(함안, 김해)
·예·식·장	M^3[HHM]	(창원①②, 양산)

(201) ·$\square^2$+:□(중화 규칙)→·$\square^3$

·쏘·옥·말<속말>	M^3[HHM]	(창원①②)

(202) ·□^{2}+·□(중화 규칙)→·□^{3}

·에·동·딸　M^3[HHM]　(창원①②, 함안, 김해, 양산)
·염·소·젓　M^3[HHM]　(창원②)
·염·소·젖　M^3[HHM]　(창원①②, 함안, 김해, 양산)
·외·동·딸　M^3[HHM]　(창원①②, 함안, 양산)
·핵·고·오<학교>　M^3[HHM]　(창원①②)
·핵·교·오<학교>　M^3[HHM]　(창원①, 김해)
·핵·쪼·오<학교>　M^3[HHM]　(함안)

(203) ·□^{2}+·□(중화 규칙)→·□^{3}

·가·물·음(旱)　M^3[HHM]　(창원①②, 함안, 김해)
·배·애·미(蛇)　M^3[HHM]　(창원①②, 김해)
·부·어·이<부엉이>　M^3[HHM]　(창원②)
·부·예·이<부엉이>　M^3[HHM]　(창원②, 함안)
·부·헤·이<부엉이>　M^3[HHM]　(창원①②, 함안, 김해)
·북·새·통　M^3[HHM]　(창원①②, 양산)
·양·푸·이<양푼이>　M^3[HHM]　(창원①②)
·양·피·이<양푼이>　M^3[HHM]　(창원①②)
·오·래·비<오빠>　M^3[HHM]　(창원①②, 함안, 김해, 양산)
·트·리·미<트림>　M^3[HHM]　(함안)

(204) ·□+□^{2}·□(중화 규칙)→·□^{4}

·시·아·부·지　M^4[HHM^2]　(창원①②, 양산)
·씨·아·부·지　M^4[HHM^2]　(창원①②)
·할·아·부·지　M^4[HHM^2]　(창원①②, 김해)

(205) ·□+□·□^{2}(중화 규칙)→·□^{4}

·시·아·바·이　M^4[HHM^2]　(양산)
·시·아·바·이　M^4[HHM^2]　(창원①②)
·씨·아·바·이　M^4[HHM^2]　(창원②)

(206) ·□+□^{2}·□(중화 규칙)→·□^{4}

·논·꼬·디·이　M^4[HHM^2]　(양산)
·논·꼬·디·이　M^4[HHM^2]　(창원②, 함안, 김해)
·오·라·버·니　M^4[HHM^2]　(양산)
·오·라·버·이　M^4[HHM^2]　(창원①②, 김해)

(207) ·□+:□^{3}(중화 규칙)→·□^{4}

·물·고·구·매 $M^4[HHM^2]$ (창원①)

·물·고·오·마 $M^4[HHM^2]$ (양산)

(208) ·□+·□^{3}(중화 규칙)→·□^{4}

·시·어·마·이 $M^4[HHM^2]$ (양산)

·시·어·마·이 $M^4[HHM^2]$ (창원①②)

·시·오·마·이 $M^4[HHM^2]$ (창원②)

·씨·어·마·이 $M^4[HHM^2]$ (창원②, 함안)

(209) ·□^{2}+□^{2}(중화 규칙)→·□^{4}

·수·양·버·들 $M^4[HHM^2]$ (창원①②, 함안, 김해, 양산)

(210) ·□^{2}+□·□(중화 규칙)→·□^{3}

·수·무·고·개 $M^4[HHM^2]$ (창원①②, 함안, 양산)

·띠·이·스·기 $M^4[HHM^2]$ (김해)

·띠·이·쓰·기 $M^4[HHM^2]$ (창원①②, 함안)

·에·동·아·들 $M^4[HHM^2]$ (창원①②, 함안, 김해)

·외·동·아·들 $M^4[HHM^2]$ (창원①②, 양산)

(211) ·□^{2}+·□^{2}(중화 규칙)→·□^{4}

·국·민·학·조 $M^4[HHM^2]$ (창원②, 함안)

·국·민·핵·고 $M^4[HHM^2]$ (창원①, 양산)

·북·도·칠·성 $M^4[HHM^2]$ (함안, 김해)

·북·두·칠·성 $M^4[HHM^2]$ (창원①②, 양산)

(212) ·□^{2}+□^{2}·□(중화 규칙)→·□^{5}

·색·동·저·고·리 $M^5[HHM^3]$ (창원①②, 함안, 양산)

(213) ·□^{3}+□^{2}(중화 규칙)→·□^{5}

·에·나·무·다·리 $M^5[HHM^3]$ (창원①②, 함안, 김해)

·외·나·무·다·리 $M^5[HHM^3]$ (창원①, 양산)

(214) ·□^{3}+·□^{2}(중화 규칙)→·□^{5}

·박·람·헤·물·품 $M^5[HHM^3]$ (함안, 김해, 양산)

·박·람·회·물·품 $M^5[HHM^3]$ (창원①)

(215) ·□^{3}+:□^{3}(중화 규칙)→·□^{6}

·박·람·회·전·시·장	M^6[HHM^4]	(창원①②)

(216) ·□^{4}+□^{2}(중화 규칙)→·□^{6}

·수·양·버·들·나·무	M^6[HHM^4]	(창원①②)

중화 규칙 (5)ㄱ의 적용으로 평성형(□$_1$)에 상성형(:□^{n})이나 거성형(/측성형)(·□^{n})이 결합하여 평측형(□$_1$·□^{n})이 도출되는 보기를 들면 다음 (217)~(224)와 같다. 평성형(□$_1$)에 거성형(/측성형)(·□^{n})이 결합하여 평측형(□$_1$·□^{n})이 도출되는 것은 시각상으로는 변화가 없지만, 이 측성형(·□^{n})은 중화 위치에 오는 것이므로 중화 규칙 적용의 자료에 넣어 정리했다.

(217) □+:□(중화 규칙)→□·□

겜·손(謙遜)	HM[HM]	(김해)
겡·비(經費)	HM[HM]	(창원①②, 함안, 김해, 양산)
겸·손(謙遜)	HM[HM]	(창원②, 함안, 양산)
경·비(經費)	HM[HM]	(창원②)
고·모<고모님>	HM[HM]	(창원①②, 함안, 양산)
고·무<고모님>	HM[HM]	(창원①②, 함안, 김해, 양산)
땡·감<풋감>	HM[HM]	(창원②, 양산)
목·섬(命)	HM[HM]	(창원②)
목·숨(命)	HM[HM]	(창원①②, 함안, 김해, 양산)
목·심(命)	HM[HM]	(함안, 양산)
반·찬(餐)	HM[HM]	(창원①②, 함안, 김해, 양산)
생·감<풋감>	HM[HM]	(창원①②, 함안, 김해)
술·뼁(酒病)	HM[HM]	(김해)
술·삥(酒病)	HM[HM]	(창원①②, 함안, 양산)
쌩·감<풋감>	HM[HM]	(함안)
연·탄	HM[HM]	(창원①②, 함안, 김해, 양산)
왕·골(草名)	HM[HM]	(창원①②, 김해, 양산)
원·시(原始)	HM[HM]	(창원①②, 함안, 김해, 양산)
이·모(姨母)	HM[HM]	(창원①②, 김해, 양산)
이·무(姨母)	HM[HM]	(함안, 김해)
친·구	HM[HM]	(창원①②, 김해, 양산)

(218) □+·□(중화 규칙)→□·□

구·부(曲)	HM[HM]	(창원①, 김해)
구·비(曲)	HM[HM]	(창원①②)

국·밥[368]	HM[HM]	(창원①②, 함안, 김해, 양산)
국·자	HM[HM]	(양산)
기·벨(奇別)	HM[HM]	(창원①②, 함안, 양산)
기·별(奇別)	HM[HM]	(창원①②)
기·빌(奇別)	HM[HM]	(창원①②, 함안, 김해, 양산)
까·자<과자>	HM[HM]	(창원①②, 함안, 김해, 양산)
껍·지<껍질>	HM[HM]	(창원①②, 함안, 김해, 양산)
껍·질	HM[HM]	(창원②, 함안, 양산)
남·펜<남편>	HM[HM]	(창원①②, 함안, 김해, 양산)
남·편	HM[HM]	(창원①②)
냄·펜<남편>	HM[HM]	(양산)
농·주(農酒)	HM[HM]	(창원①②, 김해)
높·이(高)	HM[HM]	(창원①②, 함안, 김해, 양산)
등·게<등겨>	HM[HM]	(양산)
딩·기<등겨>	HM[HM]	(창원①②, 함안, 김해)
마·지(伯)	HM[HM]	(창원②, 함안, 김해, 양산)
모·지(伯)	HM[HM]	(함안, 양산)
무·덤(墳,塚)	HM[HM]	(창원①②, 함안, 김해, 양산)
밥·물	HM[HM]	(창원①②, 김해)
베·이(瓶)	HM[HM]	(함안, 양산)
베·이(瓶)	HM[HM]	(창원①②, 함안, 김해, 양산)
복·날(伏)	HM[HM]	(창원①②, 함안, 김해, 양산)
북·살<노을>	HM[HM]	(창원①②, 양산)
비·석(碑)	HM[HM]	(창원①②, 함안, 김해, 양산)
사·상	HM[HM]	(창원①②, 함안, 김해, 양산)
사·암<싸움>	HM[HM]	(김해, 양산)
사·움	HM[HM]	(양산)
산·불[산·뿔]	HM[HM]	(창원①②, 함안, 김해, 양산)
산·적(散炙)	HM[HM]	(창원①②)
성·님(兄)	HM[HM]	(함안, 김해, 양산)
성·아(兄)	HM[HM]	(창원②, 김해)
세·죽<쇠죽>	HM[HM]	(창원②)
세·이(兄)	HM[HM]	(창원①②, 함안, 김해, 양산)
셍·핀<송편>	HM[HM]	(창원①, 김해)
소·이<송이>	HM[HM]	(창원①②, 김해)
손·님(客)	HM[HM]	(창원①②, 함안, 양산)
손·님(紅疹)	HM[HM]	(창원①②, 함안, 김해, 양산)
송·펜<송편>	HM[HM]	(창원①②, 함안, 양산)

368) 〔함안 방언〕 /:소·고·기 국·밥/.

송·편 HM[HM] (창원①)
송·핀<송편> HM[HM] (창원②)
술·배(酒腹) HM[HM] (창원①②, 함안, 김해, 양산)
술·뻬(酒腹) HM[HM] (창원②)
시·이(兄) HM[HM] (양산)
시·이(兄) HM[HM] (창원①②, 김해)
시·이<송이> HM[HM] (창원②, 함안)
심·지<추첨> HM[HM] (김해)
씸·지<추첨> HM[HM] (창원①②)
안·주<술안주> HM[HM] (창원①②, 함안, 김해, 양산)
앞·날 HM[HM] (창원①②, 함안, 김해, 양산)
애·비(父) HM[HM] (창원①②, 함안, 김해, 양산)
연·게(煙) HM[HM] (창원①②, 김해)
연·기(煙) HM[HM] (창원①②, 함안, 양산)
우·물(井) HM[HM] (창원①②, 양산)
우·우(上) HM[HM] (창원②, 함안)
웃·옷 HM[HM] (창원①②, 함안, 김해, 양산)
웃·통<웃옷> HM[HM] (창원①②, 함안, 김해, 양산)
은·값<은값> HM[HM] (김해)
은·깝<은값> HM[HM] (창원①②, 함안, 양산)
좁·쌀 HM[HM] (창원①②, 함안, 김해, 양산)
주·식(株) HM[HM] (창원①②, 함안, 김해, 양산)
집·안(家內) HM[HM] (김해, 양산)
집·안(一家) HM[HM] (창원①②, 함안, 김해, 양산)
짝·지 HM[HM] (창원①, 양산)
차·벨<차별> HM[HM] (창원①②, 함안, 양산)
차·별 HM[HM] (창원①②, 양산)
차·빌 HM[HM] (김해)
콩·알 HM[HM] (창원①②, 함안, 김해, 양산)
풀·맆[풀·잎] HM[HM] (창원①②, 함안, 김해, 양산)
하·살 HM[HM] (창원①②, 함안, 김해, 양산)
헹·님(兄) HM[HM] (창원①②, 함안, 김해, 양산)
형·님(兄) HM[HM] (창원①②, 함안, 양산)
홉·데<홉> HM[HM] (양산)
화·살 HM[HM] (창원②)
히·이(兄) HM[HM] (창원①②, 함안, 김해)

(219) □+:□^{2}(중화 규칙)→□·□^{2}

살·께·이(猫) $HM^2[HM^2]$ (창원①)
살·케·이(猫) $HM^2[HM^2]$ (양산)

웃·어·른	$HM^2[HM^2]$	(창원①②, 함안, 김해, 양산)

(220) □+·□^{2}(중화 규칙)→□·□^{2}

산·토·끼	$HM^2[HM^2]$	(창원①②, 함안, 김해, 양산)

(221) □^{2}+:□(중화 규칙)→□^{2}·□

나룻·가(津)	$H^2M[MHM]$	(창원①②, 함안)

(222) □^{2}+·□(중화 규칙)→□^{2}·□

가운·데(中)	$H^2M[MHM]$	(창원①②, 함안, 김해, 양산)
개구·리	$H^2M[MHM]$	(창원②, 함안)
고디·이	$H^2M[MHM]$	(양산)
고디·이	$H^2M[MHM]$	(창원①②, 함안, 김해)
까마·구(烏)	$H^2M[MHM]$	(창원①②, 함안, 김해, 양산)
까마·기	$H^2M[MHM]$	(창원②, 함안, 양산)
깨구·리	$H^2M[MHM]$	(창원①②, 함안, 양산, 김해)
나루·터	$H^2M[MHM]$	(창원①②, 함안, 김해, 양산)
납딱·코	$H^2M[MHM]$	(창원①②, 김해)
납작·코	$H^2M[MHM]$	(창원①②, 함안, 김해, 양산)
너구·리	$H^2M[MHM]$	(창원①②, 함안, 김해, 양산)
누부·야(姉)	$H^2M[MHM]$	(창원②, 김해, 양산)
누우·야(姉)	$H^2M[MHM]$	(창원①②, 함안, 김해, 양산)
대가·리(頭)	$H^2M[MHM]$	(창원①②, 함안, 김해, 양산)
덕시·기<덕석>	$H^2M[MHM]$	(양산)
도독·넘	$H^2M[MHM]$	(창원①②, 김해, 양산)
도둑·놈	$H^2M[MHM]$	(창원①②, 함안, 양산)
도둑·눔	$H^2M[MHM]$	(함안)
뚜꺼·비(蟾)	$H^2M[MHM]$	(창원②, 함안, 양산)
뚜께·비(蟾)	$H^2M[MHM]$	(양산)
뚜꾸·비<두꺼비>	$H^2M[MHM]$	(함안)
뚜끼·비(蟾)	$H^2M[MHM]$	(창원①②, 함안, 김해, 양산)
띠끼·이<뚜껑>	$H^2M[MHM]$	(함안)
띠끼·이<뚜껑>	$H^2M[MHM]$	(창원①②, 김해)
띠비·이	$H^2M[MHM]$	(창원①②, 함안, 김해)
미재·이<미장이>	$H^2M[MHM]$	(양산)
미재·이<미장이>	$H^2M[MHM]$	(창원①②, 함안, 김해, 양산)
바아·꼬(杵)	$H^2M[MHM]$	(창원①②, 함안, 김해)
바아·질(絎)	$H^2M[MHM]$	(창원②)
바아·코(杵)	$H^2M[MHM]$	(창원①)
보슬·비	$H^2M[MHM]$	(창원①②, 함안, 양산)

빨랫·줄 $H^2M[MHM]$ (창원②, 함안, 양산)
사락·눈 $H^2M[MHM]$ (김해, 양산)
서답·줄<빨랫줄> $H^2M[MHM]$ (창원①②, 함안, 김해)
선상·님<선생님> $H^2M[MHM]$ (창원①②, 함안, 김해, 양산)
선생·님 $H^2M[MHM]$ (창원①②, 함안, 김해, 양산)
싸락·눈 $H^2M[MHM]$ (창원①②, 함안)
야푼·데<얕은 곳에> $H^2M[MHM]$ (창원①②, 함안, 김해, 양산)
얼기·빗<얼레빗> $H^2M[MHM]$ (창원①②, 김해)
자부·름<졸음> $H^2M[MHM]$ (창원①②, 김해)
절구·통 $H^2M[MHM]$ (창원①, 양산)
지푼·데<깊은곳> $H^2M[MHM]$ (창원①②, 함안, 김해, 양산)
촐래·이<촐랑이> $H^2M[MHM]$ (창원①)

(223) □^{2}+:□^{2}(중화 규칙)→□^{2}·□^{2}
바깥·어·른 $H^2M^2[MHM^2]$ (창원①, 양산)
배깥·어·른 $H^2M^2[MHM^2]$ (창원①, 김해)
배끝·양·반 $H^2M^2[MHM^2]$ (창원①②)
배끝·어·른 $H^2M^2[MHM^2]$ (창원①②)
도둑·개·이 $H^2M^2[MHM^2]$ (창원①②, 함안, 김해)
삼한·사·온 $H^2M^2[MHM^2]$ (창원①②, 함안, 양산)
성주·짜·아 $H^2M^2[MHM^2]$ (창원①②)
통행·금·지 $H^2M^2[MHM^2]$ (창원①②, 김해, 양산)

(224) □^{2}+·□^{2}(중화 규칙)→□^{2}·□^{2}
가을·구·름 $H^2M^2[MHM^2]$ (창원①②, 김해, 양산)
무남·독·녀 $H^2M^2[MHM^2]$ (창원①②)
바깥·주·인 $H^2M^2[MHM^2]$ (양산)
배깥·주·인 $H^2M^2[MHM^2]$ (함안, 김해)
배끝·주·인 $H^2M^2[MHM^2]$ (창원①②, 함안)
버들·피·리 $H^2M^2[MHM^2]$ (창원①②, 함안, 김해, 양산)

중화 규칙 (5)ㄴ의 적용으로 평측형(□^{n}·□$_1$)에 상성형(:□$_1$), 거성형 또는 측성형(·□$_1$) 또는 평측형(□$_1$·□^{m})이 결합하여 평측형(□^{n}·□$_2$)가 도출되는 보기는 다음 (225)~(237)과 같다.

(225) □·□+:□(중화 규칙)→□·□^{2}
마·늘·쫑 $HM^2[HM^2]$ (창원①②, 함안, 김해)
쌈·짓·돈 $HM^2[HM^2]$ (창원①②, 함안, 김해, 양산)

(226) □·□+·□(중화 규칙)→□·□^{2}

거·북·이(龜) $HM^2[HM^2]$ (창원①②, 함안, 김해, 양산)
걸·레·질 $HM^2[HM^2]$ (창원①②, 함안, 김해, 양산)
게·울·잠[게·울·짬] $HM^2[HM^2]$ (창원①②, 함안, 김해, 양산)
겨·울·잠[·짬] $HM^2[HM^2]$ (양산)
고·모·님 $HM^2[HM^2]$ (창원①②, 함안, 양산)
고·무·님<고모님> $HM^2[HM^2]$ (창원①②, 함안, 김해)
구·시·통(槽) $HM^2[HM^2]$ (함안, 김해)
늙·으·이<늙은이> $HM^2[HM^2]$ (양산)
늙·으·이<늙은이> $HM^2[HM^2]$ (창원①②, 함안, 김해)
니·비·옷(蠶) $HM^2[HM^2]$ (창원①, 양산)
무·운·살(古米) $HM^2[HM^2]$ (양산)
묵·운·쌀 $HM^2[HM^2]$ (창원②)
바·느·질 $HM^2[HM^2]$ (창원①②, 김해)
바·안·질 $HM^2[HM^2]$ (창원①②)
바·알·질 $HM^2[HM^2]$ (창원②, 양산)
바·아·질 $HM^2[HM^2]$ (창원②)
바·알·질 $HM^2[HM^2]$ (창원②, 함안, 김해)
보·름·달[보·름·딸] $HM^2[HM^2]$ (창원①②, 함안, 김해, 양산)
부·예·이 $HM^2[HM^2]$ (창원②)
빤·디·뿔(螢) $HM^2[HM^2]$ (창원②)
이·슬·비 $HM^2[HM^2]$ (창원①②, 함안)
이·우·지(隣) $HM^2[HM^2]$ (창원①②, 함안, 김해)

(227) □·□+□^{2}(중화 규칙)→□·□^{3}

미·숫·가·루 $HM^3[HM^3]$ (양산)
미·숫·가·리 $HM^3[HM^3]$ (창원①②, 함안, 김해, 양산)
미·싯·가·리 $HM^3[HM^3]$ (창원②)
정·자·나·무 $HM^3[HM^3]$ (창원①②, 함안, 김해, 양산)
탱·자·나·무 $HM^3[HM^3]$ (창원①②, 함안, 김해, 양산)

(228) □·□+□·□(중화 규칙)→□·□^{3}

탱·자·까·시 $HM^3[HM^3]$ (창원①②, 함안, 김해, 양산)
톱·니·바·꾸 $HM^3[HM^3]$ (창원②, 함안)
톱·니·바·키 $HM^3[HM^3]$ (창원①, 양산)

(229) □·□+·□^{2}(중화 규칙)→□·□^{3}

공·립·학·조 $HM^3[HM^3]$ (함안, 양산)
공·립·핵·고 $HM^3[HM^3]$ (창원①②, 김해, 양산)
공·립·핵·교 $HM^3[HM^3]$ (창원①②, 함안, 김해)

공·립·핵·구 $HM^3[HM^3]$ (창원①②)
메·늘·아·기 $HM^3[HM^3]$ (창원②)
초·등·학·교 $HM^3[HM^3]$ (창원①②, 함안)
초·등·핵·고 $HM^3[HM^3]$ (창원①, 양산)
초·등·핵·교 $HM^3[HM^3]$ (창원①②)

(230) $\square\cdot\square+\square^2\cdot\square$(중화 규칙)$\to\square\cdot\square^3$
지·개·작·대·기 $HM^4[HM^4]$ (함안, 양산)
지·개·짝·대·기 $HM^4[HM^4]$ (창원①②, 함안, 양산)

(231) $\square\cdot\square+\cdot\square^3$(중화 규칙)$\to\square\cdot\square^3$
음·악·발·포·헤 $HM^4[HM^4]$ (창원①②, 함안, 김해)
음·악·발·표·헤 $HM^4[HM^4]$ (양산)

(232) $\square\cdot\square^2+\square\cdot\square$(중화 규칙)$\to\square\cdot\square^4$
남·우·집·살·이 $HM^4[HM^4]$ (창원②, 양산)
넘·우·집·살·이 $HM^4[HM^4]$ (창원①②, 함안, 김해, 양산)
데·라·진·소·리 $HM^4[HM^4]$ (창원①②, 함안, 김해, 양산)

(233) $\square^2\cdot\square+\square$(중화 규칙)$\to\square^2\cdot\square^2$
서마·찌·솥 $H^2M^2[MHM^2]$ (창원②, 함안)
서말·찌·솥 $H^2M^2[MHM^2]$ (창원①, 김해)

(234) $\square^2\cdot\square+\cdot\square$(중화 규칙)$\to\square^2\cdot\square^2$
강내·잇·대 $H^2M^2[MHM^2]$ (창원①②, 함안, 김해)
강새·이·풀<강아지풀> $H^2M^2[MHM^2]$ (양산)
강새·이·풀<강아지풀> $H^2M^2[MHM^2]$ (함안)
강아·지·풀<강아지풀> $H^2M^2[MHM^2]$ (창원②)
깨구·리·밥<개구리밥> $H^2M^2[MHM^2]$ (창원①②, 함안, 김해, 양산)
다래·비·질<다리미질> $H^2M^2[MHM^2]$ (양산)
다리·미·질<다리미질> $H^2M^2[MHM^2]$ (창원①②)
다리·비·질<다리미질> $H^2M^2[MHM^2]$ (창원①②, 함안, 김해)
빤데·기·뿔<반딧불> $H^2M^2[MHM^2]$ (함안, 김해)
사래·기·눈<싸라기눈> $H^2M^2[MHM^2]$ (김해, 양산)
싸래·기·눈<싸라기눈> $H^2M^2[MHM^2]$ (창원①②, 함안)

(235) $\square^2\cdot\square+\square\cdot\square$(중화 규칙)$\to\square^2\cdot\square^3$
싱겁·운·짐·치<싱건김치> $H^2M^3[MHM^3]$ (창원①②, 김해)

(236) $\square^3$·$\square$+:$\square^2$(중화 규칙)→$\square^3$·$\square^3$

우리나·라·사·람	H^3M^3[MʜHM³]	(창원①②, 함안, 김해, 양산)

(237) $\square^3$·$\square$+$\square^2$·$\square$(중화 규칙)→$\square^3$·$\square^4$

아주까·리·이·파·리	H^3M^4[MʜHM⁴]	(창원①②, 김해)
아주까·리·잎·사·구	H^3M^4[MʜHM⁴]	(창원①②, 김해)

복합어들 중에는 2가지 이상의 규칙이 적용되어 도출되는 것이 있다.

(238) ·$\square$+$\square^2$(첫성분평성형화)→$\square^3$(끝음절측성화)→$\square^2$·$\square$

대나·무	H^2M[MHM]	(창원①②, 함안, 김해, 양산)
솔나·무(松)	H^2M[MHM]	(창원①②, 함안, 김해, 양산)
책거·풀	H^2M[MHM]	(창원①②, 함안, 김해, 양산)
책까·풀	H^2M[MHM]	(창원②, 함안)

(239) $\square$·$\square$+$\square^2$(첫성분평성형화)→$\square^4$(끝음절측성화)→$\square^3$·$\square$

정자나·무	H^3M[MʜHM]	(창원①②, 함안, 김해, 양산)
탱자나·무	H^3M[MʜHM]	(창원①②, 함안, 김해, 양산)

다음 (240)~(246)에서는 2가지 방점형 X형과 Y형이 방언에 나타나지만, 자료 정리는 'X→Y'의 모양으로 되어 있다. 이것은 지은이의 방언 조사 경험과 직관으로 보아 X보다 Y가 더 개신형으로 보인다는 것이지, 꼭 과거에 X였던 것이 Y로 변했음을 뜻하는 것은 아니다. 통시적으로 X가 Y로 변했는지를 증명하기 위해서는 앞으로 더 많은 방언에서 더 많은 자료를 모으고, 옛 문헌에서도 자료를 수집해서 분석해야 할 것이다.

(240) $\square$·$\square$(낱말의 평성형화)→$\square^2$

빤지(螢)	H^2[MH]	(함안)
아욱	H^2[MH]	(양산)
지네(蜈蚣)	H^2[MH]	(양산)
허물(罪)	H^2[MH]	(양산)

(241) ·$\square^2$(낱말의 평성형화)→$\square^2$

베개(枕)	H^2[MH]	(양산)
비개(枕)	H^2[MH]	(양산)
보람(準)	H^2[MH]	(양산)
철쭉	H^2[MH]	(양산)

(242) :□^{2}(낱말의 평성형화) → □^{2}
에막<외막> H^{2}[MH] (창원①, 함안, 김해)
외막 H^{2}[MH] (창원①②)

(243) :□^{3}(낱말의 평성형화) → □^{3}
민들레 H^{3}[MʜH] (함안, 양산)

(244) □·□^{2}(낱말의 평성형화)→□^{3}(끝 음절 측성화)→□^{2}·□
가무·치(鱧) $H^{2}M$[MHM] (함안, 김해)
가물·치(鱧) $H^{2}M$[MHM] (양산)
바느·질(絎) $H^{2}M$[MHM] (창원①②, 함안, 김해, 양산)
바아·질(絎) $H^{2}M$[MHM] (창원②)
방굿·돌(岩) $H^{2}M$[MHM] (양산)
버버·리(啞) $H^{2}M$[MHM] (양산)
이슬·비 $H^{2}M$[MHM] (창원①②, 함안, 김해, 양산)
여드·름 $H^{2}M$[MHM] (창원②, 함안, 양산)

(245) □·□^{3}(낱말의 평성형화)→□^{4} (끝음절측성화)→□^{3}·□
제비뽑·기<추첨> $H^{3}M$[MʜHM] (창원②, 양산)

(246) :□^{3}(낱말의 평성형화)→□^{3}(끝 음절 측성화)→□^{2}·□
가래·이<가랑이> $H^{2}M$[MHM] (양산)
구레·이 $H^{2}M$[MHM] (양산)
구리·이(大蛇) $H^{2}M$[MHM] (함안, 양산)
구리·이(大蛇) $H^{2}M$[MHM] (창원①②, 함안, 김해)
굼베·이<굼벵이> $H^{2}M$[MHM] (양산)
굼비·이<굼벵이> $H^{2}M$[MHM] (양산)
돌따·리 $H^{2}M$[MHM] (창원②)
헤차·리<회초리> $H^{2}M$[MHM] (양산)

다음 (247)~(249)는 분절음의 삭제, 축약, 등으로 어형이 짧아졌으나, 방점형의 층위에서는 특이한 현상이 보이지 않는다.

(247) □·□(어말 모음 삭제)→□
꼬·치→꼳(蠶) H[MH] (함안, 양산)

(248) □^{3}(둘째 음절 모음 삭제)→□^{2}
(바아깐→)방깐 H^{2}[MH] (창원②, 함안)

(249) $\square^2$·□(축약)→□·□
(개애·미→)개·미(蟻) HM[HM] (양산)

다음 (250)은 축약에 의해 3음절이 2음절로 짧아졌다. 끝 음절 측성이 평성으로 변한 것은 원인을 알 수 없다.

(250) □·$\square^2$(축약)→□·□(낱말의 평성형화)→□□
(바·안·질→반·질→)반질 H^2[MH] (함안)

아래 (251)은 경남 동남부 방언을 포함하는 경남 방언권 전체에서 대체로 첫성분평성형화에 의해 평1형(□·□)으로 나타나는 것들인데, 이들의 첫 성분의 기저 방점이 거성(·□)이라는 점에서 과도 교정으로 첫 성분이 거성(·□)으로 되돌려지고, 여기에 중화 규칙 (5)가 적용되어 최종 방점 표상이 거성형(·$\square^2$)으로 도출된 것으로 해석할 수 있다.

(251) □·□(첫 음절 방점을 ·□으로 재해석 뒤에 중화 규칙 적용) → ·$\square^2$
·깨·알 M^2[HH/MM] (양산)
·북·새 M^2[HH/MM] (창원①②, 함안, 김해)
·수·풀(林) M^2[HH/MM] (함안)

아래의 (252)와 (253)은 경남 동남부 방언을 포함하는 경남 방언권 전체에서 대체로 평2형으로 나타나는 것들인데, 거성형으로 바뀌어 나타난다. 이들이 거성형으로 바뀐 것도 (251)의 경우처럼 이들의 첫 성분의 기저 방점이 거성(·□)이라는 점에서 과도 교정에 의해 첫 성분이 거성(·□)으로 되돌려지고, 여기에 중화 규칙 (5)가 적용되어 최종방점표상이 거성형으로 도출된 것으로 보인다.

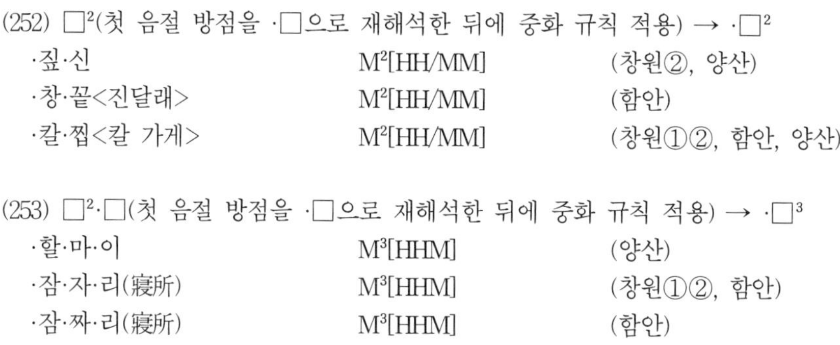
(252) $\square^2$(첫 음절 방점을 ·□으로 재해석한 뒤에 중화 규칙 적용) → ·$\square^2$
·짚·신 M^2[HH/MM] (창원②, 양산)
·창·꽅<진달래> M^2[HH/MM] (함안)
·칼·찝<칼 가게> M^2[HH/MM] (창원①②, 함안, 양산)

(253) $\square^2$·□(첫 음절 방점을 ·□으로 재해석한 뒤에 중화 규칙 적용) → ·$\square^3$
·할·마·이 M^3[HHM] (양산)
·잠·자·리(寢所) M^3[HHM] (창원①②, 함안)
·잠·짜·리(寢所) M^3[HHM] (함안)

아래 (254)~(256)은 경남 동남부 방언을 포함하는 경남 방언권 전체에서 대체로 상성형으로 나타났던 것들인데, 최근에 이들이 거성형으로 바뀌어가고 있다. 이 낱말들도 그 첫 성분의 기저 방점이 거성이기 때문에 제보자들의 머릿속에 교정 작용이 일어난 것이 원인일 것으로 생각된다.

(254) :$□^2$(첫 음절 방점을 ·□으로 재해석한 뒤에 중화 규칙 적용) → ·$□^2$

·소·발	M^2[HH/MM]	(창원②, 양산)
·소·젓	M^2[HH/MM]	(창원②, 양산)
·소·쩟	M^2[HH/MM]	(창원①②, 함안, 양산)

(255) :$□^3$(첫 음절 방점을 ·□으로 재해석한 뒤에 중화 규칙 적용) → ·$□^3$

·빼·다·지<서랍>	M^3[HHM]	(양산)

(256) :$□^5$(첫 음절 방점을 ·□으로 재해석한 뒤에 중화 규칙 적용) → ·$□^5$

·돌·팔·이·이·사	M^5[HHM^3]	(양산)

평측형이나 상성형이 거성형으로 변하는 것은 매우 드문 현상이다. (257)~(259)는 과거에 평측형이었던 것이 거성형으로 변한 것이고, (260)은 과거에 상성형이었던 것이 거성형으로 변한 것이다.

(257) □ > ·□ (1음절 평성형이 거성형으로 변한 것)

·넋(魂)	M[M̤, Ḧ]	(함안)

(258) □·□ > ·$□^2$ (2음절 평1형이 거성형으로 변한 것)

·패·이<팽이>	M^2[HH/MM]	(양산)
·패·이<팽이>	M^2[HH/MM]	(함안, 김해)

(259) $□^2$·□ > ·$□^3$ (3음절 평2형이 거성형으로 변한 것)

·파·래·이	M^3[HHM]	(창원②)

(260) :□ > ·□ (1음절 상성형이 거성형으로 변한 것)

·갈(葦)	M[M̤]	(함안)
·잣(栢)	M[M̤]	(양산)

양산 방언에는 앞 음절의 모음과 뒤 음절의 모음이 하나로 축약되면서 낱말 전체가 1음절 줄어지는 경우가 다른 4개 방언에 비하여 자주 나타난다. 이 때 성조의 변화는 일어나지

않는 것이 예사이다. 보기를 들면 (261)과 같다.

(261) :□^{3} → :□^{2}

:껴·시(蛔,蚘)	L^2[LM]	(양산)
:문·디<문둥이>	L^2[LM]	(양산)
:벵·시<병신>	L^2[LM]	(양산)
:빙·시<병신>	L^2[LM]	(양산)

(262)와 (263)에서 보는 바와 같이, 양산 방언에는 어두의 두 음절의 모음이 축약되어 한 음절이 줄어지면서 거성형이 상성형으로 변한 낱말들이 있다.

(262) ·□^{2} → :□ (2음절 거성형이 축약에 의해 1음절 상성형으로 변한 것)

(·배·앰 →):뱀(蛇)	L[LM]	(양산)

(263) ·□^{3} → :□^{2} (3음절 거성형이 축약에 의해 1음절 줄어서 상성형화된 것)

(·내·앰·새→):냄·새(嗅)	L^2[LM]	(양산)
(·배·애·미→):배·미(蛇)	L^2[LM]	(양산)

/-아·이, -어·이/를 앞서는 성분의 끝 모음이 삭제되고 거기에 첫성분평성형화 규칙이 적용되는 보기들이 있다. 줄어지는 모음이 /ㅣ/이면 /-아·이, -어·이/는 전설모음화에 의해 /-애·이, -에·이/로 바뀔 수도 있다. 보기를 들면 (264)~(265)와 같다.

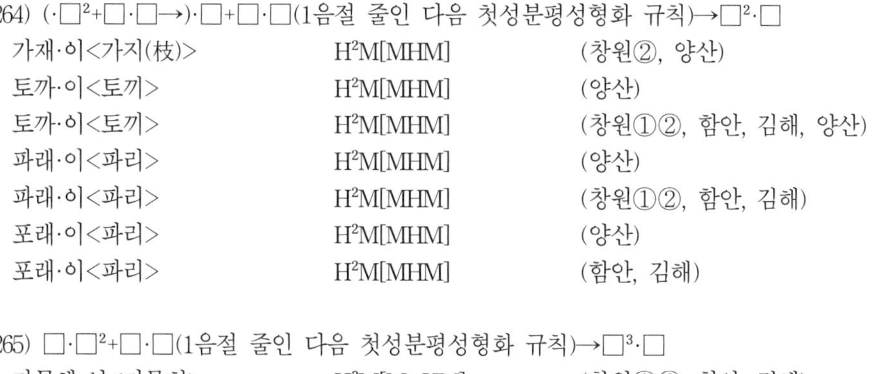

(264) (·□^{2}+□·□→)·□+□·□(1음절 줄인 다음 첫성분평성형화 규칙)→□^{2}·□

가재·이<가지(枝)>	H^{2}M[MHM]	(창원②, 양산)
토까·이<토끼>	H^{2}M[MHM]	(양산)
토까·이<토끼>	H^{2}M[MHM]	(창원①②, 함안, 김해, 양산)
파래·이<파리>	H^{2}M[MHM]	(양산)
파래·이<파리>	H^{2}M[MHM]	(창원①②, 함안, 김해)
포래·이<파리>	H^{2}M[MHM]	(양산)
포래·이<파리>	H^{2}M[MHM]	(함안, 김해)

(265) □·□^{2}+□·□(1음절 줄인 다음 첫성분평성형화 규칙)→□^{3}·□

가무체·이<가물치>	H^{3}M[MHHM]	(창원①②, 함안, 김해)

위에 열거한 것들 이외에 2음절 거성형(·□^{2}) 낱말이 평성형(□^{2})으로 변한 것들이 있다.

(266) (·□+·□(중화)→)·$□^2$(거성형 낱말의 평성형화)→$□^2$

짚신	H^2[MH]	(창원①②, 함안, 김해, 양산)
팥죽	H^2[MH]	(창원①②, 함안, 김해, 양산)
폴죽<팥죽>	H^2[MH]	(창원①②, 함안, 김해, 양산(공))
손텁(爪)	H^2[MH]	(창원①②, 함안, 김해, 양산)
손톱(爪)	H^2[MH]	(창원②, 함안, 양산)
손툽(爪)	H^2[MH]	(함안, 양산)
강뚝	H^2[MH]	(창원①, 함안, 양산)
녹두(綠豆)	H^2[MH]	(창원②, 김해, 양산)
녹디(綠豆)	H^2[MH]	(창원①②, 함안, 양산)

다음은 (267)과 (268)은 측1형($□_1$·□)이 0측형(=$□_2$)으로 변한 것들이다.

(267) □·□(평측형 낱말의 평성형화)→$□^2$

천둥(雷)	H^2[MH]	(창원①②, 함안, 김해, 양산)

(268) $□^2$·□(평측형 낱말의 평성형화)→$□^3$

자부럼<졸음>	H^3[MʜH]	(함안, 양산)

3음절 이상의 평성형($□_3$) 낱말에 끝음절측성화가 적용된 것들이 있다. 보기를 들면 (269)~(274)와 같다.

(269) $□^3$(끝음절측성화)[369]→$□^2$·□

돌따·리	H^2M[MHM]	(창원②)
보따·리(袱)	H^2M[MHM]	(창원②, 양산)
살뜨·물	H^2M[MHM]	(김해, 양산)
아줌·마	H^2M[MHM]	(창원②, 함안, 양산)
울타·리	H^2M[MHM]	(김해, 양산)

(270) $□^4$ (끝음절측성화)→$□^3$·□

제트랑·밑<겨드랑밑>	H^3M[MʜHM]	(창원②)

(271) ·$□^3$(거성형의 평성형화)→$□^3$(끝음절측성화)→$□^2$·□

기러·기(雁)	H^2M[MHM]	(양산)
독수·리	H^2M[MHM]	(창원②, 함안, 김해, 양산)
따오·기(朱鷺)	H^2M[MHM]	(창원②, 김해)

---

369) 3음절 이상의 평성형에서 어말 평성의 측성화는 김차균(2002), 김세진(2005)에 따르면 경남 서남부 방언에서는 거의 필수적인 현상이다. 이 현상은 경남 동남부 방언으로 확산되고 있는 듯하다.

따우·기<따오기> H^2M[MHM] (창원②, 함안, 양산)
물거·품 H^2M[MHM] (창원①②, 함안, 양산)
물버·끔<물거품> H^2M[MHM] (창원①②, 함안, 김해, 양산)
물이·끼 +H^2M[MHM] (창원①②, 함안, 양산)
배애·미(蛇) H^2M[MHM] (창원②, 함안, 김해)
볼태·기 H^2M[MHM] (양산)
부어·이 H^2M[MHM] (양산)
뽈때·기<뺨> H^2M[MHM] (김해, 양산)
서까·래 H^2M[MHM] (양산)
양대·애<양푼이> H^2M[MHM] (창원②, 함안)
양대·이 H^2M[MHM] (창원②)
양재·기<양푼이> H^2M[MHM] (창원②, 함안, 양산)
양푸·이<양푼이> H^2M[MHM] (양산)
양피·이 H^2M[MHM] (양산)
양피·이 H^2M[MHM] (창원①②, 함안)
올챙·이(蚪) H^2M[MHM] (양산)
토깨·비 H^2M[MHM] (함안)
허깨·비 H^2M[MHM] (창원②, 양산)
홀애·비<주로> H^2M[MHM] (창원②)

(272) ·$\square^4$ (거성형의 평성형화)→$\square^4$ (끝음절측성화)→$\square^3$·□
시어마·이 H^3M[MʜHM] (창원②, 함안, 김해)
씨어마·이 H^3M[MʜHM] (함안)
씨오마·이 H^3M[MʜHM] (창원②, 함안)
시아바·이 H^3M[MʜHM] (함안, 김해)
씨아바·이<남의> H^3M[MʜHM] (함안)
시아부·지[370] H^3M[MʜHM] (함안, 김해)

(273) ($\square^2$·$\square^2$(낱말의 평성형화)→)$\square^4$ (끝음절측성화)→$\square^3$·□
도둑개·이<도둑고양이> H^3M[MʜHM] (양산)
도둑개·이<도둑고양이> H^3M[MʜHM] (창원②)

(274) ($\square^2$·$\square^3$(낱말의 평성형화)→)$\square^5$(끝음절측성화)→$\square^4$·□
도둑고야·이 H^4M[Mʜ^{2}HM] (양산)

다음 (275)~(277)은 방언 성조의 공시적인 현상으로 보아 거성형으로 도출될 것이 예상되는 것들이지만, 상성형으로 나타난다.

---

370) [김해 방언] /시아부·지, 아·부·님/

(275) (·□+□(중화)→)·$□^2$(상성형화)→:$□^2$

:세·똥<쇠똥> L^2[LM] (창원②, 함안, 양산)
:소·똥[371] L^2[LM] (창원①②, 함안, 양산)
:전·심<점심> L^2[LM] (창원①②, 함안, 양산)
:점·섬<점심> L^2[LM] (창원②)
:점·심 L^2[LM] (창원①②, 함안)

(276) (·□+·□(중화)→)·$□^2$(상성형화)→:$□^2$

:소·꼴(芻) L^2[LM] (창원①②)
:수·박 L^2[LM] (창원①②, 함안, 양산)
:소·발 L^2[LM] (창원①②, 함안, 양산)
:소·젖 L^2[LM] (창원①②, 함안)
:소·코 L^2[LM] (창원①②, 함안)

(277) (·□+□·□(중화)→)·$□^3$(상성형화)→:$□^3$

:세·고·기[372] L^3[LMM] (창원②, 함안, 양산)
:소·게·기<소고기> L^3[LMM] (창원①②, 함안, 양산)

다음 (278)은 경남 동남부 방언들에서 대체로 상성형으로 나타나는 빈도가 높지만, 양산 방언에서는 거성형으로 나타난다.

(278) :$□^2$(상성형의 거성형화)→·$□^2$

·갈·때(葦) M^2[HH/MM] (양산)
·늑·대(狼) M^2[HH/MM] (양산)
·뗏·놈(胡) M^2[HH/MM] (양산)
·박·지(蝙, 박쥐) M^2[HH/MM] (양산)
·째·보 M^2[HH/MM] (양산)

다음 (279)는 경남 동남부의 다른 방언들에서는 평2형으로 나타나는데, 함안 방언에서는 거성형으로 나타난다.

(279) ($□^2$·$□^2$(평2형의 거성형화) →)·$□^4$

·무·남·독·녀 M^4 [HHM^2] (함안)

복합어들 중에는 그것에 적용되는 도출 규칙이 임의적으로 적용되어 같은 방언에 둘 또

371) /:세·똥/과 /:소·똥/은 중세 국어에서부터 상성형(:□·□)이었다.
372) 〔양산 방언〕 /:세·고·기/는 /·할·머·니·말/

는 세 가지 최종방점형이 도출되는 것들도 있다.

(280) ㄱ. □+□^{2}→□^{3}(당연 규칙), ㄴ. (□+□^{2}(당연 규칙)→)□^{3}(끝음절측성화)→□^{2}·□

ㄱ. 닥나무	H^3[MʜH]	(창원②)
딱나무	H^3[MʜH]	(창원①②, 김해)
땩나무	H^3[MʜH]	(창원②, 함안, 양산)
뽕나무(桑)	H^3[MʜH]	(창원①②, 함안, 김해, 양산)
ㄴ. 닥나·무	H^2M[MHM]	(창원②)
딱나·무	H^2M[MHM]	(창원①②, 함안, 김해, 양산)
땩나·무	H^2M[MHM]	(창원②, 함안, 양산)
뽕나·무	H^2M[MHM]	(창원①②, 함안, 김해, 양산)

(281) ㄱ. ·□+□^{2}(첫성분평성형화)→□^{3},
ㄴ. ·□+□^{2}(첫성분평성형화)→□^{3}(끝음절측성화)→□^{2}·□

ㄱ. 대나무	H^3[MʜH]	(창원①②, 함안, 김해, 양산)
솔나무(松)	H^3[MʜH]	(창원①②, 함안, 김해, 양산)
ㄴ. 대나·무	H^2M[MHM]	(창원①②, 함안, 김해, 양산)
솔나·무	H^2M[MHM]	(창원①②, 함안, 김해, 양산)

(282) ㄱ. □^{2}+□^{2}(당연 규칙)→□^{4}, ㄴ. □^{2}+□^{2}(당연 규칙)→□^{4} (끝음절측성화)→□^{3}·□

ㄱ. 버드나무	H^4 [Mʜ^{2}H]	(창원①②, 함안, 김해, 양산)
버들나무	H^4 [Mʜ^{2}H]	(창원①②, 함안, 김해)
뻐들나무	H^4 [Mʜ^{2}H]	(창원②, 함안, 김해)
뽀들나무	H^4 [Mʜ^{2}H]	(창원①②)
살구나무	H^4 [Mʜ^{2}H]	(창원①②, 함안, 김해, 양산)
ㄴ. 버드나·무	H^3M[MʜHM]	(창원①②, 함안, 김해, 양산)
버들나·무(柳)	H^3M[MʜHM]	(창원①②, 함안, 김해, 양산)
뻐드나·무(柳)	H^3M[MʜHM]	(창원②)
뻐들나·무(柳)	H^3M[MʜHM]	(창원②, 함안, 김해)
뽀들나·무(柳)	H^3M[MʜHM]	(창원①②)
살구나·무	H^3M[MʜHM]	(창원①②, 함안, 김해, 양산)

(283) ㄱ. □·□+□·□(중화 규칙)→□·□^{3}, ㄴ. □·□+□·□(첫성분평성형화)→□^{3}·□

ㄱ. 탱·자·까·시<탱자가시>	HM^3[HM^3]	(창원①②, 함안, 김해, 양산)
ㄴ. 탱자까·세<탱자가시>	H^3M[MʜHM]	(창원②)
탱자까·시<탱자가시>	H^3M[MʜHM]	(창원①②, 함안, 김해)

(284) ㄱ. □·□+□^{2}·□(중화 규칙)→□·□^{4}, ㄴ. □·□+□^{2}·□(첫성분평성형화)→□^{4}·□

ㄱ. 지·개·작·대·기	HM^4 [HM^4]	(함안, 양산)

지·개·짝·대·기 HM^4[HM^4] (창원①②, 함안, 양산)
ㄴ. 지개작대·기 H^{4}M[Mʜ^{2}HM] (함안, 양산)
지개짝대·기 H^{4}M[Mʜ^{2}HM] (창원①②, 함안, 양산)

(285) ㄱ. □·□+□^{2}(중화 규칙)→□·□^{3}, ㄴ. □^{2}+□^{2}(첫성분평성형화)→□^{4},
ㄷ. □·□+□^{2}(첫성분평성형화)→□^{4}(끝음절측성화)→ □^{3}·□
ㄱ. 정·자·나·무 HM^3[HM^3] (창원①②, 함안, 김해, 양산)
탱·자·나·무 HM^3[HM^3] (창원①②, 함안, 김해, 양산)
ㄴ. 정자나무 H^4[Mʜ^{2}H] (창원②, 함안, 김해)
탱자나무 H^4[Mʜ^{2}H] (창원②, 함안, 김해)
ㄷ. 정자나·무 H^{3}M[MʜHM] (창원①②, 함안, 김해, 양산)
탱자나·무 H^{3}M[MʜHM] (창원①②, 함안, 김해, 양산)

다음 (286)~(289)의 경우는 어느 한쪽을 기저형으로 잡는 것보다 두 가지 방점형이 있는 것으로 보는 것이 좋을 듯하다.

(286) ㄱ. □·□^{2}(평1형), ㄴ. □^{2}·□(평2형)
ㄱ. 가·무·치 HM^2[HM^2] (창원①②, 함안, 김해, 양산)
가·물·치 HM^2[HM^2] (양산)
버·버·리(啞) H^{2}M[MHM] (김해, 양산)
버·부·리 HM^2[HM^2] (창원①②, 함안, 김해)
여·드·름(皰) HM^2[HM^2] (창원①②, 함안, 김해)
ㄴ. 가무·치 H^{2}M[MHM] (함안, 김해)
가물·치 H^{2}M[MHM] (양산)
버버·리 H^{2}M[MHM] (양산)
여드·름 H^{2}M[MHM] (창원②, 함안, 양산)

(287) ㄱ. □(평성형), ㄴ. :□(상성형)
ㄱ. 윷 H[$\widehat{MH}$, $\breve{M}$] (창원①②, 함안, 김해, 양산)
윹 H[$\widehat{MH}$, $\breve{M}$] (창원①②)
ㄴ. :윷 L[$\widehat{LM}$] (창원①②, 김해)
:윹 L[$\widehat{LM}$] (창원①②)

(288) ㄱ. □·□(평1형), ㄴ. ·□^{2}(거성형)
ㄱ. 소·옥(裏) HM[$\widehat{HM}$] (김해, 양산)
쏘·옥(裏) HM[$\widehat{HM}$] (창원①②, 함안)
ㄴ. ·소·옥(裏) M^2{[$\widehat{HH}$], [$\widehat{MM}$]} (김해, 양산)

·쏘·옥(裏)	$M^2\{[\widehat{HH}], [\widehat{MM}]\}$	(창원①②, 함안)

(289) ㄱ. $\square^2\cdot\square$(평2형), ㄴ. $\cdot\square^3$(거성형)

ㄱ. 갈매·기(鷗)	H^2M[MHM]	(창원①②, 함안, 김해, 양산)
나그·네(旅)	H^2M[MHM]	(창원②, 양산)
내애·미(臭)	H^2M[MHM]	(창원①②, 함안, 김해, 양산)
내앰·새(臭)	H^2M[MHM]	(창원②, 함안, 김해, 양산)
양대·애<양푼이>	H^2M[MHM]	(창원②, 함안)
양대·이<양푼이>	H^2M[MHM]	(창원②)
양재·기<양푼이>	H^2M[MHM]	(창원②, 함안, 양산)
양푸·이<양푼이>	H^2M[MHM]	(양산)
양피·이	H^2M[MHM]	(양산)
양피·이	H^2M[MHM]	(창원①②, 함안)
잠자·리(寢所)	H^2M[MHM]	(창원①②, 함안, 김해, 양산)
ㄴ. ·갈·매·기(鷗)	H^2M[MHM]	(창원①)
·나·그·네(旅)	H^2M[MHM]	(창원①)
·내·애·미(嗅)	M^3[HHM]	(창원①②, 함안, 김해)
·내·애·미(嗅)	M^3[HHM]	(창원①②, 함안, 김해)
·내·앰·새(嗅)	M^3[HHM]	(창원①②, 함안, 김해)
·내·앰·새(嗅)	M^3[HHM]	(창원①②, 함안, 김해)
·양·대·애<양푼이>	M^3[HHM]	(창원①)
·양·지·기<양푼이>	M^3[HHM]	(창원①)
·양·푸·이	M^3[HHM]	(창원①②)
·양·피·이	M^3[HHM]	(창원①②)
·잠·자·리(寢所)	M^3[HHM]	(창원①②)

5.3 이름씨의 굴곡

이 절의 전반부인 5.3.1에서는 토씨의 ·의 분석 방법을 제시하고, 이 방법을 적용해서 얻은 토씨의 기본방점표상을 제시한다. 그리고 이어서 5.3.2에서는 이름씨와 토씨가 결합해서 하나의 운율적 낱말을 이룰 때 도출되는 방점 표상의 자료를 정리해서 제시한다.

5.3.1 토씨연결체의 기본방점표상 분석

평성형($\square_1$)의 이름씨 뒤에 나타날 때의 토씨연결체의 방점 표상을[373] 기본방점표상이라 한다. 기본방점표상은 기저방점표상과는 구별된다. /산까·지/와 /남산까·지/에서 /-까·지/는 평성형 뒤(□—, □□—)에 나타나므로 그 방점 표상은 기저방점표상이다. 또 /산·에, 남산·에/에서 /–·에/는 평성형 뒤(□—, □□—)에 나타나므로 그 방점 표상은 기저방점표상이다. /산·에까·지/와 /남산·에까·지/는 각각 이름씨 하나와 토씨 둘이 모두 기저방점표상으로만 연결되어 있으므로, 이 2개의 굴곡형은 운율적인 낱말(/어절) 전체의 기저방점표상이다.

그러나 지은이는 자료를 제시할 때 /산·에까·지/와 /남산·에까·지/와 같은 기저방점표상을 열거하지 않고, 최종방점표상인 /산·에·까·지/와 /남산·에·까·지/를 제시한다. 토씨연결체의 바로 앞에 오는 부분(이 두 보기에서는 /산/과 /남산/)이 평성형($□_1$)일 때의 토씨연결체의 방점표상을 그 토씨연결체의 '기본방점표상'이라 부른다. 토씨연결체의 기본방점표상 /·에·까·지/와 기저방점표상 /·에까·지/를 이 책을 읽는 분들은 구별할 수 있어야 한다. 하나의 보기만 더 들면, /동생하·고까·지만·은/에서 토씨연결체의 방점 표시는 기저방점표상이지만, /동생하·고·까·지·만·은/에서 토씨연결체 /하·고·까·지·만·은/의 방점 표시는 '기본방점표상'이다.

'최종방점표상'과 '기본방점표상'을 혼동해서는 안 된다. /남산·에·까·지/라는 굴곡형 전체는 '최종방점표상'이고, /–·에·까·지/는 평성형 /남산/ 뒤에 나타났으므로 '기본방점표상'이다. 그러나 /·학·교·에·까·지/에서 /–·에·까·지/는 평성형이 아닌 거성형(·□·□) /·학·교/ 뒤에 나타나므로 중화된 방점표상이지만, 기본방점표상은 아니다. 마찬가지로 /동생하·고·까·지·만·은/에서 토씨연결체의 방점 표시는 기본방점표상이지만, /·학·생·하·고·까·지·만·은/에서 토씨연결체의 방점 표시는 /·하·고·까·지·만·은/ 거성형(·□·□)인 /·학·생/ 뒤에 나타나기 때문에 기본방점표상이 아니다. 더 일반화하면, 상성형(:$□_1$)이나 거성형(·$□_1$)이나 평측형($□_1$·$□^n$)(단, $n \geq 1$)인 것 뒤에 나타나는 토씨연결체의 방점 표시는 중화된 방점표상이므로 기본방점표상은 아니다. ①/:광·주·에·서/에 나타나는 /–·에·서/와 ②/손빠·닥·에·서/에 나타나는 /–·에·서/와 그리고 ③/전주·에·서/에 나타나는 /–·에·서/는 눈으로 보기에는 같으나, 앞의 두 경우(①, ②의 경우)는 토씨연결체는 상성형(/:□·□/) 및 평측형(/□□·□/) 뒤에 나타나기 때문에 기본방점표상이 아니지만, 뒤의 것(③의 경우)는 평성형(□□) 뒤에 나타나기 때문에 기본방점표상이다. 다시 말하면, 토씨연결체의 기본방점표상은 평성형($□_1$) 뒤에 나타날 때의 방점표상이다.

토씨연결체의 기본방점표상 분석의 보기를 보이면 다음 (290)과 같다.

373) 토씨연결체라는 것은 1개 이상의 토씨의 연결체를 가리킨다. /부산까·지, 부산·에·까·지, 부산까·지·는, … /에서 /-까·지, -·에·까·지, -까·지·는, … /은 모두 기본방점표상이다.

(290) 이름씨와 토씨로 이루어진 창원 방언의 운율적 낱말[374]

	운율적 낱말	성조형[음조형]	이름씨+토씨(연결체)	토씨(연결체)의 기본방점
ㄱ.	콩·도	HM[HM]	콩+·도	·도
	말·도(馬)	HM[HM]	말+·도	·도
	초·도(醋)	HM[HM]	초+·도	·도
	부산·도	H^2M[MHM]	부산+·도	·도
	단술·도	H^2M[MHM]	단술+·도	·도
	보리·도	H^2M[MHM]	보리+·도	·도
ㄴ.	콩·으·로	HM^2[HM^2]	콩+·으·로	·으·로
	말·로(馬)	HM[HM]	말+·로	·로
	초·로(醋)	HM[HM]	초+·로	·로
	부산·으·로	H^2M^2[MHM^2]	부산+·으·로	·으·로
	단술·로	H^2M[MHM]	단술+·로	·로
	보리·로	H^2M[MHM]	보리+·로	·로
ㄷ.	콩하·고	H^2M[MHM]	콩+하·고	하·고
	말하·고(馬)	H^2M[MHM]	말+하·고	하·고
	초하·고(醋)	H^2M[MHM]	초+하·고	하·고
	부산하·고	H^3M[MʜHM]	부산+하·고	하·고
	단술하·고	H^3M[MʜHM]	단술+하·고	하·고
	보리하·고	H^3M[MʜHM]	보리+하·고	하·고

위와 같은 방법으로 4개의 토씨연결체의 기본방점표상은 /·도/, /·로/, /·으·로/, /하·고/로 분석된다. 그러나 다음의 자료를 보자.

(291) 상성형 이름씨와 토씨로 이루어진 창원 방언①의 운율적 낱말과 토씨 방점 분석

	운율적 낱말	성조형[음조형]	이름씨+토씨(연결체)	토씨(연결체) 방점
ㄱ.	:돈·도	L^2[LM]	:돈+·도	·도
	:돌·도(石)	L^2[LM]	:돌+·도	·도
	:개·도(燭)	L^2[LM]	:개+·도	·도
	:우·산·도	L^3[LMM]	:우·산+·도	·도
	:서·울·도	L^3[LMM]	:서·울+·도	·도
	:광·주·도	L^3[LMM]	:광·주+·도	·도
ㄴ.	:돈·으·로	L^3[LMM]	:돈+·으·로	·으·로
	:돌·로(月)	L^2[LM]	:돌·+·로	·로
	:개·로(燭)	L^2[LM]	:개+·로	·로

374) 창원 방언①에서는 1음절 고정 평성 이름씨를 토씨 방점 표상 분석의 틀로 잡을 필요는 없다. 어간이 1음절이건, 2음절 이상이건 상관없이, 평성형(□$_1$)이기만 하면 거기에 연결되는 토씨의 방점 표상은 기저방점 표상이고, 또한 거기에 결합될 때 나타나는 토씨연결체의 방점 표상은 기본방점 표상이다.

:우·산·으·로	L^4[LMMм]	:우·산+·으·로	·으·로
:서·울·로	L^3[LMM]	:서·울+·로	·로
:광·주·로	L^3[LMM]	:광·주+·로	·로
ㄷ. :돈·하·고	L^3[LMM]	:돈+·하·고	·하·고
:돌·하·고(斗)	L^3[LMM]	:돌+·하·고	·하·고
:개·하·고(醋)	L^3[LMM]	:개+·하·고	·하·고
:우·산·하·고	L^4[LMMм]	:우·산+·하·고	·하·고
:서·울·하·고	L^4[LMMм]	:서·울+·하·고	·하·고
:광·주·하·고	L^4[LMMм]	:광·주+·하·고	·하·고
ㄹ. ·꿈·도	M^2[HH/MM]	·꿈+·도	·도
·달·도(月)	M^2[HH/MM]	·달+·도	·도
·초·도(燭)	M^2[HH/MM]	·초+·도	·도
·울·산·도	M^3[HHM]	·울·산+·도	·도
·촛·불·도	M^3[HHM]	·촛·불+·도	·도
·목·포·도	M^3[HHM]	·목·포+·도	·도
ㅁ. ·꿈·으·로	M^3[HHM]	·꿈+·으·로	·으·로
·달·로(月)	M^2[HH/MM]	·달·+·로	·로
·초·로(燭)	M^2[HH/MM]	·초+·로	·로
·울·산·으·로	M^4[HHM²]	·울·산+·으·로	·으·로
·촛·불·로	M^3[HHM]	·촛·불+·로	·로
·목·포·로	M^3[HHM]	·목·포+·로	·로
ㅂ. ·꿈·하·고	M^3[HHM]	·꿈+·하·고	·하·고
·말·하·고(斗)	M^3[HHM]	·말+·하·고	·하·고
·초·하·고(醋)	M^3[HHM]	·초+·하·고	·하·고
·울·산·하·고	M^4[HHM²]	·울·산+·하·고	·하·고
·촛·불·하·고	M^4[HHM²]	·촛·불+·하·고	·하·고
·목·포·하·고	M^4[HHM²]	·목·포+·하·고	·하·고

(291)ㄱ～ㅂ의 결과를 종합하면, 측성 뒤 ≪{:□,·□}—≫에서 토씨들의 방점 표상은 측성형(·$□_1$)으로 나타남을 알 수 있고, 이것은 중화 규칙 (5)ㄴ에 의해 예측된다. (291)에 따른 토씨들의 방점표상 /·도/, /·로/, /·으·로/, /·하·고/를 (290)에 나오는 평성형($□_1$) 이름씨들인 /콩/, /말/(馬), /초/(醋), /부산/, /단술/에 결합하면, 어떤 결과가 도출되는지 검토해 보자.

(292) 평성형 이름씨와 (291)에서 얻은 측성형 토씨의 결합

입력 표상	도출형	성조형[음조형]
ㄱ. 콩+·도	콩·도	HM[HM]

말+·도(馬)	말·도	HM[HM]
초+·도(醋)	초·도	HM[HM]
부산+·도	부산·도	H^{2}M[MHM]
단술+·도	단술·도	H^{2}M[MHM]
보리+·도	보리·도	H^{2}M[MHM]
ㄴ. 콩+·으·로	콩·으·로	HM^{2}[HM^{2}]
말+·로(馬)	말·로	HM^{2}[HM^{2}]
초+·로(醋)	초·로	HM^{2}[HM^{2}]
부산+·으·로	부산·으·로	H^{2}M^{2}[MHM^{2}]
단술+·로	단술·로	H^{2}M[MHM]
보리+·로	보리·로	H^{2}M[MHM]
ㄷ. 콩+·하·고	*콩·하·고	*HM^{2}[*HM^{2}]
말+·하·고(馬)	*말·하·고	*HM^{2}[*HM^{2}]
초+·하·고(醋)	*초·하·고	*HM^{2}[*HM^{2}]
부산+·하·고	*부산·하·고	*H^{2}M^{2}[*MHM^{2}]
단술+·하·고	*단술·하·고	*H^{2}M^{2}[*MHM^{2}]
보리+·하·고	*보리·하·고	*H^{2}M^{2}[*MHM^{2}]

(290)과 (292)를 대조하면, (291)에서 얻은 토씨의 방점표상으로는 (292)ㄷ에서 보는 바와 같이 잘못된 최종방점표상(따라서 잘못된 성조형과 음조형)이 도출됨을 알 수 있다. 그러나 (290)에서 얻은 토씨들의 방점표상을 (291)의 거성형이나 상성형 이름씨들과 결합하면 중화규칙 (5)ㄴ에 의해 올바른 방점표상이 도출될 것임이 예측된다(보기; :돌+·도→:돌·도, :돌+하·고→:돌·하·고, :서·울+·도→:서·울·도, :서·울+하·고→:서·울·하·고; ·달+·도→·달·도, ·달+하·고→·달·하·고, ·춧·불+·도→·춧·불·도, ·춧·불+하·고→·춧·불·하·고).

(290)~(292)를 통해서 우리는 토씨의 기저방점표상은 (290)처럼 평성형 이름씨 뒤에 올 때의 것으로 하면 된다는 것을 알 수 있다. 이제 토씨연결체의 기본방점표상의 분석 원칙을 제시하고자 한다.

(293) 토씨연결체의 기본방점표상은 평성형(□$_1$) 이름씨 뒤에 오는 것으로 한다.

(293)의 원칙을 통해서 얻은 기본방점표상의 목록을 제시하면 다음과 같다.

(294) 토씨연결체의 기본방점표상 목록

토씨	기본방점표상[음조 표상]	나타나는 방언
·가	M[ ][375]	(창원①②, 함안, 김해, 양산)
·나	M[ ]	(창원①②, 함안, 김해, 양산)

·는	M[ ]	(창원①②, 함안, 김해, 양산)
·로	M[ ]	(창원①②, 함안, 김해, 양산)
·로<를>	M[ ]	(창원①②, 함안, 김해, 양산)
·를	M[ ]	(창원①②, 김해, 양산)
·마<만>	M[ ]	(창원①②, 함안, 김해, 양산)
·만[376]	M[ ]	(창원①②, 함안, 김해, 양산)
·에	M[ ]	(창원①②, 함안, 김해, 양산)
·야<강조>	M[ ]	(창원①②, 함안, 김해, 양산)
·야<부름>	M[ ]	(창원①②, 함안, 김해, 양산)
·아<부름>	M[ ]	(창원①②, 함안, 김해, 양산)
·사	M[ ]	(창원①②, 함안, 김해, 양산)
·은	M[ ]	(창원①②, 함안, 김해, 양산)
·을	M[ ]	(창원①②, 함안, 김해, 양산)
·의[·에][377]	M[ ]	(창원①②, 함안, 김해, 양산)
·이	M[ ]	(창원①②, 함안, 김해, 양산)
·께	M[ ]	(창원①②, 함안, 김해, 양산)
·도	M[ ]	(창원①②, 함안, 김해, 양산)
·랑	M[ ]	(창원①, 양산)
·을·랑	M^2[ ]	(창원①②, 함안, 김해, 양산)
·일·랑	M^2[ ]	(창원①, 양산)
·만·은	M^2[ ]	(창원①②, 함안, 김해, 양산)
·에·도	M^2[ ]	(창원①②, 함안, 김해, 양산)
·에·서	M^2[ ]	(창원①②, 함안, 김해, 양산)
·으·로	M^2[ ]	(창원①②, 함안, 김해, 양산)
·이·나	M^2[ ]	(창원①②, 함안, 김해, 양산)
거·치<같이>	HM[ ]	(창원①②, 함안, 김해, 양산)
까·지	HM[ ]	(창원①②, 함안, 김해, 양산)
꺼·장<까지>	HM[ ]	(창원②, 함안)
꺼·정<까지>	HM[ ]	(창원①②, 함안, 김해, 양산)
꺼·지<까지>	HM[ ]	(창원①②, 함안, 김해, 양산)
대·로	HM[ ]	(창원①②, 함안, 김해, 양산)
마·다	HM[ ]	(창원①②, 함안, 김해, 양산)
만·은	HM[ ]	(창원①②, 함안, 김해)
만·큼	HM[ ]	(창원②, 함안, 김해, 양산)
밖·에	HM[ ]	(창원①②, 함안, 양산)

375) 토씨의 기저방점표상 뒤에 있는 [ ] 속에 구체적인 음조형을 제시하지 않고 비워 두었다. 그 까닭은 토씨는 앞서는 어기와 결합한 뒤에 도출되는 운율적인 낱말의 방점 표상에 각 방언에 적용되는 음조형 실현 규칙 (14)가 적용되어야 하기 때문이다.

376) 〔함안 방언, 김해 방언〕 /-·만/은 아주 드물게 나타나고, /-·마/가 주로 쓰인다.

377) 〔경남 동남부 방언〕 /-·의/는 [-·어이]나 [-·에]로 발음되지만, [-·에]의 빈도가 높다.

배·끼	HM[ ]	(김해)
배·께	HM[ ]	(김해, 양산)
버·터<부터>	HM[ ]	(함안, 양산)
버·텅	HM[ ]	(김해, 양산)
보·고	HM[ ]	(창원①②, 함안, 김해, 양산)
보·다	HM[ ]	(양산)
부·터	HM[ ]	(창원①②, 함안, 양산)
부·텅	HM[ ]	(김해)
부·투	HM[ ]	(함안)
빢·에<밖에>	HM[ ]	(양산)
빼·께<밖에>	HM[ ]	(양산)
빼·끼<밖에>	HM[ ]	(창원①②, 함안, 김해, 양산)
빼·이[378]	HM[ ]	(창원②, 함안, 양산)
빼·이	HM[ ]	(양산)
뿌·이<밖에>	HM[ ]	(양산)
뿌·이<밖에>	HM[ ]	(창원②, 함안)
이·꼬[379]	HM[ ]	(양산)
잔·테[380]	HM[ ]	(양산)
조·차	HM[ ]	(창원①②, 함안, 양산)
조·창	HM[ ]	(김해)
쭈·움<쯤>	HM[ ]	(창원①②, 함안, 김해, 양산)
쯔·음<쯤>	HM[ ]	(창원①②, 함안, 양산)
처·럼	HM[ ]	(창원①②, 함안, 김해, 양산)
치·고	HM[ ]	(창원①②, 함안, 김해, 양산)
하·고	HM[ ]	(창원①②, 함안, 김해, 양산)
한·테	HM[ ]	(창원①②, 함안, 김해, 양산)
마·아·큼<만큼>	HM^2[ ]	(창원②, 함안, 김해)
마·안·은<만은>	HM^2[ ]	(함안, 김해)
마·안·치<만큼>	HM^2[ ]	(창원①②)
마·안·쿰<만큼>	HM^2[ ]	(함안)
마·안·큼<만큼>	HM^2[ ]	(창원①②, 양산)
매·애·로<처럼>	HM^2[ ]	(창원②, 양산)
매·이·로<처럼>	HM^2[ ]	(함안, 양산)
매·애·치·로<처럼>	HM^3[ ]	(김해, 양산)
매·애·쿠·로<처럼>	HM^3[ ]	(김해, 양산)
매·애·코·로<처럼>	HM^3[ ]	(양산)
매·애·키·로<처럼>	HM^3[ ]	(창원①, 김해, 양산)

378) 〔양산 방언〕 /빼·이/<할매 말>.
379) 〔양산 방언〕 /니이·꼬/<너한테>, /:개·이·꼬/<개한테>/.
380) 〔양산 방언〕 /내잔·테/<나한테>.

매·앤·치·로<처럼>	HM^3[ ]	(창원①②, 함안, 양산)
매·앵·쿠·로<처럼>	HM^3[ ]	(함안)
매·앵·크·로<처럼>	HM^3[ ]	(창원②, 양산)
매·앵·키·로<처럼>	HM^3[ ]	(창원①②, 함안, 양산)
뿌다<보다>	H^2[ ]	(창원①)
때메·에<때문에>[381]	H^2M[ ]	(양산)
뽀다·가<보다>	H^2M[ ]	(창원①, 김해)
뽀다·아<보다>	H^2M[ ]	(창원①②, 함안)
뿌다·가<보다>	H^2M[ ]	(창원①, 김해)
뿌다·아<보다>	H^2M[ ]	(함안)

5.3.2 이름씨와 토씨 결합의 방점표상 자료

아래 (295)~(314)는 이름씨와 토씨가 결합된 자료인데, 설명은 불필요하므로 생략하고, 조사된 자료만 열거한다. 이 자료들은 일일이 제보자한테 물어서 얻은 것이므로, 각 방언에 가능한 자료이면서도 지은이가 묻지 못했거나, 제보자가 우연히 대답하지 않고 빠뜨린 것도 있을 수 있다.

또 1차 조사 때 쓰이지 않는다고 한 항목이 2차나 또는 그 다음번 조사 때는 쓰인다고 하거나, 또는 1차 조사 때 쓰인다고 한 항목이 2차나 또는 그 다음번 조사 때는 쓰이지 않는다고 대답한 항목이 가끔 있기 때문에, 자료 항목의 존재 여부에 모순되는 듯한 것이 많지는 않지만, 드물게 있을 것이다.

비록 시간적으로 뒤에 조사한 내용이 앞서 조사한 것과 다른 결과가 있더라도, 앞서 조사한 자료를 뒤에 조사한 자료를 참고로 하여 지은이가 임의로 고치지 않는 것을 엄격한 원칙으로 하였다. 앞서 조사한 결과를 지은이가 고치는 일이 전혀 없었던 것은 아닌데, 그러한 경우에는 지은이가 제보자에게 확인한 뒤에 고쳤다.

그러므로 임의의 항목이 5개 방언 가운데 어느 방언에 없다고 해서 그 항목이 그 방언에 없다고 단정해서는 안 되며, 또 임의의 항목이 임의의 방언에 있을 듯하다고 생각하는 항목이 그 방언에 있다고 단정해서도 안 된다.

(295) 1음절 평성 이름씨 {산}의 굴곡표

산(山)	H[MH]	(창원①②, 함안, 김해)
산	H[H˜]	(양산)
사·이<산이>	HM[HM]	(창원①②, 함안, 김해)

381) ［양산 방언］ /니때메·에 :몬·살·겠·다/.

산·마<산만>	HM[HM]	(창원①②, 함안, 김해, 양산)
산·만	HM[HM]	(창원①②, 함안, 김해, 양산)
산·에	HM[HM]	(창원①②, 함안, 김해, 양산)
산·은	HM[HM]	(창원①②, 함안, 김해, 양산)
산·을	HM[HM]	(창원①②, 함안, 김해, 양산)
산·의[산·에][382)	HM[HM]	(창원①②, 함안, 김해, 양산)
산·이	HM[HM]	(창원①②, 함안, 양산)
사·이·나	HM^2[HM^2]	(양산)
사·이·나	HM^2[HM^2]	(창원①②, 함안, 김해, 양산)
산·만·은	HM^2[HM^2]	(창원①②, 함안, 양산)
산·에·도	HM^2[HM^2]	(창원①②, 함안, 김해, 양산)
산·에·서	HM^2[HM^2]	(창원①②, 함안, 김해, 양산)
산·으·로	HM^2[HM^2]	(창원①②, 함안, 김해, 양산)
산·이·나	HM^2[HM^2]	(창원①②, 함안, 양산)
산거·치	H^{2}M[MHM]	(창원①②, 함안, 김해, 양산)
산까·지	H^{2}M[MHM]	(창원①②, 함안, 김해, 양산)
산꺼·장	H^{2}M[MHM]	(창원②, 함안)
산꺼·정	H^{2}M[MHM]	(창원①②, 함안, 김해, 양산)
산꺼·지	H^{2}M[MHM]	(창원①②, 함안, 양산)
산마·다	H^{2}M[MHM]	(창원①②, 함안, 김해, 양산)
산만·은	H^{2}M[MHM]	(창원①②)
산만·큼	H^{2}M[MHM]	(창원②, 함안)
산밖·에	H^{2}M[MHM]	(창원①②, 함안, 양산)
산배·끼	H^{2}M[MHM]	(김해)
산버·터	H^{2}M[MHM]	(함안, 양산)
산버·텅	H^{2}M[MHM]	(김해)
산보·다	H^{2}M[MHM]	(양산)
산부·터	H^{2}M[MHM]	(창원①②, 함안, 양산)
산부·텅	H^{2}M[MHM]	(김해)
산부·투	H^{2}M[MHM]	(함안)
산빡·에	H^{2}M[MHM]	(창원①, 양산)
산빼·께	H^{2}M[MHM]	(양산)
산빼·끼	H^{2}M[MHM]	(창원①②, 함안, 김해, 양산)
산빼·이	H^{2}M[MHM]	(양산)
산빼·이	H^{2}M[MHM]	(창원②, 함안)
산뿌·이	H^{2}M[MHM]	(양산)
산뿌·이	H^{2}M[MHM]	(창원②, 함안)
산이·꼬	H^{2}M[MHM]	(양산)

382) 〔경남 동남부 방언〕 /-·의/는 [-·어이]나 [-·에]로 발음되지만, [-·에]의 빈도가 높다.

산조·차	H^{2}M[MHM]	(창원①②, 함안, 김해, 양산)
산쭈·움	H^{2}M[MHM]	(창원①②, 함안, 김해, 양산)
산쯔·음	H^{2}M[MHM]	(창원①②, 함안, 양산)
산처·럼	H^{2}M[MHM]	(창원①②, 함안, 김해, 양산)
산하·고	H^{2}M[MHM]	(창원①②, 함안, 김해, 양산)
산한·테	H^{2}M[MHM]	(창원①②, 함안, 김해, 양산)
산마·아·큼	H^{2}M^2[MHM^2]	(창원②, 함안, 김해)
산마·안·은	H^{2}M^2[MHM^2]	(함안)
산마·안·치	H^{2}M^2[MHM^2]	(창원①②)
산마·안·쿰	H^{2}M^2[MHM^2]	(함안)
산마·안·큼	H^{2}M^2[MHM^2]	(창원①②, 함안, 양산)
산매·애·로	H^{2}M^2[MHM^2]	(창원②, 양산)
산매·이·로	H^{2}M^2[MHM^2]	(함안, 양산)
산매·애·치·로	H^{2}M^3[MHM^3]	(김해, 양산)
산매·애·코·로	H^{2}M^3[MHM^3]	(양산)
산매·애·쿠·로	H^{2}M^3[MHM^3]	(김해, 양산)
산매·애·키·로	H^{2}M^3[MHM^3]	(창원①, 김해)
산매·앤·치·로	H^{2}M^3[MHM^3]	(창원①②, 함안, 양산)
산매·앵·쿠·로	H^{2}M^3[MHM^3]	(함안)
산매·앵·크·로	H^{2}M^3[MHM^3]	(창원②)
산매·앵·키·로	H^{2}M^3[MHM^3]	(창원①②, 함안, 양산)
산뿌다	H^3[MʜH]	(창원①, 양산)
산때메·에	H^{3}M[MʜHM]	(양산)
산뽀다·가	H^{3}M[MʜHM]	(창원①, 김해, 양산)
산뽀다·아	H^{3}M[MʜHM]	(창원①②, 함안, 양산)
산뿌다·가	H^{3}M[MʜHM]	(창원①, 김해, 양산)
산뿌다·아	H^{3}M[MʜHM]	(함안, 양산)

(296) 1음절 평성 이름씨 {말}의 굴곡표

말(馬)	H[MH]	(창원①②, 함안, 김해)
말	H[H˥]	(양산)
말·로<말을>	HM[HM]	(창원①②, 함안, 김해, 양산)
말·로	HM[HM]	(창원①②, 함안, 김해, 양산)
말·마	HM[HM]	(창원①②, 함안, 김해, 양산)
말·만	HM[HM]	(창원①②, 함안, 김해, 양산)
말·에	HM[HM]	(창원①②, 함안, 김해, 양산)
말·은	HM[HM]	(창원①②, 함안, 김해, 양산)
말·을	HM[HM]	(창원①②, 함안, 김해, 양산)
말·의[말·에]	HM[HM]	(창원①②, 함안, 김해, 양산)
말·이	HM[HM]	(창원①②, 함안, 김해, 양산)

말·만·은	$HM^2[HM^2]$	(창원①②, 함안, 김해, 양산)
말·에·도	$HM^2[HM^2]$	(창원①②, 함안, 김해, 양산)
말·에·서	$HM^2[HM^2]$	(창원①②, 함안, 김해, 양산)
말·이·나	$HM^2[HM^2]$	(창원①②, 함안, 김해, 양산)
말거·치	$H^2M[MHM]$	(창원①②, 함안, 김해, 양산)
말까·지	$H^2M[MHM]$	(창원①②, 함안, 김해, 양산)
말꺼·정	$H^2M[MHM]$	(창원①②, 함안, 김해, 양산)
말꺼·지	$H^2M[MHM]$	(창원①②, 함안, 양산)
말마·다	$H^2M[MHM]$	(창원①②, 함안, 김해, 양산)
말만·은	$H^2M[MHM]$	(창원①②, 김해, 양산)
말밖·에	$H^2M[MHM]$	(창원①②, 함안)
말배·끼	$H^2M[MHM]$	(김해)
말버·터	$H^2M[MHM]$	(함안, 양산)
말버·텅	$H^2M[MHM]$	(김해)
말보·다	$H^2M[MHM]$	(양산)
말부·터	$H^2M[MHM]$	(창원①②, 함안, 양산)
말부·텅	$H^2M[MHM]$	(김해, 양산)
말부·투	$H^2M[MHM]$	(함안)
말빾·에	$H^2M[MHM]$	(양산)
말빼·께	$H^2M[MHM]$	(양산)
말빼·끼	$H^2M[MHM]$	(창원①②, 함안, 김해, 양산)
말빼·이	$H^2M[MHM]$	(양산)
말빼·ㅣ	$H^2M[MHM]$	(창원②, 함안)
말뿌·이	$H^2M[MHM]$	(양산)
말뿌·ㅣ	$H^2M[MHM]$	(창원②, 함안)
말이·꼬	$H^2M[MHM]$	(양산)
말잔·테	$H^2M[MHM]$	(양산)
말조·차	$H^2M[MHM]$	(창원①②, 함안, 양산)
말조·창	$H^2M[MHM]$	(김해)
말쭈·움	$H^2M[MHM]$	(창원①②, 함안, 김해, 양산)
말쯔·음	$H^2M[MHM]$	(창원①②, 함안)
말처·럼	$H^2M[MHM]$	(창원①②, 함안, 김해, 양산)
말하·고	$H^2M[MHM]$	(창원①②, 함안, 김해, 양산)
말한·테	$H^2M[MHM]$	(창원①②, 함안, 김해, 양산)
말마·아·큼	$H^2M^2[MHM^2]$	(창원②, 함안, 양산)
말마·안·은	$H^2M^2[MHM^2]$	(함안)
말마·안·치	$H^2M^2[MHM^2]$	(창원①②, 양산)
말마·안·큼	$H^2M^2[MHM^2]$	(창원①②, 함안, 양산)
말매·애·로	$H^2M^2[MHM^2]$	(창원②, 양산)
말매·이·로	$H^2M^2[MHM^2]$	(함안, 양산)

말매·애·치·로	H^{2}M^3[MHM^3]	(김해, 양산)
말매·애·코·로	H^{2}M^3[MHM^3]	(양산)
말매·애·쿠·로	H^{2}M^3[MHM^3]	(김해)
말매·애·크·로	H^{2}M^3[MHM^3]	(양산)
말매·애·키·로	H^{2}M^3[MHM^3]	(창원①, 김해)
말매·앤·치·로	H^{2}M^3[MHM^3]	(창원①②, 함안, 양산)
말매·앵·쿠·로	H^{2}M^3[MHM^3]	(함안, 양산)
말매·앵·크·로	H^{2}M^3[MHM^3]	(창원②, 양산)
말매·앵·키·로	H^{2}M^3[MHM^3]	(창원①②, 함안, 양산)
말뿌다	H^3[MʜH]	(창원①, 양산)
말때메·에	H^{3}M[MʜHM]	(양산)
말뽀다·가	H^{3}M[MʜHM]	(창원①②, 김해)
말뽀다·아	H^{3}M[MʜHM]	(창원②, 함안, 양산)
말뿌다·가	H^{3}M[MʜHM]	(창원①, 김해)
말뿌다·아	H^{3}M[MʜHM]	(함안, 양산)

(297) 1음절 평성 이름씨 {집}의 굴곡표

집(家)	H[MH]	(창원①②, 함안, 김해)
집	H[H˺]	(양산)
집·마	HM[HM]	(창원①②, 함안, 김해, 양산)
집·만	HM[HM]	(창원①②, 함안, 김해, 양산)
집·에	HM[HM]	(창원①②, 함안, 김해, 양산)
집·은	HM[HM]	(창원①②, 함안, 김해, 양산)
집·을	HM[HM]	(창원①②, 함안, 김해, 양산)
집·의[집·에]	HM[HM]	(창원①②, 함안, 김해, 양산)
집·이	HM[HM]	(창원①②, 함안, 김해, 양산)
집·만·은	HM^2[HM^2]	(창원①②, 함안, 김해, 양산)
집·에·도	HM^2[HM^2]	(창원①②, 함안, 김해, 양산)
집·에·서	HM^2[HM^2]	(창원①②, 함안, 김해, 양산)
집·으·로	HM^2[HM^2]	(창원①②, 함안, 김해, 양산)
집·이·나	HM^2[HM^2]	(창원①②, 함안, 김해, 양산)
집거·치	H^{2}M[MHM]	(창원①②, 함안, 김해, 양산)
집까·지	H^{2}M[MHM]	(창원①②, 함안, 김해, 양산)
집꺼·장	H^{2}M[MHM]	(창원②, 함안)
집꺼·정	H^{2}M[MHM]	(창원①②, 함안, 김해, 양산)
집꺼·지	H^{2}M[MHM]	(창원①②, 함안, 양산)
집꺼·징	H^{2}M[MHM]	(양산)
집마·다	H^{2}M[MHM]	(창원①②, 함안, 김해, 양산)
집만·은	H^{2}M[MHM]	(창원①②, 김해, 양산)
집만·큼	H^{2}M[MHM]	(창원②, 함안, 양산)

집박·에	H^{2}M[MHM]	(창원①②, 함안, 양산)
집배·끼	H^{2}M[MHM]	(김해)
집버·터	H^{2}M[MHM]	(함안, 양산)
집버·텅	H^{2}M[MHM]	(김해, 양산)
집보·다	H^{2}M[MHM]	(양산)
집부·터	H^{2}M[MHM]	(창원①②, 함안, 양산)
집부·텅	H^{2}M[MHM]	(김해, 양산)
집부·투	H^{2}M[MHM]	(함안)
집빡·에	H^{2}M[MHM]	(양산)
집빼·께	H^{2}M[MHM]	(양산)
집빼·끼	H^{2}M[MHM]	(창원①②, 함안, 김해, 양산)
집빼·이	H^{2}M[MHM]	(양산)
집빼·ᅌᅵ	H^{2}M[MHM]	(창원②, 함안, 양산)
집뿌·이	H^{2}M[MHM]	(양산)
집뿌·ᅌᅵ	H^{2}M[MHM]	(창원②, 함안)
집조·차	H^{2}M[MHM]	(창원①②, 함안, 양산)
집조·창	H^{2}M[MHM]	(김해)
집쭈·움	H^{2}M[MHM]	(창원①②, 함안, 김해, 양산)
집쯔·음	H^{2}M[MHM]	(창원①②, 함안, 양산)
집처·럼	H^{2}M[MHM]	(창원①②, 함안, 김해, 양산)
집하·고	H^{2}M[MHM]	(창원①②, 함안, 김해, 양산)
집한·테	H^{2}M[MHM]	(창원①②, 함안, 김해, 양산)
집마·아·큼	H^{2}M^2[MHM^2]	(창원②, 함안, 김해, 양산)
집마·안·은	H^{2}M^2[MHM^2]	(함안)
집마·안·치	H^{2}M^2[MHM^2]	(창원①②, 양산)
집마·안·쿰	H^{2}M^2[MHM^2]	(함안)
집마·안·큼	H^{2}M^2[MHM^2]	(창원①②, 함안, 양산)
집매·애·로	H^{2}M^2[MHM^2]	(창원②, 양산)
집매·이·로	H^{2}M^2[MHM^2]	(함안, 양산)
집매·애·치·로	H^{2}M^3[MHM^3]	(김해, 양산)
집매·애·코·로	H^{2}M^3[MHM^3]	(양산)
집매·애·쿠·로	H^{2}M^3[MHM^3]	(김해, 양산)
집매·애·크·로	H^{2}M^3[MHM^3]	(양산)
집매·애·키·로	H^{2}M^3[MHM^3]	(창원①, 김해, 양산)
집매·앤·치·로	H^{2}M^3[MHM^3]	(창원①②, 함안, 양산)
집매·앵·코·로	H^{2}M^3[MHM^3]	(양산)
집매·앵·쿠·로	H^{2}M^3[MHM^3]	(함안, 양산)
집매·앵·크·로	H^{2}M^3[MHM^3]	(창원②)
집매·앵·키·로	H^{2}M^3[MHM^3]	(창원①②, 함안, 양산)
집뽀다	H^3[MʜH]	(창원①, 양산)

집뿌다	H^{3}[MʜH]	(창원①, 양산)
집때메·에	H^{3}M[MʜHM]	(양산)
집뽀다·가	H^{3}M[MʜHM]	(창원①, 김해)
집뽀다·아	H^{3}M[MʜHM]	(창원①②, 함안)
집뿌다·가	H^{3}M[MʜHM]	(창원①, 김해, 양산)
집뿌다·아	H^{3}M[MʜHM]	(함안)

(298) 1음절 평성 이름씨 {술}의 굴곡표

술(酒)	H[MH]	(창원①②, 함안, 김해)
술	H[H¯]	(양산)
술·로<술을>	HM[HM]	(창원①②, 함안, 김해, 양산)
술·로	HM[HM]	(창원①②, 함안, 김해, 양산)
술·마	HM[HM]	(창원①②, 함안, 김해, 양산)
술·만	HM[HM]	(창원①②, 함안, 김해, 양산)
술·에	HM[HM]	(창원①②, 함안, 김해, 양산)
술·은	HM[HM]	(창원①②, 함안, 김해, 양산)
술·을	HM[HM]	(창원①②, 함안, 김해, 양산)
술·의[술·에]	HM[HM]	(창원①②, 함안, 김해, 양산)
술·이	HM[HM]	(창원①②, 함안, 김해, 양산)
술·만·은	HM^{2}[HM^{2}]	(창원①②, 함안, 김해, 양산)
술·에·도	HM^{2}[HM^{2}]	(창원①②, 함안, 김해, 양산)
술·에·서	HM^{2}[HM^{2}]	(창원①②, 함안, 김해, 양산)
술·이·나	HM^{2}[HM^{2}]	(창원①②, 함안, 양산)
술거·치	H^{2}M[MHM]	(창원①②, 함안, 양산)
술까·지	H^{2}M[MHM]	(창원①②, 함안, 김해, 양산)
술꺼·장	H^{2}M[MHM]	(창원②, 함안)
술꺼·정	H^{2}M[MHM]	(창원①②, 함안, 김해, 양산)
술꺼·지	H^{2}M[MHM]	(창원①②, 함안, 양산)
술마·다	H^{2}M[MHM]	(창원①②, 함안, 김해, 양산)
술만·은	H^{2}M[MHM]	(창원①②, 김해)
술만·큼	H^{2}M[MHM]	(창원②, 함안)
술밖·에	H^{2}M[MHM]	(창원①②, 함안)
술배·끼	H^{2}M[MHM]	(김해)
술버·터	H^{2}M[MHM]	(함안, 양산)
술버·텅	H^{2}M[MHM]	(김해, 양산)
술보·다	H^{2}M[MHM]	(양산)
술부·터	H^{2}M[MHM]	(창원①②, 함안, 양산)
술부·텅	H^{2}M[MHM]	(김해, 양산)
술부·투	H^{2}M[MHM]	(함안)
술빾·에	H^{2}M[MHM]	(양산)

술빼·께	H^{2}M[MHM]	(양산)
술빼·끼	H^{2}M[MHM]	(창원①②, 함안, 양산)
술빼·이	H^{2}M[MHM]	(양산)
술빼·이	H^{2}M[MHM]	(창원②, 함안)
술뿌·이	H^{2}M[MHM]	(양산)
술뿌·이	H^{2}M[MHM]	(창원②, 함안)
술이·꼬	H^{2}M[MHM]	(양산)
술조·차	H^{2}M[MHM]	(창원①②, 함안, 양산)
술조·창	H^{2}M[MHM]	(김해)
술쭈·움	H^{2}M[MHM]	(창원①②, 함안, 김해, 양산)
술쯔·음	H^{2}M[MHM]	(창원①②, 함안)
술처·럼	H^{2}M[MHM]	(창원①②, 함안, 양산)
술하·고	H^{2}M[MHM]	(창원①②, 함안, 김해, 양산)
술한·테	H^{2}M[MHM]	(창원①②, 함안, 양산)
술마·아·큼	H^{2}M^2[MHM^2]	(창원②, 함안, 양산)
술마·안·은	H^{2}M^2[MHM^2]	(함안)
술마·안·치	H^{2}M^2[MHM^2]	(창원①②)
술마·안·큼	H^{2}M^2[MHM^2]	(창원①②, 함안, 양산)
술매·애·로	H^{2}M^2[MHM^2]	(창원②)
술매·이·로	H^{2}M^2[MHM^2]	(함안, 양산)
술매·애·치·로	H^{2}M^3[MHM^3]	(김해, 양산)
술매·애·쿠·로	H^{2}M^3[MHM^3]	(김해, 양산)
술매·애·키·로	H^{2}M^3[MHM^3]	(창원, 김해)
술매·앤·치·로	H^{2}M^3[MHM^3]	(창원①②, 함안, 양산)
술매·앵·쿠·로	H^{2}M^3[MHM^3]	(함안, 양산)
술매·앵·크·로	H^{2}M^3[MHM^3]	(창원②)
술매·앵·키·로	H^{2}M^3[MHM^3]	(창원①②, 함안, 양산)
술뿌다	H^3[MʜH]	(창원①)
술때메·에	H^{3}M[MʜHM]	(양산)
술뽀다·가	H^{3}M[MʜHM]	(창원①②)
술뽀다·아	H^{3}M[MʜHM]	(창원②, 함안, 양산)
술뿌다·가	H^{3}M[MʜHM]	(창원①, 양산)
술뿌다·아	H^{3}M[MʜHM]	(함안, 양산)

(299) 1음절 평성 이름씨 {손}의 굴곡표

손(客)	H[MH]	(창원①②, 함안, 김해)
손	H[H˺]	(양산)
소·이<손이>	HM[HM]	(양산)
소·이<손이>	HM[HM]	(창원①②, 함안, 김해, 양산)
손·마	HM[HM]	(창원①②, 함안, 김해, 양산)

손·만	HM[HM]	(창원①②, 함안, 김해, 양산)
손·에	HM[HM]	(창원①②, 함안, 김해, 양산)
손·은	HM[HM]	(창원①②, 함안, 김해, 양산)
손·을	HM[HM]	(창원①②, 함안, 김해, 양산)
손·의[손·에]	HM[HM]	(창원①②, 함안, 김해, 양산)
소·이·나	$HM^2[HM^2]$	(양산)
소·이·나	$HM^2[HM^2]$	(창원①②, 함안, 김해, 양산)
손·만·은	$HM^2[HM^2]$	(창원①②, 함안, 김해, 양산)
손·에·도	$HM^2[HM^2]$	(창원①②, 함안, 김해, 양산)
손·에·서	$HM^2[HM^2]$	(창원①②, 함안, 김해, 양산)
손·으·로	$HM^2[HM^2]$	(창원①②, 함안, 김해, 양산)
손거·치	$H^2M[MHM]$	(창원①②, 함안, 양산)
손까·지	$H^2M[MHM]$	(창원①②, 함안, 김해, 양산)
손꺼·장	$H^2M[MHM]$	(창원②, 함안)
손꺼·정	$H^2M[MHM]$	(창원①②, 함안, 김해, 양산)
손꺼·지	$H^2M[MHM]$	(창원①②, 함안, 양산)
손마·다	$H^2M[MHM]$	(창원①②, 함안, 김해, 양산)
손만·은	$H^2M[MHM]$	(창원①②, 김해)
손만·큼	$H^2M[MHM]$	(창원②, 함안)
손밖·에	$H^2M[MHM]$	(창원①②, 함안)
손버·터	$H^2M[MHM]$	(함안, 양산)
손버·텅	$H^2M[MHM]$	(김해, 양산)
손보·다	$H^2M[MHM]$	(양산)
손부·터	$H^2M[MHM]$	(창원①②, 함안, 양산)
손부·텅	$H^2M[MHM]$	(김해, 양산)
손부·투	$H^2M[MHM]$	(함안)
손빾·에	$H^2M[MHM]$	(양산)
손빼·끼	$H^2M[MHM]$	(창원①②, 함안, 양산)
손빼·이	$H^2M[MHM]$	(양산)
손빼·이	$H^2M[MHM]$	(창원②, 함안)
손뿌·이	$H^2M[MHM]$	(양산)
손뿌·이	$H^2M[MHM]$	(창원②, 함안)
손이·꼬	$H^2M[MHM]$	(양산)
손잔·테	$H^2M[MHM]$	(창원①②, 함안, 양산)
손조·차	$H^2M[MHM]$	(창원①②, 함안, 양산)
손조·창	$H^2M[MHM]$	(김해)
손쭈·움	$H^2M[MHM]$	(창원①②, 함안, 김해, 양산)
손쯔·음	$H^2M[MHM]$	(창원①②, 함안, 양산)
손처·럼	$H^2M[MHM]$	(창원①②, 함안, 양산)
손하·고	$H^2M[MHM]$	(창원①②, 함안, 김해, 양산)

손한·테	H^{2}M[MHM]	(창원①②, 함안, 김해, 양산)
손마·아·큼	H^{2}M^{2}[MHM^{2}]	(창원②, 함안, 김해)
손마·안·은	H^{2}M^{2}[MHM^{2}]	(함안)
손마·안·치	H^{2}M^{2}[MHM^{2}]	(창원①②)
손마·안·쿰	H^{2}M^{2}[MHM^{2}]	(함안)
손마·안·큼	H^{2}M^{2}[MHM^{2}]	(창원①②, 함안, 양산)
손매·애·로	H^{2}M^{2}[MHM^{2}]	(창원②, 양산)
손매·이·로	H^{2}M^{2}[MHM^{2}]	(함안, 양산)
손매·애·치·로	H^{2}M^{3}[MHM^{3}]	(김해, 양산)
손매·애·코·로	H^{2}M^{3}[MHM^{3}]	(양산)
손매·애·쿠·로	H^{2}M^{3}[MHM^{3}]	(김해, 양산)
손매·애·키·로	H^{2}M^{3}[MHM^{3}]	(창원①, 김해, 양산)
손매·앤·치·로	H^{2}M^{3}[MHM^{3}]	(창원①②, 함안, 양산)
손매·앵·쿠·로	H^{2}M^{3}[MHM^{3}]	(함안)
손매·앵·크·로	H^{2}M^{3}[MHM^{3}]	(창원②)
손매·앵·키·로	H^{2}M^{3}[MHM^{3}]	(창원①②, 함안, 양산)
손뿌다	H^{3}[MʜH]	(창원①)
손때메·에	H^{3}M[MʜHM]	(양산)
손뽀다·가	H^{3}M[MʜHM]	(창원①, 양산)
손뽀다·아	H^{3}M[MʜHM]	(창원①②, 함안, 양산)
손뿌다·가	H^{3}M[MʜHM]	(창원①)
손뿌다·아	H^{3}M[MʜHM]	(함안)

(300) 1음절 평성 이름씨 {배}의 굴곡표

배(梨)	H[MH]	(창원①②, 함안, 김해)
배	H[H⌝]	(양산)
배·가	HM[HM]	(창원①②, 함안, 김해, 양산)
배·가	HM[HM]	(창원①②, 함안, 김해, 양산)
배·나	HM[HM]	(창원①②, 함안, 김해, 양산)
배·는	HM[HM]	(창원①②, 함안, 김해, 양산)
배·로	HM[HM]	(창원①②, 함안, 김해, 양산)
배·를	HM[HM]	(창원①②, 함안, 김해, 양산)
배·마	HM[HM]	(창원①②, 함안, 김해, 양산)
배·만	HM[HM]	(창원①②, 함안, 김해, 양산)
배·에	HM[HM]	(창원①②, 함안, 김해, 양산)
배·의[배·에]	HM[HM]	(창원①②, 함안, 김해, 양산)
배·만·은	HM^{2}[HM^{2}]	(창원①②, 함안, 김해, 양산)
배·에·도	HM^{2}[HM^{2}]	(창원①②, 함안, 김해, 양산)
배·에·서	HM^{2}[HM^{2}]	(창원①②, 함안, 김해, 양산)
배거·치	H^{2}M[MHM]	(창원①②, 함안, 양산)

배까·지	H^2M[MHM]	(창원①②, 함안, 김해, 양산)
배꺼·장	H^2M[MHM]	(창원②, 함안)
배꺼·정	H^2M[MHM]	(창원①②, 함안, 김해, 양산)
배꺼·지	H^2M[MHM]	(창원①②, 함안, 김해, 양산)
배마·다	H^2M[MHM]	(창원①②, 함안, 양산)
배만·은	H^2M[MHM]	(창원①②, 김해)
배만·큼	H^2M[MHM]	(창원②, 함안)
배밖·에	H^2M[MHM]	(창원①②, 함안, 양산)
배버·터	H^2M[MHM]	(함안, 양산)
배버·텅	H^2M[MHM]	(김해, 양산)
배보·다	H^2M[MHM]	(양산)
배부·터	H^2M[MHM]	(창원①②, 함안, 양산)
배부·텅	H^2M[MHM]	(김해)
배부·투	H^2M[MHM]	(함안)
배뿎·에	H^2M[MHM]	(양산)
배빼·께	H^2M[MHM]	(양산)
배빼·끼	H^2M[MHM]	(창원①②, 함안, 양산)
배빼·이	H^2M[MHM]	(양산)
배빼·이	H^2M[MHM]	(창원②, 함안)
배뽀·다	H^2M[MHM]	(양산)
배뿌·이	H^2M[MHM]	(양산)
배뿌·이	H^2M[MHM]	(창원②, 함안)
배이·꼬	H^2M[MHM]	(양산)
배조·차	H^2M[MHM]	(창원①②, 함안, 양산)
배조·창	H^2M[MHM]	(김해)
배쭈·움	H^2M[MHM]	(창원①②, 함안, 김해, 양산)
배쯔·음	H^2M[MHM]	(창원①②, 함안, 양산)
배처·럼	H^2M[MHM]	(창원①②, 함안, 김해, 양산)
배하·고	H^2M[MHM]	(창원①②, 함안, 김해, 양산)
배한·테	H^2M[MHM]	(창원①②, 함안, 김해, 양산)
배마·아·큼	H^2M^2[MHM^2]	(창원②, 함안, 양산)
배마·안·은	H^2M^2[MHM^2]	(함안)
배마·안·치	H^2M^2[MHM^2]	(창원①②, 양산)
배마·안·쿰	H^2M^2[MHM^2]	(함안)
배마·안·큼	H^2M^2[MHM^2]	(창원①②, 함안, 양산)
배매·애·로	H^2M^2[MHM^2]	(창원②)
배매·이·로	H^2M^2[MHM^2]	(함안, 양산)
배매·애·치·로	H^2M^3[MHM^3]	(양산)
배매·애·코·로	H^2M^3[MHM^3]	(양산)
배매·애·크·로	H^2M^3[MHM^3]	(양산)

배매·앤·치·로	H^{2}M^3[MHM^3]	(창원①②, 함안, 양산)
배매·앵·쿠·로	H^{2}M^3[MHM^3]	(함안)
배매·앵·크·로	H^{2}M^3[MHM^3]	(창원②)
배매·앵·키·로	H^{2}M^3[MHM^3]	(창원①②, 함안, 양산)
배뿌다	H^3[MʜH]	(창원①)
배때메·에	H^{3}M[MʜHM]	(양산)
배뽀다·가	H^{3}M[MʜHM]	(창원①, 양산)
배뽀다·아	H^{3}M[MʜHM]	(창원①②, 함안, 양산)
배뿌다·가	H^{3}M[MʜHM]	(창원①)
배뿌다·아	H^{3}M[MʜHM]	(함안)

(301) 1음절 평성 이름씨 {초}의 굴곡표

초(醋)	H[MH]	(창원①②, 함안, 김해)
초	H[H˺]	(양산)
초·가	HM[HM]	(창원①②, 함안, 김해, 양산)
초·를	HM[HM]	(창원①②, 김해, 양산)
초·마	HM[HM]	(창원①②, 김해, 양산)
초·만	HM[HM]	(창원①②, 김해)
초·에	HM[HM]	(창원①②, 함안, 김해, 양산)
초·만·은	HM^2[HM^2]	(창원①②, 김해, 양산)
초·에·도	HM^2[HM^2]	(창원①②, 함안, 김해, 양산)
초까·지	H^{2}M[MHM]	(창원①②, 김해)
초꺼·장	H^{2}M[MHM]	(양산)
초꺼·정	H^{2}M[MHM]	(창원①②, 함안, 김해, 양산)
초꺼·지	H^{2}M[MHM]	(창원①②, 양산)
초만·은	H^{2}M[MHM]	(창원①②, 김해, 양산)
초버·터	H^{2}M[MHM]	(함안, 양산)
초버·텅	H^{2}M[MHM]	(김해, 양산)
초부·터	H^{2}M[MHM]	(창원①②, 함안, 양산)
초부·텅	H^{2}M[MHM]	(김해, 양산)
초조·차	H^{2}M[MHM]	(창원①②, 함안, 양산)
초조·창	H^{2}M[MHM]	(김해)
초하·고	H^{2}M[MHM]	(창원①②, 함안, 김해, 양산)
초마·안·은	H^{2}M^2[MHM^2]	(함안)
초때메·에	H^{3}M[MʜHM]	(양산)

(302) 2음절 평1형 이름씨 {모·래}의 굴곡표

모·래(砂)	HM[HM]	(창원①②, 함안, 김해, 양산)
모·래·가	HM^2[HM^2]	(창원①②, 함안, 김해, 양산)
모·래·로<모·래·를>	HM^2[HM^2]	(창원①②, 함안, 양산)

모·래·로	$HM^2[HM^2]$	(김해, 양산)
모·래·를	$HM^2[HM^2]$	(창원②, 함안, 양산)
모·래·마	$HM^2[HM^2]$	(창원①②, 함안, 김해, 양산)
모·래·만	$HM^2[HM^2]$	(창원①②, 함안, 김해, 양산)
모·래·에	$HM^2[HM^2]$	(창원①②, 함안, 김해, 양산)
모·래·까·지	$HM^3[HM^3]$	(창원①②, 김해, 양산)
모·래·꺼·정	$HM^3[HM^3]$	(창원①②, 함안, 김해, 양산)
모·래·꺼·지	$HM^3[HM^3]$	(창원①②, 양산)
모·래·때·메	$HM^3[HM^3]$	(양산)
모·래·만·은	$HM^3[HM^3]$	(창원①②, 김해, 양산)
모·래·버·터	$HM^3[HM^3]$	(함안, 양산)
모·래·버·텅	$HM^3[HM^3]$	(김해, 양산)
모·래·부·터	$HM^3[HM^3]$	(창원①②, 함안, 양산)
모·래·부·텅	$HM^3[HM^3]$	(김해, 양산)
모·래·에·도	$HM^3[HM^3]$	(창원①②, 함안, 김해, 양산)
모·래·조·차	$HM^3[HM^3]$	(창원①②, 함안, 양산)
모·래·조·창	$HM^3[HM^3]$	(김해)
모·래·하·고	$HM^3[HM^3]$	(창원①②, 함안, 김해, 양산)
모·래·마·안·은	$HM^4[HM^4]$	(함안)

(303) 2음절 평성형 이름씨 {보리}의 굴곡표

보리(麥)	$H^2[MH]$	(창원①②, 함안, 김해, 양산)
보리·가	$H^2M[MHM]$	(창원①②, 함안, 김해, 양산)
보리·로<보리를>	$H^2M[MHM]$	(창원①, 김해, 양산)
보리·를	$H^2M[MHM]$	(창원①②, 함안, 김해, 양산)
보리·마	$H^2M[MHM]$	(창원①②, 함안, 김해, 양산)
보리·만	$H^2M[MHM]$	(창원①②, 함안, 양산)
보리·에	$H^2M[MHM]$	(창원①②, 함안, 김해, 양산)
보리·만·은	$H^2M^2[MHM^2]$	(창원①, 김해, 양산)
보리·에·도	$H^2M^2[MHM^2]$	(창원①②, 함안, 김해, 양산)
보리까·지	H^3M[MʜHM]	(창원①②, 김해, 양산)
보리꺼·정	H^3M[MʜHM]	(창원①②, 함안, 김해, 양산)
보리꺼·지	H^3M[MʜHM]	(창원①②, 양산)
보리때·메	H^3M[MʜHM]	(양산)
보리만·은	H^3M[MʜHM]	(창원①②, 김해)
보리버·터	H^3M[MʜHM]	(함안, 양산)
보리버·텅	H^3M[MʜHM]	(김해, 양산)
보리부·터	H^3M[MʜHM]	(창원①②, 함안, 양산)
보리부·텅	H^3M[MʜHM]	(김해, 양산)
보리조·차	H^3M[MʜHM]	(창원①②, 함안, 양산)

보리조·창　H^{3}M[MʜHM]　(김해)
보리하·고　H^{3}M[MʜHM]　(창원①②, 함안, 김해, 양산)
보리마·안·은　H^{3}M^2[MʜHM^2]　(함안)

(304) 2음절 평성형 이름씨 {바람}의 굴곡표

바람(風)　H^2[MH]　(창원①②, 함안, 김해, 양산)
바람·마　H^{2}M[MHM]　(창원①②, 함안, 김해, 양산)
바람·만　H^{2}M[MHM]　(창원①②, 함안, 김해, 양산)
바람·에[383]　H^{2}M[MHM]　(창원①②, 함안, 김해, 양산)
바람·을　H^{2}M[MHM]　(창원①②, 함안, 김해, 양산)
바람·이　H^{2}M[MHM]　(창원①②, 함안, 김해, 양산)
바람·만·은　H^{2}M^2[MHM^2]　(창원①, 김해, 양산)
바람·에·도　H^{2}M^2[MHM^2]　(창원①②, 함안, 김해, 양산)
바람꺼·정　H^{3}M[MʜHM]　(창원①②, 함안, 김해, 양산)
바람때·메　H^{3}M[MʜHM]　(양산)
바람만·은　H^{3}M[MʜHM]　(창원①②, 김해, 양산)
바람버·터　H^{3}M[MʜHM]　(함안, 양산)
바람부·터　H^{3}M[MʜHM]　(창원①②, 함안, 양산)
바람부·텅　H^{3}M[MʜHM]　(김해, 양산)
바람조·차　H^{3}M[MʜHM]　(창원①②, 함안, 양산)
바람조·창　H^{3}M[MʜHM]　(김해)
바람하·고　H^{3}M[MʜHM]　(창원①②, 함안, 김해, 양산)
바람마·안·은　H^{3}M^2[MʜHM^2]　(함안)

(305) 3음절 평2형 이름씨 {다람·지}의 굴곡표

다람·지　H^{2}M[MHM]　(창원①②, 함안, 김해, 양산)
다람·지·가　H^{2}M^2[MHM^2]　(창원①②, 함안, 김해, 양산)
다람·지·로[384]　H^{2}M^2[MHM^2]　(창원①, 김해, 양산)
다람·지·를　H^{2}M^2[MHM^2]　(창원①②, 함안, 김해, 양산)
다람·지·마　H^{2}M^2[MHM^2]　(창원①②, 함안, 김해, 양산)
다람·지·만　H^{2}M^2[MHM^2]　(창원①②, 양산)
다람·지·에　H^{2}M^2[MHM^2]　(창원①②, 함안, 김해, 양산)
다람·지·꺼·정　H^{2}M^3[MHM^3]　(창원①②, 함안, 김해, 양산)
다람·지·때·메　H^{2}M^3[MHM^3]　(양산)
다람·지·만·은　H^{2}M^3[MHM^3]　(창원①②, 김해, 양산)
다람·지·버·터　H^{2}M^3[MHM^3]　(창원②, 함안, 김해, 양산)
다람·지·부·터　H^{2}M^3[MHM^3]　(창원①②, 함안, 양산)

383) [창원 방언①②] /바람·에 날리·이 ·갔·다, 바람·에 날·라 ·갔·다/.
384) [창원 방언①] /다람·지·로 잡·아 가·아·꼬/<다람지를 잡아 가지고>.

다람·지·부·텅	H^2M^3[MHM^3]	(김해, 양산)
다람·지·에·도	H^2M^3[MHM^3]	(창원①②, 함안, 김해, 양산)
다람·지·조·차	H^2M^3[MHM^3]	(창원①②, 함안, 김해, 양산)
다람·지·하·고	H^2M^3[MHM^3]	(창원①②, 함안, 김해, 양산)
다람·지·마·안·은	H^2M^4[MHM^4]	(함안)

(306) 3음절 평성형 이름씨 {보리밭}의 굴곡표

보리밭	H^3[MʜH]	(창원①②, 함안, 김해, 양산)
보리밭·마	H^3M[MʜHM]	(창원①②, 함안, 김해, 양산)
보리밭·만	H^3M[MʜHM]	(창원①②, 양산)
보리밭·에	H^3M[MʜHM]	(창원①②, 함안, 김해, 양산)
보리밭·을	H^3M[MʜHM]	(창원①②, 함안, 김해, 양산)
보리밭·이	H^3M[MʜHM]	(창원①②, 함안, 김해, 양산)
보리밭·에·도	H^3M^2[MʜHM^2]	(창원①②, 함안, 김해, 양산)
보리밭·만·은	H^3M^2[MʜHM^2]	(창원①, 김해, 양산)
보리밭꺼·정	H^4M[Mʜ^{2}HM]	(창원①②, 함안, 김해, 양산)
보리밭때·메	H^4M[Mʜ^{2}HM]	(양산)
보리밭만·은	H^4M[Mʜ^{2}HM]	(창원①②, 김해)
보리밭부·터	H^4M[Mʜ^{2}HM]	(창원①②, 함안, 양산)
보리밭부·텅	H^4M[Mʜ^{2}HM]	(김해)
보리밭조·차	H^4M[Mʜ^{2}HM]	(창원①②, 함안, 양산)
보리밭조·창	H^4M[Mʜ^{2}HM]	(김해)
보리밭하·고	H^4M[Mʜ^{2}HM]	(창원①②, 함안, 김해, 양산)
보리밭마·안·은	H^4M^2[Mʜ^{2}HM^2]	(함안)

(307) 1음절 상성 이름씨 {:말}의 굴곡표

:말(語)	L[LM]	(창원①②, 함안, 김해, 양산)
:말·로<말을>	L^2[LM]	(창원①②, 함안, 김해, 양산)
:말·로	L^2[LM]	(창원①②, 함안, 김해, 양산)
:말·마	L^2[LM]	(창원①②, 함안, 김해, 양산)
:말·만	L^2[LM]	(창원①②, 함안, 양산)
:말·에	L^2[LM]	(창원①②, 함안, 김해, 양산)
:말·이	L^2[LM]	(창원①②, 함안, 김해, 양산)
:말·까·지	L^3[LMM]	(창원①②, 김해, 양산)
:말·꺼·정	L^3[LMM]	(창원①②, 함안, 김해, 양산)
:말·꺼·지	L^3[LMM]	(창원①②, 양산)
:말·만·은	L^3[LMM]	(창원①②, 김해, 양산)
:말·부·터	L^3[LMM]	(창원①②, 함안, 양산)
:말·부·텅	L^3[LMM]	(김해, 양산)

:말·에·도	L^3[LMM]	(창원①②, 함안, 김해, 양산)
:말·조·차	L^3[LMM]	(창원①②, 함안, 양산)
:말·조·창	L^3[LMM]	(김해)
:말·하·고	L^3[LMM]	(창원①②, 함안, 김해, 양산)
:말·때·메·에	L^4[LMMᴍ]	(양산)
:말·마·안·은	L^4[LMMᴍ]	(함안)

(308) 1음절 상성 이름씨 {:돈}의 굴곡표

:돈(錢)	L[LM]	(창원①②, 함안, 김해, 양산)
:도·이	L^2[LM]	(양산)
:도·이	L^2[LM]	(창원①, 김해, 양산)
:돈·마<돈만>	L^2[LM]	(창원①②, 함안, 김해, 양산)
:돈·만	L^2[LM]	(창원①②, 김해, 양산)
:돈·에	L^2[LM]	(창원①②, 함안, 김해, 양산)
:돈·을	L^2[LM]	(창원①②, 함안, 김해, 양산)
:돈·이	L^2[LM]	(창원①②, 함안, 김해, 양산)
:돈·까·지	L^3[LMM]	(창원①②, 김해, 양산)
:돈·꺼·정	L^3[LMM]	(창원①②, 함안, 김해, 양산)
:돈·꺼·지	L^3[LMM]	(창원①②, 양산)
:돈·만·은	L^3[LMM]	(창원①②, 김해, 양산)
:돈·부·터	L^3[LMM]	(창원①②, 함안, 양산)
:돈·부·텅	L^3[LMM]	(김해, 양산)
:돈·에·도	L^3[LMM]	(창원①②, 함안, 김해, 양산)
:돈·으·로	L^3[LMM]	(창원①②, 함안, 김해, 양산)
:돈·조·차	L^3[LMM]	(창원①②, 함안, 양산)
:돈·조·창	L^3[LMM]	(김해)
:돈·하·고	L^3[LMM]	(창원①②, 함안, 김해, 양산)
:돈·때·메·에	L^4[LMMᴍ]	(양산)
:돈·마·안·은	L^4[LMMᴍ]	(함안)

(309) 2음절 상성형 이름씨 {:서·울}의 굴곡표

:서·울(京)	L^2[LM]	(창원①②, 함안, 김해, 양산)
:서·울·로<서울을>	L^3[LMM]	(창원①②, 함안, 김해, 양산)
:서·울·로	L^3[LMM]	(창원①②, 함안, 김해, 양산)
:서·울·마	L^3[LMM]	(창원①②, 함안, 김해, 양산)
:서·울·만	L^3[LMM]	(창원②, 양산)
:서·울·에	L^3[LMM]	(창원①②, 함안, 김해, 양산)
:서·울·이	L^3[LMM]	(창원①②, 함안, 김해, 양산)
:서·울·꺼·정	L^4[LMMᴍ]	(창원①②, 함안, 김해, 양산)
:서·울·때·메	L^4[LMMᴍ]	(양산)

:서·울·만·은	L^4[LMMᴍ]	(창원①②, 김해, 양산)
:서·울·버·터	L^4[LMMᴍ]	(함안, 양산)
:서·울·부·터	L^4[LMMᴍ]	(창원①②, 함안, 양산)
:서·울·부·텅	L^4[LMMᴍ]	(김해, 양산)
:서·울·에·도	L^4[LMMᴍ]	(창원①②, 함안, 김해, 양산)
:서·울·조·차	L^4[LMMᴍ]	(창원①②, 함안, 양산)
:서·울·조·창	L^4[LMMᴍ]	(김해)
:서·울·하·고	L^4[LMMᴍ]	(창원①②, 함안, 김해, 양산)
:서·울·마·안·은	L^5[LMMᴍ^2]	(함안)

(310) 1음절 거성 이름씨 {·말}의 굴곡표

·말(斗)	M[M̤]	(창원①②, 함안, 김해, 양산)
·말·로<말을>	M^2[HH/MM]	(창원①②, 함안, 김해, 양산)
·말·로	M^2[HH/MM]	(창원①②, 함안, 김해, 양산)
·말·마	M^2[HH/MM]	(창원①②, 함안, 김해, 양산)
·말·에	M^2[HH/MM]	(창원①②, 함안, 김해, 양산)
·말·을	M^2[HH/MM]	(창원①②, 함안, 김해, 양산)
·말·이	M^2[HH/MM]	(창원①②, 함안, 김해, 양산)
·말·까·지	M^3[HHM]	(창원①②, 김해, 양산)
·말·꺼·정	M^3[HHM]	(창원①②, 함안, 김해, 양산)
·말·꺼·지	M^3[HHM]	(창원①②, 함안, 양산)
·말·만·은	M^3[HHM]	(창원①②, 김해, 양산)
·말·버·텅	M^3[HHM]	(김해, 양산)
·말·부·터	M^3[HHM]	(창원①②, 함안, 양산)
·말·부·텅	M^3[HHM]	(김해, 양산)
·말·에·도	M^3[HHM]	(창원①②, 함안, 김해, 양산)
·말·조·차	M^3[HHM]	(창원①②, 함안, 양산)
·말·조·창	M^3[HHM]	(김해)
·말·하·고	M^3[HHM]	(창원①②, 함안, 김해, 양산)
·말·때·메·에	M^4[HHM^2]	(양산)
·말·마·안·은	M^4[HHM^2]	(함안)

(311) 1음절 거성 이름씨 {·배}의 굴곡표

·배(舟)	M[M̤]	(창원①②, 함안, 김해, 양산)
·배·가	M^2[HH/MM]	(창원①②, 함안, 김해, 양산)
·배·로<배를>	M^2[HH/MM]	(창원①, 김해, 양산)
·배·를	M^2[HH/MM]	(창원①②, 함안, 양산)
·배·에	M^2[HH/MM]	(창원①②, 함안, 김해, 양산)
·배·까·지	M^3[HHM]	(창원①②, 김해, 양산)

·배·꺼·정 M^3[HHM] (창원①②, 함안, 김해, 양산)
·배·꺼·지 M^3[HHM] (창원①②, 양산)
·배·만·은 M^3[HHM] (창원①②, 김해, 양산)
·배·버·텅 M^3[HHM] (김해, 양산)
·배·부·터 M^3[HHM] (창원①②, 함안, 양산)
·배·부·텅 M^3[HHM] (김해, 양산)
·배·에·도 M^3[HHM] (창원①②, 함안, 김해, 양산)
·배·조·차 M^3[HHM] (창원①②, 함안, 양산)
·배·조·창 M^3[HHM] (김해)
·배·하·고 M^3[HHM] (창원①②, 함안, 김해, 양산)
·배·때·메·에 M^4 [HHM^2] (양산)
·배·마·안·은 M^4 [HHM^2] (함안)
배·에 HM[HM] (창원①②, 함안)
배·에·도 HM^2[HM^2] (창원①②, 함안)

(312) 1음절 거성 이름씨 {·손}의 굴곡표
·손(手) M[M̤] (창원①②, 함안, 김해, 양산)
·손·마 M^2[HH/MM] (창원①②, 김해, 양산)
·손·만 M^2[HH/MM] (창원①②, 함안, 김해, 양산)
·손·에 M^2[HH/MM] (창원②, 함안, 김해, 양산)
·손·을 M^2[HH/MM] (창원①②, 함안, 김해, 양산)
·손·이 M^2[HH/MM] (창원①②, 함안, 김해, 양산)
·손·까·지 M^3[HHM] (창원①②, 김해, 양산)
·손·꺼·정 M^3[HHM] (창원①②, 함안, 김해, 양산)
·손·꺼·지 M^3[HHM] (창원①②, 양산)
·손·만·은 M^3[HHM] (창원①②, 김해, 김해, 양산)
·손·버·텅 M^3[HHM] (김해, 양산)
·손·부·터 M^3[HHM] (창원①②, 함안, 양산)
·손·부·텅 M^3[HHM] (김해, 양산)
·손·에·도 M^3[HHM] (창원②, 함안, 김해, 양산)
·손·조·차 M^3[HHM] (창원①②, 함안, 양산)
·손·조·창 M^3[HHM] (김해)
·손·하·고 M^3[HHM] (창원①②, 함안, 김해, 양산)
·손·때·메·에 M^4 [HHM^2] (양산)
·손·마·안·은 M^4 [HHM^2] (함안)
손·에 HM[HM] (창원①②, 함안)
손·에·도 HM^2[HM^2] (창원①②, 함안)

(313) 2음절 거성형 이름씨 {·가·지}의 굴곡표
·가·지(枝) M^2[HH/MM] (창원①②, 함안, 김해, 양산)

·가·지·가	M^3[HHM]	(창원①②, 함안, 김해, 양산)
·가·지·로<가지를>	M^3[HHM]	(창원①, 김해, 양산)
·가·지·를	M^3[HHM]	(창원①②, 함안, 김해, 양산)
·가·지·마	M^3[HHM]	(창원①②, 함안, 김해, 양산)
·가·지·에	M^3[HHM]	(창원①②, 함안, 김해, 양산)
·가·지·꺼·정	M^4[HHM^2]	(창원①②, 함안, 김해, 양산)
·가·지·때·메	M^4[HHM^2]	(양산)
·가·지·만·은	M^4[HHM^2]	(창원①②, 김해, 양산)
·가·지·부·터	M^4[HHM^2]	(창원①②, 함안, 양산)
·가·지·부·텅	M^4[HHM^2]	(김해, 양산)
·가·지·에·도	M^4[HHM^2]	(창원①②, 함안, 김해, 양산)
·가·지·조·차	M^4[HHM^2]	(창원①②, 함안, 양산)
·가·지·조·창	M^4[HHM^2]	(김해)
·가·지·하·고	M^4[HHM^2]	(창원①②, 함안, 김해, 양산)
·가·지·마·안·은	M^5[HHM^3]	(함안)

(314) 3음절 거성형 이름씨 {·무·지·개}의 굴곡표

·무·지·개	M^3[HHM]	(창원①②, 함안, 김해, 양산)
·무·지·개·로<～를>	M^4[HHM^2]	(창원①, 김해, 양산)
·무·지·개·를	M^4[HHM^2]	(창원①②, 함안, 김해, 양산)
·무·지·개·가	M^4[HHM^2]	(창원①②, 함안, 김해, 양산)
·무·지·개·마	M^4[HHM^2]	(창원①②, 함안, 김해, 양산)
·무·지·개·만	M^4[HHM^2]	(창원①②, 양산)
·무·지·개·에	M^4[HHM^2]	(창원①②, 함안, 김해, 양산)
·무·지·개·꺼·정	M^5[HHM^3]	(창원①②, 김해, 양산)
·무·지·개·때·메	M^5[HHM^3]	(양산)
·무·지·개·만·은	M^5[HHM^3]	(창원①②, 김해, 양산)
·무·지·개·부·터	M^5[HHM^3]	(창원①②, 함안, 양산)
·무·지·개·부·텅	M^5[HHM^3]	(창원①, 김해, 양산)
·무·지·개·에·도	M^5[HHM^3]	(창원①②, 함안, 김해, 양산)
·무·지·개·조·차	M^5[HHM^3]	(창원①②, 함안, 양산)
·무·지·개·조·창	M^5[HHM^3]	(김해)
·무·지·개·하·고	M^5[HHM^3]	(창원①②, 함안, 김해, 양산)
·무·지·개·마·안·은	M^6[HHM^4]	(함안)

5.4 풀이씨

5.4.1 풀이씨 자료 정리와 기본 정보 표시 방법

먼저 풀이씨의 기본형 곧, '어간+·다'의 자료를 제시하되 어간이 평측형인 것, 상성형인 것, 거성형인 것의 순서로 하고, 같은 방점형일 때는 어간의 음절수가 적은 것에서 많은 것의 순서로 제시한다.

풀이씨 어간의 방점 표시는 뒤따르는 어미에 따라 변동이 없느냐 있느냐에 따라, 또 있을 때는 방점 변동의 특징에 따라 분류되는데, 이러한 분류 정보는 풀이씨의 기본형 자료에 표시한다. 풀이씨 기본형 자료를 몇 개 골라서 보이면 다음과 같다.

(315) 풀이씨 자료 제시 방법

잡·다(捕)	$(H{\cdot}M\rightarrow)HM[HM]$	(창원①②, 함안, 김해, 양산)
가·다	$(HM_{-1}{\cdot}M\rightarrow)HM[HM]$	(창원①②, 함안, 김해, 양산)
사·다	$(HM_{-2}{\cdot}M\rightarrow)HM[HM]$	(창원①②, 함안, 김해, 양산)
흐르·다	$(H^2{\cdot}M\rightarrow)H^2M[MHM]$	(창원①②, 함안, 김해, 양산)
모르·다[385]	$(H^2L{\cdot}M\rightarrow)H^2M)[MHM]$	(창원①②, 함안, 김해, 양산)
쏘카·다<속이다>	$(H^2{\cdot}M\rightarrow)H^2M[MHM]$	(창원①②, 함안)
바까·다(易)	$(H^2{\cdot}M\rightarrow)H^2M[MHM]$	(창원①②)
나가·다	$(H^2L_{-1}{\cdot}M\rightarrow)H^2M[MHM]$	(창원①②, 함안, 김해, 양산)
나서·다	$(H^2L_{-2}{\cdot}M\rightarrow)H^2M[MHM]$	(창원①②, 함안, 김해, 양산)
:얻·다	$(L{\cdot}M\rightarrow)L^2[LM]$	(창원①②, 함안, 김해, 양산)
:내·다(出)	$(LH{\cdot}M\rightarrow)L^2[LM]$	(창원①②, 함안, 김해, 양산)
:열·다(開)	$(LH{\cdot}M\rightarrow)L^2[LM]$	(창원①②, 함안, 김해, 양산)
:떪·다[:떨·따]	$(L{\cdot}M\rightarrow)L^2[LM]$	(창원①②, 함안, 양산)
:떪·다[:떱·다]	$(L{\cdot}M\rightarrow)L^2[LM]$	(김해)
:줿·다[:점·따]	$(\underset{..}{M}H{\cdot}M\rightarrow)\underset{..}{M}^2[\ddot{H}H/\underset{..}{M}M]$	(창원②)
:떨·치·다	$(L^2{\cdot}M\rightarrow)L^3[LMM]$	(창원①②, 김해, 양산)
·매·다(除草)<매다>	$(M{\cdot}M\rightarrow)M^2[HH/MM]$	(창원①②, 함안, 김해, 양산)
·크·다	$(M{\cdot}M\rightarrow)M^2[HH/MM]$	(창원①②, 함안, 김해, 양산)
·끄·다(消火)	$(M{\cdot}M\rightarrow)M^2[HH/MM]$	(창원①②, 함안, 김해, 양산)
·끄·다(夢)<꾸다>	$(M\underset{..}{M}{\cdot}M\rightarrow)M^2[HH/MM]$	(창원②)
·뜯·다	$(M{\cdot}M\rightarrow)M^2[HH/MM]$	(창원①②, 함안, 김해, 양산)
·참·다	$(M{\cdot}M\rightarrow)M^2[HH/MM]$	(창원①②, 함안, 김해, 양산)
·그·리·다	$(M^2{\cdot}M\rightarrow)M^3[HHM]$	(창원①②, 함안, 양산)

385) 〔창원 방언①②, 함안 방언, 양산 방언〕 /모르·다, :몰·라·서, :몰·라·도/.

·넘·새·시·럽·다 (M^4·M→)M^5[HHM^3] (창원①②, 양산)
·넘·사·시·럽·다 (M^4·M→)M^5[HHM^3] (창원①②, 함안, 김해, 양산)
·남·사·시·럽·다 (M^4·M→)M^5[HHM^3] (창원②, 양산)
노·래#하·다 (HM#Hᴍ$_{-1}$·M→)HM#HM[HM#HM] (창원①②, 함안, 김해, 양산)
:감·시#하·다 (L^2#Hᴍ$_{-1}$·M→)L^2#HM[LM#HM] (창원①②, 함안, 김해, 양산)
·집·착#하·다 (M^2#Hᴍ$_{-1}$·M→)M^2#HM[HH#HM] (창원①②, 함안, 양산)

(315)에서 첫째 보기 ≪잡·다(捕) (H·M→)HM[HM] (창원①②, 함안, 김해, 양산)≫을 먼저 골라서 자료 제시 방법을 보이면, 이것은 크게 '잡·다(捕)'와 '(H·M→)HM[HM]'와 '(창원①②, 함안, 김해, 양산)'의 세 부분으로 되어 있다. 첫째 부분 '잡·다(捕)'는 표제어 '잡·다'와 그 뜻에 관한 정보들 중의 하나인 '(捕)'로 되어 있다. 뜻 부분은 비어 있는 경우도 있고, ( ) 속에 한자를 넣은 경우도 있다. 때로는 뜻이나 뜻을 암시하거나, 또는 용법이나 빈도나, 제보자의 그 낱말에 대한 느낌 등을 < > 속에 넣기도 하고, 더 많은 주의가 필요할 때는 각주를 달기도 한다. 표제어는 항상 방점 표상으로 제시하는데, '잡·다'는 어간이 1음절 평성(□)이며, 거기에 측성(·□) 씨끝 '·다'가 붙어 있는 것이다.

≪잡·다(捕) (H·M→)HM[HM] (창원①②, 함안, 김해, 양산)≫의 둘째 부분 '(H·M→)HM[HM]'은 다시 '(H·M→)'와 'HM'과 '[HM]'의 세 부분으로 되어 있다. '(H·M→)'에서 'H·M'은 표제어 '잡·다'를 성조 표시로 바꾼 것이다. 성조 표시 'H·M'에서 가운데 점은 측성을 나타내는 방점이 아니라 어간의 성조와 씨끝의 성조를 시각적으로 구분하기 위해 사용했을 뿐 다른 뜻은 없다. 'H·M→'은 성조 표시에서 뜻이 없는 가운데 점을 빼고 '잡·다'를 성조형으로 바꾸면 'HM'이 되므로, 'H·M'은 사실상 'HM'이 됨을 나타내기 위해 괄호와 화살표를 사용해서 '(H·M→)'로 표시했다. 'HM'은 음운론적인 층위의 표시이기 때문에 '/HM/'으로 해야 하겠지만, 번거로움을 피하기 위해 '/ /'을 생략하고 'HM'으로만 표시한 것이다. 5단계의 음조 [L], [ᴍ], [M], [ʜ], [H]를 사용하면 성조 표시 'HM'은 음조 표시도 이와 같으므로 [ ] 속에 'HM'을 넣어서 '[HM]'으로 표시한 것이다.

≪잡·다(捕) (H·M→)HM[HM] (창원①②, 함안, 김해, 양산)≫의 셋째 부분은 이 표제어와 성조 표시 및 음조 표시가 사용되는 방언을 나타내기 위해 '(창원①②, 함안, 김해, 양산)'으로 표시한 것이다. 여기에서 한 가지 주의할 것은 '창원①②'이다. 이것은 '창원 방언①, 창원 방언②'를 줄여서 표시한 것이다. '(함안, 김해, 양산)'은 '(함안 방언, 김해 방언, 양산 방언)'을 줄여서 쓴 것이다.

(315)의 둘째 보기 ≪가·다 (Hᴍ$_{-1}$·M→)HM[HM] (창원①②, 함안, 김해, 양산)≫과 셋째 보기 ≪사·다(買) (Hᴍ$_{-2}$·M→)HM[HM] (창원①②, 함안, 김해, 양산)≫은 첫째 보기 ≪잡·다

(捕) (H·M→)HM[HM] (창원①②, 함안, 김해, 양산)≫와 표제어 부분과 나타나는 방언의 표시는 같아서 더 설명할 것이 없다. 다만 표제어와 뜻 표시 뒤에 '잡·다(捕)'의 경우는 (H·M→)로 되어 있는 데 대하여 '가·다'와 '사·다(買)'의 경우는 각각 첫째는 '(HM$_{-1}$·M→)'와 '(HM$_{-2}$·M→)'로 되어 있다는 점이 다르다. '(HM$_{-1}$·M→)'에서 'M$_{-1}$'과 '(HM$_{-2}$·M→)'에서 'M$_{-2}$'는 그 자체가 성조 기호는 아니고, 어간의 성조의 변동을 연상하기 쉽게 하는 부호이다. 'M$_{-1}$'과 'M$_{-2}$'는 'M'이라는 공통 기호를 가지고 있는데, 이것은 모음씨끝 앞에서 어간 성조가 /M/으로 바뀐다는 것을 나타낸다. '/가·다, HM/, /가·고, HM/에서는 어간이 평성(□)/H/로 나타나지만, /가+·아·도/는 어간 방점이 거성(·□, M)으로 바뀌어 /·가·아·도/→/·가·도/가 되므로 이를 나타내기 위해 분류기호 'M'을 사용한 것이다. 같은 방법으로 '/사·다, HM/, /사·고, HM/'에서는 어간이 평성(□)/H/로 나타나지만, /사+·아·도/에서는 어간이 거성(·□, M)으로 바뀌어 /·사·아·도/→/·사·도/가 된다. 따라서 /사·다, HM/도 /사·다, HM·M/으로 /가·다, HM·M/와 같은 분류기호를 가진다. 그러나 /가·다, HM/, /가·고, HM/, /·가·도, M^2/, /·갑·니·더, M^3/, /:갈·라·꼬, L^3/와 /사·다, HM/, /사·고, HM/, /·사·도, M^2/, /삽니·더, H^{2}M/, /살라·꼬, H^{2}M/를 대조해 보면, 전체적인 굴곡형들에서 어간의 성조 변동에는 차이가 있으므로, 'M$_{-1}$'과 'M$_{-2}$'처럼 아래첨자를 사용하여 1형과 2형으로 하위분류한 것이다. 그러나 'M$_{-1}$'과 'M$_{-2}$' 자체는 성조는 아니므로 기본형 /가·다/와 /사·다/의 성조 자체만 보면 둘다 'HM'이므로 /가·다/도 (HM$_{-1}$·M→)HM[HM], /사·다/(HM$_{-2}$·M→)HM[HM]으로 하여 최종적인 성조 표상과 음조 표상은 'HM[HM]'이 된 것이다.

(315)의 넷째 보기 ≪흐르·다 (H^2·M→)H^{2}M[MHM] (창원①②, 함안, 김해, 양산)≫과 다섯째 보기 ≪모르·다 (H^{2}L·M→)H^{2}M)[MHM] (창원①②, 함안, 김해, 양산)≫을 대조하면, '흐르·다'의 어간 성조와 씨끝은 '(H^2·M→)'으로, '모르·다'의 어간 성조와 씨끝은 '(H^{2}L·M→)'으로 되어 있다. 어간 '흐르-'와 '모르-'는 평성 2음절이므로 H^{2}로 성조가 표시되었다는 점은 동일하나 후자는 분류기호 'L'을 더 가지고 있다. 이것은 /흐르·다, H^{2}M/, /흐르·고, H^{2}M/, /흘·러·서, HM^2/, /흘·러·도, HM^2/와 /모르·다, H^{2}M/, /모르·고, H^{2}M/, /:몰·라·서, L^3/, /:몰·라·도, L^3/를 대조해 보면, 모음으로 시작되는 씨끝 앞에서 전자는 어간의 성조가 평성(□, H)로 유지되는 데에 대하여, 후자는 어간의 성조가 상성(:□, L)로 변하였음을 확인할 수 있다. 따라서 /모르·다/의 어간은 모음씨끝 앞에서 상성 (:□, L)로 변한다는 것을 표시하기 위하여 분류기호 L을 붙여서 '모르·다 (H^{2}L·M→)'처럼 표시했다. 분류기호를 제외하면 기본형의 성조와 음조는 같으므로 화살표의 뒷부분은 'H^{2}M[MHM]'으로 같은 표시를 한 것이다. '모르·다'의 오른쪽에 각주를 붙인 것은 이 표제어에 대해 참고가 될 만한 정보를 주기 위한 것이다.

(315)의 여섯째 보기 ≪쏘카·다<속이다> (H^2·M→)H^2M[MHM] (창원①②, 함안)≫과 일곱째 보기 ≪바까·다(易) (H^2·M→)H^2M[MHM] (창원①②)≫에서는 어간과 씨끝의 성조 표시 부분인 (H^2·M→)에 분류기호가 없다. 이것은 어간의 성조형인 평성형(□$_1$)에 변동이 없으므로 분류기호를 붙일 까닭이 없다. 그러나 여덟째 보기 ≪나가·다 (H^2L$_{-1}$·M→)H^2M^3[MHM] (창원①②, 함안, 김해, 양산)≫과 아홉째 보기 ≪나서·다 (H^2L$_{-2}$·M→)H^2M[MHM] (창원①②≫, 함안, 김해, 양산)≫에서는 분류기호 각각 'L$_{-1}$'과 'L$_{-2}$'가 있다. 이것은 /쏘카·다, H^2M/, /쏘카·고, H^2M/, /쏘카·아·서, H^2M^2/, /쏘카·아·도, H^2M^2/; /바까·다, H^2M/, /바까·고, H^2M/, /바까·아·서, H^2M^2/, /바까·아·도, H^2M^2/와 /나가·다, H^2M/, /나가·고, H^2M/, /:나·가·서, L^3/, /:나·가·도, L^3/; /나서·다, H^2M/, /나서·고, H^2M/, /:나·서·서, L^3/, /:나·서·도, L^3/를 대조하면 /쏘카-, H^2/와 /바까-, H^2/는 어간의 성조가 평성형으로 유지되는 데 대하여, /나가·다, H^2M/는 일부 자음 씨끝 앞에서는 평성형 /나가-, H^2/로 나타나지만, {·아X, ·어X}형의 모든 모음 씨끝 앞에서는 /:나·가-, L^2/로 상성형화하고, 마찬가지로 /나서·다, H^2M/는 일부 자음 씨끝 앞에서는 평성형 /나서-, H^2/로 나타나지만, {·아X, ·어X}형의 모든 모음 씨끝 앞에서는 /:나·서-, L^2/로 상성형화하기 때문이다. /나가·다, (H^2L$_{-1}$·M→)와 /나서·다, (H^2L$_{-2}$·M→)의 'L$_{-1}$'와 'L$_{-2}$'/의 1과 2의 차이는 /나가·다, 나가·고, :나·가·도, :나·가·더·라, :나·갈·라·꼬, …/와 /나서·다, 나서·고, :나·서·도, 나서더·라, 나설라·꼬, …/와 같은 차이를 반영하기 위한 것이다.

(315)의 열째 보기 ≪:얻·다 (L·M→)L^2[LM] (창원①②, 함안, 김해, 양산)≫에는 ( ) 안의 기본형의 어간 성조와 씨끝 성조를 표시하는 자리에 분류기호가 없는 데 대하여, 열한째 보기 ≪:내·다(出) (LH·M→)L^2[LM] (창원①②, 함안, 김해, 양산)≫와 열두째 보기 ≪:열·다(開) (LH·M→)L^2[LM] (창원①②, 함안, 김해, 양산)≫에는 그 자리에 분류기호 'H'가 있다. /:내·다, L^2/, /:내·고, L^2/, /:내·더·라, L^3/, /내·애·서, HM^2/, /내·애·도, HM^2/를 보면 어간 성조 /L/은 {·아X, ·어X}형의 씨끝 앞에서 /H/로 변함을 확인할 수 있다. 이러한 변동이 있음을 나타내기 위해 ':내·다(出) (LH·M→)'처럼 분류기호 H를 사용했다. /:열·다, L^2/, /:열·고, L^2/, /:열 ·더·라, L^3/, /열·어·서, HM^2/, /열·어·도, HM^2/에서도 같은 이유로 분류기호 H를 사용했다. 그러나 /:얻·다, L^2/, /:얻·고, L^2/, /:얻·더·라, L^3/, /:얻·어·서, L^3/, /:얻·어·도, L^3/에서는 어간의 성조가 /L/로 고정되어 있다. 그러므로 ':얻·다'는 어간의 기본 성조를 표시하는 자리에 분류기호 없이 (L·M→)으로 표시했다. 성조가 아닌 분류기호 자체를 표시하지 않으면 기본형 ':얻·다'와 ':내·다'와 ':열·다'는 다 동일하므로 화살표 뒷부분은 L^2[LM]으로 동일하게 표시했다.

(315)의 열셋째 보기 ':떫·다[:떨·따] (L·M→)L^2[LM] (창원①②, 함안, 양산)'과 열넷째 보

기 ‘:떫·다[:떱·다] (L·M→)L^2[LM] (김해)’는 방언에 따라 발음(표면음)이 다르기 때문에 표제어를 따로 했다.

(315)의 열다섯째 보기 ≪:젊·다[:점·따] (M̤H·M→)M̤²)[ḦH/M̤M] (창원②)≫는 경남 동남부 방언들 중에서 창원 방언②에만 나타나는 특이한 자료인데, 어간의 기저 방점이 음상성이며, ‘/:젊·다, M̤²/[ḦH/M̤M], /젊·어·서, HM^2/[HM^2], /젊·어·도, HM^2/[HM^2]에서 보는 것처럼 모음 씨끝 앞에서는 어간 성조가 평성(□, H)로 변하기 때문에 분류기호 ‘H’를 사용했다.

(315)의 스무째 보기 ≪·끄·다(夢)<꾸다> (MM̤·M→)M^2[HH/MM] (창원②)≫에서 어간 ‘·끄-’는 /·끄·다, M^2/[HH/MM], /·끄·고, M^2/[HH/MM], /·끄·더·라, M^3/[HHM]처럼 거성(·□)으로 나타나지만, 뒤따르는 {·아X, ·어X}형의 씨끝과 축약되어 /·끄+·어·서/→/:꺼·서, M̤²/[ḦH/M̤M], /·끄+·어·도/→/:꺼·도, M̤²/[ḦH/M̤M]처럼 어간 /·끄-/가 {·아X, ·어X}형의 씨끝과 축약될 때는 음상형(:□$_1$)으로 도출되기 때문에 기본형의 성조를 표시하는 자리에 (MM̤·M→)처럼 분류기호 ‘M̤’을 사용했다.

(315)의 스물일곱째 ≪노·래#하·다 (HM#H_{M-1}·M→)HM#HM[HM#HM]≫, 스물여덟째 ≪:감·사#하·다 (L^2#H_{M-1}·M→)L^2#HM[LM#HM]≫, 스물아홉째 ≪·집·착#하·다 (M^2#H_{M-1}·M→)M^2#HM[HH#HM]≫ 등은 자주 2개의 운율적 낱말로 쓰이기 때문에 성조 표상과 음조 표상의 두 직접성분 사이에 #(쉼)을 넣어 두었다.

5.4.2 평측형어간 풀이씨 자료

1음절 어간 풀이씨 표제항의 배열순서는 자음으로 끝나는 것과 모음으로 끝나는 것의 순서로 하고, 자음으로 끝나는 것 중에서는 대체로 위치 강도가 낮은 것에서 높은 것의 순서로 한다.[386] 대략 자음은 /ㆆ, ㅎ, ㄹ, ㄷ, ㅌ, ㅈ, ㅅ, ㅆ, ㅊ, ㅁ, ㅸ, ㅂ, ㅍ, ㄱ, ㅋ, ㄲ, ㅀ, ㄽ, ㄻ, ㄼ, ㄺ, ㄶ, ㄵ, ㅄ, ㄳ/의 순서이고, 모음은 /ㅣ, ㅔ, ㅐ, ㅡ, ㅓ, ㅏ, ㅜ, ㅗ/의 순서이다.[387] 어간의 방점이 같은 경우에 기본형의 성조에 분류기호가 없는 것은 있는 것보

386) 자음은 위치에 따른 강도가 약한 것에서 강한 것의 순서 곧 성문(Ⅰ), 혀끝(Ⅱ), 앞혓바닥(Ⅲ), 입술(Ⅳ), 여린입천장(Ⅴ)의 순서로, 그리고 위치 강도가 같을 때는 유음, 비음, 비향명음(평음, 격음, 경음)의 순서로 자료를 정리하는 것은 풀이씨의 굴곡형의 모양에 자음의 강도가 많은 영향을 미칠 수도 있기 때문이다. 모음은 위치 강도의 영향이 크지 않기 때문에, 전설비원순(ㅣ, ㅔ, ㅐ), 비전설비원순(ㅡ, ㅓ, ㅏ), 비전설원순(ㅜ, ㅗ), 전설원순(ㅟ, ㅚ)의 순서로 자료를 정리하는 것을 원칙으로 한다.

387) 이러한 순서는 자음이 홑이냐 겹이냐를 고려하고, 나아가서는 김차균(1998)의 조음 위치에 따는 강도와 열림도에 따른 강도를 고려한 것이며, 모음도 또한 김차균(1998)에 따른 강도를 고려한 것이다. 실제의 자료 제시에서 이러한 강도가 엄격하게 적용되지 않은 경우가 약간 나타나겠지만, 이는 통시적인 변화나 공시적인 조어법 상의 특성을 고려해야 할 경우가 있기 때문이다.

다 앞세운다.

1음절 평성어간 풀이씨 자료는 다음과 같다.

(316) 1음절 평성어간 풀이씨 자료

잉·다(繼)<잇다>	(H·M→)HM[HM]	(창원①②, 함안)
뻥·다(조동사)	(H·M→)HM[HM]	(창원①②, 김해, 양산)
눟·다<눕다>[388]	(H·M→)HM[HM]	(창원①②, 함안, 김해)
붕·다(注)<붓다>	(H·M→)HM[HM]	(창원①②, 함안, 김해, 양산)
쫑·다[389]	(H·M→)HM[HM]	(양산)
궁·다(고기를~)	(H·M→)HM[HM]	(김해)
넣·다	(H·M→)HM[HM]	(창원②, 함안, 양산)
옇·다<넣다>	(H·M→)HM[HM]	(창원①②, 함안, 김해, 양산)
낳·다(產)	(H·M→)HM[HM]	(창원①②, 함안, 김해)
낳·다(置)<놓다>	(H·M→)HM[HM]	(창원①②, 함안, 김해)
눟·다(臥)<눕다>	(H·M→)HM[HM]	(함안)
놓·다	(H·M→)HM[HM]	(창원①②, 함안, 김해, 양산)
놓·다(產)<낳다>[390]	(H·M→)HM[HM]	(창원①②, 함안, 김해, 양산)
놓·다(置)	(H·M→)HM[HM]	(창원①②, 함안, 김해, 양산)
질·다(watery)[391]	(H·M→)HM[HM]	(창원①②, 함안, 김해, 양산)
들·다(擧)	(H·M→)HM[HM]	(창원①②, 함안, 김해, 양산)
설·다[392]	(H·M→)HM[HM]	(양산)
날·다(飛)[393]	(H·M→)HM[HM]	(창원①②, 함안, 김해, 양산)
달·다(甘)[394]	(H·M→)HM[HM]	(창원①②, 함안, 김해, 양산)
달·다(懸)[395]	(H·M→)HM[HM]	(창원②)
달·다(測)	(H·M→)HM[HM]	(창원①②, 함안, 김해, 양산)
말·다(捲)[396]	(H·M→)HM[HM]	(창원①②, 함안, 김해, 양산)
물·다(咬)	(H·M→)HM[HM]	(창원①②, 함안, 양산)
물·다(賦)[397]	(H·M→)HM[HM]	(창원①②, 김해, 양산)

388) [창원 방언①, 함안 방언] /눟·다/[눋·다], /누·우·라/; [양산 방언] /눟·다/[눋·다], /눟는·대·이/[눋는·대·이].

389) [양산 방언] /·상·투·를 쪼·앗·다/.

390) [양산 방언] /놓·다/, /나·았·다/<놓았다>.

391) [함안 방언] /질·다, 지·다, ·밥·이 질·다, 질·고, 지·이/.

392) [양산 방언] /무우·를 설·어·라/.

393) [창원 방언①②] /날·다, 나르·다, 날·라·도, 날·라 ·간·다/; [함안 방언] /날·다, 나르·다, 문지·가 나른·다, 난·다, :제·비·가 날·라 ·갔·다/; [양산 방언] /날·아 ·간·다, 날·라 ·간·다/.

394) [양산 방언] /달·다, 달·아·서/.

395) [창원 방언①②] /·달·다/<김원균 님의 발음에만>, /달·다/<김원균 님과 신후식 님의 발음>.

396) [함안 방언] /말·다, 덕석 말·어·라, 덕석 말·아·라, 말·았·다/.

397) [양산 방언] /:세·금·을 :내·다, ·벌·금·을 물·다/.

믿·다(信)	(H·M→)HM[HM]	(창원①②, 함안, 김해, 양산)
듣·다(聽)	(H·M→)HM[HM]	(창원①②, 함안, 김해, 양산)
뻗·다[398]	(H·M→)HM[HM]	(창원①②, 함안, 김해, 양산)
닫·다(閉)[399]	(H·M→)HM[HM]	(창원①②, 함안, 김해, 양산)
받·다[400]	(H·M→)HM[HM]	(창원①②, 함안, 김해, 양산)
묻·다(埋)	(H·M→)HM[HM]	(창원①②, 함안, 김해, 양산)
묻·다(染)	(H·M→)HM[HM]	(창원①②, 함안, 김해, 양산)
굳·다(固)[401]	(H·M→)HM[HM]	(창원①②, 함안, 김해, 양산)
돋·다[402]	(H·M→)HM[HM]	(창원①②, 김해, 양산)
곧·다(直)[403]	(H·M→)HM[HM]	(창원①②, 함안, 김해, 양산)
솓·다<쏟다>[404]	(H·M→)HM[HM]	(김해)
쏟·다	(H·M→)HM[HM]	(창원①②, 함안)
얕·다(淺)	(H·M→)HM[HM]	(창원①②, 양산)
붙·다(附)	(H·M→)HM[HM]	(창원①②, 함안, 김해, 양산)
잊·다[405]	(H·M→)HM[HM]	(창원①②, 함안, 김해, 양산)
늦·다(晩)[406]	(H·M→)HM[HM]	(창원①②, 함안, 김해, 양산)
낮·다(低)	(H·M→)HM[HM]	(창원①②, 함안, 김해, 양산)
맞·다[407]	(H·M→)HM[HM]	(창원①②, 함안, 김해, 양산)
갖·다[408]	(H·M→)HM[HM]	(양산)
궂·다	(H·M→)HM[HM]	(창원①②, 함안, 김해, 양산)
꽂·다(揷)	(H·M→)HM[HM]	(함안, 양산)
싯·다(洗)	(H·M→)HM[HM]	(양산)
벗·다(脫)[409]	(H·M→)HM[HM]	(창원①②, 함안, 김해, 양산)

398) [함안 방언] /뻗·다, 다리·로 오가·아·지 :말·고 뻗·어·라/.

399) [함안 방언] /닫·다, 닫·아·라/; [양산 방언] /닫·다, 닫·아·라, 닫·어·라/; [김해 방언] /닫·다, 닫·아·라/, 5개 방언 중에서 김해 방언의 풀이씨는 어간과 {·아X/·어X}의 조화가 가장 정연하게 나타난다.

400) [함안 방언] /받·다, 받·아·라/; [양산 방언] /받·다, 받·아·라, 받·어·라/.

401) [양산 방언] /심·지·가 굳·다/.

402) [양산 방언] /돋·다, 돋·았·라/.

403) [양산 방언] /곧·다/는 잘 안 쓰고, /쪽바르·다, 쪽발·라·서/를 자주 사용한다.

404) [창원 방언①②] 어간이 /C_0aC-/일 때, /·으X/는 /·아X/로도 가능; [김해 방언] /솓·다/<한이선 할머니>, /쏟·다/<박남이 할머니.>; [양산 방언] /솓·다, 솓·았·라/, *솓·었·다/, 어간이 /C_0aC-/인 경우에는 씨끝이 /-·아X/와 /-·어X/가 다 가능하나 어간이 /C_0oC-/인 경우에는 /-·아X/는 가능하나, /-·어X/는 불가능하다.

405) [창원 방언①] /잊·다, 잊·어·뿠·다, 잊아뿠·다, 잊·아·삤·다, 잊아삤·다/; [창원 방언②] /잊·다, 잊아뿠·다/; [양산 방언] /잊·다/(단독으로는 잘 안 쓰이고, /잊·아·뿌·라, 잊아·아·삐·라, 잊·어·뿌·라, 잊·아·삐·라/ 등으로 쓰인다; [김해 방언] /잊·다, 잊·어·뿠·다, 잊·아·삤·다/.

406) [함안 방언] /늦·다, 늦는·다/.

407) [함안 방언] /맞·다, 맞는·데, *맞은·데, *맞는·다/; [양산 방언] /맞·다, 맞·아·도, *맞·어·도/.

408) [양산 방언] /갖·다, 갖·고 있는거/.

409) [창원 방언①] /벗·다, 벗·고 들온·나, :들·오·이·라/; [김해 방언] /벗·다, 벗·고 들온·나, *:들·오·이

솟·다 (H·M→)HM[HM] (창원①②, 함안, 김해, 양산)
쫒·다(逐)<쫓다> (H·M→)HM[HM] (함안, 양산)
쫒·다<(상투) ~> (H·M→)HM[HM] (양산)
잇·다(繼)<잇다> (H·M→)HM[HM] (김해)
싳·다(洗)<씻다> (H·M→)HM[HM] (양산)
훛·다<쫓다>[410] (H·M→)HM[HM] (창원①②, 함안, 김해, 양산)
훛·다(散)<흩다> (H·M→)HM[HM] (창원①②, 함안, 김해, 양산)
쫓·다[411] (H·M→)HM[HM] (창원①②, 김해, 양산)
도ᇦ·다<돕다>[412] (H·M→)HM[HM] (창원①②, 함안, 김해, 양산)
누ᇦ·다(臥)<눕다> (H·M→)HM[HM] (창원①②, 김해, 양산)
입·다 (H·M→)HM[HM] (창원①②, 함안, 김해, 양산)
맵·다 (H·M→)HM[HM] (창원①②, 양산)
업·다[413] (H·M→)HM[HM] (창원①②, 함안, 김해, 양산)
넙·다(廣)<넓다>[414] (H·M→)HM[HM] (창원①②, 함안, 김해)
접·다 (H·M→)HM[HM] (창원①②, 함안, 김해, 양산)
잡·다 (H·M→)HM[HM] (창원①②, 함안, 김해, 양산)
눕·다 (H·M→)HM[HM] (창원②, 김해, 양산)
굽·다(曲)[415] (H·M→)HM[HM] (창원①②, 함안, 김해, 양산)
쫍·다<좁다> (H·M→)HM[HM] (창원①②, 함안, 김해, 양산)
곱·다(曲)[416] (H·M→)HM[HM] (창원①②, 함안, 김해, 양산)
꼽·다(揷)<꽂다>[417] (H·M→)HM[HM] (함안, 양산)
엎·다[418] (H·M→)HM[HM] (창원①②, 함안, 김해, 양산)
덮·다(蓋) (H·M→)HM[HM] (창원①②, 함안, 김해, 양산)
갚·다(報) (H·M→)HM[HM] (창원①②, 함안, 김해, 양산)
얕·다(淺)[419] (H·M→)HM[HM] (양산)
높·다(高)[420] (H·M→)HM[HM] (창원①②, 함안, 김해, 양산)

·라/.

410) [창원 방언①] /훛·다, 훛·아·라/; [함안 방언] /:새·로 훛·아·라, 미추개·이 훛·아 내·애·라/; [양산 방언] /훛·다, 훛·어·라, 훛·아·라/; [김해 방언] /훛·다, 훛·아·라/.

411) [창원 방언①] /쫓·다, 쫓·아·라/; [함안 방언] /쫓·다, 쫓·아·라, :늑·대 쫓·아·라/; [김해 방언] /쫓·다, 쫓·아·라/; [양산 방언] /쫓·다, 쫓·아·라, 쫓·아 내·애·라/.

412) [함안 방언] /도ᇦ·다, 내조·옴 도·아 도·라, 도ᇦ·고 있·다, 도·아 ·준·다, 도·우·고 있·다/; [김해 방언] /도ᇦ·다, 도·와·라/; [양산 방언] /도ᇦ·다, 돕·고 있·다, 도·와·라, 도·와 주·다, 도·와 도·오/.

413) [창원 방언①, 김해 방언] /업·다, 업·우·라/.

414) [창원 방언①②, 김해 방언] /넙·따/의 반대말은 /쫍·다/, /너르·다/의 반대말은 /:솔·다/.

415) [양산 방언] /굽·다, 굽·어·서, 구부정하·다/.

416) [창원 방언①] /곱·다/<·칩·우·서 ·소·이 곱·다>; [김해 방언] /곱·다, ·칩·우·서 ·손·이 곱·다, 곱는·다/; [양산 방언] /곱·다, 곱·어·갖·고/<추워서 손이 곱아 가지고>.

417) [양산 방언] /꼽·다, 꼽·었·다, 꼽·어 놓·고 ·왔·다/.

418) [함안 방언] /엎·다, 엎·우·라/.

419) [양산 방언] /얕·다, 얕·네, 얕더·라, 야푸·이, *야푸더·라/.

익·다(習)	(H·M→)HM[HM]	(창원①②, 함안, 김해, 양산)
식·다	(H·M→)HM[HM]	(창원①②, 함안, 김해, 양산)
찍·다<사진>	(H·M→)HM[HM]	(창원①②, 함안, 김해, 양산)
석·다(腐)<썩다>	(H·M→)HM[HM]	(김해, 양산)
썩·다(腐)<썩다>	(H·M→)HM[HM]	(창원①②, 함안)
적·다(記)	(H·M→)HM[HM]	(창원①②, 함안, 김해, 양산)
먹·다(聾)	(H·M→)HM[HM]	(창원①②, 함안, 김해, 양산)
먹·다(食)421)	(H·M→)HM[HM]	(창원①②, 함안, 양산)
막·다(防)	(H·M→)HM[HM]	(창원①②, 함안, 김해, 양산)
박·다	(H·M→)HM[HM]	(창원①②, 함안, 김해, 양산)
죽·다422)	(H·M→)HM[HM]	(창원①②, 함안, 김해, 양산)
묵·다(食)423)	(H·M→)HM[HM]	(창원①②, 함안, 김해, 양산)
묵·다(宿)	(H·M→)HM[HM]	(창원①②, 함안, 김해, 양산)
녹·다(鎔)424)	(H·M→)HM[HM]	(창원①②, 함안, 김해, 양산)
속·다	(H·M→)HM[HM]	(양산)
쏙·다<속다>	(H·M→)HM[HM]	(창원①②, 함안)
홐·다(逐)<쫓다>	(H·M→)HM[HM]	(함안)
쫔·다<쫓다>425)	(H·M→)HM[HM]	(창원①②, 함안, 양산)
있·다	(H·M→)HM[HM]	(창원①②, 함안, 김해, 양산)
싞·다(洗)<씻다>	(H·M→)HM[HM]	(김해, 양산)
씪·다(洗)<씻다>	(H·M→)HM[HM]	(창원①②, 함안)
섞·다(混)	(H·M→)HM[HM]	(김해, 양산)
썪·다(混)<섞다>426)	(H·M→)HM[HM]	(창원①②, 함안)
꺾·다(折)427)	(H·M→)HM[HM]	(창원①②, 함안, 김해, 양산)
낚·다(釣)428)	(H·M→)HM[HM]	(창원①②, 함안, 김해, 양산)
깎·다(削)429)	(H·M→)HM[HM]	(창원①②, 함안, 김해, 양산)
솎·다430)	(H·M→)HM[HM]	(창원①②, 김해, 양산)
쪾·다<쫓다>	(H·M→)HM[HM]	(창원 방언①②, 함안, 김해)

420) [창원 방언①②, 함안 방언, 양산 방언] /노푸·다/는 /높·다/보다 더 자주 사용된다.
421) [창원 방언①②, 함안 방언, 양산 방언] /먹·다/는 표준말.
422) [창원 방언①②, 함안 방언] /죽·다, :사·람·노·릇 :몬·할·빠·에·야 죽·우·뿌·라/; [김해 방언] /죽·다, 인간노·리 :몬·할·빠·에·야 죽·우·뿌·라; [양산 방언] /죽·다, 죽·어·서, 죽·었·다/.
423) [창원 방언①②] /묵·다, 묵·우·라, 무·우·라/.
424) [양산 방언] /녹·다, 녹·아·서, *녹·어·서/.
425) [창원 방언①②] /쫔·다/는 {·아X/·어X} 앞에서만 쓰인다; [함안 방언] /쫔·다, 쫔·아 내·애·라/; [양산 방언] /쫔·다, 쫔·아·라, 쫔·아·삐·라/.
426) [창원 방언①②] /썪·다, 썪·어·서/
427) [창원 방언①②] /끊·다/와 /껂·다, 꺾·다/는 뜻이 구별된다.
428) [양산 방언] /낚·다, 낚·어·라, 낚·아·라/.
429) [양산 방언] /깎·다, 깎·어·라, 깎·아·라/.
430) [창원 방언①②] /솎·다, 상·추·로 솎·아 내·애·라/.

잃·다	(H·M→)HM[HM]	(창원①②, 양산)
앓·다<앓다>	(H·M→)HM[HM]	(창원①②, 김해, 양산)
잃·다[431]	(H·M→)HM[HM]	(창원①②, 함안, 김해, 양산)
앓·다[432]	(H·M→)HM[HM]	(창원①②, 함안, 김해)
닳·다	(H·M→)HM[HM]	(창원①②, 함안, 김해, 양산)
땋·다<닳·다>	(H·M→)HM[HM]	(양산)
꿇·다[433]	(H·M→)HM[HM]	(창원①②, 함안, 김해, 양산)
핥·다[434]	(H·M→)HM[HM]	(창원①②, 양산)
훑·다[435]	(H·M→)HM[HM]	(창원①②, 함안, 김해, 양산)
넓·다[널·따]	(H·M→)HM[HM]	(창원①②, 함안, 김해, 양산)
짧·다	(H·M→)HM[HM]	(창원①②, 함안, 양산)
읽·다(失)<잃다>[436]	(H·M→)HM[HM]	(양산)
읽·다[일·따](讀)[437]	(H·M→)HM[HM]	(창원①②, 함안, 김해, 양산)
늙·다	(H·M→)HM[HM]	(창원①②, 함안, 김해, 양산)
앍·다[알·따]<앓다>	(H·M→)HM[HM]	(양산)
닭·다<닳다>[438]	(H·M→)HM[HM]	(창원①②, 함안, 양산)
맑·다[막·다]	(H·M→)HM[HM]	(김해)
맑·다[말·따]	(H·M→)HM[HM]	(창원①②, 함안, 양산)
밝·다[박·다]	(H·M→)HM[HM]	(김해)
밝·다[발·따]	(H·M→)HM[HM]	(창원①②, 함안, 양산)
뿕·다(赤)<붉다>[439]	(H·M→)HM[HM]	(창원①②, 함안, 김해, 양산)
핡·다<할퀴다>	(H·M→)HM[HM]	(함안)
훍·다<할퀴다>	(H·M→)HM[HM]	(창원①②, 함안, 김해, 양산)
끊·다(斷,切)	(H·M→)HM[HM]	(창원①②, 함안, 양산)
얹·다[440]	(H·M→)HM[HM]	(창원①②, 함안, 김해, 양산)

431) [창원 방언①②] /:돈·을 잃·어·뺐·다/; [함안 방언] /잃·고·옸·다/; [양산 방언] /:돈·을 잃·고 ·왔·다, :돈·을 읽아·아·뺐·다/.

432) [함안 방언] /앓·다, 앓·어 쌓는·다, 앓·어 싸안·다/.

433) [창원 방언①] /꼬루·다/<젊은사람 말>, /꼬라·아·뿄·다/; [함안 방언] /꿇·다/ 단독으로는 쓰이지 않고, /꿇아·아 여·었·다, 꿇아·아 바·칬·다/ 등으로 쓰인다; [양산 방언] /:돈·을 꿇·고 ·왔·다, :돈·을 꼬라·아·뺐·다/.

434) [창원 방언①] /·헤·로 핥는·다/.

435) [양산 방언] /훑·다, 훑·아 무·웄·다/.

436) [양산 방언] /:돈 읽·은, :돈 읽·었·다, :돈·을 읽아·아·뺐·다/.

437) [창원 방언①②] /읽·다/[일·따], /읽는·다/[일른·다], /읽·어·라/; [함안 방언] /읽·다, 일른·다, 읽·으·모, 일·찌·도/; [양산 방언] /읽·다/[일·따], /읽는·다/[일른·다], /읽·으·먼/[읽·으·먼].

438) [창원 방언①②] /닭·다, 닭·았·다, 닳·았·다/; [함안 방언] /닭·다/[달·따], /국·이 닭·았·다/. /·신, 지우·개·가 닳·았·다/; [양산 방언] /닭·다, 닭·았·다, 닳·았·다/.

439) [창원 방언①②] /뿕·다/[뿔·따], /뿕·으·모, 뿕·어·서/; [함안 방언] /뿕·다/[뿔·따], /뿕더·라/[뿔떠·라], /뿕·우·모, 뿕·우·서, 뿕·어·서/; [양산 방언] /뿕·다/[뿔·따].

440) [창원 방언①] /살강·에 얹·어·라, 선반·에 얹·어·라, 실·경·에 얹·어·라, 실경·에 얹·어·라/; [함안 방언] /선·반·에 얹·어·라, 다락·에 얹·어·라, 다라·아 얹·어·라/; [김해 방언] /살강·에 얹·어·라, 선

아ᇇ·다[441]	(H·M→)HM[HM]	(창원①②, 함안, 김해, 양산)
꺽ᇂ·다<꺾다>[442]	(H·M→)HM[HM]	(양산)
껀ᆨᇂ·다<꺾다>[443]	(H·M→)HM[HM]	(창원①②, 김해, 양산)
띠·다(躍,走)<뛰다>[444]	(H·M→)HM[HM]	(창원①②, 함안, 김해, 양산)
씨·다(酸)<시다>[445]	(H·M→)HM[HM]	(창원①②, 함안)
피·다(展)<펴다>[446]	(H·M→)HM[HM]	(창원②, 함안, 양산)
삐·다(조동사)[447]	(H·M→)HM[HM]	(창원①, 양산)
키·다<켜다>[448]	(H·M→)HM[HM]	(함안)
데·다(爲)<되다>	(H·M→)HM[HM]	(창원①②, 함안, 김해, 양산)
케·다<켜다>	(H·M→)HM[HM]	(창원①②, 함안, 김해, 양산)
페·다<펴다>[449]	(H·M→)HM[HM]	(창원①②, 함안, 김해, 양산)
내·다[450]	(H·M→)HM[HM]	(창원①②, 함안, 김해, 양산)
매·다(結)	(H·M→)HM[HM]	(창원①②, 함안, 김해, 양산)
깨·다(破)	(H·M→)HM[HM]	(창원①②, 함안, 김해, 양산)
뿌·다[451]	(H·M→)HM[HM]	(창원①②, 함안, 양산)
가·다	(H$_{M-1}$·M→)HM[HM]	(창원①②, 함안, 김해, 양산)
나·다[452]	(H$_{M-1}$·M→)HM[HM]	(창원①②, 함안, 김해, 양산)
자·다	(H$_{M-1}$·M→)HM[HM]	(창원①②, 함안, 김해, 양산)
누·다	(H$_{M-1}$·M→)HM[HM]	(창원①②, 함안, 김해, 양산)
두·다(置)[453]	(H$_{M-1}$·M→)HM[HM]	(창원①②, 함안, 김해, 양산)
주·다(置)<두다>[454]	(H$_{M-1}$·M→)HM[HM]	(창원①, 함안, 김해)
주·다[455]	(H$_{M-1}$·M→)HM[HM]	(창원①②, 함안, 김해, 양산)
오·다[456]	(H$_{M-1}$·M→)HM[HM]	(창원①②, 함안, 김해, 양산)

반·에 어ᇇ·어·라, 실·건·에 어ᇇ·어·라/.

441) [양산 방언] /아ᇇ·다, 아ᇇ거·라, 아ᇇ·아·라, 아ᇇ·어·라/.

442) [양산 방언] /꺽ᇂ·다/[꺽·타]<끊다, 꺾다>.

443) [창원 방언①] /껀ᆨᇂ·다/[껑·타]<끊다, 꺾다>.

444) [양산 방언] /띠·다, 띠·니·까/는 젊은 사람들 말이다.

445) [창원 방언①②] /씨·다, 씨·이·서/.

446) [창원 방언①②] /피·다/는 약간의 화자들에게 제한적으로 사용된다; [양산 방언] /피·다/는 /·할·머·니·말/; [함안 방언] /피·다/는 /:옛·날 ·할·매·말/.

447) [창원 방언①②, 양산 방언] /삐·다, 잡·아·뺐·다/.

448) [함안 방언] /키·다, 키·이·라/; [양산 방언] /키·다, 키·이·라/<할매 말>.

449) [함안 방언] /페·다, 페·에·라/; [양산 방언] /페·다, 페·어·서/.

450) [창원 방언①] /연·개·가 내·다/; [김해 방언] /연·개·가 내·다, 연·개·가 맵·다/; [함안 방언] /연·기·가 내·다/.

451) [함안 방언] /뿌·다/<조동사>, /:다·해·애·뿠·다/.

452) [창원 방언①] /두드리·기 나·다, ·물·이 나·고/.

453) [창원 방언①, 함안 방언] /나·아#두·라·이/[HM#HMH](마지막 H는 억양 부분), /나·아 ·두·웄·다/.

454) [함안 방언] /나·아 주·라·이[HMH](마지막 H는 억양 부분), /나·아 ·주·웄·다/.

455) [창원 방언①②] /주·다, ·주·우·라/; [양산 방언] /주·다, ·주·웄·다, 주웄·다, 줐·다, :줄·라·꼬/.

보·다[457] (H$_{M-1}$ ·M→)HM[HM] (창원①②, 함안, 김해, 양산)

사·다 (H$_{M-1}$ ·M→)HM[HM] (창원②, 김해)

하·다 (H$_{M-1}$ ·M→)HM[HM] (창원①②, 함안, 김해, 양산)

카·다(云)[458] (H$_{M-1}$ ·M→)HM[HM] (창원①②, 김해, 양산)

커·다(云) (H$_{M-1}$ ·M→)HM[HM] (함안, 김해, 양산)

쿠·다(云) (H$_{M-1}$ ·M→)HM[HM] (함안)

지·다(洛) (H$_{M-1}$ ·M→)HM[HM] (창원②, 함안, 양산)

지·다(負) (H$_{M-1}$ ·M→)HM[HM] (창원②, 함안, 양산)

지·다(日沒) (H$_{M-1}$ ·M→)HM[HM] (창원②, 함안, 양산)

두·다 (H$_{M-2}$ ·M→)HM[HM] (창원②, 함안, 김해, 양산)

서·다[459] (H$_{M-2}$ ·M→)HM[HM] (창원①②, 함안, 김해, 양산)

사·다 (H$_{M-2}$ ·M→)HM[HM] (창원①②, 함안, 김해, 양산)

이·다(戴)[460] (H$_{M-2}$ ·M→)HM[HM] (창원①②, 함안, 김해, 양산)

지·다(落)[461] (H$_{M-2}$ ·M→)HM[HM] (창원①②, 함안, 김해, 양산)

지·다(負) (H$_{M-2}$ ·M→)HM[HM] (창원①②, 함안, 김해, 양산)

지·다(日沒) (H$_{M-2}$ ·M→)HM[HM] (창원①②, 함안, 김해, 양산)

시·다(酸) (H$_{M-2}$ ·M→)HM[HM] (창원②, 김해, 양산)

쓰·다(書) (H$_{M-2}$ ·M→)HM[HM] (창원①②)

씨·다(書)<쓰·다>[462] (H$_{M-2}$ ·M→)HM[HM] (창원①②, 함안)

써·다<켜다> (H$_{M-2}$ ·M→)HM[HM] (창원①②, 함안)

씨·다<켜다> (H$_{M-2}$ ·M→)HM[HM] (창원①②, 함안)

지·다(洛) (H$_{M-2}$ ·M→)HM[HM] (창원①②, 함안, 김해, 양산)

---

456) 〔창원 방언①②, 함안 방언〕 /오·다, ·오·너·라, 온·나, ·오·거·라, ·왔·다, ·옸·다/, /안았·다/<안 왔다>; 〔김해 방언〕 /오+·아X/→[{·오X, ·아X}](보기; /·옸·다, ·았·다/)<박남이>, /오+·아X/→[·와X](보기; /·왔·다/)<한이선>; 〔양산 방언〕 /오·니/<오니까>는 젊은 사람의 말에는 가끔 쓰인다.

457) 〔창원 방언①②〕 /·바·아·X/형이 주로 쓰이고, /·보·아·X/형도 가능하다(보기; /·바·아·서/, /·보·아·서/); 〔김해 방언〕 /보겄·다/<박남이>, /보겠·다/<한이선>으로 구별된다, /·바·아·도 안비인·다/; 〔양산 방언〕 /·바·아·도, ·바·아·서, ·바·았·다, …/와 같은 거성형이 /바아·도, 바아·서, 바았·다, …/처럼 평2형으로 나타난다.

458) 〔창원 방언①②, 양산 방언〕 /카·다/는 역사적으로 /–·고 ᄒᆞ·다/가 줄어져서 이루어진 낱말이다; 〔양산 방언〕 /그·얼 ·캐·애·도 갠찮·다/, /머·라 ·칸·다/<꾸짖다>, /머·라 카·지 :마·라, 머·라 카지 마·라/.

459) 〔창원 방언①, 함안 방언〕 /서·다, ·서·서, 서더·라, 서가·아 있더·라/.

460) 〔창원 방언①②〕 /이·다, 이더·라, ·여·라, ·여·도, ·였·다/.

461) 〔창원 방언①②〕 /지·다, ·졌·다, ·짔·다, 지·지 :마·라, 지지마·라/; 〔함안 방언〕 /지·다, ·지·라/; 〔김해 방언〕 /지+·어X/→{[·지X], [·저X]}<박남이>, /지+·어X/→[·저X]<한이선>으로 두 분의 어형은 구별된다. 〔양산 방언〕 /지·이·께·네/는 보통 쓰는 말이고, /지·니·까/는 젊은 사람 말, (/지+·어X/→)/·지X/는 드물게 쓰이는 말이다.

462) 〔창원 방언①②, 함안 방언〕 /씨·다/는 /:옛 :어·른·들·이 ·쓰·던 :말/, /·씨·라, ·써·라, 씨더·라/.

지·다(負)	(HM₋₂·M→)HM[HM]	(창원①②, 함안, 김해, 양산)
지·다(日沒)	(HM₋₂·M→)HM[HM]	(창원①②, 함안, 김해, 양산)

2음절 이상 평측형 풀이씨 표제항은 어간의 방점형을 기준으로 평1형(□·□, □·□·□, □·□·□·□, …), 평2형(□□, □□·□, □□·□·□, …), 평3형(□□□, □□□·□, □□□·□·□, …)의 순서로 한다. 방점이 같으면 모음 앞에서 끝 모음이 삭제되어 1음절이 줄어드는 것을 먼저 제시한다.[463] 또 어간의 끝 음절이 개음절이면 그 음절의 모음이 /ㅣ, ㅔ, ㅐ, ㅡ, ㅓ, ㅏ, ㅜ, ㅗ, ㅟ, ㅚ/의 순서로 되게 배열한다.

어간 끝 음절이 폐음절일 때는 종성의 위치 강도가 약한 것에서 강한 것의 순서로 배열하고, 위치 강도가 같을 때는 유음, 비음, 장애음의 순서로, 또 같은 장애음이 둘 이상 나타날 때는 평음, 격음, 경음의 순서로 한다. 중성과 종성이 같은 음절은 초성 자음의 조음 위치 강도와 열림도에 따른 강도를 따른다.[464] 곧 어간 끝 자음에 따른 배열은 /ㅇ, ㅎ, ㆆ, ㄹ, ㄷ, ㅌ, ㅈ, ㅅ, ㅆ, ㅊ, ㅁ, ㅸ, ㅂ, ㅍ, ㅃ, ㆁ, ㄱ, ㅋ, ㄲ/의 순서를 따른다.

어간의 음절수가 같고, 끝 음절이 같을 때는 끝에서 둘째 음절을 위에서 말한 바와 같은 방법을 따라 배열하고, 끝 음절과 끝에서 둘째 음절이 같을 때는 끝에서 셋째 음절을 위에서 말한 바와 같은 방법을 따라 배열하고, …, 이런 방법으로 낱말 전체를 배열한다.

(317) 2음절 평1형어간 풀이씨 자료

푸·르·다[465] [466]	(HM·M→)$HM^2[HM^2]$	(창원①②, 함안, 김해, 양산)
누·르·다(黃)	(HM·M→)$HM^2[HM^2]$	(창원①②, 함안, 김해)
누·리·다(黃)	(HM·M→)$HM^2[HM^2]$	(양산)
푸·리·다<푸르다>	(HM·M→)$HM^2[HM^2]$	(양산)
이·이·다<이다>[467]	(HM·M→)$HM^2[HM^2]$	(창원①②, 함안, 김해, 양산)

463) 이로 말미암아 'ㅡ'로 끝나는 어간이 'ㅣ'로 끝나는 어간을 앞서는 경우가 나타날 수도 있고, 때로는 방언에 따라서는 '아프다', '바쁘다'가 '아푸다', '바뿌다'처럼 'ㅜ'로 변하고, 이 'ㅜ'가 {·아X, ·어X}형의 씨끝 앞에서 삭제되는 경우도 있기 때문에 'ㅜ'로 끝나는 어간이 'ㅣ'로 끝나는 어간을 앞설 수도 있다. '다르다', '빠르다'가 방언에 따라서는 '다리다', '빠리다'로 나타나고, 또 이렇게 변한 'ㅣ'가 {·아X, ·어X}형의 씨끝 앞에서 삭제되는 경우도 있기 때문에, 이런 경우는 'ㅣ'로 끝나는 어간이 다른 모음으로 끝나는 어간보다 앞에 배열될 수도 있다.

464) 조음위치에 따른 강도와 열림도에 따른 강도에 대해서는 김차균(1998)을 참조.

465) [양산 방언] 제보자는 /푸·르·다/를 표준말이라 생각하고, /:파(:)·랗·다, :시·퍼(:)·렇·다/ 등을 방언형이라고 생각한다.

466) [창원 방언①②, 함안 방언, 양산 방언] /푸·르·러·서, 푸·르·러·도, …/등은 쓰이지 않는다; [양산 방언] /푸·리·다, 단풍·이 ·낙·엽·이 안들·고 푸·리·다/.

467) [창원 방언①, 함안 방언] /지붕··을 이·인·다, 이·있·다/; [양산 방언] /지붕··을 이·이·다, 이·아 나·왔·다/.

니·이·다<오줌~>[468]	(HM·M→)HM^2[HM^2]	(창원①②, 함안, 김해, 양산)
니·이·다<옷을~>	(HM·M→)HM^2[HM^2]	(양산)
시·이·다(用)<쓰이다(피)>	(HM·M→)HM^2[HM^2]	(양산)
시·이·다(書)<쓰이다(피)>	(HM·M→)HM^2[HM^2]	(양산)
티·이·다<트이다(피)>	(HM·M→)HM^2[HM^2]	(함안, 양산)
띠·이·다<띄다(피)>	(HM·M→)HM^2[HM^2]	(함안, 김해, 양산)
찌·이·다<끼다(피)>	(HM·M→)HM^2[HM^2]	(함안, 김해, 양산)
비·이·다(示)<베이다(피)>	(HM·M→)HM^2[HM^2]	(함안, 김해, 양산)
비·이·다(示)<보이다(사)>	(HM·M→)HM^2[HM^2]	(함안, 김해, 양산)
비·이·다(切)<베이다(피)>	(HM·M→)HM^2[HM^2]	(양산)
끼·이·다<끼다(피)>	(HM·M→)HM^2[HM^2]	(함안, 양산)
끼·이·다<끼다(피)>	(HM·M→)HM^2[HM^2]	(양산)
베·이·다(示)<보이다(사)>	(HM·M→)HM^2[HM^2]	(함안)
보·이·다<사>	(HM·M→)HM^2[HM^2]	(양산)
보·이·다<피>	(HM·M→)HM^2[HM^2]	(양산)
휘·이·다<휘다>	(HM·M→)HM^2[HM^2]	(양산)
달·이·다	(HM·M→)HM^2[HM^2]	(창원①②, 양산)
붙·이·다(附)<사>[469]	(HM·M→)HM^2[HM^2]	(창원①②, 함안, 김해, 양산)
높·이·다	(HM·M→)HM^2[HM^2]	(창원①②, 함안, 김해, 양산)
직·이·다<죽이다>[470]	(HM·M→)HM^2[HM^2]	(창원①②, 함안, 김해, 양산)
믹·이·다<먹이다(사)>	(HM·M→)HM^2[HM^2]	(창원①②, 함안, 양산)
섹·이·다(欺)<속이다>	(HM·M→)HM^2[HM^2]	(김해, 양산)
쎅·이·다<속이다>	(HM·M→)HM^2[HM^2]	(창원①②)
삭·이·다(醱酵)<삭히다>	(HM·M→)HM^2[HM^2]	(창원②, 함안)
죽·이·다	(HM·M→)HM^2[HM^2]	(창원①②, 함안, 김해, 양산)
숙·이·다	(HM·M→)HM^2[HM^2]	(창원①②, 함안, 김해, 양산)
속·이·다(欺)	(HM·M→)HM^2[HM^2]	(김해, 양산)
쏙·이·다<속이다>[471]	(HM·M→)HM^2[HM^2]	(창원①②, 함안)
깩·이·다<깎이다>	(HM·M→)HM^2[HM^2]	(창원①②, 함안)
낋·이·다<끓이다>	(HM·M→)HM^2[HM^2]	(창원①②, 함안, 양산)
끓·이·다<끓이다>	(HM·M→)HM^2[HM^2]	(창원①②, 함안, 양산)
굳·히·다<못쓰게하다>	(HM·M→)HM^2[HM^2]	(김해, 양산)
굳·히·다<사>[472]	(HM·M→)HM^2[HM^2]	(창원①②, 함안, 김해, 양산)
뻗·히·다<사>	(HM·M→)HM^2[HM^2]	(창원①②, 함안, 양산)
맞·히·다<사>[473]	(HM·M→)HM^2[HM^2]	(창원①②, 함안, 김해, 양산)

468) 〔함안 방언, 양산 방언〕 /니·이·다, 니·이·라/.
469) 〔양산 방언〕 /붙·이·다, 붙·이·라/.
470) 〔양산 방언〕 /직·이·다, 직·이·삔·다, 직·이·뿔·라/.
471) 〔함안 방언〕 /쏙·이·다, 쏙·있·다/.
472) 〔함안 방언〕 /굳·히·다/<굳어지게 하다, 못쓰게 하다>.

입·히·다<사> (HM·M→)$HM^2[HM^2]$ (창원①②, 함안, 김해, 양산)
넙·히·다<눕히다> (HM·M→)$HM^2[HM^2]$ (창원①②, 함안, 김해, 양산)
뎁·히·다<덥히다>[474] (HM·M→)$HM^2[HM^2]$ (창원①②, 함안, 김해, 양산)
잽·히·다<잡히다(사)>[475] (HM·M→)$HM^2[HM^2]$ (창원①②, 함안, 김해, 양산)
업·히·다<사>[476] (HM·M→)$HM^2[HM^2]$ (창원①②, 김해, 양산)
덥·히·다<덥히다> (HM·M→)$HM^2[HM^2]$ (함안)
눕·히·다<사> (HM·M→)$HM^2[HM^2]$ (창원②, 함안, 김해, 양산)
삭·히·다 (HM·M→)$HM^2[HM^2]$ (창원①②, 함안)
삐·리·다<버리다>[477] (HM·M→)$HM^2[HM^2]$ (창원①②, 함안)
끼·리·다<끓이다> (HM·M→)$HM^2[HM^2]$ (창원①②, 함안, 김해, 양산)
데·리·다<일꾼> (HM·M→)$HM^2[HM^2]$ (창원①②, 함안, 김해, 양산)
베·리·다(汚,捨)[478] (HM·M→)$HM^2[HM^2]$ (창원①②, 함안, 김해, 양산)
께·리·다<꺼리다> (HM·M→)$HM^2[HM^2]$ (창원②, 양산)
내·리·다<나리다>[479] (HM·M→)$HM^2[HM^2]$ (창원①②, 함안, 김해, 양산)
대·리·다<다리다>[480] (HM·M→)$HM^2[HM^2]$ (창원①②, 함안, 김해, 양산)
때·리·다 (HM·M→)$HM^2[HM^2]$ (창원①②, 함안, 김해, 양산)
개·리·다<(나물) 가리다> (HM·M→)$HM^2[HM^2]$ (창원①②, 함안, 김해, 양산)
개·리·다<(음식) 가리다> (HM·M→)$HM^2[HM^2]$ (창원①②, 함안, 김해, 양산)
개·리·다<(장막) 가리다> (HM·M→)$HM^2[HM^2]$ (창원①②, 함안, 김해, 양산)
버·리·다(捨) (HM·M→)$HM^2[HM^2]$ (창원①②, 함안, 김해, 양산)
뿌·리·다[481] (HM·M→)$HM^2[HM^2]$ (창원①②, 함안, 함안, 김해)
실·리·다(掃)<쓸리다(사)> (HM·M→)$HM^2[HM^2]$ (김해)
씰·리·다(掃)<쓸리다(사)> (HM·M→)$HM^2[HM^2]$ (창원①②)
빌·리·다 (HM·M→)$HM^2[HM^2]$ (창원①, 함안, 양산)
걸·리·다<걸음을 걸리다> (HM·M→)$HM^2[HM^2]$ (창원①②, 함안, 김해, 양산)
알·리·다(報,告)<사> (HM·M→)$HM^2[HM^2]$ (창원①②, 함안, 김해, 양산)
날·리·다<사>[482] (HM·M→)$HM^2[HM^2]$ (창원①②, 함안, 김해, 양산)
달·리·다(走)[483] (HM·M→)$HM^2[HM^2]$ (창원①②, 함안, 양산)
살·리·다<목숨, 불> (HM·M→)$HM^2[HM^2]$ (창원①②, 함안, 김해, 양산)

---

473) 〔창원 방언①②〕 /맞·히·다, 주사 맞·히·다, 주사 주·다/.
474) 〔양산 방언〕 /뎁·히 무·우·라/.
475) 〔함안 방언〕 /:패·물 잽·히·다/.
476) 〔양산 방언〕 /업·히·다, 업하·아 ·주·우·라, 업하·아 주·라, 업하·지·마·라, 업후·지·마·라/.
477) 〔창원 방언①②〕 /삐·리·다/<조동사>, /내삐·리·다/; 〔함안 방언〕 /삐·리·다, 내·애 삐·렀·다/; 〔김해 방언〕 /삐·리·다/<조동사>, /내삐·리·다/.
478) 〔창원 방언①②, 김해 방언〕 /베·리·다, 베·렀·다, :다·베·렀·다/.
479) 〔함안 방언〕 /내·리·다, 차·에·서 내·리·소/.
480) 〔함안 방언〕 /대·리·다, 다림·질 하·다/.
481) 〔양산 방언〕 /뿌·리·다, 뿌·렀·다/.
482) 〔양산 방언〕 /날·리·다, 날·렀·다/.
483) 〔양산 방언〕 /다말래·기 하·자/<달리기 하자>, /다말·어 가·자/.

말·리·다(乾)<사>	(HM·M→)HM²[HM²]	(창원①②, 함안, 김해, 양산)
말·리·다(挽留)[484]	(HM·M→)HM²[HM²]	(창원①②, 함안, 김해, 양산)
빨·리·다<사>	(HM·M→)HM²[HM²]	(창원①②, 함안, 김해)
갈·리·다<(나물) 가리다>	(HM·M→)HM²[HM²]	(창원②, 함안)
물·리·다[485]	(HM·M→)HM²[HM²]	(창원①②, 함안, 김해, 양산)
돌·리·다<사>[486]	(HM·M→)HM²[HM²]	(창원①②, 함안, 김해, 양산)
몰·리·다<말리다>[487]	(HM·M→)HM²[HM²]	(함안)
겐·디·다<견디다>	(HM·M→)HM²[HM²]	(창원②)
전·디·다<견디다>[488]	(HM·M→)HM²[HM²]	(창원①②, 함안, 김해, 양산)
견·디·다(耐)[489]	(HM·M→)HM²[HM²]	(창원②, 양산)
버·티·다	(HM·M→)HM²[HM²]	(창원①②, 함안, 김해, 양산)
마·시·다(飮)[490]	(HM·M→)HM²[HM²]	(창원①②, 함안, 김해, 양산)
수·시·다	(HM·M→)HM²[HM²]	(김해, 양산)
쑤·시·다[491]	(HM·M→)HM²[HM²]	(창원①②, 함안)
꼬·시·다<꼬이다>	(HM·M→)HM²[HM²]	(창원①②, 함안, 김해, 양산)
꼴·시·다<흘기다>	(HM·M→)HM²[HM²]	(창원①, 김해, 양산)
적·시·다[492]	(HM·M→)HM²[HM²]	(창원①②, 함안, 김해, 양산)
다·지·다	(HM·M→)HM²[HM²]	(창원①②, 함안, 김해, 양산)
가·지·다(持)[493]	(HM·M→)HM²[HM²]	(창원①②, 함안, 김해, 양산)
쪼·지·다<쫒다>	(HM·M→)HM²[HM²]	(창원①②, 김해)
언·지·다<얹다>	(HM·M→)HM²[HM²]	(창원①②, 함안, 김해)
떤·지·다	(HM·M→)HM²[HM²]	(창원①②, 함안, 김해, 양산)
건·지·다[494]	(HM·M→)HM²[HM²]	(창원①②, 김해, 함안, 양산)
껀·지·다	(HM·M→)HM²[HM²]	(양산)
만·지·다	(HM·M→)HM²[HM²]	(창원②, 양산)
흐·치·다<흩트리다>[495]	(HM·M→)HM²[HM²]	(창원①②, 김해, 양산)

484) [함안 방언] /말·리·다/<표준말>.
485) [함안 방언] /물·리·다, 물·린, 입·에 물·렸·다, 물라·아 나·았·다/; [양산 방언] /점재·이·가 물·리·다, ·객·구 물·리·다, :구·신 물·리·다/.
486) [창원 방언①] /돌·리 도·오/<돌려 달라>, /:공·개 돌·리·다/, /:공·개/<팽이>; [함안 방언] /패·이 돌·리·다/, /돌·리 도·오/<돌려 달라>.
487) [함안 방언] /몰·리·다, 몰·리 샇드·라/.
488) [양산 방언] /전·디·다/는 /·할·매·말/.
489) [양산 방언] /견·디·다/는 /오줌·말, 오주·움·말, 오새·애·말/, /오주·움/<요즈음>.
490) [창원 방언①, 김해 방언] /마·시·다, 마·시·도, 마·시·라/; [양산 방언] /:아·무·리 마·시·도 ·물·이 :자 ·꾸 키·인·다/.
491) [함안 방언] /디·디·기·가 쑤·시·다, ·뼤·가 쑤·시·다/, /디·디·기/<두더지>.
492) [함안 방언] /적·시·다, 적·시·가 ·꼬·아·라/.
493) [창원 방언①, 김해 방언] /가·지·다, 가·주 온·나/; [창원 방언①②] /가·아·꼬 있·다/; [함안 방언] /가·지·다, 가·지·고 ·갔·다, 가·주·고 ·갔·다, 가·아 가·다/; [창원 방언①②] /가·아·꼬 있·다/.
494) [창원 방언①, 김해 방언] /건·지·다, 건·지·라, 건·저·라/.

그·치·다 (HM·M→)$HM^2[HM^2]$ (창원①②, 함안, 김해, 양산)
끄·치·다 (HM·M→)$HM^2[HM^2]$ (창원②)
미·치·다(狂)[496] (HM·M→)$HM^2[HM^2]$ (창원①②, 함안, 김해, 양산)
헤·치·다(披)[497] (HM·M→)$HM^2[HM^2]$ (창원①②, 함안, 김해, 양산)
마·치·다[498] (HM·M→)$HM^2[HM^2]$ (창원①②, 함안, 김해, 양산)
바·치·다(貢,贈)[499] (HM·M→)$HM^2[HM^2]$ (창원①②, 함안, 김해, 양산)
후·치·다[500] (HM·M→)$HM^2[HM^2]$ (양산)
무·치·다<나물> (HM·M→)$HM^2[HM^2]$ (창원①②)
보·치·다<보채다> (HM·M→)$HM^2[HM^2]$ (함안)
고·치·다(改) (HM·M→)$HM^2[HM^2]$ (창원①, 양산)
근·치·다[501] (HM·M→)$HM^2[HM^2]$ (창원①②, 함안, 김해, 양산)
만·치·다[502] (HM·M→)$HM^2[HM^2]$ (창원①②, 함안, 김해, 양산)
문·치·다<나물> (HM·M→)$HM^2[HM^2]$ (김해, 양산)
몬·치·다 (HM·M→)$HM^2[HM^2]$ (함안, 김해, 양산)
곤·치·다(改)[503] (HM·M→)$HM^2[HM^2]$ (창원①②, 함안, 김해, 양산)
받·치·다[504] (HM·M→)$HM^2[HM^2]$ (창원①②, 함안, 김해, 양산)
뻗·치·다 (HM·M→)$HM^2[HM^2]$ (창원①②, 함안, 김해, 양산)
접·치·다<겹치다> (HM·M→)$HM^2[HM^2]$ (창원①②, 김해)
훔·치·다(盜) (HM·M→)$HM^2[HM^2]$ (창원①②, 함안, 김해, 양산)
꼽·치·다 (HM·M→)$HM^2[HM^2]$ (창원①②, 함안, 김해, 양산)
망·치·다[505] (HM·M→)$HM^2[HM^2]$ (창원①②, 함안, 김해, 양산)
닥·치·다<입을～> (HM·M→)$HM^2[HM^2]$ (창원①②, 함안, 김해, 양산)
히·비·다<후비다>[506] (HM·M→)$HM^2[HM^2]$ (창원①②, 함안, 김해, 양산)
니·비·다<누비다> (HM·M→)$HM^2[HM^2]$ (창원①②, 함안, 김해, 양산)
니·비·다<옷을～> (HM·M→)$HM^2[HM^2]$ (창원①②, 함안, 김해, 양산)

495) ［창원 방언①, 김해 방언］ /흐·치·다, 흐·치·라, 흐·치 낳·고/.
496) ［창원 방언①］ /미·쳤·다, 미·처·도. 미·치·겄·다, 미·치·겠·다/; ［김해 방언］ /미·쳤·다/, /미·치·겄·다/ <박남이>, /미·치·겠·다/<한이선>; ［함안 방언］ /미·쳤·다, 미·처/.
497) ［함안 방언］ /헤·칬·다/.
498) ［함안 방언］ /마·치·다, 마·칬·다/.
499) ［함안 방언］ /바·칬·다/; ［양산 방언］ /바·치·다, 바·치·도/.
500) ［양산 방언］ /후·치·다, 후·처·라/<쫓다>.
501) ［창원 방언①］ /근·치·다/<·비·가 근·칬·다, 울·음·을 근·치·라/; ［김해 방언］ /근·치·다/<·비·가 근·칬·다, 울·음·을 근·치·다/; ［함안 방언］ /울·음 근·치·다/.
502) ［함안 방언］ /만·치·다, 만·치 보·래, 몬·치 보·래/, /만·치·다/는 /오새·애·말/, /몬·치·다/는 /:옛·말/.
503) ［창원 방언①］ /곤·치·다, 곤·치 ·써·라/; ［함안 방언］ /곤·치·다, 곤·치 ·씨·라/; ［김해 방언］ /곤·치·다, 곤·치 ·서·라/; ［양산 방언］ /곤·치·다, 곤·치·도/.
504) ［창원 방언①②］ /받·치·다, 받·칬·다, 받·쳤·다/.
505) ［창원 방언①②］ /망·치·다, 망·칬·다, 망·쳤·다/; ［양산 방언］ /망·치·다, 망·칬·다/.
506) ［창원 방언①②］ /히·비·다, 히·빘·다, 까래·비·다/; ［함안 방언］ /히·비·다, ·까·라 히·비·다, 까래·비·다/.

헤·비·다(挖)[507]	(HM·M→)$HM^2[HM^2]$	(창원①②, 함안, 김해, 양산)
째·비·다<훔치다>	(HM·M→)$HM^2[HM^2]$	(창원①②, 김해)
후·비·다(挖)	(HM·M→)$HM^2[HM^2]$	(창원②)
이·기·다	(HM·M→)$HM^2[HM^2]$	(창원①②, 함안, 김해, 양산)
지·기·다<죽이다>	(HM·M→)$HM^2[HM^2]$	(창원①②, 함안, 양산)
시·기·다(使)	(HM·M→)$HM^2[HM^2]$	(김해)
씨·기·다(使)	(HM·M→)$HM^2[HM^2]$	(창원①②)
비·기·다<무승부>	(HM·M→)$HM^2[HM^2]$	(창원①②, 함안, 김해, 양산)
세·기·다(欺)[508]	(HM·M→)$HM^2[HM^2]$	(김해, 양산)
쎄·기·다(欺)[509]	(HM·M→)$HM^2[HM^2]$	(창원①②, 함안)
새·기·다(刻)[510]	(HM·M→)$HM^2[HM^2]$	(창원①②, 함안, 김해, 양산)
힐·기·다<흘기다>[511]	(HM·M→)$HM^2[HM^2]$	(함안)
찔·기·다<질기다>	(HM·M→)$HM^2[HM^2]$	(창원①②, 함안, 김해, 양산)
헬·기·다<흘기다>	(HM·M→)$HM^2[HM^2]$	(창원①②)
흘·기·다	(HM·M→)$HM^2[HM^2]$	(창원①②, 김해, 양산)
달·기·다<(약) 달이다>	(HM·M→)$HM^2[HM^2]$	(양산)
말·기·다(挽留)	(HM·M→)$HM^2[HM^2]$	(창원①②, 함안, 김해, 양산)
신·기·다<신을～>	(HM·M→)$HM^2[HM^2]$	(창원①②, 함안, 김해, 양산)
앤·기·다<사>	(HM·M→)$HM^2[HM^2]$	(양산)
안·기·다<안기다><사>	(HM·M→)$HM^2[HM^2]$	(창원①②, 함안, 김해)
잇·기·다<웃기다>	(HM·M→)$HM^2[HM^2]$	(창원①②, 김해)
웃·기·다	(HM·M→)$HM^2[HM^2]$	(창원①②, 김해, 양산)
윗·기·다<웃기다>[512]	(HM·M→)$HM^2[HM^2]$	(양산)
벳·기·다<벗기다>	(HM·M→)$HM^2[HM^2]$	(창원①②, 함안, 김해, 양산)
맽·기·다<맡기다>	(HM·M→)$HM^2[HM^2]$	(창원①②, 함안, 김해, 양산)
맡·기·다	(HM·M→)$HM^2[HM^2]$	(창원①②, 양산)
넘·기·다<넘기다>	(HM·M→)$HM^2[HM^2]$	(양산)
섬·기·다<섬기다>	(HM·M→)$HM^2[HM^2]$	(창원①②, 양산)
남·기·다<남기다>[513]	(HM·M→)$HM^2[HM^2]$	(양산)
숨·기·다<숨기다>	(HM·M→)$HM^2[HM^2]$	(창원①②, 함안, 양산)
싱·기·다<섬기다>[514]	(HM·M→)$HM^2[HM^2]$	(함안, 김해)
팅·기·다<퉁기다>	(HM·M→)$HM^2[HM^2]$	(창원①②, 함안, 김해, 양산)

507) ［김해 방언］ /달·이 헤·비·다/.
508) ［양산 방언］ /세·기·다/는 /·할·매·들 :말/.
509) ［함안 방언］ /쎄·기·다/, /:날·로 쎄·기 무웅·다/<나를 속여 먹는다>.
510) ［함안 방언］ /새·기·다, 새·겄·다/; ［양산 방언］ /새·기·다, 새·겄·다/.
511) ［함안 방언］ /힐·기·다, ·눈·을 :힐(ː)·근 힐·기·더·라/.
512) ［양산 방언］ /윗·기·다, 위·습·다, 위·십·다/는 /·할·매·말/.
513) ［양산 방언］ /남·기·다, 남·겄·다/.
514) ［함안 방언］ /싱·기·다/는 /·할·매·들 :말/.

핑·기·다<풍기다>[515] (HM·M→)HM^2[HM^2] (창원①②, 김해)
엥·기·다<옮기다> (HM·M→)HM^2[HM^2] (창원①②, 함안, 김해, 양산)
텡·기·다<퉁기다>[516] (HM·M→)HM^2[HM^2] (창원②, 함안, 양산)
생·키·다<삼키다>[517] (HM·M→)HM^2[HM^2] (창원①②, 함안, 김해, 양산)
앵·기·다(抱)<사> (HM·M→)HM^2[HM^2] (창원①②, 김해)
냉·기·다<남기다> (HM·M→)HM^2[HM^2] (창원①②, 함안, 김해, 양산)
땡·기·다(挽)[518] (HM·M→)HM^2[HM^2] (창원①②, 함안, 김해, 양산)
갱·기·다<곪다> (HM·M→)HM^2[HM^2] (창원①②, 함안)
깽·기·다<눈을～><사> (HM·M→)HM^2[HM^2] (창원①②)
넝·기·다<넘기다> (HM·M→)HM^2[HM^2] (창원①②, 양산)
넹·기·다<넘기다> (HM·M→)HM^2[HM^2] (창원①②, 함안, 양산)
낭·기·다<남기다> (HM·M→)HM^2[HM^2] (창원①②, 함안)
깡·기·다<눈을～> (HM·M→)HM^2[HM^2] (함안, 김해)
숭·기·다<숨기다> (HM·M→)HM^2[HM^2] (창원①②, 함안, 양산)
풍·기·다[519] (HM·M→)HM^2[HM^2] (창원①②, 함안, 양산)
궁·기·다<굶기다>[520] (HM·M→)HM^2[HM^2] (창원①②, 함안, 김해, 양산)
공·기·다<곪다> (HM·M→)HM^2[HM^2] (창원①, 김해, 양산)
옹·기·다<옮기다> (HM·M→)HM^2[HM^2] (창원①②, 함안, 김해, 양산)
시·키·다 (HM·M→)HM^2[HM^2] (창원①②, 양산)
늘·키·다<늘리다> (HM·M→)HM^2[HM^2] (함안, 양산)
헬·키·다<흘기다> (HM·M→)HM^2[HM^2] (김해)
할·키·다<흘기다>[521] (HM·M→)HM^2[HM^2] (함안, 양산)
신·키·다<신을～> (HM·M→)HM^2[HM^2] (창원①, 양산)
잇·키·다<웃기다> (HM·M→)HM^2[HM^2] (함안)
웃·키·다<웃기다> (HM·M→)HM^2[HM^2] (함안)
숨·키·다<숨기다> (HM·M→)HM^2[HM^2] (창원①②, 양산)
싱·키·다<숨기다> (HM·M→)HM^2[HM^2] (창원①, 김해)
숭·키·다<숨기다> (HM·M→)HM^2[HM^2] (김해, 양산)
베·끼·다(寫)[522] (HM·M→)HM^2[HM^2] (창원①②, 김해)
애·끼·다(惜)[523] (HM·M→)HM^2[HM^2] (창원①②, 함안, 김해, 양산)
삐·끼·다[524] (HM·M→)HM^2[HM^2] (창원②, 김해, 양산)

515) 〔창원 방언①, 김해 방언〕 /핑·기·다, 내애·미 핑·기·다/.
516) 〔함안 방언〕 /텡·기·다/.
517) 〔함안 방언〕 /생·키·다, :겅·거·이 생·킸·다/.
518) 〔양산 방언〕 /땡·기·다/<주로>, /땡기·리·다/<가끔>.
519) 〔함안 방언〕 /풍·기·다, :호·수·로 :마·악 풍·기 ·준·다/.
520) 〔양산 방언〕 /궁·기·다, 궁가·아·라/.
521) 〔양산 방언〕 /할·키·다/<흘기다(眦), 옆눈 뜨는 것을 보고 하는 말>.
522) 〔창원 방언①②〕 /베·끼·다/<글, 사진 베끼다>; 〔함안 방언〕 /·글 베·끼·다/, /사진 *베·끼·다/.
523) 〔창원 방언①, 김해 방언〕 /애·끼·다, 애·끼 ·씨·라/; 〔양산 방언〕 /애·끼·다, 애·끼·도/.
524) 〔양산 방언〕 /삐·끼·다, ·글 삐·끼·다, 나무껍·질 삐·끼·다/.

아·끼·다(惜) (HM·M→)$HM^2[HM^2]$ (창원①②, 양산)
궁·끼·다<굶기다> (HM·M→)$HM^2[HM^2]$ (김해)
세·에·다(算) (HM·M→)$HM^2[HM^2]$ (양산)
베·에·다 (HM·M→)$HM^2[HM^2]$ (김해)
대·애·다(駐車) (HM·M→)$HM^2[HM^2]$ (창원①②, 함안, 김해, 양산)
대·애·다<대다>[525] (HM·M→)$HM^2[HM^2]$ (창원①②, 함안, 김해, 양산)
재·애·다(測)<재다> (HM·M→)$HM^2[HM^2]$ (창원①②, 함안, 김해, 양산)
재·애·다<(잠) 재우다> (HM·M→)$HM^2[HM^2]$ (함안, 양산)
채·애·다<빌리다>[526] (HM·M→)$HM^2[HM^2]$ (창원①②, 함안, 김해, 양산)
개·애·다(晴) (HM·M→)$HM^2[HM^2]$ (창원②, 양산)
만·내·다<만나다>[527] (HM·M→)$HM^2[HM^2]$ (창원①②, 함안, 김해, 양산)
쪼·빼·다(展) (HM·M→)$HM^2[HM^2]$ (김해)
비·아·다<비우다> (HM·M→)$HM^2[HM^2]$ (창원①)
끼·아·다<끼우다> (HM·M→)$HM^2[HM^2]$ (창원①②)
떼·아·다<떼우다> (HM·M→)$HM^2[HM^2]$ (창원①②)
세·아·다<세우다>[528] (HM·M→)$HM^2[HM^2]$ (창원①②, 함안, 김해)
쎄·아·다<우기다> (HM·M→)$HM^2[HM^2]$ (창원①②, 함안)
쩨·아·다<끼우다>[529] (HM·M→)$HM^2[HM^2]$ (창원①②, 함안)
테·아·다(通)<트다> (HM·M→)$HM^2[HM^2]$ (창①②)
메·아·다<메우다> (HM·M→)$HM^2[HM^2]$ (창원①②, 함안)
베·아·다<비우다> (HM·M→)$HM^2[HM^2]$ (창원①②)
케·아·다<키우다> (HM·M→)$HM^2[HM^2]$ (창원①②, 함안)
께·아·다<끼우다> (HM·M→)$HM^2[HM^2]$ (창원①②)
태·아·다(燒)<사> (HM·M→)$HM^2[HM^2]$ (창원①②, 함안)
태·아·다(乘車)<사> (HM·M→)$HM^2[HM^2]$ (창원①②, 함안)
재·아·다<재우다> (HM·M→)$HM^2[HM^2]$ (창원①②, 함안)
배·아·다<배우다>[530] (HM·M→)$HM^2[HM^2]$ (창원①②, 함안)
깨·아·다<깨우다> (HM·M→)$HM^2[HM^2]$ (창원①②, 함안)
고·아·다<(고기) 고다> (HM·M→)$HM^2[HM^2]$ (창원①②)
고·아·다<괴다> (HM·M→)$HM^2[HM^2]$ (창원①②)
꼬·아·다<꾀다> (HM·M→)$HM^2[HM^2]$ (창원①②)
만·나·다(遇) (HM·M→)$HM^2[HM^2]$ (창원①②, 김해)

525) [경남 동남부 방언] /대·애·다/<접촉>, /:돈·을 대·애·다/<돈을 제공하다, 돈을 부담하다>, /차·를 대·애·다/<주차하다>.

526) [함안 방언] /채·애·다/는 /:옛·날 ·할·매·말/; [양산 방언] /채·애·다/<빌리다>, 채·애 도·오/<빌려다오>.

527) [함안 방언] /만·내·다, 만·냈·다/.

528) [김해 방언] /세·아·다/<박남이>.

529) [창원 방언①] /쩨·아·다/<끼우다>, /쩨·아 ·준·다/.

530) [창원 방언①] /배·아·다, 배·아·라/; [함안 방언] /배·아·다/는 /:옛·날·말/.

팅·가·다<퉁기다>	(HM·M→)HM^2[HM^2]	(함안, 김해)
텡·가·다<퉁기다>[531]	(HM·M→)HM^2[HM^2]	(창원①②, 김해)
티·우·다(通)	(HM·M→)HM^2[HM^2]	(창원①②, 함안, 김해, 양산)
띠·우·다[532]	(HM·M→)HM^2[HM^2]	(창원①②, 함안, 김해, 양산)
띠·우·다[533]	(HM·M→)HM^2[HM^2]	(창원①②, 함안, 김해, 양산)
시·우·다(書)<쓰이다(사)>	(HM·M→)HM^2[HM^2]	(함안, 김해, 양산)
시·우·다<세우다>	(HM·M→)HM^2[HM^2]	(함안, 김해)
시·우·다<씌우다>[534]	(HM·M→)HM^2[HM^2]	(양산)
씨·우·다(書)<쓰이다(사)>	(HM·M→)HM^2[HM^2]	(창원①②, 함안)
찌·우·다<끼우다>[535]	(HM·M→)HM^2[HM^2]	(창원①②, 김해, 양산)
비·우·다(空)	(HM·M→)HM^2[HM^2]	(창원①②, 김해, 양산)
비·우·다(學)[536]	(HM·M→)HM^2[HM^2]	(창원①②, 양산)
키·우·다<사>[537]	(HM·M→)HM^2[HM^2]	(창원①②, 함안, 김해, 양산)
끼·우·다<꿰다>	(HM·M→)HM^2[HM^2]	(창원①②, 함안, 김해, 양산)
데·우·다[538]	(HM·M→)HM^2[HM^2]	(창원①②, 함안, 김해, 양산)
떼·우·다[539]	(HM·M→)HM^2[HM^2]	(함안, 양산)
세·우·다	(HM·M→)HM^2[HM^2]	(창원①②, 함안, 김해, 양산)
태·우·다(燒)[540]	(HM·M→)HM^2[HM^2]	(창원①②, 함안, 김해, 양산)
태·우·다(乘)	(HM·M→)HM^2[HM^2]	(창원①②, 함안, 김해, 양산)
재·우·다<사>[541]	(HM·M→)HM^2[HM^2]	(창원①②, 함안, 김해, 양산)
메·우·다[542]	(HM·M→)HM^2[HM^2]	(창원①②, 함안, 김해, 양산)
배·우·다(學)	(HM·M→)HM^2[HM^2]	(창원①②, 함안, 김해, 양산)
깨·우·다<사>	(HM·M→)HM^2[HM^2]	(창원①②, 함안, 김해, 양산)
사·우·다<싸우다>	(HM·M→)HM^2[HM^2]	(김해, 양산)
싸·우·다[543]	(HM·M→)HM^2[HM^2]	(창원①②, 함안)

531) 〔김해 방언〕 /텡·가·다, 텡·가·고 있·다/.
532) 〔창원 방언①〕 /메에·주·로 띠·우·고, 메에·주·로 띠·아·라/.
533) 〔창원 방언①, 김해 방언〕 /비행기·로 띠·우·네, 비행기·로 띠·아·라/.
534) 〔양산 방언〕 /비·닐 시·우·다/
535) 〔김해 방언〕 /찌·우·다, 찌·아 ·준·다/
536) 〔양산 방언〕 /비·우·다/는 /:어·르·신 :말, ·할·머·니 :말·이·다. ·핵·교·가·서 비·워·라/.
537) 〔창원 방언①②〕 /키·아 가·아/<키워 가지고>; 〔함안 방언〕 /키·우 ·바·아·라/<키워 보아라>.
538) 〔함안 방언〕 /데·우·다/는 신형; 〔양산 방언〕 /데·우·다/는 표준말, /뎁·히 무·우·라/.
539) 〔함안 방언〕 /비행기·도 떼·우·고 메·주·도 떼·운·다/.
540) 〔창원 방언①②〕 /태·워·도/는 요새 말; 〔양산 방언〕 /태·우·다, 태·워·라, 태·아·라/.
541) 〔창원 방언①②〕 /재·워·서/는 요새 말; 〔함안 방언, 양산 방언〕 /재·우·다, 재·아·라/.
542) 〔함안 방언〕 /메·우·다, 논두룸·낄·이 ·터·짔·더·라, ·흑·을 메·아·라/.
543) 〔함안 방언〕 /만내·이·모 싸·운·다/, /하나·가 ·지·야 :해·겔·이 데·지/<한쪽이 져 주어야 해결이 되지>; 〔김해 방언〕 /싸·우·다/<박남이 할머니>, /사·우·다/<한이선 할머니>로 구별된다; 〔양산 방언〕 /사·우·다, 사·와·도/는 드물게 쓰이고, /사·암·하·다, 사·암 하·다, 사·암·해·도, 사·암 ·해·도/를 주로 사용한다.

도·우·다<돕다>[544]	(HM·M→)HM^2[HM^2]	(창원①②, 함안, 김해, 양산)
고·우·다[545]	(HM·M→)HM^2[HM^2]	(창원①②, 함안)
고·우·다(撑)<괴다>	(HM·M→)HM^2[HM^2]	(창원①②, 함안, 김해)
꼬·우·다<꾀다>	(HM·M→)HM^2[HM^2]	(창원①②)
가·주·다<가지다>	(HM·M→)HM^2[HM^2]	(창원①②, 김해, 양산)
팅·구·다<퉁기다>	(HM·M→)HM^2[HM^2]	(함안, 양산)
텡·구·다<퉁기다>	(HM·M→)HM^2[HM^2]	(함안, 김해)
고·오·다(고기를～)	(HM·M→)HM^2[HM^2]	(함안, 김해, 양산)
고·오·다<괴다>[546]	(HM·M→)HM^2[HM^2]	(함안, 김해, 양산)
꼬·오·다<꾀다>	(HM·M→)HM^2[HM^2]	(김해, 양산)
꺼·치·다<거칠다>[547]	(HM·M→)HM^2[HM^2]	(김해)
거·칠·다<거칠다>[548]	(HM·M→)HM^2[HM^2]	(창원①②, 함안, 김해, 양산)
꺼·칠·다<거칠다>	(HM·M→)HM^2[HM^2]	(창원②)
간·질·다	(HM·M→)HM^2[HM^2]	(김해)
엉·글·다<성기다>[549]	(HM·M→)HM^2[HM^2]	(창원①②, 함안, 김해)
여·물·다	(HM·M→)HM^2[HM^2]	(창원①②, 함안, 김해, 양산)
야·물·다	(HM·M→)HM^2[HM^2]	(창원①②, 함안)
소·물·다	(HM·M→)HM^2[HM^2]	(양산)
쏘·물·다[550]	(HM·M→)HM^2[HM^2]	(창원①②, 함안)
새·앳·다<많다>[551]	(HM·M→)HM^2[HM^2]	(양산)
쌔·앳·다<많다>	(HM·M→)HM^2[HM^2]	(창원①②, 함안)
시·럽·다<시리다>	(HM·M→)HM^2[HM^2]	(양산)
추·집·다<추하다>	(HM·M→)HM^2[HM^2]	(창원①②, 함안, 김해, 양산)
시·럽·다<시리다>[552]	(HM·M→)HM^2[HM^2]	(양산)
에·럽·다(難)[553]	(HM·M→)HM^2[HM^2]	(창원①②, 함안, 김해, 양산)
추·접·다<추하다>	(HM·M→)HM^2[HM^2]	(창원②, 김해, 양산)
수·옳·다<쉽다>[554]	(HM·M→)HM^2[HM^2]	(창원①②, 김해, 양산)

544) [양산 방언] /도·우·다, 도·아 주·다, 도·와 주·다/.
545) [함안 방언] /고·우·다, 고·아 무·우·라/.
546) [양산 방언] /고·오·다, 밑·에 고·아·라./
547) [김해 방언] /꺼·치·다, :어·시·다, 소·이 꺼·치 가·주·고 뿍덕까꾸·리 ·겉·다/.
548) [김해 방언] /거·칠·다, 거·칠·고, 거·칠·어·서, 거·치·다, 거·치·고, 거·치·서/; [함안 방언] /거·칠·다, 거·칠·고, 거·칠·어·서 거·칠·드·라, 거·치·고, 거·치·더·라/; [양산 방언] /거칠거칠하·다, 우락부락하·다/.
549) [창원 방언①, 김해 방언] /·빗·이 엉·글·다, 얼기·빗, 챔·빗/.
550) [창원 방언①] /·빗·이 쏘·물·다, 모·가 너무 쏘·물·다/.
551) [양산 방언] /새·앳·다, 새·애 ·빠·졌·다, 새·애 바키·있·다, 새·애 빼까·리·다/.
552) [양산 방언] /·손·시·럽·다, ·이·가 시·럽·다, ·손·시·럽·다, ·소·이 시·럽·다/.
553) [함안 방언] /에·럽·다/<어렵다, 가난하다>; [양산 방언] /에·럽·다, 애·럽·아·서/.
554) [창원 방언①] /수·옳·다/[수·울·타], /수·옳·애·서 :좋·다/[수·울·애·서 :조·타].

(318) 3음절 평1형어간 풀이씨 자료

까·다·럽·다<까다롭다>	(HM^2·M→)HM^3[HM^3]	(창원①②)
그·런·갑·다[555]	(HM^2·M→)HM^3[HM^3]	(창원①②, 함안, 양산)
까·다·롭·다	(HM^2·M→)HM^3[HM^3]	(창원①②)
다·알·나·다<달아나다>[556]	(HM^2·M→)HM^3[HM^3]	(김해, 양산)
달·아·나·다(逃走)	(HM^2·M→)HM^3[HM^3]	(창원①②, 함안, 김해, 양산)
산·책·하·다	(HM^2·M→)HM^3[HM^3]	(김해, 양산)
도·전·하·다	(HM^2·M→)HM^3[HM^3]	(창원①②, 함안)
돌·아·오·다(回)	(HM^2·M→)HM^3[HM^3]	(양산)
떨·어·지·다(落)[557]	(HM^2·M→)HM^3[HM^3]	(창원①②, 함안, 김해, 양산)
굽·이·치·다(曲流)	(HM^2·M→)HM^3[HM^3]	(창원①②, 함안)
무·리·치·다<물리치다>	(HM^2·M→)HM^3[HM^3]	(김해)
물·리·치·다<객구～>	(HM^2·M→)HM^3[HM^3]	(창원②, 함안, 김해, 양산)
물·리·치·다<적을～>	(HM^2·M→)HM^3[HM^3]	(창원②, 함안, 김해, 양산)
방·아·찍·다<방아 찧다>	(HM^2·M→)HM^3[HM^3]	(창원②, 함안)
빌·어·묵·다(乞食)<빌어먹다>	(HM^2·M→)HM^3[HM^3]	(창원①, 양산)
자·빠·지·다	(HM^2·M→)HM^3[HM^3]	(창원①)
짜·빠·지·다	(HM^2·M→)HM^3[HM^3]	(창원①②, 김해, 양산)
잊·아·삐·다<잊어버리다>	(HM^2·M→)HM^3[HM^3]	(양산)
잊·아·뿌·다<잊어버리다>	(HM^2·M→)HM^3[HM^3]	(양산)
다·알·빼·다<달아나다>	(HM^2·M→)HM^3[HM^3]	(양산)
그·런·갑·다[558]	(HM^2·M→)HM^3[HM^3]	(창원①②, 함안, 김해, 양산)

(319) 2음절 평2형어간 풀이씨 자료

모르·다[559]	(H^{2}L·M→)H^{2}M)[MHM]	(창원①②, 함안, 김해, 양산)
모리·다<모르다>[560]	(H^{2}L·M→)H^{2}M[MHM]	(양산)
흐르·다	(H^2·M→)H^{2}M[MHM]	(창원①②, 함안, 김해, 양산)
이르·다(讀)[561]	(H^2·M→)H^{2}M[MHM]	(창원①②, 함안, 김해, 양산)
이르·다(云)[562]	(H^2·M→)H^{2}M[MHM]	(창원①②, 함안, 김해, 양산)

555) 〔함안 방언〕 /그·런·갑·다/<맞은 것 같다, 그런 것 같다>.

556) 〔양산 방언〕 /다·알·나·다, 도망가·다, 도망가·고, 도망·간·다/, /달·아·나·다, 다·알·나·다/보다 /토·끼·다, 토·낐·다/가 더 많이 쓰인다.

557) 〔창원 방언①②〕 /떨·어·지·다, 떨·어·지·서, 떨·어·저·서/.

558) 〔함안 방언〕 /그·런·갑·다/<맞은 것 같다, 그런 것 같다>.

559) 〔창원 방언①②, 함안 방언, 양산 방언〕 /모르·다/의 어간 /모르-/는 /·아X/형 씨끝 앞에서 상성 /:몰-/로 변한다, /:몰·라·서/.

560) 〔양산 방언〕 /모리·다/<(정덕자 님) 가끔 사용>.

561) 〔함안 방언〕 /이르·다, 일·러·라, 일른·다/; 〔양산 방언〕 /이르·다, 일·러 ·바·아·라, 읽·어·라/.

562) 〔창원 방언①②〕 /이르·다, 일·러 주·다, 일·라 주·다, 일·러 바·친·다/; 〔함안 방언〕 /이르·다/, /일·러 주끼·다/<일러 줄 것이다>; 〔김해 방언〕 /일·러 주·다/; 〔양산 방언〕 /이르·다, 일·라 줄끼·대·이/.

끄르·다(解)[563] (H^2·M→)H^2M[MHM] (창원①②, 함안, 김해, 양산)
너르·다<넓다> (H^2·M→)H^2M[MHM] (창원①②, 함안, 김해, 양산)
거르·다(漉) (H^2·M→)H^2M[MHM] (창원①②, 함안, 김해, 양산)
나르·다(飛)<날다>[564] (H^2·M→)H^2M[MHM] (창원①②, 함안, 김해, 양산)
나르·다(運) (H^2·M→)H^2M[MHM] (창원①②, 함안, 김해, 양산)
다르·다(異)[565] (H^2·M→)H^2M[MHM] (창원①②, 함안, 김해, 양산)
짜르·다<짧다>[566] (H^2·M→)H^2M[MHM] (창원①②, 함안, 김해, 양산)
짜르·다<자르다> (H^2·M→)H^2M[MHM] (창원①②, 함안, 양산)
바르·다(塗) (H^2·M→)H^2M[MHM] (창원①②, 함안, 김해, 양산)
빠르·다(速) (H^2·M→)H^2M[MHM] (창원①②, 함안, 김해, 양산)
가르·다(分)[567] (H^2·M→)H^2M[MHM] (창원①②, 함안, 김해, 양산)
무르·다(·밥·이～) (H^2·M→)H^2M[MHM] (창원①②, 함안, 김해, 양산)
부르·다(唱,喚)[568] (H^2·M→)H^2M[MHM] (창원①②, 함안, 김해, 양산)
부르·다(飽) (H^2·M→)H^2M[MHM] (창원①②, 함안, 김해, 양산)
보르·다(塗)<바르다>[569] (H^2·M→)H^2M[MHM] (함안, 양산)
오르·다(登)[570] (H^2·M→)H^2M[MHM] (창원①②, 함안, 김해, 양산)
고르·다(均)[571] (H^2·M→)H^2M[MHM] (창원①②, 함안, 김해, 양산)
아푸·다<아프다>[572] (H^2·M→)H^2M[MHM] (창원①②, 함안, 양산)
야푸·다<얕다> (H^2·M→)H^2M[MHM] (창원①②, 함안, 김해)
슬프·다(悲) (H^2·M→)H^2M[MHM] (창원①②, 함안, 김해, 양산)
슬푸·다<슬프다>[573] (H^2·M→)H^2M[MHM] (창원①②, 함안, 김해, 양산)
실푸·다<슬프다> (H^2·M→)H^2M[MHM] (창원①②, 함안, 양산)
노푸·다<높다>[574] (H^2·M→)H^2M[MHM] (창원①②, 함안, 김해, 양산)
고푸·다<고프다>[575] (H^2·M→)H^2M[MHM] (창원①②, 함안, 김해, 양산)

563) [함안 방언] /끄르·다, 끌·러, 끌·렀·다/.

564) [창원 방언①, 김해 방언] /나르·다, 나른·다, :새·가 날·라·갔·다/; [함안 방언] /나르·다, 날·라 댕·긴·다/; [양산 방언] /나르·다, 날·다, 날·라 ·간·다/.

565) [양산 방언] /다르·다, 다르·네/의 뜻으로 /틀·리·다, 틀·리·네/를 사용하기도 한다.

566) [창원 방언①②, 함안 방언, 김해 방언] /짜르·다, 짤·라·서/; [양산 방언] /짜르·다, 짤·라·서 :몬·시·겠·다/.

567) [창원 방언①] /가르·다/<물건을 나누어 가지다>, /개·리·다, 개리·다, 개라·다/<나물에서 티끌 같은 것을 골라내다>, /개·리·다, 개리·다, 개라·다/는 <장막을 가려서 실내를 어둡게 하거나 밖에서 보이지 않게 하다>의 뜻으로도 쓰인다; [김해 방언, 함안 방언] /가르·다, 갈·라, 갈·랐·다/; [양산 방언] /가르·다, 농가르·다, 농갈·라 나·았·다/.

568) [창원 방언①, 김해 방언] /부르·다, 불·러·라/; [함안 방언] /불·루·도, 불·루·라/.

569) [함안 방언] /보르·다, 볼·라·도, 볼·라·라/; [양산 방언] /보르·다, 보리·다/<옛날 할매 말>.

570) [창원 방언①②] /오르·다, 올·랐·다/; [함안 방언] /오르·다, 올·라·도, 오르겄더·라/.

571) [창원 방언①, 김해 방언] /고르·다/<그림씨>.

572) [함안 방언] /아·파·서 :몽·간·다/, [양산 방언] /·골·치·가 아·파·서 죽겠심·더/.

573) [창원 방언①②, 함안 방언] /슬푸·다, 슬·퍼·도/; [양산 방언] /슬푸·다/는 /잘 안슴/.

574) [함안 방언] /노푸·다, 높·아·서/.

575) [양산 방언] /고푸·다, 고·파·서/.

지푸·다<깊다>[576]	$(H^2 \cdot M \rightarrow)H^2M[MHM]$	(창원①②, 함안, 김해, 양산)
기뿌·다<기쁘다>[577]	$(H^2 \cdot M \rightarrow)H^2M[MHM]$	(창원①②, 함안, 김해, 양산)
나뿌·다<나쁘다>	$(H^2 \cdot M \rightarrow)H^2M[MHM]$	(창원①②, 함안, 김해, 양산)
바쁘·다(忙)	$(H^2 \cdot M \rightarrow)H^2M[MHM]$	(창원①②, 양산)
바뿌·다<바쁘다>[578]	$(H^2 \cdot M \rightarrow)H^2M[MHM]$	(창원①②, 함안, 양산)
얼우·다(氷)<얼리다>	$(H^2 \cdot M \rightarrow)H^2M[MHM]$	(김해, 양산)
돋우·다	$(H^2 \cdot M \rightarrow)H^2M[MHM]$	(창원①②)
솎우·다[579]	$(H^2 \cdot M \rightarrow)H^2M[MHM]$	(창원①②, 양산)
닙후·다<눕히다>	$(H^2 \cdot M \rightarrow)H^2M[MHM]$	(김해)
업후·다<업히다>[580]	$(H^2 \cdot M \rightarrow)H^2M[MHM]$	(창원②, 김해, 양산)
덥후·다<데우다>	$(H^2 \cdot M \rightarrow)H^2M[MHM]$	(김해)
뎁후·다<데우다>	$(H^2 \cdot M \rightarrow)H^2M[MHM]$	(함안, 김해, 양산)
식후·다<식히다(사)>	$(H^2 \cdot M \rightarrow)H^2M[MHM]$	(김해, 양산)
석후·다<썩히다>	$(H^2 \cdot M \rightarrow)H^2M[MHM]$	(김해, 양산)
썩후·다<썩히다>	$(H^2 \cdot M \rightarrow)H^2M[MHM]$	(창원①)
삭후·다<삭히다>[581]	$(H^2 \cdot M \rightarrow)H^2M[MHM]$	(창원①②, 함안, 김해, 양산)
녹후·다<녹이다>[582]	$(H^2 \cdot M \rightarrow)H^2M[MHM]$	(창원①②, 김해, 양산)
속후·다(欺)<속이다>[583]	$(H^2 \cdot M \rightarrow)H^2M[MHM]$	(김해, 양산)
쏙후·다(欺)	$(H^2 \cdot M \rightarrow)H^2M[MHM]$	(창원②)
이루·다	$(H^2 \cdot M \rightarrow)H^2M[MHM]$	(창원①②, 김해, 양산)
끼루·다<(解)[584]	$(H^2 \cdot M \rightarrow)H^2M[MHM]$	(양산)
내루·다[585]	$(H^2 \cdot M \rightarrow)H^2M[MHM]$	(창원①②, 양산)
따루·다<따루다>	$(H^2 \cdot M \rightarrow)H^2M[MHM]$	(창원①②, 김해, 양산)
가루·다<(나물) 가리다>	$(H^2 \cdot M \rightarrow)H^2M[MHM]$	(양산)
부루·다(唱)[586]	$(H^2 \cdot M \rightarrow)H^2M[MHM]$	(양산)
고루·다(均)[587]	$(H^2 \cdot M \rightarrow)H^2M[MHM]$	(양산)
꼬루·다(均)[588]	$(H^2 \cdot M \rightarrow)H^2M[MHM]$	(김해)

576) [창원 방언①②] /지푸·다, 지·푸·도/; [함안 방언] /지·푸·서/.
577) [함안 방언] /기·뿌·도, 기·뻐·도/.
578) [양산 방언] /바뿌·다, ·억·수·로 바·빠·서/.
579) [양산 방언] /솎우·다, 솎아·아·라/.
580) [양산 방언] /업후·다/(사동), /업하·아 ·주·우·라, 업하·아 주·라, 업하·아·라, 업하지마·라, 업후지마·라/.
581) [양산 방언] /삭후·다, 삭하·았·다/.
582) [양산 방언] /녹후·다, 노카·아·라/.
583) [양산 방언] /속후·다/는 /젊·은 :세·대·의 :말/.
584) [양산 방언] /끼루·다, 허리·띠 끼라·았·다/.
585) [양산 방언] /내루·다, *내뤃·다, 내뤃는·다//<나리다(타동사)>.
586) [양산 방언] /부루·다, 불·루·서/.
587) [양산 방언] /고루·다, 골라·아·라/.
588) [김해 방언] /꼬루·다, 꼬라·아·뿠·다/<젊은 사람 말>.

들루·다(入)[589]	$(H^2 \cdot M \rightarrow) H^2M[MHM]$	(양산)
딜루·다(入)	$(H^2 \cdot M \rightarrow) H^2M[MHM]$	(김해)
얼루·다(氷)	$(H^2 \cdot M \rightarrow) H^2M[MHM]$	(양산)
걸루·다[590]	$(H^2 \cdot M \rightarrow) H^2M[MHM]$	(양산)
말루·다(乾)[591]	$(H^2 \cdot M \rightarrow) H^2M[MHM]$	(김해, 양산)
눌루·다	$(H^2 \cdot M \rightarrow) H^2M[MHM]$	(양산)
거두·다(收)	$(H^2 \cdot M \rightarrow) H^2M[MHM]$	(창원①②, 양산)
가두·다(囚)	$(H^2 \cdot M \rightarrow) H^2M[MHM]$	(창원①②, 함안, 양산)
버투·다	$(H^2 \cdot M \rightarrow) H^2M[MHM]$	(양산)
이수·다<잇다>[592]	$(H^2 \cdot M \rightarrow) H^2M[MHM]$	(함안, 양산)
빠수·다<바수다>	$(H^2 \cdot M \rightarrow) H^2M[MHM]$	(창원②, 함안, 양산)
뿌수·다<부수다>	$(H^2 \cdot M \rightarrow) H^2M[MHM]$	(창원①②, 김해, 양산)
뽀수·다<바수다>	$(H^2 \cdot M \rightarrow) H^2M[MHM]$	(함안, 김해, 양산)
전주·다<겨누다>	$(H^2 \cdot M \rightarrow) H^2M[MHM]$	(창원①②, 김해, 양산)
침주·다	$(H^2 \cdot M \rightarrow) H^2M[MHM]$	(창원①②)
언추·다<얹다>[593]	$(H^2 \cdot M \rightarrow) H^2M[MHM]$	(양산)
갤추·다<가르치다>	$(H^2 \cdot M \rightarrow) H^2M[MHM]$	(김해)
낮추·다<낮추다>	$(H^2 \cdot M \rightarrow) H^2M[MHM]$	(창원①②, 함안, 양산)
늦추·다[594]	$(H^2 \cdot M \rightarrow) H^2M[MHM]$	(창원①②, 김해, 양산)
맞추·다	$(H^2 \cdot M \rightarrow) H^2M[MHM]$	(창원①②, 양산)
감추·다	$(H^2 \cdot M \rightarrow) H^2M[MHM]$	(창원①②)
더푸·다<데우다>	$(H^2 \cdot M \rightarrow) H^2M[MHM]$	(양산)
버구·다<겨루다>	$(H^2 \cdot M \rightarrow) H^2M[MHM]$	(창원②, 김해)
얼구·다(氷)	$(H^2 \cdot M \rightarrow) H^2M[MHM]$	(창원①②, 김해, 양산)
달구·다<달구다>	$(H^2 \cdot M \rightarrow) H^2M[MHM]$	(창원①②, 김해, 양산)
돋구·다<돋구다>	$(H^2 \cdot M \rightarrow) H^2M[MHM]$	(창원①②, 김해, 양산)
팅구·다<퉁기다>	$(H^2 \cdot M \rightarrow) H^2M[MHM]$	(창원②, 김해, 양산)
찡구·다<끼우다>	$(H^2 \cdot M \rightarrow) H^2M[MHM]$	(김해)
텡구·다<퉁기다>	$(H^2 \cdot M \rightarrow) H^2M[MHM]$	(창원②)
넝구·다<넘기다>	$(H^2 \cdot M \rightarrow) H^2M[MHM]$	(창원①)
낭구·다<남기다>[595]	$(H^2 \cdot M \rightarrow) H^2M[MHM]$	(창원①②, 함안, 김해, 양산)
공구·다<괴다>[596]	$(H^2 \cdot M \rightarrow) H^2M[MHM]$	(창원①②, 함안, 김해, 양산)

---

589) [양산 방언] /들루·다, 들루·고, *들룷·다, *들루·코/, /들룷는·다/[들룬는·다].
590) [양산 방언] /걸·음 걸루·다/.
591) [양산 방언] /말루·다, 말라·아·라/.
592) [양산 방언] /이수·다, 끈갈·이 이순·다/.
593) [양산 방언] /언추·다, 언차·아·서/.
594) [김해 방언] /□우·우·다/~/□우·다/의 경우 대체로 후자는 드물게 쓰인다.
595) [양산 방언] /낭구·다, 낭가·았·다, 낭구지말·고 :다·무·우·라/.
596) [함안 방언] /공구·다, 공가·아·라/.

숭구·다<심다>[597]	(H^2·M→)H^{2}M[MHM]	(창원①②, 함안, 김해, 양산)
숭구·다<감추다>	(H^2·M→)H^{2}M[MHM]	(김해, 양산)
바쿠·다<바꾸다>	(H^2·M→)H^{2}M[MHM]	(함안)
늘쿠·다<늘리다>	(H^2·M→)H^{2}M[MHM]	(창원②)
달쿠·다<달구다>	(H^2·M→)H^{2}M[MHM]	(김해, 양산)
돋쿠·다<돋구다>	(H^2·M→)H^{2}M[MHM]	(김해, 양산)
싱쿠·다<숨기다>	(H^2·M→)H^{2}M[MHM]	(창원①②, 김해)
싱쿠·다<(신발) 신기다>[598]	(H^2·M→)H^{2}M[MHM]	(양산)
숭쿠·다<숨기다>[599]	(H^2·M→)H^{2}M[MHM]	(창원②, 김해, 양산)
식쿠·다<삭히다, (사)>	(H^2·M→)H^{2}M[MHM]	(창원②, 함안, 양산)
석쿠·다<썩히다, (사)>	(H^2·M→)H^{2}M[MHM]	(양산)
메꾸·다[600]	(H^2·M→)H^{2}M[MHM]	(양산)
바꾸·다(易)[601]	(H^2·M→)H^{2}M[MHM]	(창원①②, 함안, 김해, 양산)
말$유·다(乾)	(H^2·M→)H^{2}M[MHM]	(김해)
띠이·다<피>[602]	(H^2·M→)H^{2}M[MHM]	(창원②, 함안)
찌이·다<끼다>	(H^2·M→)H^{2}M[MHM]	(김해)
끼이·다<끼다>	(H^2·M→)H^{2}M[MHM]	(창원②, 김해)
개이·다(晴)	(H^2·M→)H^{2}M[MHM]	(창원①②, 함안, 양산)
아이·다<아니다>[603]	(H^2·M→)H^{2}M[MHM]	(창원①②, 함안, 김해, 양산)
아이·다<아니다>	(H^2·M→)H^{2}M[MHM]	(창원①②, 함안, 김해)
꼬이·다<피>	(H^2·M→)H^{2}M[MHM]	(양산)
볾히·다	(H^2·M→)H^{2}M[MHM]	(창원②)
개리·다(選別)	(H^2·M→)H^{2}M[MHM]	(창원①②, 함안, 김해)
흐리·다(流)[604]	(H^2·M→)H^{2}M[MHM]	(함안)
너리·다<넓다>[605]	(H^2·M→)H^{2}M[MHM]	(함안, 양산)
짜리·다<짧다>	(H^2·M→)H^{2}M[MHM]	(양산)
짜리·다(切)	(H^2·M→)H^{2}M[MHM]	(양산)
바리·다(塗)	(H^2·M→)H^{2}M[MHM]	(양산)
가리·다<나물>	(H^2·M→)H^{2}M[MHM]	(함안)
오리·다(登)	(H^2·M→)H^{2}M[MHM]	(양산)

597) [창원 방언①] /숭구·다, 숭·구·라/; [함안 방언] /숭구·다, 숭·구 삼더·라/; [김해 방언, 양산 방언] /숭구·다, 숭가·아·라/.

598) [양산 방언] /싱쿠·다, 싱카·아 ·주·우·라/.

599) [양산 방언] /숭쿠·다, 숭카·아·라/<숨기다>.

600) [양산 방언] /메꾸·다, 메꽈·아·라/.

601) [함안 방언] /바꾸·다, 바꾸는·데/; [김해 방언, 양산 방언] /바꾸·다, 바까·았·다, 바까·아·다·가 들리·있·다, 바까·아·다·가 들키·있·다/.

602) [함안 방언] /□이·이·다/형은 /□이·다/보다 사용 빈도가 높다' (여기에서 □은 1음절 평성).

603) [함안 방언] /아이·라·서, 아이라·서/; [양산 방언] /아이·다, 아이다·아/.

604) [함안 방언] {X리-}형은 전통적인 방언형, {X르-}형은 표준말 영향이라고 제보자는 생각하고 있다.

605) [양산 방언] /너리·다/<정덕자 님의 발음에 가끔씩 나타난다>.

보리·다(塗)	$(H^2 \cdot M \rightarrow)H^2M[MHM]$	(양산)
빨리·다<피>	$(H^2 \cdot M \rightarrow)H^2M[MHM]$	(양산)
갈리·다<나물>[606)]	$(H^2 \cdot M \rightarrow)H^2M[MHM]$	(양산)
아니·다(非)	$(H^2 \cdot M \rightarrow)H^2M[MHM]$	(창원①②, 함안, 양산)
버티·다<대립>	$(H^2 \cdot M \rightarrow)H^2M[MHM]$	(양산)
비비·다[607)]	$(H^2 \cdot M \rightarrow)H^2M[MHM]$	(창원①②, 함안, 김해, 양산)
비비·다<부비다>	$(H^2 \cdot M \rightarrow)H^2M[MHM]$	(창원①②, 함안, 김해, 양산)
내삐·다<내버리다>	$(H^2 \cdot M \rightarrow)H^2M[MHM]$	(김해)
보내·다[608)]	$(H^2 \cdot M \rightarrow)H^2M[MHM]$	(창원①②, 함안, 김해, 양산)
보채·다[609)]	$(H^2 \cdot M \rightarrow)H^2M[MHM]$	(창원①②, 함안, 김해, 양산)
쨰매·다<묶다>	$(H^2 \cdot M \rightarrow)H^2M[MHM]$	(창원①②, 함안, 양산)
자매·다<묶다>	$(H^2 \cdot M \rightarrow)H^2M[MHM]$	(창원①②)
차매·다<묶다>	$(H^2 \cdot M \rightarrow)H^2M[MHM]$	(김해)
짜매·다<묶다>	$(H^2 \cdot M \rightarrow)H^2M[MHM]$	(김해, 양산)
깨배·다<깨우다>	$(H^2 \cdot M \rightarrow)H^2M[MHM]$	(창원①②, 함안, 김해, 양산)
쪼빼·다[610)]	$(H^2 \cdot M \rightarrow)H^2M[MHM]$	(창원①②, 함안)
늘캐·다<늘리다>[611)]	$(H^2 \cdot M \rightarrow)H^2M[MHM]$	(양산)
얼아·다(氷)<사>	$(H^2 \cdot M \rightarrow)H^2M[MHM]$	(창원①②)
가라·다	$(H^2 \cdot M \rightarrow)H^2M[MHM]$	(창원②)
갈라·다	$(H^2 \cdot M \rightarrow)H^2M[MHM]$	(양산)
개라·다<나물>[612)]	$(H^2 \cdot M \rightarrow)H^2M[MHM]$	(창원①②, 함안)
개라·다<커튼>	$(H^2 \cdot M \rightarrow)H^2M[MHM]$	(창원①②, 함안)
고라·다(均)	$(H^2 \cdot M \rightarrow)H^2M[MHM]$	(창원①)
께라·다(解)	$(H^2 \cdot M \rightarrow)H^2M[MHM]$	(창원①②)
내라·다<나리다>	$(H^2 \cdot M \rightarrow)H^2M[MHM]$	(창원①②, 함안)
누라·다(黃)<눌리다>	$(H^2 \cdot M \rightarrow)H^2M[MHM]$	(창원①②)
느라·다<늘리다>	$(H^2 \cdot M \rightarrow)H^2M[MHM]$	(창원①②)
돌라·다[613)]	$(H^2 \cdot M \rightarrow)H^2M[MHM]$	(창원①②)
들라·다(入)	$(H^2 \cdot M \rightarrow)H^2M[MHM]$	(창원①②)
딜라·다(入)	$(H^2 \cdot M \rightarrow)H^2M[MHM]$	(창원①②, 함안)
따라·다<따루다>	$(H^2 \cdot M \rightarrow)H^2M[MHM]$	(창원①②, 함안)

606) [양산 방언] /갈리·다, 나물 갈린·다, 갈리·이·라, 갈라·아·라, 나물갈린·다/.

607) [함안 방언] /비비·다, ·밥·을 비비더·라/.

608) [창원 방언①②] /보내·애·라 ·카·더·라, 보내·라 ·카·더·라/; [양산 방언] /보내·다, 보내·께, 보내·애·라/.

609) [김해 방언] /보채·애 사·아·서/

610) [함안 방언] /쪼빼·다, 쪼·로 ·빼·다/<두렵거나 싫어서 하지 아니하려고 하다>; [양산 방언] /쪼빼·다, 쪼·로 ·빼·다/<두렵거나 싫어서 하지 아니하려고 하다>.

611) [양산 방언] /늘캐·다, 늘캐·앴·다/.

612) [함안 방언] /개라·다, 나물 개랍미·더; 개·리·다, 나물 개·리 무·윴·다/.

613) [창원 방언①] /돌라·다/<따돌리다>.

말라·다(乾) (H^2·M→)H^2M[MHM] (창원①②, 함안)
몰라·다(乾) (H^2·M→)H^2M[MHM] (창원②)
이라·다<이루다> (H^2·M→)H^2M[MHM] (창원①②, 함안)
가다·다(囚) (H^2·M→)H^2M[MHM] (창원①②)
거다·다(收) (H^2·M→)H^2M[MHM] (창원①②)
도다·다 (H^2·M→)H^2M[MHM] (창원①②)
따사·다<데우다>[614] (H^2·M→)H^2M[MHM] (창원①②, 함안)
떠사·다<데우다>[615] (H^2·M→)H^2M[MHM] (창원①②)
빠사·다<바수다> (H^2·M→)H^2M[MHM] (창원①②, 함안)
뽀사·다<바수다> (H^2·M→)H^2M[MHM] (창원①②, 함안)
뿌사·다<부수다> (H^2·M→)H^2M[MHM] (창원①②, 함안)
이사·다<잇다> (H^2·M→)H^2M[MHM] (창원①②, 김해)
전자·다<겨누다>[616] (H^2·M→)H^2M[MHM] (창원①②)
감차·다<감추다> (H^2·M→)H^2M[MHM] (창원①②)
갤차·다<가르치다> (H^2·M→)H^2M[MHM] (창원②)
낮차·다<낮추다> (H^2·M→)H^2M[MHM] (창원①②, 함안)
늦차·다<늦추다> (H^2·M→)H^2M[MHM] (창원①②, 함안)
맞차·다<맞추다> (H^2·M→)H^2M[MHM] (창원①②, 함안)
노파·다<높이다> (H^2·M→)H^2M[MHM] (창원①②, 함안)
누파·다 (H^2·M→)H^2M[MHM] (창원②)
더파·다<데우다> (H^2·M→)H^2M[MHM] (창원①②, 함안)
데파·다<데우다> (H^2·M→)H^2M[MHM] (창원②, 함안)
어파·다<업히다> (H^2·M→)H^2M[MHM] (창원①②, 함안)
공가·다<괴다> (H^2·M→)H^2M[MHM] (창원①②, 함안)
궁가·다<굶기다> (H^2·M→)H^2M[MHM] (창원①②)
낭가·다<남기다>[617] (H^2·M→)H^2M[MHM] (창원①②, 김해, 함안)
넝가·다<넘기다> (H^2·M→)H^2M[MHM] (창원①②)
달가·다<달구다> (H^2·M→)H^2M[MHM] (창원②)
돋가·다<돋구다> (H^2·M→)H^2M[MHM] (창원①②, 함안)
버가·다<겨루다> (H^2·M→)H^2M[MHM] (창원①②)
일가·다<일구다> (H^2·M→)H^2M[MHM] (창원①②)
찡가·다<끼우다> (H^2·M→)H^2M[MHM] (창원①②)
노카·다<녹히다> (H^2·M→)H^2M[MHM] (창원①②, 함안)
늘카·다<늘리다> (H^2·M→)H^2M[MHM] (창원①②)
달카·다<달구다> (H^2·M→)H^2M[MHM] (창원①②, 함안)
마카·다(防)<막다> (H^2·M→)H^2M[MHM] (창원①②, 함안)

614) /따사·다/<따뜻하게 하다>.
615) /떠사·다/<뜨뜻하게 하다>.
616) [창원 방언①②] /전자·다, 전잔·다, 전자·았·다/.
617) [김해 방언] /낭가·다/<요즈음에 사용되기 시작한 말>

매카·다(防)<막다>	$(H^{2}{\cdot}M\to)H^{2}M[MHM]$	(창원①②, 김해, 함안)
사카·다<삭히다>	$(H^{2}{\cdot}M\to)H^{2}M[MHM]$	(창원①②, 함안)
숭카·다<숨기다>	$(H^{2}{\cdot}M\to)H^{2}M[MHM]$	(창원②)
시카·다<식히다>	$(H^{2}{\cdot}M\to)H^{2}M[MHM]$	(창원①②)
싱카·다<숨기다>	$(H^{2}{\cdot}M\to)H^{2}M[MHM]$	(창원①②, 함안)
써카·다<썩히다>	$(H^{2}{\cdot}M\to)H^{2}M[MHM]$	(창원①②, 함안)
쏘카·다<속이다>	$(H^{2}{\cdot}M\to)H^{2}M[MHM]$	(창원①②, 함안)
바까·다(易)[618]	$(H^{2}{\cdot}M\to)H^{2}M[MHM]$	(창원①②)
일구·다<잃다>[619]	$(H^{2}{\cdot}M\to)H^{2}M[MHM]$	(양산)
마쿠·다<막다>	$(H^{2}{\cdot}M\to)H^{2}M[MHM]$	(양산)
쑿보·다	$(H^{2}{\cdot}M\to)H^{2}M[MHM]$	(창①②)
숭보·다	$(H^{2}{\cdot}M\to)H^{2}M[MHM]$	(창원①, 김해, 양산)
쑿보·다	$(H^{2}{\cdot}M\to)H^{2}M[MHM]$	(창원①②, 함안)
훟보·다	$(H^{2}{\cdot}M\to)H^{2}M[MHM]$	(양산)
그라·다<그러다>	$(H^{2}L_{-1}{\cdot}M\to)H^{2}M^{3}[MHM]$	(창원①②, 함안, 김해, 양산)
드가·다<들어가다>[620]	$(H^{2}L_{-1}{\cdot}M\to)H^{2}M[MHM]$	(창원①②, 양산)
나가·다	$(H^{2}L_{-1}{\cdot}M\to)H^{2}M^{3}[MHM]$	(창원①②, 함안, 김해, 양산)
나오·다(出來)	$(H^{2}L_{-1}{\cdot}M\to)H^{2}M[MHM]$	(창원①②, 김해, 양산)
사오·다(出行)	$(H^{2}L_{-1}{\cdot}M\to)H^{2}M^{3}[MHM]$	(창원①②, 함안, 김해, 양산)
떠오·다(汲)	$(H^{2}L_{-1}{\cdot}M\to)H^{2}M^{3}[MHM]$	(창원①②, 함안, 김해, 양산)
노오·다<나오다>[621]	$(H^{2}L_{-1}{\cdot}M\to)H^{2}M[MHM]$	(함안)
가보·다[622]	$(H^{2}L_{-1}{\cdot}M\to)H^{2}M[MHM]$	(창원①②, 함안, 김해, 양산)
사주·다	$(H^{2}L_{-1}{\cdot}M\to)H^{2}M[MHM]$	(창원①②, 함안, 김해, 양산)
나서·다	$(H^{2}L_{-2}{\cdot}M\to)H^{2}M[MHM]$	(창원①②, 함안, 김해, 양산)
가둫·다<가두다>	$(H^{2}{\cdot}M\to)H^{2}M[MHM]$	(양산)
이숳·다<잇다>[623]	$(H^{2}{\cdot}M\to)H^{2}M[MHM]$	(양산)
잡숳·다<잡수다>[624]	$(H^{2}{\cdot}M\to)H^{2}M[MHM]$	(창원①②, 함안, 양산)
높웋·다<높이다>	$(H^{2}{\cdot}M\to)H^{2}M[MHM]$	(김해)
뎁훟·다<덥히다>	$(H^{2}{\cdot}M\to)H^{2}M[MHM])$	(김해, 양산)
업훟·다<업히다>	$(H^{2}{\cdot}M\to)H^{2}M[MHM]$	(김해)

618) [창원 방언①②] /바까·다, 바깐·다, 바까·았·다/.
619) [양산 방언] /일구·다, :돈·을 일가·았·다, 일가·아·도/.
620) [창원 방언①] /드가·다, :드·간·다/.
621) [함안 방언] /노오·다, 노오·고 있·다, :노·온·다, :노·온·다, :노·오·도, :노·오·거·라·이/.
622) [양산 방언] /가보·고 온·나, :니·이 :가·볼·래, :니·이 ·가·아 :볼·래, 가볼라·꼬 ·함·더, 가볼 ·생·각·임·더, 가볼라 ·함·더, :가·볼·라 ·함·더/.
623) [양산 방언] /이숳·다, 이숳·고 있·다/. 양산 방언에서 /-웋·다, -훟·다/형의 풀이씨는 할매들이 쓰는 말이다.
624) [양산 방언] /잡숳·다, 잡숳는·다/.

덥훟·다<덥히다> (H^2·M→)H^{2}M[MHM] (김해)
식훟·다<식히다> (H^2·M→)H^{2}M[MHM] (김해)
석훟·다<썩히다> (H^2·M→)H^{2}M[MHM] (김해)
삭훟·다<삭히다>[625] (H^2·M→)H^{2}M[MHM] (김해, 양산)
녹훟·다<녹이다> (H^2·M→)H^{2}M[MHM] (김해)
속훟·다<속이다> (H^2·M→)H^{2}M[MHM] (김해)
내룾·다<나리다> (H^2·M→)H^{2}M[MHM] (김해)
어룾·다<얼우다> (H^2·M→)H^{2}M[MHM] (김해)
따룾·다<따루다> (H^2·M→)H^{2}M[MHM] (김해)
딜룾·다<들놓·다> (H^2·M→)H^{2}M[MHM] (김해)
말룾·다(乾)<말리다> (H^2·M→)H^{2}M[MHM] (김해)
돌룾·다<따돌리다>[626] (H^2·M→)H^{2}M[MHM] (김해)
거둫·다<거두다>[627] (H^2·M→)H^{2}M[MHM] (김해, 양산)
가둫·다<가두다>[628] (H^2·M→)H^{2}M[MHM] (김해, 양산)
이숳·다(續)<잇다> (H^2·M→)H^{2}M[MHM] (양산)
잡숳·다<자시다>[629] (H^2·M→)H^{2}M[MHM] (창원②, 함안, 김해)
전줗·다(比)<견주다> (H^2·M→)H^{2}M[MHM] (김해)
갤춯·다<가르치다>[630] (H^2·M→)H^{2}M[MHM] (김해)
늦춯·다<늦추다>[631] (H^2·M→)H^{2}M[MHM] (김해, 양산)
낮춯·다<낮추다>[632] (H^2·M→)H^{2}M[MHM] (김해, 양산)
맞춯·다<맞추다>[633] (H^2·M→)H^{2}M[MHM] (김해, 양산)
돋궇·다<돋구다> (H^2·M→)H^{2}M[MHM] (김해)
팅궇·다<퉁기다> (H^2·M→)H^{2}M[MHM] (김해)
낭궇·다<남기다> (H^2·M→)H^{2}M[MHM] (김해, 양산)
돋쿻·다<돋구다> (H^2·M→)H^{2}M[MHM] (김해)
싱쿻·다<숨기다> (H^2·M→)H^{2}M[MHM] (김해)
바꿓·다<바꾸다>[634] (H^2·M→)H^{2}M[MHM] (김해)

---

625) [김해 방언] /삭훟·다/<삭히다>, /삭훟·다/, /삭훟는·다/만 가능하고, /삭훟·고, 삭훟·네, …/등은 안 된다. 이런 경우들이 흔히 나타나지 않는다; [양산 방언] /- 웋·다/형의 풀이씨는 /-는·다, -더·라/ 둘만 허용되고, 다른 어형은 쓰이지 않는다.

626) [김해 방언] /돌룾지마·라/

627) [김해 방언] /거둫는·다/, /*거둫·네/[거둔·네], /*거둫·고/[거두·코].

628) [김해 방언] /가둫·다, 가둫는·다/, /가둫·다/처럼 /-uh/ 어간은 그 굴곡형이 보편화되어 있지 않고, 오직 /-는·다/형의 씨끝 앞에서만 나타날 수 있다.

629) [함안 방언] /잡숳·다, 잡사·아 사·아·서/.

630) [김해 방언] /갤춯·다, 갤춯는·다/.

631) [김해 방언] /늦춯·다, 늦춘는·다, *늦춯·고, *늦춯·네, …/; [양산 방언] /늦춯·다/[늦추·따], /늦춯는·다/[늦춘는·다], /늦춯더·라/[늦추떠·라], /늦차·아·라/.

632) [김해 방언] /낮춯·다, 낮춘는·다, *낮춯·고, *낮춯·네/.

633) [김해 방언] /맞춯·다, 맞춘는·다, *맞춯·고, *맞춯·네/.

634) [김해 방언] /바꿓는·다/[바꾼는·다], /*바꿓·네/[바꾼·네], /*바꿓·고/[바꾸·코].

말룽·다(乾)<말리다>	$(H^2 \cdot M \rightarrow)H^2M$[MHM]	(김해)
침낳·다<침놓·다>	$(H^2 \cdot M \rightarrow)H^2M$[MHM]	(창원①②)
들놓·다(入)[635]	$(H^2 \cdot M \rightarrow)H^2M$[MHM]	(창원①②, 양산)
딜놓·다<들놓·다>	$(H^2 \cdot M \rightarrow)H^2M$[MHM]	(창원①②, 김해)
침놓·다	$(H^2 \cdot M \rightarrow)H^2M$[MHM]	(창원①②)
간질·다<간질이다>	$(H^2 \cdot M \rightarrow)H^2M$[MHM]	(창원①②, 김해, 양산)
맨들·다<만들다>	$(H^2 \cdot M \rightarrow)H^2M$[MHM]	(창원①②, 함안, 김해, 양산)
만들·다	$(H^2 \cdot M \rightarrow)H^2M$[MHM]	(창원②, 함안)
빼뜰·다<빼앗다>[636]	$(H^2 \cdot M \rightarrow)H^2M$[MHM]	(창원①②, 함안, 김해, 양산)
맹글·다<만들다>	$(H^2 \cdot M \rightarrow)H^2M$[MHM]	(창원①②, 함안, 김해, 양산)
쌍글·다<썰다>[637]	$(H^2 \cdot M \rightarrow)H^2M$[MHM]	(창원①)
빼끌·다<빼앗다>	$(H^2 \cdot M \rightarrow)H^2M$[MHM]	(창원①②, 함안, 김해)
자불·다<졸다>	$(H^2 \cdot M \rightarrow)H^2M$[MHM]	(창원①②, 함안, 양산)
주물·다<주무르다>	$(H^2 \cdot M \rightarrow)H^2M$[MHM]	(창원①②, 김해, 양산)
구불·다<구르다>[638]	$(H^2 \cdot M \rightarrow)H^2M$[MHM]	(창원①②, 함안, 김해, 양산)
새앳·다<많다>[639]	$(H^2 \cdot M \rightarrow)H^2M$[MHM]	(양산)
쌔앳·다<많다>	$(H^2 \cdot M \rightarrow)H^2M$[MHM]	(창원①②, 함안, 김해)
침맞·다<침을 맞다>	$(H^2 \cdot M \rightarrow)H^2M$[MHM]	(창원①, 양산)
내쫓·다[640]	$(H^2 \cdot M \rightarrow)H^2M$[MHM]	(양산)
보듬·다[보듬·다][641]	$(H^2 \cdot M \rightarrow)H^2M$[MHM]	(창원①②, 김해)
보듬·다[보듬·따][642]	$(H^2 \cdot M \rightarrow)H^2M$[MHM]	(창원②, 김해)
가차ᇦ·다<가깝다>	$(H^2 \cdot M \rightarrow)H^2M$[MHM]	(창원②)
개가ᇦ·다<가볍다>[643]	$(H^2 \cdot M \rightarrow)H^2M$[MHM]	(양산)
가까ᇦ·다<가깝다>[644]	$(H^2 \cdot M \rightarrow)H^2M$[MHM]	(창원①②, 함안, 양산)
아까ᇦ·다<아깝다>[645]	$(H^2 \cdot M \rightarrow)H^2M$[MHM]	(창원①, 양산)
무거ᇦ·다<무겁다>	$(H^2 \cdot M \rightarrow)H^2M$[MHM]	(창원①, 양산)
무가ᇦ·다<무겁다>	$(H^2 \cdot M \rightarrow)H^2M$[MHM]	(양산)
무겁·다<무겁다>	$(H^2 \cdot M \rightarrow)H^2M$[MHM]	(창원①②, 김해, 양산)
뚜껍·다<두껍다>	$(H^2 \cdot M \rightarrow)H^2M$[MHM]	(창원②, 양산)

635) [양산 방언] /들놓·다, 들라·아 나·았·다/.
636) [창원 방언①] /빼뜰·다, 빼뜰·어·서/; [김해 방언] /빼뜰·다, 빼·뜰·어·서, 빼·뜰·아·서/.
637) [창원 방언①] /무시쌍글·다/<무우 썰다>.
638) [창원 방언①②] /구불·다, 구분·다, 구불·아 ·간·다/; [양산 방언] /구불·다, 구불·러 ·간·다/.
639) [양산 방언] /새앳·다, 새·애 배깄·다, 새·애 배기·있·다/.
640) [양산 방언] /내쫓·다/(黜), /패쫓·다/, /때·리 ·패·에·서 쫓·다/.
641) [창원 방언①②, 김해 방언] /보듬·다/[보듬·다], /보듬·아·도/.
642) [창원 방언②, 김해 방언] /보듬·다/[보듬·따], 보듬·아·도/; [함안 방언] /보듬·다/[보듬·따], /보듬·어 주꾸·마/.
643) [양산 방언] /개가ᇦ·다, 개가·와·서, 개가·워·서/.
644) [함안 방언] /가까ᇦ·다, 가까·와·서/, [양산 방언] /가까ᇦ·다, 가까·워·서/.
645) [양산 방언] /아까ᇦ·다, 아까·운·데/, /아까·운·데/를 /아깝·운·데/보다 더 많이 쓴다.

가찹·다<가깝다>[646] $(H^2 \cdot M \to)H^2M[MHM]$ (창원①②, 함안, 김해, 양산)
개갑·다<가볍다> $(H^2 \cdot M \to)H^2M[MHM]$ (양산)
무갑·다<무겁다> $(H^2 \cdot M \to)H^2M[MHM]$ (양산)
아깝·다[647] $(H^2 \cdot M \to)H^2M[MHM]$ (창원①, 양산)
가깝·다[648] $(H^2 \cdot M \to)H^2M[MHM]$ (창원①②, 함안, 김해, 양산)
또깝·다<두껍다> $(H^2 \cdot M \to)H^2M[MHM]$ (김해)
개굽·다<가볍다>[649] $(H^2 \cdot M \to)H^2M[MHM]$ (창원①, 양산)
무굽·다<무겁다>[650] $(H^2 \cdot M \to)H^2M[MHM]$ (창원①②, 함안, 김해, 양산)
개곱·다<가볍다>[651] $(H^2 \cdot M \to)H^2M[MHM]$ (양산)
뚜꿉·다<두껍·다>[652] $(H^2 \cdot M \to)H^2M[MHM]$ (창원①②, 함안, 김해, 양산)
개적·다<가깝다> $(H^2 \cdot M \to)H^2M[MHM]$ (양산)
개죽·다<가깝다>[653] $(H^2 \cdot M \to)H^2M[MHM]$ (함안, 양산)
가죽·다<가깝다> $(H^2 \cdot M \to)H^2M[MHM]$ (창원①②, 함안, 김해, 양산)
께엙·다<게으르다> $(H^2 \cdot M \to)H^2M[MHM]$ (창원①②, 김해, 양산)
써얺·다<시원하다> $(H^2 \cdot M \to)H^2M[MHM]$ (창원①②)
서웋·다<시원하다> $(H^2 \cdot M \to)H^2M[MHM]$ (양산)

(320) 4음절 평2형어간 풀이씨 자료
히이·이·다<휘어지다> $(H^2M \cdot M \to)H^2M^2[MHM^2]$ (창원①②, 김해)
띠이·이·다<띄다> $(H^2M \cdot M \to)H^2M^2[MHM^2]$ (창원①②, 함안, 김해)
시이·이·다(書)<쓰이다(피)> $(H^2M \cdot M \to)H^2M^2[MHM^2]$ (김해)
시이·이·다(用)<쓰이다(피)> $(H^2M \cdot M \to)H^2M^2[MHM^2]$ (김해)
씨이·이·다(書)<쓰이다(피)> $(H^2M \cdot M \to)H^2M^2[MHM^2]$ (창원①②)
씨이·이·다(用)<쓰이다(피)> $(H^2M \cdot M \to)H^2M^2[MHM^2]$ (창원①②)
찌이·이·다<끼이다(피)> $(H^2M \cdot M \to)H^2M^2[MHM^2]$ (창원①②, 김해)
티이·이·다<트이다(피)> $(H^2M \cdot M \to)H^2M^2[MHM^2]$ (창원①②, 함안, 김해)
비이·이·다<보이다(피,사)> $(H^2M \cdot M \to)H^2M^2[MHM^2]$ (창원②, 함안, 김해)
비이·이·다<베다(피)> $(H^2M \cdot M \to)H^2M^2[MHM^2]$ (창원②, 함안, 김해)
끼이·이·다<끼다> $(H^2M \cdot M \to)H^2M^2[MHM^2]$ (창원①②, 함안, 김해)
메이·이·다<메이다>[654] $(H^2M \cdot M \to)H^2M^2[MHM^2]$ (창원①②, 함안, 김해, 양산)

---

646) [함안 방언] /가찹·다/는 /:옛·날 ·할·매·들·말/, /가찹·다, 가찹·아·서, 가찹·애·서/.
647) [양산 방언] /아깝·다, 아까·분·데/.
648) [함안 방언] /가깝·다, 가깝·아·서, 가깝·애·서; [양산 방언] /가깝·다, 가깝·어·서/.
649) [양산 방언] /개굽·어·서/.
650) [창원 방언①] /무굽·다, 무굽·아·서/; [함안 방언, 김해 방언] /무굽·다, 무굽·어·서/.
651) [양산 방언] /개곱·다, 개곱·아·서/.
652) [창원 방언①, 김해 방언] /뚜꿉·다, 뚜꿉·아·도/; [창원 방언②, 함안 방언] /뚜꿉·다, 뚜꿉·아·서, 뚜꿉·어·서/.
653) [함안 방언] /개죽·다/는 /:옛·날 ·할·매·들·말/.
654) [창원 방언①②, 함안 방언, 김해 방언] /목·이 메이·이·다, :일·에 메이·이·다/; [양산 방언] /목·이 메이·이·다, :일·에 메이·이·다, 구덩·이·가 메이·이·다/.

베이·이·다<보이다(피,사)> $(H^2M\cdot M\rightarrow)H^2M^2[MHM^2]$ (창원①②, 함안, 김해)

빼이·이·다<스미다> $(H^2M\cdot M\rightarrow)H^2M^2[MHM^2]$ (창원①②, 함안)

개이·이·다(晴)<개다> $(H^2M\cdot M\rightarrow)H^2M^2[MHM^2]$ (창원①②, 함안, 김해, 양산)

깨이·이·다<잠이 깨다> $(H^2M\cdot M\rightarrow)H^2M^2[MHM^2]$ (양산)

스이·이·다(書)<쓰이다(피)> $(H^2M\cdot M\rightarrow)H^2M^2[MHM^2]$ (김해, 양산)

스이·이·다(用)<쓰이다(피)> $(H^2M\cdot M\rightarrow)H^2M^2[MHM^2]$ (김해, 양산)

쓰이·이·다(書)<쓰이다(피)> $(H^2M\cdot M\rightarrow)H^2M^2[MHM^2]$ (창원①②, 함안)

쓰이·이·다(用)<쓰이다(피)> $(H^2M\cdot M\rightarrow)H^2M^2[MHM^2]$ (창원①②, 함안)

싸이·이·다<싸이다> $(H^2M\cdot M\rightarrow)H^2M^2[MHM^2]$ (창원①②, 함안)

후이·이·다<휘어지다> $(H^2M\cdot M\rightarrow)H^2M^2[MHM^2]$ (창원①②, 함안, 김해)

보이·이·다<보이다(피,사)>[655] $(H^2M\cdot M\rightarrow)H^2M^2[MHM^2]$ (창원①②, 김해, 양산)

꼬이·이·다<꼬이다> $(H^2M\cdot M\rightarrow)H^2M^2[MHM^2]$ (창원①②, 김해, 양산)

꼬이·이·다<뒤틀리다> $(H^2M\cdot M\rightarrow)H^2M^2[MHM^2]$ (창원①, 양산)

휘이·이·다<휘어지다> $(H^2M\cdot M\rightarrow)H^2M^2[MHM^2]$ (창원②)

상이·이·다<싸이다>[656] $(H^2M\cdot M\rightarrow)H^2M^2[MHM^2]$ (양산, 김해)

섞이·이·다<섞이다> $(H^2M\cdot M\rightarrow)H^2M^2[MHM^2]$ (김해, 양산)

썪이·이·다<피> $(H^2M\cdot M\rightarrow)H^2M^2[MHM^2]$ (창원①②, 함안)

깎이·이·다<꺾이다>[657] $(H^2M\cdot M\rightarrow)H^2M^2[MHM^2]$ (창원①②, 김해, 양산)

깩이·이·다<깎이다(피)> $(H^2M\cdot M\rightarrow)H^2M^2[MHM^2]$ (창원①②, 함안, 양산)

닫히·이·다<닫히다> $(H^2M\cdot M\rightarrow)H^2M^2[MHM^2]$ (창원①②, 함안, 김해, 양산)

맞히·이·다<결리다>[658] $(H^2M\cdot M\rightarrow)H^2M^2[MHM^2]$ (창원①②)

맺히·이·다<맺히다> $(H^2M\cdot M\rightarrow)H^2M^2[MHM^2]$ (창원①②, 김해)

눕히·이·다<눕히다(사)> $(H^2M\cdot M\rightarrow)H^2M^2[MHM^2]$ (함안, 양산)

눕히·이·다<눕히다(피)> $(H^2M\cdot M\rightarrow)H^2M^2[MHM^2]$ (창원①②, 함안, 양산)

닙히·이·다<눕히다(피)> $(H^2M\cdot M\rightarrow)H^2M^2[MHM^2]$ (창원①②, 김해, 양산)

막히·이·다<막히다> $(H^2M\cdot M\rightarrow)H^2M^2[MHM^2]$ (창원①②, 양산)

맥히·이·다<막히다> $(H^2M\cdot M\rightarrow)H^2M^2[MHM^2]$ (창원①②, 함안, 김해, 양산)

먹히·이·다<먹히다> $(H^2M\cdot M\rightarrow)H^2M^2[MHM^2]$ (창원①②, 김해, 양산)

묵히·이·다<먹히다>[659] $(H^2M\cdot M\rightarrow)H^2M^2[MHM^2]$ (창원②, 함안, 양산)

믹히·이·다<먹히다> $(H^2M\cdot M\rightarrow)H^2M^2[MHM^2]$ (창원①②, 함안, 김해, 양산)

박히·이·다<박히다> $(H^2M\cdot M\rightarrow)H^2M^2[MHM^2]$ (창원①②, 함안, 김해, 양산)

백히·이·다<박히다> $(H^2M\cdot M\rightarrow)H^2M^2[MHM^2]$ (창원①②, 함안, 김해, 양산)

뽑히·이·다<뽑히다> $(H^2M\cdot M\rightarrow)H^2M^2[MHM^2]$ (창원①②, 함안, 김해, 양산)

업히·이·다<업히다> $(H^2M\cdot M\rightarrow)H^2M^2[MHM^2]$ (창원①②, 함안, 김해, 양산)

엡히·이·다<업히다>[660] $(H^2M\cdot M\rightarrow)H^2M^2[MHM^2]$ (함안)

---

655) 〔창원 방언①②, 김해 방언, 양산 방언〕 /보이·이·다/는 피동과 사동의 꼴이 같다.

656) 〔양산 방언〕 /상이·이·다, 사여·었·다/.

657) 〔창원 방언①②〕 /깎이·이·다/<깎이다, 피동>; 〔김해 방언〕 /깎이·이·다/<깎이다, 사동>.

658) 〔창원 방언①②〕 /맞히·이·다/<결리다>.

659) 〔양산 방언〕 /묵히·이·다, 자·아#묵히·일·래·이 :조·심 ·해·애·래·이/.

입히·이·다<입히다(피)>	(H^{2}M·M→)H^{2}M^2[MHM^2]	(창원①②, 함안, 김해, 양산)
잡히·이·다<잡히다(피)>	(H^{2}M·M→)H^{2}M^2[MHM^2]	(창원①②, 함안, 김해, 양산)
잽히·이·다<잡히다(피)>	(H^{2}M·M→)H^{2}M^2[MHM^2]	(창원①②, 함안, 김해, 양산)
섞이·이·다<섞이다(피)>	(H^{2}M·M→)H^{2}M^2[MHM^2]	(김해, 양산)
쎆이·이·다<섞이다(피)>	(H^{2}M·M→)H^{2}M^2[MHM^2]	(창원①②, 함안)
밟히·이·다<밟히다(피)>[661]	(H^{2}M·M→)H^{2}M^2[MHM^2]	(창원①②, 함안, 김해, 양산)
볿히·이·다<밟히다(피)>	(H^{2}M·M→)H^{2}M^2[MHM^2]	(김해, 양산)
얹히·이·다<얹히다(피)>	(H^{2}M·M→)H^{2}M^2[MHM^2]	(창원①②, 함안, 김해, 양산)
가리·이·다<(나물) 가리다>	(H^{2}M·M→)H^{2}M^2[MHM^2]	(양산)
개리·이·다<(나물) 가리다>	(H^{2}M·M→)H^{2}M^2[MHM^2]	(양산)
내리·이·다<내리다>[662]	(H^{2}M·M→)H^{2}M^2[MHM^2]	(창원①②, 함안, 양산)
소리·이·다[663]	(H^{2}M·M→)H^{2}M^2[MHM^2]	(창원①②, 함안)
아리·이·다(痛)<아리다>	(H^{2}M·M→)H^{2}M^2[MHM^2]	(창원①②, 김해, 양산)
어리·이·다(凝)<어리다>	(H^{2}M·M→)H^{2}M^2[MHM^2]	(창원①②, 함안, 김해, 양산)
쩨리·이·다(鹽)<쩌리다>	(H^{2}M·M→)H^{2}M^2[MHM^2]	(양산)
갤리·이·다<(나물) 가리다>	(H^{2}M·M→)H^{2}M^2[MHM^2]	(양산)
걸리·이·다(시간이 ~)	(H^{2}M·M→)H^{2}M^2[MHM^2]	(창원①②, 함안, 김해, 양산)
걸리·이·다<가시가~>	(H^{2}M·M→)H^{2}M^2[MHM^2]	(창원①②, 김해, 양산)
걸리·이·다<걸리다(사)>	(H^{2}M·M→)H^{2}M^2[MHM^2]	(양산)
걸리·이·다<걸어 지다>	(H^{2}M·M→)H^{2}M^2[MHM^2]	(창원①②, 함안, 김해, 양산)
날리·이·다<날리다(피)>	(H^{2}M·M→)H^{2}M^2[MHM^2]	(창원①②, 함안, 김해, 양산)
돌리·이·다<따돌리다>	(H^{2}M·M→)H^{2}M^2[MHM^2]	(창원①②, 함안, 김해, 양산)
들리·이·다(聽)<들리다(피)>	(H^{2}M·M→)H^{2}M^2[MHM^2]	(창원①②, 함안, 김해, 양산)
물리·이·다[664]	(H^{2}M·M→)H^{2}M^2[MHM^2]	(창원①②, 함안, 김해, 양산)
물리·이·다(咬)<피>	(H^{2}M·M→)H^{2}M^2[MHM^2]	(창원①②, 함안, 김해, 양산)
밀리·이·다<밀리다(피)>	(H^{2}M·M→)H^{2}M^2[MHM^2]	(창원①②, 함안, 김해, 양산)
빨리·이·다<빨리다(피)>	(H^{2}M·M→)H^{2}M^2[MHM^2]	(창원①②, 함안, 김해, 양산)
빨리·이·다<빨리다(사)>	(H^{2}M·M→)H^{2}M^2[MHM^2]	(창원①②, 함안, 김해, 양산)
실리·이·다(掃)<쓸리다(피)>	(H^{2}M·M→)H^{2}M^2[MHM^2]	(김해, 양산)
실리·이·다(被載)<실리다(피)>	(H^{2}M·M→)H^{2}M^2[MHM^2]	(창원①②, 함안, 김해, 양산)
씰리·이·다(掃)<쓸리다(피)>	(H^{2}M·M→)H^{2}M^2[MHM^2]	(창원①②, 함안)
알리·이·다<아리다(사)>[665]	(H^{2}M·M→)H^{2}M^2[MHM^2]	(양산)

---

660) 〔함안 방언〕 /엡히·이·다/<:옛 ·할·매·들·말/.

661) 〔창원 방언①②〕 /밟히·이·겄·다/가 주로 쓰이고, /밟히·이·겠·다/는 표준말 영향.

662) 〔창원 방언①, 함안 방언〕 /내리·이·다/<내리다, 피동사의 모양을 가지고 있지만, 능동사이다.>, /·할·매 단디·이 내리·이·소/.

663) 〔창원 방언①〕 /소리·이·다, ·꿀·이 소리·있·다, ·꿀·이 솔·았·다, ·꿀·이 :손·다/.

664) 〔창원 방언①〕 /:음·식·이 물리·이·다/<싫어지다>; 〔함안 방언〕 /물리·이·다, :개·한·데 물리·이·다, :음·석·에 물리·이·다, :음·석·에 질리·이·다/.

665) 〔양산 방언〕 /알리·이·다, 알리·인·다, 알라·아·라/.

졸리·이·다(瞌)<쓸리다(피)>	(H^{2}M·M→)H^{2}M^2[MHM^2]	(창원①②, 함안, 김해, 양산)
질리·이·다<질리다>	(H^{2}M·M→)H^{2}M^2[MHM^2]	(창원①②, 함안, 김해, 양산)
쫄리·이·다(督促)<피>	(H^{2}M·M→)H^{2}M^2[MHM^2]	(창원①②, 함안, 김해)
찔리·이·다<찌리다>	(H^{2}M·M→)H^{2}M^2[MHM^2]	(창원①②, 함안, 김해, 양산)
팔리·이·다<팔리다(피)>	(H^{2}M·M→)H^{2}M^2[MHM^2]	(창원①②, 함안, 김해, 양산)
버티·이·다<버티다>	(H^{2}M·M→)H^{2}M^2[MHM^2]	(양산)
소시·이·다[666]	(H^{2}M·M→)H^{2}M^2[MHM^2]	(창원①②, 함안, 김해)
갤치·이·다<가르치다>	(H^{2}M·M→)H^{2}M^2[MHM^2]	(함안, 양산)
갈치·이·다<가르치다>	(H^{2}M·M→)H^{2}M^2[MHM^2]	(창원②, 함안)
비치·이·다<비치다>	(H^{2}M·M→)H^{2}M^2[MHM^2]	(창원①②, 함안, 양산)
뻗치·이·다<뻗치다>	(H^{2}M·M→)H^{2}M^2[MHM^2]	(창원①②, 김해, 함안)
감기·이·다<감기다>	(H^{2}M·M→)H^{2}M^2[MHM^2]	(창원①②, 함안, 김해, 양산)
깜기·이·다<감기다>[667]	(H^{2}M·M→)H^{2}M^2[MHM^2]	(창원①②, 양산)
깡기·이·다<(눈이) 감기다>	(H^{2}M·M→)H^{2}M^2[MHM^2]	(창원①②, 함안)
갱기·이·다<(눈이) 감기다>[668]	(H^{2}M·M→)H^{2}M^2[MHM^2]	(김해)
깽기·이·다<(눈이) 감기다>[669]	(H^{2}M·M→)H^{2}M^2[MHM^2]	(창원①②, 김해, 양산)
닫기·이·다<닫히다>	(H^{2}M·M→)H^{2}M^2[MHM^2]	(창원①②, 함안, 김해, 양산)
댇기·이·다<닫히다>	(H^{2}M·M→)H^{2}M^2[MHM^2]	(창원①②, 함안)
듣기·이·다(聞)<들리다>	(H^{2}M·M→)H^{2}M^2[MHM^2]	(창원①②, 함안, 양산)
땡기·이·다<당기다(피)>	(H^{2}M·M→)H^{2}M^2[MHM^2]	(창원①②, 함안, 양산)
뜯기·이·다<뜯기다(피)>	(H^{2}M·M→)H^{2}M^2[MHM^2]	(창원①②, 함안, 양산)
베기·이·다<베기다>	(H^{2}M·M→)H^{2}M^2[MHM^2]	(창원①②, 함안, 양산)
신기·이·다<신기다(피)>	(H^{2}M·M→)H^{2}M^2[MHM^2]	(창원①②)
안기·이·다<안기다(피)>	(H^{2}M·M→)H^{2}M^2[MHM^2]	(창원①②, 함안, 양산)
앵기·이·다<안기다(사)>	(H^{2}M·M→)H^{2}M^2[MHM^2]	(양산)
앵기·이·다<안기다(피)>	(H^{2}M·M→)H^{2}M^2[MHM^2]	(창원①②, 함안, 양산)
찡기·이·다<찡기다(피)>	(H^{2}M·M→)H^{2}M^2[MHM^2]	(창원①②, 함안)
칭기·이·다<칭기다(피)>	(H^{2}M·M→)H^{2}M^2[MHM^2]	(창원①②, 함안)
팅기·이·다<튕기다(사)>	(H^{2}M·M→)H^{2}M^2[MHM^2]	(함안, 김해, 양산)
팅기·이·다<튕기다(피)>	(H^{2}M·M→)H^{2}M^2[MHM^2]	(창원①, 김해)
홀키·이·다<할퀴다(피)>	(H^{2}M·M→)H^{2}M^2[MHM^2]	(창원①, 김해)
홀키·이·다<홀리다(피)>[670]	(H^{2}M·M→)H^{2}M^2[MHM^2]	(창원①, 김해, 양산)
신키·이·다<신기다(사)>	(H^{2}M·M→)H^{2}M^2[MHM^2]	(양산)
앵키·이·다<안기다(사)>[671]	(H^{2}M·M→)H^{2}M^2[MHM^2]	(양산)

666) [김해 방언 /·이·가 소시·이·다<잇몸이 솟아오르다.>.
667) [창원 방언①] /머·리·가 깜기·인·다/.
668) [김해 방언] /·눈·이 갱기·인·다/.
669) [창원 방언①②, 김해 방언, 양산 방언] /·눈·이 깽기·인·다/.
670) [김해 방언] /홀키·이·다/<해치·이·한·테 홀키·이·다>; [양산 방언] /홀키·이·다, :구·신·한·테 홀키·이·다/.

늘키·이·다 (H^{2}M·M→)H^{2}M^2[MHM^2] (함안)
댇키·이·다<닫히다> (H^{2}M·M→)H^{2}M^2[MHM^2] (함안)
할키·이·다<할퀴다(피)> (H^{2}M·M→)H^{2}M^2[MHM^2] (창원①②, 함안, 양산)
깜끼·이·다<감기다>[672] (H^{2}M·M→)H^{2}M^2[MHM^2] (양산)
깨끼·이·다<깎이다(피)> (H^{2}M·M→)H^{2}M^2[MHM^2] (창원①②, 함안)
신끼·이·다<신기다(피)> (H^{2}M·M→)H^{2}M^2[MHM^2] (양산)
앵끼·이·다(抱)<안기다(사)> (H^{2}M·M→)H^{2}M^2[MHM^2] (양산)
거니·리·다<거느리다> (H^{2}M·M→)H^{2}M^2[MHM^2] (함안, 양산)
뚜디·리·다<두드리다>[673] (H^{2}M·M→)H^{2}M^2[MHM^2] (창원①②, 함안, 김해)
건디·리·다<건드리다> (H^{2}M·M→)H^{2}M^2[MHM^2] (창원①②, 함안, 김해, 양산)
엎디·리·다<엎드리다> (H^{2}M·M→)H^{2}M^2[MHM^2] (창원①②, 김해, 양산)
간지·리·다 (H^{2}M·M→)H^{2}M^2[MHM^2] (창원①②, 함안, 양산)
다시·리·다<다스리다> (H^{2}M·M→)H^{2}M^2[MHM^2] (창원①②, 함안)
부티·리·다<팽개치다> (H^{2}M·M→)H^{2}M^2[MHM^2] (창원①②, 양산)
내비·리·다<내버리다> (H^{2}M·M→)H^{2}M^2[MHM^2] (창원①②, 함안)
내삐·리·다<내버리다> (H^{2}M·M→)H^{2}M^2[MHM^2] (창원①②, 함안, 김해, 양산)
땡기·리·다<당기다> (H^{2}M·M→)H^{2}M^2[MHM^2] (창원①②, 함안, 김해, 양산)
거느·리·다[674] (H^{2}M·M→)H^{2}M^2[MHM^2] (함안, 양산)
다스·리·다 (H^{2}M·M→)H^{2}M^2[MHM^2] (창원①②, 함안, 김해, 양산)
뚜드·리·다<두드리다> (H^{2}M·M→)H^{2}M^2[MHM^2] (창원①②, 함안, 양산)
엎드·리·다 (H^{2}M·M→)H^{2}M^2[MHM^2] (창원①②, 함안)
기다·리·다[675] (H^{2}M·M→)H^{2}M^2[MHM^2] (창원①②, 함안, 김해, 양산)
버무·리·다 (H^{2}M·M→)H^{2}M^2[MHM^2] (창원①②, 함안, 김해, 양산)
주무·리·다 (H^{2}M·M→)H^{2}M^2[MHM^2] (창원①②, 함안, 김해, 양산)
꾸부·리·다 (H^{2}M·M→)H^{2}M^2[MHM^2] (창원①②, 함안, 김해, 양산)
시부·리·다<씨부리다> (H^{2}M·M→)H^{2}M^2[MHM^2] (김해, 양산)
씨부·리·다 (H^{2}M·M→)H^{2}M^2[MHM^2] (창원①②, 함안)
수구·리·다<수그리다> (H^{2}M·M→)H^{2}M^2[MHM^2] (창원①②, 함안, 김해, 양산)
주물·리·다 (H^{2}M·M→)H^{2}M^2[MHM^2] (양산)
오구·리·다<오그리다> (H^{2}M·M→)H^{2}M^2[MHM^2] (창원①②, 함안, 김해, 양산)
파헤·시·다<파헤치다> (H^{2}M·M→)H^{2}M^2[MHM^2] (창원①②, 김해)
일바·시·다<일으키다> (H^{2}M·M→)H^{2}M^2[MHM^2] (창원①②, 함안, 김해, 양산)
가르·치·다[676] (H^{2}M·M→)H^{2}M^2[MHM^2] (창원①②, 함안, 김해, 양산)

671) 〔양산 방언〕 /얼라·아 앵키·이·다/.

672) 〔양산 방언〕 /·눈·을 깜끼·이·다, :실·을 깜끼·이·다/.

673) 〔창원 방언①〕 /뚜디·리·다/, /·북 뚜디·리·고, 장·구 ·치·고, 캥자깨·이 ·친·다/; 〔김해 방언〕 /뚜디·리·다/, /·북 뚜디·리·고, 장·구 ·치·고, :캥·자 ·친·다/.

674) 〔함안 방언〕 /거느·리·다/<상봉과 하솔에 다 사용>.

675) 〔함안 방언〕 /기다·리·기·가 너무 지·업·다/, /지·업·다/는 <지루하다>의 뜻.

676) 〔창원 방언①②〕 /가르·치·다, 가르·키·다/<뜻 구별 없이 쓰인다>, /가르·치·다/의 뜻으로 /갤카·아

가리·치·다<가르치다>	$(H^2M{\cdot}M\rightarrow)H^2M^2[MHM^2]$	(김해)
가알·치·다<가르치다>	$(H^2M{\cdot}M\rightarrow)H^2M^2[MHM^2]$	(양산)
가을·치·다<가르치다>	$(H^2M{\cdot}M\rightarrow)H^2M^2[MHM^2]$	(양산)
개르·치·다<가르치다>	$(H^2M{\cdot}M\rightarrow)H^2M^2[MHM^2]$	(창원①, 김해)
개리·치·다<가르치다>	$(H^2M{\cdot}M\rightarrow)H^2M^2[MHM^2]$	(김해)
개앨·치·다<가르치다>	$(H^2M{\cdot}M\rightarrow)H^2M^2[MHM^2]$	(양산)
무르·치·다[677]	$(H^2M{\cdot}M\rightarrow)H^2M^2[MHM^2]$	(함안)
무리·치·다[678]	$(H^2M{\cdot}M\rightarrow)H^2M^2[MHM^2]$	(함안)
물르·치·다<물리치다>	$(H^2M{\cdot}M\rightarrow)H^2M^2[MHM^2]$	(창원①②)
물리·치·다<(객구) 물리치다>[679]	$(H^2M{\cdot}M\rightarrow)H^2M^2[MHM^2]$	(김해, 양산)
물리·치·다<(적을) 물리치다>	$(H^2M{\cdot}M\rightarrow)H^2M^2[MHM^2]$	(창원①②, 함안, 양산)
파헤·치·다<파헤치다>	$(H^2M{\cdot}M\rightarrow)H^2M^2[MHM^2]$	(창원①②, 함안, 김해, 양산)
까래·비·다<할퀴다>	$(H^2M{\cdot}M\rightarrow)H^2M^2[MHM^2]$	(창원①, 김해, 양산)
가르·키·다<가리키다>	$(H^2M{\cdot}M\rightarrow)H^2M^2[MHM^2]$	(창원①②, 양산)
가리·키·다	$(H^2M{\cdot}M\rightarrow)H^2M^2[MHM^2]$	(창원①②, 함안)
아리·키·다<가르치다>	$(H^2M{\cdot}M\rightarrow)H^2M^2[MHM^2]$	(함안)
이리·키·다<일으키다>	$(H^2M{\cdot}M\rightarrow)H^2M^2[MHM^2]$	(양산)
일으·키·다	$(H^2M{\cdot}M\rightarrow)H^2M^2[MHM^2]$	(창원①②, 함안, 김해, 양산)
개앨·키·다<가르치다>	$(H^2M{\cdot}M\rightarrow)H^2M^2[MHM^2]$	(양산)
일배·끼·다<일으키다>	$(H^2M{\cdot}M\rightarrow)H^2M^2[MHM^2]$	(창원①②, 김해)
보내·애·다<보내다>[680]	$(H^2M{\cdot}M\rightarrow)H^2M^2[MHM^2]$	(창원②, 함안, 김해)
보채·애·다<보채다>	$(H^2M{\cdot}M\rightarrow)H^2M^2[MHM^2]$	(창원②, 함안, 양산)
째매·애·다<차매다>	$(H^2M{\cdot}M\rightarrow)H^2M^2[MHM^2]$	(함안, 양산)
주무·르·다[681]	$(H^2M{\cdot}M\rightarrow)H^2M^2[MHM^2]$	(창원①②, 함안, 김해)
늘아·아·다<늘이다>	$(H^2M{\cdot}M\rightarrow)H^2M^2[MHM^2]$	(창원①②)
얼아·아·다<얼리다>	$(H^2M{\cdot}M\rightarrow)H^2M^2[MHM^2]$	(창원②, 함안)
돋아·아·다<돋우다>	$(H^2M{\cdot}M\rightarrow)H^2M^2[MHM^2]$	(창원①②, 함안)
높아·아·다<높이다>	$(H^2M{\cdot}M\rightarrow)H^2M^2[MHM^2]$	(함안)
입하·아·다<업히다>	$(H^2M{\cdot}M\rightarrow)H^2M^2[MHM^2]$	(함안)
뎁하·아·다<뎁히다>	$(H^2M{\cdot}M\rightarrow)H^2M^2[MHM^2]$	(함안)
업하·아·다<업히다>	$(H^2M{\cdot}M\rightarrow)H^2M^2[MHM^2]$	(함안)
덥하·아·다<덥히다>	$(H^2M{\cdot}M\rightarrow)H^2M^2[MHM^2]$	(창원②)

주·다/가 제한적으로 쓰인다.

677) [함안 방언] /·굿·을 ·해·서 무르·치·다/<물리치다>.

678) [함안 방언] /·객·구 무리·치·다/<물리치다>.

679) [김해 방언] /물리·치·다/<객구 물리치다, 굿하다>, /·객·구 물리·친·다/; [양산 방언] /·객·구 물리·치·다, :구·신 물리·치·다/.

680) [함안 방언, 김해 방언] /보내·애·다/는 자주, /보내·다/는 드물게 사용된다.

681) [창원 방언①, 김해 방언] /주물·라 ·주·우·라, 주물·라 도·고, 주물·라 :도·고/, /·넘·한·데·는 ~·해 ·주·우·라/를 사용하고, /·나·한·테·는 ~·해 도·고, :도·고/를 사용한다.

눕하·아·다<눕히다> $(H^2M\cdot M\rightarrow)H^2M^2[MHM^2]$ (함안)
식하·아·다<삭히다>[682] $(H^2M\cdot M\rightarrow)H^2M^2[MHM^2]$ (창원①, 함안)
썩하·아·다<썩히다> $(H^2M\cdot M\rightarrow)H^2M^2[MHM^2]$ (창원①, 함안)
삭하·아·다<삭히다> $(H^2M\cdot M\rightarrow)H^2M^2[MHM^2]$ (창원①, 함안)
녹하·아·다<녹이다> $(H^2M\cdot M\rightarrow)H^2M^2[MHM^2]$ (창원①②, 함안)
쏙하·아·다<속이다> $(H^2M\cdot M\rightarrow)H^2M^2[MHM^2]$ (창원①, 함안)
내라·아·다<내리다> $(H^2M\cdot M\rightarrow)H^2M^2[MHM^2]$ (창원①②, 함안)
개라·아·다<(커튼) 가리다> $(H^2M\cdot M\rightarrow)H^2M^2[MHM^2]$ (창원①②, 함안)
개라·아·다<(나물 가리다> $(H^2M\cdot M\rightarrow)H^2M^2[MHM^2]$ (창원①②, 함안)
따라·아·다<따르다> $(H^2M\cdot M\rightarrow)H^2M^2[MHM^2]$ (창원①②, 함안)
도라·아·다<따돌리다>[683] $(H^2M\cdot M\rightarrow)H^2M^2[MHM^2]$ (함안)
딜라·아·다<들놓다> $(H^2M\cdot M\rightarrow)H^2M^2[MHM^2]$ (창원①②, 함안)
걸라·아·다<걸리다> $(H^2M\cdot M\rightarrow)H^2M^2[MHM^2]$ (함안)
날라·아·다<날리다> $(H^2M\cdot M\rightarrow)H^2M^2[MHM^2]$ (함안)
말라·아·다(乾)<말리다> $(H^2M\cdot M\rightarrow)H^2M^2[MHM^2]$ (창원①②, 함안)
돌라·아·다<따돌리다> $(H^2M\cdot M\rightarrow)H^2M^2[MHM^2]$ (창원①②)
몰라·아·다<말리다> $(H^2M\cdot M\rightarrow)H^2M^2[MHM^2]$ (함안)
가다·아·다<가두다> $(H^2M\cdot M\rightarrow)H^2M^2[MHM^2]$ (창원①②, 함안)
거다·아·다<거두다> $(H^2M\cdot M\rightarrow)H^2M^2[MHM^2]$ (창원①②, 함안, 양산)
전자·아·다<겨누다> $(H^2M\cdot M\rightarrow)H^2M^2[MHM^2]$ (창원①②, 함안, 김해)
이사·아·다<잇다> $(H^2M\cdot M\rightarrow)H^2M^2[MHM^2]$ (창원②, 함안, 김해)
따사·아·다<데우다> $(H^2M\cdot M\rightarrow)H^2M^2[MHM^2]$ (창원②)
빠사·아·다<바수다> $(H^2M\cdot M\rightarrow)H^2M^2[MHM^2]$ (함안)
뽀사·아·다<바수다> $(H^2M\cdot M\rightarrow)H^2M^2[MHM^2]$ (함안)
꼬사·아·다(誘)<꾀다> $(H^2M\cdot M\rightarrow)H^2M^2[MHM^2]$ (함안)
갤차·아·다<가르치다> $(H^2M\cdot M\rightarrow)H^2M^2[MHM^2]$ (함안)
갈차·아·다<가르치다>[684] $(H^2M\cdot M\rightarrow)H^2M^2[MHM^2]$ (창원②)
굳차·아·다<굳히다> $(H^2M\cdot M\rightarrow)H^2M^2[MHM^2]$ (함안)
늦차·아·다<늦추다> $(H^2M\cdot M\rightarrow)H^2M^2[MHM^2]$ (창원②, 함안)
낮차·아·다<낮추다> $(H^2M\cdot M\rightarrow)H^2M^2[MHM^2]$ (창원②, 함안)
맞차·아·다<맞추다> $(H^2M\cdot M\rightarrow)H^2M^2[MHM^2]$ (창원②, 함안)
깨바·아·다<깨우다> $(H^2M\cdot M\rightarrow)H^2M^2[MHM^2]$ (함안)
버가·아·다<겨루다> $(H^2M\cdot M\rightarrow)H^2M^2[MHM^2]$ (창원②, 함안)
일가·아·다<일구다> $(H^2M\cdot M\rightarrow)H^2M^2[MHM^2]$ (함안)
달가·아·다<달구다> $(H^2M\cdot M\rightarrow)H^2M^2[MHM^2]$ (함안)
넹가·아·다<넘기다> $(H^2M\cdot M\rightarrow)H^2M^2[MHM^2]$ (함안)

682) 〔함안 방언〕 /식하·아·다, 식후·우·다/처럼 /□Coa·아·다/형의 사동사와 /□Cou·우·다/형의 사동사는 수의변동한다.
683) 〔함안 방언〕 /도라·아·다/<따돌리다>, /·협·조·로 안하·모 도라·아·야 ·덴·다/.
684) 〔창원 방언②〕 /가르·차 주·다, 갈차·아 주·다/.

텡가·아·다<퉁기다>[685] $(H^2M\cdot M\to)H^2M^2[MHM^2]$ (함안)
앵가·아·다<안기다> $(H^2M\cdot M\to)H^2M^2[MHM^2]$ (함안)
깽가·아·다<끼우다>[686] $(H^2M\cdot M\to)H^2M^2[MHM^2]$ (함안)
낭가·아·다<남기다> $(H^2M\cdot M\to)H^2M^2[MHM^2]$ (창원①②, 함안)
숭가·아·다<심다> $(H^2M\cdot M\to)H^2M^2[MHM^2]$ (함안)
공가·아·다<괴다> $(H^2M\cdot M\to)H^2M^2[MHM^2]$ (창원①②, 함안)
사카·아·다<삭히다> $(H^2M\cdot M\to)H^2M^2[MHM^2]$ (창원②, 함안, 김해, 양산)
갤카·아·다<가르치다> $(H^2M\cdot M\to)H^2M^2[MHM^2]$ (창원②, 함안)
늘카·아·다<늘리다> $(H^2M\cdot M\to)H^2M^2[MHM^2]$ (창원②, 함안)
달카·아·다<달구다> $(H^2M\cdot M\to)H^2M^2[MHM^2]$ (창원②, 함안)
돋카·아·다<돋구다> $(H^2M\cdot M\to)H^2M^2[MHM^2]$ (함안)
잇카·아·다<웃기다>[687] $(H^2M\cdot M\to)H^2M^2[MHM^2]$ (창원①, 함안)
싱카·아·다<숨기다>[688] $(H^2M\cdot M\to)H^2M^2[MHM^2]$ (창원①, 함안)
숭카·아·다<숨기다> $(H^2M\cdot M\to)H^2M^2[MHM^2]$ (함안)
바까·아·다<바꾸다>[689] $(H^2M\cdot M\to)H^2M^2[MHM^2]$ (함안)
딜랴·아·다<들여놓다> $(H^2M\cdot M\to)H^2M^2[MHM^2]$ (함안)
말랴·아·다<말리다>(乾) $(H^2M\cdot M\to)H^2M^2[MHM^2]$ (함안)
그네·타·다[690] $(H^2M\cdot M\to)H^2M^2[MHM^2]$ (양산)
개르·차·다<가르치다> $(H^2M\cdot M\to)H^2M[MHM]$ (창원①②, 함안)
가르·차·다<가르치다>[691] $(H^2M\cdot M\to)H^2M^2[MHM^2]$ (창원①)
가을·차·다<가르치다> $(H^2M\cdot M\to)H^2M^2[MHM^2]$ (양산)
가알·차·다<가르치다> $(H^2M\cdot M\to)H^2M^2[MHM^2]$ (양산)
후두·카·다<쫓다> $(H^2M\cdot M\to)H^2M^2[MHM^2]$ (창원①②, 함안, 양산)
개앨·카·다<가리키다> $(H^2M\cdot M\to)H^2M^2[MHM^2]$ (창원②)
얼우·우·다<얼리다> $(H^2M\cdot M\to)H^2M^2[MHM^2]$ (창원①②, 함안, 김해, 양산)
돋우·우·다<돋우다> $(H^2M\cdot M\to)H^2M^2[MHM^2]$ (창원①, 함안)
높우·우·다<높이다> $(H^2M\cdot M\to)H^2M^2[MHM^2]$ (창원②, 함안, 김해)
닙후·우·다<눕히다> $(H^2M\cdot M\to)H^2M^2[MHM^2]$ (김해)
딥후·우·다<데우다> $(H^2M\cdot M\to)H^2M^2[MHM^2]$ (창원②)
뎁후·우·다<데우다>[692] $(H^2M\cdot M\to)H^2M^2[MHM^2]$ (함안, 김해)
업후·우·다<업히다(사)> $(H^2M\cdot M\to)H^2M^2[MHM^2]$ (함안, 김해)

685) 〔함안 방언〕 /텡가·아·다/<잘난 듯이 빼고 있다, 구슬을 튕기다>.
686) 〔함안 방언〕 /·눈·을 깽가·아·다/<눈을 감기다>.
687) 〔함안 방언〕 /잇카·아·다/<웃기다>, /잇카·아·지 :마·라/.
688) 〔함안 방언〕 /싱카·아·다, 싱쿠·우·다/, 〔창원 방언①②〕 /□Coa·다/형의 풀이씨는 함안 방언에서는 대부분 /□Coa·아·다/형과 /□Cou·우·다/형/으로 임의변동하고, 창원 방언①②처럼 /□Coa·다/형으로 나타나는 것도 있다.
689) 〔함안 방언〕 /바까·아·다, 바까·아 주꺼·마, 바까·아·다·가 들리·있·다, 바까·아·다·가 들키·있·다/.
690) 〔양산 방언〕 /그네·타·다, 산테·타·다, 밋등껄·타·다/.
691) 〔창원 방언①〕 /가르·차 주·다, 개르·차 주·다/.
692) 〔김해 방언〕 /뎁후·우·다, 뎁하·아·도/.

덥후·우·다<데우다>	(H^{2}M·M→)H^{2}M^2[MHM^2]	(창원①②, 김해)
눕후·우·다<눕히다>	(H^{2}M·M→)H^{2}M^2[MHM^2]	(양산)
식후·우·다<식히다>	(H^{2}M·M→)H^{2}M^2[MHM^2]	(창원①, 함안, 김해, 양산)
석후·우·다<썩히다>	(H^{2}M·M→)H^{2}M^2[MHM^2]	(김해, 양산)
썩후·우·다<썩히다>	(H^{2}M·M→)H^{2}M^2[MHM^2]	(창원①, 함안)
삭후·우·다<삭히다>	(H^{2}M·M→)H^{2}M^2[MHM^2]	(창원②, 함안, 김해, 양산)
녹후·우·다<녹이다>	(H^{2}M·M→)H^{2}M^2[MHM^2]	(창원①②, 함안, 양산)
속후·우·다<속이다>	(H^{2}M·M→)H^{2}M^2[MHM^2]	(김해, 양산)
쏙후·우·다<속이다>	(H^{2}M·M→)H^{2}M^2[MHM^2]	(창원①②, 함안)
이루·우·다<이루다>	(H^{2}M·M→)H^{2}M^2[MHM^2]	(창원①, 김해, 양산)
끼루·우·다<끄르다>	(H^{2}M·M→)H^{2}M^2[MHM^2]	(김해)
내루·우·다<내루다>	(H^{2}M·M→)H^{2}M^2[MHM^2]	(창원①②, 함안, 김해, 양산)
개루·우·다<가리다>	(H^{2}M·M→)H^{2}M^2[MHM^2]	(창원①, 김해)
아루·우·다<알리다>[693]	(H^{2}M·M→)H^{2}M^2[MHM^2]	(김해)
따루·우·다<따루다>	(H^{2}M·M→)H^{2}M^2[MHM^2]	(창원①, 함안, 김해)
누루·우·다<눌리다>[694]	(H^{2}M·M→)H^{2}M^2[MHM^2]	(창원①, 김해)
고루·우·다<고루다>[695]	(H^{2}M·M→)H^{2}M^2[MHM^2]	(창원①②, 양산)
딜루·우·다<들놓다>	(H^{2}M·M→)H^{2}M^2[MHM^2]	(함안, 김해)
말루·우·다(乾)<말리다>	(H^{2}M·M→)H^{2}M^2[MHM^2]	(창원①, 김해, 양산)
눌루·우·다<눌리다>	(H^{2}M·M→)H^{2}M^2[MHM^2]	(창원②, 함안, 양산)
돌루·우·다<따돌리다>	(H^{2}M·M→)H^{2}M^2[MHM^2]	(창원②, 김해, 양산)
거두·우·다<거두다>	(H^{2}M·M→)H^{2}M^2[MHM^2]	(창원①②, 함안, 김해, 양산)
가두·우·다<가두다>[696]	(H^{2}M·M→)H^{2}M^2[MHM^2]	(창원①②, 함안, 김해, 양산)
버투·우·다<버티다>	(H^{2}M·M→)H^{2}M^2[MHM^2]	(창원①②, 함안)
이수·우·다<잇다>	(H^{2}M·M→)H^{2}M^2[MHM^2]	(창원①, 함안, 김해)
떠수·우·다<데우다>	(H^{2}M·M→)H^{2}M^2[MHM^2]	(창원①②, 양산)
따수·우·다<데우다>	(H^{2}M·M→)H^{2}M^2[MHM^2]	(창원①②, 김해)
빠수·우·다<바수다>	(H^{2}M·M→)H^{2}M^2[MHM^2]	(창원①②, 함안, 김해, 양산)
뽀수·우·다<바수다>	(H^{2}M·M→)H^{2}M^2[MHM^2]	(함안, 김해, 양산)
전주·우·다<겨누다>[697]	(H^{2}M·M→)H^{2}M^2[MHM^2]	(창원①②, 함안, 김해)
갤추·우·다<가르치다>	(H^{2}M·M→)H^{2}M^2[MHM^2]	(함안, 김해, 양산)
갈추·우·다<가르치다>	(H^{2}M·M→)H^{2}M^2[MHM^2]	(양산)
늦추·우·다<늦추다>	(H^{2}M·M→)H^{2}M^2[MHM^2]	(창원①②, 함안, 김해)
낮추·우·다<낮추다>	(H^{2}M·M→)H^{2}M^2[MHM^2]	(창원①②, 함안, 김해)
맞추·우·다<맞추다>	(H^{2}M·M→)H^{2}M^2[MHM^2]	(창원①②, 함안, 김해)

693) [김해 방언] /아루·우·다, 아라·아·서/.
694) [김해 방언] /누루·우·다, 누루·운·다/.
695) [창원 방언①, 김해 방언] /고루·우·다, 고라·아·라/.
696) [함안 방언] /가두·우 놓·고/.
697) [창원 방언①②] /□Cou·우·다/형은 드물게 쓰인다.

감추·우·다<감추다> (H^{2}M·M→)H^{2}M^2[MHM^2] (창원①, 함안, 김해)
깨부·우·다<깨우다> (H^{2}M·M→)H^{2}M^2[MHM^2] (함안)
어푸·우·다<업히다> (H^{2}M·M→)H^{2}M^2[MHM^2] (김해)
버구·우·다<버티다> (H^{2}M·M→)H^{2}M^2[MHM^2] (창원①, 함안, 김해)
일구·우·다<일구다> (H^{2}M·M→)H^{2}M^2[MHM^2] (창원①②, 함안, 김해)
늘구·우·다<늘이다> (H^{2}M·M→)H^{2}M^2[MHM^2] (김해)
얼구·우·다<얼리다> (H^{2}M·M→)H^{2}M^2[MHM^2] (김해)
달구·우·다<달구다> (H^{2}M·M→)H^{2}M^2[MHM^2] (창원①②, 함안, 김해)
돋구·우·다<돋구다> (H^{2}M·M→)H^{2}M^2[MHM^2] (창원①②, 김해)
팅구·우·다<퉁기다> (H^{2}M·M→)H^{2}M^2[MHM^2] (창원②, 함안, 김해, 양산)
텡구·우·다<퉁기다>[698)] (H^{2}M·M→)H^{2}M^2[MHM^2] (창원②, 함안, 김해, 양산)
넝구·우·다<넘기다> (H^{2}M·M→)H^{2}M^2[MHM^2] (창원①, 김해)
앙구·우·다<안기다(사)>[699)] (H^{2}M·M→)H^{2}M^2[MHM^2] (함안)
낭구·우·다<남기다> (H^{2}M·M→)H^{2}M^2[MHM^2] (창원①②, 함안, 김해)
숭구·우·다<심다> (H^{2}M·M→)H^{2}M^2[MHM^2] (함안)
숭구·우·다<숨기다> (H^{2}M·M→)H^{2}M^2[MHM^2] (함안)
궁구·우·다<굶기다> (H^{2}M·M→)H^{2}M^2[MHM^2] (양산)
공구·우·다<괴다>[700)] (H^{2}M·M→)H^{2}M^2[MHM^2] (창원①②, 함안, 김해)
마쿠·우·다<막다> (H^{2}M·M→)H^{2}M^2[MHM^2] (함안, 김해, 양산)
소쿠·우·다<속이다> (H^{2}M·M→)H^{2}M^2[MHM^2] (함안, 김해, 양산)
갤쿠·우·다<가리키다> (H^{2}M·M→)H^{2}M^2[MHM^2] (함안)
늘쿠·우·다<늘리다> (H^{2}M·M→)H^{2}M^2[MHM^2] (김해, 양산)
갈쿠·우·다<가르치다>[701)] (H^{2}M·M→)H^{2}M^2[MHM^2] (양산)
달쿠·우·다<달구다>[702)] (H^{2}M·M→)H^{2}M^2[MHM^2] (창원①, 김해)
돋쿠·우·다<돋구다> (H^{2}M·M→)H^{2}M^2[MHM^2] (함안, 김해)
싱쿠·우·다<숨기다> (H^{2}M·M→)H^{2}M^2[MHM^2] (창원①, 함안, 김해)
숭쿠·우·다<숨기다> (H^{2}M·M→)H^{2}M^2[MHM^2] (함안, 김해)
비꾸·우·다<비꼬다> (H^{2}M·M→)H^{2}M^2[MHM^2] (함안)
바꾸·우·다<바꾸다> (H^{2}M·M→)H^{2}M^2[MHM^2] (창원②)
딜류·우·다<들놓다> (H^{2}M·M→)H^{2}M^2[MHM^2] (함안, 김해)
말류·우·다(乾)<말리다>[703)] (H^{2}M·M→)H^{2}M^2[MHM^2] (함안, 김해)
몰류·우·다(乾)<말리다>[704)] (H^{2}M·M→)H^{2}M^2[MHM^2] (함안)

---

698) [양산 방언] /텡구·우·다/<퉁기다>, /텡구·운·다/, /텡군는·다/가 있는 것으로 보아 /-는·다/의 환경에서만 어간 /텡궁-/가 있을 것으로 보인다. /*텡구·코, *텡구터·라, *텡구·꼬, *텡구떠·라, …/ 등은 나타나지 않는다.
699) [함안 방언] /앙구·우·다, 앙고·아·라/<다독거리다>.
700) [창원 방언①, 김해 방언] /공구·우·다, 공가·아·라/.
701) [양산 방언] /갈쿠·우·다, :아·무·리 갈카·아·도 :몬·알·아 듣는·다/.
702) [창원 방언①] /달쿠·우·다/<달구다, 닳게 하다>.
703) [함안 방언] /말류·우·다/[말$유$·우$·다, mal$yu$·øu$·da].

개르·추·다<가르치다>	(H^{2}M·M→)H^{2}M[MHM]	(김해)
비꼬·오·다<비꼬다>[705]	(H^{2}M·M→)H^{2}M^{2}[MHM^{2}]	(양산)
탐시·럽·다<탐스럽다>	(H^{2}M·M→)H^{2}M^{2}[MHM^{2}]	(창원①②, 함안, 김해)
탐스·럽·다	(H^{2}M·M→)H^{2}M^{2}[MHM^{2}]	(창원①②)
자부·럽·다<졸리다>	(H^{2}M·M→)H^{2}M^{2}[MHM^{2}]	(김해)

(321) 4음절 평2형어간 풀이씨 자료

이자·아·삐·다<잊어버리다>[706]	{H^{2}M^{2}·M→)H^{2}M^{3}[MHM^{3}]	(양산)
이자·아·뿌·다<잊어버리다>	{H^{2}M^{2}·M→)H^{2}M^{3}[MHM^{3}]	(양산)
뭉개·애·지·다<뭉개지다>	{H^{2}M^{2}·M→)H^{2}M^{3}[MHM^{3}]	(창원①②, 김해, 양산)

(322) 3음절 평3형어간 풀이씨 자료

버무르·다<버무리·다>	(H^{3}·M→)H^{3}M[MʜHM]	(김해, 양산)
주무르·다	(H^{3}·M→)H^{3}M[MʜHM]	(양산)
버무리·다	(H^{3}·M→)H^{3}M[MʜHM]	(양산)
간질이·다[707]	(H^{3}·M→)H^{3}M[MʜHM]	(양산)
부티리·다<팽개치다>[708]	(H^{3}·M→)H^{3}M[MʜHM]	(창원②, 함안, 김해)
군데띠·다<그네 타다>	(H^{3}·M→)H^{3}M[MʜHM]	(김해)
깨곰띠·다<깨금뛰다>	(H^{3}·M→)H^{3}M[MʜHM]	(양산)
깨굼띠·다[709]	(H^{3}·M→)H^{3}M[MʜHM]	(창원①②, 김해)
깨금띠·다<깨금뛰다>	(H^{3}·M→)H^{3}M[MʜHM]	(창원①②, 함안)
깨앰띠·다<깨금뛰다>	(H^{3}·M→)H^{3}M[MʜHM]	(창원②)
띠금띠·다<두발로 뛰다>[710]	(H^{3}·M→)H^{3}M[MʜHM]	(함안)
주천띠·다	(H^{3}·M→)H^{3}M[MʜHM]	(김해)
건방지·다[711]	(H^{3}·M→)H^{3}M[MʜHM]	(창원①②, 함안, 김해, 양산)
떨어지·다	(H^{3}·M→)H^{3}M[MʜHM]	(창원①②, 함안)
야무지·다	(H^{3}·M→)H^{3}M[MʜHM]	(창원①②, 함안, 양산)
자빠지·다	(H^{3}·M→)H^{3}M[MʜHM]	(창원①②)
짜빠지·다	(H^{3}·M→)H^{3}M[MʜHM]	(창원②, 함안)
성가시·다	(H^{3}·M→)H^{3}M[MʜHM]	(양산)
가르치·다	(H^{3}·M→)H^{3}M[MʜHM]	(양산)
야무치·다<야무지다>[712]	(H^{3}·M→)H^{3}M[MʜHM]	(창원①②, 함안, 김해, 양산)

---

704) [함안 방언] /몰류·우·다/[몰$유$·우$·다, mol$yu$·øu$·da].
705) [양산 방언] /비꼬·오·다, 비꼬·아·서, 비꽈·아·서/.
706) [양산 방언] /이자·아·삐·다/<잊어버리다>.
707) [양산 방언] /간지리지마·라, 간질지마·라/.
708) [창원 방언②] /부티리·다, 부티리·도/.
709) [창원 방언①] /깨굼띠·다/<한쪽 발을 들고 다른 한쪽 발로 서서 뛰다>.
710) [함안 방언] /띠금띠·다/<두 발로 뛰다>.
711) [창원 방언①②] /건방지·다, 건방지·서, 건방저·서/.

이자삐·다<잊어버리다>[713] (H^3·M→)H^{3}M[MʜHM] (창원①②)
이자뿌·다<잊어버리다> (H^3·M→)H^{3}M[MʜHM] (창원①②, 함안, 김해)
꾸리하·다 (H^3·M→)H^{3}M[MʜHM] (창원①, 양산)
가난하·다(貧)[714] (H^3·M→)H^{3}M[MʜHM] (창원①②, 함안, 양산)
가실하·다<가을하다> (H^3·M→)H^{3}M[MʜHM] (창원①②, 함안, 김해, 양산)
가알하·다<가을하다> (H^3·M→)H^{3}M[MʜHM] (창원①②, 김해)
꼿꼿하·다 (H^3·M→)H^{3}M[MʜHM] (창원①②, 함안, 김해, 양산)
꾸정하·다[715] (H^3·M→)H^{3}M[MʜHM] (창원①②, 함안)
사랑하·다 (H^3·M→)H^{3}M[MʜHM] (창원①②, 함안, 양산)
간지라·다<간질이다> (H^3·M→)H^{3}M[MʜHM] (창원①②)
강그라·다<간질이다> (H^3·M→)H^{3}M[MʜHM] (창원②)
군데타·다<그네 타다> (H^3·M→)H^{3}M[MʜHM] (창원①②, 함안, 김해)
그네타·다 (H^3·M→)H^{3}M[MʜHM] (창원②)
마실가·다 (H^3·M→)H^{3}M[MʜHM] (창원①②, 양산)
마실까·다<마실가·다> (H^3·M→)H^{3}M[MʜHM] (창원①②, 함안, 김해)
모실까·다<마실가·다> (H^3·M→)H^{3}M[MʜHM] (함안, 김해)
개르추·다<가르치다> (H^3·M→)H^{3}M[MʜHM] (김해)
후두쿻·다<쫓다>[716] (H^3·M→)H^{3}M[MʜHM] (양산)
방정맞·다 (H^3·M→)H^{3}M[MʜHM] (창원①②, 함안, 김해, 양산)
부드럽·다(柔)[717] (H^3·M→)H^{3}M[MʜHM] (창원①②, 함안, 김해, 양산)
탐스럽·다 (H^3·M→)H^{3}M[MʜHM] (양산)
시그럽·다(酸) (H^3·M→)H^{3}M[MʜHM] (양산)
간지럽·다[718] (H^3·M→)H^{3}M[MʜHM] (창원①②, 함안, 김해, 양산)
건지럽·다<가렵다>[719] (H^3·M→)H^{3}M[MʜHM] (창원①②, 함안, 김해, 양산)
내그랍·다<냅다>[720] (H^3·M→)H^{3}M[MʜHM] (양산)
매끄럽·다 (H^3·M→)H^{3}M[MʜHM] (창원①②, 함안, 양산)
미끄럽·다[721] (H^3·M→)H^{3}M[MʜHM] (창원①②, 함안, 김해, 양산)
부끄럽·다 (H^3·M→)H^{3}M[MʜHM] (창원①②, 함안, 김해, 양산)
자부럽·다<졸리다> (H^3·M→)H^{3}M[MʜHM] (김해, 양산)
새그랍·다<시다> (H^3·M→)H^{3}M[MʜHM] (양산)

---

712) [창원 방언①②] /야무치·다, 야무치·서, 야무처·서/.
713) [창원 방언①] /이자삐·다/<잊어버리다>, /이자삐·고, 이자삐·도/.
714) [양산 방언] /가난하·다/<잘 아니 쓴다>, 대신에 /:못·산·다/를 사용.
715) [창원 방언①] /꾸정하·다/<날씨나 물이 깨끗하지 않고 흐리다>.
716) [양산 방언] /후두쿻·다, 후두카·아 내·애·라/.
717) [양산 방언] /부드럽·다, 부드럽·아·서/.
718) [창원 방언①] /간지럽·다, 간지럽·아·서/; [창원 방언②] /간지럽·다, 간지럽·아·서, 간지럽·어·서/; [양산 방언] /간지럽·다, 간지럽·어·서/.
719) [창원 방언①] /건지럽·다, 건지럽·아·서/; [창원 방언②] /건지럽·다, 건지럽·아·서, 건지럽·어·서/.
720) [양산 방언] /내그랍·다, 연·기·가 내그랍·어·서/.
721) [창원 방언①] /미끄럽·다, 미끄럽·아·서/; [창원 방언②] /미끄럽·다, 미끄럽·아·서, 미끄럽·어·서/.

까다롭·다 $(H^{3}{\cdot}M\rightarrow)H^{3}M[M\textsc{h}HM]$ (양산)
바아찍·다<방아 찧다>[722] $(H^{3}{\cdot}M\rightarrow)H^{3}M[M\textsc{h}HM]$ (양산)
방아찍·다<방아 찧다> $(H^{3}{\cdot}M\rightarrow)H^{3}M[M\textsc{h}HM]$ (김해)
바아쩡ᇂ·다[723] $(H^{3}{\cdot}M\rightarrow)H^{3}M[M\textsc{h}HM]$ (창원①②)
바아찡ᇂ·다[724] $(H^{3}{\cdot}M\rightarrow)H^{3}M[M\textsc{h}HM]$ (창원②, 함안)
바아찡ᇂ·다<방아 찧다> $(H^{3}{\cdot}M\rightarrow)H^{3}M[M\textsc{h}HM]$ (양산)

(323) 4음절 평3형어간 풀이씨 자료
비끄이·이·다<비끄이다> $(H^{3}M{\cdot}M\rightarrow)H^{3}M^{2}[M\textsc{h}HM^{2}]$ (창원①②, 김해)
세알리·이·다<세다> $(H^{3}M{\cdot}M\rightarrow)H^{3}M^{2}[M\textsc{h}HM^{2}]$ (양산)
따돌리·이·다[725] $(H^{3}M{\cdot}M\rightarrow)H^{3}M^{2}[M\textsc{h}HM^{2}]$ (창원①②, 함안, 김해, 양산)
땡길리·이·다[726] $(H^{3}M{\cdot}M\rightarrow)H^{3}M^{2}[M\textsc{h}HM^{2}]$ (창원①②, 함안, 김해, 양산)
자불리·이·다[727] $(H^{3}M{\cdot}M\rightarrow)H^{3}M^{2}[M\textsc{h}HM^{2}]$ (창원①②)
주물리·이·다<주물리다(피)> $(H^{3}M{\cdot}M\rightarrow)H^{3}M^{2}[M\textsc{h}HM^{2}]$ (창원①②, 함안, 김해)
쪼달리·이·다<쪼달리다> $\{H^{3}M{\cdot}M\rightarrow)H^{3}M^{2}[M\textsc{h}HM^{2}]$ (창원①, 양산)
자물시·이·다[728] $(H^{3}M{\cdot}M\rightarrow)H^{3}M^{2}[M\textsc{h}HM^{2}]$ (창원①②, 함안)
사무치·이·다<사무치다> $(H^{3}M{\cdot}M\rightarrow)H^{3}M^{2}[M\textsc{h}HM^{2}]$ (창원①②, 함안, 김해)
부디치·이·다<부딪히다> $(H^{3}M{\cdot}M\rightarrow)H^{3}M^{2}[M\textsc{h}HM^{2}]$ (창원①②, 양산)
이자뻐·이·다<잊어버리다> $(H^{3}M{\cdot}M\rightarrow)H^{3}M^{2}[M\textsc{h}HM^{2}]$ (함안)
꼬시키·이·다<꾀다(피)> $(H^{3}M{\cdot}M\rightarrow)H^{3}M^{2}[M\textsc{h}HM^{2}]$ (양산)
늘어키·이·다[729] $(H^{3}M{\cdot}M\rightarrow)H^{3}M^{2}[M\textsc{h}HM^{2}]$ (함안)
후두끼·이·다<쫓기다>[730] $(H^{3}M{\cdot}M\rightarrow)H^{3}M^{2}[M\textsc{h}HM^{2}]$ (창원①②, 김해, 양산)
늘어티·리·다<늘어트리다> $(H^{3}M{\cdot}M\rightarrow)H^{3}M^{2}[M\textsc{h}HM^{2}]$ (창원②)
떨어티·리·다<떨어트리다> $(H^{3}M{\cdot}M\rightarrow)H^{3}M^{2}[M\textsc{h}HM^{2}]$ (함안)
머슴데·리·다 $(H^{3}M{\cdot}M\rightarrow)H^{3}M^{2}[M\textsc{h}HM^{2}]$ (창원①②, 함안, 김해, 양산)
늘어트·리·다 $(H^{3}M{\cdot}M\rightarrow)H^{3}M^{2}[M\textsc{h}HM^{2}]$ (양산)
떨어트·리·다 $(H^{3}M{\cdot}M\rightarrow)H^{3}M^{2}[M\textsc{h}HM^{2}]$ (창원②, 양산)
떨어뜨·리·다 $(H^{3}M{\cdot}M\rightarrow)H^{3}M^{2}[M\textsc{h}HM^{2}]$ (창원②)
이자뻐·리·다<잊어버리다> $(H^{3}M{\cdot}M\rightarrow)H^{3}M^{2}M\textsc{h}HM^{2}]$ (창원①, 김해)
거들거·리·다 $(H^{3}M{\cdot}M\rightarrow)H^{3}M^{2}[M\textsc{h}HM^{2}]$ (창원①②, 함안, 김해, 양산)
건들거·리·다 $(H^{3}M{\cdot}M\rightarrow)H^{3}M^{2}[M\textsc{h}HM^{2}]$ (창원①, 양산)

---

722) 〔양산 방언〕 /바아찍·다/<방아 찧다>, /바아찍는·다, 바아찍·으·러, 바아찍·어·라, 바아찌·이·러/.
723) 〔창원 방언①〕 /바아쩡ᇂ·다, 바아쩡는·다, 바아쩡·코/<방아 찧다>.
724) 〔창원 방언②〕 /바아찡ᇂ·다, 바아찡는·다, 바아찡·꼬/<방아 찧다>.
725) 〔창원 방언①〕 /따돌·리·다/<능동>, /따돌리·이·다/<피동>.
726) 〔창원 방언①〕 /땡길리·이·다/<얼굴의 피부가 땅기다>.
727) 〔창원 방언①〕 /자불리·이·다/<졸음 오다>.
728) 〔창원 방언①〕 /자물시·이·다/<까무러지다>.
729) 〔함안 방언〕 /늘어키·이·다/<늘어지게 하다>.
730) 〔창원 방언①, 김해 방언〕 /후두끼·이·다, 후두끼·이 ·간·다/.

꺼들거·리·다 (H^{3}M·M→)H^{3}M^2[MʜHM^2] (창원①②)
간지라·아·다[731] (H^{3}M·M→)H^{3}M^2[MʜHM^2] (창원①②, 함안)
방정시·럽·다<방정스럽다> (H^{3}M·M→)H^{3}M^2[MʜHM^2] (창원①②, 함안, 김해, 양산)
방정스·럽·다 (H^{3}M·M→)H^{3}M^2[MʜHM^2] (창원②)

(324) 4음절 평4형어간 풀이씨 자료
부딪트리·다 (H^4·M→)H^{4}M[Mʜ^{2}HM] (김해)
뭉개애지·다<뭉개지다> (H^4·M→)H^{4}M^2[Mʜ^{2}HM] (창원①②, 함안)
꾸부정하·다 (H^4·M→)H^{4}M[Mʜ^{2}HM] (창원①②, 양산)

(325) 5음절 평5형어간 풀이씨 자료
꾸르무리하·다<끄무레하다>[732] (H^{5}M →)H^{5}M[Mʜ^{3}HM] (창원①②, 김해)

5.4.3 상성형어간 풀이씨 자료

상성어간 풀이씨 표제항의 배열은 첫째로 어간의 음절수가 적은 것에서 많은 것의 순서로 한다. 둘째로 1음절어간의 경우는 먼저 어간의 방점이 모음으로 시작되는 씨끝 앞에서 평성으로 변하는 변동상성어간과 변하지 않는 고정상성어간의 순서로 한다. 2음절 이상의 상성어간 풀이씨의 굴곡형들은 모두 그 방점이 고정되어 있으므로 변동과 고정을 구분하지 않고, 음절수에 따라 2음절 상성형어간, 3음절 상성형어간, 4음절 상성형어간, …, 등으로만 구분하여 자료를 정리한다.

셋째로 어간의 분절음 구조에 따른 순서는 먼저 어간 마지막 음절이 모음인 것을 제시하고, 다음에 마지막 분절음이 자음인 것을 제시한다. 모음은 전설비원순, 후설비원순, 후설원순, 전설원순의 순서로 배열하고, 자음은 대체로 분절음이 가지고 있는 강도의 순서를 따르기로 한다.

아래 (326)에서 보는 것처럼 1음절 어간 풀이씨는 대다수가 변동상성어간이고, 소수가 고정상성어간이다.

(326) 1음절 변동상성어간 풀이씨 자료
:지·다<쥐다> (Lʜ·M→)L^2[LM] (창원①②, 함안, 김해, 양산)
:시·다(强)<세다>[733] (Lʜ·M→)L^2[LM] (창원②, 함안, 김해, 양산)
:시·다(呼吸)<쉬다> (Lʜ·M→)L^2[LM] (양산)

731) 〔함안 방언〕 /간지라·아·다, 간지라·암·을 :마·이 ·탄·다/<간질이다>.
732) 〔창원 방언①, 김해 방언〕 /꾸르무리하·다/<날씨가~>.
733) 〔김해 방언〕 /·힘·이 :시·다, :시·먼, :시·머, 시·이·도/; 〔양산 방언〕 /:시·다, 너무 ·심·이 시·이·서/.

:시·다(休)<쉬다>	(LH·M→)L^2[LM]	(창원①②, 함안, 김해, 양산)
:씨·다(强)<세다>[734]	(LH·M→)L^2[LM]	(함안)
:씨·다(呼吸)<쉬다>[735]	(LH·M→)L^2[LM]	(함안)
:미·다<메다>	(LH·M→)L^2[LM]	(창원②, 함안, 양산)
:비·다(空)	(LH·M→)L^2[LM]	(창원①②, 함안, 김해, 양산)
:비·다(枕)<베다>[736]	(LH·M→)L^2[LM]	(창원②, 함안, 김해, 양산)
:끼·다<꿰다>[737]	(LH·M→)L^2[LM]	(창원①②, 함안, 김해, 양산)
:끼·다(着)[738]	(LH·M→)L^2[LM]	(창원①②, 함안, 양산)
:세·다(强)	(LH·M→)L^2[LM]	(창원②, 함안, 김해, 양산)
:세·다(算)[739]	(LH·M→)L^2[LM]	(창원①②, 함안, 김해, 양산)
:쎄·다(强)<세다>[740]	(LH·M→)L^2[LM]	(창원①②, 함안)
:메·다[741]	(LH·M→)L^2[LM]	(창원①②, 함안, 양산)
:베·다(枕)	(LH·M→)L^2[LM]	(창원①②, 함안, 김해)
:내·다(出)	(LH·M→)L^2[LM]	(창원①②, 함안, 김해, 양산)
:때·다(燒)	(LH·M→)L^2[LM]	(창원①②, 함안, 김해, 양산)
:재·다(測)	(LH·M→)L^2[LM]	(창원①②, 함안, 김해, 양산)
:새·다(曙)	(LH·M→)L^2[LM]	(창원①②, 함안, 김해, 양산)
:개·다(晴)	(LH·M→)L^2[LM]	(창원①②, 함안, 김해, 양산)
:수·다(呼吸)<쉬다>	(LH·M→)L^2[LM]	(김해)
:꿓·다<굽다>	(LH·M→)L^2[LM]	(창원①②)
:징·다<짓다>[742]	(LH·M→)L^2[LM]	(창원①②, 함안, 김해, 양산)
:일·다[743]	(LH·M→)L^2[LM]	(창원①②, 함안, 김해, 양산)
:질·다<길다>[744]	(LH·M→)L^2[LM]	(창원①②, 함안, 김해, 양산)
:밀·다	(LH·M→)L^2[LM]	(창원①②, 함안, 김해, 양산)
:빌·다(乞)	(LH·M→)L^2[LM]	(창원①②, 함안, 김해, 양산)

734) 〔함안 방언〕 /:씨·다, :씨·모, 씨·이·도/.

735) 〔함안 방언〕 /:씨·다, :숨·을 :씨·모, :숨·을 씨·이·도/.

736) 〔창원 방언②〕 /:비·다, :비·고, :비·있·다, …/는 /:옛·말; 그·러·나 ·지·금·도 ·드·물·게 ·쓴·다/; 〔양산 방언〕 /비·게, :비·고 자·라/.

737) 〔창원 방언①, 김해 방언〕 /:끼·다, 끼·이·라/; 〔함안 방언〕 /:끼·다, :끼·모, 끼·이·도/.

738) 〔양산 방언〕 /:끼·다, 끼·이·라/.

739) 〔김해 방언〕 /:세·다, 세·에·라/

740) 〔창원 방언①〕 /:세·다/는 매우 드물게 나타나고, /:쎄·다/가 주로 쓰인다, (/쎄·었·는/→/쎄·엤·는/→)/쎄·엔/, /·심·이 :쎄·다/는 옛날 어른들 말; 〔창원 방언②〕 /:쎄·다/가 /:세·다/보다 약간 더 빈도가 높다, /쎄·엔/; 〔함안 방언〕에서는 /:쎄·다/는 드물게 쓰이고, /:세·다/가 주로 쓰인다. /:씨·다/는 옛 할매들 말씨이다; 〔양산 방언〕 /·힘·이 :세·다/.

741) 〔창원 방언①, 김해 방언〕 /:메·다, 메·에·라/.

742) 〔김해 방언〕 /:징·다, 집·을 지·이·라/

743) 〔창원 방언①②〕 /:일·다/<쌀을 일다, 살림, 두드러기, 셋바늘이 일다>; 〔양산 방언〕 /·물·껼 :일·다/.

744) 〔함안 방언〕 /:질·다, :질·모, 질·으·모 :진·데/. /ㄹ/로 끝나는 모든 1음절 변동상성어간 풀이씨는 {-·으X}형 씨끝과 결합할 때 /-·으/의 삭제가 임의적이다.

:빌·다(祈) (LH·M→)L^2[LM] (창원①②, 함안, 김해, 양산)
:길·다(長) (LH·M→)L^2[LM] (창원①②, 함안, 양산)
:얼·다(凍) (LH·M→)L^2[LM] (창원①②, 함안, 김해, 양산)
:헐·다(破) (LH·M→)L^2[LM] (창원①②, 함안, 김해, 양산)
:덜·다(減)[745] (LH·M→)L^2[LM] (창원①②, 함안, 김해, 양산)
:털·다 (LH·M→)L^2[LM] (창원①②, 함안, 김해, 양산)
:떨·다(震) (LH·M→L^2)[LM] (창원①②, 함안, 김해, 양산)
:절·다(蹻) (LH·M→)L^2[LM] (창원①②, 함안, 김해, 양산)
:멀·다(盲)[746] (LH·M→)L^2[LM] (창원①②, 김해, 양산)
:멀·다(遠)[747] (LH·M→)L^2[LM] (창원②, 함안, 김해, 양산)
:걸·다(掛)[748] (LH·M→)L^2[LM] (창원①②, 함안, 김해, 양산)
:걸·다(肥)[749] (LH·M→)L^2[LM] (창원①②, 함안, 김해, 양산)
:걸·다[750] (LH·M→)L^2[LM] (창원①②, 함안, 김해, 양산)
:알·다(知)[751] (LH·M→)L^2[LM] (창원①②, 함안, 김해, 양산)
:살·다(生,居) (LH·M→)L^2[LM] (창원①②, 함안, 김해, 양산)
:짤·다<쩔다> (LH·M→)L^2[LM] (창원①②, 함안, 김해, 양산)
:말·다(勿)[752] (LH·M→)L^2[LM] (창원①②, 함안, 김해, 양산)
:열·다(開) (LH·M→)L^2[LM] (창원①②, 함안, 김해, 양산)
:열·다(實) (LH·M→)L^2[LM] (창원①②, 함안, 김해, 양산)
:울·다 (LH·M→)L^2[LM] (창원①②, 함안, 김해, 양산)
:줄·다 (LH·M→)L^2[LM] (창원①②, 함안, 김해, 양산)
:물·다<세금을～> (LH·M→)L^2[LM] (창원②, 함안, 김해, 양산)
:불·다(吹,風)[753] (LH·M→)L^2[LM] (창원①②, 함안, 김해, 양산)

745) [창원 방언①②, 함안 방언] /:덜·다, :덜·모, 덜·으·모 :더·이, :더·니/.
746) [창원 방언②] /:멀·다/(盲)의 굴곡형들은 /·멀·다/(遠)의 굴곡형은 드물게 섞이기도 한다. 따라서 /:멀·다/(盲)의 굴곡형들이 /·멀·다/(遠)의 굴곡형들처럼 /·멀·다, ·멀·고, ·멀·어·서, …/로도 드물게 나타난다; [양산 방언] /·눈·이 ·가·뺐·다, ·눈·이 ·가·빴·다/를 주로 사용되고, /·눈·이 :멀·다/는 매우 드물게 쓰인다. [함안 방언] 눈이 어둡게 된 것은 /·멀·다/(盲)로, 거리가 떨어진 것은 /:멀·다/(遠)로 나타난다. [창원 방언①] /안·주 멀·었·다/<아직 멀었다.>, /:머·나·먼/<머나먼>의 경우만 변동상성어간으로 작용한다.
747) [창원 방언②] /:멀·다/(遠){:멀·고, 멀·어·서, …}와 /·멀·다/(遠){·멀·고, ·멀·어·서, …}는 비슷한 빈도로 나타난다; [양산 방언] /:데·기 :머·네, :데·게 :머·네, 안·주 멀·었·다/.
748) [창원 방언①②] /:걸·다, 시·계 걸·어·라/; [함안 방언] /목·숨 :걸·다, :걸·모, 걸·으·모 걸·었·다/.
749) [창원 방언①②] /·땅·이 :걸·다, :걸·모, 걸·었·다, ·입·이 :걸·다/; [함안 방언] /·땅·이 :걸·다, :걸·모, 걸·으·모 걸·었·다/.
750) [창원 방언①②] /·입·이 :걸·더·라, ·입·이 걸·어·서 :아·무·끼·이·나 잘 묵는·다/; [함안 방언] /·입·이 :걸·다, 걸·었·서/.
751) [함안 방언] /:알·다, :알·모, 알·으·모, 알·아·모, :아·이, :아·니/, 양성모음 뒤에서 /–·으X/는 /–·아X/로 임의변동한다.
752) [양산 방언] /하지말·아, *하지#:말·아/.
753) [함안 방언] /:불·다, :불·모, :부·모, 불·으·모, :부·이, :부·니, :부·지/; [양산 방언] /:불·다, :불고 댕·긴·다/.

:놀·다(遊)[754]	(LH·M→)L^2[LM]	(창원①②, 함안, 김해, 양산)
:돌·다(廻)	(LH·M→)L^2[LM]	(창원①②, 함안, 김해, 양산)
:솔·다[755]	(LH·M→)L^2[LM]	(창원①②, 함안, 양산)
:몰·다(驅)[756]	(LH·M→)L^2[LM]	(창원①②, 함안, 김해, 양산)
:신·다	(LH·M→)L^2[LM]	(창원①②, 함안, 김해, 양산)
:안·다(抱)	(LH·M→)L^2[LM]	(양산)
:묻·다(問)<묻다>[757]	(LH·M→)L^2[LM]	(창원①②, 함안, 김해, 양산)
:잇·다<웃다>[758]	(LH·M→)L^2[LM]	(창원①②, 함안, 김해, 양산)
:짓·다(吠)	(LH·M→)L^2[LM]	(창원①②, 함안, 김해, 양산)
:웃·다	(LH·M→)L^2[LM]	(창원①②, 함안, 김해, 양산)
:윗·다<웃다>[759]	(LH·M→)L^2[LM]	(양산)
:쫏·다<쫒다>[760]	(LH·M→)L^2[LM]	(창원②, 함안)
:쫒·다[761]	(LH·M→)L^2[LM]	(창원①)
:꿉·다<굽다>	(LH·M→)L^2[LM]	(창원①, 김해)
:덥·다[762]	(LH·M→)L^2[LM]	(창원①②, 양산)
:넘·다(越)	(LH·M→)L^2[LM]	(창원①②, 함안, 김해, 양산)
:검·다(黑)	(LH·M→)L^2[LM]	(양산)
:껌·다(黑)<검다>[763]	(LH·M→)L^2[LM]	(창원①②, 함안, 김해, 양산)
:껌·다<돈을~>	(LH·M→)L^2[LM]	(창원①②, 함안, 김해, 양산)
:암·다(抱)<안다>[764]	(LH·M→)L^2[LM]	(창원①②, 함안, 김해)
:남·다[765]	(LH·M→)L^2[LM]	(창원①②, 함안, 김해, 양산)

754) 〔창원 방언①, 김해 방언〕 /:놀·다, :노·다·가, 놀·아·라/.

755) 〔창원 방언①〕 /:솔·다/<좁다>, /너무 :솔·다/.

756) 〔김해 방언〕 /:몰·다, :몰·고/<한이선>, /:몰·다, :몰·꼬/<박남이>

757) 〔창원 방언①②, 함안 방언〕 /:묻·다/, 물·우·모, 물·우 ·바·아·라, 물·으·이, 물·으·이·께/, /XuC-/형의 풀이씨 어간 뒤에서 /-·으X/형의 씨끝은 {-·으X~-으X~-·우X~-우X}로 임의변동한다, 〔양산 방언〕 /물·어#·바·았·심·더, 물·우#볼끼·이·가 안물우볼끼·가/. /:묻·다/의 기저항을 /:묻ㅎ·다/로 볼 수도 있으나, 여기에서는 일반적으로 알려져 있는 대로 /:묻·다/로 적는다.

758) 〔창원 방언①〕 /:잇·다, 잇·어 상는·다, 이·이 상는·다/, /상는·다/[산는·다]; 〔창원 방언②, 함안 방언〕 /이·이 사안·다, 이·이 샇는·다, 웃·어 사안·다/; 〔김해 방언〕 /:잇·다, 잇·어 샇는·다/.

759) 〔양산 방언〕 /:윗·다/는 /·할·매·말/.

760) 〔창원 방언②〕 /·상·토#:쫏·다/, /·상·토#·틀·다/.

761) 〔창원 방언①〕 /·상·토#:쫒·다, ·상·토#쫒·았·다/.

762) 〔창원 방언①②〕 /:덥·다, 더·워·서/.

763) 〔창원 방언①〕 /:껌·다/[:껌·다, *:껌·따]처럼 /ㅁ/이나 /ㄴ/으로 끝나는 어간 뒤에서 씨끝의 첫소리로 쓰이는 파열음과 파찰음의 예사소리 /ㄱ, ㄷ, ㅂ, ㅈ/는 여린소리 [ㄱ, ㄷ, ㅂ, ㅈ]로 발음된다; 〔양산 방언, 함안 방언〕 /:껌·다/[*:껌·다, :껌·따]처럼 /ㅁ/이나 /ㄴ/으로 끝나는 어간 뒤에서 씨끝의 첫소리로 쓰이는 파열음과 파찰음의 예사소리 /ㄱ, ㄷ, ㅂ, ㅈ/는 된소리 [ㄲ, ㄸ, ㅃ, ㅉ]로 발음된다; 〔창원 방언②, 김해 방언〕 /:껌·다/[:껌·다, :껌·따], /:껌·고/[:껌·고, :껌·꼬]처럼 /ㅁ/이나 /ㄴ/으로 끝나는 어간 뒤에서 씨끝의 첫소리로 쓰이는 파열음과 파찰음의 예사소리 /ㄱ, ㄷ, ㅂ, ㅈ/는 여린소리 [ㄱ, ㄷ, ㅂ, ㅈ]와 된소리 [ㄲ, ㄸ, ㅃ, ㅉ]로 임의변동한다.

764) 〔함안 방언〕 /:암·다/[*:암·다, :암·따], /암·으·모, 암·아·모/.

:담·다(貯)766)	(LH·M→)L²[LM]	(창원①②, 함안, 김해, 양산)
:삼·다(爲)	(LH·M→)L²[LM]	(창원①②, 함안, 김해, 양산)
:감·다(捲)	(LH·M→)L²[LM]	(창원①②, 함안, 김해, 양산)
:깜·다(黑)<검다>	(LH·M→)L²[LM]	(창원①②, 함안, 김해, 양산)
:십·다<씹다>	(LH·M→)L²[LM]	(김해, 양산)
:씹·다767)	(LH·M→)L²[LM]	(창원①②)
:덥·다768)	(LH·M→)L²[LM]	(창원①②, 함안, 김해, 양산)
:꿉·다<굽다>769)	(LH·M→)L²[LM]	(창원①②, 김해, 양산)
:꼽·다(挿)	(LH·M→)L²[LM]	(창원①②, 함안, 김해, 양산)
:걿·다[:걸·따](步)	(LH·M→)L²[LM]	(창원①②, 함안, 김해, 양산)
:싫·다[:실·따](載)<싣다>	(LH·M→)L²[LM]	(창원①②, 함안, 김해, 양산)
:긿·다(汲)<긷다>770)	(LH·M→)L²[LM]	(창원①②, 함안, 김해, 양산)
:뚫·다[:뚤·따]<뚫다>771)	(LH·M→)L²[LM]	(양산)
:몷·다[:몰·따](驅)<몰다>	(LH·M→)L²[LM]	(창원①②, 함안)
:젊·다772)	(LH·M→)L²[LM]	(창원①②, 함안, 김해, 양산)
:굶·다	(LH·M→)L²[LM]	(창원①②, 함안, 김해, 양산)
:밟·다[:발·따])	(LH·M→)L²[LM]	(창원①②, 김해, 양산)
:밟·다[:밥·다])	(LH·M→)L²[LM]	(창원②, 함안)
:갋·다773)	(LH·M→)L²[LM]	(창원①②, 함안, 김해, 양산)
:뚧·다[:뚤·따]<구멍>	(LH·M→)L²[LM]	(양산)
:볿·다[:볼·따]<밟다>	(LH·M→)L²[LM]	(창원②, 김해)
:볿·다[:봅·다]<밟다>	(LH·M→)L²[LM]	(함안)
:얇·다[:얄·따]	(LH·M→)L²[LM]	(창원①, 양산)
:얇·다[:얍·다]	(LH·M→)L²[LM]	(함안, 김해)
:좋·다	(L·M→)L²[LM]	(창원①②, 함안, 김해, 양산)
:얻·다	(L·M→)L²[LM]	(창원①②, 함안, 김해, 양산)
:시ᇦ·다<쉽다>	(L·M→)L²[LM]	(창원①②, 양산)

765) ［양산 방언, 함안 방언］ /:남·다/[*:남·다, :남·따], /남·았·다/.

766) ［양산 방언, 함안 방언］ /:담·다/[*:담·다, :담·따], /담·았·다/.

767) ［창원 방언①②］ /:씹·다, 씹·어·서, 씹·우·서/.

768) ［창원 방언①②］ /덥·우 죽겠·다/; ［함안 방언］ /Xə{b, m, ph}−/형의 풀이씨 어간 뒤에서 /−·으X/형의 씨끝은 {−·으X∼−으X∼−·우X∼−우X}로 변동한다. 이러한 현상은 창원 방언①②에도 마찬가지로 나타난다. ［양산 방언］ /덥+·우X/는 /:어·르·신·들·이 ·하·는 :말·투·이·다/.

769) ［양산 방언］ /:꿉·다, 꿉·어·서/.

770) ［창원 방언①②］ /:긷·다, 길·으·모, 길·러/; ［함안 방언］ /:긷·다, 길·으·모, 길·러/; ［양산 방언］ /:길·어·왔·다/.

771) ［양산 방언］ /:뚫·다/[:뚤·따], /:뚫·고/[:뚤·꼬], /:뚫·네/[:뚤·네], /뚫·어·도/[뚤·어·도].

772) ［창원 방언①②, 김해］ /:젊·다/[점·다]; ［창원 방언②, 함안, 김해, 양산］ /:젊·다/[점·따].

773) ［창원 방언①②］ /:갋·다/[:갈·따]<참견하다>, /갋·으·모/, /:갋·지 마·라/[:갈·찌 마·라]; ［함안 방언］ /:갋·다, 갋·으·모, 갋·아·모/; ［김해 방언］ /:갋·다/[:갈·따]; ［양산 방언］ /:갋·다/[:갈·따], [:갈·찌 마·래·이, 갋·았·다·가·는 ·큰·코 다·친·다].

:숩·다<쉽다>　(L·M→)L^{2}[LM]　(창원①②)
:곱·다<곱다>　(L·M→)L^{2}[LM]　(창원①②, 양산)
:십·다<쉽다>　(L·M→)L^{2}[LM]　(창원②, 함안, 양산)
:슙·다<쉽다>　(L·M→)L^{2}[LM]　(창원①②, 함안, 김해, 양산)
:곱·다(麗)774)　(L·M→)L^{2}[LM]　(창원①②, 함안, 김해, 양산)
:적·다(小,少)775)　(L·M→)L^{2}[LM]　(창원①②, 함안, 양산)
:쩍·다(少)<적다>　(L·M→)L^{2}[LM]　(양산)
:작·다　(L·M→)L^{2}[LM]　(창원①②, 함안, 김해, 양산)
:짝·다(小)<작다>　(L·M→)L^{2}[LM]　(양산)
:많·다776)　(L·M→)L^{2}[LM]　(창원①②, 함안, 김해, 양산)
:섧·다(悲)777)　(L·M→)L^{2}[LM]　(창원①②, 함안, 김해, 양산)
:떫·다[:떨·따]　(L·M→)L^{2}[LM]　(창원①②, 함안, 양산)
:떫·다[:떱·다]　(L·M→)L^{2}[LM]　(김해)
:굵·다778)　(L·M→)L^{2}[LM]　(창원①②, 함안, 김해, 양산)
:없·다<없·다>　(L·M→)L^{2}[LM]　(창원①②, 함안, 김해, 양산)
:없·다　(L·M→)L^{2}[LM]　(창원①②, 함안, 김해, 양산)

음상성어간 풀이씨는 창원 방언②에만 나타난다. (327)에 나타나는 3개 풀이씨가 모두인 듯하다.

(327) 음상형어간 풀이씨 자료779)
:얇·다　(M̤ʜH·M→)M̤^{2}[ḦH/M̤M]　(창원②)
:젊·다[:점·따]　(M̤ʜ·M→)M̤^{2}[ḦH/M̤M]　(창원②)
:도·지·다<도지다>　(M̤^{2}·M→)M̤^{3}[ḦHM]　(창원②)

2음절 이상의 상성형어간 풀이씨의 자료는 (328)~(330)과 같다.

(328) 2음절 상성형어간 풀이씨 자료
:누·르·다(壓)780)　(L^{2}·M→)L^{3})[LMM]　(창원①②, 함안, 양산)

774) [창원 방언①, 김해 방언] /:곱·다, :곱·운·옷/.

775) [창원 방언①,②] /:적·다/와 /:작·다/는 의미 구별 없이 쓰인다. 대체로 /:작·다/를 많이 쓰는 편이다. [함안 방언] /:적·다/와 /:작·다/는 의미 구별 없다. /:적·다/는 젊은 세대의 말; [양산 방언] 대체로 /:적·다/는 양(量), /:작·다/는 크기에 사용되지만, 구분이 엄격하지는 않다.

776) [창원 방언①②] /:많·다, :많·아·서, :많·애·서/; [양산 방언] /:많·다, :많·아·서/.

777) [창원 방언①②] /:설·따, :섧·으·몬, :섧·우·몬, :서·러·버·서/; [창원 방언①, 김해 방언] /:에·민·말·로 들·을·때 :섧·다/, /:섧·다/[:설·따], /:섧·우·서/.

778) [창원 방언①, 김해 방언] /:굵·다/[:굴·따], /:굵·운·베/; [함안 방언] /:굵·다/[:굴·따], /:굵·우·서/; [양산 방언] /:굵·다, :굵·어·서/.

779) [창원 방언②] 1음절 변동음상성어간 풀이씨와 2음절 고정음상형 풀이씨의 굴곡형의 보기는 (40)을 참조. 그리고 축약으로 도출되는 음상형과 유추에 의한 음상형에 대해서는 (41)을 참조.

:숨·스·다　　$(L^2 \cdot M \to) L^3$[LMM]　　(양산)
:숨·쓰·다　　$(L^2 \cdot M \to) L^3$[LMM]　　(창원①)
:간·크·다[781]　　$(L^2 \cdot M \to) L^3$[LMM]　　(창원①②, 함안, 김해, 양산)
:파·이·다　　$(L^2 \cdot M \to) L^3$[LMM]　　(창원①②, 함안, 김해, 양산)
:파·이·다　　$(L^2 \cdot M \to) L^3$[LMM]　　(김해)
:꺼·리·다(忌)[782]　　$(L^2 \cdot M \to) L^3$[LMM]　　(창원②, 김해)
:벌·리·다　　$(L^2 \cdot M \to) L^3$[LMM]　　(창원①②, 함안, 김해, 양산)
:눌·리·다(壓)<누르다>　　$(L^2 \cdot M \to) L^3$[LMM]　　(창원①②, 함안, 김해, 양산)
:건·니·다<건너다>[783]　　$(L^2 \cdot M \to) L^3$[LMM]　　(창원①②, 김해, 양산)
:건·디·다<건너다>[784]　　$(L^2 \cdot M \to) L^3$[LMM]　　(창원①, 함안, 김해, 양산)
:기·시·다<계시다>　　$(L^2 \cdot M \to) L^3$[LMM]　　(창원②, 함안, 양산)
:메·시·다<모시다>　　$(L^2 \cdot M \to) L^3$[LMM]　　(창원①②, 함안, 김해, 양산)
:자·시·다(食)[785]　　$(L^2 \cdot M \to) L^3$[LMM]　　(창원①②, 함안, 김해, 양산)
:모·시·다[786]　　$(L^2 \cdot M \to) L^3$[LMM]　　(창원①②, 함안, 김해, 양산)
:계·시·다[787]　　$(L^2 \cdot M \to) L^3$[LMM]　　(창원①②, 김해, 양산)
:숨·씨·다<숨쉬다>　　$(L^2 \cdot M \to) L^3$[LMM]　　(창원①②, 함안)
:도·지·다(痨)[788]　　$(L^2 \cdot M \to) L^3$[LMM]　　(창원①, 함안, 김해, 양산)
:모·지·다<모질다>[789]　　$(L^2 \cdot M \to) L^3$[LMM]　　(창원①②, 함안, 김해, 양산)
:번·지·다　　$(L^2 \cdot M \to) L^3$[LMM]　　(창원①②, 함안, 김해, 양산)
:내·치·다(黜)[790]　　$(L^2 \cdot M \to) L^3$[LMM]　　(창원①②, 함안, 김해)
:떨·치·다[791]　　$(L^2 \cdot M \to) L^3$[LMM]　　(창원①②, 김해, 양산)
:털·치·다<떨치다>[792]　　$L^2 \cdot M(\to L^3)$[LMM]　　(창원①, 김해, 양산)
:넘·치·다[793]　　$(L^2 \cdot M \to) L^3$[LMM]　　(창원①②, 함안, 김해, 양산)
:쪼·페·다(展)　　$(L^2 \cdot M \to) L^3$[LMM]　　(함안)
:지·내·다　　$(L^2 \cdot M \to) L^3$[LMM]　　(창원①②, 함안, 김해, 양산)

---

780) [창원 방언①②, 양산 방언] /:누·르·다, :눌·러·라/.
781) [양산 방언] /:가·이 ·크·다/<간이 크다>.
782) [창원 방언②] /:꺼·리·다, :꺼·리·도/.
783) [창원 방언①, 김해 방언] /:건·니·다, :건·니 ·가·아·라/.
784) [창원 방언①②, 함안 방언] /:건·디·다, :건·딨·다, :건·디 ·가·아·라/.
785) [창원 방언①②, 함안 방언, 김해 방언] /:자·시·다, :자·시·도, :자·시·서/.
786) [창원 방언①②] /:모·시·다, :모·시·도, :모·셔·도/.
787) [창원 방언①, 양산 방언] /:계·시·는·기·요/[:계·시·능·기·요].
788) [양산 방언] /:도·지·도/보다 /:도·저·도/를 더 자주 사용한다.
789) [창원 방언①, 김해 방언] /:모·지·다, :모·저·서/.
790) [창원 방언①, 김해 방언] /:내·치·다, :내·처·도, :내·쳤·다/; [함안 방언] /:내·치·삐·라/.
791) [창원 방언①, 김해 방언] /:떨·치·다/<드날리다>는 /:털·치·다/<손에 잡고 있는 물건을 손목을 쳐서 떨어지게 하다>와 다른 뜻; [창원 방언①②] /:떨·치·다, 떨·쳤·다/; [양산 방언] /:떨·치·다/, /(부딪·쳤·을·때) 왜 :떨·치·노/라고 항의한다.
792) [양산 방언] /:털·치·다, :털·칬·다, :털·쳤·다/,
793) [창원 방언①②] /:넘·치·다, :넘·치·서, :넘·처·서/.

:쪼·빼·다[794] $(L^2 \cdot M \to)L^3$[LMM] (창원①②)
:건·너·다[795] $(L^2 \cdot M \to)L^3$[LMM] (창원①②, 함안, 김해, 양산)
:다·하·다[796] $(L^2 \cdot M \to)L^3$[LMM] (창원①②, 함안, 김해, 양산)
:일·하·다 $(L^2 \cdot M \to)L^3$[LMM] (창원①②, 함안, 김해, 양산)
:몬·하·다<못하다> $(L^2 \cdot M \to)L^3$[LMM] (창원①②, 함안, 김해, 양산)
:못·하·다(劣) $(L^2 \cdot M \to)L^3$[LMM] (창원①②, 함안, 양산)
:지·나·다 $(L^2 \cdot M \to)L^3$[LMM] (창원①②, 함안, 양산)
:숨·수·다[797] $(L^2 \cdot M \to)L^3$[LMM] (양산)
:비·꼬·다 $(L^2 \cdot M \to)L^3$[LMM] (창원①②, 김해, 양산)
:모·질·다[798] $(L^2 \cdot M \to)L^3$[LMM] (창원①②, 함안, 김해, 양산)
:비·틀·다 $(L^2 \cdot M \to)L^3$[LMM] (창원①②, 함안, 김해, 양산)
:못·살·다 $(L^2 \cdot M \to)L^3$[LMM] (창원①②, 함안, 양산)
:더·렇·다<더럽다>[799] $(L^2 \cdot M \to)L^3$[LMM] (창원①②, 양산)
:서·렇·다<서럽다>[800] $(L^2 \cdot M \to)L^3$[LMM] (창원①②)
:고·맣·다<고맙다> $(L^2 \cdot M \to)L^3$[LMM] (창원①②, 양산)
:더·럽·다[801] $(L^2 \cdot M \to)L^3$[LMM] (창원①②, 함안, 김해, 양산)
:서·럽·다(悲)[802] $(L^2 \cdot M \to)L^3$[LMM] (창원①②, 함안, 양산)
:고·맙·다 $(L^2 \cdot M \to)L^3$[LMM] (창원①②, 함안, 김해)
:쪼·깽·다<자그마하다> $(L^2 \cdot M \to)L^3$[LMM] (창원①②, 양산)
:꺼·내·다 $(L^2\text{H} \cdot M \to)L^3$[LMM] (창원①②, 함안, 김해)
:써·내·다 $(L^2\text{H} \cdot M \to)L^3$[LMM] (창원①②, 함안, 김해)
:해·내·다 $(L^2\text{H} \cdot M \to)L^3$[LMM] (창원①②, 함안, 김해)
:짜·내·다 $(L^2\text{H} \cdot M \to)L^3$[LMM] (창원①②, 함안, 김해)
:퍼·내·다 $(L^2\text{H} \cdot M \to)L^3$[LMM] (창원①②, 함안, 김해)
:떠·밀·다 $(L^2\text{H} \cdot M \to)L^3$[LMM] (창원①②, 함안, 김해)

(329) 3음절 상성형어간 풀이씨 자료
:더·럽·히·다 $(L^3 \cdot M \to)L^4$ [LMMᴍ] (창원①②, 함안, 김해, 양산)
:시·아·리·다<헤아리다> $(L^3 \cdot M \to)L^4$ [LMMᴍ] (함안, 김해, 양산)

---

794) [창원 방언①] /쪼·로#·빼·다/<수줍거나 마음이 내키지 않아서 결국 하게 될 것을 안 하고 있다>.
795) [창원 방언①②, 함안 방언] /:건·너·다, :건·너 ·가·아·라/; [양산 방언] /:건·니·다, :건·디·다/는 할매 말/.
796) [창원 방언①②, 함안 방언] /:다·하·다, :다·해·앴·다/.
797) [양산 방언] /:숨·수·다, :숨·사·라/,
798) [창원 방언①②] /:모·질·다, :모·질·어·서, :모·지·다, :모·지·서/; [함안 방언] /:모·질·다, :모·지·다, :모·지·서/.
799) [창원 방언①②, 양산 방언] /:더·렇·다, :더·러·워·서/.
800) [창원 방언①②] /:서·렇·다, :서·러·워·서/.
801) [창원 방언①②] /:더·럽·다, :더·럽·어·서, :더·럽·아·서/; [양산 방언] /:더·럽·다, :더·럽·아·서/.
802) [창원 방언①] /:서·럽·다, :서·럽·아·서/ [창원 방언②, 양산 방언] /:서·럽·다, :서·럽·어·서/.

:세·아·리·다<헤아리다>	(L^3·M→)L^4 [LMMᴍ]	(창원②, 함안)
:시·알·리·다<헤아리다>	(L^3·M→)L^4 [LMMᴍ]	(함안, 양산)
:세·알·리·다<헤아리다>[803]	(L^3·M→)L^4 [LMMᴍ]	(창원②, 함안, 양산)
:시·아·르·다<헤아리다>[804]	(L^3·M→)L^4 [LMMᴍ]	(김해)
:세·아·르·다<헤아리다>	(L^3·M→)L^4 [LMMᴍ]	(창원①)
:비·꼬·아·다<비꼬다>	(L^3·M→)L^4 [LMMᴍ]	(창원①②)
:조·심·하·다	(L^3·M→)L^4 [LMMᴍ]	(창원①②, 함안, 김해, 양산)
:세·알·라·다<헤아리다>	(L^3·M→)L^4 [LMMᴍ]	(창원①②, 양산)
:지·내·가·다	(L^3·M→)L^4 [LMMᴍ]	(창원①②, 함안, 김해, 양산)
:비·꼬·오·다<비꼬다>[805]	(L^3·M→)L^4 [LMMᴍ]	(함안)

(330) 4음절 상성형어간 풀이씨 자료

:갈·롱·지·기·다<간능떨다>	(L^4 ·M→)L^5[LMMMM]	(창원①②, 김해)

5.4.4 거성형어간 풀이씨 자료

거성형 풀이씨 표제항의 배열순서는 평측형 어간 풀이씨의 배열순서와 같으므로 여기에서 반복해서 설명하지 않는다.

극히 예외적인 보기(창원 방언② /·꾸·다, ·끄·다/ (夢))을 제외하고는 1음절 거성어간 풀이씨는 그 어간의 방점이 고정되어 있다.

(331) 1음절 거성어간 풀이씨 자료

·이·다(是)	(M·M→)M^2[HH/MM]	(창원①②, 함안, 김해, 양산)
·히·다<희다>[806]	(M·M→)M^2[HH/MM]	(창원①②, 함안, 김해, 양산)
·시·다<(모자) 쓰다>	(M·M→)M^2[HH/MM]	(김해, 양산)
·시·다(書)<쓰다>	(M·M→)M^2[HH/MM]	(김해, 양산)
·시·다<켜다>	(M·M→)M^2[HH/MM]	(김해)
·시·다(用)<쓰다>	(M·M→)M^2[HH/MM]	(김해, 양산)
·시·다<(불) 쓰다>	(M·M→)M^2[HH/MM]	(김해)
·씨·다<(모자) 쓰다>	(M·M→)M^2[HH/MM]	(창원①②, 함안)
·씨·다(用)<쓰다>	(M·M→)M^2[HH/MM]	(창원①②, 함안)

803) [함안 방언] /:몬·시·알·리·겄·다/.

804) [김해 방언] /:시·아·르·다, :시·알·라·라, :시·알·랐·다/.

805) [함안 방언] /:비·꼬·오·도 :선·탁·도 :없·다, :비·꼬·오·도 :오·감·을 ·찌·지 않는·다/.

806) [창원 방언①②] /·히·다, ·히·이·서/; [양산 방언] /·히·다, ·히·서, ·히·도/, [양산 방언] /·살·매·가 ·히·다/.

·씨·다<(불) 쓰다>	(M·M→)M^2[HH/MM]	(함안)
·씨·다(呼吸)[807]	(M·M→)M^2[HH/MM]	(창원①②, 함안)
·찌·다(蒸)	(M·M→)M^2[HH/MM]	(창원①②, 함안, 김해, 양산)
·찌·다(着)	(M·M→)M^2[HH/MM]	(창원①②, 김해)
·치·다(舞)<추다>	(M·M→)M^2[HH/MM]	(함안)
·치·다(打)	(M·M→)M^2[HH/MM]	(창원①②, 함안, 김해, 양산)
·피·다(開花)[808]	(M·M→)M^2[HH/MM]	(창원②, 함안, 양산)
·기·다	(M·M→)M^2[HH/MM]	(창원①②, 함안, 김해, 양산)
·키·다<켜다>	(M·M→)M^2[HH/MM]	(함안)
·페·다(開花)<피다>	(M·M→)M^2[HH/MM]	(창원①②, 함안, 김해, 양산)
·매·다(除草)<매다>[809]	(M·M→)M^2[HH/MM]	(창원①②, 함안, 김해, 양산)
·빼·다(拔)[810]	(M·M→)M^2[HH/MM]	(창원①②, 함안, 김해, 양산)
·뻬·다<(사진) 빼다>	(M·M→)M^2[HH/MM]	(양산)
·깨·다(覺,醒)	(M·M→)M^2[HH/MM]	(창원①②, 함안, 김해, 양산)
·새·다(漏)	(M·M→)M^2[HH/MM]	(창원①②, 함안, 김해, 양산)
·새·다(曙)	(M·M→)M^2[HH/MM]	(창원①②, 함안, 양산)
·트·다	(M·M→)M^2[HH/MM]	(창원①②, 함안, 김해, 양산)
·뜨·다(隔)	(M·M→)M^2[HH/MM]	(창원①②, 함안, 김해, 양산)
·뜨·다(浮)	(M·M→)M^2[HH/MM]	(창원①②, 함안, 김해, 양산)
·뜨·다(聶)	(M·M→)M^2[HH/MM]	(창원①②, 함안, 김해, 양산)
·스·다(着)<·쓰·다>	(M·M→)M^2[HH/MM]	(양산)
·스·다(用)<·쓰·다>	(M·M→)M^2[HH/MM]	(김해, 양산)
·스·다(書)<·쓰·다>	(M·M→)M^2[HH/MM]	(김해, 양산)
·쓰·다(着)	(M·M→)M^2[HH/MM]	(창원①②, 김해)
·쓰·다(用)	(M·M→)M^2[HH/MM]	(창원①②, 함안)
·쓰·다(書)	(M·M→)M^2[HH/MM]	(창원①②, 함안)
·크·다	(M·M→)M^2[HH/MM]	(창원①②, 함안, 김해, 양산)
·끄·다(夢)<꾸다>	(M·M→)M^2[HH/MM]	(함안)
·끄·다(消火)	(M·M→)M^2[HH/MM]	(창원①②, 함안, 김해, 양산)
·서·다<켜다>	(M·M→)M^2[HH/MM]	(김해, 양산)
·써·다<켜다>	(M·M→)M^2[HH/MM]	(함안)
·퍼·다<푸다>	(M·M→)M^2[HH/MM]	(창원①②, 함안, 김해, 양산)
·타·다(燒)	(M·M→)M^2[HH/MM]	(창원①②, 함안, 김해, 양산)
·타·다(乘)	(M·M→)M^2[HH/MM]	(창원①②, 함안, 김해, 양산)
·따·다(擷)	(M·M→)M^2[HH/MM]	(창원①②, 함안, 김해, 양산)

807) [창원 방언①②, 함안 방언] /:숨·을 ·씨·다, ·씬·다, ·씨·도, ·써·도/.

808) [창원 방언②] /·피·다, ·피·이·도/<젊은 사람 말>; [양산 방언] (/·피+·어X/→)/·피·이X/는 60세 넘은 할머니 말이고, /·피X/는 40, 50대의 말이다, /·피·다, ·피·서, ·피·도/.

809) [창원 방언①②, 김해 방언] /·매·다, ·매·에·서, ·매·엤·다/; [양산 방언] /·매·다, ·맸·다, ·매·도/.

810) [창원 방언①②] /·빼·까 :마·까, ·뺄·까 :말·까/.

·사·다<쌓다>	(M·M→)M^2[HH/MM]	(김해, 양산)
·사·다(包)<싸다>	(M·M→)M^2[HH/MM]	(김해, 양산)
·싸·다(射)<쏘다>	(M·M→)M^2[HH/MM]	(함안)
·싸·다<쌓다>	(M·M→)M^2[HH/MM]	(창원①②, 함안, 양산)
·싸·다(包)	(M·M→)M^2[HH/MM]	(창원①②, 함안)
·차·다(滿)	(M·M→)M^2[HH/MM]	(창원①②, 함안, 김해, 양산)
·차·다(蹴)	(M·M→)M^2[HH/MM]	(창원①②, 함안, 김해, 양산)
·차·다(佩)[811]	(M·M→)M^2[HH/MM]	(창원①②, 함안, 김해, 양산)
·차·다(寒)	(M·M→)M^2[HH/MM]	(창원①②, 함안)
·파·다(堀)	(M·M→)M^2[HH/MM]	(창원①②, 함안, 김해, 양산)
·까·다<(껍질) 까다>	(M·M→)M^2[HH/MM]	(창원①②, 함안, 김해, 양산)
·까·다(繩)<꼬다>	(M·M→)M^2[HH/MM]	(김해)
·수·다(射)<쏘다>	(M·M→)M^2[HH/MM]	(양산)
·수·다(息)<쉬다>	(M·M→)M^2[HH/MM]	(양산)
·추·다(舞)	(M·M→)M^2[HH/MM]	(창원①②, 함안, 김해, 양산)
·뿌·다<버리다(조동사)>[812]	(M·M→)M^2[HH/MM]	(창원①②, 함안)
·꾸·다(夢)	(M·M→)M^2[HH/MM]	(창원①②, 함안, 김해, 양산)
·꾸·다(繩)<꼬다>	(M·M→)M^2[HH/MM]	(양산)
·소·다(射)<쏘다>	(M·M→)M^2[HH/MM]	(김해, 양산)
·쏘·다(射)[813]	(M·M→)M^2[HH/MM]	(창원①②, 함안)
·꼬·다(繩)	(M·M→)M^2[HH/MM]	(창원①②, 함안, 김해)
·실·다<쓸다>	(M·M→)M^2[HH/MM]	(김해, 양산)
·씰·다<쓸다>	(M·M→)M^2[HH/MM]	(창원①②, 함안)
·들·다(入)	(M·M→)M^2[HH/MM]	(창원①②, 함안, 김해, 양산)
·슬·다<쓸다>	(M·M→)M^2[HH/MM]	(김해, 양산)
·쓸·다(掃)	(M·M→)M^2[HH/MM]	(창원①②, 함안)
·끌·다	(M·M→)M^2[HH/MM]	(창원①②, 함안, 김해, 양산)
·떨·다(震)	(M·M→)M^2[HH/MM]	(함안)
·멀·다(遠)	(M·M→)M^2[HH/MM]	(창원①②, 함안, 김해)
·멀·다(盲)	(M·M→)M^2[HH/MM]	(창원②, 함안, 김해)
·달·다(測)	(M·M→)M^2[HH/MM]	(창원②, 김해)
·달·다(懸)	(M·M→)M^2[HH/MM]	(창원①②, 함안, 김해, 양산)
·짤·다(鹽)<절다>	(M·M→)M^2[HH/MM]	(함안)
·팔·다	(M·M→)M^2[HH/MM]	(창원①②, 함안, 김해, 양산)
·빨·다	(M·M→)M^2[HH/MM]	(창원①②, 함안, 김해, 양산)

811) 〔함안 방언〕 /줌·치 ·찬·다/; 〔양산 방언〕 /·딴·주·무·이 ·찼·다/.

812) 〔창원 방언①②〕 /·뿌·다, 죽·우·뿌·라, :다·해·애·뿠·다/, 〔함안 방언〕 /:다·해·애·뿠·다/.

813) 〔창원 방언①〕 /·쏘·다, ·쏘·아·다/가 쓰이고, /·쏘·오·다/는 사용되지 않는다; 〔창원 방언②〕 /·쏘·오·다/는 드물게 사용되고, /·쏘·아·다/가 주로 쓰이며, /·쏘·다/도 쓰인다. /·쏘·오·다 +·아X/는 자주 /·싸·아X/로 나타난다.

·갈·다(磨) (M·M→)M^2[HH/MM] (창원①②, 함안, 김해, 양산)
·깔·다 (M·M→)M^2[HH/MM] (창원①②, 함안, 김해, 양산)
·풀·다 (M·M→)M^2[HH/MM] (창원①②, 함안, 김해, 양산)
·골·다(枯)<마르다>[814] (M·M→)M^2[HH/MM] (창원①②, 함안, 김해, 양산)
·뜯·다 (M·M→)M^2[HH/MM] (창원①②, 함안, 김해, 양산)
·찾·다 (M·M→)M^2[HH/MM] (창원①②, 함안, 김해, 양산)
·껌·다<(돈을) 싹쓸이하다> (M·M→)M^2[HH/MM] (양산)
·참·다[815] (M·M→)M^2[HH/MM] (창원①②, 함안, 김해, 양산)
·깜·다<(머리) 감다> (M·M→)M^2[HH/MM] (창원①②, 함안, 김해, 양산)
·숨·다 (M·M→)M^2[HH/MM] (창원①②, 함안, 김해, 양산)
·차ᇦ·다(冷)<차다> (M·M→)M^2[HH/MM] (창원②)
·추ᇦ·다<춥다> (M·M→)M^2[HH/MM] (창원①②, 함안)
·십·다(苦)<쓰다> (M·M→)M^2[HH/MM] (양산)
·씹·다(苦)<쓰다> (M·M→)M^2[HH/MM] (창원①, 함안)
·칩·다<춥다> (M·M→)M^2[HH/MM] (창원①②, 함안, 김해, 양산)
·습·다(苦)<쓰다> (M·M→)M^2[HH/MM] (양산)
·찹·다(冷)<차다> (M·M→)M^2[HH/MM] (창원①②, 함안, 김해, 양산)
·짭·다(鹽)<짜다> (M·M→)M^2[HH/MM] (창원①②, 함안, 김해, 양산)
·춥·다(寒) (M·M→)M^2[HH/MM] (창원①②, 함안, 김해, 양산)
·뽑·다 (M·M→)M^2[HH/MM] (창원①②, 함안, 김해, 양산)
·옳·다(是) (M·M→)M^2[HH/MM] (창원①②, 함안, 김해, 양산)
·싫·다 (M·M→)M^2[HH/MM] (창원①②, 함안, 김해, 양산)
·떫·다 (M·M→)M^2[HH/MM] (함안)
·끄·다(夢)<꾸다> (M_M·M→)M^2[HH/MM] (창원②)

(332) 2음절 거성형어간 풀이씨 자료
·딜·이·다<들이다> (M^2·M→)M^3[HHM] (창원①②, 함안)
·늘·이·다<늘이다> (M^2·M→)M^3[HHM] (창원①②, 함안, 김해)
·들·이·다(入) (M^2·M→)M^3[HHM] (창원①②, 함안)
·디·리·다<드리다> (M^2·M→)M^3[HHM] (창원①②, 함안, 김해, 양산)
·기·리·다<그리다>[816] (M^2·M→)M^3[HHM] (창원①②, 함안, 김해, 양산)
·께·리·다<꺼리다> (M^2·M→)M^3[HHM] (창원②, 함안)
·드·리·다 (M^2·M→)M^3[HHM] (창원①, 양산)
·그·리·다 (M^2·M→)M^3[HHM] (창원①②, 함안, 양산)
·꺼·리·다[817] (M^2·M→)M^3[HHM] (창원②, 함안, 김해, 양산)

---

814) [양산 방언] /·골·아·서 :몬·스·겠·다, :못·스·겠·다/.
815) [양산 방언] /:내·가 쪼·옴 ·참·찌·머/.
816) [창원 방언①②] /·기·름/(畵), /·기·름 ·기·린·다/; [양산 방언] /·기·리·다, ·기·림 ·기·린·다/; [창원 방언①②, 함안 방언, 양산 방언] /·기·린·다/는 옛 말투.
817) [함안 방언] /·꺼·리·다, ·꺼·리·도/.

·부·리·다[818] (M^2·M→)M^3[HHM] (창원①②, 함안, 김해, 양산)
·추·리·다[819] (M^2·M→)M^3[HHM] (창원①②, 함안, 김해, 양산)
·오·리·다 (M^2·M→)M^3[HHM] (창원①②, 함안, 김해, 양산)
·도·리·다[820] (M^2·M→)M^3[HHM] (창원①②, 함안, 김해, 양산)
·어·지·다(賢)<어질다> (M^2·M→)M^3[HHM] (창원①②, 함안, 김해, 양산)
·꺼·지·다(陷)[821] (M^2·M→)M^3[HHM] (창원①②, 함안, 김해, 양산)
·꺼·지·다(鎭火) (M^2·M→)M^3[HHM] (창원①②, 함안, 김해, 양산)
·처·지·다<처지다>[822] (M^2·M→)M^3[HHM] (창원①②, 함안, 김해, 양산)
·추·지·다<추지다> (M^2·M→)M^3[HHM] (창원①②, 함안, 양산)
·끼·미·다<꾸미다>[823] (M^2·M→)M^3[HHM] (창원①②, 함안, 양산)
·꾸·미·다 (M^2·M→)M^3[HHM] (창원①②, 함안, 김해, 양산)
·질·기·다<즐기다>[824] (M^2·M→)M^3[HHM] (창원①②, 함안, 양산)
·즐·기·다 (M^2·M→)M^3[HHM] (창원①②, 함안, 김해)
·바·래·다<바라다> (M^2·M→)M^3[HHM] (창원①②, 함안, 김해, 양산)
·쏘·아·다<쏘다> (M^2·M→)M^3[HHM] (창원①②)
·꼬·아·다<꼬다> (M^2·M→)M^3[HHM] (창원①②, 함안)
·초·하·다[825] (M^2·M→)M^3[HHM] (창원①②, 김해)
·절·하·다[826] (M^2·M→)M^3[HHM] (창원①②, 함안, 김해, 양산)
·궂·하·다[827] (M^2·M→)M^3[HHM] (창원①②, 함안, 김해, 양산)
·급·하·다[828] (M^2·M→)M^3[HHM] (창원①②, 함안, 김해, 양산)
·그·라·다[829] (M^2·M→)M^3[HHM] (양산)
·바·라·다(望) (M^2·M→)M^3[HHM] (창원①, 양산)
·불·나·다[830] (M^2·M→)M^3[HHM] (창원①②, 함안, 김해, 양산)
·삣·나·다<빛나다> (M^2·M→)M^3[HHM] (창원②, 함안, 김해, 양산)
·빛·나·다 (M^2·M→)M^3[HHM] (창원①②, 함안, 김해, 양산)
·나·오·다[831] (M^2·M→)M^3[HHM] (창원①②, 김해, 양산)

---

818) [창원 방언①②, 함안 방언] /·부·리·도, ·부·렀·다/.
819) [창원 방언①] /쏘·물·모 ·추·리 내·애·라/; [김해 방언] /소·물·머 ·추·리 내·애·라, ·춘·다, ·추·우 ·내·애·라/.
820) [창원 방언①, 양산 방언] /·도·리·다, ·도·리 :낸·다/.
821) [창원 방언①] /·꺼·지·다, ·꺼·짔·다, ·꺼·졌·다/ [창원 방언②, 김해 방언, 양산 방언] /·꺼·지·다, ·꺼·졌·다/.
822) [창원 방언①/·처·지·다, ·처·짔·다/; [김해 방언, 양산 방언] /·처·지·다, ·처·졌·다/.
823) [창원 방언①, 김해 방언, 양산 방언] /·끼·미·다, ·끼·밌·다/.
824) [창원 방언①, 함안 방언] /:임·석 그거·로 ·질·긴·다/<음식 그것을 즐긴다>.
825) [창원 방언①, 김해 방언] /·초·하·다, ·잡·기·장·에 ·초·한·다/.
826) [창원 방언①, 김해 방언] /·절·하·다, ·할·배·한·테 ·절·해·애·라/.
827) [창원 방언①②] /·궂·하·다/[·구·다·다], /·궂·한·다/[·구·단·다].
828) [창원 방언①②, 양산 방언] /:성·질·이 ·급·하·다, ·썽·이 ·급·하·다/.
829) [양산 방언] /·그·라·다, ·그·라·고, ·그·랬·다/<그렇게 하다, 정덕자 님 발음>.
830) [창원 방언①②] /·불·나·다/, /·불#·난·다/[Ḧ#HH].

·쏘·오·다<쏘다> (M^2·M→)M^3[HHM] (창원②, 함안)
·잠·오·다<졸리다>[832] (M^2·M→)M^3[HHM] (창원①②, 함안, 김해, 양산)
·나·가·다[833] (M^2·M→)M^3[HHM] (창원①②, 김해, 양산)
·어·질·다 (M^2·M→)M^3[HHM] (창원①②, 함안, 김해, 양산)
·가·늘·다 (M^2·M→)M^3[HHM] (창원①②, 함안, 김해, 양산)
·드·물·다[834] (M^2·M→)M^3[HHM] (창원①②, 함안, 양산)
·반·갑·다<반갑다>[835] (M^2·M→)M^3[HHM] (창원①②)
·기·립·다<그립다> (M^2·M→)M^3[HHM] (함안, 양산)
·그·립·다 (M^2·M→)M^3[HHM] (창원①②, 함안, 김해, 양산)
·기·렵·다<그립다>[836] (M^2·M→)M^3[HHM] (창원①②, 함안, 김해, 양산)
·게·렵·다<괴롭다> (M^2·M→)M^3[HHM] (창원①②, 함안, 김해)
·질·겁·다<즐겁다>[837] (M^2·M→)M^3[HHM] (창원①②, 함안)
·즐·겁·다[838] (M^2·M→)M^3[HHM] (창원①②, 김해, 양산)
·차·갑·다[839] (M^2·M→)M^3[HHM] (창원①②, 함안, 김해, 양산)
·반·갑·다[840] (M^2·M→)M^3[HHM] (창원①②, 함안, 김해, 양산)
·게·롭·다<괴롭다> (M^2·M→)M^3[HHM] (양산)
·밥·묵·다<밥먹다>[841] (M^2·M→)M^3[HHM] (창원①②, 함안, 김해, 양산)
·체·엤·다(滯)[842] (M^2·M→)M^3[HHM] (창원①②, 함안, 김해, 양산)
·글·잂·다<글 읽다> (M^2·M→)M^3[HHM] (창원①②, 함안, 양산)
·글·읽·다[843] (M^2·M→)M^3[HHM] (창원①②, 함안, 김해, 양산)

---

831) [경남 동남부 방언] /나오·다/는 2음절 변동평성형어간 풀이씨로 <안에서 바깥으로 이동해 오다, 앞으로 이동해 오다>와 같은 중립적인 뜻이지만, 격앙된 감정이 얹히는 의미로 쓰일 때는 고정거성어간 풀이씨 /·나·오·다/로 쓰인다. /:나·오·너·라/는 단순한 명령이지만, /·나·오·너·라/는 <제발 나오너라> 정도의 강조된 의미이다.

832) [창원 방언①②] /·잠·오·다/, /·잠#·온·다/[·잠#·온·다, [Ḧ#HH].

833) [경남 동남부 방언] /나가·다/는 2음절 변동평성형어간 풀이씨로 <안에서 바깥으로 이동해 가다, 앞으로 이동해 가다>와 같은 중립적인 뜻이지만, <가출하다, 나가서 거지가 되다, 나가서 죽다>와 같은 격앙된 감정이 얹히는 의미로 쓰일 때는 고정거성어간 풀이씨 /·나·가·다/로 쓰인다.

834) [창원 방언①, 김해 방언] /·드·물·다, ·드·무·다/; [함안 방언] /·드·물·다, ·드·무·다, ·드·물·어·서/.

835) [창원 방언①②] /·반·갑·다, ·반·가·워·서, ·반·가·와·서/.

836) [창원 방언①, 김해 방언] /·기·렵·다/<보고 싶다, 물건이 없어 아쉽다>; [창원 방언②] /·그·립·다, ·그·립·어·도/; [함안 방언] /·기·렵·어·도, ·기·렵·어·서/; [양산 방언] /·기·렵·다/<없다>, ·기·렵·어·서, ·기·렵·아·서/.

837) [함안 방언] /·즐·겁·다/를 /·질·겁·다/라고 하는 것은 /·헤·짜·른 사·람·의 :말/<혀 짧은 사람의 말>.

838) [양산 방언] /·즐·겁·다, 재미있·다/.

839) [양산 방언] /·차·갑·다, ·차·갑·어·도/.

840) [창원 방언①②] /·반·갑·다, ·반·갑·아·서, ·반·갑·애·서/; [양산 방언] /·반·갑·다, ·반·갑·아·도, ·반·갑·어·도/.

841) [양산 방언] /·밥·묵·데·요, ·밥·묵·심·더/.

842) [창원 방언①] 비과거형은 /·체·한·다/, 과거형은 /·체·엤·다/로 나타나고, 다른 굴곡형은 쓰이지 않는다; [양산 방언] /·체·하·다, ·체·엤·다/.

·물·맑·다[844] (M^{2}·M→)M^{3}[HHM] (창원①②, 함안, 김해, 양산)

(333) 3음절 거성형어간 풀이씨 자료

·게·럽·히·다<괴롭히다> (M^{3}·M→)M^{4}[HHM^{2}] (창원①②, 함안, 김해, 양산)
·게·롭·히·다<괴롭히다> (M^{3}·M→)M^{4}[HHM^{2}] (창원①②, 함안, 양산)
·기·맥·히·다<기막히다> (M^{3}·M→)M^{4}[HHM^{2}] (창원①②, 함안, 김해)
·기·막·히·다[845] (M^{3}·M→)M^{4}[HHM^{2}] (양산)
·글·이·리·다<글읽다> (M^{3}·M→)M^{4}[HHM^{2}] (창원②, 함안)
·거·니·리·다<거느리다> (M^{3}·M→)M^{4}[HHM^{2}] (창원①②, 함안, 김해)
·거·느·리·다(率)[846] (M^{3}·M→)M^{4}[HHM^{2}] (창원①②, 함안, 김해)
·글·이·르·다<글읽다> (M^{3}·M→)M^{4}[HHM^{2}] (창원①②)
·성·가·시·다 (M^{3}·M→)M^{4}[HHM^{2}] (창원①②, 함안, 김해, 양산)
·스·러·지·다<쓰러지다> (M^{3}·M→)M^{4}[HHM^{2}] (김해, 양산)
·쓰·러·지·다 (M^{3}·M→)M^{4}[HHM^{2}] (창원①②, 함안)
·늘·어·치·다<늘어뜨리다> (M^{3}·M→)M^{4}[HHM^{2}] (창원①②, 함안, 김해)
·체·조·하·다 (M^{3}·M→)M^{4}[HHM^{2}] (창원①②, 함안, 김해, 양산)
·고·민·하·다 (M^{3}·M→)M^{4}[HHM^{2}] (창원①②, 함안, 김해, 양산)
·고·문·하·다 (M^{3}·M→)M^{4}[HHM^{2}] (창원①②, 함안, 김해, 양산)
·기·이·가·다<기어가다> (M^{3}·M→)M^{4}[HHM^{2}] (창원①②, 김해)
·어·지·럽·다[847] (M^{3}·M→)M^{4}[HHM^{2}] (창원①②, 함안, 김해, 양산)
·까·다·럽·다<까다롭다> (M^{3}·M→)M^{4}[HHM^{2}] (함안, 김해)
·시·껍·묵·다<혼나다>[848] (M^{3}·M→)M^{4}[HHM^{2}] (창원①②, 함안)

(334) 4음절 거성형어간 풀이씨 자료

·늘·어·티·리·다<늘어트리다> (M^{4}·M→)M^{5}[HHM^{3}] (창원①②, 함안, 김해)
·넘·새·시·럽·다<남사스럽다> (M^{4}·M→)M^{5}[HHM^{3}] (창원①②, 양산)
·넘·사·시·럽·다<남사스럽다> (M^{4}·M→)M^{5}[HHM^{3}] (창원①②, 함안, 김해, 양산)
·남·사·시·럽·다<남사스럽다> (M^{4}·M→)M^{5}[HHM^{3}] (창원②, 양산)

---

843) [양산 방언] /·글·읽·다/, /·글#·읽·는·다/[Ḧ#HHM].
844) [양산 방언] /·물·맑·다/[·물·말·따].
845) [양산 방언] /·기·막·히·다, ·기·막·히·인·다/.
846) [창원 방언①②] /·거·느·리·다/<하솔에만 사용>, /·손·아·래·를 ·거·느·리·다/; 손위 사람에게는 /:모·시·다/를 사용; [김해 방언] /·거·느·리·다/는 윗사람을 모신다는 뜻, 아랫사람에 대해서는 /드·꼬 있·다, 데·꼬 있·다/를 사용한다; [함안 방언] /거느·리·다/는 상봉과 하솔에 다 사용한다, /·조·부·모·로 ·거·느·린·다/<조부모를 모신다>, /·부·하·로 ·거·느·린·다/<부하를 거느린다>.
847) [양산 방언] /·어·지·럽·다, ·어·지·럽·어·서, ·어·지·럽·아·서, ·어·지·럽·에·서/.
848) [창원 방언①②] /·시·껍·묵·다, ·시·껍·묵·웄·다; ·시·껍 묵·다, ·시·껍 묵·웄·다/; [김해 방언] /·시·껍 묵·다, ·시·껍 묵·웄·다, ·시·껍 무·웄·다/.

5.4.5 쉼(#)이 어간 사이에 들어 있는 풀이씨 자료

이 절의 풀이씨 자료들은 쉼(#)의 뒷부분에 나타나는 풀이씨를 기준으로 배열하되 같은 방점형 안에서 표제항의 배열순서는 5.4.2~5.4.4에 제시된 방법을 따른다.

(335) 쉼(#)이 들어갈 수 있으나 대체로 하나의 운율적 낱말로 발음되는 것

우리#하·다	(H^2#Hᴍ$_{-1}$·M→)H^{3}M[MʜHM]	(창원①②, 함안, 김해, 양산)
서늘#하·다	(H^2#Hᴍ$_{-1}$·M→)H^{3}M[MʜHM]	(창원①②, 함안, 김해, 양산)
써늘#하·다	(H^2#Hᴍ$_{-1}$·M→)H^{3}M[MʜHM]	(창원①②, 함안)
사늘#하·다	(H^2#Hᴍ$_{-1}$·M→)H^{3}M[MʜHM]	(창원①②, 함안, 김해, 양산)
가난#하·다	(H^2#Hᴍ$_{-1}$·M→)H^{3}M[MʜHM]	(창원①②, 함안, 김해, 양산)
깨끗#하·다	(H^2#Hᴍ$_{-1}$·M→)H^{3}M[MʜHM]	(창원①②, 함안, 김해, 양산)
사랑#하·다	(H^2#Hᴍ$_{-1}$·M→)H^{3}M[MʜHM]	(창원①②, 함안, 김해, 양산)
간망#하·다	(H^2#Hᴍ$_{-1}$·M→)H^{3}M[MʜHM]	(양산)
관망#하·다	(H^2#Hᴍ$_{-1}$·M→)H^{3}M[MʜHM]	(창원②)
산책#하·다	(H^2#Hᴍ$_{-1}$·M→)H^{3}M[MʜHM]	(창원①②, 함안, 양산)
짤막#하·다	(H^2#Hᴍ$_{-1}$·M→)H^{3}M[MʜHM]	(창원①②, 함안, 김해, 양산)
축축#하·다	(H^2#Hᴍ$_{-1}$·M→)H^{3}M[MʜHM]	(창원①②, 함안, 김해, 양산)
마실#가·다[849]	(H^2#Hᴍ$_{-1}$·M→)H^{3}M[MʜHM]	(창원①, 양산)

위의 (335)에 나오는 풀이씨들은 /□^{2}#하·다/와 /□^{2}#가·다/로 이뤄져 있다. /하·다/와 /가·다/는 변동평성형 풀이씨이므로, 이들의 굴곡형들 중에는 측성형들({상성형들, 거성형들})이 있다. /□^{2}/에 이 측성형들 중의 하나가 결합하면 외적순행평성동화 규칙 (831)이 적용되고,[850] 그 도출형이 4음절 이상일 때는 끝음절측성화 (65)가 적용된다. (보기; /사랑#:할·라·꼬/(외적순행평성동화 규칙)→사랑할라꼬(끝음절측성화 규칙)→사랑할라·꼬; /마실#·가·더·라·도/(외적순행평성동화 규칙)→마실가더라도(끝음절측성화 규칙)→마실가더라·도).

아래 (336)에 나오는 풀이씨들은 ≪①쉼(#)의 앞 성분이 평성형(0측형)이 아닌 것 곧 1측형(□$_1$·□), 2측형(□$_1$·□^{2}), ②쉼(#)의 앞 성분이 상성형(:□$_1$), 또는 거성형(·□$_1$)인 것, 또는 ③쉼(#)의 앞 성분이 평성형(0측형)이라도 뒷 성분이 측성형이 아닌 것들≫이다. 따라서 이들은 5.8.2절에서 설명할 외적순행평성동화 규칙 (831)이 적용될 조건이 형성되지 않는다. 이런 경우에 쉼(#)의 앞뒤 성분은 각각 독립적으로 운율적인 낱말이 된다. 그러므로 아래의

849) [창원 방언①] /마실가·다, 마실간·다/.

850) [양산 방언] /마실가·다, 마실가·고, 마실·가·더·라, 마실·간·다/, 외적순행평성동화 규칙은 양산 방언에는 적용되지 않는다. 따라서 /*마실가더·라, *마실간·다/는 나타나지 않는다.

낱말들은 2개의 운율적인 낱말로 남게 된다. 그러나 쉼(#)의 앞 성분에 초점 강세가 놓일 때는 쉼이 삭제되면서 당연 규칙(default rule)이나 중화 규칙이 적용된다. 보기는 생략한다.

(336) 쉼(#)의 뒷 성분의 어간 부분이 평성형 또는 평측형인 것

침#주·다	(H#H·M→)H#HM(→$H^{2}M$)[MHM]	(창원①, 양산)
디·이#매·다<동여 매다>	(HM#H·M→)HM#HM[HM#HM]	(창원①②, 함안)
데·이#매·다<동여 매다>	(HM#H·M→)HM#HM[HM#HM]	(창원①, 김해)
침·을#놓·다	(HM#H·M→)HM#HM[HM#HM]	(창원①②, 함안, 김해, 양산)
털·어#놓·다	(HM#H·M→)HM#HM[HM#HM]	(창원①②, 함안, 김해, 양산)
가·아#있·다<가지고 있다>	(HM#H·M→)HM#HM[HM#HM]	(창원①②, 함안, 김해, 양산)
가·주#있·다<가지고 있다>	(HM#H·M→)HM#HM[HM#HM]	(창원②, 김해)
갖·고#있·다<갖고 있다>	(HM#H·M→)HM#HM[HM#HM]	(창원①, 양산)
침·을#맞·다	(HM#H·M→)HM#HM[HM#HM]	(창원①②, 김해, 양산)
내·애#쫓·다	(HM#H·M→)HM#HM[HM#HM]	(창원①, 양산)
수·울#찮·다<수월찮다>	(HM#H·M→)HM#HM[HM#HM]	(창원①②, 함안, 김해, 양산)
바·아#쪙ㅎ·다<방아 찧다>	(HM#H·M→)HM#HM[HM#HM]	(창원①)
노·래#하·다	(HM#H_{M-1} ·M→)HM#HM[HM#HM]	(창원①②, 함안, 김해, 양산)
삼·가#하·다<삼가다>851)	(HM#H_{M-1} ·M→)HM#HM[HM#HM]	(창원①②, 함안, 김해, 양산)
하·품#하·다	(HM#H_{M-1} ·M→)HM#HM[HM#HM]	(창원①②, 함안, 김해, 양산)
달·아#나·다<달아나다>	(HM#H_{M-1} ·M→)HM#HM[HM#HM]	(창원①②, 함안, 김해)
다·알#나·다<달아나다>	(HM#H_{M-1} ·M→)HM#HM[HM#HM]	(창원②, 김해, 양산)
돌·아#가·다	(HM#H_{M-1} ·M→)HM#HM[HM#HM]	(창원①②, 함안, 김해, 양산)
앗·아#가·다<앗아가다>852)	(HM#H_{M-1} ·M→)HM#HM[HM#HM]	(창원①②, 함안, 김해, 양산)
나·아#뚜·다<놓아 두다>853)	(HM#H_{M-1} ·M→)HM#HM[HM#HM]	(창원①②, 함안, 김해, 양산)
나·아#주·다<놓아 주다>854)	(HM#H_{M-1} ·M→)HM#HM[HM#HM]	(창원②)
침·을#주·다	(HM#H_{M-1} ·M→)HM#HM[HM#HM]	(창원①②, 함안)
돌·아#오·다(回)855)	(HM#H_{M-1} ·M→)HM#HM[HM#HM]	(양산)
돌·아#보·다	(HM#H_{M-1} ·M→)HM#HM[HM#HM]	(창원①②, 함안, 김해, 양산)
숭·을#보·다<흉을 보다>	(HM#H_{M-1} ·M→)HM#HM[HM#HM]	(창원①②, 함안, 김해, 양산)

---

851) [창원 방언①] /삼·가·다/는 쓰이지 않고, /삼·가#하·다, 삼·가#하·고, 삼·가#·한·다, 삼·가#·하·더·라, 삼·가#:할·라·꼬/ 등으로 쓰이고 있다. 경남 동남부 방언권의 다른 4개 방언들에서도 /삼·가·다/는 쓰이지 않는다.

852) [함안 방언] /앗·아#가·다/보다는 /빼끌·다/가 더 자주 쓰이고; [양산 방언] 에서도/빼뜰·다/가 자주 쓰인다.

853) [창원 방언①] /나·아 뚜·다/<놓아두다>, /나·아 ·뚜·우·라/<시킴>, /나·아 뚜·라 ·카·더·라/<안긴월에서>; [김해 방언] /나·아 뚜·다/<놓아두다>, /나·아 뚜·라/; [양산 방언] /나·아 ·두·우·라, 나·아 두·라/.

854) [창원 방언①②] /나·아 주·다/<놓아두다>, /나·아 주·라/.

855) [양산 방언] /돌·아 오·다; 정신·이 돌·아#오·다/.

쑹·을#보·다<흉을 보다> (HM#HM$_{-1}$ ·M→)HM#HM[HM#HM] (창원①②)
흉·을#보·다 (HM#HM$_{-1}$ ·M→)HM#HM[HM#HM] (양산)
째·리#보·다<째리다> (HM#HM$_{-1}$ ·M→)HM#HM[HM#HM] (창원①, 양산)
떨·어#지·다 (HM#HM$_{-2}$ M→)HM#HM[HM#HM] (창원①②, 함안, 김해, 양산)
짜·빠#지·다 (HM#HM$_{-2}$ ·M→)HM#HM[HM#HM] (창원①②, 함안, 김해, 양산)
쪼·로#·빼·다 (HM#M·M→)HM#M^2[HM#HH] (창원①, 김해)
내·애#비·리·다<내버리다> (HM#HM·M→)HM#HM^2[HM#HM^2] (창원②)
내·애#삐·리·다<내버리다> (HM#HM·M→)HM#HM^2[HM#HM^2] (창원①②, 함안, 김해)
시·를#에·우·다<시를 외다> (HM#HM·M→)HM#HM^2[HM#HM^2] (창원①②, 함안, 김해, 양산)
자부·럼#오·다<잠이 오다> (H^{2}M#HM$_{-1}$ ·M→)H^{2}M#HM[MHM#HM] (창원①②, 김해)[856]
거드름#피·우·다<거드름피다> (H^3#HM·M→)H^3#HM^2[MHH#HM^2] (창원①②, 함안, 양산)
:일#하·다 (L#HM$_{-1}$ ·M→)L#HM[LM#HM] (김해)
:감·사#하·다 (L^2#HM$_{-1}$ ·M→)L^2#HM[LM#HM] (창원①②, 함안, 김해, 양산)
:애·원#하·다 (L^2#HM$_{-1}$ ·M→)L^2#HM[LM#HM] (창원①②, 함안, 김해, 양산)
:조·심#하·다[857] (L^2#HM$_{-1}$ ·M→)L^2#HM[LM#HM] (창원①②, 함안, 김해, 양산)
:원·망#하·다 (L^2#HM$_{-1}$ ·M→)L^2#HM[LM#HM] (창원①②, 함안, 김해, 양산)
:통·곡#하·다 (L^2#HM$_{-1}$ ·M→)L^2#HM[LM#HM] (창원①②, 함안, 김해, 양산)
:지·내#가·다 (L^2#HM$_{-1}$ ·M→)L^2#HM[LM#HM] (창원①②, 함안, 김해, 양산)
:지·나#가·다 (L^2#HM$_{-1}$ ·M→)L^2#HM[LM#HM] (창원①, 김해)
·실·패#하·다 (M^2#HM$_{-1}$ ·M→)M^2#HM[HH#HM] (창원①②, 함안, 김해, 양산)
·알·뜰#하·다 (M^2#HM$_{-1}$ ·M→)M^2#HM[HH#HM] (창원①②, 함안, 김해, 양산)
·지·랄#하·다 (M^2#HM$_{-1}$ ·M→)M^2#HM[HH#HM] (창원①②, 함안, 김해, 양산)
·고·문#하·다 (M^2#HM$_{-1}$ ·M→)M^2#HM[HH#HM] (창원①②, 함안, 김해, 양산)
·관·망#하·다 (M^2#HM$_{-1}$ ·M→)M^2#HM[HH#HM] (창원①, 함안)
·겔·석#하·다<결석하다> (M^2#HM$_{-1}$ ·M→)M^2#HM[HH#HM] (창원①②, 함안, 김해, 양산)
·집·착#하·다 (M^2#HM$_{-1}$ ·M→)M^2#HM[HH#HM] (창원①②, 함안, 양산)
·깨·애#나·다<깨어나다> (M^2#HM$_{-1}$ ·M→)M^2#HM[HH#HM] (창원①②, 함안, 김해, 양산)
·기·이#가·다<기어가다> (M^2#HM$_{-1}$ ·M→)M^2#HM[HH#HM] (양산)
·갔·다#오·다(回)[858] (M^2#HM$_{-1}$ ·M→)M^2#HM[HH#HM] (양산)
·씰·어#지·다<쓰러지다> (M^2#HM$_{-2}$ ·M→)M^2#HM[HH#HM] (창원①②, 함안)
·시·러#지·다<쓰러지다> (M^2#HM$_{-2}$ ·M→)M^2#HM[HH#HM] (양산)

856) [함안 방언] 에서 /자부럼 오·다/는 앞쪽 성분이 평성형이기 때문에 조건만 갖추어지면 외적순행평성동화 규칙이 적용된다. (보기; /자부럼 ·오·더·라/→자부럼 오더라→자부럼오더·라); 그러나 외적순행평성동화 규칙은 [양산 방언] 에서는 존재하지 않으므로 쉼(#)이 삭제되면 중화 규칙 (5)가 적용된다. (보기; /자부럼 ·오·더·라/→/자부럼·오·더·라/).

857) [양산 방언] /:조·심 하·다, :조·심 하·고, :조·심 ·해·애·래·이, :조·심 ·해·래·이/.

858) [양산 방언] /·갔·다#·왔·다/<다녀왔다>.

·스·러#지·다<쓰러지다>	(M^2#HM$_{-2}$·M→)M^2#HM[HH#HM]	(양산)
·쓰·러#지·다<쓰러지다>	(M^2#HM$_{-2}$·M→)M^2#HM[HH#HM]	(창원①②)
·딜·이#놓·다<들여놓다>	(M^2#H·M→)M^2#HM[HH#HM]	(창원①②, 함안, 김해)
·시·껍#묵·다<혼나다>	(M^2#H·M→)M^2#HM[HH#HM]	(양산)
·글#읽·다	(M#H·M→)M#HM[Ḧ#HM]	(양산)
·글#이리·다<글 읽다>	(M#H^2·M→)M#H^{2}M[Ḧ#MHM]	(창원②, 함안, 김해)
·글#이르·다<글 읽다>	(M#H^2·M→)M#H^{2}M[Ḧ#MHM]	(창원①, 김해)
·기#맥히·이·다<기막히다>	(M#H^{2}M·M→)M#H^{2}M^2[Ḧ#MHM^2]	(창원①, 김해)
·성#가시·리·다<성가시다>	(M#H^{2}M·M→)M#H^{2}M^2[Ḧ#MHM^2]	(창원①②, 김해)
·성·을#가·시·다<성가시다>	(M^2#HM·M→)M^2#HM^2[HH#HM^2]	(창원①②, 김해)

(337) 쉼(#)의 뒷부분의 어간이 상성형인 것

넘·우·집#:살·다<남의집살다>	(HM^2#L·M→)HM^2#L^2[HM^2#LM]	(창원①②, 함안, 김해)
공공#:짓·다<공공 짖다>	(H^2#LH·M→)H^2#L^2[MH#LM]	(창원①②, 함안)
:공·공#:짓·다<공공 짖다>	(L^2#LH·M→)L^2#L^2[LM#LM]	(창원①②, 김해)
·떠#:밀·다<떠밀다>	(M#LH·M→)M#L^2[Ṃ#LM]	(창원①②, 함안, 김해, 양산)
·짜#:내·다<짜내다>	(M#LH·M→)M#L^2[Ṃ#LM]	(창원①②, 함안, 김해, 양산)
·퍼#:내·다<퍼내다>	(M#LH·M→)M#L^2[Ṃ#LM]	(창원①②, 함안, 김해, 양산)
·해#:내·다<퍼내다>	(M#LH·M→)M#L^2[Ṃ#LM]	(창원①②, 함안, 김해, 양산)
·텍·도#:없·다<턱도 없다>	(M^2#L·M→)M^2#L^2[HH#LM]	(창원①②, 함안, 김해, 양산)
·텍·도#:읎·다<턱도 없다>	(M^2#L·M→)M^2#L^2[HH#LM]	(창원①②, 김해, 양산)
·강#:건·너·다<강 건너다>	(M#L^2·M→)M#L^3[Ṃ#LMM]	(양산)
·강#:건·니·다<강 건너다>	(M#L^2·M→)M#L^3[Ṃ#LMM]	(창원①②, 김해, 양산)
·강#:건·디·다[859]	(M#L^2·M→)M#L^3[Ṃ#LMM]	(창원①, 함안, 김해, 양산)

(338) 쉼(#)의 뒷부분의 어간이 이 거성형인 것

끄·어#·씨·다<끌어 쓰다>	(HM#M·M→)HM#M^2[HM#HH]	(창원②, 함안)
물·리#·치·다<물리치다>	(HM#M·M→)HM#M^2[HM#HH]	(함안)
술·로#·치·다<술을 치다>	(HM#M·M→)HM#M^2[HM#HH]	(창원①, 함안, 김해)
술·을#·치·다	(HM#M·M→)HM#M^2[HM#HH]	(창원①, 함안, 김해, 양산)
내·애#·빼·다[860]<내빼다>	(HM#M·M→)HM#M^2[HM#HH]	(창원①②, 함안, 김해, 양산)
달·라#·빼·다<달아나다>	(HM#M·M→)HM#M^2[HM#HH]	(창원①, 양산)
쪼·로#·빼·다[861]	(HM#M·M→)HM#M^2[HM#HH]	(창원①)
다·알#·빼·다<달아나다>	(HM#M·M→)HM#M^2[HM#HH]	(양산)
끄·어#·쓰·다<끌어 쓰다>	(HM#M·M→)HM#M^2[HM#HH]	(창원①②, 함안)
술·로#·추·다<술을 치다>	(HM#M·M→)HM#M^2[HM#HH]	(창원②)

---

859) [함안 방언] /:건·너·다, :건·니·다/는 가끔 사용되고, 주로 /:건·디·다/가 사용된다, /·강 :건·디·다/.

860) [창원 방언①, 김해 방언] /내·애 ·빼·다/<도망가다>, /내·애 ·빼·앴·다/.

861) [창원 방언①] /쪼·로 ·빼·다/<내성적인 성격을 가진 사람이 노래 부르고 노는 자리에서 남이 바라는 것(노래, 춤, 등)을 할 듯이 하면서 아니하고 시간을 끌다.>.

그·런#·곁·다<그런 것 같다> (HM#M·M→)HM#M^2[HM#HH] (창원①②, 함안, 김해, 양산)
그·런#·갑·다<그런가보다>[862] (HM#M·M→)HM#M^2[HM#HH] (창원①②, 함안, 김해, 양산)
수·울#·찮·다<수월찮다> (HM#M·M→)HM#M^2[HM#HH] (창원①②, 함안)
:숨#·수·다<숨 쉬다> (L#M·M→)L#M^2[LM#HH] (김해, 양산)
:비·비#·꼬·다<비비 꼬다> (L^2#M·M→)L^2#M^2[LM#HH] (창원①②, 김해, 양산)
:베·베#·꼬·다<베베 꼬다> (L^2#M·M→)L^2#M^2[LM#HH] (창원①, 양산)
·잔#·치·다<술을 치다> (M#M·M→)M#M^2[Ḧ#HH] (창원①, 양산)
·꿈#·끄·다<꿈꾸다> (M#M·M→)M#M^2[Ḧ#HH] (함안)
·꿈#·꾸·다 (M#M·M→)M#M^2[Ḧ#HH] (창원①, 함안, 김해, 양산)
·끌·어#·시·다<끌어 쓰다> (M^2#M·M→)M^2#M^2[HH#HH] (김해, 양산)
·끌·어#·씨·다<끌어 쓰다> (M^2#M·M→)M^2#M^2[HH#HH] (창원①)
·끌·어#·스·다<끌어 쓰다> (M^2#M·M→)M^2#M^2[HH#HH] (양산)
·끌·어#·쓰·다<끌어 쓰다> (M^2#M·M→)M^2#M^2[HH#HH] (창원①)

5.4.6 표현적인 장음화 (:)이 어간 사이에 들어 있는 풀이씨 자료

음운론적인 길이는 심리적으로 같은 길이를 가진다. 경남 동남부 방언에서 상성은 어두에서만 나타나는데, 1.3 모라 정도이고, 그 밖의 모든 음절은 1모라의 길이를 가진다. 보통의 음운론적인 (지적 의미 대립에 사용되는) 길이는 1모라, 2모라, 3모라로 일정한 단위에 따라서 길어지며, 이것을 어기면 잘못된(ill-formed) 표면형이 도출된다. 이러한 길이에는 음조형 실현 규칙에 따른 높낮이가 얹힌다.

(339) 지적 대립에 사용된 길이
ㄱ. /초#:감·각·적, H#L^3/[$\widehat{MH}$#LMM] <$\widehat{MH}$는 2모라>
ㄴ. /·탈#공·해, M#HM[$\widehat{HH}$#HM] <$\widehat{HH}$는 2모라>
ㄷ. /:비#:현·실·적, L#L^3/[$\widehat{LM}$#LMM] <$\widehat{LM}$은 2모라>
ㄹ. /들리·인·다, H^{2}M/[M$\widehat{HM}$M] <$\widehat{HM}$은 2모라>
ㅁ. /디이·인·다, H^{2}M^2/[$\widehat{MHM}$M][863] <$\widehat{MHM}$은 3모라>

지적인(intellectual) 뜻을 구분하는 길이와는 달리 감성적인(emotional) 강도를 나타내는 (/표현하는) 길이를 표현적인 장음화라 한다. 성조방언에서 표현적인 장음화는 김차균(1980)에서부터 주목의 대상이 되어 왔다. 표현적인 장음화는 감성적인 강도에 관계되기 때문에, 그 길이는 디지털적(digital)이지 않고, 아날로그적(analogous)이다. 따라서 표현적인

862) ［양산 방언］ /그·런 ·갑·다/<그런 것 같다>.
863) ［창원 방언］ /디이·인·다/<화상(火傷)을 입는다>.

장음화는 1모라 이상의 길이로 '1.1, 1.2, 1.3, 1.4, … 2.0, 2.1, …모라'의 길이 또는 그보다 더 미세한 길이로 늘어나며, 원칙적으로 어느 정도 길이까지 허용되는지에 대한 상한이 없다. 표현적인 장음화는 글자 뒤에 두 점으로 표시하되, 그 적용이 임의적이기 때문에 ( ) 속에 넣어 (:)으로 표시한다.[864] 표현적인 장음화가 실현되는 낱말에는 정도 어찌씨, 색깔을 나타내는 어찌씨나 그림씨, 등 일정한 낱말에 나타나되, 그 낱말의 어느 한 음절에만 나타나는 것이 원칙이다. 같은 낱말이라도 그것이 나타나는 음절에 따라 정서적인 의미 차이가 나타날 수도 있다. 그러나 여기에서는 방언 조사를 통해서 발견된 보기만 몇 개 들어 두겠다.[865]

(340) 표현적인 장음(:)이 들어 있는 것

썬(:)하·다	(H^{2}·M→)H^{2}M[M(:)HM]	(창원①②, 함안)
새(:)파랗·다	(H^{3}·M→)H^{3}M[M(:)ʜHM]	(창원②, 함안, 김해)
우리(:)하·다<우리다>	(H^{3}·M→)H^{3}M[Mʜ(:)HM]	(창원①②, 함안, 김해, 양산)
서늘(:)하·다(凉)	(H^{3}·M→)H^{3}M[Mʜ(:)HM]	(창원①②, 양산)
서운(:)하·다[866]	(H^{3}·M→)H^{3}M[Mʜ(:)HM]	(창원①, 김해, 양산)
시원(:)하·다	(H^{3}·M→)H^{3}M[Mʜ(:)HM]	(창원①, 양산)
짤막(:)하·다	(H^{3}·M→)H^{3}M[Mʜ(:)HM]	(창원①②, 양산)
축축(:)하·다	(H^{3}·M→)H^{3}M[Mʜ(:)HM]	(창원①②, 양산)
꾸무리(:)하·다[867]	(H^{4}·M→)H^{4}M[Mʜʜ(:)HM]	(창원①, 양산)
:하(:)·얗·다	(L^{2}·M→)L^{3}[L(:)MM]	(창원①②, 함안, 김해, 양산)
:누(:)·렇·다(黃)	(L^{2}·M→)L^{3}[L(:)MM]	(창원①②, 함안, 김해, 양산)
:파(:)·랗·다(靑)	(L^{2}·M→)L^{3}[L(:)MM]	(창원①②, 함안, 김해, 양산)
:꺼(:)·멓·다[868]	(L^{2}·M→)L^{3}[L(:)MM]	(창원①②, 함안, 김해, 양산)
:더(:)·럽·다(醜)	(L^{2}·M→)L^{3}[L(:)MM]	(창원①②, 양산)
:더(:)·럽·다(醜)	(L^{2}·M→)L^{3}[L(:)MM]	(창원①②, 함안, 김해, 양산)
:새(:)·파·랗·다	(L^{3}·M→)L^{4}[L(:)MMᴍ]	(창원①②, 함안, 양산)
:쪼·깷(:)·다	(L^{2}·M→)L^{3}[LM(:)M]	(창원①②, 함안, 김해)
:째·깷(:)·다	(L^{2}·M→)L^{3}[LM(:)M]	(양산)

보기 (340)을 보면 (:)은 음조형 실현 규칙의 적용에 영향을 주지 않고 정해진 음절에

864) 표현적인 장음화는 모든 성조방언은 물론이고, 모든 비성조방언들에도 나타난다. 허웅(1965/1979 : 125쪽), 허웅(1985 : 136쪽), 김차균(2006)ㄱ을 참조.

865) (340)에 열거된 표제항들 중에서 몇 개에 대한 굴곡형들의 자료는 (815)~(818)을 참조.

866) [김해 방언] /미·운·사·람 보내·애·고 나·이·께 서운(:)하·다/.

867) [양산 방언] /·날·씨·가 꾸무리(:)하·다/.

868) [창원 방언①②] /:꺼(:)·멓·다, :꺼(:)·메·서/.

임의적으로 실현되는 듯하다. 그러나 음조형과 표현적인 장음 사이에 일방적으로 또는 서로 영향을 미칠 수 있는 자료가 나타날지 어떨지는 앞으로 더 조사가 필요할 것으로 생각된다.

5.5 풀이씨 줄기의 형태운율론

풀이씨의 기본형에서 씨끝 /–·다/를 제거한 앞부분을 풀이씨의 어간이라고 부르기로 한다. 2개의 직접성분으로 구성된 어간들을 합성어와 파생어로 구분하는 것보다는 합쳐서 복합어라 불러서 함께 다루기로 한다.

복합풀이씨 어간들을 방점 표상으로 보아 평측형(평성형(=0측형) 포함), 상성형, 거성형으로 나누고, 평측형은 평1형, 평2형, 평3형, …으로, 상성형, 거성형은 각각 음절수에 따라 1음절, 2음절, 3음절, …등의 순서로 자료를 정리해 나가기로 한다.

5.5.1 당연 규칙에 따른 풀이씨 어간 도출

두 개의 성분 곧, 평성형(=0측형의 평측형)($\square_1$)과 평측형($\square_1 \cdot \square^n$)(단, n≧1)이 결합하여 평측형($\square_2 \cdot \square^n$)이 도출되면 방점의 변동이 없으므로, 이것은 당연 규칙(default rule)의 적용으로 하나의 더 큰 어간이 도출된 것이라 할 수 있다. 음절의 수와 방점의 구성에 따라 자료를 정리하면 다음과 같다.

(341) □+□(당연 규칙)→$\square^2$

내삐·다(捨)<내버리다>	(H^2·M→)H^{2}M[MHM]	(김해)
째매·다<잡아매다>	(H^2·M→)H^{2}M[MHM]	(창원①②, 함안, 양산)
자매·다<잡아매다>	(H^2·M→)H^{2}M[MHM]	(창원①②)
차매·다<잡아매다>	(H^2·M→)H^{2}M[MHM]	(김해)
짜매·다<잡아매다>	(H^2·M→)H^{2}M[MHM]	(김해, 양산)
내라·다<내리다(사)>	(H^2·M→)H^{2}M[MHM]	(창원①②, 함안)
고라·다(均)<고르게 하다>	(H^2·M→)H^{2}M[MHM]	(창원①)
말라·다(乾)<말리다(사)>	(H^2·M→)H^{2}M[MHM]	(창원①②, 함안)
몰라·다(乾)<말리다(사)>	(H^2·M→)H^{2}M[MHM]	(창원②)
도다·다<돋우다>	(H^2·M→)H^{2}M[MHM]	(창원①②)
전자·다<겨누다>	(H^2·M→)H^{2}M[MHM]	(창원①②)
이사·다(繼)<잇다>	(H^2·M→)H^{2}M[MHM]	(창원①②, 김해)

떠사·다(溫) (H^2·M→)H^2M[MHM] (창원①②)
따사·다(溫) (H^2·M→)H^2M[MHM] (창원①②, 함안)
빠사·다<바수다> (H^2·M→)H^2M[MHM] (창원①②, 함안)
뿌사·다(破)<부수다> (H^2·M→)H^2M[MHM] (창원①②, 함안)
뽀사·다<바수다> (H^2·M→)H^2M[MHM] (창원①②, 함안)
늦차·다<늦추다> (H^2·M→)H^2M[MHM] (창원①②, 함안)
낮차·다<낮추다> (H^2·M→)H^2M[MHM] (창원①②, 함안)
맞차·다<마추다> (H^2·M→)H^2M[MHM] (창원①②, 함안)
어파·다<업히다> (H^2·M→)H^2M[MHM] (창원①②, 함안)
누파·다<눕히다> (H^2·M→)H^2M[MHM] (창원②)
노파·다<높이다> (H^2·M→)H^2M[MHM] (창원①②, 함안)
달가·다<달구다> (H^2·M→)H^2M[MHM] (창원②)
돋가·다<돋구다> (H^2·M→)H^2M[MHM] (창원①②, 함안)
찡가·다<끼우다> (H^2·M→)H^2M[MHM] (창원①②)
시카·다<식히다> (H^2·M→)H^2M[MHM] (창원①②)
매카·다<막다> (H^2·M→)H^2M[MHM] (창원①②, 김해, 함안)
써카·다<썩히다> (H^2·M→)H^2M[MHM] (창원①②, 함안)
사카·다<삭히다> (H^2·M→)H^2M[MHM] (창원①②, 함안)
마카·다<막다> (H^2·M→)H^2M[MHM] (창원①②, 함안)
노카·다<녹이다> (H^2·M→)H^2M[MHM] (창원①②, 함안)
쏘카·다<속이다> (H^2·M→)H^2M[MHM] (창원①②, 함안)
달카·다<달구다> (H^2·M→)H^2M[MHM] (창원①②, 함안)
돋우·다 (H^2·M→)H^2M[MHM] (창원①②)
높우·다<높이다> (H^2·M→)H^2M[MHM] (창원②, 김해)
넙후·다<눕히다> (H^2·M→)H^2M[MHM] (김해)
업후·다<업히다> (H^2·M→)H^2M[MHM] (창원②, 김해, 양산)
식후·다<식히다> (H^2·M→)H^2M[MHM] (김해, 양산)
석후·다<썩히다> (H^2·M→)H^2M[MHM] (양산, 김해)
썩후·다<썩히다> (H^2·M→)H^2M[MHM] (창원①)
삭후·다<삭히다> (H^2·M→)H^2M[MHM] (창원①②, 함안, 김해, 양산)
녹후·다<녹이다> (H^2·M→)H^2M[MHM] (창원①②, 김해, 양산)
속후·다(欺)<속이다> (H^2·M→)H^2M[MHM] (김해, 양산)
쏙후·다<속이다> (H^2·M→)H^2M[MHM] (창원②)
내루·다<내리다(타)> (H^2·M→)H^2M[MHM] (창원①②, 양산)
고루·다(均)<고루다> (H^2·M→)H^2M[MHM] (양산)
꼬루·다(均)<고루다> (H^2·M→)H^2M[MHM] (김해)
말루·다(乾)<말리다(사)> (H^2·M→)H^2M[MHM] (김해, 양산)
달구·다<달구다> (H^2·M→)H^2M[MHM] (창원①②, 김해, 양산)
돋구·다<돋구다> (H^2·M→)H^2M[MHM] (창원①②, 김해, 양산)
텡구·다<퉁기다> (H^2·M→)H^2M[MHM] (창원②)

팅구·다<퉁기다> $(H^2 \cdot M \rightarrow)H^2M[MHM]$ (창원②, 김해, 양산)
달쿠·다<달구다> $(H^2 \cdot M \rightarrow)H^2M[MHM]$ (김해, 양산)
돋쿠·다<돋구다> $(H^2 \cdot M \rightarrow)H^2M[MHM]$ (김해, 양산)
식쿠·다<식히다> $(H^2 \cdot M \rightarrow)H^2M[MHM]$ (창원②, 함안, 양산)
숭보·다<흉보다> $(H^2 \cdot M \rightarrow)H^2M[MHM]$ (창원①, 김해, 양산)
쑹보·다<흉보다> $(H^2 \cdot M \rightarrow)H^2M[MHM]$ (창원①②, 함안)
흉보·다 $(H^2 \cdot M \rightarrow)H^2M[MHM]$ (양산)
이숭·다(續)<잇다> $(H^2 \cdot M \rightarrow)H^2M[MHM]$ (양산)
이숳·다(續)<잇다> $(H^2 \cdot M \rightarrow)H^2M[MHM]$ (양산)
높웋·다<높이다> $(H^2 \cdot M \rightarrow)H^2M[MHM]$ (김해)
업훟·다<업히다> $(H^2 \cdot M \rightarrow)H^2M[MHM]$ (김해)
식훟·다<식히다(사)> $(H^2 \cdot M \rightarrow)H^2M[MHM]$ (김해)
석훟·다<썩히다> $(H^2 \cdot M \rightarrow)H^2M[MHM]$ (김해)
삭훟·다<삭히다> $(H^2 \cdot M \rightarrow)H^2M[MHM]$ (김해, 양산)
녹훟·다<녹이다> $(H^2 \cdot M \rightarrow)H^2M[MHM]$ (김해)
속훟·다<속이다> $(H^2 \cdot M \rightarrow)H^2M[MHM]$ (김해)
내룽·다<내리다(타)> $(H^2 \cdot M \rightarrow)H^2M[MHM]$ (김해)
따룽·다<따르다(타)> $(H^2 \cdot M \rightarrow)H^2M[MHM]$ (김해)
말룽·다(焊)<말리다> $(H^2 \cdot M \rightarrow)H^2M[MHM]$ (김해)
침낳·다<침·을#놓·다> $(H^2 \cdot M \rightarrow)H^2M[MHM]$ (창원①②, 양산)
침놓·다<침·을#놓·다> $(H^2 \cdot M \rightarrow)H^2M[MHM]$ (창원①②, 양산)
내쫓·다(黜)<내쫓다> $(H^2 \cdot M \rightarrow)H^2M[MHM]$ (양산)
늦춯·다<늦추다> $(H^2 \cdot M \rightarrow)H^2M[MHM]$ (김해, 양산)
낮춯·다<낮추다> $(H^2 \cdot M \rightarrow)H^2M[MHM]$ (김해, 양산)
맞춯·다<맞추다> $(H^2 \cdot M \rightarrow)H^2M[MHM]$ (김해, 양산)
돋궇·다<돋구다> $(H^2 \cdot M \rightarrow)H^2M[MHM]$ (김해)
팅궇·다<퉁기다> $(H^2 \cdot M \rightarrow)H^2M[MHM]$ (김해)
돋쿻·다<돋구다> $(H^2 \cdot M \rightarrow)H^2M[MHM]$ (김해)
싱쿻·다<숨기다> $(H^2 \cdot M \rightarrow)H^2M[MHM]$ (김해)
말룽·다(焊)<말리다> $(H^2 \cdot M \rightarrow)H^2M[MHM]$ (김해)
빼뜰·다(奪)<빼앗다> $(H^2 \cdot M \rightarrow)H^2M[MHM]$ (창원①②, 함안, 김해, 양산)
빼끌·다(奪)<빼앗다> $(H^2 \cdot M \rightarrow)H^2M[MHM]$ (창원①②, 함안, 김해)
나가·다 $(H^2{}_{L-1} \cdot M \rightarrow)H^2M^3[MHM]$ (창원①②, 함안, 김해, 양산)
나오·다 $(H^2{}_{L-1} \cdot M \rightarrow)H^2M[MHM]$ (창원①②, 김해, 양산)
노오·다<나오다> $(H^2{}_{L-1} \cdot M \rightarrow)H^2M[MHM]$ (함안)
가보·다 $(H^2{}_{L-1} \cdot M \rightarrow)H^2M[MHM]$ (창원①②, 함안, 김해, 양산)
나서·다 $(H^2{}_{L-2} \cdot M \rightarrow)H^2M[MHM]$ (창원①②, 함안, 김해, 양산)

(342) □+□·□(당연 규칙)→□²·□
시이·이·다(書)<쓰이다(피)> $(H^2M \cdot M \rightarrow)H^2M^2[MHM^2]$ (김해)

씨이·이·다(書)<쓰이다(피)>	$(H^2M{\cdot}M\rightarrow)H^2M^2[MHM^2]$	(창원①②)
비이·이·다(示)<보이다(사)>	$(H^2M{\cdot}M\rightarrow)H^2M^2[MHM^2]$	(창원②, 함안, 김해)
베이·이·다<보이다(피,사)>	$(H^2M{\cdot}M\rightarrow)H^2M^2[MHM^2]$	(창원①②, 함안, 김해)
스이·이·다(書)<쓰이다(피)>	$(H^2M{\cdot}M\rightarrow)H^2M^2[MHM^2]$	(김해)
쓰이·이·다(書)<쓰이다(피)>	$(H^2M{\cdot}M\rightarrow)H^2M^2[MHM^2]$	(창원①②, 함안)
보이·이·다<보이다(피,사)>	$(H^2M{\cdot}M\rightarrow)H^2M^2[MHM^2]$	(창원①②, 김해, 양산)
샇이·이·다<쌓이다(피)>	$(H^2M{\cdot}M\rightarrow)H^2M^2[MHM^2]$	(양산, 김해)
쌓이·이·다<보이다(피)>	$(H^2M{\cdot}M\rightarrow)H^2M^2[MHM^2]$	(창원①②, 함안)
섞이·이·다<섞이다(피)>	$(H^2M{\cdot}M\rightarrow)H^2M^2[MHM^2]$	(김해, 양산)
섞이·이·다<섞이다(피)>	$(H^2M{\cdot}M\rightarrow)H^2M^2[MHM^2]$	(김해, 양산)
썪이·이·다<섞이다(피)>	$(H^2M{\cdot}M\rightarrow)H^2M^2[MHM^2]$	(창원①②, 함안)
깎이·이·다<깎이다(피)>	$(H^2M{\cdot}M\rightarrow)H^2M^2[MHM^2]$	(창원①②, 김해, 양산)
닫히·이·다<닫히다(피)>	$(H^2M{\cdot}M\rightarrow)H^2M^2[MHM^2]$	(창원①②, 함안, 김해, 양산)
맺히·이·다<맺히다(피)>	$(H^2M{\cdot}M\rightarrow)H^2M^2[MHM^2]$	(창원①②, 김해)
맞히·이·다<맺히다(피)>	$(H^2M{\cdot}M\rightarrow)H^2M^2[MHM^2]$	(창원①②)
입히·이·다<입히다(피)>	$(H^2M{\cdot}M\rightarrow)H^2M^2[MHM^2]$	(창원①②, 함안, 김해, 양산)
넙히·이·다<눕히다(피)>	$(H^2M{\cdot}M\rightarrow)H^2M^2[MHM^2]$	(창원①②, 김해, 양산)
엡히·이·다<업히다(피)>	$(H^2M{\cdot}M\rightarrow)H^2M^2[MHM^2]$	(함안)
잽히·이·다<잡히다(피)>	$(H^2M{\cdot}M\rightarrow)H^2M^2[MHM^2]$	(창원①②, 함안, 김해, 양산)
업히·이·다<업히다(피)>	$(H^2M{\cdot}M\rightarrow)H^2M^2[MHM^2]$	(창원①②, 함안, 김해, 양산)
잡히·이·다<잡히다(피)>	$(H^2M{\cdot}M\rightarrow)H^2M^2[MHM^2]$	(창원①②, 함안, 김해, 양산)
눕히·이·다<눕히다(피)>	$(H^2M{\cdot}M\rightarrow)H^2M^2[MHM^2]$	(창원①②, 함안, 양산)
눕히·이·다<눕히다(사)>	$(H^2M{\cdot}M\rightarrow)H^2M^2[MHM^2]$	(함안, 양산)
넙히·이·다<눕히다(사)>	$(H^2M{\cdot}M\rightarrow)H^2M^2[MHM^2]$	(양산)
뽑히·이·다<뽑히다(피)>	$(H^2M{\cdot}M\rightarrow)H^2M^2[MHM^2]$	(창원①②, 함안, 김해, 양산)
믹히·이·다<먹히다(피)>	$(H^2M{\cdot}M\rightarrow)H^2M^2[MHM^2]$	(창원①②, 함안, 김해, 양산)
맥히·이·다<막히다(피)>	$(H^2M{\cdot}M\rightarrow)H^2M^2[MHM^2]$	(창원①②, 함안, 김해, 양산)
백히·이·다<박히다(피)>	$(H^2M{\cdot}M\rightarrow)H^2M^2[MHM^2]$	(창원①②, 함안, 김해, 양산)
먹히·이·다<먹히다(피)>	$(H^2M{\cdot}M\rightarrow)H^2M^2[MHM^2]$	(창원①②, 김해, 양산)
막히·이·다<막히다(피)>	$(H^2M{\cdot}M\rightarrow)H^2M^2[MHM^2]$	(창원①②, 양산)
박히·이·다<박히다(피)>	$(H^2M{\cdot}M\rightarrow)H^2M^2[MHM^2]$	(창원①②, 함안, 김해, 양산)
묵히·이·다<먹히다(피)>	$(H^2M{\cdot}M\rightarrow)H^2M^2[MHM^2]$	(창원②, 함안, 양산)
얹히·이·다<얹히다(피)>	$(H^2M{\cdot}M\rightarrow)H^2M^2[MHM^2]$	(창원①②, 함안, 김해, 양산)
내리·이·다<내리다(능)>	$(H^2M{\cdot}M\rightarrow)H^2M^2[MHM^2]$	(창원①②, 함안, 양산)
아리·이·다(痛)<아리다(피)>	$(H^2M{\cdot}M\rightarrow)H^2M^2[MHM^2]$	(창원①②, 김해, 양산)
찔리·이·다<찔리다(피)>	$(H^2M{\cdot}M\rightarrow)H^2M^2[MHM^2]$	(창원①②, 함안, 김해, 양산)
들리·이·다<들리다(피)>	$(H^2M{\cdot}M\rightarrow)H^2M^2[MHM^2]$	(창원①②, 함안, 김해, 양산)
날리·이·다<날리다(피)>	$(H^2M{\cdot}M\rightarrow)H^2M^2[MHM^2]$	(창원①②, 함안, 김해, 양산)
물리·이·다<물리다(피)>	$(H^2M{\cdot}M\rightarrow)H^2M^2[MHM^2]$	(창원①②, 함안, 김해, 양산)
돌리·이·다<따돌리다(피)>	$(H^2M{\cdot}M\rightarrow)H^2M^2[MHM^2]$	(창원①②, 함안, 김해, 양산)

소시·이·다[869] $(H^2M·M\rightarrow)H^2M^2[MHM^2]$ (창원①②, 함안, 김해)
뻗치·이·다<뻗히다(피)> $(H^2M·M\rightarrow)H^2M^2[MHM^2]$ (창원①②, 김해, 함안)
댇기·이·다<닫히다(피)> $(H^2M·M\rightarrow)H^2M^2[MHM^2]$ (창원①②, 함안)
들기·이·다(聞)<들리다(피)> $(H^2M·M\rightarrow)H^2M^2[MHM^2]$ (창원①②, 함안, 양산)
닫기·이·다<닫히다(피)> $(H^2M·M\rightarrow)H^2M^2[MHM^2]$ (창원①②, 함안, 김해, 양산)
팅기·이·다<튕기다(피)> $(H^2M·M\rightarrow)H^2M^2[MHM^2]$ (창원①, 함안, 김해, 양산)
땡기·이·다<당기다(피)> $(H^2M·M\rightarrow)H^2M^2[MHM^2]$ (창원①②, 함안, 양산)
할키·이·다<할퀴다(피)> $(H^2M·M\rightarrow)H^2M^2[MHM^2]$ (창원①②, 함안, 양산)
홀키·이·다<할퀴다(피)> $(H^2M·M\rightarrow)H^2M^2[MHM^2]$ (창원①②, 함안, 김해, 양산)
댇키·이·다<닫히다(피)> $(H^2M·M\rightarrow)H^2M^2[MHM^2]$ (함안)
깨끼·이·다<깎이다(피)> $(H^2M·M\rightarrow)H^2M^2[MHM^2]$ (창원①②, 함안)
엎디·리·다<엎드리다> $(H^2M·M\rightarrow)H^2M^2[MHM^2]$ (창원①②, 김해, 양산)
내비·리·다<내버리다> $(H^2M·M\rightarrow)H^2M^2[MHM^2]$ (창원①②, 함안)
내삐·리·다<내버리다> $(H^2M·M\rightarrow)H^2M^2[MHM^2]$ (창원①②, 함안, 김해, 양산)
땡기·리·다<당기다> $(H^2M·M\rightarrow)H^2M^2[MHM^2]$ (창원①②, 함안, 김해, 양산)
엎드·리·다 $(H^2M·M\rightarrow)H^2M^2[MHM^2]$ (창원①②, 함안)
꾸부·리·다 $(H^2M·M\rightarrow)H^2M^2[MHM^2]$ (창원①②, 함안, 김해, 양산)
수구·리·다<수그리다> $(H^2M·M\rightarrow)H^2M^2[MHM^2]$ (창원①②, 함안, 김해, 양산)
오구·리·다<오그리다> $(H^2M·M\rightarrow)H^2M^2[MHM^2]$ (창원①②, 함안, 김해, 양산)
파헤·시·다<파헤치다> $(H^2M·M\rightarrow)H^2M^2[MHM^2]$ (창원①②, 김해)
까래·비·다<할퀴다> $(H^2M·M\rightarrow)H^2M^2[MHM^2]$ (창원①, 김해, 양산)
돋아·아·다<돋우다> $(H^2M·M\rightarrow)H^2M^2[MHM^2]$ (창원①②, 함안)
높아·아·다<높이다> $(H^2M·M\rightarrow)H^2M^2[MHM^2]$ (함안)
업하·아·다<업히다> $(H^2M·M\rightarrow)H^2M^2[MHM^2]$ (함안)
눕하·아·다<눕히다> $(H^2M·M\rightarrow)H^2M^2[MHM^2]$ (함안)
식하·아·다<식히다> $(H^2M·M\rightarrow)H^2M^2[MHM^2]$ (창원①, 함안)
썩하·아·다<썩히다> $(H^2M·M\rightarrow)H^2M^2[MHM^2]$ (창원①, 함안)
삭하·아·다<삭히다> $(H^2M·M\rightarrow)H^2M^2[MHM^2]$ (창원①, 함안)
녹하·아·다<녹이다> $(H^2M·M\rightarrow)H^2M^2[MHM^2]$ (창원①②, 함안)
쏙하·아·다<속이다> $(H^2M·M\rightarrow)H^2M^2[MHM^2]$ (창원①, 함안)
따라·아·다(酌)<따르다> $(H^2M·M\rightarrow)H^2M^2[MHM^2]$ (창원①②, 함안)
말라·아·다(乾)<말리다> $(H^2M·M\rightarrow)H^2M^2[MHM^2]$ (창원①②, 함안)
몰라·아·다<말리다> $(H^2M·M\rightarrow)H^2M^2[MHM^2]$ (함안)
거다·아·다<거두다> $(H^2M·M\rightarrow)H^2M^2[MHM^2]$ (창원①②, 함안, 양산)
가다·아·다<가두다> $(H^2M·M\rightarrow)H^2M^2[MHM^2]$ (창원①②, 함안)
전자·아·다<겨누다> $(H^2M·M\rightarrow)H^2M^2[MHM^2]$ (창원①②, 함안, 김해)
굳차·아·다<덥히다> $(H^2M·M\rightarrow)H^2M^2[MHM^2]$ (함안)
늦차·아·다<늦추다> $(H^2M·M\rightarrow)H^2M^2[MHM^2]$ (창원②, 함안)

869) 〔창원 방언①②〕 /·이·가 소시·이·다/<이빨이 솟아오르다>.

낮차·아·다<낮추다>	$(H^2M\cdot M\rightarrow)H^2M^2[MHM^2]$	(창원②, 함안)
맞차·아·다<맞추다>	$(H^2M\cdot M\rightarrow)H^2M^2[MHM^2]$	(창원②, 함안)
달가·아·다<달구다>	$(H^2M\cdot M\rightarrow)H^2M^2[MHM^2]$	(함안)
텡가·아·다<퉁기다>	$(H^2M\cdot M\rightarrow)H^2M^2[MHM^2]$	(함안)
사카·아·다<삭히다>	$(H^2M\cdot M\rightarrow)H^2M^2[MHM^2]$	(창원②, 함안, 김해, 양산)
달카·아·다<닳게 하다>	$(H^2M\cdot M\rightarrow)H^2M^2[MHM^2]$	(창원②, 함안)
돋카·아·다<돋우다>	$(H^2M\cdot M\rightarrow)H^2M^2[MHM^2]$	(함안)
익카·아·다<익히다>	$(H^2M\cdot M\rightarrow)H^2M^2[MHM^2]$	(창원①, 함안)
바까·아·다<바꾸다>	$(H^2M\cdot M\rightarrow)H^2M^2[MHM^2]$	(함안)
후두·카·다<쫓다>	$(H^2M\cdot M\rightarrow)H^2M^2[MHM^2]$	(창원①②, 함안, 양산)
돋우·우·다<돋우다>	$(H^2M\cdot M\rightarrow)H^2M^2[MHM^2]$	(창원①, 함안)
높우·우·다<높이다>	$(H^2M\cdot M\rightarrow)H^2M^2[MHM^2]$	(창원②, 함안, 김해, 양산)
닙후·우·다<입히다>	$(H^2M\cdot M\rightarrow)H^2M^2[MHM^2]$	(김해)
업후·우·다<업히다>	$(H^2M\cdot M\rightarrow)H^2M^2[MHM^2]$	(함안, 김해)
식후·우·다<식히다>	$(H^2M\cdot M\rightarrow)H^2M^2[MHM^2]$	(창원①, 함안, 김해, 양산)
석후·우·다<썩히다>	$(H^2M\cdot M\rightarrow)H^2M^2[MHM^2]$	(김해)
썩후·우·다<썩히다>	$(H^2M\cdot M\rightarrow)H^2M^2[MHM^2]$	(창원①, 함안)
삭후·우·다<삭히다>	$(H^2M\cdot M\rightarrow)H^2M^2[MHM^2]$	(창원②, 함안, 김해, 양산)
막후·우·다<막다>	$(H^2M\cdot M\rightarrow)H^2M^2[MHM^2]$	(함안, 김해)
녹후·우·다<녹이다>	$(H^2M\cdot M\rightarrow)H^2M^2[MHM^2]$	(창원①②, 함안, 양산)
속후·우·다<속이다>	$(H^2M\cdot M\rightarrow)H^2M^2[MHM^2]$	(김해)
쏙후·우·다<속이다>	$(H^2M\cdot M\rightarrow)H^2M^2[MHM^2]$	(창원①②, 함안)
내루·우·다<내리다(타)>	$(H^2M\cdot M\rightarrow)H^2M^2[MHM^2]$	(창원①②, 함안, 김해, 양산)
개루·우·다<가리다>	$(H^2M\cdot M\rightarrow)H^2M^2[MHM^2]$	(창원①, 김해)
따루·우·다<따르다>	$(H^2M\cdot M\rightarrow)H^2M^2[MHM^2]$	(창원①, 함안, 김해, 양산)
고루·우·다(均)<고루다>	$(H^2M\cdot M\rightarrow)H^2M^2[MHM^2]$	(창원①②)
꼬루·우·다(均)<고루다>[870]	$(H^2M\cdot M\rightarrow)H^2M^2[MHM^2]$	(양산)
꼬루·우·다<째려보다>	$(H^2M\cdot M\rightarrow)H^2M^2[MHM^2]$	(양산)
이수·우·다<잇다>	$(H^2M\cdot M\rightarrow)H^2M^2[MHM^2]$	(창원①, 함안, 김해)
떠수·우·다<데우다>	$(H^2M\cdot M\rightarrow)H^2M^2[MHM^2]$	(창원①②)
따수·우·다<데우다>	$(H^2M\cdot M\rightarrow)H^2M^2[MHM^2]$	(창원①②, 김해)
빠수·우·다<바수다>	$(H^2M\cdot M\rightarrow)H^2M^2[MHM^2]$	(창원①②, 함안, 김해)
뽀수·우·다<바수다>	$(H^2M\cdot M\rightarrow)H^2M^2[MHM^2]$	(함안, 김해)
늦추·우·다<늦추다>	$(H^2M\cdot M\rightarrow)H^2M^2[MHM^2]$	(창원①②, 함안, 김해)
낮추·우·다<낮추다>	$(H^2M\cdot M\rightarrow)H^2M^2[MHM^2]$	(창원①②, 함안, 김해)
맞추·우·다<맞추다>	$(H^2M\cdot M\rightarrow)H^2M^2[MHM^2]$	(창원①②, 함안, 김해)
달구·우·다<달구다>	$(H^2M\cdot M\rightarrow)H^2M^2[MHM^2]$	(창원①②, 함안, 김해)
돋구·우·다<돋구다>	$(H^2M\cdot M\rightarrow)H^2M^2[MHM^2]$	(창원①②, 김해)

870) 〔양산 방언〕 /꼬라·아·가 :나·왔·다/<옷을 예쁘게 입고 나왔다>.

팅구·우·다<퉁기다> $(H^2M{\cdot}M\rightarrow)H^2M^2[MHM^2]$ (창원②, 함안, 김해, 양산)
텡구·우·다<퉁기다> $(H^2M{\cdot}M\rightarrow)H^2M^2[MHM^2]$ (창원②, 함안, 김해, 양산)
달쿠·우·다<달구다> $(H^2M{\cdot}M\rightarrow)H^2M^2[MHM^2]$ (창원①, 김해)
돋쿠·우·다<돋구다> $(H^2M{\cdot}M\rightarrow)H^2M^2[MHM^2]$ (함안, 김해)
내라·아·다<내리다(사)> $(H^2M{\cdot}M\rightarrow)H^2M^2[MHM^2]$ (창원①②, 함안)
날라·아·다<날리다> $(H^2M{\cdot}M\rightarrow)H^2M^2[MHM^2]$ (함안)
이사·아·다<잇다> $(H^2M{\cdot}M\rightarrow)H^2M^2[MHM^2]$ (창원②, 함안, 김해)
따사·아·다<뜨뜻하게 하다> $(H^2M{\cdot}M\rightarrow)H^2M^2[MHM^2]$ (창원②)
빠사·아·다<바수다> $(H^2M{\cdot}M\rightarrow)H^2M^2[MHM^2]$ (함안)
뽀사·아·다<바수다> $(H^2M{\cdot}M\rightarrow)H^2M^2[MHM^2]$ (함안)
탐시·럽·다<탐스럽다> $(H^2M{\cdot}M\rightarrow)H^2M^2[MHM^2]$ (창원①②, 함안, 김해)
탐스·럽·다 $(H^2M{\cdot}M\rightarrow)H^2M^2[MHM^2]$ (창원①②)

(343) □□+□(당연 규칙)→□³
군데띠·다<그네 타다> $(H^3{\cdot}M\rightarrow)H^3M$[MʜHM] (김해)
주천띠·다 $(H^3{\cdot}M\rightarrow)H^3M$[MʜHM] (김해)
깨앰띠·다<한발로> $(H^3{\cdot}M\rightarrow)H^3M$[MʜHM] (창원②)
띠금띠·다<두발로 뛰다> $(H^3{\cdot}M\rightarrow)H^3M$[MʜHM] (함안)
깨금띠·다<깨금뛰다> $(H^3{\cdot}M\rightarrow)H^3M$[MʜHM] (창원①②, 함안)
깨굼띠·다<깨금뛰다> $(H^3{\cdot}M\rightarrow)H^3M$[MʜHM] (창원①②, 김해)
깨곰띠·다<깨금뛰다> $(H^3{\cdot}M\rightarrow)H^3M$[MʜHM] (양산)
건방지·다 $(H^3{\cdot}M\rightarrow)H^3M$[MʜHM] (창원①②, 함안, 김해, 양산)
가실하·다<가을하다> $(H^3{\cdot}M\rightarrow)H^3M$[MʜHM] (창원①②, 함안, 김해, 양산)
가알하·다<가을하다> $(H^3{\cdot}M\rightarrow)H^3M$[MʜHM] (창원①②, 김해)
가난하·다 $(H^3{\cdot}M\rightarrow)H^3M$[MʜHM] (창원①②, 함안, 양산)
꼿꼿하·다 $(H^3{\cdot}M\rightarrow)H^3M$[MʜHM] (창원①②, 함안, 김해, 양산)
꾸정하·다 $(H^3{\cdot}M\rightarrow)H^3M$[MʜHM] (창원①②, 함안)
사랑하·다 $(H^3{\cdot}M\rightarrow)H^3M$[MʜHM] (창원①②, 함안, 양산)
간지라·다<간질이다> $(H^3{\cdot}M\rightarrow)H^3M$[MʜHM] (창원①②)
강그라·다<간질이다> $(H^3{\cdot}M\rightarrow)H^3M$[MʜHM] (창원②)
마실가·다 $(H^3{\cdot}M\rightarrow)H^3M$[MʜHM] (창원①②)
마실까·다<마실가다> $(H^3{\cdot}M\rightarrow)H^3M$[MʜHM] (창원①②, 함안, 김해)
모실까·다<마실가다> $(H^3{\cdot}M\rightarrow)H^3M$[MʜHM] (함안, 김해)
후두쿻·다<쫓다> $(H^3{\cdot}M\rightarrow)H^3M$[MʜHM] (양산)
방정맞·다 $(H^3{\cdot}M\rightarrow)H^3M$[MʜHM] (창원①②, 함안, 김해, 양산)
건지럽·다<가렵다> $(H^3{\cdot}M\rightarrow)H^3M$[MʜHM] (창원①②, 함안, 김해, 양산)
간지럽·다 $(H^3{\cdot}M\rightarrow)H^3M$[MʜHM] (창원①②, 함안, 김해, 양산)
미끄럽·다 $(H^3{\cdot}M\rightarrow)H^3M$[MʜHM] (창원①②, 함안, 김해, 양산)
매끄럽·다 $(H^3{\cdot}M\rightarrow)H^3M$[MʜHM] (창원①②, 함안, 양산)
부끄럽·다 $(H^3{\cdot}M\rightarrow)H^3M$[MʜHM] (창원①②, 함안, 김해, 양산)

자부럽·다<졸리다>	(H^3·M→)H^{3}M[MʜHM]	(김해)
내그랍·다<냅다>	(H^3·M→)H^{3}M[MʜHM]	(양산)
방아찍·다<방아 찧다>	(H^3·M→)H^{3}M[MʜHM]	(김해)
바아쩡ᇂ·다<방아 찧다>	(H^3·M→)H^{3}M[MʜHM]	(창원①②)
바아찡ᇂ·다<방아 찧다>	(H^3·M→)H^{3}M[MʜHM]	(창원②, 함안)
바아찡ᇂ·다<방아 찧다>	(H^3·M→)H^{3}M[MʜHM]	(양산)

(344) □□+□·□(당연 규칙)→□^{3}·□

쪼달리·이·다<쪼달리다>	{H^{3}M·M→)H^{3}M^2[MʜHM^2]	(창원①, 양산)
주물리·이·다<주물리다(피)>	(H^{3}M·M→)H^{3}M^2[MʜHM^2]	(창원①②, 함안, 김해)
자불리·이·다<졸리다>	(H^{3}M·M→)H^{3}M^2[MʜHM^2]	(창원①②)
따돌리·이·다<따돌리다(피)>	(H^{3}M·M→)H^{3}M^2[MʜHM^2]	(창원①②, 함안, 김해, 양산)
자물시·이·다<까무러지다>	(H^{3}M·M→)H^{3}M^2[MʜHM^2]	(창원①②, 함안)
사무치·이·다<사무치다>	(H^{3}M·M→)H^{3}M^2[MʜHM^2]	(창원①②, 함안, 김해)
후두끼·이·다<쫓기다>	(H^{3}M·M→)H^{3}M^2[MʜHM^2]	(창원①②, 김해)
머슴데·리·다	(H^{3}M·M→)H^{3}M^2[MʜHM^2]	(창원①②, 함안, 김해, 양산)
거들거·리·다	(H^{3}M·M→)H^{3}M^2[MʜHM^2]	(창원①②, 함안, 김해)
꺼들거·리·다<거들거리다>	(H^{3}M·M→)H^{3}M^2[MʜHM^2]	(창원①②)
간지라·아·다<간질이다>	(H^{3}M·M→)H^{3}M^2[MʜHM^2]	(창원①②, 함안)
방정시·럽·다<방정스럽다>	(H^{3}M·M→)H^{3}M^2[MʜHM^2]	(창원①②, 함안, 김해, 양산)
방정스·럽·다	(H^{3}M·M→)H^{3}M^2[MʜHM^2]	(창원②)

(345) □□□□+□(당연 규칙)→□^{5}

꾸르무리하·다<끄무레하다>	(H^{5}M →)H^{5}M[Mʜ^{3}HM]	(창원①②, 김해)

5.5.2 첫성분평성형화 규칙

두 개의 성분이 결합하여 하나의 어간이 될 때, 상성형(:□$_1$), 거성형(·□$_1$), 또는 평측형(□$_1$·□^{n})(단, n≧1) 중의 하나였던 첫 성분이 평성형(□$_1$, 0측형)으로 변하는 것을 첫성분평성형화라 한다.[871]

(346) :□+·□(첫성분평성형화 규칙)→□·□

뎁·히·다<덥히다>	(HM·M→)HM^2[HM^2]	(창원①②, 함안, 김해, 양산)
덥·히·다<덥히다>	(HM·M→)HM^2[HM^2]	(함안)
누·리·다<누리다>	(HM·M→)HM^2[HM^2]	(양산)
빌·리·다	(HM·M→)HM^2[HM^2]	(창원①, 함안, 양산)

871) 첫성분평성형화는 규칙 (153)을 참조.

걸·리·다<걸음을~>	(HM·M→)HM^2[HM^2]	(창원①②, 함안, 김해, 양산)
알·리·다	(HM·M→)HM^2[HM^2]	(창원①②, 함안, 김해, 양산)
살·리·다	(HM·M→)HM^2[HM^2]	(창원①②, 함안, 김해, 양산)
돌·리·다	(HM·M→)HM^2[HM^2]	(창원①②, 함안, 김해, 양산)
시·기·다(使)<시키다>	(HM·M→)HM^2[HM^2]	(김해)
신·기·다	(HM·M→)HM^2[HM^2]	(창원①②, 함안, 김해, 양산)
앤·기·다<안기다(사)>	(HM·M→)HM^2[HM^2]	(양산)
넘·기·다<넘기다>	(HM·M→)HM^2[HM^2]	(양산)
안·기·다<사>	(HM·M→)HM^2[HM^2]	(창원①②, 함안, 김해)
남·기·다<남기다>	(HM·M→)HM^2[HM^2]	(양산)
싱·기·다<섬기다>	(HM·M→)HM^2[HM^2]	(함안, 김해)
엥·기·다<옮기다>	(HM·M→)HM^2[HM^2]	(창원①②, 함안, 김해, 양산)
넹·기·다<넘기다>	(HM·M→)HM^2[HM^2]	(창원①②, 함안, 양산)
앵·기·다<안기다(사)>	(HM·M→)HM^2[HM^2]	(창원①②, 김해)
냉·기·다<남기다>	(HM·M→)HM^2[HM^2]	(창원①②, 함안, 김해, 양산)
갱·기·다<곪다>	(HM·M→)HM^2[HM^2]	(창원①②, 함안, 양산)
넝·기·다<넘기다>	(HM·M→)HM^2[HM^2]	(창원①②, 양산)
낭·기·다<남기다>	(HM·M→)HM^2[HM^2]	(창원①②, 함안)
궁·기·다<굶기다>	(HM·M→)HM^2[HM^2]	(창원①②, 함안, 김해, 양산)
옹·기·다<옮기다>	(HM·M→)HM^2[HM^2]	(창원①②, 함안, 김해, 양산)
공·기·다<곪다>	(HM·M→)HM^2[HM^2]	(창원①, 김해)
잇·기·다<웃기다>	(HM·M→)HM^2[HM^2]	(창원①②, 김해)
웃·기·다	(HM·M→)HM^2[HM^2]	(창원①②, 김해, 양산)
윗·기·다<웃기다>	(HM·M→)HM^2[HM^2]	(양산)
신·키·다<신기다>	(HM·M→)HM^2[HM^2]	(양산)
잇·키·다<웃기다>	(HM·M→)HM^2[HM^2]	(함안)
웃·키·다<웃기다>	(HM·M→)HM^2[HM^2]	(함안)
싱·키·다<숨기다>	(HM·M→)HM^2[HM^2]	(창원①, 김해)
궁·끼·다<굶기다><사>	(HM·M→)HM^2[HM^2]	(김해)
세·에·다(算)<세다>	(HM·M→)HM^2[HM^2]	(양산)
베·에·다<베다>	(HM·M→)HM^2[HM^2]	(김해)
재·애·다(測)<재다>	(HM·M→)HM^2[HM^2]	(창원①②, 함안, 김해, 양산)
재·애·다<재우다>	(HM·M→)HM^2[HM^2]	(함안)
개·애·다(晴)<개다>	(HM·M→)HM^2[HM^2]	(창원②, 양산)
비·아·다(空)<비우다>	(HM·M→)HM^2[HM^2]	(창원①)
베·아·다(空)<비우다>	(HM·M→)HM^2[HM^2]	(창원①②)
비·우·다(空)	(HM·M→)HM^2[HM^2]	(창원①②, 김해, 양산)
수·욿·다(易)<쉽다>	(HM·M→)HM^2[HM^2]	(창원①②, 김해)

(347) :□+□(첫성분평성형화 규칙)→$\square^2$

찌이·다<끼다>	$(H^2 \cdot M \to)H^2M[MHM]$	(김해)
끼이·다<끼다>	$(H^2 \cdot M \to)H^2M[MHM]$	(창원②, 김해)
개이·다(晴)<개다>	$(H^2 \cdot M \to)H^2M[MHM]$	(창원①②, 함안, 양산)
밝히·다	$(H^2 \cdot M \to)H^2M[MHM]$	(창원②)
얼아·다(氷)<얼리다>	$(H^2 \cdot M \to)H^2M[MHM]$	(창원①②)
이라·다<이루다>	$(H^2 \cdot M \to)H^2M[MHM]$	(창원①②, 함안)
누라·다(黃)<눌리다>	$(H^2 \cdot M \to)H^2M[MHM]$	(창원①②)
돌라·다<따돌리다>	$(H^2 \cdot M \to)H^2M[MHM]$	(창원①②)
데파·다<데우다>	$(H^2 \cdot M \to)H^2M[MHM]$	(창원②, 함안)
더파·다<데우다>	$(H^2 \cdot M \to)H^2M[MHM]$	(창원①②, 함안)
일가·다<일구다>	$(H^2 \cdot M \to)H^2M[MHM]$	(창원①②)
넝가·다<넘기다>	$(H^2 \cdot M \to)H^2M[MHM]$	(창원①②)
낭가·다<남기다>	$(H^2 \cdot M \to)H^2M[MHM]$	(창원①②, 김해, 함안)
궁가·다<굶기다>	$(H^2 \cdot M \to)H^2M[MHM]$	(창원①②)
얼우·다(氷)<얼리다>	$(H^2 \cdot M \to)H^2M[MHM]$	(김해, 양산)
뎁후·다<데우다>	$(H^2 \cdot M \to)H^2M[MHM]$	(함안, 김해, 양산)
덥후·다<데우다>	$(H^2 \cdot M \to)H^2M[MHM]$	(김해)
이루·다	$(H^2 \cdot M \to)H^2M[MHM]$	(창원①②, 김해, 양산)
눌루·다<눌리다>	$(H^2 \cdot M \to)H^2M[MHM]$	(양산)
뎁훟·다<덥히다>	$(H^2 \cdot M \to)H^2M[MHM])$	(김해, 양산)
덥훟·다<덥히다>	$(H^2 \cdot M \to)H^2M[MHM]$	(김해)
어룽·다<얼리다>	$(H^2 \cdot M \to)H^2M[MHM]$	(김해)
돌룽·다<따돌리다>	$(H^2 \cdot M \to)H^2M[MHM]$	(김해)

(348) :□+□·□(첫성분평성형화 규칙)→$\square^2$·□

찌이·이·다<끼다>	$(H^2M \cdot M \to)H^2M^2[MHM^2]$	(창원①②, 김해)
비이·이·다(切)<베이다(피)>	$(H^2M \cdot M \to)H^2M^2[MHM^2]$	(창원②, 함안, 김해)
끼이·이·다<끼다(피)>	$(H^2M \cdot M \to)H^2M^2[MHM^2]$	(창원①②, 함안, 김해)
메이·이·다<메이다>	$(H^2M \cdot M \to)H^2M^2[MHM^2]$	(창원①②, 함안, 김해, 양산)
개이·이·다(晴)<개다>	$(H^2M \cdot M \to)H^2M^2[MHM^2]$	(창원①②, 함안, 김해, 양산)
밟히·이·다<밟히다(피)>	$(H^2M \cdot M \to)H^2M^2[MHM^2]$	(창원①②, 함안, 김해, 양산)
볿히·이·다<밟히다(피)>	$(H^2M \cdot M \to)H^2M^2[MHM^2]$	(김해)
어리·이·다(凝)<어리다>	$(H^2M \cdot M \to)H^2M^2[MHM^2]$	(창원①②, 함안, 김해, 양산)
소리·이·다	$(H^2M \cdot M \to)H^2M^2[MHM^2]$	(창원①②, 함안)
밀리·이·다<밀리다(피)>	$(H^2M \cdot M \to)H^2M^2[MHM^2]$	(창원①②, 함안, 김해, 양산)
걸리·이·다(步)<걸리다(피)>	$(H^2M \cdot M \to)H^2M^2[MHM^2]$	(창원①②, 함안, 김해, 양산)
걸리·이·다<(가시) 걸리다(피)>	$(H^2M \cdot M \to)H^2M^2[MHM^2]$	(창원①②, 김해, 양산)
알리·이·다<알리다(사)>	$(H^2M \cdot M \to)H^2M^2[MHM^2]$	(양산)
신기·이·다<신기다(피)>	$(H^2M \cdot M \to)H^2M^2[MHM^2]$	(창원①②)

안기·이·다(抱)<안기다(피)> (H^{2}M·M→)H^{2}M^2[MHM^2] (창원①②, 함안, 양산)
앵기·이·다(抱)<안기다(사)> (H^{2}M·M→)H^{2}M^2[MHM^2] (양산)
앵기·이·다(抱)<안기다(피)> (H^{2}M·M→)H^{2}M^2[MHM^2] (창원①②, 함안, 양산)
신끼·이·다<신기다(피)> (H^{2}M·M→)H^{2}M^2[MHM^2] (양산)
앵끼·이·다(抱)<안기다(사)> (H^{2}M·M→)H^{2}M^2[MHM^2] (양산)
일바·시·다<일으키다> (H^{2}M·M→)H^{2}M^2[MHM^2] (창원①②, 함안, 김해, 양산)
파헤·치·다 (H^{2}M·M→)H^{2}M^2[MHM^2] (창원①②, 함안, 김해, 양산)
일으·키·다 (H^{2}M·M→)H^{2}M^2[MHM^2] (창원①②, 함안, 김해, 양산)
이리·키·다<일으키다> (H^{2}M·M→)H^{2}M^2[MHM^2] (양산)
아리·키·다<일으키다> (H^{2}M·M→)H^{2}M^2[MHM^2] (함안)
일배·끼·다<일으키다> (H^{2}M·M→)H^{2}M^2[MHM^2] (창원①②, 김해)
얼아·아·다(氷)<얼리다(사)> (H^{2}M·M→)H^{2}M^2[MHM^2] (창원②, 함안)
덥하·아·다<덥히다> (H^{2}M·M→)H^{2}M^2[MHM^2] (창원②)
뎁하·아·다<덥히다> (H^{2}M·M→)H^{2}M^2[MHM^2] (함안)
도라·아·다<따돌리다> (H^{2}M·M→)H^{2}M^2[MHM^2] (함안)
걸라·아·다(步)<걸리다> (H^{2}M·M→)H^{2}M^2[MHM^2] (함안)
돌라·아·다<따돌리다> (H^{2}M·M→)H^{2}M^2[MHM^2] (창원①②)
일가·아·다<일구다> (H^{2}M·M→)H^{2}M^2[MHM^2] (함안)
넹가·아·다<넘기다> (H^{2}M·M→)H^{2}M^2[MHM^2] (함안)
앵가·아·다<안기다> (H^{2}M·M→)H^{2}M^2[MHM^2] (함안)
낭가·아·다<남기다> (H^{2}M·M→)H^{2}M^2[MHM^2] (창원①②, 함안)
얼우·우·다(氷)<얼리다(사)> (H^{2}M·M→)H^{2}M^2[MHM^2] (창원①②, 함안, 김해, 양산)
딥후·우·다<덥히다> (H^{2}M·M→)H^{2}M^2[MHM^2] (창원②)
뎁후·우·다<덥히다> (H^{2}M·M→)H^{2}M^2[MHM^2] (함안, 김해)
덥후·우·다<덥히다> (H^{2}M·M→)H^{2}M^2[MHM^2] (창원①②, 김해)
이루·우·다<이루다> (H^{2}M·M→)H^{2}M^2[MHM^2] (창원①, 김해)
아루·우·다<알리다> (H^{2}M·M→)H^{2}M^2[MHM^2] (김해)
누루·우·다<눌리다> (H^{2}M·M→)H^{2}M^2[MHM^2] (창원①, 김해)
눌루·우·다<눌리다> (H^{2}M·M→)H^{2}M^2[MHM^2] (창원②, 함안, 양산)
돌루·우·다<따돌리다> (H^{2}M·M→)H^{2}M^2[MHM^2] (창원②, 김해, 양산)
일구·우·다<이루다> (H^{2}M·M→)H^{2}M^2[MHM^2] (창원①②, 함안, 김해)
얼구·우·다(氷)<얼리다> (H^{2}M·M→)H^{2}M^2[MHM^2] (김해)
넝구·우·다<넘기다> (H^{2}M·M→)H^{2}M^2[MHM^2] (창원①, 김해)
앙구·우·다<앙구다> (H^{2}M·M→)H^{2}M^2[MHM^2] (함안)
낭구·우·다<남기다> (H^{2}M·M→)H^{2}M^2[MHM^2] (창원①②, 함안, 김해)
숭구·우·다(植)<심다> (H^{2}M·M→)H^{2}M^2[MHM^2] (함안)
숭구·우·다<감추다> (H^{2}M·M→)H^{2}M^2[MHM^2] (함안)

(349) :□·□+□·□(첫성분평성형화 규칙)→□^{3}·□
세알리·이·다(算)<세다> (H^{3}M·M→)H^{3}M^2[MʜHM^2] (양산)

비꼬이·이·다<비꼬이다> (H^{3}M·M→)H^{3}M^2[MʜHM^2] (창원①②, 김해)

(350) ·□+·□(첫성분평성형화 규칙)→□·□

티·이·다<트이다(피)> (HM·M→)HM^2[HM^2] (함안, 양산)
띠·이·다<뜨이다> (HM·M→)HM^2[HM^2] (함안, 김해, 양산)
빨·리·다<사> (HM·M→)HM^2[HM^2] (창원①②, 함안, 김해)
꼬·시·다<고소하다> (HM·M→)HM^2[HM^2] (창원①②, 함안, 김해, 양산)
숨·기·다<숨기다> (HM·M→)HM^2[HM^2] (창원①②, 함안)
깽·기·다<감기다(사)> (HM·M→)HM^2[HM^2] (창원①②)
깡·기·다<감기다(사)> (HM·M→)HM^2[HM^2] (함안, 김해)
숭·기·다<숨기다> (HM·M→)HM^2[HM^2] (창원①②, 함안, 양산)
늘·키·다<늘리다> (HM·M→)HM^2[HM^2] (함안, 양산)
숨·키·다<숨기다> (HM·M→)HM^2[HM^2] (창원①②, 양산)
숭·키·다<숨기다> (HM·M→)HM^2[HM^2] (김해)
끼·아·다<끼우다> (HM·M→)HM^2[HM^2] (창원①②)
테·아·다<틔우다> (HM·M→)HM^2[HM^2] (창①②)
떼·아·다<띄우다> (HM·M→)HM^2[HM^2] (창원①②)
케·아·다<키우다> (HM·M→)HM^2[HM^2] (창원①②, 함안)
께·아·다<끼우다> (HM·M→)HM^2[HM^2] (창원①②)
태·아·다(燒)<태우다(사)> (HM·M→)HM^2[HM^2] (창원①②, 함안)
태·아·다(乘車)<태우다(사)> (HM·M→)HM^2[HM^2] (창원①②, 함안)
깨·아·다<깨우다> (HM·M→)HM^2[HM^2] (창원①②, 함안)
꼬·아·다<꾀다> (HM·M→)HM^2[HM^2] (창원①②)
티·우·다(通)<틔우다> (HM·M→)HM^2[HM^2] (창원①②, 함안, 김해, 양산)
찌·우·다<끼우다> (HM·M→)HM^2[HM^2] (창원①②, 김해, 양산)
키·우·다<사> (HM·M→)HM^2[HM^2] (창원①②, 함안, 김해, 양산)
태·우·다(燒) (HM·M→)HM^2[HM^2] (창원①②, 함안, 김해, 양산)
태·우·다(乘) (HM·M→)HM^2[HM^2] (창원①②, 함안, 김해, 양산)
깨·우·다 (HM·M→)HM^2[HM^2] (창원①②, 함안, 김해, 양산)
꼬·우·다<꾀다> (HM·M→)HM^2[HM^2] (창원①②)

(351) ·□+□(첫성분평성형화 규칙)→□^{2}

띠이·다<띄다> (H^2·M→)H^{2}M[MHM] (창원②, 함안)
꼬이·다<꾀이다(피)> (H^2·M→)H^{2}M[MHM] (양산)
깨배·다<깨우다> (H^2·M→)H^{2}M[MHM] (창원①②, 함안, 김해, 양산)
느라·다<늘리다> (H^2·M→)H^{2}M[MHM] (창원①②)
딜라·다(入)<들놓다> (H^2·M→)H^{2}M[MHM] (창원①②, 함안)
들라·다(入)<들놓다> (H^2·M→)H^{2}M[MHM] (창원①②)
늘카·다<늘리다> (H^2·M→)H^{2}M[MHM] (창원①②)
싱카·다<숨기다> (H^2·M→)H^{2}M[MHM] (창원①②, 함안)

숭카·다<숨기다> $(H^{2}\cdot M\to)H^{2}M[MHM]$ (창원②)
늘쿠·다<늘리다> $(H^{2}\cdot M\to)H^{2}M[MHM]$ (창원②)
싱쿠·다<숨기다> $(H^{2}\cdot M\to)H^{2}M[MHM]$ (창원①②, 김해)
싱쿠·다<신발~> $(H^{2}\cdot M\to)H^{2}M[MHM]$ (양산)
숭쿠·다<숨기다> $(H^{2}\cdot M\to)H^{2}M[MHM]$ (창원②, 김해, 양산)
딜룧·다(入)<들놓다> $(H^{2}\cdot M\to)H^{2}M[MHM]$ (김해)
딜놓·다(入)<들놓다> $(H^{2}\cdot M\to)H^{2}M[MHM]$ (창원①②, 김해)
들놓·다 $(H^{2}\cdot M\to)H^{2}M[MHM]$ (창원①②)
드가·다<들어가다> $(H^{2}L_{-1}\cdot M\to)H^{2}M)[MHM]$ (창원①②, 양산)

(352) ·□+□·□(첫성분평성형화 규칙)→□²·□
티이·이·다<트이다(피)> $(H^{2}M\cdot M\to)H^{2}M^{2}[MHM^{2}]$ (창원①②, 함안, 김해)
띠이·이·다<뜨이다(피)> $(H^{2}M\cdot M\to)H^{2}M^{2}[MHM^{2}]$ (창원①②, 함안, 김해)
시이·이·다(用)<쓰이다(피)> $(H^{2}M\cdot M\to)H^{2}M^{2}[MHM^{2}]$ (김해)
씨이·이·다(用)<쓰이다(피)> $(H^{2}M\cdot M\to)H^{2}M^{2}[MHM^{2}]$ (창원①②)
빼이·이·다<스미다> $(H^{2}M\cdot M\to)H^{2}M^{2}[MHM^{2}]$ (창원①②, 함안)
깨이·이·다<<잠이 깨다> $(H^{2}M\cdot M\to)H^{2}M^{2}[MHM^{2}]$ (양산)
스이·이·다(用)<쓰이다(피)> $(H^{2}M\cdot M\to)H^{2}M^{2}[MHM^{2}]$ (김해, 양산)
쓰이·이·다(用)<쓰이다(피)> $(H^{2}M\cdot M\to)H^{2}M^{2}[MHM^{2}]$ (창원①②, 함안)
꼬이·이·다<꾀이다(피)> $(H^{2}M\cdot M\to)H^{2}M^{2}[MHM^{2}]$ (창원①②, 김해, 양산)
실리·이·다(掃)<쓸리다(피)> $(H^{2}M\cdot M\to)H^{2}M^{2}[MHM^{2}]$ (김해, 양산)
실리·이·다(載)<실리다(피)> $(H^{2}M\cdot M\to)H^{2}M^{2}[MHM^{2}]$ (창원①②, 함안, 김해, 양산)
씰리·이·다(掃)<쓸리다(사)> $(H^{2}M\cdot M\to)H^{2}M^{2}[MHM^{2}]$ (창원①②, 함안)
빨리·이·다<빨리다(피)> $(H^{2}M\cdot M\to)H^{2}M^{2}[MHM^{2}]$ (창원①②, 함안, 김해, 양산)
졸리·이·다<졸리다, 잠오다> $(H^{2}M\cdot M\to)H^{2}M^{2}[MHM^{2}]$ (창원①②, 함안, 김해, 양산)
딜라·아·다(入)<들놓다> $(H^{2}M\cdot M\to)H^{2}M^{2}[MHM^{2}]$ (창원①②, 함안)
늘아·아·다<늘이다> $(H^{2}M\cdot M\to)H^{2}M^{2}[MHM^{2}]$ (창원①②)
꼬사·아·다(誘)<꾀다> $(H^{2}M\cdot M\to)H^{2}M^{2}[MHM^{2}]$ (함안)
깽가·아·다<(눈을) 감기다> $(H^{2}M\cdot M\to)H^{2}M^{2}[MHM^{2}]$ (함안)
늘카·아·다<늘리다> $(H^{2}M\cdot M\to)H^{2}M^{2}[MHM^{2}]$ (창원②, 함안)
싱카·아·다<숨기다> $(H^{2}M\cdot M\to)H^{2}M^{2}[MHM^{2}]$ (창원①, 함안)
숭카·아·다<숨기다> $(H^{2}M\cdot M\to)H^{2}M^{2}[MHM^{2}]$ (함안)
딜랴·아·다(入)<들놓다> $(H^{2}M\cdot M\to)H^{2}M^{2}[MHM^{2}]$ (함안)
싱쿠·우·다<숨기다> $(H^{2}M\cdot M\to)H^{2}M^{2}[MHM^{2}]$ (창원①, 함안, 김해)
숭쿠·우·다<숨기다> $(H^{2}M\cdot M\to)H^{2}M^{2}[MHM^{2}]$ (함안, 김해)
딜류·우·다(入)<들놓다> $(H^{2}M\cdot M\to)H^{2}M^{2}[MHM^{2}]$ (함안, 김해)

(353) ·□·□+□·□(첫성분평성형화 규칙)→□³·□
늘어키·이·다<늘리다> $(H^{3}M\cdot M\to)H^{3}M^{2}[M_{H}HM^{2}]$ (함안)
늘어티·리·다<늘어뜨리다> $(H^{3}M\cdot M\to)H^{3}M^{2}[M_{H}HM^{2}]$ (창원②)

늘어트·리·다 (H^{3}M·M→)H^{3}M^2[MʜHM^2] (양산)

(354) □·□+□(첫성분평성형화 규칙)→□^{3}

떨어지·다 (H^3·M→)H^{3}M[MʜHM] (창원①②, 함안)
자빠지·다 (H^3·M→)H^{3}M[MʜHM] (창원①②)
짜빠지·다 (H^3·M→)H^{3}M[MʜHM] (창원②, 함안)
야무지·다 (H^3·M→)H^{3}M[MʜHM] (창원①②, 함안, 양산)
야무치·다<야무지·다> (H^3·M→)H^{3}M[MʜHM] (창원①②, 함안, 김해, 양산)
이자삐·다<잊어버리다> (H^3·M→)H^{3}M[MʜHM] (창원①②)
이자뿌·다<잊어버리다> (H^3·M→)H^{3}M[MʜHM] (창원①②, 함안, 김해)

(355) □·□+□·□(첫성분평성형화 규칙)→□^{3}·□

이자빼·이·다<잊어버리다> (H^{3}M·M→)H^{3}M^2[MʜHM^2] (함안)
이자빼·리·다<잊어버리다> (H^{3}M·M→)H^{3}M^{2}MʜHM^2] (창원①, 김해)
땡길리·이·다 (H^{3}M·M→)H^{3}M^2[MʜHM^2] (창원①②, 함안, 김해, 양산)
떨어트·리·다 (H^{3}M·M→)H^{3}M^2[MʜHM^2] (창원②)
떨어뜨·리·다 (H^{3}M·M→)H^{3}M^2[MʜHM^2] (창원②, 양산)
떨어티·리·다<떨어트·리·다> (H^{3}M·M→)H^{3}M^2[MʜHM^2] (함안, 양산)

(356) □□·□+□(첫성분평성형화 규칙)→□^{4}

뭉개애지·다<뭉개지다> (H^4 ·M→)H^4 M^2[Mʜ^{2}HM] (창원①②, 함안)

5.5.3 어간 평성형화

경남 서남부 방언권의 여러 방언들에는 조건만 주어지면 임의적으로 (특히 진주 방언에는 필수적으로 적용되는 내적순행평성동화라는 중요한 규칙 (64)가 있음을 보았다. 경남 동남부 방언에서도 내적순행평성동화 규칙이 적용된 것처럼 보이는 보기가 몇 개 보인다. 그러나 이 현상이 보편화되지 못하고 몇 개의 보기가 있다고 해서 이것을 내적순행평성동화 규칙이 적용된 것으로 볼 수는 없으므로, 어간의 '(풀이씨 어간의) 평성형화'라는 이름으로 묶어 두기로 한다.

(357) 풀이씨 어간의 평성형화 규칙 (통시적인 현상으로 불규칙적이다.)
풀이씨 평측형 어간의 일부가 평성형으로 변한다.

다음의 풀이씨 어간들은 일차적으로 '□·□+□(중화 규칙)→□·□·□'와 같은 과정을 거쳐 평1형으로 도출된 것이지만, 이들이 (357)의 적용으로 평성형 '□□□'으로 도출된 것이다.

(358) □·□·□(어간 평성형화)→□^{3}
떨어지·다　(H^3·M→)H^{3}M[MʜHM]　(창원①②, 함안)
자빠지·다　(H^3·M→)H^{3}M[MʜHM]　(창원①②)
짜빠지·다　(H^3·M→)H^{3}M[MʜHM]　(창원②, 함안)

다음의 (359)와 (360)의 어간들은 본래 각각 평2형과 평3형으로, 측성을 기준으로 보면 둘 다 1측형이었다. 경남 동남부 방언에서 최근에 평측형이 평성형으로 변하는 보기들이 늘어나는 추세이다.

(359) □□·□(어간 평성형화)→□^{3}
버무르·다<버무리다>　(H^{3}M·M→)H^{3}M[MʜHM]　(김해)
간질이·다<간질이다>　(H^{3}M·M→)H^{3}M[MʜHM]　(양산)
부티리·다<팽개치다>　(H^{3}M·M→)H^{3}M[MʜHM]　(창원②, 함안, 김해)
가르치·다　(H^{3}M·M→)H^{3}M[MʜHM]　(양산)
개르추·다<가르치·다>　(H^{3}M·M→)H^{3}M[MʜHM]　(김해)
탐스럽·다　(H^{3}M·M→)H^{3}M[MʜHM]　(양산)

(360) □□□·□(어간 평성형화)→□^{4}
부디트리·다<부딪트리다>　(H^{4}M·M→)H^{4}M[Mʜ^{2}HM]　(김해)

5.5.4 중화 규칙에 따른 풀이씨 어간 도출

평성형과 어떤 종류의 측성형이 결합해도 그 측성형은 모두 1점의 연결(·□$_1$)로 바뀌고, 1점이나 2점 뒤에서는 모든 종류의 방점형들이 모두 1점의 연결(·□$_1$)로 바뀌는 것이 중화 규칙 (5)가 적용된 결과이다. 중화 규칙은 복합이름씨 형성에서와 마찬가지로 복합풀이씨 어간의 형성에도 어떤 다른 규칙보다도 높은 빈도로 적용되는 규칙이다. 현대 우리말의 성조방언들에서 평성(□) 뒤에서 상성(:□)과 거성(·□)은 측성(·□)으로 중화되기 때문에, 《□$_1$+·□→□$_1$·□》과 같은 현상을 당연 규칙이 아닌 중화 규칙의 적용에 따른 것으로 처리한다.

(361) □+·□(중화 규칙)→□·□
니·이·다<누이다(사)>　(HM·M→)HM^2[HM^2]　(창원①②, 함안, 김해, 양산)
니·이·다<(옷을) 눕이다>　(HM·M→)HM^2[HM^2]　(양산)
비·이·다<보이다(사)>　(HM·M→)HM^2[HM^2]　(함안, 김해, 양산)
비·이·다(切)<베이다(피)>　(HM·M→)HM^2[HM^2]　(양산)

비·이·다<보이다(피)>	(HM·M→)$HM^2[HM^2]$	(함안, 김해, 양산)
끼·이·다<끼다(피)>	(HM·M→)$HM^2[HM^2]$	(함안, 양산)
베·이·다<보이다(사)>	(HM·M→)$HM^2[HM^2]$	(함안)
보·이·다<사>	(HM·M→)$HM^2[HM^2]$	(양산)
보·이·다<피>	(HM·M→)$HM^2[HM^2]$	(양산)
붙·이·다	(HM·M→)$HM^2[HM^2]$	(창원①②, 함안, 김해, 양산)
높·이·다	(HM·M→)$HM^2[HM^2]$	(창원①②, 함안, 김해, 양산)
직·이·다<죽이다>	(HM·M→)$HM^2[HM^2]$	(창원①②, 함안, 김해, 양산)
믹·이·다<먹이다(사)>	(HM·M→)$HM^2[HM^2]$	(창원①②, 함안, 양산)
섹·이·다<속이다>	(HM·M→)$HM^2[HM^2]$	(김해, 양산)
쎅·이·다<속이다>	(HM·M→)$HM^2[HM^2]$	(창원①②)
삭·이·다<삭히다>	(HM·M→)$HM^2[HM^2]$	(창원②, 함안)
죽·이·다	(HM·M→)$HM^2[HM^2]$	(창원①②, 함안, 김해, 양산)
숙·이·다	(HM·M→)$HM^2[HM^2]$	(창원①②, 함안, 김해, 양산)
속·이·다<속이다>	(HM·M→)$HM^2[HM^2]$	(김해, 양산)
쏙·이·다<속이다>	(HM·M→)$HM^2[HM^2]$	(창원①②, 함안)
깩·이·다<깎이다>	(HM·M→)$HM^2[HM^2]$	(창원①②, 함안)
끓·이·다<끓이다>	(HM·M→)$HM^2[HM^2]$	(창원①②, 함안)
뻗·히·다<사>	(HM·M→)$HM^2[HM^2]$	(창원①②, 함안, 양산)
굳·히·다<못쓰게하다>	(HM·M→)$HM^2[HM^2]$	(김해, 양산)
굳·히·다<사>	(HM·M→)$HM^2[HM^2]$	(창원①②, 함안, 김해, 양산)
맞·히·다<사>	(HM·M→)$HM^2[HM^2]$	(창원①②, 함안, 김해, 양산)
업·히·다<사>	(HM·M→)$HM^2[HM^2]$	(창원①②, 김해, 양산)
입·히·다<사>	(HM·M→)$HM^2[HM^2]$	(창원①②, 함안, 김해, 양산)
넙·히·다<눕·히·다(사)>	(HM·M→)$HM^2[HM^2]$	(창원①②, 함안, 김해, 양산)
잽·히·다<잡히다(사)>	(HM·M→)$HM^2[HM^2]$	(창원①②, 함안, 김해, 양산)
눕·히·다<사>	(HM·M→)$HM^2[HM^2]$	(창원②, 함안, 김해, 양산)
삭·히·다	(HM·M→)$HM^2[HM^2]$	(창원①②, 함안)
끼·리·다<끓이다>	(HM·M→)$HM^2[HM^2]$	(창원①②, 함안, 김해, 양산)
애·리·다(痛)<아리다>	(HM·M→)$HM^2[HM^2]$	(창원①②, 양산)
아·리·다	(HM·M→)$HM^2[HM^2]$	(창원①②, 함안, 양산)
날·리·다<사>	(HM·M→)$HM^2[HM^2]$	(창원①②, 함안, 김해, 양산)
달·리·다(走)	(HM·M→)$HM^2[HM^2]$	(창원①②, 함안, 양산)
말·리·다(乾)	(HM·M→)$HM^2[HM^2]$	(창원①②, 함안, 김해, 양산)
말·리·다(挽留)	(HM·M→)$HM^2[HM^2]$	(창원①②, 함안, 김해, 양산)
물·리·다<사>	(HM·M→)$HM^2[HM^2]$	(창원①②, 함안, 김해)
몰·리·다(乾)<말리다>	(HM·M→)$HM^2[HM^2]$	(함안)
물·리·다	(HM·M→)$HM^2[HM^2]$	(창원①②, 함안, 김해, 양산)
꼴·시·다<흘기다>	(HM·M→)$HM^2[HM^2]$	(창원①, 김해)
적·시·다	(HM·M→)$HM^2[HM^2]$	(창원①②, 함안, 김해, 양산)

쪼·지·다<쫒다>	(HM·M→)HM^2[HM^2]	(창원①②, 김해)
언·지·다<얹다>	(HM·M→)HM^2[HM^2]	(창원①②, 함안, 김해)
고·치·다	(HM·M→)HM^2[HM^2]	(창원①, 양산)
흐·치·다<흩트리다>	(HM·M→)HM^2[HM^2]	(창원①②, 김해, 양산)
그·치·다	(HM·M→)HM^2[HM^2]	(창원①②, 함안, 김해, 양산)
후·치·다<쫒다>	(HM·M→)HM^2[HM^2]	(양산)
무·치·다<(나물) 무치다>	(HM·M→)HM^2[HM^2]	(창원①②)
근·치·다<그치다>	(HM·M→)HM^2[HM^2]	(창원①②, 함안, 김해, 양산)
문·치·다<무치다>	(HM·M→)HM^2[HM^2]	(김해)
곤·치·다<고치다>	(HM·M→)HM^2[HM^2]	(창원①②, 함안, 김해, 양산)
뻗·치·다	(HM·M→)HM^2[HM^2]	(창원①②, 함안, 김해, 양산)
접·치·다<접다>	(HM·M→)HM^2[HM^2]	(창원①②, 김해)
망·치·다	(HM·M→)HM^2[HM^2]	(창원①②, 함안, 김해, 양산)
지·기·다<죽이다>	(HM·M→)HM^2[HM^2]	(창원①②, 함안, 양산)
세·기·다(欺)<속이다>	(HM·M→)HM^2[HM^2]	(김해, 양산)
쎄·기·다(欺)<속이다>	(HM·M→)HM^2[HM^2]	(창원①②, 함안)
벳·기·다<벗기다>	(HM·M→)HM^2[HM^2]	(창원①②, 함안, 김해, 양산)
맡·기·다	(HM·M→)HM^2[HM^2]	(창원①②, 양산)
맽·기·다<맡기다>	(HM·M→)HM^2[HM^2]	(창원①②, 함안, 김해, 양산)
팅·기·다<퉁기다>	(HM·M→)HM^2[HM^2]	(창원①②, 함안, 김해, 양산)
텡·기·다<퉁기다>	(HM·M→)HM^2[HM^2]	(창원②, 함안, 양산)
헬·키·다<흘기다>	(HM·M→)HM^2[HM^2]	(김해)
할·키·다<흘기다>	(HM·M→)HM^2[HM^2]	(함안, 양산)
쪼·빼·다	(HM·M→)HM^2[HM^2]	(김해)
세·아·다<세우다>	(HM·M→)HM^2[HM^2]	(창원①②, 함안, 김해)
재·아·다<재우다>	(HM·M→)HM^2[HM^2]	(창원①②, 함안)
고·아·다(고기를 고다)	(HM·M→)HM^2[HM^2]	(창원①②)
고·아·다<괴다>	(HM·M→)HM^2[HM^2]	(창원①②)
만·나·다(遇)	(HM·M→)HM^2[HM^2]	(창원①②, 김해)
팅·가·다<퉁기다>	(HM·M→)HM^2[HM^2]	(함안, 김해)
텡·가·다<퉁기다>	(HM·M→)HM^2[HM^2]	(창원①②, 김해)
시·우·다<세·우·다>	(HM·M→)HM^2[HM^2]	(함안, 김해)
시·우·다(書)<쓰이다(사)>	(HM·M→)HM^2[HM^2]	(함안, 김해, 양산)
세·우·다	(HM·M→)HM^2[HM^2]	(창원①②, 함안, 김해, 양산)
재·우·다<사>	(HM·M→)HM^2[HM^2]	(창원①②, 함안, 김해, 양산)
도·우·다<돕다>	(HM·M→)HM^2[HM^2]	(창원①②, 함안, 김해, 양산)
가·주·다<가지다>	(HM·M→)HM^2[HM^2]	(창원①②, 김해, 양산)
팅·구·다<퉁기다>	(HM·M→)HM^2[HM^2]	(함안, 양산)
텡·구·다<퉁기다>	(HM·M→)HM^2[HM^2]	(함안, 김해)
추·접·다<추하다>	(HM·M→)HM^2[HM^2]	(창원②, 김해, 양산)

추·집·다<추하다> (HM·M→)HM^2[HM^2] (창원①②, 함안, 김해, 양산)

(362) □·□+□(중화 규칙)→□·□^{2}

떨·어·지·다(落) (HM^2·M→)HM^3[HM^3] (창원①②, 함안, 김해, 양산)
자·빠·지·다 (HM^2·M→)HM^3[HM^3] (창원①)
짜·빠·지·다 (HM^2·M→)HM^3[HM^3] (창원①②, 김해, 양산)
산·책·하·다 (HM^2·M→)HM^3[HM^3] (김해)
도·전·하·다 (HM^2·M→)HM^3[HM^3] (창원①②, 함안, 양산)
달·아·나·다(逃走) (HM^2·M→)HM^3[HM^3] (창원①②, 함안, 김해, 양산)
다·알·나·다<달아나다> (HM^2·M→)HM^3[HM^3] (김해, 양산)
돌·아·오·다(回) (HM^2·M→)HM^3[HM^3] (양산)
그·런·갑·다 (HM^2·M→)HM^3[HM^3] (창원①②, 함안, 김해, 양산)
방·아·찍·다<방아 찧다> (HM^2·M→)HM^3[HM^3] (창원②, 함안)
빌·어·묵·다(乞食)<빌어먹다> (HM^2·M→)HM^3[HM^3] (창원①, 양산)

(363) □□·□+□(중화 규칙)→□^{2}·□^{2}

뭉개·애·지·다<뭉개지다> {H^{2}M^2·M→)H^{2}M^3[MHM^3] (창원①②, 양산, 김해)
이자·아·삐·다<잊어버리다> {H^{2}M^2·M→)H^{2}M^3[MHM^3] (양산)
이자·아·뿌·다<잊어버리다> {H^{2}M^2·M→)H^{2}M^3[MHM^3] (양산)

(364) □·□+·□(중화 규칙)→□·□^{2}

굽·이·치·다(曲流) (HM^2·M→)HM^3[HM^3] (창원①②, 함안)
무·리·치·다<물리치다> (HM^2·M→)HM^3[HM^3] (김해)
물·리·치·다<(객구) 물리치다> (HM^2·M→)HM^3[HM^3] (창원②, 함안, 김해, 양산)
물·리·치·다<(적을) 물리치다> (HM^2·M→)HM^3[HM^3] (창원②, 함안, 김해, 양산)

(365) :□+:□(중화 규칙)→:□^{2}

:못·살·다 (L^2·M→)L^3[LMM] (창원①②, 함안, 양산)

(366) :□+·□(중화 규칙)→:□^{2}

:숨·씨·다<숨쉬다> (L^2·M→)L^3[LMM] (창원①②, 함안)
:내·치·다(黜) (L^2·M→)L^3[LMM] (창원①②, 함안, 김해)
:털·치·다 (L^2·M→)L^3[LMM] (창원①, 김해, 양산)
:떨·치·다 (L^2·M→)L^3[LMM] (창원①②, 김해, 양산)
:넘·치·다 (L^2·M→)L^3[LMM] (창원①②, 함안, 김해, 양산)
:숨·스·다<숨쉬다> (L^2·M→)L^3[LMM] (양산)
:숨·쓰·다<숨쉬다> (L^2·M→)L^3[LMM] (창원①)
:간·크·다 (L^2·M→)L^3[LMM] (창원①②, 함안, 김해)
:다·하·다(盡) (L^2·M→)L^3[LMM] (창원①②, 함안, 김해, 양산)
:일·하·다 (L^2·M→)L^3[LMM] (창원①②, 함안, 김해, 양산)

:몬·하·다<못하다> (L^2·M→)L^3[LMM] (창원①②, 함안, 김해, 양산)
:못·하·다(劣) (L^2·M→)L^3[LMM] (창원①②, 함안, 양산)
:비·꼬·다 (L^2·M→)L^3[LMM] (창원①②, 김해, 양산)
:비·틀·다(捻) (L^2·M→)L^3[LMM] (창원①②, 함안, 김해, 양산)
:서·럽·다(悲) (L^2·M→)L^3[LMM] (창원②, 함안, 양산)

(367) :□·□+·□(중화 규칙)→:□^{3}
:더·럽·히·다 (L^3·M→)L^4[LMMᴍ] (창원①②, 함안, 김해, 양산)
:시·아·리·다(算)<헤아리다> (L^3·M→)L^4[LMMᴍ] (함안, 김해, 양산)
:세·아·리·다(算)<헤아리다> (L^3·M→)L^4[LMMᴍ] (창원②, 함안)
:시·알·리·다(算)<헤아리다> (L^3·M→)L^4[LMMᴍ] (함안, 양산)
:세·알·리·다(算)<헤아리다> (L^3·M→)L^4[LMMᴍ] (창원②, 함안, 양산)
:시·아·르·다(算)<헤아리다> (L^3·M→)L^4[LMMᴍ] (김해)
:세·아·르·다(算)<헤아리다> (L^3·M→)L^4[LMMᴍ] (창원①)

(368) :□·□+□(중화 규칙)→:□^{3}
:조·심·하·다 (L^3·M→)L^4[LMMᴍ] (창원①②, 함안, 김해, 양산)
:세·알·라·다(算)<헤아리다> (L^3·M→)L^4[LMMᴍ] (창원①②, 양산)
:지·내·가·다<지나가다> (L^3·M→)L^4[LMMᴍ] (창원①②, 함안, 김해, 양산)

(369) :□·□+□·□(중화 규칙)→:□^{4}
:갈·롱·지·기·다<간능떨다> (L^4·M→)L^5[LMMᴍ^2] (창원①②, 김해)

(370) :□+·□·□(중화 규칙)→:□^{3}
:비·꼬·아·다<비꼬다> (L^3·M→)L^4[LMMᴍ] (창원①②)
:비·꼬·오·다<비꼬다> (L^3·M→)L^4[LMMᴍ] (함안)

(371) ·□+·□(중화 규칙)→·□^{2}
·딜·이·다(入)<들이다> (M^2·M→)M^3[HHM] (창원①②, 함안)
·늘·이·다 (M^2·M→)M^3[HHM] (창원①②, 함안, 김해)
·들·이·다(入) (M^2·M→)M^3[HHM] (창원①②, 함안, 양산)
·쏘·아·다<쏘다> (M^2·M→)M^3[HHM] (창원①②)
·꼬·아·다<꼬다> (M^2·M→)M^3[HHM] (창원①②, 함안)
·기·럽·다(慕)<그립다> (M^2·M→)M^3[HHM] (창원①②, 함안, 김해, 양산)
·게·럽·다(苦)<괴롭다> (M^2·M→)M^3[HHM] (창원①②, 함안, 김해)
·질·겁·다(喜)<즐겁다> (M^2·M→)M^3[HHM] (창원①②, 함안)
·차·갑·다 (M^2·M→)M^3[HHM] (창원①②, 함안, 김해, 양산)
·게·롭·다<괴롭다> (M^2·M→)M^3[HHM] (양산)

(372) ·□+□(중화 규칙)→·□^{2}

·꺼·지·다(陷)　$(M^{2}\cdot M\rightarrow)M^{3}[HHM]$　(창원①②, 함안, 김해, 양산)
·초·하·다(抄)　$(M^{2}\cdot M\rightarrow)M^{3}[HHM]$　(창원①②, 김해)
·절·하·다(拜)　$(M^{2}\cdot M\rightarrow)M^{3}[HHM]$　(창원①②, 함안, 김해, 양산)
·굿·하·다　$(M^{2}\cdot M\rightarrow)M^{3}[HHM]$　(창원①②, 함안, 김해, 양산)
·급·하·다　$(M^{2}\cdot M\rightarrow)M^{3}[HHM]$　(창원①②, 함안, 김해, 양산)
·불·나·다　$(M^{2}\cdot M\rightarrow)M^{3}[HHM]$　(창원①②, 함안, 김해, 양산)
·삣·나·다<빛나다>　$(M^{2}\cdot M\rightarrow)M^{3}[HHM]$　(창원②, 함안, 김해, 양산)
·빛·나·다　$(M^{2}\cdot M\rightarrow)M^{3}[HHM]$　(창원①②, 함안, 김해, 양산)
·나·오·다　$(M^{2}\cdot M\rightarrow)M^{3}[HHM]$　(창원①②, 김해, 양산)
·잠·오·다　$(M^{2}\cdot M\rightarrow)M^{3}[HHM]$　(창원①②, 함안, 김해, 양산)
·나·가·다　$(M^{2}\cdot M\rightarrow)M^{3}[HHM]$　(창원①②, 김해, 양산)
·밥·묵·다　$(M^{2}\cdot M\rightarrow)M^{3}[HHM]$　(창원①②, 함안, 김해, 양산)
·글·잃·다　$(M^{2}\cdot M\rightarrow)M^{3}[HHM]$　(창원①②, 함안, 양산)
·글·읽·다　$(M^{2}\cdot M\rightarrow)M^{3}[HHM]$　(창원①②, 함안, 김해, 양산)
·물·맑·다　$(M^{2}\cdot M\rightarrow)M^{3}[HHM]$　(창원①②, 함안, 김해, 양산)

(373) ·□+□·□(중화 규칙)→·□^{3}

·성·가·시·다　$(M^{3}\cdot M\rightarrow)M^{4}[HHM^{2}]$　(창원①②, 함안, 김해, 양산)

(374) ·□+□□(중화 규칙)→·□^{3}

·기·맥·히·다　$(M^{3}\cdot M\rightarrow)M^{4}[HHM^{2}]$　(창원①②, 함안, 김해)
·기·막·히·다　$(M^{3}\cdot M\rightarrow)M^{4}[HHM^{2}]$　(양산)
·글·이·리·다(讀)　$(M^{3}\cdot M\rightarrow)M^{4}[HHM^{2}]$　(창원①②, 함안)
·글·이·르·다(讀)　$(M^{3}\cdot M\rightarrow)M^{4}[HHM^{2}]$　(창원①②)

(375) ·□·□+□(중화 규칙)→:□^{3}

·씰·어·지·다<쓸어지다>　$(M^{3}\cdot M\rightarrow)M^{4}[HHM^{2}]$　(창원①②, 함안)
·슬·어·지·다<쓸어지다>　$(M^{3}\cdot M\rightarrow)M^{4}[HHM^{2}]$　(김해, 양산)
·쓸·어·지·다　$(M^{3}\cdot M\rightarrow)M^{4}[HHM^{2}]$　(창원①②)
·늘·어·치·다<늘어뜨리다>　$(M^{3}\cdot M\rightarrow)M^{4}[HHM^{2}]$　(창원①②, 함안, 김해)
·체·조·하·다　$(M^{3}\cdot M\rightarrow)M^{4}[HHM^{2}]$　(창원①②, 함안, 김해, 양산)
·고·민·하·다　$(M^{3}\cdot M\rightarrow)M^{4}[HHM^{2}]$　(창원①②, 함안, 김해, 양산)
·고·문·하·다　$(M^{3}\cdot M\rightarrow)M^{4}[HHM^{2}]$　(창원①②, 함안, 김해, 양산)
·기·이·가·다<기어가다>　$(M^{3}\cdot M\rightarrow)M^{4}[HHM^{2}]$　(창원①②, 김해)
·시·껍·묵·다<혼나다>　$(M^{3}\cdot M\rightarrow)M^{4}[HHM^{2}]$　(창원①②, 함안)

(376) ·□·□+·□(중화 규칙)→·□^{3}

·게·럽·히·다<괴롭히다>　$(M^{3}\cdot M\rightarrow)M^{4}[HHM^{2}]$　(창원①②, 함안, 김해, 양산)

·게·롭·히·다<괴롭히다>　　$(M^3 \cdot M \rightarrow)M^4[HHM^2]$　　(창원①②, 함안, 양산)

(377) ·□·□+□·□(중화 규칙)→·□^{4}

·늘·어·티·리·다<늘어트리다>　　$(M^4 \cdot M \rightarrow)M^5[HHM^3]$　　(창원①②, 함안, 김해)

·넘·새·시·럽·다<남사스럽다>　　$(M^4 \cdot M \rightarrow)M^5[HHM^3]$　　(창원①②, 양산)

·넘·사·시·럽·다<남사스럽다>　　$(M^4 \cdot M \rightarrow)M^5[HHM^3]$　　(창원①②, 함안, 김해, 양산)

·남·사·시·럽·다<남사스럽다>　　$(M^4 \cdot M \rightarrow)M^5[HHM^3]$　　(창원②, 양산)

5.6 풀이씨 굴곡형태론

1음절로 된 풀이씨의 어간은 그것의 기저 방점에 따라 평성어간, 상성어간, 거성어간으로 나눠고, 다시 굴곡형에서 어간의 방점이 바뀌는 경우가 있는지, 없는 지에 따라서 고정 어간과 변동 어간으로 나눌 수 있다. 이 두 가지 기준을 조합하면 경남 동남부 방언의 1음절 어간은 ①고정평성어간, ②변동평성어간, ③고정상성어간, ④변동상성어간, ⑤고정거성어간의 5가지로 나눌 수 있다. 경남 동남부 방언권의 방언들에서는 원칙적으로 1음절 변동거성어간 풀이씨는 존재하지 않지만, 혼동과 유추에 의해 그런 보기가 있는 것으로 착각할 수도 있다.[872]

풀이씨의 2음절 평성형어간들 중에서 /모르·다/의 어간은 {·아X}형 씨끝 앞에서 어간이 1음 절로 줄어들면서 상성으로 변한다. 그리고 /나가·다/, /나서·다/, /들오·다/, /가보·다/, /사주·다/, /나오·다/, 등은 뒤따르는 씨끝에 따라서 어간의 방점형이 상성형(:□^{2})과 거성형(·□^{2})으로 변동한다.[873] 그러므로 이들을 2음절 변동평성형어간 풀이씨라 부른다.

---

872) [창원 방언①] /:멀·다/<멀다(盲)>는 변동상성어간 풀이씨 /:멀·다, :멀·고, :멀·더·라, 멀·어·서, 멀·었·다/로 나타나고, /·멀·다/<멀다(遠)>는 고정거성어간 풀이씨/·멀·다, ·멀·고, ·멀·더·라, ·멀·어·서, ·멀·었·다/로 나타난다. 서기 2,000년 기준으로 70세 이상의 고령들의 말에서는 이 둘은 구별되었다. 이 책의 자료를 준 창원 방언②의 제보자들은 두 가지를 혼란스럽게 섞어 쓰고 있어서 마치 <멀다(遠)>와 <멀다(盲)>를 구별하지 않고, 둘 다 /:멀·다, ·멀·다; :멀·고, ·멀·고; :멀·더·라, ·멀·더 ·라; 멀·어·서, ·멀·어·서; 멀·었·다, ·멀·었·다; …/처럼 사용하고 있다.

[창원 방언①] /:새·다/<새다(曙)>는 변동상성어간 풀이씨로 /:새·다, :새·고, :새·더·라, 새·애·도, 새·앴·다/로 나타나고, /·새·다/<새다(漏)>는 고정거성어간 풀이씨 /·새·다, ·새·고, ·새·더·라, ·새·애·도, ·새·앴·다/로 확연하게 구별된다. 이 책의 자료를 준 창원 방언②의 제보자들은 두 가지를 혼란스럽게 섞어 쓰고 있어서 마치 <새다(曙)>와 <새다(漏)>를 구별하지 않고, 둘 다 /:새·다, ·새·다; :새·고, ·새·고; :새·더·라, ·새·더·라; 새·애·도, ·새·애·도; 새·앴·다, ·새·앴·다/처럼 사용하고 있다. 위의 두 가지 경우를 제외하고는 모든 1음절 거성어간 풀이씨는 항상 고정거성어간 풀이씨로 나타난다.

873) 이 어간들의 특징은 /□가-/, □오-/, □보-/, /□주-/, /□두-/, /□누-/, /□사-/, /□서-/, /□지-/, /□

2음절 변동평성형어간 풀이씨를 제외한 모든 2음절 이상의 풀이씨 어간의 방점형은 그 기저 방점이 평성형이건, 평측형이건, 상성형이건, 거성형이건 간에 어떤 씨끝과 결합하더라도 방점형의 변동이 없다.

풀이씨 굴곡형태론을 다루기 위해 가장 먼저 할 일은 씨끝연결체의 방점 표상을 기저방점표상, 최종방점표상, 기본방점표상으로 구분하되, 자료 정리는 최종방점표상으로 한다. 씨끝의 방점 분석은 기본방점표상만 하며, 기저방점표상은 설명을 위해 필요한 경우를 제외하고는 사용하지 않는다.

최종방점표상 /잡·았·겠·습·니·더/에서 /-·았·겠·습·니·더/는 5개의 씨끝의 연결체이고, 평성형($\square_1$) 뒤에 나타났으므로 기본방점표상이지만, 이것이 기저방점표상은 아니다.[874] /잡겠·다/, /잡습니·더/, /잡겠는·데/, …등을 보면, /잡·았·겠·습·니·더/에서 5개의 씨끝의 기저방점표상은 각각 /-·았, -겠, -습, -니, -·더/이며, 따라서 어간 /잡-/과 이 5개의 씨끝이 결합한 어형 전체의 기저방점표상은 /잡·았겠습니·더/이다. 이 책에서 풀이씨 굴곡형 자료의 정리는 최종방점표상 /잡·았·겠·습·니·더/를 사용하며, 기저방점표상 /잡·았겠습니·더/를 사용하지 않는다.

3개의 최종방점표상 /잡·았·겠·습·니·더/, /떠먹·었·겠·습·니·더/, /방정맞·았·겠·습·니·더/에서처럼 어간이 평성형($\square_1$)일 때만 그 씨끝연결체의 방점표상은 기본방점표상이지만, /:곱·았·겠·습·니·더/, /·참·았·겠·습·니·더/, /에·럽·았·겠·습·니·더/와 같이 어간이 상성형(:$\square_1$), 거성형(·$\square_1$), 또는 평측형($\square_1$·$\square^n$)(단, n≧1)일 때는 이들의 씨끝연결체의 방점표상은 모두 중화된 측성의 연결체(·$\square_1$)이므로 이것들은 기본방점표상이 아니다.[875] 마찬가지로 /잡겠습니·더/, /떠먹겠·습·니·더/, /방정맞겠·습·니·더/는 최종방점표상이며, 어간이 평성형이므로, 이들 어형에 포함된 씨끝연결체의 방점표상은 역시 기본방점표상이다. 하지만, /:곱·겠·습·니·더/, /·참·겠·습·니·더/, /에·럽·겠·습·니·더/에서 씨끝연결체의 방점표상은 어간이 평성형($\square_1$)이 아니므로 이들에 나타나는 씨끝연결체들은 기본방점표상이 아니다.[876]

지-/, … 처럼 두 개의 형태소로 된 합성어이며, 합성어간 둘째 직접성분은 10개 안팎의 1음절 변동평성어간이다. 그리고 □로 표시된 부분은 1음절 변동평성어간이거나 풀이씨의 1음절 거성(·□) 어간에서 첫 음절 평성화를 거쳐서 이루어진 형태소이다. (보기; /나서-/, /해보-/, /사두-/, /사주-/; (/·까+보-/→)/까보-/, (/·싸+주-/→)/싸주-/, (/·들+가-/→)/드가-/, (/·들+오-/→)/들오-/, … 등.

874) 최종방점표상은 풀이씨의 굴곡형 전체에 사용하고, 씨끝의 연결체에는 사용하지 않기로 한다. 보기를 들면, /잡·았·겠·습·니·더/는 이 풀이씨 어형 최종방점표상이고, /잡-/을 제외한 /-·았·겠·습·니·더/는 씨끝연결체의 기본방점표상이다.

875) 씨끝의 기본방점표상에 대한 가설과 그 자세한 목록은 각각 아래의 (383)과 (384)를 참조.

876) 창원 방언①에서는 1음절 고정평성어간을 반드시 씨끝의 기본방점표상 분석의 틀로 잡을 필요는 없다. 어간이 1음절이건, 2음절 이상이건 상관없이, 또 고정어간이건 변동어간이건 분석 대상이 되는 최종 방점 표상 안에서 씨끝연결체의 직접 앞부분 곧, 어기가 평성형($\square_1$)이기만 하면 그

이 장에서는 풀이씨, 보기를 들어 /잡·다/의 어형들의 자료를 제시할 때는 지은이가 다른 논저들에서 해 왔던 것처럼 '잡·다, 잡는·다, 잡·았·다, 잡·았·는·데, 잡는·가, 잡겠더·라, 잡·았·겠·더·라'처럼 최종방점표상을 제시하며, 분석된 기저 방점의 연결체인 /잡·았는·데, 잡는·가, 잡겠더·라, 잡·았겠더·라/와 같은 모양으로 자료를 제시하지는 않는다.[877]

또 /잡·을·라(·칸·다)/, /잡을·라(·칸·다)/, /잡을라(칸·다)/와 같은 자유 변동형들이 나타나면, 어느 하나를 기저로 하고 다른 것은 임의적인 규칙의 적용 여부에 따라 나타나는 것으로 정리하지 않고, 이러한 형태 모두를 각각 제시하는 방법을 사용할 것이다. 이 때 ( ) 속의 '(·칸·다)'와 '(칸·다)'는 풀이씨 어간 /잡-/의 씨끝에 속하는 것이 아니고, /잡고(싶·다)/에서 '(싶·다)' 또한 /잡-/의 씨끝에 속하는 것이 아니지만, 이들은 거의 대부분의 경우에 독립적으로 하나의 운율적인 낱말로 쓰이지 못하기 때문에, 자료의 제시에서는 번거로움을 피하기 위해 '잡·을·라(·칸·다)', '잡을·라(·칸·다)', '잡을라(칸·다)', '잡고(싶·다)'처럼 괄호 ( )를 사용해서 자료를 제시하는 대신에, '잡·을·라·칸·다', '잡을·라·칸·다'/, '잡을라칸·다', '잡고싶·다'처럼 괄호 없이 제시할 것이다.

경우의 씨끝연결체의 방점 표상을 그 씨끝연결체의 기본방점표상으로 하면 된다. 보기를 들면 /잡겠·네, 붙잡겠·네, 방정맞겠·네/에서 /잡-, 붙잡-, 방정맞-/은 모두 평성형이므로 그 뒤에 오는 씨끝 /-겠·네/는 동일하게 /□·□/으로 나타난다. 그러므로 /잡-/ 뒤에라야 기본방점표상 분석이 가능하다고 할 까닭이 없고, /붙잡-, 방정맞-/ 뒤에서도 가능하다. /잡·았·다, 붙잡·았·다, 방정맞·았·다/에서 /잡-, 붙잡-, 방정맞-/은 모두 평성형이므로 그 뒤에 오는 씨끝 /-·았·다/는 동일하게 /·□·□/로 나타난다. 그러므로 /잡-/ 뒤에라야 제시된 씨끝연결체의 방점 분석이 가능하다고 할 까닭이 없고, /붙잡-, 방정맞-/ 뒤에서도 가능하다. /:살·다, :살·고, :살·더·라, 살·아·서, 살·아·도, 살·았·다/를 보면, /:살-/은 변동상성어간이다. 그럼에도 불구하고 /살·았·다/에서 /-·았·다/는 평성 /살-/ 뒤에 나타났으므로 /-·았·다/의 기본방점표상을 /·□·□/으로 보면 아무 모순이 없다. 창원 방언②, 함안 방언, 김해 방언 양산 방언에 대해서도 토씨나 씨끝의 기본방점표상 분석은 창원 방언①에서와 같은 방법을 사용할 수가 있다. 그러나 경남 서남부 방언권이나, 영동 동해안 방언 등에서는 내적순행평성동화나 평복형의 자유변동, 2음절 이상의 거성형의 평2형화 같은 규칙들 때문에 1음절 고정평성어간과 결합할 때의 씨끝의 연결체를 기본방점표상으로 할 수 밖에 없었다. 성조방언들 전체에 공통적이고 일관성 있는 씨끝연결체의 기본방점표상 분석을 위해, 이 책에서 분석의 틀은 1음절 고정평성어간 풀이씨를 사용할 것이다.

경남 서남부 방언권이나, 영동 동해안 방언 등에서는 내적순행평성동화나 평복형의 자유변동, 2음절 이상의 거성형의 평2형화 등에 대해서는 김차균(2006)ㄱ을 참조.

877) 보기를 들면, /잡겠·다/에서 /겠/의 기저 방점을 평성 /□, 0점/으로 분석하는 것과 /잡·았·다/에서 /·았/의 기저 방점을 측성(·□, 1점)으로 분석할 수 있기 때문에, /잡+·았+겠+·다/→/잡·았·겠·다/와 같은 방법을 사용할 수 있으나, 이 책에서는 /잡·았·다/, /잡겠·다/, /잡·았·겠·다/를 별개의 항으로 해서 씨끝의 분석도 /-·았·다/, /-겠·다/, /-·았·겠·다/를 각각 별개의 자료로 열거하는 방법을 취한다.

5.6.1 고정평성어간 풀이씨의 굴곡형과 씨끝연결체의 기본방점표상

상성형이나, 거성형, 또는 평측형 어간 뒤에서는 1음절 이상의 모든 씨끝은 중화 규칙 (5)의 적용을 받기 때문에, 1개 이상의 측성(·□, 1점)의 연결(·$\square_0$)로 나타난다. 그러므로 이러한 위치에서는 씨끝연결체들의 기본방점표상의 분석이 불가능하다. 그러나 1음절 고정평성 어간 뒤에서는 씨끝은 $\square^m$·$\square^n$(여기에서 m≧0, n≧0)의 모양으로 나타나기 때문에, 나타나는 그대로의 방점을 기본방점표상으로 설정하는 것이 가능하다.

(378) 고정상성형어간 풀이씨 <:얻·다>의 어형들

굴곡형	성조형[음조형]	씨끝	나타나는 방언
:얻·다	(L·M→)L^2[LM]	·다	(창원①②, 함안, 김해, 양산)
:얻·고	L^2[LM]	·고	(창원①②, 김해, 김해, 양산)
:얻·어·도	L^3[LMM]	·어·도	(창원①②, 함안, 김해, 양산)
:얻·어·라	L^3[LMM]	·어·라	(창원①②, 함안, 김해, 양산)
:얻·으·시·지	L^4 [LMMᴍ]	·으·시·지	(창원①②, 함안, 김해, 양산)
:얻·거·나	L^3[LMM]	·거·나	(창원①②, 함안, 김해, 양산)
:얻·거·들·랑	L^4 [LMMᴍ]	·거·들·랑	(창원①②, 함안, 김해, 양산)
:얻·겠·다	L^3[LMM]	·겠·다	(창원①②, 김해, 김해, 양산)
:얻·는·데	L^3[LMM]	·는·데	(창원①②, 함안, 김해, 양산)
:얻·는·다	L^3[LMM]	·는·다	(창원①②, 함안, 김해, 양산)

(379) 고정거성어간 풀이씨 <·뜯·다>의 어형들

굴곡형	성조형[음조형]	씨끝	나타나는 방언
·뜯·다	(M·M→)M^2[HH/MM]	·다	(창원①②, 함안, 김해, 양산)
·뜯·고	M^2[HH/MM]	·고	(창원①②, 함안, 김해, 양산)
·뜯·어·도	M^3[HHM]	·어·도	(창원①②, 함안, 김해, 양산)
·뜯·어·라	M^3[HHM]	·어·라	(창원①②, 함안, 김해, 양산)
·뜯·으·시·지	M^4 [HHM^2]	·으·시·지	(창원①②, 함안, 김해, 양산)
·뜯·거·나	M^3[HHM]	·거·나	(창원①②, 함안, 양산)
·뜯·거·들·랑	M^4 [HHM^2]	·거·들·랑	(창원①②, 함안, 김해, 양산)
·뜯·겠·다	M^3[HHM]	·겠·다	(창원①②, 김해, 양산)
·뜯·는·데	M^3[HHM]	·는·데	(창원①②, 함안, 김해, 양산)
·뜯·는·다	M^3[HHM]	·는·다	(창원①②, 함안, 김해, 양산)

(380) 고정평성어간 풀이씨 <잡·다>의 어형들

굴곡형	성조형[음조형]	씨끝	나타나는 방언
잡·다(捕)	(H·M→)HM[HM]	·다	(창원①②, 함안, 김해, 양산)
잡·고	HM[HM]	·고	(창원①②, 함안, 김해, 양산)

잡·아·도	$HM^2[HM^2]$	·아·도	(창원①②, 함안, 김해, 양산)
잡·아·라	$HM^2[HM^2]$	·아·라	(창원①②, 김해, 양산)
잡·으·시·지	$HM^3[HM^3]$	·으·시·지	(창원①②, 함안, 김해, 양산)
잡으시·지	$H^3M[M_HHM]$	으시·지	(창원①②, 함안, 김해, 양산)
잡거·나	$H^2M[MHM]$	거·나	(창원①②, 함안, 김해, 양산)
잡거·들·랑	$H^2M^2[MHM^2]$	거·들·랑	(창원①②, 함안, 김해, 양산)
잡거들·랑	$H^3M[M_HHM]$	거들·랑	(창원①②, 함안, 김해, 양산)
잡겠·다	$H^2M[MHM]$	겠·다	(창원①②, 김해)
잡는·데	$H^2M[MHM]$	는·데	(창원①②, 함안, 김해, 양산)
잡는·다	$H^2M[MHM]$	는·다	(창원①②, 함안, 김해, 양산)

토씨연결체의 기본방점형의 분석 절차 (290)~(292)와 분석 원칙 (293)을 참조하면서, (378), (379), (380)을 대조하면, 모든 씨끝들의 방점표상은 다음과 같이 2가지로 나타남을 알 수 있다.

(381) 나타나는 위치에 따른 씨끝연결체의 방점표상들

ㄱ. {:□, ·□ }—	ㄴ. □—
·다	·다
·고	·고
·어·도	·아·도
·어·라	·아·라
·으·시·지	으시·지/·으·시·지
·거·나	거·나
·거·들·랑	거·들·랑
·겠·다	거들·랑
·는·데	겠·다
·는·다	는·데

(381)을 따라 씨끝연결체의 방점 표상에 대한 가설을 세우면 다음과 같은 2가지로 귀결된다.

(382) 씨끝의 방점표상에 대한 가설

ㄱ. 씨끝연결체의 방점 표상은 측성의 연속 {·□, ·□·□, ·□·□·□, ·□·□·□·□, …} 뿐이다.

ㄴ. 씨끝연결체의 방점 표상은 측성형 {·□, ·□·□, ·□·□·□, ·□·□·□·□, …}, 평1형 {□, □·□, □·□·□, □·□·□·□, …}, 평2형 {□□, □□·□, □□·□·□, □□·□·□·□, …}, 평3형 {□□□, □□□·□, □□□·□·□, □□□·□·□·□, □□□·□·□·□·□, …}, 등이 있을 수 있다.

(382)ㄱ은 (381)ㄱ에 따른 씨끝 연속체의 방점표상이고, (382)ㄴ은 (381)ㄴ에 따른 씨끝 연속체의 방점표상이다. 음운 이론의 일반적인 원칙은 (382)ㄴ과 같은 것을 취하고, (382)ㄱ과 같은 것은 버리게 된다. 지은이는 음운 이론의 일반적인 원칙을 따라 씨끝 연속체의 기본방점표상으로 (382)ㄴ과 같은 것을 따르기로 한다. (381)ㄴ에 따르면, (380)의 /잡·다/의 굴곡형들 중에서 평복형(□$_2$·□^{n})은 당연 규칙에 의해 평1형(□·□^{n})은 중화규칙 (5)에 의해 각각 예측되며, (378)과 (379)에서 모든 씨끝의 연속체들이 1점(·□)의 연결로 나타나는 것은 중화 규칙 (5)에 의해 예측되는 것으로 설명된다. 그러나 (381)ㄱ에 따르면, (380)에서 어떤 씨끝의 연속체가 ·□이 되고, 또 어떤 것이 ·□·□이 되며, 또 어떤 것이 □·□이나, □·□·□이나 □□·□이 되는 것인지 예측할 수 없게 된다.

풀이씨 어간의 끝 음절이 개음절이거나 폐음절이라도 /ㄹ/로 끝나면 {·으X, 으X}형 씨끝의 첫 소리 {·으, 으}는 삭제되고, /ㄹ/ 이외의 자음으로 끝나는 폐음절인 경우에는 {·으, 으} 삭제는 일어나지 않는다. {·으X, 으X}형의 씨끝에서 {·으, 으} 삭제가 일어나면 그 씨끝은 X형만 남게 된다.[878] 따라서 (384)에는 /·으X/, /으X/, /X/가 별개의 씨끝연결체의 표제항으로 열거되고, (385) 이하의 모든 자료들에서도 {·으, 으} 삭제 규칙을 두는 대신에, 자료 조사 현장에서 수집된 굴곡형들을 모두 제시하는 방법을 택했다. {·으X, 으X}는 앞서는 어간과 관련하여 모음이 강화되거나 동화되어 {·아X, 아X}, {·우X, 우X}, … 등으로 나타나는 경우에도 이러한 굴곡형들을 버리지 않고 각각 그대로 열거한다. {·으X, 으X} 뿐만 아니라 다른 씨끝들, {·기·로·서·니, 기·로·서·니, ·기·로·서·이, 기·로·서·이}, {습니·더, 습미·더, 슴·더}, … 등을 다 정리해서 제시한다. 그렇게 함으로써 방언의 지역적인 차이나, 세대별 차이를 반영하는 데 노력했고, 열거하는 것으로만 부족할 때는 각주로 보충 설명했다.

(381)ㄴ과 (382)ㄴ을 대조하면서 이미 위에서 본 토씨연결체의 기본방점표상 분석 원칙 (293)을 참고하면 다음과 같이 풀이씨 씨끝 연속체의 기본방점표상의 분석 원칙을 제시할 수 있다.

(383) 씨끝연결체의 기본방점표상은 1음절 고정평성어간 뒤에 오는 방점표상으로 한다.

씨끝연결체의 기본방점표상 설정의 틀을 '평성형어간'이라 하지 않고 '1음절 고정평성어간'으로 한정한 것은 오랜 기간 동안 방언 성조론의 연구와 방언 조사에 참여해 보지 않은 방언 성조 조사자들에게는 1음절 변동평성어간을 만날 때, 그리고 2음절 이상의 어간 풀이씨의 굴곡형에 나타날 수 있는 최종방점표상의 임의변이형 등을 만날 때, 어떤 것을 기본방

878) [창원 방언①] /잡+·을/→/잡·을/, /잡+을/→/잡을/; /들+·을/→/들/, /들+을/→/들/; /가+·을/→/갈/, /가+을/→/갈/; /잡+·으·모/→/잡·으·모/, /잡+으·모/→/잡으·모/; /들+·으·모/→/들·모/, /들+으·모/→/들·모/; /가+·으·모/→/가·모/, /가+으·모/→/가·모/.

점형으로 선택할 것인가에 대한 결정에서 실패할 위험성이 있고, 경남 동남부 방언 이외의 성조방언을 조사할 때 기본방점표상 설정의 틀을 바꿔야 할 경우 등을 고려해서 미리 (383)에서 '평성어간' 대신에 '1음절 고정평성어간'으로 범위를 안전하게 제한한 것이다.

(383)에 따라 이 책에서 씨끝연결체의 기본방점분석을 위해 사용한 1음절 풀이씨의 고정평성어간은 /잡-/(捕), /곧-/(直), /폐-/(開), /늦-/(晩), /입-/(着), /먹-/(食), … 등이며, 이들을 통해서 얻은 각각의 씨끝연결체의 기본방점표상은 다음과 같다.

(384) 풀이씨 씨끝연결체의 기본방점표상 목록

풀이씨 씨끝	표준말 풀이	해당 방언
거·나	<거나>	(창원①②, 함안, 김해, 양산)
거·들·랑	<거들랑>	(창원①②, 함안, 김해, 양산)
거·등	<거든>	(창원①②, 함안, 김해, 양산)
거·라	<거라>	(창원①②, 함안, 김해, 양산)
거·로	<도록>	(창원①)
거들·랑	<거들랑>	(창원①②, 함안, 김해, 양산)
거마·는	<건마는>	(창원①②, 함안, 김해, 양산)
건·대	<건대>	(창원①②, 함안, 김해, 양산)
걸·래	<길래, 기에>	(창원①②, 함안, 김해)
겄·다	<겠다>	(창원①②, 함안, 김해)
겄더·라	<겠더라>	(창원①②, 함안, 김해)
겄습니·더	<겠습니다>	(창원①②, 김해)
겄습미·더[879]	<겠습니다>	(창원②, 함안)
겠·다[880]	<겠다>	(창원①②, 김해, 양산)
겠·대·이	<겠다>	(양산)
겠·데·요	<겠데요>	(창원①②, 양산)
겠더·라	<겠더라>	(창원①②, 김해, 양산)
겠습니·더	<겠습니다>	(창원①, 김해)
겠습미·더	<겠습니다>	(창원②, 양산)
겠심·더	<겠습니다>	(양산)
고<~싶·다>	<고 싶·다>	(창원①②, 함안, 김해, 양산)
고<~접·다>	<고 싶·다>	(창원②, 함안, 양산)
고<~집·다>	<고 싶·다>	(창원①②, 함안, 김해, 양산)
구<~싶·다>	<고 싶·다>	(창원①②, 김해)
구<~접·다>	<고 싶다>	(창원②, 함안, 양산)
구<~집·다>	<고 싶다>	(창원①②, 함안, 김해, 양산)

879) [창원 방언②] /-니·더/는 빈도가 매우 낮아서 거의 쓰이지 않고, /-미·더/가 주로 쓰인다.
880) [김해 방언] 박남이 님은 /-겄·다/를, 한이선 님은 /-겠·다/를 사용한다.

구·나[881]	<구나>	(창원①②, 함안, 김해, 양산)
기·나	<거나>	(김해, 양산)
기·는[882]	<기는>	(창원①②, 함안, 김해, 양산)
기·로·서·니	<기로서니>	(함안, 양산)
기·로·서·이	<기로서니>	(양산)
기·로·서·이	<기로서니>	(창원①②, 함안, 김해)
기로서·니	<기로서니>	(양산)
기로서·이	<기로서니>	(창원①②, 함안, 김해)
긴·대	<건대>	(양산)
길·래[883]	<길래>	(창원②, 양산)
꺼·마	<ㄹ게>	(창원①②, 함안, 김해, 양산)
께·에	<ㄹ게>	(창원②, 함안, 김해, 양산)
께·에	<ㄹ게>	(창원①②, 함안, 김해)
ㄴ	<ㄴ>	(창원①②, 함안, 김해, 양산)
ㄴ·데	<ㄴ데>	(창원①②, 함안, 김해, 양산)
ㄴ·다	<ㄴ다>	(창원①②, 함안, 김해, 양산)
ㄴ·들	<ㄴ들>	(창원①②, 함안, 김해, 양산)
너·라	<너라>	(창원①②, 함안, 김해, 양산)
는	<는>	(창원①②, 함안, 김해, 양산)
는·가	<는가>	(창원①②, 함안, 김해, 양산)
는·가·베	<는가 보다>	(양산)
는·갑·다	<는가 보다>	(양산)
는·강	<는가>	(창원①②, 김해)
는·고	<는고>	(창원①②, 함안, 김해, 양산)
는·공	<는고>	(창원①②, 김해)
는·교	<ㅂ니까, 습니까>	(창원②, 함안, 양산)
는·기·요	<ㅂ니까, 습니까>	(창원①, 김해, 양산)
는·다	<는다>	(창원①②, 함안, 김해, 양산)
는·대·이	<는다>	(양산)
는·데	<는데>	(창원①②, 함안, 김해, 양산)
는가·베	<는가 보다>	(창원①②, 함안, 김해, 양산)
는갑·다	<는가 보다>	(창원①②, 함안, 김해, 양산)
는구·나[884]	<는구나>	(창원①②, 함안, 김해, 양산)
니·라	<니라>	(창원①②, 함안, 김해, 양산)
다·가	<다가>	(창원①②, 함안, 김해, 양산)

881) [창원 방언①②, 함안 방언, 양산 방언] /-구·나/는 움직씨와 그림씨에 다 사용된다.
882) [양산 방언] /잡기·는 잡는·데, 늦기·는 늦·었·지·만/.
883) [창원 방언②] /길·래/는 빈도가 아주 낮다. /걸·래/가 주로 쓰인다.
884) [창원 방언①②] /페는구·나/처럼 움직씨에는 /-는구·나/가 쓰이지만, 그림씨에는 쓰지 않는다. /페는구·나, 잡는구·나, …/는 /페구·나, 잡구·나, …/보다 빈도가 낮다.

더·나 <더냐> (창원①②, 함안, 김해, 양산)
더·노 <더냐> (창원①②, 함안, 김해, 양산)
더·니 <더니> (함안, 양산)
더·라 <더라> (창원①②, 함안, 김해, 양산)
더·라·꼬 <더라고> (창원①②, 함안, 김해, 양산)
더·라·도 <페더라도> (창원①②, 함안, 김해, 양산)
더·래·도[885] <더라도> (창원②, 함안, 김해, 양산)
더·이 <더니> (양산)
더·이 <더니> (창원②, 함안)
더라·꼬 <더라고> (창원①②, 함안, 김해)
더라·도 <더라도> (창원①②, 함안, 김해)
더래·도 <더라도> (창원②, 함안, 김해, 양산)
더마·는 <더라도> (창원①②, 함안, 김해, 양산)
던·가 <던가> (창원①②, 함안, 김해, 양산)
던·갑·다 <던가 보다> (양산)
던·강 <던가> (창원①②, 김해)
던·고 <던고> (창원①②, 함안, 김해, 양산)
던·공 <던가> (창원①②, 김해)
던·교 <습디까, ㅂ디까> (양산)
던·기·요 <습디까, ㅂ디까> (창원①, 김해, 양산)
던·데 <던데> (창원①②, 함안, 김해, 양산)
던·데·여 <던데요> (창원①)
던·데·예 <던데요> (창원①②, 함안, 김해, 양산)
던·데·요 <던데요> (창원①, 양산)
던갑·다 <던가 보다> (창원①②, 함안, 김해, 양산)
데·에 <데> (창원①②, 김해)
데·이 <더라> (양산)
도·로 <도록> (양산)
도·록 <도록> (창원①②, 함안, 양산)
두·루 <도록> (김해)
두·룩 <도록> (창원①②, 함안, 김해)
든·지 <든지> (창원①②, 함안, 김해, 양산)
디·이 <더니> (양산)
디·이 <더니> (창원①②, 함안, 김해)
디·이·마·는 <더니만> (창원①)
ㄹ <ㄹ> (창원①②, 함안, 김해, 양산)
ㄹ·까 <ㄹ까> (창원①②, 함안, 김해, 양산)
ㄹ·꼬 <ㄹ고> (창원①②, 함안, 김해, 양산)

885) [함안 방언] {-래·도/-·래·도}는 {-라·도/-·라·도}보다 빈도가 낮다.

ㄹ·라·꼬	<려고>	(창원①②, 함안, 김해, 양산)
ㄹ·라·머	<려면>	(김해, 양산)
ㄹ·라·먼	<려면>	(함안, 김해, 양산)
ㄹ·라·모	<려면>	(창원①②, 함안)
ㄹ·라·몬	<려면>	(창원①②)
ㄹ·라·카·나	<려고 하나>	(창원①②, 김해, 양산)
ㄹ·라·칸·다	<ㄹ려고 한다>	(창원①②, 김해, 양산)
ㄹ·라·커·나	<으려고 하나>	(함안, 김해, 양산)
ㄹ·라·커·먼	<으려고 하면>	(함안, 김해, 양산)
ㄹ·라·컨·다	<ㄹ려고 한다>	(함안, 김해, 양산)
ㄹ·랑	<ㄹ랑>	(창원①②, 함안, 김해, 양산)
ㄹ·수·로	<ㄹ수록>	(함안)
ㄹ·수·록	<ㄹ수록>	(창원①②, 함안, 김해, 양산)
ㄹ·수·루	<ㄹ수록>	(김해)
ㄹ·수·룩	<ㄹ수록>	(함안, 양산)
ㄹ꺼·로	<ㄹ걸>	(창원①②, 함안, 김해, 양산)
ㄹ꾸·로	<ㄹ걸>	(김해)
ㄹ끼·네	<ㄹ 것이네>	(양산)
ㄹ끼·이·네	<ㄹ 것이네>	(양산)
ㄹ끼·이·꺼·네	<ㄹ 거니까>	(창원①, 김해)
ㄹ끼·이·께	<ㄹ 거니까>	(창원①②, 김해)
ㄹ낌·더	<ㄹ 것입니다>	(양산)
ㄹ낑·께	<ㄹ 거니까>	(창원②, 함안)
ㄹ낑께·에	<ㄹ 거니까>	(창원②, 함안)
ㄹ라·꼬	<으려고>	(창원①②, 함안, 김해, 양산)
ㄹ라·먼	<려면>	(함안, 김해, 양산)
ㄹ라·모	<려면>	(창원①②, 함안)
ㄹ라·몬	<려면>	(창원①②)
ㄹ라카·나	<려고 하나>	(창원①②)
ㄹ라카·몬	<려고 하면>	(창원①②)
ㄹ라칸·다	<려고 한다>	(창원①②, 김해)
ㄹ라커·나	<려고 하나>	(함안, 김해)
ㄹ라커·모	<려고 하면>	(함안)
ㄹ라컨·다	<려고 한다>	(함안, 김해)
ㄹ라·칸·다	<ㄹ려고 한다>	(양산)
ㄹ라·커·나	<으려고 하나>	(양산)
ㄹ라·커·먼	<으려고 하면>	(양산)
ㄹ라·컨·다	<ㄹ려고 한다>	(양산)
ㄹ망·정	<ㄹ망정>	(창원①②, 함안, 김해)
ㄹ수·로	<ㄹ수록>	(함안)

ㄹ수·루	<ㄹ수록>	(김해)
ㄹ수·록	<ㄹ수록>	(창원①②, 함안, 김해, 양산)
ㄹ수·룩	<ㄹ수록>	(함안, 양산)
라·꼬	<라고>	(창원①②, 함안)
라·머	<라면>	(김해, 양산)
라·먼	<라면>	(함안, 김해, 양산)
라·모	<라면>	(창원①②, 함안)
라·몬	<라면>	(창원①②)
ㅁ	<ㅁ>	(창원①②, 함안, 양산)
ㅁ·더	<ㅂ니다>	(양산)
·먼	<면>	(함안, 김해, 양산)
·면	<면>	(양산)
·몬	<면>	(창원①②)
ㅂ니·꺼	<ㅂ니까>	(창원①, 김해)
ㅂ니·더	<ㅂ니다>	(창원①, 김해)
ㅂ디·꺼	<ㅂ디까>	(창원①②, 함안, 김해, 양산)
ㅂ디·더	<ㅂ디다>	(창원①②, 함안, 김해, 양산)
ㅂ미·꺼	<ㅂ니까>	(창원②, 함안, 양산)
ㅂ미·더	<ㅂ니다>	(창원②, 함안, 양산)
ㅂ시·다	<ㅂ시다>	(창원②)
ㅂ시·더	<ㅂ시다>	(창원①②, 함안, 김해, 양산)
습니·꺼	<습니까>	(창원①, 김해)
습니·더	<습니다>	(창원①, 김해)
습디·꺼	<습디까>	(창원①②, 함안, 김해, 양산)
습디·더	<습디다>	(창원①②, 함안, 김해, 양산)
습미·꺼[886]	<습니까>	(창원②, 함안, 양산)
습미·더	<습니다>	(창원②, 함안, 양산)
십미·더	<습니다>	(창원②, 함안, 양산)
시·니	<시니>	(창원②, 함안)
시·이	<시니(까)>	(양산)
시·이·께	<시니까>	(양산)
시·이·소	<십시오>	(창원①②, 함안, 김해, 양산)
시·잉·께	<시니까>	(창원②, 함안)
시·지·예	<시지요>	(창원①②, 함안, 김해, 양산)
시·지·요	<시지요>	(창원①②, 양산)
시·이	<시니(까)>	(창원①②, 함안, 김해)

886) [창원 방언②, 함안 방언, 양산 방언] /-습니·다, -습니·까, -았습니·다, -았습니·까, …/는 표준말 영향으로 드물게 사용하고 있으나, 이들을 방언형으로 보기는 어렵다. 일상적인 말투에서는 /-습미·더, -습미·꺼, -았습미·더, -았습미·꺼, …/를 주로 사용한다. 이하에서 모든 풀이씨에 대하여 /-X·다, -X·까/형을 생략하고, 이 지역의 방언형인 /-X·더, -X·꺼/형만 나열한다.

시·이·꺼·네	<시니까>	(창원①, 김해)
시·이·께	<시니까>	(창원①②, 함안, 김해)
시이·소	<십시오>	(창원①②, 함안, 김해)
신·다	<신다>	(창원①②, 함안, 김해, 양산)
심·더[887]	<십니다>	(양산)
십니·꺼	<십니까>	(창원①, 김해)
십미·꺼	<십니까>	(창원②, 함안, 양산)
십미·더	<십니다>	(창원②, 함안, 양산)
싱·께	<시니까>	(창원②, 함안)
ㅆ·다	<ㅆ다>	(창원①②, 함안, 김해, 양산)
ㅆ·는	<은>	(창원①②, 함안, 김해, 양산)
ㅆ·는·갑·다	<은 것 같다>	(창원①②, 함안, 김해, 양산)
ㅆ·던·갑·다	<은 것 같다>	(창원①②, 함안, 김해, 양산)
ㅆ·습·니·더	<ㅆ습니다>	(창원①, 김해)
ㅆ·습·미·더	<ㅆ습니다>	(창원②, 함안, 양산)
ㅆ·심·더	<ㅆ습니다>	(양산)
ㅇ·께	<니까>	(함안)
ㅇ·께·에	<니까>	(창원②, 함안)
아·까	<을까>	(창원②, 함안)
아·꼬	<을까>	(창원②, 함안)
아·나	<으나>	(창원②, 함안)
아·라·꼬	<으라고>	(창원②, 함안)
아·러	<으러>	(김해)
아·로[888]	<으러>	(창원②, 함안, 양산)
아·머	<으면>	(김해, 함안)
아·먼	<으면>	(김해)
아·모	<으면>	(창원②, 함안)
아·몬	<으면>	(창원②)
아·세	<으세>	(창원②, 김해)
아·소	<으오>	(창원②, 김해)
아·이·꺼·네	<으니까>	(김해)
아·이·께	<으니까>	(창원②, 함안, 김해)
아꺼·마	<을게>	(창원②, 함안, 김해)
아께·에	<을게>	(창원②, 함안, 김해)
아께·에	<을게>	(창원②)
아라·꼬	<아라고>	(창원②, 김해)
아시·지·예	<으시지요>	(창원②, 함안, 김해)

887) [양산 방언] /-습미·더/보다는 /-심·더/의 빈도가 훨씬 높다.
888) [창원 방언②] {·으X, 으X}는 C_0aC-형 어간 아래서는 가끔 {·아X, 아X}로도 발음된다.

아시·이·꺼·네	<으시니까>	(김해)
아시·이·께	<으시니까>	(창원②, 함안, 김해)
아시이·소	<으십시오>	(창원②, 함안, 김해)
아신·다	<으신다>	(창원②, 김해)
아십니·꺼	<으십니까>	(창원①, 김해)
아십미·꺼	<으십니까>	(창원②)
아싱·꺼·네	<으시니까>	(창원②)
아싱·께	<으시니까>	(함안)
아싱께·에	<으시니까>	(창원②, 함안)
아앙·께	<으니까>	(함안)
아이·소	<으오>	(창원②, 함안, 김해)
아이·께	<으니까>	(김해)
아이·께·에	<으니까>	(창원②)
아이께·네	<으니까>	(함안)
아이께·에	<으니까>	(창원②, 함안, 김해)
아이께·에	<으니까>	(함안)
안	<은>	(창원②, 함안, 김해)
안·들	<은들>	(창원②, 함안, 김해)
알	<을>	(창원②, 함안, 김해)
알·껄	<을걸>	(창원②, 함안)
알·수·루	<을수록>	(김해)
알꺼·로	<을걸>	(창원②, 함안, 김해)
알꾸·로	<을걸>	(김해)
알끼·이	<을거니까>	(창원②, 함안)
알끼·이·꺼·네	<을거니까>	(김해)
알끼·이·께	<을거니까>	(창원②, 함안, 김해)
알끼·이·께·에	<을거니까>	(창원②, 김해)
알낑·꺼·네	<을거니까>	(창원②)
알낑·께	<을거니까>	(창원②, 함안)
알낑·께·에	<을거니까>	(창원②, 함안)
알낑께·에	<을거니까>	(창원②, 함안)
알라·꼬	<으려고>	(창원②, 함안, 김해)
알망·정	<을망정>	(창원②, 함안, 김해)
알수·록	<을수록>	(창원②)
알수·룩	<을수록>	(함안)
앙·께	<으니까>	(함안)
으·까[889]	<을까>	(창원①②, 함안, 김해, 양산)
으·꼬	<을까>	(창원①②, 함안, 김해, 양산)

889) [창원 방언①②] /잡으·까#:마·까/.

으·나	<으나>	(창원①②, 함안, 김해, 양산)
으·나·따·나	<으나마>	(창원①②, 함안, 김해, 양산)
으·니	<으니>	(함안, 양산)
으·라	<으라>	(창원①②, 함안, 김해, 양산)
으·라·꼬	<으라고>	(창원①②, 함안, 김해, 양산)
으·러	<으러>	(김해, 양산)
으·로	<으러>	(창원①②, 함안, 김해, 양산)
으·마	<으면>	(창원②)
으·머	<으면>	(김해, 양산)
으·먼	<으면>	(함안, 김해, 양산)
으·모	<으면>	(창원①②, 함안)
으·몬	<으면>	(창원①②)
으·세	<으세>	(창원①②, 함안, 김해)
으·소	<으오, 으시오>	(창원①②, 함안, 김해, 양산)
으·이	<으니(까)>	(양산)
으·이·까·네	<으니까>	(양산)
으·이·꺼·네	<으니까>	(양산)
으·입·시·더	<읍시다>	(창원①②, 함안)
으·잉·께	<으니까>	(창원②, 함안)
으·ᅌᅵ	<으니(까)>	(창원①②, 함안, 김해)
으·ᅌᅵ·까·네	<으니까>	(창원①②, 김해, 양산)
으·ᅌᅵ·꺼·네	<으니까>	(창원①, 김해)
으·ᅌᅵ·께	<으니까>	(창원①②, 함안, 김해)
으·ᅌᅵ·께·에	<으니까>	(창원①, 김해)
으꺼·마	<을게>	(창원①②, 함안, 김해, 양산)
으께·에	<을게>	(창원②, 함안, 김해, 양산)
으께·ᅌᅦ	<을게>	(창원①②, 함안, 김해)
으나·마	<으나마>	(창원①②, 함안, 김해, 양산)
으니·까[890]	<으니까>	(창원②, 함안, 양산)
으라·꼬	<으라고>	(창원①②, 함안, 김해, 양산)
으시·다	<으시다>	(창원①②, 김해)
으시·지	<으시지>	(창원①②, 함안, 김해, 양산)
으시·지·예	<으시지요>	(창원①②, 함안, 김해)
으시·지·요	<으시지요>	(창원①②, 양산)
으시·ᅌᅵ·꺼·네	<으시니까>	(창원①, 김해)
으시·ᅌᅵ·께	<으시니까>	(창원①②, 함안, 김해)
으시이·소	<으십시오>	(창원①②, 함안, 김해, 양산)

890) [창원 방언②, 함안 방언, 양산 방언] /으니·까/는 방언형은 아니지만, 표준말 영향으로 드물게 쓰인다.

으시·이·소 <으십시오> (창원①②, 양산)
으신·다 <으신다> (창원①②, 함안, 김해, 양산)
으십니·꺼 <으십니까> (창원①, 김해)
으나따·나 <으나따나> (창원①②, 함안)
으십미·꺼 <으십니까> (창원②, 함안, 양산)
으싱·께 <으시니까> (창원②, 함안, 양산)
으싱·께·네 <으시니까> (함안)
으싱꺼·네 <으시니까> (창원②)
으싱께·에 <으시니까> (창원①②, 함안, 양산)
으응·께 <으니까> (창원②, 함안, 양산)
으이·까·네 <으니까> (양산)
으이·께 <으니까> (양산)
으이·소 <으오, 으시오> (창원①②, 함안, 김해, 양산)
으입시·더 <읍시다> (창원①②, 함안, 김해)
으이·께 <으니까> (창원①②, 함안)
으이꺼·네 <으니까> (창원①②)
으이께·에 <으니까> (창원①②, 함안)
은 <은> (창원①②, 함안, 김해)
은·가 <은가> (창원①②, 함안, 김해)
은·고 <은가> (창원①②, 함안, 김해)
은·교 <습니까> (창원②, 함안, 양산)
은·기·요 <습니까> (창원①, 김해, 양산)
은·데 <은데> (창원①②, 함안, 김해)
은·들 <은들> (창원①②, 함안, 김해)
은가·베 <은가보다> (창원①②, 함안, 김해)
은갑·다 <은가보다> (창원①②, 함안, 김해)
은구·나 <은구나> (창원①②, 함안, 김해)
을 <을> (창원①②, 함안, 김해, 양산)
을·껄 <을걸> (창원②, 함안, 양산)
을·라·꼬 <으려고> (창원①②, 함안, 김해, 양산)
을·라·머 <으려면> (김해, 양산)
을·라·먼 <으려면> (함안, 김해, 양산)
을·라·모 <으려면> (창원①②, 함안)
을·라·몬 <으려면> (창원①②)
을·라·카·나 <으려고 하니> (창원①②, 김해)
을·라·카·머 <으려고 하면> (김해, 양산)
을·라·카·먼 <으려고 하면> (김해, 양산)
을·라·카·모 <으려고 하면> (창원①②)
을·라·카·몬 <으려고 하면> (창원①②)
을·라·칸·다 <으려고 한다> (창원①②, 김해, 양산)

을·라·캐·애·도	<으려고 해도>	(창원①②, 함안, 김해, 양산)
을·라·커·나	<으려고 하니>	(함안, 김해, 양산)
을·라·커·먼	<으려고 하면>	(함안, 김해, 양산)
을·라·커·모	<으려고 하면>	(함안)
을·라·컨·다	<으려고 한다>	(함안, 김해, 양산)
을·라·쿠·나[891]	<으려고 하니>	(함안)
을·라·쿠·먼	<으려고 하면>	(함안)
을·라·쿠·모	<으려고 하면>	(함안)
을·라·쿤·다	<으려고 한다>	(함안)
을·수·로	<을수록>	(함안)
을·수·록	<삼을수록	(창원①②, 함안, 김해, 양산)
을·수·루	<을수록>	(김해)
을·수·룩	<을수록>	(함안, 양산)
을꺼·니·까·네	<을거니까>	(양산)
을꺼·로	<을걸>	(창원①②, 함안, 김해, 양산)
을꾸·로	<을걸>	(김해)
을끼·네	<을것이네>	(양산)
을끼·이·네	<을것이네>	(양산)
을끼·이·까·네	<을거니까>	(양산)
을끼·이	<을거니까>	(창원②, 함안, 김해, 양산)
을끼·이·꺼·네	<을거니까>	(창원①, 김해)
을끼·잉·꺼·네	<을거니까>	(창원②, 김해)
을끼·이·께	<을거니까>	(창원①②, 함안, 김해)
을끼·이·께·에	<을거니까>	(창원①, 김해)
을끼·임·더	<을겁니다>	(양산)
을낌·더	<을겁니다>	(양산)
을끼이꺼·네	<을거니까>	(창원①, 김해)
을끼이께·에	<을거니까>	(창원①)
을낑·께	<을거니까>	(창원②, 함안)
을낑·께·에	<을거니까>	(창원②, 함안)
을낑꺼·네	<을거니까>	(창원②)
을낑께·에	<을거니까>	(창원②, 함안)
을라·꼬	<으려고>	(창원①②, 함안, 김해, 양산)
을라·머	<으려면>	(김해, 양산)
을라·먼	<으려면>	(함안, 김해, 양산)
을라·모	<으려면>	(창원①②, 함안)
을라·몬	<으려면>	(창원①②)
을라카·나	<으려고 하나>	(창원①②, 김해)

891) [함안 방언] /커X/형은 사용 빈도가 높지만, /쿠X/형은 빈도가 낮다.

을라카·머	<으려고 하면>	(김해)
을라카·먼	<으려고 하면>	(김해, 양산)
을라카·모	<으려고 하면>	(창원①②)
을라카·몬	<으려고 하면>	(창원①②)
을라칸·다	<으려고 한다>	(창원①②, 김해)
을라캐애·도	<으려고 해도>	(창원①②, 김해)
을라커·나	<으려고 하나>	(함안, 김해)
을라커·모	<으려고 하면>	(함안)
을라컨·다	<으려고 한다>	(함안, 김해)
을라쿠·나	<으려고 하나>	(함안)
을라쿤·다	<으려고 한다>	(함안)
을망·정	<을망정>	(창원①②, 함안, 김해, 양산)
을수·로	<을수록>	(함안)
을수·록	<을수록>	(창원①②, 함안, 김해, 양산)
을수·루	<을수록>	(김해)
을수·룩	<을수록>	(함안, 양산)
을테·니·까·네	<을테니까>	(양산)
음	<음>	(창원①②, 함안, 김해)
읍시·다[892]	<읍시다>	(창원①②, 함안, 김해, 양산)
읍시·더	<읍시다>	(창원①②, 함안, 김해, 양산)
응·게	<으니까>	(창원②)
응·꺼·네	<으니까>	(창원②)
응·께	<으니까>	(창원②, 함안, 양산)
응께·에	<으니까>	(창원②, 함안)
응께·네	<으니까>	(함안)
ㅇ·게	<니까>	(창원②)
ㅇ·께	<니까>	(창원②, 함안)
ㅇ께·에	<니까>	(창원②, 함안)
·거·들·랑	<거들랑>	(양산)
·게	<게(어찌)>	(창원①②, 함안, 김해, 양산)
·고	<고(어찌)>	(창원①②, 함안, 김해, 양산)
·기	<기(이름)>	(창원①②, 함안, 김해, 양산)
·기·는	<기는>	(창원①②, 함안, 김해, 양산)
·기·로·서·니	<기로서니>	(함안, 양산)
·기·로·서·이	<기로서니>	(양산)
·기·로·서·이	<기로서니>	(창원①②, 함안, 김해)
·까[893]	<ㄹ까>	(창원①②, 함안, 김해, 양산)

892) [창원 방언①②, 함안 방언] /잡읍시·다/는 표준말의 영향으로 젊은 사람 말에 나타난다. 일상적인 말투에서는 /잡읍시·더/가 쓰인다.

893) [양산 방언] /이·불 페·까 :마·까/.

·꼬 <을까> (김해)
·나 <니(물음)> (창원①②, 함안, 김해, 양산)
·나·따·나 <으나마> (김해)
·나·마 <나마> (창원①②, 함안, 김해, 양산)
·네 <네(서술)> (창원①②, 함안, 김해, 양산)
·니 <니> (함안)
·노 <니(물음)> (창원①②, 함안, 김해, 양산)
·니·까 <니까> (양산)
·다 <다> (창원①②, 함안, 김해, 양산)
·다·이 <다니> (창원①)
·데 <데, 더라> (창원①②, 함안, 김해, 양산)
·데·예 <데요> (창원①②, 함안, 김해)
·데·요 <데요> (양산)
·도·로 <도록> (양산)
·도·록 <도록> (창원①②, 함안, 양산)
·두·루 <도록> (김해)
·두·룩 <도록> (창원①②, 함안, 김해)
·라 <라(시킴)> (창원①②, 함안, 김해, 양산)
·라·꼬 <라고> (창원①②, 함안, 김해, 양산)
·라·머 <라면> (양산, 김해)
·라·먼 <라면> (함안, 김해, 양산)
·라·커·더·라 <라고 하더라> (함안, 김해, 양산)
·러 <러> (김해, 양산)
·로 <러> (창원①②, 함안, 김해, 양산)
·마 <면> (창원②)
·머 <면> (김해, 양산)
·먼 <면> (함안, 김해, 양산)
·모 <면> (창원①②, 함안)
·몬 <면> (창원①②)
·세 <세(이끎)> (창원①②, 함안, 김해)
·소[894] <소(시킴)> (창원①②, 함안, 김해, 양산)
·소 <소(서술)> (창원①②, 함안, 김해, 양산)
·아 <아(연결)> (창원①②, 함안, 김해, 양산)
·아 <아(서술) (창원①②, 함안, 김해, 양산)
·아·까[895] <을까> (창원②, 함안, 김해)
·아·꺼·마 <을께> (창원②, 함안, 김해)
·아·께·에 <을께> (창원②, 함안, 김해)

894) 〔양산 방언〕 /페·소/, /잡·으·소/<엄마가 아버지한테 말할 때 쓴다. 보통 사람들한테는 건방지게 들리는 말투라 잘 안 쓴다.>.
895) 〔창원 방언②〕 /잡·아·까/<잡을까>.

·아·꼬	<을까>	(창원②, 함안, 김해)
·아·나	<으나>	(창원②, 함안, 김해)
·아·도	<아도>	(창원①②, 함안, 김해, 양산)
·아·라	<아라(시킴)>	(창원①②, 함안, 김해, 양산)
·아·라·꼬	<으라고>	(창원②, 함안, 김해, 양산)
·아·로	<으러>	(창원②, 함안, 김해)
·아·모	<으면>	(창원②, 함안)
·아·몬	<으면>	(창원②)
·아·서	<아서>	(창원①②, 함안, 김해, 양산)
·아·세	<으세>	(창원②, 함안)
·아·소	<으소>	(창원②, 함안)
·아·시·이·소	<으십시오>	(창원②, 함안)
·아·시·지·예	<으시지요>	(창원②, 함안)
·아·시·이·께	<으시니까>	(창원②, 함안)
·아·신·다	<으신다>	(창원②, 함안)
·아·십·미·꺼	<으십니까>	(창원②, 함안)
·아·싱·께	<으시니까>	(함안)
·아·야	<아야>	(창원①②, 함안, 김해, 양산)
·아·이·소	<으시오>	(창원②, 함안)
·아·이·께	<으니까>	(창원②, 함안)
·안	<은>	(창원①②, 함안)
·안·들	<은들>	(창원②, 함안)
·알	<을>	(창원②, 함안)
·알·꺼·로	<을걸>	(창원②, 함안)
·알·껄	<을걸>	(창원②, 함안)
·알·끼·이·께	<을테니까>	(창원②, 함안)
·알·라·꼬	<으려고>	(창원②, 함안)
·알·망·정	<을망정>	(창원②, 함안)
·알·수·로	<을수록>	(함안)
·알·수·록	<을수록>	(창원②, 함안)
·알·수·루	<을수록>	(김해)
·았·는	<은>	(창원①②, 함안, 김해, 양산)
·았·는·갑·다	<았는가 보다>	(창원①②, 함안, 김해, 양산)
·았·다	<았다>	(창원①②, 함안, 김해, 양산)
·았·던·갑·다	<았던가 보다>	(창원①②, 함안, 김해, 양산)
·았·습·니·더	<았습니다>	(창원①, 김해)
·았·습·미·더	<았습니다>	(창원②, 함안, 양산)
·았·십·미·더	<았습니다>	(창원②, 함안, 양산)
·았·시·임·더	<았습니다>	(양산)
·았·심·더	<았습니다>	(양산)

·었·지·요	<았지요>	(창원①②, 양산)
·았·지·예	<았지요>	(창원①②, 함안, 김해)
·았·지·요	<았지요>	(창원①②, 양산)
·앙·께	<으니까>	(함안)
·앙·께·네	<으니까>	(함안)
·애	<어(이음)>	(창원①②, 함안, 김해, 양산)
·애·도	<어도>	(창원①②, 함안, 김해, 양산)
·애·라	<어라>	(창원①②, 함안, 김해, 양산)
·애·서	<어서>	(창원①②, 함안, 김해, 양산)
·앴·다	<었다>	(창원①②, 함안, 김해, 양산)
·앴·습·니·더	<었습니다>	(창원①, 김해)
·앴·습·심·더	<었습니다>	(양산)
·어	<어(서술)>	(창원①②, 함안, 김해, 양산)
·어	<어(이음)>	(창원①②, 함안, 김해, 양산)
·어·도	<어도>	(창원①②, 함안, 김해, 양산)
·어·라	<어라>	(창원①②, 함안, 김해, 양산)
·어·라·꼬	<어라고>	(창원①②, 함안, 김해, 양산)
·어·서	<어서>	(창원①②, 함안, 김해, 양산)
·어·야	<어야>	(창원①②, 함안, 김해, 양산)
·었·는	<었는>	(창원①②, 함안, 김해, 양산)
·었·는·갑·다	<었는가보다>	(창원①②, 함안, 김해, 양산)
·었·다	<었다>	(창원①②, 함안, 김해, 양산)
·었·더·라	<었더라>	(창원①②, 함안, 김해, 양산)
·었·던·갑·다[896]	<었던가 보다>	(창원①②, 함안, 김해, 양산)
·었·습·니·더	<었습니다>	(창원①, 김해)
·었·습·미·더	<었습니다>	(창원②, 함안, 양산)
·었·시·임·더	<었습니다>	(양산)
·었·심·미·더	<었습니다>	(양산)
·었·십·미·더	<았습니다>	(창원②, 함안, 양산)
·었·어·예	<었어요>	(창원①, 김해)
·었·지·예	<았지요>	(창원①②, 함안, 김해)
·었·지·요	<았지요>	(창원①②, 양산)
·에	<어(서술)>	(김해)
·에	<어(이음)>	(김해)
·에	<어>	(창원①②, 함안, 양산)
·에·도[897]	<어도>	(창원①②, 함안, 양산)
·에·라	<어라>	(창원①②, 함안, 양산)

896) [양산 방언] /잡·었·던·갑·다/

897) [창원 방언①] /페·에·도/<펴도>, /쎄·에·도/<세어도(强)>.

·에·라·꼬	<어라고>	(창원①②, 함안, 양산)
·에·서	<어서>	(창원①②, 함안, 양산)
·에·야	<어야>	(창원①②, 함안, 양산)
·엔[898]	<은>	(창원①②, 양산)
·엤·는	<은>	(창원①②, 함안, 양산)
·엤·는·갑·다	<었는가 보다>	(창원①②, 함안, 양산)
·엤·다[899]	<었다>	(창원①②, 함안, 양산)
·엤·던·갑·다	<었던 가보다>	(창원①②, 함안, 김해, 양산)
·엤·디·이	<었더니>	(창원①②, 함안, 김해)
·엤·으·이·께	<었으니까>	(양산)
·엥·께	<니까>	(창원①②)
·요	<요>	(창원①②, 함안, 김해)
·우	<어>	(창원①②, 함안, 김해)
·우·도[900]	<어도>	(창원①②, 함안, 김해)
·우·라	<어라>	(창원①②, 함안, 김해)
·우·서	<어서>	(창원①②, 함안, 김해)
·윴·다[901]	<었다>	(창원①②, 함안, 김해)
·윴·습·니·더	<었습니다>	(창원①, 김해)
·윴·습·미·더	<었습니다>	(창원②, 함안, 양산)
·으·까	<을까>	(창원①②, 함안, 김해, 양산)
·으·꺼·마	<ㄹ께>	(창원①②, 함안, 김해, 양산)
·으·께	<을께>	(창원①②, 함안, 김해, 양산)
·으·께·에	<을께>	(창원②, 함안, 김해, 양산)
·으·께·헤	<을께>	(창원①②, 함안, 김해)
·으·꼬	<을까>	(창원①②, 함안, 김해, 양산)
·으·나	<으나>	(창원①②, 함안, 김해, 양산)
·으·나#따·나	<으나마>	(창원①②, 함안, 김해, 양산)
·으·나#따·아·나	<으나마>	(양산)
·으·나·따·나	<으나마>	(창원①②, 함안, 김해, 양산)
·으·나·마	<으나마>	(창원①②, 함안, 김해, 양산)
·으·니	<으니>	(함안, 양산)
·으·니·까	<으니까>	(양산)
·으·니·까·네	<으니까>	(양산)
·으·라[902]	<으라>	(창원①②, 함안, 김해, 양산)

898) [양산 방언] /페·엔·사·람/<편 사람>.
899) [창원 방언①] /페·엤·다/<폈다>.
900) [창원 방언①] /입·우·도/<입어도>.
901) [창원 방언①] /입·윴·다/<입었다>.
902) [창원 방언①②, 함안 방언, 양산 방언] /잡·으·라/는 /잡·으·라·카·더·라/처럼 간접명령으로 쓰인다. 직접명령은 /잡·아·라/.

·으·라·꼬	<으라고>	(창원①②, 함안, 김해, 양산)
·으·라·머	<으라면>	(김해, 양산)
·으·라·먼	<으라면>	(함안, 김해, 양산)
·으·라·모	<으라면>	(창원①②, 함안)
·으·라·몬	<으라면>	(창원①②)
·으·라	<으러>	(양산)
·으·러	<으러>	(김해, 양산)
·으·로	<으러>	(창원①②, 함안, 김해, 양산)
·으·마	<으면>	(창원②)
·으·머	<으면>	(김해, 양산)
·으·먼[903]	<으면>	(함안, 김해, 양산)
·으·모	<으면>	(창원①②, 함안)
·으·몬	<으면>	(창원①②)
·으·세	<으세>	(창원①②, 함안, 김해)
·으·소	<으오, 으시오>	(창원①②, 함안, 김해, 양산)
·으·시·니·까	<으시니까>	(양산)
·으·시·다	<으시다>	(창원①②, 김해, 양산)
·으·시·이·까	<으시니까>	(양산)
·으·시·이·께	<으시니까>	(양산)
·으·시·이·소	<으십시오>	(창원①②, 함안, 김해, 양산)
·으·시·잉·께	<으시니까>	(창원②, 함안)
·으·시·지	<으시지>	(창원①②, 함안, 김해, 양산)
·으·시·지·예[904]	<으시지요>	(창원①②, 함안, 김해, 양산)
·으·시·지·요	<으시지요>	(창원①②, 양산)
·으·시·이·께	<으시니까>	(창원①②, 함안, 김해)
·으·신·다	<으신다>	(창원①②, 함안, 김해, 양산)
·으·심·꺼	<으십니까>	(양산)
·으·십·니·꺼	<으십니까>	(창원①②, 김해)
·으·십·미·꺼[905]	<으십니까>	(창원②, 함안, 양산)
·으·싱·께	<으시니까>	(창원②, 함안)
·으·이	<으니(까)>	(양산)
·으·이·까·네	<으니까>	(양산)
·으·이·께	<으니까>	(양산)
·으·이·께·네	<으니까>	(양산)
·으·이·끼·네	<으니까>	(양산)
·으·이·소	<으시오>	(창원①②, 함안, 김해, 양산)

903) [양산 방언] /잡·으·먼, 잡·으·면, 잡·으·머/ 중에서 /잡·으·먼/의 빈도가 가장 높다; [함안 방언] /X·먼/형은 /X·모/형보다 빈도가 훨씬 낮은 편이다.

904) [양산 방언] /·지·예/보다 /·지·요/의 빈도가 훨씬 높다.

905) [창원 방언②] /·으·십·니·꺼/는 거의 쓰이지 않고 /·으·십·미·꺼/가 주로 쓰인다.

·으·입·시·다	<으십시다>	(김해)
·으·입·시·더	<으십시다>	(창원①②, 함안, 김해, 양산)
·으·잉·께	<으니까>	(창원②, 함안)
·으·이	<으니(까)>	(창원①②, 함안, 김해)
·으·이·꺼·네	<으니까>	(창원①, 김해)
·으·이·께	<으니까>	(창원①②, 함안, 김해)
·으·이·께·네	<으니까>	(함안)
·은	<은>	(창원①②, 함안, 김해, 양산)
·은·가·베	<은가 보다>	(창원①, 양산)
·은·갑·다	<은가 보다>	(창원①, 양산)
·은·기·요	<습니까, ㅂ니까>	(창원①, 김해, 양산)
·은·데	<은데>	(창원①②, 함안, 김해, 양산)
·은·들	<은들>	(창원①②, 함안, 김해, 양산)
·을	<을>	(창원①②, 함안, 김해, 양산)
·을·까	<을까>	(양산)
·을·꺼·니·까	<을거니까>	(양산)
·을·꺼·니·까·네	<을거니까>	(양산)
·을·꺼·로	<을걸>	(창원①②, 함안, 김해, 양산)
·을·껄	<을걸>	(창원②, 함안, 양산)
·을·꾸·로	<을걸>	(김해)
·을·끼·다	<을것이다>	(창원①②, 양산)
·을·끼·이	<을테니까>	(양산)
·을·끼·이·까	<을테니까>	(양산)
·을·끼·이·까·네	<을테니까>	(양산)
·을·끼·이·께	<을테니까>	(양산)
·을·끼·이·께·네	<을테니까>	(양산)
·을·끼·임·더	<을겁니다>	(양산)
·을·끼·이·꺼·네	<을테니까>	(창원①, 김해)
·을·끼·이·께	<을테니까>	(창원①②, 함안, 김해)
·을·끼·이·께·에	<을테니까>	(창원①, 김해)
·을·낌·더	<을겁니다>	(양산)
·을·낑·꺼·네	<을테니까>	(창원②)
·을·낑·께	<을테니까>	(창원②, 함안)
·을·낌·더	<을 겁니다>	(양산)
·을·라·꼬	<을라고>	(창원①②, 함안, 김해, 양산)
·을·라·나	<으려나>	(창원①, 양산)
·을·라·머	<으려면>	(김해, 양산)
·을·라·먼	<으려면>	(함안, 김해, 양산)
·을·라·모	<으려면>	(창원①②, 함안)
·을·라·몬	<으려면>	(창원①②)

·을·라·카·나	<으려고 하나>	(창원①②, 김해, 양산)
·을·라·카·머	<으려고 하면>	(김해, 양산)
·을·라·카·먼	<으려고 하면>	(김해, 양산)
·을·라·카·모	<으려고 하면>	(창원①②)
·을·라·카·몬	<으려고 하면>	(창원①②)
·을·라·칸·다	<으려고 한다>	(창원①②, 김해, 양산)
·을·라·캄·더	<으려고 합니다>	(양산)
·을·라·캅·니·더	<으려고 합니다>	(창원①, 김해)
·을·라·캅·미·더	<으려고 합니다>	(창원②, 함안, 양산)
·을·라·캐·애·도	<으려고 해도>	(창원①②, 함안, 김해, 양산)
·을·라·커·나	<으려고 하나>	(함안, 김해, 양산)
·을·라·커·머	<으려고 하면>	(김해, 양산)
·을·라·커·먼	<으려고 하면>	(함안, 김해, 양산)
·을·라·커·모	<으려고 하면>	(함안)
·을·라·컨·다	<으려고 한다>	(함안, 김해, 양산)
·을·라·컴·더[906]	<으려고 합니다>	(양산)
·을·라·컵·미·더	<으려고 합니다>	(양산)
·을·라·쿠·나	<으려고 하나>	(함안)
·을·라·쿠·머	<으려고 하면>	(양산)
·을·라·쿠·모	<으려고 하면>	(함안)
·을·라·쿤·다	<으려고 한다>	(함안)
·을·라·하·나	<으려 하나>	(양산)
·을·라·하·면	<으려 하면>	(양산)
·을·라·한·다	<으려 한다>	(양산)
·을·라·함·더	<으려 합니다>	(양산)
·을·라·해·애·도	<으려고 해도>	(양산)
·을·란·다	<으련다>	(창원①②, 김해)
·을·망·정	<을망정>	(창원①②, 함안, 김해, 양산)
·을·수·로	<을수록>	(함안)
·을·수·록	<을수록>	(창원①②, 함안, 김해, 양산)
·을·수·루	<을수록>	(김해)
·을·수·룩	<을수록>	(함안, 양산)
·음<문어체>	<음>	(창원①②, 함안, 김해, 양산)
·음·실·로	<으면서>	(창원①)
·읍·시·다[907]	<읍시다>	(창원②, 함안, 양산)
·읍·시·더	<읍시다>	(창원①②, 함안, 김해, 양산)
·읍·시·더·이	<읍시다>	(창원①②, 함안, 김해, 양산)

906) [양산 방언] /~·컵·미·더/에 비하여 /~·컴·더/는 더 일상적인(casual) 말투이다.

907) [창원 방언①②, 함안 방언, 양산 방언] /-·읍·시·다/는 표준말의 영향을 받은 젊은 사람 말에 쓰이고, 일상적인 말투에서는 주로 /-·읍·시·더/가 쓰인다.

·응·게	<으니까>	(창원②)
·응·께	<으니까>	(창원②, 함안, 양산)
·이	<(으)니>	(양산)
·히	<(으)니>	(창원①②, 함안, 김해)
·이·까·네	<으니까>	(양산)
·이·께	<으니까>	(창원②, 양산)
·이·께·네	<으니까>	(양산)
·이·끼·네	<으니까>	(양산)
·이·소	<시오>	(창원①②, 함안, 김해, 양산)
·이·소·이	<시오>	(창원①②, 함안, 김해)
·자	<자(이끎)>	(창원①②, 함안, 김해, 양산)
·자·이	<자(이끎)>	(창원①②, 함안, 김해)
·재·이	<자(이끎)>	(양산)
·제	<지(물음)>	(창원①②, 함안, 김해, 양산)
·제	<지(서술)>	(창원①②, 함안, 김해, 양산)
·지	<지(물음)>	(창원①②, 함안, 김해, 양산)
·지	<지(서술)>	(창원①②, 함안, 김해, 양산)
·지	<지(이음)>	(창원①②, 함안, 김해, 양산)
·지·만	<지만>	(창원①②, 함안, 김해, 양산)
·지·여	<지요>	(창원①)
·지·예	<지요>	(창원①②, 함안, 김해, 양산)
·지·요	<지요>	(창원①②, 양산)
·이·꺼·네	<니까>	(창원①, 김해)
·이·께	<니까>	(창원①②), 함안, 김해)
·이·께·네	<니까>	(함안)
·기·로#서·니	<기로서니>	(함안, 양산)
·기·로#서·이	<기로서니>	(양산)
·기·로#서·이	<기로서니>	(창원①②, 함안, 김해)
·나#따·나	<나마>	(창원①②, 함안, 김해, 양산)
·아·나#따·나	<으나따나>	(창원②, 함안, 양산)
·을·라#·캐·애·도	<으려고 해도>	(창원①②, 함안, 김해, 양산)
·을·라#카·머	<으려고 하면>	(김해, 양산)
·을·라#카·먼	<으려고 하면>	(김해, 양산)
기·로#서·니	<기로서니>	(함안, 양산)
기·로#서·이	<기로서니>	(양산)
기·로#서·이	<기로서니>	(창원①②, 함안, 김해)
ㄹ·라#카·먼	<으려고 하면>	(김해, 양산)
ㄹ·라#카·모	<으려고 하면>	(창원①②)
ㄹ·라#카·몬	<으려고 하면>	(창원①②)
ㄹ·라#커·먼	<으려고 하면>	(함안, 김해, 양산)

ㄹ·라#커·모	<으려고 하면>	(함안)
아·나#따·나	<으나따나>	(창원①②, 함안, 김해, 양산)
으·나#따·나	<으나따나>	(창원①②, 함안, 김해, 양산)
을·라#·캐·애·도	<으려고 해도>	(창원①②, 함안, 김해, 양산)
을·라#카·먼	<으려고 하면>	(김해, 양산)
을·라#카·모	<으려고 하면>	(창원①②)
을·라#카·몬	<으려고 하면>	(창원①②)
을·라#커·먼	<으려고 하면>	(함안, 김해, 양산)
을·라#커·모	<으려고 하면>	(함안)

5.6.2 고정평성형어간 풀이씨의 굴곡형

고정평성형어간 뒤에서는 씨끝연결체의 기본방점표상이 그대로 나타나는 것이 원칙이다. 여기에는 1음절 어간, 2음절 어간, 3음절 어간의 3가지 자료가 있는데, 1음절 어간 뒤에서 가장 씨끝의 기본방점표상이 잘 지켜지고, 2음절 어간과 3음절 어간 뒤에서는 창원 방언①을 제외한 다른 3개 방언에서는 어간에 직접 이어지는 측성의 한두 음절이 평성으로 변하는 경우가 드물게 나타난다.

1음절 고정평성어간 풀이씨의 굴곡형은 다음과 같다.

(385) 1음절 고정평성어간 풀이씨 {잡·다}의 어형들

잡·다(捕)	(H·M→)HM[HM]	(창원①②, 함안, 김해, 양산)
잡두·룩	H^2M[MHM]	(창원①②, 함안, 김해)
잡·고	HM[HM]	(창원①②, 함안, 김해, 양산)
잡·기·는	HM^2[HM^2]	(창원①②, 함안, 김해, 양산)
잡·기·로·서·니	HM^4[HM^4]	(함안, 양산)
잡·기·로·서·이	HM^4[HM^4]	(양산)
잡·기·로·서·이	HM^4[HM^4]	(창원①②, 함안, 김해)
잡·나	HM[HM]	(창원①②, 함안, 김해, 양산)
잡·네	HM[HM]	(창원①②, 함안, 김해, 양산)
잡·노	HM[HM]	(창원①②, 함안, 김해, 양산)
잡·데	HM[HM]	(창원①②, 함안, 김해)
잡·도·록	HM^2[HM^2]	(창원①②, 함안, 양산)
잡·두·루	HM^2[HM^2]	(김해)
잡·두·룩	HM^2[HM^2]	(창원①②, 함안, 김해)
잡·소[908]	HM[HM]	(창원①②, 함안, 김해, 양산)

908) 〔창원 방언①〕 /잡·소/는 예사높임 서술과 물음, /잡습니·더, 잡습니·꺼/<아주 높임>; 〔양산 방

잡·아	HM[HM]	(창원①②, 함안, 김해, 양산)
잡·아·까<잡을까>	HM^2[HM^2]	(창원②, 함안, 김해)
잡·아·꺼·마<잡을께>	HM^3[HM^3]	(창원②, 함안, 김해)
잡·아·께·에<잡을께>	HM^3[HM^3]	(창원②, 함안, 김해)
잡·아·꼬<잡을고>	HM^2[HM^2]	(창원②, 함안, 김해)
잡·아·나	HM^2[HM^2]	(창원②, 함안, 김해)
잡·아·나#따·나	HM^2#HM[HM^2#HM]	(창원②, 함안, 김해)
잡·아·도	HM^2[HM^2]	(창원①②, 함안, 김해, 양산)
잡·아·라	HM^2[HM^2]	(창원①②, 함안, 김해, 양산)
잡·아·라·꼬	HM^3[HM^3]	(창원②, 함안, 양산)
잡·아·라	HM^2[HM^2]	(창원①②, 김해, 양산)
잡·아·로<잡으러>[909]	HM^2[HM^2]	(창원②, 함안)
잡·아·모	HM^2[HM^2]	(창원②, 함안)
잡·아·몬	HM^2[HM^2]	(창원②)
잡·아·서	HM^2[HM^2]	(창원①②, 함안, 김해, 양산)
잡·아·세	HM^2[HM^2]	(창원②, 함안)
잡·아·소	HM^2[HM^2]	(창원②, 함안)
잡·아·시·이·소	HM^4[HM^4]	(창원②, 함안)
잡·아·시·지·예	HM^4[HM^4]	(창원②, 함안)
잡·아·시·이·께	HM^4[HM^4]	(창원②, 함안)
잡·아·신·다	HM^3[HM^3]	(창원②, 함안)
잡·아·십·미·꺼	HM^4[HM^4]	(창원②, 함안)
잡·아·싱·께	HM^3[HM^3]	(함안)
잡·아·야	HM^2[HM^2]	(창원①②, 함안, 양산)
잡·아·이·소	HM^3[HM^3]	(창원②, 함안)
잡·아·이·꺼·네	HM^4[HM^4]	(김해)
잡·아·이·께	HM^3[HM^3]	(창원②, 함안)
잡·안	HM[HM]	(창원①②, 함안)
잡·안·들	HM^2[HM^2]	(창원②, 함안)
잡·알	HM[HM]	(창원②, 함안)
잡·알·꺼·로	HM^3[HM^3]	(창원②, 함안)
잡·알·껄	HM^2[HM^2]	(창원②, 함안)
잡·알·끼·이·께	HM^4[HM^4]	(창원②, 함안)
잡·알·라·꼬	HM^3[HM^3]	(창원②, 함안)
잡·알·망·정	HM^3[HM^3]	(창원②, 함안)
잡·알·수·로	HM^3[HM^3]	(함안)

언] /잡·소/는 아주 드물게 사용된다.

909) [함안 방언] {C_oəC-, C_ooC-, C_oiC-, C_oeC-, C_ouC-}형의 어간 뒤에서는 {-·으X, -으X}로 나타나는 것이, C_oaC-형의 어간 뒤에서는 {-·으X, -으X, -·아X, -아X}로 임의변동한다.

잡·알·수·록 HM^3[HM^3] (창원②, 함안, 김해)
잡·알·수·루 HM^3[HM^3] (김해)
잡·알·수·룩 HM^3[HM^3] (함안)
잡·았·는<잡은> HM^2[HM^2] (창원①②, 함안, 양산)
잡·았·는·갑·다 HM^4[HM^4] (창원①②, 함안, 김해, 양산)
잡·았·다 HM^2[HM^2] (창원①②, 함안, 김해, 양산)
잡·았·던·갑·다 HM^4[HM^4] (창원①②, 함안, 김해, 양산)
잡·았·습·니·더 HM^4[HM^4] (창원①, 김해)
잡·았·습·미·더 HM^4[HM^4] (창원②, 함안, 양산)
잡·았·심·더 HM^3[HM^3] (양산)
잡·았·어·예 HM^3[HM^3] (창원①, 김해)
잡·앙·께 HM^2[HM^2] (함안)
잡·앙·께·네 HM^3[HM^3] (함안)
잡·어 HM[HM] (양산)
잡·어·도 HM^2[HM^2] (양산)
잡·어·라 HM^2[HM^2] (양산)
잡·어·서 HM^2[HM^2] (양산)
잡·었·다 HM^2[HM^2] (양산)
잡·었·던·갑·다 HM^4[HM^4] (양산)
잡·으·까 HM^2[HM^2] (창원①②, 함안, 김해, 양산)
잡·으·꺼·마 HM^3[HM^3] (창원①②, 함안, 김해, 양산)
잡·으·께 HM^2[HM^2] (창원①②, 함안, 김해, 양산)
잡·으·께·에 HM^3[HM^3] (창원②, 함안, 김해, 양산)
잡·으·께·에 HM^3[HM^3] (창원①②, 함안, 김해)
잡·으·꼬 HM^2[HM^2] (창원①②, 함안, 김해, 양산)
잡·으·나 HM^2[HM^2] (창원①②, 함안, 김해, 양산)
잡·으·나#따·아·나 HM^2#HM^2[HM^2#HM^2] (양산)
잡·으·니 HM^2[HM^2] (함안, 양산)
잡·으·니·까 HM^3[HM^3] (양산)
잡·으·라[910] HM^2[HM^2] (창원①②, 함안, 김해, 양산)
잡·으·라·꼬 HM^3[HM^3] (창원①②, 함안, 김해, 양산)
잡·으·라·머 HM^3[HM^3] (김해, 양산)
잡·으·라·먼 HM^3[HM^3] (함안, 김해, 양산)
잡·으·라·모 HM^3[HM^3] (창원①②, 함안)
잡·으·라·몬 HM^3[HM^3] (창원①②)
잡·으·라<잡으러> HM^2[HM^2] (양산)
잡·으·러 HM^2[HM^2] (김해, 양산)

910) [경남 동남부 방언, 양산 방언] /잡·으·라/는 /잡·으·라·카·더·라/처럼 간접명령으로 쓰인다. 직접명령은 /잡·아·라/.

잡·으·로	$HM^2[HM^2]$	(창원①②, 함안, 김해, 양산)
잡·으·마<잡으면>	$HM^2[HM^2]$	(창원②)
잡·으·머	$HM^2[HM^2]$	(김해, 양산)
잡·으·먼[911]	$HM^2[HM^2]$	(함안, 김해, 양산)
잡·으·면	$HM^2[HM^2]$	(양산)
잡·으·모	$HM^2[HM^2]$	(창원①②, 함안)
잡·으·몬	$HM^2[HM^2]$	(창원①②)
잡·으·세	$HM^2[HM^2]$	(창원①②, 함안, 김해)
잡·으·소	$HM^2[HM^2]$	(창원①②, 함안, 김해, 양산)
잡·으·시·니·까	$HM^4[HM^4]$	(양산)
잡·으·시·다	$HM^3[HM^3]$	(창원①②, 김해, 양산)
잡·으·시·이·까	$HM^4[HM^4]$	(양산)
잡·으·시·이·까·네	$HM^5[HM^5]$	(양산)
잡·으·시·이·까	$HM^4[HM^4]$	(양산)
잡·으·시·이·께	$HM^4[HM^4]$	(양산)
잡·으·시·이·께	$HM^4[HM^4]$	(양산)
잡·으·시·이·소	$HM^4[HM^4]$	(창원①②, 함안, 김해, 양산)
잡·으·시·이·소	$HM^4[HM^4]$	(창원①②, 함안, 김해, 양산)
잡·으·시·잉·께	$HM^4[HM^4]$	(창원②, 함안)
잡·으·시·지	$HM^3[HM^3]$	(창원①②, 함안, 김해, 양산)
잡·으·시·지·예[912]	$HM^4[HM^4]$	(창원①②, 함안, 김해, 양산)
잡·으·시·지·요	$HM^4[HM^4]$	(창원①②, 양산)
잡·으·시·이·께	$HM^4[HM^4]$	(창원①②, 함안, 김해)
잡·으·신·다	$HM^3[HM^3]$	(창원①②, 함안, 김해, 양산)
잡·으·십·니·꺼	$HM^4[HM^4]$	(창원①, 김해)
잡·으·십·미·꺼	$HM^4[HM^4]$	(창원②, 함안, 양산)
잡·으·싱·께	$HM^3[HM^3]$	(창원②, 함안)
잡·으·이	$HM^2[HM^2]$	(양산)
잡·으·이·께	$HM^3[HM^3]$	(양산)
잡·으·이·께·네	$HM^4[HM^4]$	(양산)
잡·으·이·까·네	$HM^4[HM^4]$	(양산)
잡·으·이·께	$HM^3[HM^3]$	(양산)
잡·으·이·끼·네	$HM^4[HM^4]$	(양산)
잡·으·이·소	$HM^3[HM^3]$	(창원①②, 함안, 김해, 양산)
잡·으·이	$HM^2[HM^2]$	(창원①②, 함안, 김해)
잡·으·이·꺼·네	$HM^4[HM^4]$	(창원①, 김해)

911) 〔양산 방언〕 /잡·으·먼, 잡·으·면, 잡·으·머/ 중에서 /잡·으·먼/의 빈도가 가장 높다.
912) 〔양산 방언〕 /·지·예/보다 /·지·요/의 빈도가 훨씬 높다.

잡·으·이·께	HM³[HM³]	(창원①②, 함안, 김해)
잡·으·이·께·네	HM⁴[HM⁴]	(함안)
잡·은	HM[HM]	(창원①②, 함안, 김해, 양산)
잡·은·들	HM²[HM²]	(창원①②, 함안, 김해, 양산)
잡·을	HM[HM]	(창원①②, 함안, 김해, 양산)
잡·을·꺼·니·까·네	HM⁵[HM⁵]	(양산)
잡·을·꺼·니·까	HM⁴[HM⁴]	(양산)
잡·을·꺼·로	HM³[HM³]	(창원①②, 함안, 김해, 양산)
잡·을·까	HM²[HM²]	(창원①, 양산)
잡·을·껄	HM²[HM²]	(창원②, 함안, 양산)
잡·을·꾸·로	HM³[HM³]	(김해)
잡·을·끼·다	HM³[HM³]	(창원①②, 양산)
잡·을·끼·이	HM³[HM³]	(양산)
잡·을·낌·더	HM³[HM³]	(양산)
잡·을·끼·임·더	HM⁴[HM⁴]	(양산)
잡·을·끼·이·까	HM⁴[HM⁴]	(양산)
잡·을·끼·이·께	HM⁴[HM⁴]	(창원①②, 함안, 김해)
잡·을·끼·이·께·에	HM⁵[HM⁵]	(창원①, 김해)
잡·을·라·꼬	HM³[HM³]	(창원①②, 함안, 김해, 양산)
잡·을·낌·더	HM³[HM³]	(양산)
잡·을·라·나	HM³[HM³]	(창원①, 양산)
잡·을·라·머	HM³[HM³]	(김해, 양산)
잡·을·라·먼	HM³[HM³]	(함안, 김해, 양산)
잡·을·라·모	HM³[HM³]	(창원①②)
잡·을·라·몬	HM³[HM³]	(창원①②)
잡·을·라·카·나	HM⁴[HM⁴]	(창원①②, 김해, 양산)
잡·을·라·칸·다	HM⁴[HM⁴]	(창원①②, 김해, 양산)
잡·을·라·캄·더	HM⁴[HM⁴]	(양산)
잡·을·라·캅·니·더	HM⁵[HM⁵]	(창원①, 김해)
잡·을·라·캅·미·더	HM⁵[HM⁵]	(창원②, 양산)
잡·을·라·캐·애·도	HM⁵[HM⁵]	(창원①②, 함안, 김해, 양산)
잡·을·라·커·나	HM⁴[HM⁴]	(함안, 김해, 양산)
잡·을·라·컨·다	HM⁴[HM⁴]	(함안, 김해, 양산)
잡·을·라·컴·더	HM⁴[HM⁴]	(양산)
잡·을·라·컵·미·더	HM⁵[HM⁵]	(함안, 양산)
잡·을·라·쿠·나	HM⁴[HM⁴]	(함안)
잡·을·라·쿤·다	HM⁴[HM⁴]	(함안)
잡·을·라·하·나	HM⁴[HM⁴]	(양산)
잡·을·라·하·면	HM⁴[HM⁴]	(양산)

잡·을·라·한·다	HM^4[HM^4]	(양산)
잡·을·라·함·더	HM^4[HM^4]	(양산)
잡·을·라·합·미·더	HM^5[HM^5]	(양산)
잡·을·라·해·애·도	HM^5[HM^5]	(양산)
잡·을·망·정	HM^3[HM^3]	(창원①②, 함안, 김해, 양산)
잡·을·수·로	HM^3[HM^3]	(함안)
잡·을·수·록	HM^3[HM^3]	(창원①②, 함안, 김해, 양산)
잡·을·수·루	HM^3[HM^3]	(김해)
잡·을·수·룩	HM^3[HM^3]	(함안, 양산)
잡·음	HM[HM]	(창원①②, 함안, 김해, 양산)
잡·읍·시·다	HM^3[HM^3]	(창원②, 함안, 양산)
잡·읍·시·더	HM^3[HM^3]	(창원①②, 함안, 김해, 양산)
잡·응·게	HM^2[HM^2]	(창원②)
잡·응·께	HM^2[HM^2]	(창원②, 함안, 양산)
잡·자	HM[HM]	(창원①②, 함안, 김해, 양산)
잡·자·이	HM^2[HM^2]	(창원①②, 함안, 김해)
잡·재·이	HM^2[HM^2]	(양산)
잡·제	HM[HM]	(창원①②, 함안, 김해, 양산)
잡·지	HM[HM]	(창원①②, 함안, 김해, 양산)
잡·지·만	HM^2[HM^2]	(창원①②, 함안, 김해, 양산)
잡·지·예	HM^2[HM^2]	(창원①②, 함안, 김해, 양산)
잡·지·요	HM^2[HM^2]	(창원①②, 양산)
잡·지	HM[HM]	(창원①②, 함안, 김해, 양산)
잡거·나	H^{2}M[MHM]	(창원①②, 함안, 김해, 양산)
잡거·들·랑	H^{2}M^2[MHM^2]	(창원①②, 함안, 김해, 양산)
잡거·들·랑	H^{2}M^2[MHM^2]	(창원①②, 함안, 김해, 양산)
잡거·등	H^{2}M[MHM]	(창원①②, 함안, 김해, 양산)
잡거들·랑	H^{3}M[MʜHM]	(창원①②, 함안, 김해, 양산)
잡건·대	H^{2}M[MHM]	(창원①②, 함안, 김해, 양산)
잡걸·래	H^{2}M[MHM]	(창원①②, 함안, 김해)
잡겄·다	H^{2}M[MHM]	(창원①②, 김해, 함안)
잡겄더·라	H^{3}M[MʜHM]	(창원①②, 함안)
잡겠·다	H^{2}M[MHM]	(창원①②, 김해, 양산)
잡겠더·라	H^{3}M[MʜHM]	(창원①, 김해, 양산)
잡고싶·다	H^{3}M[MʜHM]	(창원①②, 김해, 양산)
잡고접·다	H^{3}M[MʜHM]	(창원②, 함안, 양산)
잡고집·다	H^{3}M[MʜHM]	(창원①②, 함안, 김해, 양산)
잡구싶·다	H^{3}M[MʜHM]	(창원①②, 김해)
잡구접·다	H^{3}M[MʜHM]	(창원②, 함안, 양산)
잡구집·다	H^{3}M[MʜHM]	(창원①②, 함안, 김해, 양산)

잡구·나	$H^2M[MHM]$	(창원①②, 함안, 김해, 양산)
잡기·나[913]	$H^2M[MHM]$	(김해, 양산)
잡기·는[914]	$H^2M[MHM]$	(창원①, 김해, 양산)
잡기·로·서·니	$H^2M^3[MHM^3]$	(함안, 양산)
잡기·로·서·이	$H^2M^3[MHM^3]$	(양산)
잡기·로·서·이	$H^2M^3[MHM^3]$	(창원①②, 함안, 김해)
잡기로서·니	$H^4M[M\text{ʜ}^2HM]$	(함안, 양산)
잡기로서·이	$H^4M[M\text{ʜ}^2HM]$	(창원①②, 함안, 김해, 양산)
잡긴·대	$H^2M[MHM]$	(양산)
잡길·래	$H^2M[MHM]$	(창원②, 양산)
잡는	$H^2[MH]$	(창원①②, 함안, 김해, 양산)
잡는·가	$H^2M[MHM]$	(창원①②, 함안, 김해, 양산)
잡는·갑·다	$H^2M^2[MHM^2]$	(양산)
잡는·강	$H^2M[MHM]$	(창원①②, 김해)
잡는·고	$H^2M[MHM]$	(창원①②, 함안, 김해, 양산)
잡는·공	$H^2M[MHM]$	(창원①②, 김해)
잡는·교	$H^2M[MHM]$	(창원②, 함안, 양산)
잡는·기·요	$H^2M^2[MHM^2]$	(창원①, 김해, 양산)
잡는·다	$H^2M[MHM]$	(창원①②, 함안, 김해, 양산)
잡는·대·이	$H^2M^2[MHM^2]$	(양산)
잡는·데	$H^2M[MHM]$	(창원①②, 함안, 김해, 양산)
잡는가·베	$H^3M[M\text{ʜ}HM]$	(창원①②, 함안, 김해)
잡는갑·다	$H^3M[M\text{ʜ}HM]$	(창원①②, 함안, 김해, 양산)
잡는구·나	$H^3M[M\text{ʜ}HM]$	(창원①②, 함안, 김해, 양산)
잡니·라	$H^2M[MHM]$	(창원①②, 함안, 김해, 양산)
잡다·가	$H^2M[MHM]$	(창원①②, 김해, 양산)
잡더·나	$H^2M[MHM]$	(창원①②, 함안, 김해, 양산)
잡더·노	$H^2M[MHM]$	(창원①②, 함안, 김해, 양산)
잡더·니	$H^2M[MHM]$	(함안, 양산)
잡더·라	$H^2M[MHM]$	(창원①②, 함안, 김해, 양산)
잡더·라·꼬	$H^2M^2[MHM^2]$	(창원①②, 함안, 김해, 양산)
잡더·라·도	$H^2M^2[MHM^2]$	(창원①②, 함안, 김해, 양산)
잡더·래·도[915]	$H^2M^2[MHM^2]$	(창원②, 함안, 김해, 양산)
잡더라·꼬	$H^3M[M\text{ʜ}HM]$	(창원①②, 함안, 김해)
잡더라·도	$H^3M[M\text{ʜ}HM]$	(창원①②, 함안, 김해)
잡던·가[916]	$H^2M[MHM]$	(창원①②, 함안, 김해, 양산)

913) [양산 방언] /잡기·나 :말·기·나/.
914) [양산 방언] /잡기·는 잡는·데/.
915) [함안 방언] {-래·도/-·래·도}는 {-라·도/-·라·도}보다 빈도가 낮다.

잡던·고	$H^2M[MHM]$	(창원①②, 함안, 김해, 양산)
잡던·교	$H^2M[MHM]$	(양산)
잡던·데·예	$H^2M^2[MHM^2]$	(창원①②, 함안, 김해, 양산)
잡던·데·요	$H^2M^2[MHM^2]$	(창원①, 양산)
잡던·갑·다	$H^2M^2[MHM^2]$	(양산)
잡던갑·다	$H^3M[M$ʜ$HM]$	(창원①②, 함안, 김해, 양산)
잡데·에	$H^2M[MHM]$	(창원①②, 김해, 양산)
잡도·록	$H^2M[MHM]$	(창원①②, 함안, 양산)
잡두·루	$H^2M[MHM]$	(김해)
잡두·룩	$H^2M[MHM]$	(창원①②, 함안, 김해)
잡든·지	$H^2M[MHM]$	(창원①②, 함안, 김해, 양산)
잡디·이	$H^2M[MHM]$	(양산)
잡디·이	$H^2M[MHM]$	(창원①, 함안, 김해)
잡습니·꺼[917]	$H^3M[M$ʜ$HM]$	(창원①, 김해)
잡습니·더	$H^3M[M$ʜ$HM]$	(창원①, 김해)
잡습디·꺼	$H^3M[M$ʜ$HM]$	(창원①②, 함안, 김해, 양산)
잡습디·더	$H^3M[M$ʜ$HM]$	(창원①②, 함안, 김해, 양산)
잡습미·꺼[918]	$H^3M[M$ʜ$HM]$	(창원②, 함안, 양산)
잡습미·더	$H^3M[M$ʜ$HM]$	(창원②, 함안, 양산)
잡심·더	$H^2M[MHM]$	(양산)
잡십미·더	$H^3M[M$ʜ$HM]$	(창원②, 함안, 양산)
잡아·까	$H^2M[MHM]$	(창원②, 함안)
잡아·꼬	$H^2M[MHM]$	(창원②, 함안)
잡아·나	$H^2M[MHM]$	(창원②, 함안)
잡아·나#따·나	$H^2M\#HM[MHM\#HM]$	(창원②, 함안)
잡아·라·꼬	$H^2M^2[MHM^2]$	(창원②, 함안)
잡아·러[919]	$H^2M[MHM]$	(김해)
잡아·로[920]	$H^2M[MHM]$	(창원②, 함안)

916) 〔양산 방언〕 /잡던·가 :말·던·가 ·내·사 모르겠·다, 잡든·지 :말·든·지 ·내·사 모르겠·다/.

917) 〔김해 방언〕 /~습니·더, ~ㅂ니·더, ~습니·꺼, ~ㅂ니·꺼/에서 (/-ㅂㄴ-/→)[-ㅁㄴ-]은 두입술소리인 [ㅁ]과 이잇몸소리인 [ㄴ]이 거의 동시조음되고, 청취력이 예민한 음성학자에게는 [-ㅁㅁ-]에 가깝게 들린다. 그러나 [ㄴ]소리가 완전히 살아진 것은 아니므로 /~습니·더, ~ㅂ니·더, ~습니·꺼, ~ㅂ니·꺼/에서 /니/는 /미/로 적지 않았다. 그러나 함안 방언과 창원 방언②, 양산 방언에서는 두입술소리로 발음되므로 이것들을 /~습미·더, ~ㅂ미·더, ~습미·꺼, ~ㅂ미·꺼/로 적었다.

918) 〔창원 방언②, 함안 방언〕 /잡습니·다, 잡습디·다, 잡습니·까, 잡습디·까, 잡았습니·다, 잡았습디·다, 잡았습니·까, 잡았습디·까, …/는 표준말 영향으로 사용되고 있으나 이하에서 모든 풀이씨에 대하여 /-X·다, -X·까/형을 생략하기로 하고, 이 지역의 방언형인 /-X·더, -X·꺼/형만 나열한다. 이 방언들에서 /-습니·더/와 /-습니·꺼/는 열림도 동화와 위치 강도가 높은 소리의 영향으로 [-슴미·더]와 [-슴미·꺼]로 발음된다.

919) 〔김해 방언〕 {·으X/으X}를 박남이 할머니는 가끔 {·아X/아X}로도 발음한다. 이하 모든 풀이씨 굴곡형에서 번거로움을 피하기 위해 {·으X/으X}형만 표시하고, {·아X/아X}형은 생략한다.

잡아·머	H^{2}M[MHM]	(김해)
잡아·먼	H^{2}M[MHM]	(함안, 김해)
잡아·모	H^{2}M[MHM]	(창원②, 함안)
잡아·몬	H^{2}M[MHM]	(창원②)
잡아·세	H^{2}M[MHM]	(창원②, 김해)
잡아·소	H^{2}M[MHM]	(창원②, 김해)
잡아·이·꺼·네	H^{2}M^3[MHM^3]	(김해)
잡아·이·께	H^{2}M^2[MHM^2]	(창원②, 함안, 김해)
잡아꺼·마	H^{3}M[MʜHM]	(창원②, 함안, 김해)
잡아께·에	H^{3}M[MʜHM]	(창원②, 함안, 김해)
잡아께·예	H^{3}M[MʜHM]	(창원②, 함안, 김해)
잡아라·꼬	H^{3}M[MʜHM]	(창원②, 김해)
잡아시·지·예	H^{3}M^2[MʜHM^2]	(창원②, 함안, 김해)
잡아시·이·꺼·네	H^{3}M^3[MʜHM^3]	(김해)
잡아시·이·께	H^{3}M^2[MʜHM^2]	(창원②, 함안, 김해)
잡아시이·소	H^4 M[Mʜ^{2}HM]	(창원②, 함안, 김해)
잡아신·다	H^{3}M[MʜHM]	(창원②, 김해)
잡아십니·꺼	H^4 M[Mʜ^{2}HM]	(김해)
잡아십미·꺼	H^4 M[Mʜ^{2}HM]	(창원②)
잡아싱·꺼·네	H^{3}M^2[MʜHM^2]	(창원②)
잡아싱·께	H^{3}M[MʜHM]	(함안)
잡아싱께·에	H^4 M[Mʜ^{2}HM]	(창원②, 함안)
잡아앙·께	H^{3}M[MʜHM]	(함안)
잡아이·소	H^{3}M[MʜHM]	(창원②, 함안, 김해)
잡아이·께	H^{3}M[MʜHM]	(김해)
잡아이·께·에	H^{3}M^2[MʜHM^2]	(창원②)
잡아이께·네	H^4 M[Mʜ^{2}HM]	(함안)
잡아이께·에	H^4 M[Mʜ^{2}HM]	(창원②, 함안, 김해)
잡아이께·예	H^4 M[Mʜ^{2}HM]	(함안)
잡안	H^2[MH]	(창원②, 함안, 김해)
잡안·들	H^{2}M[MHM]	(창원②, 함안, 김해)
잡알	H^2[MH]	(창원②, 함안, 김해)
잡알·껄	H^{2}M[MHM]	(창원②, 함안)
잡알·수·루	H^{2}M^2[MHM^2]	(김해)
잡알꺼·로	H^{3}M[MʜHM]	(창원②, 함안, 김해)
잡알꾸·로	H^{3}M[MʜHM]	(김해)

920) [창원 방언①②] 어간이 /CaC-/형일 때, {·으X/으X}형의 씨끝은 가끔 {·아X/아X}로도 발음된다. (386) 이하의 모든 풀이씨 굴곡형에서 번거로움을 피하기 위해 {·으X/으X}형만 표시하고, {·아X/아X}형은 생략한다.

잡알끼·이	H^{3}M[MʜHM]	(창원②, 함안)
잡알끼·이·꺼·네	H^{3}M^{3}[MʜHM^{3}]	(김해)
잡알끼·이·께	H^{3}M^{2}[MʜHM^{2}]	(창원②, 함안, 김해)
잡알끼·이·께·에	H^{3}M^{3}[MʜHM^{3}]	(김해)
잡알낑·꺼·네	H^{3}M^{2}[MʜHM^{2}]	(창원②)
잡알낑·께	H^{3}M[MʜHM]	(함안)
잡알낑·께·에	H^{3}M^{2}[MʜHM^{2}]	(창원②, 함안)
잡알낑께·에	H^{4} M[Mʜ^{2}HM]	(창원②, 함안)
잡알라·꼬	H^{3}M[MʜHM]	(창원②, 함안, 김해)
잡알망·정	H^{3}M[MʜHM]	(창원②, 함안, 김해)
잡알수·록	H^{3}M[MʜHM]	(창원②)
잡알수·룩	H^{3}M[MʜHM]	(함안)
잡앙·께	H^{2}M[MHM]	(함안)
잡으·까[921]	H^{2}M[MHM]	(창원①②, 함안, 김해, 양산)
잡으·꼬	H^{2}M[MHM]	(창원①②, 함안, 김해, 양산)
잡으·나	H^{2}M[MHM]	(창원①②, 함안, 김해, 양산)
잡으·니	H^{2}M[MHM]	(함안, 양산)
잡으·라	H^{2}M[MHM]	(창원①②, 함안, 김해, 양산)
잡으·라·꼬	H^{2}M^{2}[MHM^{2}]	(창원①②, 함안, 김해, 양산)
잡으·라·머	H^{2}M^{2}[MHM^{2}]	(양산)
잡으·라·모	H^{2}M^{2}[MHM^{2}]	(창원①②, 함안)
잡으·라	H^{2}M[MHM]	(창원①②)
잡으·러	H^{2}M[MHM]	(김해)
잡으·로	H^{2}M[MHM]	(창원①②, 함안, 김해, 양산)
잡으·마	H^{2}M[MHM]	(창원②)
잡으·머	H^{2}M[MHM]	(김해, 양산)
잡으·먼	H^{2}M[MHM]	(함안, 김해, 양산)
잡으·모	H^{2}M[MHM]	(창원①②, 함안)
잡으·몬	H^{2}M[MHM]	(창원①②, 함안)
잡으·세	H^{2}M[MHM]	(창원①②, 함안, 김해)
잡으·소	H^{2}M[MHM]	(창원①②, 함안, 김해, 양산)
잡으·잉·께	H^{2}M^{2}[MHM^{2}]	(창원②, 함안)
잡으·이	H^{2}M[MHM]	(창원①②, 함안, 김해)
잡으·이·까·네	H^{2}M^{3}[MHM^{3}]	(양산)
잡으·이·꺼·네	H^{2}M^{3}[MHM^{3}]	(창원①, 김해)
잡으·이·께	H^{2}M^{2}[MHM^{2}]	(창원①②, 함안, 김해)
잡으·이·께·에	H^{2}M^{3}[MHM^{3}]	(창원①, 김해)
잡으꺼·마	H^{3}M[MʜHM]	(창원①②, 함안, 김해, 양산)

921) [창원 방언①②] /잡으·까#:마·까/.

잡으께·에	H^3M[MʜHM]	(창원②, 함안, 김해, 양산)
잡으께·에	H^3M[MʜHM]	(창원①②, 함안, 김해)
잡으니·까	H^3M[MʜHM]	(창원②, 함안, 양산)
잡으라·꼬	H^3M[MʜHM]	(창원①②, 함안, 김해, 양산)
잡으시·지	H^3M[MʜHM]	(창원①②, 함안, 김해, 양산)
잡으시·지·예	H^3M^2[MʜHM^2]	(창원①②, 함안, 김해, 양산)
잡으시·지·요	H^3M^2[MʜHM^2]	(창원①②, 양산)
잡으시·이·꺼·네	H^3M^3[MʜHM^3]	(창원①, 김해)
잡으시·이·께	H^3M^2[MʜHM^2]	(창원①②, 함안, 김해)
잡으시이·소	H^4M[M$ʜ^2$HM]	(창원①②, 함안, 김해, 양산)
잡으신·다	H^3M[MʜHM]	(창원①②, 함안, 김해, 양산)
잡으십니·꺼	H^4M[M$ʜ^2$HM]	(창원①, 김해)
잡으십미·꺼	H^4M[M$ʜ^2$HM]	(창원②, 함안, 양산)
잡으싱·께	H^3M[MʜHM]	(창원②, 함안, 양산)
잡으싱꺼·네	H^4M[M$ʜ^2$HM]	(창원②)
잡으싱께·에	H^4M[M$ʜ^2$HM]	(창원①②, 함안, 양산)
잡으응·께	H^3M[MʜHM]	(창원②, 함안, 양산)
잡으이·소	H^3M[MʜHM]	(창원①②, 함안, 김해, 양산)
잡으이·께	H^3M[MʜHM]	(창원①②, 함안)
잡으이꺼·네	H^4M[M$ʜ^2$HM]	(창원①②)
잡으이께·에	H^4M[M$ʜ^2$HM]	(창원①②, 함안)
잡은	H^2[MH]	(창원①②, 함안, 김해)
잡은·들	H^2M[MHM]	(창원①②, 함안, 김해)
잡을	H^2[MH]	(창원①②, 함안, 김해, 양산)
잡을·걸	H^2M[MHM]	(창원②, 함안, 양산)
잡을·라·꼬	H^2M^2[MHM^2]	(창원①②, 함안, 김해, 양산)
잡을·라·머	H^2M^2[MHM^2]	(김해, 양산)
잡을·라·먼	H^2M^2[MHM^2]	(함안, 김해, 양산)
잡을·라·모	H^2M^2[MHM^2]	(창원①②, 함안)
잡을·라·몬	H^2M^2[MHM^2]	(창원①②)
잡을·라·카·나	H^2M^3[MHM^3]	(창원①②, 김해, 양산)
잡을·라·카·먼	H^2M^3[MHM^3]	(김해, 양산)
잡을·라·카·몬	H^2M^3[MHM^3]	(창원①②)
잡을·라·칸·다	H^2M^3[MHM^3]	(창원①②, 김해, 양산)
잡을·라·캐·애·도	H^2M^4[MHM^4]	(창원①②, 함안, 김해, 양산)
잡을·라·커·나	H^2M^3[MHM^3]	(함안, 김해, 양산)
잡을·라·카·먼	H^2M^3[MHM^3]	(김해, 양산)
잡을·라·커·모	H^2M^3[MHM^3]	(함안)
잡을·라·컨·다	H^2M^3[MHM^3]	(함안, 김해, 양산)

잡을·라·쿠·나	$H^2M^3[MHM^3]$	(함안)
잡을·라·쿤·다	$H^2M^3[MHM^3]$	(함안)
잡을·수·로	$H^2M^2[MHM^2]$	(함안)
잡을·수·록	$H^2M^2[MHM^2]$	(창원①②, 함안, 김해, 양산)
잡을·수·루	$H^2M^2[MHM^2]$	(김해)
잡을꺼·로	$H^3M[M\text{ʜ}HM]$	(창원①②, 함안, 김해, 양산)
잡을꾸·로	$H^3M[M\text{ʜ}HM]$	(김해)
잡을끼·네	$H^3M[M\text{ʜ}HM]$	(양산)
잡을끼·이·네	$H^3M^2[M\text{ʜ}HM^2]$	(양산)
잡을끼·잉·꺼·네	$H^3M^3[M\text{ʜ}HM^3]$	(창원②, 김해)
잡을끼·이	$H^3M[M\text{ʜ}HM]$	(창원②, 함안, 김해, 양산)
잡을끼·이·꺼·네	$H^3M^3[M\text{ʜ}HM^3]$	(창원①, 김해)
잡을끼·이·까·네	$H^3M^3[M\text{ʜ}HM^3]$	(양산)
잡을끼·임·더	$H^3M^2[M\text{ʜ}HM^2]$	(양산)
잡을낌·더	$H^3M[M\text{ʜ}HM]$	(양산)
잡을끼·이·께	$H^3M^2[M\text{ʜ}HM^2]$	(창원①②, 함안, 김해)
잡을끼·이·께·에	$H^3M^3[M\text{ʜ}HM^3]$	(창원①, 김해)
잡을끼이꺼·네	$H^5M[M\text{ʜ}^3HM]$	(창원①)
잡을끼이께·에	$H^5M[M\text{ʜ}^3HM]$	(창원①)
잡을낑·께	$H^3M[M\text{ʜ}HM]$	(창원②, 함안)
잡을낑꺼·네	$H^4M[M\text{ʜ}^2HM]$	(창원②)
잡을낑께·에	$H^4M[M\text{ʜ}^2HM]$	(창원②, 함안)
잡을라·꼬	$H^3M[M\text{ʜ}HM]$	(창원①②, 함안, 김해, 양산)
잡을라·머	$H^3M[M\text{ʜ}HM]$	(김해, 양산)
잡을라·먼	$H^3M[M\text{ʜ}HM]$	(함안, 김해, 양산)
잡을라·모	$H^3M[M\text{ʜ}HM]$	(창원①②, 함안)
잡을라·몬	$H^3M[M\text{ʜ}HM]$	(창원①②)
잡을라카·나	$H^4M[M\text{ʜ}^2HM]$	(창원①②, 김해)
잡을라칸·다	$H^4M[M\text{ʜ}^2HM]$	(창원①②, 김해)
잡을라캐애·도	$H^5M[M\text{ʜ}^3HM]$	(창원①②, 김해)
잡을라커·나	$H^4M[M\text{ʜ}^2HM]$	(함안, 김해)
잡을라컨·다	$H^4M[M\text{ʜ}^2HM]$	(함안, 김해)
잡을망·정	$H^3M[M\text{ʜ}HM]$	(창원①②, 함안, 김해, 양산)
잡을수·록	$H^3M[M\text{ʜ}HM]$	(창원①②, 함안, 김해, 양산)
잡을수·룩	$H^3M[M\text{ʜ}HM]$	(함안, 양산)
잡을테·니·까·네	$H^3M^3[M\text{ʜ}HM^3]$	(양산)
잡음	$H^2[MH]$	(창원①②, 함안, 김해)
잡읍시·다	$H^3M[M\text{ʜ}HM]$	(창원①②, 함안, 김해)
잡읍시·더	$H^3M[M\text{ʜ}HM]$	(창원①②, 함안, 김해, 양산)
잡응·꺼·네	$H^2M^2[MHM^2]$	(창원②)

잡응·께	H^{2}M[MHM]	(창원②, 함안, 양산)
잡·기·로#서·니	HM^2#HM[HM^2#HM]	(함안, 양산)
잡·기·로#서·이	HM^2#HM[HM^2#HM]	(양산)
잡·기·로#서·이	HM^2#HM[HM^2#HM]	(창원①②, 함안, 김해)
잡·으·나#따·나	HM^2#HM[HM^2#HM]	(창원①②, 함안, 김해, 양산)
잡·을·라#·캐·애·도	HM^2#M^3[HM^2#HHM]	(창원①②, 함안, 김해, 양산)
잡·을·라#카·먼	HM^2#HM[HM^2#HM]	(김해, 양산)
잡·을·라#카·머	HM^2#HM[HM^2#HM]	(김해, 양산)
잡·을·라#커·먼	HM^2#HM[HM^2#HM]	(함안, 김해, 양산)
잡기·로#서·니	H^{2}M#HM[MHM#HM]	(함안, 양산)
잡기·로#서·이	H^{2}M#HM[MHM#HM]	(창원①②, 함안, 김해)
잡으·나#따·나	H^{2}M#HM[MHM#HM]	(창원①②, 함안, 김해, 양산)
잡을·라#카·머	H^{2}M#HM[MHM#HM]	(김해, 양산)
잡을·라#카·모	H^{2}M#HM[MHM#HM]	(창원①②)
잡을·라#커·모	H^{2}M#HM[MHM#HM]	(함안)
잡을·라#·캐·애·도	H^{2}M#M^3[MHM#HHM]	(창원①②, 함안, 김해, 양산)

(386) 1음절 고정평성어간 풀이씨 {띠·다}의 어형들

띠·다(躍,走)<뛰다>	(H·M→)HM[HM]	(창원①②, 함안, 김해, 양산)
띠·니·까	HM^2[HM^2]	(양산)
띠·머<뛰면>	HM[HM]	(김해, 양산)
띠·먼<뛰면>	HM[HM]	(함안, 김해, 양산)
띠·면	HM[HM]	(양산)
띠·모<뛰면>	HM[HM]	(창원①②, 함안)
띠·몬	HM[HM]	(창원①②)
띠·이·까	HM^2[HM^2]	(양산)
띠·이·께	HM^2[HM^2]	(양산)
띠·이·도<뛰어도>	HM^2[HM^2]	(창원①②, 함안, 김해, 양산)
띠·이·라	HM^2[HM^2]	(창원①②, 함안, 김해, 양산)
띠·이·서	HM^2[HM^2]	(창원①②, 함안, 김해, 양산)
띠·이·꺼·네	HM^3[HM^3]	(창원①, 김해)
띠·이·께	HM^2[HM^2]	(창원①②, 함안, 김해)
띠께·에	H^{2}M[MHM]	(창원②, 함안, 김해, 양산)
띠께·예	H^{2}M[MHM]	(창원①②, 함안, 김해)
띠더·라	H^{2}M[MHM]	(창원①②, 함안, 김해, 양산)
띵께·네	H^{2}M[MHM]	(함안)

(387) 1음절 고정평성어간 풀이씨 {피·다}의 어형들

피·다<펴다>	(H·M→)HM[HM]	(창원②, 함안, 양산)
피·고	HM[HM]	(창원①②, 함안, 김해, 양산)

피·네	HM[HM]	(창원①②, 함안, 김해, 양산)
피·이·도	$HM^2[HM^2]$	(창원①②, 함안, 김해, 양산)
피·이·라	$HM^2[HM^2]$	(창원①②, 함안, 김해, 양산)
피·이·라·꼬	$HM^3[HM^3]$	(창원①②, 함안, 김해, 양산)
피더·라	$H^2M[MHM]$	(창원①②, 함안, 김해, 양산)

(388) 1음절 고정평성어간 풀이씨 {데·다}의 어형들

데·다(爲)	(H·M→)HM[HM]	(창원①②, 함안, 김해, 양산)
데·고	HM[HM]	(창원①②, 함안, 김해, 양산)
데·에·서	$HM^2[HM^2]$	(창원①②, 함안, 김해, 양산)
데더·라	$H^2M[MHM]$	(창원①②, 함안, 김해, 양산)
덴	H[ ]	(창원①②, 함안, 김해, 양산)

(389) 1음절 고정평성어간 풀이씨 {페·다}의 어형들

페·다<펴다>	(H·M→)HM[HM]	(창원①②, 함안, 김해, 양산)
페·게	HM[HM]	(창원①②, 함안, 김해, 양산)
페·고	HM[HM]	(창원①②, 함안, 김해, 양산)
페·기	HM[HM]	(창원①②, 함안, 김해, 양산)
페·기·로·서·니	$HM^4[HM^4]$	(함안, 양산)
페·기·로·서·이	$HM^4[HM^4]$	(양산)
페·기·로·서·이	$HM^4[HM^4]$	(창원①②, 함안, 김해)
페·까[922]	HM[HM]	(창원①②, 함안, 김해, 양산)
페·꼬	HM[HM]	(창원①②, 함안, 김해, 양산)
페·나	HM[HM]	(창원①②, 함안, 김해, 양산)
페·나·따·나	$HM^3[HM^3]$	(김해, 양산)
페·네	HM[HM]	(창원①②, 함안, 김해, 양산)
페·노	HM[HM]	(창원①②, 함안, 김해, 양산)
페·니·까	$HM^2[HM^2]$	(양산)
페·데	HM[HM]	(창원①②, 함안, 김해, 양산)
페·데·예	$HM^2[HM^2]$	(창원①②, 함안, 김해, 양산)
페·데·요	$HM^2[HM^2]$	(양산)
페·도·로	$HM^2[HM^2]$	(양산)
페·도·록	$HM^2[HM^2]$	(창원①②, 함안, 양산)
페·두·루	$HM^2[HM^2]$	(김해)
페·두·룩	$HM^2[HM^2]$	(창원①②, 함안, 김해)
페·라	HM[HM]	(창원①②, 함안, 김해, 양산)
페·라·꼬	$HM^2[HM^2]$	(창원①②, 함안, 김해, 양산)
페·라·머	$HM^2[HM^2]$	(김해, 양산)

922) [양산 방언] /이·불 페·까 :마·까/.

페·라·먼	$HM^2[HM^2]$	(함안, 김해, 양산)
페·라·모	$HM^2[HM^2]$	(창원①②, 함안)
페·라·몬	$HM^2[HM^2]$	(창원①②)
페·러	HM[HM]	(김해, 양산)
페·로	HM[HM]	(창원①②, 함안, 김해, 양산)
페·머	HM[HM]	(김해, 양산)
페·먼	HM[HM]	(함안, 김해, 양산)
페·모	HM[HM]	(창원①②, 함안)
페·몬	HM[HM]	(창원①②)
페·세	HM[HM]	(창원①②, 함안, 김해)
페·소	HM[HM]	(창원①②, 함안, 김해, 양산)
페·에	HM[HM]	(창원①②, 함안, 김해, 양산)
페·에·도	$HM^2[HM^2]$	(창원①②, 함안, 김해, 양산)
페·에·라	$HM^2[HM^2]$	(창원①②, 함안, 김해, 양산)
페·에·라·꼬	$HM^3[HM^3]$	(창원①②, 함안, 김해, 양산)
페·에·서	$HM^2[HM^2]$	(창원①②, 함안, 김해, 양산)
페·에·야	$HM^2[HM^2]$	(창원①②, 함안, 김해, 양산)
페·엔	HM[HM]	(창원①②, 양산)
페·엤·는	$HM^2[HM^2]$	(창원①②, 함안, 양산)
페·엤·는·갑·다	$HM^4[HM^4]$	(창원①②, 함안, 김해, 양산)
페·엤·다	$HM^2[HM^2]$	(창원①②, 함안, 김해, 양산)
페·엤·던·갑·다	$HM^4[HM^4]$	(창원①②, 함안, 김해, 양산)
페·엤·디·이	HM[HM]	(창원①②, 함안, 김해)
페·엤·디·이	$HM^3[HM^3]$	(양산)
페·엤·으·이·께	$HM^4[HM^4]$	(양산)
페·엥·께	$HM^2[HM^2]$	(창원①②)
페·요	HM[HM]	(창원①②, 함안, 김해)
페·이·까·네	$HM^3[HM^3]$	(양산)
페·이·께	$HM^2[HM^2]$	(창원②, 양산)
페·이·께·네	$HM^3[HM^3]$	(양산)
페·이·끼·네	$HM^3[HM^3]$	(양산)
페·이·소	$HM^2[HM^2]$	(창원①②, 함안, 김해, 양산)
페·이·소·이	$HM^3[HM^3]$	(창원①②, 함안, 김해)
페·자	HM[HM]	(창원①②, 함안, 양산, 김해)
페·자·이	$HM^2[HM^2]$	(창원①②, 함안, 김해)
페·재·이	$HM^2[HM^2]$	(양산)
페·제	HM[HM]	(창원①②, 함안, 김해, 양산)
페·지	HM[HM]	(창원①②, 함안, 김해, 양산)
페·지·만	$HM^2[HM^2]$	(창원①②, 함안, 김해, 양산)
페·지·예	$HM^2[HM^2]$	(창원①②, 함안, 김해, 양산)

페·지·요	HM^{2}[HM^{2}]	(창원①②, 양산)
페·이·꺼·네	HM^{3}[HM^{3}]	(창원①, 김해)
페·이·까·네	HM^{3}[HM^{3}]	(양산)
페·이·께	HM^{2}[HM^{2}]	(창원①②), 함안, 김해)
페·이·께·네	HM^{3}[HM^{3}]	(함안)
페거·나	H^{2}M[MHM]	(창원①②, 함안, 김해, 양산)
페거·들·랑	H^{2}M^{2}[MHM^{2}]	(창원①②, 함안, 김해, 양산)
페거·등	H^{2}M[MHM]	(창원①②, 함안, 김해, 양산)
페거들·랑	H^{3}M[MʜHM]	(창원①②, 함안)
페거마·는	H^{3}M[MʜHM]	(창원①②, 함안, 김해, 양산)
페건·대	H^{2}M[MHM]	(창원①②, 함안, 김해, 양산)
페걸·래	H^{2}M[MHM]	(창원①②, 함안, 김해)
페겄·다	H^{2}M[MHM]	(창원①②, 함안, 김해)
페겄습니·더	H^{4} M[Mʜ^{2}HM]	(창원①)
페겄습미·더	H^{4} M[Mʜ^{2}HM]	(창원②, 함안)
페겠·다	H^{2}M[MHM]	(창원①②, 김해, 양산)
페겠습니·더	H^{4} M[Mʜ^{2}HM]	(창원①, 김해)
페겠심·더	H^{3}M[MʜHM]	(양산)
페고젚·다	H^{3}M[MʜHM]	(창원①, 양산)
페고싶·다	H^{3}M[MʜHM]	(창원①②, 함안, 김해, 양산)
페구·나	H^{2}M[MHM]	(창원①②, 함안, 김해, 양산)
페기·나	H^{2}M[MHM]	(김해, 양산)
페긴·대	H^{2}M[MHM]	(양산)
페길·래	H^{2}M[MHM]	(창원②, 양산)
페꺼·마	H^{2}M[MHM]	(창원①②, 함안, 김해, 양산)
페께·에	H^{2}M[MHM]	(창원②, 함안, 김해, 양산)
페는	H^{2}[MH]	(창원①②, 함안, 김해, 양산)
페는·가	H^{2}M[MHM]	(창원①②, 함안, 김해, 양산)
페는·가·베	H^{2}M^{2}[MHM^{2}]	(양산)
페는·갑·다	H^{2}M^{2}[MHM^{2}]	(양산)
페는·고	H^{2}M[MHM]	(창원①②, 함안, 김해, 양산)
페는·교	H^{2}M[MHM]	(창원②, 함안, 양산)
페는·기·요	H^{2}M^{2}[MHM^{2}]	(창원①, 김해, 양산)
페는·데	H^{2}M[MHM]	(창원①②, 함안, 김해, 양산)
페는가·베	H^{3}M[MʜHM]	(창원①②, 함안, 김해)
페는갑·다	H^{3}M[MʜHM]	(창원①②, 함안, 김해, 양산)
페는구·나[923]	H^{3}M[MʜHM]	(창원①②, 함안, 김해, 양산)
페니·라	H^{2}M[MHM]	(창원①②, 함안, 김해, 양산)

923) [창원 방언①②] /페는구·나/는 빈도가 좀 낮고, /페구·나/가 주로 쓰인다.

페더·나	H^{2}M[MHM]	(창원①②, 함안, 김해, 양산)
페더·노	H^{2}M[MHM]	(창원①②, 함안, 김해, 양산)
페더·라	H^{2}M[MHM]	(창원①②, 함안, 김해, 양산)
페더·라·꼬	H^{2}M^2[MHM^2]	(창원①②, 양산)
페더·라·도	H^{2}M^2[MHM^2]	(창원①②, 함안, 김해, 양산)
페더라·꼬	H^{3}M[MʜHM]	(창원①②, 함안, 김해)
페더라·도	H^{3}M[MʜHM]	(창원①②, 함안, 김해)
페던·가	H^{2}M[MHM]	(창원①②, 함안, 김해, 양산)
페던·갑·다	H^{2}M^2[MHM^2]	(양산)
페던·강	H^{2}M[MHM]	(창원①②, 김해, 양산)
페던·고	H^{2}M[MHM]	(김해)
페던·공	H^{2}M[MHM]	(창원①②, 김해, 양산)
페던갑·다	H^{3}M[MʜHM]	(창원①②, 함안, 김해, 양산)
페데·에	H^{2}M[MHM]	(창원①②, 김해, 양산)
페데·예	H^{2}M[MHM]	(양산)
페도·록	H^{2}M[MHM]	(창원①②, 함안, 양산)
페두·루	H^{2}M[MHM]	(김해)
페두·룩	H^{2}M[MHM]	(창원①②, 함안, 김해)
페라·꼬	H^{2}M[MHM]	(창원①②, 함안, 김해)
페라·머	H^{2}M[MHM]	(김해, 양산)
페라·먼	H^{2}M[MHM]	(함안, 김해, 양산)
페라·모	H^{2}M[MHM]	(창원①②, 함안)
페라·몬	H^{2}M[MHM]	(창원①②)
페시·니	H^{2}M[MHM]	(창원②, 함안)
페시·이	H^{2}M[MHM]	(양산)
페시·이·께	H^{2}M^2[MHM^2]	(양산)
페시·이·소	H^{2}M^2[MHM^2]	(창원①②, 함안, 김해, 양산)
페시·잉·께	H^{2}M^2[MHM^2]	(창원②, 함안)
페시·지·예	H^{2}M^2[MHM^2]	(창원①②, 함안, 김해, 양산)
페시·지·요	H^{2}M^2[MHM^2]	(창원①②, 양산)
페시·이	H^{2}M[MHM]	(창원①②, 함안, 김해)
페시·이·꺼·네	H^{2}M^3[MHM^3]	(창원①, 김해)
페시·이·께	H^{2}M^2[MHM^2]	(창원①②, 함안, 김해)
페시이·소	H^{3}M[MʜHM]	(창원①②, 함안, 김해, 양산)
페신·다	H^{2}M[MHM]	(창원①②, 함안, 김해, 양산)
페십니·꺼	H^{3}M[MʜHM]	(창원①, 김해)
페십미·꺼	H^{3}M[MʜHM]	(창원②, 함안, 양산)
페싱·께	H^{2}M[MHM]	(창원②, 함안)
펜	H[ ][924]	(창원①②, 함안, 김해, 양산)
펜·다	HM[HM]	(창원①②, 함안, 양산, 김해)

펜·들	HM[HM]	(창원①②, 함안, 양산, 김해)
펠	H[ ]	(창원①②, 함안, 김해, 양산)
펠·까	HM[HM]	(창원①②, 함안, 김해, 양산)
펠·꼬	HM[HM]	(창원①②, 함안, 김해, 양산)
펠·라·꼬	HM^2[HM^2]	(창원①②, 함안, 김해, 양산)
펠·라·카·나	HM^3[HM^3]	(창원①②, 김해, 양산)
펠·라·칸·다	HM^3[HM^3]	(창원①②, 김해, 양산)
펠·라·커·나	HM^3[HM^3]	(함안, 김해, 양산)
펠·라·컨·다	HM^3[HM^3]	(함안, 김해, 양산)
펠·수·로	HM^2[HM^2]	(함안)
펠·수·록	HM^2[HM^2]	(창원①②, 함안, 김해, 양산)
펠·수·루	HM^2[HM^2]	(김해)
펠·수·룩	HM^2[HM^2]	(함안, 양산)
펠꺼·로	H^{2}M[MHM]	(창원①②, 함안, 김해, 양산)
펠꾸·로	H^{2}M[MHM]	(김해)
펠끼·네	H^{2}M[MHM]	(양산)
펠끼·이·께	H^{2}M^2[MHM^2]	(양산)
펠끼·이·네	H^{2}M^2[MHM^2]	(양산)
펠끼·이·꺼·네	H^{2}M^3[MHM^3]	(창원①, 김해)
펠끼·이·까·네	H^{2}M^3[MHM^3]	(양산)
펠끼·이·께	H^{2}M^2[MHM^2]	(창원①②, 함안, 김해)
펠끼·잉·께	H^{2}M^2[MHM^2]	(창원②, 양산)
펠낑·께	H^{2}M[MHM]	(창원②, 함안, 양산)
펠낑께·에	H^{3}M[MʜHM]	(창원②, 함안)
펠라카·나	H^{3}M[MʜHM]	(창원①②, 김해)
펠라칸·다	H^{3}M[MʜHM]	(창원①②, 김해)
펠라커·나	H^{3}M[MʜHM]	(함안, 김해)
펠라컨·다	H^{3}M[MʜHM]	(함안, 김해)
펠망·정	H^{2}M[MHM]	(창원①②, 함안, 김해, 양산)
펠수·록	H^{2}M[MHM]	(창원①②, 함안, 김해, 양산)
펠수·룩	H^{2}M[MHM]	(함안, 양산)
펨·더	HM[HM]	(양산)
펩니·꺼	H^{2}M[MHM]	(창원①, 김해)
펩니·더	H^{2}M[MHM]	(창원①, 김해)
펩디·꺼	H^{2}M[MHM]	(창원①②, 함안, 김해, 양산)
펩디·더	H^{2}M[MHM]	(창원①②, 함안, 김해, 양산)

924) 1음절 매김꼴은 《/펜+이·불/→펜이·불 H^{2}M/[MHM], /펜+:총·각/→펜·총·각 HM^2[HM^2], /펜+·학·생/→펜·학·생 HM^2[HM^2]》처럼 뒤따르는 낱말의 방점형(/성조형)에 따라 결합된 뒤에 도출되는 방점형(/성조형)이 달라지며, 따라서 실현되는 표면 음조형이 다르게 나타나기 때문에 'H[ ]'처럼 성조는 적었으나 음조는 적지 않고 [ ]으로 비워 두었다.

펩미·꺼	H^{2}M[MHM]	(창원②, 함안, 양산)
펩미·더	H^{2}M[MHM]	(창원②, 함안, 양산)
펩시·다	H^{2}M[MHM]	(창원②, 양산)
펩시·더	H^{2}M[MHM]	(창원①②, 함안, 김해, 양산)
펭·께	HM[HM]	(창원②, 함안)
펭께·에	H^{2}M[MHM]	(창원②, 함안)
페·나#따·나	HM#HM[HM#HM]	(양산)
페·라#·커·더·나	HM#M^3[HM#HHM]	(함안, 김해, 양산)

(390) 1음절 고정평성어간 풀이씨 {케·다}의 어형들

케·다<켜다>	(H·M→)HM[HM]	(창원①②, 함안, 김해, 양산)
케·고	HM[HM]	(창원①②, 함안, 김해, 양산)
케·기	HM[HM]	(창원①②, 함안, 김해, 양산)
케·네	HM[HM]	(창원①②, 함안, 김해, 양산)
케·니·까	HM^2[HM^2]	(양산)
케·에·도	HM^2[HM^2]	(창원①②, 함안, 김해, 양산)
케·에·서	HM^2[HM^2]	(창원①②, 함안, 김해, 양산)
케·엤·다	HM^2[HM^2]	(창원①②, 함안, 김해, 양산)
케·자	HM[HM]	(창원①②, 함안, 김해, 양산)
케·이·께	HM^2[HM^2]	(창원①②, 함안, 김해)
케·이·까	HM^2[HM^2]	(양산)
케·이·께	HM^2[HM^2]	(양산)
케겄습니·더	H^4 M[Mʜ^{2}HM]	(창원①, 김해)
케겄습미·더	H^4 M[Mʜ^{2}HM]	(창원②, 함안)
케겠습니·더	H^4 M[Mʜ^{2}HM]	(창원①, 김해)
케겠습미·더	H^4 M[Mʜ^{2}HM]	(창원②, 양산)
케겠심·더	H^{3}M[MʜHM]	(양산)
케더·라	H^{2}M[MHM]	(창원①②, 함안, 김해, 양산)
케더·라·도	H^{2}M^2[MHMM]	(창원①②, 함안, 김해, 양산)
케더·래·도	H^{2}M^2[MHMM]	(창원②, 함안, 김해, 양산)
케더라·도	H^{3}M[MʜHM]	(창원①②, 함안, 김해, 양산)
켄·다	HM[HM]	(창원①②, 함안, 김해, 양산)
켈·라·카·나	HM^3[HM^3]	(창원①②, 김해, 양산)
켈·라·칸·다	HM^3[HM^3]	(창원①②, 김해, 양산)
켈·라·캅·미·더	HM^4 [HM^4]	(창원②, 양산)
켈·라·커·나	HM^3[HM^3]	(함안, 김해, 양산)
켈·라·컨·다	HM^3[HM^3]	(함안, 김해, 양산)
켈라카·나	H^{3}M[MʜHM]	(창원①②, 김해)
켈라칸·다	H^{3}M[MʜHM]	(창원①②, 김해)
켈라커·나	H^{3}M[MʜHM]	(함안, 김해)

켈라컨·다	H^3M[MʜHM]	(함안, 김해)
켑니·더	H^2M[MHM]	(창원①, 김해)
켑미·더	H^2M[MHM]	(창원②, 함안, 양산)
켕·께	HM[HM]	(함안)
켈·라#·한·다	HM#M^2[HM#HH]	(양산)
켈·라#·칸·다	HM#M^2[HM#HH]	(양산)
켈·라#·캄·더	HM#M^2[HM#HH]	(양산)
켈·라#·함·더	HM#M^2[HM#HH]	(양산)
켈·라#·합·미·더	HM#M^3[HM#HHM]	(양산)

(391) 1음절 고정평성어간 풀이씨 {매·다}의 어형들

매·다(結)	(H·M→)HM[HM]	(창원①②, 함안, 김해, 양산)
매·고	HM[HM]	(창원①②, 함안, 김해, 양산)
매·니·까	HM^2[HM^2]	(양산)
매·이·까·네	HM^3[HM^3]	(양산)
매·애·도	HM^2[HM^2]	(창원①②, 함안, 김해, 양산)
매·애·서	HM^2[HM^2]	(창원①②, 함안, 김해, 양산)
매·앤	HM[HM]	(창원①②, 함안, 양산)
매·이·꺼·네	HM^3[HM^3]	(창원①, 김해)
매·이·께	HM^2[HM^2]	(창원①②, 함안, 김해)
매더·라	H^2M[MHM]	(창원①②, 함안, 김해, 양산)
맨	H[ ]	(창원①②, 함안, 김해, 양산)
맹·께·네	HM^2[HM^2]	(함안)

(392) 1음절 고정평성어간 풀이씨 {깨·다}의 어형들

깨·다(破)	(H·M→)HM[HM]	(창원①②, 함안, 김해, 양산)
깨·고	HM[HM]	(창원①②, 함안, 김해, 양산)
깨·애·서	HM^2[HM^2]	(창원①②, 함안, 김해, 양산)
깨·앤	HM[HM]	(창원①②)
깨·이·께	HM^2[HM^2]	(창원①②, 함안, 김해)
깨·이·까·네	HM^3[HM^3]	(양산)
깬	H[ ]	(창원①②, 함안, 김해, 양산)
깨더·라	H^2M[MHM]	(창원①②, 함안, 김해, 양산)

(393) 1음절 고정평성어간 풀이씨 {잉·다}의 어형들

잉·다[이·따]<잇다>	(H·M→)HM[HM]	(창원①②, 함안)
잉·고	HM[HM]	(창원①②, 함안)
잉·은[이·은]	HM[HM]	(창원①②, 함안)
이·이·서	HM^2[HM^2]	(창원①②, 함안)
잉더·라	H^2M[MHM]	(창원①②, 함안)

(394) 1음절 고정평성어간 풀이씨 {놓·다}의 어형들

눟·다(臥)<눕다>	(H·M→)HM[HM]	(창원①②, 함안, 김해)
누으·이·꺼·네	H^{2}M^3[MHM^3]	(창원①, 김해)
누으·이·께	H^{2}M^2[MHM^2]	(창원①②, 함안, 김해)
누으이꺼·네	H^{4}M[Mʜ^{2}HM]	(창원①)
눟·고[누·꼬]	HM[HM]	(창원①②, 함안, 김해)
눟더·라	H^{2}M[MHM]	(창원①②)
누·우·서	HM^2[HM^2]	(창원①②)
누·어·서	HM^2[HM^2]	(창원①②)
누·을	HM[HM]	(창원①②)
누·이·께	HM^2[HM^2]	(창원②)

(395) 1음절 고정평성어간 풀이씨 {붛·다}의 어형들

붛·다(注)<붓다>	(H·M→)HM[HM]	(창원①②, 함안, 김해, 양산)
부·우·니·까	HM^3[HM^3]	(양산)
부·이·까·네	HM^3[HM^3]	(양산)
부·우·이·까·네	HM^4[HM^4]	(양산)
부·우·서	HM^2[HM^2]	(창원①②, 함안, 양산)
부·운<부은>	HM[HM]	(창원①②, 함안, 김해, 양산)
부·울<부을>	HM[HM]	(창원①②, 함안, 김해, 양산)
부·이·께	HM^2[HM^2]	(창원①②, 함안, 김해)
부우·이·께	H^{2}M^2[MHM^2]	(창원①)
부운<부은>	H^2[MH]	(창원①②, 함안, 김해)
부울<부을>	H^2[MH]	(창원①②, 함안, 김해)
붛·고[붇·고]	HM[HM]	(창원①②, 함안, 김해, 양산)
붛·나[분·나]	HM[HM]	(창원①②, 함안, 김해, 양산)

(396) 1음절 고정평성어간 풀이씨 {옇·다}의 어형들

옇·다(入)<넣다>	(H·M→)HM[HM]	(창원①②, 함안, 김해, 양산)
여·이·께	HM^2[HM^2]	(창원②)
옇·고[여·코]	HM[HM]	(창원①②, 함안, 김해, 양산)
옇·네[연·네]	HM[HM]	(창원①②, 함안, 김해, 양산)
옇·어·라	HM^2[HM^2]	(창원①②, 함안, 김해, 양산)
옇·어·서	HM^2[HM^2]	(창원①②, 함안, 김해, 양산)
옇·이·께	HM^2[HM^2]	(양산)
옇·이·꺼·네	HM^3[HM^3]	(양산)
옇·이·까·네	HM^3[HM^3]	(양산)
옇·으·니·까	HM^3[HM^3]	(양산)
옇·으·니·까·네	HM^4[HM^4]	(양산)
옇·으·이·께	HM^3[HM^3]	(창원①②, 함안, 김해)

옇·은[여·은]	HM[HM]	(창원①②, 함안, 김해, 양산)
옇·을[여·을]	HM[HM]	(창원①②, 함안, 김해, 양산)
옇·응·께	$HM^2[HM^2]$	(창원②, 함안, 양산)
옇·이·꺼·네	$HM^3[HM^3]$	(창원①, 김해)
옇·이·께[여·이·께]	$HM^2[HM^2]$	(창원①②, 김해)
옇는[연는]	$H^2[MH]$	(창원①②, 함안, 김해, 양산)
옇더·라	$H^2M[MHM]$	(창원①②, 함안, 김해, 양산)
옇으·이·꺼·네	$H^2M^3[MHM^3]$	(창원①, 김해)
옇으·이·께	$H^2M^2[MHM^2]$	(창원①②, 함안, 김해)
옇은[여은]	$H^2[MH]$	(창원①②, 함안, 김해)
옇을[여을]	$H^2[MH]$	(창원①②, 함안, 김해)
옇응·께	$H^2M[MHM]$	(창원②, 함안, 양산)
옇응께·네	$H^3M[M_HHM]$	(함안)

(397) 1음절 고정평성어간 풀이씨 {눟·다}의 어형들

눟·다(臥)<눕다>	(H·M→)HM[HM]	(함안)
눟·고[누·코]	HM[HM]	(함안)
눟더·라	$H^2M[MHM]$	(함안)
누·우·도	$HM^2[HM^2]$	(함안)
누·우·라	$HM^2[HM^2]$	(함안)

(398) 1음절 고정평성어간 풀이씨 {놓·다}의 어형들

놓·다(出産,置)	(H·M→)HM[HM]	(창원①②, 함안, 김해, 양산)
낳·아·서	$HM^2[HM^2]$	(창원①②, 함안, 김해, 양산)
낳·았·다	$HM^2[HM^2]$	(창원①②, 함안, 김해, 양산)
놓·고	HM[HM]	(창원①②, 함안, 김해, 양산)
놓·기·는	$HM^2[HM^2]$	(창원①②, 함안, 김해, 양산)
놓·기·로·서·니	$HM^4[HM^4]$	(함안, 양산)
놓·기·로·서·이	$HM^4[HM^4]$	(양산)
놓·기·로·서·이	$HM^4[HM^4]$	(창원①②, 함안, 김해)
놓·네	HM[HM]	(창원①②, 함안, 김해, 양산)
놓·아·서	$HM^2[HM^2]$	(창원①②)
놓·오·니·까	$HM^3[HM^3]$	(양산)
놓·온	HM[HM]	(함안)
놓·올	HM[HM]	(함안)
놓·옹·께	$HM^2[HM^2]$	(함안)
놓·옹·께·네	$HM^3[HM^3]$	(함안)
놓·으·이·꺼·네	$HM^4[HM^4]$	(창원①, 김해)
놓·으·이·께	$HM^3[HM^3]$	(창원①②, 함안, 김해)
놓·은	HM[HM]	(창원①②, 함안, 김해, 양산)

놓·을	HM[HM]	(창원①②, 함안, 김해, 양산)
놓·이·꺼·네	HM^{3}[HM^{3}]	(창원①, 김해)
놓·이·께	HM^{2}[HM^{2}]	(김해)
놓·이·께	HM^{2}[HM^{2}]	(양산)
놓·이·꺼·네[925]	HM^{3}[HM^{3}]	(양산)
놓는	H^{2}[MH]	(창원①②, 함안, 김해, 양산)
놓더·라	H^{2}M[MHM]	(창원①②, 함안, 김해, 양산)
놓오·이·께	H^{2}M^{2}[MHM^{2}]	(창원①②)
놓온	H^{2}[MH]	(창원①, 함안, 김해)
놓올	H^{2}[MH]	(창원①, 함안, 김해)
놓옹·께	H^{2}M[MHM]	(함안)
놓옹께·네	H^{3}M[MʜHM]	(함안)
놓으·이·꺼·네	H^{2}M^{3}[MHM^{3}]	(창원①, 김해)
놓으·이·께	H^{2}M^{2}[MHM^{2}]	(창원①②, 함안, 김해)
놓은	H^{2}[MH]	(창원①②, 함안, 김해)
놓을	H^{2}[MH]	(창원①②함안, 김해)
낳·안[나·안]	HM[HM]	(양산)

(399) 1음절 고정평성어간 풀이씨 {질·다}의 어형들

질·다(濕,泥)	(H·M→)HM[HM]	(창원①②, 함안, 김해, 양산)
지더·라	H^{2}M[MHM]	(창원①②, 함안, 김해, 양산)
질더·라	H^{2}M[MHM]	(창원①②, 함안, 김해, 양산)
지·고	HM[HM]	(함안)
진	H[ ]	(창원①②, 함안, 김해, 양산)
질·고	HM[HM]	(창원①②, 함안, 김해, 양산)
질·어·서	HM^{2}[HM^{2}]	(창원①②, 함안, 김해, 양산)
질더·라	H^{2}M[MHM]	(창원①②, 김해, 양산)

(400) 1음절 고정평성어간 풀이씨 {들·다}의 어형들

들·다(擧)	(H·M→)HM[HM]	(창원①②, 함안, 김해, 양산)
든	H[ ]	(창원①②, 함안, 김해, 양산)
들·고	HM[HM]	(창원①②, 함안, 김해, 양산)
들·어·서	HM^{2}[HM^{2}]	(창원①②, 함안, 김해, 양산)
들·은<드물게>	HM[HM]	(창원①②, 양산)

(401) 1음절 고정평성어간 풀이씨 {날·다}의 어형들

날·다(飛)	(H·M→)HM[HM]	(창원①②, 함안, 김해, 양산)
나·네	HM[HM]	(창원①②, 함안, 김해, 양산)

925) [양산 방언] /노·이·꺼·네, 나뚜·이·까·네/.

나·니·까	$HM^2[HM^2]$	(양산)
나는	$H^2[MH]$	(창원①②, 함안, 김해, 양산)
나는·데	$H^2M[MHM]$	(창원①②, 함안, 김해, 양산)
난	H[ ]	(창원①②, 함안, 김해, 양산)
난·다	HM[HM]	(창원①②, 함안, 양산)
날·고	HM[HM]	(창원①②, 함안, 김해, 양산)
날·아	HM[HM]	(함안, 김해, 양산)
날·아·서	$HM^2[HM^2]$	(김해, 양산)
날더·라	$H^2M[MHM]$	(창원①②, 함안, 김해, 양산)

(402) 1음절 고정평성형 풀이씨 {달·다}의 어형들

달·다(甘)	(H·M→)HM[HM]	(창원①②, 함안, 김해, 양산)
다·제	HM[HM]	(창원①②, 김해)
단	H[ ]	(창원①②, 함안, 김해, 양산)
달·고	HM[HM]	(창원①②, 함안, 김해, 양산)
달·아·서	$HM^2[HM^2]$	(창원①②, 함안, 김해, 양산)
달·제	HM[HM]	(창원①②, 함안, 김해, 양산)
달더·라	$H^2M[MHM]$	(창원①②, 함안, 김해, 양산)

(403) 1음절 고정평성어간 풀이씨 {달·다}의 어형들

달·다(測)	(H·M→)HM[HM]	(창원①②, 함안, 김해, 양산)
다·네	HM[HM]	(창원①②, 함안, 김해, 양산)
다·이·께	$HM^2[HM^2]$	(창원①②, 함안, 김해)
다·이·까·네	$HM^2[HM^2]$	(양산)
다·이·께·네	$HM^2[HM^2]$	(양산)
단	H[ ]	(창원①②, 함안, 김해, 양산)
달	H[ ]	(창원①②, 함안, 김해, 양산)
달·고	HM[HM]	(창원①②, 함안, 김해, 양산)
달·먼	HM[HM]	(함안, 김해, 양산)
달·아·서	$HM^2[HM^2]$	(창원①②, 함안, 김해, 양산)
달더·라	$H^2M[MHM]$	(창원①②, 함안, 김해, 양산)
당·게	HM[HM]	(창원②)
당·께	HM[HM]	(함안)

(404) 1음절 고정평성어간 풀이씨 {말·다}의 어형들

말·다(捲)	(H·M→)HM[HM]	(창원①②, 함안, 김해, 양산)
마는·데	$H^2M[MHM]$	(창원①②, 함안, 김해, 양산)
만	H[ ]	(창원①②, 함안, 김해, 양산)
말·고	HM[HM]	(창원①②, 함안, 김해, 양산)
말·아·라	$HM^2[HM^2]$	(창원①②, 함안, 김해, 양산)

말·아·서	HM^2[HM^2]	(창원①②, 함안, 김해, 양산)
말·어·라	HM^2[HM^2]	(함안, 양산)
말더·라	H^{2}M[MHM]	(창원①②, 함안, 김해, 양산)

(405) 1음절 고정평성어간 풀이씨 {물·다}의 어형들

물·다(咬)	(H·M→)HM[HM]	(창원①②, 함안, 김해, 양산)
문·다	HM[HM]	(창원①②, 함안, 김해, 양산)
물·고	HM[HM]	(창원①②, 함안, 김해, 양산)
물·어·도	HM^2[HM^2]	(창원①②, 함안, 김해, 양산)
물·어·라	HM^2[HM^2]	(창원①②, 함안, 김해, 양산)
물·우·도	HM^2[HM^2]	(창원①, 함안)
물·우·라	HM^2[HM^2]	(창원①, 함안)
물더·라	H^{2}M[MHM]	(창원①②, 함안, 김해, 양산)

(406) 1음절 고정평성어간 풀이씨 {듣·다}의 어형들

듣·다(聽)	(H·M→)HM[HM]	(창원①②, 함안, 김해, 양산)
듣·고	HM[HM]	(창원①②, 함안, 김해, 양산)
들·어·서	HM^2[HM^2]	(창원①②, 함안, 김해, 양산)
들·은	HM[HM]	(창원①②, 함안, 김해, 양산)
들은	H^2[MH]	(창원①②, 함안, 김해)

(407) 1음절 고정평성어간 풀이씨 {뻗·다}의 어형들

뻗·다	(H·M→)HM[HM]	(창원①②, 함안, 김해, 양산)
뻗·고	HM[HM]	(창원①②, 함안, 김해, 양산)
뻗·으·이·께	HM^3[HM^3]	(창원①②, 함안, 김해)
뻗·응·께	HM^2[HM^2]	(창원②, 함안, 양산)
뻗·어·서	HM^2[HM^2]	(창원①②, 함안, 김해, 양산)
뻗더·라	H^{2}M[MHM]	(창원①②, 함안, 김해, 양산)

(408) 1음절 고정평성어간 풀이씨 {굳·다}의 어형들

굳·다(固)	(H·M→)HM[HM]	(창원①②, 함안, 김해, 양산)
굳·고	HM[HM]	(창원①②, 함안, 김해, 양산)
굳·어·도	HM^2[HM^2]	(창원①②, 함안, 김해, 양산)
굳·어·서	HM^2[HM^2]	(창원①②, 함안, 김해, 양산)
굳·었·다	HM^2[HM^2]	(창원①②, 함안, 김해, 양산)
굳·우·서	HM^2[HM^2]	(창원①, 함안)
굳·웄·다	HM^2[HM^2]	(창원①, 함안)
굳·은[926]	HM[HM]	(창원①②, 함안, 김해, 양산)

926) 〔양산 방언〕 /굳·은·것·은 조·옴 노카·아·라/.

굳더·라	$H^2M[MHM]$	(창원①②, 함안, 김해, 양산)
굳은	$H^2[MH]$	(창원①②, 함안, 김해)

(409) 1음절 고정평성어간 풀이씨 {곧·다}의 어형들

곧·다(直)	(H·M→)HM[HM]	(창원①②, 함안, 양산)
곧·거·들·랑	$HM^3[HM^3]$	(양산)
곧·고	HM[HM]	(창원①②, 함안, 김해, 양산)
곧·기·는	$HM^2[HM^2]$	(창원①②, 함안, 김해, 양산)
곧·기·로·서·니	$HM^4[HM^4]$	(함안, 양산)
곧·기·로·서·이	$HM^4[HM^4]$	(양산)
곧·기·로·서·이	$HM^4[HM^4]$	(창원①②, 함안, 김해)
곧·나	HM[HM]	(창원①②, 함안, 김해, 양산)
곧·네	HM[HM]	(창원①②, 함안, 김해, 양산)
곧·노	HM[HM]	(창원①②, 함안, 김해, 양산)
곧·데	HM[HM]	(창원①②, 함안, 김해, 양산)
곧·도·록	$HM^2[HM^2]$	(창원①②, 함안, 양산)
곧·두·루	$HM^2[HM^2]$	(김해)
곧·소	HM[HM]	(창원①②, 함안, 김해, 양산)
곧·아	HM[HM]	(창원①②, 함안, 김해, 양산)
곧·아·도	$HM^2[HM^2]$	(창원①②, 함안, 김해, 양산)
곧·아·서	$HM^2[HM^2]$	(창원①②, 함안, 김해, 양산)
곧·아·야	$HM^2[HM^2]$	(창원①②, 함안, 김해, 양산)
곧·았·는	$HM^2[HM^2]$	(창원①②, 김해, 양산)
곧·았·는·갑·다	$HM^4[HM^4]$	(창원①②, 함안, 김해, 양산)
곧·았·다	$HM^2[HM^2]$	(창원①②, 함안, 김해, 양산)
곧·았·던·갑·다	$HM^4[HM^4]$	(창원①②, 함안, 김해, 양산)
곧·으·까	$HM^2[HM^2]$	(창원①②, 함안, 김해, 양산)
곧·으·꼬	$HM^2[HM^2]$	(창원①②, 함안, 김해, 양산)
곧·으·나	$HM^2[HM^2]$	(창원①②, 함안, 김해, 양산)
곧·으·니·까	$HM^3[HM^3]$	(양산)
곧·으·니·까·네	$HM^4[HM^4]$	(양산)
곧·으·마	$HM^2[HM^2]$	(창원②)
곧·으·머	$HM^2[HM^2]$	(김해, 양산)
곧·으·먼	$HM^2[HM^2]$	(함안, 김해, 양산)
곧·으·모	$HM^2[HM^2]$	(창원①②, 함안)
곧·으·몬	$HM^2[HM^2]$	(창원①②)
곧·으·시·니·까	$HM^4[HM^4]$	(양산)
곧·으·시·다	$HM^3[HM^3]$	(창원①②, 김해, 양산)
곧·으·시·이·께	$HM^4[HM^4]$	(양산)

곧·으·시·지·예	HM^4[HM^4]	(창원①②, 함안, 김해, 양산)
곧·으·시·지·요	HM^4[HM^4]	(창원①②, 양산)
곧·으·시·이·께	HM^4[HM^4]	(창원①②, 함안, 김해)
곧·으·십·니·꺼	HM^4[HM^4]	(창원①, 김해)
곧·으·십·미·꺼	HM^4[HM^4]	(창원②, 함안, 양산)
곧·으·싱·께	HM^3[HM^3]	(창원②, 함안)
곧·으·이	HM^2[HM^2]	(양산)
곧·으·이·께	HM^3[HM^3]	(양산)
곧·으·이·께·네	HM^4[HM^4]	(양산)
곧·으·이·꺼·네	HM^4[HM^4]	(창원①, 김해)
곧·으·이·께	HM^3[HM^3]	(창원①②, 함안, 김해)
곧·으·이·께·네	HM^4[HM^4]	(함안)
곧·으·이·까·네	HM^4[HM^4]	(양산)
곧·은	HM[HM]	(창원①②, 함안, 김해, 양산)
곧·은·가·베	HM^3[HM^3]	(창원①②, 함안, 김해, 양산)
곧·은·갑·다	HM^3[HM^3]	(창원①②, 함안, 김해, 양산)
곧·은·기·요	HM^3[HM^3]	(창원①, 김해, 양산)
곧·은·교	HM^2[HM^2]	(창원②, 함안, 양산)
곧·은·구·나	HM^3[HM^3]	(창원①, 김해, 양산)
곧·은·데	HM^2[HM^2]	(창원①②, 양산)
곧·은·들	HM^2[HM^2]	(창원①②, 함안, 김해, 양산)
곧·을	HM[HM]	(창원①②, 함안, 김해, 양산)
곧·을·꺼·니·까	HM^4[HM^4]	(양산)
곧·을·꺼·니·까·네	HM^5[HM^5]	(양산)
곧·을·꺼·로	HM^3[HM^3]	(창원①②, 함안, 김해, 양산)
곧·을·껄	HM^2[HM^2]	(창원②, 함안, 양산)
곧·을·꾸·로	HM^3[HM^3]	(김해)
곧·을·끼·이·꺼·네	HM^5[HM^5]	(창원①, 김해)
곧·을·끼·이·께	HM^4[HM^4]	(창원①②, 함안, 김해)
곧·을·끼·이·께·에	HM^5[HM^5]	(창원①, 김해)
곧·을·라·꼬	HM^3[HM^3]	(창원①②, 함안, 김해, 양산)
곧·을·망·정	HM^3[HM^3]	(창원①②, 함안, 김해, 양산)
곧·을·수·로	HM^3[HM^3]	(함안)
곧·을·수·록[927]	HM^3[HM^3]	(창원①②, 함안, 김해, 양산)
곧·을·수·루	HM^3[HM^3]	(김해)

927) 〔양산 방언〕 빈도가 높은 것에서 낮은 것의 순서로 줄을 세우면, /곧·을·수·록, 곧을·수·록, 곧을수·록/이다. 평측형에서 분절음이 같으면서 방점이 다른 경우 빈도는 대체로 평1형(□·□·□·□·□), 평2형(□□·□·□·□), 평3형(□□□·□·□), 평4형((□□□□·□), …의 순서이다.

곧·을·수·룩	HM^3[HM^3]	(함안, 양산)
곧·음	HM[HM]	(창원①②, 함안, 김해, 양산)
곧·응·게	HM^2[HM^2]	(창원②)
곧·응·께	HM^2[HM^2]	(창원②, 함안, 양산)
곧·제	HM[HM]	(창원①②, 함안, 김해, 양산)
곧·지	HM[HM]	(창원①②, 함안, 김해, 양산)
곧·지·만	HM^2[HM^2]	(창원①②, 함안, 김해, 양산)
곧·지·예	HM^2[HM^2]	(창원①②, 함안, 김해, 양산)
곧거·나	H^{2}M[MHM]	(창원①②, 함안, 김해, 양산)
곧거·들·랑	H^{2}M^2[MHM^2]	(창원①②, 함안, 김해, 양산)
곧거·등	H^{2}M[MHM]	(창원①②, 함안, 김해, 양산)
곧거들·랑	H^{3}M[MʜHM]	(창원①②, 함안, 김해)
곧거마·는	H^{3}M[MʜHM]	(창원①②, 함안, 김해, 양산)
곧건·대	H^{2}M[MHM]	(창원①②, 함안, 김해, 양산)
곧걸·래	H^{2}M[MHM]	(창원①②, 함안, 김해)
곧겄·다	H^{2}M[MHM]	(창원①②, 함안, 김해)
곧겠·다	H^{2}M[MHM]	(창원①②, 김해, 양산)
곧구·나	H^{2}M[MHM]	(창원①②, 함안, 김해, 양산)
곧기·나<곧거나>	H^{2}M[MHM]	(김해, 양산)
곧기·로·서·이	H^{2}M^3[MHM^3]	(창원①②, 함안, 김해)
곧기로서·이	H^{4}M[Mʜ^{2}HM]	(창원①②, 함안, 김해)
곧긴·대	H^{2}M[MHM]	(양산)
곧길·래	H^{2}M[MHM]	(창원②, 양산)
곧니·라	H^{2}M[MHM]	(창원①②, 함안, 김해, 양산)
곧더·나	H^{2}M[MHM]	(창원①②, 함안, 김해, 양산)
곧더·노	H^{2}M[MHM]	(창원①②, 함안, 김해, 양산)
곧더·라	H^{2}M[MHM]	(창원①②, 함안, 김해, 양산)
곧더·라·꼬	H^{2}M^2[MHM^2]	(창원①②, 함안, 김해, 양산)
곧더·라·도	H^{2}M^2[MHM^2]	(창원①②, 함안, 김해, 양산)
곧더라·꼬	H^{3}M[MʜHM]	(창원①②, 함안, 김해)
곧더라·도	H^{3}M[MʜHM]	(창원①②, 함안, 김해)
곧던·가	H^{2}M[MHM]	(창원①②, 함안, 김해, 양산)
곧던·갑·다	H^{2}M^2[MHM^2]	(양산)
곧던·고	H^{2}M[MHM]	(창원①②, 함안, 김해, 양산)
곧던·데·예	H^{2}M^2[MHM^2]	(창원①②, 함안, 김해)
곧던·데·요	H^{2}M^2[MHM^2]	(양산)
곧던갑·다	H^{3}M[MʜHM]	(창원①②, 함안, 김해)
곧도·록	H^{2}M[MHM]	(창원①②, 함안, 양산)
곧두·루	H^{2}M[MHM]	(김해)
곧습니·꺼	H^{3}M[MʜHM]	(창원①, 김해)

곧습니·더 H^{3}M[MʜHM] (창원①, 김해)
곧습디·꺼 H^{3}M[MʜHM] (창원①②, 함안, 김해, 양산)
곧습디·더 H^{3}M[MʜHM] (창원①②, 함안, 김해, 양산)
곧습미·꺼 H^{3}M[MʜHM] (창원②, 함안, 양산)
곧습미·더 H^{3}M[MʜHM] (창원②, 함안, 양산)
곧심·더 H^{2}M[MHM] (양산)
곧으·까 H^{2}M[MHM] (창원①②, 함안, 김해)
곧으·꼬 H^{2}M[MHM] (창원①②, 함안, 김해)
곧으·나 H^{2}M[MHM] (창원①②, 함안, 김해)
곧으·마 H^{2}M[MHM] (창원②)
곧으·머 H^{2}M[MHM] (김해, 양산)
곧으·먼 H^{2}M[MHM] (함안, 김해, 양산)
곧으·모 H^{2}M[MHM] (창원①②, 함안)
곧으·몬 H^{2}M[MHM] (창원①②)
곧으·잉·께 H^{2}M^{2}[MHM^{2}] (창원②, 함안)
곧으·이·꺼·네 H^{2}M^{3}[MHM^{3}] (창원①, 김해)
곧으·이·께 H^{2}M^{2}[MHM^{2}] (창원①②, 함안, 김해)
곧으·이·께·에 H^{2}M^{3}[MHM^{3}] (창원①, 김해)
곧으니·까 H^{3}M[MʜHM] (양산)
곧으시·다 H^{3}M[MʜHM] (창원①②, 김해)
곧으시·지·예 H^{3}M^{2}[MʜHM^{2}] (창원①②, 함안, 김해)
곧으시·지·요 H^{3}M^{2}[MʜHM^{2}] (창원①②, 양산)
곧으시·이·꺼·네 H^{3}M^{3}[MʜHM^{3}] (창원①, 김해)
곧으시·이·께 H^{3}M^{2}[MʜHM^{2}] (창원①②, 함안, 김해)
곧으십니·꺼 H^{4} M[Mʜ^{2}HM] (창원①, 김해)
곧으십미·꺼 H^{4} M[Mʜ^{2}HM] (창원②, 함안)
곧으싱·께 H^{3}M[MʜHM] (함안)
곧으싱·께·에 H^{3}M^{2}[MʜHM^{2}] (창원②, 함안)
곧으싱께·에 H^{4} M[Mʜ^{2}HM] (창원①②, 함안, 양산)
곧으응·께 H^{3}M[MʜHM] (창원②, 함안, 양산)
곧으이께·에 H^{4} M[Mʜ^{2}HM] (창원①②, 함안)
곧은 H^{2}[MH] (창원①②, 함안, 김해)
곧은·가 H^{2}M[MHM] (창원①②, 함안, 김해)
곧은·고 H^{2}M[MHM] (창원①②, 함안, 김해)
곧은·교 H^{2}M[MHM] (창원②, 함안, 양산)
곧은·기·요 H^{2}M^{2}[MHM^{2}] (창원①, 김해, 양산)
곧은·데 H^{2}M[MHM] (창원①②, 함안, 김해)
곧은·들 H^{2}M[MHM] (창원①②, 함안, 김해)
곧은가·베 H^{3}M[MʜHM] (창원①②, 함안, 김해)
곧은갑·다 H^{3}M[MʜHM] (창원①②, 함안, 김해)

곧은구·나	H^{3}M[MʜHM]	(창원①②, 함안, 김해)
곧을	H^2[MH]	(창원①②, 함안, 김해)
곧을·수·로	H^{2}M^2[MHM^2]	(함안)
곧을·수·록	H^{2}M^2[MHM^2]	(창원①②, 함안, 김해, 양산)
곧을·수·루	H^{2}M^2[MHM^2]	(김해)
곧을·수·룩	H^{2}M^2[MHM^2]	(함안, 양산)
곧을꺼·로	H^{3}M[MʜHM]	(창원①②, 함안, 김해, 양산)
곧을꾸·로	H^{3}M[MʜHM]	(김해)
곧을끼·이	H^{3}M[MʜHM]	(창원①②, 함안, 김해, 양산)
곧을끼·이·께	H^{3}M^2[MʜHM^2]	(창원①②, 함안, 김해)
곧을낑·께	H^{3}M[MʜHM]	(창원②, 함안)
곧을낑·께·에	H^{3}M^2[MʜHM^2]	(창원②, 함안)
곧을낑께·에	H^4 M[Mʜ^{2}HM]	(창원②, 함안)
곧을라·꼬	H^{3}M[MʜHM]	(창원①②, 함안, 김해, 양산)
곧을망·정	H^{3}M[MʜHM]	(창원①②, 함안, 김해, 양산)
곧을수·록	H^{3}M[MʜHM]	(창원①②, 함안, 김해, 양산)
곧음	H^2[MH]	(창원①②, 함안)
곧응·께	H^{2}M[MHM]	(창원②, 함안, 양산)
곧을테·니·까·네	H^{3}M^3[MʜHM^3]	(양산)
곧을·라#커·모	H^{2}M#HM[MHM#HM]	(함안)
곧·으·나#따·나	HM^2#HM[HM^2#HM]	(창원①②, 함안, 김해, 양산)
곧·으·나#따·나	HM^2#HM[HM^2#HM]	(창원①②, 함안, 김해, 양산)
곧기·로#서·이	H^{2}M#HM[MHM#HM]	(양산)
곧기·로#서·이	H^{2}M#HM[MHM#HM]	(창원①②, 함안, 김해)
곧으·나#따·나	H^{2}M#HM[MHM#HM]	(창원①②, 함안, 김해, 양산)

(410) 1음절 고정평성어간 풀이씨 {붙·다}의 어형들

붙·다(附)	(H·M→)HM[HM]	(창원①②, 함안, 김해, 양산)
붙·고	HM[HM]	(창원①②, 함안, 김해, 양산)
붙·어·서	HM^2[HM^2]	(창원①②, 함안, 김해, 양산)
붙·은	HM[HM]	(창원①②, 함안, 김해, 양산)
붙은	H^2[MH]	(창원①②, 함안, 김해)

(411) 1음절 고정평성어간 풀이씨 {늦·다}의 어형들

늦·다(晩)	(H·M→)HM[HM]	(창원①②, 함안, 김해, 양산)
늦·고	HM[HM]	(창원①②, 함안, 김해, 양산)
늦·기	HM[HM]	(창원①②, 함안, 김해, 양산)
늦·기·는	HM^2[HM^2]	(창원①②, 함안, 양산)
늦·네	HM[HM]	(창원①②, 함안, 김해, 양산)
늦·어	HM[HM]	(창원①②, 함안, 김해, 양산)

늦·어·도 $HM^2[HM^2]$ (창원①②, 함안, 김해, 양산)

늦·어·서 $HM^2[HM^2]$ (창원①②, 함안, 김해, 양산)

늦·었·다 $HM^2[HM^2]$ (창원①②, 함안, 김해, 양산)

늦·었·습·니·더 $HM^4[HM^4]$ (창원①, 김해)

늦·었·습·미·더 $HM^4[HM^4]$ (창원②, 함안, 양산)

늦·었·심·더 $HM^3[HM^3]$ (양산)

늦·으·마 $HM^2[HM^2]$ (창원②)

늦·으·머 $HM^2[HM^2]$ (김해, 양산)

늦·으·모 $HM^2[HM^2]$ (창원①②, 함안)

늦·으·이 $HM^2[HM^2]$ (창원①②, 함안, 김해)

늦·을·끼·다 $HM^3[HM^3]$ (창원①②, 양산)

늦·을·낌·더 $HM^3[HM^3]$ (양산)

늦·을·끼·임·더 $HM^4[HM^4]$ (양산)

늦·을·라·캄·더 $HM^4[HM^4]$ (양산)

늦·을·라·캅·미·더 $HM^5[HM^5]$ (창원②, 함안, 양산)

늦·을·라·컴·더 $HM^4[HM^4]$ (양산)

늦·을·라·컵·미·더 $HM^5[HM^5]$ (양산)

늦·을·라·함·더 $HM^4[HM^4]$ (양산)

늦·을·라·합·미·더 $HM^5[HM^5]$ (양산)

늦·지 $HM[HM]$ (창원①②, 함안, 김해, 양산)

늦·지·만 $HM^2[HM^2]$ (창원①②, 함안, 김해, 양산)

늦거·나 $H^2M[MHM]$ (창원①②, 함안, 김해, 양산)

늦겄·다 $H^2M[MHM]$ (창원①②, 함안, 김해)

늦겄습니·더 $H^4M[M\text{ʜ}^2HM]$ (창원①, 김해)

늦겄습미·더 $H^4M[M\text{ʜ}^2HM]$ (창원②, 함안)

늦겠·다 $H^2M[MHM]$ (창원①②, 김해, 양산)

늦겠습니·더 $H^4M[M\text{ʜ}^2HM]$ (창원①, 김해)

늦겠심·더 $H^3M[M\text{ʜ}HM]$ (양산)

늦기·는 $H^2M[MHM]$ (창원①②, 함안, 김해, 양산)

늦는·다 $H^2M[MHM]$ (창원①②, 함안, 양산)

늦다·가 $H^2M[MHM]$ (창원①②, 함안, 김해, 양산)

늦더·니 $H^2M[MHM]$ (함안, 양산)

늦더·라 $H^2M[MHM]$ (창원①②, 함안, 김해, 양산)

늦더·라·도 $H^2M^2[MHM^2]$ (창원①②, 함안, 김해, 양산)

늦더·래·도 $H^2M^2[MHM^2]$ (창원②, 함안, 김해, 양산)

늦더라·도 $H^3M[M\text{ʜ}HM]$ (창원①②, 김해, 함안)

늦더래·도 $H^3M[M\text{ʜ}HM]$ (창원②, 함안, 김해, 양산)

늦더마·는 $H^3M[M\text{ʜ}HM]$ (창원②, 함안, 김해, 양산)

늦디·이 $H^2M[MHM]$ (양산)

늦디·이 $H^2M[MHM]$ (창원①②, 함안, 김해)

늦습니·더	H^{3}M[MʜHM]	(창원①, 김해)
늦습미·더	H^{3}M[MʜHM]	(창원②, 함안, 양산)
늦심·더	H^{2}M[MHM]	(양산)
늦으·니	H^{2}M[MHM]	(함안, 양산)
늦으·마	H^{2}M[MHM]	(창원②)
늦으·머	H^{2}M[MHM]	(김해, 양산)
늦으·먼	H^{2}M[MHM]	(함안, 김해, 양산)
늦으·모	H^{2}M[MHM]	(창원①②, 함안)
늦으·이	H^{2}M[MHM]	(양산)
늦으·이	H^{2}M[MHM]	(창원①②, 함안, 김해)
늦을·라·컴·더	H^{2}M^3[MHM^3]	(양산)

(412) 1음절 고정평성어간 풀이씨 {낮·다}의 어형들

낮·다(低)	(H·M→)HM[HM]	(창원①②, 함안, 김해, 양산)
낮·고	HM[HM]	(창원①②, 함안, 김해, 양산)
낮·아·도	HM^2[HM^2]	(창원①②, 함안, 김해, 양산)
낮·아·서	HM^2[HM^2]	(창원①②, 함안, 김해, 양산)
낮·으·니·까	HM^3[HM^3]	(양산)
낮·으·니·까·네	HM^4[HM^4]	(양산)
낮·으·이·까·네	HM^4[HM^4]	(양산)
낮·으·이·끼·네	HM^4[HM^4]	(양산)
낮·으·이·꺼·네	HM^4[HM^4]	(양산)
낮·으·이·꺼·네	HM^4[HM^4]	(창원①, 김해)
낮·으·이·께	HM^3[HM^3]	(창원①②, 함안, 김해)
낮·은	HM[HM]	(창원①②, 함안, 김해, 양산)
낮·응·게	HM^2[HM^2]	(창원②)
낮·응·께	HM^2[HM^2]	(창원②, 함안, 양산)
낮·응·께·네	HM^3[HM^3]	(함안)
낮으·이·꺼·네	H^{2}M^3[MHM^3]	(창원①, 김해)
낮으·이·끼·네	H^{2}M^3[MHM^3]	(양산)
낮으·이·꺼·네	H^{2}M^3[MHM^3]	(양산)
낮으·이·까·네	H^{2}M^3[MHM^3]	(양산)
낮으·이·께	H^{2}M^2[MHM^2]	(창원①②, 함안, 김해)
낮으이꺼·네	H^{4}M[Mʜ^{2}HM]	(창원①②)
낮은	H^2[MH]	(창원①②, 함안, 김해)
낮응·께	H^{2}M[MHM]	(창원②, 함안, 김해)
낮응께·네	H^{3}M[MʜHM]	(함안)

(413) 1음절 고정평성어간 풀이씨 {벗·다}의 어형들

벗·다(脫)	(H·M→)HM[HM]	(창원①②, 함안, 김해, 양산)

벗·고 HM[HM] (창원①②, 함안, 김해, 양산)
벗·어·서 HM^2[HM^2] (창원①②, 함안, 김해, 양산)
벗·은[928] HM[HM] (창원①②, 함안, 김해, 양산)
벗은 H^2[MH] (창원①②, 함안, 김해)

(414) 1음절 고정평성어간 풀이씨 {쫒·다}의 어형들
쫒·다(逐)<쫓다> (H·M→)HM[HM] (함안)
쫒·고 HM[HM] (함안)
쫒·아·서 HM^2[HM^2] (함안)
쫒·은 HM[HM] (함안)
쫒은 H^2[MH] (함안)

(415) 1음절 고정평성어간 풀이씨 {있·다}의 어형들
있·다(在) (H·M→)HM[HM] (창원①②, 함안, 김해, 양산)
있·고 HM[HM] (창원①②, 함안, 김해, 양산)
있·어·라 HM^2[HM^2] (창원①②, 함안, 김해, 양산)
있·어·서 HM^2[HM^2] (창원①②, 함안, 김해, 양산)
있·은 HM[HM] (창원①②, 함안, 김해, 양산)
있거·라 H^{2}M[MHM] (창원①②, 함안, 김해, 양산)
있으·머 H^{2}M[MHM] (김해, 양산)
있으·먼 H^{2}M[MHM] (함안, 김해, 양산)
있으·모 H^{2}M[MHM] (창원①②, 함안)
있으·몬 H^{2}M[MHM] (창원①②)
있은 H^2[MH] (창원①②, 함안, 김해, 양산)
있은·들 H^{2}M[MHM] (창원①②, 함안, 김해, 양산)
있을 H^2[MH] (창원①②, 함안, 김해, 양산)
있이·모 H^{2}M[MHM] (함안)

(416) 1음절 고정평성어간 풀이씨 {흝·다}의 어형들
흝·다(散)<흩다> (H·M→)HM[HM] (창원①②, 함안, 김해, 양산)
흝·고 HM[HM] (창원①②, 함안, 김해, 양산)
흝·네 HM[HM] (창원①②, 함안, 김해, 양산)
흝·어·서 HM^2[HM^2] (함안, 김해, 양산)
흝·으·먼 HM^2[HM^2] (함안, 김해, 양산)
흝·은 HM[HM] (함안, 양산)
흝·을 HM[HM] (함안, 양산)
흝더·라 H^{2}M[MHM] (창원①, 함안, 김해, 양산)
흝은 H^2[MH] (함안)

928) [창원 방언①②] /·으X/는 자주, /으X/는 가끔 쓴다.

훛을 H^2[MH] (함안)
훛더·라 H^{2}M[MHM] (창원①②, 함안, 김해, 양산)

(417) 1음절 고정평성어간 풀이씨 {훛·다}의 어형들

훛·다(逐)<쫓다> (H·M→)HM[HM] (창원①②, 함안, 김해, 양산)
훛·고 HM[HM] (창원①②, 함안, 김해, 양산)
훛·아·도 HM^2[HM^2] (창원①②, 함안, 김해)
훛·아·라 HM^2[HM^2] (창원①②, 함안, 김해)
훛·아·서 HM^2[HM^2] (창원①②, 함안, 김해)
훛·어·서 HM^2[HM^2] (함안, 김해, 양산)
훛·어·도 HM^2[HM^2] (함안, 김해, 양산)
훛·어·라 HM^2[HM^2] (함안, 김해, 양산)
훛·은 HM[HM] (창원①②, 함안, 김해, 양산)
훛은 H^2[MH] (창원①②, 김해)
훛더·라 H^{2}M[MHM] (창원①②, 함안, 김해, 양산)

(418) 1음절 고정평성어간 풀이씨 {쫓·다}의 어형들

쫓·다(逐) (H·M→)HM[HM] (창원①②, 김해, 양산)
쫓·고 HM[HM] (창원①②, 김해, 양산)
쫓·아·라 HM^2[HM^2] (창원①②, 김해, 양산)
쫓·아·서 HM^2[HM^2] (창원①②, 김해, 양산)
쫓·은 HM[HM] (창원①②, 김해, 양산)
쫓·을 HM[HM] (창원①②, 김해, 양산)
쫓은 H^2[MH] (창원①②, 김해)
쫓을 H^2[MH] (창원①②, 김해)
쫓더·라 H^{2}M[MHM] (창원①②, 김해, 양산)

(419) 1음절 고정평성어간 풀이씨 {눟·다}의 어형들

눟·다[눕·다](臥) (H·M→)HM[HM] (창원①②, 김해, 양산)
누·우·니·까 HM^3[HM^3] (양산)
누·우·라 HM^2[HM^2] (창원①②, 함안, 김해)
누·어·라 HM^2[HM^2] (양산)
누·우·서 HM^2[HM^2] (창원①②, 함안)
누·운 HM[HM] (창원①②, 함안, 양산)
누·울 HM[HM] (창원①②, 함안, 양산)
누·웄·다 HM^2[HM^2] (창원①②, 함안)
누·웅·께 HM^2[HM^2] (창원②, 함안)
누우·이·꺼·네 H^{2}M^3[MHM^3] (창원②)
누우·이·께 H^{2}M^2[MHM^2] (창원①②, 함안, 김해)
누우이꺼·네 H^4 M[MH^{2}HM] (창원①)

누운	H^2[MH]	(창원①②, 함안)
누울	H^2[MH]	(창원①②, 함안)
누웅께·에	H^3M[MʜHM]	(창원②, 함안)
눕·고	HM[HM]	(창원①②, 양산)

(420) 1음절 고정평성어간 풀이씨 {돕·다}의 어형들

돕·다[돕·다]<도우다>	(H·M→)HM[HM]	(창원①②, 함안, 김해, 양산)
도·아·서	HM^2[HM^2]	(창원①, 양산)
도·와	HM[HM]	(창원①②, 함안, 양산)
도·와·서	HM^2[HM^2]	(창원②, 함안, 김해, 양산)
도·우·머	HM^2[HM^2]	(김해, 양산)
도·우·먼	HM^2[HM^2]	(함안, 김해, 양산)
돕·고	HM[HM]	(창원①②, 함안, 김해, 양산)
돕·네	HM[HM]	(창원①②, 함안, 김해, 양산)

(421) 1음절 고정평성어간 풀이씨 {입·다}의 어형들

입·다(被)	(H·M→)HM[HM]	(창원①②, 함안, 김해, 양산)
입·고	HM[HM]	(창원①②, 함안, 김해, 양산)
입·기·는	HM^2[HM^2]	(창원①②, 함안, 김해, 양산)
입·기	HM[HM]	(창원①②, 함안, 김해, 양산)
입·네	HM[HM]	(창원①②, 함안, 김해, 양산)
입·어·도	HM^2[HM^2]	(창원②, 함안, 양산)
입·어·라	HM^2[HM^2]	(창원②, 함안, 양산)
입·어·서	HM^2[HM^2]	(창원②, 함안, 양산)
입·어	HM[HM]	(창원②, 함안, 양산)
입·었·다	HM^2[HM^2]	(창원②, 함안, 양산)
입·었·습·미·더	HM^4[HM^4]	(창원②, 함안, 양산)
입·었·심·더	HM^3[HM^3]	(양산)
입·었·지·예	HM^3[HM^3]	(창원①②, 함안, 김해, 양산)
입·었·어·요	HM^3[HM^3]	(창원②, 양산)
입·우·도	HM^2[HM^2]	(창원①②, 함안, 김해, 양산)
입·우·라	HM^2[HM^2]	(창원①②, 함안, 김해, 양산)
입·우·서	HM^2[HM^2]	(창원①②, 함안, 김해, 양산)
입·우	HM[HM]	(창원①②, 함안, 김해, 양산)
입·웄·다	HM^2[HM^2]	(창원①②, 함안, 김해, 양산)
입·웄·습·니·더	HM^4[HM^4]	(창원①, 김해)
입·웄·습·미·더	HM^4[HM^4]	(창원②, 함안, 양산)
입·으·니	HM^2[HM^2]	(함안, 양산)
입·으·마	HM^2[HM^2]	(창원②)
입·으·머	HM^2[HM^2]	(김해, 양산)

입·으·먼	HM^2[HM^2]	(함안, 김해, 양산)
입·으·모	HM^2[HM^2]	(창원①②, 함안)
입·으·몬	HM^2[HM^2]	(창원①②,)
입·으·이	HM^2[HM^2]	(양산)
입·으·이	HM^2[HM^2]	(창원①②, 함안, 김해)
입·을·낌·더	HM^3[HM^3]	(양산)
입·을·라·꼬	HM^3[HM^3]	(창원①②, 함안, 김해, 양산)
입·을·라·머	HM^3[HM^3]	(김해, 양산)
입·을·라·먼	HM^3[HM^3]	(함안, 김해, 양산)
입·을·라·모	HM^3[HM^3]	(창원①②, 함안)
입·을·라·몬	HM^3[HM^3]	(창원①②)
입·을·라·카·나	HM^4[HM^4]	(창원①②, 김해, 양산)
입·을·라·카·머	HM^4[HM^4]	(김해, 양산)
입·을·라·카·먼	HM^4[HM^4]	(김해, 양산)
입·을·라·카·모	HM^4[HM^4]	(창원①②)
입·을·라·카·몬	HM^4[HM^4]	(창원①②)
입·을·라·칸·다	HM^4[HM^4]	(창원①②, 김해, 양산)
입·을·라·캄·더	HM^4[HM^4]	(양산)
입·을·라·캅·미·더	HM^5[HM^5]	(창원②, 양산)
입·을·라·커·나	HM^4[HM^4]	(함안, 김해, 양산)
입·을·라·커·머	HM^4[HM^4]	(김해, 양산)
입·을·라·커·먼	HM^4[HM^4]	(함안, 김해, 양산)
입·을·라·커·모	HM^4[HM^4]	(함안)
입·을·라·컨·다	HM^4[HM^4]	(함안, 김해, 양산)
입·을·라·컴·더	HM^4[HM^4]	(양산)
입·을·라·컵·미·더	HM^5[HM^5]	(양산)
입·을·라·쿠·나	HM^4[HM^4]	(함안)
입·을·라·쿠·먼	HM^4[HM^4]	(함안)
입·을·라·쿠·모	HM^4[HM^4]	(함안)
입·을·라·쿤·다	HM^4[HM^4]	(함안)
입·을·라·함·더	HM^4[HM^4]	(양산)
입·을·라·합·미·더	HM^5[HM^5]	(양산)
입·지	HM[HM]	(창원①②, 함안, 김해, 양산)
입거·나	H^{2}M[MHM]	(창원①②, 함안, 김해, 양산)
입겄·다	H^{2}M[MHM]	(창원①②, 함안, 김해)
입겄더·라	H^{3}M[MʜHM]	(창원①②, 함안, 김해)
입겄습니·더	H^{4}M[Mʜ^{2}HM]	(창원①, 김해)
입겄슴미·더	H^{4}M[Mʜ^{2}HM]	(창원②, 함안)

입겠·다	H^{2}M[MHM]	(창원①②, 김해, 양산)
입겠더·라	H^{3}M[MʜHM]	(창원①②, 김해, 양산)
입겠습니·더	H^4 M[Mʜ^{2}HM]	(창원①, 김해)
입겠심·더	H^{3}M[MʜHM]	(양산)
입기·는	H^{2}M[MHM]	(창원①②, 함안, 김해, 양산)
입는·교	H^{2}M[MHM]	(창원②, 함안, 양산)
입는·다	H^{2}M[MHM]	(창원①②, 함안, 김해, 양산)
입는·대·이	H^{2}M^2[MHM^2]	(양산)
입는·데	H^{2}M[MHM]	(창원①②, 함안, 김해, 양산)
입다·가	H^{2}M[MHM]	(창원①②, 함안, 김해, 양산)
입더·니	H^{2}M[MHM]	(함안, 양산)
입더·라·도	H^{2}M^2[MHM^2]	(창원①②, 함안, 김해, 양산)
입더·라	H^{2}M[MHM]	(창원①②, 함안, 김해, 양산)
입더·래·도	H^{2}M^2[MHM^2]	(창원②, 함안, 김해, 양산)
입더·이	H^{2}M[MHM]	(양산)
입더·이	H^{2}M[MHM]	(창원②, 함안)
입디·이	H^{2}M[MHM]	(창원①②, 함안, 김해)
입습니·더	H^{3}M[MʜHM]	(창원①, 김해)
입습미·더	H^{3}M[MʜHM]	(창원②, 함안, 양산)
입심·더	H^{2}M[MHM]	(양산)
입으·니	H^{2}M[MHM]	(함안, 양산)
입으·마	H^{2}M[MHM]	(창원②)
입으·머	H^{2}M[MHM]	(김해, 김해)
입으·먼	H^{2}M[MHM]	(함안, 김해, 양산)
입으·모	H^{2}M[MHM]	(창원①②, 함안)
입으·몬	H^{2}M[MHM]	(창원①②)
입으·이	H^{2}M[MHM]	(창원①②, 함안, 김해)
입을라·꼬	H^{2}M^2[MHM^2]	(창원①②, 함안, 김해)
입을·라·머	H^{2}M^2[MHM^2]	(김해, 양산)
입을·라·먼	H^{2}M^2[MHM^2]	(함안, 김해, 양산)
입을·라·모	H^{2}M^2[MHM^2]	(창원①②, 함안)
입을·라·몬	H^{2}M^2[MHM^2]	(창원①②)
입을·라·카·나	H^{2}M^3[MHM^3]	(창원①②, 김해, 양산)
입을·라·카·머	H^{2}M^3[MHM^3]	(김해, 양산)
입을·라·카·먼	H^{2}M^3[MHM^3]	(김해, 양산)
입을·라·카·모	H^{2}M^3[MHM^3]	(창원①②)
입을·라·카·몬	H^{2}M^3[MHM^3]	(창원①②)
입을·라·칸·다	H^{2}M^3[MHM^3]	(창원①②, 김해, 양산)
입을·라·커·나	H^{2}M^3[MHM^3]	(함안, 김해, 양산)
입을·라·커·모	H^{2}M^3[MHM^3]	(함안)

입을·라·컨·다	H^{2}M^3[MHM^3]	(함안, 김해, 양산)
입을·라·쿠·나	H^{2}M^3[MHM^3]	(함안)
입을·라·쿠·모	H^{2}M^3[MHM^3]	(함안)
입을·라·쿤·다	H^{2}M^3[MHM^3]	(함안)
입을·라·꼬	H^{2}M^2[MHM^2]	(양산)
입을라카·먼	H^4 M[Mʜ^{2}HM]	(김해)
입을라·꼬	H^{3}M[MʜHM]	(창원①②, 함안, 김해, 양산)
입을라카·나	H^4 M[Mʜ^{2}HM]	(창원①②, 김해)
입을라카·먼	H^4 M[Mʜ^{2}HM]	(김해)
입을라카·모	H^4 M[Mʜ^{2}HM]	(창원①②)
입을라카·몬	H^4 M[Mʜ^{2}HM]	(창원①②)
입을라칸·다	H^4 M[Mʜ^{2}HM]	(창원①②, 김해)
입을라커·나	H^4 M[Mʜ^{2}HM]	(함안, 김해)
입을라커·모	H^4 M[Mʜ^{2}HM]	(함안)
입을라컨·다	H^4 M[Mʜ^{2}HM]	(함안, 김해)
입을라쿠·나	H^4 M[Mʜ^{2}HM]	(함안)
입을라쿤·다	H^4 M[Mʜ^{2}HM]	(함안)
입·을·라#카·머	HM^2#HM[HM^2#HM]	(김해, 양산)
입·을·라#카·먼	HM^2#HM[HM^2#HM]	(김해, 양산)
입을·라#카·먼	H^{2}M#HM[MHM#HM]	(김해, 양산)
입을·라#카·모	H^{2}M#HM[MHM#HM]	(창원①②)
입을·라#카·몬	H^{2}M#HM[MHM#HM]	(창원①②)
입을·라#커·모	H^{2}M#HM[MHM#HM]	(함안)

(422) 1음절 고정평성어간 풀이씨 {넙·다}의 어형들

넙·다<넓다>	(H·M→)HM[HM]	(창원①②, 함안, 김해)
넙·고	HM[HM]	(창원①②, 함안, 김해)
넙·네	HM[HM]	(창원①②, 함안, 김해)
넙·어·서	HM^2[HM^2]	(창원①②, 김해)
넙·우·서	HM^2[HM^2]	(창원①②, 함안, 김해)
넙·우·이·께	HM^3[HM^3]	(창원①②, 함안, 김해)
넙·운	HM[HM]	(창원①②, 함안)
넙·으·이·께	HM^3[HM^3]	(창원①②, 김해)
넙·은	HM[HM]	(창원①②, 김해)
넙더·라	H^{2}M[MHM]	(창원①②, 함안, 김해)
넙우·이·께	H^{2}M^2[MHM^2]	(창원①②, 함안, 김해)
넙운	H^2[MH]	(창원①②)
넙으·이·께	H^{2}M^2[MHM^2]	(창원①②, 김해)
넙은	H^2[MH]	(창원①②, 김해)

(423) 1음절 고정평성어간 풀이씨 {눕·다}의 어형들

눕·다(臥)	(H·M→)HM[HM]	(창원②, 김해, 양산)
눕·고	HM[HM]	(창원②, 김해, 양산)
눕·어·도	HM^2[HM^2]	(창원②, 양산)
눕·어·서	HM^2[HM^2]	(창원②, 양산)
눕·우·이·꺼·네	HM^4[HM^4]	(김해)
눕·운	HM[HM]	(창원②, 김해)
눕·울	HM[HM]	(창원②, 김해)
눕·으·이·게	HM^3[HM^3]	(창원②)
눕·으·이·꺼·네	HM^4[HM^4]	(김해)
눕·으·이·께	HM^3[HM^3]	(창원②, 김해)
눕·은	HM[HM]	(창원②, 양산)
눕·을	HM[HM]	(창원②, 양산)
눕더·라	H^{2}M[MHM]	(창원②, 김해, 양산)
눕우·이·꺼·네	H^{2}M^3[MHM^3]	(김해)
눕우·이·께	H^{2}M^2[MHM^2]	(창원②, 김해)
눕으·이·까·네	H^{2}M^3[MHM^3]	(양산)
눕운	H^2[MH]	(김해)
눕울	H^2[MH]	(김해)
눕으·이·께	H^{2}M^2[MHM^2]	(창원②)
눕으·이·꺼·네	H^{2}M^3[MHM^3]	(김해)

(424) 1음절 고정평성어간 풀이씨 {굽·다}의 어형들

굽·다(曲)	(H·M→)HM[HM]	(창원①②, 함안, 김해, 양산)
굽·고	HM[HM]	(창원①②, 함안, 김해, 양산)
굽·어·서	HM^2[HM^2]	(창원①②)
굽·었·다	HM^2[HM^2]	(창원①②, 양산)
굽·우·니·까	HM^3[HM^3]	(양산)
굽·우·서	HM^2[HM^2]	(창원①②, 함안, 김해, 양산)
굽·우·이·께	HM^3[HM^3]	(창원①②, 함안, 김해)
굽·운	HM[HM]	(창원①②)
굽·윴·다	HM^2[HM^2]	(창원①②, 함안, 김해, 양산)
굽·웅·께	HM^2[HM^2]	(창원②, 함안)
굽·은	HM[HM]	(창원①②, 함안, 김해, 양산)
굽운	H^2[MH]	(창원①②, 함안, 김해)

(425) 1음절 고정평성어간 풀이씨 {덮·다}의 어형들

덮·다(蓋)	(H·M→)HM[HM]	(창원①②, 함안, 김해, 양산)
덮·고	HM[HM]	(창원①②, 함안, 김해, 양산)
덮·어·서	HM^2[HM^2]	(창원①②, 김해, 양산)

덮·우·도	$HM^2[HM^2]$	(창원①②, 함안, 김해)
덮·운	HM[HM]	(창원①②, 함안, 김해)
덮·울	HM[HM]	(창원①②, 함안, 김해)
덮·은	HM[HM]	(창원①②, 김해, 양산)
덮더·라	$H^2M[MHM]$	(창원①②, 함안, 김해, 양산)
덮운	$H^2[MH]$	(창원①②, 김해)
덮은	$H^2[MH]$	(창원①②, 김해)

(426) 1음절 고정평성어간 풀이씨 {갚다}의 어형들

갚·다(報)	(H·M→)HM[HM]	(창원①②, 함안, 김해, 양산)
갚·고	HM[HM]	(창원①②, 함안, 김해, 양산)
갚·네	HM[HM]	(창원①②, 함안, 김해, 양산)
갚·아·도	$HM^2[HM^2]$	(창원①②, 함안, 김해, 양산)
갚·아·서	$HM^2[HM^2]$	(창원①②, 함안, 김해, 양산)
갚·안	HM[HM]	(창원②, 함안)
갚·알	HM[HM]	(창원②, 함안)
갚·으·니·까	$HM^3[HM^3]$	(양산)
갚·으·니·까·네	$HM^4[HM^4]$	(양산)
갚·으·이·꺼·네	$HM^4[HM^4]$	(창원①, 김해)
갚·으·이·께	$HM^3[HM^3]$	(창원①②, 함안, 김해)
갚·은	HM[HM]	(창원①②, 함안, 김해, 양산)
갚·을	HM[HM]	(창원①②, 함안, 김해, 양산)
갚·응·게	$HM^2[HM^2]$	(창원②)
갚·응·께	$HM^2[HM^2]$	(창원②, 함안, 양산)
갚는	$H^2[MH]$	(창원①②, 함안, 김해, 양산)
갚는·데	$H^2M[MHM]$	(창원①②, 함안, 김해, 양산)
갚더·라	$H^2M[MHM]$	(창원①②, 함안, 김해, 양산)
갚으·이·꺼·네	$H^2M^3[MHM^3]$	(창원①, 김해)
갚으·이·께	$H^2M^2[MHM^2]$	(창원①②, 함안, 김해)
갚은	$H^2[MH]$	(창원①②, 함안, 김해)
갚을	$H^2[MH]$	(창원①②, 함안, 김해)

(427) 1음절 고정평성어간 풀이씨 {높·다}의 어형들

높·다(高)	(H·M→)HM[HM]	(창원①②, 함안, 김해, 양산)
높·고	HM[HM]	(창원①②, 함안, 김해, 양산)
높·지	HM[HM]	(창원①②, 함안, 김해, 양산)
높·아·도	$HM^2[HM^2]$	(창원①②, 함안, 김해, 양산)
높·아·서	$HM^2[HM^2]$	(창원①②, 함안, 김해, 양산)
높·아	HM[HM]	(창원①②, 함안, 김해, 양산)
높·았·다	$HM^2[HM^2]$	(창원①②, 함안, 김해, 양산)

높·았·습·니·더	$HM^4[HM^4]$	(창원①, 김해)
높·았·습·미·더	$HM^4[HM^4]$	(창원②, 함안, 양산)
높·았·심·더	$HM^3[HM^3]$	(양산)
높거·나	$H^2M[MHM]$	(창원①②, 함안, 김해, 양산)
높겠심·더	H^3M[MʜHM]	(양산)
높습미·더	H^3M[MʜHM]	(양산)
높심·더	$H^2M[MHM]$	(양산)

(428) 1음절 고정평성어간 풀이씨 {막·다}의 어형들

막·다(防)	(H·M→)HM[HM]	(창원①②, 함안, 김해, 양산)
막·고	HM[HM]	(창원①②, 함안, 김해, 양산)
막·아·서	$HM^2[HM^2]$	(창원①②, 함안, 김해, 양산)
막·안<막은>	HM[HM]	(창원②, 함안)
막·알<막을>	HM[HM]	(창원②, 함안)
막·은	HM[HM]	(창원①②, 함안, 김해, 양산)
막·을	HM[HM]	(창원①②, 함안, 김해, 양산)
막은	$H^2[MH]$	(창원①②, 함안, 김해)
막을	$H^2[MH]$	(창원①②, 함안, 김해)

(429) 1음절 고정평성어간 풀이씨 {묵·다}의 어형들

묵·다(食)<먹다>	(H·M→)HM[HM]	(창원①②, 함안, 김해, 양산)
무·운<먹은>	HM[HM]	(창원①②)
무·울<먹을>	HM[HM]	(창원①②, 양산)
무·웅·께	$HM^2[HM^2]$	(함안)
무·이·께	$HM^2[HM^2]$	(함안)
무·이·까	$HM^2[HM^2]$	(양산)
묵·어·도	$HM^2[HM^2]$	(창원②, 김해, 양산)
묵·어·서	$HM^2[HM^2]$	(창원②, 김해, 양산)
묵·우·니·까	$HM^3[HM^3]$	(양산)
묵·우·도	$HM^2[HM^2]$	(창원①②, 함안, 김해)
묵·우·라	$HM^2[HM^2]$	(창원①②, 함안, 김해)
묵·우·서	$HM^2[HM^2]$	(창원①②, 함안, 김해)
묵·우·이·께	$HM^3[HM^3]$	(창원①②, 김해)
묵·운	HM[HM]	(창원①②)
묵·울	HM[HM]	(창원①②)
묵·으·이·께	$HM^3[HM^3]$	(창원①②, 함안, 김해)
묵·은	HM[HM]	(창원①②, 함안, 김해, 양산)
묵·을	HM[HM]	(창원①②, 함안, 김해, 양산)
묵겠습니·더	H^4M[Mʜ²HM]	(창원①, 김해)
묵겠습미·더	H^4M[Mʜ²HM]	(창원②, 함안)

묵겠습니·더	H^{4}M[Mʜ^{2}HM]	(창원①, 김해)
묵겠습미·더	H^{4}M[Mʜ^{2}HM]	(창원②, 양산)
묵겠심·더	H^{3}M[MʜHM]	(양산)
묵는·다	H^{2}M[MHM]	(창원①②, 함안, 김해, 양산)
묵더·라·도	H^{2}M^{2}[MHM^{2}]	(창원①②, 함안, 김해, 양산)
묵더라·도	H^{3}M[MʜHM]	(창원①②, 함안, 김해, 양산)
묵습니·더	H^{3}M[MʜHM]	(창원①, 김해)
묵습미·더	H^{3}M[MʜHM]	(창원①②, 함안, 양산)
묵우·이·께	H^{2}M^{2}[MHM^{2}]	(창원①②, 함안, 김해)
묵운<먹은>	H^{2}[MH]	(창원①②)
묵웅·께	H^{2}M[MHM]	(함안)
묵으·이·께	H^{2}M^{2}[MHM^{2}]	(창원①②, 함안, 김해)
묵은<먹은>	H^{2}[MH]	(창원①②, 함안, 김해)
묵을<먹을>	H^{2}[MH]	(창원①②, 함안, 김해, 양산)
묵지마·래·이	H^{3}M^{2}[MʜHM^{2}]	(양산)

(430) 1음절 고정평성어간 풀이씨 {홇·다}의 어형들

홇·다(逐)<쫓다>	(H·M→)HM[HM]	(함안)
홇·아·서	HM^{2}[HM^{2}]	(함안)
홇는·다	H^{2}M[MHM]	(함안)
홇더·라	H^{2}M[MHM]	(함안)

(431) 1음절 고정평성어간 풀이씨 {쫄·다}의 어형들

쫄·다(逐)<쫓다>	(H·M→)HM[HM]	(창원①②, 함안, 양산)
쫄·아·서	HM^{2}[HM^{2}]	(창원①②, 함안, 양산)
쫄·았·다	HM^{2}[HM^{2}]	(창원①②, 함안, 양산)
쫄더·라	H^{2}M[MHM]	(창원①②, 함안, 양산)

(432) 1음절 고정평성어간 풀이씨 {깎·다}의 어형들

깎·다(削)	(H·M→)HM[HM]	(창원①②, 함안, 김해, 양산)
깎·고	HM[HM]	(창원①②, 함안, 김해, 양산)
깎·아·도	HM^{2}[HM^{2}]	(창원①②, 함안, 김해, 양산)
깎·아·라	HM^{2}[HM^{2}]	(창원①②, 함안, 김해, 양산)
깎·아·서	HM^{2}[HM^{2}]	(창원①②, 함안, 김해, 양산)
깎·어·도	HM^{2}[HM^{2}]	(양산)
깎·어·서	HM^{2}[HM^{2}]	(양산)
깎·어·라	HM^{2}[HM^{2}]	(양산)
깎·은	HM[HM]	(창원①②, 함안, 김해, 양산)
깎·을	HM[HM]	(창원①②, 함안, 김해, 양산)
깎더·라	H^{2}M[MHM]	(창원①②, 함안, 김해, 양산)

깎은	H^2[MH]	(창원①②, 김해)
깎을	H^2[MH]	(창원①②, 김해)

(433) 1음절 고정평성어간 풀이씨 {쫒·다}의 어형들

쫒·다(逐)<쫓다>	(H·M→)HM[HM]	(창원②, 함안)
쫒·고	HM[HM]	(창원②, 함안)
쫒·아·서	HM^2[HM^2]	(창원②, 함안)
쫒더·라	H^{2}M[MHM]	(창원②, 함안)

(434) 1음절 고정평성어간 풀이씨 {잃·다}의 어형들

잃·다(失)	(H·M→)HM[HM]	(창원①②, 함안, 김해, 양산)
잃·고[일·코]	HM[HM]	(창원①②, 함안, 김해, 양산)
잃·나[일·라]	HM[HM]	(창원①②, 함안, 김해, 양산)
잃·어·서	HM^2[HM^2]	(창원①②, 함안, 김해, 양산)
잃·은[이·른]	HM[HM]	(창원①②, 함안, 김해, 양산)
잃·을[이·를]	HM[HM]	(창원①②, 함안, 김해, 양산)
잃는[일른]	H^2[MH]	(창원①②, 함안, 김해, 양산)
잃더·라[일터·라]	H^{2}M[MHM]	(창원①②, 함안, 김해, 양산)
잃은[이른]	H^2[MH]	(창원①②, 함안, 김해)

(435) 1음절 고정평성어간 풀이씨 {앓·다}의 어형들

앓·다(痛)[알·타]	(H·M→)HM[HM]	(창원①②, 함안, 김해, 양산)
앓·고[알·코]	HM[HM]	(창원①②, 함안, 김해, 양산)
앓·아·서	HM^2[HM^2]	(창원①②, 함안, 김해, 양산)
앓·어·서	HM^2[HM^2]	(함안, 양산)
앓·어	HM[HM]	(함안, 양산)
앓·은	HM[HM]	(창원①②, 함안, 김해, 양산)
앓는·다	H^{2}M[MHM]	(창원①②, 함안, 김해, 양산)
앓은	H^2[MH]	(창원①②, 함안, 김해)

(436) 1음절 고정평성어간 풀이씨 {닳·다}의 어형들

닳·다	(H·M→)HM[HM]	(창원①②, 함안, 김해, 양산)
닳·고[달·코]	HM[HM]	(창원①②, 함안, 김해, 양산)
닳·네[달·레]	HM[HM]	(창원①②, 함안, 김해, 양산)
닳·아·서[다·라·서]	HM^2[HM^2]	(창원①②, 함안, 양산)
닳·았·다[다·랐·다]	HM^2[HM^2]	(창원①②, 함안, 양산)
닳·으·이·께	HM^3[HM^3]	(창원①②, 김해)
닳·은[달·은]	HM[HM]	(창원①②, 함안, 김해, 양산)
닳·을[달·을]	HM[HM]	(창원①②, 함안, 김해, 양산)
닳·응·께	HM^2[HM^2]	(창원②, 함안, 양산)

닮·으·이·까·네　$HM^4[HM^4]$　(양산)
닮는·다　$H^2M[MHM]$　(창원①②, 함안, 김해, 양산)
닮더·라　$H^2M[MHM]$　(창원①②, 함안, 김해, 양산)
닮으·이·꺼·네　$H^2M^3[MHM^3]$　(창원①, 김해)
닮으·이·까·네　$H^2M^3[MHM^3]$　(양산)
닮으·이·께　$H^2M^2[MHM^2]$　(창원①, 함안, 김해)
닮은[달은]　$H^2[MH]$　(창원①②, 함안, 김해)
닮을[달을]　$H^2[MH]$　(창원①②, 함안, 김해)
닮응께·에　$H^3M[M$ʜ$HM]$　(창원②, 함안)

(437) 1음절 고정평성어간 풀이씨 {땅·다}의 어형들
땋·다<닮다>　(H·M→)HM[HM]　(양산)
땋더·라　$H^2M[MHM]$　(양산)
땋·았·다[따·랐·다]　$HM^2[HM^2]$　(양산)
땋·으·니·까　$HM^3[HM^3]$　(양산)

(438) 1음절 고정평성어간 풀이씨 {잃·다}의 어형들
잃·다(失)<잃다>　(H·M→)HM[HM]　(창원①②, 양산)
잃·고[일·꼬]　HM[HM]　(창원①②, 양산)
잃·나[일·라]　HM[HM]　(창원①②, 양산)
잃·어·서　$HM^2[HM^2]$　(창원①②, 양산)
잃·은[이·른]　HM[HM]　(창원①②, 양산)
잃·을[이·를]　HM[HM]　(창원①②, 양산)
잃는[일른]　$H^2[MH]$　(창원①②, 양산)
잃은[이른]　$H^2[MH]$　(창원①②)
잃더·라[일떠·라]　$H^2M[MHM]$　(창원①②, 양산)

(439) 1음절 고정평성어간 풀이씨 {앓·다}의 어형들
앓·다[알·따]<앓다>　(H·M→)HM[HM]　(창원①②, 양산)
앓·고[알·꼬]　HM[HM]　(창원①②, 양산)
앓·아·서　$HM^2[HM^2]$　(창원①②, 양산)
앓·은[알·은]　HM[HM]　(창원①②, 양산)
앓는·다[알른·다]　$H^2M[MHM]$　(창원①②, 양산)
앓은　$H^2[MH]$　(창원①②)

(440) 1음절 고정평성어간 풀이씨 {닳·다}의 어형들
닳·다<닳다>　(H·M→)HM[HM]　(창원①②)
닳·고[달·꼬]　HM[HM]　(창원①②)
닳·네[달·레]　HM[HM]　(창원①②)
닳·으·이·께　$HM^3[HM^3]$　(창원①②)

닭·은[달·은]	HM[HM]	(창원①②)
닭·을[달·을]	HM[HM]	(창원①②)
닭는·다[달른·다]	H^{2}M[MHM]	(창원①②)
닭더·라[달떠·라]	H^{2}M[MHM]	(창원①②)
닭으·이·꺼·네	H^{2}M^3[MHM^3]	(창원①)
닭으·이·께	H^{2}M^2[MHM^2]	(창원①②)
닭은[달은]	H^2[MH]	(창원①②)
닭을[달을]	H^2[MH]	(창원①②)

(441) 1음절 고정평성어간 풀이씨 {핥·다}의 어형들

핥·다	(H·M→)HM[HM]	(창원①②, 양산)
핥·고[할·꼬]	HM[HM]	(창원①②, 양산)
핥·나[할·라]	HM[HM]	(창원①②, 양산)
핥·아·서	HM^2[HM^2]	(창원①②, 양산)
핥·은[할·튼]	HM[HM]	(창원①②, 양산)
핥·을[할·틀]	HM[HM]	(창원①②, 양산)
핥는·다[할른·다]	H^{2}M[MHM]	(창원①②, 양산)
핥더·라[할떠·라]	H^{2}M[MHM]	(창원①②, 양산)

(442) 1음절 고정평성어간 풀이씨 {훑·다}의 어형들

훑·다<핥다>	(H·M→)HM[HM]	(창원①②, 함안, 김해, 양산)
훑·고[훌·꼬]	HM[HM]	(창원①②, 함안, 김해, 양산)
훑·나[훌·라]	HM[HM]	(창원①②, 함안, 김해, 양산)
훑·아·서	HM^2[HM^2]	(창원①②, 함안, 김해, 양산)
훑·은[훌·튼]	HM[HM]	(창원①②, 함안, 김해, 양산)
훑·을[훌·틀]	HM[HM]	(창원①②, 함안, 김해, 양산)
훑는·다	H^{2}M[MHM]	(창원①②, 함안, 김해, 양산)
훑더·라[훌떠·라]	H^{2}M[MHM]	(창원①②, 함안, 김해, 양산)
훑은[훌튼]	H^2[MH]	(창원①②, 함안, 김해)
훑을[훌틀]	H^2[MH]	(창원①②, 함안, 김해)

(443) 1음절 고정평성어간 풀이씨 {넓·다}의 어형들

넓·다[널·따]	(H·M→)HM[HM]	(창원①②, 함안, 김해, 양산)
넓·고[널·꼬]	HM[HM]	(창원①②, 함안, 김해, 양산)
넓·네[널·레]	HM[HM]	(창원①②, 함안, 김해, 양산)
넓더·라[널떠·라]	H^{2}M[MHM]	(창원①②, 함안, 김해, 양산)
넓·어·서	HM^2[HM^2]	(창원①②, 함안, 김해, 양산)
넓·으·니·까	HM^3[HM^3]	(양산)
넓·으·니·까·네	HM^4[HM^4]	(양산)
넓·으·이·께	HM^3[HM^3]	(창원①②, 함안, 김해)

넓·은[널·븐]	HM[HM]	(창원①②, 함안, 김해, 양산)
넓·은·데	HM^2[HM^2]	(창원①②, 함안, 김해, 양산)
넓·을[널·블]	HM[HM]	(창원①②, 함안, 김해, 양산)
넓·응·께	HM^2[HM^2]	(창원②, 함안, 양산)
넓더·라[널떠·라]	H^{2}M[MHM]	(창원①②, 함안, 양산)
넓더·라[넙떠·라]	H^{2}M[MHM]	(양산)
넓은	H^2[MH]	(창원①②, 함안, 김해)

(444) 1음절 고정평성어간 풀이씨 {짧·다}의 어형들

짧·다[짤·따]	(H·M→)HM[HM]	(창원①②, 함안, 김해, 양산)
짧·고[짤·꼬]	HM[HM]	(창원①②, 함안, 김해, 양산)
짧·아·서	HM^2[HM^2]	(창원①②, 함안, 김해, 양산)
짧·은	HM[HM]	(창원①②, 함안, 김해, 양산)
짧은	H^2[MH]	(창원①②, 함안, 김해)

(445) 1음절 고정평성어간 풀이씨 {읽·다}의 어형들

읽·다(失)<잃다>	(H·M→)HM[HM]	(양산)
읽·었·다	HM^2[HM^2]	(양산)
읽·은[일·근]	HM[HM]	(양산)
읽·을[일·글]	HM[HM]	(양산)
읽아·아	H^{2}M[MHM]	(양산)
읽아·아·도	H^{2}M^2[MHM^2]	(양산)
읽아·았·다	H^{2}M^2[MHM^2]	(양산)

(446) 1음절 고정평성어간 풀이씨 {늙·다}의 어형들

늙·다[늘·따]	(H·M→)HM[HM]	(창원①②, 함안, 김해, 양산)
늙·고[늘·꼬]	HM[HM]	(창원①②, 함안, 김해, 양산)
늙·어·서	HM^2[HM^2]	(창원①②, 함안, 김해, 양산)
늙·으·이·꺼·네	HM^4[HM^4]	(창원①, 김해)
늙·으·이·까·네	HM^4[HM^4]	(양산)
늙·으·이·께	HM^3[HM^3]	(창원①②, 함안, 김해)
늙·으·이·께	HM^3[HM^3]	(양산)
늙·은[늘·근]	HM[HM]	(창원①②, 함안, 김해, 양산)
늙·을[늘·글]	HM[HM]	(창원①②, 함안, 김해)
늙·응·께	HM^2[HM^2]	(창원②, 함안, 양산)
늙는·다[늘른·다]	H^{2}M[MHM]	(창원①②, 함안, 김해, 양산)
늙더·라[늘떠·라]	H^{2}M[MHM]	(창원①②, 함안, 김해, 양산)
늙으·이·께	H^{2}M^2[MHM^2]	(창원①②, 함안, 김해)
늙은[늘근]	H^2[MH]	(창원①②, 함안, 김해)
늙을[늘글]	H^2[MH]	(창원①②, 함안, 김해)

(447) 1음절 고정평성어간 풀이씨 {앍·다}의 어형들

앍·다(痛)[알·따]<앓다> (H·M→)HM[HM] (양산)
앍·아·서 $HM^2[HM^2]$ (양산)
앍는·다[알른·다] $H^2M[MHM]$ (양산)
앍·아·서 $HM^2[HM^2]$ (양산)

(448) 1음절 고정평성어간 풀이씨 {닭·다}의 어형들

닭·다<닳다> (H·M→)HM[HM] (창원①②, 함안, 김해, 양산)
닭·고[달·꼬] HM[HM] (창원①②, 함안, 김해, 양산)
닭·네[달·레] HM[HM] (창원①②, 김해)
닭·다[달·따] HM[HM] (창원①②, 함안)
닭·아·서[달·가·서] $HM^2[HM^2]$ (창원①②, 함안, 김해, 양산)
닭·았·으·니·까 $HM^4[HM^4]$ (양산)
닭·으·이·께 $HM^3[HM^3]$ (창원①②, 함안, 김해)
닭·은[달·근] HM[HM] (창원①②, 김해, 양산)
닭·을[달·글] HM[HM] (창원①②, 김해, 양산)
닭은[달근] $H^2[MH]$ (창원①②, 김해)
닭을[달글] $H^2[MH]$ (창원①②, 김해)

(449) 1음절 고정평성어간 풀이씨 {맑·다}의 어형들

맑·다(淸) (H·M→)HM[HM] (창원①②, 함안, 김해, 양산)
맑·다[말·따] HM[HM] (창원①②, 함안, 양산)
맑·고[말·꼬] HM[HM] (창원①②, 함안, 김해, 양산)
맑·기·는 $HM^2[HM^2]$ (창원①②, 함안, 김해, 양산)
맑·기 HM[HM] (창원①②, 함안, 김해, 양산)
맑·기·로·서·니 $HM^4[HM^4]$ (함안, 양산)
맑·기·로·서·이 $HM^4[HM^4]$ (양산)
맑·기·로·서·이 $HM^4[HM^4]$ (창원①②, 함안, 김해)
맑·네[말·레] HM[HM] (창원①②, 함안, 김해, 양산)
맑·아·도 $HM^2[HM^2]$ (창원①②, 함안, 김해, 양산)
맑·아·서 $HM^2[HM^2]$ (창원①②, 함안, 김해, 양산)
맑·아 HM[HM] (창원①②, 함안, 김해, 양산)
맑·았·다 $HM^2[HM^2]$ (창원①②, 함안, 김해, 양산)
맑·았·습·니·더 $HM^4[HM^4]$ (창원①, 김해)
맑·았·습·미·더 $HM^4[HM^4]$ (창원②, 함안, 양산)
맑·았·심·더 $HM^3[HM^3]$ (양산)
맑·으·니 $HM^2[HM^2]$ (함안, 양산)
맑·으·마 $HM^2[HM^2]$ (창원②)
맑·으·머 $HM^2[HM^2]$ (김해, 양산)
맑·으·먼 $HM^2[HM^2]$ (함안, 김해, 양산)

맑·으·모	$HM^2[HM^2]$	(창원①②, 함안)
맑·으·이	$HM^2[HM^2]$	(양산)
맑·으·이	$HM^2[HM^2]$	(창원①②, 함안, 김해)
맑·은	HM[HM]	(창원①②, 함안, 김해, 양산)
맑·은·데	$HM^2[HM^2]$	(창원①②, 함안, 김해, 양산)
맑·을·라·꼬	$HM^3[HM^3]$	(창원①②, 함안, 김해, 양산)
맑·을·라·머	$HM^3[HM^3]$	(김해, 양산)
맑·을·라·먼	$HM^3[HM^3]$	(함안, 김해, 양산)
맑·을·라·모	$HM^3[HM^3]$	(창원①②, 함안)
맑·을·라·몬	$HM^3[HM^3]$	(창원①②)
맑·을·라·카·나	$HM^4[HM^4]$	(창원①②, 김해, 양산)
맑·을·라·카·머	$HM^4[HM^4]$	(김해, 양산)
맑·을·라·카·먼	$HM^4[HM^4]$	(김해, 양산)
맑·을·라·카·모	$HM^4[HM^4]$	(창원①②)
맑·을·라·카·몬	$HM^4[HM^4]$	(창원①②)
맑·을·라·칸·다	$HM^4[HM^4]$	(창원①②, 김해, 양산)
맑·을·라·커·나	$HM^4[HM^4]$	(함안, 김해, 양산)
맑·을·라·커·머	$HM^4[HM^4]$	(김해, 양산)
맑·을·라·컨·다	$HM^4[HM^4]$	(함안, 김해, 양산)
맑·을·라·쿠·나	$HM^4[HM^4]$	(함안)
맑·을·라·쿤·다	$HM^4[HM^4]$	(함안)
맑·을·라·하·나	$HM^4[HM^4]$	(양산)
맑·을·라·한·다	$HM^4[HM^4]$	(양산)
맑·지	HM[HM]	(창원①②, 함안, 김해, 양산)
맑·응·께	$HM^2[HM^2]$	(창원②, 함안, 양산)
맑거·나[말꺼·나]	H^2M[MHM]	(창원①②, 함안, 김해, 양산)
맑었·다	H^2M[MHM]	(창원①②, 함안, 김해)
맑었더·라	H^3M[MʜHM]	(창원①②, 함안, 김해)
맑었습니·더	H^4M[Mʜ^{2}HM]	(창원①, 김해)
맑었습미·더	H^4M[Mʜ^{2}HM]	(창원②, 함안)
맑겠·다	H^2M[MHM]	(창원①②, 김해, 양산)
맑겠더·라	H^3M[MʜHM]	(창원①②, 김해, 양산)
맑겠습니·더	H^4M[Mʜ^{2}HM]	(창원①, 김해)
맑겠심·더	H^3M[MʜHM]	(양산)
맑기·는	H^2M[MHM]	(창원①②, 함안, 김해, 양산)
맑는·데	H^2M[MHM]	(창원②, 함안)
맑다·가[말따·가]	H^2M[MHM]	(창원①②, 함안, 김해, 양산)
맑더·니	H^2M[MHM]	(함안, 양산)

맑더·라·도	H^2M^2[MHM^2]	(창원①②, 함안, 김해, 양산)
맑더·라	H^2M[MHM]	(창원①②, 함안, 김해, 양산)
맑더·이	H^2M[MHM]	(양산)
맑더·히	H^2M[MHM]	(창원②, 함안)
맑습니·더	H^3M[MʜHM]	(창원①, 김해)
맑습미·더	H^3M[MʜHM]	(창원②, 함안, 양산)
맑심·더	H^2M[MHM]	(양산)
맑으·니	H^2M[MHM]	(함안, 양산)
맑으·마	H^2M[MHM]	(창원②)
맑으·머	H^2M[MHM]	(김해)
맑으·모	H^2M[MHM]	(창원①②, 함안)
맑으·이	H^2M[MHM]	(창원①②, 함안, 김해)
맑은·데	H^2M[MHM]	(창원①②, 함안, 김해)
맑은	H^2[MH]	(창원①②, 함안, 김해)
맑을·라·꼬	H^2M^2[MHM^2]	(창원①②, 함안, 김해)
맑을·라·카·나	H^2M^3[MHM^3]	(창원①②, 김해, 양산)
맑을·라·칸·다	H^2M^3[MHM^3]	(창원①②, 김해, 양산)
맑을·라·커·나	H^2M^3[MHM^3]	(함안, 김해, 양산)
맑을·라·커·모	H^2M^3[MHM^3]	(함안)
맑을·라·컨·다	H^2M^3[MHM^3]	(함안, 김해, 양산)
맑을·라·쿠·나	H^2M^3[MHM^3]	(함안)
맑을·라·쿤·다	H^2M^3[MHM^3]	(함안)
맑을라·꼬	H^3M[MʜHM]	(창원①②, 함안, 김해, 양산)
맑을라·먼	H^3M[MʜHM]	(함안, 김해, 양산)
맑을라·모	H^3M[MʜHM]	(창원①②, 함안)
맑을라·몬	H^3M[MʜHM]	(창원①②)
맑을라카·나	H^4M[Mʜ^{2}HM]	(창원①②, 김해)
맑을라카·먼	H^4M[Mʜ^{2}HM]	(김해)
맑을라카·모	H^4M[Mʜ^{2}HM]	(창원①②)
맑을라카·몬	H^4M[Mʜ^{2}HM]	(창원①②)
맑을라칸·다	H^4M[Mʜ^{2}HM]	(창원①②, 김해)
맑을라커·나	H^4M[Mʜ^{2}HM]	(함안, 김해)
맑을라커·모	H^4M[Mʜ^{2}HM]	(함안)
맑을라컨·다	H^4M[Mʜ^{2}HM]	(함안, 김해)
맑을라쿠·나	H^4M[Mʜ^{2}HM]	(함안)
맑을라쿤·다	H^4M[Mʜ^{2}HM]	(함안)
맑·을·라#카·먼	HM^2#HM[HM^2#HM]	(김해, 양산)
맑을·라#카·모	H^2M#HM[MHM#HM]	(창원①②)
맑을·라#카·몬	H^2M#HM[MHM#HM]	(창원①②)

맑을·라#커·모	H^2M#HM[MHM#HM]	(함안)

(450) 1음절 고정평성어간 풀이씨 {밝·다}의 어형들

밝·다[발·따]	(H·M→)HM[HM]	(창원①②, 함안, 김해, 양산)
밝·고[발·꼬]	HM[HM]	(창원①②, 함안, 김해, 양산)
밝·네[발·레]	HM[HM]	(창원①②, 함안, 김해, 양산)
밝·으·모	$HM^2[HM^2]$	(창원①②, 함안)
밝·아·서	$HM^2[HM^2]$	(창원①②, 함안, 김해, 양산)
밝·으·니·까	$HM^3[HM^3]$	(양산)
밝·으·이·꺼·네	$HM^4[HM^4]$	(창원①, 김해)
밝·으·이·까·네	$HM^4[HM^4]$	(양산)
밝·으·이·께	$HM^3[HM^3]$	(창원①②, 함안, 김해)
밝·은[929]	HM[HM]	(창원①②, 함안, 김해, 양산)
밝·을·수·로	$HM^3[HM^3]$	(함안)
밝·을·수·록	$HM^3[HM^3]$	(창원①②, 함안, 김해, 양산)
밝·을·수·룩	$HM^3[HM^3]$	(함안, 양산)
밝·응·께	$HM^2[HM^2]$	(창원②, 함안, 양산)
밝·응·께·네	$HM^3[HM^3]$	(함안)
밝·으·이·까	$HM^3[HM^3]$	(양산)
밝으·이·꺼·네	$H^2M^3[MHM^3]$	(창원①, 김해)
밝으·이·께	$H^2M^2[MHM^2]$	(창원①②, 함안, 김해)
밝은	$H^2[MH]$	(창원①②, 함안, 김해)
밝을·수·록	$H^2M^2[MHM^2]$	(창원①②, 함안, 김해, 양산)

(451) 1음절 고정평성어간 풀이씨 {끊·다}의 어형들

끊·다(切)	(H·M→)HM[HM]	(창원①②, 함안, 김해, 양산)
끊·고[끈·코]	HM[HM]	(창원①②, 함안, 김해, 양산)
끊·어·서	$HM^2[HM^2]$	(창원①②, 함안, 김해, 양산)
끊·은	HM[HM]	(창원①②, 함안, 김해, 양산)
끊은	$H^2[MH]$	(창원①②, 함안, 김해)

(452) 1음절 고정평성어간 풀이씨 {얹·다}의 어형들

얹·다	(H·M→)HM[HM]	(창원①②, 함안, 김해, 양산)
얹·고	HM[HM]	(창원①②, 함안, 김해, 양산)
얹·나	HM[HM]	(창원①②, 함안, 김해, 양산)
얹·어·라	$HM^2[HM^2]$	(창원①②, 함안, 김해, 양산)
얹·어·서	$HM^2[HM^2]$	(창원①②, 함안, 김해, 양산)
얹·었·다	$HM^2[HM^2]$	(창원①②, 함안, 김해, 양산)

929) [함안 방언] 평성형 풀이씨 어간 뒤에서 /으X/형 씨끝은 /·으X/형 씨끝보다 사용 빈도가 낮다.

없·으·니·까 HM³[HM³] (양산)
없·으·이·께 HM³[HM³] (창원①②, 함안, 김해)
없·은 HM[HM] (창원①②, 함안, 김해, 양산)
없·을 HM[HM] (창원①②, 함안, 김해, 양산)
없는·다[930] H²M[MHM] (창원①②, 함안, 김해, 양산)
없는·데 H²M[MHM] (창원①②, 함안, 김해, 양산)
없더·라 H²M[MHM] (창원①②, 함안, 김해, 양산)
없으·이·께 H²M²[MHM²] (창원①②, 함안, 김해)
없은 H²[MH] (창원①②, 함안, 김해)
없을 H²[MH] (창원①②, 함안, 김해)

(453) 1음절 고정평성어간 풀이씨 {꺾·다}의 어형들
꺾·다 (H·M→)HM[HM] (창원①②, 함안, 양산)
꺾·네 HM[HM] (창원①②, 함안, 양산)
꺾·어·서 HM²[HM²] (창원①②, 함안, 양산)
꺾·고 HM[HM] (창원①②, 함안, 양산)
꺾·은 HM[HM] (창원①②, 함안, 양산)

(454) 1음절 고정평성어간 풀이씨 {꺼ᇰᇂ·다}의 어형들
꺼ᇰᇂ·다[껑·타]<꺾다> (H·M→)HM[HM] (창원②)
[껑·네] HM[HM] (창원②)
[껑·어·서] HM²[HM²] (창원②)
[껑·으·이·게] HM³[HM³] (창원②)
[껑으·이·게] H²M²[MHM²] (창원②)
[껑는·다] H²M[MHM] (창원②)
[껑터·라] H²M[MHM] (창원②)

(455) 1음절 고정평성어간 풀이씨 {꺽ᇂ·다}의 어형들
꺽ᇂ·다(折)<꺾다> (H·M→)HM[HM] (양산)
꺽ᇂ·네[껑·네]<끊네> HM[HM] (양산)
꺽ᇂ·어·서[꺼·커·서] HM²[HM²] (양산)
꺽ᇂ·고[꺼·코]<끊고> HM[HM] (양산)
꺽ᇂ·은[꺼·큰]<끊은> HM[HM] (양산)
꺽ᇂ는·다[껑는·다] H²M[MHM] (양산)

(456) 1음절 고정평성어간 풀이씨 {껀ᆨᇂ·다}의 어형들
껀ᆨᇂ·다(折)<꺾다> (H·M→)HM[HM] (창원①②, 함안, 김해)
껀ᆨᇂ는[껑는] H²[MH] (창원①②, 함안, 김해)

---

930) [함안 방언] /실·경·에 없는·다/.

껂·게[껑·케]	HM[HM]	(함안, 김해)
껂·고[껑·코]	HM[HM]	(창원①②, 함안, 김해)
껂·네[껑·네]	HM[HM]	(창원①②, 함안, 김해)
껂·어·서[껑·커·서]	HM^2[HM^2]	(창원①②, 함안, 김해)
껂·으·이·께	HM^3[HM^3]	(창원①②, 함안, 김해)
껂·은[껑·큰]	HM[HM]	(창원①②, 함안, 김해)
껂·을[껑·클]	HM[HM]	(창원①②, 함안, 김해)
껂·응·께[껑·킁·께]	HM^2[HM^2]	(창원②, 함안, 양산)
껂·으·이·께	HM^3[HM^3]	(창원①②, 함안, 김해)
껂더·라[껑터·라]	H^{2}M[MHM]	(창원①②, 함안, 김해)
껂으·이·께	H^{2}M^2[MHM^2]	(창원①②, 함안, 김해)
껂은[껑큰]	H^2[MH]	(창원①②, 함안, 김해)
껂을[껑클]	H^2[MH]	(창원①②, 함안, 김해)
껂은[껑큰]	H^2[MH]	(창원①②, 함안, 김해)
껂더·라	H^{2}M[MHM]	(창원①②, 함안, 김해)

2음절 고정평성형어간 풀이씨의 굴곡형은 다음과 같다.

(457) 2음절 고정평성형어간 풀이씨 {흐르·다}의 어형들

흐르·다	(H^2·M→)H^{2}M[MHM]	(창원①②, 함안, 김해, 양산)
흐르·고	H^{2}M[MHM]	(창원①②, 함안, 김해, 양산)
흐르·네	H^{2}M[MHM]	(창원①②, 함안, 김해, 양산)
흐르·니·까	H^{2}M^2[MHM^2]	(양산)
흐르·머	H^{2}M[MHM]	(김해, 양산)
흐르·이·꺼·네	H^{2}M^3[MHM^3]	(창원①, 김해)
흐르·이·까·네	H^{2}M^3[MHM^3]	(양산)
흐르·이·께	H^{2}M^2[MHM^2]	(창원①②, 함안, 김해)
흐르는	H^3[MʜH]	(창원①②, 함안, 김해, 양산)
흐르는·데	H^{3}M[MʜHM]	(창원①②, 함안, 김해, 양산)
흐르니·까	H^{3}M[MʜHM]	(양산)
흐르더·라	H^{3}M[MʜHM]	(창원①②, 함안, 김해, 양산)
흐른	H^2[MH]	(창원①②, 함안, 김해, 양산)
흐른·다	H^{2}M[MHM]	(창원①②, 함안, 김해, 양산)
흐를	H^2[MH]	(창원①②, 함안, 김해, 양산)
흐릉·께	H^{2}M[MHM]	(창원②, 함안)
흐릉·께·네	H^{2}M^2[MHM^2]	(함안)
흘·러·서	HM^2[HM^2]	(창원①②, 함안, 김해, 양산)
흘·렀·다	HM^2[HM^2]	(창원①②, 함안, 김해, 양산)

(458) 2음절 고정평성형어간 풀이씨 {너르·다}의 어형들

너르·다	$(H^2\cdot M\rightarrow)H^2M[MHM]$	(창원①②, 함안, 김해, 양산)
너르·네	$H^2M[MHM]$	(창원①②, 함안, 김해, 양산)
너르·고	$H^2M[MHM]$	(창원①②, 함안, 김해, 양산)
너르·니·까	$H^2M^2[MHM^2]$	(양산)
너르·이[931]	$H^2M[MHM]$	(창원①②, 함안)
너르·이·꺼·네	$H^2M^3[MHM^3]$	(창원①, 김해)
너르·이·까·네	$H^2M^3[MHM^3]$	(양산)
너르·이·께	$H^2M^2[MHM^2]$	(창원①②, 함안, 김해)
너른	$H^2[MH]$	(창원①②, 함안, 김해, 양산)
너른·데	$H^2M[MHM]$	(창원①②, 함안, 김해, 양산)
너릉·께	$H^2M[MHM]$	(함안)
너릉·께·에	$H^2M^2[MHM^2]$	(창원②, 함안)
너릉께·에	$H^3M[M\text{ʜ}HM]$	(창원②, 함안)
널·러·서	$HM^2[HM^2]$	(창원①②, 함안, 김해, 양산)
널·러·도	$HM^2[HM^2]$	(창원①②, 함안, 김해, 양산)

(459) 2음절 고정평성형어간 풀이씨 {나르·다}의 어형들

나르·다(飛)<날다>	$(H^2\cdot M\rightarrow)H^2M[MHM]$	(창원①②, 함안, 김해, 양산)
나르·네	$H^2M[MHM]$	(창원①②, 함안, 김해, 양산)
나르·이·꺼·네	$H^2M^3[MHM^3]$	(창원①, 김해)
나르·이·까·네	$H^2M^3[MHM^3]$	(양산)
나르·이·끼·네	$H^2M^3[MHM^3]$	(양산)
나르·이·께	$H^2M^2[MHM^2]$	(창원①②, 함안, 김해)
나르는·데	$H^3M[M\text{ʜ}HM]$	(창원①②, 김해, 양산)
나르는	$H^3[M\text{ʜ}H]$	(창원①②, 양산)
나른<난>	$H^2[MH]$	(창원①②, 김해, 양산)
나를<날>	$H^2[MH]$	(창원①②, 함안, 김해, 양산)
나릉·께	$H^2M[MHM]$	(함안)
나릉·께·에	$H^2M^2[MHM^2]$	(창원②, 함안)
나릉께·네	$H^3M[M\text{ʜ}HM]$	(함안)
나릉께·에	$H^3M[M\text{ʜ}HM]$	(창원②, 함안)
날·라	$HM[HM]$	(창원①②, 함안, 김해, 양산)
날·라·도	$HM^2[HM^2]$	(창원①②, 함안, 김해, 양산)
날·라·서	$HM^2[HM^2]$	(창원①②, 함안, 김해, 양산)

(460) 2음절 고정평성형어간 풀이씨 {다르·다}의 어형들

다르·다(異)	$(H^2\cdot M\rightarrow)H^2M[MHM]$	(창원①②, 함안, 김해, 양산)

931) [함안 방언] /너르·이 ·참 :좋·다/.

다르·고	H^2M[MHM]	(창원①②, 함안, 김해, 양산)
다르·기	H^2M[MHM]	(창원①②, 함안, 김해, 양산)
다르·네	H^2M[MHM]	(창원①②, 함안, 김해, 양산)
다르·머	H^2M[MHM]	(김해, 양산)
다르·먼	H^2M[MHM]	(함안, 김해, 양산)
다르·모	H^2M[MHM]	(창원①②, 함안)
다르·몬	H^2M[MHM]	(창원①②)
다르·이	H^2M[MHM]	(양산)
다르·지	H^2M[MHM]	(창원①②, 함안, 김해, 양산)
다르·히	H^2M[MHM]	(창원①②, 함안, 김해)
다르거·나	H^3M[MʜHM]	(창원①②, 함안, 김해, 양산)
다르겄·다	H^3M[MʜHM]	(창원①②, 함안, 김해)
다르겄더·라	H^4M[Mʜ^{2}HM]	(창원①②, 함안, 김해)
다르겄습니·더	H^5M[Mʜ^{3}HM]	(창원①, 김해)
다르겄습미·더	H^5M[Mʜ^{3}HM]	(창원②, 함안)
다르겠·다	H^3M[MʜHM]	(창원①②, 김해, 양산)
다르겠·데·요	H^3M^2[MʜHM^2]	(창원①②, 양산)
다르겠더·라	H^4M[Mʜ^{2}HM]	(창원①②, 김해, 양산)
다르겠습니·더	H^5M[Mʜ^{3}HM]	(창원①, 김해)
다르겠습미·더	H^5M[Mʜ^{3}HM]	(창원②, 양산)
다르겠심·더	H^4M[Mʜ^{2}HM]	(양산)
다르다·가	H^3M[MʜHM]	(창원①②, 함안, 김해, 양산)
다르더·니	H^3M[MʜHM]	(함안, 양산)
다르더·라·도	H^3M^2[MʜHM^2]	(창원①②, 함안, 김해, 양산)
다르더·라	H^3M[MʜHM]	(창원①②, 함안, 김해, 양산)
다르더라·도	H^4M[Mʜ^{2}HM]	(창원①②, 함안, 김해, 양산)
다르디·이	H^3M[MʜHM]	(양산)
다르디·히	H^3M[MʜHM]	(창원①②, 함안, 김해)
다른·데[932]	H^2M[MHM]	(창원①②, 함안, 김해, 양산)
다를·라·꼬	H^2M^2[MHM^2]	(창원①②, 함안, 김해, 양산)
다를·라·먼	H^2M^2[MHM^2]	(함안, 김해, 양산)
다를·라·모	H^2M^2[MHM^2]	(창원①②, 함안)
다를·라·몬	H^2M^2[MHM^2]	(창원①②)
다를·라·카·먼	H^2M^3[MHM^3]	(김해, 양산)
다를·라·카·모	H^2M^3[MHM^3]	(창원①②)
다를·라·카·몬	H^2M^3[MHM^3]	(창원①②)
다를·라·커·모	H^2M^3[MHM^3]	(함안)
다를·라·쿠·모	H^2M^3[MHM^3]	(함안)

932) 〔창원 방언①②〕 /다른·데 :와·아 ·같·다·카·노/.

다르라·꼬	H^{3}M[MʜHM]	(창원①②, 함안, 김해, 양산)
다르라·먼	H^{3}M[MʜHM]	(함안, 김해, 양산)
다르라·모	H^{3}M[MʜHM]	(창원①②, 함안)
다르라·몬	H^{3}M[MʜHM]	(창원①②)
다르라카·나	H^{4}M[Mʜ^{2}HM]	(창원①②, 김해)
다르라카·머	H^{4}M[Mʜ^{2}HM]	(김해)
다르라카·먼	H^{4}M[Mʜ^{2}HM]	(김해)
다르라카·모	H^{4}M[Mʜ^{2}HM]	(창원①②)
다르라카·몬	H^{4}M[Mʜ^{2}HM]	(창원①②)
다르라칸·다	H^{4}M[Mʜ^{2}HM]	(창원①②, 김해)
다르라커·나	H^{4}M[Mʜ^{2}HM]	(함안, 김해)
다르라커·모	H^{4}M[Mʜ^{2}HM]	(함안)
다르라컨·다	H^{4}M[Mʜ^{2}HM]	(함안, 김해)
다르라쿠·나	H^{4}M[Mʜ^{2}HM]	(함안)
다르라쿠·모	H^{4}M[Mʜ^{2}HM]	(함안)
다르라쿤·다	H^{4}M[Mʜ^{2}HM]	(함안)
다릅니·더	H^{3}M[MʜHM]	(창원①, 김해)
다릅미·더	H^{3}M[MʜHM]	(창원②, 양산)
다릉·께·에	H^{2}M^2[MHM^2]	(창원②, 함안)
다릉·까·네	H^{2}M^2[MHM^2]	(양산)
달·라·도	HM^2[HM^2]	(창원①②, 함안, 김해, 양산)
달·라·서	HM^2[HM^2]	(창원①②, 함안, 김해, 양산)
달·라	HM[HM]	(창원①②, 함안, 김해, 양산)
달·랐·다	HM^2[HM^2]	(창원①②, 함안, 김해, 양산)
달·랐·습·니·더	HM^4[HM^4]	(창원①, 김해)
달·랐·습·미·더	HM^4[HM^4]	(창원②, 함안, 양산)
달·랐·심·더	HM^3[HM^3]	(양산)

(461) 2음절 고정평성형어간 풀이씨 {짜르·다}의 어형들

짜르·다(短)<짧다>	(H^2·M→)H^{2}M[MHM]	(창원①②, 함안, 양산)
짜르·네	H^{2}M[MHM]	(창원①②, 함안, 양산)
짜르는·데	H^{3}M[MʜHM]	(창원①②, 함안, 양산)
짤·라·서	HM^2[HM^2]	(창원①②, 함안, 양산)

(462) 2음절 고정평성형어간 풀이씨 {가르·다}의 어형들

가르·다(分)	(H^2·M→)H^{2}M[MHM]	(창원①②, 함안, 김해, 양산)
가르·고	H^{2}M[MHM]	(창원①②, 함안, 김해, 양산)
가르·네	H^{2}M[MHM]	(창원①②, 함안, 김해, 양산)
가르·니·까	H^{2}M^2[MHM^2]	(양산)

가르·머	H^2M[MHM]	(양산)
가르·이·꺼·네	H^2M^3[MHM^3]	(창원①, 김해)
가르·이·께	H^2M^2[MHM^2]	(창원①②, 함안, 김해)
가르는	H^3[MʜH]	(창원①②, 함안, 김해, 양산)
가르는·데	H^3M[MʜHM]	(창원①②, 함안, 김해, 양산)
가르더·라	H^3M[MʜHM]	(창원①②, 함안, 김해, 양산)
가른	H^2[MH]	(창원①②, 함안, 김해, 양산)
가를	H^2[MH]	(창원①②, 함안, 김해, 양산)
가릉·께·네	H^2M^2[MHM^2]	(함안)
가릉께·에	H^3M[MʜHM]	(창원②, 함안)
갈·라·도	HM^2[HM^2]	(창원①②, 함안, 김해, 양산)
갈·라·서	HM^2[HM^2]	(창원①②, 함안, 김해, 양산)

(463) 2음절 고정평성형어간 풀이씨 {부르·다}의 어형들

부르·다(唱,喚)	(H^2·M→)H^2M[MHM]	(창원①②, 함안, 김해, 양산)
부룽·께·네	H^2M^2[MHM^2]	(함안)
부르·고	H^2M[MHM]	(창원①②, 함안, 김해, 양산)
부르·네	H^2M[MHM]	(창원①②, 함안, 김해, 양산)
부르·니·까	H^2M^2[MHM^2]	(양산)
부르·머	H^2M[MHM]	(김해, 양산)
부르·이·께	H^2M^2[MHM^2]	(창원①②, 함안, 김해)
부르는	H^3[MʜH]	(창원①②, 함안, 김해, 양산)
부르는·데	H^3M[MʜHM]	(창원①②, 함안, 김해, 양산)
부르더·라	H^3M[MʜHM]	(창원①②, 함안, 김해, 양산)
부른	H^2[MH]	(창원①②, 함안, 김해, 양산)
부를	H^2[MH]	(창원①②, 함안, 김해, 양산)
부릉·게	H^2M[MHM]	(창원②)
부릉께·에	H^3M[MʜHM]	(창원②, 함안)
불·러·도	HM^2[HM^2]	(창원①②, 함안, 김해, 양산)
불·러·서	HM^2[HM^2]	(창원①②, 함안, 김해, 양산)
불·루·도	HM^2[HM^2]	(함안)

(464) 2음절 고정평성형어간 풀이씨 {너리·다}의 어형들

너리·다<넓다>	(H^2·M→)H^2M[MHM]	(함안, 양산)
너리·네	H^2M[MHM]	(함안, 양산)
너링께·에	H^3M[MʜHM]	(함안)

(465) 2음절 고정평성형어간 풀이씨 {보내·다}의 어형들

보내·다	(H^2·M→)H^2M[MHM]	(창원①②, 함안, 김해, 양산)
보내·고	H^2M[MHM]	(창원①②, 함안, 김해, 양산)

보내·기	H^{2}M[MHM]	(창원①②, 함안, 김해, 양산)
보내·네	H^{2}M[MHM]	(창원①②, 함안, 김해, 양산)
보내·라	H^{2}M[MHM]	(창원①②, 함안)
보내·라·칸·다	H^{2}M^{3}[MHM^{3}]	(창원①②, 김해, 양산)
보내·머	H^{2}M[MHM]	(김해, 양산)
보내·모	H^{2}M[MHM]	(창원①②, 함안)
보내·몬	H^{2}M[MHM]	(창원①②)
보내·애·도	H^{2}M^{2}[MHM^{2}]	(창원①②, 함안, 김해, 양산)
보내·애·라	H^{2}M^{2}[MHM^{2}]	(창원①②, 함안, 김해, 양산)
보내·애·서	H^{2}M^{2}[MHM^{2}]	(창원①②, 함안, 김해, 양산)
보내·애	H^{2}M[MHM]	(창원①②, 함안, 김해, 양산)
보내·앴·다	H^{2}M^{2}[MHM^{2}]	(창원①②, 함안, 김해, 양산)
보내·앴·습·니·더	H^{2}M^{4}[MHM^{4}]	(창원①, 김해)
보내·앴·심·더	H^{2}M^{3}[MHM^{3}]	(양산)
보내·이	H^{2}M[MHM]	(양산)
보내·지	H^{2}M[MHM]	(창원①②, 함안, 김해, 양산)
보내·이·께	H^{2}M^{2}[MHM^{2}]	(창원①②, 함안, 김해)
보내·이	H^{2}M[MHM]	(창원①②, 함안, 김해)
보내거·나	H^{3}M[MʜHM]	(창원①②, 함안, 김해, 양산)
보내겄·다	H^{3}M[MʜHM]	(창원①②, 함안, 김해)
보내겄습니·더	H^{5}M[Mʜ^{3}HM]	(창원①, 김해)
보내겄습미·더	H^{5}M[Mʜ^{3}HM]	(창원②, 함안)
보내겠·다	H^{3}M[MʜHM]	(창원①②, 김해, 양산)
보내겠습니·더	H^{5}M[Mʜ^{3}HM]	(창원①, 김해)
보내겠습미·더	H^{5}M[Mʜ^{3}HM]	(창원②, 양산)
보내겠심·더	H^{4}M[Mʜ^{2}HM]	(양산)
보내는·데	H^{3}M[MʜHM]	(창원①②, 함안, 김해, 양산)
보내다·가	H^{3}M[MʜHM]	(창원①②, 함안, 김해, 양산)
보내더·니	H^{3}M[MʜHM]	(함안, 양산)
보내더·라·도	H^{3}M^{2}[MʜHM^{2}]	(창원①②, 함안, 김해, 양산)
보내더·라	H^{3}M[MʜHM]	(창원①②, 함안, 김해, 양산)
보내디·이	H^{3}M[MʜHM]	(양산)
보내디·이	H^{3}M[MʜHM]	(창원①②, 함안, 김해)
보낸·다	H^{2}M[MHM]	(창원①②, 함안, 김해, 양산)
보낼·라·꼬	H^{2}M^{2}[MHM^{2}]	(창원①②, 함안, 김해, 양산)
보낼·라·먼	H^{2}M^{2}[MHM^{2}]	(함안, 김해, 양산)
보낼·라·모	H^{2}M^{2}[MHM^{2}]	(창원①②, 함안)
보낼·라·몬	H^{2}M^{2}[MHM^{2}]	(창원①②)
보낼·라·칸·다	H^{2}M^{3}[MHM^{3}]	(양산)
보낼·라·컨·다	H^{2}M^{3}[MHM^{3}]	(함안, 김해, 양산)

보낼·라·커·나	H^{2}M^{3}[MHM^{3}]	(함안, 김해, 양산)
보낼라·꼬	H^{3}M[MʜHM]	(창원①②, 양산)
보낼라·몬	H^{3}M[MʜHM]	(창원①②)
보낼라·칸·다	H^{3}M^{2}[MʜHM^{2}]	(양산)
보낼라·커·나	H^{3}M^{2}[MʜHM^{2}]	(양산)
보낼라·컨·다	H^{3}M^{2}[MʜHM^{2}]	(양산)
보낼라카·나	H^{4}M[Mʜ^{2}HM]	(창원①②, 김해)
보낼라카·몬	H^{4}M[Mʜ^{2}HM]	(창원①②)
보낼라칸·다	H^{4}M[Mʜ^{2}HM]	(창원①②, 김해)
보낼라커·나	H^{4}M[Mʜ^{2}HM]	(함안, 김해)
보낼라컨·다	H^{4}M[Mʜ^{2}HM]	(함안, 김해)
보냅니·더	H^{3}M[MʜHM]	(창원①, 김해)
보냅미·더	H^{3}M[MʜHM]	(창원②, 함안, 양산)
보낼·라#카·먼	H^{2}M#HM[MHM#HM]	(김해, 양산)
보낼·라#카·모	H^{2}M#HM[MHM#HM]	(창원①②)
보낼·라#카·몬	H^{2}M#HM[MHM#HM]	(창원①②)
보낼·라#커·먼	H^{2}M#HM[MHM#HM]	(함안, 김해, 양산)
보낼·라#커·모	H^{2}M#HM[MHM#HM]	(함안)

(466) 2음절 고정평성형어간 풀이씨 {아푸·다}의 어형들

아푸·다<아프다>	(H^{2}·M→)H^{2}M[MHM]	(창원①②, 함안, 김해, 양산)
아·파	HM[HM]	(창원①②, 함안, 김해, 양산)
아·파·서	HM^{2}[HM^{2}]	(창원①②, 함안, 김해, 양산)
아푸더·라	H^{3}M[MʜHM]	(창원①②, 함안, 김해, 양산)

(467) 2음절 고정평성형어간 풀이씨 {노푸·다}의 어형들

노푸·다(高)<높다>	(H^{2}·M→)H^{2}M[MHM]	(창원①②, 함안, 김해, 양산)
노푸·고	H^{2}M[MHM]	(창원①②, 함안, 김해, 양산)
노푸·기	H^{2}M[MHM]	(창원①②, 함안, 김해, 양산)
노푸·네	H^{2}M[MHM]	(창원①②, 함안, 김해, 양산)
노푸·머<높으면>	H^{2}M[MHM]	(김해, 양산)
노푸·먼<높으면>	H^{2}M[MHM]	(함안, 김해, 양산)
노푸·모<높으면>	H^{2}M[MHM]	(창원①②, 함안)
노푸·이	H^{2}M[MHM]	(양산)
노푸·지	H^{2}M[MHM]	(창원①②, 함안, 김해, 양산)
노푸·이	H^{2}M[MHM]	(창원①②, 함안, 김해)
노푸거·나	H^{3}M[MʜHM]	(창원①②, 함안, 김해, 양산)
노푸겄·다	H^{3}M[MʜHM]	(창원①②, 김해)
노푸겄더·라	H^{4}M[Mʜ^{2}HM]	(창원①②, 함안, 김해)
노푸겄습미·더	H^{5}M[Mʜ^{3}HM]	(창원②, 함안)

노푸겠·다	H^{3}M[MʜHM]	(창원①②, 김해, 양산)
노푸겠더·라	H^{4}M[Mʜ^{2}HM]	(창원①②, 김해, 양산)
노푸겠심·더	H^{4}M[Mʜ^{2}HM]	(양산)
노푸다·가	H^{3}M[MʜHM]	(창원①②, 함안, 김해, 양산)
노푸더·라	H^{3}M[MʜHM]	(창원①②, 함안, 김해, 양산)
노푸더·라·도	H^{3}M^{2}[MʜHM^{2}]	(창원①②, 함안, 김해, 양산)
노푸더·래·도	H^{3}M^{2}[MʜHM^{2}]	(창원②, 함안, 김해, 양산)
노푸더라·도	H^{4}M[Mʜ^{2}HM]	(창원①②, 김해, 함안, 양산)
노푸더래·도	H^{4}M[Mʜ^{2}HM]	(창원②, 함안, 김해, 양산)
노푸디·이	H^{3}M[MʜHM]	(양산)
노푸디·이	H^{3}M[MʜHM]	(창원①②, 함안, 김해)
노푼·데	H^{2}M[MHM]	(창원①②, 함안, 김해, 양산)
노풀·라·꼬	H^{2}M^{2}[MHM^{2}]	(창원①②, 함안, 김해, 양산)
노풀·라·머	H^{2}M^{2}[MHM^{2}]	(김해, 양산)
노풀·라·먼	H^{2}M^{2}[MHM^{2}]	(함안, 김해, 양산)
노풀·라·모	H^{2}M^{2}[MHM^{2}]	(창원①②, 함안)
노풀·라·카·나	H^{2}M^{3}[MHM^{3}]	(창원①②, 김해, 양산)
노풀·라·칸·다[933]	H^{2}M^{3}[MHM^{3}]	(창원①②, 김해, 양산)
노풀·라·커·나	H^{2}M^{3}[MHM^{3}]	(함안, 김해, 양산)
노풀·라·커·먼	H^{2}M^{3}[MHM^{3}]	(함안, 김해, 양산)
노풀·라·컨·다	H^{2}M^{3}[MHM^{3}]	(함안, 김해, 양산)
노풀라·꼬	H^{3}M[MʜHM]	(창원①②, 함안, 김해, 양산)
노풀라·먼	H^{3}M[MʜHM]	(함안, 김해, 양산)
노풀라·모	H^{3}M[MʜHM]	(창원①②, 함안)
노풀라·몬	H^{3}M[MʜHM]	(창원①②)
노풀라·칸·다	H^{3}M^{2}[MʜHM^{2}]	(양산)
노풀라·카·나	H^{3}M^{2}[MʜHM^{2}]	(양산)
노풀라·컨·다	H^{3}M^{2}[MʜHM^{2}]	(양산)
노풀라·커·나	H^{3}M^{2}[MʜHM^{2}]	(양산)
노풀라카·나	H^{4}M[Mʜ^{2}HM]	(창원①②, 김해)
노풀라카·먼	H^{4}M[Mʜ^{2}HM]	(김해)
노풀라카·몬	H^{4}M[Mʜ^{2}HM]	(창원①②)
노풀라칸·다	H^{4}M[Mʜ^{2}HM]	(창원①②, 김해)
노풀라커·나	H^{4}M[Mʜ^{2}HM]	(함안, 김해)
노풀라커·모	H^{4}M[Mʜ^{2}HM]	(함안)
노풀라컨·다	H^{4}M[Mʜ^{2}HM]	(함안, 김해)
노품·더	H^{2}M[MHM]	(양산)

933) [창원 방언①②] /노풀·라·칸·다/는 /높·아 질라칸·다, 높·게 될라칸·다/의 뜻으로 쓰인다.

노픕니·더	H^{3}M[MʜHM]	(창원①, 김해)
노픕미·더	H^{3}M[MʜHM]	(창원②, 함안, 양산)
노풀·라#카·먼	H^{2}M#HM[MHM#HM]	(김해, 양산)
노풀·라#카·모	H^{2}M#HM[MHM#HM]	(창원①②)
노풀·라#카·몬	H^{2}M#HM[MHM#HM]	(창원①②)
노풀·라#커·먼	H^{2}M#HM[MHM#HM]	(함안, 김해, 양산)
노풀·라#커·모	H^{2}M#HM[MHM#HM]	(함안)

(468) 2음절 고정평성형어간 풀이씨 {띠이·다}의 어형들

띠이·다<띄다>	(H^{2}·M→)H^{2}M[MHM]	(창원②, 함안)
띠이·걸·래	H^{2}M^{2}[MHM^{2}]	(창원②, 함안)
띠이·서	H^{2}M[MHM]	(창원②, 함안)
띠이더·라	H^{3}M[MʜHM]	(창원②, 함안)

(469) 2음절 고정평성형어간 풀이씨 {흐리·다}의 어형들

흐리·다<흐르다>	(H^{2}·M→)H^{2}M[MHM]	(함안)
흐리·고	H^{2}M[MHM]	(함안)
흐리·네	H^{2}M[MHM]	(함안)
흐리는	H^{3}[MʜH]	(함안)
흐리는·데	H^{3}M[MʜHM]	(함안)
흐리더·라	H^{3}M[MʜHM]	(함안)
흐린	H^{2}[MH]	(함안)
흐릴	H^{2}[MH]	(함안)
흐링·께	H^{2}M[MHM]	(함안)
흘·러	HM[HM]	(함안)
흘·러·도	HM^{2}[HM^{2}]	(함안)
흘·러·서	HM^{2}[HM^{2}]	(함안)
흘·렀·다	HM^{2}[HM^{2}]	(함안)

(470) 2음절 고정평성형어간 풀이씨 {개이·다}의 어형들

개이·다(晴)<개다>	(H^{2}·M→)H^{2}M[MHM]	(창원①②, 함안, 양산)
개이·고	H^{2}M[MHM]	(창원①②, 함안, 양산)
개이·니·까	H^{2}M^{2}[MHM^{2}]	(양산)
개이·잉·께	H^{2}M^{2}[MHM^{2}]	(창원②, 함안)
개이·이·꺼·네	H^{2}M^{3}[MHM^{3}]	(창원①)
개이·이·까·네	H^{2}M^{3}[MHM^{3}]	(양산)
개이·이·께	H^{2}M^{2}[MHM^{2}]	(창원①②, 함안)
개이·이·도	H^{2}M^{2}[MHM^{2}]	(창원①②, 함안, 양산)

(471) 2음절 고정평성형어간 풀이씨 {아이·다}의 어형들

아이·다<아니다>	$(H^2{\cdot}M\rightarrow)H^2M[MHM]$	(창원①②, 함안, 김해, 양산)
아이·고	$H^2M[MHM]$	(창원①②, 함안, 김해, 양산)
아이·네	$H^2M[MHM]$	(창원①②, 함안, 김해, 양산)
아이·라·도	$H^2M^2[MHM^2]$	(창원①②, 함안, 김해, 양산)
아이·라·서	$H^2M^2[MHM^2]$	(창원①②, 함안, 김해, 양산)
아이·머	$H^2M[MHM]$	(김해, 양산)
아이·먼	$H^2M[MHM]$	(함안, 김해, 양산)
아이·모	$H^2M[MHM]$	(창원①②, 함안)
아이·몬	$H^2M[MHM]$	(창원①②)
아이다·아	H^3M[MʜHM]	(양산)
아이라·도	H^3M[MʜHM]	(창원①②, 함안, 김해, 양산)
아이라·서	H^3M[MʜHM]	(창원①②, 함안, 양산)

(472) 2음절 고정평성형어간 풀이씨 {가리·다}의 어형들

가리·다<나물>	$(H^2{\cdot}M\rightarrow)H^2M[MHM]$	(함안)
가리·고	$H^2M[MHM]$	(함안)
가리·네	$H^2M[MHM]$	(함안)
가리·이·도	$H^2M^2[MHM^2]$	(함안)
가리는·데	H^3M[MʜHM]	(함안)
가리더·라	H^3M[MʜHM]	(함안)
가린	$H^2[MH]$	(함안)
가릴	$H^2[MH]$	(함안)
가링·께	$H^2M[MHM]$	(함안)

(473) 2음절 고정평성형어간 풀이씨 {개리·다}의 어형들

개리·다(選別)<가리다>	$(H^2{\cdot}M\rightarrow)H^2M[MHM]$	(창원①②, 함안, 김해)
개리·고	$H^2M[MHM]$	(창원①②, 함안, 김해)
개리·네	$H^2M[MHM]$	(창원①②, 함안, 김해)
개리·이·도	$H^2M^2[MHM^2]$	(창원①②, 함안)
개리·이·께	$H^2M^2[MHM^2]$	(창원①②, 함안, 김해)
개리는·데	H^3M[MʜHM]	(창원①②, 함안, 김해)
개리더·라	H^3M[MʜHM]	(창원①②, 함안, 김해)
개린	$H^2[MH]$	(창원①②, 함안, 김해)
개릴	$H^2[MH]$	(창원①②, 함안, 김해)

(474) 2음절 고정평성형어간 풀이씨 {갈리·다}의 어형들

갈리·다(選別)<가리다>	$(H^2{\cdot}M\rightarrow)H^2M[MHM]$	(양산)
갈리·고	$H^2M[MHM]$	(양산)
갈리·네	$H^2M[MHM]$	(양산)

갈리·이·도	$H^2M^2[MHM^2]$	(양산)

(475) 2음절 고정평성형어간 풀이씨 {밟히·다}의 어형들

밟히·다	$(H^2 \cdot M \rightarrow)H^2M[MHM]$	(창원②)
밟히·고	$H^2M[MHM]$	(창원②)
밟히·서	$H^2M[MHM]$	(창원②)
밟힌·다	$H^2M[MHM]$	(창원②)

(476) 2음절 고정평성형어간 풀이씨 {비비·다}의 어형들

비비·다	$(H^2 \cdot M \rightarrow)H^2M[MHM]$	(창원①②, 함안, 김해, 양산)
비비·고	$H^2M[MHM]$	(창원①②, 함안, 김해, 양산)
비비·네	$H^2M[MHM]$	(창원①②, 함안, 김해, 양산)
비비·니·까	$H^2M^2[MHM^2]$	(양산)
비비·이·도	$H^2M^2[MHM^2]$	(창원①②, 함안, 김해, 양산)
비비·이·서	$H^2M^2[MHM^2]$	(창원①②, 함안, 김해, 양산)
비비·있·다	$H^2M^2[MHM^2]$	(창원①②, 함안, 김해, 양산)
비비·이·께	$H^2M^2[MHM^2]$	(창원①②, 함안, 김해)
비비는·데	H^3M[MʜHM]	(창원①②, 함안, 김해, 양산)

(477) 2음절 고정평성형어간 풀이씨 {아이·다}의 어형들

아이·다<아니다>	$(H^2 \cdot M \rightarrow)H^2M[MHM]$	(창원①②, 함안, 김해)
아이·네	$H^2M[MHM]$	(창원①②, 함안, 김해)
아이·고	$H^2M[MHM]$	(창원①②, 함안, 김해)
아이라·도	H^3M[MʜHM]	(창원①②, 함안, 김해)

(478) 2음절 고정평성형어간 풀이씨 {보채·다}의 어형들

보채·다	$(H^2 \cdot M \rightarrow)H^2M[MHM]$	(창원①②, 함안, 양산)
보채·고	$H^2M[MHM]$	(창원①②, 함안, 김해, 양산)
보채·머	$H^2M[MHM]$	(김해, 양산)
보채·애·도	$H^2M^2[MHM^2]$	(창원①②, 함안, 김해, 양산)
보채·애·서	$H^2M^2[MHM^2]$	(창원①②, 함안, 김해, 양산)
보챈·다	$H^2M[MHM]$	(창원①②, 함안, 김해, 양산)
보채·이·께	$H^2M^2[MHM^2]$	(창원①②, 함안, 김해)
보채·이·까·네	$H^2M^3[MHM^3]$	(양산)

(479) 2음절 고정평성형어간 풀이씨 {얼아·다}의 어형들

얼아·다(氷)<얼리다>	$(H^2 \cdot M \rightarrow)H^2M[MHM]$	(창원①②)
얼아·고	$H^2M[MHM]$	(창원①②)
얼아·아·서	$H^2M^2[MHM^2]$	(창원①②)
얼아·이·꺼·네	$H^2M^3[MHM^3]$	(창원①)

얼아·이·께	H^{2}M^2[MHM^2]	(창원①②)

(480) 2음절 고정평성형어간 풀이씨 {개라·다}의 어형들

개라·다<(나물)가리다>	(H^2·M→)H^{2}M[MHM]	(창원①②, 함안)
개라·고	H^{2}M[MHM]	(창원①②, 함안)
개라·네	H^{2}M[MHM]	(창원①②, 함안)
개라·아·도	H^{2}M^2[MHM^2]	(창원①②, 함안)

(481) 2음절 고정평성형어간 풀이씨 {갈라·다}의 어형들

갈라·다(選別)<가리다>	(H^2·M→)H^{2}M[MHM]	(양산)
갈라·고	H^{2}M[MHM]	(양산)
갈라·네	H^{2}M[MHM]	(양산)
갈라·아·도	H^{2}M^2[MHM^2]	(양산)

(482) 2음절 고정평성형어간 풀이씨 {돌라·다}의 어형들

돌라·다<따돌리다>	(H^2·M→)H^{2}M[MHM]	(창원①②)
돌라·고	H^{2}M[MHM]	(창원①②)
돌라·아·도	H^{2}M^2[MHM^2]	(창원①②)
돌라더·라	H^{3}M[MʜHM]	(창원①②)

(483) 2음절 고정평성형어간 풀이씨 {거다·다}의 어형들

거다·다<거두다>	(H^2·M→)H^{2}M[MHM]	(창원①②)
거다·고	H^{2}M[MHM]	(창원①②)
거다·네	H^{2}M[MHM]	(창원①②)
거다·이·께	H^{2}M^2[MHM^2]	(창원①②)
거단·다	H^{2}M[MHM]	(창원①②)

(484) 2음절 고정평성형어간 풀이씨 {가다·다}의 어형들

가다·다<가두다>	(H^2·M→)H^{2}M[MHM]	(창원①②)
가다·고	H^{2}M[MHM]	(창원①②)
가다·이·께	H^{2}M^2[MHM^2]	(창원①②)
가다·았·다	H^{2}M^2[MHM^2]	(창원①②)

(485) 2음절 고정 평성형어간 풀이씨 {이사·다}의 어형들

이사·다<잇다>	(H^2·M→)H^{2}M[MHM]	(창원①②, 김해)
이사·고	H^{2}M[MHM]	(창원①②, 김해)
이사·네	H^{2}M[MHM]	(창원①②, 김해)
이사·이·께	H^{2}M^2[MHM^2]	(창원①②, 김해)
이산	H^2[MH]	(창원①②, 김해)
이살	H^2[MH]	(창원①②, 김해)

이사·아·도 $H^2M^2[MHM^2]$ (창원①②, 김해)
이사·았·다 $H^2M^2[MHM^2]$ (창원①②, 김해)

(486) 2음절 고정평성형어간 풀이씨 {떠사·다}의 어형들
떠사·다 $(H^2{\cdot}M\rightarrow)H^2M[MHM]$ (창원①②)
따사·고 $H^2M[MHM]$ (창원①②)
떠사·아·서 $H^2M^2[MHM^2]$ (창원①②)
떠사·이·께 $H^2M^2[MHM^2]$ (창원①②)
떠사·이·꺼·네 $H^2M^3[MHM^3]$ (창원①)

(487) 2음절 고정평성형어간 풀이씨 {따사·다}의 어형들
따사·다 $(H^2{\cdot}M\rightarrow)H^2M[MHM]$ (창원①②, 함안)
따사·고 $H^2M[MHM]$ (창원①②, 함안)
따사·아·서 $H^2M^2[MHM^2]$ (창원①②, 함안)
따사·이·께 $H^2M^2[MHM^2]$ (창원①②, 함안)
따사·이·꺼·네 $H^2M^3[MHM^3]$ (창원①)

(488) 2음절 고정평성형어간 풀이씨 {빠사·다}의 어형들
빠사·다<바수다> $(H^2{\cdot}M\rightarrow)H^2M[MHM]$ (창원①②, 함안)
빠사·고 $H^2M[MHM]$ (창원①②, 함안)
빠사·아·서 $H^2M^2[MHM^2]$ (창원①②, 함안)
빠사·이·꺼·네 $H^2M^3[MHM^3]$ (창원①)
빠사·이·께 $H^2M^2[MHM^2]$ (창원①②, 함안)

(489) 2음절 고정평성형어간 풀이씨 {뿌사·다}의 어형들
뿌사·다<부수다> $(H^2{\cdot}M\rightarrow)H^2M[MHM]$ (창원①②, 함안)
뿌사·고 $H^2M[MHM]$ (창원①②, 함안)
뿌사·아·도 $H^2M^2[MHM^2]$ (창원①②, 함안)
뿌사·아·서 $H^2M^2[MHM^2]$ (창원①②, 함안)
뿌사·이·께 $H^2M^2[MHM^2]$ (창원①②, 함안)
뿌사·앙·께 $H^2M^2[MHM^2]$ (창원①②, 함안)

(490) 2음절 고정평성형어간 풀이씨 {늦차·다}의 어형들
늦차·다<늦추다> $(H^2{\cdot}M\rightarrow)H^2M[MHM]$ (창원①②, 함안)
늦찬·다 $H^2M[MHM]$ (창원①②, 함안)
늦차·고 $H^2M[MHM]$ (창원①②, 함안)
늦차·이·께 $H^2M^2[MHM^2]$ (창원①②, 함안)
늦차·아·도 $H^2M^2[MHM^2]$ (창원①②, 함안)
늦차·아·서 $H^2M^2[MHM^2]$ (창원①②, 함안)

(491) 2음절 고정평성형어간 풀이씨 {낮차·다}의 어형들

낮차·다<낮추다>	$(H^2 \cdot M \rightarrow)H^2M[MHM]$	(창원①②, 함안)
낮차·고	$H^2M[MHM]$	(창원①②, 함안)
낮차·아·서	$H^2M^2[MHM^2]$	(창원①②, 함안)
낮찬·다	$H^2M[MHM]$	(창원①②, 함안)

(492) 2음절 고정평성형어간 풀이씨 {맞차·다}의 어형들

맞차·다<맞추다>	$(H^2 \cdot M \rightarrow)H^2M[MHM]$	(창원①②, 함안)
맞차·고	$H^2M[MHM]$	(창원①②, 함안)
맞차·이·꺼·네	$H^2M^3[MHM^3]$	(창원①)
맞차·이·께	$H^2M^2[MHM^2]$	(창원①②, 함안)

(493) 2음절 고정평성형어간 풀이씨 {더파·다}의 어형들

더파·다<데우다>	$(H^2 \cdot M \rightarrow)H^2M[MHM]$	(창원①②, 함안)
더파·고	$H^2M[MHM]$	(창원①②, 함안)
더파·네	$H^2M[MHM]$	(창원①②, 함안)
더파·모	$H^2M[MHM]$	(창원①②)
더파·아·도	$H^2M^2[MHM^2]$	(창원①②, 함안)
더파·아·서	$H^2M^2[MHM^2]$	(창원①②, 함안)
더파·았·다	$H^2M^2[MHM^2]$	(창원①②, 함안)

(494) 2음절 고정평성형어간 풀이씨 {데파·다}의 어형들

데파·다<데우다>	$(H^2 \cdot M \rightarrow)H^2M[MHM]$	(창원②, 함안)
데파·아·도	$H^2M^2[MHM^2]$	(창원②, 함안)

(495) 2음절 고정평성형어간 풀이씨 {낭가·다}의 어형들

낭가·다<남기다>	$(H^2 \cdot M \rightarrow)H^2M[MHM]$	(창원①②, 함안)
낭가·아·서	$H^2M^2[MHM^2]$	(창원①②, 함안)
낭간·다	$H^2M[MHM]$	(창원①②, 함안)

(496) 2음절 고정평성형어간 풀이씨 {사카·다}의 어형들

사카·다<삭히다>	$(H^2 \cdot M \rightarrow)H^2M[MHM]$	(창원①②, 함안)
사카·고	$H^2M[MHM]$	(창원①②, 함안)
사카·아·도	$H^2M^2[MHM^2]$	(창원①②, 함안)
사카·이·께	$H^2M^2[MHM^2]$	(창원①②, 함안)

(497) 2음절 고정평성형어간 풀이씨 {늘카·다}의 어형들

늘카·다<늘리다>	$(H^2 \cdot M \rightarrow)H^2M[MHM]$	(창원①②)
늘카·고	$H^2M[MHM]$	(창원①②)
늘카·네	$H^2M[MHM]$	(창원①②)

늘카·았·다 H^2M^2[MHM^2] (창원①②)
늘카·이·께 H^2M^2[MHM^2] (창원①②)
늘카더·라 H^3M[MʜHM] (창원①②)

(498) 2음절 고정평성형어간 풀이씨 {바까·다}의 어형들
바까·다<바꾸다> (H^2·M→)H^2M[MHM] (창원①②)
바까·고 H^2M[MHM] (창원①②)
바까·기 H^2M[MHM] (창원①②)
바까·네 H^2M[MHM] (창원①②)
바까·모 H^2M[MHM] (창원①②)
바까·몬 H^2M[MHM] (창원①②)
바까·아·도 H^2M^2[MHM^2] (창원①②)
바까·아·라 H^2M^2[MHM^2] (창원①②)
바까·아·서 H^2M^2[MHM^2] (창원①②)
바까·아 H^2M[MHM] (창원①②)
바까·았·다 H^2M^2[MHM^2] (창원①②)
바까·았·습·니·더 H^2M^4[MHM^4] (창원①)
바까·았·습·미·더 H^2M^4[MHM^4] (창원②)
바까·지 H^2M[MHM] (창원①②)
바까·이 H^2M[MHM] (창원①②)
바까거·나 H^3M[MʜHM] (창원①②)
바까겄·다 H^3M[MʜHM] (창원①②)
바까겄더·라 H^4M[Mʜ^{2}HM] (창원①②)
바까겄습니·더 H^5M[Mʜ^{3}HM] (창원①)
바까겄습미·더 H^5M[Mʜ^{3}HM] (창원②)
바까겠·다 H^3M[MʜHM] (창원①②)
바까겠더·라 H^4M[Mʜ^{2}HM] (창원①②)
바까겠습니·더 H^5M[Mʜ^{3}HM] (창원①)
바까는·데 H^3M[MʜHM] (창원①②)
바까다·가 H^3M[MʜHM] (창원①②)
바까더·라·도 H^3M^2[MʜHM^2] (창원①②)
바까더·라 H^3M[MʜHM] (창원①②)
바까디·이 H^3M[MʜHM] (창원①②)
바깐·다 H^2M[MHM] (창원①②)
바깔·라#·카·나 H^2M#M^2[MHM#HH] (창원①②)
바깔·라#·칸·다 H^2M#M^2[MHM#HH] (창원①②)
바깔라·꼬 H^3M[MʜHM] (창원①②)
바깔라·몬 H^3M[MʜHM] (창원①②)
바깔라카·나 H^4M[Mʜ^{2}HM] (창원①②)
바깔라카·모 H^4M[Mʜ^{2}HM] (창원①②)

바깔라카·몬	H^{4} M[Mʜ^{2}HM]	(창원①②)
바깔라칸·다	H^{4} M[Mʜ^{2}HM]	(창원①②)
바깝니·더	H^{3}M[MʜHM]	(창원①)
바깝미·더	H^{3}M[MʜHM]	(창원②)

(499) 2음절 고정평성형어간 풀이씨 {얼우·다}의 어형들

얼우·다(氷)<얼리다>	(H^{2}·M→)H^{2}M[MHM]	(김해, 양산)
얼우·고	H^{2}M[MHM]	(김해, 양산)
얼아·아·서	H^{2}M^{2}[MHM^{2}]	(김해, 양산)
얼우·니·까	H^{2}M^{2}[MHM^{2}]	(양산)

(500) 2음절 고정평성형어간 풀이씨 {삭후·다}의 어형들

삭후·다<삭히다>	(H^{2}·M→)H^{2}M[MHM]	(창원①②, 함안, 김해, 양산)
삭후·고	H^{2}M[MHM]	(창원①②, 함안, 김해, 양산)
삭후·웅·께	H^{2}M^{2}[MHM^{2}]	(창원②, 함안)
삭후·이·께	H^{2}M^{2}[MHM^{2}]	(창원①②, 함안, 김해)
삭후·이·까·네	H^{2}M^{3}[MHM^{3}]	(양산)

(501) 2음절 고정평성형어간 풀이씨 {거두·다}의 어형들

거두·다<거두다>	(H^{2}·M→)H^{2}M[MHM]	(창원①②, 양산)
거두·고	H^{2}M[MHM]	(창원①②, 양산)
거두·네	H^{2}M[MHM]	(창원①②, 양산)
거두·먼	H^{2}M[MHM]	(양산)
거다·아·도	H^{2}M^{2}[MHM^{2}]	(창원①②, 양산)
거두·이·께	H^{2}M^{2}[MHM^{2}]	(창원①②)
거둔·다	H^{2}M[MHM]	(창원①②, 양산)

(502) 2음절 고정평성형어간 풀이씨 {가두·다}의 어형들

가두·다	(H^{2}·M→)H^{2}M[MHM]	(창원①②, 함안, 양산)
가두·고	H^{2}M[MHM]	(창원①②, 함안, 양산)
가두·네	H^{2}M[MHM]	(창원①②, 함안, 양산)
가다·아·도	H^{2}M^{2}[MHM^{2}]	(창원①②, 함안, 양산)
가다·았·다	H^{2}M^{2}[MHM^{2}]	(창원①②, 함안, 양산)
가두·웅·게	H^{2}M^{2}[MHM^{2}]	(창원②, 함안)
가두·이·께	H^{2}M^{2}[MHM^{2}]	(창원①②, 함안)
가둔·다	H^{2}M[MHM]	(창원①②, 함안, 양산)
가둥·께·네	H^{2}M^{2}[MHM^{2}]	(함안)

(503) 2음절 고정평성형어간 풀이씨 {이수·다}의 어형들

이수·다<잇다>	(H^{2}·M→)H^{2}M[MHM]	(함안, 양산)

이수·고	$H^2M[MHM]$	(함안, 양산)
이수·네	$H^2M[MHM]$	(함안, 양산)
이수·니·까	$H^2M^2[MHM^2]$	(양산)
이수더·라	$H^3M[M\text{ʜ}HM]$	(함안, 양산)
이순	$H^2[MH]$	(함안, 양산)
이술	$H^2[MH]$	(함안, 양산)
이사·아·도	$H^2M^2[MHM^2]$	(함안, 양산)
이사·았·다	$H^2M^2[MHM^2]$	(함안, 양산)

(504) 2음절 고정평성형어간 풀이씨 {빠수·다}의 어형들

빠수·다<바수다>	$(H^2\cdot M\rightarrow)H^2M[MHM]$	(창원②, 함안, 양산)
빠수·고	$H^2M[MHM]$	(창원①②, 함안, 양산)
빠사·아·서	$H^2M^2[MHM^2]$	(창원①②, 함안, 양산)
빠수·웅·께	$H^2M^2[MHM^2]$	(창원②, 함안)

(505) 2음절 고정평성형어간 풀이씨 {뿌수·다}의 어형들

뿌수·다<부수다>	$(H^2\cdot M\rightarrow)H^2M[MHM]$	(창원①②, 김해, 양산)
뿌수·고	$H^2M[MHM]$	(창원①②, 김해, 양산)
뿌수·니·까	$H^2M^2[MHM^2]$	(양산)
뿌수·이·께	$H^2M^2[MHM^2]$	(창원①②, 김해)

(506) 2음절 고정평성형어간 풀이씨 {뽀수·다}의 어형들

뽀수·다<빻다>	$(H^2\cdot M\rightarrow)H^2M[MHM]$	(함안, 김해, 양산)
뽀수·고	$H^2M[MHM]$	(함안, 김해, 양산)
뽀수·니·까	$H^2M^2[MHM^2]$	(양산)
뽀수·이·꺼·네	$H^2M^3[MHM^3]$	(김해)
뽀수·이·께	$H^2M^2[MHM^2]$	(함안, 김해)
뽀사·아·서	$H^2M^2[MHM^2]$	(함안, 김해, 양산)

(507) 2음절 고정평성형어간 풀이씨 {늦추·다}의 어형들

늦추·다	$(H^2\cdot M\rightarrow)H^2M[MHM]$	(창원①②, 김해, 양산)
늦출	$H^2[MH]$	(창원①②, 김해, 양산)
늦춘	$H^2[MH]$	(창원①②, 김해, 양산)
늦차·아·도	$H^2M^2[MHM^2]$	(창원①②, 김해, 양산)
늦차·아·서	$H^2M^2[MHM^2]$	(창원①②, 김해, 양산)
늦추·고	$H^2M[MHM]$	(창원①②, 김해, 양산)
늦추·니·까	$H^2M^2[MHM^2]$	(양산)
늦추·이·꺼·네	$H^2M^3[MHM^3]$	(창원①, 김해)
늦추·이·께	$H^2M^2[MHM^2]$	(창원①②, 김해)

(508) 2음절 고정평성형어간 풀이씨 {낮추·다}의 어형들

낮추·다	(H^2·M→)H^{2}M[MHM]	(창원①②, 함안, 양산)
낮추·고	H^{2}M[MHM]	(창원①②, 양산)
낮추·니·까	H^{2}M^2[MHM^2]	(양산)
낮추·이·소	H^{2}M^2[MHM^2]	(창원①②, 함안, 양산)
낮추·이·께	H^{2}M^2[MHM^2]	(창원①②, 함안)

(509) 2음절 고정평성형어간 풀이씨 {맞추·다}의 어형들

맞추·다	(H^2·M→)H^{2}M[MHM]	(창원①②, 양산)
맞출	H^2[MH]	(창원①②, 양산)
맞춘	H^2[MH]	(창원①②, 양산)
맞추·고	H^{2}M[MHM]	(창원①②, 양산)
맞추·웅·께	H^{2}M^2[MHM^2]	(창원②)
맞추·이·꺼·네	H^{2}M^3[MHM^3]	(창원①)
맞추·니·까	H^{2}M^2[MHM^2]	(양산)
맞추·이·께	H^{2}M^2[MHM^2]	(창원①②)
맞차·아·도	H^{2}M^2[MHM^2]	(창원①②, 양산)
맞차·아·서	H^{2}M^2[MHM^2]	(창원①②, 양산)

(510) 2음절 고정평성형어간 풀이씨 {낭구·다}의 어형들

낭구·다<남기다>	(H^2·M→)H^{2}M[MHM]	(창원①②, 함안, 김해, 양산)
낭구·고	H^{2}M[MHM]	(창원①②, 함안, 김해, 양산)
낭군·다	H^{2}M[MHM]	(창원①②, 함안, 김해, 양산)
낭구·지	H^{2}M[MHM]	(창원①②, 함안, 김해, 양산)
낭구·니·까	H^{2}M^2[MHM^2]	(양산)
낭구·웅·께	H^{2}M^2[MHM^2]	(창원②, 함안)
낭구·이·꺼·네	H^{2}M^3[MHM^3]	(창원①, 김해)
낭구·이·께	H^{2}M^2[MHM^2]	(창원①②, 함안, 김해)
낭가·아·도	H^{2}M^2[MHM^2]	(창원①②, 함안, 김해, 양산)
낭가·아·서	H^{2}M^2[MHM^2]	(창원①②, 함안, 김해, 양산)

(511) 2음절 고정평성형어간 풀이씨 {바쿠·다}의 어형들

바쿠·다<바꾸다>	(H^2·M→)H^{2}M[MHM]	(함안)
바카·아·도	H^{2}M^2[MHM^2]	(함안)
바카·았·다	H^{2}M^2[MHM^2]	(함안)

(512) 2음절 고정평성형어간 풀이씨 {바꾸·다}의 어형들

바꾸·다	(H^2·M→)H^{2}M[MHM]	(창원①②, 함안, 김해, 양산)
바까·아·도	H^{2}M^2[MHM^2]	(창원①②, 함안, 김해, 양산)
바까·아·라	H^{2}M^2[MHM^2]	(창원①②, 함안, 김해, 양산)

바까·아·서 $H^{2}M^{2}$[MHM^{2}] (창원①②, 함안, 김해, 양산)
바까·아 $H^{2}M$[MHM] (창원①②, 함안, 김해, 양산)
바까·았·다 $H^{2}M^{2}$[MHM^{2}] (창원①②, 함안, 김해, 양산)
바까·았·습·니·더 $H^{2}M^{4}$[MHM^{4}] (창원①, 김해)
바까·았·습·미·더 $H^{2}M^{4}$[MHM^{4}] (창원②, 함안, 양산)
바까·았·심·더 $H^{2}M^{3}$[MHM^{3}] (양산)
바깐·다 $H^{2}M$[MHM] (창원①②)
바꾸·고 $H^{2}M$[MHM] (창원①②, 함안, 김해, 양산)
바꾸·기 $H^{2}M$[MHM] (창원①②, 함안, 김해, 양산)
바꾸·네 $H^{2}M$[MHM] (창원①②, 함안, 김해, 양산)
바꾸·니 $H^{2}M$[MHM] (함안, 김해)
바꾸다·가 $H^{3}M$[MʜHM] (창원①②, 함안, 김해, 양산)
바꾸·머 $H^{2}M$[MHM] (김해, 양산)
바꾸·먼 $H^{2}M$[MHM] (함안, 김해, 양산)
바꾸·모 $H^{2}M$[MHM] (창원①②, 함안)
바꾸·몬 $H^{2}M$[MHM] (창원①②)
바꾸·이 $H^{2}M$[MHM] (양산)
바꾸·지 $H^{2}M$[MHM] (창원①②, 함안, 김해, 양산)
바꾸거·나 $H^{3}M$[MʜHM] (창원①②, 함안, 김해, 양산)
바꾸겄·다 $H^{3}M$[MʜHM] (창원①②, 함안, 김해)
바꾸겄더·라 $H^{4}M$[Mʜ^{2}HM] (창원①②, 함안, 김해)
바꾸겄습미·더 $H^{5}M$[Mʜ^{3}HM] (창원②, 함안)
바꾸겠·다 $H^{3}M$[MʜHM] (창원①②, 김해, 양산)
바꾸겠더·라 $H^{4}M$[Mʜ^{2}HM] (창원①②, 김해, 양산)
바꾸겠습니·더 $H^{5}M$[Mʜ^{3}HM] (창원①②, 김해, 양산)
바꾸겠심·더 $H^{4}M$[Mʜ^{2}HM] (양산)
바꾸겄습니·더 $H^{5}M$[Mʜ^{3}HM] (창원①②, 김해)
바꾸는·데 $H^{3}M$[MʜHM] (창원①②, 함안, 김해, 양산)
바꾸다·가 $H^{3}M$MʜHM] (창원①②, 함안, 김해, 양산)
바꾸더·니 $H^{3}M$[MʜHM] (함안, 양산)
바꾸더·라 $H^{3}M$[MʜHM] (창원①②, 함안, 김해, 양산)
바꾸더·라·도 $H^{3}M^{2}$[MʜHM^{2}] (창원①②, 함안, 김해, 양산)
바꾸더·라 $H^{3}M$[MʜHM] (창원①②, 함안, 김해, 양산)
바꾸디·이 $H^{3}M$[MʜHM] (양산)
바꾸디·이 $H^{3}M$[MʜHM] (창원①②, 함안, 김해)
바꾼·다 $H^{2}M$[MHM] (창원①②, 함안, 김해, 양산)
바꿀·라·꼬 $H^{2}M^{2}$[MHM^{2}] (함안, 양산)
바꿀·라·먼 $H^{2}M^{2}$[MHM^{2}] (함안, 김해, 양산)
바꿀·라·커·나 $H^{2}M^{3}$[MHM^{3}] (함안, 김해, 양산)
바꿀·라·컨·다 $H^{2}M^{3}$[MHM^{3}] (함안, 김해, 양산)

바꿀라·꼬	H^{3}M[MʜHM]	(창원①②, 함안, 김해)
바꿀라·먼	H^{3}M[MʜHM]	(함안, 김해, 양산)
바꿀라·모	H^{3}M[MʜHM]	(창원①②, 함안)
바꿀라카·나	H^{4}M[Mʜ^{2}HM]	(창원①②, 김해)
바꿀라카·먼	H^{4}M[Mʜ^{2}HM]	(김해)
바꿀라칸·다	H^{4}M[Mʜ^{2}HM]	(창원①②, 김해)
바꿀라커·나	H^{4}M[Mʜ^{2}HM]	(함안, 김해)
바꿀라커·모	H^{4}M[Mʜ^{2}HM]	(함안)
바꿀라컨·다	H^{4}M[Mʜ^{2}HM]	(함안, 김해)
바꿉니·더	H^{3}M[MʜHM]	(창원①, 김해)
바꿉미·더	H^{3}M[MʜHM]	(창원②, 함안, 양산)
바꿀·라#·카·나	H^{2}M#M^2[MHM#HH]	(창원①②, 김해, 양산)
바꿀·라#·칸·다	H^{2}M#M^2[MHM#HH]	(창원①②, 김해, 양산)
바꿀·라#·커·나	H^{2}M#M^2[MHM#HH]	(함안, 김해, 양산)
바꿀·라#·컨·다	H^{2}M#M^2[MHM#HH]	(함안, 김해, 양산)
바꿀·라#커·먼	H^{2}M#HM[MHM#HM]	(함안, 김해, 양산)

(513) 2음절 고정평성형어간 풀이씨 {이숳·다}의 어형들

이숳·다[이수·타]<잇다>	(H^2·M→)H^{2}M[MHM]	(양산)
이숳는[이순는]	H^3[MʜH]	(양산)
이숳더·라[이수터·라]	H^{3}M[MʜHM]	(양산)
이수·이	H^{2}M[MHM]	(양산)

(514) 2음절 고정평성형어간 풀이씨 {맞춯·다}의 어형들

맞춯·다<맞추다>[934]	(H^2·M→)H^{2}M[MHM]	(김해, 양산)
맞춯는·다	H^{3}M[MʜHM]	(김해, 양산)
맞차·아·도	H^{2}M^2[MHM^2]	(김해, 양산)
맞차·아·서	H^{2}M^2[MHM^2]	(김해, 양산)

(515) 2음절 고정평성형어간 풀이씨 {낭궇·다}의 어형들

낭궇·다<남기다>[935]	(H^2·M→)H^{2}M[MHM]	(김해, 양산)
낭궇는·다	H^{3}M[MʜHM]	(김해, 양산)

(516) 2음절 고정평성형어간 풀이씨 {삭훟·다} 어형들

삭훟·다<삭히다>	(H^2·M→)H^{2}M[MHM]	(김해, 양산)

934) [김해 방언] /맞춯·다/</맞춘는·다/만 쓰이고, /맞춯·고, 맞춯·네, …/등은 쓰이지 않는다. 이런 경우는 방언 조사 매우 드문 현상이라고 생각된다>.

935) [김해 방언] /낭궇·다/<남기다>, /낭궇는·다/만 나타나고, /낭궇·고, 낭궇·네, …/등은 나타나지 않는다.

삭홓는·다	H^{3}M[MʜHM]	(김해, 양산)
삭홓더·라	H^{3}M[MʜHM]	(김해, 양산)

(517) 2음절 고정평성형어간 풀이씨 {이숭·다}의 어형들

이숭·다[이수·따]<잇다>	(H^2·M→)H^{2}M[MHM]	(양산)
이숭는[이순는]	H^3[MʜH]	(양산)
이숭더·라[이수떠·라]	H^{3}M[MʜHM]	(양산)

(518) 2음절 고정평성형어간 풀이씨 {잡숭·다}의 어형들

잡숭·다(食)<잡수다>	(H^2·M→)H^{2}M[MHM]	(창원①②, 함안, 양산)
잡숭는·다	H^{3}M[MʜHM]	(창원①②, 함안, 양산)
잡숭는[잡순는]	H^3[MʜH]	(창원①②, 함안, 양산)
잡숭더·라[잡수떠·라]	H^{3}M[MʜHM]	(창원①②, 함안, 양산)
잡수신·다	H^{3}M[MʜHM]	(창원①②, 함안, 양산)
잡사·아·도	H^{2}M^2[MHM^2]	(창원①②, 함안, 양산)

(519) 2음절 고정평성형어간 풀이씨 {간질·다}의 어형들

간질·다<간질이다>	(H^2·M→)H^{2}M[MHM]	(창원①②, 김해, 양산)
간질·고	H^{2}M[MHM]	(창원①②, 김해, 양산)
간지·니·까	H^{2}M^2[MHM^2]	(양산)
간지·이·꺼·네	H^{2}M^3[MHM^3]	(창원①, 김해)
간지·이·께	H^{2}M^2[MHM^2]	(창원①②, 함안, 김해)
간질·아·도	H^{2}M^2[MHM^2]	(창원①②, 김해)
간질·아·서	H^{2}M^2[MHM^2]	(창원①②, 김해)
간질·어·도	H^{2}M^2[MHM^2]	(양산)
간질·어·서	H^{2}M^2[MHM^2]	(양산)

(520) 2음절 고정평성형어간 풀이씨 {만들·다}의 어형들

만들·다	(H^2·M→)H^{2}M[MHM]	(창원②, 함안, 양산)
만들겄·다	H^{3}M[MʜHM]	(창원②, 함안)
만들겠·다	H^{3}M[MʜHM]	(창원②, 양산)
만들더·라	H^{3}M[MʜHM]	(창원②, 함안, 양산)
만들·어·도	H^{2}M^2[MHM^2]	(창원②, 함안, 양산)

(521) 2음절 고정평성형어간 풀이씨 {맨들·다}의 어형들

맨들·다<만들다>	(H^2·M→)H^{2}M[MHM]	(창원①②, 함안, 김해, 양산)
맨들·어·도	H^{2}M^2[MHM^2]	(창원①②, 함안, 김해, 양산)
맨들겄·다	H^{3}M[MʜHM]	(창원①②, 함안, 김해)
맨들겠·다	H^{3}M[MʜHM]	(창원①②, 김해, 양산)
맨들더·라	H^{3}M[MʜHM]	(창원①②, 함안, 김해, 양산)

(522) 2음절 고정평성형어간 풀이씨 {맹글·다}의 어형들

맹글·다<만들다>	$(H^2 \cdot M \rightarrow)H^2M[MHM]$	(창원①②, 함안, 김해, 양산)
맹글·어·도	$H^2M^2[MHM^2]$	(창원①②, 함안, 김해, 양산)
맹글겄·다	H^3M[MʜHM]	(창원①②, 함안, 김해)
맹글겠·다	H^3M[MʜHM]	(창원①②, 김해, 양산)
맹글더·라	H^3M[MʜHM]	(창원①②, 함안, 김해, 양산)

(523) 2음절 고정평성형어간 풀이씨 {주물·다}의 어형들

주물·다<주무르다>	$(H^2 \cdot M \rightarrow)H^2M[MHM]$	(창원①②, 함안, 김해)
주문·다	$H^2M[MHM]$	(창원①②, 함안, 김해)
주물·아·라	$H^2M^2[MHM^2]$	(창원①②, 함안, 김해)
주물거·등	H^3M[MʜHM]	(창원①②, 함안, 김해)

(524) 2음절 고정평성형어간 풀이씨 {가ᄎᆞᇦ·다}의 어형들

가차ᇦ·다<가깝다>	$(H^2 \cdot M \rightarrow)H^2M[MHM]$	(창원②)
가차·와·서	$H^2M^2[MHM^2]$	(창원②)
가찹·네	$H^2M[MHM]$	(창원②)
가찹더·라	H^3M[MʜHM]	(창원②)

(525) 2음절 고정평성형어간 풀이씨 {가까ᇦ·다}의 어형들

가까ᇦ·다<가깝다>	$(H^2 \cdot M \rightarrow)H^2M[MHM]$	(창원①②, 함안)
가까·와·서	$H^2M^2[MHM^2]$	(창원②, 함안)
가까·워·서	$H^2M^2[MHM^2]$	(창원①②)
가깝·네	$H^2M[MHM]$	(창원①②, 함안)
가깝더·라	H^3M[MʜHM]	(창원①②, 함안)

(526) 2음절 고정평성형어간 풀이씨 {두껍·다}의 어형들

뚜껍·다<두껍다>	$(H^2 \cdot M \rightarrow)H^2M[MHM]$	(창원②, 양산)
뚜껍·네	$H^2M[MHM]$	(창원②, 양산)
뚜껍·아·서	$H^2M^2[MHM^2]$	(창원②, 양산)
뚜껍·어·서	$H^2M^2[MHM^2]$	(양산)

(527) 2음절 고정평성형어간 풀이씨 {가찹·다}의 어형들

가찹·다<가깝다>	$(H^2 \cdot M \rightarrow)H^2M[MHM]$	(창원①②, 함안, 김해, 양산)
가찹·아·서	$H^2M^2[MHM^2]$	(창원①②, 함안, 김해, 양산)
가찹아·서	H^3M[MʜHM]	(창원②, 함안, 김해, 양산)
가찹·애·서	$H^2M^2[MHM^2]$	(창원①②, 함안, 김해)

(528) 2음절 고정평성형어간 풀이씨 {가깝·다}의 어형들

가깝·다(近)	$(H^2 \cdot M \rightarrow)H^2M[MHM]$	(창원①②, 함안, 김해, 양산)

가깝·고 $H^2M[MHM]$ (창원①②, 함안, 김해, 양산)
가깝·네 $H^2M[MHM]$ (창원①②, 함안, 김해, 양산)
가깝·아·서 $H^2M^2[MHM^2]$ (창원①②, 함안, 김해, 양산)
가깝·애·서 $H^2M^2[MHM^2]$ (창원①②, 함안, 김해)
가깝·어·서 $H^2M^2[MHM^2]$ (양산)
가깝·우·서 $H^2M^2[MHM^2]$ (함안)
가깝·우·이·께 $H^2M^3[MHM^3]$ (창원①②, 함안, 김해)
가깝·웅·께 $H^2M^2[MHM^2]$ (창원②, 함안)
가깝·으·니·까 $H^2M^3[MHM^3]$ (양산)
가깝·으·니·까·네 $H^2M^4[MHM^4]$ (양산)
가깝·으·이·께 $H^2M^3[MHM^3]$ (창원①②, 함안, 김해)
가깝아·서 $H^3M[M\text{ʜ}HM]$ (김해)
가깝애·서 $H^3M[M\text{ʜ}HM]$ (김해)

(529) 2음절 고정평성형어간 풀이씨 {뚜꿉·다}의 어형들
뚜꿉·다(厚)<두껍·다> $(H^2 \cdot M \to)H^2M[MHM]$ (창원①②, 함안, 김해, 양산)
뚜꿉·고 $H^2M[MHM]$ (창원①②, 함안, 김해, 양산)
뚜꿉·네 $H^2M[MHM]$ (창원①②, 함안, 김해, 양산)
뚜꿉·아·서 $H^2M^2[MHM^2]$ (창원①②, 함안, 김해, 양산)
뚜꿉·어·서 $H^2M^2[MHM^2]$ (창원②, 함안, 양산)
뚜꿉·우·이·께 $H^2M^3[MHM^3]$ (창원①②, 김해)
뚜꿉·웅·께 $H^2M^2[MHM^2]$ (창원②, 함안)
뚜꿉·으·이·께 $H^2M^3[MHM^3]$ (창원①②, 함안, 김해)

(530) 2음절 고정평성형어간 풀이씨 {개적·다}의 어형들
개적·다(近)<가깝다> $(H^2 \cdot M \to)H^2M[MHM]$ (양산)
개적·아·서 $H^2M^2[MHM^2]$ (양산)
개적아·서 $H^3M[M\text{ʜ}HM]$ (양산)
개적·네 $H^2M[MHM]$ (양산)

(531) 2음절 고정평성형어간 풀이씨 {가죽·다}의 어형들
가죽·다(近)<가깝다> $(H^2 \cdot M \to)H^2M[MHM]$ (창원①②, 함안, 김해, 양산)
가죽·아·서 $H^2M^2[MHM^2]$ (김해, 양산)
가죽·에·서 $H^2M^2[MHM^2]$ (창원①②, 함안)
가죽·어·서 $H^2M^2[MHM^2]$ (창원①②, 양산)

3음절 평성형어간 풀이씨의 굴곡형은 다음과 같다.

(532) 3음절 평성형어간 풀이씨 {건방지·다}의 어형들

건방지·다	(H^3·M→)H^{3}M[MʜHM]	(창원①②, 함안, 김해, 양산)
건방저·서	H^{3}M[MʜHM]	(창원①②, 함안, 김해, 양산)
건방지·고	H^{3}M[MʜHM]	(창원①②, 함안, 김해, 양산)
건방지·서	H^{3}M[MʜHM]	(창원①②, 김해, 함안)
건방지겼·다	H^4 M[Mʜ^{2}HM]	(창원①②, 함안, 김해)
건방지겠·다	H^4 M[Mʜ^{2}HM]	(창원①②, 김해, 양산)
건방지더·라	H^4 M[Mʜ^{2}HM]	(창원①②, 함안, 김해, 양산)

(533) 3음절 평성형어간 풀이씨 {간지라·다}의 어형들

간지라·다<간질이다>	(H^3·M→)H^{3}M[MʜHM]	(창원①②)
간지라·고	H^{3}M[MʜHM]	(창원①②)
간지라·아·도	H^{3}M^2[MʜHM^2]	(창원①②)
간지라·아·서	H^{3}M^2[MʜHM^2]	(창원①②)
간지라·이·꺼·네	H^{3}M^3[MʜHM^3]	(창원①)
간지라·이·께	H^{3}M^2[MʜHM^2]	(창원①②)

(534) 3음절 평성형어간 풀이씨 {미끄럽·다}의 어형들

미끄럽·다	(H^3·M→)H^{3}M[MʜHM]	(창원①②, 함안, 김해, 양산)
미끄럽·아·서	H^{3}M^2[MʜHM^2]	(창원①②, 함안, 김해)
미끄럽·어·서	H^{3}M^2[MʜHM^2]	(창원②, 양산)
미끄럽겼·다	H^4 M[Mʜ^{2}HM]	(창원①②, 함안, 김해)
미끄럽겠·다	H^4 M[Mʜ^{2}HM]	(창원①②, 김해, 양산)
미끄럽더·라	H^4 M[Mʜ^{2}HM]	(창원①②, 함안, 김해, 양산)

5.6.3 평측형어간 풀이씨의 굴곡형

평측형은 어간의 방점이 고정되어 변동되지 않고, 씨끝의 연결체가 중화 규칙 (5)의 적용으로 항상 측성의 연결(·$\square_1$)로 나타난다. 평1형, 평2형, 평3형의 순서로 자료를 제시한다. 먼저 2음절 평1형어간 풀이씨의 굴곡형은 다음과 같다.

(535) 2음절 평1형어간 풀이씨 {푸·르·다}의 어형들

푸·르·다	(HM·M→)HM^2[HM^2]	(창원①②, 함안, 김해, 양산)
푸·러·도	HM^2[HM^2]	(창원①②, 함안, 김해, 양산)
푸·러·라	HM^2[HM^2]	(창원①②, 함안, 김해, 양산)
푸·러·서	HM^2[HM^2]	(창원①②, 함안, 김해, 양산)
푸·러	HM[HM]	(창원①②, 함안, 김해, 양산)

푸·렀·다 $HM^2[HM^2]$ (창원①②, 함안, 김해, 양산)

푸·렀·습·니·더 $HM^4[HM^4]$ (창원①, 김해)

푸·렀·습·미·더 $HM^4[HM^4]$ (창원②, 함안, 양산)

푸·렀·심·더 $HM^3[HM^3]$ (양산)

푸·르·거·나 $HM^3[HM^3]$ (창원①②, 함안, 김해, 양산)

푸·르·겄·다 $HM^3[HM^3]$ (창원①②, 함안, 김해)

푸·르·겄·더·라 $HM^4[HM^4]$ (창원①②, 함안, 김해)

푸·르·겄·습·니·더 $HM^5[HM^5]$ (창원①, 김해)

푸·르·겄·습·미·더 $HM^5[HM^5]$ (창원②, 함안)

푸·르·겠·다 $HM^3[HM^3]$ (창원①②, 김해, 양산)

푸·르·겠·더·라 $HM^4[HM^4]$ (창원①②, 김해, 양산)

푸·르·겠·습·니·더 $HM^5[HM^5]$ (창원①, 김해)

푸·르·겠·심·더 $HM^4[HM^4]$ (양산)

푸·르·고 $HM^2[HM^2]$ (창원①②, 함안, 김해, 양산)

푸·르·기 $HM^2[HM^2]$ (창원①②, 함안, 김해, 양산)

푸·르·네 $HM^2[HM^2]$ (창원①②, 함안, 김해, 양산)

푸·르·니 $HM^2[HM^2]$ (함안)

푸·르·다·가 $HM^3[HM^3]$ (창원①②, 함안, 김해, 양산)

푸·르·더·라·도 $HM^4[HM^4]$ (창원①②, 함안, 김해, 양산)

푸·르·더·라 $HM^3[HM^3]$ (창원①②, 함안, 김해, 양산)

푸·르·디·이 $HM^3[HM^3]$ (양산)

푸·르·디·이 $HM^3[HM^3]$ (창원①②, 함안, 김해)

푸·르·먼 $HM^2[HM^2]$ (함안, 김해, 양산)

푸·르·면 $HM^2[HM^2]$ (양산)

푸·르·몬 $HM^2[HM^2]$ (창원①②)

푸·르·이 $HM^2[HM^2]$ (양산)

푸·르·지 $HM^2[HM^2]$ (창원①②, 함안, 김해, 양산)

푸·르·이 $HM^2[HM^2]$ (창원①②, 함안, 김해)

푸·른·데 $HM^2[HM^2]$ (창원①②, 함안, 김해, 양산)

푸·를·낌·더 $HM^3[HM^3]$ (양산)

푸·를·라·꼬 $HM^3[HM^3]$ (창원①②, 함안, 김해, 양산)

푸·를·라·머 $HM^3[HM^3]$ (김해, 양산)

푸·를·라·먼 $HM^3[HM^3]$ (김해, 함안, 양산)

푸·를·라·모 $HM^3[HM^3]$ (창원①②, 함안)

푸·를·라·몬 $HM^3[HM^3]$ (창원①②)

푸·를·라·카·나 $HM^4[HM^4]$ (창원①②, 김해, 양산)

푸·를·라·칸·다 $HM^4[HM^4]$ (창원①②, 김해, 양산)

푸·를·라·커·나 $HM^4[HM^4]$ (함안, 김해, 양산)

푸·를·라·컨·다 $HM^4[HM^4]$ (함안, 김해, 양산)

푸·릅·니·더 HM^3[HM^3] (창원①, 김해)
푸·릅·미·더 HM^3[HM^3] (창원②, 함안, 양산)
푸·를·라#카·먼 HM^2#HM[HM^2#HM] (김해, 양산)
푸·를·라#카·모 HM^2#HM[HM^2#HM] (창원①②)
푸·를·라#카·몬 HM^2#HM[HM^2#HM] (창원①②)
푸·를·라#커·먼 HM^2#HM[HM^2#HM] (함안, 김해, 양산)
푸·를·라#커·모 HM^2#HM[HM^2#HM] (함안)

(536) 2음절 평1형어간 풀이씨 {티·이·다}의 어형들
티·이·다<트이다(피)> (HM·M→)HM^2[HM^2] (함안, 양산)
티·이·고 HM^2[HM^2] (함안, 양산)
티·이·먼 HM^2[HM^2] (함안, 양산)
티·이·모 H^{2}M[HM^2] (함안)
티·이·서 H^{2}M[HM^2] (함안, 양산)

(537) 2음절 평1형어간 풀이씨 {띠·이·다}의 어형들
띠·이·다<뜨이다> (HM·M→)HM^2[HM^2] (함안, 김해, 양산)
띠·이·걸·래 HM^3[HM^3] (함안, 김해)
띠·이·고 HM^2[HM^2] (함안, 김해, 양산)
띠·이·길·래 HM^3[HM^3] (양산)
띠·이·서 HM^2[HM^2] (함안, 김해, 양산)
띠·인·다 HM^2[HM^2] (함안, 김해, 양산)
띠·잉·께 HM^2[HM^2] (함안)
띠·잉·께·네 HM^3[HM^3] (함안)
띠·이·께 HM^2[HM^2] (함안, 김해)

(538) 2음절 평1형어간 풀이씨 {찌·이·다}의 어형들
찌·이·다<끼다(피)> (HM·M→)HM^2[HM^2] (함안, 김해, 양산)
찌·이·고 HM^2[HM^2] (함안, 김해, 양산)
찌·이·도 HM^2[HM^2] (함안, 김해, 양산)
찌·이·먼 HM^2[HM^2] (함안, 김해, 양산)
찌·이·모 HM^2[HM^2] (함안)
찌·이·서 HM^2[HM^2] (함안, 김해, 양산)

(539) 2음절 평1형어간 풀이씨 {비·이·다}의 어형들
비·이·다<보이다(피,사)> (HM·M→)HM^2[HM^2] (함안, 김해, 양산)
비·이·고 HM^2[HM^2] (함안, 김해, 양산)
비·이·까·네 HM^3[HM^3] (양산)
비·이·네 HM^2[HM^2] (함안, 김해, 양산)
비·이·도 HM^2[HM^2] (함안, 김해, 양산)

비·잉·께	HM^2[HM^2]	(함안)
비·이·께	HM^2[HM^2]	(김해)

(540) 2음절 평1형어간 풀이씨 {끼·이·다}의 어형들

끼·이·다<끼다(피)>	(HM·M→)HM^2[HM^2]	(함안, 양산)
끼·이·고	HM^2[HM^2]	(함안, 양산)
끼·이·도	HM^2[HM^2]	(함안, 양산)
끼·이·먼	HM^2[HM^2]	(함안, 양산)
끼·이·모	HM^2[HM^2]	(함안)
끼·이·서	HM^2[HM^2]	(함안, 양산)

(541) 2음절 평1형어간 풀이씨 {붙·이·다}의 어형들

붙·이·다<사>	(HM·M→)HM^2[HM^2]	(창원①②, 함안, 김해, 양산)
붙·이·고	HM^2[HM^2]	(창원①②, 함안, 김해, 양산)
붙·이·도	HM^2[HM^2]	(창원①②, 함안, 김해, 양산)
붙·이·라	HM^2[HM^2]	(창원①②, 함안, 양산)
붙·이·마	HM^2[HM^2]	(창원②)
붙·이·머	HM^2[HM^2]	(김해, 양산)
붙·이·모	HM^2[HM^2]	(창원①②, 함안)
붙·이·서	HM^2[HM^2]	(창원①②, 함안, 김해, 양산)
붙·이·이	HM^2[HM^2]	(창원①②, 김해)
붙·이·이·께	HM^3[HM^3]	(창원①②, 함안, 김해)
붙·잉·게	HM^2[HM^2]	(창원②)
붙·잉·께	HM^2[HM^2]	(함안)
붙·이·이·끼·네	HM^4[HM^4]	(양산)

(542) 2음절 평1형어간 풀이씨 {닙·히·다}의 어형들

닙·히·다<눕·히·다(사)>	(HM·M→)HM^2[HM^2]	(창원①②, 함안, 김해, 양산)
닙·히·고	HM^2[HM^2]	(창원①②, 함안, 김해, 양산)
닙·히·서	HM^2[HM^2]	(창원①②, 함안, 김해)
닙·히·이·께	HM^3[HM^3]	(창원①②, 함안, 김해)
닙·힝·께	HM^2[HM^2]	(창원②, 함안)
닙·힝·께·네	HM^3[HM^3]	(함안)

(543) 2음절 평1형어간 풀이씨 {뎁·히·다}의 어형들

뎁·히·다<덥히다>	(HM·M→)HM^2[HM^2]	(창원①②, 함안, 김해, 양산)
뎁·히	HM[HM]	(창원①, 양산)
뎁·히·고	HM^2[HM^2]	(창원①②, 함안, 김해, 양산)
뎁·히·네	HM^2[HM^2]	(창원①②, 함안, 김해, 양산)
뎁·히·도	HM^2[HM^2]	(창원①②, 함안, 김해, 양산)

뎁·히·먼 HM^2[HM^2] (함안, 김해, 양산)
뎁·히·머 HM^2[HM^2] (김해, 양산)
뎁·히·모 HM^2[HM^2] (창원①②, 함안)
뎁·히·서 HM^2[HM^2] (창원①②, 함안, 김해, 양산)
뎁·힜·다 HM^2[HM^2] (창원①②, 함안, 김해, 양산)

(544) 2음절 평1형어간 풀이씨 {눕·히·다}의 어형들
눕·히·다<사> (HM·M→)HM^2[HM^2] (창원②, 함안, 김해, 양산)
눕·히·고 HM^2[HM^2] (창원②, 함안, 김해, 양산)
눕·히·먼 HM^2[HM^2] (함안, 김해, 양산)
눕·히·모 HM^2[HM^2] (창원②, 함안)
눕·히·서 HM^2[HM^2] (창원②, 함안, 김해)
눕·히·이·께 HM^3[HM^3] (창원②, 김해)
눕·힝·께 HM^2[HM^2] (함안)

(545) 2음절 평1형어간 풀이씨 {대·리·다}의 어형들
대·리·다<다리다> (HM·M→)HM^2[HM^2] (창원①②, 함안, 김해, 양산)
대·리·고 HM^2[HM^2] (창원①②, 함안, 김해, 양산)
대·리·네 HM^2[HM^2] (창원①②, 함안, 김해, 양산)
대·리·도 HM^2[HM^2] (창원①②, 함안, 김해, 양산)

(546) 2음절 평1형어간 풀이씨 {개·리·다}의 어형들
개·리·다(나물)가리다> (HM·M→)HM^2[HM^2] (창원①, 함안)
개·리·고 HM^2[HM^2] (창원①, 함안)
개·리·도 HM^2[HM^2] (창원①, 함안)

(547) 2음절 평1형어간 풀이씨 {다·리·다}의 어형들
다·리·다 (HM·M→)HM^2[HM^2] (창원①②, 함안, 김해, 양산)
다·리·고 HM^2[HM^2] (창원①②, 함안, 김해, 양산)
다·리·네 HM^2[HM^2] (창원①②, 함안, 김해, 양산)
다·리·더·라 HM^3[HM^3] (창원①②, 함안, 김해, 양산)
다·리·도 HM^2[HM^2] (창원①②, 함안, 김해, 양산)
다·리·서 HM^2[HM^2] (창원①②, 함안, 김해, 양산)
다·리·마 HM^2[HM^2] (창원②)
다·리·머 HM^2[HM^2] (함안, 김해)
다·리·모 HM^2[HM^2] (창원①②, 함안)

(548) 2음절 평1형어간 풀이씨 {알·리·다}의 어형들
알·리·다 (HM·M→)HM^2[HM^2] (창원①②, 함안, 김해, 양산)
알·리·고 HM^2[HM^2] (창원①②, 함안, 김해, 양산)

알·리·도	$HM^2[HM^2]$	(창원①②, 함안, 김해, 양산)
알·리·라	$HM^2[HM^2]$	(창원①②, 함안, 김해, 양산)
알·리·머	$HM^2[HM^2]$	(김해, 양산)
알·리·먼	$HM^2[HM^2]$	(함안, 김해, 양산)
알·리·모	$HM^2[HM^2]$	(창원①②, 함안)
알·리·서	$HM^2[HM^2]$	(창원①②, 함안, 김해, 양산)

(549) 2음절 평1형어간 풀이씨 {돌·리·다}의 어형들

돌·리·다<사>	$(HM{\cdot}M\rightarrow)HM^2[HM^2]$	(창원①②, 함안, 김해, 양산)
돌·리	HM[HM]	(창원①, 함안)
돌·리·고	$HM^2[HM^2]$	(창원①②, 함안, 김해, 양산)
돌·리·도	$HM^2[HM^2]$	(창원①②, 함안, 김해, 양산)
돌·리·머	$HM^2[HM^2]$	(김해, 양산)
돌·리·모	$HM^2[HM^2]$	(창원①②, 함안)
돌·리·서	$HM^2[HM^2]$	(창원①②, 함안, 김해, 양산)

(550) 2음절 평1형어간 풀이씨 {전·디·다}의 어형들

전·디·다<견디다>	$(HM{\cdot}M\rightarrow)HM^2[HM^2]$	(창원①②, 함안, 김해, 양산)
전·디·고	$HM^2[HM^2]$	(창원①②, 함안, 김해, 양산)
전·디·서	$HM^2[HM^2]$	(창원①②, 함안, 김해, 양산)
전·디·이·께	$HM^3[HM^3]$	(창원①②, 함안, 김해)
전·딩·께	$HM^2[HM^2]$	(창원②, 함안)
전·디·이·께·네[936]	$HM^4[HM^4]$	(양산)
전·디·이·까·네	$HM^4[HM^4]$	(양산)
전·디·이·께·네	$HM^4[HM^4]$	(함안)

(551) 2음절 평1형어간 풀이씨 {견·디·다}의 어형들

견·디·다	$(HM{\cdot}M\rightarrow)HM^2[HM^2]$	(창원②, 양산)
견·디·고	$HM^2[HM^2]$	(창원②, 양산)
견·디·서	$HM^2[HM^2]$	(창원②, 양산)
견·딩·께	$HM^2[HM^2]$	(창원②)
견·디·이·까·네	$HM^4[HM^4]$	(양산)

(552) 2음절 평1형어간 풀이씨 {언·지·다}의 어형들

언·지·다<얹다>	$(HM{\cdot}M\rightarrow)HM^2[HM^2]$	(창원①②, 함안, 김해)
언·지·고	$HM^2[HM^2]$	(창원①②, 함안, 김해)
언·지·서	$HM^2[HM^2]$	(창원①②, 함안, 김해)
언·지·라	$HM^2[HM^2]$	(창원①②, 함안, 김해)

936) [양산 방언] /~·이·께·네/는 빈도가 낮다.

언·징·께	$HM^2[HM^2]$	(창원②, 함안)
언·지·이·께	$HM^3[HM^3]$	(창원①②, 함안, 김해)

(553) 2음절 평1형어간 풀이씨 {흐·치·다}의 어형들

흐·치·다<흩트리다>	$(HM{\cdot}M\rightarrow)HM^2[HM^2]$	(창원①②, 김해, 양산)
흐·치·서	$HM^2[HM^2]$	(창원①②, 김해, 양산)
흐·처·서	$HM^2[HM^2]$	(창원②, 김해)
흐·치·고	$HM^2[HM^2]$	(창원①②, 김해, 양산)
흐·치·네	$HM^2[HM^2]$	(창원①②, 김해, 양산)
흐·치·더·라	$HM^3[HM^3]$	(창원①②, 김해, 양산)
흐·친	HM[HM]	(창원①②, 김해, 양산)
흐·칠	HM[HM]	(창원①②, 김해, 양산)

(554) 2음절 평1형어간 풀이씨 {만·치·다}의 어형들

만·치·다<만지다>	$(HM{\cdot}M\rightarrow)HM^2[HM^2]$	(창원①②, 함안, 김해, 양산)
만·치·고	$HM^2[HM^2]$	(창원①②, 함안, 김해, 양산)
만·치·네	$HM^2[HM^2]$	(창원①②, 함안, 김해, 양산)
만·치·먼	$HM^2[HM^2]$	(함안, 김해, 양산)
만·치·모	$HM^2[HM^2]$	(창원①②, 함안)
만·처·도	$HM^2[HM^2]$	(창원②, 김해)
만·처·서	$HM^2[HM^2]$	(창원②, 김해)
만·치·도	$HM^2[HM^2]$	(창원①②, 함안, 김해, 양산)
만·치·서	$HM^2[HM^2]$	(창원①②, 함안, 김해, 양산)

(555) 2음절 평1형어간 풀이씨 {몬·치·다}의 어형들

몬·치·다<만지다>	$(HM{\cdot}M\rightarrow)HM^2[HM^2]$	(함안, 김해, 양산)
몬·치·고	$HM^2[HM^2]$	(함안, 김해, 양산)
몬·치·네	$HM^2[HM^2]$	(함안, 김해, 양산)
몬·치·머	$HM^2[HM^2]$	(김해, 양산)
몬·치·모	$HM^2[HM^2]$	(함안)
몬·치·서	$HM^2[HM^2]$	(함안, 김해, 양산)
몬·치·도	$HM^2[HM^2]$	(함안, 김해, 양산)

(556) 2음절 평1형어간 풀이씨 {뻗·치·다}의 어형들

뻗·치·다	$(HM{\cdot}M\rightarrow)HM^2[HM^2]$	(창원①②, 함안, 김해, 양산)
뻗·처·서	$HM^2[HM^2]$	(창원②, 김해)
뻗·치·고	$HM^2[HM^2]$	(창원①②, 함안, 김해, 양산)
뻗·치·도	$HM^2[HM^2]$	(창원①②, 김해)
뻗·치·머	$HM^2[HM^2]$	(김해, 양산)
뻗·치·먼	$HM^2[HM^2]$	(함안, 김해, 양산)

뻗·치·모	HM²[HM²]	(창원①②, 함안)
뻗·치·몬	HM²[HM²]	(창원①②)
뻗·치·서	HM²[HM²]	(창원①②, 함안, 김해, 양산)
뻗·치·이·께	HM³[HM³]	(창원①②, 함안, 김해)
뻗·칭·께	HM²[HM²]	(함안)

(557) 2음절 평1형어간 풀이씨 {히·비·다}의 어형들

히·비·다<후비다>	(HM·M→)HM²[HM²]	(창원①②, 함안, 김해, 양산)
히·비·고	HM²[HM²]	(창원①②, 함안, 김해, 양산)
히·비·도	HM²[HM²]	(창원①②, 함안, 김해, 양산)
히·비·머	HM²[HM²]	(김해, 양산)
히·비·먼	HM²[HM²]	(함안, 김해, 양산)
히·비·모	HM²[HM²]	(창원①②, 함안)
히·비·서	HM²[HM²]	(창원①②, 함안, 김해, 양산)

(558) 2음절 평1형어간 풀이씨 {후·비·다}의 어형들

후·비·다	(HM·M→)HM²[HM²]	(창원②)
후·비·고	HM²[HM²]	(창원②)
후·비·모	HM²[HM²]	(창원②)
후·비·서	HM²[HM²]	(창원②)

(559) 2음절 평1형어간 풀이씨 {팅·기·다}의 어형들

팅·기·다<퉁기다>	(HM·M→)HM²[HM²]	(창원①②, 함안, 김해, 양산)
팅·기·고	HM²[HM²]	(창원①②, 함안, 김해, 양산)
팅·기·도	HM²[HM²]	(창원①②, 함안, 김해, 양산)
팅·기·머	HM²[HM²]	(김해, 양산)
팅·기·모	HM²[HM²]	(창원①②, 함안)
팅·기·몬	HM²[HM²]	(창원①②)
팅·기·서	HM²[HM²]	(창원①②, 함안, 김해, 양산)

(560) 2음절 평1형어간 풀이씨 {땡·기·다}의 어형들

땡·기·다<당기다>	(HM·M→)HM²[HM²]	(창원①②, 함안, 김해, 양산)
땡·겨·서	HM²[HM²]	(창원①②, 김해)
땡·기·고	HM²[HM²]	(창원①②, 함안, 김해, 양산)
땡·기·도	HM²[HM²]	(창원①②, 함안, 김해, 양산)
땡·기·마	HM²[HM²]	(창원②)
땡·기·머	HM²[HM²]	(김해, 양산)
땡·기·먼	HM²[HM²]	(함안, 김해, 양산)
땡·기·모	HM²[HM²]	(창원①②, 함안)
땡·기·서	HM²[HM²]	(창원①②, 함안, 김해, 양산)

(561) 2음절 평1형어간 풀이씨 {대·애·다}의 어형들

대·애·다<대다>	(HM·M→)$HM^2[HM^2]$	(창원①②, 함안, 김해, 양산)
대·애·고	$HM^2[HM^2]$	(창원①②, 함안, 김해, 양산)
대·애·네	$HM^2[HM^2]$	(창원①②, 함안, 김해, 양산)
대·애·도	$HM^2[HM^2]$	(창원①②, 함안, 김해, 양산)
대·애·머	$HM^2[HM^2]$	(김해, 양산)
대·애·모	$HM^2[HM^2]$	(창원①②, 함안)
대·애·서	$HM^2[HM^2]$	(창원①②, 함안, 김해, 양산)

(562) 2음절 평1형어간 풀이씨 {개·애·다}의 어형들

개·애·다(晴)<개다>	(HM·M→)$HM^2[HM^2]$	(창원②, 양산)
개·애·도	$HM^2[HM^2]$	(창원②, 양산)
개·앤·다	$HM^2[HM^2]$	(창원②, 양산)

(563) 2음절 평1형어간 풀이씨 {케·아·다}의 어형들

케·아·다<키우다>	(HM·M→)$HM^2[HM^2]$	(창원①②, 함안)
케·아·고	$HM^2[HM^2]$	(창원①②, 함안)
케·아·도	$HM^2[HM^2]$	(창원①②, 함안)
케·아·서	$HM^2[HM^2]$	(창원①②, 함안)
케·아·이·께	$HM^3[HM^3]$	(창원①②, 함안)
케·앙·께	$HM^2[HM^2]$	(창원②, 함안)

(564) 2음절 평1형어간 풀이씨 {태·아·다}의 어형들

태·아·다(燒,乘)	(HM·M→)$HM^2[HM^2]$	(창원①②, 함안)
태·아·고	$HM^2[HM^2]$	(창원①②, 함안)
태·아·도	$HM^2[HM^2]$	(창원①②, 함안)
태·앙·께	$HM^2[HM^2]$	(창원②, 함안)

(565) 2음절 평1형어간 풀이씨 {재·아·다}의 어형들

재·아·다<재우다>	(HM·M→)$HM^2[HM^2]$	(창원①②, 함안)
재·아·고	$HM^2[HM^2]$	(창원①②, 함안)
재·아·도	$HM^2[HM^2]$	(창원①②, 함안)
재·아·서	$HM^2[HM^2]$	(창원①②, 함안)
재·아·이·께	$HM^3[HM^3]$	(창원①②, 함안)
재·아·이	$HM^2[HM^2]$	(창원①②, 함안)
재·앙·께	$HM^2[HM^2]$	(창원②, 함안)
재·았·다	$HM^2[HM^2]$	(창원①②, 함안)

(566) 2음절 평1형어간 풀이씨 {배·아·다}의 어형들

배·아·다<배우다>	(HM·M→)$HM^2[HM^2]$	(창원①②, 함안)

배·아·고 $HM^2[HM^2]$ (창원①②, 함안)
배·아·도 $HM^2[HM^2]$ (창원①②, 함안)
배·아·서 $HM^2[HM^2]$ (창원①②, 함안)
배·앙·께 $HM^2[HM^2]$ (창원②, 함안)
배·아·이·께 $HM^3[HM^3]$ (창원①②, 함안)

(567) 2음절 평1형어간 풀이씨 {텡·가·다}의 어형들
텡·가·다<퉁기다> $(HM{\cdot}M\rightarrow)HM^2[HM^2]$ (창원①②, 김해)
텡·가·도 $HM^2[HM^2]$ (창원①②, 김해)
텡·가·먼 $HM^2[HM^2]$ (김해)
텡·가·몬 $HM^2[HM^2]$ (창원①②)
텡·가·라 $HM^2[HM^2]$ (창원①②, 김해)

(568) 2음절 평1형어간 풀이씨 {시·우·다}의 어형들
시·우·다<세우다> $(HM{\cdot}M\rightarrow)HM^2[HM^2]$ (함안, 김해)
시·아·서 $HM^2[HM^2]$ (함안, 김해)
시·아·라 $HM^2[HM^2]$ (함안, 김해)
시·우·고 $HM^2[HM^2]$ (함안, 김해)
시·우·네 $HM^2[HM^2]$ (함안, 김해)
시·우·모 $HM^2[HM^2]$ (함안)
시·우·머 $HM^2[HM^2]$ (김해)

(569) 2음절 평1형어간 풀이씨 {키·우·다}의 어형들
키·우·다 $(HM{\cdot}M\rightarrow)HM^2[HM^2]$ (창원①②, 함안, 김해, 양산)
키·우·고 $HM^2[HM^2]$ (창원①②, 함안, 김해, 양산)
키·우·머 $HM^2[HM^2]$ (김해, 양산)
키·우·이·께 $HM^3[HM^3]$ (창원①②, 함안, 김해)
키·웅·께 $HM^2[HM^2]$ (함안)
키·워·서 $HM^2[HM^2]$ (창원①②, 김해, 양산)
키·아 $HM[HM]$ (창원①②, 양산)
키·우 $HM[HM]$ (함안)
키·아·도 $HM^2[HM^2]$ (창원①②, 함안, 김해, 양산)
키·아·서 $HM^2[HM^2]$ (창원①②, 함안, 김해, 양산)

(570) 2음절 평1형어간 풀이씨 {데·우·다}의 어형들
데·우·다 $(HM{\cdot}M\rightarrow)HM^2[HM^2]$ (창원①②, 함안, 김해, 양산)
데·우·고 $HM^2[HM^2]$ (창원①②, 함안, 김해, 양산)
데·우·머 $HM^2[HM^2]$ (김해, 양산)
데·우·먼 $HM^2[HM^2]$ (함안, 김해, 양산)
데·우·모 $HM^2[HM^2]$ (창원①②, 함안)

데·워·도 HM^2[HM^2] (창원①②, 김해, 양산)
데·워·서 HM^2[HM^2] (창원①②, 김해, 양산)
데·아·도 HM^2[HM^2] (창원①②, 함안, 김해, 양산)

(571) 2음절 평1형어간 풀이씨 {세·우·다}의 어형들
세·우·다 (HM·M→)HM^2[HM^2] (창원①②, 함안, 김해, 양산)
세·우·고 HM^2[HM^2] (창원①②, 함안, 김해, 양산)
세·우·먼 HM^2[HM^2] (함안, 김해, 양산)
세·아·라 HM^2[HM^2] (창원①②, 함안, 김해, 양산)
세·아·서 HM^2[HM^2] (창원①②, 함안, 김해, 양산)
세·우·네 HM^2[HM^2] (창원①②, 함안, 김해, 양산)
세·워·서 HM^2[HM^2] (창원①②, 김해, 양산)

(572) 2음절 평1형어간 풀이씨 {태·우·다}의 어형들
태·우·다 (HM·M→)HM^2[HM^2] (창원①②, 함안, 김해, 양산)
태·우·고 HM^2[HM^2] (창원①②, 함안, 김해, 양산)
태·우·도 HM^2[HM^2] (창원①②, 함안)
태·우·머 HM^2[HM^2] (김해, 양산)
태·우·먼 HM^2[HM^2] (함안, 김해, 양산)
태·우·모 HM^2[HM^2] (창원①②, 함안)
태·워·도 HM^2[HM^2] (창원①②, 김해, 양산)
태·워·서 HM^2[HM^2] (창원①②, 김해, 양산)
태·아·도 HM^2[HM^2] (창원①②, 함안, 김해, 양산)
태·아·서 HM^2[HM^2] (창원①②, 함안, 김해, 양산)

(573) 2음절 평1형어간 풀이씨 {재·우·다}의 어형들
재·우·다 (HM·M→)HM^2[HM^2] (창원①②, 함안, 김해, 양산)
재·아·도 HM^2[HM^2] (창원①②, 함안, 김해, 양산)
재·아·서 HM^2[HM^2] (창원①②, 함안, 김해, 양산)
재·우·고 HM^2[HM^2] (창원①②, 함안, 김해, 양산)
재·우·이 HM^2[HM^2] (창원①②, 김해)
재·우·이·께 HM^3[HM^3] (창원①②, 김해)
재·웅·께 HM^2[HM^2] (함안)
재·워·서 HM^2[HM^2] (창원①②, 양산)

(574) 2음절 평1형어간 풀이씨 {배·우·다}의 어형들
배·우·다 (HM·M→)HM^2[HM^2] (창원①②, 함안, 김해, 양산)
배·우·고 HM^2[HM^2] (창원①②, 함안, 김해, 양산)
배·우·머 HM^2[HM^2] (김해, 양산)
배·우·먼 HM^2[HM^2] (함안, 김해, 양산)

배·우·모　HM^2[HM^2]　(창원①②, 함안)
배·아·도　HM^2[HM^2]　(창원①②, 함안, 김해, 양산)
배·아·서　HM^2[HM^2]　(창원①②, 함안, 김해, 양산)
배·았·다　HM^2[HM^2]　(창원①②, 함안, 김해, 양산)
배·워·도　HM^2[HM^2]　(창원②, 양산)
배·워·서　HM^2[HM^2]　(창원②, 양산)

(575) 2음절 평1형어간 풀이씨 {사·우·다}의 어형들 자료

사·우·다<싸우다>　(HM·M→)HM^2[HM^2]　(김해, 양산)
사·우·거·나　HM^3[HM^3]　(김해, 양산)
사·우·겠·다　HM^3[HM^3]　(김해, 양산)
사·우·고　HM^2[HM^2]　(김해, 양산)
사·우·겄·다　HM^3[HM^3]　(김해)
사·우·기　HM^2[HM^2]　(김해, 양산)
사·우·네　HM^2[HM^2]　(김해, 양산)
사·우·다·가　HM^3[HM^3]　(김해, 양산)
사·우·더·라　HM^3[HM^3]　(김해, 양산)
사·우·머　HM^2[HM^2]　(김해, 양산)
사·우·지　HM^2[HM^2]　(김해, 양산)
사·운·다　HM^2[HM^2]　(김해, 양산)
사·웁·니·더　HM^3[HM^3]　(김해)
사·웁·미·더　HM^3[HM^3]　(양산)
사·웄·다　HM^2[HM^2]　(김해, 양산)
사·워·도　HM^2[HM^2]　(양산)
사·우·도　HM^2[HM^2]　(김해)
사·우·라　HM^2[HM^2]　(김해)
사·아·도　HM^2[HM^2]　(김해)
사·아·라　HM^2[HM^2]　(김해)
사·아·서　HM^2[HM^2]　(김해)
사·았·다　HM^2[HM^2]　(김해)
사·와·도　HM^2[HM^2]　(김해, 양산)
사·와·라　HM^2[HM^2]　(김해, 양산)
사·왔·다　HM^2[HM^2]　(김해, 양산)

(576) 2음절 평1형어간 풀이씨 {싸·우·다}의 어형들 자료

싸·우·다　(HM·M→)HM^2[HM^2]　(창원①②, 함안)
싸·우·거·나　HM^3[HM^3]　(창원①②, 함안)
싸·우·겄·다　HM^3[HM^3]　(창원①②, 함안)
싸·우·겠·다　HM^3[HM^3]　(창원①②)
싸·우·고　HM^2[HM^2]　(창원①②, 함안)

싸·우·기 $HM^2[HM^2]$ (창원①②, 함안)
싸·우·네 $HM^2[HM^2]$ (창원①②, 함안)
싸·우·다·가 $HM^3[HM^3]$ (창원①②, 함안)
싸·우·더·라 $HM^3[HM^3]$ (창원①②, 함안)
싸·우·도 $HM^2[HM^2]$ (창원①②, 함안)
싸·우·라 $HM^2[HM^2]$ (창원①②, 함안)
싸·우·머 $HM^2[HM^2]$ (함안)
싸·우·모 $HM^2[HM^2]$ (창원①②, 함안)
싸·우·서 $HM^2[HM^2]$ (창원①②)
싸·우·지 $HM^2[HM^2]$ (창원①②, 함안)
싸·운·다 $HM^2[HM^2]$ (창원①②, 함안)
싸·웁·니·더 $HM^3[HM^3]$ (창원①)
싸·웁·미·더 $HM^3[HM^3]$ (창원②, 함안)
싸·웄·다 $HM^2[HM^2]$ (창원①②, 함안)
싸·워·도 $HM^2[HM^2]$ (창원①②)
싸·워·라 $HM^2[HM^2]$ (창원①②)
싸·워·서 $HM^2[HM^2]$ (창원①②)
싸·웠·다 $HM^2[HM^2]$ (창원①②)
싸·와·도 $HM^2[HM^2]$ (창원②, 함안)
싸·와·서 $HM^2[HM^2]$ (창원②, 함안)

(577) 2음절 평1형어간 풀이씨 {도·우·다}의 어형들
도·우·다<돕다> $(HM \cdot M\rightarrow)HM^2[HM^2]$ (창원①②, 함안, 김해, 양산)
도·우·고 $HM^2[HM^2]$ (창원①②, 함안, 김해, 양산)
도·우·네 $HM^2[HM^2]$ (창원①②, 함안, 김해, 양산)
도·우·먼 $HM^2[HM^2]$ (함안, 김해, 양산)
도·우·면 $HM^2[HM^2]$ (양산)
도·우·모 $HM^2[HM^2]$ (창원①②, 함안)
도·우·몬 $HM^2[HM^2]$ (창원①②)
도·운 $HM[HM]$ (창원①②, 함안, 김해, 양산)
도·아·서 $HM^2[HM^2]$ (창원①, 양산)
도·와·서 $HM^2[HM^2]$ (창원②, 함안, 김해, 양산)

(578) 2음절 평1형어간 풀이씨 {텡·구·다}의 어형들
텡·구·다<퉁기다> $(HM \cdot M\rightarrow)HM^2[HM^2]$ (함안, 김해)
텡·군·다 $HM^2[HM^2]$ (함안, 김해)
텡·가·도 $HM^2[HM^2]$ (함안, 김해)
텡·가·먼 $HM^2[HM^2]$ (함안, 김해)

(579) 2음절 평1형어간 풀이씨 {추·집·다}의 어형들

추·집·다<추하다>	(HM·M→)$HM^2[HM^2]$	(창원①②, 함안, 김해, 양산)
추·집·고	$HM^2[HM^2]$	(창원①②, 함안, 김해, 양산)
추·집·아·서	$HM^3[HM^3]$	(창원①②, 함안, 김해, 양산)
추·집·어·서	$HM^3[HM^3]$	(창원②, 양산)
추·집·우·니·까	$HM^4[HM^4]$	(양산)
추·집·으·이·께	$HM^4[HM^4]$	(창원①, 김해)
추·집·응·께	$HM^3[HM^3]$	(창원②, 함안, 양산)

(580) 2음절 평1형어간 풀이씨 {추·접·다}의 어형들

추·접·다<추하다>	(HM·M→)$HM^2[HM^2]$	(창원②, 김해, 양산)
추·접·고	$HM^2[HM^2]$	(창원②, 김해, 양산)
추·접·아·서	$HM^3[HM^3]$	(창원②, 김해)
추·접·어·서	$HM^3[HM^3]$	(창원②, 양산)
추·접·으·마	$HM^3[HM^3]$	(창원②)
추·접·으·먼	$HM^3[HM^3]$	(김해, 양산)
추·접·으·이·께	$HM^4[HM^4]$	(창원②, 김해)

3음절 평1형 어간 풀이씨의 굴곡형은 다음과 같다.

(581) 3음절 평1형 어간 풀이씨 {달·아·나·다}의 어형들 자료

달·아·나·다	(HM^2·M→)$HM^3[HM^3]$	(창원①②, 함안, 김해, 양산)
달·아·나·고	$HM^3[HM^3]$	(창원①②, 함안, 김해, 양산)
달·아·나·기	$HM^3[HM^3]$	(창원①②, 함안, 김해, 양산)
달·아·난·다	$HM^3[HM^3]$	(창원①②, 함안, 김해, 양산)
달·아·나·더·라	$HM^4[HM^4]$	(창원①②, 함안, 김해, 양산)
달·아·나·겄·다	$HM^4[HM^4]$	(창원①②, 함안, 김해)
달·아·나·겠·다	$HM^4[HM^4]$	(창원①②, 김해, 양산)

(582) 3음절 평1형 어간 풀이씨 {다·알·나·다}의 어형들 자료

다·알·나·다<달아나다>	(HM^2·M→)$HM^3[HM^3]$	(김해, 양산)
다·알·나·고	$HM^3[HM^3]$	(김해, 양산)
다·알·나·겄·다	$HM^4[HM^4]$	(김해)
다·알·나·겠·다	$HM^4[HM^4]$	(양산)
다·알·나·기	$HM^3[HM^3]$	(김해, 양산)
다·알·나·더·라	$HM^4[HM^4]$	(김해, 양산)
다·알·난·다	$HM^3[HM^3]$	(김해, 양산)

3음절 평2형어간 풀이씨의 굴곡형은 다음과 같다.

(583) 3음절 평2형어간 풀이씨 {티이·이·다}의 어형들

티이·이·다<트이다(피)>	$(H^2M{\cdot}M\rightarrow)H^2M^2[MHM^2]$	(창원①②, 함안, 김해)
티이·이·고	$H^2M^2[MHM^2]$	(창원①②, 함안, 김해)
티이·이·마	$H^2M^2[MHM^2]$	(창원②)
티이·이·머	$H^2M^2[MHM^2]$	(김해)
티이·이·모	$H^2M^2[MHM^2]$	(창원①②, 함안)
티이·이·서	$H^2M^2[MHM^2]$	(창원①②, 함안, 김해)
티이·잉·게	$H^2M^2[MHM^2]$	(창원②)
티이·잉·께	$H^2M^2[MHM^2]$	(창원②, 함안)
티이·이·께	$H^2M^2[MHM^2]$	(창원①②, 함안, 김해)

(584) 3음절 평2형어간 풀이씨 {띠이·이·다}의 어형들

띠이·이·다<뜨이다(피)>	$(H^2M{\cdot}M\rightarrow)H^2M^2[MHM^2]$	(창원①②, 함안, 김해)
띠이·이·고	$H^2M^2[MHM^2]$	(창원①②, 함안, 김해)
띠이·이·서	$H^2M^2[MHM^2]$	(창원①②, 함안, 김해)
띠이·인·다	$H^2M^2[MHM^2]$	(창원①②, 함안, 김해)
띠이·이·께	$H^2M^2[MHM^2]$	(창원①②, 함안, 김해)
띠이·잉·께	$H^2M^2[MHM^2]$	(창원②, 함안)
띠이·이·건·대	$H^2M^3[MHM^3]$	(창원①②, 함안, 김해)
띠이·이·걸·래	$H^2M^3[MHM^3]$	(창원①②, 함안, 김해)
띠이·이·길·래	$H^2M^3[MHM^3]$	(창원②)

(585) 3음절 평2형어간 풀이씨 {찌이·이·다}의 어형들

찌이·이·다<끼다(피)>	$(H^2M{\cdot}M\rightarrow)H^2M^2[MHM^2]$	(창원①②, 김해)
찌이·이·고	$H^2M^2[MHM^2]$	(창원①②, 김해)
찌이·이·머	$H^2M^2[MHM^2]$	(김해)
찌이·이·모	$H^2M^2[MHM^2]$	(창원①②)
찌이·이·도	$H^2M^2[MHM^2]$	(창원①②, 김해)
찌이·이·서	$H^2M^2[MHM^2]$	(창원①②, 김해)

(586) 3음절 평2형어간 풀이씨 {메이·이·다}의 어형들

메이·이·다<메이다>	$(H^2M{\cdot}M\rightarrow)H^2M^2[MHM^2]$	(창원①②, 함안, 김해, 양산)
메이·이·고	$H^2M^2[MHM^2]$	(창원①②, 함안, 김해, 양산)
메이·이·도	$H^2M^2[MHM^2]$	(창원①②, 함안, 김해, 양산)
메이·이·서	$H^2M^2[MHM^2]$	(창원①②, 함안, 김해, 양산)
메이·이·께	$H^2M^2[MHM^2]$	(창원①②, 함안, 김해)
메이·잉·께	$H^2M^2[MHM^2]$	(창원②, 함안)
메이·이·까·네	$H^2M^3[MHM^3]$	(양산)

(587) 3음절 평2형어간 풀이씨 {베이·이·다}의 어형들

베이·이·다<보이다(피,사)>	$(H^2M \cdot M \to)H^2M^2[MHM^2]$	(창원①②, 함안, 김해)
베이·이·고	$H^2M^2[MHM^2]$	(창원①②, 함안, 김해)
베이·이·네	$H^2M^2[MHM^2]$	(창원①②, 함안, 김해)
베이·이·도	$H^2M^2[MHM^2]$	(창원①②, 함안, 김해)
베이·이·서	$H^2M^2[MHM^2]$	(창원①②, 함안, 김해)
베이·잉·께	$H^2M^2[MHM^2]$	(창원②, 함안)
베이·이·께	$H^2M^2[MHM^2]$	(창원①②, 함안, 김해)

(588) 3음절 평2형어간 풀이씨 {개이·이·다}의 어형들

개이·이·다(晴)<개다>	$(H^2M \cdot M \to)H^2M^2[MHM^2]$	(창원①②, 함안, 김해, 양산)
개이·이·고	$H^2M^2[MHM^2]$	(창원①②, 함안, 김해)
개이·이·도	$H^2M^2[MHM^2]$	(창원①②, 함안, 김해, 양산)
개이·이·서	$H^2M^2[MHM^2]$	(창원①②, 함안, 김해, 양산)
개이·이·까	$H^2M^2[MHM^2]$	(양산)
개이·잉·께	$H^2M^2[MHM^2]$	(창원②, 함안)
개이·이·께	$H^2M^2[MHM^2]$	(창원①②, 함안, 김해)

(589) 3음절 평2형어간 풀이씨 {보이·이·다}의 어형들

보이·이·다<보이다>	$(H^2M \cdot M \to)H^2M^2[MHM^2]$	(창원①②, 김해, 양산)
보이·이·고	$H^2M^2[MHM^2]$	(창원①②, 김해, 양산)
보이·이·도	$H^2M^2[MHM^2]$	(창원①②, 김해, 양산)
보이·이·께	$H^2M^2[MHM^2]$	(창원①②, 김해)
보이·이·까	$H^2M^2[MHM^2]$	(양산)

(590) 3음절 평2형어간 풀이씨 {땡기·리·다}의 어형들

땡기·리·다<당기다>	$(H^2M \cdot M \to)H^2M^2[MHM^2]$	(창원①②, 함안, 김해, 양산)
땡기·리·고	$H^2M^2[MHM^2]$	(창원①②, 함안, 김해, 양산)
땡기·리·도	$H^2M^2[MHM^2]$	(창원①②, 함안, 김해, 양산)
땡기·리·더·라	$H^2M^3[MHM^3]$	(창원①②, 함안, 김해, 양산)

(591) 3음절 평2형어간 풀이씨 {기다·리·다}의 어형들 자료

기다·리·다	$(H^2M \cdot M \to)H^2M^2[MHM^2]$	(창원①②, 함안, 김해, 양산)
기다·리·고	$H^2M^2[MHM^2]$	(창원①②, 함안, 김해, 양산)
기다·리·기	$H^2M^2[MHM^2]$	(창원①②, 함안, 김해, 양산)
기다·린·다	$H^2M^2[MHM^2]$	(창원①②, 함안, 김해, 양산)
기다·리·겼·다	$H^2M^3[MHM^3]$	(창원①②, 함안, 김해)
기다·리·겠·다	$H^2M^3[MHM^3]$	(창원①②, 김해, 양산)
기다·리·더·라	$H^2M^3[MHM^3]$	(창원①②, 함안, 김해, 양산)

(592) 3음절 평2형어간 풀이씨 {맺히·이·다}의 어형들

맺히·이·다<맺히다(피)>	$(H^2M\cdot M\rightarrow)H^2M^2[MHM^2]$	(창원①②, 김해)
맺히·이·고	$H^2M^2[MHM^2]$	(창원①②, 김해)
맺히·이·도	$H^2M^2[MHM^2]$	(창원①②, 김해)
맺히·이·께	$H^2M^2[MHM^2]$	(창원①②, 김해)

(593) 3음절 평2형어간 풀이씨 {막히·이·다}의 어형들

맥히·이·다<막히다(피)>	$(H^2M\cdot M\rightarrow)H^2M^2[MHM^2]$	(창원①②, 함안, 김해, 양산)
맥히·이·네	$H^2M^2[MHM^2]$	(창원①②, 함안, 김해, 양산)
맥히·이·도	$H^2M^2[MHM^2]$	(창원①②, 함안, 김해, 양산)
맥히·이·께	$H^2M^2[MHM^2]$	(창원①②, 함안, 김해)

(594) 3음절 평2형어간 풀이씨 {닫히·이·다}의 어형들

닫히·이·다<닫히다(피)>	$(H^2M\cdot M\rightarrow)H^2M^2[MHM^2]$	(창원①②, 함안, 김해, 양산)
닫히·이·고	$H^2M^2[MHM^2]$	(창원①②, 함안, 김해, 양산)
닫히·이·머	$H^2M^2[MHM^2]$	(김해, 양산)
닫히·이·모	$H^2M^2[MHM^2]$	(창원①②, 함안)
닫히·있·다	$H^2M^2[MHM^2]$	(창원①②, 함안, 김해, 양산)
닫히·잉·께	$H^2M^2[MHM^2]$	(창원②, 함안)
닫히·이·께	$H^2M^2[MHM^2]$	(창원①②, 함안, 김해)
닫히·잉·께·네	$H^2M^3[MHM^3]$	(함안)
닫히·이·꺼·네	$H^2M^3[MHM^3]$	(창원①, 김해)

(595) 3음절 평2형어간 풀이씨 {업히·이·다}의 어형들

업히·이·다<업히다(피)>	$(H^2M\cdot M\rightarrow)H^2M^2[MHM^2]$	(창원①②, 함안, 김해, 양산)
업히·이·고	$H^2M^2[MHM^2]$	(창원①②, 함안, 김해, 양산)
업히·이·머	$H^2M^2[MHM^2]$	(김해, 양산)
업히·이·모	$H^2M^2[MHM^2]$	(창원①②, 함안)
업히·이·도	$H^2M^2[MHM^2]$	(창원①②, 함안, 김해, 양산)
업히·있·다	$H^2M^2[MHM^2]$	(창원①②, 함안, 김해, 양산)

(596) 3음절 평2형어간 풀이씨 {먹히·이·다}의 어형들

믹히·이·다<먹히다(피)>	$(H^2M\cdot M\rightarrow)H^2M^2[MHM^2]$	(창원①②, 함안, 김해, 양산)
믹히·이·고	$H^2M^2[MHM^2]$	(창원①②, 함안, 김해, 양산)
믹히·이·도	$H^2M^2[MHM^2]$	(창원①②, 함안, 김해, 양산)
믹히·이·먼	$H^2M^2[MHM^2]$	(함안, 김해, 양산)
믹히·이·서	$H^2M^2[MHM^2]$	(창원①②, 함안, 김해, 양산)
믹히·잉·께	$H^2M^2[MHM^2]$	(창원②, 함안)
믹히·이·께	$H^2M^2[MHM^2]$	(창원①②, 함안, 김해)

(597) 3음절 평2형어간 풀이씨 {밟히·이·다}의 어형들

밟히·이·다<밟히다(피)> $(H^2M{\cdot}M\rightarrow)H^2M^2[MHM^2]$ (창원①②, 함안, 김해, 양산)
밟히·이·겠·다 $H^2M^3[MHM^3]$ (창원①②, 함안, 김해)
밟히·이·겠·다 $H^2M^3[MHM^3]$ (창원①②, 김해, 양산)
밟히·이·더·라 $H^2M^3[MHM^3]$ (창원①②, 함안, 김해, 양산)
밟히·이·서 $H^2M^2[MHM^2]$ (창원①②, 함안, 김해, 양산)

(598) 3음절 평2형어간 풀이씨 {볿히·이·다}의 어형들

볿히·이·다<밟히다(피)> $(H^2M{\cdot}M\rightarrow)H^2M^2[MHM^2]$ (김해)
볿히·이·겠·다 $H^2M^3[MHM^3]$ (김해)
볿히·이·겠·다 $H^2M^3[MHM^3]$ (김해)
볿히·이·더·라 $H^2M^3[MHM^3]$ (김해)
볿히·이·서 $H^2M^2[MHM^2]$ (김해)

(599) 3음절 평2형어간 풀이씨 {물리·이·다}의 어형들

물리·이·다<물리다(피)> $(H^2M{\cdot}M\rightarrow)H^2M^2[MHM^2]$ (창원①②, 함안, 김해, 양산)
물리·이·고 $H^2M^2[MHM^2]$ (창원①②, 함안, 김해, 양산)
물리·이·도 $H^2M^2[MHM^2]$ (창원①②, 함안, 김해, 양산)
물리·이·서 $H^2M^2[MHM^2]$ (창원①②, 함안, 김해, 양산)

(600) 3음절 평2형어간 풀이씨 {닫히·이·다}의 어형들

닫기·이·다<닫히다(피)> $(H^2M{\cdot}M\rightarrow)H^2M^2[MHM^2]$ (창원①②, 함안, 김해, 양산)
닫기·이·고 $H^2M^2[MHM^2]$ (창원①②, 함안, 김해, 양산)
닫기·이·먼 $H^2M^2[MHM^2]$ (함안, 김해, 양산)
닫기·이·서 $H^2M^2[MHM^2]$ (창원①②, 함안, 김해, 양산)
닫기·이·더·라 $H^2M^3[MHM^3]$ (창원①②, 함안, 김해, 양산)

(601) 3음절 평2형어간 풀이씨 {감기·이·다}의 어형들

감기·이·다<(실이) 감기다> $(H^2M{\cdot}M\rightarrow)H^2M^2[MHM^2]$ (창원①②, 함안, 김해, 양산)
감기·이·고 $H^2M^2[MHM^2]$ (창원①②, 함안, 김해, 양산)
감기·이·머 $H^2M^2[MHM^2]$ (김해, 양산)
감기·이·도 $H^2M^2[MHM^2]$ (창원①②, 함안, 김해, 양산)

(602) 3음절 평2형어간 풀이씨 {깡기·이·다}의 어형들

깡기·이·다<감기다>[937] $(H^2M{\cdot}M\rightarrow)H^2M^2[MHM^2]$ (창원①②, 함안)
깡기·이·고 $H^2M^2[MHM^2]$ (창원①②, 함안)
깡기·이·서 $H^2M^2[MHM^2]$ (창원①②, 함안)
깡기·잉·께 $H^2M^2[MHM^2]$ (창원②, 함안)

---

937) 〔창원 방언①②, 함안 방언〕 /·눈·이 깡기·인·다/.

깡기·이·께	$H^2M^2[MHM^2]$	(창원②, 함안)
깡기·이·꺼·네	$H^2M^3[MHM^3]$	(창원①)

(603) 3음절 평2형어간 풀이씨 {갱기·이·다}의 어형들

갱기·이·다<감기다>	$(H^2M{\cdot}M\rightarrow)H^2M^2[MHM^2]$	(김해)
갱기·이·고	$H^2M^2[MHM^2]$	(김해)
갱기·이·께	$H^2M^2[MHM^2]$	(김해)
갱기·이·서	$H^2M^2[MHM^2]$	(김해)
갱기·이·꺼·네	$H^2M^3[MHM^3]$	(김해)

(604) 3음절 평2형어간 풀이씨 {깽기·이·다}의 어형들

깽기·이·다<감기다>	$(H^2M{\cdot}M\rightarrow)H^2M^2[MHM^2]$	(창원①②, 김해, 양산)
깽기·이·고	$H^2M^2[MHM^2]$	(창원①②, 김해, 양산)
깽기·이·도	$H^2M^2[MHM^2]$	(창원①②, 김해, 양산)

(605) 3음절 평2형어간 풀이씨 {주무·르·다}의 어형들

주무·르·다	$(H^2M{\cdot}M\rightarrow)H^2M^2[MHM^2]$	(창원①②, 함안, 김해)
주물·르·고	$H^2M^2[MHM^2]$	(창원①②), 함안, 김해)
주물·라·도	$H^2M^2[MHM^2]$	(창원①), 함안, 김해)
주물·러·도	$H^2M^2[MHM^2]$	(창원②)

(606) 3음절 평2형어간 풀이씨 {거느·리·다}의 어형들

거느·리·다	$(H^2M{\cdot}M\rightarrow)H^2M^2[MHM^2]$	(함안, 양산)
거느·리·고	$H^2M^2[MHM^2]$	(함안, 양산)
거느·리·이	$H^2M^2[MHM^2]$	(함안)
거느·리·서	$H^2M^2[MHM^2]$	(함안, 양산)
거느·러·서	$H^2M^2[MHM^2]$	(함안)
거느·리·니·까	$H^2M^3[MHM^3]$	(양산)

(607) 3음절 평2형어간 풀이씨 {주무·리·다}의 어형들

주무·리·다<주무르다>	$(H^2M{\cdot}M\rightarrow)H^2M^2[MHM^2]$	(창원①②, 함안, 김해, 양산)
주무·린·다	$H^2M^2[MHM^2]$	(창원①②, 함안, 김해, 양산)
주무·리·고	$H^2M^2[MHM^2]$	(창원①②, 함안, 김해, 양산)
주무·리·도	$H^2M^2[MHM^2]$	(창원①②, 함안, 김해, 양산)
주무·리·이	$H^2M^2[MHM^2]$	(창원①②, 함안, 김해)
주무·렀·다	$H^2M^2[MHM^2]$	(창원①②, 함안, 김해, 양산)

(608) 3음절 평2형어간 풀이씨 {개르·치·다}의 어형들

개르·치·다<가르치다>	$(H^2M{\cdot}M\rightarrow)H^2M^2[MHM^2]$	(창원①, 김해)
개르·치·네	$H^2M^2[MHM^2]$	(창원①, 김해)

개르·치·도 $H^2M^2[MHM^2]$ (창원①, 김해)
개르·치·서 $H^2M^2[MHM^2]$ (창원①, 김해)

(609) 3음절 평2형어간 풀이씨 {가르·치·다}의 어형들
가르·치·다 $(H^2M{\cdot}M\rightarrow)H^2M^2[MHM^2]$ (창원①②, 함안, 김해, 양산)
가르·처·도 $H^2M^2[MHM^2]$ (창원②, 함안, 양산)
가르·처·서 $H^2M^2[MHM^2]$ (창원②, 함안, 양산)
가르·치·고 $H^2M^2[MHM^2]$ (창원①②, 함안, 김해, 양산)
가르·치·도 $H^2M^2[MHM^2]$ (창원①②, 김해)
가르·치·서 $H^2M^2[MHM^2]$ (창원①②, 김해)
가르·치·이·께 $H^2M^3[MHM^3]$ (창원①②, 함안, 김해)
가르·치·니·까 $H^2M^3[MHM^3]$ (양산)

(610) 3음절 평2형어간 풀이씨 {보내·애·다}의 어형들
보내·애·다<보내다> $(H^2M{\cdot}M\rightarrow)H^2M^2[MHM^2]$ (창원②, 함안, 김해)
보내·애 $H^2M[MHM]$ (창원②, 함안, 김해)
보내·애·고 $H^2M^2[MHM^2]$ (창원②, 함안, 김해)
보내·애·기 $H^2M^2[MHM^2]$ (창원②, 함안, 김해)
보내·애·네 $H^2M^2[MHM^2]$ (창원②, 함안, 김해)
보내·애·네 $H^2M^2[MHM^2]$ (창원②, 함안, 김해)
보내·애·도 $H^2M^2[MHM^2]$ (창원②, 함안, 김해)
보내·애·라 $H^2M^2[MHM^2]$ (창원②, 함안, 김해)
보내·애·라 $H^2M^2[MHM^2]$ (창원②, 함안, 김해)
보내·애·마 $H^2M^2[MHM^2]$ (창원②)
보내·애·머 $H^2M^2[MHM^2]$ (김해)
보내·애·모 $H^2M^2[MHM^2]$ (창원②, 함안)
보내·애·서 $H^2M^2[MHM^2]$ (창원②, 함안, 김해)
보내·애·서 $H^2M^2[MHM^2]$ (창원②, 함안, 김해)
보내·애·지 $H^2M^2[MHM^2]$ (창원②, 함안, 김해)
보내·앤·다 $H^2M^2[MHM^2]$ (창원②, 함안, 김해)
보내·앴·다 $H^2M^2[MHM^2]$ (창원②, 함안, 김해)
보내·애·거·나 $H^2M^3[MHM^3]$ (창원②, 함안, 김해)
보내·애·겄·다 $H^2M^3[MHM^3]$ (창원②, 함안, 김해)
보내·애·겠·다 $H^2M^3[MHM^3]$ (창원②, 김해)
보내·애·는·데 $H^2M^3[MHM^3]$ (창원②, 함안, 김해)
보내·애·다·가 $H^2M^3[MHM^3]$ (창원②, 함안, 김해)
보내·애·더·니 $H^2M^3[MHM^3]$ (함안, 양산)
보내·애·더·라 $H^2M^3[MHM^3]$ (창원②, 함안, 김해)
보내·애·디·이 $H^2M^3[MHM^3]$ (창원②, 함안, 김해)
보내·앨·라·꼬 $H^2M^3[MHM^3]$ (창원②, 함안, 김해)

보내·앨·라·먼	$H^2M^3[MHM^3]$	(함안, 김해)
보내·앨·라·모	$H^2M^3[MHM^3]$	(창원②, 함안)
보내·앱·니·더	$H^2M^3[MHM^3]$	(김해)
보내·앱·미·더	$H^2M^3[MHM^3]$	(창원②, 함안)
보내·애·더·라·도	$H^2M^4[MHM^4]$	(창원②, 함안, 김해)
보내·애·라·칸·다	$H^2M^4[MHM^4]$	(창원②, 김해)
보내·앨·라·카·나	$H^2M^4[MHM^4]$	(창원②, 김해)
보내·앨·라·칸·다	$H^2M^4[MHM^4]$	(창원②, 김해
보내·앨·라·커·나	$H^2M^4[MHM^4]$	(함안, 김해)
보내·앨·라·컨·다	$H^2M^4[MHM^4]$	(함안, 김해)
보내·앴·습·니·더	$H^2M^4[MHM^4]$	(김해)
보내·앴·습·미·더	$H^2M^4[MHM^4]$	(창원②, 함안, 양산)
보내·애·겠·습·니·더	$H^2M^5[MHM^5]$	(창원②, 김해)
보내·애·겠·습·미·더	$H^2M^5[MHM^5]$	(창원②, 함안)
보내·앨·라#카·먼	$H^2M^2\#HM[MHM^2\#HM]$	(김해)
보내·앨·라#카·모	$H^2M^2\#HM[MHM^2\#HM]$	(창원②)
보내·앨·라#커·모	$H^2M^2\#HM[MHM^2\#HM]$	(함안)

(611) 3음절 평2형어간 풀이씨 {보채·애·다}의 어형들

보채·애·다<보채다>	$(H^2M{\cdot}M\rightarrow)H^2M^2[MHM^2]$	(창원②, 함안, 양산)
보채·애·고	$H^2M^2[MHM^2]$	(창원②, 함안, 양산)
보채·애·도	$H^2M^2[MHM^2]$	(창원②, 함안, 양산)
보채·애·서	$H^2M^2[MHM^2]$	(창원②, 함안, 양산)

(612) 3음절 평2형어간 풀이씨 {얼아·아·다}의 어형들

얼아·아·다(氷)<얼리다>	$(H^2M{\cdot}M\rightarrow)H^2M^2[MHM^2]$	(창원②, 함안)
얼아·아·고	$H^2M^2[MHM^2]$	(창원②, 함안)
얼아·아·서	$H^2M^2[MHM^2]$	(창원②, 함안)

(613) 3음절 평2형어간 풀이씨 {돌라·아·다}의 어형들

돌라·아·다<따돌리다>	$(H^2M{\cdot}M\rightarrow)H^2M^2[MHM^2]$	(창원①②)
돌라·아·고	$H^2M^2[MHM^2]$	(창원①②)
돌라·아·서	$H^2M^2[MHM^2]$	(창원①②)
돌라·았·다	$H^2M^2[MHM^2]$	(창원①②)

(614) 3음절 평2형어간 풀이씨 {거다·아·다}의 어형들

거다·아·다<거두다>	$(H^2M{\cdot}M\rightarrow)H^2M^2[MHM^2]$	(창원①②, 함안, 양산)
거다·아·고	$H^2M^2[MHM^2]$	(창원①②, 함안, 양산)
거다·아·도	$H^2M^2[MHM^2]$	(창원①②, 함안, 양산)

거다·아·서　$H^2M^2[MHM^2]$　(창원①②, 함안, 양산)

(615) 3음절 평2형어간 풀이씨 {가다·아·다}의 어형들
가다·아·다<가두다>　$(H^2M \cdot M \rightarrow)H^2M^2[MHM^2]$　(창원①②, 함안)
가다·아·고　$H^2M^2[MHM^2]$　(창원①②, 함안)
가다·안　$H^2M[MHM]$　(창원①②, 함안)
가다·알　$H^2M[MHM]$　(창원①②, 함안)
가다·아·도　$H^2M^2[MHM^2]$　(창원①②, 함안)
가다·아·서　$H^2M^2[MHM^2]$　(창원①②, 함안)
가다·안·다　$H^2M^2[MHM^2]$　(창원①②, 함안)

(616) 3음절 평2형어간 풀이씨 {이사·아·다}의 어형들
이사·아·다<잇다>　$(H^2M \cdot M \rightarrow)H^2M^2[MHM^2]$　(창원②, 함안, 김해)
이사·아·고　$H^2M^2[MHM^2]$　(창원②, 함안, 김해)
이사·아·더·라　$H^2M^3[MHM^3]$　(창원②, 함안, 김해)
이사·안·다　$H^2M^2[MHM^2]$　(창원②, 함안, 김해)
이사·아·도　$H^2M^2[MHM^2]$　(창원②, 함안, 김해)
이사·아·서　$H^2M^2[MHM^2]$　(창원②, 함안, 김해)
이사·았·다　$H^2M^2[MHM^2]$　(창원②, 함안, 김해)

(617) 3음절 평2형어간 풀이씨 {빠사·아·다}의 어형들
빠사·아·다<바수다>　$(H^2M \cdot M \rightarrow)H^2M^2[MHM^2]$　(함안)
빠사·아·고　$H^2M^2[MHM^2]$　(함안)
빠사·아·서　$H^2M^2[MHM^2]$　(함안)

(618) 3음절 평2형어간 풀이씨 {늦차·아·다}의 어형들
늦차·아·다<늦추다>　$(H^2M \cdot M \rightarrow)H^2M^2[MHM^2]$　(창원②, 함안)
늦차·안·다　$H^2M^2[MHM^2]$　(창원②, 함안)
늦차·아·고　$H^2M^2[MHM^2]$　(창원②, 함안)
늦차·았·다　$H^2M^2[MHM^2]$　(창원②, 함안)

(619) 3음절 평2형어간 풀이씨 {낮차·아·다}의 어형들
낮차·아·다<낮추다>　$(H^2M \cdot M \rightarrow)H^2M^2[MHM^2]$　(창원②, 함안)
낮차·안·다　$H^2M^2[MHM^2]$　(창원②, 함안)
낮차·아·고　$H^2M^2[MHM^2]$　(창원②, 함안)
낮차·아·서　$H^2M^2[MHM^2]$　(창원②, 함안)
낮차디·이　$H^3M[M{\scriptstyle H}HM]$　(창원②, 함안)

(620) 3음절 평2형어간 풀이씨 {맞차·아·다}의 어형들
맞차·아·다<맞추다>　$(H^2M \cdot M \rightarrow)H^2M^2[MHM^2]$　(창원②, 함안)

맞차·안·다	$H^2M^2[MHM^2]$	(창원②, 함안)
맞차·아·고	$H^2M^2[MHM^2]$	(창원②, 함안)
맞차·아·도	$H^2M^2[MHM^2]$	(창원②, 함안)
맞차·아·서	$H^2M^2[MHM^2]$	(창원②, 함안)

(621) 3음절 평2형어간 풀이씨 {사카·아·다}의 어형들

사카·아·다<삭히다>	$(H^2M{\cdot}M\rightarrow)H^2M^2[MHM^2]$	(창원②, 함안, 김해, 양산)
사카·안·다	$H^2M^2[MHM^2]$	(창원②, 함안, 김해, 양산)
사카·아·고	$H^2M^2[MHM^2]$	(창원②, 함안, 김해, 양산)
사카·아·서	$H^2M^2[MHM^2]$	(창원②, 함안, 김해, 양산)
사카·아·도	$H^2M^2[MHM^2]$	(창원②, 함안, 김해, 양산)

(622) 3음절 평2형어간 풀이씨 {늘카·아·다}의 어형들

늘카·아·다<늘리다>	$(H^2M{\cdot}M\rightarrow)H^2M^2[MHM^2]$	(창원②, 함안)
늘카·아·고	$H^2M^2[MHM^2]$	(창원②, 함안)
늘카·아·네	$H^2M^2[MHM^2]$	(창원②, 함안)
늘카·아·서	$H^2M^2[MHM^2]$	(창원②, 함안)
늘카·았·다	$H^2M^2[MHM^2]$	(창원②, 함안)
늘카·아·더·라	$H^2M^3[MHM^3]$	(창원②, 함안)
늘카·아·디·이	$H^2M^3[MHM^3]$	(창원②, 함안)

(623) 3음절 평2형어간 풀이씨 {바까·아·다}의 어형들

바까·아·다<바꾸다>	$(H^2M{\cdot}M\rightarrow)H^2M^2[MHM^2]$	(함안)
바까·아·네	$H^2M^2[MHM^2]$	(함안)
바까·아·다·가	$H^2M^3MHM^3]$	(함안)
바까·아·도	$H^2M^2[MHM^2]$	(함안)
바까·아·라	$H^2M^2[MHM^2]$	(함안)
바까·아·서	$H^2M^2[MHM^2]$	(함안)
바까·아	$H^2M[MHM]$	(함안)
바까·았·다	$H^2M^2[MHM^2]$	(함안)
바까·았·습·미·더	$H^2M^4[MHM^4]$	(함안)

(624) 3음절 평2형어간 풀이씨 {개르·차·다}의 어형들

개르·차·다<가르치다>	$(H^2M{\cdot}M\rightarrow)H^2M^2[MHM^2]$	(창원①②, 함안)
개르·차·고	$H^2M^2[MHM^2]$	(창원①②, 함안)
개르·차·도	$H^2M^2[MHM^2]$	(창원①②, 함안)

(625) 2음절 평2형어간 풀이씨 {후두·카·다}의 어형들

후두·카·다<쫓다>	$(H^2M{\cdot}M\rightarrow)H^2M^2[MHM^2]$	(창원①②, 함안, 양산)
후두·카·고	$H^2M^2[MHM^2]$	(창원①②, 함안, 양산)

후두·카·도	$H^{2}M^{2}[MHM^{2}]$	(창원①②, 함안, 양산)

(626) 3음절 평2형어간 풀이씨 {얼우·우·다}의 어형들

얼우·우·다(氷)<얼리다>	$(H^{2}M{\cdot}M\rightarrow)H^{2}M^{2}[MHM^{2}]$	(창원①②, 함안, 김해, 양산)
얼아·아·서	$H^{2}M^{2}[MHM^{2}]$	(창원①②, 함안, 김해, 양산)
얼우·우·고	$H^{2}M^{2}[MHM^{2}]$	(창원①②, 함안, 김해, 양산)
얼우·웅·께	$H^{2}M^{2}[MHM^{2}]$	(창원②, 함안)
얼우·이·께	$H^{2}M^{2}[MHM^{2}]$	(창원①②, 함안, 김해)
얼우·이·꺼·네	$H^{2}M^{3}[MHM^{3}]$	(창원①, 김해)

(627) 3음절 평2형어간 풀이씨 {삭후·우·다}의 어형들

삭후·우·다<삭히다>	$(H^{2}M{\cdot}M\rightarrow)H^{2}M^{2}[MHM^{2}]$	(창원②, 함안, 김해, 양산)
삭후·이·께	$H^{2}M^{2}[MHM^{2}]$	(창원②, 함안, 김해)
삭후·웅·께	$H^{2}M^{2}[MHM^{2}]$	(창원②, 함안)
삭후·우·고	$H^{2}M^{2}[MHM^{2}]$	(창원②, 함안, 김해, 양산)
삭후·운·다	$H^{2}M^{2}[MHM^{2}]$	(창원②, 함안, 김해, 양산)
삭하·아·도	$H^{2}M^{2}[MHM^{2}]$	(창원②, 함안, 김해, 양산)
삭하·았·다	$H^{2}M^{2}[MHM^{2}]$	(창원②, 함안, 김해, 양산)
삭후·이·꺼·네	$H^{2}M^{3}[MHM^{3}]$	(김해)
삭후·이·끼·네	$H^{2}M^{3}[MHM^{3}]$	(양산)

(628) 3음절 평2형어간 풀이씨 {돌루·우·다}의 어형들

돌루·우·다<따돌리다>	$(H^{2}M{\cdot}M\rightarrow)H^{2}M^{2}[MHM^{2}]$	(창원②, 김해, 양산)
돌루·우·고	$H^{2}M^{2}[MHM^{2}]$	(창원②, 김해, 양산)
돌라·아·서	$H^{2}M^{2}[MHM^{2}]$	(창원②, 김해, 양산)

(629) 3음절 평2형어간 풀이씨 {거두·우·다}의 어형들

거두·우·다<거두다>	$(H^{2}M{\cdot}M\rightarrow)H^{2}M^{2}[MHM^{2}]$	(창원①②, 함안, 김해, 양산)
거다·아·서	$H^{2}M^{2}[MHM^{2}]$	(창원①②, 함안, 김해, 양산)
거두·이·께	$H^{2}M^{2}[MHM^{2}]$	(창원①②, 함안, 김해)
거두·우·고	$H^{2}M^{2}[MHM^{2}]$	(창원①②, 함안, 김해, 양산)
거두·우·네	$H^{2}M^{2}[MHM^{2}]$	(창원①②, 함안, 김해, 양산)
거두·이·끼·네	$H^{2}M^{3}[MHM^{3}]$	(양산)

(630) 3음절 평2형어간 풀이씨 {가두·우·다}의 어형들

가두·우·다<가두다>	$(H^{2}M{\cdot}M\rightarrow)H^{2}M^{2}[MHM^{2}]$	(창원①②, 함안, 김해, 양산)
가두·우	$H^{2}M[MHM]$	(함안)
가두·우·고	$H^{2}M^{2}[MHM^{2}]$	(창원①②, 함안, 김해, 양산)
가두·우·네	$H^{2}M^{2}[MHM^{2}]$	(창원①②, 함안, 김해, 양산)
가두·운·다	$H^{2}M^{2}[MHM^{2}]$	(창원①②, 함안, 김해, 양산)

가다·아·서 $H^2M^2[MHM^2]$ (창원①②, 함안, 김해, 양산)
가두·이·께 $H^2M^2[MHM^2]$ (창원①②, 함안, 김해)
가두·이·까·네 $H^2M^3[MHM^3]$ (양산)

(631) 3음절 평2형어간 풀이씨 {이수·우·다}의 어형들
이수·우·다<잇다> $(H^2M \cdot M \rightarrow)H^2M^2[MHM^2]$ (창원①, 함안, 김해)
이수·운 $H^2M[MHM]$ (창원①, 함안, 김해)
이수·울 $H^2M[MHM]$ (창원①, 함안, 김해)
이사·아·도 $H^2M^2[MHM^2]$ (창원①, 함안, 김해)
이사·아·서 $H^2M^2[MHM^2]$ (창원①, 함안, 김해)
이사·았·다 $H^2M^2[MHM^2]$ (창원①, 함안, 김해)
이수·우·고 $H^2M^2[MHM^2]$ (창원①, 함안, 김해)
이수·웅·께 $H^2M^2[MHM^2]$ (함안)
이수·이·께 $H^2M^2[MHM^2]$ (함안, 김해)
이사·이·께 $H^2M^2[MHM^2]$ (창원①)

(632) 3음절 평2형어간 풀이씨 {따수·우·다}의 어형들
따수·우·다<데우다> $(H^2M \cdot M \rightarrow)H^2M^2[MHM^2]$ (창원①②, 김해)
따수·우·고 $H^2M^2[MHM^2]$ (창원①②, 김해)
따사·아·서 $H^2M^2[MHM^2]$ (창원①②, 김해)
따수·이·께 $H^2M^2[MHM^2]$ (창원②, 김해)

(633) 3음절 평2형어간 풀이씨 {늦추·우·다}의 어형들
늦추·우·다<늦추다> $(H^2M \cdot M \rightarrow)H^2M^2[MHM^2]$ (창원①②, 함안, 김해)
늦추·우·고 $H^2M^2[MHM^2]$ (창원①②, 함안, 김해)
늦추·운·다 $H^2M^2[MHM^2]$ (창원①②, 함안, 김해)
늦추·웅·께 $H^2M^2[MHM^2]$ (함안)
늦추·이·께 $H^2M^2[MHM^2]$ (창원①②, 함안, 김해)
늦추·이·꺼·네 $H^2M^3[MHM^3]$ (창원①, 김해)

(634) 3음절 평2형어간 풀이씨 {낮추·우·다}의 어형들
낮추·우·다<낮추다> $(H^2M \cdot M \rightarrow)H^2M^2[MHM^2]$ (창원①②, 함안, 김해)
낮추·운·다 $H^2M^2[MHM^2]$ (창원①②, 함안, 김해)
낮추·이·소 $H^2M^2[MHM^2]$ (창원①②, 함안, 김해)
낮추·이·께 $H^2M^2[MHM^2]$ (창원①②, 함안, 김해)
낮차·아·서 $H^2M^2[MHM^2]$ (창원①②, 함안, 김해)
낮추·우·고 $H^2M^2[MHM^2]$ (창원①②, 함안, 김해)
낮추·웅·께 $H^2M^2[MHM^2]$ (함안)

(635) 3음절 평2형어간 풀이씨 {맞추·우·다}의 어형들

맞추·우·다<맞추다>	$(H^2M{\cdot}M\rightarrow)H^2M^2[MHM^2]$	(창원①②, 함안, 김해)
맞추·운	$H^2M[MHM]$	(창원①②, 함안, 김해)
맞추·울	$H^2M[MHM]$	(창원①②, 함안, 김해)
맞추·우·고	$H^2M^2[MHM^2]$	(창원①②, 함안, 김해)
맞차·아·도	$H^2M^2[MHM^2]$	(창원①②, 함안, 김해)
맞차·아·서	$H^2M^2[MHM^2]$	(창원①②, 함안, 김해)
맞추·웅·께	$H^2M^2[MHM^2]$	(함안)
맞추·이·께	$H^2M^2[MHM^2]$	(창원①②, 함안, 김해)
맞추·이·께·에	$H^2M^3[MHM^3]$	(창원①, 김해)

(636) 3음절 평2형어간 풀이씨 {늘구·우·다}의 어형들

늘구·우·다<늘이다>	$(H^2M{\cdot}M\rightarrow)H^2M^2[MHM^2]$	(김해)
늘구·우·고	$H^2M^2[MHM^2]$	(김해)
늘구·우·네	$H^2M^2[MHM^2]$	(김해)
늘가·아·서	$H^2M^2[MHM^2]$	(김해)
늘가·았·다	$H^2M^2[MHM^2]$	(김해)
늘구·우·더·라	$H^2M^3[MHM^3]$	(김해)
늘구·우·이·께	$H^2M^3[MHM^3]$	(김해)

(637) 3음절 평2형어간 풀이씨 {팅구·우·다}의 어형들

팅구·우·다<퉁기다>	$(H^2M{\cdot}M\rightarrow)H^2M^2[MHM^2]$	(창원②, 함안, 김해, 양산)
팅구·우·네	$H^2M^2[MHM^2]$	(창원②, 함안, 김해, 양산)
팅가·아·도	$H^2M^2[MHM^2]$	(창원②, 함안, 김해, 양산)
팅가·아·라	$H^2M^2[MHM^2]$	(창원②, 함안, 김해, 양산)

(638) 3음절 평2형어간 풀이씨 {낭구·우·다}의 어형들

낭구·우·다<남기다>	$(H^2M{\cdot}M\rightarrow)H^2M^2[MHM^2]$	(창원①②, 함안, 김해)
낭구·우·고	$H^2M^2[MHM^2]$	(창원①②, 함안, 김해)
낭구·이·께	$H^2M^2[MHM^2]$	(창원①②, 함안, 김해)
낭구·웅·께	$H^2M^2[MHM^2]$	(창원②, 함안)
낭가·아·도	$H^2M^2[MHM^2]$	(창원①②, 함안, 김해)
낭가·아·서	$H^2M^2[MHM^2]$	(창원①②, 함안, 김해)
낭구·이·꺼·네	$H^2M^3[MHM^3]$	(창원①, 김해)

(639) 3음절 평2형어간 풀이씨 {늘쿠·우·다}의 어형들

늘쿠·우·다<늘리다>	$(H^2M{\cdot}M\rightarrow)H^2M^2[MHM^2]$	(김해, 양산)
늘쿠·울	$H^2M[MHM]$	(김해, 양산)
늘쿠·운	$H^2M[MHM]$	(김해, 양산)
늘쿠·우·고	$H^2M^2[MHM^2]$	(김해, 양산)

늘카·았·다 H^{2}M^2[MHM^2] (김해, 양산)

(640) 3음절 평2형어간 풀이씨 {바꾸·우·다}의 어형들

바꾸·우·다<바꾸다> (H^{2}M·M→)H^{2}M^2[MHM^2] (창원②)
바꾸·우·고 H^{2}M^2[MHM^2] (창원②)
바꾸·우·모 H^{2}M^2[MHM^2] (창원②)
바까·아·도 H^{2}M^2[MHM^2] (창원②)

(641) 3음절 평2형어간 풀이씨 {개르·추·다}의 어형들

개르·추·다<가르치다> (H^{2}M·M→)H^{2}M^2[MHM^2] (김해)
개르·추·고 H^{2}M^2[MHM^2] (김해)
개르·차·도 H^{2}M^2[MHM^2] (김해)
개르·찼·다 H^{2}M^2[MHM^2] (김해)

4음절 평3형어간 풀이씨의 굴곡형은 다음과 같다.

(642) 4음절 평3형어간 풀이씨 {땡길리·이·다}의 어형들

땡길리·이·다 (H^{3}M·M→)H^{3}M^2[MʜHM^2] (창원①②, 함안, 김해, 양산)
땡길리·이·네 H^{3}M^2[MʜHM^2] (창원①②, 함안, 김해, 양산)
땡길리·이·고 H^{3}M^2[MʜHM^2] (창원①②, 함안, 김해, 양산)
땡길리·이·도 H^{3}M^2[MʜHM^2] (창원①②, 함안, 김해, 양산)
땡길리·있·다 H^{3}M^2[MʜHM^2] (창원①②, 함안, 김해, 양산)

(643) 4음절 평3형어간 풀이씨 {주물리·이·다}의 어형들

주물리·이·다<주물리다(피)> (H^{3}M·M→)H^{3}M^2)[MʜHM^2] (창원①②, 함안, 김해)
주물리·이·고 H^{3}M^2[MʜHM^2] (창원①②, 함안, 김해)
주물리·이·도 H^{3}M^2[MʜHM^2] (창원①②, 함안, 김해)

(644) 4음절 평3형어간 풀이씨 {늘어트·리·다}의 어형들

늘어트·리·다 (H^{3}M·M→)H^{3}M^2[MʜHM^2] (양산)
늘어트·리·고 H^{3}M^2[MʜHM^2] (양산)
늘어트·렀·다 H^{3}M^2[MʜHM^2] (양산)
늘어트·리·더·라 H^{3}M^3[MʜHM^3] (양산)

(645) 4음절 평3형어간 풀이씨 {간지라·아·다}의 어형들

간지라·아·다<간질이다> H^{3}M·M(=H^{3}M^2)MʜHM^2] (창원①②, 함안)
간지라·아·고 H^{3}M^2[MʜHM^2] (창원①②, 함안)
간지라·아·도 H^{3}M^2[MʜHM^2] (창원①②, 함안)
간지라·아·서 H^{3}M^2[MʜHM^2] (창원①②, 함안)

5.6.4 고정상성형어간 풀이씨의 굴곡형

1음절 고정상성어간 풀이씨의 모든 굴곡형은 상성형(:$\square_1$)으로 나타난다. 이것은 (378)에 예시한 바와 같이 1음절 상성(:□) 어간 뒤에서 모든 씨끝연결체가 중화 규칙 (5)를 적용 받기 때문이다. 2음절 이상의 상성형어간에 씨끝이 연결될 때도 중화 규칙 (5)가 적용됨은 물론이다. 고정상성어간 풀이씨의 어형들의 자료는 어간의 음절의 수가 적은 것에서 많은 것의 순서로 자료를 제시한다.

1음절 고정상성어간 풀이씨의 어형들의 자료는 (646)~(658)과 같다.

(646) 1음절 고정상성어간 풀이씨 {:얻·다}의 어형들

:얻·다	(L·M→)L^2[LM]	(창원①②, 함안, 김해, 양산)
:얻·거·나	L^3[LMM]	(창원①②, 함안, 김해, 양산)
:얻·거·들·랑	L^4[LMMᴍ]	(창원①②, 함안, 김해, 양산)
:얻·거·등	L^3[LMM]	(창원①②, 함안, 김해, 양산)
:얻·거·마·는	L^4[LMMᴍ]	(창원①②, 함안, 김해, 양산)
:얻·건·대	L^3[LMM]	(창원①②, 함안, 김해, 양산)
:얻·걸·래	L^3[LMM]	(창원①②, 함안, 김해)
:얻·겄·다	L^3[LMM]	(창원①②, 함안, 김해)
:얻·겄·더·라	L^4[LMMᴍ]	(창원①②, 함안, 김해)
:얻·게	L^2[LM]	(창원①②, 함안, 김해, 양산)
:얻·겠·다	L^3[LMM]	(창원①②, 김해, 김해, 양산)
:얻·겠·더·라	L^4[LMMᴍ]	(창원①②, 김해, 양산)
:얻·겠·심·더	L^4[LMMᴍ]	(양산)
:얻·고	L^2[LM]	(창원①②, 김해, 김해, 양산)
:얻·구·나	L^3[LMM]	(창원①②, 함안, 김해, 양산)
:얻·기	L^2[LM]	(창원①②, 함안, 김해, 양산)
:얻·기·나<얻거나>	L^3[LMM]	(김해, 양산)
:얻·기·로·서·이	L^5[LMMᴍ^2]	(양산)
:얻·기·로·서·이	L^5[LMMᴍ^2]	(창원①②, 함안, 김해)
:얻·긴·대	L^3[LMM]	(양산)
:얻·길·래	L^3[LMM]	(창원②, 양산)
:얻·나	L^2[LM]	(창원①②, 함안, 김해, 양산)
:얻·네	L^2[LM]	(창원①②, 함안, 김해, 양산)
:얻·노	L^2[LM]	(창원①②, 함안, 김해, 양산)
:얻·는	L^2[LM]	(창원①②, 함안, 김해, 양산)
:얻·는·가	L^3[LMM]	(창원①②, 함안, 김해, 양산)
:얻·는·가·베	L^4[LMMᴍ]	(창원①②, 함안, 김해, 양산)

:얻·는·갑·다	L^4[LMMᴍ]	(창원①②, 함안, 김해, 양산)
:얻·는·고	L^3[LMM]	(창원①②, 함안, 김해, 양산)
:얻·는·교	L^3[LMM]	(창원②, 함안, 양산)
:얻·는·구·나	L^4[LMMᴍ]	(창원①②, 함안, 김해, 양산)
:얻·는·다	L^3[LMM]	(창원①②, 함안, 김해, 양산)
:얻·는·데	L^3[LMM]	(창원①②, 함안, 김해, 양산)
:얻·니·라	L^3[LMM]	(창원①②, 함안, 김해, 양산)
:얻·더·나	L^3[LMM]	(창원①②, 김해, 함안, 양산)
:얻·더·노	L^3[LMM]	(창원①②, 함안, 김해, 양산)
:얻·더·라	L^3[LMM]	(창원①②, 함안, 김해, 양산)
:얻·더·라·꼬	L^4[LMMᴍ]	(창원①②, 함안, 김해, 양산)
:얻·더·라·도	L^4[LMMᴍ]	(창원①②, 함안, 김해, 양산)
:얻·던·가	L^3[LMM]	(창원①②, 함안, 김해, 양산)
:얻·던·갑·다	L^4[LMMᴍ]	(창원①②, 함안, 김해, 양산)
:얻·던·고	L^3[LMM]	(창원①②, 함안, 김해, 양산)
:얻·데	L^2[LM]	(창원①②, 함안, 김해, 양산)
:얻·도·로	L^3[LMM]	(양산)
:얻·도·록	L^3[LMM]	(창원①②, 함안, 양산)
:얻·두·루	L^3[LMM]	(김해)
:얻·두·룩	L^3[LMM]	(창원①②, 함안, 김해)
:얻·소	L^2[LM]	(창원①②, 함안, 김해, 양산)
:얻·습·니·꺼	L^4[LMMᴍ]	(창원①, 김해)
:얻·습·니·더	L^4[LMMᴍ]	(창원①, 김해)
:얻·습·디·꺼	L^4[LMMᴍ]	(창원①②, 함안, 김해, 양산)
:얻·습·디·더	L^4[LMMᴍ]	(창원①②, 함안, 김해, 양산)
:얻·습·미·꺼	L^4[LMMᴍ]	(창원②, 함안, 양산)
:얻·습·미·더	L^4[LMMᴍ]	(창원②, 함안, 양산)
:얻·심·더	L^3[LMM]	(양산)
:얻·어[938]	L^2[LM]	(창원①②, 함안, 김해, 양산)
:얻·어·도	L^3[LMM]	(창원①②, 함안, 김해, 양산)
:얻·어·라	L^3[LMM]	(창원①②, 함안, 김해, 양산)
:얻·어·라·꼬	L^4[LMMᴍ]	(창원①②, 함안, 김해, 양산)
:얻·어·라·머	L^4[LMMᴍ]	(김해, 양산)
:얻·어·라·먼	L^4[LMMᴍ]	(함안, 김해, 양산)
:얻·어·라·모	L^4[LMMᴍ]	(창원①②, 함안)
:얻·어·라·몬	L^4[LMMᴍ]	(창원①②)
:얻·어·서	L^3[LMM]	(창원①②, 함안, 김해, 양산)

938) [창원 방언①②] /:얻·어·묵·다/는 /빌·어·묵·다/의 뜻으로도 쓰인다.

:얻·어·야 L^3[LMM] (창원①②, 함안, 김해, 양산)
:얻·었·는 L^3[LMM] (창원①②, 함안, 김해, 양산)
:얻·었·는·갑·다 L^5[LMMᴍ^2] (창원①②, 함안, 김해, 양산)
:얻·었·다 L^3[LMM] (창원①②, 함안, 김해, 양산)
:얻·었·더·라 L^4[LMMᴍ] (창원①②, 함안, 김해, 양산)
:얻·었·던·갑·다 L^5[LMMᴍ^2] (창원①②, 함안, 김해, 양산)
:얻·었·십·미·더 L^5[LMMᴍ^2] (창원②, 함안, 양산)
:얻·었·시·임·더 L^5[LMMᴍ^2] (양산)
:얻·었·심·더 L^4[LMMᴍ] (양산)
:얻·으·까 L^3[LMM] (창원①②, 함안, 김해, 양산)
:얻·으·꺼·마 L^4[LMMᴍ] (창원①②, 함안, 김해, 양산)
:얻·으·께·에 L^4[LMMᴍ] (창원②, 함안, 김해, 양산)
:얻·으·께·에 L^4[LMMᴍ] (창원①②, 함안, 김해)
:얻·으·꼬 L^3[LMM] (창원①②, 함안, 김해, 양산)
:얻·으·나 L^3[LMM] (창원①②, 함안, 김해, 양산)
:얻·으·나·따·나 L^5[LMMᴍ^2] (창원①②, 함안, 김해, 양산)
:얻·으·나·마 L^4[LMMᴍ] (창원①②, 함안, 김해, 양산)
:얻·으·니 L^3[LMM] (함안, 양산)
:얻·으·니·까 L^4[LMMᴍ] (양산)
:얻·으·라 L^3[LMM] (창원①②, 함안, 김해, 양산)
:얻·으·라·꼬 L^4[LMMᴍ] (창원①②, 함안, 김해, 양산)
:얻·으·러 L^3[LMM] (김해, 양산)
:얻·으·로 L^3[LMM] (창원①②, 함안, 김해, 양산)
:얻·으·마 L^3[LMM] (창원②)
:얻·으·머 L^3[LMM] (김해, 양산)
:얻·으·먼 L^3[LMM] (함안, 김해, 양산)
:얻·으·모 L^3[LMM] (창원①②, 함안)
:얻·으·몬 L^3[LMM] (창원①②)
:얻·으·세 L^3[LMM] (창원①②, 함안, 김해)
:얻·으·소 L^3[LMM] (창원①②, 함안, 김해, 양산)
:얻·으·시·이·께 L^5[LMMᴍ^2] (양산)
:얻·으·시·이·소 L^5[LMMᴍ^2] (창원①②, 함안, 김해, 양산)
:얻·으·시·지 L^4[LMMᴍ] (창원①②, 함안, 김해, 양산)
:얻·으·시·지·예 L^5[LMMᴍ^2] (창원①②, 함안, 김해, 양산)
:얻·으·시·지·요 L^5[LMMᴍ^2] (창원①②, 양산)
:얻·으·시·이·께 L^5[LMMᴍ^2] (창원①②, 함안, 김해)
:얻·으·신·다 L^4[LMMᴍ] (창원①②, 함안, 김해, 양산)
:얻·으·심·꺼 L^4[LMMᴍ] (양산)
:얻·으·십·니·꺼 L^5[LMMᴍ^2] (창원①, 김해)

:얻·으·십·미·꺼 L^5[LMMᴍ^2] (창원②, 함안, 양산)
:얻·으·싱·께 L^4[LMMᴍ] (창원②, 함안)
:얻·으·이 L^3[LMM] (양산)
:얻·으·이·께 L^4[LMMᴍ] (양산)
:얻·으·이·께·네 L^5[LMMᴍ^2] (양산)
:얻·으·이·소 L^4[LMMᴍ] (창원①②, 함안, 김해, 양산)
:얻·으·입·시·더 L^5[LMMᴍ^2] (창원①②, 함안, 김해, 양산)
:얻·으·입·시·더·이 L^6[LMMᴍ^3] (창원①②, 함안, 김해, 양산)
:얻·으·이 L^3[LMM] (창원①②, 함안, 김해)
:얻·으·이·꺼·네 L^5[LMMᴍ^2] (창원①, 김해)
:얻·으·이·께 L^4[LMMᴍ] (창원①②, 함안, 김해)
:얻·은 L^2[LM] (창원①②, 함안, 김해, 양산)
:얻·은·들 L^3[LMM] (창원①②, 함안, 김해, 양산)
:얻·을 L^2[LM] (창원①②, 함안, 김해, 양산)
:얻·을·꺼·로 L^4[LMMᴍ] (창원①②, 함안, 김해, 양산)
:얻·을·껄 L^3[LMM] (창원②, 함안, 양산)
:얻·을·끼·이·께 L^5[LMMᴍ^2] (양산)
:얻·을·끼·이·께 L^5[LMMᴍ^2] (창원①②, 함안, 김해)
:얻·을·낑·께 L^4[LMMᴍ] (창원②, 함안)
:얻·을·라·꼬 L^4[LMMᴍ] (창원①②, 함안, 김해, 양산)
:얻·을·망·정 L^4[LMMᴍ] (창원①②, 함안, 김해, 양산)
:얻·을·수·로 L^4[LMMᴍ] (함안)
:얻·을·수·록 L^4[LMMᴍ] (창원①②, 함안, 김해, 양산)
:얻·을·수·루 L^4[LMMᴍ] (김해)
:얻·을·수·룩 L^4[LMMᴍ] (함안, 양산)
:얻·음 L^2[LM] (창원①②, 함안, 김해, 양산)
:얻·읍·시·다 L^4[LMMᴍ] (창원②, 함안, 김해)
:얻·읍·시·더 L^4[LMMᴍ] (창원①②, 함안, 김해, 양산)
:얻·읍·시·더·이 L^5[LMMᴍ^2] (창원①②, 함안, 김해, 양산)
:얻·응·게 L^3[LMM] (창원②)
:얻·응·께 L^3[LMM] (창원②, 함안, 양산)
:얻·응·께·네 L^4[LMMᴍ] (함안)
:얻·자 L^2[LM] (창원①②, 함안, 김해, 양산)
:얻·자·이 L^3[LMM] (창원①②, 함안, 김해)
:얻·재·이 L^3[LMM] (양산)
:얻·제 L^2[LM] (창원①②, 함안, 김해, 양산)
:얻·지 L^2[LM] (창원①②, 함안, 김해, 양산)
:얻·지·예 L^3[LMM] (창원①②, 함안, 김해, 양산)
:얻·지·요 L^3[LMM] (창원①②, 양산)

(647) 1음절 고정상성어간 풀이씨 {:작·다}의 어형들

:작·다(少,小)	(L·M→)L^2[LM]	(창원①②, 함안, 김해, 양산)
:작·거·나	L^3[LMM]	(창원①②, 함안, 김해, 양산)
:작·겄·다	L^3[LMM]	(창원①②, 함안, 김해)
:작·겄·더·라	L^4[LMMᴍ]	(창원①②, 함안, 김해)
:작·겄·습·니·더	L^5[LMMᴍ^2]	(창원①, 김해)
:작·겄·습·미·더	L^5[LMMᴍ^2]	(창원②, 함안)
:작·겠·다	L^3[LMM]	(창원①②, 김해, 양산)
:작·겠·더·라	L^4[LMMᴍ]	(창원①②, 김해, 양산)
:작·겠·습·니·더	L^5[LMMᴍ^2]	(창원①, 김해)
:작·겠·시·임·더	L^5[LMMᴍ^2]	(양산)
:작·겠·심·더	L^4[LMMᴍ]	(양산)
:작·고	L^2[LM]	(창원①②, 함안, 김해, 양산)
:작·기	L^2[LM]	(창원①②, 함안, 김해, 양산)
:작·네	L^2[LM]	(창원①②, 함안, 김해, 양산)
:작·다·가	L^3[LMM]	(창원①②, 함안, 김해, 양산)
:작·더·니	L^3[LMM]	(함안, 양산)
:작·더·라·도	L^4[LMMᴍ]	(창원①②, 함안, 김해, 양산)
:작·더·라	L^3[LMM]	(창원①②, 함안, 김해, 양산)
:작·더·래·도	L^4[LMMᴍ]	(창원②, 함안, 김해, 양산)
:작·디·이	L^3[LMM]	(양산)
:작·디·이	L^3[LMM]	(창원①②, 함안, 김해)
:작·습·니·더	L^4[LMMᴍ]	(창원①, 김해)
:작·습·미·더	L^4[LMMᴍ]	(창원②, 함안, 양산)
:작·심·더	L^4[LMM]	(양산)
:작·아·도	L^3[LMM]	(창원①②, 함안, 김해, 양산)
:작·아·모[939]	L^3[LMM]	(창원①②, 함안)
:작·아·서	L^3[LMM]	(창원①②, 함안, 김해, 양산)
:작·아·이	L^3[LMM]	(창원②, 함안)
:작·아	L^2[LM]	(창원①②, 함안, 김해, 양산)
:작·알·라·먼	L^4[LMMᴍ]	(함안)
:작·알·라·모[940]	L^4[LMMᴍ]	(창원②, 함안)
:작·알·라·몬	L^4[LMMᴍ]	(창원②)
:작·았·다	L^3[LMM]	(창원①②, 함안, 김해, 양산)
:작·았·습·니·더	L^5[LMMᴍ^2]	(창원①, 김해)
:작·았·습·미·더	L^5[LMMᴍ^2]	(창원②, 함안, 양산)

939) [창원 방언①②] 어간이 /C_0aC-/일 때, /·으X/는 /·아X/로도 가능.
940) [함안 방언] /:작·알·라·모 유웅(/여웅) :작·거·나 어중간하·다/.

:작·았·심·더	L^4[LMMᴍ]	(양산)
:작·으·니·까	L^4[LMMᴍ]	(양산)
:작·으·니	L^3[LMM]	(함안, 양산)
:작·으·머	L^3[LMM]	(김해, 양산)
:작·으·먼	L^3[LMM]	(함안, 김해, 양산)
:작·으·모	L^3[LMM]	(창원①②, 함안)
:작·으·몬	L^3[LMM]	(창원①②)
:작·으·이	L^3[LMM]	(양산)
:작·으·이·께	L^4[LMMᴍ]	(창원①②, 함안, 김해)
:작·으·이	L^3[LMM]	(창원①, 함안, 김해)
:작·은·데	L^3[LMM]	(창원①②, 함안, 김해, 양산)
:작·을·라·꼬	L^4[LMMᴍ]	(창원①②, 함안, 김해, 양산)
:작·을·라·먼	L^4[LMMᴍ]	(함안, 김해, 양산)
:작·을·라·모	L^4[LMMᴍ]	(창원①②, 함안)
:작·을·라·몬	L^4[LMMᴍ]	(창원①②)
:작·을·라·카·나	L^5[LMMᴍ^2]	(창원①②, 김해, 양산)
:작·을·라·카·모	L^5[LMMᴍ^2]	(창원①②)
:작·을·라·카·몬	L^5[LMMᴍ^2]	(창원①②)
:작·을·라·칸·다	L^5[LMMᴍ^2]	(창원①②, 김해, 양산)
:작·을·라·커·나	L^5[LMMᴍ^2]	(함안, 김해, 양산)
:작·을·라·커·모	L^5[LMMᴍ^2]	(함안)
:작·을·라·컨·다	L^5[LMMᴍ^2]	(함안, 김해, 양산)
:작·응·게	L^3[LMM]	(창원②)
:작·응·께	L^3[LMM]	(창원②, 함안, 양산)
:작·지	L^2[LM]	(창원①②, 함안, 김해, 양산)
:작·을·라#카·먼	L^3#HM[LMM#HM]	(김해, 양산)
:작·을·라#커·머	L^3#HM[LMM#HM]	(김해, 양산)

(648) 1음절 고정상성어간 풀이씨 {:좋·다}의 어형들

:좋·다	(L·M→)L^2[LM]	(창원①②, 함안, 김해, 양산)
:조·와·도	L^3[LMM]	(창원①②, 함안, 김해, 양산)
:조·와·서	L^3[LMM]	(창원①②, 함안, 김해, 양산)
:조·이·께·네	L^4[LMMᴍ]	(함안)
:좋·고	L^2[LM]	(창원①②, 함안, 김해, 양산)
:좋·네[:조·네]	L^2[LM]	(창원②, 함안, 양산)
:좋·네[:존·네]	L^2[LM]	(창원①, 김해)
:좋·더·라	L^3[LMM]	(창원①②, 함안, 김해, 양산)
:좋·아·도[:조·아·도]	L^3[LMM]	(창원①②, 김해)
:좋·아·서	L^3[LMM]	(창원①②, 김해)

:좋·으·네	L^3[LMM]	(창원②)
:좋·으·니·까	L^4[LMMM]	(양산)
:좋·으·이·께	L^4[LMMM]	(창원①②, 함안, 김해)
:좋·응·께	L^3[LMM]	(창원②, 함안, 양산)

(649) 1음절 고정상성어간 풀이씨 {:ᄉᆡᇦ·다}의 어형들

:ᄉᆡᇦ·다[:십·다]<쉽다>	(L·M→)L^2[LM]	(창원①②, 양산)
:시·워·도	L^3[LMM]	(창원①②, 양산)
:ᄉᆡᇦ·고	L^2[LM]	(창원①②, 양산)
:ᄉᆡᇦ·더·라	L^3[LMM]	(창원①②, 양산)

(650) 1음절 고정상성어간 풀이씨 {:ᄉᆍᇦ·다}의 어형들

:ᄉᆍᇦ·다<쉽다>	(L·M→)L^2[LM]	(창원①②)
:수·워·도	L^3[LMM]	(창원①②)
:숩·고	L^2[LM]	(창원①②)
:숩·더·라	L^3[LMM]	(창원①②)

(651) 1음절 고정상성어간 풀이씨 {:ᄀᆞᇦ·다}의 어형들

:ᄀᆞᇦ·다(麗)	(L·M→)L^2[LM]	(창원①②, 양산)
:고·와·서	L^3[LM^2]	(창원①②, 양산)
:고·우·이·께	L^4[LMMM]	(창원①②)
:고·우·이·께	L^4[LMMM]	(양산)
:곱·게	L^2[LM]	(창원①②, 양산)
:곱·더·라	L^3[LMM]	(창원①②, 양산)

(652) 1음절 고정상성어간 풀이씨 {:십·다}의 어형들

:십·다<쉽다>	(L·M→)L^2[LM]	(창원①②, 함안, 양산)
:십·어·도	L^3[LMM]	(창원①②, 함안, 양산)
:십·어·서	L^3[LMM]	(창원①②, 함안, 양산)
:십·우·서	L^3[LMM]	(함안)

(653) 1음절 고정상성어간 풀이씨 {:숩·다}의 어형들

:숩·다<쉽다>	(L·M→)L^2[LM]	(창원①②, 함안, 김해, 양산)
:숩·고	L^2[LM]	(창원①②, 함안, 김해, 양산)
:숩·우·먼	L^3[LMM]	(함안, 김해, 양산)
:숩·우·몬	L^3[LMM]	(창원①②)
:숩·어·도	L^3[LMM]	(창원①②, 함안, 김해, 양산)
:숩·어·서	L^3[LMM]	(창원①②, 함안, 김해, 양산)
:숩·우·도	L^3[LMM]	(창원①②, 김해)
:숩·우·서	L^3[LMM]	(창원①②, 함안, 김해)

:숩·웅·께　　L^3[LMM]　　(함안)
:숩·으·모　　L^3[LMM]　　(창원①②, 함안)
:숩·으·이·께　　L^4[LMMᴍ]　　(창원①②, 함안, 김해)
:숩·으·이·까　　L^4[LMMᴍ]　　(양산)
:숩·고　　L^2[LM]　　(창원①②, 함안, 김해, 양산)
:숩·더·라　　L^3[LMM]　　(창원①②, 함안, 김해, 양산)

(654) 1음절 고정상성어간 풀이씨 {:곱·다}의 어형들
:곱·다(麗)　　(L·M→)L^2[LM]　　(창원①②, 함안, 김해, 양산)
:곱·고　　L^2[LM]　　(창원①②, 함안, 김해, 양산)
:곱·아·서　　L^3[LMM]　　(창원①②, 함안, 김해, 양산)
:곱·우·이·께　　L^4[LMMᴍ]　　(창원①②)
:곱·으·니·까　　L^4[LMMᴍ]　　(양산)
:곱·으·이·께　　L^4[LMMᴍ]　　(창원①②, 함안, 김해)
:곱·응·께　　L^3[LMM]　　(창원②, 함안, 양산)

(655) 1음절 고정상성어간 풀이씨 {:떫·다}의 어형들
:떫·다[:떨·따]　　(L·M→)L^2[LM]　　(창원①②, 함안, 양산)
:떫·네[:떨·레]　　L^2[LM]　　(창원①②, 함안, 양산)
:떫·더·라　　L^3[LM]　　(창원①②, 함안, 양산)
:떫·어·서　　L^3[LMM]　　(창원①②, 함안, 양산)
:떫·었·다　　L^3[LMM]　　(창원①②, 함안, 양산)
:떫·우·서　　L^3[LMM]　　(창원①②, 함안)
:떫·웄·다　　L^3[LMM]　　(창원①②, 함안)
:떫·웅·께　　L^3[LMM]　　(함안)
:떫·응·께　　L^3[LMM]　　(창원②, 함안, 양산)
:떫·으·니·까　　L^4[LMMᴍ]　　(양산)
:떫·으·이·께　　L^4[LMMᴍ]　　(창원①②, 함안)

(656) 1음절 고정상성어간 풀이씨 {:떫·다}의 어형들
:떫·다[:떱·다]　　(L·M→)L^2[LM]　　(김해)
:떫·네[:떰·네]　　L^2[LM]　　(김해)
:떫·더·라[:떱·더·라]　　L^3[LM]　　(김해)
:떫·어·서　　L^3[LMM]　　(김해)
:떫·었·다　　L^3[LMM]　　(김해)
:떫·으·이·께　　L^4[LMMᴍ]　　(김해)

(657) 1음절 고정상성어간 풀이씨 {:없·다}의 어형들
:없·다(無)　　(L·M→)L^2[LM]　　(창원①②, 함안, 김해, 양산)

:없·고 L^2[LM] (창원①②, 함안, 김해, 양산)
:없·더·라 L^3[LMM] (창원①②, 함안, 김해, 양산)
:없·어·서 L^3[LMM] (창원①②, 함안, 김해, 양산)
:없·으·이 L^3[LMM] (창원①②, 함안, 김해)
:없·응·께 L^3[LMM] (창원②, 함안, 양산)
:없·으·이·께 L^4[LMMᴍ] (창원①②, 함안, 김해)

(658) 1음절 고정상성어간 풀이씨 {:없·다}의 어형들
:없·다(無) (L·M→)L^2[LM] (창원①②, 함안, 김해, 양산)
:없·고 L^2[LM] (창원①②, 함안, 김해, 양산)
:없·더·라 L^3[LMM] (창원①②, 함안, 김해, 양산)
:없·어·서 L^3[LMM] (창원①②, 함안, 김해, 양산)
:없·으·이 L^3[LMM] (창원①②, 함안, 김해)

아래 (659)~(671)은 2음절 상성형어간 풀이씨의 어형들이다.

(659) 2음절 상성형어간 풀이씨 {:누·르·다}의 어형들
:누·르·다(壓) (L^2·M→)L^3[LMM] (창원①②, 함안, 양산)
:누·르·고 L^3[LMM] (창원①②, 함안, 양산)
:눌·러·도 L^3[LMM] (창원①②, 함안, 양산)
:눌·러·서 L^3[LMM] (창원①②, 함안, 양산)
:누·르·이·께 L^4[LMMᴍ] (창원①②, 함안, 김해)

(660) 2음절 상성형어간 풀이씨 {:눌·리·다}의 어형들
:눌·리·다<누르다> (L^2·M→)L^3[LMM] (창원①②, 함안, 김해, 양산)
:눌·리·고 L^3[LMM] (창원①②, 함안, 김해, 양산)
:눌·리·네 L^3[LMM] (창원①②, 함안, 김해, 양산)
:눌·리·모 L^3[LMM] (창원①②, 함안)
:눌·리·머 L^3[LMM] (김해, 양산)
:눌·리·도 L^3[LMM] (창원①②, 함안, 김해, 양산)
:눌·리·서 L^3[LMM] (창원①②, 함안, 양산)
:눌·링·께 L^3[LMM] (창원②, 함안)
:눌·리·더·라 L^4[LMMᴍ] (창원①②, 함안, 김해, 양산)
:눌·리·이·께 L^4[LMMᴍ] (창원①②, 함안, 김해)

(661) 2음절 상성형어간 풀이씨 {:건·니·다}의 어형들
:건·니·다<건너다> (L^2·M→)L^3[LMM] (창원①②, 김해, 양산)
:건·니·고 L^3[LMM] (창원①②, 김해, 양산)
:건·니·네 L^3[LMM] (창원①②, 김해, 양산)

:건·니·도 L^3[LMM] (창원①②, 김해, 양산)
:건·니·서 L^3[LMM] (창원①②, 김해, 양산)
:건·니·더·라 L^4[LMMᴍ] (창원①②, 김해, 양산)
:건·니·이·께 L^4[LMMᴍ] (창원①②, 김해)

(662) 2음절 상성형어간 풀이씨 {:건·디·다}의 어형들
:건·디·다<건너다> (L^2·M→)L^3[LMM] (창원①, 함안, 김해, 양산)
:건·디·고 L^3[LMM] (창원①②, 함안, 김해, 양산)
:건·디·네 L^3[LMM] (창원①②, 함안, 김해, 양산)
:건·덨·다 L^3[LMM] (창원①②, 함안, 김해, 양산)
:건·딩·께 L^3[LMM] (창원②, 함안)
:건·디·더·라 L^4[LMMᴍ] (창원①②, 함안, 김해, 양산)

(663) 2음절 상성형어간 풀이씨 {:도·지·다}의 어형들
:도·지·다(瘆) (L^2·M→)L^3[LMM] (창원①, 함안, 김해, 양산)
:도·지·고 L^3[LMM] (창원①, 함안, 김해, 양산)
:도·지·네 L^3[LMM] (창원①, 함안, 김해, 양산)
:도·지·도 L^3[LMM] (창원①, 함안, 김해, 양산)
:도·저·도 L^3[LMM] (김해, 양산)
:도·지·서 L^3[LMM] (창원①, 김해, 양산)
:도·저·서 L^3[LMM] (김해, 양산)

(664) 2음절 상성형어간 풀이씨 {:자·시·다}의 어형들
:자·시·다(食) (L^2·M→)L^3[LMM] (창원①②, 함안, 김해, 양산)
:자·시·고 L^3[LMM] (창원①②, 함안, 김해, 양산)
:자·시·네 L^3[LMM] (창원①②, 함안, 김해, 양산)
:자·시·도 L^3[LMM] (창원①②, 함안, 김해, 양산)
:자·시·서 L^3[LMM] (창원①②, 함안, 김해, 양산)

(665) 2음절 상성형어간 풀이씨 {:넘·치·다}의 어형들
:넘·치·다 (L^2·M→)L^3[LMM] (창원①②, 함안, 김해, 양산)
:넘·치·고 L^3[LMM] (창원①②, 함안, 김해, 양산)
:넘·치·네 L^3[LMM] (창원①②, 함안, 김해, 양산)
:넘·치·서 L^3[LMM] (창원①②, 함안, 김해, 양산)
:넘·처·서 L^3[LMM] (창원①②, 함안, 김해)

(666) 2음절 상성형어간 풀이씨 {:지·내·다}의 어형들
:지·내·다 (L^2·M→)L^3[LMM] (창원①②, 함안, 김해, 양산)
:지·내·고 L^3[LMM] (창원①②, 함안, 김해, 양산)
:지·내·네 L^3[LMM] (창원①②, 함안, 김해, 양산)

:지·내·서　L^3[LMM]　(창원①②, 함안, 김해, 양산)

(667) 2음절 상성형어간 풀이씨 {:건·너·다}의 어형들
:건·너·다　(L^2·M→)L^3[LMM]　(창원①②, 함안, 김해, 양산)
:건·너·고　L^3[LMM]　(창원①②, 함안, 김해, 양산)
:건·너·네　L^3[LMM]　(창원①②, 함안, 김해, 양산)
:건·너·서　L^3[LMM]　(창원①②, 함안, 김해, 양산)
:건·너·더·라　L^4[LMMᴍ]　(창원①②, 함안, 김해, 양산)
:건·너·이·께　L^4[LMMᴍ]　(창원①②, 함안, 김해)

(668) 2음절 상성형어간 풀이씨 {:몬·하·다}의 어형들
:몬·하·다　(L^2·M→)L^3[LMM]　(창원①②, 함안, 김해, 양산)
:몬·하·고　L^3[LMM]　(창원①②, 함안, 김해, 양산)
:몬·하·네　L^3[LMM]　(창원①②, 함안, 김해, 양산)
:몬·한·다　L^3[LMM]　(창원①②, 함안, 김해, 양산)
:몬·항·께　L^3[LMM]　(창원②, 함안)
:몬·해·서　L^3[LMM]　(창원②)
:몬·했·다　L^3[LMM]　(창원②)
:몬·해·애·서　L^4[LMMᴍ]　(창원①②, 함안, 김해, 양산)
:몬·해·앴·다　L^4[LMMᴍ]　(창원①②, 함안, 김해, 양산)
:몬·하·더·라　L^4[LMMᴍ]　(창원①②, 함안, 김해, 양산)
:몬·하·이·께　L^4[LMMᴍ]　(창원①②, 함안, 김해)

(669) 2음절 상성형어간 풀이씨 {:비·꼬·다}의 어형들
:비·꼬·다　(L^2·M→)L^3[LMM]　(창원①②, 김해, 양산)
:비·꼰·다　L^3[LMM]　(창원①②, 김해, 양산)
:비·꼬·고　L^3[LMM]　(창원①②, 김해, 양산)
:비·꼬·니·까　L^4[LMMᴍ]　(양산)
:비·꼬·이·께　L^4[LMMᴍ]　(창원①②, 김해)
:비·꼬·아·서　L^4[LMMᴍ]　(창원①②, 김해, 양산)
:비·꽈·아·서　L^4[LMMᴍ]　(양산)
:비·꼬·이·꺼·네　L^5[LMMᴍ^2]　(창원①, 김해)

(670) 2음절 상성형어간 풀이씨 {:고·맙·다}의 어형들
:고·맙·다<고맙다>　(L^2·M→)L^3[LMM]　(창원①②, 양산)
:고·맙·고　L^3[LMM]　(창원①②, 양산)
:고·맙·네　L^3[LMM]　(창원①②, 양산)
:고·마·와·도　L^4[LMMᴍ]　(창원①②)
:고·마·와·서　L^4[LMMᴍ]　(창원①②)

:고·마·워·도	L^4[LMMᴍ]	(창원①②, 양산)
:고·마·워·서	L^4[LMMᴍ]	(창원①②, 양산)
:고·맙·더·라	L^4[LMMᴍ]	(창원①②, 양산)
:고·맙·우·이·께	L^5[LMMᴍ^2]	(창원①②)

(671) 2음절 상성형어간 풀이씨 {:고·맙·다}의 어형들

:고·맙·다	(L^2·M→)L^3[LMM]	(창원①②, 함안, 김해)
:고·맙·고	L^3[LMM]	(창원①②, 함안, 김해)
:고·맙·네	L^3[LMM]	(창원①②, 함안, 김해)
:고·맙·더·라	L^4[LMMᴍ]	(창원①②, 함안, 김해)
:고·맙·아·서	L^4[LMMᴍ]	(창원①②, 함안)
:고·맙·아·도	L^4[LMMᴍ]	(창원①②, 함안, 김해)
:고·맙·애·서	L^4[LMMᴍ]	(창원①②, 함안, 김해)
:고·맙·애·도	L^4[LMMᴍ]	(창원①②, 함안, 김해)
:고·맙·어·서	L^4[LMMᴍ]	(창원②)
:고·맙·응·께	L^4[LMMᴍ]	(창원②, 함안, 양산)
:고·맙·우·이·께	L^5[LMMᴍ^2]	(창원①②)
:고·맙·으·이·께	L^5[LMMᴍ^2]	(창원①②, 함안, 김해)

아래 (672)~(674)는 3음절 상성형어간 풀이씨의 어형들이다.

(672) 3음절 상성형어간 풀이씨 {:비·꼬·아·다}의 어형들

:비·꼬·아·다<비꼬다>	(L^3·M→)L^4)[LMMᴍ]	(창원①②)
:비·꼬·아·고	L^4[LMMᴍ]	(창원①②)
:비·꼬·아·도	L^4[LMMᴍ]	(창원①②)
:비·꼬·아·서	L^4[LMMᴍ]	(창원①②)
:비·꼬·아·이·께	L^5[LMMᴍ^2]	(창원①②)
:비·꼬·안·다	L^4[LMMᴍ]	(창원①②)

(673) 3음절 상성형어간 풀이씨 {:지·내·가·다}의 어형들 자료

:지·내·가·다<지나가다>	(L^3·M→)L^4[LMM]	(창원①②, 함안, 김해, 양산)
:지·내·간·다	L^4[LMMᴍ]	(창원①②, 함안, 김해, 양산)
:지·내·가·고	L^4[LMMᴍ]	(창원①②, 함안, 김해, 양산)
:지·내·가·겄·다	L^5[LMMᴍ^2]	(창원①②, 함안, 김해)
:지·내·가·겠·다	L^5[LMMᴍ^2]	(창원①②, 김해, 양산)
:지·내·가·더·라	L^5[LMMᴍ^2]	(창원①②, 함안, 김해, 양산)

(674) 3음절 상성형어간 풀이씨 {:비·끄·오·다}의 어형들

:비·끄·오·다<비끄다>	(L^3·M→)L^4[LMMᴍ]	(함안)
:비·끄·오·고	L^4[LMMᴍ]	(함안)
:비·끄·오·도	L^4[LMMᴍ]	(함안)
:비·끄·온·다	L^4[LMMᴍ]	(함안)
:비·끄·옹·께	L^4[LMMᴍ]	(함안)

5.6.5 1음절 거성어간 풀이씨의 굴곡형

거성형어간 풀이씨의 굴곡형들은 모든 굴곡형이 거성형(·$□_1$)으로 나타난다. 이것은 (379)에 예시한 바와 같이 거성형(·$□_1$) 어간 뒤에서 모든 씨끝의 연결체가 중화 규칙 (5)를 적용 받기 때문이다.

경남 동남부 방언권의 방언들에서 풀이씨 1음절 거성어간은 모두 방점의 변동이 없는 고정 어간이다.

(675) 1음절 거성어간 풀이씨 {·히·다}의 어형들

·히·다<희다>	(M·M→)M^2[HH/MM]	(창원①②, 함안, 김해, 양산)
·히·고	M^2[HH/MM]	(창원①②, 함안, 김해, 양산)
·히·네	M^2[HH/MM]	(창원①②, 함안, 김해, 양산)
·힝·께	M^2[HH/MM]	(창원②, 함안)
·히·서	M^2[HH/MM]	(함안, 양산)
·힜·다	M^2[HH/MM]	(함안, 양산)
·히·어·서<주로>	M^3[HHM]	(창원②)
·히·었·다	M^3[HHM]	(창원②)
·히·이·서	M^3[HHM]	(창원①②, 김해)
·히·있·다	M^3[HHM]	(창원①②, 김해)
·히·더·라	M^3[HHM]	(창원①②, 함안, 김해, 양산)
·히·이·께	M^3[HHM]	(창원①②, 함안, 김해)

(676) 1음절 거성어간 풀이씨 {·시·다}의 어형들

·시·다<켜다>	(M·M→)M^2[HH/MM]	(김해)
·시·고	M^2[HH/MM]	(김해)
·시·네	M^2[HH/MM]	(김해)
·시·고	M^2[HH/MM]	(김해)
·서·서	M^2[HH/MM]	(김해)
·서·도	M^2[HH/MM]	(김해)
·시·더·라	M^3[HHM]	(김해)

·시·이·께	M^3[HHM]	(김해)

(677) 1음절 거성어간 풀이씨 {·시·다}의 어형들

·시·다(書)<쓰다>	(M·M→)M^2[HH/MM]	(김해, 양산)
·신	M[M̤]	(김해, 양산)
·실	M[M̤]	(김해, 양산)
·시·고	M^2[HH/MM]	(김해, 양산)
·시·나<물음>	M^2[HH/MM]	(김해, 양산)
·시·는	M^2[HH/MM]	(김해, 양산)
·시·도	M^2[HH/MM]	(김해, 양산)
·시·서	M^2[HH/MM]	(김해, 양산)
·서·도	M^2[HH/MM]	(김해, 양산)
·서·서	M^2[HH/MM]	(김해, 양산)
·시·는·데	M^3[HHM]	(김해, 양산)
·시·더·라	M^3[HHM]	(김해, 양산)
·시·이·께	M^3[HHM]	(김해)
·시·이·께	M^3[HHM]	(양산)

(678) 1음절 거성어간 풀이씨 {·씨·다}의 어형들

·씨·다<켜다>	(M·M→)M^2[HH/MM]	(함안)
·씰	M[M̤]	(함안)
·씬	M[M̤]	(함안)
·씨·고	M^2[HH/MM]	(함안)
·씨·나<물음>	M^2[HH/MM]	(함안)
·씨·는	M^2[HH/MM]	(함안)
·씨·도	M^2[HH/MM]	(함안)
·써·도	M^2[HH/MM]	(함안)
·씨·는·데	M^3[HHM]	(함안)
·씨·더·라	M^3[HHM]	(함안)

(679) 1음절 거성어간 풀이씨 {·씨·다}의 어형들

·씨·다(書)<쓰다>	(M·M→)M^2[HH/MM]	(함안)
·씬	M[M̤]	(함안)
·씰	M[M̤]	(함안)
·씨·고	M^2[HH/MM]	(함안)
·씨·나<물음>	M^2[HH/MM]	(함안)
·씨·는	M^2[HH/MM]	(함안)
·씽·께	M^2[HH/MM]	(함안)
·씨·도	M^2[HH/MM]	(함안)
·써·도	M^2[HH/MM]	(함안)

·쐈·다	M^2[HH/MM]	(함안)
·쌨·다	M^2[HH/MM]	(함안)
·씨·는·데	M^3[HHM]	(함안)
·씨·더·라	M^3[HHM]	(함안)

(680) 1음절 거성어간 풀이씨 {·씨·다}의 어형들

·씨·다<(모자) 쓰다>	(M·M→)M^2[HH/MM]	(창원①②, 함안)
·씬	M[M̤]	(창원①②, 함안)
·씰	M[M̤]	(창원①②, 함안)
·씨·고	M^2[HH/MM]	(창원①②, 함안)
·씨·나<물음>	M^2[HH/MM]	(창원①②, 함안)
·씨·네	M^2[HH/MM]	(창원①②, 함안)
·씨·는	M^2[HH/MM]	(창원①②, 함안)
·씨·도	M^2[HH/MM]	(창원①②, 함안)
·써·도	M^2[HH/MM]	(창원①②, 함안)
·쐈·다	M^2[HH/MM]	(창원①②, 함안)
·썼·다	M^2[HH/MM]	(창원①②, 함안)
·씽·께	M^2[HH/MM]	(창원②, 함안)
·씨·는·데	M^3[HHM]	(창원①②, 함안)
·씨·더·라	M^3[HHM]	(창원①②, 함안)
·씨·이·께	M^3[HHM]	(창원①②, 함안)

(681) 1음절 거성어간 풀이씨 {·스·다}의 어형들

·스·다(書)<쓰다>	(M·M→)M^2[HH/MM]	(김해, 양산)
·슨	M[M̤]	(김해, 양산)
·슬	M[M̤]	(김해, 양산)
·서	M[M̤]	(김해, 양산)
·스·고	M^2[HH/MM]	(김해, 양산)
·스·나<물음>	M^2[HH/MM]	(김해, 양산)
·스·는	M^2[HH/MM]	(김해, 양산)
·서·서	M^2[HH/MM]	(김해, 양산)
·서·도	M^2[HH/MM]	(김해, 양산)
·섰·다	M^2[HH/MM]	(김해, 양산)
·스·는·데	M^3[HHM]	(김해, 양산)
·스·더·라	M^3[HHM]	(김해, 양산)
·스·이·께	M^3[HHM]	(양산)
·스·이·께	M^3[HHM]	(김해)

(682) 1음절 거성어간 풀이씨 {·스·다}의 어형들

·스·다<(모자) 쓰다>	(M·M→)M^2[HH/MM]	(김해, 양산)

·슨 M[M̤] (김해, 양산)
·슬 M[M̤] (김해, 양산)
·서 M[M̤] (김해, 양산)
·스·고 M^2[HH/MM] (김해, 양산)
·스·나<물음> M^2[HH/MM] (김해, 양산)
·스·는 M^2[HH/MM] (김해, 양산)
·서·서 M^2[HH/MM] (김해, 양산)
·서·도 M^2[HH/MM] (김해, 양산)
·섰·다 M^2[HH/MM] (김해, 양산)
·스·는·데 M^3[HHM] (김해, 양산)
·스·더·라 M^3[HHM] (김해, 양산)
·스·이·께 M^3[HHM] (양산)
·스·이·께 M^3[HHM] (김해)

(683) 1음절 거성어간 풀이씨 {·쓰·다}의 어형들
·쓰·다(書) (M·M→)M^2[HH/MM] (창원①②, 함안)
·써 M[M̤] (창원①②, 함안)
·쓰·고 M^2[HH/MM] (창원①②, 함안)
·써·서 M^2[HH/MM] (창원①②, 함안)
·써·도 M^2[HHM] (창원①②, 함안)
·썼·다 M^2[HHM] (창원①②, 함안)

(684) 1음절 거성어간 풀이씨 {·쓰·다}의 어형들
·쓰·다(着) (M·M→)M^2[HH/MM] (창원①②, 김해)
·써 M[M̤] (창원①②, 김해)
·쓰·고 M^2[HH/MM] (창원①②, 김해)
·써·서 M^2[HH/MM] (창원①②, 김해)
·써·도 M^2[HHM] (창원①②, 김해)
·썼·다 M^2[HH/MM] (창원①②, 김해)

(685) 1음절 거성어간 풀이씨 {·뜨·다}의 어형들
·뜨·다(聂) (M·M→)M^2[HH/MM] (창원①②, 함안, 김해, 양산)
·뜨·고 M^2[HH/MM] (창원①②, 함안, 김해, 양산)
·뜨·네 M^2[HH/MM] (창원①②, 함안, 김해, 양산)
·뜨·머 M^2[HH/MM] (김해, 양산)
·뜨·먼 M^2[HH/MM] (함안, 김해, 양산)
·뜨·모 M^2[HH/MM] (창원①②, 함안)
·뜨·몬 M^2[HH/MM] (창원①②)
·떠·도 M^2[HH/MM] (창원①②, 함안, 김해, 양산)
·떠·서 M^2[HH/MM] (창원①②, 함안, 김해, 양산)

(686) 1음절 거성어간 풀이씨 {·크·다}의 어형들

·크·다	(M·M→)M^{2}[HH/MM]	(창원①②, 함안, 김해, 양산)
·크·고	M^{2}[HH/MM]	(창원①②, 함안, 김해, 양산)
·크·머	M^{2}[HH/MM]	(김해, 양산)
·크·먼	M^{2}[HH/MM]	(함안, 김해, 양산)
·크·모	M^{2}[HH/MM]	(창원①②, 함안)
·크·몬	M^{2}[HH/MM]	(창원①②)
·커·도	M^{2}[HH/MM]	(창원①②, 함안, 김해, 양산)
·커·서	M^{2}[HH/MM]	(창원①②, 함안, 김해, 양산)

(687) 1음절 거성어간 풀이씨 {·끄·다}의 어형들

·끄·다(消火)	(M·M→)M^{2}[HH/MM]	(창원①②, 함안, 김해, 양산)
·끄·고	M^{2}[HH/MM]	(창원①②, 함안, 김해, 양산)
·끄·네	M^{2}[HH/MM]	(창원①②, 함안, 김해, 양산)
·끙·께	M^{2}[HH/MM]	(창원②, 함안)
·꺼·도	M^{2}[HH/MM]	(창원①②, 함안, 김해, 양산)
·꺼·라	M^{2}[HH/MM]	(창원①②, 함안, 김해, 양산)
·꺼·서	M^{2}[HH/MM]	(창원①②, 함안, 김해, 양산)
·껐·다	M^{2}[HH/MM]	(창원①②, 함안, 김해, 양산)
·끄·니·까	M^{3}[HHM]	(양산)
·끄·더·라	M^{3}[HHM]	(창원①②, 함안, 김해, 양산)
·끄·이·께	M^{3}[HHM]	(창원①②, 함안, 김해)
·끄·이·꺼·네	M^{4} [HHM^{2}]	(창원①, 김해)

(688) 1음절 거성어간 풀이씨 {·끄·다}의 어형들

@·끄·다(夢)<꾸다>	(MM̤·M→)M^{2}[HH/MM]	(창원②)
@·꾸·다(夢)<꾸다>	(MM̤·M→)M^{2}[HH/MM]	(창원②)
·끄·고	M^{2}[HH/MM]	(창원②)
·끄·더·라	M^{3}[HHM]	(창원②)
·꾸·모	M^{2}[HH/MM]	(창원②)
:꺼·도	M̤^{2}[ḦH/M̤M]	(창원②)
:꺼·서	M̤^{2}[ḦH/M̤M]	(창원②)
:꺼·야	M̤^{2}[ḦH/M̤M]	(창원②)
:껐·더·라	M̤^{3}[ḦHM]	(창원②)
:꾸·야	M̤^{2}[ḦH/M̤M]	(창원②)
:꿨·더·라	M̤^{3}[ḦHM]	(창원②)

(689) 1음절 거성어간 풀이씨 {·치·다}의 어형들

·치·다(打)	(M·M→)M^{2}[HH/MM]	(창원①②, 함안, 김해, 양산)
·치·고	M^{2}[HH/MM]	(창원①②, 함안, 김해, 양산)

·치·마	M^2[HH/MM]	(창원②)
·치·머	M^2[HH/MM]	(김해, 양산)
·치·모	M^2[HH/MM]	(창원①②, 함안)
·처·서	M^2[HH/MM]	(창원①②, 함안, 김해, 양산)
·치·서	M^2[HH/MM]	(창원①②, 함안, 김해, 양산)
·처·라	M^2[HH/MM]	(창원①②, 함안, 양산)
·치·라	M^2[HH/MM]	(창원①②, 함안, 양산)
·치·이·께	M^3[HHM]	(창원①②, 함안, 김해)

(690) 1음절 거성어간 풀이씨 {·치·다}의 어형들

·치·다(舞)<추다>	M·M(=M^2)[HH/MM]	(함안)
·치	M[M̤]	(함안)
·치·고	M^2[HH/MM]	(함안)
·치·도	M^2[HH/MM]	(함안)
·치·모	M^2[HH/MM]	(함안)
·치·서	M^2[HH/MM]	(함안)
·칬·다	M^2[HH/MM]	(함안)

(691) 1음절 거성어간 풀이씨 {·찌·다}의 어형들

·찌·다(蒸)	(M·M→)M^2[HH/MM]	(창원①②, 함안, 김해, 양산)
·찌	M[M̤]	(창원①②, 함안)
·쩌	M[M̤]	(창원①②, 함안, 김해, 양산)
·쩌·도	M^2[HH/MM]	(창원①②, 함안, 김해, 양산)
·쩌·라	M^2[HH/MM]	(창원①②, 함안, 김해, 양산)
·쩌·서	M^2[HH/MM]	(창원①②, 함안, 김해, 양산)
·쩠·다	M^2[HH/MM]	(창원①②, 함안, 김해, 양산)
·찌·고	M^2[HH/MM]	(창원①②, 함안, 김해, 양산)
·찌·기	M^2[HH/MM]	(창원①②, 함안, 김해, 양산)
·찌·네	M^2[HH/MM]	(창원①②, 함안, 김해, 양산)
·찌·니	M^2[HH/MM]	(창원②, 함안)
·찌·도	M^2[HH/MM]	(창원①②, 함안, 양산)
·찌·라	M^2[HH/MM]	(창원①②, 함안, 양산)
·찌·머	M^2[HH/MM]	(김해, 양산)
·찌·먼	M^2[HH/MM]	(함안, 김해, 양산)
·찌·면	M^2[HH/MM]	(양산)
·찌·몬	M^2[HH/MM]	(창원①②)
·찌·서	M^2[HH/MM]	(창원①②, 함안, 양산)
·찌·이	M^2[HH/MM]	(양산)
·찌·지	M^2[HH/MM]	(창원①②, 함안, 김해, 양산)
·찌·이	M^2[HH/MM]	(창원①, 함안, 김해)

·찐·다 M^2[HH/MM] (창원①②, 함안, 김해, 양산)
·쩠·다 M^2[HH/MM] (창원①②, 함안, 양산)
·쩠·심·더 M^3[HHM] (양산)
·찌·겄·다 M^3[HHM] (창원①②, 함안, 김해)
·찌·겠·다 M^3[HHM] (창원①②, 김해, 양산)
·찌·는·데 M^3[HHM] (창원①②, 함안, 김해, 양산)
·찌·니·까 M^3[HHM] (양산)
·찌·다·가 M^3[HHM] (창원①②, 함안, 김해, 양산)
·찌·더·니 M^3[HHM] (함안, 양산)
·찌·더·라 M^3[HHM] (창원①②, 함안, 김해, 양산)
·찌·디·이 M^3[HHM] (양산)
·찌·디·이 M^3[HHM] (창원①②, 함안, 김해)
·찌·이·께 M^3[HHM] (창원①②, 함안, 김해)
·찔·라·꼬 M^3[HHM] (창원①②, 함안, 김해, 양산)
·찔·라·먼 M^3[HHM] (함안, 김해, 양산)
·찔·라·모 M^3[HHM] (창원①②, 함안)
·찔·라·몬 M^3[HHM] (창원①②)
·찝·니·더 M^3[HHM] (창원①, 김해)
·찝·미·더 M^3[HHM] (창원②, 함안)
·찡·께·네 M^3[HHM] (함안)
·쩠·습·니·더 M^4 [HHM^2] (창원①, 김해)
·쩠·습·미·더 M^4 [HHM^2] (창원②, 함안, 양산)
·찌·겄·더·라 M^4 [HHM^2] (창원①②, 함안, 김해)
·찌·겠·더·라 M^4 [HHM^2] (창원①②, 김해, 양산)
·찌·겠·심·더 M^4 [HHM^2] (양산)
·찌·더·라·도 M^4 [HHM^2] (창원①②, 함안, 김해, 양산)
·찌·이·꺼·네 M^4 [HHM^2] (창원①, 김해)
·찔·라·카·나 M^4 [HHM^2] (창원①②, 김해, 양산)
·찔·라·칸·다 M^4 [HHM^2] (창원①②, 김해, 양산)
·찔·라·커·나 M^4 [HHM^2] (함안, 김해, 양산)
·찔·라·컨·다 M^4 [HHM^2] (함안, 김해, 양산)
·찔·라·쿠·나 M^4 [HHM^2] (함안)
·찔·라·쿤·다 M^4 [HHM^2] (함안)
·찔·라·함·더[941] M^4 [HHM^2] (양산)
·쩠·습·미·더 M^4 [HHM^2] (창원②, 함안)

941) [양산 방언] 제보자들은 일상적인 말투인 /~·함·더/보다 /~·합·미·더/가, /~·컴·더/보다 /~·컵·미·더/가 더 예절 바르게 들린다고 한다. 그리고 /~·컴·더, ~·함·더/는 /~·컵·미·더, ~·합·미·더/보다 더 자주 쓰인다.

·찌·겄·습·니·더	M^5[HHM^3]	(창원①, 김해)
·찌·겄·습·미·더	M^5[HHM^3]	(창원②, 함안)
·찌·겠·습·니·더	M^5[HHM^3]	(창원①, 김해)
·찔·라·합·미·더	M^5[HHM^3]	(양산)
·찔·라#카·먼	M^2#HM[HH#HM]	(김해, 양산)
·찔·라#카·모	M^2#HM[HH#HM]	(창원①②)
·찔·라#카·몬	M^2#HM[HH#HM]	(창원①②)
·찔·라#커·머	M^2#HM[HH#HM]	(김해, 양산)
·찔·라#커·모	M^2#HM[HH#HM]	(함안)

(692) 1음절 거성어간 풀이씨 {·피·다}의 어형들

·피·다(開花)	(M·M→)M^2[HH/MM]	(창원②, 함안, 양산)
·피·고	M^2[HH/MM]	(창원②, 함안, 양산)
·피·기	M^2[HH/MM]	(창원②, 함안, 양산)
·피·네	M^2[HH/MM]	(창원②, 함안, 양산)
·피·도	M^2[HH/MM]	(양산)
·피·라	M^2[HH/MM]	(양산)
·피·머	M^2[HH/MM]	(양산)
·피·먼	M^2[HH/MM]	(함안, 양산)
·피·모	M^2[HH/MM]	(창원②, 함안)
·피·몬	M^2[HH/MM]	(창원②)
·피·서	M^2[HH/MM]	(양산)
·피·이	M^2[HH/MM]	(창원②, 함안, 양산)
·피·지	M^2[HH/MM]	(창원②, 함안, 양산)
·피·이	M^2[HH/MM]	(창원②, 함안)
·핀·다	M^2[HH/MM]	(창원②, 함안, 양산)
·폈·다	M^2[HH/MM]	(양산)
·피·거·나	M^3[HHM]	(창원②, 함안, 양산)
·피·겄·다	M^3[HHM]	(창원②, 함안)
·피·겠·다	M^3[HHM]	(양산)
·피·는·데	M^3[HHM]	(창원②, 함안, 양산)
·피·다·가	M^3[HHM]	(창원②, 함안, 양산)
·피·더·니	M^3[HHM]	(함안, 양산)
·피·더·라	M^3[HHM]	(창원②, 함안, 양산)
·피·디·이	M^3[HHM]	(양산)
·피·디·이	M^3[HHM]	(창원②, 함안)
·피·이·께	M^3[HHM]	(양산)
·피·이·도	M^3[HHM]	(창원②, 함안, 양산)
·피·이·라	M^3[HHM]	(창원②, 함안, 양산)
·피·이·서	M^3[HHM]	(창원②, 함안, 양산)

·피·있·다	M^3[HHM]	(창원②, 함안, 양산)
·피·이·께	M^3[HHM]	(창원②, 함안)
·필·끼·다	M^3[HHM]	(창원②, 양산)
·필·라·꼬	M^3[HHM]	(창원②, 함안, 양산)
·필·라·머	M^3[HHM]	(김해, 양산)
·필·라·모	M^3[HHM]	(창원②, 함안)
·핍·미·더	M^3[HHM]	(창원②, 함안, 양산)
·핐·심·더	M^3[HHM]	(양산)
·핑·께·에	M^3[HHM]	(창원②, 함안)
·피·겄·더·라	M^4[HHM^2]	(창원②, 함안)
·피·겠·더·라	M^4[HHM^2]	(양산)
·피·겠·심·꺼	M^4[HHM^2]	(양산)
·피·겠·심·더	M^4[HHM^2]	(양산)
·피·더·라·도	M^4[HHM^2]	(창원②, 함안, 양산)
·피·더·래·도	M^4[HHM^2]	(창원②, 함안, 양산)
·피·있·심·더	M^4[HHM^2]	(양산)
·필·라·카·나	M^4[HHM^2]	(창원②, 김해, 양산)
·필·라·카·먼	M^4[HHM^2]	(김해, 양산)
·필·라·카·모	M^4[HHM^2]	(창원②, 함안)
·필·라·칸·다	M^4[HHM^2]	(창원②, 김해, 양산)
·필·라·커·나	M^4[HHM^2]	(함안, 김해, 양산)
·필·라·커·머	M^4[HHM^2]	(김해, 양산)
·필·라·커·먼	M^4[HHM^2]	(함안, 김해, 양산)
·필·라·커·모	M^4[HHM^2]	(함안)
·필·라·컨·다	M^4[HHM^2]	(함안, 김해, 양산)
·필·라·쿠·나	M^4[HHM^2]	(함안)
·필·라·쿠·모	M^4[HHM^2]	(함안)
·필·라·쿤·다	M^4[HHM^2]	(함안)
·필·라·하·나	M^4[HHM^2]	(양산)
·피·겄·습·미·더	M^5[HHM^3]	(창원②, 함안)
·피·겠·심·니·꺼	M^5[HHM^3]	(양산)
·피·겠·십·미·더	M^5[HHM^3]	(창원②, 함안, 양산)
·피·있·습·미·더	M^5[HHM^3]	(창원②, 함안, 양산)
·필·라#카·먼	M^2#HM[HH#HM]	(김해, 양산)
·필·라#카·모	M^2#HM[HH#HM]	(창원②)
·필·라#커·머	M^2#HM[HH#HM]	(김해, 양산)
·필·라#커·모	M^2#HM[HH#HM]	(함안)
·필·라#쿠·모	M^2#HM[HH#HM]	(함안)

(693) 1음절 거성어간 풀이씨 {·기·다}의 어형들

·기·다	(M·M→)M^2[HH/MM]	(창원①②, 함안, 김해, 양산)
·기·고	M^2[HH/MM]	(창원①②, 함안, 김해, 양산)
·기·네	M^2[HH/MM]	(창원①②, 함안, 김해, 양산)
·기·도	M^2[HH/MM]	(양산)
·기·서	M^2[HH/MM]	(양산)
·깄·다	M^2[HH/MM]	(양산)
·깅·께	M^2[HH/MM]	(창원②, 함안)
·기·더·라	M^3[HHM]	(창원①②, 함안, 김해, 양산)
·기·어·도	M^3[HHM]	(창원①②, 양산)
·기·었·다	M^3[HHM]	(창원①②, 양산)
·기·이·도	M^3[HHM]	(창원①②, 함안, 김해)
·기·이·서	M^3[HHM]	(창원①②, 함안, 김해)
·기·이·께	M^3[HHM]	(창원①②, 함안, 김해)
·깅·께·네	M^3[HHM]	(함안)
·깅·께·에	M^3[HHM]	(창원②, 함안)

(694) 1음절 거성어간 풀이씨 {·페·다}의 어형들

·페·다(開花)<피다>	(M·M→)M^2[HH/MM]	(창원①②, 함안, 김해, 양산)
·페·고	M^2[HH/MM]	(창원①②, 함안, 김해, 양산)
·페·기	M^2[HH/MM]	(창원①②, 함안, 김해, 양산)
·페·네	M^2[HH/MM]	(창원①②, 함안, 김해, 양산)
·페·머	M^2[HH/MM]	(김해, 양산)
·페·모	M^2[HH/MM]	(창원①②, 함안)
·페·에	M^2[HH/MM]	(창원①②, 함안, 김해, 양산)
·페·지	M^2[HH/MM]	(창원①②, 함안, 김해, 양산)
·페·이	M^2[HH/MM]	(창원①②, 함안, 김해, 양산)
·펜·다	M^2[HH/MM]	(창원①②, 함안, 김해, 양산)
·페·거·나	M^3[HHM]	(창원①②, 함안, 김해, 양산)
·페·겄·다	M^3[HHM]	(창원①②, 함안, 김해)
·페·겠·다	M^3[HHM]	(창원①②, 김해, 양산)
·페·는·데	M^3[HHM]	(창원①②, 함안, 김해, 양산)
·페·다·가	M^3[HHM]	(창원①②, 함안, 김해, 양산)
·페·더·라	M^3[HHM]	(창원①②, 함안, 김해, 양산)
·페·디·이	M^3[HHM]	(창원①②, 함안, 김해)
·페·에·도	M^3[HHM]	(창원①②, 함안, 김해, 양산)
·페·에·라	M^3[HHM]	(창원①②, 함안, 김해, 양산)
·페·에·서	M^3[HHM]	(창원①②, 함안, 김해, 양산)
·페·엤·다	M^3[HHM]	(창원①②, 함안, 김해, 양산)
·펠·라·꼬	M^3[HHM]	(창원①②, 함안, 김해, 양산)

·펠·라·먼	M^3[HHM]	(함안, 김해, 양산)
·펠·라·몬	M^3[HHM]	(창원①②)
·펩·니·더	M^3[HHM]	(창원①, 김해)
·펩·미·더	M^3[HHM]	(창원②, 함안, 양산)
·페·졌·더·라	M^4[HHM^2]	(창원①②, 함안, 김해)
·페·더·라·도	M^4[HHM^2]	(창원①②, 함안, 김해, 양산)
·펠·라·카·나	M^4[HHM^2]	(창원①②, 김해, 양산)
·펠·라·카·머	M^4[HHM^2]	(김해, 양산)
·펠·라·카·먼	M^4[HHM^2]	(김해, 양산)
·펠·라·카·모	M^4[HHM^2]	(창원①②)
·펠·라·카·몬	M^4[HHM^2]	(창원①②)
·펠·라·칸·다	M^4[HHM^2]	(창원①②, 김해, 양산)
·페·졌·습·니·더	M^5[HHM^3]	(창원①, 김해)
·페·졌·습·미·더	M^5[HHM^3]	(창원②, 함안)
·페·엤·습·니·더	M^5[HHM^3]	(창원①, 김해)
·페·엤·습·미·더	M^5[HHM^3]	(창원②, 함안, 양산)
·펠·라#카·머	M^2#HM[HH#HM]	(김해, 양산)
·펠·라#카·먼	M^2#HM[HH#HM]	(김해, 양산)
·펠·라#카·모	M^2#HM[HH#HM]	(창원①②)
·펠·라#커·먼	M^2#HM[HH#HM]	(함안, 김해, 양산)
·펠·라#카·몬	M^2#HM[HH#HM]	(창원①②)

(695) 1음절 거성어간 풀이씨 {·새·다}의 어형들

·새·다(曙)	(M·M→)M^2[HH/MM]	(창원①②, 함안, 양산)
·새·고	M^2[HH/MM]	(창원①②, 함안, 양산)
·새·애·도	M^3[HHM]	(창원①②, 함안, 양산)
·새·거·나	M^3[HHM]	(창원①②, 함안, 양산)

(696) 1음절 거성어간 풀이씨 {·빼·다}의 어형들

·빼·다(拔)	(M·M→)M^2[HH/MM]	(창원①②, 함안, 김해, 양산)
·뺀	M[$\ddot{M}$]	(창원①②, 함안, 김해, 양산)
·뺄	M[$\ddot{M}$]	(창원①②, 함안, 김해, 양산)
·뺌	M[$\ddot{M}$]	(창원①②, 함안, 김해, 양산)
·빼·고	M^2[HH/MM]	(창원①②, 함안, 김해, 양산)
·빼·기	M^2[HH/MM]	(창원①②, 함안, 김해, 양산)
·빼·까	M^2[HH/MM]	(창원①②, 함안, 김해, 양산)
·빼·꼬	M^2[HH/MM]	(창원①②, 함안, 김해, 양산)
·빼·나	M^2[HH/MM]	(창원①②, 함안, 김해, 양산)
·빼·네	M^2[HH/MM]	(창원①②, 함안, 김해, 양산)

·빼·노	M^2[HH/MM]	(창원①②, 함안, 김해, 양산)
·빼·는	M^2[HH/MM]	(창원①②, 함안, 김해, 양산)
·빼·니	M^2[HH/MM]	(함안, 양산)
·빼·데	M^2[HH/MM]	(창원①②, 함안, 김해, 양산)
·빼·도	M^2[HH/MM]	(양산)
·빼·라	M^2[HH/MM]	(창원①②, 함안, 김해, 양산)
·빼·러	M^2[HH/MM]	(김해, 양산)
·빼·로	M^2[HH/MM]	(창원①②, 함안, 김해, 양산)
·빼·머	M^2[HH/MM]	(김해, 양산)
·빼·모	M^2[HH/MM]	(창원①②, 함안)
·빼·몬	M^2[HH/MM]	(창원①②)
·빼·서	M^2[HH/MM]	(양산)
·빼·서	M^2[HH/MM]	(양산)
·빼·세	M^2[HH/MM]	(창원①②, 함안, 김해)
·빼·소	M^2[HH/MM]	(창원①②, 함안, 김해, 양산)
·빼·애	M^2[HH/MM]	(창원①②, 함안, 김해, 양산)
·빼·앤	M^2[HH/MM]	(창원①②, 함안, 양산)
·빼·야	M^2[HH/MM]	(양산)
·빼·요	M^2[HH/MM]	(창원①②, 함안, 김해, 양산)
·빼·이	M^2[HH/MM]	(양산)
·빼·자	M^2[HH/MM]	(창원①②, 함안, 김해, 양산)
·빼·지	M^2[HH/MM]	(창원②, 김해)
·빼·이	M^2[HH/MM]	(창원①②, 함안, 김해, 양산)
·뺀·들	M^2[HH/MM]	(창원①②, 함안, 김해, 양산)
·뺄·까	M^2[HH/MM]	(창원①②, 함안, 김해, 양산)
·뺄·꼬	M^2[HH/MM]	(창원①②, 함안, 김해, 양산)
·뺌·더	M^2[HH/MM]	(양산)
·뺐·다	M^2[HH/MM]	(김해, 양산)
·뺐·다	M^2[HH/MM]	(양산)
·뺑·께	M^2[HH/MM]	(창원②, 함안)
·빼·거·나	M^3[HHM]	(창원①②, 함안, 김해, 양산)
·빼·거·등	M^3[HHM]	(창원①②, 함안, 김해, 양산)
·빼·건·대	M^3[HHM]	(창원①②, 함안, 김해, 양산)
·빼·걸·래	M^3[HHM]	(창원①②, 함안, 김해)
·빼·겄·다	M^3[HHM]	(창원①②, 함안, 김해)
·빼·겠·다	M^3[HHM]	(창원①②, 김해, 양산)
·빼·구·나	M^3[HHM]	(창원①②, 함안, 김해, 양산)
·빼·기·나	M^3[HHM]	(김해, 양산)
·빼·긴·대	M^3[HHM]	(양산)
·빼·길·래	M^3[HHM]	(창원②, 양산)

·빼·꺼·마	M^3[HHM]	(창원①②, 함안, 김해, 양산)
·빼·께·에	M^3[HHM]	(창원②, 함안, 김해, 양산)
·빼·께·ᅙᅦ	M^3[HHM]	(창원①②, 함안, 김해)
·빼·나·마	M^3[HHM]	(창원①②, 함안, 김해, 양산)
·빼·는·가	M^3[HHM]	(창원①②, 함안, 김해, 양산)
·빼·는·고	M^3[HHM]	(창원①②, 함안, 김해, 양산)
·빼·는·교	M^3[HHM]	(창원②, 함안, 양산)
·빼·는·데	M^3[HHM]	(창원①②, 함안, 김해, 양산)
·빼·니·라	M^3[HHM]	(창원①②, 함안, 김해, 양산)
·빼·더·나	M^3[HHM]	(창원①②, 함안, 김해, 양산)
·빼·더·노	M^3[HHM]	(창원①②, 함안, 김해, 양산)
·빼·더·라	M^3[HHM]	(창원①②, 함안, 김해, 양산)
·빼·던·가	M^3[HHM]	(창원①②, 함안, 김해, 양산)
·빼·던·고	M^3[HHM]	(창원①②, 함안, 김해, 양산)
·빼·도·로	M^3[HHM]	(양산)
·빼·도·록	M^3[HHM]	(창원①②, 함안, 양산)
·빼·두·루	M^3[HHM]	(김해)
·빼·두·룩	M^3[HHM]	(창원①②, 함안, 김해)
·빼·라·꼬	M^3[HHM]	(창원①②, 함안, 김해, 양산)
·빼·라·머	M^3[HHM]	(김해, 양산)
·빼·라·먼	M^3[HHM]	(함안, 김해, 양산)
·빼·라·모	M^3[HHM]	(창원①②, 함안)
·빼·신·다	M^3[HHM]	(창원①②, 함안, 김해, 양산)
·빼·싱·께	M^3[HHM]	(함안)
·빼·애·도	M^3[HHM]	(창원①②, 함안, 김해, 양산)
·빼·애·라	M^3[HHM]	(창원①②, 함안, 김해, 양산)
·빼·애·서	M^3[HHM]	(창원①②, 함안, 김해, 양산)
·빼·애·야	M^3[HHM]	(창원①②, 함안, 김해, 양산)
·빼·앴·는	M^3[HHM]	(창원①②, 함안, 양산)
·빼·앴·다	M^3[HHM]	(창원①②, 함안, 김해, 양산)
·빼·이·께	M^3[HHM]	(양산)
·빼·이·소	M^3[HHM]	(창원①②, 함안, 김해, 양산)
·빼·자·이	M^3[HHM]	(창원①②, 함안, 김해)
·빼·재·이	M^3[HHM]	(양산)
·빼·지·예	M^3[HHM]	(창원①②, 함안, 김해)
·빼·지·요	M^3[HHM]	(창원①②, 양산)
·빼·ᅙᅵ·께	M^3[HHM]	(창원①②, 함안, 김해)
·빼·ᅙᅵ·께	M^3[HHM]	(창원①②, 함안, 김해)
·뺄·라·꼬	M^3[HHM]	(창원①②, 함안, 김해, 양산)
·뺄·망·정	M^3[HHM]	(창원①②, 함안, 김해, 양산)

·뻴·수·로	M^3[HHM]	(함안)
·뻴·수·록	M^3[HHM]	(창원①②, 함안, 김해, 양산)
·뻴·수·루	M^3[HHM]	(김해)
·뻴·수·룩	M^3[HHM]	(함안, 양산)
·뻡·니·꺼	M^3[HHM]	(창원①, 김해)
·뻡·니·더	M^3[HHM]	(창원①, 김해)
·뻡·디·꺼	M^3[HHM]	(창원①②, 함안, 김해, 양산)
·뻡·디·더	M^3[HHM]	(창원①②, 함안, 김해, 양산)
·뻡·미·꺼	M^3[HHM]	(창원②, 함안, 양산)
·뻡·미·더	M^3[HHM]	(창원②, 함안, 양산)
·뻡·시·더	M^3[HHM]	(창원①②, 함안, 김해, 양산)
·빼·거·들·랑	M^4 [HHM^2]	(창원①②, 함안, 김해, 양산)
·빼·거·마·는	M^4 [HHM^2]	(창원①②, 함안, 김해, 양산)
·빼·는·가·베	M^4 [HHM^2]	(창원①②, 함안, 김해, 양산)
·빼·는·갑·다	M^4 [HHM^2]	(창원①②, 함안, 김해, 양산)
·빼·는·구·나	M^4 [HHM^2]	(창원①②, 함안, 김해, 양산)
·빼·는·기·요	M^4 [HHM^2]	(창원①, 김해, 양산)
·빼·더·라·꼬	M^4 [HHM^2]	(창원①②, 함안, 김해, 양산)
·빼·더·라·도	M^4 [HHM^2]	(창원①②, 함안, 김해, 양산)
·빼·던·갑·다	M^4 [HHM^2]	(창원①②, 함안, 김해, 양산)
·빼·시·이·께	M^4 [HHM^2]	(양산)
·빼·시·이·소	M^4 [HHM^2]	(창원①②, 함안, 김해, 양산)
·빼·시·잉·께	M^4 [HHM^2]	(창원②, 함안)
·빼·시·지·예	M^4 [HHM^2]	(창원①②, 함안, 김해, 양산)
·빼·시·지·요	M^4 [HHM^2]	(창원①②, 양산)
·빼·시·이·께	M^4 [HHM^2]	(창원①②, 함안, 김해)
·빼·십·니·꺼	M^4 [HHM^2]	(창원①, 김해)
·빼·십·미·꺼	M^4 [HHM^2]	(창원②, 함안, 양산)
·빼·이·께·네	M^4 [HHM^2]	(양산)
·빼·입·시·더	M^4 [HHM^2]	(창원①②, 함안, 김해, 양산)
·빼·이·꺼·네	M^4 [HHM^2]	(창원①, 김해)
·빼·이·께·네	M^4 [HHM^2]	(함안)
·뻴·꺼·니·까	M^4 [HHM^2]	(양산)
·뻴·끼·잉·께	M^4 [HHM^2]	(창원②, 함안)
·뻴·끼·이·께	M^4 [HHM^2]	(창원①②, 함안, 김해)
·뻡·시·더·이	M^4 [HHM^2]	(창원①②, 함안, 김해, 양산)
·빼·기·로·서·니	M^5[HHM^3]	(함안, 양산)
·빼·기·로·서·이	M^5[HHM^3]	(양산)

·빼·기·로·서·이 $M^5[HHM^3]$ (창원①②, 함안, 김해)
·빼·라·카·더·라 $M^5[HHM^3]$ (창원①②, 김해, 양산)
·빼·라·커·더·라 $M^5[HHM^3]$ (함안, 김해, 양산)
·빼·앴·는·갑·다 $M^5[HHM^3]$ (창원①②, 함안, 김해, 양산)
·빼·앴·던·갑·다 $M^5[HHM^3]$ (창원①②, 함안, 김해, 양산)
·빼·입·시·더·이 $M^5[HHM^3]$ (창원①②, 함안, 김해, 양산)
·빼·기·로#서·니 M^3#HM[HHM#HM] (함안, 양산)
·빼·기·로#서·이 M^3#HM[HHM#HM] (양산)
·빼·기·로#서·이 M^3#HM[HHM#HM] (창원①②, 함안, 김해)
빼·도 HM[HM] (양산)
빴·다[942] HM[HM] (양산)

(697) 1음절 거성어간 풀이씨 {·깨·다}의 어형들
·깨·다(覺,醒) (M·M→)M^2[HH/MM] (창원①②, 함안, 김해, 양산)
·깨·고 M^2[HH/MM] (창원①②, 함안, 김해, 양산)
·깨·기 M^2[HH/MM] (창원①②, 함안, 김해, 양산)
·깨·네 M^2[HH/MM] (창원①②, 함안, 김해, 양산)
·깨·이 M^2[HH/MM] (양산)
·깨·지 M^2[HH/MM] (창원①②, 함안, 김해, 양산)
·깨·이 M^2[HH/MM] (창원①②, 함안, 김해)
·깬·다 M^2[HH/MM] (창원①②, 함안, 김해, 양산)
·깽·께 M^2[HH/MM] (창원②, 함안)
·깨·거·나 M^3[HHM] (창원①②, 함안, 김해, 양산)
·깨·겄·다 M^3[HHM] (창원①②, 함안, 김해)
·깨·겠·다 M^3[HHM] (창원①②, 김해, 양산)
·깨·다·가 M^3[HHM] (창원①②, 함안, 김해, 양산)
·깨·더·라 M^3[HHM] (창원①②, 함안, 김해, 양산)
·깨·애·도 M^3[HHM] (창원①②, 함안, 김해, 양산)
·깨·애·서 M^3[HHM] (창원①②, 함안, 김해, 양산)
·깨·이·께 M^3[HHM] (창원①②, 함안, 김해)
·깨·겠·심·더 M^4 $[HHM^2]$ (양산)
·깨·더·라·도 M^4 $[HHM^2]$ (창원①②, 함안, 김해, 양산)
·깨·더·래·도 M^4 $[HHM^2]$ (창원②, 함안, 김해, 양산)
·깨·겄·습·니·더 $M^5[HHM^3]$ (창원①, 김해)
·깨·겄·습·미·더 $M^5[HHM^3]$ (창원②, 함안)

942) [양산 방언] /·빼·애·서, ·빼·앴·다/처럼 거성형이고, 첫 음절이 열린음절(개음절)이며, 둘째 음절이 첫 음절과 같은 모음으로 시작될 경우 축약되어 평1형이 도출되는 경우가 있다. 이것은 성조형이나 방점형의 층위에서 일어나는 것이 아니라 표면 음조형 $[HHM_0]$에서 첫 2개의 H가 축약되어 $[HM_0]$로 도출되고, $[HM_0]$에서 $/HM_0/$가 이루어지고, 다시 $/HM_0/$에서 방점형 □·$□_0$가 만들어진 것이라 생각된다.

·깨·겠·습·니·더	M^5[HHM^3]	(창원①, 김해)
·깨·겠·십·미·더	M^5[HHM^3]	(창원②, 함안, 양산)
깼·다[943]	HM[HM]	(양산)
깨·도	HM[HM]	(양산)

(698) 1음절 거성어간 풀이씨 {·서·다}의 어형들

·서·다<켜다>	(M·M→)M^2[HH/MM]	(김해, 양산)
·서·고	M^2[HH/MM]	(김해, 양산)
·서·네	M^2[HH/MM]	(김해, 양산)
·서·서	M^2[HH/MM]	(김해, 양산)
·서·더·라	M^3[HHM]	(김해, 양산)
·서·이·께	M^3[HHM]	(김해)
·서·이·까	M^3[HHM]	(양산)

(699) 1음절 거성어간 풀이씨 {·퍼·다}의 어형들

·퍼·다<푸다>	(M·M→)M^2[HH/MM]	(창원①②, 함안, 김해, 양산)
·퍼·고	M^2[HH/MM]	(창원①②, 함안, 김해, 양산)
·퍼·머	M^2[HH/MM]	(김해, 양산)
·퍼·모	M^2[HH/MM]	(창원①②, 함안)
·퍼·서	M^2[HH/MM]	(창원①②, 함안, 김해, 양산)

(700) 1음절 거성어간 풀이씨 {·따·다}의 어형들

·따·다(摘)	(M·M→)M^2[HH/MM]	(창원①②, 함안, 김해, 양산)
·따·고	M^2[HH/MM]	(창원①②, 함안, 김해, 양산)
·따·먼	M^2[HH/MM]	(함안, 김해, 양산)
·따·모	M^2[HH/MM]	(창원①②, 함안)
·따·몬	M^2[HH/MM]	(창원①②)
·따·서	M^2[HH/MM]	(창원①②, 함안, 김해, 양산)

(701) 1음절 거성어간 풀이씨 {·파·다}의 어형들

·파·다(堀)	(M·M→)M^2[HH/MM]	(창원①②, 함안, 김해, 양산)
·파·고	M^2[HH/MM]	(창원①②, 함안, 김해, 양산)
·파·머	M^2[HH/MM]	(김해, 양산)
·파·먼	M^2[HH/MM]	(함안, 김해, 양산)
·파·면	M^2[HH/MM]	(양산)
·파·모	M^2[HH/MM]	(창원①②, 함안)

943) 〔양산 방언〕 위 (696) /·빼·애·서/에서 /빼·서/, 그리고, /·빼·앴·다/에서 /뺐·다/가 만들어지는 것과 같은 방법으로, /·깨·애·서, ·깨·앴·다/의 음조형 [HHM_0]에서 첫 2개의 H가 축약되어 [HM_0]로 도출되고, 여기에서 성조형 /HM_0/이 이뤄지며, 다시 성조형 /HM_0/에서 방점형 /깨·서, 깼·다/가 만들어진 것으로 볼 수 있다.

·파·서　M^2[HH/MM]　(창원①②, 함안, 김해, 양산)

(702) 1음절 거성어간 풀이씨 {·까·다}의 어형들

·까·다<(껍질) 까다>　(M·M→)M^2[HH/MM]　(창원①②, 함안, 김해, 양산)
·까·고　M^2[HH/MM]　(창원①②, 함안, 김해, 양산)
·까·네　M^2[HH/MM]　(창원①②, 함안, 김해, 양산)
·까·도　M^2[HH/MM]　(창원①②, 함안, 김해, 양산)
·까·서　M^2[HH/MM]　(창원①②, 함안, 김해, 양산)
·깡·께　M^2[HH/MM]　(창원②, 함안)
·까·니·까　M^3[HHM]　(양산)
·까·더·라　M^3[HHM]　(창원①②, 함안, 김해, 양산)
·까·이·께　M^3[HHM]　(창원①②, 함안, 김해)
·까·이·까·네　M^4 [HHM^2]　(양산)

(703) 1음절 거성어간 풀이씨 {·까·다}의 어형들

·까·다(綯)<꼬다>　(M·M→)M^2[HH/MM]　(김해)
·까·고　M^2[HH/MM]　(김해)
·까·네　M^2[HH/MM]　(김해)
·까·도　M^2[HH/MM]　(김해)
·깠·다　M^2[HH/MM]　(김해)
·까·더·라　M^3[HHM]　(김해)
·까·이·께　M^3[HHM]　(김해)

(704) 1음절 거성어간 풀이씨 {·수·다}의 어형들 자료

·수·다(射)<쏘다>　(M·M→)M^2[HH/MM]　(양산)
·사　M[M̤]　(양산)
·사·도　M^2[HH/MM]　(양산)
·사·라　M^2[HH/MM]　(양산)
·사·서　M^2[HH/MM]　(양산)
·샀·다　M^2[HH/MM]　(양산)
·수·고　M^2[HH/MM]　(양산)
·수·기　M^2[HH/MM]　(양산)
·수·네　M^2[HH/MM]　(양산)
·수·먼　M^2[HH/MM]　(양산)
·수·아　M^2[HH/MM]　(양산)
·수·이　M^2[HH/MM]　(양산)
·수·지　M^2[HH/MM]　(양산)
·순·다　M^2[HH/MM]　(양산)
·샀·심·더　M^3[HHM]　(양산)
·솨·아·도　M^3[HHM]　(양산)

·솨·아·서	M³[HHM]	(양산)
·수·거·나	M³[HHM]	(양산)
·수·겠·다	M³[HHM]	(양산)
·수·는·데	M³[HHM]	(양산)
·수·다·가	M³[HHM]	(양산)
·수·더·라	M³[HHM]	(양산)
·수·디·이	M³[HHM]	(양산)
·수·아·도	M³[HHM]	(양산)
·수·아·라	M³[HHM]	(양산)
·수·아·서	M³[HHM]	(양산)
·수·았·다	M³[HHM]	(양산)
·술·라·꼬	M³[HHM]	(양산)
·술·라·먼	M³[HHM]	(양산)
·솨·았·심·더	M⁴ [HHM²]	(양산)
·수·겠·더·라	M⁴ [HHM²]	(양산)
·수·겠·심·더	M⁴ [HHM²]	(양산)
·수·더·라·도	M⁴ [HHM²]	(양산)
·수·았·심·더	M⁴ [HHM²]	(양산)
·술·라·커·나	M⁴ [HHM²]	(양산)
·술·라·커·먼	M⁴ [HHM²]	(양산)
·술·라·하·나	M⁴ [HHM²]	(양산)
·술·라·한·다	M⁴ [HHM²]	(양산)
·술·라#커·먼	M²#HM[HH#HM]	(양산)

(705) 1음절 거성어간 풀이씨 {·추·다}의 어형들

·추·다(舞)	(M·M→)M²[HH/MM]	(창원①②, 함안, 김해, 양산)
·처·서	M²[HH/MM]	(함안)
·쳤·서	M²[HH/MM]	(함안)
·추·고	M²[HH/MM]	(창원①②, 함안, 김해, 양산)
·추·도	M²[HH/MM]	(양산)
·추·머	M²[HH/MM]	(김해, 양산)
·추·모	M²[HH/MM]	(창원①②)
·추·서	M²[HH/MM]	(양산)
·춨·다	M²[HH/MM]	(양산)
·추·어·서	M³[HHM]	(창원①②)
·추·었·다	M³[HHM]	(창원①②)
·추·우·도	M³[HHM]	(창원①②, 함안, 김해)
·추·우·서	M³[HHM]	(창원①②, 함안, 김해)
·추·웄·다	M³[HHM]	(창원①②, 함안, 김해)

(706) 1음절 거성어간 풀이씨 {·꾸·다}의 어형들

·꾸·다(繩)<꼬다>	(M·M→)M^2[HH/MM]	(양산)
·꾸·고	M^2[HH/MM]	(양산)
·꾸·네	M^2[HH/MM]	(양산)
·꾸·도	M^2[HH/MM]	(양산)
·꿌·다	M^2[HH/MM]	(양산)
·꽈·아·도	M^3[HHM]	(양산)
·꽈·았·다	M^3[HHM]	(양산)
·꾸·더·라	M^3[HHM]	(양산)

(707) 1음절 거성어간 풀이씨 {·꾸·다}의 어형들

·꾸·다(夢)	(M·M→)M^2[HH/MM]	(창원①②, 함안, 김해, 양산)
·꾸·고	M^2[HH/MM]	(창원①②, 함안, 김해, 양산)
·꾸·도	M^2[HH/MM]	(양산)
·꾸·먼	M^2[HH/MM]	(함안, 김해, 양산)
·꾸·모	M^2[HH/MM]	(창원①②, 함안)
·꾸·서	M^2[HH/MM]	(양산)
·꿌·다	M^2[HH/MM]	(양산)
·꽈·아·도	M^3[HHM]	(양산)
·꽈·아·서	M^3[HHM]	(양산)
·꽈·았·다	M^3[HHM]	(양산)
·꾸·더·라	M^3[HHM]	(창원①②, 함안, 김해, 양산)
·꾸·우·도	M^3[HHM]	(창원①②, 함안, 김해)
·꾸·우·서	M^3[HHM]	(창원①②, 함안, 김해)
·꾸·웄·다	M^3[HHM]	(창원①②, 함안, 김해)
·꾸·이·께	M^3[HHM]	(창원①②, 함안, 김해)

(708) 1음절 거성어간 풀이씨 {·소·다}의 어형들 자료

·소·다(射)<쏘다>	(M·M→)M^2[HH/MM]	(김해, 양산)
·소·고	M^2[HH/MM]	(김해, 양산)
·소·기	M^2[HH/MM]	(김해, 양산)
·소·네	M^2[HH/MM]	(김해, 양산)
·소·도	M^2[HH/MM]	(양산)
·소·라	M^2[HH/MM]	(김해, 양산)
·소·머	M^2[HH/MM]	(김해, 양산)
·소·서	M^2[HH/MM]	(양산)
·소·아	M^2[HH/MM]	(김해)
·소·지	M^2[HH/MM]	(김해, 양산)
·소·이	M^2[HH/MM]	(김해)
·손·다	M^2[HH/MM]	(김해, 양산)

·소·거·나	M^3[HHM]	(김해, 양산)
·소·겄·다	M^3[HHM]	(김해)
·소·겠·다	M^3[HHM]	(김해, 양산)
·소·는·데	M^3[HHM]	(김해, 양산)
·소·니·까	M^3[HHM]	(양산)
·소·다·가	M^3[HHM]	(김해, 양산)
·소·더·라	M^3[HHM]	(김해, 양산)
·소·디·이	M^3[HHM]	(김해)
·소·아·도	M^3[HHM]	(김해)
·소·아·라	M^3[HHM]	(김해)
·소·아·서	M^3[HHM]	(김해)
·소·았·다	M^3[HHM]	(김해)
·소·이·께	M^3[HHM]	(김해)
·솔·라·꼬	M^3[HHM]	(김해, 양산)
·솔·라·먼	M^3[HHM]	(김해, 양산)
·숐·심·더	M^3[HHM]	(양산)
·소·겄·더·라	M^4 [HHM^2]	(김해)
·소·더·라·도	M^4 [HHM^2]	(김해, 양산)
·솔·라·카·나	M^4 [HHM^2]	(김해, 양산)
·솔·라·카·먼	M^4 [HHM^2]	(김해, 양산)
·솔·라·칸·다	M^4 [HHM^2]	(김해, 양산)
·소·겄·습·니·더	M^5[HHM^3]	(김해)
·소·았·습·니·더	M^5[HHM^3]	(김해)

(709) 1음절 거성어간 풀이씨 {·쏘·다}의 어형들 자료

·쏘·다(射)	(M·M→)M^2[HH/MM]	(창원①②, 함안)
·쏘·고	M^2[HH/MM]	(창원①②, 함안)
·쏘·네	M^2[HH/MM]	(창원①②, 함안)
·쏘·모	M^2[HH/MM]	(창원①②, 함안)
·쏘·아	M^2[HH/MM]	(창원①②, 함안)
·쏘·아·도	M^3[HHM]	(창원①②, 함안)
·쏘·아·라	M^3[HHM]	(창원①②, 함안)
·쏘·아·서	M^3[HHM]	(창원①②, 함안)
·쏘·았·다	M^3[HHM]	(창원①②, 함안)
·쏘·이·께	M^3[HHM]	(창원①②, 함안)
·쏘·았·습·니·더	M^5[HHM^3]	(창원①)
·쏘·았·습·미·더	M^5[HHM^3]	(창원②, 함안)
·쌔·아	M^2[HH/MM]	(창원②)
·쌔·아·도	M^3[HHM]	(창원②)
·쌔·아·라	M^3[HHM]	(창원②)

·싸·아·서　M^3[HHM]　(창원②)
·싸·았·다　M^3[HHM]　(창원②)
·싸·았·습·미·더　M^5[HHM^3]　(창원②)

(710) 1음절 거성어간 풀이씨 {·꼬·다}의 어형들
·꼬·다(繩)　(M·M→)M^2[HH/MM]　(창원①②, 함안, 김해)
·꼬·고　M^2[HH/MM]　(창원①②, 함안, 김해)
·꼬·네　M^2[HH/MM]　(창원①②, 함안, 김해)
·꼬·이·께　M^3[HHM]　(창원①②, 함안, 김해)
·꼬·더·라　M^3[HHM]　(창원①②, 함안, 김해)
·꼬·아·도　M^3[HHM]　(창원①②, 함안, 김해)
·꼬·았·다　M^3[HHM]　(창원①②, 함안, 김해)

(711) 1음절 거성어간 풀이씨 {·실·다}의 어형들
·실·다<쓸다>　(M·M→)M^2[HH/MM]　(김해, 양산)
·실·고　M^2[HH/MM]　(김해, 양산)
·시·네　M^2[HH/MM]　(김해, 양산)
·시·이·께　M^3[HHM]　(김해)
·실·더·라　M^3[HHM]　(김해, 양산)
·실·어·서　M^3[HHM]　(김해, 양산)
·실·었·다　M^3[HHM]　(김해, 양산)

(712) 1음절 거성어간 풀이씨 {·씰·다}의 어형들
·씰·다<쓸다>　(M·M→)M^2[HH/MM]　(창원①②, 함안)
·씰·고　M^2[HH/MM]　(창원①②, 함안)
·씽·게　M^2[HH/MM]　(창원②)
·씽·께　M^2[HH/MM]　(창원②, 함안)
·씰·어·서　M^3[HHM]　(창원①②)
·씰·었·다　M^3[HHM]　(창원①②)
·씰·이·서　M^3[HHM]　(창원①②, 함안)
·씰·이·라　M^3[HHM]　(창원①②, 함안)
·씰·있·다　M^3[HHM]　(창원①②, 함안)
·씨·이·께　M^3[HHM]　(창원①②, 함안)

(713) 1음절 거성어간 풀이씨 {·들·다}의 어형들
·들·다(入)　(M·M→)M^2[HH/MM]　(창원①②, 함안, 김해, 양산)
·들·고　M^2[HH/MM]　(창원①②, 함안, 김해, 양산)
·드·네　M^2[HH/MM]　(창원①②, 함안, 김해, 양산)
·드·이　M^2[HH/MM]　(창원①②, 함안, 김해)
·등·께　M^2[HH/MM]　(함안)

·드·이·까　　M^3[HHM]　　(양산)
·드·이·께　　M^3[HHM]　　(창원①②, 함안, 김해)
·들·어·서　　M^3[HHM]　　(창원①②, 함안, 김해, 양산)

(714) 1음절 거성어간 풀이씨 {·슬·다}의 어형들
·슬·다<쓸다>　　(M·M→)M^2[HH/MM]　　(김해, 양산)
·슬·고　　M^2[HH/MM]　　(김해, 양산)
·스·네　　M^2[HH/MM]　　(김해, 양산)
·슬·더·라　　M^3[HHM]　　(김해, 양산)
·슬·어·서　　M^3[HHM]　　(김해, 양산)
·슬·었·다　　M^3[HHM]　　(김해, 양산)
·스·이·께　　M^3[HHM]　　(김해)
·스·이·까　　M^3[HHM]　　(양산)

(715) 1음절 거성어간 풀이씨 {·쓸·다}의 어형들
·쓸·다(掃)　　(M·M→)M^2[HH/MM]　　(창원①②, 함안)
·쓸·고　　M^2[HH/MM]　　(창원①②, 함안)
·쓰·네　　M^2[HH/MM]　　(창원①②, 함안)
·씅·께　　M^2[HH/MM]　　(함안)
·쓰·이·께　　M^3[HHM]　　(창원①②, 함안)
·쓸·더·라　　M^3[HHM]　　(창원①②, 함안)
·쓸·어·서　　M^3[HHM]　　(창원①②, 함안)
·쓸·었·다　　M^3[HHM]　　(창원①②, 함안)

(716) 1음절 거성어간 풀이씨 {·멀·다}의 어형들
·멀·다(遠)　　(M·M→)M^2[HH/MM]　　(창원①②, 함안, 김해)
·머·니　　M^2[HH/MM]　　(함안)
·머·이　　M^2[HH/MM]　　(창원①②, 함안, 김해)
·멀·고　　M^2[HH/MM]　　(창원①②, 함안, 김해)
·멀·어　　M^2[HH/MM]　　(창원①②, 함안, 김해)
·멀·거·나　　M^3[HHM]　　(창원①②, 함안, 김해)
·멀·겄·다　　M^3[HHM]　　(창원①②, 함안, 김해)
·멀·겠·다　　M^3[HHM]　　(창원①②, 김해, 양산)
·멀·더·니　　M^3[HHM]　　(함안, 양산)
·멀·디·이　　M^3[HHM]　　(창원①②, 함안, 김해)
·멀·어·도　　M^3[HHM]　　(창원①②, 함안, 김해)
·멀·어·서　　M^3[HHM]　　(창원①②, 함안, 김해)
·멀·었·다　　M^3[HHM]　　(창원①②, 함안, 김해)

(717) 1음절 거성어간 풀이씨 {·멀·다}의 어형들

·멀·다(盲)	(M·M→)M^2[HH/MM]	(창원②, 함안, 김해)
·멀·고	M^2[HH/MM]	(창원②, 함안, 김해)
·멀·어	M^2[HH/MM]	(창원②, 함안, 김해)
·멀·어·도	M^3[HHM]	(창원②, 함안, 김해)

(718) 1음절 거성어간 풀이씨 {·달·다}의 어형들

·달·다(懸)	(M·M→)M^2[HH/MM]	(창원①②, 함안, 김해, 양산)
·다·네	M^2[HH/MM]	(창원①②, 함안, 김해, 양산)
·달·고	M^2[HH/MM]	(창원①②, 함안, 김해, 양산)
·달·머	M^2[HH/MM]	(김해, 양산)
·달·모	M^2[HH/MM]	(창원①②, 함안)
·당·께	M^2[HH/MM]	(창원②, 함안)
·다·니·까	M^3[HHM]	(양산)
·다·이·께	M^3[HHM]	(창원①②, 함안, 김해)
·달·더·라	M^3[HHM]	(창원①②, 함안, 김해, 양산)
·달·아·서	M^3[HHM]	(창원①②, 함안, 김해, 양산)
·달·았·다	M^3[HHM]	(창원①②, 함안, 김해, 양산)

(719) 1음절 거성어간 풀이씨 {·팔·다}의 어형들

·팔·다	(M·M→)M^2[HH/MM]	(창원①②, 함안, 김해, 양산)
·파·네	M^2[HH/MM]	(창원①②, 함안, 김해, 양산)
·파·니	M^2[HH/MM]	(함안, 양산)
·파·이	M^2[HH/MM]	(양산)
·파·이	M^2[HH/MM]	(창원①, 함안, 김해)
·판·다	M^2[HH/MM]	(창원①②, 함안, 김해, 양산)
·팔·고	M^2[HH/MM]	(창원①②, 함안, 김해, 양산)
·팔·고	M^2[HH/MM]	(창원①②, 함안, 김해, 양산)
·팔·기	M^2[HH/MM]	(창원①②, 함안, 김해, 양산)
·팔·머	M^2[HH/MM]	(김해, 양산)
·팔·먼	M^2[HH/MM]	(함안, 김해, 양산)
·팔·모	M^2[HH/MM]	(창원①②, 함안)
·팔·몬	M^2[HH/MM]	(창원①②)
·팔·아	M^2[HH/MM]	(창원①②, 함안, 김해, 양산)
·팔·어	M^2[HH/MM]	(양산)
·팔·지	M^2[HH/MM]	(창원①②, 함안, 김해, 양산)
·파·는·데	M^3[HHM]	(창원①②, 함안, 김해, 양산)
·팔·거·나	M^3[HHM]	(창원①②, 함안, 김해, 양산)
·팔·겠·다	M^3[HHM]	(창원①②, 함안, 김해)
·팔·겠·다	M^3[HHM]	(창원①②, 김해, 양산)

·팔·다·가 $M^3[HHM]$ (창원①②, 함안, 김해, 양산)
·팔·더·니 $M^3[HHM]$ (함안, 양산)
·팔·더·라 $M^3[HHM]$ (창원①②, 함안, 김해, 양산)
·팔·디·이 $M^3[HHM]$ (양산)
·팔·디·이 $M^3[HHM]$ (창원①②, 함안, 김해)
·팔·라·꼬 $M^3[HHM]$ (창원①②, 함안, 김해, 양산)
·팔·라·머 $M^3[HHM]$ (김해, 양산)
·팔·라·먼 $M^3[HHM]$ (함안, 김해, 양산)
·팔·라·모 $M^3[HHM]$ (창원①②, 함안)
·팔·라·몬 $M^3[HHM]$ (창원①②)
·팔·아·도 $M^3[HHM]$ (창원①②, 함안, 김해, 양산)
·팔·아·라 $M^3[HHM]$ (창원①②, 함안, 김해, 양산)
·팔·아·서 $M^3[HHM]$ (창원①②, 함안, 김해, 양산)
·팔·았·다 $M^3[HHM]$ (창원①②, 함안, 김해, 양산)
·팔·어·도 $M^3[HHM]$ (양산)
·팔·어·라 $M^3[HHM]$ (양산)
·팔·어·서 $M^3[HHM]$ (양산)
·팔·었·다 $M^3[HHM]$ (양산)
·팝·니·더 $M^3[HHM]$ (창원①, 김해)
·팝·미·더 $M^3[HHM]$ (창원②, 함안, 양산)
·팔·겄·더·라 $M^4[HHM^2]$ (창원①②, 함안, 김해)
·팔·겠·더·라 $M^4[HHM^2]$ (창원①②, 김해, 양산)
·팔·겠·심·더 $M^4[HHM^2]$ (양산)
·팔·더·라·도 $M^4[HHM^2]$ (창원①②, 함안, 김해, 양산)
·팔·더·래·도 $M^4[HHM^2]$ (창원②, 함안, 김해, 양산)
·팔·라·카·나 $M^4[HHM^2]$ (창원①②, 김해, 양산)
·팔·라·카·머 $M^4[HHM^2]$ (김해, 양산)
·팔·라·카·먼 $M^4[HHM^2]$ (김해, 양산)
·팔·라·카·몬 $M^4[HHM^2]$ (창원①②)
·팔·라·칸·다 $M^4[HHM^2]$ (창원①②, 김해, 양산)
·팔·라·커·나 $M^4[HHM^2]$ (함안, 김해, 양산)
·팔·라·커·모 $M^4[HHM^2]$ (함안)
·팔·라·컨·다 $M^4[HHM^2]$ (함안, 김해, 양산)
·팔·라·쿠·나 $M^4[HHM^2]$ (함안)
·팔·라·쿤·다 $M^4[HHM^2]$ (함안)
·팔·라·하·나 $M^4[HHM^2]$ (양산)
·팔·라·한·다 $M^4[HHM^2]$ (양산)
·팔·겄·습·니·더 $M^5[HHM^3]$ (창원①, 김해)

·팔·겄·습·미·더 M^5[HHM^3] (창원②, 함안)
·팔·겠·습·니·더 M^5[HHM^3] (창원①, 김해)
·팔·겠·습·미·더 M^5[HHM^3] (창원②, 양산)
·팔·겠·십·미·더 M^5[HHM^3] (창원②, 함안, 양산)
·팔·았·습·니·더 M^5[HHM^3] (창원①, 김해)
·팔·았·습·미·더 M^5[HHM^3] (창원②, 함안, 양산)
·팔·았·십·미·더 M^5[HHM^3] (창원②, 함안, 양산)
·팔·었·십·미·더 M^5[HHM^3] (양산)
·팔·라#카·먼 M^2#HM[HH#HM] (김해, 양산)
·팔·라#카·모 M^2#HM[HH#HM] (창원①②)
·팔·라#카·몬 M^2#HM[HH#HM] (창원①②)
·팔·라#커·모 M^2#HM[HH#HM] (함안)

(720) 1음절 거성어간 풀이씨 {·깔·다}의 어형들
·깔·다 (M·M→)M^2[HH/MM] (창원①②, 함안, 김해, 양산)
·깔·고 M^2[HH/MM] (창원①②, 함안, 김해, 양산)
·까·네 M^2[HH/MM] (창원①②, 함안, 김해, 양산)
·깡·께 M^2[HH/MM] (창원②, 함안)
·까·이·께 M^3[HHM] (창원①②, 함안, 김해)
·깔·더·라 M^3[HHM] (창원①②, 함안, 김해, 양산)
·깔·아·도 M^3[HHM] (창원①②, 함안, 김해, 양산)
·깔·아·서 M^3[HHM] (창원①②, 함안, 김해, 양산)

(721) 1음절 거성어간 풀이씨 {·풀·다}의 어형들
·풀·다 (M·M→)M^2[HH/MM] (창원①②, 함안, 김해, 양산)
·풀·고 M^2[HH/MM] (창원①②, 함안, 김해, 양산)
·풀·머 M^2[HH/MM] (김해, 양산)
·풀·먼 M^2[HH/MM] (함안, 김해, 양산)
·풀·모 M^2[HH/MM] (창원①②, 함안)
·풀·어·서 M^3[HHM] (창원①②, 함안, 김해, 양산)
·풀·어·라 M^3[HHM] (창원①②, 함안, 김해, 양산)
·풀·우·서 M^3[HHM] (창원①②, 함안, 김해)
·풀·우·라 M^3[HHM] (창원①②, 함안, 김해)

(722) 1음절 거성어간 풀이씨 {·뜯·다}의 어형들
·뜯·다 (M·M→)M^2[HH/MM] (창원①②, 함안, 김해, 양산)
·뜯·게 M^2[HH/MM] (창원①②, 함안, 김해, 양산)
·뜯·고 M^2[HH/MM] (창원①②, 함안, 김해, 양산)
·뜯·기 M^2[HH/MM] (창원①②, 함안, 김해, 양산)
·뜯·나 M^2[HH/MM] (창원①②, 함안, 김해, 양산)

·뜯·네	M^2[HH/MM]	(창원①②, 함안, 김해)
·뜯·노	M^2[HH/MM]	(창원①②, 함안, 김해, 양산)
·뜯·는	M^2[HH/MM]	(창원①②, 함안, 김해, 양산)
·뜯·데	M^2[HH/MM]	(창원①②, 함안, 김해, 양산)
·뜯·소	M^2[HH/MM]	(창원①②, 함안, 김해, 양산)
·뜯·어	M^2[HH/MM]	(창원①②, 함안, 김해, 양산)
·뜯·은	M^2[HH/MM]	(창원①②, 함안, 김해, 양산)
·뜯·을	M^2[HH/MM]	(창원①②, 함안, 김해, 양산)
·뜯·음	M^2[HH/MM]	(창원①②, 함안, 김해, 양산)
·뜯·자	M^2[HH/MM]	(창원①②, 함안, 김해, 양산)
·뜯·제	M^2[HH/MM]	(창원①②, 함안, 김해, 양산)
·뜯·지	M^2[HH/MM]	(창원①②, 함안, 김해, 양산)
·뜯·거·나	M^3[HHM]	(창원①②, 함안, 양산)
·뜯·거·등	M^3[HHM]	(창원①②, 함안, 김해, 양산)
·뜯·건·대	M^3[HHM]	(창원①②, 함안, 김해, 양산)
·뜯·걸·래	M^3[HHM]	(창원①②, 함안, 김해)
·뜯·겄·다	M^3[HHM]	(창원①②, 함안, 김해)
·뜯·겠·다	M^3[HHM]	(창원①②, 김해, 양산)
·뜯·구·나	M^3[HHM]	(창원①②, 김해, 양산)
·뜯·기·나<뜯거나>	M^3[HHM]	(김해, 양산)
·뜯·긴·대	M^3[HHM]	(양산)
·뜯·길·래	M^3[HHM]	(창원②, 양산)
·뜯·는·가	M^3[HHM]	(창원①②, 함안, 김해, 양산)
·뜯·는·고	M^3[HHM]	(창원①②, 함안, 김해, 양산)
·뜯·는·교	M^3[HHM]	(창원②, 함안, 양산)
·뜯·는·다	M^3[HHM]	(창원①②, 함안, 김해, 양산)
·뜯·는·데	M^3[HHM]	(창원①②, 함안, 김해, 양산)
·뜯·니·라	M^3[HHM]	(창원①②, 함안, 김해, 양산)
·뜯·더·나	M^3[HHM]	(창원①②, 함안, 김해, 양산)
·뜯·더·노	M^3[HHM]	(창원①②, 함안, 김해, 양산)
·뜯·더·라	M^3[HHM]	(창원①②, 함안, 김해, 양산)
·뜯·던·가	M^3[HHM]	(창원①②, 함안, 김해, 양산)
·뜯·던·고	M^3[HHM]	(창원①②, 함안, 김해, 양산)
·뜯·도·로	M^3[HHM]	(양산)
·뜯·도·록	M^3[HHM]	(창원①②, 함안, 양산)
·뜯·두·루	M^3[HHM]	(김해)
·뜯·두·룩	M^3[HHM]	(창원①②, 함안, 김해)
·뜯·심·더	M^3[HHM]	(양산)
·뜯·어·도	M^3[HHM]	(창원①②, 함안, 김해, 양산)
·뜯·어·라	M^3[HHM]	(창원①②, 함안, 김해, 양산)

·뜰·어·서	$M^3[HHM]$	(창원①②, 함안, 김해, 양산)
·뜰·어·야	$M^3[HHM]$	(창원①②, 함안, 김해, 양산)
·뜰·었·는	$M^3[HHM]$	(창원①②, 함안, 김해, 양산)
·뜰·었·다	$M^3[HHM]$	(창원①②, 함안, 김해, 양산)
·뜰·으·까	$M^3[HHM]$	(창원①②, 함안, 김해, 양산)
·뜰·으·께	$M^3[HHM]$	(창원①②, 함안, 김해, 양산)
·뜰·으·꼬	$M^3[HHM]$	(창원①②, 함안, 김해, 양산)
·뜰·으·나	$M^3[HHM]$	(창원①②, 함안, 김해, 양산)
·뜰·으·라	$M^3[HHM]$	(창원①②, 함안, 김해, 양산)
·뜰·으·러	$M^3[HHM]$	(김해, 양산)
·뜰·으·로	$M^3[HHM]$	(창원①②, 함안, 김해, 양산)
·뜰·으·마	$M^3[HHM]$	(창원②)
·뜰·으·머	$M^3[HHM]$	(김해, 양산)
·뜰·으·먼	$M^3[HHM]$	(함안, 김해, 양산)
·뜰·으·모	$M^3[HHM]$	(창원①②, 함안)
·뜰·으·몬	$M^3[HHM]$	(창원①②)
·뜰·으·세	$M^3[HHM]$	(창원①②, 함안, 김해)
·뜰·으·소	$M^3[HHM]$	(창원①②, 함안, 김해, 양산)
·뜰·은·들	$M^3[HHM]$	(창원①②, 함안, 김해, 양산)
·뜰·응·게	$M^3[HHM]$	(창원②)
·뜰·응·께	$M^3[HHM]$	(창원②, 함안, 양산)
·뜰·자·이	$M^3[HHM]$	(창원①②, 함안, 김해)
·뜰·재·이	$M^3[HHM]$	(양산)
·뜰·지·예	$M^3[HHM]$	(창원①②, 함안, 김해)
·뜰·지·요	$M^3[HHM]$	(창원①②, 양산)
·뜰·거·들·랑	$M^4[HHM^2]$	(창원①②, 함안, 김해, 양산)
·뜰·거·마·는	$M^4[HHM^2]$	(창원①②, 함안, 김해, 양산)
·뜰·겠·심·더	$M^4[HHM^2]$	(양산)
·뜰·는·가·베	$M^4[HHM^2]$	(창원①②, 함안, 김해, 양산)
·뜰·는·갑·다	$M^4[HHM^2]$	(창원①②, 함안, 김해, 양산)
·뜰·는·구·나	$M^4[HHM^2]$	(창원①②, 함안, 김해, 양산)
·뜰·는·기·요	$M^4[HHM^2]$	(창원①, 김해, 양산)
·뜰·더·라·꼬	$M^4[HHM^2]$	(창원①②, 함안, 김해, 양산)
·뜰·더·라·도	$M^4[HHM^2]$	(창원①②, 함안, 김해, 양산)
·뜰·던·갑·다	$M^4[HHM^2]$	(창원①②, 함안, 김해, 양산)
·뜰·습·니·꺼	$M^4[HHM^2]$	(창원①, 김해)
·뜰·습·니·더	$M^4[HHM^2]$	(창원①, 김해)
·뜰·습·디·꺼	$M^4[HHM^2]$	(창원①②, 함안, 김해, 양산)
·뜰·습·디·더	$M^4[HHM^2]$	(창원①②, 함안, 김해, 양산)

·뜯·습·미·꺼	M^4 [HHM²]	(창원②, 함안, 양산)
·뜯·습·미·더	M^4 [HHM²]	(창원②, 함안, 양산)
·뜯·어·라·꼬	M^4 [HHM²]	(창원①②, 함안, 김해, 양산)
·뜯·어·라·머	M^4 [HHM²]	(김해, 양산)
·뜯·어·라·먼	M^4 [HHM²]	(함안, 김해, 양산)
·뜯·어·라·모	M^4 [HHM²]	(창원①②, 함안)
·뜯·었·심·더	M^4 [HHM²]	(양산)
·뜯·으·꺼·마	M^4 [HHM²]	(창원①②, 함안, 김해, 양산)
·뜯·으·라·꼬	M^4 [HHM²]	(창원①②, 함안, 김해, 양산)
·뜯·으·시·지	M^4 [HHM²]	(창원①②, 함안, 김해, 양산)
·뜯·으·신·다	M^4 [HHM²]	(창원①②, 함안, 김해, 양산)
·뜯·으·싱·께	M^4 [HHM²]	(창원②, 함안)
·뜯·으·응·께	M^4 [HHM²]	(창원②, 함안, 양산)
·뜯·으·이·께	M^4 [HHM²]	(양산)
·뜯·으·이·소	M^4 [HHM²]	(창원①②, 함안, 김해, 양산)
·뜯·으·잉·께	M^4 [HHM²]	(창원②, 함안)
·뜯·으·이·께	M^4 [HHM²]	(창원①②, 함안, 김해)
·뜯·을·꺼·로	M^4 [HHM²]	(창원①②, 함안, 김해, 양산)
·뜯·을·라·꼬	M^4 [HHM²]	(창원①②, 함안, 김해, 양산)
·뜯·을·망·정	M^4 [HHM²]	(창원①②, 함안, 김해, 양산)
·뜯·을·수·로	M^4 [HHM²]	(함안)
·뜯·을·수·록	M^4 [HHM²]	(창원①②, 함안, 김해, 양산)
·뜯·을·수·루	M^4 [HHM²]	(김해)
·뜯·을·수·룩	M^4 [HHM²]	(함안, 양산)
·뜯·읍·시·더	M^4 [HHM²]	(창원①②, 함안, 김해, 양산)
·뜯·응·꺼·네	M^4 [HHM²]	(창원②)
·뜯·응·께·네	M^4 [HHM²]	(함안)
·뜯·기·로·서·이	M^5[HHM³]	(양산)
·뜯·기·로·서·이	M^5[HHM³]	(창원①②, 함안, 김해)
·뜯·었·는·갑·다	M^5[HHM³]	(창원①②, 함안, 김해, 양산)
·뜯·었·던·갑·다	M^5[HHM³]	(창원①②, 함안, 김해, 양산)
·뜯·으·나·따·나	M^5[HHM³]	(창원①②, 함안, 김해, 양산)
·뜯·으·시·이·께	M^5[HHM³]	(양산)
·뜯·으·시·이·소	M^5[HHM³]	(창원①②, 함안, 김해, 양산)
·뜯·으·시·잉·께	M^5[HHM³]	(창원②, 함안)
·뜯·으·시·지·예	M^5[HHM³]	(창원①②, 함안, 김해, 양산)
·뜯·으·시·지·요	M^5[HHM³]	(창원①②, 양산)

·뜯·으·시·이·께	M^5[HHM^3]	(창원①②), 함안, 김해)
·뜯·으·십·니·꺼	M^5[HHM^3]	(창원①, 김해)
·뜯·으·십·미·꺼	M^5[HHM^3]	(창원②, 함안, 양산)
·뜯·으·이·께·네	M^5[HHM^3]	(양산)
·뜯·으·이·끼·네	M^5[HHM^3]	(양산)
·뜯·으·입·시·더	M^5[HHM^3]	(창원①②, 함안, 김해, 양산)
·뜯·으·잉·께·네	M^5[HHM^3]	(함안)
·뜯·으·이·꺼·네	M^5[HHM^3]	(창원①, 김해)
·뜯·으·이·께·네	M^5[HHM^3]	(함안)
·뜯·을·끼·이·께	M^5[HHM^3]	(양산)
·뜯·을·끼·이·께	M^5[HHM^3]	(창원①②, 함안, 김해)
·뜯·읍·시·더·이	M^5[HHM^3]	(창원①②, 함안, 김해, 양산)
·뜯·으·입·시·더·이	M^6[HHM^4]	(창원①②, 함안, 김해, 양산)

(723) 1음절 거성어간 풀이씨 {·참·다}의 어형들

·참·다	(M·M→)M^2[HH/MM]	(창원①②, 함안, 김해, 양산)
·참·다[·참·다]944)	M^2[HH/MM]	(창원①②, 김해)
·참·다[·참·따]	M^2[HH/MM]	(창원②, 함안, 김해, 양산)
·참·고[·참·고]	M^2[HH/MM]	(창원①②, 김해)
·참·고[·참·꼬]	M^2[HH/MM]	(창원②, 함안, 김해, 양산)
·참·더·라[·참·더·라]	M^3[HHM]	(창원①②, 김해)
·참·더·라[·참·떠·라]	M^3[HHM]	(창원②, 함안, 김해, 양산)
·참·지[·참·지]	M^2[HH/MM]	(창원①②, 김해)
·참·지[·참·찌]	M^2[HH/MM]	(창원②, 함안, 김해, 양산)
·참·기	M^2[HH/MM]	(창원①②, 함안, 김해, 양산)
·참·네	M^2[HH/MM]	(창원①②, 함안, 김해, 양산)
·참·거·나	M^3[HHM]	(창원①②, 함안, 김해, 양산)
·참·거·라	M^3[HHM]	(함안)
·참·겄·다	M^3[HHM]	(창원①②, 함안, 김해)
·참·겠·다	M^3[HHM]	(창원①②, 김해, 양산)
·참·는·다	M^3[HHM]	(창원①②, 함안, 김해, 양산)
·참·는·데	M^3[HHM]	(창원①②, 함안, 김해, 양산)

944) /·참·다/뿐만 아니라, 비음 /ㅁ/이나 /ㄴ/으로 끝나는 모든 풀이씨 어간 뒤에 씨끝의 첫 소리 /ㄱ, ㄷ, ㅈ/은 〔함안 방언, 양산 방언〕에서는 [ㄲ, ㄸ, ㅉ]로 〔창원 방언①〕에서는 [ㄱ, ㄷ, ㅈ]로 발음되고, 〔창원 방언②, 김해 방언〕에서는 [ㄲ, ㄸ, ㅉ]와 [ㄱ, ㄷ, ㅈ]로 임의변동한다. 참고로 4개의 항목만 [ ] 속에 발음을 구분해서 표시하고, 나머지 항목들은 표시하지는 않았으나, 이에 준해서 임의변동한다. (723)과 같이 /ㅁ/이나 /ㄴ/으로 끝나는 풀이씨 어간 뒤에 씨끝의 분절음의 변동 현상은 (724)와 (725)에만 표시하고, 다른 곳에서는 이와 같은 변동 표시는 생략한다. 다른 곳에서 어간과 씨끝이 동일한 방법으로 만날 때 어떻게 발음될 것인가가 궁금하면 (723)~(725)를 참조하기 바란다.

·참·다·가	M^3[HHM]	(창원①②, 함안, 김해, 양산)
·참·더·니	M^3[HHM]	(함안, 양산)
·참·디·이	M^3[HHM]	(양산)
·참·디·이	M^3[HHM]	(창원①②, 함안, 김해)
·참·심·더	M^3[HHM]	(양산)
·참·아·도	M^3[HHM]	(창원①②, 함안, 김해, 양산)
·참·아·라	M^3[HHM]	(창원①②, 함안, 김해, 양산)
·참·아·서	M^3[HHM]	(창원①②, 함안, 김해, 양산)
·참·겄·더·라	M^4 [HHM^2]	(창원①②, 함안, 김해)
·참·겠·더·라	M^4 [HHM^2]	(창원①②, 김해, 양산)
·참·겠·심·더	M^4 [HHM^2]	(양산)
·참·는·대·이	M^4 [HHM^2]	(양산)
·참·더·라·도	M^4 [HHM^2]	(창원①②, 함안, 김해, 양산)
·참·습·니·더	M^4 [HHM^2]	(창원①, 김해)
·참·습·미·더	M^4 [HHM^2]	(창원②, 함안, 양산)
·참·겄·습·니·더	M^5[HHM^3]	(창원①, 김해)
·참·겄·습·미·더	M^5[HHM^3]	(창원②, 함안)
·참·아	M^2[HH/MM]	(창원①②, 함안, 김해, 양산)
·참·았·다	M^3[HHM]	(창원①②, 함안, 김해, 양산)
·참·았·심·더	M^4 [HHM^2]	(양산)
·참·았·습·니·더	M^5[HHM^3]	(창원①, 김해)
·참·았·습·미·더	M^5[HHM^3]	(창원②, 함안, 양산)
·참·어	M^2[HH/MM]	(양산)
·참·어·도	M^3[HHM]	(양산)
·참·었·다	M^3[HHM]	(양산)
·참·으·머	M^3[HHM]	(김해, 양산)
·참·으·먼	M^3[HHM]	(함안, 김해, 양산)
·참·으·모	M^3[HHM]	(창원①②, 함안)
·참·으·몬	M^3[HHM]	(창원①②)
·참·으·이	M^3[HHM]	(양산)
·참·으·이	M^3[HHM]	(창원①②, 함안, 김해)
·참·을·라·꼬	M^4 [HHM^2]	(창원①②, 함안, 김해, 양산)
·참·을·라·머	M^4 [HHM^2]	(김해, 양산)
·참·을·라·먼	M^4 [HHM^2]	(함안, 김해, 양산)
·참·을·라·모	M^4 [HHM^2]	(창원①②, 함안)
·참·을·라·몬	M^4 [HHM^2]	(창원①②)
·참·을·라·카·나	M^5[HHM^3]	(창원①②, 김해, 양산)
·참·을·라·카·먼	M^5[HHM^3]	(김해, 양산)
·참·을·라·카·몬	M^5[HHM^3]	(창원①②)

·참·을·라·칸·다 $M^5[HHM^3]$ (창원①②, 김해, 양산)
·참·을·라·캄·더 $M^5[HHM^3]$ (양산)
·참·을·라·커·나 $M^5[HHM^3]$ (함안, 김해, 양산)
·참·을·라·커·먼 $M^5[HHM^3]$ (함안, 김해, 양산)
·참·을·라·커·모 $M^5[HHM^3]$ (함안)
·참·을·라·컨·다 $M^5[HHM^3]$ (함안, 김해, 양산)
·참·을·라·컴·더 $M^5[HHM^3]$ (양산)
·참·을·라·쿠·나 $M^5[HHM^3]$ (함안)
·참·을·라·쿤·다 $M^5[HHM^3]$ (함안)
·참·을·라·하·나 $M^5[HHM^3]$ (양산)
·참·을·라·한·다 $M^5[HHM^3]$ (양산)
·참·을·라·함·더 $M^5[HHM^3]$ (양산)
·참·을·라·캅·니·더 $M^6[HHM^4]$ (창원①, 김해)
·참·을·라·캅·미·더 $M^6[HHM^4]$ (창원②, 양산)
·참·을·라·캐·애·도 $M^6[HHM^4]$ (창원①②, 함안, 김해, 양산)
·참·을·라·컵·니·더 $M^6[HHM^4]$ (김해)
·참·을·라·컵·미·더 $M^6[HHM^4]$ (함안, 양산)
·참·을·라·합·미·더 $M^6[HHM^4]$ (양산)
·참·을·라#·캐·애·도 $M^3\#M^3[HHM\#HHM]$ (창원①②, 함안, 김해, 양산)
·참·을·라#카·모 $M^3\#HM[HHM\#HM]$ (창원①②)
·참·을·라#커·머 $M^3\#HM[HHM\#HM]$ (김해, 양산)
·참·을·라#커·모 $M^3\#HM[HHM\#HM]$ (함안)
·참·을·라·고#·컴·더 $M^4\#M^2[HHM^2\#HH]$ (양산)
·참·을·라·고#·함·미·더 $M^4\#M^3[HHM^2\#HHM]$ (양산)

(724) 1음절 거성어간 풀이씨 {·깜·다}의 어형들
·깜·다<(머리) 감다> $(M{\cdot}M\rightarrow)M^2[HH/MM]$ (창원①②, 함안, 김해, 양산)
·깜·고[·깜·고] $M^2[HH/MM]$ (창원①②, 김해)
·깜·고[·깜·꼬] $M^2[HH/MM]$ (창원②, 함안, 김해, 양산)
·깜·네 $M^2[HH/MM]$ (창원①②, 함안, 김해, 양산)
·깜·더·라 $M^3[HHM]$ (창원①②, 함안, 김해, 양산)
·깜·아·서 $M^3[HHM]$ (창원①②, 함안, 김해, 양산)
·깜·으·먼 $M^3[HHM]$ (함안, 김해, 양산)
·깜·으·모 $M^3[HHM]$ (창원①②, 함안)
·깜·으·이 $M^3[HHM]$ (창원①②, 함안, 김해)
·깜·응·께 $M^3[HHM]$ (창원②, 함안, 양산)
·깜·으·이·까 $M^4[HHM^2]$ (양산)
·깜·으·이·께 $M^4[HHM^2]$ (창원①②, 함안, 김해)

(725) 1음절 거성어간 풀이씨 {·숨·다}의 어형들

·숨·다	(M·M→)M²[HH/MM]	(창원①②, 함안, 김해, 양산)
·숨·고[·숨·고]	M²[HH/MM]	(창원①②, 김해)
·숨·고[·숨·꼬]	M²[HH/MM]	(창원②, 함안, 김해, 양산)
·숨·더·라[·숨·더·라]	M³[HHM]	(창원①②, 김해)
·숨·더·라[·숨·떠·라]	M³[HHM]	(창원②, 함안, 김해, 양산)
·숨·자[·숨·자]	M²[HH/MM]	(창원①②, 김해)
·숨·자[·숨·짜]	M²[HH/MM]	(창원②, 함안, 김해, 양산)
·숨·기	M²[HH/MM]	(창원①②, 함안, 김해, 양산)
·숨·은	M²[HH/MM]	(창원①②, 함안, 김해, 양산)
·숨·을	M²[HH/MM]	(창원①②, 함안, 김해, 양산)
·숨·거·나	M³[HHM]	(창원①②, 함안, 김해, 양산)
·숨·겄·다	M³[HHM]	(창원①②, 함안, 김해)
·숨·겠·다	M³[HHM]	(창원①②, 김해, 양산)
·숨·는·다	M³[HHM]	(창원①②, 함안, 김해, 양산)
·숨·어·서	M³[HHM]	(창원①②, 함안, 김해, 양산)
·숨·었·다	M³[HHM]	(창원①②, 함안, 김해, 양산)
·숨·우·니	M³[HHM]	(함안, 양산)
·숨·우·머	M³[HHM]	(김해)
·숨·우·모	M³[HHM]	(창원①②, 함안)
·숨·우·서	M³[HHM]	(창원②①, 함안, 김해)
·숨·우·이	M³[HHM]	(양산)
·숨·우·이	M³[HHM]	(창원①②, 김해)
·숨·웄·다	M³[HHM]	(창원①②, 함안, 김해, 양산)
·숨·으·니	M³[HHM]	(함안, 양산)
·숨·으·모	M³[HHM]	(창원①②)
·숨·으·몬	M³[HHM]	(창원①②)
·숨·으·이	M³[HHM]	(양산)
·숨·으·이	M³[HHM]	(창원①②, 함안, 김해)
·숨·겄·더·라	M⁴[HHM²]	(창원①②, 함안, 김해)
·숨·겠·더·라	M⁴[HHM²]	(창원①②, 김해, 양산)
·숨·더·라·도	M⁴[HHM²]	(창원①②, 함안, 김해, 양산)
·숨·었·심·더	M⁴[HHM²]	(양산)
·숨·었·습·니·더	M⁵[HHM³]	(창원①, 김해)
·숨·었·습·미·더	M⁵[HHM³]	(창원②, 함안, 양산)
·숨·울·라·칸·다	M⁵[HHM³]	(창원①②, 김해)
·숨·울·라·컨·다	M⁵[HHM³]	(함안, 김해, 양산)
·숨·울·라·쿤·다	M⁵[HHM³]	(함안)
·숨·웄·습·니·더	M⁵[HHM³]	(창원①, 김해)
·숨·웄·습·미·더	M⁵[HHM³]	(창원②, 함안, 양산)

·숨·을·라·칸·다　M^5[HHM^3]　(창원①②, 김해, 양산)
·숨·을·라·컨·다　M^5[HHM^3]　(함안, 김해, 양산)
·숨·을·라·쿤·다　M^5[HHM^3]　(함안)
·숨·을·라·한·다　M^5[HHM^3]　(양산)
·숨·을·라·고#·함·더　M^4 #M^3[HHM^2#HH]　(양산)

(726) 1음절 거성어간 풀이씨 {·차ᇦ·다}의 어형들
·차ᇦ·다(冷)<차다>　(M·M→)M^2[HH/MM]　(창원②)
·찹·고　M^2[HH/MM]　(창원②)
·찹·더·라　M^3[HHM]　(창원②)
·차·와·서　M^3[HHM]　(창원②)
·차·와·도　M^3[HHM]　(창원②)

(727) 1음절 거성어간 풀이씨 {·추ᇦ·다}의 어형들
·추ᇦ·다<춥다>　(M·M→)M^2[HH/MM]　(창원①②, 함안)
·춥·고　M^2[HH/MM]　(창원①②, 함안)
·춥·더·라　M^3[HHM]　(창원①②, 함안)
·추·워·서　M^3[HHM]　(창원①②, 함안)
·추·우·도　M^3[HHM]　(창원①②, 함안)

(728) 1음절 거성어간 풀이씨 {·칩·다}의 어형들
·칩·다<춥다>　(M·M→)M^2[HH/MM]　(창원①②, 함안, 김해, 양산)
·칩·고　M^2[HH/MM]　(창원①②, 함안, 김해, 양산)
·칩·우·서　M^3[HHM]　(창원①②, 함안, 김해)
·칩·우·도　M^3[HHM]　(창원①②, 함안, 김해)
·칩·어·서　M^3[HHM]　(양산)
·칩·어·도　M^3[HHM]　(양산)

(729) 1음절 거성어간 풀이씨 {·찹·다}의 어형들
·찹·다(冷)　(M·M→)M^2[HH/MM]　(창원①②, 함안, 김해, 양산)
·찹·고　M^2[HH/MM]　(창원①②, 함안, 김해, 양산)
·찹·네　M^2[HH/MM]　(창원①②, 함안, 김해, 양산)
·찹·더·라　M^3[HHM]　(창원①②, 함안, 김해, 양산)
·찹·아·서　M^3[HHM]　(창원①②, 함안, 김해, 양산)
·찹·았·다　M^3[HHM]　(창원①②, 함안, 김해, 양산)
·찹·어·서　M^3[HHM]　(양산)
·찹·었·다　M^3[HHM]　(양산)
·찹·응·께　M^3[HHM]　(창원②, 함안)
·찹·으·이·께　M^4 [HHM^2]　(창원①②, 함안, 김해)
·찹·으·이·께　M^4 [HHM^2]　(양산)

(730) 1음절 거성어간 풀이씨 {·춥·다}의 어형들

·춥·다	(M·M→)M^2[HH/MM]	(창원①②, 함안, 김해, 양산)
·춥·고	M^2[HH/MM]	(창원①②, 함안, 김해, 양산)
·춥·네	M^2[HH/MM]	(창원①②, 함안, 양산)
·춥·어·서	M^3[HHM]	(창원①②, 함안, 김해, 양산)
·춥·우·서	M^3[HHM]	(창원①②, 함안, 김해)
·춥·으·머	M^3[HHM]	(김해, 양산)
·춥·으·먼	M^3[HHM]	(함안, 김해, 양산)
·춥·으·모	M^3[HHM]	(창원①②, 함안)
·춥·으·몬	M^3[HHM]	(창원①②)
·춥·더·라	M^3[HHM]	(창원①②, 함안, 김해, 양산)

(731) 1음절 거성어간 풀이씨 {·뽑·다}의 어형들

·뽑·다	(M·M→)M^2[HH/MM]	(창원①②, 함안, 김해, 양산)
·뽑·고	M^2[HH/MM]	(창원①②, 함안, 김해, 양산)
·뽑·아·서	M^3[HHM]	(창원①②, 함안, 김해, 양산)
·뽑·으·머	M^3[HHM]	(김해, 양산)
·뽑·으·먼	M^3[HHM]	(함안, 김해, 양산)
·뽑·으·모	M^3[HHM]	(창원①②, 함안)
·뽑·으·몬	M^3[HHM]	(창원①②)

(732) 1음절 거성어간 풀이씨 {·옳·다}의 어형들

·옳·다	(M·M→)M^2[HH/MM]	(창원①②, 함안, 김해, 양산)
·옳·고	M^2[HH/MM]	(창원①②, 함안, 김해, 양산)
·옳·네	M^2[HH/MM]	(창원①②, 함안, 김해, 양산)
·옳·더·라	M^3[HHM]	(창원①②, 함안, 김해, 양산)
·옳·시·더	M^3[HHM]	(창원①②, 함안, 양산)
·옳·아·서	M^3[HHM]	(창원①②, 함안, 김해, 양산)
·옳·았·다	M^3[HHM]	(창원①②, 함안, 김해, 양산)
·옳·애·서	M^3[HHM]	(창원①②, 함안)
·옳·앴·다	M^3[HHM]	(창원①②, 함안)
·옳·으·이	M^3[HHM]	(창원①②, 함안, 김해)
·옳·응·께	M^3[HHM]	(창원②, 함안, 양산)
·옳·으·니·까	M^4 [HHM^2]	(양산)
·옳·으·이·께	M^4 [HHM^2]	(창원①②, 함안, 김해)

5.6.6 2음절 이상의 거성형어간 풀이씨의 굴곡형

아래 (733)~(740)은 2음절 거성형어간 풀이씨의 굴곡형들이다.

(733) 2음절 거성형어간 풀이씨 {·그·리·다}의 어형들

·그·리·다　(M^2·M→)M^3[HHM]　(창원①②, 함안, 김해, 양산)
·그·리·고　M^3[HHM]　(창원①②, 함안, 김해, 양산)
·그·리·네　M^3[HHM]　(창원①②, 함안, 김해, 양산)
·그·리·서　M^3[HHM]　(창원①②, 함안, 김해, 양산)
·그·렸·다　M^3[HHM]　(창원①②, 함안, 김해, 양산)
·그·링·께　M^3[HHM]　(창원②, 함안)
·그·리·니·까　M^4[HHM^2]　(양산)
·그·리·더·라　M^4[HHM^2]　(창원①②, 함안, 김해, 양산)
·그·리·이·께　M^4[HHM^2]　(창원①②, 함안, 김해)

(734) 2음절 거성형어간 풀이씨 {·기·리·다}의 어형들

·기·리·다<그리다>　(M^2·M→)M^3[HHM]　(창원①②, 함안, 김해, 양산)
·기·리·고　M^3[HHM]　(창원①②, 함안, 김해, 양산)
·기·리·네　M^3[HHM]　(창원①②, 함안, 김해, 양산)
·기·리·서　M^3[HHM]　(창원①②, 함안, 김해, 양산)
·기·렸·다　M^3[HHM]　(창원①②, 함안, 김해, 양산)

(735) 2음절 거성형어간 풀이씨 {·쏘·아·다}의 어형들 자료

·쏘·아·다<쏘다>　(M^2·M→)M^3[HHM]　(창원①②)
·쏘·아·고　M^3[HHM]　(창원①②)
·쏘·아·기　M^3[HHM]　(창원①②)
·쏘·아·네　M^3[HHM]　(창원①②)
·쏘·아·모　M^3[HHM]　(창원①②)
·쏘·아·지　M^3[HHM]　(창원①②)
·쏘·아·이　M^3[HHM]　(창원①②)
·쏘·안·다　M^3[HHM]　(창원①②)
·쏘·아·거·나　M^4[HHM^2]　(창원①②)
·쏘·아·겠·다　M^4[HHM^2]　(창원①②)
·쏘·아·는·데　M^4[HHM^2]　(창원①②)
·쏘·아·다·가　M^4[HHM^2]　(창원①②)
·쏘·아·더·라　M^4[HHM^2]　(창원①②)
·쏘·아·디·이　M^4[HHM^2]　(창원①②)
·쏘·알·라·꼬　M^4[HHM^2]　(창원①②)
·쏘·알·라·모　M^4[HHM^2]　(창원①②)
·쏘·알·라·몬　M^4[HHM^2]　(창원①②)
·쏘·아·겠·더·라　M^5[HHM^3]　(창원①②)
·쏘·아·더·라·도　M^5[HHM^3]　(창원①②)
·쏘·알·라·카·나　M^5[HHM^3]　(창원①②)

·쏘·알·라·카·모 M^5[HHM^3] (창원①②)
·쏘·알·라·칸·다 M^5[HHM^3] (창원①②)
·쏘·아·겼·습·니·더 M^6[HHM^4] (창원①)
·쏘·아·겼·습·미·더 M^6[HHM^4] (창원②)
·쏘·알·라#카·모 M^3#HM[HHM#HM] (창원①②)

(736) 2음절 거성형어간 풀이씨 {·꼬·아·다}의 어형들
·꼬·아·다<꼬다> (M^2·M→)M^3[HHM] (창원①②, 함안)
·꼬·아·고 M^2[HH/MM] (창원①②, 함안)
·꼬·아·네 M^2[HH/MM] (창원①②, 함안)
·꼬·아·도 M^2[HH/MM] (창원①②, 함안)
·꼬·아·더·라 M^4[HHM^2] (창원①②, 함안)

(737) 2음절 거성형어간 풀이씨 {·나·가·다}의 어형들
·나·가·다 (M^2·M→)M^3[HHM] (창원①②, 김해, 양산)
·나·가·고 M^3[HHM] (창원①②, 김해, 양산)
·나·가·도 M^3[HHM] (창원①②, 김해, 양산)
·나·갔·다 M^3[HHM] (창원①②, 김해, 양산)
·나·가·더·라 M^4[HHM^2] (창원①②, 김해, 양산)

(738) 2음절 거성형어간 풀이씨 {·나·오·다}의 어형들
·나·오·다 (M^2·M→)M^3[HHM] (창원①②, 김해, 양산)
·나·오·고 M^3[HHM] (창원①②, 김해, 양산)
·나·온·다 M^3[HHM] (창원①②, 김해, 양산)
·나·와·서 M^3[HHM] (창원①②, 김해, 양산)
·나·오·더·라 M^4[HHM^2] (창원①②, 김해, 양산)

(739) 2음절 거성형어간 풀이씨 {·쏘·오·다}의 어형들
·쏘·오·다<쏘다> (M^2·M→)M^3[HHM] (창원②, 함안)
·싸·아·도 M^3[HHM] (창원②)
·싸·아·라 M^3[HHM] (창원②)
·쏘·아·도 M^3[HHM] (창원②, 함안)
·쏘·아·라 M^3[HHM] (창원②, 함안)
·쏘·오·고 M^3[HHM] (창원②, 함안)
·쏘·오·기 M^3[HHM] (창원②, 함안)
·쏘·오·네 M^3[HHM] (창원②, 함안)
·쏘·오·니 M^3[HHM] (함안)
·쏘·오·모 M^3[HHM] (창원②, 함안)
·쏘·오·지 M^3[HHM] (창원②, 함안)
·쏘·온·다 M^3[HHM] (창원②, 함안)

·쏘·오·거·나 $M^4[HHM^2]$ (창원②, 함안)
·쏘·오·겠·다 $M^4[HHM^2]$ (창원②, 함안)
·쏘·오·는·데 $M^4[HHM^2]$ (창원②, 함안)
·쏘·오·다·가 $M^4[HHM^2]$ (창원②, 함안)
·쏘·오·더·니 $M^4[HHM^2]$ (창원②, 함안)
·쏘·오·더·라 $M^4[HHM^2]$ (창원②, 함안)
·쏘·올·라·꼬 $M^4[HHM^2]$ (창원②, 함안)
·쏘·올·라·모 $M^4[HHM^2]$ (창원②, 함안)
·쏘·오·겠·더·라 $M^5[HHM^3]$ (창원②, 함안)
·쏘·오·더·라·도 $M^5[HHM^3]$ (창원②, 함안)
·쏘·올·라·커·나 $M^5[HHM^3]$ (함안)
·쏘·올·라·커·모 $M^5[HHM^3]$ (함안)
·쏘·올·라·쿠·나 $M^5[HHM^3]$ (함안)
·쏘·올·라·쿤·다 $M^5[HHM^3]$ (함안)
·쏘·오·겠·습·미·더 $M^6[HHM^4]$ (창원②, 함안)
·쏘·올·라#카·모 $M^3\#HM[HHM\#HM]$ (창원②)
·쏘·올·라#커·모 $M^3\#HM[HHM\#HM]$ (함안)

(740) 2음절 거성형어간 풀이씨 {·가·늘·다}의 어형들
·가·늘·다 $(M^2·M\rightarrow)M^3[HHM]$ (창원①②, 함안, 김해, 양산)
·가·늘·고 $M^3[HHM]$ (창원①②, 함안, 김해, 양산)
·가·늘·기 $M^3[HHM]$ (창원①②, 함안, 김해, 양산)
·가·느·다 $M^3[HHM]$ (함안)
·가·느·이 $M^3[HHM]$ (양산)
·가·느·이 $M^3[HHM]$ (창원①②, 함안, 김해)
·가·늘·거·나 $M^4[HHM^2]$ (창원①②, 함안, 김해, 양산)
·가·늘·겠·다 $M^4[HHM^2]$ (창원①②, 함안, 김해)
·가·늘·겠·다 $M^4[HHM^2]$ (창원①②, 김해, 양산)
·가·늘·더·라 $M^4[HHM^2]$ (창원①②, 함안, 김해, 양산)
·가·늘·아·서 $M^4[HHM^2]$ (창원①②, 함안)
·가·늘·어·서 $M^4[HHM^2]$ (창원①②, 함안, 양산)

다음은 3음절 거성형어간 풀이씨의 굴곡형들이다.

(741) 3음절 거성형어간 풀이씨 {·늘·어·치·다}의 어형들
·늘·어·치·다<늘어트리다> $(M^3·M\rightarrow)M^4[HHM^2]$ (창원①②, 함안, 김해)
·늘·어·치·고 $M^4[HHM^2]$ (창원①②, 함안, 김해)
·늘·어·치·네 $M^4[HHM^2]$ (창원①②, 함안, 김해)

·늘·어·치·서 M^4 [HHM^2] (창원①②, 함안, 김해)
·늘·어·칬·다 M^4 [HHM^2] (창원①②, 함안, 김해)
·늘·어·치·이·께 M^5[HHM^3] (창원①②, 함안, 김해)
·늘·어·치·더·라 M^5[HHM^3] (창원①②, 함안, 김해)

(742) 3음절 거성형어간 풀이씨 {·게·롭·히·다}의 어형들
·게·롭·히·다<괴롭히다> (M^3·M→)M^4 [HHM^2] (창원①②, 함안, 양산)
·게·롭·히·네 M^4 [HHM^2] (창원①②, 함안, 양산)
·게·롭·히·고 M^4 [HHM^2] (창원①②, 함안, 양산)
·게·롭·히·도 M^4 [HHM^2] (창원①②, 함안, 양산)

(743) 3음절 거성형어간 풀이씨 {·게·럽·히·다}의 어형들
·게·럽·히·다<괴롭히다> (M^3·M→)M^4 [HHM^2] (창원①②, 함안, 김해, 양산)
·게·럽·히·고 M^4 [HHM^2] (창원①②, 함안, 김해, 양산)
·게·럽·히·도 M^4 [HHM^2] (창원①②, 함안, 김해, 양산)
·게·럽·히·서 M^4 [HHM^2] (창원①②, 함안, 김해, 양산)

(744) 3음절 거성형어간 풀이씨 {·거·느·리·다}의 어형들
·거·느·리·다 (M^3·M→)M^4 [HHM^2] (창원①②, 함안, 김해)
·거·느·러·서 M^4 [HHM^2] (창원②)
·거·느·리·고 M^4 [HHM^2] (창원①②, 함안, 김해)
·거·느·리·서 M^4 [HHM^2] (창원①②, 함안, 김해)
·거·느·리·이 M^4 [HHM^2] (창원①②, 함안, 김해)
·거·느·링·께 M^4 [HHM^2] (창원②, 함안)

5.6.7 1음절 변동상성어간 풀이씨의 굴곡형

1음절 상성어간에는 성조가 고정되어 있는 것과 굴곡형에 따라서 평성으로 변하는 것이 있다. 전자는 소수이고 후자는 다수이다. 1음절 변동상성어간 풀이씨의 다수는 모음으로 시작되는 씨끝 앞에서 어간의 성조가 평성으로 변동한다. 다만, {·으X, 으X}형 씨끝의 {·으, 으}는 /ㄹ/로 끝나는 어간 뒤에서는 수의적으로, 모음으로 끝나는 어간 뒤에서는 필수적으로 삭제되기 때문에, 1음절 변동상성어간의 방점은 평성으로 변하지 않는다. 그러므로 아래의 2개의 {·으, 으} 삭제 규칙 (745)와 (746), 그리고 1음절 변동상성어간의 평성화 규칙 (747) 사이에는 규칙의 순서 매김이 필요하다.

(745) {·으, 으} 삭제 규칙 I
씨끝 첫 소리 {·으, 으}는 어간 끝에 오는 모음 뒤에서는 필수적으로, 어간 끝에 오는 /ㄹ/ 뒤에서는 수의적으로 삭제된다.

(746) {·으, 으} 삭제 규칙 II
어간 끝에 오는 모음 {·으, 으}는 모음으로 시작되는 씨끝을 만나면 삭제된다.

(747) 상성(:□) 어간의 평성화
변동상성어간의 방점은 모음으로 시작되는 씨끝 앞에서 평성(□)으로 변한다.
(이 세 규칙은 (745), (747), (746)의 순서로 적용된다.)

먼저 /기쁘+·으·먼/→{기쁘·먼, *기·쁘·먼}, /푸·르+·으·먼/→/푸·르·먼/을 설명하려면, (745)가 (746)보다 먼저 적용된다는 것을 알 수 있다. 또 /:울+·어·라/가 /울·어·라/로 도출되는 것은 규칙 (747)의 적용 때문이지만, /:울+·으·먼/→{*울·으·먼, :울·먼}으로 되는 것은 씨끝의 모음 /·으/ 앞에서 (747)에 의한 /:울-/의 평성화가 일어나기 전에 /:울+·으·먼/의 상태에서 규칙 (745)에 의해 /:울+·먼/의 과정을 거치고 나면, 어간 /:울-/의 평성화를 위한 (747)의 적용 환경이 성립되지 않는다. 따라서 /:울+·으·먼/은 /:울+·먼/을 거쳐 /:울·먼/으로 도출된다. /기쁘·먼/, /푸·르·먼/, /:울·먼/과 더불어 /기·뻐·서/, /푸·러·서/, /울·어·서/의 도출 과정을 적으면 다음과 같다.

(748)

	/기쁘+·으·먼/	/푸·르+·으·먼/	/:울+·으·먼/	/기쁘+·어·서/	/푸·르+·어·서/	/:울+·어·서/	
ㄱ.	기쁘+·먼	푸·르+·먼	:울+·먼	———	———	———	규칙 (745)
ㄴ.	———	———	———	———	———	울+·어·서	규칙 (747)
ㄷ.	———	———	———	기ㅃ+·어·서	푸ㄹ+·어·서	———	규칙 (746))
ㄹ.	기쁘·먼	푸·르·먼	:울·먼	기·뻐·서	푸·러·서	울·어·서	최종 방점 표상

1음절 변동상성어간 풀이씨의 굴곡형 자료는 (749)～(781)과 같다.

(749) 1음절 변동상성어간 풀이씨 {:지·다}의 어형들

:지·다<쥐다>	(LH·M→)L^2[LM]	(창원①②, 함안, 김해, 양산)
:지·고	L^2[LM]	(창원①②, 함안, 김해, 양산)
:지·네	L^2[LM]	(창원①②, 함안, 김해, 양산)
:지·이·께	L^3[LMM]	(양산)
:지·이·께	L^3[LMM]	(창원①②, 함안, 김해)
:징·께	L^2[LM]	(창원②, 함안)
:징·께·네	L^3[LMM]	(함안)

지·이·도 $HM^2[HM^2]$ (창원①②, 함안, 김해, 양산)
지·이·서 $HM^2[HM^2]$ (창원①②, 함안, 김해, 양산)

(750) 1음절 변동상성어간 풀이씨 {:비·다}의 어형들
:비·다(空) (LH·M→)L^2[LM] (창원①②, 함안, 김해, 양산)
:비·고 L^2[LM] (창원①②, 함안, 김해, 양산)
:비·네 L^2[LM] (창원①②, 함안, 김해, 양산)
:빙·께 L^2[LM] (창원②, 함안)
:비·니·까 L^3[LMM] (양산)
:비·더·라 L^3[LMM] (창원①②, 함안, 김해, 양산)
:비·이·께 L^3[LMM] (양산)
:비·이·께 L^3[LMM] (창원①②, 함안, 김해)
비·이·도 $HM^2[HM^2]$ (창원①②, 함안, 김해, 양산)
비·이·서 $HM^2[HM^2]$ (창원①②, 함안, 김해, 양산)
비·있·웅·께 $HM^3[HM^3]$ (창원②, 함안)
비·있·으·니·까 $HM^4[HM^4]$ (양산)
비·있·으·이·께 $HM^4[HM^4]$ (창원①②, 함안, 김해)

(751) 1음절 변동상성어간 풀이씨 {:비·다}의 어형들
:비·다(枕) (LH·M→)L^2[LM] (창원②, 함안, 김해, 양산)
:비·고 L^2[LM] (창원②, 함안, 김해, 양산)
:비·기 L^2[LM] (창원②, 함안, 김해, 양산)
:비·네 L^2[LM] (창원②, 함안, 김해, 양산)
:비·머 L^2[LM] (김해, 양산)
:비·먼 L^2[LM] (함안, 김해, 양산)
:비·이 L^2[LM] (양산)
:비·지 L^2[LM] (창원②, 함안, 김해, 양산)
:빈·다 L^2[LM] (창원②, 함안, 김해, 양산)
:비·거·나 L^3[LMM] (창원②, 함안, 김해, 양산)
:비·겠·다 L^3[LMM] (창원②, 김해, 양산)
:비·는·데 L^3[LMM] (창원②, 함안, 김해, 양산)
:비·다·가 L^3[LMM] (창원②, 함안, 김해, 양산)
:비·더·라 L^3[LMM] (창원②, 함안, 김해, 양산)
:비·디·이 L^3[LMM] (양산)
:빌·라·꼬 L^3[LMM] (창원②, 함안, 김해, 양산)
:빌·라·머 L^3[LMM] (김해, 양산)
:빕·미·더 L^3[LMM] (창원②, 양산)
:비·겠·더·라 L^4[LMMM] (창원②, 김해, 양산)
:비·겠·심·더 L^4[LMMM] (양산)
:비·더·라·도 L^4[LMMM] (창원②, 함안, 김해, 양산)

:비·더·래·도	L^4[LMMᴍ]	(창원②, 함안, 김해, 양산)
:빌·라·카·나	L^4[LMMᴍ]	(창원②, 양산)
:빌·라·칸·다	L^4[LMMᴍ]	(창원②, 양산)
:빌·라·커·나	L^4[LMMᴍ]	(함안, 김해, 양산)
:빌·라·컨·다	L^4[LMMᴍ]	(함안, 김해, 양산)
비·었·다	$HM^2[HM^2]$	(양산)
비·이·도	$HM^2[HM^2]$	(창원②, 함안, 김해, 양산)
비·이·라	$HM^2[HM^2]$	(창원②, 함안, 김해, 양산)
비·이·서	$HM^2[HM^2]$	(창원②, 함안, 김해, 양산)
비·있·다	$HM^2[HM^2]$	(창원②, 함안, 김해, 양산)
비·었·심·더	$HM^3[HM^3]$	(양산)
:빌·라#카·먼	L^2#HM[LM#HM]	(김해, 양산)

(752) 1음절 변동상성어간 풀이씨 {:세·다}의 어형들

:세·다(算)	(Lʜ·M→)L^2[LM]	(창원①②, 함안, 김해, 양산)
:세·고	L^2[LM]	(창원①②, 함안, 김해, 양산)
:세·머	L^2[LM]	(김해, 양산)
:세·모	L^2[LM]	(창원①②, 함안)
:세·이·께	L^3[LMM]	(양산)
:세·이·께	L^3[LMM]	(창원①②, 함안, 김해)
세·에·도	$HM^2[HM^2]$	(창원①②, 함안, 김해, 양산)
세·에·서	$HM^2[HM^2]$	(창원①②, 함안, 김해, 양산)

(753) 1음절 변동상성어간 풀이씨 {:세·다}의 어형들

:세·다(强)	(Lʜ·M→)L^2[LM]	(창원②, 함안, 김해, 양산)
:센	L[LM]	(창원②, 함안, 김해, 양산)
:셈	L[LM]	(창원②, 함안, 김해, 양산)
:셀	L[LM]	(창원②, 함안, 김해, 양산)
:세·게	L^2[LM]	(창원②, 함안, 김해)
:세·고	L^2[LM]	(창원②, 함안, 김해, 양산)
:세·까	L^2[LM]	(창원②, 함안, 김해, 양산)
:세·꼬	L^2[LM]	(창원②, 함안, 김해, 양산)
:세·나	L^2[LM]	(창원②, 함안, 김해, 양산)
:세·네	L^2[LM]	(창원②, 함안, 김해, 양산)
:세·노	L^2[LM]	(창원②, 함안, 김해, 양산)
:세·데	L^2[LM]	(창원②, 함안, 김해, 양산)
:세·머	L^2[LM]	(김해, 양산)
:세·먼	L^2[LM]	(함안, 김해, 양산)
:세·모	L^2[LM]	(창원②, 함안)
:세·몬	L^2[LM]	(창원②)

:세·요 L^2[LM] (창원②, 함안, 김해, 양산)
:세·제 L^2[LM] (창원②, 함안, 김해, 양산)
:세·지 L^2[LM] (창원②, 함안, 김해, 양산)
:센·가 L^2[LM] (창원②, 함안, 김해, 양산)
:센·고 L^2[LM] (창원②, 함안, 김해, 양산)
:센·데 L^2[LM] (창원②, 함안, 김해, 양산)
:센·들 L^2[LM] (창원②, 함안, 김해, 양산)
:셀·까 L^2[LM] (창원②, 함안, 김해, 양산)
:셀·꼬 L^2[LM] (창원②, 함안, 김해, 양산)
:셍·께 L^2[LM] (함안)
:세·거·나 L^3[LMM] (창원②, 함안, 김해, 양산)
:세·거·등 L^3[LMM] (창원②, 함안, 김해, 양산)
:세·건·대 L^3[LMM] (창원②, 함안, 김해, 양산)
:세·걸·래 L^3[LMM] (창원②, 함안, 김해)
:세·겄·다 L^3[LMM] (창원②, 함안, 김해)
:세·겠·다 L^3[LMM] (창원②, 김해, 양산)
:세·구·나 L^3[LMM] (창원②, 함안, 김해, 양산)
:세·긴·대 L^3[LMM] (양산)
:세·길·래 L^3[LMM] (창원②, 양산)
:세·니·라 L^3[LMM] (창원②, 함안, 김해, 양산)
:세·더·나 L^3[LMM] (창원②, 함안, 김해, 양산)
:세·더·노 L^3[LMM] (창원②, 함안, 김해, 양산)
:세·더·라 L^3[LMM] (창원②, 함안, 김해, 양산)
:세·던·가 L^3[LMM] (창원②, 함안, 김해, 양산)
:세·던·고 L^3[LMM] (창원②, 함안, 김해, 양산)
:세·도·로 L^3[LMM] (양산)
:세·도·록 L^3[LMM] (창원②, 함안, 양산)
:세·두·루 L^3[LMM] (김해)
:세·두·룩 L^3[LMM] (창원②, 함안, 김해)
:세·싱·께 L^3[LMM] (창원②, 함안)
:세·이·께 L^3[LMM] (양산)
:세·이·께 L^3[LMM] (창원②, 함안, 김해)
:셀·낑·께 L^3[LMM] (창원②, 함안)
:셀·라·꼬 L^3[LMM] (창원②, 함안, 김해, 양산)
:셀·망·정 L^3[LMM] (창원②, 함안, 김해, 양산)
:셀·수·로 L^3[LMM] (함안)
:셀·수·록 L^3[LMM] (창원②, 함안, 김해, 양산)
:셀·수·루 L^3[LMM] (김해)
:셀·수·룩 L^3[LMM] (함안, 양산)
:셉·디·꺼 L^3[LMM] (창원②, 함안, 김해, 양산)

:셉·디·더	L^3[LMM]	(창원②, 함안, 김해, 양산)
:셉·미·꺼	L^3[LMM]	(창원②, 함안, 양산)
:셉·미·더	L^3[LMM]	(창원②, 함안, 양산)
:셍·꺼·네	L^3[LMM]	(창원②)
:셍·께·네	L^3[LMM]	(함안)
:세·거·들·랑	L^4[LMMᴍ]	(창원②, 함안, 김해, 양산)
:세·거·마·는	L^4[LMMᴍ]	(창원②, 함안, 김해, 양산)
:세·더·라·꼬	L^4[LMMᴍ]	(창원②, 함안, 김해, 양산)
:세·더·라·도	L^4[LMMᴍ]	(창원②, 함안, 김해, 양산)
:세·던·갑·다	L^4[LMMᴍ]	(창원②, 함안, 김해, 양산)
:세·시·이·께	L^4[LMMᴍ]	(창원②, 함안, 김해)
:세·이·끼·네	L^4[LMMᴍ]	(양산)
:세·이·꺼·네	L^4[LMMᴍ]	(김해)
:세·이·께·네	L^4[LMMᴍ]	(함안)
:셀·끼·이·께	L^4[LMMᴍ]	(양산)
:셀·끼·이·께	L^4[LMMᴍ]	(창원②, 함안, 김해)
:세·기·로·서·이	L^5[LMMᴍ^2]	(양산)
:세·기·로·서·이	L^5[LMMᴍ^2]	(창원②, 함안, 김해)
세·에	HM[HM]	(창원②, 함안, 김해, 양산)
세·엔	HM[HM]	(창원②, 양산)
세·에·도	HM^2[HM^2]	(창원②, 함안, 김해, 양산)
세·에·서	HM^2[HM^2]	(창원②, 함안, 김해, 양산)
세·에·야	HM^2[HM^2]	(창원②, 함안, 김해, 양산)
세·엤·는	HM^2[HM^2]	(창원②, 함안, 양산)
세·엤·는·갑·다	HM^4[HM^4]	(창원②, 함안, 김해, 양산)
세·엤·던·갑·다	HM^4[HM^4]	(창원②, 함안, 김해, 양산)
:세·기·로#서·니	L^3#HM[LMM#HM]	(함안, 양산)
:세·기·로#서·이	L^3#HM[LMM#HM]	(양산)
:세·기·로#서·이	L^3#HM[LMM#HM]	(창원②, 함안, 김해)

(754) 1음절 변동상성어간 풀이씨 {:쎄·다}의 어형들

:쎄·다(强)	(Lʜ·M→)L^2[LM]	(창원①②, 함안)
:쎈	L[LM]	(창원①②, 함안)
:쎌	L[LM]	(창원①②, 함안)
:쎔	L[LM]	(창원①②, 함안)
:쎄·게	L^2[LM]	(창원①②, 함안)
:쎄·고	L^2[LM]	(창원①②, 함안)
:쎄·까	L^2[LM]	(창원①②, 함안)
:쎄·꼬	L^2[LM]	(창원①②, 함안)

:쎄·나 L^2[LM] (창원①②, 함안)
:쎄·네 L^2[LM] (창원①②, 함안)
:쎄·노 L^2[LM] (창원①②, 함안)
:쎄·데 L^2[LM] (창원①②, 함안)
:쎄·모 L^2[LM] (창원①②, 함안)
:쎄·몬 L^2[LM] (창원①②)
:쎄·요 L^2[LM] (창원①②, 함안)
:쎄·제 L^2[LM] (창원①②, 함안)
:쎄·지 L^2[LM] (창원①②, 함안)
:쎈·가 L^2[LM] (창원①②, 함안)
:쎈·고 L^2[LM] (창원①②, 함안)
:쎈·데 L^2[LM] (창원①②, 함안)
:쎈·들 L^2[LM] (창원①②, 함안)
:쎌·까 L^2[LM] (창원①②, 함안)
:쎙·께 L^2[LM] (창원②, 함안)
:쎄·거·나 L^3[LMM] (창원①②, 함안)
:쎄·거·등 L^3[LMM] (창원①②, 함안)
:쎄·걸·래 L^3[LMM] (창원①②, 함안)
:쎄·겄·다 L^3[LMM] (창원①②, 함안)
:쎄·겠·다 L^3[LMM] (창원①②)
:쎄·구·나 L^3[LMM] (창원①②, 함안)
:쎄·니·라 L^3[LMM] (창원①②, 함안)
:쎄·더·나 L^3[LMM] (창원①②, 함안)
:쎄·더·노 L^3[LMM] (창원①②, 함안)
:쎄·더·라 L^3[LMM] (창원①②, 함안)
:쎄·더·라 L^3[LMM] (창원①②, 함안)
:쎄·던·가 L^3[LMM] (창원①②, 함안)
:쎄·던·고 L^3[LMM] (창원①②, 함안)
:쎄·도·록 L^3[LMM] (창원①②, 함안)
:쎄·두·룩 L^3[LMM] (창원①②, 함안)
:쎄·이·께 L^3[LMM] (창원①②, 함안)
:쎌·라·꼬 L^3[LMM] (창원①②, 함안)
:쎌·망·정 L^3[LMM] (창원①②, 함안)
:쎌·수·록 L^3[LMM] (창원①②, 함안)
:쎕·니·꺼 L^3[LMM] (창원①)
:쎕·니·더 L^3[LMM] (창원①)
:쎕·디·꺼 L^3[LMM] (창원①②, 함안)
:쎕·디·더 L^3[LMM] (창원①②, 함안)
:쎕·미·꺼 L^3[LMM] (창원②, 함안)
:쎕·미·더 L^3[LMM] (창원②, 함안)

:쎄·거·들·랑　L^4[LMMᴍ]　(창원①②, 함안)
:쎄·거·마·는　L^4[LMMᴍ]　(창원①②, 함안)
:쎄·더·라·꼬　L^4[LMMᴍ]　(창원①②, 함안)
:쎄·더·라·도　L^4[LMMᴍ]　(창원①②, 함안)
:쎄·던·갑·다　L^4[LMMᴍ]　(창원①②, 함안)
:쎄·시·이·께　L^4[LMMᴍ]　(창원①②, 함안)
:쎄·이·껴·네　L^4[LMMᴍ]　(창원①)
:쎌·끼·이·께　L^4[LMMᴍ]　(창원①②, 함안)
:쎄·기·로·서·이　L^5[LMMᴍ^2]　(창원①②, 함안)
쎄·에　HM[HM]　(창원①②, 함안)
쎄·엔　HM[HM]　(창원①②)
쎄·에·도　HM^2[HM^2]　(창원①②, 함안)
쎄·에·서　HM^2[HM^2]　(창원①②, 함안)
쎄·에·야　HM^2[HM^2]　(창원①②, 함안)
쎄·엤·는　HM^2[HM^2]　(창원①②, 함안)
쎄·엤·는·갑·다　HM^4[HM^4]　(창원①②, 함안)
쎄·엤·던·갑·다　HM^4[HM^4]　(창원①②, 함안)
:쎄·기·로#서·이　L^3#HM[LMM#HM]　(창원①②, 함안)

(755) 1음절 변동상성어간 풀이씨 {:베·다}의 어형들

:베·다(枕)　(Lʜ·M→)L^2[LM]　(창원①②, 함안, 김해)
:베·고　L^2[LM]　(창원①②, 함안, 김해)
:벤·다　L^2[LM]　(창원①②, 함안, 김해)
:베·기　L^2[LM]　(창원①②, 함안, 김해)
:베·네　L^2[LM]　(창원①②, 함안, 김해)
:베·머　L^2[LM]　(김해)
:베·모　L^2[LM]　(창원①②, 함안)
:베·몬　L^2[LM]　(창원①②)
:베·지　L^2[LM]　(창원①②, 함안, 김해)
:베·이　L^2[LM]　(창원①②, 함안, 김해)
:베·거·나　L^3[LMM]　(창원①②, 함안, 김해)
:베·겄·다　L^3[LMM]　(창원①②, 함안, 김해)
:베·겠·다　L^3[LMM]　(창원①②, 김해)
:베·는·데　L^3[LMM]　(창원①②, 함안, 김해)
:베·다·가　L^3[LMM]　(창원①②, 함안, 김해)
:베·더·라　L^3[LMM]　(창원①②, 함안, 김해)
:베·디·이　L^3[LMM]　(창원①②, 함안, 김해)
:벨·라·꼬　L^3[LMM]　(창원①②, 함안, 김해)
:벨·라·먼　L^3[LMM]　(함안, 김해)

:벨·라·모	L^3[LMM]	(창원①②, 함안)
:벨·라·몬	L^3[LMM]	(창원①②)
:벱·니·더	L^3[LMM]	(창원①, 김해)
:벱·미·더	L^3[LMM]	(창원②, 함안)
:베·겄·더·라	L^4[LMMᴍ]	(창원①②, 함안, 김해)
:베·겠·더·라	L^4[LMMᴍ]	(창원①②, 김해)
:베·더·라·도	L^4[LMMᴍ]	(창원①②, 함안, 김해)
:벨·라·카·나	L^4[LMMᴍ]	(창원①②, 김해)
:벨·라·칸·다	L^4[LMMᴍ]	(창원①②, 김해)
:벨·라·커·나	L^4[LMMᴍ]	(함안, 김해)
:벨·라·컨·다	L^4[LMMᴍ]	(함안, 김해)
:베·겄·습·니·더	L^5[LMMᴍ^2]	(창원①, 김해)
:베·겄·습·미·더	L^5[LMMᴍ^2]	(창원②, 함안, 김해)
베·에	HM[HM]	(창원①②, 함안, 김해)
베·에·도	HM^2[HM^2]	(창원①②, 함안, 김해)
베·에·라	HM^2[HM^2]	(창원①②, 함안, 김해)
베·에·서	HM^2[HM^2]	(창원①②, 함안, 김해)
베·엤·다	HM^2[HM^2]	(창원①②, 함안, 김해)
베·엤·습·니·더	HM^4[HM^4]	(창원①, 김해)
베·엤·습·미·더	HM^4[HM^4]	(창원②, 함안)
:벨·라#카·먼	L^2#HM[LM#HM]	(김해)
:벨·라#카·모	L^2#HM[LM#HM]	(창원①②)
:벨·라#카·몬	L^2#HM[LM#HM]	(창원①②)
:벨·라#커·모	L^2#HM[LM#HM]	(함안)

(756) 1음절 변동상성어간 풀이씨 {:새·다}의 어형들

:새·다(曙)	(Lʜ·M→)L^2[LM]	(창원①②, 함안, 김해, 양산)
:새·고	L^2[LM]	(창원①②, 함안, 김해, 양산)
:새·네	L^2[LM]	(창원①②, 함안, 김해, 양산)
:생·께	L^2[LM]	(창원②, 함안)
:새·더·라	L^3[LMM]	(창원①②, 함안, 김해, 양산)
:새·이·께	L^3[LM]	(창원①②, 함안, 김해)
새·애·도	HM^2[HM^2]	(창원①②, 함안, 김해, 양산)
새·애·서	HM^2[HM^2]	(창원①②, 함안, 김해, 양산)

(757) 1음절 변동상성어간 풀이씨 {:개·다}의 어형들

:개·다(晴)	(Lʜ·M→)L^2)[LM]	(창원①②, 함안, 김해, 양산)
:개·고	L^2[LM]	(창원①②, 함안, 김해, 양산)
:개·머	L^2[LM]	(김해, 양산)

:개·모	L^2[LM]	(창원①②, 함안)
:갠·다	L^2[LM]	(창원①②, 함안, 김해, 양산)
개·애·도	HM^2[HM^2]	(창원①②, 함안, 김해, 양산)
개·앴·다	HM^2[HM^2]	(창원①②, 함안, 김해, 양산)

(758) 1음절 변동상성어간 풀이씨 {:징·다}의 어형들

:징·다<(집을) 짓다>	(Lн·M→)L^2[LM]	(창원①②, 함안, 김해, 양산)
:징·고[:짇·꼬]	L^2[LM]	(창원①②, 함안, 김해, 양산)
:징·네[:진·네]	L^2[LM]	(창원①②, 함안, 김해, 양산)
:징·더·라[:짇·더·라]	L^3[LMM]	(창원①②, 함안, 김해, 양산)
:징·이·께[지·이·께]	L^3[LMM]	(창원①②, 함안, 김해)
징·응·께[지·응·께]	HM^2[HM^2]	(창원②, 함안, 양산)
징·이·먼[지·이·먼]	HM^2[HM^2]	(함안, 김해, 양산)
징·이·모[지·이·모]	HM^2[HM^2]	(창원①②, 함안)
징·어·서	HM^2[HM^2]	(창원②, 양산)
징·어·라	HM^2[HM^2]	(창원②, 양산)
징·이·라[지·이·라]	HM^2[HM^2]	(창원①②, 함안, 김해, 양산)
징·이·서[지·이·서]	HM^2[HM^2]	(창원①②, 함안, 김해, 양산)
징·으·니·까	HM^3[HM^3]	(양산)
징·으·이·께	HM^3[HM^3]	(창원①②, 함안, 김해)

(759) 1음절 변동상성어간 풀이씨 {:밀·다}의 어형들

:밀·다	(Lн·M→)L^2[LM]	(창원①②, 함안, 김해, 양산)
:민	L[LM]	(창원①②, 함안, 김해, 양산)
:밀	L[LM]	(창원①②, 함안, 김해, 양산)
:미·까	L^2[LM]	(창원①②, 함안, 양산)
:미·껄	L^2[LM]	(함안)
:미·꼬	L^2[LM]	(창원①②, 함안, 양산)
:미·나	L^2[LM]	(창원①②, 함안, 김해, 양산)
:미·네	L^2[LM]	(창원①②, 함안, 김해, 양산)
:미·노	L^2[LM]	(창원①②, 함안, 김해, 양산)
:미·는	L^2[LM]	(창원①②, 함안, 김해, 양산)
:미·데	L^2[LM]	(창원①②, 함안, 김해)
:미·라<간접명령>	L^2[LM]	(창원①②, 함안, 김해, 양산)
:미·세	L^2[LM]	(창원①②, 함안, 김해)
:미·소	L^2[LM]	(창원①②, 함안, 김해, 양산)
:미·요	L^2[LM]	(창원①②, 함안, 김해, 양산)
:미·자	L^2[LM]	(창원②, 함안)
:미·제	L^2[LM]	(창원①②, 함안, 김해, 양산)
:미·지	L^2[LM]	(창원①②, 함안)

:미·이	L^2[LM]	(창원①②, 함안, 김해)
:민·다	L^2[LM]	(창원①②, 함안, 김해, 양산)
:민·들	L^2[LM]	(창원①②, 함안, 김해, 양산)
:밀·게	L^2[LM]	(창원①②, 함안, 김해, 양산)
:밀·고	L^2[LM]	(창원①②, 함안, 김해, 양산)
:밀·기	L^2[LM]	(창원①②, 함안, 김해, 양산)
:밀·까	L^2[LM]	(창원①②, 함안, 김해, 양산)
:밀·껄	L^2[LM]	(창원②, 함안, 양산)
:밀·꼬	L^2[LM]	(창원①②, 함안, 김해, 양산)
:밀·데	L^2[LM]	(창원①②, 함안, 김해, 양산)
:밀·러	L^2[LM]	(김해, 양산)
:밀·로	L^2[LM]	(창원①②, 함안, 김해, 양산)
:밀·머	L^2[LM]	(김해, 양산)
:밀·먼	L^2[LM]	(함안, 김해, 양산)
:밀·모	L^2[LM]	(창원①②, 함안)
:밀·몬	L^2[LM]	(창원①②)
:밀·자	L^2[LM]	(창원①②, 함안, 김해, 양산)
:밀·제	L^2[LM]	(창원①②, 함안, 김해, 양산)
:밀·지	L^2[LM]	(창원①②, 함안, 김해, 양산)
:밈·더	L^2[LM]	(양산)
:밍·께	L^2[LM]	(창원②, 함안)
:미·거·나	L^3[LMM]	(함안)
:미·거·등	L^3[LMM]	(함안)
:미·건·대	L^3[LMM]	(함안)
:미·걸·래	L^3[LMM]	(함안)
:미·겄·다	L^3[LMM]	(함안)
:미·구·나	L^3[LMM]	(함안)
:미·꺼·로	L^3[LMM]	(창원①②, 함안)
:미·꺼·마	L^3[LMM]	(창원①②, 함안)
:미·께·에	L^3[LMM]	(창원②, 함안, 김해, 양산)
:미·께·예	L^3[LMM]	(창원①②, 함안, 김해)
:미·낑·께	L^3[LMM]	(창원②, 함안)
:미·나·마	L^3[LMM]	(창원①②, 함안, 김해, 양산)
:미·는·가	L^3[LMM]	(창원②, 함안, 김해, 양산)
:미·는·고	L^3[LMM]	(창원①②, 함안, 김해, 양산)
:미·는·데	L^3[LMM]	(창원①②, 함안, 김해, 양산)
:미·니·라	L^3[LMM]	(창원①②, 함안, 김해, 양산)
:미·더·나	L^3[LMM]	(창원②, 함안, 김해, 양산)
:미·더·라	L^3[LMM]	(창원②, 함안, 김해, 양산)
:미·던·가	L^3[LMM]	(창원②, 함안, 김해, 양산)

:미·던·고 L^3[LMM] (창원②, 함안, 김해, 양산)
:미·데·에 L^3[LMM] (창원①②, 김해)
:미·라·꼬 L^3[LMM] (창원②, 함안, 김해, 양산)
:미·라·머 L^3[LMM] (김해, 양산)
:미·라·먼 L^3[LMM] (함안, 김해, 양산)
:미·라·모 L^3[LMM] (창원①②, 함안)
:미·라·몬 L^3[LMM] (창원①②)
:미·시·지 L^3[LMM] (창원①②, 함안, 김해, 양산)
:미·신·다 L^3[LMM] (창원①②, 함안, 김해, 양산)
:미·싱·께 L^3[LMM] (창원②, 함안)
:미·이·께 L^3[LMM] (양산)
:미·이·소 L^3[LMM] (창원①②, 함안, 김해, 양산)
:미·자·이 L^3[LMM] (창원①②, 함안)
:미·지·예 L^3[LMM] (창원①②, 함안, 김해)
:미·이·께 L^3[LMM] (창원①②, 함안, 김해)
:밀·거·나 L^3[LMM] (창원①②, 함안, 김해, 양산)
:밀·거·등 L^3[LMM] (창원①②, 함안, 김해, 양산)
:밀·건·대 L^3[LMM] (창원①②, 함안, 김해, 양산)
:밀·걸·래 L^3[LMM] (창원①②, 함안, 김해)
:밀·겄·다 L^3[LMM] (창원①②, 함안, 김해)
:밀·겠·다 L^3[LMM] (창원①②, 김해, 양산)
:밀·구·나 L^3[LMM] (창원①②, 함안, 김해, 양산)
:밀·기·나<밀거나> L^3[LMM] (김해, 양산)
:밀·긴·대 L^3[LMM] (양산)
:밀·길·래 L^3[LMM] (창원②, 양산)
:밀·꺼·로 L^3[LMM] (창원①②, 함안, 김해, 양산)
:밀·꺼·마 L^3[LMM] (창원①②, 함안, 김해, 양산)
:밀·께·에 L^3[LMM] (창원②, 함안, 김해, 양산)
:밀·께·에 L^3[LMM] (창원①②, 함안, 김해)
:밀·낑·께 L^3[LMM] (창원②, 함안)
:밀·더·나 L^3[LMM] (창원①②, 함안, 김해, 양산)
:밀·더·라 L^3[LMM] (창원①②, 함안, 김해, 양산)
:밀·던·가 L^3[LMM] (창원①②, 함안, 김해, 양산)
:밀·던·고 L^3[LMM] (창원①②, 함안, 김해, 양산)
:밀·데·에 L^3[LMM] (창원①, 김해)
:밀·데·이 L^3[LMM] (양산)
:밀·도·로 L^3[LMM] (양산)
:밀·도·록 L^3[LMM] (창원①②, 함안, 양산)
:밀·두·루 L^3[LMM] (김해)
:밀·두·룩 L^3[LMM] (창원①②, 함안, 김해)

:밀·라·꼬<미려고>	L^3[LMM]	(창원①②, 함안, 김해)
:밀·망·정	L^3[LMM]	(창원①②, 함안, 김해, 양산)
:밀·수·로	L^3[LMM]	(함안)
:밀·수·록	L^3[LMM]	(창원①②, 함안, 김해, 양산)
:밀·수·루	L^3[LMM]	(김해)
:밀·수·룩	L^3[LMM]	(함안, 양산)
:밀·자·이	L^3[LMM]	(창원①②, 함안, 김해)
:밀·재·이	L^3[LMM]	(양산)
:밀·지·예	L^3[LMM]	(창원①②, 함안, 김해)
:밀·지·요	L^3[LMM]	(창원①②, 양산)
:밉·니·꺼	L^3[LMM]	(창원①, 김해)
:밉·니·더	L^3[LMM]	(창원①, 김해)
:밉·디·꺼	L^3[LMM]	(창원①②, 함안, 김해, 양산)
:밉·디·더	L^3[LMM]	(창원①②, 함안, 김해, 양산)
:밉·미·꺼	L^3[LMM]	(창원②, 함안, 양산)
:밉·미·더	L^3[LMM]	(창원②, 함안, 양산)
:밉·시·더	L^3[LMM]	(창원①②, 함안, 김해, 양산)
:밍·께·네	L^3[LMM]	(함안)
:미·거·마·는	L^4[LMMᴍ]	(함안)
:미·끼·이·께	L^4[LMMᴍ]	(양산)
:미·끼·이·께	L^4[LMMᴍ]	(창원①②, 함안)
:미·는·가·베	L^4[LMMᴍ]	(창원①②, 함안, 김해, 양산)
:미·는·갑·다	L^4[LMMᴍ]	(창원①②, 함안, 김해, 양산)
:미·는·구·나	L^4[LMMᴍ]	(창원①②, 함안, 김해, 양산)
:미·던·갑·다	L^4[LMMᴍ]	(창원②, 함안, 김해, 양산)
:미·시·이·소	L^4[LMMᴍ]	(창원①②, 함안, 김해, 양산)
:미·시·지·예	L^4[LMMᴍ]	(창원①②, 함안, 김해, 양산)
:미·시·지·요	L^4[LMMᴍ]	(창원①②, 양산)
:미·시·이·께	L^4[LMMᴍ]	(창원①②, 함안, 김해)
:미·십·니·꺼	L^4[LMMᴍ]	(창원①, 김해)
:미·십·미·꺼	L^4[LMMᴍ]	(창원②, 함안, 양산)
:미·싱·께·네	L^4[LMMᴍ]	(양산)
:미·이·까·네	L^4[LMMᴍ]	(양산)
:미·이·께·네	L^4[LMMᴍ]	(양산)
:미·이·끼·네	L^4[LMMᴍ]	(양산)
:미·입·시·더	L^4[LMMᴍ]	(창원①②, 함안, 김해, 양산)
:미·이·꺼·네	L^4[LMMᴍ]	(창원①, 김해)
:미·이·께·네	L^4[LMMᴍ]	(함안)

:밀·거·들·랑	L^4[LMMM]	(창원①②, 함안, 김해, 양산)
:밀·거·마·는	L^4[LMMM]	(창원①②, 함안, 김해, 양산)
:밀·끼·이·께	L^4[LMMM]	(양산)
:밀·끼·이·께	L^4[LMMM]	(창원①②, 함안, 김해)
:밀·더·라·꼬	L^4[LMMM]	(창원①②, 함안, 김해, 양산)
:밀·더·라·도	L^4[LMMM]	(창원①②, 함안, 김해, 양산)
:밀·던·갑·다	L^4[LMMM]	(창원①②, 함안, 김해, 양산)
:밉·시·더·이	L^4[LMMM]	(창원①②, 함안, 김해, 양산)
:미·시·이·꺼·네	L^5[LMMM^2]	(창원①, 김해)
:미·입·시·더·이	L^5[LMMM^2]	(창원①②, 함안, 김해, 양산)
:밀·기·로·서·니	L^5[LMMM^2]	(함안, 양산)
:밀·기·로·서·이	L^5[LMMM^2]	(양산)
:밀·기·로·서·이	L^5[LMMM^2]	(창원①②, 함안, 김해)
밀·어	HM[HM]	(창원①②, 함안, 김해, 양산)
밀·어·도	HM^2[HM^2]	(창원①②, 함안, 김해, 양산)
밀·어·라	HM^2[HM^2]	(창원①②, 함안, 김해, 양산)
밀·어·서	HM^2[HM^2]	(창원①②, 함안, 김해, 양산)
밀·어·야	HM^2[HM^2]	(창원①②, 함안, 김해, 양산)
밀·었·는	HM^2[HM^2]	(창원①②, 함안, 김해, 양산)
밀·었·다	HM^2[HM^2]	(창원①②, 함안, 김해, 양산)
밀·어·라·꼬	HM^3[HM^3]	(창원①②, 함안, 김해, 양산)
밀·었·던·갑·다	HM^4[HM^4]	(창원①②, 함안, 김해, 양산)

(760) 1음절 변동상성어간 풀이씨 {:얼·다}의 어형들

:얼·다(凍)	(LH·M→)L^2[LM]	(창원①②, 함안, 김해, 양산)
:얼·고	L^2[LM]	(창원①②, 함안, 김해, 양산)
:얼·머	L^2[LM]	(김해, 양산)
:얼·먼	L^2[LM]	(함안, 김해, 양산)
:얼·모	L^2[LM]	(창원①②, 함안)
얼·어·서	HM^2[HM^2]	(창원①②, 함안, 김해, 양산)

(761) 1음절 변동상성어간 풀이씨 {:멀·다}의 어형들

:멀·다(遠)	(LH·M→)L^2[LM]	(창원②, 함안, 김해, 양산)
:머·네	L^2[LM]	(창원②, 함안, 김해, 양산)
:머·니	L^2[LM]	(함안, 양산)
:머·이	L^2[LM]	(양산)
:머·이	L^2[LM]	(창원②, 함안, 김해)
:멀·고	L^2[LM]	(창원②, 함안, 양산)
:멀·거·나	L^3[LMM]	(창원②, 함안, 김해, 양산)

:멀·겄·다	L^3[LMM]	(창원②, 함안, 김해)
:멀·겠·다	L^3[LMM]	(창원②, 김해, 양산)
:멀·더·니	L^3[LMM]	(함안, 양산)
:멀·디·이	L^3[LMM]	(양산)
:멀·디·이	L^3[LMM]	(창원②, 함안, 김해)
멀·어	HM[HM]	(창원②, 함안, 김해, 양산)
멀·어·도	HM^2[HM^2]	(창원②, 함안, 김해, 양산)
멀·어·서	HM^2[HM^2]	(창원②, 함안, 김해, 양산)
멀·었·다	HM^2[HM^2]	(창원②, 함안, 김해, 양산)

(762) 1음절 변동상성어간 풀이씨 {:멀·다}의 어형들

:멀·다(盲)	(LH·M→)L^2[LM]	(창원①②, 김해, 양산)
:멀·고	L^2[LM]	(창원①②, 김해, 양산)
:머·이	L^2[LM]	(창원①②, 김해)
:멀·거·나	L^3[LMM]	(창원①②, 김해, 양산)
:멀·겄·다	L^3[LMM]	(창원①②, 김해)
:멀·겠·다	L^3[LMM]	(창원①②, 김해, 양산)
멀·어	HM[HM]	(창원①②, 김해, 양산)
멀·어·도	HM^2[HM^2]	(창원①②, 김해, 양산)
멀·어·서	HM^2[HM^2]	(창원①②, 김해, 양산)
멀·었·다	HM^2[HM^2]	(창원①②, 김해, 양산)

(763) 1음절 변동상성어간 풀이씨 {:살·다}의 어형들

:살·다(生,居)	(LH·M→)L^2[LM]	(창원①②, 함안, 김해, 양산)
:사·네	L^2[LM]	(창원①②, 함안, 김해, 양산)
:사·이	L^2[LM]	(양산)
:사·이	L^2[LM]	(창원①②, 함안, 김해)
:산·다	L^2[LM]	(창원①②, 함안, 김해, 양산)
:살·고	L^2[LM]	(창원①②, 함안, 김해, 양산)
:살·기	L^2[LM]	(창원①②, 함안, 김해, 양산)
:살·먼	L^2[LM]	(함안, 김해, 양산)
:살·면	L^2[LM]	(양산)
:살·모	L^2[LM]	(창원①②, 함안)
:살·몬	L^2[LM]	(창원①②)
:살·지	L^2[LM]	(창원①②, 함안, 김해, 양산)
:사·는·데	L^3[LMM]	(창원①②, 함안, 김해, 양산)
:사·다·가	L^3[LMM]	(창원①②)
:사·더·라	L^3[LMM]	(창원①②)
:사·디·이	L^3[LMM]	(창원①②)
:살·거·나	L^3[LMM]	(창원①②, 함안, 김해, 양산)

:살·겄·다　L^3[LMM]　(창원①②, 함안, 김해)
:살·겠·다　L^3[LMM]　(창원①②, 김해, 양산)
:살·다·가　L^3[LMM]　(창원①②, 함안, 김해, 양산)
:살·더·라　L^3[LMM]　(창원①②, 함안, 김해, 양산)
:살·디·이　L^3[LMM]　(양산)
:살·디·히　L^3[LMM]　(창원①②, 함안, 김해)
:살·라·꼬　L^3[LMM]　(창원①②, 함안, 김해, 양산)
:살·라·먼　L^3[LMM]　(함안, 김해, 양산)
:살·라·모　L^3[LMM]　(창원①②, 함안)
:살·라·몬　L^3[LMM]　(창원①②)
:사·더·라·도　L^4[LMMᴍ]　(창원①②)
:살·겄·더·라　L^4[LMMᴍ]　(창원①②, 함안, 김해)
:살·겠·더·라　L^4[LMMᴍ]　(창원①②, 김해, 양산)
:살·겠·심·더　L^4[LMMᴍ]　(양산)
:살·더·라·도　L^4[LMMᴍ]　(창원①②, 함안, 김해, 양산)
:살·라·카·나　L^4[LMMᴍ]　(창원①②, 김해, 양산)
:살·라·칸·다　L^4[LMMᴍ]　(창원①②, 김해, 양산)
:살·라·커·나　L^4[LMMᴍ]　(함안, 김해, 양산)
:살·라·컨·다　L^4[LMMᴍ]　(함안, 김해, 양산)
:살·겄·습·니·더　L^5[LMMᴍ^2]　(창원①, 김해)
:살·겄·습·미·더　L^5[LMMᴍ^2]　(창원②, 함안)
:살·겠·습·니·더　L^5[LMMᴍ^2]　(창원①, 김해)
:살·겠·습·미·더　L^5[LMMᴍ^2]　(창원②, 양산)
살·아　HM[HM]　(창원①②, 함안, 김해, 양산)
살·아·도　HM^2[HM^2]　(창원①②, 함안, 김해, 양산)
살·아·라　HM^2[HM^2]　(창원①②, 함안, 김해, 양산)
살·아·서　HM^2[HM^2]　(창원①②, 함안, 김해, 양산)
살·았·다　HM^2[HM^2]　(창원①②, 함안, 김해, 양산)
살·았·심·더　HM^3[HM^3]　(양산)
살·았·습·니·더　HM^4[HM^4]　(창원①, 김해)
살·았·습·미·더　HM^4[HM^4]　(창원②, 함안, 양산)
살·았·십·미·더　HM^4[HM^4]　(창원②, 함안, 양산)
:살·라#카·먼　L^2#HM[LM#HM]　(김해, 양산)
:살·라#카·모　L^2#HM[LM#HM]　(창원①②)
:살·라#카·몬　L^2#HM[LM#HM]　(창원①②)
:살·라#커·먼　L^2#HM[LM#HM]　(함안, 김해, 양산)
:살·라#커·모　L^2#HM[LM#HM]　(함안)
:살·라#쿠·모　L^2#HM[LM#HM]　(함안)

(764) 1음절 변동상성어간 풀이씨 {:울·다}의 어형들

:울·다(泣)	(Lн·M→)L²[LM]	(창원①②, 함안, 김해, 양산)
:우·네	L²[LM]	(창원①②, 함안, 김해, 양산)
:우·모	L²[LM]	(함안)
:우·이	L²[LM]	(창원①②, 함안, 김해)
:울·고	L²[LM]	(창원①②, 함안, 김해, 양산)
:울·모	L²[LM]	(창원①②, 함안)
:웅·께	L²[LM]	(창원②, 함안)
:우·니·까	L³[LMM]	(양산)
:우·웅·께	L³[LMM]	(창원②, 함안)
:우·이·께	L³[LMM]	(창원①②, 함안, 김해)
울·어·서	HM²[HM²]	(창원①②, 함안, 김해, 양산)
울·우·서	HM²[HM²]	(창원①②, 함안, 김해)

(765) 1음절 변동상성어간 풀이씨 {:몰·다}의 어형들

:몰·다(驅)	(Lн·M→)L²[LM]	(창원①②, 함안, 김해, 양산)
:모·네	L²[LM]	(창원①②, 함안, 김해, 양산)
:모·니	L²[LM]	(함안, 양산)
:모·이	L²[LM]	(창원①②, 함안, 김해)
:몬·다	L²[LM]	(창원①②, 함안, 김해, 양산)
:몰·고	L²[LM]	(창원①②, 함안, 김해, 양산)
:몰·모	L²[LM]	(창원①②, 함안)
:몽·께	L²[LM]	(창원②, 함안)
:모·니·까	L³[LMM]	(양산)
:모·이·께	L³[LMM]	(창원①②, 함안, 김해)
:몰·더·라	L³[LMM]	(창원①②, 함안, 김해, 양산)
몰·으·모	HM²[HM²]	(함안)
몰·아·모	HM²[HM²]	(함안)
몰·아·도	HM²[HM²]	(창원①②, 함안, 김해, 양산)
몰·아·서	HM²[HM²]	(창원①②, 함안, 김해, 양산)
몰·응·께·네	HM³[HM³]	(함안)

(766) 1음절 변동상성어간 풀이씨 {:묻·다}의 어형들

:묻·다(問)	(Lн·M→)L²[LM]	(창원①②, 함안, 김해, 양산)
:묻·고	L²[LM]	(창원①②, 함안, 김해, 양산)
:묻·기	L²[LM]	(창원①②, 함안, 김해, 양산)
:묻·네	L²[LM]	(창원①②, 함안, 김해, 양산)
:묻·지	L²[LM]	(창원①②, 함안, 김해, 양산)
:묻·거·나	L³[LMM]	(창원①②, 함안, 김해, 양산)
:묻·겄·다	L³[LMM]	(창원①②, 함안, 김해)

:묻·겠·다	L^3[LMM]	(창원①②, 김해, 양산)
:묻·는·다	L^3[LMM]	(창원①②, 함안, 김해, 양산)
:묻·는·데	L^3[LMM]	(창원①②, 함안, 김해, 양산)
:묻·다·가	L^3[LMM]	(창원①②, 함안, 김해, 양산)
:묻·더·라	L^3[LMM]	(창원①②, 함안, 김해, 양산)
:묻·디·이	L^3[LMM]	(양산)
:묻·디·이	L^3[LMM]	(창원①②, 함안, 김해)
:묻·심·더	L^3[LMM]	(양산)
:묻·겄·더·라	L^4[LMMᴍ]	(창원①②, 함안, 김해)
:묻·겠·더·라	L^4[LMMᴍ]	(창원①②, 김해, 양산)
:묻·겠·심·더	L^4[LMMᴍ]	(양산)
:묻·더·라·도	L^4[LMMᴍ]	(창원①②, 함안, 김해, 양산)
:묻·습·니·더	L^4[LMMᴍ]	(창원①, 김해)
:묻·습·미·더	L^4[LMMᴍ]	(창원②, 함안, 양산)
:묻·겄·습·니·더	L^5[LMMᴍ^2]	(창원①, 김해)
:묻·겄·습·미·더	L^5[LMMᴍ^2]	(창원②, 함안)
:묻·겠·습·니·더	L^5[LMMᴍ^2]	(창원①, 김해)
물·어	HM[HM]	(창원①②, 함안, 김해, 양산)
물·우	HM[HM]	(창원①②, 함안, 김해, 양산)
물·어·도	HM^2[HM^2]	(창원①②, 함안, 김해, 양산)
물·어·라	HM^2[HM^2]	(창원①②, 함안, 김해, 양산)
물·어·서	HM^2[HM^2]	(창원①②, 함안, 김해, 양산)
물·었·다	HM^2[HM^2]	(창원①②, 함안, 김해, 양산)
물·우·니	HM^2[HM^2]	(함안)
물·우·도	HM^2[HM^2]	(창원①②, 함안, 김해, 양산)
물·우·라	HM^2[HM^2]	(창원①②, 함안, 김해, 양산)
물·우·머	HM^2[HM^2]	(김해, 양산)
물·우·먼	HM^2[HM^2]	(함안, 김해, 양산)
물·우·모	HM^2[HM^2]	(창원①②, 함안)
물·우·몬	HM^2[HM^2]	(창원①②)
물·우·서	HM^2[HM^2]	(창원①②, 함안, 김해, 양산)
물·우·이	HM^2[HM^2]	(양산)
물·우·이	HM^2[HM^2]	(창원①②, 함안, 김해)
물·웄·다	HM^2[HM^2]	(창원①②, 함안, 김해, 양산)
물·으·니	HM^2[HM^2]	(함안, 양산)
물·으·머	HM^2[HM^2]	(김해, 양산)
물·으·먼	HM^2[HM^2]	(함안, 김해, 양산)
물·으·모	HM^2[HM^2]	(창원①②, 함안)
물·으·이	HM^2[HM^2]	(양산)
물·으·이	HM^2[HM^2]	(창원①②, 함안, 김해)

물·응·게	HM^{2}[HM^{2}]	(창원②)
물·응·께	HM^{2}[HM^{2}]	(창원②, 함안, 양산)
물우·니	H^{2}M[MHM]	(함안)
물우·머	H^{2}M[MHM]	(김해)
물우·모	H^{2}M[MHM]	(창원①②, 함안)
물우·몬	H^{2}M[MHM]	(창원①②)
물우·이	H^{2}M[MHM]	(창원①②, 김해, 함안)
물으·니	H^{2}M[MHM]	(함안, 양산)
물으·머	H^{2}M[MHM]	(김해, 양산)
물으·모	H^{2}M[MHM]	(창원①②, 함안)
물으·이	H^{2}M[MHM]	(창원①②, 함안, 김해)
물·었·심·더	HM^{3}[HM^{3}]	(양산)
물·웄·심·더	HM^{3}[HM^{3}]	(양산)
물·으·이·께	HM^{3}[HM^{3}]	(창원①②, 함안, 김해)
물으·이·께	H^{2}M^{2}[MHM^{2}]	(창원①②, 함안, 김해)
물·었·습·니·더	HM^{4}[HM^{4}]	(창원①, 김해)
물·었·습·미·더	HM^{4}[HM^{4}]	(창원②, 함안, 양산)
물·울·라·카·나	HM^{4}[HM^{4}]	(창원①②, 김해, 양산)
물·울·라·칸·다	HM^{4}[HM^{4}]	(창원①②, 김해, 양산)
물·울·라·커·나	HM^{4}[HM^{4}]	(함안, 김해, 양산)
물·울·라·컨·다	HM^{4}[HM^{4}]	(함안, 김해, 양산)
물·울·라·하·나	HM^{4}[HM^{4}]	(양산)
물·울·라·한·다	HM^{4}[HM^{4}]	(양산)
물·웄·습·니·더	HM^{4}[HM^{4}]	(창원①, 김해)
물·웄·습·미·더	HM^{4}[HM^{4}]	(창원②, 함안, 양산)
물·을·라·카·나	HM^{4}[HM^{4}]	(창원①②, 김해, 양산)
물·을·라·칸·다	HM^{4}[HM^{4}]	(창원①②, 김해, 양산)
물·을·라·커·나	HM^{4}[HM^{4}]	(함안, 김해, 양산)
물·을·라·컨·다	HM^{4}[HM^{4}]	(함안, 김해, 양산)
물·을·라·한·다	HM^{4}[HM^{4}]	(양산)
물울·라·카·나	H^{2}M^{3}[MHM^{3}]	(창원①②, 김해, 양산)
물울·라·칸·다	H^{2}M^{3}[MHM^{3}]	(창원①②, 김해, 양산)
물울·라·커·나	H^{2}M^{3}[MHM^{3}]	(함안, 김해, 양산)
물울·라·컨·다	H^{2}M^{3}[MHM^{3}]	(함안, 김해, 양산)
물울라카·나	H^{4}M[MH^{2}HM]	(창원①②, 김해)
물울라칸·다	H^{4}M[MH^{2}HM]	(창원①②, 김해)
물울라커·나	H^{4}M[MH^{2}HM]	(함안, 김해)
물울라컨·다	H^{4}M[MH^{2}HM]	(함안, 김해)

물을·라·카·나	H^2M^3[MHM^3]	(창원①②, 김해, 양산)
물을·라·칸·다	H^2M^3[MHM^3]	(창원①②, 김해, 양산)
물을·라·커·나	H^2M^3[MHM^3]	(함안, 김해, 양산)
물을·라·컨·다	H^2M^3[MHM^3]	(함안, 김해, 양산)
물을라카·나	H^4M[Mʜ^{2}HM]	(창원①②, 김해)
물을라칸·다	H^4M[Mʜ^{2}HM]	(창원①②, 김해)
물을라커·나	H^4M[Mʜ^{2}HM]	(함안, 김해)
물을라컨·다	H^4M[Mʜ^{2}HM]	(함안, 김해)

(767) 1음절 변동상성어간 풀이씨 {:웃·다}의 어형들

:웃·다	(Lʜ·M→)L^2[LM]	(창원①②, 함안, 김해, 양산)
:웃·기	L^2[LM]	(창원①②, 함안, 김해, 양산)
:웃·네	L^2[LM]	(창원①②, 함안, 김해, 양산)
:웃·자	L^2[LM]	(창원①②, 함안, 김해, 양산)
:웃·지	L^2[LM]	(창원①②, 함안, 김해, 양산)
:웃·거·나	L^3[LMM]	(창원①②, 함안, 김해, 양산)
:웃·겄·다	L^3[LMM]	(창원①②, 함안, 김해)
:웃·겠·다	L^3[LMM]	(창원①②, 김해, 양산)
:웃·는·교	L^3[LMM]	(창원②, 함안, 양산)
:웃·는·다	L^3[LMM]	(창원①②, 함안, 김해, 양산)
:웃·는·데	L^3[LMM]	(창원①②, 함안, 김해, 양산)
:웃·다·가	L^3[LMM]	(창원①②, 함안, 김해, 양산)
:웃·더·니	L^3[LMM]	(함안, 양산)
:웃·디·이	L^3[LMM]	(양산)
:웃·디·이	L^3[LMM]	(창원①②, 함안, 김해)
:웃·겠·대·이	L^4[LMMᴍ]	(양산)
:웃·는·기·요	L^4[HHM^2]	(창원①, 김해, 양산)
웃·어	HM[HM]	(창원①②, 함안, 김해, 양산)
웃·우	HM[HM]	(함안, 김해)
웃·어·도	HM^2[HM^2]	(창원①②, 함안, 김해, 양산)
웃·어·라	HM^2[HM^2]	(창원①②, 함안, 김해, 양산)
웃·어·서	HM^2[HM^2]	(창원①②, 함안, 김해, 양산)
웃·었·다	HM^2[HM^2]	(창원①②, 함안, 김해, 양산)
웃·우·도	HM^2[HM^2]	(함안, 김해)
웃·우·라	HM^2[HM^2]	(함안, 김해)
웃·우·머	HM^2[HM^2]	(김해)
웃·우·먼	HM^2[HM^2]	(함안, 김해)
웃·우·모	HM^2[HM^2]	(함안)
웃·우·서	HM^2[HM^2]	(함안, 김해)
웃·우·이	HM^2[HM^2]	(함안, 김해)

웃·읐·다	$HM^2[HM^2]$	(함안, 김해)
웃·으·니	$HM^2[HM^2]$	(함안, 양산)
웃·으·머	$HM^2[HM^2]$	(김해, 양산)
웃·으·먼	$HM^2[HM^2]$	(김해, 양산)
웃·으·모	$HM^2[HM^2]$	(창원①②, 함안)
웃·으·몬	$HM^2[HM^2]$	(창원①②)
웃·으·이	$HM^2[HM^2]$	(양산)
웃·으·이	$HM^2[HM^2]$	(창원①②, 함안, 김해)
웃우·머	$H^2M[MHM]$	(김해)
웃우·먼	$H^2M[MHM]$	(김해)
웃우·모	$H^2M[MHM]$	(함안)
웃우·이	$H^2M[MHM]$	(함안, 김해)
웃으·니	$H^2M[MHM]$	(함안, 양산)
웃으·머	$H^2M[MHM]$	(김해)
웃으·모	$H^2M[MHM]$	(창원①②, 함안)
웃으·몬	$H^2M[MHM]$	(창원①②)
웃으·이	$H^2M[MHM]$	(창원①②, 함안, 김해)

(768) 1음절 변동상성어간 풀이씨 {:잇·다}의 어형들

:잇·다<웃다>	(LH·M→)$L^2[LM]$	(창원①②, 함안, 김해, 양산)
:잇·는·다	$L^3[LMM]$	(창원①②, 함안, 김해, 양산)
:잇·는·데	$L^3[LMM]$	(창원①②, 함안, 김해, 양산)
:잇·다·가	$L^3[LMM]$	(창원①②, 함안, 김해, 양산)
잇·어	$HM[HM]$	(창원①②, 함안, 김해, 양산)
이·이	$HM[HM]$	(창원①②, 함안)
잇·어·도	$HM^2[HM^2]$	(창원①②, 함안, 김해, 양산)

(769) 1음절 변동상성어간 풀이씨 {:삼·다}의 어형들

:삼·다(爲)	(LH·M→)$L^2[LM]$	(창원①②, 함안, 김해, 양산)
:삼·다[:삼·다]	$L^2[LM]$	(창원①②, 김해)
:삼·다[:삼·따]	$L^2[LM]$	(창원②, 함안, 김해, 양산)
:삼·게[:삼·게]	$L^2[LM]$	(창원①②, 김해)
:삼·게[:삼·께]	$L^2[LM]$	(창원②, 함안, 김해, 양산)
:삼·기[:삼·기]	$L^2[LM]$	(창원①②, 김해)
:삼·기[:삼·끼]	$L^2[LM]$	(창원②, 함안, 김해, 양산)
:삼·데[:삼·데]	$L^2[LM]$	(창원①②, 김해)
:삼·데[:삼·떼]	$L^2[LM]$	(창원②, 함안, 김해, 양산)
:삼·자[:삼·자]	$L^2[LM]$	(창원①②, 김해)
:삼·자[:삼·짜]	$L^2[LM]$	(창원②, 함안, 김해, 양산)
:삼·고	$L^2[LM]$	(창원①②, 함안, 김해, 양산)

:삼·나	L^2[LM]	(창원①②, 함안, 김해, 양산)
:삼·네	L^2[LM]	(창원①②, 함안, 김해, 양산)
:삼·노	L^2[LM]	(창원①②, 함안, 김해, 양산)
:삼·는	L^2[LM]	(창원①②, 함안, 김해, 양산)
:삼·소	L^2[LM]	(창원①②, 함안, 김해, 양산)
:삼·제	L^2[LM]	(창원①②, 함안, 김해, 양산)
:삼·지	L^2[LM]	(창원①②, 함안, 김해, 양산)
:삼·거·나	L^3[LMM]	(창원①②, 함안, 김해, 양산)
:삼·거·등	L^3[LMM]	(창원①②, 함안, 김해, 양산)
:삼·건·대	L^3[LMM]	(창원①②, 함안, 김해, 양산)
:삼·걸·래	L^3[LMM]	(창원①②, 함안, 김해)
:삼·겄·다	L^3[LMM]	(창원①②, 함안, 김해)
:삼·겠·다	L^3[LMM]	(창원①②, 김해, 양산)
:삼·구·나	L^3[LMM]	(창원①②, 함안, 김해, 양산)
:삼·기·나<삼거나>	L^3[LMM]	(김해, 양산)
:삼·긴·대	L^3[LMM]	(양산)
:삼·길·래	L^3[LMM]	(창원②, 양산)
:삼·는·가	L^3[LMM]	(창원①②, 함안, 김해, 양산)
:삼·는·고	L^3[LMM]	(창원①②, 함안, 김해, 양산)
:삼·는·다	L^3[LMM]	(창원①②, 함안, 김해, 양산)
:삼·는·데	L^3[LMM]	(창원①②, 함안, 김해, 양산)
:삼·니·라	L^3[LMM]	(창원①②, 함안, 김해, 양산)
:삼·더·나	L^3[LMM]	(창원①②, 함안, 김해, 양산)
:삼·더·노	L^3[LMM]	(창원①②, 함안, 김해, 양산)
:삼·더·라	L^3[LMM]	(창원①②, 함안, 김해, 양산)
:삼·던·가	L^3[LMM]	(창원①②, 함안, 김해, 양산)
:삼·던·고	L^3[LMM]	(창원①②, 함안, 김해, 양산)
:삼·도·로	L^3[LMM]	(양산)
:삼·도·록	L^3[LMM]	(창원①②, 함안, 양산)
:삼·두·루	L^3[LMM]	(김해)
:삼·두·룩	L^3[LMM]	(창원①②, 함안, 김해)
:삼·자·이	L^3[LMM]	(창원①②, 함안, 김해)
:삼·재·이	L^3[LMM]	(양산)
:삼·지·예	L^3[LMM]	(창원①②, 함안, 김해)
:삼·지·요	L^3[LMM]	(창원①②, 양산)
:삼·거·들·랑	L^4 [LMMᴍ]	(창원①②, 함안, 김해, 양산)
:삼·거·마·는	L^4 [LMMᴍ]	(창원①②, 함안, 김해, 양산)
:삼·는·가·베	L^4 [LMMᴍ]	(창원①②, 함안, 김해, 양산)
:삼·는·갑·다	L^4 [LMMᴍ]	(창원①②, 함안, 김해, 양산)
:삼·는·구·나	L^4 [LMMᴍ]	(창원①②, 함안, 김해, 양산)

:삼·더·라·꼬	L^{4}[LMMᴍ]	(창원①②, 함안, 김해, 양산)
:삼·더·라·도	L^{4}[LMMᴍ]	(창원①②, 함안, 김해, 양산)
:삼·던·갑·다	L^{4}[LMMᴍ]	(창원①②, 함안, 김해, 양산)
:삼·습·니·꺼	L^{4}[LMMᴍ]	(창원①, 김해)
:삼·습·니·더	L^{4}[LMMᴍ]	(창원①, 김해)
:삼·습·디·꺼	L^{4}[LMMᴍ]	(창원①②, 함안, 김해, 양산)
:삼·습·디·더	L^{4}[LMMᴍ]	(창원①②, 함안, 김해, 양산)
:삼·습·미·꺼	L^{4}[LMMᴍ]	(창원②, 함안, 양산)
:삼·습·미·더	L^{4}[LMMᴍ]	(창원②, 함안, 양산)
:삼·십·미·더	L^{4}[LMMᴍ]	(창원②, 함안, 양산)
:삼·기·로·서·니	L^{5}[LMMᴍ^{2}]	(함안, 양산)
:삼·기·로·서·이	L^{5}[LMMᴍ^{2}]	(양산)
:삼·기·로·서·이	L^{5}[LMMᴍ^{2}]	(창원①②, 함안, 김해)
삼·아	HM[HM]	(창원①②, 함안, 김해, 양산)
삼·은	HM[HM]	(창원①②, 함안, 김해, 양산)
삼·을	HM[HM]	(창원①②, 함안, 김해, 양산)
삼·음	HM[HM]	(창원①②, 함안, 김해, 양산)
삼은	H^{2}[MH]	(창원①②, 함안, 김해)
삼을	H^{2}[MH]	(창원①②, 함안, 김해)
삼·아·도	HM^{2}[HM^{2}]	(창원①②, 함안, 김해, 양산)
삼·아·라	HM^{2}[HM^{2}]	(창원①②, 함안, 김해, 양산)
삼·아·서	HM^{2}[HM^{2}]	(창원①②, 함안, 김해, 양산)
삼·아·야	HM^{2}[HM^{2}]	(창원①②, 함안, 김해, 양산)
삼·았·는	HM^{2}[HM^{2}]	(창원①②, 김해, 양산)
삼·았·다	HM^{2}[HM^{2}]	(창원①②, 함안, 김해, 양산)
삼·으·까	HM^{2}[HM^{2}]	(창원①②, 함안, 김해, 양산)
삼·으·께	HM^{2}[HM^{2}]	(창원①②, 함안, 김해, 양산)
삼·으·꼬	HM^{2}[HM^{2}]	(창원①②, 함안, 김해, 양산)
삼·으·나	HM^{2}[HM^{2}]	(창원①②, 함안, 김해, 양산)
삼·으·라	HM^{2}[HM^{2}]	(창원①②, 함안, 김해, 양산)
삼·으·러	HM^{2}[HM^{2}]	(김해, 양산)
삼·으·로	HM^{2}[HM^{2}]	(창원①②, 함안, 김해, 양산)
삼·으·마	HM^{2}[HM^{2}]	(창원②)
삼·으·머	HM^{2}[HM^{2}]	(김해, 양산)
삼·으·먼	HM^{2}[HM^{2}]	(함안, 김해, 양산)
삼·으·모	HM^{2}[HM^{2}]	(창원①②, 함안)
삼·으·몬	HM^{2}[HM^{2}]	(창원①②)
삼·으·세	HM^{2}[HM^{2}]	(창원①②, 함안, 김해)
삼·으·소	HM^{2}[HM^{2}]	(창원①②, 함안, 김해, 양산)

삼·으·이 $HM^2[HM^2]$ (양산)
삼·은·들 $HM^2[HM^2]$ (창원①②, 함안, 김해, 양산)
삼·을·껄 $HM^2[HM^2]$ (창원②, 함안, 양산)
삼·응·게 $HM^2[HM^2]$ (창원②)
삼·응·께 $HM^2[HM^2]$ (창원②, 함안, 양산)
삼으·까 $H^2M[MHM]$ (창원①②, 함안, 김해)
삼으·꼬 $H^2M[MHM]$ (창원①②, 함안, 김해)
삼으·나 $H^2M[MHM]$ (창원①②, 함안, 김해)
삼으·라 $H^2M[MHM]$ (창원①②, 함안, 김해, 양산)
삼으·러 $H^2M[MHM]$ (김해, 양산)
삼으·로 $H^2M[MHM]$ (창원①②, 함안, 김해, 양산)
삼으·마 $H^2M[MHM]$ (창원②)
삼으·머 $H^2M[MHM]$ (김해, 양산)
삼으·먼 $H^2M[MHM]$ (함안, 김해, 양산)
삼으·모 $H^2M[MHM]$ (창원①②, 함안)
삼으·몬 $H^2M[MHM]$ (창원①②)
삼으·세 $H^2M[MHM]$ (창원①②, 함안, 김해)
삼으·소 $H^2M[MHM]$ (창원①②, 함안, 김해, 양산)
삼은·들 $H^2M[MHM]$ (창원①②, 함안, 김해)
삼·으·꺼·마 $HM^3[HM^3]$ (창원①②, 함안, 김해, 양산)
삼·으·께·에 $HM^3[HM^3]$ (창원②, 함안, 김해, 양산)
삼·으·께·헤 $HM^3[HM^3]$ (창원①②, 함안, 김해)
삼·으·나·마 $HM^3[HM^3]$ (창원①②, 함안, 김해, 양산)
삼·으·라·꼬 $HM^3[HM^3]$ (창원①②, 함안, 김해, 양산)
삼·으·시·지 $HM^3[HM^3]$ (창원①②, 함안, 김해, 양산)
삼·으·이·께 $HM^3[HM^3]$ (양산)
삼·으·이·소 $HM^3[HM^3]$ (창원①②, 함안, 김해, 양산)
삼·으·이·께 $HM^3[HM^3]$ (창원①②, 함안, 김해)
삼·을·꺼·로 $HM^3[HM^3]$ (창원①②, 함안, 김해, 양산)
삼·을·낑·께 $HM^3[HM^3]$ (창원②, 함안)
삼·을·라·꼬 $HM^3[HM^3]$ (창원①②, 함안, 김해, 양산)
삼·을·란·다 $HM^3[HM^3]$ (창원①②, 김해)
삼·을·망·정 $HM^3[HM^3]$ (창원①②, 함안, 김해, 양산)
삼·을·수·로 $HM^3[HM^3]$ (함안)
삼·을·수·록 $HM^3[HM^3]$ (창원①②, 함안, 김해, 양산)
삼·을·수·루 $HM^3[HM^3]$ (김해)
삼·을·수·룩 $HM^3[HM^3]$ (함안, 양산)
삼·읍·시·다 $HM^3[HM^3]$ (창원②, 함안, 양산)
삼·읍·시·더 $HM^3[HM^3]$ (창원①②, 함안, 김해, 양산)
삼으·응·께 $H^2M^2[MHM^2]$ (창원②, 함안, 양산)

삼으·이·께	$H^2M^2[MHM^2]$	(창원①②, 함안, 김해)
삼으꺼·마	H^3M[MʜHM]	(창원①②, 함안, 김해, 양산)
삼으께·에	H^3M[MʜHM]	(창원②, 함안, 김해, 양산)
삼으께·에	H^3M[MʜHM]	(창원①②, 함안, 김해)
삼으나·마	H^3M[MʜHM]	(창원①②, 함안, 김해, 양산)
삼으라·꼬	H^3M[MʜHM]	(창원①②, 함안, 김해, 양산)
삼으시·지	H^3M[MʜHM]	(창원①②, 함안, 김해, 양산)
삼으신·다	H^3M[MʜHM]	(창원①②, 함안, 김해, 양산)
삼으이·께	H^3M[MʜHM]	(양산)
삼으이·소	H^3M[MʜHM]	(창원①②, 함안, 김해, 양산)
삼을·수·로	$H^2M^2[MHM^2]$	(함안)
삼을·수·록	$H^2M^2[MHM^2]$	(창원①②, 함안, 김해, 양산)
삼을·수·루	$H^2M^2[MHM^2]$	(김해)
삼을·수·룩	$H^2M^2[MHM^2]$	(함안, 양산)
삼을꺼·로	H^3M[MʜHM]	(창원①②, 함안, 김해, 양산)
삼을낑·께	H^3M[MʜHM]	(창원②, 함안)
삼을라·꼬	H^3M[MʜHM]	(창원①②, 함안, 김해, 양산)
삼을망·정	H^3M[MʜHM]	(창원①②, 함안, 김해, 양산)
삼을수·록	H^3M[MʜHM]	(창원①②, 함안, 김해, 양산)
삼을수·룩	H^3M[MʜHM]	(함안, 양산)
삼읍시·더	H^3M[MʜHM]	(창원①②, 함안, 김해, 양산)
삼응께·에	H^3M[MʜHM]	(창원②, 함안)
삼·았·는·갑·다	$HM^4[HM^4]$	(창원①②, 함안, 김해, 양산)
삼·았·던·갑·다	$HM^4[HM^4]$	(창원①②, 함안, 김해, 양산)
삼·으·나·따·나	$HM^4[HM^4]$	(창원①②, 함안, 김해, 양산)
삼·으·시·이·소	$HM^4[HM^4]$	(창원①②, 함안, 김해, 양산)
삼·으·시·지·예	$HM^4[HM^4]$	(창원①②, 함안, 김해, 양산)
삼·으·시·지·요	$HM^4[HM^4]$	(창원①②, 양산)
삼·으·십·니·꺼	$HM^4[HM^4]$	(창원①, 김해)
삼·으·십·미·꺼	$HM^4[HM^4]$	(창원②, 함안, 양산)
삼·으·이·께·네	$HM^4[HM^4]$	(양산)
삼·으·입·시·다	$HM^4[HM^4]$	(김해)
삼·으·입·시·더	$HM^4[HM^4]$	(창원①②, 함안, 김해, 양산)
삼·으·이·꺼·네	$HM^4[HM^4]$	(창원①, 김해)
삼·으·이·께·네	$HM^4[HM^4]$	(함안)
삼·을·꺼·니·까	$HM^4[HM^4]$	(양산)
삼·을·끼·이·께	$HM^4[HM^4]$	(양산)
삼·을·끼·이·네	$HM^4[HM^4]$	(양산)

삼·을·끼·이·께 $HM^4[HM^4]$ (창원①②, 함안, 김해)
삼·을·낑·꺼·네 $HM^4[HM^4]$ (창원②)
삼으·입·시·더 $H^2M^3[MHM^3]$ (창원①②, 함안)
삼으·이·까·네 $H^2M^3[MHM^3]$ (양산)
삼으·이·께·에 $H^2M^3[MHM^3]$ (창원①, 김해)
삼으나따·나 $H^4M[MH^2HM]$ (창원①②, 함안)
삼으시이·소 $H^4M[MH^2HM]$ (창원①②, 함안, 김해, 양산)
삼으십니·꺼 $H^4M[MH^2HM]$ (창원①, 김해)
삼으십미·꺼 $H^4M[MH^2HM]$ (창원②, 함안, 양산)
삼으싱꺼·네 $H^4M[MH^2HM]$ (창원②)
삼으입시·더 $H^4M[MH^2HM]$ (창원①②, 함안, 김해)
삼으이께·에 $H^4M[MH^2HM]$ (창원①②, 함안)
삼을끼·이·께 $H^3M^2[MHHM^2]$ (창원①②, 함안, 김해)
삼을낑꺼·네 $H^4M[MH^2HM]$ (창원②)
삼·을·끼·이·께·네 $HM^5[HM^5]$ (양산)
삼·을·끼·이·꺼·네 $HM^5[HM^5]$ (창원①, 김해)
삼을끼·이·꺼·네 $H^3M^3[MHHM^3]$ (창원①, 김해)
:삼·기·로#서·니 L^3#HM[LMM#HM] (함안, 양산)
:삼·기·로#서·이 L^3#HM[LMM#HM] (양산)
:삼·기·로#서·이 L^3#HM[LMM#HM] (창원①②, 함안, 김해)

(770) 1음절 변동상성어간 풀이씨 {:남·다}의 어형들
:남·다 (LH·M→)$L^2[LM]$ (창원①②, 함안, 김해, 양산)
:남·고[:남·고] $L^2[LM]$ (창원①②, 김해)
:남·고[:남·꼬] $L^2[LM]$ (창원②, 함안, 김해, 양산)
:남·기[:남·기] $L^2[LM]$ (창원①②, 김해)
:남·기[:남·끼] $L^2[LM]$ (창원②, 함안, 김해, 양산)
:남·지[:남·지] $L^2[LM]$ (창원①)
:남·지[:남·찌] $L^2[LM]$ (창원②, 함안, 김해, 양산)
:남·네 $L^2[LM]$ (창원①②, 함안, 김해, 양산)
:남·거·나 $L^3[LMM]$ (창원①②, 함안, 김해, 양산)
:남·겄·다 $L^3[LMM]$ (창원①②, 함안, 김해)
:남·겠·다 $L^3[LMM]$ (창원①②, 김해, 양산)
:남·는·교 $L^3[LMM]$ (창원②, 함안, 양산)
:남·는·다 $L^3[LMM]$ (창원①②, 함안, 김해, 양산)
:남·는·데 $L^3[LMM]$ (창원①②, 함안, 김해, 양산)
:남·다·가 $L^3[LMM]$ (창원①②, 함안, 김해, 양산)
:남·더·라 $L^3[LMM]$ (창원①②, 함안, 김해, 양산)
:남·디·이 $L^3[LMM]$ (양산)

:남·디·이	L^3[LMM]	(창원①②, 함안, 김해)
:남·심·더	L^3[LMM]	(양산)
:남·겼·더·라	L^4[LMMᴍ]	(창원①②, 함안, 김해)
:남·겠·더·라	L^4[LMMᴍ]	(창원①②, 김해, 양산)
:남·겠·심·더	L^4[LMMᴍ]	(양산)
:남·는·기·요	L^4[LMMᴍ]	(창원①, 김해, 양산)
:남·더·라·도	L^4[LMMᴍ]	(창원①②, 함안, 김해, 양산)
:남·습·니·더	L^4[LMMᴍ]	(창원①, 김해)
:남·습·미·더	L^4[LMMᴍ]	(창원②, 함안, 양산)
:남·겼·습·미·더	L^5[LMMᴍ^2]	(창원②, 함안)
:남·겠·습·니·더	L^5[LMMᴍ^2]	(창원①, 김해)
남·아	HM[HM]	(창원①②, 함안, 김해, 양산)
남·아·도	HM^2[HM^2]	(창원①②, 함안, 김해, 양산)
남·아·라	HM^2[HM^2]	(창원①②, 함안, 김해, 양산)
남·아·모[945]	HM^2[HM^2]	(창원①②, 함안)
남·아·서	HM^2[HM^2]	(창원①②, 함안, 김해, 양산)
남·았·다	HM^2[HM^2]	(창원①②, 함안, 김해, 양산)
남·아·이	HM^2[HM^2]	(창원①②, 함안)
남·알·라·꼬	HM^3[HM^3]	(창원①②, 함안)
남·우·이	HM^2[HM^2]	(김해)
남·으·머	HM^2[HM^2]	(김해, 양산)
남·으·먼	HM^2[HM^2]	(함안, 김해, 양산)
남·으·모	HM^2[HM^2]	(창원①②, 함안)
남·으·이	HM^2[HM^2]	(양산)
남·으·이	HM^2[HM^2]	(창원①②, 함안, 김해)
남아·머	H^2M[MHM]	(김해)
남아·모	H^2M[MHM]	(창원①②, 함안)
남아·이	H^2M[MHM]	(창원①②, 함안, 김해)
남으·니	H^2M[MHM]	(함안, 양산)
남으·머	H^2M[MHM]	(김해)
남으·모	H^2M[MHM]	(창원①②, 함안)
남으·이	H^2M[MHM]	(양산)
남으·이	H^2M[MHM]	(창원①②, 함안, 김해)
남·알·라·모	HM^3[HM^3]	(창원①②, 함안)
남·알·라·몬	HM^3[HM^3]	(창원①②)
남·았·심·더	HM^3[HM^3]	(양산)
남·을·끼·다	HM^3[HM^3]	(창원①②, 양산)

945) [함안 방언] /CaC-/형의 풀이씨 어간 뒤에서 /-·으X/형의 씨끝은 {-·으X~-으X~-·아X~-아X}로 변동한다. 그런데 {-·으X~-으X}는 자주, {-·아X~-아X}는 드물게 나타난다.

남·을·라·꼬	HM^3[HM^3]	(창원①②, 함안, 김해, 양산)
남·을·라·머	HM^3[HM^3]	(김해, 양산)
남·을·라·먼	HM^3[HM^3]	(함안, 김해, 양산)
남·을·라·모	HM^3[HM^3]	(창원①②, 함안)
남·을·라·몬	HM^3[HM^3]	(창원①②)
남알·라·꼬	H^{2}M^2[MHM^2]	(창원①②, 함안)
남알·라·모	H^{2}M^2[MHM^2]	(창원①②, 함안)
남알·라·몬	H^{2}M^2[MHM^2]	(창원①②)
남알라·꼬	H^{3}M[MʜHM]	(창원①②, 함안)
남알라·모	H^{3}M[MʜHM]	(창원①②, 함안)
남알라·몬	H^{3}M[MʜHM]	(창원①②)
남을·라·꼬	H^{2}M^2[MHM^2]	(창원①②, 함안, 김해, 양산)
남을·라·먼	H^{2}M^2[MHM^2]	(함안, 김해, 양산)
남을·라·모	H^{2}M^2[MHM^2]	(창원①②, 함안)
남을·라·몬	H^{2}M^2[MHM^2]	(창원①②)
남을라·꼬	H^{3}M[MʜHM]	(창원①②, 함안, 김해, 양산)
남을라·먼	H^{3}M[MʜHM]	(함안, 김해, 양산)
남을라·모	H^{3}M[MʜHM]	(창원①②, 함안)
남을라·몬	H^{3}M[MʜHM]	(창원①②)
남·알·라·카·나	HM^4[HM^4]	(창원①②, 김해)
남·알·라·칸·다	HM^4[HM^4]	(창원①②, 김해)
남·알·라·커·나	HM^4[HM^4]	(함안, 김해)
남·알·라·컨·다	HM^4[HM^4]	(함안, 김해)
남·알·라·한·다	HM^4[HM^4]	(양산)
남·았·습·니·더	HM^4[HM^4]	(창원①, 김해)
남·을·라·카·나	HM^4[HM^4]	(창원①②, 김해, 양산)
남·을·라·칸·다	HM^4[HM^4]	(창원①②, 김해, 양산)
남·을·라·커·나	HM^4[HM^4]	(함안, 김해, 양산)
남·을·라·커·먼	HM^4[HM^4]	(함안, 김해, 양산)
남·을·라·컨·다	HM^4[HM^4]	(함안, 김해, 양산)
남·을·라·한·다	HM^4[HM^4]	(양산)
남알·라·카·나	H^{2}M^3[MHM^3]	(창원①②, 김해)
남알·라·칸·다	H^{2}M^3[MHM^3]	(창원①②, 김해)
남알·라·커·나	H^{2}M^3[MHM^3]	(함안, 김해)
남알·라·컨·다	H^{2}M^3[MHM^3]	(함안, 김해)
남알라카·나	H^{4}M[Mʜ^{2}HM]	(창원①②, 김해)
남알라칸·다	H^{4}M[Mʜ^{2}HM]	(창원①②, 김해)
남알라커·나	H^{4}M[Mʜ^{2}HM]	(함안, 김해)

남알라컨·다 H^{4}M[Mʜ^{2}HM] (함안, 김해)
남을·라·카·나 H^{2}M^3[MHM^3] (창원①②, 김해, 양산)
남을·라·카·먼 H^{2}M^3[MHM^3] (창원①②, 김해, 양산)
남을·라·카·모 H^{2}M^3[MHM^3] (창원①②)
남을·라·카·몬 H^{2}M^3[MHM^3] (창원①②)
남을·라·칸·다 H^{2}M^3[MHM^3] (창원①②, 김해, 양산)
남을·라·커·나 H^{2}M^3[MHM^3] (함안, 김해, 양산)
남을·라·커·모 H^{2}M^3[MHM^3] (함안)
남을·라·컨·다 H^{2}M^3[MHM^3] (함안, 김해, 양산)
남을·라·쿠·모 H^{2}M^3[MHM^3] (함안)
남을라카·나 H^{4}M[Mʜ^{2}HM] (창원①②, 김해)
남을라칸·다 H^{4}M[Mʜ^{2}HM] (창원①②, 김해)
남을라커·나 H^{4}M[Mʜ^{2}HM] (함안, 김해)
남을라컨·다 H^{4}M[Mʜ^{2}HM] (함안, 김해)
남·알·라#카·모 HM^2#HM[HM^2#HM] (창원①②)
남·알·라#카·몬 HM^2#HM[HM^2#HM] (창원①②)
남·알·라#커·모 HM^2#HM[HM^2#HM] (함안)
남·알·라#쿠·모 HM^2#HM[HM^2#HM] (함안)
남·을·라#카·먼 HM^2#HM[HM^2#HM] (김해, 양산)
남·을·라#카·모 HM^2#HM[HM^2#HM] (창원①②)
남·을·라#카·몬 HM^2#HM[HM^2#HM] (창원①②)
남·을·라#커·머 HM^2#HM[HM^2#HM] (김해, 양산)
남·을·라#커·먼 HM^2#HM[HM^2#HM] (함안, 김해, 양산)
남·을·라#커·모 HM^2#HM[HM^2#HM] (함안)
남·을·라#쿠·모 HM^2#HM[HM^2#HM] (함안)
남·을·라#하·머 HM^2#HM[HM^2#HM] (양산)
남알·라#카·모 H^{2}M#HM[MHM#HM] (창원①②)
남알·라#카·몬 H^{2}M#HM[MHM#HM] (창원①②)
남알·라#커·모 H^{2}M#HM[MHM#HM] (함안)
남알·라#쿠·모 H^{2}M#HM[MHM#HM] (함안)
남을·라#카·머 H^{2}M#HM[MHM#HM] (김해, 양산)
남을·라#카·먼 H^{2}M#HM[MHM#HM] (김해, 양산)
남을·라#카·모 H^{2}M#HM[MHM#HM] (창원①②)
남을·라#카·몬 H^{2}M#HM[MHM#HM] (창원①②)
남을·라#커·모 H^{2}M#HM[MHM#HM] (함안)
남을·라#쿠·모 H^{2}M#HM[MHM#HM] (함안)

(771) 1음절 변동상성어간 풀이씨 {:덥·다}의 어형들
:덥·다 (Lʜ·M→)L^2[LM] (창원①②, 함안, 김해, 양산)
:덥·고 L^2[LM] (창원①②, 함안, 김해, 양산)

:덥·기 L^{2}[LM] (창원①②, 함안, 김해, 양산)
:덥·네 L^{2}[LM] (창원①②, 함안, 김해, 양산)
:덥·지 L^{2}[LM] (창원①②, 함안, 김해, 양산)
:덥·거·나 L^{3}[LMM] (창원①②, 함안, 김해, 양산)
:덥·겼·다 L^{3}[LMM] (창원①②, 함안, 김해)
:덥·겠·다 L^{3}[LMM] (창원①②, 김해, 양산)
:덥·다·가 L^{3}[LMM] (창원①②, 함안, 김해, 양산)
:덥·더·니 L^{3}[LMM] (함안, 양산)
:덥·더·라 L^{3}[LMM] (창원①②, 함안, 김해, 양산)
:덥·디·이 L^{3}[LMM] (양산)
:덥·디·히 L^{3}[LMM] (창원①②, 함안, 김해)
:덥·심·더 L^{3}[LMM] (양산)
:덥·겼·더·라 L^{4}[LMMᴍ] (창원①②, 함안, 김해)
:덥·겠·더·라 L^{4}[LMMᴍ] (창원①②, 김해, 양산)
:덥·겠·심·더 L^{4}[LMMᴍ] (양산)
:덥·더·라·도 L^{4}[LMMᴍ] (창원①②, 함안, 김해, 양산)
:덥·습·니·더 L^{4}[LMMᴍ] (창원①, 김해)
:덥·습·미·더 L^{4}[LMMᴍ] (창원②, 함안, 양산)
:덥·겼·습·니·더 L^{5}[LMMᴍ²] (창원①, 김해)
:덥·겼·습·미·더 L^{5}[LMMᴍ²] (창원②, 함안)
:덥·겠·습·니·더 L^{5}[LMMᴍ²] (창원①, 김해)
덥·어 HM[HM] (창원①②, 함안, 김해, 양산)
덥·우 HM[HM] (창원①②, 함안, 김해, 양산)
덥·어·도 HM^{2}[HM^{2}] (창원①②, 함안, 김해, 양산)
덥·어·서 HM^{2}[HM^{2}] (창원①②, 함안, 김해, 양산)
덥·었·다 HM^{2}[HM^{2}] (창원①②, 함안, 김해, 양산)
덥·우·니 HM^{2}[HM^{2}] (함안, 양산)
덥·우·도 HM^{2}[HM^{2}] (창원①②, 함안, 김해, 양산)
덥·우·라 HM^{2}[HM^{2}] (창원①②, 함안, 김해, 양산)
덥·우·먼 HM^{2}[HM^{2}] (함안, 김해, 양산)
덥·우·면 HM^{2}[HM^{2}] (양산)
덥·우·모 HM^{2}[HM^{2}] (창원①②, 함안)
덥·우·서 HM^{2}[HM^{2}] (창원①②, 함안, 김해, 양산)
덥·우·이 HM^{2}[HM^{2}] (양산)
덥·우·히 HM^{2}[HM^{2}] (창원①②, 함안, 김해)
덥·운·데 HM^{2}[HM^{2}] (창원①②, 함안, 김해, 양산)
덥·웠·다 HM^{2}[HM^{2}] (창원①②, 함안, 김해, 양산)
덥·으·머 HM^{2}[HM^{2}] (김해, 양산)
덥·으·먼 HM^{2}[HM^{2}] (함안, 김해, 양산)
덥·으·모 HM^{2}[HM^{2}] (창원①②, 함안)

덥·으·이	$HM^2[HM^2]$	(양산)
덥·으·이	$HM^2[HM^2]$	(창원①②, 함안, 김해)
덥·은·데	$HM^2[HM^2]$	(창원①②, 함안, 김해, 양산)
덥우·니	$H^2M[MHM]$	(함안, 양산)
덥우·모	$H^2M[MHM]$	(창원①②, 함안)
덥우·몬	$H^2M[MHM]$	(창원①②)
덥우·이	$H^2M[MHM]$	(창원①②, 함안, 김해)
덥운·데	$H^2M[MHM]$	(창원①②, 함안, 김해)
덥으·머	$H^2M[MHM]$	(김해, 양산)
덥으·모	$H^2M[MHM]$	(창원①②, 함안)
덥으·이	$H^2M[MHM]$	(창원①②, 함안, 김해)
덥은·데	$H^2M[MHM]$	(창원①②, 함안, 김해, 양산)
덥·었·심·더	$HM^3[HM^3]$	(양산)
덥·울·라·꼬	$HM^3[HM^3]$	(창원①②, 함안, 김해, 양산)
덥·울·라·머	$HM^3[HM^3]$	(김해, 양산)
덥·울·라·먼	$HM^3[HM^3]$	(함안, 김해, 양산)
덥·울·라·모	$HM^3[HM^3]$	(창원①②, 함안)
덥·울·라·몬	$HM^3[HM^3]$	(창원①②)
덥·웄·심·더	$HM^3[HM^3]$	(양산)
덥·을·라·꼬	$HM^3[HM^3]$	(창원①②, 함안, 김해, 양산)
덥·을·라·머	$HM^3[HM^3]$	(김해, 양산)
덥·을·라·먼	$HM^3[HM^3]$	(함안, 김해, 양산)
덥·을·라·모	$HM^3[HM^3]$	(창원①②, 함안)
덥·을·라·몬	$HM^3[HM^3]$	(창원①②)
덥울·라·꼬	$H^2M^2[MHM^2]$	(창원①②, 함안, 김해)
덥울·라·먼	$H^2M^2[MHM^2]$	(함안, 김해, 양산)
덥울·라·모	$H^2M^2[MHM^2]$	(창원①②, 함안)
덥울·라·몬	$H^2M^2[MHM^2]$	(창원①②)
덥울라·꼬	H^3M[MʜHM]	(창원①②, 함안, 김해, 양산)
덥울라·먼	H^3M[MʜHM]	(함안, 김해, 양산)
덥울라·모	H^3M[MʜHM]	(창원①②, 함안)
덥을·라·꼬	$H^2M^2[MHM^2]$	(창원①②, 함안, 김해, 양산)
덥을·라·먼	$H^2M^2[MHM^2]$	(함안, 김해, 양산)
덥을·라·모	$H^2M^2[MHM^2]$	(창원①②, 함안)
덥을·라·몬	$H^2M^2[MHM^2]$	(창원①②)
덥을라·꼬	H^3M[MʜHM]	(창원①②, 함안, 김해)
덥을라·먼	H^3M[MʜHM]	(함안, 김해, 양산)
덥을라·모	H^3M[MʜHM]	(창원①②, 함안)
덥을라·몬	H^3M[MʜHM]	(창원①②)
덥·었·습·니·더	$HM^4[HM^4]$	(창원①, 김해)

덥·었·습·미·더 HM^4[HM^4] (창원②, 함안, 양산)
덥·울·라·카·나 HM^4[HM^4] (창원①②, 김해, 양산)
덥·울·라·칸·다 HM^4[HM^4] (창원①②, 김해, 양산)
덥·울·라·커·나 HM^4[HM^4] (함안, 김해, 양산)
덥·울·라·컨·다 HM^4[HM^4] (함안, 김해, 양산)
덥·웄·습·니·더 HM^4[HM^4] (창원①, 김해)
덥·웄·습·미·더 HM^4[HM^4] (창원②, 함안, 양산)
덥·을·라·카·나 HM^4[HM^4] (창원①②, 김해, 양산)
덥·을·라·카·먼 HM^4[HM^4] (김해, 양산)
덥·을·라·칸·다 HM^4[HM^4] (창원①②, 김해, 양산)
덥·을·라·커·나 HM^4[HM^4] (함안, 김해, 양산)
덥·을·라·컨·다 HM^4[HM^4] (함안, 김해, 양산)
덥·을·라·하·나 HM^4[HM^4] (양산)
덥·을·라·한·다 HM^4[HM^4] (양산)
덥울라카·나 H^{4}M[Mʜ^{2}HM] (창원①②, 김해)
덥울라칸·다 H^{4}M[Mʜ^{2}HM] (창원①②, 김해)
덥울라커·나 H^{4}M[Mʜ^{2}HM] (함안, 김해)
덥울라컨·다 H^{4}M[Mʜ^{2}HM] (함안, 김해)
덥을라카·나 H^{4}M[Mʜ^{2}HM] (창원①②, 김해)
덥을라카·먼 H^{4}M[Mʜ^{2}HM] (김해)
덥을라카·몬 H^{4}M[Mʜ^{2}HM] (창원①②)
덥을라칸·다 H^{4}M[Mʜ^{2}HM] (창원①②, 김해)
덥을라쿠·나 H^{4}M[Mʜ^{2}HM] (함안)
덥을라쿠·모 H^{4}M[Mʜ^{2}HM] (함안)
덥을라쿤·다 H^{4}M[Mʜ^{2}HM] (함안)
덥·울·라#카·먼 HM^2#HM[HM^2#HM] (김해)
덥·울·라#카·모 HM^2#HM[HM^2#HM] (창원①②)
덥·울·라#카·몬 HM^2#HM[HM^2#HM] (창원①②)
덥·울·라#커·머 HM^2#HM[HM^2#HM] (김해, 양산)
덥·울·라#커·모 HM^2#HM[HM^2#HM] (함안)
덥·을·라#·커·나 HM^2#M^2[HM^2#HH] (함안, 김해, 양산)
덥·을·라#·컨·다 HM^2#M^2[HM^2#HH] (함안, 김해, 양산)
덥·을·라#카·머 HM^2#HM[HM^2#HM] (김해, 양산)
덥·을·라#카·먼 HM^2#HM[HM^2#HM] (김해, 양산)
덥·을·라#카·몬 HM^2#HM[HM^2#HM] (창원①②)
덥·을·라#커·모 HM^2#HM[HM^2#HM] (함안)
덥울·라#카·먼 H^{2}M#HM[MHM#HM] (김해, 양산)
덥울·라#카·모 H^{2}M#HM[MHM#HM] (창원①②)

덥울·라#카·몬 H^2M#HM[MHM#HM] (창원①②)
덥을·라#카·머 H^2M#HM[MHM#HM] (김해, 양산)
덥을·라#카·모 H^2M#HM[MHM#HM] (창원①②)
덥을·라#카·몬 H^2M#HM[MHM#HM] (창원①②)

(772) 1음절 변동상성어간 풀이씨 {:걿·다}의 어형들

:걿·다[:건·다](步) (LH·M→)L^2[LM] (창원①②, 함안, 김해, 양산)
:걿·고[:건·고] L^2[LM] (창원①②, 함안, 김해, 양산)
:걿·더·라[:건·더·라] L^3[LMM] (창원①②, 함안, 김해, 양산)
걸·어·서 $HM^2[HM^2]$ (창원①②, 함안, 김해, 양산)
걸·어·도 $HM^2[HM^2]$ (창원①②, 함안, 김해, 양산)
걸·었·다 $HM^2[HM^2]$ (창원①②, 함안, 김해, 양산)
걸·으·니·께 $HM^3[HM^3]$ (양산)
걸·으·이·께 $HM^3[HM^3]$ (창원①②, 함안, 김해)
걸·응·께·네 $HM^3[HM^3]$ (함안)

(773) 1음절 변동상성어간 풀이씨 {:감·다}의 어형들

:감·다(捲) (LH·M→)L^2[LM] (창원①②, 함안, 김해, 양산)
:감·고 L^2[LM] (창원①②, 함안, 김해, 양산)
:감·네 L^2[LM] (창원①②, 함안, 김해, 양산)
:감·더·라 L^3[LMM] (창원①②, 함안, 김해, 양산)
:감·겠·더·라 L^4[LMMM] (창원①②, 김해, 양산)
감·아·서 $HM^2[HM^2]$ (창원①②, 함안, 김해, 양산)
감·았·다 $HM^2[HM^2]$ (창원①②, 함안, 김해, 양산)
감·응·께 $HM^2[HM^2]$ (창원②, 함안, 양산)
감·아·이·께 $HM^3[HM^3]$ (창원①②, 함안)
감·으·이·께 $HM^3[HM^3]$ (창원①②, 함안, 김해)
감으·모 H^2M[MHM] (창원①②, 함안)
감으·이·께 $H^2M^2[MHM^2]$ (창원①②, 함안, 김해)

(774) 1음절 변동상성어간 풀이씨 {:껌·다}의 어형들

:껌·다(黑) (LH·M→)L^2[LM] (창원①②, 함안, 김해, 양산)
:껌·고 L^2[LM] (창원①②, 함안, 김해, 양산)
:껌·네 L^2[LM] (창원①②, 함안, 김해, 양산)
:껌·더·라 L^3[LMM] (창원①②, 함안, 김해, 양산)
껌·어·서 $HM^2[HM^2]$ (창원①②, 함안, 김해, 양산)
껌·었·다 $HM^2[HM^2]$ (창원①②, 함안, 김해, 양산)
껌·으·이·께 $HM^3[HM^3]$ (창원①②, 함안, 김해)
껌으·먼 H^2M[MHM] (함안, 김해, 양산)
껌으·이·께·에 $H^2M^3[MHM^3]$ (창원①, 김해)

(775) 1음절 변동상성어간 풀이씨 {:싫·다}의 어형들

:싫·다[:실·따]<싣다>	(LH·M→)L^2[LM]	(창원①②, 함안, 김해, 양산)
:싫·고[:실·꼬]	L^2[LM]	(창원①②, 함안, 김해, 양산)
:싫·네[:실·레]	L^2[LM]	(창원①②, 함안, 김해, 양산)
:싫·더·라[:실·떠·라]	L^3[LMM]	(창원①②, 함안, 김해, 양산)
싫·어·서[시·러·서]	HM^2[HM^2]	(창원①②, 함안, 김해, 양산)
싫·으·이·께	HM^3[HM^3]	(창원①②, 함안, 김해)
싫·으·이·까	HM^3[HM^3]	(양산)
싫·응·께[시·릉·께]	HM^2[HM^2]	(창원②, 함안, 양산)

(776) 1음절 변동상성어간 풀이씨 {:몷·다}의 어형들

:몷·다(驅)	(LH·M→)L^2[LM]	(창원①②, 함안)
:몷·고[:몰·꼬]	L^2[LM]	(창원①②, 함안)
:몷·네[:몰·네]	L^2[LM]	(창원①②, 함안)
:몷·더·라[:몰·떠·라]	L^3[LMM]	(창원①②, 함안)
몰·아·도	HM^2[HM^2]	(창원①②, 함안)
몰·아·서	HM^2[HM^2]	(창원①②, 함안)

(777) 1음절 변동상성어간 풀이씨 {:젊·다}의 어형들

@:젊·다[점·다]	(LH·M→)L^2[LM]	(창원①②, 김해)
@:젊·다[점·따]	(LH·M→)L^2[LM]	(창원②, 함안, 김해, 양산)
:젊·고[:점·고]	L^2[LM]	(창원①②, 김해)
:젊·고[:점·꼬]	L^2[LM]	(창원②, 함안, 김해, 양산)
젊·어·서	HM^2[HM^2]	(창원①②, 함안, 김해, 양산)
젊·으·머	HM^2[HM^2]	(김해, 양산)
젊·으·이·께	HM^3[HM^3]	(창원①②, 함안, 김해)
젊·으·니·까	HM^3[HM^3]	(양산)
젊·응·께·네	HM^3[HM^3]	(함안)

(778) 1음절 변동상성어간 풀이씨 {:굶·다}의 어형들

@:굶·다[:굼·다]	(LH·M→)L^2[LM]	(창원①②, 김해)
@:굶·다[:굼·따]	(LH·M→)L^2[LM]	(창원②, 함안, 김해, 양산)
:굶·고[:굼·고]	L^2[LM]	(창원①②, 김해)
:굶·고[:굼·꼬]	L^2[LM]	(창원②, 함안, 김해, 양산)
:굶·더·라[:굼·더·라]	L^3[LMM]	(창원①②, 김해)
:굶·더·라[:굼·떠·라]	L^3[LMM]	(창원②, 함안, 김해, 양산)
:굶·네[:굼·네]	L^2[LM]	(창원①②, 함안, 김해, 양산)
:굶·는·다	L^3[LMM]	(창원①②, 함안, 김해, 양산)
굶·어·서	HM^2[HM^2]	(창원①②, 함안, 김해, 양산)
굶·었·다	HM^2[HM^2]	(창원①②, 함안, 김해, 양산)

굵·읎·다 $HM^2[HM^2]$ (창원①②, 함안, 김해, 양산)
굵·으·이·께 $HM^3[HM^3]$ (창원①②, 함안, 김해)
굵으·이·께 $H^2M^2[MHM^2]$ (창원①②, 함안, 김해)
굵으·이·꺼·네 $H^2M^3[MHM^3]$ (창원①, 김해)

(779) 1음절 변동상성어간 풀이씨 {:얇·다}의 어형들
@:얇·다[:얄·따] (LH·M→)$L^2[LM]$ (창원①, 양산)
@:얇·다[:얍·다] (LH·M→)$L^2[LM]$ (함안, 김해)
:얇·고[:얄·꼬] $L^2[LM]$ (창원①, 양산)
:얇·고[:얍·꼬] $L^2[LM]$ (함안, 김해)
:얇·네[:얄·레] $L^2[LM]$ (창원①, 양산)
:얇·네[:얌·네] $L^2[LM]$ (함안, 김해)
:얇·더·라[:얄·떠·라] $L^3[LMM]$ (창원①, 양산)
:얇·더·라[:얍·떠·라] $L^3[LMM]$ (함안, 김해)
얇·아·서 $HM^2[HM^2]$ (창원①, 함안, 김해, 양산)
얇·우·모 $HM^2[HM^2]$ (창원①, 함안)
얇·으·이 $HM^2[HM^2]$ (창원①, 함안, 김해)
얇·으·이·께 $HM^3[HM^3]$ (창원①, 함안, 김해)
얇·으·모 $HM^2[HM^2]$ (창원①, 함안)
얇·으·머 $HM^2[HM^2]$ (김해, 양산)

(780) 1음절 변동상성어간 풀이씨 {:밟·다}의 어형들
@:밟·다[:발·따] (LH·M→)$L^2[LM]$ (창원①②, 김해, 양산)
@:밟·다[:밥·다] (LH·M→)$L^2[LM]$ (창원②, 함안)
:밟·고[:발·꼬] $L^2[LM]$ (창원①②, 김해, 양산)
:밟·고[:밥·고] $L^2[LM]$ (창원②, 함안)
:밟·네[:발·네] $L^2[LM]$ (창원①②, 김해, 양산)
:밟·네[:밤·네] $L^2[LM]$ (창원②, 함안)
:밟·더·라[:발·떠·라] $L^3[LMM]$ (창원①②, 김해, 양산)
:밟·더·라[:밥·떠·라] $L^3[LMM]$ (창원②, 함안)
밟·으·이 $HM^2[HM^2]$ (창원①②, 함안, 김해)
밟·아·서 $HM^2[HM^2]$ (창원①②, 함안, 김해, 양산)
밟·으·니·까 $HM^3[HM^3]$ (양산)
밟·으·이·께 $HM^3[HM^3]$ (창원①②, 함안, 김해)

(781) 1음절 변동상성어간 풀이씨 {:볿·다}의 어형들
@:볿·다[:볼·따]<밟다> (LH·M→)$L^2[LM]$ (창원②, 김해)
@:볿·다[:봅·다]<밟다> (LH·M→)$L^2[LM]$ (함안)
:볿·고[:볼·꼬] $L^2[LM]$ (창원②, 김해)
:볿·고[:봅·고] $L^2[LM]$ (함안)

:볿·네[:볼·레]	L^2[LM]	(창원②, 김해)
:볿·네[:봄·네]	L^2[LM]	(함안)
:볿·더·라[:볼·떠·라]	L^3[LMM]	(창원②, 김해)
:볿·더·라[:봅·더·라]	L^3[LMM]	(함안)
볿·아·서	HM^2[HM^2]	(창원②, 함안, 김해)
볿·응·께	HM^2[HM^2]	(창원②, 함안, 양산)
볿·으·이·께	HM^3[HM^3]	(창원②, 함안, 김해)
볿으·이·께	H^2M^2[MHM^2]	(창원②, 함안, 김해)
볿으·이·께·에	H^2M^3[MHHM]	(김해)

5.6.8 2음절 변동상성형어간 풀이씨의 굴곡형

2음절 변동상성어간 풀이씨는 극소수이며, 이들 중에서 /:떠·밀·다/와 /끄·어+:내·다/에서 온 /:꺼·내·다/를 제외하면 대개가 /:□·내·다/형(단, 여기에서 :□는 <{□,·□}형 어간+·아/·어>에서 도출된 ·□이 상성화된 것)의 복합 풀이씨이다. 풀이씨 2음절 변동상성형어간은 보기를 들면, {·해+:내—→:해·내-, ·써+:내—→:써·내-, ·짜+:내—→:짜·내-}처럼 도출된다.

(782) 2음절 변동상성형어간 풀이씨 {:해·내·다}의 어형들

:해·내·다	(L^2H·M→)L^3[LMM]	(창원①②, 함안, 김해)
:해·낸	L^2[LM]	(창원①②, 함안, 김해)
:해·냄	L^2[LM]	(창원①②, 함안, 김해)
:해·낼	L^2[LM]	(창원①②, 함안, 김해)
:해·내·게	L^3[LMM]	(창원①②, 함안, 김해)
:해·내·고	L^3[LMM]	(창원①②, 함안, 김해)
:해·내·까	L^3[LMM]	(창원①②, 함안, 김해)
:해·내·꼬	L^3[LMM]	(창원①②, 함안, 김해)
:해·내·나	L^3[LMM]	(창원①②, 함안, 김해)
:해·내·네	L^3[LMM]	(창원①②, 함안, 김해)
:해·내·노	L^3[LMM]	(창원①②, 함안, 김해)
:해·내·머	L^3[LMM]	(김해)
:해·내·먼	L^3[LMM]	(함안, 김해)
:해·내·모	L^3[LMM]	(창원①②, 함안)
:해·내·몬	L^3[LMM]	(창원①②)
:해·내·요	L^3[LMM]	(창원①②, 함안, 김해)
:해·내·제	L^3[LMM]	(창원①②, 함안, 김해)
:해·내·지	L^3[LMM]	(창원①②, 함안, 김해)
:해·낼·까	L^3[LMM]	(창원①②, 함안, 김해)
:해·낼·꼬	L^3[LMM]	(창원①②, 함안, 김해)

:해·냉·께 L^3[LMM] (창원②, 함안)
:해·내·거·나 L^4[LMMᴍ] (창원①②, 함안, 김해)
:해·내·거·등 L^4[LMMᴍ] (창원①②, 함안, 김해)
:해·내·건·대 L^4[LMMᴍ] (창원①②, 함안, 김해)
:해·내·걸·래 L^4[LMMᴍ] (창원①②, 함안, 김해)
:해·내·걸·래 L^4[LMMᴍ] (창원①②, 함안, 김해)
:해·내·겼·다 L^4[LMMᴍ] (창원①②, 함안, 김해)
:해·내·겠·다 L^4[LMMᴍ] (창원①②, 김해)
:해·내·구·나 L^4[LMMᴍ] (창원①②, 함안, 김해)
:해·내·길·래 L^4[LMMᴍ] (창원②)
:해·내·는·가 L^4[LMMᴍ] (창원①②, 함안, 김해)
:해·내·는·고 L^4[LMMᴍ] (창원①②, 함안, 김해)
:해·내·는·데 L^4[LMMᴍ] (창원①②, 함안, 김해)
:해·내·니·라 L^4[LMMᴍ] (창원①②, 함안, 김해)
:해·내·더·나 L^4[LMMᴍ] (창원①②, 함안, 김해)
:해·내·더·노 L^4[LMMᴍ] (창원①②, 함안, 김해)
:해·내·더·라 L^4[LMMᴍ] (창원①②, 함안, 김해)
:해·내·던·가 L^4[LMMᴍ] (창원①②, 함안, 김해)
:해·내·던·고 L^4[LMMᴍ] (창원①②, 함안, 김해)
:해·내·도·록 L^4[LMMᴍ] (창원①②, 함안)
:해·내·두·루 L^4[LMMᴍ] (김해)
:해·내·두·룩 L^4[LMMᴍ] (창원①②, 함안, 김해)
:해·내·싱·께 L^4[LMMᴍ] (창원②, 함안)
:해·내·이·께 L^4[LMMᴍ] (창원①②, 함안, 김해)
:해·낼·낑·께 L^4[LMMᴍ] (창원②, 함안)
:해·낼·라·꼬 L^4[LMMᴍ] (창원①②, 함안, 김해)
:해·낼·망·정 L^4[LMMᴍ] (창원①②, 함안, 김해)
:해·낼·수·록 L^4[LMMᴍ] (창원①②, 함안, 김해)
:해·낼·수·루 L^4[LMMᴍ] (김해)
:해·낼·수·룩 L^4[LMMᴍ] (함안)
:해·냅·디·꺼 L^4[LMMᴍ] (창원①②, 함안, 김해)
:해·냅·디·더 L^4[LMMᴍ] (창원①②, 함안, 김해)
:해·냅·미·꺼 L^4[LMMᴍ] (창원②, 함안)
:해·냅·미·더 L^4[LMMᴍ] (창원②, 함안)
:해·냉·꺼·네 L^4[LMMᴍ] (창원②)
:해·냉·께·네 L^4[LMMᴍ] (함안)

:해·내·거·들·랑 L^5[LMMᴍ^2] (창원①②, 함안, 김해)
:해·내·거·마·는 L^5[LMMᴍ^2] (창원①②, 함안, 김해)
:해·내·더·라·꼬 L^5[LMMᴍ^2] (창원①②, 함안, 김해)
:해·내·더·라·도 L^5[LMMᴍ^2] (창원①②, 함안, 김해)
:해·내·던·갑·다 L^5[LMMᴍ^2] (창원①②, 함안, 김해)
:해·내·시·이·께 L^5[LMMᴍ^2] (창원①②, 함안, 김해)
:해·내·이·꺼·네 L^5[LMMᴍ^2] (창원①, 김해)
:해·내·이·께·네 L^5[LMMᴍ^2] (함안)
:해·낼·끼·이·께 L^5[LMMᴍ^2] (창원①②, 함안, 김해)
:해·내·기·로·서·이 L^6[LMMᴍ^3] (창원①②, 함안, 김해)
해내·애 H^{2}M[MHM] (창원①②, 함안, 김해)
해내·애·도 H^{2}M^2[MHM^2] (창원①②, 함안, 김해)
해내·애·서 H^{2}M^2[MHM^2] (창원①②, 함안, 김해)
해내·애·야 H^{2}M^2[MHM^2] (창원①②, 함안, 김해)
해내·앴·는 H^{2}M^2[MHM^2] (창원①②, 함안, 김해)
해내·앴·는·갑·다 H^{2}M^4[MHM^4] (창원①②, 함안, 김해)
해내·앴·던·갑·다 H^{2}M^4[MHM^4] (창원①②, 함안, 김해)
:해·내·기·로#서·니 L^4#HM[LMMᴍ#HM] (함안, 양산)
:해·내·기·로#서·이 L^4#HM[LMMᴍ#HM] (창원①②, 함안, 김해)

(783) 2음절 변동상성형어간 풀이씨 {:짜·내·다}의 어형들
:짜·내·다 (L^{2}ʜ·M→)L^3[LMM] (창원①②, 함안, 김해)
:짜·내·게 L^3[LMM] (창원①②, 함안, 김해)
:짜·내·고 L^3[LMM] (창원①②, 함안, 김해)
:짜·내·네 L^3[LMM] (창원①②, 함안, 김해)
:짜·내·먼 L^3[LMM] (함안, 김해)
:짜·내·모 L^3[LMM] (창원①②, 함안)
:짜·내·거·나 L^4[LMMᴍ] (창원①②, 함안, 김해)
:짜·내·거·등 L^4[LMMᴍ] (창원①②, 함안, 김해)
:짜·내·겄·다 L^4[LMMᴍ] (창원①②, 함안, 김해)
:짜·내·겠·다 L^4[LMMᴍ] (창원①②, 김해)
:짜·내·구·나 L^4[LMMᴍ] (창원①②, 함안, 김해)
:짜·내·는·데 L^4[LMMᴍ] (창원①②, 함안, 김해)
:짜·내·니·라 L^4[LMMᴍ] (창원①②, 함안, 김해)
:짜·내·더·라 L^4[LMMᴍ] (창원①②, 함안, 김해)
:짜·내·도·록 L^4[LMMᴍ] (창원①②, 함안)
:짜·내·이·께 L^4[LMMᴍ] (창원①②, 함안, 김해)
:짜·낼·라·꼬 L^4[LMMᴍ] (창원①②, 함안, 김해)
짜내·애·도 H^{2}M^2[MHM^2] (창원①②, 함안, 김해)

짜내·애·서	H^2M^2[MHM^2]	(창원①②, 함안, 김해)
짜내·애·야	H^2M^2[MHM^2]	(창원①②, 함안, 김해)
짜내·앴·다	H^2M^2[MHM^2]	(창원①②, 함안, 김해)

(784) 2음절 변동상성형어간 풀이씨 {:펴·내·다}의 어형들

:펴·내·다	(L^{2}H·M→)L^3[LMM]	(창원①②, 함안, 김해)
:펴·내·게	L^3[LMM]	(창원①②, 함안, 김해)
:펴·내·고	L^3[LMM]	(창원①②, 함안, 김해)
:펴·내·네	L^3[LMM]	(창원①②, 함안, 김해)
:펴·내·거·등	L^4 [LMMM]	(창원①②, 함안, 김해)
:펴·내·겄·다	L^4 [LMMM]	(창원①②, 함안, 김해)
:펴·내·겠·다	L^4 [LMMM]	(창원①②, 김해)
:펴·내·구·나	L^4 [LMMM]	(창원①②, 함안, 김해)
:펴·내·는·데	L^4 [LMMM]	(창원①②, 함안, 김해)
:펴·내·더·라	L^4 [LMMM]	(창원①②, 함안, 김해)
:펴·내·이·께	L^4 [LMMM]	(창원①②, 함안, 김해)
:펴·낼·라·꼬	L^4 [LMMM]	(창원①②, 함안, 김해)
펴내·애·도	H^2M^2[MHM^2]	(창원①②, 함안, 김해)
펴내·애·서	H^2M^2[MHM^2]	(창원①②, 함안, 김해)
펴내·애·야	H^2M^2[MHM^2]	(창원①②, 함안, 김해)

(785) 2음절 변동상성형어간 풀이씨 {:떠·밀·다}의 어형들

:떠·밀·다	(L^{2}H·M→)L^3[LMM]	(창원①②, 함안, 김해)
:떠·미·네	L^3[LMM]	(창원①②, 함안, 김해)
:떠·밀·게	L^3[LMM]	(창원①②, 함안, 김해)
:떠·밀·고	L^3[LMM]	(창원①②, 함안, 김해)
:떠·밀·먼	L^3[LMM]	(함안, 김해)
:떠·밀·모	L^3[LMM]	(창원①②, 함안)
:떠·미·는·데	L^4 [LMMM]	(창원①②, 함안, 김해)
:떠·미·니·라	L^4 [LMMM]	(창원①②, 함안, 김해)
:떠·미·라·꼬	L^4 [LMMM]	(창원①②, 함안, 김해)
:떠·미·이·께	L^4 [LMMM]	(창원①②, 함안, 김해)
:떠·밀·거·나	L^4 [LMMM]	(창원①②, 함안)
:떠·밀·거·등	L^4 [LMMM]	(창원①②, 함안, 김해)
:떠·밀·겄·다	L^4 [LMMM]	(창원①②, 함안, 김해)
:떠·밀·겠·다	L^4 [LMMM]	(창원①②, 김해)
:떠·밀·구·나	L^4 [LMMM]	(창원①②, 함안, 김해)
:떠·밀·더·라	L^4 [LMMM]	(창원①②, 함안, 김해)

:떠·밀·도·록	L^4[LMMM]	(창원①②, 함안)
:떠·밀·라·꼬	L^4[LMMM]	(창원①②, 함안, 김해)
떠밀·어·도	H^2M^2[MHM^2]	(창원①②, 함안, 김해)
떠밀·어·서	H^2M^2[MHM^2]	(창원①②, 함안, 김해)
떠밀·어·야	H^2M^2[MHM^2]	(창원①②, 함안, 김해)
떠밀·었·다	H^2M^2[MHM^2]	(창원①②, 함안, 김해)

5.6.9 1음절 변동평성어간 풀이씨의 굴곡형

1음절 변동평성어간 풀이씨는 중세 국어에서도 현대 성조방언에서도 어간의 성조 변동이 매우 복잡한 양상으로 나타났고, 이에 속하는 풀이씨는 방언에 따라 한두 개가 많아지기도 하고, 적어지기도 했다. 경남 동남부 방언권의 방언들에서 이들은 크게 세 개의 동아리로 나누어 왔지만, 여기에서는 HM$_{-1}$ 류와 HM$_{-2}$ 류의 둘만 인정하기로 한다. 그 까닭은 같은 동아리에 속하는 것끼리도 굴곡형들 전체가 일치하지는 않고, 약간의 차이가 나타날 수도 있으며, HM$_{-3}$ 류라고 해 왔던 것은 HM$_{-1}$ 류와 HM$_{-2}$ 류가 섞인 것으로 볼 수 있으므로, HM$_{-3}$ 류를 따로 두지는 않았다.[946]

(786) 1음절 변동평성어간 풀이씨 표제항 자료

ㄱ. 가·다	(HM$_{-1}$ ·M→)HM[HM]	(창원①②, 함안, 김해, 양산)
나·다	(HM$_{-1}$ ·M→)HM[HM]	(창원①②, 함안, 김해, 양산)
자·다	(HM$_{-1}$ ·M→)HM[HM]	(창원①②, 함안, 김해, 양산)
누·다	(HM$_{-1}$ ·M→)HM[HM]	(창원①②, 함안, 김해, 양산)
두·다	(HM$_{-1}$ ·M→)HM[HM]	(창원①②, 함안, 김해, 양산)
주·다<두다>	(HM$_{-1}$ ·M→)HM[HM]	(창원①, 함안, 김해)
주·다	(HM$_{-1}$ ·M→)HM[HM]	(창원①②, 함안, 김해, 양산)
뿌·다(조동사)	(HM$_{-1}$ ·M→)HM[HM]	(창원①②, 함안, 양산)
오·다	(HM$_{-1}$ ·M→)HM[HM]	(창원①②, 함안, 김해, 양산)
보·다	(HM$_{-1}$ ·M→)HM[HM]	(창원①②, 함안, 김해, 양산)
지·다(洛,日沒,負)	(HM$_{-1}$ ·M→)HM[HM]	(창원②, 함안, 양산)
사·다	(HM$_{-1}$ ·M→)HM[HM]	(창원②, 김해)
하·다	(HM$_{-1}$ ·M→)HM[HM]	(창원①②, 함안, 김해, 양산)

946) 중세 국어의 1음절 변동평성어간 풀이씨에 대해서는 허웅(1963/1972)와 김완진(1977)을, 그리고 경남 동남부 방언과 양산 방언 이외의 다른 방언들의 1음절 변동평성어간 풀이씨와 더불어 HM$_{-1}$ 류, HM$_{-2}$ 류, HM$_{-3}$ 류 등에 대해서는 김차균(1999), 김차균(2002), 김차균(2003), 김차균(2006)ㄱ를 각각 참조.

카·다(云)	($\mathrm{H_{M-1}}$ ·M→)HM[HM]	(창원①②, 김해, 양산)
커·다(云)	($\mathrm{H_{M-1}}$ ·M→)HM[HM]	(함안, 김해, 양산)
쿠·다(云)	($\mathrm{H_{M-1}}$ ·M→)HM[HM]	(함안)
ㄴ. 사·다	($\mathrm{H_{M-2}}$ ·M→)HM[HM]	(창원①②, 함안, 김해, 양산)
서·다	($\mathrm{H_{M-2}}$ ·M→)HM[HM]	(창원①②, 함안, 김해, 양산)
이·다(戴)	($\mathrm{H_{M-2}}$ ·M→)HM[HM]	(창원①②, 함안, 김해, 양산)
지·다(落,日沒,負)	($\mathrm{H_{M-2}}$ ·M→)HM[HM]	(창원①②, 함안, 김해, 양산)
두·다	($\mathrm{H_{M-2}}$ ·M→)HM[HM]	(창원②, 함안, 김해, 양산)
시·다(酸)	($\mathrm{H_{M-2}}$ ·M→)HM[HM]	(창원②, 김해, 양산)
쓰·다(書)	($\mathrm{H_{M-2}}$ ·M→)HM[HM]	(창원①②)
씨·다(書)	($\mathrm{H_{M-2}}$ ·M→)HM[HM]	(창원①②, 함안)
써·다<켜다>	($\mathrm{H_{M-2}}$ ·M→)HM[HM]	(창원①②, 함안)
씨·다<켜다>	($\mathrm{H_{M-2}}$ ·M→)HM[HM]	(창원①②, 함안)

$\mathrm{H_{M-1}}$과 $\mathrm{H_{M-2}}$의 두 가지가 다 뒤따르는 씨끝에 따라 어간의 방점이 평성(□)으로 남기도 하고, 거성(·□)이나 상성(:□)으로 변하기도 하는데, 이것을 설명하기 위해서는 (창원 방언①을 기준으로 할 때) 씨끝들을 여섯 가지로 구분할 수 있다.[947]

(787) [창원 방언①] 풀이씨 1음절 변동평성어간의 방점 변동 설명을 위한 씨끝의 분류
- 씨끝 Ⅰ … {·아X, ·어X}형 씨끝
- 씨끝Ⅱ … ①안맺음씨끝; -ㅂ, -더, -는; ②맺음씨끝; -거·나, -거·등, -거·라, -구·나, -·네, -·나, -·노, -는, -든·지
- 씨끝Ⅲ … -ㄴ
- 씨끝Ⅳ … ①안맺음씨끝; -시, -십, ②맺음씨끝; -·소, -·이·소, -·요(서술, 의문)
- 씨끝Ⅴ … {-ㄹ라, -ㄹ·라}
- 씨끝Ⅵ … 씨끝 Ⅰ ~ Ⅴ를 제외한 다른 씨끝들

씨끝 Ⅰ {·아X, ·어X}형 씨끝 앞에서 $\mathrm{H_{M-1}}$과 $\mathrm{H_{M-2}}$에 속하는 모든 어간들은 그 방점 표상

---

947) 다른 방언들의 1음절 변동평성어간들도 창원 방언①과 대체로 비슷하게 그 방점의 변동이 나타나지만, 완전히 일치하지는 않고, 다소 차이가 나타날 수도 있다. 보기를 들면 창원 방언①에 거성형 /·바·았·다, ·바·아·서, ·바·아·도, …/로 나타나는 것이 양산 방언에서는 거성형 /·바·았·다, ·바·아·서, 바·아·도,…/와 평2형 /바았·다, 바아·서. 바아·도, …/로 임의 변동한다. 방언에 따라서는 하나의 1음절 변동평성어간이 $\mathrm{H_{M-1}}$과 $\mathrm{H_{M-2}}$의 두 가지로 섞여서 나타날 수도 있다. 보기를 들면 /두·다/는 창원 방언①에서는 $\mathrm{H_{M-1}}$로만 나타나지만, 창원 방언②, 함안 방언, 김해 방언, 양산 방언에서는 $\mathrm{H_{M-1}}$과 $\mathrm{H_{M-2}}$의 2가지로 섞여서 나타난다(표 (797)을 참조). 1음절 변동평성어간 풀이씨 어형들의 방점 변화에 방언에 따른 부분적인 불일치가 있을 경우에는 창언 방언①을 중심으로 자료 제시를 하되, 다른 방언들의 자료들도 빠뜨리지 않고 같이 섞어서 제시한다.

평성(□)이 필수적으로 거성(·□)으로 변한다.

(788) [창원 방언①] 풀이씨 1음절 변동평성어간의 방점 변동 자료

ㄱ. (입력 표상→)	거성으로	
(가+·아→)	·가	M[HH/MM, Ḧ/M̤]
(가+·아·도→)	·가·도	M^2[HH/MM]
(가+·아·서→)	·가·서	M^2[HH/MM]
(가+·아·라→)	·가·아·라	M^3[HHM][948]
(가+·았·다→)	·갔·다	M^2[HH/MM]
ㄴ. (입력 표상→)	거성으로	
(서+·어→)	·서	M[HH/MM, Ḧ/M̤]
(서+·어·도→)	·서·도	M^2[HH/MM]
(서+·어·서→)	·서·서	M^2[HH/MM]
(서+·어·라→)	·서·라	M^2[HH/MM]
(서+·었·다→)	·섰·다	M^2[HH/MM]

씨끝Ⅱ(-ㅂ, -더, -는, -거·나, -거·등, -거·라, -구·나, -·네, -·나, -·노, -는, -든·지) 앞에서 H_{M-1}에 속하는 모든 어간들은 그 기저 방점 표상 평성(□)이 필수적으로 거성(·□)으로 변한다. 그러나 H_{M-2}에 속하는 모든 어간들은 그 방점 표상 평성(□)이 그대로 유지된다.

(789) [창원 방언①] 풀이씨 1음절 변동평성어간의 방점 변동 자료

ㄱ. (입력 표상→)	거성으로	
(가+는·데→)	·가·는·데	M^3[HHM]
(가+더·라→)	·가·더·라	M^3[HHM]
(가+·네→)	·가·네	M^2[HH/MM]
ㄴ. (입력 표상→)	평성으로	
(서+는·데→)	서는·데	H^2M[MHM]
(서+더·라→)	서더·라	H^2M[MHM]
(서+·네→)	서·네	HM[HM]

씨끝Ⅲ(-ㄴ) 앞에서 H_{M-1}에 속하는 어간들과 H_{M-2}에 속하는 어간들은 그 방점 표상 평성(□)이 수의적으로 거성(·□)으로 변한다.

---

948) [창원 방언①②] /*·가·라, M^2/[HH/MM]이 쓰이지 않는 것은 특이한 현상이다. /·가·아·라, M^3/[HHM]는 /·가·거·라, M^3/[HHM]에 유추되어 이루어진 어형으로 보인다. /가·라·카·더·라/와 같은 간접명령에서는 /가·라, HM/[HM]가 쓰이고 있는데, 이것은 /가+·으·라/에서 /·으/ 삭제에 의해 어간 /가-/가 거성으로 변할 기회를 잃은 결과이다. 이것을 이해하는 데는 ≪/·가·거·라/ : /가·라/=/·서·라/ : /서·라/=/잡·아·라/ : /잡·으·라/≫의 관계가 참고가 될 것이다.

(790) [창원 방언①] 풀이씨 1음절 변동평성어간의 방점 변동 자료

(입력 표상→)	평성으로(빈도 높음)		거성으로(빈도 낮음)	
ㄱ. (간 :사·람→)	간사·람	H^2M[MHM]	·간·사·람	M^3[HHM]
(간 것→)	간것	H^2[MH]	·간·것	M^2[HH/MM]
ㄴ. (선 :사·람→)	선사·람	H^2M[MHM]	·선·사·람	M^3[HHM]
(선 것→)	선것	H^2[MH]	·선·것	M^2[HH/MM]

씨끝Ⅳ(-시, -십, -·소, -이·소, -·요) 앞에서 H_{M-1}에 속하는 어간들은 그 방점 표상 평성(□)이 필수적으로 거성(·□)으로 변하고, H_{M-2}에 속하는 어간들은 그 방점 표상 평성(□)이 수의적으로 거성(·□)으로 변한다.

(791) [창원 방언①] 풀이씨 1음절 변동평성어간의 방점 변동 자료

(입력 표상→)	평성으로		거성으로	
ㄱ. (가+·소→)	*가·소	HM[HM]	·가·소	M^2[HH/MM]
(가+·요→)	*가·요	HM[HM]	·가·요	M^2[HH/MM]
(가+·이·소→)	*가·이·소	HM^2[HM^2]	·가·이·소	M^3[HHM]
ㄴ. (서+·소→)	서·소	HM[HM]	·서·소	M^2[HH/MM]
(서+·요→)	서·요	HM[HM]	·서·요	M^2[HH/MM]
(서+·이·소→)	서·이·소	HM^2[HM^2]	·서·이·소	M^3[HHM]

씨끝Ⅴ(-ㄹ라) 앞에서 H_{M-1}에 속하는 어간들은 필수적으로 상성(:□)으로 변하고, H_{M-2}에 속하는 어간들은 수의적으로 상성(:□)으로 변하지만 빈도가 낮다.

(792) [창원 방언①] 풀이씨 1음절 변동평성어간의 방점 변동 자료

(입력 표상→)	평성으로		상성으로	
ㄱ. (가+ㄹ라·꼬→)	*갈라·꼬	H^2M[MHM]	:갈·라·꼬	L^3[LMM]
(가+ㄹ라·몬→)	*갈라·몬	H^2M[MHM]	:갈·라·몬	L^3[LMM]
(가+ㄹ라 ·칸·다→)	*갈라칸·다	H^3M[M_HHM]	:갈·라·칸·다	L^4[LMM_M]
ㄴ. (서+ㄹ라·꼬→)	설라·꼬	H^2M[MHM]	:설·라·꼬	L^3[LMM](빈도 낮음)
(서+ㄹ라·몬→)	설라·몬	H^2M[MHM]	:설·라·몬	L^3[LMM](빈도 낮음)
(서+ㄹ라 ·칸·다→)	설라칸·다	H^3M[M_HHM]	:설·라·칸·다	L^4[LMM_M](빈도 낮음)

씨끝Ⅵ 앞에서 H_{M-1}과 H_{M-2}에 속하는 모든 어간들은 그 방점 표상 평성(□)이 다른 방점으로 변하지 않고, 그대로 유지된다. 자료는 별도로 제시하지 않고, 아래의 (793)~(807)(이들 중에서 특히 (793)과 (798))을 참조하기 바란다.

(793) 1음절 변동평성어간 풀이씨 {가·다}의 어형들

가·다	(Hᴍ$_{-1}$ ·M→)HM[HM]	(창원①②, 함안, 김해, 양산)
가·고	HM[HM]	(창원①②, 함안, 김해, 양산)
가·기·는	HM^2[HM^2]	(창원①②, 함안, 김해, 양산)
가·기·로·서·니	HM^4[HM^4]	(함안, 양산)
가·기·로·서·이	HM^4[HM^4]	(양산)
가·기·로·서·이	HM^4[HM^4]	(창원①②, 함안, 김해)
가·기	HM[HM]	(창원①②, 함안, 김해, 양산)
가·니<가니까>	HM[HM]	(함안, 양산)
가·래·이[949]	HM^2[HM^2]	(양산)
가·며	HM[HM]	(김해, 양산)
가·면	HM[HM]	(함안, 김해, 양산)
가·모	HM[HM]	(창원①②, 함안)
가·이	HM[HM]	(양산)
가·자	HM[HM]	(창원①②, 함안, 김해, 양산)
가·지·만	HM^2[HM^2]	(창원①②, 함안, 김해, 양산)
가·지	HM[HM]	(창원①②, 함안, 김해, 양산)
가·이	HM[HM]	(창원①②, 함안, 김해)
가겄·다	H^{2}M[MHM]	(창원①②, 함안, 김해)
가겄더·라	H^{3}M[MʜHM]	(창원①②, 함안, 김해)
가겄습니·꺼	H^{4}M[Mʜ^{2}HM]	(창원①, 김해)
가겄습니·더	H^{4}M[Mʜ^{2}HM]	(창원①, 김해)
가겄습미·꺼	H^{4}M[Mʜ^{2}HM]	(창원②, 함안)
가겄습미·더	H^{4}M[Mʜ^{2}HM]	(창원②, 함안)
가겄십미·꺼	H^{4}M[Mʜ^{2}HM]	(창원②, 함안)
가겠·다	H^{2}M[MHM]	(창원①②, 김해, 양산)
가겠더·라	H^{3}M[MʜHM]	(창원①②, 김해, 양산)
가겠습니·꺼	H^{4}M[Mʜ^{2}HM]	(창원①, 김해)
가겠습니·더	H^{4}M[Mʜ^{2}HM]	(창원①, 김해)
가겠습미·더	H^{4}M[Mʜ^{2}HM]	(창원②, 양산)
가겠십미·더	H^{4}M[Mʜ^{2}HM]	(창원②, 양산)
가기·는	H^{2}M[MHM]	(창원①②, 함안, 김해, 양산)
가기·로·서·이	H^{2}M^3[MHM^3]	(창원①②, 함안, 김해)
간	H[ ]	(창원①②, 함안, 김해, 양산)
갈	H[ ]	(창원①②, 함안, 김해, 양산)
갈(·데·없·다)	HM^3[HM^3]	(창원①②, 함안, 김해, 양산)
갈끼·다	H^{2}M[MHM]	(창원①②, 양산)

949) 〔양산 방언〕 /·가·아·래·이/[HHM^2]의 첫 두 음절이 짧아져서 /가·래·이/[HM^2]로 된 듯하다.

강·게	HM[HM]	(창원②)
:갈·데·없·다	L^4[LMMᴍ]	(창원①②, 함안, 김해, 양산)
:갈·라·꼬	L^3[LMM]	(창원①②, 함안, 김해, 양산)
:갈·라·머	L^3[LMM]	(김해, 양산)
:갈·라·먼	L^3[LMM]	(함안, 김해, 양산)
:갈·라·모	L^3[LMM]	(창원①②, 함안)
:갈·라·몬	L^3[LMM]	(창원①②)
:갈·라·카·나	L^4[LMMᴍ]	(창원①②, 김해, 양산)
:갈·라·카·네	L^4[LMMᴍ]	(창원①②, 김해, 양산)
:갈·라·카·먼	L^4[LMMᴍ]	(김해, 양산)
:갈·라·카·몬	L^4[LMMᴍ]	(창원①②)
:갈·라·칸·다	L^4[LMMᴍ]	(창원①②, 김해, 양산)
:갈·라·커·나	L^4[LMMᴍ]	(함안, 김해, 양산)
:갈·라·커·머	L^4[LMMᴍ]	(김해, 양산)
:갈·라·커·모	L^4[LMMᴍ]	(함안)
:갈·라·컨·다	L^4[LMMᴍ]	(함안, 김해, 양산)
:갈·래	L^2[LM]	(창원①②, 김해)
:갈·라#카·먼	L^2#HM[LM#HM]	(김해, 양산)
:갈·라#카·모	L^2#HM[LM#HM]	(창원①②)
:갈·라#카·몬	L^2#HM[LM#HM]	(창원①②)
:갈·라#커·머	L^2#HM[LM#HM]	(김해, 양산)
:갈·라#커·모	L^2#HM[LM#HM]	(함안)
:갈·데#:없·다	L^2#L^2[LM#LM]	(창원①②, 함안, 김해, 양산)
:갈·데#:없·심·더	L^2#L^3[LM#LMM]	(양산)
:갈·데#:없·다	L^2#L^2[LM#LM]	(창원①②, 함안, 김해, 양산)
:갈·라#·카·네	L^2#M^2[LM#HH]	(창원①②, 김해, 양산)
:갈·라#·칸·다	L^2#M^2[LM#HH]	(창원①②, 김해, 양산)
:갈·라#·커·나	L^2#M^2[LM#HH]	(함안, 김해, 양산)
:갈·라#·컨·다	L^2#M^2[LM#HH]	(함안, 김해, 양산)
:갈·라#·함·미·더	L^2#M^3[LM#HHM]	(양산)
:갈·라#·함·더	L^2#M^2[LM#HH]	(양산)
·가	M[[M̤]	(창원①②, 함안, 김해, 양산)
·가·거·나	M^3[HHM]	(창원①②, 함안, 김해, 양산)
·가·거·라	M^3[HHM]	(창원①②, 함안, 김해, 양산)
·가·나	M^2[HH/MM]	(창원①②, 함안, 김해, 양산)
·가·네	M^2[HH/MM]	(창원①②, 함안, 김해, 양산)
·가·는·데	M^3[HHM]	(창원①②, 함안, 김해, 양산)
·가·다·가	M^3[HHM]	(창원①②, 함안, 김해, 양산)
·가·더·라·도	M^4[HHM^2]	(창원①②, 함안, 김해, 양산)

·가·더·라 M^3[HHM] (창원①②, 함안, 김해, 양산)
·가·더·래·도 M^4[HHM^2] (창원②, 함안, 김해, 양산)
·가·더·마·는 M^4[HHM^2] (창원①②, 함안, 김해, 양산)
·가·더·이 M^3[HHM] (양산)
·가·더·이 M^3[HHM] (창원②, 함안)
·가·도 M^2[HH/MM] (창원①②, 함안, 김해, 양산)
·가·디·이 M^3[HHM] (창원①②, 함안, 김해)
·가·서 M^2[HH/MM] (창원①②, 함안, 김해, 양산)
·가·아·라 M^3[HHM] (창원①②, 함안, 김해, 양산)
·가·아·래·이 M^4[HHM^2] (양산)
·가·신·다 M^3[HHM] (창원①②, 함안, 김해, 양산)
·간·다 M^2[HH/MM] (창원①②, 함안, 김해, 양산)
·갑·니·더 M^3[HHM] (창원①, 김해)
·갑·미·더 M^3[HHM] (창원②, 함안, 양산)
·갔·는 M^2[HH/MM] (창원①②, 함안, 김해, 양산)
·갔·는·갑·다 M^4[HHM^2] (창원①②, 함안, 김해, 양산)
·갔·다 M^2[HH/MM] (창원①②, 함안, 김해, 양산)
·갔·던·갑·다 M^4[HHM^2] (창원①②, 함안, 김해, 양산)
·갔·습·니·더 M^4[HHM^2] (창원①, 김해)
·갔·습·미·더 M^4[HHM^2] (창원②, 함안, 양산)
·갔·심·더 M^3[HHM] (양산)

(794) 1음절 변동평성어간 풀이씨 {보·다}의 어형들
보·다 (HM_{-1} ·M→)HM[HM] (창원①②, 함안, 김해, 양산)
바아·도[950] H^2M[MHM] (양산)
바아·라 H^2M[MHM] (양산)
바아·서 H^2M[MHM] (양산)
바아 H^2[MH] (양산)
바았·다 H^2M[MHM] (양산)
바았·심·더 H^2M^2[MHM^2] (양산)
보·고 HM[HM] (창원①②, 함안, 김해, 양산)
보·기·는 HM^2[HM^2] (창원①②, 함안, 김해, 양산)
보·기·로·서·니 HM^4[HM^4] (함안, 양산)

950) /바아, 바아·도, 바아·서, 바았·다/ 등은 양산 방언에서만 /·바·아, ·바·아·도, ·바·아·서, ·바·았·다/ 등의 임의변이형으로 나타난다. 이것은 삼척 방언, 강릉 방언, 정선 방언 등에서 2음절 이상의 거성형이 평2형화되는 현상을 연상시킨다. 김차균(2006)과 최영미(2010)을 참조. 그러나 양산 방언의 이 현상은 극히 제한된 어형들에 나타나는 임의변동인 데 대하여, 강원 방언권의 다수의 방언들에서 거성형의 평2음화는 2음절 이상의 모든 거성형에 필수적으로 적용되는 것인데, 이는 통시적인 변천의 결과가 반영된 것이다.

보·기·로·서·이	$HM^4[HM^4]$	(양산)
보·기·로·서·이	$HM^4[HM^4]$	(창원①②, 함안, 김해)
보·기	HM[HM]	(창원①②, 함안, 김해, 양산)
보·머	HM[HM]	(김해, 양산)
보·모	HM[HM]	(창원①②, 함안)
보·이	HM[HM]	(양산)
보·자	HM[HM]	(창원①②, 함안, 김해, 양산)
보·지·만	$HM^2[HM^2]$	(창원①②, 함안, 김해, 양산)
보·지	HM[HM]	(창원①②, 함안, 김해, 양산)
보·이	HM[HM]	(창원①②, 함안, 김해)
보겠·다	$H^2M[MHM]$	(창원①②, 함안, 김해)
보겠·다	$H^2M[MHM]$	(창원①②, 김해, 양산)
볼끼·다	$H^2M[MHM]$	(창원①②, 양산)
:볼·라·꼬	$L^3[LMM]$	(창원①②, 함안, 김해, 양산)
:볼·라·머	$L^3[LMM]$	(김해, 양산)
:볼·라·먼	$L^3[LMM]$	(함안, 김해, 양산)
:볼·라·모	$L^3[LMM]$	(창원①②, 함안)
:볼·라·몬	$L^3[LMM]$	(창원①②)
:볼·라·카·나	$L^4[LMMM]$	(창원①②, 김해, 양산)
:볼·라·칸·다	$L^4[LMMM]$	(창원①②, 김해, 양산)
:볼·라·커·나	$L^4[LMMM]$	(함안, 김해, 양산)
:볼·라·컨·다	$L^4[LMMM]$	(함안, 김해, 양산)
:볼·라·쿠·나	$L^4[LMMM]$	(함안)
:볼·라·쿤·다	$L^4[LMMM]$	(함안)
:볼·라#·카·나	$L^2\#M^2[LM\#HH]$	(창원①②, 김해, 양산)
:볼·라#·칸·다	$L^2\#M^2[LM\#HH]$	(창원①②, 김해, 양산)
:볼·라#·커·나	$L^2\#M^2[LM\#HH]$	(함안, 김해, 양산)
:볼·라#·컨·다	$L^2\#M^2[LM\#HH]$	(함안, 김해, 양산)
:볼·라#카·먼	$L^2\#HM[LM\#HM]$	(김해, 양산)
:볼·라#카·모	$L^2\#HM[LM\#HM]$	(창원①②)
:볼·라#카·몬	$L^2\#HM[LM\#HM]$	(창원①②)
:볼·라#커·먼	$L^2\#HM[LM\#HM]$	(함안, 김해, 양산)
:볼·라#커·모	$L^2\#HM[LM\#HM]$	(함안)
·바·아·도	$M^3[HHM]$	(창원①②, 함안, 김해, 양산)
·바·아·라	$M^3[HHM]$	(창원①②, 함안, 김해, 양산)
·바·아·서	$M^3[HHM]$	(창원①②, 함안, 김해, 양산)
·바·아	$M^2[HH/MM]$	(창원①②, 함안, 김해, 양산)
·바·았·다	$M^3[HHM]$	(창원①②, 함안, 김해, 양산)
·바·았·습·니·더	$M^5[HHM^3]$	(창원①, 김해)

·바·았·습·미·더 $M^5[HHM^3]$ (창원②, 함안, 양산)
·바·았·심·더 $M^4[HHM^2]$ (양산)
·보·거·나 $M^3[HHM]$ (창원①②, 함안, 김해, 양산)
·보·네 $M^2[HH/MM]$ (창원①②, 함안, 김해, 양산)
·보·는·데 $M^3[HHM]$ (창원①②, 함안, 김해, 양산)
·보·다·가 $M^3[HHM]$ (창원①②, 함안, 김해, 양산)
·보·더·라·도 $M^4[HHM^2]$ (창원①②, 함안, 김해, 양산)
·보·더·라 $M^3[HHM]$ (창원①②, 함안, 김해, 양산)
·보·더·래·도 $M^4[HHM^2]$ (창원②, 함안, 김해, 양산)
·보·디·이 $M^3[HHM]$ (양산)
·보·디·히 $M^3[HHM]$ (창원①②, 함안, 김해)
·보·시·고 $M^3[HHM]$ (창원①②, 함안, 김해, 양산)
·보·아·라 $M^3[HHM]$ (창원①②, 함안, 양산)
·보·아·서 $M^3[HHM]$ (창원①②, 함안)
·보·아 $M^2[HH/MM]$ (창원①②, 함안)
·보·았·다 $M^3[HHM]$ (창원①②, 함안)
·보·았·습·미·더 $M^5[HHM^3]$ (창원②, 함안, 양산)
·본·다 $M^2[HH/MM]$ (창원①②, 함안, 김해, 양산)
·봅·니·더 $M^3[HHM]$ (창원①, 김해)
·봅·미·더 $M^3[HHM]$ (창원②, 함안, 양산)

(795) 1음절 변동평성어간 풀이씨 {오·다}의 어형들

오·다 $(H_{M-1}\cdot M\rightarrow)HM[HM]$ (창원①②, 함안, 김해, 양산)
오·고 $HM[HM]$ (창원①②, 함안, 김해, 양산)
오·기·는 $HM^2[HM^2]$ (창원①②, 함안, 김해, 양산)
오·기·로·서·니 $HM^4[HM^4]$ (함안, 양산)
오·기·로·서·이 $HM^4[HM^4]$ (양산)
오·기·로·서·히 $HM^4[HM^4]$ (창원①②, 함안, 김해)
오·기 $HM[HM]$ (창원①②, 함안, 김해, 양산)
오·니 $HM[HM]$ (함안, 양산)
오·머 $HM[HM]$ (김해, 양산)
오·모 $HM[HM]$ (창원①②, 함안)
오·이 $HM[HM]$ (양산)
오·자 $HM[HM]$ (창원①②, 함안, 김해, 양산)
오·지·만 $HM^2[HM^2]$ (창원①②, 함안, 김해, 양산)
오·지 $HM[HM]$ (창원①②, 함안, 김해, 양산)
오·히 $HM[HM]$ (창원①②, 함안, 김해)
오겄·다 $H^2M[MHM]$ (창원①②, 함안, 김해)
오겠·다 $H^2M[MHM]$ (창원①②, 김해, 양산)

올끼·다	H^{2}M[MHM]	(창원①②, 양산)
:올·라·꼬	L^3[LMM]	(창원①②, 함안, 김해, 양산)
:올·라·머	L^3[LMM]	(김해, 양산)
:올·라·먼	L^3[LMM]	(함안, 김해, 양산)
:올·라·모	L^3[LMM]	(창원①②, 함안)
:올·라·몬	L^3[LMM]	(창원①②)
:올·라·카·나	L^4 [LMMᴍ]	(창원①②, 김해, 양산)
:올·라·칸·다	L^4 [LMMᴍ]	(창원①②, 김해, 양산)
:올·라·커·나	L^4 [LMMᴍ]	(함안, 김해, 양산)
:올·라·컨·다	L^4 [LMMᴍ]	(함안, 김해, 양산)
:올·라·쿠·나	L^4 [LMMᴍ]	(함안)
:올·라·쿤·다	L^4 [LMMᴍ]	(함안)
:올·라#·카·나	L^2#M^2[LM#HH]	(창원①②, 김해, 양산)
:올·라#·칸·다	L^2#M^2[LM#HH]	(창원①②, 김해, 양산)
:올·라#·커·나	L^2#M^2[LM#HH]	(함안, 김해, 양산)
:올·라#·컨·다	L^2#M^2[LM#HH]	(함안, 김해, 양산)
:올·라#카·먼	L^2#HM[LM#HM]	(김해, 양산)
:올·라#카·몬	L^2#HM[LM#HM]	(창원①②)
:올·라#커·모	L^2#HM[LM#HM]	(함안)
·오<와>	M[M̤]	(창원①②, 함안, 김해)
·오·신·다	M^3[HHM]	(창원①②, 함안, 김해, 양산)
·오·너·라	M^3[HHM]	(창원①②, 함안, 김해, 양산)
·오·네	M^2[HH/MM]	(창원①②, 함안, 김해, 양산)
·오·는·데	M^3[HHM]	(창원①②, 함안, 김해, 양산)
·오·다·가	M^3[HHM]	(창원①②, 함안, 김해, 양산)
·오·더·니	M^3[HHM]	(함안, 양산)
·오·더·라·도	M^4 [HHM^2]	(창원①②, 함안, 김해, 양산)
·오·더·라	M^3[HHM]	(창원①②, 함안, 김해, 양산)
·오·도	M^2[HH/MM]	(창원①②, 함안, 김해)
·오·디·이	M^3[HHM]	(양산)
·오·디·이	M^3[HHM]	(창원①②, 함안, 김해)
·오·서	M^2[HH/MM]	(창원①②, 함안, 김해)
·온·다	M^2[HH/MM]	(창원①②, 함안, 김해, 양산)
·옵·니·더	M^3[HHM]	(창원①, 김해, 양산)
·옵·미·더	M^3[HHM]	(창원①②, 함안, 양산)
·왔·다	M^2[HH/MM]	(창원①②, 함안, 김해)
·왔·습·니·더	M^4 [HHM^2]	(창원①, 김해)
·왔·습·미·더	M^4 [HHM^2]	(창원②, 함안, 양산)
·와·도	M^2[HH/MM]	(창원①②, 함안, 김해, 양산)

·와·서	M^2[HH/MM]	(창원①②, 함안, 김해, 양산)
·와	M[M̤]	(창원①②, 함안, 김해, 양산)
·왔·다	M^2[HH/MM]	(창원①②, 함안, 김해, 양산)
·왔·습·니·더	M^4[HHM^2]	(창원①, 김해)
·왔·습·미·더	M^4[HHM^2]	(창원②, 함안, 양산)
·왔·심·더	M^3[HHM]	(양산)

(796) 1음절 변동평성어간 풀이씨 {지·다}의 어형들

@지·다(洛,日沒,負)	($\text{H}_{\text{M}-1}$ ·M→)HM[HM]	(창원②, 함안, 양산)
@지·다(洛,日沒,負)	($\text{H}_{\text{M}-2}$ ·M→)HM[HM]	(창원①②, 함안, 김해, 양산)
지·고	HM[HM]	(창원①②, 함안, 김해, 양산)
지·기·는	HM^2[HM^2]	(창원①②, 함안, 김해, 양산)
지·기·로·서·니	HM^4[HM^4]	(함안, 양산)
지·기·로·서·이	HM^4[HM^4]	(양산)
지·기·로·서·이	HM^4[HM^4]	(창원①②, 함안, 김해)
지·기	HM[HM]	(창원①②, 함안, 김해, 양산)
지·네	HM[HM]	(창원①②, 함안, 김해, 양산)
지·니·까	HM^2[HM^2]	(양산)
지·니	HM[HM]	(함안, 양산)
지·먼	HM[HM]	(함안, 김해, 양산)
지·모	HM[HM]	(창원①②, 함안)
지·몬	HM[HM]	(창원①②)
지·이·께·네	HM^3[HM^3]	(양산)
지·이	HM[HM]	(양산)
지·자	HM[HM]	(창원①②, 함안, 김해, 양산)
지·지·만	HM^2[HM^2]	(창원①②, 함안, 김해, 양산)
지·지	HM[HM]	(창원①②, 함안, 김해, 양산)
지·이	HM[HM]	(창원①②, 함안, 김해)
지거·나	H^2M[MHM]	(창원①②, 함안, 김해, 양산)
지겄·다	H^2M[MHM]	(창원①②, 함안, 김해)
지겠·다	H^2M[MHM]	(창원①②, 김해, 양산)
지는·데	H^2M[MHM]	(창원①②, 함안, 김해, 양산)
지다·가	H^2M[MHM]	(창원①②, 함안, 김해, 양산)
지더·라·도	H^2M^2[MHM^2]	(창원①②, 함안, 김해, 양산)
지더·라	H^2M[MHM]	(창원①②, 함안, 김해, 양산)
지더라·도	H^3M[MʜHM]	(창원①②, 함안, 김해, 양산)
지디·이	H^2M[MHM]	(양산)
지디·이	H^2M[MHM]	(창원①②, 함안, 김해)
진·다	HM[HM]	(창원①②, 함안, 김해, 양산)

질·라#카·먼	HM#HM[HM#HM]	(김해, 양산)
질·라#카·모	HM#HM[HM#HM]	(창원①②)
질·라#카·몬	HM#HM[HM#HM]	(창원①②)
질·라#커·머	HM#HM[HM#HM]	(김해, 양산)
질·라#커·모	HM#HM[HM#HM]	(함안)
질·라·꼬	HM^2[HM^2]	(창원①②, 함안, 김해, 양산)
질·라·머	HM^2[HM^2]	(김해, 양산)
질·라·먼	HM^2[HM^2]	(함안, 김해, 양산)
질·라·모	HM^2[HM^2]	(창원①②, 함안)
질·라·몬	HM^2[HM^2]	(창원①②)
질·라·카·나	HM^3[HM^3]	(창원①②, 김해, 양산)
질·라·카·먼	HM^3[HM^3]	(김해, 양산)
질·라·카·몬	HM^3[HM^3]	(창원①②)
질·라·칸·다	HM^3[HM^3]	(창원①②, 김해, 양산)
질·라·커·나	HM^3[HM^3]	(함안, 김해, 양산)
질·라·컨·다	HM^3[HM^3]	(함안, 김해, 양산)
질·라·쿠·나	HM^3[HM^3]	(함안)
질·라·쿤·다	HM^3[HM^3]	(함안)
질라카·몬	H^{3}M[MʜHM]	(창원①②)
질라·꼬	H^{2}M[MHM]	(창원①②, 함안, 김해, 양산)
질라·먼	H^{2}M[MHM]	(함안, 김해, 양산)
질라·몬	H^{2}M[MHM]	(창원①②)
질라카·나	H^{3}M[MʜHM]	(창원①②, 김해)
질라칸·다	H^{3}M[MʜHM]	(창원①②, 김해)
질라커·나	H^{3}M[MʜHM]	(함안, 김해)
질라컨·다	H^{3}M[MʜHM]	(함안, 김해)
질라쿠·나	H^{3}M[MʜHM]	(함안)
질라쿤·다	H^{3}M[MʜHM]	(함안)
집니·더	H^{2}M[MHM]	(창원①, 김해)
집미·더	H^{2}M[MHM]	(창원②, 함안, 양산)
:질·라#카·몬	L^2#HM[LM#HM]	(창원②)
:질·라#커·모	L^2#HM[LM#HM]	(함안)
:질·라#하·먼	L^2#HM[LM#HM]	(양산)
:질·라·꼬	L^3[LMM]	(창원②, 함안, 양산)
:질·라·먼	L^3[LMM]	(함안, 양산)
:질·라·모	L^3[LMM]	(함안)
:질·라·몬	L^3[LMM]	(창원②)
:질·라·카·나	L^4[LMMᴍ]	(창원②, 양산)
:질·라·카·몬	L^4[LMMᴍ]	(창원②)
:질·라·칸·다	L^4[LMMᴍ]	(창원②, 양산)

:질·라·커·나	L^4[LMMᴍ]	(함안, 양산)
:질·라·커·모	L^4[LMMᴍ]	(함안)
:질·라·컨·다	L^4[LMMᴍ]	(함안, 양산)
:질·라·쿠·나	L^4[LMMᴍ]	(함안)
:질·라·쿤·다	L^4[LMMᴍ]	(함안)
:질·라·하·먼	L^4[LMMᴍ]	(양산)
·져[·저]	M[M̤]	(창원①②, 함안, 김해, 양산)
·져·도[·저·도]	M^2[HH/MM]	(창원①②, 함안, 김해, 양산)
·져·라	M^2[HH/MM]	(창원①②, 함안, 김해, 양산)
·져·서	M^2[HH/MM]	(창원①②, 함안, 김해, 양산)
·졌·다	M^2[HH/MM]	(창원①②, 함안, 김해, 양산)
·졌·습·니·더	M^4[HHM^2]	(창원①, 김해)
·졌·습·미·더	M^4[HHM^2]	(창원①②, 함안, 양산)
·졌·심·더	M^3[HHM]	(양산)
·지·도	M^2[HH/MM]	(창원①②, 함안, 김해, 양산)
·지·라	M^2[HH/MM]	(창원①②, 함안, 김해, 양산)
·지·서	M^2[HH/MM]	(창원①②, 함안, 김해, 양산)
·지	M[M̤]	(창원①②, 함안, 김해, 양산)
·짔·다	M^2[HH/MM]	(창원①②, 함안, 김해, 양산)
·짔·습·니·더	M^4[HHM^2]	(창원①, 김해)
·짔·습·미·더	M^4[HHM^2]	(창원②, 함안, 양산)
·짔·심·더	M^3[HHM]	(양산)

(797) 1음절 변동평성어간 풀이씨 {두·다}의 어형들

@두·다	(Hᴍ$_{-1}$·M→)HM[HM]	(창원①②, 함안, 김해, 양산)
@두·다	(Hᴍ$_{-2}$·M→)HM[HM]	(창원②, 함안, 김해, 양산)
두·고	HM[HM]	(창원①②, 함안, 김해, 양산)
두·기·는	HM^2[HM^2]	(창원①②, 함안, 김해, 양산)
두·기·로·서·니	HM^4[HM^4]	(함안, 양산)
두·기·로·서·이	HM^4[HM^4]	(양산)
두·기·로·서·이	HM^4[HM^4]	(창원①②, 함안, 김해)
두·기	HM[HM]	(창원①②, 함안, 김해, 양산)
두·니	HM[HM]	(함안, 양산)
두·도	HM[HM]	(양산)
두·라[951]	HM[HM]	(창원①, 함안, 양산)
두·라·이	HM^2[HMH][952]	(창원①, 함안)

951) [창원 방언①] /두·라·칸·다/와 [함안 방언] /두·라·컨·다/에서 /두·라/는 간접명령.
952) [창원 방언①, 함안 방언] 마지막 [H]는 억양 부분.

두·머	HM[HM]	(김해, 양산)
두·먼	HM[HM]	(함안, 김해, 양산)
두·모	HM[HM]	(창원①②, 함안)
두·몬	HM[HM]	(창원①②)
두·서	HM[HM]	(양산)
두·이	HM[HM]	(양산)
두·자	HM[HM]	(창원①②, 함안, 김해, 양산)
두·지·만	$HM^2[HM^2]$	(창원①②, 함안, 김해, 양산)
두·지	HM[HM]	(창원①②, 함안, 김해, 양산)
두·이	HM[HM]	(창원①②, 함안, 김해)
두겄·다	$H^2M[MHM]$	(창원①②, 함안, 김해)
두겠·다	$H^2M[MHM]$	(창원①②, 김해, 양산)
두	H[H⌝]	(양산)
둘·라#카·머	HM#HM[HM#HM]	(김해, 양산)
둘·라#카·먼	HM#HM[HM#HM]	(김해, 양산)
둘·라#카·모	HM#HM[HM#HM]	(창원②)
둘·라#커·모	HM#HM[HM#HM]	(함안)
둘·라#쿠·모	HM#HM[HM#HM]	(함안)
둘·라#하·머	HM#HM[HM#HM]	(양산)
둘·라·꼬	$HM^2[HM^2]$	(창원②, 함안, 김해, 양산)
둘·라·머	$HM^2[HM^2]$	(김해, 양산)
둘·라·먼	$HM^2[HM^2]$	(함안, 김해, 양산)
둘·라·모	$HM^2[HM^2]$	(창원②, 함안)
둘·라·카·나	$HM^3[HM^3]$	(창원②, 김해, 양산)
둘·라·카·머	$HM^3[HM^3]$	(김해, 양산)
둘·라·카·먼	$HM^3[HM^3]$	(김해, 양산)
둘·라·카·모	$HM^3[HM^3]$	(창원②)
둘·라·카·몬	$HM^3[HM^3]$	(창원②)
둘·라·칸·다	$HM^3[HM^3]$	(창원②, 김해, 양산)
둘·라·커·나	$HM^3[HM^3]$	(함안, 김해, 양산)
둘·라·커·먼	$HM^3[HM^3]$	(함안, 김해, 양산)
둘·라·커·모	$HM^3[HM^3]$	(함안)
둘·라·컨·다	$HM^3[HM^3]$	(함안, 김해, 양산)
둘·라·쿠·모	$HM^3[HM^3]$	(함안)
둘·라·하·먼	$HM^3[HM^3]$	(양산)
둘·라·하·면	$HM^3[HM^3]$	(양산)
둘끼·다	$H^2M[MHM]$	(창원①②, 양산)
둘라·꼬	$H^2M[MHM]$	(창원②, 함안, 김해)
둘라·먼	$H^2M[MHM]$	(함안, 김해, 양산)
둘라·모	$H^2M[MHM]$	(창원②, 함안)

둘라카·나	H^{3}M[MʜHM]	(창원②, 김해)
둘라카·머	H^{3}M[MʜHM]	(김해)
둘라카·먼	H^{3}M[MʜHM]	(김해)
둘라카·모	H^{3}M[MʜHM]	(창원②)
둘라카·몬	H^{3}M[MʜHM]	(창원②)
둘라칸·다	H^{3}M[MʜHM]	(창원②, 김해)
둘라커·나	H^{3}M[MʜHM]	(함안, 김해)
둘라커·모	H^{3}M[MʜHM]	(함안)
둘라컨·다	H^{3}M[MʜHM]	(함안, 김해)
둘라쿠·모	H^{3}M[MʜHM]	(함안)
둜·다	HM[HM]	(양산)
둜·심·더	HM^2[HM^2]	(양산)
:둘·라#카·모	L^2#HM[LM#HM]	(창원①②)
:둘·라#카·몬	L^2#HM[LM#HM]	(창원①②)
:둘·라#커·먼	L^2#HM[LM#HM]	(함안, 김해, 양산)
:둘·라#커·모	L^2#HM[LM#HM]	(함안)
:둘·라#쿠·모	L^2#HM[LM#HM]	(함안)
:둘·라#하·먼	L^2#HM[LM#HM]	(양산)
:둘·라·꼬	L^3[LMM]	(창원①②)
:둘·라·꼬	L^3[LMM]	(창원①②, 함안, 양산)
:둘·라·먼	L^3[LMM]	(함안, 김해, 양산)
:둘·라·모	L^3[LMM]	(창원①②, 함안)
:둘·라·몬	L^3[LMM]	(창원①②)
:둘·라·카·나	L^4[LMMᴍ]	(창원①②)
:둘·라·카·머	L^4[LMMᴍ]	(김해, 양산)
:둘·라·카·모	L^4[LMMᴍ]	(창원①②)
:둘·라·카·몬	L^4[LMMᴍ]	(창원①②)
:둘·라·칸·다	L^4[LMMᴍ]	(창원①②, 김해, 양산)
:둘·라·커·나	L^4[LMMᴍ]	(함안, 김해, 양산)
:둘·라·커·머	L^4[LMMᴍ]	(김해, 양산)
:둘·라·커·모	L^4[LMMᴍ]	(함안)
:둘·라·컨·다[953]	L^4[LMMᴍ]	(함안, 김해, 양산)
:둘·라·쿠·모	L^4[LMMᴍ]	(함안)
·두·거·나	M^3[HHM]	(창원①②, 함안, 김해, 양산)
·두·네	M^2[HH/MM]	(창원①②, 함안, 김해, 양산)
·두·는·데	M^3[HHM]	(창원①②, 함안, 김해, 양산)
·두·다·가	M^3[HHM]	(창원①②, 함안, 김해, 양산)

953) 〔함안 방언〕 /:둘X/ 어형은 드물게 나타난다.

·두·더·라·도 $M^4[HHM^2]$ (창원①②, 함안, 김해, 양산)
·두·더·라 $M^3[HHM]$ (창원①②, 함안, 김해, 양산)
·두·디·이 $M^3[HHM]$ (양산)
·두·디·이 $M^3[HHM]$ (창원①②, 함안, 김해)
·두·신·다 $M^3[HHM]$ (창원①②, 함안, 김해, 양산)
·두·어·도 $M^3[HHM]$ (창원①, 김해)
·두·어·서 $M^3[HHM]$ (창원①, 김해)
·두·어 $M^2[HH/MM]$ (창원①, 김해)
·두·어 $M^2[HH/MM]$ (창원①, 김해)
·두·었·다 $M^3[HHM]$ (창원①, 김해)
·두·었·습·니·더 $M^5[HHM^3]$ (창원①, 김해)
·두·우·도 $M^3[HHM]$ (창원①②, 함안, 김해)
·두·우·라 $M^3[HHM]$ (창원①②, 함안, 김해)
·두·우·서 $M^3[HHM]$ (창원①②, 함안, 김해)
·두·우 $M^2[HH/MM]$ (창원①②, 함안, 김해)
·두·웄·다 $M^3[HHM]$ (창원①②, 함안, 김해)
·두·웄·습·니·더 $M^5[HHM^3]$ (창원①, 김해)
·두·웄·습·미·더 $M^5[HHM^3]$ (창원②, 함안)
·둔·다 $M^2[HH/MM]$ (창원①②, 함안, 김해, 양산)
·둡·니·더 $M^3[HHM]$ (창원①, 김해)
·둡·미·더 $M^3[HHM]$ (창원②, 함안, 양산)

(798) 1음절 변동평성어간 풀이씨 {서·다}의 어형들
서·다 $(H_{M-2}\cdot M\rightarrow)HM[HM]$ (창원①②, 함안, 김해, 양산)
서·고 $HM[HM]$ (창원①②, 함안, 김해, 양산)
서·기 $HM[HM]$ (창원①②, 함안, 김해, 양산)
서·네 $HM[HM]$ (창원①②, 함안, 김해, 양산)
서·니 $HM[HM]$ (함안, 양산)
서·며 $HM[HM]$ (김해, 양산)
서·모 $HM[HM]$ (창원①②, 함안)
서·몬 $HM[HM]$ (창원①②)
서·이 $HM[HM]$ (양산)
서·자 $HM[HM]$ (창원①②, 함안, 김해, 양산)
서·지 $HM[HM]$ (창원①②, 함안, 김해, 양산)
서·이 $HM[HM]$ (창원①②, 함안, 김해)
서·지·만 $HM^2[HM^2]$ (창원①②, 함안, 김해, 양산)
서·기·는 $HM^2[HM^2]$ (창원①②, 함안, 김해, 양산)
서·기·로·서·니 $HM^4[HM^4]$ (함안, 양산)
서·기·로·서·이 $HM^4[HM^4]$ (양산)
서·기·로·서·이 $HM^4[HM^4]$ (창원①②, 함안, 김해)

서거·나	H^2M[MHM]	(창원①②, 함안, 김해, 양산)
서겄·다	H^2M[MHM]	(창원①②, 함안, 김해)
서겠·다	H^2M[MHM]	(창원①②, 김해, 양산)
서는·데	H^2M[MHM]	(창원①②, 함안, 김해, 양산)
서다·가	H^2M[MHM]	(창원①②, 함안, 김해, 양산)
서더·니	H^2M[MHM]	(함안, 양산)
서더·라·도	H^2M^2[MHM^2]	(창원①②, 함안, 김해, 양산)
서더·라	H^2M[MHM]	(창원①②, 함안, 김해, 양산)
서디·이	H^2M[MHM]	(양산)
서디·이	H^2M[MHM]	(창원①②, 함안, 김해)
서신·다	H^2M[MHM]	(창원①②, 함안, 김해, 양산)
선·다	HM[HM]	(창원①②, 함안, 김해, 양산)
선·대·이	HM^2[HM^2]	(양산)
설·라·꼬	HM^2[HM^2]	(창원①②, 함안, 김해, 양산)
설·라·먼	HM^2[HM^2]	(함안, 김해, 양산)
설·라·모	HM^2[HM^2]	(창원①②, 함안)
설·라·몬	HM^2[HM^2]	(창원①②)
설·라·카·나	HM^3[HM^3]	(창원①②, 김해, 양산)
설·라·카·먼	HM^2[HM^2]	(김해, 양산)
설·라·카·모	HM^3[HM^3]	(창원①②)
설·라·카·몬	HM^3[HM^3]	(창원①②)
설·라·칸·다	HM^3[HM^3]	(창원①②, 김해, 양산)
설·라·커·나	HM^3[HM^3]	(함안, 김해, 양산)
설·라·커·모	HM^3[HM^3]	(함안)
설·라·컨·다	HM^3[HM^3]	(함안, 김해, 양산)
설·라·하·먼	HM^3[HM^3]	(양산)
설끼·다	H^2M[MHM]	(창원①②, 양산)
설라·꼬	H^2M[MHM]	(창원①②, 함안, 김해, 양산)
설라·머	H^2M[MHM]	(양산)
설라·먼	H^2M[MHM]	(함안, 김해, 양산)
설라·모	H^2M[MHM]	(창원①②, 함안)
설라·몬	H^2M[MHM]	(창원①②)
설라카·나	H^3M[MʜHM]	(창원①②, 김해)
설라칸·다	H^3M[MʜHM]	(창원①②, 김해)
설라커·나	H^3M[MʜHM]	(함안, 김해)
설라컨·다	H^3M[MʜHM]	(함안, 김해)
섭니·더	H^2M[MHM]	(창원①, 김해)
섭미·더	H^2M[MHM]	(창원②, 함안, 양산)
서·라	HM[HM]	(창원②, 함안, 김해, 양산)

서	H[H⌝]	(양산)
서·도	HM[HM]	(양산)
서·서	HM[HM]	(양산)
섰·다	HM[HM]	(양산)
섰·대·이	HM^2[HM^2]	(양산)
섰·심·더	HM^2[HM^2]	(양산)
섰·습·미·더	HM^3[HM^3]	(창원②, 함안, 양산)
·서·도	M^2[HH/MM]	(창원①②, 함안, 김해, 양산)
·서·라[954]	M^2[HH/MM]	(창원①②, 함안, 김해, 양산)
·서·서	M^2[HH/MM]	(창원①②, 함안, 김해, 양산)
·서	M[M̤]	(창원①②, 함안, 김해, 양산)
·섰·다	M^2[HH/MM]	(창원①②, 함안, 김해, 양산)
·섰·습·니·더	M^4 [HHM^2]	(창원①, 김해)

(799) 1음절 변동평성어간 풀이씨 {사·다}의 어형들

@사·다	(H$_{\text{M}-1}$ ·M→)HM[HM]	(창원②, 김해)
@사·다	(H$_{\text{M}-2}$ ·M→)HM[HM]	(창원①②, 함안, 김해, 양산)
사·고	HM[HM]	(창원①②, 함안, 김해, 양산)
사·기·는	HM^2[HM^2]	(창원①②, 함안, 김해, 양산)
사·기·로·서·니	HM^4 [HM^4]	(함안, 양산)
사·기·로·서·이	HM^4 [HM^4]	(양산)
사·기·로·서·이	HM^4 [HM^4]	(창원①②, 함안, 김해)
사·기	HM[HM]	(창원①②, 함안, 김해, 양산)
사·네	HM[HM]	(창원①②, 함안, 김해, 양산)
사·니·까·네	HM^3[HM^3]	(양산)
사·니·까	HM^2[HM^2]	(양산)
사·니	HM[HM]	(함안, 양산)
사·라	HM[HM]	(창원①②, 함안, 김해, 양산)
사·머	HM[HM]	(김해, 양산)
사·먼	HM[HM]	(함안, 김해, 양산)
사·모	HM[HM]	(창원①②, 함안)
사·이	HM[HM]	(양산)
사·자	HM[HM]	(창원①②, 함안, 김해, 양산)
사·지·만	HM^2[HM^2]	(창원①②, 함안, 김해, 양산)
사·지	HM[HM]	(창원①②, 함안, 김해, 양산)
사·이	HM[HM]	(창원①②, 함안, 김해)
사거·나	H^{2}M[MHM]	(창원①②, 함안, 김해, 양산)

954) [창원 방언①②] /서·라/는 간접명령에 쓰이는 것이 보통이지만, 직접명령으로는 단호한 지시의 느낌을 준다. 이에 대하여 /·서·라/는 애원하는 듯한 느낌을 주는 명령이다.

사겼·다 H^{2}M[MHM] (창원①②, 함안, 김해)
사겠·다 H^{2}M[MHM] (창원①②, 김해, 양산)
사는·데 H^{2}M[MHM] (창원①②, 함안, 김해, 양산)
사다·가 H^{2}M[MHM] (창원①②, 함안, 김해, 양산)
사더·니 H^{2}M[MHM] (함안, 양산)
사더·라·도 H^{2}M^2[MHM^2] (창원①②, 함안, 김해, 양산)
사더·라 H^{2}M[MHM] (창원①②, 함안, 김해, 양산)
사더·이 H^{2}M[MHM] (양산)
사더·이 H^{2}M[MHM] (창원②, 함안)
사더라·도 H^{3}M[MʜHM] (창원①②, 함안, 김해, 양산)
사디·이 H^{2}M[MHM] (창원①②, 함안, 김해)
사시·고 H^{2}M[MHM] (창원①②, 함안, 김해, 양산)
사신·다 H^{2}M[MHM] (창원①②, 함안, 김해, 양산)
산·다 HM[HM] (창원①②, 함안, 김해, 양산)
살·라#카·모 HM#HM[HM#HM] (창원①②)
살·라·꼬 HM^2[HM^2] (창원①②, 함안, 김해, 양산)
살·라·먼 HM^2[HM^2] (함안, 김해, 양산)
살·라·모 HM^2[HM^2] (창원①②, 함안, 양산)
살·라·몬 HM^2[HM^2] (창원①②)
살·라·카·나 HM^3[HM^3] (창원①②, 김해, 양산)
살·라·카·먼 HM^3[HM^3] (김해, 양산)
살·라·카·모 HM^3[HM^3] (창원①②)
살·라·카·몬 HM^3[HM^3] (창원①②)
살·라·칸·다 HM^3[HM^3] (창원①②, 김해, 양산)
살·라·커·나 HM^3[HM^3] (함안, 김해, 양산)
살·라·컨·다 HM^3[HM^3] (함안, 김해, 양산)
살라·꼬 H^{2}M[MHM] (창원①②, 함안, 김해, 양산)
살라·먼 H^{2}M[MHM] (함안, 김해, 양산)
살라·모 H^{2}M[MHM] (창원①②, 함안)
살라·몬 H^{2}M[MHM] (창원①②)
살라카·나 H^{3}M[MʜHM] (창원①②, 김해)
살라카·먼 H^{3}M[MʜHM (김해)
살라카·모 H^{3}M[MʜHM] (창원①②)
살라카·몬 H^{3}M[MʜHM] (창원①②)
살라칸·다 H^{3}M[MʜHM] (창원①②, 김해)
살라커·나 H^{3}M[MʜHM] (함안, 김해)
살라컨·다 H^{3}M[MʜHM] (함안, 김해)
삽니·더 H^{2}M[MHM] (창원①, 김해)
삽미·더 H^{2}M[MHM] (창원②, 함안, 양산)
상·께 HM[HM] (창원②, 함안)

:살·라·꼬	L^3[LMM]	(창원②, 김해)
:살·라·먼	L^3[LMM]	(김해)
:살·라·몬	L^3[LMM]	(창원②)
:살·라·카·먼	L^4[LMMᴍ]	(김해)
:살·라·카·몬	L^4[LMMᴍ]	(창원②)
·사·도	M^2[HH/MM]	(창원①②, 함안, 김해, 양산)
·사·라[955)]	M^2[HH/MM]	(창원①②, 함안, 김해, 양산)
·사·서	M^2[HH/MM]	(창원①②, 함안, 김해, 양산)
·사·이·소	M^3[HHM]	(창원①②, 양산)
·사	M[Ṃ]	(창원①②, 함안, 김해, 양산)
·샀·다	M^2[HH/MM]	(창원①②, 함안, 김해, 양산)
·샀·습·니·더	M^4[HHM^2]	(창원①, 김해)
·샀·습·미·더	M^4[HHM^2]	(창원①②, 함안, 양산)
·샀·심·더	M^3[HHM]	(양산)

(800) 1음절 변동평성어간 풀이씨 {하·다}의 어형들

하·다	(Hᴍ$_{-1}$ ·M→)HM[HM]	(창원①②, 함안, 김해, 양산)
하·고	HM[HM]	(창원①②, 함안, 김해, 양산)
하·기·는	HM^2[HM^2]	(창원①②, 함안, 김해, 양산)
하·기·로·서·니	HM^4[HM^4]	(함안, 양산)
하·기·로·서·이	HM^4[HM^4]	(양산)
하·기·로·서·이	HM^4[HM^4]	(창원①②, 함안, 김해)
하·기	HM[HM]	(창원①②, 함안, 김해, 양산)
하·니	HM[HM]	(함안, 양산)
하·머	HM[HM]	(김해, 양산)
하·먼	HM[HM]	(함안, 김해, 양산)
하·모	HM[HM]	(창원①②, 함안)
하·이	HM[HM]	(양산)
하·자	HM[HM]	(창원①②, 함안, 김해, 양산)
하·지·만	HM^2[HM^2]	(창원①②, 함안, 김해, 양산)
하·지	HM[HM]	(창원①②, 함안, 김해, 양산)
하·이	HM[HM]	(창원①②, 함안, 김해)
하겄·다	H^2M[MHM]	(창원①②, 함안, 김해)
하겄더·라	H^3M[MʜHM]	(창원①②, 함안, 김해)
하겄습니·꺼	H^4M[Mʜ^{2}HM]	(창원①, 김해)
하겄습니·더	H^4M[Mʜ^{2}HM]	(창원①, 김해)

955) [창원 방언①②] /사·라/는 간접명령에 쓰이는 것이 보통이지만, 직접명령으로는 단호한 지시의 느낌을 준다. /·사·라/는 애원하는 듯한 느낌을 주는 명령이다.

하겄습미·꺼	H^{4}M[Mʜ^{2}HM]	(창원②, 함안)
하겄습미·더	H^{4}M[Mʜ^{2}HM]	(창원②, 함안)
하겄십미·꺼	H^{4}M[Mʜ^{2}HM]	(창원②, 함안)
하겠·다	H^{2}M[MHM]	(창원①②, 김해, 양산)
하겠더·라	H^{3}M[MʜHM]	(창원①②, 김해, 양산)
하겠습니·꺼	H^{4}M[Mʜ^{2}HM]	(창원①, 김해)
하겠습니·더	H^{4}M[Mʜ^{2}HM]	(창원①, 김해)
하겠습미·더	H^{4}M[Mʜ^{2}HM]	(창원②, 양산)
하겠심·더	H^{3}M[MʜHM]	(양산)
하겠십미·더	H^{4}M[Mʜ^{2}HM]	(창원②, 양산)
하기·는	H^{2}M[MHM]	(창원①②, 함안, 김해, 양산)
하기·로·서·이	H^{2}M^3[MHM^3]	(창원①②, 함안, 김해)
한	H[ ]	(창원①②, 함안, 김해, 양산)
할	H[ ]	(창원①②, 함안, 김해, 양산)
할끼·다	H^{2}M[MHM]	(창원①②, 양산)
항·게	HM[HM]	(창원②)
:할·라#·카·네	L^2#M^2[LM#HH]	(창원①②, 김해, 양산)
:할·라#·칸·다	L^2#M^2[LM#HH]	(창원①②, 김해, 양산)
:할·라#·커·나	L^2#M^2[LM#HH]	(함안, 김해, 양산)
:할·라#·컨·다	L^2#M^2[LM#HH]	(함안, 김해, 양산)
:할·라#·함·더	L^2#M^2[LM#HH]	(양산)
:할·라#카·먼	L^2#HM[LM#HM]	(김해, 양산)
:할·라#카·모	L^2#HM[LM#HM]	(창원①②)
:할·라#카·몬	L^2#HM[LM#HM]	(창원①②)
:할·라#커·머	L^2#HM[LM#HM]	(김해, 양산)
:할·라#커·모	L^2#HM[LM#HM]	(함안)
:할·라·꼬	L^3[LMM]	(창원①②, 함안, 김해, 양산)
:할·라·머	L^3[LMM]	(김해, 양산)
:할·라·먼	L^3[LMM]	(함안, 김해, 양산)
:할·라·모	L^3[LMM]	(창원①②, 함안)
:할·라·몬	L^3[LMM]	(창원①②)
:할·라·카·나	L^4[LMMᴍ]	(창원①②, 김해, 양산)
:할·라·카·네	L^4[LMMᴍ]	(창원①②, 김해, 양산)
:할·라·카·먼	L^4[LMMᴍ]	(김해, 양산)
:할·라·카·몬	L^4[LMMᴍ]	(창원①②)
:할·라·칸·다	L^4[LMMᴍ]	(창원①②, 김해, 양산)
:할·라·커·나	L^4[LMMᴍ]	(함안, 김해, 양산)
:할·라·커·머	L^4[LMMᴍ]	(김해, 양산)
:할·라·커·모	L^4[LMMᴍ]	(함안)

:할·라·컨·다	L^{4}[LMMм]	(함안, 김해, 양산)
:할·래	L^{2}[LM]	(창원①②, 김해)
·하·거·나	M^{3}[HHM]	(창원①②, 함안, 김해, 양산)
·하·나	M^{2}[HH/MM]	(창원①②, 함안, 김해, 양산)
·하·네	M^{2}[HH/MM]	(창원①②, 함안, 김해, 양산)
·하·는·데	M^{3}[HHM]	(창원①②, 함안, 김해, 양산)
·하·다·가	M^{3}[HHM]	(창원①②, 함안, 김해, 양산)
·하·더·라·도	M^{4}[HHM^{2}]	(창원①②, 함안, 김해, 양산)
·하·더·라	M^{3}[HHM]	(창원①②, 함안, 김해, 양산)
·하·더·래·도	M^{4}[HHM^{2}]	(창원②, 함안, 김해, 양산)
·하·더·마·는	M^{4}[HHM^{2}]	(창원①②, 함안, 김해, 양산)
·하·더·이	M^{3}[HHM]	(양산)
·하·더·이	M^{3}[HHM]	(창원②, 함안)
·하·디·이	M^{3}[HHM]	(창원①②, 함안, 김해)
·한·다	M^{2}[HH/MM]	(창원①②, 함안, 김해, 양산)
·합·니·더	M^{3}[HHM]	(창원①, 김해)
·합·미·더	M^{3}[HHM]	(창원②, 함안, 양산)
·해·애·도	M^{3}[HHM]	(창원①②, 함안, 김해, 양산)
·해·애·라	M^{3}[HHM]	(창원①②, 함안, 김해, 양산)
·해·애·서	M^{3}[HHM]	(창원①②, 함안, 김해, 양산)
·해·애	M^{2}[HH/MM]	(창원①②, 함안, 김해, 양산)
·해·앴·다	M^{3}[HHM]	(창원①②, 함안, 김해, 양산)
·해·앴·습·니·더	M^{5}[HHM^{3}]	(창원①, 김해)
·해·앴·습·미·더	M^{5}[HHM^{3}]	(창원②, 함안, 양산)
·해·앴·심·더	M^{5}[HHM^{2}]	(양산)
·해[956]	M[$\ddot{\underset{}{M}}$]	(양산)
·해·도	M^{2}[HH/MM]	(양산)
·해·라	M^{2}[HH/MM]	(양산)
·해·래·이	M^{3}[HHM]	(양산)
·해·서	M^{2}[HH/MM]	(양산)
·했·다	M^{2}[HH/MM]	(양산)
·했·심·더	M^{3}[HHM]	(양산)
해	H[H˥]	(양산)
해·도	HM[HM]	(양산)
해·라	HM[HM]	(양산)

956) [양산 방언] /·해/ 이하 거성형 7항목과 평1형 7항목을 합쳐서 14항목은 양산 방언에서 /·해·애, ·해·애·도, ·해·애·래·이, ·해·애·서, ·해·앴·다, ·해·앴·심·더/와 임의변동하는 방점형들이다. 이와 비슷한 보기는 양산 방언에서는 드물게 볼 수 있으나, 창원 방언①②, 함안 방언, 김해 방언에서는 볼 수 없는 특수한 자료들이다.

해·래·이　　HM^2[HM^2]　　(양산)
해·서　　HM[HM]　　(양산)
했·다　　HM[HM]　　(양산)
했·심·더　　HM^2[HM^2]　　(양산)

(801) 1음절 변동평성어간 풀이씨 {커·다}의 어형들

커·다<~(라)고 하다>　　(H$_{M-1}$ ·M→)HM[HM]　　(함안, 김해, 양산)
커·고　　HM[HM]　　(함안, 김해, 양산)
커·응·께　　HM^2[HM^2]　　(함안, 양산)
컨　　H[MH]　　(함안, 김해, 양산)
컬　　H[MH]　　(함안, 김해, 양산)
컹·께　　HM[HM]　　(함안)
:컬·라·꼬　　L^3[LMM]　　(함안, 김해, 양산)
:컬·라·모　　L^3[LMM]　　(함안)
:컬·라·머　　L^3[LMM]　　(김해, 양산)
:컬·라#·한·다　　L^2#M^2[LM#HH]　　(양산)
:컬·라#·컨·다　　L^2#M^2[LM#HH]　　(함안, 김해, 양산)
·캐·애　　M^2[HH/MM]　　(함안, 김해, 양산)
·캐·애·도　　M^3[HHM]　　(함안, 김해, 양산)
·캐·애·서　　M^3[HHM]　　(함안, 김해, 양산)
·커·나<카니>　　M^2[HH/MM]　　(함안, 김해, 양산)
·커·는　　M^2[HH/MM]　　(함안, 김해, 양산)
·커·는·데　　M^3[HHM]　　(함안, 김해, 양산)
·커·더·라　　M^3[HHM]　　(함안, 김해, 양산)

(802) 1음절 변동평성어간 풀이씨 {카·다}의 어형들

카·다<~(라)고 하다>　　(H$_{M-1}$ ·M→)HM[HM]　　(창원①②, 김해, 양산)
카·고　　HM[HM]　　(창원①②, 김해, 양산)
카·니·까　　HM^2[HM^2]　　(양산)
카·이·께　　HM^2[HM^2]　　(창원①②, 김해, 양산)
칸　　H[ ]　　(창원①②, 김해, 양산)
칼　　H[ ]　　(창원①②, 김해, 양산)
:칼·라·꼬　　L^3[LMM]　　(창원①②, 김해, 양산)
:칼·라·몬　　L^3[LMM]　　(창원①②)
:칼·라·머　　L^3[LMM]　　(김해, 양산)
:칼·라#·한·다　　L^2#M^2[LM#HH]　　(양산)
:칼·라#·칸·다　　L^2#M^2[LM#HH]　　(창원①②, 김해)
·카·나　　M^2[HH/MM]　　(창원①②, 김해, 양산)
·카·는　　M^2[HH/MM]　　(창원①②, 김해, 양산)
·카·는·데　　M^3[HHM]　　(창원①②, 김해, 양산)

·카·더·라 M^3[HHM] (창원①②, 김해, 양산)
·캐·애 M^2[HH/MM] (창원①②, 김해, 양산)
·캐·애·도 M^3[HHM] (창원①②, 김해, 양산)
·캐·애·서 M^3[HHM] (창원①②, 김해, 양산)

(803) 1음절 변동평성어간 풀이씨 {쿠·다}의 어형들
쿠·다 ($H\mathrm{ᴍ}_{-1}$·M→)HM[HM] (함안)
쿠·고 HM[HM] (함안)
쿵·께 HM^2[HM^2] (함안)
:쿨·라·꼬 L^3[LMM] (함안)
:쿨·라·모 L^3[LMM] (함안)
:쿨·라·컨·다 L^4[LMMᴍ] (함안)
·캐·애 M^2[HH/MM] (함안)
·캐·애·도 M^3[HHM] (함안)
·캐·애·서 M^3[HHM] (함안)
·쿠·나<카니> M^2[HH/MM] (함안)
·쿠·더·라 M^3[HHM] (함안)

(804) 1음절 변동평성어간 풀이씨 {씨·다}의 어형들
씨·다<켜다> ($H\mathrm{ᴍ}_{-2}$·M→)HM[HM] (창원①②, 함안)
씨·고 HM[HM] (창원①②, 함안)
씨·네 HM[HM] (창원①②, 함안)
씨·이·께 HM^2[HM^2] (창원①②, 함안)
씨더·라 H^2M[MHM] (창원①②, 함안)
씰라·꼬 H^2M[MHM] (창원①②, 함안)
씰라·모 H^2M[MHM] (창원①②, 함안)
·써·도 M^2[HH/MM] (창원①②, 함안)
·써·라 M^2[HH/MM] (창원①②, 함안)
·썼·다 M^2[HH/MM] (창원①②, 함안)

(805) 1음절 변동평성어간 풀이씨 {써·다}의 어형들
써·다<켜다> ($H\mathrm{ᴍ}_{-2}$·M→)HM[HM] (창원①②, 함안)
써·고 HM[HM] (창원①②, 함안)
써·나 HM[HM] (창원①②, 함안)
써·라 HM[HM] (창원①②, 함안)
써는 H^2[MH] (창원①②, 함안)
써는·데 H^2M[MHM] (창원①②, 함안)
써더·라 H^2M[MHM] (창원①②, 함안)
썰라·꼬 H^2M[MHM] (창원①②, 함안)
썰라·모 H^2M[MHM] (창원①②, 함안)

·써·도	M^2[HH/MM]	(창원①②, 함안)
·써·라[957]	M^2[HH/MM]	(창원①②, 함안)
·써·서	M^2[HH/MM]	(창원①②, 함안)
써·라#·카·더·라	HM#M^3[HM#hhm]	(창원①②)
써·라#·커·더·라	HM#M^3[HM#hhm]	(함안)

(806) 1음절 변동평성어간 풀이씨 {쓰·다}의 어형들

쓰·다(書)	(H$_{M-2}$·M→)HM[HM]	(창원①②)
쓰·고	HM[HM]	(창원①②)
쓰·나	HM[HM]	(창원①②)
쓰·라	HM[HM]	(창원①②)
쓰·이·께	HM^2[HM^2]	(창원①②)
쓰는	H^2[MH]	(창원①②)
쓰는·데	H^2M[MHM]	(창원①②)
쓰더·라	H^2M[MHM]	(창원①②)
쓴	H[MH]	(창원①②)
쓸	H[MH]	(창원①②)
쓸라·꼬	H^2M[MHM]	(창원①②)
쓸라·몬	H^2M[MHM]	(창원①②)
·써	M[M̤]	(창원①②)
·써·서	M^2[HH/MM]	(창원①②)
·써·라	M^2[HH/MM]	(창원①②)

(807) 1음절 변동평성어간 풀이씨 {씨·다}의 어형들

씨·다(書)<쓰다>	(H$_{M-2}$·M→)HM[HM]	(창원①②)
씨·고	HM[HM]	(창원①②)
씨·나<물음>	HM[HM]	(창원①②)
씨·라	HM[HM]	(창원①②)
씨·이·께	HM^2[HM^2]	(창원①②)
씨는	H^2[MH]	(창원①②)
씨는·데	H^2M[MHM]	(창원①②)
씨더·라	H^2M[MHM]	(창원①②)

957) [창원 방언①②] 직접명령에서는 /·써·라/, 간접명령에서는 /써·라·카·더·라, 써·라#·카·더·라/처럼 /써·라/로 사용된다. 마찬가지로 직접명령에서는 /·가·아·라, ·주·어·라, ·보·아·라, ·주·어·라, ·서·라/로 나타나지만, 간접명령에서는 /가·라·카·더·라, 가·라#·카·더·라; 주·라·카·더·라, 주·라#·카·더·라; 보·라·카·더·라, 보·라#·카·더·라; 서·라·카·더·라, 서·라#·카·더·라/ 등으로 나타난다. 이것은 직접명령에서는 /가+·아·라/→/·가·아·라/, /보+·아·라/→/·보·아·라/, /주+·어·라/→/·주·어·라/, /서+·어·라/→/·서·라/로 되지만, 간접명령에서는 /·으/ 삭제 규칙이 먼저 적용된 다음에 당연 규칙(default rule)의 적용으로 /가+·으·라/→/가+·라/→/가·라/, /보+·으·라/→/보+·라/→/보·라/, /주+·으라/→/주+·라/→/주·라/, /서+·으·라/→/서+·라/→/서·라/의 도출 과정이 일어나는 것으로 해석할 수 있다.

씬	H[MH]	(창원①②)
씰	H[MH]	(창원①②)
씰라·꼬	H^2M[MHM]	(창원①②)
씰라·몬	H^2M[MHM]	(창원①②)
·써	M[M̤]	(창원①②)
·써·서	M^2[HH/MM]	(창원①②)
·써·라	M^2[HH/MM]	(창원①②)

5.6.10 2음절 변동평성형어간 풀이씨의 굴곡형

2음절 변동평성형어간 풀이씨는 크게 2가지로 나눌 수 있다. (787)의 씨끝 I ~ V 앞에서 상성형으로 변하지만, 그 밖의 씨끝(=씨끝VI) 앞에서 평성형을 그대로 유지하는 것을 H^2L_{-1} 류라 하고, (787)의 씨끝 I 앞에서 필수적으로 상성형으로, 씨끝II ~ V 앞에서 수의적으로 평성형과 성성형으로 변동하며, 그 밖의 씨끝(=씨끝VI) 앞에서 평성형을 그대로 유지하는 것을 H^2L_{-2} 류라 한다. 다만 /모르·다/는 씨끝 I (={-·아X, -·어X}형 씨끝) 앞에서만 필수적으로 상성형화하고, 그 밖의 모든 씨끝 앞에서는 평성형을 그대로 유지하므로, /모르·다/는 별도로 H^2L류 풀이씨로 잡는다.

(808) 2음절 변동평성형어간 풀이씨 {모르·다}의 어형들

모르·다	(H^2L·M→)H^2M[MHM]	(창원①②, 함안, 김해, 양산)
모르·고	H^2M[MHM]	(창원①②, 함안, 김해, 양산)
모르·기	H^2M[MHM]	(창원①②, 함안, 김해, 양산)
모르·네	H^2M[MHM]	(창원①②, 함안, 김해, 양산)
모르·니	H^2M[MHM]	(함안, 양산)
모르·머	H^2M[MHM]	(김해, 양산)
모르·먼	H^2M[MHM]	(함안, 김해, 양산)
모르·모	H^2M[MHM]	(창원①②, 함안)
모르·몬	H^2M[MHM]	(창원①②)
모르·이	H^2M[MHM]	(양산)
모르·지	H^2M[MHM]	(창원①②, 함안, 김해, 양산)
모르·이	H^2M[MHM]	(창원①②, 함안, 김해)
모른·다	H^2M[MHM]	(창원①②, 함안, 김해, 양산)
모릉·께	H^2M[MHM]	(창원②, 함안)
모르·이·께	H^2M^2[MHM^2]	(창원①②, 함안)
모를·라·꼬	H^2M^2[MHM^2]	(창원①②, 함안, 김해, 양산)
모를·라·머	H^2M^2[MHM^2]	(김해, 양산)
모를·라·먼	H^2M^2[MHM^2]	(함안, 김해, 양산)

모를·라·모	$H^2M^2[MHM^2]$	(창원①②, 함안)
모를·라·몬	$H^2M^2[MHM^2]$	(창원①②)
모르거·나	$H^3M[M{\scriptstyle H}HM]$	(창원①②, 함안, 김해, 양산)
모르졌·다	$H^3M[M{\scriptstyle H}HM]$	(창원①②, 함안, 김해)
모르겠·다	$H^3M[M{\scriptstyle H}HM]$	(창원①②, 김해, 양산)
모르는·데	$H^3M[M{\scriptstyle H}HM]$	(창원①②, 함안, 김해, 양산)
모르니·까	$H^3M[M{\scriptstyle H}HM]$	(양산)
모르다·가	$H^3M[M{\scriptstyle H}HM]$	(창원①②, 함안, 김해, 양산)
모르더·라	$H^3M[M{\scriptstyle H}HM]$	(창원①②, 함안, 김해, 양산)
모르디·이	$H^3M[M{\scriptstyle H}HM]$	(양산)
모르디·이	$H^3M[M{\scriptstyle H}HM]$	(창원①②, 함안, 김해)
모를라·꼬	$H^3M[M{\scriptstyle H}HM]$	(창원①②, 함안, 김해, 양산)
모를라·먼	$H^3M[M{\scriptstyle H}HM]$	(김해, 양산)
모를라·모	$H^3M[M{\scriptstyle H}HM]$	(창원①②, 함안)
모를라·몬	$H^3M[M{\scriptstyle H}HM]$	(창원①②, 함안, 양산)
모릅니·더	$H^3M[M{\scriptstyle H}HM]$	(창원①, 김해)
모릅미·더	$H^3M[M{\scriptstyle H}HM]$	(창원②, 함안, 양산)
모르졌더·라	$H^4M[M{\scriptstyle H}^2HM]$	(창원①②, 함안, 김해)
모르겠더·라	$H^4M[M{\scriptstyle H}^2HM]$	(창원①②, 김해, 양산)
모르겠심·더	$H^4M[M{\scriptstyle H}^2HM]$	(양산)
모르더·라·도	$H^3M^2[M{\scriptstyle H}HM^2]$	(창원①②, 함안, 김해, 양산)
모르더·래·도	$H^3M^2[M{\scriptstyle H}HM^2]$	(양산)
모르더라·도	$H^4M[M{\scriptstyle H}^2HM]$	(창원①②, 함안, 김해, 양산)
모르이께·에	$H^4M[M{\scriptstyle H}^2HM]$	(창원①②, 함안)
모르졌습니·더	$H^5M[M{\scriptstyle H}^3HM]$	(창원①, 김해)
모르졌습미·더	$H^5M[M{\scriptstyle H}^3HM]$	(창원②, 함안)
모르겠습니·더	$H^5M[M{\scriptstyle H}^3HM]$	(창원①, 김해)
:몰·라	$L^2[LM]$	(창원①②, 함안, 김해, 양산)
:몰·라·도	$L^3[LMM]$	(창원①②, 함안, 김해, 양산)
:몰·라·서	$L^3[LMM]$	(창원①②, 함안, 김해, 양산)
:몰·랐·다	$L^3[LMM]$	(창원①②, 함안, 김해, 양산)
:몰·랐·심·더	$L^4[LMM{\scriptstyle M}]$	(양산)
:몰·랐·어·예	$L^4[LMM{\scriptstyle M}]$	(창원①②, 김해)
:몰·랐·어·요	$L^4[LMM{\scriptstyle M}]$	(창원①②, 양산)
:몰·랐·습·니·더	$L^5[LMM{\scriptstyle M}^2]$	(창원①, 김해)
:몰·랐·습·미·더	$L^5[LMM{\scriptstyle M}^2]$	(창원②, 함안, 양산)

(809) 2음절 변동평성형어간 풀이씨 {나가·다}의 어형들

나가·다(出行)	$(H^2{\scriptstyle L}_{-1}\cdot M\rightarrow)H^2M[MHM]$	(창원①②, 함안, 김해, 양산)

나가·고	H^{2}M[MHM]	(창원①②, 함안, 김해, 양산)
나가·기	H^{2}M[MHM]	(창원①②, 함안, 김해, 양산)
나가·머	H^{2}M[MHM]	(김해, 양산)
나가·먼	H^{2}M[MHM]	(함안, 김해, 양산)
나가·모	H^{2}M[MHM]	(창원①②, 함안)
나가·몬	H^{2}M[MHM]	(창원①②)
나가·이	H^{2}M[MHM]	(양산)
나가·자	H^{2}M[MHM]	(창원①②, 함안, 김해, 양산)
나가·지	H^{2}M[MHM]	(창원①②, 함안, 김해, 양산)
나가·이	H^{2}M[MHM]	(창원①②, 함안, 김해)
나가거·나	H^{3}M[MʜHM]	(창원①②, 함안, 김해, 양산)
나가거·라	H^{3}M[MʜHM]	(창원②, 함안, 양산)
나가겄·다	H^{3}M[MʜHM]	(창원①②, 함안, 김해)
나가겄더·라	H^{4}M[Mʜ^{2}HM]	(창원①②, 함안, 김해)
나가겄습미·더	H^{5}M[Mʜ^{3}HM]	(창원②, 함안)
나가겠·다	H^{3}M[MʜHM]	(창원①②, 김해, 양산)
나가겠더·라	H^{4}M[Mʜ^{2}HM]	(창원①②, 김해, 양산)
나가겠심·더	H^{4}M[Mʜ^{2}HM]	(양산)
나가는·데	H^{3}M[MʜHM]	(창원②, 함안, 양산)
나가더·니	H^{3}M[MʜHM]	(함안, 양산)
나가더·라·도	H^{3}M^2[MʜHM^2]	(창원②, 함안, 양산)
나가더·라	H^{3}M[MʜHM]	(창원②, 함안, 양산)
나가더·래·도	H^{3}M^2[MʜHM^2]	(양산)
나가디·이	H^{3}M[MʜHM]	(양산)
나가디·이	H^{3}M[MʜHM]	(창원②, 함안, 김해)
나가아·라	H^{3}M[MʜHM]	(창원②, 함안, 양산)
나갈라·꼬	H^{3}M[MʜHM]	(창원②, 함안, 양산)
나갈라·먼	H^{3}M[MʜHM]	(함안, 김해, 양산)
나갈라·모	H^{3}M[MʜHM]	(창원②, 함안)
나갈라·몬	H^{3}M[MʜHM]	(창원②)
나갈라·카·나	H^{3}M^2[MʜHM^2]	(양산)
나갈라·칸·다	H^{3}M^2[MʜHM^2]	(양산)
나갈라·커·나	H^{3}M^2[MʜHM^2]	(양산)
나갈라·컨·다	H^{3}M^2[MʜHM^2]	(양산)
나갈라카·나	H^{4}M[Mʜ^{2}HM]	(창원②, 김해)
나갈라칸·다	H^{4}M[Mʜ^{2}HM]	(창원②, 김해)
나갈라커·나	H^{4}M[Mʜ^{2}HM]	(함안, 김해)
나갈라컨·다	H^{4}M[Mʜ^{2}HM]	(함안, 김해)
나갑미·더	H^{3}M[MʜHM]	(창원②, 함안, 양산)

:나·가·거·나	L^4[LMMᴍ]	(창원①②, 함안, 김해, 양산)
:나·가·거·라	L^4[LMMᴍ]	(창원①②, 함안, 김해, 양산)
:나·가·네	L^3[LMM]	(창원①②, 함안, 김해, 양산)
:나·가·는·데	L^4[LMMᴍ]	(창원①②, 함안, 김해, 양산)
:나·가·더·라·도	L^5[LMMᴍ^2]	(창원①②, 함안, 김해, 양산)
:나·가·더·라	L^4[LMMᴍ]	(창원①②, 함안, 김해, 양산)
:나·가·도	L^3[LMM]	(창원①②, 함안, 김해, 양산)
:나·가·디·이	L^4[LMMᴍ]	(양산)
:나·가·디·이	L^4[LMMᴍ]	(창원①②, 함안, 김해)
:나·가·서	L^3[LMM]	(창원①②, 함안, 김해, 양산)
:나·가·아·라	L^4[LMMᴍ]	(창원①②, 함안, 김해, 양산)
:나·가·요	L^3[LMM]	(창원①②, 함안, 김해, 양산)
:나·가	L^2[LM]	(창원①②, 함안, 김해, 양산)
:나·간·다	L^3[LMM]	(창원①②, 함안, 김해, 양산)
:나·갈·라·꼬	L^4[LMMᴍ]	(창원①②, 함안, 김해, 양산)
:나·갈·라·먼	L^4[LMMᴍ]	(함안, 김해, 양산)
:나·갈·라·모	L^4[LMMᴍ]	(창원①②, 함안)
:나·갈·라·몬	L^4[LMMᴍ]	(창원①②)
:나·갈·라·카·나	L^5[LMMᴍ^2]	(창원①②, 김해, 양산)
:나·갈·라·카·먼	L^5[LMMᴍ^2]	(김해, 양산)
:나·갈·라·카·모	L^5[LMMᴍ^2]	(창원①②)
:나·갈·라·카·몬	L^5[LMMᴍ^2]	(창원①②)
:나·갈·라·칸·다	L^5[LMMᴍ^2]	(창원①②, 김해, 양산)
:나·갈·라·커·나	L^5[LMMᴍ^2]	(함안, 김해, 양산)
:나·갈·라·커·먼	L^5[LMMᴍ^2]	(함안, 김해, 양산)
:나·갈·라·커·모	L^5[LMMᴍ^2]	(함안)
:나·갈·라·컨·다	L^5[LMMᴍ^2]	(함안, 김해, 양산)
:나·감·더	L^3[LMM]	(양산)
:나·갑·니·더	L^4[LMMᴍ]	(창원①, 김해)
:나·갑·미·더	L^4[LMMᴍ]	(창원②, 함안, 양산)
:나·갔·다	L^3[LMM]	(창원①②, 함안, 김해, 양산)
:나·갔·습·니·더	L^5[LMMᴍ^2]	(창원①, 김해)
:나·갔·습·미·더	L^5[LMMᴍ^2]	(창원②, 함안, 양산)
:나·갔·심·더	L^4[LMMᴍ]	(양산)
나갈라·꼬[958]	H^3M[MʜHM]	(창원②)
나갈라·모	H^3M[MʜHM]	(창원②)
나갑미·더	H^3M[MʜHM]	(창원②)

958) 이하의 7개 자료는 창원 방언②에만 나타난다.

나갈라·카·나	H^3M^2[MʜHM²]	(창원②)
나갈라·칸·다	H^3M^2[MʜHM²]	(창원②)
나갈라·카·모	H^3M^2[MʜHM²]	(창원②)
나갔습·미·더	H^3M^2[MʜHM²]	(창원②)

(809)에서 창원 방언②의 변동평성형어간 풀이씨 /나가·다/의 방점형들 중 4음절 상성형(:□·□·□·□)과 5음절 상성형(:□·□·□·□·□)은 아주 드물게 각각 4음절 평3형(□□□·□)과 5음절 평3형(□□□·□·□)으로 나타나기도 한다. 더 일반화하면, 2음절 변동평성형어간 풀이씨의 굴곡형들 가운데서 4음절 이상의 상성형(:$□_3$) 어형은 평3형($□^3$·$□_1$)으로 아주 드물게 임의변동한다. /:나·갈·라·칸·다/와 /:나·갈·라·카·나/는 /나갈라·칸·다/와 /나갈라·카·나/로도 가능하다.

(810) 2음절 변동평성형어간 풀이씨 {나오·다}의 어형들

@나오·다	(H^2ʟ₋₁ ·M→)H^2M[MHM]	(창원①②, 김해, 양산)
@노오·다(出來)	(H^2ʟ₋₁ ·M→)H^2M[MHM]	(함안)
나오·고	H^2M[MHM]	(창원①②, 김해, 양산)
나옹·께	H^2M[MHM]	(창원②, 양산)
나오·이·께	H^2M^2[MHM²]	(창원①②, 김해, 양산)
나오겄·다	H^3M[MʜHM]	(창원①②, 김해, 양산)
나오겠·다	H^3M[MʜHM]	(창원①②, 김해, 양산)
노오·고	H^2M[MHM]	(함안)
노옹·께	H^2M[MHM]	(함안)
노오겄·다	H^3MMʜHM]	(함안)
나오더·라[959]	H^3M[MʜHM]	(양산)
노오더·라	H^3M[MʜHM]	(함안)
:나·온·다	L^3[LMM]	(창원①②, 김해, 양산)
:나·와·도	L^3[LMM]	(창원①②, 김해, 양산)
:나·와·서	L^3[LMM]	(창원①②, 김해, 양산)
:나·왔·다	L^3[LMM]	(창원①②, 김해, 양산)
:노·오·도	L^3[LMM]	(함안)
:노·오·서	L^3[LMM]	(함안)
:노·온·다	L^3[LMM]	(함안)
:노·오·더·라	L^4 [HHM²]	(함안)
:나·오·더·라	L^4 [LMMᴍ]	(창원①②, 김해, 양산)

959) [양산 방언] /:나·오·더·라/ 따위의 상성형이 드물게 평삼형 /나오더·라/로 변하는 현상이 가끔 나타난다.

(811) 2음절 변동평성형어간 풀이씨 {가보·다}의 어형들

가보·다	$(\text{H}^2{}_{\text{L}-1}\cdot\text{M}\rightarrow)\text{H}^2\text{M}$[MHM]	(창원①②, 함안, 김해, 양산)
가바·라[960]	H^2M[MHM]	(양산)
가밨·다	H^2M[MHM]	(양산)
가보·고	H^2M[MHM]	(창원①②, 함안, 김해, 양산)
가보·기	H^2M[MHM]	(창원①②, 함안, 김해, 양산)
가보·니	H^2M[MHM]	(함안, 양산)
가보·머	H^2M[MHM]	(김해, 양산)
가보·먼	H^2M[MHM]	(함안, 김해, 양산)
가보·모	H^2M[MHM]	(창원①②, 함안)
가보·몬	H^2M[MHM]	(창원①②)
가보·자	H^2M[MHM]	(창원①②, 함안, 김해, 양산)
가보·지	H^2M[MHM]	(창원①②, 함안, 김해, 양산)
가보·이	H^2M[MHM]	(창원①②, 김해)
가보겄·다	H^3M[MʜHM]	(창원①②, 함안)
가보겠·다	H^3M[MʜHM]	(창원①②, 김해, 양산)
가보겠더·라	H^4M[Mʜ^{2}HM]	(창원①②, 김해, 양산)
가보겠심·더	H^4M[Mʜ^{2}HM]	(양산)
가보겄더·라	H^4M[Mʜ^{2}HM]	(창원①②, 함안)
가보겄습니·더	H^5M[Mʜ^{3}HM]	(창원①)
가보겄습미·더	H^5M[Mʜ^{3}HM]	(창원②, 함안)
가보겠습니·더	H^5M[Mʜ^{3}HM]	(창원①, 김해)
가보겠습미·더	H^5M[Mʜ^{3}HM]	(창원②, 양산)
가보는·데[961]	H^3M[MʜHM]	(창원②, 함안, 양산)
가바아·라	H^3M[MʜHM]	(창원②, 함안, 양산)
가바았·다	H^3M[MʜHM]	(창원②, 함안, 양산)
가보거·나	H^3M[MʜHM]	(창원②, 함안, 양산)
가보더·니	H^3M[MʜHM]	(함안, 양산)
가보더·라	H^3M[MʜHM]	(창원②, 함안, 양산)
가보디·이	H^3M[MʜHM]	(양산)
가보디·이	H^3M[MʜHM]	(창원②, 함안)
가보아·라	H^3M[MʜHM]	(창원②, 함안, 양산)
가보았·다	H^3M[MʜHM]	(창원②, 함안, 양산)
가볼라·꼬	H^3M[MʜHM]	(창원②, 함안, 양산)

960) [양산 방언] /:가·보·아·라, :가·보·았·다, 가바아·라, 가바았·다/보다는 /가바·라, 가밨·다/가 더 자주 쓰인다.

961) [창원 방언②, 함안 방언, 양산 방언] /가보는·데/ 이하의 22개 어형 자료는 4음절 이상의 상성형(:$□_4$)이 평3형($□^3$·$□_1$)으로 드물게 변동되는 현상의 보기라고 생각된다. 창원 방언①과 김해 방언에서는 이러한 보기는 나타나지 않는다.

가볼라·먼	H^3M[MʜHM]	(양산)
가볼라·모	H^3M[MʜHM]	(창원②, 함안)
가봅미·더	H^3M[MʜHM]	(창원②, 함안, 양산)
가보더·라·도	H^3M^2[MʜHM^2]	(창원②, 함안, 양산)
가보더·래·도	H^3M^2[MʜHM^2]	(양산)
가보았·심·더	H^3M^2[MʜHM^2]	(양산)
가볼라·카·나	H^3M^2[MʜHM^2]	(창원②)
가볼라·칸·다	H^3M^2[MʜHM^2]	(창원②)
가바았·심·더	H^3M^2[MʜHM^2]	(양산)
가바았·습·미·더	H^3M^3[MʜHM^3]	(창원②, 함안, 양산)
가보았·습·미·더	H^3M^3[MʜHM^3]	(창원②, 함안, 양산)
:가·바	L^2[LM]	(창원①②, 함안, 김해, 양산)
:가·바·도	L^3[LMM]	(창원②, 함안, 김해, 양산)
:가·보·네	L^3[LMM]	(창원①②, 함안, 김해, 양산)
:가·본·다	L^3[LMM]	(창원①②, 함안, 김해, 양산)
:가·볼·래	L^3[LMM]	(창원①②, 양산)
:가·바·아·도	L^4[LMMᴍ]	(창원①②, 함안, 김해, 양산)
:가·바·아·라	L^4[LMMᴍ]	(창원①②, 함안, 김해, 양산)
:가·바·아·서	L^4[LMMᴍ]	(창원①②, 함안, 김해, 양산)
:가·바·았·다	L^4[LMMᴍ]	(창원①②, 함안, 김해, 양산)
:가·보·거·나	L^4[LMMᴍ]	(창원①②, 함안, 김해, 양산)
:가·보·는·데	L^4[LMMᴍ]	(창원①②, 함안, 김해, 양산)
:가·보·더·라	L^4[LMMᴍ]	(창원①②, 함안, 김해, 양산)
:가·보·디·이	L^4[LMMᴍ]	(양산)
:가·보·디·이	L^4[LMMᴍ]	(창원①②, 함안, 김해)
:가·보·아·라	L^4[LMMᴍ]	(창원①②, 함안, 김해, 양산)
:가·보·아·서	L^4[LMMᴍ]	(창원①②, 함안, 김해, 양산)
:가·보·았·다	L^4[LMMᴍ]	(창원①②, 함안, 김해, 양산)
:가·볼·라·꼬	L^4[LMMᴍ]	(창원①②, 함안, 김해, 양산)
:가·볼·라·머	L^4[LMMᴍ]	(김해, 양산)
:가·볼·라·먼	L^4[LMMᴍ]	(함안, 김해, 양산)
:가·볼·라·모	L^4[LMMᴍ]	(창원①②, 함안)
:가·볼·라·몬	L^4[LMMᴍ]	(창원①②)
:가·봅·니·더	L^4[LMMᴍ]	(창원①, 김해)
:가·봅·미·더	L^4[LMMᴍ]	(창원②, 함안, 양산)
:가·바·았·심·더	L^5[LMMᴍ^2]	(양산)
:가·보·더·라·도	L^5[LMMᴍ^2]	(창원①②, 함안, 김해, 양산)
:가·보·았·심·더	L^5[LMMᴍ^2]	(양산)

:가·볼·라·카·나 L^5[LMMᴍ^2] (창원①②, 김해, 양산)
:가·볼·라·카·먼 L^5[LMMᴍ^2] (김해, 양산)
:가·볼·라·카·모 L^5[LMMᴍ^2] (창원①②)
:가·볼·라·칸·다 L^5[LMMᴍ^2] (창원①②, 김해, 양산)
:가·볼·라·커·나 L^5[LMMᴍ^2] (함안, 김해, 양산)
:가·볼·라·커·모 L^5[LMMᴍ^2] (함안)
:가·볼·라·컨·다 L^5[LMMᴍ^2] (함안, 김해, 양산)
:가·바·았·습·니·더 L^6[LMMᴍ^3] (창원①, 김해)
:가·바·았·습·미·더 L^6[LMMᴍ^3] (창원②, 함안, 양산)
:가·보·았·습·니·더 L^6[LMMᴍ^3] (창원①, 김해)
:가·보·았·습·미·더 L^6[LMMᴍ^3] (창원②, 함안, 양산)

(812) 2음절 변동평성형어간 풀이씨 {나서·다}의 어형들
나서·다 (H^{2}ᴍ$_{-2}$·M→)H^{2}M[MHM] (창원①②, 함안, 김해, 양산)
나서·고 H^{2}M[MHM] (창원①②, 함안, 김해, 양산)
나서·기 H^{2}M[MHM] (창원①②, 함안, 김해, 양산)
나서·네 H^{2}M[MHM] (창원①②, 함안, 김해, 양산)
나서·니 H^{2}M[MHM] (함안, 양산)
나서·라 H^{2}M[MHM] (창원②, 함안, 김해, 양산)
나서·머 H^{2}M[MHM] (김해, 양산)
나서·모 H^{2}M[MHM] (창원①②, 함안)
나서·몬 H^{2}M[MHM] (창원①②)
나서·이 H^{2}M[MHM] (양산)
나서·자 H^{2}M[MHM] (창원①②, 함안, 김해, 양산)
나서·지 H^{2}M[MHM] (창원①②, 함안, 김해, 양산)
나서·이 H^{2}M[MHM] (창원①②, 함안, 김해)
나선·다 H^{2}M[MHM] (창원①②, 함안, 김해, 양산)
나서·기·는 H^{2}M^2[MHM^2] (창원①②, 함안, 김해, 양산)
나서·지·만 H^{2}M^2[MHM^2] (창원①②, 함안, 김해, 양산)
나선·대·이 H^{2}M^2[MHM^2] (양산)
나설·라·꼬 H^{2}M^2[MHM^2] (창원①②, 함안, 김해, 양산)
나설·라·먼 H^{2}M^2[MHM^2] (함안, 김해, 양산)
나설·라·모 H^{2}M^2[MHM^2] (창원①②, 함안)
나설·라·몬 H^{2}M^2[MHM^2] (창원①②)
나설·라·카·나 H^{2}M^3[MHM^3] (창원①②, 김해, 양산)
나설·라·카·먼 H^{2}M^3[MHM^3] (김해, 양산)
나설·라·카·모 H^{2}M^3[MHM^3] (창원①②)
나설·라·카·몬 H^{2}M^3[MHM^3] (창원①②)
나설·라·칸·다 H^{2}M^3[MHM^3] (창원①②, 김해, 양산)
나설·라·커·나 H^{2}M^3[MHM^3] (함안, 김해, 양산)

나설·라·커·모 H^{2}M^3[MHM^3] (함안)
나설·라·컨·다 H^{2}M^3[MHM^3] (함안, 김해, 양산)
나설·라·하·먼 H^{2}M^3[MHM^3] (양산)
나서·기·로·서·니 H^{2}M^4[MHM^4] (함안, 양산)
나서·기·로·서·이 H^{2}M^4[MHM^4] (양산)
나서·기·로·서·이 H^{2}M^4[MHM^4] (창원①②, 함안, 김해)
나서거·나 H^{3}M[MʜHM] (창원①②, 함안, 김해, 양산)
나서겄·다 H^{3}M[MʜHM] (창원①②, 함안, 김해)
나서겠·다 H^{3}M[MʜHM] (창원①②, 김해, 양산)
나서는·데 H^{3}M[MʜHM] (창원①②, 함안, 김해, 양산)
나서다·가 H^{3}M[MʜHM] (창원①②, 함안, 김해, 양산)
나서더·니 H^{3}M[MʜHM] (함안, 양산)
나서더·라 H^{3}M[MʜHM] (창원①②, 함안, 김해, 양산)
나서디·이 H^{3}M[MʜHM] (양산)
나서디·이 H^{3}M[MʜHM] (창원①②, 함안, 김해)
나설끼·다 H^{3}M[MʜHM] (창원①②, 양산)
나설라·꼬 H^{3}M[MʜHM] (창원①②, 함안, 김해, 양산)
나설라·머 H^{3}M[MʜHM] (김해, 양산)
나설라·먼 H^{3}M[MʜHM] (함안, 김해, 양산)
나설라·모 H^{3}M[MʜHM] (창원①②, 함안)
나설라·몬 H^{3}M[MʜHM] (창원①②)
나섭니·더 H^{3}M[MʜHM] (창원①, 김해)
나섭미·더 H^{3}M[MʜHM] (창원②, 함안, 양산)
나서더·라·도 H^{3}M^2[MʜHM^2] (창원①②, 함안, 김해, 양산)
나서더·래·도 H^{3}M^2[MʜHM^2] (양산)
나설라카·나 H^{4}M[Mʜ^{2}HM] (창원①②, 김해)
나설라칸·다 H^{4}M[Mʜ^{2}HM] (창원①②, 김해)
나설라커·나 H^{4}M[Mʜ^{2}HM] (함안, 김해)
나설라컨·다 H^{4}M[Mʜ^{2}HM] (함안, 김해)
:나·서 L^2[LM] (창원①②, 함안, 김해, 양산)
:나·섰·다 L^3[LMM] (창원①②, 함안, 김해, 양산)
:나·서·도 L^3[LMM] (창원①②, 함안, 김해, 양산)
:나·서·라 L^3[LMM] (창원①②, 함안, 김해, 양산)
:나·서·서 L^3[LMM] (창원①②, 함안, 김해, 양산)
:나·섰·습·니·더 L^5[LMMᴍ^2] (창원①, 김해)

5.7 특수한 방점형 변동, 표현적 장음화, 쉼(#)과 방점형 분리

이 장에서는 지금까지 체계적으로 기술하지 않았던 운율 현상 세 가지를 소개하고자 한다. 첫째는 창원 방언②, 함안 방언, 양산 방언에서 4음절 이상의 상성형이 임의적으로 평3형으로 변동되는 현상, 둘째는 표현적인 장음화 현상, 셋째는 쉼(#)의 개입 현상이다.

아래 (813)은 함안 방언과 양산 방언에서 4음절 이상의 상성형이 평삼형으로 임의 변동하는 자료이다.

(813) 2음절 상성형어간 풀이씨 {:더·럽·다}의 어형들

	:더·럽·다(醜)	(L^2·M→)L^3[LMM]	(함안, 양산)
ㄱ.	:더·럽·고	L^3[LMM]	(함안, 양산)
	:더·럽·기	L^3[LMM]	(함안, 양산)
ㄴ.	:더·럽·거·나	L^4[LMMᴍ]	(함안, 양산)
	:더·럽·겄·다	L^4[LMMᴍ]	(함안)
	:더·럽·겠·다	L^4[LMMᴍ]	(양산)
	:더·럽·더·라	L^4[LMMᴍ]	(함안, 양산)
	:더·럽·어·서	L^4[LMMᴍ]	(함안, 양산)
	:더·럽·더·라·도	L^5[LMMᴍ^2]	(함안, 양산)
ㄷ.	더럽거·나	H^3M[MʜHM]	(함안, 양산)
	더럽겄·다	H^3M[MʜHM]	(함안, 양산)
	더럽겠·다	H^3M[MʜHM]	(함안, 양산)
	더럽더·라	H^3M[MʜHM]	(함안, 양산)
	더럽어·서	H^3M[MʜHM]	(함안, 양산)
	더럽더·라·도	H^3M^2[MʜHM^2]	(함안, 양산)

(813)ㄱ은 3음절 상성형들인데, 이들은 평3형으로 변하지 않는다. (813)ㄴ의 상성형들은 모두 4음절 이상인데, 이들은 각각 그것의 짝이되는 (813)ㄷ의 평3형으로 변동되어 나타난다. 자연스러운 구어체서 (813)ㄴ은 (813)보다 빈도가 높다. 이러한 변동의 원인은 4음절 이상의 상성형(:$\square_4$)의 음조형 [LMMᴍ$_1$]이 4음절 이상의 평3형($\square^3$·$\square_1$)의 음조형 [MʜHM$_1$]과 비슷하기 때문에 생긴 결과가 아닌가 생각된다. 낱말의 전체적인 음조형은 상대적인 높낮이며, 그 음조형의 지각(perception) 작용에 음악에서 보는 바와 같은 조바꿈의 원리가 작용하기 때문에, [LMMᴍ$_1$]의 둘째 음절을 셋째 음절보다 조금만 더 낮게 발음되면, 이것은 [MʜHM$_1$]와 거의 같게 들리게 된다. 앞으로 시간이 흐를수록 사다리꼴 모양의 음조형 [LMMᴍ$_1$]이 세모꼴 음조형인 [MʜHM$_1$]과 구별이[962] 어렵게 될 것으로 예상된다.

(813)과 같이 4음절 이상의 상성형이 평3형으로 임의변동하는 보기는 (809)와 (811)에도 포함되어 있는데, (809)에서는 창원 방언②에, (811)에서는 창원 방언②, 함안 방언, 양산 방언에 해당 자료가 나타난다.

(814) 2음절 상성형어간 풀이씨 {:더·럽·다}의 어형들

ㄱ. (809)에서 상성형이 평3형으로 임의변동 하는 자료

:나·갈·라·꼬	L^4[LMMᴍ]	(창원②)
:나·갈·라·모	L^4[LMMᴍ]	(창원②)
:나·갑·미·더	L^4[LMMᴍ]	(창원②)
:나·갈·라·카·나	L^5[LMMᴍ^2]	(창원②)
:나·갈·라·칸·다	L^5[LMMᴍ^2]	(창원②)
:나·갈·라·카·모	L^5[LMMᴍ^2]	(창원②)
:나·갔·습·미·더	L^5[LMMᴍ^2]	(창원②)
나갈라·꼬	H^3M[MʜHM]	(창원②)
나갈라·모	H^3M[MʜHM]	(창원②)
나갑미·더	H^3M[MʜHM]	(창원②)
나갈라·카·나	H^3M^2[MʜHM^2]	(창원②)
나갈라·칸·다	H^3M^2[MʜHM^2]	(창원②)
나갈라·카·모	H^3M^2[MʜHM^2]	(창원②)
나갔습·미·더	H^3M^2[MʜHM^2]	(창원②)

ㄴ. (811)에서 상성형이 평3형으로 임의변동 하는 자료

:가·보·는·데	L^4[LMMᴍ]	(창원②, 함안, 양산)
:가·보·더·라	L^4[LMMᴍ]	(창원②, 함안, 양산)
:가·보·디·이	L^4[LMMᴍ]	(양산)
:가·보·디·이	L^4[LMMᴍ]	(창원②, 함안)
:가·보·아·라	L^4[LMMᴍ]	(창원②, 함안, 양산)
:가·보·았·다	L^4[LMMᴍ]	(창원②, 함안, 양산)
:가·볼·라·꼬	L^4[LMMᴍ]	(창원②, 함안, 양산)
:가·볼·라·먼	L^4[LMMᴍ]	(함안, 김해, 양산)
:가·볼·라·모	L^4[LMMᴍ]	(창원②, 함안)
:가·봅·미·더	L^4[LMMᴍ]	(함안, 양산)
:가·보·더·라·도	L^5[LMMᴍ^2]	(창원②, 함안, 양산)
:가·보·았·심·더	L^5[LMMᴍ^2]	(양산)
:가·볼·라·카·나	L^5[LMMᴍ^2]	(창원②, 양산)
:가·볼·라·칸·다	L^5[LMMᴍ^2]	(창원②, 양산)
:가·보·았·습·미·더	L^6[LMMᴍ^3]	(창원②, 함안, 양산)

962) 사다리꼴 음조형과 세모꼴 음조형에 대해서는 성철재 · 권오욱 · 이지향 · 김차균(2008)을 참조.

가보는·데	H^3M[MʜHM]	(창원②, 함안, 양산)
가보더·라	H^3M[MʜHM]	(창원②, 함안, 양산)
가보디·이	H^3M[MʜHM]	(양산)
가보디·이	H^3M[MʜHM]	(창원②, 함안)
가보아·라	H^3M[MʜHM]	(창원②, 함안, 양산)
가보았·다	H^3M[MʜHM]	(창원②, 함안, 양산)
가볼라·꼬	H^3M[MʜHM]	(창원②, 함안, 양산)
가볼라·먼	H^3M[MʜHM]	(양산)
가볼라·모	H^3M[MʜHM]	(창원②, 함안)
가봅미·더	H^3M[MʜHM]	(창원②, 함안)
가보더·라·도	H^3M^2[MʜHM^2]	(창원②, 함안, 양산)
가보더·래·도	H^3M^2[MʜHM^2]	(양산)
가보았·심·더	H^3M^2[MʜHM^2]	(양산)
가볼라·카·나	H^3M^2[MʜHM^2]	(창원②)
가볼라·칸·다	H^3M^2[MʜHM^2]	(창원②)
가보았·습·미·더	H^3M^3[MʜHM^3]	(창원②, 함안, 양산)

표현적인 장음화 (ː)에 대해서는 (340)의 보기로써 설명했으므로, 여기에서는 약간의 자료만 제시한다.

(815) 2음절 상성형어간 풀이씨 {:누(ː)·렇·다}의 어형들

:누(ː)·렇·다	(L^2·M→)L^3[L(ː)MM]	(창원①②, 함안, 김해, 양산)
:누(ː)·래·도	L^3[L(ː)MM]	(창원①②, 함안, 김해, 양산)
:누(ː)·래·서	L^3[L(ː)MM]	(창원①②, 함안, 김해, 양산)
:누(ː)·렁·께	L^3[L(ː)MM]	(창원②, 함안)
:누(ː)·렇·고	L^3[L(ː)MM]	(창원①②, 함안, 김해, 양산)
:누(ː)·렇·네	L^3[L(ː)MM]	(창원①②, 함안, 김해, 양산)
:누(ː)·래·애·도	L^4[L(ː)MMᴍ]	(창원②)
:누(ː)·래·애·서	L^4[L(ː)MMᴍ]	(창원②)
:누(ː)·러·이·께	L^4[L(ː)MMᴍ]	(창원①②)
:누(ː)·렇·니·까	L^3[L(ː)MMᴍ]	(양산)
:누(ː)·르·이·께	L^4[L(ː)MMᴍ]	(창원①②, 김해)

(816) 2음절 상성형어간 풀이씨 {:파(ː)·랗·다}의 어형들

:파(ː)·랗·다	(L^2·M→)L^3[L(ː)MM]	(창원①②, 함안, 김해, 양산)
:파(ː)·랗·고	L^3[L(ː)MM]	(창원①②, 함안, 김해, 양산)
:파(ː)·랗·네	L^3[L(ː)MM]	(창원①②, 함안, 김해, 양산)
:파(ː)·래·도	L^3[L(ː)MM]	(창원①②, 함안, 양산)
:파(ː)·래·서	L^3[L(ː)MM]	(창원①②, 함안, 김해, 양산)

:파(:)·라·이·께　　L^4[L(:)MMᴍ]　　(창원①②, 김해)
:파(:)·랑·께·네　　L^4[L(:)MMᴍ]　　(함안)
:파(:)·랗·니·까　　L^4[L(:)MMᴍ]　　(양산)

(817) 2음절 상성형어간 풀이씨 {:새(:)·파·랗·다 }의 어형들
:새(:)·파·랗·다　　(L^3·M→)L^4[L(:)MMᴍ]　　(창원①②, 함안, 양산)
:새(:)·파·랗·고　　L^4[L(:)MMᴍ]　　(창원①②, 함안, 양산)
:새(:)·파·래·서　　L^4[L(:)MMᴍ]　　(창원①②, 함안, 양산)

(818) 2음절 상성형어간 풀이씨 {:더(:)·럽·다, :더(:)·럾·다}의 어형들
@:더(:)·럽·다(醜)[963]　　(L^2·M→)L^3[L(:)MM]　　(창원①②, 함안, 김해, 양산)
@:더(:)·럾·다(醜)　　(L^2·M→)L^3[L(:)MM]　　(창원①②, 양산)
:더(:)·럽·고　　L^3[L(:)MM]　　(창원①②, 함안, 김해, 양산)
:더(:)·럽·기　　L^3[L(:)MM]　　(창원①②, 함안, 김해)
:더(:)·럽·네　　L^3[L(:)MM]　　(창원①②, 함안, 김해, 양산)
:더(:)·럽·거·나　　L^4[L(:)MMᴍ]　　(창원①②, 함안, 김해, 양산)
:더(:)·럽·겄·다　　L^4[L(:)MMᴍ]　　(창원①②, 함안, 김해)
:더(:)·럽·겠·다　　L^4[L(:)MMᴍ]　　(창원①②, 김해, 양산)
:더(:)·럽·더·라　　L^4[L(:)MMᴍ]　　(창원①②, 함안, 김해, 양산)
:더(:)·럽·아·서　　L^4[L(:)MMᴍ]　　(창원①②, 함안, 김해, 양산)
:더(:)·럽·아·도　　L^4[L(:)MMᴍ]　　(창원①②, 함안, 김해, 양산)
:더(:)·럽·았·다　　L^4[L(:)MMᴍ]　　(창원①②, 함안, 김해, 양산)
:더(:)·럽·애·서　　L^4[L(:)MMᴍ]　　(창원②, 함안)
:더(:)·럽·어·서[964]　　L^4[L(:)MMᴍ]　　(창원②, 함안, 김해, 양산)
:더(:)·럽·었·다　　L^4[L(:)MMᴍ]　　(창원②, 김해, 양산)
:더(:)·럽·응·께　　L^4[L(:)MMᴍ]　　(창원②, 함안)
:더(:)·럽·우·이·께　　L^5[L(:)MMᴍ²]　　(창원①②)
:더(:)·럽·으·이·께　　L^5[L(:)MMᴍ²]　　(창원①②, 김해)
:더(:)·러·워·도　　L^4[L(:)MMᴍ]　　(창원①②, 양산)
:더(:)·러·워·서　　L^4[(:)LMMᴍ]　　(창원①②, 양산)
:더(:)·러·웠·다　　L^4[L(:)MMᴍ]　　(창원①②, 양산)
:더(:)·러·우·이·께　　L^5[L(:)MMᴍ²]　　(창원①②)

합성어에서는 2개의 직접 성분 사이에 쉼(#)이 끼어들 수도 있다. 이런 경우에는 쉼(#)의

963) [김해 방언] /:더·럽·다/[{:더·럽·다, :드·럽·다}].
964) [양산 방언] /:더·럽·어·서, :더·럽·아·서/ 곧 {음성모음+·어X/·아X}가 허용되는 경우 {음성모음+·어X}가 압도적으로 우세하게 나타나며, {음성모음+·아X}는 아주 드물게 나타난다.

앞뒤의 성분들이 각각 운율적인 낱말로 작용하기 때문에, 2개의 방점형(따라서 2개의 성조형, 2개의 음조형)으로 나타난다.

(819) 어간에 쉼이 들어 있는 풀이씨 {:지·내#가·다}의 어형들 자료
:지·내#가·다 (L^{2}#H$_{M-1}$ ·M→)L^{2}#HM[LM#HM] (창원①②, 함안, 김해, 양산)
:지·내#·가·더·라 L^{2}#M^{3}[LM#HHM] (창원①②, 함안, 김해, 양산)
:지·내#·간·다 L^{2}#M^{2}[LM#HH] (창원①②, 함안, 김해, 양산)
:지·내#가·고 L^{2}#HM[LM#HM] (창원①②, 함안, 김해, 양산)
:지·내#가겠·다 L^{2}#H^{2}M[LM#MHM] (창원①②, 함안, 김해)
:지·내#가겠·다 L^{2}#H^{2}M[LM#MHM] (창원①②, 김해, 양산)

(820) 어간에 쉼이 들어 있는 풀이씨 {다·알#나·다}의 어형들 자료
다·알#나·다 (HM#H$_{M-1}$ ·M→)HM#HM[HM#HM] (창원②, 김해, 양산)
다·알#·나·더·라 HM#M^{3}[HM#HHM] (창원②, 김해, 양산)
다·알#·난·다 HM#M^{2}[HM#HH] (창원②, 김해, 양산)
다·알#나·고 HM#HM[HM#HM] (창원②, 김해, 양산)
다·알#나·기 HM#HM[HM#HM] (창원②, 김해, 양산)
다·알#나겠·다 HM#H^{2}M[HM#MHM] (창원②, 김해)
다·알#나겠·다 HM#H^{2}M[HM#MHM] (김해, 양산)

(821) 어간에 쉼이 들어 있는 풀이씨 {달·아#나·다}의 어형들 자료
달·아#나·다 (HM#H·M$_{M-1}$ →)HM#HM[HM#HM] (창원①②, 함안, 김해)
달·아#·나·더·라 HM#M^{3}[HM#HHM] (창원①②, 함안, 김해)
달·아#·난·다 HM#M^{2}[HM#HH] (창원①②, 함안, 김해)
달·아#나·고 HM#HM[HM#HM] (창원①②, 함안, 김해)
달·아#나·기 HM#HM[HM#HM] (창원①②, 함안, 김해)
달·아#나겠·다 HM#H^{2}M[HM#MHM] (창원①②, 함안, 김해)

(819)~(821)과 같은 자료들이 일상적인 대화 속에서 구어로 발화될 때는 강조나 대조 등의 원인으로 첫 성분이 초점 강세를 받고, 둘째 성분이 초점 강세를 받지 못할 때는 2개의 직접 성분 사이에 쉼(#)이 지워져서 전체가 하나의 운율적인 낱말로 발음된다.[965]

(822) 어간에 쉼이 들어 있는 풀이씨 {달·아#나·다}의 어형들 자료
ㄱ. :피·해#가·지#않·고# #:지·내#·가·더·라 최종 방점 표상
/L^{2} # HM # HM# #L^{2} # M^{3} / 성조 표상
ㄴ. **:피·해**#가·지#않·고# #**:지·내**#·가·더·라 (대조에 의한) 초점 강세 부여[966]

965) (820)은 (581)과, (821)은 (582)와 각각 대조하기 바란다.

ㄷ. **:피·해** 가·지#않·고# #**:지·내** ·가·더·라	쉼(#) 지움
ㄹ. **:피·해**·가·지#않·고# #**:지·내**·가·더·라	중화 규칙 (5)
/L^4 # HM# # $\mathbf{L^5}$ /	(도출된 최종) 성조 표상
[LMMᴍ # HM # **$LMMᴍ^2$**]	(표면) 음조형

월 속에서 방점형(/성조형)의 결합과 음조형에 대해서는 김차균(1980), 김차균(1999), 김차균(2006)ㄱ, 구현옥(2013) 등을 참조하기 바라고 여기에서는 논의를 줄인다.

5.8 외적순행평성동화, 모음의 비음화 및 탈비음화와 방언적인 차이

5.8.1 외적순행평성동화 현상

0측 평성형($□_1$)의 낱말과 평측형($□_1□^n$)의 낱말이 이 순서대로 결합하여 하나의 운율형을 이룰 때 아무런 방점 표상의 변동도 없이 자연스럽게 결합되는데, 이 때 우리는 당연규칙(default rule, 미명세 규칙)이 적용되는 것으로 보고자 한다. 먼저 몇 개의 보기를 든다.

(823) 당연 규칙 적용 자료의 보기 ('상+채·리·다→상채·리·다'의 굴곡형들)

창원 방언①		창원 방언①	
채·리·다	(HM·M→)$HM^2[HM^2]$	상채·리·다	(H^2M·M→)$H^2M^2[MHM^2]$
채·리·고	$HM^2[HM^2]$	상채·리·고	$H^2M^2[MHM^2]$
채·리·더·라	$HM^3[HM^3]$	상채·리·더·라	$H^2M^3[MHM^3]$
채·립·니·더	$HM^3[HM^3]$	상채·립·니·더	$H^2M^3[MHM^3]$
채·리·겠·습·니·더	$HM^5[HM^5]$	상채·리·겠·습·니·더	$H^2M^5[MHM^5]$

(824) 당연 규칙 적용 자료의 보기 ('밥상+채·리·다→밥상채·리·다'의 굴곡형들)

창원 방언①		창원 방언①	
채·리·다	(HM·M→)$HM^2[HM^2]$	밥상채·리·다	(H^3M·M→)$H^3M^2[MʜHM^2]$
채·리·고	$HM^2[HM^2]$	밥상채·리·고	$H^3M^2[MʜHM^2]$
채·리·더·라	$HM^3[HM^3]$	밥상채·리·더·라	$H^3M[MʜHM^3]$
채·립·니·더	$HM^3[HM^3]$	밥상채·립·니·더	$H^3M[MʜHM^3]$
채·리·겠·습·니·더	$HM^5[HM^5]$	밥상채·리·겠·습·니·더	$H^3M^5[MʜHM^5]$

966) 초점 강세가 주어진 낱말은 진하게 표시했다.

(825) 당연 규칙 적용의 보기 ('나무+숭구·다→나무숭구·다'의 굴곡형들)

창원 방언①		창원 방언①	
숭구·다	(H^2·M→)H^{2}M[MHM]	나무숭구·다	(H^4·M→)H^{4}M[Mʜ^{2}HM]
숭구·고	H^{2}M[MHM]	나무숭구·고	H^{4}M[Mʜ^{2}HM]
숭·궀·다	HM^2[HM^2]	나무숭·궀·다	H^{3}M^2[MʜHM^2]
숭·궀·습·니·더	HM^4[HM^4]	나무숭·궀·습·니·더	H^{3}M^4[MʜHM^4]
숭·궀·겠·습·니·더	HM^5[HM^5]	나무숭·궀·겠·습·니·더	H^{3}M^5[MʜHM^5]

(823), (824), (825)의 왼쪽은 각각 /채·리·다/<차리다>, /채·리·다/<차리다>, /숭구·다/<심다>의 굴곡형들이고, 오른쪽은 이 세 가지에 각각 평성형 /상/, /방상/, /나무/를 결합시킨 것이다. 왼쪽에 있는 각각의 굴곡형과 오른쪽에 있는 평성형 이름씨와의 결합 뒤의 굴곡형을 대조하면 방점의 변화가 전혀 없다. 이것은 마치 표준말에서 /봄+노래/가 분절음의 변화 없이 당연 규칙에 의해 /봄노래/로 도출되는 것과 같다.

3장에서 우리는 2개 이상의 평성($\square_2$)으로 시작되는 하나의 평측형($\square_2\cdot\square^n$)의 낱말 전체가 평성형으로 변하는 내적순행평성동화 규칙 (64)가 있음을 보았다. 얼핏 보기에는 (64)와 비슷해 보이지만, 자세히 보면 전혀 무관한 하나의 규칙 곧, 외적순행평성동화 (아래의 규칙 (831)이 있음을 보여 주기로 한다. 먼저 다음의 보기들을 잘 살펴보자.

(826) 외적순행평성동화 적용 자료의 보기 ('말(馬)+·기·리·다(畵) ⇒말기리·다'의 굴곡형들)

창원 방언①		창원 방언①	
·기·리·다	(M^2·M→)M^3[HHM]	말기리·다	(H^3·M→)H^{3}M[MʜHM]
·기·린·다	M^3[HHM]	말기린·다	H^{3}M[MʜHM]
·기·리·더·라	M^4[HHM^2]	말기리더·라	H^{4}M[Mʜ^{2}HM]
·기·렀·습·니·더	M^5[HHM^3]	말기렀습니·더	H^{5}M[Mʜ^{3}HM]
·기·리·겠·습·니·더	M^6[HHM^4]	말기리겠습니·더	H^{6}M[Mʜ^{4}HM]

(827) 외적순행평성동화 적용 자료의 보기 ('너무+·참·다 ⇒ 너무참·다'의 굴곡형들)

창원 방언①		창원 방언①	
·참·다	(M·M→)M^2[HH/MM]	너무참·다	(H^3·M→)H^{3}M[MʜHM]
·참·는·다	M^3[HHM]	너무참는·다	H^{4}M[Mʜ^{2}HM]
·참·더·라	M^3[HM^3]	너무참더·라	H^{4}M[Mʜ^{2}HM]
·참·습·니·더	M^4[HHM^2]	너무참습니·더	H^{5}M[Mʜ^{3}HM]
·참·았·습·니·더	M^5[HHM^3]	너무참았습니·더	H^{6}M[Mʜ^{4}HM]

(826)과 (827)의 왼쪽은 각각 거성형 /·기·리·다/(그리다)와 /·참·다/(참다)의 굴곡형들이

고, 오른쪽은 이 두 가지에 각각 평성형 /말/(馬)과 /너무/<너무>를 결합시킨 것이다. 왼쪽에 있는 각각의 굴곡형과 오른쪽에 있는 평성형 이름씨와의 결합 뒤의 굴곡형을 대조하면 오른쪽의 결합형들에는 외적순행평성동화 (831)의 적용을 거쳐 다시 끝음절측성화 (65)의 적용으로 도출되었음을 알 수 있다.[967)]

외적순행평성동화 (831)과 끝음절측성화 (65)는 임의의 평성형과 풀이씨의 거성형이 결합될 경우에만 일어나는 것이 아니고, 임의의 평성형과 풀이씨의 상성형이나 음상형이 결합될 때도 일어난다.[968)] 보기를 들어 두겠다.

(828) 외적순행평성동화 적용 자료의 보기 ('다리(橋)+:건·디·다(渡) ⇒ 다리건디·다'의 굴곡형들)

창원 방언①		창원 방언①	
:건·디·다	(L^2·M→)L^3[LMM]	다리건디·다	(H^4·M→)H^{4}M[Mʜ^{2}HM]
:건·딘·다	L^3[LMM]	다리건딘·다	H^{4}M[Mʜ^{2}HM]
:건·디·더·라	L^4[LMMᴍ]	다리건디더·라	H^{5}M[Mʜ^{3}HM]
:건·딨·습·니·더	L^5[LMMᴍ^2]	다리건딨습니·더	H^{6}M[Mʜ^{4}HM]
:건·디·겠·습·니·더	L^6[LMMᴍ^3]	다리건디겠습니·더	H^{7}M[Mʜ^{5}HM]

위의 (828)에서는 평성형 /다리/와 상성형 풀이씨 /:건·디·다/의 굴곡형들이 결합했을 때 외적순행평성동화 (831)과 끝음절측성화가 일어나는 것을 확인할 수 있다. 아래 (829)는 외적순행평성동화가 창원 방언①에서 나타나는 보기이고, (830)은 창원 방언②에서 나타나는 보기이다.

(829) 외적순행평성동화 적용 자료의 보기 ('부시럼+:도·지·다 ⇒ 부시럼도지·다'의 굴곡형들)

창원 방언①		창원 방언①	
:도·지·다(瘥)	(L^2·M→)L^3[LMM]	부시럼도지·다	(H^5·M→)H^{5}M[Mʜ^{3}HM]
:도·진·다	L^3[LMM]	부시럼도진·다	H^{5}M[Mʜ^{3}HM]
:도·지·더·라	L^4[LMMᴍ]	부시럼도지더·라	H^{6}M[Mʜ^{4}HM]
:도·짔·습·디·더	L^5[LMMᴍ^2]	부시럼도짔습디·더	H^{7}M[Mʜ^{5}HM]
:도·지·겠·습·디·더	L^6[LMMᴍ^3]	부시럼도지겠습디·더	H^{8}M[Mʜ^{6}HM]

창원 방언①의 /:도·지·다/(瘥)에 대응하는 낱말은 창원 방언②에서는 음상형어간을 가진

967) (826)에서 하나의 보기만 들어 그 도출 과정을 들면, /너무+·참·습·니·더/는 외적순행평성동화에 의해 /너무참습니더/가 되고, 다시 끝음절측성화 (65)의 적용으로 /너무참습니·더/가 도출된 것이다.

968) 풀이씨의 굴곡형에 음거형이나 음상형이 있는 방언에서는 평성형과 음상형의 결합이나 평성형과 음거형의 결합에서도 외적순행평성동화와 끝음절측성화가 일어난다. 여기에서는 창원 방언②의 음상형의 보기를 들기로 한다.

/:도⃞·지·다/로 나타난다. 이 풀이씨 어간도 평성형과 결합하면 외적순행평성동화 (381)과 끝음절측성화 (65)가 적용되는 것을 (830)에서 확인할 수 있다.

(830) 외적순행평성동화 적용 자료의 보기 ('부시럼+:도⃞·지·다 ⇒ 부시럼도지·다'의 굴곡형들)

창원 방언②		창원 방언②	
:도⃞·지·다(疲)	(M̤^{2}·M→)M̤^{3}[ḦHM]	부시럼도지·다	(H^5·M→)H^{5}M[Mʜ^{3}HM]
:도⃞·진·다	M̤^{3}[ḦHM]	부시럼도진·다	H^{5}M[Mʜ^{3}HM]
:도⃞·지·더·라	M̤^{4}[ḦHM^2]	부시럼도지더·라	H^{6}M[Mʜ^{4}HM]
:도⃞·짔·습·디·더	M̤^{5}[ḦHM^3]	부시럼도짔습디·더	H^{7}M[Mʜ^{5}HM]
:도⃞·지·겠·습·디·더	M̤^{6}[ḦHM^4]	부시럼도지겠습디·더	H^{8}M[Mʜ^{6}HM]

5.8.2 방언 차이와 외적순행평성동화

방점 체계, 성조 체계, 방점형, 성조형, 음조형의 종류로 보면 경남의 동남부 방언(창원 방언①②, 함안 방언, 김해 방언)과 동북부 방언(양산 방언) 사이에는 차이가 없다. 그러나 이 절에서는 양 방언을 구분하는 데 있어 결정적인 기준이 될 수 있는 외적순행평성동화 규칙과 방언에 따른 그 적용의 여부를 검토하기로 한다.

(831) 외적순행평성동화

풀이씨의 측성형({:□$_1$, ·□$_1$, :回$_1$, ·回$_1$ })의 굴곡형은 직접 앞서는 임의의 평성형(□$_1$)과 결합되어 하나의 방점형이 될 때 그 풀이씨의 음절들의 방점 표상은 모두 평성의 연결로 변한다.

임의의 평성형에 상성형, 거성형, 음상형, 또는 음거형을 가진 풀이씨 굴곡형과 결합하면, 결합된 후에 도출되는 방점형은 0측 평성형이 된다는 것이 외적순행평성동화 (831)이고, 그렇게 해서 도출된 평성형이 3음절 이상이면 1측형이 된다는 것이 끝음절측성화 규칙 (65)이다.[969] 이제 방언별로 자료를 제시한다.

Hᴍ$_{-1}$ 류의 1음절 변동평성어간 풀이씨의 굴곡형은 평측형, 상성형, 거성형이 다 나타나기 때문에 당연 규칙과 외적순행평성동화 (831)과 끝음절측성화 (65)의 적용을 다 볼 수 있다. 그러므로 아래에서는 /공부+하·다/와 /부산+가·다/의 굴곡형들을 방언별로 따로 제시한다.

먼저 경남 동남부 방언의 자료 (832)ㄱ(창원 방언①), (833)ㄱ(창원 방언②), (834)ㄱ(함안

969) 1측형은 평측형 중에서 마지막 음절만 측성이고, 그 밖의 음절은 모두 평성인 것(보기; □·□, □□·□, □□□·□, □□□□·□, …)이다.

방언), (835)ㄱ(김해 방언)에서는 /공부/와 /하·다/의 평측형 굴곡형들이 결합하는 경우이기 때문에 두 성분의 결합이 당연 규칙의 적용으로 도출되므로 왼쪽 자료와 오른쪽 자료를 대조하면 방점의 변동이 없다. 그러나 (832)ㄴ, (833)ㄴ, (834)ㄴ, (835)ㄴ은 /공부/와 /하·다/의 상성형이나 거성형의 굴곡형들이 결합하는 경우이므로 외적순행평성동화 (831)과 끝음절측성화 (65)의 적용으로 도출된다. 따라서 결합된 후의 도출형들은 모두 끝 음절만 측성(·□)이고 앞서는 다른 음절들은 평성의 연속(□$_1$)으로 나타난다.

(832) {공부+하·다⇒공부하·다}의 어형들과 당연 규칙 또는 외적순행형성동화 규칙 적용

ㄱ. 오른쪽은 당연 규칙 적용으로 최종방점형이 도출된다.

창원 방언①		창원 방언①	
하·다(爲)	(Hᴍ_{-1}·M→)HM[HM]	공부하·다	(H^3·M→)H^3M[MʜHM]
한	H[MH]	공부한	H^3[MʜH]
할	H[MH]	공부할	H^3[MʜH]
하·고	HM[HM]	공부하·고	H^3M[MʜHM]
하·기	HM[HM]	공부하·기	H^3M[MʜHM]
하·모	HM[HM]	공부하·모	H^3M[MʜHM]
하·자	HM[HM]	공부하·자	H^3M[MʜHM]
하·지	HM[HM]	공부하·지	H^3M[MʜHM]
하·이	HM[HM]	공부하·이	H^3M[MʜHM]
하·지·만	HM^2[HM^2]	공부하·지·만	H^3M^2[MʜHM^2]
하·기·는	HM^2[HM^2]	공부하·기·는	H^3M^2[MʜHM^2]
하·기·로·서·이	HM^4[HM^4]	공부하·기·로·서·이	H^3M^4[MʜHM^4]
하겠·다	H^2M[MHM]	공부하겠·다	H^4M[Mʜ^{2}HM]
하겠더·라	H^3M[MʜHM]	공부하겠더·라	H^5M[Mʜ^{3}HM]
하겠더·라	H^3M[MʜHM]	공부하겠더·라	H^5M[Mʜ^{3}HM]
하겠습니·더	H^4M[Mʜ^{2}HM]	공부하겠습니·더	H^6M[Mʜ^{4}HM]
하겠습니·더	H^4M[Mʜ^{2}HM]	공부하겠습니·더	H^6M[Mʜ^{4}HM]
할끼·다	H^2M[MHM]	공부할끼·다	H^4M[Mʜ^{2}HM]

ㄴ. 오른쪽은 외적순행평성동화와 끝음절측성화 규칙 적용으로 최종방점형이 도출된다.

창원 방언①		창원 방언①	
:할·라·꼬	L^3[LMM]	공부할라·꼬	H^4M[Mʜ^{2}HM]
:할·라·몬	L^3[LMM]	공부할라·몬	H^4M[Mʜ^{2}HM]
:할·라·카·나	L^4[LMMᴍ]	공부할라카·나	H^5M[Mʜ^{3}HM]
:할·라·카·모	L^4[LMMᴍ]	공부할라카·모	H^5M[Mʜ^{3}HM]
:할·라·칸·다	L^4[LMMᴍ]	공부할라칸·다	H^5M[Mʜ^{3}HM]
·하·거·나	M^3[HHM]	공부하거·나	H^4M[Mʜ^{2}HM]
·하·네	M^2[HH/MM]	공부하·네	H^3M[MʜHM]

·하·는·데	$M^3[HHM]$	공부하는·데	$H^4M[M\text{ʜ}^2HM]$
·하·다·가	$M^3[HHM]$	공부하다·가	$H^4M[M\text{ʜ}^2HM]$
·하·더·라·도	$M^4[HHM^2]$	공부하더라·도	$H^5M[M\text{ʜ}^3HM]$
·하·더·라	$M^3[HHM]$	공부하더·라	$H^4M[M\text{ʜ}^2HM]$
·하·디·이	$M^3[HHM]$	공부하디·이	$H^4M[M\text{ʜ}^2HM]$
·한·다	$M^2[HH/MM]$	공부한·다	$H^3M[M\text{ʜ}HM]$
·합·니·더	$M^3[HHM]$	공부합니·더	$H^4M[M\text{ʜ}^2HM]$
·해·애·도	$M^3[HHM]$	공부해애·도	$H^4M[M\text{ʜ}^2HM]$
·해·애·라	$M^3[HHM]$	공부해애·라	$H^4M[M\text{ʜ}^2HM]$
·해·애·서	$M^3[HHM]$	공부해애·서	$H^4M[M\text{ʜ}^2HM]$
·해·얬·다	$M^3[HHM]$	공부해얬·다	$H^4M[M\text{ʜ}^2HM]$
·해·얬·습·니·더	$M^5[HHM^3]$	공부해얬습니·더	$H^6M[M\text{ʜ}^4HM]$

ㄷ. 오른쪽은 외적순행평성동화 규칙 적용으로 최종방점형이 도출된다.

창원 방언①		창원 방언①	
·해·애	$M^2[HH/MM]$	공부해애	$H^4[M\text{ʜ}^2H]$
·하·는	$M^2[HH/MM]$	공부하는	$H^4[M\text{ʜ}^2H]$

다만, (832)ㄷ을 (832)ㄴ과 구분해서 따로 정리한 것은 (832)ㄷ에서는 끝음절측성화 규칙 (65)가 적용되지 않는 데에 대하여 (832)ㄴ에는 (65)가 적용되기 때문이다. (832)ㄷ의 이러한 특성은 이들이 단독으로 운율적 낱말(/어절)을 형성하는 힘이 약한 연결법(/연용형)과 관형법(/관형형)이기 때문이라고 생각된다.

(833) {공부+하·다⇒공부하·다}의 어형들과 당연 규칙 또는 외적순행형성동화 규칙 적용

ㄱ. 오른쪽은 당연 규칙 적용으로 최종방점형이 도출된다.

창원 방언②		창원 방언②	
하·다	$(H_{M-1}\cdot M\rightarrow)HM[HM]$	공부하·다	$(H^3\cdot M\rightarrow)H^3M[M\text{ʜ}HM]$
한	$H[MH]$	공부한	$H^3[M\text{ʜ}H]$
할	$H[MH]$	공부할	$H^3[M\text{ʜ}H]$
하·고	$HM[HM]$	공부하·고	$H^3M[M\text{ʜ}HM]$
하·기	$HM[HM]$	공부하·기	$H^3M[M\text{ʜ}HM]$
하·모	$HM[HM]$	공부하·모	$H^3M[M\text{ʜ}HM]$
하·자	$HM[HM]$	공부하·자	$H^3M[M\text{ʜ}HM]$
하·지	$HM[HM]$	공부하·지	$H^3M[M\text{ʜ}HM]$
하·이	$HM[HM]$	공부하·이	$H^3M[M\text{ʜ}HM]$
하·지·만	$HM^2[HM^2]$	공부하·지·만	$H^3M^2[M\text{ʜ}HM^2]$
하·기·는	$HM^2[HM^2]$	공부하·기·는	$H^3M^2[M\text{ʜ}HM^2]$
하·기·로·서·이	$HM^4[HM^4]$	공부하·기·로·서·이	$H^3M^4[M\text{ʜ}HM^4]$

하겠·다	H^{2}M[MHM]	공부하겠·다	H^{4}M[Mʜ^{2}HM]
하겠더·라	H^{3}M[MʜHM]	공부하겠더·라	H^{5}M[Mʜ^{3}HM]
하겠더·라	H^{3}M[MʜHM]	공부하겠더·라	H^{5}M[Mʜ^{3}HM]
하겠습미·더	H^{4}M[Mʜ^{2}HM]	공부하겠습미·더	H^{6}M[Mʜ^{4}HM]
하겠습미·더	H^{4}M[Mʜ^{2}HM]	공부하겠습미·더	H^{6}M[Mʜ^{4}HM]
할끼·다	H^{2}M[MHM]	공부할끼·다	H^{4}M[Mʜ^{2}HM]

ㄴ. 오른쪽은 외적순행평성동화와 끝음절측성화 규칙 적용으로 최종방점형이 도출된다.

창원 방언②		창원 방언②	
:할·라·꼬	L^3[LMM]	공부할라·꼬	H^{4}M[Mʜ^{2}HM]
:할·라·몬	L^3[LMM]	공부할라·몬	H^{4}M[Mʜ^{2}HM]
:할·라·카·나	L^4[LMMᴍ]	공부할라카·나	H^{5}M[Mʜ^{3}HM]
:할·라·카·몬	L^4[LMMᴍ]	공부할라카·몬	H^{5}M[Mʜ^{3}HM]
:할·라·칸·다	L^4[LMMᴍ]	공부할라칸·다	H^{5}M[Mʜ^{3}HM]
·하·거·나	M^3[HHM]	공부하거·나	H^{4}M[Mʜ^{2}HM]
·하·네	M^2[HH/MM]	공부하·네	H^{3}M[MʜHM]
·하·는·데	M^3[HHM]	공부하는·데	H^{4}M[Mʜ^{2}HM]
·하·다·가	M^3[HHM]	공부하다·가	H^{4}M[Mʜ^{2}HM]
·하·더·라·도	M^4[HHM^2]	공부하더라·도	H^{5}M[Mʜ^{3}HM]
·하·더·라	M^3[HHM]	공부하더·라	H^{4}M[Mʜ^{2}HM]
·하·디·이	M^3[HHM]	공부하디·이	H^{4}M[Mʜ^{2}HM]
·한·다	M^2[HH/MM]	공부한·다	H^{3}M[MʜHM]
·합·미·더	M^3[HHM]	공부합미·더	H^{4}M[Mʜ^{2}HM]
·해·애·도	M^3[HHM]	공부해애·도	H^{4}M[Mʜ^{2}HM]
·해·애·라	M^3[HHM]	공부해애·라	H^{4}M[Mʜ^{2}HM]
·해·애·서	M^3[HHM]	공부해애·서	H^{4}M[Mʜ^{2}HM]
·해·앴·다	M^3[HHM]	공부해앴·다	H^{4}M[Mʜ^{2}HM]
·해·앴·습·미·더	M^5[HHM^3]	공부해앴습미·더	H^{6}M[Mʜ^{4}HM]

ㄷ. 오른쪽은 외적순행평성동화 규칙 적용으로 최종방점형이 도출된다.

창원 방언②		창원 방언②	
·해·애	M^2[HH/MM]	공부해애	H^4[Mʜ^{2}H]
·하·는	M^2[HH/MM]	공부하는	H^4[Mʜ^{2}H]

위의 (833)ㄷ을 (833)ㄴ과 구분해 놓은 것도 (832)ㄷ을 (832)ㄴ과 구분한 것과 같은 이유에서이다. 아래의 (834)ㄷ과 (835)ㄷ을 (834)ㄴ과 (835)ㄴ과 각각 구분해 놓은 것도 같은 이유에서이다. 그러므로 이들에 대한 설명은 줄인다.

(834) {공부+하·다⇒공부하·다}의 어형들과 당연 규칙 또는 외적순행형성동화 규칙 적용

ㄱ. 오른쪽은 당연 규칙 적용으로 최종방점형이 도출된다.

함안 방언		함안 방언	
하·다(爲)	(Hᴍ$_{-1}$·M→)HM[HM]	공부하·다	(H^3·M→)H^{3}M[MʜHM]
한	H[MH]	공부한	H^3[MʜH]
할	H[MH]	공부할	H^3[MʜH]
하·고	HM[HM]	공부하·고	H^{3}M[MʜHM]
하·기	HM[HM]	공부하·기	H^{3}M[MʜHM]
하·니	HM[HM]	공부하·니	H^{3}M[MʜHM]
하·모	HM[HM]	공부하·모	H^{3}M[MʜHM]
하·자	HM[HM]	공부하·자	H^{3}M[MʜHM]
하·지	HM[HM]	공부하·지	H^{3}M[MʜHM]
하·이	HM[HM]	공부하·이	H^{3}M[MʜHM]
하·지·만	HM^2[HM^2]	공부하·지·만	H^{3}M^2[MʜHM^2]
하·기·는	HM^2[HM^2]	공부하·기·는	H^{3}M^2[MʜHM^2]
하·기·로·서·니	HM^4[HM^4]	공부하·기·로·서·니	H^{3}M^4[MʜHM^4]
하겠·다	H^{2}M[MHM]	공부하겠·다	H^{4}M[Mʜ^{2}HM]
하겠더·라	H^{3}M[MʜHM]	공부하겠더·라	H^{5}M[Mʜ^{3}HM]
하겠습미·더	H^{4}M[Mʜ^{2}HM]	공부하겠습미·더	H^{6}M[Mʜ^{4}HM]
하기·는	H^{2}M[MHM]	공부하기·는	H^{4}M[Mʜ^{2}HM]
하기·로·서·이	H^{2}M^3[MHM^3]	공부하기·로·서·이	H^{4}M^3[Mʜ^{2}HM^3]

ㄴ. 오른쪽은 외적순행평성동화와 끝음절측성화 규칙 적용으로 최종방점형이 도출된다.

함안 방언		함안 방언	
:할·라·꼬	L^3[LMM]	공부할라·꼬	H^{4}M[Mʜ^{2}HM]
:할·라·모	L^3[LMM]	공부할라·모	H^{4}M[Mʜ^{2}HM]
:할·라·커·나	L^4[LMMᴍ]	공부할라커·나	H^{5}M[Mʜ^{3}HM]
:할·라·컨·다	L^4[LMMᴍ]	공부할라컨·다	H^{5}M[Mʜ^{3}HM]
:할·라·커·모	L^4[LMMᴍ]	공부할라커·모	H^{5}M[Mʜ^{3}HM]
·하·거·나	M^3[HHM]	공부하거·나	H^{4}M[Mʜ^{2}HM]
·하·네	M^2[HH/MM]	공부하·네	H^{3}M[MʜHM]
·하·는·데	M^3[HHM]	공부하는·데	H^{4}M[Mʜ^{2}HM]
·하·다·가	M^3[HHM]	공부하다·가	H^{4}M[Mʜ^{2}HM]
·하·더·라·도	M^4[HHM^2]	공부하더라·도	H^{5}M[Mʜ^{3}HM]
·하·더·라	M^3[HHM]	공부하더·라	H^{4}M[Mʜ^{2}HM]
·하·디·이	M^3[HHM]	공부하디·이	H^{4}M[Mʜ^{2}HM]
·한·다	M^2[HH/MM]	공부한·다	H^{3}M[MʜHM]
·해·애·도	M^3[HHM]	공부해애·도	H^{4}M[Mʜ^{2}HM]
·해·애·라	M^3[HHM]	공부해애·라	H^{4}M[Mʜ^{2}HM]

·해·애·서	M^3[HHM]	공부해애·서	H^4M[Mʜ^{2}HM]
·해·앴·다	M^3[HHM]	공부해앴·다	H^4M[Mʜ^{2}HM]
·해·앴·습·미·더	M^5[HHM^3]	공부해앴습미·더	H^6M[Mʜ^{4}HM]

ㄷ. 오른쪽은 외적순행평성동화 규칙 적용으로 최종방점형이 도출된다.

함안 방언		함안 방언	
·해·애	M^2[HH/MM]	공부해애	H^4[Mʜ^{2}H]
·하·는	M^2[HH/MM]	공부하는	H^4[Mʜ^{2}H]

(835) {공부+하·다⇒공부하·다}의 어형들과 당연 규칙 또는 외적순행형성동화 규칙 적용

ㄱ. 오른쪽은 당연 규칙 적용으로 최종방점형이 도출된다.

김해 방언		김해 방언	
하·다(爲)	(Hᴍ$_{-1}$·M→)HM[HM]	공부하·다	(H^3·M→)H^3M[Mʜ^{2}HM]
한	H[MH]	공부한	H^3[MʜH]
할	H[MH]	공부할	H^3[MʜH]
하·고	HM[HM]	공부하·고	H^3M[MʜHM]
하·지	HM[HM]	공부하·지	H^3M[MʜHM]
하·자	HM[HM]	공부하·자	H^3M[MʜHM]
하·기	HM[HM]	공부하·기	H^3M[MʜHM]
하·이	HM[HM]	공부하·이	H^3M[MʜHM]
하·머	HM[HM]	공부하·머	H^3M[MʜHM]
하·지·만	HM^2[HM^2]	공부하·지·만	H^3M^2[MʜHM^2]
하·기·는	HM^2[HM^2]	공부하·기·는	H^3M^2[MʜHM^2]
하·기·로·서·이	HM^4[HM^4]	공부하·기·로·서·이	H^3M^4[MʜHM^4]
하겠·다	H^2M[MHM]	공부하겠·다	H^4M[Mʜ^{2}HM]
하겠·다	H^2M[MHM]	공부하겠·다	H^4M[Mʜ^{2}HM]
하겠더·라	H^3M[MʜHM]	공부하겠더·라	H^5M[Mʜ^{3}HM]
하겠더·라	H^3M[MʜHM]	공부하겠더·라	H^5M[Mʜ^{3}HM]
하겠습니·더	H^4M[Mʜ^{2}HM]	공부하겠습니·더	H^6M[Mʜ^{4}HM]
하겠습니·더	H^4M[Mʜ^{2}HM]	공부하겠습니·더	H^6M[Mʜ^{4}HM]
하기·는	H^2M[MHM]	공부하기·는	H^4M[Mʜ^{2}HM]
하기·로·서·이	H^2M^3[MHM^3]	공부하기·로·서·이	H^4M^3[Mʜ$^2HM^3$]

ㄴ. 오른쪽은 외적순행평성동화와 끝음절측성화 규칙 적용으로 최종방점형이 도출된다.

김해 방언		김해 방언	
:할·라·칸·다	L^4[LMMᴍ]	공부할라칸·다	H^5M[Mʜ^{3}HM]
:할·라·카·나	L^4[LMMᴍ]	공부할라카·나	H^5M[Mʜ^{3}HM]
:할·라·꼬	L^3[LMM]	공부할라·꼬	H^4M[Mʜ^{2}HM]
:할·라·머	L^3[LMM]	공부할라·머	H^4M[Mʜ^{2}HM]
:할·라·먼	L^3[LMM]	공부할라·먼	H^4M[Mʜ^{2}HM]

:할·라·카·머	L^4[LMM]	공부할라카·머	H^{5}M[Mʜ^{3}HM]
:할·라·카·먼	L^4[LMM]	공부할라카·먼	H^{5}M[Mʜ^{3}HM]
·해·애·도	M^3[HHM]	공부해애·도	H^{4}M[Mʜ^{2}HM]
·해·애·서	M^3[HHM]	공부해애·서	H^{4}M[Mʜ^{2}HM]
·해·애·라	M^3[HHM]	공부해애·라	H^{4}M[Mʜ^{2}HM]
·해·앴·다	M^3[HHM]	공부해앴·다	H^{4}M[Mʜ^{2}HM]
·해·앴·습·디·더	M^5[HHM^3]	공부해앴습디·더	H^{6}M[Mʜ^{4}HM]
·하·다·가	M^3[HHM]	공부하다·가	H^{4}M[Mʜ^{2}HM]
·하·디·이	M^3[HHM]	공부하디·이	H^{4}M[Mʜ^{2}HM]
·하·더·라	M^3[HHM]	공부하더·라	H^{4}M[Mʜ^{2}HM]
·하·거·나	M^3[HHM]	공부하거·나	H^{4}M[Mʜ^{2}HM]
·하·는·데	M^3[HHM]	공부하는·데	H^{4}M[Mʜ^{2}HM]
·한·다	M^2[HH/MM]	공부한·다	H^{3}M[MʜHM]
·하·더·라·도	M^4[HHM^2]	공부하더라·도	H^{5}M[Mʜ^{3}HM]
·하·네	M^2[HH/MM]	공부하·네	H^{3}M[MʜHM]

ㄷ. 오른쪽은 외적순행평성동화 규칙 적용으로 최종방점형이 도출된다.

김해 방언		김해 방언	
·해·애	M^2[HH/MM]	공부해애	H^4[Mʜ^{2}H]
·하·는	M^2[HH/MM]	공부하는	H^4[Mʜ^{2}H]

경남 동북부 방언인 양산 방언 자료 (836)ㄱ에서는 위의 동남부 방언들 (832)ㄱ(창원 방언①), (833)ㄱ(창원 방언②), (834)ㄱ(함안 방언), (835)ㄱ(김해 방언)에서와 마찬가지로, /공부/와 /하·다/의 평측형 굴곡형들이 결합하는 경우이기 때문에 두 성분의 결합이 당연 규칙의 적용으로 도출되므로, 왼쪽 자료와 오른쪽 자료를 대조하면 방점의 변동이 없음을 확인할 수 있다. 그러나 (832)ㄴ, (833)ㄴ, (834)ㄴ, (835)ㄴ에 외적순행평성동화 (831)과 끝음절측성화 (65)가 적용된 것과는 달리 양산 방언 자료 (836)ㄴ에서는 중화 규칙 (5)가 적용되고 있음을 알 수 있다. 그리고 (836)ㄷ에서도 중화 규칙이 적용되기 때문에 이것을 (836)ㄴ과 전혀 구분할 필요가 없다. 그런데도 (836)ㄷ을 따로 구분한 것은 양산 방언의 (836)ㄷ을 동남부 방언의 (832)ㄴ, (833)ㄴ, (834)ㄴ, (835)ㄴ의 자료들과 대조를 쉽게 할 수 있게 하기 위한 것이다.

(836) {공부+하·다⇒공부하·다}의 어형들과 당연 규칙 또는 중화 규칙 적용

ㄱ. 오른쪽은 당연 규칙 적용으로 최종방점형이 도출된다.

양산 방언		양산 방언	
하·다(爲)	(Hᴍ$_{-1}$·M→)HM[HM]	공부하·다	(H^3·M→)H^{3}M[MʜHM]

한	H[MH]	공부한	H^3[MʜH]
할	H[MH]	공부할	H^3[MʜH]
하·고	HM[HM]	공부하·고	H^{3}M[MʜHM]
하·기	HM[HM]	공부하·기	H^{3}M[MʜHM]
하·먼	HM[HM]	공부하·먼	H^{3}M[MʜHM]
하·이	HM[HM]	공부하·이	H^{3}M[MʜHM]
하·자	HM[HM]	공부하·자	H^{3}M[MʜHM]
하·지	HM[HM]	공부하·지	H^{3}M[MʜHM]
하·지·만	HM^2[HM^2]	공부하·지·만	H^{3}M^2[MʜHM^2]
하·기·는	HM^2[HM^2]	공부하·기·는	H^{3}M^2[MʜHM^2]
하·기·로·서·니	HM^4[HM^4]	공부하·기·로·서·니	H^{3}M^4[MʜHM^4]
하겠·다	H^{2}M[MHM]	공부하겠·다	H^{4}M[Mʜ^{2}HM]
하겠더·라	H^{3}M[MʜHM]	공부하겠더·라	H^{5}M[Mʜ^{3}HM]
하겠심·더	H^{3}M[MʜHM]	공부하겠심·더	H^{5}M[Mʜ^{3}HM]
하기·는	H^{2}M[MHM]	공부하기·는	H^{4}M[Mʜ^{2}HM]
하기·로·서·이	H^{2}M^3[MHM^3]	공부하기·로·서·이	H^{4}M^3[Mʜ^{2}HM^3]

ㄴ. 오른쪽은 중화 규칙 적용으로 최종방점형이 도출된다.

양산 방언		양산 방언	
:할·라·꼬	L^3[LMM]	공부·할·라·꼬	H^{2}M^3[MHM^3]
:할·라·먼	L^3[LMM]	공부·할·라·먼	H^{2}M^3[MHM^3]
:할·라·커·나	L^4[LMMᴍ]	공부·할·라·커·나	H^{2}M^4[MHM^4]
:할·라·컨·다	L^4[LMMᴍ]	공부·할·라·컨·다	H^{2}M^4[MHM^4]
:할·라·카·나	L^4[LMMᴍ]	공부·할·라·카·나	H^{2}M^4[MHM^4]
·하·거·나	M^3[HHM]	공부·하·거·나	H^{2}M^3[MHM^3]
·하·네	M^2[HH/MM]	공부·하·네	H^{2}M^2[MHM^2]
·하·는·데	M^3[HHM]	공부·하·는·데	H^{2}M^3[MHM^3]
·하·다·가	M^3[HHM]	공부·하·다·가	H^{2}M^3[MHM^3]
·하·더·나	M^3[HHM]	공부·하·더·나	H^{2}M^3[MHM^3]
·하·더·라·도	M^4[HHM^2]	공부·하·더·라·도	H^{2}M^4[MHM^4]
·하·더·라	M^3[HHM]	공부·하·더·라	H^{2}M^3[MHM^3]
·합·미·더	M^3[HHM]	공부·합·미·더	H^{2}M^3[MHM^3]
·한·다	M^2[HH/MM]	공부·한·다	H^{2}M^2[MHM^2]

ㄷ. 오른쪽은 중화 규칙 적용으로 최종방점형이 도출된다.

양산 방언		양산 방언	
·해	M[Ḧ/M̤]	공부·해	H^{2}M[MHM]
·하·는	M^2[HH/MM]	공부·하·는	H^{2}M[MHM^2]

양산 방언에서는 거성형 /·해·애·도, ·해·애·서, ·해·애·서, ·해·앴·다, …/ 등의 첫 두 음절이 방점 층위에서 축약되면서 (837)ㄱ처럼 거성형으로 남는 경우도 있지만, 이들은 음조적

인 층위인 [HHM]에서 첫 2개의 고조(H)가 축약되어 (837)ㄴ처럼 평1형과 같은 음조형이 생겨나고, 이것이 방점의 층위에까지 거슬러 올라가서 평1형으로 존재하게 되었다. 그 증거로 (837)ㄱ의 왼쪽과 오른쪽의 어형들을 대조하면, 중화 규칙 (5)가 적용되었지만, (837)ㄴ의 왼쪽과 오른쪽의 어형들의 대조에서는 당연 규칙 적용이 분명하게 증명된다.

(837) {공부+하·다⇒공부하·다}의 어형들과 중화 규칙 적용 또는 당연 규칙

ㄱ. 오른쪽은 중화 규칙 적용으로 최종방점형이 도출된다.

양산 방언		양산 방언	
·해	M[Ḧ/M̤]	공부·해	H^{2}M[MHM]
·해·도	M^{2}[HH/MM]	공부·해·도	H^{2}M^{2}[MHM^{2}]
·해·서	M^{2}[HH/MM]	공부·해·서	H^{2}M^{2}[MHM^{2}]
·해·라	M^{2}[HH/MM]	공부·해·라	H^{2}M^{2}[MHM^{2}]
·했·다	M^{2}[HH/MM]	공부·했·다	H^{2}M^{2}[MHM^{2}]
·했·심·더	M^{3}[HHM]	공부·했·심·더	H^{2}M^{3}[MHM^{3}]

ㄴ. 오른쪽은 당연 규칙 적용으로 최종방점형이 도출된다.

양산 방언			양산 방언
해	M[Ḧ/M̤]	공부해	H^{3}[MʜH]
해·도	HM[HM]	공부해·도	H^{3}M[MʜHM]
해·서	HM[HM]	공부해·서	H^{3}M[MʜHM]
해·라	HM[HM]	공부해·라	H^{3}M[MʜHM]
했·다	HM[HM]	공부했·다	H^{3}M[MʜHM]
했·심·더	HM^{2}[HM]	공부했·심·더	H^{3}M[MʜHM^{2}]

외적순행평성동화 규칙에 대하여 좀 더 많은 보기를 들어서 그 규칙의 특성을 이해하고, 이를 통한 방언 구분의 타당성을 확인하기로 하자. 먼저 경남 동남부 방언의 자료 (838)ㄱ(창원 방언①), (839)ㄱ(창원 방언②), (840)ㄱ(함안 방언), (841)ㄱ(김해 방언)에서는 /부산/과 /가·다/의 평측형 굴곡형들이 결합하는 경우이기 때문에, 두 성분의 결합이 당연 규칙의 적용으로 도출되므로, 왼쪽 자료와 오른쪽 자료를 대조하면 방점의 변동이 없음을 알 수 있다. 그러나 (838)ㄴ(창원 방언①), (839)ㄴ(창원 방언②), (840)ㄴ(함안 방언), (841)ㄴ(김해 방언)은 /부산/과 /가·다/의 상성형이나 거성형의 굴곡형들이 결합하는 경우이므로, 외적순행평성동화 (831)과 끝음절측성화 (65)의 적용으로 도출된다. 따라서 결합된 후의 도출형들은 모두 끝 음절만 측성(·□)이고 다른 음절들은 평성의 연속($□_1$)으로 나타난다. 다만, (838)ㄷ, (839)ㄷ, (840)ㄷ, (841)ㄷ은 끝음절측성화가 일어나지 않는데, 이는 관형법과 연결법 어형들은 단독으로 운율적 낱말(/어절)을 형성하는 힘이 약하기 때문이라고 생각된다.

(838) {부산+가·다⇒부산가·다}의 어형들과 당연 규칙 또는 외적순행형성동화 규칙 적용

ㄱ. 오른쪽은 당연 규칙 적용으로 최종방점형이 도출된다.

창원 방언①		창원 방언①	
가·다	(Hᴍ$_{-1}$·M→)HM[HM]	부산가·다	(H^3·M→)H^{3}M[MʜHM]
간	H[MH]	부산간	H^3[MʜH]
갈	H[MH]	부산갈	H^3[MʜH]
가·고	HM[HM]	부산가·고	H^{3}M[MʜHM]
가·기	HM[HM]	부산가·기	H^{3}M[MʜHM]
가·모	HM[HM]	부산가·모	H^{3}M[MʜHM]
가·자	HM[HM]	부산가·자	H^{3}M[MʜHM]
가·지	HM[HM]	부산가·지	H^{3}M[MʜHM]
가·이	HM[HM]	부산가·이	H^{3}M[MʜHM]
가·지·만	HM^2[HM^2]	부산가·지·만	H^{3}M^2[MʜHM^2]
가·기·는	HM^2[HM^2]	부산가·기·는	H^{3}M^2[MʜHM^2]
가·기·로·서·이	HM^4[HM^4]	부산가·기·로·서·이	H^{3}M^4[MʜHM^4]
가겄·다	H^{2}M[MHM]	부산가겄·다	H^{4}M[Mʜ^{2}HM]
가겠·다	H^{2}M[MHM]	부산가겠·다	H^{4}M[Mʜ^{2}HM]

ㄴ. 오른쪽은 외적순행평성동화와 끝음절측성화 규칙 적용으로 최종방점형이 도출된다.

창원 방언①		창원 방언①	
:갈·라·꼬	L^3[LMM]	부산갈라·꼬	H^{4}M[Mʜ^{2}HM]
:갈·라·모	L^3[LMM]	부산갈라·모	H^{4}M[Mʜ^{2}HM]
:갈·라·카·나	L^4[LMMᴍ]	부산갈라카·나	H^{5}M[Mʜ^{3}HM]
:갈·라·카·모	L^4[LMMᴍ]	부산갈라카·모	H^{5}M[Mʜ^{3}HM]
:갈·라·칸·다	L^4[LMMᴍ]	부산갈라칸·다	H^{5}M[Mʜ^{3}HM]
·가·거·나	M^3[HHM]	부산가거·나	H^{4}M[Mʜ^{2}HM]
·가·거·라	M^3[HHM]	부산가거·라	H^{4}M[Mʜ^{2}HM]
·가·네	M^2[HH/MM]	부산가·네	H^{3}M[MʜHM]
·가·는·데	M^3[HHM]	부산가는·데	H^{4}M[Mʜ^{2}HM]
·가·다·가	M^3[HHM]	부산가다·가	H^{4}M[Mʜ^{2}HM]
·가·더·라·도	M^4[HHM^2]	부산가더라·도	H^{5}M[Mʜ^{3}HM]
·가·더·라	M^3[HHM]	부산가더·라	H^{4}M[Mʜ^{2}HM]
·가·도	M^2[HH/MM]	부산가·도	H^{3}M[MʜHM]
·가·서	M^2[HH/MM]	부산가·서	H^{3}M[MʜHM]
·가·아·라	M^3[HHM]	부산가거·라	H^{4}M[Mʜ^{2}HM]
·간·다	M^2[HH/MM]	부산간·다	H^{3}M[MʜHM]
·갑·니·더	M^3[HHM]	부산갑니·더	H^{4}M[Mʜ^{2}HM]
·갔·다	M^2[HH/MM]	부산갔·다	H^{3}M[MʜHM]
·갔·습·니·더	M^4[HHM^2]	부산갔습니·더	H^{5}M[Mʜ^{3}HM]

ㄷ. 오른쪽은 외적순행평성동화 규칙 적용으로 최종방점형이 도출된다.

창원 방언①		창원 방언①	
·가	M[Ḧ/Ṃ]	부산가	H^{3}[MʜH]
·가·는	M^{2}[HH/MM]	부산가는	H^{4}[Mʜ^{2}H]

(839) {부산+가·다⇒부산가·다}의 어형들과 당연 규칙 또는 외적순행형성동화 규칙 적용

ㄱ. 오른쪽은 당연 규칙 적용으로 최종방점형이 도출된다.

창원 방언②		창원 방언②	
가·다	(H$_{ᴍ-1}$ ·M→)HM[HM]	부산가·다	(H^{3}·M→)H^{3}M[MʜHM]
간	H[MH]	부산간	H^{3}[MʜH]
갈	H[MH]	부산갈	H^{3}[MʜH]
가·고	HM[HM]	부산가·고	H^{3}M[MʜHM]
가·기	HM[HM]	부산가·기	H^{3}M[MʜHM]
가·모	HM[HM]	부산가·모	H^{3}M[MʜHM]
가·자	HM[HM]	부산가·자	H^{3}M[MʜHM]
가·지	HM[HM]	부산가·지	H^{3}M[MʜHM]
가·이	HM[HM]	부산가·이	H^{3}M[MʜHM]
가·지·만	HM^{2}[HM^{2}]	부산가·지·만	H^{3}M^{2}[MʜHM^{2}]
가·기·는	HM^{2}[HM^{2}]	부산가·기·는	H^{3}M^{2}[MʜHM^{2}]
가·기·로·서·이	HM^{4}[HM^{4}]	부산가·기·로·서·이	H^{3}M^{4}[MʜHM^{4}]
가겼·다	H^{2}M[MHM]	부산가겼·다	H^{4}M[Mʜ^{2}HM]
가겠·다	H^{2}M[MHM]	부산가겠·다	H^{4}M[Mʜ^{2}HM]

ㄴ. 오른쪽은 외적순행평성동화와 끝음절측성화 규칙 적용으로 최종방점형이 도출된다.

창원 방언②		창원 방언②	
:갈·라·꼬	L^{3}[LMM]	부산갈라·꼬	H^{4}M[Mʜ^{2}HM]
:갈·라·모	L^{3}[LMM]	부산갈라·모	H^{4}M[Mʜ^{2}HM]
:갈·라·카·나	L^{4}[LMMᴍ]	부산갈라카·나	H^{5}M[Mʜ^{3}HM]
:갈·라·카·몬	L^{4}[LMMᴍ]	부산갈라카·몬	H^{5}M[Mʜ^{3}HM]
:갈·라·칸·다	L^{4}[LMMᴍ]	부산갈라칸·다	H^{5}M[Mʜ^{3}HM]
·가·거·나	M^{3}[HHM]	부산가거·나	H^{4}M[Mʜ^{2}HM]
·가·거·라	M^{3}[HHM]	부산가거·라	H^{4}M[Mʜ^{2}HM]
·가·네	M^{2}[HH/MM]	부산가·네	H^{3}M[MʜHM]
·가·는·데	M^{3}[HHM]	부산가는·데	H^{4}M[Mʜ^{2}HM]
·가·다·가	M^{3}[HHM]	부산가다·가	H^{4}M[Mʜ^{2}HM]
·가·더·라·도	M^{4}[HHM^{2}]	부산가더라·도	H^{5}M[Mʜ^{3}HM]
·가·더·라	M^{3}[HHM]	부산가더·라	H^{4}M[Mʜ^{2}HM]
·가·도	M^{2}[HH/MM]	부산가·도	H^{3}M[MʜHM]
·가·디·이	M^{3}[HHM]	부산가디·이	H^{4}M[Mʜ^{2}HM]

·가·서	M^{2}[HH/MM]	부산가·서	H^{3}M[MʜHM]
·가·아·라	M^{3}[HHM]	부산가아·라	H^{4}M[M$ʜ^{2}$HM]
·간·다	M^{2}[HH/MM]	부산간·다	H^{3}M[MʜHM]
·갑·미·더	M^{3}[HHM]	부산갑미·더	H^{4}M[M$ʜ^{2}$HM]
·갔·다	M^{2}[HH/MM]	부산갔·다	H^{3}M[MʜHM]
·갔·습·미·더	M^{4}[HHM^{2}]	부산갔습미·더	H^{5}M[M$ʜ^{3}$HM]

ㄷ. 오른쪽은 외적순행평성동화 규칙 적용으로 최종방점형이 도출된다.

창원 방언②		창원 방언②	
·가	M[Ḧ/M̤]	부산가	H^{3}[MʜH]
·가·는	M^{2}[HH/MM]	부산가는	H^{4}[M$ʜ^{2}$H]

(840) {부산+가·다⇒부산가·다}의 어형들과 당연 규칙 또는 외적순행형성동화 규칙 적용

ㄱ. 오른쪽은 당연 규칙 적용으로 최종방점형이 도출된다.

함안 방언		함안 방언	
가·다	($Hᴍ_{-1}$·M→)HM[HM]	부산가·다	(H^{3}·M→)H^{3}M[MʜHM]
간	H[MH]	부산간	H^{3}[MʜH]
갈	H[MH]	부산갈	H^{3}[MʜH]
가·고	HM[HM]	부산가·고	H^{3}M[MʜHM]
가·기	HM[HM]	부산가·기	H^{3}M[MʜHM]
가·니	HM[HM]	부산가·니	H^{3}M[MʜHM]
가·모	HM[HM]	부산가·모	H^{3}M[MʜHM]
가·자	HM[HM]	부산가·자	H^{3}M[MʜHM]
가·지	HM[HM]	부산가·지	H^{3}M[MʜHM]
가·이	HM[HM]	부산가·이	H^{3}M[MʜHM]
가·지·만	HM^{2}[HM^{2}]	부산가·지·만	$H^{3}M^{2}$[MʜHM^{2}]
가·기·는	HM^{2}[HM^{2}]	부산가·기·는	$H^{3}M^{2}$[MʜHM^{2}]
가·기·로·서·니	HM^{4}[HM^{4}]	부산가·기·로·서·니	$H^{3}M^{4}$[MʜHM^{4}]
가졌·다	H^{2}M[MHM]	부산가졌·다	H^{4}M[M$ʜ^{2}$HM]

ㄴ. 오른쪽은 외적순행평성동화와 끝음절측성화 규칙 적용으로 최종방점형이 도출된다.

함안 방언		함안 방언	
:갈·라·꼬	L^{3}[LMM]	부산갈라·꼬	H^{4}M[M$ʜ^{2}$HM]
:갈·라·모	L^{3}[LMM]	부산갈라·모	H^{4}M[M$ʜ^{2}$HM]
:갈·라·커·나	L^{4}[LMMᴍ]	부산갈라커·나	H^{5}M[M$ʜ^{3}$HM]
:갈·라·커·모	L^{4}[LMMᴍ]	부산갈라커·모	H^{5}M[M$ʜ^{3}$HM]
:갈·라·컨·다	L^{4}[LMMᴍ]	부산갈라컨·다	H^{5}M[M$ʜ^{3}$HM]
:갈·라·쿠·나	L^{4}[LMMᴍ]	부산갈라쿠·나	H^{5}M[M$ʜ^{3}$HM]
:갈·라·쿤·다	L^{4}[LMMᴍ]	부산갈라쿤·다	H^{5}M[M$ʜ^{3}$HM]
·가·신·다	M^{3}[HHM]	부산가신·다	H^{4}M[M$ʜ^{2}$HM]
·가·거·나	M^{3}[HHM]	부산가거·나	H^{4}M[M$ʜ^{2}$HM]

·가·거·라	M^3[HHM]	부산가거·라	H^{4}M[Mʜ^{2}HM]
·가·네	M^2[HH/MM]	부산가·네	H^{3}M[MʜHM]
·가·는·데	M^3[HHM]	부산가는·데	H^{4}M[Mʜ^{2}HM]
·가·다·가	M^3[HHM]	부산가다·가	H^{4}M[Mʜ^{2}HM]
·가·더·라·도	M^4[HHM^2]	부산가더라·도	H^{5}M[Mʜ^{3}HM]
·가·더·라	M^3[HHM]	부산가더·라	H^{4}M[Mʜ^{2}HM]
·가·도	M^2[HH/MM]	부산가·도	H^{3}M[MʜHM]
·가·디·이	M^3[HHM]	부산가디·이	H^{4}M[Mʜ^{2}HM]
·가·서	M^2[HH/MM]	부산가·서	H^{3}M[MʜHM]
·가·아·라	M^3[HHM]	부산가거·라	H^{4}M[Mʜ^{2}HM]
·간·다	M^2[HH/MM]	부산간·다	H^{3}M[MʜHM]
·갑·미·더	M^3[HHM]	부산갑미·더	H^{4}M[Mʜ^{2}HM]
·갔·다	M^2[HH/MM]	부산갔·다	H^{3}M[MʜHM]
·갔·습·미·더	M^4[HHM^2]	부산갔습미·더	H^{5}M[Mʜ^{3}HM]

ㄷ. 오른쪽은 외적순행평성동화 규칙 적용으로 최종방점형이 도출된다.

함안 방언		함안 방언	
·가	M[Ḧ/M̤]	부산가	H^3[MʜH]
·가·는	M^2[HH/MM]	부산가는	H^4[Mʜ^{2}H]

(841) {부산+가·다⇒부산가·다}의 어형들과 당연 규칙 또는 외적순행형성동화 규칙 적용

ㄱ. 오른쪽은 당연 규칙 적용으로 최종방점형이 도출된다.

김해 방언		김해 방언	
가·다	(Hᴍ$_{-1}$·M→)HM[HM]	부산가·다	(H^3·M→)H^{3}M[MʜHM]
간	H[MH]	부산간	H^3[MʜH]
갈	H[MH]	부산갈	H^3[MʜH]
가·고	HM[HM]	부산가·고	H^{3}M[MʜHM]
가·지	HM[HM]	부산가·지	H^{3}M[MʜHM]
가·자	HM[HM]	부산가·자	H^{3}M[MʜHM]
가·기	HM[HM]	부산가·기	H^{3}M[MʜHM]
가·이	HM[HM]	부산가·이	H^{3}M[MʜHM]
가·머	HM[HM]	부산가·머	H^{3}M[MʜHM]
가·지·만	HM^2[HM^2]	부산가·지·만	H^{3}M^2[MʜHM^2]
가·기·는	HM^2[HM^2]	부산가·기·는	H^{3}M^2[MʜHM^2]
가·기·로·서·이	HM^4[HM^4]	부산가·기·로·서·이	H^{3}M^4[MʜHM^4]
가겠·다	H^{2}M[MHM]	부산가겠·다	H^{4}M[Mʜ^{2}HM]
가겠·다	H^{2}M[MHM]	부산가겠·다	H^{4}M[Mʜ^{2}HM]
가겠더·라	H^{3}M[MʜHM]	부산가겠더·라	H^{5}M[Mʜ^{3}HM]
가겠더·라	H^{3}M[MʜHM]	부산가겠더·라	H^{5}M[Mʜ^{3}HM]
가겠습니·더	H^{4}M[Mʜ^{2}HM]	부산가겠습니·더	H^{6}M[Mʜ^{4}HM]

가겠습니·더	H^{4}M[Mʜ^{2}HM]	부산가겠습니·더	H^{6}M[Mʜ^{4}HM]
가기·는	H^{2}M[MHM]	부산가기·는	H^{4}M[Mʜ^{2}HM]
가기·로·서·이	H^{2}M^3[MHM^3]	부산가기·로·서·이	H^{4}M^3[Mʜ^{2}HM^3]

ㄴ. 오른쪽은 외적순행평성동화와 끝음절측성화 규칙 적용으로 최종방점형이 도출된다.

김해 방언		김해 방언	
:갈·라·칸·다	L^4[LMMᴍ]	부산갈라칸·다	H^{5}M[Mʜ^{3}HM]
:갈·라·카·나	L^4[LMMᴍ]	부산갈라카·나	H^{5}M[Mʜ^{3}HM]
:갈·라·꼬	L^3[LMM]	부산갈라·꼬	H^{4}M[Mʜ^{2}HM]
:갈·라·먼	L^3[LMM]	부산갈라·먼	H^{4}M[Mʜ^{2}HM]
:갈·라·카·먼	L^4[LMM]	부산갈라카·먼	H^{5}M[Mʜ^{3}HM]
·가·신·다	M^3[HHM]	부산가신·다	H^{4}M[Mʜ^{2}HM]
·가·도	M^3[HHM]	부산가·도	H^{3}M[MʜHM]
·가·서	M^3[HHM]	부산가·서	H^{3}M[MʜHM]
·가·거·라	M^3[HHM]	부산가거·라	H^{4}M[Mʜ^{2}HM]
·갔·다	M^3[HHM]	부산갔·다	H^{3}M[MʜHM]
·갔·습·니·더	M^5[HHM^3]	부산갔습니·더	H^{5}M[Mʜ^{3}HM]
·가·다·가	M^3[HHM]	부산가다·가	H^{4}M[Mʜ^{2}HM]
·가·디·이	M^3[HHM]	부산가디·이	H^{4}M[Mʜ^{2}HM]
·가·더·라	M^3[HHM]	부산가더·라	H^{4}M[Mʜ^{2}HM]
·가·거·나	M^3[HHM]	부산가거·나	H^{4}M[Mʜ^{2}HM]
·가·는·데	M^3[HHM]	부산가는·데	H^{4}M[Mʜ^{2}HM]
·간·다	M^2[HH/MM]	부산간·다	H^{3}M[MʜHM]
·가·더·라·도	M^4[HHM^2]	부산가더라·도	H^{5}M[Mʜ^{3}HM]
·가·네	M^2[HH/MM]	부산가·네	H^{3}M[MʜHM]

ㄷ. 오른쪽은 외적순행평성동화 규칙 적용으로 최종방점형이 도출된다.

김해 방언		김해 방언	
·가	M[Ḧ/Ṃ]	부산가	H^3[MʜH]
·가·는	M^2[HH/MM]	부산가는	H^4[Mʜ^{2}H]

경남 동북부 방언인 양산 방언의 자료인 아래의 (842)ㄱ에서는 위의 동남부 방언들 (838)ㄱ(창원 방언①), (839)ㄱ(창원 방언②), (840)ㄱ(함안 방언), (841)ㄱ(김해 방언)에서와 마찬가지로, /부산/과 /가·다/의 평측형 굴곡형들이 결합하는 경우이기 때문에 두 성분의 결합이 당연 규칙의 적용으로 도출되므로 왼쪽 자료와 오른쪽 자료를 대조하면 방점의 변동이 없다. 그러나 (838)ㄴ, (839)ㄴ, (840)ㄴ, (841)ㄴ에 외적순행평성동화 (831)과 끝음절측성화 (65)가 적용된 것과는 달리, 양산 방언 자료 (842)ㄴ에서는 중화 규칙 (5)가 적용되고 있음을 확인할 수 있다. 그리고 (842)ㄷ에서도 중화 규칙이 적용되기 때문에 이것을 (842)ㄴ과 전

혀 구분할 필요가 없다. 그런데도 (842)ㄷ을 따로 구분한 것은 양산 방언의 (842)ㄷ을 경남 동남부 방언의 (838)ㄴ, (839)ㄴ, (840)ㄴ, (841)ㄴ의 자료들과 대조를 쉽게 할 수 있게 하기 위한 것이다.

(842) {부산+가·다⇒부산가·다}의 어형들과 당연 규칙 또는 중화 규칙 적용

ㄱ. 오른쪽은 당연 규칙 적용으로 최종방점형이 도출된다.

양산 방언		양산 방언	
가·다	(Hᴍ$_{-1}$·M→)HM[HM]	부산가·다	(H^3·M→)H^{3}M[MʜHM]
가·고	HM[HM]	부산가·고	H^{3}M[MʜHM]
가·지	HM[HM]	부산가·지	H^{3}M[MʜHM]
가·자	HM[HM]	부산가·자	H^{3}M[MʜHM]
가·기	HM[HM]	부산가·기	H^{3}M[MʜHM]
가겠·다	H^{2}M[MHM]	부산가겠·다	H^{4}M[Mʜ^{2}HM]
가·이	HM[HM]	부산가·이	H^{3}M[MʜHM]
가·머	HM[HM]	부산가·머	H^{3}M[MʜHM]
가·지·만	HM^2[HM^2]	부산가·지·만	H^{3}M^2[MʜHM^2]
가·기·는	HM^2[HM^2]	부산가·기·는	H^{3}M^2[MʜHM^2]
가·기·로·서·이	HM^4[HM^4]	부산가·기·로·서·이	H^{3}M^4[MʜHM^4]

ㄴ. 오른쪽은 중화 규칙 적용으로 최종방점형이 도출된다.

양산 방언		양산 방언	
:갈·라·한·다	L^4[LMMᴍ]	부산·갈·라·한·다	H^{2}M^4[MHM^4]
:갈·라·하·나	L^4[LMMᴍ]	부산·갈·라·하·나	H^{2}M^4[MHM^4]
:갈·라·꼬	L^3[LMM]	부산·갈·라·꼬	H^{2}M^3[MHM^3]
:갈·라·먼	L^3[LMM]	부산·갈·라·먼	H^{2}M^3[MHM^3]
·가	M[M̤]	부산·가	H^{2}M[MHM]
·가·도	M^2[HH/MM]	부산·가·도	H^{2}M^2[MHM^2]
·가·서	M^2[HH/MM]	부산·가·서	H^{2}M^2[MHM^2]
·가·거·라	M^3[HHM]	부산·가·거·라	H^{2}M^3[MHM^3]
·가·거·래·이	M^4[HHM^2]	부산·가·거·래·이	H^{2}M^4[MHM^4]
·갔·다	M^2[HH/MM]	부산·갔·다	H^{2}M^2[MHM^2]
·갔·심·더	M^3[HHM]	부산·갔·심·더	H^{2}M^3[MHM^3]
·가·다·가	M^3[HHM]	부산·가·다·가	H^{2}M^3[MHM^3]
·가·디·이	M^3[HHM]	부산·가·디·이	H^{2}M^3[MHM^3]
·가·더·라	M^3[HHM]	부산·가·더·라	H^{2}M^3[MHM^3]
·가·거·나	M^3[HHM]	부산·가·거·나	H^{2}M^3[MHM^3]
·가·는·데	M^3[HHM]	부산·가·는·데	H^{2}M^3[MHM^3]
·가·거·라	M^3[HHM]	부산·가·거·라	H^{2}M^3[MHM^3]
·가·더·라·도	M^4[HHM^2]	부산·가·더·라·도	H^{2}M^4[MHM^4]

·가·네	M^2[HH/MM]	부산·가·네	H^2M^2[MHM^2]
·간·다	M^2[HH/MM]	부산·간·다	H^2M^2[MHM^2]
·갑·미·더	M^3[HHM]	부산·갑·미·더	H^2M^3[MHM^3]

ㄷ. 오른쪽은 중화 규칙 적용으로 최종방점형이 도출된다.

양산 방언		양산 방언	
·가	M[M̤]	부산·가	H^2M[MHM]
·가·는	M^2[HH/MM]	부산·가·는	H^2M^2[MHM^2]

(831)과 자료 (832)~(842)를 통해서 우리는 외적순행평성동화 규칙의 적용 여부가 경남 동남부 방언(창원 방언①②, 함안 방언, 김해 방언)과 동북부 방언인 양산 방언의 구분을 정당화한다는 결론에 이르렀다.

(832)~(842)에서는 대화의 상황을 전제하지 않고, 조사자가 각각의 항목에 초점을 두고 방언 조사 질문지를 보면서 질문하면, 제보자가 그 질문에 대하여 대답한 것을 적어 놓은 것이다. 그러나 자연스러운 대화 속에서 임의의 평성형($□_1$)과 전달의 초점 강세를 가진 풀이씨의 임의의 굴곡형($□_1·□^n$, $·□^n$, $:□^n$)이 나타날 때는 자연히 둘 사이에 쉼(#)이 개입되기 때문에, 위에서 말한 바와 같은 당연 규칙이나 외적순행평성동화와 끝음절측성화 등이 적용되지 않고 쉼(#)의 앞과 뒤에 오는 방점형들은 각각 독립적으로 하나씩의 음조형으로 실현된다. (843)에 보기를 들어 둔다.

(843) 쉼(#)의 뒤 어절에 초점 강세가 주어질 때 외적순행평성동화나 당연 규칙은 차단됨

ㄱ.	공부#**하·지·만**	H^2#**HM^2**[MH#**HM^2**]	(창원①②, 함안, 김해, 양산)
	공부#:**할·라·꼬**	H^2#**L^3**[MH#**LMM**]	(창원①②, 함안, 김해, 양산)
	공부#·**하·더·라·도**	H^2#**M^4**[MH#**HHM^2**]	(창원①②, 함안, 김해, 양산)
ㄴ.	부산#**가·지·만**	H^2#**HM^2**[MH#**HM^2**]	(창원①②, 함안, 김해, 양산)
	부산#:**갈·라·꼬**	H^2#**L^3**[MH#**LMM**]	(창원①②, 함안, 김해, 양산)
	부산#·**가·더·라·도**	H^2#**M^4**[MH#**HHM^2**]	(창원①②, 함안, 김해, 양산)

5.8.3 모음의 비음화와 탈비음화

지금까지는 전통적인 지역 방언학적의 관점으로만 성조를 검토해 왔지만, 이 절에서는 조금이나마 사회방언학적인 관점의 효력을 이용해서 4개 방언(창원 방언②, 함안 방언, 김해 방언, 양산 방언)에 비해 창원 방언①의 강한 보수적인 특성을 설명하고, 또한 모음의 비음화와 탈비음화 현상에서 4개 방언(창원 방언①②, 함안 방언, 김해 방언)과 양산 방언의 방언적인 차이를 설명하려고 한다.

창원 방언①과 창원 방언②는 방언적인 차이가 나타나는데, 이것은 순수한 세대 차이라 할 수는 없다. 창원 방언①의 화자인 지은이는 서울, 전남, 광주, 진주, 대전 등의 여러 곳에서 지속적으로 생활해 왔기 때문에, 1970년 이후에는 자연스러운 변화를 따라가지 못하고 시간적으로나 공간적으로 창원 지역 방언과는 차단되었던 결과라고 생각된다. 창원 방언①의 제보자인 지은이 자신(김차균, 1939년 1월 3일생)과 창원 방언②의 제보자들은 출생 및 성장지가 통합창원시 동읍 석산리((구) 창원군 동면 석산리)로 동일하고, 나이 차이는 9살 밖에 되지 않는다. 그런데도 1세대(30년) 정도 이상의 방언적인 차이가 있다.

1980년까지만 해도 석산은 70호 정도의 집성촌이었으며, 혼인 관계도 50리 밖을 벗어나는 경우가 드물었고, 타성은 5가구 이내였으나, 그것도 혼인 관계로 자리 잡은 사람들이라 그들과 일가들 사이의 방언적인 차이는 체계적인 것은 아니었으며, 몇 개 낱말 정도의 차이였다.

지금은 일가친척들이 거의 외지로 나가고, 그 대신에 100리 밖의 사람들은 물론 다른 광역시도에서 옮겨온 사람들이 태반이다. 이 책을 위한 창원 방언②의 제보자들(신후식 님과 김원균 님)은 어릴 적부터 고향을 지키며 살아왔으나, 매우 유능하고 활동적인 지방 공무원이어서 (구)창원읍, 마산, 부산, 등지로 출입이 많고, 사회적으로나 경제적으로나 개인적인 지위의 향상을 위해 노력했던 사람들이다. 지은이의 출생 및 성장지인 석산에는 1970년대의 사투리를 보존하고 있는 사람들이 이제는 거의 없으며, 3대 이상 거기에 거주해 온 사람들끼리만 대화를 할 기회도 많지 않다. 그래서 제보자들의 말은 마산, 창원, 김해, 부산을 포함하는 넓은 지역의 방언들에 영향을 받지 않을 수 없다.

창원 방언①의 제보자인 지은이는 학업과 군대 및 직장 관계로 1958년 이후에는 고향에서 멀리 떨어진 외지에서 살았고, 성격이 내성적이어서 다른 방언의 영향을 적게 받아들였고, 특히 1964년 이후 방언 성조의 연구로 일관해 왔기 때문에, 습득과 성장기의 방언을 보존하는 데에 의도적인 노력을 기울여 왔다. 다른 방언의 영향에 대하여 지극히 폐쇄적이어서, 1970년대의 '창원군 동면 석산리'의 방언을 고스란히 보존하고 있다고 할 수 있다. 따라서 창원 방언①의 제보자인 지은이와 창원 방언②의 제보자들인 신후식 님(1946년생)과 김원균 님(1947년생)의 방언 차이는 30년 정도의 세대 차이는 물론이고, 사회방언적인 차이도 크게 나타난다고 할 수 있다.

함안 방언 제보자인 박조자 님은 지은이보다 4살 아래이지만, 그 따님인 구현옥 박사(동아대 국어학 전공)보다 방언적인 영향에 대하여 더 개방적이어서 경남 서남부 방언의 영향도 가끔 확인되는 점을 제외하면, 창원 방언②의 제보자들과 뚜렷한 방전적인 차이를 보여주지 않는다.

김해 방언 제보자인 한이선 님(1930년생)은 과거에 김해읍에서 출생하여 성장한 전형적인 농촌 사람으로, 농촌의 전통적인 문화에 대한 지식이 깊고 넓으며, 어휘력도 풍부했다. 집안의 애경사나 지역 사회의 여러 단체의 회식이 있을 때 참가자의 수와 회식비 등을 정확하게 예측하고 식사 준비를 총 지휘하는 등, 참으로 대단한 봉사자요 인재였다. 사람들과 사귀기를 좋아 하되 남의 말을 듣는 것을 좋아하고, 김해 방언과 김해 방언이 아닌 것을 정확하게 구별하는 능력을 갖췄다. 김해 방언 제보자 박남이 님(1937년생)은 지금은 김해시에 속하지만, 과거에는 김해군 진래면에서 출생하여 성장했다. 다른 지역의 방언에 영향을 받지 않아서 방언적인 순수성을 지니고 있다는 점에서 제보자로서의 장점이 있다.

양산 방언 제보자인 차연옥 님(1960년생)과 정덕자 님(1961년생)은 초등학교와 중고등하교의 동기동창이며 지역 발전을 위해 많은 봉사를 해온 분들이다. 두 분의 남편들의 직업은 같은 국가공무원이다. 방언 조사를 할 때 조사자의 질문에 대해 적극적으로 대답을 하며, 합창하듯이 동시에 같은 대답을 하여서[970] 두 분한테서 얻은 자료는 양산 방언으로서의 신뢰도가 높은 것으로 지은이는 판단하고 있다.

음운론적인 관점에서 부산 방언을 포함하는 경남 동남부 방언권을 다시 하위 구분할 때 중요한 기준을 분절음에서 2가지와 성조에서 한 가지를 들고자 한다. 그 하나는 분절음에서는 '/ㅅ/과 /ㅆ/'의 대립의 유무이고, 다른 하나는 2개의 모음사이에서 비음(/ㄴ/(n)과 /ㅇ/(ŋ))의 약화와 소실을 들 수 있다.

경남 서남부 방언권의 모든 방언들과 동남부 방언권의 함안 방언, 창원 방언, 마산 방언, 진해 방언은 '/ㅅ/과 /ㅆ/의 대립이 존재하고, 김해 방언 안에서도, 대산면, 진례면, 장유면 진영읍 방언에는 '/ㅅ/과 /ㅆ/'의 대립이 존재하지만, (구)김해읍의 방언의 설단 치조 마찰음은 /ㅅ/ 하나뿐이다.[971] (구)김해읍에서 출생 및 성장한 한이선 님은 [ㅆ] 소리를 내는 데에 어려움이 많았지만, 진례면에서 출생 성장한 박남이 님은 /ㅅ/와 /ㅆ/의 음소적 대립이 확고했다.[972] 양산 방언에서는 두 제보자가 다 자연스러운 발화에서는 /ㅅ/만 사용하고, /ㅆ/

---

970) 조사자의 질문에 대하여 시간 차이를 두고 대답하게 되면 나중 대답하는 제보자는 먼저 대답한 제보자의 말을 참고로 해서 대답하는 경우가 많기 때문에, 나중 대답하는 제보자의 대답은 자신이 일상생활에서 써 왔던 것인지에 대한 신뢰감이 떨어진다. 지은이의 오랜 경험으로 볼 때, 두 제보자가 동시에 같은 제보를 했을 때 그것은 신빙성이 높다. 동시에 응답을 하면서 그 제보 내용이 다를 때도 그것은 자신들의 말에 대한 의식을 적게 하는 경향이 있기 때문에 그 제보 내용은 믿을 만한 것이다.
두 사람의 제보자를 한 자리에 앉게 하여 방언 조사를 하면, 가끔 한 사람은 적극적이고 제보 내용에 대하여 책임감이 강하지만, 다른 쪽은 소극적이고, 적당히 쉽게 넘어가려는 경향이 있다. 방언 조사자는 이 점에 특히 유의해서 두 사람이 다 열심히 응답에 참여하도록 유도해야 한다.

971) 김해시의 한림면, 주촌면의 방언은 지은이가 확인하지 못했다.

972) 이 책에서는 박남이 님의 제보 자료는 참고 자료로 했을 뿐, 정식 자료로 사용하지는 않았다. 그

는 사용하지 않았다. 그러나 조사 과정에서 자신들의 구어를 의식할 때는 의도적으로 [ㅆ]를 발음했다. 김해 방언의 한이선 님은 [ㅆ]를 발음하지 못하는 데 대하여, 양산 방언의 제보자들은 자신들의 방언에 /ㅅ/에 대립하는 /ㅆ/를 가지고 있는 것은 아니지만, [ㅆ]를 발음할 수 있었던 것은 김해 방언과 양산 방언 제보자들 사이의 연령 차이와 더불어, 양산 방언 제보자들은 초등학교와 중고등학교를 합쳐서 12년이라는 기간 동안에 공고육을 받은 데에 주된 원인이 있는 것이라 생각된다.

방언들 사이의 분절음(/ㅅ/ : /ㅆ/의 대립 유무)의 자료는 이 책에 제시된 자료들에서 찾아 확인하기 바라며, 여기에서는 제보자들의 제보 내용을 바탕으로 할 때, 창원 방언과 함안 방언에는 /ㅅ/ : /ㅆ/의 음소적인 대립이 있으나, (구)김해읍 방언과 양산 방언은 /ㅅ/만이 음소로 존재하고, /ㅆ/ 음소는 없다는 결론을 내린다.

/ㅅ/ : /ㅆ/만큼 확고한 기준은 못되지만, 2개의 모음 사이에 /ㄴ/(n)이나 /ㅇ/(ŋ)이 올 때 이것이 약화되면서 그 보상 작용으로 두 모음을 비음화하는 경우가 경남 남부 방언 전체에서 일어나고, 이것이 한 단계 더 진행되면 비모음의 탈비음화(de-nasalization)이 일어나는데, 음운학적인 지식이 없는 일반 화자들은 코소리의 있음과 없음(보기; /산이/에서 [ㄴ]이 있으면 [사니], 없으면 [사이]로 발음된다.)으로만 판단하기 때문에 없으면 비음 삭제로만 본다. 창원 방언①에서는 /아니다/가 가끔 [아이다, ãøĩda]와 [아이다, aøida]로 변동하는 것을 제외하고는 비음 약화의 단계에 들어선 낱말들은 많이 나타나지만, 탈비음화에 이르지는 못했다. 경남 서남부 방언권에서는 비음 약화의 단계를 지나서 탈비음화가 보편적으로 일어나는 단계에 와 있다. 탈비음화 단계가 약하게 나타나느냐 또는 강하게 나타나느냐를 순서 매김하면, 창원 방언①<창원 방언②<함안 방언<김해 방언<양산 방언(<경남 서남부 방언)으로 나타낼 수 있다.

먼저 두 모음 사이에서 약화되지 않고 완전히 [ŋ]으로 발음되는 것과, 약화와 더불어 두 모음이 비음화된 것과 탈비음화된 것의 한글 표기의 자료를 제시하면 다음과 같다.

(844) 모음 사이 비음 약화와 탈비음화의 표기법

ㄱ. 망아·지(駒) H^{2}M[MHM] (양산)
송안·치<송아지> H^{2}M[MHM] (양산)
눈빵·울 H^{2}M[MHM] (김해)
복숭아(桃) H^3[MʜH] (창원②, 함안, 양산)
올챙·이(蚪) H^{2}M[MHM] (양산)
:붕·어 L^2[LM] (창원①②, 함안, 김해, 양산)

리고 부산 방언도 조사를 해서 /ㅅ/는 음소로 존재하지만, /ㅆ/는 존재하지 않음을 확인했다.

·냉·이[·nɛŋ·i]<냉이>	M^2[HH/MM]	(양산)
·달·팽·이	M^3[HHM]	(창원①②, 김해, 함안)
ㄴ. 눈빠·울(眸)	H^2M[MHM]	(창원①, 함안)
물뻬·이	H^2M[MHM]	(창원①②, 함안, 김해, 양산)
소아·지<송아지>	H^2M[MHM]	(창원①②, 함안, 김해)
소아·치<송아지>	H^2M[MHM]	(창원①②, 함안, 김해)
솔빠·알<솔방울>	H^2M[MHM]	(창원①②, 함안)
솔빠·울	H^2M[MHM]	(창원②, 함안, 김해, 양산)
·고·이(鵝)	M^2[HH/MM]	(창원①②, 김해, 함안)
ㄷ. 물뻬·이	H^2M[MHM]	(양산)
소아·지<송아지>	H^2M[MHM]	(양산)
소아·치<송아지>	H^2M[MHM]	(양산)

(844)ㄱ의 '망아·지, 송안·치, 눈빵·울, …'처럼 ㅇ(이응)을 앞 음절 글자의 받침으로 적고 그것을 직접 뒤따르는 음절 글자의 초성으로 다시 ㅇ(이응)을 적으면 앞 음절의 받침은 [ŋ]으로 발음된다. 이러한 [ŋ]은 관찰력이 있는 음성학자에게는 양음절에 걸치는(ambi-syllabic) 소리로 들린다.

(844)ㄴ의 '눈빠·울, 물뻬·이, 소안·치, …'처럼 앞 음절을 받침 없이 개음절인 것처럼 적고 직접 뒤따르는 음절 글자의 초성을 ㆁ(꼭지 있는 이응)으로 적으면, 그 ㆁ은 [ŋ]으로 발음하지 않고 앞뒤에 오는 모음을 비모음으로 발음한다. '눈빠·울'과 '물뻬·이'는 발음기호로 적으면 각각 [nun˺$pã$øũl˺], [mul˺$pẽ$øĩ]가 된다. (844)ㄷ의 '물뻬·이, 소아·치'처럼 앞 음절에 종성을 받쳐 적지 않고, 뒤 음절을 ㅇ(꼭지 없는 이응)을 초성으로 사용하면 [ŋ] 소리도 없고, 비음화된 모음도 없는 탈비음화된 소리를 적은 것이다. '물뻬·이, 소아·치'를 음절 경계($)를 포함하는 발음기호로 적으면 각각 [mul˺peøi]와 [sʰo$øa$cʰi]가 된다.[973] 탈비음화를 규칙화하면 다음과 같다.

(845) 탈비음화 규칙[974]
음절 경계를 포함하는 2개의 비모음(nasal vowel)은 탈비모음화(denasalization) 된다.
(이 규칙을 기호로 나타나내면 ṽ$øṽ→V$øV으로 표시할 수 있다.)

경남 동남부 4개 방언과 양산 방언에서 세 가지 경우 곧, 모음 사이에서 ㅇ(ŋ)이 그대로

973) [p]는 양순무기무성파열경음, [ø]는 꼭지 없는 이응을 표시한다. 그리고 [˺]은 닫힘소리 표시이다. [sʰ]와 [cʰ]는 각각 음절 초성의 [ㅅ]와 [ㅊ]이다. [p], [sʰ], [cʰ], [ø], [˺] 등에 대해서는 김차균(1998)을 참조.

974) 이 규칙은 통시적 현상을 규칙화한 것으로 방언에 따라 보편화의 정도에 차이가 있다.

나타나는 경우와 약화되어 앞뒤의 모음을 비음화하는 경우와 비음화된 모음의 탈비음화의 자료를 (846)에서 먼저 보이고, 다음에 계량적인 정리표 (847)을 제시한다.

(846) 모음 사이 비음 ㅇ[ŋ]의 약화와 탈비음화 자료

도·오<동이>	HM[HM]	(창원①②, 함안, 김해)
도·우<동이>	HM[HM]	(창원②)
도·오<동이>	HM[HM]	(양산)
베·이(甁)	HM[HM]	(창원①②, 함안, 김해, 양산)
베·이(甁)	HM[HM]	(함안, 양산)
세·이(兄)	HM[HM]	(창원①②, 함안, 김해, 양산)
시·이(兄)	HM[HM]	(창원①②, 김해)
시·이(兄)	HM[HM]	(양산)
소·이<송이>	HM[HM]	(창원①②, 김해)
시·이<송이>	HM[HM]	(창원②, 함안)
시·이<송이>	HM[HM]	(양산)
조·오(紙)	HM[HM]	(창원①②, 함안, 김해)
조·이(紙)	HM[HM]	(창원①②, 함안)
조·오(紙)	HM[HM]	(양산)
살·께·이(猫)	HM^2[HM^2]	(창원①)
살·케·이(猫)	HM^2[HM^2]	(양산)
웅·디·이	HM^2[HM^2]	(창원①②, 함안, 김해, 양산)
웅·디·이(潢)	HM^2[HM^2]	(양산)
바아(碓)	H^2[MH]	(창원①②, 김해)
바아(碓)	H^2[MH]	(함안, 양산)
주우<바지>	H^2[MH]	(창원①②, 함안, 김해)
주우<바지>	H^2[MH]	(양산)
강내·이<옥수수>	H^{2}M[MHM]	(창원①②, 함안, 김해)
강내·이<옥수수>	H^{2}M[MHM]	(양산)
강새·이	H^{2}M[MHM]	(창원①②, 함안, 김해)
강새·이<강아지>	H^{2}M[MHM]	(양산)
걸배·이	H^{2}M[MHM]	(창원①②, 함안, 김해, 양산)
걸배·이(乞人)	H^{2}M[MHM]	(양산)
고디·이	H^{2}M[MHM]	(창원①②, 함안, 김해)
고디·이	H^{2}M[MHM]	(양산)
구더·이<구덩이>	H^{2}M[MHM]	(창원②)
구리·이(大蛇)	H^{2}M[MHM]	(창원①②, 함안, 김해)
구레·이	H^{2}M[MHM]	(양산)
구리·이(大蛇)	H^{2}M[MHM]	(함안, 양산)
깜디·이<깜북이>	H^{2}M[MHM]	(창원②, 함안, 양산)

깜디·이<흑인>	H^2M[MHM]	(창원①②)
껄배·이	H^2M[MHM]	(창원②, 김해)
껌디·이<흑인>	H^2M[MHM]	(창원①②, 함안, 김해, 양산)
꼬래·이(尾)	H^2M[MHM]	(창원①②, 함안, 김해)
꼬래·이(尾)	H^2M[MHM]	(양산)
눈빠·알(眸)	H^2M[MHM]	(창원①②, 함안, 김해)
눈빠·울(眸)	H^2M[MHM]	(함안)
눈빵·울	H^2M[MHM]	(김해)
돌띠·이(石)	H^2M[MHM]	(창원①②, 함안, 김해, 양산)
돌띠·이(石)	H^2M[MHM]	(양산)
돌매·이	H^2M[MHM]	(창원①②, 함안, 김해, 양산)
돌배·이<동그라미>	H^2M[MHM]	(창원①②, 함안)
돌빼·이(石)	H^2M[MHM]	(창원①, 양산)
돌삐·이(石)	H^2M[MHM]	(창원①②, 양산)
돌삐·이(石)	H^2M[MHM]	(창원②, 함안, 김해, 양산)
뚜베·이	H^2M[MHM]	(김해)
띠끼·이<뚜껑>	H^2M[MHM]	(창원①②, 김해)
띠끼·이<뚜껑>	H^2M[MHM]	(함안)
띠비·이	H^2M[MHM]	(창원①②, 함안, 김해)
막내·이	H^2M[MHM]	(창원①②, 함안, 김해)
막내·이	H^2M[MHM]	(양산)
망새·이(駒)	H^2M[MHM]	(창원②)
몽디·이<몽둥이>	H^2M[MHM]	(창원①②, 함안, 김해, 양산)
몽디·이<몽둥이>	H^2M[MHM]	(양산)
문쪼·오<창호지>	H^2M[MHM]	(창원①②, 함안, 김해)
문쪼·오<창호지>	H^2M[MHM]	(함안, 양산)
물빼·이	H^2M[MHM]	(창원①②, 함안, 김해, 양산)
물빼·이	H^2M[MHM]	(양산)
미재·이<미장이>	H^2M[MHM]	(창원①②, 함안, 김해, 양산)
미재·이<미장이>	H^2M[MHM]	(양산)
방매·이(방망이)	H^2M[MHM]	(창원①②, 함안, 김해)
방매·이(방망이)	H^2M[MHM]	(양산)
벌게·이	H^2M[MHM]	(창원①②, 함안, 김해)
벌기·이	H^2M[MHM]	(창원①②, 함안, 김해)
벌게·이	H^2M[MHM]	(양산)
빚재·이<채무자>	H^2M[MHM]	(창원①②, 함안, 양산)
빚재·이<채무자>	H^2M[MHM]	(창원②, 함안, 양산)
뿌레·이(根)	H^2M[MHM]	(창원②, 함안, 김해)
뿌리·이(根)	H^2M[MHM]	(창원①②, 김해)
뿌레·이(根)	H^2M[MHM]	(양산)

삐개·이(雛)	H^2M[MHM]	(창원①②, 함안, 김해, 양산)
송안·치<송아지>	H^2M[MHM]	(양산)
사아·지<송아지>	H^2M[MHM]	(양산)
소아·지<송아지>	H^2M[MHM]	(창원①②, 함안, 김해)
소아·치<송아지>	H^2M[MHM]	(창원①②, 함안, 김해)
술삐·이<술병>	H^2M[MHM]	(창원①②, 함안, 김해, 양산)
술삐·이<술병>	H^2M[MHM]	(창원②)
술삐·이<술병>	H^2M[MHM]	(양산)
알매·이	H^2M[MHM]	(창원①②, 함안, 김해, 양산)
알매·이	H^2M[MHM]	(양산)
얌새·이(羔)	H^2M[MHM]	(양산)
얌새·이(羔)	H^2M[MHM]	(창원①②, 함안, 김해)
점재·이<점쟁이>	H^2M[MHM]	(창원①②, 김해)
점재·이<점쟁이>	H^2M[MHM]	(함안, 양산)
조디·이<주둥이>	H^2M[MHM]	(창원①②, 김해)
주디·이<주둥이>	H^2M[MHM]	(창원①②, 함안, 김해)
주디·이<주둥이>	H^2M[MHM]	(창원②, 함안, 양산)
지파·이<지팡이>	H^2M[MHM]	(함안)
지패·이<지팡이>	H^2M[MHM]	(창원①②, 함안, 김해, 양산))
지패·이<지팡이>	H^2M[MHM]	(양산)
쪼마·이<주머니>	H^2M[MHM]	(창원①②, 함안, 김해, 양산)
쪼마·이<주머니>	H^2M[MHM]	(양산)
쭉찌·이<찌꺼기>	H^2M[MHM]	(김해)
쭉찌·이<찌꺼기>	H^2M[MHM]	(양산)
토까·이(兎)	H^2M[MHM]	(창원①②, 함안, 김해, 양산)
토까·이(兎)	H^2M[MHM]	(양산)
투시·이<투성이>	H^2M[MHM]	(창원①②, 김해)
투시·이<투성이>	H^2M[MHM]	(함안, 양산)
파래·이(蠅)	H^2M[MHM]	(창원①②, 함안, 김해)
포래·이(蠅)	H^2M[MHM]	(함안, 김해)
파래·이(蠅)	H^2M[MHM]	(양산)
포래·이(蠅)	H^2M[MHM]	(양산)
호매·이(鋤)	H^2M[MHM]	(창원①②, 함안, 김해)
호매·이(鋤)	H^2M[MHM]	(창원②, 함안, 양산)
흑띠·이<흙덩이>	H^2M[MHM]	(창원②)
흘띠·이<흙덩이>	H^2M[MHM]	(창원①②, 함안, 김해)
흑띠·이<흙덩이>	H^2M[MHM]	(창원②, 함안, 양산)
흘띠·이<흙덩이>	H^2M[MHM]	(양산)
강새·이·풀	H^2M^2[MHM^2]	(함안)
강새·이·풀	H^2M^2[MHM^2]	(양산)

바아깐<방앗간>	H^3[MʜH]	(창원①②, 김해)
바아깐<방앗간>	H^3[MʜH]	(양산)
간지깨·이<간짓대>	H^3M[MʜHM]	(김해)
간지때·이<간짓대>	H^3M[MʜHM]	(창원①②, 김해)
끝보오·리	H^3M[MʜHM]	(창원①②, 함안, 김해)
끝봉오·리	H^3M[MʜHM]	(양산)
노름재·이	H^3M[MʜHM]	(창원①②, 함안, 김해)
노름재·이	H^3M[MʜHM]	(양산)
도둑개·이<도둑고양이>	H^3M[MʜHM]	(창원①②)
도둑개·이<도둑고양이>	H^3M[MʜHM]	(양산)
동골배·이	H^3M[MʜHM]	(창원②, 김해, 양산)
동굴배·이	H^3M[MʜHM]	(창원①②, 김해)
동글배·이	H^3M[MʜHM]	(양산)
때앰재·이<땜쟁이>	H^3M[MʜHM]	(창원①②, 함안, 김해, 양산)
뜨꺼배·이<뚜껑>	H^3M[MʜHM]	(양산)
뚜꾸베·이<뚜껑>	H^3M[MʜHM]	(양산)
미꼬래·이(鰍)	H^3M[MʜHM]	(창원①②, 함안)
미꾸래·이(鰍)	H^3M[MʜHM]	(창원②, 함안)
미꾸래·이(鰍)	H^3M[MʜHM]	(양산)
밥띠끼·이<밥뚜껑>	H^3M[MʜHM]	(창원①②, 함안, 김해)
밥띠비·이<밥뚜껑>	H^3M[MʜHM]	(창원①②, 함안, 김해)
밥띠베·이<밥뚜껑>	H^3M[MʜHM]	(양산)
버르재·이<버릇>	H^3M[MʜHM]	(창원①②, 김해)
산만대·이	H^3M[MʜHM]	(김해)
산먼데·이<산꼭대기>	H^3M[MʜHM]	(창원②)
산먼디·이<산꼭대기>	H^3M[MʜHM]	(창원①②, 함안, 양산)
산멀래·이<산꼭대기>	H^3M[MʜHM]	(창원①②, 함안, 김해)
산뽕오·리	H^3M[MʜHM]	(함안, 양산)
산뽕우·리	H^3M[MʜHM]	(창원②)
산뽀오·리<산봉우리>	H^3M[MʜHM]	(창원①②, 함안, 김해)
산초래·이<산자락>	H^3M[MʜHM]	(창원②, 함안)
산토까·이<산토끼>	H^3M[MʜHM]	(창원①②, 함안, 김해)
산토까·이<산토끼>	H^3M[MʜHM]	(양산)
소두배·이<솥뚜껑>	H^3M[MʜHM]	(창원①)
소두배·이<솥뚜껑>	H^3M[MʜHM]	(양산)
파뿌레·이<파뿌리>	H^3M[MʜHM]	(창원①②, 함안, 김해)
파뿌리·이<파뿌리>	H^3M[MʜHM]	(창원①②, 함안, 김해)
파뿌레·이<파뿌리>	H^3M[MʜHM]	(양산)
개똥벌게·이	H^4 M[Mʜ^{2}HM]	(창원②)
개똥벌기·이	H^4 M[Mʜ^{2}HM]	(창원①②, 김해)

오요강새·이 $H^4M[MH^2HM]$ (창원①②)
올랑강새·이 $H^4M[MH^2HM]$ (김해)
:게·이(猫) $L^2[LM]$ (창원①②, 함안, 김해, 양산)
:거·시·이(蚯,蛔) $L^3[LMM]$ (창원①②, 함안, 김해)
:거·시·이(蚯,蛔) $L^3[LMM]$ (김해, 양산)
:곰·패·이 $L^3[LMM]$ (창원①②, 함안, 김해)
:곰·패·이<곰팡이> $L^3[LMM]$ (함안, 양산)
:구·레·이(蛇) $L^3[LMM]$ (양산)
:굼·베·이 $L^3[LMM]$ (창원①②, 양산)
:굼·비·이<굼벵이> $L^3[LMM]$ (창원①②, 함안, 김해)
:굼·비·이<굼벵이> $L^3[LMM]$ (양산)
:궁·디·이<궁둥이> $L^3[LMM]$ (양산)
:궁·디·이<궁둥이> $L^3[LMM]$ (창원①②, 함안, 김해)
:깐·채·이(鵲) $L^3[LMM]$ (창원①②, 함안, 김해, 양산)
:꺼·시·이(蚯) $L^3[LMM]$ (창원②, 김해)
:난·재·이<난장이> $L^3[LMM]$ (창원①②, 함안, 김해)
:난·재·이<난장이> $L^3[LMM]$ (창원②, 함안, 양산)
:원·시·이(猿) $L^3[LMM]$ (창원①②, 함안, 김해)
:원·시·이(猿) $L^3[LMM]$ (양산)
:호·라·이 $L^3[LMM]$ (창원②)
:호·래·이 $L^3[LMM]$ (창원①②, 함안, 김해, 양산)
:호·래·이<호랑이> $L^3[LMM]$ (양산)
·패·이<팽이> $M^2[HH/MM]$ (함안, 김해)
·패·이<팽이> $M^2[HH/MM]$ (양산)
·겁·재·이 $M^3[HHM]$ (창원①②, 함안, 김해, 양산)
·기·티·이<귀퉁이> $M^3[HHM]$ (창원①②, 함안, 김해)
·기·티·이<귀퉁이> $M^3[HHM]$ (양산)
·모·티·이<모퉁이> $M^3[HHM]$ (창원①②, 김해, 함안)
·몸·띠·이<몸뚱이> $M^3[HHM]$ (창원①②, 함안, 김해, 양산)
·부·어·이 $M^3[HHM]$ (창원②)
·부·예·이 $M^3[HHM]$ (창원②, 함안)
·부·헤·이 $M^3[HHM]$ (창원①②, 함안, 김해)
·올·채·이 $M^3[HHM]$ (창원①②, 함안)
·올·채·이(蚪) $M^3[HHM]$ (창원②, 함안, 김해, 양산)
·파·래·이 $M^3[HHM]$ (창원②)
·논·꼬·디·이 $M^4[HHM^2]$ (창원②, 함안, 김해)
·논·꼬·디·이 $M^4[HHM^2]$ (양산)

경남 동남부 4개 방언과 양산 방언에서 ①비음 ㅇ(ŋ)의 간직, ②ㅇ(ŋ) 약화 및 모음의 비음화, 그리고 ③탈비음화의 통계표는 (847) 과 같다.

(847) 비음(ㆁ) 약화에 따른 모음의 비음화와 탈비음화. < > 속은 합계에 대한 3가지 발음 각각의 백분율

방언 \ 발음과 표기		발음(표기 구조)	발음(표기 구조)	발음(표기 구조)	합계
		VŋøV(Vㆁ$V)	ṽøṽ(V$ㆁV)	V$V(V$ㅇV)	
동남부 방언	창원 방언①	0개	87개 <100.0%>	0개 < 0.0%>	87개
	창원 방언②	1개	105개 < 93.8%>	6개 < 5.4%>	112개
	함안 방언	0개	79개 < 84.9%>	14개 <15.1%>	93개
	김해 방언	1개	86개 < 95.6%>	3개 < 3.3%>	90개
동북부 방언	양산 방언	1개	36개 < 35.0%>	66개 <64.1%>	103개

(847)에서 모음 사이에서 ㆁ(ŋ)이 그대로 남는 비율은 극히 낮아서 통계상으로 유의미하다고는 할 수 없다. 창원 방언①에서 ㆁ(ŋ)의 약화에 따른 모음의 비음화가 100.0%(따라서 탈비음화가 0.0%라는 것은 특기할 만하다. 제보자의 나이로 보면 '김해-창원①-함안-창원②-양산'의 순서인데, 탈비음화의 순서로 보면 '양산(64.1%)-함안(15.1%)-창원②(5.4%)-김해(3.3%)-창원①(0.0%)'인 것으로 보아 연령과 탈비음화는 어느 정도 반비례한다고 할 수 있으나, 지역 방언의 차이 곧, 경남 동남부 방언(창원 방언①②, 함안 방언, 김해 방언)과 동북부 방언(양산 방언)의 차이를 분명하게 나타내는 것이라고 잠정적으로 결론을 내릴 수 있다.

다음에는 모음 사이에서 ㄴ(n)이 그대로 나타나는 경우와 약화되어 앞뒤의 모음이 비음화된 경우와 비음화된 모음의 탈비음화의 자료를 보이면 다음과 같다.

(848) 모음 사이 비음 ㄴ[n]의 약화에 따른 비음화와 탈비음화 자료

마·늘	HM[HM]	(창원①②, 김해, 양산)
마·알<마늘>	HM[HM]	(창원①②, 함안)
오·늘(今日)	HM[HM]	(양산)
오·올(今日)	HM[HM]	(창원①②, 함안, 김해, 양산)
하·늘(天)	HM[HM]	(창원①②, 함안, 김해, 양산)
하·알(天)	HM[HM]	(창원①②, 함안)
가·마·이	$HM^2[HM^2]$	(창원①②)
가·마·이(蓋)	$HM^2[HM^2]$	(함안, 김해, 양산)

늙·으·이<늙은이>	$HM^2[HM^2]$	(창원①②, 함안, 김해)
늙·으·이<늙은이>	$HM^2[HM^2]$	(양산)
바·아·질	$HM^2[HM^2]$	(창원②)
바·알·질	$HM^2[HM^2]$	(창원②, 함안, 김해)
바·안·질	$HM^2[HM^2]$	(창원①②)
바·알·질	$HM^2[HM^2]$	(창원②, 양산)
양피·이<양푼이>	H^2M[MHM]	(창원①②, 함안)
양푸·이<양푼이>	H^2M[MHM]	(양산)
양피·이	H^2M[MHM]	(양산)
주머·이(囊)	H^2M[MHM]	(창원①②, 함안)
주무·이(囊)	H^2M[MHM]	(창원①②, 함안, 김해)
주머·이(囊)	H^2M[MHM]	(양산)
주무·이(囊)	H^2M[MHM]	(양산)
할마·이(媼)<낮춤>	H^2M[MHM]	(창원①②, 함안, 김해, 양산)
할마·이(媼)	H^2M[MHM]	(양산)
시아바·이<시아버지>	H^3M[MʜHM]	(함안, 김해)
시어마·이<시어머니>	H^3M[MʜHM]	(창원②, 함안, 김해)
시오마·이<시어머니>	H^3M[MʜHM]	(창원②, 함안)
신쪼마·이<신주머니>	H^3M[MʜHM]	(양산)
신쪼마·이<신주머니>	H^3M[MʜHM]	(창원①②, 함안, 김해)
씨아바·이	H^3M[MʜHM]	(함안)
씨어마·이	H^3M[MʜHM]	(함안)
씨오마·이	H^3M[MʜHM]	(창원②, 함안)
오라버·이<오라버니>	H^3M[MʜHM]	(창원②, 함안)
오늘내·앨	H^3M[MʜHM]	(창원①②, 함안, 김해, 양산)
오올내·앨<오늘내일>	H^3M[MʜHM]	(창원①②, 함안)
갯주무·이<호주머니>	H^3M[MʜHM]	(창원①②, 함안, 김해)
갯주비·이<호주머니>	H^3M[MʜHM]	(함안)
:벵·시<병신>	L^2[LM]	(양산)
:처·이<처녀>	L^2[LM]	(창원①②, 함안, 김해)
:처·이<처녀>	L^2[LM]	(양산)
:벵·시·이<병신>	L^3[LMM]	(창원①②, 함안, 김해)
:빙·시·이<병신>	L^3[LMM]	(함안, 김해, 양산)
:양·어·머·이	L^4[LMMᴍ]	(창원①②, 함안)
:양·어·무·이	L^4[LMMᴍ]	(함안, 김해)
·양·푸·이	M^3[HHM]	(창원①②)
·양·피·이	M^3[HHM]	(창원①②)
·할·머·이	M^3[HHM]	(창원①②, 함안, 김해)
·할·무·이	M^3[HHM]	(창원①②, 함안, 김해)
·할·마·이	M^3[HHM]	(양산)

·할·머·이	M^3[HHM]	(양산)
·할·무·이	M^3[HHM]	(양산)
·시·아·바·이	M^4 [HHM²]	(창원①②)
·시·어·마·이	M^4 [HHM²]	(창원①②)
·시·오·마·이	M^4 [HHM²]	(창원②)
·씨·아·바·이	M^4 [HHM²]	(창원②)
·씨·어·마·이	M^4 [HHM²]	(창원②, 함안)
·시·어·마·이	M^4 [HHM²]	(양산)
·오·라·버·니	M^4 [HHM²]	(양산)
·오·라·버·이	M^4 [HHM²]	(창원①②, 김해)

(848)에서 모음 사이에서 ㄴ(n)이 그대로 남는 비율은 낮지만, ㅇ(ŋ)의 그것에 비하면 다소 높은 편이다. 이것은 모음 사이에서 ㅇ(ŋ)에 비하면 ㄴ(n)이 살아남는 힘이 강하다는 것을 보여 주는 것이다.

창원 방언①에서 ㄴ(n)의 약화에 따른 모음의 비음화를 뒤따라 일어나는 탈비음화가 0.0%라는 것은 ㅇ(ŋ)의 그것에 비할 때 예상되는 일이다. 그러나 창원 방언②에서도 탈비음화가 0.0%라는 것은 제보자들의 직업이 공무원인 남성이고 신분 향상을 위한 노력의 하나로 표준말을 사용하는 데서 오는 결과라고 생각된다.

(849) 비음(ㄴ) 약화에 따른 모음의 비음화와 탈비음화. < > 속은 합계에 대한 3가지 발음 각각의 백분율

방언 \ 발음과 표기		발음(표기 구조)	발음(표기 구조)	발음(표기 구조)	합계
		V$nV(V$ㄴV)	ṽøṽ(V$ㅇV)	V$V(V$ㅇV)	
동남부 방언	창원 방언①	3개	23개 < 88.5%>	0개 < 0.0%>	26개
	창원 방언②	3개	33개 < 91.7%>	0개 < 0.0%>	36개
	함안 방언	2개	27개 < 87.1%>	2개 < 6.5%>	31개
	김해 방언	3개	15개 < 68.2%>	4개 <18.2%>	22개
동북부 방언	양산 방언	5개	4개 < 17.4%>	14개 <60.9%>	23개

제보자의 나이순서가 '김해-창원①-함안-창원②-양산'이라는 것은 앞에서 말한 바와 같다. (ㄴ(n)의 약화와 모음의 비음화 뒤에 일어난) 탈비음화의 순서는 '양산(60.9%)-김해(18.2%)-함안(6.5%)-창원②(0.0%)-창원①(0.0%)'이다. 이것은 연령의 차이가 없다고는 할

수 없으나 그보다는 지역 방언의 차이 곧, (창원 방언①②, 함안 방언, 김해 방언)과 동북부 방언(양산 방언)의 차이를 반영하는 것으로 보인다.

다음 보충 자료에서 (850)ㄱ은 비자음의 약화에 따른 비모음화 자료만 있고, 탈비음화 자료가 없는 경우이고; (850)ㄴ은 비모음화 자료가 없지만, 탈비음화 자료가 있는 경우이다.

(850) 모음 사이에서 ㅇ(ŋ)의 약화와 탈비음화의 보충 자료

ㄱ. 모음의 비음화 자료만 있고 탈비음화 자료가 없는 것

내·이	HM[HM]	(창원①②, 김해)
니·이(蠶)	HM[HM]	(창원①②)
바·아<방아>	HM[HM]	(창원①②, 함안, 김해)
바·알(針)	HM[HM]	(창원①②, 함안, 김해)
바·우(岩)	HM[HM]	(김해)
바·울(玲)	HM[HM]	(창원①②, 함안, 김해, 양산)
페·이	HM[HM]	(창원①②)
히·이(兄)	HM[HM]	(창원①②, 함안, 김해)
부·예·이	HM^2[HM^2]	(창원②)
세·이·야(兄)	HM^2[HM^2]	(창원①②, 김해)
장·개·이	HM^2[HM^2]	(창원①②, 김해)
핑·디·이<곤충>	HM^2[HM^2]	(창원①②)
핑·비·이<곤충>	HM^2[HM^2]	(창원①②, 함안, 김해)
가래·이<가랑이>	H^{2}M[MHM]	(양산)
가재·이(枝)	H^{2}M[MHM]	(창원②, 양산)
가아·지	H^{2}M[MHM]	(창원①②, 함안, 김해)
간때·이<간짓대>	H^{2}M[MHM]	(창원①②, 함안)
까래·이(螢)	H^{2}M[MHM]	(창원①②)
깍재·이<구두쇠>	H^{2}M[MHM]	(창원①②, 함안, 김해)
꽂소·이	H^{2}M[MHM]	(창원①②, 함안)
꼳시·이(꽃송이)	H^{2}M[MHM]	(창원①, 함안, 김해, 양산))
달패·이	H^{2}M[MHM]	(창원②, 양산)
담재·이	H^{2}M[MHM]	(창원①②, 함안)
드어·리(背)	H^{2}M[MHM]	(창원①②, 양산)
땅띠·이<땅덩이>	H^{2}M[MHM]	(창원①②, 함안, 김해, 양산)
모티·이<모퉁이>	H^{2}M[MHM]	(양산)
뭉티·이<뭉텅이>	H^{2}M[MHM]	(창원①②, 함안, 김해)
버어·리	H^{2}M[MHM]	(창원①, 김해)
부어·이	H^{2}M[MHM]	(양산)
솔빠·알<솔방울>	H^{2}M[MHM]	(창원①②, 함안)
솔빠·울	H^{2}M[MHM]	(창원②, 함안, 김해, 양산)
언체·이<언청이>	H^{2}M[MHM]	(창원①)

출래·이<출랑이>[975] H^2M[MHM] (창원①)
강내·잇·대 H^2M^2[MHM^2] (창원①②, 함안, 김해)
도둑·개·이 H^2M^2[MHM^2] (창원①②, 함안, 김해)
가무체·이 H^3M[MʜHM] (창원①②, 함안, 김해)
나시래·이<냉이> H^3M[MʜHM] (함안, 김해, 양산)
돌뭉시·이<돌멩이> H^3M[MʜHM] (창원①②, 김해)
산쭝디·이<산중턱> H^3M[MʜHM] (창원①②, 함안, 김해)
쫑구래·이<조롱박> H^3M[MʜHM] (창원①②, 김해)
도둑고야·이 H^4M[$Mʜ^2HM$] (양산)
:가·래·이 L^3[LMM] (창원①②, 함안, 김해)
:간·띠·이<肝> L^3[LMM] (창원①②, 함안, 김해)
:고·야·이(猫) L^3[LMM] (양산)
·담·재·이 M^3[HHM] (김해)

ㄴ. 모음의 비음화 자료는 없고 탈비음화 자료만 있는 것
펭·베·이<팽이> HM^2[HM^2] (양산)
간띠·이(肝) H^2M[MHM] (양산)
굼비·이<굼벵이> H^2M[MHM] (양산)
굼베·이<굼벵이> H^2M[MHM] (양산)
동빼·이 H^2M[MHM] (양산)
께으름배·이 H^4M[$Mʜ^2HM$] (양산)

자료 (846)을 분석하여 통계표 (847)을 만든 것과 같은 방법으로, (850)을 분석하여 통계표를 만들면 다음 (851)과 같다.

(851) 모음 사이에서 ㆁ(ŋ)의 약화와 탈비음화 통계 보조자료

방언 \ 발음과 표기		발음(표기 구조)	발음(표기 구조)	합계
		ṽøṽ(V$ㆁV)	V$V(V$ㅇV)	
동남부 방언	창원 방언①	33개	0개	33개
	창원 방언②	33개	0개	33개
	함안 방언	22개	0개	22개
	김해 방언	26개	0개	26개
동북부 방언	양산 방언	13개	6개	19개

975) [창원 방언①②] /출래·이/<까불이>; [김해 방언] /출래·이/는 /:개, 삐개·이, 아·이, 등 :몬·난·것/을 뜻한다.

(845)~(851) 전체를 종합하면, 경남 동남부 방언(창원 방언①②, 함안 방언, 김해 방언)과 동북부 방언인 양산 방언은 모음사이의 비음 ㅇ(ŋ)이나 ㄴ(n)의 약화에 따른 보상 작용인 비모음화와 뒤이어 일어나는 탈비음화가 다 진행 중이지만, 경남 동남부 방언(창원 방언①②, 함안 방언, 김해 방언)에서는 아직 모음의 비음화가 두드러지고, 탈비음화는 약한 데 대하여 동북부 방언인 양산 방언에서는 비모음화의 과정을 지나서 탈비모음화가 활발하게 진행되고 있다고 할 수 있다.

(844)~(851)에서는 낱말 안에서 모음사이에 나타나는 ㅇ(ŋ)아나 ㄴ(n)의 약화에 따른 보상작용으로 나타나는 모음의 비음화와 뒤이어 일어난 탈비음화 현상을 보았고, 양산 방언이 다른 4개 방언에 비하면 탈비음화의 비율이 두드러지게 높게 나타난다는 것을 보았다.

다음에는 이름씨의 끝소리 ㅇ(ŋ)이나 ㄴ(n)이 뒤따르는 주격조사 /·이/나 잡음씨 /·이(·다)/가 결합될 때 모음의 비음화와 탈비음화 현상을 검토하기로 한다. 먼저 자료 (852)와 (853)을 보자.

(852) '이름씨+이' <상이(床), 통이(桶), 공이(球)>

·이<이, 주격조사>	M[ ]	(창원①②, 함안, 김해, 양산)
ㄱ. 상·이[사·이]	HM[HM]	(창원①②, 함안, 김해)
ㄴ. 상·이[사·이/사·이]	HM[HM]	(양산)
ㄷ. ·통·이[·토·이]	M^2[LM]	(창원①②, 함안, 김해)
ㄹ. ·통·이[·토·이/·토·이]	M^2[LM]	(양산)
ㅁ. :공·이[:고·이]	L^2[LM]	(창원①②, 함안, 김해)
ㅂ. :공·이[:고·이/:고·이]	L^2[LM]	(양산)

(853) '이름씨+이' <산이(山), 손이(手), 돈이(錢)>

·이<이, 주격조사>	M[ ]	(창원①②, 함안, 김해, 양산)
ㄱ. 산·이[사·이]	HM[HM]	(창원①②, 함안, 김해)
ㄴ. 산·이[사·이/사·이]	HM[HM]	(양산)
ㄷ. ·손·이[·소·이]	M^2[LM]	(창원①②, 함안, 김해)
ㄹ. ·손·이[·소·이/·소·이]	M^2[LM]	(양산)
ㅁ. :돈·이[:도·이]	L^2[LM]	(창원①②, 함안, 김해)
ㅂ. :돈·이[:도·이/:도·이]	L^2[LM]	(양산)

자료 (852)에서는 이름씨의 끝 소리 ㅇ(ŋ)이 앞서는 모음과 뒤따르는 주격조사 모음 /·이/ 사이에서 약화되면서 창원 방언①②와 함안 방언, 김해 방언에서는 그 보상 작용으로 양쪽의 모음이 비음화되었다. 양산 방언에서는 같은 방법으로 비음화된 모음을 가진 표면형과 다시 한 단계 더 약화되어 탈비음화된 표면형이 공존한다.

(853)에서는 이름씨의 끝소리 ㄴ(n)이 앞서는 모음과 뒤따르는 주격조사 모음 /·이/ 사이에서 약화되면서 창원 방언①②와 함안 방언, 김해 방언에서는 그 보상 작용으로 양쪽의 모음을 비음화한 표면형을 도출하였고, 양산 방언에서는 같은 방법으로 비음화된 모음을 가진 표면형이 나타남은 물론이고, 이 단계를 지나서 탈비음화된 표면형도 나타난다. 이것은 경남 동남부 방언들(창원 방언①②, 함안 방언, 김해 방언)과 동북부 방언인 양산 방언과의 뚜렷한 차이를 나타낸다고 할 수 있다.

다음에는 이름씨의 끝소리 ㅇ(ŋ)과 ㄴ(n)은 뒤따르는 잡음씨 /·이(·다)/가 결합될 때의 자료이다.

(854) '이름씨+이다' <상이다(床), 통이다(桶), 공이다(球)>

·이·다<이다, 잡음씨>	M^2[ ]	(창원①②, 함안, 김해, 양산)
ㄱ. 상·이·다[사·이·다](床)	HM^2[HM^2]	(창원①②, 함안, 김해)
ㄴ. 상·이·다[사·이·다/사·이·다]	HM^2[HM^2]	(양산)
ㄷ. ·통·이·다[·토·이·다](桶)	M^3[HHM]	(창원①②, 함안, 김해)
ㄹ. ·통·이·다[·토·이·다/·토·이·다]	M^3[HHM]	(양산)
ㅁ. :공·이·다[:고·이·다](ball)	L^3[LMM]	(창원①②, 함안, 김해)
ㅂ. :공·이·다[:고·이·다/:고·이·다]	L^3[LMM]	(양산)

(855) '이름씨+이다' <산이다(山), 손이다(手), 돈이다(錢)>[976]

·이·다<이다, 잡음씨>	M^2[ ]	(창원①②, 함안, 김해, 양산)
ㄱ. 산·이·다[사·이·다](山)	HM^2[HM^2]	(창원①②, 함안, 김해)
ㄴ. 산·이·다[사·이·다/사·이·다]	HM^2[HM^2]	(양산)
ㄷ. ·손·이·다[·소·이·다](手)	M^3[HHM]	(창원①②, 함안, 김해)
ㄹ. ·손·이·다[·소·이·다/·소·이·다]	M^3[HHM]	(양산)
ㅁ. :돈·이·다[:도·이·다](錢)	L^3[LMM]	(창원①②, 함안, 김해)
ㅂ. :돈·이·다[:도·이·다/:도·이·다]	L^3[LMM]	(양산)

위의 자료 (854)에서는 이름씨의 끝 소리 ㅇ(ŋ)이 앞서는 모음과 뒤따르는 잡음씨(/·이·다/)의 첫 모음 /·이/ 사이에서 약화되면서 창원 방언①②와 함안 방언, 김해 방언에서는 그 보상 작용으로 양쪽의 모음을 비음화되었다. 양산 방언에서는 같은 방법으로 비음화된 모음을 가진 표면형과 다시 한 단계 더 약화되어 탈비음화된 표면형이 공존한다.

(855)에서는 이름씨의 끝소리 ㄴ(n)이 앞서는 모음과 뒤따르는 잡음씨(/·이·다/)의 첫 모

976) 의사소통을 분명하게 하기 위하여 5개 방언의 화자들 모두가 큰 어려움 없이 /산·이·다/[사·니·다], /·손·이·다/[·소·니·다], /:돈·이·다/[:도·니·다]와 같은 연음(liaison)에 따른 표면형도 발음할 수가 있었다. 이에 대한 논의는 생략하기로 한다.

음 /·이/ 사이에서 약화되면서 창원 방언①②와 함안 방언, 김해 방언에서는 그 보상 작용으로 양쪽의 모음이 비음화된 표면형이 도출되었다. 양산 방언에서는 같은 방법으로 비음화된 모음을 가진 표면형이 나타날 뿐만 아니라, 다시 한 단계 더 약화되어 탈비음화된 표면형도 나타났다. 이것은 경남 동남부 방언들(창원 방언①②, 함안 방언, 김해 방언)과 동북부 방언인 양산 방언과의 뚜렷한 차이라고 할 수 있다.

'ㅇ(ŋ)이나 ㄴ(n)'과는 달리 'ㅁ(m)이나 다른 자음들'로 끝나는 이름씨들에 주격조사 /·이/나 잡음씨 /·이·다/가 결합될 때는 5개의 방언들 사이에 전혀 차이가 나타나지 않는다. 그 까닭은 이름씨의 끝 자음이 뒤따르는 /·이/나 잡음씨 /·이·다/의 첫 음절 초성 자리로 이동하되 약화는 일어나지 않고 /ㅇ/과 축약되기 때문이다.[977]

(856) '이름씨+이' {삼이(蔘), 밤이(栗), 봄이(春), 술이(酒), 잣이(栢), 책이(冊)}

·이<이, 주격조사>	M[ ]	(창원①②, 함안, 김해, 양산)
ㄱ. 삼·이[사·미](蔘)	HM[HM]	(창원①②, 함안, 김해, 양산)
ㄴ. :밤·이[:바·미](栗)	M^2[HH/MM]	(창원①②, 함안, 김해, 양산)
ㄷ. ·봄·이[·보·미](春)	M^2[HH/MM]	(창원①②, 함안, 김해, 양산)
ㄹ. 술·이[수·리](酒)	HM[HM]	(창원①②, 함안, 김해, 양산)
ㅁ. :잣·이[:자·시]	M^2[HH/MM]	(창원①②, 함안, 김해, 양산)
ㅂ. ·책·이[·채·기]	M^2[HH/MM]	(창원①②, 함안, 김해, 양산)

(857) '이름씨+이다' {삼이다(蔘), 밤이다(栗), 봄이다(春), 술이다(酒), 잣이다(栢), 책이다(冊)}

·이·다<이다, 是>	(M·M→)M^2[HH/MM]	(창원①②, 함안, 김해, 양산)
ㄱ. 삼·이·다[사·미·다](蔘)	(HM·M→)HM^2[HM^2]	(창원①②, 함안, 김해, 양산)
ㄴ. :밤·이·다[:바·미·다](栗)	(L^2·M→)L^3[LMM]	(창원①②, 함안, 김해, 양산)
ㄷ. ·봄·이·다[·보·미·다](春)	(M^2·M→)M^3[HHM]	(창원①②, 함안, 김해, 양산)
ㄹ. 술·이·다[수·리·다]	(HM·M→)HM^2[HM^2]	(창원①②, 함안, 김해, 양산)
ㅁ. :잣·이·다[:자·시·다]	(L^2·M→)L^3[LMM]	(창원①②, 함안, 김해, 양산)
ㅂ. ·책·이·다[·채·기·다]	(M^2·M→)M^3[HHM]	(창원①②, 함안, 김해, 양산)

ㅇ(ŋ)으로 끝나는 사람이름이 의사접미사 /·이/와 결합될 때도 경남 동남부 방언인 창원 방언①②, 함안 방언, 김해 방언과 동북부 방언인 양산 방언 사이에는 주격조사 /·이/나 잡음씨 /·이·다/와 결합할 때와 동일한 차이, 곧 비음 약화에 따른 보상적 비음화와 뒤이어 일어나는 탈비음화 현상에서 차이가 나타난다. 양산 방언에는 모음의 비음화된 표면형과 탈

---

977) /돈이/→[도니]를 /don+øi/→do\$nøi→[do\$ni]로, /밥이/→[바비]를 /bab+øi/→ba\$bøi→[ba\$bi]로 보고, nø→[n]나 bø→[b]를 bh→[p^h], ng→[ŋ], wï→[u], wʌ→[o], ai→[ɛ]와 같은 축약으로 설명하는 데 대해서는 김차균(1998)을 참조.

비음화된 표면형이 다 나타나지만, 다른 방언에는 전자(=비음화)는 나타나고 후자(탈비음화)는 나타나지 않는다.

ㄴ(n)으로 끝나는 사람이름이 의사접미사 /·이/와 결합될 때도 경남 동남부 방언(창원 방언①②, 함안 방언, 김해 방언)과 동북부 방언(양산 방언) 사이에는 (855)에서 확인한 바와 같은 차이가 나타난다.[978]

5.9 셈씨, 어찌씨, 매김씨, 인칭대이름씨 등

(858)~(864)는 설명 없이 자료만 제시한다.

5.9.1 수량 관계 자료

(858) 수량에 관계되는 낱말

삼(三)	H[MH]	(창원①②, 함안, 김해)
삼(三)	H[H˙]	(양산)
천(千)	H[MH]	(창원①②, 함안, 김해)
천(千)	H[H˙]	(양산)
나·알(四日)	HM[HM]	(창원①②, 함안, 김해, 양산)
나·을(四日)	HM[HM]	(창원②)
다·새(五日)	HM[HM]	(창원①②)
다·섯	HM[HM]	(창원①②, 함안, 김해, 양산)
닷·새(五日)	HM[HM]	(창원②, 함안, 김해, 양산)
마·은(四十)	HM[HM]	(창원①②, 함안, 양산)
마·흔(四十)	HM[HM]	(창원①②, 함안, 김해, 양산)
사·알(三日)	HM[HM]	(창원①②, 함안, 김해, 양산)
사·을(三日)	HM[HM]	(창원①②, 함안, 양산)
사·흘(三日)	HM[HM]	(창원①, 함안)
서·른(三十)	HM[HM]	(창원①②, 함안, 김해, 양산)
아·은(九十)	HM[HM]	(창원②)
아·홉(九)	HM[HM]	(창원①②, 함안, 김해, 양산)
아·흔(九十)	HM[HM]	(창원①②, 함안, 김해, 양산)

978) 보기를 들면, /형·찬·이, ·철·순·이, :미·연·이/는 양산 방언에서는 [형·차·이, ·철·수·이, :미·여·이]로 발음됨은 물론이고 [형·차·이, ·철·수·이, :미·여·이]로도 발음된다. 그러나 창원 방언①②, 함안 방언, 김해 방언에서는 [형·차·이, ·철·수·이, :미·여·이]로는 발음되지만, [형·차·이, ·철·수·이, :미·여·이]로는 발음되지 않는다.

여·덜	HM[HM]	(창원①②, 함안, 김해, 양산)
여·덟[979]	HM[HM]	(창원②)
여·든(八十)	HM[HM]	(창원①②, 함안, 김해, 양산)
여·새(六日)	HM[HM]	(창원①②)
여·섯(六)	HM[HM]	(창원①②, 함안, 김해, 양산)
여·슨(六十)	HM[HM]	(창원①, 함안, 김해, 양산)
엿·새(六日)	HM[HM]	(창원②, 함안, 김해, 양산)
예·슨(六十)	HM[HM]	(창원②, 함안, 양산)
이·레(七日)	HM[HM]	(창원①②, 함안, 김해, 양산)
이·리(七日)	HM[HM]	(창원①②, 함안, 김해, 양산)
이·틀(二日)	HM[HM]	(창원①②, 함안, 김해, 양산)
일·곱(七)	HM[HM]	(창원①②, 함안, 김해, 양산)
일·은[이·른](七十)	HM[HM]	(함안, 김해, 양산)
일·흔(七十)[980]	HM[HM]	(창원①②)
한·끼	HM[HM]	(창원②, 함안, 양산)
한·때	HM[HM]	(함안, 양산)
함·때	HM[HM]	(창원①②, 김해)
아·아·레(九日)	$HM^2[HM^2]$	(함안)
아·오·레	$HM^2[HM^2]$	(김해)
아·으·레(九日)	$HM^2[HM^2]$	(창원①, 함안, 양산)
아·호·레(九日)	$HM^2[HM^2]$	(창원①②, 김해)
아·흐·레[981]	$HM^2[HM^2]$	(창원②, 함안, 양산)
여·드·레(八日)	$HM^2[HM^2]$	(창원①②, 함안, 김해, 양산)
하로(一日)	$H^2[MH]$	(창원①②, 김해)
하루	$H^2[MH]$	(창원②, 함안, 양산)
하리(一日)	$H^2[MH]$	(김해, 양산)
대애·새<5일 정도>	$H^2M[MHM]$	(창원①②, 함안, 김해, 양산)
서언·나<서너낱>	$H^2M[MHM]$	(양산)
서언·낫	$H^2M[MHM]$	(창원②)
서언·낱	$H^2M[MHM]$	(창원①②, 함안, 김해)
초하루	H^3[MʜH]	(양산)
:네(四)	L[LM]	(창원①②, 함안, 김해, 양산)
:니(四)	L[LM]	(창원①②, 함안, 양산)
:둘(二)	L[LM]	(창원①②, 함안, 김해, 양산)
:사(四)	L[LM]	(창원①②, 함안, 김해, 양산)
:셋(三)	L[LM]	(창원①②, 함안, 김해, 양산)

979) [창원 방언①②] /여·덟·이·다/[여·덜·비·다/], /여·덜·이·다/.

980) [창원 방언①②] /일·흔, 이·른/은 드물게 쓰이고, /·칠·십/이 주로 사용된다.

981) [창원 방언①] /아·흐·레/, /아·으·레/는 드물게 쓰이고, /아·호·레/가 주로 쓰인다; [창원 방언②] /아·흐·레/는 잘 쓰이지 않고, /아·으·레/를 주로 사용된다.

:쉰	L[LM]	(창원②)
:신(五十)	L[LM]	(창원①②, 함안, 김해, 양산)
:이(二)	L[LM]	(창원①②, 함안, 김해, 양산)
:너·이(四)	L^2[LM]	(창원①②, 함안, 김해, 양산)
:두·끼	L^2[LM]	(창원①②, 함안, 김해, 양산)
:두·때	L^2[LM]	(창원①②, 함안, 양산)
:둡·때	L^2[LM]	(김해)
:만·언[:마·넌](萬圓)	L^2[LM]	(창원①②, 함안, 김해, 양산)
:서·이(三)	L^2[LM]	(창원①②, 함안, 김해, 양산)
·구(九) ·구·에	M[Ṃ]	(창원①②, 함안, 김해, 양산)
·열(十)[982] ·열·에	M[Ṃ]	(창원①②, 함안, 김해, 양산)
·팔(八) ·팔·에	M[Ṃ]	(창원①②, 함안, 김해, 양산)
·구·십(九十)	M^2[HH/MM]	(창원①②, 함안, 양산)
·수·물(二十)	M^2[HH/MM]	(창원①②, 함안, 김해, 양산)
·시·물(二十)	M^2[HH/MM]	(함안)
·수·무·개	M^3[HHM]	(창원①②, 함안, 김해, 양산)
·수·무·살	M^3[HHM]	(창원①②, 함안, 김해, 양산)

(859) 장소나 시간 범주에 속하는 말

거·게(거기)	HM[HM]	(창원①, 김해)
거·어(거기)	HM[HM]	(창원①②, 함안, 김해, 양산)
고·오<거기>	HM[HM]	(창원①②, 함안, 김해)
낮·에	HM[HM]	(창원①②, 양산)
내·앨(明日)	HM[HM]	(창원①②, 함안, 김해, 양산)
내·일(明日)	HM[HM]	(창원①②)
다·암<다음>	HM[HM]	(창원①②, 함안, 김해, 양산)
벌·써	HM[HM]	(창원①②, 양산)
아·직<아직>	HM[HM]	(창원②, 함안, 김해, 양산)
안·주<아직>[983]	HM[HM]	(창원①②, 함안, 김해, 양산)
여·게	HM[HM]	(창원①)
여·기	HM[HM]	(함안, 김해, 양산)
여·어(여기)	HM[HM]	(창원①②, 함안, 김해, 양산)
오·늘(今日)	HM[HM]	(창원①②, 함안, 김해, 양산)
오·올<오늘>	HM[HM]	(창원①②, 함안)
요·게<여기>	HM[HM]	(창원①②, 함안, 양산)
요·기<여기>	HM[HM]	(함안, 김해)
요·오<여기>	HM[HM]	(창원①②, 함안, 김해)

982) 〔함안 방언〕 /·열·에/.

983) 〔창원 방언①, 김해 방언〕 /안·주 꺼·정 안왔·다/<아직까지 안 왔다>.

우·에<위에>	HM[HM]	(창원①②, 함안, 양산)
우·우<위에>	HM[HM]	(창원①②, 함안, 양산)
저·게<저기>	HM[HM]	(창원①②)
저·기	HM[HM]	(창원①②, 함안, 김해, 양산)
저·어<저기>	HM[HM]	(창원①②, 함안, 김해, 양산)
조·오<저기>	HM[HM]	(창원①②, 함안, 김해)
먼저	H^2[MH]	(창원①②, 김해, 양산)
먼지<먼저>	H^2[MH]	(창원①②, 양산)
나주·우<낮에>	H^2M[MHM]	(창원①②, 함안, 김해)
버시·로<벌써>	H^2M[MHM]	(창원①②, 함안, 김해, 양산)
볼씨·로<벌써>	H^2M[MHM]	(창원②, 함안)
요다·암	H^2M[MHM]	(창원①②, 김해)
이다·암<이 다음>	H^2M[MHM]	(창원①②, 함안, 김해)
인자·아<이제>	H^2M[MHM]	(창원①②, 함안, 김해)
아까·아·매·치·로	H^2M^4[MHM^4]	(김해)
아까·아·맨·치·로	H^2M^4[MHM^4]	(창원②)
아까·아·맹·키·로	H^2M^4[MHM^4]	(창원②)
아까·아·매·앵·키·로	H^2M^5[MHM^5]	(창원①②)
:갓·에(邊)	L^2[LM]	(양산)
:가·아·시	L^3[LMM]	(창원①)
:벌·써	L^2[LM]	(창원①②, 함안, 김해, 양산)
:어·푼<어서>[984]	L^2[LM]	(창원①②, 함안)
:나·중·에	L^3[LMM]	(양산)
:난·주·우<나중에>	L^3[LMM]	(창원②, 김해)
:난·주·에<나중에>	L^3[LMM]	(창원①②)
:난·주·우<나중에>	L^3[LMM]	(함안)
:어·띠·기[985]<어떻게나>	L^3[LMM]	(창원①②, 함안, 양산)
·골·로<그리로>[986]	M^2[HH/MM]	(양산)
·욜·로<이리로>	M^2[HH/MM]	(창원①, 양산)
·울·로<위로>	M^2[HH/MM]	(창원①②, 함안, 양산)
·졸·로<저리로>	M^2[HH/MM]	(창원①, 양산)
·처·음	M^2[HH/MM]	(창원①②, 함안, 김해, 양산)
·다·달·이	M^3[HHM]	(창원①②, 양산)
·달·달·이	M^3[HHM]	(창원①②, 함안, 김해)
·안·빡·간·에	M^4[HHM^2]	(창원①②, 함안, 김해)
·안·빡#간·에	M^2#HM[HH#HM]	(창원①②, 함안, 김해)

984) [창원 방언①] /:어·푼#가·자/<어서 가자>.
985) [함안 방언] /:어·띠·기/<어떻게나>.
986) [양산 방언] /·골·로 ·간·다/<죽는다>.

아까·아#매·애·로	H^{2}M#HM^{2}[MHM#HM^{2}]	(함안, 김해, 양산)
아까·아#매·앤·치·로	H^{2}M#HM^{3}[MHM#HM^{3}]	(창원①②)

5.9.2 일반 어찌씨 및 느낌씨

(860) 어찌씨, 기타

하·먼<그래>	HM[HM]	(김해)
하·모<그래>	HM[HM]	(창원①②, 함안)
하·아<그래>	HM[HM]	(창원①②, 김해, 함안)
한·채(獨)	HM[HM]	(창원①②)
혼·자(獨)	HM[HM]	(창원②, 함안)
혼·차(獨)	HM[HM]	(창원①②, 함안, 김해, 양산)
혼·채(獨)	HM[HM]	(함안)
고·렇·기<그렇게>	HM^{2}[HM^{2}]	(창원①②, 김해)
고·리·키<그렇게>	HM^{2}[HM^{2}]	(함안)
꺼·꾸·로	HM^{2}[HM^{2}]	(창원②, 함안)
꺼·꾸·리	HM^{2}[HM^{2}]	(창원①②, 함안, 김해)
멩·백·히(明白)	HM^{2}[HM^{2}]	(창원①②, 함안, 김해, 양산)
수·울·차·이	HM^{3}[HM^{3}]	(김해, 양산)
수·울·찮·게	HM^{3}[HM^{3}]	(양산)
닥·친·대·로[987]	HM^{3}[HM^{3}]	(함안)
닥·치·는·대·로	HM^{4}[HM^{4}]	(창원①②, 김해, 양산)
그만	H^{2}[MH]	(양산)
너무	H^{2}[MH]	(창원①②, 함안, 김해, 양산)
고마·아<그만>	H^{2}M[MHM]	(창원①②, 함안, 김해)
단디·이<단단히>	H^{2}M[MHM]	(양산)
단디·이<단단히>	H^{2}M[MHM]	(창원①②, 함안, 김해)
똑똑·히	H^{2}M[MHM]	(창원①②, 함안, 김해, 양산)
똑떽·이<똑똑·히>[988]	H^{2}M[MHM]	(창원①②, 함안, 김해)
똑떽·히	H^{2}M[MHM]	(창원②, 함안)
만마·이<만만히>	H^{2}M[MHM]	(창원①②, 함안, 김해)
만만·키<만만하게>	H^{2}M[MHM]	(창원①②)
모조·리	H^{2}M[MHM]	(양산)
모지·리<모조리>	H^{2}M[MHM]	(창원①②, 함안, 김해, 양산)
분메·이<분명히>	H^{2}M[MHM]	(양산)
분메·이<분명히>	H^{2}M[MHM]	(창원①②, 함안)

987) 〔함안 방언〕 /닥·친·대·로/ <닥치는 대로>.

988) 〔창원 방언①, 김해 방언〕 /똑떽·이/는 /똑똑한 아·아/를 뜻한다.

분명·히 H^2M[MHM] (양산)
분미·이<분명히> H^2M[MHM] (창원①)
불미·이<분명히> H^2M[MHM] (김해)
이다·암<이 다음> H^2M[MHM] (창원①, 양산)
인자·아<이제> H^2M[MHM] (창원①, 양산)
층층·이 H^2M[MHM] (양산)
칭치·이<층층이> H^2M[MHM] (창원①②, 함안, 양산)
칭치·이<층층이> H^2M[MHM] (김해)
꺼꾸로 H^3[MʜH] (창원②)
꺼꾸루 H^3[MʜH] (함안, 양산)
꺼꿀로 H^3[MʜH] (양산)
반듯이 H^3[MʜH] (창원②)
번듯이 H^3[MʜH] (창원②)
만만하·이<만만히> H^3M[MʜHM] (양산)
만만하·이<만만히> H^3M[MʜHM] (창원①②)
:어·뜩 L^2[LM] (김해)
:어·푼<어서>[989] L^2[LM] (창원①②, 김해)
:얼·른 L^2[LM] (창원①②, 김해, 양산)
:오·냐 L^2[LM] (창원①②, 함안, 김해, 양산)
:오·야<오냐> L^2[LM] (창원①②, 함안, 김해)
:퍼·뜩<어서, 빨리> L^2[LM] (창원①, 양산)
:반·듯·이 L^3[LMM] (창원①②, 함안, 김해, 양산)
:번·듯·이 L^3[LMM] (창원①②, 함안, 김해, 양산)
:빠·꼬·미<빠끔히> L^3[LMM] (창원①②, 함안, 김해)
:쪼·깨·마<조금만> L^3[LMM] (창원①, 함안, 양산)
:쪼·꿈·마<조금만> L^3[LMM] (창원②)
·세·기<속히> M^2[HH/MM] (김해)
·속·히 M^2[HH/MM] (창원①②, 김해)
·시·삐 M^2[HH/MM] (창원①②)
·시·피<만만히>[990] M^2[HH/MM] (창원②, 함안, 양산)
·쎄·기<속히> M^2[HH/MM] (창원①②, 함안, 양산)
·쎄·이<속히> M^2[HH/MM] (함안)
·아·나<옜다> M^2[HH/MM] (창원①②, 함안, 김해, 양산)
·옳·지 M^2[HH/MM] (창원①②, 김해)
·울·로<위로> M^2[HH/MM] (창원①②, 김해)
·남·남·이<남남이> M^3[HHM] (창원①②, 함안, 김해, 양산)
·넘·넘·이<남남이> M^3[HHM] (창원①②)

989) [김해 방언] /:어·푼 가·자/
990) [함안 방언] /·시·피 이·기·지 마·라·이/.

·시·뿌·기991)	M^3[HHM]	(김해)
·차·말·로<참말로>	M^3[HHM]	(창원①②)
·참·말·로	M^3[HHM]	(함안, 김해, 양산)
·실·떼·없·이<쓸데없이>	M^4 [HHM^2]	(김해, 양산)
·씰·떼·없·이<쓸데없이>	M^4 [HHM^2]	(창원①②, 함안)
·안·빡·간·에<부부간에>	M^4 [HHM^2]	(양산)
페·이<편히>	HM[HM]	(양산)
폐·이<편히>	HM[HM]	(창원①②, 함안, 김해)
빼꼬(ː)미<빠끔히>	H^3[Mʜ(ː)H]	(창원②)
:번·듯(ː)·이	L^3[LM(ː)M]	(양산)
:빠·꼬(ː)·미<빠끔히>	L^3[LM(ː)M]	(창원②, 양산)
:빼·꼬(ː)·미<빠끔히>	L^3[LM(ː)M]	(창원①②, 김해)
:뻐·지(ː)·시<버젓이>	L^3[LM(ː)M]	(창원②, 양산)
:쪼·깨(ː)·마<조금만>	L^3[LM(ː)M]	(창원①②, 함안, 김해, 양산)
:쪼·깨(ː)·이<조금>	L^3[LM(ː)M]	(양산)
:쪼·깨(ː)·이<조금>	L^3[LM(ː)M]	(창원①②, 함안, 김해)
:쪼·매(ː)·마<조금만>	L^3[LM(ː)M]	(창원①②, 함안, 김해, 양산)
:쪼·매(ː)·이<조금>	L^3[LM(ː)M]	(양산)
:쪼·매(ː)·이<조금>	L^3[LM(ː)M]	(창원①②, 함안, 김해, 양산)
멍(ː)하·이<멍하니>992)	H^2M[M(ː)HM]	(창원①②, 함안, 김해, 양산)
빼꼬(ː)미<빠끔히>993)	H^3[MH(ː)H]	(함안, 양산)
뻐듯(ː)이<빠듯이>	H^3[MH(ː)H]	(함안)
수·울#·찮·게<수월찮게>	HM#M^2[HM#HH]	(창원①)
수·울#찮·게<수월찮게>	HM#HM[HM#HM]	(창원①, 김해)
수·월#찮·게	HM#HM[HM#HM]	(창원②)

5.9.3 지시사, 인칭대이름씨, 재귀대이름씨

(861) 지시사, 인칭대이름씨, 재귀대이름씨

그(其)	H[MH]	(창원①②, 함안)
그(其)	H[H˙]	(양산)
그·대	HM[HM]	(창원①②)
지·가<자기가>	HM[HM]	(창원①②, 함안, 김해, 양산)
지·는<자기는>	HM[HM]	(창원①②, 함안, 양산)
그대(君)	H^2[MH]	(함안)

---

991) [김해 방언] /·시·뿌·기/<·시·피>.
992) [함안 방언] /멍(ː)하·이 차·알 ·보·노/.
993) [함안 방언] /빼꼬(ː)미, 빼꼼(ː)하·이/<빠금이>.

우리(我等)	H^2[MH]	(창원①②, 함안, 김해, 양산)
이녁	H^2[MH]	(창원①②, 김해)
:저(我)[994]	L[LM]	(창원①)
:제(我)<저>	L[LM]	(창원①)
:지(我)[995]	L[LM]	(양산, 함안, 김해)
:지(自己)	L[LM]	(창원①②, 함안, 김해, 양산)
:지·가<자기가>	L[LM]	(창원①②, 함안, 김해, 양산)
·내(1인칭 주격)[996]	M[M̤]	(창원①, 양산)
·자·기	M^2[HH/MM]	(창원①②, 함안, 김해, 양산)
·저(彼)	M[M̤]	(창원①②, 함안, 김해, 양산)
·저(他)	M[M̤]	(창원①②, 함안, 김해, 양산)
·제(我)	M[M̤]	(창원②, 김해)

5.9.4 의문사, 부정사 관련 낱말들

(862) 의문사, 부정사(不定詞) 관련 낱말들

어·느	HM[HM]	(창원①②)
어·는<어느>	HM[HM]	(창원①②)
어·데(何處)	HM[HM]	(창원①②, 김해, 양산)
어·든<어느>	HM[HM]	(창원②)
어·디(何處)	HM[HM]	(창원①②, 함안)
오·데(何處)	HM[HM]	(창원①②, 함안)
어·느·때(何時)	HM^2[HM^2]	(창원①②)
어느(何)	H^2[MH]	(창원①, 함안, 김해, 양산)
어는<어느>	H^2[MH]	(창원①②, 함안, 김해, 양산)
어데(何處)	H^2[MH]	(창원②, 김해, 양산)
어든(何)<어느>[997]	H^2[MH]	(창원①②, 함안, 김해, 양산)
어디(何處)	H^2[MH]	(창원②, 함안, 김해, 양산)
어언<어느>	H^2[MH]	(창원①②, 김해, 양산)
오데(何處)[998]	H^2[MH]	(창원①②, 함안, 양산)
오든<어느>	H^2[MH]	(창원①②, 함안)
어느때(何時)	H^3[MʜH]	(창원①②, 함안, 양산)
어는때(何時)	H^3[MʜH]	(김해)
어느때·에	H^{3}M[MʜHM]	(창원②, 함안, 양산)

994) ［창원 방언①］ /:저·가, 저·는/.
995) ［함안 방언, 김해 방언］ /:지·가, 지·는/.
996) ［양산 방언］ /:내·가, 나·는, :날/.
997) ［양산 방언］ /어든기이니끼이·고, 어든놈이그라더·노/.
998) ［창원 방언①②］ /어·데/는 가끔, 주로 /오데/가 쓰인다.

어등기·이·고[999]	H^{3}M^2[MʜHM^2]	(창원②)
어등기이·고	H^{4}M[Mʜ^{2}HM]	(창원②, 양산)
오등기이·고[1000]	H^{4}M[Mʜ^{2}HM]	(창원①②, 함안, 양산)
어든기이·고<어느 것이냐>	H^{4}M[Mʜ^{2}HM]	(김해)
:누(誰)	L[LM]	(창원①②, 김해)
:누·고<누구냐>	L^2[LM]	(창원①②, 김해, 양산)
:누·구(誰)	L^2[LM]	(창원①②, 김해, 양산)
:니·고<누구냐>	L^2[LM]	(함안, 양산)
:누·구·요	L^3[LMM]	(양산)
:어·띠·기<어떻게나>	L^3[LMM]	(창원①②, 김해, 양산)
·누(誰)	M[M̤]	(창원①②, 함안, 양산)
·멫<몇>	M[M̤]	(창원①②, 함안, 김해, 양산)
·누·고<누구냐>	M^2[HH/MM]	(창원①②, 함안, 김해, 양산)
·누·구(誰)	M^2[HH/MM]	(창원①②, 함안, 양산)

(863) 이름씨와 토씨의 결합

헤·아(兄)<형아(부름)>	HM[HM]	(창원①②, 함안, 김해)
헤·야(兄)<형아(부름)>	HM[HM]	(창원①, 김해)
형·아(兄)<형아(부름)>	HM[HM]	(양산)
히·아(兄)<형아(부름)>	HM[HM]	(창원①②)
히·이<형>	HM[HM]	(창원①②)
성·아(兄)<형아(부름)>	HM[HM]	(함안)
헹·아·야(兄)	HM^2[HM^2]	(김해)
세·이·야(兄)<형아(부름)>	HM^2[HM^2]	(양산)
세·이·야(兄)<형아(부름)>	HM^2[HM^2]	(창원①②, 함안)
히·이·야<형아(부름)>	HM^2[HM^2]	(창원①②)
거·북·아<부름>	HM^2[HM^2]	(창원①②, 함안, 김해, 양산)
거라·아<개울에>	H^{2}M[MHM]	(양산)
도라·아<도랑에>	H^{2}M[MHM]	(창원①②)
또라·아<도랑에>	H^{2}M[MHM]	(양산)
고라·아<도랑에>	H^{2}M[MHM]	(창원①②)
:문·둥·아[1001]	L^3[LMM]	(창원①②, 함안, 김해, 양산)

(864) 풀이씨 굴곡, 이름씨와 잡음씨 결합

도·고<다오>[1002]	HM[HM]	(창원①②, 김해)

---

999) [창원 방언①②] /어등기·이·고/<어느 것이냐>.

1000) [창원 방언①] /오등기이·고<어느 것이냐>; [함안 방언] /오든기이·고/<어느 것이냐>, /오든기·이 내끼·이·고/.

1001) [양산 방언] /:문·디·겉·은·기·이/<문둥이 같은 것이>.

도·라<다오>[1003]	HM[HM]	(창원②)
주·라<다오>[1004]	HM[HM]	(김해)
주·라<주어(라)>[1005]	HM[HM]	(창원①②)
그·렇·기	HM^2[HM^2]	(창원①②, 함안, 김해, 양산)
수·울·차·이<수월찮게>	HM^3[HM^3]	(함안)
그라·이<그러니까>	H^{2}M[MHM]	(창원①②, 김해)
그라·이·께<그러니까>	H^{2}M^2[MHM^2]	(창원①②, 함안)
그러키<그렇게>	H^3[MʜH]	(양산)
:도·고<다오>[1006]	L^2[LM]	(창원①)
:도·라<달라, 다오>[1007]	L^2[LM]	(창원①②)
:드·간·다[1008]	L^3[LMM]	(창원①②, 함안)
:어·푼·가·자	L^4[LMMᴍ]	(창원①②)
:얼·른·가·자	L^4[LMMᴍ]	(창원①②)
:주·라<다오>[1009]	L^2[LM]	(창원②, 함안)
·세·기·가·자<속히 가자>	M^4[HHM^2]	(양산, 김해)
·쎄·기·가·자<속히 가자>	M^4[HHM^2]	(창원①②, 함안)
·옳·지	M^2[HH/MM]	(창원①②, 함안, 양산)
·차·말·가<참말이냐>	M^3[HHM]	(창원①②, 함안)
·참·말·가	M^3[HHM]	(김해)
·참·말·이·가<참말이냐>	M^4[HHM^2]	(양산)
그·러#카·이[1010]	HM#HM[HM#HM]	(창원①②, 김해)
그·러#커·이[1011]	HM#HM[HM#HM]	(함안, 김해)
나·아#:도·오·라	HM#L^3[HM#LMM]	(함안)
나·아#·두·우·라	HM#M^3[HM#HHM]	(창원②, 김해)
나·아#·뚜·우·라[1012]	HM#M^3[HM#HHM]	(창원①②)
나·아#두·라	HM#HM[HM#HM]	(김해)
나·아#뚜·라	HM#HM[HM#HM]	(창원①②)
수·울#·찮·게	HM#M^2[HM#HH]	(창원①②, 함안)

1002) [창원 방언①] /도·고, 내도·고, :날 :도·고/; [김해 방언] /도·고, 내도·고, 날또·고/.
1003) [창원 방언①] /도·라·카·더·라/.
1004) [김해 방언] /주·라, :날·로 주·라/
1005) [창원 방언①] /주·라, ·남·한·테 주·라/.
1006) [창원 방언①] /내한·테 :도·고, 우리한·테 :도·고/.
1007) [창원 방언①] /내한·테 :도·라, 우리한·테 :도·라/.
1008) [창원 방언①②] /:드·간·다/<들어간다>, /드가·고/.
1009) [창원 방언①②] /:주·라/<오새·애 :말>, /·남·에·게 ·주·우·라/.
1010) [창원 방언①] /그·러#카·이/<그렇게 말하니까>.
1011) [함안 방언] /그·러#커·이/<그렇게 말하니까>.
1012) [창원 방언①] /나·아#·뚜·우·라/<놓아 두어라>.

5.10 맺음말

이 장에서는 경남 동남부 방언권에 속하는 4개 방언(창원 방언①②, 함안 방언, 김해 방언)과 경남 동북쪽에 있는 양산 방언의 방점형, 성조형, 음조형의 층위에서 볼 수 있는 많은 운율적인 현상들을 설명하고 그 자료를 정리해서 제시했다.

5.2절에서는 먼저 이름씨의 방점형을 음절의 수에 따라 정리해서 제시하고, 다음에는 그 가운데서 복합어를 골라서 직접 성분들의 방점형을 밝히고, 복합어를 이룰 때 적용되는 형태성조론적 규칙들을 검토했다. 5.3절에서는 평성(□) 뒤의 위치에 나타날 때의 토씨연결체의 방점 표상을 그것의 기본방점표상으로 해야 할 까닭을 보여 주고, 각각의 방언에 나타나는 토씨연결체들의 기본방점표상을 제시했으며, 이름씨와 토씨로 이뤄지는 굴곡형의 자료들을 제시했다.

5.4절은 6개의 하위절로 구성되었다. 5.4.1절에서는 풀이씨 자료 정리와 기본 정보의 표시 방법을 설명했다. 5.4.2절에서는 평측형 어간 풀이씨를 어간의 음절수에 따라 나누어서 자료를 제시하되, 1음절 어간은 굴곡형들 중의 약간에서 어간의 방점 변동이 없는 고정평성어간과 방점 변동이 있는 변동평성어간으로 나누어서 자료를 정리했다. 약간의 2음절 평성형 어간 중에는 굴곡형들 중에서 방점 변동이 나타나는 것이 있기 때문에 이들은 따로 정리했다. 그 밖의 2음절 이상의 평성형과 평측형 어간은 대부분은 굴곡형들에서 방점의 변동이 없기 때문에 음절수에 따라 분류해서 정리했다.

5.4.3절에서는 상성형 어간 풀이씨 자료를 정리하여 제시하되, 어간이 1음절인 것은 굴곡형들 중에서 어간의 방점 변동이 없는 것과 있는 것이 있기 때문에, 변동이 없는 것은 고정상성어간, 변동이 있는 것은 변동상성어간이라는 정보를 표시하여 자료를 정리했다.

2음절 이상의 상성형 어간 풀이씨들은 대다수가 고정상성형 어간이고, /:떠·밀·다, :꺼·내·다/, 등 극소수의 2음절 어간 풀이씨는 굴곡형의 약간에서 어간의 성조형이 변동한다. 따라서 5.4.3절에서는 고정상성형과 변동상성형 풀이씨에 대한 정보를 표시해서 자료 정리를 했다.

5.4.4절에서는 거성형 어간 풀이씨를 음절수에 따라 정리하여 제시했다. 거성형어간 풀이씨는 모두 고정거성(형)어간이다.

5.4.5절에서는 어간에 쉼(#)이 포함된 풀이씨 자료를 정리해서 제시했다. 5.4.6절에서는 어간에 표현적인 장음화 (:)이 들어 있는 풀이씨 자료를 제시했다.

5.5는 풀이씨 어간의 형태운율론의 부분이다. 5.5.1절에서는 2개의 직접성분이 0측 평성형인 것과 평측형인 것이 결합하여 하나의 복합풀이씨 어간을 이룰 때, 두 성분이 다 방점 변

동이 없는 것들을 정리해서 제시했다. 5.5.2절에서는 복합어의 두 직접성분 중에서 앞쪽에 오는 것이 상성형이나 거성형이나 평측형이었던 것이 첫성분평성형화 규칙의 적용을 받은 다음, 뒷 성분과 결합하여 하나의 복합어간이 되는 풀이씨 자료를 정리했다. 5.5.3절에서는 풀이씨 어간 전체가 0측 평성형화되는 자료를 정리해서 제시했다. 5.5.4절에서는 둘째 성분이 중화 규칙의 적용을 받아 이루어진 복합풀이씨를 정리해서 제시했다.

5.6절의 내용은 풀이씨의 굴곡형태론이다. 5.5.1절에서는 1음절 고정평성어간 뒤에 나타나는 씨끝연결체를 그 씨끝연결체의 기본방점표상으로 해야 한다는 이유를 제시한 다음에, 씨끝연결체의 기본방점표상 분석의 원칙을 세우고, 이 원칙에 따라 분석된 수많은 씨끝연결체들의 기본방점표상을 정리하여 제시했다.

5.6.2절에서는 고정평성형어간 풀이씨의 굴곡형들을 정리해서 제시했고, 5.6.3절에서는 평측형어간 풀이씨의 굴곡형들을 정리해서 제시했다. 5.6.4절에서는 고정상성형어간 풀이씨의 굴곡형들을 정리해서 제시했다.

5.6.5절에서는 1음절 거성형어간 풀이씨의 굴곡형들을 정리해서 제시했다. 5.6.6절에서는 2음절 이상의 거성형어간 풀이씨의 굴곡형들을 정리해서 제시했다.

5.6.7절에서는 1음절 변동상성어간 풀이씨의 굴곡형들을 정리해서 제시했고, 5.6.8절에서는 2음절 변동상성형어간 풀이씨의 굴곡형들을 정리해서 제시했다. 5.6.9절에서는 1음절 변동평성어간 풀이씨의 굴곡형들을 정리해서 제시했고, 5.6.10절에서는 2음절 변동평성형어간 풀이씨의 굴곡형들을 정리해서 제시했다.

5.7절에서는 4음절 이상의 상성형이 일부 방언에서 평3형화하는 특수한 방점형 변동, 표현적 장음화, 쉼(#)의 개입으로 말미암은 방점형 분리, 등을 검토했다. 5.8절에서는 양산 방언이 경남 동남부 방언(창원 방언①②, 함안 방언, 김해 방언)과 방언적인 차이가 있음을 보여주었다. 그 근거로는 5.8.1절과 5.8.2절에서 외적순행평성동화 규칙을 제시하고, 이 규칙이 경남 동남부 방언권의 4개 방언에서는 필수적이지만, 경남 동북부 방언인 양산 방언에서는 적용되지 않음을 보여 주었다. 5.8.3절에서 모음 사이에 /ㅇ/이나 /ㄴ/이 약화되면서 모음이 비음화되는 현상이 경남 동남부 방언 4개 방언과 동북부의 양산 방언에 다 나타나는 보기들이 많이 나타나지만, 뒤따라 일어나는 모음의 탈비음화 현상의 활발한 일어남은 양산 방언의 특징임을 보여 주었다.

5.9절에서는 셈씨, 어찌씨 및 느낌씨, 매김씨, 지시사, 인칭대이름씨, 재귀대이름씨, 의문사, 부정서, 그리고 약간의 풀이씨 굴곡형, 등의 방점 자료를 설명 없이 제시했다.

제III부

중고한음 4성과 우리말 한자음의 성조

第6장 중고한음 4성과 중세 국어 및 현대 창원 방언 성조의 대응관계 연구

6.1 머리말

6장의 목적은 중고한음 4성과 16세기 국어 및 현대 창원 방언 한자형태소 성조의 대응관계를 계량적인 방법으로 비교분석하고, 대응관계의 특징과 그 특징에 관한 원인을 분석하는 것이다.[1] 6.1절 머리말에 이어 6.2에서는 훈민정음 창제 및 반포 이전의 오랜 기간 동안에, 우리말에 한자어가 들어와서 보급되고 토착화되는 과정이 있었음을 전제하고, 이에 관해 학자들이 앞서 연구해 놓은 성과들 중의 약간을 인용하여, 제Ⅲ부를 펼치기 위한 실마리로 삼을 것이다.

제Ⅲ부의 으뜸 목표는 5가지이다. 차례대로 적으면 다음과 같다. 첫째로 중고한음 4성과 《소학언해》 범례에 나타나는 우리 한자형태소들의 현실 성조의 대응관계의 검토에 관련하여 방점법 이론을 간략하게 보완하고, 둘째로 중고한음의 4성이 중세 국어에[2] 나타나는 한자형태소의 성조에 어떻게 반영되어 있는가를 밝히는 것이다.[3] 셋째로 중고한음의 4

1) 이 장의 6.2절과 6.3절의 일부는 《김차균(2012), 「중고한음 성조와 『소학언해』에 나타난 우리말 한자형태소 성조의 비교」, 『한글』 297, 한글학회》의 내용을 크게 수정・보완한 것이고, 6.3절의 나머지 대부분과 6.4절, 6.5절은 새로운 내용이다.

2) 제Ⅲ부에서는 '중세 국어'의 자료는 《소학언해》에 나타나는 자료이므로, 가끔 '중세 국어'는 《소학언해》를 가리키고, 《소학언해》는 '중세 국어'를 가리키기도 한다.

3) 이기문(1972/1994 : 108, 109)에 따르면, 《불정심경언해(佛頂心經諺解)(3권)》과 《영험약초(靈驗略抄)(1권)》은 1485년(성종 16년)에 간행된 것으로, 동국정운식 한자음 표기의 마지막 문헌으로 알려져 있고, 《육조법보단경언해(六祖法寶壇經諺解)(3권)》과 《시식권공언해(施食勸供諺解)》는 1496년(연산군 2년)에 간행된 것으로 현실음 위주의 획기적인 한자음 표기를 했다고 한다.
이후 1590년에 간행된 《사서언해(四書諺解)》까지 94년 동안의 한자의 음운 표기는 우리의 현실한자음을 표기한 것이었다.

성이 창원 방언 한자형태소의 성조에[4] 어떻게 반영되어 있는가를 밝히는 것이며, 넷째로 《소학언해》에 나타나는 한자어의 성조가 창원 방언의 그것에 어느 정도 대응되는가를 밝히는 것이다. 다섯째로, 1496년(연산군 2년) 《육조법보단경언해》와 《시식권공언해》 이후의 중세 문헌에 나타나는 한자형태소의 음운 표기에 나타나는 방점은 우리 한자음의 현실 성조를 나타내는 것이지, 중국의 운서를 보고 그대로 베껴놓은 것이 아님을 《소학언해》 범례에 기록된 성조 이론과 중고한음 4성이 《소학언해》 및 현대 창원 방언의 한자어 자료에 반영된 모습을 통해서 증명하는 것이다. 그리고, 나아가서는 중고한음을 관련시키지 않고, 《소학언해》 한자형태소의 방점과 현대 창원 방언의 한자형태소의 방점을 직접 비교하여 그 대응관계를 계량적으로 분석하여, 우리말에 토착화된 한자음 방점의 역사적인 특성을 보여 줄 것이다.

첫째에서 넷째까지의 목표는 각각의 목표를 위한 자료 분석 및 정리와 계량적인 처리와 거기에 대한 평가로 이루어지지만, 다섯 번째 목표는 Ⅲ부 전체에 걸쳐 있다. 그것은 중고한음이 우리말에 들어와서 동화 및 토착화의 과정을 거치면서 우리 어휘체계의 일부로 뿌리를 내리는 모습을 보여 주는 것이기 때문이다.

6.2 우리말 한자형태소 성조사에 관한 선행 연구 성과

6.2.1 한자어의 도입 및 보급과 한자음 규범화

한어(漢語)는 중국 대륙에서 발생하여 시대적으로 변화를 거듭하였고, 공간적으로도 수많은 방언들로 분화되었다. 그 방언들 중에서 문법적으로나 음운론적으로 현저히 다른 우리말에 들어와서 우리말 어휘의 큰 비중을 차지하게 된 것은 북방계의 중고한음인[5] 것으로 여러 학자들의 연구를 통해서 추정되고 있다. 한어의 다른 방언이 우리말에 미친 영향이나, 같은 북방계의 한어라도 중고한음보다 시대적으로 앞서거나 뒤따르는 상고한음, 근고한음,

---

4) 제Ⅲ부에서는 창원 방언의 한자음의 제보자는 지은이 자신뿐이므로, 번거로움을 피하기 위해 '창원 방언①'을 '창원 방언'으로 표시한다.

5) 한어(漢語)를 음운론적인 관점에서 가리킬 때는 '한어음운' 또는 짧게 '한음'(漢音)이라 부르기로 한다. 한음은 시대적으로 상고한음, 중고한음, 근고한음, 등으로 나뉜다. 한어와 한자는 언어와 문자(글자)의 차이이지만, 통속적으로 학자들은 '한자어'를 '한어'라 부르고, '한어음운'(줄여서 '한음')을 '한자음'이라고 부르고 있기 때문에, 이 책에서도 한어를 한자어, 한음을 '한자음'이라 부르기로 한다. 비슷한 방법으로 '한어의 형태소'를 '한자형태소'(때로는 줄여서 '한자')로, '한어 낱말'을 '한자어'라고 부르기로 한다.

현대한음이 우리말에 미친 영향은 체계적인 것은 못되고, 약간의 개별적인 낱말에 그 흔적을 남겼을 따름이다.

우리말에 들어온 중고한음은 우리말의 음운체계에 동화되고 규범화되지[6] 않았으면 오래도록 살아남아서 우리말의 체계적인 언어자원이 될 수 없었을 것이다. 한자음운의 규범화는 분절음의 규범화와 성조의 규범화로 나누어서 고려되어야 할 것이다. 우리말의 현실한자음 중에서 분절음의 규범화에 대한 연구는 이미 여러 학자들에 의해 이루어져 왔기 때문에 그쪽에 맡기고, 여기에서는 연구가 덜된 우리 현실한자음 성조 체계와 그 발전 과정을 집중적으로 검토한다.

역대의 중국어의 분절음 체계와 우리말의 그것은 체계를 구성하는 분절음(자음과 모음)의 수가 다르며,[7] 이 분절음들이 결합해서 음절을 이루는 방식도 또한 다르다. 그리고 우리겨레가 살고 있던 터전이 몇 개의 봉건국가로 존재하다가 통일이 되는 과정에서는 통일되기 이전의 한자음의 분산된 규범화와 통일 이후의 단일한 규범화는 같지 않았을 것이다. 단일의 규범화도 시대에 따른 우리말의 변화에 맞추어 변화해 가기 때문에, 갑작스러운 규범화는 가능하지 않다.[8] 그러나 운율적 자질인 성조는 중고한음이 평성, 상성, 거성, 입성의

6) 규범화는 '한글 맞춤법 통일안'이나 '한글 맞춤법'처럼 말할이들이 말글살이를 할 때 따르도록 성문화된 규칙을 정하는 것을 가리키지만, 여기에서는 '광운(廣韻)'이나 '동국정운' 같은 운서도 규범화의 일종으로 보며, 나아가서는 성문화된 증거를 찾을 수 없더라도, 국가적인 차원에서 이뤄진 '한자의 발음 체계'도 규범화로 본다. 통일신라 경덕왕 16년(757년)에 토박이말로 되어 있던 지명들을 한자어로 바꾸었는데, 이것은 한자음에 대한 성문화된 규범이 있어서 그것에 따른 것인지, 또는 성문화되지는 않았지만, 당시의 한자어의 도입과 보급을 주도했던 계층의 사람들이 공인한 한자음 체계를 따른 것인지 확인할 방법이 없다. 후자의 경우 곧 주도적인 다수의 언중에게 공인된 한자어의 음운체계도 이 책에서는 규범화된 것이라 간주하기로 한다.

7) 허세욱(1985 : 903~908쪽에 따르면 현대 중국어의 음절수는 416개이다. 중고한음에서는 현대 중국어에는 없는 입성자가 있었기 때문에, 지은이는 중고한음의 음절수가 500개 안팎이었을 것으로 추산한다. 허웅(1985 : 229쪽)에 따르면, "우리말에서 이론적으로 계산되는 음절의 수는 3,520개이지만, 음소의 연결에 제약이 있기 때문에, 이보다 훨씬 더 적어지는 것이다."라고 하고, 다시 같은 쪽의 각주에 <鄭喆 : 國語音素配列의 硏究>에는 "실현 음절의 수를 1,096으로 계산하고 있다."고 지적했다. 1995년에 국제표준인 KS완성형코드(또는 Unicode)에 집어넣은 한글의 글자 수는 11,172자인데, 이것은 초성19자, 중성21자, 종성27자(종성 없음 1)자로 19×21×(27+1)=11,172였다. 그 중에서 현대 국어에서 빈도가 높은 것은 2,350자라고 한다. 신홍태・손혜영(2007/2009 : 380-480쪽)에 따르면 우리말에 쓰이는 한자의 음절수는 424개이다. 성낙양(1972/2012 : 842~877쪽)에는 기초 한자 및 인명용 한자 5151자가 실려 있다. 여기에는 2,000년 12월 교육인적자원부가 개정・공포한 중학교용 900자, 고등학교용 900자 등 총 1,800자의 한문 교육용 기초한자가 포함되어 있다고 밝히고 있다. 한자 5151자를 적기 위한 한글의 음절을 세어보니, 475개였다. 신홍태・손혜영(2007/2009)의 424개와 李炳官(1972/2012)의 475개를 평균하면 현대 우리말에서 한자음을 적기 위한 한글 글자는 450자 정도라 할 수 있다. 그리고 현대 중국어 음절은 허세욱(1985)를 따라 416음절로 보고, 중고한음의 음절은 입성의 존재를 고려하여 500음절 정도로 추정할 수 있다.

8) 이른바, 동국정운식 한자음이라 하는 것이 우리말의 체계가 될 수 없는 것은 음소의 수와 체계와 변이음의 특성과 이들로 구성되는 음절 구조가 우리말의 그것과는 현격하게 달라서, 그와 같은 모

4개이고, 우리말의 성조는 평성, 상성, 거성의 3개이므로[9] 분절음의 규범화보다는 비교적 짧은 준비 기간을 거쳐서 규범화가 가능했을 것으로 보인다.

이 절과 이하의 중고한음과 《소학언해》 한자형태소의 성조와 창원 방언 한자형태소의 성조의 비교 분석을 위해서는 중국어 자체의 시대 구분과 어음계통에 대한 지식이 필요하다. 이것은 아래 2개의 인용문으로 대신한다.

(865) 한어음운 시기의 구분 (리득춘(1993 : 21～22))

학자들은 한어음운의 몇 천 년의 역사를 대체로 네 개 큰 시기로 나눈다. 기원 4세기 이전 즉 진(晉)대 이전 시기를 상고시기로 하고, 기원 4세기로부터 12세기 이전 즉 북송 이전 시기를 중고시기로 하며 기원 12세기로부터 17세기 이전 즉 청나라 이전 시기를 근고시기로 하고 17세기 이후를 현대시기로 한다.[10]

(866) 어음계통 관계사 (리득춘(1993 : 22))

각 시기마다 대표적 어음계통이 있게 된다. 상고음은 《시경》의 압운과 해성자들이 반영하는 어음계통이다. 중고음은 륙법언의 《절운》의 어음계통을 대표로 하며, 근고음은 주덕청(周德淸)의 《중원음운(中原音韻)》의 어음계통을 대표로 한다. 현대음은 우리가 다 알다시피 북경 어음계통을 대표로 한다.

이 절의 아래 부분에서는 우리 한자음운 중에서 분절음의 규범화 과정에 대한 선진 학자들의 연구 성과를 소개하기로 한다.[11]

(867) 우리 한자음의 주류 (유창균(1995 : 29))

우리가 사용하는 한자음은 중고음(中古音)이 주류를 이루고 있다. 그러나 실제에 있어서는 이것보다 훨씬 앞선 것으로 봐야 할 것이다.[12]

양으로 우리 한자음을 바꿀 수가 없기 때문이다.

9) 고대 또는 중세 우리말의 성조 체계의 존재를 부인하는 학자도 있지만, 인정하는 학자라도 평성과 거성의 둘뿐이라는 경우도 있다. 김완진(1977)과 정연찬(1977)에서는 상성을 평성과 거성의 병치 또는 복합으로 보기 때문에, 이러한 관점에 따르면 중세 국어의 성조는 평성과 거성의 둘뿐이라 할 수 있다.
박병채(1998 : 156～157)에서는 중세 국어 현실한자음의 성조를 평성과 측성(궁극적으로는 평성과 상성)의 둘이었으며, 초분절음소의 변별적 기본 패턴은 장단이었을 것이며, 따라서 중세 국어에서 음의 고저는 잉여적인 성격을 가지고 있음을 인정하고 있는 듯하다.

10) 참고 : 상고한어는 주(周)·진(秦)·한(漢)의 언어이고, 중고한음은 육조(六朝)·당(唐)의 언어이다. 주(周 BC 1046-476), 진(秦 AD 291-386), 한(漢 BC 202-AD 220), 육조(六朝 AD 229-589), 당(唐 AD 618-907).

11) 우리 현실한자음의 토착화에 미친 주류가 중고한음이라는 데는 이하 몇 분들의 견해가 내용상으로 거의 일치한다. 지은이도 이분들의 연구 성과를 대체로 수긍한다.

12) 유창균(1955 : 30)에는 고구려말의 한자음에 상고음(上古音)이 기준이 된 것으로 볼 수 있는 음운론

(868) 한문화 이식의 계기 (유창균(1995 : 30))

동국통감에는 기자가 조선에 올 때, 시・서・예・악・의・무・음양・복서(卜筮) 등과 무리 오천여명이 따라 왔다고 하는데, 이것은 기자의 동래설을 떠나서라도 그러한 정치적인 접촉이 한문화(漢文化)를 이 땅에 직접 이식시키는 계기가 된 것만은 틀림없다고 봐도 좋을 것이다.

(869) 고구려의 한문화의 도입과 교육 내용 (유창균(1995 : 32))

제17대 소수림왕 2년(372년)에는 중국식 태학(太學)을 세워 자제(子弟)를 교육하였고, 이와 병행하여 편당(扁堂)이란 사숙(私塾)이 생겨 평민층의 교육에 이바지하였다. 이러한 교육기관에 있어 교과목은 주로 경학(經學)・문학(文學)・무예(武藝) 등이 중심이었거니와 한자・한문의 보급이 그 심층에까지 확대되었음을 뜻하는 것이다. ……구당서(舊唐書) 고구려기(高句麗記)에는 고구려가 특히 애중한 서적으로 '오경(五經)・사기(史記)・한서(漢書)・후한서(後漢書)・삼국지(三國志)・춘추(春秋)・옥편(玉篇)・자통(字統)・문선(文選)'들을 들고 있는 바, 이것은 그들의 한문에 대한 조예와 역량을 말해 주는 것이라고 보아도 좋다.

(870) 백제의 한학자와 역사 편찬, 그리고 일본에 끼친 영향 (유창균(1995 : 32))

백제도 국초부터 한자를 사용했을 가능성이 있다. 근초고왕・근구수왕대에는 아직기(阿直岐)・왕인(王仁) 등의 한학자가 순차로 일본에 건너가 그 나라에 한자를 전했고, 이 때 박사 고흥(高興)으로 하여금 서기(書記)를 편찬케 한 바 있다. 일본의 고대사서인 일본서기(日本書紀)는 그 이름으로 보나, 내용에서 보나, 백제의 서기에서 영향을 받았음이 분명하다. 그리고 성왕(聖王) 19년(A.D. 541)에 양(梁)에 사신을 보내어 열반경(涅槃經) 등의 경의(經義)와 모시박사(毛詩博士)를 청한 일이 있다.

(871) 신라의 한문화 접촉 (유창균 1995 : 33))

현존하는 자료를 근거로 하면, 제17대 내물왕(奈勿王) 시대(A.D. 356-401)에 비로소 고구려와 공식 접촉을 가진 것으로 되어 있고, 내물왕 26년(A.D. 381)에 고구려를 통하여 전진(前秦) 부견(苻堅)에 사신과 예물을 보낸 것으로 되어 있으나, 현존하는 초기 신라 한자음을 보면 초기 고구려의 그것과 궤를 같이하는 요소들이 잔존한다. 이것은 신라가 중국과 접촉하기 이전에 고구려의 한자음을 받아들였거나, 그 지방의 일부 사람들이 이 지방에 남하하여 한자를 사용했음을 시사하는 것이다.

(872) 신라에서 한문화 토착화 (유창균(1995 : 35, 36))

그 뒤 신라는 보다 적극적으로 중국문화의 도입에 힘써 지증왕 때에는 중국류의 복제(服制)를 정하고, 방언으로 호칭되던 왕호를 王으로 부르게 하였고, 법흥왕 때에는 법령을 반포하고, 불교를 공허(公許)하였으며, 경덕왕 때에는 지명을 중국식으로 개정하였다. 이리하여 한자・한문의 사용은 놀라울 정도로 보급 발달하였으며, 서울 창의문(彰義門) 밖 북한산 비봉(碑峰)에 세워진 진흥왕봉강비문(眞興王封疆碑文)은 당시에 있어서의 신라인의 한문의 실력을 반영해 주는 것이라 하겠다. 그 뒤에 신라는 당의 힘을 빌려 서기 660년에는 백제를 멸망시키고, 668년에는 고구려를 쳐서 처음으로 삼국을 통일하였다. 이때부터 신라는 더욱 중국문화의 흡

적인 증거를 몇 가지 들고 있다.

수에 노력하게 되어, 이 땅에 한자・한문의 보급은 확고한 지반을 쌓게 되었던 것이다. 신라의 삼국통일은 동시에 고구려・백제에 있어서의 한자 차용의 승계를 뜻한다. 오늘날 우리는 자료의 빈곤으로 말미암아 고구려・백제에 있어서의 한자의 토착화가 어떠한 경로를 밟았는가를 알 길이 없다. 그것은 이들 두 나라는 그 멸망으로 말미암아 그들이 가졌던 자료를 신라에 승계했거나 인멸된 때문이기도 하다. 그러므로 그들의 자료는 신라에 승계된 단편적인 것에 지나지 않고, 어느 정도 분명하게 토착화 과정을 이해하는데 도움을 주는 것은 신라의 것이다. 그러나 그 토착화의 현상에서 볼 때 고구려・백제・신라의 삼국이 병행하고 있다. 따라서 거기서 보여 주는 토착화는 한자가 다른 언어권에 들어갔을 때 일어나는 일반적 법칙과 일치하는 것이다.

(873) 고구려・신라・백제 3국의 역사 편찬 (이기문(1972/1991 : 43, 44))

고구려에는 국초에 유기(留記) 100권이 있었던 것을 600년에 신집(新集)으로 개수(改修)하였으며, 백제에서는 375년 서기(書記)를 편찬하였으며, 신라에서는 545년에 국사(國史)를 편찬하였다고 전하니, 이로써 삼국에서는 한문이 매우 일찍부터 사용되었음을 알 수 있다.

(874) 고구려・신라・백제 3국의 한자 및 한문의 도입과 국사 편찬과 학교 세움 (권재선(19871 : 68))

한자가 산발적으로 받아드려지고 또 산발적인 빌려 적기가 행하여졌다 하더라도 우리말을 적는 일반적인 빌려 적기 체계를 이룰 수는 없다. 한자 빌려 적기 체계가 이룩되자면 한자의 보급이 상당히 되고 일부에서는 한자를 자유로이 사용하는 시대에 이르지 않으면 안 된다. 한자 빌려 적기의 체계화는 결국 한자를 잘 아는 사람들의 손에서 이루어질 수 있기 때문이다. 삼국의 남긴 글, 국사지음, 학교설립 연대를 살펴보면 다음과 같다.

세 나라의 건국과 한자어 수입 보급

나라 이루어짐	가장 오랜 글	국사 지음	학교 세움
고구려 53~146(태조)	357	초기	372
백제 234~286(고이왕)	369	375	(384)
신라 356~402(내물왕)	552	545	651

(875) 한자로 우리나라 사람이름과 땅 이름 적기 (권재선(1987 : 68))

국사책을 짓거나 학교를 세워 한문으로 교육한 시기에는 한문이 상당히 보급된 시기라고 생각된다. 국사책을 짓자면 마땅히 우리나라 사람이름과 땅 이름을 한자로 적지 않으면 안 된다. 한자 빌려 적기는 이때에 와서 체계화되었다고 하겠다. 이 같은 점으로 미루어 보아 삼국 가운데, 고구려 백제는 300년쯤에, (신라는 500년쯤에 : 지은이 보충) 와서 한자 빌려 적기가 체계화되어 갔다고 하겠다.

위에 인용한 학자들의 연구 성과에 대한 요약은 아래의 인용문으로 대신한다.

(876) 한자 및 한문의 도입 보급과 토착화와 규범화 (리득춘(1993 : 33~35))

신라에서 이미 6세기 초에 국호와 왕호를 한자식으로 고친 것은 이미 우에서 말한 바다. 신라에 의해 통일된 지 거의 백년이 되어오던 때인 경덕왕 16년(757년)에 이르러 전국의 지명들을 중국식으로 고치기 시작하였다. 즉 고유어적 지명을 한자어적 지명으로 고쳤다. 물론 한자가 3국에서 각각 정착된 시기에도 한자 지명은 출현하기 시작하였다. 그러나 전면적으로 한자식 지명으로 고친 것은 경덕왕 시기이다. 이러한 지명의 개정은 벌써 그 시기에 한자에 대한 어느 정도의 규범이 서기 시작하였으며 아울러 한자음도 분산성을 극복하면서 세 나라에서의 음들을 바탕으로 정비되기 시작했음을 말해 준다. 이러한 정비가 조선어음체계에 복종되면서 자기의 한자음 체계를 이루고 고착되기에는 긴 시기가 소요되었다. 9세기말에 신라에서 여러 차례 농민전쟁이 일어났다. 이러한 형편에서 10세기에 들어서면서 신라는 몇 개의 봉건국가로 분열되었고, 이어 후삼국이 출현하게 되었다. 이러한 과정은 한자음의 정비에 불리한 조건을 지어주었으며 통치배들도 경덕왕 시기와 같이 그 정비에 관심을 돌리지 못하게 되었다. 그러나 이러한 국면은 918년 고려의 성립으로 결속을 보게 되었다. 고려는 후삼국을 통합하고 국토를 통일하였다. 고려시기에 불교가 아주 큰 세력을 이루고 있었지만 그와 함께 유교도 중시를 받았다. 고려는 초기부터 유교 교육을 실시하였다. 벌써 930년에 서경에 학교를 세우고 유교 교육을 하였으며, 992년에 개성에 최고 학부인 국자감을 세우고 지방에도 군현을 단위로 학교들을 꾸려 유교 교육을 강화하였다. 국자감의 례만 보아도 유교 경전과 한문이 주요 학과였다. 유교가 널리 퍼짐에 따라 11세기 중엽부터는 사학까지 나왔다. 이러한 제반 과정은 모두 한자와 한문을 떠날 수 없었으며, 아울러 한자음의 통일 규범을 일보일보 밀고나갔다. 여러 가지 류형의 학교 교육은 중앙과 지방에서 한문을 배우고 보급할 수 있는 사회적 조건을 마련했으며, 여러 계층의 사람들이 하나의 규범으로 배우지 않으면 안 될 력사적 필연성을 가져다주었다. 더욱이 유교 경전을 기본과목으로 하는 과거제도가 958년부터 실시됨에 따라 이러한 필연성은 실현의 가능성을 갖게 되었던 것이다.

이러한 력사적인 사실은 조선한자음의 규범이 고려에서 나라적으로 세워질 수 있게 하였다. 이리하여 특히 과거제도와 결부하여 10세기 중엽 이후에 규범이 확립되었다. 이때에 와서 확립되었다고 하여 조선한자음이 10세기의 중국한자음에 의거했다는 말은 아니다. 또 조선한자음이 고려시기에 확립되었다고 하여 그 이전의 한자음과 완전히 다른 체계의 것이라고 말하는 것도 아니다. 확립된 한자음은 그 이전 시기와 계승성을 가지고 있었으며, 또한 그것에 기초하여 규범된 것이다. 기원전에 수입된 한자는 그 후 세 나라에서의 정착과 통일신라에서의 어느 정도의 규범으로 하여 그 어음체계에서 시초의 음을 조선어음체계에 맞도록 고칠 수 있는 시간적 여유를 가질 수 있었다. 이리하여 10세기중엽 이후 단일한 체계를 형성하였던 것이다. 조선한자음은 이때에야 비로소 자기 체계를 가졌으며 따라서 자체 발달의 길을 더 확고히 걷게 되었다.

6.2.2 신라시대와 고려시대 우리말 성조에 관한 연구

권재선(1988 : 221~311)에 게재된 두 편의 논문은 나대(羅代)와 여대(麗代)의 우리말이 성조언어였음에 틀림없다는 것을 밝히고 있다.

(877) 권재선(1988 : 224)

향가를 향가Ⅰ, 향가Ⅱ, 여가(麗歌)로 3분하였다. 창작가형인 10구체와 8구체를 향가Ⅰ(혜성가, 원왕생가, 모죽지랑가, 원가, 도천수관음가, 안민가, 찬기파랑가, 제망매가, 우적가), 오래 구전되어 오다가 나말에 정착된 민요가형(/단가형)을 향가Ⅱ(도솔가, 헌화가, 처용가, 서동요, 풍요), 여대향가인 여가로 나누었다. 우리말의 허사(토씨와 씨끝)과 실사에 대한 표기자의 성조를 향가Ⅰ의 허사 표기자에 사용된 평성자를 1로 하면 상성자는 1.5의 비율, 거성자는 0.1의 비율이 되었는데, 이는 거성자 선택이 제약되었으며, 주로 평성자와 상성자만이 선택되었음을 알 수 있다. 향가 표기에서 실사의 음차 자료는 매우 빈약하기는 하지만, 평성자 2, 상성자 1, 거성자 1의 비율을 보여 주었고, 허사 성조에서 볼 수 없는 나어(羅語) 성조의 전모를 볼 수 있다고 했다.

권재선(1988)에서는 《계림유사》는 고려 숙종(肅宗) 8년(1093)에서 의종(毅宗) 17년(1153) 사이에 이루어진 것으로 추정하고,[13] 다음과 같이 말하고 있다.

(878) 권재선(1988 : 290)

이 시대의 송대(宋代)의 운서와 운도로 《황극경세성음창화도(皇極經世聲音唱和圖)》(1011~1077), 《운경(韻鏡)》(1163), 《절운지장도(切韻指掌圖)》(1176~1203), 《임자신간예부운략(壬子新刊禮部韻略)》(1252), 《운회거요(韻會擧要)》(1297)을 들고, 이들 중에서 중고한음을 반영한 《운경》을 제외한 송대 운서의 전부의 공통적인 특징은 중고한음의 성조체계에서 변화를 치루고 있다고 보았다. 그러나 이들 운서의 조치의 설명이 모두 개념적인 것이어서 고저장단에 대한 구체적인 조치를 알기 어렵다고 보았다. 그런데 원대(元代)에 일본 승(僧) 요준(了遵)의 실담윤략도초(悉曇輪略圖抄) 권1의 8개의 성조[14] 설명을 근거로 하여 평성을 저(低), 상성을 앙(昂), 거성을 언(偃)으로 보았다.[15]

계림유사의 어휘 340여 개 가운데서 한자어 40여 개를 뺀 300여 개의 고유어 어휘 가운데 현존 해독이 분명하고 조선 초기 성조와의 대비에 편리한 것 150여 개를 가지고 그 성조를 조사했는데, 다음 표에서와 같이 여대한음과 조선 초기 국음 성조가 '평성→평성, 상성→상성, 거성→거성'으로 일치하는 것이 48개 중에서 29%, '입성-입성'으로 일치하는 것이 88개

13) '방종현(1955), 「계림유사 연구」, 『동방학지』 제2집, 연희대학교 동방학연구소.'에서 재인용.

14) 평성중, 평성경; 상성중, 상성경; 거성중, 거성경; 입성중, 입성경

15) 권재선(1988 : 294~298)에서 평성 저(低)를 저조, 상성 앙(昂)을 고조(／모양), 언(偃)을 저중곡(低中曲, ⌒모양)으로 보았고, 또 입성은 중고중곡(中高中曲, ⌒모양)으로 보았다.

그러나 지은이가 보기에는 거성(⌒모양)과 입성(⌒모양)은 '입성'이라는 성조가 체계상으로 존재하지 않는 우리말의 토박이들에게는 같은 음조로 들릴 가능성이 많으며, 더욱이 조치의 인식은 음악에서 조바꿈(modulation)과 같은 원리가 적용되기 때문에 이 둘은 같은 것으로 들릴 수밖에 없다. 중세(고려 및 조선 시대) 국어에는 상성(상승조, ／모양) 이외에는 체계상으로 굴곡조의 성조가 없기 때문에, 송대의 거성(⌒모양)과 입성(⌒모양)의 한자음은 중세 국어의 고조로 동화되어 들어올 가능성이 많다.

중에서 22%, 이 둘을 합치면 (48+88=)136개 중에서 (29+22=)51%가 완전 일치를 보여 주고 있음을 표 (879)와 같이 밝혔다.

(879) 계림유사 어휘의 여어(麗語) 대 선초(鮮初) 성조의 대조표[16]

<table>
<tr><th>(여대한음) (선초국음)</th><th>어휘수</th><th colspan="2">%</th><th>비고</th></tr>
<tr><td>평 — 평</td><td rowspan="3">48</td><td rowspan="3">29</td><td rowspan="4">51</td><td rowspan="4">완전 일치</td></tr>
<tr><td>상 — 상</td></tr>
<tr><td>거 — 거</td></tr>
<tr><td>입 — 거</td><td>88</td><td>22</td></tr>
<tr><td>입 — 평</td><td>18</td><td>12</td><td rowspan="2">20</td><td rowspan="2">강조(降調)의 예화(豫化)인 듯함</td></tr>
<tr><td>거 — 평</td><td>12</td><td>8</td></tr>
<tr><td>평 — 거</td><td>16</td><td colspan="2">11</td><td>어미 '평→거'와 유관한 듯</td></tr>
<tr><td>입 — 상</td><td>5</td><td colspan="2">3</td><td rowspan="5"></td></tr>
<tr><td>상 — 거</td><td>8</td><td colspan="2">5</td></tr>
<tr><td>평 — 상</td><td>3</td><td colspan="2">2</td></tr>
<tr><td>상 — 평</td><td>7</td><td colspan="2">5</td></tr>
<tr><td>거 — 상</td><td>4</td><td colspan="2">3</td></tr>
</table>

그리고 더욱 두드러진 것은 계림유사의 150여 개의 조사 대상 어휘의 씨끝 성조를 표기한 한자의 100%가 평성자가 아니면 거성자라는 일관성이다. 이러한 일관성은 방금 위에서 인용한 바(비율 0.1인 거성자를 논외로 하면), 향가 I 의 허사 표기 한자는 주로 평성자와 상성자만이[17] 선택되었음과 궤를 같이 한다고 할 수 있다. 향가 I 에서 씨끝의 성조를 평성자와 상성자로 표시하고, 계림유사에서는 평성자와 거성자로 표시한 것에 대하여 권재선(1988)에서는 신라말과 고려말 사이의 시간적인 차이로 말미암은 성조의 조치의 차이에 원인을 찾으려 하고 있으나, 지은이의 생각으로는 조치의 변화가 성조 체계의 변화에 직결되는 것은 아니라고 보아서, 중국어 성조의 조치와 우리말 성조의 조치가 일치하지 않은 상황에서, 한자음을 빌어 자국어인 신라말의 성조를 적으려고 하는 것(신라인이 중국어의 성조

16) 권재선(1988 : 307쪽), 「신라어의 성조 연구」, 『우리말글 논문들』, 우골탑.

17) 권재선(1988 : 285~311), 「계림유사에 나타난 여대 국어 성조의 고찰」, 『우리말글 논문들』, 우골탑. 의 표에 따라 향가 I 에 나타나는 허사를 표기하는 한자의 비율로 표시하면, 평성자 1, 상성자 1.5, 거성자 0.1이고, 실사의 경우는 평성자 2, 상성자 1, 거성자 1이다.

를 가지고 자국어를 적는 것)과, 중국어 화자가 외국어인 고려어의 성조를 적으려고 하는 것 사이에서 오는 차이에 주된 원인이 있는 것이 아니었을까 생각된다.

권재선(1988 : 281)에서는 상대 나어(上代羅語)로 들 수 있는 양서(梁書) 신라조(新羅條)에 수록된 어휘 가운데서 柯半(袴), 尉解(襦), 洗(靴) 등이 후대의 고의(袴), 우틔(襦), 신(靴) 등에 대응된다면 성조가 일치하는 것으로 보고, 성조가 존재했을 상한시기를 6세기까지 소급할 수 있을 것으로 보았다. 지은이는 이 자료들의 성조의 일치에는 동의할 수는 없지만,[18] 향가 I 이 대체로 7~8세기에 이루어진 것이기 때문에, 이런 기록의 존재는 우리말이 6세기보다 더 이른 시기에서부터 성조언어였을 것이라는 근거를 제공하는 것이라고 볼 수 있다.

권재선(1988)은 계림유사 속에서 우리 옛말의 성조에 대하여 남이 주목하지 못했던 실증적인 자료를 찾아내고, 신라시대와 고려시대의 우리말이 성조언어였다는 것을 의심할 수 없을 만큼 밝히고 있다는 점에서, 그의 통찰력은 놀라운 것이다.

6.2.3 우리말 성조 체계 붕괴에 대한 견해

중고한음과 16세기 우리 현실한자형태소 및 현대 창원 방언의 한자형태소의 방점을 계량적으로 분석하는 자리에서 우리말 중앙어의 성조 체계 붕괴에 관한 선진 학자들의 견해를 소개하는 것은 16세기말에 문헌에서 방점 표시가 사라진 것이 우리말의 성조 체계의 소멸에 대한 증거라고 보는 그들의 견해가 우리 현실한자어의 방점 표기의 가치를 오도할 위험이 있고, 후학들에게 우리 한자어 성조의 연구를 게을리 하는 부정적인 영향을 미칠 것이기 때문에 이를 시정하기 위한 것이다.

서울을 중심으로 한 우리 중앙어의 성조 붕괴 또는 소멸 시기와 원인에 관해서 우리의 선배 학자들의 견해는 어느 정도 범위 안에서 일치한다.

(880) 이기문(1972/1991 : 143)

15세기 문헌의 방점표기는 매우 정연하다. 16세기 전반의 훈몽자회의 방점 표기에서도 성조 체계가 무너진 흔적을 찾을 수 없다. 그러나 16세기 말기로 올수록 방점 표기가 점차 문란해진다. 그리하여 교정청본 소학·사서언해에 오면 방점 표기는 극도로 문란해져서 거의 아무런 규칙성도 찾아 볼 수 없다. 이것은 이때에는 이미 완전히 성조 체계가 소멸되어 있었음을 말하는 것으로 해석된다.

---

18) 고의(柯半□□), 우틔??(尉解□□), ·신(洗□)으로 성조가 일치한다고 볼 수 없다.

(881) 김완진(1977 : 125)

임진란(1592) 직전의 문헌들에까지 방점이 찍혀 내려온다는 사실은, 비록 일종의 서사 전통에 의하는 것이었다 하더라도, 표기자의 어떤 운율적 사실에 대한 의식을 반영하고 있었던 것으로 해석할 수 있다. 그러나 그들의 발음의 반영이라고 할 표기의 실태는 이미 성조체계라는 이름과는 거리가 멀어진 존재였고, '임진란에 의해 파괴될' 것이라고는 별로 남아 있지 않은 상태에 있었다. 따라서 임진란과 같은 대사건이 일어나지 않았더라면, 방점 표기의 전통이 얼마간 더 지속되었을는지는 모르지만, 그랬다 하더라도 그리 오랜 기간을 지탱해 낼 수는 없었을 것이다.

만약 '붕괴'와 '소멸'이라는 말을 구별하여 사용할 수 있다면, 성조체계의 붕괴를 16세기 전반에, 그리고 그 소멸은 16세기 후반에 비정(批正)할 수 있지 않을까 생각된다.

(882) 정연찬(1977 : 150, 170)

중세 성조의 붕괴 과정은 어말 거성 원칙의 파괴 즉 어말 평성화로 발단하니, 어말 평성화는 시대가 처질수록 세력을 확대하고 다만, 그 어말 음절이 평성화할 뿐만 아니라, 그에 선행하는 음절에도 작용하니, 일상일하로 시쇼 운동처럼 어두 쪽을 향하여 파급되어 가는 것으로 보았다. 그러한 결과로 방언성조의 현재 상태는 어간 성조까지도 변화를 입었다고 본다. 이러한 변화의 과정은 두시언해에서 소학언해 시기에 걸쳐 등장하니, 중세 성조의 붕괴 과정이 곧 방언성조의 발달과정으로 본다.

성조 소멸의 과정을 고저의 평탄화로 보는 경우가 있는데,[19] 정연찬(1977)의 견해인 (882)는 사실상 성조의 붕괴라는 관점을 인정하지 않고, 어떤 한 시대의 성조 연결의 상태가 고정되어 있는 것이 아니라, 시대가 감에 따라 점점 하나의 다른 상태로 변화됨을 의미하는 것이라고 볼 수 있다. 중세 성조의 붕괴 과정이 곧 (경상도) 방언성조의 발달과정으로 보는 듯하다.[20] 중세 성조 체계의 붕괴 과정이 곧 경상도 방언성조의 발달과정이라면, 성조 체계가 붕괴된 중앙어 자체의 운소 체계는 어떠했는지에 대한 또 하나의 궁금증이 남게 된다.

허웅(1963/1972), 이기문(1972/1991), 김완진(1977)에서는 15세기 국어가 성조언어였다는 것을 인정하고, 그 성조 체계가 붕괴 또는 소멸되었다고 보는 점에서 일치하지만, 그 시기에 대해서는 16세기 전반기에서 17세기 10년대 사이로 본다는 점에서 약간의 차이가 있다.

---

19) 허웅(1963/1972 : 360)에서는 고저가 평탄화가 《두시언해》에서부터 시작되어 시간이 흐름에 따라 심화되고, 고저가 마침내 언어의식에 오르지 않게 된 것이 성조의 소멸을 가져온 것이라고 보고 있다.

20) 성조 표기가 없어졌는데도 오늘날 우리나라의 동부(경남, 경북, 강원, 함남, 함북, 연변) 지역의 방언이 모두 성조방언이고, 전남 광양의 3개 면(다압면, 진상면, 진월면), 전북 무주의 일부도 성조방언이며, 전남과 전북의 대부분의 지역 방언이 높낮이와 어두 자음에 의해 길이가 예측되면서도 기본적인 운율적 낱말의 음조형이 억양에 의해 압도되지 않는 방언, 곧 준성조방언임을 보면, 방점 표기의 소멸이 성조 체계의 붕괴나 소멸에 직결되지는 않음을 알 수 있다. 이와 같은 표기 체계와 성조 체계의 관계를 명시적으로 밝히지 않았음에도 불구하고, 체계 소멸보다는 체계 변화로 보는 정연찬(1977)의 설이 더 설득력을 가진 것으로 볼 수 있다.

박병채(1989/1998)에서 따온 다음의 말로써 선배 학자들의 성조 소멸에 대한 견해들에 대한 종합으로 대신하기로 한다.

(883) 성조의 변별력의 약화와 표기의 문란에 대한 견해 (박병채(1989/1998 : 155))
국어의 성조는 고대국어 이전으로 소급할 수 있는 가능성을 배제할 수 없으나, 중기국어의 문헌에서 비로소 뚜렷하게 볼 수 있을 뿐이다. 15세기 문헌에서 엄격하게 지켜졌던 방점 표기는 16세기에 들어 혼란된 모습을 보이기 시작하여, 한학(漢學)과 어학의 대가인 최세진이 지은 훈몽자회에서도 성조체계가 무너져 가는 모습을 보여 준다. 성조의 변별력은 16세기 중엽으로 오면서 더욱 약화되고, 후반에 들어서서는 그 표기 체계가 극도로 문란해지면서 변별 기능을 잃게 되었다. 방점이 표시된 초간본으로는 임진란 직전의 관본(官本) 경서언해류를 마지막으로 꼽을 수 있으나, 이미 표기의 규칙성이 무너진 채 문란한 모습을 보일 뿐이며, 근대국어 이후에는 그와 같은 방점도 자취를 감추었다.

성조 표기의 문란을 성조 체계의 붕괴 또는 소멸의 직접적인 반영 중의 하나라고 보는 것은 다소 문제가 있는 것 같다. 우리말의 현대 방언의 성조를 기술하는 학자들이 있는데, 방언 성조를 듣고 기술하는 그들의 능력이 동일하지는 않다. 동일한 지역의 동일한 제보자가 제공하는 자료를 동일한 정도의 능력을 가지고 분석하고 기술하는 경우를 찾을 수 있을까? 중세 국어의 성조에 대해서도 그 성조자료를 듣고 표기한 사람의 청취 능력이 다소 떨어지는 사람이라면, 그가 표기한 문헌의 방점 자료는 다소 문란하게 보일 수 있는 것이다. 그리고 같은 이름을 가진 문헌이 원본인지 아닌지, 그리고 동시대의 이본인지 시대적으로 상당히 떨어진 문헌인지에 따라 성조의 표기는 매우 달라질 수 있다. 《훈몽자회》에 대하여 박병채의 견해인 (883)에서는 성조체계가 무너져가는 모습을 보여준다고 했고, 김완진(1977 : 125)에서도 이와 같은 견해를 보이고 있다. 그러나 같은 문헌에 대하여 이기문(1972/1991 : 143)에서는 16세기 전반의 《훈몽자회》의 방점 표기에서도 성조 체계가 무너진 흔적을 찾을 수 없다고 단정하고 있다. 같은 하나의 문헌에 대하여 이렇게 평가가 다른 것은 무슨 까닭일까? 그 까닭은 여러 가지가 있을 수 있지만, 그 중의 하나는 그 문헌 속에 있는 방점 자료 전체를 분석해 보지 않고, 소수의 자료에 대하여 선입관에 의해 예상되는 방점이 표시되지 않았으면 그것이 잘못되었다고 단정하는 결과일 수도 있는 것이다.[21]

---

21) 김완진(1977; 121쪽) 각주에서는 《훈몽자회》의 여러 이본들에서 '二'자를 최세진이 한결같이 무점으로 표기되어 있는 것을 보고 이것을 온당한 표기로 보지 않았다. 《박통사언해》에서 최세진은 ':싀쳔·리'에서 보는 바와 같이 '二'를 상성으로 표기했고, 최세진의 저서가 아닌 다른 문헌들에서도 '二'는 상성으로 표기되었며, 현대어의 발음에서도 장음을 유지하는 것이 '二'자이기 때문이라고 했다.
《훈몽자회》의 원본에서 최세진이 실수로 '二'자를 평성으로 표시했다면, 이본들에서 교정 없이 무점으로 반복될 수도 있고, 실수가 아니었다면, 그의 개인적인 특성으로 '二'자가 평성으로 그의 머

20세기 후반에 다수의 성조 학자들이 1590년에 발간된 《사서언해》를 마지막으로 우리의 문헌에서 방점 표기가 사라진 것을 성조 체계의 붕괴 또는 소멸과 관계 지었지만, 21세기 10년대에 와서 조오현(2011)에서는 16세기말에도 성조 체계는 건재했음을 인정하고 있다.

(884) 성조 표기가 사라진 것은 표기의 단순화일 뿐 (조오현(2011 : 371, 372쪽))
방점은 운율문자이다. 말의 높낮이까지 문자로 창제하였다는 것은 15·6세기 글자살이가 과학적이고 정밀하고 체계적이었다는 점을 보여 주는 대표적인 예이다. 그러나 다른 면을 보면, 잘 훈련된 전문가가 아니면 일상에서 사용하기 힘든 글자였다. 그런데도 15·6세기 문헌을 보면 방점은 흐트러짐이 없이 규칙적으로 쓰였는데 그 이유는 다음과 같다. 첫째, 세종대왕은 훈민정음 완성에 앞서 사가독서라는 제도를 활용하여 성운학자들을 길러냈다. 그리고 이 성운학자들을 간행사업에 참여시킴으로써 정밀한 표기를 할 수 있었다. 둘째, 15·6세기 문헌들은 대부분 왕실 주도로 간행된 책이었으며, 반드시 성운학자를 참여시켰고, 수양대군, 안평대군, 금성대군을 비롯한 왕자들을 책임자로 참여시켜 감수와 교정을 거친 뒤에 간행하였다. 셋째, 15·6세기 문헌들은, 각 분야의 최고 전문가들이 모여서 지었기 때문에 가능했다. 그러나 17세기 이후에 간행된 책은 성운학자가 참여하지도 않았고, 문학가, 실학가, 평민들이 개인적으로 낸 책이 많아 표기를 간략하고 단순하게 바꿀 수밖에 없었다.

조오현(2011)의 (884)에 들어 있는 주장들은 한 줄 한 줄씩 뜯어보면, 그 근거가 다 문헌의 기록을 통해서나 또는 문헌의 방점 자료의 분석을 통해서 논증되었는지는 확인할 수 없다. 하지만, 1590년 이후의 문헌들에서 방점 표시가 사라졌으나 그것은 성조 체계의 소멸이 아니라 표기의 단순화이며, 그 단순화의 원인은 성조에 대한 전문적인 지식이 없는 사람들이 책을 지은 데에 있다는 주장은 수긍할 만하다. 오늘날 우리말의 성조방언의 토박이들이 자신의 방언을 사용해서 책을 지을 때, 성조 표시를 할 수 없다고 해서 그들의 말에 성조가 사라진 것은 아니라는 주장만큼이나 당연하고도 확실한 주장이라 할 수 있을 것이다.[22)]

우리 중앙어의 성조 붕괴 또는 소멸의 시기에 대한 견해는 15, 16세기 방점 문헌에 나타나는 우리 현실한자음의 방점 표시와 그 성조론적인 해석에도 중요한 영향을 미칠 수 있다는 점에서 신중을 기해야 할 것이다.

리 속에 갈무리되었을 수도 있는 것이다. 그러므로 한 시대의 한 방언 또는 한 문헌이 보여 주는 성조 체계에 대한 평가는 전체 자료를 두루 검토한 뒤에 이뤄져야 할 것이다.

22) 방점 표시 소멸은 바로 성조의 소멸이 아닐 수도 있다는 더 많은 견해에 대해서는 김차균(2010), 김차균(2012), 김세진(2011), 김세진(2013), 등을 참조.

6.2.4 우리 현실한자음 방점법에 대한 견해

박병채(1989/1998)에서는 중국의 전통적인 4성과 우리 옛 문헌들에서 한자형태소에 표시된 방점을 대조하여, 무점(평음)과 유점(측음; 1점 거성, 2점 상성)으로 나누고, 고유어의 성조 체계도 기본 패턴은 음량의 장단이었을 가능성이 매우 높다고 보고 있다.

(885) 박병채(1989/1998 : 156쪽)

국어 한자음의 성점(聲點) 표시에 있어서는, 중국의 4성을 그대로 따른 동국정운식의 방점법과 국어음 특유의 성조체계에 따른 현실 국어 한자음의 방점법이 있었다. 전자는 훈민정음 반포 직후의 문헌에 보였으나, 동국정운식 한자음 표기가 사라지면서 같이 없어지고, 후자의 표기가 쓰이게 되었다. 따라서 국어 한자음의 성조에 따라 방점한 훈몽자회의 전승자음(傳承字音)을 중국의 전통적 사성에 대조해 보면 그 성격을 알 수 있다. 중국음 평성은 국어음에서 주로 무성점의 평성(平聲)으로, 중국음 상・거성은 주로 성점 2점의 상성으로, 중국음 입성은 주로 성점 1점의 거성으로 대응되었다. 이처럼 중국의 거성이 대부분 국어에서는 상성에 귀속되고, 평성과 상성만이 원래의 제 자리를 유지한 것은, 국어 한자음은 본래부터 평성과 상성의 대립만이 변별적이었다는 사실을 입증해 주는 것이다. 그러나 국어 한자음의 성조는 중국의 청탁(淸濁)에 의한 사성의 변동과는 무관하였다. 국어 한자음의 성조는 평・측으로 2대별할 수 있는데, 원칙적으로 국어음 평성은 중국의 전통적 평성과 유사한 성조였으며, 측음인 상・거성만은 국어음 성조에서 1점・2점으로 집단적으로 유동하였다. 이와 같은 사실은 국어음 성조의 방점법이 무점(無點 : 평음)과 유점(有點 : 측음, 1점거성, 2점상성)으로 평・측 관념에서 둘로 나뉜 것을 보아도 알 수 있다. 측음을 구태여 상성과 거성으로 나눈 것은, 중고한음의 전통적 사성 관념과 원・명시대에 변동된 북경관화의 성조체계 —여기에서는 입성운미가 소실되어 주로 양평과 거성으로 변성되었다.—와의 조화를 위함이었으며, 또한 당시의 중국어와 국어에 관여하는 초분절음소의 1차적 변별이 서로 다른 데에서도 기인했다고 할 수 있다. 고유어의 성조체계에서도 언급한 바와 마찬가지로 국어 한자음이 가진 초분절음소의 변별적인 기본 패턴은 음량의 장단(長短)이었을 가능성이 매우 높다고 할 것이다. 이 경우에 음의 고저가 잉여적인 성격을 가질 수 있음은 자연스러운 현상이다.

(885)에 나타나는 우리 현실한자음에 나타나는 상성과 거성의 관계에 대한 이해는《동국정운》서문에 나타나는 다음 인용문의 후반부에 가까운 것이라 할 수 있다.

(886)《동국정운》서문

語音則四聲甚明 字音則上去無別

(우리나라 말의 소리(=일상적인 입말)에서는 사성(=성조의 구별)이 다 분명한데, 우리 현실 한자음에서는 상성과 거성이 구별되지 않는다.)

(865)는 (886)의 전반부 '우리나라 말의 소리에서는 4성이 분면한데'의 내용을 진리로 인

정하지 않고 있다는 점에서 우리 옛말과 현대 성조방언들의 운소의 실제적인 분석을 진지하게 다루어 보지 못한 것이라 생각된다. (885)는 또한 (886)의 후반부의 내용을 너무 피상적으로 받아들여서 《소학언해》 범례에서 시속음의 관점에서 상성과 거성의 진정한 관계의 논의를 놓치고 있다.

《소학언해》 범례에 나타나는 성조에 대한 논의는 6.3.1절에서 비교적 자세히 하기로 하고, 여기에서는 최근의 우리 옛말과 현대 성조방언에서 이뤄진 연구 성과들을[23] 바탕으로 하여 중고한음 4성이 우리말의 현실한자음에 어떻게 반영되고 있는가를 도표로 나타내면 다음과 같다.[24]

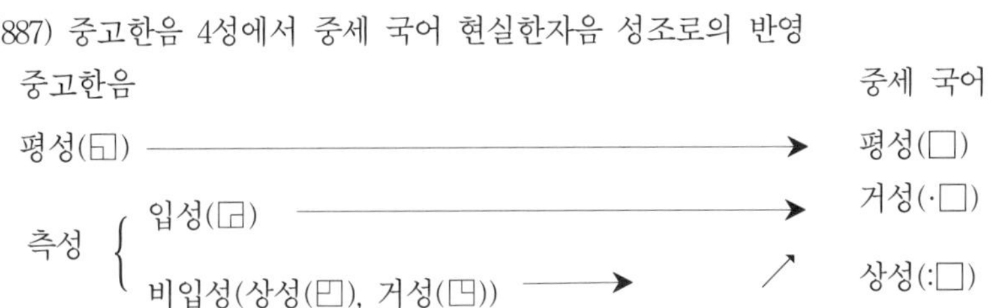

표 (887)에서 큰머리화살표(→)는 그것의 왼쪽에 있는 중고한음 4성의 다수가 그것의 오른쪽에 있는 중세 국어의 성조(=방점 표상)으로 반영된 것을 나타낸다. 곧, 평성(◱)의 다수가 평성(□)으로, 입성측성(◲)의 다수가 거성(·□)으로, 비입성측성({◰,◳})의 다수가 상성(:□)으로 반영되는 것을 나타낸다. 그리고, 작은머리화살표(↗)는 그것의 왼쪽에 있는 중고한음 비입성({◰,◳})의 일부가 그것의 오른 위쪽에 있는 거성(·□)으로 반영되는 것을 나타낸다. 이 도표가 나타내는 중요한 특징은 중고한음 4성이 평판적으로 4분되는 것이 아니라, 2분법적인 계층으로 분류되는 것이다. 먼저 4성은 평성(◱)과 측성({◰,◳,◲})으로 2분되고, 측성은 다시 입성측성(◲)과 비입성측성({◰,◳})으로 분류되며, 마지막으로 비입성측성은 상성(◰)과 거성(◳)으로 분류된다. 비입성측성({◰,◳})은 우리말의 현실 성조에 반영될 때, 둘로 작용하는 것이 아니라, 하나의 동아리가 되어 주로 상성(:□)으로 반영되고, 일부는 거성(·□)으로 반영되되 어떤 것이 상성(:□)이 되고 또 어떤 것이 거성(·□)이 될지를 예측할 수 없다. 표 (887)은 중고한음에서 비입성측성에 속하는 한자 성조의 압도적인

23) 김영만(1994), 김차균(2010), 김차균(2012), 김세진(2008), 김세진(2010), 김세진(2011), 김세진(2012) 등을 참조.

24) 표 (887)은 중고한음의 성조들이 우리 현실한자음 방점(/성조)에 반영된 모습을 나타내고 있지만, 주된 특성만 나타내고, 소수의 산발적인 반영 특성(보기를 들면, ◱>:□, ◱>·□, ◰>□, ◳>□)은 생략했다.

다수가 상성(:□)과 거성(·□)으로 임의 변동하는 것도 아님을 나타내고 있다. (887)은 《소학언해》 범례의 상거상혼(上去相混, 상성과 거성이 서로 섞임)에 어울리는 표라 할 수 있는데,[25] 이에 대한 구체적인 분석은 《소학언해》 범례의 내용을 분석하는 자리인 6.3.1절에 가서 할 것이다.

6.3 중고한음 성조와 《소학언해》에 나타난 우리말 한자형태소 성조의 비교

6.3.1 《소학언해》 범례의 성조론

《불정심경언해(佛頂心經諺解)(3권)》과 《영험약초(靈驗略抄)(1권)》은 1485년(성종 16년)에 간행된 것으로 동국정운식 한자음 표기의 마지막 문헌으로 알려져 있다. 《육조법보단경언해(六祖法寶壇經諺解)(3권)》과 《시식권공언해(施食勸供諺解)》는 1496(연산군 2년)에 간행된 것으로 현실음 위주의 획기적인 한자음 표기를 했다고 할 수 있다. 이후 1590년에 간행된 《사서언해(四書諺解)》까지 94년 동안의 한자의 음운표기는 우리의 현실한자음을 표기한 것이었다.

임진란(1592) 이후에는 문헌에서 방점이 사라진다. 방점표기 최후의 문헌들 중의 하나인 《소학언해》의 범례에서 인용한 다음 문장을 보면서 16세기말 우리말에 성조 체계가 건재했던가를 살펴보기로 하자.[26]

(888) 《소학언해》 범례 (소범 : 2a2～3a7)

ㄱ. (본문) 凡범字·ᄌᆞ音음高고低뎨를 皆기以:이傍방點:뎜爲위準:쥰이니 無무點:뎜은平평而이低뎨ᄒᆞ고 二:이點:뎜은 厲:려而이擧:거ᄒᆞ고 一·일點:뎜은 直·딕而이高고ᄒᆞ니라 訓:훈蒙몽字·ᄌᆞ會:회예 平평聲셩은 無무點:뎜이오 上:샹聲셩은 二:이點:뎜이오 去:거聲셩入·입聲셩은 一·일點:뎜而이近:근世:셰ㅣ 時시俗·쇽之지音음이 上:샹去:거相샹混:혼ᄒᆞ야 亂란以:이卒·졸變:변이라 若·약盡:진用:용本·본音음이면 有:유駭:히俗·쇽聽:텽故·고로 戊:무寅인本·본애 上:샹去:거二:이聲셩을 從종俗·쇽爲위點:뎜일ᄉᆡ 今금依의此·ᄎᆞ例:례ᄒᆞ야 以:이便편讀·독者·쟈ᄒᆞ니라

ㄴ. (새김) 믈읫 字·ᄌᆞᆺ音음·의 놉ᄂᆞᆺ가·이·를 :다 겨·틧 點:뎜·으·로·뻐 ·법·을 삼·을·디니 點:뎜 :업·슨이·는 편히 ᄂᆞᆺ가·이 ᄒᆞ·고 :두 點:뎜·은 기·리·혀 들·고 ᄒᆞᆫ 點:뎜·은 바ᄅᆞ 노·피 ᄒᆞᆯ거·시

25) 표 (887)은 중고한음 4성이 우리 한자음에 반영될 때 주된 반영(◱→□, ◰→{:□(다),·□(소)}, ◳→{:□(다),·□(소)}, ◲→·□)만을 나타내고, 소수의 예외적인 반영(◱→:□, ◱→·□, ◰→·□, ◳→□, ◲→□, ◲→:□)은 생략했다.

26) 《소학언해》의 모든 내용은 (888)ㄱ,ㄴ에서 보는 바와 같이 본문 부분과 새김(뜻풀이) 부분으로 이루어져 있다.

> 니·라 訓:훈蒙몽字·ᄌ會:회·예 平평聲셩·은 點:뎜이 :업·고 上:샹聲셩·은 :두 點:뎜이·오 去:거聲셩入·입聲셩·은 ᄒᆞᆫ 點:뎜이로·딕 ·요ᄉᆞ이 時시俗·쇽애 音·음이 上:샹去:거셩이 서르 섯기·여·ᄢᅧ과글·리 고·티·기 어·려온·디·라 :만·일 :다 本·본音음·을 ·ᄡᅳ·면 시·쇽 듣·기·예 :히:괴:홈·이 이실 故·고로 戊:무寅인년 칙·에 上:샹去:거 :두 聲셩·을 시·쇽·을 조·차 點:뎜·을 ·ᄒᆞ·야실·시 ·이·제 ·이 ·법·녜·로 의:지·ᄒᆞ야 ·ᄢᅧ 닐·그리·로 便편·케 ᄒᆞ·니라[27]

《소학언해》 범례의 성조론은 《훈민정음(해례)》, 《훈민정음언해》, 《훈몽자회》 범례만큼 독창적인 것은 아니지만,[28] 그 주장이 간결하고 선명하면서도 확신에 차 있다. 그런데도 이 주장은 '문헌에서 방점의 사라짐은 성조 체계의 소멸을 나타낸다.'는 현대의 우리 선배 성조론자들의 선입견 때문에, 그것의 중요성을 바르게 평가 받지 못했던 것이 아닌가 생각된다.

《소학언해》 범례에서는 방점의 '있고 없음'에 따라 평성 아닌 것과 평성으로 구분하고, 있으면 점이 '둘이냐 하나냐'에 따라 상성과 거성으로 구분한다는 점에서 1527에 간행된 《훈몽자회》의 구분법을 그대로 이어 받았고, 거슬러 올라가면 《훈민정음(예의)》, 《훈민정음(해례)》, 《훈민정음언해》의 방점 및 그 조치(調値)의 설명과 이어진다.

우리의 현대의 선배 학자들의 관점의 중요한 오류는 《소학언해》가 1588년에 간행된 것인데, 이는 임진란(1592~1598)이 시작된 해를 기준으로 보면 4년 뒤에 성조가 소멸된 것이 될 것이다. 이러한 잘못된 견해를 합리화하기 위해서는 《소학언해》 범례의 성조에 관한 내용을 거짓으로 돌리거나 아예 무시하는 것이다.

중부 방언(서울말)에서는 성조방언이 가지고 있던 높낮이가 어떤 방법으로 '평탄화되면서' 예사의 길이였던 평성과 거성은 합쳐졌으며, 다소 긴 소리였던 상성은 그 길이가 그대로 유지되어 결국 높낮이가 길이(장단)으로 대치되었다고 보는 점에서 우리의 성조학자들이 가지고 있는 성조사에 대한 관점들에는 큰 차이가 없다.

허웅(1963/1972 : 361~362)에서는 고저가 평탄화하는 시기, 곧 성조의 소멸의 시기를 임

27) 《소학언해》의 표기에는 확고한 원칙이 있다. 이 원칙은 《사서언해(四書諺解)》에도 그 대로 적용된다. 이들은 나라의 공공기관인 교정청에서 간행했다는 점에 공통성이 있다. 위의 인용문에서는 가로쓰기와 띄어쓰기가 되어 있으나, 이것은 지은이가 읽는 분들의 편이를 위한 방편으로 그렇게 했을 뿐, 다음과 같은 확고한 원칙이 지켜지고 있다. ①띄어쓰기는 하지 않는다. ②글자의 크기는 큰 글자, 중간 글자, 작은 글자의 세 가지로 한다. ③주(註)를 제외한 한문 본문과 언해문(새김) 속에 나오는 모든 한자(漢字)는 큰 글자로 표시한다. ④각각의 한자의 아래에 붙인 정음글자(한글)로 적은 음은 그 반 정도의 크기 곧 중간 크기의 글자로 적는다. ⑤본문에 나오는 구결(보기 : 은, 는, 이, 이니, ᄒᆞ고, ᄒᆞ니라, …)은 한자음 표기보다 작은 글자로 적되 방점 표시는 생략한다. ⑥우리말 새김 속의 주(註)는 한자와 그것의 음과 구결을 모두 중간 크기의 글자로 적되 구결에도 방점 표시를 한다. ⑦우리말 새김 속의 한자어라도 한자 없이 음만 적을 때는 큰 글자로 표시한다.

28) 이 책들의 성조론에 대해서는 허웅(1963/1972), 문효근(1974), 김완진(1977), 정연찬(1977), 김차균(1999) 등을 참조.

진(1592) 전후로 추정했고, 문효근(1974)에서는 전 국민이 전쟁으로 말미암아 이동하고 섞이고 해서 방점이 혼란된 것이라고 보기 때문에 방점 소멸의 시기를 17세기 초로 보았으며, 이기문(1972)에서는 16세기 초에 붕괴가 이미 시작된 것으로 보아서 16세기 말의 《소학언해》의 방점 자료는 붕괴 이후의 자료이기 때문에 고려할 만한 가치가 없는 것으로 보았다.

김완진(1977 : 121)에서는 "제4기에 들어와서는 관찰자의 이목을 놀라게 할 만한 두드러진 변모를 찾을 수는 없지만 제3기에서 보던 것과 같은 상태가 그런대로 꾸준히 지속되는 점으로 보아, 파탄에 처한 체계라 하더라도 그 완전한 소멸에 이르기까지는 상당한 시일을 요한다는 사실을 확인케 해준다. 제1기에 관찰했던 체계의 유영(遺影)을 완전히 불식하고, 문자 그대로 아무렇게나 방점을 찍는, 혹은 장음만이 구별 표기되는 문헌의 등장을 봄이 없이 방점 표기 전통은 종언을 고하는 것이다." 김완진(1977 : 121)은 각주에서 최세진을 의고적 표기의 명수로 보았고, "훈몽자회에서 상성과 거성의 관계는《동국정운》서문에서 말하는 "상거무별(上去無別) 이상의 것일 수 있다고 본다." 여기에서 상거무별 이상의 것이란 무엇을 뜻하는지 짐작하기 어려우나, 결국 상성 표시와 거성 표시가 낱말이나 형태소에 따라 고정되어 있지 않고 아무렇게나 쓰이고 있다는 뜻인 듯하다.

이제 (888)ㄱ,ㄴ이 담고 있는 내용을 지은이 나름대로 몇 가지로 나눠서 열거해 보겠다.

(889)《소학언해》범례의 성조론을 보고 지은이가 이해한 내용

ㄱ. 위의 범례를 쓴 사람(들)은《훈몽자회》의 성조론의 기본 이론과 성조의 표기법을 충실하게 수용하고 있다.

ㄴ. 위의 내용에는 방언 차이에 대한 내용은 말하지 않고 있으며, 자신이 생각하는 시속의 언어(/구어)의 한자음 성조에 대하여 말하고 있다.[29]

ㄷ.《소학언해》의 발간 시기(1588)에 말할이(들)의 방언(/중앙 방언)의 한자음은 높낮이를 바탕으로 하는 3개의 운소(따라서 성조)를 가지고 있으며, 평성, 상성, 거성이라 부르고 있다.

ㄹ. 우리 한자말의 성조는, 우리 토박이말에서와 마찬가지로, 방점으로 표시하되, 낮은 음조인 평성은 0점(□), 길게 끌어 뒤끝을 들어 올리는 상성은 2점(:□), 높은 수평조인 거성과 입성은 1점(·□)으로 표시한다. 한자어 입성의 표시법은 거성의 표시법과 같다.[30]

---

29) 토박이말과 한자어를 포함하는 구어 전체가 아니라 한자어에 대해서만 고려의 대상이 된다는 것은 거성과 입성의 표기를 모두 ·□으로 표시하는 것을 보면 알 수 있다. 토박이말에는 입성 종성을 가진 음절이라도, □, :□, ·□이 고루 섞여 있음을 인용문 (888) 안에서만 해도 /잇, 눗, 섯, 듣, :업/처럼 ·□이 아닌 것을 쉽게 찾아낼 수가 있다. 그러나 한자어 입성자는 /·법, ·입, ·쇽, ·딕, ·약, ·독/처럼 모두 ·□(1점)으로 되어 있다.

예문 (888)에서 /·최/(冊)은 입성이고 방점이 1점(·□)이지만, /최·에/에서는 0점(□)으로 되었다. 이것은 한자 입성의 1점 원칙에 대한 반례가 아니다. 중세 국어에서 1음절 거성 이름씨들 중에는 /·에X/형의 위치자리토씨 앞에서 평성으로 변하는 것이 많았는데, (888)에서 /최·에/도 그러한 보기에 들어간다고 할 수 있다.

30) 한자어 입성(/ㄱ, (ㄷ>)ㄹ, ㅂ/ 종성을 가진 것)은 성조론적으로 거성으로 해석할 수 있다.

ㅁ. 중고한음(=본음)에 기준을 두고 보면, 우리 한자어의 측성의 동아리에 속하는 상성과 거성은 섞여 쓰였는데(上去相混), 중고한음을 고려하지 않고 볼 때(=순수 공시적인 관점에서 볼 때), 우리 현실한자음의 체계 안에서는 상성의 동아리에 드는 한자형태소와 거성의 동아리에 드는 한자형태소는 확고하게 구분이 되고 있어서, 전자(=상성, :□)에 속하는 것 가운데서 중고한음(=본음)의 거성에서 온 것을 거성(·□)으로 졸변시켜서(=과글리 고쳐서) 발음하거나, 반대로 후자(=거성, ·□)에 속하는 것 중에서 중고한음(=본음)의 상성에서 온 것을 상성(:□)으로 졸변시켜서 발음하면, 시속듣기에(=당시의 우리말 토박이들의 귀로 듣기에)는 해괴하게(=매우 괴이하고 야릇하게) 들렸다.

ㅂ. 무인년 책의 법례에[31] 따라서, 우리 현실한자음의 상성의 동아리에 드는 것은 모두 2점(:□)으로, 거성의 동아리에 드는 것은 모두 1점(·□)으로 표시함으로써, 토박이들(=읽을이들)의 직관에 (어긋남이 없도록) 편안하게 들리게 했다.[32]

ㅅ. 우리 현실한자음의 설명에서 거성과 입성의 표기 방법이 1점(·□)이라고만 말하고, 이 둘의 조치에 대하여 어떤 구분도 하지 않고 있다. 이것은 음운론적 직관으로는 이 둘이 동일함을 뜻하는 것이다.

지은이의 생각으로는 (888)의 내용은 창의성이 있다고는 할 수 없으나, 훈민정음 창제 이래 16세기말까지 우리 한자음의 모든 성조 이론을 압축하여 간결하게 다듬었다는 점에서 높게 평가할 만하며, 통시적인 관점과 공시적인 관점을 뚜렷하게 구분했다는 점에서 창의성의 부족이라는 결함을 넘어선 것이며, 무엇보다도 중요한 것은 20세기 후반에 와서 16세기 후반의 《소학언해》를 포함하는 우리 문헌들의 방점 표시에 대한 자료로서의 가치를 인

---

31) 무인년 책은 무인년(1518년)에 발간된 《번역소학(飜譯小學)》이라고 추측된다. 1518년(중종 19)에 《번역소학(飜譯小學)》이 간행되었으나, 너무 의역(意譯)에 흘렀다는 비판이 있었기 때문에 직역을 원칙으로 한 《소학언해》가 간행되었다고 한다. '무인년 책의 법례'라는 말을 보면, 《번역소학(飜譯小學)》의 첫 쪽쯤에 '법례(法例)'가 있었고 그 내용의 약간을 《소학언해》 범례(凡例)에서 인용한 것이 아니었을까 생각되지만, 《번역소학(飜譯小學)》의 법례는 산일(散佚)되어 전하여 지지 않고 있다. 《소학언해》는 단순히 《번역소학》의 교정본이라 하여 언어자료로서 평가절하하기 쉬우나, 《번역소학》(6, 7, 8, 9. 10)의 한자어의 방점을 《소학언해》에서 같은 한자어를 찾아 대조한 결과 단순히 베껴 쓴 것이 아님을 지은이는 확인했다. 그리고 양쪽의 월들을 대조하면 《번역소학》이 《소학언해》보다 더 의역의 정도가 높다고 볼 수도 없었다.
문맥으로 보아서는 '무인년 책'이 《훈몽자회》라고 추측해 볼 수도 있으나, 《훈몽자회》를 비롯하여 최세진이 지은 것으로 알려져 있는 책들 가운데서 그가 생존하여 활동했던 시기 안에 드는 무인년(1518년)에 발간된 책을 지은이는 아직 찾지 못했다.

32) 보기를 들면, 3개의 한자어 '平聲, 上聲, 去聲'은 중고한음의 4성에 따라 권발(圈發)을 표시하면 '平聲(⌞□⌞□), 上聲(⌜□⌞□), 去聲(□⌝⌞□)'이 된다. 그런데 (888)의 《소학언해》 범례의 방점 표시를 보면, 앞의 둘은 둘은 '平평聲셩'과 '上:샹聲셩'으로 중고한음 4성과 정확하게 대응함을 확인할 수 있다. 그러나 '去聲'은 '去:거聲셩'으로 표시되어 있다. '去'의 방점이 2점(:□, 상성)으로 나타나는 것은 중고한음의 4성과 우리 현실한자음의 방점이 일치하지 않을 수도 있음을 보여 주는 것이다. 우리말의 현실한자음을 무시하고 본음(本音) 곧 중고한음을 따라 '去聲'을 '去·거聲셩'으로 되돌려 놓는다면 이는 우리말 토박이들에게는 해괴하게 들릴 수밖에 없는 것이다. 현대 우리말의 성조방언의 영남의 대부분의 방언에서 '去聲'은 상성형인 (/:거성/(중화 규칙 (5) 적용)→)[:거·성]으로 《소학언해》 범례의 '去:거聲셩'과 일치한다는 것은 참고할 만하다.

정하는 데에 인색했던 일부 성조론자들의 혹평을 극복하는 데에 충분하다고 본다.

《소학언해(小學諺解)》는 6권 4책으로 된 활자본이며, 간행된 해는 발문에 따르면 1586년이지만, 내사본의 연대에 따르면 1588년이다. 관례에 따라 1588년을 간년으로 한다.33) 교정청에서 간행되었고, 책의 체제가 같으면서 1590년에 간행된 《사서언해(四書諺解)(논어언해・맹자언해・대학언해・중용언해)》보다 2년 더 앞에 간행되었음에도 불구하고 이 책의 한자어 방점 자료의 저본으로 삼은 것은 책의 보존 상태가 양호하기도 하지만, 무엇보다도 자료가 풍부하며, 새김에 나타나는 한자어의 다수가 2자 또는 3자로 이루어져서 외자가 많은 《사서언해(四書諺解)》의 한자어보다 당시에 책을 활용한 토박이들(사대부등, 상류계층)에게 더 친숙했을 것으로 보이기 때문이다.

6.3.2 중세 국어에서 고유어의 방점 표상과 한자어의 방점 표상

현대 국어의 성조방언들에서는 운율적 낱말(/음운론적 단어, 어절, 성조론적 낱말) 안에서 성조 연결이 매우 제한되어 있다. 그것은 주로 중화 규칙 (5)때문이다. 중세 국어에서는 (5)와 같이 엄격한 중화 규칙이 존재하지 않았다. 그러나 국어의 단음절로 된 낱말들은 15,6세기에도 현대에도 고유어와 한자어를 가릴 것 없이 매우 적은 수에 지나지 않고, 대부분 다음절어이며, 또 단음절어라도 뒤에 씨끝, 토씨들이 붙어서 다음절어로 바뀌기 때문에 성조에만 따른 준동음어는 많지 않았다. 따라서 중국어와 같이 다수의 낱말들이 단음절인 언어와는 달리 우리말은 낱말이나 형태소를 이루는 음절마다 성조가 고정되어 있어야 의사소통이 가능한 것은 아니다. 성조방언인 경상도의 방언 토박이들과 비성조방언인 서울말 토박이들 사이에 극히 드문 경우를 제외하고는 의사소통이 원활하게 이루어지는 것은 성조의 기능부담량이 매우 낮기 때문이다.

1장의 표 (1)을 잘 살펴보면 어절의 첫 음절에는 세 가지 방점(/성조) 평성(□), 상성(:□), 거성(·□)이 다 나타나서, 이 세 가지 방점에 의한 준동음어가 나타날 조건을 갖추고 있다. 그러나 평성 뒤(□—)에서는 0점(평성, □)과 1점(·□)의 대립만 가능하다. 그리고 1점(·□)이나 2점(:□) 뒤({·□, :□} —)에서는 오직 1점(·□)만 나타날 수 있다. 어두(#—)에 나타나는 1점(·□)은 2점(:□, 상성)과 대립을 이루기 때문에 거성이라 부르지만, 둘째 음절 이하의 1점(·□)은 거성과 상성의 중화로 나타나거나, 때로는 평성, 상성, 거성의 중화로 나타나기 때문에 이것은 거성이라 부르지 않고 측성이나 부른다.34)

---

33) 안병희(1992 : 553)과 이토지유키(2007)/이진호(2011 : 55)를 참조.

34) 측성은 프라하학파의 음운론을 본떠서 이름을 붙이면 archi-toneme(원성조, 原聲調)라 할 수 있겠

중세 국어에서 현대 국어의 여러 방언으로의 운소 체계의 변천 과정은 성조언어에서 비성조언어로 전개되어 왔다. 중세 국어에서는 중화라고는 할 수 없지만, 어두나 평성 뒤와 같은 위치를 제외하고는 성조의 임의적인 변동이 가끔 나타났고, 이 변동은 어느 정도 강한 경향성을 띠었기 때문에, 허웅(1963/1972)에서는 그러한 자료를 문헌에서 찾아 정리했고, 정연찬(1977)에서는 거불연삼(去不連三)과 어말 평성화, 김완진(1977)에서는 율동 규칙들로 정의했으며, 율동 규칙이라는 용어는 3세대 학자들도 받아들이고 있다.

그러나 율동 규칙들은 그 적용이 엄격하지 못해서 시대에 따라서, 또는 같은 시대라도 문헌에 따라서 예외의 비율이나 음조 조정의 방법이 달라서, 방점 표시 문헌들 전체를 일관하는 좀 더 뚜렷한 특징 하나를 지적해 둘 필요가 있다. 굴곡형에서 /:묻노·라~무·러·ᅀᅡ/처럼 어떤 필수적인 규칙 적용에 의한 첫 측성의 자리가 결정된 뒤에 나타나는 방점 표상을 '성조론적 낱말'이라고 한다면, '성조론적 낱말' 안에서 첫 측성의 위치는 고정되어 있고, 그 이외의 위치, 곧 첫 측성 이하의 위치에서는 1점(·□)은 0점(□)으로 방점의 임의 변동이 일어난다. 이것을 규칙화하면 다음과 같다.

(890) 성조론적 낱말 안에서 방점 표시의 임의적 변동

ㄱ. 첫 측성이 나타나는 음절보다 아래에 오는 음절에서 평성(□, 0점)은 상성(:□, 2점)과 거성(·□)으로 임의 변동한다.

ㄴ. 첫 측성이 나타나는 음절 보다 아래에 오는 음절에서 거성(·□, 1)은 평성(□, 0점)과 상성(:□, 2점)으로 임의 변동한다.

ㄷ. 첫 측성이 나타나는 음절 보다 아래에 오는 음절에서 상성(:□)은 평성(□, 0점)과 거성(·□, 1점)으로 임의 변동한다.

(단, 고정적 평성 형태소와 고정적 거성 형태소에는 (890)ㄱ,ㄴ,ㄷ의 적용의 빈도가 낮다.)[35]

(890)을 시각적으로 뚜렷하게 도식화하면 다음과 같다.

다. 지은이의 여러 논저들에서 측성은 때로는 중화 성조로, 때로는 상성과 거성의 상위 분류의 이름으로도 사용해 왔는데, 이 책에서도 마찬가지로 측성은 두 가지 개념의 용어로 쓰기로 한다.

35) 고정적 평성과 고정적 거성에 대해서는 김완진(1977 : 35~44)를 참조. 고정적 평성에는 {-이, -에, -ᄃᆞᄫᅵ-/-ᄅᆞᄫᅵ-, -ᄫᆞ-/-ᄫᅳ-} 등이 있고, 고정적 거성에는 {-·이(주격조사), -·이(잡음씨 어간), -·ᄋᆞᆯ/-·을(대격조사), -·ᄅᆞᆯ/-·를(대격조사), -·애/-·에(위치격조사), -·ᄋᆡ/-·의(위치격조사), -·ᄋᆞ·로/-·으·로(방편격조사), -·ᄋᆡ/-·의(관형격조사), -·과/-·와(비교격조사), -·ᄂᆞᆫ/-·는(대조, 주제보조사), 등의 조사가 있고, 또한 풀이씨에 붙는 씨끝 {-·아/-·어, -·고/-·오, -·더, -게·-에, -·긔/-·의, -·오/-·우, -·이/-·히/-·리/-·기, -·가/-·고, -·다, -·ᄋᆞ·니/-·으·니, -·ᄋᆞ·며/-·으·며, -·ᄋᆞ·리/-·으·리} 등이 있다.

(891) 성조론적 낱말 안에서 첫 측성 고정화와 그보다 아래 음절들에서 성조의 임의적 변동 원칙[36)]
ㄱ. #□□□·□(:/·)□…#
ㄴ. #□□·□(:/·)□(:/·)□…#
ㄷ. #□·□(:/·)□(:/·)□(:/·)□…#
ㄹ. #·□(:/·)□(:/·)□(:/·)□(:/·)□…#
……………………………………
ㅁ. #□□□:□(:/·)□…#
ㅂ. #□□:□(:/·)□(:/·)□…#
ㅅ. #□:□(:/·)□(:/·)□(:/·)□…#
ㅇ. #:□(:/·)□(:/·)□(:/·)□(:/·)□…#
……………………………………

(891)ㄱ은 넷째 음절이 1점(·□)으로, (891)ㄴ은 셋째 음절이 1점(·□)으로, (891)ㄷ은 둘째 음절이 1점(·□)으로, (891)ㄹ은 첫째 음절이 1점(·□)으로 나타나는데, 이 1점들은 각각 그것이 포함되어 있는 어절 안에서 첫 번째로 나타나는 측성이기 때문에 고정되어 변동이 없으므로, ( ) 속에 넣지 않았다. 그러나 각각의 운율적인 낱말 안에서 첫 측성보다 아래의 음절에 나타나는 방점 표시는 2점(:□) 또는 1점(·□)은 0점(□)으로 변동이 가능하므로 (:/·)처럼 표시했다.

또 (891)ㅁ은 넷째 음절이 2점(:□)으로, (891)ㅂ은 셋째 음절이 2점(:□)으로, (891)ㅅ은 둘째 음절이 2점(:□)으로, (891)ㅇ은 첫째 음절이 2점(:□)으로 나타나는데, 이 2점들은 각각 그것이 포함되어 있는 어절 안에서 첫 번째로 나타나는 측성이기 때문에 고정되어 변동이 없으므로, ( ) 속에 넣지 않았다. 그러나 각각의 어절 안에서 첫 측성보다 아래의 음절들에서는 방점 표시는 2점(:□) 또는 1점(·□)은 0점(□)으로 변동이 가능하므로 (:/·)처럼 표시했다.

(891)을 이해하기 위한 중세 국어의 자료를 허웅(1963/1972 : 317∼320)에서 보기를 골라 인용하면 다음과 같다.

(892) 첫 1점(·□) 고정과 그보다 아래 음절에 오는 방점의 임의변동 자료
ㄱ. ·차·바ᄂᆞ·로(석보9 : 9), ·차·바니·며(월석21 : 194), ·구·루미·라(월석 서18), ·ᄇᆡ·야미·오라(월석 21 : 42), ·가·지로·다(두시7 : 1), ·번·게·를(용가30) ·그·믈로(월석 2 : 13), ·즐·겁고·도((월석1 : 21), ·즐·겁더·니(월석21 : 207), ·즐·거ᄫᅳ·며(월석1 : 35), ·ᄇᆞ·라오·미(두시6 : 23), 사랑·ᄒᆞ·ᄆᆞᆯ(월석서 : 11)
ㄴ. ·차바·ᄂᆞᆯ(월석2 : 26), ·차바·ᄂᆞᆫ(두시20 : 9), ·구루·미(용가42), ·구루·믈(월석1 : 32), ·ᄇᆡ야·미(용가7), ·ᄇᆡ얌·과(석보9 : 24), ·가지·와(석보13 : 47), ·가지·예(두시15 : 4), ·번게·ᄀᆞᆮᄒᆞ·니

36) (891)ㄱ∼ㅇ에서 (:/·)□은 □, :□, 또는 ·□을 가리킨다.

(월석7 : 22), ·그므·를(석보9 : 16), ·즐거·부·미(월석2 : 5), ·즐거·본(석보19 : 4), ·ㅂ라오·미(두시6 : 29), 사랑·호미(두시25 : 41)

(893) 첫 2점(:□) 고정과 그보다 아래 음절에 오는 방점의 임의변동 자료
ㄱ. 맛:나·몰(대산어첩), :몰·롤:이·리(월석1 : 19), :더·러븐·며(월석21 : 87), :겨신(훈언); :말·쓰미·라(훈언), :사·르미·라(석보서 : 1, 2)
<보충 자료> :사·롬·이라(소학6 : 100b2), :사·롬이·라(소학6 : 99b2)
ㄴ. 맛:나믄(두시21 : 16), :몰롤거·시·라(석보13 : 37), :더러·부·믈(월석1 : 35), :겨·신(월석1 : 10); :말쓰·미(용가39), :사르·미(석보서 : 3)
<보충 자료> :사롬이라(소학6 : 112a1)

(892)와 (893)의 자료들을 대조해 보면 어절의 첫 방점(곧, :□ 또는 ·□)은 고정되어 있지만, 둘째 이하의 음절에서는 그렇지 않음을 볼 수 있다. 따라서 원칙 (891)이 유효하다고 할 수 있다. 원칙 (891)에서 둘째 이하 측성의 임의적 삭제 원칙은 '율동 규칙'보다는 느슨해 보이지만, 15,6세기 국어(/중세 국어)의 방점 표상들과 현대 성조방언들의 방점형과의 대응관계를 설명하는 데 더 효과적이면서 동시에 율동 규칙의 수많은 예외들에서 오는 부담을 벗어날 수가 있을 것으로 판단된다.

김차균(1993ㅁ : 249～307)의 자료편에는 《소학언해(6권 선행편)》의 한자어 자료 616항을 제시하고, 각각의 항마다 책의 몇 째 쪽에 몇 번 나타나는가를, 그리고 그 항목이 창원 방언에서 어떤 방점형으로 나타나는가를 보여 주었다.

중세 국어의 우리 토박이말에서 어절의 둘째 음절 이하에 상성은 매우 드물게 나타날 것이라는 선입견을 가지는 경향이 있고, 평성에 대해서는 세심한 주의를 아니 하는 경향이 있으나, 이 두 가지 성조가 다 드물지 않게 나타난다.

허웅(1963/1972)에는 '□·이'(참고 : '·이'는 주격조사), '□·이-'(참고 : '·이-'는 잡음씨 어간)의 축약으로 생기는 :□의 보기, 객체존대 {숩}의 자음 앞 변이형태, 풀이씨 어간 {갓:갑-}, {감:쏠-}류의 자음씨끝 앞 변이형태, 후음의 약화 소실에 따른 평성과 거성의 축약에 의해 발생된 상성, 상성으로 시작되는 토씨, 등 상당수의 상성이 어절의 첫 음절에서는 물론이고, 둘째 음절 이하에서도 나타나는데, 이들은 쉽사리 1점(·□)으로 변하지 않는다. 허웅(1963/1972)에서 자료를 뽑아 제시한다.

(894) 허웅(1963/1972)에 나타나는 상성 자료의 일부
ㄱ. □+·이→:□, □+·이—→:□-,
(그+·이>):긔(용가39, 월석1 : 47), :긔·오(석보13 : 36), (비+·이>):비(두시20 : 9), (몬져+·이->)몬:졔·오(월석서5), 몬:졔시·니(용가7), 몬:졔로·다(두시20 : 6), (부텨+·이>)부:톄(석보9 : 1),

부:톄·시니·라(석보서 : 1), (ᄃᆞ리+·이>)ᄃᆞ:리(두시25 : 7), ᄃᆞ:리·라(월석21 : 77), (누의+·이->) 누:의·라(월석21 : 95), (고래+·이>)고:래(두시25 : 53), (ᄆᆞᄃᆡ+·이>)ᄆᆞ:ᄃᆡ(월석2 : 56), ᄆᆞ:ᄃᆡ·며(석보9 : 8), ᄆᆞ:ᄃᆡ니·라(몽산42), (그듸+·이>)그:듸(두시7 : 17), 그:디(월석1 : 7), (너희+·이>) 너:희(월석21 : 68, 석보13 : 47), (골와라+·이->)골와:래·오(석보13 : 26), 골와:래·니(석보13 : 53)

ㄴ. {-:습$C, -:즙$C; -ᄉᆞ$ᄫV, -ᄌᆞ$ᄫV}[37]

녀:쏩·고(월석1 : 7), 녑:쏩·고(월석2 : 72), :좃:습·고(월석2 : 51), 노:쏩·고(월석2 : 51), 듣:즙·고(용가59, 능엄2 : 1), 좃:줍거·늘(용가36), 몯:줍더·니(용가66), 연:쫍·고(월석2 : 39), 받:줍더·라(월석2 : 37), 듣:즙고·져(금강13)

《깃ᄉᆞ·ᄫᆞ·니(용가41), 저ᄊᆞ·ᄫᅡ·놀(용가61), 듣ᄌᆞ·ᄫᅡ(용가98), 일ᄏᆞᆮᄌᆞ·ᄫᆞ·니(용가29), :얻ᄌᆞ·ᄫᅡ(용가27)》[38]

ㄷ. {갓:갑$C, 갓가$ᄫV; 늧:갑$C, 늧가$ᄫV; 두:텁$C, 두터$ᄫV; 둗:겁$C, 둗거$wV; 술:갑$C, 술가$wV; 맛:닐$C, 맛니$ㄹV; 봄:뇌-, 봄:놀-; 감:쏠-; 건:듣-; 붑:괴-}[39]

ㄹ. (통시적인 음절 축약으로) □+·□>:□

(막다·히>)막:대(두시6 : 29, 42), (주·우리->):주·우·렛ᄂᆞᆫ(두시7 : 2), :주려주·거(두시15 : 37), :주·릴(훈몽하19)

ㅁ. 이름씨+:마·다

:말쏨:마·다(월석서8)

허웅(1963/1972; 312, 313)에는 ·□□~·□·□, :□□~:□·□는 동일어의 성조 변동으로 넘나드는 형으로 보았다. 또, □:□, ·□:□, :□:□는 극소수이고, 대부분 이들의 둘째 음절은 1음절 토씨 또는 잡음씨의 축약으로 생겨나는 것으로 보았다.

김완진(1977 : 35~38)에는 {이, 에, 어긔, ᄃᆞᄫᆡ/ᄅᆞᄫᆡ} 등이 율동 규칙에 관계없이 고정적인 평성임을 증명하고 보기를 주었다.

(895) 김완진(1977)에 제시된 고정 평성 자료의 일부

ㄱ. 일·우시·리로·소이·다(월석2 : 23), :업스·례이·다(월석2 : 5), :엳즙·노이·다(월석2 : 69), ·올ᄒᆞ·시이·다(석보13 : 47)

ㄴ. 언·극ᄃᆞᄫᆡ·야(석보13 : 56), 즐·급ᄃᆞᄫᆡᆫ(석보8 : 9), ·외ᄅᆞᄫᆡ·야(월석17 : 21), 조ᅀᆞᄅᆞᄫᆡᆫ(석보19 : 15)

(894), (895)처럼 중세 국어에서는 율동 규칙(/음조 조정 규칙)을 받지 않고 고정적으로 상성(:□)과 평성(□)이 나타난다는 것을 현대 성조방언들에서 필수적인 중화 규칙 (5)로 말

37) 이들의 기저형은 /:ᅀᆞᇦ/으로 볼 수 있다. 이것은 기원적으로는 1음절 변동상성어간 움직씨 어간 /:ᄉᆞᆲ-/(白)에서 온 듯하다.

38) 이것은 다소 불규칙적으로 변동하는 일이 있다(허웅(1963/1972 : 337); :돕·ᄉᆞ·ᄫᆞ·니(용가29), ·좃·ᄉᆞ·ᄫᆞ·니(용가95), :묻·ᄌᆞ·ᄫᆞ·ᄃᆡ(월석2 : 11). 지은이에게는 어절의 둘째 음절 이하에서 상성을 피하는 경향이 일찍부터 생긴 것으로 생각된다.

39) 이들에 대한 보기는 허웅(1963/1972 : 341~343)을 참조하기 바라고, 여기에서는 보기를 생략한다.

미암아 측성 뒤 {:□, ·□}—}의 위치에서 어떤 성조라도 1점(·□)으로 변하는 것과 비교하면, 중세 국어는 현대 국어의 성조방언들보다 중국어와 같은 '이른바' 진정한 성조언어에[40] 좀 더 가까웠다고 할 수 있다.

둘 이상의 한자형태소로 이루어진 한자어는 (894)와 (895)에서 본 것과 같은 단순 어간 풀이씨에 씨끝이 붙거나, 이름씨에 토씨가 붙은 것과는 형태음운론적으로 닮은 점이 적고, 오히려 고유어의 합성어와 더 가까울 것임을 예상할 수가 있다. 우리말에서 단일 형태소로 된 한자어는 드물고, 대부분의 한자어는 둘 또는 3개의 한자형태소로 구성되기 때문에, 한자형태소는 대다수가 비자립형식(bound form)이지만, 그것들의 대다수가 어휘적인 형태소(lexical morpheme)라는 점에서는 고유어의 합성어의 구성요소들과 닮았다.

아래의 (896)을 보면 고유어로 된 합성어의 둘째 요소는 원칙적으로 성조 변동이 없다. 합성어의 둘째 요소는 눈에 쉽게 띄도록 밑줄을 그었다.[41]

(896) ㄱ. ·열남·은:설·이러·니(十餘歲)(소학6 : 4b9), ·글지·이·만(文辭)(소학6 : 8b2), ·글사·곰·애(解經)(소학6 : 8b9) 도·라가·니(歸)(소학6 : 9a6), ·큰더·위라·도(大暑)(소학6 : 8b6), ([[[ᄒᆞᄅᆞ]ㅅ][[·날]·애]]>)ᄒᆞᄅᆞᆫ날·애(一日)(소학6 : 6b3)[42]

ㄴ. ·잡:일(소학6 : 1b6), ·잡:말(소학6 : 1b6), ·열:설·에(소학6 : 2a9), :말:홈·애(소학6 : 10b4)

ㄷ. 낫·빗·출(소학6 : 4a9), 이·튼·날(明日)(소학6 : 7b1), 돌·아·가(소학6 : 7b3), :내·티니·라(斥)(소학6 : 7b4), 나·아·가·는·이(進尙)(소학6 : 8b1), ᄃᆞ·라·드·는·줄·을(趨)(소학6 : 8b3), :모·셔·셧기·를(侍立)

ㄹ. 솓가:마(鍋釜)(소학6 : 6b4)[43]

---

40) Pike(1948)은 성조언어(tone language)는 4가지 특성(첫째로 어휘적으로 유의미한 음조(lexically significant pitch), 둘째로 대립적인 음조(contrastive pitch), 셋째로 상대적인 음조(relative pitch), 넷째로 음절적인 음조(syllabic pitch))를 가진 언어이다. 이 정의에 따르면 중국어는 성조언어이지만, 창원 방언을 포함하는 경상도 방언은 첫 3가지 특성만 만족시키고 넷째 특성은 만족시키지 못하므로 단어 음조 체계(word pitch system)이다. 그러나 지은이는 첫 3가지 특성만 만족시키면 성조언어(/성조방언)이라고 본다. 경상도 방언은 표 (1)에서 본 것처럼 기저 방점 표상의 층위에서 Pike(1948)의 4가지 만족시키기 때문에 성조 방언이다. 그러나 경상도 방언은 최종 방점 표상의 층위에서 넷째 조건이 만족되지 않는 것은 강력한 '중화 규칙 (5)'로 말미암은 것이다.

41) (896)의 자료는 모두 《소학언해》 6권 1~10쪽에서 우리 토박이말 전체에서 찾은 것인데, 이렇게 어떤 임의적인 부분을 몽땅 적는 것은 단순 무작위의 표본추출(simple random sampling)과 같은 방법을 따른 것이다. 이 방법의 장점은, 모집단에 대한 사전지식을 요하지 않고, 추출된 표본이 모집단을 잘 대표하며, 자료의 분류에 있어 오차의 개입이 적을 수 있다는 것이다.

42) 중세 국어와 현대의 성조방언에서 위치자리토씨(처소격조사) 앞에서 다수의 1음절 이름씨의 기저 성조 거성(·□)이 평성(□)으로 변동하는 것은 허웅(1963/1972)에서부터 널리 알려져 있다. 'ᄒᆞᄅᆞᆫ날·애'는 토박이의 음운론적 직관으로는 [[[ᄒᆞᄅᆞ]ㅅ][[·날]·애]]이지만, 형태론적 구성으로는 [[[[ᄒᆞᄅᆞ]ㅅ][·날]]·애]이다. /·날/은 처소격조사 /·애/ 앞에서 평성화하여 [날]로 나타난 것이다.

43) (896)ㄹ은 예상되는 방점 표시((솥#가·마→)/솓가·마/)와는 달리 /솓가:마/로 나타나는데, 이는 예외

(896)ㄱ은 둘째 구성요소의 첫 음절의 방점이 평성(□)인 것, (896)ㄴ은 둘째 구성요소의 첫 음절의 방점이 상성(:□)인 것, (896)ㄷ은 둘째 구성요소의 첫 음절의 방점이 거성(·□)인 것인데, 이들의 성조가 변동 없이 그대로 나타나고 있다.

둘 이상의 형태소로 이루어지는 한자어의 구성요소의 대다수는 어휘형태소라는 점에서 고유어의 합성어의 성분과 닮았으나, 다수가 비자립형태소라는 점에서는 씨끝이나 토씨와 닮았기 때문에, 어절의 안에서 둘째 음절 이하에 올 때, 특히 《{□,·□}—》의 환경에서 성조의 변동이 전자(=합성어의 성분)보다는 활발하지만, 후자(=씨끝이나 토씨)보다는 활발하지 못할 것이 예상된다.

6.3.3 중고한음 4성과 《소학언해》 및 창원 방언 한자형태소 성조 자료의 정리 방법

본 장에서는 《소학언해》 3권 1~6쪽의 제한된 한자어 자료를 뽑아서 정리하는 방법과 과정을 보여 주려고 한다. 6.3.4절 이하에서는 이 절(6.3.3절)에서 제시된 방법에 따라 《소학언해》 전체의 자료를 뽑아서 정리하고, 그 정리된 방점(/성조) 자료를 가지고 중고한음 4성과의 대응관계를 계량적으로 분석할 것이다.

먼저 다음 자료에서 본문과 그 새김을 대조하면서 읽되 밑줄 친 곳을 주목하기로 하자.

(897) (본문) 소학3 : 1a, 1b; (뜻풀이) 소학3 : 1b, 2a [44)]

ㄱ. (본문) 孔·공子·ᄌᆞㅣ曰·왈君군子·ᄌᆞㅣ無무不·블敬:경也:야ㅣ나敬:경身신이爲위大:대ᄒᆞ니라身신也:야者·쟈ᄂᆞᆫ親친之지枝지也:야ㅣ니敢:감不·블敬:경與:여이不·블能ᄂᆞᆼ敬:경其기身신이면是:시ᄂᆞᆫ傷샹其기親친이오傷샹其기親친이면是:시ᄂᆞᆫ傷샹其기本·본이니傷샹其기本·본이면枝지從종而이亡망이라ᄒᆞ시니仰:앙聖:셩模모ᄒᆞ며景:경賢현範:범ᄒᆞ야述·슐此·ᄎᆞ篇편ᄒᆞ야以:이訓:훈蒙몽士:ᄉᆞᄒᆞ노라

ㄴ. (뜻풀이) 孔·공子·ᄌᆞㅣ ᄀᆞᆯᄋᆞ·샤·ᄃᆡ 君군子·ᄌᆞㅣ 공:경·티 아·니:홈·이 :업·스나 ·몸 공:경:홈·이 ·큰·이·라 ·몸·ᄋᆞᆫ 어·버·의 ·가·지·니 敢:감·히 공:경·티 아·닐것·가 能ᄂᆞᆼ·히 그 ·몸·ᄋᆞᆯ 공:경·티 아·니ᄒᆞ·면 ·이·ᄂᆞᆫ 그 어버·이·ᄅᆞᆯ 傷샹:홈·이오 그 어버·이·ᄅᆞᆯ 傷샹ᄒᆞ·면 ·이·ᄂᆞᆫ 그 근·본·을 傷샹:홈·이·니 그 근·본·을 傷샹ᄒᆞ·면 ·가·지조·차 :업·ᄂᆞ니·라 ·ᄒᆞ·시니 :셩인·의 규모·ᄅᆞᆯ :울·얼며 현인·의 ·법·을 의:방·ᄒᆞ·야 ·이 篇편·을 ᄆᆡᆼ·ᄀᆞ·라·ᄡᅧ 어·린 션·ᄇᆡ·ᄅᆞᆯ ᄀᆞᄅᆞ·치노·라 (밑줄은 지은이)

이거나 오기인 듯하다.

44) 소학3 : 1a는 《소학언해》 권3의 1쪽 앞면, 1b는 1쪽 뒷면을 각각 가리킨다. 자료의 출처는 모두 이와 같은 방법으로 표시한다. 보기를 들어 '소학5 : 32a7'과 같은 표시는 《소학언해》 권5의 32쪽 앞면 7째 줄을 가리킨다.

토를 단 한문 본문 (897)ㄱ의 뜻풀이인 (897)ㄴ의 밑줄 친 곳에서 한자어(또는 한자어일 가능성이 있는 어절)에서 우리말 형태소를 제외한 한자형태소 또는 그 결합을 찾아 적으면, {·공·ᄌᆞ, 군·ᄌᆞ, 공:경, 공:경, :감, 공:경, 능, 공:경, 샹, 샹, 근·본, 샹, 근·본, 샹, :셩인, 규모, 현인, ·법, 의:방, 편}이다. 본문과 그 풀이가 ①{孔子(·공·ᄌᆞ), 君子(군·ᄌᆞ), 傷(샹), 敢(:감), 能(능), 傷(샹), 篇(편)}처럼 일치하는 것도 있고, ②{敬(공:경), 本(근·본), 聖(:셩인), 模(규모), 賢(현인)}처럼 부분적으로 일치하는 것도 있으며, ③{·법, 의:방}처럼 {(範)} 및 앞뒤 문맥에 의해 간접적으로 한자어임을 헤아릴 수 있는 것도 있다.[45] 이런 방법으로 극히 제한된 자료인 (897)에 있는 한자어의 음과 성조를 적으면 다음과 같다.[46]

(898) 한자어의 여러 가지 정보의 입력 방법을 보이기 위한 예비 자료

중고한음	중세 국어	창원 방언	번수	출전권 : 쪽(앞/뒤)줄
한자(권발)	{방점 자료}	[방점 자료]	< >	소학○ : 쪽(a/b)줄;
孔子(◰◰)[47]	{·공·ᄌᆞ}	[·공·자]	<1>	소학3 : 1b4;
君子(◱◰)	{군·ᄌᆞ}	[군·자]	<1>	소학3 : 1b4;
恭敬(◱◳)	{공:경·티}	[공·경·하·지]	<3>	소학3 : 1b4; 1b6; 1b7;
恭敬(◱◳)	{공:경:홈}	[공·경·함]	<1>	소학3 : 1b5;
敢(◰)	{:감·히}	[:감·히]	<1>	소학3 : 1b6;
能(◱)	{능·히}	[능·히]	<1>	소학3 : 1b7;
傷(◱)	{샹:홈}	[상함]	<2>	소학3 : 1b8; 1b9;
傷(◱)	{샹ᄒᆞ·면}	[상하·몬]	<1>	소학3 : 1b10;
聖人(◳◱)	{:셩인}	[:성·인]	<1>	소학3 : 2a1

45) ①처럼 1대1로 쌍을 이루는 경우는 가장 확실한 근거를 가진 한자어이지만, ②의 경우는 어느 정도의 불확실성을 배제할 수 없으며, ③의 경우는 불확실성의 정도가 매우 높다. ②와 ③의 경우는 불확실성을 배제하기 위해, 뜻풀이와 한문 본문과 대조를 바탕으로 하여 머리에 떠오르는 한자어를 다시 우리 옛말 사전, 다른 학자들이 추정한 한자어, 한자의 자전과 옥편 등을 참조하였다. 지은이는 적어도 80% 이상 확실하다고 판단될 때 그것을 자료에 포함시켰다. 따라서 뜻풀이에 나타나는 한자어들 가운데서 10% 정도는 지은이의 자료에서 누락되었을 것으로 볼 수 있을 것이다.

46) 자료 (898)에서 창원 방언 자료는 왼편에 있는《소학언해》자료를 지은이가 창원 방언으로 옮겨 놓은 것이다. 이하 (899)를 비롯한 다른 자료에 첨부된 창원 방언 자료도 모두 지은이의 것이다.

47) 한자의 4성은 이가원・장삼식(1972)《大字源》과 민중서림(1967/1981)의《新字海》에서 찾아서 사용했다. 전통적인 우리의 자전이나 옥편은 4성을 권발(圈發)로, 또는 이에 준하는 방법으로, 표시해 왔다. 우리의 자전들과 옥편들에 사용된 권발이나 4성 표기는 전통적인 4성을 표시한 것인데, 이들은 송대에 이루어진 광운(廣韻)에 분류된 4성과 거의 일치한다. 광운은 송대 1008년에 간행된 것으로 완본(完本)이 전해지고 있으며, 절운계(切韻系) 운서를 이어 받은 것이다. 601년에 간행된 절운(切韻), 751년에 간행된 당운(唐韻) 등의 더 오래된 운서들이 있으나, 이들은 영본(零本)만 전하기 때문에, 중고음(中古音)을 연구하는 사람들은 대개 광운을 기본 자료로 해 왔다. 권발은 네모꼴 □의 '좌하, 좌상, 우상, 우하'에 작은 동그라미를 넣어 각각 '평성, 상성, 거성, 입성'을 표시하는 것이지만, 컴퓨터의 문자표에 마땅한 부호가 없어서, 이 책에서는 작은 동그라미 대신에 작은 네모를 넣어서 ◱, ◰, ◳, ◲으로 각각 '평성, 상성, 거성, 입성'을 표시했다.

規模(平平)	{규모}	[규·모]	<1>	소학3 : 2a1
賢人(平平)	{현인}	[:현·인]	<1>	소학3 : 2a1
法(入)	{·법}	[·법]	<1>	소학3 : 2a1
依倣(平平)	{의:방·ᄒᆞ·야}	[의·방·하·여]	<1>	소학3 : 2a2
篇(平)	{편}	[·편]	<1>	소학3 : 2a2;

(898)과 같은 방법으로 범위를 조금 더 넓혀서 《소학언해》 3권 1a~7a의 한자어의 음과 성조를 적고, ( ) 속에 권발을 적으면 다음 (899)와 같다.

(899) [시범 자료 ①단계] 최초 입력 한자어 자료

중고한음	중세 국어	창원 방언	번수	출전권 : 쪽(앞/뒤) 줄
한자(권발)	{방점 자료}	[방점 자료]	< >	소학○ : 쪽(a/b) 줄;
恭敬(平去)	{공:경:홈}	[공·경·함]	<1>	소학3 : 1a4;
次例(去去)	{·ᄎᆞ:례}	[·차·례]	<1>	소학3 : 1a4;
孔子(上上)	{·공·ᄌᆞ}	[·공·자]	<1>	소학3 : 1b4;
君子(平上)	{군·ᄌᆞ}	[군·자]	<1>	소학3 : 1b4;
恭敬(平去)	{공:경·티}	[공·경·하·지]	<3>	소학3 : 1b4; 1b6; 1b7;
恭敬(平去)	{공:경:홈}	[공·경·함]	<1>	소학3 : 1b5;
敢(上)	{:감·히}	[:감·히]	<1>	소학3 : 1b6;
能(平)	{능·히}	[능·히]	<1>	소학3 : 1b7;
傷(平)	{샹:홈}	[상함]	<2>	소학3 : 1b8; 1b9;
傷(平)	{샹ᄒᆞ·면}	[상하·몬]	<1>	소학3 : 1b10;
聖人(去平)	{:셩인}	[:성·인]	<1>	소학3 : 2a1
規模(平平)	{규모}	[규·모]	<1>	소학3 : 2a1
賢人(平平)	{현인}	[:현·인]	<1>	소학3 : 2a1
法(入)	{·법}	[·법]	<1>	소학3 : 2a1
依倣(平平)	{의:방·ᄒᆞ·야}	[의·방·하·여]	<1>	소학3 : 2a2
篇(平)	{편}	[·편]	<1>	소학3 : 2a2;
丹書(平平)	{단셔}	[단서]	<1>	소학3 : 2a7;
太公(去平)	{·태공}	[·태·공]	<1>	소학3 : 2a7;
武王(上平)	{:무왕}	[:무·왕]	<1>	소학3 : 2a7;
恭敬(平去)	{공:경}	[공·경]	<2>	소학3 : 2a8; 2a9;
吉(入)	{·길ᄒᆞ·고}	[·길·하·고]	<1>	소학3 : 2a8;
亡滅(平入)	{망·멸ᄒᆞ·며}	[망·멸·하·며]	<1>	소학3 : 2a9;
慾心(平平)	{·욕심}	[·욕·심]	<2>	소학3 : 2a10; 2a10;
順(去)	{:슌·코}	[:순·하·고]	<1>	소학3 : 2a10;
凶(平)	{흉ᄒᆞ·니·라}	[흉하니·라]	<1>	소학3 : 2b1;
曲禮(入上)	{·곡·례}	[·곡·례]	<1>	소학3 : 2b4;
恭敬(平去)	{공:경티}	[공·경·치]	<1>	소학3 : 2b4;

儼然(◰◱) {:엄연·히} [엄연·히] <1> 소학3 : 2b4;
便安({◱,◳}◱) {편안ᄒᆞ·고} [편안하·고] <1> 소학3 : 2b5;
便安({◱,◳}◱) {편안·케} [편안하·게] <1> 소학3 : 2b6;
一定(◲◳) {·일:뎡ᄒᆞ·면} [·일·정·하·몬] <1> 소학3 : 2b5;
百姓(◲◳) {·ᄇᆡᆨ·셩} [·백·성] <1> 소학3 : 2b6;
傲慢(◳◳) {:오:만:홈} [:오·만·함] <1> 소학3 : 2b9;
可(◰) {:가·히} [:가·히] <3> 소학3 : 2b9; 2b10; 2b10;
慾心(◱◱) {·욕심} [·욕·심] <1> 소학3 : 2b9;
放縱(◳◱) {:방:죵히} [방종·히] <1> 소학3 : 2b10;
可(◰) {:가·히} [:가·히] <1> 소학3 : 3a1;
極(◲) {·극·히} [·극·히] <1> 소학3 : 3a1;
恭敬(◱◳) {공:경ᄒᆞ·고} [공·경·하·고] <1> 소학3 : 3a7;
能(◱) {능·히} [능·히] <2> 소학3 : 3a9; 3a10;
便安({◱,◳}◱) {편안·히} [편안·히] <1> 소학3 : 3a10;
財物(◱◲) {ᄌᆡ·믈} [재·물] <1> 소학3 : 3b4;
苟且(◰◰) {:구:챠·히} [·구·차·히] <1> 소학3 : 3b4;
患亂(◳◳) {:환·란} [:환·란] <1> 소학3 : 3b4;
免(◰) {:면·티} [:면·하·지] <1> 소학3 : 3b5;
求(◱) {구·티} [구하·지] <2> 소학3 : 3b6; 3b6;
疑心(◱◱) {의심된} [의심된] <1> 소학3 : 3b9;
孔子(◰◰) {·공·ᄌᆞ} [·공·자] <1> 소학3 : 4a4;
禮(◰) {·례} [·예] <3> 소학3 : 4a4; 4a5; 4a6;
門(◱) {문} [문] <1> 소학3 : 4a10;
百姓(◲◳) {·ᄇᆡᆨ:셩} [·백·성] <1> 소학3 : 4a10;
祭(◳) {:졔} [:제] <1> 소학3 : 4b1;
居處(◱{◰,◳}) {거:쳐:홈} [:거·처·함] <1> 소학3 : 4b6;
居(◱) {거} [:거] <1> 소학3 : 4b6;
定(◳) {:뎡·ᄒᆞ여} [:정·하·여] <1> 소학3 : 4b6;
處({◰,◳}) {:쳐} [:처] <1> 소학3 : 4b6;
暫間(◳{◱,◳}) {·잠·싼} [:잠·깐] <1> 소학3 : 4b6;
嚴恭(◱◱) {엄공ᄒᆞ·며} [엄공ᄒᆞ·며*] <1> 소학3 : 4b6;
操心(◱◱) {:조심ᄒᆞ·며} [:조·심·하·며] <1> 소학3 : 4b7;
可(◰) {:가·히} [:가·히] <1> 소학3 : 4b8;
忠厚(◱◰) {튱:후·코} [충·후·하·고] <2> 소학3 : 5a4; 5a5;
行實({◱,◳}◲) {:ᄒᆡᆼ·실} [:행·실] <2> 소학3 : 5a4; 5a6;
恭敬(◱◳) {공:경ᄒᆞ·면} [공·경·하·몬] <1> 소학3 : 5a4;
恭敬(◱◳) {공:경·티} [공·경·하·지] <1> 소학3 : 5a6;
君子(◱◰) {군·ᄌᆞ} [군·자] <1> 소학3 : 5b3;
聽(◱) {총:홈} [:총·함] <1> 소학3 : 5b4;
溫和(◱{◱,◳}) {온화:홈} [온화함] <1> 소학3 : 5b5;

模樣(◱{◰,◳})	{모:양}	[모·양]	<1>	소학3 : 5b5;
嚴恭(◱◱)	{엄공:홈}	[엄공함*]	<1>	소학3 : 5b5;
忠厚(◱◰)	{튱:후:홈}	[충·후·함]	<1>	소학3 : 5b6;
操心(◱◱)	{:조심:홈}	[:조·심·함]	<1>	소학3 : 5b6;
疑心(◱◱)	{의심된·ᄃᆡ}	[의심된·데]	<1>	소학3 : 5b7;
怒(◰)	{:로·호·옴·애}	[:노·함·에]	<1>	소학3 : 5b7;
怒號(◰{◱,◳})	{:로·호}	[:노·호]	<1>	소학3 : 5b7;
患亂(◳◳)	{:환:란}	[:환·란]	<1>	소학3 : 5b8;
曾子(◱◰)	{증·ᄌᆞ}	[증·자]	<1>	소학3 : 6a5;
君子(◱◰)	{군·ᄌᆞ}	[군·자]	<1>	소학3 : 6a5;
道(◰)	{:도}	[:도]	<1>	소학3 : 6a5;
貴(◳)	{:귀·히}	[:귀·히]	<1>	소학3 : 6a5;
正({◱,◳})	{:졍·히}	[:정·히]	<1>	소학3 : 6a7;
氣運(◳◳)	{·긔·운내·욤}	[·기·운#:냄]	<1>	소학3 : 6a8;
野俗(◰◲)	{:야·쇽ᄒᆞ·며}	[:야·속·하·며]	<1>	소학3 : 6a9;
曲禮(◲◰)	{·곡·례}	[·곡·례]	<1>	소학3 : 6b4;
禮(◰)	{·례}	[·예]	<1>	소학3 : 6b4;
節次(◲◳)	{·졀·ᄎᆞ}	[·절·차]	<1>	소학3 : 6b4;
行實({◱,◳}◲)	{·ᄒᆡᆼ·실}	[:행·실]	<1>	소학3 : 6b7;
樂記(◲◳)	{·악긔}	[·악·기]	<1>	소학3 : 7a4;
君子(◱◰)	{군·ᄌᆞ}	[군·자]	<1>	소학3 : 7a4;
姦邪(◱◱)	{간샤ᄒᆞᆫ}	[간·사]	<1>	소학3 : 7a4;
聰明(◱◱)	{춍명}	[:총·명]	<1>	소학3 : 7a5;
淫亂(◱◳)	{음:란ᄒᆞᆫ}	[음·란·한]	<1>	소학3 : 7a6;
風流(◱◱)	{풍류}	[풍·류]	<1>	소학3 : 7a6;
邪慝(◱◲)	{샤·특ᄒᆞᆫ}	[사·특·한]	<1>	소학3 : 7a6;
禮度(◰◳)	{·례·도}	[·예·도]	<1>	소학3 : 7a6;
心術(◱◲)	{심·슐}	[심·술]	<1>	소학3 : 7a6;
邪曲(◱◲)	{샤·곡ᄒᆞ·고}	[사·곡·하·고]	<1>	소학3 : 7a7;
怪辟(◳◲)	{:괴벽ᄒᆞᆫ}	[:괴·벽·한]	<1>	소학3 : 7a8;
氣運(◳◳)	{·긔운}	[·기·운]	<1>	소학3 : 7a8;
順(◳)	{:슌·코}	[:순·하·고]	<1>	소학3 : 7a10;
正({◱,◳})	{:졍·홈}	[:정·함]	<1>	소학3 : 7a10;

자료 (899)를 가나다순으로 정렬하면 (900)과 같다.

(900) [시범 자료 ②단계] 최초 입력 자료를 가나다순으로 정렬

중고한음	{중세 국어	창원 방언	번수	출전권 : 쪽(앞/뒤) 줄
한자(권발)	{방점 자료}	[방점 자료]	< >	소학○ : 쪽(a/b) 줄;

可(◰)	{:가·히}	[:가·히]	<1>	소학3 : 3a1;
可(◰)	{:가·히}	[:가·히]	<1>	소학3 : 4b8;
可(◰)	{:가·히}	[:가·히]	<3>	소학3 : 2b9; 2b10; 2b10;
姦邪(◱◱)	{간샤ᄒᆞᆫ}	[간·사]	<1>	소학3 : 7a4;
敢(◰)	{:감·히}	[:감·히]	<1>	소학3 : 1b6;
居(◱)	{거}	[:거]	<1>	소학3 : 4b6;
居處(◱{◰,◳})	{거:쳐:홈}	[:거·처·함]	<1>	소학3 : 4b6;
曲禮(◲◰)	{·곡·례}	[·곡·례]	<1>	소학3 : 2b4;
曲禮(◲◰)	{·곡·례}	[·곡·례]	<1>	소학3 : 6b4;
恭敬(◱◳)	{공:경}	[공·경]	<2>	소학3 : 2a8; 2a9;
恭敬(◱◳)	{공:경:홈}	[공·경·함]	<1>	소학3 : 1a4;
恭敬(◱◳)	{공:경:홈}	[공·경·함]	<1>	소학3 : 1b5;
恭敬(◱◳)	{공:경·티}	[공·경·하·지]	<1>	소학3 : 5a6;
恭敬(◱◳)	{공:경·티}	[공·경·하·지]	<3>	소학3 : 1b4; 1b6; 1b7;
恭敬(◱◳)	{공:경티}	[공·경·치]	<1>	소학3 : 2b4;
恭敬(◱◳)	{공:경ᄒᆞ·고}	[공·경·하·고]	<1>	소학3 : 3a7;
恭敬(◱◳)	{공:경ᄒᆞ·면}	[공·경·하·몬]	<1>	소학3 : 5a4;
孔子(◰◰)	{·공·ᄌᆞ}	[·공·자]	<1>	소학3 : 1b4;
孔子(◰◰)	{·공·ᄌᆞ}	[·공·자]	<1>	소학3 : 4a4;
怪辟(◳◲)	{:괴벽ᄒᆞᆫ}	[:괴·벽·한]	<1>	소학3 : 7a8;
求(◱)	{구·티}	[구하·지]	<2>	소학3 : 3b6; 3b6;
苟且(◰◰)	{:구:챠·히}	[·구·차·히]	<1>	소학3 : 3b4;
君子(◱◰)	{군·ᄌᆞ}	[군·자]	<1>	소학3 : 1b4;
君子(◱◰)	{군·ᄌᆞ}	[군·자]	<1>	소학3 : 5b3;
君子(◱◰)	{군·ᄌᆞ}	[군·자]	<1>	소학3 : 6a5;
君子(◱◰)	{군·ᄌᆞ}	[군·자]	<1>	소학3 : 7a4;
貴(◳)	{:귀·히}	[:귀·히]	<1>	소학3 : 6a5;
規模(◱◱)	{규모}	[규·모]	<1>	소학3 : 2a1
極(◲)	{·극·히}	[·극·히]	<1>	소학3 : 3a1;
氣運(◳◳)	{·긔운}	[·기·운]	<1>	소학3 : 7a8;
氣運(◳◳)	{·긔·운내·욤}	[·기·운#:냄]	<1>	소학3 : 6a8;
吉(◲)	{·길ᄒᆞ·고}	[·길·하·고]	<1>	소학3 : 2a8;
怒(◰)	{:로·호·옴·애}	[:노·함·에]	<1>	소학3 : 5b7;
怒號(◰{◱,◳})	{:로·호}	[:노·호]	<1>	소학3 : 5b7;
能(◱)	{능·히}	[능·히]	<1>	소학3 : 1b7;
能(◱)	{능·히}	[능·히]	<2>	소학3 : 3a9; 3a10;
丹書(◱◱)	{단셔}	[단서]	<1>	소학3 : 2a7;
道(◰)	{:도}	[:도]	<1>	소학3 : 6a5;
禮(◰)	{·례}	[·예]	<3>	소학3 : 4a4; 4a5; 4a6; 6b4;
禮度(◰◳)	{·례·도}	[·예·도]	<1>	소학3 : 7a6;

亡滅(◱◲)	{망·멸ᄒᆞ·며}	[망·멸·하·며]	<1>	소학3 : 2a9;
免(◰)	{:면·티}	[:면·하·지]	<1>	소학3 : 3b5;
模樣(◱{◰,◳})	{모:양}	[모·양]	<1>	소학3 : 5b5;
武王(◰◱)	{:무왕}	[:무·왕]	<1>	소학3 : 2a7;
門(◱)	{문}	[문]	<1>	소학3 : 4a10;
放縱(◳◱)	{:방:죵히}	[방종·히]	<1>	소학3 : 2b10;
百姓(◲◳)	{·ᄇᆡᆨ:셩}	[·백·성]	<1>	소학3 : 4a10;
百姓(◲◳)	{·ᄇᆡᆨ·셩}	[·백·성]	<1>	소학3 : 2b6;
法(◲)	{·법}	[·법]	<1>	소학3 : 2a1
邪曲(◱◲)	{샤·곡ᄒᆞ·고}	[사·곡·하·고]	<1>	소학3 : 7a7;
邪慝(◱◲)	{샤·특ᄒᆞᆫ}	[사·특·한]	<1>	소학3 : 7a6;
傷(◱)	{샹:홈}	[상함]	<2>	소학3 : 1b8; 1b9;
傷(◱)	{샹ᄒᆞ·면}	[상하·몬]	<1>	소학3 : 1b10;
聖人(◳◱)	{:셩인}	[:성·인]	<1>	소학3 : 2a1
順(◳)	{:슌·코}	[:순·하·고]	<1>	소학3 : 2a10;
順(◳)	{:슌·코}	[:순·하·고]	<1>	소학3 : 7a10;
心術(◱◲)	{심·슐}	[심·술]	<1>	소학3 : 7a6;
樂記(◲◳)	{·악긔}	[·악·기]	<1>	소학3 : 7a4;
野俗(◰◲)	{:야·쇽ᄒᆞ·며}	[:야·속·하·며]	<1>	소학3 : 6a9;
嚴恭(◱◱)	{엄공:홈}	[엄공함*]	<1>	소학3 : 5b5;
嚴恭(◱◱)	{엄공ᄒᆞ·며}	[엄공ᄒᆞ·며*]	<1>	소학3 : 4b6;
儼然(◰◱)	{:엄연·히}	[엄연·히]	<1>	소학3 : 2b4;
傲慢(◳◳)	{:오:만:홈}	[:오·만·함]	<1>	소학3 : 2b9;
溫和(◱{◱,◳})	{온화:홈}	[온화함]	<1>	소학3 : 5b5;
慾心(◱◱)	{·욕심}	[·욕·심]	<1>	소학3 : 2b9;
慾心(◱◱)	{·욕심}	[·욕·심]	<2>	소학3 : 2a10; 2a10;
淫亂(◱◳)	{음:란ᄒᆞᆫ}	[음·란·한]	<1>	소학3 : 7a6;
依倣(◱◱)	{의:방·ᄒᆞ·야}	[의·방·하·여]	<1>	소학3 : 2a2
疑心(◱◱)	{의심된}	[의심된]	<1>	소학3 : 3b9;
疑心(◱◱)	{의심된·ᄃᆡ}	[의심된·데]	<1>	소학3 : 5b7;
一定(◲◳)	{·일:뎡ᄒᆞ·면}	[·일·정·하·몬]	<1>	소학3 : 2b5;
暫間(◳{◱,◳})	{·잠·싼}	[:잠·깐]	<1>	소학3 : 4b6;
財物(◱◲)	{ᄌᆡ·믈}	[재·물]	<1>	소학3 : 3b4;
節次(◲◳)	{·졀·ᄎᆞ}	[·절·차]	<1>	소학3 : 6b4;
定(◳)	{:뎡·ᄒᆞ여}	[:정·하·여]	<1>	소학3 : 4b6;
正({◱,◳})	{:졍·히}	[:정·히]	<1>	소학3 : 6a7;
正({◱,◳})	{:졍:홈}	[:정·함]	<1>	소학3 : 7a10;
祭()	{:졔}	[:제]	<1>	소학3 : 4b1;
操心(◱◱)	{:조심:홈}	[:조·심·함]	<1>	소학3 : 5b6;
操心(◱◱)	{:조심ᄒᆞ·며}	[:조·심·하·며]	<1>	소학3 : 4b7;

曾子(◱◰)	{중·ᄌᆞ}	[증·자]	<1>	소학3 : 6a5;
次例(◳◳)	{·ᄎᆞ:례}	[·차·례]	<1>	소학3 : 1a4;
處({◰,◳})	{:쳐}	[:처]	<1>	소학3 : 4b6;
聰(◱)	{총:홈}	[:총·함]	<1>	소학3 : 5b4;
聰明(◱◱)	{총명}	[:총·명]	<1>	소학3 : 7a5;
忠厚(◱◰)	{튱:후:홈}	[충·후·함]	<1>	소학3 : 5b6;
忠厚(◱◰)	{튱:후·코}	[충·후·하·고]	<2>	소학3 : 5a4; 5a5;
太公(◳◱)	{·태공}	[·태·공]	<1>	소학3 : 2a7;
篇(◱)	{편}	[·편]	<1>	소학3 : 2a2;
便安({◱,◳}◱)	{편안·케}	[편안하·게]	<1>	소학3 : 2b6;
便安({◱,◳}◱)	{편안·히}	[편안·히]	<1>	소학3 : 3a10;
便安({◱,◳}◱)	{편안ᄒᆞ·고}	[편안하·고]	<1>	소학3 : 2b5;
風流(◱◱)	{풍류}	[풍·류]	<1>	소학3 : 7a6;
行實({◱,◳}◲)	{:힝·실}	[:행·실]	<2>	소학3 : 5a4; 5a6;
行實({◱,◳}◲)	{·힝·실}	[:행·실]	<1>	소학3 : 6b7;
賢人(◱◱)	{현인}	[:현·인]	<1>	소학3 : 2a1
患亂(◳◳)	{:환:란}	[:환·란]	<1>	소학3 : 5b8;
患亂(◳◳)	{:환·란}	[:환·란]	<1>	소학3 : 3b4;
凶(◱)	{흉ᄒᆞ·니·라}	[흉하니·라]	<1>	소학3 : 2b1;

자료 (900)에서 중복되는 자료들을 하나씩으로 합쳐서 정리하면 (901)과 같다.

(901) [시범 자료 ③단계] 가나다순 정렬 후에 중복 자료 통합

중고한음	중세 국어	창원 방언	번수	출전권 : 쪽(앞/뒤) 줄
한자(권발)	{방점 자료}	[방점 자료]	< >	소학○ : 쪽(a/b) 줄;
可(◰)	{:가·히}	[:가·히]	<5>	소학3 : 3a1; 4b8; 2b9; 2b10; 2b10;
姦邪(◱◱)	{간샤ᄒᆞᆫ}	[간·사]	<1>	소학3 : 7a4;
怪辟(◳◲)	{:괴벽ᄒᆞᆫ}	[:괴·벽·한]	<1>	소학3 : 7a8;
敢(◰)	{:감·히}	[:감·히]	<1>	소학3 : 1b6;
居(◱)	{거}	[:거]	<1>	소학3 : 4b6;
居處(◱{◰,◳})	{거:쳐:홈}	[:거·처·함]	<1>	소학3 : 4b6;
曲禮(◲◰)	{·곡·례}	[·곡·례]	<2>	소학3 : 2b4; 6b4;
恭敬(◱◳)	{공:경}	[공·경]	<2>	소학3 : 2a8; 2a9;
恭敬(◱◳)	{공:경:홈}	[공·경·함]	<1>	소학3 : 1a4;
恭敬(◱◳)	{공:경:홈}	[공·경·함]	<1>	소학3 : 1b5;
恭敬(◱◳)	{공:경·티}	[공·경·하·지]	<1>	소학3 : 5a6;
恭敬(◱◳)	{공:경·티}	[공·경·하·지]	<3>	소학3 : 1b4; 1b6; 1b7;
恭敬(◱◳)	{공:경티}	[공·경·치]	<1>	소학3 : 2b4;
恭敬(◱◳)	{공:경ᄒᆞ·고}	[공·경·하·고]	<1>	소학3 : 3a7;

恭敬(◱◳) {공:경ᄒᆞ·면} [공·경·하·몬] <1> 소학3 : 5a4;
孔子(◰◰) {·공·ᄌᆞ} [·공·자] <2> 소학3 : 1b4; 4a4;
求(◱) {구·티} [구하·지] <2> 소학3 : 3b6; 3b6;
苟且(◰◰) {:구:챠·히} [·구·차·히] <1> 소학3 : 3b4;
君子(◱◰) {군·ᄌᆞ} [군·자] <4> 소학3 : 1b4; 5b3; 6a5; 7a4;
貴(◳) {:귀·히} [:귀·히] <1> 소학3 : 6a5;
規模(◱◱) {규모} [규·모] <1> 소학3 : 2a1
極(◲) {·극·히} [·극·히] <1> 소학3 : 3a1;
氣運(◳◳) {·긔운} [·기·운] <1> 소학3 : 7a8;
氣運(◳◳) {·긔·운내·욤} [·기·운#:냄] <1> 소학3 : 6a8;
吉(◲) {·길ᄒᆞ·고} [·길·하·고] <1> 소학3 : 2a8;
怒(◰) {:로·호·옴·애} [:노·함·에] <1> 소학3 : 5b7;
怒號(◰{◱,◳}) {:로·호} [:노·호] <1> 소학3 : 5b7;
能(◱) {능·히} [능·히] <3> 소학3 : 1b7; 3a9; 3a10;
丹書(◱◱) {단셔} [단서] <1> 소학3 : 2a7;
道(◰) {:도} [:도] <1> 소학3 : 6a5;
禮(◰) {·례} [·예] <1> 소학3 : 6b4;
亡滅(◱◲) {망·멸ᄒᆞ·며} [망·멸·하·며] <1> 소학3 : 2a9;
免(◰) {:면·티} [:면·하·지] <1> 소학3 : 3b5;
模樣(◱{◰,◳}) {모:양} [모·양] <1> 소학3 : 5b5;
武王(◰◱) {:무왕} [:무·왕] <1> 소학3 : 2a7;
門(◱) {문} [문] <1> 소학3 : 4a10;
放縱(◳◱) {:방:죵히} [방종·히] <1> 소학3 : 2b10;
百姓(◲◳) {·ᄇᆡᆨ:셩} [·백·성] <1> 소학3 : 4a10;
百姓(◲◳) {·ᄇᆡᆨ·셩} [·백·성] <1> 소학3 : 2b6;
法(◲) {·법} [·법] <1> 소학3 : 2a1
邪曲(◱◲) {샤·곡ᄒᆞ·고} [사·곡·하·고] <1> 소학3 : 7a7;
邪慝(◱◲) {샤·특ᄒᆞᆫ} [사·특·한] <1> 소학3 : 7a6;
傷(◱) {샹:홈} [상함] <2> 소학3 : 1b8; 1b9;
傷(◱) {샹ᄒᆞ·면} [상하·몬] <1> 소학3 : 1b10;
聖人(◳◱) {:셩인} [:성·인] <1> 소학3 : 2a1
順(◳) {:슌·코} [:순·하·고] <2> 소학3 : 2a10; 7a10;
心術(◱◲) {심·슐} [심·술] <1> 소학3 : 7a6;
樂記(◲◳) {·악긔} [·악·기] <1> 소학3 : 7a4;
野俗(◰◲) {:야·쇽ᄒᆞ·며} [:야·속·하·며] <1> 소학3 : 6a9;
嚴恭(◱◱) {엄공:홈} [엄공함*] <1> 소학3 : 5b5;
嚴恭(◱◱) {엄공ᄒᆞ·며} [엄공ᄒᆞ·며*] <1> 소학3 : 4b6;
儼然(◰◱) {:엄연·히} [엄연·히] <1> 소학3 : 2b4;
禮(◰) {·례} [·예] <3> 소학3 : 4a4; 4a5; 4a6; 6b4;
禮度(◰◳) {·례·도} [·예·도] <1> 소학3 : 7a6;

傲慢(◳◳) {:오:만:홈} [:오·만·함] <1> 소학3 : 2b9;
溫和(◱{◱,◳}) {온화:홈} [온화함] <1> 소학3 : 5b5;
淫亂(◱◳) {음:란훈} [음·란·한] <1> 소학3 : 7a6;
慾心(◱◱) {·욕심} [·욕·심] <3> 소학3 : 2b9; 2a10; 2a10;
依倣(◱◱) {의:방·ᄒᆞ·야} [의·방·하·여] <1> 소학3 : 2a2
疑心(◱◱) {의심된} [의심된] <1> 소학3 : 3b9;
疑心(◱◱) {의심된·ᄃᆡ} [의심된·데] <1> 소학3 : 5b7;
一定(◲◳) {·일:뎡ᄒᆞ·면} [·일·정·하·몬] <1> 소학3 : 2b5;
暫間(◳{◱,◳}) {·잠·깐} [:잠·깐] <1> 소학3 : 4b6;
財物(◱◲) {ᄌᆡ·믈} [재·물] <1> 소학3 : 3b4;
節次(◲◳) {·졀·ᄎᆞ} [·절·차] <1> 소학3 : 6b4;
定(◳) {:뎡·ᄒᆞ여} [:정·하·여] <1> 소학3 : 4b6;
正({◱,◳}) {:졍·히} [:정·히] <1> 소학3 : 6a7;
正({◱,◳}) {:졍:홈} [:정·함] <1> 소학3 : 7a10;
祭(◳) {:졔} [:제] <1> 소학3 : 4b1;
操心(◱◱) {:조심:홈} [:조·심·함] <1> 소학3 : 5b6;
操心(◱◱) {:조심ᄒᆞ·며} [:조·심·하·며] <1> 소학3 : 4b7;
曾子(◱◰) {증·ᄌᆞ} [증·자] <1> 소학3 : 6a5;
次例(◳◳) {·ᄎᆞ:례} [·차·례] <1> 소학3 : 1a4;
處({◰,◳}) {:쳐} [:처] <1> 소학3 : 4b6;
聽(◱) {쳥:홈} [:청·함] <1> 소학3 : 5b4;
聽明(◱◱) {춍명} [:총·명] <1> 소학3 : 7a5;
忠厚(◱◰) {튱:후:홈} [충·후·함] <1> 소학3 : 5b6;
忠厚(◱◰) {튱:후·코} [충·후·하·고] <2> 소학3 : 5a4; 5a5;
太公(◳◱) {·태공} [·태·공] <1> 소학3 : 2a7;
篇(◱) {편} [·편] <1> 소학3 : 2a2;
便安({◱,◳}◱) {편안·케} [편안하·게] <1> 소학3 : 2b6;
便安({◱,◳}◱) {편안·히} [편안·히] <1> 소학3 : 3a10;
便安({◱,◳}◱) {편안ᄒᆞ·고} [편안하·고] <1> 소학3 : 2b5;
風流(◱◱) {풍류} [풍·류] <1> 소학3 : 7a6;
行實({◱,◳}◲) {:ᄒᆡᆼ·실} [:행·실] <3> 소학3 : 5a4; 5a6; 6b7;
賢人(◱◱) {현인} [:현·인] <1> 소학3 : 2a1
患亂(◳◳) {:환:란} [:환·란] <1> 소학3 : 5b8;
患亂(◳◳) {:환·란} [:환·란] <1> 소학3 : 3b4;
凶(◱) {흉ᄒᆞ·니·라} [흉하니·라] <1> 소학3 : 2b1;

한자어의 음과 성조 자료를 계량적으로 분석하여 정리하기 위해서는 해당 한자어 어기에 붙은 접사나 토씨, 씨끝 등은 불필요하므로 이러한 불필요한 부분을 지우고, 자료를 더 압축해서 정리하되 계량적인 처리에 불필요한 출전(出典) 및 쪽수와 줄 수를 지우면 (902)와 같다.

(902) [시범 자료 ④단계] 한자어기 이외의 부분 삭제

중고한음	중세 국어	창원 방언	번수
한자(권발)	{방점 자료}	[방점 자료]	< >
可(◰)	{:가}	[:가]	<5>
姦邪(◱◱)	{간샤}	[간·사]	<1>
敢(◰)	{:감}	[:감]	<1>
居(◱)	{거}	[:거]	<1>
居處(◱{◰,◳})	{거:쳐}	[:거·처]	<1>
曲禮(◲◰)	{·곡·례}	[·곡·례]	<2>
恭敬(◱◳)	{공:경}	[공·경]	<11>
孔子(◰◰)	{·공·ᄌᆞ}	[·공·자]	<2>
怪辟(◳◲)	{:괴벽}	[:괴·벽]	<1>
求(◱)	{구}	[구]	<2>
苟且(◰◰)	{·구:챠}	[·구·차]	<1>
君子(◱◰)	{군·ᄌᆞ}	[군·자]	<4>
貴(◳)	{:귀}	[:귀]	<1>
規模(◱◱)	{규모}	[규·모]	<1>
極(◲)	{·극}	[·극]	<1>
氣運(◳◳)	{·긔·운}	[·기·운]	<2>
吉(◲)	{·길}	[·길]	<1>
怒(◰)	{:로}	[:노]	<1>
怒號(◰{◱,◳})	{:로·호}	[:노·호]	<1>
能(◱)	{능}	[능]	<3>
丹書(◱◱)	{단셔}	[단서]	<1>
道(◰)	{:도}	[:도]	<1>
禮(◰)	{·례}	[·예]	<4>
禮度(◰◳)	{·례·도}	[·예·도]	<1>
亡滅(◱◲)	{망·멸}	[망·멸]	<1>
免(◰)	{:면}	[:면]	<1>
模樣(◱{◰,◳})	{모:양}	[모·양]	<1>
武王(◰◱)	{:무왕}	[:무·왕]	<1>
門(◱)	{문}	[문]	<1>
放縱(◳◱)	{:방:죵}	[방종]	<1>
百姓(◲◳)	{·ᄇᆡᆨ:셩}	[·백·성]	<1>
百姓(◲◳)	{·ᄇᆡᆨ·셩}	[·백·성]	<1>
法(◲)	{·법}	[·법]	<1>
邪曲(◱◲)	{샤·곡}	[사·곡]	<1>
邪慝(◱◲)	{샤·특}	[사·특]	<1>

傷(◱)	{샹}	[상]	<3>
聖人(◳◱)	{:셩인}	[:성·인]	<1>
順(◳)	{:슌}	[:순]	<2>
心術(◱◲)	{심·슐}	[심·술]	<1>
樂記(◲◳)	{·악긔}	[·악·기]	<1>
野俗(◰◲)	{:야·쇽}	[:야·속]	<1>
嚴恭(◱◱)	{엄공}	[엄공*]	<2>
儼然(◰◱)	{:엄연}	[엄연]	<1>
傲慢(◳◳)	{:오:만}	[:오·만]	<1>
溫和(◱{◱,◳})	{온화}	[온화]	<1>
慾心(◲◱)	{·욕심}	[·욕·심]	<3>
淫亂(◱◳)	{음:란}	[음·란]	<1>
依倣(◱◱)	{의:방}	[의·방]	<1>
疑心(◱◱)	{의심}	[의심]	<2>
一定(◲◳)	{·일:뎡}	[·일·정]	<1>
暫間(◳{◱,◳})	{·잠·싼}	[:잠·깐]	<1>
財物(◱◲)	{ᄌᆡ·믈}	[재·물]	<1>
節次(◲◳)	{·졀·ᄎᆞ}	[·절·차]	<1>
定(◳)	{:뎡}	[:정]	<1>
正({◱,◳})	{:졍}	[:정]	<2>
祭(◳)	{:졔}	[:제]	<1>
操心(◱◱)	{:조심}	[:조·심]	<2>
曾子(◱◰)	{증·ᄌᆞ}	[증·자]	<1>
次例(◳◳)	{·ᄎᆞ:례}	[·차·례]	<1>
處({◰,◳})	{:쳐}	[:처]	<1>
聰(◱)	{총}	[:총]	<1>
聰明(◱◱)	{총명}	[:총·명]	<1>
忠厚(◱◰)	{튱:후}	[충·후]	<3>
太公(◳◱)	{·태공}	[·태·공]	<1>
篇(◱)	{편}	[·편]	<1>
便安({◱,◳}◱)	{편안}	[편안]	<3>
風流(◱◱)	{풍류}	[풍·류]	<1>
行實({◱,◳}◲)	{:ᄒᆡᆼ·실}	[:행·실]	<3>
賢人(◱◱)	{현인}	[:현·인]	<1>
患亂(◳◳)	{:환:란}	[:환·란]	<1>
患亂(◳◳)	{:환·란}	[:환·란]	<1>
凶(◱)	{흉}	[흉]	<1>

중고한음의 4성과 《소학언해》 한자의 방점의 대응관계를 계량적으로 비교하려면, 하나

하나의 한자형태소를 개별적으로 대조하지 않으면 안 된다. 그러므로 (902)에서 2개 이상의 한자로 이루어진 낱말은 해체하여 다루지 않으면 안 된다. 보기를 들면, 忠厚(◲◰)은 忠(◲)과 厚(◰)으로 쪼개고, 《소학언해》에 나타나는 忠厚(튱:후)는 忠(튱)과 厚(:후)로 쪼개며, 다시 忠(◲)과 忠(튱) 및 厚(◰)과 厚(:후)의 짝을 각각 대조해야 한다. 중세 국어 낱말들에서 성조 변동의 특성상 어두 음절의 방점은 안정성이 높아서 교체가 활발하지 않고, 둘째 음절 이하는 방점의 변동이 비교적 활발할 것으로 예상되므로, 둘 이상의 한자형태소로 이루어진 어기를 형태소 단위로 쪼갤 때 그 환경을 어두(#—)와 비어두로 나눌 필요가 있다. 그러므로 어두에 나타난 형태소는 忠(◲)처럼 무표로 나타내고, 비어두에 나타난 형태소는 厚(◰ㄷ)처럼 표시한다. 'ㄷ'은 둘째 음절 이하에 나타난다는 뜻이다. 이러한 방법으로 (902)를 해체하여 가나다순으로 정리하면 (903)과 같다.

(903) [시범 자료 ⑤단계] 한자어기를 형태소 단위로 해체 후 가나다순 정렬

중고한음 한자(권발)	중세 국어 {방점 자료}	창원 방언 [방점 자료]	번수 < >
可(◰)	{:가}	[:가]	<5>
姦(◲)	{간샤}	[간·사]	<1>
邪(◲ㄷ)	{간샤}	[간·사]	<1>
敢(◰)	{:감}	[:감]	<1>
居(◲)	{거}	[:거]	<1>
居(◲)	{거:쳐}	[:거·처]	<1>
處({◰,◳}ㄷ))	{거:쳐}	[:거·처]	<1>
曲(◱)	{·곡·례}	[·곡·례]	<2>
禮(◰ㄷ)	{·곡·례}	[·곡·례]	<2>
恭(◲)	{공:경}	[공·경]	<11>
敬(◳ㄷ)	{공:경}	[공·경]	<11>
孔(◰)	{·공·ᄌᆞ}	[·공·자]	<2>
子(◰ㄷ)	{·공·ᄌᆞ}	[·공·자]	<2>
怪(◳)	{:괴벽}	[:괴·벽]	<1>
辟(◱ㄷ)	{:괴벽}	[:괴·벽]	<1>
求(◲)	{구}	[구]	<2>
苟(◰)	{:구:챠}	[·구·차]	<1>
且(◰ㄷ)	{:구:챠}	[·구·차]	<1>
君(◲)	{군·ᄌᆞ}	[군·자]	<3>
子(◰ㄷ)	{군·ᄌᆞ}	[군·자]	<3>
君(◲)	{군·ᄌᆞ}	[군·자]	<1>
子(◰ㄷ)	{군·ᄌᆞ}	[군·자]	<1>
貴(◳)	{:귀}	[:귀]	<1>

規(◱)	{규모}	[규·모]	<1>
模(◱ㄷ)	{규모}	[규·모]	<1>
極(◲)	{·극}	[·극]	<1>
氣(◳)	{·긔·운}	[·기·운]	<1>
運(◳ㄷ)	{·긔·운}	[·기·운]	<1>
氣(◳)	{·긔운}	[·기·운]	<1>
運(◳ㄷ)	{·긔운}	[·기·운]	<1>
吉(◲)	{·길}	[·길]	<1>
怒(◰)	{:로}	[:노]	<1>
怒(◰)	{:로·호}	[:노·호]	<1>
號({◱,◳}ㄷ)	{:로·호}	[:노·호]	<1>
能(◱)	{능}	[능]	<3>
丹(◱)	{단셔}	[단서]	<1>
書(◱ㄷ)	{단셔}	[단서]	<1>
道(◰)	{:도}	[:도]	<1>
禮(◰)	{·례}	[·예]	<4>
禮(◰)	{·례·도}	[·예·도]	<1>
度(◳ㄷ)	{·례·도}	[·예·도]	<1>
亡(◱)	{망·멸}	[망·멸]	<1>
滅(◲ㄷ)	{망·멸}	[망·멸]	<1>
免(◰)	{:면}	[:면]	<1>
模(◱)	{모:양}	[모·양]	<1>
樣({◰,◳}ㄷ)	{모:양}	[모·양]	<1>
武(◰)	{:무왕}	[:무·왕]	<1>
王(◱ㄷ)	{:무왕}	[:무·왕]	<1>
門(◱)	{문}	[문]	<1>
放(◳)	{:방·죵}	[방종]	<1>
縱(◱ㄷ)	{:방·죵}	[방종]	<1>
百(◲)	{·빅:셩}	[·백·성]	<1>
姓(◳ㄷ)	{·빅:셩}	[·백·성]	<1>
百(◲)	{·빅·셩}	[·백·성]	<1>
姓(◳ㄷ)	{·빅·셩}	[·백·성]	<1>
法(◲)	{·법}	[·법]	<1>
邪(◱)	{샤·곡}	[사·곡]	<1>
曲(◲ㄷ)	{샤·곡}	[사·곡]	<1>
邪(◱)	{샤·특}	[사·특]	<1>
慝(◲ㄷ)	{샤·특}	[사·특]	<1>
傷(◱)	{샹}	[상]	<3>
聖(◳)	{:셩인}	[:성·인]	<1>
人(◱ㄷ)	{:셩인}	[:성·인]	<1>

順(◳)	{:슌}	[:순]	<2>
心(◱)	{심·숧}	[심·술]	<1>
術(◲ㄷ)	{심·숧}	[심·술]	<1>
樂(◲)	{·악긔}	[·악·기]	<1>
記(◳ㄷ)	{·악긔}	[·악·기]	<1>
野(◰)	{:야·쇽}	[:야·속]	<1>
俗(◲ㄷ)	{:야·쇽}	[:야·속]	<1>
嚴(◱)	{엄공}	[엄공*]	<2>
恭(◱ㄷ)	{엄공}	[엄공*]	<2>
儼(◰)	{:엄연}	[엄연]	<1>
然(◱ㄷ)	{:엄연}	[엄연]	<1>
傲(◳)	{:오:만}	[:오·만]	<1>
慢(◳ㄷ)	{:오:만}	[:오·만]	<1>
溫(◱)	{온화}	[온화]	<1>
和({◱,◳}ㄷ)	{온화}	[온화]	<1>
淫(◱)	{음:란}	[음·란]	<1>
亂(◳ㄷ)	{음:란}	[음·란]	<1>
慾(◲)	{·욕심}	[·욕·심]	<3>
心(◱ㄷ)	{·욕심}	[·욕·심]	<3>
依(◱)	{의:방}	[의·방]	<1>
倣(◱ㄷ)	{의:방}	[의·방]	<1>
疑(◱)	{의심}	[의심]	<2>
心(◱ㄷ)	{의심}	[의심]	<2>
一(◲)	{·일:뎡}	[·일·정]	<1>
定(◳ㄷ)	{·일:뎡}	[·일·정]	<1>
暫(◳)	{·잠·싼}	[:잠·깐]	<1>
間({◱,◳}ㄷ)	{·잠·싼}	[:잠·깐]	<1>
財(◱)	{진·믈}	[재·물]	<1>
物(◲ㄷ)	{진·믈}	[재·물]	<1>
節(◲)	{·졀·ᄎᆞ}	[·절·차]	<1>
次(◳ㄷ)	{·졀·ᄎᆞ}	[·절·차]	<1>
定(◳)	{:뎡}	[:정]	<1>
正({◱,◳})	{:졍}	[:정]	<2>
祭(◳)	{:졔}	[:제]	<1>
操(◱)	{:조심}	[:조·심]	<2>
心(◱ㄷ)	{:조심}	[:조·심]	<2>
曾(◱)	{증·ᄌᆞ}	[증·자]	<1>
子(◰ㄷ)	{증·ᄌᆞ}	[증·자]	<1>
次(◳)	{·ᄎᆞ:례}	[·차·례]	<1>
例(◳ㄷ)	{·ᄎᆞ:례}	[·차·례]	<1>

處({◰,◳})	{:쳐}	[:처]	<1>
聽(◱)	{총}	[:총]	<1>
聽(◱)	{총명}	[:총·명]	<1>
明(◱ㄷ)	{총명}	[:총·명]	<1>
忠(◱)	{튱:후}	[충·후]	<3>
厚(◰ㄷ)	{튱:후}	[충·후]	<3>
太(◳)	{·태공}	[·태·공]	<1>
公(◱ㄷ)	{·태공}	[·태·공]	<1>
篇(◱)	{편}	[·편]	<1>
便({◱,◳})	{편안}	[편안]	<3>
安(◱ㄷ)	{편안}	[편안]	<3>
風(◱)	{풍류}	[풍·류]	<1>
流(◱ㄷ)	{풍류}	[풍·류]	<1>
行({◱,◳})	{:힝·실}	[:행·실]	<3>
實(◲ㄷ)	{:힝·실}	[:행·실]	<3>
賢(◱)	{현인}	[:현·인]	<1>
人(◱ㄷ)	{현인}	[:현·인]	<1>
患(◳)	{:환:란}	[:환·란]	<1>
亂(◳ㄷ)	{:환:란}	[:환·란]	<1>
患(◳)	{:환·란}	[:환·란]	<1>
亂(◳ㄷ)	{:환·란}	[:환·란]	<1>
凶(◱)	{흉}	[흉]	<1>

(903)을 다시 가나다순으로 정렬하여 압축하면 (904)와 같다.

(904) [시범 자료 ⑥단계] 한자어기를 형태소 단위로 해체 후 가나다순 정렬 그리고 중복된 항을 통합

중고한음	중세 국어	창원 방언	번수
한자(권발)	{방점 자료}	[방점 자료]	< >
可(◰)	{:가}	[:가]	<5>
間({◱,◳}ㄷ)	{·잠·싼}	[:잠·깐]	<1>
姦(◱)	{간샤}	[간·사]	<1>
敢(◰)	{:감}	[:감]	<1>
居(◱)	{거:쳐}	[:거·처]	<1>
居(◱)	{거}	[:거]	<1>
敬(◳ㄷ)	{공:경}	[공·경]	<11>
曲(◲)	{·곡·례}	[·곡·례]	<2>
曲(◲ㄷ)	{샤·곡}	[사·곡]	<1>
孔(◰)	{·공·ᄌᆞ}	[·공·자]	<2>

恭(◱) {공:경} [공·경] <11>
公(◱ㄷ) {·태공} [·태·공] <1>
恭(◱ㄷ) {엄공} [엄공] <2>
怪(◳) {:괴벽} [:괴·벽] <1>
苟(◰) {:구:챠} [·구·차] <1>
求(◱) {구} [구] <2>
君(◱) (군·ᄌᆞ) [군·자] <1>
君(◱) {군·ᄌᆞ} [군·자] <3>
貴(◳) {:귀} [:귀] <1>
規(◱) {규모} [규·모] <1>
極(◲) {·극} [·극] <1>
氣(◳) {·긔운} [·기·운] <1>
氣(◳) {·긔·운} [·기·운] <1>
記(◳ㄷ) {·악긔} [·악·기] <1>
吉(◲) {·길} [·길] <1>
怒(◰) {:로·호} [:노·호] <1>
怒(◰) {:로} [:노] <1>
能(◱) {눙} [능] <3>
丹(◱) {단셔} [단서] <1>
度(◳ㄷ) {·례·도} [·예·도] <1>
道(◰) {:도} [:도] <1>
亂(◳ㄷ) {음:란} [음·란] <1>
亂(◳ㄷ) {:환:란} [:환·란] <1>
亂(◳ㄷ) {:환·란} [:환·란] <1>
禮(◰) {·례} [·예] <4>
禮(◰ㄷ) {·곡·례} [·곡·례] <2>
例(◳ㄷ) {·ᄎᆞ:례} [·차·례] <1>
流(◱ㄷ) {풍류} [풍·류] <1>
慢(◳ㄷ) {:오:만} [:오·만] <1>
亡(◱) {망·멸} [망·멸] <1>
免(◰) {:면} [:면] <1>
滅(◲ㄷ) {망·멸} [망·멸] <1>
明(◱ㄷ) {춍명} [:총·명] <1>
模(◱) {모:양} [모·양] <1>
模(◱ㄷ) {규모} [규·모] <1>
武(◰) {:무왕} [:무·왕] <1>
門(◱) {문} [문] <1>
物(◲ㄷ) {지·믈} [재·물] <1>
放(◳) {:방:좋} [방종] <1>
倣(◱ㄷ) {의:방} [의·방] <1>

百(◲)	{·빅:셩}	[·백·성]	<1>
百(◲)	{·빅·셩}	[·백·성]	<1>
法(◲)	{·법}	[·법]	<1>
邪(◱)	{샤·곡}	[사·곡]	<1>
邪(◱)	{샤·특}	[사·특]	<1>
邪(◱ㄷ)	{간샤}	[간·사]	<1>
傷(◱)	{샹}	[상]	<3>
書(◱ㄷ)	{단셔}	[단서]	<1>
聖(◳)	{:셩인}	[:성·인]	<1>
姓(◳ㄷ)	{·빅:셩}	[·백·성]	<1>
姓(◳ㄷ)	{·빅·셩}	[·백·성]	<1>
俗(◲ㄷ)	{:야·쇽}	[:야·속]	<1>
順(◳)	{:슌}	[:순]	<1>
順(◳)	{:슌}	[:순]	<1>
術(◲ㄷ)	{심·슐}	[심·술]	<1>
實(◲ㄷ)	{:힝·실}	[:행·실]	<3>
心(◱)	{심·슐}	[심·술]	<1>
心(◱ㄷ)	{:조심}	[:조·심]	<2>
心(◱ㄷ)	{·욕심}	[·욕·심]	<3>
心(◱ㄷ)	{의심}	[의심]	<2>
樂(◲)	{·악긔}	[·악·기]	<1>
安(◱ㄷ)	{편안}	[편안]	<3>
野(◰)	{:야·쇽}	[:야·속]	<1>
樣({◰,◳}ㄷ)	{모:양}	[모·양]	<1>
儼(◰)	{:엄연}	[엄연]	<1>
嚴(◱)	{엄공}	[엄공*]	<2>
然(◱ㄷ)	{:엄연}	[엄연]	<1>
禮(◰)	{·례·도}	[·예·도]	<1>
傲(◳)	{:오:만}	[:오·만]	<1>
溫(◱)	{온화}	[온화]	<1>
王(◱ㄷ)	{:무왕}	[:무·왕]	<1>
慾(◲)	{·욕심}	[·욕·심]	<3>
運(◳ㄷ)	{·긔운}	[·기·운]	<1>
運(◳ㄷ)	{·긔·운}	[·기·운]	<1>
淫(◱)	{음:란}	[음·란]	<1>
依(◱)	{의:방}	[의·방]	<1>
疑(◱)	{의심}	[의심]	<2>
人(◱ㄷ)	{:셩인}	[:성·인]	<1>
人(◱ㄷ)	{현인}	[:현·인]	<1>
一(◲)	{·일:뎡}	[·일·정]	<1>

子(◰ㄷ)	{군·ᄌᆞ}	[군·자]	<1>
子(◰ㄷ)	{·공·ᄌᆞ}	[·공·자]	<2>
子(◰ㄷ)	{군·ᄌᆞ}	[군·자]	<3>
子(◰ㄷ)	{즁·ᄌᆞ}	[증·자]	<1>
暫(◳)	{·잠·싼}	[:잠·깐]	<1>
財(◱)	{ᄌᆡ·믈}	[재·물]	<1>
節(◲)	{·졀·ᄎᆞ}	[·절·차]	<1>
正({◱,◳})	(:졍)	[:정]	<1>
正({◱,◳})	{:졍}	[:정]	<1>
定(◳)	{:뎡}	[:정]	<1>
定(◳ㄷ)	{·일:뎡}	[·일·정]	<1>
祭(◳)	{:졔}	[:제]	<1>
操(◱)	{:조심}	[:조·심]	<2>
縱(◱ㄷ)	{:방:죵}	[방종]	<1>
曾(◱)	{즁·ᄌᆞ}	[증·자]	<1>
次(◳)	{·ᄎᆞ:례}	[·차·례]	<1>
且(◰ㄷ)	{:구:챠}	[·구·차]	<1>
次(◳ㄷ)	{·졀·ᄎᆞ}	[·절·차]	<1>
處({◰,◳})	{:쳐}	[:처]	<1>
處({◰,◳}ㄷ)	{거:쳐}	[:거·처]	<1>
聰(◱)	{춍명}	[:총·명]	<1>
聰(◱)	{춍}	[:총]	<1>
忠(◱)	{튱:후}	[충·후]	<3>
太(◳)	{·태공}	[·태·공]	<1>
慝(◲ㄷ)	{샤·특}	[사·특]	<1>
便({◱,◳})	{편안}	[편안]	<3>
篇(◱)	{편}	[·편]	<1>
風(◱)	{풍류}	[풍·류]	<1>
辟(◲ㄷ)	{:괴벽}	[:괴·벽]	<1>
行({◱,◳})	{:힝·실}	[:행·실]	<3>
賢(◱)	{현인}	[:현·인]	<1>
號({◱,◳}ㄷ)	{:로·호}	[:노·호]	<1>
和({◱,◳}ㄷ)	{온화}	[온화]	<1>
患(◳)	{:환:란}	[:환·란]	<1>
患(◳)	{:환·란}	[:환·란]	<1>
厚(◰ㄷ)	{튱:후}	[충·후]	<3>
凶(◱)	{흉}	[흉]	<1>

(904)에서처럼 《可(◰) {:가}, 間({◱,◳}ㄷ) {·잠·싼}, 敢(◰) {:감}, 居(◱) {거:쳐}, 居(◱)

{거}, 敬(◳ㄷ) {공:경}, 曲(◲) {·곡·례}, 孔(◰) {·공·즈}, 恭(◱) {공:경}, 恭(◱ㄷ) {엄공}, …》처럼 각각의 한자형태소 뒤에 그 형태소를 포함하는 낱말 전체를 적는 대신에, 해당하는 대상 한자형태소의 음과 방점만 적고, 앞이나 뒤에 오는 한자는 방점 표시 이외에는 다 줄이고 적는다. 그렇게 해서 적은 자료가 동일한 모양이 되면 다시 하나로 통합하되, 빈도를 나타내는 수치는 합산해서 < > 안에 넣는다.[48]

중고한음 4성과 창원 방언의 방점 표상만을 비교하기 위해서는 《소학언해》에 관련된 정보를 지우면 되고, 중고한음 4성과 《소학언해》의 방점 표상만을 비교하기 위해서는 창원 방언에 관련된 정보를 지우면 된다. 여기에서는 후자의 경우를 보여주기 위해 창원 방언에 대한 모든 정보를 지운다. 그러면 아래의 (905)가 된다. 이 때 관찰 대상이 되는 한자는 그 분절음 표상과 방점을 표기하되, 그것의 앞이나 뒤에 환경이 되어 나타나는 한자형태소는 분절음은 줄이고 방점 표상(□, :□, ·□)만 표시한다. 이렇게 해서 같은 항이 나타나면 하나로 정리하되 번수는 합하여 정리한다.

(905) [시범 자료 ⑦단계] 한자어기 형태소 단위 해체 후 가나다순 정렬, 그리고 중복된 항을 통합, 그리고 환경 자료를 방점표상으로만 단순화, 창원 방언 자료 삭제

중고한음 평성(◱)이 《소학언해》에서 평성(□)으로

중고한음	중세 국어	번수
한자(권발)	{방점 자료}	< >
姦(◱)	{간}	<1>
居(◱)	{거}	<2>
恭(◱)	{공}	<11>
恭(◱ㄷ)	{□공}	<2>
公(◱ㄷ)	{·□공}	<1>
求(◱)	{구}	<2>
君(◱)	(군)	<4>
規(◱)	{규}	<1>
能(◱)	{능}	<3>
丹(◱)	{단}	<1>
流(◱ㄷ)	{□류}	<1>

48) 보기를 들어 설명하면 能(◱) {능}은 1개의 어휘항(/낱말)에 3번 {능}으로 나타나므로 能(◱) {능} <1항(3번)>으로 적고, 丹(◱)은 {단셔}라는 1개의 어휘항에 1번 {단}으로 나타나므로 丹(◱) {단} <1항(1번)>으로 적으며, 患(◳)은 1개의 어휘항 {:환:란}에서 1번, 또 하나의 어휘항 {:환·란}에서 1번 나타나므로 두 경우를 합치면 2개의 어휘항에서 2번 나타나므로 결국 患(◳) {:환} <2항(2번)으로 적는다. 이에 대하여 亂(◳ㄷ)은 1개의 어휘항 {:환:란}에서 {:란}으로 1번, 또 하나의 어휘항 {·란}으로 1번 나타나되 방점이 :□과 ·□으로 다르게 나타나므로 하나로 합치지 않고, 亂(◳ㄷ) {:란} <1항(1번)>, 亂(◳ㄷ) {·란} <1항(1번)>으로 따로 적는다.

亡(◱) {망} <1>
明(◱ㄷ) {□명} <1>
模(◱) {모} <1>
模(◱ㄷ) {□모} <1>
門(◱) {문} <1>
倣(◱ㄷ) {의} <1>
邪(◱) {샤} <2>
邪(◱ㄷ) {□샤} <1>
傷(◱) {샹} <3>
書(◱ㄷ) {□셔} <1>
心(◱) (심) <1>
心(◱ㄷ) {□심} <2>
心(◱ㄷ) {:□심} <2>
心(◱ㄷ) {·□심} <3>
安(◱ㄷ) {□안} <3>
嚴(◱) {엄} <2>
然(◱ㄷ) {:□연} <1>
王(◱ㄷ) {:□왕} <1>
溫(◱) {온} <1>
淫(◱) (음) <1>
依(◱) {의} <1>
疑(◱) {의} <2>
人(◱ㄷ) {:□인} <1>
人(◱ㄷ) {□인} <1>
財(◱) {지} <1>
曾(◱) {증} <1>
聰(◱) {총} <2>
忠(◱) {튱} <3>
篇(◱) {편} <1>
風(◱) (풍) <1>
賢(◱) {현} <1>
凶(◱) {흉} <1>

중고한음 평성(◱)이 《소학언해》에서 상성(:□)으로

操(◱) {:조} <2>
縱(◱ㄷ) {:□:죵} <1>

중고한음 상성(◰)이 《소학언해》에서 상성(:□)으로

可(◰) {:가} <5>
敢(◰) {:감} <1>
苟(◰) {:구} <1>
怒(◰) {:로} <2>

道(巳) {:도} <1>
免(巳) {:면} <1>
武(巳) {:무) <1>
野(巳) {:야} <1>
儼(巳) {:엄} <1>
且(巳ㄷ) {:□:챠} <1>
厚(巳ㄷ) {□:후} <3>

중고한음 상성(巳)이 《소학언해》에서 거성(·□)으로

孔(巳) {·공} <2>
禮(巳) {·례} <4>
禮(巳ㄷ) {·□·례} <2>
禮(巳) (·례) <1>
子(巳ㄷ) {□·ᄌᆞ} <5>
子(巳ㄷ) {·□·ᄌᆞ} <2>

중고한음 거성(㔾)이 《소학언해》에서 평성(□)으로

記(㔾ㄷ) {·□긔} <1>

중고한음 거성(㔾)이 《소학언해》에서 상성(:□)으로

敬(㔾ㄷ) {□:경} <11>
怪(㔾) {:괴} <1>
貴(㔾) {:귀} <1>
亂(㔾ㄷ) {:□:란} <1>
亂(㔾ㄷ) {□:란} <1>
例(㔾ㄷ) {·□:례} <1>
慢(㔾ㄷ) {:□:만} <1>
放(㔾) {:방} <1>
聖(㔾) {:셩} <1>
順(㔾) (:슌) <2>
傲(㔾) {:오} <1>
定(㔾) {:뎡} <1>
定(㔾ㄷ) {·□:뎡} <1>
祭(㔾) {:졔} <1>
患(㔾) {:환} <2>

중고한음 거성(㔾)이 《소학언해》에서 거성(·□)으로

氣(㔾) {·긔} <2>
度(㔾ㄷ) {·□·도} <1>
亂(㔾ㄷ) {:□·란} <1>
暫(㔾) {·잠} <1>
次(㔾) {·ᄎᆞ} <1>
次(㔾ㄷ) {·□·ᄎᆞ} <1>
太(㔾) {·태} <1>

중고한음 거성(◳)이 《소학언해》에서 평성(□)과 거성(·□)으로

運(◳ㄷ)	{·□운}	<1>
運(◳ㄷ)	{·□·운}	<1>

중고한음 거성(◳)이 《소학언해》에서 상성(:□)과 거성(·□)으로

姓(◳ㄷ)	{·□:셩}	<1>
姓(◳ㄷ)	{·□·셩}	<1>

중고한음 입성(◲)이 《소학언해》에서 평성(□)으로

辟(◲ㄷ)	{:□벽}	<1>

중고한음 입성(◲)이 《소학언해》에서 거성(·□)으로

間({◱,◳}ㄷ)	{·□·싼}	<1>
曲(◲)	{·곡}	<2>
曲(◲ㄷ)	{□·곡}	<1>
極(◲)	{·극}	<1>
吉(◲)	{·길}	<1>
滅(◲ㄷ)	{□·멸}	<1>
物(◲ㄷ)	{□·믈}	<1>
百(◲)	{·빅}	<2>
法(◲)	{·법}	<1>
俗(◲ㄷ)	{:□·쇽}	<1>
術(◲ㄷ)	(□·슐)	<1>
實(◲ㄷ)	{:□·실}	<3>
樂(◲)	(·악)	<1>
慾(◲)	{·욕}	<3>
一(◲)	{·일}	<1>
節(◲)	{·졀}	<1>
慝(◲ㄷ)	(□·특)	<1>

중고한음 평성과 거성({◱,◳})이 《소학언해》에서 평성(□)으로

便({◱,◳})	{편}	<3>
和({◱,◳}ㄷ)	{□화}	<1>

중고한음 평성과 거성({◱,◳})이 《소학언해》에서 상성(:□)으로

正({◱,◳})	{:졍}	<2>
行({◱,◳})	{:힝}	<3>

중고한음 상성과 거성({◰,◳})이 《소학언해》에서 상성(:□)으로

樣({◰,◳}ㄷ)	{□:양}	<1>
處({◰,◳})	{:쳐}	<1>
處({◰,◳}ㄷ))	{□:쳐}	<1>

중고한음 상성과 거성({◰,◳})이 《소학언해》에서 거성(·□)으로

號({◱,◳}ㄷ)	{:□·호}	<1>

중고한음 4성과 창원 방언의 방점을 비교하기 위해서는 《소학언해》의 음운 표상은 불필

요하므로 지우고, 각각의 한자의 음운 표상과 그 한자가 낱말 안에서 나타나는 환경으로 바꿔 적되, 그 환경을 창원 방언의 성조 변동의 특성에 맞추어 4가지로 구분한다. 그리고 별표 '*' 표시된 자료는 창원 방언의 자료가 될 수 없으므로 지우고, 또 상성 뒤 《:□—》나 거성 뒤 《·□—》에 나타나는 한자형태소에 얹히는 방점은 완전히 중화되어 평성(□), 상성(:□), 거성(·□)을 가릴 수 없어서 방점 분석을 위한 자료로서의 가치가 없으므로 지운다. 그리고 마지막 단계로 중고한음의 4성(/권발)을 기준으로 하며, 같은 항이 둘 이상 나타날 때는 번수를 합하여 정리하면 아래의 (906)과 같다.

(906) [시범 자료 ⑧단계] 중고한음 권발과 창원 방언 한자형태소 방점 대조를 위한 정리 및 《소학언해》 자료 삭제

중고한음 평성(◱)이 창원 방언에서 평성(□)으로

중고한음 한자(권발)	창원 방언 [방점 자료]	번수 < >
姦(◱)	[간]	<1>
恭(◱)	[공]	<11>
求(◱)	[구]	<2>
君(◱)	[군]	<4>
能(◱)	[능]	<3>
丹(◱)	[단]	<1>
亡(◱)	[망]	<1>
門(◱)	[문]	<1>
傷(◱)	[상]	<3>
書(◱ㄷ)	[□서]	<1>
心(◱)	[심]	<1>
心(◱ㄷ)	[□심]	<2>
安(◱ㄷ)	[□안]	<3>
然(◱ㄷ)	[□연]	<1>
溫(◱)	[온]	<1>
王(◱ㄷ)	{:□왕}	<1>
淫(◱)	[음]	<1>
依(◱)	[의]	<1>
疑(◱)	[의]	<2>
財(◱)	[재]	<1>
縱(◱ㄷ)	[□종]	<1>
曾(◱)	[증]	<1>
忠(◱)	[충]	<3>
風(◱)	[풍]	<1>
凶(◱)	[흉]	<1>

중고한음 평성(◱)이 창원 방언에서 상성(:□)으로
居(◱) [:거] <1>
居(◱) [:거] <1>
操(◱) [:조] <2>
聰(◱) [:총] <1>
聰(◱) [:총] <1>
賢(◱) [:현] <1>
중고한음 평성(◱)이 창원 방언에서 {거성, 측성}(·□)으로
流(◱ㄷ) [□·류] <1>
模(◱ㄷ) [□·모] <1>
倣(◱ㄷ) [□·방] <1>
篇(◱) [·편] <1>
중고한음 평성(◱)이 창원 방언에서 평성과 측성({□,·□})으로
模(◱) [모] <1>
模(◱ㄷ) [□·모] <1>
邪(◱) [사] <2>
邪(◱ㄷ) [□·사] <1>
중고한음 상성(◰)이 창원 방언에서 평성(□)으로
儼(◰) [엄] <1>
중고한음 상성(◰)이 창원 방언에서 상성(:□)으로
可(◰) [:가] <5>
敢(◰) [:감] <1>
怒(◰) [:노] <2>
道(◰) [:도] <1>
免(◰) [:면] <1>
武(◰) [:무] <1>
중고한음 상성(◰)이 창원 방언에서 {거성, 측성}(·□)으로
孔(◰) [·공] <2>
苟(◰) [·구] <1>
禮(◰) [·예] <4>
禮(◰) [·예] <1>
子(◰ㄷ) [□·자] <5>
厚(◰ㄷ) [□·후] <3>
중고한음 거성(◳)이 창원 방언에서 평성(□)으로
放(◳) [방] <1>
중고한음 거성(◳)이 창원 방언에서 상성(:□)으로
怪(◳) [:괴] <1>
貴(◳) [:귀] <1>
聖(◳) [:성] <1>
順(◳) [:순] <2>

傲(◳)	[:오]	<1>
暫(◳)	[:잠]	<1>
定(◳)	[:정]	<1>
祭(◳)	[:제]	<1>
患(◳)	[:환]	<1>
患(◳)	[:환]	<1>

중고한음 거성(◳)이 창원 방언에서 {거성, 측성}(·□)으로

氣(◳)	[·기]	<2>
運(◳ㄷ)	[·기]	<2>
次(◳)	[·차]	<1>
太(◳)	[·태]	<1>
敬(◳ㄷ)	[□·경]	<11>
亂(◳ㄷ)	[□·란]	<1>

중고한음 입성(◲)이 창원 방언에서 {거성, 측성}(·□)으로

極(◲)	[·극]	<1>
吉(◲)	[·길]	<1>
百(◲)	[·백]	<2>
法(◲)	[·법]	<1>
樂(◲)	[·악]	<1>
慾(◲)	[·욕]	<3>;
一(◲)	[·일]	<1>
節(◲)	[·절]	<1>
曲(◲)	[·곡]	<2>
曲(◲ㄷ)	[□·곡]	<1>
滅(◲ㄷ)	[□·멸]	<1>
物(◲ㄷ)	[□·물]	<1>
術(◲ㄷ)	[□·술]	<1>
慝(◲ㄷ)	[□·특]	<1>

중고한음 평성과 거성({◱,◳})이 창원 방언에서 평성(□)으로

便({◱,◳})	[편]	<3>
和({◱,◳}ㄷ)	[□화]	<1>

중고한음 평성과 거성({◱,◳})이 창원 방언에서 상성(:□)으로

正({◱,◳})	[:정]	<1>
正({◱,◳})	[:정]	<1>
行({◱,◳})	[:행]	<3>

중고한음 상성과 거성({◰,◳})이 창원 방언에서 상성(:□)으로

處({◰,◳})	[:처]	<1>

중고한음 상성과 거성({◰,◳})이 창원 방언에서 측성(·□, 1점)으로

樣({◰,◳}ㄷ)	[□·양]	<1>

계량적인 분석을 위해서는 시범으로 보였던 (899)~(906)과 같은 자료의 정리 방법을 엄격하게 따르지 않고, 어떤 단계(들)의 자료를 생략하거나, 목적에 따라 다소 다른 방법으로 조정하여 정리할 수도 있다. 아래의 6.3.4절의 (907)은 (901)에 해당하는 자료이며, (899)와 (900)의 단계에 해당하는 자료는 중복되는 정보로 말미암아 나타나는 책의 쪽수가 늘어나는 것을 피하기 위해 생략했다.

그리고 음절 초의 위치에서 /ㄹ/이 두음 규칙에 의해 [ㄴ]으로 변하거나, /ㄴ/이나 /ㄹ/이 음절 초에서 두음 규칙 적용으로 /ㅇ/으로 나타나기도 하는데, 이럴 때 가나다순으로 정렬하면 같은 한자가 몇 군데로 흐트러져서 계량적인 분석에 혼란이나 어려움을 줄 수도 있으므로, 이런 경우 같은 한자를 함께 모아서 정렬했다. 중세 국어에서는 반모음 /ㅣ(y)/ 앞에서 /ㄷ/과 /ㅈ/, /ㅌ/과 /ㅊ/ 구별되지만, 현대어에서는 구개음화로 앞의 쌍은 /ㅈ/으로, 뒤의 쌍은 /ㅊ/으로 각각 합쳐진다. 컴퓨터 문자표에 나타나는 한자의 정렬은 이러한 통시적인 변화를 반영하지 못하기 때문에, 중세 국어의 자료만을 분석하고자 할 때는 다소 불편이 있더라도 컴퓨터 한자 문자표 배열의 순서를 그대로 따랐다.

창원 방언에서는 어두 위치에서는 세 가지 방점 평성(□), 상성(:□), 거성(·□)이 다 대립을 이루는 데 대하여, 둘째 음절 이하에서는 평성(□)과 측성(·□)의 두 가지 표상만 나타난다. 따라서 창원 방언의 한자형태소 자료는 어두와 비어두로 나눠서 정리할 수도 있다. 그리고 계량적 분석에 관계없는 단계는 생략할 수도 있는데, 보기를 들면《소학언해》한자어의 최초의 입력 단계에서는 번거로움을 줄이기 위해 창원 방언의 자료의 병기는 생략하는 것 등이다.

이 밖에도 부분적인 자료의 계량적인 목적을 위해서는 (899)~(906)에서는 볼 수 없는 방법으로 자료를 정리하는 것도 가능하다.

6.3.4 중고한음 4성과《소학언해》와 창원 방언 자료의 일차 정리

이 절에서는《소학언해》의 언해 부분 전체의 자료를 6.3.3절의 자료 정리 방법과 같거나 또는 비슷한 과정을 거쳐서 조사 분석하고, 참고가 되거나 분석에 필요한 때는 창원 방언 자료를 덧붙여서 제시한다. 분량이 많기 때문에 가능한 한 중복되는 과정이나 중복되는 정보는 줄이기로 한다. 그러므로 시범 자료에서 최초의 입력 단계인 (899)와 그것을 가나다순으로 정렬한 (900)의 단계에 대응하는 정보는 줄이고, (900)에서 중복 부분을 통합한 (901)의 단계에 해당하는《소학언해》전체의 한자 어기의 자료를 제시하면 (907)과 같다.

(907) [전체 자료 ①단계]《소학언해》 우리말 새김 부분 한자어 전체 입력 자료를 가나다순으로 정렬한 뒤; 번수, 출전 쪽수(앞/뒤)줄 정보 보탬

중고한음	중세 국어	번수	소학언해
한자(권발)	{음운}	< >	권 : 쪽(a/b)줄
賈(◳)	{:가}	<6>	소학4 : 33a3; 소학6 : 116a8; 116b1; 116b4; 117a7; 117b6;
可(◰)	{:가:히}	<1>	소학5 : 113b2;
可(◰)	{:가·커·니·와}	<2>	소학5 : 30b2; 30b7;
可(◰)	{:가·티}	<6>	소학1 : 6b1; 소학2 : 43a1; 소학2 : 66a6; 소학4 : 50a2; 소학5 : 40a6; 61b3; 84a2;
可(◰)	{:가·히)	<111>	소서 : 2a9; 2b3; 소학1 : 5b7; 15a9; 소학2 : 24a7; 43a10; 54a4; 67a10; 70a10; 70b2; 70b3; 71b7; 71b8; 76a4; 소학3 : 19a6; 19a7; 2b9; 2b10; 2b10; 3a1; 4b8; 7b9; 소학4 : 1b7; 1b9; 4a9; 9b2; 10b3; 15b2; 18b2; 18b4; 19a7; 20a10; 24b9; 25b2; 27a9; 39b5; 52b7; 53b1; 53b2; 54a6; 55a6; 55a7; 55a8; 55a8; 55a9; 55a10; 55b1; 소학5 : 8b5; 8b7; 9a3; 9a6; 9b7; 10b3; 11a5; 11a6; 11b10; 22a5; 32b6; 33a5; 36a2; 37b3; 39a6; 39b1; 41a8; 43a10; 45b10; 51a6; 51b1; 51b3; 61a5; 66b10; 67b1; 68a7; 68a8; 70a7; 101a9; 101b1; 101b5; 101b9; 102a3; 102a7; 102b2; 107b5; 110a5; 116a2; 116a5; 119b10; 120b9; 소학6 : 6b7; 10b2; 10b5; 12b6; 13a5; 39b5; 39b8; 45b7; 50b7; 59b10; 66a5; 73a9; 76b1; 76b2; 102a2; 109a4; 109b3; 116a5; 117b9; 120b3; 123a3; 132b2; 133a4;
可(◰)	{:가·ᄒᆞ니·라}	<1>	소학4 : 15b6;
可(◰)	{:가히}	<2>	소학5 : 99b9; 103b5;
可(◰)	{:가ᄒᆞ·냐}	<1>	소학6 : 45b6;
可(◰)	{:가ᄒᆞ니·라}	<1>	소학2 : 26a3;
可(◰)	{:가ᄒᆞᆫ}	<1>	소학1 : 3a6;
可(◰)	{·가·히}	<1>	소학4 : 14a10; 소학5 : 113a2;
可(◰)	{·가히}	<1>	소학5 : 109b2;
軻(◱)	{가}	<1>	소학1 : 8b9;
可(◰)	{가·히}	<1>	소학6 : 85b10;
加冠(◱{◱,◳})	{가관·ᄒᆞ·야}	<1>	소학1 : 5b6;
加冠(◱{◱,◳})	{가관·ᄒᆞ·논}	<1>	소학5 : 42b2;

加冠(◱{◱,◳})	{가관ᄒᆞ·기}	<2>	소학5 : 39b9; 41b6;
加冠(◱{◱,◳})	{가관ᄒᆞ·라}	<1>	소학5 : 43a9;
加冠(◱{◱,◳})	{가관ᄒᆞ·면}	<1>	소학5 : 43b5;
加冠(◱{◱,◳})	{가관ᄒᆞ기·며}	<1>	소학6 : 88b1;
加資(◱◱)	{가ᄌᆞ}	<1>	소학5 : 18b3;
家道(◱◰)	{가:도}	<1>	소학6 : 90a9;
家門(◱◱)	{가문}	<7>	소학5 : 19a3; 73a7; 소학6 : 27a8; 58a4; 69a3; 74b5; 75a6;
家法(◱◲)	{가·법}	<4>	소학6 : 6b8; 94a1; 98b3; 113a10;
賈相餗(◳{◱,◳}◲)	{:가·샹·속)	<1>	소학6 : 116a5;
家屬(◱◲)	{가·쇽}	<1>	소학6 : 85b5;
家庭(◱{◱,◳})	{가뎡}	<1>	소학4 : 21b6;
家訓(◱◳)	{가:훈}	<5>	소학5 : 4a7; 55b9; 68a4; 104a4; 116b2;
假設(◰◲)	{:가·셜}	<2>	소학5 : 65b7; 소학6 : 63b9;
角(◲)	{·각}	<2>	소학3 : 17b6; 17b7;
卻(◲)	{·각}	<1>	소학4 : 34b1;
各各(◲◲)	{·각·각}	<7>	소학2 : 5a4; 소학5 : 59a4; 71a7; 71a8; 소학6 : 9b9; 62b1; 77a4;
各各(◲◲)	{각각}	<1>	소학6 : 63b6;
各別(◲◲)	{·각·별·이}	<3>	소학5 : 7a10; 47a1; 99b3;
各別(◲◲)	{·각·별ᄒᆞ·리·라}	<1>	소학5 : 111b3;
侃(◳)	{:간}	<1>	소학6 : 107b6;
簡(◰)	{:간:호·ᄃᆡ}	<1>	소학1 : 10a8;
諫(◳)	{:간:호·ᄃᆡ}	<3>	소학2 : 21a10; 22b5; 소학4 : 27a6;
諫(◳)	{:간:홀·디니}	<2>	소학2 : 21b8; 22a7;
諫(◳)	{:간:홀·디니라}	<1>	소학2 : 21b10;
諫(◳)	(:간:홈}	<4>	소학2 : 72a4; 72a4; 소학5 : 105a6; 소학6 : 34b4;
諫(◳)	{:간·이}	<1>	소학2 : 21b8;
諫(◳)	{:간·티}	<2>	소학2 : 71b8; 소학4 : 26b1;
諫(◳)	{:간·호·ᄃᆡ}	<1>	소학4 : 27a8;
諫(◳)	{:간·ᄒᆞ·다가}	<1>	소학4 : 26a9;
諫(◳)	{:간·ᄒᆞ·신·대}	<1>	소학4 : 24a10;
諫(◳)	{:간·ᄒᆞ·야}	<2>	소학4 : 25b4; 48a9;
諫(◳)	{:간·ᄒᆞ·ᄂᆞᆫ}	<2>	소학2 : 71a4; 71a6;
諫(◳)	{:간·ᄒᆞᄂᆞᆫ}	<1>	소학2 : 71a9;
諫(◳)	{:간ᄒᆞ·니}	<1>	소학6 : 64b9;
諫(◳)	{:간ᄒᆞ·며}	<1>	소학2 : 74b9;
諫(◳)	{:간ᄒᆞᆫ·대}	<2>	소학4 : 26b2; 27b10;
侃侃(◳◳)	{간:간·ᄐᆞᆺ}	<1>	소학3 : 14a7;

干求(平平)	{간구·티}	<2>	소학6 : 49b9; 132b6;
艱難(平{平,去})	{가난:홈}	<2>	소학3 : 24a1; 소학5 : 100b9;
艱難(平{平,去})	{가난·코}	<1>	소학6 : 54a10;
艱難(平{平,去})	{가난·ᄒᆞ·야}	<2>	소학6 : 25a3; 46b2;
艱難(平{平,去})	{가난·ᄒᆞ·야실·제}	<1>	소학5 : 79a3;
艱難(平{平,去})	{가난ᄒᆞ·고}	<2>	소학5 : 67a10; 소학6 : 18b10;
艱難(平{平,去})	{가난ᄒᆞ·나}	<1>	소학2 : 28a3;
艱難(平{平,去})	{가난ᄒᆞ·니}	<1>	소학1 : 12a8;
艱難(平{平,去})	(가난ᄒᆞ·며}	<2>	소학5 : 34a7; 소학6 : 119a5;
艱難(平{平,去})	(가난ᄒᆞᆫ}	<5>	소학5 : 34b3; 소학6 : 95b8; 113b4; 114a3; 132a5;
簡略(上入)	{:간·략}	<1>	소학5 : 7a9;
簡略(上入)	{:간·략ᄒᆞ·며}	<1>	소학6 : 1b5;
簡約(上入)	{:간·약:홈}	<2>	소학2 : 20b9; 소학6 : 128b5;
簡約(上入)	{:간·약ᄒᆞ·며}	<1>	소학5 : 13a2;
簡約(上入)	{:간·약ᄒᆞ·야}	<1>	소학6 : 98b4;
簡易(上去)	{:간·이ᄒᆞ고}	<1>	소학1 : 5a3;
干犯(平上)	{간:범:홈}	<1>	소학5 : 86b2;
干犯(平上)	{간:범홀}	<1>	소학5 : 102b9;
奸詐(平去)	{간:사ᄒᆞᆫ}	<1>	소학6 : 128b7;
奸惡(平入)	{간·악}	<1>	소학4 : 7a1;
奸猾(平入)	{간·활ᄒᆞᆫ}	<1>	소학5 : 60b10;
姦邪(平平)	{간샤ᄒᆞ·니·라}	<1>	소학3 : 13b3;
姦邪(平平)	{간샤ᄒᆞᆫ}	<1>	소학3 : 7a4;
看詳(平平)	{간샹·ᄒᆞ시·니}	<1>	소학6 : 14b4;
看守(平上)	{간슈:홀·디·니}	<1>	소학2 : 50b9;
看守(平上)	{간슈:홈}	<1>	소학6 : 73b10;
看守(平上)	{간슈·ᄒᆞ·야}	<1>	소학5 : 116b3;
懇切(上入)	{:곤·졀·히}	<1>	소학2 : 65b5;
懇切(上入)	{:곤·졀히}	<1>	소학6 : 8b9;
敢(上)	{:감·히}	<73>	소학2 : 6a7; 6a9; 6b1; 7a1; 7a3; 7a9; 7a9; 7b1; 11b1; 11b2; 11b8; 13a4; 13a4; 17a7; 19b2; 19b9; 19b10; 20a1; 20a6; 20b7; 20b10; 22a8; 28b10; 29b3; 29b4; 30b6; 30b8; 30b9; 35b3; 35b9; 40a10; 46b1; 50b5; 50b6; 50b7; 51a8; 53b2; 57a9; 57a10; 57b1; 62b2; 62b6; 63b2; 75a10; 75b1; 소학3 : 1b6; 소학4 : 18b6; 18b8; 19a1; 19a2; 21b5; 22a6; 소학5 : 11b8; 11b9; 20a4; 44b9; 61a2; 73b6; 118a2; 소학

			6 : 2b1; 42b2; 42b8; 50a3; 54a10; 75a2; 75a5; 79b2; 96a3; 115a5; 125b5; 131a2; 131a3; 132b5;
敢(◰)	{:감히}	<1>	소학6 : 70a8;
敢(◰)	{·감·히}	<1>	소학6 : 86b4;
紺(◳)	{감}	<1>	소학3 : 21a7;
敢(◰)	{감히}	<1>	소학2 : 75b3;
堪當(◱{◱,◳})	{감당·티}	<2>	소학2 : 46b1; 소학6 : 54b1;
感動(◰◰)	{:감:동:홈}	<2>	소제 : 1b2; 소학6 : 18b3;
感動(◰◰)	{:감:동·ᄒᆞ·야}	<2>	소학4 : 39b4; 소학6 : 22b4;
感動(◰◰)	{:감:동·ᄒᆞᄂᆞᆫ}	<1>	소학5 : 105a7;
感動(◰◰)	{:감·동·케}	<1>	소학5 : 57b8;
感動(◰◰)	{:감·동·티}	<1>	소학5 : 58a10;
講(◰)	{·강·ᄒᆞ야}	<2>	소서 : 1b9; 2b10;
講究(◰◳)	{:강구:호·ᄃᆡ}	<1>	소학6 : 121b1;
講究(◰◳)	{:강구ᄒᆞ·니}	<1>	소학5 : 78a4;
講論(◰{◱,◳})	{:강논·티}	<1>	소학5 : 2b8;
講論(◰{◱,◳})	{:강론·ᄒᆞ·야}	<1>	소학6 : 11b6;
姜(◱)	{강}	<2>	소학4 : 35b8; 47b4;
剛(◱)	{강:호·ᄃᆡ}	<1>	소학1 : 10a8;
剛健(◱◳)	{강:건ᄒᆞ·며}	<1>	소학2 : 48b2;
剛果(◱◰)	{강:과ᄒᆞ·며}	<1>	소학5 : 32a10;
剛直(◱◲)	{강·딕:홈}	<1>	소학3 : 14a8;
剛愎(◱◲)	{강·퍅ᄒᆞᄂᆞ니}	<1>	소학5 : 3a1;
江(◱)	{강·의}	<1>	소학6 : 109a9;
江東(◱◱)	{강동}	<1>	소학5 : 68b8;
江祿(◱◲)	{강·록}	<1>	소학5 : 117a1;
江州(◱◱)	{강쥬}	<1>	소학6 : 99b2;
江革(◱◲)	{강·혁}	<1>	소학6 : 18a5;
康公(◱◱)	{강공}	<2>	소학4 : 50a7; 50b7;
康子(◱◰)	{강·ᄌᆞ}	<1>	소학4 : 35a9;
康節(◱◲)	{강·졀}	<2>	소학5 : 26b6; 26b6;
强盜({◱,◰}◳)	{:강:도}	<1>	소학6 : 59a3;
開(◱)	{ᄀᆡ·의}	<2>	소학5 : 72b10; 73b7;
改嫁(◰◳)	{:ᄀᆡ:가}	<1>	소학4 : 36b6;
改嫁(◰◳)	{:ᄀᆡ·가}	<1>	소학2 : 48a5;
改易(◰◲)	{:ᄀᆡ·역:홈}	<1>	소학5 : 62a6;
開封(◱◱)	{ᄀᆡ봉}	<2>	소학6 : 45b1; 45b5;
慨然(◳◱)	{:개연·히}	<1>	소학6 : 119a5;
客舍(◲◳)	{·ᄀᆡᆨ:샤}	<1>	소학6 : 113b8;

羹(◱)	{:깅}	<2>	소학6 : 5b10; 126b4;
羹(◱)	{·깅}	<1>	소학5 : 48a9;
居(◱)	{거}	<1>	소학3 : 4b6;
居(◱)	{거:홈}	<1>	소학3 : 7b7;
居(◱)	{거·ᄒᆞ·심}	<1>	소학3 : 16b4;
居喪(◱{◱,◳})	{거상}	<31>	소학2 : 72a7; 72b5; 소학3 : 21b8; 소학4 : 22b10; 23a9; 소학5 : 43b9; 44a7; 44b9; 45a5; 45b7; 46b9; 47b8; 48a10; 49a1; 49a4; 50a9; 51a5; 51b5; 52a3; 52b3; 52b4; 52b5; 53a4; 53b1; 54a1; 소학6 : 19b10; 29a10; 52a3; 55b7; 66b7; 78b2;
居喪(◱{◱,◳})	{거상:홈}	<1>	소학4 : 22b3;
居處(◱{◰,◳})	{거:쳐:홈}	<1>	소학3 : 4b6;
蘧(◱)	{거}	<1>	소학4 : 29b5;
擧動(◰◰)	{:거:동}	<1>	소학4 : 53b2;
擧動(◰◰)	{:거·동}	<3>	소학2 : 27a3; 36b7; 소학4 : 50b10;
擧動(◰◰)	{:거·동·만}	<1>	소학2 : 66b10;
擧動(◰◰)	{:거동}	<1>	소학6 : 10b2;
擧動(◰◰)	{·거동}	<1>	소학5 : 94a5;
倨慢(◳◳)	{:거·만·티}	<1>	소학2 : 29b5;
倨慢(◳◳)	{:거:만·히}	<1>	소학3 : 9b9;
倨慢(◳◳)	{:거:만ᄒᆞ·며}	<1>	소학5 : 101a1;
蘧伯玉(◱◲◲)	{거·빅·옥}	<2>	소학4 : 29b5; 30a2;
籧篨(◱◱)	{거뎨}	<1>	소학5 : 23b3;
去聲(◳◱)	{:거셩}	<1>	소범 : 2b9;
擧將(◰{◱,◳})	{·거쟝}	<1>	소학5 : 78a6;
擧止(◰◰)	{:거·지)	<1>	소학4 : 55a8;
擧薦(◰◳)	{:거:쳔ᄒᆞ·니}	<1>	소학1 : 10b9;
擧薦(◰◳)	{:거:쳔ᄒᆞᆫ}	<1>	소학6 : 104b10;
擧薦(◰◳)	{·거·쳔:홈}	<1>	소학6 : 49b9;
建(◳)	{:건}	<2>	소학6 : 79a6; 79a8;
建(◳)	{:건}	<1>	소학6 : 80a9;
建武(◳◰)	{:건:무}	<1>	소학6 : 104a1;
虔州(◱◱)	{건쥬}	<2>	소학6 : 45a7; 45b4;
黔婁(◱◱)	{검루}	<2>	소학6 : 27b9; 28b2;
儉朴(◰◲)	{:검·박:호·디}	<1>	소학6 : 126a3;
儉朴(◰◲)	{:검·박:홈}	<1>	소학5 : 19a4;
儉朴(◰◲)	{:검·박:홈}	<1>	소학5 : 15a3;
儉朴(◰◲)	{:검·박·게}	<1>	소학6 : 88b9;
儉朴(◰◲)	{:검·박·으로}	<1>	소학6 : 129a2;

儉朴(上入)	{:검·박·ᄒᆞ·샤}	<1>	소학4 : 21b10;
儉朴(上入)	{:검·박·ᄒᆞ·야}	<1>	소학5 : 105b5;
儉朴(上入)	{:검·박ᄒᆞ·고}	<1>	소학6 : 98b4;
儉朴(上入)	{:검·박ᄒᆞ·며}	<2>	소학5 : 13a2; 소학6 : 88a9;
儉朴(上入)	{:검·박ᄒᆞᆫ}	<1>	소학6 : 128b7;
儉朴(上入)	{:검·박ᄒᆞᆫ·ᄃᆡ}	<1>	소학6 : 129a3;
儉朴(上入)	{·검·박·디}	<1>	소학6 : 129a7;
儉素(上去)	{:검:소:홈}	<1>	소학5 : 24a8;
儉約(上入)	{:검·약}	<1>	소학6 : 54b2;
激勵(入去)	{·격:녀}	<1>	소학5 : 98a3;
堅彊(平平)	{견강ᄒᆞ·고}	<1>	소학5 : 86b10;
缺(入)	{·결}	<1>	소학4 : 34b1;
決(入)	{·결ᄒᆞ·며}	<1>	소학6 : 87b4;
決(入)	{·결·티}	<1>	소학6 : 63b5;
決斷(入{上,去})	{·결:단:홈}	<2>	소학4 : 14a5; 소학5 : 32a10;
決斷(入{上,去})	{·결:단ᄒᆞ·며}	<1>	소학6 : 95a2;
決斷(入{上,去})	{·결·단·ᄒᆞ·야}	<1>	소학5 : 114a6;
決斷(入{上,去})	{·결단·히}	<1>	소학2 : 24b7;
決然(入平)	{·결연·히}	<1>	소학5 : 116a6;
結束(入入)	{·결·쇽·ᄒᆞ·야}	<1>	소학6 : 114a5;
結束(入入)	{·결·쇽·ᄒᆞ야}	<1>	소학6 : 54a6;
兼(平)	{겸ᄒᆞ·니}	<1>	소학6 : 9b10;
謙辭(平平)	{겸ᄉᆞ·ᄒᆞᄂᆞᆫ}	<1>	소학4 : 29b8;
謙遜(平去)	{겸:손·ᄒᆞ야}	<1>	소학6 : 69a6;
謙讓(平去)	{겸:양ᄒᆞ·며}	<1>	소학5 : 13a1;
敬(去)	{:경}	<1>	소학5 : 76b5;
敬(去)	{:경·을}	<1>	소학2 : 21b9;
敬(去)	{:경을}	<1>	소학2 : 22a9;
敬姜(去平)	{:경강}	<1>	소학4 : 35a7;
頃(上)	{:경}	<2>	소학5 : 99a10; 99b1;
慶(去)	{:경}	<3>	소학6 : 79a7; 80a5; 80a7;
慶(去)	{:경·을}	<1>	소학6 : 80b4;
慶(去)	{·경·과}	<1>	소학6 : 80b4;
扃(平)	{경}	<1>	소학3 : 10b10;
經(平)	{경}	<3>	소제 : 3b9; 소학5 : 6a2; 17a2;
經書(平平)	{경셔}	<3>	소학5 : 113a3; 소학6 : 9a3; 9b5;
經業(平入)	{경업}	<1>	소학6 : 8b2;
經營(平平)	{경영·티}	<2>	소학6 : 1b7; 29b5;
經營(平平)	{경영·ᄒᆞ·야}	<1>	소학6 : 131a3;
經義齋(平去平)	{경:의지}	<2>	소학6 : 9b5; 9b7;

經典(◱◰)	{경:뎐}	<1>	소학6 : 95a6;
卿(◱)	{경}	<3>	소학2 : 31a1; 소학4 : 39b3; 45b8;
瓊(◱)	{경}	<1>	소학6 : 63b7;
輕(◱)	{경·히}	<1>	소학5 : 75a3;
輕慢(◱◳)	{경:만히}	<1>	소학5 : 108b6;
輕薄(◱◲)	{경·박·ᄒᆞ·야}	<1>	소학5 : 42b3;
輕薄(◱◲)	{경·박ᄒᆞ·고}	<1>	소학5 : 11a1;
輕薄子(◱◲◰)	{경·박·ᄌᆞ}	<1>	소학5 : 14a7;
輕率(◱◲)	{경·솔ᄒᆞ·며}	<1>	소학5 : 19a6;
警戒(◰◳)	{:경:계}	<1>	소학5 : 100b1;
警戒(◰◳)	{:경:계:홈}	<4>	소학5 : 85b1; 97a6; 소학6 : 47b5; 74b6;
警戒(◰◳)	{:경:계·ᄒᆞ·야}	<5>	소학4 : 46b1; 소학5 : 14b3; 16a8; 26b7; 93a7;
警戒(◰◳)	{:경:계·ᄒᆞ노니}	<5>	소학5 : 20a2; 20b1; 21a10; 22a1; 22a10;
警戒(◰◳)	{:경:계·ᄒᆞ노라}	<1>	소학5 : 89a2;
警戒(◰◳)	{:경:계·ᄒᆞ더·니}	<1>	소학6 : 116a10;
警戒(◰◳)	{:경:계·ᄒᆞ야}	<3>	소학5 : 11a3; 95b10; 소학6 : 46a8;
警戒(◰◳)	{:경:계ᄒᆞ·며}	<1>	소학6 : 16a5;
警戒(◰◳)	{:경:계ᄒᆞᆫ}	<2>	소학5 : 15a2; 24a3;
警戒(◰◳)	{:경·계}	<2>	소학5 : 61b3; 소학6 : 118a2;
警戒(◰◳)	{:경·계·홈}	<1>	소학5 : 114a6;
警戒(◰◳)	{:경·계·ᄒᆞ·노라}	<1>	소학5 : 103a2;
警戒(◰◳)	{:경·계·ᄒᆞ·ᄂᆞᆫ}	<1>	소학5 : 89a1;
警戒(◰◳)	{:경·계·ᄒᆞ심}	<1>	소학5 : 73a5;
警戒(◰◳)	{:경·계·ᄒᆞ야}	<1>	소학5 : 95b10;
警戒(◰◳)	{:경·계ᄒᆞ·라}	<1>	소학5 : 95b4;
警戒(◰◳)	{:경·계ᄒᆞ·며}	<1>	소학2 : 46b5;
景帝(◰◳)	{:경:뎨}	<1>	소학6 : 34b2;
景帝(◰◳)	{·경:뎨}	<1>	소학6 : 34a10;
京兆(◱◰)	{경:됴}	<1>	소학6 : 103a10;
京兆尹(◱◰◰)	{경:됴·윤}	<1>	소학6 : 61b3;
京兆尹(◱◰◰)	{경됴·윤}	<1>	소학6 : 97b2;
塩鐵使({◱,◳}◲{◰,◳})	{염·텰:ᄉᆞ}	<1>	소학6 : 97b2;
契$_1$(◳)	{:계}	<1>	소학5 : 23a2;
契$_2$(◲)	{·셜}	<1>	소학1 : 9a3;
契$_2$(◲)	{·셜}	<1>	소학1 : 9b2;
啓(◰)	{:계}	<1>	소학4 : 27a3;
階(◱)	{계}	<1>	소학2 : 68b6;
階節(◱◲)	{계·졀}	<1>	소학2 : 39b9;
季康子(◳◱◰)	{:계강·ᄌᆞ}	<1>	소학4 : 35a8;

季良(◳◱) {:계량} <1> 소학5 : 14a6;
計較(◳◳) {:계·교·ᄒᆞ·야} <1> 소학5 : 92b6;
計較(◳◳) {:계·교} <2> 소학1 : 6a9; 소학6 : 82a10;
繼母(◳◰) {:계:모} <1> 소학6 : 22a2;
告(◳) {:고:ᄒᆞ·ᄂᆞᆫ} <1> 소학2 : 48a2;
告(◳) {:고·ᄒᆞ·랴} <1> 소학6 : 39b2;
告(◳) {:고·ᄒᆞ·야} <3> 소학5 : 79a3; 소학6 : 7a9; 115b10;
告(◳) {:고ᄒᆞ·며} <3> 소학2 : 45b1; 45b2; 66a6;
告(◳) {고홀} <1> 소학2 : 61b10;
杲(◰) {:고} <1> 소학5 : 19b5;
庫(◳) {·고} <3> 소학5 : 99b5; 소학6 : 87b6; 114a1;
庫(◳) {·고·애} <1> 소학6 : 100b5;
故(◳) {·고·로} <10> 소학2 : 70a10; 70b1; 70b4; 71b6; 소학4 : 18b9; 19a3; 45b6; 53b4; 53b7; 소학5 : 67b3;
故(◳) {·고로} <9> 소범 : 3a4; 소학2 : 18b5; 27b2; 53a9; 54a1; 70b2; 소학3 : 27a9; 소학4 : 51b1; 소학5 : 117a4;
故(◳) {고·로} <1> 소학2 : 73b5;
故舊(◳◳) {·고구} <1> 소학6 : 81a10;
故人(◳◱) {:고인} <1> 소학6 : 105a4;
高(◱) {고} <1> 소학4 : 22b10;
高柴(◱◱) {고싀} <1> 소학4 : 42a3;
高侍郎(◱◳◱) {고:시랑} <1> 소학6 : 126b2;
高允(◱◰) {고·윤} <2> 소학6 : 39a10; 41b5;
高子皐(◱◰◱) {고·ᄌᆞ고} <1> 소학4 : 22b10;
高祖(◱◰) {고·조} <1> 소학5 : 70a5;
高宗(◱◱) {고종} <2> 소학6 : 89b8; 89b8;
孤(◱) {고·ᄒᆞ·야} <1> 소학6 : 62a9;
孤竹(◱◲) {고듁} <1> 소학4 : 38a4;
雇工(◳◱) {·고공ᄃᆞᆫ·녀} <1> 소학6 : 19a1;
古靈(◰◱) {:고령} <1> 소학5 : 33b10;
苦參(◰◱) {·고숨} <1> 소학6 : 99a2;
瞽瞍(◰◰) {·고:수} <1> 소학5 : 38a4;
袴衣(◳{◱,◳}) {고의} <1> 소학1 : 5a1;
固執(◳◲) {·고·집ᄒᆞ·며} <1> 소학5 : 120a2;
考察(◰◲) {:고·찰} <1> 소학1 : 12a2;
曲禮(◲◰) {·곡·례} <21> 소학1 : 8a1; 소학2 : 10a2; 11a6; 14a9; 22b4; 28a3; 37a2; 40b4; 45a3; 56a5; 57a8; 67b5; 8a10; 소학3 : 2b4; 6b4; 9b7; 12a5;

13b1; 17a1; 20b10; 22b8;
曲調(◲{◱,◳}) {·곡·됴} <1> 소학4 : 25b9;
曲盡(◲◰) {·곡:진·히} <1> 소학6 : 32b8;
曲盡(◲◰) {·곡:진이} <1> 소학5 : 36a7;
穀食(◲◲) {·곡·식} <1> 소학6 : 91b4;
穀食(◲◲) {곡·셕} <2> 소학4 : 28b1; 소학5 : 99b5;
穀食神(◲◲◱) {곡·셕신} <1> 소학2 : 30a7;
袞(◰) {:곤} <2> 소학6 : 67b4; 68a1;
困憊(◳◳) {:곤:븨·ᄒᆞ·야} <1> 소학5 : 51a10;
閫外(◰◳) {:곤:외} <1> 소학6 : 107b10;
骨肉(◲◲) {·골·육} <2> 소학4 : 27a4; 27a4;
公(◱) {공} <18> 소학4 : 30a6; 48a2; 소학5 : 46a1; 47a4; 소학6 : 1b9; 1b10; 4b9; 5a3; 5a4; 73b9; 101b4; 118b4; 123a4; 123a5; 127a7; 128b3; 128b8; 128b8;
公卿(◱◱) {공경} <4> 소학6 : 35b6; 36a5; 94a1; 100a9;
公權(◱◱) {공권} <7> 소학6 : 95a3; 97a9; 97b1; 97b3; 97b4; 97b5; 97b7;
公達(◱◲) {공·달} <1> 소학4 : 27b9;
公明(◱◱) {공명} <1> 소학4 : 20b9;
公明宣(◱◱◱) {공명션} <2> 소학4 : 20b9; 21b5;
公服(◱◲) {공·복} <3> 소학5 : 42b5; 소학6 : 88a3; 88b7;
公服(◱◲) {공·복ᄒᆞ·고} <1> 소학6 : 8b7;
公父文伯(◱◰◱◲) {공:보문·빅} <2> 소학4 : 35a7; 44a8;
公事(◱◳) {·공:ᄉᆞ} <1> 소학4 : 41b1;
公事(◱◳) {공·ᄉᆞ} <1> 소학6 : 38a7;
公孫(◱{◱,◳}) {공손} <2> 소학6 : 38a2; 128b6;
公孫質(◱{◱,◳}◲) {공손·질} <1> 소학6 : 39b7;
公孫弘(◱{◱,◳}◱) {공손훙} <1> 소학6 : 128b7;
公信(◱◳) {공:신} <1> 소학4 : 27b9;
公然(◱◱) {공연·히} <1> 소학5 : 44b9;
公藝(◱◳) {공:예} <2> 소학6 : 89b9; 90a1;
公子(◱◰) {공·ᄌᆞ} <1> 소학4 : 48a1;
公綽(◱◲) {공·쟉} <4> 소학6 : 95a2; 97a8; 97a9; 98b2;
公著(◱{◱,◳}) {공:뎌} <1> 소학6 : 1b4;
公侯(◱◱) {공후} <1> 소학4 : 45b7;
共(◳) {공} <1> 소학4 : 35b9;
共姜(◳◱) (공강) <3> 소학4 : 35b8; 35b10; 36a2;
共伯(◳◲) {공·빅} <1> 소학4 : 35b9;
共伯(◳◲) {공빅} <1> 소학4 : 35b10;

功(平)	{공}	<3>	소학4 : 46a4; 소학5 : 81b3; 114a4;
功巧(平上)	{공·교로온·디라}	<1>	소학6 : 114b9;
功效(平去)	{공:효}	<1>	소학5 : 82a9;
功效(平去)	{공효}	<1>	소학5 : 113b5;
孔戡(上平)	{·공감}	<1>	소학6 : 111a8;
孔明(上平)	{·공명}	<1>	소학5 : 15a1;
孔氏(上上)	{공·시}	<1>	소학5 : 109b1;
孔子(上上)	{·공·ᄌᆞ}	<48>	소학1 : 1b1; 14b5; 15b6; 소학2 : 11a1; 18a5; 24a5; 28b8; 32a9; 36a4; 38a1; 42a9; 43a5; 43a6; 53a8; 65b5; 66a4; 66a5; 70a9; 66b1; 소학3 : 1b4; 4a4; 7b6; 13b7; 14b2; 15b6; 22a1; 22b1; 소학4 : 5b1; 5b1; 6a9; 13a3; 15a3; 15b10; 16a1; 27b2; 40b2; 41a8; 42a3; 42a3; 42b6; 42b8; 43a5; 47a1; 소학5 : 1b6; 8b3; 21b2; 88a5; 소학6 : 104a8;
恭敬(平去)	{공:경:호·ᄃᆡ}	<1>	소학2 : 74b10;
恭敬(平去)	{공:경·ᄒᆞ야}	<3>	소학2 : 3a8; 3a9; 3b10;
恭敬(平去)	{공:경커·든}	<2>	소학2 : 69b4; 69b5;
恭敬(平去)	{공:경ᄒᆞ·며}	<1>	소학2 : 74a8;
恭敬(平去)	{공:경}	<9>	소학2 : 32b4; 33a1; 46a9; 소학3 : 2a8; 2a9; 소학4 : 29b9; 51b3; 소학5 : 77a10; 105b6;
恭敬(平去)	{공:경:홀·디·니}	<1>	소학2 : 18b6;
恭敬(平去)	{공:경:홀·디니}	<2>	소학1 : 14a9; 소학5 : 76b4;
恭敬(平去)	{공:경:홈}	<14>	소제 : 1b5; 소학2 : 29b5; 31a6; 44a4; 56b6; 소학3 : 1a4; 1b5; 소학4 : 34b4; 47a6; 49b3; 51b4; 소학6 : 27a7; 84b6; 133a7;
恭敬(平去)	{공:경·티}	<9>	소학2 : 27b8; 35b3; 35b6; 소학3 : 1b4; 1b6; 1b7; 5a6; 소학4 : 50a10; 소학5 : 12a6;
恭敬(平去)	{공:경·ᄒᆞ·니}	<1>	소학4 : 30a4;
恭敬(平去)	{공:경·ᄒᆞ·시ᄂᆞᆫ}	<1>	소학2 : 18b6;
恭敬(平去)	{공:경·ᄒᆞ·야}	<7>	소제 : 3a1; 소학1 : 9b6; 소학2 : 6a7; 6b8; 49a2; 소학3 : 11b2; 소학4 : 34b2;
恭敬(平去)	{공:경·ᄒᆞ·ᄂᆞ·니}	<1>	소학2 : 12a4;
恭敬(平去)	{공:경·ᄒᆞ·ᄂᆞ니}	<1>	소학1 : 14a3;
恭敬(平去)	{공:경·ᄒᆞ·ᄂᆞ니·ᄂᆞᆫ}	<1>	소학2 : 29b4;
恭敬(平去)	{공:경·ᄒᆞ·ᄂᆞᆫ}	<1>	소학2 : 9b4;

恭敬(◱◳)	{공:경·ᄒᆞ야}	<1>	소제 : 4b2; 소학2 : 20b6;
恭敬(◱◳)	{공:경·ᄒᆞᄂᆞ니·롤}	<1>	소학2 : 32b4;
恭敬(◱◳)	{공:경티}	<1>	소학3 : 2b4;
恭敬(◱◳)	{공:경ᄒᆞ·고}	<2>	소학3 : 3a7; 소학4 : 40b4;
恭敬(◱◳)	{공:경ᄒᆞ·라}	<1>	소학5 : 91a4;
恭敬(◱◳)	{공:경ᄒᆞ·며}	<7>	소서 : 1b1; 소학3 : 20a5; 소학4 : 13b2; 21b10; 52b4; 소학5 : 66a10; 96a2;
恭敬(◱◳)	{공:경ᄒᆞ·면}	<3>	소학3 : 5a4; 소학4 : 34b5; 소학5 : 86b10;
恭敬(◱◳)	{공:경ᄒᆞ·야}	<1>	소학5 : 117b10;
恭敬(◱◳)	{공·경·티}	<1>	소학2 : 35b10;
恭敬(◱◳)	{공·경·ᄒᆞ·야}	<1>	소학2 : 16b8;
恭敬(◱◳)	{공경:홈}	<1>	소학5 : 121a2;
恭遜(◱◳)	{공·손ᄒᆞ·야}	<1>	소학1 : 13a9;
恭順(◱◳)	{공:슌}	<2>	소학2 : 31a7; 31a7;
恭順(◱◳)	{공:슌:홈}	<3>	소제 : 1b6; 소학2 : 44a3; 70b1;
恭順(◱◳)	{공:슌·타}	<2>	소학2 : 57a1; 57a2;
恭順(◱◳)	{공:슌·호·ᄃᆡ}	<1>	소학2 : 74b8;
恭順(◱◳)	{공:슌·호·몰}	<1>	소학1 : 5b8;
恭順(◱◳)	{공:슌·히}	<3>	소학2 : 47a8; 74a6; 76a7;
恭順(◱◳)	{공:슌·ᄒᆞ·야}	<1>	소학1 : 13b4;
恭順(◱◳)	{공:슌·ᄒᆞ거·늘}	<1>	소학6 : 106a3;
恭順(◱◳)	{공:슌티}	<1>	소학1 : 12a6;
恭順(◱◳)	{공:슌ᄒᆞ·고}	<2>	소학1 : 3a8; 소학6 : 22a5;
恭順(◱◳)	{공:슌ᄒᆞ·며}	<4>	소학1 : 14b6; 소학3 : 11b8; 소학5 : 34a4; 소학6 : 88a9;
恭順(◱◳)	{공:슌ᄒᆞ·면}	<1>	소학5 : 21a1;
恭順(◱◳)	{공:슌ᄒᆞ고}	<1>	소학5 : 2b7;
恭順(◱◳)	{공:슌ᄒᆞᆫ}	<2>	소학2 : 70b1; 소학6 : 86b2;
供給({◱,◳}◲)	{공급ᄒᆞ·며}	<1>	소학6 : 100b6;
供養({◱,◳}{◰,◳})	{공:양}	<3>	소학2 : 34b2; 34b4; 34b6;
供養({◱,◳}{◰,◳})	{공:양:호·ᄃᆡ}	<1>	소학6 : 19a1;
供養({◱,◳}{◰,◳})	{공:양:홈}	<1>	소학2 : 33b8;
供養({◱,◳}{◰,◳})	{공:양ᄒᆞ·기로}	<1>	소학6 : 52a6;
供養({◱,◳}{◰,◳})	{공:양ᄒᆞ·며}	<1>	소학5 : 54b10;
工夫(◱◱)	{공부}	<3>	소학5 : 33a4; 94b9; 113a1;
貢稅(◳◳)	{:공·셰}	<1>	소학6 : 113b8;
空閑({◱,◰,◳}◱)	{공한ᄒᆞᆫ}	<1>	소학4 : 39b7;
科擧(◱◰)	{과:거}	<1>	소학6 : 45b3;
科擧試場(◱◰◳◱)	{과·거:시댱}	<1>	소학6 : 45b1;

寡婦(上上)	{:과·부}	<1>	소학2 : 56a5;
果實(上入)	{:과:실}	<1>	소학6 : 88b10;
果實(上入)	{:과·실}	<4>	소학5 : 44a1; 44a8; 44a9; 소학6 : 130b10;
果然(上平)	{:과·연히}	<1>	소학5 : 99b8;
果然(上平)	{:과연}	<2>	소학6 : 51a6; 55b10;
過失(去入)	{·과·실}	<1>	소학6 : 77b1;
霍光(入平)	{·곽광}	<2>	소학5 : 45a6; 소학6 : 33b4;
郭林宗(入平平)	{·곽림종}	<1>	소학6 : 106a3;
冠({平,去})	{:관·ᄒᆞ·ᄂᆞᆫ}	<1>	소학3 : 19b5;
冠({平,去})	{과·써}	<1>	소학6 : 77b10;
冠({平,去})	{과·쓴·이}	<1>	소학6 : 77b9;
冠({平,去})	{관}	<13>	소학2 : 4a10; 7b8; 소학3 : 21a1; 21a3; 소학3 : 22a1; 소학4 : 43b6; 45b6; 45b7; 45b8; 소학5 : 96a9; 소학6 : 38a3; 38a4; 38a7;
冠({平,去})	{관·쓰고}	<1>	소학2 : 2a6;
冠({平,去})	{관ᄒᆞ·고}	<1>	소학3 : 16a9;
冠帶({平,去}去)	{관:ᄃᆡ}	<1>	소학4 : 12b5;
冠帶({平,去}去)	{관:ᄃᆡ·ᄒᆞ·야}	<1>	소학6 : 2b2;
瓘(去)	{·관}	<1>	소학5 : 8a2;
琯(上)	{·관}	<1>	소학6 : 26a9;
棺(平)	{·관}	<1>	소학6 : 67b8;
寬(平)	{관}	<2>	소학6 : 102b3; 102b7;
管敬仲(上去去)	{·관:경:듕}	<1>	소학3 : 8a5;
管寗(上平)	{·관녕}	<1>	소학6 : 120b9;
款曲(上入)	{:관·곡·ᄒᆞ·야}	<1>	소학6 : 18b3;
款曲(上入)	{:관·곡·ᄒᆞ야}	<1>	소학6 : 112a3;
觀光法({平,去}平入)	{관광·법}	<1>	소학6 : 15b5;
觀察使({平,去}入{上,去})	{관·찰:ᄉᆞ}	<2>	소학5 : 78a7; 소학6 : 6a4;
官員(平平)	{관원}	<15>	소학4 : 44b3; 소학5 : 3b3; 3b4; 48a9; 57a3; 100b2; 100b3; 108a7; 소학6 : 11a10; 15b5; 104a4; 104a4; 107b7; 109a7; 113b3;
冠義({平,去}去)	{:관:의}	<1>	소학3 : 9a1;
管子(上上)	{·관·ᄌᆞ}	<1>	소학1 : 13a7;
關雎(平平)	{관져}	<1>	소학5 : 7a6;
适(入)	{·괄}	<1>	소학4 : 42b6;
括(入)	{·괄}	<1>	소학6 : 29b6;
廣(上)	{:광}	<3>	소학6 : 82a4; 82a10; 82b8;
廣(上)	{·광}	<2>	소학5 : 47b6; 소학6 : 82a3;
廣州(上平)	{:광쥬}	<1>	소학6 : 106b10;

光(◱)	{·광}	<1>	소학5 : 35a2;
光武(◱◰)	{광:무}	<1>	소학6 : 104a1;
怪異(◳◳)	{고·이ᄒᆞᆫ}	<1>	소학6 : 72a10;
怪異(◳◳)	{괴:이ᄒᆞᆫ}	<1>	소학4 : 24b8;
怪異(◳◳)	{괴·이·히}	<3>	소학5 : 47a7; 49a7; 소학6 : 72a7;
怪異(◳◳)	{괴·이ᄒᆞᆫ}	<1>	소학5 : 49a2;
怪辟(◳◲)	{:괴벽ᄒᆞᆫ}	<1>	소학3 : 7a8;
紘(◱)	{굉}	<1>	소학4 : 45b7;
宏(◱)	{굉}	<1>	소학5 : 103b2;
教({◱,◳})	{:교}	<2>	소학1 : 1b5; 소학2 : 1b1;
教化({◱,◳}◳)	{:교:화}	<1>	소서 : 3a1;
教化({◱,◳}◳)	{:교·화}	<1>	소학6 : 15b3;
交代(◱◳)	{교·ᄃᆡᄊᆞ·이}	<1>	소학5 : 78a2;
交代(◱◳)	{교ᄃᆡ}	<1>	소학6 : 113b10;
交趾(◱◰)	{교·지}	<1>	소학5 : 11a2;
驕慢(◱◳)	{교:만·티}	<2>	소학2 : 30a4; 33b2;
驕慢(◱◳)	{교:만·ᄒᆞ·야}	<1>	소학1 : 13b5;
驕慢(◱◳)	{교:만·ᄒᆞ거·늘}	<1>	소학4 : 6b10;
驕慢(◱◳)	{교:만ᄒᆞ:면}	<1>	소학2 : 33b4;
驕慢(◱◳)	{교:만ᄒᆞ·고}	<1>	소학5 : 20b5;
驕慢(◱◳)	{교:만ᄒᆞ·며}	<2>	소학5 : 2b9; 65b1;
驕慢(◱◳)	{교·만ᄒᆞ·고}	<1>	소학5 : 105b4;
驕慢(◱◳)	{교·만ᄒᆞ·며}	<1>	소학4 : 48b1;
教授({◱,◳}◳)	{:교슈}	<1>	소학6 : 8b5;
轎子({◱,◳}◰)	{교·ᄌᆞ}	<1>	소학6 : 98b10;
矩(◰)	{:구}	<1>	소학3 : 18a9;
求(◱)	{:구·ᄒᆞ거·ᄂᆞᆯ}	<1>	소학6 : 20b2;
求(◱)	{:구·ᄒᆞ더·라}	<1>	소학6 : 28b5;
求(◱)	{:구·ᄒᆞᆯ·디니·라}	<1>	소학5 : 16a7;
求(◱)	{구:홈}	<3>	소학3 : 10a8; 소학5 : 100b10; 107b3;
求(◱)	{구·코져}	<1>	소학6 : 45b6;
求(◱)	{구·키}	<1>	소학6 : 63b9;
求(◱)	{구·티}	<7>	소학2 : 75b1; 소학3 : 3b6; 3b6; 7b7; 7b8; 소학5 : 99a3; 소학6 : 50a2;
求(◱)	{구·ᄒᆞ·야}	<2>	소학1 : 3a9; 소학5 : 113b7;
求(◱)	{구·ᄒᆞ·여}	<1>	소학5 : 99a7;
求(◱)	{구·ᄒᆞ·ᄂᆞᆫ}	<1>	소학5 : 103b3;
求(◱)	{구·ᄒᆞ거·늘}	<2>	소학5 : 108b9; 소학6 : 92b10;
求(◱)	{구·ᄒᆞ여}	<1>	소학5 : 101a3;
求(◱)	{구·ᄒᆞᄂᆞᆫ}	<1>	소학6 : 50a5;

求(⌞)	{구홈}	<1>	소학4 : 23a10;
求(⌞)	{{구ᄒᆞ·고}	<1>	소학6 : 62b2;
求(⌞)	{구ᄒᆞ·기}	<1>	소학5 : 20b1;
求(⌞)	{구ᄒᆞ·며}	<2>	소학5 : 16b4; 69a9;
求(⌞)	{구ᄒᆞ·면}	<1>	소학4 : 32a6;
求(⌞)	{구ᄒᆞ·야}	<1>	소학5 : 117a5;
求(⌞)	{구ᄒᆞᆫ·대}	<1>	소학5 : 19b6;
救(⌝)	{:구ᄒᆞ·며}	<1>	소학5 : 34a8;
救(⌝)	{:구ᄒᆞ·ᄂᆞ·니}	<1>	소학2 : 42b2;
救(⌝)	{:구ᄒᆞᆯ거·시·온}	<1>	소학6 : 59b10;
具慶(⌝⌝)	{:구:경ᄒᆞ·니}	<1>	소학5 : 56b1;
臼季(⌜⌝)	{:구:계}	<1>	소학4 : 34a10;
句句(⌝⌝)	{:구:구}	<2>	소학5 : 111a6; 113a8;
歐陽公(⌞⌞⌞)	{구양공}	<2>	소학6 : 3b8; 4a2;
瞿然(⌞⌞)	{:구연·히}	<1>	소학5 : 105b7;
九月(⌜⌟)	{·구·월}	<1>	소학5 : 40a1;
九族(⌜⌟)	{·구·족}	<1>	소학5 : 70a5;
驅從({⌞,⌝}⌞)	{·구·죵}	<1>	소학2 : 20a8;
苟且(⌜⌜)	{:구:챠·히}	<3>	소학2 : 10b7; 10b7; 소학3 : 3b4;
苟且(⌜⌜)	{:구:챠히}	<3>	소학6 : 44a7; 88b9; 89a1;
苟且(⌜⌜)	{:구·챠·히}	<1>	소학6 : 120a6;
苟且(⌜⌜)	{:구·챠히}	<1>	소학6 : 8b3;
絇({⌞,⌜})	{구}	<1>	소학3 : 22a6;
國家(⌟⌞)	{·국가}	<1>	소학4 : 53b5;
國子(⌟⌜)	{·국·ᄌᆞ}	<1>	소학6 : 7a7;
麴蘗(⌟⌟)	{·국·얼}	<1>	소학5 : 18a3;
軍(⌞)	{군}	<1>	소학4 : 51b7;
軍士(⌞⌜)	{군·ᄉᆞ}	<5>	소학5 : 99a7; 소학6 : 9b10; 109a10; 113b7; 113b9;
郡牧判官(⌝⌟⌝⌞)	{군·목:판관}	<1>	소학6 : 130a1;
郡守(⌝⌜)	{:군·슈}	<1>	소학6 : 32b1;
君臣(⌞⌞)	{군신}	<1>	소학1 : 9b4;
君子(⌞⌜)	{군·ᄌᆞ}	<53>	소학2 : 25a6; 25a8; 26a1; 28a3; 42a9; 61b5; 61b5; 61b10; 63a5; 64b10; 64b10; 65b1; 67b5; 70a9; 76a4; 소학3 : 1b4; 5b3; 6a5; 7a4; 7b6; 11b1; 17b5; 18b2; 21a7; 24b1; 26b4; 소학4 : 3a6; 18b5; 23a2; 39b5; 42a9; 42b1; 43b8; 51b1; 55a5; 소학5 : 15a2; 23a4; 30a10; 30b2; 30b4; 30b6; 30b9; 31a8; 소학5 : 43b2; 63a10; 68b1;

			68b1; 86b10; 94a7; 118a9; 소학6 : 54b4; 109b4; 126a5;
君行(◱{◱,◳})	{군힝}	<3>	소학6 : 45a6; 45a10; 45b3;
窘乏(◰◲)	{군·핍·ᄒᆞ야}	<1>	소학6 : 46b2;
屈伏(◲◲)	{·굴·복·ᄒᆞ·야}	<1>	소학5 : 3a3;
屈伏(◲◲)	{·굴·복·ᄒᆞ·ᄂᆞᆫ}	<1>	소학2 : 53a9;
宮(◱)	{궁}	<3>	소학3 : 17b7; 17b7; 소학4 : 31a2;
宮室(◱◲)	{궁·실}	<1>	소학2 : 50a3;
窮(◱)	{궁·ᄒᆞ·야}	<1>	소학5 : 67b1;
窮(◱)	{궁ᄒᆞᆫ}	<3>	소학4 : 8a8; 소학5 : 106a8; 16a1;
窮究(◱◳)	{궁:구·티}	<1>	소학5 : 15b8;
窮究(◱◳)	{궁·구·ᄒᆞ·ᄂᆞ·니}	<1>	소학5 : 116a1;
窮究(◱◳)	{궁·구ᄒᆞ·며}	<4>	소제 : 3a10; 소학5 : 119b5; 119b9; 소학6 : 17a3;
窮迫(◱◲)	{궁·박·ᄒᆞ여}	<1>	소학6 : 18b10;
勸(◳)	{:권·ᄒᆞ·야}	<1>	소학6 : 82a8;
勸(◳)	{:권·ᄒᆞ야}	<1>	소학6 : 106b1;
勸(◳)	{:권ᄒᆞ·며}	<1>	소학6 : 16a5;
勸(◳)	{:권홀·만:홀}	<1>	소학5 : 68b2;
勸(◳)	{권·ᄒᆞ·야}	<1>	소학6 : 11b4;
卷({◱,◰,◳})	{·열·권}	<1>	소학5 : 108b5;
卷({◱,◰,◳})	{ᄒᆞᆫ권}	<1>	소학5 : 113b3;
眷黨(◳◰)	{:권:당}	<1>	소학6 : 99b2;
眷黨(◳◰)	{:권·당}	<18>	소학1 : 11a8; 11a8; 12a4; 12a5; 소학2 : 75a9; 소학4 : 24b4; 26a8; 53b8; 소학5 : 34a7; 70a5; 80a4; 80b3; 80b6; 80b7; 소학6 : 32b7; 47a6; 47a6; 83b10;
眷黨(◳◰)	{:권당}	<3>	소학5 : 50a2; 소학6 : 80a9; 90a3;
眷黨(◳◰)	{·권:당}	<1>	소학6 : 81a10;
眷黨(◳◰)	{·권·당}	<2>	소학2 : 14a3; 76a5;
眷黨(◳◰)	{권·당}	<1>	소학6 : 89b10;
權勢(◱◳)	{권:셔}	<1>	소학5 : 92a6;
權勢(◱◳)	{권:셰}	<2>	소학5 : 18b2; 소학6 : 117b1;
權臣(◱◱)	{권신}	<1>	소학5 : 45b8;
卷秩({◱,◰,◳}◲)	{:권·딜}	<1>	소학5 : 117b6;
闕內法(◲◳◲)	{·궐:닛·법}	<1>	소학6 : 130b9;
几(◰)	{:궤}	<3>	소학2 : 5b6; 6a6; 소학5 : 117b5;
几(◰)	{:궤·과}	<1>	소학2 : 58a2;
詭(◰)	{:궤ᄒᆞ·고}	<1>	소학5 : 28b7;
貴(◳)	{:귀}	<1>	소학2 : 69b3;

貴(◳) {:귀:홈} <3> 소학4 : 9a7; 소학5 : 64a10; 65b8;
貴(◳) {:귀·호·라} <1> 소학2 : 67a8;
貴(◳) {:귀·히} <2> 소학3 : 6a5; 소학5 : 106a6;
貴(◳) {:귀·ᄒᆞ:야} <1> 소학6 : 73a1;
貴(◳) {:귀·ᄒᆞᆫ이} <1> 소학2 : 77a8;
貴(◳) {:귀홈} <1> 소학4 : 9a8;
貴(◳) {:귀ᄒᆞ·고} <2> 소학2 : 20b6; 소학4 : 24b7;
貴(◳) {:귀ᄒᆞ·며} <3> 소학2 : 20b10; 소학5 : 94a8; 소학6 : 119a5;
貴(◳) {:귀ᄒᆞᆫ} <6> 소학2 : 50b10; 소학4 : 49a7; 소학5 : 51b3; 소학6 : 80b1; 128b10; 130b10;
貴(◳) {:귀ᄒᆞᆫ·이} <2> 소학2 : 8a5; 소학5 : 64a1;
貴(◳) {·귀:홈} <2> 소학4 : 9a10; 소학5 : 102b2;
鬼神(◰◱) {:귀·신} <1> 소학4 : 51b5;
鬼神(◰◱) {:귀신} <3> 소학1 : 10b4; 소학2 : 45b2; 소학3 : 12b7;
規(◱) {규} <1> 소학3 : 18a8;
規矩(◱◰) {규:구} <1> 소학5 : 87a4;
規矩(◱◰) {규구} <1> 소학6 : 1b10;
規模(◱◱) {규모} <1> 소학3 : 2a1
規正(◱{◱,◳}) {규:정ᄒᆞ며} <1> 소학5 : 114a5;
規諷(◱◳) {규:풍·ᄒᆞ·야} <1> 소학6 : 128b2;
橘(◲) {·귤} <2> 소학5 : 5a5; 5a5;
極(◲) {·극·히} <2> 소학3 : 3a1; 소학6 : 25b10;
極盡(◲◰) {·극·진:호·라} <1> 소학5 : 119b9;
極盡(◲◰) {·극·진·히} <2> 소학1 : 13a10; 소학2 : 72a7;
斤(◱) {:쉰근} <1> 소학6 : 81a8;
斤(◱) {·몃근} <1> 소학6 : 81b3;
斤(◱) {·스·므근} <1> 소학6 : 81a8;
斤(◱) {·열근} <1> 소학6 : 105a3;
斤(◱) {마·ᄋᆞᆫ근} <1> 소학6 : 53a2;
勤勞(◱{◱,◳}) {근로:홈} <1> 소학4 : 45a5;
根本(◱◰) {근·본} <8> 소서 : 1b4; 소학5 : 105b6; 32a3; 40a3; 60a10; 소학6 : 11a1; 121b2; 125a7;
根本(◱◰) {근·본·ᄒᆞ·야} <1> 소학6 : 12a7;
謹愼(◰◳) {:근:신·ᄒᆞ·야} <1> 소학5 : 13a1;
覲親(◳◱) {:근친홀·제} <1> 소학6 : 98b9;
琴(◱) {금} <2> 소학2 : 23a5; 63b9;
琴瑟(◱◲) {금·슬} <1> 소학2 : 60a2;
錦繡(◰◳) {:금·슈·옷} <1> 소학6 : 128b10;

錦衣(上{平,去})	{:금·의}	<1>	소학6 : 126a4;
錦衣(上{平,去})	{:금의}	<1>	소학6 : 98b8;
禁止({平,去}上)	{:금·지}	<1>	소학4 : 48a3;
禁止({平,去}上)	{:금·지·ᄒᆞ·여}	<1>	소학5 : 90b7;
禁止({平,去}上)	{:금·지·ᄒᆞ야}	<1>	소학5 : 81b9;
禁({平,去})	{:금·티}	<1>	소학6 : 131b1;
伋(入)	{·급}	<1>	소학1 : 1b1;
急(入)	{·급:홈}	<1>	소학6 : 59b9;
急(入)	{·급·디}	<1>	소학2 : 77b6;
急(入)	{·급·히}	<2>	소학5 : 26a1; 소학6 : 113b5;
急(入)	{·급히}	<1>	소학5 : 18b2;
急(入)	{·급ᄒᆞ·고}	<1>	소학5 : 117a2;
急(入)	{·급ᄒᆞ고}	<1>	소학5 : 24a1;
急遽(入去)	{·급·거}	<1>	소학6 : 121b4;
汲黯(入上)	{·급:암}	<4>	소학6 : 34a10; 35b8; 37a3; 37a10;
汲黯(入上)	{급암}	<1>	소학6 : 128b7;
及第(入去)	{급:뎨·ᄒᆞ야}	<1>	소학6 : 48a9;
及第(入去)	{급·뎨}	<1>	소학6 : 132a10;
及第(入去)	{급·뎨:홈}	<1>	소학5 : 92a5;
及第(入去)	{급·뎨ᄒᆞᆫ}	<1>	소학6 : 132b1;
矜莊(平平)	{궁장ᄒᆞ·며}	<1>	소학6 : 103a5;
冀(去)	{·긔}	<2>	소학4 : 34a10; 34b1;
記(去)	{·긔}	<1>	소학5 : 1b10;
記錄(去入)	{·긔·록}	<1>	소학1 : 10b7;
記錄(去入)	{·긔·록·ᄒᆞ·야}	<2>	소학5 : 2a2; 35a10;
記錄(去入)	{·긔·록ᄒᆞᆫ}	<3>	소학1 : 2a2; 소학2 : 9a9; 38a1;
記錄(去入)	{·긔·록ᄒᆞᆯ·디니라}	<1>	소학5 : 22a5;
機(平)	{·긔}	<1>	소학5 : 90b8;
箕(平)	{긔}	<1>	소학4 : 24b3;
箕子(平上)	{긔·ᄌᆞ}	<6>	소학4 : 24a10; 24b3; 24b5; 25b3; 25b9; 26a9;
琦(平)	{긔}	<1>	소학6 : 61b4;
夔(平)	{기}	<1>	소학1 : 10a5;
起居(上平)	{·긔거·ᄒᆞ시ᄂᆞᆫ}	<1>	소학4 : 11b10;
奇傑(平入)	{:긔·걸:호·ᄃᆡ}	<1>	소학2 : 74b7;
奇傑(平入)	{:긔·걸ᄒᆞ·고}	<1>	소학2 : 74a6;
奇別(平入)	{긔·별}	<3>	소학5 : 100b2; 소학6 : 46b3; 46b5;
奇異(平去)	{긔·이ᄒᆞ·다}	<1>	소학6 : 68a8;
奇特(平入)	{긔·특·고}	<1>	소학6 : 114b9;
奇特(平入)	{긔·특·이}	<1>	소학6 : 106a4;

奇特(◱◲) {긔·특이} <1> 소학6 : 54a5;
奇特(◱◲) {긔·특ᄒᆞᆫ} <2> 소학6 : 117a8; 121b9;
器具(◳◳) {·긔구} <2> 소학6 : 81a9; 81b3;
器局(◳◲) {·긔·국} <1> 소학6 : 9b8;
器物(◳◲) {·긔·믈} <2> 소학6 : 20b9; 88b8;
器之(◳◱) {·긔지} <1> 소학6 : 48a8;
譏弄(◱◳) {긔:롱} <2> 소학5 : 21a5; 소학6 : 128b6;
譏弄(◱◳) {긔:롱·ᄒᆞ거·늘} <1> 소학6 : 50a2;
譏弄(◱◳) {긔:롱ᄒᆞ·며} <1> 소학5 : 11a1;
譏弄(◱◳) {긔·롱·ᄒᆞ·야} <1> 소학5 : 48a10;
譏弄(◱◳) {긔·롱ᄒᆞ니·라} <1> 소학6 : 128b7;
氣象(◳◰) {·긔·샹} <3> 소학5 : 94a3; 94a3; 94a4;
氣色(◳◲) {·긔·식} <1> 소학6 : 18b3;
氣運(◳◳) {·긔:운} <1> 소학5 : 70b6;
氣運(◳◳) {·긔·운} <10> 소학2 : 9a10; 9b1; 39b2; 소학3 : 11b10; 25b6; 55b1; 소학5 : 9a2; 65b10; 104b4; 소학6 : 122a7;
氣運(◳◳) {·긔·운내·욤} <1> 소학3 : 6a8;
氣運(◳◳) {·긔운} <6> 소학2 : 21b7; 소학3 : 7a8; 소학5 : 23b1; 23b10; 77a7; 소학6 : 48b8;
氣運(◳◳) {·끠·운} <1> 소학2 : 16b1;
氣運(◳◳) {긔운} <1> 소학2 : 3a6;
氣絶(◳◲) {·긔·졀·ᄒᆞ·엿다·가} <1> 소학6 : 29b2;
氣質(◳◲) {·긔·질} <1> 소학5 : 111a1;
期約(◱◲) {긔·약·ᄒᆞ·야} <1> 소학5 : 31b9;
期必(◱◲) {긔·필·티} <1> 소학6 : 120a5;
忌日(◳◲) {·긔·일} <1> 소학5 : 40b10;
既醉篇(◳◳◱) {·긔:취편} <1> 소학4 : 54b4;
吉(◲) {·길:흉} <1> 소학5 : 27a9;
吉(◲) {·길·ᄒᆞᆫ} <2> 소학3 : 19b6; 20a4;
吉(◲) {·길ᄒᆞ·고} <1> 소학3 : 2a8;
吉(◲) {·길ᄒᆞ·며} <2> 소학5 : 90b9; 소학6 : 86b7;
吉(◲) {·길ᄒᆞᆫ} <4> 소학5 : 27b10; 28a8; 29b1; 29b4;
吉事(◲◳) {·길:ᄉᆞ} <1> 소학5 : 81b6;
金(◱) {금} <7> 소학1 : 10b2; 소학6 : 81b2; 83b8; 98b9; 105a3; 114a5; 115a2;
金蘭(◱◱) {금난} <1> 소학5 : 22b10;
金銀(◱◱) {금은} <1> 소학6 : 132a8;
羅仲素(◱◳◳) {라:듕:소} <1> 소학5 : 38a3;
癩疾(◳◲) {:라·질} <1> 소학4 : 31b9;

駱賓王(◲◱◱) {·락빈왕} <1> 소학6 : 110a10;
洛陽(◲◱) {·락양} <1> 소학6 : 33a6;
諾(◲) {·락·디} <1> 소학2 : 15b5;
諾(◲) {·락:홈} <2> 소학2 : 14a9; 14b1;
難({◱,◳}) {:난} <1> 소학4 : 42a7;
亂(◳) {:란} <1> 소학4 : 28a9;
蘭(◱) {란} <1> 소학2 : 13b3;
赧然(◰◱) {·난연·히} <1> 소학5 : 106a9; [49]
欒共子(◱◳◰) {란공·ᄌᆞ} <1> 소학2 : 73a10;
蘭草(◱◰) {난·초} <2> 소학5 : 23a1; 28a6;
覽(◰) {:람} <4> 소학6 : 64b5; 64b6; 65a1; 65a2;
南唐(◱◱) {남당} <1> 소학6 : 99b2;
南省(◱◰) {남·ᄉᆡᆼ} <2> 소학6 : 118a10;
南陽(◱◱) {남양} <1> 소학5 : 99a2;
南容(◱◱) {남용} <1> 소학4 : 42b6;
南齊(◱◱) {남졔} <1> 소학6 : 27b6;
南朝(◱◱) {남됴} <1> 소학5 : 21b4;
南清河(◱◱◱) {남쳥하} <1> 소학6 : 63b3;
南海(◱◰) {남:ᄒᆡ} <1> 소학6 : 110b10;
男子(◱◰) {남·ᄌᆞ} <1> 소학2 : 48b1;
男便(◱{◱,◳}) {남:편} <3> 소학6 : 74b10; 75a1; 75a2;
藍田(◱◱) {남뎐} <1> 소학6 : 16a2;
郎(◱) {랑} <1> 소학6 : 33b8;
郎中令(◱{◱,◳}{◱,◳}) {랑듕·령} <1> 소학6 : 79a6;
郎廳(◱◱) {랑텽} <2> 소학6 : 116a1; 116a3;
狼籍(◱◲) {랑·젹} <1> 소학5 : 117b6;
狼籍(◱◲) {랑·젹ᄒᆞ·며} <1> 소학5 : 117b5;
內史(◳◰) {:ᄂᆡ:ᄉᆞ} <4> 소학6 : 79a7; 80a5; 80a10; 80b2;
內則(◳◲) {:ᄂᆡ·측} <1> 소학1 : 3a5;
內則(◳◲) {:ᄂᆡ·측} <7> 소학2 : 2a1; 12a3; 16b6; 19a3; 21b6; 24b3; 50a2;
乃終(◰◱) {:내·죵} <2> 소학2 : 76b8; 76b10;
乃終(◰◱) {:내죵:내} <1> 소학5 : 25a10;
乃終(◰◱) {:내죵·내} <3> 소학4 : 37a2; 소학6 : 37a1; 97b8;
乃終(◰◱) {:내죵·애} <2> 소학6 : 29b4; 65b8;
乃終(◰◱) {:내죵내} <2> 소학6 : 47a9; 51a9;
乃終(◰◱) {·내·죵·애} <1> 소학5 : 99a2;

---

49) ※106b1～107a10은 인쇄된 부분이 아니고 손으로 써넣은 부분이다. 방점자료로는 부적합하다고 판단되어 자료에서 빼어버렸다.

한자	음	빈도	출전
乃終(◰◱)	{·내죵·과}	<1>	소학5 : 9b6;
乃終(◰◱)	{내죵}	<1>	소학6 : 58a9;
來日(◱◲)	{ᄂᆡ·일}	<2>	소학5 : 114b5; 115a2;
來日(◱◲)	{ᄂᆡ일}	<1>	소학5 : 114b7;
亮(◳)	{·냥}	<1>	소학5 : 15a1;
梁(◱)	{량}	<2>	소학5 : 21b3; 소학6 : 56b9;
兩親(◰◱)	{:냥친}	<2>	소학4 : 16a9; 소학5 : 56b1;
厲公(◳◱)	{:녀공}	<1>	소학4 : 50a7;
閭(◱)	{려}	<2>	소학2 : 22a6; 소학2 : 22a6;
呂舍人(◰◳◱)	{:려:샤인}	<1>	소학5 : 112a1;
呂(◰)	{:녀}	<1>	소학4 : 28a1;
呂(◰)	{:려}	<1>	소학6 : 121b1;
呂氏(◰◰)	{:녀·시}	<1>	소학6 : 6b2;
呂氏(◰◰)	{:려·시}	<3>	소학5 : 57a1; 114b4; 소학6 : 16a2;
呂滎公(◰◱◱)	{:려형공}	<4>	소학6 : 1b2; 5b6; 49b8; 76a9;
呂滎公(◰◱◱)	{려형공}	<1>	소학5 : 94a1;
癘疫(◳◲)	{:녀·역}	<1>	소학6 : 68b2;
癘疫(◳◲)	{:려·역}	<1>	소학6 : 67a10;
歷歷(◲◲)	{·력·력·히}	<1>	소학5 : 22a4;
廬陵王(◱◱◱)	{녀릉왕}	<1>	소학5 : 46b8;
年號(◱{◱,◳})	{년:호}	<6>	소서 : 3a5; 소학6 : 29b3; 60b8; 65b8; 67a10; 89b8;
年號(◱{◱,◳})	{년·호}	<3>	소학6 : 31b2; 91a9; 104a1;
然後(◱◰)	{연:후·에}	<2>	소학3 : 19a4; 19a6;
然後(◱◰)	{연:후·에·ᅀᅡ}	<1>	소학5 : 57a6;
連(◱)	{련·ᄒᆞ·야}	<1>	소학5 : 113a10;
烈女(◲◰)	{·렬·녀}	<1>	소학2 : 44b6;
烈女傳(◲◰{◱,◳})	{·렬·녀:뎐}	<1>	소학1 : 2a2;
列士(◲◰)	{·녈:ᄉᆞ}	<1>	소학4 : 45b10;
濂溪(◱◱)	{렴계}	<1>	소학5 : 83b3;
念慮(◳◳)	{:렴:려티}	<1>	소학6 : 82b9;
廉恥(◱◰)	{렴:티}	<1>	소학6 : 14a3;
厭(◳)	{:염ᄒᆞ·디}	<2>	소학3 : 24b8; 24b9;
令({◱,◳})	{·령}	<3>	소학6 : 27b7; 85b4; 105a2;
令({◱,◳})	{·령}	<1>	소학6 : 29a10;
令({◱,◳})	{·령·이며}	<1>	소학6 : 110b8;
令女({◱,◳}◰)	{:령·녀}	<6>	소학6 : 56a1; 56a4; 56a5; 57a3; 57a5; 58a5;
令女({◱,◳}◰)	{:령녀}	<1>	소학6 : 55b7;
令尹({◱,◳}◰)	{:령·윤}	<3>	소학4 : 52b1; 52b2; 52b5;

令尹闈({◱,◳}◰◱) {:령·윤위} <1> 소학4 : 52b1;
靈公(◱◱) {령공} <4> 소학4 : 29a10; 29a10; 29b3; 29b3;
靈芝(◱◱) {령지} <1> 소학5 : 28a5;
禮(◰) {·례} <63> 소제 : 1a6; 1b1; 소학1 : 5a1; 5b6; 7a7; 15a3; 15a8; 소학2 : 8b1; 17b9; 32b5; 42b7; 47b8; 49a6; 49a6; 49b5; 50a2; 58a4; 63a6; 74a10; 75a4; 소학3 : 4a4; 4a5; 4a6; 6b4; 9a2; 9a9; 19a3; 19b5; 소학4 : 6a1; 6a2; 6a4; 29b8; 30a5; 51b1; 51b2; 소학5 : 27b10; 28a1; 28a2; 28a2; 42b2; 47a9; 47a10; 88a4; 88a5; 88a6; 88a6; 88a7; 89b4; 90a5; 105b6; 소학6 : 3a5; 8b8; 10a10; 11a10; 12b1; 29b1; 29b7; 88a10; 103a6; 104a7; 104a10; 107b8; 112b1;
禮(◰) {·례·예} <1> 소학5 : 21a1;
禮(◰) {·례다·온} <1> 소학6 : 16a5;
禮(◰) {·례로} <1> 소학1 : 10b9;
禮(◰) {례·예} <1> 소학4 : 35b2;
禮記(◰◳) {·례·긔} <12> 소학2 : 9a9; 11b1; 15b4; 36b3; 40a5; 47b8; 72a3; 소학3 : 11b1; 16a7; 17b5; 22a5; 26b1;
禮記(◰◳) {·례긔} <1> 소학5 : 111b2;
禮記篇(◰◳◱) {·례·긔편} <2> 소학1 : 3a5; 12b7;
禮記篇(◰◳◱) {·례·긔편} <8> 소학1 : 8a1; 8a7; 15a8; 소학2 : 25a5; 63b1; 소학3 : 9a1; 19a2; 소학5 : 86b9;
禮記篇(◰◳◱) {·례긔편} <1> 소학2 : 25b4;
禮度(◰◳) {·녜·도} <1> 소학5 : 49a8;
禮度(◰◳) {·례:도} <2> 소학2 : 59a10; 소학6 : 54b10;
禮度(◰◳) {·례·도} <17> 소학1 : 10b7; 12b10; 13a1; 소학2 : 9a9; 46a7; 소학3 : 7a6; 27a9; 27a10; 소학4 : 13b1; 소학5 : 39b10; 40b5; 41a2; 43a9; 68a6; 소학6 : 34b9; 54b1; 86b3;
禮度(◰◳) {·례·도:홈} <1> 소학6 : 38a10;
禮度(◰◳) {·례도} <1> 소학6 : 130a8;
禮貌(◰◳) {·녜모·ᄒᆞ시·며} <1> 소학3 : 15b9;
禮貌(◰◳) {·례·모} <1> 소학1 : 5a2;
禮物(◰◲) {·례·믈} <2> 소학2 : 45a5; 47b10;
禮物(◰◲) {·례·믈ᄒᆞ·디} <1> 소학5 : 63b3;
禮法(◰◲) {·례·법} <2> 소학5 : 34a7; 81b1;
禮讓(◰◳) {·례:양} <1> 소학6 : 14a4;

禮義(◰◳)	{·례:의}	<6>	소학3 : 9a2; 9a5; 9a9; 소학4 : 50b9; 소학5 : 34b5; 41a8;
禮義(◰◳)	{·례:의}	<3>	소학5 : 43b4; 92b5; 소학6 : 14b6;
禮節(◰◲)	{·례·졀}	<4>	소학1 : 11b3; 소학2 : 16a4; 소학3 : 28a1; 소학5 : 5a2;
禮節(◰◲)	{례·졀}	<1>	소학6 : 90a5;
怒(◰)	{:노:홈}	<2>	소학2 : 23a9; 소학5 : 61b2;
怒(◰)	{:노·케}	<1>	소학6 : 102b3;
怒(◰)	{:노·호옴·올}	<1>	소학4 : 37b5;
怒(◰)	{:노·ᄒᆞ·거시·든}	<3>	소학4 : 20a8; 20b1; 20b3;
怒(◰)	{:노·ᄒᆞ·샤}	<1>	소학6 : 35b4;
怒(◰)	{:노·ᄒᆞ·야}	<6>	소학4 : 26b3; 소학6 : 19b7; 23b3; 40a3; 40b1; 42a4;
怒(◰)	{:노·ᄒᆞ야}	<2>	소학2 : 22a7; 소학6 : 62b3;
怒(◰)	{:노ᄒᆞ·고}	<1>	소학5 : 18b4;
怒(◰)	{:노ᄒᆞ·면}	<1>	소학5 : 61b5;
怒(◰)	{:노ᄒᆞᆫ}	<1>	소학5 : 77a7;
怒(◰)	{:로}	<1>	소학5 : 84a6;
怒(◰)	{:로·ᄒᆞ·ᄂᆞᆫ}	<1>	소학4 : 19a4;
怒(◰)	{:로·호·옴·애}	<1>	소학3 : 5b7;
怒號(◰{◱,◳})	{:로·호}	<1>	소학3 : 5b7;
魯(◰)	{·노}	<3>	소학4 : 23a9; 35a7; 35a8;
魯(◰)	{·로}	<2>	소학4 : 44b2; 소학6 : 78b6;
魯公(◰◱)	{·로공}	<1>	소학5 : 19b4;
老聃(◰◱)	{:로담}	<1>	소학6 : 109b1;
老萊子(◰◱◰)	{:로ᄅᆡ·ᄌᆞ}	<1>	소학4 : 16a9;
老氏(◰◰)	{·노·시}	<1>	소학5 : 119a2;
老莊(◰◱)	{:로장}	<1>	소학6 : 109b1;
奴婢(◱◰)	{노:비}	<1>	소학6 : 20b4;
盧氏(◱◰)	{로·시}	<4>	소학6 : 46a8; 59a1; 59a6; 59b7;
盧照隣(◱◳◱)	{로:죠린}	<1>	소학6 : 110a10;
路車(◳◱)	{:로거}	<1>	소학6 : 77a7;
路馬(◳◰)	{:로:마}	<1>	소학6 : 77a7;
祿(◲)	{녹}	<1>	소학6 : 84b10;
祿(◲)	{·녹}	<3>	소학6 : 8b3; 34b8; 77a4;
祿(◲)	{·녹}	<2>	소학6 : 34b8; 77a4;
祿(◲)	{·록}	<3>	소학4 : 48b3; 소학5 : 20b1; 79a6;
祿(◲)	{·록}	<5>	소학6 : 91b3; 93b3; 100b5; 110b6; 111a10;
祿俸(◲◳)	{·녹·봉}	<1>	소학5 : 80b6;

祿俸(◲◳)	{·록:봉}	<2>	소학6 : 47a10; 115a2;
祿俸(◲◳)	{·록·봉}	<4>	소학6 : 114a4; 128b3; 128b9; 129a4;
論難({◱,◳}{◱,◳})	{:론:난홀}	<1>	소학5 : 113b6;
論語({◱,◳}{◰,◳})	{론:어}	<14>	소학2 : 38a1; 41a6; 65a5; 소학3 : 13a5; 13b7; 15b1; 16b3; 21a7; 24b8; 소학5 : 43b3; 109b4; 110a3; 110b5; 110b9;
雷同(◱◱)	{뢰동·티}	<1>	소학2 : 60b3;
淖齒(◳◰)	{:뇨:치}	<1>	소학4 : 33b6;
了翁(◰◱)	{:료옹}	<1>	소학5 : 38b4;
龍伯高(◱◲◱)	{룡·빅고}	<1>	소학5 : 12b10;
類(◳)	{:뉴}	<2>	소학5 : 18a6; 99b8;
類(◳)	{:류}	<4>	소학3 : 26b6; 소학6 : 6b5; 107a7; 110b5;
類(◳)	{:뉴}	<1>	소학5 : 99b8;
類(◳)	{:류}	<6>	소학5 : 5a10; 7a6; 22a3; 소학6 : 5b10; 10a1; 57a1;
類(◳)	{·류}	<1>	소학2 : 36a4;
流(◱)	{류}	<1>	소학5 : 60a8;
劉(◱)	{류}	<1>	소학4 : 50a6;
劉(◱)	{류}	<1>	소학6 : 123a1;
劉康公(◱◱◱)	{류강공}	<1>	소학4 : 50a6;
劉公(◱◱)	{류공}	<3>	소학6 : 123a4; 123b5; 124a8;
劉寬(◱◱)	{류관}	<1>	소학6 : 102b1;
劉器之(◱◳◱)	{류·긔지}	<2>	소학6 : 48a8; 123a1;
劉湛(◱◳)	{류팀}	<1>	소학5 : 47a2;
劉先主(◱◱◰)	{류션·쥬}	<1>	소학5 : 99a4;
劉氏(◱◰)	{류·시}	<2>	소학6 : 30b9; 31b5;
劉安(◱◱)	{뉴안}	<1>	소학4 : 14a3;
劉安禮(◱◱◰)	{류안·례}	<1>	소학5 : 59a2;
劉子(◱◰)	{류·ᄌᆞ}	<1>	소학4 : 50b7;
劉表(◱◰)	{류·표}	<1>	소학6 : 84b6;
庾黔婁(◰◱◱)	{:유검루}	<1>	소학6 : 27b6;
庾袞(◰◰)	{:류:곤}	<1>	소학6 : 67b1;
柳開(◰◱)	{:류ᄀᆡ}	<1>	소학5 : 72b10;
柳公綽(◰◱◲)	{:류공·쟉}	<2>	소학6 : 93b10; 111b8;
柳玭(◰◱)	{:류변}	<4>	소학5 : 16a7; 소학6 : 26a9; 114b5; 126b2;
柳氏(◰◰)	{:류·시}	<1>	소학6 : 98b6;
柳仲郢(◰◳◰)	{:류:듕:령}	<1>	소학6 : 112b1;
六經(◲◱)	{·륙경}	<1>	소학5 : 111b2;
陸績(◲◲)	{·륙·젹}	<1>	소학5 : 5a4; 5a5;

蓼莪篇(◲◱◱)	{·륙아편}	<1>	소학6 : 24b5;
律(◲)	{·률}	<1>	소학1 : 10b1;
鷅(◲)	{·률}	<1>	소학4 : 43b6;
理(◰)	{:리}	<1>	소제 : 3a10;
利(◳)	{:리}	<2>	소학2 : 31b4; 5 : 61a3;
鯉(◰)	{:리}	<4>	소학4 : 5b1; 5b5; 5b10; 6a3;
鯉魚(◰◱)	{:리어}	<1>	소학6 : 22b1;
能(◱)	{·능·히}	<1>	소학6 : 128b10;
能(◱)	{능:홈}	<1>	소학4 : 40a5;
能(◱)	{능·티}	<2>	소학4 : 40a5; 51a1;
能(◱)	{능·히}	<89>	소학1 : 3b4; 3b5; 10b3; 15b8; 15b9; 소학2 : 30a7; 31a9; 33a5; 42b3; 44a5; 76b10; 소학3 : 1b7; 3a9; 3a10; 소학4 : 3a7; 6b10; 12a2; 14a10; 19b8; 21b9; 22a2; 22a5; 22a6; 34b5; 48b8; 48b9; 53b5; 53b7; 53b10; 소학5 : 3b1; 3b2; 3b4; 3b5; 4a9; 8b6; 9a4; 15b7; 15b8; 22a2; 41a7; 42b8; 43b3; 47a9; 47a9; 51a9; 57a7; 58a6; 61b6; 65b10; 71a2; 71a9; 73b3; 75b10; 76b2; 86a2; 91b6; 108a3; 108a6; 108a6; 110b8; 소학6 : 5a6; 20b2; 30b10; 32b9; 37a8; 43a6; 46b2; 52a8; 52a9; 54b6; 62b7; 66a2; 68a10; 68b2; 75a6; 89b10; 90a8; 91a5; 91a6; 91b1; 100a9; 101b7; 117b3; 117b5; 120a5; 129a4; 129a5; 129a7; 131b1;
能(◱)	{능히}	<1>	소학6 : 68a9;
能(◱)	{능호}	<2>	소학4 : 51a1; 소학6 : 13b7;
利(◳)	{:리}	<5>	소제 : 1a5; 소학6 : 8b3; 10a1; 111a9; 119b10;
利(◳)	{:리·로}	<1>	소학6 : 15a10;
利(◳)	{:리·케}	<2>	소학5 : 104a6; 105a6;
利(◳)	{:리·ᄒᆞ거·든}	<1>	소학5 : 16b5;
利(◳)	{:리·ᄒᆞᆫ}	<1>	소학6 : 121b7;
利(◳)	{:리ᄒᆞ·며}	<2>	소학5 : 36a4; 100b1;
利(◳)	{:리ᄒᆞᆫ}	<1>	소학5 : 102a8;
利(◳)	{:리ᄒᆞᆯ}	<1>	소학5 : 82a8;
利慾(◳◲)	{:니·욕}	<1>	소학5 : 28b8;
理(◰)	{:리}	<5>	소학5 : 91b4; 115a8; 소학6 : 12a8; 17a3; 66a5;
理勝(◰{◱,◳})	{:리:승·케}	<1>	소학6 : 9a3;

李(⌜)	{:리}	<1>	소학6 : 127a4;
李君行(⌜⌞{⌞,⌝})	{:리군횡}	<1>	소학6 : 45a6;
李昉(⌜⌜)	{:리방}	<1>	소학6 : 100b1;
李相(⌜({⌞,⌝})	{:리·샹}	<1>	소학6 : 100b1; <이정승>
李氏(⌜⌜)	{:리·시}	<2>	소학6 : 87b1; 87b7;
李氏(⌜⌜)	{리시}	<1>	소학6 : 87b6;
李勣(⌜⌟)	{:리·젹}	<1>	소학6 : 73a1;
離間({⌞,⌝}{⌞,⌝})	{리:간ᄒᆞ·며}	<2>	소학4 : 49a8; 49a9;
里門(⌜⌞)	{:리·문}	<1>	소학6 : 80b5;
里門(⌜⌞)	{:리문}	<1>	소학6 : 19b8;
吏部(⌝⌜)	{:리·부}	<1>	소학6 : 72a2;
吏師齋(⌝⌞⌞)	{:리ᄉᆞ지}	<1>	소학6 : 15b4;
麟德(⌞⌟)	{린덕}	<1>	소학6 : 89b8;
臨({⌞,⌝})	{림·ᄒᆞ·샤}	<1>	소학4 : 22a3;
林宗(⌞⌞)	{림종}	<2>	소학6 : 106a7; 106a10;
立春(⌟⌞)	{·립츈}	<1>	소학5 : 40b9;
袒(⌜)	{:단}	<1>	소학6 : 29b7;
袒括(⌜⌟)	{:단·괄ᄒᆞᆫ}	<1>	소학6 : 29b6;
丹(⌞)	{단}	<1>	소학5 : 69b1;
短命(⌜⌝)	{:단:명:홈}	<1>	소학5 : 94a8;
短命(⌜⌝)	{:단:명ᄒᆞ·며}	<1>	소학5 : 62b8;
短命(⌜⌝)	{:단·명ᄒᆞ·리}	<1>	소학5 : 63a2;
端木(⌞⌟)	{단·목}	<1>	소학2 : 66a4;
端正(⌞{⌞,⌝})	{단:졍·티}	<1>	소제 : 3b10;
端正(⌞{⌞,⌝})	{단:졍·히}	<2>	소학6 : 4a6; 112b2;
端正(⌞{⌞,⌝})	{단:졍ᄒᆞ·고}	<1>	소학6 : 14a2;
端正(⌞{⌞,⌝})	{단:졍ᄒᆞ·며}	<3>	소학1 : 2b9; 소학4 : 2b8; 소학5 : 32a6;
端正(⌞{⌞,⌝})	{단:졍ᄒᆞᆫ}	<1>	소학5 : 21b1;
端正(⌞{⌞,⌝})	{단·졍·히}	<1>	소학6 : 122a5;
端正(⌞{⌞,⌝})	{단·졍ᄒᆞ·고}	<1>	소학5 : 96a8;
丹書(⌞⌞)	{단셔}	<1>	소학3 : 2a7;
丹粧(⌞⌞)	{단장}	<2>	소학6 : 54a9; 116a1;
丹州(⌞⌞)	{단·쥬}	<1>	소학6 : 95b10;
達(⌟)	{·달·ᄒᆞᆫ}	<1>	소학4 : 13a4;
膽(⌜)	{:담}	<1>	소학5 : 82b4;
湛(⌞)	{담}	<1>	소학6 : 104a6;
湛(⌝)	{팀}	<2>	소학5 : 47a3; 47a8;
澹臺({⌞,⌜}⌞)	{담ᄃᆡ}	<1>	소학4 : 41a9;
淡泊({⌞,⌜,⌝}⌟))	{:담·박·ᄒᆞ야사}	<1>	소학5 : 97b6;
淡然({⌞,⌜,⌝}⌞))	{:담연·ᄒᆞ·야}	<1>	소학6 : 121b10;

禫祭(◰◳)	{:담:졔ᄒᆞ·고}	<2>	소학5 : 44b6; 44b6;
答(◲)	{·답·ᄒᆞ·야}	<1>	소학4 : 53b1;
當({◱,◳})	{:당·ᄒᆞ야}	<1>	소학6 : 50b6;
當({◱,◳})	{·당·ᄒᆞ샤}	<1>	소학3 : 21b5;
當({◱,◳})	{·당·ᄒᆞ야}	<1>	소학3 : 21a2;
當({◱,◳})	{당·티}	<2>	소학2 : 51a9; 소학5 : 11b8;
當({◱,◳})	{당·ᄒᆞ·야}	<3>	소학5 : 62a4; 97a5; 99a2;
當({◱,◳})	{당·ᄒᆞ·여·셔}	<1>	소학5 : 59b7;
當({◱,◳})	{당·ᄒᆞ·연ᄂᆞᆫ}	<2>	소학5 : 60a5; 61b2;
當面({◱,◳}◳)	{당:면·ᄒᆞ야}	<1>	소학5 : 45b8;
當世({◱,◳}◳)	{당셰}	<1>	소학5 : 17a3;
當身({◱,◳}◱)	{당신}	<1>	소학6 : 77a4;
黨(◰)	{·당}	<3>	소학1 : 8a8; 8a8; 소학2 : 22a5;
堂(◱)	{당}	<5>	소학2 : 37b7; 39b1; 소학3 : 10b2; 소학4 : 17a1; 소학5 : 73a3;
堂(◱)	{당·에}	<2>	소학5 : 26b6; 소학6 : 69a7;
唐(◱)	{당}	<21>	소학5 : 16a7; 82b4; 83a5; 소학6 : 7a7; 8b1; 26a10; 46a7; 59a1; 60b6; 73a1; 88a2; 89b7; 89b8; 91a1; 91a8; 93b10; 98b3; 110b1; 111a8; 114b6; 126b3;
唐夫人(◱◱◱)	{당부인}	<1>	소학6 : 26b3;
唐虞(◱◱)	{당우}	<1>	소학6 : 35b3;
代(◳)	{:두어:ᄃᆡ}	<1>	소학6 : 100b2;
代(◳)	{:ᄃᆡ}	<4>	소학2 : 54b5; 54b6; 소학5 : 48b1; 소학5 : 70a5;
代(◳)	{:ᄃᆡ}	<1>	소학5 : 69b1;
代(◳)	{:ᄃᆡ·ᄒᆞ·야}	<1>	소학5 : 69a9;
代(◳)	{:ᄃᆡ·ᄒᆞ욤}	<1>	소학6 : 28b5;
代(◳)	{:ᄃᆡᄒᆞ·거시·든}	<1>	소학2 : 12b6;
代宗(◳◱)	{:ᄃᆡ종}	<1>	소학6 : 60b8;
對(◳)	{:ᄃᆡ:홈}	<1>	소학6 : 12a9;
對(◳)	{:ᄃᆡ·ᄂᆞᆫ}	<1>	소서 : 1a9;
對(◳)	{:ᄃᆡ·ᄒᆞ·야}	<1>	소학6 : 4a6;
對(◳)	{:ᄃᆡ·ᄒᆞ·야·셔}	<1>	소학6 : 120b3;
對(◳)	{:ᄃᆡ·ᄒᆞ여·셔}	<1>	소학6 : 77b2;
對(◳)	{:ᄃᆡ·ᄒᆞ여쇼·ᄃᆡ}	<1>	소학6 : 106a2;
對(◳)	{:ᄃᆡᄒᆞ·며}	<2>	소서 : 1a9; 소제 : 2b10;
對(◳)	{:ᄃᆡᄒᆞ며}	<1>	소학5 : 7b2;
對答(◳◲)	{:ᄃᆡ:답:홈}	<1>	소서 : 1a9;
對答(◳◲)	{:ᄃᆡ·답}	<2>	소학5 : 96b8; 소학6 : 57a8;

對答(◳◲) {:디·답:호·딕} <1> 소학6 : 90a2;
對答(◳◲) {:디·답:홀·디니·라} <2> 소학2 : 59a4; 61b6;
對答(◳◲) {:디·답:홈} <5> 소서 : 1a9; 소학2 : 58a4; 58b3; 63a5; 소학3 : 11a7;
對答(◳◲) {:디·답·디} <3> 소학2 : 57b1; 소학3 : 9b7; 소학6 : 40a3;
對答(◳◲) {:디·답·하·여} <1> 소학6 : 35b1;
對答(◳◲) {:디·답·ᄒᆞ:야} <1> 소학6 : 101b4;
對答(◳◲) {:디·답·ᄒᆞ·신} <1> 소학5 : 110b7;
對答(◳◲) {:디·답·ᄒᆞ·야} <6> 소학4 : 5b3; 소학4 : 12a8; 소학6 : 23b2; 41b10; 42b1; 72a8;
對答(◳◲) {:디·답·ᄒᆞ·올} <1> 소학2 : 36b6;
對答(◳◲) {:디·답·ᄒᆞ야} <3> 소학4 : 19b7; 소학6 : 50b10; 107b3;
對答(◳◲) {:디·답게} <1> 소학1 : 3b6;
對答(◳◲) {:디·답디} <1> 소학6 : 108a3;
對答(◳◲) {:디·답ᄒᆞ·고} <4> 소학1 : 3b6; 소학2 : 14a9; 14b1; 15b5;
對答(◳◲) {:디·답ᄒᆞ·며} <2> 소학2 : 6b8; 60b10;
對答(◳◲) {:디답·ᄒᆞ야} <1> 소학6 : 50a3;
大綱(◳◱) {:대강} <1> 소학5 : 40b5;
大綱(◳◱) {·대강} <1> 소학5 : 20a2;
大槩(◳◳) {:대:개} <1> 소학6 : 14b5;
大闕(◳◲) {:대·궐} <1> 소학6 : 33b4;
大闕門(◳◲◱) {:대·궐·문} <1> 소학6 : 77a6;
大闕門(◳◲◱) {:대·궐문} <5> 소학2 : 38b7; 소학4 : 29b2; 29b2; 29b8; 소학6 : 33b7;
大鈞(◳◱) {:대균} <1> 소학6 : 16a2;
戴嬀(◳◱) {·디귀} <1> 소학4 : 47b5;
大連(◳◱) {:대련} <1> 소학4 : 22b3;
大明(◳◱) {:대·명} <1> 소학6 : 29b3;
大文(◳◱) {:대문} <1> 소범 : 1b3;
大防(◳◱) {:대방} <1> 소학6 : 16a2;
大夫(◳◱) {·태·우} <14> 소학2 : 69b3; 71a8; 73a10; 74a5; 소학3 : 14a7; 14a8; 26b2; 소학4 : 30b8; 33a2; 34a10; 35a7; 35a8; 39b3; 39b3;
大夫(◳◱) {·태우} <6> 소학1 : 6b4; 소학2 : 28a10; 31a1; 66b1; 소학4 : 30a3; 소학5 : 59b1;
大夫(◳◱) {대·우} <1> 소학4 : 40b3;
大夫(◳◱) {태·우} <1> 소학4 : 34b10;
大司徒(◳◱◱) {:대ᄉᆞ도} <1> 소학1 : 10b7;
大祥(◳◱) {:대샹} <1> 소학5 : 51a5;
大祥祭(◳◱◳) {:대샹:졔ᄒᆞ·고} <1> 소학5 : 44a10;

大小斂(◳◰◳) {:대:쇼렴} <1> 소학5 : 50a2;
大舜(◳◳) {:대:슌} <1> 소학4 : 10a6;
大臣(◳◱) {:대신} <3> 소학2 : 43a1; 소학5 : 45a6; 소학6 : 33b4;
大禹(◳◰) {:대:우} <1> 소학6 : 109a1;
大人(◳◱) {:대인} <1> 소학3 : 15a2;
大臨(◳{◱,◳}) {:대림} <1> 소학6 : 16a2;
大將軍(◳{◱,◳}◱) {:대쟝군} <1> 소학6 : 37b10;
大丈夫(◳◰◱) {:대:댱부} <1> 소학5 : 99b9;
大抵(◳◰) {:대:뎌ᄒᆞᆫ·디} <1> 소학5 : 95a4;
大抵(◳◰) {:대:뎨ᄒᆞᆫ·디} <1> 소학5 : 75b8;
大抵(◳◰) {:대·뎌ᄒᆞᆫ·디} <1> 소학5 : 112a2;
大抵(◳◰) {:대·뎨ᄒᆞᆫ·디} <1> 소학5 : 61a2;
大抵(◳◰) {·대·뎌} <1> 소학6 : 100b9;
大宗(◳◱) {:대종며·느·리} <1> 소학2 : 20b5;
大宗(◳◱) {:대종아·ᄃᆞᆯ} <2> 소학2 : 20b5; 20b7;
大廳(◳◱) {:대텽} <2> 소학5 : 41a1; 소학6 : 127a6;
大廳(◳◱) {·대텽} <2> 소학6 : 127a9; 127a10;
大祝(◳◲) {:대·츅} <1> 소학6 : 127a10;
大忠(◳◱) {:대튱} <1> 소학6 : 16a2;
大夏(◳◳) {:대:하} <1> 소학1 : 5b7;
大學(◳◲) {:대·ᄒᆞᆨ} <1> 소학5 : 109a10;
大賢(◳◱) {:대현} <3> 소학5 : 2b6; 5b10; 83b3;
大賢(◳◱) {·대현} <1> 소학5 : 7a2;
待賓齋(◰◱◱) {:ᄃᆡ빈지} <1> 소학6 : 15b4;
待接(◰◲) {:ᄃᆡ·졉:홈} <1> 소학5 : 3b2;
待接(◰◲) {:ᄃᆡ·졉:호·ᄃᆡ} <1> 소학6 : 108a5;
待接(◰◲) {:ᄃᆡ·졉:홈} <6> 소학4 : 34b2; 소학5 : 57a4; 75a1; 소학6 : 64b6; 119b9; 122a7;
待接(◰◲) {:ᄃᆡ·졉·디} <2> 소학5 : 47a10; 60a6;
待接(◰◲) {:ᄃᆡ·졉·ᄒᆞ·샤} <1> 소학4 : 21b10;
待接(◰◲) {:ᄃᆡ·졉·ᄒᆞᄂᆞᆫ} <2> 소학2 : 19a5; 소학6 : 15b4;
待接(◰◲) {:ᄃᆡ·졉ᄒᆞ·고} <1> 소학6 : 95a2;
待接(◰◲) {:ᄃᆡ·졉ᄒᆞ·기} <1> 소학6 : 103a8;
待接(◰◲) {:ᄃᆡ·졉ᄒᆞ·라} <1> 소학2 : 38a2;
待接(◰◲) {:ᄃᆡ·졉ᄒᆞ·며} <1> 소학5 : 69a9;
待接(◰◲) {:ᄃᆡ·졉ᄒᆞᆯ} <1> 소학6 : 85b10;
待制(◰◳) {:ᄃᆡ:졔} <1> 소학6 : 48a9;
待制(◰◳) {:ᄃᆡ졔} <2> 소학6 : 5b6; 6a2;
德(◲) {:덕·을} <1> 소학5 : 117b8;
德(◲) {·덕} <30> 소제 : 3b2; 소학1 : 11a2; 13b10; 소학2 :

			29b6; 32b3; 48a3; 54a7; 67a9; 소학3 : 19b8; 20a6; 20b4; 소학4 : 2b9; 34b4; 34b5; 34b6; 소학5 : 1b5; 1b9; 5a6; 5a8; 15a4; 63b2; 80a10; 95b3; 96b7; 소학6 : 5a3; 13a4; 13a7; 16a4; 54b2; 106b2;
德(◲)	{덕}	<1>	소학6 : 104a5;
德(◲)	{덕·에}	<1>	소학5 : 109b2;
德公(◲◱)	{·덕공}	<1>	소학6 : 84b4;
德業(◲◲)	{·덕·업}	<1>	소학6 : 11b1;
德義(◲◳)	{·덕:의}	<1>	소학5 : 17b7;
德宗(◲◱)	{·덕종}	<1>	소학6 : 91a9;
德行(◲{◱,◳})	{·덕:힝}	<2>	소학3 : 19a7; 소학5 : 85a2;
度(◳)	{:도·티}	<1>	소학6 : 113b1;
度(◳)	{:도눈}	<1>	소학6 : 113b1;
道(◰)	{:도}	<33>	소제 : 1a5; 소학1 : 1b4; 1b4; 6a10; 8b10; 소학2 : 24a7; 29a1; 31b4; 43a1; 49a8; 53a10; 65b10; 71a5; 71a7; 71a8; 73b10; 소학3 : 6a5; 22b1; 소학4 : 14a10; 18b7; 36b8; 소학5 : 41b7; 63a10; 85a1; 95b2; 119a1; 119a2; 119b10; 120a9; 120b9; 소학6 : 12a7; 12b6; 14a5;
度牒(◳◲)	{:도·텹}	<1>	소학6 : 113b1;
道(◰)	{:도인ᄂᆞ·ᄃᆡ}	<1>	소학3 : 7b9;
道(◰)	{·도}	<2>	소서 : 1b2; 소학6 : 59a3;
稻(◰)	{·도}	<1>	소학4 : 42b6;
盜(◳)	{도·죽}	<1>	소학5 : 73b2;
盜(◳)	{도죽}	<1>	소학4 : 43b8;
盜(◳)	{도죽·질}	<1>	소학2 : 55a6;
盜(◳)	{도죽ᄒᆞᆫ}	<1>	소학4 : 61a4;
盜賊(◳◲)	{:도·적}	<3>	소학5 : 34a9; 소학6 : 18a7; 47b2;
盜賊(◳◲)	{도·적}	<8>	소학6 : 18a10; 18b4; 59a7; 59b6; 60b8; 61a6; 61a8; 65b10;
陶侃(◱◳)	{도:간}	<1>	소학6 : 106b10;
道德(◰◲)	{:도·덕}	<1>	소학6 : 15a9;
道流(◰◱)	{:도:류}	<1>	소학6 : 113b1;
道流(◰◱)	{:도류}	<1>	소학6 : 113b2;
道理(◰◰)	{:도:리}	<6>	소학5 : 3b10; 5b1; 82a9; 86a4; 112a5; 114b7;
道理(◰◰)	{:도·리}	<13>	소학4 : 54b5; 소학5 : 17a1; 17b4; 20b1; 42b10; 59b1; 62a10; 62b10; 66b4; 66b10;

			소학6 : 14b8; 55a1; 90a1;
道士(上上)	{:도·亽}	<1>	소학5 : 56a1;
逃亡(平平)	{도망·ᄒᆞ·야}	<2>	소학4 : 38a8; 소학6 : 18a8;
逃亡(平平)	{도망·ᄒᆞ다·가}	<1>	소학6 : 65b10;
逃亡(平平)	{도망ᄒᆞᆫ·대}	<1>	소학4 : 38a9;
陶淵明(平平平)	{도연명}	<1>	소학6 : 85b4;
都邑(平入)	{도·읍·ᄒᆞ엿던이라}	<1>	소학6 : 25a8;
都轉運使(平{上,去}去{上,去})	(도:뎐:운:亽}	<1>	소학6 : 6a4;
都轉運使(平{上,去}去{上,去})	(도:뎐:운亽}	<1>	소학6 : 6a3;
獨(入)	{·독·혀}	<1>	소학5 : 75a2;
篤實(入入)	{·독·실:홈}	<1>	소학4 : 51b5;
篤實(入入)	{·독·실·히}	<1>	소학6 : 19b3;
篤實(入入)	{·독·실ᄒᆞ·고}	<1>	소학5 : 96a2;
篤實(入入)	{·독·실ᄒᆞᆫ}	<1>	소학6 : 22b7;
敦$_1$ (去)	{:ᄃᆡ}	<1>	소학2 : 6a7; 6a8;
敦$_1$ (平)	{돈}	<1>	소학5 : 11a1;
敦$_1$ 篤(平入)	{돈·독}	<1>	소학5 : 12a6;
敦$_1$ 篤(平入)	{돈·독:홈}	<1>	소학4 : 51b4;
敦$_1$ 篤(平入)	{돈·독ᄒᆞ·며}	<1>	소학5 : 12b10;
敦$_1$ 頤(平平)	{돈이}	<1>	소학5 : 83b4;
動(上)	{:동·ᄒᆞᄂᆞᆫ}	<1>	소학5 : 22b2;
動箴(上平)	{:동좀}	<1>	소학5 : 91b2;
董(上)	{동}	<1>	소학6 : 91a2;
董生(上平)	{:동ᄉᆡᆼ}	<4>	소학6 : 91a9; 92a2; 93b1; 93b5;
董生(上平)	{·동ᄉᆡᆼ}	<1>	소학6 : 92b7;
董生行(上平{平,去})	{:동ᄉᆡᆼᄒᆡᆼ}	<1>	소학6 : 91a2;
董仲舒(上去平)	{:동:듕셔}	<1>	소학5 : 82a7;
東(平)	{동}	<1>	소학2 : 41b6;
東(平)	{동녁)	<3>	소학4 : 4b7; 22b6; 소학6 : 29b4;
東(平)	{동녁·크·로}	<1>	소학6 : 91a4;
東(平)	{동녁·킈}	<1>	소학6 : 94b8;
東階(平平)	{동계}	<2>	소학2 : 68b4; 69a6;
東關(平平)	{동관}	<1>	소학6 : 23a9;
東宮(平平)	{동궁}	<4>	소학4 : 47b2; 소학6 : 34b1; 42a10; 44b3;
東漢(平去)	{동:한}	<8>	소학5 : 10b10; 소학6 : 18a5; 19b2; 101b3; 102b1; 103a5; 104b10; 105b10;
同官(平平)	{동관}	<2>	소학2 : 45b3; 소학5 : 57a3;
同官(平平)	{동관즈·음}	<1>	소학5 : 78a2;
同年(平平)	{동년}	<2>	소학6 : 48a9; 132b2;
同類(平去)	{동:뉴}	<2>	소학2 : 33b3; 33b5;

同類(◱◳)	{동:류}	<1>	소학6 : 105b10;
同生(◱◱)	{동싱}	<4>	소학5 : 43b10; 소학6 : 20b2; 21a2; 46a9;
同姓(◱◳)	{동:셩}	<5>	소학1 : 11a8; 12a4; 소학2 : 45b7; 소학6 : 32b7; 47a6;
同列(◱◲)	{동·렬}	<1>	소학5 : 108b6;
同州(◱◱)	{동쥬}	<1>	소학6 : 31b5;
洞洞(◳◳)	{:동:동ᄒᆞ·며}	<2>	소학2 : 9b4; 소학4 : 14a8;
童蒙訓(◰◱◳)	{동몽:훈}	<4>	소학5 : 57a1; 59b7; 78a2; 114b4;
桐栢山(◱◲◱)	{동·빅산}	<1>	소학6 : 91a3;
冬至(◱◳)	{동·지}	<1>	소학5 : 40b8;
豆(◳)	{·두}	<1>	소학4 : 4a7;
頭巾(◱◱)	{두건}	<1>	소학6 : 116a8;
杜季良(◰◳◱)	{·두:계량}	<1>	소학5 : 13a10;
竇氏(◳◰)	{·두·시}	<2>	소학6 : 60b6; 114b8;
屯田郎中(◱◱◱{◱,◳})	{둔뎐랑듕}	<1>	소학6 : 46a9;
得(◲)	{·득·디}	<1>	소학4 : 10a3;
得(◲)	{·득디}	<2>	소학5 : 14a3; 14a6;
得臣(◲◱)	{·득신}	<1>	소학4 : 47b3;
鄧伯道(◳◲◰)	{등·빅:도}	<1>	소학6 : 66b5;
鄧攸(◳◱)	{:등유}	<1>	소학6 : 65b7;
麻袋(◱◳)	{ᄆᆞᄃᆡ}	<2>	소학2 : 30a5; 30a5;
馬援(◰{◱,◳})	{:마:원}	<2>	소학5 : 10b10; 24a2;
馬希聲(◰◱◱)	{:마희셩}	<1>	소학5 : 48a7;
幕(◲)	{·막}	<3>	소학6 : 19b6; 19b8; 24a9;
幕下(◲{◰,◳})	{·막·하}	<1>	소학6 : 112a1;
萬年(◳◱)	{:만년}	<1>	소학3 : 20a7;
萬物(◳◲)	{:만·믈}	<1>	소학2 : 49a6;
萬民(◳◱)	{:만민}	<2>	소학1 : 10b9; 12a2;
萬分(◳{◱,◳})	{:만:분}	<1>	소서 : 3a1;
萬石君(◳◲◱)	{:만:셕군}	<1>	소학6 : 77a4;
萬石君(◳◲◱)	{·만·셕군}	<7>	소학6 : 77a4; 77a9; 78b4; 79a8; 79b3; 80a6; 80a9;
萬世(◳◳)	{:만:셰}	<1>	소학2 : 47b8;
萬二千五百(◳◳◱◰◲)	{:만:이쳔:오·빅집}	<1>	소학1 : 10b8;
萬一(◳◲)	{:만·일}	<35>	소범 : 3a2; 소학2 : 4b5; 4b6; 12a9; 13b6; 14a3; 15a4; 15a8; 19b8; 21b9; 68b6; 소학3 : 16a7; 소학5 : 8b6; 11b6; 36a6; 36a8; 36b10; 37a1; 37a10; 43b1; 51a7; 51a9; 57a7; 61b5; 62a7; 67a3; 68a8; 76b3; 80b2; 99b4; 소학6 : 39b7; 40b4; 46b4; 47b1;

			60a1;
萬章(◳◱)	{:만쟝}	<2>	소학4 : 7a9; 37b1;
亡(◱)	{망ᄒᆞ·린·뎌}	<1>	소학4 : 44b2;
亡滅(◱◲)	{망·멸ᄒᆞ·고}	<1>	소학5 : 29a2;
亡滅(◱◲)	{망·멸ᄒᆞ·며}	<1>	소학3 : 2a9;
妄悖(◳◳)	{:망:패·ᄒᆞ·야}	<1>	소학6 : 82b8;
妄佞(◳◳)	{:망·녕되:욤}	<1>	소학5 : 90b7;
妄佞(◳◳)	{:망·녕}	<1>	소학6 : 42b3;
妄佞(◳◳)	{:망·녕도·이}	<1>	소학5 : 56b2;
妄佞(◳◳)	{:망·녕된}	<2>	소학5 : 56a3; 120a10;
望望(◳◳)	{:망:망·히}	<1>	소학4 : 23b2;
每事({◰,◳}◳)	{:ᄆᆡ:ᄉᆞ}	<2>	소학2 : 19a5; 소학6 : 1b10;
每樣({◰,◳}{◰,◳})	{:ᄆᆡ:양}	<5>	소학5 : 117b9; 소학6 : 24a9; 64b9; 70b10; 71a6;
每樣({◰,◳}{◰,◳})	{:ᄆᆡ·양}	<8>	소학6 : 28b4; 29b2; 33b7; 74a1; 79a9; 98b9; 99a4; 99b3;
每樣({◰,◳}{◰,◳})	{:ᄆᆡ양}	<8>	소학5 : 47b8; 소학6 : 22a4; 22b6; 29b6; 87b4; 101b6; 111b9; 111b10;
每樣({◰,◳}{◰,◳})	{·ᄆᆡ·양}	<1>	소학6 : 94b9;
每日({◰,◳}◲)	{:ᄆᆡ·일}	<4>	소학5 : 26b4; 113a3; 113a9; 113b3;
埋葬(◱◳)	{ᄆᆡ:장}	<2>	소학6 : 29b5; 100b7;
孟軻(◳◱)	{:ᄆᆡᆼ가})	<1>	소학4 : 3b9;
孟賁(◳◱)	{:ᄆᆡᆼ분})	<1>	소학6 : 37a8;
孟子(◳◰)	{:ᄆᆡᆼ·ᄌᆞ}	<27>	소학1 : 8b9; 소학2 : 1a10; 34a10; 44a2; 56b4; 65b9; 67a7; 소학3 : 67b7; 소학4 : 1b4; 3b10; 4a2; 4a5; 4a8; 4b7; 7a9; 7b1; 15a2; 37b3; 40b9; 소학5 : 8b3; 8b6; 9b7; 11b7; 38a5; 109b4; 110a3; 110b9;
孟子(◳◰)	{·ᄆᆡᆼ·ᄌᆞ}	<1>	소학5 : 97b8;
盟誓(◱◳)	{ᄆᆡᆼ:셰·ᄒᆞ·야}	<1>	소학6 : 31b4;
盟誓(◱◳)	{ᄆᆡᆼ:셰·ᄒᆞ·엿더·니}	<1>	소학6 : 55b10;
盟誓(◱◳)	{ᄆᆡᆼ·셰ᄒᆞ·니·라}	<1>	소학4 : 36a4;
萌兆(◱◰)	{ᄆᆡᆼ:됴}	<1>	소학5 : 62b9;
免(◰)	{:면:홈}	<2>	소학4 : 24a4; 소학6 : 44a7;
免(◰)	{:면·티}	<4>	소범 : 1b2; 소학3 : 3b5; 소학4 : 1b8; 52b3;
免(◰)	{:면ᄒᆞ·린뎌}	<1>	소학5 : 72a3;
冕(◰)	{:면ᄒᆞ·니}	<1>	소학3 : 15b7;
勉勵(◰◳)	{:면·려·ᄒᆞ·야}	<1>	소학6 : 107a6;
滅(◲)	{·멸ᄒᆞᆯ·디라}	<1>	소학6 : 42b2;

滅明(◲◱)	{멸명}	<1>	소학4 : 41a9;
命(◳)	{:명}	<20>	소제 : 3b1; 소학1 : 6b4; 소학2 : 12a4; 37a3; 37b7; 38b3; 40a10; 63b3; 64a2; 소학4 : 38a7; 50b9; 50b10; 51b10; 소학5 : 26a4; 35a9; 35b1; 107b1; 소학6 : 24a5; 31b8; 48b6;
命(◳)	{:명·으로}	<1>	소학2 : 47a7;
命(◳)	{:명·을}	<1>	소학2 : 46b2; 46b6;
命(◳)	{:명·티}	<3>	소학2 : 20a5; 소학6 : 70a7; 86b4;
命(◳)	{:명·ᄒᆞ·샤}	<1>	소학2 : 41b10;
命(◳)	{:명·ᄒᆞ·야}	<10>	소학1 : 9b2; 소학2 : 15b4; 46a7; 46b5; 47a7; 소학4 : 12a7; 소학6 : 2a10; 11a10; 22b6; 109a8;
命(◳)	{:명·ᄒᆞ신}	<3>	소학1 : 1b3; 소학2 : 36b6; 소학5 : 36a2;
命(◳)	{:명·ᄒᆞ신·대·로}	<1>	소학6 : 54b5;
命(◳)	{:명·ᄒᆞ야}	<2>	소학1 : 10a5; 10a5;
命(◳)	{:명ᄒᆞ·야}	<1>	소학6 : 95a6;
命(◳)	{:명ᄒᆞᆫ}	<1>	소학6 : 71a4;
命婦(◳◰)	{:명·부}	<1>	소학4 : 45b9;
銘(◱)	{명}	<1>	소학5 : 95b10;
明道(◱◰)	{명:도}	<11>	소학5 : 5b10; 31b7; 58b4; 59a2; 85b9; 118a9; 119a1; 소학6 : 10b9; 16b10; 122a5; 122b2;
明道(◱◰)	{명·도}	<1>	소학5 : 7a2;
明府(◱◰)	{명·부}	<1>	소학6 : 104a4;
明哲(◱◲)	{명·텰ᄒᆞᆫ}	<1>	소학5 : 91b2;
名望(◱◳)	{명:망}	<1>	소학6 : 109b6;
牟(◱)	{모}	<2>	소학2 : 6a7; 6a8;
髦(◱)	{모}	<2>	소학2 : 2a5; 4b2;
矛盾(◱◰)	{모·슌}	<1>	소학6 : 123b9;
毛詩(◱◱)	{모시}	<12>	소제 : 3a3; 소학1 : 2b6; 5a8; 12b9; 13a2; 소학2 : 76b9; 소학4 : 24a1; 54a5; 54b4; 소학5 : 1b2; 111b2; 소학6 : 24b1;
毛詩抑篇(◱◱◲◱)	{모시·억·편}	<1>	소학4 : 42b7;
毛詩篇(◱◱◱)	{모시편}	<3>	소학3 : 18a7; 소학5 : 21a4; 75b5;
毛詩篇(◱◱◱)	{모시·편}	<2>	소학4 : 6a10; 36a3;
模樣(◱{◰,◳})	{모:양}	<3>	소학3 : 5b5; 11b1; 16b7;
茅容(◱◱)	{모용}	<1>	소학6 : 105b10;
茅鴟(◱◱)	{모치}	<2>	소학5 : 21a3; 21a4;
冒忝(◳◰)	{:모·텸·ᄒᆞ·야}	<1>	소학6 : 132a10;

耄荒(◳◱) {모:황훈} <1> 소제 : 4b2;
木(◲) {·목} <1> 소학1 : 10b2;
穆伯(◲◲) {·목·빅} <1> 소학4 : 46b5;
牧使(◲{◰,◳}) {·목:ᄉᆞ} <1> 소학6 : 3b10;
牧使(◲{◰,◳}) {목ᄉᆞ} <1> 소학6 : 91b1;
沐浴(◲◲) {·목·욕} <1> 소학2 : 52a4; 소학6 : 79a9;
沐浴(◲◲) {·목·욕·곰는} <1> 소학2 : 50b7;
沐浴(◲◲) {·목·욕ᄒᆞ·고} <1> 소학2 : 36b4;
沐浴(◲◲) {·목·욕ᄒᆞ·디} <1> 소학2 : 50b7;
巫堂(◱◱) {:무당} <2> 소학5 : 55b10; 60a6;
無道(◱◰) {무:도·히} <1> 소학6 : 64b6;
無禮(◱◰) {무·례·ᄒᆞ거·늘} <1> 소학5 : 45b7;
無禮(◱◰) {무·례·히} <1> 소학2 : 19b2;
無知(◱{◱,◳}) {무디} <1> 소제 : 2a8;
無知(◱{◱,◳}) {무디·ᄒᆞ·야} <1> 소학6 : 66b5;
無恤(◱◲) {무·휼} <1> 소학4 : 30b7;
武穆(◰◲) {:무·목} <1> 소학5 : 48a8;
武城(◰◱) {:무셩} <1> 소학4 : 41a7;
武安侯(◰◱◱) {:무안후} <1> 소학6 : 34b6;
武王(◰◱) {:무왕} <7> 소학3 : 2a7; 소학4 : 12a10; 12b4; 13a3; 13a4; 27b8; 28a9;
武帳(◰◳) {:무:댱} <1> 소학6 : 38a5;
武帝(◰◳) {:무:뎨} <4> 소학5 : 46b8; 46b9; 소학6 : 34b2; 67a10;
茂叔(◳◲) {:무·슉} <1> 소학5 : 83b4;
茂才(◳◱) {·무지} <1> 소학6 : 105a1;
戊寅年(◳◱◱) {:무인년} <2> 소범 : 1a9; 3a3;
墨氏(◲◰) {·묵·시} <1> 소학5 : 119a2;
門(◱) {문:젼} <2> 소학2 : 39a1; 소학4 : 35b1;
門(◱) {문} <38> 소학1 : 4a10; 소학2 : 10a5; 37a10; 47a6; 50a5; 52b4; 53b3; 54a1; 68a3; 68a4; 68b3; 68b4; 소학3 : 4a10; 10b10; 소학4 : 11a6; 21a1; 22a7; 33a5; 33a6; 34b7; 35a10; 42a7; 42b3; 소학5 : 22b1; 25a7; 73b1; 109b2; 120b8; 소학6 : 61b5; 80a5; 89b7; 91b3; 91b4; 104a3; 104a7; 108a5; 112a1; 117b7;
門人(◱◱) {문인} <3> 소학6 : 24b4; 49a8; 116a6;
門弟子(◱{◰,◳}◰) {문:뎨·ᄌᆞ} <1> 소학4 : 23b10;
門弟子(◱{◰,◳}◰) {문·뎨·ᄌᆞ} <1> 소학4 : 17a3;
文公(◱◱) {문공} <3> 소학4 : 34b3; 34b9; 43b5;
文寧(◱◱) {문령} <4> 소학6 : 55b5; 55b6; 55b6; 56b9;

文伯(◱◲)	{문·빅}	<2>	소학4 : 44a9; 46b5;
文叔(◱◲)	{문·슉}	<2>	소학6 : 55b4; 55b7;
文王(◱◱)	{문왕}	<15>	소학4 : 2a7; 2b10; 3a3; 11a4; 11a9; 12a1; 12a2; 12a10; 12b4; 12b5; 12b6; 12b7; 14a4; 14a7; 39a7;
文子(◱◰)	{문·ᄌᆞ}	<2>	소학4 : 52a10; 52a10;
文字(◱◳)	{문·ᄌᆞ}	<2>	소학5 : 62a6; 111a6;
文章(◱◱)	{문쟝}	<1>	소학6 : 9a2;
文節(◱◲)	{문·졀}	<1>	소학6 : 128a9;
文節公(◱◲◱)	{문·졀공}	<1>	소학6 : 128a9;
文正(◱{◱,◳})	{문:졍}	<3>	소학5 : 79a1; 소학6 : 118a9; 127a4;
文定(◱◳)	{문:뎡}	<1>	소학5 : 31b6;
文正公(◱{◱,◳}◱)	{문:졍공}	<4>	소학5 : 80a4; 소학6 : 118a9; 119a4; 127a4;
文帝(◱◳)	{문:뎨}	<2>	소학5 : 45b8; 47b6;
文中子(◱{◱,◳}◰)	{문듕·ᄌᆞ}	<2>	소학5 : 63a9; 소학6 : 126a3;
文彩(◱◰)	{문:ᄎᆡ}	<1>	소학4 : 55b1;
文忠公(◱◱◱)	{문튱공}	<1>	소학6 : 4a1;
文獻皇后(◱◳◱◰)	{문:헌황:후}	<1>	소학5 : 47b7;
問安(◳◱)	{:문안}	<1>	소학6 : 70a5;
問安(◳◱)	{:문안ᄒᆞ·단}	<1>	소학6 : 19b8;
聞喜宴({◱,◳}◰◳)	{문:희:연}	<1>	소학6 : 132b10;
物(◲)	{·믈}	<12>	소제 : 2a8; 소학5 : 1b3; 1b7; 28a4; 58b5; 59a6; 89a10; 90a2; 소학6 : 12a7; 117a9; 117a10; 117b1;
微(◱)	{미}	<1>	소학4 : 27a3;
微妙(◱◳)	{미:묘ᄒᆞᆫ}	<1>	소학5 : 119b9;
微細(◱◳)	{미:셰ᄒᆞᆫ}	<1>	소학6 : 5b8;
微子(◱◰)	{미·ᄌᆞ}	<1>	소학4 : 27a3;
微賤(◱◳)	{미:쳔ᄒᆞᆫ}	<1>	소학6 : 41b6;
微賤(◱◳)	{미:쳔ᄒᆞᆫ·디라}	<1>	소학6 : 54a10;
迷劣(◱◲)	{미·렬·코}	<1>	소학5 : 119a5;
迷惑(◱◲)	{미·혹:홈}	<1>	소학5 : 75a4;
憫惘(◰◰)	{·민망:홈}	<1>	소학5 : 69a10;
憫惘(◰◰)	{·민망·히}	<1>	소학5 : 25a6;
閔王(◰◱)	{·민왕}	<1>	소학4 : 33b7;
閔子騫(◰◰◱)	{·민·ᄌᆞ건}	<1>	소학4 : 15b10;
敏捷(◰◲)	{·민·쳡·ᄒᆞ·야}	<1>	소학6 : 107b7;
敏捷(◰◲)	{·민·쳡ᄒᆞ·며}	<1>	소학5 : 32a10;
蜜(◲)	{:밀}	<1>	소학5 : 48a1;
密(◲)	{·밀}	<2>	소학6 : 105a5; 105a8;

博(◲) {·박} <1> 소학5 : 34a10;
薄(◲) {·박·히} <1> 소학5 : 40a5;
薄(◲) {·박ᄒᆞ니} <1> 소학5 : 71b8;
薄(◲) {·박ᄒᆞᆫ} <1> 소학5 : 71b8;
半(◳) {:반·품} <1> 소학5 : 18b4;
半卷(◳{◱,◰,◳}) {·반:권} <1> 소학5 : 113b4;
潘起(◱◰) {반·긔} <1> 소학5 : 48a9;
盤床(◱◱) {반상} <1> 소학6 : 77b2;
叛逆(◳◲) {:반·역ᄒᆞᆫ} <1> 소학2 : 54b3;
發(◲) {·발:ᄒᆞᆷ} <1> 소학5 : 90b6;
發解(◲◰) {·발:히} <1> 소학6 : 118a10;
勃(◲) {·볼} <2> 소학6 : 110b5; 110b10;
勃然(◲◱) {·볼연·히} <1> 소학5 : 107b4;
房(◱) {견방} <1> 소학6 : 79a10;
房(◱) {방} <3> 소학2 : 5a2; 소학6 : 57a6; 59a6;
房(◱) {방:의} <1> 소학6 : 69b7;
房(◱) {방·의} <1> 소학6 : 86b6;
房門(◱◱) {방문} <1> 소학6 : 88a4;
房舍(◱◳) {방:샤} <2> 소학5 : 10b1; 소학6 : 6b4;
龐公(◱◱) {방공} <3> 소학6 : 84b4; 84b7; 85a2;
放肆(◳◳) {:방·ᄉᆞᄒᆞ·면} <1> 소학5 : 91a2;
放恣(◳◳) {:방·ᄌᆞ·히} <1> 소학5 : 51b3;
放縱(◳◱) {:방·쭁·히} <1> 소학2 : 34b8;
放縱(◳◱) {:방·쭁히} <1> 소학3 : 2b10;
放蕩(◳◰) {:방:탕:ᄒᆞᆷ} <1> 소학4 : 48b2;
放蕩(◳◰) {:방:탕·ᄒᆞ·거·늘} <1> 소학4 : 25a10;
放蕩(◳◰) {:방:탕ᄒᆞ·며} <1> 소학5 : 21a10;
放蕩(◳◰) {:방·탕ᄒᆞ·고} <1> 소학5 : 45b6;
放蕩(◳◰) {:방탕ᄒᆞ·며} <1> 소학5 : 21a10;
方所(◱◰) {방:소} <3> 소학2 : 11a2; 16a1; 소학5 : 71a1;
方所(◱◰) {방·소} <2> 소학1 : 4a1; 8a2;
方正(◱{◱,◳}) {:방·졍·히} <1> 소학6 : 88b10;
防牌(◱◱) {방패} <1> 소학6 : 123b9;
倍(◳) {:비·ᄒᆞ거·든} <1> 소학2 : 57b6;
倍(◳) {비홀거·시·니) <1> 소학5 : 56a10;
裵行儉(◱{◱,◳}◰) {비힝:검} <1> 소학6 : 110b2;
百(◲) {·빅} <2> 소학4 : 3a5; 소학5 : 97b10;
百官(◲◱) {·빅관} <1> 소학4 : 8a4;
百年(◲◱) {·빅년} <1> 소학2 : 76a2;
百里(◲◰) {·빅:리} <2> 소학2 : 54a2; 소학6 : 91a6;

百里(◲◰)	{·ᄇᆡᆨ·리}	<1>	소학5 : 5a9;
百姓(◲◳)	{·ᄇᆡᆨ:셩}	<28>	소학1 : 9b3; 12a10; 소학2 : 11b8; 29b7; 30a8; 소학3 : 4a10; 소학4 : 25b5; 26b1; 44b10; 45a3; 45a5; 52b4; 52b6; 52b6; 52b7; 소학5 : 1b3; 1b4; 34a2; 34a2; 57a5; 59a2; 59a3; 63a2; 92b6; 소학6 : 30b10; 49a9; 63b4; 75b6;
百姓(◲◳)	{·ᄇᆡᆨ:셩}	<1>	소학4 : 50b7;
百姓(◲◳)	{·ᄇᆡᆨ·셩}	<3>	소학2 : 73a10; 소학3 : 2b6; 소학6 : 9b10;
百姓(◲◳)	{·ᄇᆡᆨ셩}	<1>	소학5 : 120b1;
百(◲)	{·ᄇᆡᆨ·자·히·나}	<1>	소학6 : 61a3;
伯强(◲{◱,◰})	{·ᄇᆡᆨ강}	<2>	소학6 : 3b10; 4a1;
伯康(◲◱)	{·ᄇᆡᆨ강}	<2>	소학6 : 73b7; 73b8;
伯高(◲◱)	{·ᄇᆡᆨ고}	<1>	소학5 : 14a3;
伯魚(◲◱)	{·ᄇᆡᆨ어}	<1>	소학4 : 6a9;
伯玉(◲◲)	{·ᄇᆡᆨ·옥}	<2>	소학4 : 29b5; 30a7;
伯兪(◲{◱,◰})	{·ᄇᆡᆨ유}	<1>	소학4 : 19b4;
伯夷(◲◱)	{·ᄇᆡᆨ이}	<6>	소학4 : 27b8; 28a10; 38a4; 38a6; 38a7; 40b9;
伯興(◲{◱,◳})	{·ᄇᆡᆨ흥}	<1>	소학6 : 30a2;
白圭(◲◱)	{·ᄇᆡᆨ규}	<1>	소학4 : 42b7;
栢舟(◲◱)	{·ᄇᆡᆨ쥬}	<1>	소학4 : 36a3;
栢舟篇(◲◱◱)	{·ᄇᆡᆨ쥬편}	<1>	소학4 : 54a5;
膰(◱)	{번}	<1>	소학4 : 51b7;
番(◱)	{여·러·번}	<1>	소학2 : 63a1;
番(◱)	{:두·번}	<5>	소학3 : 20a4; 소학4 : 12b7; 소학5 : 67b1; 소학6 : 24a7; 32b1;
番(◱)	{:세·번}	<1>	소학4 : 27a6;
番(◱)	{·세·번}	<1>	소학4 : 27a8;
藩鎭(◱◳)	{번·딘}	<2>	소학6 : 112b4; 113b3;
繁華(◱{◱,◳})	{번화ᄒᆞᆫ}	<1>	소학6 : 121b8;
罰(◲)	{·벌}	<1>	소학6 : 16b3;
范(◰)	{:범}	<1>	소학6 : 119a4;
范魯公質(◰◰◱◲)	{:범·로공·질}	<1>	소학5 : 19b4;
范文正公(◰◱{◱,◳}◱)	{:범문:졍공}	<1>	소학5 : 79a1;
范益謙(◰◲◱)	{:범·익겸}	<1>	소학5 : 100a10;
范仲淹(◰◳◱)	{·범:듕엄}	<1>	소학5 : 31b8;
范忠宣公(◰◱◱◱)	{:범튱션공}	<1>	소학5 : 93a6;
范希文(◰◱◱)	{:범희문}	<1>	소학5 : 79a1;
犯(◰)	{:범:ᄒᆞᆷ}	<4>	소학2 : 72a4; 72b2; 72b9; 소학5 : 28b10;

犯(◰)	{:범·ᄒᆞ·야·든}	<1>	소학6 : 16b2;
犯(◰)	{·범·티}	<1>	소학6 : 18b4;
法(◲)	{:법·이}	<1>	소학4 : 52b5;
法(◲)	{·법}	<38>	소제 : 2b10; 소학1 : 1b5; 1b6; 13a9; 14a10; 소학2 : 29b7; 소학3 : 2a1; 소학4 : 1b7; 34b9; 46a5; 48a10; 50b10; 55a7; 55a8; 55a9; 소학5 : 1b3; 1b8; 28b10; 32b5; 32b5; 32b5; 52a4; 55a10; 59b8; 64a9;[50] 89b1; 91a3; 113a1; 소학6 : 14a2; 35b4; 62b5; 95a7; 97a9; 98b5; 100a10; 100b9; 103a6; 113b3;
法(◲)	{·법·ᄒᆞ야}	<1>	소학6 : 103b1;
法(◲)	{·법다·온}	<2>	소학2 : 30b6; 30b7;
法(◲)	{·법다온}	<1>	소학6 : 109b2;
法(◲)	{·법바·다}	<1>	소학2 : 60b5;
法(◲)	{·법받·디}	<1>	소학4 : 52b6;
法(◲)	{·법삼·아}	<1>	소학4 : 53b4;
法(◲)	{법·홀}	<1>	소학4 : 52b6;
法度(◲◳)	{·법:도}	<4>	소학2 : 30a5; 소학6 : 1b8; 5b9; 74b7;
法令(◲{◱,◳})[51]	{·법녕}	<1>	소학5 : 12b2;
法例(◲◳)	{·법·녜)	<1>	소범 : 3a6;
法條(◲◱)	{·법됴}	<1>	소학6 : 8b5;
法則(◲◲)	{·법·측}	<1>	소학3 : 19a10;
躄(◲)	{·벽}	<1>	소학6 : 107a2;
變(◳)	{:변:홈}	<2>	소학2 : 23a7; 23a8;
變(◳)	{:변·키}	<1>	소학5 : 50a10;
變(◳)	{:변·ᄒᆞ시·고}	<1>	소학6 : 35b5;
變色(◳◲)	{:변·식·ᄒᆞ시·며}	<1>	소학3 : 15b7;
變色(◳◲)	{:변·식·ᄒᆞ야}	<1>	소학3 : 16a8;
變化(◳◳)	{:변:화}	<1>	소학5 : 119b5;
邊方(◱◱)	{변방}	<1>	소학5 : 100b2;
辯爭(◰{◱,◳})	{:변·징}	<1>	소학3 : 14a9;
別例(◲◳)	{·별례}	<1>	소학5 : 80b5;
別室(◲◲)	{·별·실}	<1>	소학5 : 52b8;
別號(◲{◱,◳})	{·별:회}	<1>	소서 : 3a6;
別號(◲{◱,◳})	{·별·호}	<1>	소학5 : 83b3;

50) ※64b1~65a10은 인쇄가 아니고 손으로 써넣은 부분이다. 방점자료로는 부적합하다고 판단되어 자료에 넣지 않고 빼어버렸다.

51) '度'는 자전에 '도◳'와 '탁◲'으로 나타나지만, 《소학언해》에는 '도'로만 나타나기 때문에, 이 자료의 권발 표시에서는 ◳을 취하고 ◲은 버렸다.

病(◳)	{:병}	<34>	소학2 : 16a3; 23a3; 23a10; 23b5; 23b6; 33a2; 54b6; 55a6; 76b6; 소학3 : 8a6; 소학4 : 12b4; 23b10; 36b5; 36b10; 소학5 : 3a4; 4a1; 23b4; 23b4; 51a7; 51a8; 51a10; 53b1; 85b1; 96b10; 소학6 : 8b4; 22a5; 27a4; 27b8; 28a9; 36b10; 67b5; 68a1; 68a2; 79a9;
病(◳)	{:병·이}	<1>	소학6 : 101b10;
病(◳)	{:병·ᄒᆞ·야}	<1>	소학5 : 39a3;
病(◳)	{:병·ᄒᆞ·여}	<1>	소학2 : 41b6;
病(◳)	{:병·ᄒᆞ연·디}	<1>	소학6 : 36b10;
病(◳)	{:병·ᄒᆞ엿거·늘}	<1>	소학6 : 101b9;
病(◳)	{:병·ᄒᆞ엿거·든}	<1>	소학6 : 73a2;
病(◳)	{:병·ᄒᆞᆫ저·기}	<1>	소학6 : 97a10;
病(◳)	{:병도·이}	<1>	소학6 : 17b2;
病氣(◳◳)	{병긔}	<1>	소학6 : 67b2;
病勢(◳◳)	{:병·셰}	<1>	소학6 : 67b10;
兵難(◱{◱,◳})	{·병:난}	<1>	소학6 : 18b5;
兵難(◱{◱,◳})	{병:난}	<1>	소학6 : 29b4;
兵杖器(◱◰◳)	{병잠·기}	<1>	소학6 : 38a6;
幷州(◳◱)	{병쥬}	<1>	소학6 : 39a8;
普明(◰◱)	{:보명}	<2>	소학6 : 63b7; 64a3;
保全(◰◱)	{:보젼·티}	<2>	소학6 : 66a3; 117b5;
保全(◰◱)	{:보젼ᄒᆞ·니라}	<1>	소학6 : 18b6;
寶貝(◰◳)	{:보·비}	<1>	소학6 : 117a8;
寶貨(◰◳)	{:보:화}	<3>	소학2 : 13a2; 34b5; 소학6 : 117b3;
袱(◲)	{보·호로}	<1>	소학5 : 48a1;
服(◲)	{·복}	<3>	소학3 : 19b7; 20a5; 소학5 : 43b10;
服(◲)	{복}	<1>	소학3 : 20b3;
服行(◲{◱,◳})	{·복·힝·ᄒᆞ·야}	<2>	소학2 : 72a6; 72b4;
服行(◲{◱,◳})	{·복힝·ᄒᆞ·야}	<1>	소학2 : 73a1;
福(◲)	{·복}	<5>	소학3 : 19b9; 20a7; 소학4 : 51a1; 소학5 : 5a8; 55a2;
福(◲)	{복}	<1>	소학5 : 107b3;
福慶(◲◳)	{·복:경}	<1>	소학3 : 20b5;
復戶(◲◰)	{복:호ᄒᆞ야}	<1>	소학6 : 53a3;
幞頭冠帶(◲◱{◱,◳}◳)	{복두관:ᄃᆡ}	<1>	소학5 : 42b5;
僕射(◲◳)	{·복:야}	<2>	소학6 : 33b9; 73a2;
伏罪(◲◰)	{·복:죄·ᄒᆞ여·ᅀᅡ}	<1>	소학6 : 4a8;
本音(◰◱)	{·본음}	<1>	소범 : 3a2;

本中(上{平,去}) {·본듕} <1> 소학5 : 112a1;
本中(上{平,去}) {·본듕} <1> 소학5 : 57a1;
本證(上去) {본증} <1> 소학6 : 64a2;
本鄕(上平) {·본향} <4> 소학5 : 80a4; 소학6 : 54b9; 55b5; 104a2;
封(平) {봉·ᄒᆞ셔·늘} <1> 소학4 : 37b4;
封(平) {봉ᄒᆞ·니·라} <1> 소학5 : 19b5;
封(平) {봉ᄒᆞᆫ} <4> 소학4 : 50a6; 소학5 : 35a2; 소학6 : 1b4; 73a1;
封丘門(平平平) {봉구문} <1> 소학6 : 127a5;
奉禮(上上) {:봉·례} <1> 소학6 : 127a10;
奉養(上{上,去}) {:봉:양:호·디} <1> 소학4 : 15a7;
奉養(上{上,去}) {:봉:양:홀·디니} <1> 소학2 : 31b5;
奉養(上{上,去}) {:봉:양:홈} <6> 소학2 : 33a2; 72b3; 72b10; 소학4 : 15b1; 51b5; 소학5 : 24a8;
奉養(上{上,去}) {:봉:양·키} <1> 소학5 : 41a2;
奉養(上{上,去}) {:봉:양·홈} <1> 소학2 : 72a5;
奉養(上{上,去}) {:봉:양·ᄒᆞ·더시·니} <1> 소학4 : 12b6;
奉養(上{上,去}) {:봉:양·ᄒᆞ·야} <1> 소학5 : 20a4;
奉養(上{上,去}) {:봉:양·ᄒᆞ더·니} <1> 소학4 : 16a10;
奉養(上{上,去}) {:봉:양·ᄒᆞ실·시} <1> 소학4 : 15a3;
奉養(上{上,去}) {:봉:양·ᄒᆞᆫ다} <1> 소학4 : 15b2;
奉養(上{上,去}) {:봉:양ᄒᆞ·기} <1> 소학5 : 40a4;
奉養(上{上,去}) {:봉·양ᄒᆞ·거·를} <1> 소학6 : 128a10;
奉養(上{上,去}) {:봉·양ᄒᆞ기·를} <1> 소학6 : 128b4;
奉天(上平) {:봉텬} <1> 소학6 : 60b6;
裒(平) {·부} <1> 소학6 : 24a5;
裒(平) {·부} <3> 소학6 : 25a5; 25a6; 99b2;
婦(上) {·부} <2> 소학6 : 50b10; 51a6;
婦人(上平) {·부인} <5> 소학2 : 52b7; 53a8; 소학5 : 53a4; 73b2; 소학6 : 126a6;
傅輕(去平) {부경ᄒᆞ·고} <1> 소학5 : 6a2;
浮輕(平平) {부경ᄒᆞ고} <1> 소학6 : 110b5;
浮虛(平平) {부허·코} <1> 소학6 : 109b2;
富貴(去去) {:부:귀} <1> 소학5 : 80b2;
富貴(去去) {:부:귀·코·져} <1> 소학6 : 117b9;
富貴(去去) {:부:귀·ᄒᆞ·거든} <1> 소학2 : 55b5;
富貴(去去) {:부·귀ᄒᆞᆫ} <1> 소학5 : 97b7;
富貴(去去) {:부귀} <1> 소학5 : 79a10;
父母(上上) {·부:모} <85> 소학1 : 15b8; 소학2 : 2a1; 2a5; 2b5; 3a5; 5b2; 6a5; 6b7; 7b8; 11a1; 11a6; 11b1;

			12a4; 16b6; 16b8; 17a5; 17a8; 17a9; 17a10; 17b5; 17b7; 18b5; 18b6; 21a7; 21a8; 21a9; 21b6; 22a7; 23a3; 24b3; 24b4; 24b6; 28b9; 29a2; 31b5; 32a9; 34b2; 34b4; 34b6; 34b8; 34b10; 35b1; 35b2; 47a6; 47a8; 55a3; 소학3 : 20b10; 소학4 : 7b4; 8a7; 9b1; 9b10; 10a5; 10b1; 16a1; 18b1; 18b8; 19a1; 19a3; 20a8; 20b1; 20b3; 36a1; 소학5 : 11a4; 30b6; 30b7; 35a9; 36a5; 36a8; 38a7; 43b9; 44a7; 51a5; 52b3; 54a1; 56a8; 70b7; 소학6 : 2b3; 19b9; 22a5; 24b2; 47a7; 47a8; 67b3; 92a6; 104a9;
父母(◰◰)	{·부·모}	<2>	소학1 : 11a7; 소학6 : 93b3;
父母(◰◰)	{·부모}	<1>	소학2 : 3a5;
父母(◰◰)	{부:모}	<1>	소학2 : 4a1;
父子(◰◰)	{·부·ᄌᆞ}	<1>	소학1 : 9b4;
父兄(◰◱)	{·부형}	<6>	소학2 : 21a1; 소학3 : 15a5; 소학5 : 58a6; 92a6; 103b6; 소학6 : 67b5;
赴防(◳◱)	{·부방가:게}	<1>	소학6 : 50b6;
夫婦(◱◰)	{부·부}	<1>	소학1 : 9b4;
夫人(◱◱)	{부인}	<10>	소학4 : 29a10; 29b3; 29b4; 29b7; 45b7; 소학6 : 1b8; 6b2; 6b3; 6b6; 102b3;
夫人(◱◱)	{부인}	<1>	소학6 : 4b10;
夫子(◱◰)	{부·ᄌᆞ}	<4>	소학4 : 17a3; 18a9; 21b6; 21b9;
夫子(◱◰)	{부·ᄌᆞ}	<2>	소학4 : 22a2; 22a7;
夫妻(◱{◱,◳})	{부쳐}	<2>	소학6 : 84b5; 93b2;
符作(◱◲)	{:부·작}	<1>	소학5 : 56a1;
扶持(◱◱)	{부디·ᄒᆞ야}	<1>	소학5 : 51b8;
扶風(◱◱)	{부풍}	<1>	소학6 : 103b1;
蚡(◱)	{분}	<1>	소학6 : 34b9; 34b9;
不詳(◲◱)	{·블샹}	<2>	소학2 : 77a7; 77a10;
不肖(◲◳)	{·블·쵸:홈}	<1>	소학5 : 102b10;
不肖(◲◳)	{·블·쵸ᄒᆞ·고}	<1>	소학2 : 77a9;
不幸(◲◰)	{·블:ᄒᆡᇰ:홈}	<5>	소학4 : 36b7; 소학5 : 92a5; 92a6; 92a7; 92a8;
不幸(◲◰)	{·블:ᄒᆡᇰ·ᄒᆞ·야}	<1>	소학4 : 36b9;
不孝(◲◳)	{·블:효}	<7>	소학2 : 33b8; 34b1; 34b3; 34b5; 34b9; 36a5; 소학5 : 73b6;
不孝(◲◳)	{블:효}	<1>	소학2 : 35a1;
不孝(◲◳)	{블·효}	<1>	소학2 : 34b7;

不正(◱{◱,◳}) {·브·졍ᄒᆞ·고} <1> 소학5 : 17b6;
不足(◲◲) {·블·죡ᄒᆞᆫ} <1> 소제 : 3b3;
不足(◲◲) {·블·죡ᄒᆞᆫ·디} <1> 소학5 : 68b1;
不足(◲◲) {·블·죡·히} <2> 소학5 : 29b2; 29b4;
北宮(◲◱) {·븍궁} <1> 소학4 : 52a9;
北宮(◲◱) {븍궁} <1> 소학4 : 52a10;
北辰(◲◱) {·븍신} <1> 소학6 : 28b4;
北齊(◲◱) {·븍졔} <2> 소학6 : 63b3; 89b6;
北朝(◲◱) {·븍됴} <1> 소학5 : 55b9;
分({◱,◳}) {:분·만·ᄒᆞᆫ} <1> 소학6 : 109a3;
分明({◱,◳}◱) {분명·히} <1> 소학5 : 95b1;
分明({◱,◳}◱) {분명ᄒᆞᆷ} <1> 소학5 : 113a8;
分明({◱,◳}◱) {분명ᄒᆞ·니라} <1> 소학5 : 55b5;
分辨({◱,◳}◰) {:분:변ᄒᆞᆷ} <1> 소학5 : 119a4;
分辨({◱,◳}◰) {분:변ᄒᆞ·고} <1> 소학5 : 114b7;
分辨({◱,◳}◰) {분·변·ᄒᆞ·야} <1> 소학2 : 50a3;
分辨({◱,◳}◰) {분·변ᄒᆞ·며} <1> 소학5 : 32b1;
分別({◱,◳}◲) {분·별} <2> 소학5 : 16b6; 20b4;
分別({◱,◳}◲) {분·별:ᄒᆞᆯ·디니라} <1> 소학5 : 20b5;
忿怒(◰◰) {:분:로ᄒᆞ·며} <1> 소학5 : 23a2;
墳墓(◱◳) {분:묘} <1> 소학2 : 28a5;
奮發(◳◲) {:분·발·ᄒᆞ·야} <1> 소학5 : 107b4;
賁育(◱◲) {분·육} <1> 소학6 : 37a7;
粉紅(◰◱) {:분홍} <1> 소학3 : 21b1;
佛家(◲◱) {·불가} <1> 소학5 : 119a2;
朋友(◱◰) {붕·우} <1> 소학1 : 9b4;
比(◳) {:비·ᄒᆞᄂᆞ·니} <1> 소학5 : 39a5;
比(◳) {:비ᄒᆞ·리} <1> 소학6 : 26b1;
比(◳) {:비ᄒᆞ·면} <1> 소학5 : 71b7;
比干(◳◱) {:비간} <2> 소학4 : 26a8; 26b5;
譬(◳) {:비ᄒᆞᆫ} <1> 소학5 : 26a5;
譬(◳) {·비컨} <1> 소학5 : 12a10;
毗(◱) {·비} <1> 소학6 : 68a1;
肥(◱) {비} <1> 소학4 : 35a8;
毗(◱) {비} <1> 소학6 : 67b2;
非理(◱◰) {비:리} <1> 소학6 : 47b1;
非理(◱◰) {비리} <1> 소학6 : 64b10;
匕首(◰◰) {:비·슈} <1> 소학4 : 31a1;
淝水(◱◰) {비·슈} <1> 소학6 : 91a5;
篚(◰) {:비} <1> 소학2 : 51b8; 51b8;

賓王(◱◱)	{빈왕}	<1>	소학6 : 111a1;
貧賤(◱◳)	{빈:쳔ᄒᆞ·고}	<1>	소학2 : 55b5;
殯所(◳◰)	{:빙·소:홈}	<1>	소학4 : 23b1;
殯所(◳◰)	{:빙·소ᄒᆞ·며}	<1>	소학5 : 50a7;
殯所(◳◰)	{:빙·소ᄒᆞ고}	<1>	소학5 : 43b9;
聘禮(◳◰)	{:빙·례}	<1>	소학1 : 7b6;
聘禮(◳◰)	{:빙·례:홈}	<1>	소학5 : 63b8;
肆(◳)	{:ᄉᆞ}	<1>	소학3 : 18a7;
肆州(◳◱)	{:ᄉᆞ:쥬}	<1>	소학6 : 71a5;
肆夏(◳◳)	{:ᄉᆞ:하}	<1>	소학3 : 18a6;
社(◰)	{:샤}	<2>	소학2 : 30a7; 소학4 : 50a9;
社稷(◰◲)	{:샤·직}	<3>	소학2 : 30a7; 소학5 : 105a6; 소학6 : 37a10;
社祭(◰◳)	{:샤·졔}	<1>	소학4 : 46a2;
赦(◳)	{:샤·ᄒᆞ쇼·셔}	<1>	소학6 : 41b8;
赦(◳)	{:샤ᄒᆞ·시·다}	<1>	소학6 : 43b10;
士(◰)	{:ᄉᆞ}	<8>	소학2 : 31a9; 66b2; 69b3; 71a9; 소학3 : 19b5; 22b1; 26b3; 소학4 : 39b2;
士大夫(◰◳◱)	{:ᄉᆞ:대부}	<1>	소학5 : 40a3;
士大夫(◰◳◱)	{:ᄉᆞ:태우}	<1>	소학5 : 116b5;
士大夫(◰◳◱)	{:ᄉᆞ·태·위}	<1>	소학5 : 49a4;
士大夫(◰◳◱)	{:ᄉᆞ·태우}	<2>	소학6 : 130a7; 130b9;
士相見禮(◰{◱,◳}◳◰)	(:ᄉᆞ샹:견·례}	<2>	소학2 : 14b7; 소학3 : 15a1;
士婚禮(◰◱◰)	{:ᄉᆞ혼·례}	<1>	소학2 : 46a6;
史(◰)	{:ᄉᆞ}	<1>	소학2 : 36b5;
史記(◰◳)	{:ᄉᆞ·긔}	<5>	소학5 : 21b5; 113b3; 소학6 : 40a10; 44a3; 95a6;
史實(◰◲)	{:ᄉᆞ·실}	<2>	소학1 : 2a2; 소학6 : 31b7;
賜(◳)	{:ᄉᆞ}	<1>	소학2 : 66a4;
絲(◱)	{ᄉᆞ}	<1>	소학1 : 10b2;
嗣(◳)	{ᄉᆞ}	<1>	소학5 : 29a2;
斯干詩(◱◱◱)	{ᄉᆞ간시}	<1>	소학5 : 75b4;
邪曲(◱◲)	{샤·곡}	<1>	소학2 : 44a4;
邪曲(◱◲)	{샤·곡·히}	<1>	소학1 : 13b8;
邪曲(◱◲)	{샤·곡ᄒᆞ·고}	<1>	소학3 : 7a7;
邪曲(◱◲)	{샤·곡ᄒᆞᆫ}	<1>	소학6 : 125b5;
砂器(◱◳)	{사·긔}	<1>	소학6 : 130a6;
思念({◱,◳}◳)	{ᄉᆞ:렴·ᄒᆞ·야}	<1>	소학5 : 91b6;
思念({◱,◳}◳)	{ᄉᆞ:렴·ᄒᆞ·ᄂᆞᆫ}	<1>	소학6 : 20b9;
思慮({◱,◳}◳)	{ᄉᆞ:려}	<1>	소제 : 3a4; 소학1 : 6a10;
思慮({◱,◳}◳)	{ᄉᆞ·려}	<1>	소학5 : 91b3;

思慕({◱,◳}◳) {ᄉᆞ:모·ᄒᆞ·ᄂᆞ니} <1> 소학4 : 10a5;
思慕({◱,◳}◳) {ᄉᆞ:모·ᄒᆞ·ᄂᆞᆫ} <1> 소학4 : 10a5;
思慕({◱,◳}◳) {ᄉᆞ:모ᄒᆞ·고} <1> 소학4 : 9b10;
祠堂(◱◱) {ᄉᆞ당} <3> 소학5 : 40b6; 40b6; 80b5;
司徒(◱◱) {ᄉᆞ도} <2> 소학1 : 9a3; 9b5;
司馬(◱◰) {ᄉᆞ:마} <2> 소학6 : 23a9; 23b4;
司馬昭(◱◰◱) {ᄉᆞ:마쇼} <1> 소학6 : 23a8;
司馬氏(◱◰◰) {ᄉᆞ:마·시} <2> 소학6 : 25a5; 25a8;
司馬溫公(◱◰◱◱) {ᄉᆞ:마온공} <6> 소학5 : 35a2; 41b6; 64a7; 81a10; 소학6 : 73b7; 120b1;
司業(◱◲) {ᄉᆞ·업} <1> 소학6 : 7a7;
謝禮(◳◰) {:샤·례ᄒᆞ·고} <1> 소학3 : 23b10;
謝禮(◳◰) {:샤례ᄒᆞ·며} <1> 소학3 : 24a1;
謝罪(◳◰) {:샤:죄·ᄒᆞ·야} <1> 소학6 : 77b4;
謝罪(◳◰) {:샤:죄ᄒᆞ·야} <1> 소학6 : 62b9;
謝罪(◳◰) {:샤:죄ᄒᆞᆫ·대} <1> 소학6 : 80a8;
事理(◳◰) {:ᄉᆞ:리} <1> 소학5 : 37a1;
事業(◳◲) {:ᄉᆞ·업} <1> 소학5 : 85a2;
四面(◳◳) {:ᄉᆞ:면} <1> 소학5 : 10b1;
四方(◳◱) {:ᄉᆞ방} <3> 소학6 : 9a6; 10a9; 31a1;
四百(◳◲) {:ᄉᆞ·ᄇᆡᆨ} <1> 소학4 : 33b9;
四節(◳◲) {:ᄉᆞ·졀} <2> 소학6 : 71a6; 87b7;
四支(◳◱) {:ᄉᆞ지} <1> 소학2 : 34b1;
四寸(◳◳) {:ᄉᆞ:촌} <1> 소학6 : 55b4;
四寸(◳◳) {:ᄉᆞ·촌} <1> 소학6 : 95a3;
四寸(◳◳) {ᄉᆞ:촌} <1> 소학4 : 35a9;
四海(◳◰) {·ᄉᆞ:ᄒᆡ} <1> 소학2 : 29b7;
私私(◱◱) {ᄉᆞᄉᆞ} <3> 소학5 : 101b2; 소학6 : 86b6; 102a2;
私私(◱◱) {ᄉᆞᄉᆞ:일} <1> 소학6 : 95a2;
私私(◱◱) {ᄉᆞᄉᆞ·로} <1> 소학2 : 63b3;
私私(◱◱) {ᄉᆞᄉᆞ·로·옴} <1> 소학5 : 106a6;
私私(◱◱) {ᄉᆞᄉᆞ·로·이} <1> 소학5 : 47b9;
私私(◱◱) {ᄉᆞᄉᆞ로·온} <1> 소학5 : 57b9;
私私(◱◱) {ᄉᆞᄉᆞ로·옴} <1> 소학6 : 101b4;
私私(◱◱) {ᄉᆞᄉᆞ로·이} <6> 소학2 : 11b2; 13a4; 13a4; 34b6; 소학5 : 73a10; 소학6 : 6b7;
私私(◱◱) {ᄉᆞᄉᆞ로온} <2> 소학2 : 13a2; 13a3;
私私(◱◱) {ᄉᆞᄉᆞ로온·ᄃᆡ} <1> 소학3 : 15b8;
私私(◱◱) {ᄉᆞᄉᆞᆺ} <2> 소학2 : 14a3; 소학5 : 3b10;
私慾(◱◲) {ᄉᆞ·욕} <2> 소학5 : 88a4; 89b3;

泗水(◳◰)	{:ᄉᆞ·슈}	<2>	소학6 : 65b9;
泗州(◳◱)	{:ᄉᆞ쥬}	<1>	소학6 : 45a8;
辭讓(◱◳)	{ᄉᆞ:양:호·디}	<1>	소학2 : 13b6;
辭讓(◱◳)	{ᄉᆞ:양:홈}	<1>	소학6 : 69a4;
辭讓(◱◳)	{ᄉᆞ:양·티}	<4>	소학2 : 58a3; 62b7; 63a1; 63a2;
辭讓(◱◳)	{ᄉᆞ:양·ᄒᆞ·거·늘}	<1>	소학4 : 39b4;
辭讓(◱◳)	{ᄉᆞ:양·ᄒᆞ·야}	<7>	소학2 : 68a4; 69a4; 소학4 : 39b6; 소학5 : 78a9; 83a8; 83a9; 소학6 : 75b10;
辭讓(◱◳)	{ᄉᆞ:양커·든}	<1>	소학2 : 68a6;
辭讓(◱◳)	{ᄉᆞ:양ᄒᆞ·고}	<1>	소학4 : 39b3;
辭讓(◱◳)	{ᄉᆞ:양ᄒᆞ·기}	<2>	소학1 : 4b2; 소학6 : 76a2;
辭讓(◱◳)	{ᄉᆞ:양ᄒᆞ·며}	<4>	소학4 : 4a8; 39a10; 소학5 : 34b4; 34b4;
辭讓(◱◳)	{ᄉᆞ:양ᄒᆞᆫ}	<1>	소학2 : 68b7;
辭讓(◱◳)	{ᄉᆞ:양ᄒᆞᆯ적·의}	<1>	소학2 : 61a5;
辭讓(◱◳)	{ᄉᆞ·양ᄒᆞ·고}	<1>	소학4 : 39a10;
筭(◳)	{:산}	<1>	소학6 : 10a1;
射義(◳◳)	{:샤:의}	<1>	소학3 : 19a2;
舍人(◳◱)	{:샤인}	<1>	소학5 : 112a1;
使者({◰,◳}◰)	{:시·쟈}	<2>	소학4 : 42b2; 소학6 : 53a2;
奢侈(◱◰)	{샤:치ᄒᆞ·며}	<1>	소학4 : 48b2;
奢侈(◱◰)	{샤:치ᄒᆞᆫ·디}	<1>	소학6 : 129a2;
奢侈(◱◰)	{샤·치:홈}	<1>	소학5 : 24a9;
奢侈(◱◰)	{샤·치·예}	<1>	소학6 : 129a6;
奢侈(◱◰)	{샤·치·티}	<1>	소학6 : 131a6;
奢侈(◱◰)	{샤·치·ᄒᆞ야}	<1>	소제 : 4a1;
奢侈(◱◰)	{샤·치로}	<1>	소학6 : 129a3;
奢侈(◱◰)	{샤·치ᄒᆞ·고}	<1>	소학5 : 81b9;
奢侈(◱◰)	{샤·치ᄒᆞ·며}	<1>	소학5 : 19a6;
奢侈(◱◰)	{샤·치ᄒᆞᆫ}	<2>	소학5 : 105b4; 소학6 : 132a7;
邪慝(◱◲)	{샤·특·ᄒᆞ·ᄂᆞᆫ}	<1>	소학4 : 48b2;
邪慝(◱◲)	{샤·특ᄒᆞ·며}	<1>	소학5 : 120a9;
邪慝(◱◲)	{샤·특ᄒᆞᆫ}	<4>	소학1 : 2a8; 2b4; 소학3 : 7a6; 소학5 : 90a4;
邪慝(◱◲)	{샤·특ᄒᆞᆫ·디}	<2>	소학4 : 48b1; 소학5 : 17b6;
邪辟(◱◲)	{샤·벽·ᄒᆞᆫ}	<1>	소학3 : 18b4;
邪辟(◱◲)	{샤·벽ᄒᆞᆫ}	<1>	소학5 : 86b2;
算計(◰◳)	{:산·계}	<1>	소학1 : 4b10;
算計(◰◳)	{:산·계:홈}	<1>	소학1 : 11b4;
山南(◱◱)	{산남}	<2>	소학6 : 26a9; 26b1;
山河(◱◱)	{산하}	<1>	소학5 : 99a4;

參(◱)	{솜}	<2>	소학2 : 18a5; 소학4 : 21a1;
三公(◱◱)	{삼공}	<2>	소학6 : 70a4; 101b6;
三年(◱◱)	{삼·년}	<1>	소학2 : 24a6;
三年(◱◱)	{삼년}	<3>	소학2 : 72a7; 72b5; 73a2;
三年(◱◱)	{삼년}	<2>	소학4 : 22b5; 23a1;
三年(◱◱)	{삼년}	<4>	소학6 : 7b3; 52a3; 66b7; 98b6;
三年喪(◱◱{◱,◳})	{삼년상}	<1>	소학2 : 55b3;
三百篇(◱◲◱)	{삼·빅편}	<1>	소학5 : 7a5;
三輔(◱◰)	{삼:보}	<1>	소학6 : 103a10;
三月(◱◲)	{삼·월}	<1>	소서 : 3a5;
三日(◱◲)	{삼·일}	<1>	소학4 : 22b4;
三尺(◱◲)	{삼쳑}	<1>	소학5 : 32b5;
三千(◱◱)	{삼쳔}	<1>	소학2 : 36a4;
三寸(◱◳)	{삼:촌}	<1>	소학5 : 43b10;
三台星(◱◱◱)	{삼티셩}	<1>	소학6 : 70a4;
相(({◱,◳})	{·샹}	<1>	소학5 : 97b7;
相({◱,◳})	{·샹}	<1>	소학6 : 56b9;
相國({◱,◳}◲)	{·샹·국}	<1>	소학6 : 98b2;
相對({◱,◳}◳)	{샹·디·티}	<1>	소학5 : 117b10;
相鼠({◱,◳}◰)	{·샹:셔}	<2>	소학5 : 21a3; 21a3;
上({◰,◳})	{:샹}	<12>	소학6 : 35a9; 35a10; 35b4; 35b7; 37a1; 37a3; 37a9; 38a1; 38a3; 38a5; 38a7; 78b1;
上去({◰,◳}◳)	{:샹:거}	<1>	소범 : 3a4;
上去聲({◰,◳}◳◱)	{:샹:거셩}	<1>	소범 : 3a1;
上聲({◰,◳}◱)	{:샹셩}	<1>	소범 : 2b9;
上層({◰,◳}◱)	{:샹충}	<1>	소학3 : 8a7;
上品({◰,◳}◰)	{:샹:품})	<1>	소학5 : 26b8;
上下({◰,◳}{◰,◳})	{:샹:하}	<1>	소학5 : 81b6;
上疏({◰,◳}{◱,◳})	{:샹:소}	<1>	소학5 : 62b7;
上疏({◰,◳}{◱,◳})	{:샹:소·ᄒᆞ·야}	<1>	소학6 : 81a6;
尙({◱,◳})	{:샹}	<1>	소학4 : 28a1;
尙書({◱,◳}◱)	{:샹셔})	<3>	소제 : 3a3; 소학1 : 12b9; 13a2;
尙書({◱,◳}◱)	{·샹셔}	<1>	소학5 : 111b2;
尙書({◱,◳}◱)	{샹셔}	<1>	소학6 : 72a2;
爽(◰)	{:상}	<2>	소학6 : 56a2; 56a3;
象(◰)	{·샹}	<1>	소학1 : 5a9;
象(◰)	{·샹}	<2>	소학4 : 6b10; 37b1;
象(◰)	{·샹홀}	<1>	소학6 : 70a4;
象牙箸(◰◱◳)	{·샹·아·져}	<1>	소학4 : 24b4;
象牙箸(◰◱◳)	{·샹아·져}	<1>	소학4 : 24b6;

象牙笏(◰◱◲)	{·샹아·홀}	<1>	소학2 : 36b5;
祥(◱)	{·샹}	<2>	소학6 : 64b5; 64b7;
祥(◱)	{샹}	<3>	소학6 : 65a1; 65a1; 65a2;
祥瑞(◱◳)	{샹:셔}	<3>	소학3 : 19b8; 소학6 : 92b9; 113a10;
床(◱)	{상}	<3>	소학5 : 39a3; 70b9; 소학6 : 131a1;
商(◱)	{샹}	<1>	소학1 : 15b6;
庠(◱)	{샹}	<3>	소학1 : 8a8; 8a10; 소학2 : 1a10;
詳(◱)	{샹}	<2>	소학6 : 22a5; 22a9;
詳(◱)	{샹}	<1>	소학6 : 22b6;
詳考(◱◰)	{샹:고·ᄒᆞ·야}	<1>	소학5 : 32b6;
詳考(◱◰)	{샹·고:홈}	<1>	소학4 : 1a4;
詳考(◱◰)	{샹·고ᄒᆞ:며}	<1>	소학6 : 49a8;
詳考(◱◰)	{샹·고ᄒᆞ·며}	<1>	소학2 : 1b3;
詳審(◱◰)	{샹:심·ᄒᆞ·야}	<1>	소학5 : 96a10;
詳審(◱◰)	{샹:심ᄒᆞ·며}	<1>	소학5 : 2b7;
詳定(◱◳)	{샹:뎡ᄒᆞ·단}	<1>	소학6 : 14b5;
常(◱)	{샹:사·롬}	<2>	소학4 : 1b8; 소학6 : 12b5;
常(◱)	{샹:해}	<2>	소학5 : 49a5; 소학6 : 70a5;
常(◱)	{샹싸·롬}	<1>	소학5 : 64a2;
常(◱)	{샹·해}	<15>	소학2 : 28b2; 소학3 : 16b7; 소학5 : 3a4; 38b7; 소학6 : 37a1; 38a2; 46b6; 70a5; 88a2; 96b4; 98b7; 99a1; 109a1; 124a2; 133a3;
常例(◱◳)	{샹:녜}	<4>	소학5 : 98a3; 소학6 : 48b3; 56a2; 111b10;
常例(◱◳)	{샹:례}	<1>	소학2 : 6a10;
常例(◱◳)	{샹·녜}	<7>	소학1 : 8a2; 소학3 : 21b1; 소학5 : 11b6; 80b6; 81b10; 87a2; 93a10;
常例(◱◳)	{샹·녜}	<2>	소학6 : 18a9; 131a2;
常例(◱◳)	{샹·례}	<1>	소학2 : 8b9;
常例(◱◳)	{샹녜}	<1>	소학6 : 25b9;
常醫員(◱◱◱)	{샹의원}	<1>	소학5 : 39a4;
常人(◱◱)	{샹인}	<1>	소학2 : 65a1;
常情(◱◱)	{샹정}	<1>	소학6 : 129a1;
傷(◱)	{샹:홈}	<2>	소학3 : 1b8; 1b9;
傷(◱)	{샹·히·오·디}	<1>	소학2 : 28b10;
傷(◱)	{샹ᄒᆞ·면}	<3>	소학3 : 1b10; 소학5 : 91a1; 91a2;
傷(◱)	{샹히·오·고}	<1>	소학4 : 17a1;
傷(◱)	{샹·케:홈}	<1>	소학6 : 29b1;
喪禮({◱,◳}◰)	{상·녜}	<1>	소학5 : 51b6;

喪服({◱,◳}◲)	{상·복ᄒᆞ·니}	<2>	소학3 : 15b6; 16a2;
喪事({◱,◳}◳)	{상:ᄉᆞ}	<9>	소학2 : 33a3; 소학5 : 34a8; 49a8; 54a2; 54b10; 소학6 : 32b10; 소학6 : 33a5; 79b4; 100b7;
喪事({◱,◳}◳)	{상·ᄉᆞ}	<6>	소학2 : 51b6; 54a2; 54a2; 소학5 : 13b3; 39b10; 소학6 : 88b1;
喪輿({◱,◳}◱)	{상여}	<1>	소학5 : 50a8;
灑掃(◰◰)	{:새:소}	<2>	소학5 : 3b1; 소학6 : 17a3;
箱子(◱◰)	{:샹·ᄌᆞ}	<2>	소학2 : 50b6; 50b9;
箱子(◱◰)	{샹·ᄌᆞ}	<1>	소학2 : 5b8;
色(◲)	{·식}	<4>	소학1 : 15b7; 소학4 : 9a3; 9a10; 소학6 : 35b5;
生(◱)52)	{ᄉᆡᆼ}	<1>	소학6 : 91a2;
生(◱)	{ᄉᆡᆼ·ᄒᆞᆫ}	<1>	소학6 : 22a7;
生薑(◱◱)	{ᄉᆡᆼ강}	<1>	소학3 : 26a2;
生計(◱◳)	{ᄉᆡᆼ:계}	<1>	소학6 : 82a6;
牲(◱)	{ᄉᆡᆼ}	<1>	소학2 : 33b7;
序(◰)	{:셔}	<3>	소학1 : 8a9; 8a10; 소학2 : 1a10;
徐(◱)	{셔}	<1>	소학5 : 30a8;
西(◱)	{셔ㄴ녁·ᄒᆞ로}	<1>	소학6 : 25a7;
西(◱)	{션녁·희}	<1>	소학6 : 25a8;
西階(◱◱)	{셔계}	<3>	소학2 : 68b5; 68b8; 69a7;
西伯(◱◲)	{셔·ᄇᆡᆨ}	<1>	소학4 : 39a7;
西河(◱◱)	{셔하}	<1>	소학6 : 25b5;
庶母(◳◰)	{:셔:모}	<1>	소학2 : 47a6;
庶人(◳◱)	{:셔인}	<2>	소학2 : 31b6; 31b10;
庶士(◳◰)	{:시·ᄉᆞ}	<1>	소학4 : 46a1;
書房(◱◱)	{셔방}	<1>	소학6 : 50b5;
書案(◱◳)	{셔:안}	<1>	소학5 : 117b5;
胥臣({◱,◰}◱)	{셔신}	<1>	소학4 : 34a10;
胥餘({◱,◰}◱)	{셔여}	<1>	소학4 : 24b3;
書齋(◱◱)	{셔지·예}	<1>	소학6 : 112b3;
書策(◱◲)	{셔·ᄎᆡᆨ}	<1>	소학2 : 60a2;
徐積(◱◲)	{셔·젹}	<1>	소학6 : 125a4;
石(◲)	{·셕}	<1>	소학1 : 10b2;
石勒(◲◲)	{·셕·ᄅᆞᆨ}	<1>	소학6 : 65b8;
石奮(◲◳)	{·셕:분}	<1>	소학6 : 77a5;
石碏(◲◲)	{·셕·쟉}	<1>	소학4 : 48a9;

52) 生<선비>

宣(◱) {션} <12> 소학4 : 20b9; 21a1; 21b6; 21b8; 21b9; 22a1; 22a4; 22a5; 22a6; 소학6 : 54a7; 54b6; 54b8;

仙居(◱◱) {션거} <1> 소학5 : 34a1;

先公(◱◱) {션공} <1> 소학6 : 129b10;

先君(◱◱) {션군} <2> 소학6 : 95b9; 95b10;

先生(◱◱) {션싱} <66> 소학1 : 13a8; 소학2 : 14a10; 58a10; 58b1; 58b2; 60a2; 60b9; 60b9; 소학5 : 2b5; 5b10; 7a1; 7a2; 12a1; 12a3; 26b6; 30a8; 31b8; 33b10; 36b7; 39a3; 39a10; 39b9; 56a8; 57b7; 58b4; 59a2; 59a10; 66a7; 67a1; 74b3; 75b4; 76a9; 77a4; 83a5; 83b3; 85b9; 86a10; 86b9; 88a3; 92a4; 92b4; 109a10; 111a5; 118a9; 119a1; 소학6 : 3b10; 4a5; 4a8; 5a2; 8a10; 10b2; 10b4; 10b9; 14b4; 16b10; 33a5; 45a6; 49a7; 49a8; 54b2; 84b9; 122a5; 122b2; 125a4; 125a9; 125b6;

先世(◱◳) {션:세} <2> 소학5 : 16a9; 소학6 : 100a10;

先王(◱◱) {션왕} <7> 소학1 : 12b9; 소학2 : 27b2; 30b6; 30b7; 30b8; 60b5; 소학6 : 109b2;

先人(◱◱) {션인} <1> 소학4 : 46b2;

善終(◰◱) {:션죵·티}) <1> 소학4 : 52b8;

褻慢(◲◳) {·셜:만·티} <1> 소학3 : 12b7;

薛包(◲◱) {·셜포} <1> 소학6 : 19b2;

盛({◱,◳}) {:셩:홈} <1> 소학6 : 26b1;

盛({◱,◳}) {:셩·케}) <1> 소학6 : 113b10;

盛({◱,◳}) {:셩ᄒᆞ·며} <2> 소학6 : 58a6; 117b1;

盛({◱,◳}) {:셩ᄒᆞ·면} <1> 소학5 : 25b9;

盛({◱,◳}) {:셩ᄒᆞ거·늘} <1> 소학6 : 54a7;

盛({◱,◳}) {:셩ᄒᆞᆫ} <4> 소학5 : 51b3; 소학6 : 15b6; 25b8; 58a9;

盛({◱,◳}) {·셩} <1> 소제 : 1b1;

盛({◱,◳}) {·셩ᄒᆞ거·늘} <1> 소학6 : 67b2;

性(◳) {:셩} <20> 소제 : 1a7; 2a2; 소학1 : 1b3; 1b3; 소학4 : 2b8; 소학5 : 5b2; 15b9; 22a3; 29a2; 36b10; 65b1; 90a1; 91b7; 소학6 : 1b8; 14a2; 22a1; 67b5; 107b6; 132a6; 132b7;

性(◳) {:셩·치기} <1> 소학6 : 121b2;

性(◳) {셩} <1> 소학6 : 17a4;

性度(◳◳) {:셩:도} <1> 소학6 : 102b9;

姓(◳)	{:셩}	<22>	소학1 : 15b6; 소학2 : 43a5; 45b8; 66a4; 소학4 : 16b10; 19b4; 20b9; 22b10; 28a1; 29b5; 34b1; 35b8; 47b4; 52a10; 소학5 : 73a8; 소학6 : 37b10; 38a2; 61b4; 74b8; 75a1; 75a1; 91a2;
省(◰)	{·셩·ᄒᆞ·더·라}	<1>	소학6 : 95a1;
姓(◳)	{·셩}	<3>	소학2 : 47b9; 소학4 : 41a7; 41a9;
姓名(◳◱)	{:셩명}	<2>	소범 : 1b9; 소학5 : 118a2;
聲(◱)	{셩}	<1>	소범 : 3a5;
城(◱)	{셩}	<3>	소학3 : 10a5; 10a5; 소학6 : 7b2;
城門(◱◱)	{셩문}	<1>	소학6 : 127a5;
成(◱)	{셩}	<1>	소학4 : 50a6;
成均館(◱◱◰)	{셩균·관}	<1>	소학6 : 7a7;
成都(◱◱)	{셩도}	<1>	소학5 : 99a9;
成肅公(◱◲◱)	{셩·슉공}	<1>	소학4 : 50a6;
成子(◱◰)	{셩·ᄌᆞ}	<1>	소학4 : 50a8;
成子(◱◰)	{셩·ᄌᆞ}	<1>	소학4 : 51b9;
誠實(◱◲)	{셩·실}	<1>	소학6 : 123a4;
誠實(◱◲)	{셩·실·케}	<1>	소학5 : 91b3;
誠實(◱◲)	{셩·실·코}	<1>	소학6 : 18b3;
誠實(◱◲)	{셩·실·히}	<1>	소학6 : 17a2;
誠實(◱◲)	{셩·실ᄒᆞ·리라}	<1>	소학5 : 89b4;
聖人(◳◱)	{:셩인}	<31>	소제 : 2a2; 2b3; 3b9; 4b3; 소학1 : 1b6; 9a2; 소학2 : 1b2; 55b10; 소학3 : 2a1; 소학4 : 26b3; 소학5 : 8a4; 8b4; 27a2; 33a4; 83b4; 83b5; 84b5; 85a1; 88b9; 88b10; 91b8; 110a4; 110b6; 113a4; 117b9; 119a2; 120b8; 소학6 : 12b6; 62b5; 88b7; 109a1;
聖人(◳◱)	{·셩인}	<1>	소제 : 3b9;
聖賢(◳◱)	{:셩현}	<5>	소학5 : 85b9; 93b2; 113b7; 118a1; 소학6 : 120a5;
勢(◳)	{:셔}	<2>	소학5 : 65b8; 100b7;
勢(◳)	{:셰}	<1>	소학5 : 25a8;
稅(◳ㄷ)	{집·셰}	<1>	소학6 : 100b4;
世間(◳{◱,◳})	{:셰간}	<5>	소학5 : 73a10; 소학6 : 48b10; 58a1; 62a10; 121b7;
世代(◳◳)	{:셰ᄃᆡ}	<1>	소제 : 3b9;
世上(◳{◰,◳})	{:셰:샹}	<6>	소학5 : 23a10; 23b9; 24a8; 97b6; 108a5; 소학6 : 52a10;
世上(◳{◰,◳})	{:셰·샹}	<7>	소제 : 4a2; 소학5 : 2b8; 22b10; 75a4; 소

			학6 : 17a9; 76a9; 85a2;
世世(◳◳)	{:셰:셰로}	<1>	소학5 : 78a4;
世世(◳◳)	{:셰:셰·로}	<2>	소학6 : 69a3; 132a6;
世俗(◳◲)	{:셰·쇽}	<1>	소학2 : 34a10;
世俗(◳◲)	{:셰·쇽}	<5>	소학5 : 5a10; 43a10; 54b9; 62b9; 76a9;
世俗(◳◲)	{:셰·쇽}	<1>	소학6 : 132b6;
世子(◳◰)	{:셰:ᄌᆞ}	<1>	소학4 : 47b3;
世子(◳◰)	{:셰·ᄌᆞ}	<3>	소학4 : 11a4; 35b8; 47b2;
洗馬(◰◰)	{:셰:마}	<1>	소학6 : 34b1;
洗手(◰◰)	{:셰·슈·ᄒᆞ·슈셔}	<1>	소학2 : 3b5;
洗手(◰◰)	{:셰·슈ᄒᆞ·고}	<4>	소학2 : 2a2; 2b6; 4b1; 5a2;
洗手(◰◰)	{·셰·슈}	<1>	소학2 : 3b5;
邵(◳)	{:쇼}	<1>	소학5 : 26b6;
踈(◱)	{소:홈}	<3>	소학5 : 80a5; 80a7; 80a8;
踈(◱)	{소·히}	<1>	소학5 : 60a8;
踈(◱)	{소ᄒᆞ·고}	<4>	소학5 : 71b8; 71b8; 소학6 : 96b1; 108a4;
踈略(◱◲)	{소·략·ᄒᆞᆫ}	<1>	소학2 : 16a4;
昭(◱)	{쇼}	<2>	소학6 : 23a10; 23b3;
昭烈(◱◲)	{쇼·렬}	<2>	소학5 : 14b2; 14b3;
昭帝(◱◳)	{쇼:뎨}	<1>	소학5 : 45a5;
蘇瓊(◱◱)	{소경}	<1>	소학6 : 63b3;
蘇州(◱◱)	{소쥬}	<1>	소학6 : 8b4;
少君({◰,◳}◱)	{:쇼군}	<3>	소학6 : 54a3; 54a4; 54a8;
少連({◰,◳}◱)	{:쇼련}	<1>	소학4 : 22b3;
少儀({◰,◳}◱)	{:쇼의}	<4>	소학2 : 63b1; 소학3 : 12a9; 17a10; 24b1;
召南(◳◱)	{:쇼남}	<3>	소학4 : 6a10; 6b1; 소학6 : 91a10;
小祥祭(◰◱◳)	{:쇼샹:졔ᄒᆞ·고}	<1>	소학5 : 44a9;
小人(◰◱)	{:쇼인}	<4>	소학4 : 39b5; 51b2; 소학5 : 31b2; 94a7;
小學(◰◲)	{:쇼·혹}	<5>	소서 : 1a8; 소제 : 1a2; 2b10; 소학5 : 2a3; 소학6 : 12a8;
所業(◰◲)	{:소·업}	<2>	소학2 : 8b9; 소학5 : 71a1;
所任(◰{◱,◳})	{:소:임}	<2>	소학5 : 61a1; 81b2;
所任(◰{◱,◳})	{:소·임}	<10>	소학2 : 25b6; 25b6; 44b1; 소학5 : 15b2; 소학5 : 78a7; 105a4; 105a4; 114a6; 소학6 : 107b7; 114b7;
所任(◰{◱,◳})	{·소:임}	<1>	소학6 : 50a3;
所任(◰{◱,◳})	{·소임}	<1>	소학4 : 7b3;
素飮食(◳{◰,◳}◲)	{:소:음·식}	<2>	소학5 : 45a6; 51a9;
疏廣({◱,◳}◰)	{소:광}	<1>	소학6 : 81a5;
餗(◲)	{·속}	<1>	소학6 : 116a6; 疏

縱({◱,◰,◳})	{:쇄ᄒᆞ·며}	<1>	소학2 : 4b2;
縱({◱,◰,◳})	{:쇄ᄒᆞ·고}	<3>	소학2 : 2a3; 2b7; 소학5 : 26b5;
屬(◲)	{·쇽ᄒᆞᆫ}	<1>	소학6 : 91a7;
屬屬(◲◲)	{·쵹·쵹·ᄒᆞ·샤}	<1>	소학4 : 14a9;
屬屬(◲◲)	{·쵹·쵹·ᄒᆞ·야}	<1>	소학2 : 9b5;
孫({◱,◳})	{손}	<1>	소학6 : 68a8;
孫思邈({◱,◳}{◱,◳}◲)	{손ᄉᆞ·막}	<1>	소학5 : 82b4;
孫子({◱,◳}◰)	{손·ᄌᆞ}	<2>	소학1 : 1b1; 소학6 : 27a6;
損(◰)	{:손}	<1>	소학4 : 16a1;
巽順(◳◳)	{:손:슌·히}	<1>	소학1 : 6a4;
遜順(◳◳)	{:손:슌ᄒᆞ·며}	<3>	소학5 : 5a1; 소학6 : 12a10; 소학6 : 14a3;
宋(◳)	{:송}	<38>	소서 : 3a5; 소학4 : 36b4; 43b5; 소학5 : 2b6; 4a7; 5b10; 8a2; 19b4; 26b7; 30a8; 31b8; 33b10; 35a2; 38a3; 46b8; 57a1; 66a8; 72b10; 83b3; 93a6; 94a1; 100a10; 103b2; 112a1; 소학6 : 1b4; 3b9; 16a3; 29b3; 31b2; 45a6; 48a8; 74b6; 75b5; 100b1; 118a9; 127a4; 128a9; 133a2;
宋(◳)	{·송}	<4>	소학5 : 2b6; 4a7; 5b10; 19b4;
宋(◳)	{송}	<1>	소학5 : 31b6;
衰(◱)	{쇠:홈}	<1>	소학6 : 58a6;
衰(◱)	{쇠·티}	<3>	소학2 : 16b9; 17a9; 17b9;
衰(◱)	{쇠·티}	<3>	소학5 : 71a9; 소학6 : 51a7; 100a10;
衰(◱)	{쇠·ᄒᆞ·야}	<1>	소학5 : 51b7;
衰(◱)	{쇠·ᄒᆞ·ᄂᆞ니}	<1>	소학2 : 76b8;
衰(◱)	{쇠ᄒᆞ·고}	<1>	소학5 : 25b9;
衰亡(◱◱)	{쇠망ᄒᆞ야시·니}	<1>	소학6 : 58a10;
衰服(◱◲)	{최·복}	<1>	소학5 : 43b10;
訟事(◳◳)	{:송·ᄉᆞ})	<1>	소학5 : 34b1;
訟事(◳◳)	{:송·ᄉᆞ:홈}	<1>	소학3 : 27a7;
訟事(◳◳)	{:송·ᄉᆞᄒᆞ·며}	<1>	소학5 : 69a8;
數({◰,◳})	{·수}	<2>	소학5 : 63b10; 소학6 : 100b7;
繡(◳)	{:슈·치}	<2>	소학6 : 98b8; 126a4;
隋(◱)	{·슈}	<1>	소학6 : 72a2;
隋(◱)	{슈}	<2>	소학6 : 8b1; 89b7;
隋(◱)	{슈ㄷ적션·비}	<1>	소학5 : 63a9;
隋煬帝(◱◳◳)	{슈:양:뎨}	<1>	소학5 : 47b6;
銖(◱)	{슈}	<1>	소학6 : 126b3;
脩(◱)	{슈}	<1>	소학6 : 3b8;
綏(◱)	{유}	<2>	소학6 : 66a2; 66b6;

手巾(◰◱)	{:슈·건}	<1>	소학2 : 46b10;
手巾(◰◱)	{:슈건}	<3>	소학2 : 3b6; 13b3; 소학6 : 54b4;
受苦(◰◰)	{:슈·고}	<1>	소학6 : 73a5;
受苦(◰◰)	{:슈·고로·이}	<1>	소학6 : 84b10;
受苦(◰◰)	{:슈·고로온}	<3>	소학2 : 72a6; 72b4; 73a1;
受苦(◰◰)	{·슈·고}	<1>	소학6 : 24b2;
水獺(◰◲)	{·슈·달}	<1>	소학5 : 40a2;
收斂(◱{◰,◳})	{슈:렴ᄒᆞ·며}	<1>	소학5 : 105b8;
修理(◱◰)	{슈:리·코·져}	<1>	소학6 : 30a3;
修補(◱◰)	{슈:보·ᄒᆞ·야}	<1>	소학5 : 116b4;
首陽山(◰◱◱)	{·슈양산}	<1>	소학4 : 28b2;
羞辱(◱◲)	{·슈·욕:홈}	<1>	소학6 : 36a9;
羞辱(◱◲)	{·슈·욕ᄒᆞ·며}	<1>	소학5 : 16a9;
壽州({◰,◳}◱)	{·슈쥬}	<1>	소학6 : 91a7;
壽昌({◰,◳}◱)	{·슈챵}	<3>	소학6 : 31a1; 31b8; 32b1;
塾(◲)	{·슉}	<2>	소학1 : 8a8; 8a9;
肅公(◲◱)	{:슉공}	<1>	소학4 : 50a9;
肅公(◲◱)	{·슉공}	<1>	소학4 : 50a7;
叔敖(◲{◱,◳})	(·슉오}	<2>	소학5 : 5a6; 5a6;
叔齊(◲◱)	{·슉졔}	<6>	소학4 : 27b9; 28b1; 38a4; 38a5; 38a6; 38a8;
舜(◳)	{:슌}	<11>	소학1 : 9a3; 9b2; 소학4 : 1b5; 1b6; 1b10; 6b10; 7a9; 8a5; 10b3; 37b1; 소학5 : 36b7;
舜從(◳◱)	{:슌쭁}	<3>	소학6 : 49b10; 49b10; 50a3;
順(◳)	{:슌:홈}	<2>	소학4 : 49b3; 49b9;
順(◳)	{:슌·케}	<1>	소학2 : 56a1;
順(◳)	{:슌·코}	<1>	소학3 : 7a10;
順(◳)	{:슌·티}	<4>	소학1 : 9b4; 소학2 : 55a4; 소학4 : 8a8; 소학5 : 36a10;
順(◳)	{:슌·히}	<1>	소제 : 1b7;
順(◳)	{:슌·히}	<1>	소학3 : 9a4;
順(◳)	{:슌·ᄒᆞ·야}	<1>	소학4 : 9b2;
順(◳)	{:슌·홀}	<1>	소학6 : 132b7;
順(◳)	{:슌ᄒᆞ·고}	<1>	소학3 : 2a10;
順(◳)	{:슌ᄒᆞ·면}	<1>	소학3 : 19b8;
順(◳)	{:슌ᄒᆞ·면}	<1>	소학5 : 91b4;
順(◳)	{:슌ᄒᆞ욤}	<1>	소학5 : 115a8;
順(◳)	{:슌호}	<1>	소학3 : 9a5;
順(◳)	{:슌홀·디니·라}	<1>	소학5 : 37a2;
順從(◳◱)	{:슌·쭁ᄒᆞ·고}	<1>	소학2 : 42b2;

巡(◱) {·세:슌ᄒᆞ·며} <1> 소학6 : 130a3;
巡(◱) {닐·굽:슌·에} <1> 소학6 : 130a3;
巡(◱) {다·ᄉᆞᆺ:슌ᄒᆞ·며} <1> 소학6 : 130a3;
淳(◱) {슌} <1> 소학5 : 6a1;
淳全(◱◱) {슌젼·티} <1> 소학5 : 108a3;
淳熙(◱◱) {슌희} <1> 소서 : 3a5;
旬(◱) {슌} <1> 소학6 : 67b9;
循循(◱◱) {슌슌·히} <2> 소학6 : 10a10; 17a4;
循環(◱◱) {슌환·ᄒᆞ·야} <1> 소학5 : 111b3;
恂恂(◱◱) {슌슌·ᄐᆞᆺ} <2> 소학3 : 13b8; 소학6 : 104a8;
純仁(◱◱) {슌인} <1> 소학5 : 93a6;
純一(◱◲) {슌·일·코} <1> 소학6 : 22b7;
純厚(◱◰) {슌:후·ᄒᆞ더·니} <1> 소학6 : 86b1;
純厚(◱◰) {슌:후·ᄒᆞ야} <1> 소학6 : 69a3;
荀子(◱◰) {슌·ᄌᆞ} <1> 소학2 : 77a6;
術(◲) {·슐} <1> 소학1 : 12b8;
崇尙(◱{◱,◳}) {슝·샹} <1> 소학6 : 9a5;
崇尙(◱{◱,◳}) {슝·샹·ᄒᆞ·야} <2> 소학1 : 12b8; 소학5 : 18a3;
崇尙(◱{◱,◳}) {슝·샹ᄒᆞ·고} <1> 소학6 : 8b2;
崇尙(◱{◱,◳}) {슝·샹ᄒᆞ·니} <1> 소학5 : 21b4;
瑟(◲) {·슬} <2> 소학2 : 23a5; 63b9;
僧(◱) {·승} <1> 소학5 : 60a7;
丞相(◱({◱,◳})) {·승샹} <1> 소학6 : 34b7;
丞相(◱({◱,◳})) {승샹} <1> 소학6 : 38a2;
柴(◱) {싀} <1> 소학4 : 22b10;
試(◳) {:시} <1> 소학6 : 14b8;
試驗(◳◳) {:시·험·ᄒᆞ야} <1> 소학6 : 102b3;
尸(◱) {시} <1> 소학2 : 10a10;
尸(◱) {시·ᄀᆞᆮ·티} <1> 소학3 : 12a5;
詩(◱) {시} <12> 소학1 : 10a9; 15a1; 소학4 : 5b3; 5b4; 5b5; 소학4 : 36a3; 43b9; 52b3; 소학5 : 21a4; 7a5; 7a9; 7a10;
詩(◱) {시} <2> 소학5 : 1b2; 1b6;
媤(·□) 國字 {:싀·어미} <4> 소학2 : 74a9; 소학6 : 51a7; 52b2; 52b3;
媤(·□) {·싀·어·미} <1> 소학6 : 59a5;
媤(·□) {·싀·엄} <1> 소학6 : 59b10;
媤(·□) {·싀·엄이} <1> 소학2 : 19a5;
媤(·□) {·싀어버·이} <1> 소학6 : 59a2;
媤父母(·□◰◰) {·싀·부:모} <7> 소학2 : 5b2; 6b7; 12a4; 13b4; 13b4; 19b8; 20a7;

媤父母(·□◰◰)	{·싀·부·모}	<1>	소학2 : 4a2;
媤父母(·□◰◰)	{·싀부:모}	<1>	소학2 : 6a5;
緦服(◱◲)	{·싀·복}	<1>	소학6 : 71a10;
時俗(◱◲)	{시·쇽}	<5>	소범 : 2b10; 3a3; 3a5; 소학5 : 23b9; 소학6 : 131a5;
時時(◱◱)	{시시·로}	<1>	소학5 : 35a10;
時時(◱◱)	{시시·예}	<1>	소학6 : 69b1;
時節(◱◲)	{시·저·러}	<1>	소학6 : 109a5;
時節(◱◲)	{시·절}	<4>	소학5 : 100b7; 소학6 : 82a5; 82a10; 91a9;
時節(◱◲)	{시·졀}	<8>	소학5 : 15b9; 49a1; 소학6 : 31b6; 34a10; 34b5; 66b4; 75a6; 93b2;
時節(◱◲)	{시절·의·도}	<1>	소학6 : 58a9;
時祭(◱◳)	{시:졔}	<1>	소학5 : 40b7;
視箴(◳◱)	{:시좀}	<1>	소학5 : 89a9;
猜險(◱◰)	{싀:험ᄒᆞ·며}	<1>	소학5 : 28b8;
諡號(◳{◱,◳})	{:시:호}	<9>	소학4 : 35b9; 소학5 : 8a2; 30a8; 31b6; 83a6; 소학6 : 118a9; 123a1; 127a4; 128a9;
諡號(◳{◱,◳})	{:시·호}	<9>	소학4 : 40b3; 52a10; 소학5 : 26b6; 63a9; 79a1; 93a7; 소학6 : 1b4; 4a2; 75b5;
諡號(◳{◱,◳})	{:시호}	<1>	소학5 : 48a8;
諡號(◳{◱,◳})	{시:호}	<1>	소학4 : 47b4;
式(◲)	{·식:홀·디니·라}	<1>	소학3 : 17a7;
式(◲)	{·식·ᄒᆞ·더시·다}	<1>	소학3 : 16a3;
式(◲)	{·식·ᄒᆞ·시며}	<1>	소학3 : 16a2;
式(◲)	{·식ᄒᆞ·게}	<1>	소학4 : 29b9;
軾(◲)	{·식·ᄒᆞ더·라}	<1>	소학6 : 77a8;
軾(◲)	{·식ᄒᆞ·고}	<1>	소학6 : 104a8;
食醯(◲◱)	{·식·혜}	<1>	소학5 : 47b10;
賑(◰)	{:신}	<2>	소학4 : 50a9; 51b8;
神(一◱)	{·ᄶᅡ신}	<1>	소학2 : 30a7;
神(◱)	{신}	<1>	소학4 : 51b9;
神靈(◱◱)	{신령}	<1>	소학2 : 10a10;
神妙(◱◳)	{신묘}	<1>	소학5 : 119b5;
神位(◱◳)	{신·위}	<1>	소학2 : 10a10;
神宗(◱◱)	{신종}	<1>	소학6 : 31b2;
神主(◱◰)	{신·쥬}	<3>	소학2 : 27a1; 소학5 : 40b6; 40b10;
神色(◱◲)	{신·식}	<1>	소학6 : 102b7;
臣(◱)	{신}	<12>	소학4 : 34b7; 48a9; 소학6 : 41b10; 42a3; 42a8; 42b1; 42b4; 42b5; 42b6; 42b7; 44a2; 44a8;

臣下(◱{◰,◳})	{신:하}	<15>	소학2 : 42b7; 42b7; 44b9; 소학4 : 25b3; 53b6; 소학5 : 25a2; 38b6; 41b8; 84a2; 소학6 : 36a4; 36a5; 39b4; 42a7; 43a8; 77a5;
臣下(◱{◰,◳})	{신·하}	<27>	소학1 : 9a3; 9a5; 10a5; 소학2 : 23b5; 48b3; 71a4; 71a6; 71a8; 74a6; 74b7; 77b7; 소학4 : 27a5; 27a8; 30b10; 32a6; 32a8; 48a9; 49b1; 52a10; 53b4; 53b6; 54a7; 소학5 : 31b7; 76b4; 소학6 : 37a10; 37b10; 83b9;
臣下(◱{◰,◳})	{신·하되·디}	<1>	소학6 : 25a8;
臣下(◱{◰,◳})	{신하}	<2>	소학3 : 15a2; 소학4 : 32a2;
申(◱)	{신}	<1>	소학6 : 1b4;
申國(◱◲)	{신·국}	<4>	소학6 : 1b3; 1b7; 4b10; 6b3;
申申(◱◱)	{신신·틋}	<2>	소학3 : 16b7; 소학6 : 77b10;
辛苦(◱◰)	{신·고:홈}	<1>	소학6 : 58a3;
辛玄馭(◱◱◳)	{신현:어}	<1>	소학6 : 46a10;
信物(◳◲)	{:신·믈}	<1>	소학5 : 101a8;
信實(◳◲)	{:신·실훈}	<2>	소학1 : 5a3; 소학2 : 66b9;
愼密(◳◲)	{·딘·밀ᄒᆞ·고}	<1>	소학6 : 41b6;
新婦(◱◰)	{신·부}	<3>	소학6 : 27a5; 27a6; 27a7;
實(◲)	{·실·로}	<1>	소학5 : 119b8;
實(◲)	{·실·에}	<1>	소학5 : 62a4;
實(◲)	{·실·호·디}	<1>	소학4 : 40a7;
實(◲)	{·실·훈}	<1>	소학3 : 13b8;
實(◲)	{·실로}	<2>	소학6 : 39b2; 40a2;
實(◲)	{·실로·논}	<1>	소학5 : 51b6;
實(◲)	{·실훈}	<2>	소학6 : 78b6; 104a9;
實(◲)	{·실히·와}	<1>	소학4 : 2a2;
實(◲)	{·실히·우니·라}	<3>	소학6 : 17b4; 101a2; 133a7;
實果(◲◰)	{·실과}	<1>	소학2 : 40b4;
失所(◲◰)	{·실·소·홈}	<1>	소학6 : 129a8;
實際(◲◳)	{·실:제}	<1>	소학6 : 50a1;
實學(◲◲)	{·실·혹}	<1>	소학6 : 8b2;
甚({◰,◳})	{:심·히}	<6>	소학2 : 16b7; 17b5; 소학5 : 40a5; 61a3; 소학6 : 1b9; 30a10;
甚({◰,◳})	{:심·ᄒᆞ도소·니}	<1>	소학6 : 42a5;
甚({◰,◳})	{:심히}	<2>	소학6 : 2b3; 97a10;
甚({◰,◳})	{:심ᄒᆞ·니}	<1>	소학6 : 78b2;
甚({◰,◳})	{:심ᄒᆞ·니라}	<1>	소학5 : 75a4;
甚({◰,◳})	{:심ᄒᆞ·다}	<1>	소학6 : 35b8;

甚({◰,◳})	{:심ᄒᆞ·면}	<1>	소학5 : 3b10;
甚({◰,◳})	{:심ᄒᆞᆫ}	<3>	소학5 : 50a6; 75a3; 소학6 : 117b2;
甚({◰,◳})	{:심ᄒᆞᆫ·이ᄂᆞᆫ}	<1>	소학5 : 75a3;
甚({◰,◳})	{·심·히}	<1>	소학5 : 49a3;
心喪(◱{◱,◳})	{심상}	<1>	소학2 : 73a2;
心術(◱◲)	{심·슐}	<2>	소학3 : 7a6; 8b1;
深沉(◱{◱,◰})	{심팀ᄒᆞ·고}	<2>	소학6 : 33b6; 110b7;
十王(◲◱)	{·십·왕}	<1>	소학5 : 55b3;
雙六(◱◲)	{상·뉵}	<1>	소학6 : 109a8;
雙六(◱◲)	{상뉵}	<1>	소학6 : 109a10;
氏(◰)	{·시}	<2>	소학4 : 30b7; 30b8;
雅澹(◰{◱,◰})	{:아:담ᄒᆞ·고}	<1>	소학6 : 10b1;
阿黨(◱◰)	{아:당ᄒᆞ·기}	<1>	소학2 : 67a1;
阿黨(◱◰)	{아·당}	<1>	소학5 : 77a5;
阿黨(◱◰)	{아·당·ᄒᆞᄂᆞᆫ}	<1>	소학5 : 17b2;
阿黨(◱◰)	{아·당ᄒᆞ·며}	<1>	소학6 : 36a6;
衙前(◱◱)	{아젼}	<6>	소학5 : 57a4; 59a4; 60b10; 61a4; 소학6 : 91b4; 109a10;
樂(◲)	{·악}	<2>	소학1 : 15a8; 소학6 : 12b1;
樂記(◲◳)	{·악·긔}	<2>	소학1 : 15a8; 소학3 : 27a6;
樂記(◲◳)	{·악긔}	<1>	소학3 : 7a4;
樂章(◲◱)	{·악쟝}	<2>	소학1 : 5b7; 5a10;
樂正(◲{◱,◳})	{·악:졍}	<1>	소학1 : 12b7;
樂正(◲{◱,◳})	{·악:졍}	<1>	소학4 : 16b10;
樂正子春(◲{◱,◳}◰◱)	{·악:졍·ᄌᆞ츈}	<2>	소학4 : 16b10; 소학4 : 18a7;
安國(◱◲)	{안·국}	<1>	소학5 : 31b6;
安東(◱◱)	{안동}	<1>	소학6 : 23a8;
安保(◱◰)	{안:보ᄒᆞ·리·니}	<1>	소학2 : 30b10;
安保(◱◰)	{안:보ᄒᆞ·며}	<1>	소학2 : 30a8;
安保(◱◰)	{안·보ᄒᆞ·며}	<1>	소학4 : 53b8;
安否(◱◰)	{안·부}	<3>	소학2 : 8b3; 소학4 : 11a8; 소학6 : 92a6;
安否(◱◰)	{얀:부}	<1>	소학6 : 69b8;
安徐(◱◱)	{안셔코}	<1>	소학5 : 96a10;
安世(◱◳)	{안:셰}	<1>	소학6 : 48a8;
安定(◱◳)	{안:뎡}	<1>	소학5 : 66a7;
安定(◱◳)	{안:뎡}	<6>	소학6 : 8a10; 49a7; 66a7; 125a4; 125a9; 125a10;
安靜(◱◰)	{안:졍:홈}	<1>	소학5 : 15b6;
安靜(◱◰)	{안:졍:홈}	<1>	소학5 : 15a3;
安靜(◱◰)	{안:졍·티}	<1>	소학5 : 15a5;

安靜(◱◰)	{안:졍·ᄒᆞ:야}	<1>	소학5 : 15b4;
安靜(◱◰)	{안:졍히}	<1>	소학5 : 96b1;
安靜(◱◰)	{안:졍ᄒᆞ·고}	<1>	소학5 : 2b7;
安靜(◱◰)	{안:졍ᄒᆞ·며}	<3>	소학3 : 11b10; 소학5 : 90b7; 소학6 : 33b6;
安靜(◱◰)	{안졍ᄒᆞ·니}	<1>	소학6 : 110b7;
安享(◱◰)	{안:향·ᄒᆞ·야}	<1>	소학6 : 84a1;
安豊(◱◱)	{안풍}	<1>	소학6 : 91a8;
顔孟(◱◳)	{안:ᄆᆡᆼ}	<1>	소학5 : 11b9;
顔氏(◱◰)	{안·시}	<4>	소학5 : 55b9; 68a4; 104a4; 116b2;
顔淵(◱◱)	{안연}	<5>	소학5 : 84a2; 84a5; 84b1; 88a3; 88b8;
顔子(◱◰)	{안·ᄌᆞ}	<6>	소학4 : 47a1; 소학5 : 8b3; 8b6; 9a2; 9a5; 11b7;
顔丁(◱◱)	{안뎡}	<1>	소학4 : 23a9;
晏子(◳◰)	{:안·ᄌᆞ}	<1>	소학2 : 74a5;
按酒(◳◰)	{안·쥬}	<1>	소학6 : 130a5;
按察官(◳◲◱)	{:안·찰관}	<1>	소학5 : 78a7;
晏平仲(◳◱◳)	{:안평:듕}	<1>	소학4 : 40b2;
黯(◰)	{:암}	<9>	소학6 : 34b9; 35b1; 35b6; 36a4; 36a4; 36b10; 37a4; 38a6; 38a8;
押(◲)	{·셔·압ᄒᆞᆫ·디}	<1>	소학3 : 12a10;
昻昻(◱◱)	{앙앙히}	<1>	소학5 : 23a10;
涯(◱)	{애}	<1>	소학6 : 114b6;
崖(◱)	{빙애}	<1>	소학6 : 61a6;
藹然({◰,◳}◱)	{:애연}	<1>	소제 : 1b1;
厄(◲)	{·ᄋᆡᆨ}	<1>	소학5 : 22b3;
額數(◲{◰,◳})	{·ᄋᆡᆨ:수}	<1>	소학6 : 15a10;
野俗(◰◲)	{:야·쇽}	<1>	소학3 : 6a9;
野俗(◰◲)	{:야·쇽ᄒᆞᆫ}	<2>	소학5 : 50a1; 소학6 : 121b6;
藥(◲)	{·약}	<7>	소학2 : 23b5; 23b6; 23b9; 소학5 : 22a1; 53b2; 소학6 : 22a6; 99a2;
弱(◲)	{·약ᄒᆞᆫ}	<1>	소학6 : 58a2;
約束(◲◲)	{·약·속}	<3>	소학6 : 8b5; 16a3; 16b2;
約束(◲◲)	{·약·속ᄒᆞᆫ}	<1>	소학6 : 16a4;
樣({◰,◳})	{:양·이·라}	<3>	소제 : 2a3; 2a8; 3b1; <매인이름>
樣({◰,◳})	{:양}	<15>	소학2 : 40a1; 소학3 : 11b8; 11b9; 11b9; 11b10; 11b10; 12a1; 12a2; 13b8; 소학4 : 23a10; 23b2; 32a5; 54a6; 소학5 : 23a4; 23b1;
樣({◰,◳})	{:양·을}	<1>	소학6 : 125b1; <자립명사>

樣({◰,◳}) {:양·이} <1> 소학6 : 125a10; <자립명사>
樣({◰,◳}) {:양·이·라} <5> 소제 : 1b1; 소학2 : 9b5; 9b5; 소학6 : 119a7; 121b10;
樣({◰,◳}) {:양·이라} <2> 소학5 : 115a7; 소학6 : 104a9;
樣({◰,◳}) {:양·ᄒᆞ·시거·늘} <1> 소학4 : 4a2;
樣({◰,◳}) {:양·ᄒᆞ·야} <1> 소학5 : 24a10;
樣({◰,◳}) {:양·ᄒᆞ샤} <1> 소학4 : 25b7;
樣({◰,◳}) {:양이·라} <2> 소학5 : 25a4; 소학6 : 78a1;
樣({◰,◳}) {·큰:양·ᄒᆞ·야} <1> 소학6 : 17b1;
樣({◰,◳}) {·큰·양·ᄒᆞ·야} <1> 소학5 : 108b5;
樣({◰,◳}) {·양} <1> 소학3 : 11b8;
樣({◰,◳}) {ᄒᆞᆫ:양} <2> 소학2 : 73b1; 73b5;
樣子({◰,◳}◰) {양ᄌᆞ} <1> 소학2 : 23a8;
樣子({◰,◳}◰) {양·ᄌᆞ} <2> 소학4 : 32a2; 소학5 : 101a2;
讓(◳) {:양} <1> 소학4 : 32a5;
讓(◳) {:양} <2> 소학4 : 31b9; 소학5 : 33b10;
粱(◱) {냥} <1> 소학5 : 117a1;
羊(◱) {양} <3> 소학2 : 33b7; 소학3 : 26b2; 소학4 : 8a4;
羊皮(◱◱) {양피} <1> 소학3 : 22a1;
襄公(◳◱) {양공} <1> 소학4 : 52a9;
襄子(◱◰) {양·ᄌᆞ} <4> 소학4 : 31a2; 31a4; 32b2; 32b3;
楊文公(◱◱◱) {양문공} <1> 소학5 : 4a7;
楊氏(◱◰) {양시} <1> 소학5 : 119a2;
楊震(◱◳) {양:진} <1> 소학6 : 104b10;
楊播(◱◳) {·양:파} <1> 소학6 : 69a3;
楊炯(◱◰) {양:형} <1> 소학6 : 110a10;
陽城(◱◱) {양셩} <1> 소학6 : 7a7;
揚子(◱◰) {양·ᄌᆞ} <1> 소학4 : 10b1;
煬帝(◳◳) {:양:뎨} <1> 소학5 : 47b7;
養齒({◰,◳}◰) {:양·지} <4> 소학2 : 2a2; 2b6; 4b1; 5a3;
馭車(◳◱) {:어·거ᄒᆞ·기} <1> 소학1 : 11b4;
馭車(◳◱) {:어거ᄒᆞ·기} <1> 소학1 : 5a10;
億(◲) {·억} <1> 소학5 : 4a7;
偃(◰) {:언} <2> 소학4 : 41a7; 41b2;
言(◱) {언} <1> 소학4 : 41a7;
言箴(◱◱) {언잠} <1> 소학5 : 90b5;
嚴(◱) {엄} <1> 소학5 : 10b10;
嚴(◱) {엄:홈} <2> 소학6 : 6b9; 34b1;
嚴(◱) {엄:히} <1> 소학5 : 113a2;
嚴(◱) {엄·히} <3> 소학5 : 73a2; 소학6 : 8b5; 8b8;

巖(◱) {엄ᄒᆞ·고} <4> 소학6 : 1b8; 4a2; 5a1; 42a6;
巖(◱) {엄ᄒᆞᆫ} <2> 소학6 : 5a6; 73b9;
巖恭(◱◱) {엄공ᄒᆞ·며} <1> 소학3 : 4b6;
巖恭(◱◱) {엄공:홈} <1> 소학3 : 5b5;
巖肅(◱◲) {엄·슉:홈} <1> 소학2 : 33a4;
巖肅(◱◲) {엄·슉·히} <2> 소학3 : 12a1; 소학5 : 117b10;
巖肅(◱◲) {엄·슉ᄒᆞ·고} <1> 소학5 : 96a9;
巖肅(◱◲) {엄·슉ᄒᆞ·며} <1> 소학2 : 9b6;
巖正(◱{◱,◳}) {엄:졍·티} <1> 소학2 : 35b4;
巖正(◱{◱,◳}) {엄:졍ᄒᆞ·고} <1> 소학6 : 103a5;
巖正(◱{◱,◳}) {엄졍ᄒᆞ·고} <1> 소학6 : 98b4;
巖助(◱◳) {엄:조} <1> 소학6 : 37a2;
儼然(◰◱) {:엄연·히} <1> 소학3 : 2b4;
業(◲) {:업} <1> 소학6 : 96a1;
業(◲) {·업} <2> 소제 : 3b2; 소학6 : 13a6;
業(◲) {·업삼·음} <1> 소학6 : 8b2;
鄴下(◲{◰,◳}) {·업:하} <1> 소학5 : 69a7;
與({◱,◰,◳}) {여} <1> 소학1 : 8b9;
與許({◱,◰,◳}◰) {:여·허:홈} <1> 소학5 : 76b1;
與許({◱,◰,◳}◰) {:여·허·ᄒᆞ야} <2> 소학5 : 77a5; 77b1;
餘(◱) {:여} <1> 소학4 : 35b9;
繹(◲) {·역} <1> 소학5 : 95b9;
驛(◲) {·역} <1> 소학6 : 113b9;
緣故(◱◳) {연·고} <10> 소학1 : 7b3; 소학2 : 26a2; 소학3 : 26b1; 26b3; 37a1; 소학5 : 43a1; 53a3; 54a2; 74b6; 74b8;
緣故(◱◳) {연·고} <4> 소학6 : 32b2; 44b5; 45a10; 107a3;
緣故(◱◳) {연·고로} <1> 소학5 : 55b2;
緣由(◱◱) {연유} <1> 소학6 : 116b5;
燕太子({◱,◰}◳◰) {연·태·ᄌᆞ} <1> 소학5 : 69b1;
綖(◱) {연} <1> 소학4 : 45b8;
說之(◲◱) {·열지} <1> 소학6 : 74b6;
嬰(◱) {영} <1> 소학4 : 40b2;
英(◱) {영} <1> 소학6 : 73a1;
英公(◱◱) {영공} <1> 소학6 : 73a1;
永嘉(◰◱) {:영가} <1> 소학6 : 65b7;
永永(◰◰) {:영:영히} <1> 소학6 : 61b6;
永泰(◰◳) {:영:태} <1> 소학6 : 60b8;
穎水(◰◰) {:영·슈} <1> 소학6 : 111a1;
營葬(◱◳) {:영:장ᄒᆞᆯ·제} <1> 소학5 : 50a7;

營葬(◱◳) {:영:장} <1> 소학6 : 32b9;
營葬(◱◳) {:영:장·ᄒᆞ·ᄂᆞᆫ} <1> 소학5 : 48a8;
營葬(◱◳) {:영:장ᄒᆞ·고} <1> 소학6 : 52b5;
營葬(◱◳) {:영·장:홈} <1> 소학4 : 23b2;
營葬(◱◳) {:영장ᄒᆞ·니} <1> 소학6 : 32b10;
盈川令(◱◱{◱,◳}) {영쳔·령} <1> 소학6 : 111a2;
榮華(◱{◱,◳}) {영화} <1> 소학5 : 90b10;
榮華(◱{◱,◳}) {영화로·으·며} <1> 소학6 : 44a4;
榮華(◱{◱,◳}) {영화로·이} <1> 소학5 : 30b8;
穎州(◰◱) {:영쥬} <1> 소학6 : 3b7;
芮(◳) {:예} <1> 소학4 : 39a5;
豫備(◳◳) {:예·비:홀·디니·라} <1> 소학5 : 82a1;
豫讓(◳◳) {:예:양} <1> 소학4 : 30b10;
吳(◱) {오} <1> 소학6 : 23a10;
吳中(◱{◱,◳}) {오듕} <1> 소학5 : 80a4;
五經(◰◱) {:오경} <1> 소학5 : 118a1;
五代(◰◳) {:오:ᄃᆡ} <1> 소학5 : 49a1;
五百(◰◲) {:오·ᄇᆡᆨ집} <1> 소학1 : 8a8;
五品(◰◰) {:오:품} <1> 소학1 : 9b3;
傲慢(◳◳) {:오:만} <1> 소학3 : 13b1;
傲慢(◳◳) {:오:만:홈} <1> 소학3 : 2b9;
傲慢(◳◳) {:오:만ᄒᆞᆫ} <1> 소학4 : 3a2;
傲慢(◳◳) {:오·만:홈} <1> 소학5 : 19a6;
奧(◳) {:오·애} <1> 소학2 : 10a3;
玉(◲) {·옥} <5> 소학2 : 9b3; 소학3 : 17b5; 18b1; 18b3; 소학6 : 114b9;
玉盞(◲◰) {·옥·잔} <2> 소학4 : 24b6; 24b7;
溫(◱) {온} <1> 소학5 : 35a2;
溫公(◱◱) {온공} <2> 소학6 : 100a9; 123a1;
溫恭(◱◱) {온공} <2> 소학6 : 107b8; 132a5;
溫公(◱◱) {온공} <1> 소학6 : 129b10;
溫恭(◱◱) {온공·히} <2> 소학2 : 60b2; 소학4 : 7b3;
溫恭(◱◱) {온공ᄒᆞ·고} <2> 소학5 : 105b4; 소학6 : 69a6;
溫恭(◱◱) {온공ᄒᆞ·며} <1> 소학1 : 13b4;
溫和(◱{◱,◳}) {온화:홈} <1> 소학3 : 5b5;
溫和(◱{◱,◳}) {온화·케} <1> 소학1 : 10a7;
溫和(◱{◱,◳}) {온화·히} <1> 소학6 : 86b5;
溫和(◱{◱,◳}) {온화ᄒᆞ·고} <1> 소학1 : 3a8;
溫和(◱{◱,◳}) {온화ᄒᆞ·며} <1> 소학1 : 13a9;
溫和(◱{◱,◳}) {온화ᄒᆞᆫ} <2> 소학2 : 9a10; 9b1;

溫厚(平上)	{온:후ᄒᆞ·고}	<1>	소학5 : 9a2;
昷之(平平)	{온지}	<1>	소학6 : 5b7;
雍({平,去})	{:옹}	<1>	소학6 : 30b8;
雍({平,去})	{옹}	<1>	소학5 : 26b6;
雍州({平,去}平)	{:옹쥬}	<1>	소학6 : 30b8;
雍州({平,去}平)	{:옹쥬}	<1>	소학6 : 31b7;
玩弄(去去)	{:완·롱·ᄒᆞ·야}	<1>	소학5 : 23b2;
玩味(去去)	{:완·미·ᄒᆞ·야}	<1>	소학5 : 110a4;
玩味(去去)	{:완미·ᄒᆞ·야}	<1>	소학5 : 110b10;
玩賞(去上)	{:완·샹·ᄒᆞ야}	<1>	소학5 : 6a5;
婉順(上去)	{:완:슌:홈·이}	<1>	소학2 : 75a3;
婉順(上去)	{:완:슌ᄒᆞᆫ}	<1>	소학2 : 9b2;
頑惡(平入)	{완·악ᄒᆞ·고}	<2>	소학4 : 6b9; 소학5 : 36b8;
王(平)	{왕}	<8>	소학4 : 33a3; 33a3; 33a7; 33a7; 소학6 : 115b10; 117a7; 117a8; 118a9;
王(平)	{왕}	<1>	소학5 : 48a7;
王(平)	{왕}	<1>	소학6 : 115a1;
王(平)	{왕}	<1>	소학5 : 48a8;
王季(平去)	{왕:계}	<1>	소학4 : 11a4;
王季(平去)	{왕:계}	<2>	소학4 : 2a9; 12a3;
王吉(平入)	{왕·길}	<1>	소학5 : 62b7;
王密(平入)	{왕·밀}	<1>	소학6 : 105a1;
王勃(平入)	{왕·볼}	<1>	소학6 : 110a10;
王裒(平平)	{왕·부}	<1>	소학6 : 23a7;
王妃(平平)	{왕비}	<1>	소학4 : 2a9;
王詳(平平)	{왕샹}	<1>	소학6 : 22a1;
王祥(平平)	{왕샹}	<1>	소학6 : 64b5;
王相國(平{平,去}入)	{왕·샹·국}	<1>	소학6 : 114b5; <정승>
王孫({平{平,去}{上,去})	{왕손:가}	<2>	소학4 : 33a2; 33b5;
王延(平平)	{왕연}	<1>	소학6 : 25b5;
王凝(平平)	{왕응}	<1>	소학6 : 88a2;
王子(平上)	{왕·ᄌᆞ}	<2>	소학4 : 26a8; 26b5;
王制(平去)	{왕:졔}	<1>	소학1 : 12b7;
王制(平去)	{왕:졔}	<2>	소학2 : 28a10; 64b1;
王通(平平)	{왕통}	<1>	소학5 : 63a9;
王后(平上)	{왕:후}	<1>	소학4 : 45b6;
王蠋(平入)	{왕·쇽}	<1>	소학2 : 44b5;
汪信民(平去平)	{왕:신민}	<1>	소학6 : 133a2;
汪汪(平平)	{왕왕ᄒᆞ야}	<1>	소학5 : 23a4;
外郎(去平)	{:외랑}	<1>	소학6 : 116a2;

外姓(◳◳)	{:외:셩}	<1>	소학6 : 74b7;
外篇(◳◱)	{:외편}	<1>	소학5 : 2a3;
堯(◱)	{요}	<2>	소학4 : 1b5; 8a3;
堯夫(◱◱)	{요부}	<1>	소학5 : 26b7;
堯舜(◱◳)	{요:슌})	<4>	소학5 : 25a2; 84a3; 119b10; 소학6 : 76b2;
瑤(◱)	{요}	<1>	소학4 : 30b8;
妖怪(◱◳)	{요:괴·로온}	<1>	소학6 : 117a10;
妖怪(◱◳)	{요:괴·를}	<1>	소학6 : 117a9;
妖怪(◱◳)	{요:괴로·온}	<1>	소학6 : 115a3;
妖怪(◱◳)	{요·괴로:옴}	<1>	소학6 : 117b1;
妖怪(◱◳)	{요·괴로오·며}	<1>	소학5 : 120a10;
妖怪(◱◳)	{요괴롭·고}	<1>	소학5 : 56a3;
要求({◱,◳}◱)	{요구:호ᄃᆡ}	<1>	소학5 : 87b3;
要求({◱,◳}◱)	{요구:홀·디·니라}	<1>	소학5 : 112a6;
要求({◱,◳}◱)	{요구:홀·디니·라}	<1>	소학5 : 113a9;
要求({◱,◳}◱)	{요구:홀·딘·댄}	<1>	소학5 : 76b3;
要求({◱,◳}◱)	{요구·티}	<3>	소학5 : 76a1; 87b4; 97b7;
搖動(◱◰)	{요·동}	<1>	소학5 : 9b7;
遼東公(◱◱◱)	{료동공}	<1>	소학6 : 39a6;
夭夭({◱,◰}{◱,◰})	{요요·ᄐᆞᆺ}	<1>	소학3 : 16b8;
饒足(◱◲)	{요·죡:홈}	<1>	소학5 : 99b2;
欲(◲)	{·욕}	<1>	소제 : 2a8;
辱(◲)	{·욕}	<4>	소학2 : 24b6; 34b8; 소학5 : 90b10; 소학6 : 61a5;
辱(◲)	{·욕·되·이}	<1>	소학2 : 37a9;
辱(◲)	{·욕·디}	<1>	소학2 : 66a7;
辱(◲)	{·욕·ᄒᆞ심}	<1>	소학2 : 37a9;
辱(◲)	{·욕도·욤}	<1>	소학6 : 44a4;
辱(◲)	{·욕ᄒᆞ·디}	<1>	소학4 : 18b4;
辱(◲)	{·욕ᄒᆞ·이·디}	<1>	소학4 : 19a5;
褥(◲)	{요·ᄃᆞᆯ·해}	<1>	소학5 : 52b9;
慾心(◲◱)	{·욕·심}	<1>	소제 : 4a3;
慾心(◲◱)	{·욕심}	<9>	소학2 : 34b8; 소학3 : 2a10; 2a10; 2b9; 소학5 : 91b5; 106a7; 소학6 : 35b2; 111a9; 121b3;
容(◱)	{용}	<2>	소학6 : 106a2; 106a6;
容納(◱◲)	{용·납}	<1>	소학6 : 127a6;
容納(◱◲)	{용·납·디}	<2>	소학2 : 38b7; 소학6 : 9a6;
容貌(◱◳)	{용모}	<5>	소학2 : 36b7; 59b7; 60b2; 소학5 : 105b8;

			소학6 : 44a9;
勇猛(◰◰)	{:용:밍}	<1>	소학2 : 34b9;
勇猛(◰◰)	{:용밍}	<1>	소학2 : 35b8;
庸俗(◱◲)	{용·쇽혼}	<2>	소학5 : 18a6; 108a7;
冗雜(◰◲)	{:용·잡}	<1>	소범 : 1b1;
肜(◱)	{용}	<1>	소학6 : 62b3;
羽(◰)	{:우}	<2>	소학3 : 17b7; 17b7;
虞(◱)	{우}	<1>	소학4 : 39a5;
虞(◱)	{우ㅅ나·라}	<1>	소학1 : 9b2;
虞舜(◱◳)	{우:슌}	<1>	소학4 : 6b9;
虞祭(◱◳)	{우:제}	<1>	소학5 : 44a7;
右僕射(◰◲◳)	{:우·복·야}	<1>	소학6 : 65b7;
憂慮(◱◳)	{·우려ᄒᆞ·며}	<1>	소학4 : 49a9;
偶然(◰◱)	{우연·히}	<1>	소학5 : 115a9;
牛弘(◱◱)	{우홍}	<1>	소학6 : 72a2;
雄(◱)	{웅}	<1>	소학4 : 10b1;
熊膽(◱◰)	{웅:담}	<1>	소학6 : 99a2;
瑗(◳)	{:원}	<2>	소학4 : 29b6; 소학5 : 11a2;
瑗(◳)	{원}	<1>	소학5 : 66a7;
願(◳)	{:원·컨·댄}	<1>	소학2 : 62a1;
願(◳)	{:원·티}	<2>	소학5 : 12b4; 13b5;
願(◳)	{:원·ᄒᆞ노라}	<1>	소학5 : 13a4;
願(◳)	{:원·ᄒᆞᄂᆞᆫ}	<1>	소학6 : 44a8;
願(◳)	{:원컨·댄}	<2>	소학6 : 27a6; 75b9;
寃(◱)	{원·ᄒᆞ여}	<1>	소학6 : 71a5;
怨({◱,◳})	{:원·ᄒᆞ·야}	<1>	소학6 : 39b10;
怨讐({◱,◳}◱)	{원슈}	<1>	소학4 : 30b10;
怨讐({◱,◳}◱)	{원슈}	<7>	소학4 : 31a5; 소학5 : 28b10; 73b2; 75a3; 95b1; 108b7; 소학6 : 93b3;
怨望({◱,◳}◳)	{:원:망}	<2>	소학6 : 83b6; 83b7;
怨望({◱,◳}◳)	{:원:망:홈}	<1>	소학4 : 37b6;
怨望({◱,◳}◳)	{:원·망:홈}	<1>	소학2 : 21a9;
怨望({◱,◳}◳)	{:원망:홈}	<2>	소학5 : 23a2; 소학6 : 90a7;
元(◱)	{원}	<1>	소제 : 1a5;
元魏(◱◳)	{원·위}	<3>	소학6 : 39a6; 69a3; 86a10;
原明(◱◱)	{원명}	<1>	소학6 : 1b3;
遠方({◰,◳}◱)	{:원방}	<1>	소학6 : 130b10;
阮籍(◰◲)	{:완·젹}	<3>	소학5 : 45b6; 46a2; 48a10;
月俸(◲◳)	{·월·봉}	<1>	소학6 : 100b5;
爲({◱,◳})	{:위:홈}	<1>	소학5 : 4a2;

爲({◱,◳})	{:위·코·져}	<1>	소학6 : 58a5;
爲({◱,◳})	{:위·ᄒᆞ:예니·라}	<1>	소학3 : 27b9;
爲({◱,◳})	{:위·ᄒᆞ·야}	<2>	소학2 : 76a6; 76a8;
爲({◱,◳})	{:위·ᄒᆞ·야}	<21>	소학4 : 30a1; 30a10; 31a5; 32a1; 소학5 : 23b10; 42b5; 54a2; 69a9; 116b4; 소학6 : 8b10; 24b1; 30a2; 30b1; 32b6; 39b2; 66b4; 73a8; 77b1; 96b2; 114a4; 116b4;
爲({◱,◳})	{:위·ᄒᆞ·여}	<2>	소학6 : 35b6; 44a1;
爲({◱,◳})	{:위·ᄒᆞ·예·니}	<1>	소학5 : 36b10;
爲({◱,◳})	{:위·ᄒᆞ·옐시·라}	<1>	소학5 : 38a7;
爲({◱,◳})	{:위·ᄒᆞ야}	<4>	소학5 : 5a9; 55a1; 소학6 : 82a10; 106a8;
爲({◱,◳})	{:위·ᄒᆞ여}	<2>	소학6 : 37a2; 99b7;
爲({◱,◳})	{:위ᄒᆞ·야}	<2>	소학4 : 30a2; 소학6 : 73a3;
爲({◱,◳})	{:위ᄒᆞᆫ·디·라}	<1>	소학5 : 3a2;
爲({◱,◳})	{·위·ᄒᆞ·야}	<1>	소학2 : 59a10;
位(◳)	{·위}	<6>	소학2 : 39a6; 39a6; 39b10; 소학4 : 13b1; 소학6 : 34b2; 114b6;
衛(◳)	{·위}	<16>	소학4 : 29a10; 29a10; 30a3; 35b8; 35b8; 42a6; 42a6; 47b2; 52a10; 소학5 : 55b9; 소학6 : 23a8; 3a3; 39a6; 39a7; 40a10; 55b4;
衛(◳)	{·위}	<2>	소학4 : 48a9; 소학6 : 37b10;
衛詩(◳◱)	{·위시}	<1>	소학4 : 54a5;
衛侯(◳◱)	{·위후}	<2>	소학4 : 52a9; 52b2;
魏(◳)	{·위}	<2>	소학5 : 45b8; 소학6 : 25a6;
威(◱)	{위}	<1>	소학4 : 53b2;
威福(◱◲)	{위·복}	<1>	소학6 : 116a8;
威嚴(◱◱)	{위엄}	<5>	소학3 : 8a6; 8a8; 소학4 : 53b1; 소학5 : 13a3; 소학6 : 42a6;
威儀(◱◱)	{위의}	<13>	소학3 : 19a10; 20a5; 소학4 : 52b1; 52b4; 52b5; 53b3; 53b6; 54a5; 54a9; 54b5; 54b6; 55b3; 소학6 : 109b5;
威重(◱{◱,◰,◳})	{위:듕}	<1>	소학2 : 9b7;
圍(◱)	{위}	<1>	소학4 : 52b1;
慰勞(◳{◱,◳})	{:위·로}	<1>	소학5 : 50a3;
喟然(◳◱)	{:위연:홈}	<1>	소학2 : 76b6;
偉元(◰◱)	{:위원}	<1>	소학6 : 23a7;
危坐(◱◰)	{위:좌}	<1>	소학5 : 113a6;
危殆(◱◰)	{위틱:홈}	<1>	소학5 : 105a5;
危殆(◱◰)	{위틱·케}	<1>	소학2 : 34b10;
危殆(◱◰)	{위틱·티}	<1>	소학2 : 30a4;

危殆(◱◰)	{위틱·ᄒᆞ야}	<1>	소학6 : 67b2;
危殆(◱◰)	{위틱ᄒᆞ·니}	<1>	소학5 : 91b5;
危殆(◱◰)	{위틱ᄒᆞᆫ}	<3>	소학4 : 19a2; 소학6 : 60a1; 85a3;
兪({◱,◰})	{유}	<1>	소학4 : 19b7;
愈(◰)	{:유}	<1>	소학6 : 91a1;
由(◱)	{유}	<2>	소학2 : 43a5; 소학4 : 43a7;
攸(◱)	{유}	<2>	소학6 : 65b9; 66b7;
猶(◱)	{유·티}	<1>	소학5 : 75b6;
猶(◱)	{유·ᄂᆞᆫ}	<1>	소학5 : 75b8;
有德(◰◲)	{:유·덕ᄒᆞ·며}	<1>	소학3 : 12a1;
有勢(◰◳)	{:유·셰}	<1>	소학6 : 116a9;
有勢(◰◳)	{:유·셰ᄒᆞᆫ}	<1>	소학5 : 25a9;
有識(◰◲)	{:유·식ᄒᆞ·니}	<1>	소학5 : 24b2;
有餘(◰◱)	{:유여커·든}	<1>	소학5 : 20b3;
有餘(◰◱)	{:유여ᄒᆞ·리오}	<1>	소제 : 3b4;
有餘(◰◱)	{·유여ᄒᆞ·리라}	<1>	소학5 : 110a7;
有益(◰◲)	{:유·익:홈}	<1>	소학5 : 108b9;
有益(◰◲)	{:유·익ᄒᆞ·고}	<1>	소학2 : 66b10;
有益(◰◲)	{:유·익ᄒᆞᆫ}	<1>	소학2 : 66b8;
遺漏({◱,◳}◳)	{유:루:홈}	<1>	소학6 : 108a1;
柔順(◱◳)	{유:슌·호·ᄃᆡ}	<1>	소학2 : 75a2;
柔順(◱◳)	{유:슌·히}	<1>	소학1 : 7a3;
柔順(◱◳)	{유:슌ᄒᆞ·며}	<1>	소학2 : 74a8;
柔順(◱◳)	{유:슌ᄒᆞᆫ}	<1>	소학2 : 48b2;
柔和(◱{◱,◳})	{유화·히}	<1>	소학2 : 4a1;
宥和(◰{◱,◳})	{유화ᄒᆞ·며}	<1>	소학1 : 13b4;
允(◰)	{:윤}	<1>	소학4 : 27b8;
允(◰)	{·윤}	<11>	소학6 : 39b3; 39b10; 40b2; 41b8; 42a4; 42a7; 42a10; 43a6; 43b10; 44a2; 44b3;
允(◰)	{·윤}	<1>	소학6 : 40a9;
尹(◰)	{·윤·ᄒᆞ·여}	<2>	소학6 : 75b6; 75b10;
隱(◰)	{·은:홈}	<2>	소학2 : 72b2; 72b9;
隱(◰)	{은:홈}	<1>	소학2 : 72a3;
隱居(◰◱)	{·은거·ᄒᆞ·야}	<1>	소학5 : 83a6;
隱居(◰◱)	{·은거·ᄒᆞ·야·셔}	<1>	소학6 : 24a6;
隱士(◰◰)	{·은·ᄉᆞ}	<2>	소학6 : 84b4; 85b4;
殷(◱)	{은}	<3>	소학4 : 24b4; 27b2; 28a9;
殷勤(◱◱)	{은근·히}	<1>	소학5 : 24a2;
銀(◱)	{은}	<1>	소학6 : 75b7;
慇懃(◱◱)	{은근:홈}	<1>	소학5 : 69a1;

閭閭(◱◱)	{은은·틋}	<1>	소학3 : 14a9;
恩義(◱◳)	{은:의}	<1>	소학5 : 71b9;
恩意(◱◳)	{은:의}	<1>	소학6 : 32b7;
恩寵(◱◰)	{은:통}	<1>	소학6 : 117a10;
恩惠(◱◳)	{은:혜}	<5>	소학2 : 2a5; 소학3 : 8a7; 8a8; 소학5 : 34a5; 소학6 : 27a5;
恩惠(◱◳)	{은·혜}	<4>	소학4 : 27a5; 소학5 : 75b10; 80b5; 95b1;
隱括(◰◲)	{·은·괄·ᄒᆞ·여}	<1>	소학6 : 123b7;
乙普明(◲◰◱)	{·을:보명}	<1>	소학6 : 63b4;
音(◱)	{음}	<3>	소범 : 2b4; 3a1; 3a3;
音樂(◱◲)	{·음악}	<1>	소학2 : 49b1;
音樂(◱◲)	{음·악}	<8>	소학1 : 5a8; 10a6; 11b3; 12b10; 13a1; 15a5; 소학2 : 23a6; 소학4 : 13b1;
淫亂(◱◳)	{음:난ᄒᆞᆫ}	<1>	소학4 : 3a1;
淫亂(◱◳)	{음:란}	<1>	소학4 : 48a10;
淫亂(◱◳)	{음:란:홈}	<1>	소학5 : 63b10;
淫亂(◱◳)	{음:란커·든}	<1>	소학2 : 55a5;
淫亂(◱◳)	{음:란ᄒᆞ·며}	<2>	소학4 : 25a10; 48b2;
淫亂(◱◳)	{음:란ᄒᆞᆫ}	<2>	소학1 : 2b4; 소학3 : 7a6;
淫蕩(◱◰)	{음:탕·ᄒᆞ·ᄂᆞ니}	<1>	소학4 : 45a2;
淫蕩(◱◰)	{음:탕ᄒᆞ·며}	<1>	소학5 : 100b10;
淫蕩(◱◰)	{음:탕ᄒᆞ·면}	<1>	소학4 : 45a2;
淫蕩(◱◰)	{음:탕ᄒᆞᆫ}	<2>	소학5 : 28b9; 소학6 : 3a3;
淫蕩(◱◰)	{음·탕:홈}	<1>	소학4 : 45a4;
陰邪(◱◱)	{음샤·히}	<1>	소학3 : 9b8;
飮食({◰,◳}◲)	{:음:식}	<1>	소학6 : 95b8;
飮食({◰,◳}◲)	{:음·식}	<38>	소학2 : 6a10; 10a9; 12a9; 13b2; 17a7; 18a9; 40b9; 41a6; 41b2; 45b3; 51a4; 53b4; 61a4; 63a1; 소학3 : 22b2; 22b8; 23a8; 26b5; 27b7; 28a1; 소학4 : 11b10; 소학5 : 29a1; 33a2; 74b5; 96a2; 97b9; 101a3; 102a3; 소학6 : 5b10; 31a2; 80a7; 81a10; 82a7; 86b3; 95a4; 128b10; 130b10; 132b4;
飮食({◰,◳}◲)	{:음·식:호·매}	<1>	소학1 : 4b1;
飮食({◰,◳}◲)	{:음·식·ᄒᆞ·실제}	<1>	소학3 : 14b2;
飮食({◰,◳}◲)	{:음·식·ᄒᆞ·ᄂᆞᆫ}	<1>	소학3 : 68a1;
飮食({◰,◳}◲)	{:음·식ᄒᆞ·기}	<1>	소학5 : 68a5;
飮食({◰,◳}◲)	{·음·식}	<1>	소학6 : 6b7;
揖(◲)	{·읍·ᄒᆞ:샤·ᄃᆡ}	<1>	소학2 : 38a6;
揖(◲)	{·읍·ᄒᆞ·야}	<2>	소학2 : 68a7; 소학4 : 4a8;

揖(◲)	{·읍·ᄒᆞ더·라}	<2>	소학6 : 34b10;
應({◱,◳})	{:응:홈}	<2>	소학2 : 6b8; 60b4;
應({◱,◳})	{:응·ᄋᆞᆫ}	<1>	소서 : 1a9;
應({◱,◳})	{:응·ᄒᆞ·야}	<1>	소학6 : 124a2;
應({◱,◳})	{:응·ᄒᆞ여}	<1>	소학6 : 48b5;
應({◱,◳})	{:응·ᄒᆞᄂᆞ·니}	<1>	소학5 : 88b7;
應({◱,◳})	{:응ᄒᆞ·나}	<1>	소학5 : 99a4;
應({◱,◳})	{:응ᄒᆞ·며}	<2>	소서 : 1a9; 소학6 : 12a9;
應({◱,◳})	{:응ᄒᆞ며}	<2>	소제 : 2b10; 소학5 : 7b1;
應當({◱,◳}{◱,◳})	{응당:히}	<1>	소학6 : 66a5;
應當({◱,◳}{◱,◳})	{응당·히}	<1>	소학6 : 110b8;
應對({◱,◳}◳)	{:응:ᄃᆡ}	<2>	소학5 : 3b1; 소학6 : 17a3;
應接({◱,◳}◲)	{:응·졉:홈}	<1>	소학5 : 89a10;
義(◳)	{:의}	<17>	소제 : 1a6; 1b1; 소학1 : 9a6; 소학2 : 44b9; 소학2 : 49a5; 49a5; 49a7; 53a9; 77b7; 소학3 : 9a2; 9a10; 소학4 : 27a5; 27a8; 28b1; 소학5 : 78a3; 소학6 : 59b8; 61a5;
義(◳)	{:의ᄒᆞᆫ}	<1>	소학6 : 58a7;
義理(◳◰)	{:의:리})	<2>	소학5 : 116a4; 소학6 : 44a5;
義田宅(◳◱◲)	{:의·뎐·ᄐᆡᆨ}	<1>	소학5 : 80b7;
義眞(◳◱)	{:의진}	<2>	소학5 : 46b8; 47a5;
儀(◱)	{의}	<1>	소학4 : 53b3;
儀(◱)	{의}	<2>	소학6 : 23a7; 23b2;
儀禮篇(◱◰◱)	{의·례편}	<2>	소학2 : 14b7; 46a6;
儀禮篇(◱◰◱)	{의·례편}	<1>	소학3 : 19b5;
依據(◱◳)	{의:거·ᄒᆞ야}	<1>	소범 : 1b3;
依據(◱◳)	{의·거·ᄒᆞ·야}	<1>	소학5 : 65b8;
依倣(◱◱)	{의:방·ᄒᆞ·야}	<1>	소학3 : 2a2
依支(◱◱)	{의:지·ᄒᆞ야}	<1>	소범 : 3a6;
依支(◱◱)	{의·지·케}	<1>	소학2 : 10a10;
依支(◱◱)	{의·지·ᄒᆞ·야}	<2>	소학5 : 92a6; 소학6 : 40b5;
依支(◱◱)	{의·지·ᄒᆞ·ᄂᆞᆫ}	<1>	소학1 : 10b1;
依支(◱◱)	{의·지·ᄒᆞ얏더·니}	<1>	소학6 : 56a2;
依託(◱◲)	{의·탁ᄒᆞᆫ}	<1>	소학2 : 30a8;
依託(◱◲)	{의·탁ᄒᆞᆯ·ᄃᆡ}	<1>	소학5 : 67b1;
衣冠({◱,◳}{◱,◳})	{의관}	<2>	소학5 : 17b7; 소학6 : 109b4;
衣服({◱,◳}◲)	{의·복}	<7>	소학2 : 13b2; 17a6; 소학3 : 13a1; 22b5; 소학4 : 43b9; 44a1; 소학6 : 2b5;
衣服({◱,◳}◲)	{의·복·ᄒᆞ·ᄂᆞᆫ}	<1>	소학5 : 68a6;

議論(◳{◱,◳})	{:의·논홀·시}	<1>	소학2 : 58a2;
議論(◳{◱,◳})	{:의론}	<1>	소학4 : 55b5;
議論(◳{◱,◳})	{:의론·ᄒᆞ·야}	<1>	소학6 : 39b1;
議論(◳{◱,◳})	{:의론ᄒᆞ·며}	<2>	소학2 : 95a8; 95a8;
議論(◳{◱,◳})	{:의:론}	<1>	소학6 : 46b6;
議論(◳{◱,◳})	{:의:론·티}	<1>	소학3 : 22b3;
議論(◳{◱,◳})	{:의·론}	<1>	소학2 : 77b6;
議論(◳{◱,◳})	{:의·론:홈}	<2>	소학5 : 64a8; 101a2;
議論(◳{◱,◳})	{:의·론ᄒᆞ·기}	<1>	소학5 : 63a10;
議論(◳{◱,◳})	{:의론}	<1>	소학5 : 56a2;
議論(◳{◱,◳})	{:의론·티}	<1>	소학5 : 52a4;
議論(◳{◱,◳})	{:의론·ᄒᆞ·야}	<1>	소학5 : 38a5;
議論(◳{◱,◳})	{:의론ᄒᆞ·며}	<1>	소학5 : 12b1;
議論(◳{◱,◳})	{:의론ᄒᆞᆫ}	<1>	소학2 : 78a2;
議論(◳{◱,◳})	{:의론홀·디니·라}	<1>	소학6 : 13b7;
議論(◳{◱,◳})	{·의론}	<1>	소학5 : 21b3;
議論(◳{◱,◳})	{·의론:홈}	<1>	소학5 : 53b3;
議論(◳{◱,◳})	{·의론ᄒᆞ·기}	<1>	소학5 : 11a1;
議論(◳{◱,◳})	{·의론ᄒᆞ·야}	<1>	소학5 : 17a3;
疑問(◱◳)	{의:문}	<1>	소학6 : 49b10;
疑心(◱◱)	{의심되·야}	<1>	소학5 : 113b6;
疑心(◱◱)	{의심된}	<1>	소학3 : 3b9;
疑心(◱◱)	{의심된·디}	<1>	소학3 : 5b7;
醫術(◱◲)	{의·슐}	<1>	소학5 : 39a6;
醫員(◱◱)	{의원}	<3>	소학2 : 23b9; 소학5 : 85b2; 소학6 : 28a9;
易(◳)	{:이}	<3>	소학6 : 27b8; 28a9; 28b1;
夷(◱)	{이}	<1>	소학4 : 22b6;
夷吾(◱◱)	{이오}	<1>	소학3 : 8a5;
二百(◳◲)	{:이·빅}	<1>	소학6 : 100b2;
二三百(◳◱◲)	{:이삼·빅}	<1>	소학5 : 113a7;
異姓(◳◳)	{:이:셩}	<3>	소학1 : 11a8; 12a5; 소학6 : 47a6;
異端(◳◱)	{:이단}	<1>	소학5 : 119a2;
以道(◰◰)	{:이:도}	<1>	소학6 : 74b5;
以前(◰◱)	{:이젼}	<1>	소학5 : 113a9;
怡然(◱◱)	{이연·히}	<1>	소학5 : 115a8;
怡怡(◱◱)	{이이·히}	<1>	소학5 : 20a4;
伊尹(◱◰)	{이·윤}	<3>	소학5 : 84a2; 84a3; 84b1;
伊川(◱◱)	{이쳔}	<16>	소학5 : 39a3; 39b9; 56a8; 57b7; 59a10; 67a1; 74b3; 76a9; 86a10; 86b9; 88a3;

			92a4; 109a10; 소학6 : 14b4; 33a5; 49a7;
伊川(平平)	{이쳔}	<1>	소학5 : 7a1;
二千石(去平入)	{:이쳔·셕}	<2>	소학6 : 34b8; 77a4;
二千五百(去平上入)	{이쳔:오·빅집}	<1>	소학1 : 8a9;
姨兄(平平)	{이형}	<1>	소학6 : 46a9;
匜(平)	{이}	<1>	소학2 : 6a8;
頤(平)	{이}	<1>	소학5 : 7a1;
翼之(入平)	{·익지}	<1>	소학6 : 8a10;
釴(入)	{·익}	<1>	소학6 : 126b3;
仁(平)	{인}	<5>	소제 : 1a6; 1b1; 소학2 : 65b2; 소학5 : 84a7; 소학6 : 59b8;
仁(平)	{인ᄒᆞ·고}	<1>	소학4 : 30a3;
仁(平)	{인ᄒᆞ·니·를}	<1>	소학1 : 14b7;
仁(平)	{인ᄒᆞᆫ}	<3>	소학2 : 66b2; 소학5 : 82a7; 소학6 : 58a6;
仁(平)	{인ᄒᆞᆯ}	<1>	소학4 : 34b9;
仁義(平去)	{인:의}	<1>	소학6 : 35b3;
仁慈(平平)	{인ᄌᆞ:홈}	<1>	소학1 : 11a3;
仁慈(平平)	{인ᄌᆞ로옴}	<1>	소학6 : 92b7;
仁惠(平去)	{인·혜로오·며}	<1>	소학1 : 3a7;
因(平)	{인·ᄒᆞ·야}	<10>	소학3 : 27a9; 소학5 : 46a1; 65b7; 89a1; 90b6; 103a1; 소학6 : 49a1; 64a1; 77b4; 125b2;
因(平)	{인·ᄒᆞ·야셔}	<1>	소학6 : 74b7;
因(平)	{인·ᄒᆞ·여}	<1>	소학5 : 119a7;
因(平)	{인·ᄒᆞ야}	<6>	소학2 : 31b4; 소학5 : 47a2; 73a7; 소학6 : 71a7; 106a5; 106b1;
因循(平平)	{인슌·티}	<1>	소학3 : 12b7;
引導(上去)	{·인:도:호·리니}	<1>	소학6 : 40b4;
引導(上去)	{·인:도:홈}	<3>	소학5 : 114a4; 소학6 : 5a2; 44b4;
引導(上去)	{·인·도ᄒᆞ·고}	<1>	소학5 : 50a8;
人倫(平平)	{인륜}	<11>	소학1 : 9a4; 소학2 : 1a4; 1b2; 소학4 : 40b6; 소학5 : 62b8; 70a7; 82a3; 119b8; 소학6 : 12a7; 101a2; 107b8;
人生(平平)	{인ᄉᆡᆼ}	<1>	소학6 : 5a5;
人材(平平)	{인:ᄌᆡ})	<1>	소제 : 4a2;
人才(平平)	{인ᄌᆡ}	<1>	소학6 : 11a1;
人定(平去)	{인뎡}	<1>	소학6 : 95a9;
人情(平平)	{인졍}	<3>	소학5 : 36b9; 75b8; 소학6 : 43a6;
人品(平上)	{인·품}	<1>	소학5 : 8a4;
忍字(上去)	{:인·ᄌᆞ}	<1>	소학6 : 90a2;

一家(◲◱)	{·일가}	<2>	소학5 : 47a6; 70a3;
一萬(◲◳)	{·일:만}	<4>	소제 : 2a4; 소학5 : 85b10; 103b9; 소학6 : 108a1;
一命(◲◳)	{·일:명}	<1>	소학5 : 58b4;
一百(◲◲)	{:일·빅}	<1>	소학6 : 90a2;
一百(◲◲)	{·일·빅}	<9>	소학5 : 80b1; 83a8; 99b1; 116b5; 소학6 : 63b6; 71a10; 90a2; 99b5; 107a2;
一百(◲◲)	{·일·빅번}	<1>	소학3 : 27b1;
一百兩(◲◲{◰,◳})	{·일·빅량}	<1>	소학6 : 75b7;
一生(◲◱)	{·일싱}	<1>	소학6 : 118b3;
一定(◲◳)	{·일:뎡ᄒᆞ·면}	<1>	소학3 : 2b5;
一千(◲◱)	{·일쳔}	<3>	소학5 : 21b5; 85b10; 소학6 : 108a1;
一千疋(◲◱◲)	{·일쳔·필}	<1>	소학6 : 39a9;
一便(◲{◱,◳})	{·일편}	<1>	소학5 : 73a9;
日課(◲◳)	{·일:과}	<1>	소학6 : 14b9;
日課(◲◳)	{·일과·ᄒᆞᄂᆞᆫ}	<1>	소학5 : 113a1;
任氏({◱,◳}◰)	{임·시}	<1>	소학4 : 2a8;
入聲(◲◱)	{·입셩}	<1>	소범 : 2b9;
媵(◳)	{잉}	<1>	소학5 : 63b8;
仍(◳)	{·잉}	<1>	소학5 : 97b9;
字(◳)	{:네·ᄌᆞ}	<2>	소학5 : 95b2; 소학6 : 48b3;
字(◳)	{:세·ᄌᆞ}	<2>	소학5 : 95b3; 소학6 : 76a10;
字(◳)	{·글·ᄌᆞ}	<1>	소학5 : 62a5;
字(◳)	{·ᄌᆞ}	<39>	소범 : 1b4; 2b4; 소학1 : 1b1; 8b9; 소학2 : 18a5; 43a6; 소학4 : 27b9; 27b9; 29b6; 40b3; 41a10; 42a3; 42b6; 소학5 : 2b5; 6a1; 7a1; 8b3; 15a1; 26b7; 31b8; 38a3; 38b4; 72b10; 소학6 : 1b2; 4a1; 8a10; 23a7; 45a6; 46a7; 48a8; 49b10; 54a3; 75a2; 75a5; 84b4; 91a1; 122b3; 125a4; 133a4;
字(◳)	{·ᄌᆞ·ᄠᅳᆮ}	<3>	소범 : 1a10; 1b9; 1b9;
字(◳ㄷ)	{·ᄒᆞᆫᄌᆞ도}	<1>	소학5 : 113b2;
字(◳)	{ᄌᆞ}	<1>	소학5 : 83b4;
字(◳ㄷ)	{ᄒᆞᆫ·ᄌᆞ}	<1>	소학6 : 48b7;
字字(◳◳)	{·ᄌᆞ·ᄌᆞ}	<1>	소학5 : 113a8;
者(◰)	{·쟈}	<1>	소제 : 2a2; <매인이름>
子(◰)	{·ᄌᆞ}	<2>	소학1 : 1b2; 소학2 : 43a6;
子(◰)	{·ᄌᆞ}	<2>	소학3 : 15b6; 16b7;
子(◰)	{·ᄌᆞ}	<2>	소학4 : 24b3; 27a3; (벼슬 이름)
子羔(◰◱)	{·ᄌᆞ고}	<3>	소학4 : 42a3; 42a8; 42b1;

子貢(巳㔾)	{·ᄌᆞ:공}	<1>	소학2 : 66a4;
子路(巳㔾)	{·ᄌᆞ:로}	<4>	소학2 : 43a5; 소학4 : 43a1; 소학5 : 5a8; 5a9;
子思(巳{乚,㔾})	{·ᄌᆞᄉᆞ}	<1>	소학1 : 1b1;
子思子(巳{乚,㔾}巳)	{·ᄌᆞᄉᆞ·ᄌᆞ}	<1>	소학1 : 1b1;
子書(巳乚)	{·ᄌᆞ셔}	<1>	소학5 : 113a4;
子孫(巳{乚,㔾})	{·ᄌᆞ손}	<19>	소학4 : 31a4; 소학5 : 12b4; 19a5; 26b7; 78a3; 99b1; 소학6 : 26a10; 77a8; 77a10; 77b9; 78b3; 82a3; 82a5; 82b8; 82b10; 83a4; 83b6; 100b2; 127a8;
子孫(巳{乚,㔾})	{ᄌᆞ손}	<2>	소학5 : 80a6; 소학6 : 85a1;
子息(巳凵)	{·ᄌᆞ·식}	<49>	소학1 : 2a3; 2b9; 3a5; 3a9; 3b4; 8a1; 소학2 : 8a10; 10a2; 16b6; 22b4; 23b6; 54b4; 54b4; 54b7; 55a4; 56a5; 74a7; 소학3 : 20b10; 소학4 : 18b2; 22b6; 42b8; 47b5; 47b7; 소학5 : 34a4; 35a9; 63a1; 70a2; 70a2; 71a8; 71a8; 75a2; 75a2; 소학6 : 20b2; 21a2; 27a6; 46b1; 50b5; 52a4; 55b8; 66a1; 66a4; 66a6; 66a7; 66a9; 66b6; 69a5; 77b3; 85b9; 95b8;
子息(巳凵)	{·ᄌᆞ식}	<2>	소학3 : 21a2; 소학4 : 7b3;
子淵(巳乚)	{·ᄌᆞ연}	<1>	소학5 : 8b3;
子容(巳乚)	{·ᄌᆞ용}	<1>	소학4 : 42b6;
子羽(巳巳)	{·ᄌᆞ:우}	<1>	소학4 : 41a10;
子游(巳乚)	{·ᄌᆞ유}	<1>	소학4 : 41a7;
子臧(巳乚)	{·ᄌᆞ·장}	<1>	소학4 : 43b5;
子臧(巳乚)	{·ᄌᆞ장·이}	<1>	소학4 : 44a1;
子弟(巳{巳,㔾})	{·ᄌᆞ:뎨}	<16>	소학5 : 3a1; 3b1; 6a1; 6a4; 16a7; 24a3; 34a6; 73a3; 81b2; 93a7; 103b6; 소학6 : 45a9; 74b6; 88a3; 95a5; 100b8;
子弟(巳{巳,㔾})	{·ᄌᆞ·뎨}	<1>	소학5 : 83a7;
子春(巳乚)	{·ᄌᆞ츈}	<1>	소학4 : 16b10;
子平(巳乚)	{·ᄌᆞ평}	<1>	소학6 : 30a3;
子夏(巳㔾)	{·ᄌᆞ:하}	<1>	소학1 : 15b6;
子厚(巳巳)	{·ᄌᆞ:후}	<1>	소학5 : 2b5;
資賴(乚㔾)	{ᄌᆞ:뢰·ᄒᆞ·야}	<1>	소학5 : 51b8;
資賴(乚㔾)	{ᄌᆞ뢰케}	<1>	소서 : 2b10;
滋味(乚㔾)	{ᄌᆞ:미}	<2>	소학5 : 51b2; 소학6 : 121b3;
刺史(㔾巳)	{:ᄌᆞ:ᄉᆞ}	<2>	소학6 : 91b1; 107b6;
刺史(㔾巳)	{ᄌᆞ:ᄉᆞ}	<1>	소학6 : 106b10;

仔詳(◰◱)	{ᄌᆞ샹ᄒᆞ며}	<1>	소학6 : 86b1;
仔詳(◰◱)	{ᄌᆞ샹ᄒᆞ·고})	<1>	소학1 : 3a7;
仔細(◰◳)	{·ᄌᆞ·셔·히}	<2>	소학2 : 65b5; 소학5 : 61b4;
仔細(◰◳)	{·ᄌᆞ셔히}	<1>	소학6 : 103a10;
仔細(◰◳)	{·ᄌᆞ셔ᄒᆞ·고}	<1>	소학6 : 33b6;
仔細(◰◳)	{·ᄌᆞ셰:홈}	<1>	소학5 : 95a4;
慈詳(◱◱)	{ᄌᆞ샹}	<1>	소학3 : 15a7;
姿色(◱◲)	{ᄌᆞ·식}	<1>	소학6 : 60b10;
自若(◳◲)	{·ᄌᆞ·약히}	<1>	소학6 : 80b3;
自然(◳◱)	{·ᄌᆞ연·히}	<7>	소학5 : 4a9; 4a9; 86b2; 110b8; 114b6; 114b8; 115a3;
自然(◳◱)	{·ᄌᆞ연·ᄒᆞ·야}	<1>	소학6 : 72b1;
自然(◳◱)	{·ᄌᆞ연ᄒᆞᆫ·듯}	<1>	소학5 : 5b2;
自重(◳{◱,◰,◳})	{·ᄌᆞ:듕ᄒᆞ·리}	<1>	소학4 : 48b10;
自處(◳{◰,◳})	{·ᄌᆞ:쳐ᄒᆞ·며}	<1>	소학5 : 105b6;
恣專(◳◱)	{·ᄌᆞ젼·티}	<1>	소학2 : 11b8;
恣專(◳◱)	{·ᄌᆞ젼·ᄒᆞ·야}	<1>	소학5 : 35a4;
紫的(◰◲)	{ᄌᆞ·디}	<1>	소학3 : 21b1;
勺(◲)	{·쟉}	<1>	소학1 : 5a9;
勺象(◲◰)	{·쟉·샹}	<1>	소학1 : 5a9;
盞(◰)	{·잔}	<3>	소학2 : 16a10; 64a6; 소학5 : 18a4;
孱陵(◱◱)	{잔능}	<1>	소학6 : 27b6;
潛(◱)	{ᄌᆞᆷ}	<1>	소학6 : 45a7;
潛(◱)	{ᄌᆞᆷ}	<1>	소학6 : 85b4;
箴(◱)	{ᄌᆞᆷ}	<1>	소학5 : 89a1;
暫間(◳{◱,◳})	{·잠·ᄭᅡᆫ}	<1>	소학3 : 4b6;
雜(◲)	{·잡:말}	<1>	소학6 : 1b6;
雜(◲)	{·잡·일}	<1>	소학6 : 1b6;
狀元(◳◱)	{:장원}	<1>	소학6 : 118b2;
長({◱,◰})	{:댱은}	<1>	소학6 : 110b8;
長史({◱,◰}◰)	{:댱:ᄉᆞ}	<1>	소학5 : 47a2;
長史({◱,◰}◰)	{:댱:ᄉᆞ}	<1>	소학5 : 47a6;
長壽({◱,◰}{◰,◳})	{댱·슈}	<2>	소학5 : 62b8; 94a8;
長壽({◱,◰}{◰,◳})	{댱·슈:홈}	<1>	소학3 : 20a6;
長壽({◱,◰}{◰,◳})	{댱·슈홀}	<1>	소학3 : 19b8;
長孫夫人({◱,◰}{◱,◳}◱◱)	(:댱손부인}	<2>	소학6 : 26b2; 26b7;
長幼({◱,◰}◳)	{:댱:유}	<1>	소학1 : 9b4;
張({◱,◰})	{댱}	<4>	소학5 : 2b5; 소학6 : 48b2; 48b8; 128a9;
張公({◱,◰}◱)	{댱공}	<1>	소학6 : 6a2;
張公藝({◱,◰}◱◳)	{댱공:예}	<1>	소학6 : 89b6;

張觀({◱,◰}{◱,◳}) {댱관} <1> 소학6 : 48a10;
張湛({◱,◰}◱) {댱담} <1> 소학6 : 103a5;
張夫人({◱,◰}◱◱) {댱부인} <1> 소학6 : 5b6;
張思叔({◱,◰}{◱,◳}◲) {댱ᄉᆞ·슉} <1> 소학5 : 95b9;
帳(◳) {:댱} <3> 소학5 : 52b8; 소학6 : 38a8; 39b3;
帳戶籍(◳◰◲) {:댱:호·젹} <1> 소학6 : 45b2;
障(◳) {:댱} <1> 소학6 : 69a10;
醬(◳) {:쟝} <2> 소학3 : 25b3; 소학5 : 44a10;
壯(◳) {:쟝:홈} <1> 소학5 : 71a7;
場(◱) {댱} <1> 소학6 : 118b2;
臧(◱) {장} <1> 소학6 : 117b6;
莊(◱) {쟝} <1> 소학4 : 47b4;
莊姜(◱◱) {쟝강} <3> 소학4 : 47b4; 47b6; 48a3;
莊公(◱◱) {쟝공} <2> 소학4 : 47b2; 47b5;
莊嚴(◱◱) {장엄·ᄒᆞ·샤} <1> 소학4 : 2b9;
莊周(◱◱) {장쥬} <1> 소학6 : 109b1;
將軍({◱,◳}◱) {쟝군} <1> 소학6 : 23a8;
將棋({◱,◳}◱) {:쟝·긔} <2> 소학5 : 34a10; 소학6 : 109a9;
將棋({◱,◳}◱) {:쟝긔} <1> 소학6 : 121b9;
將棋({◱,◳}◱) {쟝·긔} <1> 소학6 : 109a10;
將帥({◱,◳}◳) {:쟝·슈} <5> 소학4 : 33b6; 소학5 : 99a6; 소학6 : 23b3; 37b10; 107b10;
將次({◱,◳}◳) {쟝·ᄌᆞᆺ} <1> 소학4 : 52b3;
將次({◱,◳}◳) {쟝·ᄎᆞᆺ} <28> 소학2 : 5b2; 5b3; 9b6; 14a3; 20a6; 24b4; 25a9; 36b3; 59b7; 소학3 : 10a8; 10b2; 10b9; 소학4 : 14a9; 15a4; 15a8; 15a10; 32a7; 36b6; 49b10; 소학5 : 14b2; 16a2; 41b7; 41b10; 소학6 : 22a9; 50b6; 52a10; 62b6; 93b1;
將次({◱,◳}◳) {쟝ᄎᆞᆺ} <3> 소학4 : 8a6; 소학6 : 52a4; 73b9;
贓吏(◱◳) {장:리}) <1> 소학6 : 113b2;
丈夫(◰◱) {:댱부} <1> 소학5 : 65b9;
掌書記(◰◱◳) {:쟝셔·긔} <1> 소학6 : 128b1;
載({◰,◳}) {ᄌᆡ} <1> 소학5 : 2b5;
齋(◱) {ᄌᆡ} <3> 소학6 : 9b6; 9b6; 9b7;
齋戒(◱◳) {ᄌᆡ:계} <2> 소학2 : 26a10; 26b1;
齋戒(◱◳) {ᄌᆡ:계·ᄒᆞ·야} <2> 소학2 : 36b4; 45b1;
齋戒(◱◳) {ᄌᆡ:계·ᄒᆞ던} <1> 소학2 : 26b5;
齋戒(◱◳) {ᄌᆡ:계ᄒᆞᆫ} <1> 소학2 : 26b4;
齋戒(◱◳) {ᄌᆡ:계ᄒᆞᆯ} <1> 소학3 : 12a6;

齋衰(◱◱)	{지최}	<1>	소학5 : 43b10;
齋室(◱◲)	{지·실}	<1>	소학5 : 46b10;
裁斷(◱{◰,◳})	{지:단}	<1>	소학6 : 42a2;
財利權(◱◳◱)	{지:릿권}	<1>	소학6 : 114b7;
財物(◱◲)	{·지·믈}	<1>	소학5 : 100b8;
財物(◱◲)	{지·믈}	<12>	소학2 : 11b2; 30a5; 34b5; 소학3 : 3b4; 소학5 : 63a10; 63b2; 65b7; 소학6 : 47a10; 52b5; 54a7; 83b4; 83b4;
宰相(◰{◱,◳})	{:지:샹}	<4>	소학5 : 19b5; 소학6 : 35b6; 128a10; 128a10;
宰相(◰{◱,◳})	{:지·샹}	<9>	소학5 : 3b4; 3b9; 5a8; 19b4; 31b9; 99a6; 소학6 : 75b5; 98b3; 127a9;
宰相(◰{◱,◳})	{·지:샹}	<1>	소학4 : 45b8;
宰相品(◰{◱,◳}◰)	{:지·샹:품}	<1>	소학5 : 34b8;
才質(◱◲)	{지·질}	<1>	소학6 : 13b5;
才質(◱◲)	{지질}	<1>	소학5 : 115b9;
災害(◱◳)	{지:해}	<1>	소학4 : 43b9;
災禍(◱◰)	{지:화}	<2>	소학5 : 22b2; 68b3;
災禍(◱◰)	{지·화}	<1>	소학2 : 35b9;
錚錚(◱◱)	{징징·히}	<1>	소학3 : 18b1;
箸(◳)	{·져}	<2>	소학3 : 23b2; 소학6 : 71a3;
著作郎({◱,◳}◲◱)	{:뎌·작랑}	<1>	소학6 : 39a10;
貯蓄(◰◲)	{뎌·튝}	<2>	소학2 : 13a3; 소학6 : 114a1;
炙(◲)	{·젹}	<1>	소학3 : 24a5;
敵(◲)	{:피·뎍}	<1>	소학5 : 108b7;
賊(◲)	{·적·해:홈}	<1>	소학2 : 44a5;
積(◲)	{·젹}	<2>	소학5 : 30a8; 소학6 : 125a4;
籍(◲)	{·젹}	<1>	소학5 : 45b7;
勣(◲)	{·젹}	<1>	소학6 : 73a6;
嫡長(◲{◱,◰})	{·뎍댱아·ᄃᆞᆯ}	<1>	소학2 : 20b5;
翟黑子(◲◲◰)	{·뎍·흑·ᄌᆞ}	<2>	소학6 : 39a7; 44b4;
傳({◱,◳})	{:뎐}	<1>	소학5 : 1b10;
傳({◱,◳})	{뎐·ᄒᆞ·거시·ᄂᆞᆯ}	<1>	소학4 : 1b7;
傳({◱,◳})	{뎐·ᄒᆞ·야}	<1>	소학4 : 25b8;
傳({◱,◳})	{뎐ᄒᆞᆯ}	<1>	소학6 : 127a8;
傳喝({◱,◳}◲)	{뎐·갈}	<1>	소학5 : 68b10;
傳記({◱,◳}◳)	{:뎐·긔}	<1>	소서 : 2a10;
傳染({◱,◳}◰)	{뎐:염·티}	<1>	소학6 : 68b2;
前(◱)	{젼}	<6>	소범 : 1b10; 소학5 : 51a6; 78a4; 78a9; 95a4; 115b9;
前(◱)	{젼·에}	<1>	소학5 : 55b1;

前(◱) {젼·의·는} <1> 소학2 : 55b4;
前(◱) {젼·읫} <1> 소학6 : 115b10;
前(◱) {젼읫} <1> 소학4 : 2a1;
前期(◱◱) {젼긔·ᄒᆞ·야} <1> 소학6 : 113b6;
全蠍(◱◲) {젼·갈} <1> 소학5 : 28a7;
戰國(◳◲) {:젼·국} <2> 소학2 : 44b5; 77a6;
錢明逸(◱◱◲) {젼명·일} <1> 소학6 : 31b7;
殿門(◳◱) {:뎐문} <1> 소학6 : 33b7;
殿試(◳◳) {:뎐·시} <1> 소학6 : 118b1;
殿下(◳{◰,◳}) {:뎐:하} <2> 소학6 : 42b3; 44a6;
專一(◱◲) {젼·일·히} <1> 소학6 : 15b2;
專一(◱◲) {젼·일·ᄒᆞᄂᆞ·니라} <1> 소학5 : 90b8;
專一(◱◲) {젼·일ᄒᆞ·며} <1> 소학4 : 2b8;
專一(◱◲) {젼·일ᄒᆞ·면} <1> 소학5 : 86b1;
專一(◱◲) {젼·일홀·디·니} <1> 소학5 : 86b1;
專主(◱◰) {젼·쥬:홀·디라} <1> 소학5 : 68a5;
專主(◱◰) {젼·쥬·케} <1> 소학5 : 68a8;
田地(◱◳) {뎐·디} <1> 소학6 : 63b9;
田地(◱◳) {뎐디} <1> 소학6 : 63b10;
田宅(◱◲) {뎐·턱} <1> 소학6 : 82a9;
田蚡(◱◱) {뎐분} <1> 소학6 : 34b6;
節(◲) {·졀} <5> 소학4 : 11b10; 30a1; 소학5 : 67a3; 67a4; 67b5;
節概(◲◳) {·졀·개} <2> 소학6 : 58a7; 119a4;
節度使(◲◳{◰,◳}) {·졀:도:ᄉᆞ} <2> 소학6 : 26a10; 93b10;
節度使(◲◳{◰,◳}) {·졀도·ᄉᆞ} <2> 소학6 : 111b8; 128b1;
節目(◲◲) {·졀·목} <2> 소학4 : 51b9; 소학5 : 88a4;
節義(◲◳) {·졀:의} <2> 소학4 : 35b10; 소학6 : 56b10;
節操(◲◱) {·졀조} <1> 소학6 : 60b7;
節奏(◲◳) {·졀:주} <1> 소학3 : 17b8;
節次(◲◳) {·졀·ᄎᆞ} <4> 소서 : 1a10; 소학3 : 6b4; 소학4 : 12a5; 소학5 : 7b2;
節孝(◲◳) {·졀:효} <2> 소학5 : 30a8; 30a8;
節孝(◲◳) {·졀·효} <1> 소학6 : 125b6;
絶(◲) {·졀·ᄒᆞᄂᆞ·니} <1> 소학5 : 29a3;
切(◲) {·졀ᄒᆞᆫ} <1> 소학5 : 33a2;
切當(◲{◱,◳}) {·졀당·케} <2> 소학5 : 110a5; 110a7;
切磋(◲◱) {·졀차·ᄒᆞ·야} <1> 소학2 : 77b9;
點(◰) {:뎜} <8> 소범 : 2b5; 2b5; 2b6; 2b7; 2b8; 2b9; 2b10; 3a5;

占卜({◱,◳}◲)	{졈·복:홀·디니라}	<1>	소학2 : 45b9;
漸({◱,◰})	{:졈}	<1>	소학4 : 24b9;
漸漸({◱,◰}{◱,◰})	{:졈:졈}	<2>	소학5 : 9a3; 9a6;
正({◱,◳})	{:졍:홈}	<1>	소학3 : 7a10;
正({◱,◳})	{:졍·답거·늘}	<1>	소학6 : 4a3;
正({◱,◳})	{:졍·답고}	<2>	소학5 : 96b1; 107b2;
正({◱,◳})	{:졍·케}	<5>	소학2 : 54a7; 소학3 : 9a6; 소학5 : 59a5; 59a6; 소학6 : 62b7;
正({◱,◳})	{:졍·티}	<4>	소학1 : 2a8; 2a9; 소학3 : 25b2; 소학4 : 43b9;
正({◱,◳})	{:졍·히}	<10>	소학1 : 8a3; 소학3 : 6a7; 9a3; 소학4 : 6b2; 소학5 : 7a7; 68a10; 82a8; 소학6 : 10b10; 109b4; 117b4;
正({◱,◳})	{:졍·ᄒᆞ·야}	<1>	소학2 : 42b2;
正({◱,◳})	{:졍·ᄒᆞ욤}	<1>	소학6 : 88a10;
正({◱,◳})	{:졍·ᄒᆞᆫ}	<1>	소학6 : 11b6;
正({◱,◳})	{:졍다·이}	<1>	소학2 : 75a2;
正({◱,◳})	{:졍다이}	<1>	소학6 : 103a10;
正({◱,◳})	{:졍ᄒᆞ·고}	<2>	소학1 : 13b8; 소학3 : 19a4;
正({◱,◳})	{:졍ᄒᆞ·며}	<2>	소학3 : 9a4; 9a8;
正({◱,◳})	{:졍ᄒᆞᆫ}	<4>	소학1 : 2b6; 소학5 : 52a4; 90a3; 120b8;
正({◱,◳})	{·졍·히}	<1>	소학2 : 60b2;
正({◱,◳})	{졍·티}	<1>	소학6 : 3a4;
正色({◱,◳}◲)	{:졍·식ᄒᆞ·고}	<3>	소학5 : 47a4; 소학6 : 48b8; 118b4;
正叔({◱,◳}◲)	{:졍·슉}	<1>	소학5 : 7a1;
正獻({◱,◳}◳)	{:졍:헌}	<1>	소학6 : 1b4;
正獻公({◱,◳}◳◱)	{:졍:헌공}	<6>	소학6 : 1b3; 1b5; 3b7; 4a3; 4b10; 121b1;
正月({◱,◳}◲)	{졍·월}	<1>	소학5 : 40a2;
鄭(◳)	{:뎡}	<1>	소학4 : 43b5;
鄭(◳)	{:뎡}	<1>	소학6 : 3a3;
鄭伯(◳◲)	{:뎡·빅}	<1>	소학4 : 43b7;
鄭義宗(◳◳◱)	{:뎡:의종}	<1>	소학6 : 59a1;
鼎(◰)	{:뎡}	<1>	소학6 : 70a4;
定(◳)	{:뎡:홈}	<3>	소학2 : 8b2; 소학4 : 50b10; 소학5 : 90a4;
定(◳)	{:뎡·커·늘}	<1>	소학6 : 72a8;
定(◳)	{:뎡·ᄒᆞ더·니}	<1>	소학6 : 95b1;
定(◳)	{:뎡·ᄒᆞ여}	<1>	소학3 : 4b6;
定(◳)	{:뎡ᄒᆞ·고}	<1>	소학2 : 8b2;
定(◳)	{:뎡ᄒᆞ·다}	<1>	소학5 : 38a5;

定(◳)	{:뎡ᄒᆞ·리·니}	<1>	소학5 : 38b6;
定(◳)	{뎡·ᄒᆞᄂᆞᆫ}	<1>	소학5 : 94a9;
貞(◱)	{뎡}	<1>	소제 : 1a5;
貞元(◱◱)	{뎡원}	<1>	소학6 : 91a8;
貞節(◱◲)	{뎡:졀}	<1>	소학6 : 61b4;
貞正(◱{◱,◳})	{뎡:졍:홈}	<1>	소학6 : 43a9;
程(◱)	{뎡}	<3>	소학5 : 5b10; 7a1; 31b8;
情(◱)	{졍}	<3>	소학5 : 59a4; 소학6 : 30a4; 130a9;
精(◱)	{졍:홈}	<1>	소학3 : 24b8;
精(◱)	{졍·코}	<1>	소학5 : 113a5;
精(◱)	{졍ᄒᆞ·고}	<2>	소학5 : 116a4; 소학6 : 113b7;
精微(◱◱)	{졍미ᄒᆞᆫ}	<1>	소학5 : 15b7;
精誠(◱◱)	{졍셩}	<3>	소학2 : 9b5; 27b6; 67b6;
精誠(◱◱)	{졍셩}	<2>	소학5 : 23a1; 90a5;
精誠(◱◱)	{졍셩도·이}	<2>	소학2 : 48a1; 소학5 : 105a5;
精誠(◱◱)	{졍셩되·며}	<1>	소학4 : 2b8;
精誠(◱◱)	{졍셩된}	<3>	소학5 : 57b8; 58a9; 62a8;
精神(◱◱)	{졍신}	<1>	소학5 : 55a7;
丁未(◱◳)	{뎡:미}	<1>	소서 : 3a5;
政事(◳◳)	{·졍:ᄉᆞ}	<1>	소학5 : 12b2;
政事(◳◳)	{·졍:ᄉᆞ:홈}	<1>	소학5 : 32b7;
政事(◳◳)	{·졍:ᄉᆞ·ᄒᆞ욤}	<1>	소학6 : 49a9;
政事(◳◳)	{·졍·ᄉᆞ}	<2>	소학1 : 6b4; 소학5 : 68a7;
政丞(◳◱)	{·졍·승}	<3>	소학4 : 52b1; 소학5 : 15a2; 소학6 : 116a6;
政丞(◳◱)	{·졍승}	<8>	소학5 : 35a3; 79a2; 93a6; 소학6 : 1b4; 100b1; 114b5; 118a9; 127a4;
政丞(◳◱)	{·졍승·위}	<1>	소학6 : 114b6;
禎祥(◱◱)	{뎡샹}	<1>	소학6 : 92b8;
廷試(◱◳)	{뎡:시}	<1>	소학6 : 118b1;
程伊川(◱◱◱)	{뎡이쳔}	<1>	소학5 : 95b9;
整齊(◰◱)	{:졍·졔:호·려}	<1>	소학6 : 62b6;
整齊(◰◱)	{:졍·졔히}	<1>	소학5 : 96a9;
整齊(◰◱)	{:졍졔:홈}	<1>	소학5 : 117a3;
整齊(◰◱)	{:졍졔히}	<1>	소학6 : 103a7;
整齊(◰◱)	{:졍졔ᄒᆞ·고}	<1>	소학5 : 86a10;
整齊(◰◱)	{:졍졔ᄒᆞ·면}	<1>	소학1 : 14a3;
旌表(◱◰)	{졍·표ᄒᆞ·니·라}	<1>	소학6 : 89b7;
旌表(◱◰)	{졍·표}	<1>	소학6 : 61b6;
旌表(◱◰)	{졍표}	<1>	소학6 : 43a10;
悌(◳)	{:뎨}	<2>	소학2 : 76a9; 소학5 : 20a3;

悌(◳)	{:뎨ᄒᆞ·리오}	<1>	소학2 : 76a8;
悌(◳)	{:뎨ᄒᆞ고}	<1>	소학2 : 76a7;
帝(◳)	{:뎨}	<13>	소학4 : 8a3; 8a6; 9a3; 소학5 : 46a1; 소학6 : 40a2; 40a3; 40a9; 40b1; 41b5; 41b8; 42a4; 42a10; 43a5;
祭(◳)	{:졔}	<4>	소학2 : 25b4; 33a4; 51b6; 소학3 : 4b1;
祭(◳)	{:졔:홈}	<1>	소학2 : 26a1;
祭(◳)	{:졔·ᄒᆞ·거시·든}	<1>	소학2 : 41b2;
祭(◳)	{:졔·ᄒᆞ·시고}	<1>	소학2 : 41a8;
祭(◳)	{:졔·ᄒᆞ·ᄂᆞᆫ}	<3>	소학2 : 27a1; 41b3; 소학5 : 40a2;
祭(◳)	{:졔·ᄒᆞ·ᄂᆞᆫ·ᄃᆞ시}	<1>	소학4 : 34b8;
祭(◳)	{:졔하·며}	<3>	소학5 : 40b8; 40b9; 40b10;
祭(◳)	{:졔ᄒᆞ:게}	<1>	소학5 : 41a1;
祭(◳)	{:졔ᄒᆞ·기}	<2>	소학4 : 51b6; 51b7;
祭(◳)	{:졔ᄒᆞᆯ·제}	<1>	소학2 : 10a10;
祭(◳)	{·졔}	<3>	소학4 : 46a3; 46a3; 51b7;
祭(◳)	{·졔·ᄒᆞ·ᄂᆞᆫ}	<1>	소학5 : 40a2;
祭器(◳◳)	{:졔:긔}	<1>	소학2 : 28a4;
祭器(◳◳)	{:졔·긔}	<3>	소학2 : 28a10; 28b1; 소학6 : 88b7;
祭服(◳◲)	{:졔·복}	<2>	소학2 : 28a4; 소학4 : 45b10;
祭祀(◳◰)	{:졔:ᄉᆞ}	<3>	소학1 : 7a6; 소학2 : 10a9; 31a9;
祭祀(◳◰)	{:졔·ᄉᆞ}	<1>	소학6 : 52b5;
祭祀(◳◰)	{:졔·ᄉᆞᄒᆞ·기}	<1>	소학5 : 39b1;
祭祀(◳◰)	{:졔·ᄉᆞᄒᆞ·며}	<1>	소학2 : 19a4;
祭祀(◳◰)	{·졔:ᄉᆞ}	<1>	소학6 : 88b1;
祭祀(◳◰)	{·졔·ᄉᆞ}	<1>	소학5 : 39b10;
祭義(◳◳)	{:졔:의}	<2>	소학2 : 25a5; 26a10;
祭統(◳◳)	{:졔:통}	<1>	소학2 : 25b4;
齊(◱)	{졔}	<12>	소학2 : 74a5; 소학3 : 8a5; 소학4 : 33a2; 33a2; 33b6; 33b6; 35b8; 40b3; 47b2; 소학5 : 21b3; 소학6 : 78b5;
齊(◱)	{졔ㅅ나·라}	<1>	소학2 : 44b5;
齊閔王(◱◰◱)	{졔·민왕}	<1>	소학4 : 33a2;
諸葛孔明(◱◲◰◱)	{졔·갈·공명}	<1>	소학5 : 99a1;
諸葛武侯(◱◲◰◱)	{졔·갈:무후}	<1>	소학5 : 15a1;
制斷(◳{◰,◳})	{:졔·단ᄒᆞᆯ}	<1>	소학2 : 53a9;
制度(◳◳)	{:졔·도}	<1>	소학3 : 22b5;
制御(◳◳)	{:졔·어:홈}	<1>	소학5 : 88b7;
制御(◳◳)	{:졔·어·ᄒᆞ·야}	<1>	소학5 : 89b2;
題目(◱◲)	{뎨·목}	<1>	소학6 : 105a1;

娣姒({上,去}上)	{:제:ᄉᆞ}	<1>	소학5 : 71b7;
濟陽({上,去}平)	{:졔양}	<1>	소학5 : 117a1;
第五(去上)	{:뎨:오}	<1>	소학6 : 61b4;
第五琦(去上平)	{:뎨·오긔}	<1>	소학6 : 61b3;
第五倫(去上平)	{:뎨:오륜}	<1>	소학6 : 101b3;
弟子({上,去}上)	{:뎨:ᄌᆞ}	<1>	소학6 : 24b5;
弟子({上,去}上)	{:뎨·ᄌᆞ}	<17>	소학1 : 1b8; 13a8; 14b5; 15b6; 소학2 : 18a5; 66a4; 소학3 : 15a4; 소학4 : 7a9; 15a3; 16a1; 24a4; 소학5 : 8b3; 95b9; 110b5; 소학6 : 8b8; 10a9; 10b3;
弟子({上,去}上)	{·뎨:ᄌᆞ}	<1>	소학4 : 42b7;
弟子({上,去}上)	{·뎨·ᄌᆞ}	<1>	소학2 : 43a5;
弟子({上,去}上)	{뎨·ᄌᆞ}	<1>	소학4 : 42a3;
弟子織({上,去}上上入)	{:뎨·ᄌᆞ·직}	<1>	소학1 : 13a7;
諸侯(平平)	{졔후}	<5>	소학2 : 30a9; 71a6; 소학4 : 37b4; 50a7; 소학6 : 56b9;
諸侯王(平平平)	{졔후왕}	<1>	소학5 : 45a4;
趙(上)	{:됴}	<1>	소학4 : 30b7;
趙(上)	{:됴·ᄶᅡ}	<1>	소학2 : 77a6;
趙孟(上去)	{:됴:ᄆᆡᆼ}	<1>	소학4 : 32a2;
趙襄子(上平上)	{:됴양·ᄌᆞ}	<2>	소학4 : 30b7; 32a2;
俎(上)	{:조}	<1>	소학4 : 4a7;
俎豆(上去)	{:조:두}	<1>	소학5 : 9b2;
詔(上)	{:죠·ᄒᆞ·샤}	<1>	소학6 : 61b5;
詔(上)	{:죠·ᄒᆞ·야}	<1>	소학6 : 31b8;
條件(平去)	{됴건}	<1>	소학6 : 15b7;
朝官(平平)	{됴관}	<2>	소학6 : 98b5; 114a3;
朝服(平入)	{됴·복}	<5>	소학2 : 37b5; 41b7; 소학4 : 46a1; 소학6 : 77a9; 102b6;
朝服(平入)	{됴·복ᄒᆞ·고}	<1>	소학2 : 42a3;
朝士(平上)	{됴·ᄉᆞ}	<1>	소학5 : 58b5;
朝廷(平平)	{됴뎡}	<8>	소학3 : 14a2; 소학4 : 22a2; 39b2; 소학5 : 100b1; 소학6 : 10b9; 13b7; 36a8; 88a4;
朝會(平去)	{됴:회}	<2>	소학3 : 14a7; 소학6 : 35b5;
朝會(平去)	{됴:회·ᄒᆞ·야}	<1>	소학4 : 39a9;
朝會(平去)	{됴:회·ᄒᆞᄂᆞᆫ}	<1>	소학6 : 94b9;
朝會(平去)	{됴·회}	<2>	소학4 : 44a8; 소학6 : 102b4;
朝會(平去)	{됴·회·ᄒᆞ·더시·다}	<1>	소학2 : 42a3;
躁急(去入)	{:조·급ᄒᆞ·며}	<1>	소학5 : 90b6;

躁急(◳◲)	{조·급·히}	<1>	소학5 : 26a7;
躁急(◳◲)	{조·급ᄒᆞ·고}	<1>	소학6 : 110b5; 벼·슬·이마
照鄰(◳◱)	{:죠린}	<1>	소학6 : 111a1;
弔喪(◳{◱,◳})	{:됴상ᄒᆞ·디}	<1>	소학3 : 22a2;
祖上(◰{◰,◳})	{·조:샹}	<2>	소학5 : 19a3; 29a3;
祖上(◰{◰,◳})	{·조·샹}	<6>	소학5 : 40a5; 40b8; 40b9; 80a6; 80a10; 80b4;
祖上(◰{◰,◳})	{·조샹}	<1>	소학2 : 45b2;
祖上(◰{◰,◳})	{조:샹}	<1>	소학6 : 40b1;
曹爽(◱◰)	{조:상}	<1>	소학6 : 55b4;
曹氏(◱◰)	{조·시}	<4>	소학6 : 56a3; 56a4; 57a1; 58a9;
操心(◱◱)	{:조·심·ᄒᆞ·야}	<3>	소학2 : 46b6; 46b10; 60a3;
操心(◱◱)	{:조·심·ᄒᆞ·ᄂᆞ니·라}	<1>	소학3 : 11b2;
操心(◱◱)	{:조·심ᄒᆞ·며}	<1>	소학2 : 47a8;
操心(◱◱)	{:조심:홈}	<2>	소학3 : 5b6; 소학6 : 78b4;
操心(◱◱)	{:조심·케}	<2>	소학5 : 2b8;
操心(◱◱)	{:조심·ᄒᆞ·야}	<3>	소학4 : 24a2; 소학5 : 20b6; 91b6;
操心(◱◱)	{:조심·ᄒᆞ·ᄂᆞ니·라}	<1>	소학5 : 66b1;
操心(◱◱)	{:조심·ᄒᆞ더시·니}	<1>	소학6 : 122b2;
操心(◱◱)	{:조심ᄒᆞ·고}	<1>	소학6 : 33b5;
操心(◱◱)	{:조심ᄒᆞ·니}	<1>	소학6 : 10b1;
操心(◱◱)	{:조심ᄒᆞ·며}	<4>	소학1 : 3a8; 소학2 : 6b9; 소학3 : 4b7; 소학6 : 41b6;
操心(◱◱)	{조심·ᄒᆞ·논}	<1>	소학5 : 14a4;
晁氏(◱◰)	{됴·시}	<1>	소학6 : 74b5;
足(◲)	{·죡·게}	<1>	소학5 : 81b7;
足(◲)	{·죡·디}	<3>	소학2 : 39a7; 소학4 : 10b2; 소학6 : 19a2;
足(◲)	{·죡·히}	<16>	소학4 : 9a2; 9a4; 9a6; 9a9; 9b1; 소학5 : 22b4; 25a10; 55b5; 94a6; 102b9; 115b10; 119b6; 소학6 : 11b1; 18b3; 83a1; 117b6;
足(◲)	{·죡ᄒᆞ·니·라}	<1>	소제 : 2a4;
足(◲)	{·죡ᄒᆞ·며}	<1>	소학6 : 46b4;
足(◲)	{죡·히}	<1>	소학3 : 22b3;
族類(◲◳)	{·족·뉴}	<1>	소학5 : 63b2;
尊(◱)	{존·히}	<1>	소학5 : 21a2;
尊(◱)	{존·ᄒᆞ·시던}	<1>	소학4 : 13b2;
尊(◱)	{존·ᄒᆞᆫ}	<1>	소학2 : 61a4;
尊(◱)	{준노ᄒᆞᆫ}	<1>	소학2 : 62a10;
尊待(◱◰)	{존:딕ᄒᆞ·며}	<1>	소서 : 1b1;
尊嚴(◱◱)	{존엄ᄒᆞᆫ}	<1>	소학6 : 103a8;

尊長(◱{◱,◰}) {존:댱} <1> 소학2 : 63b1;
尊稱(◱{◱,◳}) {존칭} <2> 소학1 : 1b2; 소학6 : 104a4;
尊賢堂(◱◱◱) {존현당} <1> 소학6 : 15a9;
撙節(◰◲) {:존·졀·ᄒᆞ야} <1> 소학2 : 31b5;
撙節(◰◲) {:존·졀ᄒᆞ·며} <1> 소학5 : 13a2;
卒哭祭(◲◲◳) {·졸·곡:졔ᄒᆞ·야} <1> 소학5 : 44a7;
宗(◱) {종·ᄒᆞ·거·늘} <1> 소학4 : 28a10;
宗廟(◱◳) {종:묘} <2> 소학2 : 30b10; 소학3 : 14a2;
宗廟(◱◳) {종·묘} <1> 소학2 : 46a8;
宗室(◱◲) {종·실} <2> 소학6 : 55b4; 84b6;
宗諤(◱◲) {종·악} <1> 소학6 : 100b10;
宗要(◱{◱,◳}) {종:요} <2> 소학5 : 89b1; 소학6 : 12b4;
宗要(◱{◱,◳}) {종:외} <1> 소학6 : 123a3;
宗要(◱{◱,◳}) {종요} <2> 소학3 : 8b1; 소학5 : 33a3;
宗要(◱{◱,◳}) {종요로·온} <1> 소학6 : 8b9;
宗族(◱◲) {종·족} <2> 소학2 : 21a1; 소학5 : 29a2;
終始(◱◰) {죵:시·히} <1> 소학6 : 117b8;
從彥(◱◳) {죵:언} <1> 소학5 : 38a3;
從容(◱◱) {죵용·히} <1> 소학5 : 114a5;
從祖叔母(◱◰◲◰) {:죵·조·슉:모} <1> 소학4 : 35a8;
座(◳) {:좌} <1> 소학5 : 46a3;
坐(◰) {좌} <1> 소학5 : 78a10;
坐罪(◰◰) {:좌·죄} <1> 소학5 : 53b4;
左右(◰◰) {:좌:우} <2> 소학4 : 31a3; 소학5 : 46b9;
左右(◰◰) {:좌우} <1> 소학4 : 27b10;
左馮翊(◰◱◲) {:좌풍·익} <1> 소학6 : 104a1;
罪(◰) {:죄} <18> 소학2 : 22a6; 33b5; 36a5; 소학4 : 19b7; 20a10; 26b2; 소학5 : 25a7; 45a7; 55a1; 55a5; 61a5; 62a8; 소학6 : 23b4; 39b4; 39b8; 42a4; 42b2; 43a9;
罪(◰) {:죄지·은} <1> 소학4 : 31a1;
罪人(◰◱) {:죄인} <1> 소학6 : 30a5;
註(◳) {:주} <1> 소범 : 1b5;
奏(◳) {:주ᄒᆞ·며} <1> 소학4 : 13b2;
紂(◰) {·듀} <9> 소학4 : 24b4; 24b4; 25a10; 25b1; 26a8; 26b2; 26b3; 27a3; 27b8;
主(◰) {·쥬·티} <1> 소학2 : 10a3;
主簿(◰◰) {·쥬·부} <1> 소학6 : 104a3;
主簿(◰◰) {·쥬:부} <3> 소학5 : 57b5; 57b5; 57b9;
主人(◰◱) {·쥬인} <13> 소학2 : 37a8; 68a4; 68a6; 68b3; 68b4;

			68b6; 68a7; 69a4; 69a5; 69b4; 69b5; 69b6; 69b9;
主人(◰◱)	{·쥬인}	<5>	소학3 : 10a8; 23b9; 23b10; 27a10; 소학5 : 50a3;
主爵都尉(◰◲◱◳)	{·쥬·쟉도위}	<1>	소학6 : 34b3;
主張(◰{◱,◰})	{·쥬댱홀·이}	<1>	소학6 : 116a9;
廚(◱)	{듀}	<1>	소학3 : 26b5;
周(◱)	{쥬}	<1>	소학1 : 10b7;
周(◱)	{쥬}	<9>	소학4 : 2a7; 3a5; 12b4; 28a10; 28b1; 39a7; 39a8; 50a7; 소학5 : 19b4;
周(◱)	{쥬}	<1>	소학5 : 83b3;
周公(◱◱)	{쥬공}	<3>	소학4 : 13a3; 14a4; 소학5 : 21b1;
周南(◱◱)	{쥬남}	<2>	소학4 : 6a10; 6b1;
周禮(◱◰)	{쥬·례}	<1>	소학1 : 10b7;
周禮(◱◰)	{쥬·례}	<1>	소학5 : 111b2;
周密(◱◲)	{쥬·밀ᄒᆞ·며}	<2>	소학5 : 12b10; 95a4;
周旋(◱{◱,◳})	{쥬션·케}	<1>	소학6 : 12b1;
周詩(◱◱)	{쥬시}	<1>	소학4 : 54b4;
周易(◱◲)	{쥬·역}	<1>	소학5 : 111b2;
周徧(◱◳)	{쥬:변티}	<1>	소학5 : 119b7;
州(◱)	{쥬}	<5>	소학1 : 8a9; 8a9; 소학2 : 22a5; 소학6 : 13b4; 13b5;
州事(◱◳)	{쥬:ᄉᆞ}	<1>	소학6 : 3b9;
州吁(◱◱)	{쥬우}	<1>	소학4 : 48a1;
朱(◱)	{쥬}	<2>	소학6 : 64b10; 65a3;
朱氏(◱◰)	{쥬·시}	<2>	소학6 : 22a2; 64b5;
朱壽昌(◱{◰,◳}◱)	{쥬·슈챵}	<1>	소학6 : 30b8;
朱仁軌(◱◱◰)	{쥬인:궤}	<1>	소학5 : 83a5;
朱子(◱◰)	{쥬·ᄌᆞ}	<1>	소서 : 3a6;
酒酊(◰◰)	{:쥬·졍·ᄒᆞ더·니}	<1>	소학6 : 72a3;
竹(◲)	{·듁}	<1>	소학1 : 10b3;
粥(◲)	{·쥭}	<4>	소학5 : 43b9; 소학6 : 29b10; 73a3; 73a8;
俊邁(◳◳)	{:쥰·매:홈}	<1>	소학5 : 6a2;
重({◱,◰,◳})	{:듕:홈}	<1>	소학5 : 70a7;
重({◱,◰,◳})	{:듕:홈·으로}	<2>	소학5 : 74b7; 74b9;
重({◱,◰,◳})	{:듕·케}	<1>	소학2 : 56a1;
重({◱,◰,◳})	{:듕·코}	<1>	소학5 : 25a3;
重({◱,◰,◳})	{:듕·히}	<5>	소학2 : 50b9; 소학5 : 13a3; 13b4; 22b10; 23b9;
重({◱,◰,◳})	{:듕·ᄒᆞ·니}	<1>	소학2 : 32b1;

重({◱,◰,◳})	{:듕·ᄒᆞ시·니}	<1>	소학6 : 42a7;
重({◱,◰,◳})	{:듕·ᄒᆞᆫ}	<1>	소학5 : 61a5;
重({◱,◰,◳})	{:듕커·늘}	<1>	소학6 : 27a4;
重({◱,◰,◳})	{:듕히}	<1>	소학5 : 62a8;
重({◱,◰,◳})	{:듕ᄒᆞ·니}	<1>	소학6 : 104a5;
重({◱,◰,◳})	{:듕ᄒᆞᆫ}	<2>	소학5 : 46a3; 99a6;
仲(◳)	{:듕}	<2>	소학2 : 43a5; 소학4 : 40b3;
仲車(◳◱)	{:듕거}	<1>	소학6 : 125a4;
仲尼(◳◱)	{:듕니}	<1>	소학4 : 35b1;
仲途(◳◱)	{:듕도}	<2>	소학5 : 72b10; 72b10;
仲素(◳◳)	{:듕:소}	<1>	소학5 : 38a3;
仲郢(◳◰)	{:듕:녕}	<3>	소학6 : 94b10; 97a8; 97b7;
仲由(◳◱)	{:듕유}	<1>	소학5 : 85a9;
中間({◱,◳}{◱,◳})	{·듕간}	<1>	소학6 : 48b4;
中間({◱,◳}{◱,◳})	{듕간}	<2>	소학2 : 14b9; 소학5 : 36b10;
中國({◱,◳}◲)	{듕·국}	<2>	소학5 : 46a5; 55a10;
中門({◱,◳}◱)	{듕문}	<6>	소학5 : 52b3; 52b8; 53a3; 소학6 : 94b8; 95a1; 95a10;
中書侍郎({◱,◳}◱◳◱)	{듕셔:시랑}	<1>	소학6 : 39b6;
中庸({◱,◳}◱)	{듕용}	<1>	소학5 : 111a5;
中二千石({◱,◳}◳◱◲)	{듕:이쳔·셕}	<1>	소학6 : 34b7;
中正({◱,◳}{◱,◳})	{듕:졍ᄒᆞᆫ}	<1>	소학4 : 50b8;
中層({◱,◳}◱)	{듕충}	<1>	소학3 : 8a9;
中品({◱,◳}◰)	{듕:품}	<1>	소학5 : 26b9;
衆生(◳◱)	{즘승}	<9>	소학1 : 9a1; 소학2 : 49a8; 소학3 : 26b4; 소학5 : 40a1; 40a2; 40a2; 소학6 : 58b1; 59b7; 107a4;
汁(◲)	{·즙}	<1>	소학5 : 51b1;
卽時(◲◱)	{·즉시}	<1>	소학5 : 23a3;
則(◲)	{:몯·ᄒᆞ염·즉:홈}	<1>	소학5 : 36a2;
拯(◰)	{:증}	<1>	소학6 : 75b5;
曾(◱)	{증}	<2>	소학6 : 118a9; 118b4;
曾晳(◱◲)	{증·셕}	<2>	소학4 : 15a2; 15a6;
曾孫(◱{◱,◳})	{증손}	<1>	소학6 : 98b3;
曾元(◱◱)	{증원}	<1>	소학4 : 15a7;
曾子(◱◰)	{증·ᄌᆞ}	<15>	소학2 : 18a5; 28b3; 35b1; 65b1; 75a9; 소학3 : 6a5; 소학4 : 15a2; 15a3; 15a7; 18a9; 18a9; 20b9; 20b10; 23b10; 40a5;
曾子(◱◰)	{증·ᄌᆞ}	<1>	소학2 : 21a7;
曾子(◱◰)	{증ᄌᆞ}	<1>	소학4 : 15a7;

證據(◳◳)	{:증·거ᄒᆞ·니}	<1>	소학6 : 63b6;
證驗(◳◳)	{:증:험·ᄒᆞ·약·즉ᄒᆞᆫ}	<1>	소학2 : 54a5;
蒸民篇(◱◱◱)	{증민편}	<1>	소학5 : 1b2;
蒸祭(◱◳)	{증·졔}	<1>	소학4 : 46a3;
知({◱,◳})	{디·ᄒᆞ·엿더·니}	<1>	소학6 : 3b9;
知白({◱,◳}◲)	{디·ᄇᆡᆨ}	<1>	소학6 : 128a9;
知識({◱,◳}◲)	{디·식}	<2>	소학5 : 68a9; 소학6 : 110b4;
知識({◱,◳}◲)	{디식}	<1>	소학6 : 13a5;
知慧({◱,◳}◳)	{·디:혜로·옴}	<1>	소학1 : 11a2;
智(◳)	{·디}	<2>	소제 : 1a6; 1b1;
智(◳)	{·디}	<2>	소학4 : 27b9; 30a8;
智伯(◳◲)	{·디·ᄇᆡᆨ}	<4>	소학4 : 30a7; 30b7; 30b10; 31a4;
智慧(◳◳)	{·디:혜}	<2>	소학5 : 82b5; 120b2;
智慧(◳◳)	{·디·혜}	<2>	소서 : 1b10; 소학4 : 30a3;
智慧(◳◳)	{·디·혜·로·와}	<1>	소학5 : 68a9;
摯(◳)	{·지}	<1>	소학2 : 49a2;
摯(◳)	{·지}	<1>	소학4 : 2a8;
地境(◳◰)	{·디:경}	<1>	소학4 : 39a9;
地境(◳◰)	{·디·경}	<2>	소학6 : 111b9; 114a2;
地名(◳◱)	{·디명}	<10>	소학5 : 45a4; 48a7; 66a7; 68b8; 69a7; 69b1; 80a4; 83b3; 소학6 : 6a3; 16a2;
地獄(◳◲)	{·디·옥}	<2>	소학5 : 55a4; 55b3;
地獄(◳◲)	{디·옥}	<1>	소학5 : 55b4;
地位(◳◳)	{·디·위}	<1>	소학5 : 93b2;
地黃(◳◱)	{·디·황}	<1>	소학6 : 116b2;
至極(◳◲)	{·지·극:홈}	<2>	소학4 : 13b5; 소학6 : 22b8;
至極(◳◲)	{·지·극·디}	<1>	소학5 : 57a8;
至極(◳◲)	{·지·극·이}	<1>	소학6 : 40b3;
至極(◳◲)	{·지·극·히}	<2>	소학5 : 93a8; 소학6 : 125a8;
至極(◳◲)	{·지·극디}	<1>	소학5 : 20b5;
至極(◳◲)	{·지·극ᄒᆞᆫ}	<1>	소학5 : 20b3;
至誠(◳◱)	{·지셩·으·로}	<1>	소학6 : 125a7;
至尊(◳◱)	{·지존}	<2>	소학6 : 40b2; 40b4;
支離(◱{◱,◳})	{지리ᄒᆞ·며}	<1>	소학5 : 91a2;
之推(◱◱)	{지츄}	<1>	소학5 : 55b9;
旨趣(◰{◰,◳})	{·지·취}	<1>	소학5 : 7a3;
指向(◰◳)	{·지:향ᄒᆞᆫ}	<1>	소학6 : 35b2;
直(◲)	{·딕·히}	<1>	소학5 : 111a6;
直(◲)	{·딕ᄒᆞ·다}	<1>	소학6 : 43a5;
直(◲)	{·딕ᄒᆞᆫ}	<1>	소학2 : 66b9;

稷(◲) {·직} <1> 소학2 : 30a7;
職分(◲{◱,◳}) {·직:분} <1> 소학5 : 64a2;
職事(◲◳) {·직·ᄉᆞ} <1> 소학2 : 44a10;
晉(◳) {:진} <11> 소학2 : 73a10; 소학4 : 34b4; 소학5 : 21b4; 53b1; 소학6 : 22a1; 25a7; 25a8; 25b5; 65a7; 67a10; 106b10;
晉(◳) {:진} <2> 소학4 : 34a10; 소학5 : 45b6;
晉(◳) {·진} <2> 소학4 : 30b8; 소학6 : 85b4;
晉侯(◳◱) {:진후} <1> 소학4 : 50a7;
震(◳) {:진} <3> 소학6 : 105a3; 105a3; 105a6;
振(◳) {:진} <1> 소학6 : 87a10;
津(◱) {:진} <2> 소학6 : 71a1; 71a3;
津(◱) {진} <6> 소학6 : 69a6; 69b7; 70a3; 70a5; 70b7; 71a5;
盡(◰) {:진·ᄒᆞ·야} <1> 소학6 : 82a7;
盡(◰) {:진ᄒᆞ여시·니} <1> 소학6 : 58a4;
陳(◳) {딘} <2> 소학5 : 33b10; 38b4;
陳(◳) {딘} <2> 소학6 : 50b4; 53a1;
陳壽(◳{◰,◳}) {딘·슈} <1> 소학5 : 53b1;
陳氏(◳◰) {딘·시} <1> 소학6 : 99b2;
陳忠肅公(◳◱◲◱) {딘튱·슉공} <1> 소학5 : 8a2;
秦(◱) {진} <1> 소학4 : 50a8;
秦(◱) {진} <1> 소학6 : 31b3;
搢紳(◳◱) {·진신} <1> 소학6 : 98b5;
眞實(◱◲) {진·실·로} <11> 소서 : 2b3; 소학2 : 43b7; 소학4 : 4a9; 26b4; 소학5 : 36a6; 37b6; 55b1; 61a5; 65b8; 87b4; 소학6 : 90a8;
眞實(◱◲) {진·실로} <17> 소학5 : 22b1; 58b5; 80a5; 80a7; 80a8; 99b8; 108a8; 소학6 : 42a10; 42b6; 44a3; 44a5; 47a10; 54a9; 80b3; 117a9; 127a9; 131a4;
質(◲) {·질} <1> 소학5 : 19b6;
質正(◲{◱,◳}) {·질:졍·티} <2> 소학3 : 13a2; 소학4 : 39a8;
質正(◲{◱,◳}) {·질:졍ᄒᆞ면} <1> 소학3 : 7b9;
質正(◲{◱,◳}) {·질·졍·ᄒᆞ야} <1> 소학5 : 45b9;
質正(◲{◱,◳}) {·질·졍ᄒᆞ·야} <1> 소학5 : 113b6;
疾病(◲◳) {·질:병} <1> 소학2 : 76a2;
斟酌(◱◲) {짐·쟉·ᄒᆞ·야} <1> 소학5 : 81b9;
茶飯(◱{◰,◳}) {·차반} <6> 소학5 : 46b10; 47a1; 50a3; 50b3; 소학6 : 106a7; 130a9;

次例(◳◳) {·ᄎᆞ:례} <3> 소학2 : 1a4; 65a8; 소학3 : 1a4;
次例(◳◳) {·ᄎᆞ:롈·시} <1> 소학2 : 49b5;
次例(◳◳) {·ᄎᆞ·례} <11> 소학1 : 1a4; 9a7; 10b3; 소학2 : 49b6; 소학4 : 1a4; 소학5 : 2a5; 109b3; 118a10; 소학6 : 1a4; 12b3; 42a8;
次例(◳◳) {·ᄎᆞ·례로} <1> 소학6 : 99b4;
次序(◳◰) {·ᄎᆞ:셔} <1> 소학6 : 17a4;
次序(◳◰) {·ᄎᆞ·셔} <1> 소학6 : 10a10;
嗟歎(◱◳) {차:탄·ᄒᆞ·야} <1> 소학6 : 22b4;
嗟歎(◱◳) {차:탄·ᄒᆞ·여} <1> 소학5 : 102b3;
嗟歎(◱◳) {차:탄·ᄒᆞ더·라} <1> 소학6 : 44a9;
嗟歎(◱◳) {차:탄ᄒᆞ·야} <1> 소학6 : 133a5;
斬衰(◰◱) {:참최} <1> 소학5 : 52b5;
參預(◱◳) {참:예·케} <1> 소학5 : 68a7;
參預(◱◳) {참:예·티} <1> 소학6 : 53a4;
參預(◱◳) {참:예·ᄒᆞ·야} <1> 소학2 : 54a4;
參預(◱◳) {참:예홀·배} <1> 소학6 : 53a3;
參政(◱◳) {참·졍} <1> 소학6 : 48a10;
參知政事(◱{◱,◳}◳◳) {참디·졍ᄉᆞ} <1> 소학5 : 79a1;
倉(◱) {창} <2> 소학5 : 99b5; 소학6 : 113b7;
倉積(◱◲) {창·젹} <1> 소학4 : 8a4;
槍(◱) {창} <1> 소학6 : 123b9;
蒼頭(◱◱) {창두} <1> 소학6 : 116a8;
昌盛(◱{◱,◳}) {창:셩·ᄒᆞ·야} <1> 소학6 : 27a8;
昌邑(◱◲) {챵·읍} <1> 소학5 : 45a4;
昌邑(◱◲) {챵·읍} <1> 소학6 : 105a2;
昌邑王(◱◲◱) {챵·읍왕} <1> 소학5 : 45a4;
采({◰,◳}) {·치} <1> 소학3 : 18a7;
采齊({◰,◳}◱) {:치ᄌᆞ} <2> 소학3 : 18a6; 18a7;
茝(◰) {:치} <1> 소학2 : 13b3;
菜蔬(◳◱) {:치소} <1> 소학6 : 106a9;
蔡(◳) {:채} <1> 소학4 : 36b4;
蔡興宗(◳{◱,◳}◱) {:채흥종} <1> 소학6 : 30a9;
冊(◲) {·칙} <6> 소학1 : 2a2; 소학2 : 9a9; 16a9; 38a1; 소학5 : 116b2; 소학6 : 112b6;
冊(◲) {·칙·에} <1> 소학1 : 13a7;
冊(◲) {칙·에} <1> 소범 : 3a3;
責(◲) {·칙:호·려} <2> 소학5 : 41b9; 41b10;
責(◲) {·칙:홈} <2> 소학2 : 44a2; 65b9;
責(◲) {·칙·ᄒᆞ·야} <1> 소학6 : 77b3;

責(◲)	{·ᄎᆡᆨᄒᆞᆫ·돌}	<1>	소학5 : 42b7;
處({◰,◳})	{:쳐}	<1>	소학3 : 4b6;
處士({◰,◳}◰)	{:쳐·ᄉᆞ}	<1>	소학6 : 120b9;
處所({◰,◳}◰)	{:쳐·소}	<2>	소학5 : 84a4; 소학6 : 69b1;
處身({◰,◳}◱)	{:쳐신·티}	<1>	소학5 : 47a9;
處置({◰,◳}◳)	{:쳐·티:홀·디·니}	<1>	소학5 : 61b4;
處置({◰,◳}◳)	{:쳐·티:홈}	<1>	소학5 : 57a6;
處置({◰,◳}◳)	{:쳐티:홈}	<1>	소학5 : 62a4;
妻子({◱,◳}◰)	{쳐·ᄌᆞ}	<6>	소학2 : 34b6; 76b8; 소학6 : 65b9; 84b8; 92a7; 103a7;
妻子息({◱,◳}◰◲)	{쳐·ᄌᆞ·식}	<3>	소학4 : 10a2; 10a2; 소학5 : 57a5;
戚施(◲{◱,◰,◳})	{·쳑:이}	<1>	소학5 : 23b4;
戚戚(◲◲)	{·쳑·쳑·히}	<1>	소학5 : 25a4;
惕然(◲◱)	{·텩연·히}	<1>	소학5 : 104b6
賤(◳)	{:쳔·히}	<3>	소학3 : 27b8; 소학5 : 24a8; 30b5;
賤(◳)	{:쳔·ᄒᆞ고}	<1>	소학2 : 77a8;
賤(◳)	{:쳔ᄒᆞ·며}	<2>	소학5 : 94a8; 소학6 : 119a5;
賤(◳)	{:쳔ᄒᆞᆫ))	<3>	소학2 : 50b10; 소학4 : 49a7; 소학6 : 54b3;
賤(◳)	{:쳔ᄒᆞᆫ·이))	<3>	소학2 : 8a5; 62b6; 소학5 : 64a1;
賤(◳)	{·쳔))	<1>	소학2 : 69b3;
千(◱)	{쳔))	<2>	소학6 : 9a1; 60b8;
薦擧(◳◰)	{:쳔:거·ᄒᆞ논}	<1>	소학6 : 105a1;
薦擧(◳◰)	{:쳔·거:홈}	<2>	소학6 : 24a7;
薦擧(◳◰)	{:쳔·거·티}	<2>	소학6 : 91b1;
薦擧(◳◰)	{:쳔·거·ᄒᆞ·야·든}	<1>	소학6 : 13b5;
薦擧(◳◰)	{:쳔·거ᄒᆞ·단}	<1>	소학6 : 24a7;
薦擧(◳◰)	{:쳔·거ᄒᆞ던}	<1>	소학5 : 78a6;
薦擧(◳◰)	{:쳔거·ᄒᆞ논}	<1>	소학6 : 101b7;
薦新(◳◱)	{:쳔신ᄒᆞ·며}	<1>	소학5 : 40b7;
天堂(◱◱)	{텬당}	<1>	소학5 : 55a2;
天道(◱◰)	{텬:도}	<1>	소학6 : 66b5;
天動(◱◰)	{텬·동·ᄒᆞ여·든}	<1>	소학2 : 60b3;
天理(◱◰)	{텬·리}	<1>	소학5 : 119b8;
天命(◱◳)	{텬:명}	<1>	소학6 : 24a5;
天性(◱◳)	{텬:셩}	<2>	소학5 : 64a9; 소학6 : 32b10;
天子(◱◰)	{텬·ᄌᆞ}	<3>	소학2 : 29b8; 31b10; 71a4;
天子(◱◰)	{텬·ᄌᆞ}	<3>	소학4 : 37b2; 소학6 : 36a5; 91b2;
天子(◱◰)	{텬ᄌᆞ}	<1>	소학4 : 9a8;
天地(◱◳)	{텬·디}	<1>	소학6 : 30a4;

天下(◱{◰,◳})	{텬:하}	<25>	소서 : 1b3; 소학4 : 1b6; 8a6; 8a7; 9a1; 9a6; 28a10; 32a8; 소학5 : 3b5; 14a6; 38a4; 38a6; 38b5; 120a1; 소학6 : 10b10; 12b4; 13a9; 15a9; 15b6; 17a2; 18a6; 31b9; 63b8; 119a8; 119a9;
天下(◱{◰,◳})	{텬·하}	<4>	소학2 : 71a5; 소학4 : 13a4; 소학5 : 46a2; 99a5; 120b1;
天下(◱{◰,◳})	{텬하}	<1>	소학4 : 39b8;
千之(◱◱)	{쳔지}	<2>	소학6 : 3b10; 4a1;
千里(◱◰)	{쳔:리}	<2>	소학6 : 91a4; 91a6;
千里馬(◱◰◰)	{쳔·리:마}	<1>	소학6 : 101b5;
擅恣(◳◳)	{:쳔·ᄌᆞ·ᄒᆞ·야}	<2>	소학2 : 54a3; 소학4 : 14a4;
掣肘(◲◰)	{·텰·듀ᄒᆞ·며}	<1>	소학6 : 123b8;
妾(◲)	{·쳡}	<14>	소학1 : 7b6; 소학2 : 17a5; 45b8; 51a4; 51a8; 소학4 : 29b7; 36b7; 37a1; 47b5; 48a1; 소학5 : 63b8; 63b8; 97b10; 소학6 : 54b3;
妾孫子(◲{◱,◳}◰)	{·쳡손·ᄌᆞ}	<1>	소학2 : 16b7;
妾子息(◲◰◲)	{·쳡·ᄌᆞ·식}	<1>	소학2 : 16b7;
輒(◲)	{·텹}	<1>	소학4 : 42a6;
請(◰)	{·쳥:홀·디니·라}	<3>	소학2 : 8a2; 19a6; 64a7;
請(◰)	{·쳥·티}	<1>	소학4 : 15a9;
請(◰)	{·쳥·홀·디니·라}	<1>	소학2 : 20a7;
請(◰)	{·쳥·ᄒᆞ·야}	<4>	소학1 : 5a3; 소학5 : 37b1; 소학6 : 90a2; 114b8;
請(◰)	{·쳥·ᄒᆞ거·늘}	<1>	소학6 : 45a9;
請(◰)	{·쳥·ᄒᆞ시·며}	<1>	소학4 : 15a5;
請(◰)	{·쳥·ᄒᆞ야}	<3>	소학2 : 14a4; 소학6 : 81b1; 106a5;
請(◰)	{·쳥·ᄒᆞ여}	<1>	소학5 : 101a3;
請(◰)	{·쳥·ᄒᆞᆫ·대}	<1>	소학6 : 48b1;
請(◰)	{·쳥컨·댄}	<3>	소학4 : 34b7; 소학6 : 14b8; 41b7;
請(◰)	{·쳥ᄒᆞ·고}	<3>	소학2 : 3b5; 5b5; 19a6;
請(◰)	{·쳥ᄒᆞ·며}	<2>	소학2 : 5b3; 7b10;
請(◰)	{·쳥ᄒᆞ야}	<1>	소학6 : 105a2;
請(◰)	{·쳥ᄒᆞᆫ}	<1>	소학2 : 68a5;
請(◰)	{·쳥ᄒᆞᆫ·대}	<1>	소학6 : 37a3;
請(◰)	{·쳥ᄒᆞᆯ}	<1>	소학6 : 126b4;
請(◰)	{·쳥ᄒᆞᆯ·제}	<2>	소학2 : 60b10; 61a1;
廳(◱)	{·텽}	<1>	소학6 : 69a7;
廳(◱)	{텽}	<2>	소학2 : 5a4; 소학4 : 16b2;

廳(◱)	{텽·의}	<1>	소학6 : 92a6;
廳堂(◱◱)	{텽당}	<1>	소학6 : 69a10;
青(◱)	{청}	<1>	소학6 : 37b10;
青衣(◱{◱,◳})	{청의}	<1>	소학6 : 116b1;
淸廉(◱◱)	{쳥념:ᄒᆞᆷ}	<1>	소학5 : 59b8;
淸廉(◱◱)	{쳥념ᄒᆞ·며}	<1>	소학5 : 13a2;
淸廉(◱◱)	{쳥렴·코}	<1>	소학6 : 128b5;
淸廉(◱◱)	{쳥렴ᄒᆞ·고}	<1>	소학6 : 47b5;
淸廉(◱◱)	{쳥렴ᄒᆞ·며}	<2>	소학5 : 5a2; 32a6;
淸白(◱◲)	{쳥·ᄇᆡᆨ·으·로}	<1>	소학6 : 132a6;
淸虛(◱◱)	{쳥허ᄒᆞᆫ}	<1>	소학5 : 21b3;
聽箴({◱,◳}◱)	{:텽ᄌᆞᆷ}	<1>	소학5 : 89b10
棣棣(◳◳)	{·톄·톄}	<1>	소학4 : 54a6;
醮(◳)	{:쵸ᄒᆞᆯ·제}	<1>	소학2 : 46a7;
醮禮(◳◰)	{:쵸·례ᄒᆞ·면}	<1>	소학4 : 36b9;
楚(◰)	{·초}	<6>	소학4 : 16a9; 33b6; 52a9; 52b1; 소학5 : 5a8; 48a7;
初(◱)	{·ᄃᆞᆯ초ᄒᆞᆯ·ᄯᆡ}	<1>	소학2 : 42a3;
初(◱)	{초}	<1>	소서 : 3a5;
初(◱)	{초ᄒᆞᄅᆞ}	<1>	소학5 : 73a2;
初(◱)	{초ᄒᆞᆯ·ᄯᆡ}	<1>	소학5 : 40b7;
初喪(◱{◱,◳})	{초상}	<3>	소학5 : 50a1; 50a6; 소학6 : 29b7;
初試(◱◳)	{초·시}	<1>	소학6 : 118a10;
醋(◳)	{초}	<1>	소학5 : 44a10;
焦(◱)	{쵸}	<1>	소학6 : 3b10; 5a2;
譙郡({◱,◳}◳)	{쵸:군}	<1>	소학6 : 55b5;
蜀漢(◲◳)	{·쵹:한}	<2>	소학5 : 14b2; 15a1;
歜(◲)	{·쵹}	<2>	소학4 : 35a7; 44a10;
總(◰)	{:총ᄒᆞ·며}	<2>	소학2 : 2a4; 2b7;
總角(◰◲)	{:총·각}	<1>	소학5 : 42b7;
聰(◱)	{ᄎᆞᆼ:ᄒᆞᆷ}	<1>	소학3 : 5b4;
聰明(◱◱)	{ᄎᆞᆼ명}	<2>	소학3 : 7a5; 소학5 : 93a9;
聰明(◱◱)	{ᄎᆞᆼ명·ᄒᆞ·시고}	<1>	소학4 : 3a3;
聰明(◱◱)	{ᄎᆞᆼ명ᄒᆞ·고}	<1>	소학6 : 107b7;
聰明(◱◱)	{ᄎᆞᆼ명ᄒᆞ·며}	<1>	소학5 : 68a9;
崔鑒(◱{◱,◳})	{최감}	<1>	소학6 : 39b7;
崔山南(◱◱◱)	{최산남}	<1>	소학6 : 26a9;
崔氏(◱◰)	{최·시}	<1>	소학6 : 27a8;
崔玄暐(◱◱◰)	{최현:위}	<1>	소학6 : 46a7;
崔浩(◱◰)	{최:호}	<4>	소학6 : 40a10; 40a10; 41b6; 44a3;

崔孝芬(◱◳◱) {최:효분} <1> 소학6 : 86a10;
樞(◱) {츄} <1> 소학5 : 90b8;
樞機(◱◱) {츄긔} <1> 소학5 : 22b1;
推尋(◱◱) {츄심·ᄒᆞ·야} <1> 소학6 : 11b1;
追尊(◱◱) {튜존ᄒᆞ·니} <1> 소학5 : 45b8;
祝(◲) {·츅} <1> 소학5 : 60a7;
蹴踖(◲◲) {·츅·쳑} <1> 소학2 : 39b10;
春秋(◱◱) {츈츄} <3> 소학2 : 73a10; 74a5; 소학5 : 111b2;
椿(◱) {튱} <8> 소학6 : 69a5; 69b6; 70a3; 70a7; 70b10; 71a2; 71a4; 71a5;
冲(◱) {튱} <1> 소학5 : 100a10;
忠宣(◱◱) {튱션} <1> 소학5 : 93a6;
忠誠(◱◱) {튱셩} <9> 소학2 : 18a9; 31a6; 31a7; 42a10; 42b8; 66a5; 70a10; 소학6 : 7a9; 117b4;
忠誠(◱◱) {튱셩:코} <1> 소학5 : 32a2;
忠誠(◱◱) {튱셩·코} <1> 소학5 : 12a5;
忠誠(◱◱) {튱셩·티} <1> 소학2 : 35b5;
忠誠(◱◱) {튱셩되·며} <1> 소학5 : 5a1;
忠誠(◱◱) {튱셩ᄒᆞ·며} <3> 소제 : 1b6; 소학5 : 19a3; 소학6 : 12a10;
忠肅(◱◲) {튱·슉} <1> 소학5 : 8a2;
忠肅公(◱◲◱) {튱·슉공} <1> 소학5 : 38b4;
忠臣(◱◱) {튱신} <3> 소학2 : 44b5; 44b6; 소학4 : 29b10;
忠信(◱◳) {튱:신} <2> 소학3 : 15a6; 15a8;
忠信(◱◳) {튱:신:홈} <1> 소학1 : 11a3;
忠定(◱◳) {튱:뎡} <1> 소학6 : 123a1;
忠定公(◱◳◱) {튱:뎡공} <2> 소학6 : 123a1; 124a8;
忠厚(◱◰) {튱:후:홈} <1> 소학3 : 5b6;
忠厚(◱◰) {튱:후·코} <2> 소학3 : 5a4; 5a5;
忠厚(◱◰) {튱:후ᄒᆞ·고} <1> 소학5 : 96a1;
取(◰) {:취·티} <7> 소학2 : 54b3; 54b4; 54b5; 54b6; 54b7; 54b8; 소학3 : 27b2;
取(◰) {:취·혼} <1> 소학2 : 55b2;
取(◰) {:취·ᄒᆞ·디} <1> 소학5 : 102a4;
醉(◳) {:취·ᄒᆞ·야} <3> 소학5 : 120b3; 소학6 : 69b6; 80a5;
醉(◳) {:취·ᄒᆞ야} <1> 소학6 : 109a4;
醉(◳) {:취·ᄒᆞ야셔} <1> 소학6 : 72a3;
醉(◳) {취ᄒᆞ·며} <1> 소학5 : 50a4;
取(◰) {:취·ᄒᆞ·야} <1> 소학6 : 13a6;
取(◰) {:취·홈} <1> 소학5 : 8a7;
取(◰) {:취ᄒᆞ·고} <1> 소학6 : 132b5;

取(◰)	{:취ᄒᆞ·며}	<1>	소학6 : 132b4;
取稟(◰◰)	{:취:품:홀·디니·라}	<1>	소학5 : 35a5;
娶(◳)	{·취}	<1>	소학4 : 47b3;
測量(◲{◱,◳})	{·측·량·티}	<1>	소학6 : 39b8;
側柏(◲◲)	{·즉·빅}	<1>	소학6 : 24a10;
側栢(◲◲)	{·즉·빅}	<1>	소학6 : 68b1;
惻然(◲◱)	{·측연·히}	<1>	소학5 : 105a7;
層(◱)	{층}	<6>	소학2 : 39b8; 63b2; 68b6; 69a5; 소학5 : 64a1; 81b7;
齒(◰)	{:치}	<1>	소학4 : 33b8;
卮(◱)	{치}	<1>	소학2 : 6a8;
徵({◱,◰})	{:티}	<1>	소학3 : 17b6; 17b7;
置簿(◳◰)	{:티부}	<1>	소학5 : 35a10;
治事齋({◱,◳}◳◱)	{티:ᄉᆞ직}	<2>	소학6 : 9b6; 9b8;
蚩蚩(◱◱)	{치치·ᄒᆞ·야}	<1>	소제 : 2a8;
致賀(◳◳)	{:티·하}	<1>	소학2 : 49b5;
親(◱)	{친}	<1>	소학6 : 47a6;
親(◱)	{친:홈}	<3>	소학1 : 9a5; 소학2 : 36a8; 77b8;
親(◱)	{친:히}	<1>	소학6 : 67b6;
親(◱)	{친·에}	<1>	소학5 : 70a6;
親(◱)	{친·케}	<1>	소학3 : 9a7;
親(◱)	{친·티}	<2>	소학1 : 9b3; 소학2 : 75b1;
親(◱)	{친·히}	<19>	소서 : 1b1; 소학1 : 11a8; 11a9; 12a4; 12a5; 14b7; 소학2 : 25b5; 26a1; 45a6; 48b1; 소학3 : 13a6; 소학4 : 13b2; 37b7; 45b6; 소학5 : 28a5; 소학6 : 22a7; 71a3; 73a3; 79a10;
親(◱)	{친·ᄒᆞ야}	<1>	소학5 : 77b10;
親(◱)	{친ᄒᆞ·고}	<2>	소학2 : 49a4; 소학5 : 71b9;
親(◱)	{친ᄒᆞ·며}	<5>	소학3 : 9a9; 소학5 : 80a5; 80a7; 80a8; 소학6 : 86b9;
親(◱)	{친ᄒᆞ·ᄂᆞ니·라}	<1>	소학2 : 42b3;
親(◱)	{친ᄒᆞᆫ}	<3>	소학2 : 49a5; 소학4 : 49a8; 소학6 : 128b2;
親(◱)	{친ᄒᆞᆫ·이}	<1>	소학5 : 70a4;
親密(◱◲)	{친·밀·ᄒᆞ더·니}	<1>	소학6 : 116a7;
親狎(◱◲)	{친·압·히}	<1>	소학5 : 76a10;
親迎(◱◱)	{친:영홀·제}	<1>	소학2 : 49a2;
親迎(◱◱)	{친영홀·제}	<1>	소학2 : 46a7;
漆(◲)	{·칠}	<1>	소학4 : 30b9;
漆(◲)	{·칠·ᄒᆞ·야}	<1>	소학4 : 31b9;

七百(◲◲) {·칠·빅} <1> 소학6 : 99b3;
七十萬(◲◲◳) {·칠·십:만} <4> 소학6 : 114b10; 115a1; 115a3; 116a4;
侵擄(◱◱) {침노:홈} <2> 소학5 : 105a4; 105a4;
侵擄(◱◱) {침노·ᄒᆞ·여·도} <1> 소학4 : 40a7;
寢室(◰◲) {:침·실} <1> 소학2 : 36b4;
沈菜(◱◳) {·팀·치} <1> 소학1 : 7a7;
惰(◳) {타·티} <1> 소학2 : 23a5;
嘆(◳) {:탄·ᄒᆞ·야} <2> 소학4 : 44b1; 소학6 : 128b9;
歎息(◳◲) {·탄·식ᄒᆞ·고} <2> 소학6 : 57a3; 85a6;
耽(◱) {탐·ᄒᆞ·야} <1> 소학5 : 18a4;
貪(◱) {탐·ᄒᆞ·야} <1> 소학6 : 117b3;
貪(◱) {탐ᄒᆞ·고} <1> 소학5 : 28b9;
貪(◱) {탐ᄒᆞᆫ} <1> 소학6 : 113b2;
貪利(◱◳) {탐·리·ᄒᆞᆫ} <1> 소제 : 4a3;
湯(◱) {탕} <1> 소학5 : 84a2;
泰(◳) {:태} <1> 소학6 : 106a3;
台(◱) {티} <1> 소학6 : 70a4;
台鼎(◱◰) {티:뎡} <1> 소학6 : 70a3;
太公(◳◱) {:태공} <1> 소학4 : 28a1;
太公(◳◱) {·태공} <1> 소학3 : 2a7;
太武(◳◰) {·태:무} <1> 소학6 : 39a7;
太傅(◳◳) {·태:부} <1> 소학6 : 81a5;
太守(◳◰) {·태·슈} <3> 소학6 : 30a9; 53a1; 63b4;
太任(◳{◱,◳}) {·태임} <4> 소학4 : 2a7; 2b8; 3a4; 3a6;
太子(◳◰) {·태·ᄌᆞ} <12> 소학5 : 47b6; 소학6 : 34a10; 40a9; 40b2; 41b5; 42a6; 43a5; 43b10; 44a8; 81a5; 81a5; 81a8;
太子(◳◰) {·태ᄌᆞ} <1> 소학6 : 42b3;
太學(◳◲) {·태·혹} <5> 소학6 : 9a5; 10a2; 13a8; 13b5; 13b6;
太后(◳◰) {·태·후} <1> 소학6 : 34b6;
泰山(◳◱) {:태산} <1> 소학6 : 89b9;
土(◰) {·토} <1> 소학1 : 10b2;
筒(◱) {·대·통} <1> 소학5 : 47b10;
通(◱) {통·티} <3> 소범 : 1b4; 소학2 : 52a5; 52a6;
通(◱) {통·ᄒᆞ·야} <6> 소학2 : 78a2; 소학4 : 13a4; 55b5; 소학5 : 14a4; 43b4; 70a5;
通(◱) {통ᄒᆞ:야} <1> 소학5 : 113a10;
通(◱) {통ᄒᆞᆫ} <1> 소학6 : 97b3;
通達(◱◲) {·통·달:호라} <1> 소학6 : 109b6;
通達(◱◲) {통·달:홈} <1> 소학1 : 11a3;

通達(◱◲)	{통·달·ᄒᆞ·거시·늘}	<1>	소학4 : 3a3;
通達(◱◲)	{통·달·ᄒᆞ·여}	<1>	소학5 : 107b1;
通達(◱◲)	{통·달·ᄒᆞ·ᄂᆞ니·라}	<1>	소학5 : 86a4;
通達(◱◲)	{통·달ᄒᆞᆫ}	<1>	소학5 : 21b4;
通判(◱◳)	{통·판}	<1>	소학6 : 32b2;
通判(◱◳)	{통·판·ᄒᆞ·여}	<1>	소학6 : 3b7;
退之(◳◱)	{:퇴지}	<1>	소학6 : 91a1;
偸薄(◱◲)	{투·박:홈}	<1>	소학5 : 63b8;
投壺(◱◱)	{투호}	<1>	소학2 : 64a5;
罷(◰)	{:파·ᄒᆞ시·니}	<1>	소학6 : 35b5;
判官(◳◱)	{·판관}	<1>	소학6 : 3b8;
判尹(◳◰)	{·판·윤}	<2>	소학6 : 61b3; 75b6;
八百株(◲◲◱)	{·팔·ᄇᆡᆨ듀}	<1>	소학5 : 99a10;
八寸兄弟服(◲◳◱{◰,◳}◲)	{·팔:촌형:뎨·복}	<1>	소학6 : 71a10;
敗(◳)	{:패:홈}	<1>	소학5 : 23a10;
敗(◳)	{:패·ᄒᆞ·여}	<1>	소학5 : 62a7;
敗(◳)	{:패ᄒᆞ·니·를}	<1>	소학5 : 22a4;
敗(◳)	{:패ᄒᆞ·니라}	<1>	소학5 : 23a10;
敗亡(◳◱)	{:패망ᄒᆞ·고}	<1>	소학2 : 33b4;
悖亂(◳◳)	{:패:란ᄒᆞᆫ}	<1>	소학5 : 71a2;
悖戾(◳◳)	{:패:려ᄒᆞ·면}	<1>	소학5 : 91a3;
佩玉(◳◲)	{:패·옥}	<1>	소학2 : 36b7;
彭澤(◱◲)	{평·틱}	<1>	소학6 : 85b4;
便({◱,◳})	{·편히}	<1>	소학6 : 101b10;
便({◱,◳})	{편·케}	<1>	소범 : 3a6;
便({◱,◳})	{편·코}	<1>	소학5 : 102a8;
便({◱,◳})	{편·티}	<1>	소학5 : 37b7;
便安({◱,◳}◱)	{·편안·케}	<1>	소학5 : 89b3;
便安({◱,◳}◱)	{편안:홈}	<2>	소학3 : 7b7; 소학5 : 16b4;
便安({◱,◳}◱)	{편안·케}	<1>	소학3 : 2b6;
便安({◱,◳}◱)	{편안·티}	<2>	소학4 : 11b10; 46b3;
便安({◱,◳}◱)	{편안·히}	<6>	소제 : 2a10; 소학1 : 9a1; 소학2 : 60a6; 소학3 : 3a10; 소학5 : 3b2; 소학6 : 109a4;
便安({◱,◳}◱)	{편안·ᄒᆞ·시·게}	<1>	소학2 : 18a9;
便安({◱,◳}◱)	{편안·ᄒᆞ·ᄂᆞ·니}	<1>	소학2 : 49a7;
便安({◱,◳}◱)	{편안·ᄒᆞ·상이·다}	<1>	소학4 : 11a8;
便安({◱,◳}◱)	{편안·ᄒᆞ더·니}	<1>	소학5 : 26b8;
便安({◱,◳}◱)	{편안ᄒᆞ:면}	<1>	소학6 : 107a5;
便安({◱,◳}◱)	{편안ᄒᆞ·고}	<2>	소학3 : 2b5; 소학5 : 87a1;
便安({◱,◳}◱)	{편안ᄒᆞ·면}	<1>	소학4 : 45a1;

便安({◱,◳}◱)	{편안훈}	<1>	소학6 : 85a3;
篇(◱)	{편}	<5>	소학1 : 1b6; 13a7; 소학2 : 1b4; 소학3 : 2a2; 소학4 : 2a2;
平(◱)	{평}	<1>	소학4 : 40b3;
平(◱)	{평·케}	<1>	소학6 : 17a2;
平(◱)	{평·히}	<1>	소서 : 1b3;
平(◱)	{평·ᄒᆞ·시·니}	<1>	소학4 : 28a9;
平陵(◱◱)	{평릉}	<1>	소학6 : 104a2;
平床(◱◱)	{평상}	<5>	소학2 : 5b5; 소학6 : 38a1; 57a9; 120b9; 121a1;
平生(◱◱)	{평ᄉᆡᆼ}	<3>	소학6 : 118b5; 120b2; 132b4;
平聲(◱◱)	{평셩}	<1>	소범 : 2b8;
評事(◱◳)	{평·ᄉᆞ}	<1>	소학6 : 128b1;
弊(◳)	{:폐}	<3>	소학5 : 43a10; 49a3;
廢(◳)	{:폐·티}	<3>	소학4 : 30a5; 46b2; 소학6 : 19b9;
廢(◳)	{:폐·ᄒᆞ연·디}	<1>	소학5 : 42b2;
廢(◳)	{:폐ᄒᆞ·니·라}	<1>	소학5 : 45a7;
廢(◳)	{:폐ᄒᆞᆯ·이어·든}	<1>	소학6 : 109a8;
陛下(◰{◰,◳})	{:폐:하}	<2>	소학5 : 99b6; 소학6 : 35b1;
飽(◰)	{·날·포ᄒᆞ·고}	<1>	소학5 : 50a5;
庖(◱)	{포}	<1>	소학3 : 26b4;
袍(◱)	{포}	<1>	소학1 : 10b2;
包(◱)	{포}	<4>	소학6 : 19b3; 19b4; 20b2; 75b5;
鮑宣(◰◱)	{·표션}	<1>	소학6 : 54a3;
脯肉(◰◲)	{보·육}	<2>	소학5 : 47b10; 소학6 : 72a8;
脯肉(◰◲)	{포·육}	<3>	소학3 : 25b10; 소학5 : 51b1; 소학6 : 130a5;
表(◰)	{·표}	<2>	소학6 : 11b2; 47a6;
表(◰)	{·표}	<2>	소학6 : 84b9; 85a5;
表(◰)	{·표·ᄒᆞ야}	<1>	소학3 : 21b5;
表(◰)	{·표ᄒᆞ·리}	<1>	소학6 : 103b1;
表記(◰◳)	{·표·긔}	<1>	소학5 : 86b9;
標石({◱,◰}◲)	{·표·셕}	<1>	소학5 : 5b10;
馮(◱)	{풍}	<4>	소학6 : 116a5; 116a9; 116b1; 117b2;
馮球(◱◱)	{풍구}	<1>	소학6 : 116a2;
馮外郎(◱◳◱)	{풍:외랑}	<1>	소학6 : 115b10;
馮翊(◱◲)	{풍·익}	<1>	소학6 : 103b1;
風流(◱◱)	{·풍뉴}	<1>	소학5 : 56a10;
風流(◱◱)	{{풍뉴}	<4>	소학5 : 50a7; 52a3; 소학6 : 3a3; 121b8;
風流(◱◱)	{풍뉴·ᄒᆞ·야}	<1>	소학5 : 50a6;
風流(◱◱)	{풍류}	<1>	소학3 : 7a6;

風俗(◱◲)	{풍:쇽}	<1>	소학5 : 69a7;
風俗(◱◲)	{풍·쇽}	<13>	소서 : 3a1; 소제 : 4a2; 소학5 : 34b6; 45b9; 49a3; 49a8; 50a10; 78a10; 소학6 : 10b10; 15b3; 16a6; 62b6; 131a10;
風俗(◱◲)	{풍·쇽·인뎌}	<1>	소학5 : 69b2;
豐備(◱◳)	{풍:비:홈}	<1>	소학6 : 96b5;
避(◳)	{:피:호·디}	<1>	소학5 : 28a7;
避(◳)	{:피·ᄒᆞ:야}	<1>	소학5 : 78a9;
避(◳)	{:피·ᄒᆞ·야}	<1>	소학6 : 38a8;
避(◳)	{:피·홀}	<1>	소학6 : 18b5;
避(◳)	{:피ᄒᆞ·라}	<1>	소학5 : 25a9;
避(◳)	{:피ᄒᆞ·며}	<1>	소학6 : 111a10;
避(◳)	{:피홀}	<1>	소학4 : 31a6;
避(◳)	{:피홀·시}	<1>	소학6 : 106a1;
弼(◲)	{·필}	<1>	소학6 : 72a3;
韠(◲)	{·필미·고}	<1>	소학2 : 2a7;
湢(◲)	{·핍}	<1>	소학2 : 50b7;
湢(◲)	{·핍}	<1>	소학2 : 52a3;
下軍({◰,◳}◱)	{:하군}	<1>	소학4 : 34b10;
下等({◰,◳}◰)	{:하:둥}	<6>	소학5 : 12a4; 12a5; 12a8; 12a9; 12a9; 12a10;
下邳({◰,◳}◱)	{:하비}	<1>	소학6 : 18b10;
下層({◰,◳}◱)	{:하충}	<1>	소학3 : 8a8;
下品({◰,◳}◰)	{:하:품}	<2>	소학5 : 26b10; 소학5 : 92b6;
河東(◱◱)	{하동}	<1>	소학6 : 93b10;
河北(◱◲)	{하·븍}	<2>	소학6 : 6a3; 6a3;
河陽(◱◱)	{하양}	<1>	소학6 : 128a10;
河中府(◱{◱,◳}◰)	{하듕·부}	<2>	소학6 : 32b2;
何曾(◱◱)	{하증}	<1>	소학5 : 45b7;
何子平(◱◰◱)	{하·ᄌᆞ평}	<1>	소학6 : 29a10;
夏育(◳◲)	{:하·육}	<1>	소학6 : 37a8;
夏侯文寧(◳◱◱◱)	{:하후문령}	<1>	소학6 : 55b5;
夏侯三(◳◱◱)	{:하후:삼}	<1>	소학6 : 55b5;
學(◲)	{·혹}	<10>	소학1 : 8a10; 8a10; 소학2 : 1a10; 소학6 : 9b5; 11b6; 13a7; 13a9; 13b4; 19b2; 122b4;
學(◲)	{·혹:홈}	<1>	소학6 : 125a7;
學(◲)	{·혹·을}	<2>	소학5 : 112a2; 112a3;
學(◲)	{·혹·이}	<1>	소학5 : 120a1;
學(◲)	{·혹·ᄒᆞ던}	<1>	소학5 : 109b3;

學(◲)	{·ᄒᆞᆨ집}	<1>	소학6 : 9a6;
學(◲)	{·ᄒᆞᆨᄒᆞ·기}	<1>	소학6 : 7a9;
學官員(◲◱◱)	{·ᄒᆞᆨ관원}	<1>	소학6 : 14b10;
學校(◲◳)	{·ᄒᆞᆨ:교}	<1>	소학6 : 14b5;
學記(◲◳)	{·ᄒᆞᆨ·긔}	<1>	소학1 : 8a7;
學堂(◲◱)	{ᄒᆞᆨ·당}	<1>	소학4 : 4a6;
學問(◲◳)	{·ᄒᆞᆨ:문}	<2>	소학5 : 2b8; 소학6 : 13a4;
學問(◲◳)	{·ᄒᆞᆨ·문}	<2>	소학1 : 16a1; 16a2;
學問(◲◳)	{·ᄒᆞᆨ·문:홈}	<1>	소학5 : 34a6;
學問(◲◳)	{·ᄒᆞᆨ문}	<2>	소학6 : 11b3; 121b1;
學業(◲◲)	{·ᄒᆞᆨ·업}	<1>	소학6 : 14a4;
學者(◲◰)	{·ᄒᆞᆨ·쟈}	<3>	소학5 : 92b4; 98a1; 소학6 : 17a9;
學制度(◲◳◳)	{·ᄒᆞᆨ:졔·도}	<1>	소학6 : 14b4;
漢(◳)	{:한}	<17>	소학4 : 10b1; 14a3; 소학5 : 14b2; 45a4; 45a6; 62b7; 82a7; 99a1; 소학6 : 33b4; 34a10; 50b4; 54a3; 62a9; 77a5; 84b6; 104a1; 120b9;
漢(◳)	{·한}	<4>	소학5 : 14b2; 45a4; 소학6 : 81a5; 84b4;
漢城(◳◱)	{:한셩}	<2>	소학6 : 61b3; 75b6;
漢城府(◳◱◰)	{:한셩·부}	<1>	소학6 : 45b2;
恨(◳)	{:ᄒᆞᆫ·ᄒᆞᄂᆞᆫ}	<1>	소학5 : 79a9;
韓(◱)	{한}	<1>	소학4 : 19b4;
韓文公(◱◱◱)	{한문공}	<1>	소학6 : 91a1;
韓氏(◱◰)	{한·시}	<1>	소학6 : 98b2;
閑暇(◱◳)	{한·가·ᄒᆞ·여}	<1>	소학2 : 62a1;
閑暇(◱◳)	{한·가ᄒᆞᆫ}	<1>	소학6 : 82a10;
翰林學士(◳◱◲◰)	{:한림·ᄒᆞᆨ:ᄉᆞ}	<1>	소학6 : 100b9;
咸寧(◱◱)	{함령}	<1>	소학6 : 67a10;
合(◲)	{·합:홈}	<1>	소학5 : 77a6;
合(◲)	{·합디}	<1>	소학5 : 77a7;
恒({◱,◳})	{ᄒᆞᆼ} 긍◳	<1>	소학5 : 69b1;
缸(◱)	{항}	<1>	소학6 : 55a1;
沆(◰)	{:항}	<1>	소학6 : 127a4;
害(◳)	{:해}	<2>	소학5 : 36a7; 소학6 : 119b10;
害(◳)	{:해:호·디}	<1>	소학6 : 117b8;
害(◳)	{:해:홈}	<1>	소학5 : 119a3;
害(◳)	{:해·로·옴}	<1>	소학5 : 36a4;
害(◳)	{:해·로온}	<1>	소학2 : 66b8;
害(◳)	{:해·로옴}	<1>	소학5 : 100b2;
害(◳)	{:해·ᄂᆞᆫ}	<2>	소학5 : 119a4;

害(◳) {:해·ᄒᆞ논} <1> 소학6 : 76b1;
害(◳) {:해·ᄒᆞᆯ:뿐} <1> 소학5 : 61b6;
害(◳) {:해로·옴} <1> 소학5 : 37a1;
害(◳) {:해로온} <1> 소학5 : 103a1;
害(◳) {:해ᄒᆞ·고} <1> 소학6 : 83b4;
害(◳) {:해ᄒᆞ·니} <1> 소학5 : 108b10;
害(◳) {:해ᄒᆞ·리·오} <1> 소학5 : 61b7;
害(◳) {:해ᄒᆞ·며} <2> 소학4 : 49a7; 소학5 : 16a9;
害(◳) {해·로·온이·라} <1> 소학2 : 67a2;
鍇(◰) {히} <1> 소학6 : 126b3;
骸骨(◱◲) {히·골} <1> 소학6 : 81a6;
駭怪(◰◳) {:히:괴:홈} <1> 소범 : 3a3;
海虞(◰◱) {:히우} <1> 소학6 : 29a10;
行({◱,◳}) {힝:호·더} <1> 소학6 : 16b3;
行({◱,◳}) {힝:홀·디니·라} <1> 소학3 : 7b1;
行({◱,◳}) {힝:홈} <3> 소제 : 3a2; 소학1 : 14b8; 소학6 : 123a5;
行({◱,◳}) {힝·티} <7> 소서 : 2b2; 2b4; 소학2 : 30b9; 소학5 : 36a2; 51b6; 108a6; 소학6 : 109b3;
行({◱,◳}) {힝·ᄒᆞ·놋다} <1> 소학6 : 91b1;
行({◱,◳}) {힝·ᄒᆞ·야} <3> 소학2 : 17b9; 29a1; 소학6 : 125a6;
行({◱,◳}) {힝·ᄒᆞ·논} <1> 소학6 : 123b6;
行({◱,◳}) {힝·ᄒᆞ여·논} <1> 소학5 : 85a2;
行({◱,◳}) {힝ᄒᆞ·고} <2> 소학5 : 35b1; 115a2;
行({◱,◳}) {힝ᄒᆞ·과·뎌} <1> 소학5 : 104b6;
行({◱,◳}) {힝ᄒᆞ·니} <2> 소학6 : 55a2; 68a10;
行({◱,◳}) {힝ᄒᆞ·더시·니} <1> 소학4 : 2b9;
行({◱,◳}) {힝ᄒᆞ·디} <1> 소학6 : 68a10;
行({◱,◳}) {힝ᄒᆞ·며} <6> 소학1 : 5b8; 13b3; 소학4 : 13b1; 49b1; 소학5 : 31a7; 31a10;
行({◱,◳}) {힝ᄒᆞ·면} <2> 소학5 : 36a9; 115a3;
行({◱,◳}) {힝ᄒᆞ·욤} <1> 소학5 : 104a5;
行({◱,◳}) {힝ᄒᆞ욤} <1> 소학5 : 114a4;
行({◱,◳}) {힝ᄒᆞᆫ} <1> 소학6 : 123b10;
行({◱,◳}) {힝ᄒᆞᆯ} <1> 소학6 : 123a2; 123a3;
行檢({◱,◳}◰) {:힝:검} <1> 소학6 : 15b2;
行儉({◱,◳}◰) {힝:검} <1> 소학6 : 111b3;
行實({◱,◳}◲) {:힝:실} <1> 소학5 : 96a1;
行實({◱,◳}◲) {:힝·실} <34> 소학1 : 11a7; 13b8; 소학2 : 24a6; 30b9; 54a3; 70b4; 소학3 : 5a4; 5a6; 소학4 : 2a1; 14a4; 30a2; 소학5 : 2a2; 12a6; 12b4;

			15a2; 41b9; 41b10; 42b7; 64a9; 82b6; 96b7; 108a2; 116b5; 소학6 : 1a4; 11b4; 13a4; 14a2; 19b2; 58b1; 62b5; 62b10; 78b6; 123b7; 124a1;
行實({◰,◳}◲)	{:힝실}	<1>	소학6 : 9a4;
行實({◰,◳}◲)	{·힝·실}	<2>	소학3 : 6b7; 소학5 : 91b3;
行纏({◰,◳}◰)	{힝뎐}	<2>	소학2 : 2a9; 소학6 : 2b4;
行止({◰,◳}◱)	{힝·지}	<1>	소학5 : 28b7;
幸(◱)	{:힝·혀}	<1>	소학6 : 66a6;
幸(◱)	{:힝혀}	<1>	소제 : 4a9;
幸(◱)	{:힝ᄒᆞ·니라}	<1>	소학6 : 110b9;
幸(◱)	{·힝·혀}	<1>	소학6 : 50b8;
鄕(◰)	{:향·ᄒᆞ·야}	<1>	소학2 : 59b3;
鄕(◰)	{:향·ᄒᆞᆯ·디니·라}	<1>	소학2 : 58b8;
鄕(◰)	{향}	<4>	소학1 : 10b8; 10b8; 12a2; 소학2 : 22a5;
鄕黨[53](◰◱)	{향·당}	<4>	소학2 : 65a5; 소학3 : 13b7; 소학6 : 103a9; 104a8;
嚮(◱)	{:향·티}	<1>	소학4 : 45a5;
向(◳)	{:향·하·실·고}	<1>	소학2 : 5b3;
向(◳)	{:향·ᄒᆞ·야}	<3>	소학5 : 57a4; 86a3; 소학6 : 25a7;
向(◳)	{:향ᄒᆞ·고}	<1>	소학5 : 8a6;
向方(◳◰)	{:향방}	<1>	소학5 : 43b4;
香(◰)	{향}	<1>	소학6 : 112b5;
香(◰)	{향·내}	<1>	소학2 : 4b4;
香(◰)	{향ᄂᆞ민}	<2>	소학2 : 2b9; 4b3;
香氣(◰◳)	{향·긔로·온}	<1>	소학2 : 13b3;
許(◱)	{·허·티}	<4>	소학4 : 36a2; 소학5 : 36a6; 소학6 : 45b4;
許(◱)	{·허·ᄒᆞ더·라}	<2>	소학6 : 77b5;
許(◱)	{·허·ᄒᆞ심}	<2>	소학5 : 36a5;
許(◱)	{·허티}	<2>	소학6 : 80a8; 96a2;
許(◱)	{·허ᄒᆞ·고}	<2>	소학6 : 6a1; 52a9;
許(◱)	{·허ᄒᆞ심}	<1>	소학6 : 57a4;
許諾(◱◲)	{·허·락:호·니}	<1>	소학6 : 52a7;
虛(◰)	{허ᄒᆞᆫ}	<1>	소학4 : 40a7;
虛(◰)	{허ᄒᆞᆫ거·시·니}	<1>	소학5 : 89a9;
虛費(◰◳)	{허:비}	<1>	소학5 : 81b8;
虛費(◰◳)	{허:비·티}	<1>	소학6 : 88b9;
虛費(◰◳)	{허·비}	<1>	소학6 : 82a7;

53) 500집이 당(黨)이 되고, 12,500집이 향(鄕)이 된다.

虛心(◱◱) {허심·ᄒᆞ·야} <1> 소학1 : 13a9;
虛誕(◱◰) {허:탄ᄒᆞ·고} <1> 소학5 : 91a1;
虛誕(◱◰) {허:탄ᄒᆞ·며} <1> 소학5 : 120a9;
虛蕩(◱◰) {허:탕:홈} <1> 소학5 : 87a3;
歇(◲) {:헐·ᄒᆞ거·늘} <1> 소학6 : 67b10;
險(◰) {:험ᄒᆞ·고} <1> 소학5 : 15b8;
革(◲) {·혁} <2> 소학1 : 10b2; 소학6 : 18a7;
革(◲) {·혁} <2> 소학6 : 18b1; 133a2;
赫然(◲◱) {혁연} <1> 소제 : 3b1;
縣(◳) {:현} <2> 소학6 : 13b4; 소학6 : 91a9;
縣令(◳{◱,◳}) {:현·령} <4> 소학5 : 57b5; 57b9; 58a6; 58a8;
縣令(◳{◱,◳}) {·현:령} <1> 소학5 : 57b6;
顯達(◰◲) {:현·달:홈} <1> 소학5 : 99a3;
顯達(◰◲) {현·달:호모·로} <1> 소학6 : 97b8;
顯著(◰{◱,◳}) {:현·뎌케} <1> 소학2 : 29a3;
玄孫(◱{◱,◳}) {현손} <1> 소학5 : 70a5;
玄暐(◱◰) {현:위} <3> 소학6 : 46a7; 46a8; 47b4;
賢人(◱◱) {현인} <11> 소학2 : 1b3; 소학3 : 2a1; 소학5 : 8a5; 8b5; 27a3; 33a4; 83b5; 83b5; 84b5; 91b8; 113a4;
血氣(◲◳) {·혈:긔} <1> 소학3 : 26b5;
血氣(◲◳) {·혈·긔} <1> 소학5 : 51b7;
嫌疑(◱◱) {혐의} <1> 소학5 : 53b5;
亨(◱) {형} <1> 소제 : 1a5;
兄(◱) {형} <26> 소제 : 1b5; 소학2 : 56b6; 57b7; 64b2; 70b1; 74a7; 74b9; 76a7; 소학4 : 27a3; 42b8; 49b2; 54a8; 소학5 : 10b10; 34a3; 57a3; 71b7; 75b5; 소학6 : 5a5; 6b3; 30a2; 67b1; 67b1; 73b7; 74b9; 80a9; 101b8;
兄弟(◱{◰,◳}) {형:뎨} <29> 소학1 : 11a8; 소학2 : 14a3; 65b6; 67a8; 소학3 : 20b3; 소학4 : 16a2; 소학5 : 70a3; 70b6; 71b7; 72a2; 73a6; 74b4; 75b6; 78a3; 소학6 : 16a3; 26a10; 32b8; 62a10; 63b5; 63b7; 63b8; 63b10; 64a3; 69a6; 82a3; 86a10; 87b5; 93b2; 95b9;
兄弟(◱{◰,◳}) {형·뎨} <2> 소학6 : 50b8; 126b2;
兄弟(◱{◰,◳}) {형뎨} <1> 소학6 : 69a5;
烔(◰) {형} <1> 소학6 : 111a2;
刑罰(◱◲) {형·벌} <10> 소학1 : 12a2; 12a3; 12a4; 12a5; 12a6; 12a7; 12a9; 12b1; 소학2 : 36a4; 소학5 :

			28b10;
滎陽(◱◱)	{형양}	<1>	소학5 : 94a1;
荊州(◱◱)	{형쥬}	<3>	소학6 : 84b7; 104b10; 107b6;
戶(◰)	{:호}	<1>	소학1 : 4a10;
浩(◰)	{:호}	<6>	소학6 : 41b9; 41b10; 42a1; 42a3; 42a4; 42a9;
浩浩(◰◰)	{:호:호히}	<1>	소제 : 2a2;
顥(◰)	{·호}	<1>	소학5 : 6a1;
胡(◱)	{호}	<2>	소학5 : 66a7; 소학6 : 125a4;
胡康侯(◱◱◱)	{호강후}	<1>	소학6 : 133a4;
胡公(◱◱)	{호공}	<1>	소학6 : 10b5;
胡文定公(◱◱◳◱)	{호문:뎡:공}	<1>	소학5 : 31b6;
胡文定公(◱◱◳◱)	{호문:뎡공}	<1>	소학5 : 97b5;
胡安國(◱◱◲)	{호안·국}	<1>	소학6 : 133a4;
胡瑗(◱◳)	{호:원}	<1>	소학6 : 8a10;
胡子(◱◰)	{호·ᄌᆞ}	<1>	소학5 : 103b2;
豪傑(◱◲)	{호·걸}	<1>	소학6 : 110b2;
豪氣(◱◳)	{호·긔·롭·고}	<1>	소학5 : 13a10;
豪俠(◱◲)	{호·협ᄒᆞᆫ}	<1>	소학5 : 11a2;
湖南(◱◱)	{호남}	<1>	소학5 : 48a7;
湖州(◱◱)	{호쥬}	<2>	소학6 : 8b4; 9b5;
戶籍(◰◲)	{:호·젹}	<2>	소학6 : 45b2; 45b5;
戶籍(◰◲)	{:호·젹진·이}	<1>	소학3 : 16a3;
戶曹判書(◰◱◳◱)	{:호조·판셔}	<1>	소학6 : 114b7;
或(◲)	{·혹}	<41>	소학2 : 16b7; 소학4 : 25b2; 37b4; 42a8; 소학5 : 18b4; 28a7; 29a3; 36a2; 42b5; 50a1; 51b1; 57b5; 57b6; 66b10; 67a10; 68b9; 113b4; 117b5; 소학6 : 18a10; 18b5; 25a4; 36a4; 38a3; 39b5; 50a2; 58a1; 70b10; 71a8; 90a4; 90a6; 92a4; 92a4; 95a8; 95a9; 109a7; 118b1; 127a7; 128b2; 130a3; 130a3; 131a4;
或(◲)	{·혹·이}	<1>	소학6 : 101b3;
或(◲)	{혹}	<2>	소제 : 3a2; 3a4;
惑(◲)	{·혹·게}	<1>	소학5 : 119a5;
惑(◲)	{·혹ᄒᆞᆫ·배})	<1>	소학5 : 73b4;
婚姻(◱◱)	{·혼인ᄒᆞ·며}	<1>	소학6 : 32b9;
婚姻(◱◱)	{혼인}	<7>	소학2 : 56a1; 소학5 : 34a8; 39b10; 63a9; 64a7; 소학6 : 100b6; 115b9;
婚姻(◱◱)	{혼인:호·믈}	<1>	소학6 : 96b5;

婚姻(◱◱) {혼인:ᄒᆞᆷ} <1> 소학5 : 66a8;
婚姻(◱◱) {혼인·ᄒᆞ·ᄂᆞᆫ} <2> 소학2 : 47b8; 49b5;
婚姻(◱◱) {혼인·ᄒᆞ더·라} <1> 소학6 : 114a5;
婚姻(◱◱) {혼인·ᄒᆞᄂᆞᆫ} <1> 소학5 : 52a3;
婚姻(◱◱) {혼인호·ᄃᆡ} <1> 소학6 : 96b2;
婚姻(◱◱) {혼인ᄒᆞ·기} <1> 소학5 : 62b9;
婚姻(◱◱) {혼인ᄒᆞ·기·며} <1> 소학6 : 88b1;
婚姻(◱◱) {혼인ᄒᆞ·며} <1> 소학5 : 63b8;
婚姻(◱◱) {혼인ᄒᆞᆯ} <2> 소학5 : 50a9; 68b9;
笏(◲) {·ᄒᆞᆯ} <3> 소학2 : 2a8; 소학6 : 97b4; 98b4;
忽略(◲◲) {·ᄒᆞᆯ·략:ᄒᆞᆷ} <1> 소학5 : 95a6;
弘(◱) {훙} <5> 소학6 : 38a2; 72a4; 72a5; 72a5; 72a7;
紅門(◱◱) {훙문:셰기} <1> 소학6 : 61b6;
和({◱,◳}) {화:ᄒᆞᆷ} <1> 소학3 : 16b8;
和({◱,◳}) {화·케} <1> 소학3 : 9a8;
和({◱,◳}) {화ᄒᆞᆫ} <1> 소학3 : 9a9;
和({◱,◳}) {화:케} <1> 소학2 : 30a8;
和({◱,◳}) {화:ᄒᆞᆷ} <2> 소학6 : 48b4; 48b6;
和({◱,◳}) {화·케} <1> 소학4 : 6b10;
和({◱,◳}) {화·티} <1> 소학6 : 90a4;
和({◱,◳}) {화·히} <1> 소학5 : 104b4;
和({◱,◳}) {화·히} <1> 소학5 : 36a3;
和({◱,◳}) {화·히} <1> 소학6 : 25b6;
和({◱,◳}) {화ᄒᆞ·리·라} <1> 소학1 : 10b4;
和({◱,◳}) {화ᄒᆞᆫ} <1> 소학6 : 122a7;
和同({◱,◳}◱) {화동·티} <1> 소학5 : 57b9;
和同({◱,◳}◱) {화동·ᄒᆞ·ᄂᆞᆫ} <1> 소학6 : 89b10;
和同({◱,◳}◱) {화동ᄒᆞᆫ} <1> 소학6 : 62b9;
和睦({◱,◳}◲) {화·목ᄒᆞ리·라} <1> 소학6 : 90a9;
和順({◱,◳}◳) {화:슌ᄒᆞ·며} <1> 소학2 : 75a1;
和悅({◱,◳}◲) {화·열:호·ᄃᆡ} <1> 소학3 : 14a9;
和悅({◱,◳}◲) {화·열·호·ᄃᆡ} <1> 소학2 : 75a1;
和悅({◱,◳}◲) {화·열·히} <3> 소학2 : 3a6; 21b7; 65b6;
和悅({◱,◳}◲) {화·열·ᄐᆞ·시} <1> 소학2 : 39b8;
和悅({◱,◳}◲) {화·열ᄒᆞ·고} <1> 소학2 : 74a8;
和悅({◱,◳}◲) {화·열ᄒᆞᆫ} <3> 소학2 : 9b1; 9b2; 소학6 : 78a1;
和平({◱,◳}◱) {화평:호·미·오} <1> 소학1 : 11a4;
和平({◱,◳}◱) {화평ᄒᆞ·면} <1> 소학5 : 9a2;
禍(◰) {:화} <2> 소학4 : 51a2; 소학6 : 60a1;
禍亂(◰◳) {:화:란} <5> 소학2 : 76b7; 소학4 : 49b9; 49b10; 소학

			5 : 28b9; 소학6
禍亂(◰◳)	{:화:란·으로}	<1>	소학6 : 115a4;
禍亂(◰◳)	{:화·란}	<3>	소학3 : 27a6; 27a8; 27b2;
化(◳)	{:화·ᄒᆞ·야}	<1>	소학6 : 12b5;
化(◳)	{:화ᄒᆞ·게}	<1>	소학5 : 63a1;
化(◳)	(:화ᄒᆞ·리}	<1>	소학6 : 33a7;
華夏({◱,◳}◳)	{화:하}	<1>	소학5 : 46a5;
確實(◲◲)	{·확·실ᄒᆞᆫ}	<1>	소학6 : 46b6;
患(◳)	{:환}	<1>	소학5 : 75b9;
患難(◳{◱,◳})	{:환:난}	<1>	소학6 : 18b6;
患難(◳{◱,◳})	{:환·난}	<1>	소학6 : 18a8;
患亂(◳◳)	{:환:란}	<1>	소학3 : 5b8;
患亂(◳◳)	{:환·란}	<3>	소학2 : 32a1; 소학3 : 3b4; 소학5 : 65b2;
丸(◱)	{환}	<1>	소학6 : 99a3;
桓公(◱◱)	{환공}	<1>	소학4 : 47b5;
桓氏(◱◰)	{환·시}	<1>	소학6 : 54a3;
渙然(◳◱)	{:환연·히}	<1>	소학5 : 115a7;
況(◳)	{:황}	<1>	소학2 : 77a6;
皇考(◱◰)	{황:고}	<2>	소학5 : 73a1; 73a5;
皇帝(◱◳)	{황:뎨}	<5>	소학5 : 45a4; 99b6; 소학6 : 31b8; 35b2; 40a2;
皇皇(◱◱)	{황황히}	<1>	소학4 : 23a10;
黃金(◱◱)	{황금}	<2>	소학6 : 53a2; 81a7;
黃連(◱◱)	{황련}	<1>	소학6 : 99a2;
黃香(◱◱)	{황향}	<2>	소학5 : 5a3; 5a4;
荒亂(◱◳)	{황:난·히}	<1>	소학6 : 109a4;
回({◱,◳})	{회}	<4>	소학4 : 47a1; 47a3; 47a4; 소학5 : 8b3;
回曲({◱,◳}◲)	{회·곡·히}	<1>	소학5 : 107b3;
膾(◳)	{:회}	<1>	소학3 : 24b9;
會稽(◳◰)	{:회계}	<2>	소학6 : 30a9; 50a1;
會試(◳◳)	{:회·시·ᄒᆞ는}	<1>	소학6 : 118a10;
會集(◳◲)	{:회·집·ᄒᆞ야}	<1>	소학5 : 49a6;
淮南王(◱◱◱)	{회남왕}	<1>	소학4 : 14a3;
淮南子(◱◱◰)	{회남·ᄌᆞ}	<1>	소학4 : 14a3;
淮水(◱◰)	{회·슈}	<2>	소학6 : 91a3; 91a7;
淮陽(◱◱)	{회양}	<1>	소학6 : 53a1;
晦菴(◳{◱,◳})	{:회암}	<1>	소서 : 3a6;
懷帝(◱◳)	{회:뎨}	<1>	소학6 : 65b8;
獲(◲)	{·획}	<1>	소학6 : 117b7;
橫渠(◱◱)	{횡거}	<7>	소학5 : 2b5; 36b7; 39a10; 75b4; 77a4;

			92b4; 111a5;
孝(◳)	{:효}	<3>	소학2 : 22a9; 소학4 : 13a5; 소학5 : 20a3;
孝(◳)	{:효·를}	<1>	소학2 : 21b9;
孝(◳)	{·효ᄒᆞ며}	<1>	소학2 : 76a7;
孝(◳)	{효}	<1>	소학2 : 76a9;
孝經(◳◱)	{:효경}	<1>	소학5 : 43b3;
孝道(◳◰)	{:효:도}	<6>	소학4 : 18b2; 18b6; 19a7; 소학5 : 39a5; 소학5 : 73a2; 소7;
孝道(◳◰)	{:효:도로온}	<1>	소학6 : 53a4;
孝道(◳◰)	{:효:도롭·다}	<1>	소학4 : 15b10;
孝道(◳◰)	{:효:도ᄒᆞ·며}	<3>	소학6 : 14a3; 27a7; 78b4;
孝道(◳◰)	{:효·도}	<22>	소학1 : 12a3; 소학2 : 27b2; 29a1; 29a3; 29a6; 29b8; 30 32a1; 35b4; 35b5; 35b6; 35b7; 35b8; 76b7; 소학4 : 7a1; 10a4; 13 46a2; 소학6 : 92b7;
孝道(◳◰)	{:효·도:호·ᄃᆡ}	<1>	소학2 : 74b9;
孝道(◳◰)	{:효·도:홈}	<3>	소학1 : 11a7; 소학2 : 31a1; 31a6;
孝道(◳◰)	{:효·도로·이}	<3>	소학4 : 16a9; 소학6 : 26b4; 125a8;
孝道(◳◰)	{:효·도로오며}	<1>	소학6 : 86a10;
孝道(◳◰)	{:효·도로온}	<1>	소학2 : 70a10;
孝道(◳◰)	{:효·도ᄒᆞ·고}	<2>	소학1 : 14b6; 소학2 : 76a6;
孝道(◳◰)	{:효·도ᄒᆞ·기}	<1>	소학6 : 7a10;
孝道(◳◰)	{:효·도ᄒᆞ·며}	<7>	소학1 : 13b4; 소학2 : 12a3; 74a7; 소학4 : 49b2; 소학5 : 소학6 : 12a10;
孝道(◳◰)	{:효·도홀}	<1>	소학4 : 18b7;
孝道(◳◰)	{:효도}	<1>	소학2 : 24a7;
孝道(◳◰)	{:효도ᄒᆞ·고}	<1>	소제 : 3a1;
孝道(◳◰)	{·:효:도}	<1>	소학6 : 22b4;
孝道(◳◰)	{·효·도:홈}	<1>	소학1 : 5b8;
孝武帝(◳◰◳)	{:효:무:뎨}	<1>	소학6 : 29b3;
孝婦(◳◰)	{:효·부}	<3>	소학6 : 50b4; 50b6; 52a5;
孝芬(◳◱)	{:효분}	<3>	소학6 : 86b2; 86b4; 87a10;
孝芬等(◳◱◰)	{:효분:등}	<1>	소학6 : 87b1;
孝誠(◳◱)	{:효셩}	<1>	소학6 : 31b10;
孝肅(◳◲)	{:효·슉}	<1>	소학6 : 75b5;
孝肅公(◳◲◱)	{:효·슉공}	<1>	소학6 : 75b5;
孝養(◳{◰,◳})	{:효:양:홈}	<1>	소학6 : 51a7;
孝養(◳{◰,◳})	{:효:양ᄒᆞ·기}	<1>	소학5 : 104b2;
孝養(◳{◰,◳})	{:효:양홀·다}·가]	<1>	소학6 : 50b10;
孝養(◳{◰,◳})	{:효:양홀·이}	<1>	소학6 : 7b2;

孝養(◳{◰,◳}) {효:양} <1> 소학6 : 50b9;
孝友(◳◰) {:효:우} <2> 소학5 : 83a5; 83a5;
孝幃等(◳◰◰) {:효:위:둥} <1> 소학6 : 86b1; 等<둘>
孝子(◳◰) {:효·즈} <7> 소학2 : 9a9; 9b3; 16a3; 18a6; 33a1; 소학4 : 10b4; 29b10;
孝弟(◳{◰,◳}) {:효:뎨:홈} <1> 소학3 : 15a5;
孝宗(◳◱) {:효종} <1> 소서 : 3a5;
效則(◳◲) {:효·측:홈} <2> 소학5 : 13a4; 13b5;
效則(◳◲) {:효·측·고·져} <1> 소학5 : 105a8;
效則(◳◲) {:효·측·ᄒᆞ·야} <2> 소학5 : 14a3; 14a6;
效驗(◳◳) {:효·험} <1> 소학5 : 77b1;
後(◰) {:후} <3> 소학6 : 49a1; 110b10; 131a3;
後(◰) {:후·에} <45> 소제 : 4b1; 소학1 : 4b2; 소학2 : 4a2; 12b8; 14a5; 49a4;49a6; 51a5; 57a1; 68a5; 소학3 : 9a5; 18b1; 24b2; 소학4 : 32b2; 6b10; 27a2; 36a5; 43b5; 70a1; 70a2; 70a3; 88b9; 94a2; 99a3; 1학6 : 8b10; 9a5; 19b10; 37a2; 55b10; 59b6; 66a7; 68b1; 68b1; 71; 109a5; 110b4; 119a10; 123b10;
後(◰) {:후·에·는} <1> 소학2 : 55b5;
後(◰) {:후·에·ᅀᅡ} <4> 소학2 : 68b7; 소학4 : 12a9; 소학5 : 38b5; 소학6 : 77b3;
後(◰) {:후·에ᅀᅡ} <5> 소학2 : 30b10; 31a9; 33a5; 소학4 : 24a4; 소학5 : 120b9;
後(◰) {:후에} <4> 소범 : 1b10; 소학2 : 54a4; 54a5; 소학6 : 107b6;
後(◰) {:후에ᅀᅡ} <1> 소학4 : 12a4;
後(◰) {·후·에} <1> 소학5 : 118b3;
後(◰) {·후·에} <1> 소학6 : 95a9;
後(◰) {후·에} <1> 소학5 : 78a8;
後代(◰◳) {:훗:디} <1> 소학6 : 85a1;
後生(◰◱) {:후싱} <4> 소학5 : 60b9; 95b4; 112a2; 115b9;
後世(◰◳) {:후:셰} <6> 소학2 : 29a2; 70b4; 소학4 : 1b7; 32a8; 53b5; 소학5 : 67
後帝(◰◳) {:후·뎨} <1> 소학5 : 45b8;
後主(◰◰) {:후·쥬} <2> 소학5 : 14b2; 소학5 : 99a9;
厚(◰) {:후:홈} <1> 소학2 : 32b1;
厚(◰) {:후·티} <1> 소학5 : 78b1;
厚(◰) {:후·히} <2> 소학5 : 41a2; 70a7;
厚(◰) {:후·혼} <2> 소학5 : 71a9; 71b9;

厚(上)	{:후ᄒᆞ더·니라}	<1>	소학6 : 130a9;
厚重(上{平,上,去})	{:후:듕·ᄒᆞ·야}	<1>	소학5 : 43b1;
厚重(上{平,上,去})	{:후:듕ᄒᆞ·며}	<2>	소학5 : 12b10; 소학6 : 1b6;
訓蒙字會(去平去去)	{:훈몽·ᄌᆞ:회)	<1>	소범 : 2b7;
休(平)	{휴}	<2>	소학6 : 98b2; 98b3;
譎(入)	{·휼ᄒᆞ·며}	<1>	소학5 : 28b7;
凶(平)	{흉}	<1>	소학6 : 40b1;
凶(平)	{흉:홈}	<1>	소학5 : 27a10;
凶(平)	{흉·히}	<1>	소학6 : 64b9;
凶(平)	{흉ᄒᆞ·니·라}	<1>	소학3 : 2b1;
凶(平)	{흉ᄒᆞ·니ᄂᆞᆫ}	<1>	소학5 : 28b7;
凶(平)	{흉ᄒᆞ·며}	<1>	소학5 : 90b10;
凶(平)	{흉ᄒᆞᆫ}	<3>	소학5 : 29a3; 29b2; 29b5;
凶(平)	{흉ᄒᆞᆫ·디}	<1>	소학6 : 86b7;
凶事(平去)	{흉:ᄉᆞ}	<1>	소학5 : 81b6;
凶惡(平入)	{흉·악·고}	<1>	소학5 : 3a1;
凶險(平上)	{흉:험ᄒᆞᆫ}	<1>	소학5 : 22a3;
凶荒(平平)	{흉황ᄒᆞ·고}	<1>	소학6 : 29b4;
黑子(入上)	{·흑·ᄌᆞ}	<2>	소학6 : 39a10; 39b9;
訢訢(平平)	{흔흔·톳}	<1>	소학6 : 78a1;
興起({平,去}上)	{흥·긔·홀배}	<1>	소학4 : 2a3;
興起({平,去}上)	{흥·긔ᄒᆞ·며}	<1>	소학1 : 15a1;
興起({平,去}上)	{흥·긔·ᄒᆞ·야}	<1>	소학5 : 104b6
戲弄({平,去}去)	{:희:롱}	<2>	소학5 : 9b2; 소학6 : 109a7;
戲弄({平,去}去)	{:희:롱ᄒᆞ·며}	<1>	소학5 : 101a1;
戲弄({平,去}去)	{:희·롱}	<2>	소학3 : 12b1; 소학5 : 17b3;
戲弄({平,去}去)	{:희·롱·ᄒᆞᄂᆞᆫ·디·라}	<1>	소학5 : 42b6;
戲弄({平,去}去)	{희·롱}	<1>	소학6 : 121b6;
希文(平平)	{희문}	<1>	소학5 : 31b8;
希哲(平入)	{희·텰}	<2>	소학5 : 94a1; 소학6 : 1b2;
熙寧(平平)	{희령}	<1>	소학6 : 31b2;

자료 (907)은 책의 쪽수 순서대로 배열되지 않았다는 점에서 다소 불편은 있지만, 한자와 권발과 각각의 자료가 들어 있는 《소학언해》의 쪽수 및 줄 수가 기록되어 있어서 개개의 한자어 자료가 나타낼 수 있는 대부분의 정보를 종합적으로 보여 준다는 점에서 매우 좋은 자료 제시 방법에 따른 자료이다.

계량적인 검토를 위해서는 (907)에서 출전과 쪽수 및 앞면과 뒷면을 표시하는 a, b의 표시는 불필요하므로 이것들을 지우면 (908)과 같다.

(908) [전체 자료 ②단계] 《소학언해》 우리말 새김 부분 한자어 전체 가나다순으로 정렬된 자료에서 출전 쪽수 정보 줄이고 번수 표시

중고한음	중세 국어	소학언해
한자(권발)	{음운}	<번수>
賈(◳)	{:가}	<6>
可(◰)	{:가:히}	<1>
可(◰)	{:가·커·니·와}	<2>
可(◰)	{:가·티}	<6>
可(◰)	{:가·히}	<111>
可(◰)	{:가·ᄒᆞ니·라}	<1>
可(◰)	{:가히}	<2>
可(◰)	{:가ᄒᆞ·냐}	<1>
可(◰)	{:가ᄒᆞ니·라}	<1>
可(◰)	{:가ᄒᆞᆫ}	<1>
可(◰)	{·가·히}	<1>
可(◰)	{·가히}	<1>
可(◰)	{가·히}	<1>
軻(◱)	{가}	<1>
加冠(◱{◱,◳})	{가관·ᄒᆞ·야}	<1>
加冠(◱{◱,◳})	{가관·ᄒᆞ·ᄂᆞᆫ}	<1>
加冠(◱{◱,◳})	{가관ᄒᆞ·기}	<2>
加冠(◱{◱,◳})	{가관ᄒᆞ·라}	<1>
加冠(◱{◱,◳})	{가관ᄒᆞ·면}	<1>
加冠(◱{◱,◳})	{가관ᄒᆞ기·며}	<1>
加資(◱◱)	{가ᄌᆞ}	<1>
家道(◱◰)	{가:도}	<1>
家門(◱◱)	{가문}	<7>
家法(◱◲)	{가·법}	<4>
賈相餗(◳{◱,◳}◲)	{:가·샹·속}	<1>
家屬(◱◲)	{가·쇽}	<1>
家庭(◱{◱,◳})	{가뎡}	<1>
家訓(◱◳)	{가:훈}	<5>
假設(◰◲)	{:가·셜}	<2>
角(◲)	{·각}	<2>
卻(◲)	{·각}	<1>
各各(◲◲)	{·각·각}	<7>
各各(◲◲)	{각각}	<1>
各別(◲◲)	{·각·별·이}	<3>
各別(◲◲)	{·각·별ᄒᆞ·리·라}	<1>
侃(◳)	{:간}	<1>

簡(◰) {:간:호·ᄃᆡ} <1>
諫(◳) {:간:호·ᄃᆡ} <3>
諫(◳) {:간:ᄒᆞᆯ·디니} <2>
諫(◳) {:간:ᄒᆞᆯ·디니라} <1>
諫(◳) {:간:ᄒᆞᆷ} <4>
諫(◳) {:간·이} <1>
諫(◳) {:간·티} <2>
諫(◳) {:간·호·ᄃᆡ} <1>
諫(◳) {:간·ᄒᆞ·다가} <1>
諫(◳) {:간·ᄒᆞ·신·대} <1>
諫(◳) {:간·ᄒᆞ·야} <2>
諫(◳) {:간·ᄒᆞ·ᄂᆞᆫ} <2>
諫(◳) {:간·ᄒᆞᄂᆞᆫ} <1>
諫(◳) {:간ᄒᆞ·니} <1>
諫(◳) {:간ᄒᆞ·며} <1>
諫(◳) {:간ᄒᆞᆫ·대} <2>
侃侃(◳◳) {간:간·톳} <1>
干求(◱◱) {간구·티} <2>
艱難(◱{◱,◳}) {가난:ᄒᆞᆷ} <2>
艱難(◱{◱,◳}) {가난·코} <1>
艱難(◱{◱,◳}) {가난·ᄒᆞ·야} <2>
艱難(◱{◱,◳}) {기난·ᄒᆞ·야실·졔} <1>
艱難(◱{◱,◳}) {가난ᄒᆞ·고} <2>
艱難(◱{◱,◳}) {가난ᄒᆞ·나} <1>
艱難(◱{◱,◳}) {가난ᄒᆞ·니} <1>
艱難(◱{◱,◳}) {가난ᄒᆞ·며} <2>
艱難(◱{◱,◳}) {가난ᄒᆞᆫ} <5>
簡略(◰◲) {:간·략} <1>
簡略(◰◲) {:간·략ᄒᆞ·며} <1>
簡約(◰◲) {:간·약:ᄒᆞᆷ} <2>
簡約(◰◲) {:간·약ᄒᆞ·며} <1>
簡約(◰◲) {:간·약ᄒᆞ·야} <1>
簡易(◰◳) {:간·이ᄒᆞ고} <1>
干犯(◱◰) {간:범:ᄒᆞᆷ} <1>
干犯(◱◰) {간:범ᄒᆞᆯ} <1>
奸詐(◱◳) {간:사ᄒᆞᆫ} <1>
奸惡(◱◲) {간·악} <1>
奸猾(◱◲) {간·활ᄒᆞᆫ} <1>
姦邪(◱◱) {간샤ᄒᆞ·니·라} <1>
姦邪(◱◱) {간샤ᄒᆞᆫ} <1>

看詳(◱◱) {간샹·ᄒᆞ시·니} <1>
看守(◱◰) {간슈:홀·디·니} <1>
看守(◱◰) {간슈:홈} <1>
看守(◱◰) {간슈·ᄒᆞ·야} <1>
懇切(◰◲)[54] {:ᄀᆞᆫ·졀·히} <1>
懇切(◰◲) {:ᄀᆞᆫ·졀히} <1>
敢(◰) {:감·히} <73>
敢(◰) {:감히} <1>
敢(◰) {·감·히} <1>
紺(◳) {감} <1>
敢(◰) {감히} <1>
堪當(◱{◱,◳}) {감당·티} <2>
感動(◰◰) {:감:동:홈} <2>
感動(◰◰) {:감:동·ᄒᆞ·야} <2>
感動(◰◰) {:감:동·ᄒᆞᄂᆞᆫ} <1>
感動(◰◰) {:감·동·케} <1>
感動(◰◰) {:감·동·티} <1>
講(◰) {·강·ᄒᆞ야} <2>
講究(◰◳) {:강구:호·ᄃᆡ} <1>
講究(◰◳) {:강구ᄒᆞ·니} <1>
講論(◰{◱,◳}) {:강논·티} <1>
講論(◰{◱,◳}) {:강론·ᄒᆞ·야} <1>
姜(◱) {강} <2>
剛(◱) {강:호·ᄃᆡ} <1>
剛健(◱◳) {강:건ᄒᆞ·며} <1>
剛果(◱◰) {강:과ᄒᆞ·며} <1>
剛直(◱◲) {강·딕:홈} <1>
剛愎(◱◲) {강·퍅ᄒᆞᄂᆞ니} <1>
江(◱) {강·의} <1>
江東(◱◱) {강동} <1>
江祿(◱◲) {강·록} <1>
江州(◱◱) {강쥬} <1>
江革(◱◲) {강·혁} <1>
康公(◱◱) {강공} <2>
康子(◱◰) {강·ᄌᆞ} <1>

---

54) 切(졀◲, 쳬◳), 《소학언해》에서 입성(◲)의 반영인 {·졀}로만 나타나므로, 이것은 중고한음 '切(◲)'로 표시한다. 만약 같은 문헌에서 2가지 중고한음의 반영이 있으면, 切$_1$(◲)과 切$_2$(◳)로 별개의 한자로 보고, 이에 따른 우리 현실한자음의 음운을 표시하게 된다. 不{·블, 블, ·브}와 같은 경우는 중고한음 입성의 반영으로 보이는 것은 不$_1$(◲){·블, 블}로, 평성의 반영으로 보이는 것은 不$_2$(◱){·브}로 하여 이들을 별개의 한자로 구별한다.

康節(◱◲) {강·졀} <2>
强盜({◱,◰}◳) {:강:도} <1>
開(◱) {기·의} <2>
改嫁(◰◳) {:기:가} <1>
改嫁(◰◳) {:기·가} <1>
改易(◰◲) {:기·역:홈} <1>
開封(◱◱) {기봉} <2>
慨然(◳◱) {:개연·히} <1>
客舍(◲◳) {·긱:샤} <1>
羹(◱) {:징} <2>
羹(◱) {·징} <1>
居(◱) {거} <1>
居(◱) {거:홈} <1>
居(◱) {거·ᄒᆞ·심} <1>
居喪(◱{◱,◳}) {거상} <31>
居喪(◱{◱,◳}) {거상:홈} <1>
居處(◱{◰,◳}) {거:쳐:홈} <1>
蘧(◱) {거} <1>
擧動(◰◰) {:거:동} <1>
擧動(◰◰) {:거·동} <3>
擧動(◰◰) {:거·동·만} <1>
擧動(◰◰) {:거동} <1>
擧動(◰◰) {·거동} <1>
倨慢(◳◳) {:거·만·티} <1>
倨慢(◳◳) {:거:만·히} <1>
倨慢(◳◳) {:거:만ᄒᆞ·며} <1>
蘧伯玉(◱◲◲) {거·빅·옥} <2>
籧篨(◱◱) {거뎨} <1>
去聲(◳◱) {:거셩}) <1>
擧將(◰{◱,◳}) {·거쟝} <1>
擧止(◰◰) {:거·지}) <1>
擧薦(◰◳) {:거:쳔ᄒᆞ·니} <1>
擧薦(◰◳) {:거:쳔흔} <1>
擧薦(◰◳) {·거·쳔:홈} <1>
建(◳) {:건} <2>
建(◳) {:건} <1>
建武(◳◰) {:건:무} <1>
虔州(◱◱) {건쥬} <2>
黔婁(◱◱) {검루} <2>
儉朴(◰◲) {:검·박:호·디} <1>

儉朴(◰◲)	{:검·박:홈}	<1>
儉朴(◰◲)	{:검·박:홈}	<1>
儉朴(◰◲)	{:검·박·게}	<1>
儉朴(◰◲)	{:검·박·으로}	<1>
儉朴(◰◲)	{:검·박·ᄒᆞ·샤}	<1>
儉朴(◰◲)	{:검·박·ᄒᆞ·야}	<1>
儉朴(◰◲)	{:검·박ᄒᆞ·고}	<1>
儉朴(◰◲)	{:검·박ᄒᆞ·며}	<2>
儉朴(◰◲)	{:검·박ᄒᆞᆫ}	<1>
儉朴(◰◲)	{:검·박ᄒᆞᆫ·ᄃᆡ}	<1>
儉朴(◰◲)	{·검·박·디}	<1>
儉素(◰◳)	{:검:소:홈}	<1>
儉約(◰◲)	{:검·약}	<1>
激勵(◲◳)	{·격:녀}	<1>
堅彊(◱◱)	{견강ᄒᆞ·고}	<1>
缺(◲)	{·결}	<1>
決(◲)	{·결ᄒᆞ·며}	<1>
決(◲)	{·결·티}	<1>
決斷(◲{◰,◳})	{·결:단:홈}	<2>
決斷(◲{◰,◳})	{·결:단ᄒᆞ·며}	<1>
決斷(◲{◰,◳})	{·결·단·ᄒᆞ·야}	<1>
決斷(◲{◰,◳})	{·결단·히}	<1>
決然(◲◱)	{·결연·히}	<1>
結束(◲◲)	{·결·쇽·ᄒᆞ·야}	<1>
結束(◲◲)	{·결·쇽·ᄒᆞ야}	<1>
兼(◱)	{겸ᄒᆞ·니}	<1>
謙辭(◱◱)	{겸ᄉᆞ·ᄒᆞᄂᆞᆫ}	<1>
謙遜(◱◳)	{겸:손·ᄒᆞ야}	<1>
謙讓(◱◳)	{겸:양ᄒᆞ·며}	<1>
敬(◳)	{:경}	<1>
敬(◳)	{:경·을}	<1>
敬(◳)	{:경을}	<1>
敬姜(◳◱)	{:경강}	<1>
頃(◰)	{:경}	<2>
慶(◳)	{:경}	<3>
慶(◳)	{:경·을}	<1>
慶(◳)	{·경·과}	<1>
扃(◱)	{경}	<1>
經(◱)	{경}	<3>
經書(◱◱)	{경셔}	<3>

經業(◱◲)	{경업}	<1>
經營(◱◱)	{경영·티}	<2>
經營(◱◱)	{경영·ᄒᆞ·야}	<1>
經義齋(◱◳◱)	{경:의지}	<2>
經典(◱◰)	{경:뎐}	<1>
卿(◱)	{경}	<3>
瓊(◱)	{경}	<1>
輕(◱)	{경·히}	<1>
輕慢(◱◳)	{경:만히}	<1>
輕薄(◱◲)	{경·박·ᄒᆞ·야}	<1>
輕薄(◱◲)	{경·박ᄒᆞ·고}	<1>
輕薄子(◱◲◰)	{경·박·ᄌᆞ}	<1>
輕率(◱◲)	{경·솔ᄒᆞ·며}	<1>
警戒(◰◳)	{:경:계}	<1>
警戒(◰◳)	{:경:계:홈}	<4>
警戒(◰◳)	{:경:계·ᄒᆞ·야}	<5>
警戒(◰◳)	{:경:계·ᄒᆞ노니}	<5>
警戒(◰◳)	{:경:계·ᄒᆞ노라}	<1>
警戒(◰◳)	{:경:계·ᄒᆞ더·니}	<1>
警戒(◰◳)	{:경:계·ᄒᆞ야}	<3>
警戒(◰◳)	{:경:계ᄒᆞ·며}	<1>
警戒(◰◳)	{:경:계ᄒᆞᆫ}	<2>
警戒(◰◳)	{:경·계}	<2>
警戒(◰◳)	{:경·계·홈}	<1>
警戒(◰◳)	{:경·계·ᄒᆞ·노라}	<1>
警戒(◰◳)	{:경·계·ᄒᆞ·ᄂᆞᆫ}	<1>
警戒(◰◳)	{:경·계·ᄒᆞ심}	<1>
警戒(◰◳)	{:경·계·ᄒᆞ야}	<1>
警戒(◰◳)	{:경·계ᄒᆞ·라}	<1>
警戒(◰◳)	{:경·계ᄒᆞ·며}	<1>
景帝(◰◳)	{:경:뎨}	<1>
景帝(◰◳)	{·경:뎨}	<1>
京兆(◱◰)	{경:됴}	<1>
京兆尹(◱◰◰)	{경:됴·윤}	<1>
京兆尹(◱◰◰)	{경됴·윤}	<1>
塩鐵使({◱,◳}◲{◰,◳})	{염·텰:ᄉᆞ}	<1>
契$_1$(◳)	{:계}	<1>
契$_2$(◲)	{·셜}	<1>
契$_2$(◲)	{·셜}	<1>
啓(◰)	{:계}	<1>

階(◱)	{계}	<1>
階節(◱◲)	{계·졀}	<1>
季康子(◳◱◰)	{:계강·ᄌᆞ}	<1>
季良(◳◱)	{:계량}	<1>
計較(◳◳)	{:계·교·ᄒᆞ·야}	<1>
計較(◳◳) 각◲	{(:계·교}	<2>
繼母(◳◰)	{:계:모}	<1>
告(◳)	{:고:ᄒᆞ·문}	<1>
告(◳)	{:고·ᄒᆞ·랴}	<1>
告(◳)	{:고·ᄒᆞ·야}	<3>
告(◳)	{:고ᄒᆞ·며}	<3>
告(◳)	{고홀}	<1>
杲(◰)	{:고}	<1>
庫(◳)	{·고}	<3>
庫(◳)	{·고·애}	<1>
故(◳)	{·고·로}	<10>
故(◳)	{·고로}	<9>
故(◳)	{고·로}	<1>
故舊(◳◳)	{·고구}	<1>
故人(◳◱)	{:고인}	<1>
高(◱)	{고}	<1>
高柴(◱◱)	{고싀}	<1>
高侍郎(◱◳◱)	{고:시랑}	<1>
高允(◱◰)	{고·윤}	<2>
高子皐(◱◰◱)	{고·ᄌᆞ고}	<1>
高祖(◱◰)	{고·조}	<1>
高宗(◱◱)	{고ᄌᆞᆼ}	<2>
孤(◱)	{고·ᄒᆞ·야}	<1>
孤竹(◱◲)	{고듁}	<1>
雇工(◳◱)	{·고공ᄃᆞᆫ·녀}	<1>
古靈(◰◱)	{:고령}	<1>
苦參(◰◱)	{·고ᄉᆞᆷ}	<1>
瞽瞍(◰◰)	{·고:수}	<1>
袴衣(◳{◱,◳})	{고의}	<1>
固執(◳◲)	{·고·집ᄒᆞ·며}	<1>
考察(◰◲)	{:고·찰}	<1>
曲禮(◲◰)	{·곡·례}	<21>
曲調(◲{◱,◳})	{·곡·됴}	<1>
曲盡(◲◰)	{·곡:진·히}	<1>
曲盡(◲◰)	{·곡:진이}	<1>

穀食(◲◲)	{·곡·식}	<1>
穀食(◲◲)	{곡·셕}	<2>
穀食神(◲◲◱)	{곡·셕신}	<1>
袞(◰)	{:곤}	<2>
困憊(◳◳)	{:곤:븨·ᄒᆞ·야}	<1>
闕外(◰◳)	{:곤:외}	<1>
骨肉(◲◲)	{·골·육}	<2>
公(◱)	{공}	<18>
公卿(◱◱)	{공경}	<4>
公權(◱◱)	{공권}	<7>
公達(◱◲)	{공·달})	<1>
公明(◱◱)	{공명}	<1>
公明宣(◱◱◱)	{공명션}	<2>
公服(◱◲)	{공·복}	<3>
公服(◱◲)	{공·복ᄒᆞ·고}	<1>
公父文伯(◱◰◱◲)	{공:보문·빅}	<2>
公事(◱◳)	{·공:ᄉᆞ}	<1>
公事(◱◳)	{공·ᄉᆞ}	<1>
公孫(◱{◱,◳})	{공손}	<2>
公孫質(◱{◱,◳}◲)	{공손·질}	<1>
公孫弘(◱{◱,◳}◱)	{공손홍}	<1>
公信(◱◳)	{공:신}	<1>
公然(◱◱)	{공연·히}	<1>
公藝(◱◳)	{공:예}	<2>
公子(◱◰)	{공·ᄌᆞ}	<1>
公綽(◱◲)	{공·쟉}	<4>
公著(◱{◱,◳})	{공:뎌}	<1>
公侯(◱◱)	{공후}	<1>
共(◳)	{공}	<1>
共姜(◳◱)	{공강}	<3>
共伯(◳◲)	{공·빅}	<1>
共伯(◳◲)	{공빅}	<1>
功(◱)	{공}	<3>
功巧(◱◰)	{공·교로온·디라}	<1>
功效(◱◳)	{공:효}	<1>
功效(◱◳)	{공효}	<1>
孔戡(◰◱)	{·공감}	<1>
孔明(◰◱)	{·공명}	<1>
孔氏(◰◰)	{공·시}	<1>
孔子(◰◰)	{·공·ᄌᆞ}	<48>

恭敬(◱◳) {공:경:호·ᄃᆡ} <1>
恭敬(◱◳) {공:경·ᄒᆞ야} <3>
恭敬(◱◳) {공:경커·든} <2>
恭敬(◱◳) {공:경ᄒᆞ·며} <1>
恭敬(◱◳) {공:경} <9>
恭敬(◱◳) {공:경:홀·디·니} <1>
恭敬(◱◳) {공:경:홀·디니} <2>
恭敬(◱◳) {공:경:홈} <14>
恭敬(◱◳) {공:경·티} <9>
恭敬(◱◳) {공:경·ᄒᆞ·니} <1>
恭敬(◱◳) {공:경·ᄒᆞ·시ᄂᆞᆫ} <1>
恭敬(◱◳) {공:경·ᄒᆞ·야} <7>
恭敬(◱◳) {공:경·ᄒᆞ·ᄂᆞ·니} <1>
恭敬(◱◳) {공:경·ᄒᆞ·ᄂᆞ니} <1>
恭敬(◱◳) {공:경·ᄒᆞ·ᄂᆞ니·ᄂᆞᆫ} <1>
恭敬(◱◳) {공:경·ᄒᆞ·ᄂᆞᆫ} <1>
恭敬(◱◳) {공:경·ᄒᆞ야} <1>
恭敬(◱◳) {공:경·ᄒᆞᄂᆞ니·ᄅᆞᆯ} <1>
恭敬(◱◳) {공:경티} <1>
恭敬(◱◳) {공:경ᄒᆞ·고} <2>
恭敬(◱◳) {공:경ᄒᆞ·라} <1>
恭敬(◱◳) {공:경ᄒᆞ·며} <7>
恭敬(◱◳) {공:경ᄒᆞ·면} <3>
恭敬(◱◳) {공:경ᄒᆞ·야} <1>
恭敬(◱◳) {공·경·티} <1>
恭敬(◱◳) {공·경·ᄒᆞ·야} <1>
恭敬(◱◳) {공경:홈} <1>
恭遜(◱◳) {공·손ᄒᆞ·야} <1>
恭順(◱◳) {공:슌} <2>
恭順(◱◳) {공:슌:홈} <3>
恭順(◱◳) {공:슌·타} <2>
恭順(◱◳) {공:슌·호·ᄃᆡ} <1>
恭順(◱◳) {공:슌·호·ᄆᆞᆯ} <1>
恭順(◱◳) {공:슌·히} <3>
恭順(◱◳) {공:슌·ᄒᆞ·야} <1>
恭順(◱◳) {공:슌·ᄒᆞ거·ᄂᆞᆯ} <1>
恭順(◱◳) {공:슌티} <1>
恭順(◱◳) {공:슌ᄒᆞ·고} <2>
恭順(◱◳) {공:슌ᄒᆞ·며} <4>
恭順(◱◳) {공:슌ᄒᆞ·면} <1>

恭順(◱◳) {공:슌ᄒᆞ고} <1>
恭順(◱◳) {공:슌ᄒᆞᆫ} <2>
供給({◱,◳}◲) {:공급ᄒᆞ·며} <1>
供養({◱,◳}{◰,◳}) {공:양} <3>
供養({◱,◳}{◰,◳}) {공:양:호·ᄃᆡ} <1>
供養({◱,◳}{◰,◳}) {공:양:홈} <1>
供養({◱,◳}{◰,◳}) {공:양ᄒᆞ·기로} <1>
供養({◱,◳}{◰,◳}) {공:양ᄒᆞ·며} <1>
工夫(◱◱) {공부} <3>
貢稅(◳◳) {:공·셰} <1>
空閑({◱,◰,◳}◱) {공한ᄒᆞᆫ} <1>
科擧(◱◰) {과:거} <1>
科擧試場(◱◰◳◱) {과·거:시댱} <1>
寡婦(◰◰) {:과·부} <1>
果實(◰◲) {:과:실} <1>
果實(◰◲) {:과·실} <4>
果然(◰◱) {:과·연히} <1>
果然(◰◱) {:과연} <2>
過失(◳◲) {·과·실} <1>
霍光(◲◱) {·곽광} <2>
郭林宗(◲◱◱) {·곽림종} <1>
冠({◱,◳}) {:관·ᄒᆞ·ᄂᆞᆫ} <1>
冠({◱,◳}) {과·ᄡᅧ} <1>
冠({◱,◳}) {과·ᄡᅳᆫ·이} <1>
冠({◱,◳}) {관} <13>
冠({◱,◳}) {관·ᄡᅳ고} <1>
冠({◱,◳}) {관ᄒᆞ·고} <1>
冠帶({◱,◳}◳) {관:ᄃᆡ} <1>
冠帶({◱,◳}◳) {관:ᄃᆡ·ᄒᆞ·야} <1>
瓘(◳) {·관} <1>
琯(◰) {·관} <1>
棺(◱) {·관} <1>
寬(◱) {관} <2>
管敬仲(◰◳◳) {·관:경:듕} <1>
管寧(◰◱) {·관녕} <1>
款曲(◰◲) {:관·곡·ᄒᆞ·야} <1>
款曲(◰◲) {:관·곡·ᄒᆞ야} <1>
觀光法({◱,◳}◱◲) {관광·법} <1>
觀察使({◱,◳}◲{◰,◳}) {관·찰:ᄉᆞ} <2>
官員(◱◱) {관원} <15>

冠義({◱,◳}◳)	{:관:의}	<1>
管子(◰◰)	{·관·ᄌᆞ}	<1>
關雎(◱◱)	{관져}	<1>
适(◲)	{·괄}	<1>
括(◲)	{·괄}	<1>
廣(◰)	{:광}	<3>
廣(◰)	{·광}	<2>
廣州(◰◱)	{:광쥬}	<1>
光(◱)	{·광}	<1>
光武(◱◰)	{광:무}	<1>
怪異(◳◳)	{고·이ᄒᆞᆫ}	<1>
怪異(◳◳)	{괴:이ᄒᆞᆫ}	<1>
怪異(◳◳)	{괴·이·히}	<3>
怪異(◳◳)	{괴·이ᄒᆞᆫ}	<1>
怪辟(◳◲)	{:괴벽ᄒᆞᆫ}	<1>
紘(◱)	{굉}	<1>
宏(◱)	{굉}	<1>
敎({◱,◳})	{:교})	<2>
敎化({◱,◳}◳)	{:교:화}	<1>
敎化({◱,◳}◳)	{:교·화}	<1>
交代(◱◳)	{교·ᄃᆡ쓰·이}	<1>
交代(◱◳)	{교ᄃᆡ}	<1>
交趾(◱◰)	{교·지}	<1>
驕慢(◱◳)	{교:만·티}	<2>
驕慢(◱◳)	{교:만·ᄒᆞ·야}	<1>
驕慢(◱◳)	{교:만·ᄒᆞ거·늘}	<1>
驕慢(◱◳)	{교:만ᄒᆞ:면}	<1>
驕慢(◱◳)	{교:만ᄒᆞ·고}	<1>
驕慢(◱◳)	{교:만ᄒᆞ·며}	<2>
驕慢(◱◳)	{교·만ᄒᆞ·고}	<1>
驕慢(◱◳)	{교·만ᄒᆞ·며}	<1>
敎授({◱,◳}◳)	{:교슈}	<1>
轎子({◱,◳}◰)	{교·ᄌᆞ}	<1>
矩(◰)	{:구}	<1>
求(◱)	{:구·ᄒᆞ거·늘}	<1>
求(◱)	{:구·ᄒᆞ더·라}	<1>
求(◱)	{:구·홀·디니·라}	<1>
求(◱)	{구:홈}	<3>
求(◱)	{구·코져}	<1>
求(◱)	{구·키}	<1>

求(◱)	{구·티}	<7>
求(◱)	{구·ᄒᆞ·야}	<2>
求(◱)	{구·ᄒᆞ·여}	<1>
求(◱)	{구·ᄒᆞ·ᄂᆞᆫ}	<1>
求(◱)	{구·ᄒᆞ거·늘}	<2>
求(◱)	{구·ᄒᆞ여}	<1>
求(◱)	{구·ᄒᆞᄂᆞᆫ}	<1>
求(◱)	{구홈}	<1>
求(◱)	{구ᄒᆞ·고}	<1>
求(◱)	{구ᄒᆞ·기}	<1>
求(◱)	{구ᄒᆞ·며}	<2>
求(◱)	{구ᄒᆞ·면}	<1>
求(◱)	{구ᄒᆞ·야}	<1>
求(◱)	{구ᄒᆞᆫ·대}	<1>
救(◳)	{:구ᄒᆞ·며}	<1>
救(◳)	{:구ᄒᆞ·ᄂᆞ·니}	<1>
救(◳)	{:구ᄒᆞᆯ거·시·온}	<1>
具慶(◳◳)	{:구:경ᄒᆞ·니}	<1>
臼季(◰◳)	{:구:계}	<1>
句句(◳◳)	{:구:구}	<2>
歐陽公(◱◱◱)	{구양공}	<2>
瞿然(◱◱)	{:구연·히}	<1>
九月(◰◲)	{·구·월}	<1>
九族(◰◲)	{·구·족}	<1>
驅從({◱,◳}◱)	{·구·죵}	<1>
苟且(◰◰)	{:구:챠·히}	<3>
苟且(◰◰)	{:구:챠히}	<3>
苟且(◰◰)	{:구·챠·히}	<1>
苟且(◰◰)	{:구·챠히}	<1>
約({◱,◰})	{구}	<1>
國家(◲◱)	{·국가}	<1>
國子(◲◰)	{·국·ᄌᆞ}	<1>
麴蘖(◲◲)	{·국·얼}	<1>
軍(◱)	{군}	<1>
軍士(◱◰)	{군·ᄉᆞ}	<5>
郡牧判官(◳◲◳◱)	{군·목:판관}	<1>
郡守(◳◰)	{:군·슈}	<1>
君臣(◱◱)	{군신}	<1>
君子(◱◰)	{군·ᄌᆞ}	<53>
君行(◱{◱,◳})	{군힝}	<3>

窘乏(◰◲)	{군·핍·ᄒᆞ야}	<1>
屈伏(◲◲)	{·굴·복·ᄒᆞ·야}	<1>
屈伏(◲◲)	{·굴·복·ᄒᆞ·ᄂᆞᆫ}	<1>
宮(◱)	{궁}	<3>
宮室(◱◲)	{궁·실}	<1>
窮(◱)	{궁·ᄒᆞ·야}	<1>
窮(◱)	{궁ᄒᆞᆫ}	<3>
窮究(◱◳)	{궁:구·티}	<1>
窮究(◱◳)	{궁·구·ᄒᆞ·ᄂᆞ·니}	<1>
窮究(◱◳)	{궁·구ᄒᆞ·며}	<4>
窮迫(◱◲)	{궁·박·ᄒᆞ여}	<1>
勸(◳)	{:권·ᄒᆞ·야}	<1>
勸(◳)	{:권·ᄒᆞ야}	<1>
勸(◳)	{:권ᄒᆞ·며}	<1>
勸(◳)	{:권홀·만:홀}	<1>
勸(◳)	{권·ᄒᆞ·야}	<1>
卷({◱,◰,◳})	{·열·권}	<1>
卷({◱,◰,◳})	{ᄒᆞᆫ권}	<1>
眷黨(◳◰)	{:권:당}	<1>
眷黨(◳◰)	{:권·당}	<18>
眷黨(◳◰)	{:권당}	<3>
眷黨(◳◰)	{·권:당}	<1>
眷黨(◳◰)	{·권·당}	<2>
眷黨(◳◰)	{권·당}	<1>
權勢(◱◳)	{권:셔}	<1>
權勢(◱◳)	{권:세}	<2>
權臣(◱◱)	{권신}	<1>
卷秩({◱,◰,◳}◲)	{:권·딜}	<1>
闕內法(◲◳◲)	{·궐:ᄂᆡ·법}	<1>
几(◰)	{:궤}	<3>
几(◰)	{:궤·과}	<1>
詭(◰)	{:궤ᄒᆞ·고}	<1>
貴(◳)	{:귀}	<1>
貴(◳)	{:귀:홈}	<3>
貴(◳)	{:귀·호·라}	<1>
貴(◳)	{:귀·히}	<2>
貴(◳)	{:귀·ᄒᆞ:야}	<1>
貴(◳)	{:귀·ᄒᆞᆫ이}	<1>
貴(◳)	{:귀홈}	<1>
貴(◳)	{:귀ᄒᆞ·고}	<2>

貴(◳)	{:귀ᄒᆞ·며}	<3>
貴(◳)	{:귀ᄒᆞᆫ}	<6>
貴(◳)	{:귀ᄒᆞᆫ·이}	<2>
貴(◳)	{·귀:홈}	<2>
鬼神(◰◱)	{:귀·신}	<1>
鬼神(◰◱)	{:귀신}	<3>
規(◱)	{규}	<1>
規矩(◱◰)	{규:구}	<1>
規矩(◱◰)	{규구}	<1>
規模(◱◱)	{규모}	<1>
規正(◱{◱,◳})	{규:정ᄒᆞ며}	<1>
規諷(◱◳)	{규:풍·ᄒᆞ·야}	<1>
橘(◲)	{·귤}	<2>
極(◲)	{·극·히}	<2>
極盡(◲◰)	{·극·진:호·라}	<1>
極盡(◲◰)	{·극·진·히}	<2>
斤(◱)	{:쉰근}	<1>
斤(◱)	{·몃근}	<1>
斤(◱)	{·스·므근}	<1>
斤(◱)	{·열근}	<1>
斤(◱)	{마·ᄋᆞᆫ근}	<1>
勤勞(◱{◱,◳})	{근로:홈}	<1>
根本(◱◰)	{근·본}	<8>
根本(◱◰)	{근·본·ᄒᆞ·야}	<1>
謹愼(◰◳)	{:근:신·ᄒᆞ·야}	<1>
覲親(◳◱)	{:근친홀·제)	<1>
琴(◱)	{금)	<2>
琴瑟(◱◲)	{금·슬)	<1>
錦繡(◰◳)	{:금·슈·옷)	<1>
錦衣(◰{◱,◳})	{:금·의)	<1>
錦衣(◰{◱,◳})	{:금의)	<1>
禁止({◱,◳}◰)	{:금·지)	<1>
禁止({◱,◳}◰)	{:금·지·ᄒᆞ·여}	<1>
禁止({◱,◳}◰)	{:금·지·ᄒᆞ야}	<1>
禁({◱,◳})	{:금·티}	<1>
伋(◲)	{·급}	<1>
急(◲)	{·급:홈}	<1>
急(◲)	{·급·디}	<1>
急(◲)	{·급·히}	<2>
急(◲)	{·급히}	<1>

急(◲)	{·급ᄒᆞ·고}	<1>
急(◲)	{·급ᄒᆞ고}	<1>
急遽(◲◳)	{·급·거}	<1>
汲黯(◲◰)	{·급:암}	<4>
汲黯(◲◰)	{급암}	<1>
及第(◲◳)	{급:뎨·ᄒᆞ야}	<1>
及第(◲◳)	{급·뎨}	<1>
及第(◲◳)	{급·뎨:홈}	<1>
及第(◲◳)	{급·뎨ᄒᆞᆫ}	<1>
矜莊(◱◱)	{긍장ᄒᆞ·며}	<1>
冀(◳)	{·긔}	<2>
記(◳)	{·긔}	<1>
記錄(◳◲)	{·긔·록}	<1>
記錄(◳◲)	{·긔·록·ᄒᆞ·야}	<2>
記錄(◳◲)	{·긔·록ᄒᆞᆫ}	<3>
記錄(◳◲)	{·긔·록ᄒᆞᆯ·디니라}	<1>
機(◱)	{·긔}	<1>
箕(◱)	{긔}	<1>
箕子(◱◰)	{긔·ᄌᆞ}	<6>
琦(◱)	{긔}	<1>
夔(◱)	{기}	<1>
起居(◰◱)	{·긔거·ᄒᆞ시ᄂᆞᆫ}	<1>
奇傑(◱◲)	{:긔·걸:호·듸}	<1>
奇傑(◱◲)	{:긔·걸ᄒᆞ·고}	<1>
奇別(◱◲)	{긔·별}	<3>
奇異(◱◳)	{긔·이ᄒᆞ·다}	<1>
奇特(◱◲)	{긔·특·고}	<1>
奇特(◱◲)	{긔·특·이}	<1>
奇特(◱◲)	{긔·특이}	<1>
奇特(◱◲)	{긔·특ᄒᆞᆫ}	<2>
器具(◳◳)	{·긔구}	<2>
器局(◳◲)	{·긔·국}	<1>
器物(◳◲)	{·긔·믈}	<2>
器之(◳◱)	{·긔지}	<1>
譏弄(◱◳)	{긔:롱}	<2>
譏弄(◱◳)	{긔:롱·ᄒᆞ거·늘}	<1>
譏弄(◱◳)	{긔:롱ᄒᆞ·며}	<1>
譏弄(◱◳)	{긔·롱·ᄒᆞ·야}	<1>
譏弄(◱◳)	{긔·롱ᄒᆞ니·라}	<1>
氣象(◳◰)	{·긔·샹}	<3>

氣色(◳◲)	{·긔·식}	<1>
氣運(◳◳)	{·긔:운}	<1>
氣運(◳◳)	{·긔·운}	<10>
氣運(◳◳)	{·긔·운내·욤}	<1>
氣運(◳◳)	{·긔운}	<6>
氣運(◳◳)	{·끠·운}	<1>
氣運(◳◳)	{긔운}	<1>
氣絶(◳◲)	{·긔·졀·ᄒᆞ엿다·가}	<1>
氣質(◳◲)	{·긔·질}	<1>
期約(◱◲)	{긔·약·ᄒᆞ·야}	<1>
期必(◱◲)	{긔·필·티}	<1>
忌日(◳◲)	{·긔·일}	<1>
旣醉篇(◳◳◱)	{·긔:취편}	<1>
吉(◲)	{·길:홈}	<1>
吉(◲)	{·길·ᄒᆞᆫ}	<2>
吉(◲)	{·길ᄒᆞ·고}	<1>
吉(◲)	{·길ᄒᆞ·며}	<2>
吉(◲)	{·길ᄒᆞᆫ}	<4>
吉事(◲◳)	{·길:ᄉᆞ}	<1>
金(◱)	{금}	<7>
金蘭(◱◱)	{금난}	<1>
金銀(◱◱)	{금은}	<1>
羅仲素(◱◳◳)	{라:듕:소}	<1>
癩疾(◳◲)	{:라·질}	<1>
駱賓王(◲◱◱)	{·락빈왕}	<1>
洛陽(◲◱)	{·락양}	<1>
諾(◲)	{·락·디}	<1>
諾(◲)	{·락:홈}	<2>
難({◱,◳})	{:난}	<1>
亂(◳)	{:란}	<1>
蘭(◱)	{란}	<1>
赧然(◰◱)	{·난연·히}	<1>
欒共子(◱◳◰)	{란공·ᄌᆞ}	<1>
蘭草(◱◰)	{난·초}	<2>
覽(◰)	{:람}	<4>
南唐(◱◱)	{남당}	<1>
南省(◱◰)	{남·싱}	<2>
南陽(◱◱)	{남양}	<1>
南容(◱◱)	{남용}	<1>
南齊(◱◱)	{남졔}	<1>

南朝(◱◱)	{남됴}	<1>
南淸河(◱◱◱)	{남쳥하}	<1>
南海(◱◰)	{남:ᄒᆡ}	<1>
男子(◱◰)	{남·ᄌᆞ}	<1>
男便(◱{◱,◳})	{남:편}	<3>
藍田(◱◱)	{남뎐}	<1>
郎(◱)	{랑}	<1>
郎中令(◱{◱,◳}{◱,◳})	{랑듕·령}	<1>
郎廳(◱◱)	{랑텽}	<2>
狼籍(◱◲)	{랑·젹}	<1>
狼籍(◱◲)	{랑·젹ᄒᆞ·며}	<1>
內史(◳◰)	{:ᄂᆡ:ᄉᆞ}	<4>
內則(◳◲)	{:ᄂᆡ·측}	<1>
內則(◳◲)	{:ᄂᆡ·측}	<7>
乃終(◰◱)	{:내·죵}	<2>
乃終(◰◱)	{:내죵:내}	<1>
乃終(◰◱)	{:내죵·내}	<3>
乃終(◰◱)	{:내죵·애}	<2>
乃終(◰◱)	{:내죵내}	<2>
乃終(◰◱)	{·내·죵·애}	<1>
乃終(◰◱)	{·내죵·과}	<1>
乃終(◰◱)	{내죵}	<1>
來日(◱◲)	{ᄂᆡ·일}	<2>
來日(◱◲)	{ᄂᆡ일}	<1>
亮(◳)	{·냥}	<1>
梁(◱)	{량}	<2>
兩親(◰◱)	{:냥친}	<2>
厲公(◳◱)	{:녀공}	<1>
閭(◱)	{려}	<2>
呂舍人(◰◳◱)	{:려:샤인}	<1>
呂(◰)	{:녀}	<1>
呂(◰)	{:려}	<1>
呂氏(◰◰)	{:녀·시}	<1>
呂氏(◰◰)	{:려·시}	<3>
呂榮公(◰◱◱)	{:려형공}[55]	<4>
呂榮公(◰◱◱)	{려형공}	<1>
癘疫(◳◲)	(:녀·역}	<1>
癘疫(◳◲)	{:려·역}	<1>

55) 《번역소학》 <려영공>으로 표기되어 있다.

歷歷(◲◲) {·력·력·히} <1>
盧陵王(◱◱◱) {녀릉왕} <1>
年號(◱{◱,◳}) {년:호} <6>
年號(◱{◱,◳}) {년·호} <3>
然後(◱◰) {연:후·에} <2>
然後(◱◰) {연:후·에·ᅀᅡ} <1>
連(◱) {련·ᄒᆞ·야} <1>
烈女(◲◰) {·렬·녀} <1>
烈女傳(◲◰{◱,◳}) {·렬·녀:뎐} <1>
列士(◲◰) {·녈:ᄉᆞ} <1>
濂溪(◱◱) {렴계} <1>
念慮(◳◳) {:렴:려티} <1>
廉恥(◱◰) {렴:티} <1>
厭(◳) {:염ᄒᆞ·디} <2>
令({◱,◳}) {·령} <3>
令({◱,◳}) {·령} <1>
令({◱,◳}) {·령·이며} <1>
令女({◱,◳}◰) {:령·녀} <6>
令女({◱,◳}◰) {:령녀} <1>
令尹({◱,◳}◰) {:령·윤} <3>
令尹闈({◱,◳}◰◱) {:령·윤위} <1>
靈公(◱◱) {령공} <4>
靈芝(◱◱) {령지} <1>
禮(◰) {·례} <63>
禮(◰) {·례·예} <1>
禮(◰) {·례다·온} <1>
禮(◰) {·례로} <1>
禮(◰) {례·예} <1>
禮記(◰◳) {·례·긔} <12>
禮記(◰◳) {·례긔} <1>
禮記篇(◰◳◱) {·례·긔편} <2>
禮記篇(◰◳◱) {·례·긔편} <8>
禮記篇(◰◳◱) {·례긔편} <1>
禮度(◰◳) {·녜·도} <1>
禮度(◰◳) {·례:도} <2>
禮度(◰◳) {·례·도} <17>
禮度(◰◳) {·례·도:홈} <1>
禮度(◰◳) {·례도} <1>
禮貌(◰◳) {·녜모·ᄒᆞ시·며} <1>
禮貌(◰◳) {·례·모} <1>

禮物(◰◲)	{·례·믈}	<2>
禮物(◰◲)	{·례·믈ᄒᆞ·디}	<1>
禮法(◰◲)	{·례·법}	<2>
禮讓(◰◳)	{·례:양}	<1>
禮義(◰◳)	{·례:의}	<6>
禮義(◰◳)	{·례:의}	<3>
禮節(◰◲)	{·례·졀}	<4>
禮節(◰◲)	{례·졀}	<1>
怒(◰)	{:노:홈}	<2>
怒(◰)	{:노·케}	<1>
怒(◰)	{:노·호옴·올}	<1>
怒(◰)	{:노·ᄒᆞ·거시·든}	<3>
怒(◰)	{:노·ᄒᆞ·샤}	<1>
怒(◰)	{:노·ᄒᆞ·야}	<6>
怒(◰)	{:노·ᄒᆞ야}	<2>
怒(◰)	{:노ᄒᆞ·고}	<1>
怒(◰)	{:노ᄒᆞ·면}	<1>
怒(◰)	{:노ᄒᆞᆫ}}	<1>
怒(◰)	{:로}	<1>
怒(◰)	{:로·ᄒᆞ·ᄂᆞᆫ}	<1>
怒(◰)	{:로·호·옴·애}	<1>
怒號(◰{◱,◳})	{:로·호}	<1>
魯(◰)	{·노}	<3>
魯(◰)	{·로}	<2>
魯公(◰◱)	{·로공}	<1>
老聃(◰◱)	{:로담}	<1>
老萊子(◰◱◰)	{:로릐·ᄌᆞ}	<1>
老氏(◰◰)	{·노·시}	<1>
老莊(◰◱)	{:로장}	<1>
奴婢(◱◰)	{노:비}	<1>
盧氏(◱◰)	{로·시}	<4>
盧照隣(◱◳◱)	{로:죠린}	<1>
路車(◳◱)	{:로거}	<1>
路馬(◳◰)	{:로:마}	<1>
祿(◲)	{녹}	<1>
祿(◲)	{·녹}	<3>
祿(◲)	{·녹}	<2>
祿(◲)	{·록}	<3>
祿(◲)	{·록}	<5>
祿俸(◲◳)	{·녹·봉}	<1>

祿俸(◲◳)	{·록:봉}	<2>
祿俸(◲◳)	{·록·봉}	<4>
論難({◱,◳}{◱,◳})	{:론:난홀}	<1>
論語({◱,◳}{◰,◳})	{론:어}	<14>
雷同(◱◱)	{뢰동·티}	<1>
淖齒(◳◰)	{:뇨:치}	<1>
了翁(◰◱)	{:료옹}	<1>
龍伯高(◱◲◱)	{룡·빅고}	<1>
類(◳)	{:뉴}	<2>
類(◳)	{:류}	<4>
類(◳)	{:뉴}	<1>
類(◳)	{:류}	<6>
類(◳)	{·류}	<1>
流(◱)	{류}	<1>
劉(◱)	{류}	<1>
劉(◱)	{류}	<1>
劉康公(◱◱◱)	{류강공}	<1>
劉公(◱◱)	{류공}	<3>
劉寬(◱◱)	{류관}	<1>
劉器之(◱◳◱)	{류·긔지}	<2>
劉湛(◱◳)	{류팀}	<1>
劉先主(◱◱◰)	{류션·쥬}	<1>
劉氏(◱◰)	{류·시}	<2>
劉安(◱◱)	{뉴안}	<1>
劉安禮(◱◱◰)	{류안·례}	<1>
劉子(◱◰)	{류·ᄌᆞ}	<1>
劉表(◱◰)	{류·표}	<1>
庾黔婁(◰◱◱)	{:유검루}	<1>
庾袞(◰◰)	{:류:곤}	<1>
柳開(◰◱)	{:류ᄀᆡ}	<1>
柳公綽(◰◱◲)	{:류공·쟉}	<2>
柳玭(◰◱)	{:류변}	<4>
柳氏(◰◰)	{:류·시}	<1>
柳仲郢(◰◳◰)	{:류:듕:령}	<1>
六經(◲◱)	{·륙경}	<1>
陸績(◲◲)	{·륙·젹}	<1>
蓼莪篇(◰(/◲)◱◱)	{·륙아편}	<1>
律(◲)	{·률}	<1>
鷅(◲)	{·률}	<1>
理(◰)	{:리}	<1>

利(◳)	{:리}	<2>
鯉(◰)	{:리}	<4>
鯉魚(◰◱)	{:리어}	<1>
能(◱)	{·능·히}	<1>
能(◱)	{능:홈}	<1>
能(◱)	{능·티}	<2>
能(◱)	{능·히}	<89>
能(◱)	{능히}	<1>
能(◱)	{능ᄒᆞᆫ}	<2>
利(◳)	{:리}	<5>
利(◳)	{:리·로}	<1>
利(◳)	{:리·케}	<2>
利(◳)	{:리·ᄒᆞ거·든}	<1>
利(◳)	{:리·ᄒᆞᆫ}	<1>
利(◳)	{:리ᄒᆞ·며}	<2>
利(◳)	{:리ᄒᆞᆫ}	<1>
利(◳)	{:리ᄒᆞᆯ}	<1>
利慾(◳◲)	{:니·욕}	<1>
理(◰)	{:리}	<5>
理勝(◰{◱,◳})	{:리:승·케}	<1>
李(◰)	{:리}	<1>
李君行(◰◱{◱,◳})	{:리군힝}	<1>
李昉(◰◰)	{:리방}	<1>
李相(◰({◱,◳}))	{:리·샹}	<1>
李氏(◰◰)	{:리·시}	<2>
李氏(◰◰)	{리시}	<1>
李勣(◰◲)	{:리·젹}	<1>
離間({◱,◳}{◱,◳})	{리:간ᄒᆞ·며}	<2>
里門(◰◱)	{:리·문}	<1>
里門(◰◱)	{:리문}	<1>
吏部(◳◰)	{:리·부}	<1>
吏師齋(◳◱◱)	{:리ᄉᆞ지}	<1>
麟德(◱◲)	{린덕}	<1>
臨({◱,◳})	{림·ᄒᆞ·샤}	<1>
林宗(◱◱)	{림종}	<2>
立春(◲◱)	{·립츈}	<1>
袒(◰)	{:단}	<1>
袒括(◰◲)	{:단·괄ᄒᆞᆫ}	<1>
丹(◱)	{단}	<1>
短命(◰◳)	{:단:명:홈}	<1>

短命(◰◳)	{:단:명ᄒᆞ·며}	<1>
短命(◰◳)	{:단·명ᄒᆞ·리}	<1>
端木(◱◲)	{단·목}	<1>
端正(◱{◱,◳})	{단:졍·티}	<1>
端正(◱{◱,◳})	{단:졍·히}	<2>
端正(◱{◱,◳})	{단:졍ᄒᆞ·고}	<1>
端正(◱{◱,◳})	{단:졍ᄒᆞ·며}	<3>
端正(◱{◱,◳})	{단:졍ᄒᆞᆫ}	<1>
端正(◱{◱,◳})	{단·졍·히}	<1>
端正(◱{◱,◳})	{단·졍ᄒᆞ·고}	<1>
丹書(◱◱)	{단셔}	<1>
丹粧(◱◱)	{단장}	<2>
丹州(◱◱)	{단·쥬}	<1>
達(◲)	{·달·ᄒᆞᆫ}	<1>
膽(◰)	{:담}	<1>
湛(◱)	{담}	<1>
湛(◳)	{팀}	<2>
澹臺({◱,◰}◱)	{담ᄃᆡ}	<1>
淡泊({◱,◰,◳}◲)[56]	{:담·박·ᄒᆞ야ᅀᅡ}	<1>
淡然({◱,◰,◳}◱)	{:담연·ᄒᆞ·야}	<1>
禫祭(◰◳)	{:담:졔ᄒᆞ·고}	<2>
答(◲)	{·답·ᄒᆞ·야}	<1>
當({◱,◳})	{:당·ᄒᆞ야}	<1>
當({◱,◳})	{·당·ᄒᆞ샤}	<1>
當({◱,◳})	{·당·ᄒᆞ야}	<1>
當({◱,◳})	{당·티}	<2>
當({◱,◳})	{당·ᄒᆞ·야}	<3>
當({◱,◳})	{당·ᄒᆞ·여·셔}	<1>
當({◱,◳})	{당·ᄒᆞ·연ᄂᆞᆫ}	<2>
當面({◱,◳}◳)	{당:면·ᄒᆞ야}	<1>
當世({◱,◳}◳)	{당셰}	<1>
當身({◱,◳}◱)	{당신}	<1>
黨(◰)	{·당}	<3>
堂(◱)	{당}	<5>
堂(◱)	{당·에}	<2>
唐(◱)	{당}	<21>
唐夫人(◱◱◱)	{당부인}	<1>
唐虞(◱◱)	{당우}	<1>

56) 淡(물 맑을 담◱; 싱거울 담◰; 묽을 담◳))

代(◳)	{:두어:ᄃᆡ}	<1>
代(◳)	{:ᄃᆡ}	<4>
代(◳)	{:ᄃᆡ}	<1>
代(◳)	{:ᄃᆡ·ᄒᆞ·야}	<1>
代(◳)	{:ᄃᆡ·ᄒᆞ욤}	<1>
代(◳)	{:ᄃᆡᄒᆞ·거시·든}	<1>
代宗(◳◱)	{:ᄃᆡ종}	<1>
對(◳)	{:ᄃᆡ:홈}	<1>
對(◳)	{:ᄃᆡ·ᄂᆞᆫ}	<1>
對(◳)	{:ᄃᆡ·ᄒᆞ·야}	<1>
對(◳)	{:ᄃᆡ·ᄒᆞ·야·셔}	<1>
對(◳)	{:ᄃᆡ·ᄒᆞ여·셔}	<1>
對(◳)	{:ᄃᆡ·ᄒᆞ여쇼·ᄃᆡ}	<1>
對(◳)	{:ᄃᆡᄒᆞ·며}	<2>
對(◳)	{:ᄃᆡᄒᆞ며}	<1>
對答(◳◲)	{:ᄃᆡ:답:홈}	<1>
對答(◳◲)	{:ᄃᆡ·답}	<2>
對答(◳◲)	{:ᄃᆡ·답:호·ᄃᆡ}	<1>
對答(◳◲)	{:ᄃᆡ·답:홀·디니·라}	<2>
對答(◳◲)	{:ᄃᆡ·답:홈}	<5>
對答(◳◲)	{:ᄃᆡ·답·디}	<3>
對答(◳◲)	{:ᄃᆡ·답·하·여}	<1>
對答(◳◲)	{:ᄃᆡ·답·ᄒᆞ:야}	<1>
對答(◳◲)	{:ᄃᆡ·답·ᄒᆞ·신}	<1>
對答(◳◲)	{:ᄃᆡ·답·ᄒᆞ·야}	<6>
對答(◳◲)	{:ᄃᆡ·답·ᄒᆞ·올}	<1>
對答(◳◲)	{:ᄃᆡ·답·ᄒᆞ야}	<3>
對答(◳◲)	{:ᄃᆡ·답게}	<1>
對答(◳◲)	{:ᄃᆡ·답디}	<1>
對答(◳◲)	{:ᄃᆡ·답ᄒᆞ·고}	<4>
對答(◳◲)	{:ᄃᆡ·답ᄒᆞ·며}	<2>
對答(◳◲)	{:ᄃᆡ답·ᄒᆞ야}	<1>
大綱(◳◱)	{:대강}	<1>
大綱(◳◱)	{·대강}	<1>
大槩(◳◳)	{:대:개}	<1>
大闕(◳◲)	{:대·궐}	<1>
大闕門(◳◲◱)	{:대·궐·문}	<1>
大闕門(◳◲◱)	{:대·궐문}	<5>
大鈞(◳◱)	{:대균}	<1>
戴嬀(◳◱)	{·ᄃᆡ귀}	<1>

大連(去平)	{:대련}	<1>
大明(去平)	{:대·명}	<1>
大文(去平)	{:대문}	<1>
大防(去平)	{:대방}	<1>
大夫(去平)	{·태·우}	<14>
大夫(去平)	{·태우}	<6>
大夫(去平)	{대·우}	<1>
大夫(去平)	{태·우}	<1>
大司徒(去平平)	{:대ᄉᆞ도}	<1>
大祥(去平)	{:대샹}	<1>
大祥祭(去平去)	{:대샹:졔ᄒᆞ·고}	<1>
大小殮(去上去)	{:대:쇼렴}	<1>
大舜(去去)	{:대:슌}	<1>
大臣(去平)	{:대신}	<3>
大禹(去上)	{:대:우}	<1>
大人(去平)	{:대인}	<1>
大臨(去{平,去})	{:대림}	<1>
大將軍(去{平,去}平)	{:대쟝군}	<1>
大丈夫(去上平)	{:대:댱부}	<1>
大抵(去上)	{:대:뎌ᄒᆞᆫ·디}	<1>
大抵(去上)	{:대:뎨ᄒᆞᆫ·디}	<1>
大抵(去上)	{:대·뎌ᄒᆞᆫ·디}	<1>
大抵(去上)	{:대·뎨ᄒᆞᆫ·디}	<1>
大抵(去上)	{·대·뎌}	<1>
大宗(去平)	{:대종며·느·리}	<1>
大宗(去平)	{:대종아·ᄃᆞᆯ}	<2>
大廳(去平)	{:대텽}	<2>
大廳(去平)	{·대텽}	<2>
大祝(去入)	{:대·츅}	<1>
大忠(去平)	{:대튱}	<1>
大夏(去去)	{:대:하}	<1>
大學(去入)	{:대·ᄒᆞᆨ}	<1>
大賢(去平)	{:대현}	<3>
大賢(去平)	{·대현}	<1>
待賓齋(上平平)	{:ᄃᆡ빈직}	<1>
待接(上入)	{:ᄃᆡ·졉:홈}	<1>
待接(上入)	{:ᄃᆡ·졉:호·ᄃᆡ}	<1>
待接(上入)	{:ᄃᆡ·졉:홈}	<6>
待接(上入)	{:ᄃᆡ·졉·디}	<2>
待接(上入)	{:ᄃᆡ·졉·ᄒᆞ·샴}	<1>

待接(◰◲)	{:ᄃᆡ·졉·ᄒᆞᄂᆞᆫ}	<2>
待接(◰◲)	{:ᄃᆡ·졉ᄒᆞ·고}	<1>
待接(◰◲)	{:ᄃᆡ·졉ᄒᆞ·기}	<1>
待接(◰◲)	{:ᄃᆡ·졉ᄒᆞ·라}	<1>
待接(◰◲)	{:ᄃᆡ·졉ᄒᆞ·며}	<1>
待接(◰◲)	{:ᄃᆡ·졉ᄒᆞᆯ}	<1>
待制(◰◳)	{:ᄃᆡ:졔}	<1>
待制(◰◳)	{:ᄃᆡ졔}	<2>
德(◲)	{:덕·을}	<1>
德(◲)	{·덕}	<30>
德(◲)	{덕}	<1>
德(◲)	{덕·에}	<1>
德公(◲◱)	{·덕공}	<1>
德業(◲◲)	{·덕·업}	<1>
德義(◲◳)	{·덕:의}	<1>
德宗(◲◱)	{·덕종}	<1>
德行(◲{◱,◳})	{·덕:ᄒᆡᆼ}	<2>
度(◳)	{:도·티}	<1>
度(◳)	{:도ᄂᆞᆫ}	<1>
道(◰)	{:도}	<33>
度牒(◳◲)	{:도·텹}	<1>
道(◰)	{:도인ᄂᆞ·ᄃᆡ}	<1>
道(◰)	{·도}	<2>
稻(◰)	{·도}	<1>
盜(◳)	{도·ᄌᆞᆨ}	<1>
盜(◳)	{도ᄌᆞᆨ}	<1>
盜(◳)	{도ᄌᆞᆨ·질}	<1>
盜(◳)	{도ᄌᆞᆨᄒᆞᆫ}	<1>
盜賊(◳◲)	{:도·적}	<3>
盜賊(◳◲)	{도·적}	<8>
陶侃(◱◳)	{도:간}	<1>
道德(◰◲)	{:도·덕}	<1>
道流(◰◱)	{:도:류}	<1>
道流(◰◱)	{:도류}	<1>
道理(◰◰)	{:도:리}	<6>
道理(◰◰)	{:도·리}	<13>
道士(◰◰)	{:도·ᄉᆞ}	<1>
逃亡(◱◱)	{도망·ᄒᆞ·야}	<2>
逃亡(◱◱)	{도망·ᄒᆞ다·가}	<1>
逃亡(◱◱)	{도망ᄒᆞᆫ·대}	<1>

陶淵明(◱◱◱) {도연명} <1>
都邑(◱◲) {도·읍·ᄒᆞ엿던이라} <1>
都轉運使(◱{◰,◳}◳{◰,◳}) {도:뎐:운:ᄉᆞ} <1>
都轉運使(◱{◰,◳}◳{◰,◳}) {도:뎐:운ᄉᆞ} <1>
獨(◲) {·독·혀} <1>
篤實(◲◲) {·독·실:홈} <1>
篤實(◲◲) {·독·실·히} <1>
篤實(◲◲) {·독·실ᄒᆞ·고} <1>
篤實(◲◲) {·독·실ᄒᆞᆫ} <1>
敦$_2$(◳) {:듸} <1>
敦$_1$(◱) {돈} <1>
敦$_1$篤(◱◲) {돈·독} <1>
敦$_1$篤(◱◲) {돈·독:홈} <1>
敦$_1$篤(◱◲) {돈·독ᄒᆞ·며} <1>
敦$_1$頤(◱◱) {돈이} <1>
動(◰) {:동·ᄒᆞᄂᆞᆫ} <1>
動箴(◰◱) {:동좀} <1>
董(◰) {동} <1>
董生(◰◱) {:동ᄉᆡᆼ} <4>
董生(◰◱) {·동ᄉᆡᆼ} <1>
董生行(◰◱{◱,◳}) {:동ᄉᆡᆼᄒᆡᆼ} <1>
董仲舒(◰◳◱) {:동:듕셔} <1>
東(◱) {동} <1>
東(◱) {동녁} <3>
東(◱) {동녁·크·로} <1>
東(◱) {동녁·킈} <1>
東階(◱◱) {동계} <2>
東關(◱◱) {동관} <1>
東宮(◱◱) {동궁} <4>
東漢(◱◳) {동:한} <8>
同官(◱◱) {동관} <2>
同官(◱◱) {동관ᄌᆞ·음} <1>
同年(◱◱) {동년} <2>
同類(◱◳) {동:뉴} <2>
同類(◱◳) {동:류} <1>
同生(◱◱) {동ᄉᆡᆼ} <4>
同姓(◱◳) {동:셩} <5>
同列(◱◲) {동·렬} <1>
同州(◱◱) {동쥬} <1>
洞洞(◳◳) {:동:동ᄒᆞ·며} <2>

童蒙訓(◰◱◳)	{동몽:훈}	<4>
桐栢山(◱◲◱)	{동·빅산}	<1>
冬至(◱◳)	{동·지}	<1>
豆(◳)	{·두}	<1>
頭巾(◱◱)	{두건}	<1>
杜季良(◰◳◱)	{·두:계량}	<1>
竇氏(◳◰)	{·두·시}	<2>
屯田郎中(◱◱◱{◱,◳})	{둔뎐랑듕}	<1>
得(◲)	{·득·디}	<1>
得(◲)	{·득디}	<2>
得臣(◲◱)	{·득신}	<1>
鄧伯道(◳◲◰)	{등·빅:도}	<1>
鄧攸(◳◱)	{:등유}	<1>
麻袋(◱◳)	{ᄆᆞᄃᆡ}	<2>
馬援(◰{◱,◳})	{:마:원}	<2>
馬希聲(◰◱◱)	{:마희셩}	<1>
幕(◲)	{·막}	<3>
幕下(◲{◰,◳})	{·막·하}	<1>
萬年(◳◱)	{:만년}	<1>
萬物(◳◲)	{:만·믈}	<1>
萬民(◳◱)	{:만민}	<2>
萬分(◳{◱,◳})	{:만:분}	<1>
萬石君(◳◲◱)	{:만:셕군}	<1>
萬石君(◳◲◱)	{·만·셕군}	<7>
萬世(◳◳)	{:만:셰}	<1>
萬二千五百(◳◳◱◰◲)	{:만:이쳔:오·빅집}	<1>
萬一(◳◲)	{:만·일}	<35>
萬章(◳◱)	{:만쟝}	<2>
亡(◱)	{망ᄒᆞ·린·뎌}	<1>
亡滅(◱◲)	{망·멸ᄒᆞ·고}	<1>
亡滅(◱◲)	{망·멸ᄒᆞ·며}	<1>
妄悖(◳◳)57)	{:망:패·ᄒᆞ야}	<1>
妄佞(◳◳)	{:망·녕되:윰}	<1>
妄佞(◳◳)	{:망·녕}	<1>
妄佞(◳◳)	{:망·녕도·이}	<1>
妄佞(◳◳)	{:망·녕된}	<2>
望望(◳◳)	{:망:망·히}	<1>

57) '悖'는 자전에 '패◳'과 '발◲'으로 표시되어 있으나, 《소학언해》에는 '패'로만 쓰이므로, 이 자료에서는 ◳는 취하고 ◲은 버린다.

每事({◰,◳}◳) {:미:ᄉᆞ} <2>
每樣({◰,◳}{◰,◳}) {:미:양} <5>
每樣({◰,◳}{◰,◳}) {:미·양} <8>
每樣({◰,◳}{◰,◳}) {:미양} <8>
每樣({◰,◳}{◰,◳}) {·미·양} <1>
每日({◰,◳}◲) {:미·일} <4>
埋葬(◱◳) {미:장} <2>
孟軻(◳◱) {:밍가} <1>
孟賁(◳◱) {:밍분} <1>
孟子(◳◰) {:밍·ᄌᆞ} <27>
孟子(◳◰) {·밍·ᄌᆞ} <1>
盟誓(◱◳) {밍:셰·ᄒᆞ·야} <1>
盟誓(◱◳) {밍:셰·ᄒᆞ·엿더·니} <1>
盟誓(◱◳) {밍·셰ᄒᆞ·니·라} <1>
萌兆(◱◰) {밍:됴} <1>
免(◰) {:면:ᄒᆞᆷ} <2>
免(◰) {:면·티} <4>
免(◰) {:면ᄒᆞ·린뎌} <1>
冕(◰) {:면ᄒᆞ·니} <1>
勉勵(◰◳) {:면·려·ᄒᆞ·야} <1>
滅(◲) {·멸ᄒᆞᆯ·디라} <1>
滅明(◲◱) {멸명} <1>
命(◳) {:명} <20>
命(◳) {:명·으로} <1>
命(◳) {:명·을} <1>
命(◳) {:명·티} <3>
命(◳) {:명·ᄒᆞ·샤} <1>
命(◳) {:명·ᄒᆞ·야} <10>
命(◳) {:명·ᄒᆞ신} <3>
命(◳) {:명·ᄒᆞ신·대·로} <1>
命(◳) {:명·ᄒᆞ야} <2>
命(◳) {:명ᄒᆞ·야} <1>
命(◳) {:명ᄒᆞᆫ} <1>
命婦(◳◰) {:명·부} <1>
銘(◱) {명} <1>
明道(◱◰) {명:도} <11>
明道(◱◰) {명·도} <1>
明府(◱◰) {명·부} <1>
明哲(◱◲) {명·텰ᄒᆞᆫ} <1>
名望(◱◳) {명:망} <1>

牟(◱)	{모}	<2>
髦(◱)	{모}	<2>
矛盾(◱◰)	{모·슌}	<1>
毛詩(◱◱)	{모시}	<12>
毛詩抑篇(◱◱◲◱)	{모시·억·편}	<1>
毛詩篇(◱◱◱)	{모시편}	<3>
毛詩篇(◱◱◱)	{모시·편}	<2>
模樣(◱{◰,◳})	{모:양}	<3>
茅容(◱◱)	{모용}	<1>
茅鴟(◱◱)	{모치}	<2>
冒忝(◳◰)58)	{:모·텸·ᄒᆞ·야}	<1>
耄荒(◳◱)	{모:황ᄒᆞᆫ}	<1>
木(◲)	{·목}	<1>
穆伯(◲◲)	{·목·ᄇᆡᆨ}	<1>
牧使(◲{◰,◳})	{·목:ᄉᆞ}	<1>
牧使(◲{◰,◳})	{목ᄉᆞ}	<1>
沐浴(◲◲)	{·목·욕}	<1>
沐浴(◲◲)	{·목·욕·ᄀᆞᆷ논}	<1>
沐浴(◲◲)	{·목·욕ᄒᆞ·고}	<1>
沐浴(◲◲)	{·목·욕ᄒᆞ·디}	<1>
巫堂(◱◱)	{:무당}	<2>
無道(◱◰)	{무:도·히}	<1>
無禮(◱◰)	{무·례·ᄒᆞ거·늘}	<1>
無禮(◱◰)	{무·례·히}	<1>
無知(◱{◱,◳})	{무디}	<1>
無知(◱{◱,◳})	{무디·ᄒᆞ·야}	<1>
無恤(◱◲)	{무·휼}	<1>
武穆(◰◲)	{:무·목}	<1>
武城(◰◱)	{:무셩}	<1>
武安侯(◰◱◱)	{:무안후}	<1>
武王(◰◱)	{:무왕}	<7>
武帳(◰◳)	{:무:댱}	<1>
武帝(◰◳)	{:무:뎨}	<4>
茂叔(◳◲)	{:무·슉}	<1>
茂才(◳◱)	{·무ᄌᆡ}	<1>
戊寅年(◳◱◱)	{:무인년}	<2>
墨氏(◲◰)	{·묵·시}	<1>

58) '冒'는 자전에 '모◳'와 '묵◲'으로 표시되어 있으나 《소학언해》에는 '모'로만 나타나므로, 이 자료에서는 ◳를 취하고 ◲은 버린다.

門(◱)	{문:젼}	<2>
門(◱)	{문}	<38>
門人(◱◱)	{문인}	<3>
門弟子(◱{◰,◳}◰)	{문:뎨·ᄌᆞ}	<1>
門弟子(◱{◰,◳}◰)	{문·뎨·ᄌᆞ}	<1>
文公(◱◱)	{문공}	<3>
文寧(◱◱)	{문령}	<4>
文伯(◱◲)	{문·ᄇᆡᆨ}	<2>
文叔(◱◲)	{문·슉}	<2>
文王(◱◱)	{문왕}	<15>
文子(◱◰)	{문·ᄌᆞ}	<2>
文字(◱◳)	{문·ᄌᆞ}	<2>
文章(◱◱)	{문쟝}	<1>
文節(◱◲)	{문·졀}	<1>
文節公(◱◲◱)	{문·졀공}	<1>
文正(◱{◱,◳})	{문:졍}	<3>
文定(◱◳)	{문:뎡}	<1>
文正公(◱{◱,◳}◱)	{문:졍공}	<4>
文帝(◱◳)	{문:뎨}	<2>
文中子(◱{◱,◳}◰)	{문듕·ᄌᆞ}	<2>
文彩(◱◰)	{문:ᄎᆡ}	<1>
文忠公(◱◱◱)	{문튱공}	<1>
文獻皇后(◱◳◱◰)	{문:헌황:후}	<1>
問安(◳◱)	{:문안}	<1>
問安(◳◱)	{:문안ᄒᆞ·단}	<1>
聞喜宴({◱,◳}◰◳)	{문:희:연}	<1>
物(◲)	{·믈}	<12>
微(◱)	{미}	<1>
微妙(◱◳)	{미:묘ᄒᆞᆫ}	<1>
微細(◱◳)	{미:셰ᄒᆞᆫ}	<1>
微子(◱◰)	{미·ᄌᆞ}	<1>
微賤(◱◳)	{미:쳔ᄒᆞᆫ}	<1>
微賤(◱◳)	{미:쳔ᄒᆞᆫ·디라}	<1>
迷劣(◱◲)	{미·렬·코}	<1>
迷惑(◱◲)	{미·혹:홈}	<1>
憫惘(◰◰)	{·민망:홈}	<1>
憫惘(◰◰)	{·민망·히}	<1>
閔王(◰◱)	{·민왕}	<1>
閔子騫(◰◰◱)	{·민·ᄌᆞ건}	<1>
敏捷(◰◲)	{·민·쳡·ᄒᆞ·야}	<1>

敏捷(◰◲) {·민·쳡ᄒᆞ·며} <1>
蜜(◲) {:밀} <1>
密(◲) {·밀} <2>
博(◲) {·박} <1>
薄(◲) {·박·히} <1>
薄(◲) {·박ᄒᆞ니} <1>
薄(◲) {·박ᄒᆞᆫ} <1>
半(◳) {:반·품} <1>
半卷(◳{◱,◰,◳}) {·반:권} <1>
潘起(◱◰) {반·긔} <1>
盤床(◱◱) {반상} <1>
叛逆(◳◲) {:반·역ᄒᆞᆫ} <1>
發(◲) {·발:홈} <1>
發解(◲◰) {·발:ᄒᆡ} <1>
勃(◲) {·볼} <2>
勃然(◲◱) {·볼연·히} <1>
房(◱) {견방} <1>
房(◱) {방} <3>
房(◱) {방:의} <1>
房(◱) {방·의} <1>
房門(◱◱) {방문} <1>
房舍(◱◳) {방:샤} <2>
龐公(◱◱) {방공} <3>
放肆(◳◳) {:방:ᄉᆞᄒᆞ·면} <1>
放恣(◳◳) {:방·ᄌᆞ·히} <1>
放縱(◳◱) {:방·죵·히} <1>
放縱(◳◱) {:방죵히} <1>
放蕩(◳◰) {:방:탕:홈} <1>
放蕩(◳◰) {:방:탕·ᄒᆞ·거·늘} <1>
放蕩(◳◰) {:방:탕ᄒᆞ·며} <1>
放蕩(◳◰) {:방·탕ᄒᆞ·고} <1>
放蕩(◳◰) {:방탕ᄒᆞ·며} <1>
方所(◱◰) {방:소} <3>
方所(◱◰) {방·소} <2>
方正(◱{◱,◳}) {:방·졍·히} <1>
防牌(◱◱) {방패} <1>
倍(◳) {:ᄇᆡ·ᄒᆞ거·든} <1>
倍(◳) {ᄇᆡ홀거·시·니} <1>
裵行儉(◱{◱,◳}◰) {ᄇᆡ힝:검} <1>
百(◲) {·ᄇᆡᆨ} <2>

百官(◲◱)	{·ᄇᆡᆨ관}	<1>
百年(◲◱)	{·ᄇᆡᆨ년}	<1>
百里(◲◰)	{·ᄇᆡᆨ:리}	<2>
百里(◲◰)	{·ᄇᆡᆨ·리}	<1>
百姓(◲◳)	{·ᄇᆡᆨ:셩}	<28>
百姓(◲◳)	{·ᄇᆡᆨ:셩}	<1>
百姓(◲◳)	{·ᄇᆡᆨ·셩}	<3>
百姓(◲◳)	{·ᄇᆡᆨ셩}	<1>
百(◲)	{·ᄇᆡᆨ·자·히·나}	<1>
伯强(◲{◱,◰})	{·ᄇᆡᆨ강}	<2>
伯康(◲◱)	{·ᄇᆡᆨ강}	<2>
伯高(◲◱)	{·ᄇᆡᆨ고}	<1>
伯魚(◲◱)	{·ᄇᆡᆨ어}	<1>
伯玉(◲◲)	{·ᄇᆡᆨ·옥}	<2>
伯兪(◲{◱,◰})	{·ᄇᆡᆨ유}	<1>
伯夷(◲◱)	{·ᄇᆡᆨ이}	<6>
伯興(◲{◱,◳})	{·ᄇᆡᆨ흥}	<1>
白圭(◲◱)	{·ᄇᆡᆨ규}	<1>
栢舟(◲◱)	{·ᄇᆡᆨ쥬}	<1>
栢舟篇(◲◱◱)	{·ᄇᆡᆨ쥬편}	<1>
膰(◱)	{번}	<1>
番(◱)	{여·러·번}	<1>
番(◱)	{:두·번}	<5>
番(◱)	{:세·번}	<1>
番(◱)	{·세·번}	<1>
藩鎭(◱◳)	{번·딘}	<2>
繁華(◱{◱,◳})	{번화ᄒᆞᆫ}	<1>
罰(◲)	{·벌}	<1>
范(◰)	{:범}	<1>
范魯公質(◰◰◱◲)	{:범·로공·질}	<1>
范文正公(◰◱{◱,◳}◱)	{:범문:졍공}	<1>
范益謙(◰◲◱)	{:범·익겸}	<1>
范仲淹(◰◳◱)	{·범:듕엄}	<1>
范忠宣公(◰◱◱◱)	{:범튱션공}	<1>
范希文(◰◱◱)	{:범희문}	<1>
犯(◰)	{:범:홈}	<4>
犯(◰)	{:범·ᄒᆞ·야·든}	<1>
犯(◰)	{·범·티}	<1>
法(◲)	{:법·이}	<1>
法(◲)	{·법}	<38>

法(◲)	{·법·ᄒᆞ야}	<1>
法(◲)	{·법다·온}	<2>
法(◲)	{·법다온}	<1>
法(◲)	{·법바·다}	<1>
法(◲)	{·법받·디}	<1>
法(◲)	{·법삼·아}	<1>
法(◲)	{법·홀}	<1>
法度(◲◳)	{·법:도}	<4>
法令(◲{◱,◳})	{·법녕}	<1>
法例(◲◳)	{·법·녜}	<1>
法條(◲◱)	{·법됴}	<1>
法則(◲◲)	{·법·측}	<1>
甓(◲)	{·벽}	<1>
變(◳)	{:변:홈}	<2>
變(◳)	{:변·키}	<1>
變(◳)	{:변·ᄒᆞ시·고}	<1>
變色(◳◲)	{:변·식·ᄒᆞ시·며}	<1>
變色(◳◲)	{:변·식·ᄒᆞ야}	<1>
變化(◳◳)	{:변:화}	<1>
邊方(◱◱)	{변방}	<1>
辯爭(◰{◱,◳})	{:변·징}	<1>
別例(◲◳)	{·별례}	<1>
別室(◲◲)	{·별·실}	<1>
別號(◲{◱,◳})	{·별:회}	<1>
別號(◲{◱,◳})	{·별·호}	<1>
病(◳)	{:병}	<34>
病(◳)	{:병·이}	<1>
病(◳)	{:병·ᄒᆞ·야}	<1>
病(◳)	{:병·ᄒᆞ·여}	<1>
病(◳)	{:병·ᄒᆞ연·디}	<1>
病(◳)	{:병·ᄒᆞ엿거·늘}	<1>
病(◳)	{:병·ᄒᆞ엿거·든}	<1>
病(◳)	{:병·ᄒᆞᆫ저·기}	<1>
病(◳)	{:병도·이}	<1>
病氣(◳◳)	{병긔}	<1>
病勢(◳◳)	{:병·세}	<1>
兵難(◱{◱,◳})	{·병:난}	<1>
兵難(◱{◱,◳})	{병:난}	<1>
兵杖器(◱◰◳)	{병잠·기}	<1>
幷州(◳◱)	{병쥬}	<1>

普明(◰◱)	{:보명}	<2>
保全(◰◱)	{:보젼·티}	<2>
保全(◰◱)	{:보젼ᄒᆞ·니라}	<1>
寶貝(◰◳)	{:보·ᄇᆡ}	<1>
寶貨(◰◳)	{:보:화}	<3>
襆(◲)	{보·호로}	<1>
服(◲)	{·복}	<3>
服(◲)	{복}	<1>
服行(◲{◱,◳})	{·복·ᄒᆡᆼ·ᄒᆞ·야}	<2>
服行(◲{◱,◳})	{·복ᄒᆡᆼ·ᄒᆞ·야}	<1>
福(◲)	{·복}	<5>
福(◲)	{복}	<1>
福慶(◲◳)	{·복:경}	<1>
復戶(◲◰)	{복:호ᄒᆞ야}	<1>
幞頭冠帶(◲◱{◱,◳}◳)	{복두관:ᄃᆡ}	<1>
僕射$_2$(◲◳)[59]	{·복:야}	<2>
伏罪(◲◰)	{·복:죄·ᄒᆞ여·ᅀᅡ}	<1>
本音(◰◱)	{·본음}	<1>
本中(◰{◱,◳})	{·본듕}	<1>
本中(◰{◱,◳})	{·본듕}	<1>
本證(◰◳)	{본즁}	<1>
本鄉(◰◱)	{·본향}	<4>
封(◱)	{봉·ᄒᆞ셔·늘}	<1>
封(◱)	{봉ᄒᆞ·니·라}	<1>
封(◱)	{봉ᄒᆞᆫ}	<4>
封丘門(◱◱◱)	{봉구문}	<1>
奉禮(◰◰)	{:봉·례}	<1>
奉養(◰{◰,◳})	{:봉:양:호·ᄃᆡ}	<1>
奉養(◰{◰,◳})	{:봉:양:홀·디니}	<1>
奉養(◰{◰,◳})	{:봉:양:홈}	<6>
奉養(◰{◰,◳})	{:봉:양·키}	<1>
奉養(◰{◰,◳})	{:봉:양·홈}	<1>
奉養(◰{◰,◳})	{:봉:양·ᄒᆞ·더시·니}	<1>
奉養(◰{◰,◳})	{:봉:양·ᄒᆞ·야}	<1>
奉養(◰{◰,◳})	{:봉:양·ᄒᆞ더·니}	<1>
奉養(◰{◰,◳})	{:봉:양·ᄒᆞ실·시}	<1>
奉養(◰{◰,◳})	{:봉:양·ᄒᆞᆫ다}	<1>

59) 射(사◳, 석◲, 야◳, 역◲); 자전에는 4가지 권발로 표시되어 있으나, 《소학언해》에는 샤◳과 야◳으로만 나타난다. 그러므로 이 자료에서는 샤◳과 야◳의 둘은 취하고, 석◲과 역◲은 버린다. 그런데 사◳과 야◳은 같은 자로 보기 어려우므로, 샤◳은 射$_1$로 야◳는 射$_2$로 각각 표시한다.

奉養(上{上,去})	{:봉:양ᄒᆞ·기}	<1>
奉養(上{上,去})	{:봉·양ᄒᆞ·거·를}	<1>
奉養(上{上,去})	{:봉·양ᄒᆞ기·를}	<1>
奉天(上平)	{:봉텬}	<1>
裒(平)	{·부}	<1>
裒(平)	{·부}	<3>
婦(上)	{·부}	<2>
婦人(上平)	{·부인}	<5>
傅輕(去平)	{부경ᄒᆞ·고}	<1>
浮輕(平平)	{부경ᄒᆞ고}	<1>
浮虛(平平)	{부허·코}	<1>
富貴(去去)	{:부:귀}	<1>
富貴(去去)	{:부:귀·코·져}	<1>
富貴(去去)	{:부:귀·ᄒᆞ·거든}	<1>
富貴(去去)	{:부·귀ᄒᆞᆫ}	<1>
富貴(去去)	{:부귀}	<1>
父母(上上)	{·부:모}	<85>
父母(上上)	{·부·모}	<2>
父母(上上)	{·부모}	<1>
父母(上上)	{부:모}	<1>
父子(上上)	{·부·ᄌᆞ}	<1>
父兄(上平)	{·부형}	<6>
赴防(去平)	{·부방가:게}	<1>
夫婦(平上)	{부·부}	<1>
夫人(平平)	{부인}	<10>
夫人(平平)	{부인}	<1>
夫子(平上)	{부·ᄌᆞ}	<4>
夫子(平上)	{부·ᄌᆞ}	<2>
夫妻(平{平,去})	{부쳐}	<2>
符作(平入)	{:부·작}	<1>
扶持(平平)	{부디·ᄒᆞ야}	<1>
扶風(平平)	{부풍}	<1>
蚡(平)	{분}	<1>
不詳(入平)	{·블샹}	<2>
不肖(入去)	{·블·쵸:홈}	<1>
不肖(入去)	{·블·쵸ᄒᆞ·고}	<1>
不幸(入上)	{·블:힝:홈}	<5>
不幸(入上)	{·블:힝·ᄒᆞ·야}	<1>
不孝(入去)	{·블:효}	<7>
不孝(入去)	{블:효}	<1>

不孝(◲◳) {블·효} <1>
不$_2$正(◱{◱,◳})[60] {·브·졍ᄒᆞ·고} <1>
不$_1$足(◲◲) {·블·족ᄒᆞᆫ} <1>
不$_1$足(◲◲) {·블·족ᄒᆞᆫ·ᄃᆡ} <1>
不$_1$足(◲◲) {·블·족·히} <2>
北宮(◲◱) {·븍궁} <1>
北宮(◲◱) {븍궁} <1>
北辰(◲◱) {·븍신} <1>
北齊(◲◱) {·븍졔} <2>
北朝(◲◱) {·븍됴} <1>
分({◱,◳})[61] {:분·만·ᄒᆞᆫ} <1>
分明({◱,◳}◱) {분명·히} <1>
分明({◱,◳}◱) {분명ᄒᆞᆷ} <1>
分明({◱,◳}◱) {분명ᄒᆞ·니라} <1>
分辨({◱,◳}◰) {:분:변ᄒᆞᆷ} <1>
分辨({◱,◳}◰) {분:변ᄒᆞ·고} <1>
分辨({◱,◳}◰) {분·변·ᄒᆞ·야} <1>
分辨({◱,◳}◰) {분·변ᄒᆞ·며} <1>
分別({◱,◳}◲) {분·별} <2>
分別({◱,◳}◲) {분·별:ᄒᆞᆯ·디니라} <1>
忿怒(◰◰) {:분:로ᄒᆞ·며} <1>
墳墓(◱◳) {분:묘} <1>
奮發(◳◲) {:분·발·ᄒᆞ·야} <1>
賁育(◱◲) {분·육} <1>
粉紅(◰◱) {:분홍} <1>
佛家(◲◱) {·불가} <1>
朋友(◱◰) {붕·우} <1>
比(◳) {:비·ᄒᆞᄂᆞ·니} <1>
比(◳) {:비ᄒᆞ·리} <1>
比(◳) {:비ᄒᆞ·면} <1>
比干(◳◱) {:비간} <2>
譬(◳) {:비ᄒᆞᆫ} <1>
譬(◳) {·비컨} <1>
毗(◱) {·비} <1>
肥(◱) {비} <1>
毗(◱) {비} <1>
非理(◱◰) {비:리} <1>

60) 不부◱, 불◲
61) (분{◱,◳}, 푼◳)

非理(◱◰)	{비리}	<1>
匕首(◰◰)	{:비·슈}	<1>
淝水(◱◰)	{비·슈}	<1>
篦(◰)	{:비}	<1>
賓王(◱◱)	{빈왕}	<1>
貧賤(◱◳)	{빈:쳔ᄒᆞ·고}	<1>
殯所(◳◰)	{:빙·소:ᄒᆞᆷ}	<1>
殯所(◳◰)	{:빙·소ᄒᆞ·며}	<1>
殯所(◳◰)	{:빙·소ᄒᆞ고}	<1>
聘禮(◳◰)	{:빙·례}	<1>
聘禮(◳◰)	{:빙·례:ᄒᆞᆷ}	<1>
肆(◳)	{:ᄉᆞ}	<1>
肆州(◳◱)	{:ᄉᆞ:쥬}	<1>
肆夏(◳◳)	{:ᄉᆞ:하}	<1>
社(◰)	{:샤}	<2>
社稷(◰◲)	{:샤·직}	<3>
社祭(◰◳)	{:샤·졔}	<1>
赦(◳)	{:샤·ᄒᆞ쇼·셔}	<1>
赦(◳)	{:샤ᄒᆞ·시·다}	<1>
士(◰)	{:ᄉᆞ}	<8>
士大夫(◰◳◱)	{:ᄉᆞ:대부}	<1>
士大夫(◰◳◱)	{:ᄉᆞ:태우}	<1>
士大夫(◰◳◱)	{:ᄉᆞ·태·위}	<1>
士大夫(◰◳◱)	{:ᄉᆞ·태우}	<2>
士相見禮(◰{◱,◳}◳◰)	{:ᄉᆞ샹:견·례}	<2>
士婚禮(◰◱◰)	{:ᄉᆞ혼·례}	<1>
史(◰)	{:ᄉᆞ}	<1>
史記(◰◳)	{:ᄉᆞ·긔}	<5>
史實(◰◲)	{:ᄉᆞ·실}	<2>
賜(◳)	{:ᄉᆞ}	<1>
絲(◱)	{ᄉᆞ}	<1>
嗣(◳)	{ᄉᆞ}	<1>
斯干詩(◱◱◱)	{ᄉᆞ간시}	<1>
邪曲(◱◲)	{샤·곡}	<1>
邪曲(◱◲)	{샤·곡·히}	<1>
邪曲(◱◲)	{샤·곡ᄒᆞ·고}	<1>
邪曲(◱◲)	{샤·곡ᄒᆞᆫ}	<1>
砂器(◱◳)	{사·긔}	<1>
思念({◱,◳}◳)	{ᄉᆞ:렴·ᄒᆞ·야}	<1>
思念({◱,◳}◳)	{ᄉᆞ:렴·ᄒᆞ·ᄂᆞᆫ}	<1>

思慮({◱,◳}◳) {亽:려} <1>
思慮({◱,◳}◳) {亽·려} <1>
思慕({◱,◳}◳) {亽:모·ᄒᆞ·ᄂᆞ니} <1>
思慕({◱,◳}◳) {亽:모·ᄒᆞ·논} <1>
思慕({◱,◳}◳) {亽:모ᄒᆞ·고} <1>
祠堂(◱◱) {亽당} <3>
司徒(◱◱) {亽도} <2>
司馬(◱◰) {亽:마} <2>
司馬昭(◱◰◱) {亽:마쇼} <1>
司馬氏(◱◰◰) {亽:마·시} <2>
司馬溫公(◱◰◱◱) {亽:마온공} <6>
司業(◱◲) {亽·업} <1>
謝禮(◳◰) {:샤·례ᄒᆞ·고} <1>
謝禮(◳◰) {:샤례ᄒᆞ·며} <1>
謝罪(◳◰) {:샤:죄·ᄒᆞ·야} <1>
謝罪(◳◰) {:샤:죄ᄒᆞ·야} <1>
謝罪(◳◰) {:샤:죄ᄒᆞᆫ·대} <1>
事理(◳◰) {:亽:리} <1>
事業(◳◲) {:亽·업} <1>
四面(◳◳) {:亽:면} <1>
四方(◳◱) {:亽방} <3>
四百(◳◲) {:亽·ᄇᆡᆨ} <1>
四節(◳◲) {:亽·졀} <2>
四支(◳◱) {:亽지} <1>
四寸(◳◳) {:亽:촌} <1>
四寸(◳◳) {:亽·촌} <1>
四寸(◳◳) {亽:촌} <1>
四海(◳◰) {·亽:ᄒᆡ}) <1>
私私(◱◱) {亽亽} <3>
私私(◱◱) {亽亽:일} <1>
私私(◱◱) {亽亽·로} <1>
私私(◱◱) {亽亽·로·옴} <1>
私私(◱◱) {亽亽·로·이} <1>
私私(◱◱) {亽亽로·온} <1>
私私(◱◱) {亽亽로·옴} <1>
私私(◱◱) {亽亽로·이} <6>
私私(◱◱) {亽亽로온} <2>
私私(◱◱) {亽亽로온·ᄃᆡ} <1>
私私(◱◱) {亽ᄉᆞᆺ} <2>
私慾(◱◲) {亽·욕} <2>

泗水(◳◰)	{:ᄉᆞ·슈}	<2>
泗州(◳◱)	{:ᄉᆞ쥬}	<1>
辭讓(◱◳)	{ᄉᆞ:양:호·ᄃᆡ}	<1>
辭讓(◱◳)	{ᄉᆞ:양:홈}	<1>
辭讓(◱◳)	{ᄉᆞ:양·티}	<4>
辭讓(◱◳)	{ᄉᆞ:양·ᄒᆞ·거·늘}	<1>
辭讓(◱◳)	{ᄉᆞ:양·ᄒᆞ·야}	<7>
辭讓(◱◳)	{ᄉᆞ:양커·든}	<1>
辭讓(◱◳)	{ᄉᆞ:양ᄒᆞ·고}	<1>
辭讓(◱◳)	{ᄉᆞ:양ᄒᆞ·기}	<2>
辭讓(◱◳)	{ᄉᆞ:양ᄒᆞ·며}	<4>
辭讓(◱◳)	{ᄉᆞ:양ᄒᆞᆫ}	<1>
辭讓(◱◳)	{ᄉᆞ:양ᄒᆞᆯ적·의}	<1>
辭讓(◱◳)	{ᄉᆞ·양ᄒᆞ·고}	<1>
筭(◳)	{:산}	<1>
射$_1$義(◳◳)	{:샤:의}	<1>
舍人(◳◱)	{:샤인}	<1>
使者({◰,◳}◰)	{:시·쟈}	<2>
奢侈(◱◰)	{샤:치ᄒᆞ·며}	<1>
奢侈(◱◰)	{샤:치ᄒᆞᆫ·ᄃᆡ}	<1>
奢侈(◱◰)	{샤·치:홈}	<1>
奢侈(◱◰)	{샤·치·예}	<1>
奢侈(◱◰)	{샤·치·티}	<1>
奢侈(◱◰)	{샤·치·ᄒᆞ야}	<1>
奢侈(◱◰)	{샤·치로}	<1>
奢侈(◱◰)	{샤·치ᄒᆞ·고}	<1>
奢侈(◱◰)	{샤·치ᄒᆞ·며}	<1>
奢侈(◱◰)	{샤·치ᄒᆞᆫ}	<2>
邪慝(◱◲)	{샤·특·ᄒᆞ·ᄂᆞᆫ}	<1>
邪慝(◱◲)	{샤·특ᄒᆞ·며}	<1>
邪慝(◱◲)	{샤·특ᄒᆞᆫ}	<4>
邪慝(◱◲)	{샤·특ᄒᆞᆫ·ᄃᆡ}	<2>
邪辟(◱◲)	{샤·벽·ᄒᆞᆫ}	<1>
邪辟(◱◲)	{샤·벽ᄒᆞᆫ}	<1>
算計(◰◳)	{:산·계}	<1>
算計(◰◳)	{:산·계:홈}	<1>
山南(◱◱)	{산남}	<2>
山河(◱◱)	{산하}	<1>
參(◱)	{ᄉᆞᆷ}	<2>
三公(◱◱)	{삼공}	<2>

三年(◱◱)	{삼·년}	<1>
三年(◱◱)	{삼년}	<3>
三年(◱◱)	{삼년}	<2>
三年(◱◱)	{삼년}	<4>
三年喪(◱◱{◱,◳})	{삼년상}	<1>
三百篇(◱◲◱)	{삼·빅편}	<1>
三輔(◱◰)	{삼:보}	<1>
三月(◱◲)	{삼·월}	<1>
三日(◱◲)	{삼·일}	<1>
三尺(◱◲)	{삼쳑}	<1>
三千(◱◱)	{삼쳔}	<1>
三寸(◱◳)	{삼:촌}	<1>
三台星(◱◱◱)	{삼틱셩}	<1>
相(({◱,◳})	{·샹}	<1>
相({◱,◳})	{·샹}	<1>
相國({◱,◳}◲)	{·샹·국}	<1>
相對({◱,◳}◳)	{샹·딕·티}	<1>
相鼠({◱,◳}◰)	{·샹:셔}	<2>
上({◰,◳})	{:샹}	<12>
上去({◰,◳}◳)	{:샹:거}	<1>
上去聲({◰,◳}◳◱)	{:샹:거셩}	<1>
上聲({◰,◳}◱)	{:샹셩}	<1>
上層({◰,◳}◱)	{:샹층}	<1>
上品({◰,◳}◰)	{:샹:품}	<1>
上下({◰,◳}{◰,◳})	{:샹:하}	<1>
上疏({◰,◳}{◱,◳})	{:샹:소}	<1>
上疏({◰,◳}{◱,◳})	{:샹:소·ᄒᆞ·야}	<1>
尙({◱,◳})	{:샹}	<1>
尙書({◱,◳}◱)	{:샹셔}	<3>
尙書({◱,◳}◱)	{·샹셔}	<1>
尙書({◱,◳}◱)	{샹셔}	<1>
爽(◰)	{:상}	<2>
象(◰)	{·샹}	<1>
象(◰)	{·샹}	<2>
象(◰)	{·샹ᄒᆞᆫ}	<1>
象牙箸(◰◱◳)	{·샹·아·져}	<1>
象牙箸(◰◱◳)	{·샹아·져}	<1>
象牙笏(◰◱◲)	{·샹아·홀}	<1>
祥(◱)	{·샹}	<2>
祥(◱)	{샹}	<3>

祥瑞(◱◳)	{샹:셔}	<3>
床(◱)	{상}	<3>
商(◱)	{샹}	<1>
庠(◱)	{샹}	<3>
詳(◱)	{샹}	<2>
詳(◱)	{샹}	<1>
詳考(◱◰)	{샹:고·ᄒᆞ·야}	<1>
詳考(◱◰)	{샹·고:ᄒᆞᆷ}	<1>
詳考(◱◰)	{샹·고ᄒᆞ:며}	<1>
詳考(◱◰)	{샹·고ᄒᆞ·며}	<1>
詳審(◱◰)	{샹:심·ᄒᆞ·야}	<1>
詳審(◱◰)	{샹:심ᄒᆞ·며}	<1>
詳定(◱◳)	{샹:뎡ᄒᆞ·단}	<1>
常(◱)	{샹:사·ᄅᆞᆷ}	<2>
常(◱)	{샹:해}	<2>
常(◱)	{샹싸·ᄅᆞᆷ}	<1>
常(◱)	{샹·해}	<15>
常例(◱◳)	{샹:녜}	<4>
常例(◱◳)	{샹:례}	<1>
常例(◱◳)	{샹·녜}	<7>
常例(◱◳)	{샹·녜}	<2>
常例(◱◳)	{샹·례}	<1>
常例(◱◳)	{샹녜}	<1>
常醫員(◱◱◱)	{샹의원}	<1>
常人(◱◱)	{샹인}	<1>
常情(◱◱)	{샹졍}	<1>
傷(◱)	{샹:ᄒᆞᆷ}	<2>
傷(◱)	{샹·히·오·디}	<1>
傷(◱)	{샹ᄒᆞ·면}	<3>
傷(◱)	{샹히·오·고}	<1>
傷(◱)	{샹·케:ᄒᆞᆷ}	<1>
喪禮({◱,◳}◰)	{상·녜}	<1>
喪服({◱,◳}◲)	{상·복ᄒᆞ·니}	<2>
喪事({◱,◳}◳)	{상:ᄉᆞ}	<9>
喪事({◱,◳}◳)	{상·ᄉᆞ}	<6>
喪輿({◱,◳}◱)	{상여}	<1>
灑掃(◰◰)	{:새:소}	<2>
箱子(◱◰)	{:샹·ᄌᆞ}	<2>
箱子(◱◰)	{샹·ᄌᆞ}	<1>
色(◲)	{·ᄉᆡᆨ}	<4>

生(◱)[62]	{싱}	<1>
生(◱)	{싱·흔}	<1>
生薑(◱◱)	{싱강}	<1>
生計(◱◳)	{싱:계}	<1>
牲(◱)	{싱}	<1>
序(◰)	{:셔}	<3>
徐(◱)	{셔}	<1>
西(◱)	{셔ㄴ녁·흐로}	<1>
西(◱)	{션녁·희}	<1>
西階(◱◱)	{셔계}	<3>
西伯(◱◲)	{셔·빅}	<1>
西河(◱◱)	{셔하}	<1>
庶母(◳◰)	{:셔:모}	<1>
庶人(◳◱)	{:셔인}	<2>
庶士(◳◰)	{:시·ᄉᆞ}	<1>
書房(◱◱)	{셔방}	<1>
書案(◱◳)	{셔:안}	<1>
胥臣({◰,◱}◱)	{셔신}	<1>
胥餘({◰,◱}◱)	{셔여}	<1>
書齋(◱◱)	{셔지·예}	<1>
書策(◱◲)	{셔·칙}	<1>
徐積(◱◲)	{셔·젹}	<1>
石(◲)	{·셕}	<1>
石勒(◲◲)	{·셕·늑}	<1>
石奮(◲◳)	{·셕:분}	<1>
石碏(◲◲)	{·셕·쟉}	<1>
宣(◱)	{션}	<12
仙居(◱◱)	{션거}	<1>
先公(◱◱)	{션공}	<1>
先君(◱◱)	{션군}	<2>
先生(◱◱)	{션싱}	<66>
先世(◱◳)	{션:셰}	<2>
先王(◱◱)	{션왕}	<7>
先人(◱◱)	{션인}	<1>
善終(◰◱)	{:션죵·티}	<1>
褻慢(◲◳)	{·셜:만·티}	<1>
薛包(◲◱)	{·셜포}	<1>
盛({◱,◳})	{:셩:홈}	<1>

62) 生<선비>

盛({◱,◳}) {:셩·케} <1>
盛({◱,◳}) {:셩ᄒᆞ·며} <2>
盛({◱,◳}) {:셩ᄒᆞ·면} <1>
盛({◱,◳}) {:셩ᄒᆞ거·늘} <1>
盛({◱,◳}) {:셩ᄒᆞᆫ} <4>
盛({◱,◳}) {·셩} <1>
盛({◱,◳}) {·셩ᄒᆞ거·늘} <1>
性(◳) {:셩} <20>
性(◳) {:셩·치기} <1>
性(◳) {셩} <1>
性度(◳◳) {:셩:도} <1>
姓(◳) {:셩} <22>
省(◰) {·성·ᄒᆞ·더·라} <1>
姓(◳) {·셩} <3>
姓名(◳◱) {:셩명} <2>
聲(◱) {셩} <1>
城(◱) {셩} <3>
城門(◱◱) {셩문} <1>
成(◱) {셩} <1>
成均館(◱◱◰) {셩균·관} <1>
成都(◱◱) {셩도} <1>
成肅公(◱◲◱) {셩·슉공} <1>
成子(◱◰) {셩·ᄌᆞ} <1>
成子(◱◰) {셩·ᄌᆞ} <1>
誠實(◱◲) {셩·실} <1>
誠實(◱◲) {셩·실·케} <1>
誠實(◱◲) {셩·실·코} <1>
誠實(◱◲) {셩·실·히} <1>
誠實(◱◲) {셩·실ᄒᆞ·리라} <1>
聖人(◳◱) {:셩인} <31>
聖人(◳◱) {·셩인} <1>
聖賢(◳◱) {:셩현} <5>
勢(◳) {:셔} <2>
勢(◳) {:셰} <1>
稅(◳) {집·셰} <1>
世間(◳{◱,◳}) {:셰간} <5>
世代(◳◳) {:셰ᄃᆡ} <1>
世上(◳{◰,◳}) {:셰:샹} <6>
世上(◳{◰,◳}) {:셰·샹} <7>
世世(◳◳) {:셰:셰로} <1>

世世(◳◳)	{:셰:셰·로}	<2>
世俗(◳◲)	{:셰·쇽}	<1>
世俗(◳◲)	{:셰·쇽}	<5>
世俗(◳◲)	{:셰·쇽}	<1>
世子(◳◰)	{:셰:ᄌᆞ}	<1>
世子(◳◰)	{:셰·ᄌᆞ}	<3>
洗馬(◰◰)	{:셰:마}	<1>
洗手(◰◰)	{:셰·슈·ᄒᆞ·슈셔}	<1>
洗手(◰◰)	{:셰·슈ᄒᆞ·고}	<4>
洗手(◰◰)	{·셰·슈}	<1>
邵(◳)	{:쇼}	<1>
踈(◱)	{소:홈}	<3>
踈(◱)	{소·히}	<1>
踈(◱)	{소ᄒᆞ·고}	<4>
踈略(◱◲)	{소·략·ᄒᆞᆫ}	<1>
昭(◱)	{쇼}	<2>
昭烈(◱◲)	{쇼·렬}	<2>
昭帝(◱◳)	{쇼:뎨}	<1>
蘇瓊(◱◱)	{소경}	<1>
蘇州(◱◱)	{소쥬}	<1>
少君({◰,◳}◱)	{:쇼군}	<3>
少連({◰,◳}◱)	{:쇼련}	<1>
少儀({◰,◳}◱)	{:쇼의}	<4>
召南(◳◱)	{:쇼남}	<3>
小祥祭(◰◱◳)	{:쇼샹:졔ᄒᆞ·고}	<1>
小人(◰◱)	{:쇼인}	<4>
小學(◰◲)	{:쇼·ᄒᆞᆨ}	<5>
所業(◰◲)	{:소·업}	<2>
所任(◰{◱,◳})	{:소:임}	<2>
所任(◰{◱,◳})	{:소·임}	<10>
所任(◰{◱,◳})	{·소:임}	<1>
所任(◰{◱,◳})	{·소임}	<1>
素飮食(◳{◰,◳}◲)	{:소:음·식}	<2>
疏廣({◱,◳}◰)	{소:광}	<1>
餗(◲)	{·속}	<1>
縱({◰,◱,◳})	{:쇄ᄒᆞ·며}	<1>
縱({◰,◱,◳})[63]	{:쇄ᄒᆞ·고}	<3>
屬(◲)	{·쇽ᄒᆞᆫ}	<1>

63) 縱(총◰, 종{◱,◳})

屬屬(入入) {·쵹·쵹·ᄒᆞ·샤} <1>
屬屬(入入) {·쵹·쵹·ᄒᆞ·야} <1>
孫({平,去}) {손} <1>
孫思邈({平,去}{平,去}入) {손ᄉᆞ·막} <1>
孫子({平,去}上) {손·ᄌᆞ} <2>
損(上) {:손} <1>
巽順(去去) {:손:슌·히} <1>
遜順(去去) {:손:슌ᄒᆞ·며} <3>
宋(去) {:송} <38>
宋(去) {·송} <4>
宋(去) {송} <1>
衰(平) {쇠:홈} <1>
衰(平) {쇠·티} <3>
衰(平) {쇠·티} <3>
衰(平) {쇠·ᄒᆞ·야} <1>
衰(平) {쇠·ᄒᆞ·ᄂᆞ니} <1>
衰(平) {쇠ᄒᆞ·고} <1>
衰亡(平平) {쇠망ᄒᆞ야시·니} <1>
衰服(平入) {최·복} <1>
訟事(去去) {:송·ᄉᆞ} <1>
訟事(去去) {:송·ᄉᆞ:홈} <1>
訟事(去去) {:송·ᄉᆞᄒᆞ·며} <1>
數({上,去}) {·수} <2>
繡(去) {:슈·치} <2>
隋(平) {·슈} <1>
隋(平) {슈} <2>
隋(平) {슈ㄷ적션·비} <1>
隋煬帝(平去去) {슈:양:뎨} <1>
銖(平) {슈} <1>
脩(平) {슈} <1>
綏(平) {유} <2>
手巾(上平) {:슈·건} <1>
手巾(上平) {:슈건} <3>
受苦(上上) {:슈·고} <1>
受苦(上上) {:슈·고로·이} <1>
受苦(上上) {:슈·고로온} <3>
受苦(上上) {·슈·고} <1>
水獺(上入) {·슈·달} <1>
收斂(平{上,去}) {슈:렴ᄒᆞ·며} <1>
修理(平上) {슈:리·코·져} <1>

修補(平上)	{슈:보·ᄒᆞ·야}	<1>
首陽山(上平平)	{·슈양산}	<1>
羞辱(平入)	{·슈·욕:홈}	<1>
羞辱(平入)	{·슈·욕ᄒᆞ·며}	<1>
壽州({上,去}平)	{·슈쥬}	<1>
壽昌({上,去}平)	{·슈챵}	<3>
塾(入)	{·슉}	<2>
肅公(入平)	{:슉공}	<1>
肅公(入平)	{·슉공}	<1>
叔敖(入{平,去})	{·슉오}	<2>
叔齊(入平)	{·슉졔}	<6>
舜(去)	{:슌}	<11>
舜從(去平)	{:슌쭁}	<3>
順(去)	{:슌:홈}	<2>
順(去)	{:슌·케}	<1>
順(去)	{:슌·코}	<1>
順(去)	{:슌·티}	<4>
順(去)	{:슌·히}	<1>
順(去)	{:슌·히}	<1>
順(去)	{:슌·ᄒᆞ·야}	<1>
順(去)	{:슌·홀}	<1>
順(去)	{:슌ᄒᆞ·고}	<1>
順(去)	{:슌ᄒᆞ·면}	<1>
順(去)	{:슌ᄒᆞ·면}	<1>
順(去)	{:슌ᄒᆞ욤}	<1>
順(去)	{:슌ᄒᆞᆫ}	<1>
順(去)	{:슌홀·디니·라}	<1>
順從(去平)	{:슌·쭁ᄒᆞ·고}	<1>
巡(平)	{·세:슌ᄒᆞ·며}	<1>
巡(平)	{닐·굽:슌·에}	<1>
巡(平)	{다·ᄉᆞᆺ:슌ᄒᆞ·며}	<1>
淳(平)	{슌}	<1>
淳全(平平)	{슌젼·티}	<1>
淳熙(平平)	{슌희}	<1>
旬(平)	{슌}	<1>
循循(平平)	{슌슌·히}	<2>
循環(平平)	{슌환·ᄒᆞ·야}	<1>
恂恂(平平)	{슌슌·ᄐᆞᆺ}	<2>
純仁(平平)	{슌인}	<1>
純一(平入)	{슌·일·코}	<1>

純厚(◱◰)	{슌:후·ᄒᆞ더·니}	<1>
純厚(◱◰)	{슌:후·ᄒᆞ야}	<1>
荀子(◱◰)	{슌·ᄌᆞ}	<1>
術(◲)	{·슐}	<1>
崇尙(◱{◱,◳})	{슝·샹}	<1>
崇尙(◱{◱,◳})	{슝·샹·ᄒᆞ·야}	<2>
崇尙(◱{◱,◳})	{슝·샹ᄒᆞ·고}	<1>
崇尙(◱{◱,◳})	{슝·샹ᄒᆞ·니}	<1>
瑟(◲)	{·슬}	<2>
僧(◱)	{·승}	<1>
丞相(◱({◱,◳})	{·승샹}	<1>
丞相(◱({◱,◳})	{승샹}	<1>
柴(◱)	{싀}	<1>
試(◳)	{:시}	<1>
試驗(◳◳)	{:시·험·ᄒᆞ야}	<1>
尸(◱)	{시}	<1>
尸(◱)	{시·ᄀᆞᆮ·티}	<1>
詩(◱)	{시}	<12>
詩(◱)	{시}	<2>
媤(·□) 國字	{:싀·어미}	<4>
媤(·□)	{·싀·어·미}	<1>
媤(·□)	{·싀·엄}	<1>
媤(·□)	{·싀·엄이}	<1>
媤(·□)	{·싀어버·이}	<1>
媤父母(·□◰◰)	{·싀·부:모}	<7>
媤父母(·□◰◰)	{·싀·부·모}	<1>
媤父母(·□◰◰)	{·싀부:모}	<1>
緦服(◱◲)	{·싀·복}	<1>
時俗(◱◲)	{시·쇽}	<5>
時時(◱◱)	{시시·로}	<1>
時時(◱◱)	{시시·예}	<1>
時節(◱◲)	{시·저·리}	<1>
時節(◱◲)	{시·절}	<4>
時節(◱◲)	{시·졀}	<8>
時節(◱◲)	{시절·의·도}	<1>
時祭(◱◳)	{시:졔}	<1>
視箴(◳◱)	{:시좀}	<1>
猜險(◱◰)	{싀:험ᄒᆞ·며}	<1>
諡號(◳{◱,◳})	{:시:호}	<9>
諡號(◳{◱,◳})	{:시·호}	<9>

謚號(◳{◱,◳})	{:시호}	<1>
謚號(◳{◱,◳})	{시:호}	<1>
式(◲)	{·식:홀·디니·라}	<1>
式(◲)	{·식·ᄒᆞ·더시·다}	<1>
式(◲)	{·식·ᄒᆞ·시며}	<1>
式(◲)	{·식ᄒᆞ·게}	<1>
軾(◲)	{·식·ᄒᆞ더·라}	<1>
軾(◲)	{·식ᄒᆞ·고}	<1>
食醯(◲◱)	{·식·혜}	<1>
賑(◰)	{:신}	<2>
神(一◱)	{·짜신}	<1>
神(◱)	{신}	<1>
神靈(◱◱)	{신령}	<1>
神妙(◱◳)	{신묘}	<1>
神位(◱◳)	{신·위}	<1>
神宗(◱◱)	{신종}	<1>
神主(◱◰)	{신·쥬}	<3>
神色(◱◲)	{신·식}	<1>
臣(◱)	{신}	<12>
臣下(◱{◰,◳})	{신:하}	<15>
臣下(◱{◰,◳})	{신·하}	<27>
臣下(◱{◰,◳})	{신·하되·디}	<1>
臣下(◱{◰,◳})	{신하}	<2>
申(◱)	{신}	<1>
申國(◱◲)	{신·국}	<4>
申申(◱◱)	{신신·틋}	<2>
辛苦(◱◰)	{신·고:홈})	<1>
辛玄馭(◱◱◳)	{신현:어}	<1>
信物(◳◲)	{:신·믈}	<1>
信實(◳◲)	{:신·실ᄒᆞᆫ}	<2>
愼密(◳◲)	{·딘·밀ᄒᆞ·고}	<1>
新婦(◱◰)	{신·부}	<3>
實(◲)	{·실·로}	<1>
實(◲)	{·실·에}	<1>
實(◲)	{·실·호·디}	<1>
實(◲)	{·실·ᄒᆞᆫ}	<1>
實(◲)	{·실로}	<2>
實(◲)	{·실로·ᄂᆞᆫ}	<1>
實(◲)	{·실ᄒᆞᆫ}	<2>
實(◲)	{·실히·와}	<1>

實(◲) {·실히·우니·라} <3>
實果(◲◰) {·실과} <1>
失所(◲◰) {·실·소·홈} <1>
實際(◲◳) {·실:제} <1>
實學(◲◲) {·실·ᄒᆞᆨ} <1>
甚({◰,◳}) {:심·히} <6>
甚({◰,◳}) {:심·ᄒᆞ도소·니} <1>
甚({◰,◳}) {:심히} <2>
甚({◰,◳}) {:심ᄒᆞ·니} <1>
甚({◰,◳}) {:심ᄒᆞ·니라} <1>
甚({◰,◳}) {:심ᄒᆞ·다} <1>
甚({◰,◳}) {:심ᄒᆞ·면} <1>
甚({◰,◳}) {:심ᄒᆞᆫ} <3>
甚({◰,◳}) {:심ᄒᆞᆫ·이ᄂᆞᆫ} <1>
甚({◰,◳}) {·심·히} <1>
心喪(◱{◱,◳}) {심상} <1>
心術(◱◲) {심·슐} <2>
深沉(◱{◱,◰}) {심팀ᄒᆞ·고} <2>
十王(◲◱) {·십·왕} <1>
雙六(◱◲) {상·뉵} <1>
雙六(◱◲) {상뉵} <1>
氏(◰) {·시} <2>
雅澹(◰{◱,◰}) {:아:담ᄒᆞ·고} <1>
阿黨(◱◰) {아:당ᄒᆞ·기} <1>
阿黨(◱◰) {아·당} <1>
阿黨(◱◰) {아·당·ᄒᆞᄂᆞᆫ} <1>
阿黨(◱◰) {아·당ᄒᆞ·며} <1>
衙前(◱◱) {아젼} <6>
樂(◲) {·악} <2>
樂記(◲◳) {·악·긔} <2>
樂記(◲◳) {·악긔} <1>
樂章(◲◱) {·악쟝} <2>
樂正(◲{◱,◳}) {·악:졍} <1>
樂正(◲{◱,◳}) {·악:졍} <1>
樂正子春(◲{◱,◳}◰◱) {·악:졍·ᄌᆞ츈} <2>
安國(◱◲) {안·국} <1>
安東(◱◱) {안동} <1>
安保(◱◰) {안:보ᄒᆞ·리·니} <1>
安保(◱◰) {안:보ᄒᆞ·며} <1>
安保(◱◰) {안·보ᄒᆞ·며} <1>

安否(◱◰)	{안·부}	<3>
安否(◱◰)	{안:부}	<1>
安徐(◱◱)	{안셔코}	<1>
安世(◱◳)	{안:셰}	<1>
安定(◱◳)	{안:뎡}	<1>
安定(◱◳)	{안:뎡}	<6>
安靜(◱◰)	{안:졍:홈}	<1>
安靜(◱◰)	{안:졍:ᄒᆞᆷ}	<1>
安靜(◱◰)	{안:졍·티}	<1>
安靜(◱◰)	{안:졍·ᄒᆞ:야}	<1>
安靜(◱◰)	{안:졍히}	<1>
安靜(◱◰)	{안:졍ᄒᆞ·고}	<1>
安靜(◱◰)	{안:졍ᄒᆞ·며}	<3>
安靜(◱◰)	{안졍ᄒᆞ·니}	<1>
安享(◱◰)	{안:향·ᄒᆞ·야}	<1>
安豊(◱◱)	{안풍}	<1>
顔孟(◱◳)	{안:밍}	<1>
顔氏(◱◰)	{안·시}	<4>
顔淵(◱◱)	{안연}	<5>
顔子(◱◰)	{안·ᄌᆞ}	<6>
顔丁(◱◱)	{안뎡}	<1>
晏子(◳◰)	{:안·ᄌᆞ}	<1>
按酒(◳◰)	{안·쥬}	<1>
按察官(◳◲◱)	{:안·찰관}	<1>
晏平仲(◳◱◳)	{:안평:듕}	<1>
黯(◰)	{:암}	<9>
狎(◲)	{·셜·압ᄒᆞᆫ·디}	<1>
昻昻(◱◱)	{앙앙히}	<1>
涯(◱)	{애}	<1>
崖(◱)	{빙애}	<1>
藹然({◰,◳}◱)	{:애연}	<1>
厄(◲)	{·익}	<1>
額數(◲{◰,◳})	{·익:수}	<1>
野俗(◰◲)	{:야·쇽}	<1>
野俗(◰◲)	{:야·쇽ᄒᆞᆫ}	<2>
藥(◲)	{·약}	<7>
弱(◲)	{·약ᄒᆞᆫ}	<1>
約束(◲◲)	{·약·쇽}	<3>
約束(◲◲)	{·약·쇽ᄒᆞᆫ}	<1>
樣子({◰,◳}◰)	{양ᄌᆞ}	<1>

樣子({◰,◳}◰) {양·ᄌᆞ} <2>
讓(◳) {:양} <1>
讓(◳) {:양} <2>
梁(◱) {냥} <1>
羊(◱) {양} <3>
羊皮(◱◱) {양피} <1>
襄公(◳◱) {양공} <1>
襄子(◱◰) {양·ᄌᆞ} <4>
楊文公(◱◱◱) {양문공} <1>
楊氏(◱◰) {양시} <1>
楊震(◱◳) {양:진} <1>
楊播(◱◳) {·양:파} <1>
楊炯(◱◰) {양:형} <1>
陽城(◱◱) {양셩} <1>
揚子(◱◰) {양·ᄌᆞ} <1>
煬帝(◳◳) {:양:뎨} <1>
養齒({◰,◳}◰) {:양·지} <4>
馭車(◳◱) {:어·거ᄒᆞ·기} <1>
馭車(◳◱) {:어거ᄒᆞ·기} <1>
億(◲) {·억} <1>
偃(◰) {:언} <2>
言(◱) {언} <1>
言箴(◱◱) {언좀} <1>
嚴(◱) {엄} <1>
嚴(◱) {엄:홈} <2>
嚴(◱) {엄:히} <1>
嚴(◱) {엄·히} <3>
嚴(◱) {엄ᄒᆞ·고} <4>
嚴(◱) {엄ᄒᆞᆫ} <2>
嚴恭(◱◱) {엄공ᄒᆞ·며} <1>
嚴恭(◱◱) {엄공:홈} <1>
嚴肅(◱◲) {엄·슉:홈} <1>
嚴肅(◱◲) {엄·슉·히} <2>
嚴肅(◱◲) {엄·슉ᄒᆞ·고} <1>
嚴肅(◱◲) {엄·슉ᄒᆞ·며} <1>
嚴正(◱{◱,◳}) {엄:졍·티} <1>
嚴正(◱{◱,◳}) {엄:졍ᄒᆞ·고} <1>
嚴正(◱{◱,◳}) {엄졍ᄒᆞ·고} <1>
嚴助(◱◳) {엄:조} <1>
儼然(◰◱) {:엄연·히} <1>

業(入)	{:업}	<1>
業(入)	{·업}	<2>
業(入)	{·업삼·음}	<1>
鄴下(入{上,去})	{·업:하}	<1>
與({平,上,去})	{여}	<1>
與許({平,上,去}上)	{:여·허:홈}	<1>
與許({平,上,去}上)	{:여·허·ᄒᆞ야)	<2>
餘(平)	{:여}	<1>
繹(入)	{·역}	<1>
驛(入)	{·역}	<1>
緣故(平去)	{연·고}	<10>
緣故(平去)	{연·고}	<4>
緣故(平去)	{연·고로}	<1>
緣由(平平)	{연유}	<1>
燕太子({平,去}去上)	{연·태·ᄌᆞ}	<1>
綖(平)	{연}	<1>
說之(入平)	{·열지}	<1>
嬰(平)	{영}	<1>
英(平)	{영}	<1>
英公(平平)	{영공}	<1>
永嘉(上平)	{:영가}	<1>
永永(上上)	{:영:영히}	<1>
永泰(上去)	{:영:태}	<1>
潁水(上上)	{:영·슈}	<1>
營葬(平去)	{:영:장홀·제}	<1>
營葬(平去)	{:영:장}	<1>
營葬(平去)	{:영:장·ᄒᆞ·논}	<1>
營葬(平去)	{:영:장ᄒᆞ·고}	<1>
營葬(平去)	{:영·장:홈}	<1>
營葬(平去)	{:영장ᄒᆞ·니}	<1>
盈川令(平平{平,去})	{영쳔·령}	<1>
榮華(平{平,去})	{영화}	<1>
榮華(平{平,去})	{영화로·으·며}	<1>
榮華(平{平,去})	{영화로·이}	<1>
潁州(上平)	{:영쥬}	<1>
芮(去)	{:예}	<1>
豫備(去去)	{:예·비:홀·디니·라}	<1>
豫讓(去去)	{:예:양}	<1>
吳(平)	{오}	<1>
吳中(平{平,去})	{오듕}	<1>

五經(上平) {:오경} <1>
五代(上去) {:오:딗} <1>
五百(上入) {:오·빅집} <1>
五品(上上) {:오:품} <1>
傲慢(去去) {:오:만} <1>
傲慢(去去) {:오:만:홈} <1>
傲慢(去去) {:오:만훈} <1>
傲慢(去去) {:오·만:홈} <1>
奧(去) {:오·애} <1>
玉(入) {·옥} <5>
玉盞(入上) {·옥·잔} <2>
溫(平) {온} <1>
溫公(平平) {온공} <2>
溫恭(平平) {온공} <2>
溫公(平平) {온공} <1>
溫恭(平平) {온공·히} <2>
溫恭(平平) {온공ᄒᆞ·고} <2>
溫恭(平平) {온공ᄒᆞ·며} <1>
溫和(平{平,去}) {온화:홈} <1>
溫和(平{平,去}) {온화·케} <1>
溫和(平{平,去}) {온화·히} <1>
溫和(平{平,去}) {온화ᄒᆞ·고} <1>
溫和(平{平,去}) {온화ᄒᆞ·며} <1>
溫和(平{平,去}) {온화ᄒᆞᆫ} <2>
溫厚(平上) {온:후ᄒᆞ·고} <1>
昷之(平平) {온지} <1>
雍({平,去}) {:옹} <1>
雍({平,去}) {옹} <1>
雍州({平,去}平) {:옹쥬} <1>
雍州({平,去}平) {:옹쥬} <1>
玩弄(去去) {:완·롱·ᄒᆞ·야} <1>
玩味(去去) {:완·미·ᄒᆞ·야} <1>
玩味(去去) {:완미·ᄒᆞ·야} <1>
玩賞(去上) {:완·샹·ᄒᆞ야} <1>
婉順(上去) {:완:슌:홈·이} <1>
婉順(上去) {:완:슌ᄒᆞᆫ} <1>
頑惡(平入) {완·악ᄒᆞ·고} <2>
王(平) {왕} <8>
王(平) {왕} <1>
王(平) {왕} <1>

王(◱) {왕} <1>
王季(◱◳) {왕:계} <1>
王季(◱◳) {왕:계} <2>
王吉(◱◲) {왕·길} <1>
王密(◱◲) {왕·밀} <1>
王勃(◱◲) {왕·볼} <1>
王裒(◱◱) {왕·부} <1>
王妃(◱◱) {왕비} <1>
王詳(◱◱) {왕샹} <1>
王祥(◱◱) {왕샹} <1>
王相國(◱{◱,◳}◲) {왕·샹·국} <1>
王孫賈(◱{◱,◳}◳) {왕손:가} <2>
王延(◱◱) {왕연} <1>
王凝(◱◱) {왕응} <1>
王子(◱◰) {왕·ᄌᆞ} <2>
王制(◱◳) {왕:졔} <1>
王制(◱◳) {왕:졔} <2>
王通(◱◱) {왕통} <1>
王后(◱◰) {왕:후} <1>
王蠋(◱◲) {왕·쇽} <1>
汪信民(◱◳◱) {왕:신민} <1>
汪汪(◱◱) {왕왕ᄒᆞ야} <1>
外郎(◳◱) {:외랑} <1>
外姓(◳◳) {:외:셩} <1>
外篇(◳◱) {:외편} <1>
堯(◱) {요} <2>
堯夫(◱◱) {요부} <1>
堯舜(◱◳) {요:슌}) <4>
瑤(◱) {요} <1>
妖怪(◱◳) {요:괴·로온} <1>
妖怪(◱◳) {요:괴·를} <1>
妖怪(◱◳) {요:괴로·온} <1>
妖怪(◱◳) {요·괴로:옴} <1>
妖怪(◱◳) {요·괴로오·며} <1>
妖怪(◱◳) {요괴롭·고} <1>
要求({◱,◳}◱) {요구:호ᄃᆡ} <1>
要求({◱,◳}◱) {요구:홀·디·니라} <1>
要求({◱,◳}◱) {요구:홀·디니·라} <1>
要求({◱,◳}◱) {요구:홀·딘·댄} <1>
要求({◱,◳}◱) {요구·티} <3>

搖動(◱◰)	{요·동}	<1>
遼東公(◱◱◱)	{료동공}	<1>
夭夭({◱,◰}{◱,◰})	{요요·ᄐᆞᆺ}	<1>
饒足(◱◲)	{요·ᄌᆞᆨ:홈}	<1>
欲(◲)	{·욕}	<1>
辱(◲)	{·욕}	<4>
辱(◲)	{·욕·되·이}	<1>
辱(◲)	{·욕·디}	<1>
辱(◲)	{·욕·ᄒᆞ심}	<1>
辱(◲)	{·욕도·욤}	<1>
辱(◲)	{·욕ᄒᆞ·디}	<1>
辱(◲)	{·욕ᄒᆞ·이·디}	<1>
褥(◲)	{요·ᄃᆞᆯ·해}	<1>
慾心(◲◱)	{·욕·심}	<1>
慾心(◲◱)	{·욕심}	<9>
容(◱)	{용}	<2>
容納(◱◲)	{용·납}	<1>
容納(◱◲)	{용·납·디}	<2>
容貌(◱◳)	{용모}	<5>
勇猛(◰◰)	{:용:ᄆᆡᆼ}	<1>
勇猛(◰◰)	{:용ᄆᆡᆼ}	<1>
庸俗(◱◲)	{용·쇽ᄒᆞᆫ}	<2>
冗雜(◰◲)	{:용·잡}	<1>
肜(◱)	{용}	<1>
羽(◰)	{:우}	<2>
虞(◱)	{우}	<1>
虞(◱)	{우ㅅ나·라}	<1>
虞舜(◱◳)	{우:슌}	<1>
虞祭(◱◳)	{우:졔}	<1>
右僕射(◰◲◳)	{:우·복·야}	<1>
憂慮(◱◳)	{·우려ᄒᆞ·며}	<1>
偶然(◰◱)	{우연·히}	<1>
牛弘(◱◱)	{우홍}	<1>
雄(◱)	{웅}	<1>
熊膽(◱◰)	{웅:담}	<1>
瑗(◳)	{:원}	<2>
瑗(◳)	{원}	<1>
願(◳)	{:원·컨·댄}	<1>
願(◳)	{:원·티}	<2>
願(◳)	{:원·ᄒᆞ노라}	<1>

願(◳)	{:원·ᄒᆞᄂᆞᆫ}	<1>
願(◳)	{:원컨·댄}	<2>
寃(◱)	{원·ᄒᆞ여}	<1>
怨({◱,◳})	{:원·ᄒᆞ·야}	<1>
怨讐({◱,◳}◱)	{원슈}	<1>
怨讐({◱,◳}◱)	{원슈}	<7>
怨望({◱,◳}◳)	{:원:망}	<2>
怨望({◱,◳}◳)	{:원:망:홈}	<1>
怨望({◱,◳}◳)	{:원·망:홈}	<1>
怨望({◱,◳}◳)	{:원망:홈}	<2>
元(◱)	{원}	<1>
元魏(◱◳)	{원·위}	<3>
原明(◱◱)	{원명}	<1>
遠方({◰,◳}◱)	{:원방}	<1>
阮籍(◰◲)	{:완·젹}	<3>
月俸(◲◳)	{·월·봉}	<1>
爲({◱,◳})	{:위:홈}	<1>
爲({◱,◳})	{:위·코·져}	<1>
爲({◱,◳})	{:위·ᄒᆞ:예니·라}	<1>
爲({◱,◳})	{:위·ᄒᆞ·야}	<2>
爲({◱,◳})	{:위·ᄒᆞ·야}	<21>
爲({◱,◳})	{:위·ᄒᆞ·여}	<2>
爲({◱,◳})	{:위·ᄒᆞ·예·니}	<1>
爲({◱,◳})	{:위·ᄒᆞ·옐시·라}	<1>
爲({◱,◳})	{:위·ᄒᆞ야}	<4>
爲({◱,◳})	{:위·ᄒᆞ여}	<2>
爲({◱,◳})	{:위ᄒᆞ·야}	<2>
爲({◱,◳})	{:위ᄒᆞᆫ·디·라}	<1>
爲({◱,◳})	{·위·ᄒᆞ·야}	<1>
位(◳)	{·위}	<6>
衛(◳)	{·위}	<16>
衛(◳)	{·위}	<2>
衛詩(◳◱)	{·위시}	<1>
衛侯(◳◱)	{·위후}	<2>
魏(◳)	{·위}	<2>
威(◱)	{위}	<1>
威福(◱◲)	{위·복}	<1>
威嚴(◱◱)	{위엄}	<5>
威儀(◱◱)	{위의}	<13>
威重(◱{◱,◰,◳})	{위:듕}	<1>

圍(平) {위} <1>
慰勞(去{平,去}) {:위·로} <1>
喟然(去平) {:위연:홈} <1>
偉元(上平) {:위원} <1>
危坐(平上) {위:좌} <1>
危殆(平上) {위ᄐᆡ:홈} <1>
危殆(平上) {위ᄐᆡ·케} <1>
危殆(平上) {위ᄐᆡ·ᄐᆡ} <1>
危殆(平上) {위ᄐᆡ·ᄒᆞ야} <1>
危殆(平上) {위ᄐᆡᄒᆞ·니} <1>
危殆(平上) {위ᄐᆡᄒᆞᆫ} <3>
兪({平,上}) {유} <1>
愈(上) {:유} <1>
由(平) {유} <2>
攸(平) {유} <2>
猶(平) {유·ᄐᆡ} <1>
猶(平) {유·ᄂᆞᆫ} <1>
有德(上入) {:유·덕ᄒᆞ·며} <1>
有勢(上去) {:유·셰} <1>
有勢(上去) {:유·셰ᄒᆞᆫ} <1>
有識(上入) {:유·식ᄒᆞ·니} <1>
有餘(上平) {:유여커·든} <1>
有餘(上平) {:유여ᄒᆞ·리오} <1>
有餘(上平) {·유여ᄒᆞ·리라} <1>
有益(上入) {:유·익:홈} <1>
有益(上入) {:유·익ᄒᆞ·고} <1>
有益(上入) {:유·익ᄒᆞᆫ} <1>
遺漏({平,去}去) {유:루:홈} <1>
柔順(平去) {유:슌·호·ᄃᆡ} <1>
柔順(平去) {유:슌·히} <1>
柔順(平去) {유:슌ᄒᆞ·며} <1>
柔順(平去) {유:슌ᄒᆞᆫ} <1>
柔和(平{平,去}) {유화·히} <1>
宥和(上{平,去}) {유화ᄒᆞ·며} <1>
允(上) {:윤} <1>
允(上) {·윤} <11>
允(上) {·윤} <1>
尹(上) {·윤·ᄒᆞ·여} <2>
隱(上) {·은:홈} <2>
隱(上) {은:홈} <1>

隱居(◰◱)	{·은거·ᄒᆞ·야}	<1>
隱居(◰◱)	{·은거·ᄒᆞ·야·셔}	<1>
隱士(◰◰)	{·은·ᄉᆞ}	<2>
殷(◱)	{은}	<3>
殷勤(◱◱)	{은근·히}	<1>
銀(◱)	{은}	<1>
慇懃(◱◱)	{은근:홈}	<1>
誾誾(◱◱)	{은은·틋}	<1>
恩義(◱◳)	{은:의}	<1>
恩意(◱◳)	{은:의}	<1>
恩寵(◱◰)	{은:통}	<1>
恩惠(◱◳)	{은:혜}	<5>
恩惠(◱◳)	{은·혜}	<4>
檃括(◰◲)	{·은·괄·ᄒᆞ·여}	<1>
乙普明(◲◰◱)	{·을:보명}	<1>
音(◱)	{음}	<3>
音樂(◱◲)	{·음악}	<1>
音樂(◱◲)	{음·악}	<8>
淫亂(◱◳)	{음:난ᄒᆞᆫ}	<1>
淫亂(◱◳)	{음:란}	<1>
淫亂(◱◳)	{음:란:홈}	<1>
淫亂(◱◳)	{음:란커·든}	<1>
淫亂(◱◳)	{음:란ᄒᆞ·며}	<2>
淫亂(◱◳)	{음:란ᄒᆞᆫ}	<2>
淫蕩(◱◰)	{음:탕·ᄒᆞ·ᄂᆞ니}	<1>
淫蕩(◱◰)	{음:탕ᄒᆞ·며}	<1>
淫蕩(◱◰)	{음:탕ᄒᆞ·면}	<1>
淫蕩(◱◰)	{음:탕ᄒᆞᆫ}	<2>
淫蕩(◱◰)	{음·탕:홈}	<1>
陰邪(◱◱)	{음샤·히}	<1>
飮食({◰,◳}◲)	{:음:식}	<1>
飮食({◰,◳}◲)	{:음·식}	<38>
飮食({◰,◳}◲)	{:음·식:호·매}	<1>
飮食({◰,◳}◲)	{:음·식·ᄒᆞ·실제}	<1>
飮食({◰,◳}◲)	{:음·식·ᄒᆞ·논}	<1>
飮食({◰,◳}◲)	{:음·식ᄒᆞ·기}	<1>
飮食({◰,◳}◲)	{·음·식}	<1>
揖(◲)	{·읍·ᄒᆞ:샤·ᄃᆡ}	<1>
揖(◲)	{·읍·ᄒᆞ·야}	<2>
揖(◲)	{·읍·ᄒᆞ더·라}	<2>

應({◱,◳}) {:웅:ᄒᆞᆷ} <2>
應({◱,◳}) {:웅·ᄋᆞᆫ} <1>
應({◱,◳}) {:웅·ᄒᆞ·야} <1>
應({◱,◳}) {:웅·ᄒᆞ여} <1>
應({◱,◳}) {:웅·ᄒᆞᄂᆞ·니} <1>
應({◱,◳}) {:웅ᄒᆞ·나} <1>
應({◱,◳}) {:웅ᄒᆞ·며} <2>
應({◱,◳}) {:웅ᄒᆞ며} <2>
應當({◱,◳}{◱,◳}) {웅당:히} <1>
應當({◱,◳}{◱,◳}) {웅당·히} <1>
應對({◱,◳}◳) {:웅:ᄃᆡ} <2>
應接({◱,◳}◲) {:웅·졉:ᄒᆞᆷ} <1>
義(◳) {:의} <17>
義(◳) {:의ᄒᆞᆫ} <1>
義理(◳◰) {:의:리} <2>
義田宅(◳◱◲) {:의·뎐·ᄐᆡᆨ} <1>
義眞(◳◱) {:의진} <2>
儀(◱) {의} <1>
儀(◱) {의} <2>
儀禮篇(◱◰◱) {의·례편} <2>
儀禮篇(◱◰◱) {의·례편} <1>
依據(◱◳) {의:거·ᄒᆞ야} <1>
依據(◱◳) {의·거·ᄒᆞ·야} <1>
依倣(◱◱) {의:방·ᄒᆞ·야} <1>
依支(◱◱) {의:지·ᄒᆞ야} <1>
依支(◱◱) {의·지·케} <1>
依支(◱◱) {의·지·ᄒᆞ·야} <2>
依支(◱◱) {의·지·ᄒᆞ·ᄂᆞᆫ} <1>
依支(◱◱) {의·지·ᄒᆞ얏더·니} <1>
依託(◱◲) {의·탁ᄒᆞᆫ} <1>
依託(◱◲) {의·탁ᄒᆞᆯ·ᄃᆡ} <1>
衣冠({◱,◳}{◱,◳}) {의관} <2>
衣服({◱,◳}◲) {의·복} <7>
衣服({◱,◳}◲) {의·복·ᄒᆞ·ᄂᆞᆫ} <1>
議論(◳{◱,◳}) {:의·논ᄒᆞᆯ·시} <1>
議論(◳{◱,◳}) {:의론} <1>
議論(◳{◱,◳}) {:의론·ᄒᆞ·야} <1>
議論(◳{◱,◳}) {:의론ᄒᆞ·며} <2>
議論(◳{◱,◳}) {:의:론} <1>
議論(◳{◱,◳}) {:의:론·티} <1>

議論(◳{◱,◳})	{:의·론}	<1>
議論(◳{◱,◳})	{:의·론:홈}	<2>
議論(◳{◱,◳})	{:의·론ᄒᆞ·기}	<1>
議論(◳{◱,◳})	{:의론}	<1>
議論(◳{◱,◳})	{:의론·티}	<1>
議論(◳{◱,◳})	{:의론·ᄒᆞ·야}	<1>
議論(◳{◱,◳})	{:의론ᄒᆞ·며}	<1>
議論(◳{◱,◳})	{:의론ᄒᆞᆫ}	<1>
議論(◳{◱,◳})	{:의론ᄒᆞᆯ·디니·라}	<1>
議論(◳{◱,◳})	{·의론}	<1>
議論(◳{◱,◳})	{·의론:홈}	<1>
議論(◳{◱,◳})	{·의론ᄒᆞ·기}	<1>
議論(◳{◱,◳})	{·의론ᄒᆞ·야}	<1>
疑問(◱◳)	{의:문}	<1>
疑心(◱◱)	{의심되·야}	<1>
疑心(◱◱)	{의심된}	<1>
疑心(◱◱)	{의심된·ᄃᆡ}	<1>
醫術(◱◲)	{의·슐}	<1>
醫員(◱◱)	{의원}	<3>
易(◳)	{:이}	<3>
夷(◱)	{이}	<1>
夷吾(◱◱)	{이오}	<1>
二百(◳◲)	{:이·ᄇᆡᆨ}	<1>
二三百(◳◱◲)	{:이삼·ᄇᆡᆨ}	<1>
異姓(◳◳)	{:이:셩}	<3>
異端(◳◱)	{:이단}	<1>
以道(◰◰)	{:이:도}	<1>
以前(◰◱)	{:이젼}	<1>
怡然(◱◱)	{이연·히}	<1>
怡怡(◱◱)	{이이·히}	<1>
伊尹(◱◰)	{이·윤}	<3>
伊川(◱◱)	{이쳔}	<16>
伊川(◱◱)	{이쳔}	<1>
二千石(◳◱◲)	{:이쳔·셕}	<2>
二千五百(◳◱◰◲)	{이쳔:오·ᄇᆡᆨ집}	<1>
姨兄(◱◱)	{이형}	<1>
匜(◱)	{이}	<1>
頤(◱)	{이}	<1>
翼之(◲◱)	{·익지}	<1>
釴(◲)	{·익}	<1>

仁(◺) {인} <5>
仁(◺) {인ᄒᆞ·고} <1>
仁(◺) {인ᄒᆞ·니·를} <1>
仁(◺) {인ᄒᆞᆫ} <3>
仁(◺) {인ᄒᆞᆯ} <1>
仁義(◺◹) {인:의} <1>
仁慈(◺◺) {인ᄌᆞ:홈} <1>
仁慈(◺◺) {인ᄌᆞ로옴} <1>
仁惠(◺◹) {인·혜로오·며} <1>
因(◺) {인·ᄒᆞ·야} <10>
因(◺) {인·ᄒᆞ·야셔} <1>
因(◺) {인·ᄒᆞ·여} <1>
因(◺) {인·ᄒᆞ야} <6>
因循(◺◺) {인슌·티} <1>
引導(◸◹) {·인:도:호·리니} <1>
引導(◸◹) {·인:도:홈} <3>
引導(◸◹) {·인·도ᄒᆞ·고} <1>
人倫(◺◺) {인륜} <11>
人生(◺◺) {인싱} <1>
人材(◺◺) {인:지} <1>
人才(◺◺) {인지} <1>
人定(◺◹) {인뎡} <1>
人情(◺◺) {인졍} <3>
人品(◺◸) {인·품} <1>
忍字(◸◹) {:인·ᄌᆞ}) <1>
一家(◿◺) {·일가} <2>
一萬(◿◹) {·일:만} <4>
一命(◿◹) {·일:명} <1>
一百(◿◿) {:일·빅} <1>
一百(◿◿) {·일·빅} <9>
一百(◿◿) {·일·빅번} <1>
一百兩(◿◿{◸,◹}) {·일·빅량} <1>
一生(◿◺) {·일싱} <1>
一定(◿◹) {·일:뎡ᄒᆞ·면} <1>
一千(◿◺) {·일쳔} <3>
一千疋(◿◺◿) {·일쳔·필} <1>
一便(◿{◺,◹}) {·일편} <1>
日課(◿◹) {·일:과} <1>
日課(◿◹) {·일과·ᄒᆞᄂᆞᆫ} <1>
任氏({◺,◹}◸) {임·시} <1>

入聲(入平)	{·입셩}	<1>
滕(去)	{잉}	<1>
仍(去)	{·잉}	<1>
字(去)	{:네·ᄌᆞ}	<2>
字(去)	{:세·ᄌᆞ}	<2>
字(去)	{·글·ᄌᆞ}	<1>
字(去)	{·ᄌᆞ}	<39>
字(去)	{·ᄌᆞ·ᄠᅳᆮ}	<3>
字(去ㄷ)	{·ᄒᆞᆫᄌᆞ도}	<1>
字(去)	{ᄌᆞ}	<1>
字(去ㄷ)	{ᄒᆞᆫ·ᄌᆞ}	<1>
字字(去去)	{·ᄌᆞ·ᄌᆞ}	<1>
者(上)	{·쟈}	<1>
子(上)	{·ᄌᆞ}	<2>
子(上)	{·ᄌᆞ}	<2>
子(上)	{·ᄌᆞ}	<2>
子羔(上平)	{·ᄌᆞ고}	<3>
子貢(上去)	{·ᄌᆞ:공}	<1>
子路(上去)	{·ᄌᆞ:로}	<4>
子思(上{平,去})	{·ᄌᆞᄉᆞ}	<1>
子思子(上{平,去}上)	{·ᄌᆞᄉᆞ·ᄌᆞ}	<1>
子書(上平)	{·ᄌᆞ셔}	<1>
子孫(上{平,去})	{·ᄌᆞ손}	<19>
子孫(上{平,去})	{ᄌᆞ손}	<2>
子息(上入)	{·ᄌᆞ·식}	<49>
子息(上入)	{·ᄌᆞ식}	<2>
子淵(上平)	{·ᄌᆞ연}	<1>
子容(上平)	{·ᄌᆞ용}	<1>
子羽(上上)	{·ᄌᆞ:우}	<1>
子游(上平)	{·ᄌᆞ유}	<1>
子臧(上平)	{·ᄌᆞ·장}	<1>
子臧(上平)	{·ᄌᆞ장·이}	<1>
子弟(上{上,去})	{·ᄌᆞ:뎨}	<16>
子弟(上{上,去})	{·ᄌᆞ·뎨}	<1>
子春(上平)	{·ᄌᆞ츈}	<1>
子平(上平)	{·ᄌᆞ평}	<1>
子夏(上去)	{·ᄌᆞ:하}	<1>
子厚(上上)	{·ᄌᆞ:후}	<1>
資賴(平去)	{ᄌᆞ:뢰·ᄒᆞ·야}	<1>
資賴(平去)	{ᄌᆞ뢰케}	<1>

滋味(◱◳)	{ᄌᆞ:미}	<2>
刺史(◳◰)	{:ᄌᆞ:ᄉᆞ}	<2>
刺史(◳◰)	{ᄌᆞ:ᄉᆞ}	<1>
仔詳(◰◱)	{ᄌᆞ샹ᄒᆞ며}	<1>
仔詳(◰◱)	{ᄌᆞ샹ᄒᆞ·고}	<1>
仔細(◰◳)	{·ᄌᆞ·셔·히}	<2>
仔細(◰◳)	{·ᄌᆞ셔히}	<1>
仔細(◰◳)	{·ᄌᆞ셔ᄒᆞ·고}	<1>
仔細(◰◳)	{·ᄌᆞ셰:홈}	<1>
慈詳(◱◱)	{ᄌᆞ샹}	<1>
姿色(◱◲)	{ᄌᆞ·ᄉᆡᆨ}	<1>
自若(◳◲)[64]	{·ᄌᆞ·약히}	<1>
自然(◳◱)	{·ᄌᆞ연·히}	<7>
自然(◳◱)	{·ᄌᆞ연·ᄒᆞ·야}	<1>
自然(◳◱)	{·ᄌᆞ연ᄒᆞᆫ·듯}	<1>
自重(◳{◱,◰,◳})	{·ᄌᆞ:듕ᄒᆞ·리}	<1>
自處(◳{◰,◳})	{·ᄌᆞ:쳐ᄒᆞ·며}	<1>
恣專(◳◱)	{·ᄌᆞ젼·티}	<1>
恣專(◳◱)	{·ᄌᆞ젼·ᄒᆞ·야}	<1>
紫的(◰◲)	{ᄌᆞ·디}	<1>
勺(◲)	{·쟉}	<1>
勺象(◲◰)	{·쟉·샹}	<1>
盞(◰)	{·잔}	<3>
孱陵(◱◱)	{잔능}	<1>
潛(◱)	{ᄌᆞᆷ}	<1>
潛(◱)	{ᄌᆞᆷ}	<1>
箴(◱)	{ᄌᆞᆷ}	<1>
暫間(◳{◱,◳})	{·잠·싼}	<1>
雜(◲)	{·잡:말}	<1>
雜(◲)	{·잡·일}	<1>
狀元(◳◱)	{:장원}	<1>
長({◱,◰})	{:댱은}	<1>
長史({◱,◰}◰)	{:댱:ᄉᆞ})	<1>
長史({◱,◰}◰)	{:댱:ᄉᆞ}	<1>
長壽({◱,◰}{◰,◳})	{댱·슈}	<2>
長壽({◱,◰}{◰,◳})	{댱·슈:홈}	<1>
長壽({◱,◰}{◰,◳})	{댱·슈홀}	<1>

64) '若'은 자전에서 야◰과 약◲으로 나타난다. 그러나 《소학언해》에서는 '若'이 '·약(·□)'으로만 쓰이고 있으므로, 이 자료에서는 ◲은 취하고 ◰은 버린다.

長孫夫人({◱,◰}{◱,◳}◱◱)	{:댱손부인}	<2>
長幼({◱,◰}◳)	{:댱:유}	<1>
張({◱,◰})	{댱}	<4>
張公({◱,◰}◱)	{댱공}	<1>
張公藝({◱,◰}◱◳)	{댱공:예}	<1>
張觀({◱,◰}{◱,◳})	{댱관}	<1>
張湛({◱,◰}◱)	{댱담}	<1>
張夫人({◱,◰}◱◱)	{댱부인}	<1>
張思叔({◱,◰}{◱,◳}◲)	{댱ᄉᆞ·슉}	<1>
帳(◳)	{:댱}	<3>
帳戶籍(◳◰◲)	{:댱:호·젹}	<1>
障(◳)	{:댱}	<1>
醬(◳)	{:쟝}	<2>
壯(◳)	{:쟝:홈}	<1>
場(◱)	{댱}	<1>
臧(◱)	{장}	<1>
莊(◱)	{쟝}	<1>
莊姜(◱◱)	{쟝강}	<3>
莊公(◱◱)	{쟝공})	<2>
莊嚴(◱◱)	{장엄·ᄒᆞ·샤}	<1>
莊周(◱◱)	{장쥬}	<1>
將軍({◱,◳}◱)	{쟝군}	<1>
將棋({◱,◳}◱)	{:쟝·긔}	<2>
將棋({◱,◳}◱)	{:쟝긔}	<1>
將棋({◱,◳}◱)	{쟝·긔}	<1>
將帥({◱,◳}◳)	{:쟝·슈}	<5>
將次({◱,◳}◳)	{쟝·ᄌᆞᆺ}	<1>
將次({◱,◳}◳)	{쟝·ᄎᆞᆺ}	<28>
將次({◱,◳}◳)	{쟝ᄎᆞᆺ}	<3>
贓吏(◱◳)	{장:리}	<1>
丈夫(◰◱)	{:댱부}	<1>
掌書記(◰◱◳)	{:쟝셔·긔}	<1>
載({◰,◳})	{ᄌᆡ}	<1>
齋(◱)	{ᄌᆡ}	<3>
齋戒(◱◳)	{ᄌᆡ:계}	<2>
齋戒(◱◳)	{ᄌᆡ:계·ᄒᆞ·야}	<2>
齋戒(◱◳)	{ᄌᆡ:계·ᄒᆞ던}	<1>
齋戒(◱◳)	{ᄌᆡ:계ᄒᆞᆫ}	<1>
齋戒(◱◳)	{ᄌᆡ:계ᄒᆞᆯ}	<1>
齋衰(◱◱)	{ᄌᆡ최}	<1>

齋室(◱◲)	{ᄌᆡ·실}	<1>
裁斷(◱{◰,◳})	{ᄌᆡ:단}	<1>
財利權(◱◳◱)	{ᄌᆡ:릿권}	<1>
財物(◱◲)	{·ᄌᆡ·믈}	<1>
財物(◱◲)	{ᄌᆡ·믈}	<12>
宰相(◰({◱,◳}))	{:ᄌᆡ:샹}	<4>
宰相(◰({◱,◳}))	{:ᄌᆡ·샹}	<9>
宰相(◰({◱,◳}))	{·ᄌᆡ:샹}	<1>
宰相品(◰{◱,◳}◰)	{:ᄌᆡ·샹:품}	<1>
才質(◱◲)	{ᄌᆡ·질}	<1>
才質(◱◲)	{ᄌᆡ질}	<1>
災害(◱◳)	{ᄌᆡ:해}	<1>
災禍(◱◰)	{ᄌᆡ:화}	<2>
災禍(◱◰)	{ᄌᆡ·화}	<1>
錚錚(◱◱)	{ᄌᆡᆼᄌᆡᆼ·히}	<1>
箸(◳)	{·져}	<2>
著作郎({◱,◳}◲◱)	{:뎌·작랑}	<1>
貯蓄(◰◲)	{뎨·튝}	<2>
炙(◲)65)	{·젹}	<1>
敵(◲)	{:피·뎍}66)	<1>
賊(◲)	{·적·해:ᄒᆞᆷ}	<1>
積(◲)	{·젹}	<2>
籍(◲)	{·젹}	<1>
勣(◲)	{·젹}	<1>
嫡長(◲{◱,◰})	{·뎍댱아·ᄃᆞᆯ}	<1>
翟黑子(◲◲◰)	{·뎍·흑·ᄌᆞ}	<2>
傳({◱,◳})	{:뎐}	<1>
傳({◱,◳})	{뎐·ᄒᆞ·거시·ᄂᆞᆯ}	<1>
傳({◱,◳})	{뎐·ᄒᆞ·야}	<1>
傳({◱,◳})	{뎐ᄒᆞᆯ}}	<1>
傳喝({◱,◳}◲)	{뎐·갈}	<1>
傳記({◱,◳}◳)	{:뎐·긔}	<1>
傳染({◱,◳}◰)	{뎐:염·티}	<1>
前(◱)	{젼}	<6>
前(◱)	{젼·에}	<1>
前(◱)	{젼·의·ᄂᆞᆫ}	<1>
前(◱)	{젼·읫}	<1>

65) 炙(고기구이 자◳, 김 쏘일 자◳; 고기구이 적◲, 김 쏘일 적◲). '炙'은 《소학언해》에서 '젹'으로만 나타나므로 이 자료에서는 ◲은 취하고 ◳은 버린다.

66) :피·뎍(敵手의 옛말)

前(◱)	{젼읜}	<1>
前期(◱◱)	{젼긔·ᄒᆞ·야}	<1>
全蠍(◱◲)	{젼·갈}	<1>
戰國(◳◲)	{:젼·국}	<2>
錢明逸(◱◱◲)	{젼명·일}	<1>
殿門(◳◱)	{:뎐문}	<1>
殿試(◳◳)	{:뎐·시}	<1>
殿下(◳{◰,◳})	{:뎐:하}	<2>
專一(◱◲)	{젼·일·히}	<1>
專一(◱◲)	{젼·일·ᄒᆞᄂᆞ·니라}	<1>
專一(◱◲)	{젼·일ᄒᆞ·며}	<1>
專一(◱◲)	{젼·일ᄒᆞ·면}	<1>
專一(◱◲)	{젼·일홀·디·니}	<1>
專主(◱◰)	{젼·쥬:홀·디라}	<1>
專主(◱◰)	{젼·쥬·케}	<1>
田地(◱◳)	{뎐·디}	<1>
田地(◱◳)	{뎐디}	<1>
田宅(◱◲)	{뎐·틱}	<1>
田蚡(◱◱)	{뎐분}	<1>
節(◲)	{·졀}	<5>
節槪(◲◳)	{·졀·개}	<2>
節度使(◲◳{◰,◳}	{·졀:도:ᄉᆞ}	<2>
節度使(◲◳{◰,◳})	{·졀도·ᄉᆞ}	<2>
節目(◲◲)	{·졀·목}	<2>
節義(◲◳)	{·졀:의}	<2>
節操(◲◱)	{·졀조}	<1>
節奏(◲◳)	{·졀:주}	<1>
節次(◲◳)	{·졀·ᄎᆞ}	<4>
節孝(◲◳)	{·졀:효}	<2>
節孝(◲◳)	{·졀·효}	<1>
絶(◲)	{·졀·ᄒᆞᄂᆞ·니}	<1>
切(◲)	{·졀ᄒᆞᆫ}	<1>
切當(◲{◱,◳})	{·졀당·케}	<2>
切磋(◲◱)	{·졀차·ᄒᆞ·야}	<1>
點(◰)	{:뎜}	<8>
占卜({◱,◳}◲)	{졈·복:홀·디니라}	<1>
漸({◱,◰})	{:졈}	<1>
漸漸({◱,◰}{◱,◰})	{:졈:졈}	<2>
正({◱,◳})	{:졍:홈}	<1>
正({◱,◳})	{:졍·답거·늘}	<1>

正({◱,◳})	{:졍·답고}	<2>
正({◱,◳})	{:졍·케}	<5>
正({◱,◳})	{:졍·티}	<4>
正({◱,◳})	{:졍·히}	<10>
正({◱,◳})	{:졍·ᄒᆞ·야}	<1>
正({◱,◳})	{:졍·ᄒᆞ욤}	<1>
正({◱,◳})	{:졍·ᄒᆞᆫ}	<1>
正({◱,◳})	{:졍다·이}	<1>
正({◱,◳})	{:졍다이}	<1>
正({◱,◳})	{:졍ᄒᆞ·고}	<2>
正({◱,◳})	{:졍ᄒᆞ·며}	<2>
正({◱,◳})	{:졍ᄒᆞᆫ}	<4>
正({◱,◳})	{·졍·히}	<1>
正({◱,◳})	{졍·티}	<1>
正色({◱,◳}◲)	{:졍·식ᄒᆞ·고}	<3>
正叔({◱,◳}◲)	{:졍·슉}	<1>
正獻({◱,◳}◳)	{:졍:헌}	<1>
正獻公({◱,◳}◳◱)	{:졍:헌공}	<6>
正月({◱,◳}◲)	{졍·월}	<1>
鄭(◳)	{:뎡}	<1>
鄭(◳)	{:뎡}	<1>
鄭伯(◳◲)	{:뎡·빅}	<1>
鄭義宗(◳◳◱)	{:뎡:의죵}	<1>
鼎(◰)	{:뎡}	<1>
定(◳)	{:뎡:흠}	<3>
定(◳)	{:뎡·커·늘}	<1>
定(◳)	{:뎡·ᄒᆞ더·니}	<1>
定(◳)	{:뎡·ᄒᆞ여}	<1>
定(◳)	{:뎡ᄒᆞ·고}	<1>
定(◳)	{:뎡ᄒᆞ·다}	<1>
定(◳)	{:뎡ᄒᆞ·리·니}	<1>
定(◳)	{뎡·ᄒᆞᄂᆞᆫ}	<1>
貞(◱)	{뎡}	<1>
貞元(◱◱)	{뎡원}	<1>
貞節(◱◲)	{뎡:졀}	<1>
貞正(◱{◱,◳})	{뎡:졍:흠}	<1>
程(◱)	{뎡}	<3>
情(◱)	{졍}	<3>
精(◱)	{졍:흠}	<1>
精(◱)	{졍·코}	<1>

精(◱) {졍ᄒᆞ·고} <2>
精微(◱◱) {졍미ᄒᆞᆫ} <1>
精誠(◱◱) {졍셩} <3>
精誠(◱◱) {졍셩} <2>
精誠(◱◱) {졍셩도·이} <2>
精誠(◱◱) {졍셩되·며} <1>
精誠(◱◱) {졍셩된} <3>
精神(◱◱) {졍신} <1>
丁未(◱◳) {뎡:미} <1>
政事(◳◳) {·졍:ᄉᆞ} <1>
政事(◳◳) {·졍:ᄉᆞ:홈} <1>
政事(◳◳) {·졍:ᄉᆞ·ᄒᆞ욤} <1>
政事(◳◳) {·졍·ᄉᆞ} <2>
政丞(◳◱) {·졍·승} <3>
政丞(◳◱) {·졍승} <8>
政丞(◳◱) {·졍승·위} <1>
禎祥(◱◱) {뎡샹} <1>
廷試(◱◳) {뎡:시} <1>
程伊川(◱◱◱) {뎡이쳔} <1>
整齊(◰◱) {:졍·졔:호·려} <1>
整齊(◰◱) {:졍·졔히} <1>
整齊(◰◱) {:졍졔:홈} <1>
整齊(◰◱) {:졍졔히} <1>
整齊(◰◱) {:졍졔ᄒᆞ·고} <1>
整齊(◰◱) {:졍졔ᄒᆞ·면} <1>
旌表(◱◰) {졍·표ᄒᆞ·니·라} <1>
旌表(◱◰) {졍·표} <1>
旌表(◱◰) {졍표} <1>
悌(◳) {:뎨} <2>
悌(◳) {:뎨ᄒᆞ·리오} <1>
悌(◳) {:뎨ᄒᆞ고} <1>
帝(◳) {:뎨} <13>
祭(◳) {:졔} <4>
祭(◳) {:졔:홈} <1>
祭(◳) {:졔·ᄒᆞ·거시·든} <1>
祭(◳) {:졔·ᄒᆞ·시고} <1>
祭(◳) {:졔·ᄒᆞ·ᄂᆞᆫ} <3>
祭(◳) {:졔·ᄒᆞ·ᄂᆞᆫ·ᄃᆞ시} <1>
祭(◳) {:졔하·며} <3>
祭(◳) {:졔ᄒᆞ:게} <1>

祭(去)	{:졔ᄒᆞ·기}	<2>
祭(去)	{:졔ᄒᆞᆯ·제}	<1>
祭(去)	{·졔}	<3>
祭(去)	{·졔·ᄒᆞ·ᄂᆞᆫ}	<1>
祭器(去去)	{:졔:긔}	<1>
祭器(去去)	{:졔·긔}	<3>
祭服(去入)	{:졔·복}	<2>
祭祀(去上)	{:졔:ᄉᆞ}	<3>
祭祀(去上)	{:졔·ᄉᆞ}	<1>
祭祀(去上)	{:졔·ᄉᆞᄒᆞ·기}	<1>
祭祀(去上)	{:졔·ᄉᆞᄒᆞ·며}	<1>
祭祀(去上)	{·졔:ᄉᆞ}	<1>
祭祀(去上)	{·졔·ᄉᆞ}	<1>
祭義(去去)	{:졔:의}	<2>
祭統(去去)	{:졔:통}	<1>
齊(平)	{졔}	<12>
齊(平)	{졔ㅅ나·라}	<1>
齊閔王(平上平)	{졔·민왕}	<1>
諸葛孔明(平入上平)	{졔·갈·공명}	<1>
諸葛武侯(平入上平)	{졔·갈:무후}	<1>
制斷(去{上,去})	{:졔·단ᄒᆞᆯ}	<1>
制度(去去)	{:졔·도}	<1>
制御(去去)	{:졔·어:홈}	<1>
制御(去去)	{:졔·어·ᄒᆞ·야}	<1>
題目(平入)	{뎨·목}	<1>
娣姒({上,去}上)	{:제:ᄉᆞ}	<1>
濟陽({上,去}平)	{:졔양}	<1>
第五(去上)	{:뎨:오}	<1>
第五琦(去上平)	{:뎨·오긔}	<1>
第五倫(去上平)	{:뎨:오륜}	<1>
弟子({上,去}上)	{:뎨:ᄌᆞ}	<1>
弟子({上,去}上)	{:뎨·ᄌᆞ}	<17>
弟子({上,去}上)	{·뎨:ᄌᆞ}	<1>
弟子({上,去}上)	{·뎨·ᄌᆞ}	<1>
弟子({上,去}上)	{뎨·ᄌᆞ}	<1>
弟子織({上,去}上入)	{:뎨·ᄌᆞ·직}	<1>
諸侯(平平)	{졔후}	<5>
諸侯王(平平平)	{졔후왕}	<1>
趙(上)	{:됴}	<1>
趙(上)	{:됴·짜}	<1>

趙孟(上去)	{:됴:밍}	<1>
趙襄子(上平上)	{:됴양·ᄌᆞ}	<2>
俎(上)	{:조}	<1>
俎豆(上去)	{:조:두}	<1>
詔(上)	{:죠·ᄒᆞ·샤}	<1>
詔(上)	{:죠·ᄒᆞ·야}	<1>
條件(平去)	{됴건}	<1>
朝官(平平)	{됴관}	<2>
朝服(平入)	{됴·복}	<5>
朝服(平入)	{됴·복ᄒᆞ·고}	<1>
朝士(平上)	{됴·ᄉᆞ}	<1>
朝廷(平平)	{됴뎡}	<8>
朝會(平去)	{됴:회}	<2>
朝會(平去)	{됴:회·ᄒᆞ·야}	<1>
朝會(平去)	{됴:회·ᄒᆞᄂᆞᆫ}	<1>
朝會(平去)	{됴·회}	<2>
朝會(平去)	{됴·회·ᄒᆞ·더시·다}	<1>
躁急(去入)	{:조·급ᄒᆞ·며}	<1>
躁急(去入)	{조·급·히}	<1>
躁急(去入)	{조·급ᄒᆞ·고}	<1>
照鄰(去平)	{:죠린}	<1>
弔喪(去{平,去})	{:됴상ᄒᆞ·디}	<1>
祖上(上{上,去})	{·조:샹}	<2>
祖上(上{上,去})	{·조·샹}	<6>
祖上(上{上,去})	{·조샹}	<1>
祖上(上{上,去})	{조:샹}	<1>
曹爽(平上)	{조:상}	<1>
曹氏(平上)	{조·시}	<4>
操心(平平)	{:조·심·ᄒᆞ·야}	<3>
操心(平平)	{:조·심·ᄒᆞ·ᄂᆞ니·라}	<1>
操心(平平)	{:조·심ᄒᆞ·며}	<1>
操心(平平)	{:조심:홈}	<2>
操心(平平)	{:조심·케}	<2>
操心(平平)	{:조심·ᄒᆞ·야}	<3>
操心(平平)	{:조심·ᄒᆞ·ᄂᆞ니·라}	<1>
操心(平平)	{:조심·ᄒᆞ더시·니}	<1>
操心(平平)	{:조심ᄒᆞ·고}	<1>
操心(平平)	{:조심ᄒᆞ·니}	<1>
操心(平平)	{:조심ᄒᆞ·며}	<4>
操心(平平)	{조심·ᄒᆞ·ᄂᆞᆫ}	<1>

晁氏(◱◰)　{됴·시}　<1>
足(◲)67)　{·죡·게}　<1>
足(◲)　{·죡·디}　<3>
足(◲)　{·죡·히}　<16>
足(◲)　{·죡ᄒᆞ·니·라}　<1>
足(◲)　{·죡ᄒᆞ·며}　<1>
足(◲)　{죡·히}　<1>
族類(◲◳)　{·족·뉴}　<1>
尊(◱)　{존·히}　<1>
尊(◱)　{존·ᄒᆞ·시던}　<1>
尊(◱)　{존·ᄒᆞᆫ}　<1>
尊(◱)　{준노ᄒᆞᆫ}　<1>
尊待(◱◰)　{존:ᄃᆡᄒᆞ·며}　<1>
尊嚴(◱◱)　{존엄ᄒᆞᆫ}　<1>
尊長(◱{◱,◰})　{존:댱}　<1>
尊稱(◱{◱,◳})　{존칭}　<2>
尊賢堂(◱◱◱)　{존현당}　<1>
撙節(◰◲)　{:존·졀·ᄒᆞ야}　<1>
撙節(◰◲)　{:존·졀ᄒᆞ·며}　<1>
卒哭祭(◲◲◳)　{·졸·곡:졔ᄒᆞ·야}　<1>
宗(◱)　{종·ᄒᆞ·거·늘}　<1>
宗廟(◱◳)　{종:묘}　<2>
宗廟(◱◳)　{종·묘}　<1>
宗室(◱◲)　{종·실}　<2>
宗諤(◱◲)　{종·악}　<1>
宗要(◱{◱,◳})　{종:요}　<2>
宗要(◱{◱,◳})　{종:외}　<1>
宗要(◱{◱,◳})　{종요}　<2>
宗要(◱{◱,◳})　{종요로·온}　<1>
宗族(◱◲)　{종·족}　<2>
終始(◱◰)　{죵:시·히}　<1>
從彦(◱◳)　{죵:언}　<1>
從容(◱◱)　{죵용·히}　<1>
從祖叔母(◱◰◲◰)　{:죵·조·슉:모}　<1>
座(◳)　{:좌}　<1>
坐(◰)　{좌}　<1>
坐罪(◰◰)　{:좌·죄}　<1>

67) '足'은 자전에 '주◳'과 '족◲'으로 나타나지만, 《소학언해》에는 '죡'으로만 나타나므로, 이 자료에서는 ◲은 취하고, ◳은 버린다.

左右(◰◰)	{:좌:우}	<2>
左右(◰◰)	{:좌우}	<1>
左馮翊(◰◱◲)	{:좌풍·익}	<1>
罪(◰)	{:죄}	<18>
罪(◰)	{:죄지·은}	<1>
罪人(◰◱)	{:죄인}	<1>
註(◳)	{:주}	<1>
奏(◳)	{:주ᄒᆞ·며}	<1>
紂(◰)	{·듀}	<9>
主(◰)	{·쥬·티}	<1>
主簿(◰◰)	{·쥬·부}	<1>
主簿(◰◰)	{·쥬:부}	<3>
主人(◰◱)	{·쥬인}	<13>
主人(◰◱)	{·쥬인}	<5>
主爵都尉(◰◲◱◳)	{·쥬·쟉도위}	<1>
主張(◰{◱,◰})	{·쥬댱홀·이}	<1>
廚(◱)	{듀}	<1>
周(◱)	{쥬}	<1>
周(◱)	{쥬}	<9>
周(◱)	{쥬}	<1>
周公(◱◱)	{쥬공}	<3>
周南(◱◱)	{쥬남}	<2>
周禮(◱◰)	{쥬·례}	<1>
周禮(◱◰)	{쥬·례}	<1>
周密(◱◲)	{쥬·밀ᄒᆞ·며}	<2>
周旋(◱{◱,◳})	{쥬션·케}	<1>
周詩(◱◱)	{쥬시}	<1>
周易(◱◲)	{쥬·역}	<1>
周徧(◱◳)	{쥬:변티}	<1>
州(◱)	{쥬}	<5>
州事(◱◳)	{쥬:ᄉᆞ}	<1>
州吁(◱◱)	{쥬우}	<1>
朱(◱)	{쥬}	<2>
朱氏(◱◰)	{쥬·시}	<2>
朱壽昌(◱{◰,◳}◱)	{쥬·슈챵}	<1>
朱仁軌(◱◱◰)	{쥬인:궤}	<1>
朱子(◱◰)	{쥬·ᄌᆞ}	<1>
酒酊(◰◰)	{:쥬·졍·ᄒᆞ더·니}	<1>
竹(◲)	{·듁}	<1>
粥(◲)	{·쥭}	<4>

俊邁(◳◳)	{:쥰·매:ᄒᆞᆷ}	<1>
重({◱,◰,◳})68)	{:듀ᇰ:ᄒᆞᆷ}	<1>
重({◱,◰,◳})	{:듀ᇰ:ᄒᆞᆷ·으로}	<2>
重({◱,◰,◳})	{:듀ᇰ·케}	<1>
重({◱,◰,◳})	{:듀ᇰ·코}	<1>
重({◱,◰,◳})	{:듀ᇰ·히}	<5>
重({◱,◰,◳})	{:듀ᇰ·ᄒᆞ·니}	<1>
重({◱,◰,◳})	{:듀ᇰ·ᄒᆞ시·니}	<1>
重({◱,◰,◳})	{:듀ᇰ·ᄒᆞᆫ}	<1>
重({◱,◰,◳})	{:듀ᇰ커·늘}	<1>
重({◱,◰,◳})	{:듀ᇰ히}	<1>
重({◱,◰,◳})	{:듀ᇰᄒᆞ·니}	<1>
重({◱,◰,◳})	{:듀ᇰᄒᆞᆫ}	<2>
仲(◳)	{:듀ᇰ}	<2>
仲車(◳◱)	{:듀ᇰ거}	<1>
仲尼(◳◱)	{:듀ᇰ니}	<1>
仲途(◳◱)	{:듀ᇰ도}	<2>
仲素(◳◳)	{:듀ᇰ:소}	<1>
仲郢(◳◰)	{:듀ᇰ:녀ᇰ}	<3>
仲由(◳◱)	{:듀ᇰ유}	<1>
中間({◱,◳}{◱,◳})	{·듀ᇰ간}	<1>
中間({◱,◳}{◱,◳})	{듀ᇰ간}	<2>
中國({◱,◳}◲)	{듀ᇰ·국}	<2>
中門({◱,◳}◱)	{듀ᇰ문}	<6>
中書侍郎({◱,◳}◱◳◱)	{듀ᇰ셔:시라ᇰ}	<1>
中庸({◱,◳}◱)	{듀ᇰ요ᇰ}	<1>
中二千石({◱,◳}◳◱◲)	{듀ᇰ:이쳔·셕}	<1>
中正({◱,◳}{◱,◳})	{듀ᇰ:져ᇰᄒᆞᆫ}	<1>
中層({◱,◳}◱)	{듀ᇰᄎᆞᇰ}	<1>
中品({◱,◳}◰)	{듀ᇰ:품}	<1>
衆生(◳◱)	{즁ᄉᆞᇰ}	<9>
汁(◲)	{·즙}	<1>
卽時(◲◱)	{·즉시}	<1>
則(◲)	{:몯·ᄒᆞ염·즉:ᄒᆞᆷ}	<1>
拯(◰)	{:즈ᇰ}	<1>
曾(◱)	{즈ᇰ}	<2>
曾晳(◱◲)	{즈ᇰ·셕}	<2>

68) 重(거듭 중◱; 무거울 중◰; 무겁게 여길 중◳, 높일 중◳). '重(:듀ᇰ)'은 3가지 권발 중에서 어느 것의 반영이라고 볼 만한 증거가 없으므로, 복수 권발을 가진 重({◱,◰,◳})으로 표시한다.

曾孫(◱{◱,◳})	{중손}	<1>
曾元(◱◱)	{중원}	<1>
曾子(◱◰)	{중·ᄌᆞ}	<15>
曾子(◱◰)	{중·ᄌᆞ}	<1>
曾子(◱◰)	{중ᄌᆞ}	<1>
證據(◳◳)	{:중·거ᄒᆞ·니}	<1>
證驗(◳◳)	{:중:험·ᄒᆞ·야·즉ᄒᆞᆫ}	<1>
蒸民篇(◱◱◱)	{중민편}	<1>
蒸祭(◱◳)	{중·졔}	<1>
知({◱,◳})	{디·ᄒᆞ·엿더·니}	<1>
知白({◱,◳}◲)	{디·ᄇᆡᆨ}	<1>
知識({◱,◳}◲)	{디·식}	<2>
知識({◱,◳}◲)	{디식}	<1>
知慧({◱,◳}◳)	{·디:혜로·옴}	<1>
智(◳)	{·디}	<2>
智(◳)	{·디}	<2>
智伯(◳◲)	{·디·ᄇᆡᆨ}	<4>
智慧(◳◳)	{·디:혜}	<2>
智慧(◳◳)	{·디·혜}	<2>
智慧(◳◳)	{·디·혜·로·와}	<1>
摯(◳)	{·지}	<1>
摯(◳)	{·지}	<1>
地境(◳◰)	{·디:경}	<1>
地境(◳◰)	{·디·경}	<2>
地名(◳◱)	{·디명}	<10>
地獄(◳◲)	{·디·옥}	<2>
地獄(◳◲)	{디·옥}	<1>
地位(◳◳)	{·디·위}	<1>
地黃(◳◱)	{·디·황}	<1>
至極(◳◲)	{·지·극:홈}	<2>
至極(◳◲)	{·지·극·디}	<1>
至極(◳◲)	{·지·극·이}	<1>
至極(◳◲)	{·지·극·히}	<2>
至極(◳◲)	{·지·극디}	<1>
至極(◳◲)	{·지·극ᄒᆞᆫ}	<1>
至誠(◳◱)	{·지셩·으·로}	<1>
至尊(◳◱)	{·지존}	<2>
支離(◱{◱,◳})	{지리ᄒᆞ·며}	<1>
之推(◱◱)	{지츄}	<1>
旨趣(◰{◰,◳})[69]	{·지·취}	<1>

指向(◰◳)	{·지:향ᄒᆞᆫ}	<1>
直(◲)	{·딕·히}	<1>
直(◲)	{·딕ᄒᆞ·다}	<1>
直(◲)	{·딕ᄒᆞᆫ}	<1>
稷(◲)	{·직}	<1>
職分(◲{◱,◳})	{·직:분}	<1>
職事(◲◳)	{·직·ᄉᆞ}	<1>
晉(◳)	{:진}	<11>
晉(◳)	{:진}	<2>
晉(◳)	{·진}	<2>
晉侯(◳◱)	{:진후}	<1>
震(◳)	{:진}	<3>
振(◳)	{:진}	<1>
津(◱)	{:진}	<2>
津(◱)	{진}	<6>
盡(◰)	{:진·ᄒᆞ·야}	<1>
盡(◰)	{:진ᄒᆞ여시·니}	<1>
陳(◳)	{딘}	<2>
陳(◳)	{딘}	<2>
陳壽(◳{◰,◳})	{딘·슈}	<1>
陳氏(◳◰)	{딘·시}	<1>
陳忠肅公(◳◱◲◱)	{딘튱·슉공}	<1>
秦(◱)	{진}	<1>
秦(◱)	{진}	<1>
搢紳(◳◱)	{·진신}	<1>
眞實(◱◲)	{진·실·로}	<11>
眞實(◱◲)	{진·실로}	<17>
質(◲)	{·질}	<1>
質正(◲{◱,◳})	{·질:졍·티}	<2>
質正(◲{◱,◳})	{·질:졍ᄒᆞ면}	<1>
質正(◲{◱,◳})	{·질·졍·ᄒᆞ야}	<1>
質正(◲{◱,◳})	{·질·졍ᄒᆞ·야}	<1>
疾病(◲◳)	{·질:병}	<1>
斟酌(◱◲)	{짐·쟉·ᄒᆞ·야}	<1>
茶飯(◱{◰,◳})	{·차반}	<6>
次例(◳◳)	{·ᄎᆞ:례}	<3>
次例(◳◳)	{·ᄎᆞ:렐·식}	<1>

69) '趣'은 자전이나 옥편에 {취◳, 촉◲, 추◰}의 3가지 권발로 나타나지만, 《소학언해》에는 입성(◲)의 반영으로 볼 수 있는 표기는 나타나지 않으므로, 趣({◰,◳})로 표시한다.

次例(◳◳) {·ᄎᆞ·례} <11>
次例(◳◳) {·ᄎᆞ·례로} <1>
次序(◳◰) {·ᄎᆞ:셔} <1>
次序(◳◰) {·ᄎᆞ·셔} <1>
嗟歎(◱◳) {차:탄·ᄒᆞ·야} <1>
嗟歎(◱◳) {차:탄·ᄒᆞ·여} <1>
嗟歎(◱◳) {차:탄·ᄒᆞ더·라} <1>
嗟歎(◱◳) {차:탄ᄒᆞ·야} <1>
斬衰(◰◱) {:참최} <1>
參預(◱◳) {참:예·케} <1>
參預(◱◳) {참:예·티} <1>
參預(◱◳) {참:예·ᄒᆞ·야} <1>
參預(◱◳) {참:예홀·배} <1>
參政(◱◳) {참·졍} <1>
參知政事(◱{◱,◳}◳◳) {참디·졍ᄉᆞ} <1>
倉(◱) {창} <2>
倉積(◱◲) {창·젹} <1>
槍(◱) {창} <1>
蒼頭(◱◱) {창두} <1>
昌盛(◱{◱,◳}) {창:셩·ᄒᆞ·야} <1>
昌邑(◱◲) {챵·읍} <1>
昌邑(◱◲) {챵·읍} <1>
昌邑王(◱◲◱) {챵·읍왕} <1>
采({◰,◳}) {·치} <1>
采齊[70]({◰,◳}◱) {:치ᄌᆞ} <2>
茝(◰) {:치} <1>
菜蔬(◳◱) {:치소} <1>
蔡(◳) {:채} <1>
蔡興宗(◳{◱,◳}◱) {:채홍죵} <1>
冊(◲) {·ᄎᆡᆨ} <6>
冊(◲) {·ᄎᆡᆨ·에} <1>
冊(◲) {ᄎᆡᆨ·에} <1>
責(◲) {·ᄎᆡᆨ:호·려} <2>
責(◲) {·ᄎᆡᆨ:홈} <2>
責(◲) {·ᄎᆡᆨ·ᄒᆞ·야} <1>
責(◲) {·ᄎᆡᆨᄒᆞᆫ·돌} <1>
處({◰,◳}) {:쳐} <1>
處士({◰,◳}◰) {:쳐·ᄉᆞ} <1>

---

70) 齊(옷자락 자, 가지런할 제)

處所({⌜,⌝}⌜) {:쳐·소} <2>
處身({⌜,⌝}⌞) {:쳐신·티} <1>
處置({⌜,⌝}⌝) {:쳐·티:홀·디·니} <1>
處置({⌜,⌝}⌝) {:쳐·티:홈} <1>
處置({⌜,⌝}⌝) {:쳐티:홈} <1>
妻子({⌞,⌝}⌜) {쳐·ᄌᆞ} <6>
妻子息({⌞,⌝}⌜⌟) {쳐·ᄌᆞ·식} <3>
戚施(⌟{⌞,⌜,⌝})[71] {·쳑:이} <1>
戚戚(⌟⌟) {·쳑·쳑·히} <1>
惕然(⌟⌞) {·텩연·히} <1>
賤(⌝) {:쳔·히} <3>
賤(⌝) {:쳔·ᄒᆞ고} <1>
賤(⌝) {:쳔ᄒᆞ·며} <2>
賤(⌝) {:쳔ᄒᆞᆫ} <3>
賤(⌝) {:쳔ᄒᆞᆫ·이} <3>
賤(⌝) {·쳔} <1>
千(⌞) {쳔} <2>
薦擧(⌝⌜) {:쳔:거·ᄒᆞᄂᆞᆫ} <1>
薦擧(⌝⌜) {:쳔·거:홈} <2>
薦擧(⌝⌜) {:쳔·거·티} <2>
薦擧(⌝⌜) {:쳔·거·ᄒᆞ·야·든} <1>
薦擧(⌝⌜) {:쳔·거ᄒᆞ·단} <1>
薦擧(⌝⌜) {:쳔·거ᄒᆞ던} <1>
薦擧(⌝⌜) {:쳔거·ᄒᆞᄂᆞᆫ} <1>
薦新(⌝⌞) {:쳔신ᄒᆞ·며} <1>
天堂(⌞⌞) {텬당} <1>
天道(⌞⌜) {텬:도} <1>
天動(⌞⌜) {텬·동·ᄒᆞ여·든} <1>
天理(⌞⌜) {텬·리} <1>
天命(⌞⌝) {텬:명} <1>
天性(⌞⌝) {텬:셩} <2>
天子(⌞⌜) {텬·ᄌᆞ} <3>
天子(⌞⌜) {텬·ᄌᆞ} <3>
天子(⌞⌜) {텬ᄌᆞ} <1>
天地(⌞⌝) {텬·디} <1>
天下(⌞{⌜,⌝}) {텬:하} <25>
天下(⌞{⌜,⌝}) {텬·하} <4>
天下(⌞{⌜,⌝}) {텬하} <1>

71) 施(시⌞, 이{⌜,⌝})

千之(◱◱) {쳔지} <2>
千里(◱◰) {쳔:리} <2>
千里馬(◱◰◰) {쳔·리:마} <1>
擅恣(◳◳) {:쳔·ᄌᆞ·ᄒᆞ·야} <2>
掣肘(◲◰) {·텰·듀ᄒᆞ·며} <1>
妾(◲) {·쳡} <14>
妾孫子(◲{◱,◳}◰) {·쳡손·ᄌᆞ} <1>
妾子息(◲◰◲) {·쳡·ᄌᆞ·식} <1>
輒(◲) {·텹} <1>
請(◰) {·쳥:ᄒᆞᆯ·디니·라} <3>
請(◰) {·쳥·티} <1>
請(◰) {·쳥·ᄒᆞᆯ·디니·라} <1>
請(◰) {·쳥·ᄒᆞ·야} <4>
請(◰) {·쳥·ᄒᆞ거·늘} <1>
請(◰) {·쳥·ᄒᆞ시·며} <1>
請(◰) {·쳥·ᄒᆞ야} <3>
請(◰) {·쳥·ᄒᆞ여} <1>
請(◰) {·쳥·ᄒᆞᆫ·대} <1>
請(◰) {·쳥컨·댄} <3>
請(◰) {·쳥ᄒᆞ·고} <3>
請(◰) {·쳥ᄒᆞ·며} <2>
請(◰) {·쳥ᄒᆞ야} <1>
請(◰) {·쳥ᄒᆞᆫ} <1>
請(◰) {·쳥ᄒᆞᆫ·대} <1>
請(◰) {·쳥ᄒᆞᆯ} <1>
請(◰) {·쳥ᄒᆞᆯ·제} <2>
廳(◱) {·텽} <1>
廳(◱) {텽} <2>
廳(◱) {텽·의} <1>
廳堂(◱◱) {텽당} <1>
青(◱) {쳥} <1>
青衣(◱{◱,◳}) {쳥의} <1>
淸廉(◱◱) {쳥념:ᄒᆞᆷ} <1>
淸廉(◱◱) {쳥념ᄒᆞ·며} <1>
淸廉(◱◱) {쳥렴·코} <1>
淸廉(◱◱) {쳥렴ᄒᆞ·고} <1>
淸廉(◱◱) {쳥렴ᄒᆞ·며} <2>
淸白(◱◲) {쳥·ᄇᆡᆨ·으·로} <1>
淸虛(◱◱) {쳥허ᄒᆞᆫ} <1>
聽箴({◱,◳}◱) {:텽좀} <1>

棣棣(◳◳)	{·톄·톄}	<1>
醮(◳)	{:쵸ᄒᆞᆯ·제}	<1>
醮禮(◳◰)	{:쵸·례ᄒᆞ·면}	<1>
楚(◰)	{·초}	<6>
初(◱)	{·돌초ᄒᆞᆯ·리}	<1>
初(◱)	{초}	<1>
初(◱)	{초ᄒᆞᄅᆞ}	<1>
初(◱)	{초ᄒᆞᆯ·리}	<1>
初喪(◱{◱,◳})	{초상}	<3>
初試(◱◳)	{초·시}	<1>
醋(◳)[72]	{초}	<1>
焦(◱)	{쵸}	<1>
譙郡({◱,◳}◳)	{쵸:군}	<1>
蜀漢(◲◳)	{·쵹:한}	<2>
歜(◲)[73]	{·쵹}	<2>
總(◰)	{:총ᄒᆞ·며}	<2>
總角(◰◲)	{:총·각}	<1>
聰(◱)	{총·ᄒᆞᆷ}	<1>
聰明(◱◱)	{총명}	<2>
聰明(◱◱)	{총명·ᄒᆞ·시고}	<1>
聰明(◱◱)	{총명ᄒᆞ·고}	<1>
聰明(◱◱)	{총명ᄒᆞ·며}	<1>
崔鑒(◱{◱,◳})	{최감}	<1>
崔山南(◱◱◱)	{최산남}	<1>
崔氏(◱◰)	{최·시}	<1>
崔玄暐(◱◱◰)	{최현:위}	<1>
崔浩(◱◰)	{최:호}	<4>
崔孝芬(◱◳◱)	{최:효분}	<1>
樞(◱)	{츄}	<1>
樞機(◱◱)	{츄긔}	<1>
推尋(◱◱)	{츄심·ᄒᆞ·야}	<1>
追尊(◱◱)	{튜존ᄒᆞ·니}	<1>
祝(◲)	{·츅}	<1>
踧踖(◲◲)	{·츅·쳑}	<1>
春秋(◱◱)	{츈츄}	<3>
椿(◱)	{튱}	<8>

72) 醋(초◳, 작◲); 《소학언해》에서 입성(◲)의 반영으로 볼 수 있는 표기는 나타나지 않으므로, 醋(◳)으로만 표시한다.

73) 歜(크게 성낼 촉◲, 역정 낼 촉◲; 창포김치 잠◰); 《소학언해》에서 '歜'은 '쵹'으로만 나타나므로, 이것을 중고한음 '歜(◲)'의 반영으로만 계산한다.

冲(◱)	{튱}	<1>
忠宣(◱◱)	{튱션}	<1>
忠誠(◱◱)	{튱셩}	<9>
忠誠(◱◱)	{튱셩:코}	<1>
忠誠(◱◱)	{튱셩·코}	<1>
忠誠(◱◱)	{튱셩·티}	<1>
忠誠(◱◱)	{튱셩되·며}	<1>
忠誠(◱◱)	{튱셩ᄒᆞ·며}	<3>
忠肅(◱◲)	{튱·슉}	<1>
忠肅公(◱◲◱)	{튱·슉공}	<1>
忠臣(◱◱)	{튱신}	<3>
忠信(◱◳)	{튱:신}	<2>
忠信(◱◳)	{튱:신:홈}	<1>
忠定(◱◳)	{튱:뎡}	<1>
忠定公(◱◳◱)	{튱:뎡공}	<2>
忠厚(◱◰)	{튱:후:홈}	<1>
忠厚(◱◰)	{튱:후·코}	<2>
忠厚(◱◰)	{튱:후ᄒᆞ·고}	<1>
取(◰)	{:취·티}	<7>
取(◰)	{:취·혼}	<1>
取(◰)	{:취·ᄒᆞ·디}	<1>
醉(◳)	{:취·ᄒᆞ·야}	<3>
醉(◳)	{:취·ᄒᆞ야}	<1>
醉(◳)	{:취·ᄒᆞ야셔})	<1>
醉(◳)	{취ᄒᆞ·며}	<1>
取(◰)	{:취·ᄒᆞ·야}	<1>
取(◰)	{:취·홈}	<1>
取(◰)	{:취ᄒᆞ·고}	<1>
取(◰)	{:취ᄒᆞ·며}	<1>
取稟(◰◰)	{:취:품:홀·디니·라}	<1>
娶(◳)	{·취}	<1>
測量(◲{◱,◳})	{·측·량·티}	<1>
側柏(◲◲)	{·즉·빅}	<1>
側栢(◲◲)	{·즉·빅}	<1>
惻然(◲◱)	{·측연·히}	<1>
層(◱)	{층}	<6>
齒(◰)	{:치}	<1>
巵(◱)	{치}	<1>
徵({◱,◰})[74]	{:티}	<1>
置簿(◳◰)[75]	{:티부}	<1>

治事齋({平,去}去平)	{티:ᄉᆞ지}	<2>
蚩蚩(平平)	{치치·ᄒᆞ·야}	<1>
致賀(去去)	{:티·하}	<1>
親(平)	{친}	<1>
親(平)	{친:홈}	<3>
親(平)	{친:히}	<1>
親(平)	{친·에}	<1>
親(平)	{친·케}	<1>
親(平)	{친·티}	<2>
親(平)	{친·히}	<19>
親(平)	{친·ᄒᆞ야}	<1>
親(平)	{친ᄒᆞ·고}	<2>
親(平)	{친ᄒᆞ·며}	<5>
親(平)	{친ᄒᆞ·ᄂᆞ니·라}	<1>
親(平)	{친ᄒᆞᆫ}	<3>
親(平)	{친ᄒᆞᆫ·이}	<1>
親密(平入)	{친·밀·ᄒᆞ더·니}	<1>
親狎(平入)	{친·압·히}	<1>
親迎(平平)	{친:영홀·제}	<1>
親迎(平平)	{친영홀·제}	<1>
漆(入)	{·칠}	<1>
漆(入)	{·칠·ᄒᆞ·야}	<1>
七百(入入)	{·칠·빅}	<1>
七十萬(入入去)	{·칠·십:만}	<4>
侵擄(平平)	{침노:홈}	<2>
侵擄(平平)	{침노·ᄒᆞ·여·도}	<1>
寢室(上入)	{:침·실}	<1>
沈茱(平去)	{·팀·치}	<1>
惰(去)	{타·티}	<1>
嘆(去)	{:탄·ᄒᆞ·야}	<2>
歎息(去入)	{·탄·식ᄒᆞ·고}	<2>
耽(平)	{탐·ᄒᆞ·야}	<1>
貪(平)	{탐·ᄒᆞ·야}	<1>
貪(平)	{탐ᄒᆞ·고}	<1>
貪(平)	{탐ᄒᆞᆫ}	<1>
貪利(平去)	{탐·리·ᄒᆞᆫ}	<1>

74) 徵(부를 징平, 증거 징平; 음률 이름 치上). 《소학언해》에서 '徵'는 '티'로만 나타나므로, 이것을 중고한음 '徵(上)'의 반영으로 계산한다.

75) 簿(문서 부上, 누에 발 박入). '簿'는 《소학언해》에서 '부'로만 나타난다. 그러므로 이것을 중고한음 '簿(上)'의 반영으로 계산하기로 한다.

湯(平)	{탕}	<1>
泰(去)	{:태}	<1>
台(平)	{틱}	<1>
台鼎(平上)	{틱:뎡}	<1>
太公(去平)	{:태공}	<1>
太公(去平)	{·태공}	<1>
太武(去上)	{·태:무}	<1>
太傅(去去)	{·태:부}	<1>
太守(去上)	{·태·슈}	<3>
太任(去{平,去})	{·태임}	<4>
太子(去上)	{·태·즈}	<12>
太子(去上)	{·태즈}	<1>
太學(去入)	{·태·혹}	<5>
太后(去上)	{·태·후}	<1>
泰山(去平)	{:태산}	<1>
土(上)	{·토}	<1>
筒(平)	{·대·통}	<1>
通(平)	{통·티}	<3>
通(平)	{통·ᄒᆞ·야}	<6>
通(平)	{통ᄒᆞ:야}	<1>
通(平)	{통ᄒᆞᆫ}	<1>
通達(平入)	{·통·달:호라}	<1>
通達(平入)	{통·달:홈}	<1>
通達(平入)	{통·달·ᄒᆞ·거시·늘}	<1>
通達(平入)	{통·달·ᄒᆞ·여}	<1>
通達(平入)	{통·달·ᄒᆞ·ᄂᆞ니·라}	<1>
通達(平入)	{통·달ᄒᆞᆫ}	<1>
通判(平去)	{통·판}	<1>
通判(平去)	{통·판·ᄒᆞ·여}	<1>
退之(去平)	{:퇴지}	<1>
偸薄(平入)	{투·박:홈}	<1>
投壺(平平)	{투호}	<1>
罷(上)	{:파·ᄒᆞ시·니}	<1>
判官(去平)	{·판관}	<1>
判尹(去上)	{·판·윤}	<2>
八百株(入入平)	{·팔·빅듀}	<1>
八寸兄弟服(入去平{上,去}入)	{·팔:촌형:뎨·복}	<1>
敗(去)	{:패:홈}	<1>
敗(去)	{:패·ᄒᆞ·여}	<1>
敗(去)	{:패ᄒᆞ·니·를}	<1>

敗(◳) {:패ᄒᆞ·니라} <1>
敗亡(◳◱) {:패망ᄒᆞ·고} <1>
悖亂(◳◳) {:패:란ᄒᆞᆫ} <1>
悖戾(◳◳) {:패:려ᄒᆞ·면}) <1>
佩玉(◳◲) {:패·옥} <1>
彭澤(◱◲) {ᄑᆡᇰ·ᄐᆡᆨ} <1>
便({◱,◳}) {·편히} <1>
便({◱,◳}) {편·케} <1>
便({◱,◳}) {편·코} <1>
便({◱,◳}) {편·티} <1>
便安({◱,◳}◱) {·편안·케} <1>
便安({◱,◳}◱) {편안:홈} <2>
便安({◱,◳}◱) {편안·케} <1>
便安({◱,◳}◱) {편안·티} <2>
便安({◱,◳}◱) {편안·히} <6>
便安({◱,◳}◱) {편안·ᄒᆞ·시·게} <1>
便安({◱,◳}◱) {편안·ᄒᆞ·ᄂᆞ·니} <1>
便安({◱,◳}◱) {편안·ᄒᆞ·상이·다} <1>
便安({◱,◳}◱) {편안·ᄒᆞ더·니} <1>
便安({◱,◳}◱) {편안ᄒᆞ:면} <1>
便安({◱,◳}◱) {편안ᄒᆞ·고} <2>
便安({◱,◳}◱) {편안ᄒᆞ·면} <1>
便安({◱,◳}◱) {편안ᄒᆞᆫ} <1>
篇(◱) {편} <5>
平(◱) {평} <1>
平(◱) {평·케} <1>
平(◱) {평·히} <1>
平(◱) {평·ᄒᆞ·시·니} <1>
平陵(◱◱) {평릉} <1>
平床(◱◱) {평상} <5>
平生(◱◱) {평ᄉᆡᆼ} <3>
平聲(◱◱) {평셩} <1>
評事(◱◳) {평·ᄉᆞ} <1>
弊(◳) {:폐} <3>
廢(◳) {:폐·티} <3>
廢(◳) {:폐·ᄒᆞ연·디} <1>
廢(◳) {:폐ᄒᆞ·니·라} <1>
廢(◳) {:폐ᄒᆞᆯ·이어·든} <1>
陛下(◰{◰,◳}) {:폐:하} <2>
飽(◰) {·날·포ᄒᆞ·고} <1>

庖(◱)	{포}	<1>
袍(◱)	{포}	<1>
包(◱)	{포}	<4>
鮑宣(◰◱)	{·표션}	<1>
脯肉(◰◲)	{보·육}	<2>
脯肉(◰◲)	{포·육}	<3>
表(◰)	{·표}	<2>
表(◰)	{·표}	<2>
表(◰)	{·표·ᄒᆞ야}	<1>
表(◰)	{·표ᄒᆞ·리}	<1>
表記(◰◳)	{·표·긔}	<1>
標石({◱,◰}◲)	{·표·셕}	<1>
馮(◱)	{풍}	<4>
馮球(◱◱)	{풍구}	<1>
馮外郎(◱◳◱)	{풍:외랑}	<1>
馮翊(◱◲)	{풍·익}	<1>
風流(◱◱)	{·풍뉴}	<1>
風流(◱◱)	{풍뉴}	<4>
風流(◱◱)	{풍뉴·ᄒᆞ·야}	<1>
風流(◱◱)	{풍류}	<1>
風俗(◱◲)	{풍:쇽}	<1>
風俗(◱◲)	{풍·쇽}	<13>
風俗(◱◲)	{풍·쇽·인뎌}	<1>
豐備(◱◳)	{풍:비:홈}	<1>
避(◳)	{:피:호·ᄃᆡ}	<1>
避(◳)	{:피·ᄒᆞ:야}	<1>
避(◳)	{:피·ᄒᆞ·야}	<1>
避(◳)	{:피·홀}	<1>
避(◳)	{:피ᄒᆞ·라}	<1>
避(◳)	{:피ᄒᆞ·며}	<1>
避(◳)	{:피홀}	<1>
避(◳)	{:피홀·시}	<1>
弼(◲)	{·필}	<1>
韠(◲)	{·필ᄆᆡ·고}	<1>
湢(◲)	{·핍}	<1>
湢(◲)	{·핍}	<1>
下軍({◰,◳}◱)	{:하군}	<1>
下等({◰,◳}◰)	{:하:등}	<6>
下邳({◰,◳}◱)	{:하비}	<1>
下層({◰,◳}◱)	{:하층}	<1>

下品({◰,◳}◰) {:하:품} <2>
河東(◱◱) {하동} <1>
河北(◱◲) {하·븍} <2>
河陽(◱◱) {하양} <1>
河中府(◱{◱,◳}◰) {하듕·부} <2>
何曾(◱◱) {하증} <1>
何子平(◱◰◱) {하·ᄌᆞ평} <1>
夏育(◳◲) {:하·육} <1>
夏侯文寧(◳◱◱◱) {:하후문령} <1>
夏侯三(◳◱◱) {:하후:삼} <1>
學(◲) {·ᄒᆞᆨ} <10>
學(◲) {·ᄒᆞᆨ:홈} <1>
學(◲) {·ᄒᆞᆨ·을} <2>
學(◲) {·ᄒᆞᆨ·이} <1>
學(◲) {·ᄒᆞᆨ·ᄒᆞ던} <1>
學(◲) {·ᄒᆞᆨ집} <1>
學(◲) {·ᄒᆞᆨᄒᆞ·기} <1>
學官員(◲◱◱) {·ᄒᆞᆨ관원} <1>
學校(◲◳) {·ᄒᆞᆨ:교} <1>
學記(◲◳) {·ᄒᆞᆨ·긔} <1>
學堂(◲◱) {ᄒᆞᆨ·당} <1>
學問(◲◳) {·ᄒᆞᆨ:문} <2>
學問(◲◳) {·ᄒᆞᆨ·문} <2>
學問(◲◳) {·ᄒᆞᆨ·문:홈} <1>
學問(◲◳) {·ᄒᆞᆨ문} <2>
學業(◲◲) {·ᄒᆞᆨ·업} <1>
學者(◲◰) {·ᄒᆞᆨ·쟈} <3>
學制度(◲◳◳) {·ᄒᆞᆨ:졔·도} <1>
漢(◳) {:한} <17>
漢(◳) {·한} <4>
漢城(◳◱) {:한셩} <2>
漢城府(◳◱◰) {:한셩·부} <1>
恨(◳) {:ᄒᆞᆫ·ᄒᆞᄂᆞᆫ} <1>
韓(◱) {한} <1>
韓文公(◱◱◱) {한문공} <1>
韓氏(◱◰) {한·시} <1>
閑暇(◱◳) {한·가·ᄒᆞ·여} <1>
閑暇(◱◳) {한·가ᄒᆞᆫ} <1>
翰林學士(◳◱◲◰) {:한림·ᄒᆞᆨ:ᄉᆞ} <1>
咸寧(◱◱) {함령} <1>

合(◲)	{·합:홈}	<1>
合(◲)	{·합디}	<1>
恒({◱,◳})[76]	{ᄒᆞᆼ}	<1>
缸(◱)	{항}	<1>
沆(◰)	{:항}	<1>
害(◳)	{:해}	<2>
害(◳)	{:해:호·ᄃᆡ}	<1>
害(◳)	{:해:홈}	<1>
害(◳)	{:해·로·옴}	<1>
害(◳)	{:해·로온}	<1>
害(◳)	{:해·로옴}	<1>
害(◳)	{:해·ᄂᆞᆫ}	<2>
害(◳)	{:해·ᄒᆞᄂᆞᆫ}	<1>
害(◳)	{:해·ᄒᆞᆯ:ᄲᅮᆫ})	<1>
害(◳)	{:해로·옴}	<1>
害(◳)	{:해로온) }	<1>
害(◳)	{:해ᄒᆞ·고}	<1>
害(◳)	{:해ᄒᆞ·니}	<1>
害(◳)	{:해ᄒᆞ·리·오}	<1>
害(◳)	{:해ᄒᆞ·며}	<2>
害(◳)	{해·로·온이·라}	<1>
鍇(◰)	{ᄒᆡ}	<1>
骸骨(◱◲)	{ᄒᆡ·골}	<1>
駭怪(◰◳)	{:ᄒᆡ:괴:홈}	<1>
海虞(◰◱)	{:ᄒᆡ우}	<1>
行({◱,◳})	{ᄒᆡᆼ:호·ᄃᆡ}	<1>
行({◱,◳})	{ᄒᆡᆼ:홀·디니·라}	<1>
行({◱,◳})	{ᄒᆡᆼ:홈}	<3>
行({◱,◳})	{ᄒᆡᆼ·티}	<7>
行({◱,◳})	{ᄒᆡᆼ·ᄒᆞ·놋다}	<1>
行({◱,◳})	{ᄒᆡᆼ·ᄒᆞ·야}	<3>
行({◱,◳})	{ᄒᆡᆼ·ᄒᆞ·ᄂᆞᆫ}	<1>
行({◱,◳})	{ᄒᆡᆼ·ᄒᆞ여·ᄂᆞᆫ}	<1>
行({◱,◳})	{ᄒᆡᆼᄒᆞ·고}	<2>
行({◱,◳})	{ᄒᆡᆼᄒᆞ·과·뎌}	<1>
行({◱,◳})	{ᄒᆡᆼᄒᆞ·니}	<2>
行({◱,◳})	{ᄒᆡᆼᄒᆞ·더시·니}	<1>
行({◱,◳})	{ᄒᆡᆼᄒᆞ·디}	<1>

76) 恒(항상 항◱, 반달 긍◳).

行({◱,◳})	{힝ᄒᆞ·며}	<6>
行({◱,◳})	{힝ᄒᆞ·면}	<2>
行({◱,◳})	{힝ᄒᆞ·욤}	<1>
行({◱,◳})	{힝ᄒᆞ욤}	<1>
行({◱,◳})	{힝ᄒᆞᆫ}	<1>
行({◱,◳})	{힝ᄒᆞᆯ}	<1>
行檢({◱,◳}◰)	{:힝:검}	<1>
行儉({◱,◳}◰)	{힝:검}	<1>
行實({◱,◳}◲)	{:힝:실}	<1>
行實({◱,◳}◲)	{:힝·실}	<34>
行實({◱,◳}◲)	{:힝실}	<1>
行實({◱,◳}◲)	{·힝·실}	<2>
行纏({◱,◳}◱)	{힝뎐}	<2>
行止({◱,◳}◰)	{힝·지}	<1>
幸(◰)	{:힝·혀}	<1>
幸(◰)	{:힝혀}	<1>
幸(◰)	{:힝ᄒᆞ·니라}	<1>
幸(◰)	{·힝·혀}	<1>
鄕(◱)[77]	{:향·ᄒᆞ·야}	<1>
鄕(◱)	{:향·홀·디니·라}	<1>
鄕(◱)	{향}	<4>
鄕黨(◱◰)	{향·당}	<4>
嚮(◰)	{:향·티}	<1>
向(◳)	{:향·하·실·고}	<1>
向(◳)	{:향·ᄒᆞ·야}	<3>
向(◳)	{:향ᄒᆞ·고}	<1>
向方(◳◱)	{:향방}	<1>
香(◱)	{향}	<1>
香(◱)	{향·내}	<1>
香(◱)	{향ᄂᆞᄆᆞ}	<2>
香氣(◱◳)	{향·긔로·온}	<1>
許(◰)	{·허·티}	<4>
許(◰)	{·허·ᄒᆞ더·라}	<2>
許(◰)	{·허·ᄒᆞ심}	<2>
許(◰)	{·허티}	<2>
許(◰)	{·허ᄒᆞ·고}	<2>
許(◰)	{·허ᄒᆞ심}	<1>
許諾(◰◲)	{·허·락:호·니}	<1>

77) 鄕<접대, 鄕飮酒禮>.

虛(◱) {허ᄒᆞᆫ} <1>
虛(◱) {허ᄒᆞᆫ거·시·니}) <1>
虛費(◱◳) {허:비} <1>
虛費(◱◳) {허:비·티} <1>
虛費(◱◳) {허·비} <1>
虛心(◱◱) {허심·ᄒᆞ·야} <1>
虛誕(◱◰) {허:탄ᄒᆞ·고} <1>
虛誕(◱◰) {허:탄ᄒᆞ·며} <1>
虛蕩(◱◰) {허:탕:홈} <1>
歇(◲) {:헐·ᄒᆞ거·늘} <1>
險(◰) {:험ᄒᆞ·고} <1>
革(◲) {·혁} <2>
革(◲) {·혁} <2>
赫然(◲◱) {혁연} <1>
縣(◳) {:현} <2>
縣令(◳{◱,◳}) {:현·령} <4>
縣令(◳{◱,◳}) {·현:령} <1>
顯達(◰◲) {:현·달:홈} <1>
顯達(◰◲) {현·달:호모·로} <1>
顯著(◰{◱,◳}) {:현·뎌케} <1>
玄孫(◱{◱,◳}) {현손} <1>
玄暐(◱◰) {현:위} <3>
賢人(◱◱) {현인} <11>
血氣(◲◳) {·혈:긔} <1>
血氣(◲◳) {·혈·긔}) <1>
嫌疑(◱◱) {혐의} <1>
亨(◱) {형} <1>
兄(◱) {형} <26>
兄弟(◱{◰,◳}) {형:뎨} <29>
兄弟(◱{◰,◳}) {형·뎨} <2>
兄弟(◱{◰,◳}) {형뎨} <1>
炯(◰) {형} <1>
刑罰(◱◲) {형·벌} <10>
滎陽(◱◱) {형양} <1>
荊州(◱◱) {형쥬} <3>
戶(◰) {:호} <1>
浩(◰) {:호} <6>
浩浩(◰◰) {:호:호히} <1>
顥(◰) {·호} <1>
胡(◱) {호} <2>

胡康侯(◱◱◱) {호강후} <1>
胡公(◱◱) {호공} <1>
胡文定公(◱◱◳◱) {호문:뎡:공} <1>
胡文定公(◱◱◳◱) {호문:뎡공} <1>
胡安國(◱◱◲) {호안·국} <1>
胡瑗(◱◳) {호:원} <1>
胡子(◱◰) {호·ᄌᆞ} <1>
豪傑(◱◲) {호·걸} <1>
豪氣(◱◳) {호·긔·롭·고} <1>
豪俠(◱◲) {호·협ᄒᆞᆫ} <1>
湖南(◱◱) {호남} <1>
湖州(◱◱) {호쥬} <2>
戶籍(◰◲) {:호·젹} <2>
戶籍(◰◲) {:호·젹} <1>
戶曹判書(◰◱◳◱) {:호조·판셔} <1>
或(◲) {·혹} <41>
或(◲) {·혹·이} <1>
或(◲) {혹} <2>
惑(◲) {·혹·게} <1>
惑(◲) {·혹ᄒᆞᆫ·배} <1>
婚姻(◱◱) {·혼인ᄒᆞ·며} <1>
婚姻(◱◱) {혼인} <7>
婚姻(◱◱) {혼인:호·몰} <1>
婚姻(◱◱) {혼인:홈} <1>
婚姻(◱◱) {혼인·ᄒᆞ·ᄂᆞᆫ} <2>
婚姻(◱◱) {혼인·ᄒᆞ더·라} <1>
婚姻(◱◱) {혼인·ᄒᆞᄂᆞᆫ} <1>
婚姻(◱◱) {혼인호·ᄃᆡ} <1>
婚姻(◱◱) {혼인ᄒᆞ·기} <1>
婚姻(◱◱) {혼인ᄒᆞ·기·며} <1>
婚姻(◱◱) {혼인ᄒᆞ·며} <1>
婚姻(◱◱) {혼인ᄒᆞᆯ} <2>
笏(◲) {·홀} <3>
忽略(◲◲) {·홀·략:홈} <1>
弘(◱) {홍} <5>
紅門(◱◱) {홍문:세기}) <1>
和({◱,◳}) {화:홈} <1>
和({◱,◳}) {화·케} <1>
和({◱,◳}) {화ᄒᆞᆫ} <1>
和({◱,◳}) {화:케} <1>

和({平,去})	{화:홈}	<2>
和({平,去})	{화·케}	<1>
和({平,去})	{화·티}	<1>
和({平,去})	{화·히}	<1>
和({平,去})	{화·히}	<1>
和({平,去})	{화·히}	<1>
和({平,去})	{화ᄒᆞ·리·라}	<1>
和({平,去})	{화ᄒᆞᆫ}	<1>
和同({平,去}平)	{화동·티}	<1>
和同({平,去}平)	{화동·ᄒᆞ·ᄂᆞᆫ}	<1>
和同({平,去}平)	{화동ᄒᆞᆫ}	<1>
和睦({平,去}入)	{화·목ᄒᆞ리·라}	<1>
和順({平,去}去)	{화:순ᄒᆞ·며}	<1>
和悅({平,去}入)	{화·열:호·ᄃᆡ}	<1>
和悅({平,去}入)	{화·열·호·ᄃᆡ}	<1>
和悅({平,去}入)	{화·열·히}	<3>
和悅({平,去}入)	{화·열·ᄐᆞ·시}	<1>
和悅({平,去}入)	{화·열ᄒᆞ·고}	<1>
和悅({平,去}入)	{화·열ᄒᆞᆫ}	<3>
和平({平,去}平)	{화평:호·미·오}	<1>
和平({平,去}平)	{화평ᄒᆞ·면}	<1>
禍(上)	{:화}	<2>
禍亂(上去)	{:화:란}	<5>
禍亂(上去)	{:화:란·으로}	<1>
禍亂(上去)	{:화·란}	<3>
化(去)	{:화·ᄒᆞ·야}	<1>
化(去)	{:화ᄒᆞ·게}	<1>
化(去)	{:화ᄒᆞ·리}	<1>
華夏({平,去}去)	{화:하}	<1>
確實(入入)	{·확·실ᄒᆞᆫ}	<1>
患(去)	{:환}	<1>
患難(去{平,去})	{:환:난}	<1>
患難(去{平,去})	{:환·난}	<1>
患亂(去去)	{:환:란}	<1>
患亂(去去)	{:환·란}	<3>
丸(平)	{환}	<1>
桓公(平平)	{환공}	<1>
桓氏(平上)	{환·시}	<1>
渙然(去平)	{:환연·히}	<1>
況(去)	{:황}	<1>

皇考(◱◰)	{황:고}	<2>
皇帝(◱◳)	{황:뎨}	<5>
皇皇(◱◱)	{황황히}	<1>
黃金(◱◱)	{황금}	<2>
黃連(◱◱)	{황련}	<1>
黃香(◱◱)	{황향}	<2>
荒亂(◱◳)	{황:난·히}	<1>
回({◱,◳})	{회}	<4>
回曲({◱,◳}◲)	{회·곡·히}	<1>
膾(◳)	{:회}	<1>
會稽(◳◰)	{:회계}	<2>
會試(◳◳)	{:회·시·ᄒᆞᄂᆞᆫ}	<1>
會集(◳◲)	{:회·집·ᄒᆞ야}	<1>
淮南王(◱◱◱)	{회남왕}	<1>
淮南子(◱◱◰)	{회남·ᄌᆞ}	<1>
淮水(◱◰)	{회·슈}	<2>
淮陽(◱◱)	{회양}	<1>
晦菴(◳{◱,◳})	{:회암}	<1>
懷帝(◱◳)	{회:뎨}	<1>
獲(◲)	{·획}	<1>
橫渠(◱◱)	{횡거}	<7>
孝(◳)	{:효}	<3>
孝(◳)	{:효·를}	<1>
孝(◳)	{·효ᄒᆞ며}	<1>
孝(◳)	{효}	<1>
孝經(◳◱)	{:효경}	<1>
孝道(◳◰)	{:효:도}	<6>
孝道(◳◰)	{:효:도로온}	<1>
孝道(◳◰)	{:효:도롭·다})	<1>
孝道(◳◰)	{:효:도ᄒᆞ·며)	<3>
孝道(◳◰)	{:효·도}	<22>
孝道(◳◰)	{:효·도:호·ᄃᆡ}	<1>
孝道(◳◰)	{:효·도:홈}	<3>
孝道(◳◰)	{:효·도로·이}	<3>
孝道(◳◰)	{:효·도로오며}	<1>
孝道(◳◰)	{:효·도로온}	<1>
孝道(◳◰)	{:효·도ᄒᆞ·고}	<2>
孝道(◳◰)	{:효·도ᄒᆞ·기}	<1>
孝道(◳◰)	{:효·도ᄒᆞ·며}	<7>
孝道(◳◰)	{:효·도ᄒᆞᆯ}	<1>

孝道(◳◰) {:효도} <1>
孝道(◳◰) {:효도ᄒᆞ·고} <1>
孝道(◳◰) {·효:도} <1>
孝道(◳◰) {·효·도:홈} <1>
孝武帝(◳◰◳) {:효:무:뎨} <1>
孝婦(◳◰) {:효·부} <3>
孝芬(◳◱) {:효분} <3>
孝芬等(◳◱◰) {:효분:둥} <1>
孝誠(◳◱) {:효셩} <1>
孝肅(◳◲) {:효·슉} <1>
孝肅公(◳◲◱) {:효·슉공} <1>
孝養(◳{◰,◳}) {:효:양:홈} <1>
孝養(◳{◰,◳}) {:효:양ᄒᆞ·기} <1>
孝養(◳{◰,◳}) {:효:양홀·다} <1>
孝養(◳{◰,◳}) {:효:양홀·이} <1>
孝養(◳{◰,◳}) {효:양} <1>
孝友(◳◰) {:효:우} <2>
孝暐等(◳◰◰) {:효:위:둥} <1>
孝子(◳◰) {:효·ᄌᆞ} <7>
孝弟(◳{◰,◳}) {:효:뎨:홈} <1>
孝宗(◳◱) {:효종} <1>
效則(◳◲) {:효·측:홈} <2>
效則(◳◲) {:효·측·고·져} <1>
效則(◳◲) {:효·측·ᄒᆞ·야} <2>
效驗(◳◳) {:효·험} <1>
後(◰) {:후} <3>
後(◰) {:후·에} <45>
後(◰) {:후·에·ᄂᆞᆫ} <1>
後(◰) {:후·에·ᅀᅡ} <4>
後(◰) {:후·에ᅀᅡ} <5>
後(◰) {:후에} <4>
後(◰) {:후에ᅀᅡ} <1>
後(◰) {·후·에} <1>
後(◰) {·후·에} <1>
後(◰) {후·에} <1>
後代(◰◳) {:훗:ᄃᆡ} <1>
後生(◰◱) {:후ᄉᆡᆼ} <4>
後世(◰◳) {:후:셰} <6>
後帝(◰◳) {:후·뎨} <1>
後主(◰◰) {:후·쥬} <2>

厚(◰)	{:후:홈}	<1>
厚(◰)	{:후·티}	<1>
厚(◰)	{:후·히}	<2>
厚(◰)	{:후·ᄒᆞᆫ}	<2>
厚(◰)	{:후ᄒᆞ더·니라}	<1>
厚重(◰{◱,◰,◳})	{:후:듕·ᄒᆞ·야}	<1>
厚重(◰{◱,◰,◳})	{:후:듕ᄒᆞ·며}	<2>
訓蒙字會(◳◱◳◳)	{:훈몽·ᄌᆞ:회}	<1>
休(◱)	{휴}	<2>
譎(◲)	{·휼ᄒᆞ·며}	<1>
凶(◱)	{흉}	<1>
凶(◱)	{흉:홈}	<1>
凶(◱)	{흉·히}	<1>
凶(◱)	{흉ᄒᆞ·니·라}	<1>
凶(◱)	{흉ᄒᆞ·니ᄂᆞᆫ}	<1>
凶(◱)	{흉ᄒᆞ·며}	<1>
凶(◱)	{흉ᄒᆞᆫ}	<3>
凶(◱)	{흉ᄒᆞᆫ·디}	<1>
凶事(◱◳)	{흉:ᄉᆞ}	<1>
凶惡(◱◲)	{흉·악·고}	<1>
凶險(◱◰)	{흉:험ᄒᆞᆫ}	<1>
凶荒(◱◱)	{흉황ᄒᆞ·고}	<1>
黑子(◲◰)	{·흑·ᄌᆞ}	<2>
訢訢(◱◱)	{흔흔·틋}	<1>
興起({◱,◳}◰)	{흥·긔·홀배}	<1>
興起({◱,◳}◰)	{흥·긔ᄒᆞ·며}	<1>
興起({◱,◳}◰)	{흥·긔·ᄒᆞ·야}	<1>
戱弄({◱,◳}◳)	{:희:롱}	<2>
戱弄({◱,◳}◳)	{:희:롱ᄒᆞ·며}	<1>
戱弄({◱,◳}◳)	{:희·롱}	<2>
戱弄({◱,◳}◳)	{:희·롱·ᄒᆞᄂᆞᆫ·디·라}	<1>
戱弄({◱,◳}◳)	{희·롱}	<1>
希文(◱◱)	{희문}	<1>
希哲(◱◲)	{희·텰}	<2>
熙寧(◱◱)	{희령}	<1>

계량적인 검토를 위해서는 (908)에서 토씨와 씨끝 등을 지우고, 한자어기 부분만 열거하되, 토씨와 씨끝 등이 제거되기 전에 다른 항목이었으면 그 항의 수와 제거된 뒤의 번수를 함께 써서 <○항(○번)>과 같은 모양으로 정리한다. 보기를 들면, (908) 자료의 끝에서 11

번째, 10번째, 9번째의 3개항은 각각 〚興起({◱,◳}◰) (흥·긔·ᄒᆞᆯ배) <1>〛; 〚興起({◱,◳}◰) (흥·긔ᄒᆞ·며) <1>〛; 〚興起({◱,◳}◰) (흥·긔·ᄒᆞ·야) <1>〛로 나타나는데, 여기에서 〚-·ᄒᆞᆯ배, -ᄒᆞ·며, -·ᄒᆞ·야〛를 지우면, 3개항이 모두 동일한 〚興起({◱,◳}◰) (흥·긔)〛로만 남게 된다. 따라서 이 3개항은 합쳐서 〚興起({◱,◳}◰) (흥·긔)] <3항(3번)>으로 정리된다. 아래 (909)는 (908)을 이러한 방법으로 정리하되, 각각의 한자 항목의 왼편에 각괄호 [ ] 속에 대응하는 창원 방언의 음운(=분절음과 방점)을 적어 넣었다. 토박이(이 책에서는 지은이 자신)의 머릿속의 어휘부에 없는 것과 있을 수는 있지만 그 가능성이 80% 미만이라고 생각되는 것은 '賈 [:가*]'처럼 별표(*)를 끼워 넣었다.[78]

(909) [전체 자료 ③단계] 《소학언해》 한자어와 창원 방언 한자어를 대조하기 위한 기본 자료

중고한음	소학언해	창원 방언	소학언해 <항(번)>
한자(권발)	{음운}	[음운]	<○항(○번)>
賈(◳)[79]	{:가}	[:가*]	<1항(6번)>
可(◰)	{:가}	[:가]	<9항(126번)>
可(◰)	{·가}	[:가]	<2항(2번)>
可(◰)	{가}	[:가]	<1항(1번)>
軻(◱)	{가}	[가*]	<1항(1번)>
加冠(◱{◱,◳})	{가관}	[가관]	<7항(7번)>
加資(◱◱)	{가ᄌᆞ}	[가자]	<1항(1번)>
家道(◱◰)	{가:도}	[가·도]	<1항(1번)>
家門(◱◱)	{가문}	[가문]	<1항(7번)>
家法(◱◲)	{가·법}	[가·법]	<1항(4번)>
賈相餗((◳{◱,◳}◲)	{:가·샹·속}	[:가·상·속*]	<1항(1번)>
家屬(◱◲)	{가·쇽}	[가·속]	<1항(1번)>
家庭(◱{◱,◳})	{가뎡}	[가정]	<1항(1번)>
家訓(◱◳)	{가:훈}	[가훈]	<1항(5번)>
假設(◰◲)	{:가·셜}	[:가·설]	<1항(2번)>
角(◲)	{·각}	[·각]	<1항(2번)>
卻(◲)	{·각}	[·각*]	<1항(1번)>
各各(◲◲)	{·각·각}	[·각·각]	<1항(7번)>
各各(◲◲)	{각각}	[·각·각]	<1항(1번)>
各別(◲◲)	{·각·별}	[·각·별]	<2항(4번)>

78) 별표([*])가 붙은 창원 방언 자료의 방점(/성조)를 중고한음 4성과 비교하거나, 또는 별표([*])가 붙은 창원 방언 자료의 방점(/성조)를 《소학언해》 방점(/성조)를 비교하는 것은 무의미한 일이므로, 이러한 창원 방언의 자료는 계량적인 처리에서는 없는 것으로 돌릴 것이다.

79) 賈는 옥편과 자전에 '◰고, ◳가'로 나타나고, 《소학언해》에는 '가'로 나타나므로, 중고한음 거성(◳)의 반영으로 보고, 상성(◰)의 반영은 아닌 것으로 처리한다.

侃(◳) {:간} [:간*] <1항(1번)>
簡(◰) {:간} [간] <1항(1번)>
諫(◳) {:간} [:간] <15항(25번)>
侃侃(◳◳) {간:간} [간간] <1항(1번)>
干求(◱◱) {간구} [간구] <1항(2번)>
艱難(◱{◱,◳}) {가난} [가난] <9항(17번)>
簡略(◰◲) {:간·략} [간략] <2항(2번)>
簡約(◰◲) {:간·약} [:간·약] <3항(4번)>
簡易(◰◳) {:간·이} [간이] <1항(1번)>
干犯(◱◰) {간:범} [간·범] <2항(2번)>
奸詐(◱◳) {간:사} [간·사] <1항(1번)>
奸惡(◱◲) {간·악} [간·악] <1항(1번)>
奸猾(◱◲) {간·활} [간·활] <1항(1번)>
姦邪(◱◱) {간샤} [간·사] <2항(2번)>
看詳(◱◱) {간샹} [간상*] <1항(1번)>
看守(◱◰) {간슈} [간수] <3항(3번)>
懇切(◰◲) {:ᄀᆞᆫ·졀} [:간·절] <2항(2번)>
敢(◰) {:감} [:감] <2항(74번)>
敢(◰) {·감} [:감] <1항(1번)>
敢(◰) {감} [:감] <1항(1번)>
紺(◳) {감} [감*] <1항(1번)>
堪當(◱{◱,◳}) {감당} [감당] <1항(2번)>
感動(◰◰) {:감:동} [:감·동] <5항(7번)>
講(◰) {·강} [:강] <1항(2번)>
講究(◰◳) {:강구} [:강·구] <1항(2번)>
講論(◰{◱,◳}) {:강논} [:강·론] <2항(2번)>
姜(◱) {강} [강] <1항(2번)>
剛(◱) {강} [강] <1항(1번)>
剛健(◱◳) {강:건} [:강·건] <1항(1번)>
剛果(◱◰) {강:과} [강·과] <1항(1번)>
剛直(◱◲) {강·딕} [강·직] <1항(1번)>
剛愎(◱◲) {강·퍅} [강·팍] <1항(1번)>
江(◱) {강} [·강] <1항(1번)>
江東(◱◱) {강동} [·강·동] <1항(1번)>
江祿(◱◲) {강·록} [·강·록*] <1항(1번)>
江州(◱◱) {강쥬} [·강·주*] <1항(1번)>
江革(◱◲) {강·혁} [·강·혁*] <1항(1번)>
康公(◱◱) {강공} [강공*] <1항(2번)>
康子(◱◰) {강·ᄌᆞ} [강·자*] <1항(1번)>
康節(◱◲) {강·졀} [강·절] <1항(2번)>

强盜({◱,◰}◳)	{:강:도}	[:강·도]	<1항(1번)>
開(◱)	{ᄀᆡ}	[·개]	<1항(2번)>
改嫁(◰◳)	{:ᄀᆡ:가}	[개·가]	<1항(1번)>
改嫁(◰◳)	{:ᄀᆡ·가}	[개·가]	<1항(1번)>
改易(◰◲)	{:ᄀᆡ·역}	[:개·역]	<1항(1번)>
開封(◱◱)	{ᄀᆡ봉}	[개봉]	<1항(2번)>
慨然(◳◱)	{:개연}	[:개·연]	<1항(1번)>
客舍(◲◳)	{·ᄀᆡᆨ:샤}	[·객·사]	<1항(1번)>
羹(◱)	{:ᄀᆡᆼ}	[:갱]	<1항(2번)>
羹(◱)	{·ᄀᆡᆼ}	[갱]	<1항(1번)>
居(◱)	{거}	[:거]	<3항(3번)>
居喪(◱{◱,◳})	{거상}	[:거·상]	<2항(32번)>
居處(◱{◰,◳})	{거:쳐})	[:거·처]	<1항(1번)>
蘧(◱)	{거}	[거*]	<1항(1번)>
擧動(◰◰)	{:거:동}	[:거·동]	<1항(1번)>
擧動(◰◰)	{:거·동}	[:거·동]	<2항(4번)>
擧動(◰◰)	{:거동}	[:거·동]	<1항(1번)>
擧動(◰◰)	{·거동}	[:거·동]	<1항(1번)>
倨慢(◳◳)	{:거·만}	[:거·만]	<1항(1번)>
倨慢(◳◳)	{:거:만}	[:거·만]	<2항(2번)>
蘧伯玉(◱◲◲)	{거·ᄇᆡᆨ·옥}	[거·백·옥*]	<1항(2번)>
籧篨(◱◱)	{거뎨}	[거저*]	<1항(1번)>
去聲(◳◱)	{:거셩}	[:거·성]	<1항(1번)>
擧將(◰{◱,◳})	{·거쟝}	[:거·장*]	<1항(1번)>
擧止(◰◰)	{:거·지}	[:거·지]	<1항(1번)>
擧薦(◰◳)	{:거:쳔}	[:거·천]	<2항(2번)>
擧薦(◰◳)	{·거·쳔}	[:거·천]	<1항(1번)>
建(◳)	{:건}	[:건]	<2항(2번)>
建武(◳◰)	{:건:무}	[:건·무*]	<1항(1번)>
虔州(◱◱)	{건쥬}	[건주*]	<1항(2번)>
黔婁(◱◱)	{검루}	[검루*]	<1항(2번)>
儉朴(◰◲)	{:검·박}	[:검·박]	<11항(12번)>
儉朴(◰◲)	{·검·박}	[:검·박]	<1항(1번)>
儉素(◰◳)	{:검:소}	[:검·소]	<1항(1번)>
儉約(◰◲)	{:검·약}	[:검·약]	<1항(1번)>
激勵(◲◳)	{·격:녀}	[·격·려]	<1항(1번)>
堅彊(◱◱)	{견강}	[견강*]	<1항(1번)>
缺(◲)	{·결}	[·결]	<1항(1번)>
決(◲)	{·결}	[·결]	<2항(2번)>
決斷(◲{◰,◳})	{·결:단}	[·결·단]	<2항(3번)>

決斷(◲{◰,◳}) {·결·단} [·결·단] <1항(1번)>
決斷(◲{◰,◳}) {·결단} [·결·단] <1항(1번)>
決然(◲◱) {·결연} [·결·연] <1항(1번)>
結束(◲◲) {·결·쇽} [·결·속] <2항(2번)>
兼(◱) {겸} [겸] <1항(1번)>
謙辭(◱◱) {겸ᄉᆞ} [겸사] <1항(1번)>
謙遜(◱◳) {겸:손} [겸·손] <1항(1번)>
謙讓(◱◳) {겸:양} [겸·양] <1항(1번)>
敬(◳) {:경} [:경] <3항(3번)>
敬姜(◳◱) {:경강} [:경·강*] <1항(1번)>
頃(◰) {:경} [경] <1항(2번)>
慶(◳) {:경} [:경] <2항(4번)>
慶(◳) {·경} [:경] <1항(1번)>
扃(◱) {경} [경*] <1항(1번)>
經(◱) {경} [경] <1항(3번)>
經書(◱◱) {경셔} [경서] <1항(3번)>
經業(◱◲) {경업} [경·업] <1항(1번)>
經營(◱◱) {경영} [경영] <2항(3번)>
經義齋(◱◳◱) {경:의지} [경·의·재*] <1항(2번)>
經典(◱◰) {경:뎐} [경·전] <1항(1번)>
卿(◱) {경} [경] <1항(3번)>
瓊(◱) {경} [경*] <1항(1번)>
輕(◱) {경} [경] <1항(1번)>
輕慢(◱◳) {경:만} [경·만] <1항(1번)>
輕薄(◱◲) {경·박} [경·박] <2항(2번)>
輕薄子(◱◲◰) {경·박·ᄌᆞ} [경·박·자] <1항(1번)>
輕率(◱◲) {경·솔} [경·솔] <1항(1번)>
警戒(◰◳) {:경:계} [:경·계] <9항(23번)>
警戒(◰◳) {:경·계} [:경·계] <8항(9번)>
景帝(◰◳) {:경:뎨} [:경·제] <2항(2번)>
京兆(◱◰) {경:됴} [경·조*] <1항(1번)>
京兆尹(◱◰◰) {경:됴·윤} [경조#·윤*] <1항(1번)>
京兆尹(◱◰◰) {경됴·윤} [경조#·윤*] <1항(1번)>
塩鐵使({◱,◳}◲{◰,◳}) {염·텰:ᄉᆞ} [염·철·사*] <1항(1번)>
契$_1$ (◳) {:계} [:계] <1항(1번)>
契$_2$ (◲) {·셜} [·설*] <1항(1번)>
契$_2$ (◲) {·셜} [·설*] <1항(1번)>
啓(◰) {:계} [:계] <1항(1번)>
階(◱) {계} [계] <1항(1번)>
階節(◱◲) {계·졀} [계·절*] <1항(1번)>

季康子(◳◱◰) {:계강·ᄌᆞ} [:계·강·자*] <1항(1번)>
季良(◳◱) {:계량} [:계·량*] <1항(1번)>
計較(◳◳) {:계·교} [계·교] <1항(1번)>
計較(◳◳) {:계·교} [계·교] <1항(2번)>
繼母(◳◰) {:계:모} [:계·모] <1항(1번)>
告(◳) {:고} [·고] <4항(8번)>
告(◳) {고} [·고] <1항(1번)>
杲(◰) {:고} [:고*] <1항(1번)>
庫(◳) {·고} [·고] <2항(4번)>
故(◳) {·고} [·고] <1항(19번)>
故(◳) {고} [·고] <1항(1번)>
故舊(◳◳) {·고구} [:고·구] <1항(1번)>
故人(◳◱) {:고인} [:고·인] <1항(1번)>
高(◱) {고} [고] <1항(1번)>
高柴(◱◱) {고싀} [고시*] <1항(1번)>
高侍郎(◱◳◱) {고:시랑} [고·시·랑*] <1항(1번)>
高允(◱◰) {고·윤} [고·윤*] <1항(2번)>
高子皐(◱◰◱) {고·ᄌᆞ고} [고·자·고*] <1항(1번)>
高祖(◱◰) {고·조} [고·조] <1항(1번)>
高宗(◱◱) {고종} [고·종] <1항(2번)>
孤(◱) {고} [·고] <1항(1번)>
孤竹(◱◲) {고듁} [·고·죽] <1항(1번)>
雇工(◳◱) {·고공} [·고·공] <1항(1번)>
古靈(◰◱) {:고령} [:고·령] <1항(1번)>
苦參(◰◱) {·고ᄉᆞᆷ} [·고·삼] <1항(1번)>
瞽瞍(◰◰) {·고:수} [·고·수*] <1항(1번)>
袴衣(◳{◱,◳}) {고의} [고의*] <1항(1번)>
固執(◳◲) {·고·집} [·고·집] <1항(1번)>
考察(◰◲) {:고·찰} [고·찰] <1항(1번)>
曲禮(◲◰) {·곡·례} [·곡·례] <1항(21번)>
曲調(◲{◱,◳}) {·곡·됴} [·곡·조] <1항(1번)>
曲盡(◲◰) {·곡:진} [·곡·진] <2항(2번)>
穀食(◲◲) {·곡·식} [곡·식] <1항(1번)>
穀食(◲◲) {곡·셕} [곡·석] <1항(2번)>
◲神(◲◲◱) {곡·셕신} [곡·석·신] <1항(1번)>
袞(◰) {:곤} [:곤] <1항(2번)>
困憊(◳◳) {:곤:븨} [:곤·비] <1항(1번)>
閫外(◰◳) {:곤:외} [:곤·외*] <1항(1번)>
骨肉(◲◲) {·골·육} [·골·육] <1항(2번)>
公(◱) {공} [공] <1항(18번)>

公卿(◱◱) {공경} [공경] <1항(4번)>
公權(◱◱) {공권} [공권] <1항(7번)>
公達(◱◲) {공·달} [공·달*] <1항(1번)>
公明(◱◱) {공명} [공명] <1항(1번)>
公明宣(◱◱) {공명션} [공명선*] <1항(2번)>
公服(◱◲) {공·복} [공·복] <2항(4번)>
公父文伯(◱◰◱◲) {공:보문·ᄇᆡᆨ} [공·보#문·백*] <1항(2번)>
公事(◱◳) {·공:ᄉᆞ} [공·사] <1항(1번)>
公事(◱◳) {공·ᄉᆞ} [공·사] <1항(1번)>
公孫(◱{◱,◳}) {공손} [공손] <1항(2번)>
公孫質(◱{◱,◳}◲) {공손·질} [공손·질*] <1항(1번)>
公孫弘(◱{◱,◳}◱) {공손홍} [공손홍*] <1항(1번)>
公信(◱◳) {공:신} [공·신] <1항(1번)>
公然(◱◱) {공연} [공연] <1항(1번)>
公藝(◱◳) {공:예} [공·예*] <1항(2번)>
公子(◱◰) {공·ᄌᆞ} [·공·자] <1항(1번)>
公綽(◱◲) {공·쟉} [공·작*] <1항(4번)>
公著(◱{◱,◳}) {공:뎌} [공·저*] <1항(1번)>
公侯(◱◱) {공후} [·공·후] <1항(1번)>
共(◳) {공} [공] <1항(1번)>
共姜(◳◱) {공강} [공강*] <1항(3번)>
共伯(◳◲) {공·ᄇᆡᆨ} [공·백*] <1항(1번)>
共伯(◳◲) {공ᄇᆡᆨ} [공·백*] <1항(1번)>
功(◱) {공} [공] <1항(3번)>
功巧(◱◰) {공·교} [공교] <1항(1번)>
功效(◱◳) {공:효} [공효] <1항(1번)>
功效(◱◳) {공효} [공효] <1항(1번)>
孔戡(◰◱) {·공감} [·공·감*] <1항(1번)>
孔明(◰◱) {·공명} [공명] <1항(1번)>
孔氏(◰◰) {공·시} [·공·씨] <1항(1번)>
孔子(◰◰) {·공·ᄌᆞ} [·공·자] <1항(48번)>
恭敬(◱◳) {공:경} [공·경] <24항(72번)>
恭敬(◱◳) {공·경} [공·경] <2항(2번)>
恭敬(◱◳) {공경} [공·경] <1항(1번)>
恭遜(◱◳) {공·손} [공·손] <1항(1번)>
恭順(◱◳) {공:순} [공·순] <14항(25번)>
供給({◱,◳}◲) {공급} [:공·급] <1항(1번)>
供養({◱,◳}{◰,◳}) {공:양} [:공·양] <5항(7번)>
工夫(◱◱) {공부} [공부] <1항(3번)>
貢稅(◳◳) {:공·셰} [:공·세] <1항(1번)>

空閑({◱,◰,◳}◱)	{공한}	[공한]	<1항(1번)>
科擧(◱◰)	{과:거}	[과·거]	<1항(1번)>
科擧試場(◱◰◳◱)	{과·거:시댱}	[과·거#:시·장]	<1항(1번)>
寡婦(◰◰)	{:과·부}	[:과·부]	<1항(1번)>
果實(◰◲)	{:과:실}	[:과·실]	<1항(1번)>
果實(◰◲)	{:과·실}	[:과·실]	<1항(4번)>
果然(◰◱)	{:과·연}	[:과·연]	<1항(1번)>
果然(◰◱)	{:과연}	[:과·연]	<1항(2번)>
過失(◳◲)	{·과·실}	[:과·실]	<1항(1번)>
霍光(◲◱)	{·곽광}	[·곽·광*]	<1항(2번)>
郭林宗(◲◱◱)	{·곽림종}	[·곽·림·종*]	<1항(1번)>
冠({◱,◳})	{:관}	[·관]	<1항(1번)>
冠({◱,◳})	{과}	[·관]	<2항(2번)>
冠({◱,◳})	{관}	[·관]	<4항(16번)>
冠帶({◱,◳}◳)	{관:듸}	[·관·대]	<2항(2번)>
瓘(◳)	{·관}	[·관*]	<1항(1번)>
琯(◰)	{·관}	[·관]	<1항(1번)>
棺(◱)	{·관}	[·관]	<1항(1번)>
寬(◱)	{관}	[관]	<1항(2번)>
管敬仲(◰◳◳)	{·관:경:듕}	[·관·경·중*]	<1항(1번)>
管寧(◰◱)	{·관녕}	[·관·녕*]	<1항(1번)>
款曲(◰◲)	{:관·곡}	[·관·곡]	<2항(2번)>
觀光法({◱,◳}◱◲)	{관광·법}	[관광·법]	<1항(1번)>
觀察使({◱,◳}◲{◰,◳})	{관·찰:ᄉᆞ}	[관·찰·사]	<1항(2번)>
官員(◱◱)	{관원}	[관원]	<1항(15번)>
冠義({◱,◳}◳)	{:관:의}	[·관·의]	<1항(1번)>
管子(◰◰)	{·관·ᄌᆞ}	[·관·자*]	<1항(1번)>
關雎(◱◱)	{관져}	[관저*]	<1항(1번)>
适(◲)	{·괄}	[·괄*]	<1항(1번)>
括(◲)	{·괄}	[·괄]	<1항(1번)>
廣(◰)	{:광}	[:광]	<2항(5번)>
廣州(◰◱)	{:광쥬}	[:광·주]	<1항(1번)>
光(◱)	{·광}	[:광]	<1항(1번)>
光武(◱◰)	{광:무}	[:광·무*]	<1항(1번)>
怪異(◳◳)	{고·이}	[괴·이]	<1항(1번)>
怪異(◳◳)	{괴:이}	[괴·이]	<1항(1번)>
怪異(◳◳)	{괴·이}	[괴·이]	<2항(4번)>
怪辟(◳◲)	{:괴벽}	[:괴·벽]	<1항(1번)>
紘(◱)	{굉}	[굉*]	<1항(1번)>
宏(◱)	{굉}	[굉]	<1항(1번)>

教({◺,◹})	{:교}	[:교]	<1항(2번)>
教化({◺,◹}◹)	{:교:화}	[:교·화]	<1항(1번)>
教化({◺,◹}◹)	{:교·화}	[:교·화]	<1항(1번)>
交代(◺◹)	{교·ᄃᆡ}	[교·대]	<1항(1번)>
交代(◺◹)	{교ᄃᆡ}	[교·대]	<1항(1번)>
交趾(◺◸)	{교·지}	[교·지]	<1항(1번)>
驕慢(◺◹)	{교:만}	[교·만]	<6항(8번)>
驕慢(◺◹)	{교·만}	[교·만]	<2항(2번)>
教授({◺,◹}◹)	{:교슈}	[:교·수]	<1항(1번)>
轎子({◺,◹}◸)	{교·ᄌᆞ}	[교·자]	<1항(1번)>
矩(◸)	{:구}	[:구*]	<1항(1번)>
求(◺)	{:구}	[구]	<3항(3번)>
求(◺)	{구}	[구]	<17항(28번)>
救(◹)	{:구}	[구]	<3항(3번)>
具慶(◹◹)	{:구:경}	[:구·경]	<1항(1번)>
臼季(◸◹)	{:구:계}	[:구·계]	<1항(1번)>
句句(◹◹)	{:구:구}	[구구]	<1항(2번)>
歐陽公(◺◺◺)	{구양공}	[구양공]	<1항(2번)>
瞿然(◺◺)	{:구연}	[:구·연]	<1항(1번)>
九月(◸◿)	{·구·월}	[·구·월]	<1항(1번)>
九族(◸◿)	{·구·족}	[·구·족]	<1항(1번)>
驅從({◺,◹}◺)	{·구·죵}	[구종*]	<1항(1번)>
苟且(◸◸)	{:구:챠}	[·구·차]	<2항(6번)>
苟且(◸◸)	{:구·챠}	[·구·차]	<2항(2번)>
絇({◺,◸})	{구}	[구*]	<1항(1번)>
國家(◿◺)	{·국가}	[·국·가]	<1항(1번)>
國子(◿◸)	{·국·ᄌᆞ}	[·국·자]	<1항(1번)>
麴蘖(◿◿)	{·국·얼}	[·국·얼]	<1항(1번)>
軍(◺)	{군}	[군]	<1항(1번)>
軍士(◺◸)	{군·ᄉᆞ}	[군·사]	<1항(5번)>
郡牧判官(◹◿◹◺)	{군·목:판관}	[:군·목·판·관]	<1항(1번)>
郡守(◹◸)	{:군·슈}	[:군·수]	<1항(1번)>
君臣(◺◺)	{군신}	[군신]	<1항(1번)>
君子(◺◸)	{군·ᄌᆞ}	[군·자]	<1항(53번)>
君行(◺{◺,◹})	{군힝}	[군행]	<1항(3번)>
窘乏(◸◿)	{군·핍}	[군·핍]	<1항(1번)>
屈伏(◿◿)	{·굴·복})	[·굴·복]	<2항(2번)>
宮(◺)	{궁}	[궁]	<1항(3번)>
宮室(◺◿)	{궁·실}	[궁·실]	<1항(1번)>
窮(◺)	{궁}	[궁]	<2항(4번)>

窮究(◱◳) {궁:구} [궁·구] <1항(1번)>
窮究(◱◳) {궁·구} [궁·구] <2항(5번)>
窮迫(◱◲) {궁·박} [궁·박] <1항(1번)>
勸(◳) {:권} [:권] <4항(4번)>
勸(◳) {권} [:권] <1항(1번)>
卷({◱,◰,◳}) {·권} [·□·권] <1항(1번)>
卷({◱,◰,◳}) {권} [□권] <1항(1번)>
眷黨(◳◰) {:권:당} [권당] <1항(1번)>
眷黨(◳◰) {:권·당} [권당] <1항(18번)>
眷黨(◳◰) {:권당} [권당] <1항(3번)>
眷黨(◳◰) {·권:당} [권당] <1항(1번)>
眷黨(◳◰) {·권·당} [권당] <1항(2번)>
眷黨(◳◰) {권·당} [권당] <1항(1번)>
權勢(◱◳) {권:셔} [권·세] <1항(1번)>
權勢(◱◳) {권:셰} [권·세] <1항(2번)>
權臣(◱◱) {권신} [권신] <1항(1번)>
卷秩({◱,◰,◳}◲) {:권·딜} [:권·질] <1항(1번)>
闕內法(◲◳◲) {·궐:닋·법} [·궐·냇·법] <1항(1번)>
几(◰) {:궤} [:궤] <2항(4번)>
詭(◰) {:궤} [:궤*] <1항(1번)>
貴(◳) {:귀} [:귀] <11항(23번)>
貴(◳) {·귀} [:귀] <1항(2번)>
鬼神(◰◱) {:귀·신} [:귀·신] <1항(1번)>
鬼神(◰◱) {:귀신} [:귀·신] <1항(3번)>
規(◱) {규} [규] <1항(1번)>
規矩(◱◰) {규:구} [규·구] <1항(1번)>
規矩(◱◰) {규구} [규·구] <1항(1번)>
規模(◱◱) {규모} [규·모] <1항(1번)>
規正(◱{◱,◳}) {규:정} [규정] <1항(1번)>
規諷(◱◳) {규:풍} [규·풍*] <1항(1번)>
橘(◲) {·귤} [·귤] <1항(2번)>
極(◲) {·극} [·극] <1항(2번)>
極盡(◲◰) {·극·진} [·극·진] <2항(3번)>
斤(◱) {근} [:□·근] <1항(1번)>
斤(◱) {근} [·□·근] <4항(4번)>
勤勞(◱{◱,◳}) {근로} [근로] <1항(1번)>
根本(◱◰) {근·본} [근·본] <2항(9번)>
謹愼(◰◳) {:근:신} [:근·신] <1항(1번)>
覲親(◳◱) {:근친} [:근·친] <1항(1번)>
琴(◱) {금} [금] <1항(2번)>

琴瑟(◱◲) {금·슬} [금·실] <1항(1번)>
錦繡(◰◳) {:금·슈} [금·수] <1항(1번)>
錦衣(◰{◱,◳}) {:금·의} [금의] <1항(1번)>
錦衣(◰{◱,◳}) {:금의} [금의] <1항(1번)>
禁止({◱,◳}◰) {:금·지} [:금·지] <3항(3번)>
禁({◱,◳}) {:금} [:금] <1항(1번)>
伋(◲) {·급} [·급*] <1항(1번)>
急(◲) {·급} [·급] <6항(7번)>
急遽(◲◳) {·급·거} [·급·거] <1항(1번)>
汲黯(◲◰) {·급:암} [·급·암*] <1항(4번)>
汲黯(◲◰) {급암} [·급·암*] <1항(1번)>
及第(◲◳) {급:뎨} [·급·제] <1항(1번)>
及第(◲◳) {급·뎨} [·급·제] <3항(3번)>
矜莊(◱◱) {긍장} [긍장*] <1항(1번)>
冀(◳) {·긔} [·기*] <1항(2번)>
記(◳) {·긔} [·기] <1항(1번)>
記錄(◳◲) {·긔·록} [·기·록] <4항(7번)>
機(◱) {·긔} [·기] <1항(1번)>
箕(◱) {긔} [·기] <1항(1번)>
箕子(◱◰) {긔·ᄌᆞ} [·기·자] <1항(6번)>
琦(◱) {긔} [기] <1항(1번)>
夔(◱) {기} [기*] <1항(1번)>
起居(◰◱) {·긔거} [·기·거] <1항(1번)>
奇傑(◱◲) {:긔·걸} [기·걸] <2항(2번)>
奇別(◱◲) {긔·별} [기·별] <1항(3번)>
奇異(◱◳) {긔·이} [기·이] <1항(1번)>
奇特(◱◲) {긔·특} [기·특] <4항(5번)>
器具(◳◳) {·긔구} [·기·구] <1항(2번)>
器局(◳◲) {·긔·국} [·기·국] <1항(1번)>
器物(◳◲) {·긔·믈} [·기·물] <1항(2번)>
器之(◳◱) {·긔지} [·기·지] <1항(1번)>
譏弄(◱◳) {긔:롱} [·기·롱] <3항(4번)>
譏弄(◱◳) {긔·롱} [·기·롱] <2항(2번)>
氣象(◳◰) {·긔·샹} [·기·상] <1항(3번)>
氣色(◳◲) {·긔·식} [·기·색] <1항(1번)>
氣運(◳◳) {·긔:운} [·기·운] <1항(1번)>
氣運(◳◳) {·긔·운} [·기·운] <2항(11번)>
氣運(◳◳) {·끠·운} [·기·운] <1항(1번)>
氣運(◳◳) {·긔운} [·기·운] <1항(6번)>
氣運(◳◳) {긔운} [·기·운] <1항(1번)>

氣絶(◳◲)	{·긔·졀}	[·기·절]	<1항(1번)>
氣質(◳◲)	{·긔·질}	[·기·질]	<1항(1번)>
期約(◱◲)	{긔·약}	[기·약]	<1항(1번)>
期必(◱◲)	{긔·필}	[기·필]	<1항(1번)>
忌日(◳◲)	{·긔·일}	[·기·일]	<1항(1번)>
旣醉篇(◳◳◱)	{·긔:취편}	[·기·취·편*]	<1항(1번)>
吉(◲)	{·길}}	[·길]	<5항(10번)>
吉事(◲◳)	{·길:ᄉᆞ}	[·길·사]	<1항(1번)>
金(◱)	{금}	[금]	<1항(7번)>
金蘭(◱◱)	{금난}	[금란]	<1항(1번)>
金銀(◱◱)	{금은}	[금은]	<1항(1번)>
羅仲素(◱◳◳)	{라:듕:소}	[나중·소*]	<1항(1번)>
癩疾(◳◲)	{:라·질}	[:나·질]	<1항(1번)>
駱賓王(◲◱◱)	{·락빈왕}	[·낙·빈·왕*]	<1항(1번)>
洛陽(◲◱)	{·락양}	[·낙·양]	<1항(1번)>
諾(◲)	{·락}	[·낙]	<2항(3번)>
難({◱,◳})	{:난}	[:난]	<1항(1번)>
亂(◳)	{:란}	[:난]	<1항(1번)>
蘭(◱)	{란}	[난]	<1항(1번)>
赧然(◰◱)	{·난연}	[·난·연*]	<1항(1번)>
欒共子(◱◳◰)	{란공·ᄌᆞ}	[난공·자*]	<1항(1번)>
蘭草(◱◰)	{난·초}	[난·초]	<1항(2번)>
覽(◰)	{:람}	[:남]	<1항(4번)>
南唐(◱◱)	{남당}	[남당]	<1항(1번)>
南省(◱◰)	{남·싱}	[남·성]	<1항(2번)>
南陽(◱◱)	{남양}	[남양]	<1항(1번)>
南容(◱◱)	{남용}	[남용*]	<1항(1번)>
南齊(◱◱)	{남졔}	[남제]	<1항(1번)>
南朝(◱◱)	{남됴}	[남조]	<1항(1번)>
南淸河(◱◱◱)	{남쳥하}	[남청하*]	<1항(1번)>
南海(◱◰)	{남:ᄒᆡ}	[남·해]	<1항(1번)>
男子(◱◰)	{남·ᄌᆞ}	[남·자]	<1항(1번)>
男便(◱{◱,◳})	{남:편}	[남·편]	<1항(3번)>
藍田(◱◱)	{남뎐}	[남전*]	<1항(1번)>
郞(◱)	{랑}	[낭]	<1항(1번)>
郞中令(◱{◱,◳}{◱,◳})	{랑듕·령}	[낭중·령*]	<1항(1번)>
郞廳(◱◱)	{랑텽}	[:랑·청*]	<1항(2번)>
狼籍(◱◲)	{랑·젹}	[낭·적*]	<2항(2번)>
內史(◳◰)	{:ᄂᆡ:ᄉᆞ}	[:내·사]	<1항(4번)>
內則(◳◲)	{:ᄂᆡ·측}	[:내·칙]	<2항(8번)>

乃終(◰◱)	{:내·쭁}	[:나·중]	<1항(2번)>
乃終(◰◱)	{:내쭁}	[:나·중]	<4항(8번)>
乃終(◰◱)	{·내·쭁}	[:나·중·에]	<1항(1번)>
乃終(◰◱)	{·내쭁}	[:나·중·과]	<1항(1번)>
乃終(◰◱)	{내쭁}	[:나·중]	<1항(1번)>
來日(◱◲)	{ᄂᆡ·일}	[내·일]	<1항(2번)>
來日(◱◲)	{ᄂᆡ일}	[내·일]	<1항(1번)>
亮(◳)	{·냥}	[양]	<1항(1번)>
梁(◱)	{량}	[양]	<1항(2번)>
兩親(◰◱)	{:냥친}	[:양·친]	<1항(2번)>
厲公(◳◱)	{:녀공}	[여공*]	<1항(1번)>
閭(◱)	{려}	[려*]	<1항(2번)>
呂舍人(◰◳◱)	{:려:샤인}	[:여·사·인*]	<1항(1번)>
呂(◰)	{:녀}	[:여]	<1항(1번)>
呂(◰)	{:려}	[:여]	<1항(1번)>
呂氏(◰◰)	{:녀·시}	[:여·씨]	<1항(1번)>
呂氏(◰◰)	{:려·시}	[:여·씨]	<1항(3번)>
呂滎公(◰◱◱)	{:려형공}	[:여·형·공*]	<1항(4번)>
呂滎公(◰◱◱)	{려형공}	[:여·형·공*]	<1항(1번)>
癘疫(◳◲)	{:녀·역}	[:여·역*]	<1항(1번)>
癘疫(◳◲)	{:려·역}	[:여·역*]	<1항(1번)>
歷歷(◲◲)	{·력·력·히}	[·역·력·히]	<1항(1번)>
廬陵王(◱◱◱)	{녀릉왕}	[여릉왕*]	<1항(1번)>
年號(◱{◱,◳})	{년:호}	[연·호]	<1항(6번)>
年號(◱{◱,◳})	{년·호}	[연·호]	<1항(3번)>
然後(◱◰)	{연:후}	[연·후]	<2항(3번)>
連(◱)	{련·ᄒᆞ·야}	[연하여]	<1항(1번)>
烈女(◲◰)	{·렬·녀}	[·열·녀]	<1항(1번)>
烈女傳(◲◰{◱,◳})	{·렬·녀:뎐}	[·열·녀·전]	<1항(1번)>
列士(◲◰)	{·녈:ᄉᆞ}	[·열·사]	<1항(1번)>
濂溪(◱◱)	{렴계}	[염계]	<1항(1번)>
念慮(◳◳)	{:렴:려}	[:염·려]	<1항(1번)>
廉恥(◱◰)	{렴:티}	[염·치]	<1항(1번)>
厭(◳)	{:염}	[:염]	<1항(2번)>
令({◱,◳})	{·령}	[·영]	<3항(5번)>
令女({◱,◳}◰)	{:령·녀}	[:영·녀*]	<2항(7번)>
令尹({◱,◳}◰)	{:령·윤}	[:영·윤]	<1항(3번)>
令尹闈({◱,◳}◰◱)	{:령·윤위}	[:영·윤·위*]	<1항(1번)>
靈公(◱◱)	{령공}	[영공*]	<1항(4번)>
靈芝(◱◱)	{령지}	[·영·지]	<1항(1번)>

禮(◰)	{·례}	[·예]	<4항(66번)>
禮(◰)	{례·예}	[·예·에]	<1항(1번)>
禮記(◰◳)	{·례·긔}	[·예·기]	<1항(12번)>
禮記(◰◳)	{·례긔}	[·예·기]	<1항(1번)>
禮記篇(◰◳◱)	{·례·긔편}	[·예·기·편]	<2항(10번)>
禮記篇(◰◳◱)	{·례긔편}	[·예·기·편]	<1항(1번)>
禮度(◰◳)	{·녜·도}	[·예·도]	<1항(1번)>
禮度(◰◳)	{·례:도}	[·예·도]	<1항(2번)>
禮度(◰◳)	{·례·도}	[·예·도]	<2항(18번)>
禮度(◰◳)	{·례도}	[·예·도]	<1항(1번)>
禮貌(◰◳)	{·녜모}	[·예·모]	<1항(1번)>
禮貌(◰◳)	{·례·모}	[·예·모]	<1항(1번)>
禮物(◰◲)	{·례·믈}	[·예·물]	<2항(3번)>
禮法(◰◲)	{·례·법}	[·예·법]	<1항(2번)>
禮讓(◰◳)	{·례:양}	[·예·양]	<1항(1번)>
禮義(◰◳)	{·례:의}	[·예·의]	<2항(9번)>
禮節(◰◲)	{·례·졀}	[·예·절]	<1항(4번)>
禮節(◰◲)	{례·졀}	[·예·절]	<1항(1번)>
怒(◰)	{:노}	[:노]	<10항(19번)>
怒(◰)	{:로}	[:노]	<3항(3번)>
怒號(◰{◱,◳})	{:로·호}	[:노·호]	<1항(1번)>
魯(◰)	{·로}	[·노]	<2항(5번)>
魯公(◰◱)	{·로공}	[·노·공]	<1항(1번)>
老聃(◰◱)	{:로담}	[:노·담]	<1항(1번)>
老萊子(◰◱◰)	{:로ᄅᆡ·ᄌᆞ}	[:노·래·자]	<1항(1번)>
老氏(◰◰)	{·노·시}	[:노·씨]	<1항(1번)>
老莊(◰◱)	{:로장}	[:노·장]	<1항(1번)>
奴婢(◱◰)	{노:비}	[노·비]	<1항(1번)>
盧氏(◱◰)	{로·시}	[·노·씨]	<1항(4번)>
盧照隣(◱◳◱)	{로:죠린}	[·노·조·린*]	<1항(1번)>
路車(◳◱)	{:로거}	[:노·거]	<1항(1번)>
路馬(◳◰)	{:로:마}	[:노·마]	<1항(1번)>
祿(◲)	{녹}	[·녹]	<5항(14번)>
祿俸(◲◳)	{·녹·봉})	[·녹·봉]	<1항(1번)>
祿俸(◲◳)	{·록:봉}	[·녹·봉]	<1항(2번)>
祿俸(◲◳)	{·록·봉}	[·녹·봉]	<1항(4번)>
論難({◱,◳}{◱,◳})	{:론:난}	[논·란]	<1항(1번)>
論語({◱,◳}{◰,◳})	{론:어}	[논·어]	<1항(14번)>
雷同(◱◱)	{뢰동}	[:뇌·동]	<1항(1번)>
淖齒(◳◰)	{:뇨:치}	[:요·치*]	<1항(1번)>

了翁(◰◱) {:료옹} [:요·옹*] <1항(1번)>
龍伯高(◱◲◱) {룡·빅고} [용·백·고*] <1항(1번)>
類(◳) {:뉴} [유] <2항(3번)>
類(◳) {:류} [유] <2항(10번)>
類(◳) {·류} [유] <1항(1번)>
流(◱) {류} [유] <1항(1번)>
劉(◱) {류} [유] <2항(2번)>
劉康公(◱◱◱) {류강공} [유강공*] <1항(1번)>
劉公(◱◱) {류공} [유공] <1항(3번)>
劉寬(◱◱) {류관} [유관*] <1항(1번)>
劉器之(◱◳◱) {류·긔지} [유#·기·지*] <1항(2번)>
劉湛(◱◳) {류팀} [유침*] <1항(1번)>
劉先主(◱◱◰) {류션·쥬} [유선·주] <1항(1번)>
劉氏(◱◰) {류·시} [유·씨] <1항(2번)>
劉安(◱◱) {뉴안} [유안*] <1항(1번)>
劉安禮(◱◱◰) {류안·례} [유안·례*] <1항(1번)>
劉子(◱◰) {류·ᄌᆞ} [유·자*] <1항(1번)>
劉表(◱◰) {류·표} [유·표*] <1항(1번)>
庾黔婁(◰◱◱) {:유검루} [:유·검·루*] <1항(1번)>
庾袞(◰◰) {:류:곤} [:유·곤*] <1항(1번)>
柳開(◰◱) {:류ᄀᆡ} [:유·개*] <1항(1번)>
柳公綽(◰◱◲) {:류공·쟉} [:유·공·작*] <1항(2번)>
柳玭(◰◱) {:류변} [:유·빈] <1항(4번)>
柳氏(◰◰) {:류·시} [:유·씨] <1항(1번)>
柳仲郢(◰◳◰) {:류:듕:령} [:유·중·영*] <1항(1번)>
六經(◲◱) {·륙경} [·육·경] <1항(1번)>
陸績(◲◲) {·륙·젹} [·육·적*] <1항(1번)>
蓼莪篇(◲◱◱) {·륙아편} [·육·아·편] <1항(1번)>
律(◲) {·률} [·율] <1항(1번)>
鷸(◲) {·률} [·율] <1항(1번)>
理(◰) {:리} [:이] <1항(1번)>
利(◳) {:리} [:이] <1항(2번)>
鯉(◰) {:리} [:이] <1항(4번)>
鯉魚(◰◱) {:리어} [:이·어] <1항(1번)>
能(◱) {·능} [능] <1항(1번)>
能(◱) {능} [능] <5항(95번)>
利(◳) {:리} [:이] <8항(14번)>
利慾(◳◲) {:니·욕} [:이·욕] <1항(1번)>
理(◰) {:리} [:이] <1항(5번)>
理勝(◰{◱,◳}) {:리:숭} [:이·승*] <1항(1번)>

李(上)	{:리}	[:이]	<1항(1번)>
李君行(上平{平,去})	{:리군힝}	[:이·군·행*]	<1항(1번)>
李昉(上上)	{:리방}	[:이·방*]	<1항(1번)>
李相(上({平,去}))	{:리·샹}	[:이·상]	<1항(1번)>
李氏(上上)	{:리·시}	[:이·씨]	<1항(2번)>
李氏(上上)	{리시}	[:이·씨]	<1항(1번)>
李勣(上入)	{:리·젹}	[·이·적*]	<1항(1번)>
離間({平,去}{平,去})	{리:간}	[이·간]	<1항(2번)>
里門(上平)	{:리·문}	[:이·문]	<1항(1번)>
里門(上平)	{:리문}	[:이·문]	<1항(1번)>
吏部(去上)	{:리·부}	[:이·부]	<1항(1번)>
吏師齋(去平平)	{:리ᄉᆞᄌᆡ}	[:이·사·재*]	<1항(1번)>
麟德(平入)	{린덕}	[인·덕*]	<1항(1번)>
臨({平,去})	{림}	[임하]	<1항(1번)>
林宗(平平)	{림종}	[임종*]	<1항(2번)>
立春(入平)	{·립츈}	[·입·춘]	<1항(1번)>
袒(上)	{:단}	[:단]	<1항(1번)>
袒括(上入)	{:단·괄}	[:단·괄*]	<1항(1번)>
丹(平)	{단}	[단]	<1항(1번)>
短命(上去)	{:단:명}	[단·명]	<2항(2번)>
短命(上去)	{:단·명}	[단·명]	<1항(1번)>
端木(平入)	{단·목}	[단·목*]	<1항(1번)>
端正(平{平,去})	{단:졍}	[단정]	<5항(8번)>
端正(平{平,去})	{단·졍}	[단정]	<2항(2번)>
丹書(平平)	{단셔}	[단서]	<1항(1번)>
丹粧(平平)	{단장}	[단장]	<1항(2번)>
丹州(平平)	{단·쥬}	[단주*]	<1항(1번)>
達(入)	{·달·ᄒᆞᆫ}	[·달·한]	<1항(1번)>
膽(上)	{:담}	[:담]	<1항(1번)>
湛(平)	{담}	[담*]	<1항(1번)>
湛(去)	{팀}	[침*]	<1항(2번)>
澹臺({平,上}平)	{담ᄃᆡ}	[담대*]	<1항(1번)>
淡泊({平,上,去}入))[80]	{:담·박}	[담박]	<1항(1번)>
淡然({平,上,去}平))	{:담연}	[담연]	<1항(1번)>
禫祭(上去)	{:담:졔}	[:담·제*]	<1항(2번)>
答(入)	{·답}	[·답]	<1항(1번)>
當({平,去})	{:당}	[당]	<1항(1번)>
當({平,去})	{·당}	[당]	<2항(2번)>

80) 淡(물 맑을 담平; 싱거울 담上; 묽을 담去)).

當({◱,◳}) {당} [당] <4항(8번)>
當面({◱,◳}◳) {당:면} [당·면] <1항(1번)>
當世({◱,◳}◳) {당셰} [당·세] <1항(1번)>
當身({◱,◳}◱) {당신} [당신] <1항(1번)>
黨(◰) {·당} [·당] <1항(3번)>
堂(◱) {당} [당] <2항(7번)>
唐(◱) {당} [당] <1항(21번)>
唐夫人(◱◱◱) {당부인} [당·부·인*] <1항(1번)>
唐虞(◱◱) {당우} [당·우] <1항(1번)>
代(◳) {:딕} [□·대] <1항(1번)>
代(◳) {:딕} [:대] <5항(8번)>
代宗(◳◱) {:딕종} [:대·종*] <1항(1번)>
對(◳) {:딕} [:대] <8항(9번)>
對答(◳◲) {:딕:답}) [:대·답] <1항(1번)>
對答(◳◲) {:딕·답} [:대·답] <15(34번)>
對答(◳◲) {:딕답} [:대·답] <1항(1번)>
大綱(◳◱) {:대강} [:대·강] <1항(1번)>
大綱(◳◱) {·대강} [:대·강] <1항(1번)>
大槩(◳◳) {:대:개} [:대·개] <1항(1번)>
大闕(◳◲) {:대·궐}) [:대·궐] <1항(1번)>
大闕門(◳◲◱) {:대·궐·문} [:대·궐·문] <1항(1번)>
大闕門(◳◲◱) {:대·궐문} [:대·궐·문] <1항(5번)>
大鈞(◳◱) {:대균} [:대·균*] <1항(1번)>
戴嬀(◳◱) {·딕귀} [:대·규*] <1항(1번)>
大連(◳◱) {:대련} [:대·련] <1항(1번)>
大明(◳◱) {:대·명} [:대·명] <1항(1번)>
大文(◳◱) {:대문} [:대·문] <1항(1번)>
大防(◳◱) {:대방} [:대·방] <1항(1번)>
大夫(◳◱) {·태·우} [:대·부] <2항(20번)>
大夫(◳◱) {대·우} [:대·부] <2항(2번)>
大司徒(◳◱◱) {:대ᄉᆞ도} [:대·사·도*] <1항(1번)>
大祥(◳◱) {:대샹} [:대·상] <1항(1번)>
大祥祭(◳◱◳) {:대샹:졔} [:대·상·제] <1항(1번)>
大小殮(◳◰◳) {:대:쇼렴} [:대·소·렴] <1항(1번)>
大舜(◳◳) {:대:슌} [:대·순] <1항(1번)>
大臣(◳◱) {:대신} [:대·신] <1항(1번)>
大禹(◳◰) {:대:우} [:대·우] <1항(1번)>
大人(◳◱) {:대인} [:대·인] <1항(1번)>
大臨(◳{◱,◳}) {:대림} [:대·립] <1항(1번)>
大將軍(◳{◱,◳}◱) {:대쟝군} [:대·장·군] <1항(1번)>

大丈夫(◳◰◱)	{:대:댱부}	[:대·장·부]	<1항(1번)>
大抵(◳◰)	{:대:뎌}	[:대·저]	<1항(1번)>
大抵(◳◰)	{:대:뎨}	[:대·저]	<1항(1번)>
大抵(◳◰)	{:대·뎌}	[:대·저]	<1항(1번)>
大抵(◳◰)	{:대·뎨}	[:대·저]	<1항(1번)>
大抵(◳◰)	{·대·뎌}	[:대·저]	<1항(1번)>
大宗(◳◱)	{:대종}	[대종]	<2항(3번)>
大廳(◳◱)	{:대텽}	[대청]	<2항(4번)>
大祝(◳◲)	{:대·쥭}	[:대·축]	<1항(1번)>
大忠(◳◱)	{:대튱}	[:대·충]	<1항(1번)>
大夏(◳◳)	{:대:하}	[:대·하*]	<1항(1번)>
大學(◳◲)	{:대·혹}	[:대·학]	<1항(1번)>
大賢(◳◱)	{:대현}	[:대·현]	<1항(3번)>
大賢(◳◱)	{·대현}	[:대·현]	<1항(1번)>
待賓齋(◰◱◱)	{:딕빈징}	[:대·빈·재]	<1항(1번)>
待接(◰◲)	{:딕·졉}	[:대·접]	<11항(18)>
待制(◰◳)	{:딕:졔}	[:대·제]	<1항(1번)>
待制(◰◳)	{:딕졔}	[:대·제]	<1항(2번)>
德(◲)	{:덕}	[·덕]	<1항(1번)>
德(◲)	{·덕}	[·덕]	<1항(30번)>
德(◲)	{덕}	[·덕]	<1항(1번)>
德(◲)	{덕·에}	[덕·에]	<1항(1번)>
德公(◲◱)	{·덕공}	[·덕·공*]	<1항(1번)>
德業(◲◲)	{·덕·업}	[·덕·업]	<1항(1번)>
德義(◲◳)	{·덕:의}	[·덕·의]	<1항(1번)>
德宗(◲◱)	{·덕죵}	[·덕·종]	<1항(1번)>
德行(◲{◱,◳})	{·덕:힝}	[·덕·행]	<1항(2번)>
度(◳)	{:도}	[:도]	<2항(2번)>
道(◰)	{:도}	[:도]	<1항(33번)>
度牒(◳◲)	{:도·텹}	[:도·첩]	<1항(1번)>
道(◰)	{:도}	[:도]	<1항(1번)>
道(◰)	{·도}	[:도]	<1항(2번)>
稻(◰)	{·도}	[도]	<1항(1번)>
盜(◳)	{도}	[도]	<4항(4번)>
盜賊(◳◲)	{:도·적}	[도적]	<1항(3번)>
盜賊(◳◲)	{도·적}	[도적]	<1항(8번)>
陶侃(◱◳)	{도:간}	[도·간*]	<1항(1번)>
道德(◰◲)	{:도·덕}	[:도·덕]	<1항(1번)>
道流(◰◱)	{:도:류}	[:도·류]	<1항(1번)>
道流(◰◱)	{:도류}	[:도·류]	<1항(1번)>

道理(◰◰) {:도:리} [:도·리] <1항(6번)>
道理(◰◰) {:도·리} [:도·리] <1항(13번)>
道士(◰◰) {:도·ᄉᆞ} [:도·사] <1항(1번)>
逃亡(◱◱) {도망} [도망] <3항(4번)>
陶淵明(◱◱◱) {도연명} [도연명] <1항(1번)>
都邑(◱◲) {도·읍} [도·읍] <1항(1번)>
都轉運使(◱{◰,◳}◳{◰,◳}) {도:뎐:운:ᄉᆞ} [·도·전·운·사*] <1항(1번)>
都轉運使(◱{◰,◳}◳{◰,◳}) {도:뎐:운ᄉᆞ} [·도·전·운·사*] <1항(1번)>
獨(◲) {·독} [·독] <1항(1번)>
篤實(◲◲) {·독·실} [·독·실] <4항(4번)>
敦$_2$(◳) {:되} [:대*] <1항(1번)>
敦$_1$(◱) {돈} [돈*] <1항(1번)>
敦$_1$ 篤(◱◲) {돈·독} [돈·독] <3항(3번)>
敦$_1$ 頤(◱◱) {돈이} [돈·이] <1항(1번)>
動(◰) {:동} [:동] <1항(1번)>
動箴(◰◱) {:동줌} [:동·잠] <1항(1번)>
董(◰) {동} [:동] <1항(1번)>
董生(◰◱) {:동ᄉᆡᆼ} [:동·생*] <1항(4번)>
董生(◰◱) {·동ᄉᆡᆼ} [:동·생*] <1항(1번)>
董生行(◰◱{◱,◳}) {:동ᄉᆡᆼᄒᆡᆼ} [:동·생·행*] <1항(1번)>
董仲舒(◰◳◱) {:동:듕셔} [:동·중·서] <1항(1번)>
東(◱) {동} [동] <4항(6번)>
東階(◱◱) {동계} [동계] <1항(2번)>
東關(◱◱) {동관} [동관*] <1항(1번)>
東宮(◱◱) {동궁} [동궁] <1항(4번)>
東漢(◱◳) {동:한} [동·한] <1항(8번)>
同官(◱◱) {동관} [동관] <2항(3번)>
同年(◱◱) {동년} [동년] <1항(2번)>
同類(◱◳) {동:뉴} [동류] <1항(2번)>
同類(◱◳) {동:류} [동류] <1항(1번)>
同生(◱◱) {동ᄉᆡᆼ} [동생] <1항(4번)>
同姓(◱◳) {동:셩} [동·성] <1항(5번)>
同列(◱◲) {동·렬} [동·렬] <1항(1번)>
同州(◱◱) {동쥬} [동주] <1항(1번)>
洞洞(◳◳) {:동:동} [:동·동] <1항(2번)>
童蒙訓(◰◱◳) {동몽:훈} [동몽#:훈] <1항(4번)>
桐栢山(◱◲◱) {동·빅산} [동·백·산] <1항(1번)>
冬至(◱◳) {동·지} [동·지] <1항(1번)>
豆(◳) {·두} [·두] <1항(1번)>
頭巾(◱◱) {두건} [두건] <1항(1번)>

杜季良(◰◳◱)	{·두:계량})	[·두·계·량*]	<1항(1번)>
竇氏(◳◰)	{·두·시}	[·두·씨*]	<1항(2번)>
屯田郎中(◱◱◱{◱,◳})	{둔뎐랑듕}	[둔전랑중*]	<1항(1번)>
得(◲)	{·득}	[·득]	<2항(3번)>
得臣(◲◱)	{·득신}	[·득·신*]	<1항(1번)>
鄧伯道(◳◲◰)	{등·빅:도}	[등·백·도*]	<1항(1번)>
鄧攸(◳◱)	{:등유}	[등유*]	<1항(1번)>
麻袋(◱◳)	{ᄆᆞᄃᆡ}	[마대]	<1항(2번)>
馬援(◰{◱,◳})	{:마:원}	[:마·원*]	<1항(2번)>
馬希聲(◰◱◱)	{:마희셩}	[:마·희·성*]	<1항(1번)>
幕(◲)	{·막}	[·막]	<1항(3번)>
幕下(◲{◰,◳})	{·막·하}	[·막·하]	<1항(1번)>
萬年(◳◱)	{:만년}	[:만·년]	<1항(1번)>
萬物(◳◲)	{:만·믈}	[:만·물]	<1항(1번)>
萬民(◳◱)	{:만민}	[:만·민]	<1항(2번)>
萬分(◳{◱,◳})	{:만:분}	[:만·분]	<1항(1번)>
萬石君(◳◲◱)	{:만:셕군}	[:만·석·군]	<1항(1번)>
萬石君(◳◲◱)	{·만·셕군}	[:만·석·군]	<1항(7번)>
萬世(◳◳)	{:만:셰}	[:만·세]	<1항(1번)>
萬二千五百(◳◳◱◰◲)	{:만:이쳔:오·빅집}	[:만#:이·천#:오·백·집]	<1항(1번)>
萬一(◳◲)	{:만·일}	[:만·일]	<1항(35번)>
萬章(◳◱)	{:만쟝}	[:만·장*]	<1항(2번)>
亡(◱)	{망}	[망]	<1항(1번)>
亡滅(◱◲)	{망·멸}	[망·멸]	<2항(2번)>
妄悖(◳◳)	{:망:패}	[:망·패]	<1항(1번)>
妄佞(◳◳)	{:망·녕}	[:망·녕]	<4항(5번)>
望望(◳◳)	{:망:망}	[:망·망]	<1항(1번)>
每事({◰,◳}◳)	{:ᄆᆡ:ᄉᆞ}	[:매·사]	<1항(2번)>
每樣({◰,◳}{◰,◳})	{:ᄆᆡ:양}	[:매·양]	<1항(5번)>
每樣({◰,◳}{◰,◳})	{:ᄆᆡ·양}	[:매·양]	<1항(8번)>
每樣({◰,◳}{◰,◳})	{:ᄆᆡ양}	[:매·양]	<1항(8번)>
每樣({◰,◳}{◰,◳})	{·ᄆᆡ·양}	[:매·양]	<1항(1번)>
每日({◰,◳}◲)	{:ᄆᆡ·일}	[:매·일]	<1항(4번)>
埋葬(◱◳)	{ᄆᆡ:장}	[매·장]	<1항(2번)>
孟軻(◳◱)	{:ᄆᆡᆼ가}	[:맹·가*]	<1항(1번)>
孟賁(◳◱)	{:ᄆᆡᆼ분}	[:맹·분*]	<1항(1번)>
孟子(◳◰)	{:ᄆᆡᆼ·ᄌᆞ}	[:맹·자]	<1항(27번)>
孟子(◳◰)	{·ᄆᆡᆼ·ᄌᆞ}	[:맹·자]	<1항(1번)>
盟誓(◱◳)	{ᄆᆡᆼ:셰}	[맹·서]	<2항(2번)>
盟誓(◱◳)	{ᄆᆡᆼ·셰}	[맹·서]	<1항(1번)>

萌兆(◱◰)	{밍:됴}	[맹·조]	<1항(1번)>
免(◰)	{:면}	[:면]	<3항(7번)>
冕(◰)	{:면}	[:면]	<1항(1번)>
勉勵(◰◳)	{:면·려}	[:면·려]	<1항(1번)>
滅(◲)	{·멸}	[·멸]	<1항(1번)>
滅明(◲◱)	{멸명}	[·멸·명]	<1항(1번)>
命(◳)	{:명}	[:명]	<11항(44번)>
命婦(◳◰)	{:명·부}	[:명·부]	<1항(1번)>
銘(◱)	{명}	[명]	<1항(1번)>
明道(◱◰)	{명:도}	[명·도]	<1항(11번)>
明道(◱◰)	{명·도}	[명·도]	<1항(1번)>
明府(◱◰)	{명·부}	[명·부]	<1항(1번)>
明哲(◱◲)	{명·텰}	[명·철]	<1항(1번)>
名望(◱◳)	{명:망}	[명·망]	<1항(1번)>
牟(◱)	{모}	[모*]	<1항(1번)>
髦(◱)	{모}	[모*]	<1항(2번)>
矛盾(◱◰)	{모·슌}	[모·순]	<1항(1번)>
毛詩(◱◱)	{모시}	[모시]	<1항(12번)>
毛詩抑篇(◱◱◲◱)	{모시·억·편}	[모시#·억·편]	<1항(1번)>
毛詩篇(◱◱◱)	{모시편}	[모시·편]	<1항(3번)>
毛詩篇(◱◱◱)	{모시·편}	[모시·편]	<1항(2번)>
模樣(◱{◰,◳})	{모:양}	[모·양]	<1항(3번)>
茅容(◱◱)	{모용}	[모용]	<1항(1번)>
茅鴟(◱◱)	{모치}	[모치*]	<1항(2번)>
冒忝(◳◰)	{:모·텸}	[:모·첨*]	<1항(1번)>
耄荒(◳◱)	{모:황}	[모황*]	<1항(1번)>
木(◲)	{·목}	[·목]	<1항(1번)>
穆伯(◲◲)	{·목·빅}	[·목·백*]	<1항(1번)>
牧使(◲{◰,◳})	{·목:ᄉᆞ}	[·목·사]	<1항(1번)>
牧使(◲{◰,◳})	{목ᄉᆞ}	[·목·사]	<1항(1번)>
沐浴(◲◲)	{·목·욕}	[·목·욕]	<4항(4번)>
巫堂(◱◱)	{:무당}	[:무·당]	<1항(2번)>
無道(◱◰)	{무:도}	[무·도]	<1항(1번)>
無禮(◱◰)	{무·례}	[무·례]	<2항(2번)>
無知(◱{◱,◳})	{무디}	[무지]	<2항(2번)>
無恤(◱◲)	{무·휼}	[무·휼]	<1항(1번)>
武穆(◰◲)	{:무·목}	[:무·목*]	<1항(1번)>
武城(◰◱)	{:무셩}	[:무·성*]	<1항(1번)>
武安侯(◰◱◱)	{:무안후}	[:무·안·후*]	<1항(1번)>
武王(◰◱)	{:무왕}	[:무·왕]	<1항(7번)>

武帳(◸◹)	{:무:댱}	[:무·장*]	<1항(1번)>
武帝(◸◹)	{:무:뎨}	[:무·제]	<1항(4번)>
茂叔(◹◿)	{:무·슉}	[:무·숙*]	<1항(1번)>
茂才(◹◺)	{·무ᄌᆡ}	[:무·재*]	<1항(1번)>
戊寅年(◹◺◺)	{:무인년}	[:무·인·년]	<1항(2번)>
墨氏(◿◸)	{·묵·시}	[·묵·씨]	<1항(1번)>
門(◺)	{문:젼}	[문전]	<1항(2번)>
門(◺)	{문}	[문]	<1항(38번)>
門人(◺◺)	{문인}	[문인]	<1항(3번)>
門弟子(◺{◸,◹}◸)	{문:뎨·ᄌᆞ}	[문·제·자]	<1항(1번)>
門弟子(◺{◸,◹}◸)	{문·뎨·ᄌᆞ}	[문·제·자]	<1항(1번)>
文公(◺◺)	{문공}	[문공]	<1항(3번)>
文寧(◺◺)	{문령}	[문령*]	<1항(4번)>
文伯(◺◿)	{문·ᄇᆡᆨ}	[문·백*]	<1항(2번)>
文叔(◺◿)	{문·슉}	[문·숙*]	<1항(2번)>
文王(◺◺)	{문왕}	[문왕]	<1항(15번)>
文子(◺◸)	{문·ᄌᆞ}	[문·자]	<1항(2번)>
文字(◺◹)	{문·ᄌᆞ}	[문·자]	<1항(2번)>
文章(◺◺)	{문쟝}	[문장]	<1항(1번)>
文節(◺◿)	{문·졀}	[문·절*]	<1항(1번)>
文節公(◺◿◺)	{문·졀공}	[문·절·공*]	<1항(1번)>
文正(◺{◺,◹})	{문:졍}	[문·정]	<1항(3번)>
文定(◺◹)	{문:뎡}	[문·정]	<1항(1번)>
文正公(◺{◺,◹}◺)	{문:졍공}	[문·정·공]	<1항(4번)>
文帝(◺◹)	{문:뎨}	[문·제]	<1항(2번)>
文中子(◺{◺,◹}◸)	{문듕·ᄌᆞ}	[문중·자*]	<1항(2번)>
文彩(◺◸)	{문:ᄎᆡ}	[문·채]	<1항(1번)>
文忠公(◺◺◺)	{문튱공}	[문충공]	<1항(1번)>
文獻皇后(◺◹◺◸)	{문:헌황:후}	[문헌황후]	<1항(1번)>
問安(◹◺)	{:문안}	[문안]	<2항(2번)>
聞喜宴({◺,◹}◸◹)	{문:희:연}	[문희연]	<1항(1번)>
物(◿)	{·믈}	[·물]	<1항(12번)>
微(◺)	{미}	[:미]	<1항(1번)>
微妙(◺◹)	{미:묘}	[미·묘]	<1항(1번)>
微細(◺◹)	{미:셰}	[:미·세]	<1항(1번)>
微子(◺◸)	{미·ᄌᆞ}	[:미·자*]	<1항(1번)>
微賤(◺◹)	{미:쳔}	[:미·천]	<2항(2번)>
迷劣(◺◿)	{미·렬}	[미·열]	<1항(1번)>
迷惑(◺◿)	{미·혹}	[미·혹]	<1항(1번)>
憫惘(◸◸)	{·민망}	[·민·망]	<2항(2번)>

閔王(◰◱) {·민왕} [·민·왕*] <1항(1번)>
閔子騫(◰◰◱) {·민·ᄌᆞ건} [·민·자·건*] <1항(1번)>
敏捷(◰◲) {·민·쳡} [·민·첩] <2항(2번)>
蜜(◲) {:밀} [:밀] <1항(1번)>
密(◲) {·밀} [·밀] <1항(2번)>
博(◲) {·박} [·박] <1항(1번)>
薄(◲) {·박} [·박] <3항(3번)>
半(◳) {:반·품} [:반·품] <1항(1번)>
半卷(◳{◱,◰,◳}) {·반:권} [:반·권] <1항(1번)>
潘起(◱◰) {반·긔} [반·기*] <1항(1번)>
盤床(◱◱) {반상} [반상] <1항(1번)>
叛逆(◳◲) {:반·역} [:반·역] <1항(1번)>
發(◲) {·발} [·발] <1항(1번)>
發解(◲◰) {·발:ᄒᆡ} [·발·해*] <1항(1번)>
勃(◲) {·볼} [·발*] <1항(1번)>
勃然(◲◱) {·볼연} [·발·연] <1항(1번)>
房(◱) {방} [방] <4항(6번)>
房門(◱◱) {방문} [방문] <1항(1번)>
房舍(◱◳) {방:샤} [방사] <1항(2번)>
龐公(◱◱) {방공} [방공*] <1항(3번)>
放肆(◳◳) {:방:ᄉᆞ} [:방·사*] <1항(1번)>
放恣(◳◳) {:방·ᄌᆞ} [:방·자] <1항(1번)>
放縱(◳◱) {:방:죵} [방종] <2항(2번)>
放蕩(◳◰) {:방:탕} [:방·탕] <3항(3번)>
放蕩(◳◰) {:방·탕} [:방·탕] <1항(1번)>
放蕩(◳◰) {:방탕} [:방·탕] <1항(1번)>
方所(◱◰) {방:소} [방·소*] <1항(3번)>
方所(◱◰) {방·소} [방·소*] <1항(2번)>
方正(◱{◱,◳}) {:방·졍} [방·정] <1항(1번)>
防牌(◱◱) {방패} [:방·패] <1항(1번)>
倍(◳) {:ᄇᆡ} [:배] <1항(1번)>
倍(◳) {ᄇᆡ} [:배] <1항(1번)>
裵行儉(◱{◱,◳}◰) {ᄇᆡᄒᆡᆼ:검} [배행·검*] <1항(1번)>
百(◲) {·ᄇᆡᆨ} [·백] <1항(2번)>
百官(◲◱) {·ᄇᆡᆨ관} [·백·관] <1항(1번)>
百年(◲◱) {·ᄇᆡᆨ년} [·백·년] <1항(1번)>
百里(◲◰) {·ᄇᆡᆨ:리} [·백·리] <1항(2번)>
百里(◲◰) {·ᄇᆡᆨ·리} [·백·리] <1항(1번)>
百姓(◲◳) {·ᄇᆡᆨ:셩} [·백·성] <2항(29번)>
百姓(◲◳) {·ᄇᆡᆨ·셩} [·백·성] <1항(3번)>

百姓(◲◳)	{·ᄇᆡᆨ셩}	[·백·성]	<1항(1번)>
百(◲)	{·ᄇᆡᆨ·자}	[·백·자]	<1항(1번)>
伯康(◲◱)	{·ᄇᆡᆨ강}	[·백·강*]	<2항(4번)>
伯高(◲◱)	{·ᄇᆡᆨ고}	[·백·고*]	<1항(1번)>
伯魚(◲◱)	{·ᄇᆡᆨ어}	[·백·어*]	<1항(1번)>
伯玉(◲◲)	{·ᄇᆡᆨ·옥}	[·백·옥*]	<1항(2번)>
伯兪(◲{◱,◰})	{·ᄇᆡᆨ유}	[·백·유*]	<1항(1번)>
伯夷(◲◱)	{·ᄇᆡᆨ이}	[·백·이]	<1항(6번)>
伯興(◲{◱,◳})	{·ᄇᆡᆨ훙}	[·백·흥*]	<1항(1번)>
白圭(◲◱)	{·ᄇᆡᆨ규}	[·백·규*]	<1항(1번)>
栢舟(◲◱)	{·ᄇᆡᆨ쥬}	[·백·주*]	<1항(1번)>
栢舟篇(◲◱◱)	{·ᄇᆡᆨ쥬편}	[·백·주·편*]	<1항(1번)>
膰(◱)	{번}	[번*]	<1항(1번)>
番(◱)	{·번}	[·□·번]	<1항(1번)>
番(◱)	{·번}	[:□·번]	<3항(7번)>
藩鎭(◱◳)	{번·딘}	[번·진]	<1항(2번)>
繁華(◱{◱,◳})	{번화}	[:번·화]	<1항(1번)>
罰(◲)	{·벌}	[·벌]	<1항(1번)>
范(◰)	{:범}	[:범]	<1항(1번)>
范魯公質(◰◰◱◲)	{:범·로공·질}	[:범·로·공·질*]	<1항(1번)>
范文正公(◰◱{◱,◳}◱)	{:범문:졍공}	[:범·문·정·공*]	<1항(1번)>
范益謙(◰◲◱)	{:범·익겸}	[:범·익·겸*]	<1항(1번)>
范仲淹(◰◳◱)	{·범:듕엄}	[:범·중·엄*]	<1항(1번)>
范忠宣公(◰◱◱◱)	{:범튱션공}	[:범#충선공*]	<1항(1번)>
范希文(◰◱◱)	{:범희문}	[:범·희·문*]	<1항(1번)>
犯(◰)	{:범}	[:범]	<2항(5번)>
犯(◰)	{·범}	[:범]	<1항(1번)>
法(◲)	{:법·이}	[·법·이]	<1항(1번)>
法(◲)	{·법}	[·법]	<7항(45번)>
法(◲)	{법}	[·법]	<1항(1번)>
法度(◲◳)	{·법:도}	[·법·도]	<1항(4번)>
法令(◲{◱,◳})	{·법녕}	[·법·령]	<1항(1번)>
法例(◲◳)	{·법·녜}	[·법·례]	<1항(1번)>
法條(◲◱)	{·법됴}	[·법·조]	<1항(1번)>
法則(◲◲)	{·법·측}	[·법·칙]	<1항(1번)>
甓(◲)	{·벽}	[·벽]	<1항(1번)>
變(◳)	{:변}	[:변]	<3항(4번)>
變色(◳◲)	{:변·식}	[:변·색]	<2항(2번)>
變化(◳◳)	{:변:화}	[:변·화]	<1항(1번)>
邊方(◱◱)	{변방}	[변방]	<1항(1번)>

辯爭(◰{◱,◳})	{:변·징}	[:변·쟁*]	<1항(1번)>
別例(◲◳)	{·별례}	[·별·례]	<1항(1번)>
別室(◲◲)	{·별·실}	[·별·실]	<1항(1번)>
別號(◲{◱,◳})	{·별:회}	[·별·호]	<1항(1번)>
別號(◲{◱,◳})	{·별·호}	[·별·호]	<1항(1번)>
病(◳)	{:병}	[:병]	<9항(42번)>
病氣(◳◳)	{병긔}	[:병·기]	<1항(1번)>
病勢(◳◳)	{:병·셰}	[:병·세]	<1항(1번)>
兵難(◱{◱,◳})	{·병:난}	[병·난]	<1항(1번)>
兵難(◱{◱,◳})	{병:난}	[병·난]	<1항(1번)>
兵杖器(◱◰◳)	{병잠·기}	[병장·기]	<1항(1번)>
幷州(◳◱)	{병쥬}	[병주*]	<1항(1번)>
普明(◰◱)	{:보명}	[:보·명*]	<1항(2번)>
保全(◰◱)	{:보젼}	[:보·전]	<2항(3번)>
寶貝(◰◳)	{:보·ᄇᆡ}	[:보·배]	<1항(1번)>
寶貨(◰◳)	{:보:화}	[:보·화]	<1항(3번)>
襆(◲)	{보ㅎ}	[보]	<1항(1번)>
服(◲)	{·복}	[·복]	<1항(3번)>
服(◲)	{복}	[·복]	<1항(1번)>
服行(◲{◱,◳})	{·복·ᄒᆡᆼ}	[·복·행]	<1항(2번)>
服行(◲{◱,◳})	{·복ᄒᆡᆼ}	[·복·행]	<1항(1번)>
福(◲)	{·복}	[·복]	<1항(5번)>
福(◲)	{복}	[·복]	<1항(1번)>
福慶(◲◳)	{·복:경}	[·복·경]	<1항(1번)>
復戶(◲◰)	{복:호}	[·복·호*]	<1항(1번)>
幞頭冠帶(◲◱{◱,◳}◳)	{복두관:ᄃᆡ}	[·복·두·관·대*]	<1항(1번)>
僕射$_2$(◲◳)[81]	{·복:야}	[·복·사*]	<1항(2번)>
伏罪(◲◰)	{·복:죄}	[·복·죄]	<1항(1번)>
本音(◰◱)	{·본음}	[·본·음]	<1항(1번)>
本中(◰{◱,◳})	{·본듕}	[·본·중*]	<2항(2번)>
本證(◰◳)	{본증}	[·본·증]	<1항(1번)>
本鄕(◰◱)	{·본향}	[·본·향]	<1항(4번)>
封(◱)	{봉}	[봉]	<3항(6번)>
封丘門(◱◱◱)	{봉구문}	[봉구문*]	<1항(1번)>
奉禮(◰◰)	{:봉·례}	[:봉·례*]	<1항(1번)>
奉養(◰{◰,◳})	{:봉:양}	[:봉·양]	<11항(16번)>
奉養(◰{◰,◳})	{:봉·양}	[:봉·양]	<2항(2번)>

81) 射(사◳, 석◲, 야◳, 역◲); 자전에는 4가지 권발로 표시되어 있으나, 《소학언해》에는 샤◳과 야◳으로만 나타난다. 그러므로 이 자료에서는 샤◳과 야◳의 둘은 취하고, 석◲과 역◲은 버린다. 그런데 사◳과 야◳은 같은 자로 보기 어려우므로, 샤◳은 射$_1$로 야◳는 射$_2$로 각각 표시한다.

奉天(◰◱)	{:봉텬}	[:봉·천]	<1항(1번)>
裒(◱)	{·부}	[·부*]	<2항(4번)>
婦(◰)	{·부}	[·부]	<1항(2번)>
婦人(◰◱)	{·부인}	[·부·인]	<1항(5번)>
傅輕(◳◱)	{부경}	[부경*]	<1항(1번)>
浮輕(◱◱)	{부경}	[:부·경]	<1항(1번)>
浮虛(◱◱)	{부허}	[:부·허]	<1항(1번)>
富貴(◳◳)	{:부:귀}	[:부·귀]	<3항(3번)>
富貴(◳◳)	{:부·귀}	[:부·귀]	<1항(1번)>
富貴(◳◳)	{:부귀}	[:부·귀]	<1항(1번)>
父母(◰◰)	{·부:모}	[·부·모]	<1항(85번)>
父母(◰◰)	{·부·모}	[·부·모]	<1항(2번)>
父母(◰◰)	{·부모}	[·부·모]	<1항(1번)>
父母(◰◰)	{부:모}	[·부·모]	<1항(1번)>
父子(◰◰)	{·부·ᄌᆞ}	[·부·자]	<1항(1번)>
父兄(◰◱)	{·부형}	[·부·형]	<1항(6번)>
赴防(◳◱)	{·부방}	[·부·방*]	<1항(1번)>
夫婦(◱◰)	{부·부}	[부·부]	<1항(1번)>
夫人(◱◱)	{부인}	[·부·인]	<2항(11번)>
夫子(◱◰)	{부·ᄌᆞ}	[부·자]	<2항(6번)>
夫妻(◱{◱,◳})	{부쳐}	[·부·처]	<1항(2번)>
符作(◱◲)	{:부·작}	[부·작]	<1항(1번)>
扶持(◱◱)	{부디}	[부지]	<1항(1번)>
扶風(◱◱)	{부풍}	[부풍*]	<1항(1번)>
蚡(◱)	{분}	[분*]	<1항(1번)>
不詳(◲◱)	{·블샹}	[·불·상]	<1항(2번)>
不肖(◲◳)	{·블·쵸}	[·불·초]	<2항(2번)>
不幸(◲◰)	{·블:힝}	[·불·행]	<2항(6번)>
不孝(◲◳)	{·블:효}	[·불·효]	<1항(7번)>
不孝(◲◳)	{블:효}	[·불·효]	<1항(1번)>
不孝(◲◳)	{블·효}	[·불·효]	<1항(1번)>
不$_2$正(◱{◱,◳})	{·브·졍}	[·부·정]	<1항(1번)>
不$_1$足(◲◲)	{·블·족}	[·부·족]	<3항(4번)>
北宮(◲◱)	{·븍궁}	[·북·궁]	<1항(1번)>
北宮(◲◱)	{븍궁}	[·북·궁]	<1항(1번)>
北辰(◲◱)	{·븍신}	[·북·신]	<1항(1번)>
北齊(◲◱)	{·븍졔}	[·북·제]	<1항(2번)>
北朝(◲◱)	{·븍됴}	[·북·조]	<1항(1번)>
分({◱,◳})	{:분·만}	[분*]	<1항(1번)>
分明({◱,◳}◱)	{분명}	[분명]	<3항(3번)>

分辨({◱,◳}◰)	{:분:변}	[분·변]	<1항(1번)>
分辨({◱,◳}◰)	{분:변}	[분·변]	<1항(1번)>
分辨({◱,◳}◰)	{분·변}	[분·변]	<2항(2번)>
分別({◱,◳}◲)	{분·별}	[분·별]	<2항(3번)>
忿怒(◰◰)	{:분:로}	[:분·노]	<1항(1번)>
墳墓(◱◳)	{분:묘}	[분·묘]	<1항(1번)>
奮發(◳◲)	{:분·발}	[:분·발]	<1항(1번)>
賁育(◱◲)	{분·육}	[분·육*]	<1항(1번)>
粉紅(◰◱)	{:분홍}	[:분·홍]	<1항(1번)>
佛家(◲◱)	{·불가}	[·불·가]	<1항(1번)>
朋友(◱◰)	{붕·우}	[붕·우]	<1항(1번)>
比(◳)	{:비}	[:비]	<3항(3번)>
比干(◳◱)	{:비간}	[:비·간*]	<1항(2번)>
譬(◳)	{:비}	[:비]	<1항(1번)>
譬(◳)	{·비}	[:비]	<1항(1번)>
毗(◱)	{·비}	[비*]	<1항(1번)>
肥(◱)	{비}	[:비]	<1항(1번)>
毗(◱)	{비}	[비]	<1항(1번)>
非理(◱◰)	{비:리}	[:비·리]	<1항(1번)>
非理(◱◰)	{비리}	[:비·리]	<1항(1번)>
匕首(◰◰)	{:비·슈}	[:비·수*]	<1항(1번)>
淝水(◱◰)	{비·슈}	[:비·수*]	<1항(1번)>
篚(◰)	{:비}	[:비*]	<1항(1번)>
賓王(◱◱)	{빈왕}	[빈왕*]	<1항(1번)>
貧賤(◱◳)	{빈:쳔}	[빈·천]	<1항(1번)>
殯所(◳◰)	{:빙·소}	[:빈·소]	<3항(3번)>
聘禮(◳◰)	{:빙·례}	[:빙·례]	<2항(2번)>
肆(◳)	{:ᄉᆞ}	[:사*]	<1항(1번)>
肆州(◳◱)	{:ᄉᆞ:쥬}	[:사·주*]	<1항(1번)>
肆夏(◳◳)	{:ᄉᆞ:하}	[:사·하*]	<1항(1번)>
社(◰)	{:샤}	[:사]	<1항(2번)>
社稷(◰◲)	{:샤·직}	[:사·직]	<1항(3번)>
社祭(◰◳)	{:샤·졔}	[:사·제]	<1항(1번)>
赦(◳)	{:샤}	[:사]	<2항(2번)>
士(◰)	{:ᄉᆞ}	[:사]	<1항(8번)>
士大夫(◰◳◱)	{:ᄉᆞ:대부}	[:사·대·부]	<1항(1번)>
士大夫(◰◳◱)	{:ᄉᆞ:태우}	[:사·대·부]	<1항(1번)>
士大夫(◰◳◱)	{:ᄉᆞ·태·위}	[:사·대·부]	<1항(1번)>
士大夫(◰◳◱)	{:ᄉᆞ·태우}	[:사·대·부]	<1항(2번)>
士相見禮(◰{◱,◳}◳◰)	{:ᄉᆞ샹:견·례}	[:사·상#:견·례]	<1항(2번)>

士婚禮(◰◱◰)	{:ᄉᆞ혼·례}	[:사·혼·례*]	<1항(1번)>
史(◰)	{:ᄉᆞ}	[:사]	<1항(1번)>
史記(◰◳)	{:ᄉᆞ·긔}	[:사·기]	<1항(5번)>
史實(◰◲)	{:ᄉᆞ·실}	[:사·실]	<1항(2번)>
賜(◳)	{:ᄉᆞ}	[:사]	<1항(1번)>
絲(◱)	{ᄉᆞ}	[사]	<1항(1번)>
嗣(◳)	{ᄉᆞ}	[사]	<1항(1번)>
斯干詩(◱◱◱)	{ᄉᆞ간시}	[사간시*]	<1항(1번)>
邪曲(◱◲)	{샤·곡}	[사·곡]	<4항(4번)>
砂器(◱◳)	{사·긔}	[사기]	<1항(1번)>
思念({◱,◳}◳)	{ᄉᆞ:렴}	[사·념]	<2항(2번)>
思慮({◱,◳}◳)	{ᄉᆞ:려}	[:사·려]	<1항(1번)>
思慮({◱,◳}◳)	{ᄉᆞ·려}	[:사·려]	<1항(1번)>
思慕({◱,◳}◳)	{ᄉᆞ:모}	[사·모]	<3항(5번)>
祠堂(◱◱)	{ᄉᆞ당}	[사당]	<1항(3번)>
司徒(◱◱)	{ᄉᆞ도}	[사도]	<1항(2번)>
司馬(◱◰)	{ᄉᆞ:마}	[사마]	<1항(2번)>
司馬昭(◱◰◱)	{ᄉᆞ:마쇼}	[사마소]	<1항(1번)>
司馬氏(◱◰◰)	{ᄉᆞ:마·시}	[사마·씨]	<1항(2번)>
司馬溫公(◱◰◱◱)	{ᄉᆞ:마온공}	[사마온공]	<1항(6번)>
司業(◱◲)	{ᄉᆞ·업}	[사·업]	<1항(1번)>
謝禮(◳◰)	{:샤·례}	[사·례]	<1항(1번)>
謝禮(◳◰)	{:샤례}	[사·례]	<1항(1번)>
謝罪(◳◰)	{:샤:죄}	[사·죄]	<3항(3번)>
事理(◳◰)	{:ᄉᆞ:리}	[:사·리]	<1항(1번)>
事業(◳◲)	{:ᄉᆞ·업}	[:사·업]	<1항(1번)>
四面(◳◳)	{:ᄉᆞ:면}	[:사·면]	<1항(1번)>
四方(◳◱)	{:ᄉᆞ방}	[:사·방]	<1항(3번)>
四百(◳◲)	{:ᄉᆞ·ᄇᆡᆨ}	[:사·백]	<1항(1번)>
四節(◳◲)	{:ᄉᆞ·졀}	[:사·절]	<1항(2번)>
四支(◳◱)	{:ᄉᆞ지}	[:사·지]	<1항(1번)>
四寸(◳◳)	{:ᄉᆞ:촌}	[:사·촌]	<1항(1번)>
四寸(◳◳)	{:ᄉᆞ·촌}	[:사·촌]	<1항(1번)>
四寸(◳◳)	{ᄉᆞ:촌}	[:사·촌]	<1항(1번)>
四海(◳◰)	{·ᄉᆞ:ᄒᆡ}	[:사·해]	<1항(1번)>
私私(◱◱)	{ᄉᆞᄉᆞ}	[사사]	<9항(15번)>
私私(◱◱)	{ᄉᆞᄉᆞᆺ}	[사삿]	<1항(2번)>
私慾(◱◲)	{ᄉᆞ·욕}	[사·욕]	<1항(2번)>
泗水(◳◰)	{:ᄉᆞ·슈}	[:사·수]	<1항(2번)>
泗州(◳◱)	{:ᄉᆞ쥬}	[:사·주]	<1항(1번)>

辭讓(◱◳) {ᄉᆞ:양} [사·양] <11항(24번)>
辭讓(◱◳) {ᄉᆞ·양} [사·양] <1항(1번)>
筭(◳) {:산} [:산*] <1항(1번)>
射義(◳◳) {:샤:의} [사·의*] <1항(1번)>
舍人(◳◱) {:샤인} [사인] <1항(1번)>
使者({◰,◳}◰) {:시·쟈} [:사·자] <1항(2번)>
奢侈(◱◰) {샤:치} [사·치] <2항(2번)>
奢侈(◱◰) {샤·치} [사·치] <8항(9번)>
邪慝(◱◲) {샤·특} [사·특] <4항(8번)>
邪辟(◱◲) {샤·벽} [사·벽] <2항(2번)>
算計(◰◳) {:산·계} [:산·계] <2항(2번)>
山南(◱◱) {산남} [산남*] <1항(2번)>
山河(◱◱) {산하} [산하] <1항(1번)>
參(◱) {ᄉᆞᆷ} [삼] <1항(2번)>
三公(◱◱) {삼공} [삼공] <1항(2번)>
三年(◱◱) {삼·년} [삼년] <1항(1번)>
三年(◱◱) {삼년} [삼년] <1항(3번)>
三年(◱◱) {삼년} [삼년] <1항(2번)>
三年(◱◱) {삼년} [삼년] <1항(4번)>
三年喪(◱◱{◱,◳}) {삼년상} [삼년상] <1항(1번)>
三百篇(◱◲◱) {삼·ᄇᆡᆨ편} [삼·백·편] <1항(1번)>
三輔(◱◰) {삼:보} [:삼·보*] <1항(1번)>
三月(◱◲) {삼·월} [삼·월] <1항(1번)>
三日(◱◲) {삼·일} [삼·일] <1항(1번)>
三尺(◱◲) {삼쳑} [:삼·척] <1항(1번)>
三千(◱◱) {삼쳔} [삼천] <1항(1번)>
三寸(◱◳) {삼:촌} [삼·촌] <1항(1번)>
三台星(◱◱◱) {삼ᄐᆡ셩} [삼태성] <1항(1번)>
相(({◱,◳}) {·샹} [·상] <1항(1번)>
相({◱,◳}) {·샹} [·상] <1항(1번)>
相國({◱,◳}◲) {·샹·국} [·상·국] <1항(1번)>
相對({◱,◳}◳) {샹·ᄃᆡ} [상대] <1항(1번)>
相鼠({◱,◳}◰) {·샹:셔} [·상·서*] <1항(2번)>
上({◰,◳}) {:샹} [:상] <1항(12번)>
上去({◰,◳}◳) {:샹:거} [:상·거] <1항(1번)>
上去聲({◰,◳}◳◱) {:샹:거셩} [:상·거·성] <1항(1번)>
上聲({◰,◳}◱) {:샹셩} [:상·성] <1항(1번)>
上層({◰,◳}◱) {:샹충} [:상·층] <1항(1번)>
上品({◰,◳}◰) {:샹:품} [:상·품] <1항(1번)>
上下({◰,◳}{◰,◳}) {:샹:하} [:상·하] <1항(1번)>

上疏({◰,◳}{◱,◳})	{:샹:소}	[:상·소*]	<2항(2번)>
尙({◱,◳})	{:샹}	[상]	<1항(1번)>
尙書({◱,◳}◱)	{:샹셔}	[상서]	<1항(3번)>
尙書({◱,◳}◱)	{·샹셔}	[상서]	<1항(1번)>
尙書({◱,◳}◱)	{샹셔}	[상서]	<1항(1번)>
爽(◰)	{:상}	[:상*]	<1항(2번)>
象(◰)	{·샹}	[·상]	<3항(4번)>
象牙箸(◰◱◳)	{·샹·아·져}	[상아·저]	<1항(1번)>
象牙箸(◰◱◳)	{·샹아·져}	[상아·저]	<1항(1번)>
象牙笏(◰◱◲)	{·샹아·홀}	[상아#·홀]	<1항(1번)>
祥(◱)	{·샹}	[상]	<1항(2번)>
祥(◱)	{샹}	[상]	<1항(3번)>
祥瑞(◱◳)	{샹:셔}	[상서]	<1항(3번)>
床(◱)	{상}	[상]	<1항(3번)>
商(◱)	{샹}	[상]	<1항(1번)>
庠(◱)	{샹}	[상*]	<1항(3번)>
詳(◱)	{샹}	[상]	<2항(3번)>
詳考(◱◰)	{샹:고})	[상·고]	<1항(1번)>
詳考(◱◰)	{샹·고})	[상·고]	<3항(3번)>
詳審(◱◰)	{샹:심}	[상·심]	<2항(2번)>
詳定(◱◳)	{샹:뎡}	[상·정]	<1항(1번)>
常(◱)	{샹}	[상]	<1항(1번)>
常例(◱◳)	{샹·녜}	[상·례]	<2항(9번)>
常例(◱◳)	{샹·례}	[상·례]	<1항(1번)>
常例(◱◳)	{샹녜}	[상·례]	<1항(1번)>
常醫員(◱◱◱)	{샹의원}	[상의원*]	<1항(1번)>
常人(◱◱)	{샹인}	[상인]	<1항(1번)>
常情(◱◱)	{샹졍}	[상정]	<1항(1번)>
傷(◱)	{샹}	[상]	<5항(8번)>
喪禮({◱,◳}◰)	{상·녜}	[상·례]	<1항(1번)>
喪服({◱,◳}◲)	{상·복}	[상·복]	<1항(2번)>
喪事({◱,◳}◳)	{상:ᄉᆞ}	[상사]	<1항(9번)>
喪事({◱,◳}◳)	{상·ᄉᆞ}	[상사]	<1항(6번)>
喪輿({◱,◳}◱)	{상여}	[상여]	<1항(1번)>
灑掃(◰◰)	{:새:소}	[:쇄·소]	<1항(2번)>
箱子(◱◰)	{:샹·ᄌᆞ}	[상·자]	<1항(2번)>
箱子(◱◰)	{샹·ᄌᆞ}	[상·자]	<1항(1번)>
色(◲)	{·ᄉᆡᆨ}	[·색]	<1항(4번)>
生(◱)	{ᄉᆡᆼ}	[생]	<2항(2번)>
生薑(◱◱)	{ᄉᆡᆼ강}	[생강]	<1항(1번)>

生計(◱◳)	{싱:계}	[생계]	<1항(1번)>
牲(◱)	{싱}	[생]	<1항(1번)>
序(◰)	{:셔}	[:서]	<1항(3번)>
徐(◱)	{셔}	[서]	<1항(1번)>
西(◱)	{셔}	[서]	<2항(2번)>
西階(◱◱)	{셔계}	[서계]	<1항(3번)>
西伯(◱◲)	{셔·빅}	[서·백*]	<1항(1번)>
西河(◱◱)	{셔하}	[서하]	<1항(1번)>
庶母(◳◰)	{:셔:모}	[:서·모]	<1항(1번)>
庶人(◳◱)	{:셔인}	[:서·인]	<1항(2번)>
庶士(◳◰)	{:시·ᄉᆞ}	[:서·사]	<1항(1번)>
書房(◱◱)	{셔방}	[서방]	<1항(1번)>
書案(◱◳)	{셔:안}	[서·안]	<1항(1번)>
胥臣({◰,◱}◱)	{셔신}	[서신*]	<1항(1번)>
胥餘({◰,◱}◱)	{셔여}	[서여*]	<1항(1번)>
書齋(◱◱)	{셔직}	[서재]	<1항(1번)>
書策(◱◲)	{셔·칙}	[서·책*]	<1항(1번)>
徐積(◱◲)	{셔·젹}	[서·적*]	<1항(1번)>
石(◲)	{·셕}	[·석]	<1항(1번)>
石勒(◲◲)	{·셕·늑}	[·석·늑*]	<1항(1번)>
石奮(◲◳)	{·셕:분}	[·석·분*]	<1항(1번)>
石碏(◲◲)	{·셕·쟉}	[·석·작*]	<1항(1번)>
宣(◱)	{션}	[선*]	<1항(12번)>
仙居(◱◱)	{션거}	[선거*]	<1항(1번)>
先公(◱◱)	{션공}	[선공*]	<1항(1번)>
先君(◱◱)	{션군}	[선군]	<1항(2번)>
先生(◱◱)	{션싱}	[선생]	<1항(66번)>
先世(◱◳)	{션:셰}	[선·세]	<1항(2번)>
先王(◱◱)	{션왕}	[선왕]	<1항(7번)>
先人(◱◱)	{션인}	[선인]	<1항(1번)>
善終(◰◱)	{:션죵}	[:선·종]	<1항(1번)>
褻慢(◲◳)	{·셜:만}	[·설·만]	<1항(1번)>
薛包(◲◱)	{·셜포}	[·설·포*]	<1항(1번)>
盛({◱,◳})	{:셩}	[:성]	<6항(10번)>
盛({◱,◳})	{·셩}	[:성]	<2항(2번)>
性(◳)	{:셩}	[:성]	<2항(21번)>
性(◳)	{셩}	[:성]	<1항(1번)>
性度(◳◳)	{:셩:도}	[:성·도]	<1항(1번)>
姓(◳)	{:셩}	[:성]	<1항(22번)>
省(◰)	{·셩}	[:성]	<1항(1번)>

姓(◳)	{·셩}	[:성]	<1항(3번)>
姓名(◳◱)	{:셩명}	[:성·명]	<1항(2번)>
聲(◱)	{셩}	[성]	<1항(1번)>
城(◱)	{셩}	[성]	<1항(3번)>
城門(◱◱)	{셩문}	[:성·문]	<1항(1번)>
成(◱)	{셩}	[성]	<1항(1번)>
成均館(◱◱◰)	{셩균·관}	[성균관]	<1항(1번)>
成都(◱◱)	{셩도}	[성·도]	<1항(1번)>
成肅公(◱◲◱)	{셩·슉공}	[성·숙·공*]	<1항(1번)>
成子(◱◰)	{셩·ᄌᆞ}	[성·자*]	<1항(1번)>
成子(◱◰)	{셩·ᄌᆞ}	[성·자*]	<1항(1번)>
誠實(◱◲)	{셩·실}	[성·실]	<5항(5번)>
聖人(◳◱)	{·셩인}	[:성·인]	<1항(5번)>
聖賢(◳◱)	{:셩현}	[:성·현]	<2항(32번)>
勢(◳)	{:셔}	[:세]	<1항(2번)>
勢(◳)	{:셰}	[:세]	<1항(1번)>
稅(◳)	{·셰}	[□·세]	<1항(1번)>
世間(◳{◱,◳})	{:셰간}	[:세·간]	<1항(5번)>
世代(◳◳)	{:셰ᄃᆡ}	[:세·대]	<1항(1번)>
世上(◳{◰,◳})	{:셰:샹}	[:세·상]	<1항(6번)>
世上(◳{◰,◳})	{:셰·샹}	[:세·상]	<1항(7번)>
世世(◳◳)	{:셰:셰}	[:세·세]	<2항(3번)>
世俗(◳◲)	{:셰·쇽}	[:세·속]	<3항(7번)>
世子(◳◰)	{:셰:ᄌᆞ}	[:세·자]	<1항(3번)>
洗馬(◰◰)	{:셰:마}	[:세·마*]	<1항(1번)>
洗手(◰◰)	{:셰·슈}	[:세·수]	<1항(4번)>
洗手(◰◰)	{·셰·슈}	[:세·수]	<1항(1번)>
邵(◳)	{:쇼}	[소]	<1항(1번)>
踈(◱)	{소}	[소*]	<3항(8번)>
踈略(◱◲)	{소·략}	[소·략*]	<1항(1번)>
昭(◱)	{쇼}	[소*]	<1항(2번)>
昭烈(◱◲)	{쇼·렬}	[소·열*]	<1항(2번)>
昭帝(◱◳)	{쇼:뎨}	[소·제*]	<1항(1번)>
蘇瓊(◱◱)	{소경}	[소경*]	<1항(1번)>
蘇州(◱◱)	{소쥬}	[소주]	<1항(1번)>
少君({◰,◳}◱)	{:쇼균}	[:소·군*]	<1항(3번)>
少連({◰,◳}◱)	{:쇼련}	[:소·련*]	<1항(1번)>
少儀({◰,◳}◱)	{:쇼의}	[:소·의*]	<1항(4번)>
召南(◳◱)	{:쇼남}	[:소·남*]	<1항(3번)>
小祥祭(◰◱◳)	{:쇼샹:졔}	[:소·상·제]	<1항(1번)>

小人(上平) {:쇼인} [:소·인] <1항(4번)>
小學(上入) {:쇼·혹} [:소·학] <1항(5번)>
所業(上入) {:소·업} [:소·업] <1항(2번)>
所任(上{平,去}) {:소:임} [:소·임] <1항(2번)>
所任(上{平,去}) {:소·임} [:소·임] <1항(10번)>
所任(上{平,去}) {·소:임} [:소·임] <1항(1번)>
所任(上{平,去}) {·소임} [:소·임] <1항(1번)>
素飮食(去{上,去}入) {:소:음·식} [소·음·식] <1항(2번)>
疏廣({平,去}上) {소:광} [소·광*] <1항(1번)>
餗(入) {·속} [·속*] <1항(1번)>
縰({上,平,去}) {:쇄} [:쇄*] <2항(4번)>
屬$_1$(入) {·쇽} [·속] <1항(1번)>
屬屬$_2$(入入) {·촉·촉} [·촉·촉] <2항(2번)>
孫({平,去}) {손} [손] <1항(1번)>
孫思邈({平,去}{平,去}入) {손亽·막} [손사·막*] <1항(1번)>
孫子({平,去}上) {손·ᄌᆞ} [손·자] <1항(2번)>
損(上) {:손} [:손] <1항(1번)>
巽順(去去) {:손:쓘} [손·순*] <2항(4번)>
宋(去) {:송} [:송] <1항(38번)>
宋(去) {·송} [:송] <1항(4번)>
宋(去) {송} [:송] <1항(1번)>
衰$_1$(平) {쇠} [쇠] <6항(10번)>
衰$_1$亡(平平) {쇠망} [쇠·망] <1항(1번)>
衰$_2$服(平入) {최·복} [최·복*] <1항(1번)>
訟事(去去) {:쓩·ᄉᆞ} [:송·사] <3항(3번)>
數({上,去}) {·수} [:수] <1항(2번)>
繡(去) {:슈} [:수] <1항(2번)>
隋(平) {·슈} [·수] <3항(4번)>
隋煬帝(平去去) {슈:양:뎨} [·수·양·제] <1항(1번)>
銖(平) {슈} [·수] <1항(1번)>
脩(平) {슈} [수*] <1항(1번)>
綏(平) {유} [수*] <1항(2번)>
手巾(上平) {:슈·건} [:수·건] <1항(1번)>
手巾(上平) {:슈건} [:수·건] <1항(3번)>
受苦(上上) {:슈·고} [:수·고] <3항(5번)>
受苦(上上) {·슈·고} [:수·고] <1항(1번)>
水獺(上入) {·슈·달} [·수·달] <1항(1번)>
收斂(平{上,去}) {슈:렴} [수·렴] <1항(1번)>
修理(平上) {슈:리} [수·리] <1항(1번)>
修補(平上) {슈:보} [·수·보] <1항(1번)>

首陽山(◰◱◱) {·슈양산} [·수·양·산] <1항(1번)>
羞辱(◱◲) {·슈·욕} [·수·욕] <1항(1번)>
羞辱(◱◲) {·슈·욕} [·수·욕] <1항(1번)>
壽州({◰,◳}◱) {·슈쥬} [·수·주*] <1항(1번)>
壽昌({◰,◳}◱) {·슈챵} [·수·창*] <1항(3번)>
塾(◲) {·슉} [·숙] <1항(2번)>
肅公(◲◱) {:슉공} [·숙·공*] <1항(1번)>
肅公(◲◱) {·슉공} [·숙·공*] <1항(1번)>
叔敖(◲{◱,◳}) {·슉오} [·숙·오*] <1항(2번)>
叔齊(◲◱) {·슉졔} [·숙·제] <1항(6번)>
舜(◳) {:슌} [:순] <1항(11번)>
舜從(◳◱) {:슌죵} [:순·종*] <1항(3번)>
順(◳) {:슌} [:순] <14항(18번)>
順從(◳◱) {:슌·죵} [순종] <1항(1번)>
巡(◱) {:슌} [:□·순] <1항(1번)>
巡(◱) {:슌} [·□·순] <2항(2번)>
淳(◱) {슌} [순*] <1항(1번)>
淳全(◱◱) {슌젼} [순전*] <1항(1번)>
淳熙(◱◱) {슌희} [순희*] <1항(1번)>
旬(◱) {슌} [순] <1항(1번)>
循循(◱◱) {슌슌} [:순·순*] <1항(2번)>
循環(◱◱) {슌환} [:순·환] <1항(1번)>
恂恂(◱◱) {슌슌} [순순] <1항(2번)>
純仁(◱◱) {슌인} [순인*] <1항(1번)>
純一(◱◲) {슌·일} [순·일] <1항(1번)>
純厚(◱◰) {슌:후} [순·후*] <2항(2번)>
荀子(◱◰) {슌·ᄌᆞ} [순·자] <1항(1번)>
術(◲) {·슐}} [·술] <1항(1번)>
崇尙(◱{◱,◳}) {슝·샹} [숭·상] <4항(5번)>
瑟(◲) {·슬} [·실] <1항(2번)>
僧(◱) {·승} [승] <1항(1번)>
丞相(◱({◱,◳}) {·승샹} [승·상] <1항(1번)>
丞相(◱({◱,◳}) {승샹} [승·상] <1항(1번)>
柴(◱) {싀} [시] <1항(1번)>
試(◳) {:시} [:시] <1항(1번)>
試驗(◳◳) {:시·험} [시·험] <1항(1번)>
尸(◱) {시} [:시] <2항(2번)>
詩(◱) {시} [시] <2항(14번)>
媤(·□) 國字 {:싀} [·시] <5항(8번)>
媤父母(·□◰◰) {·싀·부:모} [·시·부·모] <1항(7번)>

媤父母(·□◰◰)	{·싀·부·모}	[·시·부·모]	<1항(1번)>
媤父母(·□◰◰)	{·싀부:모}	[·시·부·모]	<1항(1번)>
緦服(◱◲)	{·싀·복}	[·시·복*]	<1항(1번)>
時俗(◱◲)	{시·쇽}	[시·속]	<1항(5번)>
時時(◱◱)	{시시}	[시시]	<2항(2번)>
時節(◱◲)	{시·절}	[시·절]	<3항(13번)>
時節(◱◲)	{시절}	[시·절]	<1항(1번)>
時祭(◱◳)	{시:졔}	[시·제]	<1항(1번)>
視箴(◳◱)	{:시ᄌᆞᆷ}	[:시·잠]	<1항(1번)>
猜險(◱◰)	{싀:험}	[:시·험]	<1항(1번)>
諡號(◳{◱,◳})	{:시:호})	[:시·호]	<1항(9번)>
諡號(◳{◱,◳})	{:시·호}	[:시·호]	<1항(9번)>
諡號(◳{◱,◳})	{:시호}	[:시·호]	<1항(1번)>
諡號(◳{◱,◳})	{시:호}	[:시·호]	<1항(1번)>
式(◲)	{·식}	[·식]	<4항(4번)>
軾(◲)	{·식}	[·식*]	<2항(2번)>
食醯(◲◱)	{·식·혜}	[·식·혜]	<1항(1번)>
脤(◰)	{:신}	[:신*]	<1항(1번)>
神(◱)	{신}	[·□·신]	<1항(1번)>
神(◱)	{신}	[신]	<1항(1번)>
神靈(◱◱)	{신령}	[신령]	<1항(1번)>
神妙(◱◳)	{신묘}	[신·묘]	<1항(1번)>
神位(◱◳)	{신·위}	[신·위]	<1항(1번)>
神宗(◱◱)	{신종}	[신종]	<1항(1번)>
神主(◱◰)	{신·쥬}	[신·주]	<1항(3번)>
神色(◱◲)	{신·싁}	[신·색]	<1항(1번)>
臣(◱)	{신}	[신]	<1항(12번)>
臣下(◱{◰,◳})	{신:하}	[신·하]	<1항(15번)>
臣下(◱{◰,◳})	{신·하}	[신·하]	<1항(27번)>
臣下(◱{◰,◳})	{신·하}	[신·하]	<1항(1번)>
臣下(◱{◰,◳})	{신하}	[신·하]	<1항(2번)>
申(◱)	{신}	[신]	<1항(1번)>
申國(◱◲)	{신·국}	[신·국*]	<1항(4번)>
申申(◱◱)	{신신}	[신신]	<1항(2번)>
辛苦(◱◰)	{신·고}	[신·고]	<1항(1번)>
辛玄馭(◱◱◳)	{신현:어}	[신현·어*]	<1항(1번)>
信物(◳◲)	{:신·믈}	[:신·물]	<1항(1번)>
信實(◳◲)	{:신·실}	[:신·실]	<1항(2번)>
愼密(◳◲)	{·딘·밀}	[:신·밀]	<1항(1번)>
新婦(◱◰)	{신·부}	[신부]	<1항(3번)>

實(入)	{·실}	[·실]	<9항(13번)>
實果(入上)	{·실과}	[·실·과]	<1항(1번)>
失所(入上)	{·실·소}	[·실·소*]	<1항(1번)>
實際(入去)	{·실:제}	[·실·제]	<1항(1번)>
實學(入入)	{·실·혹}	[·실·학]	<1항(1번)>
甚({上,去})	{:심}	[:심]	<10항(18번)>
心喪(平{平,去})	{심상}	[심상*]	<1항(1번)>
心術(平入)	{심·슐}	[심·술]	<1항(2번)>
深沉(平{平,上})	{심팀}	[심침*]	<1항(2번)>
十王(入平)	{·십·왕}	[·십·왕]	<1항(1번)>
雙六(平入)	{상·뉵}	[쌍·륙]	<1항(1번)>
雙六(平入)	{상뉵}	[쌍·륙]	<1항(1번)>
氏(上)	{·시}	[·씨]	<1항(2번)>
雅澹(上{平,上})	{:아:담}	[아담]	<1항(1번)>
阿黨(平上)	{아:당}	[:아·당*]	<1항(1번)>
阿黨(平上)	{아·당}	[:아·당*]	<1항(1번)>
阿黨(平上)	{아·당}	[:아·당*]	<1항(1번)>
阿黨(平上)	{아·당}	[:아·당*]	<1항(1번)>
衙前(平平)	{아젼}	[아전]	<1항(6번)>
樂(入)	{·악}	[·악]	<1항(2번)>
樂記(入去)	{·악·긔}	[·악·기]	<1항(2번)>
樂記(入去)	{·악긔}	[·악·기]	<1항(1번)>
樂章(入平)	{·악쟝}	[·악·장]	<1항(2번)>
樂正(入{平,去})	{·악:졍}	[·악·정]	<2항(2번)>
樂正子春(入{平,去}上平)	{·악:졍·ᄌ츈}	[·악·정#·자·춘*]	<1항(2번)>
安國(平入)	{안·국}	[안·국]	<1항(1번)>
安東(平平)	{안동}	[안동]	<1항(1번)>
安保(平上)	{안:보}	[안보]	<2항(2번)>
安保(平上)	{안·보}	[안보]	<1항(1번)>
安否(平上)	{안·부}	[안·부]	<1항(3번)>
安否(平上)	{안:부}	[안·부]	<1항(1번)>
安徐(平平)	{안셔}	[안서*]	<1항(1번)>
安世(平去)	{안:셰}	[안·세]	<1항(1번)>
安定(平去)	{안:뎡}	[안·정]	<2항(7번)>
安靜(平上)	{안:쪙}	[안정]	<1항(1번)>
安靜(平上)	{안:쪙}	[안정]	<6항(8번)>
安靜(平上)	{안쪙}	[안정]	<1항(1번)>
安享(平上)	{안:향}	[안·향]	<1항(1번)>
安豊(平平)	{안풍}	[안풍*]	<1항(1번)>
顔孟(平去)	{안:밍}	[안·맹*]	<1항(1번)>

顔氏(◱◰)	{안·시}	[안·씨]	<1항(4번)>
顔淵(◱◱)	{안연}	[안연]	<1항(5번)>
顔子(◱◰)	{안·ᄌᆞ}	[안·자]	<1항(6번)>
顔丁(◱◱)	{안뎡}	[안정*]	<1항(1번)>
晏子(◳◰)	{:안·ᄌᆞ}	[:안·ᄌᆞ*]	<1항(1번)>
按酒(◳◰)	{안·쥬}	[안·주]	<1항(1번)>
按察官(◳◲◱)	{:안·찰관}	[:안·찰·관*]	<1항(1번)>
晏平仲(◳◱◳)	{:안평:듕}	[:안·평·중*]	<1항(1번)>
黯(◰)	{:암}	[:암]	<1항(9번)>
狎(◲)	{·셜·압}	[·설·압*]	<1항(1번)>
昻昻(◱◱)	{앙앙}	[앙앙*]	<1항(1번)>
涯(◱)	{애}	[애*]	<1항(1번)>
崖(◱)	{빙애}	[빙애*]	<1항(1번)>
藹然({◰,◳}◱)	{:애연}	[:애·연]	<1항(1번)>
厄(◲)	{·ᄋᆡᆨ}	[·액]	<1항(1번)>
額數(◲{◰,◳})	{·ᄋᆡᆨ:수}	[·액·수]	<1항(1번)>
野俗(◰◲)	{:야·쇽}	[:야·속]	<2항(3번)>
藥(◲)	{·약}	[·약]	<1항(7번)>
弱(◲)	{·약}	[·약]	<1항(1번)>
約束(◲◲)	{·약·속}	[·약·속]	<2항(4번)>
樣子({◰,◳}◰)	{양ᄌᆞ}	[양·자]	<1항(1번)>
樣子({◰,◳}◰)	{양·ᄌᆞ}	[양·자]	<1항(2번)>
讓(◳)	{:양}	[:양]	<2항(3번)>
梁(◱)	{냥}	[양]	<1항(1번)>
羊(◱)	{양}	[양]	<1항(3번)>
羊皮(◱◱)	{양피}	[양피]	<1항(1번)>
襄公(◳◱)	{양공}	[양공*]	<1항(1번)>
襄子(◱◰)	{양·ᄌᆞ}	[양·자*]	<1항(4번)>
楊文公(◱◱◱)	{양문공}	[양문공*]	<1항(1번)>
楊氏(◱◰)	{양시}	[양·씨]	<1항(1번)>
楊震(◱◳)	{양:진}	[양·진*]	<1항(1번)>
楊播(◱◳)	{·양:파}	[양·파*]	<1항(1번)>
楊炯(◱◰)	{양:형}	[양형*]	<1항(1번)>
陽城(◱◱)	{양셩}	[양성*]	<1항(1번)>
揚子(◱◰)	{양·ᄌᆞ}	[양·자*]	<1항(1번)>
煬帝(◳◳)	{:양:뎨}	[양·제]	<1항(1번)>
養齒({◰,◳}◰)	{:양·지}	[:양·치]	<1항(4번)>
馭車(◳◱)	{:어·거}	[:어·거*]	<1항(1번)>
馭車(◳◱)	{:어거}	[:어·거*]	<1항(1번)>
億(◲)	{·억}	[·억]	<1항(1번)>

偃(◰)	{:언}	[:언*]	<1항(2번)>
言(◱)	{언}	[언]	<1항(1번)>
言箴(◱◱)	{언좀}	[언·잠]	<1항(1번)>
嚴(◱)	{엄}	[엄]	<6항(13번)>
嚴恭(◱◱)	{엄공}	[엄공*]	<2항(2번)>
嚴肅(◱◲)	{엄·슉}	[엄·숙]	<4항(5번)>
嚴正(◱{◱,◳})	{엄:졍}	[엄·정]	<2항(2번)>
嚴正(◱{◱,◳})	{엄졍}	[엄·정]	<1항(1번)>
嚴助(◱◳)	{엄:조}	[엄조*]	<1항(1번)>
儼然(◰◱)	{:엄연}	[엄연]	<1항(1번)>
業(◲)	{:업}	[·업]	<1항(1번)>
業(◲)	{·업}	[·업]	<2항(3번)>
鄴下(◲{◰,◳})	{·업:하}	[·업·하*]	<1항(1번)>
與({◱,◰,◳})	{여}	[:여]	<1항(1번)>
與許({◱,◰,◳}◰)	{:여·허}	[:여·허*]	<2항(3번)>
餘(◱)	{:여}	[:여]	<1항(1번)>
繹(◲)	{·역}	[·역*]	<1항(1번)>
驛(◲)	{·역}	[·역]	<1항(1번)>
緣故(◱◳)	{연·고}	[연·고]	<3항(15번)>
緣由(◱◱)	{연유}	[연유]	<1항(1번)>
燕太子({◱,◰}◳◰)	{연·태·ᄌᆞ}	[연·태·자]	<1항(1번)>
縯(◱)	{연}	[연*]	<1항(1번)>
說之(◲◱)	{·열지}	[·열·지*]	<1항(1번)>
嬰(◱)	{영}	[영]	<1항(1번)>
英(◱)	{영}	[영]	<1항(1번)>
英公(◱◱)	{영공}	[영공*]	<1항(1번)>
永嘉(◰◱)	{:영가}	[:영·가]	<1항(1번)>
永永(◰◰)	{:영:영}	[:영·영]	<1항(1번)>
永泰(◰◳)	{:영:태}	[:영·태*]	<1항(1번)>
穎水(◰◰)	{:영·슈}	[:영·수]	<1항(1번)>
營葬(◱◳)	{:영:장}	[:영·장*]	<4항(4번)>
營葬(◱◳)	{:영·장}	[:영·장*]	<1항(1번)>
營葬(◱◳)	(:영장)	[:영·장*]	<1항(1번)>
盈川令(◱◱{◱,◳})	{영쳔·령}	[영천·영*]	<1항(1번)>
榮華(◱{◱,◳})	{영화}	[영화]	<3항(3번)>
穎州(◰◱)	{:영쥬}	[:영·주*]	<1항(1번)>
芮(◳)	{:예}	[·예*]	<1항(1번)>
豫備(◳◳)	{:예·비}	[:예·비]	<1항(1번)>
豫讓(◳◳)	{:예:양}	[:예·양*]	<1항(1번)>
吳(◱)	{오}	[오]	<1항(1번)>

吳中(◱{◱,◳}) {오듕} [오중*] <1항(1번)>
五經(◰◱) {:오경} [:오·경] <1항(1번)>
五代(◰◳) {:오:ᄃᆡ} [:오·대] <1항(1번)>
五百(◰◲) {:오·ᄇᆡᆨ} [:오·백] <1항(1번)>
五品(◰◰) {:오:품} [:오·품] <1항(1번)>
傲慢(◳◳) {:오:만} [:오·만] <3항(3번)>
傲慢(◳◳) {:오·만} [:오·만] <1항(1번)>
奧(◳) {:오} [:오*] <1항(1번)>
玉(◲) {·옥} [·옥] <1항(5번)>
玉盞(◲◰) {·옥·잔} [·옥·잔] <1항(2번)>
溫(◱) {온} [온*] <1항(1번)>
溫公(◱◱) {온공} [온공] <2항(3번)>
溫恭(◱◱) {온공} [온공] <4항(7번)>
溫和(◱{◱,◳}) {온화} [온화] <6항(7번)>
溫厚(◱◰) {온:후}) [온·후] <1항(1번)>
昷之(◱◱) {온지} [온지*] <1항(1번)>
雍({◱,◳}) {:옹} [옹*] <1항(1번)>
雍({◱,◳}) {옹} [옹*] <1항(1번)>
雍州({◱,◳}◱) {:옹쥬} [옹주*] <2항(2번)>
玩弄(◳◳) {:완·롱} [:완·롱] <1항(1번)>
玩味(◳◳) {:완·미} [:완·미] <1항(1번)>
玩味(◳◳) {:완미} [:완·미] <1항(1번)>
玩賞(◳◰) {:완·샹} [:완·상] <1항(1번)>
婉順(◰◳) {:완:슌} [:완·순] <2항(2번)>
頑惡(◱◲) {완·악} [완·악] <1항(2번)>
王(◱) {왕} [왕] <4항(11번)>
王季(◱◳) {왕:계} [왕·계*] <2항(3번)>
王吉(◱◲) {왕·길} [왕·길*] <1항(1번)>
王密(◱◲) {왕·밀} [왕·밀*] <1항(1번)>
王勃(◱◲) {왕·ᄇᆞᆯ} [왕·발*] <1항(1번)>
王裒(◱◱) {왕·부} [왕·부*] <1항(1번)>
王妃(◱◱) {왕비} [왕비] <1항(1번)>
王詳(◱◱) {왕샹} [왕상*] <2항(2번)>
王相國(◱({◱,◳}◲) {왕·샹·국} [왕#·상·국*] <1항(1번)>
王孫賈(◱{◱,◳}◳) {왕손:가} [왕손·가*] <1항(2번)>
王延(◱◱) {왕연} [왕연*] <1항(1번)>
王凝(◱◱) {왕응} [왕응*] <1항(1번)>
王子(◱◰) {왕·ᄌᆞ} [왕·자*] <1항(2번)>
王制(◱◳) {왕:졔} [왕·제*] <2항(3번)>
王通(◱◱) {왕통} [왕통*] <1항(1번)>

王后(◱◰)	{왕:후}	[왕후]	<1항(1번)>
王蠋(◱◲)	{왕·쵹}	[왕·촉*]	<1항(1번)>
汪信民(◱◳◱)	{왕:신민}	[왕#:신·민*]	<1항(1번)>
汪汪(◱◱)	{왕왕}	[왕왕]	<1항(1번)>
外郎(◳◱)	{:외랑}	[:외·랑*]	<1항(1번)>
外姓(◳◳)	{:외:셩}	[:외·성]	<1항(1번)>
外篇(◳◱)	{:외편}	[:외·편]	<1항(1번)>
堯(◱)	{요}	[요]	<1항(2번)>
堯夫(◱◱)	{요부}	[요부]	<1항(1번)>
堯舜(◱◳)	{요:슌}	[요·순]	<1항(4번)>
瑤(◱)	{요}	[요*]	<1항(1번)>
妖怪(◱◳)	{요:괴}	[요·괴]	<3항(3번)>
妖怪(◱◳)	{요·괴}	[요·괴]	<2항(2번)>
妖怪(◱◳)	{요괴}	[요·괴]	<1항(1번)>
要求({◱,◳}◱)	{요구}	[:요·구]	<5항(7번)>
搖動(◱◰)	{요·동}	[요·동]	<1항(1번)>
遼東公(◱◱◱)	{료동공}	[요동공]	<1항(1번)>
夭夭({◱,◰}{◱,◰})	{요요}	[요요하]	<1항(1번)>
饒足(◱◲)	{요·죡}	[요·족*]	<1항(1번)>
欲(◲)	{·욕}	[·욕]	<1항(1번)>
辱(◲)	{·욕}	[·욕]	<7항(10번)>
褥(◲)	{요}	[요]	<1항(1번)>
慾心(◲◱)	{·욕·심}	[·욕·심]	<1항(1번)>
慾心(◲◱)	{·욕심}	[·욕·심]	<1항(1번)>
容(◱)	{용}	[용]	<1항(2번)>
容納(◱◲)	{용·납}	[용·납]	<2항(3번)>
容貌(◱◳)	{용모}	[용모]	<1항(5번)>
勇猛(◰◰)	{:용·밍}	[:용·맹]	<1항(1번)>
勇猛(◰◰)	{:용밍}	[:용·맹]	<1항(1번)>
庸俗(◱◲)	{용·쇽}	[:용·속]	<1항(2번)>
冗雜(◰◲)	{:용·잡}	[:용·잡*]	<1항(1번)>
肜(◱)	{용}	[융*]	<1항(1번)>
羽(◰)	{:우}	[:우]	<1항(2번)>
虞(◱)	{우}	[:우]	<2항(2번)>
虞舜(◱◳)	{우:슌}	[:우·순]	<1항(1번)>
虞祭(◱◳)	{우:졔}	[우·제]	<1항(1번)>
右僕射(◰◲◳)	{:우·복·야}	[:우·복·사*]	<1항(1번)>
憂慮(◱◳)	{·우려}	[우·려]	<1항(1번)>
偶然(◰◱)	{우연}	[:우·연]	<1항(1번)>
牛弘(◱◱)	{우홍}	[우홍*]	<1항(1번)>

雄(◱)	{웅}	[웅]	<1항(1번)>
熊膽(◱◰)	{웅:담}	[웅·담]	<1항(1번)>
瑗(◳)	{:원}	[:원*]	<1항(2번)>
瑗(◳)	{원}	[원*]	<1항(1번)>
願(◳)	{:원}	[:원]	<5항(7번)>
寃(◱)	{원}	[:원]	<1항(1번)>
怨({◱,◳})	{:원}	[:원]	<1항(1번)>
怨讐({◱,◳}◱)	{원슈}	[원수]	<2항(8번)>
怨望({◱,◳}◳)	{:원:망}	[:원·망]	<4항(6번)>
元(◱)	{원}	[원]	<1항(1번)>
元魏(◱◳)	{원·위}	[원·위*]	<1항(3번)>
原明(◱◱)	{원명}	[원명*]	<1항(1번)>
遠方({◰,◳}◱)	{:원방}	[:원·방]	<1항(1번)>
阮籍(◰◲)	{:완·젹}	[:완·적*]	<1항(3번)>
月俸(◲◳)	{·월·봉}	[·월·봉]	<1항(1번)>
爲({◱,◳})	{:위}	[:위]	<12항(39번)>
爲({◱,◳})	{·위}	[:위]	<1항(1번)>
位(◳)	{·위}	[·위]	<1항(6번)>
衛(◳)	{·위}	[·위*]	<2항(18번)>
衛詩(◳◱)	{·위시}	[·위·시*]	<1항(1번)>
衛侯(◳◱)	{·위후}	[·위·후*]	<1항(2번)>
魏(◳)	{·위}	[·위]	<1항(2번)>
威(◱)	{위}	[위*]	<1항(1번)>
威福(◱◲)	{위·복}	[위·복]	<1항(1번)>
威嚴(◱◱)	{위엄}	[위·엄]	<1항(5번)>
威儀(◱◱)	{위의}	[·위·의]	<1항(13번)>
威重(◱{◱,◰,◳})	{위:듕}	[위·중]	<1항(1번)>
圍(◱)	{위}	[위*]	<1항(1번)>
慰勞(◳{◱,◳})	{:위·로}	[·위·로]	<1항(1번)>
喟然(◳◱)	{:위연}	[:위·연*]	<1항(1번)>
偉元(◰◱)	{:위원}	[:위·원*]	<1항(1번)>
危坐(◱◰)	{위:좌}	[위·좌]	<1항(1번)>
危殆(◱◰)	{위티}	[위태]	<6항(8번)>
兪({◱,◰})	{유}	[유]	<1항(1번)>
愈(◰)	{:유}	[:유]	<1항(1번)>
由(◱)	{유}	[유*]	<1항(1번)>
攸(◱)	{유}	[유*]	<1항(1번)>
猶(◱)	{유}	[유]	<2항(2번)>
有德(◰◲)	{:유·덕}	[:유·덕]	<1항(1번)>
有勢(◰◳)	{:유·세}	[:유·세]	<2항(2번)>

有識(上入)	{:유·식}	[:유·식]	<1항(1번)>
有餘(上平)	{:유여}	[유·여]	<2항(2번)>
有餘(上平)	{·유여}	[유·여]	<1항(1번)>
有益(上入)	{:유·익}	[:유·익]	<3항(3번)>
遺漏({平,去}去)	{유:루}	[유루]	<1항(1번)>
柔順(平去)	{유:슌}	[유·순]	<4항(4번)>
柔和(平{平,去})	{유화}	[유화]	<1항(1번)>
宥和(上{平,去})	{유화}	[유화]	<1항(1번)>
允(上)	{:윤}	[:윤*]	<1항(1번)>
允(上)	{·윤}	[·윤*]	<2항(12번)>
尹(上)	{·윤}	[·윤]	<1항(2번)>
隱(上)	{·은}	[·은]	<1항(2번)>
隱(上)	{은}	[·은]	<1항(1번)>
隱居(上平)	{·은거}	[·은·거]	<2항(2번)>
隱士(上上)	{·은·ᄉᆞ}	[·은·사]	<1항(2번)>
殷(平)	{은}	[은]	<1항(3번)>
殷勤(平平)	{은근}	[:은·근]	<1항(1번)>
銀(平)	{은}	[은]	<1항(1번)>
慇懃(平平)	{은근}	[은근]	<1항(1번)>
誾誾(平平)	{은은}	[은은*]	<1항(1번)>
恩義(平去)	{은:의}	[은·의]	<1항(1번)>
恩意(平去)	{은:의}	[은·의]	<1항(1번)>
恩寵(平上)	{은:통}	[·은·총]	<1항(1번)>
恩惠(平去)	{은:혜}	[은·혜]	<1항(5번)>
恩惠(平去)	{은·혜}	[은·혜]	<1항(4번)>
檃括(上入)	{·은·괄}	[·은·괄*]	<1항(1번)>
乙普明(入上平)	{·을:보명}	[·을·보·명*]	<1항(1번)>
音(平)	{음}	[음]	<1항(3번)>
音樂(平入)	{·음악}	[음·악]	<1항(1번)>
音樂(平入)	{음·악}	[음·악]	<1항(8번)>
淫亂(平去)	{음:난}	[음·란]	<1항(1번)>
淫亂(平去)	{음:란}	[음·란]	<5항(7번)>
淫蕩(平上)	{음:탕}	[음·탕]	<4항(5번)>
淫蕩(平上)	{음·탕}	[음·탕]	<1항(1번)>
陰邪(平平)	{음샤}	[음사]	<1항(1번)>
飮食({上,去}入)	{:음:식}	[:음·식]	<1항(1번)>
飮食({上,去}入)	{·음·식}	[:음·식]	<6항(43번)>
揖(入)	{·읍}	[·읍]	<3항(5번)>
應({平,去})	{:응}	[:응]	<8항(11번)>
應當({平,去}{平,去})	{응당}	[·응·당]	<2항(2번)>

應對({◱,◳}◳)	{:웅·딕}	[:응·대]	<1항(2번)>
應接({◱,◳}◲)	{:웅·졉}	[:응·접]	<1항(1번)>
義(◳)	{:의}	[:의]	<2항(18번)>
義理(◳◰)	{:의:리}	[:의·리]	<1항(2번)>
義田宅(◳◱◲)	{:의·뎐·틱}	[:의·전·택*]	<1항(1번)>
義眞(◳◱)	{:의진}	[:의·진*]	<1항(2번)>
儀(◱)	{의}	[:의]	<2항(3번)>
儀禮篇(◱◰◱)	{의·례편}	[:의·례·편]	<2항(3번)>
依據(◱◳)	{의:거}	[의·거]	<2항(2번)>
依倣(◱◱)	{의:방}	[의·방]	<1항(1번)>
依支(◱◱)	{의:지}	[의·지]	<1항(1번)>
依支(◱◱)	{의·지}	[의·지]	<4항(5번)>
依託(◱◲)	{의·탁}	[의·탁]	<2항(2번)>
衣冠({◱,◳}{◱,◳})	{의관}	[의관]	<1항(1번)>
衣服({◱,◳}◲)	{의·복}	[의·복]	<2항(8번)>
議論(◳{◱,◳})	{:의·논}	[:의·논]	<1항(1번)>
議論(◳{◱,◳})	{:의론}	[:의·논]	<9항(10번)>
議論(◳{◱,◳})	{:의:론}	[:의·논]	<2항(2번)>
議論(◳{◱,◳})	{:의·론}	[:의·논]	<3항(4번)>
議論(◳{◱,◳})	{·의론}	[:의·논]	<4항(4번)>
疑問(◱◳)	{의:문}	[의·문]	<1항(1번)>
疑心(◱◱)	{의심}	[의심]	<3항(3번)>
醫術(◱◲)	{의·슐}	[의·술]	<1항(1번)>
醫員(◱◱)	{의원}	[의원]	<1항(3번)>
易(◳)	{:이}	[:이*]	<1항(3번)>
夷(◱)	{이}	[이]	<1항(1번)>
夷吾(◱◱)	{이오}	[이오*]	<1항(1번)>
二百(◳◲)	{:이·빅}	[:이·백]	<1항(1번)>
二三百(◳◱◲)	{:이삼·빅}	[이삼·백]	<1항(1번)>
異姓(◳◳)	{:이:셩}	[이·성]	<1항(3번)>
異端(◳◱)	{:이단}	[이단]	<1항(1번)>
以道(◰◰)	{:이:도}	[:이·도]	<1항(1번)>
以前(◰◱)	{:이젼}	[:이·젼]	<1항(1번)>
怡然(◱◱)	{이연}	[이연]	<1항(1번)>
怡怡(◱◱)	{이이}	[이이]	<1항(1번)>
伊尹(◱◰)	{이·윤}	[이·윤*]	<1항(3번)>
伊川(◱◱)	{이쳔}	[이천]	<2항(17번)>
二千石(◳◱◲)	{:이쳔·셕}	[:이·천·석]	<1항(2번)>
二千五百(◳◱◰◲)	{이쳔:오·빅집}	[:이·천#:오·백·집]	<1항(1번)>
姨兄(◱◱)	{이형}	[이형]	<1항(1번)>

匜(⌞)	{이}	[이*]	<1항(1번)>
頤(⌞)	{이}	[이*]	<1항(1번)>
翼之(⌟⌞)	{·익지}	[·익·지*]	<1항(1번)>
釴(⌟)	{·익}	[·익*]	<1항(1번)>
仁(⌞)	{인}	[인]	<5항(11번)>
仁義(⌞⌝)	{인:의}	[인·의]	<1항(1번)>
仁慈(⌞⌞)	{인ᄌᆞ}	[인·자]	<2항(2번)>
仁惠(⌞⌝)	{인·혜}	[인·혜]	<1항(1번)>
因(⌞)	{인}	[인]	<4항(18번)>
因循(⌞⌞)	{인슌}	[인·순]	<1항(1번)>
引導(⌜⌝)	{·인:도}	[·인·도]	<2항(4번)>
引導(⌜⌝)	{·인·도}	[·인·도]	<1항(1번)>
人倫(⌞⌞)	{인륜}	[인륜]	<1항(11번)>
人生(⌞⌞)	{인ᄉᆡᆼ}	[인생]	<1항(1번)>
人材(⌞⌞)	{인:ᄌᆡ}	[인재]	<1항(1번)>
人才(⌞⌞)	{인ᄌᆡ}	[인재]	<1항(1번)>
人定(⌞⌝)	{인뎡}	[인·정]	<1항(1번)>
人情(⌞⌞)	{인졍}	[인정]	<1항(3번)>
人品(⌞⌜)	{인·품}	[인·품]	<1항(1번)>
忍字(⌜⌝)	{:인·ᄌᆞ}	[인·짜]	<1항(1번)>
一家(⌟⌞)	{·일가}	[·일·가]	<1항(2번)>
一萬(⌟⌝)	{·일:만}	[·일·만]	<1항(4번)>
一命(⌟⌝)	{·일:명}	[·일·명]	<1항(1번)>
一百(⌟⌟)	{:일·ᄇᆡᆨ}	[·일·백]	<1항(1번)>
一百(⌟⌟)	{·일·ᄇᆡᆨ}	[·일·백]	<2항(10번)>
一百兩(⌟⌟{⌜,⌝})	{·일·ᄇᆡᆨ량}	[·일·백·량]	<1항(1번)>
一生(⌟⌞)	{·일ᄉᆡᆼ}	[·일·생]	<1항(1번)>
一定(⌟⌝)	{·일:뎡}	[·일·정]	<1항(1번)>
一千(⌟⌞)	{·일쳔}	[·일·천]	<1항(3번)>
一千疋(⌟⌞⌟)	{·일쳔·필}	[·일·천·필]	<1항(1번)>
一便(⌟{⌞,⌝})	{·일편}	[·일·편]	<1항(1번)>
日課(⌟⌝)	{·일:과}	[·일·과]	<1항(1번)>
日課(⌟⌝)	{·일과}	[·일·과]	<1항(1번)>
任氏({⌞,⌝}⌜)	{임·시}	[임·씨]	<1항(1번)>
入聲(⌟⌞)	{·입셩}	[·입·성]	<1항(1번)>
媵(⌝)	{잉}	[잉]	<1항(1번)>
仞(⌝)	{·잉}	[인]	<1항(1번)>
字(⌝ㄷ)	{·ᄌᆞ}	[:□·자]	<2항(4번)>
字(⌝ㄷ)	{·ᄌᆞ}	[·□·짜]	<1항(1번)>
字(⌝)	{·ᄌᆞ}	[·자]	<4항(42번)>

字(◳ㄷ)	{ᄌᆞ}	[□·자]	<1항(1번)>
字(◳)	{ᄌᆞ}	[·자]	<1항(1번)>
字(◳ㄷ)	{·ᄌᆞ}	[□·자]	<1항(1번)>
字字(◳◳)	{·ᄌᆞ·ᄌᆞ}	[·자·자]	<1항(1번)>
者(◰)	{·쟈}	[·자]	<1항(1번)>
子(◰)	{·ᄌᆞ}	[·자]	<3항(6번)>
子羔(◰◱)	{·ᄌᆞ고}	[·자·고]	<1항(3번)>
子貢(◰◳)	{·ᄌᆞ:공}	[·자·공]	<1항(1번)>
子路(◰◳)	{·ᄌᆞ:로}	[·자·로]	<1항(4번)>
子思(◰{◱,◳})	{·ᄌᆞᄉᆞ}	[·자·사]	<1항(1번)>
子思子(◰{◱,◳}◰)	{·ᄌᆞᄉᆞ·ᄌᆞ}	[·자·사·자]	<1항(1번)>
子書(◰◱)	{·ᄌᆞ셔}	[·자·서]	<1항(1번)>
子孫(◰{◱,◳})	{·ᄌᆞ손}	[·자·손]	<1항(19번)>
子孫(◰{◱,◳})	{ᄌᆞ손}	[·자·손]	<1항(2번)>
子息(◰◲)	{·ᄌᆞ·식}	[·자·식]	<1항(49번)>
子息(◰◲)	{·ᄌᆞ식}	[·자·식]	<1항(2번)>
子淵(◰◱)	{·ᄌᆞ연}	[·자·연]	<1항(1번)>
子容(◰◱)	{·ᄌᆞ용}	[·자·용]	<1항(1번)>
子羽(◰◰)	{·ᄌᆞ:우}	[·자·우]	<1항(1번)>
子游(◰◱)	{·ᄌᆞ유}	[·자·유]	<1항(1번)>
子臧(◰◱)	{·ᄌᆞ·장}	[·자·장]	<1항(1번)>
子臧(◰◱)	{·ᄌᆞ장}	[·자·장]	<1항(1번)>
子弟(◰{◰,◳})	{·ᄌᆞ:뎨}	[·자·제]	<1항(16)>
子弟(◰{◰,◳})	{·ᄌᆞ·뎨}	[·자·제]	<1항(1번)>
子春(◰◱)	{·ᄌᆞ츈}	[·자·춘]	<1항(1번)>
子平(◰◱)	{·ᄌᆞ평}	[·자·평]	<1항(1번)>
子夏(◰◳)	{·ᄌᆞ:하}	[·자·하]	<1항(1번)>
子厚(◰◰)	{·ᄌᆞ:후}	[·자·후]	<1항(1번)>
資賴(◱◳)	{ᄌᆞ:뢰}	[자·뢰]	<1항(1번)>
資賴(◱◳)	{ᄌᆞ뢰}	[자·뢰]	<1항(1번)>
滋味(◱◳)	{ᄌᆞ:미}	[·자·미]	<1항(2번)>
刺史(◳◰)	{:ᄌᆞ:ᄉᆞ}	[:자·사]	<1항(2번)>
刺史(◳◰)	{ᄌᆞ:ᄉᆞ}	[:자·사]	<1항(1번)>
仔詳(◰◱)	{ᄌᆞ샹}	[자상]	<2항(2번)>
仔細(◰◳)	{·ᄌᆞ·셔}	[·자·세]	<1항(2번)>
仔細(◰◳)	{·ᄌᆞ셔}	[·자·세]	<2항(2번)>
仔細(◰◳)	{·ᄌᆞ셰}	[·자·세]	<1항(1번)>
慈詳(◱◱)	{ᄌᆞ샹}	[자상]	<1항(1번)>
姿色(◱◲)	{ᄌᆞ·식}	[·자·색]	<1항(1번)>
自若(◳◰(/◲))	{·ᄌᆞ·약}	[·자·약]	<1항(1번)>

自然(◳◱) {·ᄌᆞ연} [·자·연] <3항(9번)>
自重(◳{◱,◰,◳}) {·ᄌᆞ:듕} [·자·중] <1항(1번)>
自處(◳{◰,◳}) {·ᄌᆞ:쳐} [·자·처] <1항(1번)>
恣專(◳◱) {·ᄌᆞ젼} [·자·전] <2항(2번)>
紫的(◰◲) {ᄌᆞ·디} [자(·주)] <1항(1번)>
勺(◲) {·쟉} [·작*] <1항(1번)>
勺象(◲◰) {·쟉·샹} [·작·상*] <1항(1번)>
盞(◰) {·잔} [·잔] <1항(3번)>
孱陵(◱◱) {잔능} [잔능*] <1항(1번)>
潛(◱) {ᄌᆞᆷ} [:잠] <2항(2번)>
箴(◱) {ᄌᆞᆷ} [·잠] <1항(1번)>
暫間(◳{◱,◳}) {·잠·짠} [:잠·깐] <1항(1번)>
雜(◲) {·잡} [·잡] <2항(2번)>
狀元(◳◱) {:장원} [:장·원] <1항(1번)>
長({◱,◰}) {:댱은} [:장·은] <1항(1번)>
長史({◱,◰}◰) {:댱:ᄉᆞ}) [:장·사] <2항(2번)>
長壽({◱,◰}{◰,◳}) {댱·슈} [장수] <3항(4번)>
長孫夫人({◱,◰}{◱,◳}◱◱) {:댱손부인} [:장·손·부·인] <1항(2번)>
長幼({◱,◰}◳) {:댱:유} [장유] <1항(1번)>
張({◱,◰}) {댱} [장] <1항(4번)>
張公({◱,◰}◱) {댱공} [장공] <1항(1번)>
張公藝({◱,◰}◱◳) {댱공:예} [장공·예*] <1항(1번)>
張觀({◱,◰}{◱,◳}) {댱관} [장관*] <1항(1번)>
張湛({◱,◰}◱) {댱담} [장담*] <1항(1번)>
張夫人({◱,◰}◱◱) {댱부인} [장·부·인*] <1항(1번)>
張思叔({◱,◰}{◱,◳}◲) {댱ᄉᆞ·슉} [장사·숙*] <1항(1번)>
帳(◳) {:댱} [장] <1항(3번)>
帳戶籍(◳◰◲) {:댱:호·젹} [장·호·적*] <1항(1번)>
障(◳) {:댱} [장] <1항(1번)>
醬(◳) {:쟝} [:장] <1항(2번)>
壯(◳) {:쟝} [:장] <1항(1번)>
場(◱) {댱} [장] <1항(1번)>
臧(◱) {장} [장] <1항(1번)>
莊(◱) {쟝} [장] <1항(1번)>
莊姜(◱◱) {쟝강} [장강*] <1항(3번)>
莊公(◱◱) {쟝공} [장공] <1항(2번)>
莊嚴(◱◱) {장엄} [:장·엄] <1항(1번)>
莊周(◱◱) {장쥬} [장주] <1항(1번)>
將軍({◱,◳}◱) {쟝군} [장군] <1항(1번)>
將棋({◱,◳}◱) {:쟝·긔} [:장·기] <1항(2번)>

將棋({◱,◳}◱)	{:쟝긔}	[:장·기]	<1항(1번)>
將棋({◱,◳}◱)	{쟝·긔}	[:장·기]	<1항(1번)>
將帥({◱,◳}◳)	{:쟝·슈}	[:장·수]	<1항(5번)>
將次({◱,◳}◳)	{쟝·줏}	[장·차]	<1항(1번)>
將次({◱,◳}◳)	{쟝·춧}	[장·차]	<1항(28번)>
將次({◱,◳}◳)	{쟝춧}	[장·차]	<1항(3번)>
贓吏(◱◳)	{장:리}	[장·리]	<1항(1번)>
丈夫(◰◱)	{:댱부}	[:장·부]	<1항(1번)>
掌書記(◰◱◳)	{:쟝셔·긔}	[:장·서·기*]	<1항(1번)>
載({◰,◳})	{지}	[재]	<1항(1번)>
齋(◱)	{지}	[재]	<1항(3번)>
齋戒(◱◳)	{지:계}	[재·계]	<5항(7번)>
齋衰$_2$(◱◱)	{지죄}	[재최*]	<1항(1번)>
齋室(◱◲)	{지·실}	[재·실]	<1항(1번)>
裁斷(◱{◰,◳})	{지:단}	[재단]	<1항(1번)>
財利權(◱◳◱)	{지:릿권}	[재·릿·권*]	<1항(1번)>
財物(◱◲)	{지·믈}	[재·물]	<2항(13번)>
宰相(◰({◱,◳})	{:지:샹}	[:재·상]	<1항(4번)>
宰相(◰({◱,◳})	{:지·샹}	[:재·상]	<1항(9번)>
宰相(◰({◱,◳})	{·지:샹}	[:재·샹]	<1항(1번)>
宰相品(◰({◱,◳}◰)	{:지·샹:품}	[:재·상·품*]	<1항(1번)>
才質(◱◲)	{지·질}	[재·질]	<1항(1번)>
才質(◱◲)	{지질}	[재·질]	<1항(1번)>
災害(◱◳)	{지:해}	[재·해]	<1항(1번)>
災禍(◱◰)	{지:화}	[재·화]	<1항(2번)>
災禍(◱◰)	{지·화}	[재·화]	<1항(1번)>
錚錚(◱◱)	{징징}	[쟁쟁]	<1항(1번)>
箸(◳)	{·져}	[·저]	<1항(2번)>
著作郞({◱,◳}◲◱)	(:뎌·작랑}	[:저·작·랑*]	<1항(1번)>
貯蓄(◰◲)	{뎨·튝}	[:저·축]	<1항(2번)>
炙(◲)	{·젹}	[·적]	<1항(1번)>
敵(◲)	{:피·뎍}[82]	[:피·적]	<1항(1번)>
賊(◲)	{·적·해}	[·적·해]	<1항(1번)>
積(◲)	{·젹}	[·적]	<1항(2번)>
籍(◲)	{·젹}	[·적]	<1항(1번)>
勣(◲)	{·젹}	[·적]	<1항(1번)>
嫡長(◲{◱,◰})	{·뎍댱}	[·적·장*]	<1항(1번)>
翟黑子(◲◲◰)	{·뎍·흑·ᄌ}	[·적·흑·자*]	<1항(2번)>

82) :피·뎍(敵手의 옛말).

傳({◱,◳})	{:뎐}	[전]	<1항(1번)>
傳({◱,◳})	{뎐}	[전]	<3항(3번)>
傳喝({◱,◳}◲)	{뎐·갈}	[전·갈]	<1항(1번)>
傳記({◱,◳}◳)	{:뎐·긔}	[전기]	<1항(1번)>
傳染({◱,◳}◰)	{뎐:염}	[전·염]	<1항(1번)>
前(◱)	{젼}	[전]	<5항(10번)>
前期(◱◱)	{젼긔}	[전기]	<1항(1번)>
全蠍(◱◲)	{젼·갈}	[전·갈]	<1항(1번)>
戰國(◳◲)	{:젼·국}	[:전·국]	<1항(2번)>
錢明逸(◱◱◲)	{젼명·일}	[전명·일*]	<1항(1번)>
殿門(◳◱)	{:뎐문}	[:전·문]	<1항(1번)>
殿試(◳◳)	{:뎐·시}	[:전·시]	<1항(1번)>
殿下(◳{◰,◳})	{:뎐:하}	[:전·하]	<1항(2번)>
專一(◱◲)	{젼·일}	[전·일]	<5항(5번)>
專主(◱◰)	{젼·쥬}	[:전·주]	<1항(1번)>
田地(◱◳)	{뎐·디}	[전·지]	<1항(1번)>
田地(◱◳)	{뎐디}	[전·지]	<1항(1번)>
田宅(◱◲)	{뎐·ᄐᆡᆨ}	[전·택]	<1항(1번)>
田蚡(◱◱)	{뎐분}	[전분*]	<1항(1번)>
節(◲)	{·졀}	[·절]	<1항(5번)>
節槪(◲◳)	{·졀·개}	[·절·개]	<1항(2번)>
節度使(◲◳{◰,◳})	{·졀:도:ᄉᆞ}	[·절·도·사]	<1항(2번)>
節度使(◲◳{◰,◳})	{·졀도·ᄉᆞ}	[·절·도·사]	<1항(2번)>
節目(◲◲)	{·졀·목}	[·절·목]	<1항(2번)>
節義(◲◳)	{·졀:의}	[·절·의]	<1항(2번)>
節操(◲◱)	{·졀조}	[·절·조]	<1항(1번)>
節奏(◲◳)	{·졀:주}	[·절·주]	<1항(1번)>
節次(◲◳)	{·졀·ᄎᆞ}	[·절·차]	<1항(4번)>
節孝(◲◳)	{·졀:효}	[·절·효]	<1항(2번)>
節孝(◲◳)	{·졀·효}	[·절·효]	<1항(1번)>
絶(◲)	{·졀}	[·절]	<1항(1번)>
切(◲)	{·졀}	[·절]	<1항(1번)>
切當(◲{◱,◳})	{·졀당}	[·절·당]	<1항(2번)>
切磋(◲◱)	{·졀차}	[·절·차]	<1항(1번)>
點(◰)	{:뎜}	[·점]	<1항(8번)>
占卜({◱,◳}◲)	{졈·복}	[점·복]	<1항(1번)>
漸({◱,◰})	{:졈}	[:점*]	<1항(1번)>
漸漸({◱,◰}{◱,◰})	{:졈:졈}	[:점·점]	<1항(2번)>
正({◱,◳})	{:졍}	[:정]	<16항(38번)>
正色({◱,◳}◲)	{:졍·ᄉᆡᆨ}	[·정·색]	<1항(3번)>

正叔({◱,◳}◲) {:졍·슉} [정·숙*] <1항(1번)>
正獻({◱,◳}◳) {:졍:헌} [:정·헌*] <1항(1번)>
正獻公({◱,◳}◳◱) {:졍:헌공} [:정·헌·공*] <1항(6번)>
正月({◱,◳}◲) {졍·월} [정·월] <1항(1번)>
鄭(◳) {:뎡} [:정] <1항(1번)>
鄭(◳) {:뎡} [:정] <1항(1번)>
鄭伯(◳◲) {:뎡·ᄇᆡᆨ} [:정·백*] <1항(1번)>
鄭義宗(◳◳◱) {:뎡:의종} [:정·의·종*] <1항(1번)>
鼎(◰) {:뎡} [정] <1항(1번)>
定(◳) {:뎡} [:정] <7항(9번)>
定(◳) {뎡} [:정] <1항(1번)>
貞(◱) {뎡} [정] <1항(1번)>
貞元(◱◱) {뎡원} [정원*] <1항(1번)>
貞節(◱◲) {뎡:졀}) [정·절] <1항(1번)>
貞正(◱{◱,◳})) {뎡:졍} [정·정·함] <1항(1번)>
程(◱) {뎡} [정] <1항(3번)>
情(◱) {졍} [정] <1항(3번)>
精(◱) {졍} [정] <3항(4번)>
精微(◱◱) {졍미} [정·미] <1항(1번)>
精誠(◱◱) {졍셩} [정성] <5항(11번)>
精神(◱◱) {졍신} [정신] <1항(1번)>
丁未(◱◳) {뎡:미} [정·미] <1항(1번)>
政事(◳◳) {·졍:ᄉᆞ} [·정·사] <3항(3번)>
政事(◳◳) {·졍·ᄉᆞ} [·정·사] <1항(2번)>
政丞(◳◱) {·졍·승} [·정·승] <1항(3번)>
政丞(◳◱) {·졍승} [·정·승] <2항(9번)>
禎祥(◱◱) {뎡샹} [정상] <1항(1번)>
廷試(◱◳) {뎡:시} [정·시] <1항(1번)>
程伊川(◱◱◱) {뎡이쳔} [정이천] <1항(1번)>
整齊(◰◱) {:졍·졔} [:정·제] <2항(2번)>
整齊(◰◱) {:졍졔} [:정·제] <4항(4번)>
旌表(◱◰) {졍·표} [정·표] <2항(2번)>
旌表(◱◰) {졍표} [정·표] <1항(1번)>
悌(◳) {:뎨} [:제] <3항(4번)>
帝(◳) {:뎨} [:제] <1항(13번)>
祭(◳) {:졔} [:제] <10항(18번)>
祭(◳) {·졔} [:제] <2항(4번)>
祭器(◳◳) {:졔:긔} [:제·기] <1항(1번)>
祭器(◳◳) {:졔·긔} [:제·기] <1항(3번)>
祭服(◳◲) {:졔·복} [:제·복] <1항(2번)>

祭祀(去上)	{:졔:ᄉᆞ}	[:제·사]	<1항(3번)>
祭祀(去上)	{:졔·ᄉᆞ}	[:제·사]	<3항(3번)>
祭祀(去上)	{·졔:ᄉᆞ}	[:제·사]	<1항(1번)>
祭祀(去上)	{·졔·ᄉᆞ}	[:제·사]	<1항(1번)>
祭義(去去)	{:졔:의}	[:제·의]	<1항(2번)>
祭統(去去)	{:졔:통}	[:제·통*]	<1항(1번)>
齊(平)	{졔}	[제]	<2항(13번)>
齊閔王(平上平)[83]	{졔·민왕}	[제#·민·왕*]	<1항(1번)>
諸葛孔明(平入上平)	{졔·갈·공명}	[제·갈#공명]	<1항(1번)>
諸葛武侯(平入上平)	{졔·갈:무후}	[제·갈#:무·후]	<1항(1번)>
制斷(去{上,去})	{:졔·단}	[제단]	<1항(1번)>
制度(去去)	{:졔·도}	[:제·도]	<1항(1번)>
制御(去去)	{:졔·어}	[:제·어]	<2항(2번)>
題目(平入)	{뎨·목}	[제·목]	<1항(1번)>
娣姒({上,去}上)	{:제:ᄉᆞ}	[:제·사*]	<1항(1번)>
濟陽({上,去}平)	{:졔양}	[:제·양*]	<1항(1번)>
第五(去上)	{:뎨:오}	[:제·오*]	<1항(1번)>
第五琦(去上平)	{:뎨·오긔}	[:제·오#기*]	<1항(1번)>
第五倫(去上平)	{:뎨:오륜}	[:제·오#륜*]	<1항(1번)>
弟子({上,去}上)	{:뎨:ᄌᆞ}	[:제·자]	<1항(1번)>
弟子({上,去}上)	{:뎨·ᄌᆞ}	[:제·자]	<1항(17번)>
弟子({上,去}上)	{·뎨:ᄌᆞ}	[:제·자]	<1항(1번)>
弟子({上,去}上)	{·뎨·ᄌᆞ}	[:제·자]	<1항(1번)>
弟子({上,去}上)	{뎨·ᄌᆞ}	[:제·자]	<1항(1번)>
弟子織({上,去}上入)	{:뎨·ᄌᆞ·직}	[:제·자·직*]	<1항(1번)>
諸侯(平平)	{졔후}	[:제·후]	<1항(5번)>
諸侯王(平平平)	{졔후왕}	[:제·후·왕*]	<1항(1번)>
趙(上)	{:됴}	[:조]	<2항(2번)>
趙孟(上去)	{:됴:ᄆᆡᆼ}	[:조·맹]	<1항(1번)>
趙襄子(上平上)	{:됴양·ᄌᆞ}	[:조·양·자*]	<1항(2번)>
俎(上)	{:조}	[:조*]	<1항(1번)>
俎豆(上去)	{:조:두}	[:조·두*]	<1항(1번)>
詔(上)	{:죠}	[:조]	<2항(2번)>
條件(平去)	{됴건}	[조·건]	<1항(1번)>
朝官(平平)	{됴관}	[조관]	<1항(2번)>
朝服(平入)	{됴·복}	[조·복]	<2항(6번)>
朝士(平上)	{됴·ᄉᆞ}	[조·사]	<1항(1번)>
朝廷(平平)	{됴뎡}	[조정]	<1항(8번)>

83) [제#·민·왕]→[:제·민·왕].

朝會(◱◳)	{됴:회}	[조·회]	<3항(4번)>
朝會(◱◳)	{됴·회}	[조·회]	<2항(3번)>
躁急(◳◲)	{:조·급}	[조·급]	<1항(1번)>
躁急(◳◲)	{조·급}	[조·급]	<2항(2번)>
照鄰(◳◱)	{:죠린}	[:조·린*]	<1항(1번)>
弔喪(◳{◱,◳})	{:됴상}	[:조·상]	<1항(1번)>
祖上(◰{◰,◳})	{·조:샹}	[·조·상]	<1항(2번)>
祖上(◰{◰,◳})	{·조·샹}	[·조·상]	<1항(6번)>
祖上(◰{◰,◳})	{·조샹}	[·조·상]	<1항(1번)>
祖上(◰{◰,◳})	{조:샹}	[·조·상]	<1항(1번)>
曹爽(◱◰)	{조:상}	[조·상*]	<1항(1번)>
曹氏(◱◰)	{조·시}	[조·씨]	<1항(4번)>
操心(◱◱)	{:조·심}	[:조·심]	<3항(5번)>
操心(◱◱)	{:조심}	[:조·심]	<8항(15번)>
操心(◱◱)	{조심}	[:조·심]	<1항(1번)>
晁氏(◱◰)	{됴·시}	[조·씨*]	<1항(1번)>
足(◲)	{·죡}	[·족]	<5항(22번)>
足(◲)	{죡}	[·족]	<1항(1번)>
族類(◲◳)	{·족·뉴}	[·족·류]	<1항(1번)>
尊(◱)	{존}	[존]	<3항(3번)>
尊$_2$(◱)	{준}	[준]	<1항(1번)>
尊待(◱◰)	{존:디}	[존·대]	<1항(1번)>
尊嚴(◱◱)	{존엄}	[:존·엄]	<1항(1번)>
尊長(◱{◱,◰})	{존:댱}	[존장]	<1항(1번)>
尊稱(◱{◱,◳})	{존칭}	[존칭]	<1항(2번)>
尊賢堂(◱◱◱)	{존현당}	[존현당*]	<1항(1번)>
撙節(◰◲)	{:존·졀}	[:존·절*]	<2항(2번)>
卒哭祭(◲◲◳)	{·졸·곡:졔}	[·졸·곡·제]	<1항(1번)>
宗(◱)	{종}	[종]	<1항(1번)>
宗廟(◱◳)	{종:묘}	[종묘]	<1항(2번)>
宗廟(◱◳)	{종·묘}	[종묘]	<1항(1번)>
宗室(◱◲)	{종·실}	[종·실]	<1항(2번)>
宗諤(◱◲)	{종·악}	[종·악*]	<1항(1번)>
宗要(◱{◱,◳})	{종:요}	[종요]	<2항(3번)>
宗要(◱{◱,◳})	{종요}	[종요]	<2항(3번)>
宗族(◱◲)	{종·족}	[종·족]	<1항(2번)>
終始(◱◰)	{즁:시}	[종시]	<1항(1번)>
從彦(◱◳)	{즁:언}	[종·언*]	<1항(1번)>
從容(◱◱)	{죵용}	[종용]	<1항(1번)>
從祖叔母(◱◰◲◰{()	{:죵·조·숙:모}	[:종·조#·숙·모]	<1항(1번)>

座(去)	{:좌}	[:좌]	<1항(1번)>
坐(上)	{좌}	[:좌]	<1항(1번)>
坐罪(上上)	{:좌·죄}	[:좌·죄]	<1항(1번)>
左右(上上)	{:좌:우}	[:좌·우]	<1항(2번)>
左右(上上)	{:좌우}	[:좌·우]	<1항(1번)>
左馮翊(上平入)	{:좌풍·익}	[:좌·풍·익*]	<1항(1번)>
罪(上)	{:죄}	[:죄]	<2항(19번)>
罪人(上平)	{:죄인}	[:죄·인]	<1항(1번)>
註(去)	{:주}	[:주]	<1항(1번)>
奏(去)	{:주}	[:주]	<1항(1번)>
紂(上)	{·듀}	[·주]	<1항(9번)>
主(上)	{·쥬}	[·주]	<1항(1번)>
主簿(上上)	{·쥬·부}	[·주·부]	<1항(1번)>
主簿(上上)	{·쥬:부}	[·주·부]	<1항(3번)>
主人(上平)	{·쥬인}	[·주·인]	<2항(18번)>
主爵都尉(上入平去)	{·쥬·쟉도위}	[·주·작·도·위]	<1항(1번)>
主張(上{平,上})	{·쥬댱}	[·주·장]	<1항(1번)>
廚(平)	{듀}	[주]	<1항(1번)>
周(平)	{쥬}	[주]	<3항(11번)>
周公(平平)	{쥬공}	[주공]	<1항(3번)>
周南(平平)	{쥬남}	[주남*]	<1항(2번)>
周禮(平上)	{쥬·례}	[주·례]	<2항(2번)>
周密(平入)	{쥬·밀}	[주·밀]	<1항(2번)>
周旋(平{平,去})	{쥬션}	[주선]	<1항(1번)>
周詩(平平)	{쥬시}	[주시]	<1항(1번)>
周易(平入)	{쥬·역}	[주·역]	<1항(1번)>
周徧(平去)	{쥬:변}	[주·변]	<1항(1번)>
州(平)	{쥬}	[주]	<1항(5번)>
州事(平去)	{쥬:ᄉᆞ}	[주·사]	<1항(1번)>
州吁(平平)	{쥬우}	[주우]	<1항(1번)>
朱(平)	{쥬}	[주]	<1항(2번)>
朱氏(平上)	{쥬·시}	[주·씨]	<1항(2번)>
朱壽昌(平{上,去}平)	{쥬·슈챵}	[:주·수·창]	<1항(1번)>
朱仁軌(平平上)	{쥬인:궤}	[주인·궤]	<1항(1번)>
朱子(平上)	{쥬·ᄌᆞ}	[주·자]	<1항(1번)>
酒酊(上上)	{:쥬·졍}	[·주·정]	<1항(1번)>
竹(入)	{·듁}	[·죽]	<1항(1번)>
粥(入)	{·쥭}	[·죽]	<1항(4번)>
俊邁(去去)	{:쥰·매}	[:준·매]	<1항(1번)>
重({平,上,去})	{:듕}	[:중]	<12항(18번)>

仲(◳)	{:듕}	[:중]	<1항(2번)>
仲車(◳◱)	{:듕거}	[:중·거*]	<1항(1번)>
仲尼(◳◱)	{:듕니}	[:중·니]	<1항(1번)>
仲途(◳◱)	{:듕도}	[:중·도*]	<1항(2번)>
仲素(◳◳)	{:듕:소}	[:중·소*]	<1항(1번)>
仲郢(◳◰)	{:듕:녕}	[:중·영*]	<1항(3번)>
仲由(◳◱)	{:듕유}	[:중·유*]	<1항(1번)>
中間({◱,◳}{◱,◳})	{·듕간}	[중간]	<1항(1번)>
中間({◱,◳}{◱,◳})	{듕간}	[중간]	<1항(2번)>
中國({◱,◳}◲)	{듕·국}	[중·국]	<1항(2번)>
中門({◱,◳}◱)	{듕문}	[중문]	<1항(6번)>
中書侍郎({◱,◳}◱◳◱)	{듕셔:시랑}	[중서#:시·랑]	<1항(1번)>
中庸({◱,◳}◱)	{듕용}	[중용]	<1항(1번)>
中二千石({◱,◳}◳◱◲)	{듕:이쳔·셕}	[중#:이·천·석]	<1항(1번)>
中正({◱,◳}{◱,◳})	{듕:졍}	[중·정]	<1항(1번)>
中層({◱,◳}◱)	{듕층}	[중층]	<1항(1번)>
中品({◱,◳}◰)	{듕:품}	[중·품]	<1항(1번)>
衆生(◳◱)	{즘승}	[짐승]	<1항(9번)>
汁(◲)	{·즙}	[·즙]	<1항(1번)>
卽時(◲◱)	{·즉시}	[·즉·시]	<1항(1번)>
則(◲)	{·즉}	[·□·즉]	<1항(1번)>
拯(◰)	{:중}	[:증*]	<1항(1번)>
曾(◱)	{중}	[증*]	<1항(2번)>
曾晳(◱◲)	{중·셕}	[증·석*]	<1항(2번)>
曾孫(◱{◱,◳})	{중손}	[증손]	<1항(1번)>
曾元(◱◱)	{중원}	[증원*]	<1항(1번)>
曾子(◱◰)	{중·ᄌᆞ}	[증·자]	<2항(16)>
曾子(◱◰)	{중ᄌᆞ}	[증·자]	<1항(1번)>
證據(◳◳)	{:중·거}	[:증·거]	<1항(1번)>
證驗(◳◳)	{:중:험}	[증·험]	<1항(1번)>
蒸民篇(◱◱◱)	{중민편}	[증민·편*]	<1항(1번)>
蒸祭(◱◳)	{중·졔}	[증·제*]	<1항(1번)>
知({◱,◳})	{디}	[·지]	<1항(1번)>
知白({◱,◳}◲)	{디·ᄇᆡᆨ}	[·지·백*]	<1항(1번)>
知識({◱,◳}◲)	{디·식}	[지·식]	<1항(2번)>
知識({◱,◳}◲)	{디식}	[지·식]	<1항(1번)>
知慧({◱,◳}◳)	{·디:혜}	[·지·혜]	<1항(1번)>
智(◳)	{·디}	[·지]	<2항(2번)>
智伯(◳◲)	{·디·ᄇᆡᆨ}	[·지·백*]	<1항(4번)>
智慧(◳◳)	{·디:혜}	[·지·혜]	<1항(2번)>

智慧(◳◳)	{·디·혜}	[·지·혜]	<2항(3번)>
摯(◳)	{·지}	[·지*]	<2항(2번)>
地境(◳◰)	{·디:경})	[·지·경]	<1항(1번)>
地境(◳◰)	{·디·경})	[·지·경]	<1항(2번)>
地名(◳◱)	{·디명}	[·지·명]	<1항(10번)>
地獄(◳◲)	{·디·옥}	[·지·옥]	<1항(2번)>
地獄(◳◲)	{디·옥}	[·지·옥]	<1항(1번)>
地位(◳◳)	{·디·위}	[·지·위]	<1항(1번)>
地黃(◳◱)	{·디·황}	[·지·황]	<1항(1번)>
至極(◳◲)	{·지·극}	[·지·극]	<6항(8번)>
至誠(◳◱)	{·지셩}	[·지·성]	<1항(1번)>
至尊(◳◱)	{·지존}	[·지·존]	<1항(2번)>
支離(◱{◱,◳})	{지리}	[·지·리*]	<1항(1번)>
之推(◱◱)	{지츄}	[지추*]	<1항(1번)>
旨趣(◰{◳,◲,◰})	{·지·츼}	[·지·취]	<1항(1번)>
指向(◰◳)	{·지:향}	[·지·향]	<1항(1번)>
直(◲)	{·딕}	[·직]	<3항(3번)>
稷(◲)	{·직}	[·직]	<1항(1번)>
職分(◲{◱,◳})	{·직:분}	[·직·분]	<1항(1번)>
職事(◲◳)	{·직·ᄉᆞ}	[·직·사]	<1항(1번)>
晉(◳)	{:진}	[:진]	<2항(13번)>
晉(◳)	{·진}	[:진]	<1항(2번)>
晉侯(◳◱)	{:진후}	[:진·후*]	<1항(1번)>
震(◳)	{:진}	[:진]	<1항(3번)>
振(◳)	{:진}	[:진*]	<1항(1번)>
津(◱)	{:진}	[:진]	<1항(2번)>
津(◱)	{진}	[:진]	<1항(6번)>
盡(◰)	{:진}	[:진]	<2항(2번)>
陳(◳)	{딘}	[진]	<2항(4번)>
陳壽(◳{◰,◳})	{딘·슈}	[진·수]	<1항(1번)>
陳氏(◳◰)	{딘·시}	[진·씨]	<1항(1번)>
陳忠肅公(◳◱◲◱)	{딘튱·슉공}	[진충·숙·공*]	<1항(1번)>
秦(◱)	{진}	[진]	<2항(2번)>
搢紳(◳◱)	{·진신}	[·진·신*]	<1항(1번)>
眞實(◱◲)	{진·실}	[진·실]	<2항(28번)>
質(◲)	{·질}	[·질]	<1항(1번)>
質正(◲{◱,◳})	{·질:졍}	[·질·정]	<2항(3번)>
質正(◲{◱,◳})	{·질·졍}	[·질·정]	<2항(2번)>
疾病(◲◳)	{·질:병}	[·질·병]	<1항(1번)>
斟酌(◱◲)	{짐·쟉}	[짐·작]	<1항(1번)>

茶飯(◱{◰,◳})	{·차반}	[다반]	<1항(6번)>
次例(◳◳)	{·ᄎᆞ:례}	[·차·례]	<2항(4번)>
次例(◳◳)	{·ᄎᆞ·례}	[·차·례]	<2항(12번)>
次序(◳◰)	{·ᄎᆞ:셔}	[·차·서]	<1항(1번)>
次序(◳◰)	{·ᄎᆞ·셔}	[·차·서]	<1항(1번)>
嗟歎(◱◳)	{차:탄}	[차·탄]	<4항(4번)>
斬衰$_2$(◰◱)	{:참최}	[·참·최*]	<1항(1번)>
參預(◱◳)	{참:예}	[참·예]	<4항(4번)>
參政(◱◳)	{참·졍}	[참·정]	<1항(1번)>
參知政事(◱{◱,◳}◳◳)	{참디·졍ᄉᆞ}	[참·지·정·사]	<1항(1번)>
倉(◱)	{창}	[창]	<1항(2번)>
倉積(◱◲)	{창·젹}	[창·적*]	<1항(1번)>
槍(◱)	{창}	[창]	<1항(1번)>
蒼頭(◱◱)	{창두}	[창두*]	<1항(1번)>
昌盛(◱{◱,◳})	{창:셩}	[:창·성]	<1항(1번)>
昌邑(◱◲)	{챵·읍}	[창·읍*]	<2항(2번)>
昌邑王(◱◲◱)	{챵·읍왕}	[창·읍·왕*]	<1항(1번)>
采({◰,◳})	{·ᄎᆡ}	[:채*]	<1항(1번)>
采齊({◰,◳}◱)	(:ᄎᆡᄌᆞ}	[:채·자*]	<1항(1번)>
茝(◰)	{:ᄎᆡ}	[:채*]	<1항(1번)>
菜蔬(◳◱)	{:ᄎᆡ소}	[:채·소]	<1항(1번)>
蔡(◳)	{:채}	[:채]	<1항(1번)>
蔡興宗(◳{◱,◳}◱)	{:채흥종}	[:채·홍·종*]	<1항(1번)>
冊(◲)	{·ᄎᆡᆨ}	[·책]	<2항(7번)>
冊(◲)	{ᄎᆡᆨ·에}	[책·에]	<1항(1번)>
責(◲)	{·ᄎᆡᆨ}	[·책]	<4항(6번)>
處({◰,◳})	{:쳐}	[:처]	<1항(1번)>
處士({◰,◳}◰)	{:쳐·ᄉᆞ}	[:처·사]	<1항(1번)>
處所({◰,◳}◰)	{:쳐·소}	[:처·소]	<1항(2번)>
處身({◰,◳}◱)	{:쳐신}	[:처·신]	<1항(1번)>
處置({◰,◳}◳)	{:쳐·티}	[:처·치]	<2항(2번)>
處置({◰,◳}◳)	{:쳐티}	[:처·치]	<1항(1번)>
妻子({◱,◳}◰)	{쳐·ᄌᆞ}	[처·자]	<1항(6번)>
妻子息({◱,◳}◰◲)	{쳐·ᄌᆞ·식}	[처·자·식]	<1항(3번)>
戚施(◲{◱,◰,◳})	{·쳑:이}	[·척·이*]	<1항(1번)>
戚戚(◲◲)	{·쳑·쳑}	[·척·척*]	<1항(1번)>
惕然(◲◱)	{·텩연}	[·척·연]	<1항(1번)>
賤(◳)	{:쳔}	[:천]	<5항(12번)>
賤(◳)	{·쳔}	[:천]	<1항(1번)>
千(◱)	{쳔}	[천]	<1항(1번)>

薦擧(◳◰)	{:쳔·거}	[:천·거]	<5항(7번)>
薦擧(◳◰)	{:쳔거}	[:천·거]	<1항(1번)>
薦新(◳◱)	{:쳔신}	[:천·신*]	<1항(1번)>
天堂(◱◱)	{텬당}	[천당]	<1항(1번)>
天道(◱◰)	{텬:도}	[천·도]	<1항(1번)>
天動(◱◰)	{텬·동}	[천동]	<1항(1번)>
天理(◱◰)	{텬·리}	[천·리]	<1항(1번)>
天命(◱◳)	{텬:명}	[천·명]	<1항(1번)>
天性(◱◳)	{텬:셩}	[천·성]	<1항(2번)>
天子(◱◰)	{텬·ᄌᆞ}	[천·자]	<2항(6번)>
天子(◱◰)	{텬ᄌᆞ}	[천·자]	<1항(1번)>
天地(◱◳)	{텬·디}	[천·지]	<1항(1번)>
天下(◱{◰,◳})	{텬:하}	[천·하]	<1항(25번)>
天下(◱{◰,◳})	{텬·하}	[천·하]	<1항(4번)>
天下(◱{◰,◳})	{텬하}	[천·하]	<1항(1번)>
千之(◱◱)	{쳔지}	[천지*]	<1항(2번)>
千里(◱◰)	{쳔:리}	[천·리]	<1항(2번)>
千里馬(◱◰◰)	{쳔·리:마}	[천·리·마]	<1항(1번)>
擅恣(◳◳)	{:쳔·ᄌᆞ}	[:천·자*]	<1항(2번)>
掣肘(◲◰)	{·텰·듀}	[·철·주*]	<1항(1번)>
妾(◲)	{·쳡}	[·첩]	<1항(14번)>
妾孫子(◲{◱,◳}◰)	{·쳡손·ᄌᆞ}	[·첩·손·자]	<1항(1번)>
妾子息(◲◰◲)	{·쳡·ᄌᆞ·식}	[·첩·자·식]	<1항(1번)>
輒(◲)	{·텹}	[·첩*]	<1항(1번)>
請(◰)	{·쳥}	[·청]	<17항(30번)>
廳(◱)	{·텽}	[청]	<3항(4번)>
廳堂(◱◱)	{텽당}	[청당*]	<1항(1번)>
青(◱)	{쳥}	[청]	<1항(1번)>
青衣(◱{◱,◳})	{쳥의}	[청의]	<1항(1번)>
淸廉(◱◱)	{쳥념}	[청렴]	<2항(2번)>
淸廉(◱◱)	{쳥렴}	[청렴]	<3항(4번)>
淸白(◱◲)	{쳥·빅}	[청·백]	<1항(1번)>
淸虛(◱◱)	{쳥허}	[청허]	<1항(1번)>
聽箴({◱,◳}◱)	{:텽줌}	[:청·잠]	<1항(1번)>
棣棣(◳◳)	{·톄·톄}	[·체·체*]	<1항(1번)>
醮(◳)	{:쵸}	[:초*]	<1항(1번)>
醮禮(◳◰)	{:쵸·례}	[:초·례*]	<1항(1번)>
楚(◰)	{·초}	[·초]	<1항(6번)>
初(◱)	{초}	[초]	<4항(4번)>
初喪(◱{◱,◳})	{초상}	[초상]	<1항(3번)>

初試(◱◳)	{초·시}	[초·시]	<1항(1번)>
醋(◳)	{초}	[초]	<1항(1번)>
焦(◱)	{쵸}	[초*]	<1항(1번)>
譙郡({◱,◳}◳)	{쵸:군}	[초·군]	<1항(1번)>
蜀漢(◲◳)	{·쵹:한}	[·촉·한]	<1항(2번)>
歜(◲(/◰))	{·쵹}	[·촉*]	<1항(2번)>
總(◰)	{:총}	[:총*]	<1항(2번)>
總角(◰◲)	{:총·각}	[:총·각]	<1항(1번)>
聰(◱)	{총}	[:총*]	<1항(1번)>
聰明(◱◱)	{총명}	[:총·명]	<4항(5번)>
崔鑒(◱{◱,◳})	{최감}	[최감*]	<1항(1번)>
崔山南(◱◱◱)	{최산남}	[최산남*]	<1항(1번)>
崔氏(◱◰)	{최·시}	[최·씨]	<1항(1번)>
崔玄暐(◱◱◰)	{최현:위}	[최현·위*]	<1항(1번)>
崔浩(◱◰)	{최:호}	[최·호*]	<1항(4번)>
崔孝芬(◱◳◱)	{최:효분}	[최#:효·분*]	<1항(1번)>
樞(◱)	{츄}	[추*]	<1항(1번)>
樞機(◱◱)	{츄긔}	[추기]	<1항(1번)>
推尋(◱◱)	{츄심}	[추심]	<1항(1번)>
追尊(◱◱)	{튜존}	[추존]	<1항(1번)>
祝(◲)	{·츅}	[·축]	<1항(1번)>
蹴踖(◲◲)	{·츅·쳑}	[·축·척*]	<1항(1번)>
春秋(◱◱)	{츈츄}	[춘추]	<1항(3번)>
椿(◱)	{튱}	[춘]	<1항(8번)>
冲(◱)	{튱}	[충]	<1항(1번)>
忠宣(◱◱)	{튱션}	[충선*]	<1항(1번)>
忠誠(◱◱)	{튱셩}	[충성]	<6항(16번)>
忠肅(◱◲)	{튱·슉}	[충·숙]	<1항(1번)>
忠肅公(◱◲◱)	{튱·슉공}	[충·숙·공*]	<1항(1번)>
忠臣(◱◱)	{튱신}	[충신]	<1항(3번)>
忠信(◱◳)	{튱:신}	[충·신]	<2항(3번)>
忠定(◱◳)	{튱:뎡}	[충·정*]	<2항(3번)>
忠厚(◱◰)	{튱:후}	[충·후]	<3항(4번)>
取(◰)	{:취}	[:취]	<3항(9번)>
醉(◳)	{:취}	[:취]	<3항(5번)>
醉(◳)	{취}	[:취]	<1항(1번)>
取(◰)	{:취}	[:취]	<4항(4번)>
取稟(◰◰)	{:취:품}	[:취·품]	<1항(1번)>
娶(◳)	{·취}	[:취]	<1항(1번)>
測量(◲{◱,◳})	{·측·량})	[·측·량]	<1항(1번)>

側柏(◲◲)	{·즉·빅}	[·측·백]	<1항(1번)>
側栢(◲◲)	{·즉·빅}	[·측·백]	<1항(1번)>
惻然(◲◱)	{·측연}	[·측·연]	<1항(1번)>
層(◱)	{충}	[층]	<1항(6번)>
齒(◰)	{:치}	[치]	<1항(1번)>
巵(◱)	{치}	[치*]	<1항(1번)>
徵({◱,◰})	{:티}	[:치]	<1항(1번)>
置簿(◳◰)	{:티부}	[:치·부]	<1항(1번)>
治事齋({◱,◳}◳◱)	{티:ᄉᆞ지}	[치·사·재]	<1항(2번)>
蚩蚩(◱◱)	{치치}	[치치*]	<1항(1번)>
致賀(◳◳)	{:티·하}	[:치·하]	<1항(1번)>
親(◱)	{친}	[친]	<13항(41번)>
親密(◱◲)	{친·밀}	[친·밀]	<1항(1번)>
親狎(◱◲)	{친·압}	[친·압*]	<1항(1번)>
親迎(◱◱)	{친:영}	[친영]	<1항(1번)>
親迎(◱◱)	{친영}	[친영]	<1항(1번)>
漆(◲)	{·칠}	[·칠]	<2항(2번)>
七百(◲◲)	{·칠·빅}	[·칠·백]	<1항(1번)>
七十萬(◲◲◳)	{·칠·십:만}	[·칠·십·만]	<1항(4번)>
侵擄(◱◱)	{침노}	[침·로]	<2항(3번)>
寢室(◰◲)	{:침·실}	[:침·실]	<1항(1번)>
沈菜(◱◳)	{·팀·치}	[짐·치]	<1항(1번)>
惰(◳)	{타}	[타*]	<1항(1번)>
嘆(◳)	{:탄}	[:탄]	<1항(2번)>
歎息(◳◲)	{·탄·식}	[:탄·식]	<1항(2번)>
耽(◱)	{탐}	[탐]	<1항(1번)>
貪(◱)	{탐}	[탐]	<2항(2번)>
貪利(◱◳)	{탐·리}	[탐·리]	<1항(1번)>
湯(◱)	{탕}	[:탕]	<1항(1번)>
泰(◳)	{:태}	[:태]	<1항(1번)>
台(◱)	{티}	[태*]	<1항(1번)>
台鼎(◱◰)	{티:뎡}	[태정]	<1항(1번)>
太公(◳◱)	{·태공}	[·태·공]	<2항(2번)>
太武(◳◰)	{·태:무}	[·태·무*]	<1항(1번)>
太傅(◳◳)	{·태:부}	[·태·부]	<1항(1번)>
太守(◳◰)	{·태·슈}	[·태·수]	<1항(3번)>
太任(◳{◱,◳})	{·태임}	[·태·임]	<1항(4번)>
太子(◳◰)	{·태·ᄌᆞ}	[·태·자]	<1항(12번)>
太子(◳◰)	{·태ᄌᆞ}	[·태·자]	<1항(1번)>
太學(◳◲)	{·태·혹}	[·태·학]	<1항(5번)>

太后(◳◰)	{·태·후}	[·태·후]	<1항(1번)>
泰山(◳◱)	{:태산}	[:태·산]	<1항(1번)>
土(◰)	{·토}	[·토]	<1항(1번)>
筒(◱)	{·대·통}	[·대·통]	<1항(1번)>
通(◱)	{통}	[통]	<4항(11번)>
通達(◱◲)	{·통·달}	[통·달]	<1항(1번)>
通達(◱◲)	{통·달}	[통·달]	<5항(5번)>
通判(◱◳)	{통·판}	[통·판]	<2항(2번)>
退之(◳◱)	{:퇴지}	[:퇴·지]	<1항(1번)>
偸薄(◱◲)	{투·박}	[투·박]	<1항(1번)>
投壺(◱◱)	{투호}	[투호]	<1항(1번)>
罷(◰)	{:파}	[:파]	<1항(1번)>
判官(◳◱)	{·판관}	[·판·관]	<1항(1번)>
判尹(◳◰)	{·판·윤}	[·판·윤]	<1항(2번)>
八百株(◲◲◱)	{·팔·빅듀}	[·팔·백·주]	<1항(1번)>
八寸兄弟服(◲◳◱{◰,◳}◲)	{·팔:촌형:뎨·복}	[·팔·촌#형·제·복]	<1항(1번)>
敗(◳)	{:패}	[:패]	<1항(1번)>
敗(◳)	{:패·ᄒᆞ·여}	[:패·하·여]	<1항(1번)>
敗(◳)	{:패ᄒᆞ·니·를}	[:패·한·이·를]	<1항(1번)>
敗(◳)	{:패ᄒᆞ·니라}	[:패·하·니·라]	<4항(4번)>
敗亡(◳◱)	{:패망}	[:패·망]	<1항(1번)>
悖亂(◳◳)	{:패:란}	[:패·란]	<1항(1번)>
悖戾(◳◳)	{:패:려}	[:패·려]	<1항(1번)>
佩玉(◳◲)	{:패·옥}	[:패·옥]	<1항(1번)>
彭澤(◱◲)	{핑·턱}	[팽·택]	<1항(1번)>
便({◱,◳})	{·편}	[편]	<1항(1번)>
便({◱,◳})	{편}	[편]	<3항(3번)>
便安({◱,◳}◱)	{·편안}	[편안]	<1항(1번)>
便安({◱,◳}◱)	{편안}	[편안]	<12항(20번)>
篇(◱)	{편}	[·편]	<1항(5번)>
平(◱)	{평}	[평]	<4항(4번)>
平陵(◱◱)	{평릉}	[평릉*]	<1항(1번)>
平床(◱◱)	{평상}	[평상]	<1항(5번)>
平生(◱◱)	{평싱}	[평생]	<1항(3번)>
平聲(◱◱)	{평셩}	[평성]	<1항(1번)>
評事(◱◳)	{평·ᄉᆞ}	[평·사]	<1항(1번)>
弊(◳)	{:폐}	[:폐]	<1항(3번)>
廢(◳)	{:폐}	[:폐]	<4항(6번)>
陛下(◰{◰,◳})	{:폐:하}	[:폐·하]	<1항(1번)>
飽(◰)	{·날·포}	[·날·포*]	<1항(1번)>

庖(◺)	{포}}	[포*]	<1항(1번)>
袍(◺)	{포}	[포]	<1항(1번)>
包(◺)	{포}	[포]	<1항(4번)>
鮑宣(◸◺)	{·표션}	[·포·선*]	<1항(1번)>
脯肉(◸◿)	{보·육}	[포·육]	<1항(2번)>
脯肉(◸◿)	{포·육}	[포·육]	<1항(3번)>
表(◸)	{·표}	[·표]	<4항(6번)>
表記(◸◹)	{·표·긔}	[·표·기]	<1항(1번)>
標石({◺,◸}◿)	{·표·셕}	[·표·석]	<1항(1번)>
馮(◺)	{풍}	[풍*]	<1항(4번)>
馮球(◺◺)	{풍구}	[풍구*]	<1항(1번)>
馮外郎(◺◹◺)	{풍:외랑}	[풍·외·랑*]	<1항(1번)>
馮翊(◺◿)	{풍·익}	[풍·익*]	<1항(1번)>
風流(◺◺)	{·풍뉴}	[풍·류]	<1항(1번)>
風流(◺◺)	{풍뉴}	[풍·류]	<2항(5번)>
風流(◺◺)	{풍류}	[풍·류]	<1항(1번)>
風俗(◺◿)	{풍:쇽}	[풍·속]	<3항(15번)>
豐備(◺◹)	{풍:비}	[풍·비]	<1항(1번)>
避(◹)	{:피}	[:피]	<8항(8번)>
弼(◿)	{·필}	[·필]	<1항(1번)>
韠(◿)	{·필}	[·필*]	<1항(1번)>
湢(◿)	{·핍}	[·벽*]	<1항(1번)>
湢(◿)	{·핍}	[·벽*]	<1항(1번)>
下軍({◸,◹}◺)	{:하군}	[:하·군]	<1항(1번)>
下等({◸,◹}◸)	{:하:등}	[:하·등]	<1항(6번)>
下邳({◸,◹}◺)	{:하비}	[:하비*]	<1항(1번)>
下層({◸,◹}◺)	{:하충}	[:하·층]	<1항(1번)>
下品({◸,◹}◸)	{:하:품}	[:하·품]	<1항(2번)>
河東(◺◺)	{하동}	[하동]	<1항(1번)>
河北(◺◿)	{하·븍}	[하·북]	<1항(2번)>
河陽(◺◺)	{하양}	[하양]	<1항(1번)>
河中府(◺{◺,◹}◸)	{하듕·부}	[하중·부*]	<1항(2번)>
何曾(◺◺)	{하중}	[하증*]	<1항(1번)>
何子平(◺◸◺)	{하·즈평}	[하·자·평*]	<1항(1번)>
夏育(◹◿)	{:하·육}	[:하·육*]	<1항(1번)>
夏侯文寧(◹◺◺◺)	{:하후문령}	[하후#문령*]	<1항(1번)>
夏侯三(◹◺◺)	{:하후:삼}	[:하·후·삼*]	<1항(1번)>
學(◿)	{·혹}	[·학]	<7항(17번)>
學官員(◿◺◺)	{·혹관원}	[·학·관·원*]	<1항(1번)>
學校(◿◹)	{·혹:교}	[·학·교]	<1항(1번)>

學記(入去) {·ᄒᆞᆨ·긔} [·학·기*] <1항(1번)>
學堂(入平) {ᄒᆞᆨ·당} [·학·당] <1항(1번)>
學問(入去) {·ᄒᆞᆨ:문} [·학·문] <1항(1번)>
學問(入去) {·ᄒᆞᆨ·문} [·학·문] <2항(3번)>
學問(入去) {·ᄒᆞᆨ문} [·학·문] <1항(1번)>
學業(入入) {·ᄒᆞᆨ·업} [·학·업] <1항(1번)>
學者(入上) {·ᄒᆞᆨ·쟈} [·학·자] <1항(3번)>
學制度(入去去) {·ᄒᆞᆨ:졔·도} [·학·제·도*] <1항(1번)>
漢(去) {:한} [:한] <2항(21번)>
漢城(去平) {:한셩} [한성] <1항(2번)>
漢城府(去平上) {:한셩·부} [한성·부] <1항(1번)>
恨(去) {:ᄒᆞᆫ} [:한] <1항(1번)>
韓(平) {한} [한] <1항(1번)>
韓文公(平平平) {한문공} [한문공*] <1항(1번)>
韓氏(平上) {한·시} [한·씨] <1항(1번)>
閑暇(平去) {한·가} [한·가] <2항(2번)>
翰林學士(去平入上) {:한림·ᄒᆞᆨ:ᄉᆞ} [:한·림·학·사] <1항(1번)>
咸寧(平平) {함령} [함령*] <1항(1번)>
合(入) {·합} [·합] <2항(2번)>
恒({平,去}) {ᄒᆞᆼ} [항*] <1항(1번)>
缸(平) {항} [항] <1항(1번)>
沆(上) {:항} [:항*] <1항(1번)>
害(去) {:ᄒᆡ} [:해] <15항(18번)>
害(去) {ᄒᆡ} [:해] <1항(1번)>
鍇(上) {ᄒᆡ} [개] <1항(1번)>
骸骨(平入) {ᄒᆡ·골} [해·골] <1항(1번)>
駭怪(上去) {:ᄒᆡ:괴} [:해·괴] <1항(1번)>
海虞(上平) {:ᄒᆡ우} [:해·우*] <1항(1번)>
行({平,去}) {ᄒᆡᆼ} [:행] <19항(37번)>
行檢({平,去}上) {:ᄒᆡᆼ:검} [:행·검*] <1항(1번)>
行儉({平,去}上) {ᄒᆡᆼ:검} [행·검*] <1항(1번)>
行實({平,去}入) {:ᄒᆡᆼ·실} [:행·실] <1항(1번)>
行實({平,去}入) {:ᄒᆡᆼ·실} [:행·실] <1항(34번)>
行實({平,去}入) {:ᄒᆡᆼ실} [:행·실] <1항(1번)>
行實({平,去}入) {·ᄒᆡᆼ·실} [:행·실] <1항(2번)>
行纏({平,去}平) {ᄒᆡᆼ뎐} [행전] <1항(2번)>
行止({平,去}上) {ᄒᆡᆼ·지} [행·지] <1항(1번)>
幸(上) {:ᄒᆡᆼ} [:행] <3항(3번)>
幸(上) {·ᄒᆡᆼ} [:행] <1항(1번)>
鄕(平) {:향} [:향] <2항(2번)>

鄕(◱)	{향}	[:향]	<1항(4번)>
鄕黨(◱◰)	{향·당}	[:향·당]	<1항(4번)>
嚮(◰)	{:향}	[:향]	<1항(1번)>
向(◳)	{:향}	[:향]	<3항(5번)>
向方(◳◱)	{:향방}	[향방]	<1항(1번)>
香(◱)	{향}	[향]	<3항(4번)>
香氣(◱◳)	{향·긔}	[향·기]	<1항(1번)>
許(◰)	{·허}	[·허]	<6항(13번)>
許諾(◰◲)	{·허·락}	[·허·락]	<1항(1번)>
虛(◱)	{허}	[허]	<2항(2번)>
虛費(◱◳)	{허:비}	[허비]	<2항(2번)>
虛費(◱◳)	{허·비}	[허비]	<1항(1번)>
虛心(◱◱)	{허심}	[허심]	<1항(1번)>
虛誕(◱◰)	{허:탄}	[허·탄]	<2항(2번)>
虛蕩(◱◰)	{허:탕}	[허·탕]	<1항(1번)>
歇(◲)	{:헐}	[·헐]	<1항(1번)>
險(◰)	{:험}	[:험]	<1항(1번)>
革(◲)	{·혁}	[·혁]	<2항(4번)>
赫然(◲◱)	{혁연}	[·혁·연*]	<1항(1번)>
縣(◳)	{:현}	[:현]	<1항(2번)>
縣令(◳{◱,◳})	{:현·령}	[:현·령]	<2항(5번)>
顯達(◰◲)	{:현·달}	[:현·달]	<1항(1번)>
顯達(◰◲)	{현·달}	[:현·달]	<1항(1번)>
顯著(◰{◱,◳})	{:현·뎌}	[:현·저]	<1항(1번)>
玄孫(◱{◱,◳})	{현손}	[현손]	<1항(1번)>
玄暐(◱◰)	{현:위}	[현·위*]	<1항(3번)>
賢人(◱◱)	{현인}	[:현·인]	<1항(11번)>
血氣(◲◳)	{·혈:긔}	[·혈·기]	<1항(1번)>
血氣(◲◳)	{·혈·긔}	[·혈·기]	<1항(1번)>
嫌疑(◱◱)	{혐의}	[혐의]	<1항(1번)>
亨(◱)	{형}	[형]	<1항(1번)>
兄(◱)	{형}	[형]	<1항(26번)>
兄弟(◱{◰,◳})	{형:뎨}	[형·제]	<1항(29번)>
兄弟(◱{◰,◳})	{형·뎨}	[형·제]	<1항(2번)>
兄弟(◱{◰,◳})	{형뎨}	[형·제]	<1항(1번)>
炯(◰)	{형}	[형*]	<1항(1번)>
刑罰(◱◲)	{형·벌}	[형·벌]	<1항(10번)>
滎陽(◱◱)	{형양}	[형양*]	<1항(1번)>
荊州(◱◱)	{형쥬}	[형주]	<1항(3번)>
戶(◰)	{:호}	[:호]	<1항(1번)>

浩(◰)	{:호}	[:호*]	<1항(6번)>
浩浩(◰◰)	{:호:호}	[:호·호]	<1항(1번)>
顥(◰)	{·호}	[·호*]	<1항(1번)>
胡(◱)	{호}	[:호]	<1항(2번)>
胡康侯(◱◱◱)	{호강후}	[:호·강·후*]	<1항(1번)>
胡公(◱◱)	{호공}	[:호·공*]	<1항(1번)>
胡文定公(◱◱◳◱)	{호문:뎡:공}	[:호·문·정·공*]	<1항(1번)>
胡文定公(◱◱◳◱)	{호문:뎡공}	[:호·문·정·공*]	<1항(1번)>
胡安國(◱◱◲)	{호안·국}	[:호·안·국*]	<1항(1번)>
胡瑗(◱◳)	{호:원}	[:호·원*]	<1항(1번)>
胡子(◱◰)	{호·ᄌᆞ}	[:호·자*]	<1항(1번)>
豪傑(◱◲)	{호·걸}	[호·걸*]	<1항(1번)>
豪氣(◱◳)	{호·긔}	[호·기]	<1항(1번)>
豪俠(◱◲)	{호·협}	[호·협]	<1항(1번)>
湖南(◱◱)	{호남}	[:호·남]	<1항(1번)>
湖州(◱◱)	{호쥬}	[호주*]	<1항(2번)>
戶籍(◰◲)	{:호·젹}	[:호·적]	<1항(2번)>
戶籍(◰◲)	{:호·젹}	[:호·적]	<1항(1번)>
戶曹判書(◰◱◳◱)	{:호조·판셔}	[:호·조#·판·서]	<1항(1번)>
或(◲)	{·혹}	[·혹]	<2항(42번)>
或(◲)	{혹}	[·혹]	<1항(1번)>
惑(◲)	{·혹}	[·혹]	<2항(2번)>
婚姻(◱◱)	{·혼인}	[혼인]	<1항(1번)>
婚姻(◱◱)	{혼인}	[혼인]	<11항(19번)>
笏(◲)	{·홀}	[·홀]	<1항(3번)>
忽略(◲◲)	{·홀·략}	[·홀·략]	<1항(1번)>
弘(◱)	{홍}	[홍]	<1항(5번)>
紅門(◱◱)	{홍문}	[홍문]	<1항(1번)>
和({◱,◳})	{화}	[화]	<12항(13번)>
和同({◱,◳}◱)	{화동}	[화동]	<3항(3번)>
和睦({◱,◳}◲)	{화·목}	[화·목]	<1항(1번)>
和順({◱,◳}◳)	{화:슌}	[화·순]	<1항(1번)>
和悅({◱,◳}◲)	{화·열}	[화·열]	<6항(10번)>
和平({◱,◳}◱)	{화평}	[화평]	<2항(2번)>
禍(◰)	{:화}	[:화]	<1항(2번)>
禍亂(◰◳)	{:화:란}	[:화·란]	<2항(6번)>
禍亂(◰◳)	{:화·란}	[:화·란]	<1항(3번)>
化(◳)	{:화}	[:화]	<3항(3번)>
華夏({◱,◳}◳)	{화:하}	[화·하]	<1항(1번)>
確實(◲◲)	{·확·실}	[·확·실]	<1항(1번)>

患(◳)	{:환}	[:환]	<1항(1번)>
患難(◳{◱,◳})	{:환:난}	[:환·난]	<1항(1번)>
患難(◳{◱,◳})	{:환·난}	[:환·난]	<1항(1번)>
患亂(◳◳)	{:환:란}	[:환·란]	<1항(1번)>
患亂(◳◳)	{:환·란}	[:환·란]	<1항(3번)>
丸(◱)	{환}	[환]	<1항(1번)>
桓公(◱◱)	{환공}	[환공]	<1항(1번)>
桓氏(◱◰)	{환·시}	[환·씨]	<1항(1번)>
渙然(◳◱)	{:환연}	[:환·연*]	<1항(1번)>
況(◳)	{:황}	[:황*]	<1항(1번)>
皇考(◱◰)	{황:고}	[황고]	<1항(2번)>
皇帝(◱◳)	{황:뎨}	[황·제]	<1항(5번)>
皇皇(◱◱)	{황황}	[황황]	<1항(1번)>
黃金(◱◱)	{황금}	[황금]	<1항(2번)>
黃連(◱◱)	{황련}	[황련*]	<1항(1번)>
黃香(◱◱)	{황향}	[황향*]	<1항(2번)>
荒亂(◱◳)	{황:난}	[황·란*]	<1항(1번)>
回({◱,◳})	{회}	[회*]	<1항(4번)>
回曲({◱,◳}◲)	{회·곡}	[회·곡]	<1항(1번)>
膾(◳)	{:회}	[:회]	<1항(1번)>
會稽(◳◰)	{:회계}	[:회·계*]	<1항(2번)>
會試(◳◳)	{:회·시}	[:회·시]	<1항(1번)>
會集(◳◲)	{:회·집}	[:회·집]	<1항(1번)>
淮南王(◱◱◱)	{회남왕}	[회남왕*]	<1항(1번)>
淮南子(◱◱◰)	{회남·ᄌᆞ}	[회남·자*]	<1항(1번)>
淮水(◱◰)	{회·슈}	[회·수*]	<1항(2번)>
淮陽(◱◱)	{회양}	[회양*]	<1항(1번)>
晦菴(◳{◱,◳})	{:회암}	[:회·암*]	<1항(1번)>
懷帝(◱◳)	{회:뎨}	[회·제*]	<1항(1번)>
獲(◲)	{·획}	[·획*]	<1항(1번)>
橫渠(◱◱)	{횡거}	[횡거]	<1항(7번)>
孝(◳)	{:효}	[:효]	<2항(4번)>
孝(◳)	{·효}	[:효]	<1항(1번)>
孝(◳)	{효}	[:효]	<1항(1번)>
孝經(◳◱)	{:효경}	[:효·경]	<1항(1번)>
孝道(◳◰)	{:효:도}	[:효·도]	<4항(11번)>
孝道(◳◰)	{:효·도}	[:효·도]	<10항(42번)>
孝道(◳◰)	{:효도}	[:효·도]	<2항(2번)>
孝道(◳◰)	{·효:도}	[:효·도]	<1항(1번)>
孝道(◳◰)	{·효·도}	[:효·도]	<1항(1번)>

孝武帝(◳◰◳) {:효:무:뎨} [:효·무·제*] <1항(1번)>
孝婦(◳◰) {:효·부} [:효·부] <1항(3번)>
孝芬(◳◱) {:효분} [:효·분*] <1항(3번)>
孝芬等(◳◱◰) {:효분:등} [:효·분#등*] <1항(1번)>
孝誠(◳◱) {:효셩} [:효·성] <1항(1번)>
孝肅(◳◲) {:효·슉} [:효·숙*] <1항(1번)>
孝肅公(◳◲◱) {:효·슉공} [:효·숙·공*] <1항(1번)>
孝養(◳{◰,◳}) {:효:양} [:효·양] <4항(4번)>
孝養(◳{◰,◳}) {효:양} [:효·양] <1항(1번)>
孝友(◳◰) {:효:우} [:효·우] <1항(2번)>
孝暐等(◳◰◰) {:효:위:등} [:효·위#등*] <1항(1번)>
孝子(◳◰) {:효·ᄌᆞ} [:효·자] <1항(7번)>
孝弟(◳{◰,◳}) {:효:뎨} [:효·제] <1항(1번)>
孝宗(◳◱) {:효종} [:효·종] <1항(1번)>
效則(◳◲) {:효·측} [효·칙] <3항(5번)>
效驗(◳◳) {:효·험} [효·험] <1항(1번)>
後(◰) {:후} [:후] <7항(63번)>
後(◰) {·후} [:후] <2항(2번)>
後(◰) {후} [:후] <1항(1번)>
後代(◰◳) {:훗·ᄃᆡ} [:훗·대] <1항(1번)>
後生(◰◱) {:후ᄉᆡᆼ} [:후·생] <1항(4번)>
後世(◰◳) {:후:셰} [:후·세] <1항(6번)>
後帝(◰◳) {:후·뎨} [:후·제] <1항(1번)>
後主(◰◰) {:후·쥬} [:후·주] <1항(2번)>
厚(◰) {:후} [:후] <5항(7번)>
厚重(◰{◱,◰,◳}) {:후·듕} [:후·중*] <2항(3번)>
訓蒙字會(◳◱◳◳) {:훈몽·ᄌᆞ:회} [:훈·몽#·자·회] <1항(1번)>
休(◱) {휴} [휴] <1항(2번)>
譎(◲) {·휼} [·휼*] <1항(1번)>
凶(◱) {흉} [흉] <8항(10번)>
凶事(◱◳) {흉:ᄉᆞ} [흉·사] <1항(1번)>
凶惡(◱◲) {흉·악} [흉·악] <1항(1번)>
凶險(◱◰) {흉:험} [흉·험] <1항(1번)>
凶荒(◱◱) {흉황} [흉황] <1항(1번)>
黑子(◲◰) {·흑·ᄌᆞ} [·흑·자] <1항(2번)>
訢訢(◱◱) {흔흔} [흔흔*] <1항(1번)>
興起({◱,◳}◰) {흥·긔} [흥기] <3항(3번)>
戲弄({◱,◳}◳) {:희:롱} [:희·롱] <2항(3번)>
戲弄({◱,◳}◳) {:희·롱} [:희·롱] <2항(3번)>
戲弄({◱,◳}◳) {희·롱} [:희·롱] <1항(1번)>

希文(◱◱)	{희문}	[희문*]	<1항(1번)>
希哲(◱◲)	{희·텰}	[희·철*]	<1항(2번)>
熙寧(◱◱)	{희령}	[희령*]	<1항(1번)>

아래 자료 (910)은 (909)에서 창원 방언의 자료를 제외하고, 《소학언해》에 나타나는 한자어를 대상 형태소별로 풀어서 중고한음의 4성을 기준으로 정리한 것인데, 평성 531자, 상성 256, 거성 309자, 입성 264자, 복수성조 115자, 계 1475자이다. 각각의 한자가 낱말 안에서 첫 음절에 나타나는지, 둘째 이하의 음절에 나타나는지 두 가지로 구분하고,[84] 이와 같이 표시된 자료를 중고한음의 권발을 기준으로 평성(◱), 상성(◰), 거성(◳), 입성(◲), 복수 권발에 따라 정리하고, 권발이 같을 때는 《소학언해》에 반영된 방점에 따라 평성(□), 상성(:□), 거성(·□), 입성자, 복수 방점의 순서대로 정렬한다. 소학언해 음운란에는 대상 한자가 둘째 음절 이하에 나타날 경우에는 단순히 대상 한자형태소의 분절음과 방점만 나타내지 않고, 그것이 나타나는 환경까지 표시한다. 보기를 들면, 永嘉(◰◱)은 '소학6 : 65b7'에 나타나는데, 永嘉(◰◱)(:영가)의 '永(◰)(:영)'은 첫 음절이므로 단순하게 '永(◰)(:영)'으로 표시하지만, '嘉(◱)(가)'는 이 낱말에서 둘째 음절에 나타나므로, 앞서는 한자 '永(◰)(:영)'의 방점 표시 상성(:□)을 붙여서 '嘉(◱)(:□가)'로 표시한다.[85]

(910) [정리 자료] 중고한음 4성과 《소학언해》에 반영된 방점의 대조

Ⅰ. 중고한음 평성(◱)과 《소학언해》 방점의 대응

(462+7+12+13+33+4=)531자

〖001〗◱⇒□(중고한음 평성이 《소학언해》에서 평성으로), 462자

중고한음	소학언해	<항(번)>
한자(권발)	{음운}	<○항(○번)>
嘉(◱ㄷ)	{:□가}	<1항(1번)>
軻(◱)	{가}	<1항(1번)>
軻(◱ㄷ)	{:□가}	<1항(1번)>
加(◱)	{가}	<8항(8번)>
家(◱)	{가}	<6항(19번)>
家(◱ㄷ)	{·□가}	<3항(4번)>
干(◱)	{간}	<3항(4번)>
干(◱ㄷ)	{□간}	<1항(1번)>
干(◱ㄷ)	{:□간}	<1항(2번)>

84) 첫 음절에 나타나면 軻(◱)처럼 괄호 안에 권발 이외에는 아무 표시를 하지 않고, 둘째 음절 이하에 나타나면 軻(◱ㄷ)처럼 권발 오른쪽에 'ㄷ'을 표기한다. 'ㄷ'은 둘째 음절 이하에 나타난다는 것을 가리킨다.

85) '嘉(◱)(:□가)'는 평성 '가'가 상성 뒤(:□—)에 나타난다는 표시이다.

艱(⊟)	{가}	<9항(17번)>
奸(⊟)	{간}	<3항(3번)>
姦(⊟)	{간}	<2항(2번)>
看(⊟)	{간}	<4항(4번)>
堪(⊟)	{감}	<1항(2번)>
戡(⊟ㄷ)	{·□감}	<1항(1번)>
姜(⊟)	{강}	<1항(2번)>
姜(⊟ㄷ)	{:□강}	<1항(1번)>
姜(⊟ㄷ)	{□강}	<2항(6번)>
剛(⊟)	{강}	<5항(5번)>
江(⊟)	{강}	<5항(5번)>
康(⊟)	{강}	<3항(5번)>
康(⊟ㄷ)	{□강}	<2항(2번)>
康(⊟ㄷ)	{:□강}	<1항(1번)>
康(⊟ㄷ)	{·□강}	<2항(4번)>
綱(⊟ㄷ)	{:□강}	<1항(1번)>
綱(⊟ㄷ)	{·□강}	<1항(1번)>
疆(⊟ㄷ)	{□강}	<1항(1번)>
薑(⊟ㄷ)	{□강}	<1항(1번)>
開(⊟)	{기}	<2항(4번)>
開(⊟ㄷ)	{:□기}	<1항(1번)>
居(⊟)	{거}	<6항(36)>
居(⊟ㄷ)	{□거}	<1항(1번)>
居(⊟ㄷ)	{·□거}	<3항(3번)>
蘧(⊟)	{거}	<2항(3번)>
籧(⊟)	{거}	<1항(1번)>
渠(⊟ㄷ)	{□거}	<1항(7번)>
虔(⊟)	{건}	<1항(2번)>
騫(⊟ㄷ)	{·□건}	<1항(1번)>
黔(⊟)	{검}	<1항(2번)>
黔(⊟ㄷ)	{:□검}	<1항(1번)>
堅(⊟)	{견}	<1항(1번)>
兼(⊟)	{겸}	<1항(1번)>
謙(⊟)	{겸}	<3항(3번)>
謙(⊟ㄷ)	{·□겸}	<1항(1번)>
扃(⊟)	{경}	<1항(1번)>
經(⊟)	{경}	<7항(13번)>
經(⊟ㄷ)	{:□경}	<2항(2번)>
經(⊟ㄷ)	{·□경}	<1항(1번)>
卿(⊟)	{경}	<1항(3번)>

卿(◱ㄷ) {□경} <1항(4번)>
瓊(◱) {경} <1항(1번)>
瓊(◱ㄷ) {□경} <1항(1번)>
輕(◱) {경} <6항(6번)>
輕(◱ㄷ) {□경} <2항(2번)>
京(◱) {경} <3항(3번)>
溪(◱ㄷ) {□계} <1항(1번)>
階(◱) {계} <2항(2번)>
階(◱ㄷ) {□계} <2항(5번)>
皐(◱ㄷ) {·□고} <1항(1번)>
高(◱) {고} <7항(9번)>
高(◱ㄷ) {·□고} <2항(2번)>
羔(◱ㄷ) {·□고} <1항(3번)>
孤(◱) {고} <2항(2번)>
功(◱) {공} <4항(6번)>
恭(◱) {공} <42항(101번)>
恭(◱ㄷ) {□공} <6항(9번)>
工(◱) {공} <1항(3번)>
工(◱ㄷ) {·□공} <1항(1번)>
科(◱) {과} <2항(2번)>
寬(◱) {관} <1항(2번)>
寬(◱ㄷ) {□관} <1항(1번)>
官(◱) {관} <1항(15번)>
官(◱ㄷ) {□관} <3항(5번)>
官(◱ㄷ) {:□관) <1항(1번)>
官(◱ㄷ) {·□관} <4항(4번)>
關(◱) {관} <1항(1번)>
關(◱ㄷ) {□관} <1항(1번)>
紘(◱) {굉} <1항(1번)>
宏(◱) {굉} <1항(1번)>
交(◱) {교} <3항(3번)>
驕(◱) {교} <8항(10번)>
丘(◱ㄷ) {□구} <1항(1번)>
球(◱ㄷ) {□구} <1항(1번)>
歐(◱) {구} <1항(2번)>
君(◱) {군} <3항(57번)>
君(◱ㄷ) {□군} <1항(2번)>
君(◱ㄷ) {:□군} <3항(5번)>
君(◱ㄷ) {·□군} <1항(7번)>
軍(◱) {군} <2항(6번)>

軍(◱ㄷ)	{□군}	<2항(2번)>
軍(◱ㄷ)	{:□군}	<1항(1번)>
宮(◱)	{궁}	<2항(4번)>
宮(◱ㄷ)	{□궁}	<2항(5번)>
宮(◱ㄷ)	{·□궁}	<1항(1번)>
窮(◱)	{궁}	<6항(11번)>
權(◱)	{권}	<3항(4번)>
權(◱ㄷ)	{□권}	<1항(7번)>
權(◱ㄷ)	{:□권}	<1항(1번)>
嬀(◱ㄷ)	{·□귀}	<1항(1번)>
規(◱)	{규}	<6항(6번)>
圭(◱ㄷ)	{·□규}	<1항(1번)>
鈞(◱ㄷ)	{:□균}	<1항(1번)>
均(◱ㄷ)	{□균}	<1항(1번)>
斤(◱)	{근}	<5항(5번)>
勤(◱)	{근}	<1항(1번)>
勤(◱ㄷ)	{□근}	<1항(1번)>
懃(◱ㄷ)	{□근}	<1항(1번)>
根(◱)	{근}	<2항(9번)>
琴(◱)	{금}	<2항(3번)>
金(◱)	{금}	<3항(9번)>
金(◱ㄷ)	{□금}	<1항(2번)>
矜(◱)	{긍}	<1항(1번)>
箕(◱)	{긔}	<2항(7번)>
琦(◱)	{긔}	<1항(1번)>
琦(◱ㄷ)	{·□긔}	<1항(1번)>
夔(◱)	{기}	<1항(1번)>
譏(◱)	{긔}	<5항(6번)>
期(◱)	{긔}	<2항(2번)>
期(◱ㄷ)	{□긔}	<1항(1번)>
羅(◱)	{라}	<1항(1번)>
蘭(◱)	{란}	<1항(1번)>
蘭(◱)	{난}	<1항(2번)>
蘭(◱ㄷ)	{□난}	<1항(1번)>
欒(◱)	{란}	<1항(1번)>
南(◱)	{남}	<8항(9번)>
南(◱ㄷ)	{□남}	<6항(8번)>
南(◱ㄷ)	{:□남}	<1항(3번)>
男(◱)	{남}	<2항(4번)>
藍(◱)	{남}	<1항(1번)>

郎(◰) {랑} <3항(4번)>
郎(◰ㄷ) {□랑} <1항(1번)>
郎(◰ㄷ) {:□랑} <4항(4번)>
郎(◰ㄷ) {·□랑} <1항(1번)>
狼(◰) {랑} <2항(2번)>
來(◰) {닉} <2항(3번)>
良(◰ㄷ) {:□량} <2항(2번)>
萊(◰ㄷ) {:□릭} <1항(1번)>
梁(◰) {량} <1항(2번)>
閭(◰) {려} <1항(2번)>
廬(◰) {녀} <1항(1번)>
連(◰) {련} <1항(1번)>
連(◰ㄷ) {□련} <1항(1번)>
連(◰ㄷ) {:□련} <2항(2번)>
寧(◰ㄷ) {□령} <4항(7번)>
濂(◰) {렴} <1항(1번)>
廉(◰) {렴} <1항(1번)>
廉(◰ㄷ) {□념} <2항(2번)>
廉(◰ㄷ) {□렴} <3항(4번)>
靈(◰) {령} <2항(5번)>
靈(◰ㄷ) {:□령} <1항(1번)>
靈(◰ㄷ) {□령} <1항(1번)>
奴(◰) {노} <1항(1번)>
盧(◰) {로} <2항(5번)>
擄(◰ㄷ) {□노} <2항(3번)>
雷(◰) {뢰} <1항(1번)>
婁(◰ㄷ) {□루} <2항(3번)>
龍(◰) {룡} <1항(1번)>
劉(◰) {뉴} <1항(1번)>
劉(◰) {류} <12항(16번)>
倫(◰ㄷ) {:□륜} <1항(1번)>
倫(◰ㄷ) {□륜} <1항(11번)>
陵(◰ㄷ) {□능} <1항(1번)>
陵(◰ㄷ) {□릉} <2항(2번)>
尼(◰ㄷ) {:□니} <1항(1번)>
隣(◰ㄷ) {:□린} <1항(1번)>
鄰(◰ㄷ) {:□린} <1항(1번)>
麟(◰) {린} <1항(1번)>
林(◰ㄷ) {:□림} <1항(1번)>
林(◰) {림} <1항(2번)>

林(◱ㄷ) {·□림} <1항(1번)>
丹(◱) {단} <4항(5번)>
端(◱) {단} <8항(11번)>
端(◱ㄷ) {:□단} <1항(1번)>
聃(◱ㄷ) {:□담} <1항(1번)>
湛$_2$(◱) {담} <1항(1번)>
湛$_2$(◱ㄷ) {□담} <1항(1번)>
唐(◱) {당} <3항(23번)>
唐(◱ㄷ) {□당} <1항(1번)>
臺(◱ㄷ) {□딕} <1항(1번)>
陶(◱) {도} <2항(2번)>
逃(◱) {도} <3항(4번)>
都(◱) {도} <3항(3번)>
都(◱ㄷ) {□도} <1항(1번)>
都(◱ㄷ) {·□도} <1항(1번)>
徒(◱ㄷ) {□도} <1항(1번)>
徒(◱ㄷ) {□도} <1항(2번)>
途(◱ㄷ) {:□도} <1항(2번)>
敦(◱) {돈} <5항(5번)>
同(◱) {동} <9항(19번)>
同(◱ㄷ) {□동} <4항(4번)>
東(◱) {동} <8항(21번)>
東(◱ㄷ) {□동} <4항(4번)>
桐(◱) {동} <1항(1번)>
冬(◱) {동} <1항(1번)>
頭(◱) {두} <1항(1번)>
頭(◱ㄷ) {□두} <2항(2번)>
屯(◱) {둔} <1항(1번)>
麻(◱) {마} <1항(2번)>
亡(◱) {망} <3항(3번)>
亡(◱ㄷ) {□망} <4항(5번)>
亡(◱ㄷ) {:□망} <1항(1번)>
埋(◱) {미} <1항(2번)>
盟(◱) {밍} <3항(3번)>
萌(◱) {밍} <1항(1번)>
銘(◱) {명} <1항(1번)>
名(◱) {명} <1항(1번)>
名(◱ㄷ) {:□명} <1항(2번)>
名(◱ㄷ) {·□명} <1항(10번)>
牟(◱) {모} <1항(1번)>

髦(◱)	{모}	<1항(2번)>
矛(◱)	{모}	<1항(1번)>
毛(◱)	{모}	<4항(18번)>
模(◱)	{모}	<1항(3번)>
模(◱ㄷ)	{□모}	<1항(1번)>
茅(◱)	{모}	<2항(3번)>
蒙(◱ㄷ)	{:□몽}	<1항(1번)>
蒙(◱ㄷ)	{□몽}	<1항(4번)>
無(◱)	{무}	<6항(6번)>
文(◱)	{문}	<18항(48번)>
文(◱ㄷ)	{:□문}	<3항(4번)>
文(◱ㄷ)	{□문}	<7항(7번)>
微(◱)	{미}	<6항(6번)>
微(◱ㄷ)	{□미}	<1항(1번)>
迷(◱)	{미}	<2항(2번)>
民(◱ㄷ)	{□민}	<1항(1번)>
民(◱ㄷ)	{:□민}	<2항(3번)>
潘(◱)	{반}	<1항(1번)>
盤(◱)	{반}	<1항(1번)>
房(◱)	{방}	<6항(9번)>
房(◱ㄷ)	{□방}	<1항(1번)>
龐(◱)	{방}	<1항(3번)>
防(◱)	{방}	<1항(1번)>
防(◱ㄷ)	{·□방}	<1항(1번)>
裵(◱)	{비}	<1항(1번)>
膰(◱)	{번}	<1항(1번)>
藩(◱)	{번}	<1항(2번)>
繁(◱)	{번}	<1항(1번)>
邊(◱)	{변}	<1항(1번)>
封(◱)	{봉}	<4항(7번)>
封(◱ㄷ)	{□봉}	<1항(2번)>
浮(◱)	{부}	<2항(2번)>
扶(◱)	{부}	<2항(2번)>
蚡(◱)	{분}	<1항(1번)>
蚡(◱ㄷ)	{□분}	<1항(1번)>
夫$_1$(◱)	{부}	<7항(20번)>
夫$_1$(◱ㄷ)	{□부}	<5항(8번)>
夫$_1$(◱ㄷ)	{:□부}	<3항(3번)>
墳(◱)	{분}	<1항(1번)>
芬(◱ㄷ)	{:□분}	<3항(5번)>

賁(◱) {분} <1항(1번)>

賁(◱ㄷ) {:□분} <1항(1번)>

朋(◱) {붕} <1항(1번)>

肥(◱) {비} <1항(1번)>

非(◱) {비} <2항(2번)>

淝(◱) {비} <1항(1번)>

邳(◱ㄷ) {:□비} <1항(1번)>

妃(◱ㄷ) {□비} <1항(1번)>

玭(◱ㄷ) {:□변} <1항(4번)>

賓(◱) {빈} <1항(1번)>

賓(◱ㄷ) {:□빈} <1항(1번)>

賓(◱ㄷ) {·□빈} <1항(1번)>

貧(◱) {빈} <1항(1번)>

砂(◱) {사} <1항(1번)>

奢(◱) {샤} <10항(11번)>

邪(◱) {샤} <10항(14번)>

邪(◱ㄷ) {□샤} <3항(3번)>

私(◱) {ᄉᆞ} <11항(19번)>

私(◱ㄷ) {□ᄉᆞ} <10항(17번)>

辭(◱) {ᄉᆞ} <12항(25번)>

辭(◱ㄷ) {□ᄉᆞ} <1항(1번)>

斯(◱) {ᄉᆞ} <1항(1번)>

絲(◱) {ᄉᆞ} <1항(1번)>

祠(◱) {ᄉᆞ} <1항(3번)>

司(◱) {ᄉᆞ} <6항(14번)>

司(◱ㄷ) {:□ᄉᆞ} <1항(1번)>

師(◱ㄷ) {:□ᄉᆞ} <1항(1번)>

山(◱) {산} <2항(3번)>

山(◱ㄷ) {□산} <2항(2번)>

山(◱ㄷ) {:□산} <1항(1번)>

山(◱ㄷ) {·□산} <1항(1번)>

參$_1$(◱) {ᄉᆞᆷ} <1항(2번)>

參$_1$(◱ㄷ) {·□ᄉᆞᆷ} <1항(1번)>

床(◱) {상} <1항(3번)>

床(◱ㄷ) {□상} <2항(6번)>

商(◱) {샹} <1항(1번)>

庠(◱) {샹} <1항(3번)>

詳(◱) {샹} <9항(10번)>

詳(◱ㄷ) {·□샹} <1항(2번)>

常(◱) {샹} <8항(15번)>

傷(◱)	{샹}	<5항(8번)>
生$_1$(◱)	{싱}	<4항(4번)>
生$_1$(◱ㄷ)	{□싱}	<4항(74번)>
生$_1$(◱ㄷ)	{:□싱}	<3항(9번)>
生$_1$(◱ㄷ)	{·□싱}	<2항(2번)>
生$_2$(◱ㄷ)	{□숭}	<1항(9번)>
牲(◱)	{싱}	<1항(1번)>
舒(◱ㄷ)	{:□셔}	<1항(1번)>
徐(◱)	{셔}	<2항(2번)>
徐(◱ㄷ)	{□셔}	<1항(1번)>
西(◱)	{셔}	<5항(7번)>
書(◱)	{셔}	<4항(4번)>
書(◱ㄷ)	{□셔}	<4항(6번)>
書(◱ㄷ)	{:□셔}	<2항(4번)>
書(◱ㄷ)	{·□셔}	<3항(3번)>
宣(◱)	{션}	<1항(12번)>
宣(◱ㄷ)	{□션}	<3항(4번)>
宣(◱ㄷ)	{·□션}	<1항(1번)>
仙(◱)	{션}	<1항(1번)>
先(◱)	{션}	<6항(79번)>
先(◱ㄷ)	{□션}	<1항(1번)>
聲(◱)	{셩}	<1항(1번)>
聲(◱ㄷ)	{□셩}	<2항(2번)>
聲(◱ㄷ)	{:□셩}	<3항(3번)>
聲(◱ㄷ)	{·□셩}	<1항(1번)>
城(◱)	{셩}	<2항(4번)>
城(◱ㄷ)	{□셩}	<1항(1번)>
城(◱ㄷ)	{:□셩}	<3항(4번)>
成(◱)	{셩}	<6항(6번)>
誠(◱)	{셩}	<5항(5번)>
誠(◱ㄷ)	{□셩}	<11항(27번)>
誠(◱ㄷ)	{:□셩}	<1항(1번)>
誠(◱ㄷ)	{·□셩}	<1항(1번)>
星(◱ㄷ)	{□셩}	<1항(1번)>
踈(◱)	{소}	<4항(9번)>
蔬(◱ㄷ)	{:□소}	<1항(1번)>
昭(◱)	{쇼}	<3항(5번)>
昭(◱ㄷ)	{:□쇼}	<1항(1번)>
蘇(◱)	{소}	<2항(2번)>
衰$_1$(◱)	{쇠}	<7항(11번)>

衰$_2$(◱) {최} <1항(1번)>
衰$_2$◱) {:□최} <1항(1번)>
衰$_3$ ◱) {□죄} <1항(1번)>
銖(◱) {슈} <1항(1번)>
脩(◱) {슈} <1항(1번)>
綏(◱) {유} <1항(2번)>
收(◱) {슈} <1항(1번)>
修(◱) {슈} <2항(2번)>
讐(◱ㄷ) {□슈} <2항(8번)>
淳(◱) {슌} <3항(3번)>
旬(◱) {슌} <1항(1번)>
循(◱) {슌} <2항(3번)>
循(◱ㄷ) {□슌} <3항(3번)>
恂(◱) {슌} <1항(2번)>
恂(◱ㄷ) {□슌} <1항(2번)>
純(◱) {슌} <4항(4번)>
荀(◱) {슌} <1항(1번)>
崇(◱) {숭} <4항(5번)>
柴(◱) {싀} <1항(1번)>
柴(◱ㄷ) {□싀} <1항(1번)>
尸(◱) {시} <2항(2번)>
詩(◱) {시} <2항(14번)>
詩(◱ㄷ) {□시} <6항(20번)>
時(◱) {시} <8항(22번)>
時(◱ㄷ) {□시} <2항(2번)>
時(◱ㄷ) {·□시} <2항(2번)>
猜(◱) {싀} <1항(1번)>
臣(◱) {신} <5항(57번)>
臣(◱ㄷ) {□신} <4항(6번)>
臣(◱ㄷ) {:□신} <1항(1번)>
臣(◱ㄷ) {·□신} <1항(1번)>
身(◱ㄷ) {:□신} <1항(1번)>
身(◱ㄷ) {□신} <1항(1번)>
申(◱) {신} <3항(7번)>
申(◱ㄷ) {□신} <1항(2번)>
紳(◱ㄷ) {·□신} <1항(1번)>
辛(◱) {신} <2항(2번)>
新(◱) {신} <1항(3번)>
新(◱ㄷ) {:□신} <1항(1번)>
辰(◱ㄷ) {·□신} <1항(1번)>

深(◱) {심} <1항(2번)>
尋(◱ㄷ) {□심} <1항(1번)>
雙(◱) {상} <2항(2번)>
莪(◱ㄷ) {·□아} <1항(1번)>
阿(◱) {아} <4항(4번)>
衙(◱) {아} <1항(6번)>
安(◱) {안} <21항(30번)>
安(◱ㄷ) {□안} <15항(23번)>
安(◱ㄷ) {:□안} <3항(3번)>
安(◱ㄷ) {·□안} <1항(1번)>
顔(◱) {안} <5항(17번)>
昻(◱) {앙} <1항(1번)>
昻(◱ㄷ) {□앙} <1항(1번)>
陽(◱) {양} <1항(1번)>
陽(◱ㄷ) {□양} <5항(6번)>
陽(◱ㄷ) {:□양} <1항(1번)>
陽(◱ㄷ) {·□양} <2항(2번)>
襄(◱ㄷ) {:□양} <1항(2번)>
涯(◱) {애} <1항(1번)>
崖(◱ㄷ) {□애} <1항(1번)>
梁(◱) {냥} <1항(1번)>
羊(◱) {양} <2항(4번)>
揚(◱) {양} <1항(1번)>
魚(◱ㄷ) {:□어} <1항(1번)>
魚(◱ㄷ) {·□어} <1항(1번)>
言(◱) {언} <2항(2번)>
淹(◱ㄷ) {:□엄} <1항(1번)>
嚴(◱) {엄} <16항(13번)>
嚴(◱ㄷ) {□엄} <3항(7번)>
輿(◱ㄷ) {□여} <1항(1번)>
緣(◱) {연} <4항(16번)>
綖(◱) {연} <1항(1번)>
延(◱ㄷ) {□연} <1항(1번)>
淵(◱ㄷ) {□연} <2항(6번)>
淵(◱ㄷ) {·□연} <1항(1번)>
嬰(◱) {영} <1항(1번)>
英(◱) {영} <2항(2번)>
寧(◱ㄷ) {·□녕} <1항(1번)>
盈(◱) {영} <1항(1번)>
縈(◱) {영} <3항(3번)>

吳(◱) {오} <2항(2번)>
吾(◱ㄷ) {□오} <1항(1번)>
溫(◱) {온} <14항(19번)>
溫(◱ㄷ) {:□온} <1항(6번)>
昷(◱) {온} <1항(1번)>
翁(◱ㄷ) {:□옹} <1항(1번)>
頑(◱) {완} <1항(2번)>
汪(◱) {왕} <2항(2번)>
汪(◱ㄷ) {□왕} <1항(1번)>
堯(◱) {요} <3항(7번)>
瑤(◱) {요} <1항(1번)>
妖(◱) {요} <6항(6번)>
搖(◱) {요} <1항(1번)>
遼(◱) {료} <1항(1번)>
饒(◱) {요} <1항(1번)>
容(◱) {용} <4항(10번)>
容(◱ㄷ) {□용} <4항(4번)>
容(◱ㄷ) {·□용} <1항(1번)>
庸(◱) {용} <1항(2번)>
肜(◱) {용} <1항(1번)>
虞(◱) {우} <4항(4번)>
虞(◱ㄷ) {□우} <1항(1번)>
虞(◱ㄷ) {:□우} <1항(1번)>
吁(◱ㄷ) {□우} <1항(1번)>
牛(◱) {우} <1항(1번)>
雄(◱) {웅} <1항(1번)>
熊(◱) {웅} <1항(1번)>
寃(◱) {원} <1항(1번)>
元(◱) {원} <2항(4번)>
元(◱ㄷ) {□원} <2항(2번)>
元(◱ㄷ) {:□원} <2항(2번)>
員(◱ㄷ) {□원} <4항(20번)>
原(◱) {원} <1항(1번)>
威(◱) {위} <5항(21번)>
圍(◱) {위} <1항(1번)>
圍(◱ㄷ) {·□위} <1항(1번)>
危(◱) {위} <1항(1번)>
危(◱) {위} <6항(8번)>
由(◱) {유} <1항(1번)>
由(◱ㄷ) {□유} <1항(1번)>

由(◱ㄷ) {:□유} <1항(1번)>
攸(◱) {유} <1항(1번)>
攸(◱ㄷ) {:□유} <1항(1번)>
猶(◱) {유} <2항(2번)>
柔(◱) {유} <5항(5번)>
游(◱ㄷ) {·□유} <1항(1번)>
殷(◱) {은} <2항(4번)>
銀(◱) {은} <1항(1번)>
銀(◱ㄷ) {□은} <1항(1번)>
慇(◱) {은} <1항(1번)>
恩(◱) {은} <5항(12번)>
誾(◱) {은} <1항(1번)>
誾(◱ㄷ) {□은} <1항(1번)>
淫(◱) {음} <11항(14번)>
陰(◱) {음} <1항(1번)>
儀(◱) {의} <4항(6번)>
儀(◱ㄷ) {:□의} <2항(17번)>
依(◱) {의} <10항(11번)>
疑(◱) {의} <4항(4번)>
疑(◱ㄷ) {□의} <1항(1번)>
凝(◱ㄷ) {□응} <1항(1번)>
醫(◱) {의} <2항(4번)>
醫(◱ㄷ) {□의} <1항(1번)>
夷(◱) {이} <2항(2번)>
夷(◱ㄷ) {·□이} <1항(6번)>
怡(◱) {이} <2항(2번)>
怡(◱ㄷ) {□이} <1항(1번)>
伊(◱) {이} <3항(20번)>
伊(◱ㄷ) {□이} <1항(1번)>
姨(◱) {이} <1항(1번)>
匜(◱) {이} <1항(1번)>
頤(◱) {이} <1항(1번)>
頤(◱ㄷ) {□이} <1항(1번)>
寅(◱ㄷ) {:□인} <1항(2번)>
姻(◱ㄷ) {□인} <11항(19번)>
姻(◱ㄷ) {·□인} <1항(1번)>
仁(◱) {인} <9항(15번)>
仁(◱ㄷ) {□인} <2항(2번)>
因(◱) {인} <5항(19번)>
人(◱) {인} <7항(19번)>

人(◱ㄷ) {□인} <9항(31번)>
人(◱ㄷ) {:□인} <7항(11번)>
人(◱ㄷ) {·□인} <5항(55번)>
資(◱) {ᄌᆞ} <2항(2번)>
資(◱ㄷ) {□ᄌᆞ} <1항(1번)>
滋(◱) {ᄌᆞ} <1항(2번)>
慈(◱) {ᄌᆞ} <1항(1번)>
慈(◱ㄷ) {□ᄌᆞ} <2항(2번)>
姿(◱) {ᄌᆞ} <1항(1번)>
齊$_2$(◱ㄷ) {:□ᄌᆞ} <1항(1번)>
孱(◱) {잔} <1항(1번)>
潛(◱) {ᄌᆞᆷ} <2항(2번)>
箴(◱) {ᄌᆞᆷ} <1항(1번)>
箴(◱ㄷ) {□ᄌᆞᆷ} <1항(1번)>
箴(◱ㄷ) {:□ᄌᆞᆷ} <3항(3번)>
場(◱) {댱} <1항(1번)>
場(◱ㄷ) {:□댱} <1항(1번)>
莊(◱) {쟝} <5항(8번)>
莊(◱ㄷ) {□장} <1항(1번)>
莊(◱ㄷ) {:□장} <1항(1번)>
章(◱ㄷ) {□쟝} <1항(1번)>
章(◱ㄷ) {:□쟝} <1항(2번)>
章(◱ㄷ) {·□쟝} <1항(2번)>
粧(◱ㄷ) {□장} <1항(2번)>
臟(◱) {장} <1항(1번)>
齋(◱) {ᄌᆡ} <8항(12번)>
齋(◱ㄷ) {□ᄌᆡ} <3항(3번)>
齋(◱ㄷ) {:□ᄌᆡ} <2항(4번)>
裁(◱) {ᄌᆡ} <1항(1번)>
財(◱) {ᄌᆡ} <3항(14번)>
才(◱) {ᄌᆡ} <2항(2번)>
才(◱ㄷ) {□ᄌᆡ} <1항(1번)>
才(◱ㄷ) {·□ᄌᆡ} <1항(1번)>
災(◱) {ᄌᆡ} <3항(4번)>
錚(◱) {ᄌᆡᆼ} <1항(1번)>
錚(◱ㄷ) {□ᄌᆡᆼ} <1항(1번)>
雎(◱ㄷ) {□져} <1항(1번)>
前(◱) {젼} <6항(11번)>
前(◱ㄷ) {□젼} <1항(6번)>
前(◱ㄷ) {:□젼} <1항(1번)>

全(◱) {젼} <1항(1번)>
全(◱ㄷ) {□젼} <1항(1번)>
全(◱ㄷ) {:□젼} <2항(3번)>
錢(◱) {젼} <1항(1번)>
纏(◱ㄷ) {□뎐} <1항(2번)>
專(◱) {젼} <6항(6번)>
專(◱ㄷ) {·□젼} <2항(2번)>
貞(◱) {뎡} <4항(4번)>
程(◱) {뎡} <2항(4번)>
情(◱) {졍} <1항(3번)>
情(◱ㄷ) {□졍} <2항(4번)>
精(◱) {졍} <10항(17번)>
丁(◱) {뎡} <1항(1번)>
丁(◱ㄷ) {□뎡} <1항(1번)>
禎(◱) {뎡} <1항(1번)>
廷(◱) {뎡} <1항(1번)>
廷(◱ㄷ) {□뎡} <1항(8번)>
旌(◱) {졍} <3항(3번)>
諸(◱) {졔} <4항(8번)>
題(◱) {뎨} <1항(1번)>
條(◱) {됴} <1항(1번)>
條(◱ㄷ) {·□됴} <1항(1번)>
朝(◱) {됴} <10항(24번)>
朝(◱ㄷ) {□됴} <1항(1번)>
朝(◱ㄷ) {·□됴} <1항(1번)>
曹(◱) {조} <2항(5번)>
曹(◱ㄷ) {:□조} <1항(1번)>
晁(◱) {됴} <1항(1번)>
尊$_1$(◱) {존} <8항(9번)>
尊$_1$(◱ㄷ) {□존} <1항(1번)>
尊$_1$(◱ㄷ) {·□존} <1항(2번)>
尊$_2$(◱) {준} <1항(1번)>
宗(◱) {종} <10항(15번)>
宗(◱ㄷ) {□종} <5항(7번)>
宗(◱ㄷ) {:□종} <5항(6번)>
宗(◱ㄷ) {·□종} <1항(1번)>
廚(◱) {듀} <1항(1번)>
周(◱) {쥬} <12항(24번)>
周(◱ㄷ) {□쥬} <1항(1번)>
朱(◱) {쥬} <5항(7번)>

株(◱ㄷ) {·□듀} <1항(1번)>
舟(◱ㄷ) {·□쥬} <2항(2번)>
曾(◱) {증} <7항(23번)>
曾(◱ㄷ) {□증} <1항(1번)>
蒸(◱) {증} <2항(2번)>
之(◱) {지} <1항(1번)>
之(◱ㄷ) {□지} <2항(3번)>
之(◱ㄷ) {:□지} <1항(1번)>
之(◱ㄷ) {·□지} <4항(5번)>
持(◱ㄷ) {□디} <1항(1번)>
芝(◱ㄷ) {□지} <1항(1번)>
秦(◱) {진} <2항(2번)>
眞(◱) {진} <2항(28번)>
眞(◱ㄷ) {:□진} <1항(2번)>
斟(◱) {짐} <1항(1번)>
嗟(◱) {차} <4항(4번)>
磋(◱ㄷ) {·□차} <1항(1번)>
參$_2$(◱) {참} <6항(6번)>
倉(◱) {창} <2항(3번)>
槍(◱) {창} <1항(1번)>
蒼(◱) {창} <1항(1번)>
昌(◱) {창} <4항(4번)>
昌(◱ㄷ) {·□챵} <2항(4번)>
千(◱) {쳔} <4항(6번)>
千(◱ㄷ) {□쳔} <2항(2번)>
千(◱ㄷ) {:□쳔} <3항(4번)>
千(◱ㄷ) {·□쳔} <2항(4번)>
川(◱ㄷ) {□쳔} <4항(19)>
天(◱) {텬} <13항(45번)>
天(◱ㄷ) {:□텬} <1항(1번)>
青(◱) {쳥} <2항(2번)>
淸(◱) {쳥} <7항(8번)>
淸(◱ㄷ) {□쳥} <1항(1번)>
初(◱) {초} <6항(8번)>
焦(◱) {쵸} <1항(1번)>
聰(◱) {총} <5항(6번)>
崔(◱) {최} <6항(9번)>
樞(◱) {츄} <2항(2번)>
秋(◱ㄷ) {□츄} <1항(3번)>
推(◱) {츄} <1항(1번)>

推(◱ㄷ) {□츄} <1항(1번)>
追(◱) {튜} <1항(1번)>
春(◱) {츈} <1항(3번)>
春(◱ㄷ) {·□츈} <3항(4번)>
椿(◱) {튱} <1항(8번)>
冲(◱) {튱} <1항(1번)>
忠(◱) {튱} <17항(32번)>
忠(◱ㄷ) {□튱} <2항(2번)>
忠(◱ㄷ) {:□튱} <2항(2번)>
層(◱) {층} <1항(6번)>
層(◱ㄷ) {□층} <1항(1번)>
層(◱ㄷ) {:□층} <3항(3번)>
巵(◱) {치} <1항(1번)>
蚩(◱) {치} <1항(1번)>
蚩(◱ㄷ) {□치} <1항(1번)>
鴟(◱ㄷ) {□치} <1항(2번)>
親(◱) {친} <17항(45번)>
親(◱ㄷ) {:□친} <2항(3번)>
侵(◱) {침} <2항(3번)>
耽(◱) {탐} <1항(1번)>
貪(◱) {탐} <3항(3번)>
湯(◱) {탕} <1항(1번)>
台(◱) {티} <2항(2번)>
台(◱ㄷ) {□티} <1항(1번)>
偸(◱) {투} <1항(1번)>
投(◱) {투} <1항(1번)>
牌(◱ㄷ) {□패} <1항(1번)>
彭(◱) {핑} <1항(1번)>
平(◱) {평} <9항(15번)>
平(◱ㄷ) {□평} <2항(2번)>
平(◱ㄷ) {:□평} <1항(1번)>
平(◱ㄷ) {·□평} <2항(2번)>
庖(◱) {포} <1항(1번)>
袍(◱) {포} <1항(1번)>
包(◱) {포} <1항(4번)>
包(◱ㄷ) {·□포} <1항(1번)>
馮(◱) {풍} <4항(7번)>
馮(◱ㄷ) {:□풍} <1항(1번)>
豊(◱ㄷ) {□풍} <1항(1번)>
豐(◱) {풍} <1항(1번)>

皮(◱ㄷ) {□피} <1항(1번)>
河(◱) {하} <4항(6번)>
河(◱ㄷ) {□하} <3항(3번)>
何(◱) {하} <2항(2번)>
韓(◱) {한} <3항(3번)>
閑(◱) {한} <2항(2번)>
閑(◱ㄷ) {□한} <1항(1번)>
咸(◱) {함} <1항(1번)>
缸(◱) {항} <1항(1번)>
骸(◱) {히} <1항(1번)>
香(◱) {향} <4항(5번)>
香(◱ㄷ) {향} <1항(2번)>
虛(◱) {허} <9항(9번)>
虛(◱ㄷ) {□허} <2항(2번)>
玄(◱) {현} <2항(4번)>
玄(◱ㄷ) {□현} <2항(2번)>
賢(◱) {현} <1항(11번)>
賢(◱ㄷ) {□현} <1항(1번)>
賢(◱ㄷ) {:□현} <2항(8번)>
賢(◱ㄷ) {·□현} <1항(1번)>
嫌(◱) {혐} <1항(1번)>
亨(◱) {형} <1항(1번)>
兄(◱) {형} <5항(59번)>
兄(◱ㄷ) {□형} <1항(1번)>
兄(◱ㄷ) {:□형} <1항(1번)>
兄(◱ㄷ) {·□형} <1항(6번)>
刑(◱) {형} <1항(10번)>
滎(◱) {형} <1항(1번)>
滎(◱ㄷ) {□형} <1항(1번)>
滎(◱ㄷ) {:□형} <1항(4번)>
荊(◱) {형} <1항(3번)>
胡(◱) {호} <8항(9번)>
豪(◱) {호} <3항(3번)>
湖(◱) {호} <2항(3번)>
壺(◱ㄷ) {□호} <1항(1번)>
弘(◱) {홍} <1항(5번)>
弘(◱ㄷ) {□홍} <2항(2번)>
紅(◱) {홍} <1항(1번)>
紅(◱ㄷ) {:□홍} <1항(1번)>
丸(◱) {환} <1항(1번)>

桓(◱) {환} <2항(2번)>
環(◱ㄷ) {□환} <1항(1번)>
皇(◱) {황} <3항(8번)>
皇(◱ㄷ) {□황} <1항(1번)>
皇(◱ㄷ) {:□황} <1항(1번)>
淮(◱) {회} <4항(5번)>
懷(◱) {회} <1항(1번)>
横(◱) {휭} <1항(7번)>
侯(◱ㄷ) {□후} <5항(9번)>
侯(◱ㄷ) {:□후} <4항(4번)>
侯(◱ㄷ) {·□후} <1항(2번)>
休(◱) {휴} <1항(2번)>
凶(◱) {흉} <12항(14번)>
訢(◱) {흔} <1항(1번)>
訢(◱ㄷ) {□흔} <1항(1번)>
希(◱) {희} <2항(3번)>
希(◱ㄷ) {:□희} <2항(2번)>
熙(◱) {희} <1항(1번)>
熙(◱ㄷ) {□희} <1항(1번)>
篨(◱ㄷ) {□뎨} <1항(1번)>

〖 002 〗◱⇒:□(중고한음 평성이 《소학언해》에서 상성으로), 7자
瞿(◱) {:구} <1항(1번)>
巫(◱) {:무} <1항(2번)>
倣(◱ㄷ) {□:방} <1항(1번)>
符(◱) {:부} <1항(1번)>
巡(◱) {:슌} <3항(3번)>
材(◱ㄷ) {□:징} <1항(1번)>
縱(◱ㄷ) {:□:죵} <2항(2번)>

〖 003 〗◱⇒ · □(중고한음 평성이 《소학언해》에서 거성으로), 12자
棺(◱) {·관} <1항(1번)>
番(◱) {·번} <4항(8번)>
裒(◱) {·부} <2항(4번)>
裒(◱ㄷ) {□·부} <1항(1번)>
不$_2$(◱) {·브} <1항(1번)>
羞(◱) {·슈} <2항(2번)>
僧(◱) {·숭} <1항(1번)>
緦(◱) {·싀} <1항(1번)>
憂(◱) {·우} <1항(1번)>

茶(◱) {·차} <1항(6번)>
沈(◱) {·팀} <1항(1번)>
筒(◱ㄷ) {·□·통} <1항(1번)>
醯(◱ㄷ) {·□·혜} <1항(1번)>

〖004〗◱⇒{□,:□}(중고한음 평성이 《소학언해》에서 평성과 상성으로), 13자

求(◱) {구} <17항(28번)>
求(◱) {:구} <3항(3번)>
求(◱ㄷ) {□구} <6항(9번)>
奇(◱) {긔} <6항(9번)>
奇(◱) {:긔} <2항(2번)>
流(◱) {류} <1항(1번)>
流(◱ㄷ) {□뉴} <2항(5번)>
流(◱ㄷ) {□류} <1항(1번)>
流(◱ㄷ) {:□류} <1항(1번)>
流(◱ㄷ) {:□:류} <1항(1번)>
流(◱ㄷ) {·□뉴} <1항(1번)>
方(◱) {방} <2항(5번)>
方(◱) {:방} <1항(1번)>
方(◱ㄷ) {□방} <1항(1번)>
方(◱ㄷ) {:□방} <3항(5번)>
三(◱) {삼} <14항(21번)>
三(◱ㄷ) {:□삼} <1항(1번)>
三(◱ㄷ) {□:삼} <1항(1번)>
箱(◱) {샹} <1항(1번)>
箱(◱) {:샹} <1항(2번)>
餘(◱) {:여} <1항(1번)>
餘(◱ㄷ) {□여} <1항(1번)>
餘(◱ㄷ) {:□여} <3항(3번)>
迎(◱ㄷ) {□영} <1항(1번)>
迎(◱ㄷ) {□:영} <1항(1번)>
營(◱) {:영} <6항(6번)>
營(◱ㄷ) {□영} <2항(3번)>
操(◱) {조} <1항(1번)>
操(◱) {:조} <11항(20번)>
操(◱ㄷ) {·□조} <1항(1번)>
津(◱) {진} <1항(6번)>
津(◱) {:진} <1항(2번)>
鄕(◱) {향} <2항(8번)>
鄕(◱) {:향} <2항(2번)>

鄕(◱ㄷ)	{·□향}	<1항(4번)>
荒(◱)	{황}	<1항(1번)>
荒(◱ㄷ)	{□황}	<1항(1번)>
荒(◱ㄷ)	{□:황}	<1항(1번)>

〖004〗의 분석☞ 중고한음 ◱ ⇒《소학언해》{□,:□}, 13자

(□>:□ 9자)	求 <{구(37), :구(3)}>
	奇 <{긔(9), :긔(2)}>
	流 <{류(3)/뉴(6), :류(1)}>
	方 <{방(11), :방(1)}>
	三 <{삼(22), :삼(1)}>
	餘 <{여(4), :여(1)}>
	津 <{진(6), :진(2)}>
	鄕 <{향(12), :향(2)}>
	荒 <{황(2), :황(1)}>
(:□>□ 3자)	箱 <{샹(1), :샹(2)}>
	營 <{영(3), :영(6)}>
	操 <{조(2), :조(20)}>
(□=:□ 1자)	迎 <{영(1), :영(1)}>

〖005〗◱⇒{□, ·□}(중고한음 평성이《소학언해》에서 평성과 거성으로), 33자

車(◱ㄷ)	{:□거}	<3항(3번)>
車(◱ㄷ)	{:□·거}	<1항(1번)>
巾(◱ㄷ)	{□건}	<1항(1번)>
巾(◱ㄷ)	{:□건}	<1항(3번)>
巾(◱ㄷ)	{:□·건}	<1항(1번)>
光(◱)	{광}	<1항(1번)>
光(◱)	{·광}	<1항(1번)>
光(◱ㄷ)	{□광}	<1항(1번)>
光(◱ㄷ)	{·□광}	<1항(2번)>
機(◱)	{·긔}	<1항(1번)>
機(◱ㄷ)	{□긔}	<1항(1번)>
棋(◱ㄷ)	{:□긔}	<1항(1번)>
棋(◱ㄷ)	{□·긔}	<1항(1번)>
棋(◱ㄷ)	{:□·긔}	<1항(2번)>
年(◱)	{년}	<2항(9번)>
年(◱ㄷ)	{□년}	<6항(14번)>
年(◱ㄷ)	{:□년}	<1항(1번)>
年(◱ㄷ)	{·□년}	<1항(1번)>
年(◱ㄷ)	{□·년}	<1항(1번)>
能(◱)	{눙}	<5항(95번)>

能(◱)	{·눙)	<1항(1번)>
堂(◱)	{당}	<2항(7번)>
堂(◱ㄷ)	{□당}	<4항(6번)>
堂(◱ㄷ)	{:□당}	<1항(2번)>
堂(◱ㄷ)	{□·당}	<1항(1번)>
明(◱)	{명}	<4항(14번)>
明(◱ㄷ)	{□명}	<13항(15번)>
明(◱ㄷ)	{:□}명}	<2항(3번)>
明(◱ㄷ)	{:□·명}	<1항(1번)>
明(◱ㄷ)	{·□명}	<2항(2번)>
門(◱)	{문}	<5항(45번)>
門(◱ㄷ)	{□문}	<6항(17번)>
門(◱ㄷ)	{·□문}	<1항(5번)>
門(◱ㄷ)	{:□문}	<2항(2번)>
門(◱ㄷ)	{:□·문}	<1항(1번)>
門(◱ㄷ)	{·□·문}	<1항(1번)>
兵(◱)	{병}	<2항(2번)>
兵(◱)	{·병}	<1항(1번)>
夫$_2$(◱ㄷ)	{:□우}	<1항(1번)>
夫$_2$(◱ㄷ)	{·□우}	<1항(2번)>
夫$_2$(◱ㄷ)	{□·우}	<2항(2번)>
夫$_2$(◱ㄷ)	{·□·우}	<2항(20번)>
夫$_2$(◱ㄷ)	{·□·위}	<1항(1번)>
毗(◱)	{비}	<1항(1번)>
毗(◱)	{·비}	<1항(1번)>
祥(◱)	{샹}	<2항(6번)>
祥(◱)	{·샹}	<1항(2번)>
祥(◱ㄷ)	{□샹}	<7항(7번)>
祥(◱ㄷ)	{:□샹}	<3항(3번)>
隋(◱)	{슈}	<1항(1번)>
隋(◱)	{·슈}	<3항(4번)>
丞(◱)	{숭}	<1항(1번)>
丞(◱)	{·숭}	<1항(1번)>
丞(◱ㄷ)	{·□숭}	<2항(9번)>
丞(◱ㄷ)	{·□·숭}	<1항(3번)>
神(◱)	{신}	<8항(10번)>
神(◱ㄷ)	{□신}	<1항(1번)>
神(◱ㄷ)	{:□신}	<1항(3번)>
神(◱ㄷ)	{·□신}	<1항(1번)>
神(◱ㄷ)	{:□·신}	<1항(1번)>

心(⊡)	{심}	<2항(3번)>
心(⊡ㄷ)	{□심}	<5항(5번)>
心(⊡ㄷ)	{:□심}	<8항(15번)>
心(⊡ㄷ)	{·□심}	<1항(1번)>
心(⊡ㄷ)	{:□·심}	<3항(5번)>
心(⊡ㄷ)	{·□·심}	<1항(1번)>
牙(⊡ㄷ)	{·□아}	<2항(2번)>
牙(⊡ㄷ)	{·□·아}	<1항(1번)>
楊(⊡)	{양}	<4항(4번)>
楊(⊡)	{·양}	<1항(1번)>
然(⊡)	{연}	<2항(3번)>
然(⊡ㄷ)	{□연}	<4항(4번)>
然(⊡ㄷ)	{:□연}	<7항(8번)>
然(⊡ㄷ)	{·□연}	<8항(14번)>
然(⊡ㄷ)	{:□·연}	<1항(1번)>
王(⊡)	{왕}	<23항(34번)>
王(⊡ㄷ)	{□왕}	<7항(27번)>
王(⊡ㄷ)	{:□왕}	<1항(7번)>
王(⊡ㄷ)	{·□왕}	<3항(3번)>
王(⊡ㄷ)	{·□·왕}	<1항(1번)>
音(⊡)	{음}	<2항(11번)>
音(⊡)	{·음}	<1항(1번)>
音(⊡ㄷ)	{·□음}	<1항(1번)>
臧(⊡)	{장}	<1항(1번)>
臧(⊡ㄷ)	{·□장}	<1항(1번)>
臧(⊡ㄷ)	{·□·장}	<1항(1번)>
田(⊡)	{뎐}	<4항(4번)>
田(⊡ㄷ)	{□뎐}	<2항(2번)>
田(⊡ㄷ)	{:□·뎐}	<1항(1번)>
齊$_1$(⊡)	{졔}	<3항(14번)>
齊$_1$(⊡ㄷ)	{□졔}	<1항(1번)>
齊$_1$(⊡ㄷ)	{·□졔}	<2항(8번)>
齊$_1$(⊡ㄷ)	{:□졔}	<4항(4번)>
齊$_1$(⊡ㄷ)	{:□·졔}	<2항(2번)>
終(⊡)	{죵}	<1항(1번)>
終(⊡ㄷ)	{□죵}	<1항(1번)>
終(⊡ㄷ)	{:□죵}	<5항(9번)>
終(⊡ㄷ)	{·□죵}	<1항(1번)>
終(⊡ㄷ)	{:□·죵}	<1항(2번)>
終(⊡ㄷ)	{·□·죵}	<1항(1번)>

廳(◱) {텽} <1항(1번)>
廳(◱) {·텽} <3항(4번)>
廳(◱ㄷ) {□텽} <1항(2번)>
廳(◱ㄷ) {:□텽} <2항(4번)>
通(◱) {통} <11항(18번)>
通(◱) {·통} <1항(1번)>
通(◱ㄷ) {□통} <1항(1번)>
篇(◱) {편} <1항(5번)>
篇(◱ㄷ) {□편} <5항(7번)>
篇(◱ㄷ) {:□편} <2항(2번)>
篇(◱ㄷ) {·□편} <5항(14)>
篇(◱ㄷ) {□·편} <1항(2번)>
篇(◱ㄷ) {·□·편} <1항(1번)>
風(◱) {풍} <6항(21번)>
風(◱) {·풍} <1항(1번)>
風(◱ㄷ) {□풍} <1항(1번)>
婚(◱) {혼} <11항(19번)>
婚(◱) {·혼} <1항(1번)>
婚(◱ㄷ) {:□혼} <1항(1번)>
黃(◱) {황} <3항(5번)>
黃(◱ㄷ) {·□·황} <1항(1번)>

〚005〛의 분석☞ 중고한음 ◱ ⇒《소학언해》{□,·□}, 33자

(□>·□ 28자)
車 <{거(3), ·거(1)}>
巾 <{건(4), ·건(1)}>
光 <{광(4), ·광(1)}>
年 <{년(25), ·년(1)}>
能 <{능(95), ·능(1)}>
堂 <{당(15), ·당(1)}>
明 <{명(34), ·명(1)}>
門 <{문(69), ·문(2)}>
兵 <{병(2), ·병(1)}>
祥 <{샹(16), ·샹(2)}
丞 <{승(10), ·승(4)}>
神 <{신(15), ·신(1)}>
心 <{심(24), ·심(6)}>
牙 <{아(2), ·아(1)}>
楊 <{양(4), ·양(1)}>
然 <{연(29), ·연(1)}>
王 <{왕(71), ·왕(1)}>
音 <{음(12), ·음(1)}>

臧 <{장(2), ·장(1)}>
田 <{뎐(6), ·뎐(1)}>
齊$_1$ <{졔(27), ·졔(2)}
終 <{죵(12), ·죵(3)}>
廳 <{텽(7), ·텽(4)}>
通 <{통(19), ·통(1)}>
篇 <{편(28), ·편(2)}>
風 <{풍(22), ·풍(1)}>
婚 <{혼(20), ·혼(1)}>
黃 <{황(5), ·황(1)}>
(·□>□ 3자) 棋 <{긔(1), ·긔(3)}>
夫$_2$ <{우(3), ·우(23)}>
隋 <{슈(1), ·슈(4)}>
(□=·□ 2자) 機 <{긔(1), ·긔(1)}>
毗 <{비(1), ·비(1)}>

〖006〗◱⇒{□,:□,·□,}(중고한음 평성이 《소학언해》에서 평성, 상성과 거성으로), 4자

公(◱)	{공}	<6항(33번)>
公(◱)	{·공}	<1항(1번)>
公(◱ㄷ)	{□공}	<27항(51번)>
公(◱ㄷ)	{:□공}	<7항(16번)>
公(◱ㄷ)	{:□:공}	<1항(1번)>
公(◱ㄷ)	{·□공}	<11항(11번)>
從(◱)	{죵}	<2항(2번)>
從(◱)	{:죵}	<1항(1번)>
從(◱ㄷ)	{:□죵}	<1항(3번)>
從(◱ㄷ)	{:□·죵}	<1항(1번)>
從(◱ㄷ)	{·□·죵}	<1항(1번)>
州(◱)	{쥬}	<3항(7번)>
州(◱ㄷ)	{□쥬}	<7항(11번)>
州(◱ㄷ)	{:□쥬}	<5항(5번)>
州(◱ㄷ)	{·□쥬}	<1항(1번)>
州(◱ㄷ)	{:□:쥬}	<1항(1번)>
州(◱ㄷ)	{□·쥬}	<1항(1번)>
支(◱)	{지}	<1항(1번)>
支(◱ㄷ)	{:□지}	<1항(1번)>
支(◱ㄷ)	{□:지}	<1항(1번)>
支(◱ㄷ)	{□·지}	<4항(5번)>

〖006〗의 분석☞ 중고한음 ◱ ⇒《소학언해》{□,:□,·□}, 4자
(□>·□>:□ 1자) 從 <{죵(5), :죵(1), ·죵(2)}>

(□>(:□=·□) 2자) 公 <{공(111), :공(1), ·공(1)}>
州 <{쥬(24), :쥬(1), ·쥬(1)}>
(·□>□>:□) 1자) 支 <{지(2), :지(1), ·지(5)}>

Ⅱ. 중고한음 상성(◰)과 《소학언해》 방점의 대응
(14+124+48+12+11+34+13=)256자

〚 201 〛 ◰⇒□(중고한음 상성이 《소학언해》 평성으로), 14자

稽(◰ㄷ) {:□계} <1항(2번)>
窘(◰) {군} <1항(1번)>
童(◰) {동} <1항(4번)>
惘(◰ㄷ) {·□망} <2항(2번)>
昉(◰ㄷ) {:□방} <2항(2번)>
脯$_2$(◰) {보} <1항(2번)>
偶(◰) {우} <1항(1번)>
宥(◰) {유} <1항(1번)>
杖(◰ㄷ) {□잠} <1항(1번)>
貯(◰) {뎨} <1항(2번)>
殆(◰ㄷ) {□틱} <6항(8번)>
紫(◰) {ᄌᆞ} <1항(1번)>
脯$_1$(◰) {포} <1항(3번)>
鍇(◰) {히} <1항(1번)>

〚 202 〛 ◰⇒:□(중고한음 상성이 《소학언해》에서 상성으로), 124자

假(◰) {:가} <1항(2번)>
檢(◰ㄷ) {:□:검} <1항(1번)>
簡(◰) {:간} <1항(1번)>
簡(◰) {:간} <21항(32번)>
懇(◰) {:ᄀᆞᆫ} <2항(2번)>
感(◰) {:감} <5항(7번)>
改(◰) {:ᄀᆡ} <3항(3번)>
頃(◰) {:경} <1항(2번)>
警(◰) {:경} <17항(32번)>
景(◰) {:경} <2항(2번)>
啓(◰) {:계} <1항(1번)>
杲(◰) {:고} <1항(1번)>
古(◰) {:고} <1항(1번)>
袞(◰) {:곤} <1항(2번)>
袞(◰ㄷ) {:□:곤} <1항(1번)>
閫(◰) {:곤} <1항(1번)>
寡(◰) {:과} <1항(1번)>

款(巳)	{:관}	<2항(2번)>
廣(巳)	{:광}	<3항(6번)>
廣(巳ㄷ)	{□:광}	<1항(1번)>
臼(巳)	{:구}	<1항(1번)>
苟(巳)	{:구}	<4항(8번)>
几(巳)	{:궤}	<2항(4번)>
詭(巳)	{:궤}	<1항(1번)>
軌(巳ㄷ)	{□:궤}	<1항(1번)>
鬼(巳)	{:귀}	<2항(4번)>
謹(巳)	{:근}	<1항(1번)>
錦(巳)	{:금}	<3항(3번)>
覽(巳)	{:람}	<1항(4번)>
兩(巳)	{:냥}	<1항(2번)>
呂(巳)	{:녀}	<2항(2번)>
怒(巳)	{:노}	<10항(19번)>
怒(巳)	{:로}	<4항(4번)>
怒(巳ㄷ)	{:□:로}	<1항(1번)>
了(巳)	{:료}	<1항(1번)>
庾(巳)	{:유}	<1항(1번)>
庾(巳)	{:류}	<1항(1번)>
柳(巳)	{:류}	<5항(9번)>
鯉(巳)	{:리}	<2항(5번)>
袒(巳)	{:단}	<2항(2번)>
短(巳)	{:단}	<3항(3번)>
膽(巳)	{:담}	<1항(1번)>
膽(巳ㄷ)	{□:담}	<1항(1번)>
禫(巳)	{:담}	<1항(2번)>
待(巳)	{:디}	<14항(22번)>
待(巳ㄷ)	{□:디}	<1항(1번)>
馬(巳)	{:마}	<2항(3번)>
馬(巳ㄷ)	{□:마}	<4항(11번)>
馬(巳ㄷ)	{:□:마}	<2항(2번)>
馬(巳ㄷ)	{·□:마}	<1항(1번)>
免(巳)	{:면}	<3항(7번)>
冕(巳)	{:면}	<1항(1번)>
勉(巳)	{:면}	<1항(1번)>
武(巳)	{:무}	<6항(15)>
武(巳ㄷ)	{□:무}	<1항(1번)>
武(巳ㄷ)	{:□:무}	<2항(2번)>
武(巳ㄷ)	{·□:무}	<2항(2번)>

辯(巳)	{:변}	<1항(1번)>
普(巳)	{:보}	<1항(2번)>
普(巳ㄷ)	{·□:보}	<1항(1번)>
寶(巳)	{:보}	<2항(4번)>
補(巳ㄷ)	{□:보}	<1항(1번)>
輔(巳ㄷ)	{□:보}	<1항(1번)>
奉(巳)	{:봉}	<15항(20번)>
父$_2$(巳ㄷ)	{□:보}	<1항(2번)>
忿(巳)	{:분}	<1항(1번)>
粉(巳)	{:분}	<1항(1번)>
匕(巳)	{:비}	<1항(1번)>
篦(巳)	{:비}	<1항(1번)>
婢(巳ㄷ)	{□:비}	<1항(1번)>
社(巳)	{:샤}	<3항(6번)>
姒(巳ㄷ)	{:□:ᄉᆞ}	<1항(1번)>
史(巳)	{:ᄉᆞ}	<3항(8번)>
史(巳ㄷ)	{□:ᄉᆞ}	<1항(1번)>
史(巳ㄷ)	{:□:ᄉᆞ}	<4항(8번)>
算(巳)	{:산}	<2항(2번)>
爽(巳)	{:상}	<1항(2번)>
爽(巳ㄷ)	{□:상}	<1항(1번)>
灑(巳)	{:새}	<1항(2번)>
鼠(巳ㄷ)	{·□:셔}	<1항(2번)>
善(巳)	{:션}	<1항(1번)>
掃(巳ㄷ)	{:□:소}	<1항(2번)>
小(巳)	{:쇼}	<3항(10번)>
小(巳ㄷ)	{:□:쇼}	<1항(1번)>
損(巳)	{:손}	<3항(5번)>
瞍(巳ㄷ)	{·□:수}	<1항(1번)>
脤(巳)	{:신}	<1항(1번)>
始(巳ㄷ)	{□:시}	<1항(1번)>
審(巳ㄷ)	{□:심}	<2항(2번)>
雅(巳)	{:아}	<1항(1번)>
野(巳)	{:야}	<2항(3번)>
偃(巳)	{:언}	<1항(2번)>
儼(巳)	{:엄}	<1항(1번)>
染(巳ㄷ)	{□:염}	<1항(1번)>
郢(巳ㄷ)	{:□:녕}	<1항(3번)>
郢(巳ㄷ)	{:□:령}	<1항(1번)>
永(巳)	{:영}	<3항(3번)>

永(巳ㄷ)	{:□:영}	<1항(1번)>
穎(巳)	{:영}	<2항(2번)>
婉(巳)	{:완}	<2항(2번)>
勇(巳)	{:용}	<2항(2번)>
冗(巳)	{:용}	<1항(1번)>
禹(巳ㄷ)	{:□:우}	<1항(1번)>
羽(巳)	{:우}	<1항(2번)>
羽(巳ㄷ)	{·□:우}	<1항(1번)>
阮(巳)	{:완}	<1항(3번)>
偉(巳)	{:위}	<1항(1번)>
暐(巳ㄷ)	{□:위}	<2항(4번)>
暐(巳ㄷ)	{:□:위}	<1항(1번)>
愈(巳)	{:유}	<1항(1번)>
以(巳)	{:이}	<2항(2번)>
忍(巳)	{:인}	<1항(1번)>
丈(巳)	{:댱}	<1항(1번)>
丈(巳ㄷ)	{:□:댱}	<1항(1번)>
掌(巳)	{:쟝}	<1항(1번)>
典(巳ㄷ)	{□:뎐}	<1항(1번)>
點(巳)	{:뎜}	<1항(8번)>
鼎(巳)	{:뎡}	<1항(1번)>
鼎(巳ㄷ)	{□:뎡}	<1항(1번)>
整(巳)	{:졍}	<6항(6번)>
趙(巳)	{:됴}	<4항(5번)>
俎(巳)	{:조}	<2항(2번)>
詔(巳)	{:죠}	<2항(2번)>
撙(巳)	{:존}	<2항(2번)>
左(巳)	{:좌}	<3항(4번)>
拯(巳)	{:증}	<1항(1번)>
彩(巳ㄷ)	{□:채}	<1항(1번)>
斬(巳)	{:참}	<1항(1번)>
茝(巳)	{:치}	<1항(1번)>
總(巳)	{:총}	<2항(3번)>
寵(巳ㄷ)	{□:툥}	<1항(1번)>
取(巳)	{:취}	<3항(9번)>
取(巳)	{:취}	<5항(5번)>
恥(巳ㄷ)	{□:티}	<1항(1번)>
寢(巳)	{:침}	<1항(1번)>
誕(巳ㄷ)	{□:탄}	<2항(2번)>
罷(巳)	{:파}	<1항(1번)>

陛(◰)	{:폐}	<1항(1번)>
稟(◰ㄷ)	{:□:품}	<1항(1번)>
沆(◰)	{:항}	<1항(1번)>
駭(◰)	{:ᄒᆡ}	<1항(1번)>
海(◰)	{:ᄒᆡ}	<1항(1번)>
海(◰ㄷ)	{□:ᄒᆡ}	<1항(1번)>
海(◰ㄷ)	{·□:ᄒᆡ}	<1항(1번)>
解(◰ㄷ)	{·□:ᄒᆡ}	<1항(1번)>
享(◰ㄷ)	{□:향}	<1항(1번)>
嚮(◰)	{:향}	<1항(1번)>
險(◰)	{:험}	<1항(1번)>
險(◰ㄷ)	{□:험}	<2항(2번)>
戶(◰)	{:호}	<4항(5번)>
戶(◰ㄷ)	{□:호}	<1항(1번)>
戶(◰ㄷ)	{:□:호}	<1항(1번)>
浩(◰)	{:호}	<2항(7번)>
浩(◰ㄷ)	{□:호}	<1항(4번)>
浩(◰ㄷ)	{:□:호}	<1항(1번)>
厚(◰)	{:후}	<7항(10번)>
厚(◰ㄷ)	{□:후}	<6항(7번)>
厚(◰ㄷ)	{·□:후}	<1항(1번)>
喜(◰ㄷ)	{□:희}	<1항(1번)>

〖203〗◰⇒·□(중고한음 상성이 《소학언해》에서 거성으로), 48자

苦(◰)	{·고}	<1항(1번)>
苦(◰ㄷ)	{□·고}	<1항(1번)>
苦(◰ㄷ)	{:□·고}	<3항(5번)>
苦(◰ㄷ)	{·□·고}	<1항(1번)>
瞽(◰)	{·고}	<1항(1번)>
琯(◰)	{·관}	<1항(1번)>
管(◰)	{·관}	<3항(3번)>
館(◰ㄷ)	{□·관}	<1항(1번)>
巧(◰ㄷ)	{□·교}	<1항(1번)>
九(◰)	{·구}	<2항(2번)>
起(◰)	{·긔}	<1항(1번)>
起(◰ㄷ)	{□·긔}	<3항(3번)>
赧(◰)	{·난}	<1항(1번)>
女(◰ㄷ)	{·□·녀}	<2항(2번)>
魯(◰)	{·로}	<3항(6번)>
魯(◰ㄷ)	{:□·로}	<1항(1번)>

稻(巳)	{·도}	<1항(1번)>
杜(巳)	{·두}	<1항(1번)>
憫(巳)	{·민}	<2항(2번)>
閔(巳)	{·민}	<2항(2번)>
閔(巳ㄷ)	{□·민}	<1항(1번)>
敏(巳)	{·민}	<2항(2번)>
婦(巳)	{·부}	<2항(7번)>
婦(巳ㄷ)	{□·부}	<2항(4번)>
婦(巳ㄷ)	{:□·부}	<3항(5번)>
部(巳ㄷ)	{:□·부}	<1항(1번)>
府(巳ㄷ)	{□·부}	<3항(4번)>
賞(巳ㄷ)	{:□·샹}	<1항(1번)>
象(巳)	{·샹}	<6항(7번)>
象(巳ㄷ)	{·□·샹}	<2항(4번)>
省(巳)	{·셩}	<1항(1번)>
省(巳ㄷ)	{□·싱}	<1항(2번)>
水(巳)	{·슈}	<1항(1번)>
水(巳ㄷ)	{□·슈}	<2항(3번)>
水(巳ㄷ)	{:□·슈}	<2항(3번)>
首(巳)	{·슈}	<1항(1번)>
首(巳ㄷ)	{:□·슈}	<1항(1번)>
盾(巳ㄷ)	{□·슌}	<1항(1번)>
女(巳ㄷ)	{:□·녀}	<2항(7번)>
尹(巳)	{·윤}	<1항(2번)>
尹(巳ㄷ)	{□·윤}	<2항(4번)>
尹(巳ㄷ)	{:□·윤}	<3항(5번)>
尹(巳ㄷ)	{·□·윤}	<1항(2번)>
隱(巳)	{·은}	<1항(1번)>
引(巳)	{·인}	<3항(5번)>
者(巳)	{·쟈}	<1항(1번)>
者(巳ㄷ)	{:□·쟈}	<1항(2번)>
者(巳ㄷ)	{·□·쟈}	<1항(3번)>
盞(巳)	{·잔}	<1항(3번)>
盞(巳ㄷ)	{·□·잔}	<1항(2번)>
酊(巳ㄷ)	{:□·졍}	<1항(1번)>
紂(巳)	{·듀}	<1항(9번)>
主(巳)	{·쥬}	<7항(25번)>
主(巳ㄷ)	{:□·쥬}	<1항(2번)>
主(巳ㄷ)	{□·쥬}	<3항(5번)>
肘(巳ㄷ)	{·□·듀}	<1항(1번)>

旨(巳)	{·지}	<1항(1번)>
指(巳)	{·지}	<1항(1번)>
止(巳ㄷ)	{:□·지}	<4항(4번)>
止(巳ㄷ)	{□·지}	<1항(1번)>
趾(巳ㄷ)	{□·지}	<1항(1번)>
忝(巳ㄷ)	{:□·텸}	<1항(1번)>
請(巳)	{·쳥}	<17항(30번)>
草(巳ㄷ)	{□·초}	<1항(2번)>
楚(巳)	{·초}	<1항(6번)>
土(巳)	{·토}	<1항(1번)>
飽(巳)	{·포}	<1항(1번)>
鮑(巳)	{·표}	<1항(1번)>
許(巳)	{·허}	<7항(14번)>
許(巳ㄷ)	{:□·허}	<2항(3번)>
顥(巳)	{·호}	<1항(1번)>

〖 204 〗 巳⇒{□,:□}(중고한음 상성이 《소학언해》에서 평성과 상성으로), 12자

果(巳)	{:과}	<4항(8번)>
果(巳ㄷ)	{·□과}	<1항(1번)>
果(巳ㄷ)	{□:과}	<1항(1번)>
矩(巳)	{:구}	<1항(1번)>
矩(巳ㄷ)	{□구}	<1항(1번)>
矩(巳ㄷ)	{□:구}	<1항(1번)>
呂(巳)	{려}	<1항(1번)>
呂(巳)	{:려}	<4항(9번)>
李(巳)	{리}	<1항(1번)>
李(巳)	{:리}	<6항(7번)>
猛(巳ㄷ)	{:□뮝}	<1항(1번)>
猛(巳ㄷ)	{:□:뮝}	<1항(1번)>
黯(巳)	{:암}	<1항(9번)>
黯(巳ㄷ)	{□암}	<1항(1번)>
黯(巳ㄷ)	{·□:암}	<1항(4번)>
右(巳)	{우}	<1항(1번)>
右(巳)	{:우}	<1항(1번)>
右(巳ㄷ)	{:□:우}	<1항(2번)>
靜(巳ㄷ)	{□졍}	<1항(1번)>
靜(巳ㄷ)	{□:졍}	<7항(9번)>
兆(巳ㄷ)	{□됴}	<1항(1번)>
兆(巳ㄷ)	{□:됴}	<3항(3번)>
坐(巳)	{좌}	<1항(1번)>

坐(◰)	{:좌}	<1항(1번)>
坐(◰ㄷ)	{□:좌}	<1항(1번)>
顯(◰)	{현}	<1항(1번)>
顯(◰)	{:현}	<2항(2번)>
炯(◰)	{형}	<1항(1번)>
炯(◰ㄷ)	{□:형}	<1항(1번)>

〖204〗의 분석☞ 중고한음 ◰ ⇒《소학언해》{□,:□}, 12자

(:□>□ 9자)	果 <{과(1), :과(9)}>
	矩 <{구(1), :구(2)}>
	呂 <{려(1), :려(9)/:녀(2)}>
	右 <{우(1), :우(3)}>
	李 <{리(1), :리(7)}>
	黯 <{암(1), :암(13)}>
	靜 <{졍(1), :졍(9)}>
	兆 <{됴(1), :됴(3)}>
	顯 <{현(1), :현(2)}>
(:□=□ 3자)	猛 <{밍(1), :밍(1)}>
	坐 <{좌(1), :좌(1)}>
	炯 <{형(1), :형(1)}>

〖205〗◰⇒{□,·□}(중고한음 상성이《소학언해》에서 평성과 거성으로), 11자

孔(◰)	{공}	<1항(1번)>
孔(◰)	{·공}	<3항(50번)>
孔(◰ㄷ)	{·□·공}	<1항(1번)>
禮(◰)	{례}	<2항(2번)>
禮(◰)	{·녜}	<2항(2번)>
禮(◰)	{·례}	<32항170번)>
禮(◰ㄷ)	{:□례}	<1항(1번)>
禮(◰ㄷ)	{:□·례}	<6항(7번)>
禮(◰ㄷ)	{□·녜}	<1항(1번)>
禮(◰ㄷ)	{□·례}	<8항(9번)>
禮(◰ㄷ)	{·□·례}	<1항(21번)>
董(◰)	{동}	<4항(7번)>
董(◰)	{·동}	<1항(1번)>
本(◰)	{본}	<1항(1번)>
本(◰)	{·본}	<4항(7번)>
本(◰ㄷ)	{□·본}	<2항(9번)>
父(◰)	{부}	<1항(1번)>
父(◰)	{·부}	<5항(95번)>
父(◰ㄷ)	{·□부}	<1항(1번)>

父(巴ㄷ) {·□·부} <2항(8번)>
守(巴ㄷ) {□슈} <3항(3번)>
守(巴ㄷ) {:□·슈} <1항(1번)>
守(巴ㄷ) {·□·슈} <1항(3번)>
氏(巴) {·시} <1항(2번)>
氏(巴ㄷ) {□시} <2항(2번)>
氏(巴ㄷ) {□·시} <12항(23번)>
氏(巴ㄷ) {:□·시} <5항(9번)>
氏(巴ㄷ) {·□·시} <3항(4번)>
隱(巴) {은} <1항(1번)>
隱(巴) {·은} <4항(6번)>
仔(巴) {즈} <2항(2번)>
仔(巴) {·즈} <4항(5번)>
祖(巴) {조} <1항(1번)>
祖(巴) {·조} <3항(9번)>
祖(巴ㄷ) {□·조} <1항(1번)>
祖(巴ㄷ) {:□·조} <1항(1번)>
表(巴) {·표} <5항(7번)>
表(巴ㄷ) {□표} <1항(1번)>
表(巴ㄷ) {□·표} <3항(3번)>

〖205〗의 분석☞ 중고한음 巴 ⇒《소학언해》{□,·□}, 11자

(□>·□ 1자) 董 <{동(7), ·동(1)}>
(·□>□ 10자) 孔 <{공(1), ·공(51)}>
禮 <{례(2), ·례(207)/·녜(3)}>
本 <{본(1), ·본(16)}>
父₁ <{부(2), ·부(103)}>
氏 <{시(2), ·시(38)}>
隱 <{은(1), ·은(6)}>
仔 <{즈(2), ·즈(5)}>
守 <{슈(3), ·슈(4)}>
祖 <{조(1), ·조(11)}>
表 <{표(1), ·표(10)}>

〖206〗 巳⇒{:□,·□}(중고한음 상성이 《소학언해》에서 상성과 거성으로), 34자

講(巳)	{:강}	<3항(4번)>
講(巳)	{·강}	<1항(2번)>
儉(巳)	{:검}	<14항(14번)>
儉(巳)	{·검}	<1항(1번)>
儉(巳ㄷ)	{□:검}	<2항(2번)>
境(巳ㄷ)	{·□:경}	<1항(1번)>
境(巳ㄷ)	{·□·경}	<1항(2번)>
考(巳)	{:고}	<1항(1번)>
考(巳ㄷ)	{□:고}	<2항(2번)>
考(巳ㄷ)	{□·고}	<3항(3번)>
老(巳)	{:로}	<3항(3번)>
老(巳)	{·노}	<1항(1번)>
里(巳)	{:리}	<2항(2번)>
里(巳ㄷ)	{□:리}	<1항(2번)>
里(巳ㄷ)	{□·리}	<1항(1번)>
里(巳ㄷ)	{·□:리}	<1항(2번)>
里(巳ㄷ)	{·□·리}	<1항(1번)>
范(巳)	{:범}	<6항(6번)>
范(巳)	{·범}	<1항(1번)>
犯(巳)	{:범}	<2항(5번)>
犯(巳)	{·범}	<1항(1번)>
犯(巳ㄷ)	{□:범}	<2항(2번)>
辨(巳ㄷ)	{:□:변}	<1항(1번)>
辨(巳ㄷ)	{□:변}	<1항(1번)>
辨(巳ㄷ)	{□·변}	<2항(2번)>
保(巳)	{:보}	<2항(3번)>
保(巳ㄷ)	{□:보}	<2항(2번)>
保(巳ㄷ)	{□·보}	<1항(1번)>
否(巳ㄷ)	{□:부}	<1항(1번)>
否(巳ㄷ)	{□·부}	<1항(3번)>
祀(巳ㄷ)	{:□:ᄉᆞ}	<1항(3번)>
祀(巳ㄷ)	{·□:ᄉᆞ}	<1항(1번)>
祀(巳ㄷ)	{:□·ᄉᆞ}	<3항(3번)>
祀(巳ㄷ)	{·□·ᄉᆞ}	<1항(1번)>
士(巳)	{:ᄉᆞ}	<7항(16번)>
士(巳ㄷ)	{·□:ᄉᆞ}	<2항(2번)>
士(巳ㄷ)	{□·ᄉᆞ}	<2항(6번)>
士(巳ㄷ)	{:□·ᄉᆞ}	<3항(3번)>
士(巳ㄷ)	{·□·ᄉᆞ}	<1항(2번)>

序(巴) {:셔} <1항(3번)>
序(巴ㄷ) {·□:셔} <1항(1번)>
序(巴ㄷ) {·□·셔} <1항(1번)>
洗(巴) {:셰} <2항(5번)>
洗(巴) {·셰} <1항(1번)>
所(巴) {:소} <3항(14번)>
所(巴) {·소} <2항(2번)>
所(巴ㄷ) {:□·소} <4항(5번)>
所(巴ㄷ) {□:소} <1항(3번)>
所(巴ㄷ) {□·소} <1항(2번)>
所(巴ㄷ) {·□·소} <1항(1번)>
手(巴) {:슈} <2항(4번)>
手(巴ㄷ) {:□·슈} <1항(4번)>
手(巴ㄷ) {·□·슈} <1항(1번)>
受(巴) {:슈} <3항(5번)>
受(巴) {·슈} <1항(1번)>
五(巴) {:오} <7항(7번)>
五(巴ㄷ) {□:오} <2항(2번)>
五(巴ㄷ) {:□:오} <2항(2번)>
五(巴ㄷ) {:□·오} <1항(1번)>
友(巴ㄷ) {:□:우} <1항(2번)>
友(巴ㄷ) {□·우} <1항(1번)>
有(巴) {:유} <9항(9번)>
有(巴) {·유} <1항(1번)>
允(巴) {:윤} <1항(1번)>
允(巴) {·윤} <2항(12번)>
允(巴ㄷ) {□·윤} <1항(2번)>
宰(巴) {:징} <3항(14번)>
宰(巴) {·징} <1항(1번)>
抵(巴ㄷ) {:□:뎌} <1항(1번)>
抵(巴ㄷ) {:□:뎨} <1항(1번)>
抵(巴ㄷ) {:□·뎌} <1항(1번)>
抵(巴ㄷ) {:□·뎨} <1항(1번)>
抵(巴ㄷ) {·□·뎌} <1항(1번)>
罪(巴) {:죄} <3항(20번)>
罪(巴ㄷ) {:□:죄} <3항(3번)>
罪(巴ㄷ) {·□:죄} <1항(1번)>
罪(巴ㄷ) {:□·죄} <1항(1번)>
酒(巴) {:쥬} <1항(1번)>
酒(巴ㄷ) {□·쥬} <1항(1번)>

盡(◳) {:진} <2항(2번)>
盡(◳ㄷ) {·□:진} <2항(2번)>
盡(◳ㄷ) {·□·진} <2항(3번)>
且(◳ㄷ) {:□:쟈} <2항(6번)>
且(◳ㄷ) {:□·쟈} <2항(2번)>
齒(◳) {:치} <1항(1번)>
齒(◳ㄷ) {:□:치} <1항(1번)>
齒(◳ㄷ) {:□·지} <1항(4번)>
侈(◳ㄷ) {□:치} <2항(2번)>
侈(◳ㄷ) {□·치} <8항(9번)>
品(◳ㄷ) {□:품} <1항(1번)>
品(◳ㄷ) {:□:품} <3항(4번)>
品(◳ㄷ) {·□:품} <1항(1번)>
品(◳ㄷ) {□·품} <1항(1번)>
幸(◳) {:힝} <3항(3번)>
幸(◳) {·힝} <1항(1번)>
幸(◳ㄷ) {·□:힝} <2항(6번)>
禍(◳) {:화} <4항(11번)>
禍(◳ㄷ) {□:화} <1항(2번)>
禍(◳ㄷ) {□·화} <1항(1번)>
后(◳ㄷ) {□:후} <2항(2번)>
后(◳ㄷ) {·□·후} <1항(1번)>

〖206〗의 분석☞ 중고한음 ◳ ⇒《소학언해》{:□,·□}, 34자

(:□>·□ 23자)
講 <{:강(4), ·강(2)}>
儉 <{:검(16), ·검(1)}>
老 <{:로(3), ·노(1)}>
里 <{:리(6), ·리(2)}>
范 <{:범(6), ·범(1)}>
犯 <{:범(7), ·범(1)}>
保 <{:보(5), ·보(1)}>
士 <{:ᄉᆞ(18), ·ᄉᆞ(11)}>
序 <{:셔(4), ·셔(1)}>
洗 <{:셰(5), ·셰(1)}>
所 <{:소(17), ·소(10)}>
受 <{:슈(5), ·슈(1)}>
五 <{:오(11), ·오(1)}>
友 <{:우(2), ·우(1)}>
有 <{:유(9), ·유(1)}>
宰 <{:ᄌᆡ(14), ·ᄌᆡ(1)}>
罪 <{:죄(24), ·죄(1)}>

盡 <{:진(4), ·진(3)}>
且 <{:챠(6), ·챠(2)}>
品 <{:품(6), ·품(1)}>
幸 <{:힝(9), ·힝(1)}>
禍 <{:화(13), ·화(1)}>
后 <{:후(2), ·후(1)}>
(·□>:□ 7자) 境 <{:경(1), ·경(2)}>
否 <{:부(1), ·부(3)}>
手 <{:슈(4), ·슈(5)}>
允 <{:윤(1), ·윤(14)}>
齒 <{:치(2), ·지(4)}>
侈 <{:치(2), ·치(9)}>
抵 <{:뎌(1)/:뎨(1), ·뎌(2)/·뎨(1)}>
(:□=·□ 4자) 考 <{:고(3), ·고(3)}>
辨 <{:변(2), ·변(2)}>
祀 <{:ᄉᆞ(4), ·ᄉᆞ(4)}>
酒 <{:쥬(1), ·쥬(1)}>

〖207〗巳⇒{□,:□,·□}(중고한음 상성이 《소학언해》에서 평성, 상성과 거성으로), 13자

敢(巳) {감} <1항(1번)>
敢(巳) {:감} <2항(74번)>
敢(巳) {·감} <1항(1번)>
擧(巳) {:거} <7항(9번)>
擧(巳) {·거} <3항(3번)>
擧(巳ㄷ) {:□거} <1항(1번)>
擧(巳ㄷ) {□:거} <1항(1번)>
擧(巳ㄷ) {:□:거} <1항(1번)>
擧(巳ㄷ) {□·거} <1항(1번)>
擧(巳ㄷ) {:□·거} <5항(7번)>
可(巳) {가} <1항(1번)>
可(巳) {:가} <9항(126번)>
可(巳) {·가} <2항(2번)>
乃(巳) {내} <1항(1번)>
乃(巳) {:내} <5항(10번)>
乃(巳) {·내} <2항(2번)>
理(巳) {:리} <3항(7번)>
理(巳ㄷ) {□리} <1항(1번)>
理(巳ㄷ) {□:리} <2항(2번)>
理(巳ㄷ) {:□:리} <3항(9번)>
理(巳ㄷ) {□·리} <1항(1번)>

理(巳ㄷ) {:□·리} <1항(13번)>
黨(巳) {·당} <1항(3번)>
黨(巳ㄷ) {:□당} <1항(3번)>
黨(巳ㄷ) {□:당} <1항(1번)>
黨(巳ㄷ) {:□:당} <1항(1번)>
黨(巳ㄷ) {·□:당} <1항(1번)>
黨(巳ㄷ) {□·당} <5항(8번)>
黨(巳ㄷ) {:□·당} <1항(18번)>
黨(巳ㄷ) {·□·당} <1항(2번)>
道(巳) {·도} <1항(2번)>
道(巳) {:도} <8항(57번)>
道(巳ㄷ) {:□도} <2항(2번)>
道(巳ㄷ) {□:도} <4항(14번)>
道(巳ㄷ) {:□:도} <6항(13번)>
道(巳ㄷ) {:□·도} <10항(42번)>
道(巳ㄷ) {□·도} <1항(1번)>
道(巳ㄷ) {·□·도} <1항(1번)>
動(巳) {:동} <2항(2번)>
動(巳ㄷ) {·□동} <1항(1번)>
動(巳ㄷ) {:□동} <1항(1번)>
動(巳ㄷ) {:□:동} <6항(8번)>
動(巳ㄷ) {□·동} <2항(2번)>
動(巳ㄷ) {:□·동} <2항(4번)>
母(巳ㄷ) {:□:모} <2항(2번)>
母(巳ㄷ) {□:모} <2항(2번)>
母(巳ㄷ) {·□모} <1항(1번)>
母(巳ㄷ) {·□:모} <3항(93번)>
母(巳ㄷ) {·□·모} <2항(3번)>
簿(巳ㄷ) {:□부} <1항(1번)>
簿(巳ㄷ) {·□:부} <1항(3번)>
簿(巳ㄷ) {·□·부} <1항(1번)>
子(巳) {ᄌᆞ} <1항(2번)>
子(巳) {·ᄌᆞ} <25항(116번)>
子(巳ㄷ) {□ᄌᆞ} <3항(3번)>
子(巳ㄷ) {·□ᄌᆞ} <1항(1번)>
子(巳ㄷ) {:□:ᄌᆞ} <2항(4번)>
子(巳ㄷ) {·□:ᄌᆞ} <1항(1번)>
子(巳ㄷ) {□·ᄌᆞ} <40항(140번)>
子(巳ㄷ) {:□·ᄌᆞ} <8항(58번)>
子(巳ㄷ) {·□·ᄌᆞ} <14항(74번)>

蕩(◰ㄷ)	{:□탕}	<1항(1번)>
蕩(◰ㄷ)	{□:탕}	<6항(6번)>
蕩(◰ㄷ)	{:□:탕}	<3항(3번)>
蕩(◰ㄷ)	{□·탕}	<1항(1번)>
蕩(◰ㄷ)	{:□·탕}	<1항(1번)>
後(◰)	{후}	<1항(1번)>
後(◰)	{:후}	<12항(77번)>
後(◰)	{·후}	<2항(2번)>
後(◰ㄷ)	{□:후}	<2항(3번)>

〖207〗의 분석☞ 중고한음 ◰ ⇒《소학언해》{□,:□,·□}, 13자

(:□>·□>□ 8자)	可 <{가(1), :가(126), ·가(2)}>
	乃 <{내(1), :내(10), ·내(2)}>
	理 <{리(1), :리(18), ·리(14)}>
	道 <{도(2), :도(84), ·도(46)}>
	動 <{동(2), :동(10), ·동(6)}>
	母 <{모(1), :모(97), ·모(3)}>
	蕩 <{탕(1), 탕(9),·탕(2)}>
	後 <{후(1), :후(80), ·후(2)}>
(:□>(□=·□) 2자)	敢 <{감(1), :감(74), ·감(1)}>
	簿 <{부(1), :부(3), ·부(1)}>
(·□>□>:□ 1자)	子 <{ᄌᆞ(6), :ᄌᆞ(5), ·ᄌᆞ(388)}>
(·□>(□=:□) 1자)	黨 <{당(3), :당(3), ·당(31)}>
((:□=·□)>□ 1자)	擧 <{거(1), :거(11), ·거(11)}>

Ⅲ. 중고한음 거성(◳)과 《소학언해》 방점의 대응 (19+143+43+26+5+50+23=)309자

〖101〗◳⇒□(중고한음 거성이 《소학언해》에서 평성으로), 19자

紺(◳)	{감}	<1항(1번)>
件(◳ㄷ)	{□건}	<1항(1번)>
袴(◳)	{고}	<1항(1번)>
共(◳)	{공}	<4항(6번)>
共(◳ㄷ)	{□공}	<1항(1번)>
舊(◳ㄷ)	{·□구}	<1항(1번)>
殮(◳ㄷ)	{:□렴}	<1항(1번)>
湛$_1$(◳)	{팀}	<1항(2번)>
湛$_1$(◳ㄷ)	{□팀}	<1항(1번)>
袋(◳ㄷ)	{□딕}	<1항(2번)>
耄(◳)	{모}	<1항(1번)>
幷(◳)	{병}	<1항(1번)>
嗣(◳)	{ᄉᆞ}	<1항(1번)>

授(◳ㄷ) {:□슈} <1항(1번)>
襄(◳) {양} <2항(5번)>
尉(◳ㄷ) {□위} <1항(1번)>
媵(◳) {잉} <1항(1번)>
衆(◳) {즁} <1항(9번)>
陳(◳) {딘} <5항(7번)>
醋(◳) {초} <1항(1번)>
惰(◳) {타} <1항(1번)>

〖102〗 ◳⇒:□(중고한음 거성이 《소학언해》에서 상성으로), 143자

賈(◳) {:가} <2항(7번)>
賈(◳ㄷ) {□:가} <1항(2번)>
槩(◳ㄷ) {:□:개} <1항(1번)>
慨(◳) {:개} <1항(1번)>
倨(◳) {:거} <3항(3번)>
去(◳) {:거} <1항(1번)>
去(◳ㄷ) {:□:거} <2항(2번)>
建(◳) {:건} <3항(3번)>
健(◳ㄷ) {□:건} <1항(1번)>
見(◳ㄷ) {□:견} <1항(2번)>
契$_1$(◳) {:계} <1항(1번)>
季(◳) {:계} <2항(2번)>
季(◳ㄷ) {□:계} <2항(3번)>
季(◳ㄷ) {:□:계} <1항(1번)>
季(◳ㄷ) {·□:계} <1항(1번)>
繼(◳) {:계} <1항(1번)>
困(◳) {:곤} <1항(1번)>
貢(◳) {:공} <1항(1번)>
貢(◳ㄷ) {·□:공} <1항(1번)>
校(◳ㄷ) {·□:교} <1항(1번)>
救(◳) {:구} <3항(3번)>
句(◳ㄷ) {:□:구} <1항(2번)>
句(◳) {:구} <1항(2번)>
覲(◳) {:근} <1항(1번)>
癩(◳) {:라} <1항(1번)>
內(◳) {:늬} <3항(12번)>
內(◳ㄷ) {·□:늿} <1항(1번)>
厲(◳) {:녀} <1항(1번)>
癘(◳) {:녀} <1항(1번)>
癘(◳) {:려} <1항(1번)>

戾(巳ㄷ)	{:□:려}	<1항(1번)>
念(巳)	{:렴}	<1항(1번)>
念(巳ㄷ)	{□:렴}	<2항(2번)>
厭(巳)	{:염}	<1항(2번)>
路(巳)	{:로}	<2항(2번)>
路(巳ㄷ)	{·□:로}	<1항(4번)>
漏(巳ㄷ)	{□:루}	<1항(1번)>
吏(巳)	{:리}	<2항(2번)>
吏(巳ㄷ)	{□:리}	<1항(1번)>
帶(巳ㄷ)	{□:딕}	<3항(3번)>
敦$_2$(巳)	{:딕}	<1항(1번)>
洞(巳)	{:동}	<1항(2번)>
洞(巳ㄷ)	{:□:동}	<1항(2번)>
妄(巳)	{:망}	<5항(6번)>
望(巳)	{:망}	<1항(1번)>
望(巳ㄷ)	{□:망}	<1항(1번)>
望(巳ㄷ)	{:□:망}	<5항(7번)>
面(巳ㄷ)	{□:면}	<1항(1번)>
面(巳ㄷ)	{:□:면}	<1항(1번)>
冒(巳)	{:모}	<1항(1번)>
慕(巳ㄷ)	{□:모}	<3항(5번)>
墓(巳ㄷ)	{□:묘}	<1항(1번)>
戊(巳)	{:무}	<1항(2번)>
未(巳ㄷ)	{□:미}	<1항(1번)>
叛(巳)	{:반}	<1항(1번)>
放(巳)	{:방}	<9항(9번)>
變(巳)	{:변}	<6항(7번)>
富(巳)	{:부}	<5항(5번)>
奮(巳)	{:분}	<1항(1번)>
奮(巳ㄷ)	{·□:분}	<1항(1번)>
憊(巳ㄷ)	{:□:븨}	<1항(1번)>
比(巳)	{:비}	<4항(5번)>
殯(巳)	{:빙}	<3항(3번)>
聘(巳)	{:빙}	<2항(2번)>
肆(巳)	{:ᄉᆞ}	<3항(3번)>
肆(巳ㄷ)	{:□:ᄉᆞ}	<1항(1번)>
赦(巳)	{:샤}	<2항(2번)>
謝(巳)	{:샤}	<5항(5번)>
使$_2$(巳)	{:시}	<1항(2번)>
賜(巳)	{:ᄉᆞ}	<1항(1번)>

泗(◳)	{:ᄉᆞ}	<2항(3번)>
淖(◳)	{:뇨}	<1항(1번)>
詐(◳ㄷ)	{□:사}	<1항(1번)>
筭(◳)	{:산}	<1항(1번)>
舍(◳)	{:샤}	<1항(1번)>
舍(◳ㄷ)	{:□:샤}	<1항(1번)>
舍(◳ㄷ)	{□:샤}	<1항(2번)>
舍(◳ㄷ)	{·□:샤}	<1항(1번)>
射$_1$(◳)	{:샤}	<1항(1번)>
庶(◳)	{:셔}	<3항(4번)>
瑞(◳ㄷ)	{□:셔}	<1항(3번)>
邵(◳)	{:쇼}	<1항(1번)>
召(◳)	{:쇼}	<1항(3번)>
素(◳)	{:소}	<1항(2번)>
素(◳ㄷ)	{:□:소}	<3항(3번)>
訟(◳)	{:송}	<3항(3번)>
舜(◳)	{:슌}	<2항(14번)>
舜(◳ㄷ)	{:□:슌}	<1항(1번)>
舜(◳ㄷ)	{□:슌)	<2항(5번)>
順(◳)	{:슌}	<15항(19번)>
順(◳ㄷ)	{□:슌}	<19항(30번)>
順(◳ㄷ)	{:□:슌}	<4항(6번)>
視(◳)	{:시}	<1항(1번)>
侍(◳ㄷ)	{□:시}	<2항(2번)>
信(◳)	{:신}	<2항(3번)>
信(◳ㄷ)	{□:신}	<4항(5번)>
愼$_1$(◳ㄷ)	{:□:신}	<1항(1번)>
晏(◳)	{:안}	<1항(1번)>
晏(◳)	{:안}	<1항(1번)>
案(◳ㄷ)	{□:안}	<1항(1번)>
煬(◳)	{:양}	<1항(1번)>
煬(◳ㄷ)	{□:양}	<1항(1번)>
馭(◳)	{:어}	<2항(2번)>
馭(◳ㄷ)	{□:어}	<1항(1번)>
彦(◳ㄷ)	{□:언}	<1항(1번)>
宴(◳ㄷ)	{:□:연}	<1항(1번)>
芮(◳)	{:예}	<1항(1번)>
藝(◳ㄷ)	{□:예}	<2항(3번)>
預(◳ㄷ)	{□:예}	<4항(4번)>
豫(◳)	{:예}	<2항(2번)>

傲(◳) {:오} <4항(4번)>
奧(◳) {:오} <1항(1번)>
玩(◳) {:완} <4항(4번)>
外(◳) {:외} <3항(3번)>
外(◳ㄷ) {□:외} <1항(1번)>
外(◳ㄷ) {:□:외} <1항(1번)>
願(◳) {:원} <5항(7번)>
慰(◳) {:위} <1항(1번)>
喟(◳) {:위} <1항(1번)>
幼(◳ㄷ) {:□:유} <1항(1번)>
義(◳) {:의} <5항(23번)>
義(◳ㄷ) {□:의} <3항(4번)>
義(◳ㄷ) {:□:의} <4항(5번)>
義(◳ㄷ) {·□:의} <4항(12번)>
狀(◳) {:장} <1항(1번)>
帳(◳) {:댱} <2항(4번)>
帳(◳ㄷ) {:□:댱} <1항(1번)>
障(◳) {:댱} <1항(1번)>
醬(◳) {:쟝} <1항(2번)>
壯(◳) {:쟝} <1항(1번)>
戰(◳) {:젼} <1항(2번)>
殿(◳) {:뎐} <3항(4번)>
鄭(◳) {:뎡} <4항(4번)>
悌(◳) {:뎨} <3항(4번)>
際(◳ㄷ) {·□:제} <1항(1번)>
助(◳ㄷ) {□:조} <1항(1번)>
照(◳) {:죠} <1항(1번)>
照(◳ㄷ) {□:죠} <1항(1번)>
弔(◳) {:됴} <1항(1번)>
座(◳) {:좌} <1항(1번)>
註(◳) {:주} <1항(1번)>
奏(◳) {:주} <1항(1번)>
奏(◳ㄷ) {·□:주} <1항(1번)>
俊(◳) {:쥰} <1항(1번)>
仲(◳) {:듕} <7항(11번)>
仲(◳ㄷ) {□:듕} <2항(2번)>
仲(◳ㄷ) {:□:듕} <3항(3번)>
仲(◳ㄷ) {·□:듕} <1항(1번)>
震(◳) {:진} <1항(3번)>
震(◳ㄷ) {□:진} <1항(1번)>

振(◳) {:진} <1항(1번)>
蔡(◳) {:채} <2항(2번)>
意(◳ㄷ) {□:의} <1항(1번)>
擅(◳) {:쳔} <1항(2번)>
醮(◳) {:쵸} <2항(2번)>
致(◳) {:티} <1항(1번)>
嘆(◳) {:탄} <1항(2번)>
泰(◳) {:태} <2항(2번)>
泰(◳ㄷ) {:□:태} <1항(1번)>
統(◳ㄷ) {:□:통} <1항(1번)>
退(◳) {:퇴} <1항(1번)>
播(◳ㄷ) {·□:파} <1항(1번)>
敗(◳) {:패} <8항(8번)>
悖(◳) {:패} <2항(2번)>
悖(◳ㄷ) {:□:패} <1항(1번)>
佩(◳) {:패} <1항(1번)>
徧(◳ㄷ) {□:변} <1항(1번)>
弊(◳) {:폐} <1항(3번)>
廢(◳) {:폐} <4항(6번)>
諷(◳ㄷ) {□:풍} <1항(1번)>
避(◳) {:피} <8항(8번)>
夏(◳) {:하} <3항(3번)>
夏(◳ㄷ) {□:하} <1항(1번)>
夏(◳ㄷ) {:□:하} <2항(2번)>
夏(◳ㄷ) {·□:하} <1항(1번)>
漢(◳) {:한} <4항(24번)>
漢(◳ㄷ) {□:한} <1항(8번)>
漢(◳ㄷ) {·□:한} <1항(2번)>
恨(◳) {:흔} <1항(1번)>
翰(◳) {:한} <1항(1번)>
向(◳) {:향} <4항(6번)>
向(◳ㄷ) {·□:향} <1항(1번)>
獻(◳ㄷ) {:□:헌} <2항(7번)>
獻(◳ㄷ) {□:헌} <1항(1번)>
縣(◳) {:현} <3항(7번)>
化(◳) {:화} <3항(3번)>
患(◳) {:환} <5항(7번)>
渙(◳) {:환} <1항(1번)>
況(◳) {:황} <1항(1번)>
膾(◳) {:회} <1항(1번)>

會(巳)	{:회}	<3항(4번)>
晦(巳)	{:회}	<1항(1번)>
效(巳)	{:효}	<4항(6번)>
訓(巳)	{:훈}	<1항(1번)>

〚 103 〛 巳⇒·□(중고한음 거성이 《소학언해》에서 거성으로), 43자

暇(巳ㄷ)	{□·가}	<2항(2번)>
概(巳ㄷ)	{·□·개}	<1항(2번)>
遽(巳ㄷ)	{·□·거}	<1항(1번)>
庫(巳)	{·고}	<2항(4번)>
雇(巳)	{·고}	<1항(1번)>
固(巳)	{·고}	<1항(1번)>
過(巳)	{·과}	<1항(1번)>
瓘(巳)	{·관}	<1항(1번)>
較(巳ㄷ)	{:□·교}	<2항(3번)>
忌(巳)	{·긔}	<1항(1번)>
旣(巳)	{·긔}	<1항(1번)>
冀(巳)	{·긔}	<1항(2번)>
亮(巳)	{·냥}	<1항(1번)>
佞(巳ㄷ)	{:□·녕}	<4항(5번)>
戴(巳)	{·딕}	<1항(1번)>
竇(巳)	{·두}	<1항(2번)>
邁(巳ㄷ)	{:□·매}	<1항(1번)>
赴(巳)	{·부}	<1항(1번)>
稅(巳)	{·셰}	<1항(1번)>
稅(巳ㄷ)	{:□·셰}	<1항(1번)>
帥(巳ㄷ)	{:□·슈}	<1항(5번)>
御(巳ㄷ)	{:□·어}	<2항(2번)>
位(巳)	{·위}	<1항(6번)>
位(巳ㄷ)	{□·위}	<1항(1번)>
位(巳ㄷ)	{·□·위}	<1항(1번)>
衛(巳)	{·위}	<4항(21번)>
魏(巳)	{·위}	<1항(2번)>
魏(巳ㄷ)	{□·위}	<1항(3번)>
仍(巳)	{·잉}	<1항(1번)>
自(巳)	{·ᄌᆞ}	<6항(12번)>
恣(巳)	{·ᄌᆞ}	<2항(2번)>
恣(巳ㄷ)	{:□·ᄌᆞ}	<2항(3번)>
暫(巳)	{·잠}	<1항(1번)>
箸(巳)	{·져}	<1항(2번)>

箸(◳ㄷ)	{□·져}	<1항(1번)>
箸(◳ㄷ)	{·□·져}	<1항(1번)>
政(◳)	{·졍}	<7항(17번)>
政(◳ㄷ)	{□·졍}	<2항(2번)>
智(◳)	{·디}	<6항(11번)>
摯(◳)	{·지}	<2항(2번)>
至(◳)	{·지}	<8항(11번)>
至(◳ㄷ)	{□·지}	<1항(1번)>
搢(◳)	{·진}	<1항(1번)>
鎭(◳ㄷ)	{□·딘}	<1항(2번)>
愼$_2$(◳)	{·딘}	<1항(1번)>
次$_1$(◳)	{·ᄎᆞ}	<6항(18번)>
次$_1$(◳ㄷ)	{·□·ᄎᆞ}	<1항(4번)>
棣(◳)	{·톄}	<1항(1번)>
棣(◳ㄷ)	{·□·톄}	<1항(1번)>
肖(◳ㄷ)	{·□·쵸}	<2항(2번)>
娶(◳)	{·취}	<1항(1번)>
太(◳)	{·태}	<10항(30번)>
太(◳ㄷ)	{□·태}	<1항(1번)>
貝(◳ㄷ)	{:□·븨}	<1항(1번)>
賀(◳ㄷ)	{:□·하}	<1항(1번)>

〖 104 〗◳⇒{□,:□}(중고한음 거성이 《소학언해》에서 평성과 상성으로), 26자

侃(◳)	{간}	<1항(1번)>
侃(◳)	{:간}	<1항(1번)>
侃(◳ㄷ)	{□:간}	<2항(2번)>
告(◳)	{고}	<1항(1번)>
告(◳)	{:고}	<4항(8번)>
課(◳ㄷ)	{·□과}	<1항(1번)>
課(◳ㄷ)	{·□:과}	<1항(1번)>
具(◳)	{:구}	<1항(1번)>
具(◳ㄷ)	{·□구}	<1항(2번)>
郡(◳)	{군}	<1항(1번)>
郡(◳)	{:군}	<1항(1번)>
郡(◳ㄷ)	{□:군}	<1항(1번)>
勸(◳)	{권}	<1항(1번)>
勸(◳)	{:권}	<4항(4번)>
賴(◳ㄷ)	{□뢰}	<1항(1번)>
賴(◳ㄷ)	{□:뢰}	<1항(1번)>
盜(◳)	{도}	<5항(12번)>

盜(巴) {:도} <1항(3번)>
盜(巴ㄷ) {:□:도} <1항(1번)>
鄧(巴) {둥} <1항(1번)>
鄧(巴) {:둥} <1항(1번)>
妙(巴ㄷ) {□묘} <1항(1번)>
妙(巴ㄷ) {□:묘} <1항(1번)>
倍(巴) {빅} <1항(1번)>
倍(巴) {:빅} <1항(1번)>
病(巴) {병} <1항(1번)>
病(巴) {:병} <10항(43번)>
病(巴ㄷ) {·□:병} <1항(1번)>
傅(巴) {부} <1항(1번)>
傅(巴ㄷ) {·□:부} <1항(1번)>
性(巴) {셩} <1항(1번)>
性(巴) {:셩} <3항(22번)>
性(巴ㄷ) {□:셩} <1항(2번)>
世(巴) {:셰} <10항(32번)>
世(巴ㄷ) {□셰} <1항(1번)>
世(巴ㄷ) {□:셰} <2항(3번)>
世(巴ㄷ) {:□:셰} <4항(10번)>
諡(巴) {시} <1항(1번)>
諡(巴) {:시} <3항(19번)>
按(巴) {안} <1항(1번)>
按(巴) {:안} <1항(1번)>
瑗(巴) {원} <1항(1번)>
瑗(巴) {:원} <1항(2번)>
瑗(巴ㄷ) {□:원} <1항(1번)>
二(巴) {이} <1항(1번)>
二(巴) {:이} <4항(5번)>
二(巴ㄷ) {:□:이} <1항(1번)>
二(巴ㄷ) {□:이} <1항(1번)>
刺(巴) {ᄌᆞ} <1항(1번)>
刺(巴) {:ᄌᆞ} <1항(2번)>
制(巴) {:졔} <4항(4번)>
制(巴ㄷ) {:□졔} <1항(2번)>
制(巴ㄷ) {□:졔} <2항(3번)>
制(巴ㄷ) {:□:졔} <1항(1번)>
制(巴ㄷ) {·□:졔} <1항(1번)>
定(巴) {뎡} <1항(1번)>
定(巴) {:뎡} <7항(9번)>

定(◳ㄷ) {□뎡} <1항(1번)>
定(◳ㄷ) {□:뎡} <8항(14번)>
定(◳ㄷ) {·□:뎡} <1항(1번)>
躁(◳) {조} <2항(2번)>
躁(◳) {:조} <1항(1번)>
證(◳) {:즁} <2항(2번)>
證(◳ㄷ) {□즁} <1항(1번)>
醉(◳) {취} <1항(1번)>
醉(◳) {:취} <3항(5번)>
醉(◳ㄷ) {·□:취} <1항(1번)>
害(◳) {해} <1항(1번)>
害(◳) {:해} <15항(18번)>
害(◳ㄷ) {□:해} <1항(1번)>

〖104〗의 분석☞ 중고한음 ◳ ⇒《소학언해》{□,:□}, 26자

(□>:□ 3자) 具 <{구(2), :구(1)}>
盜 <{도(12), :도(4)}>
躁 <{조(2), :조(1번}>
(:□>□ 16자) 侃 <{간(1), :간(3)}>
告 <{고(1), :고(8)}>
郡 <{군(1), :군(2)}>
勸 <{권(1), :권(4)}>
病 <{병(1), :병(44)}>
性 <{셩(1), :(24)}>
世 <{셰(1), :셰(45)}>
謚 <{시(1), :시(19)}>
瑗 <{원(1), :원(3)}>
二 <이{(1), :이(7)}>
刺 <{ᄌᆞ(1), :ᄌᆞ(2)}>
定 <{뎡(2), :뎡(24)}>
制 <{졔(2), :졔(9)}>
證 <{즁(1), :즁(2)}>
醉 <{취(1), :취(6)}>
害 <{해(1), :해(19)}>
(□=:□ 7자) 課 <{과(1), :과(1)}>
鄧 <{등(1), :등(1)}>
賴 <{뢰(1), :뢰(1)}>
妙 <{묘(1), :묘(1)}>
倍 <{비(1), :비(1)}>
傅 <{부(1), :부(1)}>
按 <{안(1), :안(1)}>

〖105〗◳⇒{□, · □}(중고한음 거성이 《소학언해》에서 평성과 거성으로), 5자

記(◳)	{·긔}	<5항(18)>
記(◳ㄷ)	{·□긔}	<3항(3번)>
記(◳ㄷ)	{□·긔}	<2항(2번)>
記(◳ㄷ)	{:□·긔}	<2항(6번)>
記(◳ㄷ)	{·□·긔}	<6항(26번)>
貌(◳ㄷ)	{□모}	<1항(5번)>
貌(◳ㄷ)	{·□·모}	<1항(1번)>
貌(◳ㄷ)	{·□모}	<1항(1번)>
字(◳)	{ᄌᆞ}	<1항(1번)>
字(◳)	{·ᄌᆞ}	<5항(43번)>
字(◳ㄷ)	{□·ᄌᆞ}	<3항(4번)>
字(◳ㄷ)	{:□·ᄌᆞ}	<3항(5번)>
字(◳ㄷ)	{·□·ᄌᆞ}	<3항(3번)>
地(◳)	{디}	<1항(1번)>
地(◳)	{·디}	<6항(17번)>
地(◳ㄷ)	{□디}	<1항(1번)>
地(◳ㄷ)	{□·디}	<2항(2번)>
次$_2$(◳ㄷ)	{□ᄎᆞ}	<1항(3번)>
次$_2$(◳ㄷ)	{□·ᄌᆞ}	<1항(1번)>
次$_2$(◳ㄷ)	{□·ᄎᆞ}	<1항(28번)>

〖105〗의 분석☞ 중고한음 ◳ ⇒《소학언해》{□,·□}, 5자

(□>·□ 1자)	貌 <{모(6), ·모(1)}>
(·□>□ 4자)	記 <{긔(3), ·긔(52)}>
	字 <{ᄌᆞ(1), ·ᄌᆞ(55)}>
	地 <{디(2), ·디(19)}>
	次$_2$ <{ᄎᆞ(3), ·ᄎᆞ(28)/·ᄌᆞ(1)}>

〖106〗◳⇒{:□,·□}(중고한음 거성이 《소학언해》에서 상성 및 거성으로), 50자

嫁(◳ㄷ)	{:□:가}	<1항(1번)>
嫁(◳ㄷ)	{:□·가}	<1항(1번)>
據(◳ㄷ)	{□:거}	<2항(2번)>
據(◳ㄷ)	{:□·거}	<1항(1번)>
慶(◳)	{:경}	<2항(4번)>
慶(◳)	{·경}	<1항(1번)>
慶(◳ㄷ)	{:□:경}	<1항(1번)>
慶(◳ㄷ)	{·□:경}	<1항(1번)>
戒(◳ㄷ)	{□:계}	<5항(7번)>
戒(◳ㄷ)	{:□:계}	<9항(23번)>
戒(◳ㄷ)	{:□·계}	<8항(9번)>

計(◳)	{:계}	<2항(3번)>
計(◳ㄷ)	{:□·계}	<2항(2번)>
計(◳ㄷ)	{□:계}	<1항(1번)>
器(◳)	{·긔}	<4항(6번)>
器(◳ㄷ)	{:□:긔}	<1항(1번)>
器(◳ㄷ)	{□·긔}	<2항(3번)>
器(◳ㄷ)	{□·기}	<1항(1번)>
器(◳ㄷ)	{:□·긔}	<1항(3번)>
亂(◳)	{:란}	<1항(1번)>
亂(◳ㄷ)	{□:난}	<2항(2번)>
亂(◳ㄷ)	{□:란}	<5항(7번)>
亂(◳ㄷ)	{:□:란}	<4항(8번)>
亂(◳ㄷ)	{:□·란}	<2항(6번)>
勵(◳ㄷ)	{·□:녀}	<1항(1번)>
勵(◳ㄷ)	{:□·려}	<1항(1번)>
弄(◳ㄷ)	{:□:롱}	<2항(3번)>
弄(◳ㄷ)	{:□·롱}	<3항(4번)>
弄(◳ㄷ)	{□:롱}	<3항(4번)>
弄(◳ㄷ)	{□·롱}	<3항(3번)>
類(◳)	{:뉴}	<2항(3번)>
類(◳)	{:류}	<2항(10번)>
類(◳)	{·류}	<1항(1번)>
類(◳ㄷ)	{□:뉴}	<1항(2번)>
類(◳ㄷ)	{□:류}	<1항(1번)>
類(◳ㄷ)	{·□·뉴}	<1항(1번)>
利(◳)	{:리}	<10항(17번)>
利(◳ㄷ)	{□:릿}	<1항(1번)>
利(◳ㄷ)	{□·리}	<1항(1번)>
對(◳)	{:듸}	<25항(45번)>
對(◳ㄷ)	{:□:듸}	<1항(2번)>
對(◳ㄷ)	{□·듸}	<1항(1번)>
大$_2$(◳ㄷ)	{:□:태}	<1항(1번)>
大$_2$(◳ㄷ)	{:□·태}	<2항(3번)>
導(◳ㄷ)	{·□:도}	<2항(4번)>
導(◳ㄷ)	{·□·도}	<1항(1번)>
豆(◳)	{·두}	<1항(1번)>
豆(◳ㄷ)	{:□:두}	<1항(1번)>
慢(◳ㄷ)	{□:만}	<7항(9번)>
慢(◳ㄷ)	{:□:만}	<5항(5번)>
慢(◳ㄷ)	{·□:만}	<1항(1번)>

慢(巳ㄷ) {:□·만} <2항(2번)>
慢(巳ㄷ) {□·만} <2항(2번)>
萬(巳) {:만} <9항(45번)>
萬(巳) {·만} <1항(7번)>
萬(巳ㄷ) {·□:만} <2항(8번)>
孟(巳) {:밍} <3항(29번)>
孟(巳) {·밍} <1항(1번)>
孟(巳ㄷ) {:□:밍} <1항(1번)>
孟(巳ㄷ) {□:밍} <1항(1번)>
命(巳) {:명} <12항(45번)>
命(巳ㄷ) {□:명} <1항(1번)>
命(巳ㄷ) {:□:명} <2항(2번)>
命(巳ㄷ) {·□:명} <1항(1번)>
命(巳ㄷ) {:□·명} <1항(1번)>
廟(巳ㄷ) {□:묘} <1항(2번)>
廟(巳ㄷ) {□·묘} <1항(1번)>
茂(巳) {:무} <1항(1번)>
茂(巳) {·무} <1항(1번)>
半(巳) {:반} <1항(1번)>
半(巳) {·반} <1항(1번)>
俸(巳ㄷ) {·□:봉} <1항(2번)>
俸(巳ㄷ) {·□·봉} <3항(6번)>
譬(巳) {:비} <1항(1번)>
譬(巳) {·비} <1항(1번)>
備(巳ㄷ) {□:비} <1항(1번)>
備(巳ㄷ) {:□·비} <1항(1번)>
費(巳ㄷ) {□:비} <2항(2번)>
費(巳ㄷ) {□·비} <1항(1번)>
誓(巳ㄷ) {□:셰} <2항(2번)>
誓(巳ㄷ) {□·셰} <1항(1번)>
聖(巳) {:셩} <2항(32번)>
聖(巳) {·셩} <1항(5번)>
勢(巳) {:셔} <1항(2번)>
勢(巳) {:셰} <1항(1번)>
勢(巳ㄷ) {:□·셰} <3항(3번)>
勢(巳ㄷ) {□:셔} <1항(1번)>
勢(巳ㄷ) {□:셰} <1항(2번)>
遜(巳ㄷ) {□:손} <1항(1번)>
遜(巳ㄷ) {□·손} <1항(1번)>
繡(巳) {:슈} <1항(2번)>

繡(◳ㄷ)	{:□·슈}	<1항(1번)>
試(◳)	{:시}	<2항(2번)>
試(◳ㄷ)	{□:시}	<1항(1번)>
試(◳ㄷ)	{·□:시}	<1항(1번)>
試(◳ㄷ)	{:□·시}	<2항(2번)>
試(◳ㄷ)	{□·시}	<1항(1번)>
射$_2$(◳ㄷ)	{·□:야}	<1항(2번)>
射$_2$(◳ㄷ)	{·□·야}	<1항(1번)>
讓(◳)	{:양}	<2항(3번)>
讓(◳ㄷ)	{□:양}	<12항(25번)>
讓(◳ㄷ)	{:□:양}	<1항(1번)>
讓(◳ㄷ)	{·□:양}	<1항(1번)>
讓(◳ㄷ)	{□·양}	<1항(1번)>
議(◳)	{:의}	<15항(17번)>
議(◳)	{·의}	<4항(4번)>
易$_1$(◳)	{:이}	<1항(3번)>
易$_1$(◳ㄷ)	{:□·이}	<1항(1번)>
異(◳)	{:이}	<2항(4번)>
異(◳ㄷ)	{□:이}	<1항(1번)>
異(◳ㄷ)	{□·이}	<4항(6번)>
帝(◳)	{:뎨}	<1항(13번)>
帝(◳ㄷ)	{□:뎨}	<4항(9번)>
帝(◳ㄷ)	{:□:뎨}	<6항(9번)>
帝(◳ㄷ)	{:□·뎨}	<1항(1번)>
祭(◳)	{:졔}	<19항(33번)>
祭(◳)	{·졔}	<4항(6번)>
祭(◳ㄷ)	{□:졔}	<4항(4번)>
祭(◳ㄷ)	{:□:졔}	<1항(2번)>
祭(◳ㄷ)	{·□:졔}	<1항(1번)>
祭(◳ㄷ)	{:□·졔}	<1항(1번)>
祭(◳ㄷ)	{□·졔}	<1항(1번)>
第(◳)	{:뎨}	<3항(4번)>
第(◳ㄷ)	{□:뎨}	<1항(1번)>
第(◳ㄷ)	{□·뎨}	<3항(3번)>
晉(◳)	{:진}	<3항(14번)>
晉(◳)	{·진}	<1항(2번)>
菜(◳)	{:치}	<1항(1번)>
菜(◳ㄷ)	{·□·치}	<1항(1번)>
賤(◳)	{:쳔}	<5항(12번)>
賤(◳)	{·쳔}	<1항(1번)>

賤(◳ㄷ)	{□:쳔}	<3항(3번)>
薦(◳)	{:쳔}	<7항(9번)>
薦(◳ㄷ)	{:□:쳔}	<2항(2번)>
薦(◳ㄷ)	{·□·쳔}	<1항(1번)>
寸(◳ㄷ)	{□:촌}	<2항(2번)>
寸(◳ㄷ)	{:□:촌}	<1항(1번)>
寸(◳ㄷ)	{·□:촌}	<1항(1번)>
寸(◳ㄷ)	{:□·촌}	<1항(1번)>
歎(◳)	{·탄}	<1항(2번)>
歎(◳ㄷ)	{□:탄}	<4항(4번)>
判(◳)	{·판}	<2항(3번)>
判(◳ㄷ)	{·□:판}	<1항(1번)>
判(◳ㄷ)	{□·판}	<3항(3번)>
驗(◳ㄷ)	{:□:험}	<1항(1번)>
驗(◳ㄷ)	{:□·험}	<2항(2번)>
惠(◳ㄷ)	{□:혜}	<1항(5번)>
惠(◳ㄷ)	{□·혜}	<2항(5번)>
慧(◳ㄷ)	{·□:혜}	<2항(3번)>
慧(◳ㄷ)	{·□·혜}	<2항(3번)>

〖106〗의 분석☞ 중고한음 ◳ ⇒《소학언해》{:□,·□}, 50자

(:□>·□ 32자)

慶 <{:경(6), ·경(1)}>
計 <{:계(4), ·계(2)}>
戒 <{:계(30), ·계(9)}>
對 <{:딕(47), ·딕(1)}>
導(◳ㄷ) <{:도(4), ·도(1)}>
類 <{:류(11)/:뉴(5), ·류(1)/·뉴(1)}>
利 <{:리(17)/:릿(1), ·리(1)}>
萬 <{:만(53), ·만(7)}>
慢 <{:만(15), ·만(4)}>
孟 <{:밍(31), ·밍(1)}>
命 <{:명(49), ·명(1)}>
廟 <{:묘(2), ·묘(1)}>
費 <{:비(2), ·비(1)}>
亂 <{:란(16)/:난(2), ·란(6)}>
誓 <{:셰(2), ·셰(1)}>
勢 <{:셔(3)/:셰(3), ·셰(3)}>
繡 <{:슈(2), ·슈(1)}>
試 <{:시(4), ·시(3)}>
射₂ <{:야(2), ·야(1)}>
讓 <{:양(30), ·양(1)}>

易₁ <{:이(3), ·이(1)}>
議 <{:의(17), ·의(4)}>
祭 <{:졔(40), ·졔(8)}>
帝 <{:뎨(31), ·뎨(1)}>
第 <{:뎨(5), ·뎨(3)}>
晉 <{:진(14), ·진(2)}>
賤 <{:쳔(15), ·쳔(1)}>
薦 <{:쳔(12), ·쳔(1)}>
寸 <{:촌(4), ·촌(1)}>
歎 <{:탄(4), ·탄(2)}>
據 <{:거(2), ·거(1)}>
聖 <{:셩(32), ·셩(5)}>

(·□>:□ 6자)
俸 <{:봉(2), ·봉(6)}>
異 <{:이(5), ·이(6)}>
大₂ <{:태(1), ·태(30)}>
判 <{:판(1), ·판(6)}>
驗 <{:험(1), ·험(2)}>
器 <{:긔(1), ·긔(12)/·기(1)}>

(:□=·□ 12자)
嫁 <{:가(1), ·가(1)}>
豆 <{:두(1), ·두(1)}>
弄 <{:롱(7), ·롱(7)}>
茂 <{:무(1), ·무(1)}>
半 <{:반(1), ·반(1)}>
譬 <{:비(1), ·비(1)}>
備 <{:비(1), ·비(1)}>
勵 <{:녀(1), ·려(1)}>
遜 <{:손(1), ·손(1)}>
菜 <{:ᄎᆡ(1), ·ᄎᆡ(1)}>
慧 <{:혜(3), ·혜(3)}>
惠 <{:혜(5), ·혜(5)}>

〚 107 〛 ◲⇒{□,:□,·□}(중고한음 거성이 《소학언해》 평성, 상성과 거성으로), 23자

故(◲) {고} <1항(1번)>
故(◲) {:고} <1항(1번)>
故(◲) {·고} <2항(20번)>
故(◲ㄷ) {□·고} <3항(15번)>
敬(◲) {:경} <4항(4번)>
敬(◲ㄷ) {□경} <1항(1번)>
敬(◲ㄷ) {□:경} <24항(72번)>
敬(◲ㄷ) {·□:경} <1항(1번)>

敬(◳ㄷ) {□·경} <2항(2번)>
怪(◳) {고} <1항(1번)>
怪(◳) {괴} <3항(5번)>
怪(◳) {:괴} <1항(1번)>
怪(◳ㄷ) {□괴} <1항(1번)>
怪(◳ㄷ) {:□:괴} <1항(1번)>
怪(◳ㄷ) {□:괴} <3항(3번)>
怪(◳ㄷ) {□·괴} <2항(2번)>
究(◳ㄷ) {:□구} <1항(2번)>
究(◳ㄷ) {□:구} <1항(1번)>
究(◳ㄷ) {□·구} <2항(5번)>
眷(◳) {권} <1항(1번)>
眷(◳) {:권} <3항(22번)>
眷(◳) {·권} <2항(3번)>
貴(◳) {:귀} <11항(23번)>
貴(◳) {·귀} <1항(2번)>
貴(◳ㄷ) {:□귀} <1항(1번)>
貴(◳ㄷ) {:□:귀} <3항(3번)>
貴(◳ㄷ) {:□·귀} <1항(1번)>
氣(◳) {긔} <1항(1번)>
氣(◳) {·긔} <9항(25번)>
氣(◳ㄷ) {□긔} <1항(1번)>
氣(◳ㄷ) {·□:긔} <1항(1번)>
氣(◳ㄷ) {□·긔} <2항(2번)>
氣(◳ㄷ) {·□·긔} <1항(1번)>
慮(◳ㄷ) {·□려} <1항(1번)>
慮(◳ㄷ) {□:려} <1항(1번)>
慮(◳ㄷ) {:□:려} <1항(1번)>
慮(◳ㄷ) {□·려} <1항(1번)>
例(◳ㄷ) {□녜} <1항(1번)>
例(◳ㄷ) {·□례} <1항(1번)>
例(◳ㄷ) {·□:례} <2항(4번)>
例(◳ㄷ) {□·녜} <2항(9번)>
例(◳ㄷ) {□·례} <1항(1번)>
例(◳ㄷ) {·□·녜} <1항(1번)>
例(◳ㄷ) {·□·례} <2항(12번)>
代(◳) {:ᄃᆡ} <7항(10번)>
代(◳ㄷ) {□ᄃᆡ} <1항(1번)>
代(◳ㄷ) {:□ᄃᆡ} <1항(1번)>
代(◳ㄷ) {:□:ᄃᆡ} <2항(2번)>

代(◳ㄷ) {□·딗} <1항(1번)>
大$_1$(◳) {대} <2항(2번)>
大$_1$(◳) {:대} <34항(43번)>
大$_1$(◳) {·대} <5항(23번)>
大$_1$(◳ㄷ) {:□:대} <1항(1번)>
度(◳) {:도} <3항(3번)>
度(◳ㄷ) {·□도} <2항(3번)>
度(◳ㄷ) {:□:도} <1항(1번)>
度(◳ㄷ) {·□:도} <4항(9번)>
度(◳ㄷ) {:□·도} <2항(2번)>
度(◳ㄷ) {·□·도} <3항(19)>
問(◳) {:문} <2항(2번)>
問(◳ㄷ) {·□문} <1항(1번)>
問(◳ㄷ) {□:문} <1항(1번)>
問(◳ㄷ) {·□:문} <1항(1번)>
問(◳ㄷ) {·□·문} <2항(3번)>
味(◳ㄷ) {:□미} <1항(1번)>
味(◳ㄷ) {□:미} <1항(2번)>
味(◳ㄷ) {:□·미} <1항(1번)>
事(◳) {:ᄉᆞ} <2항(2번)>
事(◳ㄷ) {·□ᄉᆞ} <1항(1번)>
事(◳ㄷ) {□:ᄉᆞ} <4항(13번)>
事(◳ㄷ) {:□:ᄉᆞ} <1항(2번)>
事(◳ㄷ) {·□:ᄉᆞ} <5항(5번)>
事(◳ㄷ) {□·ᄉᆞ} <3항(8번)>
事(◳ㄷ) {:□·ᄉᆞ} <3항(3번)>
事(◳ㄷ) {·□·ᄉᆞ} <2항(3번)>
四(◳) {ᄉᆞ} <1항(1번)>
四(◳) {:ᄉᆞ} <7항(10번)>
四(◳) {·ᄉᆞ} <1항(1번)>
姓(◳) {:셩} <2항(24번)>
姓(◳) {·셩} <1항(3번)>
姓(◳ㄷ) {·□셩} <1항(1번)>
姓(◳ㄷ) {□:셩} <1항(5번)>
姓(◳ㄷ) {:□:셩} <2항(4번)>
姓(◳ㄷ) {·□:셩} <2항(29번)>
姓(◳ㄷ) {·□·셩} <1항(3번)>
細(◳ㄷ) {□:셰} <1항(1번)>
細(◳ㄷ) {·□·셰} <1항(2번)>
細(◳ㄷ) {·□셰} <2항(2번)>

細(◳ㄷ) {·□셰} <1항(1번)>
宋(◳) {송} <1항(1번)>
宋(◳) {:송} <1항(38번)>
宋(◳) {·송} <1항(4번)>
運(◳ㄷ) {□운} <1항(1번)>
運(◳ㄷ) {:□:운} <2항(2번)>
運(◳ㄷ) {·□:운} <1항(1번)>
運(◳ㄷ) {·□·운} <3항(12번)>
運(◳ㄷ) {·□운} <1항(6번)>
葬(◳ㄷ) {:□장} <1항(1번)>
葬(◳ㄷ) {□:장} <1항(2번)>
葬(◳ㄷ) {:□:장} <4항(4번)>
葬(◳ㄷ) {:□·장} <1항(1번)>
置(◳) {:티} <1항(1번)>
置(◳ㄷ) {:□티} <1항(1번)>
置(◳ㄷ) {:□·티} <2항(2번)>
孝(◳) {효} <2항(2번)>
孝(◳) {:효} <35항(87번)>
孝(◳) {·효} <3항(3번)>

〖107〗의 분석☞ 중고한음 ◳ ⇒《소학언해》{□,:□,·□}, 23자

(□>:□>·□ 1자) 怪 <{고(1)/괴(6), :괴(5), ·괴(2)}>
(□>·□>:□ 1자) 細 <{셰(1)/셔(2), :셰(1), ·셔(2)}>
(:□>□>·□ 1자) 代 <{딕(2), :딕(12), ·딕(1)}>
(:□>·□>□ 10자) 敬 <{경(1), :경(77), ·경(2)}>
眷 <{권(1), :권(22), ·권(3)}>
貴 <{귀(1), :귀(26), ·귀(3)}>
度 <{도(3), :도(13), ·도(21)}>
大$_1$ <{대(2), :대(44), ·대(23)}>
問 <{문(1), :문(4), ·문(3)}>
事 <{ᄉᆞ(1), :ᄉᆞ(22), ·ᄉᆞ(14)}>
姓 <{셩(1), :셩(62), ·셩(6)}>
宋 <{송(1), :송(38), ·송(4)}>
孝 <{효(2), :효(87), ·효(3)}>
(:□>(□=·□) 4자) 慮 <{려(1), :려(2), ·려(1)}>
味 <{미(1), :미(2), ·미(1)}>
四 <{(1), :(10), ·(1)}>
葬 <{장(1), :장(6), ·장(1)}>
(·□>□>:□ 3자) 究 <{구(2), :구(1), ·구(5)}>
氣 <{긔(2), :긔(1), ·긔(28)}>
運 <{운(7), :운(3), ·운(12)}>

(·□>:□>□ 1자) 例 <{례(1)/녜(1), :례(4), ·례(13)/·녜(10)}>
(·□>(□=:□) 2자) 故 <{고(1), :고(1), ·고(35)}>
置 <{티(1), :티(1), ·티(2)}>

Ⅳ. 중고한음 입성(◲)과 《소학언해》 방점의 대응

(8+2+220+23+5+6=)264자

〖 108 〗 ◲⇒□(중고한음 입성이 《소학언해》에서 평성으로), 8

及(◲)	{급}	<4항(4번)>
給(◲ㄷ)	{□급}	<1항(1번)>
襆(◲)	{보ㅎ}	<1항(1번)>
復(◲)	{복}	<1항(1번)>
幞(◲)	{복}	<1항(1번)>
褥(◲)	{요}	<1항(1번)>
尺(◲ㄷ)	{□쳑}	<1항(1번)>
赫(◲)	{혁}	<1항(1번)>

〖 109 〗 ◲⇒:□(중고한음 입성이 《소학언해》에서 상성으로), 2자

蜜(◲)	{:밀}	<1항(1번)>
歇(◲)	{:헐}	<1항(1번)>

〖 110 〗 ◲⇒·□(중고한음 입성이 《소학언해》에서 거성으로), 220자

角(◲)	{·각}	<1항(2번)>
角(◲ㄷ)	{:□·각}	<1항(1번)>
卻(◲)	{·각}	<1항(1번)>
葛(◲ㄷ)	{□·갈}	<2항(2번)>
喝(◲ㄷ)	{□·갈}	<1항(1번)>
蠍(◲ㄷ)	{□·갈}	<1항(1번)>
客(◲)	{·긱}	<1항(1번)>
傑(◲ㄷ)	{:□·걸}	<2항(2번)>
傑(◲ㄷ)	{□·걸}	<1항(1번)>
激(◲)	{·격}	<1항(1번)>
缺(◲)	{·결}	<1항(1번)>
決(◲)	{·결}	<7항(8번)>
結(◲)	{·결}	<2항(2번)>
契$_2$(◲)	{·셜}	<2항(2번)>
曲(◲)	{·곡}	<4항(24번)>
曲(◲ㄷ)	{□·곡}	<5항(5번)>
曲(◲ㄷ)	{:□·곡}	<2항(2번)>
哭(◲ㄷ)	{·□·곡}	<1항(1번)>
骨(◲)	{·골}	<1항(2번)>

骨(◲ㄷ)	{□·골}	<1항(1번)>
霍(◲)	{·곽}	<1항(2번)>
郭(◲)	{·곽}	<1항(1번)>
括(◲ㄷ)	{:□·괄}	<1항(1번)>
括(◲ㄷ)	{□·괄}	<1항(1번)>
國(◲)	{·국}	<2항(2번)>
國(◲ㄷ)	{□·국}	<4항(8번)>
國(◲ㄷ)	{·□·국}	<2항(2번)>
國(◲ㄷ)	{:□·국}	<1항(2번)>
麴(◲)	{·국}	<1항(1번)>
局(◲ㄷ)	{·□·국}	<1항(1번)>
屈(◲)	{·굴}	<2항(2번)>
适(◲)	{·괄}	<2항(2번)>
闕(◲)	{·궐}	<1항(1번)>
闕(◲ㄷ)	{:□·궐}	<3항(7번)>
橘(◲)	{·귤}	<1항(2번)>
極(◲)	{·극}	<3항(5번)>
極(◲ㄷ)	{·□·극}	<6항(8번)>
伋(◲)	{·급}	<1항(1번)>
急(◲)	{·급}	<7항(8번)>
急(◲ㄷ)	{:□·급}	<1항(1번)>
急(◲ㄷ)	{□·급}	<2항(2번)>
吉(◲)	{·길}	<6항(11번)>
吉(◲ㄷ)	{□·길}	<1항(1번)>
駱(◲)	{·락}	<1항(1번)>
洛(◲)	{·락}	<1항(1번)>
諾(◲)	{·락}	<2항(3번)>
諾(◲ㄷ)	{·□·락}	<1항(1번)>
納(◲ㄷ)	{□·납}	<2항(3번)>
略(◲ㄷ)	{□·략}	<1항(1번)>
略(◲ㄷ)	{:□·략}	<2항(2번)>
略(◲ㄷ)	{·□·략}	<1항(1번)>
歷(◲)	{·력}	<1항(1번)>
歷(◲ㄷ)	{·□·력}	<1항(1번)>
劣(◲ㄷ)	{□·렬}	<1항(1번)>
烈(◲)	{·렬}	<2항(2번)>
烈(◲ㄷ)	{□·렬}	<1항(2번)>
列(◲)	{·녈}	<1항(1번)>
列(◲ㄷ)	{□·렬}	<1항(1번)>
錄(◲ㄷ)	{·□·록}	<4항(7번)>

陸(◲)	{·륙}	<1항(1번)>
蓼(◲)	{·륙}	<1항(1번)>
律(◲)	{·률}	<1항(1번)>
鶆(◲)	{·률}	<1항(1번)>
勒(◲ㄷ)	{·□·늑}	<1항(1번)>
立(◲)	{·립}	<1항(1번)>
達(◲)	{·달}	<1항(1번)>
達(◲ㄷ)	{:□·달}	<1항(1번)>
達(◲ㄷ)	{□·달}	<7항(7번)>
達(◲ㄷ)	{·□·달}	<1항(1번)>
獺(◲ㄷ)	{·□·달}	<1항(1번)>
獨(◲)	{·독}	<1항(1번)>
篤(◲)	{·독}	<4항(4번)>
篤(◲ㄷ)	{□·독}	<3항(3번)>
得(◲)	{·득}	<3항(4번)>
邈(◲ㄷ)	{□·막}	<1항(1번)>
幕(◲)	{·막}	<2항(4번)>
木(◲)	{·목}	<1항(1번)>
木(◲ㄷ)	{□·목}	<1항(1번)>
穆(◲)	{·목}	<1항(1번)>
穆(◲ㄷ)	{:□·목}	<1항(1번)>
沐(◲)	{·목}	<4항(4번)>
目(◲ㄷ)	{□·목}	<1항(1번)>
目(◲ㄷ)	{·□·목}	<1항(2번)>
睦(◲ㄷ)	{□·목}	<1항(1번)>
墨(◲)	{·묵}	<1항(1번)>
物(◲)	{·믈}	<1항(12번)>
物(◲ㄷ)	{□·믈}	<2항(13번)>
物(◲ㄷ)	{:□·믈}	<2항(2번)>
物(◲ㄷ)	{·□·믈}	<3항(5번)>
密(◲)	{·밀}	<1항(2번)>
密(◲ㄷ)	{□·밀}	<3항(4번)>
密(◲ㄷ)	{·□·밀}	<1항(1번)>
泊(◲ㄷ)	{:□·박}	<1항(1번)>
博(◲)	{·박}	<1항(1번)>
朴(◲ㄷ)	{:□·박}	<11항(12번)>
朴(◲ㄷ)	{·□·박}	<1항(1번)>
薄(◲)	{·박}	<3항(3번)>
薄(◲ㄷ)	{□·박}	<4항(4번)>
迫(◲ㄷ)	{□·박}	<1항(1번)>

發(◲) {·발} <2항(2번)>
發(◲ㄷ) {:□·발} <1항(1번)>
勃(◲) {·볼} <2항(2번)>
勃(◲ㄷ) {□·볼} <1항(1번)>
百(◲) {·빅} <10항(41번)>
百(◲ㄷ) {□·빅} <2항(2번)>
百(◲ㄷ) {:□·빅} <6항(6번)>
百(◲ㄷ) {·□·빅} <5항(13번)>
白(◲) {·빅} <1항(1번)>
白(◲ㄷ) {□·빅} <2항(2번)>
栢(◲) {·빅} <2항(2번)>
栢(◲ㄷ) {□·빅} <1항(1번)>
栢(◲ㄷ) {·□·빅} <1항(1번)>
柏(◲ㄷ) {·□·빅} <1항(1번)>
罰(◲) {·벌} <1항(1번)>
罰(◲ㄷ) {□·벌} <1항(10번)>
甓(◲) {·벽} <1항(1번)>
別(◲) {·별} <4항(4번)>
別(◲ㄷ) {□·별} <3항(6번)>
別(◲ㄷ) {·□·별} <2항(4번)>
卜(◲ㄷ) {□·복} <1항(1번)>
僕(◲) {·복} <1항(2번)>
僕(◲ㄷ) {:□·복} <1항(1번)>
伏(◲) {·복} <1항(1번)>
伏(◲ㄷ) {·□·복} <2항(2번)>
佛(◲) {·불} <1항(1번)>
色(◲) {·식} <1항(4번)>
色(◲ㄷ) {:□·식} <3항(5번)>
色(◲ㄷ) {□·식} <2항(2번)>
色(◲ㄷ) {·□·식} <1항(1번)>
晳(◲ㄷ) {□·셕} <1항(2번)>
設$_1$(◲ㄷ) {:□·셜} <1항(2번)>
褻(◲) {·셜} <1항(1번)>
薛(◲) {·셜} <1항(1번)>
餗(◲) {·속} <1항(1번)>
餗(◲ㄷ) {·□·속} <1항(1번)>
束(◲ㄷ) {·□·속} <4항(6번)>
率(◲ㄷ) {□·솔} <1항(1번)>
蠋(◲ㄷ) {□·쑉} <1항(1번)>
屬$_1$(◲) {·쑉} <1항(1번)>

屬$_1$(◲ㄷ)	{□·쇽}	<1항(1번)>
塾(◲)	{·슉}	<1항(2번)>
叔(◲)	{·슉}	<2항(8번)>
叔(◲ㄷ)	{□·슉}	<2항(3번)>
叔(◲ㄷ)	{·□·슉}	<1항(1번)>
叔(◲ㄷ)	{:□·슉}	<2항(2번)>
術(◲)	{·슐}	<1항(1번)>
術(◲ㄷ)	{□·슐}	<2항(3번)>
瑟(◲)	{·슬}	<1항(2번)>
瑟(◲ㄷ)	{□·슬}	<1항(1번)>
式(◲)	{·식}	<4항(4번)>
軾(◲)	{·식}	<2항(2번)>
息(◲ㄷ)	{·□·식}	<4항(55번)>
息(◲ㄷ)	{·□식}	<1항(2번)>
室(◲ㄷ)	{:□·실}	<1항(1번)>
室(◲ㄷ)	{□·실}	<3항(3번)>
室(◲ㄷ)	{·□·실}	<1항(1번)>
失(◲)	{·실}	<1항(1번)>
失(◲ㄷ)	{·□·실}	<1항(1번)>
十(◲)	{·십}	<1항(1번)>
十(◲ㄷ)	{·□·십}	<1항(4번)>
惡(◲ㄷ)	{□·악}	<3항(4번)>
諤(◲ㄷ)	{□·악}	<1항(1번)>
樂(◲)	{·악}	<7항(11번)>
樂(◲ㄷ)	{□·악}	<1항(8번)>
樂(◲ㄷ)	{·□악}	<1항(1번)>
狎(◲ㄷ)	{□·압}	<1항(1번)>
狎(◲ㄷ)	{·□·압}	<1항(1번)>
厄(◲)	{·읙}	<1항(1번)>
額(◲)	{·읙}	<1항(1번)>
藥(◲)	{·약}	<1항(7번)>
弱(◲)	{·약}	<1항(1번)>
約(◲)	{·약}	<2항(4번)>
約(◲ㄷ)	{:□·약}	<4항(5번)>
約(◲ㄷ)	{□·약}	<1항(1번)>
若(◲ㄷ)	{·□·약}	<1항(1번)>
億(◲)	{·억}	<1항(1번)>
抑(◲ㄷ)	{□·억}	<1항(1번)>
櫱(◲ㄷ)	{·□·얼}	<1항(1번)>
鄴(◲)	{·업}	<1항(1번)>

易$_2$(◲ㄷ) {□·역} <1항(1번)>
易$_2$(◲ㄷ) {:□·역} <1항(1번)>
疫(◲ㄷ) {:□·역} <2항(2번)>
逆(◲ㄷ) {:□·역} <1항(1번)>
繹(◲) {·역} <1항(1번)>
驛(◲) {·역} <1항(1번)>
說$_2$(◲) {·열} <1항(1번)>
悅(◲ㄷ) {□·열} <6항(10번)>
玉(◲) {·옥} <2항(7번)>
玉(◲ㄷ) {:□·옥} <1항(1번)>
玉(◲ㄷ) {·□·옥} <2항(4번)>
獄(◲ㄷ) {□·옥} <1항(1번)>
獄(◲ㄷ) {·□·옥} <1항(2번)>
欲(◲) {·욕} <1항(1번)>
慾(◲) {·욕} <2항(2번)>
慾(◲ㄷ) {:□·욕} <1항(1번)>
慾(◲ㄷ) {□·욕} <1항(2번)>
辱(◲) {·욕} <7항(10번)>
辱(◲ㄷ) {·□·욕} <2항(2번)>
浴(◲ㄷ) {·□·욕} <4항(4번)>
月(◲) {·월} <1항(1번)>
月(◲ㄷ) {□·월} <2항(2번)>
月(◲ㄷ) {·□·월} <1항(1번)>
育(◲ㄷ) {:□·육} <1항(1번)>
育(◲ㄷ) {□·육} <1항(1번)>
肉(◲ㄷ) {□·육} <2항(5번)>
肉(◲ㄷ) {·□·육} <1항(2번)>
乙(◲) {·을} <1항(1번)>
揖(◲) {·읍} <3항(5번)>
邑(◲ㄷ) {□·읍} <1항(1번)>
邑(◲ㄷ) {□·읍} <1항(1번)>
邑(◲ㄷ) {□·읍} <2항(2번)>
翼(◲) {·익} <1항(1번)>
益(◲ㄷ) {:□·익} <4항(4번)>
翊(◲ㄷ) {□·익} <2항(2번)>
釴(◲) {·익} <1항(1번)>
逸(◲ㄷ) {□·일} <1항(1번)>
入(◲) {·입} <1항(1번)>
作(◲ㄷ) {:□·작} <2항(2번)>
勺(◲) {·작} <2항(2번)>

爵(◲ㄷ)	{·□·쟉}	<1항(1번)>
酌(◲ㄷ)	{□·쟉}	<1항(1번)>
綽(◲ㄷ)	{□·쟉}	<2항(6번)>
碏(◲ㄷ)	{·□·쟉}	<1항(1번)>
雜(◲)	{·잡}	<2항(2번)>
雜(◲ㄷ)	{:□·잡}	<1항(1번)>
炙(◲)	{·젹}	<1항(1번)>
敵(◲)	{·뎍}	<1항(1번)>
賊(◲)	{·적}	<1항(1번)>
賊(◲ㄷ)	{:□·적}	<1항(3번)>
賊(◲ㄷ)	{□·적}	<1항(8번)>
積(◲)	{·젹}	<1항(2번)>
積(◲ㄷ)	{□·젹}	<2항(2번)>
績(◲ㄷ)	{·□·젹}	<1항(1번)>
籍(◲)	{·젹}	<1항(1번)>
籍(◲ㄷ)	{:□·젹}	<4항(7번)>
籍(◲ㄷ)	{□·젹}	<2항(2번)>
勣(◲)	{·젹}	<1항(1번)>
勣(◲ㄷ)	{:□·젹}	<1항(1번)>
嫡(◲)	{·뎍}	<1항(1번)>
翟(◲)	{·뎍}	<1항(2번)>
絶(◲)	{·졀}	<1항(1번)>
絶(◲ㄷ)	{·□·졀}	<1항(1번)>
接(◲ㄷ)	{:□·졉}	<12항(19)>
切(◲)	{·졀}	<3항(4번)>
切(◲ㄷ)	{:□·졀}	<2항(2번)>
族(◲)	{·족}	<1항(1번)>
族(◲ㄷ)	{□·족}	<1항(2번)>
族(◲ㄷ)	{·□·족}	<1항(1번)>
卒(◲)	{·졸}	<1항(1번)>
粥(◲)	{·쥭}	<1항(4번)>
汁(◲)	{·즙}	<1항(1번)>
卽(◲)	{·즉}	<1항(1번)>
則$_1$(◲)	{·즉}	<1항(1번)>
直(◲)	{·딕}	<3항(3번)>
直(◲ㄷ)	{□·딕}	<1항(1번)>
織(◲ㄷ)	{·□·직}	<1항(1번)>
稷(◲)	{·직}	<1항(1번)>
稷(◲ㄷ)	{:□·직}	<1항(3번)>
職(◲)	{·직}	<2항(2번)>

秩(◲ㄷ) {:□·딜} <1항(1번)>
疾(◲) {·질} <1항(1번)>
疾(◲ㄷ) {:□·질} <1항(1번)>
集(◲ㄷ) {:□·집} <1항(1번)>
執(◲ㄷ) {·□·집} <1항(1번)>
察(◲ㄷ) {□·찰} <1항(2번)>
察(◲ㄷ) {:□·찰} <2항(2번)>
策(◲ㄷ) {□·칙} <1항(1번)>
責(◲) {·칙} <4항(6번)>
戚(◲) {·쳑} <2항(2번)>
戚(◲ㄷ) {·□·쳑} <1항(1번)>
蹐(◲ㄷ) {·□·쳑} <1항(1번)>
惕(◲) {·텩} <1항(1번)>
哲(◲ㄷ) {□·텰} <2항(3번)>
鐵(◲ㄷ) {□·텰} <1항(1번)>
掣(◲) {·텰} <1항(1번)>
妾(◲) {·쳡} <3항(16번)>
牒(◲ㄷ) {:□·텹} <1항(1번)>
捷(◲ㄷ) {·□·쳡} <2항(2번)>
輒(◲) {·텹} <1항(1번)>
蜀(◲) {·쵹} <1항(2번)>
屬$_2$(◲) {·쵹} <2항(2번)>
屬$_2$(◲ㄷ) {·□·쵹} <2항(2번)>
歜(◲) {·쵹} <1항(2번)>
祝(◲) {·츅} <1항(1번)>
祝(◲ㄷ) {:□·츅} <1항(1번)>
踧(◲) {·츅} <1항(1번)>
蓄(◲ㄷ) {□·튝} <1항(2번)>
則$_2$(◲ㄷ) {:□·측} <5항(13번)>
則$_2$(◲ㄷ) {·□·측} <1항(1번)>
測(◲) {·측} <1항(1번)>
側(◲) {·즉} <2항(2번)>
惻(◲) {·측} <1항(1번)>
漆(◲) {·칠} <2항(2번)>
七(◲) {·칠} <2항(5번)>
託(◲ㄷ) {□·탁} <2항(2번)>
宅(◲ㄷ) {□·틱} <1항(1번)>
宅(◲ㄷ) {·□·틱} <1항(1번)>
澤(◲ㄷ) {□·틱} <1항(1번)>
特(◲ㄷ) {□·특} <4항(5번)>

慝(◲ㄷ)	{□·특}	<4항(8번)>
八(◲)	{·팔}	<2항(2번)>
愎(◲ㄷ)	{□·퍅}	<1항(1번)>
弼(◲)	{·필}	<1항(1번)>
韠(◲)	{·필}	<1항(1번)>
必(◲ㄷ)	{□·필}	<1항(1번)>
疋(◲ㄷ)	{□·필}	<1항(1번)>
乏(◲ㄷ)	{□·핍}	<1항(1번)>
湢(◲)	{·핍}	<2항(2번)>
合(◲)	{·합}	<2항(2번)>
革(◲)	{·혁}	<2항(4번)>
革(◲ㄷ)	{□·혁}	<1항(1번)>
血(◲)	{·혈}	<2항(2번)>
俠(◲ㄷ)	{□·협}	<1항(1번)>
惑(◲)	{·혹}	<2항(2번)>
惑(◲ㄷ)	{□·혹}	<1항(1번)>
笏(◲)	{·홀}	<1항(3번)>
笏(◲ㄷ)	{□·홀}	<1항(1번)>
忽(◲)	{·홀}	<1항(1번)>
確(◲)	{·확}	<1항(1번)>
猾(◲ㄷ)	{□·활}	<1항(1번)>
獲(◲)	{·획}	<1항(1번)>
譎(◲)	{·휼}	<1항(1번)>
恤(◲ㄷ)	{□·휼}	<1항(1번)>
黑(◲)	{·흑}	<1항(2번)>
黑(◲ㄷ)	{·□·흑}	<1항(2번)>

〖 111 〗 ◲⇒{□,·□}(중고한음 입성이 《소학언해》에서 평성과 거성으로), 23자

各(◲)	{각}	<1항(1번)>
各(◲)	{·각}	<3항(11번)>
各(◲ㄷ)	{□각}	<1항(1번)>
各(◲ㄷ)	{·□·각}	<1항(7번)>
穀(◲)	{곡}	<2항(3번)>
穀(◲)	{·곡}	<1항(1번)>
汲(◲)	{급}	<1항(1번)>
汲(◲)	{·급}	<1항(4번)>
祿(◲)	{녹}	<1항(1번)>
祿(◲)	{·녹}	<3항(6번)>
祿(◲)	{·록}	<4항(14번)>
祿(◲ㄷ)	{□·록}	<1항(1번)>

六(◲) {·륙} <1항(1번)>
六(◲ㄷ) {□눅} <1항(1번)>
六(◲ㄷ) {□·눅} <1항(1번)>
滅(◲) {멸} <1항(1번)>
滅(◲) {·멸} <1항(1번)>
滅(◲ㄷ) {□·멸} <2항(2번)>
牧(◲) {목} <1항(1번)>
牧(◲) {·목} <1항(1번)>
牧(◲ㄷ) {□·목} <1항(1번)>
伯(◲) {·빅} <8항(16번)>
伯(◲ㄷ) {□빅} <1항(1번)>
伯(◲ㄷ) {□·빅} <7항(10번)>
伯(◲ㄷ) {:□·빅} <1항(1번)>
伯(◲ㄷ) {·□·빅} <2항(5번)>
辟(◲ㄷ) {:□벽} <1항(1번)>
辟(◲ㄷ) {□·벽} <2항(2번)>
服(◲) {복} <1항(1번)>
服(◲) {·복} <3항(6번)>
服(◲ㄷ) {□·복} <8항(21번)>
服(◲ㄷ) {:□·복} <2항(3번)>
服(◲ㄷ) {·□·복} <1항(1번)>
福(◲) {복} <1항(1번)>
福(◲) {·복} <2항(6번)>
福(◲ㄷ) {□·복} <1항(1번)>
不(◲) {블} <2항(2번)>
不(◲) {·블} <9항(21번)>
北(◲) {븍} <1항(1번)>
北(◲) {·븍} <4항(5번)>
北(◲ㄷ) {□·븍} <1항(2번)>
息(◲ㄷ) {·□·식} <4항(55번)>
息(◲ㄷ) {·□식} <1항(2번)>
識(◲ㄷ) {□식} <1항(1번)>
識(◲ㄷ) {□·식} <1항(2번)>
識(◲ㄷ) {:□·식} <1항(1번)>
樂(◲) {·악} <7항(11번)>
樂(◲ㄷ) {□·악} <1항(8번)>
樂(◲ㄷ) {·□악} <1항(1번)>
日(◲) {·일} <2항(2번)>
日(◲) {·일} <1항(1번)>
日(◲ㄷ) {□일} <1항(1번)>

日(◲ㄷ)	{□·일}	<2항(3번)>
日(◲ㄷ)	{:□·일}	<1항(4번)>
日(◲ㄷ)	{·□·일}	<1항(1번)>
足(◲)	{족}	<1항(1번)>
足(◲)	{·족}	<5항(22번)>
足(◲ㄷ)	{·□·족}	<3항(4번)>
足(◲ㄷ)	{□·족}	<1항(1번)>
竹(◲)	{·듁}	<1항(1번)>
竹(◲ㄷ)	{□듁}	<1항(1번)>
質(◲)	{·질}	<5항(6번)>
質(◲ㄷ)	{□질}	<1항(1번)>
質(◲ㄷ)	{□·질}	<3항(3번)>
質(◲ㄷ)	{·□·질}	<1항(1번)>
冊(◲)	{·칙}	<2항(7번)>
冊(◲)	{칙·에}	<1항(1번)>
學(◲)	{혹}	<1항(1번)>
學(◲)	{·혹}	<17항(30번)>
學(◲ㄷ)	{□·혹}	<1항(1번)>
學(◲ㄷ)	{:□·혹}	<2항(6번)>
學(◲ㄷ)	{·□·혹}	<2항(6번)>
或(◲)	{혹}	<1항(1번)>
或(◲)	{·혹}	<2항(42번)>

〖111〗의 분석☞ 중고한음 ◲ ⇒《소학언해》{□,·□}, 23자

(□>·□ 1자) 穀 <{곡(3), ·곡(1)}>
(·□>□ 21자) 各 <{각(2), ·각(18)}>
祿 <{녹(1), ·록(15)/·녹(6)}>
六 <{뉵(1), ·륙(1)/·뉵(1)}>
牧 <{목(1), ·목(2)}>
伯 <{빅(1), ·빅(32)}>
辟 <{벽(1), ·벽(2)}>
福 <{복(1), ·복(7)}>
服 <{복(1), ·복(31)}>
北 <{븍(1), ·븍(7)}>
息 <{식(2), ·식(55)}>
識 <{식(1), ·식(3)}>
樂 <{악(1), ·악(19)}>
足 <{족(1), ·족(27)}>
冊 <{칙(1), ·칙(7)}>
學 <{혹(1), ·혹(43)}>
或 <{혹(1), ·혹(42)}>

汲 <{급(1), ·급(4)}>
滅 <{멸(1), ·멸(3)}>
不 <{블(2), ·블(21)}>
日 <{일(1), ·일(11)}>
質 <{질(1), ·질(10)}>
(□=·□ 1자) 竹 <{듁(1), ·듁(1)}>

〘 112 〙 ◲⇒{:□,·□}(중고한음 입성이《소학언해》에서 상성 및 거성으로), 5자

石(◲)	{·셕}	<4항(4번)>
石(◲ㄷ)	{:□:셕}	<1항(1번)>
石(◲ㄷ)	{□·셕}	<2항(3번)>
石(◲ㄷ)	{·□·셕}	<2항(8번)>
俗(◲ㄷ)	{□:쇽}	<1항(1번)>
俗(◲ㄷ)	{□·쇽}	<3항(21번)>
俗(◲ㄷ)	{:□·쇽}	<2항(10번)>
肅(◲)	{:슉}	<1항(1번)>
肅(◲)	{·슉}	<1항(1번)>
肅(◲ㄷ)	{□·슉}	<8항(9번)>
肅(◲ㄷ)	{:□·슉}	<2항(2번)>
食(◲)	{·식}	<1항(1번)>
食(◲ㄷ)	{:□:식}	<1항(1번)>
食(◲ㄷ)	{:□·식}	<1항(2번)>
食(◲ㄷ)	{□·셕}	<2항(3번)>
食(◲ㄷ)	{·□·식}	<7항(44번)>
一(◲)	{:일}	<1항(1번)>
一(◲)	{·일}	<5항(17번)>
一(◲)	{·일}	<6항(8번)>
一(◲ㄷ)	{:□·일}	<1항(35번)>
一(◲ㄷ)	{□·일}	<6항(6번)>

〘 112 〙의 분석☞ 중고한음 ◲ ⇒《소학언해》{:□,·□}, 5자
(·□>:□ 5자) 石 <{:셕(1), ·셕(15)}>
俗 <{:쇽(1), ·쇽(31)}>
肅 <{:슉(1), ·슉(12)}>
食 <{:식(1), ·식(50)}>
一 <{:일(1), ·일(66)}>

〘 113 〙 ◲⇒{□,:□,·□}(중고한음 입성이《소학언해》평성, 상성과 거성으로), 6자

答(◲)	{·답}	<1항(1번)>
答(◲ㄷ)	{:□답}	<1항(1번)>
答(◲ㄷ)	{:□:답}	<1항(1번)>

答(◲ㄷ) {:□·답} <15(34번)>
德(◲) {덕} <1항(1번)>
德(◲) {덕·에} <1항(1번)>
德(◲) {:덕} <1항(1번)>
德(◲) {·덕} <6항(36번)>
德(◲ㄷ) {□덕} <1항(1번)>
德(◲ㄷ) {:□·덕} <2항(2번)>
法(◲) {법} <1항(1번)>
法(◲) {:법} <1항(1번)>
法(◲) {·법} <12항(53번)>
法(◲ㄷ) {□·법} <2항(5번)>
法(◲ㄷ) {:□·법} <1항(1번)>
法(◲ㄷ) {·□·법} <1항(2번)>
實(◲) {·실} <12항(16번)>
實(◲ㄷ) {:□실} <1항(1번)>
實(◲ㄷ) {:□:실} <2항(2번)>
實(◲ㄷ) {□·실} <7항(33번)>
實(◲ㄷ) {:□·실} <4항(42번)>
實(◲ㄷ) {·□·실} <6항(7번)>
業(◲) {:업} <1항(1번)>
業(◲) {·업} <2항(3번)>
業(◲ㄷ) {□업} <1항(1번)>
業(◲ㄷ) {:□·업} <2항(3번)>
業(◲ㄷ) {□·업} <1항(1번)>
業(◲ㄷ) {·□·업} <2항(2번)>
節(◲) {·절} <11항(24번)>
節(◲ㄷ) {□절} <1항(1번)>
節(◲ㄷ) {□:절} <1항(1번)>
節(◲ㄷ) {□·절} <8항(19번)>
節(◲ㄷ) {:□·절} <3항(4번)>
節(◲ㄷ) {·□·절} <1항(4번)>

〖113〗의 분석☞ 중고한음 ◲ ⇒《소학언해》{□,:□,·□}, 6자
(·□>□>:□ 1자) 德 <{덕(3), :덕(1), ·덕(38)}>
(·□>:□>□ 1자) 實 <{(1)실, :실(2), ·실(98)}>
(·□>(□=:□) 4자) 節 <{절(1), :절(1), ·절(51)}>
答 <{답(1), :답(1), ·답(35)}>
法 <{법(1), :법(1), ·법(61)}>
業 <{업(1), :업(1), ·업(9)}>

Ⅴ. 중고한음 복수 성조와 《소학언해》 방점의 대응

(7+3+1+1+29+6+4+12+4+2+12+3+11+3+4+6+2+4+1=)115자

〖 301 〗{◱,◰}⇒□(중고한음 평성과 상성이 《소학언해》에서 평성으로), 7자

約({◱,◰})	{구}	<1항(1번)>
胥({◱,◰})	{셔}	<2항(2번)>
燕({◱,◰})	{연}	<1항(1번)>
夭({◱,◰})	{요}	<1항(1번)>
夭({◱,◰}ㄷ)	{□요}	<1항(1번)>
兪({◱,◰})	{유}	<1항(1번)>
兪({◱,◰}ㄷ)	{·□유}	<1항(1번)>
張({◱,◰})	{댱}	<7항(10번)>
張({◱,◰}ㄷ)	{·□댱}	<1항(1번)>
沉({◱,◰}ㄷ)	{□팀}	<1항(2번)>

〖 302 〗{◱,◰}⇒:□(중고한음 평성과 상성이 《소학언해》에서 상성으로), 3자

强({◱,◰})	{:강}	<1항(1번)>
漸({◱,◰})	{:졈}	<2항(3번)>
漸({◱,◰}ㄷ)	{:□:졈}	<1항(2번)>
徵({◱,◰})	{:티}	<1항(1번)>

〖 303 〗{◱,◰}⇒·□(중고한음 평성과 상성이 《소학언해》에서 거성으로), 1자

標({◱,◰})	{·표}	<1항(1번)>

〖 304 〗{◱,◰}⇒{□,:□}(중고한음 평성과 상성이 《소학언해》에서 평성과 상성으로), 1자

長({◱,◰})	{댱}	<3항(4번)>
長({◱,◰})	{:댱}	<5항(6번)>
長({◱,◰}ㄷ)	{□:댱}	<1항(1번)>
長({◱,◰}ㄷ)	{·□댱}	<1항(1번)>

〖 304 〗의 분석☞ 중고한음 {◱,◰} ⇒ 《소학언해》 {□,:□}, 1자

(:□>□ 1자) 長 <{댱(5), :댱(7)}>

〖 305 〗{◱,◳}⇒□(중고한음 평성과 거성이 《소학언해》에서 평성으로), 29자

鑒({◱,◳}ㄷ)	{□감}	<1항(1번)>
供({◱,◳})	{공}	<6항(8번)>
觀({◱,◳}ㄷ)	{□관}	<1항(1번)>
冠$_2$({◱,◳})	{관}	<8항(20번)>
離({◱,◳})	{리}	<1항(2번)>
離({◱,◳}ㄷ)	{□리}	<1항(1번)>
臨({◱,◳})	{림}	<1항(1번)>
臨({◱,◳}ㄷ)	{:□림}	<1항(1번)>

當({◱,◳}ㄷ) {□당} <1항(2번)>
當({◱,◳}ㄷ) {□당} <2항(2번)>
當({◱,◳}ㄷ) {·□당} <1항(2번)>
庭({◱,◳}ㄷ) {□뎡} <1항(1번)>
塩({◱,◳}) {염} <1항(1번)>
觀({◱,◳}) {관} <2항(3번)>
轎({◱,◳}) {교} <1항(1번)>
聞({◱,◳}) {문} <1항(1번)>
思({◱,◳}) {ᄉᆞ} <7항(9번)>
思({◱,◳}ㄷ) {□ᄉᆞ} <2항(2번)>
思({◱,◳}ㄷ) {·□ᄉᆞ} <2항(2번)>
喪({◱,◳}) {상} <5항(19)>
喪({◱,◳}ㄷ) {□상} <5항(37번)>
喪({◱,◳}ㄷ) {:□상} <1항(1번)>
旋({◱,◳}ㄷ) {□션} <1항(1번)>
孫({◱,◳}) {손} <3항(4번)>
孫({◱,◳}ㄷ) {□손} <7항(10번)>
孫({◱,◳}ㄷ) {:□손} <1항(2번)>
孫({◱,◳}ㄷ) {·□손} <2항(20번)>
菴({◱,◳}ㄷ) {:□암} <1항(1번)>
敖({◱,◳}ㄷ) {·□오} <1항(2번)>
譙({◱,◳}) {쵸} <1항(1번)>
治({◱,◳}) {티} <1항(2번)>
稱({◱,◳}ㄷ) {□칭} <1항(2번)>
恒({◱,◳}) {ᄒᆞᆼ} <1항(1번)>
和({◱,◳}) {화} <25항(30번)>
和({◱,◳}ㄷ) {□화} <8항(9번)>
華({◱,◳}) {화} <1항(1번)>
華({◱,◳}ㄷ) {□화} <4항(4번)>
回({◱,◳}) {회} <2항(5번)>
興({◱,◳}) {흥} <3항(3번)>
興({◱,◳}ㄷ) {:□흥} <1항(1번)>
興({◱,◳}ㄷ) {·□흥} <1항(1번)>
遺({◱,◳}) {유} <1항(1번)>
占({◱,◳}) {졈} <1항(1번)>
妻({◱,◳}) {쳐} <2항(9번)>
妻({◱,◳}ㄷ) {□쳐} <1항(2번)>

〖306〗{◱,◳}⇒:□(중고한음 평성과 거성이 《소학언해》에서 상성으로), 6자
教({◱,◳}) {:교} <4항(5번)>

禁({◱,◳}) {:금} <4항(4번)>
聽({◱,◳}) {:텽} <1항(1번)>
盛({◱,◳}) {:셩} <8항(12번)>
盛({◱,◳}ㄷ) {□:셩} <1항(1번)>
勝({◱,◳}ㄷ) {:□:승} <1항(1번)>
援({◱,◳}ㄷ) {:□:원} <1항(2번)>

〖307〗{◱,◳}⇒·□(중고한음 평성과 거성이 《소학언해》에서 거성으로), 4자
爭({◱,◳}ㄷ) {:□·징} <1항(1번)>
調({◱,◳}ㄷ) {·□·됴} <1항(1번)>
驅({◱,◳}) {·구} <1항(1번)>
量({◱,◳}ㄷ) {·□·량} <1항(1번)>

〖308〗{◱,◳}⇒{□,:□}(중고한음 평성과 거성이 《소학언해》 평성과 상성으로), 12자
冠$_1$({◱,◳}ㄷ) {□관} <9항(9번)>
冠$_1$({◱,◳}) {:관} <2항(2번)>
論({◱,◳}) {론} <1항(14번)>
論({◱,◳}) {:론} <1항(1번)>
澹({◱,◰}) {담} <1항(1번)>
澹({◱,◰}ㄷ) {:□:담} <1항(1번)>
分({◱,◳}) {분} <8항(9번)>
分({◱,◳}) {:분} <3항(3번)>
分({◱,◳}ㄷ) {:□:분} <1항(1번)>
分({◱,◳}ㄷ) {·□:분} <1항(1번)>
疏({◱,◳}) {소} <1항(1번)>
疏({◱,◳}ㄷ) {:□:소} <2항(2번)>
雍({◱,◳}) {옹} <1항(1번)>
雍({◱,◳}) {:옹} <3항(3번)>
要({◱,◳}) {요} <5항(7번)>
要({◱,◳}ㄷ) {□요} <2항(3번)>
要({◱,◳}ㄷ) {□:요} <2항(3번)>
怨({◱,◳}) {원} <2항(8번)>
怨({◱,◳}) {:원} <5항(7번)>
應({◱,◳}) {응} <2항(2번)>
應({◱,◳}) {:응} <10항(14번)>
將({◱,◳}) {쟝} <5항(34번)>
將({◱,◳}) {:쟝} <3항(8번)>
將({◱,◳}ㄷ) {:□쟝} <1항(1번)>
將({◱,◳}ㄷ) {·□쟝} <1항(1번)>
傳({◱,◳}) {뎐} <5항(5번)>

傳({◱,◳}) {:뎐} <2항(2번)>
傳({◱,◳}ㄷ) {·□:뎐} <1항(1번)>
戱({◱,◳}) {희} <1항(1번)>
戱({◱,◳}) {:희} <4항(6번)>
〖308〗의 분석☞ 중고한음 {◱,◳}} ⇒ 《소학언해》 {□,:□}, 12자
(□>:□ 7자) 冠$_1$ <{관(9), :관(2)}>
論 <{론(14), :론(1)}>
要 <{요(10), :요(3)}>
怨 <{원(8), :원(7)}>
將 <{쟝(36), :쟝(8)}>
傳 <{뎐(5), :뎐(3)}>
分 <{분(9), :분(5)}>
(:□>□ 4자) 疏 <{소(1), :소(2)}>
雍 <{옹(1), :옹(3)}>
應 <{응(2), :응(14)}>
戱 <{희(1), :희(6)}>
(□=:□ 1자) 澹 <{담(1), :담(1)}>

〖309〗{◱,◳}⇒{□,·□}(중고한음 평성과 거성이 《소학언해》에서 평성과 거성으로), 4자
勞({◱,◳}ㄷ) {□로} <1항(1번)>
勞({◱,◳}ㄷ) {:□·로} <1항(1번)>
衣({◱,◳}) {의} <3항(9번)>
衣({◱,◳}ㄷ) {□의} <2항(2번)>
衣({◱,◳}ㄷ) {:□의} <1항(1번)>
衣({◱,◳}ㄷ) {:□·의} <1항(1번)>
中({◱,◳}) {듕} <9항(16번)>
中({◱,◳}) {·듕} <1항(1번)>
中({◱,◳}ㄷ) {□듕} <5항(7번)>
中({◱,◳}ㄷ) {·□듕} <2항(2번)>
知({◱,◳}) {디} <4항(5번)>
知({◱,◳}) {·디} <1항(1번)>
知({◱,◳}ㄷ) {□디} <3항(3번)>
〖309〗의 분석☞ 중고한음 {◱,◳}} ⇒ 《소학언해》 {□,·□}, 4자
(□>·□ 3자) 中 <{듕(25), ·듕(1)}>
知 <{디(8), ·디(1)}>
衣 <{의(12), ·의(1)}>
(□=·□ 1자) 勞 <{로(1), ·로(1)}>

〖310〗{◱,◳}⇒{:□,·□}(중고한음 평성과 거성이 《소학언해》에서 상성과 거성으로), 2자
著({◱,◳}) {:뎌} <1항(1번)>

著({◱,◳}ㄷ)　{□:뎌}　<1항(1번)>
著({◱,◳}ㄷ)　{:□·뎌}　<1항(1번)>
爲({◱,◳})　{:위}　<12항(39번)>
爲({◱,◳})　{·위}　<1항(1번)>
〚 310 〛의 분석☞ 중고한음 {◱,◳)} ⇒ 《소학언해》 {:□,·□}, 2자
(:□>·□ 2자)　爲 <{:위(39), ·위(1)}>
　著 <{:뎌(2), ·뎌(1)}>

〚 311 〛{◱,◳}⇒{□,:□,·□}(중고한음 평성과 거성이 《소학언해》에서 평성, 상성과 거성으로), 12자

間({◱,◳}ㄷ)　{□간}　<1항(2번)>
間({◱,◳}ㄷ)　{:□간}　<1항(5번)>
間({◱,◳}ㄷ)　{·□간}　<1항(1번)>
間({◱,◳}ㄷ)　{□:간}　<1항(2번)>
間({◱,◳}ㄷ)　{·□·깐}　<1항(1번)>
難({◱,◳})　{:난}　<1항(1번)>
難({◱,◳}ㄷ)　{□난}　<9항(17번)>
難({◱,◳}ㄷ)　{□:난}　<1항(1번)>
難({◱,◳}ㄷ)　{:□:난}　<2항(2번)>
難({◱,◳}ㄷ)　{·□:난}　<1항(1번)>
難({◱,◳}ㄷ)　{:□·난}　<1항(1번)>
令({◱,◳})　{:령}　<4항(11번)>
令({◱,◳})　{·령}　<3항(5번)>
令({◱,◳}ㄷ)　{·□녕}　<1항(1번)>
令({◱,◳}ㄷ)　{□·령}　<2항(2번)>
令({◱,◳}ㄷ)　{:□·령}　<2항(5번)>
論({◱,◳}ㄷ)　{:□론}　<9항(10번)>
論({◱,◳}ㄷ)　{:□논}　<2항(2번)>
論({◱,◳}ㄷ)　{·□론}　<4항(4번)>
論({◱,◳}ㄷ)　{:□:론}　<2항(2번)>
論({◱,◳}ㄷ)　{:□·논}　<1항(1번)>
論({◱,◳}ㄷ)　{:□·론}　<3항(4번)>
相({◱,◳})　{샹}　<1항(1번)>
相({◱,◳})　{·샹}　<4항(5번)>
相({◱,◳}ㄷ)　{□샹}　<1항(1번)>
相({◱,◳}ㄷ)　{:□샹}　<1항(2번)>
相({◱,◳}ㄷ)　{·□샹}　<1항(1번)>
相({◱,◳}ㄷ)　{:□:샹}　<1항(4번)>
相({◱,◳}ㄷ)　{·□:샹}　<1항(1번)>
相({◱,◳}ㄷ)　{□·샹}　<1항(1번)>

相({◱,◳}ㄷ)　{:□·샹}　<4항(12번)>
任({◱,◳})　{임}　<1항(1번)>
任({◱,◳}ㄷ)　{·□임}　<2항(5번)>
任({◱,◳}ㄷ)　{:□:임}　<1항(2번)>
任({◱,◳}ㄷ)　{·□:임}　<1항(1번)>
任({◱,◳}ㄷ)　{:□·임}　<1항(10번)>
正({◱,◳})　{졍}　<1항(1번)>
正({◱,◳})　{:졍}　<20항(49번)>
正({◱,◳}ㄷ)　{□졍}　<1항(1번)>
正({◱,◳}ㄷ)　{□:졍}　<13항(21번)>
正({◱,◳}ㄷ)　{·□:졍}　<5항(7번)>
正({◱,◳}ㄷ)　{□·졍}　<2항(2번)>
正({◱,◳}ㄷ)　{:□·졍}　<1항(1번)>
正({◱,◳}ㄷ)　{·□·졍}　<3항(3번)>
當({◱,◳})　{당}　<7항(11번)>
當({◱,◳})　{:당}　<1항(1번)>
當({◱,◳})　{·당}　<2항(2번)>
尙({◱,◳})　{샹}　<1항(1번)>
尙({◱,◳})　{:샹}　<2항(4번)>
尙({◱,◳})　{·샹}　<1항(1번)>
尙({◱,◳}ㄷ)　{□·샹}　<4항(5번)>
便({◱,◳})　{편}　<15항(23번)>
便({◱,◳}ㄷ)　{□:편}　<1항(3번)>
便({◱,◳}ㄷ)　{·□편}　<1항(1번)>
便({◱,◳})　{·편}　<2항(2번)>
行({◱,◳})　{힝}　<22항(41번)>
行({◱,◳})　{:힝}　<4항(37번)>
行({◱,◳})　{·힝}　<1항(2번)>
行({◱,◳}ㄷ)　{□힝}　<4항(6번)>
行({◱,◳}ㄷ)　{·□힝}　<1항(1번)>
行({◱,◳}ㄷ)　{·□:힝}　<1항(2번)>
行({◱,◳}ㄷ)　{·□·힝}　<1항(2번)>
號({◱,◳}ㄷ)　{:□호}　<1항(1번)>
號({◱,◳}ㄷ)　{□:호}　<2항(7번)>
號({◱,◳}ㄷ)　{:□:호}　<1항(9번)>
號({◱,◳}ㄷ)　{·□:회}　<1항(1번)>
號({◱,◳}ㄷ)　{:□·호}　<2항(10번)>
號({◱,◳}ㄷ)　{□·호)　<1항(3번)>
號({◱,◳}ㄷ)　{·□·호}　<1항(1번)>

〖311〗의 분석☞ 중고한음 {◱,◳)} ⇒ 《소학언해》 {□,:□,·□}, 12자

(□>:□>·□ 4자) 間 <{간(8), :간(2), ·깐(1)}>
難 <{난(17), :난(5), ·난(1)}>
便 <{편(24), :편(3), ·편(2)}>
行 <{힝(48), :힝(39), ·힝(4)}>
(□>·□>:□ 2자) 論 <{론(14)/논(2), :론(2), ·론(4)/·논(1)}>
當 <{당(11), :당(1), ·당(2)}>
(:□>·□>□ 2자) 正 <{졍(1), :졍(77), ·졍(6)}>
號 <{호(1), :호(16)/:회(1), ·호(14)}>
(·□>□>:□ 1자) 任 <{임(6), :임(3), ·임(10)}>
(·□>:□>□ 2자) 令 <{령(1), :령(11), ·령(12)}>
尙 <{샹(1), :샹(4), ·샹(6)}>
(·□>(□=:□) 1자) 相 <{샹(5), :샹(5), ·샹(18)}>

⟦ 312 ⟧ {◱,◳}⇒□(중고한음 상성과 거성이 《소학언해》에서 평성으로), 3자
兩({◱,◳}ㄷ) {·□량} <1항(1번)>
飯({◱,◳}ㄷ) {·□반} <1항(6번)>
載({◱,◳}) {진} <1항(1번)>

⟦ 313 ⟧ {◱,◳}⇒:□(중고한음 상성과 거성이 《소학언해》에서 상성으로), 11자
甚({◱,◳}) {:심} <10항(18번)>
少({◱,◳}) {:쇼} <3항(8번)>
少({◱,◳}) {:쇼} <3항(8번)>
藹({◱,◳}) {:애} <1항(1번)>
遠({◱,◳}) {:원} <1항(1번)>
斂({◱,◳}ㄷ) {□:렴} <1항(1번)>
養({◱,◳}ㄷ) {□:양} <6항(8번)>
養({◱,◳}ㄷ) {:□:양} <4항(4번)>
語({◱,◳}ㄷ) {□:어} <1항(14번)>
轉({◱,◳}ㄷ) {□:뎐} <2항(2번)>
娣({◱,◳}) {:제} <1항(1번)>
濟({◱,◳}) {:졔} <1항(1번)>
處({◱,◳}) {:쳐} <7항(8번)>
處({◱,◳}ㄷ) {□:쳐} <1항(1번)>
處({◱,◳}ㄷ) {·□:쳐} <1항(1번)>

⟦ 314 ⟧ {◱,◳}⇒ · □(중고한음 상성과 거성이 《소학언해》에서 거성으로), 3자
壽({◱,◳}) {·슈} <2항(4번)>
壽({◱,◳}ㄷ) {□·슈} <3항(4번)>
壽({◱,◳}ㄷ) {□·슈} <2항(2번)>
采({◱,◳}) {·치} <2항(2번)>

趣({巳,㔾}ㄷ) {·□·츼} <1항(1번)>

〚315〛{巳,㔾}⇒{:□,·□}(중고한음 상성과 거성이 《소학언해》에서 상성과 거성으로), 4자

數({巳,㔾}ㄷ) {·□:수} <1항(1번)>
數({巳,㔾}) {·수} <1항(2번)>
養({巳,㔾}) {:양} <1항(4번)>
養({巳,㔾}ㄷ) {:□:양} <11항(16번)>
養({巳,㔾}ㄷ) {:□·양} <2항(2번)>
飮({巳,㔾}) {:음} <6항(43번)>
飮({巳,㔾}) {·음} <1항(1번)>
飮({巳,㔾}ㄷ) {:□:음} <1항(2번)>
每({巳,㔾}) {:ᄆᆡ} <5항(27)>
每({巳,㔾}) {·ᄆᆡ} <1항(1번)>

〚315〛의 분석☞ 중고한음 {巳,㔾)} ⇒《소학언해》{:□,·□}, 4자

(:□>·□ 1자) 飮 <{:음(45), ·음(1)}>
養 <{:양(20), ·양(2)}
每 <{:뎨(27), ·뎨(1)}>
(·□>:□ 1자) 數 <{:수(1), ·수(2)}>

〚316〛{巳,㔾}⇒{□,:□,·□}(중고한음 상성과 거성이 《소학언해》에서 평성, 상성과 거성으로), 6자

斷({巳,㔾}ㄷ) {□:단} <1항(1번)>
斷({巳,㔾}ㄷ) {:□·단} <1항(1번)>
斷({巳,㔾}ㄷ) {·□단} <1항(1번)>
斷({巳,㔾}ㄷ) {·□:단} <2항(3번)>
斷({巳,㔾}ㄷ) {·□·단} <1항(1번)>
使({巳,㔾}ㄷ) {□ᄉᆞ} <1항(1번)>
使({巳,㔾}ㄷ) {:□ᄉᆞ} <1항(1번)>
使({巳,㔾}ㄷ) {:□:ᄉᆞ} <2항(3번)>
使({巳,㔾}ㄷ) {·□:ᄉᆞ} <3항(4번)>
使({巳,㔾}ㄷ) {□·ᄉᆞ} <1항(2번)>
上({巳,㔾}) {:샹} <9항(20번)>
上({巳,㔾}ㄷ) {·□샹} <1항(1번)>
上({巳,㔾}ㄷ) {□:샹} <1항(1번)>
上({巳,㔾}ㄷ) {:□:샹} <1항(6번)>
上({巳,㔾}ㄷ) {·□:샹} <1항(2번)>
上({巳,㔾}ㄷ) {:□·샹} <1항(7번)>
上({巳,㔾}ㄷ) {·□·샹} <1항(6번)>
樣({巳,㔾}) {양} <2항(3번)>
樣({巳,㔾}ㄷ) {:□양} <1항(8번)>

樣({◰,◳}ㄷ) {□:양} <1항(3번)>
樣({◰,◳}ㄷ) {:□:양} <1항(5번)>
樣({◰,◳}ㄷ) {:□·양} <1항(8번)>
樣({◰,◳}ㄷ) {·□·양} <1항(1번)>
弟({◰,◳}) {뎨} <1항(1번)>
弟({◰,◳}ㄷ) {□뎨} <1항(1번)>
弟({◰,◳}) {:뎨} <3항(19번)>
弟({◰,◳}ㄷ) {□:뎨} <3항(31번)>
弟({◰,◳}ㄷ) {:□:뎨} <1항(1번)>
弟({◰,◳}ㄷ) {·□:뎨} <1항(16)>
弟({◰,◳}) {·뎨} <2항(2번)>
弟({◰,◳}ㄷ) {□·뎨} <2항(3번)>
弟({◰,◳}ㄷ) {·□·뎨} <1항(1번)>
下({◰,◳}) {:하} <5항(11번)>
下({◰,◳}ㄷ) {□하} <2항(3번)>
下({◰,◳}ㄷ) {□:하} <2항(40번)>
下({◰,◳}ㄷ) {:□:하} <3항(4번)>
下({◰,◳}ㄷ) {·□:하} <1항(1번)>
下({◰,◳}ㄷ) {□·하} <3항(32번)>
下({◰,◳}ㄷ) {·□·하} <1항(1번)>

〖316〗의 분석☞ 중고한음 {◰,◳}} ⇒《소학언해》{□,:□,·□}, 6자
(□>·□>:□ 1자) 樣 <{양(11), :양(8), ·양(9)}>
(:□>·□>□ 3자) 斷 <{단(1), :단(4), ·단(2)}>
上 <{샹(1), :샹(29), ·샹(13)}>
弟 <{뎨(2), :뎨(67), ·뎨(6)}>
下 <{하(3), :하(56), ·하(33)}>
(:□>□=·□ 2자) 使$_1$ <{ᄉᆞ(2), :ᄉᆞ(7), ·ᄉᆞ(2)}>

〖317〗{◱,◰,◳}⇒□(중고한음 평성, 상성과 거성이《소학언해》에서 평성으로), 2자
空({◱,◰,◳}) {공} <1항(1번)>
與({◱,◰,◳}) {여} <3항(4번)>

〖318〗{◱,◰,◳}⇒:□(중고한음 평성, 상성과 거성이《소학언해》에서 상성으로), 4자
淡({◱,◰,◳})[86] {:담} <2항(2번)>
縱({◰,◱,◳}) {:쇄} <2항(4번)>
重({◱,◰,◳}) {:듕} <12항(18번)>
重({◱,◰,◳}ㄷ) {□:듕} <1항(1번)>
重({◱,◰,◳}ㄷ) {:□:듕} <2항(3번)>

86) 淡(물 맑을 담◱; 싱거울 담◰; 묽을 담◳).

重({◱,◰,◳}ㄷ) {·□:듕} <1항(1번)>
施({◱,◰,◳}ㄷ) {·□:이} <1항(1번)>

〚 319 〛{◱,◰,◳}⇒{□,:□,·□}(중고한음 평성, 상성과 거성이 《소학언해》에서 평성, 상성과 거성으로), 1자
卷({◱,◰,◳}) {권} <1항(1번)>
卷({◱,◰,◳}) {·권} <1항(1번)>
卷({◱,◰,◳}) {:권} <1항(1번)>
卷({◱,◰,◳}ㄷ) {·□:권} <1항(1번)>
〚 319 〛의 분석☞ 중고한음 {◱,◰,◳)} ⇒ 《소학언해》 {□,:□,·□}, 1자
(:□>(□=·□) 1자) 卷 <{권(1), :권(2), ·권(1)}>

6.3.5 중고한음 4성과 《소학언해》 한자형태소 성조의 대응관계의 분석

이제 (910)〚 001 〛 ~ 〚 319 〛에서 구체적인 자료를 줄이고 중고한음 4성이 《소학언해》에 반영된 계량적인 특성을 밝히기로 한다.

(911) 중고한음 평성(◱)이 《소학언해》 방점에 반영된 모습

① 〚 001 〛 중고한음 ◱ ⇒ 소학언해 □	462자	(87.01%)
② 〚 004 〛 중고한음 ◱ ⇒ 소학언해 {□>:□}	9자	(1.69%)
③ 〚 005 〛 중고한음 ◱ ⇒ 소학언해 {□>·□}	28자	(5.27%)
④ 〚 004 〛 중고한음 ◱ ⇒ 소학언해 {□=:□}	1/2자	(0.09%)
⑤ 〚 005 〛 중고한음 ◱ ⇒ 소학언해 {□=·□}	2/2자	(0.19%)
⑥ 〚 006 〛 중고한음 ◱ ⇒ 소학언해 {□>·□>:□}	1자	(0.19%)
⑦ 〚 006 〛 중고한음 ◱ ⇒ 소학언해 {□>(:□=·□)}	2자	(0.38%)
❶ 소계	503.5자	(94.82%)
⑧ 〚 002 〛 중고한음 ◱ ⇒ 소학언해 :□	7자	(1.32%)
⑨ 〚 004 〛 중고한음 ◱ ⇒ 소학언해 {:□>□}	3자	(0.56%)
⑩ 〚 004 〛 중고한음 ◱ ⇒ 소학언해 {:□=□}	1/2자	(0.09%)
❷ 소계	10.5자	(1.98%)
⑪ 〚 003 〛 중고한음 ◱ ⇒ 소학언해 ·□	12자	(2.26%)
⑫ 〚 005 〛 중고한음 ◱ ⇒ 소학언해 {·□=□}	2/2자	(0.19%)
⑬ 〚 005 〛 중고한음 ◱ ⇒ 소학언해 {·□>□}	3자	(0.56%)
⑭ 〚 006 〛 중고한음 ◱ ⇒ 소학언해 {·□>□>:□)}	1자	(0.19%)
❸ 소계	17자	(3.20%)
❹ 부분 합계(=❷+❸)	27.5자	(5.17%)
총계(=❶+❷+❸)	531자	(100.0%)

먼저 우리는 〖001〗~〖319〗와 같이 형식화된 자료를 어떤 방법으로 계량화할 것인가에 대한 원칙을 정해 놓지 않으면 안 된다. (911)①은 중고한음 4성에서 중세 국어로의 반영의 관계가 1대1이므로 계산하는 데에 아무런 문제가 발생하지 않는다. 중고한음 평성(◱)이 《소학언해》에서 평성(□)으로 반영되는 한자가 462자인 것으로 계산하면 되고, 이 462자는 (911)의 가장 아랫줄 총계에 나와 있는 것처럼 531자 중의 462자이므로 백분율로 계산하면 87.01%이다. 백분율은 설명하는 데에 필요하지 않으면 줄일 수도 있다.

같은 방법으로 (911)⑧과 (911)⑪은 각각 중고한음 평성(◱)이 소학언해에서 상성(:□)으로 7자(1.32%), 거성(·□)으로 12자(2.26%)로 반영된 것으로 간단하게 처리할 수 있다. 이들도 중고한음 4성과 소학언해 방점이 1대1로 반영되었기 때문이다.

그러나 (911)②~⑦, ⑨, ⑩, ⑫~⑭는 중고한음 4성에서 《소학언해》 방점으로의 반영의 관계가 1대다(一對多)이므로 계산의 원칙을 정해 놓지 않으면 큰 혼란이 생길 수밖에 없다. 임의의 방점(/성조) A, B, C와 등호 '='와 부등호 '>' '<'로 이루어지는 관계는 A>B, A=B, A<B, A>B>C, A<B<C, A>(B=C), (A=B)<C, …, 등이 있을 수가 있다. 잘 정리된 자료에서 임의의 한자의 방점이 A와 B의 두 가지 방점으로 나타나되, A로 나타나는 번수가 B로 나타나는 번수보다 많으면 A>B 또는 B<A로 표시하고, B로 나타나는 번수가 A로 나타나는 번수보다 많으면 A<B 또는 B>A로 표시하며, A로 나타나는 번수와 B로 나타나는 번수가 같으면 A=B 또는 B=A로 표시한다. 구체적으로 (911)②는 중고한음 평성(◱)이 《소학언해》에서 평성(□)과 상성(:□)으로 나타나되, 평성(□)의 번수가 상성(:□)의 번수보다 더 많으므로 '□>:□'으로 표시했다.

(911)④에서는 '□=:□'가 나타나는데, 이것은 중고한음 평성(◱)이 소학언해에서 평성(□)과 상성(:□)으로 나타나되, 그 나타나는 번수가 같음을 뜻한다. '□>:□'은 ':□<□'으로, '□=:□'은 ':□=□'으로 계산의 편이를 위해 경우에 따라 바꿔 쓸 수도 있다.

(911)②는 '□>:□'의 관계로 나타나는 한자가 9자임을 가리키고 있다. 문제는 이 9자를 ⑴하나하나 따져서 각각 '몇 대 몇'으로 계산해서 처리하느냐, 그렇지 않으면 ⑵아예 이런 한자를 모두 골라내어 계산을 하지 않고 버리느냐, 그렇지 않으면 ⑶우세한 쪽만 계산하고 열세인 쪽은 무시하느냐 등에서 하나를 골라서 계산할 수가 있다. ⑴은 얼른 보기에는 합리적으로 보일지 모르지만, 계산이 너무 복잡하고, 또 자료의 범위를 같은 시대의 다른 문헌에까지 넓히면 또 다른 결과가 올 수도 있기 때문에 사실상 쉽게 택할 방안이 될 수가 없다. ⑵의 경우는 자료를 지나치게 좁히는 결과가 되고, 이렇게 하면 (910)에서 사용 가능한 것은 (910)①, ⑧, ⑪만 남게 된다. ⑴이나 ⑵와 같은 극단적인 방안은 버리고, ⑶을 따르기로 한다.

(3)의 경우는 A>B의 관계로 나타나는 한자가 9자이면 9자 전체가 A로만 계산되기 때문에 부정확한 계산 방법이지만, 다른 자료에서 B>C가 나타날 수가 있기 때문에 여기에서는 B가 계산되므로 앞서 잃었던 손실을 만회하게 된다. 그리고 A>B에서 어느 정도 부당한 이익을 가졌던 A도 다른 경우 A<C와 같은 경우가 나타날 수 있기 때문에 A도 손실을 볼 수가 있다. 이런 관점에서 자료 전체를 놓고 우세한 쪽만을 계산에 넣은 결과는 미세한 계산을 거친 결과와 동일하지는 않더라도 거의 전자가 후자에 접근하는 결과가 이루어진다.

A=B와 같은 경우는 이러한 관계에 있는 글자의 수를 동등하게 양분하여 가산하는 방법을 택하기로 한다. (911)④는 '□=:□ 1/2자'로, (911)⑩은 ':□=□ 1/2자'로 나타난다. 이것은 본래 '□=:□ 1자'였던 것을 둘로 쪼개서 '1/2자'는 평성(□)으로, '1/2'자는 상성(:□)으로 계산한 것이다.

이제 계산 방법에 대한 설명은 줄이고 계산 원칙을 제시한다.

(912) 두 언어(/방언)의 성조(/권발, 방점) 대응에 대한 계산 원칙

ㄱ. 'A>B x자'의 관계로 이루어진 것은 x자를 A의 글자 수에 가산한다.

ㄴ. 'A=B x자'의 관계로 이루어진 것은 A에도 $x/2$자, B에도 $x/2$자를 각각 가산한다.

ㄷ. 'A>B>C x자'의 관계로 이루어진 것은 A에만 x자를 가산한다.

ㄹ. 'A>(B=C) x자'의 관계로 이루어진 것은 A에만 x자를 가산한다.

ㅁ. '(A=B)>C x자'의 관계로 이루어진 것은 A에도 $x/2$자, B에도 $x/2$자를 각각 가산한다.

ㅂ. 그 밖의 관계로 나타나는 경우에는 ㄱ～ㅁ에 준하여 계산한다.

(911)⑧～⑩,❷를 보면, 중고한음 평성(◱) 531자 중에서 《소학언해》에서 상성(:□)으로 반영된 것 7자(1.32%)와 상성으로 기울게 반영된 것 3자(0.56%)와 상성과 평성이 같은 비율로 나타나는 것 (1/2=)0.5자(0.09%)를 합치면, 10.5자(1.98%)이다. 또 (911)⑪～⑭,❸을 보면, 중고한음 평성(◱) 531자 중에서 《소학언해》에서 거성(·□)으로 반영된 것 12자(2.26%)와 거성으로 기울게 반영된 것 3자(0.56%)와 거성과 평성이 같은 비율로 나타나는 것 (2/2=)1자(0.19%)를 합치면, 17자(3.20%)이다. 상성으로 반영된 것 (911)❷와 거성으로 반영된 것 (911)❸을 합쳐도 27.5자(5.17%)로 근소한 수치에 지나지 않는다.

이에 대하여 중고한음 평성(◱) 531자 중에서 《소학언해》에서 평성(□)으로 반영된 것 462자(87.01%)와 평성으로 기울게 반영된 것 40.5자(7.62%)와 평성과 측성이 같은 비율로 나타나는 것 1자(0.19%)를 합치면, 503.5자(94.82%)이며, 이는 압도적인 다수이다.

다음 (913)은 중고한음 상성(◰)에서 《소학언해》 방점으로 반영된 모습이다.

(913) 중고한음 상성(◰)이 《소학언해》 방점에 반영된 모습

항목	대응	자수	비율
①〖201〗	중고한음 ◰ ⇒ 소학언해 □	14자	(5.47%)
②〖205〗	중고한음 ◰ ⇒ 소학언해 □>·□	1자	(0.39%)
③〖204〗	중고한음 ◰ ⇒ 소학언해 □=:□	3/2자	(0.59%)
❶ 소계		16.5자	(6.45%)
④〖202〗	중고한음 ◰ ⇒ 소학언해 :□	124자	(48.44%)
⑤〖204〗	중고한음 ◰ ⇒ 소학언해 :□>□	9자	(3.52%)
⑥〖204〗	중고한음 ◰ ⇒ 소학언해 :□=□	3/2자	(0.59%)
⑦〖206〗	중고한음 ◰ ⇒ 소학언해 :□>·□	23자	(8.99%)
⑧〖207〗	중고한음 ◰ ⇒ 소학언해 :□>·□>□	8자	(3.13%)
⑨〖206〗	중고한음 ◰ ⇒ 소학언해 :□=·□	4/2자	(0.78%)
⑩〖207〗	중고한음 ◰ ⇒ 소학언해 :□>(□=·□)	2자	(0.78%)
⑪〖207〗	중고한음 ◰ ⇒ 소학언해 (:□=·□)>□	1/2자	(0.20%)
❷ 소계		170자	(66.41%)
⑬〖203〗	중고한음 ◰ ⇒ 소학언해 ·□	48자	(18.75%)
⑭〖206〗	중고한음 ◰ ⇒ 소학언해 ·□>:□	7자	(2.73%)
⑮〖205〗	중고한음 ◰ ⇒ 소학언해 ·□>□	10자	(3.91%)
⑯〖207〗	중고한음 ◰ ⇒ 소학언해 (·□=:□)>□	1/2자	(0.20%)
⑰〖207〗	중고한음 ◰ ⇒ 소학언해 ·□>□>:□	1자	(0.20%)
⑱〖207〗	중고한음 ◰ ⇒ 소학언해 ·□>(□=:□)	1자	(0.20%)
⑲〖206〗	중고한음 ◰ ⇒ 소학언해 ·□=:□	4/2자	(0.78%)
❸ 소계		69.5자	(27.15%)
❹ 부분 합계(=❷+❸)		239.5자	(93.55%)
총계(=❶+❹)		256자	(100.0%)

(913)을 잘 살펴보면, 첫째로 중고한음 상성(◰) 256자 중에서 《소학언해》에서 상성(:□)으로 반영된 것 124자와 상성으로 기울게 반영된 것 (9+23+8+2=)42자와 상성과 다른 성조가 같은 비율로 반영된 것 (3/2+4/2+1/2=)4자를 합치면 170자(66.41%)이다. 둘째로 중고한음 상성(◰) 256자 중에서 《소학언해》에서 거성(·□)으로 반영된 것 48자와 거성으로 기울게 반영된 것 (7+10+1+1=)19자와 거성과 다른 성조가 동일하게 반영된 것 (1/2+4/2=)2.5자를 합치면, 69.5자(27.15%)이다. 첫째와 둘째를 모두 합치면 (❷+❸=)(170+69.5자=)239.5자(93.55%)이다.

(911)❶에서 평성(◱)이 평성(□)으로 반영된 비율이 94.82%였던 것에 비하면, (913)❷에서 상성(◰)이 상성(:□)으로 반영된 비율이 66.41%밖에 되지 않는다는 것은 이 두 가지 반영 사이에 나타나는 두드러진 불균형이라 할 수 있다. 이러한 불균형은 한자어 4성이 우리말의 3성조 체계에 동화되는 과정이 자연스럽게 이루어지도록 두지 않고 어떤 인위적인 힘이 가해진 것이 아닌가 하는 의문을 가지지 않을 수 없게 해 준다. 그리고 (913)❸에서 상성(◰)이 거성(·□)으로 반영된 비율이 69.5자(27.15%)라는 것도 눈여겨보아야 할 현상이며,

상성으로 반영된 170자(66.41%), 거성으로 반영된 69.5자(27.15%)를 합치면 239.5자(93.55%)((913)❹(=❷+❸)을 참조.)가 되며, 이는 평성(◱)이 평성(□)으로 반영된 비율 94.82%((911)❶을 참조.)에 거의 접근하고 있다는 점에서 흥미롭다. 한자음의 4성이 우리말의 3성조에 동화되는 과정에서 나타난 더 종합적이 결론은 (914)와 (918)을 검토한 다음에 내리기로 한다.

(914) 중고한음 거성(◳)이 《소학언해》 방점에 반영된 모습

① 〖101〗	중고한음 ◳ ⇒ 소학언해 □	19자	(6.15%)
② 〖104〗	중고한음 ◳ ⇒ 소학언해 □>:□	3자	(0.97%)
③ 〖105〗	중고한음 ◳ ⇒ 소학언해 □>·□	1자	(0.32%)
④ 〖104〗	중고한음 ◳ ⇒ 소학언해 □=:□	7/2자	(1.13%)
⑤ 〖107〗	중고한음 ◳ ⇒ 소학언해 □>:□>·□	1자	(0.32%)
⑥ 〖107〗	중고한음 ◳ ⇒ 소학언해 □>·□>:□	1자	(0.32%)
❶ 소계		28.5자	(9.22%)
⑦ 〖102〗	중고한음 ◳ ⇒ 소학언해 :□	143자	(46.28%)
⑧ 〖104〗	중고한음 ◳ ⇒ 소학언해 :□>□	16자	(5.18%)
⑨ 〖106〗	중고한음 ◳ ⇒ 소학언해 :□>·□	30자	(9.71%)
⑩ 〖107〗	중고한음 ◳ ⇒ 소학언해 :□>□>·□	1자	(0.32%)
⑪ 〖107〗	중고한음 ◳ ⇒ 소학언해 :□>·□>□	10자	(3.24%)
⑫ 〖107〗	중고한음 ◳ ⇒ 소학언해 :□>(□=·□)	4자	(1.29%)
⑬ 〖104〗	중고한음 ◳ ⇒ 소학언해 :□=□	7/2자	(1.13%)
⑭ 〖106〗	중고한음 ◳ ⇒ 소학언해 :□=·□	12/2자	(1.94%)
❷ 소계		213.5자	(69.09%)
⑮ 〖103〗	중고한음 ◳ ⇒ 소학언해 ·□	43자	(13.92%)
⑯ 〖105〗	중고한음 ◳ ⇒ 소학언해 ·□>□	4자	(1.29%)
⑰ 〖106〗	중고한음 ◳ ⇒ 소학언해 ·□>:□	8자	(2.59%)
⑱ 〖107〗	중고한음 ◳ ⇒ 소학언해 ·□>□>:□	3자	(0.97%)
⑲ 〖107〗	중고한음 ◳ ⇒ 소학언해 ·□>:□>□	1자	(0.32%)
⑳ 〖107〗	중고한음 ◳ ⇒ 소학언해 ·□>(□=:□)	2자	(0.65%)
㉑ 〖106〗	중고한음 ◳ ⇒ 소학언해 ·□=:□	12/2자	(1.94%)
❸ 소계		67자	(21.68%)
❹ 부분 합계(=❷+❸)		280.5자	(90.78%)
총계((=❶+❹))		309자	(100.0%)

(914)❶을 보면, 중고한음 거성(◳) 309자 중에서 《소학언해》에서 평성(□)으로 반영된 것은 28.5자(9.22%)이다. 이것은 (913)❶에서 중고한음 상성(◰) 256자 중에서 《소학언해》에서 평성(□)으로 반영된 것이 16.5자(6.45%)로 나타나는 것과 약간의 차이가 있으나 큰 차이는 아니다.

(914)를 보면, 중고한음 거성(◳) 309자 중에서 《소학언해》에서 상성(:□)으로 반영된 것 143자와 상성으로 기울게 반영된 것 (16+30+1+10+4=)61자와 상성이 다른 성조와 같은 비율

로 반영된 것 (7/2+12/2=)9.5자를 합치면 (914)❷에서 보는 바와 같이 213.5자(69.09%)이다.

또 중고한음 거성(◳) 309자 중에서 《소학언해》에서 거성(·□)으로 반영된 것 43자와 거성으로 기울게 반영된 것 (4+8+3+1+2=)18자와 거성과 다른 성조와 같은 비율로 반영된 것 (12/2=)6자를 합치면, 67자(21.68%)이다. (911)❶에서 평성(◱)이 평성(□)으로 반영된 비율이 503.5자(94.82%)였던 것에 비하면 (914)❸에서 거성(◳)이 거성(·□)으로 반영된 것 67자(21.68%)는 지나친 불균형임을 확인해 두고, 이번에는 중고한음 입성(◲)이 《소학언해》에 어떻게 반영되는가를 확인하기로 하자.

(915) 중고한음 입성(◲)이 《소학언해》 방점에 반영된 모습

반영	자수 (비율)
①〚108〛 중고한음 ◲ ⇒ 소학언해 □	8자 (3.03%)
②〚111〛 중고한음 ◲ ⇒ 소학언해 □>·□	1자 (0.38%)
③〚111〛 중고한음 ◲ ⇒ 소학언해 □=·□	1/2자 (0.19%)
❶ 소계 (중고한음 ◲ ⇒ 소학언해 □)	9.5자 (3.60%)
④〚109〛 중고한음 ◲ ⇒ 소학언해 :□	2자 (0.76%)
❷ 소계 (중고한음 ◲ ⇒ 소학언해 :□)	2자 (0.76%)
⑤〚110〛 중고한음 ◲ ⇒ 소학언해 ·□	220자 (83.33%)
⑥〚111〛 중고한음 ◲ ⇒ 소학언해 ·□>□	21자 (7.95%)
⑦〚112〛 중고한음 ◲ ⇒ 소학언해 ·□>:□	5자 (1.90%)
⑧〚113〛 중고한음 ◲ ⇒ 소학언해 ·□>□>:□	1자 (0.38%)
⑨〚113〛 중고한음 ◲ ⇒ 소학언해 ·□>:□>□	1자 (0.38%)
⑩〚113〛 중고한음 ◲ ⇒ 소학언해 ·□>(□=:□)	4자 (1.51%)
⑪〚111〛 중고한음 ◲ ⇒ 소학언해 ·□=□	1/2자 (0.19%)
❸ 소계 (중고한음 ◲ ⇒ 소학언해 ·□)	252.5자 (95.64%)
❹ 부분합계(=❷+❸)	254.5자 (96.40%)
총계(=❶+❷+❸)	264자 (100.0%)

(915)를 잘 살펴보면, 중고한음 입성(◲) 264자 중에서 《소학언해》에서 평성(□)으로 반영된 것 8자와 평성으로 기울게 반영된 것 1자와 평성과 거성이 같은 비율로 반영된 것 1/2자 합치면 9.5자(3.60%)이다.[87]

입성(◲) 264자 중에서 위와 같은 예외적인 반영은 극소수이고, 압도적인 다수인 220자

87) 이들 중에서 2자(褥/요/, 襆/보ㅎ/)는 우리말 안에서 이미 한자어 입성 종성 [k˺, l˺, p˺]을 가지고 있지 않기 때문에 어원적으로는 중고한음에서 입성이었지만, 이미 1580년대 말 우리말 토박이에게는 한자어로 느껴지지 않았을 것이라 생각된다. 그리고 醋({◳,◲})은 중고한음에서 입성(◲)으로서의 인연은 끊어지고, 거성(◳)으로 변한 상태에서 우리말에 들어와서 평성(□)으로 반영된 것으로 보인다. 醋({◳,◲})은 16세기말과 현대 우리말에서 입성의 영향이 반영된 것으로는 볼 수 없기 때문에 계량적으로는 ◳으로만 계산한다. 그러므로 醋는 거성(◳)자로만 처리했다. '褥, 襆, 醋'는 현대 국어의 성조방언인 창원 방언에서도 평성(□) /요, 보, 초/로 나타난다.

(83.33%)는 거성(·□, 1점)으로, (21+5+1+1+4=)32자는 거성(·□, 1점)으로 기울게 반영되었으며, 1/2자는 거성(·□)과 평성(□)이 같은 비율로 반영되었다. 이 셋을 합치면 (915)❸에서 보는 바와 같이 입성(◲)의 (220+32+1/2=)252.5자(95.64%)가 거성(·□)으로 반영되었다. 중고한음 입성(◲)에서 《소학언해》 거성(·□)으로의 반영 (95.64%)는 (911)❶에서 평성(◱)에서 평성(□)으로 반영된 비율이 94.82%를 0.84%나 능가하는 것이다.

(916) 중고한음 4성에서 《소학언해》 방점으로의 대응관계 불균형의 내용[88]
①(=(911)❶) 중고한음 평성(◱) ⇒소학언해 평성(□) 94.82% <김차균(2012) (92.8%)>
②(=(913)❷) 중고한음 상성(◰) ⇒소학언해 상성(:□) 66.41% <김차균(2012) (62.1%)>
③(=(914)❸) 중고한음 거성(◳) ⇒소학언해 거성(·□) 21.68% <김차균(2012) (27.9%)>
④(=(915)❸) 중고한음 입성(◳) ⇒소학언해 거성(·□) (95.64%) <김차균(2012) (94.2%)>

(916)①,②,③,④를 보면, 중고한음 4성이 《소학언해》 방점에 반영된 비율은 각각 '◱⇒□(94.82%), ◰⇒:□(66.41%), ◳⇒·□(21.68%), ◲⇒·□(95.64%)'로 '평성과 입성'의 동아리와 '상성과 거성'의 동아리의 반영 비율 사이에는 엄청난 불균형이 이뤄짐을 확인할 수 있다. 그러한 불균형의 원인에 대한 탐색은 이미 김차균(2012)에서 이뤄졌고, 김세진(2013)에서 조금 더 다듬어졌다. 여기에서는 이 두 연구의 결과를 참고하되, 중고한음 4성에서 우리 현실한자음 3성으로의 반영이 1회적이고 갑작스러운 규범화로 된 것이 아니라, 여러 차례에 걸친 꾸준한 규범화에 따른 것으로 보고자 한다. (916)에서 참고를 위해 덧붙인 괄호 < > 부분을 생략하고 주요 부분을 다시 정리하면 다음과 같다.

(917) 「(913)❷, (914)❷와 (913)❸, (914)❸」내용 풀이
ㄱ. 중고한음 상성(◰)의 66.41%와 거성(◳)의 69.09%가 《소학언해》에서 상성(:□)으로 나타난다.「(913)❷와 (914)❷」를 참조.
ㄴ. 중고한음 상성(◰)의 27.15%와 거성(◳)의 21.68%가 《소학언해》에서 거성(·□)으로 나타난다. 「(913)❸과 (914)❸」를 참조.

우리 한자음 현실 성조에 미친 중고한음 상성(◰)과 거성(◳)의 구분이 불필요한 데 대해서 이미 《동국정운》 서문에서는 '상거무별(上去無別)'이라 했고, 《소학언해》 범례에서는

88) < > 안은 김차균(2012)의 분석 결과이다. 이 책에서 사용한 (927⇒910)에 사용된 한자는 1475자인데, 김차균(2012)에서는 816자이다. 양자 사이의 대응관계의 계량적인 차이는 사용된 한자의 수의 차이에서 온 결과라 생각된다. 김세진(2013)에 사용된 문헌은 《번역소학》 이다. 김세진(2013)에서 '평성(◱) ⇒평성(□) (91.46%)', '상성(◰) ⇒상성(:□)(52.53%)', '거성(◳) ⇒거성(·□)(37.66%)', 입성(◲) ⇒거성(·□)(94.20%)이었다. 김차균(2012)와 김세진(2013)의 계량적인 관계도 약간의 차이가 있으나, 해석을 달리 해야 할 만큼 큰 차이는 아니다.

'상거상혼(上去相混)'이라고 말했다.[89] 이는 우리 한자말의 현실 성조에 미친 영향을 볼 때는 상성(◰)과 거성(◳)의 차별성이 거의 없어진 것을 나타내는 것을 가리키는 것이다. 그러므로 (913)과 (914)를 분리하는 것보다는 이 둘을 통합해서 (918)로 분석하는 것이 더 좋은 결과를 가져 올 것을 예상할 수 있다.

(918) 중고한음 비입성측성{◰,◳}의 《소학언해》 방점에 반영된 모습

항목	자수	비율
① 〚101〛 〚201〛 중고한음{◰,◳} ⇒ 소학언해 □	33자	(5.84%)
② 〚104〛 중고한음 ◳ ⇒ 소학언해 □>:□	3자	(0.53%)
③ 〚104〛 〚204〛 중고한음{◰,◳} ⇒ 소학언해 □=:□	10/2자	(0.88%)
④ 〚105〛 〚205〛 중고한음 {◰,◳} ⇒ 소학언해 □>·□	2자	(0.35%)
⑤ 〚107〛 중고한음 ◳ ⇒ 소학언해 □>:□>·□	1자	(0.18%)
⑥ 〚107〛 중고한음 ◳ ⇒ 소학언해 □>·□>:□	1자	(0.18%)
❶ 소계	45자	(7.96%)
⑦ 〚102〛 〚202〛 중고한음{◰,◳} ⇒ 소학언해 :□	267자	(47.26%)
⑧ 〚104〛 〚204〛 중고한음{◰,◳} ⇒ 소학언해 :□>□	25자	(4.42%)
⑨ 〚106〛 〚206〛 중고한음{◰,◳} ⇒ 소학언해 :□>·□	53자	(9.38%)
⑩ 〚107〛 중고한음 ◳ ⇒ 소학언해 :□>□>·□	1자	(0.18%)
⑪ 〚104〛 〚204〛 중고한음 {◰,◳} ⇒ 소학언해 :□=□	10/2자	(0.88%)
⑫ 〚106〛 〚206〛 중고한음{◰,◳} ⇒ 소학언해 :□=·□	16/2자	(1.42%)
⑬ 〚107〛 〚207〛 중고한음{◰,◳} ⇒ 소학언해 :□>·□>□	18자	(3.19%)
⑭ 〚107〛 〚207〛 중고한음 {◰,◳} ⇒ 소학언해 :□>(□=·□)	6자	(1.06%)
⑮ 〚207〛 중고한음 ◰ ⇒ 소학언해 (:□=·□)>□	1/2자	(0.09%)
❷ 소계	383.5	(67.88%)
⑯ 〚103〛 〚203〛 중고한음{◰,◳} ⇒ 소학언해 ·□	91자	(16.11%)
⑰ 〚105〛 〚205〛 중고한음{◰,◳} ⇒ 소학언해 ·□>□	16자	(2.83%)
⑱ 〚106〛 〚206〛 중고한음{◰,◳} ⇒ 소학언해 ·□>:□	13자	(2.30%)
⑲ 〚106〛 〚206〛 중고한음{◰,◳} ⇒ 소학언해 ·□=:□	16/2자	(1.42%)
⑳ 〚107〛 〚207〛 중고한음{◰,◳} ⇒ 소학언해 ·□>□>:□	4자	(0.71%)
㉑ 〚107〛 중고한음 ◳ ⇒ 소학언해 ·□>:□>□	1자	(0.18%)
㉒ 〚107〛 〚207〛 중고한음{◰,◳} ⇒ 소학언해 ·□>(□=:□)	3자	(0.53%)
㉓ 〚207〛 중고한음 ◰ ⇒ 소학언해 (·□=:□)>□	1/2자	(0.09%)
❸ 소계	136.5자	(24.16%)
❹ 부분 합계(=❷+❸)	520자	(92.04%)
총계(=❶+❹)	565자	(100.0%)

89) 《동국정운》 서문 語音則四聲甚明 字音則上去無別 (우리나라 말의 소리(=일상적인 입말)에서는 사성(=성조의 구별)이 다 분명한데, 우리 현실한자음에서는 상성과 거성이 구별되지 않는다.) 그리고 이 책 (886)을 참조.
《소학언해》 범례 近:근世:셰ㅣ 時시俗·쇽之지音음이 上:샹去:거相샹混:혼ᄒᆞ야(·요ᄉᆞ이 時시俗·쇽애 音·음이 上:샹去:거셩이 서르 섯기·여·뻐) 이 책 (888)을 참조.

(918)을 더 적절하게 검토하기 위해서는 중고한음 4성을 중세 국어의 편에 서서 재분류할 필요가 있다.

(919) 중고한음 4성이 《소학언해》 우리말 옮김 부분의 3개 방점 표상에 반영된 모습

중고한음 4성		권발	우리 현실한자음에 반영된 실태		
평성		◱	※평성(□)<94.82%>	상성(:□)<1.98%>	거성(·□)<3.20%>
측성	(1)비입성측성		(평성(□)<7.96%>)	(※비입성측성(:□+·□)<92.04%>)	
	① 상성	◰	평성(□)<7.96%>	★상성(:□)<67.88%>	★거성(·□)<24.16%>
	② 거성	◳			
	(2)입성	◲	평성(□)<3.60%>	상성(:□)<0.76%>	※거성(·□)<(95.64%)>
< > 안의 % 수치는 평성(◱)의 경우 (911), 비입성측성{◰,◳}의 경우 (918), 입성(◲)의 경우 (915)를 각각 따른 것이다. ※표와 ★표 붙은 곳의 % 수치에 특히 주목해 두기 바란다.					

다음 (920)~(923)에서는 중고한음에서 둘 이상의 성조를 가진 115자의 한자형태소들이 《소학언해》 방점에 어떻게 반영되는가를 살펴보기로 한다.

(920) 중고한음 평성 및 상성 {◱,◰}이 《소학언해》 방점에 반영된 모습

①〚301〛 중고한음 {◱,◰} ⇒ 소학언해 □	7자	
❶ 소계 (중고한음 {◱,◰}⇒ 소학언해 □)	7자	(58.33%)
③〚302〛 중고한음 {◱,◰} ⇒ 소학언해 :□	3자	
④〚304〛 중고한음 {◱,◰} ⇒ 소학언해 {:□>□}	1자	
❷ 소계 (중고한음 {◱,◰} ⇒ 소학언해 :□)	4자	(33.33%)
③〚303〛 중고한음 {◱,◰} ⇒ 소학언해 ·□	1자	
❸ 소계 (중고한음 {◱,◰} ⇒ 소학언해 ·□)	1자	(8.33%)
❹ 부분 합계(=❷+❸) (중고 {◱,◳} ⇒ 소학 {:□,·□})	5자	(41.67%)
총계(=❶+❹)	12자	(100.0%)

(920)❶을 보면, 중고한음에서 평성 및 상성 {◱,◰}으로 나타나는 한자 12자 중에서 《소학언해》에 평성(□)으로 반영된 것은 합쳐서 7자(58.33%)이다. 그리고 (920)❷와 (920)❸에서 보는 바와 같이 상성(:□)으로 반영된 것은 4자(33.33%)이고, 거성(·□)으로 반영된 것은 1자(8.33%)이며, 이 둘을 합치면 (920)❹에서 확인되는 바와 같이 비입성측성 5자 41.67%이다.

평성(□)으로 반영된 것 58.33%와 비입성측성 41.67%를 대조하면 중고한음 평성과 평성

아닌 것의 두 가지 기저 성조를 가진 것은 역시 우리 현실한자음으로는 평성(□) 쪽으로 우세하게 반영됨을 알 수 있고, 평성 아닌 것 중에서는 상성(:□)이 거성(·□)보다 우세하게 나타남을 알 수 있다.

(920)에 사용된 한자는 12자밖에 되지 않기 때문에, 대략적인 경향만 엿볼 수 있을 뿐, 일반화하기에는 부족한 분량의 자료이다.

(921) 중고한음 평성 및 거성 {◱,◳}이 《소학언해》 방점에 반영된 모습

①〖305〗 중고한음 {◱,◳} ⇒ 소학언해 □	29자	(42.03%)
②〖308〗 중고한음 {◱,◳} ⇒ 소학언해 □>:□	7자	(10.14%)
③〖308〗 중고한음 {◱,◳} ⇒ 소학언해 □=:□	1/2자	(0.72%)
④〖309〗 중고한음 {◱,◳} ⇒ 소학언해 □>·□	3자	(4.35%)
⑤〖309〗 중고한음 {◱,◳} ⇒ 소학언해 □=·□	1/2자	(0.72%)
⑥〖311〗 중고한음 {◱,◳} ⇒ 소학언해 □>:□>·□	4자	(5.80%)
⑦〖311〗 중고한음 {◱,◳} ⇒ 소학언해 □>·□>:□	2자	(2.90%)
❶ 소계 (중고한음 {◱,◳} ⇒ 소학언해 □)	46자	(66.67%)
⑧〖306〗 중고한음 {◱,◳} ⇒ 소학언해 :□	6자	(8.70%)
⑨〖308〗 중고한음 {◱,◳} ⇒ 소학언해 :□>□	4자	(5.80%)
⑩〖308〗 중고한음 {◱,◳} ⇒ 소학언해 :□=□	1/2자	(0.72%)
⑪〖310〗 중고한음 {◱,◳} ⇒ 소학언해 :□>·□	2자	(2.90%)
⑫〖311〗 중고한음 {◱,◳} ⇒ 소학언해 :□>·□>□	2자	(2.90%)
❷ 소계 (중고한음 {◱,◳} ⇒ 소학언해 :□)	14.5자	(21.02%)
⑬〖307〗 중고한음 {◱,◳} ⇒ 소학언해 ·□	4자	(5.80%)
⑭〖309〗 중고한음 {◱,◳} ⇒ 소학언해 ·□=□	1/2자	(0.72%)
⑮〖311〗 중고한음 {◱,◳} ⇒ 소학언해 ·□>□>:□	1자	(1.45%)
⑯〖311〗 중고한음 {◱,◳} ⇒ 소학언해 ·□>:□>□	2자	(2.90%)
⑰〖311〗 중고한음 {◱,◳} ⇒ 소학언해 ·□>(□=:□)	1자	(1.45%)
❸ 소계 (중고한음 {◱,◳} ⇒ 소학언해 ·□)	8.5자	(12.32%)
❹ 부분 합계(=❷+❸)(중고 {◱,◳} ⇒ 소학 {:□,·□})	23자	(33.33%)
총계(=❸+❹)	69자	(100.0%)

중고한음에서 평성 및 거성({◱,◳})으로 나타나는 한자는 모두 69자이다. 69자 중에서 (921)❶을 보면, 《소학언해》에 평성(□)으로 반영된 것은 46자(66.67%)이고, (921)❷에 의하여 상성(:□)으로 반영된 것은 14.5자(21.02%)이며, (921)❸에 의하여 거성(·□)으로 반영된 것은 8.5자(12.32%)이다. (921)❷와 (921)❸을 합치면 (921)❹에서 확인할 수 있는 바와 같이 비입성측성 23자 33.33%이다.

복수의 중고한음 성조를 가졌으면서도 평성(◱)을 공유하고 있는 한자형태소들은 〖301〗~

〖 311 〗에 속하는 것들인데, 이들에 대한 계량적인 분석이 (920)과 (921)이다. 평성(◱)은 우리 현실한자음에서 평성(□)으로 반영되는 비율이 가장 높은데, (920)에서는 ◱⇒:□(중고한음 평성에서 우리 현실한자음 평성으로의 반영)이 58.33%, (921)에서는 ◱⇒:□이 66.67%로 비교적 높게 나타나는 공통성이 있다.

(920)에서와 마찬가지로, (921)에서도 거성으로 반영되는 비율이 상성으로 반영되는 것보다 두드러지게 떨어지는데, 이와 같은 유사성은 (913)과 (914)에서도 보았다. 이는 상성(◰)과 거성(◳)이 우리말 한자형태소의 현실 성조에 미치는 영향에 차별성이 없어 비입성측성이라는 하나의 동아리로 묶여 있는 것을 나타내며, 이는 (919)에서 상성과 거성을 구분하지 않고, 비입성측성으로 묶어 놓은 것의 타당성을 다시 한 번 보여주는 것이다.

(922) 중고한음 상성 및 거성 {◰,◳}이 《소학언해》 방점에 반영된 모습[90)]

①〖 312 〗 중고한음 {◰,◳} ⇒ 소학언해 □	3자	(11.11%)
②〖 316 〗 중고한음 {◰,◳} ⇒ 소학언해 :□>·□>□	1자	(3.70%)
❶ 소계 (중고한음 {◰,◳} ⇒ 소학언해 □)	4자	(14.81%)
③〖 313 〗 중고한음 {◰,◳} ⇒ 소학언해 :□	11자	(40.74%)
④〖 315 〗 중고한음 {◰,◳} ⇒ 소학언해 :□>·□	3자	(11.11%)
⑤〖 316 〗 중고한음 {◰,◳} ⇒ 소학언해 :□>·□>□	4자	(14.81%)
⑥〖 316 〗 중고한음 {◰,◳} ⇒ 소학언해 :□>(□=·□)	1자	(3.70%)
❷ 소계 (중고한음 {◰,◳} ⇒ 소학언해 :□)	19자	(70.37%)
⑦〖 314 〗 중고한음 {◰,◳} ⇒ 소학언해 ·□	3자	(11.11%)
⑧〖 315 〗 중고한음 {◰,◳} ⇒ 소학언해 ·□>:□	1자	(3.70%)
❸ 소계 (중고한음 {◰,◳} ⇒ 소학언해 ·□)	4자	(14.81%)
❹ 부분 합계(=❷+❸)(중고 {◰,◳} ⇒ 소학 {:□,·□})	23자	(85.19%)
총계(=❸+❹)	27자	(100.0%)

(922)에서는 비입성측성({◰,◳}) 27자 중에서 다수인 19자(70.37%)가 상성(:□)으로, 4자(14.81%)가 거성(·□)으로 반영되어, 상성(:□)으로 반영된 것이 거성(·□)으로 반영된 것보다 우세하게 나타나는 것은 (918)과 (919)의 계량적인 분석을 통해서 확인한 바와 같은 특징이다. 그러나 (922)에서는 상성(:□)으로 반영된 것과 거성(·□)으로 반영된 것의 비율이 '19자 : 4자'로 나타나서 예상되는[91)]것보다 좀 더 격차가 크다.

---

90) (922)의 상성과 거성{◰,◳}의 두 가지 성조로 나타나는 한자는 (918)의 '비입성측성'에 합하여 계량적으로 검토할 수 있으나, 전자는 중고한음 4성을 반영하는 우리의 자전 및 옥편에 두 가지 권발을 가진 것으로 등재되어 있으나, 후자는 하나씩의 권발로 표시된 한자들을 지은이가 통계적인 분석을 위해 합쳐 놓은 것이다. 따라서 (922)를 (918)에 합하지 않고, 여기에 따로 두었다. (922)를 (918)에 합쳐서 처리한다고 해도 그 결과가 (918)과 유의미한 차이를 나타내지 않는다. 둘을 합쳐서 계산하는 표는 번거로움을 피하기 위해 제시하지 않는다.

(923) 중고한음 평성, 상성 및 거성 {◱,◰,◳}이 《소학언해》 방점에 반영된 모습

①〖317〗 중고한음 {◱,◰,◳} ⇒ 소학언해 □	2자	(28.57%)
❶ 소계 (중고한음 {◱,◰,◳} ⇒ 소학언해 □)	2자	(28.57%)
②〖318〗 중고한음 {◱,◰,◳} ⇒ 소학언해 :□	4자	(57.14%)
③〖319〗 중고한음 {◱,◰,◳} ⇒ 소학언해 :□>(□=·□)	1자	(14.29%)
❷ 소계 (중고한음 {◱,◰,◳} ⇒ 소학언해 :□)	5자	(71.43%)
총계(=❸+❹)	7자	(100.0%)

(923)은 자료로 나타나는 한자가 5자 밖에 되지 않기 때문에, 일반적인 경향을 지적하기에는 자료가 부족하다.

6.3.6 중고한음 4성이 우리 현실한자음 3성조 체계에 반영되는 과정과 그 시기

중고한음이 우리말에 들어오기 시작한 시기와 《소학언해》가 발간된 시기 사이의 시간적인 거리는 1,000여년은 훨씬 넘었을 것이다(인용문 (867)~(876)을 참조.). (911)~(918)에서 본 계량적인 분석과 그 분석을 종합한 (919)를 보면, 중고한음 4성을 계층적으로 분류하여 《소학언해》 한자형태소의 3성조에 반영된 모습을 보면 균형이 매우 잘 잡혀 있지만, 중고한음 4성을 계층적으로 부류하지 않고 평판적인 상태로 보면 중고한음 4성이 《소학언해》 한자형태소의 3성조에 반영된 모습은 지극히 불균형한 것임을 보았다. 이것을 지은이는 '균형 속의 불균형 역설'(줄여서 '균형불균형의 역설')이라 부르기로 한다.

본 절에서는 이 역설을 활용하고, 선행 연구를 참조하여 중세 국어 현실한자음 성조 체계의 확립 과정과 그 시기를 추정하고, 나아가서는 '역설'이 가리키는 내용의 원인을 밝히기로 한다.

우리가 (913)과 (914)를 (918)로 통합하지 않고, 평탄하게 (913), (914), (915)를 그대로 검토한다면, 아래 (924)에서 보는 바와 같이 중고한음 4성이 《소학언해》 방점에 반영되는 비율이 ◱⇒□(94.82%), ◲⇒·□((95.64%), ◰⇒:□(66.41%), ◳⇒·□(21.68%)와 같이 불균형 상태를 극복할 방법이 없다.

(924) 중고한음 4성의 《소학언해》 3방점으로의 반영에 나타나는 불균형성
  ㄱ. 중고한음 평성(◱) 531자 중 503.5자(94.82%)가 《소학언해》에서 평성(□)으로 반영되었다. (911)❶를 참조.

91) 상성(:□)으로의 반영과 거성(·□)으로의 반영은 (916), (917) 등으로 보아 '6대3' 정도로 예상되지만, 19 : 4는 상성의 비율이 매우 높은 것이다.

ㄴ. 중고한음 입성(◲) 265자 중 252.5자((95.64%)가 《소학언해》에서 거성(·□)으로 반영되었다. (915)❸을 참조.

ㄷ. 중고한음 상성(◰) 256자 중에서 《소학언해》에서 상성(:□)으로 반영된 것은 170자(66.41%)이다. (913)❷를 참조.

ㄹ. 중고한음 거성(◳) 309자 중에서 《소학언해》에서 거성(·□)으로 반영된 것은 65자(21.68%)이다. (914)❸)을 참조.

(911), (915), (918), (919) 그리고 (924)를 염두에 두면서, 중고한음 4성을 부분적으로 계층화하여 이들이 《소학언해》 3방점(/3성조)에 반영되는 모습을 보면, (925)와 같다.

(925) 중고한음 4성이 《소학언해》 3방점으로 반영될 때 나타나는 '균형 속의 불균형'

ㄱ. 중고한음 평성(◱) 531자 중 503.5자(94.82%)가 《소학언해》에서 평성(□)으로 반영되었다. (911)❶과 (919))를 참조.

ㄴ. 중고한음 입성(◲) 264자 중 252.5자(95.64%)가 《소학언해》에서 거성(·□)으로 반영되었다. (915)❸과 (919)를 참조.

ㄷ. 중고한음 비입성측성{◰,◳} 565자 중에서 《소학언해》에서 비입성측성(:□+·□)으로 반영된 것은 520(92.04%)이다. (918)❹와 (919)를 참조.

a. 중고한음 비입성측성{◰,◳} 565자 중에서 《소학언해》에서 상성(:□)으로 반영된 것은 383.5자(67.88%)이다. (918)❷와 (919)를 참조.

b. 중고한음 비입성측성{◰,◳} 565자 중에서 《소학언해》에서 거성(·□)으로 반영된 것은 136.5자(24.16%)이다. (918)❸과 (919)를 참조.

위의 (925)는 (924)를 부분적으로 계층화한 것인데, 중고한음 4성이 《소학언해》 방점에 반영되는 비율이 상위계층에서는 ◱⇒□(94.82%), ◲⇒·□(95.64%), {◰,◳}⇒ <:□+·□>(92.04%)로 일단 불균형 상태가 극복되어 균형상태가 되었다. 그러나 (925)ㄷ을 하위계층인 a와 b로 나누면, {◰,◳}⇒:□(67.88%)와 {◰,◳}⇒·□(24.16%)로 심한 불균형 상태를 나타낸다.[92] 우리는 상위계층의 균형과 하위계층의 불균형을 '균형불균형 역설'이라 부르기로 한다. '균형불균형 역설'을 15세기와 16세기의 우리의 학자들은 상거무별(上去無別)과 상거

92) 김영만(1994)에서는 《번역소학》의 우리말 풀이 부분의 한자형태소의 초분절음소를 단음절어, 2음절어 첫음절, 2음절어 둘째 음절로 나누어서 계량적으로 분석했는데, 그 결과는 2음절어 둘째 음절 '상거성'의 2점과 1점의 계량적인 수치를 제외하고는 우리의 분석 결과와 거의 같다. 김영만(1994)에서 계량적으로 두드러진 특징만 들어 인용해 둔다. 단음절어에서 '평성⇒0점(87.7%), 상성⇒2점(75.0%), 1점(25.0%); 거성⇒2점(81.0%), 1점(13.8%); 입성⇒1점(92.3%)'. 2음절어 첫음절에서 '평성⇒0점(34자, 94.0%), 상거성⇒2점(20자, 67.8%), 1점(8자, 22.0%), 입성⇒1점(7자, 87.5%)'. 2음절어 둘째 음절에서 '평성⇒0점(16자, 80.0%), 상거성⇒2점(14자, 34.1%), 1점(27자, 65.9%) 입성⇒1점(26자, 100%)'. 김세진(2013)에서도 《번역소학》 한자형태소의 방점을 계량적으로 분석했는데, 그 결과가 (925)와 큰 차이가 없는 것을 보면, 김영만(1994)의 2음절어 둘째 음절 '상거성'의 2점과 1점의 계량적인 수치가 잘못해서 바뀐 것이 아닌지 의심스럽다.

상혼(上去相混)이라고 각각 불렀다.

본 장의 나머지 부분에서는 중고한음 4성에서 우리말 한자음의 성조로의 반영이 이렇게 불균형하게 된 원인을 밝히고, 아울러 이른바 동국정운식의 추상적인 한자음이 아닌 현실 한자음이라고 부르는 문헌들의 한자어의 방점 표기가 표기 당시의 우리 한자음의 현실 성조를 반영하였음을 논증하는 데에 할애한다.

우리 민족이 정치, 문화, 경제적으로 한족(漢族)과 접촉 및 교류를 가지게 된 것은 삼국시대 이전부터이고, 이에 따라 우리말이 한어(漢語)의 영향을 받아들이게 된 것도 중고한음을 받아들이기 시작한 시기에서부터 《소학언해》 발간의 시기까지만 해도 1,000년이 넘을 것이다. 한어를 표기하던 한자와 한문의 영향도 시간이 갈수록 우리말에 더 보편화되어 갔다.

우리의 언어 발전과 변화를 주도했던 상위계층의 사람들은 처음에는 사람이름, 땅이름, 관직명을 적다가 차차로 한문으로 시와 문장을 짓게 되었으며, 마침내 글자살이뿐만 아니라 교육도 한자와 한문으로 하게 되었다. 그렇게 되면서 우리말의 낱말들 속에서 한자어의 비중이 늘어나고 훈민정음 창제와 더불어 방점으로 우리의 성조를 표시하는 서적들이 간행되던 때에 오면, 한자어는 우리말 전체 낱말의 50% 가까이를 채우게 되었을 것이다.

하나의 언어가 다른 언어의 낱말들을 차용할 때 그 차용어는 흔히 분절음과 더불어 운소도 함께 들어가서 시간이 흐르면서 그 흔적을 남기는 것이 보통이다. 영어에는 여러 다른 언어들, 그 가운데서도 라틴어와 프랑스어에서 차용한 낱말이 많은데, 오랜 시간이 흐름에 따라 차용할 때의 라틴어와 프랑스말과는 다르게 영어화되었다. 그러나 차용한 말에 나타나는 분절음의 변화와 악센트의 변화는 고유어의 그것과는 여러 가지로 차이가 나타난다.

우리말은 중국어와는 음소와 그 변이음의 체계와 다르고, 음절의 구조도 달랐으며, 성조도 중국어는 4성조 체계였으며, 우리말은 3성조 체계였다.[93] 이런 상태에서 한자어를 차용할 때는 분절음과 더불어 성조도 우리말 토박이들이 발음하기 쉽게 바뀔 수밖에 없다. 중세 국어나 현대 국어 성조방언들의 한자어를 볼 때, 중고한음의 평성(◌)인 형태소들은 우리말에서 대체로 평성(□)으로 반영되었으며, 중고한음의 입성(◌)인 형태소들은 압도적인 다수가 우리말의 거성(·□)으로, 그리고 중고한음의 상성(◌)과 거성(◌)은 우리말의 상성(:□)으로 반영되는 것이 65% 정도였고, 거성(·□)으로 반영되는 것이 25% 안팎이었을 것으로 보인다. 그러나 이러한 반영률은 어떤 인위적인 규범화와 노력이 없이 1,000년 이상 자연적인 변화에 맡겨지고, 또 중국어의 개신파가 오랜 기간 동안 밀려왔다가 또 약해져서 끊어지기를 반복되었다면, 우리가 앞에서 본 반영률은 크게 달라져서, 일정한 규칙을 찾을

93) 우리말 성조를 연구하는 사람들이 주장하는 바와 같이, 기원적으로는 우리말은 2성조 체계였을 가능성도 있다. 김완진(1977)과 박병채(1989/1998)을 참조.

수 없게 되었을지도 모른다. 훈민정음이 창제되던 15세기 전반만 해도 이미 중국 북방계의 방언의 성조는 현대 북경관화와 조치가 크게 다르지 않았을 것이라고 생각된다.[94] 당시의 중국어의 평성은 음평은 고평조(55), 양평은 고승조(35)이어서 그 때 들어온 중국어의 평성은 우리말의 고평조인 거성으로 반영되어야 하고, 굴곡이 있는 저조(213)인 상성은 우리말의 평성으로 반영되었을 법하다. 그런데도, 훈민정음 창제자들은 중고한음 평성과 우리 한자음의 대응관계에 근거를 두고, 중국어의 평성에 대응하는 한자형태소의 다수가 우리말에서는 저조로 나타났기 때문에 이 저조를 평성이라 했다. 그리고 이 이름은 우리 토박이말에까지도 확장하여 저평조를 평성이라고 불렀던 것이다. 다른 두 개의 성조인 상성과 거성도 대응관계를 바탕으로 하여 낮다가 높아지는 것은 상성, 바로 높은 것은 거성이라 했으며, 이것을 우리 토박이말에까지 범위를 넓혀서 한자음의 상성(:□)과 거성(·□)에 비슷한 조치를 가진 것은 각각 상성과 거성이라 했던 것이다. 중국어에서 입성 형태소는 C_0V{p, t, k}>C_0V{t, k}>C_0Vk>C_0Vʔ>$C_0\check{V}$>C_0Vø와 같은 종성 합류({p, t, k}>{t, k}>k)와 뒤이어 일어나는 약화(k>ʔ>ø)의 과정을[95] 거치고 있었다. 15세기에는 중국어의 북방 방언의 입성은 C_0Vʔ>$C_0\check{V}$ø의 단계, 곧 ʔ>ø 에 있었으며, 이러한 종성이 있는 형태소의 조치는 정확하게 어떤 것이었는지는 모르지만, 촉급하다는 것은 틀림없었을 것이다.

그러나 중고한음 입성(◲)의 95%이상이라는 압도적인 다수가 우리말 현실한자음에서는 거성(·□)으로 반영되었다. 중고한음 거성(◳)의 24.16%가 우리말 현실한자음에서 거성(·□)으로 반영된 것과 비교해 보면, ◲(입성) ⇒·□(거성)의 이러한 높은 반영의 특성을 설명하기 위해서는, 한자음을 다루는 데 있어 '입성'이라는 이름은 버리지 않고 그대로 유지할 만한 가치가 있다.

《훈민정음(해례)》를 비롯하여 오늘날의 우리의 음운학에 관한 모든 문헌들에서 ({p, t(>l), k}>){ㅂ, ㄹ, ㄱ} 종성을 가진 한자어의 동아리에 대하여 입성이라는 이름을 유지해 왔고, 아래에서도 한자형태소 성조의 기술을 위해서 이 이름은 유지하기로 한다.

(925)에서 중고한음 4성(◱,◲,◰,◳)을 부분적으로 계층적인 분류를 했을 때 상위계층((925)ㄱ, (925)ㄴ, (925)ㄷ)에서 《소학언해》 3성에 반영된 비율, (◱⇒□) 94.82%, (◲⇒·

---

94) 허웅(1958/1972; 271)에서는 Yuen Ren Chao(1955; 85)의 악보를 이용한 현대 북경관화의 4성 설명과 최세진(1517)의 사성통해의 중국 4성 설명을 비교하여, 16세기 중국어의 4성과 현대 북경관화의 4성의 조치들은 거의 같은 것으로 보았다.

95) C_0Vʔ>$C_0\check{V}$>C_0Vø에서 ʔ은 후두내파음이었고, v̌은 후두내파음 ʔ이 소실되기 이전 짧은 기간 동안 보상작용으로 흔적인 모음의 촉급 상태가 남아 있음을 표시하며, ø(zero)는 입성의 흔적이 완전히 살아졌음을 나타낸다. ø 단계에서는 형태소의 음절 구조나 초성 자음 등에 따라 다른 성조로의 분입이 일어나고, 입성은 체계상으로 완전히 사라진다. 이 내용은 김차균(1998; 316~318)이 Hyman, L. M.(1975)에 인용된 Chen(1973)의 글과 공재석(1975)를 참고해서 쓴 것이다.

□) 95.64%, ({◰,◳}⇒(:□+·□)) 92.04%를 보면, 두 가지 생각 중의 하나를 지울 수가 없을 것이다. 어떻게 1,000년 이상의 기간 동안에 형성된 차용어의 성조와 원어의 성조(/4성)이 90% 이상 대응할 수가 있을까? 그러한 유례는 이 세상의 어느 두 언어 사이에도 있을 수 없는 일이다.

우리는 이와 같은 상태에 대하여 두 가지 가설을 세울 수가 있다. 첫째는 《소학언해》를 포함하는 15,6세기 우리의 방점 문헌들의 한자에 표시한 방점은 《광운》과 같은 권위 있는 운서를 보고 기계적으로 표시한 것이며, 이 과정에서 대응관계가 어긋나는 5~8% 정도는 문헌을 새기거나 조판하는 과정에서 실수를 반영하는 것이라는 것이다. 이러한 가설에 따르면 이른바 우리 현실한자음이란 것은 분절음에만 해당되며, 방점 표기는 가짜이며, 따라서 전혀 연구할 만한 가치가 없는 것이다. 다른 하나의 가설은 어떤 의도적인 목적을 위해서 중고한음 4성이 우리 현실한자음 3개 성조로 규칙적으로 반영되도록 통제해 왔다는 것이다.

첫째 가설은 (925)의 하위계층인 (925)ㄷa와 (925)ㄷb의 관계를 설명할 수가 없다. 만약 중국의 운서를 보고 베껴 넣은 것이라면, 상성(◰)과 거성(◳)도 90% 이상의 비율로 대응해야 할 텐데, 이들은 왜 각각 67.88%, 24.16%에 그치는 것일까? 전혀 설명할 도리가 없으며, 《동국정운》 서문의 상거무별(上去無別)과 《소학언해》 범례의 상거상혼(上去相混)은 무슨 뜻인가? 그리고, 세계적인 기록문화를 자랑하였고, 학문을 하는 태도에서 근엄했던 우리의 선조들이 할 일이 없어서 가짜로 문헌에 방점을 조작해서 써넣었다는 것인가? 첫째 가설은 더 극단적으로 치우치면 중세 국어는 성조언어가 아니므로, 문헌에 표시된 방점은 한자어뿐만 아니라 우리 토박이말까지도 중국어를 모방해서 가짜로 성조 표시를 했을 것이라는 주장까지도 나올 수 있다.

첫째 가설이 잘못된 것이라면, 우리가 돌아가야 할 곳은 두 번째 가설이며, 두 번째 가설은 중세 국어가 성조언어였다는 것을 인정하는 것이 전제가 된다. 이 책에서는 두 번째 가설을 따른다. 중세 국어가 성조언어였다면, 성조 체계가 있고, 또 각각의 성조는 그 기본적인 조치가 있고, 그것이 나타나는 위치에 따라서 규칙적으로 변동될 수도 있었을 것이다. 토박이말에 성조와 그 변이음, 그리고 위치에 따르는 변동 현상이 있었다면, 한자어만 무성조 상태로 방치되거나, 아무렇게나 마음대로 발음되었을 까닭이 없다. 반드시 우리말의 운율 체계와 규칙에 맞도록 동화되는 것이다.[96]

---

96) 지은이는 학부에서 라틴어(Latin) 6학점, 대학원에서 범어(Sanskrit) 6학점을 이수했다. 라틴어는 음절 구조에 따라 강음절과 약음절이 정해지며, 낱말 안에서 강음절이 있느냐 없느냐에 따라서, 있으면 어말에서 어두로 향해서 몇째 음절에 나타나느냐에 따라 강세의 위치가 매우 규칙적으로 정해지는 언어이고, 범어는 /고/(udātta), /저/(anudātta), /하강/(svarita)의 3성조언어였는데(Robins(1992;

6.3.7 한시를 짓기 위한 전통적인 4성 암기와 현실한자음

지은이는 중세 국어의 문헌들에 나타나는 방점이 진정한 현실성조의 반영이라는 것을 추호도 의심치 않는다. 중세 시대에 우리의 선조들은 문화를 중히 여겼으며, 특히 한시(漢詩) 잘 짓는 것이 선비가 갖추어야 할 최고의 문화적인 가치라고 여겼다. 한시 공부는 개인의 출세와 지위 향상을 위한 지름길인 문과 급제를 위한 필수 과목이었으며, 가문의 부귀영화를 위한 확실한 보장의 도구이기도 했다. 한시가 갖추어야 할 몇 가지 필수적인 조건 가운데 평측(평성과 측성)을 맞추는 일인데, 이를 위해서는 중고한음의 성조를 익히지 않으면 안 되었다. 아래에서는 한시에 대한 최소한의 지식의 일부를 소개하려고 한다.[97]

한시는 한문으로 지어진 문어체의 정형시이다. 한문으로 지어진 시라도 구어체의 시인 백화시(白話詩)는 한시와는 구별된다. 한시의 종류는 고체시(古體詩)와 근체시(近體詩)로 나뉜다. 고체시는 당나라 이전에 성행했던 시로 비교적 압운(押韻)과 구수(句數)가 자유로웠다. 고체시에는 ①시경시(詩經詩), 고시(古詩), 악부시(樂府詩) 등이 있다. 근체시(近體詩)는 당나라(唐) 이후에 발달한 시로, 작법상의 규칙(자수, 구수, 압운, 평측)이 엄격하다. 근체시에는 절구(絶句), 율시(律詩), 배율(排律) 등이 있다.

절구(絶句)는 중국 당대에 완성된 근체시로, 한 수가 4구로 구성되어 있고, 각각의 구가 5자로 이루어진 것을 5언 절구라 하며, 2·4구 끝에 운자가 놓인다. 또, 한 구 가 7자로 된 것을 7언 절구라 하며, 운자는 1·2·4구의 끝에 놓인다. 배율(排律): 오언(五言)이나 칠언의 대구(對句)를 여섯 구 이상 짝수로 배열한 시이다.

율시(律詩)는 8구로 이루어진 근체시다. 한 구가 5자로 된 것을 5언 율시라고 하고, 한 구가 7자로 되어 있는 것을 7언 율시라고 한다. 1·2·4·6·8구 끝에 운자가 놓인다.

한시(漢詩)에는 두 구(句)가 상대(相對)되거나 상응(相應)되는 구(句)로 구성하는 대구법

---

158), 학자에 따라서는 /하강/을 /고저/의 복합으로 보아 2성조 체계라고 본다. 지은이에게 라틴어 및 범어를 가르쳐 주신 교수님은 경남 방언 토박이였는데, 라틴어와 범어의 악센트는 전혀 고려하지 않고, 이 두 인도-유럽 고전어의 모든 단어들을 경남 방언의 성조형(/음조형)에 맞추어 발음했다. 지은이는 우리말 속에 사용되는 차용어는 물론이고, 학교에서 배운 외국 학자들의 이름도 창원 방언의 성조형(/음조형)에 맞춰서 발음한다. 보기를 들면, Kant, Saussure, Jakobson, Hegel, Chomsky는 /칸·트, HM/[HM], /소쉬이·르, H^3M/[MʜHM], /야콥스·은, H^3M/[MʜHM], /:헤·에·게·엘, L^4/[LMMᴍ], /·촘·스·키, M^3/ [HHM]로 발음하는데, 원어의 악센트를 고려하여 바꾸는 일이 없다. 이 2가지 예만 보더라도, 1,000년 이상 우리말에 들어와서 우리의 어휘체계로 자리 잡은 한자어가 우리말 음운체계와 규칙에 저항하여 무성조 상태로 방치하거나 또는 아무렇게나 마음대로 발음되었을 리가 없다고 지은이는 생각한다.

97) 이 절에서 한시에 대해 소개하는 내용은 김홍광(2012)에서 뽑아서 간략하게 정리하되, 한시 작법에 대한 지식을 주는 것이 목적이 아니고, 한시를 짓는 데 중고한음의 평측을 익히는 데 대한 필요성과 거기에 따른 전략을 소개하는 것이 목적이다.

(對句法)이 많이 쓰인다. 절구(絶句)에서는 기구(起句)와 승구(承句)가 대(對)를 이루거나, 전구(轉句)와 결구(結句)가 대(對)를 이루고, 율시(律詩)에서는 3구(句)와 4구(句)가 대(對)를 이루거나, 5구(句)와 6구(句)가 대(對)를 이룬다. 그리고 시를 읽을 때 오언시는 2/3 자로, 칠언시는 4/3 자로 읽는다.

압운법에는 ①측기식(仄起式) 평성운, ②평기식 평성운, ③측기식 측성운, ④평기식 측성운이 있다. 여기에서는 5언절구 평기식 평성운과 측기식 평성운의 평측의 배열과 압운을 도표로 보이기로 한다.

(926) 한시의 평측과 압운법의 보기 김홍광(2012; 284)

	5언절구 평기식 평성운	5언절구 측기식 평성운
기구(起句)	◑ ○ ○ ● ●	◐ ● ○ ○ ●
승구(承句)	◐ ● ● ○ ◎	○ ○ ◐ ● ◎
전구(轉句)	◐ ● ○ ○ ●	◑ ○ ○ ● ●
결구(結句)	○ ○ ◐ ● ◎	◐ ● ● ○ ◎

○ : 평성, ● : 측성, ◐ : 측성 원칙(평성 허용), ◑ : 평성 원칙(측성 허용)
◎ : 압운, 평성운은 평성으로 압운한다. 5언절구는 2・4구(또는 2・3・4구의 끝자에 압운한다.

한시는 평측과 압운법을 지켜야 한다. 아무리 뜻이 심오하고 고결하며, 대구가 적절하더라도, 압운과 평측의 규칙이 어긋나면 시로서의 격을 갖출 수가 없다. 조선시대에 언어의 변화를 주도해 갔던 계층의 사람들은 자신의 존재감을 높이고, 아울러 가문의 번영을 위해서 한문으로 된 사서오경 등을 익힘은 물론이고 거기에다가 한시를 짓는 것은 선비의 기본이었다. 한시를 짓기 위해서는 우리의 현실한자음의 성조를 익히는 것이 아니라, 옥편이나 자전에 표시된 전통적인 4성을 공부해야 되었다. 전통적인 4성은 중국의 권위 있는 운서인 광운의 4성과 거의 일치하는 것이었다.

한시를 짓기 위한 4성의 공부는 평성, 상성, 거성, 입성을 4가지로 따로 암기하는 것이 아니라, 전략(stratagem)을 써서, 평성과 측성을[98] 구분하는 것이었다. 이러한 방법을 사용하면, 수많은 한자들 가운데서 평성을 모두 가려내서 철저하게 암기하면 나머지는 모두 측성인 것이다. 평성자의 암기는 우리 고유어의 /집/, /콩/, /밭/, /술/, /배/(梨), /말/(馬), … 등과 같은 조치로 소리를 내거나, 마음속으로 소리를 내어서 암기했을 것이라 생각된다.

한시를 짓는 것이 목적인 경우에는 측성자들 가운데서 어느 것이 상성이고, 어느 것이 거

98) 여기에서 측성은 평성이 아닌 것 곧, 상성, 거성, 입성을 하나로 하는 상위 범주의 이름이다.

성이며, 어느 것이 입성인지 구별해야 할 까닭이 전혀 없다. 그러나 호기심이 강한 사람들은 평성자를 외는 것으로 만족하지 않고, 측성자들에 관심을 두게 되었을 텐데, 가장 먼저 입성자를 주목하게 되었을 것이다. 입성자는 모두 /ㄱ, ㄹ, ㅂ/ 종성을 가지고 있기 때문이다. 입성자는 평성자처럼 성조를 욀 필요가 없이, 종성이 /ㄱ, ㄹ, ㅂ/인 한자는 모두 입성이다. 그러나 입성자의 조치는 약간의 연습이 필요하다. 입성자의 조치는 우리말의 거성으로 반영되는 강력한 경향이 있었기 때문에 /·믈/, /·발/(足), /·소/, /·손/(手), /·못/(釘), … 등과 같은 조치로 연습했을 것이라 생각된다.

측성자 중에서 상성자와 거성자는 성조를 제외하면, 이 둘을 구분하는 것은 물론이고, 이들을 평성자와 구분할 분절음적인 특징이 없다. 그러므로 평성만 암기하고 나면, 평성자가 아닌 나머지 한자들 중에서 입성자를 제외한 한자들은 상성과 거성인데, 이들은 평성자처럼 적극적인 노력에 의해 기억되는 것이 아니라, 전략에 의해 수동적으로 학습되는 것이다. 신숙주나 최세진과 같은 음운학자라면, 상성자와 거성자를 학문적인 목적을 위해 연구하여 구분하겠지만, 한시를 짓는 것으로 할 일을 다 했다고 생각하는 일반적인 선비들은 노력해서 평성자로 익힌 기억이 없는 것과 노력 없이도 음절 구조에 의해 기억되는 입성을 제외하면 모두 비입성측성({⌜□,□⌝})으로 남을 뿐이며, 이것을 하위 구분하려고 노력할 까닭이 없었다.

그러나 우리 현실한자음에 상성(:□)과 거성(·□)의 구분이 없었던 것은 아니다. 《소학언해》 범례에는 상거상혼(上去相混)이라는 말과 더불어 상거 두 성조는 (토박이들의 직관에 일치하는) 시속음을 따르도록 명시적인 규정을 두었다. 시속음이란 한자음이 차용된 뒤에 평성처럼 노력에 의해 기억되면서 굳어지거나 또는 측성처럼 자연적으로 우리 고유의 성조 체계에 따라 굳어진 음을 가리킨다. 《소학언해》 범례에 나오는 시속음은 우리의 현실한자음 성조 모두에 관련된 것인지, 비입성측성 곧 상성과 거성에만 관련된 것인지는 그 범위가 확실하지 않다. 그러나 비입성측성의 현실한자음이 시속음임은 틀림없는 듯하다.

《소학언해》의 한자어는 모두가 1,000여 년에 걸친 자연스러운 동화에 의해 토착화되어 우리말 안에서 하나의 어휘체계로 굳어진 것이 아님은 확실한 것 같다. (919)와 (925)에서 중고한음 평성(⌞□)의 94.82%가 평성(□)으로, 입성(□⌟)의 95.64%가 거성(·□)으로, 비입성측성{⌜□,□⌝}의 92.04%가 비입성측성(:□+·□)으로 반영된다는 것은 오랜 세월에 걸친 방치 상태에서 동화에 의해 자연스럽게 굳어진 것은 아니라는 확신을 가져도 좋을 것이다. 세계의 어떤 언어에서도 1,000년 이상 자연스럽게 방치된 상태에서 두 시대적인 단계 사이의 음운론적 대응관계가 90% 이상으로 나타난다는 것은 유례를 찾을 수 없기 때문이다.

세 가지 성조가 모두 90%이상의 대응을 이룬다는 것은 《소학언해》가 간행된 시기에 우리말은 이미 성조체계가 완전히 붕괴되어 사라졌기 때문에, 한자어 성조는 절운(切韻)의 전통을 이어받은 광운(廣韻)과 일치하는 우리의 전통적인 4성을 그대로 표기한 것이 아닌가를 의심하게 한다. 그러나 16세기 말에도 우리 고유어의 방점 표기는 당시의 우리말이 성조언어였음을 의심할 수 없게 하며, 《소학언해》 범례의 설명과 말할이의 직관을 포함하는 확신에 찬 성조 이론을 아무도 부인할 수 없는 한, 《소학언해》에 나타나는 한자어 방점 표기를 당시의 우리 현실한자음이라고 인정하지 않을 수 없을 것이다.

우리의 현실 성조에 근거를 둔 새로운 한시의 형식을 개발하지 못하고, 당나라 이후의 중국 근체시의 형식을 고수하다가 보니, 전통적인 4성을 버리지 못 하더라도, 우리의 현실한자음의 성조의 존재가 사라지지는 않았다. 상성(◰)과 거성(◳)이 우리의 현실 성조(이 책에서는 《소학언해》의 성조 표기)에서는 비입성측성이라는 하나의 동아리가 되어 65% 정도가 상성(:□)으로, 25% 안팎이 거성(·□)으로 나타난다. 뿐만 아니라, 표 (919)에 따르면, 평성의 (1.98+3.20=)5.18%가 비입성측성으로 나타나고, 비입성측성의 7.96%가 평성(□)으로 나타난다. 《소학언해》 범례에 명시적인 규정은 나타나지 않지만, 시속음에는 평성(◱)이 상성(:□)이나 거성(·□)으로 나타나고, 비입성측성({◰,◳})이 평성(□)으로 나타나서 이것을 본음으로 돌리기 위해 '평성(◱) ⇒평성(□)'으로 돌리고, 비입성측성({◰,◳})을 둘로 나누어서 상성(◰) ⇒상성(:□), 거성(◳) ⇒거성(·□)으로 돌려놓으면, 당시의 우리말 토박이들이 들으면 역시 해괴하게 들렸을 것이다.

우리말 현실 성조의 규범화는 성문화된 증거는 찾지 못했지만, 각 시대마다 시속 성조가 형성되어 변화해 가면서, 유교문화와 한문・한시의 숭상이 시간의 흐름과 더불어 가중될수록 더 큰 영향을 받게 되었다고 가정할 수 있을 것이다. 삼국시대나 신라시대를 거쳐서 고려시대 중기까지는 한문과 한자 교육이 있었고, 유학을 진흥했고, 고려 제4대 국왕(재위: 949년~975년) 광종 때에는 과거 제도가 도입되었으나, 그 혜택은 문벌 귀족 사회의 확립에 주어졌다.

인종(고려 제17대 국왕 재위: 1122~1146년) 때에는 중앙에는 6학(국자학, 태학, 사문학, 육학, 서학, 산학)을 정비하였고, 지방에는 향교 중심 교육을 했다. 주현에 향학을 설치하여 지방 교육을 선도하였다. 충렬왕(고려 제25대 재위: 1274~1298년, 복위:1299년~1308년) 때 안향(1243~1306)은 국학을 성균관으로 개칭하고 문묘(공자 사당)을 건립하였으며, 유교 교육의 진흥에 나섰다. 공민왕(고려 31대 국왕 재위: 1351년~ 1374년) 때에는 성균관을 순수한 유교 교육 기관으로 개편하여 이색(성균관 중흥의 주역), 정몽주(동방 이학의 원조), 정도전, 김구용, 박상충, 이숭인 등이 전문적으로 성리학을 연구 토론하면서 많은 성리학자들을 배출하였다.

고려 인종 때에는 한자와 한문으로 지방 교육에 힘썼다고 하더라도, 무신이 정치 세력의 중심에 있을 때였으므로, 교육의 지도자와 향교의 설립, 서적의 보급 등이 원활하지 못해서 교육이 원만하게 이뤄졌다고 보기는 어려울 것 같다. 교육의 보급은 충렬왕 이후가 될 것으로 생각된다. 이때에는 한문과 한자를 통한 교육이 관리의 등용이라는 제한된 범위를 넘어서서, 상당히 넓은 범위의 백성들에게도 교육의 혜택이 주어졌을 것이라고 생각된다.

교육이 그 효력을 충분히 발휘하기 위해서는 현실한자음의 정비가 필요했을 것이다. 그러한 한자음은 한시를 짓는 데에 큰 불편이 없을 정도로 평성(◱)과 0점(□, 평성), 측성({◱,◰,◳})과 측성(평성 아닌 것, 곧 2점(:□, 상성), 1점(·□, 거성/입성)의 관계가 이루어지도록 최대한 접근시키는 것이다. 비록 현실한자음에 대한 성문화에 이르기까지는 성공하지 못했으나, 성문화에 가까운 효력을 가질 만큼 학자들과 선비들 사이의 합의가 《동국정운》의 발간 이전에 이뤄졌다면, 그 시기는 고려 제25대 충렬에서 31대 공민왕 사이(1274~1306년)라고 추정할 수 있고, 이러한 상태가 《훈민정음(해례)》와 《동국정운》의 시기를 거쳐서 《소학언해》 발간(1588년)에까지 큰 동요 없이 계속되었다고 생각된다.

6.3.8 《소학언해》 범례의 시속음

모든 성조를 중고한음의 4성에 바탕을 두고 우리 현실한자음을 바라보던 신숙주(1448)의 《동국정운》 서문에서는 "語音則四聲甚明 字音則上去無別(우리나라 말의 소리(=일상적인 입말)은 4성(=성조의 구별)이 매우 분명한데, (우리 현실) 한자음에 있어서는 상성과 거성의 구별이 없다.)"라고 했다. 중국인들과 같은 관점에서 우리의 현실한자음을 피상적으로 보면, 비입성측성(◰+◳)에 들어가는 한자들 중에서 어떤 것이 상성(:□)으로 나타나고 또 어떤 것이 거성(·□)으로 나타날 것인지 구별할 수 없었던 것이다. 원래 사전 또는 개인의 머릿속에 갈무리된 낱말들의 사회적이고 공시적인 음운론적인 표상은 대다수가 규칙으로는 예측할 수 없는 것이 일반적인 현상이다. 규칙으로 예측할 수 있는 것은 문법에 속하는 것이 때문에 사전에 열거될 이유가 없다.

《소학언해》 범례에서는 "·요ᄉᆞ이 時시俗·쇽애 音·음이 上:샹去:거셩이 서르 섯기·여·ᄲᅧ99) 과글·리 고·티·기 어·려온·디·라 :만·일 :다 本·본音음·을 ·ᄡᅳ·면 시·쇽 듣·기·예 :힛:괴:홈·이 이실 故·고로 戊:무寅인년 칙·에 上:샹去:거 :두 聲셩·을 시·쇽·을 조·차 點:뎜·을 ·ᄒᆞ·야실·시" <우리 현실한자음에서 상성과 거성이 서로 섞여서 졸속하게 고치기 어려우므로 만일 중고한음을 따라 쓰면 우리말 토박이들의 직관으로는 해괴하게 들릴 것이다. 따라서 우리 현실

99) 한문 원문에는 '상거상혼(上去相混)'으로 표현되었다.

한자음을 따라 방점을 표시했으므로 …)>라고 하였다. 여기에서 시속음(時俗之音)은 범위를 넓히면 우리의 현실한자음 전체에 적용될 수도 있겠지만, 《소학언해》 범례에서는 시속음(時俗之音)의 범위는 최소한 비입성측성의 하위 동아리인 상성(:□)과 거성(·□)을 포함했을 것이라 생각된다.

《소학언해》 범례에서는 우리 현실한자음에서 상성과 거성을 아무 원칙 없이 마구 섞어서 쓰는 것을 강하게 경계하고 있다. 우리의 시속 한자음의 상성(:□)은 본음(=중고한음)의 상성(◰)에서 온 것은 말할 것도 없고 거성(◳)에서 온 것이라도 거성(·□)으로 바꿔서는 안 되며, 시속 한자음의 거성(·□)은 본음(=중고한음)의 거성(◳)에서 온 것은 말할 것도 없고 상성(◰)에서 온 것이라도 상성(:□)으로 바꿔서는 안 된다고 말하고 있다.[100]

(905)에는 상성(◰)과 거성(◳)에 대해서 시속음을 본음보다 우위에 두었으나, 입성과 평성에 대해서는 명시적으로 시속음 규정을 두지 않았다. 그러나 입성이나 평성이라도 본음(=중고한음)에 어긋나는 시속음(/언중들의 머릿속 어휘부에 어휘항으로 존재하는 우리 현실음의 성조)에 뿌리를 박고, 살아남은 것이 있었을 것으로 보인다. 중고한음 입성(◲)에서 온 穀食은 '소학4 : 28b1; 소학5 : 99b5'에서 {곡·셕}으로 나타나는데,[101] 여기에서 첫 형태소 입성자인 穀은 0점(□. 평성)으로 나타나서 예상되는 1점(·□, 거성)이 아니다. 이것은 책을 만드는 과정에서 실수로 점을 빠뜨린 것이라고 주장할 성조학자가 없지는 않을 것이다. 그러나 현대 창원 방언서도 穀食(◲◲)이 /곡·석, HM/[HM]으로 나타나는 것을 보면, 《소학언해》의 {곡·셕}의 첫 한자형태소는 시속음이 평성이었다고 생각된다.

소학5 : 48a1 '蜜(◲)'의 방점 표상은 예상되는 1점(·□, 거성)으로 나타나지 않고, 상성 {:밀}로 나타난다. 《소학언해》 전체에서 蜜(◲){:밀}은 입성(◲)이 2점(:□, 상성)으로 나타나는 2자 중의 하나이다.[102] 그런데 이것이 창원 방언에서도 2점 /:밀, L/[LM]로 나타난다. 역사비교언어학에서 예외적인 어형들의 대응은 매우 중요한 자료로 인정되어 온 것을 고려한다

100) 시속음을 위반했을 때 아주 해괴하게 들리는 것은 중세 국어의 토박이들에게만 해당되는 것이 아니라 모든 언어와 방언에 두루 적용되는 것이다. 창원 방언의 보기를 들면, 毒蛇의 첫 음절은 중고한음 입성(◲)에서 왔으므로, /·독·사, M^2/[HH/MM]으로 나타날 것이 예측되지만, 예측과는 달리 /독새, H^2/[MH]로 나타난다. 또 水源의 첫 음절은 중고한음 상성(◰)에서 왔으므로, /:수·원, L^2/[LM]이 예측되지만, 예측과는 달리 /·수·원, M^2/[HH/MM]으로 나타난다. 예측과는 달리 /독새, H^2/[MH]와 /·수·원, M^2/[HH/MM]이 창원 방언의 랑그(langue)에 속하며, 이 랑그(langue)가 어떤 의미에서는 시속에 속하므로, 이에 어긋나는 발음이 나올 때는 창원 방언의 토박이들에게는 해괴하게 들릴 것이다.

101) 소학6 : 91b4에서는 穀食{·곡·식}으로도 나타나고 있다.

102) 다른 1자는 歇(◲){:헐}인데, 창원 방언에는 이것이 들어 있는 낱말은 찾을 수가 없어서 상성으로 반영된 데 대한 어떠한 저자의 견해를 표시할 수가 없다. 앞으로 중세 국어의 다른 문헌에서 이 글자가 적어도 1번 이상 더 발견될 때 이에 대한 해석이 가능할 것으로 보인다.

면, 穀食(◲◲){곡·석}(창원 방언 /곡·석/), 蜜(◲){:밀}(창원 방언 /:밀/) 등은《소학언해》에 평성(◱)이나 입성(◲)에 관련된 명시적인 시속음 규정이 보이지 않는다고 하여 무시해 버릴 수 없는 중요한 자료인 것이다.

중고한음 평성(◱)에 속하는 대다수(94.82%)의 한자형태소가《소학언해》에 0점(□, 평성)으로 나타나는데, 소수(5.18%)가 다른 성조들(:□, ·□)로 나타난다. 이 때 5.18%밖에 안 되는 자료를 표기자의 실수로 돌릴 수 있을까? 이 문제는 앞으로 우리의 다른 방점 표시 문헌들에서 평성(◱)의 글자들이 2점(:□)이나 1점(·□)으로 나타나는 것들을 조사해서《소학언해》평성(◱) ⇒{상성(:□), 거성(·□)}으로 나타나는 한자들과 비교를 통해서 밝혀질 것이라 생각된다.

성문화를 거친 증거를 찾지는 못했지만, 분절음의 경우는 삼국시대에는 고구려, 백제, 신라에 각각 규범화가 있었을 것이고, 통일신라 이후에는 전국적인 차원에서 통치와 교육을 위해 크게 몇 차례에 걸쳐서 규범화가 이루어졌을 것이며, 작게는 그 규범에 수정 작업들이 있었을 것이다. 각 시대의 중국 현지 한자음과 우리 한자음이 달라서 규범화와 수정이 없이 중국 현지음을 그대로 외국말로 배우게 했을 리는 없을 것이다.[103]

분절음과는 달리 성조에 대해서는 규범화가 이뤄졌는지의 여부와 수정작업이 있었는지에 대해서 확인할 수 있는 방법이 없다. 한시를 지을 때는 우리 한자음에 따른 형식을 개발해 내었을 가능성을 보여 주는 증거가 없고, 1,000년 이상을 중국의 한시 형식을 그대로 답습했기 때문에 이러한 상황에서는 성조의 규범화에 대한 직접적인 증거의 확보는 어렵다. 그러나 이른바 동국정운식의 추상적인 한자음에 따른 한자음과는 달리 우리 현실한자음을 표기한 중세 방점 문헌들이 1496년(연산군 2년)의《육조법보단경언해(六祖法寶壇經諺解)》3권과《시식권공언해(施食勸供諺解)》이후 1590년에 간행된《사서언해(四書諺解)》까지 94년 동안의 한자의 방점 표기를 비교하면, 단순한 중고한음을 답습한 기계적인 방점 표시가 아닌 우리의 현실한자음에 바탕을 둔 비명시적인 약속 같은 것이 선비들 사이에는 있었을 것으로 추측할 수가 있다.

표 (919)는 중고한음 4성이《소학언해》현실한자음 3개 방점에 반영된 모습을 한눈에 분명하게 들어오도록 자료 (910)을 압축한 것이었다. 이제 시속음의 범위를 비입성측성에 한정하지 않고《소학언해》우리말새김에 반영된 현실한자음 자체를 모두 시속음이라고 한다면, 1475자의 중고한음 4성에서《소학언해》시속 3개 성조(/방점)으로 반영의 모습이 잘

103) 지은이는 규범화가 오늘날의 '한글 맞춤법'처럼 반드시 성문화되었을 것으로 보지는 않는다. 그러나 한자어의 보급과 유지에 주도적인 구실을 했던 지도층(사대부와 선비들) 사이에는 한자어 성조에 대한 전국적인 범위에 걸친 합의 같은 것이 있었을 것으로 보며, 이러한 상태를 유지시키는 힘도 규범화라고 보고자 한다.

나타나도록 표를 만들면 (927)과 같다.

(927) 중고한음 4성(◱,◰,◳,◲)이 《소학언해》 3가지 방점(□,:□,·□)에 반영된 모습
(자료 (910)을 참조.)

중고한음(권발)	《소학언해》	자료 분류	자수(%)	불변/변동
평성(◱)	□	〚 001 〛	462(86.03)	481(90.58%)
(531자)	:□	〚 002 〛	7(1.32)	
	·□	〚 003 〛	12(2.26)	
	복수 방점	그 밖	50(9.42)	50(9.42%)
상성(◰)	□	〚 201 〛	14(5.47)	186(72.66%)
(256자)	:□	〚 202 〛	124(48.44)	
	·□	〚 203 〛	48(18.75)	
	복수 방점	그 밖	70(27.34)	70(27.34%)
거성(◳)	□	〚 101 〛	19(6.15)	205(66.34%)
(309자)	:□	〚 102 〛	143(46.28)	
	·□	〚 103 〛	43(13.92)	
	복수 방점	그 밖	104(33.66)	104(33.66%)
입성(◲)	□	〚 108 〛	8(3.03)	230(87.12%)
(264자)	:□	〚 109 〛	2(0.76)	
	·□	〚 110 〛	220(83.33)	
	복수 방점	그 밖	34(12.88)	34(12.88%)
복수 성조	□		58(50.43)	111(96.52)
(115자)	:□		41(35.65)	
	·□		12(10.43)	
	복수 방점		4(3.48)	4(3.48)
합계 1475자	단일 방점 1213자(82.24%); 복수 방점 262자(17.76%)			

이 표를 보면, 상성(◰)에서 평성(□)으로 반영된 것 14자(5.47%)와 거성(◳)에서 평성(□)으로 반영된 것 19자(6.15%)가[104] 평성(◱)에서 상성(:□)이나 거성(·□)으로 반영된 것 (7+12=)19자(3.58%)보다 많음(/비율이 높음)을 알 수 있다. 이것은 시간이 흐름에 따라 무표

104) 둘을 합치면 (14+19=)33자이다.

성조인 평성(□)이 유표 성조인 상성(:□)이나 거성(·□)보다 비율이 높아질 것이라는 예측을 가능하게 한다. 현존하는 우리말의 모든 성조방언들에서 변별적인 위치에서 비입성측성의 평성으로의 변화가 가속화되어 가는 증거는 많이 발견된다.[105)]

6.3.9 《소학언해》 한자형태소 성조의 공시적인 고찰

6.3.2절에서 6.3.8절까지는 《소학언해》 한자형태소 방점(/성조)는 중고한음 4성과 관련해서 통시적인 변화에 중점을 두게 되었다. 이 절에서는 중고한음에 관한 관심은 내려놓고, 《소학언해》 안에서 3개의 방점(□, :□, ·□)이 어떠한 비율로 나타나고 있는가에 대한 계량적인 검토를 하기로 한다.

먼저 하나의 한자가 《소학언해》에서 단일 방점 표상으로 나타나는 것을 골라서 정리하면 (928)㉮～㉲(비입성자 자료), (929)㉮～㉳(입성자 자료)와 같다.

(928) [비입성자 단일 방점] 《소학언해》에서 하나의 방점 표상을 가지는 한자

㉮ 어두에서 평성(□)으로 나타나는 것 433자

{가}	軻(◱)	<1항(1번)>
{가}	家(◱)	<6항(19번)>
{가}	加(◱)	<8항(8번)>
{가}	艱(◱)	<9항(17번)>
{간}	姦(◱)	<2항(2번)>
{간}	奸(◱)	<3항(3번)>
{간}	干(◱)	<3항(4번)>
{간}	看(◱)	<4항(4번)>
{감}	堪(◱)	<1항(2번)>
{감}	紺(◳)	<1항(1번)>
{거}	籧(◱)	<1항(1번)>
{거}	蘧(◱)	<2항(3번)>
{거}	居(◱)	<6항(36)>
{건}	虔(◱)	<1항(2번)>
{검}	黔(◱)	<1항(2번)>
{견}	堅(◱)	<1항(1번)>
{겸}	兼(◱)	<1항(1번)>

105) 이 책에서 외적순행평성동화, 첫성분평성형화, 그리고 김차균(2002)ㄱ에서 경남 서남부 방언들에서 내적순행평성동화, 김차균(2006)과 최영미(2010)에서 경북 및 강원 동해안의 여러 방언들에서 2음절 이상의 거성형의 평2형화, 등은 모두 평성의 비중을 높이는 현상이지만, 평성형이나 평측형이 상성형화 또는 거성형화되는 것은 산발적이고 예외적인 현상이다.

{겸}	謙(◱)	<3항(3번)>
{계}	階(◱)	<2항(2번)>
{고}	袴(◳)	<1항(1번)>
{고}	孤(◱)	<2항(2번)>
{고}	高(◱)	<7항(9번)>
{과}	科(◱)	<2항(2번)>
{과}	冠$_2$({◱,◳})	<8항(20번)>
{관}	官(◱)	<1항(15번)>
{관}	關(◱)	<1항(1번)>
{관}	寬(◱)	<1항(2번)>
{관}	觀({◱,◳})	<2항(3번)>
{교}	交(◱)	<3항(3번)>
{교}	驕(◱)	<8항(10번)>
{교}	轎({◱,◳})	<1항(1번)>
{구}	歐(◱)	<1항(2번)>
{구}	約({◱,◰})	<1항(1번)>
{군}	窘(◰)	<1항(1번)>
{군}	軍(◱)	<2항(6번)>
{군}	君(◱)	<3항(57번)>
{권}	權(◱)	<3항(4번)>
{규}	規(◱)	<6항(6번)>
{근}	勤(◱)	<1항(1번)>
{근}	根(◱)	<2항(9번)>
{근}	斤(◱)	<5항(5번)>
{금}	琴(◱)	<2항(3번)>
{금}	金(◱)	<3항(9번)>
{긔}	琦(◱)	<1항(1번)>
{긔}	期(◱)	<2항(2번)>
{긔}	箕(◱)	<2항(7번)>
{긔}	譏(◱)	<5항(6번)>
{기}	夔(◱)	<1항(1번)>
{난}	蘭(◱)	<1항(2번)>
{남}	藍(◱)	<1항(1번)>
{남}	男(◱)	<2항(4번)>
{남}	南(◱)	<8항(9번)>
{녀}	廬(◱)	<1항(1번)>
{노}	奴(◱)	<1항(1번)>
{뉴}	劉(◱)	<1항(1번)>
{단}	丹(◱)	<4항(5번)>
{단}	端(◱)	<8항(11번)>

{담} 湛$_2$(◱) <1항(1번)>
{뎌} 貯(◰) <1항(2번)>
{뎨} 題(◱) <1항(1번)>
{도} 都(◱) <3항(3번)>
{도} 陶(◱) <2항(2번)>
{도} 逃(◱) <3항(4번)>
{돈} 敦(◱) <5항(5번)>
{됴} 朝(◱) <10항(24번)>
{됴} 晁(◱) <1항(1번)>
{됴} 條(◱) <1항(1번)>
{두} 頭(◱) <1항(1번)>
{둔} 屯(◱) <1항(1번)>
{듀} 廚(◱) <1항(1번)>
{딘} 陳(◳) <5항(7번)>
{라} 羅(◱) <1항(1번)>
{란} 欒(◱) <1항(1번)>
{란} 蘭(◱) <1항(1번)>
{려} 閭(◱) <1항(2번)>
{련} 連(◱) <1항(1번)>
{렴} 廉(◱) <1항(1번)>
{렴} 濂(◱) <1항(1번)>
{로} 盧(◱) <2항(5번)>
{뢰} 雷(◱) <1항(1번)>
{료} 遼(◱) <1항(1번)>
{류} 劉(◱) <12항(16번)>
{리} 離({◱,◳}) <1항(2번)>
{린} 麟(◱) <1항(1번)>
{림} 林(◱) <1항(2번)>
{림} 臨({◱,◳}) <1항(1번)>
{모} 牟(◱) <1항(1번)>
{모} 矛(◱) <1항(1번)>
{모} 耄(◳) <1항(1번)>
{모} 髦(◱) <1항(2번)>
{모} 模(◱) <1항(3번)>
{모} 茅(◱) <2항(3번)>
{모} 毛(◱) <4항(18번)>
{무} 無(◱) <6항(6번)>
{문} 文(◱) <18항(48번)>
{문} 聞({◱,◳}) <1항(1번)>
{미} 迷(◱) <2항(2번)>

{미} 微(◱) <6항(6번)>
{반} 潘(◱) <1항(1번)>
{반} 盤(◱) <1항(1번)>
{번} 繁(◱) <1항(1번)>
{번} 膰(◱) <1항(1번)>
{번} 藩(◱) <1항(2번)>
{변} 邊(◱) <1항(1번)>
{보} 脯$_2$(◰) <1항(2번)>
{부} 扶(◱) <2항(2번)>
{부} 浮(◱) <2항(2번)>
{부} 夫$_1$(◱) <7항(20번)>
{분} 墳(◱) <1항(1번)>
{분} 賁(◱) <1항(1번)>
{분} 蚡(◱) <1항(1번)>
{비} 肥(◱) <1항(1번)>
{비} 淝(◱) <1항(1번)>
{비} 非(◱) <2항(2번)>
{빈} 貧(◱) <1항(1번)>
{빈} 賓(◱) <1항(1번)>
{사} 砂(◱) <1항(1번)>
{산} 山(◱) <2항(3번)>
{샤} 奢(◱) <10항(11번)>
{샤} 邪(◱) <10항(14번)>
{셔} 胥({◱,◰}) <2항(2번)>
{셔} 徐(◱) <2항(2번)>
{셔} 書(◱) <4항(4번)>
{셔} 西(◱) <5항(7번)>
{션} 宣(◱) <1항(12번)>
{션} 仙(◱) <1항(1번)>
{션} 先(◱) <6항(79번)>
{소} 蘇(◱) <2항(2번)>
{소} 踈(◱) <4항(9번)>
{손} 孫({◱,◳}) <3항(4번)>
{쇠} 衰$_1$(◱) <7항(11번)>
{쇼} 昭(◱) <3항(5번)>
{슈} 收(◱) <1항(1번)>
{슈} 脩(◱) <1항(1번)>
{슈} 銖(◱) <1항(1번)>
{슈} 修(◱) <2항(2번)>
{슌} 旬(◱) <1항(1번)>

{슌} 荀(◱) <1항(1번)>
{슌} 恂(◱) <1항(2번)>
{슌} 循(◱) <2항(3번)>
{슌} 淳(◱) <3항(3번)>
{슌} 純(◱) <4항(4번)>
{싀} 柴(◱) <1항(1번)>
{싀} 猜(◱) <1항(1번)>
{시} 詩(◱) <2항(14번)>
{시} 尸(◱) <2항(2번)>
{시} 時(◱) <8항(22번)>
{신} 臣(◱) <5항(57번)>
{신} 新(◱) <1항(3번)>
{신} 辛(◱) <2항(2번)>
{신} 申(◱) <3항(7번)>
{심} 深(◱) <1항(2번)>
{아} 衙(◱) <1항(6번)>
{아} 阿(◱) <4항(4번)>
{안} 安(◱) <21항(30번)>
{안} 顔(◱) <5항(17번)>
{애} 涯(◱) <1항(1번)>
{언} 言(◱) <2항(2번)>
{엄} 嚴(◱) <16항(13번)>
{여} 與({◱,◰,◳}) <3항(4번)>
{연} 緣(◱) <4항(16번)>
{연} 燕({◱,◰}) <1항(1번)>
{연} 綖(◱) <1항(1번)>
{염} 塩({◱,◳}) <1항(1번)>
{오} 吳(◱) <2항(2번)>
{온} 溫(◱) <14항(19번)>
{온} 昷(◱) <1항(1번)>
{완} 頑(◱) <1항(2번)>
{요} 搖(◱) <1항(1번)>
{요} 瑤(◱) <1항(1번)>
{요} 饒(◱) <1항(1번)>
{요} 堯(◱) <3항(7번)>
{요} 妖(◱) <6항(6번)>
{요} 夭({◱,◰}) <1항(1번)>
{우} 偶(◰) <1항(1번)>
{우} 牛(◱) <1항(1번)>
{우} 虞(◱) <4항(4번)>

{원} 原(◱) <1항(1번)>
{원} 寃(◱) <1항(1번)>
{원} 元(◱) <2항(4번)>
{위} 威(◱) <5항(21번)>
{위} 危(◱) <1항(1번)>
{위} 圍(◱) <1항(1번)>
{위} 危(◱) <6항(8번)>
{유} 綏(◱) <1항(2번)>
{유} 攸(◱) <1항(1번)>
{유} 宥(◰) <1항(1번)>
{유} 由(◱) <1항(1번)>
{유} 猶(◱) <2항(2번)>
{유} 柔(◱) <5항(5번)>
{유} 兪({◱,◰}) <1항(1번)>
{유} 遺({◱,◳}) <1항(1번)>
{은} 慇(◱) <1항(1번)>
{은} 誾(◱) <1항(1번)>
{은} 銀(◱) <1항(1번)>
{은} 殷(◱) <2항(4번)>
{은} 恩(◱) <5항(12번)>
{음} 淫(◱) <11항(14번)>
{음} 陰(◱) <1항(1번)>
{의} 儀(◱) <4항(6번)>
{의} 依(◱) <10항(11번)>
{의} 醫(◱) <2항(4번)>
{의} 疑(◱) <4항(4번)>
{이} 姨(◱) <1항(1번)>
{이} 夷(◱) <2항(2번)>
{이} 怡(◱) <2항(2번)>
{이} 伊(◱) <3항(20번)>
{이} 匜(◱) <1항(1번)>
{이} 頤(◱) <1항(1번)>
{인} 因(◱) <5항(19번)>
{인} 人(◱) <7항(19번)>
{인} 仁(◱) <9항(15번)>
{잔} 孱(◱) <1항(1번)>
{젼} 全(◱) <1항(1번)>
{젼} 錢(◱) <1항(1번)>
{젼} 前(◱) <6항(11번)>
{젼} 專(◱) <6항(6번)>

{졈}	占({◱,◳})	<1항(1번)>
{졔}	諸(◱)	<4항(8번)>
{조}	曹(◱)	<2항(5번)>
{존}	尊$_1$(◱)	<8항(9번)>
{준}	尊$_2$(◱)	<1항(1번)>
{쥬}	周(◱)	<12항(24번)>
{쥬}	朱(◱)	<5항(7번)>
{즘}	衆(◳)	<1항(9번)>
{지}	之(◱)	<1항(1번)>
{진}	眞(◱)	<2항(28번)>
{진}	秦(◱)	<2항(2번)>
{짐}	斟(◱)	<1항(1번)>
{차}	嗟(◱)	<4항(4번)>
{참}	參$_2$(◱)	<6항(6번)>
{쳐}	妻({◱,◳})	<2항(9번)>
{쳔}	千(◱)	<4항(6번)>
{초}	醋(◳)	<1항(1번)>
{초}	初(◱)	<6항(8번)>
{최}	衰$_2$(◱)	<1항(1번)>
{최}	崔(◱)	<6항(9번)>
{쵸}	焦(◱)	<1항(1번)>
{쵸}	譙({◱,◳})	<1항(1번)>
{츄}	推(◱)	<1항(1번)>
{츄}	樞(◱)	<2항(2번)>
{츈}	春(◱)	<1항(3번)>
{치}	蚩(◱)	<1항(1번)>
{치}	卮(◱)	<1항(1번)>
{친}	親(◱)	<17항(45번)>
{침}	侵(◱)	<2항(3번)>
{타}	惰(◳)	<1항(1번)>
{탐}	耽(◱)	<1항(1번)>
{탐}	貪(◱)	<3항(3번)>
{텬}	天(◱)	<13항(45번)>
{투}	偸(◱)	<1항(1번)>
{투}	投(◱)	<1항(1번)>
{튜}	追(◱)	<1항(1번)>
{티}	治({◱,◳})	<1항(2번)>
{팀}	湛$_1$(◳)	<1항(2번)>
{포}	袍(◱)	<1항(1번)>
{포}	庖(◱)	<1항(1번)>

{포} 包(◱) <1항(4번)>
{포} 脯$_1$(◰) <1항(3번)>
{하} 何(◱) <2항(2번)>
{하} 河(◱) <4항(6번)>
{한} 閑(◱) <2항(2번)>
{한} 韓(◱) <3항(3번)>
{함} 咸(◱) <1항(1번)>
{허} 虛(◱) <9항(9번)>
{현} 賢(◱) <1항(11번)>
{현} 玄(◱) <2항(4번)>
{혐} 嫌(◱) <1항(1번)>
{호} 湖(◱) <2항(3번)>
{호} 豪(◱) <3항(3번)>
{호} 胡(◱) <8항(9번)>
{화} 和({◱,◳}) <25항(30번)>
{화} 華({◱,◳}) <1항(1번)>
{환} 丸(◱) <1항(1번)>
{환} 桓(◱) <2항(2번)>
{회} 懷(◱) <1항(1번)>
{회} 淮(◱) <4항(5번)>
{회} 回({◱,◳}) <2항(5번)>
{휴} 休(◱) <1항(2번)>
{흔} 訢(◱) <1항(1번)>
{희} 希(◱) <2항(3번)>
{희} 熈(◱) <1항(1번)>
{강} 姜(◱) <1항(2번)>
{강} 康(◱) <3항(5번)>
{강} 剛(◱) <5항(5번)>
{강} 江(◱) <5항(5번)>
{경} 瓊(◱) <1항(1번)>
{경} 扃(◱) <1항(1번)>
{경} 卿(◱) <1항(3번)>
{경} 京(◱) <3항(3번)>
{경} 輕(◱) <6항(6번)>
{경} 經(◱) <7항(13번)>
{공} 恭(◱) <42항(101번)>
{공} 工(◱) <1항(3번)>
{공} 共(◳) <4항(6번)>
{공} 功(◱) <4항(6번)>
{공} 空({◱,◰,◳}) <1항(1번)>

{공}	供({◱,◳})	<6항(8번)>
{굉}	宏(◱)	<1항(1번)>
{굉}	紘(◱)	<1항(1번)>
{궁}	宮(◱)	<2항(4번)>
{궁}	窮(◱)	<6항(11번)>
{긍}	矜(◱)	<1항(1번)>
{기}	開(◱)	<2항(4번)>
{냥}	粱(◱)	<1항(1번)>
{니}	來(◱)	<2항(3번)>
{당}	唐(◱)	<3항(23번)>
{댱}	場(◱)	<1항(1번)>
{댱}	張({◱,◰})	<7항(10번)>
{뎡}	廷(◱)	<1항(1번)>
{뎡}	丁(◱)	<1항(1번)>
{뎡}	禎(◱)	<1항(1번)>
{뎡}	程(◱)	<2항(4번)>
{뎡}	貞(◱)	<4항(4번)>
{동}	冬(◱)	<1항(1번)>
{동}	桐(◱)	<1항(1번)>
{동}	童(◰)	<1항(4번)>
{동}	東(◱)	<8항(21번)>
{동}	同(◱)	<9항(19번)>
{랑}	狼(◱)	<2항(2번)>
{랑}	郎(◱)	<3항(4번)>
{량}	梁(◱)	<1항(2번)>
{령}	靈(◱)	<2항(5번)>
{룡}	龍(◱)	<1항(1번)>
{망}	亡(◱)	<3항(3번)>
{명}	名(◱)	<1항(1번)>
{명}	銘(◱)	<1항(1번)>
{므}	麻(◱)	<1항(2번)>
{미}	埋(◱)	<1항(2번)>
{밍}	萌(◱)	<1항(1번)>
{밍}	盟(◱)	<3항(3번)>
{방}	防(◱)	<1항(1번)>
{방}	龐(◱)	<1항(3번)>
{방}	房(◱)	<6항(9번)>
{병}	幷(◳)	<1항(1번)>
{봉}	封(◱)	<4항(7번)>
{붕}	朋(◱)	<1항(1번)>

{빅} 裵(◱) <1항(1번)>

{상} 雙(◱) <2항(2번)>

{상} 床(◱) <1항(3번)>

{상} 喪({◱,◳}) <5항(19)>

{샹} 商(◱) <1항(1번)>

{샹} 庠(◱) <1항(3번)>

{샹} 傷(◱) <5항(8번)>

{샹} 常(◱) <8항(15번)>

{샹} 詳(◱) <9항(10번)>

{셩} 聲(◱) <1항(1번)>

{셩} 城(◱) <2항(4번)>

{셩} 誠(◱) <5항(5번)>

{셩} 成(◱) <6항(6번)>

{슝} 崇(◱) <4항(5번)>

{ᄉᆞ} 私(◱) <11항(19번)>

{ᄉᆞ} 辭(◱) <12항(25번)>

{ᄉᆞ} 嗣(◳) <1항(1번)>

{ᄉᆞ} 斯(◱) <1항(1번)>

{ᄉᆞ} 絲(◱) <1항(1번)>

{ᄉᆞ} 祠(◱) <1항(3번)>

{ᄉᆞ} 司(◱) <6항(14번)>

{ᄉᆞ} 思({◱,◳}) <7항(9번)>

{ᄉᆞᆷ} 參$_1$ (◱) <1항(2번)>

{ᄉᆡᆼ} 牲(◱) <1항(1번)>

{ᄉᆡᆼ} 生$_1$ (◱) <4항(4번)>

{앙} 昂(◱) <1항(1번)>

{양} 揚(◱) <1항(1번)>

{양} 陽(◱) <1항(1번)>

{양} 羊(◱) <2항(4번)>

{양} 襄(◳) <2항(5번)>

{영} 盈(◱) <1항(1번)>

{영} 嬰(◱) <1항(1번)>

{영} 英(◱) <2항(2번)>

{영} 榮(◱) <3항(3번)>

{왕} 汪(◱) <2항(2번)>

{용} 庸(◱) <1항(2번)>

{용} 容(◱) <4항(10번)>

{용} 肜(◱) <1항(1번)>

{웅} 熊(◱) <1항(1번)>

{웅} 雄(◱) <1항(1번)>

{ᅌᅵᆼ} 媵(◳) <1항(1번)>
{장} 臟(◱) <1항(1번)>
{쟝} 莊(◱) <5항(8번)>
{졍} 精(◱) <10항(17번)>
{졍} 情(◱) <1항(3번)>
{졍} 旌(◱) <3항(3번)>
{종} 宗(◱) <10항(15번)>
{증} 蒸(◱) <2항(2번)>
{증} 曾(◱) <7항(23번)>
{ᄌᆞ} 姿(◱) <1항(1번)>
{ᄌᆞ} 慈(◱) <1항(1번)>
{ᄌᆞ} 紫(◰) <1항(1번)>
{ᄌᆞ} 滋(◱) <1항(2번)>
{ᄌᆞ} 資(◱) <2항(2번)>
{ᄌᆞᆷ} 箴(◱) <1항(1번)>
{ᄌᆞᆷ} 潛(◱) <2항(2번)>
{ᄌᆡ} 裁(◱) <1항(1번)>
{ᄌᆡ} 才(◱) <2항(2번)>
{ᄌᆡ} 財(◱) <3항(14번)>
{ᄌᆡ} 災(◱) <3항(4번)>
{ᄌᆡ} 齋(◱) <8항(12번)>
{ᄌᆡ} 載({◰,◳}) <1항(1번)>
{ᄌᆡᆼ} 錚(◱) <1항(1번)>
{창} 蒼(◱) <1항(1번)>
{창} 槍(◱) <1항(1번)>
{창} 倉(◱) <2항(3번)>
{챵} 昌(◱) <4항(4번)>
{쳥} 青(◱) <2항(2번)>
{쳥} 淸(◱) <7항(8번)>
{총} 聰(◱) <5항(6번)>
{층} 層(◱) <1항(6번)>
{탕} 湯(◱) <1항(1번)>
{튱} 椿(◱) <1항(8번)>
{튱} 忠(◱) <17항(32번)>
{튱} 冲(◱) <1항(1번)>
{ᄐᆡ} 台(◱) <2항(2번)>
{평} 平(◱) <9항(15번)>
{풍} 馮(◱) <4항(7번)>
{풍} 豐(◱) <1항(1번)>
{ᄑᆡᆼ} 彭(◱) <1항(1번)>

{항}	缸(◱)	<1항(1번)>
{향}	香(◱)	<4항(5번)>
{형}	兄(◱)	<5항(59번)>
{형}	刑(◱)	<1항(10번)>
{형}	亨(◱)	<1항(1번)>
{형}	滎(◱)	<1항(1번)>
{형}	荊(◱)	<1항(3번)>
{홍}	紅(◱)	<1항(1번)>
{홍}	弘(◱)	<1항(5번)>
{황}	皇(◱)	<3항(8번)>
{횡}	橫(◱)	<1항(7번)>
{흉}	凶(◱)	<12항(14번)>
{흥}	興({◱,◳})	<3항(3번)>
{흥}	恒({◱,◳})	<1항(1번)>
{히}	錯(◰)	<1항(1번)>
{히}	骸(◱)	<1항(1번)>

[나] 어두에서 상성(:□)으로 나타나는 것 240자

{:가}	賈(◳)	<2항(7번)>
{:가}	假(◰)	<1항(2번)>
{:간}	簡(◰)	<1항(1번)>
{:간}	簡(◰)	<21항(32번)>
{:감}	感(◰)	<5항(7번)>
{:개}	慨(◳)	<1항(1번)>
{:거}	倨(◳)	<3항(3번)>
{:거}	去(◳)	<1항(1번)>
{:건}	建(◳)	<3항(3번)>
{:계}	啓(◰)	<1항(1번)>
{:계}	繼(◳)	<1항(1번)>
{:계}	季(◳)	<2항(2번)>
{:계}	契$_{1}$ (◳)	<1항(1번)>
{:고}	古(◰)	<1항(1번)>
{:고}	杲(◰)	<1항(1번)>
{:곤}	困(◳)	<1항(1번)>
{:곤}	閫(◰)	<1항(1번)>
{:곤}	衮(◰)	<1항(2번)>
{:과}	寡(◰)	<1항(1번)>
{:관}	款(◰)	<2항(2번)>
{:교}	教({◱,◳})	<4항(5번)>
{:구}	臼(◰)	<1항(1번)>
{:구}	瞿(◱)	<1항(1번)>

{:구}	句(◳)	<1항(2번)>
{:구}	救(◳)	<3항(3번)>
{:구}	苟(◰)	<4항(8번)>
{:궤}	詭(◰)	<1항(1번)>
{:궤}	几(◰)	<2항(4번)>
{:귀}	鬼(◰)	<2항(4번)>
{:근}	覲(◳)	<1항(1번)>
{:근}	謹(◰)	<1항(1번)>
{:금}	錦(◰)	<3항(3번)>
{:금}	禁({◱,◳})	<4항(4번)>
{:녀}	厲(◳)	<1항(1번)>
{:녀}	癘(◳)	<1항(1번)>
{:녀}	呂(◰)	<2항(2번)>
{:노}	怒(◰)	<10항(19번)>
{:뇨}	淖(◳)	<1항(1번)>
{:단}	短(◰)	<3항(3번)>
{:단}	袒(◰)	<2항(2번)>
{:담}	淡({◱,◰,◳})	<2항(2번)>
{:담}	膽(◰)	<1항(1번)>
{:담}	禫(◰)	<1항(2번)>
{:뎐}	殿(◳)	<3항(4번)>
{:뎜}	點(◰)	<1항(8번)>
{:뎨}	悌(◳)	<3항(4번)>
{:됴}	弔(◳)	<1항(1번)>
{:됴}	趙(◰)	<4항(5번)>
{:라}	癩(◳)	<1항(1번)>
{:람}	覽(◰)	<1항(4번)>
{:려}	癘(◳)	<1항(1번)>
{:렴}	念(◳)	<1항(1번)>
{:로}	怒(◰)	<4항(4번)>
{:로}	路(◳)	<2항(2번)>
{:료}	了(◰)	<1항(1번)>
{:류}	庾(◰)	<1항(1번)>
{:류}	柳(◰)	<5항(9번)>
{:리}	鯉(◰)	<2항(5번)>
{:리}	吏(◳)	<2항(2번)>
{:마}	馬(◰)	<2항(3번)>
{:면}	冕(◰)	<1항(1번)>
{:면}	勉(◰)	<1항(1번)>
{:면}	免(◰)	<3항(7번)>

{:모}	冒(◳)	<1항(1번)>
{:무}	巫(◱)	<1항(2번)>
{:무}	戊(◳)	<1항(2번)>
{:무}	武(◰)	<6항(15)>
{:반}	叛(◳)	<1항(1번)>
{:변}	辯(◰)	<1항(1번)>
{:변}	變(◳)	<6항(7번)>
{:보}	普(◰)	<1항(2번)>
{:보}	寶(◰)	<2항(4번)>
{:부}	符(◱)	<1항(1번)>
{:부}	富(◳)	<5항(5번)>
{:분}	奮(◳)	<1항(1번)>
{:분}	忿(◰)	<1항(1번)>
{:분}	粉(◰)	<1항(1번)>
{:비}	匕(◰)	<1항(1번)>
{:비}	比(◳)	<4항(5번)>
{:비}	篦(◰)	<1항(1번)>
{:산}	算(◰)	<2항(2번)>
{:산}	筭(◳)	<1항(1번)>
{:새}	灑(◰)	<1항(2번)>
{:샤}	舍(◳)	<1항(1번)>
{:샤}	赦(◳)	<2항(2번)>
{:샤}	社(◰)	<3항(6번)>
{:샤}	謝(◳)	<5항(5번)>
{:샤}	射$_1$ (◳)	<1항(1번)>
{:셔}	庶(◳)	<3항(4번)>
{:션}	善(◰)	<1항(1번)>
{:소}	素(◳)	<1항(2번)>
{:손}	損(◰)	<3항(5번)>
{:쇄}	縱({◰,◱,◳})	<2항(4번)>
{:쇼}	邵(◳)	<1항(1번)>
{:쇼}	召(◳)	<1항(3번)>
{:쇼}	小(◰)	<3항(10번)>
{:쇼}	少({◰,◳})	<3항(8번)>
{:쇼}	少({◰,◳})	<3항(8번)>
{:슌}	順(◳)	<15항(19번)>
{:슌}	舜(◳)	<2항(14번)>
{:슌}	巡(◱)	<3항(3번)>
{:시}	使$_2$ (◳)	<1항(2번)>
{:시}	視(◳)	<1항(1번)>

{:신} 賑(◰) <1항(1번)>
{:신} 信(◳) <2항(3번)>
{:심} 甚({◰,◳}) <10항(18번)>
{:아} 雅(◰) <1항(1번)>
{:안} 晏(◳) <1항(1번)>
{:안} 晏(◳) <1항(1번)>
{:애} 藹({◰,◳}) <1항(1번)>
{:야} 野(◰) <2항(3번)>
{:어} 馭(◳) <2항(2번)>
{:언} 偃(◰) <1항(2번)>
{:엄} 儼(◰) <1항(1번)>
{:염} 厭(◳) <1항(2번)>
{:예} 豫(◳) <2항(2번)>
{:예} 芮(◳) <1항(1번)>
{:오} 傲(◳) <4항(4번)>
{:오} 奧(◳) <1항(1번)>
{:완} 婉(◰) <2항(2번)>
{:완} 玩(◳) <4항(4번)>
{:완} 阮(◰) <1항(3번)>
{:외} 外(◳) <3항(3번)>
{:우} 羽(◰) <1항(2번)>
{:원} 願(◳) <5항(7번)>
{:원} 遠({◰,◳}) <1항(1번)>
{:위} 慰(◳) <1항(1번)>
{:위} 偉(◰) <1항(1번)>
{:위} 喟(◳) <1항(1번)>
{:유} 庾(◰) <1항(1번)>
{:유} 愈(◰) <1항(1번)>
{:의} 義(◳) <5항(23번)>
{:이} 以(◰) <2항(2번)>
{:인} 忍(◰) <1항(1번)>
{:제} 娣({◰,◳}) <1항(1번)>
{:젼} 戰(◳) <1항(2번)>
{:졈} 漸({◱,◰}) <2항(3번)>
{:졔} 濟({◰,◳}) <1항(1번)>
{:조} 俎(◰) <2항(2번)>
{:존} 撙(◰) <2항(2번)>
{:좌} 座(◳) <1항(1번)>
{:좌} 左(◰) <3항(4번)>
{:죠} 照(◳) <1항(1번)>

{:죠} 詔(◰) <2항(2번)>
{:주} 奏(◳) <1항(1번)>
{:주} 註(◳) <1항(1번)>
{:쥰} 俊(◳) <1항(1번)>
{:진} 振(◳) <1항(1번)>
{:진} 震(◳) <1항(3번)>
{:참} 斬(◰) <1항(1번)>
{:채} 蔡(◳) <2항(2번)>
{:쳐} 處({◰,◳}) <7항(8번)>
{:쳔} 擅(◳) <1항(2번)>
{:쵸} 醮(◳) <2항(2번)>
{:침} 寢(◰) <1항(1번)>
{:탄} 嘆(◳) <1항(2번)>
{:태} 泰(◳) <2항(2번)>
{:퇴} 退(◳) <1항(1번)>
{:티} 徵({◱,◰}) <1항(1번)>
{:티} 致(◳) <1항(1번)>
{:파} 罷(◰) <1항(1번)>
{:패} 佩(◳) <1항(1번)>
{:패} 悖(◳) <2항(2번)>
{:패} 敗(◳) <8항(8번)>
{:폐} 陛(◰) <1항(1번)>
{:폐} 弊(◳) <1항(3번)>
{:폐} 廢(◳) <4항(6번)>
{:피} 避(◳) <8항(8번)>
{:하} 夏(◳) <3항(3번)>
{:한} 翰(◳) <1항(1번)>
{:한} 漢(◳) <4항(24번)>
{:험} 險(◰) <1항(1번)>
{:현} 縣(◳) <3항(7번)>
{:호} 浩(◰) <2항(7번)>
{:호} 戶(◰) <4항(5번)>
{:화} 化(◳) <3항(3번)>
{:환} 渙(◳) <1항(1번)>
{:환} 患(◳) <5항(7번)>
{:회} 晦(◳) <1항(1번)>
{:회} 膾(◳) <1항(1번)>
{:회} 會(◳) <3항(4번)>
{:효} 效(◳) <4항(6번)>
{:후} 厚(◰) <7항(10번)>

{:훈} 訓(去) <1항(1번)>
{:강} 强({平,上}) <1항(1번)>
{:경} 警(上) <17항(32번)>
{:경} 頃(上) <1항(2번)>
{:경} 景(上) <2항(2번)>
{:공} 貢(去) <1항(1번)>
{:광} 廣(上) <3항(6번)>
{:긴} 懇(上) <2항(2번)>
{:긔} 改(上) <3항(3번)>
{:냥} 兩(上) <1항(2번)>
{:닉} 內(去) <3항(12번)>
{:댱} 丈(上) <1항(1번)>
{:댱} 障(去) <1항(1번)>
{:댱} 帳(去) <2항(4번)>
{:뎡} 鼎(上) <1항(1번)>
{:뎡} 鄭(去) <4항(4번)>
{:동} 洞(去) <1항(2번)>
{:듕} 仲(去) <7항(11번)>
{:듕} 重({平,上,去}) <12항(18번)>
{:되} 待(上) <14항(22번)>
{:되} 敦$_2$(去) <1항(1번)>
{:망} 望(去) <1항(1번)>
{:망} 妄(去) <5항(6번)>
{:방} 放(去) <9항(9번)>
{:봉} 奉(上) <15항(20번)>
{:빙} 殯(去) <3항(3번)>
{:빙} 聘(去) <2항(2번)>
{:상} 爽(上) <1항(2번)>
{:셩} 盛({平,去}) <8항(12번)>
{:숑} 訟(去) <3항(3번)>
{:亽} 肆(去) <3항(3번)>
{:亽} 賜(去) <1항(1번)>
{:亽} 泗(去) <2항(3번)>
{:亽} 史(上) <3항(8번)>
{:양} 煬(去) <1항(1번)>
{:영} 穎(上) <2항(2번)>
{:영} 永(上) <3항(3번)>
{:용} 冗(上) <1항(1번)>
{:용} 勇(上) <2항(2번)>
{:장} 狀(去) <1항(1번)>

{:쟝}	壯(◳)	<1항(1번)>
{:쟝}	掌(◰)	<1항(1번)>
{:쟝}	醬(◳)	<1항(2번)>
{:졍}	整(◰)	<6항(6번)>
{:증}	拯(◰)	<1항(1번)>
{:총}	總(◰)	<2항(3번)>
{:취}	取(◰)	<3항(9번)>
{:취}	取(◰)	<5항(5번)>
{:치}	茝(◰)	<1항(1번)>
{:텽}	聽({◱,◳})	<1항(1번)>
{:항}	沆(◰)	<1항(1번)>
{:향}	嚮(◰)	<1항(1번)>
{:향}	向(◳)	<4항(6번)>
{:황}	況(◳)	<1항(1번)>
{:흔}	恨(◳)	<1항(1번)>
{:히}	海(◰)	<1항(1번)>
{:히}	駭(◰)	<1항(1번)>

[다] 어두에서 거성(·□)으로 나타나는 것 79자

{·고}	固(◳)	<1항(1번)>
{·고}	苦(◰)	<1항(1번)>
{·고}	雇(◳)	<1항(1번)>
{·고}	瞽(◰)	<1항(1번)>
{·고}	庫(◳)	<2항(4번)>
{·과}	過(◳)	<1항(1번)>
{·관}	棺(◱)	<1항(1번)>
{·관}	琯(◰)	<1항(1번)>
{·관}	瓘(◳)	<1항(1번)>
{·관}	管(◰)	<3항(3번)>
{·구}	九(◰)	<2항(2번)>
{·구}	驅({◱,◳})	<1항(1번)>
{·긔}	忌(◳)	<1항(1번)>
{·긔}	旣(◳)	<1항(1번)>
{·긔}	起(◰)	<1항(1번)>
{·긔}	冀(◳)	<1항(2번)>
{·난}	赧(◰)	<1항(1번)>
{·도}	稻(◰)	<1항(1번)>
{·두}	杜(◰)	<1항(1번)>
{·두}	竇(◳)	<1항(2번)>
{·듀}	紂(◰)	<1항(9번)>
{·디}	智(◳)	<6항(11번)>

{·딘} 愼$_2$(◳) <1항(1번)>
{·로} 魯(◰) <3항(6번)>
{·민} 閔(◰) <2항(2번)>
{·민} 憫(◰) <2항(2번)>
{·민} 敏(◰) <2항(2번)>
{·번} 番(◱) <4항(8번)>
{·부} 赴(◳) <1항(1번)>
{·부} 裒(◱) <2항(4번)>
{·부} 婦(◰) <2항(7번)>
{·브} 不$_2$(◱) <1항(1번)>
{·셰} 稅(◳) <1항(1번)>
{·슈} 水(◰) <1항(1번)>
{·슈} 首(◰) <1항(1번)>
{·슈} 羞(◱) <2항(2번)>
{·슈} 壽({◰,◳}) <2항(4번)>
{·싀} 緦(◱) <1항(1번)>
{·우} 憂(◱) <1항(1번)>
{·위} 魏(◳) <1항(2번)>
{·위} 位(◳) <1항(6번)>
{·위} 衛(◳) <4항(21번)>
{·윤} 尹(◰) <1항(2번)>
{·은} 隱(◰) <1항(1번)>
{·인} 引(◰) <3항(5번)>
{·잔} 盞(◰) <1항(3번)>
{·잠} 暫(◳) <1항(1번)>
{·쟈} 者(◰) <1항(1번)>
{·져} 箸(◳) <1항(2번)>
{·쥬} 主(◰) <7항(25번)>
{·지} 摯(◳) <2항(2번)>
{·지} 旨(◰) <1항(1번)>
{·지} 指(◰) <1항(1번)>
{·지} 至(◳) <8항(11번)>
{·진} 搢(◳) <1항(1번)>
{·차} 茶(◱) <1항(6번)>
{·초} 楚(◰) <1항(6번)>
{·취} 娶(◳) <1항(1번)>
{·태} 太(◳) <10항(30번)>
{·톄} 棣(◳) <1항(1번)>
{·토} 土(◰) <1항(1번)>
{·팀} 沈(◱) <1항(1번)>

{·포} 飽(◰) <1항(1번)>
{·표} 鮑(◰) <1항(1번)>
{·표} 標({◱,◰}) <1항(1번)>
{·허} 許(◰) <7항(14번)>
{·호} 48顥(◰) <1항(1번)>
{·냥} 亮(◳) <1항(1번)>
{·딕} 戴(◳) <1항(1번)>
{·샹} 象(◰) <6항(7번)>
{·싱} 省(◰) <1항(1번)>
{·숭} 僧(◱) <1항(1번)>
{·잉} 仍(◳) <1항(1번)>
{·졍} 政(◳) <7항(17번)>
{·주} 恣(◳) <2항(2번)>
{·주} 自(◳) <6항(12번)>
{·쳥} 請(◰) <17항(30번)>
{·츠} 次$_1$(◳) <6항(18번)>
{·치} 采({◰,◳}) <2항(2번)>

㉣ 평성 뒤에서 평성(□)으로 나타나는 것 190자

{□간} 干(◱ㄷ) <1항(1번)>
{□감} 鑒({◱,◳}ㄷ) <1항(1번)>
{□거} 居(◱ㄷ) <1항(1번)>
{□거} 渠(◱ㄷ) <1항(7번)>
{□건} 件(◳ㄷ) <1항(1번)>
{□계} 溪(◱ㄷ) <1항(1번)>
{□계} 階(◱ㄷ) <2항(5번)>
{□관} 觀({◱,◳}ㄷ) <1항(1번)>
{□관} 寬(◱ㄷ) <1항(1번)>
{□관} 關(◱ㄷ) <1항(1번)>
{□관} 官(◱ㄷ) <3항(5번)>
{□구} 丘(◱ㄷ) <1항(1번)>
{□구} 球(◱ㄷ) <1항(1번)>
{□군} 軍(◱ㄷ) <2항(2번)>
{□군} 君(◱ㄷ) <1항(2번)>
{□권} 權(◱ㄷ) <1항(7번)>
{□균} 均(◱ㄷ) <1항(1번)>
{□근} 勤(◱ㄷ) <1항(1번)>
{□근} 懃(◱ㄷ) <1항(1번)>
{□금} 金(◱ㄷ) <1항(2번)>
{□긔} 期(◱ㄷ) <1항(1번)>
{□난} 蘭(◱ㄷ) <1항(1번)>

{□남}	南(◱ㄷ)	<6항(8번)>
{□념}	廉(◱ㄷ)	<2항(2번)>
{□노}	擄(◱ㄷ)	<2항(3번)>
{□담}	湛$_2$(◱ㄷ)	<1항(1번)>
{□뎐}	纏(◱ㄷ)	<1항(2번)>
{□뎨}	462篨(◱ㄷ)	<1항(1번)>
{□도}	徒(◱ㄷ)	<1항(1번)>
{□도}	都(◱ㄷ)	<1항(1번)>
{□도}	徒(◱ㄷ)	<1항(2번)>
{□됴}	朝(◱ㄷ)	<1항(1번)>
{□두}	頭(◱ㄷ)	<2항(2번)>
{□디}	持(◱ㄷ)	<1항(1번)>
{□련}	連(◱ㄷ)	<1항(1번)>
{□렴}	廉(◱ㄷ)	<3항(4번)>
{□루}	婁(◱ㄷ)	<2항(3번)>
{□륜}	倫(◱ㄷ)	<1항(11번)>
{□리}	離({◱,◲}ㄷ)	<1항(1번)>
{□모}	模(◱ㄷ)	<1항(1번)>
{□문}	文(◱ㄷ)	<7항(7번)>
{□미}	微(◱ㄷ)	<1항(1번)>
{□민}	民(◱ㄷ)	<1항(1번)>
{□부}	夫$_1$(◱ㄷ)	<5항(8번)>
{□분}	蚡(◱ㄷ)	<1항(1번)>
{□비}	妃(◱ㄷ)	<1항(1번)>
{□산}	山(◱ㄷ)	<2항(2번)>
{□샤}	邪(◱ㄷ)	<3항(3번)>
{□셔}	書(◱ㄷ)	<4항(6번)>
{□셔}	徐(◱ㄷ)	<1항(1번)>
{□션}	旋({◱,◲}ㄷ)	<1항(1번)>
{□션}	宣(◱ㄷ)	<3항(4번)>
{□션}	先(◱ㄷ)	<1항(1번)>
{□손}	孫({◱,◲}ㄷ)	<7항(10번)>
{□슈}	讐(◱ㄷ)	<2항(8번)>
{□슌}	恂(◱ㄷ)	<1항(2번)>
{□슌}	循(◱ㄷ)	<3항(3번)>
{□싀}	柴(◱ㄷ)	<1항(1번)>
{□시}	詩(◱ㄷ)	<6항(20번)>
{□시}	時(◱ㄷ)	<2항(2번)>
{□신}	臣(◱ㄷ)	<4항(6번)>
{□신}	身(◱ㄷ)	<1항(1번)>

{□신}	申(◱ㄷ)	<1항(2번)>
{□심}	尋(◱ㄷ)	<1항(1번)>
{□안}	安(◱ㄷ)	<15항(23번)>
{□애}	崖(◱ㄷ)	<1항(1번)>
{□엄}	嚴(◱ㄷ)	<3항(7번)>
{□여}	輿(◱ㄷ)	<1항(1번)>
{□연}	延(◱ㄷ)	<1항(1번)>
{□연}	淵(◱ㄷ)	<2항(6번)>
{□오}	吾(◱ㄷ)	<1항(1번)>
{□요}	夭({◱,◰}ㄷ)	<1항(1번)>
{□우}	虞(◱ㄷ)	<1항(1번)>
{□우}	吁(◱ㄷ)	<1항(1번)>
{□원}	元(◱ㄷ)	<2항(2번)>
{□원}	員(◱ㄷ)	<4항(20번)>
{□위}	尉(◳ㄷ)	<1항(1번)>
{□유}	由(◱ㄷ)	<1항(1번)>
{□은}	誾(◱ㄷ)	<1항(1번)>
{□은}	銀(◱ㄷ)	<1항(1번)>
{□의}	疑(◱ㄷ)	<1항(1번)>
{□의}	醫(◱ㄷ)	<1항(1번)>
{□이}	伊(◱ㄷ)	<1항(1번)>
{□이}	怡(◱ㄷ)	<1항(1번)>
{□이}	頤(◱ㄷ)	<1항(1번)>
{□인}	人(◱ㄷ)	<9항(31번)>
{□인}	姻(◱ㄷ)	<11항(19번)>
{□인}	仁(◱ㄷ)	<2항(2번)>
{□잠}	杖(◰ㄷ)	<1항(1번)>
{□져}	雎(◱ㄷ)	<1항(1번)>
{□젼}	全(◱ㄷ)	<1항(1번)>
{□젼}	前(◱ㄷ)	<1항(6번)>
{□존}	尊$_1$ (◱ㄷ)	<1항(1번)>
{□죄}	衰$_3$ (◱)	<1항(1번)>
{□쥬}	周(◱ㄷ)	<1항(1번)>
{□지}	芝(◱ㄷ)	<1항(1번)>
{□지}	之(◱ㄷ)	<2항(3번)>
{□쳐}	妻({◱,◳}ㄷ)	<1항(2번)>
{□쳔}	千(◱ㄷ)	<2항(2번)>
{□쳔}	川(◱ㄷ)	<4항(19)>
{□츄}	秋(◱ㄷ)	<1항(3번)>
{□츄}	推(◱ㄷ)	<1항(1번)>

{□치} 菑(◱ㄷ) <1항(1번)>
{□치} 鴟(◱ㄷ) <1항(2번)>
{□팀} 沉({◱,◰}ㄷ) <1항(2번)>
{□팀} 湛1 (◳ㄷ) <1항(1번)>
{□패} 牌(◱ㄷ) <1항(1번)>
{□피} 皮(◱ㄷ) <1항(1번)>
{□하} 河(◱ㄷ) <3항(3번)>
{□한} 閑(◱ㄷ) <1항(1번)>
{□허} 虛(◱ㄷ) <2항(2번)>
{□현} 賢(◱ㄷ) <1항(1번)>
{□현} 玄(◱ㄷ) <2항(2번)>
{□호} 壺(◱ㄷ) <1항(1번)>
{□화} 華({◱,◳}ㄷ) <4항(4번)>
{□화} 和({◱,◳}ㄷ) <8항(9번)>
{□환} 環(◱ㄷ) <1항(1번)>
{□후} 侯(◱ㄷ) <5항(9번)>
{□흔} 訢(◱ㄷ) <1항(1번)>
{□희} 熙(◱ㄷ) <1항(1번)>
{□강} 疆(◱ㄷ) <1항(1번)>
{□강} 薑(◱ㄷ) <1항(1번)>
{□강} 康(◱ㄷ) <2항(2번)>
{□강} 姜(◱ㄷ) <2항(6번)>
{□경} 瓊(◱ㄷ) <1항(1번)>
{□경} 卿(◱ㄷ) <1항(4번)>
{□경} 輕(◱ㄷ) <2항(2번)>
{□공} 共(◳ㄷ) <1항(1번)>
{□공} 恭(◱ㄷ) <6항(9번)>
{□궁} 宮(◱ㄷ) <2항(5번)>
{□능} 陵(◱ㄷ) <1항(1번)>
{□당} 當({◱,◳}ㄷ) <1항(2번)>
{□당} 當({◱,◳}ㄷ) <2항(2번)>
{□당} 唐(◱ㄷ) <1항(1번)>
{□뎡} 庭({◱,◳}ㄷ) <1항(1번)>
{□뎡} 丁(◱ㄷ) <1항(1번)>
{□뎡} 廷(◱ㄷ) <1항(8번)>
{□동} 同(◱ㄷ) <4항(4번)>
{□동} 東(◱ㄷ) <4항(4번)>
{□듸} 臺(◱ㄷ) <1항(1번)>
{□듸} 袋(◳ㄷ) <1항(2번)>
{□랑} 郎(◱ㄷ) <1항(1번)>

{□령}	寧(◱ㄷ)	<4항(7번)>
{□령}	靈(◱ㄷ)	<1항(1번)>
{□릉}	陵(◱ㄷ)	<2항(2번)>
{□망}	亡(◱ㄷ)	<4항(5번)>
{□몽}	蒙(◱ㄷ)	<1항(4번)>
{□방}	房(◱ㄷ)	<1항(1번)>
{□봉}	封(◱ㄷ)	<1항(2번)>
{□상}	喪({◱,◳}ㄷ)	<5항(37번)>
{□상}	床(◱ㄷ)	<2항(6번)>
{□셩}	誠(◱ㄷ)	<11항(27번)>
{□셩}	城(◱ㄷ)	<1항(1번)>
{□셩}	星(◱ㄷ)	<1항(1번)>
{□셩}	聲(◱ㄷ)	<2항(2번)>
{□승}	生$_2$(◱ㄷ)	<1항(9번)>
{□ᄉᆞ}	思({◱,◳}ㄷ)	<2항(2번)>
{□ᄉᆞ}	私(◱ㄷ)	<10항(17번)>
{□ᄉᆞ}	辭(◱ㄷ)	<1항(1번)>
{□ᄉᆡᆼ}	生$_1$(◱ㄷ)	<4항(74번)>
{□앙}	昻(◱ㄷ)	<1항(1번)>
{□양}	陽(◱ㄷ)	<5항(6번)>
{□왕}	汪(◱ㄷ)	<1항(1번)>
{□용}	容(◱ㄷ)	<4항(4번)>
{□응}	凝(◱ㄷ)	<1항(1번)>
{□장}	莊(◱ㄷ)	<1항(1번)>
{□장}	粧(◱ㄷ)	<1항(2번)>
{□쟝}	章(◱ㄷ)	<1항(1번)>
{□졍}	情(◱ㄷ)	<2항(4번)>
{□종}	宗(◱ㄷ)	<5항(7번)>
{□증}	曾(◱ㄷ)	<1항(1번)>
{□ᄌᆞ}	資(◱ㄷ)	<1항(1번)>
{□ᄌᆞ}	慈(◱ㄷ)	<2항(2번)>
{□줌}	箴(◱ㄷ)	<1항(1번)>
{□ᄌᆡ}	才(◱ㄷ)	<1항(1번)>
{□ᄌᆡ}	齋(◱ㄷ)	<3항(3번)>
{□징}	錚(◱ㄷ)	<1항(1번)>
{□쳥}	淸(◱ㄷ)	<1항(1번)>
{□층}	層(◱ㄷ)	<1항(1번)>
{□칭}	稱({◱,◳}ㄷ)	<1항(2번)>
{□튱}	忠(◱ㄷ)	<2항(2번)>
{□ᄐᆡ}	台(◱ㄷ)	<1항(1번)>

{□티}　殆(◰ㄷ)　<6항(8번)>
{□평}　平(◱ㄷ)　<2항(2번)>
{□풍}　豊(◱ㄷ)　<1항(1번)>
{□향}　香(◱ㄷ)　<1항(2번)>
{□형}　兄(◱ㄷ)　<1항(1번)>
{□형}　滎(◱ㄷ)　<1항(1번)>
{□홍}　弘(◱ㄷ)　<2항(2번)>
{□황}　皇(◱ㄷ)　<1항(1번)>

[마] 평성 뒤에서 상성(:□)으로 나타나는 것 76자

{□:가}　賈(◳ㄷ)　<1항(2번)>
{□:건}　健(◳ㄷ)　<1항(1번)>
{□:견}　見(◳ㄷ)　<1항(2번)>
{□:계}　季(◳ㄷ)　<2항(3번)>
{□:궤}　軌(◰ㄷ)　<1항(1번)>
{□:담}　膽(◰ㄷ)　<1항(1번)>
{□:뎐}　轉({◰,◳}ㄷ)　<2항(2번)>
{□:뎐}　典(◰ㄷ)　<1항(1번)>
{□:렴}　念(◳ㄷ)　<2항(2번)>
{□:렴}　斂({◰,◳}ㄷ)　<1항(1번)>
{□:루}　漏(◳ㄷ)　<1항(1번)>
{□:리}　吏(◳ㄷ)　<1항(1번)>
{□:마}　馬(◰ㄷ)　<4항(11번)>
{□:면}　面(◳ㄷ)　<1항(1번)>
{□:모}　慕(◳ㄷ)　<3항(5번)>
{□:묘}　墓(◳ㄷ)　<1항(1번)>
{□:무}　武(◰ㄷ)　<1항(1번)>
{□:미}　未(◳ㄷ)　<1항(1번)>
{□:변}　徧(◳ㄷ)　<1항(1번)>
{□:보}　補(◰ㄷ)　<1항(1번)>
{□:보}　輔(◰ㄷ)　<1항(1번)>
{□:보}　父$_2$(◰ㄷ)　<1항(2번)>
{□:비}　婢(◰ㄷ)　<1항(1번)>
{□:사}　詐(◳ㄷ)　<1항(1번)>
{□:샤}　舍(◳ㄷ)　<1항(2번)>
{□:셔}　瑞(◳ㄷ)　<1항(3번)>
{□:슌}　順(◳ㄷ)　<19항(30번)>
{□:슌}　舜(◳ㄷ)　<2항(5번)>
{□:시}　侍(◳ㄷ)　<2항(2번)>
{□:시}　始(◰ㄷ)　<1항(1번)>
{□:신}　信(◳ㄷ)　<4항(5번)>

{□:심}　審(◰ㄷ)　<2항(2번)>
{□:안}　案(◳ㄷ)　<1항(1번)>
{□:어}　語({◰,◳}ㄷ)　<1항(14번)>
{□:어}　馭(◳ㄷ)　<1항(1번)>
{□:언}　彦(◳ㄷ)　<1항(1번)>
{□:염}　染(◰ㄷ)　<1항(1번)>
{□:예}　藝(◳ㄷ)　<2항(3번)>
{□:예}　預(◳ㄷ)　<4항(4번)>
{□:외}　外(◳ㄷ)　<1항(1번)>
{□:위}　暐(◰ㄷ)　<2항(4번)>
{□:의}　意(◳ㄷ)　<1항(1번)>
{□:의}　義(◳ㄷ)　<3항(4번)>
{□:조}　助(◳ㄷ)　<1항(1번)>
{□:죠}　照(◳ㄷ)　<1항(1번)>
{□:진}　震(◳ㄷ)　<1항(1번)>
{□:쳐}　處({◰,◳}ㄷ)　<1항(1번)>
{□:탄}　誕(◰ㄷ)　<2항(2번)>
{□:티}　恥(◰ㄷ)　<1항(1번)>
{□:하}　夏(◳ㄷ)　<1항(1번)>
{□:한}　漢(◳ㄷ)　<1항(8번)>
{□:헌}　獻(◳ㄷ)　<1항(1번)>
{□:험}　險(◰ㄷ)　<2항(2번)>
{□:호}　戶(◰ㄷ)　<1항(1번)>
{□:호}　浩(◰ㄷ)　<1항(4번)>
{□:후}　厚(◰ㄷ)　<6항(7번)>
{□:희}　喜(◰ㄷ)　<1항(1번)>
{□:광}　廣(◰ㄷ)　<1항(1번)>
{□:뎡}　鼎(◰ㄷ)　<1항(1번)>
{□:듕}　重({◱,◰,◳}ㄷ)　<1항(1번)>
{□:듕}　仲(◳ㄷ)　<2항(2번)>
{□:디}　帶(◳ㄷ)　<3항(3번)>
{□:디}　待(◰ㄷ)　<1항(1번)>
{□:망}　望(◳ㄷ)　<1항(1번)>
{□:방}　倣(◱ㄷ)　<1항(1번)>
{□:상}　爽(◰ㄷ)　<1항(1번)>
{□:셩}　盛({◱,◳}ㄷ)　<1항(1번)>
{□:ᄉᆞ}　史(◰ㄷ)　<1항(1번)>
{□:양}　養({◰,◳}ㄷ)　<6항(8번)>
{□:양}　煬(◳ㄷ)　<1항(1번)>
{□:지}　材(◱ㄷ)　<1항(1번)>

{□:치} 彩(◰ㄷ) <1항(1번)>
{□:통} 寵(◰ㄷ) <1항(1번)>
{□:풍} 諷(◳ㄷ) <1항(1번)>
{□:향} 享(◰ㄷ) <1항(1번)>
{□:히} 海(◰ㄷ) <1항(1번)>

바 평성 뒤에서 거성(·□)으로 나타나는 것 26자

{□·가} 暇(◳ㄷ) <2항(2번)>
{□·고} 苦(◰ㄷ) <1항(1번)>
{□·관} 館(◰ㄷ) <1항(1번)>
{□·교} 巧(◰ㄷ) <1항(1번)>
{□·긔} 起(◰ㄷ) <3항(3번)>
{□·딘} 鎭(◳ㄷ) <1항(2번)>
{□·민} 閔(◰ㄷ) <1항(1번)>
{□·부} 府(◰ㄷ) <3항(4번)>
{□·부} 裒(◱ㄷ) <1항(1번)>
{□·부} 婦(◰ㄷ) <2항(4번)>
{□·슈} 壽({◰,◳}ㄷ) <2항(2번)>
{□·슈} 壽({◰,◳}ㄷ) <3항(4번)>
{□·슈} 水(◰ㄷ) <2항(3번)>
{□·슌} 盾(◰ㄷ) <1항(1번)>
{□·위} 位(◳ㄷ) <1항(1번)>
{□·위} 魏(◳ㄷ) <1항(3번)>
{□·윤} 尹(◰ㄷ) <2항(4번)>
{□·져} 箸(◳ㄷ) <1항(1번)>
{□·쥬} 主(◰ㄷ) <3항(5번)>
{□·지} 止(◰ㄷ) <1항(1번)>
{□·지} 至(◳ㄷ) <1항(1번)>
{□·지} 趾(◰ㄷ) <1항(1번)>
{□·초} 草(◰ㄷ) <1항(2번)>
{□·태} 太(◳ㄷ) <1항(1번)>
{□·싱} 省(◰ㄷ) <1항(2번)>
{□·졍} 政(◳ㄷ) <2항(2번)>

사 상성 뒤에서 평성(□)으로 나타나는 것 103자

{:□가} 嘉(◱ㄷ) <1항(1번)>
{:□가} 軻(◱ㄷ) <1항(1번)>
{:□간} 干(◱ㄷ) <1항(2번)>
{:□검} 黔(◱ㄷ) <1항(1번)>
{:□계} 稽(◰ㄷ) <1항(2번)>
{:□관} 官(◱ㄷ) <1항(1번)>
{:□군} 君(◱ㄷ) <3항(5번)>

{:□군} 軍(◱ㄷ) <1항(1번)>
{:□권} 權(◱ㄷ) <1항(1번)>
{:□균} 鈞(◱ㄷ) <1항(1번)>
{:□남} 南(◱ㄷ) <1항(3번)>
{:□니} 尼(◱ㄷ) <1항(1번)>
{:□단} 端(◱ㄷ) <1항(1번)>
{:□담} 聃(◱ㄷ) <1항(1번)>
{:□도} 途(◱ㄷ) <1항(2번)>
{:□련} 連(◱ㄷ) <2항(2번)>
{:□렴} 殮(◳ㄷ) <1항(1번)>
{:□륜} 倫(◱ㄷ) <1항(1번)>
{:□린} 隣(◱ㄷ) <1항(1번)>
{:□린} 鄰(◱ㄷ) <1항(1번)>
{:□림} 林(◱ㄷ) <1항(1번)>
{:□림} 臨({◱,◳}ㄷ) <1항(1번)>
{:□문} 文(◱ㄷ) <3항(4번)>
{:□민} 民(◱ㄷ) <2항(3번)>
{:□변} 玭(◱ㄷ) <1항(4번)>
{:□부} 夫$_1$(◱ㄷ) <3항(3번)>
{:□분} 賁(◱ㄷ) <1항(1번)>
{:□분} 芬(◱ㄷ) <3항(5번)>
{:□비} 邳(◱ㄷ) <1항(1번)>
{:□빈} 賓(◱ㄷ) <1항(1번)>
{:□산} 山(◱ㄷ) <1항(1번)>
{:□셔} 舒(◱ㄷ) <1항(1번)>
{:□셔} 書(◱ㄷ) <2항(4번)>
{:□소} 蔬(◱ㄷ) <1항(1번)>
{:□손} 孫({◱,◳}ㄷ) <1항(2번)>
{:□쇼} 昭(◱ㄷ) <1항(1번)>
{:□슈} 授(◳ㄷ) <1항(1번)>
{:□신} 新(◱ㄷ) <1항(1번)>
{:□신} 身(◱ㄷ) <1항(1번)>
{:□신} 臣(◱ㄷ) <1항(1번)>
{:□안} 安(◱ㄷ) <3항(3번)>
{:□암} 菴({◱,◳}ㄷ) <1항(1번)>
{:□어} 魚(◱ㄷ) <1항(1번)>
{:□엄} 淹(◱ㄷ) <1항(1번)>
{:□온} 溫(◱ㄷ) <1항(6번)>
{:□우} 虞(◱ㄷ) <1항(1번)>
{:□원} 元(◱ㄷ) <2항(2번)>

{:□유}　攸(◱ㄷ)　<1항(1번)>
{:□유}　由(◱ㄷ)　<1항(1번)>
{:□의}　儀(◱ㄷ)　<2항(17번)>
{:□인}　人(◱ㄷ)　<7항(11번)>
{:□인}　寅(◱ㄷ)　<1항(2번)>
{:□젼}　前(◱ㄷ)　<1항(1번)>
{:□젼}　全(◱ㄷ)　<2항(3번)>
{:□조}　曹(◱ㄷ)　<1항(1번)>
{:□지}　之(◱ㄷ)　<1항(1번)>
{:□진}　眞(◱ㄷ)　<1항(2번)>
{:□쳔}　千(◱ㄷ)　<3항(4번)>
{:□최}　衰$_2$◱)　<1항(1번)>
{:□친}　親(◱ㄷ)　<2항(3번)>
{:□텬}　天(◱ㄷ)　<1항(1번)>
{:□현}　賢(◱ㄷ)　<2항(8번)>
{:□후}　侯(◱ㄷ)　<4항(4번)>
{:□희}　希(◱ㄷ)　<2항(2번)>
{:□강}　姜(◱ㄷ)　<1항(1번)>
{:□강}　康(◱ㄷ)　<1항(1번)>
{:□강}　綱(◱ㄷ)　<1항(1번)>
{:□경}　經(◱ㄷ)　<2항(2번)>
{:□기}　開(◱ㄷ)　<1항(1번)>
{:□댱}　場(◱ㄷ)　<1항(1번)>
{:□랑}　郎(◱ㄷ)　<4항(4번)>
{:□량}　良(◱ㄷ)　<2항(2번)>
{:□령}　靈(◱ㄷ)　<1항(1번)>
{:□릭}　萊(◱ㄷ)　<1항(1번)>
{:□망}　亡(◱ㄷ)　<1항(1번)>
{:□명}　名(◱ㄷ)　<1항(2번)>
{:□몽}　蒙(◱ㄷ)　<1항(1번)>
{:□방}　昉(◰ㄷ)　<2항(2번)>
{:□상}　喪({◱,◳}ㄷ)　<1항(1번)>
{:□셩}　聲(◱ㄷ)　<3항(3번)>
{:□셩}　誠(◱ㄷ)　<1항(1번)>
{:□셩}　城(◱ㄷ)　<3항(4번)>
{:□ᄉᆞ}　司(◱ㄷ)　<1항(1번)>
{:□ᄉᆞ}　師(◱ㄷ)　<1항(1번)>
{:□ᄉᆡᆼ}　生$_1$(◱ㄷ)　<3항(9번)>
{:□양}　陽(◱ㄷ)　<1항(1번)>
{:□양}　襄(◱ㄷ)　<1항(2번)>

{:□옹} 翁(◱ㄷ) <1항(1번)>
{:□장} 莊(◱ㄷ) <1항(1번)>
{:□쟝} 章(◱ㄷ) <1항(2번)>
{:□종} 宗(◱ㄷ) <5항(6번)>
{:□ᄌᆞ} 齊$_2$(◱ㄷ) <1항(1번)>
{:□좀} 箴(◱ㄷ) <3항(3번)>
{:□지} 齋(◱ㄷ) <2항(4번)>
{:□츙} 層(◱ㄷ) <3항(3번)>
{:□튱} 忠(◱ㄷ) <2항(2번)>
{:□평} 平(◱ㄷ) <1항(1번)>
{:□풍} 馮(◱ㄷ) <1항(1번)>
{:□형} 兄(◱ㄷ) <1항(1번)>
{:□형} 滎(◱ㄷ) <1항(4번)>
{:□홍} 紅(◱ㄷ) <1항(1번)>
{:□황} 皇(◱ㄷ) <1항(1번)>
{:□흥} 興({◱,◳}ㄷ) <1항(1번)>

아 상성 뒤에서 상성(:□)으로 나타나는 것 50자

{:□:개} 槩(◳ㄷ) <1항(1번)>
{:□:거} 去(◳ㄷ) <2항(2번)>
{:□:검} 檢(◰ㄷ) <1항(1번)>
{:□:계} 季(◳ㄷ) <1항(1번)>
{:□:곤} 袞(◰ㄷ) <1항(1번)>
{:□:구} 句(◳ㄷ) <1항(2번)>
{:□:려} 戾(◳ㄷ) <1항(1번)>
{:□:로} 怒(◰ㄷ) <1항(1번)>
{:□:마} 馬(◰ㄷ) <2항(2번)>
{:□:면} 面(◳ㄷ) <1항(1번)>
{:□:무} 武(◰ㄷ) <2항(2번)>
{:□:븨} 德(◳ㄷ) <1항(1번)>
{:□:샤} 舍(◳ㄷ) <1항(1번)>
{:□:소} 掃(◰ㄷ) <1항(2번)>
{:□:소} 素(◳ㄷ) <3항(3번)>
{:□:쇼} 小(◰ㄷ) <1항(1번)>
{:□:슌} 舜(◳ㄷ) <1항(1번)>
{:□:슌} 順(◳ㄷ) <4항(6번)>
{:□:신} 愼$_1$(◳ㄷ) <1항(1번)>
{:□:연} 宴(◳ㄷ) <1항(1번)>
{:□:외} 外(◳ㄷ) <1항(1번)>
{:□:우} 禹(◰ㄷ) <1항(1번)>
{:□:원} 6援({◱,◳}ㄷ) <1항(2번)>

{:□:위} 暐(巳ㄷ) <1항(1번)>
{:□:유} 幼(㔾ㄷ) <1항(1번)>
{:□:의} 義(㔾ㄷ) <4항(5번)>
{:□:졈} 漸({凵,巳}ㄷ) <1항(2번)>
{:□:태} 泰(㔾ㄷ) <1항(1번)>
{:□:패} 悖(㔾ㄷ) <1항(1번)>
{:□:품} 稟(巳ㄷ) <1항(1번)>
{:□:하} 夏(㔾ㄷ) <2항(2번)>
{:□:헌} 獻(㔾ㄷ) <2항(7번)>
{:□:호} 戶(巳ㄷ) <1항(1번)>
{:□:호} 浩(巳ㄷ) <1항(1번)>
{:□:녕} 郢(巳ㄷ) <1항(3번)>
{:□:댱} 丈(巳ㄷ) <1항(1번)>
{:□:댱} 帳(㔾ㄷ) <1항(1번)>
{:□:동} 洞(㔾ㄷ) <1항(2번)>
{:□:듕} 重({凵,巳,㔾}ㄷ) <2항(3번)>
{:□:듕} 仲(㔾ㄷ) <3항(3번)>
{:□:령} 郢(巳ㄷ) <1항(1번)>
{:□:망} 望(㔾ㄷ) <5항(7번)>
{:□:숭} 勝({凵,㔾}ㄷ) <1항(1번)>
{:□:ᄉᆞ} 肆(㔾ㄷ) <1항(1번)>
{:□:ᄉᆞ} 姒(巳ㄷ) <1항(1번)>
{:□:ᄉᆞ} 史(巳ㄷ) <4항(8번)>
{:□:양} 養({巳,㔾}ㄷ) <4항(4번)>
{:□:영} 永(巳ㄷ) <1항(1번)>
{:□:죵} 縱(凵ㄷ) <2항(2번)>
{:□:통} 統(㔾ㄷ) <1항(1번)>

[자] 상성 뒤에서 거성(·□)으로 나타나는 것 25자

{:□·고} 苦(巳ㄷ) <3항(5번)>
{:□·교} 較(㔾ㄷ) <2항(3번)>
{:□·녀} 女(巳ㄷ) <2항(7번)>
{:□·로} 魯(巳ㄷ) <1항(1번)>
{:□·매} 邁(㔾ㄷ) <1항(1번)>
{:□·부} 部(巳ㄷ) <1항(1번)>
{:□·부} 婦(巳ㄷ) <3항(5번)>
{:□·셰} 稅(㔾ㄷ) <1항(1번)>
{:□·슈} 首(巳ㄷ) <1항(1번)>
{:□·슈} 帥(㔾ㄷ) <1항(5번)>
{:□·슈} 水(巳ㄷ) <2항(3번)>
{:□·어} 御(㔾ㄷ) <2항(2번)>

{:□·윤} 尹(◰ㄷ) <3항(5번)>

{:□·쟈} 者(◰ㄷ) <1항(2번)>

{:□·쥬} 主(◰ㄷ) <1항(2번)>

{:□·지} 止(◰ㄷ) <4항(4번)>

{:□·텸} 忝(◰ㄷ) <1항(1번)>

{:□·하} 賀(◳ㄷ) <1항(1번)>

{:□·허} 許(◰ㄷ) <2항(3번)>

{:□·녕} 佞(◳ㄷ) <4항(5번)>

{:□·비} 41貝(◳ㄷ) <1항(1번)>

{:□·샹} 賞(◰ㄷ) <1항(1번)>

{:□·졍} 酊(◰ㄷ) <1항(1번)>

{:□·ᄌᆞ} 恣(◳ㄷ) <2항(3번)>

{:□·징} 爭({◱,◳}ㄷ) <1항(1번)>

[차] 거성 뒤에서 평성(□)으로 나타나는 것 78자

{·□가) 家(◱ㄷ) <3항(4번)>

{·□감) 戡(◱ㄷ) <1항(1번)>

{·□거) 居(◱ㄷ) <3항(3번)>

{·□건) 騫(◱ㄷ) <1항(1번)>

{·□겸} 謙(◱ㄷ) <1항(1번)>

{·□고} 皐(◱ㄷ) <1항(1번)>

{·□고} 羔(◱ㄷ) <1항(3번)>

{·□고} 高(◱ㄷ) <2항(2번)>

{·□관} 官(◱ㄷ) <4항(4번)>

{·□구} 舊(◳ㄷ) <1항(1번)>

{·□군} 君(◱ㄷ) <1항(7번)>

{·□귀} 嬀(◱ㄷ) <1항(1번)>

{·□규} 圭(◱ㄷ) <1항(1번)>

{·□긔} 琦(◱ㄷ) <1항(1번)>

{·□도} 都(◱ㄷ) <1항(1번)>

{·□됴} 朝(◱ㄷ) <1항(1번)>

{·□됴} 條(◱ㄷ) <1항(1번)>

{·□듀} 株(◱ㄷ) <1항(1번)>

{·□림} 林(◱ㄷ) <1항(1번)>

{·□반} 飯({◰,◳}ㄷ) <1항(6번)>

{·□빈} 賓(◱ㄷ) <1항(1번)>

{·□산} 山(◱ㄷ) <1항(1번)>

{·□셔} 書(◱ㄷ) <3항(3번)>

{·□션} 宣(◱ㄷ) <1항(1번)>

{·□손} 孫({◱,◳}ㄷ) <2항(20번)>

{·□시} 時(◱ㄷ) <2항(2번)>

{·□신}	紳(◱ㄷ)	<1항(1번)>
{·□신}	臣(◱ㄷ)	<1항(1번)>
{·□신}	辰(◱ㄷ)	<1항(1번)>
{·□아}	莪(◱ㄷ)	<1항(1번)>
{·□안}	安(◱ㄷ)	<1항(1번)>
{·□어}	魚(◱ㄷ)	<1항(1번)>
{·□연}	淵(◱ㄷ)	<1항(1번)>
{·□오}	敖({◱,◲}ㄷ)	<1항(2번)>
{·□위}	圍(◱ㄷ)	<1항(1번)>
{·□유}	兪({◱,◰}ㄷ)	<1항(1번)>
{·□유}	游(◱ㄷ)	<1항(1번)>
{·□이}	夷(◱ㄷ)	<1항(6번)>
{·□인}	姻(◱ㄷ)	<1항(1번)>
{·□인}	人(◱ㄷ)	<5항(55번)>
{·□젼}	專(◱ㄷ)	<2항(2번)>
{·□존}	尊$_1$ (◱ㄷ)	<1항(2번)>
{·□쥬}	舟(◱ㄷ)	<2항(2번)>
{·□지}	之(◱ㄷ)	<4항(5번)>
{·□차}	磋(◱ㄷ)	<1항(1번)>
{·□쳔}	千(◱ㄷ)	<2항(4번)>
{·□츈}	春(◱ㄷ)	<3항(4번)>
{·□포}	包(◱ㄷ)	<1항(1번)>
{·□현}	賢(◱ㄷ)	<1항(1번)>
{·□후}	侯(◱ㄷ)	<1항(2번)>
{·□강}	綱(◱ㄷ)	<1항(1번)>
{·□강}	康(◱ㄷ)	<2항(4번)>
{·□경}	經(◱ㄷ)	<1항(1번)>
{·□공}	工(◱ㄷ)	<1항(1번)>
{·□궁}	宮(◱ㄷ)	<1항(1번)>
{·□녕}	寧(◱ㄷ)	<1항(1번)>
{·□당}	當({◱,◲}ㄷ)	<1항(2번)>
{·□댱}	張({◱,◰}ㄷ)	<1항(1번)>
{·□랑}	郎(◱ㄷ)	<1항(1번)>
{·□량}	兩({◰,◲}ㄷ)	<1항(1번)>
{·□망}	惘(◰ㄷ)	<2항(2번)>
{·□명}	名(◱ㄷ)	<1항(10번)>
{·□방}	防(◱ㄷ)	<1항(1번)>
{·□샹}	詳(◱ㄷ)	<1항(2번)>
{·□셩}	聲(◱ㄷ)	<1항(1번)>
{·□셩}	誠(◱ㄷ)	<1항(1번)>

{·□ᄉᆞ}　思({◱,◳}ㄷ)　<2항(2번)>
{·□ᄉᆞᆷ}　參1 (◱ㄷ)　<1항(1번)>
{·□ᄉᆡᆼ}　生1 (◱ㄷ)　<2항(2번)>
{·□양}　陽(◱ㄷ)　<2항(2번)>
{·□용}　容(◱ㄷ)　<1항(1번)>
{·□쟝}　章(◱ㄷ)　<1항(2번)>
{·□종}　宗(◱ㄷ)　<1항(1번)>
{·□ᄌᆡ}　才(◱ㄷ)　<1항(1번)>
{·□챵}　昌(◱ㄷ)　<2항(4번)>
{·□평}　平(◱ㄷ)　<2항(2번)>
{·□형}　兄(◱ㄷ)　<1항(6번)>
{·□홍}　興({◱,◳}ㄷ)　<1항(1번)>

㉸ 거성 뒤에서 상성(:□)으로 나타나는 것 27자

{·□:계}　季(◳ㄷ)　<1항(1번)>
{·□:교}　校(◳ㄷ)　<1항(1번)>
{·□:로}　路(◳ㄷ)　<1항(4번)>
{·□:마}　馬(◰ㄷ)　<1항(1번)>
{·□:무}　武(◰ㄷ)　<2항(2번)>
{·□:보}　普(◰ㄷ)　<1항(1번)>
{·□:분}　奮(◳ㄷ)　<1항(1번)>
{·□:샤}　舍(◳ㄷ)　<1항(1번)>
{·□:셔}　鼠(◰ㄷ)　<1항(2번)>
{·□:수}　瞍(◰ㄷ)　<1항(1번)>
{·□:우}　羽(◰ㄷ)　<1항(1번)>
{·□:의}　義(◳ㄷ)　<4항(12번)>
{·□:이}　施({◱,◰,◳}ㄷ)　<1항(1번)>
{·□:제}　際(◳ㄷ)　<1항(1번)>
{·□:주}　奏(◳ㄷ)　<1항(1번)>
{·□:쳐}　處({◰,◳}ㄷ)　<1항(1번)>
{·□:파}　播(◳ㄷ)　<1항(1번)>
{·□:하}　夏(◳ㄷ)　<1항(1번)>
{·□:한}　漢(◳ㄷ)　<1항(2번)>
{·□:후}　厚(◰ㄷ)　<1항(1번)>
{·□:공}　貢(◳ㄷ)　<1항(1번)>
{·□:ᄂᆡᆺ}　內(◳ㄷ)　<1항(1번)>
{·□:듕}　重({◱,◰,◳}ㄷ)　<1항(1번)>
{·□:듕}　仲(◳ㄷ)　<1항(1번)>
{·□:향}　向(◳ㄷ)　<1항(1번)>
{·□:ᄒᆡ}　海(◰ㄷ)　<1항(1번)>
{·□:ᄒᆡ}　解(◰ㄷ)　<1항(1번)>

타 거성 뒤에서 거성(·□)으로 나타나는 것 19자

{·□·개}	槪(◳ㄷ)	<1항(2번)>
{·□·거}	遽(◳ㄷ)	<1항(1번)>
{·□·고}	苦(◰ㄷ)	<1항(1번)>
{·□·녀}	女(◰ㄷ)	<2항(2번)>
{·□·됴}	調({◱,◳}ㄷ)	<1항(1번)>
{·□·듀}	肘(◰ㄷ)	<1항(1번)>
{·□·위}	位(◳ㄷ)	<1항(1번)>
{·□·윤}	尹(◰ㄷ)	<1항(2번)>
{·□·잔}	盞(◰ㄷ)	<1항(2번)>
{·□·쟈}	者(◰ㄷ)	<1항(3번)>
{·□·져}	箸(◳ㄷ)	<1항(1번)>
{·□·쵸}	肖(◳ㄷ)	<2항(2번)>
{·□·톄}	棣(◳ㄷ)	<1항(1번)>
{·□·혜}	醯(◱ㄷ)	<1항(1번)>
{·□·량}	量({◱,◳}ㄷ)	<1항(1번)>
{·□·샹}	象(◰ㄷ)	<2항(4번)>
{·□·취}	趣({◰,◳}ㄷ)	<1항(1번)>
{·□·ᄎᆞ}	$次_1$(◳ㄷ)	<1항(4번)>
{·□·통}	筒(◱ㄷ)	<1항(1번)>

(929) [입성자 단일 방점]《소학언해》에서 하나의 방점 표상을 가지는 한자 (입성)

가 어두에서 입성(◲)이 평성(□)으로 나타나는 것 6자

중고한음	소학언해	소학언해 <항(번)>
한자(권발)	(음운)	<○항(○번)>
{급}	及(◲)	<4항(4번)>
{보ㅎ}	襆(◲)	<1항(1번)>
{복}	復(◲)	<1항(1번)>
{복}	幞(◲)	<1항(1번)>
{요}	褥(◲)	<1항(1번)>
{혁}	赫(◲)	<1항(1번)>

나 평성 뒤에서 입성(◲)이 평성(□)으로 나타나는 것 2자

{□급}	給(◲ㄷ)	<1항(1번)>
{□척}	尺(◲ㄷ)	<1항(1번)>

다 거성 뒤에서 입성(◲)이 평성(□)으로 나타나는 것 1자

{·□악}	樂(◲ㄷ)	<1항(1번)>

라 어두에서 입성(◲)이 상성(:□)으로 나타나는 것 2자

{:밀}	蜜(◲)	<1항(1번)>
{:헐}	歇(◲)	<1항(1번)>

마 어두에서 입성(◲)이 거성(·□)으로 나타나는 것 144자

{·각}	角(◲)	<1항(2번)>
{·각}	卻(◲)	<1항(1번)>
{·격}	激(◲)	<1항(1번)>
{·결}	決(◲)	<7항(8번)>
{·결}	缺(◲)	<1항(1번)>
{·결}	結(◲)	<2항(2번)>
{·곡}	曲(◲)	<4항(24번)>
{·골}	骨(◲)	<1항(2번)>
{·곽}	郭(◲)	<1항(1번)>
{·곽}	霍(◲)	<1항(2번)>
{·괄}	适(◲)	<2항(2번)>
{·국}	麴(◲)	<1항(1번)>
{·국}	國(◲)	<2항(2번)>
{·굴}	屈(◲)	<2항(2번)>
{·궐}	闕(◲)	<1항(1번)>
{·귤}	橘(◲)	<1항(2번)>
{·극}	極(◲)	<3항(5번)>
{·급}	伋(◲)	<1항(1번)>
{·급}	急(◲)	<7항(8번)>
{·길}	吉(◲)	<6항(11번)>
{·녈}	列(◲)	<1항(1번)>
{·달}	達(◲)	<1항(1번)>
{·뎍}	嫡(◲)	<1항(1번)>
{·뎍}	敵(◲)	<1항(1번)>
{·뎍}	翟(◲)	<1항(2번)>
{·독}	篤(◲)	<4항(4번)>
{·독}	獨(◲)	<1항(1번)>
{·득}	得(◲)	<3항(4번)>
{·딕}	直(◲)	<3항(3번)>
{·락}	駱(◲)	<1항(1번)>
{·락}	洛(◲)	<1항(1번)>
{·락}	諾(◲)	<2항(3번)>
{·력}	歷(◲)	<1항(1번)>
{·렬}	烈(◲)	<2항(2번)>
{·륙}	陸(◲)	<1항(1번)>
{·륙}	蓼(◲)	<1항(1번)>
{·률}	律(◲)	<1항(1번)>
{·률}	鷅(◲)	<1항(1번)>
{·립}	立(◲)	<1항(1번)>
{·막}	幕(◲)	<2항(4번)>

{·목} 木(◲) <1항(1번)>
{·목} 穆(◲) <1항(1번)>
{·목} 沐(◲) <4항(4번)>
{·묵} 墨(◲) <1항(1번)>
{·믈} 物(◲) <1항(12번)>
{·밀} 密(◲) <1항(2번)>
{·박} 博(◲) <1항(1번)>
{·박} 薄(◲) <3항(3번)>
{·발} 發(◲) <2항(2번)>
{·벌} 罰(◲) <1항(1번)>
{·벽} 甓(◲) <1항(1번)>
{·별} 別(◲) <4항(4번)>
{·복} 伏(◲) <1항(1번)>
{·복} 僕(◲) <1항(2번)>
{·불} 佛(◲) <1항(1번)>
{·셜} 契$_2$(◲) <2항(2번)>
{·셜} 薛(◲) <1항(1번)>
{·셜} 褻(◲) <1항(1번)>
{·속} 餗(◲) <1항(1번)>
{·쇽} 屬$_1$(◲) <1항(1번)>
{·슉} 塾(◲) <1항(2번)>
{·슉} 叔(◲) <2항(8번)>
{·슐} 術(◲) <1항(1번)>
{·슬} 瑟(◲) <1항(2번)>
{·식} 式(◲) <4항(4번)>
{·식} 軾(◲) <2항(2번)>
{·실} 失(◲) <1항(1번)>
{·십} 十(◲) <1항(1번)>
{·악} 樂(◲) <7항(11번)>
{·약} 弱(◲) <1항(1번)>
{·약} 藥(◲) <1항(7번)>
{·약} 約(◲) <2항(4번)>
{·억} 億(◲) <1항(1번)>
{·업} 鄴(◲) <1항(1번)>
{·역} 繹(◲) <1항(1번)>
{·역} 驛(◲) <1항(1번)>
{·열} 說$_2$(◲) <1항(1번)>
{·옥} 玉(◲) <2항(7번)>
{·욕} 欲(◲) <1항(1번)>
{·욕} 慾(◲) <2항(2번)>

{·욕}　辱(◲)　<7항(10번)>
{·월}　月(◲)　<1항(1번)>
{·을}　乙(◲)　<1항(1번)>
{·읍}　揖(◲)　<3항(5번)>
{·익}　翼(◲)　<1항(1번)>
{·익}　釴(◲)　<1항(1번)>
{·입}　入(◲)　<1항(1번)>
{·잡}　雜(◲)　<2항(2번)>
{·쟉}　勺(◲)　<2항(2번)>
{·적}　賊(◲)　<1항(1번)>
{·젹}　勣(◲)　<1항(1번)>
{·젹}　炙(◲)　<1항(1번)>
{·젹}　籍(◲)　<1항(1번)>
{·젹}　積(◲)　<1항(2번)>
{·졀}　絶(◲)　<1항(1번)>
{·졀}　切(◲)　<3항(4번)>
{·족}　族(◲)　<1항(1번)>
{·졸}　卒(◲)　<1항(1번)>
{·쥭}　粥(◲)　<1항(4번)>
{·즉}　卽(◲)　<1항(1번)>
{·즉}　側(◲)　<2항(2번)>
{·즉}　則$_1$ (◲)　<1항(1번)>
{·즙}　汁(◲)　<1항(1번)>
{·직}　稷(◲)　<1항(1번)>
{·직}　職(◲)　<2항(2번)>
{·질}　疾(◲)　<1항(1번)>
{·칙}[106)]　冊(◲)　<1항(7번)}>
{·쳑}　戚(◲)　<2항(2번)>
{·쳡}　妾(◲)　<3항(16번)>
{·쵹}　屬$_2$ (◲)　<2항(2번)>
{·쵹}　蜀(◲)　<1항(2번)>
{·쵹}　歜(◲)　<1항(2번)>
{·츅}　祝(◲)　<1항(1번)>
{·츅}　蹴(◲)　<1항(1번)>
{·측}　惻(◲)　<1항(1번)>
{·측}　測(◲)　<1항(1번)>
{·칠}　漆(◲)　<2항(2번)>

---

106) 冊(·칙)은 '#—에'의 위치에서 '칙' 곧 평성(□)으로 한 번 나타난다. 중세 국어에서 1음절 거성(·□) 이름씨의 절반 정도가 '—·에X'의 위치에서 평성화한다.

{·칠} 七(◲) <2항(5번)>
{·텩} 惕(◲) <1항(1번)>
{·텰} 掣(◲) <1항(1번)>
{·텹} 輒(◲) <1항(1번)>
{·팔} 八(◲) <2항(2번)>
{·필} 弼(◲) <1항(1번)>
{·필} 韠(◲) <1항(1번)>
{·핍} 湢(◲) <2항(2번)>
{·합} 合(◲) <2항(2번)>
{·혁} 革(◲) <2항(4번)>
{·혈} 血(◲) <2항(2번)>
{·혹} 惑(◲) <2항(2번)>
{·홀} 忽(◲) <1항(1번)>
{·홀} 笏(◲) <1항(3번)>
{·확} 確(◲) <1항(1번)>
{·획} 獲(◲) <1항(1번)>
{·휼} 譎(◲) <1항(1번)>
{·흑} 黑(◲) <1항(2번)>
{·긱} 客(◲) <1항(1번)>
{·볼} 勃(◲) <2항(2번)>
{·빅} 百(◲) <10항(41번)>
{·빅} 白(◲) <1항(1번)>
{·빅} 栢(◲) <2항(2번)>
{·싁} 色(◲) <1항(4번)>
{·읙} 額(◲) <1항(1번)>
{·읙} 厄(◲) <1항(1번)>
{·칙} 責(◲) <4항(6번)>

바 평성 뒤에서 입성(◲)이 거성(·□)으로 나타나는 것 86자

{□·갈} 葛(◲ㄷ) <2항(2번)>
{□·갈} 喝(◲ㄷ) <1항(1번)>
{□·갈} 蠍(◲ㄷ) <1항(1번)>
{□·걸} 傑(◲ㄷ) <1항(1번)>
{□·곡} 曲(◲ㄷ) <5항(5번)>
{□·골} 骨(◲ㄷ) <1항(1번)>
{□·괄} 括(◲ㄷ) <1항(1번)>
{□·국} 國(◲ㄷ) <4항(8번)>
{□·급} 急(◲ㄷ) <2항(2번)>
{□·길} 吉(◲ㄷ) <1항(1번)>
{□·납} 納(◲ㄷ) <2항(3번)>
{□·달} 達(◲ㄷ) <7항(7번)>

{□·독} 篤(◲ㄷ) <3항(3번)>
{□·딕} 直(◲ㄷ) <1항(1번)>
{□·략} 略(◲ㄷ) <1항(1번)>
{□·렬} 列(◲ㄷ) <1항(1번)>
{□·렬} 劣(◲ㄷ) <1항(1번)>
{□·렬} 烈(◲ㄷ) <1항(2번)>
{□·막} 邈(◲ㄷ) <1항(1번)>
{□·목} 木(◲ㄷ) <1항(1번)>
{□·목} 目(◲ㄷ) <1항(1번)>
{□·목} 睦(◲ㄷ) <1항(1번)>
{□·믈} 物(◲ㄷ) <2항(13번)>
{□·밀} 密(◲ㄷ) <3항(4번)>
{□·박} 迫(◲ㄷ) <1항(1번)>
{□·박} 薄(◲ㄷ) <4항(4번)>
{□·벌} 罰(◲ㄷ) <1항(10번)>
{□·별} 別(◲ㄷ) <3항(6번)>
{□·복} 卜(◲ㄷ) <1항(1번)>
{□·셕} 晳(◲ㄷ) <1항(2번)>
{□·솔} 率(◲ㄷ) <1항(1번)>
{□·쇽} 屬$_1$(◲ㄷ) <1항(1번)>
{□·쇽} 蠋(◲ㄷ) <1항(1번)>
{□·슉} 叔(◲ㄷ) <2항(3번)>
{□·슐} 術(◲ㄷ) <2항(3번)>
{□·슬} 瑟(◲ㄷ) <1항(1번)>
{□·실} 室(◲ㄷ) <3항(3번)>
{□·악} 惡(◲ㄷ) <3항(4번)>
{□·악} 諤(◲ㄷ) <1항(1번)>
{□·악} 樂(◲ㄷ) <1항(8번)>
{□·압} 狎(◲ㄷ) <1항(1번)>
{□·약} 約(◲ㄷ) <1항(1번)>
{□·억} 抑(◲ㄷ) <1항(1번)>
{□·역} 易$_2$(◲ㄷ) <1항(1번)>
{□·열} 悅(◲ㄷ) <6항(10번)>
{□·옥} 獄(◲ㄷ) <1항(1번)>
{□·욕} 慾(◲ㄷ) <1항(2번)>
{□·월} 月(◲ㄷ) <2항(2번)>
{□·육} 育(◲ㄷ) <1항(1번)>
{□·육} 肉(◲ㄷ) <2항(5번)>
{□·읍} 邑(◲ㄷ) <1항(1번)>
{□·읍} 邑(◲ㄷ) <1항(1번)>

{□·읍} 邑(◲ㄷ) <2항(2번)>
{□·익} 翊(◲ㄷ) <2항(2번)>
{□·일} 逸(◲ㄷ) <1항(1번)>
{□·쟉} 酌(◲ㄷ) <1항(1번)>
{□·쟉} 綽(◲ㄷ) <2항(6번)>
{□·적} 賊(◲ㄷ) <1항(8번)>
{□·젹} 積(◲ㄷ) <2항(2번)>
{□·젹} 籍(◲ㄷ) <2항(2번)>
{□·족} 族(◲ㄷ) <1항(2번)>
{□·찰} 察(◲ㄷ) <1항(2번)>
{□·탁} 託(◲ㄷ) <2항(2번)>
{□·텰} 鐵(◲ㄷ) <1항(1번)>
{□·텰} 哲(◲ㄷ) <2항(3번)>
{□·튝} 蓄(◲ㄷ) <1항(2번)>
{□·특} 特(◲ㄷ) <4항(5번)>
{□·특} 慝(◲ㄷ) <4항(8번)>
{□·퍅} 愎(◲ㄷ) <1항(1번)>
{□·필} 必(◲ㄷ) <1항(1번)>
{□·필} 疋(◲ㄷ) <1항(1번)>
{□·핍} 乏(◲ㄷ) <1항(1번)>
{□·혁} 革(◲ㄷ) <1항(1번)>
{□·협} 俠(◲ㄷ) <1항(1번)>
{□·혹} 惑(◲ㄷ) <1항(1번)>
{□·홀} 笏(◲ㄷ) <1항(1번)>
{□·활} 猾(◲ㄷ) <1항(1번)>
{□·휼} 恤(◲ㄷ) <1항(1번)>
{□·블} 勃(◲ㄷ) <1항(1번)>
{□·빅} 栢(◲ㄷ) <1항(1번)>
{□·빅} 白(◲ㄷ) <2항(2번)>
{□·빅} 百(◲ㄷ) <2항(2번)>
{□·싀} 色(◲ㄷ) <2항(2번)>
{□·칙} 策(◲ㄷ) <1항(1번)>
{□·턱} 宅(◲ㄷ) <1항(1번)>
{□·턱} 澤(◲ㄷ) <1항(1번)>

[사] 상성 뒤에서 입성자가 거성(·□)으로 나타나는 것 43자

{:□·각} 角(◲ㄷ) <1항(1번)>
{:□·걸} 傑(◲ㄷ) <2항(2번)>
{:□·곡} 曲(◲ㄷ) <2항(2번)>
{:□·괄} 括(◲ㄷ) <1항(1번)>
{:□·국} 國(◲ㄷ) <1항(2번)>

{:□·궐}　　闕(◲ㄷ)　　<3항(7번)>
{:□·급}　　急(◲ㄷ)　　<1항(1번)>
{:□·달}　　達(◲ㄷ)　　<1항(1번)>
{:□·딜}　　秩(◲ㄷ)　　<1항(1번)>
{:□·략}　　略(◲ㄷ)　　<2항(2번)>
{:□·목}　　穆(◲ㄷ)　　<1항(1번)>
{:□·믈}　　物(◲ㄷ)　　<2항(2번)>
{:□·박}　　泊(◲ㄷ)　　<1항(1번)>
{:□·박}　　朴(◲ㄷ)　　<11항(12번)>
{:□·발}　　發(◲ㄷ)　　<1항(1번)>
{:□·복}　　僕(◲ㄷ)　　<1항(1번)>
{:□·셜}　　設$_1$(◲ㄷ)　　<1항(2번)>
{:□·슉}　　叔(◲ㄷ)　　<2항(2번)>
{:□·실}　　室(◲ㄷ)　　<1항(1번)>
{:□·약}　　約(◲ㄷ)　　<4항(5번)>
{:□·역}　　逆(◲ㄷ)　　<1항(1번)>
{:□·역}　　疫(◲ㄷ)　　<2항(2번)>
{:□·역}　　易$_2$(◲ㄷ)　　<1항(1번)>
{:□·옥}　　玉(◲ㄷ)　　<1항(1번)>
{:□·욕}　　慾(◲ㄷ)　　<1항(1번)>
{:□·육}　　育(◲ㄷ)　　<1항(1번)>
{:□·익}　　益(◲ㄷ)　　<4항(4번)>
{:□·작}　　作(◲ㄷ)　　<2항(2번)>
{:□·잡}　　雜(◲ㄷ)　　<1항(1번)>
{:□·적}　　賊(◲ㄷ)　　<1항(3번)>
{:□·젹}　　勣(◲ㄷ)　　<1항(1번)>
{:□·젹}　　籍(◲ㄷ)　　<4항(7번)>
{:□·졀}　　切(◲ㄷ)　　<2항(2번)>
{:□·졉}　　接(◲ㄷ)　　<12항(19)>
{:□·직}　　稷(◲ㄷ)　　<1항(3번)>
{:□·질}　　疾(◲ㄷ)　　<1항(1번)>
{:□·집}　　集(◲ㄷ)　　<1항(1번)>
{:□·찰}　　察(◲ㄷ)　　<2항(2번)>
{:□·츅}　　祝(◲ㄷ)　　<1항(1번)>
{:□·측}　　則$_2$(◲ㄷ)　　<5항(13번)>
{:□·텹}　　牒(◲ㄷ)　　<1항(1번)>
{:□·빅}　　百(◲ㄷ)　　<6항(6번)>
{:□·식}　　色(◲ㄷ)　　<3항(5번)>

[아] 거성 뒤에서 입성자가 거성(·□)으로 나타나는 것　50자

{·□·곡}　　哭(◲ㄷ)　　<1항(1번)>

{·□·국}	國(◲ㄷ)	<2항(2번)>
{·□·국}	局(◲ㄷ)	<1항(1번)>
{·□·극}	極(◲ㄷ)	<6항(8번)>
{·□·늑}	勒(◲ㄷ)	<1항(1번)>
{·□·달}	獺(◲ㄷ)	<1항(1번)>
{·□·달}	達(◲ㄷ)	<1항(1번)>
{·□·락}	諾(◲ㄷ)	<1항(1번)>
{·□·략}	略(◲ㄷ)	<1항(1번)>
{·□·력}	歷(◲ㄷ)	<1항(1번)>
{·□·록}	錄(◲ㄷ)	<4항(7번)>
{·□·목}	目(◲ㄷ)	<1항(2번)>
{·□·믈}	物(◲ㄷ)	<3항(5번)>
{·□·밀}	密(◲ㄷ)	<1항(1번)>
{·□·박}	朴(◲ㄷ)	<1항(1번)>
{·□·별}	別(◲ㄷ)	<2항(4번)>
{·□·복}	伏(◲ㄷ)	<2항(2번)>
{·□·속}	餗(◲ㄷ)	<1항(1번)>
{·□·속}	束(◲ㄷ)	<4항(6번)>
{·□·슉}	叔(◲ㄷ)	<1항(1번)>
{·□·실}	失(◲ㄷ)	<1항(1번)>
{·□·실}	室(◲ㄷ)	<1항(1번)>
{·□·십}	十(◲ㄷ)	<1항(4번)>
{·□·압}	狎(◲ㄷ)	<1항(1번)>
{·□·약}	若(◲ㄷ)	<1항(1번)>
{·□·얼}	蘖(◲ㄷ)	<1항(1번)>
{·□·옥}	獄(◲ㄷ)	<1항(2번)>
{·□·옥}	玉(◲ㄷ)	<2항(4번)>
{·□·욕}	辱(◲ㄷ)	<2항(2번)>
{·□·욕}	浴(◲ㄷ)	<4항(4번)>
{·□·월}	月(◲ㄷ)	<1항(1번)>
{·□·육}	肉(◲ㄷ)	<1항(2번)>
{·□·쟉}	爵(◲ㄷ)	<1항(1번)>
{·□·쟉}	碏(◲ㄷ)	<1항(1번)>
{·□·젹}	績(◲ㄷ)	<1항(1번)>
{·□·졀}	絶(◲ㄷ)	<1항(1번)>
{·□·족}	族(◲ㄷ)	<1항(1번)>
{·□·직}	織(◲ㄷ)	<1항(1번)>
{·□·집}	執(◲ㄷ)	<1항(1번)>
{·□·쳑}	戚(◲ㄷ)	<1항(1번)>
{·□·쳑}	蹐(◲ㄷ)	<1항(1번)>

{·□·쳡}　　捷(◲ㄷ)　　<2항(2번)>
{·□·쵹}　　屬$_2$(◲ㄷ)　　<2항(2번)>
{·□·즉}　　則$_2$(◲ㄷ)　　<1항(1번)>
{·□·흑}　　黑(◲ㄷ)　　<1항(2번)>
{·□·빅}　　百(◲ㄷ)　　<5항(13번)>
{·□·빅}　　柏(◲ㄷ)　　<1항(1번)>
{·□·빅}　　栢(◲ㄷ)　　<1항(1번)>
{·□·식}　　色(◲ㄷ)　　<1항(1번)>
{·□·튁}　　宅(◲ㄷ)　　<1항(1번)>

《소학언해》에서 단일 방점 표상으로 나타나는 한자형태소들을 위의 (928)[가]~[타], (929)[가]~[아]에서 골라서 비입성(평성(□), 상성(:□), 거성(·□))과 입성(·□)으로 나누고, 다시 이들이 나타나는 위치(어두(#—), 평성 뒤(□—), 상성 뒤(:□—), 거성 뒤(·□—))에 따라 간략하게 표를 만들면 (930)과 같다.

(930) 《소학언해》에서 하나의 방점 표상을 가지는 한자 자료 <(928)과 (929)>에 대한 통계표

비입성자				
나타나는 위치	평성(□)	상성(:□)	거성(·□)	합계
어두(#—)	433(57.58%)	240(31.91%)	79(10.51%)	752(100.00%)
평성 뒤(□—)	190(65.07%)	76(26.03%)	26(8.90%)	292(100.00%)
상성 뒤(:□—)	103(57.87%)	50(28.09%)	25(14.04%)	178(100.00%)
거성 뒤(·□—)	78(62.90%)	27(21.77%)	19(15.32%)	124(100.00%)
①합계	804(59.73%)	393(29.20%)	149(11.07%)	1346(100.00%)
입성자				
나타나는 위치	평성(□)	상성(:□)	거성(·□)	합계
어두(#—)	6(3.95%)	2(1.32%)	144(94.74%)	152(100.00%)
평성 뒤(□—)	2(2.27%)	0(0.00%)	86(97.72%)	88(100.00%)
상성 뒤(:□—)	0(0.00%)	0(0.00%)	43(100.00%)	43(100.00%)
거성 뒤(·□—)	2(3.77%)	0(0.00%)	50(96.15%)	52(100.00%)
②합계	10(2.99%)	2(0.60%)	323(96.43%)	335(100.00%)
①+②총계	814(48.42%)	395(23.50%)	472(28.10%)	1681(100.00%)[107]

107) 글자의 총계가 (927)의 1475자를 훨씬 초과하는 1681자가 된 것은 (927)에는 위치에 따라 중복된

표 (930)에서 먼저 띄는 것은 《소학언해》에서 단일 성조로 나타나는 한자형태소들은 어두(#—)에 가장 높은 분포를 나타낸다는 것이다. 평성(□)은 804자의 1/2이 넘는 433자이고, 상성(:□)은 393자의 중에서 2/3에 근접하는 240자이며, 거성(·□)은 149자의 중에서 1/2이 넘는 79자이다. 그리고 평성 뒤(□—)에서 평성(□)은 190자가 나타나고, 상성(:□)은 76자가 나타나며, 거성(·□)은 26자가 나타나난다. 어두에 나타나는 한자의 수에 비하면, 평성 뒤의 위치에 나타나는 것은 절반 이하로 떨어진다.

위의 두 경우에 비하면 상성 뒤(:□—)나 거성 뒤(·□—)는 나타나는 글자의 수가 훨씬 더 떨어진다. 상성 뒤(:□—)에서 평성(□)은 103자, 상성(:□)은 50자, 거성(·□)은 25자가 나타나며, 거성 뒤(·□—)에서 평성(□)은 78자, 상성(:□)은 27자, 거성(·□)은 19자가 나타난다.

위의 두 문단에 나타나는 내용을 현대 우리말의 성조방언에서 방점의 분포와 비교하면, 중화 규칙 (5)의 확립이 갑자기 된 것이 아니고, 중세 국어에서부터 방점의 자유 변동이 시작되었고, 이것이 점점 더 강화되어 마침내 중화 규칙으로 굳어졌을 것이라고 볼 수 있다. 오늘날 우리말의 모든 성조방언들에서 어두 위치(#—)는 모든 성조가 대립되는 위치이며, 평성 뒤(□—)는 평성(□, 0점)과 측성(·□, 1점)의 두 성조만 대립하는 위치이며, 측성 뒤({□,·□}—)는 모든 성조가 중화되는 위치이다. 앞의 첫 문단과 둘째 문단을 보면, 방점의 나타남의 자유로움이 강한 것에서 약한 것으로의 순서가 《어두(#—), 평성 뒤(□—), 상성 뒤(:□—), 거성 뒤(·□—)》로 나타나는데, 이는 방금 말한 중화 규칙 (5)의 조짐이 일찍부터 시작된 것이라 할 수 있다.

표 (930)에서 두 번째로 주목해야 할 것은 비입성자 1346자 중에서 평성(□)으로 나타나는 것 804자(59.73%), 상성(:□) 으로 나타나는 것 393자(29.20%), 거성(·□)으로 나타나는 것 149자(11.07%)라는 것이다. 이것은 현대 창원 방언의 평성, 상성, 거성의 비율과 거의 비슷한 것이다. 우리 현실한자형태소 비입성자에서 비율이 점점 줄어가는 것은 하나의 뚜렷한 추세이다.

표 (930)에서 세 번째로 주목해야 할 것은 평성(□)의 합계 804자에 비하여 상성(:□)의 합계가 393자 밖에 되지 않는다는 것이다. 393자는 804자의 48.88%인데, 상성(:□)의 비율이 너무 낮아서 상성의 일부가 어디론가 빠져나가서 다른 곳에 자리를 잡고 있을 것이라는 추

글자를 모두 1자씩으로 계산했으나, (928)과 (929)에서는 몇 개 위치에서 중복되든지 간에 그 각각을 1자씩으로 계산했기 때문이다. 보기를 들면 (927)에서는 家(◱)은 어두에 <6항(19번)> 평성(□)으로, 거성 뒤에 <3항(4번)> 평성(□)으로 나타나지만, 家(◱) 자체는 1자로 계산된다. 이에 대하여, (928)과 (929)에서는 어두에 나타나는 家(◱)(가) <6항(19번)>도 1자로, 거성 뒤에 家(◱)(·□가) <3항(4번)>도 1자로 합쳐서 2자로 계산한다.

리를 가능하게 한다. (925)ㄱ에서 평성(□)이 503.5자였고, (925)ㄷa에서 상성이 385.5자여서 상성(:□)은 평성(□)의 76.57%나 되었던 것을 떠올려 보면 이해가 가능할 것이다.108)

표 (930)에서 네 번째로 주목해야 할 것은 입성자 335자인데, 이들은 네 가지 위치《어두(#—), 평성 뒤(□—), 상성 뒤(:□—), 거성 뒤(·□—)》 모두에서 압도적인 높은 비율로 거성(·□)으로 나타난다는 것이다. 이것은 중세 국어에서도, 현대의 3성조 방언에서도 공통된 현상이다. 입성자는 그것의 종성이 /ㄱ/[k˺], /ㄹ/[l˺], /ㅂ/[p˺]이라는 점에서 비입성자와 구분되며, 따라서 기억하려는 노력 없이도 자동적으로 거성(·□)으로 토박이들의 머릿속에 입력되는 것이다.

이제 복수 방점을 가지고 있는 한자형태소 방점 자료를 가져와서 그 계량적인 특성을 밝혀 보려고 한다. 아래 (931)과 (133)에서 겹화살표 ⇒는 생성음운론에서 변환을 나타내는 화살표 →와는 다른 의미를 가진다. 하나의 한자형태소가 어느 위치에서 둘 이상의 방점으로 교체될 경우 ⇒의 왼쪽은 가장 빈도가 높은 방점표상을 표시하고,109) ⇒의 오른쪽은 사선(/, slash) 뒤에 표시된 위치에서 실제로 나타나는 방점표상을 표시한다. 실제로 나타나는 방점표상이 둘 이상이면 중괄호 { } 속에 그 방점 표상을 모두 적어 넣되 평성(□), 상성(:□), 거성(·□)의 순서로 한다.

아래의 자료 (931)은 《소학언해》에서 복수의 방점표상으로 나타나되 어느 하나의 방점표상의 비율이 높게 나타나는 경우이다. 평성(□)의 비율이 높게 나타나는 것 64자((931)ㄱ의 경우), 상성(:□)의 비율이 높게 나타나는 것 126자((931)ㄴ의 경우), 거성(·□)의 비율이 높게 나타나는 것 46자((931)ㄷ의 경우)로 합쳐서 236자이다.

(931) 복수 방점을 가지면서 어느 한 방점표상의 비율이 우세한 자료

ㄱ. 평성(□)의 비율이 우세한 자료 64자

冠1 <{관(9), :관(2)}>	□ ⇒ :□/# —
餘 <{여(4), :여(1)}>	□ ⇒ :□/# —
具 <{구(2), :구(1)}>	□ ⇒ :□/# —
三 <{삼(22), :삼(1)}>	□ ⇒ :□/□ —
田 <{뎐(6), ·뎐(1)}>	□ ⇒ ·□/:□ —
黃 <{황(5), ·황(1)}>	□ ⇒ ·□/·□ —
求 <{구(37), :구(3)}>	□ ⇒ {□,:□}/# —
奇 <{긔(9), :긔(2)}>	□ ⇒ {□,:□}/# —
方 <{방(11), :방(1)}>	□ ⇒ {□,:□}/# —

108) 이 문제에 대한 해답은 (931)에 가서 구하게 될 것이다.

109) 가장 빈도가 높은 것이 둘일 때는 겹화살표 ⇒의 왼쪽에 [□/:□], [□/·□], [:□/·□]처럼 [A/B]의 모양으로 방점 표상을 써넣는다.

津 <{진(6), :진(2)}>	□ ⇒ {□,:□}/# —	
鄕 <{향(12), :향(2)}>	□ ⇒ {□,:□}/# —	
躁 <{조(2), :조(1번}>	□ ⇒ {□,:□}/# —	
論 <{론(14), :론(1)}>	□ ⇒ {□,:□}/# —	
怨 <{원(8), :원(7)}>	□ ⇒ {□,:□}/# —	
將 <{쟝(36), :쟝(8)}>	□ ⇒ {□,:□}/# —	
傳 <{뎐(5), :뎐(3)}>	□ ⇒ {□,:□}/# —	
光 <{광(4), ·광(1)}>	□ ⇒ {□,·□}/# —	
能 <{능(95), ·능(1)}>	□ ⇒ {□,·□}/# —	
兵 <{병(2), ·병(1)}>	□ ⇒ {□,·□}/# —	
祥 <{샹(16), ·샹(2)}>	□ ⇒ {□,·□}/# —	
楊 <{양(4), ·양(1)}>	□ ⇒ {□,·□}/# —	
音 <{음(12), ·음(1)}>	□ ⇒ {□,·□}/# —	
廳 <{텽(7), ·텽(4)}>	□ ⇒ {□,·□}/# —	
通 <{통(19), ·통(1)}>	□ ⇒ {□,·□}/# —	
風 <{풍(22), ·풍(1)}>	□ ⇒ {□,·□}/# —	
婚 <{혼(20), ·혼(1)}>	□ ⇒ {□,·□}/# —	
董 <{동(7), ·동(1)}>	□ ⇒ {□,·□}/# —	
中 <{듕(25), ·듕(1)}>	□ ⇒ {□,·□}/# —	
知 <{디(8), ·디(1)}>	□ ⇒ {□,·□}/# —	
當 <{당(11), :당(1), ·당(2)}>	□ ⇒ {□,:□,·□}/# —	
荒 <{황(2), :황(1)}>	□ ⇒ {□,:□}/□ —	
要 <{요(10), :요(3)}>	□ ⇒ {□,:□}/□ —	
年 <{년(25), ·년(1)}>	□ ⇒ {□,·□}/□ —	
堂 <{당(15), ·당(1)}>	□ ⇒ {□,·□}/□ —	
流 <{류(3)/뉴(6), :류(1)}>	□ ⇒ {□,:□}/:□ —	
衣 <{의(12), ·의(1)}>	□ ⇒ {□,·□}/:□ —	
車 <{거(3), ·거(1)}>	□ ⇒ {□,·□}/:□ —	
巾 <{건(4), ·건(1)}>	□ ⇒ {□,·□}/:□ —	
明 <{명(34), ·명(1)}>	□ ⇒ {□,·□}/:□ —	
神 <{신(15), ·신(1)}>	□ ⇒ {□,·□}/:□ —	
然 <{연(29), ·연(1)}>	□ ⇒ {□,·□}/:□ —	
齊$_1$ <{졔(27), ·졔(2)}>	□ ⇒ {□,·□}/:□ —	
論 <{론(14)/논(2), :론(2), ·론(4)/·논(1)}>	□ ⇒ {□,:□,·□}/:□ —	
牙 <{아(2), ·아(1)}>	□ ⇒ {□,·□}/·□ —	
王 <{왕(71), ·왕(1)}>	□ ⇒ {□,·□}/·□ —	
臧 <{장(2), ·장(1)}>	□ ⇒ {□,·□}/·□ —	
貌 <{모(6), ·모(1)}>	□ ⇒ {□,·□}/·□ —	
細 <{셰(1)/셔(2), :셰(1), ·셔(2)}>	□ ⇒ :□/□ —	·□ ⇒{□,·□}/·□—
便 <{편(24), :편(3), ·편(2)}>	□ ⇒ :□/□ —	□ ⇒ {□,·□}/# —

盜 <{도(12), :도(4)}>	□⇒:□/:□—	□ ⇒ {□,:□}/# —
樣 <{양(11), :양(8), ·양(9)}>	□ ⇒ :□/□ —	□ ⇒ ·□/·□ —
	□ ⇒ {□,:□,·□}/:□ —	
分 <{분(9), :분(5)}>	□ ⇒ :□/:□ —	□ ⇒ :□/·□ —
	□ ⇒ {□,:□}/# —	
怪 <{고(1)/괴(6), :괴(5), ·괴(2)}>	□ ⇒ :□/:□ —	□ ⇒ {□,:□}/# —
	□ ⇒ {□,:□,·□}/□ —	
從 <{죵(5), :죵(1), ·죵(2)}>	□ ⇒ ·□/·□ —	□ ⇒ {□,:□}/# —
	□ ⇒ {□,·□}/:□ —	
難 <{난(17), :난(5), ·난(1)}>	□ ⇒ :□/# —	□ ⇒ :□/·□ —
	□ ⇒ {□,:□}/□ —	□ ⇒ {:□,·□}/:□ —
丞 <{승(10), ·승(4)}>	□ ⇒ {□,·□}/# —	□ ⇒ {□,·□}/·□ —
公 <{공(111), :공(1), ·공(1)}>	□ ⇒ {□,·□}/# —	□ ⇒ {□,:□}/:□ —
行 <{힝(48), :힝(39), ·힝(4)}>	□ ⇒ {□,:□,·□}/# —	□ ⇒ {□,:□,·□}/·□ —
間 <{간(8), :간(2), ·깐(1)}>	□ ⇒ {□,:□}/□ —	□ ⇒ {□,·□}/·□ —
州 <{쥬(24), :쥬(1), ·쥬(1)}>	□ ⇒ {□,·□}/□ —	□ ⇒ {□,:□}/:□ —
篇 <{편(28), ·편(2)}>	□ ⇒ {□,·□}/□ —	□ ⇒ {□,·□}/·□ —
門 <{문(69), ·문(2)}>	□ ⇒ {□,·□}/:□ —	□ ⇒ {□,·□}/·□ —
心 <{심(24), ·심(6)}>	□ ⇒ {□,·□}/:□ —	□ ⇒ {□,·□}/·□ —
終 <{죵(12), ·죵(3)}>	□ ⇒ {□,·□}/:□ —	□ ⇒ {□,·□}/·□ —

ㄴ. 상성(:□)의 비율이 우세한 자료 126자

疏 <{소(1), :소(2)}>	:□ ⇒ □/# —
歎 <{:탄(4), ·탄(2)}>	:□ ⇒ ·□/# —
黯 <{암(1), :암(13)}>	:□ ⇒ □/□ —
營 <{영(3), :영(6)}>	:□ ⇒ □/□ —
證 <{증(1), :증(2)}>	:□ ⇒ □/□ —
對 <{:딗(47), ·딗(1)}>	:□ ⇒ ·□/□ —
友 <{:우(2), ·우(1)}>	:□ ⇒ ·□/□ —
著 <{:뎌(2), ·뎌(1)}>	:□ ⇒ ·□/:□ —
據 <{:거(2), ·거(1)}>	:□ ⇒ ·□/:□ —
計 <{:계(4), ·계(2)}>	:□ ⇒ ·□/:□ —
勢 <{:셔(3)/:셰(3), ·셰(3)}>	:□ ⇒ ·□/:□ —
繡 <{:슈(2), ·슈(1)}>	:□ ⇒ ·□/:□ —
易$_1$ <{:이(3), ·이(1)}>	:□ ⇒ ·□/:□ —
果 <{과(1), :과(9)}>	:□ ⇒ □/·□ —
薦 <{:젼(12), ·젼(1)}>	:□ ⇒ ·□/·□ —
后 <{:후(2), ·후(1)}>	:□ ⇒ ·□/·□ —
雍 <{옹(1), :옹(3)}>	:□ ⇒ {□,:□}/# —
應 <{응(2), :응(14)}>	:□ ⇒ {□,:□}/# —
戱 <{희(1), :희(6)}>	:□ ⇒ {□,:□}/# —

呂 <{려(1), :려(9)/:녀(2)}> :□ ⇒ {□,:□}/# —

右 <{우(1),:우(3)}> :□ ⇒ {□,:□}/# —

李 <{리(1), :리(7)}> :□ ⇒ {□,:□}/# —

顯 <{현(1), :현(2)}> :□ ⇒ {□,:□}/# —

坐 <{좌(1), :좌(1)}> :□ ⇒ {□,:□}/# —

箱 <{샹(1), :샹(2)}> :□ ⇒ {□,:□}/# —

侃 <{간(1), :간(3)}> :□ ⇒ {□,:□}/# —

告 <{고(1), :고(8)}> :□ ⇒ {□,:□}/# —

郡 <{군(1), :군(2)}> :□ ⇒ {□,:□}/# —

勸 <{권(1), :권(4)}> :□ ⇒ {□,:□}/# —

病 <{병(1), :병(44)}> :□ ⇒ {□,:□}/# —

性 <{셩(1), :셩(24)}> :□ ⇒ {□,:□}/# —

諡 <{시(1), :시(19)}> :□ ⇒ {□,:□}/# —

瑗 <{원(1), :원(3)}> :□ ⇒ {□,:□}/# —

二 <이{(1), :이(7)}> :□ ⇒ {□,:□}/# —

刺 <{ᄌᆞ(1), :ᄌᆞ(2)}> :□ ⇒ {□,:□}/# —

醉 <{취(1), :취(6)}> :□ ⇒ {□,:□}/# —

害 <{해(1), :해(19)}> :□ ⇒ {□,:□}/# —

爲 <{:위(39), ·위(1)> :□ ⇒{:□,·□}/# —

飮 <{:음(45), ·음(1)}> :□ ⇒{:□,·□}/# —

每 <{:미(27), ·미(1)}> :□ ⇒{:□,·□}/# —

講 <{:강(4), ·강(2)}> :□ ⇒{:□,·□}/# —

儉 <{:검(16), ·검(1)}> :□ ⇒{:□,·□}/# —

老 <{:로(3), ·노(1)}> :□ ⇒{:□,·□}/# —

范 <{:범(6), ·범(1)}> :□ ⇒{:□,·□}/# —

犯 <{:범(7), ·범(1)}> :□ ⇒{:□,·□}/# —

洗 <{:셰(5), ·셰(1)}> :□ ⇒{:□,·□}/# —

受 <{:슈(5), ·슈(1)}> :□ ⇒ {:□,·□}/# —

有 <{:유(9), ·유(1)}> :□ ⇒ {:□,·□}/# —

宰 <{:직(14), ·직(1)}> :□ ⇒ {:□,·□}/# —

幸 <{:힝(9), ·힝(1)}> :□ ⇒ {:□,·□}/# —

慶 <{:경(6), ·경(1)}> :□ ⇒ {:□,·□}/# —

萬 <{:만(53), ·만(7)}> :□ ⇒ {:□,·□}/# —

孟 <{:밍(31), ·밍(1)}> :□ ⇒ {:□,·□}/# —

議 <{:의(17), ·의(4)}> :□ ⇒ {:□,·□}/# —

晉 <{:진(14), ·진(2)}> :□ ⇒ {:□,·□}/# —

賤 <{:쳔(15), ·쳔(1)}> :□ ⇒ {:□,·□}/# —

可 <{가(1), :가(126), ·가(2)}> :□ ⇒ {□,:□,·□}/# —

卷 <{권(1), :권(2), ·권(1)}> :□ ⇒ {□,:□,·□}/# —

乃 <{내(1), :내(10), ·내(2)}> :□ ⇒ {□,:□,·□}/# —

敢 <{감(1), :감(74), ·감(1)}>	:□ ⇒ {□,:□,·□}/# —	
眷 <{권(1), :권(22), ·권(3)}>	:□ ⇒ {□,:□,·□}/# —	
大$_1$ <{대(2), :대(44), ·대(23)}>	:□ ⇒ {□,:□,·□}/# —	
宋 <{송(1), :송(38), ·송(4)}>	:□ ⇒ {□,:□,·□}/# —	
孝 <{효(2), :효(87), ·효(3)}>	:□ ⇒ {□,:□,·□}/# —	
四 <{(1), :(10), ·(1)}>	:□ ⇒ {□,:□,·□}/# —	
矩 <{구(1), :구(2)}>	:□ ⇒ {□,:□}/□ —	
靜 <{졍(1), :졍(9)}>	:□ ⇒ {□,:□}/□ —	
兆 <{됴(1), :됴(3)}>	:□ ⇒ {□,:□}/□ —	
世 <{셰(1), :셰(45)}>	:□ ⇒ {□,:□}/□ —	
利 <{:리(17)/:릿(1), ·리(1)}>	:□ ⇒ {:□,·□}/□ —	
廟 <{:묘(2), ·묘(1)}>	:□ ⇒ {:□,·□}/□ —	
費 <{:비(2), ·비(1)}>	:□ ⇒ {:□,·□}/□ —	
誓 <{:셰(2), ·셰(1)}>	:□ ⇒ {:□,·□}/□ —	
讓 <{:양(30), ·양(1)}>	:□ ⇒ {:□,·□}/□ —	
第 <{:뎨(5), ·뎨(3)}>	:□ ⇒ {:□,·□}/□ —	
保 <{:보(5), ·보(1)}>	:□ ⇒ {:□,·□}/□ —	
品 <{:품(6), ·품(1)}>	:□ ⇒ {:□,·□}/□ —	
禍 <{:화(13), ·화(1)}>	:□ ⇒ {:□,·□}/□ —	
敬 <{경(1), :경(77), ·경(2)}>	:□ ⇒ {□,:□,·□}/□ —	
制 <{졔(2), :졔(9)}>	:□ ⇒ {□,:□}/:□ —	
味 <{미(1), :미(2), ·미(1)}>	:□ ⇒ {□,·□}/:□ —	
五 <{:오(11), ·오(1)}>	:□ ⇒ {:□,·□}/:□ —	
罪 <{:죄(24), ·죄(1)}>	:□ ⇒ {:□,·□}/:□ —	
且 <{:챠(6), ·챠(2)}>	:□ ⇒ {:□,·□}/:□ —	
戒 <{:계(30), ·계(9)}>	:□ ⇒ {:□,·□}/:□ —	
命 <{:명(49), ·명(1)}>	:□ ⇒ {:□,·□}/:□ —	
亂 <{:란(16)/:난(2), ·란(6)}>	:□ ⇒ {:□,·□}/:□ —	
寸 <{:촌(4), ·촌(1)}>	:□ ⇒ {:□,·□}/:□ —	
帝 <{:뎨(31), ·뎨(1)}>	:□ ⇒ {:□,·□}/:□ —	
養 <{:양(20), ·양(2)}	:□ ⇒ {:□,·□}/:□ —	
葬 <{장(1), :장(6), ·장(1)}>	:□ ⇒ {□,:□,·□}/:□ —	
序 <{:셔(4), ·셔(1)}>	:□ ⇒ {:□,·□}/·□ —	
盡 <{:진(4), ·진(3)}>	:□ ⇒ {:□,·□}/·□ —	
導(□ㄷ) <{:도(4), ·도(1)}>	:□ ⇒ {:□,·□}/·□ —	
射$_2$ <{:야(2), ·야(1)}>	:□ ⇒ {:□,·□}/·□ —	
母 <{모(1), :모(97), ·모(3)}>	:□ ⇒ {□,:□,·□}/·□ —	
問 <{문(1), :문(4), ·문(3)}>	:□ ⇒ {□,:□,·□}/·□ —	
後 <{후(1), :후(80), ·후(2)}>	:□ ⇒ :□/□ —	:□ ⇒ {□,:□,·□}/# —
試 <{:시(4), ·시(3)}>	:□⇒·□/:□—	:□ ⇒ {:□,·□}/□ —

簿 <{부(1), :부(3), ·부(1)}> :□⇒□/:□— :□ ⇒ {:□,·□}/·□ —

操 <{조(2), :조(20)}> :□ ⇒ □/·□ — :□ ⇒ {□,:□}/# —

慮 <{려(1), :려(2), ·려(1)}> :□ ⇒ □/·□ — :□ ⇒ {:□,·□}/□ —

長 <{댱(5), :댱(7)}> :□ ⇒ □/·□ — :□ ⇒ {□,:□}/# —

類 <{:류(11)/:뉴(5), ·류(1)/·뉴(1)}> :□ ⇒ ·□/·□ — :□ ⇒ {:□,·□}/# —

慢 <{:만(15), ·만(4)}> :□ ⇒ {:□,·□}/□ — :□ ⇒ {:□,·□}/:□ —

士 <{:ᄉᆞ(18), ·ᄉᆞ(11)}> :□ ⇒ ·□/□ — :□ ⇒ ·□/:□ —

:□ ⇒ {:□,·□}/·□ —

動 <{동(2), :동(10), ·동(6)}> :□ ⇒ ·□/□ — :□ ⇒ □/·□ —

:□ ⇒ {□,:□,·□}/:□ —

斷 <{단(1), :단(4), ·단(2)}> :□ ⇒ :□/□ — :□ ⇒ ·□/:□ —

:□ ⇒ {□,:□,·□}/·□ —

道 <{도(2), :도(84), ·도(46)}> :□ ⇒ ·□/·□ — :□ ⇒ {:□,·□}/□ —

:□ ⇒ {□,:□,·□}/:□ —

所 <{:소(17), ·소(10)}> :□ ⇒ ·□/:□ — :□ ⇒ ·□/·□ —

:□ ⇒ {:□,·□}/# — :□ ⇒ {:□,·□}/□ —

定 <{뎡(2), :뎡(24)}> :□ ⇒ {□,:□}/# — :□ ⇒ {□,:□}/□ —

貴 <{귀(1), :귀(26), ·귀(3)}> :□ ⇒ {:□,·□}/# — :□ ⇒ {□,:□,·□}/:□ —

姓 <{셩(1), :셩(62), ·셩(6)}> :□ ⇒ {:□,·□}/# — :□ ⇒ {□,:□,·□}/·□—

使₁ <{ᄉᆞ(2), :ᄉᆞ(7), ·ᄉᆞ(2)}> :□ ⇒ {□,·□}/□ — :□ ⇒ {□,:□}/:□ —

代 <{ᄃᆡ(2), :ᄃᆡ(12), ·ᄃᆡ(1)}> :□ ⇒ {□,·□}/□ — :□ ⇒ {□,:□}/:□ —

里 <{:리(6), ·리(2)}> :□ ⇒ {:□,·□}/□ — :□ ⇒ {:□,·□}/·□ —

下 <{하(3), :하(56), ·하(33)}> :□ ⇒ {□,:□,·□}/□ — :□ ⇒ {:□,·□}/·□ —

理 <{리(1), :리(18), ·리(14)}> :□ ⇒ {□,:□,·□}/□ — :□ ⇒ {:□,·□}/:□ —

度 <{도(3), :도(13), ·도(21)}> :□ ⇒{:□,·□}/:□ — :□⇒ {□,:□,·□}/·□ —

上 <{샹(1), :샹(29), ·샹(13)}> :□ ⇒{:□,·□}/:□ — :□ ⇒ {□,:□,·□}/·□—

蕩 <{탕(1), :탕(9),·탕(2)}> :□ ⇒{□,:□,·□}/:□ — :□ ⇒ {:□,·□}/□ —

祭 <{:졔(40), ·졔(8)}> :□ ⇒ {:□,·□}/# — :□ ⇒ {:□,·□}/□ —

:□ ⇒ {:□,·□}/:□ —

弟 <{뎨(2), :뎨(67), ·뎨(6)}> :□ ⇒ {□,:□,·□}/# — :□ ⇒ {□,:□,·□}/□ —

:□ ⇒ {:□,·□}/·□ —

事 <{ᄉᆞ(1), :ᄉᆞ(22), ·ᄉᆞ(14)}> :□ ⇒ {:□,·□}/□ — :□ ⇒ {:□,·□}/:□ —

:□ ⇒ {□,:□,·□}/·□ —

號 <{호(1), :호(16)/:회(1), ·호(14)}> :□ ⇒ {:□,·□}/□ — :□ ⇒ {□,:□,·□}/:□ —

:□ ⇒ {:□,·□}/·□ —

正 <{졍(1), :졍(77), ·졍(6)}> :□ ⇒ ·□/:□ — :□ ⇒ {:□,·□}/·□ —

:□ ⇒ {□,:□}/# — :□ ⇒ {□,:□,·□}/□ —

ㄷ. 거성(·□)의 비율이 우세한 자료 46자

手 <{:슈(4), ·슈(5)}> ·□ ⇒ :□/# —
守 <{슈(3), ·슈(4)}> ·□ ⇒ □/□ —
樂 <{악(1), ·악(19)}> ·□ ⇒ □/·□ —
數 <{:수(1), ·수(2)}> ·□ ⇒ :□/·□ —
判 <{:판(1), ·판(6)}> ·□ ⇒ :□/·□ —
字 <{ᄌᆞ(1), ·ᄌᆞ(55)}> ·□ ⇒ {□,·□}/# —
隋 <{슈(1), ·슈(4)}> ·□ ⇒ {□,·□}/# —
孔 <{공(1), ·공(51)}> ·□ ⇒ {□,·□}/# —
本 <{본(1), ·본(16)}> ·□ ⇒ {□,·□}/# —
隱 <{은(1), ·은(6)}> ·□ ⇒ {□,·□}/# —
仔 <{ᄌᆞ(2), ·ᄌᆞ(5)}> ·□ ⇒ {□,·□}/# —
祖 <{조(1), ·조(11)}> ·□ ⇒ {□,·□}/# —
允 <{:윤(1), ·윤(14)}> ·□ ⇒ {:□,·□}/# —
聖 <{:셩(32), ·셩(5)}> ·□ ⇒ {:□,·□}/# —
故 <{고(1), :고(1), ·고(35)}> ·□ ⇒ {□,:□,·□}/# —
尙 <{샹(1), :샹(4), ·샹(6)}> ·□ ⇒ {□,:□,·□}/# —
氏 <{시(2), ·시(38)}> ·□ ⇒ {□,·□}/□ —
表 <{표(1), ·표(10)}> ·□ ⇒ {□,·□}/□ —
次$_2$ <{ᄎᆞ(3), ·ᄎᆞ(28)/·ᄌᆞ(1)}> ·□ ⇒ {□,·□}/□ —
否 <{:부(1), ·부(3)}> ·□ ⇒ {:□,·□}/□ —
異 <{:이(5), ·이(6)}> ·□ ⇒{:□,·□}/□ —
侈 <{:치(2), ·치(9)}> ·□ ⇒{:□,·□}/□ —
棋 <{긔(1), ·긔(3)}> ·□ ⇒ {□,·□}/:□ —
大$_2$ <{:태(1), ·태(30)}> ·□ ⇒ {:□,·□}/:□ —
驗 <{:험(1), ·험(2)}> ·□ ⇒ {:□,·□}/:□ —
器 <{:긔(1), ·긔(12)/·기(1)}> ·□ ⇒ {:□,·□}/:□ —
抵 <{:뎌(1)/:뎨(1), ·뎌(2)/·뎨(1)}> ·□ ⇒ {:□,·□}/:□ —
記 <{긔(3), ·긔(52)}> ·□ ⇒ {□,·□}/·□ —
境 <{:경(1), ·경(2)}> ·□ ⇒ {:□,·□}/·□ —
俸 <{:봉(2), ·봉(6)}> ·□ ⇒ {:□,·□}/·□ —
齒 <{:치(2), ·지(4)}> ·□ ⇒ :□/# — ·□ ⇒ {:□,·□}/:□ —
置 <{티(1), :티(1), ·티(2)}> ·□ ⇒ :□/# — ·□⇒{□,·□}/:□ —
夫$_2$ <{우(3), ·우(23)}> ·□⇒□/:□ — ·□ ⇒{□,·□}/·□ —
究 <{구(2), :구(1), ·구(5)}> ·□⇒□/:□ — ·□ ⇒{:□,·□}/□ —
令 <{령(1), :령(11), ·령(12)}> ·□ ⇒ □/·□ — ·□ ⇒ {:□,·□}/# —
支 <{지(2), :지(1), ·지(5)}> ·□ ⇒ □/# — ·□ ⇒ □/:□ —
·□ ⇒ {:□,·□}/□ —
運 <{운(7), :운(3), ·운(12)}> ·□ ⇒ □/□ — ·□ ⇒ :□/:□ —
·□ ⇒ {□,:□,·□}/·□ —

任 <{임(6), :임(3), ·임(10)}> ·□ ⇒ □/# — ·□ ⇒ {□;:□}/·□ —
·□ ⇒ {:□,·□}/:□ —
禮 <{례(2), ·례(207)/·녜(3)}> ·□ ⇒ {□,·□}/# — ·□ ⇒ {□,·□}/:□ —
父$_1$ <{부(2), ·부(103)}> ·□ ⇒ {□,·□}/# — ·□ ⇒ {□,·□}/·□ —
地 <{디(2), ·디(19)}> ·□ ⇒ {□,·□}/# — ·□ ⇒ {□,·□}/□ —
例 <{례(1)/녜(1), :례(4), ·례(13)/·녜(10)}> ·□ ⇒ {□,·□}/□ — ·□ ⇒ {□;:□,·□}/·□—
氣 <{긔(2), :긔(1), ·긔(28)}> ·□ ⇒ {□,·□}/# — ·□ ⇒ {□,·□}/□ —
·□ ⇒ {:□,·□}/·□ —
黨 <{당(3), :당(3), ·당(31)}> ·□ ⇒ {□;:□,·□)/:□ — ·□ ⇒ {:□,·□}/□ —
·□ ⇒ {:□,·□}/·□ —
相 <{샹(5), :샹(5), ·샹(18)}> ·□ ⇒ {□,·□}/# — ·□ ⇒ {□,·□}/□ —
·□ ⇒ {□;:□,·□}/:□ — ·□ ⇒ {□;:□}/·□ —
子 <{ᄌᆞ(6), :ᄌᆞ(5), ·ᄌᆞ(388)}> ·□ ⇒ {□,·□)/# — ·□ ⇒ {□,·□)/□ —
·□ ⇒ {:□,·□}/:□ — ·□ ⇒ {:□,·□}/·□ —

'균형불균형의 역설'을 설명하고 있는 (925)에서는 평성(□) 503.5자였고, 상성(:□)이 385.5자여서 상성은 평성의 48.88% 밖에 되지 않았는데, (931)에서는 상성 126자는 평성 64자의 168.88%나 되니 겉으로 보기에는 엄청난 모순이라고 할 수 밖에 없을 것이다. 그러나 (931)에 있는 상성 126자 중에서 일부가 (930)의 상성(:□) 자리에서 온 것으로 보아서 그곳으로 돌려보낼 수가 있다면, 모순처럼 보이는 문제는 간단히 해결될 수가 있다.

중세 국어(여기에서는 《소학언해》)에서 평성은 매우 안정적이어서 상성(:□)(또는 거성(·□))으로 쉽게 임의변동하지 않는 데에 대하여, 상성(:□)(또는 거성(·□))은 비교적 임의변동이 심해서 복수의 성조로 변동하는 보기가 많아져서 (930)의 상성 자리에 있지 못하고, (931)로 분류된 것이라고 해석하여도 무리라고는 할 수 없다. 그러므로 (925)에서 평성(□) 503.5자에 대한 상성(:□) 385.5자의 비율 48.88%와 (931)에서 평성 64자에 대한 상성 126자의 비율 168.88%는 상치된다고는 할 수 없고 용납될 수 있는 관계라 할 수 있다.

아래의 자료 (932)는 《소학언해》에서 복수의 방점표상으로 나타나는 한자형태소로 어느 두 방점표상의 비율이 공동으로 높게 나타나는 것이다.

(932) 복수 방점을 가지면서 어느 두 방점표상의 비율이 공동으로 우세한 것
ㄱ. 평성(□)과 상성(:□)의 비율이 공동으로 우세한 자료 11자
按 <{안(1), :안(1)}> [□/:□] ⇒ {□;:□}/# —
鄧 <{등(1), :등(1)}> [□/:□] ⇒ {□;:□}/# —
倍 <{비(1), :비(1)}> [□/:□] ⇒ {□;:□}/# —
迎 <{영(1), :영(1)}> [□/:□] ⇒ {□;:□}/□ —
賴 <{뢰(1), :뢰(1)}> [□/:□] ⇒ {□;:□}/□ —

妙 <{묘(1), :묘(1)}> [□/:□] ⇒ {□,:□}/□ —

課 <{과(1), :과(1)}> [□/:□] ⇒ {□,:□}/·□ —

炯 <{형(1), :형(1)}> [□/:□] ⇒ □/# — [□/:□] ⇒ :□/□ —

傅 <{부(1), :부(1)}> [□/:□] ⇒ □/# — [□/:□] ⇒ :□/·□ —

澹 <{담(1), :담(1)}> [□/:□] ⇒ □/# — [□/:□] ⇒ :□/:□ —

勞 <{로(1), ·로(1)}> [□/:□] ⇒ □/□ — [□/:□] ⇒·□/:□ —

ㄴ. 평성(□)과 거성(·□)의 비율이 공동으로 우세한 자료 4자

毗 <{비(1), ·비(1)}> [□/·□] ⇒ {□,·□}/# —

猛 <{밍(1), :밍(1)}> [□/·□] ⇒ {□,:□}/:□ —

機 <{긔(1), ·긔(1)}> [□/·□] ⇒ ·□/# — [·□/□] ⇒ {□,·□}/□—

[□/·□] ⇒ {□,·□}/:□ —

擧 <{거(1), :거(11), ·거(11)}> [□/·□] ⇒ {:□,·□}/#— [□/·□] ⇒{:□,·□}/□—

[□/·□] ⇒ {□,:□,·□)/:□ —

ㄷ. 상성(:□)과 거성(·□)의 비율이 공동으로 우세한 자료 16자

茂 <{:무(1), ·무(1)}> [:□/·□] ⇒ {:□,·□}/# —

半 <{:반(1), ·반(1)}> [:□/·□] ⇒ {:□,·□}/# —

譬 <{:비(1), ·비(1)}> [:□/·□] ⇒ {:□,·□}/# —

遜 <{:손(1), ·손(1)}> [:□/·□] ⇒ {:□,·□}/□ —

惠 <{:혜(5), ·혜(5)}> [:□/·□] ⇒ {:□,·□}/□ —

嫁 <{:가(1), ·가(1)}> [:□/·□] ⇒ {:□,·□}/:□ —

慧 <{:혜(3), ·혜(3)}> [:□/·□] ⇒ {:□,·□}/·□ —

酒 <{:쥬(1), ·쥬(1)}> [:□/·□] ⇒ :□/# — [:□/·□] ⇒·□/□ —

考 <{:고(3), ·고(3)}> [:□/·□] ⇒ :□/# — [:□/·□]⇒{:□,·□}/□—

辨 <{:변(2), ·변(2)}> [:□/·□] ⇒ :□/:□ — [:□/·□]⇒{:□,·□}/□—

菜 <{:취(1), ·취(1)}> [:□/·□] ⇒ :□/# — [:□/·□] ⇒ ·□/·□ —

豆 <{:두(1), ·두(1)}> [:□/·□] ⇒ ·□/# — [:□/·□] ⇒ :□/:□ —

備 <{:비(1), ·비(1)}> [:□/·□] ⇒ ·□/:□ — [:□/·□] ⇒ :□/□ —

勵 <{:녀(1), ·려(1)}> [:□/·□] ⇒ ·□/:□ — [:□/·□] ⇒ :□/·□ —

祀 <{:ᄉᆞ(4), ·ᄉᆞ(4)}> [:□/·□]⇒{:□,·□}/:□— [:□/·□]⇒{:□,·□}/·□—

弄 <{:롱(7), ·롱(7)}> [:□/·□]⇒{:□,·□}/:□— [:□/·□]⇒{:□,·□}/□—

(932)ㄱ은 평성(□)과 상성(:□)의 비율이 공동으로 높게 나타나는 11자의 자료이고, (932)ㄴ은 평성(□)과 거성(·□)의 비율이 공동으로 높게 나타나는 3자의 자료이며, (932)ㄷ은 상성(:□)과 거성(·□)의 비율이 공동으로 높게 나타나는 17자의 자료이다. 이 세 경우를 모두 합하면 31자이다. 31자는 계량적인 분석을 통해서 일반적인 특성을 추리해 내는 데는 매우 빈약하므로, 특성 분석 없이 위의 자료 제시로 끝내고자 한다.

아래의 자료 (933)은 《소학언해》에서 복수의 방점표상으로 나타나되 어느 하나의 방점표상의 비율이 우세하게 나타나는 입성자의 자료이다.

(933) 복수 방점을 가지면서 어느 한 방점표상의 비율이 우세한 입성자 자료

ㄱ. 평성(□)의 비율이 우세한 자료 1자

轂 <{곡(3), ·곡(1)}> □ ⇒ {□,·□}/# —

ㄴ. 거성(·□)의 비율이 우세한 자료 64자

辟 <{벽(1), ·벽(2)}> ·□ ⇒ □/:□ —
石 <{:셕(1), ·셕(15)}> ·□ ⇒ :□/:□ —
祿 <{녹(1), ·록(15)/·녹(6)}> ·□ ⇒ {□,·□}/# —
牧 <{목(1), ·목(2)}> ·□ ⇒ {□,·□}/# —
福 <{복(1), ·복(7)}> ·□ ⇒ {□,·□}/# —
服 <{복(1), ·복(31)}> ·□ ⇒ {□,·□}/# —
北 <{븍(1), ·븍(7)}> ·□ ⇒ {□,·□}/# —
足 <{죡(1), ·죡(27)}> ·□ ⇒ {□,·□}/# —
學 <{혹(1), ·혹(43)}> ·□ ⇒ {□,·□}/# —
或 <{혹(1), ·혹(42)}> ·□ ⇒ {□,·□}/# —
汲 <{급(1), ·급(4)}> ·□ ⇒ {□,·□}/# —
滅 <{멸(1), ·멸(3)}> ·□ ⇒ {□,·□}/# —
不$_1$ <{블(2), ·블(21)}> ·□ ⇒ {□,·□}/# —
六 <{뉵(1), ·륙(1)/·뉵(1)}> ·□ ⇒ {□,·□}/□ —
伯 <{빅(1), ·빅(32)}> ·□ ⇒ {□,·□}/□ —
識 <{식(1), ·식(3)}> ·□ ⇒ {□,·□}/□ —
日 <{일(1), ·일(11)}> ·□ ⇒ {□,·□}/□ —
質 <{질(1), ·질(10)}> ·□ ⇒ {□,·□}/□ —
息 <{식(2), ·식(55)}> ·□ ⇒ {□,·□}/·□ —
樂 <{악(1), ·악(19)}> ·□ ⇒ {□,·□}/·□ —
肅 <{:슉(1), ·슉(12)}> ·□ ⇒ {:□,·□}/# —
一 <{:일(1), ·일(66)}> ·□ ⇒ {:□,·□}/# —
俗 <{:쇽(1), ·쇽(31)}> ·□ ⇒ {:□,·□}/□ —
食 <{:식(1), ·식(50)}> ·□ ⇒ {:□,·□}/:□ —
法 <{법(1), :법(1), ·법(61)}> ·□ ⇒ {□,:□,·□}/# —
節 <{졀(1), :졀(1), ·졀(51)}> ·□ ⇒ {□,:□,·□}/□ —
實 <{(1)실, :실(2), ·실(98)}> ·□ ⇒ {□,:□,·□}/:□ —
答 <{답(1), :답(1), ·답(35)}> ·□ ⇒ {□,:□,·□}/:□ —
各 <{각(2), ·각(18)}> ·□ ⇒ □/□ — ·□ ⇒ {□,·□}/# —
業 <{업(1), :업(1), ·업(9)}> ·□ ⇒ {:□,·□}/# — ·□ ⇒ {□,·□}/□ —
德 <{덕(3), :덕(1), ·덕(38)}> ·□ ⇒ □/□ — ·□ ⇒ {□,:□,·□}/# —
·□ ⇒ □/#—에[110]

110) 중세 국어에서 1음절 거성(·□) 이름씨의 절반 정도가 '—·에X'의 위치에서 평성화한다.

입성자는 자료 (929)에서처럼 거성(·□)으로만 나타나는 것이 가장 일반적이라 할 수 있다. 그런데 (933)ㄴ의 입성자들은 거성(·□)의 우세로 나타나지만, 평성(□)이나 상성(:□)으로도 나타나는 것은 일반적인 경우에서 약간 벗어나는 것이다. 특히 (933)ㄱ은 평성(□)이 거성(·□)보다 더 우세하므로, 일반적인 경우에서 크게 벗어나는 경우이다.

아래의 자료 (934)는 《소학언해》에서 복수의 방점표상으로 나타나되 평성(□)과 거성(·□)의 비율이 공동으로 높게 나타나는 입성자 자료이다.

(934) 복수 방점을 가지면서 어느 두 방점표상의 비율이 공동으로 우세한 입성자[111]
ㄱ. 평성(□)과 상성(:□)의 비율이 공동으로 우세한 자료 1자
竹 <{듁(1), ·듁(1)}> ·□ ⇒ □/□ —

위의 (934)에는 해당 자료가 오직 1자뿐이므로 특성 분석은 생략한다.

6.4 중고한음 4성과 창원 방언 한자음 방점의 비교

6.4.1 1940년대와 1970년대 창원 방언 한자형태소의 분절음 체계 비교

1940년대 창원 방언이란 이 책 지은이이면서 방언자료 제보자(김차균; 1939년 1월 3일생)보다 30년 이전에 태어난 사람의 창원 방언을 가리킨다.[112] 지은이는 이중방언 사용자라 할

111) 창원 방언에서 '竹'은 竹筍 /죽순, H^2/[MH], 竹杖 /·죽·장, M^2/[HH/MM]에서 보는 것처럼 어두 위치에서 평성(□)과 거성(·□)의 두 가지로 나타난다.

112) 출생에서부터 방언 습득기를 거쳐 할아버지 때부터 내려오는 전통적인 한자어 10,000개 이상을 성조 표상까지 익힌 상태에 도달하는 시기를 여기에서는 방언의 확립기로 본다. 따라서 성조방언의 확립기간을 30년으로 잡는다. 지은이는 1939년 1월에 태어났으므로 만 30살이 되는 해는 1970이다. 그러므로 여기에서는 지은이의 방언을 1970년대 창원 방언이라고 부르기로 한다. 그리고 1940년대 창원 방언의 토박이는 1940년에 30살 된 사람이며, 같은 방법으로 1980년에 30살인 창원 방언 토박이들은 1980년대 창원 방언 토박이라 부르기로 한다. 지은이가 태어나서 자란 창원군 동면 석산리는 1970년경에는 70가구 정도의 집성촌이었다. 마을 앞으로 하루에 한두 번 정도 버스가 지나다녔고, 제니스 라디오 1대면 제산 목록 1호라고 부를 정도의 생활수준이었다. 마을에서 자전거를 가진 사람은 한두 명 정도인데 6Km 정도 떨어진 면사무소나 직장의 출퇴근용으로 사용했다. 생활용품을 사기 위해서는 10리 안팎의 거리에 있는 5일장을 이용했다. 여자들이 친정에 가는 것은 1,2년에 한 번 정도였고, 30리 정도 거리를 걸어가는 것이 예사였다. 신문을 받아보는 가구는 한두 가구였고, 읍면 단위의 지방 공무원은 고졸 정도의 학력을 가진 사람이 대부분이었다. 지은이와 같은 나이의 사람들 중에서 대학 졸업을 한 사람은 열에 한 명 정도였다.
지은이가 중학교 졸업하기(1955년) 이전에 습득하여 자신의 머릿속의 사전(lexicon)에 확고한 어휘 목록으로 굳어진 한자어의 분절음의 발음은 1940년대의 그것과 큰 차이가 있었지만, 성조 표

수 있다. 지금도 90세 이상이면서 초등학교 졸업 이상의 공교육을 받지 못한 창원 방언 토박이들과 만나면 그들이 사용하는 말로 대화를 할 수 있다. 그들의 방언을 이 책에서는 1940년대 방언이라 부르고, 지은이의 방언을 1970년대 방언이라 부르기로 한다. 그리고 1970년대 창원 방언과 1980년대 창원 방언을 구분하기 위하여 전자를 창원 방언①, 후자를 창원 방언②라고 부르기로 한다.

1940년대 창원 방언과 1970년대 창원 방언(/지은이의 방언)의 자음 체계는 음운론적 층위에서는 서울말을 비롯한 중부 방언의 그것과 같았다. 그러나 모음 체계와 음소가 연결되어 이루어지는 음절의 꼴을 보면 40년대 창원 방언과 현대 서울말 사이에는 큰 차이가 있다.

1940년대 창원 방언의 모음체계는 다음 (935)와 같고, (935)의 모음들을 한글로 표기하면 (936)과 같다.

(935) 1940년대 /$ㅇ—/의 위치에서[113] 창원 방언의 모음 체계

단모음은 6모음 체계이다: /ㅣ/[i], /ㅔ/([e, E, ɛ]로 임의변동하나 [E]의 빈도가 높다.) /ㅓ/([ɨ, ᴟ, ə]로 임의변동하나 [ə]의 빈도가 높다.), /ㅏ/[a], /ㅜ/[u], /ㅗ/[o]

중모음은 9개 정도이다; /ㅖ/([ye, yE, yɛ]로 임의변동하나 [yE]의 빈도가 높다.), /ㅕ/([yə, yᴟ]로 임의변동하나 [yə]의 빈도가 높다.), /ㅑ/[ya], /ㅠ/[yu], /ㅛ/[yo]; /ㅟ/[ɥi], /ㅞ/([we, wE, wɛ]로 임의변동하나 [wE]의 빈도가 높다.), /ㅝ/([wə, wᴟ]로 임의변동하나 [wə]의 빈도가 높다.), /ㅘ/[wa]

(936) 1940년대 창원 방언의 모음 체계와 한글 맞춤법에서 모음 낱자와의 관계[114]

단모음 /ㅣ/(ㅣ, ㅢ),[115] /ㅔ/(ㅔ, ㅐ), /ㅓ/(ㅡ, ㅓ),
/ㅏ/(ㅏ), /ㅜ/(ㅜ), /ㅗ/(ㅗ)

상은 1940년대 창원 방언 토박이들의 그것과 차이가 느껴지지 않았다. 그 이후에 습득한 한자어는 성조의 차이가 많다. 1955년 이전에는 /민·주·주·의 HM³/[HM³]라고 했던 것이 /민주주·의 H³M/[MнHM]로 바뀌었고, /언·어·학, HM²/[HM²]은 대학 입학 후에 /언어·학, H²M/[MHM]으로 바뀌었다. 특히 대학 입학 이후에 배우게 된 한자어는 창원 방언토박이들의 직접적인 영향을 받지 못했기 때문에 차이가 있었다. 지은이는 대학원에서 방언 음운론을 전공하겠다는 결심이 선 이후에는 고향에 갈 때마다 지은이보다 20살 이상 연세가 위인 창원 방언 토박이들의 말의 성조를 익히는 데에 의식적으로 노력했다. 고유어뿐만 아니라 한자어까지도 분절음과 성조를 듣고 익히고 기록하곤 했다.

113) /ㅇ/(zero) 이외의 다른 자음 뒤에서는 제약이 심하여 중모음 /ㅕ, ㅖ, ㅚ, ㅞ, ㅙ/는 모두 [e, E, ɛ]로 수의변이하고, /ㅑ/[ya]는 [a]로, /ㅠ/는 [u], /ㅛ/는 [o]로, /ㅟ/는 [i]로 발음되고, /ㅝ/[ə, ᴟ]로 수의변이한다.

114) / / 속은 1940년대 창원 방언 토박이들의 음운 체계 상의 모음이고, ( ) 속은 그것을 적기 위해 사용할 수 있는 낱자들이다. 한글 표기는 고유어냐 한자어냐에 따라 약간의 구분을 한다. 《$ㅇ—》을 제외한 《$C—》의 환경에서 고유어는 《ㅣ, ㅔ, ㅐ, ㅡ, ㅓ, ㅏ, ㅜ, ㅗ》 등 7개의 낱자로 적고, 한자어는 한글 맞춤법에 따라 《ㅣ, ㅔ, ㅐ, ㅡ, ㅓ, ㅏ, ㅜ, ㅗ, ㅕ, ㅑ, ㅖ, ㅛ, ㅠ, ㅟ, ㅚ, ㅞ, ㅙ》 등으로 적는다.

115) ㅢ는 [i]로 발음되지만, 토씨로 쓰이는 '의'는 [e, E, ɛ]로 수의변이한다.

중모음 /ㅖ/(ㅖ, ㅒ), /ㅕ/(ㅕ), /ㅑ/(ㅑ), /ㅠ/(ㅠ), /ㅛ/(ㅛ),
/ㅟ/(ㅟ), /ㅞ/(ㅞ, ㅚ, ㅞ, ㅙ), /ㅝ/(ㅝ), /ㅘ/(ㅘ)

1940년대 창원 방언의 토박이들은 원순성의 단모음 [ö], [ü]와 중모음 [wi]의 발음은 불가능했고, 어두에 나타나는 모음은 (935)와 같이 발음했지만, 음절의 초성 위치에 ㅇ(zero) 이외의 자음 뒤에서는 중모음의 발음이 거의 불가능했다. 아래의 (937)에서 서울말을 비롯한 중부 방언에서 ( ) 속에 있는 낱자들은《$ㅇ—》 이외의 자음으로 시작되는 위치《$C—》에서 1940년대 창원 방언으로는 왼쪽의 / / 속에 있는 음소로 발음되었다.

(937) /ㅇ/ 이외의 자음이 음절 초성으로 나타날 때 1940년대 창원 방언의 모음 체계와 한글 맞춤법에 쓰이는 낱자와의 관계
/ㅣ/(ㅣ, ㅢ, ㅟ), /ㅔ/(ㅔ, ㅐ, ㅕ, ㅖ, ㅞ, ㅚ, ㅞ, ㅙ), /ㅓ/(ㅡ, ㅓ, ㅝ),
/ㅏ/(ㅏ, ㅑ, ㅘ), /ㅜ/(ㅜ, ㅠ), /ㅗ/(ㅗ, ㅛ)

(937)을 보면 과장이 지나치다고 여길지 모르지만, 서기 2,000년 기준으로 나들이를 많이 하지 않는 70세 이상의 고령의 창원 방언 토박이들의 말을 들어보면, 아직도 (937)의 / / 속에 표시된 발음이 사용되고 있다.

1970년대의 창원 방언의 토박이인 지은이는 1940년대 경남 남부 방언 토박이를 만나면, (935)~(937)과 같은 모음 체계로 말하지만, 서울이나 대전 등의 지역에서 말하거나 강의할 때는 /ㅡ/와 /ㅓ/를 쉽게 구분해서 말한다. 그러나 /ㅔ/와 /ㅐ/의 구별은 쉽지 않아서 둘 다 [e, E, ɛ]로 임의변동하며, /ㅟ/는 [ɰi]로, /ㅞ, ㅙ, ㅚ/는 구별 없이 [we, wE, wɛ]로 임의변동한다. 그 밖의 모음은 대체로 표준어에 규정된 발음을 한다. 따라서 1970년대 창원 방언의 격식체의(formal) 발음에서 음소 체계는 다음과 같다.

(938) 1970년대 창원 방언의 모음 체계와 한글 맞춤법에 준한 한글 표기
단모음 /ㅣ/(ㅣ, ㅢ), /ㅔ/[e~E~ɛ](ㅔ, ㅐ), /ㅡ/[ɨ], /ㅓ/[Ǝ~ə](ㅓ),
/ㅏ/(ㅏ), /ㅜ/(ㅜ), /ㅗ/(ㅗ)
중모음 /ㅖ/(ㅖ, ㅒ), /ㅕ/(ㅕ), /ㅑ/(ㅑ), /ㅠ/(ㅠ), /ㅛ/(ㅛ);
/ㅟ/[ɰi](ㅟ), /ㅞ/[we~wE~wɛ](ㅞ, ㅚ, ㅞ, ㅙ), /ㅝ/[wə~wƎ](ㅝ),
/ㅘ/(ㅘ)

2012년에 발간된 옥편에 사용된 한자음에 대한 한글 표기와[116] 그것에 대한 1940년대 창원 방언의 일상적인 말투(casual speech)에 사용되었던 음소 체계로 적은 한글 표기와 1970

116) 여기에서 사용된 한자의 한글 표기는 성낙양(1972/2012)을 따른 것이다.

년대 창원 방언의 격식체의 말투(formal speech)에 사용되는 음소 체계의 한글 표기 사이의 관계를 적으면 아래 (939)와 같다. 다만, 번거로움을 줄이기 위해 한자와 방점 및 성조 표기는 줄이고 분절음만 한글로 표기한다.

(939) 옥편(/자전)의 한글 표기와 40년대 및 70년대 창원 방언의 분절음 표기

옥편 표기	1940년대 /음소/[변이음]	1970년대 /음소/[변이음]
가	/가/[가]	/가/[가]
간	/간/[간]	/간/[간]
감	/감/[감]	/감/[감]
강	/강/[강]	/강/[강]
개	/게/[게～개]	/게/[게～개]
갱	/겡/[겡～갱]	/겡/[겡～갱]
거	/거/[거～그]	/거/[거]
건	/건/[건～근]	/건/[건]
검	/검/[검～금]	/검/[검]
게	/게/[게～개]	/게/[게～개]
견	/겐/[겐～갠]	/견/[견]
겸	/겜/[겜～갬]	/겸/[겸]
경	/겡/[겡～갱]	/경/[경]
계	/게/[게～개]	/게/[게～개]
고	/고/[고]	/고/[고]
곤	/곤/[곤]	/곤/[곤]
공	/공/[공]	/공/[공]
과	/가/[가]	/과/[과]
관	/간/[간]	/관/[관]
광	/강/[강]	/광/[광]
괘	/게/[게～개]	/궤/[궤～괘]
괴	/게/[게～개]	/궤/[궤～괘]
교	/고/[고]	/교/[교]
구	/구/[구]	/구/[구]
군	/군/[군]	/군/[군]
궁	/궁/[궁]	/궁/[궁]
권	/건/[건～근]	/권/[권]
귀	/기/[기]	/귀/[귀]
규	/구/[구]	/규/[규]
균	/군/[군]	/균/[균]
근	/건/[건～근]	/근/[근]
금	/검/[검～금]	/금/[금]
궁	/겅/[겅～궁]	/궁/[궁]

기	/기/[기]	/기/[기]
긴	/긴/[긴]	/긴/[긴]
나	/나/[나]	/나/[나]
난	/난/[난]	/난/[난]
남	/남/[남]	/남/[남]
낭	/낭/[낭]	/낭/[낭]
내	/네/[네～내]	/네/[네～내]
녀	/녀/[여～녀～네～내]	/녀/[녀]
년	/년/[연～년]	/년/[년]
념	/념/[염～념]	/념/[념]
녕	/녕/[영～녕]	/녕/[녕]
노	/노/[노]	/노/[노]
농	/농/[농]	/농/[농]
농	/농/[농]	/농/[농]
뇌	/네/[네～내]	/눼/[뇌～눼～놰]
능	/넝/[넝～능]	/능/[능]
니	/니/[니]	/니/[니]
다	/다/[다]	/다/[다]
단	/단/[단]	/단/[단]
담	/담/[담]	/담/[담]
당	/당/[당]	/당/[당]
대	/데/[데～대]	/데/[데]
도	/도/[도]	/도/[도]
돈	/돈/[돈]	/돈/[돈]
동	/동/[동]	/동/[동]
두	/두/[두]	/두/[두]
둔	/둔/[둔]	/둔/[둔]
등	/덩/[덩～등]	/등/[등]
라	/라/[라][117]	/라/[라]
란	/란/[란]	/란/[란]
람	/람/[람]	/람/[람]
랑	/랑/[랑]	/랑/[랑]
래	/레/[레～래]	/레/[레～래]
랭	/렝/[렝～랭]	/렝/[렝～랭]
량	/랑/[랑]	/량/[량]
려	/레/[레～래]	/려/[려]

117) /ㄹ/로 시작되는 음절이 어두에 오면 표준말에서와 마찬가지로 두음 규칙이 적용되어 그 /ㄹ/은 [ㄴ]으로 변하고, 또 기저의 /ㄴ/이나 두음 규칙의 적용으로 /ㄹ/에서 도출된 /ㄴ/([ㄴ])은 /ㅣ/(전설비원순 모음 i, 또는 전설비원순 반모음 y) 앞에서 삭제된다. 번거로움을 줄이기 위해 이러한 변이음은 여기에서 하나하나 다 적지 않고 줄인다.

련	/렌/[렌~랜]	/련/[련]
렴	/렘/[렘~램]	/렴/[렴]
령	/렝/[렝~랭]	/령/[령]
례	/레/[레~래]	/례/[례~래]
로	/로/[로]	/로/[로]
론	/론/[론]	/론/[론]
롱	/롱/[롱]	/롱/[롱]
뢰	/레/[레~래]	/뤠/[뤠~뢔]
료	/로/[로]	/료/[료]
룡	/롱/[롱][118]	/룡/[룡]
루	/루/[루]	/루/[루]
류	/루/[루]	/류/[류]
륜	/룬/[룬]	/륜/[륜]
륭	/룽/[룽]	/륭/[륭]
릉	/렁/[렁~릉]	/릉/[릉]
리	/리/[리]	/리/[리]
린	/린/[린]	/린/[린]
림	/림/[림]	/림/[림]
마	/마/[마]	/마/[마]
만	/만/[만]	/만/[만]
망	/망/[망]	/망/[망]
매	/메/[메~맹]	/메/[메~매]
맹	/멩/[멩~맹]	/멩/[멩~맹]
면	/멘/[멘~맨~민]	/면/[면]
명	/멩/[멩~맹~밍]	/명/[명]
모	/모/[모]	/모/[모]
몽	/몽/[몽]	/몽/[몽]
묘	/모/[모]	/묘/[묘]
무	/무/[무]	/무/[무]
문	/문/[문]	/문/[문]
미	/미/[미]	/미/[미]
민	/민/[민]	/민/[민]
반	/반/[반]	/반/[반]
방	/방/[방]	/방/[방]
배	/베/[베~배]	/베/[베~배]
번	/번/[번]	/번/[번]

118) /룡/에서 두음규칙의 적용으로 도출되는 경우에는 [용]으로 나타난다. 마찬가지로 한자형태소 /료, 류, 려, 례, 륙, 력, 략, 륜, 련, 린, 령, 륭, 량/ 등이 어두에서 두음규칙이 적용되면, [요, 유, 여, 예, 육, 역, 약, 윤, 연, 인, 영, 융, 양] 등으로 발음된다. 적어 넣지 않아도 우리말의 토박이들은 이미 이러한 현상을 다 알고 있는 것이므로 이 자료에 하나하나 다 써넣지 않고 생략한다.

범	/범/[범]	/범/[범]
변	/벤/[벤~밴]	/변/[변]
병	/벵/[벵~뱅~빙]	/병/[병]
보	/보/[보]	/보/[보]
본	/본/[본]	/본/[본]
봉	/봉/[봉]	/봉/[봉]
부	/부/[부]	/부/[부]
분	/분/[분]	/분/[분]
붕	/붕/[붕]	/붕/[붕]
비	/비/[비]	/비/[비]
빈	/빈/[빈]	/빈/[빈]
빙	/빙/[빙]	/빙/[빙]
사	/사/[사]	/사/[사]
산	/산/[산]	/산/[산]
삼	/삼/[삼]	/삼/[삼]
상	/상/[상]	/상/[상]
새	/세/[세~새]	/세/[세~새]
색	/섹/[섹~색]	/섹/[섹~색]
생	/셍/[셍~생]	/셍/[셍~생]
서	/서/[서~스]	/서/[서]
선	/선/[선~슨]	/선/[선]
성	/성/성~승]	/성/[성]
세	/세/[세~새]	/세/[세~새]
소	/소/[소]	/소/[소]
손	/손/[손]	/손/[손]
송	/송/[송]	/송/[송]
쇄	/세/[세~새]	/쉐/[쉐~쇄]
쇠	/세/[세~새]	/쉐/[쉐~쇄]
수	/수/[수]	/수/[수]
순	/순/[순]	/순/[순]
숭	/숭/[숭]	/숭/[숭]
승	/성/[성~승]	/승/[승]
시	/시/[시]	/시/[시]
신	/신/[신]	/신/[신]
심	/심/[심]	/심/[심]
쌍	/쌍/[쌍]	/쌍/[쌍]
씨	/씨/[씨]	/씨/[씨]
아	/아/[아]	/아/[아]
안	/안/[안]	/안/[안]
암	/암/[암]	/암/[암]

앙	/앙/[앙]	/앙/[앙]
애	/에/[에~애]	/에/[에~애]
야	/야/[야]	/야/[야]
양	/양/[양]	/야/[양]
어	/어/[어~으]	/어/[어]
언	/언/[언~은]	/언/[언]
엄	/엄/[엄~음]	/엄/[엄]
여	/여/[여]	/여/[여]
연	/연/[연]	/연/[연]
염	/염/[염]	/염/[염]
영	/영/[영]	/영/[영]
예	/예/[예~얘]	/예/[예~얘]
오	/오/[오]	/오/[오]
온	/온/[온]	/온/[온]
옹	/옹/[옹]	/옹/[옹]
와	/와/[와]	/와/[와]
완	/완/[완]	/완/[완]
왕	/왕/[왕]	/왕/[왕]
외	/웨/[웨~왜~에~애]	/웨/[웨~왜]
왜	/웨/[웨~왜~에~애]	/웨/[웨~왜]
요	/요/[요]	/요/[요]
용	/용/[용]	/용/[용]
우	/우/[우]	/우/[우]
운	/운/[운]	/운/[운]
웅	/웅/[웅]	/웅/[웅]
원	/원/[원]	/원/[원]
위	/위/[위~이]	/위/[위]
유	/유/[유]	/유/[유]
윤	/윤/[윤]	/윤/[윤]
은	/언/[언~은]	/은/[은]
음	/엄/[엄~음]	/음/[음]
의	/이/[이]	/이/[이]
이	/이/[이]	/이/[이]
인	/인/[인]	/인/[인]
임	/임/[임]	/임/[임]
자	/자/[자]	/자/[자]
자	/자/[자]	/자/[자]
잔	/잔/[잔]	/잔/[잔]
잠	/잠/[잠]	/잠/[잠]
장	/장/[장]	/장/[장]

재	/제/[제～재]	/제/[제～재]
쟁	/젱/[젱～쟁]	/젱/[젱～쟁]
저	/저/[저]	/저/[저]
전	/전/[전]	/전/[전]
점	/점/[점]	/점/[점]
정	/정/[정]	/정/[정]
제	/제/[제～재]	/제/[제～재]
조	/조/[조]	/조/[조]
존	/존/[존]	/존/[존]
종	/종/[종]	/종/[종]
좌	/자/[자]	/좌/[좌]
죄	/제/[제～재]	/줴/[줴～좨]
주	/주/[주]	/주/[주]
준	/준/[준]	/준/[준]
중	/중/[중]	/중/[중]
증	/정/[증～정]	/증/[증]
지	/지/[지]	/지/[지]
진	/진/[진]	/진/[진]
징	/징/[징]	/징/[징]
차	/차/[차]	/차/[차]
찬	/찬/[찬]	/찬/[찬]
참	/참/[참]	/참/[참]
창	/창/[창]	/창/[창]
채	/체/[체～채]	/체/[체～채]
처	/처/[처]	/처/[처]
천	/천/[천]	/천/[천]
첨	/첨/[첨]	/첨/[첨]
청	/청/[청]	/청/[청]
체	/체/[체～채]	/체/[체～채]
초	/초/[초]	/초/[초]
촌	/촌/[촌]	/촌/[촌]
총	/총/[총]	/총/[총]
최	/체/[체～채]	/췌/[췌～쵀]
추	/추/[추]	/추/[추]
춘	/춘/[춘]	/춘/[춘]
충	/충/[충]	/충/[충]
취	/치/[치]	/취/[취]
치	/치/[치]	/치/[치]
친	/친/[친]	/친/[친]
침	/침/[침]	/침/[침]

칭	/칭/[칭]	/칭/[칭]
쾌	/케/[케～캐]	/퀘/[퀘～쾌]
타	/타/[타]	/타/[타]
탄	/탄/[탄]	/탄/[탄]
탐	/탐/[탐]	/탐/[탐]
탕	/탕/[탕]	/탕/[탕]
태	/테/[테～태]	/테/[테～태]
토	/토/[토]	/토/[토]
통	/통/[통]	/통/[통]
퇴	/테/[테～태]	/퉤/[퉤～퇘]
투	/투/[투]	/투/[투]
파	/파/[파]	/파/[파]
판	/판/[판]	/판/[판]
패	/페/[페～패]	/페/[페～패]
편	/펜/[펜～팬]	/편/[편]
평	/펭/[펭～팽]	/평/[평]
폐	/페/[페～패]	/페/[페～패]
포	/포/[포]	/포/[포]
표	/포/[포]	/표/[표]
품	/품/[품]	/품/[품]
풍	/풍/[풍]	/풍/[풍]
피	/피/[피]	/피/[피]
하	/하/[하]	/하/[하]
한	/한/[한]	/한/[한]
함	/함/[함]	/함/[함]
항	/항/[항]	/항/[항]
해	/헤/[헤～해]	/헤/[헤～해]
행	/헹/[헹～행]	/헹/[헹～행]
향	/향/[(향～항～)헹～행][119]	/향/[향]
허	/허/[허]	/허/[허]
헌	/헌/[헌(～흔)]	/헌/[헌]
험	/험/[험～흠]	/험/[험]
현	/현/[(현～)헌]	/현/[현]
형	/형/[(형～)헝]	/형/[형]
혜	/헤/[헤～해]	/헤/[헤～해]
호	/호/[호]	/호/[호]
혼	/혼/[혼]	/혼/[혼]
홍	/홍/[홍]	/홍/[홍]

119) ( ) 속은 드물게 사용되는 변이형을 나타낸다.

화	/화/[(화～)하]	/화/[화]
환	/환/[(환～)한]	/환/[환]
황	/황/[(황～)항]	/황/[황]
회	/훼/[(훼～홰～)헤～해]	/훼/[훼～홰]
횡	/휑/[(휑～횅～)헹～행]	/휑/[휑～횅]
효	/효/[(효～)호]	/효/[효]
후	/후/[후]	/후/[후]
훈	/훈/[훈]	/훈/[훈]
훼	/훼/[(훼～홰～)헤～해]	/훼/[훼～홰]
휘	/휘/[(휘～)히]	/휘/[휘]
휴	/휴/[(휴～)후]	/휴/[휴]
흉	/흉/[(흉～)흥]	/흉/[흉]
흥	/헝/[헝～흥]	/흥/[흥]
희	/히/[히]	/히/[히]
각	/각/[각]	/각/[각]
갈	/갈/[갈]	/갈/[갈]
갑	/갑/[갑]	/갑/[갑]
객	/객/[객～겍]	/객/[객～겍]
걸	/걸/[걸～글]	/걸/[걸]
겁	/겁/[겁～급]	/겁/[겁]
격	/겍/[겍～객]	/격/[격]
결	/겔/[겔～갤]	/결/[결]
곡	/곡/[곡]	/곡/[곡]
골	/골/[골]	/골/[골]
괄	/갈/[갈]	/괄/[괄]
국	/국/[국]	/국/[국]
굴	/굴/[굴]	/굴/[굴]
궐	/걸/[걸～글]	/궐/[궐]
극	/극/[걱～극]	/극/[극]
급	/급/[겁～급]	/급/[급]
길	/길/[길]	/길/[길]
끽	/끽/[끽]	/끽/[끽]
낙	/낙/[낙]	/낙/[낙]
날	/날/[날]	/날/[날]
납	/납/[납]	/납/[납]
녹	/녹/[녹]	/녹/[녹]
눌	/눌/[눌]	/눌/[눌]
달	/달/[달]	/달/[달]
답	/답/[답]	/답/[답]
덕	/덕/[덕～득]	/덕/[덕]

독	/독/[독]	/독/[독]
돌	/돌/[돌]	/돌/[돌]
득	/득/[덕～득]	/득/[득]
락	/락/[락]	/락/[락]
략	/락/[락]	/략/[략]
력	/렉/[렉～랙]	/력/[력]
률	/룰/[룰]	/률/[률]
록	/록/[록]	/록/[록]
립	/립/[립]	/립/[립]
막	/막/[막]	/막/[막]
말	/말/[말]	/말/[말]
맥	/맥/[멕～맥]	/맥/[멕～맥]
멸	/멜/[멜～맬]	/멸/[멸]
목	/목/[목]	/목/[목]
몰	/몰/[몰]	/몰/[몰]
묵	/묵/[묵]	/묵/[묵]
물	/물/[물]	/물/[물]
목	/목/[목]	/목/[목]
밀	/밀/[밀]	/밀/[밀]
박	/박/[박]	/박/[박]
발	/발/[발]	/발/[발]
백	/백/[벡～백]	/백/[벡～백]
벌	/벌/[벌]	/벌/[벌]
법	/법/[법]	/법/[법]
벽	/벡/[벡～백]	/벽/[벽]
별	/벨/[벨～밸]	/별/[별]
복	/복/[복]	/복/[복]
불	/불/[불]	/불/[불]
삭	/삭/[삭]	/삭/[삭]
살	/살/[살]	/살/[살]
색	/색/[섹～색]	/색/[섹～색]
석	/석/[석]	/석/[석]
설	/설/[설～슬]	/설/[설]
섭	/섭/[섭～습]	/섭/[섭]
속	/속/[속]	/속/[속]
솔	/솔/[솔]	/솔/[솔]
숙	/숙/[숙]	/숙/[숙]
술	/술/[술]	/술/[술]
습	/습/[섭～습]	/습/[습]
식	/식/[식]	/식/[식]

실	/실/[실]	/실/[실]
십	/십/[십]	/십/[십]
악	/악/[악]	/악/[악]
알	/알/[알]	/알/[알]
압	/압/[압]	/압/[압]
액	/액/[엑~액]	/액/[엑~액]
약	/약/[약]	/약/[약]
억	/억/[억]	/억/[억]
업	/업/[업~읍]	/업/[업]
역	/역/[역]	/역/[역]
열	/열/[열]	/열/[열]
엽	/엽/[엽]	/엽/[엽]
옥	/옥/[옥]	/옥/[옥]
왈	/왈/[왈]	/왈/[왈]
욕	/욕/[욕]	/욕/[욕]
울	/울/[울]	/울/[울]
월	/월/[월]	/월/[월]
육	/육/[육]	/육/[육]
율	/율/[율]	/율/[율]
읍	/업/[업~읍]	/업/[업]
을	/을/[얼~을]	/을/[을]
일	/일/[일]	/일/[일]
익	/익/[익]	/익/[익]
입	/입/[입]	/입/[입]
작	/작/[작]	/작/[작]
잡	/잡/[잡]	/잡/[잡]
적	/적/[적]	/적/[적]
절	/절/[절]	/절/[절]
접	/접/[접]	/접/[접]
족	/족/[족]	/족/[족]
졸	/졸/[졸]	/졸/[졸]
죽	/죽/[죽]	/죽/[죽]
즉	/즉/[적]	/즉/[즉]
즐	/즐/[절]	/즐/[절]
직	/직/[직]	/직/[직]
질	/질/[질]	/질/[질]
집	/집/[집]	/집/[집]
착	/착/[착]	/착/[착]
찰	/찰/[찰]	/찰/[찰]
책	/책/[첵~책]	/책/[첵~책]

척	/척/[척]	/척/[척]
철	/철/[철]	/철/[철]
첩	/첩/[첩]	/첩/[첩]
촉	/촉/[촉]	/촉/[촉]
촬	/찰/[찰]	/촬/[촬～찰]
축	/축/[축]	/축/[축]
출	/출/[출]	/출/[출]
측	/측/[척]	/측/[척]
칙	/칙/[칙]	/칙/[칙]
칠	/칠/[칠]	/칠/[칠]
탁	/탁/[탁]	/탁/[탁]
탈	/탈/[탈]	/탈/[탈]
탑	/탑/[탑]	/탑/[탑]
택	/택/[텍～택]	/택/[텍～택]
특	/특/[턱～특]	/특/[특]
팔	/팔/[팔]	/팔/[팔]
폭	/폭/[폭]	/폭/[폭]
필	/필/[필]	/필/[필]
핍	/핍/[핍]	/핍/[핍]
학	/학/[학]	/학/[학]
할	/할/[할]	/할/[할]
합	/합/[합]	/합/[합]
핵	/핵/[헥～핵]	/핵/[헥～핵]
혁	/혁/[(혁～)헉～헥～핵]	/혁/[혁]
혈	/혈/[(혈～)헐～헬～핼]	/혈/[혈]
협	/협/[(협～)헙～헵～햅]	/협/[협]
혹	/혹/[혹]	/혹/[혹]
홀	/홀/[홀]	/홀/[홀]
확	/확/[(확～)학]	/확/[확]
활	/활/[(활～)할]	/활/[활]
획	/휔/[(휔～홱～)헥～핵]	/휔/[휔～홱]
흑	/흑/[헉～흑]	/흑/[흑]
흡	/흡/[헙～흡]	/흡/[흡]

이 책에서 한자형태소의 분절음의 사전 표시와 1940년대 및 1970년대의 창원 방언의 실제 음소 및 음성 표시 사이에는 (939)에 명시된 관계가 있지만,[120] 이 책의 모든 한자어의 한글 표기는 번거로움을 줄이기 위해 자전과 옥편의[121] 한자음 표기를 따르기로 한다.

---

120) 이러한 관계는 창원 방언뿐만 아니라, 경남 동남부 방언의 대부분에 적용된다.

6.4.2 중고한음 4성, 《소학언해》와 창원 방언 한자형태소 방점 자료 정리

자료 (907)에 제시된 한자어 자료의 30% 정도는 제보자인 지은이가 모르는 낱말들이고, 창원 방언의 어떠한 토박이에게서도 조사할 수가 없는 것들이다. (907)에 들어 있는 많은 낱말들 중의 일부는 가능한 운율적인 낱말이 될 수는 있으나, 지은이의 머릿속의 사전(lexicon)에 실재하는 낱말이 아니다. 그러므로 (940)에서는 지은이의 머릿속에 실재하지 않는 낱말들을 몇 가지 방법으로 제외하기로 한 것이다.

사람이름 가운데는 '/·공·자/, /:맹·자/, /제·갈#공명/처럼 지은이가 언어를 왕성하게 습득할 때부터 이미 알고 있는 것도 있지만, 다수의 사람 이름들은 《소학언해》 자료를 입력 과정에서 처음 만난 것들이다. 그리고, 땅이름, 책이름, 관직명, 등도 처음 보는 낱말이 많으며, 관혼상제에 대한 용어들도 다수가 알 수 없는 낱말들이다. 그리고 당시에는 일반화된 낱말일지라도 현대에는 이미 쓰이지 않거나, 매우 사용 빈도가 낮은 것이 섞여 있어서 어느 정도까지 자료에서 버려야할 지를 신중하게 고려했다. (907)에 제시된 한자어들 가운데서 지은이의 머릿속에 확실하게 존재한다고 생각되는 한자어를 어기로 하는 어휘항목들에서 토씨나 고유어로 된 파생접사와 토씨 및 굴곡접사를 지우고 제시하면 (940)과 같다.

(940) [창원 방언 중심] 중고한음 4성, 《소학언해》와 창원 방언의 한자어 방점 대조 자료[122]

중고한음	소학언해	창원 방언	소학언해 <항(번)>
한자(권발)	{음운}	[음운]	<○항(○번)>
可(◰)	{:가}	[:가]	<9항(126번)>
可(◰)	{·가}	[:가]	<2항(2번)>
可(◰)	{가}	[:가]	<1항(1번)>
加冠(◱{◱,◳})	{가관}	[가관]	<7항(7번)>
加資(◱◱)	{가ᄌᆞ}	[가자]	<1항(1번)>
家道(◱◰)	{가:도}	[가·도]	<1항(1번)>
家門(◱◱)	{가문}	[가문]	<1항(7번)>
家法(◱◲)	{가·법}	[가·법]	<1항(4번)>
家屬(◱◲)	{가·쇽}	[가·속]	<1항(1번)>
家庭(◱{◱,◳})	{가뎡}	[가정]	<1항(1번)>
家訓(◱◳)	{가:훈}	[가훈]	<1항(5번)>
假設(◰◲)	{:가·셜}	[:가·설]	<1항(2번)>
角(◲)	{·각}	[·각]	<1항(2번)>

121) 이가원 · 장삼식(1972), 성낙양(1972/2012).

122) 구조주의 시대의 형태론에서 { }은 형태소 층위의 표상을, [ ]은 표면적인 음성 차원의 분절음을 넣는 데 사용되어 왔으나, 이 책 제Ⅲ부의 한자어 또는 한자형태소 자료 정리에서는 { }은 《소학언해》의 자료를 [ ]은 창원 방언의 자료를 시각적으로 구분하기 위해 사용할 따름이다.

各各(◲◲)	{·각·각}	[·각·각]	<1항(7번)>
各各(◲◲)	{각각}	[·각·각]	<1항(1번)>
各別(◲◲)	{·각·별}	[·각·별]	<2항(4번)>
簡(◰)	{:간}	[간]	<1항(1번)>
諫(◳)	{:간}	[:간]	<15항(25번)>
侃侃(◳◳)	{간:간}	[간간]	<1항(1번)>
干求(◱◱)	{간구}	[간구]	<1항(2번)>
艱難(◱{◱,◳})	{가난}	[가난]	<9항(17번)>
簡略(◰◲)	{:간·략}	[간략]	<2항(2번)>
簡約(◰◲)	{:간·약}	[:간·약]	<3항(4번)>
簡易(◰◳)	{:간·이}	[간이]	<1항(1번)>
干犯(◱◰)	{간:범}	[간·범]	<2항(2번)>
奸詐(◱◳)	{간:사}	[간·사]	<1항(1번)>
奸惡(◱◲)	{간·악}	[간·악]	<1항(1번)>
奸猾(◱◲)	{간·활}	[간·활]	<1항(1번)>
姦邪(◱◱)	{간샤}	[간·사]	<2항(2번)>
看守(◱◰)	{간슈}	[간수]	<3항(3번)>
懇切(◰◲)	{:ᄀᆞᆫ·졀}	[:간·절]	<2항(2번)>
敢(◰)	{:감}	[:감]	<2항(74번)>
敢(◰)	{·감}	[:감]	<1항(1번)>
敢(◰)	{감}	[:감]	<1항(1번)>
堪當(◱{◱,◳})	{감당}	[감당]	<1항(2번)>
感動(◰◰)	{:감:동}	[:감·동]	<5항(7번)>
講(◰)	{·강}	[:강]	<1항(2번)>
講究(◰◳)	{:강구}	[:강·구]	<1항(2번)>
講論(◰{◱,◳})	{:강논}	[:강·론]	<2항(2번)>
姜(◱)	{강}	[강]	<1항(2번)>
剛(◱)	{강}	[강]	<1항(1번)>
剛健(◱◳)	{강:건}	[:강·건]	<1항(1번)>
剛果(◱◰)	{강:과}	[강·과]	<1항(1번)>
剛直(◱◲)	{강·딕}	[강·직]	<1항(1번)>
剛愎(◱◲)	{강·퍅}	[강·팍]	<1항(1번)>
江(◱)	{강}	[·강]	<1항(1번)>
江東(◱◱)	{강동}	[·강·동]	<1항(1번)>
康節(◱◲)	{강·졀}	[강·절]	<1항(2번)>
强盜({◱,◰}◳)	{:강·도}	[:강·도]	<1항(1번)>
開(◱)	{ᄀᆡ}	[·개]	<1항(2번)>
改嫁(◰◳)	{:ᄀᆡ:가}	[개·가]	<1항(1번)>
改嫁(◰◳)	{:ᄀᆡ·가}	[개·가]	<1항(1번)>
改易(◰◲)	{:ᄀᆡ·역}	[:개·역]	<1항(1번)>

開封(◱◱)	{ᄀᆡ봉}	[개봉]	<1항(2번)>
慨然(◳◱)	{:개연}	[:개·연]	<1항(1번)>
客舍(◲◳)	{·ᄀᆡᆨ:샤}	[·객·사]	<1항(1번)>
羹(◱)	{:ᄀᆡᆼ}	[:갱]	<1항(2번)>
羹(◱)	{·ᄀᆡᆼ}	[갱]	<1항(1번)>
居(◱)	{거}	[:거]	<3항(3번)>
居喪(◱{◱,◳})	{거상}	[:거·상]	<2항(32번)>
居處(◱{◰,◳})	{거:쳐}	[:거·처]	<1항(1번)>
擧動(◰◰)	{:거:동}	[:거·동]	<1항(1번)>
擧動(◰◰)	{:거·동}	[:거·동]	<2항(4번)>
擧動(◰◰)	{:거동}	[:거·동]	<1항(1번)>
擧動(◰◰)	{·거동}	[:거·동]	<1항(1번)>
倨慢(◳◳)	{:거·만}	[:거·만]	<1항(1번)>
倨慢(◳◳)	{:거:만}	[:거·만]	<2항(2번)>
去聲(◳◱)	{:거셩}	[:거·성]	<1항(1번)>
擧止(◰◰)	{:거·지}	[:거·지]	<1항(1번)>
擧薦(◰◳)	{:거:쳔}	[:거·천]	<2항(2번)>
擧薦(◰◳)	{·거·쳔}	[:거·천]	<1항(1번)>
建(◳)	{:건}	[:건]	<2항(2번)>
儉朴(◰◲)	{:검·박}	[:검·박]	<11항(12번)>
儉朴(◰◲)	{·검·박}	[:검·박]	<1항(1번)>
儉素(◰◳)	{:검:소}	[:검·소]	<1항(1번)>
儉約(◰◲)	{:검·약}	[:검·약]	<1항(1번)>
激勵(◲◳)	{·격:녀}	[·격·려]	<1항(1번)>
缺(◲)	{·결}	[·결]	<1항(1번)>
決(◲)	{·결}	[·결]	<2항(2번)>
決斷(◲{◰,◳})	{·결:단}	[·결·단]	<2항(3번)>
決斷(◲{◰,◳})	{·결·단}	[·결·단]	<1항(1번)>
決斷(◲{◰,◳})	{·결단}	[·결·단]	<1항(1번)>
決然(◲◱)	{·결연}	[·결·연]	<1항(1번)>
結束(◲◲)	{·결·쇽}	[·결·속]	<2항(2번)>
兼(◱)	{겸}	[겸]	<1항(1번)>
謙辭(◱◱)	{겸ᄉᆞ}	[겸사]	<1항(1번)>
謙遜(◱◳)	{겸:손}	[겸·손]	<1항(1번)>
謙讓(◱◳)	{겸:양}	[겸·양]	<1항(1번)>
敬(◳)	{:경}	[:경]	<3항(3번)>
頃(◰)	{:경}	[경]	<1항(2번)>
慶(◳)	{:경}	[:경]	<2항(4번)>
慶(◳)	{·경}	[:경]	<1항(1번)>
經(◱)	{경}	[경]	<1항(3번)>

經書(◱◱)	{경셔}	[경서]	<1항(3번)>
經業(◱◲)	{경업}	[경·업]	<1항(1번)>
經營(◱◱)	{경영}	[경영]	<2항(3번)>
經典(◱◰)	{경:뎐}	[경·전]	<1항(1번)>
卿(◱)	{경}	[경]	<1항(3번)>
輕(◱)	{경}	[경]	<1항(1번)>
輕慢(◱◳)	{경:만}	[경·만]	<1항(1번)>
輕薄(◱◲)	{경·박}	[경·박]	<2항(2번)>
輕薄子(◱◲◰)	{경·박·ᄌᆞ}	[경·박·자]	<1항(1번)>
輕率(◱◲)	{경·솔}	[경·솔]	<1항(1번)>
警戒(◰◳)	{:경:계}	[:경·계]	<9항(23번)>
警戒(◰◳)	{:경·계}	[:경·계]	<8항(9번)>
景帝(◰◳)	{:경:뎨}	[:경·제]	<2항(2번)>
契$_1$(◳)	{:계}	[:계]	<1항(1번)>
啓(◰)	{:계}	[:계]	<1항(1번)>
階(◱)	{계}	[계]	<1항(1번)>
計較(◳◳)	{:계·교}	[계·교]	<1항(1번)>
計較(◳◳)	{:계·교}	[계·교]	<1항(2번)>
繼母(◳◰)	{:계:모}	[:계·모]	<1항(1번)>
告(◳)	{:고}	[·고]	<4항(8번)>
告(◳)	{고}	[·고]	<1항(1번)>
庫(◳)	{·고}	[·고]	<2항(4번)>
故(◳)	{·고}	[·고]	<1항(19번)>
故(◳)	{고}	[·고]	<1항(1번)>
故舊(◳◳)	{·고구}	[:고·구]	<1항(1번)>
故人(◳◱)	{:고인}	[:고·인]	<1항(1번)>
高(◱)	{고}	[고]	<1항(1번)>
高祖(◱◰)	{고·조}	[고·조]	<1항(1번)>
高宗(◱◱)	{고종}	[고·종]	<1항(2번)>
孤(◱)	{고}	[·고]	<1항(1번)>
孤竹(◱◲)	{고듁}	[·고·죽]	<1항(1번)>
雇工(◳◱)	{·고공}	[·고·공]	<1항(1번)>
古靈(◰◱)	{:고령}	[:고·령]	<1항(1번)>
苦參(◰◱)	{·고숨}	[·고·삼]	<1항(1번)>
固執(◳◲)	{·고·집}	[·고·집]	<1항(1번)>
考察(◰◲)	{:고·찰}	[고·찰]	<1항(1번)>
曲禮(◲◰)	{·곡·례}	[·곡·례]	<1항(21번)>
曲調(◲{◱,◳})	{·곡·됴}	[·곡·조]	<1항(1번)>
曲盡(◲◰)	{·곡:진}	[·곡·진]	<2항(2번)>
穀食(◲◲)	{·곡·식}	[곡·석]	<1항(1번)>

穀食(◲◲) {곡·셕} [곡·석] <1항(2번)>
穀食神(◲◲◱) {곡·셕신} [곡·석·신] <1항(1번)>
袞(◰) {:곤} [:곤] <1항(2번)>
困憊(◳◳) {:곤:븨} [:곤·비] <1항(1번)>
骨肉(◲◲) {·골·육} [·골·육] <1항(2번)>
公(◱) {공} [공] <1항(18번)>
公卿(◱◱) {공경} [공경] <1항(4번)>
公權(◱◱) {공권} [공권] <1항(7번)>
公明(◱◱) {공명} [공명] <1항(1번)>
公服(◱◲) {공·복} [공·복] <2항(4번)>
公事(◱◳) {·공:ᄉᆞ} [공·사] <1항(1번)>
公事(◱◳) {공·ᄉᆞ} [공·사] <1항(1번)>
公孫(◱{◱,◳}) {공손} [공손] <1항(2번)>
公信(◱◳) {공:신} [공·신] <1항(1번)>
公然(◱◱) {공연} [공연] <1항(1번)>
公子(◱◰) {공·ᄌᆞ} [·공·자] <1항(1번)>
公侯(◱◱) {공후} [·공·후] <1항(1번)>
共(◳) {공} [공] <1항(1번)>
功(◱) {공} [공] <1항(3번)>
功巧(◱◰) {공·교} [공교] <1항(1번)>
功效(◱◳) {공:효} [공효] <1항(1번)>
功效(◱◳) {공효} [공효] <1항(1번)>
孔明(◰◱) {·공명} [공명] <1항(1번)>
孔氏(◰◰) {공·시} [·공·씨] <1항(1번)>
孔子(◰◰) {·공·ᄌᆞ} [·공·자] <1항(48번)>
恭敬(◱◳) {공:경} [공·경] <24항(72번)>
恭敬(◱◳) {공·경} [공·경] <2항(2번)>
恭敬(◱◳) {공경} [공·경] <1항(1번)>
恭遜(◱◳) {공·손} [공·손] <1항(1번)>
恭順(◱◳) {공:슌} [공·순] <14항(25번)>
供給({◱,◳}◲) {공급} [:공·급] <1항(1번)>
供養({◱,◳}{◰,◳}) {공:양} [:공·양] <5항(7번)>
工夫(◱◱) {공부} [공부] <1항(3번)>
貢稅(◳◳) {:공·셰} [:공·세] <1항(1번)>
空閑({◱,◰,◳}◱) {공한} [공한] <1항(1번)>
科擧(◱◰) {과:거} [과·거] <1항(1번)>
科擧試場(◱◰◳◱) {과·거:시댱} [과·거#:시·장] <1항(1번)>
寡婦(◰◰) {:과·부} [:과·부] <1항(1번)>
果實(◰◲) {:과:실} [:과·실] <1항(1번)>
果實(◰◲) {:과·실} [:과·실] <1항(4번)>

果然(◰◱)	{:과·연}	[:과·연]	<1항(1번)>
果然(◰◱)	{:과연}	[:과·연]	<1항(2번)>
過失(◳◲)	{·과·실}	[:과·실]	<1항(1번)>
冠({◱,◳})	{:관}	[·관]	<1항(1번)>
冠({◱,◳})	{과}	[·관]	<2항(2번)>
冠({◱,◳})	{관}	[·관]	<4항(16번)>
冠帶({◱,◳}◳)	{관:딗}	[·관·대]	<2항(2번)>
琯(◰)	{·관}	[·관]	<1항(1번)>
棺(◱)	{·관}	[·관]	<1항(1번)>
寬(◱)	{관}	[관]	<1항(2번)>
款曲(◰◲)	{:관·곡}	[·관·곡]	<2항(2번)>
觀光法({◱,◳}◱◲)	{관광·법}	[관광·법]	<1항(1번)>
觀察使({◱,◳}◲{◰,◳})	{관·찰:ᄉᆞ}	[관·찰·사]	<1항(2번)>
官員(◱◱)	{관원}	[관원]	<1항(15번)>
冠義({◱,◳}◳)	{:관:의}	[·관·의]	<1항(1번)>
括(◲)	{·괄}	[·괄]	<1항(1번)>
廣(◰)	{:광}	[:광]	<2항(5번)>
廣州(◰◱)	{:광쥬}	[:광·주]	<1항(1번)>
光(◱)	{·광}	[:광]	<1항(1번)>
怪異(◳◳)	{고·이}	[괴·이]	<1항(1번)>
怪異(◳◳)	{괴:이}	[괴·이]	<1항(1번)>
怪異(◳◳)	{괴·이}	[괴·이]	<2항(4번)>
怪辟(◳◲)	{:괴벽}	[:괴·벽]	<1항(1번)>
宏(◱)	{굉}	[굉]	<1항(1번)>
教({◱,◳})	{:교}	[:교]	<1항(2번)>
教化({◱,◳}◳)	{:교:화}	[:교·화]	<1항(1번)>
教化({◱,◳}◳)	{:교·화}	[:교·화]	<1항(1번)>
交代(◱◳)	{교·딗}	[교·대]	<1항(1번)>
交代(◱◳)	{교딗}	[교·대]	<1항(1번)>
交趾(◱◰)	{교·지}	[교·지]	<1항(1번)>
驕慢(◱◳)	{교:만}	[교·만]	<6항(8번)>
驕慢(◱◳)	{교·만}	[교·만]	<2항(2번)>
教授({◱,◳}◳)	{:교슈}	[:교·수]	<1항(1번)>
轎子({◱,◳}◰)	{교·ᄌᆞ}	[교·자]	<1항(1번)>
求(◱)	{:구}	[구]	<3항(3번)>
求(◱)	{구}	[구]	<17항(28번)>
救(◳)	{:구}	[구]	<3항(3번)>
具慶(◳◳)	{:구:경}	[:구·경]	<1항(1번)>
臼季(◰◳)	{:구:계}	[:구·계]	<1항(1번)>
句句(◳◳)	{:구:구}	[구구]	<1항(2번)>

歐陽公(◱◱◱) {구양공} [구양공] <1항(2번)>
瞿然(◱◱) {:구연} [:구·연] <1항(1번)>
九月(◰◲) {·구·월} [·구·월] <1항(1번)>
九族(◰◲) {·구·족} [·구·족] <1항(1번)>
苟且(◰◰) {:구:챠} [·구·차] <2항(6번)>
苟且(◰◰) {:구·챠} [·구·차] <2항(2번)>
國家(◲◱) {·국가} [·국·가] <1항(1번)>
國子(◲◰) {·국·ᄌᆞ} [·국·자] <1항(1번)>
麴蘗(◲◲) {·국·얼} [·국·얼] <1항(1번)>
軍(◱) {군} [군] <1항(1번)>
軍士(◱◰) {군·ᄉᆞ} [군·사] <1항(5번)>
郡牧判官(◳◲◳◱) {군·목:판관} [:군·목·판·관] <1항(1번)>
郡守(◳◰) {:군·슈} [:군·수] <1항(1번)>
君臣(◱◱) {군신} [군신] <1항(1번)>
君子(◱◰) {군·ᄌᆞ} [군·자] <1항(53번)>
君行(◱{◱,◳}) {군ᄒᆡᆼ} [군행] <1항(3번)>
窘乏(◰◲) {군·핍} [군·핍] <1항(1번)>
屈伏(◲◲) {·굴·복} [·굴·복] <2항(2번)>
宮(◱) {궁} [궁] <1항(3번)>
宮室(◱◲) {궁·실} [궁·실] <1항(1번)>
窮(◱) {궁} [궁] <2항(4번)>
窮究(◱◳) {궁:구} [궁·구] <1항(1번)>
窮究(◱◳) {궁·구} [궁·구] <2항(5번)>
窮迫(◱◲) {궁·박} [궁·박] <1항(1번)>
勸(◳) {:권} [:권] <4항(4번)>
勸(◳) {권} [:권] <1항(1번)>
卷({◱,◰,◳}) {·권} [·□·권] <1항(1번)>
卷({◱,◰,◳}) {권} [□권] <1항(1번)>
眷黨(◳◰) {:권:당} [권당] <1항(1번)>
眷黨(◳◰) {:권·당} [권당] <1항(18번)>
眷黨(◳◰) {:권당} [권당] <1항(3번)>
眷黨(◳◰) {·권:당} [권당] <1항(1번)>
眷黨(◳◰) {·권·당} [권당] <1항(2번)>
眷黨(◳◰) {권·당} [권당] <1항(1번)>
權勢(◱◳) {권:셔} [권·세] <1항(1번)>
權勢(◱◳) {권:셰} [권·세] <1항(2번)>
權臣(◱◱) {권신} [권신] <1항(1번)>
卷秩({◱,◰,◳}◲) {:권·딜} [:권·질] <1항(1번)>
闕內法(◲◳◲) {·궐:ᄂᆡᆺ·법} [·궐·냇·법] <1항(1번)>
几(◰) {:궤} [:궤] <2항(4번)>

貴(◳) {:귀} [:귀] <11항(23번)>
貴(◳) {·귀} [:귀] <1항(2번)>
鬼神(◰◱) {:귀·신} [:귀·신] <1항(1번)>
鬼神(◰◱) {:귀신} [:귀·신] <1항(3번)>
規(◱) {규} [규] <1항(1번)>
規矩(◱◰) {규:구} [규·구] <1항(1번)>
規矩(◱◰) {규구} [규·구] <1항(1번)>
規模(◱◱) {규모} [규·모] <1항(1번)>
規正(◱{◱,◳}) {규:정} [규정] <1항(1번)>
橘(◲) {·귤} [·귤] <1항(2번)>
極(◲) {·극} [·극] <1항(2번)>
極盡(◲◰) {·극·진} [·극·진] <2항(3번)>
斤(◱) {근} [:□·근] <1항(1번)>
斤(◱) {근} [·□·근] <4항(4번)>
勤勞(◱{◱,◳}) {근로} [근로] <1항(1번)>
根本(◱◰) {근·본} [근·본] <2항(9번)>
謹愼(◰◳) {:근:신} [:근·신] <1항(1번)>
覲親(◳◱) {:근친} [:근·친] <1항(1번)>
琴(◱) {금} [금] <1항(2번)>
琴瑟(◱◲) {금·슬} [금·실] <1항(1번)>
錦繡(◰◳) {:금·슈} [금·수] <1항(1번)>
錦衣(◰{◱,◳}) {:금·의} [금의] <1항(1번)>
錦衣(◰{◱,◳}) {:금의} [금의] <1항(1번)>
禁止({◱,◳}◰) {:금·지} [:금·지] <3항(3번)>
禁({◱,◳}) {:금} [:금] <1항(1번)>
急(◲) {·급} [·급] <6항(7번)>
急遽(◲◳) {·급·거} [·급·거] <1항(1번)>
及第(◲◳) {급:뎨} [·급·제] <1항(1번)>
及第(◲◳) {급·뎨} [·급·제] <3항(3번)>
記(◳) {·긔} [·기] <1항(1번)>
記錄(◳◲) {·긔·록} [·기·록] <4항(7번)>
機(◱) {·긔} [·기] <1항(1번)>
箕(◱) {긔} [·기] <1항(1번)>
箕子(◱◰) {긔·ᄌ} [·기·자] <1항(6번)>
琦(◱) {긔} [기] <1항(1번)>
起居(◰◱) {·긔거} [·기·거] <1항(1번)>
奇傑(◱◲) {:긔·걸} [기·걸] <2항(2번)>
奇別(◱◲) {긔·별} [기·별] <1항(3번)>
奇異(◱◳) {긔·이} [기·이] <1항(1번)>
奇特(◱◲) {긔·특} [기·특] <4항(5번)>

器具(◳◳)	{·긔구}	[·기·구]	<1항(2번)>
器局(◳◲)	{·긔·국}	[·기·국]	<1항(1번)>
器物(◳◲)	{·긔·믈}	[·기·물]	<1항(2번)>
器之(◳◱)	{·긔지}	[·기·지]	<1항(1번)>
譏弄(◱◳)	{긔:롱}	[·기·롱]	<3항(4번)>
譏弄(◱◳)	{긔·롱}	[·기·롱]	<2항(2번)>
氣象(◳◰)	{·긔·샹}	[·기·상]	<1항(3번)>
氣色(◳◲)	{·긔·식}	[·기·색]	<1항(1번)>
氣運(◳◳)	{·긔:운}	[·기·운]	<1항(1번)>
氣運(◳◳)	{·긔·운}	[·기·운]	<2항(11번)>
氣運(◳◳)	{·끠·운}	[·기·운]	<1항(1번)>
氣運(◳◳)	{·긔운}	[·기·운]	<1항(6번)>
氣運(◳◳)	{긔운}	[·기·운]	<1항(1번)>
氣絶(◳◲)	{·긔·졀}	[·기·절]	<1항(1번)>
氣質(◳◲)	{·긔·질}	[·기·질]	<1항(1번)>
期約(◱◲)	{긔·약}	[기·약]	<1항(1번)>
期必(◱◲)	{긔·필}	[기·필]	<1항(1번)>
忌日(◳◲)	{·긔·일}	[·기·일]	<1항(1번)>
吉(◲)	{·길}	[·길]	<5항(10번)>
吉事(◲◳)	{·길:ᄉᆞ}	[·길·사]	<1항(1번)>
金(◱)	{금}	[금]	<1항(7번)>
金蘭(◱◱)	{금난}	[금란]	<1항(1번)>
金銀(◱◱)	{금은}	[금은]	<1항(1번)>
癩疾(◳◲)	{:라·질}	[:나·질]	<1항(1번)>
洛陽(◲◱)	{·락양}	[·낙·양]	<1항(1번)>
諾(◲)	{·락}	[·낙]	<2항(3번)>
難({◱,◳})	{:난}	[:난]	<1항(1번)>
亂(◳)	{:란}	[:난]	<1항(1번)>
蘭(◱)	{란}	[난]	<1항(1번)>
蘭草(◱◰)	{난·초}	[난·초]	<1항(2번)>
覽(◰)	{:람}	[:남]	<1항(4번)>
南唐(◱◱)	{남당}	[남당]	<1항(1번)>
南省(◱◰)	{남·싱}	[남·성]	<1항(2번)>
南陽(◱◱)	{남양}	[남양]	<1항(1번)>
南齊(◱◱)	{남졔}	[남제]	<1항(1번)>
南朝(◱◱)	{남됴}	[남조]	<1항(1번)>
南海(◱◰)	{남:ᄒᆡ}	[남·해]	<1항(1번)>
男子(◱◰)	{남·ᄌᆞ}	[남·자]	<1항(1번)>
男便(◱{◱,◳})	{남:편}	[남·편]	<1항(3번)>
郎(◱)	{랑}	[낭]	<1항(1번)>

內史(◳◰) {:ᄂᆡ:ᄉᆞ} [:내·사] <1항(4번)>
內則(◳◲) {:ᄂᆡ·ᄎᆞᆨ} [:내·칙] <2항(8번)>
乃終(◰◱) {:내·죵} [:나·중] <1항(2번)>
乃終(◰◱) {:내죵} [:나·중] <4항(8번)>
乃終(◰◱) {·내·죵} [:나·중·에] <1항(1번)>
乃終(◰◱) {·내죵} [:나·중·과] <1항(1번)>
乃終(◰◱) {내죵} [:나·중] <1항(1번)>
來日(◱◲) {ᄂᆡ·일} [내·일] <1항(2번)>
來日(◱◲) {ᄂᆡ일} [내·일] <1항(1번)>
亮(◳) {·냥} [양] <1항(1번)>
梁(◱) {량} [양] <1항(2번)>
兩親(◰◱) {:냥친} [:양·친] <1항(2번)>
呂(◰) {:녀} [:여] <1항(1번)>
呂(◰) {:려} [:여] <1항(1번)>
呂氏(◰◰) {:녀·시} [:여·씨] <1항(1번)>
呂氏(◰◰) {:려·시} [:여·씨] <1항(3번)>
歷歷(◲◲) {·력·력·히} [·역·력·히] <1항(1번)>
年號(◱{◱,◳}) {년:호} [연·호] <1항(6번)>
年號(◱{◱,◳}) {년·호} [연·호] <1항(3번)>
然後(◱◰) {연:후} [연·후] <2항(3번)>
連(◱) {련·ᄒᆞ·야} [연하여] <1항(1번)>
烈女(◲◰) {·렬·녀} [·열·녀] <1항(1번)>
烈女傳(◲◰{◱,◳}) {·렬·녀:뎐} [·열·녀·전] <1항(1번)>
列士(◲◰) {·녈:ᄉᆞ} [·열·사] <1항(1번)>
濂溪(◱◱) {렴계} [염계] <1항(1번)>
念慮(◳◳) {:렴:려} [:염·려] <1항(1번)>
廉恥(◱◰) {렴:티} [염·치] <1항(1번)>
厭(◳) {:염} [:염] <1항(2번)>
令({◱,◳}) {·령} [·영] <3항(5번)>
令尹({◱,◳}◰) {:령·윤} [:영·윤] <1항(3번)>
靈芝(◱◱) {령지} [·영·지] <1항(1번)>
禮(◰) {·례} [·예] <4항(66번)>
禮(◰) {례·예} [·예·에] <1항(1번)>
禮記(◰◳) {·례·긔} [·예·기] <1항(12번)>
禮記(◰◳) {·례긔} [·예·기] <1항(1번)>
禮記篇(◰◳◱) {·례·긔편} [·예·기·편] <2항(10번)>
禮記篇(◰◳◱) {·례긔편} [·예·기·편] <1항(1번)>
禮度(◰◳) {·녜·도} [·예·도] <1항(1번)>
禮度(◰◳) {·례:도} [·예·도] <1항(2번)>
禮度(◰◳) {·례·도} [·예·도] <2항(18번)>

禮度(◰◳) {·례도} [·예·도] <1항(1번)>
禮貌(◰◳) {·녜모} [·예·모] <1항(1번)>
禮貌(◰◳) {·례·모} [·예·모] <1항(1번)>
禮物(◰◲) {·례·믈} [·예·물] <2항(3번)>
禮法(◰◲) {·례·법} [·예·법] <1항(2번)>
禮讓(◰◳) {·례:양} [·예·양] <1항(1번)>
禮義(◰◳) {·례:의} [·예·의] <2항(9번)>
禮節(◰◲) {·례·졀} [·예·절] <1항(4번)>
禮節(◰◲) {례·졀} [·예·절] <1항(1번)>
怒(◰) {:노} [:노] <10항(19번)>
怒(◰) {:로} [:노] <3항(3번)>
怒號(◰{◱,◳}) {:로·호} [:노·호] <1항(1번)>
魯(◰) {·로} [·노] <2항(5번)>
魯公(◰◱) {·로공} [·노·공] <1항(1번)>
老聃(◰◱) {:로담} [:노·담] <1항(1번)>
老萊子(◰◱◰) {:로ᄅᆡ·ᄌᆞ} [:노·래·자] <1항(1번)>
老氏(◰◰) {·노·시} [:노·씨] <1항(1번)>
老莊(◰◱) {:로장} [:노·장] <1항(1번)>
奴婢(◱◰) {노:비} [노·비] <1항(1번)>
盧氏(◱◰) {로·시} [·노·씨] <1항(4번)>
路車(◳◱) {:로거} [:노·거] <1항(1번)>
路馬(◳◰) {:로:마} [:노·마] <1항(1번)>
祿(◲) {녹} [·녹] <5항(14번)>
祿俸(◲◳) {·녹·봉} [·녹·봉] <1항(1번)>
祿俸(◲◳) {·록:봉} [·녹·봉] <1항(2번)>
祿俸(◲◳) {·록·봉} [·녹·봉] <1항(4번)>
論難({◱,◳}{◱,◳}) {:론:난} [논·란] <1항(1번)>
論語({◱,◳}{◰,◳}) {론:어} [논·어] <1항(14번)>
雷同(◱◱) {뢰동} [:뇌·동] <1항(1번)>
類(◳) {:뉴} [유] <2항(3번)>
類(◳) {:류} [유] <2항(10번)>
類(◳) {·류} [유] <1항(1번)>
流(◱) {류} [유] <1항(1번)>
劉(◱) {류} [유] <2항(2번)>
劉公(◱◱) {류공} [유공] <1항(3번)>
劉先主(◱◱◰) {류션·쥬} [유선·주] <1항(1번)>
劉氏(◱◰) {류·시} [유·씨] <1항(2번)>
柳玭(◰◱) {:류변} [:유·빈] <1항(4번)>
柳氏(◰◰) {:류·시} [:유·씨] <1항(1번)>
六經(◲◱) {·륙경} [·육·경] <1항(1번)>

蓼莪篇(◲◱◱)	{·륙아편}	[·육·아·편]	<1항(1번)>
律(◲)	{·률}	[·율]	<1항(1번)>
鷸(◲)	{·률}	[·율]	<1항(1번)>
理(◰)	{:리}	[:이]	<1항(1번)>
利(◳)	{:리}	[:이]	<1항(2번)>
鯉(◰)	{:리}	[:이]	<1항(4번)>
鯉魚(◰◱)	{:리어}	[:이·어]	<1항(1번)>
能(◱)	{·능}	[능]	<1항(1번)>
能(◱)	{능}	[능]	<5항(95번)>
利(◳)	{:리}	[:이]	<8항(14번)>
利慾(◳◲)	{:니·욕}	[:이·욕]	<1항(1번)>
理(◰)	{:리}	[:이]	<1항(5번)>
李(◰)	{:리}	[:이]	<1항(1번)>
李相(◰({◱,◳}))	{:리·샹}	[:이·상]	<1항(1번)>
李氏(◰◰)	{:리·시}	[:이·씨]	<1항(2번)>
李氏(◰◰)	{리시}	[:이·씨]	<1항(1번)>
離間({◱,◳}{◱,◳})	{리:간}	[이·간]	<1항(2번)>
里門(◰◱)	{:리·문}	[:이·문]	<1항(1번)>
里門(◰◱)	{:리문}	[:이·문]	<1항(1번)>
吏部(◳◰)	{:리·부}	[:이·부]	<1항(1번)>
臨({◱,◳})	{림}	[임(하·다)]	<1항(1번)>
立春(◲◱)	{·립춘}	[·입·춘]	<1항(1번)>
袒(◰)	{:단}	[:단]	<1항(1번)>
丹(◱)	{단}	[단]	<1항(1번)>
短命(◰◳)	{:단:명}	[단·명]	<2항(2번)>
短命(◰◳)	{:단·명}	[단·명]	<1항(1번)>
端正(◱{◱,◳})	{단:졍}	[단정]	<5항(8번)>
端正(◱{◱,◳})	{단·졍}	[단정]	<2항(2번)>
丹書(◱◱)	{단셔}	[단서]	<1항(1번)>
丹粧(◱◱)	{단장}	[단장]	<1항(2번)>
達(◲)	{·달(·ᄒᆞᆫ)}	[·달(·한)]	<1항(1번)>
膽(◰)	{:담}	[:담]	<1항(1번)>
淡泊({◱,◰,◳}◲))[123]	{:담·박}	[담박]	<1항(1번)>
淡然({◱,◰,◳}◱))	{:담연}	[담연]	<1항(1번)>
答(◲)	{·답}	[·답]	<1항(1번)>
當({◱,◳})	{:당}	[당]	<1항(1번)>
當({◱,◳})	{·당}	[당]	<2항(2번)>
當({◱,◳})	{당}	[당]	<4항(8번)>

123) 淡(물 맑을 담◱; 싱거울 담◰; 묽을 담◳)

當面({◱,◳}◳)	{당:면}	[당·면]	<1항(1번)>
當世({◱,◳}◳)	{당셰}	[당·세]	<1항(1번)>
當身({◱,◳}◱)	{당신}	[당신]	<1항(1번)>
黨(◰)	{·당}	[·당]	<1항(3번)>
堂(◱)	{당}	[당]	<2항(7번)>
唐(◱)	{당}	[당]	<1항(21번)>
唐虞(◱◱)	{당우}	[당·우]	<1항(1번)>
代(◳)	{:ᄃᆡ}	[□·대]	<1항(1번)>
代(◳)	{:ᄃᆡ}	[:대]	<5항(8번)>
對(◳)	{:ᄃᆡ}	[:대]	<8항(9번)>
對答(◳◲)	{:ᄃᆡ:답}	[:대·답]	<1항(1번)>
對答(◳◲)	{:ᄃᆡ·답}	[:대·답]	<15(34번)>
對答(◳◲)	{:ᄃᆡ답}	[:대·답]	<1항(1번)>
大綱(◳◱)	{:대강}	[:대·강]	<1항(1번)>
大綱(◳◱)	{·대강}	[:대·강]	<1항(1번)>
大槩(◳◳)	{:대:개})	[:대·개]	<1항(1번)>
大闕(◳◲)	{:대·궐}	[:대·궐]	<1항(1번)>
大闕門(◳◲◱)	{:대·궐·문}	[:대·궐·문]	<1항(1번)>
大闕門(◳◲◱)	{:대·궐문}	[:대·궐·문]	<1항(5번)>
大連(◳◱)	{:대련}	[:대·련]	<1항(1번)>
大明(◳◱)	{:대·명}	[:대·명]	<1항(1번)>
大文(◳◱)	{:대문}	[:대·문]	<1항(1번)>
大防(◳◱)	{:대방}	[:대·방]	<1항(1번)>
大夫(◳◱)	{·태·우}	[:대·부]	<2항(20번)>
大夫(◳◱)	{대·우}	[:대·부]	<2항(2번)>
大祥(◳◱)	{:대샹}	[:대·상]	<1항(1번)>
大祥祭(◳◱◳)	{:대샹:졔}	[:대·상·제]	<1항(1번)>
大小殮(◳◰◳)	{:대:쇼렴}	[:대·소·렴]	<1항(1번)>
大舜(◳◳)	{:대:슌}	[:대·순]	<1항(1번)>
大臣(◳◱)	{:대신}	[:대·신]	<1항(1번)>
大禹(◳◰)	{:대:우}	[:대·우]	<1항(1번)>
大人(◳◱)	{:대인}	[:대·인]	<1항(1번)>
大臨(◳{◱,◳})	{:대림}	[:대·림]	<1항(1번)>
大將軍(◳{◱,◳}◱)	{:대쟝군}	[:대·장·군]	<1항(1번)>
大丈夫(◳◰◱)	{:대:댱부}	[:대·장·부]	<1항(1번)>
大抵(◳◰)	{:대:뎌}	[:대·저]	<1항(1번)>
大抵(◳◰)	{:대:뎨}	[:대·저]	<1항(1번)>
大抵(◳◰)	{:대·뎌}	[:대·저]	<1항(1번)>
大抵(◳◰)	{:대·뎨}	[:대·저]	<1항(1번)>
大抵(◳◰)	{·대·뎌}	[:대·저]	<1항(1번)>

大宗(◳◱)	{:대종}	[대종]	<2항(3번)>
大廳(◳◱)	{:대텽}	[대청]	<2항(4번)>
大祝(◳◲)	{:대·축}	[:대·축]	<1항(1번)>
大忠(◳◱)	{:대튱}	[:대·충]	<1항(1번)>
大學(◳◲)	{:대·ᄒᆞᆨ}	[:대·학]	<1항(1번)>
大賢(◳◱)	{:대현}	[:대·현]	<1항(3번)>
大賢(◳◱)	{·대현}	[:대·현]	<1항(1번)>
待賓齋(◰◱◱)	{:ᄃᆡ빈ᄌᆡ}	[:대·빈·재]	<1항(1번)>
待接(◰◲)	{:ᄃᆡ·졉}	[:대·접]	<11항(18)>
待制(◰◳)	{:ᄃᆡ:졔}	[:대·제]	<1항(1번)>
待制(◰◳)	{:ᄃᆡ졔}	[:대·제]	<1항(2번)>
德(◲)	{:덕}	[·덕]	<1항(1번)>
德(◲)	{·덕}	[·덕]	<1항(30번)>
德(◲)	{덕}	[·덕]	<1항(1번)>
德(◲)	{덕·에}	[덕·에]	<1항(1번)>
德業(◲◲)	{·덕·업}	[·덕·업]	<1항(1번)>
德義(◲◳)	{·덕:의}	[·덕·의]	<1항(1번)>
德宗(◲◱)	{·덕종}	[·덕·종]	<1항(1번)>
德行(◲{◱,◳})	{·덕:ᄒᆡᆼ}	[·덕·행]	<1항(2번)>
度(◳)	{:도}	[:도]	<2항(2번)>
道(◰)	{:도}	[:도]	<1항(33번)>
度牒(◳◲)	{:도·텹}	[:도·첩]	<1항(1번)>
道(◰)	{:도}	[:도]	<1항(1번)>
道(◰)	{·도}	[:도]	<1항(2번)>
稻(◰)	{·도}	[도]	<1항(1번)>
盜(◳)	{도}	[도]	<4항(4번)>
盜賊(◳◲)	{:도·적}	[도적]	<1항(3번)>
盜賊(◳◲)	{도·적}	[도적]	<1항(8번)>
道德(◰◲)	{:도·덕}	[:도·덕]	<1항(1번)>
道流(◰◱)	{:도:류}	[:도·류]	<1항(1번)>
道流(◰◱)	{:도류}	[:도·류]	<1항(1번)>
道理(◰◰)	{:도:리}	[:도·리]	<1항(6번)>
道理(◰◰)	{:도·리}	[:도·리]	<1항(13번)>
道士(◰◰)	{:도·ᄉᆞ}	[:도·사]	<1항(1번)>
逃亡(◱◱)	{도망}	[도망]	<3항(4번)>
陶淵明(◱◱◱)	{도연명}	[도연명]	<1항(1번)>
都邑(◱◲)	{도·읍}	[도·읍]	<1항(1번)>
獨(◲)	{·독}	[·독]	<1항(1번)>
篤實(◲◲)	{·독·실}	[·독·실]	<4항(4번)>
敦篤(◱◲)	{돈·독}	[돈·독]	<3항(3번)>

敦頤(◱◱) {돈이} [돈·이] <1항(1번)>
動(◰) {:동} [:동] <1항(1번)>
動箴(◰◱) {:동ᄌᆞᆷ} [:동·잠] <1항(1번)>
董(◰) {동} [:동] <1항(1번)>
董仲舒(◰◳◱) {:동:듕셔} [:동·중·서] <1항(1번)>
東(◱) {동} [동] <4항(6번)>
東階(◱◱) {동계} [동계] <1항(2번)>
東宮(◱◱) {동궁} [동궁] <1항(4번)>
東漢(◱◳) {동:한} [동·한] <1항(8번)>
同官(◱◱) {동관} [동관] <2항(3번)>
同年(◱◱) {동년} [동년] <1항(2번)>
同類(◱◳) {동:뉴} [동류] <1항(2번)>
同類(◱◳) {동:류} [동류] <1항(1번)>
同生(◱◱) {동ᄉᆡᆼ} [동생] <1항(4번)>
同姓(◱◳) {동:셩} [동·성] <1항(5번)>
同列(◱◲) {동·렬} [동·렬] <1항(1번)>
同州(◱◱) {동쥬} [동주] <1항(1번)>
洞洞(◳◳) {:동:동} [:동·동] <1항(2번)>
童蒙訓(◰◱◳) {동몽:훈} [동몽#:훈] <1항(4번)>
桐栢山(◱◲◱) {동·ᄇᆡᆨ산} [동·백·산] <1항(1번)>
冬至(◱◳) {동·지} [동·지] <1항(1번)>
豆(◳) {·두} [·두] <1항(1번)>
頭巾(◱◱) {두건} [두건] <1항(1번)>
得(◲) {·득} [·득] <2항(3번)>
麻袋(◱◳) {ᄆᆞᄃᆡ} [마대] <1항(2번)>
幕(◲) {·막} [·막] <1항(3번)>
幕下(◲{◰,◳}) {·막·하} [·막·하] <1항(1번)>
萬年(◳◱) {:만년} [:만·년] <1항(1번)>
萬物(◳◲) {:만·믈} [:만·물] <1항(1번)>
萬民(◳◱) {:만민} [:만·민] <1항(2번)>
萬分(◳{◱,◳}) {:만:분} [:만·분] <1항(1번)>
萬石君(◳◲◱) {:만·셕군} [:만·석·군] <1항(1번)>
萬石君(◳◲◱) {·만·셕군} [:만·석·군] <1항(7번)>
萬世(◳◳) {:만:셰} [:만·세] <1항(1번)>
萬二千五百(◳◳◱◰◲) {:만:이쳔:오·ᄇᆡᆨ집} [:만#:이·천#:오·백·집] <1항(1번)>
萬一(◳◲) {:만·일} [:만·일] <1항(35번)>
亡(◱) {망} [망] <1항(1번)>
亡滅(◱◲) {망·멸} [망·멸] <2항(2번)>
妄悖(◳◳) {:망:패} [:망·패] <1항(1번)>
妄佞(◳◳) {:망·녕} [:망·녕] <4항(5번)>

望望(◳◳)	{:망·망}	[:망·망]	<1항(1번)>
每事({◰,◳}◳)	{:ᄆᆡ:ᄉᆞ}	[:매·사]	<1항(2번)>
每樣({◰,◳}{◰,◳})	{:ᄆᆡ:양}	[:매·양]	<1항(5번)>
每樣({◰,◳}{◰,◳})	{:ᄆᆡ·양}	[:매·양]	<1항(8번)>
每樣({◰,◳}{◰,◳})	{:ᄆᆡ양}	[:매·양]	<1항(8번)>
每樣({◰,◳}{◰,◳})	{·ᄆᆡ·양}	[:매·양]	<1항(1번)>
每日({◰,◳}◲)	{:ᄆᆡ·일}	[:매·일]	<1항(4번)>
埋葬(◱◳)	{ᄆᆡ:장}	[매·장]	<1항(2번)>
孟子(◳◰)	{:ᄆᆡᆼ·ᄌᆞ}	[:맹·자]	<1항(27번)>
孟子(◳◰)	{·ᄆᆡᆼ·ᄌᆞ}	[:맹·자]	<1항(1번)>
盟誓(◱◳)	{ᄆᆡᆼ:셰}	[맹·서]	<2항(2번)>
盟誓(◱◳)	{ᄆᆡᆼ·셰}	[맹·서]	<1항(1번)>
萌兆(◱◰)	{ᄆᆡᆼ:됴}	[맹·조]	<1항(1번)>
免(◰)	{:면}	[:면]	<3항(7번)>
冕(◰)	{:면}	[:면]	<1항(1번)>
勉勵(◰◳)	{:면·려}	[:면·려]	<1항(1번)>
滅(◲)	{·멸}	[·멸]	<1항(1번)>
滅明(◲◱)	{멸명}	[·멸·명]	<1항(1번)>
命(◳)	{:명}	[:명]	<11항(44번)>
命婦(◳◰)	{:명·부}	[:명·부]	<1항(1번)>
銘(◱)	{명}	[명]	<1항(1번)>
明道(◱◰)	{명:도}	[명·도]	<1항(11번)>
明道(◱◰)	{명·도}	[명·도]	<1항(1번)>
明府(◱◰)	{명·부}	[명·부]	<1항(1번)>
明哲(◱◲)	{명·텰}	[명·철]	<1항(1번)>
名望(◱◳)	{명:망}	[명·망]	<1항(1번)>
矛盾(◱◰)	{모·슌}	[모·순]	<1항(1번)>
毛詩(◱◱)	{모시}	[모시]	<1항(12번)>
毛詩抑篇(◱◱◲◱)	{모시·억·편}	[모시#·억·편]	<1항(1번)>
毛詩篇(◱◱◱)	{모시편}	[모시·편]	<1항(3번)>
毛詩篇(◱◱◱)	{모시·편}	[모시·편]	<1항(2번)>
模樣(◱{◰,◳})	{모:양}	[모·양]	<1항(3번)>
茅容(◱◱)	{모용}	[모용]	<1항(1번)>
木(◲)	{·목}	[·목]	<1항(1번)>
牧使(◲{◰,◳})	{·목:ᄉᆞ}	[·목·사]	<1항(1번)>
牧使(◲{◰,◳})	{목ᄉᆞ}	[·목·사]	<1항(1번)>
沐浴(◲◲)	{·목·욕}	[·목·욕]	<4항(4번)>
巫堂(◱◱)	{:무당}	[:무·당]	<1항(2번)>
無道(◱◰)	{무:도}	[무·도]	<1항(1번)>
無禮(◱◰)	{무·례}	[무·례]	<2항(2번)>

無知(◱{◱,◳}) {무디} [무지] <2항(2번)>
無恤(◱◲) {무·휼} [무·휼] <1항(1번)>
武王(◰◱) {:무왕} [:무·왕] <1항(7번)>
武帝(◰◳) {:무:뎨} [:무·제] <1항(4번)>
戊寅年(◳◱◱) {:무인년} [:무·인·년] <1항(2번)>
墨氏(◲◰) {·묵·시} [·묵·씨] <1항(1번)>
門(◱) {문:젼} [문전] <1항(2번)>
門(◱) {문} [문] <1항(38번)>
門人(◱◱) {문인} [문인] <1항(3번)>
門弟子(◱{◰,◳}◰) {문:뎨·ᄌᆞ} [문·제·자] <1항(1번)>
門弟子(◱{◰,◳}◰) {문·뎨·ᄌᆞ} [문·제·자] <1항(1번)>
文公(◱◱) {문공} [문공] <1항(3번)>
文王(◱◱) {문왕} [문왕] <1항(15번)>
文子(◱◰) {문·ᄌᆞ} [문·자] <1항(2번)>
文字(◱◳) {문·ᄌᆞ} [문·짜] <1항(2번)>
文章(◱◱) {문쟝} [문장] <1항(1번)>
文正(◱{◱,◳}) {문:졍} [문·정] <1항(3번)>
文定(◱◳) {문:뎡} [문·정] <1항(1번)>
文正公(◱{◱,◳}◱) {문:졍공} [문·정·공] <1항(4번)>
文帝(◱◳) {문:뎨} [문·제] <1항(2번)>
文彩(◱◰) {문:ᄎᆡ} [문·채] <1항(1번)>
文忠公(◱◱◱) {문튱공} [문충공] <1항(1번)>
文獻皇后(◱◳◱◰) {문:헌황:후} [문헌황후] <1항(1번)>
問安(◳◱) {:문안} [문안] <2항(2번)>
聞喜宴({◱,◳}◰◳) {문:희:연} [문희연] <1항(1번)>
物(◲) {·믈} [·물] <1항(12번)>
微(◱) {미} [:미] <1항(1번)>
微妙(◱◳) {미:묘} [미·묘] <1항(1번)>
微細(◱◳) {미:셰} [:미·세] <1항(1번)>
微賤(◱◳) {미:쳔} [:미·천] <2항(2번)>
迷劣(◱◲) {미·렬} [미·열] <1항(1번)>
迷惑(◱◲) {미·혹} [미·혹] <1항(1번)>
憫惘(◰◰) {·민망} [·민·망] <2항(2번)>
敏捷(◰◲) {·민·쳡} [·민·첩] <2항(2번)>
蜜(◲) {:밀} [:밀] <1항(1번)>
密(◲) {·밀} [·밀] <1항(2번)>
博(◲) {·박} [·박] <1항(1번)>
薄(◲) {·박} [·박] <3항(3번)>
半(◳) {:반·품} [:반·품] <1항(1번)>
半卷(◳{◱,◰,◳}) {·반:권} [:반·권] <1항(1번)>

盤床(◱◱)	{반상}	[반상]	<1항(1번)>
叛逆(◳◲)	{:반·역}	[:반·역]	<1항(1번)>
發(◲)	{·발}	[·발]	<1항(1번)>
勃然(◲◱)	{·볼연}	[·발·연]	<1항(1번)>
房(◱)	{방}	[방]	<4항(6번)>
房門(◱◱)	{방문}	[방문]	<1항(1번)>
房舍(◱◳)	{방:샤}	[방사]	<1항(2번)>
放恣(◳◳)	{:방·ᄌᆞ}	[:방·자]	<1항(1번)>
放縱(◳◱)	{:방:죵}	[방종]	<2항(2번)>
放蕩(◳◰)	{:방:탕}	[:방·탕]	<3항(3번)>
放蕩(◳◰)	{:방·탕}	[:방·탕]	<1항(1번)>
放蕩(◳◰)	{:방탕}	[:방·탕]	<1항(1번)>
方正(◱{◱,◳})	{:방·졍}	[방·정]	<1항(1번)>
防牌(◱◱)	{방패}	[:방·패]	<1항(1번)>
倍(◳)	{:ᄇᆡ}	[:배]	<1항(1번)>
倍(◳)	{ᄇᆡ}	[:배]	<1항(1번)>
百(◲)	{·ᄇᆡᆨ}	[·백]	<1항(2번)>
百官(◲◱)	{·ᄇᆡᆨ관}	[·백·관]	<1항(1번)>
百年(◲◱)	{·ᄇᆡᆨ년}	[·백·년]	<1항(1번)>
百里(◲◰)	{·ᄇᆡᆨ:리})	[·백·리]	<1항(2번)>
百里(◲◰)	{·ᄇᆡᆨ·리}	[·백·리]	<1항(1번)>
百姓(◲◳)	{·ᄇᆡᆨ:셩}	[·백·성]	<2항(29번)>
百姓(◲◳)	{·ᄇᆡᆨ·셩}	[·백·성]	<1항(3번)>
百姓(◲◳)	{·ᄇᆡᆨ셩}	[·백·성]	<1항(1번)>
百(◲)	{·ᄇᆡᆨ·자}	[·백·자]	<1항(1번)>
伯夷(◲◱)	{·ᄇᆡᆨ이}	[·백·이]	<1항(6번)>
番(◱)	{·번}	[·□·번]	<1항(1번)>
番(◱)	{·번}	[:□·번]	<3항(7번)>
藩鎭(◱◳)	{번·딘}	[번·진]	<1항(2번)>
繁華(◱{◱,◳})	{번화}	[:번·화]	<1항(1번)>
罰(◲)	{·벌}	[·벌]	<1항(1번)>
范(◰)	{:범}	[:범]	<1항(1번)>
犯(◰)	{:범}	[:범]	<2항(5번)>
犯(◰)	{·범}	[:범]	<1항(1번)>
法(◲)	{:법·이}	[·법·이]	<1항(1번)>
法(◲)	{·법}	[·법]	<7항(45번)>
法(◲)	{법}	[·법]	<1항(1번)>
法度(◲◳)	{·법:도})	[·법·도]	<1항(4번)>
法令(◲{◱,◳})	{·법녕}	[·법·령]	<1항(1번)>
法例(◲◳)	{·법·녜}	[·법·례]	<1항(1번)>

法條(◲◰) {·법됴} [·법·조] <1항(1번)>
法則(◲◲) {·법·측} [·법·칙] <1항(1번)>
甓(◲) {·벽} [·벽] <1항(1번)>
變(◳) {:변} [:변] <3항(4번)>
變色(◳◲) {:변·식} [:변·색] <2항(2번)>
變化(◳◳) {:변:화} [:변·화] <1항(1번)>
邊方(◰◰) {변방} [변방] <1항(1번)>
別例(◲◳) {·별례} [·별·례] <1항(1번)>
別室(◲◲) {·별·실} [·별·실] <1항(1번)>
別號(◲{◰,◳}) {·별:회} [·별·호] <1항(1번)>
別號(◲{◰,◳}) {·별·호} [·별·호] <1항(1번)>
病(◳) {:병} [:병] <9항(42번)>
病氣(◳◳) {병긔} [:병·기] <1항(1번)>
病勢(◳◳) {:병·셰} [:병·세] <1항(1번)>
兵難(◰{◰,◳}) {·병:난} [병·난] <1항(1번)>
兵難(◰{◰,◳}) {병:난} [병·난] <1항(1번)>
兵杖器(◰◱◳) {병잠·기} [병장·기] <1항(1번)>
保全(◱◰) {:보젼} [:보·전] <2항(3번)>
寶貝(◱◳) {:보·빅} [:보·배] <1항(1번)>
寶貨(◱◳) {:보:화} [:보·화] <1항(3번)>
褓(◲) {보ㅎ} [보] <1항(1번)>
服(◲) {·복} [·복] <1항(3번)>
服(◲) {복} [·복] <1항(1번)>
服行(◲{◰,◳}) {·복·힝} [·복·행] <1항(2번)>
服行(◲{◰,◳}) {·복힝} [·복·행] <1항(1번)>
福(◲) {·복} [·복] <1항(5번)>
福(◲) {복} [·복] <1항(1번)>
福慶(◲◳) {·복:경} [·복·경] <1항(1번)>
伏罪(◲◱) {·복:죄} [·복·죄] <1항(1번)>
本音(◱◰) {·본음} [·본·음] <1항(1번)>
本證(◱◳) {본증} [·본·증] <1항(1번)>
本鄕(◱◰) {·본향} [·본·향] <1항(4번)>
封(◰) {봉} [봉] <3항(6번)>
奉養(◱{◱,◳}) {:봉:양} [:봉·양] <11항(16번)>
奉養(◱{◱,◳}) {:봉·양} [:봉·양] <2항(2번)>
奉天(◱◰) {:봉텬} [:봉·천] <1항(1번)>
婦(◱) {·부} [·부] <1항(2번)>
婦人(◱◰) {·부인} [·부·인] <1항(5번)>
浮輕(◰◰) {부경} [:부·경] <1항(1번)>
浮虛(◰◰) {부허} [:부·허] <1항(1번)>

富貴(◳◳)	{:부:귀}	[:부·귀]	<3항(3번)>
富貴(◳◳)	{:부·귀}	[:부·귀]	<1항(1번)>
富貴(◳◳)	{:부귀}	[:부·귀]	<1항(1번)>
父母(◰◰)	{·부:모}	[·부·모]	<1항(85번)>
父母(◰◰)	{·부·모}	[·부·모]	<1항(2번)>
父母(◰◰)	{·부모}	[·부·모]	<1항(1번)>
父母(◰◰)	{부:모}	[·부·모]	<1항(1번)>
父子(◰◰)	{·부·ᄌᆞ}	[·부·자]	<1항(1번)>
父兄(◰◱)	{·부형}	[·부·형]	<1항(6번)>
夫婦(◱◰)	{부·부}	[부·부]	<1항(1번)>
夫人(◱◱)	{부인}	[·부·인]	<2항(11번)>
夫子(◱◰)	{부·ᄌᆞ}	[부·자]	<2항(6번)>
夫妻(◱{◱,◳})	{부쳐}	[·부·처]	<1항(2번)>
符作(◱◲)	{:부·작}	[부·작]	<1항(1번)>
扶持(◱◱)	{부디}}	[부지]	<1항(1번)>
不詳(◲◱)	{·블샹}	[·불·상]	<1항(2번)>
不肖(◲◳)	{·블·쵸}	[·불·초]	<2항(2번)>
不幸(◲◰)	{·블:힝}	[·불·행]	<2항(6번)>
不孝(◲◳)	{·블:효}	[·불·효]	<1항(7번)>
不孝(◲◳)	{블:효}	[·불·효]	<1항(1번)>
不孝(◲◳)	{블·효}	[·불·효]	<1항(1번)>
不正(◱{◱,◳})	{·브·졍}	[·부·정]	<1항(1번)>
不足(◲◲)	{·블·죡}	[·부·족]	<3항(4번)>
北宮(◲◱)	{·븍궁}	[·북·궁]	<1항(1번)>
北宮(◲◱)	{븍궁}	[·북·궁]	<1항(1번)>
北辰(◲◱)	{·븍신}	[·북·신]	<1항(1번)>
北齊(◲◱)	{·븍졔}	[·북·제]	<1항(2번)>
北朝(◲◱)	{·븍됴}	[·북·조]	<1항(1번)>
分明({◱,◳}◱)	{분명}	[분명]	<3항(3번)>
分辨({◱,◳}◰)	{:분:변}	[분·변]	<1항(1번)>
分辨({◱,◳}◰)	{분:변}	[분·변]	<1항(1번)>
分辨({◱,◳}◰)	{분·변}	[분·변]	<2항(2번)>
分別({◱,◳}◲)	{분·별}	[분·별]	<2항(3번)>
忿怒(◰◰)	{:분:로}	[:분·노]	<1항(1번)>
墳墓(◱◳)	{분:묘}	[분·묘]	<1항(1번)>
奮發(◳◲)	{:분·발}	[:분·발]	<1항(1번)>
粉紅(◰◱)	{:분홍}	[:분·홍]	<1항(1번)>
佛家(◲◱)	{·불가}	[·불·가]	<1항(1번)>
朋友(◱◰)	{붕·우}	[붕·우]	<1항(1번)>
比(◳)	{:비}	[:비]	<3항(3번)>

譬(◳)	{:비}	[:비]	<1항(1번)>
譬(◳)	{·비}	[:비]	<1항(1번)>
肥(◱)	{비}	[:비]	<1항(1번)>
毗(◱)	{비}	[비]	<1항(1번)>
非理(◱◰)	{비:리}	[:비·리]	<1항(1번)>
非理(◱◰)	{비리}	[:비·리]	<1항(1번)>
貧賤(◱◳)	{빈:쳔}	[빈·천]	<1항(1번)>
殯所(◳◰)	{:빙·소}	[:빈·소]	<3항(3번)>
聘禮(◳◰)	{:빙·례}	[:빙·례]	<2항(2번)>
社(◰)	{:샤}	[:사]	<1항(2번)>
社稷(◰◲)	{:샤·직}	[:사·직]	<1항(3번)>
社祭(◰◳)	{:샤·졔}	[:사·제]	<1항(1번)>
赦(◳)	{:샤}	[:사]	<2항(2번)>
士(◰)	{:ᄉᆞ}	[:사]	<1항(8번)>
士大夫(◰◳◱)	{:ᄉᆞ:대부}	[:사·대·부]	<1항(1번)>
士大夫(◰◳◱)	{:ᄉᆞ:태우}	[:사·대·부]	<1항(1번)>
士大夫(◰◳◱)	{:ᄉᆞ·태·위}	[:사·대·부]	<1항(1번)>
士大夫(◰◳◱)	{:ᄉᆞ·태우}	[:사·대·부]	<1항(2번)>
士相見禮(◰{◱,◳}◳◰)	{:ᄉᆞ샹:견·례}	[:사·상#:견·례]	<1항(2번)>
史(◰)	{:ᄉᆞ}	[:사]	<1항(1번)>
史記(◰◳)	{:ᄉᆞ·긔}	[:사·기]	<1항(5번)>
史實(◰◲)	{:ᄉᆞ·실}	[:사·실]	<1항(2번)>
賜(◳)	{:ᄉᆞ}	[:사]	<1항(1번)>
絲(◱)	{ᄉᆞ}	[사]	<1항(1번)>
嗣(◳)	{ᄉᆞ}	[사]	<1항(1번)>
邪曲(◱◲)	{샤·곡}	[사·곡]	<4항(4번)>
砂器(◱◳)	{사·긔}	[사기]	<1항(1번)>
思念({◱,◳}◳)	{ᄉᆞ:렴}	[사·념]	<2항(2번)>
思慮({◱,◳}◳)	{ᄉᆞ:려}	[:사·려]	<1항(1번)>
思慮({◱,◳}◳)	{ᄉᆞ·려}	[:사·려]	<1항(1번)>
思慕({◱,◳}◳)	{ᄉᆞ:모}	[사·모]	<3항(5번)>
祠堂(◱◱)	{ᄉᆞ당}	[사당]	<1항(3번)>
司徒(◱◱)	{ᄉᆞ도}	[사도]	<1항(2번)>
司馬(◱◰)	{ᄉᆞ:마}	[사마]	<1항(2번)>
司馬昭(◱◰◱)	{ᄉᆞ:마쇼}	[사마소]	<1항(1번)>
司馬氏(◱◰◰)	{ᄉᆞ:마·시}	[사마·씨]	<1항(2번)>
司馬溫公(◱◰◱◱)	{ᄉᆞ:마온공}	[사마온공]	<1항(6번)>
司業(◱◲)	{ᄉᆞ·업}	[사·업]	<1항(1번)>
謝禮(◳◰)	{:샤·례}	[사·례]	<1항(1번)>
謝禮(◳◰)	{:샤례}	[사·례]	<1항(1번)>

謝罪(◳◰)	{:샤:죄}	[사·죄]	<3항(3번)>
事理(◳◰)	{:ᄉᆞ:리}	[:사·리]	<1항(1번)>
事業(◳◲)	{:ᄉᆞ·업}	[:사·업]	<1항(1번)>
四面(◳◳)	{:ᄉᆞ:면}	[:사·면]	<1항(1번)>
四方(◳◱)	{:ᄉᆞ방}	[:사·방]	<1항(3번)>
四百(◳◲)	{:ᄉᆞ·빅}	[:사·백]	<1항(1번)>
四節(◳◲)	{:ᄉᆞ·졀}	[:사·절]	<1항(2번)>
四支(◳◱)	{:ᄉᆞ지}	[:사·지]	<1항(1번)>
四寸(◳◳)	{:ᄉᆞ:촌}	[:사·촌]	<1항(1번)>
四寸(◳◳)	{:ᄉᆞ·촌}	[:사·촌]	<1항(1번)>
四寸(◳◳)	{ᄉᆞ:촌}	[:사·촌]	<1항(1번)>
四海(◳◰)	{·ᄉᆞ:ᄒᆡ}	[:사·해]	<1항(1번)>
私私(◱◱)	{ᄉᆞᄉᆞ}	[사사]	<9항(15번)>
私私(◱◱)	{ᄉᆞᄉᆞᆺ}	[사삿]	<1항(2번)>
私慾(◱◲)	{ᄉᆞ·욕}	[사·욕]	<1항(2번)>
泗水(◳◰)	{:ᄉᆞ·슈}	[:사·수]	<1항(2번)>
泗州(◳◱)	{:ᄉᆞ쥬}	[:사·주]	<1항(1번)>
辭讓(◱◳)	{ᄉᆞ:양}	[사·양]	<11항(24번)>
辭讓(◱◳)	{ᄉᆞ·양}	[사·양]	<1항(1번)>
舍人(◳◱)	{:샤인}	[사인]	<1항(1번)>
使者({◰,◳}◰)	{:시·쟈}	[:사·자]	<1항(2번)>
奢侈(◱◰)	{샤:치}	[사·치]	<2항(2번)>
奢侈(◱◰)	{샤·치}	[사·치]	<8항(9번)>
邪慝(◱◲)	{샤·특}	[사·특]	<4항(8번)>
邪辟(◱◲)	{샤·벽}	[사·벽]	<2항(2번)>
算計(◰◳)	{:산·계}	[:산·계]	<2항(2번)>
山河(◱◱)	{산하}	[산하]	<1항(1번)>
參(◱)	{ᄉᆞᆷ}	[삼]	<1항(2번)>
三公(◱◱)	{삼공}	[삼공]	<1항(2번)>
三年(◱◱)	{삼·년}	[삼년]	<1항(1번)>
三年(◱◱)	{삼년}	[삼년]	<1항(3번)>
三年(◱◱)	{삼년}	[삼년]	<1항(2번)>
三年(◱◱)	{삼년}	[삼년]	<1항(4번)>
三年喪(◱◱{◱,◳})	{삼년상}	[삼년상]	<1항(1번)>
三百篇(◱◲◱)	{삼·빅편}	[삼·백·편]	<1항(1번)>
三月(◱◲)	{삼·월}	[삼·월]	<1항(1번)>
三日(◱◲)	{삼·일}	[삼·일]	<1항(1번)>
三尺(◱◲)	{삼쳑}	[:삼·척]	<1항(1번)>
三千(◱◱)	{삼쳔}	[삼천]	<1항(1번)>
三寸(◱◳)	{삼:촌}	[삼·촌]	<1항(1번)>

三台星(◺◺◺) {삼틱셩} [삼태성] <1항(1번)>
相(({◺,◹}) {·샹} [·상] <1항(1번)>
相({◺,◹}) {·샹} [·상] <1항(1번)>
相國({◺,◹}◿) {·샹·국} [·상·국] <1항(1번)>
相對({◺,◹}◹) {샹·딕} [상대] <1항(1번)>
上({◸,◹}) {:샹} [:상] <1항(12번)>
上去({◸,◹}◹) {:샹:거} [:상·거] <1항(1번)>
上去聲({◸,◹}◹◺) {:샹:거셩} [:상·거·성] <1항(1번)>
上聲({◸,◹}◺) {:샹셩} [:상·성] <1항(1번)>
上層({◸,◹}◺) {:샹층} [:상·층] <1항(1번)>
上品({◸,◹}◸) {:샹:품} [:상·품] <1항(1번)>
上下({◸,◹}{◸,◹}) {:샹:하} [:상·하] <1항(1번)>
尙({◺,◹}) {:샹} [상] <1항(1번)>
尙書({◺,◹}◺) {:샹셔} [상서] <1항(3번)>
尙書({◺,◹}◺) {·샹셔} [상서] <1항(1번)>
尙書({◺,◹}◺) {샹셔} [상서] <1항(1번)>
象(◸) {·샹} [·상] <3항(4번)>
象牙箸(◸◺◹) {·샹·아·져} [상아·저] <1항(1번)>
象牙箸(◸◺◹) {·샹아·져} [상아·저] <1항(1번)>
象牙笏(◸◺◿) {·샹아·홀} [상아#·홀] <1항(1번)>
祥(◺) {·샹} [상] <1항(2번)>
祥(◺) {샹} [상] <1항(3번)>
祥瑞(◺◹) {샹:셔} [상서] <1항(3번)>
床(◺) {상} [상] <1항(3번)>
商(◺) {샹} [상] <1항(1번)>
詳(◺) {샹} [상] <2항(3번)>
詳考(◺◸) {샹:고} [상·고] <1항(1번)>
詳考(◺◸) {샹·고} [상·고] <3항(3번)>
詳審(◺◸) {샹:심} [상·심] <2항(2번)>
詳定(◺◹) {샹:뎡} [상·정] <1항(1번)>
常(◺) {샹} [상] <1항(1번)>
常例(◺◹) {샹·녜} [상·례] <2항(9번)>
常例(◺◹) {샹·례} [상·례] <1항(1번)>
常例(◺◹) {샹녜} [상·례] <1항(1번)>
常人(◺◺) {샹인} [상인] <1항(1번)>
常情(◺◺) {샹졍} [상정] <1항(1번)>
傷(◺) {샹} [상] <5항(8번)>
喪禮({◺,◹}◸) {상·녜} [상·례] <1항(1번)>
喪服({◺,◹}◿) {상·복} [상·복] <1항(2번)>
喪事({◺,◹}◹) {상:ᄉᆞ} [상사] <1항(9번)>

喪事({◱,◳}◳)	{상·ᄉᆞ}	[상사]	<1항(6번)>
喪輿({◱,◳}◱)	{상여}	[상여]	<1항(1번)>
灑掃(◰◰)	{:새:소}	[:쇄·소]	<1항(2번)>
箱子(◱◰)	{:샹·ᄌᆞ}	[상·자]	<1항(2번)>
箱子(◱◰)	{샹·ᄌᆞ}	[상·자]	<1항(1번)>
色(◲)	{·ᄉᆡᆨ}	[·색]	<1항(4번)>
生(◱)	{ᄉᆡᆼ}	[생]	<2항(2번)>
生薑(◱◱)	{ᄉᆡᆼ강}	[생강]	<1항(1번)>
生計(◱◳)	{ᄉᆡᆼ:계}	[생계]	<1항(1번)>
牲(◱)	{ᄉᆡᆼ}	[생]	<1항(1번)>
序(◰)	{:셔}	[:서]	<1항(3번)>
徐(◱)	{셔}	[서]	<1항(1번)>
西(◱)	{셔}	[서]	<2항(2번)>
西階(◱◱)	{셔계}	[서계]	<1항(3번)>
西河(◱◱)	{셔하}	[서하]	<1항(1번)>
庶母(◳◰)	{:셔:모}	[:서·모]	<1항(1번)>
庶人(◳◱)	{:셔인}	[:서·인]	<1항(2번)>
庶士(◳◰)	{:시·ᄉᆞ}	[:서·사]	<1항(1번)>
書房(◱◱)	{셔방}	[서방]	<1항(1번)>
書案(◱◳)	{셔:안}	[서·안]	<1항(1번)>
書齋(◱◱)	{셔ᄌᆡ}	[서재]	<1항(1번)>
石(◲)	{·셕}	[·석]	<1항(1번)>
先君(◱◱)	{션군}	[선군]	<1항(2번)>
先生(◱◱)	{션ᄉᆡᆼ}	[선생]	<1항(66번)>
先世(◱◳)	{션:셰}	[선·세]	<1항(2번)>
先王(◱◱)	{션왕}	[선왕]	<1항(7번)>
先人(◱◱)	{션인}	[선인]	<1항(1번)>
善終(◰◱)	{:션죵}	[:선·종]	<1항(1번)>
褻慢(◲◳)	{·셜:만}	[·설·만]	<1항(1번)>
盛({◱,◳})	{:셩}	[:성]	<6항(10번)>
盛({◱,◳})	{·셩}	[:성]	<2항(2번)>
性(◳)	{:셩}	[:성]	<2항(21번)>
性(◳)	{셩}	[:성]	<1항(1번)>
性度(◳◳)	{:셩:도}	[:성·도]	<1항(1번)>
姓(◳)	{:셩}	[:성]	<1항(22번)>
省(◰)	{·성}	[:성]	<1항(1번)>
姓(◳)	{·셩}	[:성]	<1항(3번)>
姓名(◳◱)	{:셩명}	[:성·명]	<1항(2번)>
聲(◱)	{셩}	[성]	<1항(1번)>
城(◱)	{셩}	[성]	<1항(3번)>

城門(◱◱)	{셩문}	[:성·문]	<1항(1번)>
成(◱)	{셩}	[성]	<1항(1번)>
成均館(◱◱◳)	{셩균·관}	[성균관]	<1항(1번)>
成都(◱◱)	{셩도}	[성·도]	<1항(1번)>
誠實(◱◲)	{셩·실}	[성·실]	<5항(5번)>
聖人(◳◱)	{·셩인}	[:성·인]	<2항(32번)>
聖賢(◳◱)	{:셩현}	[:성·현]	<1항(5번)>
勢(◳)	{:셔}	[:세]	<1항(2번)>
勢(◳)	{:셰}	[:세]	<1항(1번)>
稅(◳)	{·셰}	[□·세]	<1항(1번)>
世間(◳{◱,◳})	{:셰간}	[:세·간]	<1항(5번)>
世代(◳◳)	{:셰디}	[:세·대]	<1항(1번)>
世上(◳{◰,◳})	{:셰:샹}	[:세·상]	<1항(6번)>
世上(◳{◰,◳})	{:셰·샹}	[:세·상]	<1항(7번)>
世世(◳◳)	{:셰:셰}	[:세·세]	<2항(3번)>
世俗(◳◲)	{:셰·쇽}	[:세·속]	<3항(7번)>
世子(◳◰)	{:셰:ᄌᆞ}	[:세·자]	<1항(3번)>
洗手(◰◰)	{:셰·슈}	[:세·수]	<1항(4번)>
洗手(◰◰)	{·셰·슈}	[:세·수]	<1항(1번)>
邵(◳)	{:쇼}	[소]	<1항(1번)>
蘇州(◱◱)	{소쥬}	[소주]	<1항(1번)>
小祥祭(◰◱◳)	{:쇼샹:졔}	[:소·상·제]	<1항(1번)>
小人(◰◱)	{:쇼인}	[:소·인]	<1항(4번)>
小學(◰◲)	{:쇼·혹}	[:소·학]	<1항(5번)>
所業(◰◲)	{:소·업}	[:소·업]	<1항(2번)>
所任(◰{◱,◳})	{:소:임}	[:소·임]	<1항(2번)>
所任(◰{◱,◳})	{:소·임}	[:소·임]	<1항(10번)>
所任(◰{◱,◳})	{·소:임}	[:소·임]	<1항(1번)>
所任(◰{◱,◳})	{·소임}	[:소·임]	<1항(1번)>
素飮食(◳{◰,◳}◲)	{:소:음·식}	[소·음·식]	<1항(2번)>
屬$_1$(◲)	{·쇽}	[·속]	<1항(1번)>
屬屬$_2$(◲◲)	{·촉·촉}	[·촉·촉]	<2항(2번)>
孫({◱,◳})	{손}	[손]	<1항(1번)>
孫子({◱,◳}◰)	{손·ᄌᆞ}	[손·자]	<1항(2번)>
損(◰)	{:손}	[:손]	<1항(1번)>
宋(◳)	{:송}	[:송]	<1항(38번)>
宋(◳)	{·송}	[:송]	<1항(4번)>
宋(◳)	{송}	[:송]	<1항(1번)>
衰$_1$(◱)	{쇠}	[쇠]	<6항(10번)>
衰$_1$亡(◱◱)	{쇠망}	[쇠·망]	<1항(1번)>

訟事(◳◳)	{:숑·ᄉᆞ}	[:송·사]	<3항(3번)>
數({◰,◳})	{·수}	[:수]	<1항(2번)>
繡(◳)	{:슈}	[:수]	<1항(2번)>
隋(◱)	{·슈}	[·수]	<3항(4번)>
隋煬帝(◱◳◳)	{슈:양:뎨}	[·수·양·제]	<1항(1번)>
銖(◱)	{슈}	[·수]	<1항(1번)>
手巾(◰◱)	{:슈·건}	[:수·건]	<1항(1번)>
手巾(◰◱)	{:슈건}	[:수·건]	<1항(3번)>
受苦(◰◰)	{:슈·고}	[:수·고]	<3항(5번)>
受苦(◰◰)	{·슈·고}	[:수·고]	<1항(1번)>
水獺(◰◲)	{·슈·달}	[·수·달]	<1항(1번)>
收斂(◱{◰,◳})	{슈:렴}	[수·렴]	<1항(1번)>
修理(◱◰)	{슈:리}	[수·리]	<1항(1번)>
修補(◱◰)	{슈:보}	[·수·보]	<1항(1번)>
首陽山(◰◱◱)	{·슈양산}	[·수·양·산]	<1항(1번)>
羞辱(◱◲)	{·슈·욕}	[·수·욕]	<1항(1번)>
羞辱(◱◲)	{·슈·욕}	[·수·욕]	<1항(1번)>
塾(◲)	{·슉}	[·숙]	<1항(2번)>
叔齊(◲◱)	{·슉졔}	[·숙·제]	<1항(6번)>
舜(◳)	{:슌}	[:순]	<1항(11번)>
順(◳)	{:슌}	[:순]	<14항(18번)>
順從(◳◱)	{:슌·죵}	[순종]	<1항(1번)>
巡(◱)	{:슌}	[:□·순]	<1항(1번)>
巡(◱)	{:슌}	[·□·순]	<2항(2번)>
旬(◱)	{슌}	[순]	<1항(1번)>
循環(◱◱)	{슌환}	[:순·환]	<1항(1번)>
恂恂(◱◱)	{슌슌}	[순순]	<1항(2번)>
純一(◱◲)	{슌·일}	[순·일]	<1항(1번)>
荀子(◱◰)	{슌·ᄌᆞ}	[순·자]	<1항(1번)>
術(◲)	{·슐}	[·술]	<1항(1번)>
崇尙(◱{◱,◳})	{슝·샹}	[숭·상]	<4항(5번)>
瑟(◲)	{·슬}	[·실]	<1항(2번)>
僧(◱)	{·승}	[승]	<1항(1번)>
丞相(◱({◱,◳}))	{·승샹}	[승·상]	<1항(1번)>
丞相(◱({◱,◳}))	{승샹}	[승·상]	<1항(1번)>
柴(◱)	{싀}	[시]	<1항(1번)>
試(◳)	{:시}	[:시]	<1항(1번)>
試驗(◳◳)	{:시·험}	[시·험]	<1항(1번)>
尸(◱)	{시}	[:시]	<2항(2번)>
詩(◱)	{시}	[시]	<2항(14번)>

媤(·□) 國字	{:싀}	[·시]	<5항(8번)>
媤父母(·□◰◰)	{·싀·부:모}	[·시·부·모]	<1항(7번)>
媤父母(·□◰◰)	{·싀·부·모}	[·시·부·모]	<1항(1번)>
媤父母(·□◰◰)	{·싀부:모}	[·시·부·모]	<1항(1번)>
時俗(◱◲)	{시·쇽}	[시·속]	<1항(5번)>
時時(◱◱)	{시시}	[시시]	<2항(2번)>
時節(◱◲)	{시·절}	[시·절]	<3항(13번)>
時節(◱◲)	{시절}	[시·절]	<1항(1번)>
時祭(◱◳)	{시:졔}	[시·제]	<1항(1번)>
視箴(◳◱)	{:시줌}	[:시·잠]	<1항(1번)>
猜險(◱◰)	{싀:험}	[:시·험]	<1항(1번)>
諡號(◳{◱,◳})	{:시:호}	[:시·호]	<1항(9번)>
諡號(◳{◱,◳})	{:시·호}	[:시·호]	<1항(9번)>
諡號(◳{◱,◳})	{:시호}	[:시·호]	<1항(1번)>
諡號(◳{◱,◳})	{시:호}	[:시·호]	<1항(1번)>
式(◲)	{·식}	[·식]	<4항(4번)>
食醯(◲◱)	{·식·혜}	[·식·혜]	<1항(1번)>
神(◱)	{신}	[·□·신]	<1항(1번)>
神(◱)	{신}	[신]	<1항(1번)>
神靈(◱◱)	{신령}	[신령]	<1항(1번)>
神妙(◱◳)	{신묘}	[신·묘]	<1항(1번)>
神位(◱◳)	{신·위}	[신·위]	<1항(1번)>
神宗(◱◱)	{신종}	[신종]	<1항(1번)>
神主(◱◰)	{신·쥬}	[신·주]	<1항(3번)>
神色(◱◲)	{신·식}	[신·색]	<1항(1번)>
臣(◱)	{신}	[신]	<1항(12번)>
臣下(◱{◰,◳})	{신:하}	[신·하]	<1항(15번)>
臣下(◱{◰,◳})	{신·하}	[신·하]	<1항(27번)>
臣下(◱{◰,◳})	{신·하}	[신·하]	<1항(1번)>
臣下(◱{◰,◳})	{신하}	[신·하]	<1항(2번)>
申(◱)	{신}	[신]	<1항(1번)>
申申(◱◱)	{신신}	[신신]	<1항(2번)>
辛苦(◱◰)	{신·고}	[신·고]	<1항(1번)>
信物(◳◲)	{:신·믈}	[:신·물]	<1항(1번)>
信實(◳◲)	{:신·실}	[:신·실]	<1항(2번)>
愼密(◳◲)	{·딘·밀}	[:신·밀]	<1항(1번)>
新婦(◱◰)	{신·부}	[신부]	<1항(3번)>
實(◲)	{·실}	[·실]	<9항(13번)>
實果(◲◰)	{·실과}	[·실·과]	<1항(1번)>
實際(◲◳)	{·실:제}	[·실·제]	<1항(1번)>

實學(◲◲)	{·실·ᄒᆞᆨ}	[·실·학]	<1항(1번)>
甚({◰,◳})	{:심}	[:심]	<10항(18번)>
心術(◱◲)	{심·슐}	[심·술]	<1항(2번)>
十王(◲◱)	{·십·왕}	[·십·왕]	<1항(1번)>
雙六(◱◲)	{상·뉵}	[쌍·륙]	<1항(1번)>
雙六(◱◲)	{상뉵}	[쌍·륙]	<1항(1번)>
氏(◰)	{·시}	[·씨]	<1항(2번)>
雅澹(◰{◱,◰})	{:아:담}	[아담]	<1항(1번)>
衙前(◱◱)	{아젼}	[아전]	<1항(6번)>
樂(◲)	{·악}	[·악]	<1항(2번)>
樂記(◲◳)	{·악·긔}	[·악·기]	<1항(2번)>
樂記(◲◳)	{·악긔}	[·악·기]	<1항(1번)>
樂章(◲◱)	{·악쟝}	[·악·장]	<1항(2번)>
樂正(◲{◱,◳})	{·악:졍}	[·악·정]	<2항(2번)>
安國(◱◲)	{안·국}	[안·국]	<1항(1번)>
安東(◱◱)	{안동}	[안동]	<1항(1번)>
安保(◱◰)	{안:보}	[안보]	<2항(2번)>
安保(◱◰)	{안·보}	[안보]	<1항(1번)>
安否(◱◰)	{안·부}	[안·부]	<1항(3번)>
安否(◱◰)	{안:부}	[안·부]	<1항(1번)>
安世(◱◳)	{안:셰}	[안·세]	<1항(1번)>
安定(◱◳)	{안:뎡}	[안·정]	<2항(7번)>
安靜(◱◰)	{안:졍}	[안정]	<1항(1번)>
安靜(◱◰)	{안:졍}	[안정]	<6항(8번)>
安靜(◱◰)	{안졍}	[안정]	<1항(1번)>
安享(◱◰)	{안:향}	[안·향]	<1항(1번)>
顏氏(◱◰)	{안·시}	[안·씨]	<1항(4번)>
顏淵(◱◱)	{안연}	[안연]	<1항(5번)>
顏子(◱◰)	{안·ᄌᆞ}	[안·자]	<1항(6번)>
按酒(◳◰)	{안·쥬}	[안·주]	<1항(1번)>
黯(◰)	{:암}	[:암]	<1항(9번)>
藹然({◰,◳}◱)	{:애연}	[:애·연]	<1항(1번)>
厄(◲)	{·ᄋᆡᆨ}	[·액]	<1항(1번)>
額數(◲{◰,◳})	{·ᄋᆡᆨ:수}	[·액·수]	<1항(1번)>
野俗(◰◲)	{:야·쇽}	[:야·속]	<2항(3번)>
藥(◲)	{·약}	[·약]	<1항(7번)>
弱(◲)	{·약}	[·약]	<1항(1번)>
約束(◲◲)	{·약·속}	[·약·속]	<2항(4번)>
樣子({◰,◳}◰)	{양ᄌᆞ}	[양·자]	<1항(1번)>
樣子({◰,◳}◰)	{양·ᄌᆞ}	[양·자]	<1항(2번)>

讓(◳)	{:양}	[:양]	<2항(3번)>
梁(◱)	{냥}	[양]	<1항(1번)>
羊(◱)	{양}	[양]	<1항(3번)>
羊皮(◱◱)	{양피}	[양피]	<1항(1번)>
楊氏(◱◰)	{양시}	[양·씨]	<1항(1번)>
煬帝(◳◳)	{:양:뎨}	[양·제]	<1항(1번)>
養齒({◰,◳}◰)	{:양·지}	[:양·치]	<1항(4번)>
億(◲)	{·억}	[·억]	<1항(1번)>
言(◱)	{언}	[언]	<1항(1번)>
言箴(◱◱)	{언ᄌᆞᆷ}	[언·잠]	<1항(1번)>
嚴(◱)	{엄}	[엄]	<6항(13번)>
嚴肅(◱◲)	{엄·슉}	[엄·숙]	<4항(5번)>
嚴正(◱{◱,◳})	{엄:졍}	[엄·정]	<2항(2번)>
嚴正(◱{◱,◳})	{엄졍}	[엄·정]	<1항(1번)>
儼然(◰◱)	{:엄연}	[엄연]	<1항(1번)>
業(◲)	{:업}	[·업]	<1항(1번)>
業(◲)	{·업}	[·업]	<2항(3번)>
與({◱,◰,◳})	{여}	[:여]	<1항(1번)>
餘(◱)	{:여}	[:여]	<1항(1번)>
驛(◲)	{·역}	[·역]	<1항(1번)>
緣故(◱◳)	{연·고}	[연·고]	<3항(15번)>
緣由(◱◱)	{연유}	[연유]	<1항(1번)>
燕太子({◱,◰}◳◰)	{연·태·ᄌᆞ}	[연·태·자]	<1항(1번)>
嬰(◱)	{영}	[영]	<1항(1번)>
英(◱)	{영}	[영]	<1항(1번)>
永嘉(◰◱)	{:영가}	[:영·가]	<1항(1번)>
永永(◰◰)	{:영:영}	[:영·영]	<1항(1번)>
穎水(◰◰)	{:영·슈}	[:영·수]	<1항(1번)>
榮華(◱{◱,◳})	{영화}	[영화]	<3항(3번)>
豫備(◳◳)	{:예·비}	[:예·비]	<1항(1번)>
吳(◱)	{오}	[오]	<1항(1번)>
五經(◰◱)	{:오경}	[:오·경]	<1항(1번)>
五代(◰◳)	{:오:ᄃᆡ}	[:오·대]	<1항(1번)>
五百(◰◲)	{:오·ᄇᆡᆨ}	[:오·백]	<1항(1번)>
五品(◰◰)	{:오:품}	[:오·품]	<1항(1번)>
傲慢(◳◳)	{:오:만}	[:오·만]	<3항(3번)>
傲慢(◳◳)	{:오·만}	[:오·만]	<1항(1번)>
玉(◲)	{·옥}	[·옥]	<1항(5번)>
玉盞(◲◰)	{·옥·잔}	[·옥·잔]	<1항(2번)>
溫公(◱◱)	{온공}	[온공]	<2항(3번)>

溫恭(平平)	{온공}	[온공]	<4항(7번)>
溫和(平{平,去})	{온화}	[온화]	<6항(7번)>
溫厚(平上)	{온:후}	[온·후]	<1항(1번)>
玩弄(去去)	{:완·롱}	[:완·롱]	<1항(1번)>
玩味(去去)	{:완·미}	[:완·미]	<1항(1번)>
玩味(去去)	{:완미}	[:완·미]	<1항(1번)>
玩賞(去上)	{:완·샹}	[:완·상]	<1항(1번)>
婉順(上去)	{:완:슌}	[:완·순]	<2항(2번)>
頑惡(平入)	{완·악}	[완·악]	<1항(2번)>
王(平)	{왕}	[왕]	<4항(11번)>
王妃(平平)	{왕비}	[왕비]	<1항(1번)>
王后(平上)	{왕:후}	[왕후]	<1항(1번)>
汪汪(平平)	{왕왕}	[왕왕]	<1항(1번)>
外姓(去去)	{:외:셩}	[:외·성]	<1항(1번)>
外篇(去平)	{:외편}	[:외·편]	<1항(1번)>
堯(平)	{요}	[요]	<1항(2번)>
堯夫(平平)	{요부}	[요부]	<1항(1번)>
堯舜(平去)	{요:슌}	[요·순]	<1항(4번)>
妖怪(平去)	{요:괴}	[요·괴]	<3항(3번)>
妖怪(平去)	{요·괴}	[요·괴]	<2항(2번)>
妖怪(平去)	{요괴}	[요·괴]	<1항(1번)>
要求({平,去}平)	{요구}	[:요·구]	<5항(7번)>
搖動(平上)	{요·동}	[요·동]	<1항(1번)>
遼東公(平平平)	{료동공}	[요동공]	<1항(1번)>
夭夭({平,上}{平,上})	{요요}	[요요하]	<1항(1번)>
欲(入)	{·욕}	[·욕]	<1항(1번)>
辱(入)	{·욕}	[·욕]	<7항(10번)>
褥(入)	{요}	[요]	<1항(1번)>
慾心(入平)	{·욕·심}	[·욕·심]	<1항(1번)>
慾心(入平)	{·욕심}	[·욕·심]	<1항(1번)>
容(平)	{용}	[용]	<1항(2번)>
容納(平入)	{용·납}	[용·납]	<2항(3번)>
容貌(平去)	{용모}	[용모]	<1항(5번)>
勇猛(上上)	{:용:밍}	[:용·맹]	<1항(1번)>
勇猛(上上)	{:용밍}	[:용·맹]	<1항(1번)>
庸俗(平入)	{용·쇽}	[:용·속]	<1항(2번)>
羽(上)	{:우}	[:우]	<1항(2번)>
虞(平)	{우}	[:우]	<2항(2번)>
虞舜(平去)	{우:슌}	[:우·순]	<1항(1번)>
虞祭(平去)	{우:졔}	[우·제]	<1항(1번)>

憂慮(◱◳) {·우려} [우·려] <1항(1번)>
偶然(◰◱) {우연} [:우·연] <1항(1번)>
雄(◱) {웅} [웅] <1항(1번)>
熊膽(◱◰) {웅:담} [웅·담] <1항(1번)>
願(◳) {:원} [:원] <5항(7번)>
寃(◱) {원} [:원] <1항(1번)>
怨({◱,◳}) {:원} [:원] <1항(1번)>
怨讐({◱,◳}◱) {원슈} [원수] <2항(8번)>
怨望({◱,◳}◳) {:원:망} [:원·망] <4항(6번)>
元(◱) {원} [원] <1항(1번)>
遠方({◰,◳}◱) {:원방} [:원·방] <1항(1번)>
月俸(◲◳) {·월·봉} [·월·봉] <1항(1번)>
爲({◱,◳}) {:위} [:위] <12항(39번)>
爲({◱,◳}) {·위} [:위] <1항(1번)>
位(◳) {·위} [·위] <1항(6번)>
魏(◳) {·위} [·위] <1항(2번)>
威福(◱◲) {위·복} [위·복] <1항(1번)>
威嚴(◱◱) {위엄} [위·엄] <1항(5번)>
威儀(◱◱) {위의} [·위·의] <1항(13번)>
威重(◱{◱,◰,◳}) {위:듕} [위·중] <1항(1번)>
慰勞(◳{◱,◳}) {:위·로} [·위·로] <1항(1번)>
危坐(◱◰) {위:좌} [위·좌] <1항(1번)>
危殆(◱◰) {위ᄐᆡ} [위태] <6항(8번)>
兪({◱,◰}) {유} [유] <1항(1번)>
愈(◰) {:유} [:유] <1항(1번)>
猶(◱) {유} [유] <2항(2번)>
有德(◰◲) {:유·덕} [:유·덕] <1항(1번)>
有勢(◰◳) {:유·셰} [:유·세] <2항(2번)>
有識(◰◲) {:유·식} [:유·식] <1항(1번)>
有餘(◰◱) {:유여} [유·여] <2항(2번)>
有餘(◰◱) {·유여} [유·여] <1항(1번)>
有益(◰◲) {:유·익} [:유·익] <3항(3번)>
遺漏({◱,◳}◳) {유:루} [유루] <1항(1번)>
柔順(◱◳) {유:슌} [유·순] <4항(4번)>
柔和(◱{◱,◳}) {유화} [유화] <1항(1번)>
宥和(◰{◱,◳}) {유화} [유화] <1항(1번)>
尹(◰) {·윤} [·윤] <1항(2번)>
隱(◰) {·은} [·은] <1항(2번)>
隱(◰) {은} [·은] <1항(1번)>
隱居(◰◱) {·은거} [·은·거] <2항(2번)>

隱士(◰◰)	{·은·ᄉᆞ}	[·은·사]	<1항(2번)>
殷(◱)	{은}	[은]	<1항(3번)>
殷勤(◱◱)	{은근}	[:은·근]	<1항(1번)>
銀(◱)	{은}	[은]	<1항(1번)>
慇懃(◱◱)	{은근}	[은근]	<1항(1번)>
恩義(◱◳)	{은:의}	[은·의]	<1항(1번)>
恩意(◱◳)	{은:의}	[은·의]	<1항(1번)>
恩寵(◱◰)	{은:툥}	[·은·총]	<1항(1번)>
恩惠(◱◳)	{은:혜}	[은·혜]	<1항(5번)>
恩惠(◱◳)	{은·혜}	[은·혜]	<1항(4번)>
音(◱)	{음}	[음]	<1항(3번)>
音樂(◱◲)	{·음악}	[음·악]	<1항(1번)>
音樂(◱◲)	{음·악}	[음·악]	<1항(8번)>
淫亂(◱◳)	{음:난}	[음·란]	<1항(1번)>
淫亂(◱◳)	{음:란}	[음·란]	<5항(7번)>
淫蕩(◱◰)	{음:탕}	[음·탕]	<4항(5번)>
淫蕩(◱◰)	{음·탕}	[음·탕]	<1항(1번)>
陰邪(◱◱)	{음샤}	[음사]	<1항(1번)>
飮食({◰,◳}◲)	{:음:식}	[:음·식]	<1항(1번)>
飮食({◰,◳}◲)	{·음·식}	[:음·식]	<6항(43번)>
揖(◲)	{·읍}	[·읍]	<3항(5번)>
應({◱,◳})	{:응}	[:응]	<8항(11번)>
應當({◱,◳}{◱,◳})	{응당}	[·응·당]	<2항(2번)>
應對({◱,◳}◳)	{:응:ᄃᆡ}	[:응·대]	<1항(2번)>
應接({◱,◳}◲)	{:응·졉}	[:응·접]	<1항(1번)>
義(◳)	{:의}	[:의]	<2항(18번)>
義理(◳◰)	{:의:리}	[:의·리]	<1항(2번)>
儀(◱)	{의}	[:의]	<2항(3번)>
儀禮篇(◱◰◱)	{의·례편}	[:의·례·편]	<2항(3번)>
依據(◱◳)	{의:거}	[의·거]	<2항(2번)>
依倣(◱◱)	{의:방}	[의·방]	<1항(1번)>
依支(◱◱)	{의:지}	[의·지]	<1항(1번)>
依支(◱◱)	{의·지}	[의·지]	<4항(5번)>
依託(◱◲)	{의·탁}	[의·탁]	<2항(2번)>
衣冠({◱,◳}{◱,◳})	{의관}	[의관]	<1항(1번)>
衣服({◱,◳}◲)	{의·복}	[의·복]	<2항(8번)>
議論(◳{◱,◳})	{:의·논}	[:의·논]	<1항(1번)>
議論(◳{◱,◳})	{:의론}	[:의·논]	<9항(10번)>
議論(◳{◱,◳})	{:의:론}	[:의·논]	<2항(2번)>
議論(◳{◱,◳})	{:의·론}	[:의·논]	<3항(4번)>

議論(◳{◱,◳})	{·의론}	[:의·논]	<4항(4번)>
疑問(◱◳)	{의:문}	[의·문]	<1항(1번)>
疑心(◱◱)	{의심}	[의심]	<3항(3번)>
醫術(◱◲)	{의·슐}	[의·술]	<1항(1번)>
醫員(◱◱)	{의원}	[의원]	<1항(3번)>
夷(◱)	{이}	[이]	<1항(1번)>
二百(◳◲)	{:이·빅}	[:이·백]	<1항(1번)>
二三百(◳◱◲)	{:이삼·빅}	[이삼·백]	<1항(1번)>
異姓(◳◳)	{:이:셩}	[이·성]	<1항(3번)>
異端(◳◱)	{:이단}	[이단]	<1항(1번)>
以道(◰◰)	{:이:도}	[:이·도]	<1항(1번)>
以前(◰◱)	{:이젼}	[:이·젼]	<1항(1번)>
怡然(◱◱)	{이연}	[이연]	<1항(1번)>
怡怡(◱◱)	{이이}	[이이]	<1항(1번)>
伊川(◱◱)	{이쳔}	[이천]	<2항(17번)>
二千石(◳◱◲)	{:이쳔·셕}	[:이·천·석]	<1항(2번)>
二千五百(◳◱◰◲)	{이쳔:오·빅집}	[:이·천#:오·백·집]	<1항(1번)>
姨兄(◱◱)	{이형}	[이형]	<1항(1번)>
仁(◱)	{인}	[인]	<5항(11번)>
仁義(◱◳)	{인:의})	[인·의]	<1항(1번)>
仁慈(◱◱)	{인ᄌᆞ}	[인·자]	<2항(2번)>
仁惠(◱◳)	{인·혜}	[인·혜]	<1항(1번)>
因(◱)	{인}	[인]	<4항(18번)>
因循(◱◱)	{인슌}	[인·순]	<1항(1번)>
引導(◰◳)	{·인:도}	[·인·도]	<2항(4번)>
引導(◰◳)	{·인·도}	[·인·도]	<1항(1번)>
人倫(◱◱)	{인륜}	[인륜]	<1항(11번)>
人生(◱◱)	{인ᄉᆡᆼ}	[인생]	<1항(1번)>
人材(◱◱)	{인:ᄌᆡ}	[인재]	<1항(1번)>
人才(◱◱)	{인ᄌᆡ}	[인재]	<1항(1번)>
人定(◱◳)	{인뎡}	[인·정]	<1항(1번)>
人情(◱◱)	{인졍}	[인정]	<1항(3번)>
人品(◱◰)	{인·품}	[인·품]	<1항(1번)>
忍字(◰◳)	{:인·ᄌᆞ}	[인·짜]	<1항(1번)>
一家(◲◱)	{·일가}	[·일·가]	<1항(2번)>
一萬(◲◳)	{·일:만}	[·일·만]	<1항(4번)>
一命(◲◳)	{·일:명}	[·일·명]	<1항(1번)>
一百(◲◲)	{:일·빅}	[·일·백]	<1항(1번)>
一百(◲◲)	{·일·빅}	[·일·백]	<2항(10번)>
一百兩(◲◲{◰,◳})	{·일·빅량}	[·일·백·량]	<1항(1번)>

一生(◲◱)	{·일싱}	[·일·생]	<1항(1번)>
一定(◲◳)	{·일:뎡}	[·일·정]	<1항(1번)>
一千(◲◱)	{·일쳔}	[·일·천]	<1항(3번)>
一千疋(◲◱◲)	{·일쳔·필}	[·일·천·필]	<1항(1번)>
一便(◲{◱,◳})	{·일편}	[·일·편]	<1항(1번)>
日課(◲◳)	{·일:과}	[·일·과]	<1항(1번)>
日課(◲◳)	{·일과}	[·일·과]	<1항(1번)>
任氏({◱,◳}◰)	{임·시}	[임·씨]	<1항(1번)>
入聲(◲◱)	{·입셩}	[·입·성]	<1항(1번)>
媵(◳)	{잉}	[잉]	<1항(1번)>
仞(◳)	{·잉}	[인]	<1항(1번)>
字(◳ㄷ)	{·ᄌᆞ}	[:□·자]	<2항(4번)>
字(◳ㄷ)	{·ᄌᆞ}	[·□·짜]	<1항(1번)>
字(◳)	{·ᄌᆞ}	[·자]	<4항(42번)>
字(◳ㄷ)	{ᄌᆞ}	[□·자]	<1항(1번)>
字(◳)	{ᄌᆞ}	[·자]	<1항(1번)>
字(◳ㄷ)	{·ᄌᆞ}	[□·자]	<1항(1번)>
字字(◳◳)	{·ᄌᆞ·ᄌᆞ}	[·자·자]	<1항(1번)>
者(◰)	{·쟈}	[·자]	<1항(1번)>
子(◰)	{·ᄌᆞ}	[·자]	<3항(6번)>
子羔(◰◱)	{·ᄌᆞ고}	[·자·고]	<1항(3번)>
子貢(◰◳)	{·ᄌᆞ:공}	[·자·공]	<1항(1번)>
子路(◰◳)	{·ᄌᆞ:로}	[·자·로]	<1항(4번)>
子思(◰{◱,◳})	{·ᄌᆞᄉᆞ}	[·자·사]	<1항(1번)>
子思子(◰{◱,◳}◰)	{·ᄌᆞᄉᆞ·ᄌᆞ}	[·자·사·자]	<1항(1번)>
子書(◰◱)	{·ᄌᆞ셔}	[·자·서]	<1항(1번)>
子孫(◰{◱,◳})	{·ᄌᆞ손}	[·자·손]	<1항(19번)>
子孫(◰{◱,◳})	{ᄌᆞ손}	[·자·손]	<1항(2번)>
子息(◰◲)	{·ᄌᆞ·식}	[·자·식]	<1항(49번)>
子息(◰◲)	{·ᄌᆞ식}	[·자·식]	<1항(2번)>
子淵(◰◱)	{·ᄌᆞ연}	[·자·연]	<1항(1번)>
子容(◰◱)	{·ᄌᆞ용}	[·자·용]	<1항(1번)>
子羽(◰◰)	{·ᄌᆞ:우}	[·자·우]	<1항(1번)>
子游(◰◱)	{·ᄌᆞ유}	[·자·유]	<1항(1번)>
子臧(◰◱)	{·ᄌᆞ·장}	[·자·장]	<1항(1번)>
子臧(◰◱)	{·ᄌᆞ장}	[·자·장]	<1항(1번)>
子弟(◰{◰,◳})	{·ᄌᆞ:뎨}	[·자·제]	<1항(16)>
子弟(◰{◰,◳})	{·ᄌᆞ·뎨}	[·자·제]	<1항(1번)>
子春(◰◱)	{·ᄌᆞ츈}	[·자·춘]	<1항(1번)>
子平(◰◱)	{·ᄌᆞ평}	[·자·평]	<1항(1번)>

子夏(◰◳)	{·즈:하}	[·자·하]	<1항(1번)>
子厚(◰◰)	{·즈:후}	[·자·후]	<1항(1번)>
資賴(◱◳)	{즈:뢰}	[자·뢰]	<1항(1번)>
資賴(◱◳)	{즈뢰}	[자·뢰]	<1항(1번)>
滋味(◱◳)	{즈:미}	[·자·미]	<1항(2번)>
刺史(◳◰)	{:즈:亽}	[:자·사]	<1항(2번)>
刺史(◳◰)	{즈:亽}	[:자·사]	<1항(1번)>
仔詳(◰◱)	{즈샹}	[자상]	<2항(2번)>
仔細(◰◳)	{·즈·셔}	[·자·세]	<1항(2번)>
仔細(◰◳)	{·즈셔}	[·자·세]	<2항(2번)>
仔細(◰◳)	{·즈셰}	[·자·세]	<1항(1번)>
慈詳(◱◱)	{즈샹}	[자상]	<1항(1번)>
姿色(◱◲)	{즈·싀}	[·자·색]	<1항(1번)>
自若(◳◰(/◲))	{·즈·약}	[·자·약]	<1항(1번)>
自然(◳◱)	{·즈연}	[·자·연]	<3항(9번)>
自重(◳{◱,◰,◳})	{·즈:듕}	[·자·중]	<1항(1번)>
自處(◳{◰,◳})	{·즈:쳐}	[·자·처]	<1항(1번)>
恣專(◳◱)	{·즈젼}	[·자·전]	<2항(2번)>
紫的(◰◲)	{즈·디}	[자(·주)]	<1항(1번)>
盞(◰)	{·잔}	[·잔]	<1항(3번)>
潛(◱)	{줌}	[:잠]	<2항(2번)>
箴(◱)	{줌}	[·잠]	<1항(1번)>
暫間(◳{◱,◳})	{·잠·싼}	[:잠·깐]	<1항(1번)>
雜(◲)	{·잡}	[·잡]	<2항(2번)>
狀元(◳◱)	{:장원}	[:장·원]	<1항(1번)>
長({◱,◰})	{:댱은}	[:장·은]	<1항(1번)>
長史({◱,◰}◰)	{:댱:亽}	[:장·사]	<2항(2번)>
長壽({◱,◰}{◰,◳})	{댱·슈}	[장수]	<3항(4번)>
長孫夫人({◱,◰}{◱,◳}◱◱)	{:댱손부인}	[:장·손·부·인]	<1항(2번)>
長幼({◱,◰}◳)	{:댱:유}	[장유]	<1항(1번)>
張({◱,◰})	{댱}	[장]	<1항(4번)>
張公({◱,◰}◱)	{댱공}	[장공]	<1항(1번)>
帳(◳)	{:댱}	[장]	<1항(3번)>
障(◳)	{:댱}	[장]	<1항(1번)>
醬(◳)	{:쟝}	[:장]	<1항(2번)>
壯(◳)	{:쟝}	[:장]	<1항(1번)>
場(◱)	{댱}	[장]	<1항(1번)>
臧(◱)	{장}	[장]	<1항(1번)>
莊(◱)	{쟝}	[장]	<1항(1번)>
莊公(◱◱)	{쟝공}	[장공]	<1항(2번)>

莊嚴(◱◱)	{장엄}	[:장·엄]	<1항(1번)>
莊周(◱◱)	{장쥬}	[장주]	<1항(1번)>
將軍({◱,◳}◱)	{쟝군}	[장군]	<1항(1번)>
將棋({◱,◳}◱)	{:쟝·긔}	[:장·기]	<1항(2번)>
將棋({◱,◳}◱)	{:쟝긔}	[:장·기]	<1항(1번)>
將棋({◱,◳}◱)	{쟝·긔}	[:장·기]	<1항(1번)>
將帥({◱,◳}◳)	{:쟝·슈}	[:장·수]	<1항(5번)>
將次({◱,◳}◳)	{쟝·ᄎᆞᆺ}	[장·차]	<1항(1번)>
將次({◱,◳}◳)	{쟝·ᄎᆞᆺ}	[장·차]	<1항(28번)>
將次({◱,◳}◳)	{쟝ᄎᆞᆺ}	[장·차]	<1항(3번)>
贓吏(◱◳)	{장:리}	[장·리]	<1항(1번)>
丈夫(◰◱)	{:댱부}	[:장·부]	<1항(1번)>
載({◰,◳})	{ᄌᆡ}	[재]	<1항(1번)>
齋(◱)	{ᄌᆡ}	[재]	<1항(3번)>
齋戒(◱◳)	{ᄌᆡ:계}	[재·계]	<5항(7번)>
齋室(◱◲)	{ᄌᆡ·실}	[재·실]	<1항(1번)>
裁斷(◱{◰,◳})	{ᄌᆡ:단}	[재단]	<1항(1번)>
財物(◱◲)	{ᄌᆡ·믈}	[재·물]	<2항(13번)>
宰相(◰({◱,◳}))	{:ᄌᆡ:샹}	[:재·상]	<1항(4번)>
宰相(◰({◱,◳}))	{:ᄌᆡ·샹}	[:재·상]	<1항(9번)>
宰相(◰({◱,◳}))	{·ᄌᆡ:샹}	[:재·샹]	<1항(1번)>
才質(◱◲)	{ᄌᆡ·질}	[재·질]	<1항(1번)>
才質(◱◲)	{ᄌᆡ질}	[재·질]	<1항(1번)>
災害(◱◳)	{ᄌᆡ:해}	[재·해]	<1항(1번)>
災禍(◱◰)	{ᄌᆡ:화}	[재·화]	<1항(2번)>
災禍(◱◰)	{ᄌᆡ·화}	[재·화]	<1항(1번)>
錚錚(◱◱)	{ᄌᆡᆼᄌᆡᆼ}	[쟁쟁]	<1항(1번)>
箸(◳)	{·져}	[·저]	<1항(2번)>
貯蓄(◰◲)	{뎌·튝}	[:저·축]	<1항(2번)>
炙(◲)	{·젹}	[·적]	<1항(1번)>
敵(◲)	{:피·뎍}[124]	[:피·적]	<1항(1번)>
賊(◲)	{·적·해}	[·적·해]	<1항(1번)>
積(◲)	{·젹}	[·적]	<1항(2번)>
籍(◲)	{·젹}	[·적]	<1항(1번)>
勣(◲)	{·젹}	[·적]	<1항(1번)>
傳({◱,◳})	{:뎐}	[전]	<1항(1번)>
傳({◱,◳})	{뎐}	[전]	<3항(3번)>
傳喝({◱,◳}◲)	{뎐·갈}	[전·갈]	<1항(1번)>

124) :피·뎍(敵手의 옛말)

傳記({◱,◳}◳)	{:뎐·긔}	[전기]	<1항(1번)>
傳染({◱,◳}◰)	{뎐:염}	[전·염]	<1항(1번)>
前(◱)	{젼}	[전]	<5항(10번)>
前期(◱◱)	{젼긔}	[전기]	<1항(1번)>
全蠍(◱◲)	{젼·갈}	[전·갈]	<1항(1번)>
戰國(◳◲)	{:젼·국}	[:전·국]	<1항(2번)>
殿門(◳◱)	{:뎐문}	[:전·문]	<1항(1번)>
殿試(◳◳)	{:뎐·시}	[:전·시]	<1항(1번)>
殿下(◳{◰,◳})	{:뎐:하}	[:전·하]	<1항(2번)>
專一(◱◲)	{젼·일}	[전·일]	<5항(5번)>
專主(◱◰)	{젼·쥬}	[:전·주]	<1항(1번)>
田地(◱◳)	{뎐·디}	[전·지]	<1항(1번)>
田地(◱◳)	{뎐디}	[전·지]	<1항(1번)>
田宅(◱◲)	{뎐·턱}	[전·택]	<1항(1번)>
節(◲)	{·졀}	[·절]	<1항(5번)>
節概(◲◳)	{·졀·개}	[·절·개]	<1항(2번)>
節度使(◲◳{◰,◳})	{·졀:도:ᄉᆞ}	[·절·도·사]	<1항(2번)>
節度使(◲◳{◰,◳})	{·졀도·ᄉᆞ}	[·절·도·사]	<1항(2번)>
節目(◲◲)	{·졀·목}	[·절·목]	<1항(2번)>
節義(◲◳)	{·졀:의}	[·절·의]	<1항(2번)>
節操(◲◱)	{·졀조}	[·절·조]	<1항(1번)>
節奏(◲◳)	{·졀:주}	[·절·주]	<1항(1번)>
節次(◲◳)	{·졀·ᄎᆞ}	[·절·차]	<1항(4번)>
節孝(◲◳)	{·졀:효}	[·절·효]	<1항(2번)>
節孝(◲◳)	{·졀·효}	[·절·효]	<1항(1번)>
絶(◲)	{·졀}	[·절]	<1항(1번)>
切(◲)	{·졀}	[·절]	<1항(1번)>
切當(◲{◱,◳})	{·졀당}	[·절·당]	<1항(2번)>
切磋(◲◱)	{·졀차}	[·절·차]	<1항(1번)>
點(◰)	{:뎜}	[·점]	<1항(8번)>
占卜({◱,◳}◲)	{졈·복}	[점·복]	<1항(1번)>
漸漸({◱,◰}{◱,◰})	{:졈:졈}	[:점·점]	<1항(2번)>
正({◱,◳})	{:졍}	[:정]	<16항(38번)>
正色({◱,◳}◲)	{:졍·식}	[·정·색]	<1항(3번)>
正月({◱,◳}◲)	{졍·월}	[정·월]	<1항(1번)>
鄭(◳)	{:뎡}	[:정]	<1항(1번)>
鄭(◳)	{:뎡}	[:정]	<1항(1번)>
鼎(◰)	{:뎡}	[정]	<1항(1번)>
定(◳)	{:뎡}	[:정]	<7항(9번)>
定(◳)	{뎡}	[:정]	<1항(1번)>

貞(◱)	{뎡}	[정]	<1항(1번)>
貞節(◱◲)	{뎡:졀}	[정·절]	<1항(1번)>
貞正(◱{◱,◳})	{뎡:졍}	[정·정·함]	<1항(1번)>
程(◱)	{뎡}	[정]	<1항(3번)>
情(◱)	{졍}	[정]	<1항(3번)>
精(◱)	{졍}	[정]	<3항(4번)>
精微(◱◱)	{졍미}	[정·미]	<1항(1번)>
精誠(◱◱)	{졍셩}	[정성]	<5항(11번)>
精神(◱◱)	{졍신}	[정신]	<1항(1번)>
丁未(◱◳)	{뎡:미}	[정·미]	<1항(1번)>
政事(◳◳)	{·졍:ᄉᆞ}	[·정·사]	<3항(3번)>
政事(◳◳)	{·졍·ᄉᆞ}	[·정·사]	<1항(2번)>
政丞(◳◱)	{·졍·승}	[·정·승]	<1항(3번)>
政丞(◳◱)	{·졍승}	[·정·승]	<2항(9번)>
禎祥(◱◱)	{뎡샹}	[정상]	<1항(1번)>
廷試(◱◳)	{뎡:시}	[정·시]	<1항(1번)>
程伊川(◱◱◱)	{뎡이쳔}	[정이천]	<1항(1번)>
整齊(◰◱)	{:졍·졔}	[:정·제]	<2항(2번)>
整齊(◰◱)	{:졍졔}	[:정·제]	<4항(4번)>
旌表(◱◰)	{졍·표}	[정·표]	<2항(2번)>
旌表(◱◰)	{졍표}	[정·표]	<1항(1번)>
悌(◳)	{:뎨}	[:제]	<3항(4번)>
帝(◳)	{:뎨}	[:제]	<1항(13번)>
祭(◳)	{:졔}	[:제]	<10항(18번)>
祭(◳)	{·졔}	[:제]	<2항(4번)>
祭器(◳◳)	{:졔:긔}	[:제·기]	<1항(1번)>
祭器(◳◳)	{:졔·긔}	[:제·기]	<1항(3번)>
祭服(◳◲)	{:졔·복}	[:제·복]	<1항(2번)>
祭祀(◳◰)	{:졔:ᄉᆞ}	[:제·사]	<1항(3번)>
祭祀(◳◰)	{:졔·ᄉᆞ}	[:제·사]	<3항(3번)>
祭祀(◳◰)	{·졔:ᄉᆞ}	[:제·사]	<1항(1번)>
祭祀(◳◰)	{·졔·ᄉᆞ}	[:제·사]	<1항(1번)>
祭義(◳◳)	{:졔:의}	[:제·의]	<1항(2번)>
齊(◱)	{졔}	[제]	<2항(13번)>
諸葛孔明(◱◲◰◱)	{졔·갈·공명}	[제·갈#공명]	<1항(1번)>
諸葛武侯(◱◲◰◱)	{졔·갈:무후}	[제·갈#:무·후]	<1항(1번)>
制斷(◳{◰,◳})	{:졔·단}	[제단]	<1항(1번)>
制度(◳◳)	{:졔·도}	[:제·도]	<1항(1번)>
制御(◳◳)	{:졔·어}	[:제·어]	<2항(2번)>
題目(◱◲)	{뎨·목}	[제·목]	<1항(1번)>

弟子({◰,◳}◰) {:뎨:ᄌᆞ} [:제·자] <1항(1번)>
弟子({◰,◳}◰) {:뎨·ᄌᆞ} [:제·자] <1항(17번)>
弟子({◰,◳}◰) {·뎨:ᄌᆞ} [:제·자] <1항(1번)>
弟子({◰,◳}◰) {·뎨·ᄌᆞ} [:제·자] <1항(1번)>
弟子({◰,◳}◰) {뎨·ᄌᆞ} [:제·자] <1항(1번)>
諸侯(◱◱) {졔후} [:제·후] <1항(5번)>
趙(◰) {:됴} [:조] <2항(2번)>
趙孟(◰◳) {:됴:ᄆᆡᆼ} [:조·맹] <1항(1번)>
詔(◰) {:죠} [:조] <2항(2번)>
條件(◱◳) {됴건} [조·건] <1항(1번)>
朝官(◱◱) {됴관} [조관] <1항(2번)>
朝服(◱◲) {됴·복} [조·복] <2항(6번)>
朝士(◱◰) {됴·ᄉᆞ} [조·사] <1항(1번)>
朝廷(◱◱) {됴뎡} [조정] <1항(8번)>
朝會(◱◳) {됴:회} [조·회] <3항(4번)>
朝會(◱◳) {됴·회} [조·회] <2항(3번)>
躁急(◳◲) {:조·급} [조·급] <1항(1번)>
躁急(◳◲) {조·급} [조·급] <2항(2번)>
弔喪(◳{◱,◳}) {:됴상} [:조·상] <1항(1번)>
祖上(◰{◰,◳}) {·조:샹} [·조·상] <1항(2번)>
祖上(◰{◰,◳}) {·조·샹} [·조·상] <1항(6번)>
祖上(◰{◰,◳}) {·조샹} [·조·상] <1항(1번)>
祖上(◰{◰,◳}) {조:샹} [·조·상] <1항(1번)>
曹氏(◱◰) {조·시} [조·씨] <1항(4번)>
操心(◱◱) {:조·심} [:조·심] <3항(5번)>
操心(◱◱) {:조심} [:조·심] <8항(15번)>
操心(◱◱) {조심} [:조·심] <1항(1번)>
足(◲) {·죡} [·족] <5항(22번)>
足(◲) {죡} [·족] <1항(1번)>
族類(◲◳) {·족·뉴} [·족·류] <1항(1번)>
尊(◱) {존} [존] <3항(3번)>
尊$_2$(◱) {준} [준] <1항(1번)>
尊待(◱◰) {존:ᄃᆡ} [존·대] <1항(1번)>
尊嚴(◱◱) {존엄} [:존·엄] <1항(1번)>
尊長(◱{◱,◰}) {존:댱} [존장] <1항(1번)>
尊稱(◱{◱,◳}) {존칭} [존칭] <1항(2번)>
卒哭祭(◲◲◳) {·졸·곡:졔} [·졸·곡·제] <1항(1번)>
宗(◱) {종} [종] <1항(1번)>
宗廟(◱◳) {종:묘} [종묘] <1항(2번)>
宗廟(◱◳) {종·묘} [종묘] <1항(1번)>

宗室(◱◲)	{조ᇰ·실}	[종·실]	<1항(2번)>
宗要(◱{◱,◳})	{조ᇰ:요}	[종요]	<2항(3번)>
宗要(◱{◱,◳})	{조ᇰ요}	[종요]	<2항(3번)>
宗族(◱◲)	{조ᇰ·족}	[종·족]	<1항(2번)>
終始(◱◰)	{조ᇰ:시}	[종시]	<1항(1번)>
從容(◱◱)	{조ᇰ요ᇰ}	[종용]	<1항(1번)>
從祖叔母(◱◰◲◰)	{:조ᇰ·조·슉:모}	[:종·조#·숙·모]	<1항(1번)>
座(◳)	{:좌}	[:좌]	<1항(1번)>
坐(◰)	{좌}	[:좌]	<1항(1번)>
坐罪(◰◰)	{:좌·죄}	[:좌·죄]	<1항(1번)>
左右(◰◰)	{:좌:우}	[:좌·우]	<1항(2번)>
左右(◰◰)	{:좌우}	[:좌·우]	<1항(1번)>
罪(◰)	{:죄}	[:죄]	<2항(19번)>
罪人(◰◱)	{:죄인}	[:죄·인]	<1항(1번)>
註(◳)	{:주}	[:주]	<1항(1번)>
奏(◳)	{:주}	[:주]	<1항(1번)>
紂(◰)	{·듀}	[·주]	<1항(9번)>
主(◰)	{·쥬}	[·주]	<1항(1번)>
主簿(◰◰)	{·쥬·부}	[·주·부]	<1항(1번)>
主簿(◰◰)	{·쥬:부}	[·주·부]	<1항(3번)>
主人(◰◱)	{·쥬인}	[·주·인]	<2항(18번)>
主爵都尉(◰◲◱◳)	{·쥬·쟉도위}	[·주·작·도·위]	<1항(1번)>
主張(◰{◱,◰})	{·쥬댱}	[·주·장]	<1항(1번)>
廚(◱)	{듀}	[주]	<1항(1번)>
周(◱)	{쥬}	[주]	<3항(11번)>
周公(◱◱)	{쥬고ᇰ}	[주공]	<1항(3번)>
周禮(◱◰)	{쥬·례}	[주·례]	<2항(2번)>
周密(◱◲)	{쥬·밀}	[주·밀]	<1항(2번)>
周旋(◱{◱,◳})	{쥬션}	[주선]	<1항(1번)>
周詩(◱◱)	{쥬시}	[주시]	<1항(1번)>
周易(◱◲)	{쥬·역}	[주·역]	<1항(1번)>
周徧(◱◳)	{쥬:변}	[주·변]	<1항(1번)>
州(◱)	{쥬}	[주]	<1항(5번)>
州事(◱◳)	{쥬:ᄉᆞ}	[주·사]	<1항(1번)>
州吁(◱◱)	{쥬우}	[주우]	<1항(1번)>
朱(◱)	{쥬}	[주]	<1항(2번)>
朱氏(◱◰)	{쥬·시}	[주·씨]	<1항(2번)>
朱壽昌(◱{◰,◳}◱)	{쥬·슈챵}	[:주·수·창]	<1항(1번)>
朱仁軌(◱◱◰)	{쥬인:궤}	[주인·궤]	<1항(1번)>
朱子(◱◰)	{쥬·ᄌᆞ}	[주·자]	<1항(1번)>

酒酊(◰◰)	{:쥬·져ᇰ}	[·주·정]	<1항(1번)>
竹(◲)	{·듁}	[·죽]	<1항(1번)>
粥(◲)	{·쥭}	[·죽]	<1항(4번)>
俊邁(◳◳)	{:쥰·매}	[:준·매]	<1항(1번)>
重({◱,◰,◳})	{:듀ᇰ}	[:중]	<12항(18번)>
仲(◳)	{:듀ᇰ}	[:중]	<1항(2번)>
仲尼(◳◱)	{:듀ᇰ니}	[:중·니]	<1항(1번)>
中間({◱,◳}{◱,◳})	{·듀ᇰ간}	[중간]	<1항(1번)>
中間({◱,◳}{◱,◳})	{듀ᇰ간}	[중간]	<1항(2번)>
中國({◱,◳}◲)	{듀ᇰ·국}	[중·국]	<1항(2번)>
中門({◱,◳}◱)	{듀ᇰ문}	[중문]	<1항(6번)>
中書侍郎({◱,◳}◱◳◱)	{듀ᇰ셔:시랑}	[중서#:시·랑]	<1항(1번)>
中庸({◱,◳}◱)	{듀ᇰ용}	[중용]	<1항(1번)>
中二千石({◱,◳}◳◱◲)	{듀ᇰ:이쳔·셕}	[중#:이·천·석]	<1항(1번)>
中正({◱,◳}{◱,◳})	{듀ᇰ:져ᇰ}	[중·정]	<1항(1번)>
中層({◱,◳}◱)	{듀ᇰ층}	[중층]	<1항(1번)>
中品({◱,◳}◰)	{듀ᇰ:품}	[중·품]	<1항(1번)>
衆生(◳◱)	{즘ᄉᆡᇰ}	[짐승]	<1항(9번)>
汁(◲)	{·즙}	[·즙]	<1항(1번)>
卽時(◲◱)	{·즉시}	[·즉·시]	<1항(1번)>
則(◲)	{·즉}	[·□·즉]	<1항(1번)>
曾孫(◱{◱,◳})	{ᄌᆞᇰ손}	[증손]	<1항(1번)>
曾子(◱◰)	{ᄌᆞᇰ·ᄌᆞ}	[증·자]	<2항(16)>
曾子(◱◰)	{ᄌᆞᇰᄌᆞ}	[증·자]	<1항(1번)>
證據(◳◳)	{:ᄌᆞᇰ·거}	[:증·거]	<1항(1번)>
證驗(◳◳)	{:ᄌᆞᇰ:험}	[증·험]	<1항(1번)>
知({◱,◳})	{디}	[·지]	<1항(1번)>
知識({◱,◳}◲)	{디·식}	[지·식]	<1항(2번)>
知識({◱,◳}◲)	{디식}	[지·식]	<1항(1번)>
知慧({◱,◳}◳)	{·디:혜}	[·지·혜]	<1항(1번)>
智(◳)	{·디}	[·지]	<2항(2번)>
智慧(◳◳)	{·디:혜}	[·지·혜]	<1항(2번)>
智慧(◳◳)	{·디·혜}	[·지·혜]	<2항(3번)>
地境(◳◰)	{·디:경}	[·지·경]	<1항(1번)>
地境(◳◰)	{·디·경}	[·지·경]	<1항(2번)>
地名(◳◱)	{·디명}	[·지·명]	<1항(10번)>
地獄(◳◲)	{·디·옥}	[·지·옥]	<1항(2번)>
地獄(◳◲)	{디·옥}	[·지·옥]	<1항(1번)>
地位(◳◳)	{·디·위}	[·지·위]	<1항(1번)>
地黃(◳◱)	{·디·황}	[·지·황]	<1항(1번)>

至極(◳◲)	{·지·극}	[·지·극]	<6항(8번)>
至誠(◳◱)	{·지셩}	[·지·성]	<1항(1번)>
至尊(◳◱)	{·지존}	[·지·존]	<1항(2번)>
旨趣(◰{◳,◲,◰})	{·지·츄}	[·지·취]	<1항(1번)>
指向(◰◳)	{·지:향}	[·지·향]	<1항(1번)>
直(◲)	{·딕}	[·직]	<3항(3번)>
稷(◲)	{·직}	[·직]	<1항(1번)>
職分(◲{◱,◳})	{·직:분}	[·직·분]	<1항(1번)>
職事(◲◳)	{·직·ᄉᆞ}	[·직·사]	<1항(1번)>
晉(◳)	{:진}	[:진]	<2항(13번)>
晉(◳)	{·진}	[:진]	<1항(2번)>
震(◳)	{:진}	[:진]	<1항(3번)>
津(◱)	{:진}	[:진]	<1항(2번)>
津(◱)	{진}	[:진]	<1항(6번)>
盡(◰)	{:진}	[:진]	<2항(2번)>
陳(◳)	{딘}	[진]	<2항(4번)>
陳壽(◳{◰,◳})	{딘·슈}	[진·수]	<1항(1번)>
陳氏(◳◰)	{딘·시}	[진·씨]	<1항(1번)>
秦(◱)	{진}	[진]	<2항(2번)>
眞實(◱◲)	{진·실}	[진·실]	<2항(28번)>
質(◲)	{·질}	[·질]	<1항(1번)>
質正(◲{◱,◳})	{·질:졍}	[·질·정]	<2항(3번)>
質正(◲{◱,◳})	{·질·졍}	[·질·정]	<2항(2번)>
疾病(◲◳)	{·질:병}	[·질·병]	<1항(1번)>
斟酌(◱◲)	{짐·쟉}	[짐·작]	<1항(1번)>
茶飯(◱{◰,◳})	{·차반}	[다반]	<1항(6번)>
次例(◳◳)	{·ᄎᆞ:례}	[·차·례]	<2항(4번)>
次例(◳◳)	{·ᄎᆞ·례}	[·차·례]	<2항(12번)>
次序(◳◰)	{·ᄎᆞ:셔}	[·차·서]	<1항(1번)>
次序(◳◰)	{·ᄎᆞ·셔}	[·차·서]	<1항(1번)>
嗟歎(◱◳)	{차:탄}	[차·탄]	<4항(4번)>
參預(◱◳)	{참:예}	[참·예]	<4항(4번)>
參政(◱◳)	{참·졍}	[참·정]	<1항(1번)>
參知政事(◱{◱,◳}◳◳)	{참디·졍ᄉᆞ}	[참·지·정·사]	<1항(1번)>
倉(◱)	{창}	[창]	<1항(2번)>
槍(◱)	{창}	[창]	<1항(1번)>
昌盛(◱{◱,◳})	{창:셩}	[:창·성]	<1항(1번)>
菜蔬(◳◱)	{:ᄎᆡ소}	[:채·소]	<1항(1번)>
蔡(◳)	{:채}	[:채]	<1항(1번)>
冊(◲)	{·ᄎᆡᆨ}	[·책]	<2항(7번)>

冊(◲)	{칙·에}	[책·에]	<1항(1번)>
責(◲)	{·칙}	[·책]	<4항(6번)>
處({◰,◳})	{:쳐}	[:처]	<1항(1번)>
處士({◰,◳}◰)	{:쳐·ᄉᆞ}	[:처·사]	<1항(1번)>
處所({◰,◳}◰)	{:쳐·소}	[:처·소]	<1항(2번)>
處身({◰,◳}◱)	{:쳐신}	[:처·신]	<1항(1번)>
處置({◰,◳}◳)	{:쳐·티}	[:처·치]	<2항(2번)>
處置({◰,◳}◳)	{:쳐티}	[:처·치]	<1항(1번)>
妻子({◱,◳}◰)	{쳐·ᄌᆞ}	[처·자]	<1항(6번)>
妻子息({◱,◳}◰◲)	{쳐·ᄌᆞ·식}	[처·자·식]	<1항(3번)>
惕然(◲◱)	{·텩연}	[·척·연]	<1항(1번)>
賤(◳)	{:쳔}	[:천]	<5항(12번)>
賤(◳)	{·쳔}	[:천]	<1항(1번)>
千(◱)	{쳔}	[천]	<1항(1번)>
薦擧(◳◰)	{:쳔·거}	[:천·거]	<5항(7번)>
薦擧(◳◰)	{:쳔거}	[:천·거]	<1항(1번)>
天堂(◱◱)	{텬당}	[천당]	<1항(1번)>
天道(◱◰)	{텬:도}	[천·도]	<1항(1번)>
天動(◱◰)	{텬·동}	[천동]	<1항(1번)>
天理(◱◰)	{텬·리}	[천·리]	<1항(1번)>
天命(◱◳)	{텬:명}	[천·명]	<1항(1번)>
天性(◱◳)	{텬:셩}	[천·성]	<1항(2번)>
天子(◱◰)	{텬·ᄌᆞ}	[천·자]	<2항(6번)>
天子(◱◰)	{텬ᄌᆞ}	[천·자]	<1항(1번)>
天地(◱◳)	{텬·디}	[천·지]	<1항(1번)>
天下(◱{◰,◳})	{텬:하}	[천·하]	<1항(25번)>
天下(◱{◰,◳})	{텬·하}	[천·하]	<1항(4번)>
天下(◱{◰,◳})	{텬하}	[천·하]	<1항(1번)>
千里(◱◰)	{쳔:리}	[천·리]	<1항(2번)>
千里馬(◱◰◰)	{쳔·리:마}	[천·리·마]	<1항(1번)>
妾(◲)	{·쳡}	[·첩]	<1항(14번)>
妾孫子(◲{◱,◳}◰)	{·쳡손·ᄌᆞ}	[·첩·손·자]	<1항(1번)>
妾子息(◲◰◲)	{·쳡·ᄌᆞ·식}	[·첩·자·식]	<1항(1번)>
請(◰)	{·쳥}	[·청]	<17항(30번)>
廳(◱)	{·텽}	[청]	<3항(4번)>
青(◱)	{쳥}	[청]	<1항(1번)>
青衣(◱{◱,◳})	{쳥의}	[청의]	<1항(1번)>
淸廉(◱◱)	{쳥념}	[청렴]	<2항(2번)>
淸廉(◱◱)	{쳥렴}	[청렴]	<3항(4번)>
淸白(◱◲)	{쳥·ᄇᆡᆨ}	[청·백]	<1항(1번)>

清虛(◱◱)	{청허}	[청허]	<1항(1번)>
聽箴({◱,◳}◱)	{:텽좀}	[:청·잠]	<1항(1번)>
楚(◰)	{·초}	[·초]	<1항(6번)>
初(◱)	{초}	[초]	<4항(4번)>
初喪(◱{◱,◳})	{초상}	[초상]	<1항(3번)>
初試(◱◳)	{초·시}	[초·시]	<1항(1번)>
醋(◳)125)	{초}	[초]	<1항(1번)>
譙郡({◱,◳}◳)	{쵸:군}	[초·군]	<1항(1번)>
蜀漢(◲◳)	{·쵹:한}	[·촉·한]	<1항(2번)>
總角(◰◲)	{:총·각}	[:총·각]	<1항(1번)>
聰明(◱◱)	{총명}	[:총·명]	<4항(5번)>
崔氏(◱◰)	{최·시}	[최·씨]	<1항(1번)>
樞機(◱◱)	{츄긔}	[추기]	<1항(1번)>
推尋(◱◱)	{츄심}	[추심]	<1항(1번)>
追尊(◱◱)	{튜존}	[추존]	<1항(1번)>
祝(◲)	{·츅}	[·축]	<1항(1번)>
春秋(◱◱)	{츈츄}	[춘추]	<1항(3번)>
椿(◱)	{튱}	[춘]	<1항(8번)>
冲(◱)	{튱}	[충]	<1항(1번)>
忠誠(◱◱)	{튱셩}	[충성]	<6항(16번)>
忠肅(◱◲)	{튱·슉}	[충·숙]	<1항(1번)>
忠臣(◱◱)	{튱신}	[충신]	<1항(3번)>
忠信(◱◳)	{튱:신}	[충·신]	<2항(3번)>
忠厚(◱◰)	{튱:후}	[충·후]	<3항(4번)>
取(◰)	{:취}	[:취]	<3항(9번)>
醉(◳)	{:취}	[:취]	<3항(5번)>
醉(◳)	{취}	[:취]	<1항(1번)>
取(◰)	{:취}	[:취]	<4항(4번)>
取稟(◰◰)	{:취:품}	[:취·품]	<1항(1번)>
娶(◳)	{·취}	[:취]	<1항(1번)>
測量(◲{◱,◳})	{·측·량}	[·측·량]	<1항(1번)>
側柏(◲◲)	{·즉·빅}	[·측·백]	<1항(1번)>
側栢(◲◲)	{·즉·빅}	[·측·백]	<1항(1번)>
惻然(◲◱)	{·측연}	[·측·연]	<1항(1번)>
層(◱)	{충}	[층]	<1항(6번)>
齒(◰)	{:치}	[치]	<1항(1번)>
徵({◱,◰})	{:티}	[:치]	<1항(1번)>
置簿(◳◰)	{:티부}	[:치·부]	<1항(1번)>
治事齋({◱,◳}◳◱)	{티:ᄉ직}	[치·사·재]	<1항(2번)>

125) 醋(초◳, 작◲)

致賀(◳◳)	{:티·하}	[:치·하]	<1항(1번)>
親(◱)	{친}	[친]	<13항(41번)>
親密(◱◲)	{친·밀}	[친·밀]	<1항(1번)>
親迎(◱◱)	{친:영}	[친영]	<1항(1번)>
親迎(◱◱)	{친영}	[친영]	<1항(1번)>
漆(◲)	{·칠}	[·칠]	<2항(2번)>
七百(◲◲)	{·칠·빅}	[·칠·백]	<1항(1번)>
七十萬(◲◲◳)	{·칠·십:만}	[·칠·십·만]	<1항(4번)>
侵擄(◱◱)	{침노}	[침·로]	<2항(3번)>
寢室(◰◲)	{:침·실}	[:침·실]	<1항(1번)>
沈菜(◱◳)	{·팀·치}	[짐·치]	<1항(1번)>
嘆(◳)	{:탄}	[:탄]	<1항(2번)>
歎息(◳◲)	{·탄·식}	[:탄·식]	<1항(2번)>
耽(◱)	{탐}	[탐]	<1항(1번)>
貪(◱)	{탐}	[탐]	<2항(2번)>
貪利(◱◳)	{탐·리}	[탐·리]	<1항(1번)>
湯(◱)	{탕}	[:탕]	<1항(1번)>
泰(◳)	{:태}	[:태]	<1항(1번)>
台鼎(◱◰)	{ᄐᆡ:뎡}	[태정]	<1항(1번)>
太公(◳◱)	{·태공}	[·태·공]	<2항(2번)>
太傅(◳◳)	{·태:부}	[·태·부]	<1항(1번)>
太守(◳◰)	{·태·슈}	[·태·수]	<1항(3번)>
太任(◳{◱,◳})	{·태임}	[·태·임]	<1항(4번)>
太子(◳◰)	{·태·ᄌᆞ}	[·태·자]	<1항(12번)>
太子(◳◰)	{·태ᄌᆞ}	[·태·자]	<1항(1번)>
太學(◳◲)	{·태·ᄒᆞᆨ}	[·태·학]	<1항(5번)>
太后(◳◰)	{·태·후}	[·태·후]	<1항(1번)>
泰山(◳◱)	{:태산}	[:태·산]	<1항(1번)>
土(◰)	{·토}	[·토]	<1항(1번)>
筒(◱)	{·대·통}	[·대·통]	<1항(1번)>
通(◱)	{통}	[통]	<4항(11번)>
通達(◱◲)	{·통·달}	[통·달]	<1항(1번)>
通達(◱◲)	{통·달}	[통·달]	<5항(5번)>
通判(◱◳)	{통·판}	[통·판]	<2항(2번)>
退之(◳◱)	{:퇴지}	[:퇴·지]	<1항(1번)>
偸薄(◱◲)	{투·박}	[투·박]	<1항(1번)>
投壺(◱◱)	{투호}	[투호]	<1항(1번)>
罷(◰)	{:파}	[:파]	<1항(1번)>
判官(◳◱)	{·판관}	[·판·관]	<1항(1번)>
判尹(◳◰)	{·판·윤}	[·판·윤]	<1항(2번)>

八百株(⌟⌟⌞)	{·팔·ᄇᆡᆨ듀}	[·팔·백·주]	<1항(1번)>
八寸兄弟服(⌟⌝⌞{⌜,⌝}⌟)	{·팔:촌형:뎨·복}	[·팔·촌#형·제·복]	<1항(1번)>
敗(⌝)	{:패}	[:패]	<1항(1번)>
敗(⌝)	{:패·ᄒᆞ·여}	[:패·하·여]	<1항(1번)>
敗(⌝)	{:패ᄒᆞ·니·를}	[:패·한·이·를]	<1항(1번)>
敗(⌝)	{:패ᄒᆞ·니라}	[:패·하·니·라]	<4항(4번)>
敗亡(⌝⌞)	{:패망}	[:패·망]	<1항(1번)>
悖亂(⌝⌝)	{:패:란}	[:패·란]	<1항(1번)>
悖戾(⌝⌝)	{:패:려}	[:패·려]	<1항(1번)>
佩玉(⌝⌟)	{:패·옥}	[:패·옥]	<1항(1번)>
彭澤(⌞⌟)	{ᄑᆡᆼ·ᄐᆡᆨ}	[팽·택]	<1항(1번)>
便({⌞,⌝})	{·편}	[편]	<1항(1번)>
便({⌞,⌝})	{편}	[편]	<3항(3번)>
便安({⌞,⌝}⌞)	{·편안}	[편안]	<1항(1번)>
便安({⌞,⌝}⌞)	{편안}	[편안]	<12항(20번)>
篇(⌞)	{편}	[·편]	<1항(5번)>
平(⌞)	{평}	[평]	<4항(4번)>
平床(⌞⌞)	{평상}	[평상]	<1항(5번)>
平生(⌞⌞)	{평ᄉᆡᆼ}	[평생]	<1항(3번)>
平聲(⌞⌞)	{평셩}	[평성]	<1항(1번)>
評事(⌞⌝)	{평·ᄉᆞ}	[평·사]	<1항(1번)>
弊(⌝)	{:폐}	[:폐]	<1항(3번)>
廢(⌝)	{:폐}	[:폐]	<4항(6번)>
陛下(⌜{⌜,⌝})	{:폐:하}	[:폐·하]	<1항(1번)>
袍(⌞)	{포}	[포]	<1항(1번)>
包(⌞)	{포}	[포]	<1항(4번)>
脯肉(⌜⌟)	{보·육}	[포·육]	<1항(2번)>
脯肉(⌜⌟)	{포·육}	[포·육]	<1항(3번)>
表(⌜)	{·표}	[·표]	<4항(6번)>
表記(⌜⌝)	{·표·긔}	[·표·기]	<1항(1번)>
標石({⌞,⌜}⌟)	{·표·셕}	[·표·석]	<1항(1번)>
風流(⌞⌞)	{·풍뉴}	[풍·류]	<1항(1번)>
風流(⌞⌞)	{풍뉴}	[풍·류]	<2항(5번)>
風流(⌞⌞)	{풍류}	[풍·류]	<1항(1번)>
風俗(⌞⌟)	{풍:쇽}	[풍·속]	<3항(15번)>
豐備(⌞⌝)	{풍:비}	[풍·비]	<1항(1번)>
避(⌝)	{:피}	[:피]	<8항(8번)>
弼(⌟)	{·필}	[·필]	<1항(1번)>
下軍({⌜,⌝}⌞)	{:하군}	[:하·군]	<1항(1번)>
下等({⌜,⌝}⌜)	{:하:등}	[:하·등]	<1항(6번)>

下層({◰,◳}◱)	{:하층}	[:하·층]	<1항(1번)>
下品({◰,◳}◰)	{:하:품}	[:하·품]	<1항(2번)>
河東(◱◱)	{하동}	[하동]	<1항(1번)>
河北(◱◲)	{하·븍}	[하·북]	<1항(2번)>
河陽(◱◱)	{하양}	[하양]	<1항(1번)>
學(◲)	{·ᄒᆞᆨ}	[·학]	<7항(17번)>
學校(◲◳)	{·ᄒᆞᆨ:교}	[·학·교]	<1항(1번)>
學堂(◲◱)	{ᄒᆞᆨ·당}	[·학·당]	<1항(1번)>
學問(◲◳)	{·ᄒᆞᆨ:문}	[·학·문]	<1항(1번)>
學問(◲◳)	{·ᄒᆞᆨ·문}	[·학·문]	<2항(3번)>
學問(◲◳)	{·ᄒᆞᆨ문}	[·학·문]	<1항(1번)>
學業(◲◲)	{·ᄒᆞᆨ·업}	[·학·업]	<1항(1번)>
學者(◲◰)	{·ᄒᆞᆨ·쟈}	[·학·자]	<1항(3번)>
漢(◳)	{:한}	[:한]	<2항(21번)>
漢城(◳◱)	{:한셩}	[한성]	<1항(2번)>
漢城府(◳◱◰)	{:한셩·부}	[한성·부]	<1항(1번)>
恨(◳)	{:ᄒᆞᆫ}	[:한]	<1항(1번)>
韓(◱)	{한}	[한]	<1항(1번)>
韓氏(◱◰)	{한·시}	[한·씨]	<1항(1번)>
閑暇(◱◳)	{한·가}	[한·가]	<2항(2번)>
翰林學士(◳◱◲◰)	{:한림·ᄒᆞᆨ:ᄉᆞ}	[:한·림·학·사]	<1항(1번)>
合(◲)	{·합}	[·합]	<2항(2번)>
缸(◱)	{항}	[항]	<1항(1번)>
害(◳)	{:해}	[:해]	<15항(18번)>
害(◳)	{해}	[:해]	<1항(1번)>
鍇(◰)	{ᄒᆡ}	[개]	<1항(1번)>
骸骨(◱◲)	{ᄒᆡ·골}	[해·골]	<1항(1번)>
駭怪(◰◳)	{:ᄒᆡ:괴}	[:해·괴]	<1항(1번)>
行({◱,◳})	{ᄒᆡᆼ}	[:행]	<19항(37번)>
行實({◱,◳}◲)	{:ᄒᆡᆼ:실}	[:행·실]	<1항(1번)>
行實({◱,◳}◲)	{:ᄒᆡᆼ·실}	[:행·실]	<1항(34번)>
行實({◱,◳}◲)	{:ᄒᆡᆼ실}	[:행·실]	<1항(1번)>
行實({◱,◳}◲)	{·ᄒᆡᆼ·실}	[:행·실]	<1항(2번)>
行纏({◱,◳}◱)	{ᄒᆡᆼ뎐}	[행전]	<1항(2번)>
行止({◱,◳}◰)	{ᄒᆡᆼ·지}	[행·지]	<1항(1번)>
幸(◰)	{:ᄒᆡᆼ}	[:행]	<3항(3번)>
幸(◰)	{·ᄒᆡᆼ}	[:행]	<1항(1번)>
鄕(◱)	{:향}	[:향]	<2항(2번)>
鄕(◱)	{향}	[:향]	<1항(4번)>
鄕黨(◱◰)	{향·당}	[:향·당]	<1항(4번)>

嚮(◰) {:향} [:향] <1항(1번)>
向(◳) {:향} [:향] <3항(5번)>
向方(◳◱) {:향방} [향방] <1항(1번)>
香(◱) {향} [향] <3항(4번)>
香氣(◱◳) {향·긔} [향·기] <1항(1번)>
許(◰) {·허} [·허] <6항(13번)>
許諾(◰◲) {·허·락} [·허·락] <1항(1번)>
虛(◱) {허} [허] <2항(2번)>
虛費(◱◳) {허:비} [허비] <2항(2번)>
虛費(◱◳) {허·비} [허비] <1항(1번)>
虛心(◱◱) {허심} [허심] <1항(1번)>
虛誕(◱◰) {허:탄} [허·탄] <2항(2번)>
虛蕩(◱◰) {허:탕} [허·탕] <1항(1번)>
歇(◲) {:헐} [·헐] <1항(1번)>
險(◰) {:험} [:험] <1항(1번)>
革(◲) {·혁} [·혁] <2항(4번)>
縣(◳) {:현} [:현] <1항(2번)>
縣令(◳{◱,◳}) {:현·령} [:현·령] <2항(5번)>
顯達(◰◲) {:현·달} [:현·달] <1항(1번)>
顯達(◰◲) {현·달} [:현·달] <1항(1번)>
顯著(◰{◱,◳}) {:현·뎌} [:현·저] <1항(1번)>
玄孫(◱{◱,◳}) {현손} [현손] <1항(1번)>
賢人(◱◱) {현인} [:현·인] <1항(11번)>
血氣(◲◳) {·혈:긔} [·혈·기] <1항(1번)>
血氣(◲◳) {·혈·긔} [·혈·기] <1항(1번)>
嫌疑(◱◱) {혐의} [혐의] <1항(1번)>
亨(◱) {형} [형] <1항(1번)>
兄(◱) {형} [형] <1항(26번)>
兄弟(◱{◰,◳}) {형:뎨} [형·제] <1항(29번)>
兄弟(◱{◰,◳}) {형·뎨} [형·제] <1항(2번)>
兄弟(◱{◰,◳}) {형뎨} [형·제] <1항(1번)>
刑罰(◱◲) {형·벌} [형·벌] <1항(10번)>
荊州(◱◱) {형쥬} [형주] <1항(3번)>
戶(◰) {:호} [:호] <1항(1번)>
浩浩(◰◰) {:호:호} [:호·호] <1항(1번)>
胡(◱) {호} [:호] <1항(2번)>
豪氣(◱◳) {호·긔} [호·기] <1항(1번)>
豪俠(◱◲) {호·협} [호·협] <1항(1번)>
湖南(◱◱) {호남} [:호·남] <1항(1번)>
戶籍(◰◲) {:호·젹} [:호·적] <1항(2번)>

戶籍(◰◲) {:호·젹} [:호·적] <1항(1번)>
戶曹判書(◰◱◳◱) {:호조·판셔} [:호·조#·판·서] <1항(1번)>
或(◲) {·혹} [·혹] <2항(42번)>
或(◲) {혹} [·혹] <1항(1번)>
惑(◲) {·혹} [·혹] <2항(2번)>
婚姻(◱◱) {·혼인} [혼인] <1항(1번)>
婚姻(◱◱) {혼인} [혼인] <11항(19번)>
笏(◲) {·홀} [·홀] <1항(3번)>
忽略(◲◲) {·홀·략} [·홀·략] <1항(1번)>
弘(◱) {홍} [홍] <1항(5번)>
紅門(◱◱) {홍문} [홍문] <1항(1번)>
和({◱,◳}) {화} [화] <12항(13번)>
和同({◱,◳}◱) {화동} [화동] <3항(3번)>
和睦({◱,◳}◲) {화·목} [화·목] <1항(1번)>
和順({◱,◳}◳) {화:슌} [화·순] <1항(1번)>
和悅({◱,◳}◲) {화·열} [화·열] <6항(10번)>
和平({◱,◳}◱) {화평} [화평] <2항(2번)>
禍(◰) {:화} [:화] <1항(2번)>
禍亂(◰◳) {:화:란} [:화·란] <2항(6번)>
禍亂(◰◳) {:화·란} [:화·란] <1항(3번)>
化(◳) {:화} [:화] <3항(3번)>
華夏({◱,◳}◳) {화:하} [화·하] <1항(1번)>
確實(◲◲) {·확·실} [·확·실] <1항(1번)>
患(◳) {:환} [:환] <1항(1번)>
患難(◳{◱,◳}) {:환:난} [:환·난] <1항(1번)>
患難(◳{◱,◳}) {:환·난} [:환·난] <1항(1번)>
患亂(◳◳) {:환:란} [:환·란] <1항(1번)>
患亂(◳◳) {:환·란} [:환·란] <1항(3번)>
丸(◱) {환} [환] <1항(1번)>
桓公(◱◱) {환공} [환공] <1항(1번)>
桓氏(◱◰) {환·시} [환·씨] <1항(1번)>
皇考(◱◰) {황:고} [황고] <1항(2번)>
皇帝(◱◳) {황:뎨} [황·제] <1항(5번)>
皇皇(◱◱) {황황} [황황] <1항(1번)>
黃金(◱◱) {황금} [황금] <1항(2번)>
回曲({◱,◳}◲) {회·곡} [회·곡] <1항(1번)>
膾(◳) {:회} [:회] <1항(1번)>
會試(◳◳) {:회·시} [:회·시] <1항(1번)>
會集(◳◲) {:회·집} [:회·집] <1항(1번)>
橫渠(◱◱) {횡거} [횡거] <1항(7번)>

孝(◳)	{:효}	[:효]	<2항(4번)>
孝(◳)	{·효}	[:효]	<1항(1번)>
孝(◳)	{효}	[:효]	<1항(1번)>
孝經(◳◱)	{:효경}	[:효·경]	<1항(1번)>
孝道(◳◰)	{:효:도}	[:효·도]	<4항(11번)>
孝道(◳◰)	{:효·도}	[:효·도]	<10항(42번)>
孝道(◳◰)	{:효도}	[:효·도]	<2항(2번)>
孝道(◳◰)	{·효:도}	[:효·도]	<1항(1번)>
孝道(◳◰)	{·효·도}	[:효·도]	<1항(1번)>
孝婦(◳◰)	{:효·부}	[:효·부]	<1항(3번)>
孝誠(◳◱)	{:효셩}	[:효·성]	<1항(1번)>
孝養(◳{◰,◳})	{:효:양}	[:효·양]	<4항(4번)>
孝養(◳{◰,◳})	{효:양}	[:효·양]	<1항(1번)>
孝友(◳◰)	{:효:우}	[:효·우]	<1항(2번)>
孝子(◳◰)	{:효·ᄌᆞ}	[:효·자]	<1항(7번)>
孝弟(◳{◰,◳})	{:효:뎨}	[:효·제]	<1항(1번)>
孝宗(◳◱)	{:효죵}	[:효·종]	<1항(1번)>
效則(◳◲)	{:효·측}	[효·칙]	<3항(5번)>
效驗(◳◳)	{:효·험}	[효·험]	<1항(1번)>
後(◰)	{:후}	[:후]	<7항(63번)>
後(◰)	{·후}	[:후]	<2항(2번)>
後(◰)	{후}	[:후]	<1항(1번)>
後代(◰◳)	{:훗:ᄃᆡ}	[:훗·대]	<1항(1번)>
後生(◰◱)	{:후ᄉᆡᆼ}	[:후·생]	<1항(4번)>
後世(◰◳)	{:후:셰}	[:후·세]	<1항(6번)>
後帝(◰◳)	{:후·뎨}	[:후·제]	<1항(1번)>
後主(◰◰)	{:후·쥬}	[:후·주]	<1항(2번)>
厚(◰)	{:후}}	[:후]	<5항(7번)>
訓蒙字會(◳◱◳◳)	{:훈몽·ᄌᆞ:회}	[:훈·몽#·자·회]	<1항(1번)>
休(◱)	{휴}	[휴]	<1항(2번)>
凶(◱)	{흉}	[흉]	<8항(10번)>
凶事(◱◳)	{흉:ᄉᆞ}	[흉·사]	<1항(1번)>
凶惡(◱◲)	{흉·악}	[흉·악]	<1항(1번)>
凶險(◱◰)	{흉:험}	[흉·험]	<1항(1번)>
凶荒(◱◱)	{흉황}	[흉황]	<1항(1번)>
黑子(◲◰)	{·흑·ᄌᆞ}	[·흑·자]	<1항(2번)>
興起({◱,◳}◰)	{흥·긔}	[흥기]	<3항(3번)>
戲弄({◱,◳}◳)	{:희:롱}	[:희·롱]	<2항(3번)>
戲弄({◱,◳}◳)	{:희·롱}	[:희·롱]	<2항(3번)>
戲弄({◱,◳}◳)	{희·롱}	[:희·롱]	<1항(1번)>

6.4.3 어두(#—)에 나타난 한자형태소의 방점

위의 한자어 자료 (940)은《소학언해》전체 한자어 자료 (907)에서 지은이의 머릿속에 창원 방언의 어휘항으로 확실하게 들어 있다고 생각되는 것만 골라서 가나다순으로 정렬한 것이다. 창원 방언에서 어두 위치에서는 평성(□), 상성(:□), 거성(·□)이 음운론적으로 대립하는 위치이므로 아래 (941)에서는 위의 (940)에서 어두에 나타나는 한자 907자를 모두 다 자료로 제시한다. 907자는 Ⅰ(평성◱) 349자, Ⅱ(상성◰) 156자, Ⅲ(거성◳) 188자, Ⅳ입성(◲) 142자, Ⅴ(복수 권발) 72자를 합친 것이다.

(941) [어두 위치] 창원 방언 한자형태소 방점 자료 (중고한음 4성과 대조)126)

(349+156+188+142+72=)907자

Ⅰ. 중고한음 평성(◱)과 창원 방언 방점의 대응

(290+30+15+10+4=)349자

〖 ^{0}001 〗 ◱⇒□(중고한음 평성이 창원 방언에서 평성으로), 290자

중고한음	창원 방언	소학언해 <항(번)>
한자(권발)	[음운]	<○항(○번)>
加(◱)	[가]	<8항(8번)>
家(◱)	[가]	<6항(19번)>
干(◱)	[간]	<3항(4번)>
艱(◱)	[가]	<9항(17번)>
奸(◱)	[간]	<3항(3번)>
姦(◱)	[간]	<2항(2번)>
看(◱)	[간]	<3항(3번)>
堪(◱)	[감]	<1항(2번)>

126) 중고한음 4성(◱,◰,◳,◲)에서 창원 방언 3개 방점(□,:□,·□)으로 반영되는 모습을 분석하기 위해 자료를 분류할 때 분류 부호의 표시 방법은 다음과 같다; 창원 방언에서는 낱말의 첫 음절 위치에서는 평성(□), 상성(:□), 거성(·□)의 3성조가 대립을 이루지만, 둘째 음절 이하에서는 평성(□)과 측성(·□)의 2성조만 대립한다. 이와 같은 차이를 반영하기 위해서 첫 음절의 위치에 나타나는 자료의 분류 번호는〖 ^{0}001 〗, 〖 ^{0}002 〗, 〖 ^{0}003 〗,…처럼 위첨자를 사용하고, 둘째 음절 이하의 자료의 분류 번호는〖 $_{0}$001 〗, 〖 $_{0}$002 〗, 〖 $_{0}$003 〗,…처럼 아래첨자를 사용한다. 평성(□)은 0점이므로〖 ^{0}001 〗, 〖 ^{0}002 〗, 〖 ^{0}003 〗,…이나 〖 $_{0}$001 〗, 〖 $_{0}$002 〗, 〖 $_{0}$003 〗,…처럼 0으로 시작되는 번호를 사용하고, 거성 또는 측성(·□)은 1점이므로〖 ^{0}101 〗, 〖 ^{0}102 〗, 〖 ^{0}103 〗,…이나 〖 $_{0}$101 〗, 〖 $_{0}$102 〗, 〖 $_{0}$103 〗,…처럼 1로 시작되는 번호를 사용하며, 상성(:□)은 2점이므로〖 ^{0}201 〗, 〖 ^{0}202 〗, 〖 ^{0}203 〗,…처럼 2로 시작되는 번호를 사용한다. 하나의 한자형태소가 둘 또는 세 가지 성조를 가진 것은 〖 ^{0}301 〗, 〖 ^{0}302 〗, 〖 ^{0}303 〗,…이나 〖 $_{0}$301 〗, 〖 $_{0}$302 〗, 〖 $_{0}$303 〗,…처럼 3으로 시작되는 번호로 표시한다.《소학언해》에서는 낱말의 첫 음절에도 둘째 이하 음절에도 평성(□), 상성(:□), 거성(·□)의 3성조가 다 나타나므로, (910)에서처럼 첨자를 사용하지 않고,〖 001 〗, 〖 002 〗, 〖 003 〗,…, 〖 101 〗, 〖 102 〗, 〖 103 〗,…, 〖 301 〗, 〖 302 〗, 〖 303 〗,…처럼 자료를 분류하여 표시했었다.

姜(◱)	[강]	<1항(2번)>
剛(◱)	[강]	<3항(3번)>
康(◱)	[강]	<1항(2번)>
兼(◱)	[겸]	<1항(1번)>
謙(◱)	[겸]	<3항(3번)>
經(◱)	[경]	<6항(11번)>
卿(◱)	[경]	<1항(3번)>
輕(◱)	[경]	<6항(6번)>
京(◱)	[경]	<3항(3번)>
階(◱)	[계]	<1항(1번)>
高(◱)	[고]	<3항(4번)>
功(◱)	[공]	<4항(6번)>
恭(◱)	[공]	<42항(101번)>
工(◱)	[공]	<1항(3번)>
科(◱)	[과]	<2항(2번)>
寬(◱)	[관]	<1항(2번)>
官(◱)	[관]	<1항(15번)>
宏(◱)	[굉]	<1항(1번)>
交(◱)	[교]	<3항(3번)>
驕(◱)	[교]	<8항(10번)>
求(◱)	[구]	<20항(31번)>
歐(◱)	[구]	<1항(2번)>
軍(◱)	[군]	<2항(6번)>
君(◱)	[군]	<3항(57번)>
宮(◱)	[궁]	<2항(4번)>
窮(◱)	[궁]	<6항(11번)>
權(◱)	[권]	<3항(4번)>
規(◱)	[규]	<5항(5번)>
勤(◱)	[근]	<1항(1번)>
根(◱)	[근]	<2항(9번)>
琴(◱)	[금]	<2항(3번)>
琦(◱)	[기]	<1항(1번)>
奇(◱)	[기]	<8항(11번)>
期(◱)	[기]	<2항(2번)>
金(◱)	[금]	<3항(9번)>
蘭(◱)	[난]	<2항(3번)>
南(◱)	[남]	<6항(7번)>
男(◱)	[남]	<2항(4번)>
郎(◱)	[낭]	<1항(1번)>
來(◱)	[내]	<2항(3번)>

梁(◱) [양] <1항(2번)>
連(◱) [연] <1항(1번)>
年(◱) [연] <2항(9번)>
廉(◱) [염] <1항(1번)>
奴(◱) [노] <1항(1번)>
流(◱) [유] <1항(1번)>
劉(◱) [유] <5항(8번)>
能(◱) [능] <6항(96번)>
丹(◱) [단] <3항(4번)>
端(◱) [단] <6항(9번)>
堂(◱) [당] <2항(7번)>
唐(◱) [당] <2항(22번)>
逃(◱) [도] <3항(4번)>
陶(◱) [도] <1항(1번)>
都(◱) [도] <1항(1번)>
敦(◱) [돈] <4항(4번)>
東(◱) [동] <7항(20번)>
同(◱) [동] <9항(19번)>
桐(◱) [동] <1항(1번)>
冬(◱) [동] <1항(1번)>
頭(◱) [두] <1항(1번)>
痲(◱) [마] <1항(2번)>
亡(◱) [망] <3항(3번)>
埋(◱) [매] <1항(2번)>
盟(◱) [맹] <3항(3번)>
萌(◱) [맹] <1항(1번)>
銘(◱) [명] <1항(1번)>
明(◱) [명] <4항(14번)>
名(◱) [명] <1항(1번)>
矛(◱) [모] <1항(1번)>
毛(◱) [모] <4항(18번)>
模(◱) [모] <1항(3번)>
茅(◱) [모] <1항(1번)>
無(◱) [무] <6항(6번)>
門(◱) [문] <5항(45번)>
文(◱) [문] <12항(36번)>
迷(◱) [미] <2항(2번)>
盤(◱) [반] <1항(1번)>
房(◱) [방] <6항(9번)>
方(◱) [방] <1항(1번)>

藩(◱) [번] <1항(2번)>
邊(◱) [변] <1항(1번)>
兵(◱) [병] <3항(3번)>
封(◱) [봉] <3항(6번)>
夫(◱) [부] <6항(20번)>
符(◱) [부] <1항(1번)>
扶(◱) [부] <1항(1번)>
墳(◱) [분] <1항(1번)>
朋(◱) [붕] <1항(1번)>
毗(◱) [비] <1항(1번)>
貧(◱) [빈] <1항(1번)>
絲(◱) [사] <1항(1번)>
砂(◱) [사] <1항(1번)>
祠(◱) [사] <1항(3번)>
司(◱) [사] <6항(14번)>
私(◱) [사] <11항(19번)>
辭(◱) [사] <12항(25번)>
奢(◱) [사] <10항(11번)>
邪(◱) [사] <10항(14번)>
山(◱) [산] <1항(1번)>
參(◱) [삼] <1항(2번)>
祥(◱) [상] <3항(8번)>
床(◱) [상] <1항(3번)>
商(◱) [상] <1항(1번)>
詳(◱) [상] <9항(10번)>
常(◱) [상] <7항(14번)>
傷(◱) [상] <5항(8번)>
箱(◱) [상] <2항(3번)>
生(◱) [생] <4항(4번)>
牲(◱) [생] <1항(1번)>
徐(◱) [서] <1항(1번)>
西(◱) [서] <4항(6번)>
書(◱) [서] <3항(3번)>
先(◱) [선] <5항(78번)>
聲(◱) [성] <1항(1번)>
城(◱) [성] <1항(3번)>
成(◱) [성] <3항(3번)>
誠(◱) [성] <5항(5번)>
蘇(◱) [소] <1항(1번)>
衰$_1$(◱) [쇠] <7항(11번)>

收(◱) [수] <1항(1번)>
修(◱) [수] <2항(2번)>
旬(◱) [순] <1항(1번)>
恂(◱) [순] <1항(2번)>
純(◱) [순] <1항(1번)>
荀(◱) [순] <1항(1번)>
崇(◱) [숭] <4항(5번)>
僧(◱) [승] <1항(1번)>
丞(◱) [승] <2항(2번)>
柴(◱) [시] <1항(1번)>
詩(◱) [시] <2항(14번)>
時(◱) [시] <8항(22번)>
神(◱) [신] <7항(9번)>
臣(◱) [신] <5항(57번)>
申(◱) [신] <2항(3번)>
辛(◱) [신] <1항(1번)>
新(◱) [신] <1항(3번)>
心(◱) [심] <1항(2번)>
雙(◱) [쌍] <2항(2번)>
衙(◱) [아] <1항(6번)>
安(◱) [안] <19항(28번)>
顔(◱) [안] <3항(15번)>
梁(◱) [양] <1항(1번)>
羊(◱) [양] <2항(4번)>
楊(◱) [양] <1항(1번)>
言(◱) [언] <2항(2번)>
嚴(◱) [엄] <13항(21번)>
緣(◱) [연] <4항(16번)>
然(◱) [연] <2항(3번)>
濂(◱) [염] <1항(1번)>
嬰(◱) [영] <1항(1번)>
英(◱) [영] <1항(1번)>
榮(◱) [영] <3항(3번)>
吳(◱) [오] <1항(1번)>
溫(◱) [온] <13항(18번)>
頑(◱) [완] <1항(2번)>
王(◱) [왕] <6항(13번)>
汪(◱) [왕] <1항(1번)>
堯(◱) [요] <3항(7번)>
妖(◱) [요] <6항(6번)>

搖(◱)	[요]	<1항(1번)>
遼(◱)	[요]	<1항(1번)>
容(◱)	[용]	<4항(10번)>
憂(◱)	[우]	<1항(1번)>
雄(◱)	[웅]	<1항(1번)>
熊(◱)	[웅]	<1항(1번)>
元(◱)	[원]	<1항(1번)>
危(◱)	[위]	<7항(9번)>
猶(◱)	[유]	<2항(2번)>
柔(◱)	[유]	<5항(5번)>
銀(◱)	[은]	<1항(1번)>
慇(◱)	[은]	<1항(1번)>
音(◱)	[음]	<3항(12번)>
淫(◱)	[음]	<11항(14번)>
陰(◱)	[음]	<1항(1번)>
依(◱)	[의]	<10항(11번)>
疑(◱)	[의]	<4항(4번)>
醫(◱)	[의]	<2항(4번)>
夷(◱)	[이]	<1항(1번)>
怡(◱)	[이]	<2항(2번)>
伊(◱)	[이]	<2항(17번)>
姨(◱)	[이]	<1항(1번)>
仁(◱)	[인]	<9항(15번)>
因(◱)	[인]	<5항(19번)>
人(◱)	[인]	<7항(19번)>
資(◱)	[자]	<2항(2번)>
慈(◱)	[자]	<1항(1번)>
場(◱)	[장]	<1항(1번)>
臧(◱)	[장]	<1항(1번)>
贓(◱)	[장]	<1항(1번)>
齋(◱)	[재]	<7항(11번)>
裁(◱)	[재]	<1항(1번)>
財(◱)	[재]	<2항(13번)>
才(◱)	[재]	<2항(2번)>
災(◱)	[재]	<3항(4번)>
錚(◱)	[쟁]	<1항(1번)>
前(◱)	[전]	<6항(11번)>
全(◱)	[전]	<1항(1번)>
田(◱)	[전]	<3항(3번)>
貞(◱)	[정]	<3항(3번)>

情(◱) [정] <1항(3번)>
精(◱) [정] <10항(17번)>
丁(◱) [정] <1항(1번)>
禎(◱) [정] <1항(1번)>
廷(◱) [정] <1항(1번)>
程(◱) [정] <2항(4번)>
旌(◱) [정] <3항(3번)>
齊(◱) [제] <2항(13번)>
題(◱) [제] <1항(1번)>
條(◱) [조] <1항(1번)>
朝(◱) [조] <10항(24번)>
曹(◱) [조] <1항(4번)>
尊$_2$(◱) [준] <1항(1번)>
宗(◱) [종] <9항(14)>
終(◱) [종] <1항(1번)>
廚(◱) [주] <1항(1번)>
周(◱) [주] <11항(22번)>
州(◱) [주] <3항(7번)>
曾(◱) [증] <4항(18번)>
秦(◱) [진] <2항(2번)>
眞(◱) [진] <2항(28번)>
斟(◱) [짐] <1항(1번)>
茶(◱) [다] <1항(6번)>
嗟(◱) [차] <4항(4번)>
參(◱) [참] <6항(6번)>
倉(◱) [창] <1항(2번)>
槍(◱) [창] <1항(1번)>
千(◱) [천] <3항(4번)>
天(◱) [천] <13항(45번)>
廳(◱) [청] <3항(4번)>
靑(◱) [청] <2항(2번)>
淸(◱) [청] <7항(8번)>
初(◱) [초] <6항(8번)>
崔(◱) [최] <1항(1번)>
樞(◱) [추] <1항(1번)>
推(◱) [추] <1항(1번)>
追(◱) [추] <1항(1번)>
春(◱) [춘] <1항(3번)>
椿(◱) [춘] <1항(8번)>
冲(◱) [충] <1항(1번)>

忠(◱) [충] <13항(27번)>
層(◱) [층] <1항(6번)>
親(◱) [친] <16항(44번)>
侵(◱) [침] <2항(3번)>
沈(◱) [짐] <1항(1번)>
耽(◱) [탐] <1항(1번)>
貪(◱) [탐] <3항(3번)>
台(◱) [태] <1항(1번)>
通(◱) [통] <12항(19번)>
偸(◱) [투] <1항(1번)>
投(◱) [투] <1항(1번)>
彭(◱) [팽] <1항(1번)>
平(◱) [평] <7항(13번)>
評(◱) [평] <1항(1번)>
袍(◱) [포] <1항(1번)>
包(◱) [포] <1항(4번)>
風(◱) [풍] <7항(22번)>
豐(◱) [풍] <1항(1번)>
河(◱) [하] <3항(4번)>
韓(◱) [한] <2항(2번)>
閑(◱) [한] <2항(2번)>
缸(◱) [항] <1항(1번)>
骸(◱) [해] <1항(1번)>
香(◱) [향] <4항(5번)>
虛(◱) [허] <9항(9번)>
玄(◱) [현] <1항(1번)>
嫌(◱) [혐] <1항(1번)>
亨(◱) [형] <1항(1번)>
兄(◱) [형] <6항(60번)>
刑(◱) [형] <1항(10번)>
荊(◱) [형] <1항(3번)>
豪(◱) [호] <2항(2번)>
婚(◱) [혼] <12항(20번)>
弘(◱) [홍] <1항(5번)>
紅(◱) [홍] <1항(1번)>
丸(◱) [환] <1항(1번)>
桓(◱) [환] <2항(2번)>
皇(◱) [황] <3항(8번)>
黃(◱) [황] <1항(2번)>
橫(◱) [횡] <1항(7번)>

休(◱)	[휴]	<1항(2번)>
凶(◱)	[흉]	<12항(14번)>

〖 ^{0}002 〗◱⇒:□(중고한음 평성이 창원 방언에서 상성으로), 30자

중고한음	창원 방언	소학언해 <항(번)>
한자(권발)	[음운]	<○항(○번)>
剛(◱)	[:강]	<1항(1번)>
居(◱)	[:거]	<6항(36번)>
光(◱)	[:광]	<1항(1번)>
瞿(◱)	[:구]	<1항(1번)>
雷(◱)	[:뇌]	<1항(1번)>
巫(◱)	[:무]	<1항(2번)>
微(◱)	[:미]	<5항(5번)>
防(◱)	[:방]	<1항(1번)>
繁(◱)	[:번]	<1항(1번)>
浮(◱)	[:부]	<2항(2번)>
肥(◱)	[:비]	<1항(1번)>
非(◱)	[:비]	<2항(2번)>
城(◱)	[:성]	<1항(1번)>
循(◱)	[:순]	<1항(1번)>
尸(◱)	[:시]	<2항(2번)>
猜(◱)	[:시]	<1항(1번)>
餘(◱)	[:여]	<1항(1번)>
庸(◱)	[:용]	<1항(2번)>
寃(◱)	[:원]	<1항(1번)>
儀(◱)	[:의]	<4항(6번)>
潛(◱)	[:잠]	<2항(2번)>
操(◱)	[:조]	<12항(21번)>
津(◱)	[:진]	<2항(8번)>
昌(◱)	[:창]	<1항(1번)>
聰(◱)	[:총]	<4항(5번)>
湯(◱)	[:탕]	<1항(1번)>
鄕(◱)	[:향]	<4항(10번)>
賢(◱)	[:현]	<1항(11번)>
胡(◱)	[:호]	<1항(2번)>
湖(◱)	[:호]	<1항(1번)>

〖 ^{0}003 〗◱⇒·□(중고한음 평성이 창원 방언에서 거성으로), 15자

중고한음	창원 방언	소학언해 <항(번)>
한자(권발)	[음운]	<○항(○번)>

箕(◱)	[·기]	<2항(7번)>
譏(◱)	[·기]	<5항(6번)>
機(◱)	[·기]	<1항(1번)>
靈(◱)	[·영]	<1항(1번)>
盧(◱)	[·노]	<1항(4번)>
隋(◱)	[·수]	<4항(5번)>
銖(◱)	[·수]	<1항(1번)>
羞(◱)	[·수]	<2항(2번)>
滋(◱)	[·자]	<1항(2번)>
姿(◱)	[·자]	<1항(1번)>
箴(◱)	[·잠]	<1항(1번)>
篇(◱)	[·편]	<1항(5번)>
江(◱)	[·강]	<2항(2번)>
孤(◱)	[·고]	<2항(2번)>
棺(◱)	[·관]	<1항(1번)>

〖 ^{0}004 〗◱⇒{□,:□}(중고한음 평성이 창원 방언에서 평성과 상성으로), 10자

중고한음	창원 방언	소학언해 <항(번)>
한자(권발)	[음운]	<○항(○번)>
羹(◱)	[갱]	<1항(1번)>
羹(◱)	[:갱]	<1항(2번)>
三(◱)	[삼]	<12항(19번)>
三(◱)	[:삼]	<1항(1번)>
虞(◱)	[우]	<1항(1번)>
虞(◱)	[:우]	<3항(3번)>
殷(◱)	[은]	<1항(3번)>
殷(◱)	[:은]	<1항(1번)>
莊(◱)	[장]	<3항(4번)>
莊(◱)	[:장]	<1항(1번)>
專(◱)	[전]	<5항(5번)>
專(◱)	[:전]	<1항(1번)>
諸(◱)	[제]	<2항(2번)>
諸(◱)	[:제]	<1항(5번)>
尊$_1$(◱)	[존]	<6항(7번)>
尊$_1$(◱)	[:존]	<1항(1번)>
從(◱)	[종]	<1항(1번)>
從(◱)	[:종]	<1항(1번)>
朱(◱)	[주]	<4항(6번)>
朱(◱)	[:주]	<1항(1번)>

〖⁰004〗의 분석☞ 중고한음 ◱ ⇒ 창원 방언 {□,:□}, 10자

(□>:□ 6자)	三 <{삼(19), :삼(1)}>
	殷 <{은(3), :은(1)}>
	莊 <{장(4), :장(1)}>
	尊₁ <{존(7), :존(1)}>
	朱 <{주(6), :장(1)}>
	專 <{전(5), :전(1)}>
(:□>□ 3자)	羹 <{갱(1), :갱(2)}>
	虞 <{우(1), :우(3)}>
	諸 <{제(2), :제(5)}>
(□=:□ 1자)	從 <{종(1), :종(1)}>

〖⁰005〗◱⇒{□,·□}(중고한음 평성이 창원 방언에서 평성과 거성으로), 4자

중고한음	창원 방언	소학언해 <항(번)>
한자(권발)	[음운]	<○항(○번)>
開(◱)	[개]	<1항(2번)>
開(◱)	[·개]	<1항(2번)>
公(◱)	[공]	<11항(40번)>
公(◱)	[·공]	<2항(2번)>
威(◱)	[위]	<3항(7번)>
威(◱)	[·위]	<1항(13번)>
恩(◱)	[은]	<4항(11번)>
恩(◱)	[·은]	<1항(1번)>

〖⁰005〗의 분석☞ 중고한음 ◱ ⇒ 창원 방언 {□,·□}, 4자

(□>·□ 2자)	公 <{공(40), ·공(2)}>
	恩 <{은(11), ·은(1)}>
(·□>□ 1자)	威 <{위(7), ·위(13)}>
(□=·□ 1자)	開 <{개(2), ·개(2)}>

Ⅱ. 중고한음 상성(◰)과 창원 방언 방점의 대응 (16+99+35+3+3=)156자

〖⁰201〗◰⇒□(중고한음 상성이 창원 방언에서 평성으로), 16자

중고한음	창원 방언	소학언해 <항(번)>
한자(권발)	[음운]	<○항(○번)>
鍇(◰)	[개]	<1항(1번)>
頃(◰)	[경]	<1항(2번)>
考(◰)	[고]	<1항(1번)>
窘(◰)	[군]	<1항(1번)>
錦(◰)	[금]	<3항(3번)>
短(◰)	[단]	<3항(3번)>

稻(巳)	[도]	<1항(1번)>
童(巳)	[동]	<1항(4번)>
雅(巳)	[아]	<1항(1번)>
儼(巳)	[엄]	<1항(1번)>
宥(巳)	[유]	<1항(1번)>
忍(巳)	[인]	<1항(1번)>
紫(巳)	[자]	<1항(1번)>
鼎(巳)	[정]	<1항(1번)>
齒(巳)	[치]	<1항(1번)>
脯(巳)	[포]	<2항(5번)>

〖 ^{0}202 〗 巳⇒:□(중고한음 상성이 창원 방언에서 상성으로), 99자

중고한음 한자(권발)	창원 방언 [음운]	소학언해 <항(번)> <○항(○번)>
可(巳)	[:가]	<12항(129번)>
假(巳)	[:가]	<1항(2번)>
懇(巳)	[:간]	<2항(2번)>
敢(巳)	[:감]	<4항(76번)>
感(巳)	[:감]	<5항(7번)>
講(巳)	[:강]	<4항(6번)>
擧(巳)	[:거]	<9항(11번)>
儉(巳)	[:검]	<14항(15번)>
警(巳)	[:경]	<17항(32번)>
景(巳)	[:경]	<2항(2번)>
啓(巳)	[:계]	<1항(1번)>
古(巳)	[:고]	<1항(1번)>
袞(巳)	[:곤]	<1항(2번)>
寡(巳)	[:과]	<1항(1번)>
果(巳)	[:과]	<4항(8번)>
廣(巳)	[:광]	<3항(6번)>
臼(巳)	[:구]	<1항(1번)>
几(巳)	[:궤]	<2항(4번)>
鬼(巳)	[:귀]	<2항(4번)>
謹(巳)	[:근]	<1항(1번)>
覽(巳)	[:남]	<1항(4번)>
乃(巳)	[:나]	<8항(13번)>
兩(巳)	[:양]	<1항(2번)>
呂(巳)	[:여]	<2항(2번)>
怒(巳)	[:노]	<14항(23번)>
老(巳)	[:노]	<4항(4번)>

柳(巳) [:유] <2항(5번)>
理(巳) [:이] <1항(1번)>
鯉(巳) [:이] <2항(5번)>
理(巳) [:이] <1항(5번)>
李(巳) [:이] <4항(5번)>
里(巳) [:이] <2항(2번)>
袒(巳) [:단] <1항(1번)>
膽(巳) [:담] <1항(1번)>
待(巳) [:대] <14항(22번)>
道(巳) [:도] <9항(59번)>
動(巳) [:동] <2항(2번)>
董(巳) [:동] <2항(2번)>
免(巳) [:면] <3항(7번)>
冕(巳) [:면] <1항(1번)>
勉(巳) [:면] <1항(1번)>
武(巳) [:무] <3항(12번)>
范(巳) [:범] <1항(1번)>
犯(巳) [:범] <3항(6번)>
保(巳) [:보] <2항(3번)>
寶(巳) [:보] <2항(4번)>
奉(巳) [:봉] <14항(19번)>
忿(巳) [:분] <1항(1번)>
粉(巳) [:분] <1항(1번)>
社(巳) [:사] <3항(6번)>
士(巳) [:사] <6항(15번)>
史(巳) [:사] <3항(8번)>
算(巳) [:산] <2항(2번)>
灑(巳) [:쇄] <1항(2번)>
序(巳) [:서] <1항(3번)>
善(巳) [:선] <1항(1번)>
省(巳) [:성] <1항(1번)>
洗(巳) [:세] <2항(5번)>
小(巳) [:소] <3항(10번)>
所(巳) [:소] <5항(16번)>
損(巳) [:손] <1항(1번)>
手(巳) [:수] <2항(4번)>
受(巳) [:수] <4항(6번)>
黯(巳) [:암] <1항(9번)>
野(巳) [:야] <2항(3번)>
永(巳) [:영] <2항(2번)>

穎(巳)	[:영]	<1항(1번)>
五(巳)	[:오]	<8항(8번)>
婉(巳)	[:완]	<2항(2번)>
勇(巳)	[:용]	<2항(2번)>
羽(巳)	[:우]	<1항(2번)>
偶(巳)	[:우]	<1항(1번)>
愈(巳)	[:유]	<1항(1번)>
以(巳)	[:이]	<2항(2번)>
丈(巳)	[:장]	<1항(1번)>
宰(巳)	[:재]	<3항(14번)>
貯(巳)	[:저]	<1항(2번)>
整(巳)	[:정]	<6항(6번)>
趙(巳)	[:조]	<3항(3번)>
詔(巳)	[:조]	<2항(2번)>
坐(巳)	[:좌]	<2항(2번)>
左(巳)	[:좌]	<2항(3번)>
罪(巳)	[:죄]	<3항(20번)>
盡(巳)	[:진]	<2항(2번)>
總(巳)	[:총]	<1항(1번)>
取(巳)	[:취]	<8항(14번)>
寢(巳)	[:침]	<1항(1번)>
罷(巳)	[:파]	<1항(1번)>
陛(巳)	[:폐]	<1항(1번)>
駭(巳)	[:해]	<1항(1번)>
幸(巳)	[:행]	<4항(4번)>
嚮(巳)	[:향]	<1항(1번)>
險(巳)	[:험]	<1항(1번)>
顯(巳)	[:현]	<3항(3번)>
浩(巳)	[:호]	<1항(1번)>
戶(巳)	[:호]	<4항(5번)>
禍(巳)	[:화]	<4항(11번)>
後(巳)	[:후]	<15항(80번)>
厚(巳)	[:후]	<5항(7번)>

〖 ^{0}203 〗 巳⇒·□(중고한음 상성이 창원 방언에서 거성으로), 35자

중고한음	창원 방언	소학언해 <항(번)>
한자(권발)	[음운]	<○항(○번)>
苦(巳)	[·고]	<1항(1번)>
琯(巳)	[·관]	<1항(1번)>
款(巳)	[·관]	<2항(2번)>

九(巳)	[·구]	<2항(2번)>
苟(巳)	[·구]	<4항(8번)>
起(巳)	[·기]	<1항(1번)>
禮(巳)	[·예]	<25항(135번)>
魯(巳)	[·노]	<3항(6번)>
黨(巳)	[·당]	<1항(3번)>
憫(巳)	[·민]	<2항(2번)>
敏(巳)	[·민]	<2항(2번)>
本(巳)	[·본]	<3항(6번)>
婦(巳)	[·부]	<2항(7번)>
父(巳)	[·부]	<6항(96번)>
水(巳)	[·수]	<1항(1번)>
首(巳)	[·수]	<1항(1번)>
氏(巳)	[·씨]	<1항(2번)>
尹(巳)	[·윤]	<1항(2번)>
隱(巳)	[·은]	<5항(7번)>
引(巳)	[·인]	<3항(5번)>
者(巳)	[·자]	<1항(1번)>
子(巳)	[·자]	<25항(116번)>
盞(巳)	[·잔]	<1항(3번)>
點(巳)	[·점]	<1항(8번)>
祖(巳)	[·조]	<4항(10번)>
紂(巳)	[·주]	<1항(9번)>
主(巳)	[·주]	<7항(25번)>
酒(巳)	[·주]	<1항(1번)>
指(巳)	[·지]	<1항(1번)>
旨(巳)	[·지]	<1항(1번)>
請(巳)	[·청]	<17항(30번)>
楚(巳)	[·초]	<1항(6번)>
土(巳)	[·토]	<1항(1번)>
表(巳)	[·표]	<5항(7번)>
許(巳)	[·허]	<7항(14번)>

〖 ⁰204 〗巳⇒{□,:□}(중고한음 상성이 창원 방언에서 평성과 상성으로), 3자

중고한음	창원 방언	소학언해 <항(번)>
한자(권발)	[음운]	<○항(○번)>
簡(巳)	[간]	<4항(4번)>
簡(巳)	[:간]	<3항(4번)>
改(巳)	[개]	<2항(2번)>
改(巳)	[:개]	<1항(1번)>

有(◰)	[유]	<3항(3번)>
有(◰)	[:유]	<7항(7번)>

⟦ ^{0}204 ⟧ 의 분석☞ 중고한음 ◰ ⇒ 창원 방언 {□,:□}, 3자

(□>:□ 1자)	改 <{개(2), :개(1)}>
(:□>□ 1자)	有 <{유(3), :유(7)}>
(□=:□ 1자)	簡 <{간(4), :간(4)}>

⟦ ^{0}205 ⟧ ◰⇒{□,·□}(중고한음 상성이 창원 방언에서 평성과 거성으로), 3자

중고한음	창원 방언	소학언해 <항(번)>
한자(권발)	[음운]	<○항(○번)>
孔(◰)	[공]	<2항(2번)>
孔(◰)	[·공]	<2항(49번)>
象(◰)	[상]	<3항(3번)>
象(◰)	[·상]	<3항(4번)>
仔(◰)	[자]	<2항(2번)>
仔(◰)	[·자]	<4항(5번)>

⟦ ^{0}205 ⟧ 의 분석☞ 중고한음 ◰ ⇒창원 방언 {□,·□}, 3자

(·□>□ 3자)	孔 <{공(2), ·공(49)}>
	象 <{상(3), ·상(4)}>
	仔 <{자(2), ·자(5)}>

Ⅲ. 중고한음 거성(◳)과 창원 방언 방점의 대응 (30+129+24+5=)188자

⟦ ^{0}101 ⟧ ◳⇒□(중고한음 거성이 창원 방언에서 평성으로), 30자

중고한음	창원 방언	소학언해 <항(번)>
한자(권발)	[음운]	<○항(○번)>
侃(◳)	[간]	<1항(1번)>
計(◳)	[계]	<2항(3번)>
共(◳)	[공]	<1항(1번)>
救(◳)	[구]	<3항(3번)>
句(◳)	[구]	<1항(2번)>
眷(◳)	[권]	<6항(26번)>
亮(◳)	[양]	<1항(1번)>
類(◳)	[유]	<5항(14번)>
盜(◳)	[도]	<6항(15번)>
問(◳)	[문]	<2항(2번)>
嗣(◳)	[사]	<1항(1번)>
謝(◳)	[사]	<5항(5번)>
舍(◳)	[사]	<1항(1번)>
邵(◳)	[소]	<1항(1번)>

素(◳)	[소]	<1항(2번)>
順(◳)	[순]	<1항(1번)>
試(◳)	[시]	<1항(1번)>
異(◳)	[이]	<2항(4번)>
媵(◳)	[잉]	<1항(1번)>
仞(◳)	[인]	<1항(1번)>
帳(◳)	[장]	<1항(3번)>
障(◳)	[장]	<1항(1번)>
制(◳)	[제]	<1항(1번)>
躁(◳)	[조]	<3항(3번)>
陳(◳)	[진]	<4항(6번)>
醋(◳)	[초]	<1항(1번)>
按(◳)	[안]	<1항(1번)>
煬(◳)	[양]	<1항(1번)>
衆(◳)	[짐]	<1항(9번)>
效(◳)	[효]	<4항(6번)>

〖 [0]102 〗 ◳⇒:□(중고한음 거성이 창원 방언에서 상성으로), 129자

중고한음	창원 방언	소학언해 <항(번)>
한자(권발)	[음운]	<○항(○번)>
諫(◳)	[:간]	<15항(25번)>
慨(◳)	[:개]	<1항(1번)>
倨(◳)	[:거]	<3항(3번)>
去(◳)	[:거]	<1항(1번)>
建(◳)	[:건]	<2항(2번)>
見(◳)	[:견]	<1항(2번)>
敬(◳)	[:경]	<3항(3번)>
慶(◳)	[:경]	<3항(5번)>
契$_1$(◳)	[:계]	<1항(1번)>
繼(◳)	[:계]	<1항(1번)>
困(◳)	[:곤]	<1항(1번)>
貢(◳)	[:공]	<1항(1번)>
過(◳)	[:과]	<1항(1번)>
具(◳)	[:구]	<1항(1번)>
郡(◳)	[:군]	<2항(2번)>
勸(◳)	[:권]	<5항(5번)>
貴(◳)	[:귀]	<12항(25번)>
覲(◳)	[:근]	<1항(1번)>
癩(◳)	[:나]	<1항(1번)>
亂(◳)	[:난]	<1항(1번)>

內(◳)	[:내]	<3항(12번)>
念(◳)	[:염]	<1항(1번)>
厭(◳)	[:염]	<1항(2번)>
路(◳)	[:노]	<2항(2번)>
利(◳)	[:이]	<10항(17번)>
吏(◳)	[:이]	<1항(1번)>
代(◳)	[:대]	<5항(8번)>
對(◳)	[:대]	<25항(45번)>
大(◳)	[:대]	<38항(65번)>
度(◳)	[:도]	<3항(3번)>
洞(◳)	[:동]	<1항(2번)>
萬(◳)	[:만]	<9항(50번)>
二(◳)	[:이]	<1항(1번)>
妄(◳)	[:망]	<5항(6번)>
望(◳)	[:망]	<1항(1번)>
孟(◳)	[:맹]	<2항(28번)>
命(◳)	[:명]	<12항(45번)>
戊(◳)	[:무]	<1항(2번)>
半(◳)	[:반]	<2항(2번)>
叛(◳)	[:반]	<1항(1번)>
放(◳)	[:방]	<8항(8번)>
倍(◳)	[:배]	<2항(2번)>
變(◳)	[:변]	<6항(7번)>
病(◳)	[:병]	<11항(44번)>
富(◳)	[:부]	<5항(5번)>
奮(◳)	[:분]	<1항(1번)>
比(◳)	[:비]	<3항(3번)>
譬(◳)	[:비]	<2항(2번)>
殯(◳)	[:빈]	<3항(3번)>
聘(◳)	[:빙]	<2항(2번)>
赦(◳)	[:사]	<2항(2번)>
賜(◳)	[:사]	<1항(1번)>
事(◳)	[:사]	<2항(2번)>
四(◳)	[:사]	<9항(12번)>
泗(◳)	[:사]	<2항(3번)>
庶(◳)	[:서]	<3항(4번)>
性(◳)	[:성]	<4항(23번)>
姓(◳)	[:성]	<3항(27번)>
聖(◳)	[:성]	<3항(37번)>
勢(◳)	[:세]	<2항(3번)>

世(巳) [:세] <10항(32번)>
宋(巳) [:송] <3항(43번)>
訟(巳) [:송] <3항(3번)>
繡(巳) [:수] <1항(2번)>
舜(巳) [:순] <1항(11번)>
順(巳) [:순] <14항(18번)>
侍(巳) [:시] <1항(1번)>
試(巳) [:시] <2항(2번)>
視(巳) [:시] <1항(1번)>
諡(巳) [:시] <4항(20번)>
信(巳) [:신] <2항(3번)>
愼(巳) [:신] <1항(1번)>
讓(巳) [:양] <2항(3번)>
豫(巳) [:예] <1항(1번)>
傲(巳) [:오] <4항(4번)>
玩(巳) [:완] <4항(4번)>
外(巳) [:외] <2항(2번)>
願(巳) [:원] <5항(7번)>
義(巳) [:의] <3항(20번)>
議(巳) [:의] <19항(21번)>
刺(巳) [:자] <2항(3번)>
暫(巳) [:잠] <1항(1번)>
狀(巳) [:장] <1항(1번)>
醬(巳) [:장] <1항(2번)>
壯(巳) [:장] <1항(1번)>
戰(巳) [:전] <1항(2번)>
殿(巳) [:전] <3항(4번)>
鄭(巳) [:정] <2항(2번)>
定(巳) [:정] <8항(10번)>
制(巳) [:제] <3항(3번)>
悌(巳) [:제] <3항(4번)>
帝(巳) [:제] <1항(13번)>
祭(巳) [:제] <22항(38번)>
弔(巳) [:조] <1항(1번)>
座(巳) [:좌] <1항(1번)>
註(巳) [:주] <1항(1번)>
奏(巳) [:주] <1항(1번)>
俊(巳) [:준] <1항(1번)>
仲(巳) [:중] <2항(3번)>
晉(巳) [:진] <3항(15번)>

震(◳)	[:진]	<1항(3번)>
茱(◳)	[:채]	<1항(1번)>
蔡(◳)	[:채]	<1항(1번)>
賤(◳)	[:천]	<6항(13번)>
薦(◳)	[:천]	<6항(8번)>
醉(◳)	[:취]	<4항(6번)>
娶(◳)	[:취]	<1항(1번)>
置(◳)	[:치]	<1항(1번)>
致(◳)	[:치]	<1항(1번)>
嘆(◳)	[:탄]	<1항(2번)>
歎(◳)	[:탄]	<1항(2번)>
泰(◳)	[:태]	<2항(2번)>
退(◳)	[:퇴]	<1항(1번)>
敗(◳)	[:패]	<8항(8번)>
悖(◳)	[:패]	<2항(2번)>
佩(◳)	[:패]	<1항(1번)>
弊(◳)	[:폐]	<1항(3번)>
廢(◳)	[:폐]	<4항(6번)>
避(◳)	[:피]	<8항(8번)>
恨(◳)	[:한]	<1항(1번)>
翰(◳)	[:한]	<1항(1번)>
害(◳)	[:해]	<16항(19번)>
縣(◳)	[:현]	<3항(7번)>
化(◳)	[:화]	<3항(3번)>
患(◳)	[:환]	<5항(7번)>
膾(◳)	[:회]	<1항(1번)>
會(◳)	[:회]	<2항(2번)>
孝(◳)	[:효]	<34항(84번)>
訓(◳)	[:훈]	<2항(5번)>

〖 ⁰103 〗 ◳⇒·□(중고한음 거성이 창원 방언에서 거성으로), 24자

중고한음 한자(권발)	창원 방언 [음운]	소학언해 <항(번)> <○항(○번)>
告(◳)	[·고]	<5항(9번)>
庫(◳)	[·고]	<2항(4번)>
故(◳)	[·고]	<5항(23번)>
雇(◳)	[·고]	<1항(1번)>
固(◳)	[·고]	<1항(1번)>
記(◳)	[·기]	<5항(8번)>
器(◳)	[·기]	<4항(6번)>

氣(◰)	[·기]	<10항(26번)>
忌(◰)	[·기]	<1항(1번)>
豆(◰)	[·두]	<1항(1번)>
位(◰)	[·위]	<1항(6번)>
魏(◰)	[·위]	<1항(2번)>
慰(◰)	[·위]	<1항(1번)>
字(◰)	[·자]	<7항(45번)>
自(◰)	[·자]	<6항(12번)>
恣(◰)	[·자]	<2항(2번)>
箸(◰)	[·저]	<1항(2번)>
政(◰)	[·정]	<7항(17번)>
智(◰)	[·지]	<5항(7번)>
地(◰)	[·지]	<1항(18번)>
至(◰)	[·지]	<8항(11번)>
次(◰)	[·차]	<6항(18번)>
太(◰)	[·태]	<9항(29번)>
判(◰)	[·판]	<3항(4번)>

〚 ^{0}104 〛 ◰⇒{□,:□}(중고한음 거성이 창원 방언에서 평성과 상성으로), 5자

중고한음	창원 방언	소학언해 <항(번)>
한자(권발)	[음운]	<○항(○번)>
怪(◰)	[괴]	<4항(6번)>
怪(◰)	[:괴]	<1항(1번)>
二(◰)	[이][127]	<1항(1번)>
二(◰)	[:이]	<5항(6번)>
證(◰)	[증]	<1항(1번)>
證(◰)	[:증]	<1항(1번)>
漢(◰)	[한]	<2항(3번)>
漢(◰)	[:한]	<2항(21번)>
向(◰)	[향]	<1항(1번)>
向(◰)	[:향]	<3항(5번)>

〚 ^{0}104 〛의 분석☞ 중고한음 ◰ ⇒ 창원 방언 {□,:□}, 5자

(□>:□ 1자)	怪 <{괴(6), :괴(1)}>
(:□>□ 3자)	二 <{이(1), :이(6)}>
	漢 <{한(3), :한(21)}>
	向 <{향(1), :향(5)}>
(□=:□ 1자)	證 <{증(1), :증(1)}>

127) /:이+삼·백/(첫성분평성형화)→[이삼·백].

Ⅳ. 중고한음 입성(◲)과 창원 방언 방점의 대응
(3+1+136+2=)142자

〚 ^{0}105 〛 ◲⇒□(중고한음 입성이 창원 방언에서 평성으로), 3자

중고한음	창원 방언	소학언해 <항(번)>
한자(권발)	[음운]	<○항(○번)>
穀(◲)	[곡]	<3항(4번)>
褥(◲)	[요]	<1항(1번)>
襆(◲)	[보]	<1항(1번)>

〚 ^{0}106 〛 ◲⇒:□(중고한음 입성이 창원 방언에서 상성으로), 1자

중고한음	창원 방언	소학언해 <항(번)>
한자(권발)	[음운]	<○항(○번)>
蜜(◲)	[:밀]	<1항(1번)>

〚 ^{0}107 〛 ◲⇒·□(중고한음 입성이 창원 방언에서 거성으로), 136자

중고한음	창원 방언	소학언해 <항(번)>
한자(권발)	[음운]	<○항(○번)>
角(◲)	[·각]	<1항(2번)>
各(◲)	[·각]	<4항(12번)>
客(◲)	[·객]	<1항(1번)>
激(◲)	[·격]	<1항(1번)>
缺(◲)	[·결]	<1항(1번)>
決(◲)	[·결]	<5항(8번)>
結(◲)	[·결]	<2항(2번)>
曲(◲)	[·곡]	<4항(24번)>
骨(◲)	[·골]	<1항(2번)>
括(◲)	[·괄]	<1항(1번)>
國(◲)	[·국]	<2항(2번)>
麴(◲)	[·국]	<1항(1번)>
屈(◲)	[·굴]	<2항(2번)>
闕(◲)	[·궐]	<1항(1번)>
橘(◲)	[·귤]	<1항(2번)>
極(◲)	[·극]	<3항(5번)>
急(◲)	[·급]	<7항(8번)>
及(◲)	[·급]	<4항(4번)>
吉(◲)	[·길]	<6항(11번)>
洛(◲)	[·낙]	<1항(1번)>
諾(◲)	[·낙]	<2항(3번)>
歷(◲)	[·역]	<1항(1번)>
烈(◲)	[·열]	<2항(2번)>

列(◲)	[·열]	<1항(1번)>
祿(◲)	[·녹]	<8항(21번)>
六(◲)	[·육]	<1항(1번)>
蓼(◲)	[·육]	<1항(1번)>
律(◲)	[·율]	<1항(1번)>
鷸(◲)	[·율]	<1항(1번)>
立(◲)	[·입]	<1항(1번)>
達(◲)	[·달]	<1항(1번)>
答(◲)	[·답]	<1항(1번)>
獨(◲)	[·독]	<1항(1번)>
篤(◲)	[·독]	<4항(4번)>
得(◲)	[·득]	<2항(3번)>
幕(◲)	[·막]	<2항(4번)>
滅(◲)	[·멸]	<2항(2번)>
木(◲)	[·목]	<1항(1번)>
牧(◲)	[·목]	<2항(2번)>
沐(◲)	[·목]	<4항(4번)>
墨(◲)	[·묵]	<1항(1번)>
物(◲)	[·물]	<1항(12번)>
密(◲)	[·밀]	<1항(2번)>
博(◲)	[·박]	<1항(1번)>
薄(◲)	[·박]	<3항(3번)>
發(◲)	[·발]	<1항(1번)>
勃(◲)	[·발]	<1항(1번)>
百(◲)	[·백]	<10항(41번)>
伯(◲)	[·백]	<1항(6번)>
罰(◲)	[·벌]	<1항(1번)>
法(◲)	[·법]	<14항(55번)>
甓(◲)	[·벽]	<1항(1번)>
別(◲)	[·별]	<4항(4번)>
服(◲)	[·복]	<4항(7번)>
福(◲)	[·복]	<3항(7번)>
伏(◲)	[·복]	<1항(1번)>
不$_1$(◲)	[·불]	<12항(24번)>
北(◲)	[·북]	<5항(6번)>
佛(◲)	[·불]	<1항(1번)>
色(◲)	[·색]	<1항(4번)>
石(◲)	[·석]	<1항(1번)>
褻(◲)	[·설]	<1항(1번)>
屬$_1$(◲)	[·속]	<1항(1번)>

屬$_2$(◲) [·촉] <2항(2번)>
塾(◲) [·숙] <1항(2번)>
叔(◲) [·숙] <2항(7번)>
術(◲) [·술] <1항(1번)>
瑟(◲) [·실] <1항(2번)>
式(◲) [·식] <4항(4번)>
食(◲) [·식] <1항(1번)>
實(◲) [·실] <12항(16번)>
十(◲) [·십] <1항(1번)>
樂(◲) [·악] <6항(9번)>
厄(◲) [·액] <1항(1번)>
額(◲) [·액] <1항(1번)>
藥(◲) [·약] <1항(7번)>
弱(◲) [·약] <1항(1번)>
約(◲) [·약] <2항(4번)>
億(◲) [·억] <1항(1번)>
抑(◲) [·억] <1항(1번)>
業(◲) [·업] <3항(4번)>
驛(◲) [·역] <1항(1번)>
玉(◲) [·옥] <2항(7번)>
欲(◲) [·욕] <1항(1번)>
辱(◲) [·욕] <7항(10번)>
慾(◲) [·욕] <2항(2번)>
月(◲) [·월] <1항(1번)>
揖(◲) [·읍] <3항(5번)>
一(◲) [·일] <12항(26번)>
日(◲) [·일] <2항(2번)>
入(◲) [·입] <1항(1번)>
雜(◲) [·잡] <2항(2번)>
炙(◲) [·적] <1항(1번)>
敵(◲) [·적] <1항(1번)>
賊(◲) [·적] <1항(1번)>
積(◲) [·적] <1항(2번)>
籍(◲) [·적] <1항(1번)>
勣(◲) [·적] <1항(1번)>
節(◲) [·절] <11항(24번)>
絶(◲) [·절] <1항(1번)>
切(◲) [·절] <3항(4번)>
足(◲) [·족] <6항(23번)>
族(◲) [·족] <1항(1번)>

卒(◲)	[·졸]	<1항(1번)>
竹(◲)	[·죽]	<1항(1번)>
粥(◲)	[·죽]	<1항(4번)>
汁(◲)	[·즙]	<1항(1번)>
卽(◲)	[·즉]	<1항(1번)>
直(◲)	[·직]	<3항(3번)>
稷(◲)	[·직]	<1항(1번)>
職(◲)	[·직]	<2항(2번)>
質(◲)	[·질]	<5항(6번)>
疾(◲)	[·질]	<1항(1번)>
責(◲)	[·책]	<4항(6번)>
惕(◲)	[·척]	<1항(1번)>
妾(◲)	[·첩]	<3항(16번)>
蜀(◲)	[·촉]	<1항(2번)>
祝(◲)	[·축]	<1항(1번)>
測(◲)	[·측]	<1항(1번)>
側(◲)	[·측]	<2항(2번)>
惻(◲)	[·측]	<1항(1번)>
漆(◲)	[·칠]	<2항(2번)>
七(◲)	[·칠]	<2항(5번)>
八(◲)	[·팔]	<2항(2번)>
弼(◲)	[·필]	<1항(1번)>
學(◲)	[·학]	<15항(28번)>
合(◲)	[·합]	<2항(2번)>
歇(◲)	[·헐]	<1항(1번)>
革(◲)	[·혁]	<2항(4번)>
血(◲)	[·혈]	<2항(2번)>
或(◲)	[·혹]	<3항(43번)>
惑(◲)	[·혹]	<2항(2번)>
笏(◲)	[·홀]	<2항(4번)>
忽(◲)	[·홀]	<1항(1번)>
確(◲)	[·확]	<1항(1번)>
黑(◲)	[·흑]	<1항(2번)>

〖 ⁰108 〗 ◲ ⇒{□,·□}(중고한음 입성이 창원 방언에서 평성과 거성으로), 2자

중고한음	창원 방언	소학언해 <항(번)>
한자(권발)	[음운]	<○항(○번)>
德(◲)	[·덕]	<7항(37번)>
德(◲)	[덕][128]	<1항(1번)>
冊(◲)	[·책]	<2항(7번)>

冊(◲) [책][129] <1항(1번)>

〖⁰108〗의 분석☞ 중고한음 ◲ ⇒ 창원 방언 {□,·□}, 2자

(·□>□ 2자) 德 <{덕(1), ·덕(37)}>

冊 <{책(1), ·책(7)}>

Ⅴ. 중고한음 복수 성조와 창원 방언 방점의 대응

(4+3+1+1+27+19+1+3+2+2+1+3+2+3=)72자

〖⁰301〗{◱,◰}⇒□(중고한음 평성과 상성이 창원 방언에서 평성으로), 4자

중고한음	창원 방언	소학언해 <항(번)>
한자(권발)	[음운]	<○항(○번)>
燕({◱,◰})	[연]	<1항(1번)>
夭({◱,◰})	[요]	<1항(1번)>
兪({◱,◰})	[유]	<1항(1번)>
張({◱,◰})	[장]	<2항(5번)>

〖⁰302〗{◱,◰}⇒:□(중고한음 평성과 상성이 창원 방언에서 상성으로), 3자

중고한음	창원 방언	소학언해 <항(번)>
한자(권발)	[음운]	<○항(○번)>
强({◱,◰})	[:강]	<1항(1번)>
漸({◱,◰})	[:점]	<1항(2번)>
徵({◱,◰})	[:치]	<1항(1번)>

〖⁰303〗{◱,◰}⇒·□(중고한음 평성과 상성이 창원 방언에서 거성으로), 1자

중고한음	창원 방언	소학언해 <항(번)>
한자(권발)	[음운]	<○항(○번)>
標({◱,◰})	[·표]	<1항(1번)>

〖⁰304〗{◱,◰}⇒{□,:□}(중고한음 평성과 상성이 창원 방언에서 평성과 상성으로), 1자

중고한음	창원 방언	소학언해 <항(번)>
한자(권발)	[음운]	<○항(○번)>
長({◱,◰})	[장]	<4항(5번)>
長({◱,◰})	[:장]	<4항(5번)>

〖⁰304〗의 분석☞ 중고한음 {◱,◰} ⇒ 창원 방언 {□,:□}, 1자

(□=:□ 1자) 長 <{장(5), :장(5)}>

---

128) /·덕+·에/→[덕·에].

129) /·책+·에/→[책·에].

〖 [0]305 〗{◱,◳}⇒□(중고한음 평성과 거성이 창원 방언에서 평성으로), 27자

중고한음	창원 방언	소학언해 <항(번)>
한자(권발)	[음운]	<○항(○번)>
觀({◱,◳})	[관]	<2항(3번)>
轎({◱,◳})	[교]	<1항(1번)>
論({◱,◳})	[논]	<2항(15번)>
當({◱,◳})	[당]	<10항(14번)>
聞({◱,◳})	[문]	<1항(1번)>
分({◱,◳})	[분]	<9항(10번)>
尙({◱,◳})	[상]	<4항(6번)>
喪({◱,◳})	[상]	<5항(19번)>
孫({◱,◳})	[손]	<2항(3번)>
樣({◰,◳})	[양]	<2항(3번)>
遺({◱,◳})	[유]	<1항(1번)>
衣({◱,◳})	[의]	<3항(9번)>
離({◱,◳})	[이]	<1항(2번)>
任({◱,◳})	[임]	<1항(1번)>
臨({◱,◳})	[임]	<1항(1번)>
載({◰,◳})	[재]	<1항(1번)>
傳({◱,◳})	[전]	<7항(7번)>
占({◱,◳})	[점]	<1항(1번)>
中({◱,◳})	[중]	<10항(17번)>
妻({◱,◳})	[처]	<2항(9번)>
譙({◱,◳})	[초]	<1항(1번)>
治({◱,◳})	[치]	<1항(2번)>
便({◱,◳})	[편]	<17항(25번)>
和({◱,◳})	[화]	<25항(30번)>
華({◱,◳})	[화]	<1항(1번)>
回({◱,◳})	[회]	<1항(1번)>
興({◱,◳})	[흥]	<3항(3번)>

〖 [0]306 〗{◱,◳}⇒:□(중고한음 평성과 거성이 창원 방언에서 상성으로), 19자

중고한음	창원 방언	소학언해 <항(번)>
한자(권발)	[음운]	<○항(○번)>
供({◱,◳})	[:공]	<6항(8번)>
教({◱,◳})	[:교]	<4항(5번)>
禁({◱,◳})	[:금]	<4항(4번)>
難({◱,◳})	[:난]	<1항(1번)>
每({◰,◳})	[:매]	<6항(28번)>
使({◰,◳})	[:사]	<1항(2번)>

上({◰,◳}) [:상] <7항(18번)>
盛({◱,◳}) [:성] <8항(12번)>
數({◰,◳}) [:수] <1항(2번)>
甚({◰,◳}) [:심] <10항(18번)>
藹({◰,◳}) [:애] <1항(1번)>
養({◰,◳}) [:양] <1항(4번)>
要({◱,◳}) [:요] <5항(7번)>
遠({◰,◳}) [:원] <1항(1번)>
爲({◱,◳}) [:위] <13항(40번)>
飮({◰,◳}) [:음] <7항(44번)>
處({◰,◳}) [:처] <7항(8번)>
聽({◱,◳}) [:청] <1항(1번)>
行({◱,◳}) [:행] <19항(37번)>

〖 ⁰307 〗{◱,◳}⇒·□(중고한음 평성과 거성이 창원 방언에서 거성으로), 1자
중고한음 창원 방언 소학언해 <항(번)>
한자(권발) [음운] <○항(○번)>
冠({◱,◳}) [·관] <10항(22번)>

〖 ⁰308 〗{◱,◳}⇒{□,:□}(중고한음 평성과 거성이 창원 방언에서 평성과 상성으로), 3자
중고한음 창원 방언 소학언해 <항(번)>
한자(권발) [음운] <○항(○번)>
思({◱,◳}) [사] <5항(7번)>
思({◱,◳}) [:사] <2항(2번)>
怨({◱,◳}) [원] <2항(8번)>
怨({◱,◳}) [:원] <5항(7번)>
將({◱,◳}) [장] <4항(23번)>
將({◱,◳}) [:장] <4항(9번)>
〖 ⁰308 〗의 분석☞ 중고한음 {◱,◳}} ⇒ 창원 방언 {□,:□}, 3자
(□>:□ 3자) 思 <{사(7), :사(2)}>
怨 <{원(8), :원(7)}>
將 <{장(23), :장(9)}>

〖 ⁰309 〗{◱,◳}⇒{□,·□}(중고한음 평성과 거성이 창원 방언에서 평성과 거성으로), 2자
중고한음 창원 방언 소학언해 <항(번)>
한자(권발) [음운] <○항(○번)>
相({◱,◳}) [상] <1항(1번)>
相({◱,◳}) [·상] <3항(3번)>
知({◱,◳}) [지] <2항(3번)>
知({◱,◳}) [·지] <2항(2번)>

⟦ ^{0}309 ⟧의 분석☞ 중고한음 {◱,◳}} ⇒ 창원 방언 {□,·□}, 2자

(□>·□ 1자) 知 <{지(3), ·지(2)}>

(·□>□ 1자) 相 <{상(1), ·상(3)}>

⟦ ^{0}310 ⟧{◱,◳}⇒{:□,·□}(중고한음 평성과 거성이 창원 방언에서 상성과 거성으로), 2자

중고한음	창원 방언	소학언해 <항(번)>
한자(권발)	[음운]	<○항(○번)>
令({◱,◳})	[:영]	<1항(3번)>
令({◱,◳})	[·영]	<3항(5번)>
應({◱,◳})	[:응]	<10항(14번)>
應({◱,◳})	[·응]	<2항(2번)>

⟦ ^{0}310 ⟧의 분석☞ 중고한음 {◱,◳}} ⇒ 창원 방언 {:□,·□}, 2자

(:□>·□ 1자) 應 <{:응(14), ·응(2)}>

(·□>:□ 1자) 令 <{:영(3), ·영(5)}>

⟦ ^{0}311 ⟧{◱,◳}⇒{□,:□,·□}(중고한음 평성과 거성이 창원 방언에서 평성, 상성과 거성으로), 1자

중고한음	창원 방언	소학언해 <항(번)>
한자(권발)	[음운]	<○항(○번)>
正({◱,◳})	[정]	<1항(1번)>
正({◱,◳})	[:정]	<16항(38번)>
正({◱,◳})	[·정]	<1항(3번)>

⟦ ^{0}311 ⟧의 분석☞ 중고한음 {◱,◳}} ⇒창원 방언 {□,:□,·□}, 1자

(:□>·□>□ 1자) 正 <{정(1), :정(38), ·정(3)}>

⟦ ^{0}312 ⟧{◰,◳}⇒:□(중고한음 상성과 거성이 창원 방언에서 상성으로), 3자

중고한음	창원 방언	소학언해 <항(번)>
한자(권발)	[음운]	<○항(○번)>
弟({◰,◳})	[:제]	<5항(21번)>
戱({◱,◳})	[:희]	<5항(7번)>
下({◰,◳})	[:하]	<4항(10번)>

⟦ ^{0}313 ⟧{◱,◰,◳}⇒□(중고한음 평성, 상성과 거성이 창원 방언에서 평성으로), 2자

중고한음	창원 방언	소학언해 <항(번)>
한자(권발)	[음운]	<○항(○번)>
空({◱,◰,◳})	[공]	<1항(1번)>
淡({◱,◰,◳})	[담]	<2항(2번)>

⟦ ^{0}314 ⟧ {⌞□,⌜□,□⌝}⇒:□(중고한음 평성, 상성과 거성이 창원 방언에서 상성으로), 3자

중고한음	창원 방언	소학언해 <항(번)>
한자(권발)	[음운]	<○항(○번)>
卷({⌞□,⌜□,□⌝})	[:권]	<1항(1번)>
與({⌞□,⌜□,□⌝})	[:여]	<1항(1번)>
重({⌞□,⌜□,□⌝})	[:중]	<12항(18번)>

6.4.4 평성 뒤(□－)에 나타난 한자형태소의 방점

창원 방언에서는 운율적인 낱말 안에서 평성 뒤의 위치(□—)에서는 세 가지 성조가 대립을 이루지 못하고, 평성(□)과 측성(·□)의 둘로만 대립한다. 그러므로, 아래의 자료 (942)에서는 평성 뒤의 위치(□—)에 오는 한자형태소는 0점(□, 평성)과 1점(·□, 측성)의 두 가지로만 표시된다. 곧 이 위치에서는 규칙 (5)ㄱ에 의해 거성(·□)과 상성(:□)은 모두 1점(·□, 측성)으로 중화된다.

그리고 창원 방언에서는 규칙 (5)ㄴ에 의해 상성 또는 거성 뒤의 위치({:□,·□}—)에서는 세 성조(평성(□), 상성(:□), 거성(·□)) 모두가 1점(·□, 측성)으로 중화된다. 따라서 이 위치에서는 방점(/성조) 분석이 불가능하다. 이 위치에 오는 한자형태소는 방점 분석의 자료가 될 수 없으므로 모두 버리게 된다. 방점 분석에서 버리고 취함(取捨)의 원칙을 간략하게 제시하면 (942)와 같다.

(942) 창원 방언 방점 분석에서 취사의 원칙
- ㄱ. 어두(#—)에 나타나는 한자형태소의 방점은 0점(□, 평성), 2점(:□, 상성), 1점(·□, 거성)의 세 가지로 분석한다.
- ㄴ. 평성 뒤(#$□_1$—)에 오는 한자형태소의 방점은 0점(□, 평성)과 1점(·□, 측성)의 두 가지로만 분석한다.
- ㄷ. 측성 뒤({:□,·□}—)에 오는 한자형태소는 방점 분석 대상에서 제외한다.

자료 (940)에서 원칙 (942)ㄷ을 적용해서 분석 불가능한 중화 자료를 버린 다음 남은 자료에 (942)ㄴ을 적용해서 얻은 자료는 (943)이다. (943)의 자료는 결국 평성 뒤(□—)에 오는 자료만으로 이뤄진다. (943)의 자료는 Ⅰ(평성⌞□) 141자, Ⅱ(상성⌜□) 65자, Ⅲ(거성□⌝) 96자, Ⅳ(입성□⌟) 78자, Ⅴ(복수 권발) 35자인데, 모두 합쳐서 415자이다.

(943) [평성 뒤] 창원 방언 한자형태소 방점 자료 (중고한음 4성과 대조)

Ⅰ. 중고한음 평성(◱)과 창원 방언 방점의 대응

(122+16+3=)141자

〖 $_{o}$001 〗 ◱⇒□(중고한음 평성이 창원 방언에서 평성으로), 122자

중고한음	창원 방언	소학언해 <항(번)>
한자(권발)	[음운]	<○항(○번)>
薑(◱ㄷ)	[강]	<1항(1번)>
渠(◱ㄷ)	[거]	<1항(7번)>
巾(◱ㄷ)	[건]	<1항(1번)>
卿(◱ㄷ)	[경]	<1항(4번)>
溪(◱ㄷ)	[계]	<1항(1번)>
階(◱ㄷ)	[계]	<2항(5번)>
公(◱ㄷ)	[공]	<13항(28번)>
恭(◱ㄷ)	[공]	<4항(7번)>
官(◱ㄷ)	[관]	<3항(5번)>
光(◱ㄷ)	[관]	<1항(1번)>
求(◱ㄷ)	[구]	<1항(2번)>
軍(◱ㄷ)	[군]	<1항(1번)>
君(◱ㄷ)	[군]	<1항(2번)>
宮(◱ㄷ)	[궁]	<1항(4번)>
權(◱ㄷ)	[권]	<1항(7번)>
均(◱ㄷ)	[균]	<1항(1번)>
懃(◱ㄷ)	[근]	<1항(1번)>
期(◱ㄷ)	[기]	<1항(1번)>
機(◱ㄷ)	[기]	<1항(1번)>
金(◱ㄷ)	[금]	<1항(2번)>
年(◱ㄷ)	[년]	<6항(13번)>
端(◱ㄷ)	[단]	<1항(1번)>
唐(◱ㄷ)	[당]	<1항(1번)>
堂(◱ㄷ)	[당]	<2항(4번)>
徒(◱ㄷ)	[도]	<1항(2번)>
同(◱ㄷ)	[동]	<3항(3번)>
東(◱ㄷ)	[동]	<3항(3번)>
蘭(◱ㄷ)	[란]	<1항(1번)>
廉(◱ㄷ)	[렴]	<5항(6번)>
靈(◱ㄷ)	[령]	<1항(1번)>
倫(◱ㄷ)	[륜]	<1항(11번)>
明(◱ㄷ)	[명]	<7항(7번)>
蒙(◱ㄷ)	[몽]	<1항(4번)>
門(◱ㄷ)	[문]	<4항(15번)>

房(◱ㄷ) [방] <1항(1번)>
方(◱ㄷ) [방] <2항(2번)>
封(◱ㄷ) [봉] <1항(2번)>
夫(◱ㄷ) [부] <2항(4번)>
妃(◱ㄷ) [비] <1항(1번)>
私(◱ㄷ) [사] <10항(17번)>
辭(◱ㄷ) [사] <1항(1번)>
三(◱ㄷ) [삼] <1항(1번)>
床(◱ㄷ) [상] <2항(6번)>
祥(◱ㄷ) [상] <1항(1번)>
詳(◱ㄷ) [상] <3항(3번)>
$生_1$(◱ㄷ) [생] <4항(74번)>
$生_2$(◱ㄷ) [승] <1항(9번)>
書(◱ㄷ) [서] <6항(10번)>
先(◱ㄷ) [선] <1항(1번)>
誠(◱ㄷ) [성] <11항(27번)>
星(◱ㄷ) [성] <1항(1번)>
聲(◱ㄷ) [성] <1항(1번)>
城(◱ㄷ) [성] <2항(3번)>
昭(◱ㄷ) [소] <1항(1번)>
讐(◱ㄷ) [수] <2항(8번)>
恂(◱ㄷ) [순] <1항(2번)>
時(◱ㄷ) [시] <2항(2번)>
詩(◱ㄷ) [시] <5항(19번)>
臣(◱ㄷ) [신] <3항(5번)>
神(◱ㄷ) [신] <1항(1번)>
身(◱ㄷ) [신] <1항(1번)>
申(◱ㄷ) [신] <1항(2번)>
尋(◱ㄷ) [심] <1항(1번)>
心(◱ㄷ) [심] <4항(4번)>
牙(◱ㄷ) [아] <3항(3번)>
安(◱ㄷ) [안] <15항(23번)>
陽(◱ㄷ) [양] <3항(4번)>
輿(◱ㄷ) [여] <1항(1번)>
淵(◱ㄷ) [연] <2항(6번)>
然(◱ㄷ) [연] <4항(4번)>
迎(◱ㄷ) [영] <2항(2번)>
營(◱ㄷ) [영] <2항(3번)>
溫(◱ㄷ) [온] <1항(6번)>
汪(◱ㄷ) [왕] <1항(1번)>

王(◱ㄷ) [왕] <2항(22번)>
庸(◱ㄷ) [용] <1항(1번)>
容(◱ㄷ) [용] <2항(2번)>
吁(◱ㄷ) [우] <1항(1번)>
員(◱ㄷ) [원] <2항(18번)>
由(◱ㄷ) [유] <1항(1번)>
銀(◱ㄷ) [은] <1항(1번)>
疑(◱ㄷ) [의] <1항(1번)>
伊(◱ㄷ) [이] <1항(1번)>
怡(◱ㄷ) [이] <1항(1번)>
姻(◱ㄷ) [인] <12항(20번)>
仁(◱ㄷ) [인] <1항(1번)>
人(◱ㄷ) [인] <4항(6번)>
資(◱ㄷ) [자] <1항(1번)>
章(◱ㄷ) [장] <1항(1번)>
粧(◱ㄷ) [장] <1항(2번)>
才(◱ㄷ) [재] <1항(1번)>
材(◱ㄷ) [재] <1항(1번)>
齋(◱ㄷ) [재] <1항(1번)>
錚(◱ㄷ) [쟁] <1항(1번)>
纏(◱ㄷ) [전] <1항(2번)>
前(◱ㄷ) [전] <1항(6번)>
廷(◱ㄷ) [정] <1항(8번)>
情(◱ㄷ) [정] <2항(4번)>
齊(◱ㄷ) [제] <1항(1번)>
朝(◱ㄷ) [조] <1항(1번)>
尊(◱ㄷ) [존] <1항(1번)>
從(◱ㄷ) [종] <1항(1번)>
縱(◱ㄷ) [종] <2항(2번)>
周(◱ㄷ) [주] <1항(1번)>
州(◱ㄷ) [주] <3항(5번)>
持(◱ㄷ) [지] <1항(1번)>
千(◱ㄷ) [천] <1항(1번)>
川(◱ㄷ) [천] <3항(18번)>
廳(◱ㄷ) [청] <2항(4번)>
秋(◱ㄷ) [추] <1항(3번)>
忠(◱ㄷ) [충] <1항(1번)>
層(◱ㄷ) [층] <1항(1번)>
台(◱ㄷ) [태] <1항(1번)>
平(◱ㄷ) [평] <2항(2번)>

皮(◱ㄷ)	[피]	<1항(1번)>
河(◱ㄷ)	[하]	<2항(2번)>
閑(◱ㄷ)	[한]	<1항(1번)>
虛(◱ㄷ)	[허]	<1항(1번)>
兄(◱ㄷ)	[형]	<1항(1번)>
壺(◱ㄷ)	[호]	<1항(1번)>
皇(◱ㄷ)	[황]	<2항(2번)>
荒(◱ㄷ)	[황]	<1항(1번)>

〖 $_{0}$002 〗◱⇒·□(중고한음 평성이 창원 방언에서 측성으로), 16자

중고한음	창원 방언	소학언해 <항(번)>
한자(권발)	[음운]	<○항(○번)>
都(◱ㄷ)	[·도]	<1항(1번)>
擄(◱ㄷ)	[·로]	<2항(3번)>
流(◱ㄷ)	[·류]	<4항(7번)>
模(◱ㄷ)	[·모]	<1항(1번)>
微(◱ㄷ)	[·미]	<1항(1번)>
倣(◱ㄷ)	[·방]	<1항(1번)>
循(◱ㄷ)	[·순]	<1항(1번)>
嚴(◱ㄷ)	[·엄]	<1항(5번)>
餘(◱ㄷ)	[·여]	<3항(3번)>
虞(◱ㄷ)	[·우]	<1항(1번)>
頤(◱ㄷ)	[·이]	<1항(1번)>
慈(◱ㄷ)	[·자]	<2항(2번)>
箴(◱ㄷ)	[·잠]	<1항(1번)>
支(◱ㄷ)	[·지]	<5항(6번)>
彩(◰ㄷ)	[·채]	<1항(1번)>
篇(◱ㄷ)	[·편]	<2항(5번)>

〖 $_{0}$003 〗◱ ⇒ {□,·□}(중고한음 평성이 창원 방언에서 평성과 측성으로), 3자

중고한음	창원 방언	소학언해 <항(번)>
한자(권발)	[음운]	<○항(○번)>
亡(◱ㄷ)	[망]	<3항(4번)>
亡(◱ㄷ)	[·망]	<1항(1번)>
邪(◱ㄷ)	[사]	<1항(1번)>
邪(◱ㄷ)	[·사]	<2항(2번)>
宗(◱ㄷ)	[종]	<2항(3번)>
宗(◱ㄷ)	[·종]	<2항(3번)>

〖 $_{0}$003 〗의 분석☞ 중고한음 ◱ ⇒ 창원 방언 {□,·□}, 3자

(□>·□ 2자) 亡 <{망(4), ·망(1)}>

(·□>□ 1자)　　邪 <{사(1), ·사(2)}>
(□=·□ 1자)　　宗 <{종(3), ·종(3)}>

Ⅱ. 중고한음 상성(巳)과 창원 방언 방점의 대응 (15+48+2=)65자

〖₀201〗巳 ⇒ □(중고한음 상성이 창원 방언에서 평성으로), 15자

중고한음 한자(권발)	창원 방언 [음운]	소학언해 <항(번)> <○항(○번)>
館(巳ㄷ)	[관]	<1항(1번)>
巧(巳ㄷ)	[교]	<1항(1번)>
起(巳ㄷ)	[기]	<3항(3번)>
黨(巳ㄷ)	[당]	<6항(26번)>
馬(巳ㄷ)	[마]	<4항(11번)>
保(巳ㄷ)	[보]	<3항(3번)>
婦(巳ㄷ)	[부]	<1항(3번)>
守(巳ㄷ)	[수]	<3항(3번)>
始(巳ㄷ)	[시]	<1항(1번)>
杖(巳ㄷ)	[장]	<1항(1번)>
鼎(巳ㄷ)	[정]	<1항(1번)>
靜(巳ㄷ)	[정]	<8항(10번)>
殆(巳ㄷ)	[태]	<6항(8번)>
后(巳ㄷ)	[후]	<2항(2번)>
喜(巳ㄷ)	[연]	<1항(1번)>

〖₀202〗巳 ⇒ ·□(중고한음 상성이 창원 방언에서 측성으로), 48자

중고한음 한자(권발)	창원 방언 [음운]	소학언해 <항(번)> <○항(○번)>
擧(巳ㄷ)	[·거]	<2항(2번)>
苦(巳ㄷ)	[·고]	<1항(1번)>
果(巳ㄷ)	[·과]	<1항(1번)>
矩(巳ㄷ)	[·구]	<2항(2번)>
軌(巳ㄷ)	[·궤]	<1항(1번)>
膽(巳ㄷ)	[·담]	<1항(1번)>
待(巳ㄷ)	[·대]	<1항(1번)>
道(巳ㄷ)	[·도]	<5항(15번)>
禮(巳ㄷ)	[·례]	<7항(7번)>
理(巳ㄷ)	[·리]	<2항(2번)>
里(巳ㄷ)	[·리]	<2항(3번)>
犯(巳ㄷ)	[·범]	<2항(2번)>
辨(巳ㄷ)	[·변]	<4항(4번)>

本(巳ㄷ) [·본] <2항(9번)>
婦(巳ㄷ) [·부] <1항(1번)>
府(巳ㄷ) [·부] <2항(2번)>
否(巳ㄷ) [·부] <2항(4번)>
婢(巳ㄷ) [·비] <1항(1번)>
士(巳ㄷ) [·사] <2항(5번)>
省(巳ㄷ) [·성] <1항(2번)>
盾(巳ㄷ) [·순] <1항(1번)>
審(巳ㄷ) [·심] <2항(2번)>
氏(巳ㄷ) [·씨] <1항(30번)>
染(巳ㄷ) [·염] <1항(1번)>
友(巳ㄷ) [·우] <1항(1번)>
子(巳ㄷ) [·자] <22항(112번)>
典(巳ㄷ) [·전] <1항(1번)>
祖(巳ㄷ) [·조] <1항(1번)>
兆(巳ㄷ) [·조] <2항(2번)>
坐(巳ㄷ) [·좌] <1항(1번)>
罪(巳ㄷ) [·죄] <3항(3번)>
酒(巳ㄷ) [·주] <1항(1번)>
主(巳ㄷ) [·주] <2항(4번)>
止(巳ㄷ) [·지] <1항(1번)>
趾(巳ㄷ) [·지] <1항(1번)>
草(巳ㄷ) [·초] <1항(2번)>
侈(巳ㄷ) [·치] <10항(11번)>
恥(巳ㄷ) [·치] <1항(1번)>
誕(巳ㄷ) [·탄] <2항(2번)>
蕩(巳ㄷ) [·탕] <3항(7번)>
表(巳ㄷ) [·표] <3항(3번)>
品(巳ㄷ) [·품] <2항(2번)>
海(巳ㄷ) [·해] <1항(1번)>
享(巳ㄷ) [·향] <1항(1번)>
險(巳ㄷ) [·험] <1항(1번)>
禍(巳ㄷ) [·화] <2항(3번)>
後(巳ㄷ) [·후] <2항(3번)>
厚(巳ㄷ) [·후] <4항(5번)>

〖 $_{o}$203 〗巳⇒{□,·□}(중고한음 상성이 창원 방언에서 평성과 측성으로), 2자

중고한음 창원 방언 소학언해 <항(번)>
한자(권발) [음운] <○항(○번)>
考(巳ㄷ) [고] <1항(2번)>

考(◰ㄷ) [·고] <4항(4번)>
動(◰ㄷ) [동] <1항(1번)>
動(◰ㄷ) [·동] <1항(1번)>
〖 ₒ203 〗의 분석☞ 중고한음 ◰ ⇒ 창원 방언 {□,·□}, 2자
(·□>□ 1자) 考 <{고(2), ·고(4)}>
(□=·□ 1자) 動 <{동(1), ·동(1)}>

Ⅲ. 중고한음 거성(◳)과 창원 방언 방점의 대응 (20+75+1=)96자

〖 ₒ101 〗◳ ⇒ □(중고한음 거성이 창원 방언에서 평성으로), 20자

중고한음 한자(권발)	창원 방언 [음운]	소학언해 <항(번)> <○항(○번)>
侃(◳ㄷ)	[간]	<1항(1번)>
計(◳ㄷ)	[계]	<1항(1번)>
句(◳ㄷ)	[구]	<1항(2번)>
器(◳ㄷ)	[기]	<1항(1번)>
記(◳ㄷ)	[기]	<1항(1번)>
對(◳ㄷ)	[대]	<1항(1번)>
袋(◳ㄷ)	[대]	<1항(2번)>
漏(◳ㄷ)	[루]	<1항(1번)>
類(◳ㄷ)	[류]	<2항(3번)>
貌(◳ㄷ)	[모]	<1항(5번)>
廟(◳ㄷ)	[묘]	<2항(3번)>
費(◳ㄷ)	[비]	<3항(3번)>
舍(◳ㄷ)	[사]	<1항(2번)>
瑞(◳ㄷ)	[서]	<1항(3번)>
宴(◳ㄷ)	[연]	<1항(1번)>
幼(◳ㄷ)	[유]	<1항(1번)>
易(◳ㄷ)	[이]	<1항(1번)>
獻(◳ㄷ)	[헌]	<1항(1번)>
效(◳ㄷ)	[효]	<2항(2번)>
訓(◳ㄷ)	[훈]	<1항(5번)>

〖 ₒ102 〗◳ ⇒ ·□(중고한음 거성이 창원 방언에서 측성으로), 75자

중고한음 한자(권발)	창원 방언 [음운]	소학언해 <항(번)> <○항(○번)>
嫁(◳ㄷ)	[·가]	<2항(2번)>
暇(◳ㄷ)	[·가]	<2항(2번)>
據(◳ㄷ)	[·거]	<2항(2번)>
件(◳ㄷ)	[·건]	<1항(1번)>

敬(◳ㄷ) [·경] <27항(75번)>
戒(◳ㄷ) [·계] <5항(7번)>
故(◳ㄷ) [·고] <3항(15번)>
怪(◳ㄷ) [·괴] <6항(6번)>
較(◳ㄷ) [·교] <2항(3번)>
究(◳ㄷ) [·구] <3항(6번)>
國(◱ㄷ) [·국] <2항(3번)>
郡(◳ㄷ) [·군] <1항(1번)>
器(◳ㄷ) [·기] <1항(1번)>
氣(◳ㄷ) [·기] <2항(2번)>
念(◳ㄷ) [·념] <2항(2번)>
代(◳ㄷ) [·대] <3항(3번)>
亂(◳ㄷ) [·란] <6항(8번)>
慮(◳ㄷ) [·려] <1항(1번)>
例(◳ㄷ) [·례] <4항(11번)>
賴(◳ㄷ) [·뢰] <2항(2번)>
利(◳ㄷ) [·리] <1항(1번)>
吏(◳ㄷ) [·리] <1항(1번)>
慢(◳ㄷ) [·만] <9항(11번)>
望(◳ㄷ) [·망] <1항(1번)>
面(◳ㄷ) [·면] <1항(1번)>
命(◳ㄷ) [·명] <4항(4번)>
慕(◳ㄷ) [·모] <3항(5번)>
墓(◳ㄷ) [·묘] <1항(1번)>
妙(◳ㄷ) [·묘] <2항(2번)>
問(◳ㄷ) [·문] <1항(1번)>
未(◳ㄷ) [·미] <1항(1번)>
備(◳ㄷ) [·비] <1항(1번)>
詐(◳ㄷ) [·사] <1항(1번)>
誓(◳ㄷ) [·서] <3항(3번)>
性(◳ㄷ) [·성] <1항(2번)>
姓(◳ㄷ) [·성] <2항(8번)>
勢(◳ㄷ) [·세] <2항(3번)>
稅(◳ㄷ) [·세] <1항(1번)>
世(◳ㄷ) [·세] <3항(4번)>
遜(◳ㄷ) [·손] <2항(2번)>
順(◳ㄷ) [·순] <19항(30번)>
舜(◳ㄷ) [·순] <1항(4번)>
試(◳ㄷ) [·시] <2항(2번)>
信(◳ㄷ) [·신] <3항(4번)>

案(◳ㄷ)	[·안]	<1항(1번)>
讓(◳ㄷ)	[·양]	<13항(26번)>
預(◳ㄷ)	[·예]	<4항(4번)>
位(◳ㄷ)	[·위]	<1항(1번)>
意(◳ㄷ)	[·의]	<1항(1번)>
義(◳ㄷ)	[·의]	<2항(2번)>
異(◳ㄷ)	[·이]	<5항(7번)>
字(◳ㄷ)	[·자]	<3항(4번)>
字(◳ㄷ)	[·짜]	<1항(1번)>
葬(◳ㄷ)	[·장]	<1항(2번)>
箸(◳ㄷ)	[·저]	<2항(2번)>
定(◳ㄷ)	[·정]	<5항(10번)>
政(◳ㄷ)	[·정]	<1항(1번)>
祭(◳ㄷ)	[·제]	<2항(2번)>
帝(◳ㄷ)	[·제]	<3항(8번)>
至(◳ㄷ)	[·지]	<1항(1번)>
地(◳ㄷ)	[·지]	<3항(3번)>
鎭(◳ㄷ)	[·진]	<1항(2번)>
次(◳ㄷ)	[·차]	<3항(32)>
菜(◳ㄷ)	[·치]	<1항(1번)>
賤(◳ㄷ)	[·천]	<1항(1번)>
寸(◳ㄷ)	[·촌]	<1항(1번)>
歎(◳ㄷ)	[·탄]	<4항(4번)>
太(◳ㄷ)	[·태]	<1항(1번)>
判(◳ㄷ)	[·판]	<3항(3번)>
徧(◳ㄷ)	[·변]	<1항(1번)>
夏(◳ㄷ)	[·하]	<1항(1번)>
漢(◳ㄷ)	[·한]	<1항(8번)>
害(◳ㄷ)	[·해]	<1항(1번)>
驗(◳ㄷ)	[·험]	<3항(3번)>
惠(◳ㄷ)	[·혜]	<3항(10번)>
會(◳ㄷ)	[·회]	<5항(7번)>

〖 o103 〗 ◳ ⇒ {□,·□}(중고한음 거성이 창원 방언에서 평성과 측성으로), 1자

중고한음	창원 방언	소학언해 <항(번)>
한자(권발)	[음운]	<○항(○번)>
事(◳ㄷ)	[사]	<2항(15번)>
事(◳ㄷ)	[·사]	<6항(7번)>

〖 o103 〗의 분석☞ 중고한음 ◳ ⇒ 창원 방언 {□,·□}, 1자

(·□>□ 1자) 事 <{사(15), ·사(7)}>

Ⅳ. 중고한음 입성(◲)과 창원 방언 방점의 대응
(3+75=)78자

『 ₀104 』 ◲ ⇒ □(중고한음 입성이 창원 방언에서 평성으로), 3

중고한음	창원 방언	소학언해 <항(번)>
한자(권발)	[음운]	<○항(○번)>
略(◲ㄷ)	[략]	<2항(2번)>
泊(◲ㄷ)	[박]	<1항(1번)>
賊(◲ㄷ)	[적]	<2항(11번)>

『 ₀105 』 ◲ ⇒ ·□(중고한음 입성이 창원 방언에서 측성으로), 75

중고한음	창원 방언	소학언해 <항(번)>
한자(권발)	[음운]	<○항(○번)>
葛(◲ㄷ)	[·갈]	<2항(2번)>
喝(◲ㄷ)	[·갈]	<1항(1번)>
蠍(◲ㄷ)	[·갈]	<1항(1번)>
傑(◲ㄷ)	[·걸]	<2항(2번)>
曲(◲ㄷ)	[·곡]	<5항(5번)>
骨(◲ㄷ)	[·골]	<1항(1번)>
急(◲ㄷ)	[·급]	<3항(3번)>
納(◲ㄷ)	[·납]	<2항(3번)>
達(◲ㄷ)	[·달]	<6항(6번)>
篤(◲ㄷ)	[·독]	<3항(3번)>
滅(◲ㄷ)	[·멸]	<2항(2번)>
目(◲ㄷ)	[·목]	<1항(1번)>
睦(◲ㄷ)	[·목]	<1항(1번)>
物(◲ㄷ)	[·물]	<2항(13번)>
密(◲ㄷ)	[·밀]	<2항(3번)>
迫(◲ㄷ)	[·박]	<1항(1번)>
薄(◲ㄷ)	[·박]	<4항(4번)>
栢(◲ㄷ)	[·백]	<1항(1번)>
白(◲ㄷ)	[·백]	<1항(1번)>
百(◲ㄷ)	[·백]	<2항(2번)>
罰(◲ㄷ)	[·벌]	<1항(10번)>
法(◲ㄷ)	[·법]	<2항(5번)>
別(◲ㄷ)	[·별]	<3항(6번)>
卜(◲ㄷ)	[·복]	<1항(1번)>
福(◲ㄷ)	[·복]	<1항(1번)>
服(◲ㄷ)	[·복]	<7항(20번)>
北(◲ㄷ)	[·북]	<1항(2번)>
色(◲ㄷ)	[·색]	<1항(1번)>

屬(◲ㄷ) [·속] <1항(1번)>
俗(◲ㄷ) [·속] <4항(20번)>
率(◲ㄷ) [·솔] <1항(1번)>
肅(◲ㄷ) [·숙] <5항(6번)>
術(◲ㄷ) [·술] <2항(3번)>
瑟(◲ㄷ) [·실] <1항(1번)>
食(◲ㄷ) [·석] <3항(4번)>
識(◲ㄷ) [·식] <2항(3번)>
室(◲ㄷ) [·실] <3항(4번)>
實(◲ㄷ) [·실] <7항(33번)>
惡(◲ㄷ) [·악] <3항(4번)>
樂(◲ㄷ) [·악] <2항(9번)>
約(◲ㄷ) [·약] <1항(1번)>
業(◲ㄷ) [·업] <2항(2번)>
易(◲ㄷ) [·역] <1항(1번)>
悅(◲ㄷ) [·열] <6항(10번)>
列(◲ㄷ) [·렬] <1항(1번)>
劣(◲ㄷ) [·열] <1항(1번)>
慾(◲ㄷ) [·욕] <1항(2번)>
月(◲ㄷ) [·월] <2항(2번)>
六(◲ㄷ) [·륙] <2항(2번)>
肉(◲ㄷ) [·육] <2항(5번)>
邑(◲ㄷ) [·읍] <1항(1번)>
日(◲ㄷ) [·일] <3항(4번)>
一(◲ㄷ) [·일] <6항(6번)>
作(◲ㄷ) [·작] <1항(1번)>
酌(◲ㄷ) [·작] <1항(1번)>
節(◲ㄷ) [·절] <6항(17번)>
族(◲ㄷ) [·족] <1항(2번)>
直(◲ㄷ) [·직] <1항(1번)>
質(◲ㄷ) [·질] <2항(2번)>
察(◲ㄷ) [·찰] <2항(3번)>
哲(◲ㄷ) [·철] <1항(1번)>
則(◲ㄷ) [·칙] <3항(5번)>
託(◲ㄷ) [·탁] <2항(2번)>
宅(◲ㄷ) [·택] <1항(1번)>
澤(◲ㄷ) [·택] <1항(1번)>
特(◲ㄷ) [·특] <4항(5번)>
慝(◲ㄷ) [·특] <4항(8번)>
愎(◲ㄷ) [·퍅] <1항(1번)>

辟(◲ㄷ) [·벽] <2항(2번)>
必(◲ㄷ) [·필] <1항(1번)>
乏(◲ㄷ) [·핍] <1항(1번)>
俠(◲ㄷ) [·협] <1항(1번)>
惑(◲ㄷ) [·혹] <1항(1번)>
猾(◲ㄷ) [·활] <1항(1번)>
恤(◲ㄷ) [·휼] <1항(1번)>

Ⅴ. 중고한음 복수 성조와 창원 방언 방점의 대응
(3+15+4+2+2+6+1+1+1=)35자

⟦ $_{0}$301 ⟧ {◱,◰} ⇒ □(중고한음 평성과 상성이 창원 방언에서 평성으로), 3

중고한음 창원 방언 소학언해 <항(번)>
한자(권발) [음운] <○항(○번)>
澹({◱,◰}ㄷ) [담] <1항(1번)>
夭({◱,◰}ㄷ) [요] <1항(1번)>
長({◱,◰}ㄷ) [장] <1항(1번)>

⟦ $_{0}$302 ⟧ {◱,◳} ⇒ □(중고한음 평성과 거성이 창원 방언에서 평성으로), 15자

중고한음 창원 방언 소학언해 <항(번)>
한자(권발) [음운] <○항(○번)>
冠({◱,◳}ㄷ) [관] <8항(8번)>
當({◱,◳}ㄷ) [당] <1항(2번)>
勞({◱,◳}ㄷ) [로] <1항(1번)>
喪({◱,◳}ㄷ) [상] <3항(4번)>
旋({◱,◳}ㄷ) [선] <1항(1번)>
孫({◱,◳}ㄷ) [손] <3항(4번)>
要({◱,◳}ㄷ) [요] <4항(6번)>
衣({◱,◳}ㄷ) [의] <3항(3번)>
正({◱,◳}ㄷ) [정] <16항(24번)>
庭({◱,◳}ㄷ) [정] <1항(1번)>
知({◱,◳}ㄷ) [지] <2항(2번)>
稱({◱,◳}ㄷ) [칭] <1항(2번)>
行({◱,◳}ㄷ) [행] <1항(3번)>
和({◱,◳}ㄷ) [화] <8항(9번)>
華({◱,◳}ㄷ) [화] <3항(3번)>

⟦ $_{0}$303 ⟧ {◱,◳} ⇒ ·□(중고한음 평성과 거성이 창원 방언에서 측성으로), 4자

중고한음 창원 방언 소학언해 <항(번)>
한자(권발) [음운] <○항(○번)>
尙({◱,◳}ㄷ) [·상] <4항(5번)>

相({◱,◳}ㄷ)	[·상]	<2항(2번)>
便({◱,◳}ㄷ)	[·편]	<1항(3번)>
號({◱,◳}ㄷ)	[·호]	<2항(9번)>

〚 $_0$304 〛{◱,◳} ⇒ {□,·□}(중고한음 평성과 거성이 창원 방언에서 평성과 측성으로), 2자

중고한음	창원 방언	소학언해 <항(번)>
한자(권발)	[음운]	<○항(○번)>
間({◱,◳}ㄷ)	[간]	<2항(3번)>
間({◱,◳}ㄷ)	[·간]	<1항(2번)>
難({◱,◳}ㄷ)	[난]	<9항(17번)>
難({◱,◳}ㄷ)	[·난]	<2항(2번)>
難({◱,◳}ㄷ)	[·란]	<1항(1번)>

〚 $_0$304 〛의 분석☞ 중고한음 {◱,◳}} ⇒ 창원 방언 {□,·□}, 2자

(□>·□ 1자)　　間 <{간(3), ·간(2)}>

(·□>□ 1자)　　難 <{난(17), ·난(2)/·란(1)}>

〚 $_0$305 〛{◰,◳} ⇒ □(중고한음 상성과 거성이 창원 방언에서 평성으로), 2자

중고한음	창원 방언	소학언해 <항(번)>
한자(권발)	[음운]	<○항(○번)>
斷({◰,◳}ㄷ)	[단]	<2항(2번)>
飯({◰,◳}ㄷ)	[반]	<1항(6번)>

〚 $_0$306 〛{◰,◳} ⇒ ·□(중고한음 상성과 거성이 창원 방언에서 측성으로), 6자

중고한음	창원 방언	소학언해 <항(번)>
한자(권발)	[음운]	<○항(○번)>
斂({◰,◳}ㄷ)	[·렴]	<1항(1번)>
樣({◰,◳}ㄷ)	[·양]	<1항(3번)>
語({◰,◳}ㄷ)	[·어]	<1항(14번)>
飮({◰,◳}ㄷ)	[·음]	<1항(2번)>
弟({◰,◳}ㄷ)	[·제]	<6항(35번)>
下({◰,◳}ㄷ)	[·하]	<7항(75번)>

〚 $_0$307 〛{◰,◳} ⇒ {□,·□}(중고한음 상성과 거성이 창원 방언에서 평성과 측성으로), 1자

중고한음	창원 방언	소학언해 <항(번)>
한자(권발)	[음운]	<○항(○번)>
壽({◰,◳}ㄷ)	[수]	<3항(4번)>
壽({◰,◳}ㄷ)	[·수]	<1항(1번)>

〚 $_0$307 〛의 분석☞ 중고한음 {◰,◳}} ⇒ 창원 방언 {□,·□}, 1자

(□>·□ 1자)　　壽 <{수(4), ·수(1)}>

⟦ $_{0}$308 ⟧ {◱,◰,◳} ⇒ □(중고한음 평성, 상성과 거성이 창원 방언에서 평성으로), 1자

중고한음	창원 방언	소학언해 <항(번)>
한자(권발)	[음운]	<○항(○번)>
卷({◱,◰,◳}ㄷ)	[권]	<1항(1번)>

⟦ $_{0}$309 ⟧ {◱,◰,◳} ⇒ ·□(중고한음 평성, 상성과 거성이 창원 방언에서 측성으로), 1자

중고한음	창원 방언	소학언해 <항(번)>
한자(권발)	[음운]	<○항(○번)>
重({◱,◰,◳}ㄷ)	[·중]	<1항(1번)>

6.4.5 중고한음 4성과 창원 방언 한자음 방점 대응관계 분석 (어두(#—))

중고한음 4성이 창원 방언의 방점에 반영되는 계량적인 특성에 대해서는 어두와 평성 뒤로 나누어서 검토하기로 한다. 그 밖의 위치에서는 강력한 중화 규칙 (5)로 말미암아 방점의 분석이 불가능하기 때문이다. 어두 위치에서 중고한음 4성이 창원 방언의 3개 방점에 어떻게 반영되고 있는가는 관계 자료 (941)을 계량적으로 분석하면 (944)～(954)와 같이 나타난다.

(944) 중고한음 평성(◱)이 창원 방언 방점에 반영된 모습

① ⟦ ^{0}001 ⟧ 중고한음 평성(◱) ⇒ 창원 방언 평성(□)	290자 (83.09%)
② ⟦ ^{0}004 ⟧ 중고한음 평성(◱) ⇒ 창원 방언{□>:□}	6자 (1.72%)
③ ⟦ ^{0}004 ⟧ 중고한음 평성(◱) ⇒ 창원 방언{□=:□}	1/2자 (0.14%)
④ ⟦ ^{0}005 ⟧ 중고한음 평성(◱) ⇒ 창원 방언{□>·□}	2자 (0.57%)
⑤ ⟦ ^{0}005 ⟧ 중고한음 평성(◱) ⇒ 창원 방언{□=·□}	1/2자 (0.14%)
❶ 소계	299자 (85.67%)
⑥ ⟦ ^{0}002 ⟧ 중고한음 평성(◱) ⇒ 창원 방언 상성(:□)	30자 (8.60%)
⑦ ⟦ ^{0}004 ⟧ 중고한음 평성(◱) ⇒ 창원 방언{:□>□}	3자 (0.86%)
⑧ ⟦ ^{0}004 ⟧ 중고한음 평성(◱) ⇒ 창원 방언{:□=□}	1/2자 (0.14%)
❷ 소계	33.5자 (9.60%)
⑨ ⟦ ^{0}003 ⟧ 중고한음 거성(◱) ⇒창원 방언 거성(·□)	15자 (4.30%)
⑩ ⟦ ^{0}005 ⟧ 중고한음 평성(◱) ⇒ 창원 방언{·□>□}	1자 (0.29%)
⑪ ⟦ ^{0}005 ⟧ 중고한음 평성(◱) ⇒ 창원 방언{·□=□}	1/2자 (0.14%)
❸ 소계	16.5자 (4.73%)
❹ 부분 합계(=❷+❸)	50자 (14.33%)
총계(=❶+❷+❸)	349자 (100.0%)

(911)❶과 (925)ㄱ에서 본 바와 같이 중고한음 평성(◱)이 1588년에 간행된 《소학언해》에서 94.82%의 대응되었고, (944)❶에서는 중고한음 평성(◱)이 창원 방언에서 85.67%가 평성

(□)으로 반영되었다. 이 둘을 비교하면 그 때부터 지금까지 430년 가까운 긴 세월 동안에 (94.82-85.39=)10.43%의 변화가 있었는데, 이 정도는 큰 변화라고 할 수는 없다. 우리의 문헌에서 방점 표기가 사라진 것이 16세기 말인데, 17세기 이후에는 한자형태소 성조에 대한 교육이 차차로 약화되어 갔을 것이고, 조선시대 말기로부터 현재까지는 한자형태소 성조의 연구는 학교의 공교육에서보다는 가학(家學)으로[130] 이어져 오거나, 성균관을 비롯한 여러 지방에 산재해 있는 한시 짓기 모임의[131] 회원들이 관심을 우리말의 운율 연구에 겨우 명맥을 잇고 있다.

다음은 중고한음 상성(◰)이 창원 방언에 어떻게 반영되고 있는가를 보여 준다.

(945) 중고한음 상성(◰)이 창원 방언 방점에 반영된 모습

① 〚 ^{0}201 〛 중고한음 상성(◰) ⇒ 창원 방언 평성(□)	16자 (10.27%)
② 〚 ^{0}204 〛 중고한음 상성(◰) ⇒ 창원 방언 {□>:□}	1자 (0.64%)
③ 〚 ^{0}204 〛 중고한음 상성(◰) ⇒ 창원 방언 {□=:□}	1/2자 (0.32%)
❶ 소계	17.5자 (11.22%)
④ 〚 ^{0}202 〛 중고한음 상성(◰) ⇒ 창원 방언 상성(:□)	99자 (63.46%)
⑤ 〚 ^{0}204 〛 중고한음 상성(◰) ⇒ 창원 방언 {:□>□}	1자 (0.64%)
⑥ 〚 ^{0}204 〛 중고한음 상성(◰) ⇒ 창원 방언 {:□=□}	1/2자 (0.32%)
❷ 소계	100.5자 (64.42%)
⑦ 〚 ^{0}203 〛 중고한음 상성(◰) ⇒ 창원 방언 거성(·□)	35자 (22.44%)
⑧ 〚 ^{0}205 〛 중고한음 상성(◰) ⇒ 창원 방언 {·□>□}	3자 (1.92%)
❸ 소계	38자 (24.36%)
❹ 부분 합계(=❷+❸)	138.5자 (88.78%)
총계(=❶+❹)	156자 (100.0%)

(945)❷에서 중고한음 상성(◰)의 64.42%가 창원 방언에서 상성(:□)으로 반영되었다는 것을 확인할 수가 있다. 《소학언해》에서 중고한음 상성(◰)이 상성(:□)으로 반영된 것이 66.41%였다는 것((913)❷를 참조)에 비하면 이것은 1.99% 낮아진 것인데, 이 정도의 근소한 차이는 430년에 가까운 시간에 비하면 지극히 적은 변화이다.

(945)❸에서 보는 바와 같이 중고한음 상성(◰)이 창원 방언 거성(·□)으로 반영된 것은 24.36%이다. (913)❸에서 중고한음 상성(◰)이 《소학언해》에서 거성(·□)으로의 반영 비율

130) 손종섭(1998)에서는 자신의 성조 연구에 대하여 '재야 학자인 지은이가 가학으로 전수 받은 것'이라고 밝히고 있다. 이 책은 제도권이 아닌 재야 학자가 지었다는 점에서 우리말의 성조학사와 영남 방언의 성조 연구에 크게 참고할 만하다.

131) 한시 짓기 모임은 전국에 상당수가 산재해 있고, 그 회원들은 우리 한자말의 운율에 대하여 많은 관심을 가지고 있다.

27.15%와 비교하면, 창원 방언이《소학언해》보다 (27.15-24.36=)2.79%가 낮아진 것이다. 430년에 가까운 시간에 2.79%의 차이는 지극히 작은 것이라 할 수 있다.

다음은 중고한음 거성(◳)이 창원 방언의 방점에 반영된 모습을 나타내고 있다.

(946) 중고한음 거성(◳)이 창원 방언 방점에 반영된 모습

①〖⁰101〗 중고한음 거성(◳) ⇒ 창원 방언 평성(□)	30자 (15.96%)
②〖⁰104〗 중고한음 거성(◳) ⇒ 창원 방언 {□>:□}	1자 (0.53%)
③〖⁰104〗 중고한음 거성(◳) ⇒ 창원 방언 {□=:□}	1/2자 (0.27%)
❶ 소계	31.5자 (16.76%)
④〖⁰102〗 중고한음 거성(◳) ⇒ 창원 방언 상성(:□)	129자 (68.62%)
⑤〖⁰104〗 중고한음 거성(◳) ⇒ 창원 방언 {:□>□}	3자 (1.60%)
⑥〖⁰104〗 중고한음 거성(◳) ⇒ 창원 방언 {:□=□}	1/2자 (0.27%)
❷ 소계	132.5자 (70.48%)
⑦〖⁰103〗 중고한음 ◳ ⇒ 창원 방언 거성(·□)	24자 (12.77%)
❸ 소계	24자 (12.77%)
❹ 부분 합계(=❷+❸)	156.5자 (83.24%)
총계((=❶+❹))	188자 (100.0%)

(946)❷에서 중고한음 거성(◳)의 70.48%가 창원 방언에서 상성(:□)으로 반영되었다는 것을 확인할 수가 있다. 중고한음 거성(◳)의 66.41%가《소학언해》에서 상성(:□)으로 반영되었다는 것((913)❷를 참조.)에서 보았다. 430여 년 동안에 거성(◳)에서 상성(:□)으로의 반영 비율은 4.07%의 증가한 것이다. 이는 창원 방언에서 거성(◳)⇒상성(:□)의 비율은 증가하는 추세에 있음을 반영하는 것이다.

(946)❸에서 보는 바와 같이 중고한음 거성(◳)의 창원 방언 거성(·□)으로의 반영이 12.77%로 매우 낮게 나타나는데, 이것은 거성(◳)⇒거성(·□)의 비율이 줄어져서 상대적으로 거성(◳)⇒평성(□)과 거성(◳)⇒상성(:□)의 비율이 높아졌음을 나타내는 것이다.

(945)❷,❸을 보면 창원 방언에서 상성(◰)⇒상성(:□)이 64.42%이고, 상성(◰)⇒거성(·□)이 24.36%이며, 또 (946)❷,❸을 보면 거성(◳)⇒상성(:□)이 70.48%이고, 거성(◳)⇒거성(·□)이 12.77%인데, 이들을 (944)에서 평성(◱)⇒평성(□)의 비율 85.67%이나 아래 (947)에서 입성(◲)⇒거성(·□)의 비율 97.18%에 비하면 몹시 불균형한 것이다. 이러한 불균형을 극복하는 길은 상성(◰)과 거성(◳)을 비입성측성({◰,◳})이라는 하나의 동아리로 묶는 것이다. 이렇게 하면, 창원 방언에서 비입성측성({◰,◳})⇒비입성측성({:□+·□})의 비율은 (945)❹와 (946)❹에서 각각 88.78%와 83.24%가 되어 균형 잡힌 결과가 될 것이다.

창원 방언에서 중고한음 입성(◲)이 어떻게 우리말 평성(□), 상성(:□), 거성(·□) 반영

되고 있는가를 본 다음에 균형 문제로 돌아가기로 한다.

(947) 중고한음 입성(□꜆)이 창원 방언 방점에 반영된 모습 142자

①〖^{0}105〗 중고한음 입성(□꜆) ⇒ 창원 방언 평성(□)	3자 (2.11%)
❶ 소계	3자 (2.11%)
②〖^{0}106〗 중고한음 입성(□꜆) ⇒ 창원 방언 상성(:□)	1자 (0.70%)
❷ 소계	1자 (0.70%)
③〖^{0}107〗 중고한음 입성(□꜆) ⇒ 창원 방언 거성(·□)	136자 (95.77%)
④〖^{0}108〗 중고한음 입성(□꜆) ⇒ 창원 방언 {·□>□}	2자 (1.41%)
❸ 소계	138자 (97.18%)
❹ 부분합계(=❷+❸)	139자 (97.89%)
총계(=❶+❷+❸)	142자 (100.0%)

(947)❸을 보면 중고한음 입성(□꜆)의 창원 방언에서 거성(·□)으로 반영되는 비율이 무려 97.18%로 나타나서, (915)❸에서 본 중고한음 입성(□꜆)의 《소학언해》에서의 비율 95.64%) 보다도 한층 더 높아졌다. 이것은 입성자가 가지고 있는 종성의 분절음에 따른 성조의 통일화가 더욱 강화된 것이라 할 수 있다.

이제 (945)와 (946)으로 돌아가서 중고한음 상성(꜂□)과 거성(□꜄)을 묶어서 비입성측성으로 처리해서 계량화하면 다음과 같다.

(948) 중고한음 비입성측성{꜂□,□꜄}이 창원 방언 방점에 반영된 모습

①〖^{0}201〗〖^{0}101〗 중고한음 {꜂□,□꜄} ⇒ 창원 방언 평성(□)	46자 (13.37%)
③〖^{0}204〗〖^{0}104〗 중고한음 {꜂□,□꜄} ⇒ 창원 방언 {□>:□}	2자 (0.58%)
④〖^{0}204〗〖^{0}104〗 중고한음 {꜂□,□꜄} ⇒ 창원 방언 {□=:□}	1자 (0.29%)
❶ 소계	49자 (14.24%)
④〖^{0}202〗〖^{0}102〗 중고한음 {꜂□,□꜄} ⇒ 창원 방언 상성(:□)	228자 (66.28%)
⑤〖^{0}204〗〖^{0}104〗 중고한음 {꜂□,□꜄} ⇒ 창원 방언 {:□>□}	4자 (1.16%)
⑥〖^{0}204〗〖^{0}104〗 중고한음 {꜂□,□꜄} ⇒ 창원 방언 {:□=□}	1자 (0.29%)
❷ 소계	233자 (67.73%)
⑬〖^{0}203〗〖^{0}103〗 중고한음 {꜂□,□꜄} ⇒ 창원 방언 거성(·□)	59자 (17.15%)
⑮〖^{0}205〗 중고한음 상성(꜂□) ⇒ 창원 방언 {·□>□}	3자 (0.87%)
❸ 소계	62자 (18.02%)
❹ 부분 합계(=❷+❸)	295자 (85.76%)
총계(=❶+❹)	344자 (100.0%)

비입성측성의 범주에 들어가는 상성(꜂□)과 거성(□꜄)이 창원 방언에서 상성(:□)으로 반영되는 비율은 (948)❷를 보면, 67.73%이고, (948)❸에서 거성(·□)으로 반영된 비율은 18.02%

로 나타난다. 이 두 가지를 합치면 295자(85.76%)로 나타나난다. 이 85.76%는 (944)❶에서 평성(◲)이 평성(□)으로 반영되는 비율 85.67%보다 0.09% 높은 근접한 차이로 균형을 나타낸다. 이 차이는 중고한음 비입성측성이 《소학언해》에서 상성(:□)으로 반영된 것 (918)❷의 67.88%와 거성으로 반영된 것 (918)❸ 24.16%를 합친 92.04%와 중고한음 평성(◲)이 《소학언해》에서 평성(□)으로 반영된 것 (911)❶의 94.82%에서 보았던 것과 대등한 것이라 할 수 있다.

(925)에서 우리는 중고한음 4성과 《소학언해》 방점 대응에서 '균형 속의 불균형'을 보았는데, 이와 같은 '균형 속의 불균형' 현상이 아래 (949)에서 보는 바와 같이 중고한음 4성에서 창원 방언 방점으로의 반영 속에서도 나타난다.

(949) 중고한음 4성이 창원 방언 방점에 반영될 때 나타나는 '균형 속의 불균형'

ㄱ. 중고한음 평성(◲) 349자 중 299자(85.67%)가 창원 방언에서 평성(□)으로 반영되었다. (944)❶을 참조.

ㄴ. 중고한음 입성(◳) 142자 중 138자(97.18%)가 창원 방언에서 거성(·□)으로 반영되었다. (947)❸을 참조.

ㄷ. 중고한음 비입성측성{◰,◱} 344자 중에서 창원 방언에서 비입성측성(:□+·□)으로 반영된 것은 295(85.76%)이다. (948)❹를 참조.

a. 중고한음 비입성측성{◰,◱} 344자 중에서 창원 방언 상성(:□)으로 반영된 것은 233자(67.73%)이다. (948)❷를 참조.

b. 중고한음 비입성측성{◰,◱} 344자 중에서 창원 방언에서 거성(·□)으로 반영된 것은 62자(18.02%)이다. (948)❸을 참조.

(949)ㄴ에서 볼 수 있는 바와 같이 중고한음 입성(◳)의 97.18%로 나타나는 것은 입성의 분절음 중에서 종성 /ㄱ, ㄹ, ㅂ/이 유추 현상을 통해서 거성(·□)으로 반영되는 비율이 늘어나는 추세가 시간의 흐름과 더불어 강화된 것이라 할 수 있다.

평성(□)과 비입성측성{:□,·□}은 성조를 제외하면 분절음이 이 두 가지를 구분해 줄 수 있는 아무런 특성이 없어서, 15세기와 16세기에 몰입 학습에 의해 기억된 것은 평성(□)으로 남았을 것이고, 그렇지 않은 것은 비입성측성으로 남게 되었을 것이다. 그러나 이러한 몰입 교육은 한계가 있었다. 몰입 교육에 따른 철저한 성조의 교육은 일부의 지식층에 속하는 문인들에게는 상당한 기간 동안 지속이 되었을지 모르지만, 다수의 일반인들에게는 가능한 일이 아니다. 따라서 시대가 흐를수록 우리의 선인들에 의해 규범화되었던 성조의 교육은 약해져서 《소학언해》의 발간시기에서 430여년이 지난 지금에 대응의 비율이 떨어질 수밖에 없다. 중고한음 4성과 우리 한자음 현실 성조의 차이를 나타내는 (925)와 (949)의 '균형 속의 불균형 역설' 또는 '균형불균형의 역설'의 기본적인 특성은[132] 큰 차이가 없으나, 구체적인 수치에 나타나는 차이는 시대적인 추이를 반영하는 것이다.

중고한음 4성과 창원 방언 방점 사이의 '균형 속의 불균형'은 평성 뒤의 위치(□—)에서는 나타날 수가 없다. 이 위치에서는 현대 모든 성조방언에서와 마찬가지로(김차균(1999)와 김차균(2006)ㄱ 참조.) 창원 방언에서도 상성(:□)과 거성(·□)이 1점(·□)으로 중화되는 위치이기 때문이다. 다시 말하면 창원 방언에서 '균형불균형의 역설'은 상성(:□)과 거성(·□)의 대립이 가능한 낱말의 첫 음절 위치에서만 나타날 수 있는 현상이다.

다음에는 중고한음에서 복수의 기저 성조를 가졌던 한자형태소들이 창원 방언에 어떻게 반영되고 있는가를 보여 준다.

(950) 중고한음 복수 성조가 창원 방언 방점에 반영된 모습

① ⟦ ^{0}301 ⟧ 중고한음 {◱,◰} ⇒ 창원 방언 평성(□)	4자 (5.56%)
② ⟦ ^{0}305 ⟧ 중고한음 {◱,◳} ⇒ 창원 방언 평성(□)	27자 (37.50%)
③ ⟦ ^{0}313 ⟧ 중고한음 {◱,◰,◳} ⇒ 창원 방언 평성(□)	2자 (2.78%)
④ ⟦ ^{0}308 ⟧ 중고한음 {◱,◳} ⇒ 창원 방언 {□>:□}	3자 (4.17%)
⑤ ⟦ ^{0}304 ⟧ 중고한음 {◱,◰} ⇒ 창원 방언 {□=:□}	1/2자 (0.69%)
⑥ ⟦ ^{0}309 ⟧ 중고한음 {◱,◳} ⇒ 창원 방언 {□>·□)	1자 (1.39%)
소계❶	37.5자 (52.09%)
⑦ ⟦ ^{0}302 ⟧ 중고한음 {◱,◰} ⇒ 창원 방언 상성(:□)	3자 (4.17%)
⑧ ⟦ ^{0}306 ⟧ 중고한음 {◱,◳} ⇒ 창원 방언 상성(:□)	19자 (26.39%)
⑨ ⟦ ^{0}312 ⟧ 중고한음 {◰,◳} ⇒ 창원 방언 상성(:□)	3자 (4.17%)
⑩ ⟦ ^{0}314 ⟧ 중고한음 {◱,◰,◳} ⇒ 창원 방언 상성(:□)	3자 (4.17%)
⑪ ⟦ ^{0}304 ⟧ 중고한음 {◱,◰} ⇒ 창원 방언 {:□=□}	1/2자 (0.69%)
⑫ ⟦ ^{0}310 ⟧ 중고한음 {◱,◳} ⇒ 창원 방언 {:□>·□)	1자 (1.39%)
⑬ ⟦ ^{0}311 ⟧ 중고한음 {◱,◳} ⇒ 창원 방언 {:□>·□>□)	1자 (1.39%)
소계❷	30.5자 (42.36%)
⑭ ⟦ ^{0}303 ⟧ 중고한음 {◱,◰} ⇒ 창원 방언 거성(·□)	1자 (1.39%)
⑮ ⟦ ^{0}307 ⟧ 중고한음 {◱,◳} ⇒ 창원 방언 거성(·□)	1자 (1.39%)
⑯ ⟦ ^{0}309 ⟧ 중고한음 {◱,◳} ⇒ 창원 방언 {·□>□)	1자 (1.39%)
⑰ ⟦ ^{0}310 ⟧ 중고한음 {◱,◳} ⇒ 창원 방언 {·□>:□)	1자 (1.39%)
소계❸	4자 (5.56%)
부분 합계❹(=❷+❸)	34.5자 (47.91%)
총계❺(=❶+❹=❶+❷+❸)	72자 (100.00%)

중고한음에서 복수의 기저 성조를 가졌던 한자형태소들은 모두 합쳐서 72자밖에 되지 않

132) 《동국정운》 서문과 《소학언해》 범례에서는 이러한 특성을 각각 상거무별, 상거상혼이라고 했던 것이다.

기 때문에 창원 방언에서 어느 성조로 반영되는 것인지 일반적인 경향을 지적하기는 어렵다.

평성(□)으로 반영된 것이 (950)❶에서 보는 바와 같이 37.5자(52.09%)로 가장 많고, 상성(:□)으로 반영된 것이 (950)❷에서 보는 바와 같이 30.5자 42.36%로 둘째로 많으며, (950)❸에서 보는 바와 같이 거성(·□)으로 반영된 것은 5.56자(5.56%)이다. 그리고 중고한음에서 복수의 기저 성조를 가진 한자는 그 4성 중의 하나가 평성(◱)인 것이 72자 중에서 69자나 된다.

6.4.6 중고한음 4성과 창원 방언 한자음 대응관계 분석 (평성 뒤(□—))

이제 중고한음 4성이 창원 방언의 평성 뒤(□—)에서 방점으로의 반영된 계량적인 특징을 검토하려고 한다. 자료 (940)에 취사 원칙 (942)ㄴ을 적용하여 얻은 것이 자료 (943)이다. (943)을 계량적으로 분석하면 (951)과 같다.

(951) 중고한음 평성(◱)이 창원 방언 방점에 반영된 모습 (평성 뒤의 위치에서)

① 〖 ₀001 〗 중고한음 평성(◱) ⇒ 창원 방언 평성(□)	122자 (86.52%)
② 〖 ₀003 〗 중고한음 평성(◱) ⇒ 창원 방언 {□>·□}	2자 (1.42%)
③ 〖 ₀003 〗 중고한음 평성(◱) ⇒ 창원 방언 {□=·□}	1/2자 (0.35%)
❶ 소계	124.5자 (88.30%)
④ 〖 ₀002 〗 중고한음 평성(◱) ⇒ 창원 방언 측성(·□)	16자 (11.35%)
⑤ 〖 ₀003 〗 중고한음 평성(◱) ⇒ 창원 방언 {·□=□}	1/2자 (0.35%)
❷ 소계	16.5자 (11.70%)
총계(=❶+❷)	141자 (100.0%)

(951)❶에 따르면, 창원 방언 평성(□) 뒤에서 중고한음 평성(◱)의 88.30%가 평성(□)으로 반영되었다. 창원 방언 (944)❶에서는 어두에서 중고한음 평성(◱)⇒평성(□)이 85.67%였다. 전자의 경우보다 후자가 2.91% 높게 나타나는데, 이 정도는 의미 있는 차이라고는 할 수 없다.

(951)❷에 따르면, 평성(□) 뒤에서 중고한음 평성(◱)의 11.70%가 측성(·□)으로 반영되었다. 창원 방언 (944)❹에서는 중고한음 평성(◱)의 14.33%가 어두에서 측성(상성 또는 거성)으로 나타난 것에 비하여 2.63%가 더 낮게 나타나는데, 이 정도는 의미 있는 차이라고는 할 수 없다.

다음은 중고한음 비입성측성({◰,◳})이 창원 방언 평성 뒤(□—)에서 어떻게 반영되고 있는가를 보여 준다.

(952) 중고한음 비입성측성({巴,巴})이 창원 방언 방점에 반영된 모습
(평성 뒤의 위치에서)

①〖 o201 〗〖 o101 〗중고한음 {巴,巴} ⇒ 창원 방언 평성(□)	35자 (21.74%)
②〖 o103 〗중고한음 {巴,巴} ⇒ 창원 방언 {□>·□}	1자 (0.62%)
③〖 o203 〗중고한음 {巴,巴} ⇒ 창원 방언 {□=·□}	1/2자 (0.31%)
❶ 소계	36.5자 (22.67%)
④〖 o202 〗〖 o102 〗중고한음 {巴,巴} ⇒ 창원 방언 측성(·□)	123자 (76.40%)
❷ 소계	123자 (76.40%)
⑤〖 o203 〗중고한음 {巴,巴} ⇒ 창원 방언 {·□>□}	1자 (0.62%)
⑥〖 o203 〗중고한음 {巴,巴} ⇒ 창원 방언 {·□=□}	1/2자 (0.31%)
❸ 소계	1.5자 (0.93%)
❹ 부분 합계(❷+❸)	124.5자 (77.33%)
총계(=❶+❹)	161자 (100.0%)

창원 방언 (952)❹를 보면, 비입성측성의 범주에 들어가는 상성(巴)과 거성(巴)이 평성 뒤(□—)에서 측성(·□)으로 반영되는 비율은 77.33%로 나타난다. 이것은 (948)❹에서 어두에서 상성(:□)으로 나타나는 것 67.73%와 거성(·□)으로 반영된 것 18.02%로 나타나는 것을 합친 것 곧 비입성측성({:□,·□})으로 나타나는 것이 (67.73+18.02=)85.75%였던 것에 비하면 8.42%나 낮은 것이다. 중고한음 비입성측성이 평성(□)으로 나타나는 것이 (948)❶에서는 14.24%였는데 대하여, (952)❶에서는 22.67%로 8.43%나 늘어난 것으로 보아 창원 방언에서 평성 뒤(□—)에서 비입성측성({巴,巴})이 측성(·□)에서 평성(□)으로 변해가는 경향이 있음을 나타낸다고 할 수 있다.

(953) 중고한음 입성(□)이 창원 방언 방점으로 반영된 모습 (평성 뒤에서)

①〖 o104 〗중고한음 입성(□) ⇒ 창원 방언 평성(□)	3자 (3.85%)
❶ 소계	3자 (3.85%)
③〖 o105 〗중고한음 입성(□) ⇒ 창원 방언 측성(·□)	75자 (96.15%)
❷ 소계	75자 (96.15%)
총계(=❶+❷)	78자 (100.00%)

(953)❷는 중고한음 입성(□)이 창원 방언에서 평성 뒤에서 1점(·□, 측성)으로 반영되는 비율이 96.15%로 나타나서, (947)❸에서 중고한음 입성(□)이 창원 방언에서 1점(·□, 거성)으로 반영된 비율이 97.18%였던 것과 거의 같은 수준이다. (915)❸에서 중고한음 입성(□)의 《소학언해》에서의 비율(95.64%)보다도 한층 더 높아진 것을 확인할 수 있다. 창원 방언에서 '입성(□)⇒1점(·□, 측성)'의 이와 같은 증가는 음절 종성이 /ㄱ, ㄹ, ㅂ/이면 방점이 거성(·□)으로 통일되어가는 관성이 더 강화된 결과라 할 수 있다. 바꿔 말하면 음절 구조

가 방점 비율의 변화에 영향을 미쳤다고 할 수 있다.

(954) 중고한음 복수 성조({◰,◳})이 창원 방언에 반영된 모습 (둘째 음절 이하에서)

①〖 $_{0}$301 〗중고한음 {◱,◰} ⇒ 창원 방언 평성(□)	3자 (8.57%)
②〖 $_{0}$302 〗중고한음 {◱,◳} ⇒ 창원 방언 평성(□)	15자 (42.86%)
③〖 $_{0}$305 〗중고한음 {◰,◳} ⇒ 창원 방언 평성(□)	2자 (5.71%)
④〖 $_{0}$308 〗중고한음 {◱,◰,◳} ⇒ 창원 방언 평성(□)	1자 (2.86%)
⑤〖 $_{0}$304 〗중고한음 {◱,◳} ⇒ 창원 방언 (□>·□)	1자 (2.85%)
⑥〖 $_{0}$307 〗중고한음 {◰,◳} ⇒ 창원 방언 측성(□>·□)	1자 (2.86%)
❶ 소계	23자 (65.71%)
⑦〖 $_{0}$303 〗중고한음 {◱,◳} ⇒ 창원 방언 측성(·□)	4자 (11.43%)
⑧〖 $_{0}$306 〗중고한음 {◰,◳} ⇒ 창원 방언 측성(·□)	6자 (17.14%)
⑨〖 $_{0}$309 〗중고한음 {◱,◰,◳} ⇒ 창원 방언 측성(·□)	1자 (2.86%)
⑩〖 $_{0}$304 〗중고한음 {◱,◳} ⇒ 창원 방언 (·□>□)	1자 (2.86%)
❷ 소계	12자 (34.29%)
총계(=❶+❷)	35자 (100.0%)

중고한음에서 복수의 기저 성조를 가졌던 한자형태소들 중에서 평성 뒤(□—)에 나타나는 것은 합쳐서 35자밖에 되지 않기 때문에 창원 방언의 어느 성조로 반영될 것인지 일반적인 경향을 밝혀내기는 어렵다.

평성(□)으로 반영된 것이 (954)❶에서 보는 바와 같이 23자(65.71%)로 비율이 비교적 높고, 측성(·□)으로 반영된 것이 (954)❷에서 보는 바와 같이 12자(34.29%)로 낮은 편이다.

6.5 《소학언해》와 창원 방언의 한자형태소 방점의 대응관계

《소학언해》와 창원 방언 방점(/성조)의 대응관계는 우리 옛말과 현대 우리말의 방언의 방점(/성조)의 대응관계를 논하는 것이므로, 중고한음의 권발을 고려할 필요가 없다. 옛말과 현대 방언의 성조의 비교는 한자어기를 최소 단위로 할 수도 있고,[133] 한자형태소를 최

133) 어기를 단위로 하면 완전대응, 부분대응, 비대응 등으로 나누어서 비교하는 것이다. '家庭'은 《소학언해》에서는 {가뎡}으로, 창원 방언에서는 [가정]으로 나타나는데, 이것은 어기 전체가 2음절 평성형(□□)으로 나타나난다. 따라서 방점 표상으로 보면 완전 대응이다. '家訓'은 《소학언해》에서는 {가:훈}으로, 창원 방언에서는 [가훈]인데 첫 음절만 평성으로 대응하고, 둘째 음절은 상성(:□)과 평성(□)로 달리 나타나므로 부분 대응이다. '家道'는 《소학언해》에서는 {가:도}로 나타나고, 창원 방언에서는 [가·도]로 둘째 음절이 각각 상성(:□)과 측성(·□)으로 시각적으로는 달라 보이지만, 창원 방언에서는 평성 뒤에서는 중화 규칙 (5)ㄱ의 적용으로 상성(:□)과 거성(·□)의 대립이

소 단위로 할 수도 있다. 이 절에서는 후자를 택하기로 한다.

(940)에서 창원 방언의 완전 중화의 위치인 측성 뒤({:□,·□}—)에 오는 한자형태소를 제외하고, 어두 위치(#—)와 평성 뒤(□—)에 나타나는 한자형태소들만 골라서 음운 표상(곧, 분절음과 방점)을 적고, 그것에 짝이 되는《소학언해》음운 표시를 적으면, 각각 아래 6.5.1절의 자료 (955)와 6.5.3절의 자료 (961)이 된다. (955)는 어두 위치에 나타나는 한자형태소들이므로 창원 방언에도,《소학언해》에도 평성(□), 상성(:□), 거성(·□)이 다 나타나지만, (961)은 평성 뒤에 나타나는 것들이므로《소학언해》자료에는 3성조가 다 나타나지만, 창원 방언에는 평성(□)과 측성(·□)의 두 성조만 나타난다.

6.5.1 어두 위치 한자형태소 방점 분석 자료

아래 (955)에 정리된 한자는《소학언해》방점을 중심으로 할 때, 평성(□) 348자, 상성(:□) 257자, 거성(·□) 66자, 입성자(·□) 136자, 복수 방점 65자로 모두 합쳐서 872자이다.

(955) (어두에서) 소학언해와 창원 방언 한자형태소 방점 비교 자료[134)]

(348+257+66+136+65=)872자

Ⅰ. 소학언해 평성(□)과 창원 방언 방점의 대응

(317+20+11=)348자

〖 001^0 〗 □⇒□(소학언해 평성이 창원 방언에서 평성으로), 317자

불가능하고 측성(·□)으로 중화되므로,《소학언해》의 {가:도}와 창원 방언의 [가·도]는 완전대응이다. '簡易'는《소학언해》에서는 상성과 거성의 연결(:□·□) {:간·이}로, 창원 방언에서는 2음절 평성형 ($□^2$)(=□□)[간이]로 나타나므로 비대응이다. 이런 방법으로 어기 전체를 정리한 다음에 계량적적으로 분석하는 것이 어기 단위의 방점 비교이다. 이 책에서 한자 방점의 대응관계는 어기 단위로 대조하는 방법을 따르지 않고, 형태소 단위로 방점을 분석하기로 한다.

134)《소학언해》3개 방점과 창원 방언 3개 방점(□,:□,·□)의 대응관계를 분석하기 위해 자료를 분류할 때 분류 부호의 표시 방법은 다음과 같다; 창원 방언에서는 낱말의 첫 음절 위치에서는 평성(□), 상성(:□), 거성(·□)의 3성조가 대립을 이루지만, 둘째 음절 이하에서는 평성(□)과 측성(·□)의 2성조만 대립한다. 이와 같은 차이를 반영하기 위해서 첫 음절의 위치에 나타나는 자료의 분류 번호는〖 001^0 〗, 〖 002^0 〗, 〖 003^0 〗,…처럼 위첨자를 분류 번호 뒤에 사용하고, 둘째 음절 이하의 자료의 분류 기호는〖 001_0 〗, 〖 002_0 〗, 〖 003_0 〗,…처럼 아래첨자를 분류 번호 뒤에 사용한다. 평성(□)은 0점이므로〖 001^0 〗, 〖 002^0 〗, 〖 003^0 〗,…이나 〖 001_0 〗, 〖 002_0 〗, 〖 003_0 〗,…처럼 0으로 시작되는 번호를 사용하고, 거성 또는 측성(·□)은 1점이므로〖 101^0 〗, 〖 102^0 〗, 〖 103^0 〗,…이나 〖 101_0 〗, 〖 102_0 〗, 〖 103_0 〗,…처럼 1로 시작되는 번호를 사용하며, 상성(:□)은 2점이므로〖 201^0 〗, 〖 202^0 〗, 〖 203^0 〗,…처럼 2로 시작되는 번호를 사용한다. 하나의 한자형태소가 둘 또는 세 가지 성조를 가진 것은 〖 301^0 〗, 〖 302^0 〗, 〖 303^0 〗,…이나〖 301_0 〗, 〖 302_0 〗, 〖 303_0 〗,…처럼 3으로 시작되는 번호로 표시한다.

어두 한자	소학언해 {음운}	창원 방언 [음운]
加	{가}	[가]
家	{가}	[가]
艱	{가}	[가]
奸	{간}	[간]
干	{간}	[간]
姦	{간}	[간]
看	{간}	[간]
堪	{감}	[감]
剛	{강}	[강]
康	{강}	[강]
開	{기}	[개]
兼	{겸}	[겸]
謙	{겸}	[겸]
經	{경}	[경]
輕	{경}	[경]
卿	{경}	[경]
瓊	{경}	[경]
階	{계}	[계]
公	{공}	[공]
空	{공}	[공]
功	{공}	[공]
恭	{공}	[공]
工	{공}	[공]
科	{과}	[과]
觀	{관}	[관]
官	{관}	[관]
關	{관}	[관]
宏	{굉}	[굉]
轎	{교}	[교]
交	{교}	[교]
驕	{교}	[교]
歐	{구}	[구]
君	{군}	[군]
軍	{군}	[군]
窘	{군}	[군]
宮	{궁}	[궁]
窮	{궁}	[궁]
權	{권}	[권]

規	{규}	[규]
勤	{근}	[근]
根	{근}	[근]
琴	{금}	[금]
金	{금}	[금]
矜	{긍}	[긍]
奇	{긔}	[기]
期	{긔}	[기]
蘭	{난}	[난]
南	{남}	[남]
男	(남}	[남]
來	{ᄂᆡ}	[내]
奴	{노}	[노]
丹	{단}	[단]
端	{단}	[단]
澹	{담}	[담]
唐	{당}	[당]
堂	{당}	[당]
陶	{도}	[도]
逃	{도}	[도]
敦	{돈}	[돈]
桐	{동}	[동]
冬	{동}	[동]
同	{동}	[동]
東	{동}	[동]
童	{동}	[동]
頭	{두}	[두]
蘭	{란}	[난]
梁	{량}	[양]
閭	{려}	[려]
濂	{렴}	[염]
麻	{ᄆᆞ}	[마]
亡	{망}	[망]
埋	{ᄆᆡ}	[매]
萌	{ᄆᆡᆼ}	[맹]
盟	{ᄆᆡᆼ}	[맹]
名	{명}	[명]
明	{명}	[명]
銘	{명}	[명]
模	{모}	[모]

矛	{모}	[모]
茅	{모}	[모]
髦	{모}	[모]
毛	{모}	[모]
無	{무}	[무]
門	{문}	[문]
文	{문}	[문]
聞	{문}	[문]
迷	{미}	[미]
盤	{반}	[반]
房	{방}	[방]
藩	{번}	[번]
邊	{변}	[변]
封	{봉}	[봉]
浮	{부}	[부]
傅	{부}	[부]
扶	{부}	[부]
墳	{분}	[분]
朋	{붕}	[붕]
貧	{빈}	[빈]
司	{ᄉᆞ}	[사]
嗣	{ᄉᆞ}	[사]
奢	{샤}	[사]
砂	{사}	[사]
祠	{ᄉᆞ}	[사]
私	{ᄉᆞ}	[사]
辭	{ᄉᆞ}	[사]
絲	{ᄉᆞ}	[사]
邪	{샤}	[사]
山	{산}	[산]
參	{ᄉᆞᆷ}	[삼]
喪	{상}	[상]
傷	{샹}	[상]
常	{샹}	[상]
庠	{샹}	[상]
詳	{샹}	[상]
床	{상}	[상]
商	{샹}	[상]
牲	{ᄉᆡᆼ}	[생]
生$_1$	{ᄉᆡᆼ}	[생]

書	{셔}	[서]
西	{셔}	[서]
徐	{셔}	[서]
先	{션}	[선]
仙	{션}	[선]
成	{셩}	[성]
聲	{셩}	[성]
踈	{소}	[소]
昭	{쇼}	[소]
蘇	{소}	[소]
孫	{손}	[손]
衰$_1$	{쇠}	[쇠]
衰$_2$	{최}	[최]
脩	{슈}	[수]
純	{슌}	[순]
淳	{슌}	[순]
荀	{슌}	[순]
恂	{슌}	[순]
旬	{슌}	[순]
崇	{슝}	[숭]
時	{시}	[시]
詩	{시}	[시]
新	{신}	[신]
申	{신}	[신]
神	{신}	[신]
辛	{신}	[신]
臣	{신}	[신]
心	{심}	[심]
深	{심}	[심]
雙	{상}	[쌍]
衙	{아}	[아]
顏	{안}	[안]
安	{안}	[안]
昂	{앙}	[앙]
樣	{양}	[양]
梁	{냥}	[양]
楊	{양}	[양]
羊	{양}	[양]
陽	{양}	[양]
言	{언}	[언]

嚴	{엄}	[엄]
連	{련}	[연]
然	{연}	[연]
緣	{연}	[연]
燕	{연}	[연]
廉	{렴}	[염]
榮	{영}	[영]
英	{영}	[영]
嬰	{영}	[영]
吳	{오}	[오]
溫	{온}	[온]
頑	{완}	[완]
汪	{왕}	[왕]
王	{왕}	[왕]
夭	{요}	[요]
遼	{료}	[요]
堯	{요}	[요]
妖	{요}	[요]
搖	{요}	[요]
饒	{요}	[요]
瑤	{요}	[요]
褥	{요}	[요]
容	{용}	[용]
熊	{웅}	[웅]
危	{위}	[위]
遺	{유}	[유]
柔	{유}	[유]
劉	{뉴}	[유]
劉	{류}	[유]
宥	{유}	[유]
流	{류}	[유]
慇	{은}	[은]
誾	{은}	[은]
銀	{은}	[은]
淫	{음}	[음]
陰	{음}	[음]
衣	{의}	[의]
依	{의}	[의]
疑	{의}	[의]
醫	{의}	[의]

離	{리}	[이]
伊	{이}	[이]
姨	{이}	[이]
怡	{이}	[이]
人	{인}	[인]
仁	{인}	[인]
麟	{린}	[인]
臨	{림}	[임]
任	{임}	[임]
塍	{잉}	[잉]
資	{ᄌᆞ}	[자]
慈	{ᄌᆞ}	[자]
場	{댱}	[장]
臧	{장}	[장]
臟	{장}	[장]
才	{ᄌᆡ}	[재]
災	{ᄌᆡ}	[재]
齋	{ᄌᆡ}	[재]
裁	{ᄌᆡ}	[재]
載	{ᄌᆡ}	[재]
錚	{ᄌᆡᆼ}	[쟁]
前	{젼}	[전]
田	{뎐}	[전]
全	{젼}	[전]
占	{졈}	[점]
程	{뎡}	[정]
廷	{뎡}	[정]
丁	{뎡}	[정]
情	{졍}	[정]
禎	{뎡}	[정]
精	{졍}	[정]
貞	{뎡}	[정]
旌	{졍}	[정]
題	{뎨}	[제]
齊	{졔}	[제]
曹	{조}	[조]
朝	{됴}	[조]
條	{됴}	[조]
躁	{조}	[조]
宗	{종}	[종]

終	{죵}	[종]
周	{쥬}	[주]
州	{쥬}	[주]
朱	{쥬}	[주]
廚	{듀}	[주]
衆	{즘}	[짐]
曾	{증}	[증]
知	{디}	[지]
支	{지}	[지]
眞	{진}	[진]
秦	{진}	[진]
陳	{딘}	[진]
斟	{짐}	[짐]
嗟	{차}	[차]
參	{참}	[참]
槍	{창}	[창]
蒼	{창}	[창]
倉	{창}	[창]
妻	{쳐}	[처]
天	{텬}	[천]
千	{쳔}	[천]
淸	{청}	[청]
靑	{쳥}	[청]
醋	{초}	[초]
初	{초}	[초]
焦	{쵸}	[초]
崔	{최}	[최]
推	{츄}	[추]
樞	{츄}	[추]
追	{튜}	[추]
春	{춘}	[춘]
忠	{튱}	[충]
層	{층}	[층]
治	{티}	[치]
親	{친}	[친]
侵	{침}	[침]
惰	{타}	[타]
耽	{탐}	[탐]
貪	{탐}	[탐]
台	{ᄐᆡ}	[태]

投	{투}	[투]
偸	{투}	[투]
平	{평}	[평]
評	{평}	[평]
包	{포}	[포]
袍	{포}	[포]
脯	{보}	[포]
脯	{포}	[포]
河	{하}	[하]
閑	{한}	[한]
韓	{한}	[한]
恒	{ᄒᆞᆼ}	[항]
骸	{ᄒᆡ}	[해]
香	{향}	[향]
虛	{허}	[허]
玄	{현}	[현]
嫌	{혐}	[혐]
亨	{형}	[형]
兄	{형}	[형]
刑	{형}	[형]
荊	{형}	[형]
胡	{호}	[호]
豪	{호}	[호]
紅	{홍}	[홍]
和	{화}	[화]
華	{화}	[화]
丸	{환}	[환]
桓	{환}	[환]
黃	{황}	[황]
荒	{황}	[황]
皇	{황}	[황]
回	{회}	[회]
橫	{횡}	[횡]
休	{휴}	[휴]
凶	{흉}	[흉]
訢	{흔}	[흔]
興	{흥}	[흥]
綖	{연}	[연]
襆	{보}	[보]
豐	{풍}	[풍]

頤	{이}	[이]

〚 002^{0} 〛 □⇒:□(소학언해 평성이 창원 방언에서 상성으로), 20자

어두	소학언해	창원 방언
한자	{음운}	[음운]
居	{거}	[:거]
供	{공}	[:공]
雷	{뢰}	[:뇌]
防	{방}	[:방]
繁	{번}	[:번]
非	{비}	[:비]
思	{ᄉᆞ}	[:사]
尸	{시}	[:시]
猜	{싀}	[:시]
要	{요}	[:요]
庸	{용}	[:용]
虞	{우}	[:우]
偶	{우}	[:우]
寃	{원}	[:원]
潛	{ᄌᆞᆷ}	[:잠]
貯	{뎌}	[:저]
昌	{챵}	[:창]
聰	{총}	[:총]
湯	{탕}	[:탕]
賢	{현}	[:현]

〚 003^{0} 〛 □⇒·□(소학언해 평성이 창원 방언에서 거성으로), 11자

어두	소학언해	창원 방언
한자	{음운}	[음운]
孤	{고}	[·고]
箕	{긔}	[·기]
譏	{긔}	[·기]
盧	{로}	[·노]
收	{슈}	[·수]
年	{년}	[·호]
姿	{ᄌᆞ}	[·자]
滋	{ᄌᆞ}	[·자]
箴	{ᄌᆞᆷ}	[·잠]
篇	{편}	[·편]
赫	{혁}	[·혁]

Ⅱ. 소학언해 상성(:□)과 창원 방언 방점의 대응
(26+226+5=)257자

〖201⁰〗:□⇒□(소학언해 상성이 창원 방언에서 평성으로), 26자

어두	소학언해	창원 방언
한자	{음운}	[음운]
頃	{:경}	[경]
考	{:고}	[고]
句	{:구}	[구]
救	{:구}	[구]
錦	{:금}	[금]
短	{:단}	[단]
當	{:당}	[당]
類	{:뉴}	[유]
類	{:류}	[유]
問	{:문}	[문]
符	{:부}	[부]
謝	{:샤}	[사]
舍	{:샤}	[사]
素	{:소}	[소]
試	{:시}	[시]
雅	{:아}	[아]
煬	{:양}	[양]
儼	{:엄}	[엄]
宴	{:연}	[연]
類	{:뉴}	[유]
類	{:류}	[유]
異	{:이}	[이]
忍	{:인}	[인]
帳	{:댱}	[장]
障	{:댱}	[장]
鼎	{:뎡}	[정]
齒	{:치}	[치]
后	{:후}	[후]

〖202⁰〗:□⇒:□(소학언해 상성이 창원 방언에서 상성으로), 226자

어두	소학언해	창원 방언
한자	{음운}	[음운]
假	{:가}	[:가]
懇	{:ᄀᆞᆫ}	[:간]
諫	{:간}	[:간]

敢	{:감}	[:감]
感	{:감}	[:감]
强	{:강}	[:강]
講	{:강}	[:강]
慨	{:개}	[:개]
倨	{:거}	[:거]
去	(:거)	[:거]
建	{:건}	[:건]
儉	{:검}	[:검]
警	{:경}	[:경]
景	{:경}	[:경]
繼	{:계}	[:계]
啓	{:계}	[:계]
計	{:계}	[:계]
契$_1$	{:계}	[:계]
古	{:고}	[:고]
困	{:곤}	[:곤]
閫	{:곤}	[:곤]
貢	{:공}	[:공]
寡	{:과}	[:과]
果	{:과}	[:과]
怪	{:괴}	[:괴]
敎	{:교}	[:교]
具	{:구}	[:구]
瞿	{:구}	[:구]
卷	{:권}	[:권]
詭	{:궤}	[:궤]
几	{:궤}	[:궤]
貴	{:귀}	[:귀]
鬼	{:귀}	[:귀]
覲	{:근}	[:근]
謹	{:근}	[:근]
禁	{:금}	[:금]
癩	{:라}	[:나]
難	{:난}	[:난]
內	{:ᄂᆡ}	[:내]
膽	{:담}	[:담]
禫	{:담}	[:담]
待	{:ᄃᆡ}	[:대]
代	{:ᄃᆡ}	[:대]

對 {:ᄃᆡ} [:대]
度 {:도} [:도]
動 {:동} [:동]
洞 {:동} [:동]
癘 {:려} [:여]
路 {:로} [:노]
怒 {:노} [:노]
怒 {:로} [:노]
鯉 {:리} [:이]
理 {:리} [:이]
利 {:리} [:이]
望 {:망} [:망]
妄 {:망} [:망]
每 {:ᄆᆡ} [:매]
免 {:면} [:면]
冕 {:면} [:면]
勉 {:면} [:면]
命 {:명} [:명]
戊 {:무} [:무]
武 {:무} [:무]
巫 {:무} [:무]
叛 {:반} [:반]
辯 {:변) [:변]
變 {:변} [:변]
保 {:보} [:보]
奉 {:봉} [:봉]
富 {:부} [:부]
忿 {:분} [:분]
粉 {:분} [:분]
奮 {:분} [:분]
匕 {:비} [:비]
比 {:비} [:비]
殯 {:빙} [:빈]
聘 {:빙} [:빙]
四 {:ᄉᆞ} [:사]
事 {:ᄉᆞ} [:사]
使 {:시} [:사]
史 {:ᄉᆞ} [:사]
泗 {:ᄉᆞ} [:사]
赦 {:샤} [:사]

士	{:ᄉᆞ}	[:사]
社	{:샤}	[:사]
算	{:산}	[:산]
上	{:샹}	[:상]
狀	{:장}	[:장]
庶	{:셔}	[:서]
序	{:셔}	[:서]
善	{:션}	[:선]
姓	{:셩}	[:성]
盛	{:셩}	[:성]
勢	{:셔}	[:세]
勢	{:셰}	[:세]
世	{:셰}	[:세]
小	{:쇼}	[:소]
損	{:손}	[:손]
遜	{:손}	[:손]
巽	{:손}	[:손]
訟	{:송}	[:송]
灑	{:새}	[:쇄]
手	{:슈}	[:수]
繡	{:슈}	[:수]
舜	{:슌}	[:순]
視	{:시}	[:시]
侍	{:시}	[:시]
信	{:신}	[:신]
賑	{:신}	[:신]
甚	{:심}	[:심]
藹	{:애}	[:애]
野	{:야}	[:야]
養	{:양}	[:양]
兩	{:냥}	[:양]
讓	{:양}	[:양]
馭	{:어}	[:어]
餘	{:여}	[:여]
念	{:렴}	[:염]
厭	{:염}	[:염]
永	{:영}	[:영]
營	{:영}	[:영]
穎	{:영}	[:영]
豫	{:예}	[:예]

五	{:오}	[:오]
傲	{:오}	[:오]
婉	{:완}	[:완]
玩	{:완}	[:완]
外	{:외}	[:외]
宂	{:용}	[:용]
勇	{:용}	[:용]
羽	{:우}	[:우]
遠	{:원}	[:원]
願	{:원}	[:원]
爲	{:위}	[:위]
喟	{:위}	[:위]
柳	{:류}	[:유]
飮	{:음}	[:음]
義	{:의}	[:의]
利	{:니}	[:이]
利	{:리}	[:이]
以	{:이}	[:이]
吏	{:리}	[:이]
里	{:리}	[:이]
理	{:리}	[:이]
李	{:리}	[:이]
易	{:이}	[:이]
壯	{:쟝}	[:장]
丈	{:댱}	[:장]
醬	{:쟝}	[:장]
宰	{:지}	[:재]
著	{:뎌}	[:저]
戰	{:젼}	[:전]
殿	{:뎐}	[:전]
漸	{:졈}	[:점]
整	{:졍}	[:정]
鄭	{:뎡}	[:정]
弟	{:뎨}	[:제]
娣	{:졔}	[:제]
帝	{:뎨}	[:제]
祭	{:졔}	[:제]
悌	{:뎨}	[:제]
弔	{:됴}	[:조]
操	{:조}	[:조]

詔	{:죠}	[:조]
趙	{:됴}	[:조]
俎	{:조}	[:조]
左	{:좌}	[:좌]
座	{:좌}	[:좌]
坐	{:좌}	[:좌]
罪	{:죄}	[:죄]
註	{:주}	[:주]
奏	{:주}	[:주]
撙	{:존}	[:존]
俊	{:쥰}	[:준]
重	{:듕}	[:중]
仲	{:듕}	[:중]
證	{:증}	[:증]
盡	{:진}	[:진]
震	{:진}	[:진]
振	{:진}	[:진]
徵	{:티}	[:치]
采	{:치}	[:채]
茝	{:치}	[:채]
蔡	{:채}	[:채]
處	{:쳐}	[:처]
薦	{:쳔}	[:천]
擅	(:쳔)	[:천]
賤	{:쳔}	[:천]
聽	{:텽}	[:청]
醮	{:쵸}	[:초]
總	{:총}	[:총]
取	{:츄}	[:취]
醉	{:츄}	[:취]
置	{:티}	[:치]
致	{:티}	[:치]
寢	{:침}	[:침]
歎	{:탄}	[:탄]
嘆	{:탄}	[:탄]
泰	{:태}	[:태]
退	{:퇴}	[:퇴]
罷	{:파}	[:파]
悖	{:패}	[:패]
佩	{:패}	[:패]

敗	{:패}	[:패]
廢	{:폐}	[:폐]
弊	{:폐}	[:폐]
陛	{:폐}	[:폐]
避	{:피}	[:피]
夏	{:하}	[:하]
下	{:하}	[:하]
翰	{:한}	[:한]
恨	{:ᄒᆞᆫ}	[:한]
駭	{:ᄒᆡ}	[:해]
害	{:해}	[:해]
嚮	{:향}	[:향]
險	{:험}	[:험]
浩	{:호}	[:호]
戶	{:호}	[:호]
化	{:화}	[:화]
禍	{:화}	[:화]
患	{:환}	[:환]
渙	{:환}	[:환]
況	{:황}	[:황]
膾	{:회}	[:회]
會	{:회}	[:회]
孝	{:효}	[:효]
厚	{:후}	[:후]
後	{:후}	[:후]
訓	{:훈}	[:훈]

〖203⁰〗:□⇒·□(소학언해 상성이 창원 방언에서 거성으로), 5자

어두	소학언해	창원 방언
한자	{음운}	[음운]
慰	{:위}	[·위]
點	{:뎜}	[·점]
酒	{:쥬}	[·주]
款	{:관}	[·관]
苟	{:구}	[·구]

Ⅲ. 소학언해 거성(·□)과 창원 방언 방점의 대응
(8+5+53=)66자

〖101⁰〗·□⇒□(소학언해 거성이 창원 방언에서 평성으로), 8자

어두 한자	소학언해 {음운}	창원 방언 [음운]
能	{·능}	[능]
亮	{·냥}	[양]
僧	{·숭}	[승]
憂	{·우}	[우]
仍	{·잉}	[인]
茶	{·차}	[다]
通	{·통}	[통]
沈	{·팀}	[짐]

〖102⁰〗·□⇒:□(소학언해 거성이 창원 방언에서 상성으로), 5자

어두 한자	소학언해 {음운}	창원 방언 [음운]
過	{·과}	[:과]
老	{·노}	[:노]
省	{·셩}	[:성]
暫	{·잠}	[:잠]
娶	{·취}	[:취]

〖103⁰〗·□⇒·□(소학언해 거성이 창원 방언에서 거성으로), 53자

어두 한자	소학언해 {음운}	창원 방언 [음운]
固	{·고}	[·고]
庫	{·고}	[·고]
苦	{·고}	[·고]
雇	{·고}	[·고]
瞽	{·고}	[·고]
棺	{·관}	[·관]
九	{·구}	[·구]
器	{·긔}	[·기]
忌	{·긔}	[·기]
機	{·긔}	[·기]
記	{·긔}	[·기]
起	{·긔}	[·기]
魯	{·로}	[·노]
黨	{·당}	[·당]

豆	{·두}	[·두]
憫	{·민}	[·민]
敏	{·민}	[·민]
父	{·부}	[·부]
婦	{·부}	[·부]
赴	{·부}	[·부]
壽	{·슈}	[·수]
首	{·슈}	[·수]
水	{·슈}	[·수]
羞	{·슈}	[·수]
緦	{·싀}	[·시]
愼	{·딘}	[·신]
媤	{·싀}	[·시]
氏	{·시}	[·씨]
位	{·위}	[·위]
魏	{·위}	[·위]
衛	{·위}	[·위]
引	{·인}	[·인]
恣	{·ᄌᆞ}	[·자]
自	{·ᄌᆞ}	[·자]
者	{·쟈}	[·자]
盞	{·잔}	[·잔]
政	{·졍}	[·정]
祖	{·조}	[·조]
主	{·쥬}	[·주]
旨	{·지}	[·지]
摯	{·지}	[·지]
智	{·디}	[·지]
至	{·지}	[·지]
指	{·지}	[·지]
次	{·ᄎᆞ}	[·차]
請	{·쳥}	[·청]
棣	{·톄}	[·체]
楚	{·초}	[·초]
土	{·토}	[·토]
判	{·판}	[·판]
標	{·표}	[·표]
表	{·표}	[·표]
許	{·허}	[·허]

Ⅳ. 소학언해 입성자가 가진 방점과 창원 방언 방점의 대응
(1+2+1+2+121+3+6=)136자

〖104⁰〗□⇒□(소학언해 입성자 평성이 창원 방언에서 평성으로), 1자

어두	소학언해	창원 방언
한자	{음운}	[음운]
穀	{곡}	[곡]

〖105⁰〗□⇒·□(소학언해 입성자 평성이 창원 방언에서 거성으로), 2자

어두	소학언해	창원 방언
한자	{음운}	[음운]
及	{급}	[·급]
復	{복}	[·복]

〖106⁰〗:□⇒:□(소학언해 입성자 상성이 창원 방언에서 상성으로), 1자

어두	소학언해	창원 방언
한자	{음운}	[음운]
蜜	{:밀}	[:밀]

〖107⁰〗:□⇒·□(소학언해 입성자 상성이 창원 방언에서 거성으로), 2자

어두	소학언해	창원 방언
한자	{음운}	[음운]
業	{:업}	[·업]
歇	{:헐}	[·헐]

〖108⁰〗·□⇒·□(소학언해 입성자 거성이 창원 방언에서 거성으로), 121자

어두	소학언해	창원 방언
한자	{음운}	[음운]
角	{·각}	[·각]
卻	{·각}	[·각]
各	{·각}	[·각]
客	{·긱}	[·객]
激	{·격}	[·격]
決	{·결}	[·결]
結	{·결}	[·결]
缺	{·결}	[·결]
契₂	{·셜}	[·설]
曲	{·곡}	[·곡]
骨	{·골}	[·골]
适	{·괄}	[·괄]
麴	{·국}	[·국]

祿 {·녹} [·녹]
祿 {·록} [·녹]
達 {·달} [·달]
答 {·답} [·답]
獨 {·독} [·독]
篤 {·독} [·독]
竹 {·듁} [·죽]
得 {·득} [·득]
諾 {·락} [·낙]
歷 {·력} [·역]
蓼 {·륙} [·육]
幕 {·막} [·막]
國 {·국} [·국]
屈 {·굴} [·굴]
闕 (·궐) [·궐]
橘 {·귤} [·귤]
極 {·극} [·극]
伋 {·급} [·급]
急 {·급} [·급]
吉 {·길} [·길]
洛 {·락} [·낙]
嫡 {·뎍} [·적]
牧 {·목} [·목]
木 {·목} [·목]
沐 {·목} [·목]
墨 {·묵} [·묵]
物 {·믈} [·물]
密 {·밀} [·밀]
褻 {·셜} [·설]
薄 {·박} [·박]
博 {·박} [·박]
勃 {·볼} [·발]
發 {·발} [·발]
百 {·빅} [·백]
白 {·빅} [·백]
栢 {·빅} [·백]
佛 {·불} [·불]
叔 {·슉} [·숙]
塾 {·슉} [·숙]
術 {·슐} [·술]

瑟	{·슬}	[·실]
軾	{·식}	[·식]
式	{·식}	[·식]
食	{·식}	[·식]
失	{·실}	[·실]
實	{·실}	[·실]
十	{·십}	[·십]
樂	{·악}	[·악]
額	{·읙}	[·액]
厄	{·읙}	[·액]
弱	{·약}	[·약]
約	{·약}	[·약]
藥	{·약}	[·약]
億	{·억}	[·억]
驛	{·역}	[·역]
列	{·녈}	[·열]
烈	{·렬}	[·열]
說	{·열}	[·열]
玉	{·옥}	[·옥]
六	{·륙}	[·육]
律	{·률}	[·율]
揖	{·읍}	[·읍]
日	{·일}	[·일]
入	{·입}	[·입]
立	{·립}	[·입]
雜	{·잡}	[·잡]
炙	{·젹}	[·적]
賊	{·적}	[·적]
勣	{·젹}	[·적]
積	{·젹}	[·적]
籍	{·젹}	[·적]
節	{·졀}	[·절]
切	{·졀}	[·절]
絶	{·졀}	[·절]
族	{·족}	[·족]
足	{·죡}	[·족]
卒	{·졸}	[·졸]
粥	{·쥭}	[·죽]
卽	{·즉}	[·즉]
汁	{·즙}	[·즙]

稷	{·직}	[·직]
職	{·직}	[·직]
直	{·딕}	[·직]
疾	{·질}	[·질]
質	{·질}	[·질]
責	{·칙}	[·책]
戚	{·쳑}	[·척]
妾	{·쳡}	[·첩]
蜀	{·쵹}	[·촉]
祝	{·츅}	[·축]
惻	{·측}	[·측]
測	{·측}	[·측]
七	{·칠}	[·칠]
漆	{·칠}	[·칠]
八	{·팔}	[·팔]
弼	{·필}	[·필]
合	{·합}	[·합]
革	{·혁}	[·혁]
血	{·혈}	[·혈]
惑	{·혹}	[·혹]
或	{·혹}	[·혹]
忽	{·홀}	[·홀]
笏	{·홀}	[·홀]
確	{·확}	[·확]
獲	{·획}	[·획]
譎	{·휼}	[·휼]
恤	{·휼}	[·휼]
掣	{·텰}	[·철]
鷸	{·률}	[·율]

〖109⁰〗{:□,·□}⇒·□(소학언해 입성자 상성 및 거성이 창원 방언에서 거성으로), 3자

어두	소학언해	창원 방언
한자	{음운}	[음운]
德	{:덕}	[·덕]
德	{·덕}	[·덕]
法	{:법}	[·법]
法	{·법}	[·법]
一	{:일}	[·일]
一	{·일}	[·일]

〖 110⁰ 〗{□,·□}⇒·□(소학언해 입성자 평성 및 거성이 창원 방언에서 거성으로), 6자

어두	소학언해	창원 방언
한자	{음운}	[음운]
滅	{멸}	[·멸]
滅	{·멸}	[·멸]
服	{복}	[·복]
服	{·복}	[·복]
福	{복}	[·복]
福	{·복}	[·복]
$不_1$	{블}	[·불]
$不_1$	{·블}	[·불]
冊	{췩(·에)}	[책(·에)]
冊	{·췩}	[·책]
學	{혹}	[·학]
學	{·혹}	[·학]

Ⅴ. 소학언해 복수 방점과 창원 방언 방점의 대응
(7+15+1+10+1+8+19+1+2+1=)65자

〖 301⁰ 〗{□,:□}⇒□(소학언해 평성 및 상성이 창원 방언에서 평성으로), 7자

어두	소학언해	창원 방언
한자	{음운}	[음운]
求	{구}	[구]
求	{:구}	[구]
論	{론}	[논]
論	{:론}	[논]
盜	{도}	[도]
盜	{:도}	[도]
方	{방}	[방]
方	{:방}	[방]
分	{분}	[분]
分	{:분}	[분]
箱	{샹}	[상]
箱	{:샹}	[상]
雍	{옹}	[옹]
雍	{:옹}	[옹]

〖 302⁰ 〗{□,:□}⇒:□(소학언해 평성 및 상성이 창원 방언에서 상성으로), 15자

어두	소학언해	창원 방언
한자	{음운}	[음운]
可	{가}	[:가]

可	{:가}	[:가]
郡	{군}	[:군]
郡	{:군}	[:군]
勸	{권}	[:권]
勸	{:권}	[:권]
乃	{내}	[:나]
乃	{:내}	[:나]
倍	{빙}	[:배]
倍	{:빙}	[:배]
病	{병}	[:병]
病	{:병}	[:병]
性	{셩}	[:성]
性	{:셩}	[:성]
宋	{송}	[:송]
宋	{:송}	[:송]
謚	{시}	[:시]
謚	{:시}	[:시]
刺	(ᄌᆞ)	[:자]
刺	(:ᄌᆞ)	[:자]
定	{뎡}	[:정]
定	{:뎡}	[:정]
津	{진}	[:진]
津	{:진}	[:진]
顯	{현}	[:현]
顯	{:현}	[:현]
呂	{려}	[:여]
呂	{:녀}	[:여]
呂	{:려}	[:여]
戲	{희}	[:희]
戲	{:희}	[:희]

〖303⁰〗{□,:□}⇒·□(소학언해 평성 및 상성이 창원 방언에서 거성으로), 1자

어두	소학언해	창원 방언
한자	{음운}	[음운]
告	{고}	[·고]
告	{:고}	[·고]

〖304⁰〗{□,·□}⇒□(소학언해 평성 및 거성이 창원 방언에서 평성으로), 10자

어두 한자	소학언해 {음운}	창원 방언 [음운]
兵	{병}	[병]
兵	{·병}	[병]
祥	{샹}	[상]
祥	{·샹}	[상]
丞	{승}	[승]
丞	{·승}	[승]
音	{음}	[음]
音	{·음}	[음]
財	{직}	[재]
財	{·직}	[재]
中	{듕}	[중]
中	{·듕}	[중]
廳	{텽}	[청]
廳	{·텽}	[청]
便	{편}	[편]
便	{·편}	[편]
風	{풍}	[풍]
風	{·풍}	[풍]
婚	{혼}	[혼]
婚	{·혼}	[혼]

〖305⁰〗{□,·□}⇒:□(소학언해 평성 및 거성이 창원 방언에서 상성으로), 1자

어두 한자	소학언해 {음운}	창원 방언 [음운]
光	{광}	[:광]
光	{·광}	[:광]

〖306⁰〗{□,·□}⇒·□(소학언해 평성 및 거성이 창원 방언에서 거성으로), 8자

어두 한자	소학언해 {음운}	창원 방언 [음운]
氣	{긔}	[·기]
氣	{·긔}	[·기]
本	{본}	[·본]
本	{·본}	[·본]
隋	{슈}	[·수]
隋	{·슈}	[·수]
禮	{례}	[·예]

禮	{·녜}	[·예]
禮	{·례}	[·예]
隱	{은}	[·은]
隱	{·은}	[·은]
子	{ᄌᆞ}	[·자]
子	{·ᄌᆞ}	[·자]
字	{ᄌᆞ}	[·자]
字	{·ᄌᆞ}	[·자]
地	{디}	[·지]
地	{·디}	[·지]

〖307^0〗{:□, ·□}⇒:□(소학언해 상성 및 거성이 창원 방언에서 상성으로), 19자

어두 한자	소학언해 {음운}	창원 방언 [음운]
擧	{:거}	[:거]
擧	{·거}	[:거]
慶	{:경}	[:경]
慶	{·경}	[:경]
廣	{:광}	[:광]
廣	{·광}	[:광]
大	{:대}	[:대]
大	{·대}	[:대]
道	{:도}	[:도]
道	{·도}	[:도]
萬	{:만}	[:만]
萬	{·만}	[:만]
孟	{:ᄆᆡᆼ}	[:맹]
孟	{·ᄆᆡᆼ}	[:맹]
茂	{:무}	[:무]
茂	{·무}	[:무]
半	{:반}	[:반]
半	{·반}	[:반]
犯	{:범}	[:범]
犯	{·범}	[:범]
譬	{:비}	[:비]
譬	{·비}	[:비]
聖	{:셩}	[:성]
聖	{·셩}	[:성]
洗	{:셰}	[:세]
洗	{·셰}	[:세]

所	{:소}	[:소]
所	{·소}	[:소]
受	{:슈}	[:수]
受	{·슈}	[:수]
議	{:의}	[:의]
議	{·의}	[:의]
晉	{:진}	[:진]
晉	{·진}	[:진]
幸	{:힝}	[:행]
幸	{·힝}	[:행]
縣	{:현}	[:현]
縣	{·현}	[:현]

〖308⁰〗{:□,·□}⇒·□(소학언해 상성 및 거성이 창원 방언에서 거성으로), 1자

어두 한자	소학언해 {음운}	창원 방언 [음운]
太	{:태}	[·태]
太	{·태}	[·태]

〖309⁰〗{□,:□,·□}⇒□(소학언해 평성, 상성 및 거성이 창원 방언에서 평성으로), 2자

어두 한자	소학언해 {음운}	창원 방언 [음운]
眷	{권}	[권]
眷	{:권}	[권]
眷	{·권}	[권]
尙	{샹}	[상]
尙	{:샹}	[상]
尙	{·샹}	[상]

〖310⁰〗{□,:□,·□}⇒:□(소학언해 평성, 상성 및 거성이 창원 방언에서 상성으로), 1자

어두 한자	소학언해 {음운}	창원 방언 [음운]
董	{동}	[:동]
董	{:동}	[:동]
董	(·동)	[:동]

6.5.2 어두에서 《소학언해》와 창원 방언 한자형태소 방점 대응관계

중세 국어와 창원 방언의 한자음 방점 비교는 이미 우리 현실한자음으로 토착화된 후의 두 시기의 방점 체계를 비교하는 것이다. 그러므로 중고한음과 관련시키지 않고 우리말 안에서 한자음 성조의 역사적인 발전 과정을 논하는 것이므로, 중고한음 4성과 우리말의 성조를 계량적으로 비교 분석할 때 보았던 '균형불균형의 역설' 같은 것은 나타나지 않는다.

중세 국어(여기에서는 《소학언해》)에서는 본 바와 같이 어두(#—), 평성 뒤(□—), 측성(=상성 또는 거성) 뒤({:□,·□}—)에서 3개 성조(/방점)의 비교적 자유로운 대립이 있었다. 창원 방언에서는 어두(#—)에서는 3개 성조가 대립을 이루지만, 평성 뒤(□—)에서는 평성(□, 0점)과 측성(·□, 1점)의 2개 성조만 대립이 가능하고, 측성(=상성 또는 거성) 뒤({:□,·□}—)에서는 성조의 대립은 허용되지 않는다.135) 창원 방언의 이와 같은 대립의 제약 때문에 중세 국어와 창원 방언의 방점의 계량적인 비교 분석은 2개의 위치(곧, 어두와 평성 뒤)로 한정할 수밖에 없다.

이 절에서는 어두에서 《소학언해》의 3개 성조와 창원 방언의 3개 성조의 대응관계를 비교 분석하고, 《소학언해》의 3개 성조와 창원 방언의 2개 성조의 대응관계 분석은 6.5.4절에서 하기로 한다.

(956) (어두에서) 소학언해 평성(□)과 창원 방언 방점의 대응

① 〖001⁰〗 소학언해 평성(□) ⇒ 창원 방언 평성(□)	317자 (91.09%)
② 〖002⁰〗 소학언해 평성(□) ⇒ 창원 방언 상성(:□)	20자 (5.75%)
③ 〖003⁰〗 소학언해 평성(□) ⇒ 창원 방언 거성(·□)	11자 (3.16%)
합계	348자 (100.00%)

(956)에서 보는 바와 같이, 《소학언해》에서 어두에 나타나는 평성(□)의 91.09%가 창원 방언에서 평성(□)으로 나타나는데, 이는 평성(□)은 안정성이 높아서 매우 잘 보존된 것이라 할 수 있다. 평성(□)이 상성(:□)으로 변한 것과 거성(·□)으로 변한 것을 합쳐서 (5.75+3.16=)8.91%로 10% 미만임도 주목할 만하다.

---

135) 창원 방언에서는 평성(□, 0점) 뒤에서는 상성(:□, 2점)과 거성(·□, 1점)은 측성(·□, 1점)으로 중화되고, 측성({:□,·□}) 뒤에서는 평성(□), 상성(:□), 거성(·□)이 모두 측성(·□, 1점)으로 중화된다. 그러므로 중세 국어와 창원 방언의 한자형태소 성조를 계량적인 방법으로 비교 분석을 할 때는 중세 국어는 모든 위치에서 3성조언어로 보아야 하지만, 창원 방언은 어두에서는 3성조 방언, 평성 뒤에서는 2성조 방언, 측성 뒤에서는 비성조방언인 것처럼 다루어야 한다.

(957) (어두에서) 소학언해 상성(:□)과 창원 방언 방점의 대응
① 〖201⁰〗 소학언해 상성(:□) ⇒ 창원 방언 평성(□) 26자 (10.12%)
② 〖202⁰〗 소학언해 상성(:□) ⇒ 창원 방언 상성(:□) 226자 (87.94%)
③ 〖203⁰〗 소학언해 상성(:□) ⇒ 창원 방언 거성(·□) 5자 (1.95%)
합계 257자 (100.00%)

(957)에서 보는 바와 같이 《소학언해》에서 어두에 나타나는 상성(:□)의 87.94%가 창원 방언에서 상성(:□)으로 나타나는데, 이는 상성이 비교적 잘 보존된 것이라 할 수 있다. 상성(:□)이 평성(□)으로 변한 것이 10.12%임도 주목할 만하다.

(958) (어두에서) 소학언해 거성(·□)과 창원 방언 방점의 대응
① 〖101⁰〗 소학언해 거성(·□) ⇒ 창원 방언 평성(□) 8자 (12.12%)
② 〖102⁰〗 소학언해 거성(·□) ⇒ 창원 방언 상성(:□) 5자 (7.58%)
③ 〖103⁰〗 소학언해 거성(·□) ⇒ 창원 방언 거성(·□) 53자 (80.30%)
합계 66자 (100.00%)

(958)에서는 《소학언해》에서 어두에 나타나는 거성(·□)의 80.30%가 창원 방언에서 거성(·□)으로 나타나는데, 《소학언해》가 간행된 것이 1580년임을 고려할 때 이러한 대응관계는 비교적 비율이 높은 것이다. 그러나 평성(□)이 평성(□)으로 대응하는 것 91.09%, 그리고 상성(:□)이 상성(:□)으로 대응하는 것 87.94%에 비하면 약간 떨어진다. 이렇게 떨어지는 것은 창원 방언에서 거성이 평성이나 상성보다는 상대적으로 안정성이 낮아서 다른 성조로 더 빠른 속도로 변해가는 추세에 있음을 나타내는 것이다. 거성(·□)이 평성(□)으로 변한 것은 12.12%임도 주목할 만하다.

(959) (어두에서) 소학언해 입성자와 창원 방언 방점의 대응
① 〖104⁰〗 소학언해 입성자 평성(□) ⇒ 창원 방언 평성(□) 1자 (0.74%)
② 〖106⁰〗 소학언해 입성자 상성(:□) ⇒ 창원 방언 상성(:□) 1자 (0.74%)
❶소계 2자 (1.46%)
③ 〖105⁰〗 소학언해 입성자 평성(□) ⇒ 창원 방언 거성(·□) 2자 (1.47%)
④ 〖107⁰〗 소학언해 입성자 상성(:□) ⇒ 창원 방언 거성(·□) 2자 (1.47%)
⑤ 〖108⁰〗 소학언해 입성자 거성(·□) ⇒ 창원 방언 거성(·□) 121자 (88.97%)
⑥ 〖109⁰〗 소학언해 입성자 상성 및 거성({:□,·□}) ⇒ 창원 방언 거성(·□) 3자 (2.21%)
⑦ 〖110⁰〗 소학언해 입성자 평성 및 거성({□,·□}) ⇒ 창원 방언 거성(·□) 6자 (4.42%)
❷소계 ((소학언해) 입성자⇒(창원 방언) 거성(·□)) 134자 (98.54%)
합계 136자 (100.00%)

(959)에서는 《소학언해》에서 어두에 나타나는 입성자가 (959)③처럼 평성으로 나타나는 것, (959)④처럼 상성으로 나타나는 것, (959)⑥처럼 상성과 거성으로 나타나는 것, (959)⑦처럼 평성과 거성으로 나타나는 것, (959)⑤처럼 거성으로 나타나는 것도 있으나, 이들의 압도적인 다수가 창원 방언에서는 거성(·□)으로 나타남을 (959)❷에서 볼 수 있다.

(915)❸에서는 중고한음 입성(□)이 《소학언해》에서 95.64%의 높은 비율로 거성(·□)으로 나타났는데, (959)❷에서는 《소학언해》에 나타난 입성자는 창원 방언에서 98.54%로 기록되고 있음은 더욱 주목할 만하다.

그리고 또 하나 주목해야 할 것은 극소수의 보기이기는 하지만, 《소학언해》와 창원 방언 사이에 (959)①의 '입성자 평성≡입성자 평성' (959)②'입성자 상성≡입성자 상성'의 일치 현상이다.[136] 역사비교언어학에서 불규칙형의 일치는 비교 대상이 되는 두 언어가 동계어임을 증명하기 위한 중요한 단서가 된다. 우리의 처지에서 보면, 입성자의 이와 같은 불규칙적인 방점의 일치는 1680년대의 두 방언(중앙 방언과 창원 방언)은 성조 체계의 차이가 거의 느껴지지 않을 정도로 가까웠을 것이라는 추정을 가능케 한다.

(960) (어두에서) 소학언해 복수 방점과 창원 방언 방점의 대응

대응	자수
① ⟦ 301^0 ⟧ 소학언해 평성 및 상성({□,:□}) ⇒ 창원 방언 평성(□)	7자 (10.77%)
② ⟦ 304^0 ⟧ 소학언해 평성 및 거성({□,·□}) ⇒ 창원 방언 평성(□)	10자 (15.38%)
③ ⟦ 309^0 ⟧ 소학언해 평성, 상성 및 거성({□,:□,·□}) ⇒ 창원 방언 평성(□)	2자 (3.08%)
❶소계 (복수 방점 ⇒ 평성)	19자 (29.23%)
④ ⟦ 302^0 ⟧ 소학언해 평성 및 상성({□,:□}) ⇒ 창원 방언 상성(:□)	15자 (23.08%)
⑤ ⟦ 305^0 ⟧ 소학언해 평성 및 거성({□,·□}) ⇒ 창원 방언 상성(:□)	1자 (1.54%)
⑥ ⟦ 307^0 ⟧ 소학언해 상성 및 거성({:□,·□}) ⇒ 창원 방언 상성(:□)	19자 (29.23%)
⑦ ⟦ 310^0 ⟧ 소학언해 평성, 상성 및 거성({□,:□,·□}) ⇒창원 방언 상성(:□)	1자 (1.54%)
❷소계 (복수 방점 ⇒ 상성)	36자 (55.38%)
⑧ ⟦ 303^0 ⟧ 소학언해 평성 및 상성({□,:□}) ⇒ 창원 방언 거성(·□)	1자 (1.54%)
⑨ ⟦ 306^0 ⟧ 소학언해 평성 및 거성({□,·□}) ⇒ 창원 방언 거성(·□)	8자 (12.31%)
⑩ ⟦ 308^0 ⟧ 소학언해 상성 및 거성({:□,·□}) ⇒ 창원 방언 거성(·□)	1자 (1.54%)
❸소계 (복수 방점 ⇒ 거성)	10자 (15.38%)
합계	65자 (100.00%)

(960)에서 보는 바와 같이, 《소학언해》 복수 방점이 창원 방언에서 상성(:□)으로 남은 것이 55.38%로 가장 많고, 평성으로 남은 것 29.23%, 거성으로 남은 것이 15.38%의 순서이다.

136) 이 일치의 근거 자료는 《소학언해》 穀食(곡·셕)(소학4 : 28b1; 소학5 : 99b5)와 창원 방언 穀食(곡·셕); 《소학언해》 蜜(:밀)(소학5 : 48a1)과 창원 방언 蜜(:밀)이었다. 분석된 자료로는 ⟦ 111 ⟧ 의 '穀(곡)' 항과 ⟦ 109 ⟧ 의 '蜜(:밀)'을 각각 참조.

6.5.3 평성 뒤의 위치에서 한자형태소 방점 분석 자료

아래 (961)에 정리된 한자는《소학언해》방점을 중심으로 할 때, 평성(□) 164자, 상성(:□) 92자, 거성(·□) 45자, 입성자 80자, 복수 방점 42자로 모두 합쳐서 423자이다.

(961) (평성 뒤에서) 소학언해와 창원 방언 한자형태소 방점 비교 자료
(164+92+45+80+42=)423자

Ⅰ. 소학언해 평성(□)과 창원 방언 방점의 대응
(149+15=)164자

〚 001$_0$ 〛□ ⇒ □(소학언해 평성이 창원 방언에서 평성으로), 149자

평성 뒤	소학언해	창원 방언
한자	{음운}	[음운]
干(ㄷ)	{간}	[간]
薑(ㄷ)	{강}	[강]
渠(ㄷ)	{거}	[거]
巾(ㄷ)	{건}	[건]
輕(ㄷ)	{경}	[경]
卿(ㄷ)	{경}	[경]
瓊(ㄷ)	{경}	[경]
階(ㄷ)	{계}	[계]
溪(ㄷ)	{계}	[계]
公(ㄷ)	{공}	[공]
恭(ㄷ)	{공}	[공]
官(ㄷ)	{관}	[관]
寬(ㄷ)	{관}	[관]
關(ㄷ)	{관}	[관]
光(ㄷ)	{광}	[광]
求(ㄷ)	{구}	[구]
丘(ㄷ)	{구}	[구]
球(ㄷ)	{구}	[구]
君(ㄷ)	{군}	[군]
軍(ㄷ)	{군}	[군]
宮(ㄷ)	{궁}	[궁]
權(ㄷ)	{권}	[권]
卷(ㄷ)	{권}	[권]
懃(ㄷ)	{근}	[근]
期(ㄷ)	{긔}	[기]
機(ㄷ)	{긔}	[기]
金(ㄷ)	{금}	[금]

南(ㄷ) {남} [남]
端(ㄷ) {단} [단]
當(ㄷ) {당} [당]
唐(ㄷ) {당} [당]
堂(ㄷ) {당} [당]
袋(ㄷ) {ᄃᆡ} [대]
徒(ㄷ) {도} [도]
東(ㄷ) {동} [동]
同(ㄷ) {동} [동]
頭(ㄷ) {두} [두]
蘭(ㄷ) {난} [란]
連(ㄷ) {련} [련]
廉(ㄷ) {렴} [렴]
靈(ㄷ) {령} [령]
勞(ㄷ) {로} [로]
蒙(ㄷ) {몽} [몽]
門(ㄷ) {문} [문]
文(ㄷ) {문} [문]
飯(ㄷ) {반} [반]
方(ㄷ) {방} [방]
房(ㄷ) {방} [방]
妃(ㄷ) {비} [비]
私(ㄷ) {ᄉᆞ} [사]
辭(ㄷ) {ᄉᆞ} [사]
三(ㄷ) {삼} [삼]
喪(ㄷ) {상} [상]
祥(ㄷ) {샹} [상]
詳(ㄷ) {샹} [상]
床(ㄷ) {상} [상]
生$_1$(ㄷ) {ᄉᆡᆼ} [생]
生$_2$(ㄷ) {ᄉᆞᆼ} [승]
書(ㄷ) {셔} [서]
徐(ㄷ) {셔} [서]
旋(ㄷ) {션} [선]
先(ㄷ) {션} [선]
城(ㄷ) {셩} [성]
誠(ㄷ) {셩} [성]
星(ㄷ) {셩} [성]
聲(ㄷ) {셩} [성]
昭(ㄷ) {쇼} [소]

守(ㄷ)	{슈}	[수]
讐(ㄷ)	{슈}	[수]
恂(ㄷ)	{슌}	[순]
時(ㄷ)	{시}	[시]
詩(ㄷ)	{시}	[시]
申(ㄷ)	{신}	[신]
神(ㄷ)	{신}	[신]
臣(ㄷ)	{신}	[신]
身(ㄷ)	{신}	[신]
心(ㄷ)	{심}	[심]
尋(ㄷ)	{심}	[심]
安(ㄷ)	{안}	[안]
昻(ㄷ)	{앙}	[앙]
崖(ㄷ)	{애}	[애]
陽(ㄷ)	{양}	[양]
輿(ㄷ)	{여}	[여]
淵(ㄷ)	{연}	[연]
營(ㄷ)	{영}	[영]
溫(ㄷ)	{온}	[온]
汪(ㄷ)	{왕}	[왕]
王(ㄷ)	{왕}	[왕]
夭(ㄷ)	{요}	[요]
庸(ㄷ)	{용}	[용]
員(ㄷ)	{원}	[원]
誾(ㄷ)	{은}	[은]
銀(ㄷ)	{은}	[은]
衣(ㄷ)	{의}	[의]
疑(ㄷ)	{의}	[의]
醫(ㄷ)	{의}	[의]
伊(ㄷ)	{이}	[이]
怡(ㄷ)	{이}	[이]
人(ㄷ)	{인}	[인]
仁(ㄷ)	{인}	[인]
姻(ㄷ)	{인}	[인]
資(ㄷ)	{ᄌᆞ}	[자]
莊(ㄷ)	{장}	[장]
章(ㄷ)	{쟝}	[장]
杖(ㄷ)	{잠}	[장]
粧(ㄷ)	{장}	[장]
才(ㄷ)	{지}	[재]

齋(ㄷ)	{직}	[재]
錚(ㄷ)	{징}	[쟁]
全(ㄷ)	{젼}	[전]
纏(ㄷ)	{뎐}	[전]
庭(ㄷ)	{뎡}	[정]
廷(ㄷ)	{뎡}	[정]
情(ㄷ)	{샹}	[상]
齊(ㄷ)	{졔}	[제]
朝(ㄷ)	{됴}	[조]
尊(ㄷ)	{존}	[존]
周(ㄷ)	{쥬}	[주]
州(ㄷ)	{쥬}	[주]
中(ㄷ)	{듕}	[중]
曾(ㄷ)	{증}	[증]
持(ㄷ)	{디}	[지]
千(ㄷ)	{쳔}	[천]
川(ㄷ)	{쳔}	[천]
推(ㄷ)	{츄}	[추]
秋(ㄷ)	{츄}	[추]
忠(ㄷ)	{튱}	[충]
層(ㄷ)	{층}	[층]
沉(ㄷ)	{팀}	[침]
稱(ㄷ)	{칭}	[칭]
台(ㄷ)	{틱}	[태]
殆(ㄷ)	{틱}	[태]
通(ㄷ)	{통}	[통]
平(ㄷ)	{평}	[평]
豊(ㄷ)	{풍}	[풍]
風(ㄷ)	{풍}	[풍]
皮(ㄷ)	{피}	[피]
河(ㄷ)	{하}	[하]
閑(ㄷ)	{한}	[한]
虛(ㄷ)	{허}	[허]
賢(ㄷ)	{현}	[현]
兄(ㄷ)	{형}	[형]
壺(ㄷ)	{호}	[호]
和(ㄷ)	{화}	[화]
華(ㄷ)	{화}	[화]
荒(ㄷ)	{황}	[황]
皇(ㄷ)	{황}	[황]

侯(ㄷ)	{후}	[후]
訢(ㄷ)	{흔}	[흔]

〖 002₀ 〗□ ⇒ ·□(소학언해 평성이 창원 방언에서 측성으로), 15자

평성 뒤 한자	소학언해 {음운}	창원 방언 [음운]
嫁(ㄷ)	{가}	[·가]
居(ㄷ)	{거}	[·거]
件(ㄷ)	{건}	[·건]
冠(ㄷ)	{관}	[·관]
都(ㄷ)	{도}	[·도]
慮(ㄷ)	{려}	[·려]
流(ㄷ)	{뉴}	[·류]
流(ㄷ)	{류}	[·류]
模(ㄷ)	{모}	[·모]
微(ㄷ)	{미}	[·미]
嚴(ㄷ)	{엄}	[·엄]
餘(ㄷ)	{여}	[·여]
虞(ㄷ)	{우}	[·우]
慈(ㄷ)	{ᄌᆞ}	[·자]
箴(ㄷ)	{좀}	[·잠]
頤(ㄷ)	{이}	[·이]

II. 소학언해 상성(:□)과 창원 방언 방점의 대응
(14+78=)92자

〖 201₀ 〗:□ ⇒ □(소학언해 상성이 창원 방언에서 평성으로), 14자

평성 뒤 한자	소학언해 {음운}	창원 방언 [음운]
句(ㄷ)	{:구}	[구]
澹(ㄷ)	{:담}	[담]
類(ㄷ)	{:류}	[류]
馬(ㄷ)	{:마}	[마]
保(ㄷ)	{:보}	[보]
費(ㄷ)	{:비}	[비]
瑞(ㄷ)	{:셔}	[서]
始(ㄷ)	{:시}	[시]
幼(ㄷ)	{:유}	[유]
長(ㄷ)	{:댱}	[장]
鼎(ㄷ)	{:뎡}	[정]
助(ㄷ)	{:조}	[조]

縱(ㄷ)	{:죵}	[종]
訓(ㄷ)	{:훈}	[훈]

〖 202_0 〗:□ ⇒ ·□(소학언해 상성이 창원 방언에서 측성으로), 78자

평성 뒤	소학언해	창원 방언
한자	{음운}	[음운]
侃(ㄷ)	{:간}	[·간]
健(ㄷ)	{:건}	[·건]
敬(ㄷ)	{:경}	[·경]
計(ㄷ)	{:계}	[·계]
戒(ㄷ)	{:계}	[·계]
果(ㄷ)	{:과}	[·과]
亂(ㄷ)	{:난}	[·난]
亂(ㄷ)	{:란}	[·란]
念(ㄷ)	{:렴}	[·념]
斷(ㄷ)	{:단}	[·단]
膽(ㄷ)	(:담)	[·담]
待(ㄷ)	{:ᄃᆡ}	[·대]
帶(ㄷ)	{:ᄃᆡ}	[·대]
賴(ㄷ)	{:뢰}	[·뢰]
漏(ㄷ)	{:루}	[·루]
吏(ㄷ)	{:리}	[·리]
望(ㄷ)	{:망}	[·망]
孟(ㄷ)	{:ᄆᆡᆼ}	[·맹]
面(ㄷ)	{:면}	[·면]
命(ㄷ)	{:명}	[·명]
墓(ㄷ)	{:묘}	[·묘]
妙(ㄷ)	{:묘}	[·묘]
問(ㄷ)	{:문}	[·문]
未(ㄷ)	{:미}	[·미]
倣(ㄷ)	{:방}	[·방]
犯(ㄷ)	{:범}	[·범]
婢(ㄷ)	{:비}	[·비]
備(ㄷ)	{:비}	[·비]
詐(ㄷ)	{:사}	[·사]
舍(ㄷ)	{:샤}	[·사]
誓(ㄷ)	{:셰}	[·서]
勢(ㄷ)	{:셔}	[·세]
勢(ㄷ)	{:셰}	[·세]
姓(ㄷ)	{:셩}	[·성]

性(ㄷ)	{:셩}	[·성]
所(ㄷ)	{:소}	[·소]
繡(ㄷ)	{:슈}	[·수]
順(ㄷ)	{:슌}	[·순]
舜(ㄷ)	{:슌}	[·순]
審(ㄷ)	{:심}	[·심]
案(ㄷ)	{:안}	[·안]
樣(ㄷ)	{:양}	[·양]
讓(ㄷ)	{:양}	[·양]
語(ㄷ)	{:어}	[·어]
馭(ㄷ)	{:어}	[·어]
染(ㄷ)	{:염}	[·염]
預(ㄷ)	{:예}	[·예]
外(ㄷ)	{:외}	[·외]
飮(ㄷ)	{:음}	[·음]
義(ㄷ)	{:의}	[·의]
意(ㄷ)	{:의}	[·의]
葬(ㄷ)	{:장}	[·장]
著(ㄷ)	{:뎌}	[·저]
典(ㄷ)	{:뎐}	[·전]
制(ㄷ)	{:졔}	[·제]
帝(ㄷ)	{:뎨}	[·제]
坐(ㄷ)	{:좌}	[·좌]
罪(ㄷ)	{:죄}	[·죄]
重(ㄷ)	{:듕}	[·중]
震(ㄷ)	{:진}	[·진]
彩(ㄷ)	{:ᄎᆡ}	[·채]
賤(ㄷ)	{:쳔}	[·천]
寸(ㄷ)	{:촌}	[·촌]
恥(ㄷ)	{:티}	[·치]
歎(ㄷ)	{:탄}	[·탄]
誕(ㄷ)	{:탄}	[·탄]
蕩(ㄷ)	{:탕}	[·탕]
便(ㄷ)	{:편}	[·편]
徧(ㄷ)	{:변}	[·변]
諷(ㄷ)	{:풍}	[·풍]
夏(ㄷ)	{:하}	[·하]
漢(ㄷ)	{:한}	[·한]
害(ㄷ)	{:해}	[·해]
海(ㄷ)	{:ᄒᆡ}	[·해]

享(ㄷ)	{:향}	[·향]
險(ㄷ)	{:험}	[·험]
浩(ㄷ)	{:호}	[·호]
戶(ㄷ)	{:호}	[·호]
厚(ㄷ)	{:후}	[·후]
後(ㄷ)	{:후}	[·후]

Ⅲ. 소학언해 거성(·□)과 창원 방언 방점의 대응 (5+40=)45자

〖101ₒ〗·□ ⇒ □(소학언해 거성이 창원 방언에서 평성으로), 5자

평성 뒤	소학언해	창원 방언
한자	{음운}	[음운]
館(ㄷ)	{·관}	[관]
均(ㄷ)	{·관}	[관]
記(ㄷ)	{·긔}	[기]
對(ㄷ)	{·딕}	[대]
易(ㄷ)	{·이}	[이]

〖102ₒ〗·□ ⇒ ·□(소학언해 거성이 창원 방언에서 측성으로), 40자

평성 뒤	소학언해	창원 방언
한자	{음운}	[음운]
暇(ㄷ)	{·가}	[·가]
故(ㄷ)	{·고}	[·고]
苦(ㄷ)	{·고}	[·고]
較(ㄷ)	(·교)	[·교]
巧(ㄷ)	{·교}	[·교]
起(ㄷ)	{·긔}	[·기]
令(ㄷ)	{·령}	[·령]
禮(ㄷ)	{·례}	[·례]
利(ㄷ)	{·리}	[·리]
本(ㄷ)	{·본}	[·본]
府(ㄷ)	{·부}	[·부]
士(ㄷ)	{·ᄉᆞ}	[·사]
尙(ㄷ)	{·샹}	[·상]
省(ㄷ)	{·싱}	[·성]
稅(ㄷ)	{·셰}	[·세]
數(ㄷ)	{·수}	[·수]
壽(ㄷ)	{·슈}	[·수]
盾(ㄷ)	{·슌}	[·순]
氏(ㄷ)	{·시}	[·씨]

約(ㄷ)	{·약}	[·약]
友(ㄷ)	{·우}	[·우]
位(ㄷ)	{·위}	[·위]
魏(ㄷ)	{·위}	[·위]
子(ㄷ)	{·ᄌᆞ}	[·자]
字(ㄷ)	{·ᄌᆞ}	[·짜]
箸(ㄷ)	{·져}	[·저]
政(ㄷ)	{·졍}	[·정]
祖(ㄷ)	{·조}	[·조]
酒(ㄷ)	{·쥬}	[·주]
主(ㄷ)	{·쥬}	[·주]
止(ㄷ)	{·지}	[·지]
至(ㄷ)	{·지}	[·지]
鎭(ㄷ)	{·딘}	[·진]
茱(ㄷ)	{·취}	[·치]
草(ㄷ)	{·초}	[·초]
侈(ㄷ)	{·치}	[·치]
太(ㄷ)	{·태}	[·태]
判(ㄷ)	{·판}	[·판]
品(ㄷ)	{·품}	[·품]
驗(ㄷ)	{·험}	[·험]

Ⅳ. 소학언해 입성자와 창원 방언 방점의 대응

(2+1+74+3=)80자

〖 104_0 〗□ ⇒ ·□(소학언해 평성이 창원 방언에서 측성으로), 2자

평성 뒤	소학언해	창원 방언
한자	{음운}	[음운]
德(ㄷ)	{덕}	[·덕]
質(ㄷ)	{질}	[·질]

〖 105_0 〗·□ ⇒ □(소학언해 거성이 창원 방언에서 평성으로), 1자

평성 뒤	소학언해	창원 방언
한자	{음운}	[음운]
賊(ㄷ)	{·적}	[적]

〖 106_0 〗·□ ⇒ ·□(소학언해 거성이 창원 방언에서 측성으로), 74자

평성 뒤	소학언해	창원 방언
한자	{음운}	[음운]
各(ㄷ)	{·각}	[·각]
葛(ㄷ)	{·갈}	[·갈]
喝(ㄷ)	{·갈}	[·갈]

蠍(ㄷ) {·갈} [·갈]
傑(ㄷ) {·걸} [·걸]
曲(ㄷ) {·곡} [·곡]
骨(ㄷ) {·골} [·골]
國(ㄷ) {·국} [·국]
急(ㄷ) {·급} [·급]
納(ㄷ) {·납} [·납]
篤(ㄷ) {·독} [·독]
略(ㄷ) {·략} [·략]
滅(ㄷ) {·멸} [·멸]
目(ㄷ) {·목} [·목]
睦(ㄷ) {·목} [·목]
物(ㄷ) {·믈} [·물]
密(ㄷ) {·밀} [·밀]
薄(ㄷ) {·박} [·박]
迫(ㄷ) {·박} [·박]
勃(ㄷ) {·볼} [·발]
百(ㄷ) {·빅} [·백]
白(ㄷ) {·빅} [·백]
栢(ㄷ) {·빅} [·백]
罰(ㄷ) {·벌} [·벌]
法(ㄷ) {·법} [·법]
別(ㄷ) {·별} [·별]
服(ㄷ) {·복} [·복]
福(ㄷ) {·복} [·복]
卜(ㄷ) {·복} [·복]
北(ㄷ) {·븍} [·북]
色(ㄷ) {·식} [·색]
屬$_1$(ㄷ) {·쇽} [·속]
率(ㄷ) {·솔} [·솔]
叔(ㄷ) {·슉} [·숙]
肅(ㄷ) {·슉} [·숙]
術(ㄷ) {·슐} [·술]
瑟(ㄷ) {·슬} [·실]
食(ㄷ) {·셕} [·석]
實(ㄷ) {·실} [·실]
室(ㄷ) {·실} [·실]
樂(ㄷ) {·악} [·악]
惡(ㄷ) {·악} [·악]
狎(ㄷ) {·압} [·압]

業(ㄷ)	{·업}	[·업]
易(ㄷ)	{·역}	[·역]
列(ㄷ)	{·렬}	[·렬]
烈(ㄷ)	{·렬}	[·열]
悅(ㄷ)	{·열}	[·열]
劣(ㄷ)	{·렬}	[·열]
慾(ㄷ)	{·욕}	[·욕]
月(ㄷ)	{·월}	[·월]
肉(ㄷ)	{·육}	[·육]
一(ㄷ)	{·일}	[·일]
作(ㄷ)	{·작}	[·작]
酌(ㄷ)	{·쟉}	[·작]
積(ㄷ)	{·젹}	[·적]
籍(ㄷ)	{·젹}	[·적]
族(ㄷ)	{·족}	[·족]
足 ㄷ)	{·죡}	[·족]
直(ㄷ)	{·딕}	[·직]
察(ㄷ)	{·찰}	[·찰]
策(ㄷ)	{·칙}	[·책]
哲(ㄷ)	{·텰}	[·철]
則(ㄷ)	(·측)	[·칙]
託(ㄷ)	{·탁}	[·탁]
宅(ㄷ)	{·턱}	[·택]
慝(ㄷ)	{·특}	[·특]
特(ㄷ)	{·특}	[·특]
辟(ㄷ)	{·벽}	[·벽]
必(ㄷ)	{·필}	[·필]
乏(ㄷ)	{·핍}	[·핍]
俠(ㄷ)	{·협}	[·협]
惑(ㄷ)	{·혹}	[·혹]
猾(ㄷ)	{·활}	[·활]

〘 107_0 〙 {□,·□} ⇒ ·□(소학언해 평성 및 거성이 창원 방언에서 측성으로), 3자

평성 뒤	소학언해	창원 방언
한자	{음운}	[음운]
六(ㄷ)	{뉵}	[·륙]
六(ㄷ)	{·뉵}	[·륙]
日(ㄷ)	{일}	[·일]
日(ㄷ)	{·일}	[·일]
識(ㄷ)	{식}	[·식]

識(ㄷ)	{·식}	[·식]

V. 소학언해 복수 성조와 창원 방언 방점의 대응
(5+4+2+4+1+22+4=)42자

〚 301_0 〛{□,:□} ⇒ □(소학언해 평성 및 상성이 창원 방언에서 평성으로), 5자

평성 뒤	소학언해	창원 방언
한자	{음운}	[음운]
迎(ㄷ)	{영}	[영]
迎(ㄷ)	{:영}	[영]
要(ㄷ)	{요}	[요]
要(ㄷ)	{:요}	[요]
前(ㄷ)	{젼}	[전]
前(ㄷ)	{:젼}	[전]
靜(ㄷ)	{졍}	[정]
靜(ㄷ)	{:졍}	[정]
效(ㄷ)	{효}	[효]
效(ㄷ)	{:효}	[효]

〚 302_0 〛{□,:□} ⇒ ·□(소학언해 평성 및 상성이 창원 방언에서 측성으로), 4자

평성 뒤	소학언해	창원 방언
한자	{음운}	[음운]
矩(ㄷ)	(구)	[·구]
矩(ㄷ)	(:구)	[·구]
妙(ㄷ)	{묘}	[·묘]
妙(ㄷ)	{:묘}	[·묘]
世(ㄷ)	{셰}	[·세]
世(ㄷ)	{:셰}	[·세]
右(ㄷ)	{우}	[·우]
右(ㄷ)	{:우}	[·우]

〚 303_0 〛{□,·□} ⇒ □(소학언해 평성 및 거성이 창원 방언에서 평성으로), 2자

평성 뒤	소학언해	창원 방언
한자	{음운}	[음운]
年(ㄷ)	{년}	[년]
年(ㄷ)	{·년}	[년]
牙(ㄷ)	{아}	[아]
牙(ㄷ)	{·아}	[아]

〖 304_0 〗{□,·□} ⇒ ·□(소학언해 평성 및 거성이 창원 방언에서 측성으로), 4자

평성 뒤 한자	소학언해 {음운}	창원 방언 [음운]
氣(ㄷ)	{긔}	[·기]
氣(ㄷ)	{·긔}	[·기]
地(ㄷ)	{디}	[·지]
地(ㄷ)	{·디}	[·지]
次(ㄷ)	{ᄎᆞ}	[·차]
次(ㄷ)	{·ᄎᆞ}	[·차]
篇(ㄷ)	{편}	[·편]
篇(ㄷ)	{·편}	[·편]

〖 305_0 〗{:□,·□} ⇒ □(소학언해 상성 및 거성이 창원 방언에서 평성으로), 1자

평성 뒤 한자	소학언해 {음운}	창원 방언 [음운]
廟(ㄷ)	{:묘}	[묘]
廟(ㄷ)	{·묘}	[묘]

〖 306_0 〗{:□,·□} ⇒ ·□(소학언해 상성 및 거성이 창원 방언에서 측성으로), 22자

평성 뒤 한자	소학언해 {음운}	창원 방언 [음운]
擧(ㄷ)	{:거}	[·거]
擧(ㄷ)	{·거}	[·거]
據(ㄷ)	{:거}	[·거]
據(ㄷ)	{·거}	[·거]
考(ㄷ)	{:고}	[·고]
考(ㄷ)	{·고}	[·고]
究(ㄷ)	{:구}	[·구]
究(ㄷ)	{·구}	[·구]
道(ㄷ)	{:도}	[·도]
道(ㄷ)	{·도}	[·도]
例(ㄷ)	{:례}	[·례]
例(ㄷ)	{·녜}	[·례]
里(ㄷ)	{:리}	[·리]
里(ㄷ)	{·리}	[·리]
慢(ㄷ)	{:만}	[·만]
慢(ㄷ)	{·만}	[·만]
辨(ㄷ)	{:변}	[·변]
辨(ㄷ)	{·변}	[·변]
否(ㄷ)	{:부}	[·부]

否(ㄷ)	{·부}	[·부]
俗(ㄷ)	{:쇽}	[·속]
俗(ㄷ)	{·쇽}	[·속]
遜(ㄷ)	{:손}	[·손]
遜(ㄷ)	{·손}	[·손]
試(ㄷ)	{:시}	[·시]
試(ㄷ)	{·시}	[·시]
異(ㄷ)	{:이}	[·이]
異(ㄷ)	{·이}	[·이]
節(ㄷ)	{:졀}	[·절]
節(ㄷ)	{·졀}	[·절]
祭(ㄷ)	{:졔}	[·제]
祭(ㄷ)	{·졔}	[·제]
支(ㄷ)	{:지}	[·지]
支(ㄷ)	{·지}	[·지]
下(ㄷ)	{:하}	[·하]
下(ㄷ)	{·하}	[·하]
惠(ㄷ)	{:혜}	[·혜]
惠(ㄷ)	{·혜}	[·혜]
號(ㄷ)	{:호}	[·호]
號(ㄷ)	{·호}	[·호]
禍(ㄷ)	{:화}	[·화]
禍(ㄷ)	{·화}	[·화]
會(ㄷ)	{:회}	[·회]
會(ㄷ)	{·회}	[·회]

〖 307_0 〗{□,:□,·□} ⇒ ·□(소학언해 평성, 상성 및 거성이 창원 방언에서 측성으로), 4자

평성 뒤 한자	소학언해 {음운}	창원 방언 [음운]
代(ㄷ)	{ᄃᆡ}	[·대]
代(ㄷ)	{:ᄃᆡ}	[·대]
代(ㄷ)	{·ᄃᆡ}	[·대]
理(ㄷ)	{리}	[·리]
理(ㄷ)	{:리}	[·리]
理(ㄷ)	{·리}	[·리]
正(ㄷ)	{졍}	[·정]
正(ㄷ)	{:졍}	[·정]
正(ㄷ)	{·졍}	[·정]
弟(ㄷ)	{뎨}	[·제]
弟(ㄷ)	{:뎨}	[·제]

弟(ㄷ) {·뎨} [·제]

6.5.4 평성 뒤에서 《소학언해》와 창원 방언 한자형태소 방점 대응관계

창원 방언에서는 평성 뒤(□—)에서는 평성(□, 0점)과 측성(·□)의 대립만 가능하기 때문에, 《소학언해》의 3성조 평성(□), 상성(:□), 거성(·□)이 창원 방언의 두 성조와 어떠한 모습으로 대응관계를 나타내는가를 분석하는 이것 이 절에서 할 일이다.

(962) (평성 뒤에서) 소학언해 평성(□)과 창원 방언 방점의 대응

① 〚 001_0 〛 소학언해 평성(□) ⇒ 창원 방언 평성(□)	149자 (90.85%)
② 〚 002_0 〛 소학언해 평성(□) ⇒ 창원 방언 측성(·□)	15자 (9.15%)
합계	164자 (100.00%)

(962)에서 보는 바와 같이 평성 뒤의 위치에서 《소학언해》 평성이 창원 방언에서 90.85%가 평성(□)으로 나타나는데, 이는 (956)에서 본 바와 같이 어두 위치에서 《소학언해》 평성(□)이 창원 방언에서 91.09%가 평성(□)으로 나타나는 것과 거의 같다. 1588년에서 거의 430년이 지난 현재까지 평성의 보존 비율이 이렇게 높은 것은 조선 시대 유학의 숭상과 한시 짓기를 위해 평성(◰)을 평성(□)으로 대응시켜서 보존하려는 노력이 조선 말기까지 계속되었기 때문이라고 생각된다. 《소학언해》에 평성(□)으로 나타나던 한자형태소가 측성(·□)으로 변한 것이 9.15%가 되는데, 이것은 현대에 와서 한자어 성조의 체계적인 교육이 전혀 이루어지지 않는 시대적인 흐름과 관계가 있을 것으로 생각된다.

(963) (평성 뒤에서) 소학언해 상성(:□)과 창원 방언 방점의 대응

① 〚 201_0 〛 소학언해 상성(:□) ⇒ 창원 방언 평성(□)	14자 (15.22%)
③ 〚 202_0 〛 소학언해 상성(:□) ⇒ 창원 방언 측성(·□)	78자 (84.78%)
합계	92자 (100.00%)

(964) (평성 뒤에서) 소학언해 거성(·□)과 창원 방언 방점의 대응

① 〚 101_0 〛 소학언해 거성(·□) ⇒ 창원 방언 평성(□)	5자 (11.11%)
② 〚 102_0 〛 소학언해 거성(·□) ⇒ 창원 방언 측성(·□)	40자 (88.89%)
합계	45자 (100.00%)

(963)과 (964)에서 평성 뒤(□—)에서 《소학언해》 상성(:□)이 측성(·□)으로 반영된 것과 거성(·□)이 측성(·□)으로 반영된 것이 각각 84.78%와 88.89%로 큰 차이가 없이 중화

규칙 (5)ㄱ에 따라 측성으로 반영되었다고 할 수 있다. 430여 년 동안 84.78%와 88.89%의 보존율은 낮은 것은 아니지만, (962)에서 《소학언해》 평성에서 창원 방언 평성으로의 보존율 91.09%보다는 약간 떨어진다. 현대에 와서 시간이 갈수록 무표 성조인 평성의 비중이 높아지고, 유표 성조인 측성의 비율이 낮아지는 것은 성조방언에서 비성조방언으로 변천해 가는 추세와 관계가 있는 것이라고 생각된다.

(965) (평성 뒤에서) 소학언해 입성자와 창원 방언 방점의 관계

① 〖105₀〗소학언해 입성자 거성(·□) ⇒ 창원 방언 평성(□)	1자 (1.25%)
❶소계 (거성 ⇒ 평성)	1자 (1.25%)
② 〖104₀〗소학언해 입성자 평성(□) ⇒ 창원 방언 측성(·□)	2자 (2.50%)
③ 〖106₀〗소학언해 입성자 거성(·□) ⇒ 창원 방언 측성(·□)	74자 (92.50%)
④ 〖107₀〗소학언해 입성자 평성 및 거성({□,·□}) ⇒창원 방언 측성(·□)	3자 (3.75%)
❷소계 (입성자 ⇒ 측성)	79자 (98.75%)
합계	80자 (100.00%)

(915)❸과 (925)ㄴ에서 《소학언해》 입성자가 거성(·□)으로 나타나던 것이 95.64%로 매우 높았는데, (965)ㄴ에서는 98.75%로 비율이 더욱 높아졌다. 이것은 (959)에서는 어두에서 창원 방언 입성자의 거성으로의 반영이 98.54%로 나타난 것과 거의 같은 수준이다. 입성의 분절음 구성의 특징에 끌려서, 그것들의 거성화는 시간의 흐름과 더불어 절정에 다다른 것이라 생각된다.

(966) (평성 뒤에서) 소학언해 복수 방점과 창원 방언 방점의 대응

①〖301₀〗소학언해 평성 및 상성({□,:□}) ⇒ 창원 방언 평성(□)	5자 (11.90%)
②〖303₀〗소학언해 평성 및 거성({□,·□}) ⇒ 창원 방언 평성(□)	2자 (4.76%)
③〖305₀〗소학언해 상성 및 거성({:□,·□}) ⇒ 창원 방언 평성(□)	1자 (2.38%)
❶소계 (복수 방점 ⇒ 평성)	8자 (19.05%)
④〖302₀〗소학언해 평성 및 상성({□,:□}) ⇒ 창원 방언 측성(·□)	4자 (9.52%)
⑤〖304₀〗소학언해 평성 및 거성({□,·□}) ⇒ 창원 방언 측성(·□)	4자 (9.52%)
⑥〖306₀〗소학언해 상성 및 거성({:□,·□}) ⇒ 창원 방언 측성(·□)	22자 (52.38%)
⑦〖307₀〗소학언해 평성, 상성 및 거성({□,:□,·□}) ⇒ 창원 방언 측성(·□)	4자 (9.52%)
❶소계 (복수 방점 ⇒ 측성)	34자 (80.95%)
합계	42자 (100.00%)

(966)에서는 적은 자료를 가지고 일반적인 경향을 찾아내는 데는 어려움이 있으나, 《소학언해》 복수 방점이 창원 방언에서 측성으로 나타나는 것이 80.95%로 다수가 된 것은

(966)⑥의 상성 및 거성({:□,·□})이 22자나 되는 것이 원인인 것 같다.

6.5.2절과 6.5.4절에서 두드러진 내용을 가려내어 모으면 (967)과 같다.

(967) 《소학언해》와 창원 방언의 성조 대응관계에 두드러진 내용
ㄱ. 어두 위치(#—)에서
a. (956)① 소학언해 평성(□) ⇒ 창원 방언 평성(□) 317자 (91.09%)
b. (957)② 소학언해 상성(:□) ⇒ 창원 방언 상성(:□) 226자 (87.94%)
c. (958)③ 소학언해 거성(·□) ⇒ 창원 방언 거성(·□) 53자 (80.30%)
d. (959)❷소계 (소학언해 입성자 ⇒ 창원 방언 거성(·□)) 134자 (98.54%)
ㄴ. 평성 뒤(□—)에서
a. (962)① 소학언해 평성(□) ⇒ 창원 방언 평성(□) 149자 (90.85%)
b. (963)③ 소학언해 상성(:□) ⇒ 창원 방언 측성(·□) 78자 (84.78%)
c. (964)② 소학언해 거성(·□) ⇒ 창원 방언 측성(·□) 40자 (88.89%)
d. (965)❷ 소학언해 입성자 ⇒ 창원 방언 측성(·□) 79자 (98.75%)

(967)의 내용을 왼쪽에 어두 위치, 오른쪽에 평성 뒤 위치로 가지런히 다시 정리하면 (968)과 같다.

(968) 《소학언해》와 창원 방언의 성조 대응관계에 두드러진 내용

ㄱ. 어두 위치(#—)	ㄴ. 평성 뒤(□—)에서
a. 소학 평성⇒창원 평성 (91.09%)	소학 평성⇒창원 평성 (90.85%)
b. 소학 상성⇒창원 상성 (87.94%)	소학 상성⇒창원 측성 (84.78%)
c. 소학 거성⇒창원 거성 (80.30%)	소학 거성⇒창원 측성 (88.89%)
d. 소학 입성자⇒창원 거성 (98.54%)	소학 입성자⇒창원 측성 (98.75%)

(968)를 보면, 어두에서는 《소학언해》 성조와 창원 방언의 성조가 다 같이 3가지(□, :□, ·□)인 데 대하여, 평성 뒤에서는 《소학언해》 성조는 3가지(□, :□, ·□) 그대로 이지만, 창원 방언의 성조는 2가지(□, ·□)라는 점은 다르나, 대응관계의 내용에는 큰 차이가 없음을 확인할 수가 있다. 《소학언해》를 간행한 1588년에서 2010년대 중반까지 430년 동안 중세 국어와 현대 창원 방언의 한자형태소의 성조가 최소 80.03%에서 최고 98.75%까지 정연한 대응관계를 나타낸다는 것은 표면적인 음조형의 변화는 크지만, 중화와 대립에 바탕을 둔 방점 층위의 표상의 변천은 그 속도가 느리다는 것을 확인할 수가 있다. 뿐만 아니라 1950년대 이후에 있었던 성조 연구의 여러 논저들에서 우리말 중부 방언의 성조 체계의 붕괴와 소멸의 시기를 16세기 중반에서 17세기 초로의 사이로 추정하는 것은 재고되어야 할 것이라고 생각된다.

6.6 맺음말

6.2.1절과 6.2.2절에서는 훈민정음 창제 및 반포 이전의 오랜 기간 동안에, 우리말에 한자어가 들어와서 보급되고 토착화되는 과정에 대한 앞선 연구 성과들을 간략하게 소개했다.

6.2.3절과 6.2.4절에서는 우리말의 성조 체계의 붕괴와 한자음 성조의 규범화에 대한 선진 학자들의 견해를 소개했다. 그들의 견해는 16세기말 우리 문헌들에서 방점 표시가 사라진 것은 시기적으로는 약간의 차이가 있지만, 서울말을 포함하는 우리 중앙어에서 성조 체계가 붕괴・소멸되었다고 보는 점에서 대체로 일치했다. 그러나 지은이는 문헌에서 방점 표기의 소멸된 것은 표기의 단순화이지, 그것이 중세 국어에서 방점 체계가 붕괴되거나 소멸된 증거가 될 수는 없을 것이라는 가설을 제시했다.

6.3.1에서는 《소학언해》 범례의 방점법 이론을 설명했다. 이 이론은 《훈민정음(언해)》, 《훈민정음(해례)》, 《훈몽자회》, 등의 성조론을 종합하여 간결하게 압축한 것으로 그 관점은 20세기 세계 음운학계의 성조이론을 능가하는 것이며, 우리말의 성조사와 방언 성조 비교를 위해서는 건너뛸 수 없는 필수적인 것임을 강조했다.

6.3.2절에서는 우리말 성조론의 대가들이 중세 국어를 위해 제시한 규칙들을 성조사와 방언 성조 비교에 효과적으로 활용하기 위해 '운율적인 낱말 안에서 첫 측성 위치 고정화와 첫 측성보다 아래에 오는 음절들에서 성조의 임의적 변동 원칙'으로 통폐합했으며, 그러한 통폐합의 효력을 확인했다.

6.3.3절에서는 제Ⅲ부에서 사용할 방대한 한자어 및 한자형태소의 방점 자료를 입력하는 데서부터 계량적인 분석을 위한 최종 단계까지의 과정을 《소학언해》 속의 '임의적인 발췌 자료'[137]를 활용해서 예시했다. 《소학언해》 한자어 및 한자형태소의 모든 항목들에는 중고한음 4성을 나타내는 권발을 옥편과 자전에서 찾아 표시했으며, 창원 방언의 분절음과 방점 표상도 첨부했다.

6.3.4절에서는 6.3.3절에 예시한 시범적인 과정에 따라 《소학언해》 우리말 풀이 부분의 모든 한자어와 한자형태소 자료를 입력 단계에서부터 계량적인 연구를 위한 활용 직전의 단계까지 정리했다.

6.3.5절~6.3.9절에서는 권발로 표시된 중고한음 4성이 《소학언해》에서 3가지 방점(□,:□,·□)으로 반영되는 모습을 계량적인 방법으로 분석해서 정리했는데 양자 사이의 특징적인 관계는 다음의 표가 잘 나타내고 있다.

---

137) 《소학언해》 3권 1a~7a의 한자어 자료 모두.

(919) 중고한음 4성이 《소학언해》 우리말 옮김 부분의 3개 방점 표상에 반영된 모습

중고한음 4성		권발	우리 현실한자음에 반영된 실태		
평성		◱	※평성(□)<94.82%>	상성(:□)<1.98%>	거성(·□)<3.20%>
측성	(1)비입성측성		(평성(□)<7.96%>)	(※비입성측성(:□+·□)<92.04%>)	
	① 상성	◰	평성(□)<7.96%>	★상성(:□)<67.88%>	★거성(·□)<24.16%>
	② 거성	◳			
	(2)입성	◲	평성(□)<3.60%>	상성(:□)<0.76%>	※거성(·□)<(95.64%)>

표 (919)에서 ※표시가 붙은 백분율 수치를 보면 중고한음 4성과 중세 국어 3개 방점 사이의 대응 비율이 90%를 넘었으니 우리 문헌 현실한자음 성조 표시는 현실음이 아니라 중국 운서를 보고 베껴 넣은 것이 아닐까 의심할 정도이지만, 만약 베껴 넣은 것이라고 본다면 ★표 붙은 성조의 상대적으로 지나치게 낮은 대응률을 설명할 방법이 없고, 《동국정운》 서문의 상거무별(上去無別)이나 《소학언해》 범례의 상거상혼(上去相混)과 같은 중요한 말의 뜻을 알 수가 없다. (919)에서 ★표 붙은 두 성조(:□, ·□)과 중고한음 4성과의 관계는, 상성(◰)과 거성(◳)을 비입성측성({◰, ◳})이라는 하나의 상위범주로 묶은 다음에 이 비입성측성이 우리의 두 방점인 상성(:□)과 거성(·□)에 어떻게 반영되는지를 보아야만, 비로소 바르게 이해할 수가 있다. 그런 다음에는 상거무별(上去無別)과 상거상혼(上去相混)의 진실 되고 심오한 뜻이 비로소 이해가 될 것이다.

지은이는 ※표 붙은 우리 현실한자음의 대응률이 90%가 넘는 데 대하여, ★표 붙은 한자음의 대응률은 상대적으로 매우 낮은 것을 '균형불균형의 역설'이라 부르고, 이러한 역설이 나타나게 된 원인은 우리의 선조들이 한시(漢詩) 특히 중국 당나라 이후의 신체시를 문과급제의 필수 조건으로 한 데에 있다고 보았다. 한시는 몇 가지 구비되어야 할 조건이 있는데, 그 중에서도 평측(곧, 평성과 평성 아닌 것)의 구분은 으뜸가는 요건이다. 평성(◱)의 한자만 기억하면 나머지(곧, 평성 아닌 것, 상성, 거성, 입성)은 모두 측성이기 때문에 시를 짓기 위해 따로 기억할 필요가 없었다.

평성(◱)의 한자들은 과거시험을 위해 평성(□)의 조치에 맞춰서 몰입해서 익혀야 했기 때문에 90% 이상 익혔고, 입성(◲)의 한자는 분절음의 특징으로 말미암아 노력 없이 자동적으로 기억되었기 때문에 평성(◲)보다 조금 더 높은 비율로 대응관계가 나타난 것이다.

상성(◰)과 거성(◳)의 한자들은 분절음의 특징으로는 전혀 평성(◱)의 한자들과 구분이 되지 않았으나, 문과급제를 위해 애써 암기할 필요가 없었다. 따라서 과거 1000년 이상 자연

상태로 방치된 상태에서 발음하도록 내버려 둔 결과 ◰⇒:□의 비율과 ◳⇒:□의 비율은 거의 동등하게 65% 정도였고, ◰⇒·□의 비율과 ◳⇒·□의 비율도 또한 거의 동등하게 25% 안팎이 된 것이다.

중세 우리 문헌의 방점 문헌의 성조 표시가 우리 현실한자음인지를 검증하기 위해서는 2가지 작업을 더 하는 것이 필수적이다. 첫째는 중고한음 4성과 현대 우리말의 성조방언의 한자음의 3개 방점 표상과의 대응관계를 분석하는 일이고, 둘째는 중고한음 4성은 내려놓고, 중세 국어 문헌(여기에서는 《소학언해》)에 나타나는 한자형태소 방점과 현대 우리말 성조방언(여기에서는 창원 방언)의 한자형태소 방점의 대응관계를 분석하는 것이 필수적인 작업이다. 6.4절과 6.5절에서는 이 2가지 작업을 한 결과 6.3절에서 한 것과 대동소이한 높은 대응의 비율을 확인하게 되었다.

참고문헌

강신항(1987/1990), 『訓民正音研究』, 成均館大學校 出版部.

강흥구(2005), 「강릉 방언 1음절 어간 풀이씨의 성조」, 『한글』 270, 한글학회.

강흥구(2012), 『방언 성조와 현대가사 운율 연구』, 공주대학교 출판부.

곽충구(1994), 『咸北 六鎭方言의 音韻論－20세기 러시아의 Kazan에서 刊行된 文獻資料에 의한』, 『國語學叢書』 20, 國語學會, 太學社.

공재석(1975), 『한어 음운학』, 범학도서. ("뚱퉁허(董同龢), 1969, 漢語音韻學, 文史哲出版社"의 번역서.)

구현옥(1998), 『함안 지역어의 음운 변동 현상』, 한국문화사.

구현옥(2003), 「국어 성조 기술 방법 비교 연구」, 『한글』 260, 한글학회.

구현옥(2013), 「함안 방언 월성조 연구」, 『한글』 299, 한글학회.

구현옥(2015), 『함안 방언 연구』, 세종출판사.

권재선(1987), 『국어학 발전사(고전국어학편)』, 한국고시사.

권재선(1988), 『우리말글 논문들(향가어석・여요어석・음운론・문법론)』, 우골탑.

김동소(1998), 『한국어 변천사』, 형설출판사.

김무림(2006), 『홍무정운역훈』, 신구문화사.

김봉국(1999), 『삼척지역어의 성조 연구』, 『國語研究』 150, 國語研究會.

김세진(2004)ㄱ, 「우리말 방언 성조 체계 설정 방법」, 『語文研究』 44, 어문연구학회.

김세진(2004)ㄴ, 「사천 방언과 남해 방언의 성조 체계 비교 연구」, 『한글』 266, 한글 학회.

김세진(2006), 『경남 서남부 방언의 성조 연구』, 충남대학교 대학원 박사학위 논문.

김세진(2008), 『창원 방언과 중세 국어에서 입성 한자형태소의 성조에 대하여』, 『한글』 281, 한글학회, 171～254쪽.

김세진(2010), 『중고한음 상성 및 거성과 창원 방언에서의 그 반영』, 『한글』 290, 한글학회, 73～172쪽.

김세진(2011), 『창원 방언 성조 체계에서 중고한음 평성의 반영』, 『한글』 293, 한글학회, 5～82쪽.

김세진(2013), 「중고한음 성조와 『번역소학』에 나타난 우리말 한자형태소 성조의 비교」, 『한글』 302, 한글학회, 5～123쪽.

김영만(1972), 「고금 성조 비교 재론」, 『한글』 149, 한글학회.

김영만(1974). 「국어 운율의 본질과 변천」, 『국어국문학』 제65・66 합병호, 국어국문학회.

김영만(1986), 『국어초분절음소의 사적연구』, 고려대학교 박사학위 논문.

김영만(1994), 「16世紀 漢字語의 超分節音素 研究－《飜譯小學》을 중심으로」, 『人文研究』 第16輯 1號, 영남대학교 인문과학연구소.
김완진(1977), 『中世國語 聲調의 研究』, 『國語學叢書』 4, 國語研究會, 塔出版社.
김주석 · 최명옥(2001), 『경주 속담 · 말 사전』.
김주원(1991), 「경상도 방언의 성조 기술 방법－표기 방법의 표준화를 위한 시론」, 『語學研究』 27권 3호, 서울大學校 語學研究所.
김주원(2000), 「영남방언 성조의 특성과 그 발달」, 『어문학』 69.
김주원(2003), 「강원도 동해안 방언 성조의 특성」, 『민족문화논총』 27, 영남대학교 민족문화연구소.
김주원(2013), 「훈민정음 실록본 연구」, 『한글』 2013, 한글학회, 277～309쪽.
김주원(2013), 『훈민정음: 사진과 기록으로 읽는 한글의 역사』, 민음사.
김차균(1969), 「전남 방언의 성조」, 『한글』 144, 한글학회.
김차균(1970), 「경남 방언의 성조 연구」, 『한글』 145, 한글학회.
김차균(1973), 「국어 성조론과 서부 경남 방언의 성조」, 『한글』 제152호, 한글학회.
김차균(1977), 『경상도 방언의 성조 체계, 박사 학위 논문』, 서울대학교 대학원.
김차균(1979), 「평측법과 액선트 분석법」, 『언어학』 제4호, 한국언어학회.
김차균(1980), 『경상도 방언의 성조 체계』, 과학사.
김차균(1988)ㄱ, 『나랏말의 소리』, 太學社.
김차균(1988)ㄴ, 「훈민정음의 성조」, 『전남대어연총서』 1, 훈민정음의 이해, 한신문화사.
김차균(1990), 「국어 한자어의 방점법과 성조의 대응관계」, 『語文研究』 第二十輯, 語文研究會.
김차균(1991), 『일본 언어학계의 한국어 성조 연구사』, 언어학 연구사, 서울大學校 出版部.
김차균(1993)ㄱ, 「방점법」, 『언어학』 제15호, 한국언어학회.
김차균(1993)ㄴ, 「창원 방언과 대구 방언 성조의 비교 분석」, 『論文集』 第ＸＸ卷, 第2號, 忠南大學校 人文科學研究所.
김차균(1993)ㄷ, 「북청 방언과 대구 방언 성조의 비교 분석」, 『언어』 第ＸＸ卷, 忠南大學校 語學研究所.
김차균(1993)ㄹ, 『우리말의 음운』, 태학사.
김차균(1993)ㅁ, 『우리말의 성조』, 太學社.
김차균(1994)ㄱ, 「대구 방언 풀이씨의 성조」, 論文集』 第ＸＸⅠ卷 第1號, 忠南大學校 人文科學研究所.
김차균(1994)ㄴ, 「대구 방언 성조 체계의 변천」, 『언어』 제15호, 충남대학교 어학연구소.
김차균(1998), 『나랏말과 겨레의 슬기에 바탕을 둔 음운학 강의』, 태학사.
김차균(1999), 『우리말 방언 성조의 비교』, 도서출판 역락.
김차균(2001), 「고성 방언과 성주 방언 성조의 비교」, 『한글』 253, 한글학회, 5～101쪽.
김차균(2002)ㄱ, 『국어 방언 성조론』, 도서출판 역락.
김차균(2002)ㄴ, 『영호남 방언 운율 비교』, 도서출판 역락.
김차균(2002)ㄷ, 「안동 방언과 밀양 방언 성조 비교」, 『어문연구』 39, 어문연구학회.
김차균(2002)ㄹ, 「창원 방언과 안동 방언 성조 비교」, 『우리말글』 25, 우리말글학회.
김차균(2002)ㅁ, 「밀양 방언과 안동 방언 성조 비교」, 『배달말』 31, 배달말학회.

김차균(2003), 『영남 방언 성조의 비교』, 도서출판 역락.
김차균(2006)ㄱ, 『중부 동해안 방언 성조 비교』, 도서출판 글누림.
김차균(2006)ㄴ, 「우리말 성조사 500년 공백을 어떻게 메울 것인가?, 국어사연구 어디까지 와 있는가」, 『연세국학총서』 66, 태학사, 145~214쪽.
김차균(2007), 「음성학적 기술과 음운론적 처리에 있어 균형적인 사고」, 『한글』 275, 한글학회, 5~75쪽.
김차균(2009)ㄱ, 「광양시 진상 방언의 성조형과 음조형」, 『한글』 285, 한글학회, 5~70쪽. 김차균・강 홍구 공동연구.
김차균(2009)ㄴ, 「음조형 측정의 객관화와 성조론」, 『충청문화연구』 제3집, 충남대학교 충청문화연구소, 71~124쪽.
김차균(2010), 「중세 국어와 창원 방언 성조의 비교–『훈민정음』(해례)와 『소학언해』(범례)의 방점 자료에 바탕을 두고」, 『한글』 제290호, 한글학회, 5~72쪽.
김차균(2011), 「진주 방언에서 된소리로 시작되는 상성형 낱말의 거성형화」, 『한글』 290, 한글학회, 5~66쪽.
김차균(2012), 「중고한음 성조와 『소학언해』에 나타난 우리말 한자 형태소 성조의 비교」, 『한글』 297, 한글학회, 5~132쪽.
김차균・고광모・김주원・정원수(2000), 「영남 방언과 호남 방언의 운율 비교」, 『語文研究』 34, 語文研究學會.
김차균 외(2005), 『허웅 선생의 우리말 연구』, 태학사.
김차균・이지향・권오욱・성철재(2008), 「경남 동남부 방언 성조 체계」, 『언어학』 제50호, 한국언어학회, 23~119쪽.
김홍광(2012) 『影印이 있는 韓國漢詩眞寶』, 이화문화출판사.
리득춘(1993) 『우리말 발달사』, 서광학술자료사.
문효근(1974), 『한국어 성조의 분석적 연구』, 세종출판공사.
박병채(1989/1998), 『국어 발달사』, 세영사.
박숙희(2001), 「굴절의 음운 현상과 성조 변동」, 『민족문화논총』 24, 영남대학교 민족문화연구소.
박숙희(2003), 「동사 운율구의 내부 구조와 음조 실현」, 『어문학』 제80집, 한국어문학회.
박숙희(2005), 『경북 동해안 방언의 성조 연구』, 박사학위 논문, 충남대학교 대학원.
박종수(1980), 「경남 방언 음조형의 음성학적 기술법」, 『진주문화』 1, 진주교대 진주 문화권 연구소.
박태권(2002), 『국어학사 연구』, 세종출판사.
배윤덕(2005), 『우리말 韻書의 연구』, 성신여자대학교 출판부.
성낙양(1972/2012), 『동아 現代活用玉篇』, 두산동아(주).
성철재・권오욱・이지향・김차균(2008), 「Q-tone 청취 등급을 이용한 경남 동남부 방언 성조 분석」, 『한글』 279, 한글학회, 5~33쪽.
손종섭(1998), 『우리말의 고저장단』, 정신세계사.
손홍태・손혜영(2007/2009), 『실용 한・일・중 단어』, 빛과 향기.

신기상(1999), 『동부경남방언의 고저장단연구』, 월인.
안병희(1992), 『국어사자료연구』, 문학과 지성사.
요셉가족(정원수 외 6인)(2012), 「정원수 운율법 영어」, 도서출판 한빛.
유창균(1995), 『國語學史』, 螢雪出版社.
劉昌惇(1964/1984), 『李朝語辭典』, 延世大學校出版社.
윤양석(1986), 『음악 기초론－소재와 양식』, 세광음악출판사.
이가원・장삼식(1972), 『大字源』, 유경출판사.
이강숙(1985/2002), 『음악의 이해』, 민음사.
이강로(2004), 『사성통해의 음운학적 연구』, 도서출판 박이정.
이기문(1972/1991), 『國語史槪說(改訂版)』, 탑출판사.
이돈주(1989), 「飜譯老乞大・朴通事 凡例 攷」, 『語文論叢』 第10・11號, 全南大學校 國語國文學 硏究會.
이돈주(2003), 『韓中漢字音硏究』, 태학사.
이돈주(1985), 『중국음운학』, 태학사. ("B. Karlgren, 1954, Compendium of Phonetics in Ancient and Archaic Chinese, The Bulletin of the Museum of Far Eastern Antiquities, Vol. XXII. Stockholm."의 번역서.)
이동명(2003), 「경남 방언 차용어 성조 연구」, 『언어』 제28권 3호.
이문규(1997), 「대구방언의 성조 중화 현상」, 『문학과 언어』 제18집.
이문규(1998), 「성조소 기술 방법론의 비교 연구」, 『언어과학 연구』 15, 언어과학회.
이문규(2002), 「대구방언과 안동방언의 성조 비교 연구」, 『어문학』 제77집, 한국어문학회.
이문규(2003), 「경북방언의 '나가더라'류 성조형 연구」, 『문학과 언어』 25, 문학과 언어학회.
이문규(2009), 「중세국어 부사 파생 접사 '-이'의 성조 문제와 '상징어식 성조형'」, 『한글』 283, 한글학회. 31～62쪽.
이문규(2011), 「국어 방언 성조의 성격과 성조 체계 기술의의 기본 단위」, 『國語學』 60, 國語學會. 68～98쪽.
이문규(2013), 「국어 성조론에서의 성조형의 개념과 위상」, 『한글』 301, 한글학회. 5～42쪽.
이숭녕(1964), 「十五世紀의 活用에 있어서의 聲調의 考察」, 『亞細亞硏究』 7-2. 『李崇寧國語學選集(3) 音韻篇Ⅲ』, 民音社, 157～217쪽.
이숭녕(1968), 「聲調體系의 崩壞過程의 考察」, 『李崇寧國語學選集(3) 音韻篇Ⅲ』, 民音社, 219～248쪽.
이윤동(1997), 『韓國漢字音의 理解』, 螢雪出版社.
이호영(1993), 「서울말과 경상도 방언의 운율 유형론」, 『언어학』 제15호, 한국언어학회, 353～382쪽.
이호영(1996), 『국어 음성학』, 태학사.
임석규(2003), 『동남방언의 성조소에 대한 재검토』 『국어국문학』 135, 국어국문학회.
전학석(1986), 「중세 조선어의 방점과 연길 지방말의 높낮이 비교」, 『조선어학논문집』, 중국조선어학회편집, 료녕민족출판사.
전학석(1987), 「중세 조선어의 방점과 연길, 개원 지방말의 고저 장단 비교」, 『조선어 연구(1. 2)』, 흑룡강조선민족출판사.
전학석(1993), 「함경도방언의 음조에 대한 연구－회령, 경성, 함주 지방말의 음조를 중심으로』, 태학사.

정연찬(1977), 「慶尙道方言의 音調硏究」, 『國語學叢書』 5, 國語學會, 塔出版社.

정연찬(1972/1980), 『洪武正韻譯訓의 硏究』, 一潮閣.

정원수(1994), 「경북 방언의 복합 동사 형성에 나타나는 성조 변동 연구」, 『한글』 224, 한글학회.

정원수(1995), 「경북 방언 용언의 성조」, 『어문연구』 27, 어문연구학회.

정인교(1987), 『경상도 방언 성조의 비단선적 음성・음운론에 관한 연구』, 서울대학교 대학원 박사학위 논문.

조오현(2011), 「17세기 초기의 표기법 단순화 연구 ―방점과 'ㅇ'을 중심으로―」, 『한말연구』 29, 한말연구학회.

차재은(1999), 『중세 국어 성조론』, 월인.

최규수(1995), 「창녕 지역어의 특성」, 『한국문화 연구』 7, 부산대학교 한국민족문화연구소.

최명옥(1982), 『月城地域語의 音韻論』, 嶺南大學校出版部.

최명옥(1998), 「現代國語의 聲調素體系」, 『國語學』 31, 國語學會.

최세진(1517/1974), 『四聲通解』, 大提閣影印本.

최세진(1527/1973), 『訓蒙字會』, 大提閣影印本.

최영미(2010), 『정선방언의 성조 체계와 그 역사적 변천』, 도서출판 역락.

최영미(2010), 『여씨향약언해> 화산본의 성조 연구－<석보상절>, <월인천강지곡>의 성조와 비교를 중심으로』, 『한말연구』 30, 한말연구학회, 283～326쪽.

최영미(2015), 「평창 방언의 성조 연구」, 『한글』 308, 한글학회, 31～84쪽.

최현배(1961), 『우리말본(깁고 고침)』, 정음사.

최현배(1970), 『고친 한글갈』, 정음사.

최희수(1986), 『조선한자음 연구』, 흑룡강조선민족출판사.

허세욱(1985), 『새 中韓辭典』, 徽文出版社.

허웅(1955), 「傍點硏究－慶尙道方言聲調의 比較」, 東方學志』 2, 연세대학교 동방학연구소.

허웅(1965), 『國語音韻學』, 정음사.

허웅(1970), 『國語音韻學(改稿新版)』, 正音社.

허웅(1963/1972), 『中世國語硏究』, 正音社.

허웅(1985), 『국어 음운학』, 샘문화사.

白岩美穗(시라이와)(1998), 「경남・경북 방언 명사의 운율 연구」, 석사학위 논문, 고려대학교 대학원.

大江孝男(오오에)(1976), 「大邱方言におけるアクセトの型と長母音」, 『言語硏究』 69, 日本言語學會.

大江孝男(오오에)(1977), 「晋州方言のアクセント型について」, 『言語硏究』 71, 日本言語學會.

梅田博之(우메다)(1972), 「朝鮮語 靈山方言のアクセント」, 『現代言語學』 3.

이토지유키(伊藤智ゆ)-이진호 옮김(2007), 「한국 한자음 연구 (본문편)」, 역락.

이토지유키(伊藤智ゆ)-이진호 옮김(2007), 「한국 한자음 연구 (자료편)」, 역락.

曺廷換(2000), 「韓國語昌寧方言のアクセント体系 ― 体言を中心に」, 韓國語アクセント叢論』, 東京大學大學院人文社會系硏究科 附屬文化交流硏究施設 東洋諸民族言語文化部門.

管野裕臣(칸노)(1972), 「朝鮮語慶尙道方言アクセント體系の諸問題」, 『アシアアフリカ語學院紀要』 3.

河野六郎(코노)(1951), 「朝鮮古文獻の聲點に就いて」, 『朝鮮學報』 1.

橋本萬太郎(하시모도)(1973), 「한국어 Accent의 음운론－특히 경상도 방언의 Accent를 중심으로」, 『한글』 151, 한글학회.

福井玲(후꾸이)(2000), 「韓國語諸方言のアクセント体系について」, 『韓國語アクセント叢論』, 東京大學大學院人文社會系硏究科 附屬文化交流硏究施設 東洋諸民族言語文化部門.

Bolinger, D.L. (1975), A Theory of Pitch Accent in English, Word 14.

Chao, Yuen Ren (1955), The Mandarin Primer, Harvard Yenching Press.

Chomsky, N. and M. Halle(촘스키 · 할레)(1968), The Sound Pattern of English, Harper & Row, New York.

Hayata, Teruhiro(1974), Accent in Korean: Synchronic and Diachronic Studies. 言語硏究 66. 日本言語學會.

Hyman, L.M. (1975), Phonology: Theory and Analysis, New York: Holt Rinehart Winston.

Kim, Gyung Ran(김경란) (1988), The Pitch-accent System of the Taegu Dialect of Korean with Emphasis on Tone Sandhi at the Phrasal Level Doctoral dissertation, University of Hawaii, Hanshin Publishing Co., pp.98～109.

Lee, Sang Oak(1978), Middle Korean Tonology. Doctoral Dissertation, University of Illinois, Seoul Hanshin Publishing Co.

Pike, Kenneth L.(1943), Phonetics. A critical account of phonetic theory, and a technique for the practical description of sounds. Ann Arbor: Univ. of Michigan Press.

Pike, Kenneth L.(1948), Tone Languages. Ann Arbor: The University of Michigan Press.

Pulleyblank, D.(1986), Tone in Lexical Phonology. Dordrecht: Foris.

Ramsey, S.R.(램지)(1978), Accent and Morphology in Korean Dialects: A Descriptive and Historical Study. Ph.D. Dissertation. Yale University, 탑출판사.

Robins, R.H.(1992), A Short History of Linguistics. Longman London and New York.

Whitney, W.D.(1955), Sanskrit Grammar. Cambridge Massachusetts Harvard University Press. London: geoffrey Cumberlege Oxford University Press.

『훈민정음(訓民正音); 1446』, 대제각 영인본, 1973.

『훈민정음(訓民正音); 1446』, 재단법인 한글학회 펴냄, 1997.

『석보상절(釋譜詳節); 1447』, 한글학회 출판부 펴냄, 1961.

『소학언해(小學諺解); 1586』, 대제각 영인본, 1974.

『훈민정음』(옮김과 해설), 재단법인 한글학회 펴냄, 1997.

『新字海』, 민중서관 편집국, 민중서림, 1967/1981.

찾아보기

ㄱ

{·가·늘·다}의 어형들 573
{가·다}의 어형들 617
{가다·다}의 어형들 486
{가보·다}의 어형들 643
가락(melody) 61, 78
가락(멜로디, 선율) 16
가락의 완전 일치 80
가장 낮은 음은 27.5Hz 67
가장 높은 것은 4185.6Hz 67
{·가·지}의 굴곡표 311
가청 한계(可聽限界, audible limits) 68
간략 표시 43
간략 표시법 39, 46, 47, 90
감성적인(emotional) 강도 377
감정 표현 115, 127
강릉 방언 6, 8, 20, 21, 22, 39, 40, 47, 49, 51, 53, 619
강원 동해안 방언 155
강원도 6, 21
강자음 107, 142
강한 강세 76, 77, 85
강한 경향성 723
강홍구 11, 33, 42, 45
같은 음조형 78, 81, 82, 663
개신성의 정도를 판단하는 기준 88
개신파의 중심 88
객관적 현실 62
객관적인 측정 10, 62, 75, 78
거(擧)에서 장(壯)으로 131
거불연삼 723
거성 5, 6, 7, 14, 17, 19, 34, 36, 37, 38, 39, 40, 41, 42, 44, 45, 50
거성(·□) 7, 34, 36, 40, 45, 93, 94, 102
거성(□̈) 17, 136, 160, 161, 717, 749, 750, 752, 753, 954, 1018
거성어간 55, 59, 117, 117, 366, 399, 537, 538, 539, 540, 541, 542, 544, 546, 547, 551, 552, 553, 554, 555
거성을 언(偃) 710
거성음조형 20
거성의 전반부 131
거성자 156, 710, 711, 1116
거성점(·□) 159
거성형 38, 39, 40, 43, 45, 46, 47, 48, 50, 52, 75, 77, 79, 82, 87, 89, 90, 91, 92, 102, 104, 107, 108, 110, 112, 113, 114, 115, 116, 117, 120
거성형 음조형 20
거성형어간 풀이씨 366, 369, 372, 537, 570, 571, 572, 573, 574, 698, 699
거성형의 평2형화 88, 401, 1122
거성형화 87, 88, 112, 113, 122, 124, 284, 1122
건(key, 鍵) 61, 66
건반악기 18, 61, 63, 64
검은 건 63, 69
게르만어 공통조어 113
격률 67
격음 계열 131
결구(結句) 1115
결합 영역 88
경남 남부 공통방언 87, 112, 113, 114, 124, 127
경남 남부 방언 공통방언 113
경남 동남부 방언 9, 17, 38, 39, 40, 44, 45, 46, 63, 78, 88, 91, 105, 112, 113, 119, 165, 182, 225, 242, 258, 279, 280
경남 동남부 방언권 9, 23, 87, 165, 166, 374, 399, 537, 613, 672, 698, 699
경남 동북부의 양산 방언 166
경남 방언 44, 77, 95, 132, 1114
경남 방언권 21, 279, 280

경남 서남부 방언 9, 54, 77, 88, 91, 112, 113, 282, 671, 673, 1122
경남 서남부 지역 88
경남의 남부 방언 81
경덕왕 705, 707, 709
경북・대구 방언권 21, 22
경상도 방언 14, 42
경상도 방언성조 713
경서언해류 714
경음 계열 131
경음성 자질 111
경의(經義) 707
경학(經學) 707
계량적인 방법 9, 23, 24, 25, 129, 130, 161, 703, 1321, 1341
계량적인 연구 80, 160, 1341
계림유사 710, 711, 712
《계림유사》 710
계산 원칙 1100
계층적인 분류 1112
계통론적 142, 143
고대국어 714
고대인도 16
고대 그리스어 113
고대 라틴어 113
고성 방언 8, 20, 21, 42, 46, 47, 54, 112
고승(35, 양평) 131
고승조(35) 1112
고시(古詩) 1114
/고/와 /저/ 16, 63, 67
고저장단 6, 710
고전적인 첨자 표기 규약 40
고정 평성 자료 726
고정거성어간 89, 117, 118, 121, 122, 123, 126, 371, 399, 402
고정거성어간 풀이씨 117, 371, 399
고정상성어간 117, 120, 122, 127, 358, 399, 698
고정상성어간 풀이씨 89, 119, 120, 121, 123, 126, 525, 529, 530
고정음상형어간 풀이씨 363
고정적인 평성 137, 726
고정평성어간 117, 118, 127, 399, 400, 402, 404, 405, 424, 436
고조(H) 663
고체시(古體詩) 1114
고트어(Gothic) 113
고평(55, 음평) 131
고평조(55) 1112
{곧·다}의 어형들 449
공민왕 1117, 1118
{공부+하·다⇒공부하·다}의 어형들 656, 657, 659, 660, 661, 663
공시적인 체계 129
공재석 106, 1112
공통조어 112, 113
공통조어의 존재 54
공통조어형 54
곽충구 48
관리의 등용 1118
관본(官本) 714
광운(廣韻) 705, 729, 1117
광주 방언 8, 48
광주・전남 서남부 방언 142, 143
교육의 지도자 1118
교정청본 소학・사서언해 712
구수 1114
구수(句數) 1114
구현옥 11, 12, 652, 671
국어 한자음의 성점(聲點) 716
국어 한자음의 성조 9, 716
국어사 87, 106, 110, 112
국제 규격 협회(International Standards Association) 68
국학 1117
굴곡법 24, 165
굴곡조의 성조 107, 710
굴곡형 24, 36, 50, 51, 54, 57, 89, 113, 117, 119, 120
굴곡형태론 399, 400, 699
권발 17, 721, 729, 730, 732, 735, 738, 740, 743, 747, 751, 755, 792, 860, 861, 894, 933, 935, 954, 977, 1018, 1100
권재선 156, 708, 709, 710, 711, 712
규범 705, 709, 1120
규범화 130, 159, 704, 705, 706, 708, 1104, 1111, 1117, 1120, 1288, 1341
균형 속의 불균형 1109, 1110, 1288, 1289
균형불균형의 역설 1109, 1174, 1288, 1289, 1321, 1342
근고시기 706
근고음 706

근고한음 704
근대국어 714
근체시(近體詩) 1114
글자살이 715, 1111
기구(起句) 1115
기능부담량 722
기능소 41
기능음운론 16
기본 3성조 39
기본방점표상 24, 287, 288, 289, 291, 400, 402, 404, 405, 424, 698, 699
기본방점표상의 분석 287, 291, 402, 404
기본방점표상의 분석 24
기저방점표상 33, 34, 35, 61, 288, 291, 400
긴 오름조 48
길고 뒤끝이 올라가는 것 41
김봉국 42
김세진 33, 88, 91, 112, 116, 131, 135, 159, 282, 715, 717, 1104, 1110
김소월 작사 71
김영만 14, 22, 135, 717, 1110
김완진 131, 133, 135, 137, 613, 706, 713, 714, 719, 720, 723, 726, 1111
김주원 42
김차균 11, 12, 24, 33, 36, 40, 45, 50, 51, 62, 63, 75, 78, 81, 88, 107, 116, 129, 133, 142, 159, 282, 317, 325, 378, 613, 648, 652, 674, 687, 703, 719, 725, 1104, 1112, 1177
김차균 · 고광모 · 김주원 · 정원수 8
김해 방언 6, 9, 12, 13, 20, 21, 23, 24, 38, 39, 42, 88, 165, 166, 167, 168
김홍광 1114, 1115
끝음절측성화 88, 91, 277, 278, 282, 283, 285, 286, 373, 654, 655, 656, 661, 663, 668, 670
끝음절측성화 규칙 101, 373, 655, 656, 657, 658, 659, 660

ㄴ

ㄴ[n]의 약화에 따른 비음화와 탈비음화 680
{나가·다}의 어형들 639
{나서·다}의 어형들 645
{나오·다}의 어형들 642
나이 92, 108, 126, 172, 227, 671, 680, 682, 1177
낱말의 뜻을 분화 33
낱말의 평성형화 277, 278, 279, 282, 283
내림사슬 20
내림사슬(=음절의 76
내림사슬을 22, 82
내물왕(奈勿王) 707
내적순행평성동화 88, 91, 112, 392, 401, 1122
내적순행평성동화 규칙 101, 392, 653
내파음화 111
노래 78, 85
{노푸·다}의 어형들 481
높낮이 8, 10, 15, 16, 18, 23, 33, 38, 40, 41, 42, 45, 50
높낮이 표시법 33
높낮이에 대한 인식 그 자체 67
{놓·다}의 어형들 445
{:누(ː)·뤃·다}의 어형들 649
{:눌·리·다}의 어형들 533
{늦·다}의 어형들 453

ㄷ

'다 : 1' 142, 143
'다 : 1'의 관계 141, 143
'다 : 소' 143, 144
{다르·다}의 어형들 476
다른 음조형 6, 67, 78
다음절 어간 풀이씨 116
다음절어 722
단순 수평 41
단위 시간 내에 울리는 진동수, 또는 주파수 68
단음절어 722, 1110
단일 계열 107
단일계열설 107
단일 방점 1121, 1122, 1165
단일 형태 148
닮은 음조형 82
당나라 1114, 1117, 1342
당연 규칙 242, 244, 246, 247, 248, 249, 250
당연 규칙(default rule) 116, 242, 374, 379, 637
당운(唐韻) 729
대구 방언 5, 6, 8, 15, 20, 21, 48, 52, 53, 54, 78, 141, 142
대구 방언① 46, 48, 51, 52
대구 방언② 39, 47, 48
대구 · 경북 방언 88

대구① 39, 46
대구법(對句法) 1114
대립과 중화 8, 16, 40, 41
대립과 중화의 이론 16
대립하는 위치 154, 1166, 1241
대응 규칙 130, 137, 161
대응관계 6, 7, 8, 9, 23, 24, 25, 39, 41, 50, 62, 83, 90, 95, 101, 102, 103, 115, 116, 121, 129, 130, 136, 141, 144, 149, 153, 155, 161, 166, 703, 725, 728, 739, 1098, 1104, 1112, 1284, 1292, 1293, 1321, 1322, 1340, 1342, 1343
대응관계 표 130, 148, 149, 153, 161
대응표 136, 137, 144, 146, 147, 149, 152, 154, 155
《大字源》 729
{:더·럽·다}의 어형들 647, 648
{:덥·다}의 어형들 602
도출 10, 14, 15, 33, 34, 38, 40, 42, 44, 45, 47, 49, 52, 58, 102
도출 규칙 48, 49, 284
{:돈}의 굴곡표 309
{돕·다}의 어형들 458
東京 48
《동국정운》 130, 136, 156, 157, 159, 160, 716, 720, 1104
《동국정운》 서문 1105
동방 이학 1117
동북부 14, 166
동북부 방언권 21
동적 운율 이론 62, 81, 82
두고형 48
둘째 이하 측성의 임의적 삭제 원칙 725
뒤끝이 올라가거나 41
들리고 씩씩하다 131
등급 조정(음악의 조옮김과 같음) 63
등비수열 10, 18, 61, 64, 65, 85
등의 155
디지털적(digital) 377
{·뜨·다}의 어형들 540
{·뜯·다}의 어형들 561

ㄹ

래모(곧 ㄹ) 157
룽정 21
룽정 방언 8, 21, 40, 48, 142
륙법언 706
리득춘 706, 708

ㅁ

말소리 분석을 위한 등급 65
말소리 연구자들 16
말소리의 높낮이 10, 15, 16, 63, 66, 84, 85
말소리의 높낮이에 대한 학문 70
말소리의 높낮이의 측정 84
말소리의 분석 69
말소리의 연구 80
{:말}의 굴곡표 308
{·말}의 굴곡표 310
말토막 17, 166
{맑·다}의 어형들 470
{모르·다}의 어형들 638
모음 씨끝 121, 122, 123, 316, 317
모형화 129
목표가 없는 측정 77
무성 · 유성 106
무성점의 평성(平聲) 716
무점(無點 : 평음) 716
{·무·지·개}의 굴곡표 312
무표 계열 131
무표 성조 130, 131, 160, 1121, 1339
무표적인 성조 131
{묵·다}의 어형들 464
문법 범주 115, 127
문어체의 정형시 1114
문학(文學) 707
문학가 715
문헌 자료 83, 155
문화의 중심지 88
문효근 719, 720
{:묻·다}의 어형들 590
물(勿)운 157
미고형 48
민요가형(/단가형) 710
{:밀·다}의 어형들 583
밀양 방언 8, 21

ㅂ

{바까·다}의 어형들 489

{바꾸·다}의 어형들 492
바호 16, 18, 63
박병채 706, 714, 716, 1111
박숙희 11, 22, 42, 65, 88, 88, 116, 116, 141, 619, 1122
박태권 133, 136
반음(semi-tone) 68
반음의 2배 68
반의 반음(1/4-tone, quarter-tone) 68
반의어 166
발성연습 63, 69
방사의 중심지역 88, 112
방언들 23
방언성조의 발달과정 713
방언의 토박이 16, 66, 69, 72, 77, 715, 1119, 1177, 1179
방점 11, 14, 23, 24, 34, 35, 36, 38, 39, 40, 41, 42, 52, 58, 72, 83, 90
방점 변동 117, 242, 614, 615, 616, 698
방점 체계의 동일성 130, 161
방점 표기 129, 130, 135, 136, 155, 159, 160, 712, 713, 714, 715, 720
방점 표상 15, 19, 34, 36, 38, 39, 46, 47, 59, 83, 90, 92, 129, 136, 144
방점 표시 8, 14, 16, 34, 40, 75, 79, 86, 93, 94, 108, 109, 129, 130
방점 표시 자료 108
방점(/성조)의 비교 114
방점, 성조, 음조 층위의 정보 166
방점법 이론 6, 7, 8, 9, 11, 14, 15, 16, 17, 19, 25, 33, 41, 61, 137, 703, 1341
방점의 변동 유무 165
방점의 임의 변동 154
방점의 표기 130
방점형 15, 17, 19, 33, 39, 40, 41, 45, 46, 57, 58, 72, 75, 79, 88, 90, 102, 105
방점형의 간략 표시법 38, 40, 90, 91
방점형의 변동 400
방점형의 층위 142
방점형의 표시법 39
배율(排律) 1114
{·배}의 굴곡표 310
백화시(白話詩) 1114
《번역박통사노걸대》 범례 133
《번역소학》 721, 877, 1104, 1110
베다 범어 16
{:베·다}의 어형들 581
변동거성어간 89, 117, 121, 122, 123, 124, 125, 126, 127, 399
변동상성어간 117, 120, 122, 123, 125, 127, 358, 360, 399, 401, 574, 575, 698
변동상성어간 풀이씨 57, 58, 119, 120, 121, 123, 124, 125, 358, 399, 574, 575, 576, 577, 579, 581, 590, 593, 599, 602, 606, 609
변동음상성어간 풀이씨 363
변동평성어간 풀이씨 55, 613, 614, 617, 619, 621, 623, 625, 628, 630, 632, 635, 636, 637, 655, 699
변동평성어간 풀이씨 표제항 자료 613
변동평성형어간 풀이씨 50, 51, 53, 54, 116, 371, 399, 400, 638, 639, 642, 643, 699
변별적인 기능 33, 106, 107
변별적인 표지 82
변이음조들 42, 45
{보내·다}의 어형들 479
{보내·애·다}의 어형들 517
{보·다}의 어형들 619
보수성 88, 112, 112, 126
보수성이 강한 방언 88, 113
보수적인 성향의 강도 92
보통의 표시법 39, 46, 47, 90
복수 방점 1018, 1121, 1167, 1174, 1176, 1177, 1293, 1316, 1323, 1324, 1339
복합어 117, 147, 242, 250, 277, 284, 379, 698, 699
복합이름씨 형성 393
복합풀이씨 699
복합풀이씨 어간 379, 393, 698
본디 성조 135
본음 135, 721, 793, 894, 977, 1117, 1119, 1209
부분 대응 104, 105, 1292
부분적인 대응 148
부산 방언 12, 88, 165, 672
부산가·다 664, 665, 666, 667, 669
부호 6, 7, 8, 14, 17, 19, 42, 45, 50, 76, 315, 729, 1241, 1293
북경 방언 131
북경관화의 4성 설명 1112
북경관화의 성조체계 716
북경어음계통 706
북방계의 중고한음 145, 704
북방계의 한어 704

북청 21
북청 방언 6, 21, 47, 48, 49, 143
분류기호 119, 122, 315, 316, 317
분석 원칙 291, 403, 404
분절음 9, 10, 23, 35, 65, 84, 106, 107, 112, 127, 132, 149, 159, 166, 278, 358, 450, 565, 653, 705, 954, 1018, 1116, 1120
분절음의 규범화 705, 706
분절음의 체계 23
분포의 제한성 14
불균형 159, 1101, 1103, 1104, 1109, 1110, 1111, 1286, 1288, 1289
불균형성 1109
《불정심경언해(佛頂心經諺解)(3권)》 703, 718
비교 대상 144, 147, 148, 149, 153, 161, 1323
비상성형 48, 143
비성조방언 111, 112, 378, 722, 1321, 1339
비성조언어 9, 23, 87, 106, 723
비어두 740, 754
비음화 24, 165, 166, 652, 670, 673, 674, 675, 679, 680, 682, 683, 684, 685, 686, 687
[비입성자 단일 방점] 1122
비입성측성 717, 1106, 1107, 1108, 1116, 1117, 1119, 1120, 1122, 1287, 1288, 1291, 1342
비입성측성({㔾,㔽}) 717, 1108, 1116, 1117, 1286, 1290, 1291
비자립형식(bound form) 727
빈도가 낮고 분포가 제한된 것 41
{·빼·다}의 어형들 547

ㅅ

사가독서 715
{사·다}의 어형들 630
사분음자 8, 10, 22, 23, 45, 61, 62, 63, 66, 69, 70, 75, 77, 81, 84, 85, 86
사분음척도의 눈금 61
《사서언해(四書諺解)》 703, 718, 719, 722, 1120
《사서언해》 7, 40, 130, 715
사성통해 1112
사천 방언 21, 112
사학 709
산스크리트어 113
산토끼 노래 16
{:살·다}의 어형들 588
{:삼·다}의 어형들 594
삼국시대 1111, 1117, 1120
삼국을 통일 707
삼척 방언 6, 8, 21, 22, 39, 40, 47, 49, 50, 51, 52, 53, 55, 56, 57, 619
상・거성 716
상거무별 136, 161, 716, 720, 1104, 1110, 1113, 1118, 1289, 1342
상고시기 706
상고음 706
상고한음 159, 704
상대 나어(上代羅語) 712
상대적인 것 78
상대적인 음조의 구역 78
상대적인 차이 78
상성 14, 17, 19, 36, 37, 38, 39, 40, 41, 42, 50
상성(:□) 34, 36, 93, 121, 135, 136, 137, 142, 143, 159, 160
상성(:□) 어간의 평성화 575
상성(㔾) 17, 135, 136, 160, 161, 717, 748, 749, 752, 954, 1018, 1043, 1100, 1101, 1102, 1104, 1105, 1108, 1110
상성음조형 19, 20, 21, 22, 52, 72, 80
상성자 710, 711, 1116
상성형 20, 24, 38, 39, 40, 43, 45, 46, 47, 48, 49, 50, 51, 52, 54, 57, 58, 69, 74, 75, 77, 78, 79, 80, 82, 87, 89, 90, 91, 92, 94, 103, 104, 105, 107, 108
상성형 음조형 19
상성형 첫 음절의 수치 79
상성형어간 풀이씨 57, 358, 363, 365, 366, 402, 525, 533, 534, 535, 536, 537, 609, 612, 647, 648, 649, 650, 699
상성형의 거성형으로의 합류 88
상성형화 281, 284, 316, 638, 1122
상승조 14, 18, 22, 42, 710
상응(相應) 1114
상행이나 하행 66
{서·다}의 어형들 628
서울말 16, 33, 95, 123, 719, 722, 1178, 1179, 1341
{:서·울}의 굴곡표 309
《석보상절》 88, 110, 127, 157
선입관 67, 714
성균관 984, 1117, 1215, 1285
성낙양 705, 1179, 1191
성리학 1117

성리학자 1117
성문화 705, 1117, 1118, 1120
성운학자 715
성점 1점의 거성 716
성점 2점의 상성 716
성조 5, 6, 7, 8, 9, 10, 11, 14, 15, 16, 17, 19, 23, 24, 25, 33, 37, 38, 39, 40
성조 규칙의 적용 15
성조 붕괴 또는 소멸 시기 712
성조 소멸 107, 135, 713, 714
성조 수의 가감 106
성조 수의 감소 107
성조 중복 규칙 44, 91
성조 체계 발생과 소멸 9, 106
성조 체계의 붕괴 130, 155, 161, 713, 714, 715, 1340, 1341
성조 표상 10, 15, 36, 38, 46, 315, 317, 651, 652, 1177
성조 표시법 16
성조론 5, 8, 10, 11, 15, 41, 61, 62, 75, 79, 80, 84, 85, 113, 132, 141, 165
성조론자 15, 16, 42, 77, 82, 719, 722
성조론적 낱말 722, 723, 724
성조방언 6, 7, 8, 14, 15, 16, 17, 24, 33, 36, 37, 38, 39, 41, 50
성조사 8, 9, 23, 41, 87, 704, 719, 1341
성조언어 9, 23, 33, 41, 85, 85, 87, 106, 709, 712, 713, 723, 1113, 1117
성조의 규범화 705, 1120
성조의 대립 33, 1321
성조의 대응관계 24, 25, 83, 90, 129, 703, 1321
성조의 발생 106
성조의 발생과 소멸 106
성조의 변별력의 약화 714
성조의 복합 107
성조형 9, 15, 17, 19, 23, 33, 34, 36, 38, 39, 40, 41, 42, 43, 44, 45, 46, 48, 50, 52, 53, 57, 58, 61, 78, 84, 88, 90, 91, 92, 94, 105, 106, 107
성조형 배정 규칙 115
성주 방언 8, 20, 21, 46, 48
성주·대구 방언① 50
성철재·권오욱·이지향·김차균 22, 69, 76, 84
{:세·다}의 어형들 577
세종대왕 715
센소리 48
소멸 시기 130, 155, 712
《소학언해(6권 선행편)》 725
《소학언해》 25, 129, 130, 134, 135, 149, 152
《소학언해》 범례 704, 721, 1117
《소학언해》[전체 자료 ①단계] 755
《소학언해》[전체 자료 ②단계] 861
《소학언해》[전체 자료 ③단계] 954
{·손}의 굴곡표 311
손종섭 1285
송대 운서 710
수리적인 방법 81
수양대군 715
수정 156, 1120
수평조 7, 14, 18, 20, 42, 44, 48, 49, 52, 92, 93, 94, 225, 720
순행평성형화 88
{·숨·다}의 어형들 568
승계 113, 114, 708
승구(承句) 1115
시가(詩歌) 63
《시경》 706
시경시(詩經詩) 1114
[시범 자료 ①단계] 730
[시범 자료 ②단계] 732
[시범 자료 ③단계] 735
[시범 자료 ④단계] 738
[시범 자료 ⑤단계] 740
[시범 자료 ⑥단계] 743
[시범 자료 ⑦단계] 747
[시범 자료 ⑧단계] 751
시속음 135, 136, 717, 1116, 1117, 1118, 1119, 1120
《시식권공언해(施食勸供諺解)》 703, 718, 718, 1120
시창 실력 66
시창(視唱) 66
《新字海》 729
실담윤략도초(悉曇輪略圖抄) 710
실라블에 합당한 음의 높이 66
실라블의 발음 66
실학가 715
실험음성학 10, 77
심리적인 Qt 사슬 78
심리적인 성조 인식 131
{써·다}의 어형들 636
{:쎄·다}의 어형들 579
{·쏘·오·다}의 어형들 572

{쓰·다}의 어형들 637
씨끝 24, 36, 55, 58, 59, 89, 116, 119, 120, 121, 122, 123, 127, 154, 314, 315,
씨끝Ⅰ 614, 638
씨끝Ⅱ 614, 615, 638
씨끝Ⅲ 614, 615
씨끝Ⅳ 614, 616
씨끝Ⅴ 614, 616
씨끝Ⅵ 614, 616, 638
씨끝연결체 400, 402, 403, 404, 405, 424, 525, 699
씨끝연결체의 기본방점표상 목록 405

ㅇ

ㆁ[ŋ]의 약화와 탈비음화 675
아날로그적(analogous) 377
아래첨자 17, 19, 315, 1241, 1293
악보 16, 18, 65, 66, 1112
악부시(樂府詩) 1114
악센트 이론 15
안(安)에서 화(和)로 131
안동 방언 8, 20, 21, 46, 48, 88
안병희 722
안향 1117
알타이어족 106
압운 706, 1114
압운법 1115
약강세 76, 77
약자음 107, 142
약화 18, 19, 24, 50, 59, 69, 72, 74, 79, 106, 166, 672, 673, 675, 679, 680, 682, 683, 684, 685, 686, 687, 699, 714, 725, 1112, 1285
약화된 평1형 79, 80
양거성 41
양방향 단일성 조건 130, 141, 142, 144
양방향 단일성 조건의 충족 141, 142
양산 방언 9, 12, 13, 18, 20, 21, 23, 24, 38, 39, 44, 45, 163, 165
양상성 41
양자택일의 문제 116
양평 7, 131, 716, 1112
어간 24, 58, 59, 89, 111, 116, 119, 120, 121, 122, 123, 127, 289, 313, 314
[어두 위치] 창원 방언 1241
어두 음절 89, 111, 142, 740
어두 자음 경음 조건 113, 114, 115, 117, 126
어두 장애성 자음군 87, 110, 112
어두(#—) 722, 740, 1165, 1166, 1167, 1241, 1270, 1284, 1321
어두자음의 영향 88
어린이 노래 62, 70, 71
어말 평성화 713, 723
어원 105, 144, 148, 149, 152, 160
어음계통 706
어음체계 709
어절 14, 17, 33, 35, 36, 44, 46, 62, 72, 75, 79, 82, 85, 90, 137, 141, 288, 657, 663, 670, 724, 725, 726, 728, 729
어절 층위의 방점 자료 62
《어제 동국정운》 156
어찌씨 24, 89, 116, 117, 378, 688, 692, 699
어학 714
어형 50, 51, 53, 54, 57, 58, 59, 113, 114, 115, 116, 119, 122, 124, 126, 154
어휘적인 의미 166
어휘적인 형태소 727
억양 16, 63, 70, 82, 323, 625, 713
언어 교육 15, 18
언어 분석 18, 63, 64, 69, 84
언어사 106
{:얻·다}의 어형들 525
{:얼·다}의 어형들 587
엄마야 누나야 62, 70, 71, 75, 78, 79, 85
여린소리 48, 361
역사비교언어학 143, 1119, 1323
연변 6, 8, 21, 142, 713
연변 방언 155
연변의 방언들 14
연병지남 111
연주 고도 63
열림도에 따른 강도 317, 325
열반경(涅槃經) 707
영남 방언권 14, 17, 77, 88, 121
영남영동 방언의 공통조어 54
영동 동해안 방언 14, 401
영동 방언권 77
영모(곧 ㆆ) 157
영본(零本) 729
《영험약초(靈驗略抄)(1권)》 703, 718
오늘날의 음률 68

{오·다}의 어형들 621
오름사슬 21, 22
오름조 14, 20, 48, 93, 94
오언시 1115
옥편 130, 707, 729, 935, 954, 1108, 1115, 1179, 1180, 1190, 1341
玉篇 707
온음 68, 84
외적순행평성동화 9, 24, 88, 166, 187, 652, 654, 655, 656, 658, 659, 660, 661, 663, 664, 665, 666, 668, 670, 1122
외적순행평성동화 규칙 91, 373, 375, 653, 655, 657, 658, 660, 661, 663, 665, 666, 667, 668, 670, 699
외적순행평성동화 적용 자료 653, 654, 655
요셉가족 18
요준(了遵) 710
용머리 76
《용비어천가》 88, 110, 127
우리나라의 어음 133
우리말 새김 134, 719
우리말의 상대적인 음조의 구역 78
《운경(韻鏡)》 710
운도 710
운서 7, 159, 704, 705, 710, 1113, 1115, 1342
운소 체계 713, 723
운율문자 715
운율적 단어 722
운율적인 낱말 7, 14, 17, 33, 36, 44, 48, 87, 91, 92, 107, 111, 112, 137, 142, 144, 250, 288, 292, 373, 374, 401, 651, 724, 1191, 1270, 1341
운율적인 특성 14, 112, 131
운율형 6, 17, 23, 38, 92, 106, 115, 126, 141, 142, 143, 166, 652
운자 1114
《운회거요(韻會擧要)》 710
{:울·다}의 어형들 590
울진 방언 8, 21, 22, 47, 49, 50, 51, 52, 53, 55, 56, 57
울진 방언①,② 48
{:웃·다}의 어형들 593
원순모음 55, 58, 157
《월인천강지곡》 88, 127, 157
위첨자 17, 19, 38, 1241, 1293
위치자리토씨 108, 720, 727
유교 경전 709
유교 교육 709, 1117
유의어 166
유점(有點 : 측음, 1점거성, 2점상성) 716
유창균 706, 707
유표 성조 130, 131, 160, 1122, 1339
유표계열 131
유표성 이론 7, 14, 16, 131
유표적 131
유학 1117, 1338
유형론 8, 33, 142, 143
《육조법보단경언해(六祖法寶壇經諺解)(3권)》 703, 718
육진 21
육진 방언 6, 21, 48
육진 · 룡정 방언 39, 50
윤양석 68, 70
율격 63
율동 규칙 37, 723, 725, 726
율려 63
율시(律詩) 1114, 1115
{·으, 으} 삭제 규칙Ⅰ 575
{·으, 으} 삭제 규칙Ⅱ 575
음거성 14, 17, 19, 38, 39, 41, 42, 49, 50, 52
음거성(·回) 37, 39
음거형 19, 20, 46, 47, 48, 49, 50, 51, 52, 53, 54, 654, 655
음계 63, 66, 68
음상성 14, 17, 19, 38, 39, 41, 42, 50, 55, 57, 58
음상성(:回) 37, 39
음상음조형 20, 22
음상형 20, 38, 39, 43, 45, 46, 47, 49, 50, 54, 57, 58, 317, 363, 654, 655
음상형 풀이씨 58
음상형어간 풀이씨 363
음성 표상 33
음성부호 16
음성학 10, 23, 62, 80, 84, 85, 92, 111, 127, 134
음성학(음조론) 80
음성학자 15, 16, 65, 77, 431, 674
음악 교육 63
음악 수업 15
음운 규칙 33, 34, 44
음운론 16, 17, 23, 57, 62, 63, 77, 78, 86, 93, 115, 131, 143, 144, 314, 377,
음운론(성조론) 80

음운론적 단어 137, 722
음운론적인 낱말 17, 82
음운학자 6, 15, 16, 17, 67, 77, 1116
음의 높이 66, 68
음절 구조 87, 106, 107, 705, 1112, 1113, 1116, 1291
음절수 38, 91, 148, 165, 166, 313, 325, 358, 379, 698, 705
음정 61, 63, 68, 70, 84, 85
음조 6, 7, 10, 14, 15, 16, 18, 20, 21, 22, 36, 39, 44, 48, 49, 50, 52, 54, 63, 66, 67, 70
음조 조정 규칙 726
음조 표상 10, 15, 22, 36, 291, 315, 317
음조(pitch) 63
음조론 5, 80
음조의 교체 15
음조의 기준선 82
음조형 14, 15, 16, 17, 19, 21, 22, 23, 33, 34, 36, 39, 40, 42, 44, 45, 49, 50, 54, 57, 62, 67, 69, 72, 77, 78, 80, 82, 83, 86, 93, 106, 107, 112, 126, 137, 142, 143, 165, 166, 290,
음조형 실현 규칙 19, 40, 42, 44, 45, 46, 47, 48, 49, 50, 91, 92, 119, 122, 143, 292, 377, 378
음조형의 실현 107
음조형의 표기 33
음조형의 하강부 74, 81, 82
음차 710
음측형 50, 58
음치 66, 68
음평 7, 131, 1112
음향물리적인 기술 63
음향물리적인 소리의 차이 69
의사소통 686, 722
이가원 729, 1191
이기문 135, 703, 708, 712, 713, 714, 720
이돈주 133
이름씨 24, 36, 89, 108, 116, 165, 166
이문규 11, 41, 42
이분음자(Semi-tone scale) 69
이진호 722
이토지유키 722
인도-유럽 공통조어 113
인접 방언 165
일관성 있게 구분 78
일반 방점항 48
일반 방점형 48
일반 화자 15, 673
일본의 동경 방언 143
임석규 42
임의 변이형 53
임의변동 24, 44, 45, 47, 48, 166, 352, 360, 361, 425
임의변동형 47
임의변이형 54, 404, 619
임의적 37, 83, 112, 124, 137, 284, 359, 392, 401, 647, 723, 725, 1341
《임자신간예부운략(壬子新刊禮部韻略)》 710
임진란 135, 155, 713, 714, 718, 719
{입·다}의 어형들 458
입성 14, 17, 106, 130, 131, 132, 133, 135, 157, 720, 721, 729, 750, 863, 1018, 1076, 1084, 1087, 1103, 1104, 1106, 1110, 1112, 1115, 1116, 1118, 1119, 1156,
입성 형태소 106, 131, 1112
입성(□) 17, 136, 717, 750, 753, 863, 935, 939, 1018, 1076, 1103, 1104, 1106
입성운미 716
입성자 131, 156, 157, 158, 160, 243, 705, 720, 1165, 1167, 1175, 1176, 1177, 1287, 1293, 1312, 1315, 1316, 1322, 1323, 1324, 1332, 1339, 1340
[입성자 단일 방점] 1156
입성측성(□) 717
{있·다}의 어형들 456

ㅈ

자전 130, 729, 792, 887, 889, 894, 923, 931, 935, 954, 977, 1108, 1115, 1180
자통(字統) 707
{:작·다}의 어형들 529
작법상의 규칙 1114
작은 분류 39, 90
작은 흰 동그라미 ○ 63
작은머리화살표(↗) 717
잘못된(ill-formed) 표면형 377
{잡·다}의 어형들 424
장삼식 729, 1191
장애성 자음군 87, 89, 107, 110, 111, 112, 127
장애음의 계열 87, 106
장애음의 계열이 증가 107
장평과 크기 76
전구(轉句) 1115

전남 방언 48, 111
전남 서남부 방언 107, 142, 143
전달 초점 17, 44, 45, 72
전달의 초점 69, 74, 670
전략(stratagem) 1115
전설비원순 317, 358, 1181
전설원순 317, 358
전승자음(傳承字音) 716
전학석 42
절구(絶句) 1114, 1115
절대적인 것 78
절운(切韻) 729, 1117
《절운》 706
절운계(切韻系) 운서 729
《절운지장도(切韻指掌圖)》 710
접사 146, 149, 737
정도의 문제 116
[정리 자료] 1018
정보 초점 45, 47, 48, 49, 91
정서적인 상태 117
정연찬 42, 131, 706, 713, 719, 723
정원수 8, 18
정음 창제 131
정적인 관점의 기준선 82
제2회 국제 조율 회의 68
제보자 13, 49, 77, 88, 92, 108, 126, 166, 172, 280, 294, 314, 325, 339, 399, 543,
조선어음체계 709
조선한자음의 규범 709
조어법 24, 165, 317
조오현 715
조옮김 10, 62, 63, 70, 75, 79, 85, 86
조옮김(transposition, 移調) 70
조율(調律) 68
조음 위치 강도 325
조정 Qt 사슬 62, 77, 79, 80, 81, 86
조치 7, 38, 39, 40, 41, 130, 133, 134, 135, 160, 710, 711, 721
조치(調値) 38, 42, 63, 134, 160, 719
조치가 복잡한 것 7, 41
조치의 복잡성 41, 160
조치의 일치 80
종성 표기 130
종성 합류 1112
종성해 145, 146, 147, 156, 157
주관적 Qt 사슬 75, 76, 79
주관적 인식 62
주관적인 관찰 62, 78, 85
주관적인 방법 77
주관적인 인식 62
주덕청 706
주파수 64, 65, 67, 68, 70, 71
준동음어 115, 116, 117, 127, 722
준성조방언 8, 48, 82, 713
중간 단계 15
중고시기 706
중고음 706, 729
중고한음 4성 23, 24, 25, 129, 701, 704, 718, 728, 747, 750, 954, 1098, 1099, 1108, 1109, 1110, 1113, 1120, 1177, 1191, 1241, 1271, 1284, 1290, 1321,
중고형 48
중고형(中高형) 48
중국어 14, 17, 33, 63, 106, 130, 131, 135, 157, 159, 705, 706, 711, 712, 716, 722, 727, 1111, 1112, 1113
중국어의 성조들 33
중국음 상·거성 716
중국음 입성 716
중국의 청탁(淸濁) 716
중기국어 714
중세 국어 14, 16, 24, 37, 38, 39, 42, 62, 83, 84, 86, 87, 88, 89, 90, 106, 107
중세 성조의 붕괴 과정 713
중앙 방언 112, 720, 1323
중앙어 712, 713, 715, 1341
《중원음운(中原音韻)》 706
중화 규칙 34, 36, 37, 40, 42, 90, 102, 116, 119, 137, 242, 258, 259, 260, 261, 262, 263, 264, 266, 267, 268, 269, 270, 272, 276, 277, 279, 280
중화 위치 38, 90, 110, 270
중화된 방점표상 288
중화력 19, 38, 41, 143
중화력이 강한 성조 41
중화력이 약한 성조 41
중화의 기능 7, 33, 41
지각 능력 15
지각(perception) 18, 45, 647
지각심리 8, 10, 23, 61, 63, 84, 85
지각심리에서 개발된 자(/척도) 70

지각심리적으로 인식하는 소리 69
지각심리적인 단위 70
지각심리적인 방법 84
지각심리적인 인식 63
{:지·다}의 어형들 575
지명을 중국식으로 개정 707
지명의 개정 709
지적 대립에 사용된 길이 377
지적인(intellectual) 뜻 377
직접성분 317, 379, 400, 698, 699
진정한 성조방언 34
진정한 성조언어 33, 727
진주 방언 8, 9, 11, 21, 23, 87, 88, 89, 90, 91, 92, 93, 94, 95, 96, 101, 102, 103, 108, 109, 112, 116, 119, 120, 123, 124, 125, 126, 127, 392
질(質)운 157
{·찌·다}의 어형들 542

ㅊ

{·참·다}의 어형들 565
참조 고도 62, 63, 64, 69
창원 방언 15, 16, 20, 21, 23, 24, 25, 34, 36, 37, 38, 62, 69, 72, 73, 75, 76
[창원 방언 중심] 1191
창원 방언① 24, 38, 39, 40, 42, 44, 45, 50, 51, 52, 54, 58, 87, 88, 89, 90
창원 방언①② 23, 42, 43, 124, 165, 168, 169, 182, 185, 186, 191, 192, 193, 194
창원 방언② 22, 24, 38, 39, 42, 44, 45, 50, 57, 58, 166, 169, 185, 191, 201
창원 방언의 방점 자료 23, 62, 83
창원 방언의 분절음 표기 1180
창작가형 710
처소격조사 727
첨자 17, 40, 91, 1241
첨자 표기 규약 17, 40
첨자의 사용법 14, 40
첨자의 용법 17, 19
첫 음절이 거성인 측성형 40
첫 음절이 상성인 측성형 40
첫 측성의 위치 723
첫성분평성형화 88, 250, 277, 279, 285, 286, 386, 1122, 1261
첫성분평성형화 규칙 37, 102, 242, 250, 251, 252, 254, 255, 256, 257, 281, 386, 388, 389, 390, 391, 392, 699
청각 인상 15
청취력 23, 77, 85, 431
청탁 106, 107, 716
초간본 714
초견 실력 66
초견(初見) 66
초성 자음 106, 325, 1112
초점 강세 17, 45, 47, 48, 62, 74, 85, 374, 651, 670
촉급 18, 157, 1112
촘스키 · 할레 17, 40
최만리 156
최세진 39, 133, 135, 160, 714, 720, 721, 1112, 1116
최영미 11
최종방점표상 33, 34
최종방점표상과 36
최종방점형 34, 41, 61, 285, 656, 657, 658, 659, 660, 661, 662, 663, 664, 665, 666, 667, 668, 669, 670
최희수 130, 159
추상적인 표상 130
축약 55, 58, 59, 106, 107, 132, 134, 278, 279, 280, 281, 317, 363, 551, 552, 662, 663, 687, 725, 726
출전(出典) 737
측기식 측성운 1115
측기식(仄起式) 평성운 1115
측성 14, 17, 19, 36, 38, 39, 41, 42, 90, 91, 104, 119, 130, 133, 143, 160, 242, 279, 290, 314, 393, 400, 424, 655, 706, 725, 727, 752, 753, 1100, 1115, 1241, 1270, 1283, 1284, 1290, 1321, 1328,
측성 기준 39, 90
측성({□,□,□}) 717
측성(·□) 36, 38, 40, 141, 143, 144, 314, 393, 656, 663, 754, 1241, 1270, 1290,
측성형 19, 39, 40, 47, 48, 49, 50, 105, 270, 274, 290, 373, 393, 403, 655
측음 133, 716
측정 8, 10, 22, 23, 61, 62, 63, 65, 66, 72, 75, 77, 78, 79, 80, 84, 85
측정 Qt 사슬 62, 72, 73, 79, 80, 81
측정 Qt 사슬 평균 75, 76, 79
측정 Qt 사슬 평균치 75
측정 Qt 사슬의 평균 79
측정 Qt 사슬의 평균치 62, 86
측정과학 70

측정과학화 61
칠언시 1115
칠언의 대구(對句) 1114

ㅋ

코노 133
큰 검은 동그라미 ● 63
큰 분류 39, 90, 104, 105
큰머리화살표(—►) 717

ㅌ

탈비음화 24, 165, 166, 652, 670, 673, 674, 675, 680, 682, 683, 684, 685, 686, 687, 688, 699
탈비음화 674, 688, 699
탈비음화의 통계표 680
토박이 14, 16, 22, 45, 48, 63, 66, 67, 69, 72, 77, 78, 81, 82, 88, 91, 92, 93, 112,
토씨연결체 287, 288, 289, 291, 403, 404, 698
토씨연결체의 기본방점표상 목록 291
토착화 703, 704, 706, 707, 708, 1116, 1321, 1341
토쿄 48
통계 수치 77
특수한 방점형 변동 자료 166

ㅍ

{·파·다}의 어형들 552
파생어 379
{:파(:)·랗·다}의 어형들 649
{·팔·다}의 어형들 559
{·페·다}의 어형들 546
{페·다}의 어형들 437
편안하고 부드럽다 131
평1형 39, 43, 75, 79, 80, 82, 90, 280, 286, 305, 325, 335, 379, 392, 403, 404
평2형 39, 43, 47, 75, 77, 79, 88, 90, 91, 280, 284, 286, 287, 307, 324, 325
평3형 24, 38, 39, 40, 43, 51, 52, 53, 75, 78, 79, 80, 90, 91, 141, 142, 166
평4형 39, 43, 90, 91, 358, 450
평5형 39, 43, 90, 91, 358
평 · 측 관념 716
평 · 측으로 2대별 716
평기식 측성운 1115
평기식 평성운 1115
평단형 39, 90
평복형의 하위 방점형끼리의 자유 변동 39, 82, 88, 90, 91, 92, 94, 102, 401, 404
평삼형 49, 53, 54, 642, 647
평성 기준 39, 90
평성 뒤(□ —) 143, 722, 1165, 1166, 1167, 1270, 1290, 1291, 1292, 1293, 1321,
평성(□) 7, 38, 40, 93, 136, 137, 141, 143, 144, 148, 158, 314, 315, 393, 575, 615
평성(□)과 측성(·□) 141, 143, 1293
평성(◱) 17, 135, 136, 717, 747, 748, 751, 752, 1018, 1098, 1099, 1100, 1101, 1102, 1103, 1104, 1106, 1107, 1108, 1109, 1110, 1111, 1116, 1117, 1118, 1120
평성, 상성, 거성, 입성 14, 17, 729
[평성 뒤] 창원 방언 1271
평성의 후반부 131
평성자 156, 710, 711, 1115, 1116
평성형 의문사 88
평성형(=0측형) 379
평성형($□_1$) 242, 250, 270, 287, 289, 290, 291, 291, 316, 400, 652, 655, 670
평성형화 277, 278, 279, 282, 283, 392, 393, 699
평음 111, 133, 317, 325, 716
평음 계열 131
평측 1114, 1115, 1342
평측형 19, 21, 39, 45, 50, 52, 69, 89, 90, 104, 107, 110, 117, 121, 123, 242, 270
평측형($□_1$·$□^n$) 40, 242, 250, 270, 288, 379, 386, 400
평측형의 첨자 표시 40
평탄화 713, 719
평판적으로 4분 717
평판형 48
표기 규약 17, 40
표기의 단순화 715, 1341
표기의 문란 714
표기자 111, 710, 713, 1120
표기자의 성조 710
표면음 111, 317
표본추출 727
표제어 314, 315, 317
표제항 120, 122, 125, 325, 358, 378, 404, 613

표제항의 배열순서 317, 366, 373
표준 고도 63, 68, 69
표현적 장음화 166, 647, 699
표현적인 장음 378, 379
표현적인 장음화 24, 377, 378, 647, 649, 698
{푸·르·다}의 어형들 498
풀이씨 기본형 119, 313
풀이씨의 굴곡법 165
풀이씨의 기본형 313, 379
프라하학파 16, 722
{·피·다}의 어형들 544
피아노 18, 61, 64, 66, 67, 68, 69, 77, 84
피아노 음역 68

ㅎ

{하·다}의 어형들 632
하강부 불안정성 62, 81, 82
하강부로 76, 77, 81, 82
하강부의 수치 80
하강부의 시작 81
하강부의 첫 음절 74, 76
하강부의 표시 81
하강조 16
하위 언어 106, 142
한 옥타브를 24평균율로 65
한문 134, 705, 707, 708, 709, 719, 729, 1111, 1114, 1115, 1117, 1118
한문과 1117, 1118
한문화 토착화 707
한서(漢書) 707
한시의 종류 1114
한어(漢語) 704, 1111
한어음운 시기의 구분 706
한음의 전통적 사성 관념 716
한자 교육 1117
한자 및 한문의 도입 708
한자 방점 자료 155
한자 차용의 승계 708
한자음 25, 39, 129, 130, 132, 135, 156, 157, 158, 159, 160, 161, 701, 703, 704, 705, 706, 707, 709, 710, 711, 716, 718, 719, 720, 721, 1102, 1104, 1109, 1111
한자음 방점 자료 129, 155
한자음의 정비 709
한자의 토착화 708
한자형태소 158, 159,
한자형태소 방점 자료 1241, 1271, 1191
한학(漢學) 714
함경남도 북청 방언 143
함안 방언 12, 20, 21, 23, 24, 38, 39, 88, 124, 165, 166, 167, 168, 169, 173
합류 14, 47, 48, 88, 106, 107, 1112
합성어 379, 400, 650, 727, 728
{:해·내·다}의 어형들 609
해성자 706
핵심부 80, 81, 146
핵심부 끝 음절 80
향가 710
향가 표기 710
향가Ⅰ 710, 711, 712
향가Ⅰ의 허사 710, 711
향가Ⅱ 710
향교 중심 교육 1117
향교의 설립 1118
향학 1117
허사(토씨와 씨끝) 710
허세욱 705
허웅 11, 42, 62, 83, 116, 131, 133, 135, 378, 613, 705, 713, 719, 723, 724, 725, 726, 727, 1112
헤르츠(Hz) 68
현대 국어 5, 14, 36, 37, 38, 84, 87, 88, 91, 108, 111, 112, 127, 242, 705
현대음 706
현대한음 705
현실음 130, 135, 703, 718, 1119, 1342
현실한자어 712
현실한자음 129, 130, 135, 136, 160, 161, 703, 705, 706, 717, 718, 721, 863, 1105, 1106, 1120, 1321, 1342, 1343
현실한자음의 정비 1118
형태론적인 구조 166
형태론적인 분석 148
혼란된 문헌 130
화(和)에서 거(擧)로 131
《황극경세성음창화도(皇極經世聲音唱和圖)》 710
후두의 긴장 111
후설비원순 358
후설원순 358
후한서(後漢書) 707

훈몽자회 712, 714, 716
《훈몽자회》 133, 134, 160, 714, 720, 721, 1341
《훈몽자회》 범례 135, 160, 719
훈민정음 7, 715, 716
《훈민정음(해례)》 7, 23, 40, 129, 130, 131, 133, 134, 144, 146, 147, 149, 153, 155, 156, 157, 158, 159, 160, 161, 719, 1112, 1118, 1341
《훈민정음언해》 사성주 132
훈민정음 창제 14, 88, 127, 130, 703, 721, 1111, 1112, 1341
{흐르·다}의 어형들 475
흰 건 63, 69

0~9

0점(평성, □) 722
0측형 39, 90, 282, 373, 379, 386
0측형의 평측형($□_1$) 379
[1]~[15] 78
1,600.0Hz 64
1/2도(Semi tone) 61
10구체 710
110.0Hz를 1등급으로 63
12음 63
12평균율 16, 18, 61, 63, 68
12평균율 악기 69
1모라 14, 18, 42, 77, 107, 378
1음절 거성어간 풀이씨 55, 59, 117, 366, 399, 537, 538, 539, 540
1음절 변동상성어간 풀이씨 57, 58, 89, 120, 123, 125, 126, 358, 575, 577, 590, 699
1음절 어절의 음조 44, 93
1음절 운율적 낱말 44
1점(·□) 14, 36, 38, 90, 135, 404, 720,
1초에 16~20,000Hz 68
1측형 39, 90, 373, 393, 655
'1 : 1' 142, 143, 144
'1 : 1'의 관계 141
'1 : 1'의 관계 143
'1 : 다'의 관계 141
2. International Chamber Pitch Conference 68
220.0Hz 64
$\sqrt[24]{2}$ x(Hz) 64, 65
24평균율 16, 18, 61, 64, 65, 69, 84
24평균율 건반 모형도 66
2분법적 성조의 정의 41
2분법적인 계층 717
2성조 방언 14, 42, 1321
2성조 체계 14, 15, 141, 142, 143
2음절 변동상성형어간 609, 611, 612, 699
2음절 변동평성형어간 50, 51, 54, 371, 400, 638, 639, 642, 643, 645
2점(:□, 상성) 721, 1118, 1119, 1270
2측형 39, 90, 373
3국의 역사 편찬 708
3단계나 4단계의 높낮이 67
3성조 방언 7, 14, 42, 87, 112, 1167, 1321
3성조 체계 14, 15, 1101, 1109, 1111
3성조언어 14, 1113, 1321
3측형 39, 90
440.0Hz를 표준으로 64
4분음척도 61
4성주 132, 134
4음절 상성형 74, 358, 366, 642, 647
4측형 39, 90
5단계(L, ᴍ, M, ʜ, H) 33
5단계의 높낮이 63
5언 율시 1114
5언 절구 1114
5음절 거성성조형 40
5음절 상성성조형 40
6학(국자학, 태학, 사문학, 육학, 서학, 산학) 1117
7언 율시 1114
7언 절구 1114
880.0Hz 64
88개의 건 64, 67
8구체 710
8도를 12개의 반음으로 68

A~Z

A_1 =110.0Hz 64, 65
ȧ=110Hz 69, 71
ȧ=440Hz 64, 68, 69
bi-uniqueness condition 141, 161
C-음(도-음) 63
ċ=130.8Hz 63, 69
equal temperament 68
falling chain 20
H(고) 50

/H/(고) 5, 15, 50
ʜ 16, 17, 21, 22, 33, 34, 36, 37, 39, 43, 45, 47, 48, 49, 50
h(약화된 고조) 18
H_0 19
H_1 19
H^2 19
H_2 19, 49, 50
H_2M^3 19
H^2M^3 19, 39, 43, 46, 47, 90, 92, 102
H^3 34, 37, 38, 39, 40, 43, 45, 46, 47, 51, 52, 53, 90, 92, 94, 95, 101
Heinrich Rudolf Hertz 68
[HHᴍ₀] 20, 22, 45, 47, 47, 48, 82, 91, 107
HM^3 19, 39, 43, 56, 57, 58, 79, 81, 82, 92, 95, 98, 102, 105
[HM^3] 19, 43, 57, 58, 79, 81, 82, 98, 105
Hz 단위 18, 61
Hz 단위의 등차수열 61
Hz수치 64, 65, 67, 71
intonation 63
Johann Sebastian Bach 16, 18, 63, 68
l(약화된 저조) 18
ʟ 18, 22, 49, 51, 52, 53, 313, 315
L(저)
/L/(저) 5, 15, 50
L^5 19, 39, 40, 43, 46, 47, 51, 52, 54, 90, 92, 95, 102, 104, 105
lexical morpheme 727
[L ᴍ M ʜ H] 16
/LH/의 복합 15
LLLLL 19, 40
[LM] 19, 20, 34, 36, 43, 44, 44, 45, 47, 48, 49, 50
[LMM] 19, 20, 34, 36, 43, 51, 52, 53, 54, 57, 83, 104
[LMMᴍ] 16, 20, 34, 43, 45, 51, 52, 53, 54, 79, 81, 82, 104
[LMMᴍ₀] 20, 22, 45, 47, 48, 49, 54, 82, 92
[LMMᴍ₁] 20, 647
[L̆](저승, 저장승) 50
ḧ … 약화된 고장조 19
Ḧ(고장, 고승, 고장승) 50
[Ḧ](고장, 고승, 고장승) 50
m(약화된 중조) 18
M(중) 22, 50
[ᴍ₀] 20, 22, 82
M^3 19, 34, 36, 39, 40, 43, 46, 47, 55, 56, 57, 58, 79, 81, 82, 83, 904, 1178
M^5 19, 39, 40, 43, 46, 47, 90, 92, 117, 241
M^n 19, 20, 21, 22, 45, 47, 47, 48, 49, 82
[M̆](중승, 중장승) 50
metrical scheme 63
[MHM^3] 19, 39, 102, 206, 276, 296, 298, 299, 301
notational convention 16
Pike 727
Qt 18, 22, 45, 53, 62, 64, 65, 67, 69, 70, 71, 72, 73, 74, 75
Qt 사슬 75, 76, 77, 78, 79, 80
Qt 사슬(Qt chain) 74
Qt 사슬의 최고 음절 80
Qt 수치의 연결 74
Qt(4분음정) 18
Quarter-tone scale 45, 63, 66, 70, 84
reference pitch 18, 63
rising chain 21
simple random sampling 727
St(2분음정) 18
standard pitch 63, 65, 68
tone 8, 22, 45, 61, 63
Vedic Sanskrit 16
whole tone 68
Yuen Ren Chao 1112

기타

⇓ 72, 73, 74, 75, 76, 77, 79, 80, 81
[⇓] 표 81
$□^2$·$□^3$ 19, 39, 43, 46, 47, 90, 92, 276, 283
$□^3$ 19, 244, 246, 278, 282, 392, 393
:□(2점) 6, 34, 35, 37, 83, 130, 160
:$□_1$ 40, 88, 242, 250, 258, 274, 288, 373, 386, 400
:$□^3$ 19, 43, 260, 261, 263, 269, 270, 280, 281, 398
:回 14, 17, 19, 37, 38, 39, 41, 42, 54, 317, 655
·□(1점) 6, 34, 35, 37, 38, 83,
·$□_1$ 40, 48, 88, 107, 242, 250
·$□^3$ 19, 43, 262, 266, 267, 268, 269, 270
·回 14, 17, 37, 38, 39, 41, 42
◱, ◰, ◳, ◲ 729

저자 **김차균**

- 경상남도 창원시 의창구 동읍 석산리에서 태어남(1939)
- 마산고등학교 졸업(1958)
- 서울대학교 문리과대학 언어학과 졸업(1964)
- 서울대학교 대학원 언어학과 문학석사(1966)
- 서울대학교 대학원 언어학과 문학박사(1977)
- 세종문화상(학술부문) 받음(1995)
- 목포동광고등학교 교사
- 서울강남여자중학교 교사
- 경상대학 외국어교육과 조교수
- 충남대학교 국어국문학과 교수
- 충남대학교 언어학과 교수
- 현재 충남대학교 명예 교수
- 한글 학회 이사
- 대한언어학회 학회장(1986~1987)
- 한국언어학회 학회장(1999~2000)
- 한글학회 편집위원(2001~현재)
- 한글학회 부회장(2010~현재)

저서

- 『경상도 방언의 성조 체계』(과학사 1980)
- 『나랏말의 소리』(태학사 1988)
- 『우리말의 시제와 상의 연구』(태학사 1990)
- 『우리말의 성조』(태학사 1993)
- 『우리말의 음운』(태학사 1993)
- 『나랏말과 겨레의 슬기에 바탕을 둔 음운학강의』(태학사 1998)
- 『우리말의 시제 구조와 상 인식』(태학사 1999)
- 『우리말 방언 성조의 비교』(도서출판 역락 1999) 〈문화관광부 선정 우수 학술 도서〉
- 『국어 방언 성조론』(도서출판 역락 2002) 〈문화관광부 선정 우수 학술 도서〉
- 『영호남 방언 운율 비교』(도서출판 역락 2002) 〈문화관광부 선정 우수 학술 도서〉
- 『영남 방언 성조 비교』(도서출판 역락 2003) 〈문화관광부 선정 우수 학술 도서〉
- 『허웅 선생의 우리말 연구』(김차균 외 11명 공저)(태학사 2005) 〈문화관광부 선정 우수 학술 도서〉
- 『중부 동해안 방언 성조 비교』(도서출판 글누림 2006) 〈문화관광부 선정 우수 학술 도서〉

논문

- 「음성학적 기술과 음운론적 처리에 있어 균형적인 사고」(2007), 『한글 275호』 한글 학회 외 다수

수상

- 『제14회 세종문화상 학술부문』(1995)
- 『자랑스러운 충대인 50인상 학술부문(충남대학교 개교 50주년 기념)』(2002)
- 『서른두 번째 외솔상 문화부문』(2010)
- 『한힌샘 주시경학술상』(2011)